全國古籍整理出版規劃領導小組資助出版

國家圖書館
敦煌研究資料叢刊

國家圖書館善本特藏部　編

英藏法藏
敦煌遺書研究按號索引

（一）

申國美　李德範　編

國家圖書館出版社

圖書在版編目(CIP)數據

英藏法藏敦煌遺書研究按號索引/申國美,李德範編.—北京:國家圖書館出版社,2009.1
(國家圖書館敦煌研究資料叢刊)
ISBN 978-7-5013-3577-0

Ⅰ.英… Ⅱ.①申…②李… Ⅲ.敦煌學—文獻—索引 Ⅳ.Z89:K870.6

中國版本圖書館 CIP 數據核字(2008)第 073191 號

書名 英藏法藏敦煌遺書研究按號索引
著者 申國美 李德範 編

出版 國家圖書館出版社 (100034 北京西城區文津街 7 號)
發行 010-66139745 66175620 66126153
66174391(傳真) 66126156(門市部)
E-mail cbs@nlc.gov.cn(投稿) btsfxb@nlc.gov.cn(郵購)
Website www.nlcpress.com
經銷 新華書店
印刷 河北三河弘翰印務有限公司

開本 889×1194 毫米 1/16
印張 203.875
版次 2009 年 1 月第 1 版 2009 年 1 月第 1 次印刷
字數 5200 千字

書號 ISBN 978-7-5013-3577-0/K·1717
定價 1500.00 圓(全三册)

目　録

英藏部分

法藏部分

序

柴劍虹

近幾年來,由於庋藏各國的敦煌遺書圖録本和整理本的大量刊行,也由於各國敦煌學研究者的努力和敦煌學國際聯絡委員會的推動,敦煌學知識庫、資料庫的建設方興未艾,敦煌文獻目録與論著目録索引方面的新成果紛紛出現,不僅有力地推動了敦煌學本身的研究,也爲其他相關學科的研究者開拓了學術視野,令學界欣喜。但另一方面,長久以來困擾着研究者的一個老大難問題依舊擺在面前:敦煌學乃世界學術之新潮流,不僅敦煌資料散於四海,研究者亦遍及全球,敦煌學資料的刊佈和論著的發表,散見於各學科領域的學術刊物及論著中。多年來陸續出版的各種類型的敦煌學研究論著目録,均爲按書名、篇名及人名排列並檢索的工具書,一般只能瞭解某課題、門類及個人研究的狀况。由於敦煌寫卷的特殊形態,往往一個卷子就包含着多學科門類的内容,各人各有自己研究的對象和成果,研究者雖習用敦煌寫本的流水號編目,却無法按號瞭解各國學者對某一號文書的具體、周詳的研究情况。如要尋找某一個卷子方方面面的研究信息,實在猶如大海撈針一般。誠然,有的研究者爲了更全面地掌握研究信息,早就立志要做按號索引的工作,並在個人的電腦中隨時輸録。但是個人的閲讀範圍和精力畢竟有限,雖辛勤網羅,而"漏網之魚"亦衆焉。

幸好中國國家圖書館善本部有一個敦煌資料中心,創建20年來,在相關資料收集整理、編目以及與敦煌學界的聯絡交流上做了許多扎實而有成效的工作,而且中心的工作人員兼有圖書館員與學者的良好素養與專業特長,又頗多有心人,早就留心並着手按流水號編寫研究索引之事。2001年,申國美女史先編成了《1900—2001國家圖書館藏敦煌遺書研究論著目録索引》一書,由北京圖書館出版社(現更名爲國家圖書館出版社)正式出版。這其實是一次"實戰演練",目的很明確,就是先從較爲方便的本館敦煌文獻的研究資料着手,取得經驗,推及其餘。果然,僅僅過了5年多時間,申國美、李德範二位便在繁忙的日常事務中,像擠壓海綿一樣,擠出零零星星的"空閒"(包括大量的業餘時間),又如採蜜一般,採集點點滴滴的"花粉",終於集腋成裘,將這本皇皇巨册《英藏法藏敦煌遺書研究按號索引》奉獻給學界廣大研究者,可謂厥功至偉、功德無量!

當然,前面所説的5年實際上只是最後的編輯時間,其實是遠遠不止的。國美、德範二位編者告訴我,爲了編成這本索引,她們先後翻閲的書刊超過了兩萬種,編排的研究數據有10萬條之多。我簡算了一下,如果按倆人一天查閲並録入40條數據計算,一年到頭不休息,那也要花費將近7年的工夫。這説明了什麽呢?首先當然是説明了工作的艱巨與她們的勤奮,值得我們肅然起敬。其次也説明了國家圖書館領導及國家圖書館出版社對這項工作的支持,又有許多敦煌學研究者的無私支持,敦煌資料中心有存在的理由和發展的良好前景。我認爲,即使現在我們已經有了用電腦録入、編排、管理、檢索資料的巨大便利,集機構與衆人之智慧建設敦煌學的知識庫依然十分必要。一人辛苦,萬人受益;百家集智,億衆披輝。最近,我去301醫院看望季羡林先生,季老亦談及做資料工作的苦與樂。

季老還特地爲我題寫了他的“新座右銘”——“爲善最樂，能忍自安。”這是德高望重、甘苦備嘗的季老夫子自道，當然也是對我們這些後輩學人的勉勵。榜樣在前，我們豈能懈怠？做善事、做學問都要有堅忍不拔、任勞任怨的精神，這本《英藏法藏敦煌遺書研究按號索引》的編成即是一個範例。因此，盡管這本索引在研究數據的採集上還做不到竭澤而漁地一網打盡，肯定還會有疏漏之處，但仍然是目前按號查閱研究英、法所藏敦煌文獻研究資料最完備、有效的工具書，我們應爲之鼓掌稱善。同時，我知道二位編者也會真誠地歡迎與鼓勵使用這本索引的學者能不斷地提出修正意見與補充資料，使之日臻完美，長用常新。

2008 年 8 月 6 日

編製説明

一、本索引收録了英藏敦煌遺書、法藏敦煌遺書以及英國博物館藏敦煌絹紙畫的研究論著索引共約十萬餘條，涉及的遺書編號約八千餘號。

二、索引著録項目包括：遺書原編號、著者、論著名稱、出處、出版年代及頁碼。

三、關於遺書編號：

1. 索引中用的編號均根據現已出版的《法藏敦煌西域文獻》①及《英藏敦煌文獻》②中標注的慣用編號。編號前冠有“S.”的爲英藏敦煌遺書；冠以“S. T.”的爲英藏敦煌藏文遺書；冠以“S. P.”的爲英國國家圖書館藏敦煌刻本文獻；冠以“BM. S. P.”的爲英國博物館藏敦煌絹紙畫；冠以“P.”的爲法藏敦煌遺書；冠以“P. T.”的爲法藏敦煌藏文遺書。

2. 編號後加“*”的，爲《敦煌遺書總目索引》③及《敦煌遺書總目新編》④中著録爲“缺”或“空號”的編號。

3. 原論著中所引編號有後綴者，如“A”、“B”、“(1)”、“(2)”、“p1”、“p2”等，因論著中引用編號時多粗略不統一，本索引一律不取。

四、索引條目排列順序：

1. 本索引以遺書編號爲序，遺書編號下爲此號的研究論著。

2. 每一編號下的研究論著按出版年代排序，同年出版的論著以作者姓氏的漢語拼音順序編排，單位集體作者列於最後。

五、個别引用編號有錯，並可確定正確文獻編號的條目，改正後按正確編號排列，並在後面附加説明：“(原文録爲……)”，以便在論著中準確查找。

六、由於敦煌學研究從上世紀初開始直至今日，已有百餘年的時間，研究論著極其紛雜，在不同時期、不同書刊中出現的著述，各種符號的標注形式亦不盡相同，在此只能做到盡量統一。

七、所選書刊，除我國香港、臺灣以及日本出版的外，其他一律不著録出版地。

八、個别論著因某種原因未注頁碼，我們在此一並提供，僅爲研究者多提供一些查閲綫索。

九、本索引原爲到館讀者查閲方便而作，故所取文獻多爲國家圖書館敦煌閲覽室所藏。

---

① 上海古籍出版社，1994—2005年。

② 四川人民出版社，1990—1994年。

③ 中華書局，1983年。

④ 中華書局，2003年。

英藏敦煌遺書研究按號索引

S. 2

小田義久　大谷文書の研究　(京都)法藏館　1996　p. 350

府憲展　《俄藏敦煌文獻》科羅特闊夫收集品的《弘法藏》和高昌刻經活動　2000 年敦煌學國際學術討論會文集・歷史文化卷(上)　甘肅民族出版社　2003　p. 331

S. 4

黃征　敦煌語言文字學研究　甘肅教育出版社　2002　p. 29

黃征　敦煌語言文字學研究要論　漢語史學報(第二輯)　上海教育出版社　2002　p. 8

S. 6

茅甘　敦煌寫本中的"五姓堪輿"法　法國學者敦煌學論文選萃　中華書局　1993　p. 250

王進玉　敦煌石窟探秘　四川教育出版社　1994　p. 58

鄧文寬　敦煌三篇具注曆日佚文校考　《敦煌研究》2000 年第 3 期　p. 108

S. 7

金岡照光　敦煌文學のさまざま　敦煌の文學　(東京)大蔵出版株式會社　1971　p. 122

金岡照光　敦煌民衆の宗教と生活　敦煌の民衆:その生活と思想　(東京)評論社　1972　p. 114

鄭阿財　敦煌孝道文學研究　(臺北)石門圖書公司　1982　p. 303

金岡照光　敦煌文獻より見たる彌勒信仰の一側面　敦煌と中國仏教(講座敦煌 7)　(東京)大東出版社　1984　p. 553

潘重規　敦煌變文集新書(上)　(臺北)"中國文化大學"中文研究所　1984　p. 25

王重民　故圓鑒大師二十四孝押座文　敦煌變文集　人民文學出版社　1984　p. 838

周紹良　讀變文劄記　紹良叢稿　齊魯書社　1984　p. 105、107

郭在貽　張涌泉　黃征　"押座文"八種補校　《寧波師院學報》1989 年第 1 期　p. 75

張鴻勳　講經文　敦煌文學　甘肅人民出版社　1989　p. 268

項楚　敦煌變文選注　巴蜀書社　1990　p. 761

金岡照光　孝行譚:『舜子変』と『董永傳』　敦煌の文學文獻(講座敦煌 9)　(東京)大東出版社　1992　p. 498

周紹良　敦煌文學芻議及其它　(臺北)新文豐出版公司　1992　p. 87

鄭阿財　從敦煌文獻看唐代的三教合一　第二屆國際唐代學術會議論文集(上)　(臺北)文津出版社　1993　p. 649

曲金良　敦煌佛教文學研究　(臺北)文津出版社　1995　p. 60

王書慶　敦煌佛學・佛事篇　甘肅民族出版社　1995　p. 139

段小强　敦煌文書所反映的古代喪禮　《敦煌學輯刊》1996 年第 2 期　p. 45

張涌泉　敦煌俗字研究導論　(臺北)新文豐出版公司　1996　p. 251

黃征　張涌泉　敦煌變文校注　中華書局　1997　p. 1158

海客　故圓鑒大師二十四孝押座文　敦煌學大辭典　上海辭書出版社　1998　p. 580
高國藩　敦煌俗文化學　上海三聯書店　1999　p. 600
張涌泉　敦煌文書疑難詞語辨釋　舊學新知　浙江大學出版社　1999　p. 262、235
張涌泉　敦煌寫本書寫特例發微　舊學新知　浙江大學出版社　1999　p. 235
金岡照光　敦煌文獻と中國文學　（東京）五曜書房　2000　p. 19、62、84、358
顔廷亮　敦煌文化的靈魂論綱　《甘肅社會科學》2000 年第 4 期　p. 34
張錫厚　敦煌文學源流　作家出版社　2000　p. 428
李小榮　變文講唱與華梵宗教藝術　上海三聯書店　2002　p. 293
張鴻勳　敦煌俗文學研究　甘肅人民出版社　2002　p. 9
荒見泰史　敦煌變文研究概述以及新觀點　華林（第三卷）　中華書局　2004　p. 407

S. 10

向達　倫敦所藏敦煌卷子經眼目録　《北平圖書館圖書季刊》1939 年新第 1 卷第 4 期　p. 397　又見：唐代長安與西域文明　三聯書店　1957　p. 196
王重民　倫敦所見敦煌殘卷叙録　《大公報》1947 年 12 月 11 日　又見：中國敦煌學百年文庫・綜述卷（一）　甘肅文化出版社　1999　p. 273
潘重規　敦煌毛詩詁訓傳殘卷題記　（香港）《新亞書院學術年刊》1968 年第 10 期　又見：中國敦煌學百年文庫・文獻卷（二）　甘肅文化出版社　1999　p. 216
潘重規　巴黎倫敦所藏敦煌詩經卷子題記　（香港）《新亞書院學術年刊》1969 年第 11 期　又見：中國敦煌學百年文庫・文獻卷（二）　甘肅文化出版社　1999　p. 387
潘重規　敦煌詩經卷子研究　（臺北）《華岡學報》1970 年第 6 期　又見：中國敦煌學百年文庫・文獻卷（二）　甘肅文化出版社　1999　p. 438
蘇瑩輝　石室出土的寫本古籍　敦煌　（臺北）藝文印書館　1977　p. 19
王重民　敦煌古籍叙録　中華書局　1979　p. 31
蘇瑩輝　七十年來之敦煌學研究概述　《珠海學報》1981 年第 12 期　又見：中國敦煌學百年文庫・綜述卷（二）　甘肅文化出版社　1999　p. 361
蘇瑩輝　近三十年國際研究"敦煌學"之回顧與前瞻　《書目季刊》1982 年第 60 卷第 2 期　又見：中國敦煌學百年文庫・綜述卷（三）　甘肅文化出版社　1999　p. 14
黄瑞雲　敦煌古寫本《詩經》校釋劄記（二）　《敦煌研究》1986 年第 3 期　p. 48
王重民原編　黄永武新編　敦煌古籍叙録新編（第二冊）　（臺北）新文豐出版公司　1986　p. 259
石塚晴通　敦煌の加點本　敦煌漢文文獻（講座敦煌 5）　（東京）大東出版社　1992　p. 255
土田健次郎　儒教典籍　敦煌漢文文獻（講座敦煌 5）　（東京）大東出版社　1992　p. 268、283、284
寧可　敦煌遺書散録二則　敦煌吐魯番研究（第一卷）　北京大學出版社　1996　p. 313
張金泉　許建平　敦煌音義彙考　杭州大學出版社　1996　p. 161
白化文　毛詩音　敦煌學大辭典　上海辭書出版社　1998　p. 773
白化文　詩經　敦煌學大辭典　上海辭書出版社　1998　p. 773
郝春文　英倫研讀敦煌文獻原件劄記　《敦煌研究》2000 年第 2 期　p. 96
顔廷亮　敦煌文化　光明日報出版社　2000　p. 201
郝春文　英藏敦煌社會歷史文獻釋録（第一卷）　科學出版社　2001　p. 1
姜亮夫　敦煌莫高窟年表　姜亮夫全集（十一）　雲南人民出版社　2002　p. 160
王素　敦煌吐魯番文獻　文物出版社　2002　p. 138
伏俊璉　敦煌《詩經》殘卷的文獻價值　《敦煌研究》2004 年第 4 期　p. 41

洪藝芳　潘重規先生在敦煌音韻整理研究上的貢獻　敦煌學(第25輯)　(臺北)樂學書局有限公司　2004　p. 241

許建平　敦煌《詩經》卷子研讀劄記二則　《敦煌學輯刊》2004年第1期　p. 71

張弓　敦煌四部籍與中古後期社會的文化情境　敦煌學(第25輯)　(臺北)樂學書局有限公司　2004　p. 313

黃征　敦煌俗字典　上海教育出版社　2005　p. 12、135

鄭阿財　論敦煌文獻展現的六朝隋唐注釋學　《敦煌學輯刊》2005年第4期　p. 5

S. 11

戴仁　敦煌的經折裝寫本　法國學者敦煌學論文選萃　中華書局　1993　p. 580

S. 12

江素雲　維摩詰所說經敦煌寫本綜合目録　(臺北)東初出版社　1991　p. 79

S. 13

月輪賢隆　土橋秀高　沙門慧述『四分戒本疏』巻第一について　西域文化研究(第一)・敦煌佛教資料　(京都)法藏館　1958　p. 156

陳麗萍　敦煌籍帳中夫妻年歲差距過大現象初探　《首都師範大學學報》2006年第2期　p. 7

S. 15

方廣錩　佛頂尊勝陀羅尼經　敦煌學大辭典　上海辭書出版社　1998　p. 697

S. 17

張金泉　許建平　敦煌音義彙考　杭州大學出版社　1996　p. 1198

張金泉　敦煌佛經音義寫卷述要　《敦煌研究》1997年第2期　p. 122

張勇　傅大士研究　巴蜀書社　2000　p. 215

S. 18

張金泉　許建平　敦煌音義彙考　杭州大學出版社　1996　p. 1198

張金泉　敦煌佛經音義寫卷述要　《敦煌研究》1997年第2期　p. 122

S. 19

向達　倫敦所藏敦煌卷子經眼目録　《北平圖書館圖書季刊》1939年新第1卷第4期　p. 397　又見:唐代長安與西域文明　三聯書店　1957　p. 196

劉銘恕　英國博物院所藏的敦煌卷子　《中國科學院圖書館通訊》1957年第1期　又見:中國敦煌學百年文庫・綜述卷(二)　甘肅文化出版社　1999　p. 129

金岡照光　ソビエトにおける敦煌研究文獻三種　『東洋學報』(48巻1號)　(東京)東洋學術協會　1965　p. 121

金岡照光　敦煌漢文文學文獻の文學形態上の種類とその分類　敦煌出土文學文獻分類目録・附解說　(東京)東洋文庫　1971　p. 229

金岡照光　敦煌文學のさまざま　敦煌の文學　(東京)大蔵出版株式會社　1971　p. 130

王重民　敦煌古籍敘録　中華書局　1979　p. 159

蘇瑩輝　敦煌學概要　(臺北)編譯館"中華叢書編委會"　1981　p. 44
鄭阿財　孝道文學敦煌寫卷《十恩德讚》初探　(臺北)《華岡文科學報》1981 年第 13 期　p. 235
鄭阿財　敦煌孝道文學研究　(臺北)石門圖書公司　1982　p. 532
蘇瑩輝　中外敦煌古寫本纂要　敦煌論集　(臺北)學生書局　1983　p. 319
戴密微著　耿昇譯　列寧格勒所藏敦煌漢文寫本簡介　敦煌譯叢(第一輯)　甘肅人民出版社　1985　p. 124 注 1
王重民原編　黄永武新編　敦煌古籍叙録新編(第八冊)　(臺北)新文豐出版公司　1986　p. 187
趙承澤　敦煌學和科技史　1983 年全國敦煌學術討論會文集・文史遺書編(上)　甘肅人民出版社　1987　p. 409
孫其芳　詞　敦煌文學　甘肅人民出版社　1989　p. 214
許康　敦煌算書透露的科學與社會信息　《敦煌研究》1989 年第 1 期　p. 96
李并成　從敦煌算經看我國唐宋時代的初級數學教育　《數學教學研究》1991 年第 1 期　p. 40
宮島一彦　曆書・算書　敦煌漢文文獻(講座敦煌 5)　(東京)大東出版社　1992　p. 477
林家平　寧强　羅華慶　中國敦煌學史　北京語言學院出版社　1992　p. 157
周紹良　敦煌文學芻議及其它　(臺北)新文豐出版公司　1992　p. 38
李正宇　敦煌文學概論　甘肅人民出版社　1993　p. 145
胡戟　傅玫　敦煌史話　中華書局　1995　p. 197
楊際平　唐代尺步、畝制、畝産小議　《中國社會經濟史研究》1996 年第 2 期　p. 36
鄧文寬　敦煌算書　敦煌學大辭典　上海辭書出版社　1998　p. 600
鄧文寬　圭抄撮　敦煌學大辭典　上海辭書出版社　1998　p. 603
劉鈍　算經　敦煌學大辭典　上海辭書出版社　1998　p. 601
何華珍　金春梅　敦煌本《勵忠節抄》王校補正　中古近代漢語研究(第一輯)　上海教育出版社　2000　p. 289
楊秀清　華戎交會的都市:敦煌與絲綢之路　甘肅人民出版社　2000　p. 134
郝春文　英藏敦煌社會歷史文獻釋録(第一卷)　科學出版社　2001　p. 19、23
榮新江　敦煌學十八講　北京大學出版社　2001　p. 297
郭正忠　一部失落的北朝算書寫本:《甲種敦煌算書》研究　數學典籍索引:秦漢至宋社會經濟史料　遼寧教育出版社　2003　p. 547

S. 20

胡戟　傅玫　敦煌史話　中華書局　1995　p. 188
白化文　漢書　敦煌學大辭典　上海辭書出版社　1998　p. 775
郝春文　英藏敦煌社會歷史文獻釋録(第一卷)　科學出版社　2001　p. 25

S. 22

黄霞　佛說相好經　藏外佛教文獻(第三輯)　宗教文化出版社　1997　p. 405
張金泉　敦煌佛經音義寫卷述要　《敦煌研究》1997 年第 2 期　p. 121
方廣錩　相好經　敦煌學大辭典　上海辭書出版社　1998　p. 730
張先堂　觀相念佛:盛唐至北宋一度流行的淨土教行儀　《敦煌研究》2005 年第 5 期　p. 32

S. 24

許國霖　敦煌石室寫經年代表　《微妙聲》1937 年第 5 期　又見:中國敦煌學百年文庫・宗教卷

（四）　甘肅文化出版社　1999　p. 197

S. 26

陳祚龍　敦煌古抄内典尾記彙校初、二、三編合刊　敦煌學要籥　（臺北）新文豐出版公司　1982　p. 85

S. 29

井ノロ泰淳　敦煌本『仏名經』の諸系統　中央アジアの言語と仏教　（京都）法藏館　1995　p. 297

S. 30

江素雲　維摩詰所說經敦煌寫本綜合目錄　（臺北）東初出版社　1991　p. 79

S. 32

蘇北海　唐朝在吐魯番盆地的國防設施　《西北史地》1997 年第 3 期　p. 8
郝春文　英倫研讀敦煌文獻原件劄記　《敦煌研究》2000 年第 2 期　p. 98
金岡照光　敦煌文獻と中國文學　（東京）五曜書房　2000　p. 143
郝春文　英藏敦煌社會歷史文獻釋錄（第一卷）　科學出版社　2001　p. 27

S. 33

岡部和雄　疑僞經典　敦煌仏典と禪（講座敦煌 8）　（東京）大東出版社　1980　p. 357
田中良昭　敦煌禪宗文獻の研究　（東京）大東出版社　1983　p. 403
柳田聖山　禪籍解題（一）・敦煌禪籍　俗語言研究（第二期）　（京都）禪文化研究所　1995　p. 148
孫昌武　禪思與詩情　中華書局　1997　p. 520
方廣錩　法句經　敦煌學大辭典　上海辭書出版社　1998　p. 742

S. 36

芳村修基　土橋秀高　井ノロ泰淳　敦煌佛教史年表　西域文化研究（第一）・敦煌佛教資料　（京都）法藏館　1958　p. 262
矢吹慶輝　鳴沙餘韻・解說篇（第二部）　（京都）臨川書店　1980　p. 238
饒宗頤解說　林宏作譯　敦煌書法叢刊（第十八卷）・碎金（一）　（東京）二玄社　1983　p. 91
田中良昭　敦煌禪宗文獻の研究　（東京）大東出版社　1983　p. 403
池田溫　中國古代寫本識語集錄　（東京）大藏出版株式會社　1990　p. 215
高國藩　敦煌古俗與民俗流變　河海大學出版社　1990　p. 428
林聰明　從敦煌文書看佛教徒的造經祈福　第二屆敦煌學國際研討會論文集　（臺北）漢學研究中心　1990　p. 523
柴劍虹　《敦煌遺書總目索引》重印記　西域文史論稿　（臺北）國文天地雜誌社　1991　p. 491
方廣錩　佛教大藏經史（八—十世紀）　中國社會科學出版社　1991　p. 58
林聰明　敦煌文書出處略考　季羡林教授八十華誕紀念論文集（下）　江西人民出版社　1991　p. 851
林聰明　敦煌文書學　（臺北）新文豐出版公司　1991　p. 98、107、140、210、308、374
楊森　唐虞世南子虞昶傳略補　《陝西師範大學學報》1992 年第 21 卷第 2 期　p. 72
顧吉辰　唐代敦煌文獻寫本書手考述　《敦煌學輯刊》1993 年第 1 期　p. 26

陳澤奎　試論唐人寫經題記的原始著作權意義　《敦煌研究》1994 年第 3 期　p. 122

林聰明　談敦煌文書的抄寫問題　紀念陳寅恪先生百年誕辰學術論文集　江西教育出版社　1994　p. 284、294

沃興華　敦煌書法藝術　上海人民出版社　1994　p. 67

方廣錩　敦煌文獻中的《金剛經》及其注疏　《新疆文物》1995 年第 1 期　p. 46　又見:敦煌學佛教學論叢(上)　中國佛教文化研究所　1998　p. 374

鄭阿財　敦煌寫卷《持誦金剛經靈驗功德記》研究　全國敦煌學研討會論文集　(臺北)中正大學中國文學系所　1995　p. 270

藤枝晃著　徐慶全　李樹清譯　敦煌寫本概述　《敦煌研究》1996 年第 2 期　p. 118

張涌泉　敦煌俗字研究導論　(臺北)新文豐出版公司　1996　p. 25

文化　敦煌佛教寫經與士人書法的審美意識　《敦煌研究》1997 年第 4 期　p. 55

張弓　漢唐佛寺文化史　中國社會科學出版社　1997　p. 881

鄭阿財　敦煌靈應小說的佛教史學價值　唐研究國際學術會議論文彙編　中國社會科學院歷史研究所　1997　p. 193　又見:唐研究(第四卷)　北京大學出版社　1998　p. 42

陳國燦　咸亨三年左春坊寫金剛般若波羅蜜經記　敦煌學大辭典　上海辭書出版社　1998　p. 455

方廣錩　金剛般若波羅蜜經　敦煌學大辭典　上海辭書出版社　1998　p. 682

顧吉辰　敦煌文獻職官結銜考釋　《敦煌學輯刊》1998 年第 2 期　p. 24

楊富學　王書慶　唐代長安與敦煌佛教文化之關係　'98 法門寺唐文化國際學術討論會論文集　陝西人民出版社　2000　p. 178

郝春文　英藏敦煌社會歷史文獻釋録(第一卷)　科學出版社　2001　p. 29

林聰明　敦煌吐魯番文書解詁指例　(臺北)新文豐出版公司　2001　p. 58 注 13、133、150

石塚晴通　敦煌寫本的問題點　敦煌文獻論集:紀念藏經洞發現一百周年國際學術研討會論文集　遼寧人民出版社　2001　p. 47

蔡忠霖　敦煌漢文寫卷俗字及其現象　(臺北)文津出版社　2002　p. 32

姜亮夫　敦煌莫高窟年表　姜亮夫全集(十一)　雲南人民出版社　2002　p. 242

釋永有　敦煌遺書中的金剛經　敦煌佛教藝術文化國際學術研討會論文集　蘭州大學出版社　2002　p. 39

衣川賢次　唐玄宗《御注金剛般若經》的復原與研究　新世紀敦煌學論集　巴蜀書社　2003　p. 115

杜正乾　唐代的《金剛經》信仰　《敦煌研究》2004 年第 5 期　p. 53

赤尾榮慶　關於敦煌寫本的真僞和修復問題　敦煌學國際研討會論文集　北京圖書館出版社　2005　p. 329

S. 37

陳祚龍　敦煌古抄內典尾記彙校二編　敦煌文物隨筆　(臺北)商務印書館　1979　p. 162

陳祚龍　敦煌古抄內典尾記彙校初、二、三編合刊　敦煌學要籥　(臺北)新文豐出版公司　1982　p. 69

饒宗頤解說　林宏作譯　敦煌書法叢刊(第二一卷)・寫經(二)　(東京)二玄社　1983　p. 74

方廣錩　敦煌遺書中的《妙法蓮華經》及有關文獻　敦煌學佛教學論叢(下)　中國佛教文化研究所　1998　p. 88

鄭阿財　臺北"中研院"傅斯年圖書館藏敦煌卷子題記　慶祝吳其昱先生八秩華誕敦煌學特刊　(臺北)文津出版社　2000　p. 381

S. 41

江素雲　維摩詰所說經敦煌寫本綜合目録　（臺北）東初出版社　1991　p. 79

S. 42

袁德領　關於敦煌遺書中六個卷子的定名　《敦煌研究》1989 年第 3 期　p. 61

王三慶　敦煌寫卷中武后新字之調查研究　唐代研究論集(第三輯)　（臺北）新文豐出版公司　1992　p. 85

S. 43

袁德領　關於敦煌遺書中六個卷子的定名　《敦煌研究》1989 年第 3 期　p. 61

S. 48

文化　敦煌佛教寫經與士人書法的審美意識　《敦煌研究》1997 年第 4 期　p. 55

葉永勝　敦煌本《辯才家教》初探　1994 年敦煌學國際研討會文集・宗教文史卷(下)　甘肅民族出版社　2000　p. 218

S. 50

陳祚龍　敦煌古抄內典尾記彙校初、二、三編合刊　敦煌學要籥　（臺北）新文豐出版公司　1982　p. 86

饒宗頤解說　林宏作譯　敦煌書法叢刊(第十八卷)・碎金(一)　（東京）二玄社　1983　p. 92

池田溫　中國古代寫本識語集録　（東京）大蔵出版株式會社　1990　p. 382

郝春文　英藏敦煌社會歷史文獻釋録(第一卷)　科學出版社　2001　p. 31

S. 53

陳祚龍　敦煌古抄內典尾記彙校初、二、三編合刊　敦煌學要籥　（臺北）新文豐出版公司　1982　p. 86

池田溫　中國古代寫本識語集録　（東京）大蔵出版株式會社　1990　p. 383

高國藩　敦煌古俗與民俗流變　河海大學出版社　1990　p. 415

李玉珍　敦煌藥師經變研究　（臺北）《"故宮"學術季刊》1990 年第 7 卷第 3 期　p. 7

林聰明　敦煌文書學　（臺北）新文豐出版公司　1991　p. 318

郝春文　英藏敦煌社會歷史文獻釋録(第一卷)　科學出版社　2001　p. 32

陳麗萍　敦煌女性寫經題記及反映的婦女問題　敦煌佛教藝術文化國際學術研討會論文集　蘭州大學出版社　2002　p. 436

S. 56

陳祚龍　敦煌古抄內典尾記彙校初、二、三編合刊　敦煌學要籥　（臺北）新文豐出版公司　1982　p. 86

池田溫　中國古代寫本識語集録　（東京）大蔵出版株式會社　1990　p. 161

郝春文　英藏敦煌社會歷史文獻釋録(第一卷)　科學出版社　2001　p. 33

S. 57

寧強　大足石刻中的繪畫性因素試析:兼談敦煌藝術對大足石刻的影響　《敦煌研究》1987 年第 1 期

p. 26

S. 59

矢吹慶輝　三階教之研究　(東京)岩波書店　1927　p. 191、534、786

陳祚龍　關於唐釋智昇的生平與著述　敦煌學散策新集　(臺北)新文豐出版公司　1989　p. 172

吳其昱著　伊藤美重子譯　敦煌漢文寫本概觀　敦煌漢文文獻(講座敦煌 5)　(東京)大東出版社　1992　p. 73

汪娟　敦煌禮懺文研究　(臺北)法鼓文化公司　1994　p. 14、115

汪娟　敦煌寫本《上生禮》研究　全國敦煌學研討會論文集　(臺北)中正大學中國文學系所　1995　p. 95

聖凱　善導禮讚儀新探　法源(第 18 期)　中國佛學院　2000　p. 176

汪娟　敦煌文獻中的佛教禮懺儀　新國學(第二卷)　巴蜀書社　2000　p. 327

湛如　敦煌淨土教讚文考辨　華林(第一卷)　中華書局　2001　p. 191

西本照真　敦煌抄本中的三階教文獻　中日敦煌佛教學術會議論文集　中國社會科學院研究所　2002　p. 177

李小榮　敦煌密教文獻論稿　人民文學出版社　2003　p. 255

西本照真　三階教文獻綜述　藏外佛教文獻(第九輯)　宗教文化出版社　2003　p. 364

湛如　敦煌佛教律儀制度研究　中華書局　2003　p. 266

林世田　《大乘方等陀羅尼經並諸經內四衆懺悔發願文》整理研究　敦煌學國際研討會論文集　北京圖書館出版社　2005　p. 118

S. 60

杜愛英　敦煌遺書中俗體字的諸種類型　《敦煌研究》1992 年第 3 期　p. 123

S. 62

芳村修基　土橋秀高　井ノ口泰淳　敦煌佛教史年表　西域文化研究(第一)・敦煌佛教資料　(京都)法藏館　1958　p. 275

陳祚龍　敦煌古抄內典尾記彙校二編　敦煌文物隨筆　(臺北)商務印書館　1979　p. 172

矢吹慶輝　鳴沙餘韻・解說篇(第一部)　(京都)臨川書店　1980　p. 212

井ノ口泰淳　敦煌本『仏名經』の諸系統　中央アジアの言語と仏教　(京都)法藏館　1995　p. 297

S. 63

向達　倫敦所藏敦煌卷子經眼目録　《北平圖書館圖書季刊》1939 年新第 1 卷第 4 期　p. 397　又見:唐代長安與西域文明　三聯書店　1957　p. 196

金岡照光　敦煌の寫本　敦煌の文學　(東京)大藏出版株式會社　1971　p. 80

石井昌子　靈寶經類　敦煌と中國道教(講座敦煌 4)　(東京)大東出版社　1983　p. 151

郝春文　英藏敦煌社會歷史文獻釋録(第一卷)　科學出版社　2001　p. 34

曾良　敦煌文獻字義通釋　廈門大學出版社　2001　p. 10

葉貴良　《英藏敦煌社會歷史文獻釋録・斯 63 號太上洞玄靈寶無量度人上品妙經》校正　《敦煌學輯刊》2002 年第 2 期　p. 145

馮利華　敦煌寫本道經《金真玉光八景飛經》校讀　《西域研究》2003 年第 2 期　p. 111

吳麗娛　論九宮祭祀與道教崇拜　唐研究(第九卷)　北京大學出版社　2003　p. 307

曾良　俗字與古籍整理舉隅　《中國典籍與文化》2003 年第 2 期　p. 65
王卡　敦煌道教文獻研究　中國社會科學出版社　2004　p. 101
王卡　中國國家圖書館藏敦煌道教遺書研究報告　敦煌吐魯番研究(第七卷)　北京大學出版社　2004　p. 350

S. 66

礪波護著　韓昇　劉建英譯　隋唐佛教文化　上海古籍出版社　2004　p. 49

S. 67

耿昇　八十年代的法國敦煌學論著簡介　《敦煌研究》1986 年第 3 期　p. 84
寧强　大足石刻中的繪畫性因素試析:兼談敦煌藝術對大足石刻的影響　《敦煌研究》1987 年第 1 期　1987　p. 28
景盛軒　試論敦煌佛經異文研究的價值和意義　《敦煌研究》2004 年第 5 期　p. 88

S. 68

王書慶　敦煌佛學・佛事篇　甘肅民族出版社　1995　p. 49

S. 70

寧强　大足石刻中的繪畫性因素試析:兼談敦煌藝術對大足石刻的影響　《敦煌研究》1987 年第 1 期　p. 27
方廣錩　敦煌佛教經録輯校　江蘇古籍出版社　1997　p. 1045

S. 71

陳祚龍　敦煌古抄内典尾記彙校初、二、三編合刊　敦煌學要籥　(臺北)新文豐出版公司　1982　p. 86
楠山春樹　道德經類 付『莊子』『列子』『文子』　敦煌と中國道教(講座敦煌 4)　(東京)大東出版社　1983　p. 52
平井俊榮　敦煌仏典と中國仏教　敦煌と中國仏教(講座敦煌 7)　(東京)大東出版社　1984　p. 8
池田溫　中國古代寫本識語集録　(東京)大藏出版株式會社　1990　p. 155
林聰明　敦煌文書學　(臺北)新文豐出版公司　1991　p. 313
姜伯勤　敦煌戒壇與大乘佛教　華學(第二輯)　中山大學出版社　1996　p. 325
姜伯勤　敦煌藝術宗教與禮樂文明　中國社會科學出版社　1996　p. 353
湛如　敦煌菩薩戒儀與菩薩戒牒之研究　《敦煌研究》1997 年第 2 期　p. 77
郝春文　英藏敦煌社會歷史文獻釋録(第一卷)　科學出版社　2001　p. 43
釋永有　敦煌遺書中的金剛經　敦煌佛教藝術文化國際學術研討會論文集　蘭州大學出版社　2002　p. 39
湛如　敦煌佛教律儀制度研究　中華書局　2003　p. 152

S. 75

向達　倫敦所藏敦煌卷子經眼目録　《北平圖書館圖書季刊》1939 年新第 1 卷第 4 期　p. 397　又見:唐代長安與西域文明　三聯書店　1957　p. 196
鄭良樹　敦煌老子寫本考異　(臺北)《大陸雜誌》1981 年第 2 期　又見:中國敦煌學百年文庫・宗

教卷(三)　甘肅文化出版社　1999　p. 68
楠山春樹　道德經類 付『莊子』『列子』『文子』　敦煌と中國道教(講座敦煌 4)　(東京)大東出版社　1983　p. 9
王重民原編　黄永武新編　敦煌古籍叙録新編(第十二冊)　(臺北)新文豐出版公司　1986　p. 256
麥谷邦夫　唐玄宗御注『道德真經』および疏撰述をめぐる二、三の問題　『東方學報』(第 62 號)　京都大學人文科學研究所　1990　p. 230
林聰明　敦煌文書學　(臺北)新文豐出版公司　1991　p. 275
朱越利　道經總論　遼寧教育出版社　1992　p. 270
胡戟　傅玫　敦煌史話　中華書局　1995　p. 134
饒宗頤　吳建衡二年索紞寫本道德經殘卷考證　(香港)《東方文化》1995 年第 2 卷第 1 期　p. 9
王卡　老子道德經序訣　敦煌學大辭典　上海辭書出版社　1998　p. 762
嚴靈峰　老子《想爾注》寫本殘卷質疑　中國敦煌學百年文庫・文獻卷(一)　甘肅文化出版社　1999　p. 496
郝春文　英藏敦煌社會歷史文獻釋録(第一卷)　科學出版社　2001　p. 44
王卡　敦煌道教文獻研究　中國社會科學出版社　2004　p. 158

S. 76

向達　倫敦所藏敦煌卷子經眼目録　《北平圖書館圖書季刊》1939 年新第 1 卷第 4 期　p. 397　又見:唐代長安與西域文明　三聯書店　1957　p. 196
羅福頤　敦煌石室文物對於學術上的貢獻　《歷史教學》1951 年第 5 期　又見:中國敦煌學百年文庫・考古卷(四)　甘肅文化出版社　1999　p. 11
劉銘恕　英國博物院所藏的敦煌卷子　《中國科學院圖書館通訊》1957 年第 1 期　又見:中國敦煌學百年文庫・綜述卷(二)　甘肅文化出版社　1999　p. 129
芳村修基　土橋秀高　井ノ口泰淳　敦煌佛教史年表　西域文化研究(第一)・敦煌佛教資料　(京都)法藏館　1958　p. 278
三木榮　西域出土醫藥關係文獻綜合解說目録『東洋學報』(47 卷 1 號)　(東京)東洋學術協會　1964　p. 12
金岡照光　敦煌文學のさまざま　敦煌の文學　(東京)大蔵出版株式會社　1971　p. 165
王重民　敦煌古籍叙録　中華書局　1979　p. 154
趙健雄　敦煌石窟醫學史料輯要　《敦煌學輯刊》1985 年第 2 期　p. 120
王重民原編　黄永武新編　敦煌古籍叙録新編(第七、八冊)　(臺北)新文豐出版公司　1986　p. 319;139
姜伯勤　敦煌的"畫行"與"畫院"　1983 年全國敦煌學術討論會文集・石窟藝術編(下)　甘肅人民出版社　1987　p. 181
姜伯勤　唐五代敦煌寺戶制度　中華書局　1987　p. 288
譚真　敦煌本《食療本草》殘卷初探　1983 年全國敦煌學術討論會文集・文史遺書編(上)　甘肅人民出版社　1987　p. 389
趙承澤　敦煌學和科技史　1983 年全國敦煌學術討論會文集・文史遺書編(上)　甘肅人民出版社　1987　p. 411
林平和　羅振玉敦煌學析論　(臺北)文史哲出版社　1988　p. 83
馬繼興　敦煌古醫籍考釋　江西科學技術出版社　1988　p. 16、415
高國藩　敦煌民俗學　上海文藝出版社　1989　p. 320

譚蟬雪　敦煌歲時掇瑣:正月　《敦煌研究》1990 年第 1 期　p. 46
甘肅中醫學院圖書館　敦煌中醫藥學集錦　甘肅中醫學院圖書館　1990　p. 116
譚真　敦煌隋唐時期醫事狀況　敦煌學國際學術討論會論文縮寫文(1990)　敦煌研究院　1990　p. 73　又見:敦煌學國際研討會文集・石窟考古編　遼寧美術出版社　1995　p. 410
柴劍虹　《敦煌遺書總目索引》重印記　西域文史論稿　(臺北)國文天地雜誌社　1991　p. 492
杜愛英　敦煌遺書中俗體字的諸種類型　《敦煌研究》1992 年第 3 期　p. 120
宮下三郎　敦煌本の本草醫書　敦煌漢文文獻(講座敦煌 5)　(東京)大東出版社　1992　p. 495
姜伯勤　敦煌社會文書導論　(臺北)新文豐出版公司　1992　p. 121
林家平　寧强　羅華慶　中國敦煌學史　北京語言學院出版社　1992　p. 585
項楚　敦煌詩歌導論　(臺北)新文豐出版公司　1993　p. 13
丛春雨　敦煌中醫藥全書　中醫古籍出版社　1994　p. 27
李明偉　隋唐絲綢之路　甘肅人民出版社　1994　p. 296
鄭炳林　高偉　唐五代敦煌釀酒業初探　《西北史地》1994 年第 1 期　p. 35
胡戟　傅玫　敦煌史話　中華書局　1995　p. 192
劉進寶　敦煌學論述　(臺北)洪葉文化事業有限公司　1995　p. 297
張儂　敦煌石窟秘方與灸經圖　甘肅文化出版社　1995　p. 148
姜伯勤　敦煌藝術宗教與禮樂文明　中國社會科學出版社　1996　p. 21
張弓　漢唐佛寺文化史　中國社會科學出版社　1997　p. 928
柴劍虹　劉廷堅詩　敦煌學大辭典　上海辭書出版社　1998　p. 562
馬繼興　敦煌醫藥文獻輯校　江蘇古籍出版社　1998　p. 673
汪泛舟　敦煌道教詩歌補論　《敦煌研究》1998 年第 4 期　p. 89
王淑民　食療本草　敦煌學大辭典　上海辭書出版社　1998　p. 618
楊森　晚唐五代兩件《女人社》文書劄記　《敦煌研究》1998 年第 1 期　p. 70
黄征　程惠新　劫塵遺珠:敦煌遺書　甘肅教育出版社　1999　p. 208
王淑民　敦煌石窟秘藏醫方　北京醫科大學中國協和醫科大學聯合出版社　1999　p. 4
陳永勝　敦煌吐魯番法制文書研究　甘肅人民出版社　2000　p. 125
丛春雨　敦煌中醫藥精萃發微　中醫古籍出版社　2000　p. 105
郝春文　英倫研讀敦煌文獻原件劄記　《敦煌研究》2000 年第 2 期　p. 98
李重申　敦煌古代體育文化　甘肅人民出版社　2000　p. 166
徐俊　敦煌詩集殘卷輯考　中華書局　2000　p. 843
楊秀清　華戎交會的都市:敦煌與絲綢之路　甘肅人民出版社　2000　p. 131
張錫厚　敦煌文學源流　作家出版社　2000　p. 86
陳明　醫理精華:印度古典醫學在敦煌的實例分析　敦煌吐魯番研究(第五卷)　北京大學出版社　2001　p. 242
郝春文　英藏敦煌社會歷史文獻釋録(第一卷)　科學出版社　2001　p. 50、62
林聰明　敦煌吐魯番文書解詁指例　(臺北)新文豐出版公司　2001　p. 225
榮新江　敦煌學十八講　北京大學出版社　2001　p. 299
曾良　敦煌文獻字義通釋　廈門大學出版社　2001　p. 27、84
姜亮夫　敦煌莫高窟年表　姜亮夫全集(十一)　雲南人民出版社　2002　p. 491
劉進寶　敦煌學通論　甘肅教育出版社　2002　p. 414
馬繼興　當前世界各地收藏的中國出土卷子本古醫藥文獻備考　敦煌吐魯番研究(第六卷)　北京大學出版社　2002　p. 132

葉貴良　《敦煌文獻字義通釋》釋義商榷舉例　《敦煌研究》2002 年第 3 期　p. 49

趙和平　評《英藏敦煌社會歷史文獻釋録》　敦煌吐魯番研究(第六卷)　北京大學出版社　2002　p. 393

林平和　試論敦煌文獻之輯佚價值　新世紀敦煌學論集　巴蜀書社　2003　p. 740

曾良　俗字與古籍整理舉隅　《中國典籍與文化》2003 年第 2 期　p. 65

張子開　敦煌文獻中的白話禪詩　《敦煌學輯刊》2003 年第 1 期　p. 89

劉敬林　《英藏敦煌社會歷史文獻釋録》(第一卷)補校　《敦煌研究》2004 年第 2 期　p. 100

王卡　敦煌道教文獻研究　中國社會科學出版社　2004　p. 51、218

張弓　敦煌四部籍與中古後期社會的文化情境　敦煌學(第 25 輯)　(臺北)樂學書局有限公司　2004　p. 328

陳明　殊方異藥:出土文書與西域醫學　北京大學出版社　2005　p. 81、230

杜斗城　《涇州大雲寺舍利石函銘並序》跋　《敦煌學輯刊》2005 年第 4 期　p. 42

黄征　敦煌俗字典　上海教育出版社　2005　p. 16、31

楊森　跋甘肅武山拉梢寺北周造大佛像發願文石刻碑　《敦煌學輯刊》2005 年第 2 期　p. 233

陳懷宇　道宣與孫思邈醫學交流之一證蠡測　敦煌吐魯番研究(第九卷)　北京大學出版社　2006　p. 405

S. 77

向達　倫敦所藏敦煌卷子經眼目録　《北平圖書館圖書季刊》1939 年新第 1 卷第 4 期　p. 397　又見:唐代長安與西域文明　三聯書店　1957　p. 196

寺岡龍含　敦煌本郭象注莊子南華真經輯影　福井漢文學會　1960　p. 147

寺岡龍含　敦煌本郭象注莊子南華真經研究總論　福井漢文學會　1966　p. 68、138、156

王重民　敦煌古籍叙録　中華書局　1979　p. 250

蘇瑩輝　敦煌學概要　(臺北)編譯館"中華叢書編委會"　1981　p. 53

蘇瑩輝　中外敦煌古寫本纂要　敦煌論集　(臺北)學生書局　1983　p. 329

王重民　巴黎敦煌殘卷叙録(第二輯)　敦煌叢刊初集(九)　(臺北)新文豐出版公司　1985　p. 276

王重民原編　黄永武新編　敦煌古籍叙録新編(第十三冊)　(臺北)新文豐出版公司　1986　p. 220

謝重光　吐蕃佔領期與歸義軍時期的敦煌僧官制度　《敦煌研究》1991 年第 3 期　p. 53

姜伯勤　敦煌藝術宗教與禮樂文明　中國社會科學出版社　1996　p. 4

白化文　莊子郭象注　敦煌學大辭典　上海辭書出版社　1998　p. 777

譚世寶　敦煌文書《南華真經》諸寫本之年代及篇卷結構探討　道家文化研究(第十三輯)　三聯書店　1998　p. 79

黄征　程惠新　劫塵遺珠:敦煌遺書　甘肅教育出版社　1999　p. 203

顔廷亮　敦煌文化　光明日報出版社　2000　p. 209

郝春文　英藏敦煌社會歷史文獻釋録(第一卷)　科學出版社　2001　p. 75

王繼如　敦煌俗字研究法　訓詁問學叢稿　江蘇古籍出版社　2001　p. 233　又見:2000 年敦煌學國際學術討論會文集·歷史文化卷(下)　甘肅民族出版社　2003　p. 458

姜亮夫　敦煌莫高窟年表　姜亮夫全集(十一)　雲南人民出版社　2002　p. 203

王繼如　敦煌變文研究尚有可爲　漢語史學報專輯(第三輯)　上海教育出版社　2003　p. 362

王卡　敦煌道教文獻研究　中國社會科學出版社　2004　p. 182

王卡　中國國家圖書館藏敦煌道教遺書研究報告　敦煌吐魯番研究(第七卷)　北京大學出版社　2004　p. 366

S. 78

向達　倫敦所藏敦煌卷子經眼目録　《北平圖書館圖書季刊》1939 年新第 1 卷第 4 期　p. 397　又見:唐代長安與西域文明　三聯書店　1957　p. 196
王三慶　敦煌本古類書《語對》研究　(臺北)文史哲出版社　1985　p. 4、91、286
王三慶　《古類書》伯 2524 號及其複抄寫卷之研究　敦煌學(第 9 輯)　(臺北)新文豐出版公司　1985　p. 66
杜愛英　敦煌遺書中俗體字的諸種類型　《敦煌研究》1992 年第 3 期　p. 119
王三慶著　池田溫譯　類書　敦煌漢文文獻(講座敦煌 5)　(東京)大東出版社　1992　p. 372
胡戟　傅玫　敦煌史話　中華書局　1995　p. 188
周一良　趙和平　後唐時代刺史專用書儀　唐五代書儀研究　中國社會科學出版社　1995　p. 229
周一良　趙和平　後唐時代甘州回鶻表本及相關漢文文獻的初步研究　唐五代書儀研究　中國社會科學出版社　1995　p. 244　又見:(香港)《九州學刊》1995 年第 6 卷第 4 期　p. 97
周一良　趙和平　《新集雜別紙》的初步研究　唐五代書儀研究　中國社會科學出版社　1995　p. 262
趙和平　敦煌表狀箋啓書儀輯校　江蘇古籍出版社　1997　p. 213
趙和平　晚唐五代靈武節度使與沙州歸義軍關係試論　第三屆中國唐代文化學術研討會論文集　(臺北)政治大學中國文學系　1997　p. 550
鄭炳林　敦煌碑銘讚輯釋　甘肅教育出版社　1997　p. 98 注 29
白化文　語對　敦煌學大辭典　上海辭書出版社　1998　p. 780
趙和平　《敦煌寫本書儀研究》訂補　敦煌吐魯番研究(第三卷)　北京大學出版社　1998　p. 231
趙和平　縣令書儀　敦煌學大辭典　上海辭書出版社　1998　p. 423
張涌泉　漢語俗字叢考　中華書局　2000　p. 805
郝春文　英藏敦煌社會歷史文獻釋録(第一卷)　科學出版社　2001　p. 79、93、107
吳麗娯　從敦煌書儀中的表狀箋啓看唐五代官場禮儀的轉移變遷　中國社會歷史評論(第三卷)　中華書局　2001　p. 360
吳麗娯　關於 S. 78v 和 S. 1725v 兩件敦煌寫本書儀的一些看法　敦煌學與中國史研究論集　甘肅人民出版社　2001　p. 168
石曉軍　日本園城寺(三井寺)藏唐人詩文尺牘校證　唐研究(第八卷)　北京大學出版社　2002　p. 130
吳麗娯　唐禮摭遺:中古書儀研究　商務印書館　2002　p. 131、536
張小豔　刪字符號卜與敦煌文獻的解讀　《敦煌研究》2003 年第 3 期　p. 72
張涌泉　試論敦煌寫本類書的校勘價值:以《勵忠節抄》爲例　《敦煌研究》2003 年第 2 期　p. 69
劉敬林　《英藏敦煌社會歷史文獻釋録》(第一卷)補校　《敦煌研究》2004 年第 2 期　p. 100
屈直敏　《敦煌類書·勵忠節抄》校注商補(續)　《敦煌學輯刊》2004 年第 1 期　p. 37
黄征　敦煌俗字典　上海教育出版社　2005　p. 63、131

S. 79

向達　倫敦所藏敦煌卷子經眼目録　《北平圖書館圖書季刊》1939 年新第 1 卷第 4 期　p. 397　又見:唐代長安與西域文明　三聯書店　1957　p. 196
王三慶　敦煌本古類書《語對》研究　(臺北)文史哲出版社　1985　p. 4、91、94
王三慶　《古類書》伯 2524 號及其複抄寫卷之研究　敦煌學(第 9 輯)　(臺北)新文豐出版公司　1985　p. 66

杜愛英　敦煌遺書中俗體字的諸種類型　《敦煌研究》1992 年第 3 期　p. 125
王三慶著　池田溫譯　類書　敦煌漢文文獻(講座敦煌 5)（東京）大東出版社　1992　p. 372
高國藩　敦煌民俗資料導論　（臺北）新文豐出版公司　1993　p. 59
丛春雨　敦煌中醫藥全書　中醫古籍出版社　1994　p. 622
白化文　語對　敦煌學大辭典　上海辭書出版社　1998　p. 780
馬繼興　敦煌醫藥文獻輯校　江蘇古籍出版社　1998　p. 43
郝春文　英倫研讀敦煌文獻原件劄記　《敦煌研究》2000 年第 2 期　p. 98
郝春文　英藏敦煌社會歷史文獻釋録(第一卷)　科學出版社　2001　p. 102、113
徐俊　敦煌先唐詩考　2000 年敦煌學國際學術討論會文集・歷史文化卷(下)　甘肅民族出版社　2003　p. 294
張涌泉　試論敦煌寫本類書的校勘價值:以《勵忠節抄》爲例　《敦煌研究》2003 年第 2 期　p. 69

S. 80

向達　倫敦所藏敦煌卷子經眼目録　《北平圖書館圖書季刊》1939 年新第 1 卷第 4 期　p. 397　又見:唐代長安與西域文明　三聯書店　1957　p. 196
金岡照光　敦煌の寫本　敦煌の文學　（東京）大藏出版株式會社　1971　p. 80
陳祚龍　敦煌道經後記彙録　敦煌文物隨筆　（臺北）商務印書館　1979　p. 21
陳祚龍　新校重訂《敦煌道經後記彙録》　敦煌學要籥　（臺北）新文豐出版公司　1982　p. 212
尾崎正治　道教の類書　敦煌と中國道教(講座敦煌 4)（東京）大東出版社　1983　p. 190
龍晦　論敦煌道教文學　《世界宗教研究》1985 年第 3 期　又見:中國敦煌學百年文庫・宗教卷（三）　甘肅文化出版社　1999　p. 366
姜伯勤　沙州道門親表部落釋證　《敦煌研究》1986 年第 3 期　p. 3
姜亮夫　敦煌所見道教佚經考　敦煌學論文集　上海古籍出版社　1987　p. 316
任半塘　敦煌歌辭總編　上海古籍出版社　1987　p. 1554
池田溫　中國古代寫本識語集録　（東京）大藏出版株式會社　1990　p. 290
林聰明　敦煌文書學　（臺北）新文豐出版公司　1991　p. 193、198
姜伯勤　敦煌社會文書導論　（臺北）新文豐出版公司　1992　p. 225
陶秋英輯録　姜亮夫校訂　敦煌所見道教佚經録　敦煌碎金　浙江古籍出版社　1992　p. 322
朱越利　道經總論　遼寧教育出版社　1992　p. 258
戴仁　敦煌寫本紙張的顏色　法國學者敦煌學論文選萃　中華書局　1993　p. 591
張澤洪　敦煌文書中的唐代道經　《敦煌學輯刊》1993 年第 2 期　p. 61
林聰明　談敦煌文書的抄寫問題　紀念陳寅恪先生百年誕辰學術論文集　江西教育出版社　1994　p. 291
胡戟　傅玫　敦煌史話　中華書局　1995　p. 134
王三慶　敦煌書儀載録之節日活動與民俗　全國敦煌學研討會論文集　（臺北）中正大學中國文學系所　1995　p. 25 注 27
姜伯勤　敦煌藝術宗教與禮樂文明　中國社會科學出版社　1996　p. 258、298
鄭炳林　敦煌碑銘讚輯釋　甘肅教育出版社　1997　p. 250 注 28
葛兆光　中國宗教與文學論集　清華大學出版社　1998　p. 78 注 4、179 注 2
姜伯勤　道釋相激:道教在敦煌　道家文化研究(第十三輯)　三聯書店　1998　p. 59
馬德　敦煌文書《道家雜齋文範集》及有關問題述略　道家文化研究(第十三輯)　三聯書店　1998　p. 246

孫繼民　開元六年馬處幽等寫無上秘要經記　敦煌學大辭典　上海辭書出版社　1998　p.456
汪泛舟　敦煌道教詩歌補論　《敦煌研究》1998 年第 4 期　p.93
王卡　無上秘要　敦煌學大辭典　上海辭書出版社　1998　p.766
顔廷亮　敦煌文化中的道教及文化　《敦煌研究》1999 年第 1 期　p.138
郝春文　英倫研讀敦煌文獻原件劄記　《敦煌研究》2000 年第 2 期　p.96
金岡照光　敦煌文獻と中國文學　（東京）五曜書房　2000　p.410、427、517
顔廷亮　敦煌文化　光明日報出版社　2000　p.238
張澤洪　論唐代道教的寫經　《敦煌研究》2000 年第 3 期　p.132
郝春文　英藏敦煌社會歷史文獻釋録（第一卷）　科學出版社　2001　p.114、118
林聰明　敦煌吐魯番文書解詁指例　（臺北）新文豐出版公司　2001　p.43
曾良　敦煌文獻字義通釋　廈門大學出版社　2001　p.94
劉敬林　《英藏敦煌社會歷史文獻釋録》（第一卷）補校　《敦煌研究》2004 年第 2 期　p.100
王卡　敦煌道教文獻研究　中國社會科學出版社　2004　p.29、223

S.81

許國霖　敦煌石室寫經題記匯編　《微妙聲》1936－1937 年第 1－4 期　又見：中國敦煌學百年文庫・宗教卷（四）　甘肅文化出版社　1999　p.220
許國霖　敦煌石室寫經年代表　《微妙聲》1937 年第 5 期　又見：中國敦煌學百年文庫・宗教卷（四）　甘肅文化出版社　1999　p.193
周一良　跋敦煌秘笈留真　《清華學報》1948 年第 15 卷第 1 期　又見：魏晉南北朝史論集　中華書局　1963　p.371；中國敦煌學百年文庫・文獻卷（一）　甘肅文化出版社　1999　p.283
芳村修基　土橋秀高　井ノ口泰淳　敦煌佛教史年表　西域文化研究（第一）・敦煌佛教資料　（京都）法藏館　1958　p.253
矢吹慶輝　鳴沙餘韻・解說篇（第一部）　（京都）臨川書店　1980　p.266
金榮華　敦煌寫卷紙質之考察　（臺北）《世界華學季刊》1981 年第 2 卷第 4 期　又見：敦煌吐魯番論集　（臺北）新文豐出版公司　1996　p.75
Jean－Pierre Drege　敦煌寫本的物質性分析　漢學研究（敦煌學國際研討會論文專號）　（臺北）漢學研究資料及服務中心　1986　p.111
池田溫　中國古代寫本識語集録　（東京）大藏出版株式會社　1990　p.100
藤枝晃　敦煌遺書之分期　敦煌吐魯番學研究論文集　漢語大詞典出版社　1990　p.15（圖版）
林聰明　敦煌文書出處略考　季羨林教授八十華誕紀念論文集（下）　江西人民出版社　1991　p.866
林聰明　敦煌文書學　（臺北）新文豐出版公司　1991　p.319、408
趙聲良　敦煌南北朝寫本的書法藝術　《敦煌研究》1991 年第 4 期　p.43
鄭汝中　敦煌書法管窺　《敦煌研究》1991 年第 4 期　p.39
李正宇　北京圖書館藏《敦煌金石文字存佚考略》　（香港）《九州學刊》（敦煌學專輯）1992 年第 4 卷第 4 期　p.134 注 31
王素　吐魯番出土的古寫本題記　《中國文物報》1992 年 9 月 6 日 3 版
戴仁　敦煌和吐魯番寫本的斷代研究　法國學者敦煌學論文選萃　中華書局　1993　p.528
沃興華　敦煌書法藝術　上海人民出版社　1994　p.167
楊森　淺談北朝經生體楷筆的演化　《社科縱橫》1994 年第 4 期　p.61
趙聲良　南北朝寫經書法藝術　敦煌書法庫（第一輯）　甘肅人民美術出版社　1994　p.16

趙聲良　南朝寫本《大般涅槃經》　敦煌書法庫(第一輯)　甘肅人民美術出版社　1994　p. 59
趙聲良　萬經珍寶:古代書法藝術的寶庫“敦煌書法”　(臺北)《雄獅美術》1994 年第 12 期
趙聲良　早期敦煌寫本書法的時代分期和類型　敦煌書法庫(第二輯)　甘肅人民美術出版社　1994　p. 4
鄭汝中　敦煌書法概述　敦煌書法庫(第一輯)　甘肅人民美術出版社　1994　p. 11
王書慶　從敦煌文獻看敦煌佛教文化與中原佛教文化的交流　敦煌佛教文獻研究　敦煌研究院文獻研究所　1995　p. 30
趙聲良　榮新江　饒宗頤編《法藏敦煌書苑精華》評介　《敦煌研究》1995 年第 1 期　p. 174
伊藤伸著　趙聲良譯　從中國書法史看敦煌漢文文書(二)　《敦煌研究》1996 年第 2 期　p. 134
周一良著　錢文忠譯　唐代密宗　上海遠東出版社　1996　p. 212
榮新江　敦煌藏經洞的性質及其封閉原因　敦煌吐魯番研究(第二卷)　北京大學出版社　1997　p. 34
張弓　漢唐佛寺文化史　中國社會科學出版社　1997　p. 879
趙聲良　敦煌寫卷書法(上)　《文史知識》1997 年第 3 期　p. 73
趙聲良　大般涅槃經卷第十一　敦煌學大辭典　上海辭書出版社　1998　p. 282
趙聲良　早期敦煌寫本書法的分期研究　1994 年敦煌學國際研討會文集・石窟藝術卷　甘肅民族出版社　2000　p. 266
郝春文　英藏敦煌社會歷史文獻釋録(第一卷)　科學出版社　2001　p. 119
馬德　敦煌寫經題記的社會意義　法源(第 19 期)　中國佛學院　2001　p. 79
石塚晴通　敦煌寫本的問題點　敦煌文獻論集:紀念藏經洞發現一百周年國際學術研討會論文集　遼寧人民出版社　2001　p. 47
姜亮夫　敦煌莫高窟年表　姜亮夫全集(十一)　雲南人民出版社　2002　p. 111
姜亮夫　敦煌小識六論　姜亮夫全集(十四)　雲南人民出版社　2002　p. 193
施安昌　敦煌寫經斷代發凡　善本碑帖論集　紫禁城出版社　2002　p. 311
石塚晴通　聖教の形と場——敦煌及び日本の古寫經・刊本　日本における漢字字體規範成立の實證的研究(報告書)　北海道大學大學院文學研究科　2002　p. 192
公維章　涅槃、淨土的殿堂:敦煌莫高窟第 148 窟研究　民族出版社　2004　p. 70
景盛軒　試論敦煌佛經異文研究的價值和意義　《敦煌研究》2004 年第 5 期　p. 86
梁銀景　莫高窟隋代經變畫與南朝、兩京地區　《敦煌研究》2004 年第 5 期　p. 34
梁銀景　隋代佛教窟龕研究　文物出版社　2004　p. 179
石塚晴通　關於漢字文化圈漢字字體的標準　敦煌學(第 25 輯)　(臺北)樂學書局有限公司　2004　p. 102
余欣　許國霖與敦煌學　敦煌吐魯番研究(第七卷)　北京大學出版社　2004　p. 83
紅林幸子　“無”、“无”字間的問題系列:在《開成石經周易》中的兩字　敦煌學・日本學:石塚晴通教授退職紀念論文集　上海辭書出版社　2005　p. 194
紅林幸子　「無」・「无」字の問題系——『開成石經周易』における二字體　日本學・敦煌學・漢文訓讀の新展開　(東京)汲古書院　2005　p. 547

S. 83

矢吹慶輝　鳴沙餘韻・解說篇(第二部)　(京都)臨川書店　1980　p. 238
陳祚龍　敦煌古抄内典尾記彙校初、二、三編合刊　敦煌學要籥　(臺北)新文豐出版公司　1982　p. 86

田中良昭　敦煌禪宗文獻の研究　（東京）大東出版社　1983　p. 403
池田溫　中國古代寫本識語集録　（東京）大藏出版株式會社　1990　p. 234
林聰明　敦煌文書出處略考　季羨林教授八十華誕紀念論文集（下）　江西人民出版社　1991　p. 866
林聰明　敦煌文書學　（臺北）新文豐出版公司　1991　p. 406
王三慶　敦煌寫卷中武后新字之調查研究　唐代研究論集（第三輯）　（臺北）新文豐出版公司　1992　p. 85
郝春文　英藏敦煌社會歷史文獻釋録（第一卷）　科學出版社　2001　p. 120
姜亮夫　敦煌莫高窟年表　姜亮夫全集（十一）　雲南人民出版社　2002　p. 251
施安昌　唐武周時期的刻經與敦煌寫經　善本碑帖論集　紫禁城出版社　2002　p. 119
李小榮　敦煌密教文獻論稿　人民文學出版社　2003　p. 27

S. 84

芳村修基　土橋秀高　井ノ口泰淳　敦煌佛教史年表　西域文化研究（第一）・敦煌佛教資料　（京都）法藏館　1958　p. 262
陳祚龍　敦煌古抄內典尾記彙校初、二、三編合刊　敦煌學要籥　（臺北）新文豐出版公司　1982　p. 86
池田溫　中國古代寫本識語集録　（東京）大藏出版株式會社　1990　p. 212
林聰明　從敦煌文書看佛教徒的造經祈福　第二屆敦煌學國際研討會論文集　（臺北）漢學研究中心　1990　p. 523
柴劍虹　《敦煌遺書總目索引》重印記　西域文史論稿　（臺北）國文天地雜誌社　1991　p. 491
方廣錩　佛教大藏經史（八—十世紀）　中國社會科學出版社　1991　p. 61
林聰明　敦煌文書出處略考　季羨林教授八十華誕紀念論文集（下）　江西人民出版社　1991　p. 851
林聰明　敦煌文書學　（臺北）新文豐出版公司　1991　p. 98、373
杉本一樹　唐の文物と正倉院　唐と日本　（東京）吉川弘文館　1992　p. 271
楊森　唐虞世南子虞昶傳略補　《陝西師範大學學報》1992 年第 21 卷第 2 期　p. 72
顧吉辰　唐代敦煌文獻寫本書手考述　《敦煌學輯刊》1993 年第 1 期　p. 28
藤枝晃著　徐慶全　李樹清譯　敦煌寫本概述　《敦煌研究》1996 年第 2 期　p. 118
張涌泉　敦煌俗字研究導論　（臺北）新文豐出版公司　1996　p. 25
陳國燦　咸亨二年唐宮廷寫妙法蓮花經記　敦煌學大辭典　上海辭書出版社　1998　p. 455
方廣錩　敦煌遺書中的《妙法蓮華經》及有關文獻　敦煌學佛教學論叢（下）　中國佛教文化研究所　1998　p. 79　又見：法源（第 16 期）　中國佛學院　1998　p. 44
方廣錩　妙法蓮華經　敦煌學大辭典　上海辭書出版社　1998　p. 689
郝春文　英藏敦煌社會歷史文獻釋録（第一卷）　科學出版社　2001　p. 121
姜亮夫　敦煌莫高窟年表　姜亮夫全集（十一）　雲南人民出版社　2002　p. 240

S. 85

向達　倫敦所藏敦煌卷子經眼目録　《北平圖書館圖書季刊》1939 年新第 1 卷第 4 期　p. 397　又見：唐代長安與西域文明　三聯書店　1987　p. 197
王重民　敦煌古籍敘録　中華書局　1979　p. 52
王重民原編　黃永武新編　敦煌古籍敘録新編（第三、四冊）　（臺北）新文豐出版公司　1986

p. 204;166
土田健次郎　儒教典籍　敦煌漢文文獻(講座敦煌 5)　(東京)大東出版社　1992　p. 268
方廣錩　斯坦因敦煌特藏所附數碼著録考　敦煌學國際研討會文集・史地語文編　遼寧美術出版社　1995　p. 533
胡戟　傅玫　敦煌史話　中華書局　1995　p. 143
鄧文寬　敦煌吐魯番文獻重文符號釋讀舉隅　敦煌吐魯番學耕耘録　(臺北)新文豐出版公司　1996　p. 318
寧可　敦煌遺書散録二則　敦煌吐魯番研究(第一卷)　北京大學出版社　1996　p. 319 注
郝春文　英倫研讀敦煌文獻原件劄記　《敦煌研究》2000 年第 2 期　p. 97、98
郝春文　英藏敦煌社會歷史文獻釋録(第一卷)　科學出版社　2001　p. 123、132
姜亮夫　敦煌莫高窟年表　姜亮夫全集(十一)　雲南人民出版社　2002　p. 162
李索　英藏敦煌文獻 S. 85《春秋經傳集解》殘卷校證　《敦煌研究》2003 年第 2 期　p. 55
李索　敦煌寫卷《春秋經傳集解》校證　中國社會科學出版社　2005　p. 175

S. 86

土肥義和　莫高窟千佛洞と大寺と蘭若と　敦煌の社會(講座敦煌 3)　(東京)大東出版社　1980　p. 365
金榮華　敦煌寫卷紙質之考察　(臺北)《世界華學季刊》1981 年第 2 卷第 4 期　又見:敦煌吐魯番論集　(臺北)新文豐出版公司　1996　p. 78
福井文雅撰　郭自得譯　般若心經觀在中國的變遷　敦煌學(第 6 輯)　(臺北)新文豐出版公司　1983　p. 19
福井文雅　般若心經　敦煌と中國仏教(講座敦煌 7)　(東京)大東出版社　1984　p. 38
金岡照光　敦煌文獻より見たる彌勒信仰の一側面　敦煌と中國仏教(講座敦煌 7)　(東京)大東出版社　1984　p. 552
高國藩　古敦煌民間葬俗　學林漫録(十集)　中華書局　1985　p. 78
姜伯勤　唐五代敦煌寺戶制度　中華書局　1987　p. 145
杜琪　表・疏　敦煌文學　甘肅人民出版社　1989　p. 24
高國藩　敦煌民俗學　上海文藝出版社　1989　p. 269
高國藩　敦煌古俗與民俗流變　河海大學出版社　1990　p. 327
唐耕耦　陸宏基　敦煌社會經濟文獻真迹釋録(三)　全國圖書館文獻縮微複製中心　1990　p. 105
譚蟬雪　三教融合的敦煌喪俗　《敦煌研究》1991 年第 3 期　p. 72
杜愛英　敦煌遺書中俗體字的諸種類型　《敦煌研究》1992 年第 3 期　p. 118
陶秋英輯録　姜亮夫校訂　敦煌經卷所見寺名録　敦煌碎金　浙江古籍出版社　1992　p. 118
竺沙雅章　寺院文書　敦煌漢文文獻(講座敦煌 5)　(東京)大東出版社　1992　p. 648
高國藩　敦煌民俗資料導論　(臺北)新文豐出版公司　1993　p. 89、116
鄭阿財　從敦煌文獻看唐代的三教合一　第二屆國際唐代學術會議論文集(上)　(臺北)文津出版社　1993　p. 664
榮新江　歸義軍改元考　文史(第三十八輯)　中華書局　1994　p. 52
閻國權等　敦煌宗教文化　新華出版社　1994　p. 69
鄭炳林　《索勳紀德碑》研究　《敦煌學輯刊》1994 年第 2 期　p. 73
王書慶　敦煌佛學・佛事篇　甘肅民族出版社　1995　p. 240
李正宇　敦煌史地新論　(臺北)新文豐出版公司　1996　p. 97

榮新江　歸義軍史研究　上海古籍出版社　1996　p. 56
郝春文　關於唐後期五代宋初沙州僧俗的施捨問題　唐研究(第三卷)　北京大學出版社　1997　p. 27
郝春文　唐後期五代宋初敦煌僧尼的社會生活　中國社會科學出版社　1998　p. 251
李正宇　蘭若　敦煌學大辭典　上海辭書出版社　1998　p. 627
譚蟬雪　臨壙焚屍　敦煌學大辭典　上海辭書出版社　1998　p. 442
張涌泉　敦煌文獻校讀釋例　舊學新知　浙江大學出版社　1999　p. 213
池田溫　吐魯番敦煌功德録和有關文書　1994 年敦煌學國際研討會文集·宗教文史卷(上)　甘肅民族出版社　2000　p. 134
郝春文　部分英藏敦煌文獻的定名問題　英國收藏敦煌漢藏文獻研究:紀念敦煌文獻發現一百周年　中國社會科學出版社　2000　p. 388
金岡照光　敦煌文獻と中國文學　(東京)五曜書房　2000　p. 356、400、427
郝春文　英藏敦煌社會歷史文獻釋録(第一卷)　科學出版社　2001　p. 134
黄征　敦煌語言文字學研究　甘肅教育出版社　2002　p. 29
黄征　敦煌語言文字學研究要論　漢語史學報(第二輯)　上海教育出版社　2002　p. 8
姜亮夫　敦煌莫高窟年表　姜亮夫全集(十一)　雲南人民出版社　2002　p. 584
馬茜　歸義軍時期敦煌地區庶民佛教的發展　甘肅民族研究論叢　甘肅人民出版社　2002　p. 454
乜小紅　唐宋敦煌毛紡織業述略　敦煌學(第 23 輯)　(臺北)樂學書局有限公司　2002　p. 127
湛如　敦煌佛教喪葬律儀研究　中日敦煌佛教學術會議論文集　中國社會科學院研究所　2002　p. 91
洪藝芳　敦煌社會經濟文書中的唐五代新興量詞研究　敦煌學(第 24 輯)　(臺北)樂學書局有限公司　2003　p. 96
李小榮　敦煌密教文獻論稿　人民文學出版社　2003　p. 50
湛如　敦煌佛教律儀制度研究　中華書局　2003　p. 62、367
鄭炳林　晚唐五代敦煌村莊聚落輯考　2000 年敦煌學國際學術討論會文集·歷史文化卷(上)　甘肅民族出版社　2003　p. 136
黨燕妮　晚唐五代敦煌的十王信仰　麥積山石窟藝術文化論文集(下)　蘭州大學出版社　2004　p. 159

S. 87

許國霖　敦煌石室寫經題記匯編　《微妙聲》1936－1937 年第 1－4 期　又見:中國敦煌學百年文庫·宗教卷(四)　甘肅文化出版社　1999　p. 210
許國霖　敦煌石室寫經年代表　《微妙聲》1937 年第 5 期　又見:中國敦煌學百年文庫·宗教卷(四)　甘肅文化出版社　1999　p. 198
芳村修基　土橋秀高　井ノ口泰淳　敦煌佛教史年表　西域文化研究(第一)·敦煌佛教資料　(京都)法藏館　1958　p. 264
池田溫　八世紀初における敦煌の氏族　『東洋史研究』(24 卷 3 號)　(東京)東洋史研究會　1969　p. 51
陳祚龍　敦煌古抄内典尾記彙校初、二、三編合刊　敦煌學要籥　(臺北)新文豐出版公司　1982　p. 87
簡濤　敦煌本《燕子賦》考論　《敦煌研究》1986 年第 3 期　p. 27
王三慶　敦煌寫卷中武后新字之調查研究　漢學研究(敦煌學國際研討會論文專號)　(臺北)漢學

研究資料及服務中心　1986　p. 444　又見：　唐代研究論集(第三輯)　(臺北)新文豐出版公司　1992　p. 67、100
池田溫　中國古代寫本識語集録　(東京)大蔵出版株式會社　1990　p. 248
白須淨真　唐代の折衝府の等級と西州の折衝府等級に關する覺書(2)　『吐魯番出土文物研究會會報』(68 號)　(東京)吐魯番出土文物研究會　1991　p. 6
林聰明　敦煌文書學　(臺北)新文豐出版公司　1991　p. 424、443 注 7
吳其昱著　伊藤美重子譯　敦煌漢文寫本概観　敦煌漢文文獻(講座敦煌 5)　(東京)大東出版社　1992　p. 21
張鴻勳　敦煌話本詞文俗賦導論　(臺北)新文豐出版公司　1993　p. 92
方廣錩　敦煌文獻中的《金剛經》及其注疏　《新疆文物》1995 年第 1 期　p. 45　又見：敦煌學佛教學論叢(上)　中國佛教文化研究所　1998　p. 372
林聰明　敦煌文書年代考探略述　敦煌學國際研討會文集・史地語文編　遼寧美術出版社　1995　p. 554
方廣錩　金剛般若波羅蜜經　敦煌學大辭典　上海辭書出版社　1998　p. 682
顧吉辰　敦煌文獻職官結銜考釋　《敦煌學輯刊》1998 年第 2 期　p. 27
池田溫　唐朝氏族志研究——關於《敦煌名族志》殘卷　唐研究論文選集　中國社會科學出版社　1999　p. 106 注 15
金岡照光　敦煌文獻と中國文學　(東京)五曜書房　2000　p. 427
郝春文　英藏敦煌社會歷史文獻釋録(第一卷)　科學出版社　2001　p. 137
林聰明　敦煌吐魯番文書解詁指例　(臺北)新文豐出版公司　2001　p. 258
馬德　敦煌寫經題記的社會意義　法源(第 19 期)　中國佛學院　2001　p. 82
姜亮夫　敦煌莫高窟年表　姜亮夫全集(十一)　雲南人民出版社　2002　p. 274
李正宇　唐宋時期的敦煌佛教　敦煌佛教藝術文化國際學術研討會論文集　蘭州大學出版社　2002　p. 370
李正宇　唐宋時期敦煌佛經性質功能的變化　戒幢佛學(第二卷)　岳麓書社　2002　p. 22　又見：中日敦煌佛教學術會議論文集　中國社會科學院研究所　2002　p. 18
榮新江　《唐刺史考》補遺　敦煌學新論　甘肅教育出版社　2002　p. 260
施安昌　唐武周時期的刻經與敦煌寫經　善本碑帖論集　紫禁城出版社　2002　p. 119
釋永有　敦煌遺書中的金剛經　敦煌佛教藝術文化國際學術研討會論文集　蘭州大學出版社　2002　p. 44
杜正乾　唐代的《金剛經》信仰　《敦煌研究》2004 年第 5 期　p. 53
余欣　許國霖與敦煌學　敦煌吐魯番研究(第七卷)　北京大學出版社　2004　p. 83

S. 88

金榮華　敦煌寫卷紙質之考察　(臺北)《世界華學季刊》1981 年第 2 卷第 4 期　又見：敦煌吐魯番論集　(臺北)新文豐出版公司　1996　p. 75
顏廷亮　敦煌文化　光明日報出版社　2000　p. 201
荒見泰史　從敦煌寫本中變文的改寫情況來探討五代講唱文學的演變　敦煌學國際研討會論文集　北京圖書館出版社　2005　p. 179

S. 89

郝春文　英藏敦煌社會歷史文獻釋録(第一卷)　科學出版社　2001　p. 138

S. 91

金岡照光　敦煌文學のさまざま　敦煌の文學　（東京）大蔵出版株式會社　1971　p. 130
陳祚龍　敦煌古抄内典尾記彙校二編　敦煌文物随筆　（臺北）商務印書館　1979　p. 163
陳祚龍　敦煌古抄内典尾記彙校初、二、三編合刊　敦煌學要籥　（臺北）新文豐出版公司　1982　p. 70
福井文雅　般若心經　敦煌と中國仏教（講座敦煌 7）（東京）大東出版社　1984　p. 38

S. 92

郝春文　英倫研讀敦煌文獻原件劄記　《敦煌研究》2000 年第 2 期　p. 99
郝春文　英藏敦煌社會歷史文獻釋録（第一卷）　科學出版社　2001　p. 139、141

S. 93

陳祚龍　瓜沙印録　（臺北）《大陸雜誌》1962 年第 4 期　又見：瓜沙印録　敦煌學概要　（臺北）編譯館"中華叢書編委會"　1981　p. 267；中國敦煌學百年文庫・考古卷（一）　甘肅文化出版社　1999　p. 188
陳祚龍　古代敦煌及其他地區流行之公私印章圖記文字録　敦煌學要籥　（臺北）新文豐出版公司　1982　p. 334
孫修身　敦煌三界寺　甘肅省史學會論文集　甘肅省歷史學會編印　1982　又見：中國敦煌學百年文庫・宗教卷（一）　甘肅文化出版社　1999　p. 58
池田溫　敦煌文獻について　『書道研究』（2 卷 2 號）（東京）萱原書局　1988　p. 49　又見：敦煌文書の世界　（東京）名著刊行會　2003　p. 52
李正宇　三界寺　敦煌學大辭典　上海辭書出版社　1998　p. 631
李正宇　三界寺藏經印　敦煌學大辭典　上海辭書出版社　1998　p. 293
謝桃坊　敦煌文化尋繹　四川人民出版社　1999　p. 212
景盛軒　試論敦煌佛經異文研究的價值和意義　《敦煌研究》2004 年第 5 期　p. 87

S. 95

向達　倫敦所藏敦煌卷子經眼目録　《北平圖書館圖書季刊》1939 年新第 1 卷第 4 期　p. 397　又見：唐代長安與西域文明　三聯書店　1957　p. 197
向達　記敦煌石室出晉天福十年寫本壽昌縣地境　《北平圖書館圖書季刊》1944 年新第 5 卷第 4 期　p. 1　又見：唐代長安與西域文明　三聯書店　1957　p. 438
陳慶英　《斯坦因劫經録》、《伯希和劫經録》所收漢文寫卷中夾存的藏文寫卷情況調查　《敦煌學輯刊》1981 年第 2 期　p. 111
蘇瑩輝　敦煌學概要　（臺北）編譯館"中華叢書編委會"　1981　p. 44、174
周丕顯　敦煌科技書卷叢談　《敦煌學輯刊》1981 年第 2 期　p. 53
饒宗頤　論七曜與十一曜：記敦煌開寶七年（九七四）康遵批命課　選堂集林・史林　（香港）中華書局　1982　p. 786　又見：饒宗頤史學論著選　上海古籍出版社　1993　p. 586；饒宗頤東方學論集　汕頭大學出版社　1999　p. 126
董作賓　敦煌紀年　敦煌學文選（上）　蘭州大學歷史系敦煌學研究室等　1983　p. 34
蘇瑩輝　敦煌藝文略　敦煌論集　（臺北）學生書局　1983　p. 381
蘇瑩輝　瓜沙史事叢考　（臺北）商務印書館　1983　p. 74
蘇瑩輝　中外敦煌古寫本纂要　敦煌論集　（臺北）學生書局　1983　p. 320

高明士　唐代敦煌的教育　漢學研究(敦煌學國際研討會論文專號)　(臺北)漢學研究資料及服務中心　1986　p. 248
簡濤　敦煌本《燕子賦》考論　《敦煌研究》1986 年第 3 期　p. 31
王重民原編　黄永武新編　敦煌古籍叙録新編(第七冊)　(臺北)新文豐出版公司　1986　p. 16
姜亮夫　敦煌經卷題名録　敦煌學論文集　上海古籍出版社　1987　p. 1069
池田溫　中國古代寫本識語集録　(東京)大藏出版株式會社　1990　p. 493
高國藩　敦煌古俗與民俗流變　河海大學出版社　1990　p. 310
蕭登福　從敦煌寫卷中看道教星斗崇拜對佛經之影響　第二屆敦煌學國際研討會論文集　(臺北)漢學研究中心　1990　p. 350
杜愛英　敦煌遺書中俗體字的諸種類型　《敦煌研究》1992 年第 3 期　p. 120
姜伯勤　敦煌社會文書導論　(臺北)新文豐出版公司　1992　p. 103
陶秋英輯録　姜亮夫校訂　敦煌經卷題名録　敦煌碎金　浙江古籍出版社　1992　p. 93
郝春文　敦煌寫本社邑文書年代彙考(二)　《首都師範大學學報》1993 年第 5 期　p. 80
李正宇　敦煌文學概論　甘肅人民出版社　1993　p. 100
茅甘　敦煌寫本中的"九宫圖"　法國學者敦煌學論文選萃　中華書局　1993　p. 302
王進玉　敦煌石窟探秘　四川教育出版社　1994　p. 85
饒宗頤　跋:從"河圖"、"洛書"、"陰陽五行"、"八卦"在西藏看古代哲學思想的交流　華學(第一輯)　中山大學出版社　1995　p. 257
M.卡琳諾斯基著　方鈴譯　馬王堆帛書"刑德"試探　華學(第一輯)　中山大學出版社　1995　p. 93
鄧文寬　敦煌天文曆法文獻輯校　江蘇古籍出版社　1996　p. 469
鄧文寬　敦煌寫本《燕子賦》"將軍"釋詞　敦煌吐魯番學耕耘録　(臺北)新文豐出版公司　1996　p. 302
榮新江　歸義軍史研究　上海古籍出版社　1996　p. 27
施萍婷　敦煌遺書編目雜記二則　敦煌吐魯番研究(第一卷)　北京大學出版社　1996　p. 327
施萍婷　俄藏敦煌文獻ДХ1376、1438、2170 之研究　《敦煌研究》1996 年第 3 期　p. 27
鄭炳林　敦煌碑銘讃輯釋　甘肅教育出版社　1997　p. 59 注 9
鄧文寬　顯德三年丙辰歲具注曆日並序　敦煌學大辭典　上海辭書出版社　1998　p. 608
李正宇　翟奉達　敦煌學大辭典　上海辭書出版社　1998　p. 363
榮新江　歸義軍大事紀年初稿　出土文獻研究(第三輯)　文物出版社　1998　p. 249
謝桃坊　敦煌文化尋繹　四川人民出版社　1999　p. 94、204
郝春文　英倫研讀敦煌文獻原件劄記　《敦煌研究》2000 年第 2 期　p. 97
顔廷亮　敦煌文化　光明日報出版社　2000　p. 407
郝春文　英藏敦煌社會歷史文獻釋録(第一卷)　科學出版社　2001　p. 142、413
林聰明　敦煌吐魯番文書解詁指例　(臺北)新文豐出版公司　2001　p. 197
鄧文寬　敦煌吐魯番天文曆法研究　甘肅教育出版社　2002　p. 178
黄一農　嫁娶宜忌:選擇術中的"亥不行嫁"與"陰陽不將"考辨　法制與禮俗　(臺北)"中央研究院"歷史語言研究所　2002　p. 291
姜亮夫　敦煌莫高窟年表　姜亮夫全集(十一)　雲南人民出版社　2002　p. 537
馬繼興　當前世界各地收藏的中國出土卷子本古醫藥文獻備考　敦煌吐魯番研究(第六卷)　北京大學出版社　2002　p. 133
鄧文寬　敦煌曆日與戰國秦漢《日書》的文化關係　漢語史學報專輯(第三輯)　上海教育出版社

2003 p. 299
劉敬林 《英藏敦煌社會歷史文獻釋録》(第一卷)補校 《敦煌研究》2004 年第 2 期 p. 101
馬若安 敦煌曆日“沒日”和“滅日”安排初探 敦煌吐魯番研究(第七卷) 北京大學出版社 2004 p. 429
余欣 敦煌竈神信仰稽考 《敦煌學輯刊》2005 年第 3 期 p. 158
金身佳 敦煌寫本宅經中的陰陽宅修造吉日 《敦煌研究》2006 年第 2 期 p. 67
金瀅坤 敦煌社會經濟文書定年拾遺 《首都師範大學學報》2006 年第 1 期 p. 12

S. 98

池田溫 中國古代寫本識語集録 (東京)大蔵出版株式會社 1990 p. 391
鄭炳林 敦煌碑銘讚輯釋 甘肅教育出版社 1997 p. 535 注 2

S. 99

周丕顯 敦煌佛經略考 《敦煌學輯刊》1987 年第 2 期 p. 6
京戸慈光 傳入日本的中國佛教疑僞經典(上) 《敦煌學輯刊》1996 年第 1 期 p. 85

S. 101

井ノ口泰淳 敦煌本『仏名經』の諸系統 中央アジアの言語と仏教 (京都)法藏館 1995 p. 297

S. 102

陳祚龍 敦煌古抄内典尾記彙校初、二、三編合刊 敦煌學要籥 (臺北)新文豐出版公司 1982 p. 87
韓建瓴 題跋 敦煌文學 甘肅人民出版社 1989 p. 74
池田溫 中國古代寫本識語集録 (東京)大蔵出版株式會社 1990 p. 398
周紹良 敦煌文學芻議及其它 (臺北)新文豐出版公司 1992 p. 12
李明偉 敦煌文學概論 甘肅人民出版社 1993 p. 498
譚蟬雪 圍棋 敦煌學大辭典 上海辭書出版社 1998 p. 598
謝桃坊 敦煌文化尋繹 四川人民出版社 1999 p. 82
郝春文 英倫研讀敦煌文獻原件劄記 《敦煌研究》2000 年第 2 期 p. 97
李重申 敦煌古代體育文化 甘肅人民出版社 2000 p. 90
徐俊 敦煌詩集殘卷輯考 中華書局 2000 p. 844
郝春文 英藏敦煌社會歷史文獻釋録(第一卷) 科學出版社 2001 p. 172
林聰明 敦煌吐魯番文書解詁指例 (臺北)新文豐出版公司 2001 p. 184
馬德 敦煌寫經題記的社會意義 法源(第 19 期) 中國佛學院 2001 p. 86
蘭州理工大學絲綢之路文史研究所編 絲綢之路體育文化論集 中華書局 2005 p. 215

S. 103

高國藩 古敦煌民間葬俗 學林漫録(十集) 中華書局 1985 p. 77
林梅村 中亞寫本中的樣磨與巴爾楚克 文史(第三十六輯) 中華書局 1992 p. 230 注 20
高國藩 敦煌民俗資料導論 (臺北)新文豐出版公司 1993 p. 89
胡戟 傅玫 敦煌史話 中華書局 1995 p. 200

S. 104

陳祚龍　敦煌古抄内典尾記彙校二編　敦煌文物隨筆　(臺北)商務印書館　1979　p. 178

陳祚龍　新集中世敦煌三寶感通録　敦煌學海探珠(下冊)　(臺北)商務印書館　1979　p. 336

矢吹慶輝　鳴沙餘韻・解說篇(第二部)　(京都)臨川書店　1980　p. 258

陳祚龍　敦煌古抄内典尾記彙校初、二、三編合刊　敦煌學要籥　(臺北)新文豐出版公司　1982　p. 82

S. 107

向達　倫敦所藏敦煌卷子經眼目録　《北平圖書館圖書季刊》1939 年新第 1 卷第 4 期　p. 397　又見:唐代長安與西域文明　三聯書店　1957　p. 197

陳祚龍　關於研究李唐三藏法師玄奘的"作爲"及其影響之敦煌古抄參考資料　中華佛教文化史散策(初集)　(臺北)新文豐出版公司　1978　p. 371

石井昌子　靈寶經類　敦煌と中國道教(講座敦煌 4)　(東京)大東出版社　1983　p. 159

龍晦　論敦煌道教文學　《世界宗教研究》1985 年第 3 期　又見:中國敦煌學百年文庫・宗教卷(三)　甘肅文化出版社　1999　p. 368

姜亮夫　敦煌所見道教佚經考　敦煌學論文集　上海古籍出版社　1987　p. 311

陶秋英輯録　姜亮夫校訂　敦煌所見道教佚經録　敦煌碎金　浙江古籍出版社　1992　p. 315

萬毅　敦煌本《昇玄内教經》試探　唐研究(第一卷)　北京大學出版社　1995　p. 67

姜伯勤　敦煌藝術宗教與禮樂文明　中國社會科學出版社　1996　p. 201、297

方廣錩　辯中邊論　敦煌學大辭典　上海辭書出版社　1998　p. 715

胡文和　仁壽縣壇神岩第 53 號"三寶"窟右壁"南竺觀記"中道藏經目研究　《世界宗教研究》1998 年第 2 期　p. 124

姜伯勤　道釋相激:道教在敦煌　道家文化研究(第十三輯)　三聯書店　1998　p. 57

萬毅　敦煌本《昇玄内教經》解說　道家文化研究(第十三輯)　三聯書店　1998　p. 268

王卡　太上洞玄靈寶昇玄内教經　敦煌學大辭典　上海辭書出版社　1998　p. 760

山田俊　唐初道教思想史研究・論述篇　(京都)平樂寺書店　1999　p. 115、155、237、257

山田俊　唐初道教思想史研究・資料篇　(京都)平樂寺書店　1999　p. 246、276

劉屹　評《唐初道教思想史研究》　唐研究(第六卷)　北京大學出版社　2000　p. 457

萬毅　敦煌本道教《昇玄内教經》的文本順序　《敦煌研究》2000 年第 4 期　p. 135　又見:敦煌文獻論集:紀念藏經洞發現一百周年國際學術研討會論文集　遼寧人民出版社　2001　p. 599

郝春文　英藏敦煌社會歷史文獻釋録(第一卷)　科學出版社　2001　p. 174

劉屹　論《昇玄經》的文本差異問題　文津學志(第一輯)　北京圖書館出版社　2003　p. 198

王卡　敦煌道教文獻研究　中國社會科學出版社　2004　p. 123

王卡　中國國家圖書館藏敦煌道教遺書研究報告　敦煌吐魯番研究(第七卷)　北京大學出版社　2004　p. 354

王卡　敦煌本《昇玄内教經》殘卷校讀記　敦煌吐魯番研究(第九卷)　北京大學出版社　2006　p. 66、73

S. 109

池田溫　中國古代寫本識語集録　(東京)大藏出版株式會社　1990　p. 390

方廣錩　無量壽宗要經　敦煌學大辭典　上海辭書出版社　1998　p. 704

S. 110

川崎ミチコ　通俗詩類・雜詩文類　敦煌仏典と禪(講座敦煌 8)　(東京)大東出版社　1980　p. 331

陳祚龍　敦煌古抄《梁朝傅大士頌金剛經》之考證和校訂　敦煌簡策訂存　(臺北)商務印書館　1983　p. 204

項楚　敦煌詩歌導論　(臺北)新文豐出版公司　1993　p. 106

柳田聖山　禪籍解題(一)・敦煌禪籍　俗語言研究(第二期)　(京都)禪文化研究所　1995　p. 147

張勇　《梁朝傅大士頌金剛經》版本源流考述　敦煌文學論集　四川人民出版社　1997　p. 404

方廣錩　敦煌遺書中的《金剛經》及其注疏　敦煌學佛教學論叢(上)　中國佛教文化研究所　1998　p. 380

方廣錩　梁朝傅大士頌金剛經　敦煌學大辭典　上海辭書出版社　1998　p. 731

平井宥慶　敦煌文書における金剛經疏　金剛般若經の思想的研究　(東京)春秋社　1999　p. 262

張勇　傅大士研究　巴蜀書社　2000　p. 260

郝春文　英藏敦煌社會歷史文獻釋録(第一卷)　科學出版社　2001　p. 181

達照　金剛經讚研究　宗教文化出版社　2002　p. 4

達照　金剛經讚集　藏外佛教文獻(第九輯)　宗教文化出版社　2003　p. 41

劉敬林　《英藏敦煌社會歷史文獻釋録》(第一卷)補校　《敦煌研究》2004 年第 2 期　p. 101

張鐵山　莫高窟北區出土三件珍貴的回鶻文佛經殘片研究　《敦煌研究》2004 年第 1 期　p. 81

S. 112

岡部和雄　敦煌藏經目録　敦煌と中國仏教(講座敦煌 7)　(東京)大東出版社　1984　p. 317

S. 113

羅福頤　敦煌石室文物對於學術上的貢獻　《歷史教學》1951 年第 5 期　又見:中國敦煌學百年文庫・考古卷(四)　甘肅文化出版社　1999　p. 7

劉銘恕　英國博物院所藏的敦煌卷子　《中國科學院圖書館通訊》1957 年第 1 期　又見:中國敦煌學百年文庫・綜述卷(二)　甘肅文化出版社　1999　p. 128

芳村修基　土橋秀高　井ノ口泰淳　敦煌佛教史年表　西域文化研究(第一)・敦煌佛教資料　(京都)法藏館　1958　p. 251

池田溫　中國古代籍帳研究:概観・録文　東京大學東洋文化研究所　1979　p. 146

唐耕耦　陸宏基　敦煌社會經濟文獻真迹釋録(一)　書目文獻出版社　1986　p. 109

嚴耀中　吐魯番文書中所見高昌郡兵民和軍政關係初探　1983 年全國敦煌學術討論會文集・文史遺書編(上)　甘肅人民出版社　1987　p. 70

宋家鈺　唐朝戶籍法與均田制研究　中州古籍出版社　1988　p. 104 注 1

高國藩　敦煌民俗學　上海文藝出版社　1989　p. 11

荒川正晴　吐魯番出土文物研究情報集録(吐魯番出土文物研究會會報 1 – 50 號・36)　本刊研究會　1991　p. 188

林聰明　敦煌文書學　(臺北)新文豐出版公司　1991　p. 398

劉進寶　敦煌遺書與歷史研究　《魏晉南北朝隋唐史》1992 年第 9 期　p. 68

伊藤伸　中國書法史上から見た敦煌漢文寫本　敦煌漢文文獻(講座敦煌 5)　(東京)大東出版社　1992　p. 163、188

戴仁　敦煌和吐魯番寫本的斷代研究　法國學者敦煌學論文選萃　中華書局　1993　p. 530

戴仁　敦煌寫本紙張的顏色　法國學者敦煌學論文選萃　中華書局　1993　p. 592
齊陳駿　寒沁　河西都僧統唐悟真作品和見載文獻系年　《敦煌學輯刊》1993 年第 2 期　p. 6
蘇遠鳴　敦煌漢文寫本的斷代　法國學者敦煌學論文選萃　中華書局　1993　p. 556、560
譚世寶　燉(焞、敦)煌考釋　文史(第三十七輯)　中華書局　1993　p. 55　又見:中國敦煌學百年文庫・歷史卷(二)　甘肅文化出版社　1999　p. 376
王永興　敦煌經濟文書導論　(臺北)新文豐出版公司　1994　p. 3
趙聲良　早期敦煌寫本書法的時代分期和類型　敦煌書法庫(第二輯)　甘肅人民美術出版社　1994　p. 1
胡戟　傅玫　敦煌史話　中華書局　1995　p. 159
劉進寶　敦煌學論述　(臺北)洪葉文化事業有限公司　1995　p. 261
伊藤伸著　趙聲良譯　從中國書法史看敦煌漢文文書(一)　《敦煌研究》1995 年第 3 期　p. 177
堀敏一　中國古代の家と集落　(東京)汲古書院　1996　p. 314、488
伊藤伸著　趙聲良譯　從中國書法史看敦煌漢文文書(二)　《敦煌研究》1996 年第 2 期　p. 134
張涌泉　敦煌俗字研究導論　(臺北)新文豐出版公司　1996　p. 120
鄭炳林　敦煌碑銘讚輯釋　甘肅教育出版社　1997　p. 119 注 2
陳國燦　高昌里　敦煌學大辭典　上海辭書出版社　1998　p. 304
方廣錩　敦煌遺書中的《法華經》注疏　《世界宗教研究》1998 年第 2 期　p. 76
方廣錩　敦煌遺書中的《妙法蓮華經》及有關文獻　法源(第 16 期)　中國佛學院　1998　p. 48
李正宇　敦煌遺書標點符號　敦煌學大辭典　上海辭書出版社　1998　p. 519
宋家鈺　籍帳　敦煌學大辭典　上海辭書出版社　1998　p. 402
宋家鈺　驛子　敦煌學大辭典　上海辭書出版社　1998　p. 404
王素　高昌史稿・統治編　文物出版社　1998　p. 169
張澤咸　漢唐間河西走廊地區農牧生産述略　《中國史研究》1998 年第 1 期　p. 44
謝桃坊　敦煌文化尋繹　四川人民出版社　1999　p. 203
顏廷亮　敦煌文化中的道教及文化　《敦煌研究》1999 年第 1 期　p. 134
陳永勝　敦煌吐魯番法制文書研究　甘肅人民出版社　2000　p. 163
劉進寶　敦煌文書與唐史研究　(臺北)新文豐出版公司　2000　p. 3
丘古耶夫斯基　敦煌漢文文書　上海古籍出版社　2000　p. 26
顏廷亮　敦煌文化　光明日報出版社　2000　p. 49、89、226
趙聲良　早期敦煌寫本書法的分期研究　1994 年敦煌學國際研討會文集・石窟藝術卷　甘肅民族出版社　2000　p. 258
鄭阿財　臺北"中研院"傅斯年圖書館藏敦煌卷子題記　慶祝吳其昱先生八秩華誕敦煌學特刊　(臺北)文津出版社　2000　p. 381
郝春文　英藏敦煌社會歷史文獻釋録(第一卷)　科學出版社　2001　p. 183
陳國燦　敦煌學史事新證　甘肅教育出版社　2002　p. 2、7
姜亮夫　敦煌莫高窟年表　姜亮夫全集(十一)　雲南人民出版社　2002　p. 66
劉進寶　敦煌學通論　甘肅教育出版社　2002　p. 287
王素　敦煌吐魯番文獻　文物出版社　2002　p. 13、170
沙知　英藏敦煌文獻雜談　敦煌與絲路文化學術講座　北京圖書館出版社　2003　p. 120
李并成　西涼敦煌戶籍殘卷(S. 0113)若干問題新探　敦煌學(第 25 輯)　(臺北)樂學書局有限公司　2004　p. 195
陳麗萍　敦煌文書所見唐五代婚變現象初探(一)　《敦煌學輯刊》2005 年第 2 期　p. 170

S. 114

許國霖　敦煌石室寫經題記匯編　《微妙聲》1936 - 1937 年第 1 - 4 期　又見:中國敦煌學百年文庫・宗教卷(四)　甘肅文化出版社　1999　p. 215
芳村修基　土橋秀高　井ノ口泰淳　敦煌佛教史年表　西域文化研究(第一)・敦煌佛教資料　(京都)法藏館　1958　p. 262
矢吹慶輝　鳴沙餘韻・解説篇(第一部)　(京都)臨川書店　1980　p. 277
陳祚龍　敦煌古抄内典尾記彙校初、二、三編合刊　敦煌學要籥　(臺北)新文豐出版公司　1982　p. 88
池田溫　中國古代寫本識語集録　(東京)大藏出版株式會社　1990　p. 230
林聰明　敦煌文書學　(臺北)新文豐出版公司　1991　p. 323
楊森　"婆姨"與"優婆姨"稱謂芻議　《敦煌研究》1994 年第 3 期　p. 126
張金泉　許建平　敦煌音義彙考　杭州大學出版社　1996　p. 1187
文化　敦煌佛教寫經與士人書法的審美意識　《敦煌研究》1997 年第 4 期　p. 56
郝春文　英藏敦煌社會歷史文獻釋録(第一卷)　科學出版社　2001　p. 190
林聰明　敦煌吐魯番文書解詁指例　(臺北)新文豐出版公司　2001　p. 170
李正宇　唐宋時期敦煌佛經性質功能的變化　戒幢佛學(第二卷)　岳麓書社　2002　p. 21　又見:中日敦煌佛教學術會議論文集　中國社會科學院研究所　2002　p. 18
竇懷永　許建平　敦煌寫本的避諱特點及其對傳統寫本抄寫時代判定的參考價值　《敦煌研究》2004 年第 4 期　p. 54
礪波護著　韓昇　劉建英譯　隋唐佛教文化　上海古籍出版社　2004　p. 47

S. 115

池田溫　中國古代寫本識語集録　(東京)大藏出版株式會社　1990　p. 389

S. 116

金榮華　敦煌寫卷紙質之考察　(臺北)《世界華學季刊》1981 年第 2 卷第 4 期　又見:敦煌吐魯番論集　(臺北)新文豐出版公司　1996　p. 74
陳祚龍　敦煌古抄内典尾記彙校初、二、三編合刊　敦煌學要籥　(臺北)新文豐出版公司　1982　p. 88
池田溫　中國古代寫本識語集録　(東京)大藏出版株式會社　1990　p. 95
林聰明　敦煌文書學　(臺北)新文豐出版公司　1991　p. 312
方廣錩　大般涅槃經　敦煌學大辭典　上海辭書出版社　1998　p. 693
郝春文　英藏敦煌社會歷史文獻釋録(第一卷)　科學出版社　2001　p. 191
施安昌　敦煌寫經斷代發凡　善本碑帖論集　紫禁城出版社　2002　p. 319

S. 120

王惠民　《思益經》及其在敦煌的流傳　《敦煌研究》1997 年第 1 期　p. 34

S. 121

池田溫　中國古代寫本識語集録　(東京)大藏出版株式會社　1990　p. 389
郝春文　英藏敦煌社會歷史文獻釋録(第一卷)　科學出版社　2001　p. 192

S. 122

鄭阿財　敦煌蒙書析論　第二屆敦煌學國際研討會論文集　(臺北)漢學研究中心　1990　p. 215 注 14

S. 123

土橋秀高　四分律雜抄　西域文化研究(第一)·敦煌佛教資料　(京都)法藏館　1958　p. 186
杜愛英　敦煌遺書中俗體字的諸種類型　《敦煌研究》1992 年第 3 期　p. 121
謝桃坊　敦煌文化尋繹　四川人民出版社　1999　p. 171
郝春文　英倫研讀敦煌文獻原件劄記　《敦煌研究》2000 年第 2 期　p. 97
郝春文　英藏敦煌社會歷史文獻釋録(第一卷)　科學出版社　2001　p. 193、194、195

S. 125

矢吹慶輝　鳴沙餘韻·解說篇(第一部)　(京都)臨川書店　1980　p. 154
上山大峻　敦煌佛教の研究　(京都)法藏館　1990　p. 18、77
郝春文　曇曠　敦煌學大辭典　上海辭書出版社　1998　p. 347

S. 126

鄭阿財　孝道文學敦煌寫卷《十恩德讚》初探　(臺北)《華岡文科學報》1981 年第 13 期　p. 235
鄭阿財　敦煌孝道文學研究　(臺北)石門圖書公司　1982　p. 16、529、622
陳祚龍　新集敦煌古抄釋門的詩歌與曲子　敦煌簡策訂存　(臺北)商務印書館　1983　p. 195
朱鳳玉　王梵志詩研究(上)　(臺北)學生書局　1986　p. 294
任半塘　敦煌歌辭總編　上海古籍出版社　1987　p. 766、800、1081
任半塘　王昆吾　隋唐五代燕樂雜言歌辭集　巴蜀書社　1990　p. 62、1389
金岡照光　逸真讃　敦煌の文學文獻(講座敦煌 9)　(東京)大東出版社　1992　p. 607
王三慶　敦煌寫卷中武后新字之調查研究　唐代研究論集(第三輯)　(臺北)新文豐出版公司 1992　p. 86
張涌泉　《敦煌歌辭總編》校議　《語言研究》1992 年第 1 期　p. 56、59
王小盾　唐代酒令藝術　(臺北)文津出版社　1993　p. 42
鄭阿財　從敦煌文獻看唐代的三教合一　第二屆國際唐代學術會議論文集(上)　(臺北)文津出版社　1993　p. 651
鄭阿財　敦煌文獻與文學　(臺北)新文豐出版公司　1993　p. 4、26
汪泛舟　從敦煌文學構成特點看中外交流關係　敦煌學國際研討會文集·史地語文编　遼寧美術出版社　1995　p. 243
王昆吾　隋唐五代燕樂雜言歌辭研究　中華書局　1996　p. 374、408
張涌泉　敦煌俗字研究導論　(臺北)新文豐出版公司　1996　p. 161
張涌泉　敦煌文獻校讀釋例　文史(第四十一輯)　中華書局　1996　p. 200　又見:舊學新知　浙江大學出版社　1999　p. 213
王繼如　敦煌疑字尋解　俗語言研究(第四期)　(京都)禪文化研究所　1997　p. 69
曾良　《敦煌歌辭總編》商補　敦煌吐魯番研究(第二卷)　北京大學出版社　1997　p. 346
柴劍虹　十無常曲　敦煌學大辭典　上海辭書出版社　1998　p. 542
謝桃坊　敦煌文化尋繹　四川人民出版社　1999　p. 120
郝春文　英藏敦煌社會歷史文獻釋録(第一卷)　科學出版社　2001　p. 196、201、204

林仁昱　論敦煌佛教歌曲特質與"弘法"的關係　敦煌學(第 23 輯)　(臺北)樂學書局有限公司　2002　p. 66
林仁昱　論敦煌佛教歌曲向通俗傳播的內容　中國俗文化研究(第一輯)　巴蜀書社　2003　p. 185
張子開　敦煌文獻中的白話禪詩　《敦煌學輯刊》2003 年第 1 期　p. 83
劉敬林　《英藏敦煌社會歷史文獻釋録》(第一卷)補校　《敦煌研究》2004 第 2 期　p. 101
黄征　敦煌俗字典　上海教育出版社　2005　p. 23、47、117
汪泛舟　敦煌俗別字新考(上)　《敦煌研究》2006 年第 1 期　p. 105

S. 127

方廣錩　天地八陽神咒經　敦煌學大辭典　上海辭書出版社　1998　p. 733

S. 130

景盛軒　敦煌寫本《大般涅槃經》著録商補　浙江與敦煌學:常書鴻先生誕辰一百周年紀念文集　浙江古籍出版社　2004　p. 346

S. 132

胡文和　四川摩崖造像中的"大方廣華嚴十惡品經變"　《敦煌研究》1990 年第 2 期　p. 19

S. 133

向達　記倫敦所藏的敦煌俗文學　《新中華雜誌》1937 年第 5 卷第 13 號　又見:唐代長安與西域文明　三聯書店　1957　p. 241；敦煌變文論文録　上海古籍出版社　1982　p. 30
向達　倫敦所藏敦煌卷子經眼目録　《北平圖書館圖書季刊》1939 年新第 1 卷第 4 期　p. 397　又見:唐代長安與西域文明　三聯書店　1957　p. 197
向達　唐代俗講考　《國學季刊》1950 年第 6 卷第 4 號　p. 1　又見:唐代長安與西域文明　三聯書店　1957　p. 334；敦煌變文論輯　(臺北)石門圖書公司　1981　p. 40；敦煌變文論文録　上海古籍出版社　1982　p. 68；隴文學論叢　甘肅人民出版社　1983　p. 180
周紹良　敦煌所出變文現存目録　敦煌變文彙録　上海出版公司　1955　p. 11
金岡照光　敦煌の寫本　敦煌の文學　(東京)大藏出版株式會社　1971　p. 71
金岡照光　敦煌漢文文學文獻の文學形態上の種類とその分類　敦煌出土文學文獻分類目録・附解說　(東京)東洋文庫　1971　p. 213
金岡照光　敦煌文學のさまざま　敦煌の文學　(東京)大藏出版株式會社　1971　p. 112
王重民　敦煌古籍叙録　中華書局　1979　p. 56
楊家駱　敦煌變文　(臺北)世界書局　1980　p. 159
鄭阿財　敦煌孝道文學研究　(臺北)石門圖書公司　1982　p. 426
董作賓　敦煌紀年　敦煌學文選(上)　蘭州大學歷史系敦煌學研究室等　1983　p. 17
嚴紹璗　狩野直喜和中國俗文學的研究　學林漫録(七集)　中華書局　1983　p. 152 注 6
潘重規　敦煌變文集新書(下)　(臺北)"中國文化大學"中文研究所　1984　p. 986
王重民　秋胡變文　敦煌變文集　人民文學出版社　1984　p. 159
王三慶　敦煌本古類書《語對》研究　(臺北)文史哲出版社　1985　p. 30 注 3
高國藩　敦煌本秋胡故事研究　《敦煌研究》1986 年第 1 期　p. 77
王重民原編　黄永武新編　敦煌古籍叙録新編(第三冊)　(臺北)新文豐出版公司　1986　p. 253
高國藩　敦煌文學作品選　中華書局　1987　p. 67 注 4

金榮華　倫敦藏漢文敦煌卷子目録提要(初稿)序　敦煌學(第12輯)　(臺北)新文豐出版公司　1987　p. 139
蘇瑩輝　論敦煌唐代資料在文史藝術及科技諸方面的貢獻　敦煌文史藝術論叢　(臺北)新文豐出版公司　1987　p. 45、55
張鴻勳　敦煌講唱文學作品選注　甘肅人民出版社　1987　p. 304
周紹良　趙和平　小說　《敦煌語言文學研究通訊》1988年第1期　p. 3　又見:敦煌文學　甘肅人民出版社　1989　p. 284
高國藩　敦煌民俗學　上海文藝出版社　1989　p. 97
張先堂　話本　敦煌文學　甘肅人民出版社　1989　p. 291
郭在貽　張涌泉　黄征　敦煌變文集校議　岳麓書社　1990　p. 117
蔣紹愚　近代漢語語法資料彙編(唐五代卷)　商務印書館　1990　p. 248
項楚　敦煌變文選注　巴蜀書社　1990　p. 280
杜愛英　敦煌遺書中俗體字的諸種類型　《敦煌研究》1992年第3期　p. 119
金岡照光　講唱體類　敦煌の文學文獻(講座敦煌9)　(東京)大東出版社　1992　p. 88
金岡照光　散文體類　敦煌の文學文獻(講座敦煌9)　(東京)大東出版社　1992　p. 239
林家平　寧强　羅華慶　中國敦煌學史　北京語言學院出版社　1992　p. 105
土田健次郎　儒教典籍　敦煌漢文文獻(講座敦煌5)　(東京)大東出版社　1992　p. 268
王三慶著　池田溫譯　類書　敦煌漢文文獻(講座敦煌5)　(東京)大東出版社　1992　p. 365、389
張涌泉　《敦煌歌辭總編》校議　《語言研究》1992年第1期　p. 57
張涌泉　敦煌寫卷俗字類型及其考辨的方法　(香港)《九州學刊》(敦煌學專輯)1992年第4卷第4期　p. 72
周紹良　敦煌文學芻議及其它　(臺北)新文豐出版公司　1992　p. 59
高國藩　敦煌民俗資料導論　(臺北)新文豐出版公司　1993　p. 16、58、88
張鴻勳　敦煌話本詞文俗賦導論　(臺北)新文豐出版公司　1993　p. 34、259
張先堂　敦煌文學概論　甘肅人民出版社　1993　p. 307
陳海濤　敦煌變文新論　《敦煌研究》1994年第1期　p. 67
楊森　"婆姨"與"優婆姨"稱謂芻議　《敦煌研究》1994年第3期　p. 124
胡戟　傅玫　敦煌史話　中華書局　1995　p. 177
張涌泉《敦煌文獻語言辭典》補正　原學(第四輯)　中國廣播電視出版社　1995　p. 387
張涌泉　漢語俗字研究　岳麓書社　1995　p. 53
張涌泉　敦煌俗字研究導論　(臺北)新文豐出版公司　1996　p. 163、204
張涌泉　敦煌文獻校讀釋例　文史(第四十一輯)　中華書局　1996　p. 201　又見:舊學新知　浙江大學出版社　1999　p. 215
張涌泉　敦煌寫卷俗字類釋　敦煌吐魯番學研究論集　書目文獻出版社　1996　p. 480
黄征　張涌泉　敦煌變文校注　中華書局　1997　p. 235
李并成　古代河西走廊桑蠶絲織業考　《敦煌學輯刊》1997年第2期　p. 64
鄭炳林　敦煌碑銘讚輯釋　甘肅教育出版社　1997　p. 227注9
白化文　春秋經傳集解　敦煌學大辭典　上海辭書出版社　1998　p. 774
程毅中　秋胡　敦煌學大辭典　上海辭書出版社　1998　p. 584
高國藩　敦煌俗文化學　上海三聯書店　1999　p. 248、255
梅維恒著　楊繼東　陳引馳譯　唐代變文(下)　(香港)中國佛教文化出版公司　1999　p. 6
王繼如　《秋胡變文》校釋補正　敦煌問學叢稿　甘肅文化出版社　1999　p. 170

北京大學　敦煌《經卷》、《照片》及《圖書》目録　中國敦煌學百年文庫・綜述卷(一)　甘肅文化出版社　1999　p. 318
伏俊璉　伏麒鵬　石室齊諧:敦煌小說選析　甘肅人民出版社　2000　p. 6
顏廷亮　敦煌文化　光明日報出版社　2000　p. 201
顏廷亮　西陲文學遺珍:敦煌文學通俗談　甘肅人民出版社　2000　p. 80
張錫厚　敦煌文學源流　作家出版社　2000　p. 473
郝春文　英藏敦煌社會歷史文獻釋録(第一卷)　科學出版社　2001　p. 206、214、225
陶敏　李一飛　隋唐五代文學史料學　中華書局　2001　p. 353、365
曾良　敦煌文獻字義通釋　廈門大學出版社　2001　p. 195
黄征　敦煌語言文字學研究　甘肅教育出版社　2002　p. 167
姜亮夫　敦煌莫高窟年表　姜亮夫全集(十一)　雲南人民出版社　2002　p. 162
李小榮　變文講唱與華梵宗教藝術　上海三聯書店　2002　p. 281
曾良　俗字與古籍整理舉隅　《中國典籍與文化》2003 年第 2 期　p. 65
劉敬林　《英藏敦煌社會歷史文獻釋録》(第一卷)補校　《敦煌研究》2004 年第 2 期　p. 102
王冀青　斯坦因與日本敦煌學　甘肅教育出版社　2004　p. 131
黄征　敦煌俗字典　上海教育出版社　2005　p. 81、136
李索　敦煌寫卷《春秋經傳集解》校證　中國社會科學出版社　2005　p. 229

S. 134

向達　倫敦所藏敦煌卷子經眼目録　《北平圖書館圖書季刊》1939 年新第 1 卷第 1 期　p. 397　又見:唐代長安與西域文明　三聯書店　1957　p. 197
潘重規　敦煌詩經卷子研究　(臺北)《華岡學報》1970 年第 6 期　又見:中國敦煌學百年文庫・文獻卷(二)　甘肅文化出版社　1999　p. 439
王重民　敦煌古籍叙録　中華書局　1979　p. 34
王重民原編　黄永武新編　敦煌古籍叙録新編(第二册)　(臺北)新文豐出版公司　1986　p. 271
林平和　羅振玉敦煌學析論　(臺北)文史哲出版社　1988　p. 83、124、216、230、249
土田健次郎　儒教典籍　敦煌漢文文獻(講座敦煌 5)　(東京)大東出版社　1992　p. 268、284
白化文　詩經　敦煌學大辭典　上海辭書出版社　1998　p. 773
潘重規　巴黎倫敦所藏敦煌詩經卷子題記　中國敦煌學百年文庫・文獻卷(二)　甘肅文化出版社　1999　p. 388
郝春文　英藏敦煌社會歷史文獻釋録(第一卷)　科學出版社　2001　p. 231
林聰明　敦煌吐魯番文書解詁指例　(臺北)新文豐出版公司　2001　p. 351
伏俊璉　敦煌《詩經》殘卷的文獻價值　《敦煌研究》2004 年第 4 期　p. 41
黄征　敦煌俗字典　上海教育出版社　2005　p. 10、79、133
黄征　敦煌俗字要論　《敦煌研究》2005 年第 1 期　p. 84

S. 135

李小榮　敦煌密教文獻論稿　人民文學出版社　2003　p. 35

S. 136

矢吹慶輝　鳴沙餘韻・解說篇(第一部)　(京都)臨川書店　1980　p. 197
林亞傑　從晉唐寫經看書法與佛教的關係　紀念陳寅恪教授國際學術討論會文集　中山大學出版社

1989　p. 522 注 16

蕭登福　道教術儀與密教典籍　(臺北)新文豐出版公司　1994　p. 496

黄征　王梵志詩校釋續商補　敦煌語文叢說　(臺北)新文豐出版公司　1997　p. 217

張子開　敦煌寫本斯 136、417、622 號"佛經"初探　《宗教學研究》1997 年第 2 期　又見:中國敦煌學百年文庫・宗教卷(二)　甘肅文化出版社　1999　p. 498

方廣錩　新菩薩經　敦煌學大辭典　上海辭書出版社　1998　p. 739

楊富學　劉永連　丁曉瑜　1997—1998 年大陸地區唐代學術研究概況:敦煌學　"中國唐代學會"會刊(第九期)　(臺北)"中國唐代學會"　1998　p. 110

黄征　敦煌語言文字學研究　甘肅教育出版社　2002　p. 302

張國剛　佛學與隋唐社會　河北人民出版社　2002　p. 193

S. 137

福井文雅　般若心經　敦煌と中國仏教(講座敦煌 7)　(東京)大東出版社　1984　p. 42

S. 138

袁德領　關於敦煌遺書中六個卷子的定名　《敦煌研究》1989 年第 3 期　p. 61

S. 142

藤枝晃著　徐慶全　李樹清譯　敦煌寫本概述　《敦煌研究》1996 年第 2 期　p. 117

S. 143

矢吹慶輝　鳴沙餘韻・解說篇(第一部)　(京都)臨川書店　1980　p. 157

江素雲　維摩詰所說經敦煌寫本綜合目録　(臺北)東初出版社　1991　p. 79

S. 144

蘇瑩輝　論敦煌唐代資料在文史藝術及科技諸方面的貢獻　敦煌文史藝術論叢　(臺北)新文豐出版公司　1987　p. 48

周紹良　敦煌文學芻議及其它　(臺北)新文豐出版公司　1992　p. 32

S. 145

江素雲　維摩詰所說經敦煌寫本綜合目録　(臺北)東初出版社　1991　p. 79

S. 147

上山大峻　敦煌佛教の研究　(京都)法藏館　1990　p. 452、622

湛如　敦煌菩薩戒儀與菩薩戒牒之研究　《敦煌研究》1997 年第 2 期　p. 83

方廣錩　無量壽宗要經　敦煌學大辭典　上海辭書出版社　1998　p. 705

楊富學　劉永連　丁曉瑜　1997—1998 年大陸地區唐代學術研究概況:敦煌學　"中國唐代學會"會刊(第九期)　(臺北)"中國唐代學會"　1998　p. 110

蔡忠霖　敦煌漢文寫卷俗字及其現象　(臺北)文津出版社　2002　p. 160

湛如　敦煌佛教律儀制度研究　中華書局　2003　p. 171

S. 148

江素雲　維摩詰所說經敦煌寫本綜合目録　(臺北)東初出版社　1991　p. 79

S. 149

鄭阿財　敦煌孝道文學研究　(臺北)石門圖書公司　1982　p. 175 注 2
項楚　敦煌本《孝子傳》補校　敦煌文學叢考　上海古籍出版社　1991　p. 397
陳祚龍　敦煌學新簡　敦煌文物散論　(臺北)新文豐出版公司　1993　p. 161
鄭阿財　從敦煌文獻看唐代的三教合一　第二届國際唐代學術會議論文集(上)　(臺北)文津出版社　1993　p. 668 注 16
張涌泉　敦煌本《佛說父母恩重經》研究　文史(第四十九輯)　中華書局　1999　p. 67
張涌泉　以父母十恩德爲主題的佛教文學藝術作品探源　舊學新知　浙江大學出版社　1999　p. 326
馬世長　《父母恩重經》寫本與變相　敦煌研究文集・敦煌石窟經變篇　甘肅民族出版社　2000　p. 398
町田隆吉　『唐咸亨四年(673)左憧憙生前及隨身錢物疏』をめぐって　『西北出土文獻研究』(創刊號)　(新潟)西北出土文獻研究會　2004　p. 69

S. 153

平野顯照著　張桐生譯　唐代的文學與佛教　(臺北)業强出版社　1987　p. 237
羅秉芬　唐代藏漢文化交流的歷史見證　《中國藏學》1989 年第 2 期　又見:中國敦煌學百年文庫・民族卷(二)　甘肅文化出版社　1999　p. 318
方廣錩　無常經　敦煌學大辭典　上海辭書出版社　1998　p. 708
李正宇　唐宋時期敦煌佛經性質功能的變化　中日敦煌佛教學術會議論文集　中國社會科學院研究所　2002　p. 11

S. 154

李伯重　唐代奴婢的異稱　唐研究(第六卷)　北京大學出版社　2000　p. 322
張總　地藏信仰研究　宗教文化出版社　2003　p. 99

S. 155

陳慶英　《斯坦因劫經録》、《伯希和劫經録》所收漢文寫卷中夾存的藏文寫卷情況調查　《敦煌學輯刊》1981 年第 2 期　p. 111

S. 157

杜愛英　敦煌遺書中俗體字的諸種類型　《敦煌研究》1992 年第 3 期　p. 121

S. 158

岡部和雄　敦煌藏經目録　敦煌と中國仏教(講座敦煌 7)　(東京)大東出版社　1984　p. 317

S. 159

江素雲　維摩詰所說經敦煌寫本綜合目録　(臺北)東初出版社　1991　p. 79

S. 161

袁德領　關於敦煌遺書中六個卷子的定名　《敦煌研究》1989 年第 3 期　p. 61

井ノ口泰淳　敦煌本『仏名經』の諸系統　中央アジアの言語と仏教　(京都)法藏館　1995　p. 319

王繼如　王梵志詩語詞劄記　敦煌問學叢稿　甘肅文化出版社　1999　p. 236

郝春文　英藏敦煌社會歷史文獻釋録(第一卷)　科學出版社　2001　p. 237、250

余欣　許國霖與敦煌學　敦煌吐魯番研究(第七卷)　北京大學出版社　2004　p. 83

S. 165

池田溫　中國古代寫本識語集録　(東京)大藏出版株式會社　1990　p. 386

方廣錩　佛說頂尊勝陀羅尼咒　敦煌學大辭典　上海辭書出版社　1998　p. 698

S. 168

江素雲　維摩詰所說經敦煌寫本綜合目録　(臺北)東初出版社　1991　p. 79

S. 170

郝春文　英藏敦煌社會歷史文獻釋録(第一卷)　科學出版社　2001　p. 251

王卡　敦煌道教文獻研究　中國社會科學出版社　2004　p. 49、191

黃征　敦煌俗字典　上海教育出版社　2005　p. 17、115

S. 171

江素雲　維摩詰所說經敦煌寫本綜合目録　(臺北)東初出版社　1991　p. 79

S. 173

向達　倫敦所藏敦煌卷子經眼目録　《北平圖書館圖書季刊》1939 年新第 1 卷第 4 期　p. 397　又見:唐代長安與西域文明　三聯書店　1957　p. 197

饒宗頤　敦煌本文選斠證(一)　(香港)《新亞學報》1957 年第 1 期　p. 336

金岡照光　敦煌文學のさまざま　敦煌の文學　(東京)大蔵出版株式會社　1971　p. 127

孫修身　敦煌三界寺　甘肅省史學會論文集　甘肅省歷史學會編印　1982　又見:中國敦煌學百年文庫・宗教卷(一)　甘肅文化出版社　1999　p. 57

高明士　唐代敦煌的教育　漢學研究(敦煌學國際研討會論文專號)　(臺北)漢學研究資料及服務中心　1986　p. 257

簡濤　敦煌本《燕子賦》考論　《敦煌研究》1986 年第 3 期　p. 31

李正宇　唐宋時代的敦煌學校　《敦煌研究》1986 年第 1 期　p. 45

李正宇　敦煌學郎題記輯注　《敦煌學輯刊》1987 年第 1 期　p. 35

張錫厚　敦煌賦集校理　《敦煌研究》1987 年第 4 期　p. 42

李丹禾　校訂敦煌本《李陵蘇武往還書》　敦煌語言文學論文集　浙江古籍出版社　1988　p. 292

李正宇　敦煌地區古代祠廟寺觀簡志　《敦煌學輯刊》1988 年第 1、2 期　p. 80

張錫厚　伯 2488、伯 5037 敦煌賦卷初考　敦煌語言文學研究　北京大學出版社　1988　p. 200、209

高國藩　敦煌民俗學　上海文藝出版社　1989　p. 99

張錫厚　賦　敦煌文學　甘肅人民出版社　1989　p. 135

池田溫　中國古代寫本識語集録　(東京)大藏出版株式會社　1990　p. 506

林聰明　敦煌文書出處略考　季羨林教授八十華誕紀念論文集(下)　江西人民出版社　1991

p. 858

林聰明　敦煌文書學　(臺北)新文豐出版公司　1991　p. 176、226、333、389

東野治之　敦煌と日本の『千字文』　遣唐使と正倉院　(東京)岩波書店　1992　p. 241

東野治之　訓蒙書　敦煌漢文文獻(講座敦煌 5)　(東京)大東出版社　1992　p. 405

姜伯勤　敦煌社會文書導論　(臺北)新文豐出版公司　1992　p. 92

金岡照光　講史譚・時事変文等:「王陵」「李陵」「張議潮」変文を中心に　敦煌の文學文獻(講座敦煌 9)　(東京)大東出版社　1992　p. 552

張鴻勳　敦煌話本詞文俗賦導論　(臺北)新文豐出版公司　1993　p. 181

伏俊璉　敦煌賦校注　甘肅人民出版社　1994　p. 2

伏俊璉　敦煌遺文《秦將賦》及其産生流傳的原因　《社科縱橫》1994 年第 4 期　p. 24

石田勇作　敦煌「社文書」研究序說　中國古代の國家と民衆(堀敏一先生古稀記念)　(東京)汲古書院　1995　p. 684

李正宇　敦煌史地新論　(臺北)新文豐出版公司　1996　p. 81、189

張錫厚　敦煌賦彙　(臺北)新文豐出版公司　1996　p. 7、308

寧可　郝春文　敦煌社邑文書輯校　江蘇古籍出版社　1997　p. 235

邵文實　敦煌李陵、蘇武故事流變發微　敦煌吐魯番研究(第二卷)　北京大學出版社　1997　p. 80

李正宇　三界寺　敦煌學大辭典　上海辭書出版社　1998　p. 631

梅維恒著　楊繼東　陳引馳譯　唐代變文(上)　(香港)中國佛教文化出版公司　1999　p. 263

伏俊璉　俗情雅韻:敦煌賦選析　甘肅人民出版社　2000　p. 60

徐俊　敦煌詩集殘卷輯考　中華書局　2000　p. 768、917

顔廷亮　敦煌文化　光明日報出版社　2000　p. 441

顔廷亮　敦煌文化的靈魂論綱　《甘肅社會科學》2000 年第 4 期　p. 36

張錫厚　敦煌文學源流　作家出版社　2000　p. 200

郝春文　英藏敦煌社會歷史文獻釋録(第一卷)　科學出版社　2001　p. 253、262

山本達郎等　補(IV)社・III 轉貼　『NUN – HUANG AND TURFAN DOCUMENTS CONCERNING SOCIAL AND ECONOMIC HISTORY』(Sup. p. lemrnts)　(東京)東洋文庫　2001　p. 76

曾良　敦煌文獻字義通釋　廈門大學出版社　2001　p. 5

鄭阿財　敦煌童蒙讀物的分類與總說　敦煌文獻論集:紀念藏經洞發現一百周年國際學術研討會論文集　遼寧人民出版社　2001　p. 204

徐俊　敦煌寫本詩歌續考　《敦煌研究》2002 年第 5 期　p. 71

郝春文　唐後期五代宋初中印文化對敦煌寺院的影響　新世紀敦煌學論集　巴蜀書社　2003　p. 333

劉敬林　《英藏敦煌社會歷史文獻釋録》(第一卷)補校　《敦煌研究》2004 年第 2 期　p. 103

鄭阿財　敦煌蒙書研究的回顧與前瞻　敦煌吐魯番研究(第七卷)　北京大學出版社　2004　p. 264

S. 175

池田溫　中國古代寫本識語集録　(東京)大蔵出版株式會社　1990　p. 389

S. 176

池田溫　中國古代寫本識語集録　(東京)大蔵出版株式會社　1990　p. 393

S. 178

矢吹慶輝　鳴沙餘韻·解說篇(第一部)　(京都)臨川書店　1980　p. 294

S. 181

丛春雨　敦煌中醫藥全書　中醫古籍出版社　1994　p. 340

馬繼興　敦煌醫藥文獻輯校　江蘇古籍出版社　1998　p. 164

丛春雨　敦煌中醫藥精萃發微　中醫古籍出版社　2000　p. 52

S. 182

田中良昭　敦煌の禪籍　禪學研究入門　(東京)大東出版社　1994　p. 60

柳田聖山　禪籍解題(一)·敦煌禪籍　俗語言研究(第二期)　(京都)禪文化研究所　1995　p. 138

S. 189

向達　倫敦所藏敦煌卷子經眼目録　《北平圖書館圖書季刊》1939 年新第 1 卷第 4 期　又見:唐代長安與西域文明　三聯書店　1957　p. 197

嚴靈峰　老子《想爾注》寫本殘卷質疑　(臺北)《大陸雜誌》1965 年第 6 期　又見:中國敦煌學百年文庫·文獻卷(一)　甘肅文化出版社　1999　p. 496

鄭良樹　敦煌老子寫本考異　(臺北)《大陸雜誌》1981 年第 2 期　又見:中國敦煌學百年文庫·宗教卷(三)　甘肅文化出版社　1999　p. 68

楠山春樹　道德經類 付『莊子』『列子』『文子』　敦煌と中國道教(講座敦煌 4)　(東京)大東出版社　1983　p. 31

方廣錩　敦煌佛教經録輯校　江蘇古籍出版社　1997　p. 411

方廣錩　妙法蓮花經卷品開闔録　敦煌學大辭典　上海辭書出版社　1998　p. 749

李正宇　鳥形押　敦煌學大辭典　上海辭書出版社　1998　p. 294

劉濤　敦煌書法　敦煌學大辭典　上海辭書出版社　1998　p. 274

郝春文　英藏敦煌社會歷史文獻釋録(第一卷)　科學出版社　2001　p. 264、281、283、284

曾良　敦煌文獻字義通釋　廈門大學出版社　2001　p. 159

王卡　敦煌道教文獻研究　中國社會科學出版社　2004　p. 165

王卡　中國國家圖書館藏敦煌道教遺書研究報告　敦煌吐魯番研究(第七卷)　北京大學出版社　2004　p. 361

張涌泉　燦爛的敦煌文化　浙江與敦煌學:常書鴻先生誕辰一百周年紀念文集　浙江古籍出版社　2004　p. 645

黄征　敦煌俗字典　上海教育出版社　2005　p. 7、16、95、134

黄征　敦煌俗字種類考辨　敦煌學·日本學:石塚晴通教授退職紀念論文集　上海辭書出版社　2005　p. 115

S. 190

矢吹慶輝　三階教之研究　(東京)岩波書店　1927　p. 192、787

陳祚龍　新校重訂敦煌古抄中世釋衆唱導行孝報恩的藝文四種　中華佛教文化史散策(三集)　(臺北)新文豐出版公司　1981　p. 227

陳祚龍　新校重訂敦煌古抄楊隋釋信行的著述小集　敦煌學林劄記　(臺北)商務印書館　1987　p. 461

謝和耐著　耿昇譯　中國5—10世紀的寺院經濟　甘肅人民出版社　1987　p. 261 注 1
吳其昱著　伊藤美重子譯　敦煌漢文寫本概觀　敦煌漢文文獻(講座敦煌 5)　(東京)大東出版社　1992　p. 73
張涌泉　敦煌本《佛說父母恩重經》研究　文史(第四十九輯)　中華書局　1999　p. 80 注 1
金岡照光　敦煌文獻と中國文學　(東京)五曜書房　2000　p. 18
西本照真　敦煌抄本中的三階教文獻　中日敦煌佛教學術會議論文集　中國社會科學院研究所　2002　p. 177
張總　評《三階教的研究》　唐研究(第八卷)　北京大學出版社　2002　p. 470
西本照真　三階教文獻綜述　藏外佛教文獻(第九輯)　宗教文化出版社　2003　p. 365

S. 191

汪泛舟　讚・箴　敦煌文學　甘肅人民出版社　1989　p. 101
汪泛舟　敦煌文學概論　甘肅人民出版社　1993　p. 554
郝春文　英倫研讀敦煌文獻原件劄記　《敦煌研究》2000 年第 2 期　p. 97
郝春文　英藏敦煌社會歷史文獻釋録(第一卷)　科學出版社　2001　p. 285、287
張小豔　刪字符號卜與敦煌文獻的解讀　《敦煌研究》2003 年第 3 期　p. 72
劉敬林　《英藏敦煌社會歷史文獻釋録》(第一卷)補校　《敦煌研究》2004 年第 2 期　p. 103

S. 192

施萍婷　敦煌隨筆之四　《敦煌研究》1987 年第 4 期　p. 26
周紹良　三卷關於變相圖的牓題本事考釋　(香港)《九州學刊》(敦煌學專輯)1993 年第 5 卷第 4 期　p. 19
郝春文　英藏敦煌社會歷史文獻釋録(第一卷)　科學出版社　2001　p. 289、292
黃征　敦煌語言文字學研究　甘肅教育出版社　2002　p. 22
黃征　敦煌語言文字學研究要論　漢語史學報(第二輯)　上海教育出版社　2002　p. 6
荒見泰史　敦煌本夢書雜識　漢語史學報專輯(第三輯)　上海教育出版社　2003　p. 337
荒見泰史　漢文譬喻經典及其綱要本的作用　佛經文學研究論集　復旦大學出版社　2004　p. 286
梁麗玲　薩埵太子本生故事畫所據佛典之判讀　麥積山石窟藝術文化論文集(上)　蘭州大學出版社　2004　p. 557
沙武田　敦煌壁畫榜題寫本研究　《敦煌研究》2004 年第 3 期　p. 104
王惠民　敦煌經變畫的研究成果與研究方法　《敦煌學輯刊》2004 年第 2 期　p. 70

S. 194

芳村修基　土橋秀高　井ノ口泰淳　敦煌佛教史年表　西域文化研究(第一)・敦煌佛教資料　(京都)法藏館　1958　p. 263
矢吹慶輝　鳴沙餘韻・解說篇(第一部)　(京都)臨川書店　1980　p. 281
陳祚龍　敦煌古抄內典尾記彙校初、二、三編合刊　敦煌學要籥　(臺北)新文豐出版公司　1982　p. 88
池田溫　中國古代寫本識語集録　(東京)大藏出版株式會社　1990　p. 235
林聰明　從敦煌文書看佛教徒的造經祈福　第二屆敦煌學國際研討會論文集　(臺北)漢學研究中心　1990　p. 527
林聰明　敦煌文書學　(臺北)新文豐出版公司　1991　p. 311

楊森　“婆姨”與“優婆姨”稱謂芻議　《敦煌研究》1994 年第 3 期　p. 126

方廣錩　敦煌遺書中的《妙法蓮華經》及有關文獻　敦煌學佛教學論叢(下)　中國佛教文化研究所　1998　p. 77　又見:法源(第 16 期)　中國佛學院　1998　p. 43

方廣錩　妙法蓮華經　敦煌學大辭典　上海辭書出版社　1998　p. 689

郝春文　英藏敦煌社會歷史文獻釋録(第一卷)　科學出版社　2001　p. 293

陳麗萍　敦煌女性寫經題記及反映的婦女問題　敦煌佛教藝術文化國際學術研討會論文集　蘭州大學出版社　2002　p. 433

姜亮夫　敦煌莫高窟年表　姜亮夫全集(十一)　雲南人民出版社　2002　p. 253

施安昌　唐武周時期的刻經與敦煌寫經　善本碑帖論集　紫禁城出版社　2002　p. 119

S. 195

伊藤美重子　敦煌本『大智度論』の整理　中國佛教石經の研究　京都大學學術出版會　1996　p. 384

S. 196

向達　倫敦所藏敦煌卷子經眼目録《北平圖書館圖書季刊》1939 年新第 1 卷第 4 期　p. 397　又見:唐代長安與西域文明　三聯書店　1957　p. 197

芳村修基　土橋秀高　井ノ口泰淳　敦煌佛教史年表　西域文化研究(第一)・敦煌佛教資料　(京都)法藏館　1958　p. 280

唐耕耦　陸宏基　敦煌社會經濟文獻真迹釋録(五)　全國圖書館文獻縮微複製中心　1990　p. 22

榮新江　歸義軍史研究　上海古籍出版社　1996　p. 26

劉濤　敦煌書法　敦煌學大辭典　上海辭書出版社　1998　p. 274

郝春文　英倫研讀敦煌文獻原件劄記　《敦煌研究》2000 年第 2 期　p. 96

郝春文　英藏敦煌社會歷史文獻釋録(第一卷)　科學出版社　2001　p. 294

馮培紅　姚桂蘭　歸義軍時期敦煌與周邊地區之間的僧使交往　敦煌佛教藝術文化國際學術研討會論文集　蘭州大學出版社　2002　p. 456

姜亮夫　敦煌莫高窟年表　姜亮夫全集(十一)　雲南人民出版社　2002　p. 540

S. 197

沙知　跋天寶十三載便麥契(P. 4053v)　紀念陳寅恪先生百年誕辰學術論文集　江西教育出版社　1994　p. 280 注 11

姚崇新　廣元的地藏造像及其組合　藝術史研究(4)　中山大學出版社　2002　p. 308

張總　地藏信仰研究　宗教文化出版社　2003　p. 107

S. 198

岡部和雄　疑僞經典　敦煌仏典と禪(講座敦煌 8)　(東京)大東出版社　1980　p. 355

木村隆德　敦煌出土のチベット文禪宗文獻の性格　敦煌仏典と禪(講座敦煌　8)　(東京)大東出版社　1980　p. 443

S. 199

董作賓　敦煌紀年　敦煌學文選(上)　蘭州大學歷史系敦煌學研究室等　1983　p. 35

王重民　《敦煌遺書總目索引》後記　敦煌遺書論文集　中華書局　1984　p. 69

S. 200

杜愛英　敦煌遺書中俗體字的諸種類型　《敦煌研究》1992 年第 3 期　1992　p. 123

S. 201

森安孝夫　ウイグル語文獻　敦煌胡語文獻(講座敦煌 6)　(東京)大東出版社　1985　p. 35

S. 202

劉銘恕　英國博物院所藏的敦煌卷子　《中國科學院圖書館通訊》1957 年第 1 期　又見:中國敦煌學百年文庫·綜述卷(二)　甘肅文化出版社　1999　p. 129

三木榮　西域出土醫藥關係文獻綜合解說目録　『東洋學報』(47 卷 1 號)　(東京)東洋學術協會　1964　p. 9

矢吹慶輝　鳴沙餘韻·解說篇(第一部)　(京都)臨川書店　1980　p. 188

周丕顯　敦煌科技書卷叢談　《敦煌學輯刊》1981 年第 2 期　p. 57

趙健雄　敦煌石窟醫學史料輯要　《敦煌學輯刊》1985 年第 2 期　p. 117

馬繼興　敦煌古醫籍考釋　江西科學技術出版社　1988　p. 17、97

高國藩　敦煌民俗學　上海文藝出版社　1989　p. 319

趙健雄　敦煌寫本《傷寒論·辨脈法》考析　《敦煌研究》1989 年第 4 期　p. 106

甘肅中醫學院圖書館　敦煌中醫藥學集錦　甘肅中醫學院圖書館　1990　p. 42

趙健雄　敦煌遺書醫學卷考析　《敦煌研究》1991 年第 4 期　p. 99

宮下三郎　敦煌本の本草醫書　敦煌漢文文獻(講座敦煌 5)　(東京)大東出版社　1992　p. 501

丛春雨　敦煌中醫藥全書　中醫古籍出版社　1994　p. 232

劉進寶　敦煌學論述　(臺北)洪葉文化事業有限公司　1995　p. 299

張弓　漢唐佛寺文化史　中國社會科學出版社　1997　p. 928

馬繼興　敦煌醫藥文獻　敦煌學大辭典　上海辭書出版社　1998　p. 615

馬繼興　敦煌醫藥文獻輯校　江蘇古籍出版社　1998　p. 30

王淑民　傷寒論　敦煌學大辭典　上海辭書出版社　1998　p. 616

王淑民　敦煌石窟秘藏醫方　北京醫科大學中國協和醫科大學聯合出版社　1999　p. 4

丛春雨　敦煌中醫藥精萃發微　中醫古籍出版社　2000　p. 52

郝春文　英倫研讀敦煌文獻原件劄記　《敦煌研究》2000 年第 2 期　p. 96

馬繼興　敦煌本張仲景《傷寒雜病論·辨脈法》殘文出處考　英國收藏敦煌漢藏文獻研究:紀念敦煌文獻發現一百周年　中國社會科學出版社　2000　p. 363

郝春文　英藏敦煌社會歷史文獻釋録(第一卷)　科學出版社　2001　p. 296、304

劉進寶　敦煌學通論　甘肅教育出版社　2002　p. 416

馬繼興　當前世界各地收藏的中國出土卷子本古醫藥文獻備考　敦煌吐魯番研究(第六卷)　北京大學出版社　2002　p. 133

趙平安　談談敦煌醫學寫本的釋字問題　敦煌吐魯番研究(第六卷)　北京大學出版社　2002　p. 199、202

王杏林　試述《傷寒論》寫本與傳本《傷寒論》的關係及其文獻價值　浙江與敦煌學:常書鴻先生誕辰一百周年紀念文集　浙江古籍出版社　2004　p. 385

黄征　敦煌俗字典　上海教育出版社　2005　p. 36、64、104、120

王杏林　敦煌本《傷寒論》校證　《敦煌學輯刊》2006 年第 1 期　p. 13

S. 203

向達　倫敦所藏敦煌卷子經眼目録　《北平圖書館圖書季刊》1939 年新第 1 卷第 4 期　p. 397　又見:唐代長安與西域文明　三聯書店　1957　p. 198

クリストファー・シッペール著　福井文雅訳　敦煌文書に見える道士の法位階梯について　敦煌と中國道教(講座敦煌 4)　(東京)大東出版社　1983　p. 330

姜亮夫　敦煌所見道教佚經考　敦煌學論文集　上海古籍出版社　1987　p. 315

陶秋英輯録　姜亮夫校訂　敦煌所見道教佚經録　敦煌碎金　浙江古籍出版社　1992　p. 320

野田俊昭　1991 年の歷史學界——回顧と展望・東アジア(中國　魏晉南北朝)『史學雜誌』(第 101 編第 5 號)　(東京)史學會　1992　p. 205

朱越利　道經總論　遼寧教育出版社　1992　p. 281

郝春文　英藏敦煌社會歷史文獻釋録(第一卷)　科學出版社　2001　p. 305

劉屹　評《敦煌道藏》　敦煌吐魯番研究(第六卷)　北京大學出版社　2002　p. 389

葉貴良　《英藏敦煌社會歷史文獻釋録・斯 63 號太上洞玄靈寶無量度人上品妙經》校正　《敦煌學輯刊》2002 年第 2 期　p. 146

劉敬林　《英藏敦煌社會歷史文獻釋録》(第一卷)補校　《敦煌研究》2004 年第 2 期　p. 103

王卡　敦煌道教文獻研究　中國社會科學出版社　2004　p. 33、220

黄征　敦煌俗字典　上海教育出版社　2005　p. 9、54、110、134

黄征　敦煌俗字要論　《敦煌研究》2005 年第 1 期　p. 86

S. 205

唐耕耦　敦煌唐寫本天下姓望氏族譜殘卷的若干問題　魏晉隋唐史論集(第二輯)　中國社會科學出版社　1983　p. 304

S. 206

許國霖　敦煌石室寫經年代表　《微妙聲》1937 年第 5 期　又見:中國敦煌學百年文庫・宗教卷(四)　甘肅文化出版社　1999　p. 194

趙逵夫　唐代的一個俳優戲腳本:敦煌石窟發現《茶酒論》考述　中國文化(3)　(香港)中華書局　1990　p. 161　又見:中國敦煌學百年文庫・藝術卷(四)　甘肅文化出版社　1999　p. 291

S. 207

董作賓　敦煌紀年　敦煌學文選(上)　蘭州大學歷史系敦煌學研究室等　1983　p. 31

石泰安著　耿昇譯　有關吐蕃佛教起源的傳說　國外藏學研究譯文集(第七輯)　西藏人民出版社　1990　p. 287

S. 208

侯旭東　如來在金棺囑累清淨莊嚴敬福經　藏外佛教文獻(第四輯)　宗教文化出版社　1998　p. 367

S. 209

金岡照光　敦煌における地獄文獻:敦煌庶民信仰の一様相　敦煌と中國仏教(講座敦煌 7)　(東京)大東出版社　1984　p. 571

張總　地藏信仰研究　宗教文化出版社　2003　p. 98

S. 210

王三慶　敦煌寫卷中武后新字之調查研究　唐代研究論集(第三輯)　(臺北)新文豐出版公司　1992　p. 86

黑維強　《吐魯番出土文書》詞語釋　《敦煌學輯刊》2004 年第 1 期　p. 61

S. 211

杜斗城　"七七齋"之源流及敦煌文獻中有關資料的分析　《敦煌研究》2004 年第 4 期　p. 37

S. 212

王重民　記敦煌寫本的佛經　敦煌吐魯番文獻研究論集(第二輯)　北京大學出版社　1983　p. 20　又見:敦煌遺書論文集　中華書局　1984　p. 305

王三慶　敦煌寫卷中武后新字之調查研究　唐代研究論集(第三輯)　(臺北)新文豐出版公司　1992　p. 86

西本照真　敦煌抄本中的三階教文獻　中日敦煌佛教學術會議論文集　中國社會科學院研究所　2002　p. 177

西本照真　三階教文獻綜述　藏外佛教文獻(第九輯)　宗教文化出版社　2003　p. 365

杜斗城　"七七齋"之源流及敦煌文獻中有關資料的分析　《敦煌研究》2004 年第 4 期　p. 37

S. 214

向達　記倫敦所藏的敦煌俗文學　《新中華雜誌》1937 年第 5 卷第 13 號　又見:唐代長安與西域文明　三聯書店　1957　p. 243；敦煌變文論文録　上海古籍出版社　1982　p. 31

向達　倫敦所藏敦煌卷子經眼目録　《北平圖書館圖書季刊》1939 年新第 1 卷第 4 期　p. 397　又見:唐代長安與西域文明　三聯書店　1957　p. 198

邵榮芬　敦煌俗文學中的別字異文和唐五代西北方音　《中國語文》1963 年第 3 期　又見:中國敦煌學百年文庫・語言文字卷(一)　甘肅文化出版社　1999　p. 145

金岡照光　敦煌漢文文學文獻の文學形態上の種類とその分類　敦煌出土文學文獻分類目録・附解說　(東京)東洋文庫　1971　p. 218

金岡照光　敦煌文學のさまざま　敦煌の文學　(東京)大藏出版株式會社　1971　p. 113

池田溫　敦煌本に見える王羲之論書　中國書論大系(第 6 卷)　(東京)二玄社　1979　p. 10

楊家駱　敦煌變文　(臺北)世界書局　1980　p. 254

張鴻勳　敦煌講唱伎藝搬演考略　《敦煌學輯刊》1982 年第 3 期　p. 65

鄭阿財　敦煌孝道文學研究　(臺北)石門圖書公司　1982　p. 78、629

蔣禮鴻　敦煌寫本《燕子賦》二種校注　隴文學論叢　甘肅人民出版社　1983　p. 80

潘重規　敦煌變文集新書(下)　(臺北)"中國文化大學"中文研究所　1984　p. 1149

饒宗頤解說　林宏作譯　敦煌書法叢刊(第十二卷)・經史(十)　(東京)二玄社　1984　p. 69

王重民　《敦煌遺書總目索引》後記　敦煌遺書論文集　中華書局　1984　p. 67

王重民　燕子賦　敦煌變文集　人民文學出版社　1984　p. 254

雷僑雲　敦煌兒童文學　(臺北)學生書局　1985　p. 148

高明士　唐代敦煌的教育　漢學研究(敦煌學國際研討會論文專號)　(臺北)漢學研究資料及服務中心　1986　p. 258

簡濤　敦煌本《燕子賦》考論　《敦煌研究》1986 年第 3 期　p. 31

李正宇　敦煌方音止遇二攝混同及其校勘學意義　《敦煌研究》1986 年第 4 期　p. 54

李正宇　唐宋時代的敦煌學校　《敦煌研究》1986 年第 1 期　p. 45
唐耕耦　陸宏基　敦煌社會經濟文獻真迹釋録(一)　書目文獻出版社　1986　p. 326
張錫厚　略論敦煌賦集及其選録標準　《敦煌學輯刊》1986 年第 1 期　p. 20
姜亮夫　敦煌經卷題名録　敦煌學論文集　上海古籍出版社　1987　p. 1057
李正宇　敦煌學郎題記輯注　《敦煌學輯刊》1987 年第 1 期　p. 35、39
龍晦　唐五代西北方音與敦煌文獻研究　敦煌歌辭總編　上海古籍出版社　1987　p. 1829
張鴻勳　敦煌講唱文學作品選注　甘肅人民出版社　1987　p. 60
張錫厚　關於《敦煌賦集》整理的幾個問題　《敦煌學輯刊》1987 年第 1 期　p. 49
李正宇　敦煌地區古代祠廟寺觀簡志　《敦煌學輯刊》1988 年第 1、2 期　p. 79
張鴻勳　敦煌《燕子賦》(甲本)研究　敦煌語言文學研究　北京大學出版社　1988　p. 178
張錫厚　關於整理《敦煌賦集》的幾個問題　敦煌語言文學論文集　浙江古籍出版社　1988　p. 227
高國藩　敦煌民俗學　上海文藝出版社　1989　p. 98
山本達郎等　敦煌・III　轉貼　『NUN－HUANG AND TURFAN DOCUMENTS CONCERNING SOCIAL AND ECONOMIC HISTORY』(IV)　(東京)東洋文庫　1989　p. 37
張錫厚　賦　敦煌文學　甘肅人民出版社　1989　p. 135
池田溫　中國古代寫本識語集録　(東京)大藏出版株式會社　1990　p. 466
江藍生　近代漢語語法資料彙編(唐五代卷)　商務印書館　1990　p. 326
李正宇　釋"耶沒忽":敦煌遺書王梵志詩俗詞語研究之一　王梵志詩研究彙録(上)　上海古籍出版社　1990　p. 266
項楚　敦煌變文選注　巴蜀書社　1990　p. 375
朱雷　敦煌兩種寫本《燕子賦》中所見唐代浮逃戶處置的變化及其他:讀《敦煌變文集》劄記)(六)　敦煌吐魯番文書初探(二編)　武漢大學出版社　1990　p. 503、504
林聰明　敦煌文書出處略考　季羡林教授八十華誕紀念論文集(下)　江西人民出版社　1991　p. 857
林聰明　敦煌文書學　(臺北)新文豐出版公司　1991　p. 177、334、388
東野治之　敦煌と日本の『千字文』　遣唐使と正倉院　(東京)岩波書店　1992　p. 241
東野治之　訓蒙書　敦煌漢文文獻(講座敦煌 5)　(東京)大東出版社　1992　p. 405
姜伯勤　敦煌社會文書導論　(臺北)新文豐出版公司　1992　p. 92、242
金岡照光　講唱體類　敦煌の文學文獻(講座敦煌 9)　(東京)大東出版社　1992　p. 107
金岡照光　散文體類　敦煌の文學文獻(講座敦煌 9)　(東京)大東出版社　1992　p. 175、205
林家平　寧强　羅華慶　中國敦煌學史　北京語言學院出版社　1992　p. 106
陶秋英輯録　姜亮夫校訂　敦煌經卷題名録　敦煌碎金　浙江古籍出版社　1992　p. 68
周紹良　敦煌文學芻議及其它　(臺北)新文豐出版公司　1992　p. 19
姜伯勤　論高昌胡天與敦煌祆寺　《世界宗教研究》1993 年第 1 期　又見:中國敦煌學百年文庫・宗教卷(三)　甘肅文化出版社　1999　p. 516
張鴻勳　敦煌話本詞文俗賦導論　(臺北)新文豐出版公司　1993　p. 184
張錫厚　敦煌文學概論　甘肅人民出版社　1993　p. 295
伏俊璉　敦煌賦校注　甘肅人民出版社　1994　p. 2
姜伯勤　敦煌吐魯番文書與絲綢之路　文物出版社　1994　p. 244
蔣禮鴻　敦煌文獻語言詞典　杭州大學出版社　1994　p. 389
鄭汝中　敦煌書法概述　敦煌書法庫(第一輯)　甘肅人民美術出版社　1994　p. 8
胡戟　傅玫　敦煌史話　中華書局　1995　p. 178

黄征　唐代俗語詞輯釋　唐研究(第一卷)　北京大學出版社　1995　p. 198
石田勇作　敦煌「社文書」研究序說　中國古代の國家と民衆(堀敏一先生古稀記念)　(東京)汲古書院　1995　p. 687
張錫厚　敦煌本唐集研究　(臺北)新文豐出版公司　1995　p. 413
高國藩　敦煌民俗資料導論　(臺北)新文豐出版公司　1996　p. 2
姜伯勤　敦煌藝術宗教與禮樂文明　中國社會科學出版社　1996　p. 489
李正宇　敦煌史地新論　(臺北)新文豐出版公司　1996　p. 73、189
陸慶夫　鄭炳林　俄藏敦煌寫本中九件轉帖初探　《敦煌學輯刊》1996 年第 1 期　p. 12
徐俊　評《敦煌本唐集研究》　唐研究(第二卷)　北京大學出版社　1996　p. 485
張錫厚　敦煌賦彙　(臺北)新文豐出版公司　1996　p. 9、395
鄭炳林　唐五代敦煌粟特人與歸義軍政權　《敦煌研究》1996 年第 4 期　p. 81　又見:敦煌歸義軍史專題研究　蘭州大學出版社　1997　p. 402
黄征　敦煌寫本異文綜析　敦煌語文叢說　(臺北)新文豐出版公司　1997　p. 34、39
黄征　張涌泉　敦煌變文校注　中華書局　1997　p. 380
陸慶夫　鄭炳林　唐末五代敦煌的社與粟特人聚落　敦煌歸義軍史專題研究　蘭州大學出版社　1997　p. 397
寧可　郝春文　敦煌社邑文書輯校　江蘇古籍出版社　1997　p. 293
顔廷亮　《金山國諸雜齋文範》校録及其他　敦煌文學論集　四川人民出版社　1997　p. 349
鄭炳林　敦煌碑銘讚輯釋　甘肅教育出版社　1997　p. 147 注 3
程毅中　柴劍虹　燕子賦　敦煌學大辭典　上海辭書出版社　1998　p. 588
李正宇　永安寺　敦煌學大辭典　上海辭書出版社　1998　p. 630
寧可　行人轉帖　敦煌學大辭典　上海辭書出版社　1998　p. 430
饒宗頤　由懸泉置漢代紙帛法書名迹談早期敦煌書家　出土文獻研究(第四輯)　文物出版社　1998　p. 2
梅維恒著　楊繼東　陳引馳譯　唐代變文(上)　(香港)中國佛教文化出版公司　1999　p. 256 注 5
柴劍虹　讀敦煌學士郎張宗之詩抄劄記　敦煌吐魯番學論稿　浙江教育出版社　2000　p. 249
陳海濤　敦煌歸義軍時期從化鄉消失原因初探　中國社會歷史評論(第二卷)　天津古籍出版社　2000　p. 436
伏俊璉　俗情雅韻:敦煌賦選析　甘肅人民出版社　2000　p. 113
郝春文　英藏敦煌文獻年代叢考　英國收藏敦煌漢藏文獻研究:紀念敦煌文獻發現一百周年　中國社會科學出版社　2000　p. 369
郝春文　英倫研讀敦煌文獻原件劄記　《敦煌研究》2000 年第 2 期　p. 97
徐俊　敦煌詩集殘卷輯考　中華書局　2000　p. 844
張鴻勳　説唱藝術奇葩:敦煌變文選評　甘肅人民出版社　2000　p. 75
張錫厚　敦煌文學源流　作家出版社　2000　p. 201、217
郝春文　英藏敦煌社會歷史文獻釋録(第一卷)　科學出版社　2001　p. 315、330、331、332、336、337、338
山本達郎等　補(IV)社・III 轉貼　『NUN - HUANG AND TURFAN DOCUMENTS CONCERNING SOCIAL AND ECONOMIC HISTORY』(Sup. p. lemrnts)　(東京)東洋文庫　2001　p. 80
顔廷亮　敦煌文化中的祆教、摩尼教和景教　敦煌學與中國史研究論集　甘肅人民出版社　2001　p. 420
鄭阿財　敦煌童蒙讀物的分類與總說　敦煌文獻論集:紀念藏經洞發現一百周年國際學術研討會論

文集　遼寧人民出版社　2001　p. 204
黄征　敦煌語言文字學研究　甘肅教育出版社　2002　p. 53、116、136
張鴻勳　敦煌俗文學研究　甘肅人民出版社　2002　p. 6、171
郝春文　唐後期五代宋初中印文化對敦煌寺院的影響　新世紀敦煌學論集　巴蜀書社　2003　p. 333
黄征　《燕子賦》研究　《敦煌研究》2003 年第 1 期　p. 38
鄭阿財　敦煌蒙書研究的回顧與前瞻　敦煌吐魯番研究(第七卷)　北京大學出版社　2004　p. 264
黄征　敦煌俗字典　上海教育出版社　2005　p. 前言 15、48、94、115
解梅　唐五代敦煌地區賽祆儀式考　《敦煌學輯刊》2005 年第 2 期　p. 145

S. 216

矢吹慶輝　鳴沙餘韻・解說篇(第一部)　(京都)臨川書店　1980　p. 59
上山大峻　敦煌佛教の研究　(京都)法藏館　1990　p. 90、187
陳祚龍　雲樓敦煌吐魯番學偶記　慶祝潘石禪先生九秩華誕敦煌學特刊　(臺北)文津出版社　1996　p. 37
方廣錩　大乘四法經論廣釋開決記　敦煌學大辭典　上海辭書出版社　1998　p. 696
楊富學　李吉和　敦煌漢文吐蕃史料輯校(第一輯)　甘肅人民出版社　1999　p. 101

S. 217

許國霖　敦煌石室寫經題記彙编　《微妙聲》1936 – 1937 年第 1 – 4 期　又見:中國敦煌學百年文庫・宗教卷(四)　甘肅文化出版社　1999　p. 216
許國霖　敦煌石室寫經年代表　《微妙聲》1937 年第 5 期　又見:中國敦煌學百年文庫・宗教卷(四)　甘肅文化出版社　1999　p. 198
芳村修基　土橋秀高　井ノロ泰淳　敦煌佛教史年表　西域文化研究(第一)・敦煌佛教資料　(京都)法藏館　1958　p. 264
池田溫　八世紀初における敦煌の氏族『東洋史研究』(24 卷 3 號)　(東京)東洋史研究會　1969　p. 51
陳祚龍　敦煌古抄内典尾記彙校初、二、三編合刊　敦煌學要籥　(臺北)新文豐出版公司　1982　p. 88
王三慶　敦煌寫卷中武后新字之調查研究　漢學研究(敦煌學國際研討會論文專號)　(臺北)漢學研究資料及服務中心　1986　p. 444　又見:唐代研究論集(第三輯)　(臺北)新文豐出版公司　1992　p. 67
池田溫　中國古代寫本識語集録　(東京)大蔵出版株式會社　1990　p. 246
林聰明　敦煌文書學　(臺北)新文豐出版公司　1991　p. 203、424、427、443 注 7
林聰明　談敦煌文書的抄寫問題　紀念陳寅恪先生百年誕辰學術論文集　江西教育出版社　1994　p. 293
林聰明　敦煌文書年代考探略述　敦煌學國際研討會文集・史地語文编　遼寧美術出版社　1995　p. 554
王三慶　敦煌書儀載録之節日活動與民俗　全國敦煌學研討會論文集　(臺北)中正大學中國文學系所　1995　p. 25 注 19
鄭炳林　敦煌碑銘讚輯釋　甘肅教育出版社　1997　p. 247 注 15
金岡照光　敦煌文獻と中國文學　(東京)五曜書房　2000　p. 402、427

郝春文　英藏敦煌社會歷史文獻釋録(第一卷)　科學出版社　2001　p. 339
林聰明　敦煌吐魯番文書解詁指例　(臺北)新文豐出版公司　2001　p. 258
姜亮夫　敦煌莫高窟年表　姜亮夫全集(十一)　雲南人民出版社　2002　p. 263
礪波護著　韓昇　劉建英譯　隋唐佛教文化　上海古籍出版社　2004　p. 43
余欣　許國霖與敦煌學　敦煌吐魯番研究(第七卷)　北京大學出版社　2004　p. 83
張清濤　武則天時代的敦煌陰氏及有關洞窟　2004 年石窟研究國際學術會議論文提要集　敦煌研究院　2004　p. 94

S. 218

陳祚龍　雲樓敦煌吐魯番學偶記　慶祝潘石禪先生九秩華誕敦煌學特刊　(臺北)文津出版社　1996　p. 38
黑維強　吐魯番出土文書詞語例釋(二)　《敦煌學輯刊》2005 年第 2 期　p. 186

S. 219

金岡照光　曲子詞類　敦煌の文學文獻(講座敦煌 9)　(東京)大東出版社　1992　p. 395

S. 222

沖本克己　敦煌出土のチベット文禪宗文獻の内容　敦煌仏典と禪(講座敦煌 8)　(東京)大東出版社　1980　p. 426
木村隆德　敦煌出土のチベット文禪宗文獻の性格　敦煌仏典と禪(講座敦煌 8)　(東京)大東出版社　1980　p. 443
高國藩　敦煌民俗學　上海文藝出版社　1989　p. 301
高國藩　敦煌古俗與民俗流變　河海大學出版社　1990　p. 450

S. 223

金岡照光　敦煌文學のさまざま　敦煌の文學　(東京)大蔵出版株式會社　1971　p. 161
沖本克己　敦煌出土のチベット文禪宗文獻の内容　敦煌仏典と禪(講座敦煌 8)　(東京)大東出版社　1980　p. 426
木村隆德　敦煌出土のチベット文禪宗文獻の性格　敦煌仏典と禪(講座敦煌 8)　(東京)大東出版社　1980　p. 443
袁德領　關於敦煌遺書中六個卷子的定名　《敦煌研究》1989 年第 3 期　p. 61
汪泛舟　敦煌文學概論　甘肅人民出版社　1993　p. 558
黄征　吳偉　敦煌願文集　岳麓書社　1995　p. 3、610
徐俊　敦煌詩集殘卷輯考　中華書局　2000　p. 845、944
郝春文　英藏敦煌社會歷史文獻釋録(第一卷)　科學出版社　2001　p. 340、343、344
黄征　敦煌俗字典　上海教育出版社　2005　p. 43、106

S. 224

道端良秀　敦煌文獻に見える死後の世界　敦煌と中國仏教(講座敦煌 7)　(東京)大東出版社　1984　p. 513
伊藤美重子　敦煌本『大智度論』の整理　中國佛教石經の研究　京都大學學術出版會　1996　p. 382

S. 226

林聰明　敦煌文書學　(臺北)新文豐出版公司　1991　p. 330

S. 227

本田義英　敦煌出土智度論に就いて　『宗教研究』(新 6 卷 2 期)　(東京)宗教研究會　1929　p. 244

許國霖　敦煌石室寫經年代表　《微妙聲》1937 年第 5 期　又見:中國敦煌學百年文庫・宗教卷(四)　甘肅文化出版社　1999　p. 195

芳村修基　土橋秀高　井ノ口泰淳　敦煌佛教史年表　西域文化研究(第一)・敦煌佛教資料　(京都)法藏館　1958　p. 257

池田溫　評『ペリオ將來敦煌漢文文獻目録』第一卷(P. 2001 – 2500)　『東洋學報』(54 卷 4 號)　(東京)東洋學術協會　1972　p. 67

矢吹慶輝　鳴沙餘韻・解說篇(第一部)　(京都)臨川書店　1980　p. 272

金榮華　敦煌寫卷紙質之考察　(臺北)《世界華學季刊》1981 年第 2 卷第 4 期　又見:敦煌吐魯番論集　(臺北)新文豐出版公司　1996　p. 76

陳祚龍　敦煌古抄内典尾記彙校初、二、三編合刊　敦煌學要籥　(臺北)新文豐出版公司　1982　p. 89

池田溫　中國古代寫本識語集録　(東京)大藏出版株式會社　1990　p. 144

林聰明　從敦煌文書看佛教徒的造經祈福　第二屆敦煌學國際研討會論文集　(臺北)漢學研究中心　1990　p. 533

林聰明　敦煌文書學　(臺北)新文豐出版公司　1991　p. 355

譚禪雪　敦煌歲時掇瑣　(香港)《九州學刊》(敦煌學專輯)1993 年第 5 卷第 4 期　p. 95

趙聲良　隋代敦煌寫本的書法藝術　敦煌書法庫(第三輯)　甘肅人民美術出版社　1994　p. 3　又見:《敦煌研究》1995 年第 4 期　p. 134

王三慶　敦煌書儀載録之節日活動與民俗　全國敦煌學研討會論文集　(臺北)中正大學中國文學系所　1995　p. 26 注 39

伊藤美重子　敦煌本『大智度論』の整理　中國佛教石經の研究　京都大學學術出版會　1996　p. 361

方廣錩　大智度論　敦煌學大辭典　上海辭書出版社　1998　p. 721

郝春文　英藏敦煌社會歷史文獻釋録(第一卷)　科學出版社　2001　p. 345

姜亮夫　敦煌莫高窟年表　姜亮夫全集(十一)　雲南人民出版社　2002　p. 175

S. 229

三崎良周　仏頂尊勝陀羅尼經と諸星母陀羅尼經　敦煌と中國仏教(講座敦煌 7)　(東京)大東出版社　1984　p. 123

S. 230

矢吹慶輝　鳴沙餘韻・解說篇(第一部)　(京都)臨川書店　1980　p. 64、115

上山大峻　敦煌佛教の研究　(京都)法藏館　1990　p. 196

方廣錩　六門陀羅尼經論廣釋　敦煌學大辭典　上海辭書出版社　1998　p. 701

S. 231

平井宥慶　千手千眼陀羅尼經　敦煌と中國仏教(講座敦煌 7)　(東京)大東出版社　1984　p. 140
簡濤　敦煌本《燕子賦》考論　《敦煌研究》1986 年第 3 期　p. 27
袁德領　關於敦煌遺書中六個卷子的定名　《敦煌研究》1989 年第 3 期　p. 61
上山大峻　敦煌佛教の研究　(京都)法藏館　1990　p. 144
張金泉　敦煌佛經音義寫卷述要　《敦煌研究》1997 年第 2 期　p. 119
李小榮　敦煌密教文獻論稿　人民文學出版社　2003　p. 25
李小榮　論密教中的千手觀音　文史(第六十三輯)　中華書局　2003　p. 148

S. 233

郝春文　英倫研讀敦煌文獻原件劄記　《敦煌研究》2000 年第 2 期　p. 96
郝春文　英藏敦煌社會歷史文獻釋録(第一卷)　科學出版社　2001　p. 346

S. 234

平井俊榮　敦煌仏典と中國仏教　敦煌と中國仏教(講座敦煌 7)　(東京)大東出版社　1984　p. 8
楊銘　重慶市博物館藏敦煌吐魯番寫經目録　《敦煌研究》1996 年第 1 期　p. 121

S. 235

劉銘恕　英國博物院所藏的敦煌卷子　《中國科學院圖書館通訊》1957 年第 1 期　又見:中國敦煌學百年文庫・綜述卷(二)　甘肅文化出版社　1999　p. 129
李丞宰　探尋敦煌佛經的 50 卷本《華嚴經》　敦煌學・日本學:石塚晴通教授退職紀念論文集　上海辭書出版社　2005　p. 43
李丞宰著　大塚忠蔵譯　敦煌佛經の50 卷本華厳經を探して　日本學・敦煌學・漢文訓讀の新展開　(東京)汲古書院　2005　p. 51、72

S. 236

矢吹慶輝　三階教之研究　(東京)岩波書店　1927　p. 191、786
陳祚龍　敦煌古抄內典尾記彙校初、二、三編合刊　敦煌學要籥　(臺北)新文豐出版公司　1982　p. 89
向達　補唐書張議潮傳補正　敦煌學文選(上)　蘭州大學歷史系敦煌學研究室等　1983　p. 52
廣川堯敏　禮讃　敦煌と中國仏教(講座敦煌 7)　(東京)大東出版社　1984　p. 429
張廣達　榮新江　敦煌文書 P. 3510(于闐文)《從德太子發願文(擬)》及其年代　1983 年全國敦煌學術討論會文集・文史遺書編(上)　甘肅人民出版社　1987　p. 173 注 5　又見:于闐史叢考　上海書店　1993　p. 59
陳祚龍　關於唐釋智昇的生平與著述　敦煌學散策新集　(臺北)新文豐出版公司　1989　p. 172
池田溫　中國古代寫本識語集録　(東京)大蔵出版株式會社　1990　p. 465
林聰明　敦煌文書學　(臺北)新文豐出版公司　1991　p. 186
吳其昱著　伊藤美重子譯　敦煌漢文寫本概観　敦煌漢文文獻(講座敦煌 5)　(東京)大東出版社　1992　p. 73
高田時雄　チベット文字書寫「長卷」の研究(本文編)　『東方學報』(第 65 號)　京都大學人文科學研究所　1993　p. 377
汪娟　敦煌禮懺文研究　(臺北)法鼓文化公司　1994　p. 67

井ノ口泰淳　敦煌本『仏名經』の諸系統　中央アジアの言語と仏教　(京都)法藏館　1995　p. 320

井ノ口泰淳　敦煌本『禮懺文』　中央アジアの言語と仏教　(京都)法藏館　1995　p. 353

王書慶　敦煌佛學・佛事篇　甘肅民族出版社　1995　p. 99

徐俊　唐五代長沙窑瓷器題詩校證　唐研究(第四卷)　北京大學出版社　1998　p. 89

聖凱　善導禮讚儀新探　法源(第 18 期)　中國佛學院　2000　p. 175

郝春文　英藏敦煌社會歷史文獻釋録(第一卷)　科學出版社　2001　p. 347、352

林聰明　敦煌吐魯番文書解詁指例　(臺北)新文豐出版公司　2001　p. 128

湛如　敦煌淨土教讚文考辨　華林(第一卷)　中華書局　2001　p. 191

西本照真　敦煌抄本中的三階教文獻　中日敦煌佛教學術會議論文集　中國社會科學院研究所　2002　p. 177

西本照真　三階教文獻綜述　藏外佛教文獻(第九輯)　宗教文化出版社　2003　p. 365

湛如　敦煌佛教律儀制度研究　中華書局　2003　p. 266

黄征　敦煌俗字典　上海教育出版社　2005　p. 13

黄征　敦煌俗字要論　《敦煌研究》2005 年第 1 期　p. 86

S. 238

向達　倫敦所藏敦煌卷子經眼目録　《北平圖書館圖書季刊》1939 年新第 1 卷第 4 期　p. 397　又見:唐代長安與西域文明　三聯書店　1957　p. 198

傅芸子　俗講新考　《新思潮月刊》1946 年第 1 卷第 2 期　又見:敦煌變文論文録　上海古籍出版社　1982　p. 152

陳祚龍　敦煌道經後記彙録　敦煌文物隨筆　(臺北)商務印書館　1979　p. 10

陳祚龍　新校重訂《敦煌道經後記彙録》　敦煌學要籥　(臺北)新文豐出版公司　1982　p. 204

董作賓　敦煌紀年　敦煌學文選(上)　蘭州大學歷史系敦煌學研究室等　1983　p. 22

宮川尚志　唐以前の河西における宗教・思想的狀況　敦煌と中國道教(講座敦煌 4)　(東京)大東出版社　1983　p. 308

饒宗頤解說　林宏作譯　敦煌書法叢刊(第二八卷)・道書(二)　(東京)二玄社　1984　p. 85

龍晦　論敦煌道教文學　《世界宗教研究》1985 年第 3 期　又見:中國敦煌學百年文庫・宗教卷(三)　甘肅文化出版社　1999　p. 365

王三慶　敦煌寫卷中武后新字之調查研究　漢學研究(敦煌學國際研討會論文專號)　(臺北)漢學研究資料及服務中心　1986　p. 443　又見:唐代研究論集(第三輯)　(臺北)新文豐出版公司　1992　p. 86、100

姜亮夫　敦煌經卷題名録　敦煌學論文集　上海古籍出版社　1987　p. 1069

池田溫　中國古代寫本識語集録　(東京)大藏出版株式會社　1990　p. 237

林聰明　敦煌文書學　(臺北)新文豐出版公司　1991　p. 99、162、194、308、424

姜伯勤　敦煌社會文書導論　(臺北)新文豐出版公司　1992　p. 227

陶秋英輯録　姜亮夫校訂　敦煌經卷題名録　敦煌碎金　浙江古籍出版社　1992　p. 92

朱越利　道經總論　遼寧教育出版社　1992　p. 258、263

林聰明　談敦煌文書的抄寫問題　紀念陳寅恪先生百年誕辰學術論文集　江西教育出版社　1994　p. 288

李豐楙　敦煌道經寫卷與道教寫經的供養功德觀　全國敦煌學研討會論文集　(臺北)中正大學中國文學系所　1995　p. 134

林聰明　敦煌文書年代考探略述　敦煌學國際研討會文集・史地語文編　遼寧美術出版社　1995

p. 554
譚蟬雪　敦煌道經題記綜述　道家文化研究(第十三輯)　三聯書店　1998　p. 13
王卡　上清金真玉光八景飛經　敦煌學大辭典　上海辭書出版社　1998　p. 763
許國霖　敦煌石室寫經題記彙編　中國敦煌學百年文庫・宗教卷(四)　甘肅文化出版社　1999　p. 245
汪泛舟　敦煌道教與齋醮諸考　1994 年敦煌學國際研討會文集・宗教文史卷(上)　甘肅民族出版社　2000　p. 3
顔廷亮　敦煌文化　光明日報出版社　2000　p. 238、377
郝春文　英藏敦煌社會歷史文獻釋録(第一卷)　科學出版社　2001　p. 356
林聰明　敦煌吐魯番文書解詁指例　(臺北)新文豐出版公司　2001　p. 35、258
蔡忠霖　敦煌漢文寫卷俗字及其現象　(臺北)文津出版社　2002　p. 23、66、143、170
姜亮夫　敦煌莫高窟年表　姜亮夫全集(十一)　雲南人民出版社　2002　p. 256
施安昌　唐武周時期的刻經與敦煌寫經　善本碑帖論集　紫禁城出版社　2002　p. 119
蔡忠霖　從書法角度看俗字的生成　敦煌學(第 24 輯)　(臺北)樂學書局有限公司　2003　p. 164
馮利華　敦煌寫本道經《金真玉光八景飛經》校讀　《西域研究》2003 年第 2 期　p. 109
王卡　敦煌道教文獻研究　中國社會科學出版社　2004　p. 9、86
張錫厚　敦煌本辰 017《上清高聖玉晨太上大道君列記》詩頌校録　敦煌學(第 25 輯)　(臺北)樂學書局有限公司　2004　p. 359
黄征　敦煌俗字典　上海教育出版社　2005　p. 前言 16、50、109
黄征　敦煌俗字種類考辨　敦煌學・日本學:石塚晴通教授退職紀念論文集　上海辭書出版社　2005　p. 119、124
王卡　敦煌道教綜述　敦煌與絲路文化學術講座(第二輯)　北京圖書館出版社　2005　p. 378

S. 240

井ノ口泰淳　敦煌本『仏名經』の諸系統　中央アジアの言語と仏教　(京都)法藏館　1995　p. 308

S. 241

江素雲　維摩詰所說經敦煌寫本綜合目録　(臺北)東初出版社　1991　p. 79

S. 243

王三慶　敦煌寫卷中武后新字之調查研究　唐代研究論集(第三輯)　(臺北)新文豐出版公司　1992　p. 86
馬茜　歸義軍時期敦煌地區庶民佛教的發展　甘肅民族研究論叢　甘肅人民出版社　2002　p. 455

S. 244

杜愛英　敦煌遺書中俗體字的諸種類型　《敦煌研究》1992 年第 3 期　p. 118

S. 246

池田溫　中國古代寫本識語集録　(東京)大藏出版株式會社　1990　p. 252
郝春文　英藏敦煌社會歷史文獻釋録(第一卷)　科學出版社　2001　p. 371

S. 248

平井宥慶　金剛般若經　敦煌と中國仏教（講座敦煌 7）（東京）大東出版社　1984　p. 28
林聰明　敦煌文書學　（臺北）新文豐出版公司　1991　p. 181
平井宥慶　敦煌流傳の金剛般若經　金剛般若經の思想的研究　（東京）春秋社　1999　p. 253

S. 249

林聰明　敦煌文書學　（臺北）新文豐出版公司　1991　p. 428
王三慶　敦煌寫卷中武后新字之調查研究　唐代研究論集（第三輯）（臺北）新文豐出版公司　1992　p. 86

S. 250

華方田　因緣心論頌　藏外佛教文獻（第三輯）　宗教文化出版社　1997　p. 215

S. 253

姜亮夫　羅振玉補唐書張議潮傳訂補　向達先生紀念論文集　新疆人民出版社　1986　p. 83　又見：敦煌學論文集　上海古籍出版社　1987　p. 894
吳其昱著　伊藤美重子譯　敦煌漢文寫本概観　敦煌漢文文獻（講座敦煌 5）（東京）大東出版社　1992　p. 139
井ノ口泰淳　敦煌本『仏名經』の諸系統　中央アジアの言語と仏教　（京都）法藏館　1995　p. 325
姜亮夫　羅振玉補唐書張議潮傳訂補　姜亮夫全集（十四）　雲南人民出版社　2002　p. 323
黑維強　《吐魯番出土文書》詞語釋　《敦煌學輯刊》2004 年第 1 期　p. 61

S. 255

王三慶　敦煌寫卷中武后新字之調查研究　唐代研究論集（第三輯）（臺北）新文豐出版公司　1992　p. 86
戴仁　敦煌和吐魯番寫本的斷代研究　法國學者敦煌學論文選萃　中華書局　1993　p. 524
寧可　郝春文　敦煌社邑文書輯校　江蘇古籍出版社　1997　p. 155
郝春文　英藏敦煌社會歷史文獻釋録（第一卷）　科學出版社　2001　p. 373

S. 256

張總　地藏信仰研究　宗教文化出版社　2003　p. 381
黑維強　《吐魯番出土文書》詞語釋　《敦煌學輯刊》2004 年第 1 期　p. 61

S. 258

池田溫　中國古代寫本識語集録　（東京）大藏出版株式會社　1990　p. 159
陳麗萍　敦煌女性寫經題記及反映的婦女問題　敦煌佛教藝術文化國際學術研討會論文集　蘭州大學出版社　2002　p. 431

S. 259

劉銘恕　英國博物院所藏的敦煌卷子　《中國科學院圖書館通訊》1957 年第 1 期　又見：中國敦煌學百年文庫・綜述卷（二）　甘肅文化出版社　1999　p. 129
長澤和俊　敦煌の庶民生活　敦煌の社會（講座敦煌 3）（東京）大東出版社　1980　p. 462

姜伯勤　唐五代敦煌寺戶制度　中華書局　1987　p. 8（圖版）、18、112 注 2
邰惠莉　敦煌遺書中的白描畫簡介　《社科縱横》1994 年第 4 期　p. 50
鄧文寬　白描耕田圖　敦煌學大辭典　上海辭書出版社　1998　p. 242
沙武田　S. 259v《彌勒下生經變稿》探　《敦煌研究》1999 年第 2 期　p. 25
榮新江　《英藏敦煌文獻》定名商補　文史（第五十二輯）　中華書局　2000　p. 116　又見：敦煌學新論　甘肅教育出版社　2002　p. 188
沙武田　S. P. 76《維摩詰經變稿》試析　《敦煌研究》2000 年第 4 期　p. 14
高啓安　從莫高窟壁畫看唐五代敦煌人的坐具和飲食坐姿（上）　《敦煌研究》2001 年第 3 期　p. 24
郝春文　英藏敦煌社會歷史文獻釋録（第一卷）　科學出版社　2001　p. 374
沙武田　邰惠莉　20 世紀敦煌白畫研究概述　《敦煌研究》2001 年第 1 期　p. 165
高啓安　唐五代敦煌飲食文化研究　民族出版社　2004　p. 239
王惠民　敦煌經變畫的研究成果與研究方法　《敦煌學輯刊》2004 年第 2 期　p. 70

S. 261

謝桃坊　敦煌文化尋繹　四川人民出版社　1999　p. 69

S. 262

景盛軒　試論敦煌佛經異文研究的價值和意義　《敦煌研究》2004 年第 5 期　p. 87

S. 263

張先堂　晚唐至宋初淨土五會念佛法門在敦煌的流傳　《敦煌研究》1998 年第 1 期　p. 52
郝春文　英藏敦煌社會歷史文獻釋録（第一卷）　科學出版社　2001　p. 375、381、383

S. 264

慶谷壽信　敦煌出土の音韻資料（上）——Stein6691vについて　『人文學報』（第 78 號）　京都大學人文科學研究所　1970　p. 174
沖本克己　敦煌出土のチベット文禪宗文獻の内容　敦煌仏典と禪（講座敦煌 8）　（東京）大東出版社　1980　p. 426
木村隆德　敦煌出土のチベット文禪宗文獻の性格　敦煌仏典と禪（講座敦煌 8）　（東京）大東出版社　1980　p. 443
田中良昭　禪宗燈史の発展　敦煌仏典と禪（講座敦煌 8）　（東京）大東出版社　1980　p. 117
田中良昭　敦煌禪宗文獻の研究　（東京）大東出版社　1983　p. 81、641
李正宇　敦煌史地新論　（臺北）新文豐出版公司　1996　p. 78
田中良昭　《禪籍解題（一）·敦煌禪籍》補遺　俗語言研究（第三期）　（京都）禪文化研究所　1996　p. 213
郝春文　英藏敦煌社會歷史文獻釋録（第一卷）　科學出版社　2001　p. 384
蔣宗福　敦煌禪宗文獻詞語劄記　新世紀敦煌學論集　巴蜀書社　2003　p. 474

S. 265

木村隆德　敦煌出土のチベット文禪宗文獻の性格　敦煌仏典と禪（講座敦煌 8）　（東京）大東出版社　1980　p. 443

S. 266

伊藤伸　中國書法史上から見た敦煌漢文寫本　敦煌漢文文獻(講座敦煌 5)　(東京)大東出版社　1992　p. 208

李錦繡　唐代財政史稿・上卷(第一分冊)　北京大學出版社　1995　p. 107

伊藤伸著　趙聲良譯　從中國書法史看敦煌漢文文書(二)　《敦煌研究》1996 年第 2 期　p. 142

S. 267

木村隆德　敦煌出土のチベット文禪宗文獻の性格　敦煌仏典と禪(講座敦煌 8)　(東京)大東出版社　1980　p. 443

榮新江　沙州張淮深與唐中央朝廷之關係　《敦煌學輯刊》1990 年第 2 期　p. 4

金岡照光　高僧傳因緣　敦煌の文學文獻(講座敦煌 9)　(東京)大東出版社　1992　p. 575

榮新江　歸義軍史研究　上海古籍出版社　1996　p. 175

張金泉　許建平　敦煌音義彙考　杭州大學出版社　1996　p. 1198

張金泉　敦煌佛經音義寫卷述要　《敦煌研究》1997 年第 2 期　p. 122

S. 268

矢吹慶輝　鳴沙餘韻・解說篇(第一部)　(京都)臨川書店　1980　p. 164

戴密微著　耿昇譯　敦煌學近作　敦煌譯叢(第一輯)　甘肅人民出版社　1985　p. 43 注 1

上山大峻　敦煌佛教の研究　(京都)法藏館　1990　p. 19、81

釋依昱　曇曠與敦煌寫本《大乘百法明門論開宗義記》的研究　敦煌學國際研討會文集・史地語文編　遼寧美術出版社　1995　p. 514

郝春文　曇曠　敦煌學大辭典　上海辭書出版社　1998　p. 347

郝春文　英倫研讀敦煌文獻原件劄記　《敦煌研究》2000 年第 2 期　p. 96

徐俊　敦煌詩集殘卷輯考　中華書局　2000　p. 845

郝春文　英藏敦煌社會歷史文獻釋録(第一卷)　科學出版社　2001　p. 393

S. 269

陳祚龍撰　費海璣譯　蘇瑩輝補注　瓜沙印録　敦煌學概要　(臺北)編譯館"中華叢書編委會"　1981　p. 267

上山大峻　敦煌佛教の研究　(京都)法藏館　1990　p. 205

華方田　因緣心釋論開決記　藏外佛教文獻(第三輯)　宗教文化出版社　1997　p. 224

方廣錩　因緣心論釋開決記　敦煌學大辭典　上海辭書出版社　1998　p. 719

許建平　敦煌《詩經》卷子研讀劄記二則　《敦煌學輯刊》2004 年第 1 期　p. 76

S. 270

土橋秀高　敦煌の律蔵　敦煌と中國仏教(講座敦煌 7)　(東京)大東出版社　1984　p. 248

S. 272

芳村修基　土橋秀高　井ノ口泰淳　敦煌佛教史年表　西域文化研究(第一)・敦煌佛教資料　(京都)法藏館　1958　p. 253

潘重規　敦煌卷子俗寫文字與俗文學之研究　敦煌變文論輯　(臺北)石門圖書公司　1981　p. 288

上山大峻　敦煌佛教の研究　(京都)法藏館　1990　p. 18、39

郝春文　晏曠　敦煌學大辭典　上海辭書出版社　1998　p. 347
黑維強　吐魯番出土文書詞語例釋(二)　《敦煌學輯刊》2005 年第 2 期　p. 188

S. 273

芳村修基　土橋秀高　井ノ口泰淳　敦煌佛教史年表　西域文化研究(第一)・敦煌佛教資料　(京都)法藏館　1958　p. 281
中村元　笠原一男　金岡秀友　アジア仏教史・中國編Ⅴ:シルクロードの宗教　(東京)佼成出版社　1975　p. 161
福井文雅　般若心經　敦煌と中國仏教(講座敦煌 7)　(東京)大東出版社　1984　p. 38

S. 274

宇井伯壽　西域佛典の研究:敦煌逸書簡譯　(東京)岩波書店　1969　p. 18
郝春文　敦煌遺書中的"春秋座局席"考　《北京師範學院學報》1989 年第 4 期　p. 32
山本達郎等　敦煌・III 轉貼　『NUN – HUANG AND TURFAN DOCUMENTS CONCERNING SOCIAL AND ECONOMIC HISTORY』(IV)　(東京)東洋文庫　1989　p. 38
郝春文　敦煌寫本社邑文書年代彙考(二)　《首都師範大學學報》1993 年第 5 期　p. 78
石田勇作　敦煌「社文書」研究序說　中國古代の國家と民衆(堀敏一先生古稀記念)　(東京)汲古書院　1995　p. 679
寧可　郝春文　敦煌社邑文書輯校　江蘇古籍出版社　1997　p. 191
寧可　寧可史學論集　中國社會科學出版社　1999　p. 451 注 1
郝春文　英藏敦煌文獻年代叢考　英國收藏敦煌漢藏文獻研究:紀念敦煌文獻發現一百周年　中國社會科學出版社　2000　p. 369、376
郝春文　英藏敦煌社會歷史文獻釋録(第一卷)　科學出版社　2001　p. 395

S. 275

井ノ口泰淳　普賢行願讚考　中央アジアの言語と仏教　(京都)法藏館　1995　p. 200

S. 276

陳祚龍　新校重訂釋增忍的答李"難"　敦煌學海探珠(下冊)　(臺北)商務印書館　1979　p. 310
田中良昭　禪宗燈史の発展　敦煌仏典と禪(講座敦煌 8)　(東京)大東出版社　1980　p. 117
饒宗頤　論七曜與十一曜:記敦煌開寶七年(九七四)康遵批命課　選堂集林・史林　(香港)中華書局　1982　p. 774　又見:饒宗頤史學論著選　上海古籍出版社　1993　p. 574；饒宗頤東方學論集　汕頭大學出版社　1999　p. 116
鄭阿財　敦煌孝道文學研究　(臺北)石門圖書公司　1982　p. 413
陳祚龍　新集敦煌古抄釋門的詩歌與曲子　敦煌簡策訂存　(臺北)商務印書館　1983　p. 192
田中良昭　敦煌禪宗文獻の研究　(東京)大東出版社　1983　p. 81、128、641
戴密微著　耿昇譯　敦煌學近作　敦煌譯叢(第一輯)　甘肅人民出版社　1985　p. 25
施萍婷　敦煌曆日研究　1983 年全國敦煌學術討論會文集・文史遺書編(上)　甘肅人民出版社　1987　p. 310、329、359
柴劍虹　因緣　敦煌文學　甘肅人民出版社　1989　p. 276
黄盛璋　敦煌于闐文書與漢文書中關於甘州回鶻史實異同及回鶻進佔甘州的年代問題　《西北史地》1989 年第 1 期　p. 3

加地哲定著　劉衛星譯　中國佛教文學　今日中國出版社　1990　p. 145

蕭登福　從敦煌寫卷中看道教星斗崇拜對佛經之影響　第二届敦煌學國際研討會論文集　（臺北）漢學研究中心　1990　p. 350

柴劍虹　敦煌文學中的"因緣"與"詩話"　西域文史論稿　（臺北）國文天地雜誌社　1991　p. 520

柴劍虹　《敦煌遺書總目索引》重印記　西域文史論稿　（臺北）國文天地雜誌社　1991　p. 493

宮島一彥　曆書·算書　敦煌漢文文獻(講座敦煌5)　（東京）大東出版社　1992　p. 471

王三慶　敦煌寫卷中武后新字之調查研究　唐代研究論集(第三輯)　（臺北）新文豐出版公司　1992　p. 87

周紹良　敦煌文學芻議及其它　（臺北）新文豐出版公司　1992　p. 54

茅甘　敦煌寫本中的"九宮圖"　法國學者敦煌學論文選萃　中華書局　1993　p. 301

舒華　敦煌"變文"體裁新論　（香港）《九州學刊》(敦煌學專輯)1993 年第 5 卷第 4 期　p. 161

蕭登福　道教星斗符印與佛教密宗　（臺北）新文豐出版公司　1993　p. 45

索仁森著　李吉和譯　敦煌漢文禪籍特徵概觀　《敦煌研究》1994 年第 1 期　p. 111

汪泛舟　敦煌韻文辨正舉隅　《敦煌研究》1994 年第 2 期　p. 141

楊寶玉　孫欣　夜半鐘聲　禪學研究(第二輯)　江蘇古籍出版社　1994　p. 181

饒宗頤　跋:從"河圖"、"洛書"、"陰陽五行"、"八卦"在西藏看古代哲學思想的交流　華學(第一輯)　中山大學出版社　1995　p. 257

王書慶　敦煌佛學·佛事篇　甘肅民族出版社　1995　p. 287

鄧文寬　敦煌天文曆法文獻輯校　江蘇古籍出版社　1996　p. 426

榮新江　歸義軍史研究　上海古籍出版社　1996　p. 27

施萍婷　敦煌遺書編目雜記二則　敦煌吐魯番研究(第一卷)　北京大學出版社　1996　p. 327

田中良昭　《禪籍解題(一)·敦煌禪籍》補遺　俗語言研究(第三期)　（京都）禪文化研究所　1996　p. 213

張涌泉　敦煌俗字研究導論　（臺北）新文豐出版公司　1996　p. 184、224

鄧文寬　長興四年癸巳歲具注曆日　敦煌學大辭典　上海辭書出版社　1998　p. 608

鄧文寬　日遊　敦煌學大辭典　上海辭書出版社　1998　p. 612

榮新江　歸義軍大事紀年初稿　出土文獻研究(第三輯)　文物出版社　1998　p. 249

周紹良　靈州龍興寺白草院史和尚因緣記　敦煌學大辭典　上海辭書出版社　1998　p. 581

郝春文　英倫研讀敦煌文獻原件劄記　《敦煌研究》2000 年第 2 期　p. 97

徐俊　敦煌詩集殘卷輯考　中華書局　2000　p. 187、846、905

郝春文　英藏敦煌社會歷史文獻釋録(第一卷)　科學出版社　2001　p. 398、416、419、422、424、426

馬繼興　當前世界各地收藏的中國出土卷子本古醫藥文獻備考　敦煌吐魯番研究(第六卷)　北京大學出版社　2002　p. 133

張小豔　刪字符號卜與敦煌文獻的解讀　《敦煌研究》2003 年第 3 期　p. 72

劉敬林　《英藏敦煌社會歷史文獻釋録》(第一卷)補校　《敦煌研究》2004 年第 2 期　p. 103

馬若安　敦煌曆日"沒日"和"滅日"安排初探　敦煌吐魯番研究(第七卷)　北京大學出版社　2004　p. 429

S. 277

矢吹慶輝　鳴沙餘韻·解説篇(第一部)　（京都）臨川書店　1980　p. 150

S. 278

平井俊榮　敦煌仏典と中國仏教　敦煌と中國仏教(講座敦煌 7)　(東京)大東出版社　1984　p. 10

林聰明　敦煌文書學　(臺北)新文豐出版公司　1991　p. 425

S. 279

芳村修基　土橋秀高　井ノ口泰淳　敦煌佛教史年表　西域文化研究(第一)・敦煌佛教資料　(京都)法藏館　1958　p. 258

S. 280

陳祚龍　敦煌學新記　敦煌文物隨筆　(臺北)商務印書館　1979　p. 271

池田溫　中國古代寫本識語集録　(東京)大藏出版株式會社　1990　p. 357

鄭炳林　敦煌碑銘讚部分文書拼接復原　《敦煌研究》1993 年第 1 期　p. 54

鄭炳林　敦煌碑銘讚輯釋　甘肅教育出版社　1997　p. 223 注 5

S. 281

王文才　俗講儀式考　敦煌學論集　甘肅人民出版社　1985　p. 118

S. 283

池田溫　中國古代寫本識語集録　(東京)大藏出版株式會社　1990　p. 372

鄭炳林　《康秀華寫經施入疏》與《炫和尚貨賣胡粉曆》研究　敦煌吐魯番研究(第三卷)　北京大學出版社　1998　p. 196

郝春文　英藏敦煌社會歷史文獻釋録(第一卷)　科學出版社　2001　p. 427

S. 284

李小榮　敦煌密教文獻論稿　人民文學出版社　2003　p. 25

S. 286

向達　倫敦所藏敦煌卷子經眼目録　《北平圖書館圖書季刊》1939 年新第 1 卷第 4 期　p. 397　又見:唐代長安與西域文明　三聯書店　1957　p. 198

韓國磐　隋唐五代史綱　人民出版社　1979　p. 304

姜伯勤　敦煌寺院碾磑經營的兩種形式　歷史論叢(第三輯)　齊魯書社　1983　p. 183　又見:五十年來漢唐佛教寺院經濟研究　北京師範大學出版社　1986　p. 230

姜伯勤　敦煌寺院文書中"梁戶"的性質　五十年來漢唐佛教寺院經濟研究　北京師範大學出版社　1986　p. 132

姜伯勤　唐五代敦煌寺戶制度　中華書局　1987　p. 146、227、248

高國藩　敦煌民俗學　上海文藝出版社　1989　p. 61

唐耕耦　陸宏基　敦煌社會經濟文獻真迹釋録(三)　全國圖書館文獻縮微複製中心　1990　p. 563

姜伯勤　敦煌社會文書導論　(臺北)新文豐出版公司　1992　p. 220

高國藩　敦煌民俗資料導論　(臺北)新文豐出版公司　1993　p. 16

王三慶　敦煌書儀載録之節日活動與民俗　全國敦煌學研討會論文集　(臺北)中正大學中國文學系所　1995　p. 25 注 27

李正宇　俄藏中國西北文物經眼記　《敦煌研究》1996 年第 3 期　p. 41
田德新　敦煌寺院中的"都頭"　《敦煌學輯刊》1996 年第 2 期　p. 100
張亞萍　娜閣　唐五代敦煌的計量單位與價格換算　《敦煌學輯刊》1996 年第 2 期　p. 41
鄭炳林　唐五代敦煌粟特人與歸義軍政權　《敦煌研究》1996 年第 4 期　p. 92　又見:敦煌歸義軍史專題研究　蘭州大學出版社　1997　p. 424
郝春文　關於唐後期五代宋初沙州僧俗的施捨問題　唐研究(第三卷)　北京大學出版社　1997　p. 31
唐耕耦　敦煌寺院會計文書研究　(臺北)新文豐出版公司　1997　p. 288
田德新　敦煌寺院中的都師　《敦煌學輯刊》1997 年第 2 期　p. 127
鄭炳林　唐五代敦煌手工業研究　敦煌歸義軍史專題研究　蘭州大學出版社　1997　p. 264
鄭炳林　晚唐五代敦煌貿易市場的物價　敦煌歸義軍史專題研究　蘭州大學出版社　1997　p. 278、293
鄭炳林　馮培紅　晚唐五代宋初歸義軍政權中都頭一職考辨　敦煌歸義軍史專題研究　蘭州大學出版社　1997　p. 86
郝春文　都師　敦煌學大辭典　上海辭書出版社　1998　p. 639
郝春文　唐後期五代宋初敦煌僧尼的社會生活　中國社會科學出版社　1998　p. 256
沙知　梁戶　敦煌學大辭典　上海辭書出版社　1998　p. 651
高啓安　唐五代敦煌僧人飲食的幾個名詞解釋　《敦煌研究》1999 年第 4 期　p. 134
郝春文　英倫研讀敦煌文獻原件劄記　《敦煌研究》2000 年第 2 期　p. 97
郝春文　英藏敦煌社會歷史文獻釋録(第一卷)　科學出版社　2001　p. 428
趙和平　評《英藏敦煌社會歷史文獻釋録》　敦煌吐魯番研究(第六卷)　北京大學出版社　2002　p. 393
高啓安　唐五代敦煌飲食文化研究　民族出版社　2004　p. 357
馮培紅　歸義軍鎮制考　敦煌吐魯番研究(第九卷)　北京大學出版社　2006　p. 265
金瀅坤　敦煌社會經濟文書定年拾遺　《首都師範大學學報》2006 年第 1 期　p. 10

S. 287

徐俊　唐五代長沙窑瓷器題詩校證　唐研究(第四卷)　北京大學出版社　1998　p. 93
郝春文　英藏敦煌社會歷史文獻釋録(第一卷)　科學出版社　2001　p. 433
黑維强　吐魯番出土文書詞語例釋(二)　《敦煌學輯刊》2005 年第 2 期　p. 189

S. 289

芳村修基　土橋秀高　井ノ口泰淳　敦煌佛教史年表　西域文化研究(第一)・敦煌佛教資料　(京都)法藏館　1958　p. 281
金岡照光　敦煌漢文文學文獻の文學形態上の種類とその分類　敦煌出土文學文獻分類目録・附解說　(東京)東洋文庫　1971　p. 233
金岡照光　敦煌文學のさまざま　敦煌の文學　(東京)大蔵出版株式會社　1971　p. 158
左景權　敦煌寫本斯二八九號二三事　(香港)《中國文化研究所學報》1976 年第 1 期　又見:中國敦煌學百年文庫・文獻卷(二)　甘肅文化出版社　1999　p. 468
陳祚龍　敦煌古抄中世釋衆倡導行孝報恩的歌曲詞文集　敦煌文物隨筆　(臺北)商務印書館　1979　p. 298
加地哲定　增補中國佛教文學研究　(東京)同朋舍　1979　p. 192

矢吹慶輝　鳴沙餘韻・解説篇(第一部)　(京都)臨川書店　1980　p. 240
蘇瑩輝　增訂余瀋　敦煌學概要　(臺北)編譯館"中華叢書編委會"　1981　p. 277
鄭阿財　孝道文學敦煌寫卷《十恩德讚》初探　(臺北)《華岡文科學報》1981 年第 13 期　p. 230
鄭阿財　敦煌孝道文學研究　(臺北)石門圖書公司　1982　p. 16、533、637
蘇瑩輝　瓜沙史事叢考　(臺北)商務印書館　1983　p. 25
左景權　《大正新修大藏經》第八十五卷:舊刊新評:《敦煌文書學發凡》之一章　敦煌吐魯番文獻研究論集(第二輯)　北京大學出版社　1983　p. 621、626
柴劍虹　敦煌題畫詩漫語　《敦煌學輯刊》1986 年第 1 期　p. 154　又見:西域文史論稿　(臺北)國文天地雜誌社　1991　p. 361
陳祚龍　敦煌名讚小集　中華佛教文化史散策(四集)　(臺北)新文豐出版公司　1986　p. 286
蘇瑩輝　瓜沙史事述要　漢學研究(敦煌學國際研討會論文專號)　(臺北)漢學研究資料及服務中心　1986　p. 471　又見:敦煌文史藝術論叢　(臺北)新文豐出版公司　1987　p. 81
龍晦　大足石刻父母恩重經變像與敦煌音樂文學的關係　敦煌歌辭總編　上海古籍出版社　1987　p. 1843
任半塘　敦煌歌辭總編　上海古籍出版社　1987　p. 480、697
蘇瑩輝　國際敦煌學研究近貌　敦煌文史藝術論叢　(臺北)新文豐出版公司　1987　p. 186
李正宇　邈真讚　敦煌文學　甘肅人民出版社　1989　p. 184
劉進寶　俚曲小調　敦煌文學　甘肅人民出版社　1989　p. 230
池田温　中國古代寫本識語集録　(東京)大藏出版株式會社　1990　p. 510
加地哲定著　劉衛星譯　中國佛教文學　今日中國出版社　1990　p. 164
任半塘　王昆吾　隋唐五代燕樂雜言歌辭集　巴蜀書社　1990　p. 343、1450、1637
李正宇　敦煌名勝古迹導論　《陽關》1991 年第 4 期　p. 51
譚蟬雪　三教融合的敦煌喪俗　《敦煌研究》1991 年第 3 期　p. 74
郭在貽　郭在貽語言文學論稿　浙江古籍出版社　1992　p. 48
胡文和　大足寶頂《父母恩重經變》研究　《敦煌研究》1992 年第 2 期　p. 17
姜伯勤　敦煌社會文書導論　(臺北)新文豐出版公司　1992　p. 68
張涌泉《敦煌歌辭總編》校議　《語言研究》1992 年第 1 期　p. 53
周紹良　敦煌文學芻議及其它　(臺北)新文豐出版公司　1992　p. 31
郭在貽　郭在貽敦煌學論集　江西人民出版社　1993　p. 247
項楚　敦煌詩歌導論　(臺北)新文豐出版公司　1993　p. 185
鄭阿財　從敦煌文獻看唐代的三教合一　第二屆國際唐代學術會議論文集(上)　(臺北)文津出版社　1993　p. 651
鄭阿財　敦煌文獻與文學　(臺北)新文豐出版公司　1993　p. 14、18
鄭炳林　敦煌碑銘讚抄本概述　《歷史研究》1993 年第 5 期
姜伯勤　敦煌邈真讚與敦煌望族　敦煌邈真讚校録並研究　(臺北)新文豐出版公司　1994　p. 16
姜伯勤　項楚　榮新江　敦煌邈真讚校録並研究　(臺北)新文豐出版公司　1994　p. 350
榮新江　敦煌邈真讚年代考　敦煌邈真讚校録並研究　(臺北)新文豐出版公司　1994　p. 367
鄭炳林　《索勳紀德碑》研究　《敦煌學輯刊》1994 年第 2 期　p. 68
土肥義和　唐・北宋間の「社」の組織形態に関する一考察　中國古代の國家と民衆(堀敏一先生古稀記念)　(東京)汲古書院　1995　p. 726
王書慶　敦煌佛學・佛事篇　甘肅民族出版社　1995　p. 233
張涌泉　《敦煌文獻語言辭典》補正　原學(第四輯)　中國廣播電視出版社　1995　p. 392

張涌泉　漢語俗字研究　岳麓書社　1995　p. 80、100
張涌泉　試論敦煌寫卷俗文字研究之意義　敦煌學國際研討會文集・史地語文编　遼寧美術出版社　1995　p. 358
榮新江　歸義軍史研究　上海古籍出版社　1996　p. 210
王昆吾　隋唐五代燕樂雜言歌辭研究　中華書局　1996　p. 373、412
張涌泉　敦煌俗字研究導論　（臺北）新文豐出版公司　1996　p. 229、246、267
鄧文寬　大梵寺佛音:敦煌莫高窟壇經讀本　（臺北）如聞出版社　1997　p. 15
馮培紅　晚唐五代宋初歸義軍武職軍將研究　敦煌歸義軍史專題研究　蘭州大學出版社　1997　p. 122、155
黄征　張涌泉　敦煌變文校注　中華書局　1997　p. 1140
李正宇　敦煌歷史地理導論　（臺北）新文豐出版公司　1997　p. 57、262
張弓　漢唐佛寺文化史　中國社會科學出版社　1997　p. 836
張錫厚　評《敦煌文獻與文學》　敦煌吐魯番研究（第二卷）　北京大學出版社　1997　p. 390
鄭炳林　敦煌碑銘讚輯釋　甘肅教育出版社　1997　p. 1、549
鄭炳林　唐五代敦煌金山國征伐樓蘭史事考　敦煌歸義軍史專題研究　蘭州大學出版社　1997　p. 8
鄭炳林　馮培紅　晚唐五代宋初歸義軍政權中都頭一職考辨　敦煌歸義軍史專題研究　蘭州大學出版社　1997　p. 74、87
柴劍虹　李存惠邈真讚　敦煌學大辭典　上海辭書出版社　1998　p. 550
柴劍虹　勇猛無敵辭　敦煌學大辭典　上海辭書出版社　1998　p. 539
陳國燦　墨離軍　敦煌學大辭典　上海辭書出版社　1998　p. 392
陳國燦　石城鎮　敦煌學大辭典　上海辭書出版社　1998　p. 398
李冬梅　唐五代歸義軍與周邊民族關係綜論　《敦煌學輯刊》1998 年第 2 期　p. 49
李正宇　孫其芳　皇帝感　敦煌學大辭典　上海辭書出版社　1998　p. 542
孫其芳　十恩德　敦煌學大辭典　上海辭書出版社　1998　p. 535
楊秀清　試論金山國的有關政治制度　《敦煌學輯刊》1998 年第 2 期　p. 39
劉銘恕　英國博物院所藏的敦煌卷子　中國敦煌學百年文庫・綜述卷（二）　甘肅文化出版社　1999　p. 128
楊秀清　敦煌西漢金山國史　甘肅人民出版社　1999　p. 99、133
張涌泉　敦煌本《佛説父母恩重經》研究　文史（第四十九輯）　中華書局　1999　p. 65、72
張涌泉　以父母十恩德爲主題的佛教文學藝術作品探源　舊學新知　浙江大學出版社　1999　p. 317
馮培紅　歸義軍時期敦煌縣諸鄉置廢申論　《敦煌研究》2000 年第 3 期　p. 100
李正宇　歸義軍樂營的結構與配置　《敦煌研究》2000 年第 3 期　p. 74
榮新江　《英藏敦煌文獻》定名商補　文史（第五十二輯）　中華書局　2000　p. 116　又見:敦煌學新論　甘肅教育出版社　2002　p. 188
徐俊　敦煌詩集殘卷輯考　中華書局　2000　p. 847
楊森　淺談敦煌文獻中唐代墓誌銘抄本《敦煌研究》2000 年第 3 期　p. 138
張錫厚　敦煌文學源流　作家出版社　2000　p. 158
郝春文　英藏敦煌社會歷史文獻釋録（第一卷）　科學出版社　2001　p. 434、442、445、446、448
李正宇　沙州歸義軍樂營及其職事　敦煌吐魯番研究（第五卷）　北京大學出版社　2001　p. 220
林仁昱　論敦煌佛教歌曲特質與“弘法”的關係　敦煌學（第 23 輯）　（臺北）樂學書局有限公司

2002 p. 69、76
劉永明 散見敦煌曆朔閏輯考 《敦煌研究》2002 年第 6 期 p. 12、17
林仁昱 論敦煌佛教歌曲向通俗傳播的內容 中國俗文化研究(第一輯) 巴蜀書社 2003 p. 195
張錫厚 敦煌文概說 2000 年敦煌學國際學術討論會文集・歷史文化卷(下) 甘肅民族出版社 2003 p. 216
公維章 涅槃、淨土的殿堂:敦煌莫高窟第 148 窟研究 民族出版社 2004 p. 42
湯涒 敦煌曲子詞地域文化研究 上海古籍出版社 2004 p. 111
王志鵬 試論敦煌佛教歌辭中儒釋思想的調合 《敦煌學輯刊》2005 年第 3 期 p. 150
馮培紅 歸義軍鎮制考 敦煌吐魯番研究(第九卷) 北京大學出版社 2006 p. 262、267
金瀅坤 敦煌社會經濟文書定年拾遺 《首都師範大學學報》2006 年第 1 期 p. 12

S. 292

王重民 《敦煌遺書總目索引》後記 敦煌遺書論文集 中華書局 1984 p. 69

S. 293

荒見泰史 從敦煌寫本中變文的改寫情況來探討五代講唱文學的演變 敦煌學國際研討會論文集 北京圖書館出版社 2005 p. 179

S. 295

陳祚龍 敦煌古抄內典尾記彙校初、二、三編合刊 敦煌學要籥 (臺北)新文豐出版公司 1982 p. 89
池田溫 中國古代寫本識語集録 (東京)大藏出版株式會社 1990 p. 158
東野治之 敦煌と日本の『千字文』 遣唐使と正倉院 (東京)岩波書店 1992 p. 241
東野治之 訓蒙書 敦煌漢文文獻(講座敦煌 5) (東京)大東出版社 1992 p. 405
郝春文 英藏敦煌社會歷史文獻釋録(第一卷) 科學出版社 2001 p. 452
陳麗萍 敦煌女性寫經題記及反映的婦女問題 敦煌佛教藝術文化國際學術研討會論文集 蘭州大學出版社 2002 p. 433

S. 296

陳祚龍 瓜沙印録 (臺北)《大陸雜誌》1962 年第 4 期 又見:敦煌學概要 (臺北)編譯館"中華叢書編委會" 1981 p. 267 ; 中國敦煌學百年文庫・考古卷(一) 甘肅文化出版社 1999 p. 187
矢吹慶輝 鳴沙餘韻・解說篇(第一部) (京都)臨川書店 1980 p. 208
陳祚龍 古代敦煌及其他地區流行之公私印章圖記文字録 敦煌學要籥 (臺北)新文豐出版公司 1982 p. 333
孫修身 敦煌三界寺 甘肅省史學會論文集 甘肅省歷史學會編印 1982 又見:中國敦煌學百年文庫・宗教卷(一) 甘肅文化出版社 1999 p. 58
田中良昭 敦煌禪宗文獻の研究 (東京)大東出版社 1983 p. 257
楊曾文 日本學者對中國禪宗文獻的研究和整理 《世界宗教研究》1987 年第 1 期 p. 121
池田溫 敦煌文獻について 『書道研究』(2 卷 2 號) (東京)萱原書局 1988 p. 49 又見:敦煌文書の世界 (東京)名著刊行會 2003 p. 51
吳其昱著 伊藤美重子譯 敦煌漢文寫本概観 敦煌漢文文獻(講座敦煌 5) (東京)大東出版社

1992　p. 58
冉雲華　敦煌遺書與中國禪宗歷史研究　“中國唐代學會”會刊(第四期)　(臺北)“中國唐代學會”　1993　p. 58
鄭炳林　敦煌碑銘讚輯釋　甘肅教育出版社　1997　p. 517 注 8
李正宇　三界寺　敦煌學大辭典　上海辭書出版社　1998　p. 631
李正宇　三界寺藏經印　敦煌學大辭典　上海辭書出版社　1998　p. 293
謝桃坊　敦煌文化尋繹　四川人民出版社　1999　p. 212
楊曾文　慧能弟子神會及其禪法理論　敦煌與絲路文化學術講座(第二輯)　北京圖書館出版社　2005　p. 359

S. 298

向達　倫敦所藏敦煌卷子經眼目録　《北平圖書館圖書季刊》1939 年新第 1 卷第 4 期　p. 397　又見:唐代長安與西域文明　三聯書店　1957　p. 198
芳村修基　土橋秀高　井ノロ泰淳　敦煌佛教史年表　西域文化研究(第一)·敦煌佛教資料　(京都)法藏館　1958　p. 281
石井昌子　靈寶經類　敦煌と中國道教(講座敦煌 4)　(東京)大東出版社　1983　p. 151
大淵忍爾　論古靈寶經　道家文化研究(第十三輯)　三聯書店　1998　p. 501
王卡　太上洞玄靈寶滅度五練生屍妙經　敦煌學大辭典　上海辭書出版社　1998　p. 768
郝春文　英藏敦煌社會歷史文獻釋録(第一卷)　科學出版社　2001　p. 453
王卡　敦煌道教文獻研究　中國社會科學出版社　2004　p. 103
黄征　敦煌俗字典　上海教育出版社　2005　p. 50、118
鄭阿財　論敦煌俗字與寫本學之關係　日本學·敦煌學·漢文訓讀の新展開　(東京)汲古書院　2005　p. 37

S. 304

鄧文寬　敦煌吐魯番文獻重文符號釋讀舉隅　敦煌吐魯番學耕耘録　(臺北)新文豐出版公司　1996　p. 319
郝春文　英藏敦煌社會歷史文獻釋録(第一卷)　科學出版社　2001　p. 460
林聰明　敦煌吐魯番文書解詁指例　(臺北)新文豐出版公司　2001　p. 110

S. 305

李丞宰　探尋敦煌佛經的 50 卷本《華嚴經》　敦煌學·日本學:石塚晴通教授退職紀念論文集　上海辭書出版社　2005　p. 49
李丞宰著　大塚忠藏譯　敦煌佛經の50 卷本華厳經を探して　日本學·敦煌學·漢文訓讀の新展開　(東京)汲古書院　2005　p. 66

S. 307

景盛軒　敦煌寫本《大般涅槃經》著録商補　浙江與敦煌學:常書鴻先生誕辰一百周年紀念文集　浙江古籍出版社　2004　p. 345

S. 308

向達　倫敦所藏敦煌卷子經眼目録　《北平圖書館圖書季刊》1939 年新第 1 卷第 4 期　p. 397　又

見:唐代長安與西域文明　三聯書店　1957　p. 198

S. 312

芳村修基　土橋秀高　井ノ口泰淳　敦煌佛教史年表　西域文化研究(第一)・敦煌佛教資料　(京都)法藏館　1958　p. 262

金榮華　敦煌寫卷紙質之考察　(臺北)《世界華學季刊》1981 年第 2 卷第 4 期　又見:敦煌吐魯番論集　(臺北)新文豐出版公司　1996　p. 77

陳祚龍　敦煌古抄内典尾記彙校初、二、三編合刊　敦煌學要籥　(臺北)新文豐出版公司　1982　p. 89

饒宗頤解說　林宏作譯　敦煌書法叢刊(第十八卷)・碎金(一)　(東京)二玄社　1983　p. 91

池田溫　中國古代寫本識語集録　(東京)大藏出版株式會社　1990　p. 218

林聰明　從敦煌文書看佛教徒的造經祈福　第二屆敦煌學國際研討會論文集　(臺北)漢學研究中心　1990　p. 523

方廣錩　佛教大藏經史(八—十世紀)　中國社會科學出版社　1991　p. 61

林聰明　敦煌文書出處略考　季羨林教授八十華誕紀念論文集(下)　江西人民出版社　1991　p. 851

林聰明　敦煌文書學　(臺北)新文豐出版公司　1991　p. 99、137、213、374

楊森　唐虞世南子虞昶傳略補　《陝西師範大學學報》1992 年第 21 卷第 2 期　p. 72

林聰明　談敦煌文書的抄寫問題　紀念陳寅恪先生百年誕辰學術論文集　江西教育出版社　1994　p. 284、294

沃興華　敦煌書法藝術　上海人民出版社　1994　p. 65

藤枝晃著　徐慶全　李樹清譯　敦煌寫本概述　《敦煌研究》1996 年第 2 期　p. 118

陳國燦　咸亨二年唐宮廷寫妙法蓮花經記　敦煌學大辭典　上海辭書出版社　1998　p. 455

方廣錩　敦煌遺書中的《妙法蓮華經》及有關文獻　敦煌學佛教學論叢(下)　中國佛教文化研究所　1998　p. 79　又見:法源(第 16 期)　中國佛學院　1998　p. 44

顧吉辰　敦煌文獻職官結銜考釋　《敦煌學輯刊》1998 年第 2 期　p. 24

郝春文　英藏敦煌社會歷史文獻釋録(第一卷)　科學出版社　2001　p. 461

林聰明　敦煌吐魯番文書解詁指例　(臺北)新文豐出版公司　2001　p. 45、58 注 9

姜亮夫　敦煌莫高窟年表　姜亮夫全集(十一)　雲南人民出版社　2002　p. 240

S. 313

伊藤美重子　敦煌本『大智度論』の整理　中國佛教石經の研究　京都大學學術出版會　1996　p. 384

S. 314

慶谷壽信　敦煌出土の音韻資料(上)——Stein6691vについて　『人文學報』(第 78 號)　京都大學人文科學研究所　1970　p. 173

饒宗頤　王錫《頓悟大乘政理決》序說並校記　選堂集林・史林　(香港)中華書局　1982　p. 728　又見:漢藏佛教研究彙編　(臺北)文殊出版社　1987　p. 325

姜亮夫　敦煌經卷題名録　敦煌學論文集　上海古籍出版社　1987　p. 1071

陶秋英輯録　姜亮夫校訂　敦煌經卷題名録　敦煌碎金　浙江古籍出版社　1992　p. 97

S. 315

饒宗頤解說　林宏作譯　敦煌書法叢刊(第二三卷)·寫經(四)　(東京)二玄社　1983　p. 50

方廣錩　優婆塞戒經　敦煌學大辭典　上海辭書出版社　1998　p. 710

S. 316

矢吹慶輝　三階教之研究　(東京)岩波書店　1927　p. 534

芳村修基　土橋秀高　井ノ口泰淳　敦煌佛教史年表　西域文化研究(第一)·敦煌佛教資料　(京都)法藏館　1958　p. 266

矢吹慶輝　鳴沙餘韻·解說篇(第一部)　(京都)臨川書店　1980　p. 283

陳祚龍　敦煌古抄内典尾記彙校初、二、三編合刊　敦煌學要籥　(臺北)新文豐出版公司　1982　p. 90

池田溫　中國古代寫本識語集録　(東京)大藏出版株式會社　1990　p. 298

趙和平　敦煌寫本書儀略論　敦煌吐魯番學研究論文集　漢語大詞典出版社　1990　p. 567

林聰明　敦煌文書學　(臺北)新文豐出版公司　1991　p. 183

林聰明　談敦煌文書的抄寫問題　紀念陳寅恪先生百年誕辰學術論文集　江西教育出版社　1994　p. 290

汪娟　敦煌禮懺文研究　(臺北)法鼓文化公司　1994　p. 115

汪娟　敦煌文獻中的佛教禮懺儀　新國學(第二卷)　巴蜀書社　2000　p. 327

郝春文　英藏敦煌社會歷史文獻釋録(第一卷)　科學出版社　2001　p. 462

林聰明　敦煌吐魯番文書解詁指例　(臺北)新文豐出版公司　2001　p. 40

姜亮夫　敦煌莫高窟年表　姜亮夫全集(十一)　雲南人民出版社　2002　p. 322

S. 317

廣川堯敏　淨土三部經　敦煌と中國仏教(講座敦煌 7)　(東京)大東出版社　1984　p. 88

井ノ口泰淳　敦煌本『阿彌陀經』　中央アジアの言語と仏教　(京都)法藏館　1995　p. 362

劉長東　論隋唐三階教與淨土教的關係　新國學(第二卷)　巴蜀書社　2000　p. 373

周一良　讀《敦煌與中國佛教》:介紹日本集體巨著《講座敦煌》　魏晉南北朝史論集續編　北京大學出版社　2001　p. 310

S. 318

向達　倫敦所藏敦煌卷子經眼目録　《北平圖書館圖書季刊》1939 年新第 1 卷第 4 期　p. 397　又見:唐代長安與西域文明　三聯書店　1957　p. 198

錢伯泉　張淮深對甘州回鶻國的顛覆行動　《甘肅民族研究》1989 年第 1 期　p. 26 注 5

葛兆光　中國宗教與文學論集　清華大學出版社　1998　p. 78 注 2

馬承玉　從敦煌寫本看《洞淵神咒經》在北方的傳播　道家文化研究(第十三輯)　三聯書店　1998　p. 200

王卡　太上洞淵神咒經　敦煌學大辭典　上海辭書出版社　1998　p. 762

郝春文　英藏敦煌社會歷史文獻釋録(第一卷)　科學出版社　2001　p. 463

劉敬林　《英藏敦煌社會歷史文獻釋録》(第一卷)補校　《敦煌研究》2004 年第 2 期　p. 103

王卡　中國國家圖書館藏敦煌道教遺書研究報告　敦煌吐魯番研究(第七卷)　北京大學出版社　2004　p. 359

黄征　敦煌俗字典　上海教育出版社　2005　p. 2、39

S. 320

矢吹慶輝　三階教之研究　(東京)岩波書店　1927　p. 112、191、534、786
汪娟　敦煌禮懺文研究　(臺北)法鼓文化公司　1994　p. 115
汪娟　敦煌文獻中的佛教禮懺儀　新國學(第二卷)　巴蜀書社　2000　p. 327
沙武田　梁紅　敦煌千佛變畫稿刺孔研究　《敦煌學輯刊》2005 年第 2 期　p. 69

S. 321

吳麗娛　唐禮摭遺:中古書儀研究　商務印書館　2002　p. 306
景盛軒　試論敦煌佛經異文研究的價值和意義　《敦煌研究》2004 年第 5 期　p. 87
霍巍　早期密教圖像在敦煌的傳播及其來源的新探索　《敦煌研究》2006 年第 2 期　p. 111

S. 323

芳村修基　土橋秀高　井ノロ泰淳　敦煌佛教史年表　西域文化研究(第一)・敦煌佛教資料　(京都)法藏館　1958　p. 273
小笠原宣秀　吐魯番出土の宗教生活文書　西域文化研究(第三)・敦煌吐魯番社會經濟資料(下)　(京都)法藏館　1960　p. 255
李正宇　《吐蕃子年(西元 808 年)沙州百姓氾履倩等戶籍手實殘卷》研究　1983 年全國敦煌學術討論會文集・文史遺書編(上)　甘肅人民出版社　1987　p. 197
佐竹靖彥　唐宋變革の地域的研究　(東京)同朋舍　1990　p. 168
佐竹靖彥　唐末宋初敦煌地區戶籍制度的演變　唐代均田制研究選譯　甘肅教育出版社　1992　p. 179
高啓安　唐宋時期敦煌人名探析　《敦煌研究》1997 年第 4 期　p. 124
郝春文　《敦煌社邑文書輯校》補遺(二)　《首都師範大學學報》2000 年第 2 期　p. 10
郝春文　英藏敦煌社會歷史文獻釋録(第一卷)　科學出版社　2001　p. 491
姜亮夫　敦煌莫高窟年表　姜亮夫全集(十一)　雲南人民出版社　2002　p. 434

S. 324

小笠原宣秀　吐魯番出土の宗教生活文書　西域文化研究(第三)・敦煌吐魯番社會經濟資料(下)　(京都)法藏館　1960　p. 255

S. 325

小田義久　大谷文書の研究　(京都)法藏館　1996　p. 355

S. 327

矢吹慶輝　鳴沙餘韻・解說篇(第一部)　(京都)臨川書店　1980　p. 57
唐耕耦　陸宏基　敦煌社會經濟文獻真迹釋録(一)　書目文獻出版社　1986　p. 341、381
山本達郎等　敦煌・III 轉貼　『NUN - HUANG AND TURFAN DOCUMENTS CONCERNING SOCIAL AND ECONOMIC HISTORY』(IV)　(東京)東洋文庫　1989　p. 55
山本達郎等　敦煌・V 計會文書　『NUN - HUANG AND TURFAN DOCUMENTS CONCERNING SOCIAL AND ECONOMIC HISTORY』(IV)　(東京)東洋文庫　1989　p. 115
張先堂　話本　敦煌文學　甘肅人民出版社　1989　p. 290
郝春文　敦煌的渠人與渠社　《北京師範學院學報》1990 年第 1 期　p. 96

林聰明　敦煌文書學　(臺北)新文豐出版公司　1991　p. 202

姜伯勤　敦煌社會文書導論　(臺北)新文豐出版公司　1992　p. 242、247

高國藩　敦煌民俗資料導論　(臺北)新文豐出版公司　1993　p. 2

林聰明　談敦煌文書的抄寫問題　紀念陳寅恪先生百年誕辰學術論文集　江西教育出版社　1994　p. 293

石田勇作　敦煌「社文書」研究序說　中國古代の國家と民衆(堀敏一先生古稀記念)　(東京)汲古書院　1995　p. 687

土肥義和　唐・北宋間の「社」の組織形態に関する一考察　中國古代の國家と民衆(堀敏一先生古稀記念)　(東京)汲古書院　1995　p. 712

寧可　郝春文　敦煌社邑文書輯校　江蘇古籍出版社　1997　p. 196

方廣錩　無量壽觀經讚述　敦煌學大辭典　上海辭書出版社　1998　p. 661

寧可　巷社　敦煌學大辭典　上海辭書出版社　1998　p. 427

寧可　寧可史學論集　中國社會科學出版社　1999　p. 449 注 2

楊森　談敦煌社邑文書中"三官"及"録事""虞侯"的若干問題　《敦煌研究》1999 年第 3 期　p. 84

郝春文　英倫研讀敦煌文獻原件劄記　《敦煌研究》2000 年第 2 期　p. 98

劉長東　晉唐彌陀淨土信仰研究　巴蜀書社　2000　p. 201

林聰明　敦煌吐魯番文書解詁指例　(臺北)新文豐出版公司　2001　p. 60 注 37

楊森　從敦煌文獻看中國古代從左向右的書寫格式　《敦煌研究》2001 年第 2 期　p. 107

郝春文　《唐末五代宋初敦煌社邑的幾個問題》商榷　國際敦煌學學術史研討會論文集　研討會籌備組　2002　p. 198

王志銘　論敦煌書法的藝術價值　敦煌佛教藝術文化國際學術研討會論文集　蘭州大學出版社　2002　p. 609

郝春文　英藏敦煌社會歷史文獻釋録(第二卷)　科學出版社　2003　p. 1

洪藝芳　敦煌社會經濟文書中的唐五代新興量詞研究　敦煌學(第 24 輯)　(臺北)樂學書局有限公司　2003　p. 104

郝春文　再論敦煌私社的"義聚"　敦煌學(第 25 輯)　(臺北)樂學書局有限公司　2004　p. 280

S. 328

向達　記倫敦所藏的敦煌俗文學　《新中華雜誌》1937 年第 5 卷第 13 號　p. 123　又見:唐代長安與西域文明　三聯書店　1957　p. 241 ; 敦煌變文論文録　上海古籍出版社　1982　p. 30

向達　倫敦所藏敦煌卷子經眼目録　《北平圖書館圖書季刊》1939 年新第 1 卷第 4 期　p. 397　又見:唐代長安與西域文明　三聯書店　1957　p. 198

向達　唐代俗講考　《國學季刊》1950 年第 6 卷第 4 號　p. 1　又見:唐代長安與西域文明　三聯書店　1957　p. 334 ; 敦煌變文論文録　上海古籍出版社　1982　p. 68

羅福頤　敦煌石室文物對於學術上的貢獻　《歷史教學》1951 年第 5 期　又見:中國敦煌學百年文庫・考古卷(四)　甘肅文化出版社　1999　p. 8

周紹良　敦煌所出變文現存目録　敦煌變文彙録　上海出版公司　1955　p. 8

劉銘恕　再記英國倫敦所藏的敦煌經卷　《中國科學院圖書館通訊》1957 年第 7 期　又見:中國敦煌學百年文庫・綜述卷(二)　甘肅文化出版社　1999　p. 136

邵榮芬　敦煌俗文學中的別字異文和唐五代西北方音　《中國語文》1963 年第 3 期　又見:中國敦煌學百年文庫・語言文字卷(一)　甘肅文化出版社　1999　p. 119

蘇瑩輝　論敦煌本史傳變文與中國俗文學　(臺中)《東海大學圖書館學報》1964 年第 6 期　又見:

敦煌論集 (臺北)學生書局 1983 p. 102;中國敦煌學百年文庫·文學卷(五) 甘肅文化出版社 1999 p. 6
金岡照光 敦煌漢文文學文獻の文學形態上の種類とその分類 敦煌出土文學文獻分類目録·附解說 (東京)東洋文庫 1971 p. 203
金岡照光 敦煌文學のこころ 敦煌の文學 (東京)大蔵出版株式會社 1971 p. 278
金岡照光 敦煌文學のさまざま 敦煌の文學 (東京)大蔵出版株式會社 1971 p. 109
王重民 敦煌古籍叙録 中華書局 1979 p. 335
楊家駱 敦煌變文 (臺北)世界書局 1980 p. 28
金岡照光 敦煌の繪物語 (東京)東方書店 1981 p. 69
潘重規 敦煌卷子俗寫文字與俗文學之研究 敦煌變文論輯 (臺北)石門圖書公司 1981 p. 281
潘重規 敦煌變文集新書引言 敦煌學(第5輯) (臺北)新文豐出版公司 1982 p. 66
潘重規 龍龕手鑒與寫本刻本之關係 敦煌學(第6輯) (臺北)新文豐出版公司 1983 p. 87
嚴紹璗 狩野直喜和中國俗文學的研究 學林漫録(七集) 中華書局 1983 p. 152 注6
遊佐昇 文學文獻より見た敦煌の道教 敦煌と中國道教(講座敦煌4) (東京)大東出版社 1983 p. 290
李明偉 試論《伍子胥變文》在敦煌變文中的地位 《敦煌學研究》(西北師院學報)1984年增刊 p. 14
潘重規 敦煌變文集新書(下) (臺北)"中國文化大學"中文研究所 1984 p. 858
潘重規 龍龕手鑒及其引用古文之研究 敦煌學(第7輯) (臺北)新文豐出版公司 1984 p. 86
王重民 伍子胥變文 敦煌變文集 人民文學出版社 1984 p. 28
周紹良 談唐代的三國故事 紹良叢稿 齊魯書社 1984 p. 230
朱雷 《伍子胥變文》、《漢將王陵變》辨疑 魏晉南北朝隋唐史資料(第7輯) 武漢大學出版社 1985 p. 24
陳祚龍 敦煌學劄記 敦煌學(第11輯) (臺北)新文豐出版公司 1986 p. 1 又見:敦煌學散策新集 (臺北)新文豐出版公司 1989 p. 3
李正宇 敦煌方音止遇二攝混同及其校勘學意義 《敦煌研究》1986年第4期 p. 48
王重民原編 黄永武新編 敦煌古籍叙録新編(第十七冊) (臺北)新文豐出版公司 1986 p. 1
高國藩 敦煌民俗學簡論 1983年全國敦煌學術討論會文集·文史遺書編(下) 甘肅人民出版社 1987 p. 425 注2
高國藩 敦煌文學作品選 中華書局 1987 p. 67 注4
平野顯照著 張桐生譯 唐代的文學與佛教 (臺北)業强出版社 1987 p. 268
張鴻勳 敦煌講唱文學作品選注 甘肅人民出版社 1987 p. 148
周紹良 唐代變文及其它 敦煌文學作品選 中華書局 1987 p. 6
郭在貽 張涌泉 黄征 蘇聯所藏押座文及說唱佛經故事五種補校 《古籍整理研究學刊》1988年第3期 p. 13
馬繼興 敦煌古醫籍考釋 江西科學技術出版社 1988 p. 501
張涌泉 敦煌變文校勘平議 《敦煌研究》1988年第4期 p. 85
張涌泉 敦煌變文校劄 敦煌語言文學論文集 浙江古籍出版社 1988 p. 167
陳治文 敦煌變文釋詞商兑 《語言研究》1989年第1期 又見:中國敦煌學百年文庫·語言文字卷(二) 甘肅文化出版社 1999 p. 15
李正宇 敦煌佚詩零珠 《敦煌語言文學研究通訊》1989年第1期 p. 6
郭在貽 張涌泉 黄征 敦煌變文集校議 岳麓書社 1990 p. 1、373

郭在貽　張涌泉　黃征　敦煌寫本書寫特例發微　敦煌吐魯番學研究論文集　漢語大詞典出版社　1990　p. 321、336

蔣紹愚　近代漢語語法資料彙編(唐五代卷)　商務印書館　1990　p. 211

譚真　敦煌隋唐時期醫事狀況　敦煌學國際學術討論會論文縮寫文(1990)　敦煌研究院　1990　p. 73　又見:敦煌學國際研討會文集·石窟考古编　遼寧美術出版社　1995　p. 408

項楚　敦煌變文選注　巴蜀書社　1990　p. 3

李明偉　試論《伍子胥變文》在敦煌變文中的作用　絲綢之路貿易史研究　甘肅人民出版社　1991　p. 330

潘重規　敦煌卷子俗寫文字之整理與發展　敦煌學(第17輯)　(臺北)新文豐出版公司　1991　p. 5

金岡照光　講唱體類　敦煌の文學文獻(講座敦煌9)　(東京)大東出版社　1992　p. 77

金岡照光　講史譚·時事変文等:「王陵」「李陵」「張議潮」変文を中心に　敦煌の文學文獻(講座敦煌9)　(東京)大東出版社　1992　p. 547

林家平　寧强　羅華慶　中國敦煌學史　北京語言學院出版社　1992　p. 105

張涌泉　敦煌寫卷俗字類型及其考辨的方法　(香港)《九州學刊》(敦煌學專輯)1992年第4卷第4期　p. 71

張涌泉　《吐魯番出土文書》辨誤　《西域研究》1992年第3期　p. 92

周紹良　敦煌文學芻議及其它　(臺北)新文豐出版公司　1992　p. 70

張鴻勳　敦煌話本詞文俗賦導論　(臺北)新文豐出版公司　1993　p. 259

張鴻勳　敦煌說唱文學概論　(臺北)新文豐出版公司　1993　p. 165

張涌泉　俗字研究與大型字典的編纂　中國典籍與文化論叢(第一輯)　中華書局　1993　p. 462

丛春雨　敦煌中醫藥全書　中醫古籍出版社　1994　p. 719

蔣禮鴻　敦煌文獻語言詞典　杭州大學出版社　1994　p. 229

李明偉　隋唐絲綢之路　甘肅人民出版社　1994　p. 326

李明偉　唐代文學的嬗變與絲綢之路的影響　《敦煌研究》1994年第3期　p. 141

胡戟　傅玫　敦煌史話　中華書局　1995　p. 176

黃征　輯注本《啓顔録》匡補　俗語言研究(第二期)　(京都)禪文化研究所　1995　p. 79　又見:敦煌語文叢說　(臺北)新文豐出版公司　1997　p. 484、498

金榮華　《前漢劉家太子傳》情節試探　全國敦煌學研討會論文集　(臺北)中正大學中國文學系所　1995　p. 118注15

李豐楙　敦煌道經寫卷與道教寫經的供養功德觀　全國敦煌學研討會論文集　(臺北)中正大學中國文學系所　1995　p. 123

李金梅　敦煌傳統文化與武術　《敦煌研究》1995年第2期　p. 195

李重申　敦煌體育史料考析　敦煌學國際研討會文集·石窟考古编　遼寧美術出版社　1995　p. 380

潘重規　敦煌卷子俗寫文字之研究　敦煌學國際研討會文集·史地語文编　遼寧美術出版社　1995　p. 349

張涌泉　敦煌文書類化字研究　《敦煌研究》1995年第4期　p. 78

張涌泉　《敦煌文獻語言辭典》補正　原學(第四輯)　中國廣播電視出版社　1995　p. 389

張涌泉　漢語俗字研究　岳麓書社　1995　p. 60、108、191、353

黃征　敦煌俗語法研究之一:句法篇　敦煌吐魯番研究(第一卷)　北京大學出版社　1996　p. 70、75

張涌泉　敦煌俗字研究導論　(臺北)新文豐出版公司　1996　p. 63、87、185、220、281
張涌泉　敦煌寫卷俗字類釋　敦煌吐魯番學研究論集　書目文獻出版社　1996　p. 483
黄征　敦煌俗音考辨　敦煌語文叢說　(臺北)新文豐出版公司　1997　p. 136
黄征　敦煌文學《兒郎偉》輯録校注　敦煌語文叢說　(臺北)新文豐出版公司　1997　p. 721
黄征　敦煌寫本異文綜析　敦煌語文叢說　(臺北)新文豐出版公司　1997　p. 20、31、40
黄征　王梵志詩校釋續商補　敦煌語文叢說　(臺北)新文豐出版公司　1997　p. 226
黄征　張涌泉　敦煌變文校注　中華書局　1997　p. 17、166、678、793、1022
劉子瑜　敦煌變文和王梵志詩　大象出版社　1997　p. 38
張涌泉　讀《八瓊室金石補正》劄記　周紹良先生欣開九秩慶壽文集　中華書局　1997　p. 80
柴劍虹　藥名詞　敦煌學大辭典　上海辭書出版社　1998　p. 540
海客　伍子胥變文　敦煌學大辭典　上海辭書出版社　1998　p. 577
黄征　唐代俗語詞輯釋　唐研究(第四卷)　北京大學出版社　1998　p. 141
李重申　射箭　敦煌學大辭典　上海辭書出版社　1998　p. 598
李重申　武術　敦煌學大辭典　上海辭書出版社　1998　p. 600
潘重規　敦煌《雲謠集》新書　雲謠集研究彙録　上海古籍出版社　1998　p. 190
周紹良　張涌泉　黄征　敦煌變文講經文因緣輯校(上)　江蘇古籍出版社　1998　p. 51
高國藩　敦煌俗文化學　上海三聯書店　1999　p. 319
梅維恒著　楊繼東　陳引馳譯　唐代變文(上)　(香港)中國佛教文化出版公司　1999　p. 77
張涌泉　敦煌文書疑難詞語辨釋　舊學新知　浙江大學出版社　1999　p. 232、246、258、267
張涌泉　論吳任臣的《字彙補》　舊學新知　浙江大學出版社　1999　p. 152 注 2
張涌泉　評《唐五代語言詞典》　敦煌吐魯番研究(第四卷)　北京大學出版社　1999　p. 623
張涌泉　試論漢語俗字研究的意義　舊學新知　浙江大學出版社　1999　p. 9
張涌泉　俗字研究與敦煌文獻的校理　舊學新知　浙江大學出版社　1999　p. 63
金岡照光　敦煌文獻と中國文學　(東京)五曜書房　2000　p. 148、516、528
李重申　敦煌古代體育文化　甘肅人民出版社　2000　p. 23
榮新江　《英藏敦煌文獻》定名商補　文史(第五十二輯)　中華書局　2000　p. 116　又見:敦煌學新論　甘肅教育出版社　2002　p. 188
張錫厚　敦煌文學源流　作家出版社　2000　p. 465
張涌泉　漢語俗字叢考　中華書局　2000　p. 767
周紹良　敦煌文學叢考　英國收藏敦煌漢藏文獻研究:紀念敦煌文獻發現一百周年　中國社會科學出版社　2000　p. 258
李金梅　敦煌角抵考　敦煌學與中國史研究論集　甘肅人民出版社　2001　p. 66
榮新江　敦煌學十八講　北京大學出版社　2001　p. 344
陶敏　李一飛　隋唐五代文學史料學　中華書局　2001　p. 365
于淑健　《黄仕强傳》校注商補　《敦煌學輯刊》2001 第 2 期　p. 16
陳國燦　敦煌學史事新證　甘肅教育出版社　2002　p. 23
黄征　敦煌語言文字學研究　甘肅教育出版社　2002　p. 40、51、235、309
馬繼興　當前世界各地收藏的中國出土卷子本古醫藥文獻備考　敦煌吐魯番研究(第六卷)　北京大學出版社　2002　p. 133
郝春文　英藏敦煌社會歷史文獻釋録(第二卷)　科學出版社　2003　p. 5
李金梅　路志俊　敦煌古代的弓箭文化與現代射箭運動　2000 年敦煌學國際學術討論會文集・歷史文化卷(下)　甘肅民族出版社　2003　p. 182

曾良 俗字與古籍整理舉隅 《中國典籍與文化》2003 年第 2 期 p. 63

朱雷 敦煌藏經洞發現之民間講唱文藝作品的歷史考察:二十一世紀的展望 新世紀敦煌學論集 巴蜀書社 2003 p. 260

李小榮 《阿鼻地獄變文》校注 《敦煌研究》2004 年第 5 期 p. 102

張涌泉 敦煌文獻字詞例釋 敦煌學(第 25 輯) (臺北)樂學書局有限公司 2004 p. 349

黄征 敦煌俗字典 上海教育出版社 2005 p. 前言 9

黄征 敦煌俗字種類考辨 敦煌學·日本學:石塚晴通教授退職紀念論文集 上海辭書出版社 2005 p. 116、122

楊森 跋甘肅武山拉梢寺北周造大佛像發願文石刻碑 《敦煌學輯刊》2005 年第 2 期 p. 234

蘭州理工大學絲綢之路文史研究所編 絲綢之路體育文化論集 中華書局 2005 p. 94、203

S. 329

向達 倫敦所藏敦煌卷子經眼目録 《北平圖書館圖書季刊》1939 年新第 1 卷第 4 期 p. 397 又見:唐代長安與西域文明 三聯書店 1957 p. 198

唐耕耦 陸宏基 敦煌社會經濟文獻真迹釋録(一) 書目文獻出版社 1986 p. 315

任半塘 敦煌歌辭總編 上海古籍出版社 1987 p. 537

周紹良 趙和平 書儀 《敦煌語言文學研究通訊》1987 年第 4 期 p. 2 又見:敦煌文學 甘肅人民出版社 1989 p. 47

周一良 敦煌寫本書儀考(之二) 敦煌吐魯番文獻研究論集(第四輯) 北京大學出版社 1987 p. 24、32

劉進寶 俚曲小調 敦煌文學 甘肅人民出版社 1989 p. 233

山本達郎等 敦煌·III 轉貼『NUN - HUANG AND TURFAN DOCUMENTS CONCERNING SOCIAL AND ECONOMIC HISTORY』(IV) (東京)東洋文庫 1989 p. 33、75

任半塘 王昆吾 隋唐五代燕樂雜言歌辭集 巴蜀書社 1990 p. 839

趙和平 杜友晉《吉凶書儀》及《書儀鏡》成書年代考 《敦煌學輯刊》1990 年第 2 期 p. 65 又見:唐五代書儀研究 中國社會科學出版社 1995 p. 138

趙和平 敦煌寫本書儀略論 敦煌吐魯番學研究論文集 漢語大詞典出版社 1990 p. 564、567 又見:唐五代書儀研究 中國社會科學出版社 1995 p. 3、6

趙和平 敦煌寫本鄭餘慶《大唐新定吉凶書儀》殘卷研究 敦煌吐魯番文獻研究論集(第五輯) 北京大學出版社 1990 p. 224

中村裕一 唐代官文書研究 (京都)中文出版社 1991 p. 496

姜伯勤 敦煌社會文書導論 (臺北)新文豐出版公司 1992 p. 242

饒宗頤 "唐詞"辨正 (香港)《九州學刊》(敦煌學專輯)1992 年第 4 卷第 4 期 p. 115 又見:敦煌曲續論 (臺北)新文豐出版公司 1996 p. 217

周紹良 敦煌文學芻議及其它 (臺北)新文豐出版公司 1992 p. 9

周一良 唐代書儀の類型 敦煌漢文文獻(講座敦煌 5) (東京)大東出版社 1992 p. 699

郝春文 敦煌寫本社邑文書年代彙考(二) 《首都師範大學學報》1993 年第 5 期 p. 76

黄征 敦煌願文《兒郎偉》輯考 (香港)《九州學刊》(敦煌學專輯)1993 年第 5 卷第 4 期 p. 52 又見:敦煌語文叢說 (臺北)新文豐出版公司 1997 p. 642

譚蟬雪 敦煌婚姻文化 甘肅人民出版社 1993 p. 32

趙和平 敦煌寫本書儀研究 (臺北)新文豐出版公司 1993 p. 14、46、243

周一良 唐代的書儀與中日文化關係 中日文化關係史論 江西人民出版社 1993 p. 63

黄征　吴偉　敦煌願文集　岳麓書社　1995　p. 963
李金梅　敦煌傳統文化與武術　《敦煌研究》1995 年第 2 期　p. 195
趙和平　敦煌寫本書儀中所看到的部分唐代社會文化生活　敦煌學國際研討會文集·史地語文編　遼寧美術出版社　1995　p. 573　又見:唐五代書儀研究　中國社會科學出版社　1995　p. 310
榮新江　敦煌本《書儀鏡》爲安西書儀考　慶祝潘石禪先生九秩華誕敦煌學特刊　(臺北)文津出版社　1996　p. 267
張涌泉　敦煌俗字研究導論　(臺北)新文豐出版公司　1996　p. 113
黄征　敦煌願文《兒郎偉》考論　敦煌語文叢説　(臺北)新文豐出版公司　1997　p. 607
寧可　郝春文　敦煌社邑文書輯校　江蘇古籍出版社　1997　p. 141、246
鄭炳林　敦煌碑銘讚輯釋　甘肅教育出版社　1997　p. 159 注 4
馬德　咒願　敦煌學大辭典　上海辭書出版社　1998　p. 440
寧可　行人轉帖　敦煌學大辭典　上海辭書出版社　1998　p. 430
譚蟬雪　敦煌歲時文化導論　(臺北)新文豐出版公司　1998　p. 402
趙和平　《敦煌寫本書儀研究》訂補　敦煌吐魯番研究(第三卷)　北京大學出版社　1998　p. 241
趙和平　書儀鏡　敦煌學大辭典　上海辭書出版社　1998　p. 418
榮新江　英國圖書館藏敦煌漢文非佛教文獻殘卷概述　敦煌文藪(下)　(臺北)新文豐出版公司　1999　p. 127
張涌泉　大型字典編纂中與俗字相關的若干問題　舊學新知　浙江大學出版社　1999　p. 25
張涌泉　俗字研究與敦煌文獻的校理　舊學新知　浙江大學出版社　1999　p. 69
柴劍虹　俄藏黑城出土釋道詩詞寫本簡析　敦煌吐魯番學論稿　浙江教育出版社　2000　p. 319
董志翹　《入唐求法巡禮行記》辭彙研究　中國社會科學出版社　2000　p. 34、173
郝春文　英藏敦煌文獻年代叢考　英國收藏敦煌漢藏文獻研究:紀念敦煌文獻發現一百周年　中國社會科學出版社　2000　p. 369
郝春文　英倫研讀敦煌文獻原件劄記　《敦煌研究》2000 年第 2 期　p. 96
榮新江　《英藏敦煌文獻》定名商補　文史(第五十二輯)　中華書局　2000　p. 126
榮新江　《英國圖書館藏敦煌漢文非佛教文獻殘卷目録》補正　英國收藏敦煌漢藏文獻研究:紀念敦煌文獻發現一百周年　中國社會科學出版社　2000　p. 383
吳麗娛　唐代書儀中單、複書形式簡析　英國收藏敦煌漢藏文獻研究:紀念敦煌文獻發現一百周年　中國社會科學出版社　2000　p. 264
徐俊　敦煌詩集殘卷輯考　中華書局　2000　p. 848
張涌泉　漢語俗字叢考·前言　漢語俗字叢考　中華書局　2000　p. 6
孟憲實　敦煌社邑的分佈　敦煌文獻論集:紀念藏經洞發現一百周年國際學術研討會論文集　遼寧人民出版社　2001　p. 430、433
吳麗娛　從敦煌書儀中的表狀箋啓看唐五代官場禮儀的轉移變遷　中國社會歷史評論(第三卷)　中華書局　2001　p. 358
吳麗娛　關於 S. 78v 和 S. 1725v 兩件敦煌寫本書儀的一些看法　敦煌學與中國史研究論集　甘肅人民出版社　2001　p. 172
楊森　從敦煌文獻看中國古代從左向右的書寫格式　《敦煌研究》2001 年第 2 期　p. 107
周一良　魏晉南北朝史論集續編　北京大學出版社　2001　p. 229
石曉軍　日本園城寺(三井寺)藏唐人詩文尺牘校證　唐研究(第八卷)　北京大學出版社　2002　p. 128
吳麗娛　唐禮摭遺:中古書儀研究　商務印書館　2002　p. 44、104、261、306、534

徐俊　敦煌寫本詩歌續考　《敦煌研究》2002 年第 5 期　p. 66
郝春文　英藏敦煌社會歷史文獻釋録(第二卷)　科學出版社　2003　p. 45、84
張小豔　刪字符號卜與敦煌文獻的解讀　《敦煌研究》2003 年第 3 期　p. 72
趙和平　唐五代書儀的主要內容及其學術價值　敦煌與絲路文化學術講座　北京圖書館出版社　2003　p. 213
湯涒　敦煌曲子詞地域文化研究　上海古籍出版社　2004　p. 39
吳麗娛　略論表狀箋啓書儀文集與晚唐五代政治　中國社會科學院歷史研究所學刊(第二集)　商務印書館　2004　p. 342
葉貴良　敦煌社邑文書詞語選釋　《敦煌研究》2004 年第 5 期　p. 81
張小豔　試論敦煌書儀的語料價值　浙江與敦煌學：常書鴻先生誕辰一百周年紀念文集　浙江古籍出版社　2004　p. 540
湯涒　敦煌曲子詞寫本敘略　敦煌學國際研討會論文集　北京圖書館出版社　2005　p. 203

S. 330

芳村修基　土橋秀高　井ノ口泰淳　敦煌佛教史年表　西域文化研究(第一)・敦煌佛教資料　(京都)法藏館　1958　p. 281
塚本善隆　敦煌佛教史概說　西域文化研究(第一)・敦煌佛教資料　(京都)法藏館　1958　p. 74
孫修身　敦煌三界寺　甘肅省史學會論文集　甘肅省歷史學會編印　1982　又見：中國敦煌學百年文庫・宗教卷(一)　甘肅文化出版社　1999　p. 57
孫修身　敦煌石窟《臘八燃燈分配窟龕名數》寫作年代考　絲路訪古　甘肅人民出版社　1983　p. 211
唐耕耦　陸宏基　敦煌社會經濟文獻真迹釋録(四)　全國圖書館文獻縮微複製中心　1990　p. 84、93、97
鄭炳林　伯 2641 號背莫高窟再修功德記撰寫人探微　《敦煌學輯刊》1991 年第 2 期　p. 51
李正宇　敦煌遺書宋人詩輯校　《敦煌研究》1992 年第 2 期　p. 39
竺沙雅章　寺院文書　敦煌漢文文獻(講座敦煌 5)　(東京)大東出版社　1992　p. 600
李正宇　敦煌文學概論　甘肅人民出版社　1993　p. 104
魏普賢　敦煌寫本和石窟中的劉薩訶傳說　法國學者敦煌學論文選萃　中華書局　1993　p. 453 注 86
李玉昆　敦煌遺書《泉州千佛新著諸祖師頌》研究　《敦煌學輯刊》1995 年第 1 期　p. 31
王書慶　敦煌佛學・佛事篇　甘肅民族出版社　1995　p. 249
王書慶　敦煌文獻中五代宋初戒牒研究　《敦煌研究》1997 年第 3 期　p. 35
鄭炳林　敦煌碑銘讚輯釋　甘肅教育出版社　1997　p. 518 注 8
李正宇　古本敦煌鄉土志八種箋證　(臺北)新文豐出版公司　1998　p. 306
唐耕耦　戒牒　敦煌學大辭典　上海辭書出版社　1998　p. 641
郝春文　英倫研讀敦煌文獻原件劄記　《敦煌研究》2000 年第 2 期　p. 96
姜亮夫　敦煌莫高窟年表　姜亮夫全集(十一)　雲南人民出版社　2002　p. 575
李德龍　沙州三界寺《授戒牒》初探　甘肅民族研究論叢　甘肅人民出版社　2002　p. 391、402
郝春文　英藏敦煌社會歷史文獻釋録(第二卷)　科學出版社　2003　p. 114、124
湛如　敦煌佛教律儀制度研究　中華書局　2003　p. 143
邰惠莉　敦煌版畫叙録　《敦煌研究》2005 年第 2 期　p. 12
吳榮鑒　關於敦煌版畫製作的幾個問題　《敦煌研究》2005 年第 2 期　p. 29

S. 332

張廣達　榮新江　敦煌文書 P. 3510(于闐文)《從德太子發願文(擬)》及其年代　1983 年全國敦煌學術討論會文集・文史遺書編(上)　甘肅人民出版社　1987　p. 173 注 5　又見:于闐史叢考　上海書店　1993　p. 59

高田時雄　チベット文字書寫「長卷」の研究(本文編)　『東方學報』(第 65 號)　京都大學人文科學研究所　1993　p. 369

井ノ口泰淳　敦煌本『仏名經』の諸系統　中央アジアの言語と仏教　(京都)法藏館　1995　p. 320

井ノ口泰淳　敦煌本『禮懺文』　中央アジアの言語と仏教　(京都)法藏館　1995　p. 359

S. 333

上山大峻　敦煌佛教の研究　(京都)法藏館　1990　p. 92、245

王繼如　《秋胡變文》校釋補正　敦煌吐魯番研究(第三卷)　北京大學出版社　1998　p. 87

S. 334

矢吹慶輝　鳴沙餘韻・解說篇(第一部)　(京都)臨川書店　1980　p. 294

林聰明　敦煌吐魯番文書解詁指例　(臺北)新文豐出版公司　2001　p. 187

S. 335

土橋秀高　敦煌の律蔵　敦煌と中國仏教(講座敦煌 7)　(東京)大東出版社　1984　p. 250

郝春文　唐後期五代宋初敦煌僧尼的社會生活　中國社會科學出版社　1998　p. 205

郝春文　英倫研讀敦煌文獻原件劄記　《敦煌研究》2000 年第 2 期　p. 96

郝春文　英藏敦煌社會歷史文獻釋録(第二卷)　科學出版社　2003　p. 125

S. 336

鄭炳林　敦煌碑銘讚輯釋　甘肅教育出版社　1997　p. 519 注 8

S. 337

榮新江　東方語言與文化　東方出版中心　2002　p. 368

S. 338

井ノ口泰淳　敦煌本『仏名經』の諸系統　中央アジアの言語と仏教　(京都)法藏館　1995　p. 325

周紹良　敦煌文學叢考　英國收藏敦煌漢藏文獻研究:紀念敦煌文獻發現一百周年　中國社會科學出版社　2000　p. 258

S. 339

潘重規　敦煌詞話　(臺北)石門圖書公司　1981　p. 56

蘇瑩輝　敦煌學概要　(臺北)編譯館"中華叢書編委會"　1981　p. 139、376

蘇瑩輝　論張議潮收復河隴州郡之年代　敦煌論集續編　(臺北)學生書局　1983　p. 17

池田溫　中國古代寫本識語集録　(東京)大蔵出版株式會社　1990　p. 392

李錦繡　唐代財政史稿・上卷(第三分册)　北京大學出版社　1995　p. 1005

謝海平　張議潮、張淮深變文本事及年代考索　唐代文學家及文獻研究　(高雄)麗文文化事業股份有限公司　1996　p. 439

潘重規　敦煌愛國詞　中國敦煌學百年文庫・文學卷(二)　甘肅文化出版社　1999　p. 367

S. 340

池田溫　中國古代寫本識語集録　(東京)大藏出版株式會社　1990　p. 392

S. 341

許國霖　敦煌石室寫經題記彙編　《微妙聲》1936 – 1937 年第 1 – 4 期　又見:中國敦煌學百年文庫・宗教卷(四)　甘肅文化出版社　1999　p. 245

許國霖　敦煌石室寫經年代表　《微妙聲》1937 年第 5 期　又見:中國敦煌學百年文庫・宗教卷(四)　甘肅文化出版社　1999　p. 193

陳祚龍　後魏元榮坐鎮瓜州事佛之一斑　《古今談》1973 年第 103 期　又見:中華佛教文化史散策(初集)　(臺北)新文豐出版公司　1978　p. 80

矢吹慶輝　鳴沙餘韻・解說篇(第一部)　(京都)臨川書店　1980　p. 267

陳祚龍　敦煌古抄内典尾記彙校初、二、三編合刊　敦煌學要籥　(臺北)新文豐出版公司　1982　p. 90

饒宗頤解說　林宏作譯　敦煌書法叢刊(第二十卷)・寫經(一)　(東京)二玄社　1983　p. 63

王三慶　日本所見敦煌寫卷目録提要(一)　敦煌學(第 15 輯)　(臺北)新文豐出版公司　1989　p. 98

池田溫　中國古代寫本識語集録　(東京)大藏出版株式會社　1990　p. 103

高國藩　敦煌古俗與民俗流變　河海大學出版社　1990　p. 422

蔣述卓　佛經傳譯與中古文學思潮　江西人民出版社　1990　p. 63

林聰明　從敦煌文書看佛教徒的造經祈福　第二届敦煌學國際研討會論文集　(臺北)漢學研究中心　1990　p. 528

林聰明　敦煌文書學　(臺北)新文豐出版公司　1991　p. 102、157

趙聲良　敦煌南北朝寫本的書法藝術《敦煌研究》1991 年第 4 期　p. 44

伊藤伸　中國書法史上から見た敦煌漢文寫本　敦煌漢文文獻(講座敦煌 5)　(東京)大東出版社　1992　p. 212

林聰明　談敦煌文書的抄寫問題　紀念陳寅恪先生百年誕辰學術論文集　江西教育出版社　1994　p. 287

趙聲良　南北朝寫經書法藝術　敦煌書法庫(第一輯)　甘肅人民美術出版社　1994　p. 18

張涌泉　敦煌文書類化字研究　《敦煌研究》1995 年第 4 期　p. 77

藤枝晃著　徐慶全　李樹清譯　敦煌寫本概述　《敦煌研究》1996 年第 2 期　p. 117

伊藤伸著　趙聲良譯　從中國書法史看敦煌漢文文書(二)　《敦煌研究》1996 年第 2 期　p. 145

張涌泉　敦煌俗字研究導論　(臺北)新文豐出版公司　1996　p. 120

陳祚龍　後魏元榮坐鎮瓜州事佛之一斑　中國敦煌學百年文庫・宗教卷(一)　甘肅文化出版社　1999　p. 9

顏廷亮　敦煌文化　光明日報出版社　2000　p. 376

林聰明　敦煌吐魯番文書解詁指例　(臺北)新文豐出版公司　2001　p. 34

蔡忠霖　敦煌漢文寫卷俗字及其現象　(臺北)文津出版社　2002　p. 163

姜亮夫　敦煌莫高窟年表　姜亮夫全集(十一)　雲南人民出版社　2002　p. 117

郝春文　英藏敦煌社會歷史文獻釋録(第二卷)　科學出版社　2003　p. 130

S. 342

矢吹慶輝　鳴沙餘韻・解說篇(第一部)　(京都)臨川書店　1980　p. 288
蔣禮鴻　敦煌文獻語言詞典　杭州大學出版社　1994　p. 54

S. 343

韓國磐　根據敦煌和吐魯番發現的文件略談有關唐代田制的幾個問題　《歷史研究》1962 年第 4－6 期　又見:中國敦煌學百年文庫・歷史卷(一)　甘肅文化出版社　1999　p. 228
史葦湘　絲綢之路上的敦煌與莫高窟　敦煌研究文集　甘肅人民出版社　1982　p. 116 注 44、52
陳祚龍　晚唐至宋初敦煌通行典賣“奴婢”之一斑　敦煌簡策訂存　(臺北)商務印書館　1983　p. 107
韓國磐　根據敦煌和吐魯番發現的文件略談有關唐代均田制的幾個問題　敦煌吐魯番文書研究　甘肅人民出版社　1984　p. 198
平井俊榮　敦煌仏典と中國仏教　敦煌と中國仏教(講座敦煌 7)　(東京)大東出版社　1984　p. 10
吳其昱　有關唐代和十世紀奴婢的敦煌卷子　《敦煌學輯刊》1984 年第 2 期　p. 140
池田溫　吐魯番、敦煌契券概觀　漢學研究(敦煌學國際研討會論文專號)　(臺北)漢學研究資料及服務中心　1986　p. 38
李正宇　敦煌方音止遇二攝混同及其校勘學意義　《敦煌研究》1986 年第 4 期　p. 54
羅華慶　敦煌藝術中的《觀音普門品變》和《觀音經變》　《敦煌研究》1987 年第 3 期　p. 57
王永興　隋唐五代經濟史料彙編校注・第一編(上)　中華書局　1987　p. 254
高國藩　敦煌民俗學　上海文藝出版社　1989　p. 217
譚蟬雪　祭文　敦煌文學　甘肅人民出版社　1989　p. 126
王公望　契約　敦煌文學　甘肅人民出版社　1989　p. 54
李天石　敦煌吐魯番文書中的奴婢資料及其價值　《敦煌學輯刊》1990 年第 1 期　p. 2
唐耕耦　陸宏基　敦煌社會經濟文獻真迹釋録(二)　全國圖書館文獻縮微複製中心　1990　p. 159
仁井田陞　補訂中國法制史研究:奴隸農奴法・家族村落法　東京大學出版會　1991　p. 566
王三慶　談齋論文——敦煌寫卷齋願文研究　第四屆唐代文化學術研討會論文集　(臺南)成功大學　1991　p. 299
黃征　吳偉　《敦煌願文集》輯校中的一些問題　《敦煌研究》1992 年第 1 期　p. 63
姜伯勤　敦煌社會文書導論　(臺北)新文豐出版公司　1992　p. 153
高國藩　敦煌民俗資料導論　(臺北)新文豐出版公司　1993　p. 59
李明偉　敦煌文學概論　甘肅人民出版社　1993　p. 487
李正宇　敦煌文學概論　甘肅人民出版社　1993　p. 141
譚蟬雪　敦煌婚姻文化　甘肅人民出版社　1993　p. 76
譚蟬雪　敦煌祈賽風俗　《敦煌研究》1993 年第 4 期　p. 63
熊鐵基　以敦煌資料證傳統家庭　《敦煌研究》1993 年第 3 期　p. 77
黃征　敦煌願文散校　《敦煌研究》1994 年第 3 期　p. 131　又見:敦煌語文叢說　(臺北)新文豐出版公司　1997　p. 570、580、592
蔣禮鴻　敦煌文獻語言詞典　杭州大學出版社　1994　p. 146、197、288
齊陳駿　有關遺産繼承的幾件敦煌遺書　《敦煌學輯刊》1994 年第 2 期　p. 54
沙知　跋天寶十三載便麥契(P. 4053v)　紀念陳寅恪先生百年誕辰學術論文集　江西教育出版社

1994　p. 280 注 15

王書慶　敦煌寺廟"號頭文"略說　《社科縱橫》1994 年第 4 期　p. 46

鄭炳林　《索勳紀德碑》研究　《敦煌學輯刊》1994 年第 2 期　p. 70

黄征　吳偉　敦煌願文集　岳麓書社　1995　p. 1、116

李金梅　敦煌傳統文化與武術　《敦煌研究》1995 年第 2 期　p. 195

王書慶　敦煌佛學・佛事篇　甘肅民族出版社　1995　p. 280

項楚　敦煌歌辭總編匡補　(臺北)新文豐出版公司　1995　p. 289

張傳璽　中國歷代契約會編考釋(上)　北京大學出版社　1995　p. 479 注 1

姜伯勤　莫高窟隋說法圖中龍王與象王的圖像學研究　敦煌吐魯番研究(第一卷)　北京大學出版社　1996　p. 144

黄征　敦煌俗語詞輯釋　敦煌語文叢說　(臺北)新文豐出版公司　1997　p. 69

黄征　《敦煌願文集》輯校中的一些問題　敦煌語文叢說　(臺北)新文豐出版公司　1997　p. 546

黄征　張涌泉　敦煌變文校注　中華書局　1997　p. 62

李正宇　敦煌歷史地理導論　(臺北)新文豐出版公司　1997　p. 205、239

王繼如　敦煌疑字尋解　俗語言研究(第四期)　(京都)禪文化研究所　1997　p. 68

顔廷亮　《金山國諸雜齋文範》校録及其他　敦煌文學論集　四川人民出版社　1997　p. 355

鄭炳林　唐末五代敦煌都河水系研究　敦煌歸義軍史專題研究　蘭州大學出版社　1997　p. 179

郝春文　唐後期五代宋初敦煌僧尼的社會生活　中國社會科學出版社　1998　p. 371

郝春文　唐後期五代宋初敦煌僧尼遺産的處理與喪事的操辦　《敦煌研究》1998 年第 3 期　p. 35

黄征　唐代俗語詞輯釋　唐研究(第四卷)　北京大學出版社　1998　p. 140

李斌城　隋唐五代社會生活史　中國社會科學出版社　1998　p. 212 注 8

李正宇　都河玉女娘子文　敦煌學大辭典　上海辭書出版社　1998　p. 586

李正宇　玉女娘子觀　敦煌學大辭典　上海辭書出版社　1998　p. 634

沙知　敦煌契約文書輯校　江蘇古籍出版社　1998　p. 475、502、523

譚蟬雪　都河女神　敦煌學大辭典　上海辭書出版社　1998　p. 448

黄征　程惠新　劫塵遺珠:敦煌遺書　甘肅教育出版社　1999　p. 129

饒宗頤　談佛教的發願文　敦煌吐魯番研究(第四卷)　北京大學出版社　1999　p. 480

史成禮　史葆光　敦煌性文化　廣州出版社　1999　p. 78

王繼如　預流悟詁　敦煌問學叢稿　甘肅文化出版社　1999　p. 270

項楚　《敦煌歌辭總編》佛教歌辭匡補舉例　敦煌文藪(下)　(臺北)新文豐出版公司　1999　p. 52

張涌泉　大型字典編纂中與俗字相關的若干問題　舊學新知　浙江大學出版社　1999　p. 40

張涌泉　敦煌文書疑難詞語辨釋　舊學新知　浙江大學出版社　1999　p. 262

張涌泉　《龍龕手鏡》讀法四則　舊學新知　浙江大學出版社　1999　p. 105

郝春文　英倫研讀敦煌文獻原件劄記　《敦煌研究》2000 年第 2 期　p. 99

劉長東　晉唐彌陀淨土信仰研究　巴蜀書社　2000　p. 492

劉紅遠　敦煌文書所見的"莊"、"田莊"、"莊田"、"莊園"非封建莊園說　《敦煌學輯刊》2000 年第 2 期　p. 26

劉銘恕　唐代的奴隸墓誌　1994 年敦煌學國際研討會文集・宗教文史卷(下)　甘肅民族出版社　2000　p. 166

顔廷亮　西陲文學遺珍:敦煌文學通俗談　甘肅人民出版社　2000　p. 155

楊富學　王書慶　唐代長安與敦煌佛教文化之關係　'98 法門寺唐文化國際學術討論會論文集　陝西人民出版社　2000　p. 178

張錫厚　敦煌文學源流　作家出版社　2000　p. 168
張涌泉　漢語俗字叢考　中華書局　2000　p. 19、377
汪玢玲　中國婚姻史　上海人民出版社　2001　p. 203
王繼如　敦煌通讀字研究芻議　訓詁問學叢稿　江蘇古籍出版社　2001　p. 241　又見:文史(第六十三輯)　中華書局　2003　p. 213
曾良　敦煌文獻字義通釋　廈門大學出版社　2001　p. 11、172
周一良　說宛　魏晉南北朝史論集續编　北京大學出版社　2001　p. 297
宗舜　敦煌寫卷 S. 343v 佛教文獻考　《敦煌研究》2001 年第 4 期　p. 119
黃征　敦煌語言文字學研究　甘肅教育出版社　2002　p. 151
劉瑞明　《漢將王陵變》與《捉季布傳文》校注　《敦煌學輯刊》2002 年第 2 期　p. 26
沙武田　莫高窟盛唐未完工中唐補繪洞窟之初探　《敦煌研究》2002 年第 3 期　p. 17
張鴻勳　敦煌俗文學研究　甘肅人民出版社　2002　p. 314
陳明　耆婆的形象演變及其在敦煌吐魯番地區的影響　文津學志(第一輯)　北京圖書館出版社　2003　p. 152
郝春文　英藏敦煌社會歷史文獻釋録(第二卷)　科學出版社　2003　p. 131、147－161
王啓濤　中古及近代法制文書語言研究　巴蜀書社　2003　p. 84、100、138、163、236、253
楊秀清　唐宋敦煌地區的世俗佛教信仰　新世紀敦煌學論集　巴蜀書社　2003　p. 723
余欣　禁忌、儀式與法術　唐代宗教信仰與社會　上海辭書出版社　2003　p. 342
曾良　俗字與古籍整理舉隅　《中國典籍與文化》2003 年第 2 期　p. 62
湛如　敦煌佛教律儀制度研究　中華書局　2003　p. 327
張承東　試論敦煌寫本齋文的駢文特色　《敦煌學輯刊》2003 年第 1 期　p. 93
張錫厚　敦煌文概說　2000 年敦煌學國際學術討論會文集・歷史文化卷(下)　甘肅民族出版社　2003　p. 225
黨燕妮　晚唐五代敦煌的十王信仰　麥積山石窟藝術文化論文集(下)　蘭州大學出版社　2004　p. 162
杜斗城　“七七齋”之源流及敦煌文獻中有關資料的分析　《敦煌研究》2004 年第 4 期　p. 34
李天石　中國中古良賤身份制度研究　南京師範大學出版社　2004　p. 24、272
吳越　敦煌歷史人物　民族出版社　2004　p. 175
葉貴良　敦煌社邑文書詞語選釋　《敦煌研究》2004 年第 5 期　p. 84
鄭顯文　唐代律令制研究　北京大學出版社　2004　p. 187、199
高啓安　趙紅　敦煌“玉女”考屑　敦煌學國際研討會論文集　北京圖書館出版社　2005　p. 224　又見:《敦煌研究》2005 年第 2 期　p. 68
黃征　敦煌俗字典　上海教育出版社　2005　p. 前言 24、56
黃征　敦煌俗字種類考辨　敦煌學・日本學:石塚晴通教授退職紀念論文集　上海辭書出版社　2005　p. 115
敏春芳　敦煌願文詞語例釋　《敦煌學輯刊》2005 年第 1 期　p. 97
李小强　大足北山石刻第 51 號龕探析　《敦煌研究》2006 年第 2 期　p. 30
汪泛舟　敦煌俗別字新考(上)　《敦煌研究》2006 年第 1 期　p. 103
武學軍　敏春芳　敦煌願文婉詞試解(一)　《敦煌學輯刊》2006 年第 1 期　p. 128
余欣　神祇的“碎化”:唐宋敦煌社祭變遷研究　《歷史研究》2006 年第 3 期　p. 67
趙跟喜　敦煌唐宋時期的女子教育初探　《敦煌研究》2006 年第 2 期　p. 95

S. 344

陳國燦　唐代的民間借貸:吐魯番敦煌等地所出唐代借貸契券初探　敦煌吐魯番文書初探　武漢大學出版社　1983　p. 272 注 70

池田溫　中國古代寫本識語集録　（東京）大蔵出版株式會社　1990　p. 446

方廣錩　敦煌佛教經録輯校　江蘇古籍出版社　1997　p. 1045

郝春文　英藏敦煌社會歷史文獻釋録(第二卷)　科學出版社　2003　p. 165

S. 345

矢吹慶輝　鳴沙餘韻・解說篇(第一部)　（京都)臨川書店　1980　p. 224

陳祚龍　中華釋門禮懺藝文小集　敦煌學散策新集　（臺北)新文豐出版公司　1989　p. 415

山本達郎等　敦煌・III 轉貼　『NUN－HUANG AND TURFAN DOCUMENTS CONCERNING SOCIAL AND ECONOMIC HISTORY』(IV)　（東京)東洋文庫　1989　p. 38

井ノ口泰淳　敦煌本『仏名經』の諸系統　中央アジアの言語と仏教　（京都)法藏館　1995　p. 319

石田勇作　敦煌「社文書」研究序說　中國古代の國家と民衆(堀敏一先生古稀記念)　（東京)汲古書院　1995　p. 684

寧可　郝春文　敦煌社邑文書輯校　江蘇古籍出版社　1997　p. 273

汪娟　敦煌本《大佛略懺》在佛教懺悔文中的地位　敦煌文學論集　四川人民出版社　1997　p. 388

譚蟬雪　胡餅　敦煌學大辭典　上海辭書出版社　1998　p. 444

湛如　敦煌結夏安居考察　法源(第 16 期)　中國佛學院　1998　p. 84　又見:佛學研究(第七期)中國佛教文化研究所　1998　p. 339

孟憲實　敦煌社邑的分佈　敦煌文獻論集:紀念藏經洞發現一百周年國際學術研討會論文集　遼寧人民出版社　2001　p. 433

郝春文　英藏敦煌社會歷史文獻釋録(第二卷)　科學出版社　2003　p. 166

湛如　敦煌佛教律儀制度研究　中華書局　2003　p. 247

S. 347

塚本善隆　敦煌佛教史概說　西域文化研究(第一)・敦煌佛教資料　（京都)法藏館　1958　p. 74

孫修身　敦煌三界寺　甘肅省史學會論文集　甘肅省歷史學會編印　1982　又見:中國敦煌學百年文庫・宗教卷(一)　甘肅文化出版社　1999　p. 56

孫修身　敦煌石窟《臘八燃燈分配窟龕名數》寫作年代考　絲路訪古　甘肅人民出版社　1983　p. 211(原文録爲 S. 437)

唐耕耦　陸宏基　敦煌社會經濟文獻真迹釋録(四)　全國圖書館文獻縮微複製中心　1990　p. 80

鄭炳林　伯 2641 號背莫高窟再修功德記撰寫人探微　《敦煌學輯刊》1991 年第 2 期　p. 48

李正宇　敦煌遺書宋人詩輯校　《敦煌研究》1992 年第 2 期　p. 39

竺沙雅章　寺院文書　敦煌漢文文獻(講座敦煌 5)　（東京)大東出版社　1992　p. 600

李正宇　敦煌文學概論　甘肅人民出版社　1993　p. 104

李玉昆　敦煌遺書《泉州千佛新著諸祖師頌》研究　《敦煌學輯刊》1995 年第 1 期　p. 30

鄭炳林　敦煌碑銘讚輯釋　甘肅教育出版社　1997　p. 518 注 8

李正宇　道真　敦煌學大辭典　上海辭書出版社　1998　p. 365

李正宇　古本敦煌鄉土志八種箋證　（臺北)新文豐出版公司　1998　p. 306

唐耕耦　戒牒　敦煌學大辭典　上海辭書出版社　1998　p. 641

姜亮夫　敦煌莫高窟年表　姜亮夫全集(十一)　雲南人民出版社　2002　p. 537

李德龍　沙州三界寺《授戒牒》初探　甘肅民族研究論叢　甘肅人民出版社　2002　p. 402
郝春文　英藏敦煌社會歷史文獻釋録(第二卷)　科學出版社　2003　p. 168

S. 348

楊銘　重慶市博物館藏敦煌吐魯番寫經目録　《敦煌研究》1996 年第 1 期　p. 124

S. 349

加地哲定　增補中國佛教文學研究　(東京)同朋舍　1979　p. 168
岡部和雄　敦煌藏經目録　敦煌と中國仏教(講座敦煌 7)　(東京)大東出版社　1984　p. 317
加地哲定著　劉衛星譯　中國佛教文學　今日中國出版社　1990　p. 142

S. 350

唐耕耦　陸宏基　敦煌社會經濟文獻真迹釋録(五)　全國圖書館文獻縮微複製中心　1990　p. 101
注
江素雲　維摩詰所說經敦煌寫本綜合目録　(臺北)東初出版社　1991　p. 79

S. 352

李正宇　古本敦煌鄉土志八種箋證　(臺北)新文豐出版公司　1998　p. 306
林聰明　敦煌吐魯番文書解詁指例　(臺北)新文豐出版公司　2001　p. 111

S. 358

冉雲華　敦煌遺書與中國禪宗歷史研究　“中國唐代學會”會刊(第四期)　(臺北)“中國唐代學會”　1993　p. 56　又見:中國敦煌學百年文庫・宗教卷(一)　甘肅文化出版社　1999　p. 354

S. 360

岡部和雄　敦煌藏經目録　敦煌と中國仏教(講座敦煌 7)　(東京)大東出版社　1984　p. 317
周紹良　敦煌文學芻議及其它　(臺北)新文豐出版公司　1992　p. 9
方廣錩　寶雲經　敦煌學大辭典　上海辭書出版社　1998　p. 670

S. 361

向達　倫敦所藏敦煌卷子經眼目録　《北平圖書館圖書季刊》1939 年新第 1 卷第 4 期　1939　p. 397　又見:唐代長安與西域文明　三聯書店　1957　p. 198
芳村修基　土橋秀高　井ノロ泰淳　敦煌佛教史年表　西域文化研究(第一)・敦煌佛教資料　(京都)法藏館　1958　p. 272
郭長城　敦煌寫本朋友書儀試論　漢學研究(敦煌學國際研討會論文專號)　(臺北)漢學研究資料及服務中心　1986　p. 297
趙和平　敦煌寫本《朋友書儀》殘卷整理及研究　《敦煌研究》1987 年第 4 期　p. 44　又見:唐五代書儀研究　中國社會科學出版社　1995　p. 109
周紹良　趙和平　書儀　《敦煌語言文學研究通訊》1987 年第 4 期　p. 1　又見:敦煌文學　甘肅人民出版社　1989　p. 46
周一良　“賜無畏”及其他:讀《敦煌變文集》劄記　1983 年全國敦煌學術討論會文集・文史遺書編(下)　甘肅人民出版社　1987　p. 248

周一良　敦煌寫本書儀考(之二)　敦煌吐魯番文獻研究論集(第四輯)　北京大學出版社　1987　p. 24　又見:唐五代書儀研究　中國社會科學出版社　1995　p. 77

趙和平　杜友晉《吉凶書儀》及《書儀鏡》成書年代考　《敦煌學輯刊》1990年第2期　p. 65　又見:唐五代書儀研究　中國社會科學出版社　1995　p. 138

趙和平　敦煌寫本書儀略論　敦煌吐魯番學研究論文集　漢語大詞典出版社　1990　p. 562　又見:唐五代書儀研究　中國社會科學出版社　1995　p. 2、3、6

趙和平　敦煌寫本鄭餘慶《大唐新定吉凶書儀》殘卷研究　敦煌吐魯番文獻研究論集(第五輯)　北京大學出版社　1990　p. 224

周一良　唐代書儀の類型　敦煌漢文文獻(講座敦煌5)　(東京)大東出版社　1992　p. 699

譚禪雪　敦煌歲時掇瑣　(香港)《九州學刊》(敦煌學專輯)1993年第5卷第4期　p. 93

趙和平　敦煌寫本書儀研究　(臺北)新文豐出版公司　1993　p. 11、14、243

徐俊　敦煌學郎詩作者問題考略　《文獻》1994年第2期　p. 20

張先堂　敦煌詩歌劄記二則　《社科縱橫》1994年第4期　p. 27

胡戟　傅玫　敦煌史話　中華書局　1995　p. 188

趙和平　敦煌寫本書儀中所看到的部分唐代社會文化生活　敦煌學國際研討會文集·史地語文編　遼寧美術出版社　1995　p. 573

周一良　趙和平　敦煌寫本書儀中所見到的部分唐代社會文化生活　唐五代書儀研究　中國社會科學出版社　1995　p. 310

榮新江　敦煌本《書儀鏡》爲安西書儀考　慶祝潘石禪先生九秩華誕敦煌學特刊　(臺北)文津出版社　1996　p. 267

徐俊　敦煌寫本唐人詩歌存佚互見綜考　敦煌吐魯番研究(第一卷)　北京大學出版社　1996　p. 114

柴劍虹　"模糊"的"敦煌文學"　敦煌文學論集　四川人民出版社　1997　p. 5注1

李正宇　敦煌出土的四首特型詩及其破解　敦煌文學論集　四川人民出版社　1997　p. 14

譚蟬雪　敦煌歲時文化導論　(臺北)新文豐出版公司　1998　p. 118、190

趙和平　《敦煌寫本書儀研究》訂補　敦煌吐魯番研究(第三卷)　北京大學出版社　1998　p. 241

趙和平　書儀鏡　敦煌學大辭典　上海辭書出版社　1998　p. 418

榮新江　英國圖書館藏敦煌漢文非佛教文獻殘卷概述　敦煌文藪(下)　(臺北)新文豐出版公司　1999　p. 127

董志翹　《入唐求法巡禮行記》辭彙研究　中國社會科學出版社　2000　p. 34、173

郝春文　英倫研讀敦煌文獻原件劄記　《敦煌研究》2000年第2期　p. 96

榮新江　《英藏敦煌文獻》定名商補　文史(第五十二輯)　中華書局　2000　p. 117、126　又見:敦煌學新論　甘肅教育出版社　2002　p. 189

榮新江　《英國圖書館藏敦煌漢文非佛教文獻殘卷目録》補正　英國收藏敦煌漢藏文獻研究:紀念敦煌文獻發現一百周年　中國社會科學出版社　2000　p. 383

宋家鈺　英國收藏敦煌文獻敘録　英國收藏敦煌漢藏文獻研究:紀念敦煌文獻發現一百周年　中國社會科學出版社　2000　p. 164

吳麗娛　唐代書儀中單、複書形式簡析　英國收藏敦煌漢藏文獻研究:紀念敦煌文獻發現一百周年　中國社會科學出版社　2000　p. 264

吳麗娛　唐禮摭遺:中古書儀研究　商務印書館　2000　p. 44、261、534

徐俊　敦煌詩集殘卷輯考　中華書局　2000　p. 719、848

史睿　敦煌吉凶書儀與東晉南朝禮俗　敦煌文獻論集:紀念藏經洞發現一百周年國際學術研討會論

文集　遼寧人民出版社　2001　p. 413

吴麗娱　從敦煌書儀中的表狀箋啓看唐五代官場禮儀的轉移變遷　中國社會歷史評論(第三卷)　中華書局　2001　p. 358

吴麗娱　關於 S. 78v 和 S. 1725v 兩件敦煌寫本書儀的一些看法　敦煌學與中國史研究論集　甘肅人民出版社　2001　p. 172

周一良　賜無畏及其他:讀《敦煌變文集》劄記　魏晉南北朝史論集續編　北京大學出版社　2001　p. 285

周一良　魏晉南北朝史論集續編　北京大學出版社　2001　p. 229

黄征　敦煌語言文字學研究要論　漢語史學報(第二輯)　上海教育出版社　2002　p. 6

石曉軍　日本園城寺(三井寺)藏唐人詩文尺牘校證　唐研究(第八卷)　北京大學出版社　2002　p. 128

郝春文　英藏敦煌社會歷史文獻釋録(第二卷)　科學出版社　2003　p. 45、84、170

趙和平　唐五代書儀的主要内容及其學術價值　敦煌與絲路文化學術講座　北京圖書館出版社　2003　p. 213

王三慶　黄亮文《朋友書儀》一卷研究　敦煌學(第 25 輯)　(臺北)樂學書局有限公司　2004　p. 23

王雲路　從"蒙免""鞭恥"說起　浙江與敦煌學:常書鴻先生誕辰一百周年紀念文集　浙江古籍出版社　2004　p. 514

S. 363

廣川堯敏　淨土三部經　敦煌と中國仏教(講座敦煌 7)　(東京)大東出版社　1984　p. 88

劉長東　論隋唐三階教與淨土教的關係　新國學(第二卷)　巴蜀書社　2000　p. 373

S. 364

鄭阿財　敦煌寫卷《懺悔滅罪金光明經傳》初探　慶祝潘石禪先生九秩華誕敦煌學特刊　(臺北)文津出版社　1996　p. 582

鄭阿財　敦煌寫卷《懺悔滅罪金光明經傳》研究　敦煌文藪(下)　(臺北)新文豐出版公司　1999　p. 70

楊寶玉　《懺悔滅罪金光明經冥報傳》校考　英國收藏敦煌漢藏文獻研究:紀念敦煌文獻發現一百周年　中國社會科學出版社　2000　p. 330

S. 365

金岡照光　敦煌における地獄文獻:敦煌庶民信仰の一樣相　敦煌と中國仏教(講座敦煌 7)　(東京)大東出版社　1984　p. 570

平井俊榮　敦煌仏典と中國仏教　敦煌と中國仏教(講座敦煌 7)　(東京)大東出版社　1984　p. 6

S. 366

那波利貞　佛教信仰に基きて組織せられたる中晚唐五代時代の社邑に就きて(上)　『史林』(24 卷 3 號)　京都大學文學部史學研究會　1939　p. 39　又見:唐代社會文化史研究・第六編　(東京)創文社　1974　p. 607

向達　倫敦所藏敦煌卷子經眼目録　《北平圖書館圖書季刊》1939 年新第 1 卷第 4 期　p. 397　又見:唐代長安與西域文明　三聯書店　1957　p. 199

那波利貞　梁戸考　唐代社會文化史研究・第三編　(東京)創文社　1974　p. 389
田中良昭　禪宗燈史の発展　敦煌仏典と禪(講座敦煌 8)　(東京)大東出版社　1980　p. 117
饒宗頤　穆護歌考　選堂集林・史林　(香港)中華書局　1982　p. 483　又見:饒宗頤史學論著選　上海古籍出版社　1993　p. 415 ;饒宗頤東方學論集　汕頭大學出版社　1999　P. 92
田中良昭　敦煌禪宗文獻の研究　(東京)大東出版社　1983　p. 82、99、105、641
唐耕耦　陸宏基　敦煌社會經濟文獻真迹釋録(三)　全國圖書館文獻縮微複製中心　1990　p. 546
譚禪雪　敦煌歲時掇瑣　(香港)《九州學刊》(敦煌學專輯)1993 年第 5 卷第 4 期　p. 100
張弓　敦煌秋冬節俗初探　敦煌學國際研討會文集・史地語文編　遼寧美術出版社　1995　p. 588
馬德　敦煌莫高窟史研究　甘肅教育出版社　1996　p. 214
馬德　莫高窟與敦煌佛教教團　敦煌吐魯番研究(第一卷)　北京大學出版社　1996　p. 170
田中良昭　《禪籍解題(一)・敦煌禪籍》補遺　俗語言研究(第三期)　(京都)禪文化研究所　1996　p. 213
唐耕耦　敦煌寺院會計文書研究　(臺北)新文豐出版公司　1997　p. 49
鄭炳林　唐五代敦煌的粟特人與佛教　敦煌歸義軍史專題研究　蘭州大學出版社　1997　p. 448
鄭炳林　唐五代敦煌手工業研究　敦煌歸義軍史專題研究　蘭州大學出版社　1997　p. 242
鄭炳林　楊富學　晚唐五代金銀在敦煌的使用與流通　《甘肅金融》1997 年第 8 期　又見:中國敦煌學百年文庫・歷史卷(二)　甘肅文化出版社　1999　p. 583
高啓安　索黛　敦煌古代僧人官齋飲食檢閲　《敦煌研究》1998 年第 3 期　p. 70
馬德　10 世紀敦煌寺曆所記三窟活動　《敦煌研究》1998 年第 2 期　p. 82
譚蟬雪　敦煌歲時文化導論　(臺北)新文豐出版公司　1998　p. 259
唐耕耦　入破曆算會牒　敦煌學大辭典　上海辭書出版社　1998　p. 647
張亞萍　唐五代敦煌地區的駱駝牧養業　《敦煌學輯刊》1998 年第 1 期　p. 59
雷紹鋒　歸義軍賦役制度初探　(臺北)洪葉文化事業有限公司　2000　p. 271
黄盛璋　回鶻譯本《玄奘傳》殘卷五玄奘回程之地望與對音研究　中外交通與交流史研究　安徽教育出版社　2002　p. 250
鄭炳林　晚唐五代敦煌歸義軍行政區劃制度研究(之一)　《敦煌研究》2002 年第 2 期　p. 17
郝春文　英藏敦煌社會歷史文獻釋録(第二卷)　科學出版社　2003　p. 170、172
李正宇　晚唐至北宋敦煌僧尼普聽飲酒　《敦煌研究》2005 年第 3 期　p. 70

S. 367

向達　倫敦所藏敦煌卷子經眼目録　《北平圖書館圖書季刊》1939 年新第 1 卷第 4 期　p. 397　又見:唐代長安與西域文明　三聯書店　1957　p. 199
那波利貞　俗講と變文(下)　『佛教史學』(1 卷 4 號)　(京都)平樂寺書店　1950　p. 58　又見:唐代社會文化史研究・第四編　(東京)創文社　1974　p. 448、451
陳祚龍　簡記敦煌古抄方志　敦煌文物隨筆　(臺北)商務印書館　1979　p. 52
菊池英夫　隋唐王朝支配期の河西と敦煌　敦煌の歷史(講座敦煌 2)　(東京)大東出版社　1980　p. 170
梅村坦　住民の種族構成——敦煌をめぐる諸民族の動向　敦煌の社會(講座敦煌 3)　(東京)大東出版社　1980　p. 206
森安孝夫　ウイグルと敦煌　敦煌の歷史(講座敦煌 2)　(東京)大東出版社　1980　p. 302
土肥義和　はじめに——歸義軍節度使の敦煌支配　敦煌の歷史(講座敦煌 2)　(東京)大東出版社　1980　p. 250

陳祚龍 《簡記敦煌古抄方志》及其"後語" 敦煌學要籥 (臺北)新文豐出版公司 1982 p.222
馬世長 地志中的"本"和唐代公廨本錢:敦博第五八號卷子研究之二 敦煌吐魯番文獻研究論集 中華書局 1982 p.429
馬世長 敦煌縣博物館藏地志殘卷:敦博第五八號卷子研究之一 敦煌吐魯番文獻研究論集 中華書局 1982 p.332、426
張廣達 榮新江 關於唐末宋初于闐國的國號、年號及其王家世系問題 敦煌吐魯番文獻研究論集 中華書局 1982 p.182 又見:于闐史叢考 上海書店 1993 p.33
森安孝夫著 高然譯 回鶻與敦煌 《西北史地》1984年第1期 p.108
唐長孺 關於歸義軍節度使的幾種資料跋 敦煌吐魯番文書研究 甘肅人民出版社 1984 p.171
劉銘恕 敦煌遺書雜記四篇 敦煌學論集 甘肅人民出版社 1985 p.53
盧向前 關於歸義軍時期一份布紙破用曆的研究:試釋伯四六四〇背面文書 敦煌吐魯番文獻研究論集(第三輯) 北京大學出版社 1986 p.410注15、464 又見:敦煌吐魯番文書論稿 江西人民出版社 1992 p.116注15
唐耕耦 陸宏基 敦煌社會經濟文獻真迹釋録(一) 書目文獻出版社 1986 p.39
土肥義和著 李永寧譯 歸義軍時期(晚唐、五代、宋)的敦煌(一) 《敦煌研究》1986年第4期 p.88注11
王宏治 關於唐初館驛制度的幾個問題 敦煌吐魯番文獻研究論集(第三輯) 北京大學出版社 1986 p.304
李正宇 敦煌學郎題記輯注 《敦煌學輯刊》1987年第1期 p.34
蘇北海 周美娟 甘州回鶻世系考辨 《敦煌學輯刊》1987年第2期 p.72
王仲犖 敦煌石室出《沙州伊州地志》殘卷考釋 敦煌吐魯番文獻研究論集(第四輯) 北京大學出版社 1987 p.13
張鴻勳 敦煌講唱文學作品選注 甘肅人民出版社 1987 p.230注63
楊際平 上海藏本敦煌所出河西支度營田使文書研究 《魏晉南北朝隋唐史》1988年第9期 p.62
高國藩 敦煌民俗學 上海文藝出版社 1989 p.274
李正宇 《敦煌廿詠》探微 《古文獻研究》 1989年第6期 p.239
李正宇 唐宋時代沙州壽昌縣河渠泉澤簡志 《敦煌研究》1989年第3期 p.32
鄭炳林 敦煌地理文書彙輯校注 甘肅教育出版社 1989 p.65
池田溫 中國古代寫本識語集録 (東京)大藏出版株式會社 1990 p.436
姜伯勤 敦煌白畫中的粟特神祇 敦煌吐魯番學研究論文集 漢語大詞典出版社 1990 p.306
李并成 《沙州城土鏡》之地理調查與考釋 《敦煌學輯刊》1990年第2期 p.86
李正宇 渥窪水天馬史事綜理 《敦煌研究》1990年第3期 p.20
榮新江 沙州張淮深與唐中央朝廷之關係 《敦煌學輯刊》1990年第2期 p.4
榮新江 小月氏考 中亞學刊(第三輯) 中華書局 1990 p.52
周偉洲 吐蕃對河隴的統治及歸義軍前期的河西諸族 《甘肅民族研究》1990年第2期 p.6
程喜霖 漢唐烽堠制度研究 (臺北)聯經出版公司 1991 p.211注109
李并成 漢敦煌郡廣至縣城及其有關問題考 《敦煌研究》1991年第4期 p.86
陸慶夫 略論敦煌民族史料的價值 《敦煌學輯刊》1991年第1期 p.31
羅彤華 唐代官本放貸初探——州縣公廨本錢之研究 第四屆唐代文化學術研討會論文集 (臺南)成功大學 1991 p.663注1
鄭炳林 伯2641號背莫高窟再修功德記撰寫人探微 《敦煌學輯刊》1991年第2期 p.48
中村裕一 唐代官文書研究 (京都)中文出版社 1991 p.503

陳祚龍　中世敦煌與成都之間的交通路線　唐代研究論集(第三輯)　(臺北)新文豐出版公司　1992　p. 439

李并成　敦煌遺書中地理書卷的學術價值　《地理研究》1992 年第 3 期　p. 42

李并成　一批珍貴的古代地理文書:敦煌遺書中的地理書卷　《中國科技史料》1992 年第 13 卷第 4 期　p. 91

李正宇《沙州圖經》綴合校注　《甘肅文史》1992 年第 8 期　p. 57

林家平　寧强　羅華慶　中國敦煌學史　北京語言學院出版社　1992　p. 82

王仲犖　敦煌石窟出《壽昌縣地境》考釋　《敦煌學輯刊》1992 年第 1、2 期　p. 2

鄧文寬　敦煌文獻《河西都僧統悟真處分常住榜》管窺　周一良先生八十生日紀念論文集　中國社會科學出版社　1993　p. 232 注 5

高永久　薩毗考　《西北史地》1993 年第 3 期　p. 46

顧吉辰　唐代敦煌文獻寫本書手考述　《敦煌學輯刊》1993 年第 1 期　p. 28

姜伯勤　論高昌胡天與敦煌祆寺　《世界宗教研究》1993 年第 1 期　又見:中國敦煌學百年文庫·宗教卷(三)　甘肅文化出版社　1999　p. 511、517、523

李正宇　敦煌呂鍾氏録本《壽昌縣地境》《敦煌研究》1993 年第 4 期　p. 42

齊陳駿　寒沁　河西都僧統唐悟真作品和見載文獻系年　《敦煌學輯刊》1993 年第 2 期　p. 8

王仲犖《沙州伊州地志》殘卷考釋　敦煌石室地志殘卷考釋　上海古籍出版社　1993　p. 196

鄭炳林　敦煌碑銘讃抄本概述　《魏晉南北朝隋唐史》1993 年第 12 期　p. 57　又見:《歷史研究》1993 年第 5 期

姜伯勤　敦煌吐魯番文書與絲綢之路　文物出版社　1994　p. 244

李并成　瓜沙二州間一塊消失了的綠洲　《敦煌研究》1994 年第 3 期　p. 76

李明偉　隋唐絲綢之路　甘肅人民出版社　1994　p. 213

李正宇　陽關區域古迹新探　《敦煌研究》1994 年第 4 期　p. 126

榮新江　敦煌邈真讃所見歸義軍與東西回鶻的關係　敦煌邈真讃校録並研究　(臺北)新文豐出版公司　1994　p. 73

榮新江　歸義軍改元考　文史(第三十八輯)　中華書局　1994　p. 47

周偉洲　吐谷渾在西域的活動及定居　西域考察與研究　新疆人民出版社　1994　p. 264

程喜霖　漢唐敦煌軍防　敦煌學國際研討會文集·史地語文編　遼寧美術出版社　1995　p. 40

鄧文寬　張淮深改建莫高窟北大像和開鑿第 94 窟年代考　敦煌學國際研討會文集·石窟考古編　遼寧美術出版社　1995　p. 128

馮培紅　有關敦煌文書的兩則讀書劄記　《敦煌學輯刊》1995 年第 2 期　p. 128

林悟殊　波斯拜火教與古代中國　(臺北)新文豐出版公司　1995　p. 94

樓勁　漢唐對絲路上一般中外交往的管理　敦煌吐魯番文獻研究　中華書局　1995　p. 429

陸慶夫　唐代絲綢路上的昭武九姓　敦煌吐魯番文獻研究　中華書局　1995　p. 546

榮新江　龍家考　中亞學刊(第四輯)　北京大學出版社　1995　p. 144

榮新江　張氏歸義軍與西州回鶻的關係　敦煌學國際研討會文集·史地語文編　遼寧美術出版社　1995　p. 119

張廣達　西域史地叢稿初編　上海古籍出版社　1995　p. 265

鄭炳林　敦煌漢文吐蕃史料綜述:兼論吐蕃控制河西時期的職官與統治政策　敦煌吐魯番文獻研究　中華書局　1995　p. 93

鄭炳林《沙州伊州地志》所反映的幾個問題　敦煌吐魯番文獻研究　中華書局　1995　p. 272

鄭炳林　唐五代敦煌金鞍山異名考　《敦煌研究》1995 年第 2 期　p. 128

陳國燦　安史亂後的唐二庭四鎮　唐研究(第二卷)　北京大學出版社　1996　p. 433 注 30
姜伯勤　敦煌藝術宗教與禮樂文明　中國社會科學出版社　1996　p. 193、491
李并成　李春元　瓜沙史地研究　甘肅文化出版社　1996　p. 139、184
李正宇　敦煌史地新論　(臺北)新文豐出版公司　1996　p. 156
榮新江　歸義軍史研究　上海古籍出版社　1996　p. 2、10、47、175
陳國燦　敦煌五十九首佚名氏詩歷史背景新探　敦煌吐魯番研究(第二卷)　北京大學出版社　1997　p. 88
華林甫　略論敦煌文書的地名學意義　《中國歷史地理論叢》1997 年第 2 輯　又見:中國敦煌學百年文庫・地理卷(一)　甘肅文化出版社　1999　p. 239
黃征　張涌泉　敦煌變文校注　中華書局　1997　p. 197
李并成　西北民族歷史地理研究芻議　《甘肅民族研究》1997 年第 1 期　p. 23
李正宇　敦煌歷史地理導論　(臺北)新文豐出版公司　1997　p. 17、303
李正宇　西同考　《敦煌研究》1997 年第 4 期　p. 112
陸慶夫　從焉耆龍王到河西龍家——龍部落遷徙考　敦煌歸義軍史專題研究　蘭州大學出版社　1997　p. 486、499
陸慶夫　略論粟特人與龍家的關係　敦煌歸義軍史專題研究　蘭州大學出版社　1997　p. 505
張涌泉　敦煌地理文書輯録著作三種校議　古典文獻與文化論叢　中華書局　1997　p. 85
趙和平　晚唐五代靈武節度使與沙州歸義軍關係試論　第三屆中國唐代文化學術研討會論文集　(臺北)政治大學中國文學系　1997　p. 545
鄭炳林　敦煌碑銘讚及其有關問題　敦煌碑銘讚輯釋　甘肅教育出版社　1997　p. 16
鄭炳林　敦煌碑銘讚輯釋　甘肅教育出版社　1997　p. 46 注 21
鄭炳林　論晚唐敦煌文士張球即張景球　文史(第四十三輯)　中華書局　1997　p. 119 注 19
鄭炳林　唐五代敦煌的醫事研究　敦煌歸義軍史專題研究　蘭州大學出版社　1997　p. 527
鄭炳林　唐五代敦煌金山國征伐樓蘭史事考　敦煌歸義軍史專題研究　蘭州大學出版社　1997　p. 6、18
陳國燦　納職縣　敦煌學大辭典　上海辭書出版社　1998　p. 300
陳國燦　龍家　敦煌學大辭典　上海辭書出版社　1998　p. 460
陳國燦　石城鎮　敦煌學大辭典　上海辭書出版社　1998　p. 398
陳國燦　屯城　敦煌學大辭典　上海辭書出版社　1998　p. 305
陳國燦　伊州　敦煌學大辭典　上海辭書出版社　1998　p. 298
陳國燦　榮新江　璨微　敦煌學大辭典　上海辭書出版社　1998　p. 305
陳國燦　榮新江　蒲桃城　敦煌學大辭典　上海辭書出版社　1998　p. 306
顧吉辰　敦煌文獻職官結銜考釋　《敦煌學輯刊》1998 年第 2 期　p. 32
李冬梅　唐五代歸義軍與周邊民族關係綜論　《敦煌學輯刊》1998 年第 2 期　p. 47
李正宇　古本敦煌鄉土志八種箋證　(臺北)新文豐出版公司　1998　p. 231
李正宇　沙州伊州地志　敦煌學大辭典　上海辭書出版社　1998　p. 326
李正宇　渥窪池　敦煌學大辭典　上海辭書出版社　1998　p. 323
榮新江　歸義軍大事紀年初稿　出土文獻研究(第三輯)　文物出版社　1998　p. 235
譚蟬雪　敦煌歲時文化導論　(臺北)新文豐出版公司　1998　p. 58
汪泛舟　康豔典　敦煌學大辭典　上海辭書出版社　1998　p. 344
王素　高昌史稿・交通編　文物出版社　1998　p. 187
徐志斌　略論若羌在漢唐時期的地位　《敦煌學輯刊》1998 年第 1 期　p. 138

楊森　張大慶　敦煌學大辭典　上海辭書出版社　1998　p. 353
張亞萍　唐五代歸義軍政府牧馬業研究　《敦煌學輯刊》1998 年第 2 期　p. 55
黃征　程惠新　劫塵遺珠:敦煌遺書　甘肅教育出版社　1999　p. 176、189
林悟殊　波斯瑣羅亞斯德教與中國古代的祆神崇拜　歐亞學刊(第 1 輯)　中華書局　1999　又見:二十世紀中國文史考據文録　雲南人民出版社　2001　p. 1897
梅維恒著　楊繼東　陳引馳譯　唐代變文(上)　(香港)中國佛教文化出版公司　1999　p. 254
榮新江　北朝隋唐粟特人之遷徙及其聚落　國學研究(第六卷)　北京大學出版社　1999　p. 28、36
楊森　小議張淮深受旌節　《敦煌研究》1999 年第 1 期　p. 98
楊秀清　敦煌西漢金山國史　甘肅人民出版社　1999　p. 127
周維平　從敦煌遺書看敦煌道教　《西北民族研究》1999 年第 2 期　p. 129 注 5
程存潔　略論唐王朝對西北邊城的經營　'98 法門寺唐文化國際學術討論會論文集　陝西人民出版社　2000　p. 415
雷紹鋒　歸義軍賦役制度初探　(臺北)洪葉文化事業有限公司　2000　p. 190
陸離　俄法所藏敦煌文獻中一件歸義軍時期土地糾紛案卷殘卷淺識　《敦煌學輯刊》2000 年第 2 期　p. 61
榮新江　敦煌地理文獻的價值與研究　《書品》2000 年第 3 期　又見:敦煌學新論　甘肅教育出版社　2002　p. 246
徐俊　敦煌詩集殘卷輯考　中華書局　2000　p. 796
顔廷亮　敦煌文化　光明日報出版社　2000　p. 280、508
楊寶玉　敦煌史話　中國大百科全書出版社　2000　p. 160
楊秀清　華戎交會的都市:敦煌與絲綢之路　甘肅人民出版社　2000　p. 48
鄭阿財　臺北"中研院"傅斯年圖書館藏敦煌卷子題記　慶祝吳其昱先生八秩華誕敦煌學特刊　(臺北)文津出版社　2000　p. 382
鄭炳林　張紅麗　《張淮深變文》的年代問題　1994 年敦煌學國際研討會文集・宗教文史卷(上)　甘肅民族出版社　2000　p. 329
褚良才　敦煌學簡明教程　中華書局　2001　p. 48
林聰明　敦煌吐魯番文書解詁指例　(臺北)新文豐出版公司　2001　p. 177
劉安志　從吐魯番出土文書看唐高宗咸亨年間的西域政局　魏晉南北朝隋唐史資料(第 18 輯)　武漢大學出版社　2001　p. 120
榮新江　評《古本敦煌鄉土志八種箋證》　敦煌吐魯番研究(第五卷)　北京大學出版社　2001　p. 418
榮新江　中古中國與外來文明　三聯書店　2001　p. 40
顔廷亮　敦煌文化中的祆教、摩尼教和景教　敦煌學與中國史研究論集　甘肅人民出版社　2001　p. 419
張慶捷　虞弘墓誌考釋　唐研究(第七卷)　北京大學出版社　2001　p. 164
陳國燦　敦煌學史事新證　甘肅教育出版社　2002　p. 499
華林甫　中國地名學源流　湖南人民出版社　2002　p. 189
姜亮夫　敦煌莫高窟年表　姜亮夫全集(十一)　雲南人民出版社　2002　p. 423
李斌城　唐代文化　中國社會科學出版社　2002　p. 1651
王素　敦煌吐魯番文獻　文物出版社　2002　p. 142
王欣　吐火羅史研究　中國社會科學出版社　2002　p. 87
鄭炳林　晚唐五代敦煌歸義軍行政區劃制度研究(之二)　《敦煌研究》2002 年第 3 期　p. 71

郝春文　英藏敦煌社會歷史文獻釋録(第二卷)　科學出版社　2003　p. 174
雷聞　割耳剺面與刺心剖腹　《中國典籍與文化》2003 年第 4 期　p. 101
李幷成　敦煌文獻與西北生態環境變遷研究　漢語史學報專輯(第三輯)　上海教育出版社　2003　p. 390
李幷成　敦煌學與沙漠歷史地理研究　2000 年敦煌學國際學術討論會文集・歷史文化卷(上)　甘肅民族出版社　2003　p. 486
李幷成　盛唐時期河西走廊的區位特點與開發　唐代地域結構與運作空間　上海辭書出版社　2003　p. 80
李正宇　敦煌歷史地理研究百年回眸　2000 年敦煌學國際學術討論會文集・歷史文化卷(上)　甘肅民族出版社　2003　p. 464
林悟殊　唐代三夷教的社會走向　唐代宗教信仰與社會　上海辭書出版社　2003　p. 370
盧向前　唐代敦煌吐魯番地區的成與長行坊　2000 年敦煌學國際學術討論會文集・歷史文化卷(上)　甘肅民族出版社　2003　p. 31
榮新江　北朝隋唐胡人聚落的宗教信仰與祆祠的社會功能　唐代宗教信仰與社會　上海辭書出版社　2003　p. 401
譚蟬雪　敦煌的粟特居民及祆神祈賽　2000 年敦煌學國際學術討論會文集・歷史文化卷(下)　甘肅民族出版社　2003　p. 58
王繼光　鄭炳林　敦煌漢文吐蕃史料綜述　中國西部民族文化研究(2003 年卷)　民族出版社　2003　p. 245
辛德勇　唐代的地理學　唐代地域結構與運作空間　上海辭書出版社　2003　p. 441
顔廷亮　關於敦煌文化在古代世界文化格局中的地位問題　2000 年敦煌學國際學術討論會文集・歷史文化卷(下)　甘肅民族出版社　2003　p. 99
楊秀清　敦煌:絲綢之路上的國際商貿中心　敦煌陽關玉門關論文選萃　甘肅人民出版社　2003　p. 86
趙貞　敦煌所出靈州道文書述略　《敦煌研究》2003 年第 4 期　p. 53
朱悅梅　李幷成　《沙州督都府圖經》纂修年代及其相關問題考　《敦煌研究》2003 年第 5 期　p. 62
馮培紅　論晚唐五代的沙州(歸義軍)與涼州(河西)節度使　浙江與敦煌學:常書鴻先生誕辰一百周年紀念文集　浙江古籍出版社　2004　p. 254 注 12
高啓安　唐五代敦煌飲食文化研究　民族出版社　2004　p. 73
公維章　涅槃、淨土的殿堂:敦煌莫高窟第 148 窟研究　民族出版社　2004　p. 218
姜伯勤　中國祆教藝術史研究　三聯書店　2004　p. 21、174
柳洪亮　遷居吐魯番盆地的吐谷渾人　《吐魯番學研究》2004 年第 2 期　p. 118
湯涒　敦煌曲子詞地域文化研究　上海古籍出版社　2004　p. 153
張雲　唐代吐蕃史與西北民族史研究　中國藏學出版社　2004　p. 326
鄭炳林　讀《大周故沙州刺史李君墓誌銘》劄記　《敦煌學國際聯絡委員會通訊》2004 年第 1 期　p. 44
鄭炳林　魏迎春　晚唐五代敦煌佛教教團的戒律和清規　《敦煌學輯刊》2004 年第 2 期　p. 34
高田時雄著　鍾翀等譯　于闐文書中的漢語語彙　敦煌・民族・語言　中華書局　2005　p. 228
李錦繡　敦煌吐魯番地理文書與唐五代地理學　《吐魯番學研究》2005 年第 1 期　p. 60
李軍　晚唐五代肅州相關史實考述　《敦煌學輯刊》2005 年第 3 期　p. 93
林悟殊　中古三夷教辨證　中華書局　2005　p. 325、358
馮培紅　歸義軍鎮制考　敦煌吐魯番研究(第九卷)　北京大學出版社　2006　p. 257、274

王丁　吐魯番安伽勒克出土北涼寫本《金光明經》及其題記研究　敦煌吐魯番研究（第九卷）　北京大學出版社　2006　p. 40
鄭炳林　晚唐五代河西地區的居民結構研究　《蘭州大學學報》2006 年第 2 期　p. 12、16

S. 368

方廣錩　諸星母陀羅尼經　敦煌學大辭典　上海辭書出版社　1998　p. 703

S. 369

邵文實　唐代後期河西地區的民族遷徙及其後果　《敦煌學輯刊》1992 年第 1、2 期　p. 29
鄭炳林　晚唐五代敦煌歸義軍行政區劃制度研究（之二）　《敦煌研究》2002 年第 3 期　p. 71

S. 370

佐藤哲英　法照和尚念佛讚解說　西域文化研究（第一）・敦煌佛教資料　（京都）法藏館　1958　p. 211
金岡照光　ソビエトにおける敦煌研究文獻三種　『東洋學報』（48 卷 1 號）　（東京）東洋學術協會　1965　p. 121
金岡照光　敦煌文學のさまざま　敦煌の文學　（東京）大蔵出版株式會社　1971　p. 132
陳祚龍　中古敦煌仕女心目中的五臺山　中華佛教文化史散策（初集）　（臺北）新文豐出版公司　1978　p. 36
加地哲定　增補中國佛教文學研究　（東京）同朋舍　1979　p. 200、215
矢吹慶輝　鳴沙餘韻・解說篇（第二部）　（京都）臨川書店　1980　p. 90
鄭阿財　敦煌孝道文學研究　（臺北）石門圖書公司　1982　p. 530
廣川堯敏　禮讃　敦煌と中國仏教（講座敦煌 7）　（東京）大東出版社　1984　p. 457
杜斗城　關於敦煌本《五臺山讚》與《五臺山曲子》的創作年代問題　《敦煌學輯刊》1987 年第 1 期　p. 51
任半塘　敦煌歌辭總編　上海古籍出版社　1987　p. 856
加地哲定著　劉衛星譯　中國佛教文學　今日中國出版社　1990　p. 171、185
杜斗城　敦煌五臺山文獻校録研究　山西人民出版社　1991　p. 64
杜斗城　北涼譯經論　甘肅文化出版社　1995　p. 24
劉長東　法照生卒、籍貫新考　敦煌文學論集　四川人民出版社　1997　p. 436
張弓　漢唐佛寺文化史　中國社會科學出版社　1997　p. 833
鄭炳林　敦煌碑銘讚輯釋　甘肅教育出版社　1997　p. 419 注 9
聖凱　二十世紀法照研究綜述　法源（第 16 期）　中國佛學院　1998　p. 177　又見:《敦煌研究》1999 年第 2 期　p. 159
張先堂　晚唐至宋初淨土五會念佛法門在敦煌的流傳　《敦煌研究》1998 年第 1 期　p. 50
施萍婷　法照與敦煌初探　1994 年敦煌學國際研討會文集・宗教文史卷（上）　甘肅民族出版社　2000　p. 81
林仁昱　論敦煌佛教歌曲特質與“弘法”的關係　敦煌學（第 23 輯）　（臺北）樂學書局有限公司　2002　p. 59、67、70
郝春文　英藏敦煌社會歷史文獻釋録（第二卷）　科學出版社　2003　p. 181 – 185
林仁昱　論敦煌佛教歌曲向通俗傳播的內容　中國俗文化研究（第一輯）　巴蜀書社　2003　p. 189
張子開　敦煌文獻中的白話禪詩　《敦煌學輯刊》2003 年第 1 期　p. 88

朱鳳玉　《俄藏敦煌文獻》11－17 冊中之文學文獻叙録　冉雲華先生八秩華誕壽慶論文集　（臺北）法光出版社　2003　p. 114

S. 371

向達　倫敦所藏敦煌卷子經眼目録　《北平圖書館圖書季刊》1939 年新第 1 卷第 4 期　p. 397　又見：唐代長安與西域文明　三聯書店　1957　p. 199

唐耕耦　陸宏基　敦煌社會經濟文獻真迹釋録（四）　全國圖書館文獻縮微複製中心　1990　p. 130

竺沙雅章　寺院文書　敦煌漢文文獻（講座敦煌 5）　（東京）大東出版社　1992　p. 640

姜伯勤　敦煌毗尼藏主考　《敦煌研究》1993 年第 3 期　p. 2

鄭炳林　讀敦煌文書 P. 3859《後唐清泰三年六月沙州儭司教授福集等狀》劄記　《西北史地》1993 年第 4 期　p. 44　又見：敦煌吐魯番文獻研究　中華書局　1995　p. 610

姜伯勤　敦煌藝術宗教與禮樂文明　中國社會科學出版社　1996　p. 325

田德新　敦煌寺院中的都師　《敦煌學輯刊》1997 年第 2 期　p. 124

鄭炳林　敦煌碑銘讚輯釋　甘肅教育出版社　1997　p. 472 注 3

郝春文　唐後期五代宋初敦煌僧尼的社會生活　中國社會科學出版社　1998　p. 193

李正宇　寺學　敦煌學大辭典　上海辭書出版社　1998　p. 596

唐耕耦　淨土寺試部帖　敦煌學大辭典　上海辭書出版社　1998　p. 642

施萍婷　邰惠莉　敦煌遺書編目雜記一則　敦煌研究文集：敦煌研究院藏敦煌文獻研究篇　甘肅民族出版社　2000　p. 362

張鴻勳　敦煌俗文學研究　甘肅人民出版社　2002　p. 99

郝春文　英藏敦煌社會歷史文獻釋録（第二卷）　科學出版社　2003　p. 189

湛如　敦煌佛教律儀制度研究　中華書局　2003　p. 49

葉貴良　敦煌社邑文書詞語選釋　《敦煌研究》2004 年第 5 期　p. 83

鄭炳林　魏迎春　晚唐五代敦煌佛教教團的戒律和清規　《敦煌學輯刊》2004 年第 2 期　p. 30

鄭炳林　魏迎春　晚唐五代敦煌佛教教團的科罰制度研究　《敦煌研究》2004 年第 2 期　p. 51

李正宇　晚唐至北宋敦煌僧尼普聽飲酒　《敦煌研究》2005 年第 3 期　p. 75

S. 372

向達　倫敦所藏敦煌卷子經眼目録　《北平圖書館圖書季刊》1939 年新第 1 卷第 4 期　p. 397　又見：唐代長安與西域文明　三聯書店　1957　p. 199

唐耕耦　陸宏基　敦煌社會經濟文獻真迹釋録（三）　全國圖書館文獻縮微複製中心　1990　p. 367

唐耕耦　敦煌寺院會計文書研究　（臺北）新文豐出版公司　1997　p. 43

唐耕耦　敦煌會計文書　敦煌學大辭典　上海辭書出版社　1998　p. 647

唐耕耦　入破曆算會牒　敦煌學大辭典　上海辭書出版社　1998　p. 647

郝春文　英藏敦煌社會歷史文獻釋録（第二卷）　科學出版社　2003　p. 191

高啓安　唐五代敦煌飲食文化研究　民族出版社　2004　p. 17、25

S. 373

向達　倫敦所藏敦煌卷子經眼目録　《北平圖書館圖書季刊》1939 年新第 1 卷第 4 期　p. 397　又見：唐代長安與西域文明　三聯書店　1957　p. 199

金岡照光　敦煌漢文文學文獻の文學形態上の種類とその分類　敦煌出土文學文獻分類目録・附解說　（東京）東洋文庫　1971　p. 236

金岡照光　敦煌文學のさまざま　敦煌の文學　（東京）大蔵出版株式會社　1971　p. 161
潘重規　讀《雲謠集考釋》　敦煌學(第11輯)　（臺北）新文豐出版公司　1986　p. 66
陳祚龍　百尺竿頭,更進一步:敦煌學散策之三　敦煌學林劄記　（臺北）商務印書館　1987　p. 85
程毅中　唐代小說史話　文化藝術出版社　1990　p. 94
鄭炳林　敦煌文書 S. 373 號李存勖唐玄奘詩證誤　《敦煌學輯刊》1991 年第 1 期　p. 21　又見:敦煌吐魯番文獻研究　中華書局　1995　p. 297
周紹良　敦煌文學芻議及其它　（臺北）新文豐出版公司　1992　p. 28
項楚　敦煌詩歌導論　（臺北）新文豐出版公司　1993　p. 13、147
饒宗頤　附録:榮新江《敦煌文獻和繪畫反映的五代宋初中原與西北地區的文化交往》　敦煌曲續論　（臺北）新文豐出版公司　1996　p. 33
榮新江　歸義軍史研究　上海古籍出版社　1996　p. 249
王惠民　論《孔雀明王經》及其在敦煌、大足的流傳　《敦煌研究》1996 年第 4 期　p. 42
張涌泉　敦煌俗字研究導論　（臺北）新文豐出版公司　1996　p. 23
柴劍虹　"模糊"的"敦煌文學"　敦煌文學論集　四川人民出版社　1997　p. 6
徐俊　敦煌大曲　敦煌文學論集　四川人民出版社　1997　p. 240
徐俊　斯三七三卷諸山聖迹題詠詩抄輯考　敦煌文學論集　四川人民出版社　1997　P. 247
鄭炳林　敦煌碑銘讚輯釋　甘肅教育出版社　1997　p. 420 注 17
柴劍虹　今當聖人詩　敦煌學大辭典　上海辭書出版社　1998　p. 571
徐俊　唐玄奘詩　敦煌學大辭典　上海辭書出版社　1998　p. 562
王繼如　敦煌遺書斯 0373 號詩卷校讀二題　敦煌問學叢稿　甘肅文化出版社　1999　p. 277
王繼如　《秋胡變文》校釋補正　敦煌問學叢稿　甘肅文化出版社　1999　p. 173
張涌泉　敦煌文獻校讀釋例　舊學新知　浙江大學出版社　1999　p. 212
柴劍虹　敦煌藏文 P. T. 1208、1221 號寫卷卷背的唐人詩抄　敦煌吐魯番學論稿　浙江教育出版社　2000　p. 263
徐俊　敦煌詩集殘卷輯考　中華書局　2000　p. 489、812
杜曉勤　隋唐五代文學研究　北京出版社　2001　p. 1271
汪泛舟　敦煌俗別字補正　《敦煌研究》2001 年第 4 期　p. 157
姜亮夫　敦煌莫高窟年表　姜亮夫全集(十一)　雲南人民出版社　2002　p. 471
徐俊　敦煌寫本詩歌續考《敦煌研究》2002 年第 5 期　p. 68
應武燕　《敦煌遺書總目索引新編》校録匡補　南京棲霞山石窟藝術與敦煌學　中國美術學院出版社　2002　p. 300
郝春文　英藏敦煌社會歷史文獻釋録(第二卷)　科學出版社　2003　p. 195
鄭炳林　陳雙印　敦煌寫本《諸山聖迹志》作者探微　《敦煌研究》2005 年第 1 期　p. 3

S. 374

向達　倫敦所藏敦煌卷子經眼目録　《北平圖書館圖書季刊》1939 年新第 1 卷第 4 期　p. 397　又見:唐代長安與西域文明　三聯書店　1957　p. 199
盧向前　關於歸義軍時期一份布紙破用曆的研究:試釋伯四六四〇背面文書　敦煌吐魯番文獻研究論集(第三輯)　北京大學出版社　1986　p. 410 注 18　又見:敦煌吐魯番文書論稿　江西人民出版社　1992　p. 116 注 18
李明偉　狀·牒·帖　敦煌文學　甘肅人民出版社　1989　p. 42
山本達郎等　敦煌·VII 尚饗文·諸齋文　『NUN – HUANG AND TURFAN DOCUMENTS CONCERN-

ING SOCIAL AND ECONOMIC HISTORY』(IV)　(東京)東洋文庫　1989　p. 142
陳國燦　唐五代瓜沙歸義軍軍鎮的演變　敦煌吐魯番文書初探(二編)　武漢大學出版社　1990　p. 572
榮新江　沙州歸義軍歷任節度使稱號研究　敦煌吐魯番學研究論文集　漢語大詞典出版社　1990　p. 809
唐耕耦　陸宏基　敦煌社會經濟文獻真迹釋録(三)　全國圖書館文獻縮微複製中心　1990　p. 106
榮新江　歸義軍史研究　上海古籍出版社　1996　p. 33
鄭炳林　唐五代敦煌粟特人與歸義軍政權　《敦煌研究》1996 年第 4 期　p. 93　又見:敦煌歸義軍史專題研究　蘭州大學出版社　1997　p. 425
馮培紅　晚唐五代宋初歸義軍武職軍將研究　敦煌歸義軍史專題研究　蘭州大學出版社　1997　p. 153
鄭炳林　馮培紅　晚唐五代宋初歸義軍政權中都頭一職考辨　敦煌歸義軍史專題研究　蘭州大學出版社　1997　p. 86
榮新江　歸義軍大事紀年初稿　出土文獻研究(第三輯)　文物出版社　1998　p. 253
雷紹鋒　歸義軍賦役制度初探　(臺北)洪葉文化事業有限公司　2000　p. 249
陳國燦　敦煌學史事新證　甘肅教育出版社　2002　p. 399
姜亮夫　敦煌莫高窟年表　姜亮夫全集(十一)　雲南人民出版社　2002　p. 590
應武燕　《敦煌遺書總目索引新編》校録匡補　南京棲霞山石窟藝術與敦煌學　中國美術學院出版社　2002　p. 302
郝春文　英藏敦煌社會歷史文獻釋録(第二卷)　科學出版社　2003　p. 202
鄭炳林　徐曉莉　晚唐五代敦煌歸義軍政權的婚姻關係研究　敦煌學(第 25 輯)　(臺北)樂學書局有限公司　2004　p. 584
馮培紅　歸義軍鎮制考　敦煌吐魯番研究(第九卷)　北京大學出版社　2006　p. 273、278
鄭炳林　晚唐五代河西地區的居民結構研究　《蘭州大學學報》2006 年第 2 期　p. 15

S. 375

方廣錩　佛教大藏經史(八—十世紀)　中國社會科學出版社　1991　p. 115
方廣錩　敦煌佛教經録輯校　江蘇古籍出版社　1997　p. 675、694
郝春文　英藏敦煌社會歷史文獻釋録(第二卷)　科學出版社　2003　p. 204、206
鄭炳林　晚唐五代敦煌諸寺藏經與管理　新世紀敦煌學論集　巴蜀書社　2003　p. 345

S. 376

向達　倫敦所藏敦煌卷子經眼目録　《北平圖書館圖書季刊》1939 年新第 1 卷第 4 期　1939　p. 397　又見:唐代長安與西域文明　三聯書店　1957　p. 198
艾麗白著　耿昇譯　敦煌漢文寫本中的鳥形押　敦煌譯叢(第一輯)　甘肅人民出版社　1985　p. 191、206
唐耕耦　陸宏基　敦煌社會經濟文獻真迹釋録(五)　全國圖書館文獻縮微複製中心　1990　p. 50
中村裕一　唐代官文書研究　(京都)中文出版社　1991　p. 504
吳其昱著　伊藤美重子譯　敦煌漢文寫本概観　敦煌漢文文獻(講座敦煌 5)　(東京)大東出版社　1992　p. 24
黃盛璋　敦煌漢文與于闐文書中之龍家及其相關問題　全國敦煌學研討會論文集　(臺北)中正大學中國文學系所　1995　p. 58

王書慶　敦煌佛學・佛事篇　甘肅民族出版社　1995　p. 255
李正宇　曹元忠鳥形押　敦煌學大辭典　上海辭書出版社　1998　p. 294
曾良　敦煌文獻字義通釋　廈門大學出版社　2001　p. 83
葉貴良　《敦煌文獻字義通釋》釋義商榷舉例　《敦煌研究》2002 年第 3 期　p. 49
郝春文　英藏敦煌社會歷史文獻釋録(第二卷)　科學出版社　2003　p. 207、209
李永平　從考古發現看胡騰舞與祆教儀式　碑林集刊(九)　陝西人民美術出版社　2004　p. 138

S. 377

柳田聖山　敦煌の禪籍と矢吹慶輝　敦煌仏典と禪(講座敦煌 8)　(東京)大東出版社　1980　p. 26
矢吹慶輝　鳴沙餘韻・解說篇(第一部)　(京都)臨川書店　1980　p. 300

S. 378

向達　倫敦所藏敦煌卷子經眼目録　《北平圖書館圖書季刊》1939 年新第 1 卷第 4 期　p. 397　又見:唐代長安與西域文明　三聯書店　1957　p. 199
唐耕耦　陸宏基　敦煌社會經濟文獻真迹釋録(三)　全國圖書館文獻縮微複製中心　1990　p. 367
唐耕耦　敦煌寺院會計文書研究　(臺北)新文豐出版公司　1997　p. 43
唐耕耦　敦煌會計文書　敦煌學大辭典　上海辭書出版社　1998　p. 647
唐耕耦　入破曆算會牒　敦煌學大辭典　上海辭書出版社　1998　p. 647
郝春文　英藏敦煌社會歷史文獻釋録(第二卷)　科學出版社　2003　p. 191、211
高啓安　唐五代敦煌飲食文化研究　民族出版社　2004　p. 17

S. 379

井ノ口泰淳　敦煌本『仏名經』の諸系統　中央アジアの言語と仏教　(京都)法藏館　1995　p. 297

S. 381

劉銘恕　再記英國倫敦所藏的敦煌經卷　《中國科學院圖書館通訊》1957 年第 7 期　又見:中國敦煌學百年文庫・綜述卷(二)　甘肅文化出版社　1999　p. 140
芳村修基　土橋秀高　井ノ口泰淳　敦煌佛教史年表　西域文化研究(第一)・敦煌佛教資料　(京都)法藏館　1958　p. 272
陳祚龍　敦煌古抄中世詩歌一續　敦煌學海探珠(上冊)　(臺北)商務印書館　1979　p. 188
陳祚龍　新集中世敦煌三寶感通録　敦煌學海探珠(下冊)　(臺北)商務印書館　1979　p. 335、340
山口瑞鳳　吐蕃王國成立史研究　(東京)岩波書店　1983　p. 636
梁梁　《太子成道經》隨筆數則　《敦煌研究》1986 年第 3 期　p. 55
姜伯勤　唐五代敦煌寺戶制度　中華書局　1987　p. 20、82、138
顏廷亮　關於敦煌遺書中的甘肅文學作品　1983 年全國敦煌學術討論會文集・文史遺書編(下)　甘肅人民出版社　1987　p. 228
姜伯勤　敦煌音聲人略論　《敦煌研究》1988 年第 4 期　p. 1
饒宗頤　鳩摩羅什《通韻》箋　敦煌語言文學論文集　浙江古籍出版社　1988　p. 13　又見:中印文化關係史論集・語文篇　香港中文大學中國文化研究所　三聯書店　1990　p. 40 ；梵學集　上海古籍出版社　1993　p. 121
周紹良　趙和平　小說　《敦煌語言文學研究通訊》1988 年第 1 期　p. 1　又見:敦煌文學　甘肅人

民出版社　1989　p. 280
高國藩　敦煌民俗學　上海文藝出版社　1989　p. 246、457、533
韓建瓴　傳記　敦煌文學　甘肅人民出版社　1989　p. 61
譚蟬雪　祭文　敦煌文學　甘肅人民出版社　1989　p. 121
張錫厚　詩歌　敦煌文學　甘肅人民出版社　1989　p. 169
池田溫　中國古代寫本識語集録　（東京）大藏出版株式會社　1990　p. 424、429
項楚　敦煌遺書中有關王梵志三條材料的校訂與解說　敦煌吐魯番文獻研究論集（第五輯）　北京大學出版社　1990　p. 63
張先堂　佛教義理與小說藝術聯姻的産兒：論敦煌寫本佛教靈驗記　《甘肅社會科學》1990 年第 5 期　p. 163
項楚　王梵志詩校注　上海古籍出版社　1991　p. 920
項楚　王梵志詩論　敦煌文學叢考　上海古籍出版社　1991　p. 656
金岡照光　高僧傳因緣　敦煌の文學文獻（講座敦煌 9）（東京）大東出版社　1992　p. 595
楊寶玉　《龍興寺毗沙門天王靈驗記》簡注　《閩南佛學院學報》1992 年第 2 期　p. 111
周紹良　敦煌文學芻議及其它　（臺北）新文豐出版公司　1992　p. 17、58
高國藩　敦煌民俗資料導論　（臺北）新文豐出版公司　1993　p. 87、173
李明偉　敦煌文學概論　甘肅人民出版社　1993　p. 474、489
李正宇　敦煌文學概論　甘肅人民出版社　1993　p. 115
譚禪雪　敦煌歲時掇瑣　（香港）《九州學刊》（敦煌學專輯）1993 年第 5 卷第 4 期　p. 93
張鴻勳　敦煌說唱文學概論　（臺北）新文豐出版公司　1993　p. 9
張錫厚　敦煌文學概論　甘肅人民出版社　1993　p. 361
張先堂　敦煌文學概論　甘肅人民出版社　1993　p. 336
鄭阿財　洪藝芳　1995—1996 年臺灣地區唐代學術研究概況：敦煌學　"中國唐代學會"會刊（第七期）（臺北）"中國唐代學會"　1993　p. 101
王堯　從兩件敦煌吐蕃文書來談洪辯的事迹　選堂文史論苑　上海古籍出版社　1994　p. 248
楊森　"婆姨"與"優婆姨"稱謂芻議　《敦煌研究》1994 年第 3 期　p. 124
鄭炳林　高偉　唐五代敦煌釀酒業初探　《西北史地》1994 年第 1 期　p. 33
王書慶　敦煌佛學・佛事篇　甘肅民族出版社　1995　p. 287
顔廷亮　敦煌文學概說　（臺北）新文豐出版公司　1995　p. 70
張涌泉　陳祚龍校録敦煌卷子失誤例釋　學術集林（卷六）　上海遠東出版社　1995　p. 304
鄭阿財　敦煌寫卷《釋智興鳴鍾感應記》研究　第二屆唐代文化研討會論文集　（臺北）學生書局　1995　p. 174
姜伯勤　敦煌藝術宗教與禮樂文明　中國社會科學出版社　1996　p. 509
李正宇　敦煌史地新論　（臺北）新文豐出版公司　1996　p. 76
張涌泉　敦煌俗字研究導論　（臺北）新文豐出版公司　1996　p. 22、161
張涌泉　敦煌文獻校讀釋例　文史（第四十一輯）　中華書局　1996　p. 199　又見：舊學新知　浙江大學出版社　1999　p. 208、213
黄正建　評《第二屆唐代文化研討會論文集》　唐研究（第三卷）　北京大學出版社　1997　p. 506
陸淑綺　李重申　敦煌古代戲曲文化史料綜述　《敦煌研究》1997 年第 2 期　p. 59
張弓　漢唐佛寺文化史　中國社會科學出版社　1997　p. 766、944
鄭阿財　《龍興寺毗沙門天王靈驗記》與敦煌地區的毗沙門信仰　周紹良先生欣開九秩慶壽文集　中華書局　1997　p. 253

鄭阿財　論敦煌寫本《龍興寺毗沙門天王靈驗記》與唐代的毗沙門信仰　第三屆中國唐代文化學術研討會論文集　（臺北）政治大學中國文學系　1997　p. 427
鄭炳林　敦煌碑銘讚輯釋　甘肅教育出版社　1997　p. 178 注 9
鄭炳林　唐五代敦煌的醫事研究　敦煌歸義軍史專題研究　蘭州大學出版社　1997　p. 526
譚蟬雪　敦煌歲時文化導論　（臺北）新文豐出版公司　1998　p. 54、126
譚蟬雪　寒食設座　敦煌學大辭典　上海辭書出版社　1998　p. 435
謝重光　龍興寺設樂　敦煌學大辭典　上海辭書出版社　1998　p. 271（原文録爲 S. 831）
張錫厚　鳴鐘詩　敦煌學大辭典　上海辭書出版社　1998　p. 567
吳麗娛　敦煌寫本書儀中的行第之稱：兼論行第普及的庶民影響　敦煌吐魯番研究（第四卷）　北京大學出版社　1999　p. 544
池田溫　吐魯番敦煌功德録和有關文書　1994 年敦煌學國際研討會文集·宗教文史卷（上）　甘肅民族出版社　2000　p. 134
徐俊　敦煌詩集殘卷輯考　中華書局　2000　p. 310、850
顏廷亮　敦煌文化　光明日報出版社　2000　p. 269
顏廷亮　西陲文學遺珍：敦煌文學通俗談　甘肅人民出版社　2000　p. 76、155
楊寶玉　佛家靈驗記與《智興判》　英國收藏敦煌漢藏文獻研究：紀念敦煌文獻發現一百周年　中國社會科學出版社　2000　p. 324
張先堂　唐宋時期敦煌天王堂寺、天王堂考　'98 法門寺唐文化國際學術討論會論文集　陝西人民出版社　2000　p. 192
譚蟬雪　唐宋敦煌歲時佛俗　《敦煌研究》2001 年第 1 期　p. 97
姜亮夫　敦煌莫高窟年表　姜亮夫全集（十一）　雲南人民出版社　2002　p. 402
李小榮　變文講唱與華梵宗教藝術　上海三聯書店　2002　p. 134
李正宇　唐宋時期敦煌佛經性質功能的變化　戒幢佛學（第二卷）　岳麓書社　2002　p. 25　又見：中日敦煌佛教學術會議論文集　中國社會科學院研究所　2002　p. 20
劉永明　散見敦煌曆朔閏輯考　《敦煌研究》2002 年第 6 期　p. 12
張鴻勳　敦煌俗文學研究　甘肅人民出版社　2002　p. 352
郝春文　唐後期五代宋初中印文化對敦煌寺院的影響　新世紀敦煌學論集　巴蜀書社　2003　p. 334
郝春文　英藏敦煌社會歷史文獻釋録（第二卷）　科學出版社　2003　p. 211－216、218
李小榮　敦煌密教文獻論稿　人民文學出版社　2003　p. 164
乜小紅　唐五代敦煌音聲人試探　《敦煌研究》2003 年第 3 期　p. 77
楊秀清　唐宋敦煌地區的世俗佛教信仰　新世紀敦煌學論集　巴蜀書社　2003　p. 710
沙武田　莫高窟"天王堂"質疑　《敦煌研究》2004 年第 2 期　p. 26
趙紅　高啓安　唐五代時期敦煌僧人飲食概述　麥積山石窟藝術文化論文集（下）　蘭州大學出版社　2004　p. 291
支那　《敦煌遺書總目索引新編》匡補　《敦煌研究》2004 年第 4 期　p. 59
鄒西禮　夏廣興　毗沙門天王信仰與唐五代文學創作　佛經文學研究論集　復旦大學出版社　2004　p. 528
黨燕妮　毗沙門天王信仰在敦煌的流傳　《敦煌研究》2005 年第 3 期　p. 101
王克芬　多元薈萃　歸根中華：敦煌舞蹈壁畫研究　《敦煌研究》2005 年第 3 期　p. 42

S. 382

金岡照光　ソビエトにおける敦煌研究文獻三種　『東洋學報』(48 卷 1 號)　(東京)東洋學術協會　1965　p. 121

陳祚龍　新校重訂敦煌寫本《十空讚》表隱　敦煌資料考屑(上冊)　(臺北)商務印書館　1979　p. 126 注 14

川崎ミチコ　禮讚文・塔文　敦煌仏典と禪(講座敦煌 8)　(東京)大東出版社　1980　p. 309

矢吹慶輝　鳴沙餘韻・解說篇(第一部)　(京都)臨川書店　1980　p. 215

鄭阿財　敦煌孝道文學研究　(臺北)石門圖書公司　1982　p. 278 注 402

上山大峻　敦煌佛教の研究　(京都)法藏館　1990　p. 419

張先堂　佛教義理與小說藝術聯姻的産兒:論敦煌寫本佛教靈驗記　《甘肅社會科學》1990 年第 5 期　p. 163

高田時雄　チベット文字書寫「長卷」の研究(本文編)　『東方學報』(第 65 號)　京都大學人文科學研究所　1993　p. 374

張先堂　晚唐至宋初淨土五會念佛法門在敦煌的流傳　《敦煌研究》1998 年第 1 期　p. 52

劉長東　晉唐彌陀淨土信仰研究　巴蜀書社　2000　p. 405

湛如　論淨衆禪門與法照淨土思想的關聯　敦煌文獻論集:紀念藏經洞發現一百周年國際學術研討會論文集　遼寧人民出版社　2001　p. 509

郝春文　英藏敦煌社會歷史文獻釋録(第二卷)　科學出版社　2003　p. 225

湛如　敦煌佛教律儀制度研究　中華書局　2003　p. 271

S. 383

松田壽男　小林元　中央アジア史　中央亞細亞史・印度史　(東京)平凡社　1939　p. 43

向達　倫敦所藏敦煌卷子經眼目録　《北平圖書館圖書季刊》1939 年新第 1 卷第 4 期　p. 397　又見:唐代長安與西域文明　三聯書店　1957　p. 199

陳祚龍　簡記敦煌古抄方志　敦煌文物隨筆　(臺北)商務印書館　1979　p. 54

陳祚龍　《簡記敦煌古抄方志》及其"後語"　敦煌學要籥　(臺北)新文豐出版公司　1982　p. 224

黄盛璋《西天路竟》箋證　《敦煌學輯刊》1984 年第 2 期　p. 1

饒宗頤解說　林宏作譯　敦煌書法叢刊(第十五卷)・牒狀(二)　(東京)二玄社　1985　p. 88

沙嘯　1984 年敦煌吐魯番學研究概況　《蘭州學刊》1985 年第 5 期　p. 84

唐耕耦　陸宏基　敦煌社會經濟文獻真迹釋録(一)　書目文獻出版社　1986　p. 78

陳祚龍　竭誠做好知己知彼,悉力做到精益求精:敦煌學散策之四　敦煌學林劄記　(臺北)商務印書館　1987　p. 206

鄭炳林　敦煌地理文書彙輯校注　甘肅教育出版社　1989　p. 225

榮新江　敦煌文獻所見晚唐五代宋初的中印文化交往　季羨林教授八十華誕紀念論文集(下)　江西人民出版社　1991　p. 962

李并成　敦煌遺書中地理書卷的學術價值《地理研究》1992 年第 3 期　p. 43

李并成　五代宋初的玉門關及其相關問題考　《敦煌研究》1992 年第 2 期　p. 89

李并成　一批珍貴的古代地理文書:敦煌遺書中的地理書卷　《中國科技史料》1992 年第 13 卷第 4 期　p. 92

林家平　寧强　羅華慶　中國敦煌學史　北京語言學院出版社　1992　p. 82

日比野丈夫　地理書　敦煌漢文文獻(講座敦煌 5)　(東京)大東出版社　1992　p. 353

陳守忠　河隴史地考述　蘭州大學出版社　1993　p. 100

石奈德　敦煌本《普化大師五臺山巡禮記》初探　法國學者敦煌學論文選萃　中華書局　1993　p. 122
王仲犖　《西天路竟》箋釋　敦煌石室地志殘卷考釋　上海古籍出版社　1993　p. 208
陳國燦　唐五代敦煌四出道路考　敦煌學國際研討會文集·史地語文編　遼寧美術出版社　1995　p. 226
胡戟　傅玫　敦煌史話　中華書局　1995　p. 151
李并成　李春元　瓜沙史地研究　甘肅文化出版社　1996　p. 154
陸慶夫　略論粟特人與龍家的關係　敦煌歸義軍史專題研究　蘭州大學出版社　1997　p. 505
羅豐　五代、宋初靈州與絲綢之路　《西北民族研究》1998 年第 1 期　p. 18
唐耕耦　西天路竟一本　敦煌學大辭典　上海辭書出版社　1998　p. 327
雷紹鋒　歸義軍賦役制度初探　（臺北）洪葉文化事業有限公司　2000　p. 174
榮新江　敦煌地理文獻的價值與研究　《書品》2000 年第 3 期　又見：敦煌學新論　甘肅教育出版社　2002　p. 255
王素　高昌史稿·交通編　文物出版社　2000　p. 196
褚良才　敦煌學簡明教程　中華書局　2001　p. 49
李并成　漢玉門關新考　敦煌文獻論集：紀念藏經洞發現一百周年國際學術研討會論文集　遼寧人民出版社　2001　p. 136
黄盛璋　敦煌寫本《西天路竟》歷史地理研究　中外交通與交流史研究　安徽教育出版社　2002　p. 88
鄭炳林　徐曉麗　敦煌寫本 P. 3973《往五臺山行記》殘卷研究　《敦煌學輯刊》2002 年第 1 期　p. 8
郝春文　英藏敦煌社會歷史文獻釋録（第二卷）　科學出版社　2003　p. 232
李并成　盛唐時期河西走廊的區位特點與開發　唐代地域結構與運作空間　上海辭書出版社　2003　p. 75
錢伯泉　《西天路竟》東段釋地及研究　《西域研究》2003 年第 1 期　p. 16
趙貞　敦煌所出靈州道文書述略　《敦煌研究》2003 年第 4 期　p. 54
羅豐　胡漢之間：“絲綢之路”與西北歷史考古　文物出版社　2004　p. 343
張弓　敦煌四部籍與中古後期社會的文化情境　敦煌學（第 25 輯）　（臺北）樂學書局有限公司　2004　p. 322

S. 384

陸慶夫　略論粟特人與龍家的關係　敦煌歸義軍史專題研究　蘭州大學出版社　1997　p. 508
孟憲實　漢唐文化與高昌歷史　齊魯書社　2004　p. 213

S. 385

張鴻勳　敦煌講唱伎藝搬演考略　《敦煌學輯刊》1982 年第 3 期　p. 65
張鴻勳　敦煌講唱文學作品選注　甘肅人民出版社　1987　p. 39

S. 386

黄盛璋　敦煌于闐文書中河西部族考證　《敦煌學輯刊》1990 年第 1 期　p. 62

S. 387

張新鷹　S. 387 號敦煌殘卷的經名　《世界宗教研究》1982 年第 4 期　又見：中國敦煌學百年文庫·

宗教卷(二)　甘肅文化出版社　1999　p. 92
李正宇　敦煌方音止遇二攝混同及其校勘學意義　《敦煌研究》1986 年第 4 期　p. 48
郝春文　英藏敦煌社會歷史文獻釋録(第二卷)　科學出版社　2003　p. 235
李軍　晚唐五代肅州相關史實考述　《敦煌學輯刊》2005 年第 3 期　p. 94

S. 388

向達　倫敦所藏敦煌卷子經眼目録　《北平圖書館圖書季刊》1939 年新第 1 卷第 4 期　p. 397　又見:唐代長安與西域文明　三聯書店　1957　p. 199
鄭阿財　敦煌文獻與唐代字樣學　第六届中國文字學全國學術研討會論文集　(臺北)"中國文字學會"　1981　p. 261
鄭阿財　敦煌寫卷與中國中古文字學《正名要録》考探　中國學術研討會論文集:紀念高明先生八秩晉六冥誕　(臺北)大安出版社　1983　p. 144
西原一幸　敦煌出土『時要字樣』殘卷について　『東方學』(第 70 輯)　(東京)東方學會　1985　p. 34
周祖謨　敦煌唐本字書叙録　敦煌語言文學研究　北京大學出版社　1988　p. 45
朱鳳玉　敦煌寫本字樣書研究之一　(臺北)《華岡文科學報》1989 年第 17 期　p. 118
鄭阿財　敦煌蒙書析論　第二届敦煌學國際研討會論文集　(臺北)漢學研究中心　1990　p. 218
朱鳳玉　敦煌寫本字書緒論　(臺北)《華岡文科學報》1991 年第 18 期　p. 97
張金泉　論敦煌本《字寶》　《敦煌研究》1993 年第 2 期　p. 95
張金泉　論《時要字樣》　《浙江社會科學》1993 年第 4 期　p. 80
鄭阿財　敦煌文獻與文學　(臺北)新文豐出版公司　1993　p. 248
張涌泉　試論審辨敦煌寫本俗字的方法　《敦煌研究》1994 年第 2 期　p. 153　又見:舊學新知　浙江大學出版社　1999　p. 87
鄭汝中　唐代書法藝術與敦煌寫卷　敦煌書法庫(第四輯)　甘肅人民美術出版社　1994　p. 9　又見:《敦煌研究》1996 年第 2 期　p. 126
胡戟　傅玫　敦煌史話　中華書局　1995　p. 185
西原一幸　敦煌出土『正名要録』記載の字體規範の體系　『東方學』(第 70 輯)　(東京)東方學會　1995　p. 33
張涌泉　漢語俗字研究　岳麓書社　1995　p. 42、249、347
朱鳳玉　敦煌文獻中的語文教材　(臺灣)《嘉義師院學報》1995 年第 9 期　p. 462
張金泉　敦煌遺書與字樣學　文史(第四十一輯)　中華書局　1996　p. 205、208
張金泉　許建平　敦煌音義彙考　杭州大學出版社　1996　p. 790
張涌泉　敦煌俗字彙考　敦煌俗字研究　上海教育出版社　1996　p. 3
張涌泉　敦煌俗字研究導論　(臺北)新文豐出版公司　1996　p. 28、42、66、138、171、231
張涌泉　敦煌文獻校讀釋例　文史(第四十一輯)　中華書局　1996　p. 197　又見:舊學新知　浙江大學出版社　1999　p. 211
張涌泉　《龍龕手鏡》讀法四題　慶祝潘石禪先生九秩華誕敦煌學特刊　(臺北)文津出版社　1996　p. 281　又見:舊學新知　浙江大學出版社　1999　p. 108
張涌泉　評《敦煌邈真讚校録並研究》　敦煌吐魯番研究(第一卷)　北京大學出版社　1996　p. 430
黄征　敦煌文學《兒郎偉》輯録校注　敦煌語文叢説　(臺北)新文豐出版公司　1997　p. 676
張金泉　關於《時要字樣》等八件敦煌寫卷的考辨　古典文獻與文化論叢　中華書局　1997　p. 95
張涌泉　敦煌地理文書輯録著作三種校議　古典文獻與文化論叢　中華書局　1997　p. 85

張涌泉　敦煌文獻校讀易誤字例釋　敦煌文學論集　四川人民出版社　1997 p. 265
黄征　評《敦煌寫本碎金研究》　唐研究(第四卷)　北京大學出版社　1998　p. 543
張金泉　敦煌字書　敦煌學大辭典　上海辭書出版社　1998　p. 515
張金泉　正名要録　敦煌學大辭典　上海辭書出版社　1998　p. 516
黄征　程惠新　劫塵遺珠:敦煌遺書　甘肅教育出版社　1999　p. 63
張涌泉　大型字典編纂中與俗字相關的若干問題　舊學新知　浙江大學出版社　1999　p. 27、34、36、43
張涌泉　敦煌文書疑難詞語辨釋　舊學新知　浙江大學出版社　1999　p. 267 注 2
張涌泉《龍龕手鏡》讀法四則　舊學新知　浙江大學出版社　1999　p. 105
張涌泉　論吳任臣的《字彙補》　舊學新知　浙江大學出版社　1999　p. 153
張涌泉　試論漢語俗字研究的意義　舊學新知　浙江大學出版社　1999　p. 15
宋家鈺　佛教齋文源流與敦煌本"齋文"書的復原　英國收藏敦煌漢藏文獻研究:紀念敦煌文獻發現一百周年　中國社會科學出版社　2000　p. 297
汪泛舟　敦煌古代兒童課本　甘肅人民出版社　2000　p. 3
張涌泉　二十世紀的唐代文字研究　中古近代漢語研究(第一輯)　上海教育出版社　2000　p. 90
張涌泉　漢語俗字叢考　中華書局　2000　p. 8、55、431、782
榮新江　敦煌學十八講　北京大學出版社　2001　p. 279
石塚晴通　敦煌寫本的問題點　敦煌文獻論集:紀念藏經洞發現一百周年國際學術研討會論文集　遼寧人民出版社　2001　p. 48
曾良　敦煌文獻字義通釋　廈門大學出版社　2001　p. 17、96、137
張涌泉　敦煌故里對敦煌學的新奉獻　《敦煌研究》2001 年第 1 期　p. 184
鄭阿財　敦煌童蒙讀物的分類與總說　敦煌文獻論集:紀念藏經洞發現一百周年國際學術研討會論文集　遼寧人民出版社　2001　p. 194
蔡忠霖　敦煌漢文寫卷俗字及其現象　(臺北)文津出版社　2002　p. 97
黄征　敦煌語言文字學研究　甘肅教育出版社　2002　p. 39、366
張涌泉　《說文》"連篆讀"發覆　文史(第六十輯)　中華書局　2002　p. 249　又見:雪泥鴻爪:浙江大學古籍研究所建所二十周年紀念文集　中華書局　2003　p. 38
蔡忠霖　從書法角度看俗字的生成　敦煌學(第 24 輯)　(臺北)樂學書局有限公司　2003　p. 171
蔡忠霖　遼・釋行均《龍龕手鑒》的俗字觀　冉雲華先生八秩華誕壽慶論文集　(臺北)法光出版社　2003　p. 425
郝春文　英藏敦煌社會歷史文獻釋録(第二卷)　科學出版社　2003　p. 237－242
王啓濤　中古及近代法制文書語言研究　巴蜀書社　2003　p. 103
曾良　俗字與古籍整理舉隅　《中國典籍與文化》2003 年第 2 期　p. 62
鄭阿財　敦煌蒙書　敦煌與絲路文化學術講座(第一輯)　北京圖書館出版社　2003　p. 136
張涌泉　燦爛的敦煌文化　浙江與敦煌學:常書鴻先生誕辰一百周年紀念文集　浙江古籍出版社　2004　p. 637
黄征　敦煌俗字典　上海教育出版社　2005　p. 前言 7、34、110
黄征　敦煌俗字種類考辨　敦煌學・日本學:石塚晴通教授退職紀念論文集　上海辭書出版社　2005　p. 115、122
西原一幸　敦煌出土 Stein388 號寫本在唐代楷書字體研究方面的重大貢獻　敦煌學・日本學:石塚晴通教授退職紀念論文集　上海辭書出版社　2005　p. 89
西原一幸　唐代楷書字體研究に果たした敦煌出土スタイン三八八番寫本の役割『正名要録』と『群

書新定字樣』 日本學・敦煌學・漢文訓讀の新展開 (東京)汲古書院 2005 p. 496
楊森 跋甘肅武山拉梢寺北周造大佛像發願文石刻碑 《敦煌學輯刊》2005 年第 2 期 p. 233
朱鳳玉 敦煌本《正名要録》中"連文釋義"研究 日本學・敦煌學・漢文訓讀の新展開 (東京)汲古書院 2005 p. 490

S. 389

向達 倫敦所藏敦煌卷子經眼目録 《北平圖書館圖書季刊》1939 年新第 1 卷第 4 期 p. 397 又見:唐代長安與西域文明 三聯書店 1957 p. 199
唐長孺 關於歸義軍節度使的幾種資料跋 《中華文史論叢》1962 年第 1 期 又見:敦煌學文選(上) 蘭州大學歷史系敦煌學研究室等 1983 p. 185;敦煌吐魯番文書研究 甘肅人民出版社 1984 p. 178;絲綢之路文獻叙録 蘭州大學出版社 1989 p. 52;山居存稿 中華書局 1989 p. 447;中國敦煌學百年文庫・歷史卷(一) 甘肅文化出版社 1999 p. 215
山口瑞鳳 蘇毗の領界 『東洋學報』(50 卷 4 號) (東京)東洋學術協會 1968 p. 51
金岡照光 敦煌漢文文學文獻の文學形態上の種類とその分類 敦煌出土文學文獻分類目録・附解說 (東京)東洋文庫 1971 p. 216
金岡照光 敦煌文學のこころ 敦煌の文學 (東京)大蔵出版株式會社 1971 p. 232
金岡照光 敦煌民衆の社會と生活 敦煌の民衆:その生活と思想 (東京)評論社 1972 p. 306
梅村坦 住民の種族構成——敦煌をめぐる諸民族の動向 敦煌の社會(講座敦煌 3) (東京)大東出版社 1980 p. 210
森安孝夫 ウイグルと敦煌 敦煌の歷史(講座敦煌 2) (東京)大東出版社 1980 p. 307
楊家駱 敦煌變文 (臺北)世界書局 1980 p. 910
鄭阿財 敦煌孝道文學研究 (臺北)石門圖書公司 1982 p. 395、423
高自厚 敦煌文獻中的河西回鶻 《西北民族學院學報》1983 年第 3 期 又見:中國敦煌學百年文庫・民族卷(三) 甘肅文化出版社 1999 p. 237
山口瑞鳳 吐蕃王國成立史研究 (東京)岩波書店 1983 p. 619
湯開建 馬明達 對五代宋初河西若干民族問題的探討 《敦煌學輯刊》1983 年創刊號 p. 74
潘重規 敦煌變文集新書(下) (臺北)"中國文化大學"中文研究所 1984 p. 1267
森安孝夫著 高然譯 回鶻與敦煌 《西北史地》1984 年第 1 期 p. 111
王慶菽 孝子傳 敦煌變文集 人民文學出版社 1984 p. 910
周紹良 談唐代民間文學:讀《中國文學史》中"變文"節書後 紹良叢稿 齊魯書社 1984 p. 55
榮新江 歸義軍及其與周邊民族的關係初探 《敦煌學輯刊》1986 年第 2 期 p. 32 又見:中國人文社會科學博士碩士文庫・歷史學卷 浙江教育出版社 1998 p. 662
鄧文寬 《涼州節院使押衙劉少晏狀》新探 《敦煌學輯刊》1987 年第 2 期 p. 65
蘇北海 周美娟 甘州回鶻世系考辨 《敦煌學輯刊》1987 年第 2 期 p. 72
楊銘 通頰考 《敦煌學輯刊》1987 年第 1 期 p. 114
黄盛璋 敦煌于闐文書與漢文書中關於甘州回鶻史實異同及回鶻進佔甘州的年代問題 《西北史地》1989 年第 1 期 p. 4
李明偉 狀・牒・帖 敦煌文學 甘肅人民出版社 1989 p. 38
錢伯泉 回鶻在敦煌的歷史 《敦煌學輯刊》1989 年第 1 期 p. 65
曲金良 變文的講唱藝術:轉變考略 《敦煌學輯刊》1989 年第 2 期 p. 86
王三慶 《敦煌變文集》中的《孝子傳》新探 敦煌學(第 14 輯) (臺北)新文豐出版公司 1989 p. 189、207

陳炳應　也談甘州回鶻　《敦煌學輯刊》1990 年第 2 期　p. 41
程毅中　敦煌本《啓顔録》的發現及其文學文獻價值　敦煌學國際學術討論會論文縮寫文(1990)　敦煌研究院　1990　p. 81
郭在貽　張涌泉　黄征　敦煌變文集校議　岳麓書社　1990　p. 468
黄盛璋　敦煌于闐文書中河西部族考證　《敦煌學輯刊》1990 年第 1 期　p. 62
李豐楙　唐代《洞淵神咒經》寫卷與李弘:兼論神咒類道經的功德觀　第二屆敦煌學國際研討會論文集　(臺北)漢學研究中心　1990　p. 482
齊東方　敦煌文書及敦煌石窟題名中所見的吐谷渾餘部　敦煌吐魯番文獻研究論集(第五輯)　北京大學出版社　1990　p. 266、277 注 6
榮新江　沙州張淮深與唐中央朝廷之關係　《敦煌學輯刊》1990 年第 2 期　p. 9
榮新江　通頰考　文史(第三十三輯)　中華書局　1990　p. 134　又見:二十世紀中國文史考據文録　雲南人民出版社　2001　p. 2115、2119
蘇北海　丁谷山　瓜沙曹氏政權與甘州回鶻于闐回鶻的關係　《敦煌研究》1990 年第 3 期　p. 32
唐耕耦　陸宏基　敦煌社會經濟文獻真迹釋録(四)　全國圖書館文獻縮微複製中心　1990　p. 487
周偉洲　吐蕃對河隴的統治及歸義軍前期的河西諸族　《甘肅民族研究》1990 年第 2 期　p. 8
陸慶夫　略論敦煌民族史料的價值　《敦煌學輯刊》1991 年第 1 期　p. 34
謝明勳　敦煌本《孝子傳》"睒子"故事考索　敦煌學(第 17 輯)　(臺北)新文豐出版公司　1991　p. 22
張廣達　唐末五代宋初西北地區的般次和使次　季羡林教授八十華誕紀念論文集(下)　江西人民出版社　1991　p. 972
程毅中　敦煌本《孝子傳》與睒子故事　中國文化(5)　(香港)中華書局　1992　p. 149
金岡照光　散文體類　敦煌の文學文獻(講座敦煌 9)　(東京)大東出版社　1992　p. 246
金岡照光　孝行譚:『舜子变』と『董永傳』　敦煌の文學文獻(講座敦煌 9)　(東京)大東出版社　1992　p. 486
林家平　寧强　羅華慶　中國敦煌學史　北京語言學院出版社　1992　p. 337、360
邵文實　唐代後期河西地區的民族遷徙及其後果　《敦煌學輯刊》1992 年第 1、2 期　p. 29
王三慶著　池田溫譯　類書　敦煌漢文文獻(講座敦煌 5)　(東京)大東出版社　1992　p. 363、395
尾崎康　史籍　敦煌漢文文獻(講座敦煌 5)　(東京)大東出版社　1992　p. 329
周紹良　敦煌文學芻議及其它　(臺北)新文豐出版公司　1992　p. 11
李明偉　敦煌文學概論　甘肅人民出版社　1993　p. 464
前田正名　河西歷史地理學研究　中國藏學出版社　1993　p. 204
榮新江　甘州回鶻成立史論　《魏晉南北朝隋唐史》1993 年第 12 期　p. 63　又見:《歷史研究》1993 年第 5 期
王震亞　趙熒　敦煌殘卷爭訟文牒集釋　甘肅人民出版社　1993　p. 216
張錫厚　敦煌文學概論　甘肅人民出版社　1993　p. 372
劉進寶　試談歸義軍時期敦煌縣鄉的建置　《敦煌研究》1994 年第 3 期　p. 82
陸慶夫　敦煌民族文獻與河西古代民族　《敦煌學輯刊》1994 年第 2 期　p. 85
牛新軍　甘州回鶻漫談　《西北師大學報》(社會科學版)1994 年第 1 期　p. 102
榮新江　敦煌邈真讚所見歸義軍與東西回鶻的關係　敦煌邈真讚校録並研究　(臺北)新文豐出版公司　1994　p. 62
鄭炳林　敦煌本《張淮深變文》研究　《西北民族研究》1994 年第 1 期　p. 152
鄭炳林　張淮深改建北大像和開鑿 94 窟年代再探　《敦煌研究》1994 年第 3 期　p. 41

鄧文寬　張淮深改建莫高窟北大像和開鑿第94窟年代考　敦煌學國際研討會文集·石窟考古編　遼寧美術出版社　1995　p. 128

黄盛璋　敦煌漢文與于闐文書中之龍家及其相關問題　全國敦煌學研討會論文集　(臺北)中正大學中國文學系所　1995　p. 59　又見:《西域研究》1996年第1期　p. 28

陸慶夫　甘州回鶻可汗世次辨析　《敦煌學輯刊》1995年第2期　p. 31　又見:敦煌歸義軍史專題研究　蘭州大學出版社　1997　p. 466

榮新江　龍家考　中亞學刊(第四輯)　北京大學出版社　1995　p. 150

張廣達　西域史地叢稿初編　上海古籍出版社　1995　p. 341

榮新江　歸義軍史研究　上海古籍出版社　1996　p. 10、186

楊秀清　晚唐歸義軍與中央關係述論　《甘肅社會科學》1996年第2期　p. 70

陳國燦　敦煌五十九首佚名氏詩歷史背景新探　敦煌吐魯番研究(第二卷)　北京大學出版社　1997　p. 91

黄征　張涌泉　敦煌變文校注　中華書局　1997　p. 105、404

李正宇　敦煌歷史地理導論　(臺北)新文豐出版公司　1997　p. 84

劉子瑜　敦煌變文和王梵志詩　大象出版社　1997　p. 38

陸慶夫　從焉耆龍王到河西龍家——龍部落遷徙考　敦煌歸義軍史專題研究　蘭州大學出版社　1997　p. 490

陸慶夫　唐宋之際的涼州嗢末　《敦煌學輯刊》1997年第2期　p. 41

鄭炳林　馮培紅　唐五代歸義軍政權對外關係中的使頭一職　敦煌歸義軍史專題研究　蘭州大學出版社　1997　p. 53

陳國燦　甘州回鶻　敦煌學大辭典　上海辭書出版社　1998　p. 461

陳國燦　龍家　敦煌學大辭典　上海辭書出版社　1998　p. 460

李冬梅　唐五代歸義軍與周邊民族關係綜論　《敦煌學輯刊》1998年第2期　p. 45

陸慶夫　黨項的崛起與對河西的爭奪　《敦煌研究》1998年第3期　p. 111

曲金良　敦煌寫本《孝子傳》及其相關問題　《敦煌研究》1998年第2期　p. 156

榮新江　歸義軍大事紀年初稿　出土文獻研究(第三輯)　文物出版社　1998　p. 239

唐耕耦　肅州防戍都狀　敦煌學大辭典　上海辭書出版社　1998　p. 372

魏文斌　師彦靈　唐曉軍　甘肅宋金墓"二十四孝"圖與敦煌遺書《孝子傳》　《敦煌研究》1998年第3期　p. 81

張鴻勳　孝子傳　敦煌學大辭典　上海辭書出版社　1998　p. 584

馮培紅　客司與歸義軍的外交活動　《敦煌學輯刊》1999年第1期　p. 83

陸慶夫　金山國與甘州回鶻關係考論　《敦煌學輯刊》1999年第1期　p. 50

謝桃坊　敦煌文化尋繹　四川人民出版社　1999　p. 204

楊秀清　敦煌西漢金山國史　甘肅人民出版社　1999　p. 3、21、108

張涌泉　敦煌寫本書寫特例發微　舊學新知　浙江大學出版社　1999　p. 238、247

伏俊璉　伏麒鵬　石室齊諧:敦煌小說選析　甘肅人民出版社　2000　p. 164

華濤　西域歷史研究(8—10世紀)　上海古籍出版社　2000　p. 91

金岡照光　敦煌文獻と中國文學　(東京)五曜書房　2000　p. 32、67

劉進寶　敦煌歷史文化　甘肅人民出版社　2000　p. 127

劉進寶　敦煌文書與唐史研究　(臺北)新文豐出版公司　2000　p. 139

譚蟬雪　《君者者狀》辨析:河西達怛國的一份書狀　1994年敦煌學國際研討會文集·宗教文史卷(下)　甘肅民族出版社　2000　p. 102

顏廷亮　西陲文學遺珍:敦煌文學通俗談　甘肅人民出版社　2000　p. 88
張錫厚　敦煌文學源流　作家出版社　2000　p. 168
鄭炳林　張紅麗　《張淮深變文》的年代問題　1994 年敦煌學國際研討會文集・宗教文史卷(上)　甘肅民族出版社　2000　p. 322
陳國燦　敦煌學史事新證　甘肅教育出版社　2002　p. 503
勞心　從敦煌文獻看 9 世紀的西州　《敦煌研究》2002 第 1 期　p. 83
劉進寶　敦煌學通論　甘肅教育出版社　2002　p. 84
劉永明　散見敦煌曆朔閏輯考　《敦煌研究》2002 年第 6 期　p. 14
徐曉麗　鄭炳林　晚唐五代敦煌吐谷渾與吐蕃移民婦女研究　《敦煌學輯刊》2002 年第 2 期　p. 6
鄭炳林　晚唐五代敦煌歸義軍行政區劃制度研究(一、二)　《敦煌研究》2002 年第 2、3 期　p. 15;71
郝春文　英藏敦煌社會歷史文獻釋録(第二卷)　科學出版社　2003　p. 250、253
洪藝芳　敦煌社會經濟文書中的唐五代新興量詞研究　敦煌學(第 24 輯)　(臺北)樂學書局有限公司　2003　p. 100
荒見泰史　敦煌本夢書雜識　漢語史學報專輯(第三輯)　上海教育出版社　2003　p. 339
荒見泰史　敦煌文學與日本說話文學　敦煌與絲路文化學術講座　北京圖書館出版社　2003　p. 235
王啓濤　中古及近代法制文書語言研究　巴蜀書社　2003　p. 169
張錫厚　敦煌文概說　2000 年敦煌學國際學術討論會文集・歷史文化卷(下)　甘肅民族出版社　2003　p. 225
鄭炳林　徐曉麗　讀《俄藏敦煌文獻》第 12 册幾件非佛經文獻劄記　《敦煌研究》2003 年第 4 期　p. 82
陳炳應　盧冬　古代民族　敦煌文藝出版社　2004　p. 225
荒見泰史　敦煌變文研究概述以及新觀點　華林(第三卷)　中華書局　2004　p. 403
荒見泰史　敦煌文學與日本說話文學:新發現北京本《衆經要集金藏論》的價值　佛經文學研究論集　復旦大學出版社　2004　p. 619
張鴻勳　從印度到中國:絲綢路上的睒子故事與藝術　麥積山石窟藝術文化論文集(上)　蘭州大學出版社　2004　p. 341
陳麗萍　敦煌文書所見唐五代婚變現象初探(一)　《敦煌學輯刊》2005 年第 2 期　p. 168
李軍　晚唐五代肅州相關史實考述　《敦煌學輯刊》2005 年第 3 期　p. 91
陳逸平　唐宋時期敦煌大衆的歷史知識　《敦煌研究》2006 年第 2 期　p. 99
鄭炳林　晚唐五代河西地區的居民結構研究　《蘭州大學學報》2006 年第 2 期　p. 18

S. 390

王重民　敦煌古籍叙録　中華書局　1979　p. 159
蘇瑩輝　敦煌學概要　(臺北)編譯館"中華叢書編委會"　1981　p. 44
蘇瑩輝　中外敦煌古寫本纂要　敦煌論集　(臺北)學生書局　1983　p. 320
李正宇　敦煌方音止遇二攝混同及其校勘學意義　《敦煌研究》1986 年第 4 期　p. 52
寧欣　唐代敦煌地區農業水利問題初探　敦煌吐魯番文獻研究論集(第三輯)　北京大學出版社　1986　p. 502 注 13
趙承澤　敦煌學和科技史　1983 年全國敦煌學術討論會文集・文史遺書編(上)　甘肅人民出版社　1987　p. 409

李正宇　邈真讃　敦煌文學　甘肅人民出版社　1989　p. 184
姜伯勤　敦煌社會文書導論　(臺北)新文豐出版公司　1992　p. 54
林家平　寧强　羅華慶　中國敦煌學史　北京語言學院出版社　1992　p. 157
李正宇　敦煌文學概論　甘肅人民出版社　1993　p. 102
鄭炳林　敦煌碑銘讃抄本概述　《魏晋南北朝隋唐史》1993 年第 12 期　p. 56　又見:《歷史研究》1993 年第 5 期
姜伯勤　敦煌邈真讃與敦煌望族　敦煌邈真讃校録並研究　(臺北)新文豐出版公司　1994　p. 25
姜伯勤　項楚　榮新江　敦煌邈真讃校録並研究　(臺北)新文豐出版公司　1994　p. 325
張涌泉　陳祚龍校録敦煌卷子失誤例釋　學術集林(卷六)　上海遠東出版社　1995　p. 306　又見:舊學新知　浙江大學出版社　1999　p. 281
楊偉　從敦煌文書中看古代西部移民　《敦煌研究》1996 年第 4 期　p. 98
張涌泉　敦煌俗字研究導論　(臺北)新文豐出版公司　1996　p. 24、58、141、167
張涌泉　敦煌文獻校讀釋例　文史(第四十一輯)　中華書局　1996　p. 191
張涌泉　評《敦煌邈真讃校録並研究》　敦煌吐魯番研究(第一卷)　北京大學出版社　1996　p. 426
鄭炳林　敦煌碑銘讃及其有關問題　敦煌碑銘讃輯釋　甘肅教育出版社　1997　p. 13
鄭炳林　敦煌碑銘讃輯釋　甘肅教育出版社　1997　p. 510
馬承玉　從敦煌寫本看《洞淵神咒經》在北方的傳播　道家文化研究(第十三輯)　三聯書店　1998　p. 200
榮新江　《英藏敦煌文獻》定名商補　文史(第五十二輯)　中華書局　2000　p. 117　又見:敦煌學新論　甘肅教育出版社　2002　p. 189
曾良　敦煌文獻字義通釋　廈門大學出版社　2001　p. 119
郝春文　英藏敦煌社會歷史文獻釋録(第二卷)　科學出版社　2003　p. 257
屈直敏　敦煌高僧　民族出版社　2004　p. 135
屈直敏　從《勵忠節抄》看歸義軍政權道德秩序的重建　《敦煌學輯刊》2005 年第 3 期　p. 82

S. 391

中村裕一　唐代官文書研究　(京都)中文出版社　1991　p. 483
王三慶　敦煌寫卷中武后新字之調查研究　唐代研究論集(第三輯)　(臺北)新文豐出版公司　1992　p. 87
郝春文　英藏敦煌社會歷史文獻釋録(第二卷)　科學出版社　2003　p. 260

S. 393

史葦湘　敦煌歷史與莫高窟藝術研究　甘肅教育出版社　2002　p. 348

S. 395

芳村修基　土橋秀高　井ノ口泰淳　敦煌佛教史年表　西域文化研究(第一)・敦煌佛教資料　(京都)法藏館　1958　p. 279
邵榮芬　敦煌俗文學中的別字異文和唐五代西北方音　《中國語文》1963 年第 3 期　又見:中國敦煌學百年文庫・語言文字卷(一)　甘肅文化出版社　1999　p. 144
金岡照光　敦煌漢文文學文獻の文學形態上の種類とその分類　敦煌出土文學文獻分類目録・附解說　(東京)東洋文庫　1971　p. 218
金岡照光　敦煌文學のさまざま　敦煌の文學　(東京)大蔵出版株式會社　1971　p. 115

金岡照光　敦煌民衆の宗教と生活　敦煌の民衆:その生活と思想　(東京)評論社　1972　p. 177
邱鎮京　敦煌變文述論　(臺北)商務印書館　1974　p. 1872
馮燕　敦煌藏文本《孔丘項托相問書》考　《青海民族學院學報》1979 年第 4 卷　又見:中國敦煌學百年文庫・文獻卷(二)　甘肅文化出版社　1999　p. 525
楊家駱　敦煌變文　(臺北)世界書局　1980　p. 236
張鴻勳　敦煌講唱伎藝搬演考略　《敦煌學輯刊》1982 年第 3 期　p. 65
潘重規　敦煌變文集新書(下)　(臺北)"中國文化大學"中文研究所　1984　p. 1124
王重民　孔子項托相問書　敦煌變文集　人民文學出版社　1984　p. 236
張鴻勳《唐寫本孔子與子羽對語雜抄》考略　《敦煌學輯刊》1984 年第 1 期　p. 57
雷僑雲　敦煌兒童文學　(臺北)學生書局　1985　p. 165
張鴻勳　敦煌本《孔子項托相問書》研究　《敦煌研究》1985 年第 2 期　p. 99
張鴻勳　敦煌講唱作品年代考三種　《蘭州學刊》1985 年第 4 期　p. 77
高明士　唐代敦煌的教育　漢學研究(敦煌學國際研討會論文專號)　(臺北)漢學研究資料及服務中心　1986　p. 244
黄瑞雲　敦煌古寫本《詩經》校釋劄記(二)　《敦煌研究》1986 年第 3 期　p. 40
李正宇　唐宋時代的敦煌學校　《敦煌研究》1986 年第 1 期　p. 45
張鴻勳　《孔子項托相問書》傳承研究　《民間文學論壇》1986 年第 6 期　p. 38
李正宇　敦煌學郎題記輯注　《敦煌學輯刊》1987 年第 1 期　p. 32、39
張鴻勳　敦煌講唱文學作品選注　甘肅人民出版社　1987　p. 89
劉修業　敦煌本《讀史編年詩》與明代小類書《大千生鑒》　敦煌語言文學研究　北京大學出版社　1988　p. 234
張鴻勳　從《孔子項托相問書》談敦煌文學的研究　敦煌語言文學論文集　浙江古籍出版社　1988　p. 246
高國藩　敦煌民俗學　上海文藝出版社　1989　p. 98
山本達郎等　敦煌・III 轉貼　『NUN – HUANG AND TURFAN DOCUMENTS CONCERNING SOCIAL AND ECONOMIC HISTORY』(IV)　(東京)東洋文庫　1989　p. 39
張先堂　話本　敦煌文學　甘肅人民出版社　1989　p. 291
池田溫　中國古代寫本識語集録　(東京)大藏出版株式會社　1990　p. 483
項楚　敦煌變文選注　巴蜀書社　1990　p. 364
鄭阿財　敦煌寫本《孔子項托相問書》初探　《法學商報》1990 年第 24 期　又見:中國敦煌學百年文庫・文學卷(五)　甘肅文化出版社　1999　p. 48
姜伯勤　敦煌社會文書導論　(臺北)新文豐出版公司　1992　p. 88
金岡照光　散文體類　敦煌の文學文獻(講座敦煌 9)　(東京)大東出版社　1992　p. 174、210
郝春文　敦煌寫本社邑文書年代彙考(二)　《首都師範大學學報》1993 年第 5 期　p. 77
舒華　敦煌"變文"體裁新論　(香港)《九州學刊》(敦煌學專輯)1993 年第 5 卷第 4 期　p. 158
張鴻勳　敦煌話本詞文俗賦導論　(臺北)新文豐出版公司　1993　p. 196
鄭阿財　敦煌文獻與文學　(臺北)新文豐出版公司　1993　p. 397
石田勇作　敦煌「社文書」研究序說　中國古代の國家と民衆(堀敏一先生古稀記念)　(東京)汲古書院　1995　p. 684
李正宇　敦煌史地新論　(臺北)新文豐出版公司　1996　p. 189
王小盾　潘建國　敦煌論議考　中國古籍研究(第一卷)　上海古籍出版社　1996　p. 191
黃征　敦煌俗音考辨　敦煌語文叢說　(臺北)新文豐出版公司　1997　p. 141

黄征　張涌泉　敦煌變文校注　中華書局　1997　p. 360
寧可　郝春文　敦煌社邑文書輯校　江蘇古籍出版社　1997　p. 159
顔廷亮　關於《晏子賦》寫本的抄寫年代問題　《敦煌研究》1997 年第 2 期　p. 139
柴劍虹　孔子項托相問書　敦煌學大辭典　上海辭書出版社　1998　p. 585
顔廷亮　關於敦煌文學發展的歷史進程　《甘肅社會科學》1999 年第 4 期　p. 48
伏俊璉　俗情雅韻:敦煌賦選析　甘肅人民出版社　2000　p. 148
郝春文　英藏敦煌文獻年代叢考　英國收藏敦煌漢藏文獻研究:紀念敦煌文獻發現一百周年　中國社會科學出版社　2000　p. 369
顔廷亮　敦煌文化　光明日報出版社　2000　p. 323
林聰明　敦煌吐魯番文書解詁指例　(臺北)新文豐出版公司　2001　p. 131
黄征　敦煌語言文字學研究　甘肅教育出版社　2002　p. 249
姜亮夫　敦煌莫高窟年表　姜亮夫全集(十一)　雲南人民出版社　2002　p. 513
盧善焕　敦煌本《孔子項托相問書》研究　古史文存　社會科學文獻出版社　2002　p. 189
張鴻勳　敦煌俗文學研究　甘肅人民出版社　2002　p. 6、229
郝春文　英藏敦煌社會歷史文獻釋録(第二卷)　科學出版社　2003　p. 262、281、283
王昆吾　從敦煌學到域外漢文學　商務印書館　2003　p. 30、291
王小盾　何仟年　越南本《孔子項槖問答書》譾論　新世紀敦煌學論集　巴蜀書社　2003　p. 240

S. 396

矢吹慶輝　鳴沙餘韻·解說篇(第一部)　(京都)臨川書店　1980　p. 151
簡濤　敦煌本《燕子賦》考論　《敦煌研究》1986 年第 3 期　p. 31
上山大峻　敦煌佛教の研究　(京都)法藏館　1990　p. 58
方廣錩　敦煌佛教經録輯校　江蘇古籍出版社　1997　p. 633
方廣錩　大般若經點勘録　敦煌學大辭典　上海辭書出版社　1998　p. 753
郝春文　英藏敦煌社會歷史文獻釋録(第二卷)　科學出版社　2003　p. 287
荒見泰史　敦煌變文研究概述以及新觀點　華林(第三卷)　中華書局　2004　p. 404

S. 397

向達　倫敦所藏敦煌卷子經眼目録　《北平圖書館圖書季刊》1939 年新第 1 卷第 4 期　p. 397　又見:唐代長安與西域文明　三聯書店　1957　p. 199
饒宗頤解說　林宏作譯　敦煌書法叢刊(第二六卷)·寫經(七)　(東京)二玄社　1984　p. 56
李正宇　唐宋時代的敦煌學校　《敦煌研究》1986 年第 1 期　p. 42
陳祚龍　百尺竿頭,更進一步:敦煌學散策之三　敦煌學林劄記　(臺北)商務印書館　1987　p. 89
任半塘　敦煌歌辭總編　上海古籍出版社　1987　p. 1742
鄭炳林　敦煌地理文書彙輯校注　甘肅教育出版社　1989　p. 312
杜斗城　敦煌五臺山文獻校録研究　山西人民出版社　1991　p. 121
中村裕一　唐代官文書研究　(京都)中文出版社　1991　p. 483
竇俠父　敦煌學發凡　新疆大學出版社　1992　p. 41
李并成　敦煌遺書中地理書卷的學術價值《地理研究》1992 年第 3 期　p. 43
李并成　一批珍貴的古代地理文書:敦煌遺書中的地理書卷　《中國科技史料》1992 年第 13 卷第 4 期　p. 93
李正宇　《沙州圖經》綴合校注　《甘肅文史》1992 年第 8 期　p. 57

日比野丈夫　地理書　敦煌漢文文獻(講座敦煌 5)　(東京)大東出版社　1992　p. 351
高田時雄　評:池田溫編『敦煌漢文文獻』(講座敦煌 5)　『東洋史研究』(52 卷 1 號)　(東京)東洋史研究會　1993　p. 124
石奈德　敦煌本《普化大師五臺山巡禮記》初探　法國學者敦煌學論文選萃　中華書局　1993　p. 123、130 注 8
趙聲良　莫高窟第 61 窟五臺山圖研究　《敦煌研究》1993 年第 4 期　p. 91
李正宇　敦煌史地新論　(臺北)新文豐出版公司　1996　p. 180
鄭炳林　敦煌碑銘讚輯釋　甘肅教育出版社　1997　p. 419 注 9
姜亮夫　敦煌:偉大的文化寶藏　雲南人民出版社　1999　p. 119
榮新江　敦煌地理文獻的價值與研究　《書品》2000 年第 3 期　又見:敦煌學新論　甘肅教育出版社　2002　p. 257
榮新江　敦煌學十八講　北京大學出版社　2001　p. 273
黎薔　五臺山佛教樂舞戲曲文化鈎沈　《敦煌研究》2002 年第 2 期　p. 88
董志翹　敦煌文獻中之《往五臺山巡禮記》　新世紀敦煌學論集　巴蜀書社　2003　p. 667
郝春文　英藏敦煌社會歷史文獻釋録(第二卷)　科學出版社　2003　p. 288
何培斌　營造寄託:中國六至十世紀造寺功德的探討　寺院財富與世俗供養　上海書畫出版社　2003　p. 101
李小榮　敦煌密教文獻論稿　人民文學出版社　2003　p. 84
李小榮　論密教中的千手觀音　文史(第六十三輯)　中華書局　2003　p. 154

S. 398

郭在貽　張涌泉　黄征　敦煌寫本書寫特例發微　敦煌吐魯番學研究論文集　漢語大詞典出版社　1990　p. 327
鄭炳林　馮培紅　唐五代歸義軍政權對外關係中的使頭一職　敦煌歸義軍史專題研究　蘭州大學出版社　1997　p. 63
湛如　敦煌結夏安居考察　法源(第 16 期)　中國佛學院　1998　p. 84　又見:佛學研究(第七期)　中國佛教文化研究所　1998　p. 339
郝春文　英藏敦煌社會歷史文獻釋録(第二卷)　科學出版社　2003　p. 291
湛如　敦煌佛教律儀制度研究　中華書局　2003　p. 247

S. 399

方廣錩　僧伽吒經　敦煌學大辭典　上海辭書出版社　1998　p. 663

S. 403

呂建福　中國密教史　中國社會科學出版社　1995　p. 370
方廣錩　佛說隨求即得大自在陀羅尼神咒經　敦煌學大辭典　上海辭書出版社　1998　p. 700

S. 404

林聰明　敦煌吐魯番文書解詁指例　(臺北)新文豐出版公司　2001　p. 187

S. 405

上山大峻　敦煌佛教の研究　(京都)法藏館　1990　p. 362

S. 406

向達　倫敦所藏敦煌卷子經眼目録《北平圖書館圖書季刊》1939 年新第 1 卷第 4 期　p. 397　又見:唐代長安與西域文明　三聯書店　1957　p. 199

金岡照光　敦煌漢文文學文獻の文學形態上の種類とその分類　敦煌出土文學文獻分類目録・附解說　(東京)東洋文庫　1971　p. 218

金岡照光　敦煌漢文文學文獻の寫本及び影印の收集保存、整理研究の現狀　敦煌出土文學文獻分類目録・附解說　(東京)東洋文庫　1971　p. 169

金岡照光　敦煌文學のさまざま　敦煌の文學　(東京)大藏出版株式會社　1971　p. 113

楊家駱　敦煌變文　(臺北)世界書局　1980　p. 270

潘重規　敦煌變文集新書(下)　(臺北)"中國文化大學"中文研究所　1984　p. 1172

王重民　茶酒論　敦煌變文集　人民文學出版社　1984　p. 270

雷僑雲　敦煌兒童文學　(臺北)學生書局　1985　p. 159

張鴻勳　敦煌講唱文學作品選注　甘肅人民出版社　1987　p. 98 注 16

張鴻勳　敦煌故事賦《茶酒論》與爭奇型小說　《敦煌研究》1989 年第 1 期　p. 66

周丕顯　題跋　敦煌文學　甘肅人民出版社　1989　p. 81

暨遠志　敦煌寫本《茶酒論》研究之一　敦煌學國際學術討論會論文縮寫文(1990)　敦煌研究院　1990　p. 93

江藍生　近代漢語語法資料彙編(唐五代卷)　商務印書館　1990　p. 334

項楚　敦煌變文選注　巴蜀書社　1990　p. 432

趙逵夫　唐代的一個俳優戲腳本:敦煌石窟發現《茶酒論》考述　中國文化(3)　(香港)中華書局　1990　p. 163 注 1

金岡照光　散文體類　敦煌の文學文獻(講座敦煌 9)　(東京)大東出版社　1992　p. 176

周紹良　敦煌文學芻議及其它　(臺北)新文豐出版公司　1992　p. 13

張鴻勳　敦煌話本詞文俗賦導論　(臺北)新文豐出版公司　1993　p. 203

丛春雨　敦煌中醫藥全書　中醫古籍出版社　1994　p. 715

王小盾　潘建國　敦煌論議考　中國古籍研究(第一卷)　上海古籍出版社　1996　p. 187

黃征　張涌泉　敦煌變文校注　中華書局　1997　p. 425

陸淑綺　李重申　敦煌古代戲曲文化史料綜述　《敦煌研究》1997 年第 2 期　p. 68

寧可　郝春文　敦煌社邑文書輯校　江蘇古籍出版社　1997　p. 361

張鴻勳　茶酒論　敦煌學大辭典　上海辭書出版社　1998　p. 586

高國藩　敦煌俗文化學　上海三聯書店　1999　p. 291

徐俊　敦煌詩集殘卷輯考　中華書局　2000　p. 435

張鴻勳　說唱藝術奇葩:敦煌變文選評　甘肅人民出版社　2000　p. 114

張錫厚　敦煌文學源流　作家出版社　2000　p. 149

陳明　醫理精華:印度古典醫學在敦煌的實例分析　敦煌吐魯番研究(第五卷)　北京大學出版社　2001　p. 257 注

馬繼興　當前世界各地收藏的中國出土卷子本古醫藥文獻備考　敦煌吐魯番研究(第六卷)　北京大學出版社　2002　p. 134

張鴻勳　敦煌俗文學研究　甘肅人民出版社　2002　p. 7、193

郝春文　英藏敦煌社會歷史文獻釋録(第二卷)　科學出版社　2003　p. 292、297

王昆吾　從敦煌學到域外漢文學　商務印書館　2003　p. 26

王冀青　斯坦因與日本敦煌學　甘肅教育出版社　2004　p. 131

S. 407

朗吉　敦煌漢文卷子《茶酒論》與藏文《茶酒仙女》　《敦煌學輯刊》1986 年第 1 期　p. 68 注 3
汪泛舟　《太公家教》別考　敦煌語言文學研究　北京大學出版社　1988　p. 245
李正宇　敦煌古代硬筆書法　（臺北）《文化大學中文學報》1993 年創刊號　p. 6
李正宇　中國唐宋硬筆書法　上海文化出版社　1993　p. 53
趙聲良　萬經珍寶:古代書法藝術的寶庫"敦煌書法"　（臺北）《雄獅美術》1994 年第 12 期
劉勝角　古代楷書發展史　中國戲劇出版社　2002　p. 305

S. 408

廣川堯敏　淨土三部經　敦煌と中國仏教(講座敦煌 7)　（東京）大東出版社　1984　p. 106

S. 409

塚本善隆　敦煌佛教史概說　西域文化研究(第一)・敦煌佛教資料　（京都）法藏館　1958　p. 64
矢吹慶輝　鳴沙餘韻・解說篇(第一部)　（京都）臨川書店　1980　p. 22
陳祚龍　敦煌古抄內典尾記彙校初、二、三編合刊　敦煌學要籥　（臺北）新文豐出版公司　1982　p. 90
池田溫　中國古代寫本識語集録　（東京）大蔵出版株式會社　1990　p. 184
上山大峻　敦煌佛教の研究　（京都）法藏館　1990　p. 469
林聰明　敦煌文書學　（臺北）新文豐出版公司　1991　p. 99、163
小田義久　大谷文書の研究　（京都）法藏館　1996　p. 199
方廣錩　金光明經　敦煌學大辭典　上海辭書出版社　1998　p. 678
姚崇新　試論高昌國的佛教與佛教教團　敦煌吐魯番研究(第四卷)　北京大學出版社　1999　p. 56
林聰明　敦煌吐魯番文書解詁指例　（臺北）新文豐出版公司　2001　p. 149
郝春文　英藏敦煌社會歷史文獻釋録(第二卷)　科學出版社　2003　p. 298

S. 410

平井俊榮　敦煌仏典と中國仏教　敦煌と中國仏教(講座敦煌 7)　（東京）大東出版社　1984　p. 6
池田溫　中國古代寫本識語集録　（東京）大蔵出版株式會社　1990　p. 374
郝春文　英藏敦煌社會歷史文獻釋録(第二卷)　科學出版社　2003　p. 300

S. 412

佐竹靖彥　唐宋變革の地域的研究　（東京）同朋舍　1990　p. 200

S. 413

矢吹慶輝　鳴沙餘韻・解說篇(第一部)　（京都）臨川書店　1980　p. 290
郝春文　英藏敦煌社會歷史文獻釋録(第二卷)　科學出版社　2003　p. 301

S. 414

矢吹慶輝　鳴沙餘韻・解說篇(第二部)　（京都）臨川書店　1980　p. 202
張錫厚　敦煌詩歌考論　《敦煌學輯刊》1989 年第 2 期　p. 22
張錫厚　詩歌　敦煌文學　甘肅人民出版社　1989　p. 169

張錫厚　敦煌文學概論　甘肅人民出版社　1993　p. 361
蕭登福　道教術儀與密教典籍　(臺北)新文豐出版公司　1994　p. 214、496
方廣錩　救諸衆生一切苦難經　敦煌學大辭典　上海辭書出版社　1998　p. 741
張錫厚　敦煌文學源流　作家出版社　2000　p. 58

S. 415

郝春文　英藏敦煌社會歷史文獻釋録(第二卷)　科學出版社　2003　p. 302

S. 417

矢吹慶輝　鳴沙餘韻・解說篇(第一部)　(京都)臨川書店　1980　p. 196
蕭登福　道教術儀與密教典籍　(臺北)新文豐出版公司　1994　p. 214、496
張子開　敦煌寫本斯 136、417、622 號"佛經"初探　《宗教學研究》1997 年第 2 期　又見:中國敦煌學百年文庫・宗教卷(二)　甘肅文化出版社　1999　p. 499
方廣錩　勸善經　敦煌學大辭典　上海辭書出版社　1998　p. 741

S. 418

蕭登福　從敦煌寫卷中看道教星斗崇拜對佛經之影響　第二屆敦煌學國際研討會論文集　(臺北)漢學研究中心　1990　p. 339
蕭登福　道教星斗符印與佛教密宗　(臺北)新文豐出版公司　1993　p. 68
蕭登福　道教術儀與密教典籍　(臺北)新文豐出版公司　1994　p. 471
方廣錩　咒魅經　敦煌學大辭典　上海辭書出版社　1998　p. 740

S. 419

霍巍　早期密教圖像在敦煌的傳播及其來源的新探索　《敦煌研究》2006 年第 2 期　p. 111

S. 420

向達　倫敦所藏敦煌卷子經眼目録　《北平圖書館圖書季刊》1939 年新第 1 卷第 4 期　p. 397　又見:唐代長安與西域文明　三聯書店　1957　p. 199
唐耕耦　陸宏基　敦煌社會經濟文獻真迹釋録(三)　全國圖書館文獻縮微複製中心　1990　p. 559
郝春文　英藏敦煌社會歷史文獻釋録(第二卷)　科學出版社　2003　p. 304

S. 422

黑維强　吐魯番出土文書詞語例釋(二)　《敦煌學輯刊》2005 年第 2 期　p. 192

S. 424

塚本善隆　敦煌佛教史概說　西域文化研究(第一)・敦煌佛教資料　(京都)法藏館　1958　p. 71

S. 425

向達　倫敦所藏敦煌卷子經眼目録　《北平圖書館圖書季刊》1939 年新第 1 卷第 4 期　p. 397　又見:唐代長安與西域文明　三聯書店　1957　p. 199
金岡照光　敦煌の寫本　敦煌の文學　(東京)大藏出版株式會社　1971　p. 80
金岡照光　敦煌民衆の宗教と生活　敦煌の民衆:その生活と思想　(東京)評論社　1972　p. 254

石井昌子　靈寶經類　敦煌と中國道教(講座敦煌 4)　(東京)大東出版社　1983　p. 157
姜亮夫　敦煌所見道教佚經考　敦煌學論文集　上海古籍出版社　1987　p. 316
陳祚龍　看了兩種類比僞造的敦煌唐抄道經以後　敦煌學散策新集　(臺北)新文豐出版公司　1989　p. 448　又見:中國敦煌學百年文庫·宗教卷(三)　甘肅文化出版社　1999　p. 142
陶秋英輯録　姜亮夫校訂　敦煌所見道教佚經録　敦煌碎金　浙江古籍出版社　1992　p. 322
朱越利　道經總論　遼寧教育出版社　1992　p. 274
鄭阿財　從敦煌文獻看唐代的三教合一　第二屆國際唐代學術會議論文集(上)　(臺北)文津出版社　1993　p. 640
王卡　太極真人問功德行業經　敦煌學大辭典　上海辭書出版社　1998　p. 763
郝春文　英藏敦煌社會歷史文獻釋録(第二卷)　科學出版社　2003　p. 307、311
王卡　敦煌道教文獻研究　中國社會科學出版社　2004　p. 108

S. 427

金岡照光　敦煌文學のさまざま　敦煌の文學　(東京)大藏出版株式會社　1971　p. 154
加地哲定　增補中國佛教文學研究　(東京)同朋舍　1979　p. 190
川崎ミチコ　修道偈Ⅱ——定格聯章　敦煌仏典と禪(講座敦煌 8)　(東京)大東出版社　1980　p. 275
鄭阿財　敦煌孝道文學研究　(臺北)石門圖書公司　1982　p. 532
任半塘　敦煌歌辭總編　上海古籍出版社　1987　p. 1347、1388
劉進寶　俚曲小調　敦煌文學　甘肅人民出版社　1989　p. 222
加地哲定著　劉衛星譯　中國佛教文學　今日中國出版社　1990　p. 162
任半塘　王昆吾　隋唐五代燕樂雜言歌辭集　巴蜀書社　1990　p. 371
上山大峻　敦煌佛教の研究　(京都)法藏館　1990　p. 419
柴劍虹　敦煌詞輯校四談　西域文史論稿　(臺北)國文天地雜誌社　1991　p. 504
楊聯陞　書評:饒宗頤、戴密微合著《敦煌曲》　楊聯陞論文集　中國社會科學出版社　1992　p. 243
張涌泉　《敦煌歌辭總編》校議　《語言研究》1992 年第 1 期　p. 59
中村裕一　官文書　敦煌漢文文獻(講座敦煌 5)　(東京)大東出版社　1992　p. 563
周紹良　敦煌文學芻議及其它　(臺北)新文豐出版公司　1992　p. 37
孫其芳　顔廷亮　敦煌文學概論　甘肅人民出版社　1993　p. 446
鄭阿財　敦煌文獻與文學　(臺北)新文豐出版公司　1993　p. 112、136
張涌泉　試論審辨敦煌寫本俗字的方法　《敦煌研究》1994 年第 2 期　p. 149　又見:舊學新知　浙江大學出版社　1999　p. 80
王書慶　敦煌佛學·佛事篇　甘肅民族出版社　1995　p. 228
張涌泉　漢語俗字研究　岳麓書社　1995　p. 147
張涌泉　試論敦煌寫卷俗文字研究之意義　敦煌學國際研討會文集·史地語文編　遼寧美術出版社　1995　p. 358
王昆吾　隋唐五代燕樂雜言歌辭研究　中華書局　1996　p. 422
張涌泉　敦煌俗字研究導論　(臺北)新文豐出版公司　1996　p. 196
柴劍虹　勸凡夫十二時　敦煌學大辭典　上海辭書出版社　1998　p. 538
張涌泉　漢語俗字叢考　中華書局　2000　p. 812
李正宇　唐宋時期敦煌佛經性質功能的變化　戒幢佛學(第二卷)　岳麓書社　2002　p. 25　又見:中日敦煌佛教學術會議論文集　中國社會科學院研究所　2002　p. 20

馬茜　歸義軍時期敦煌地區庶民佛教的發展　甘肅民族研究論叢　甘肅人民出版社　2002　p. 467
郝春文　英藏敦煌社會歷史文獻釋録(第二卷)　科學出版社　2003　p. 312
王小盾　從敦煌本共住修道故事看唐代佛教詩歌文體的來源　中國俗文化研究(第一輯)　巴蜀書社　2003　p. 29
曾良　俗字與古籍整理舉隅　《中國典籍與文化》2003 年第 2 期　p. 63
張子開　敦煌文獻中的白話禪詩　《敦煌學輯刊》2003 年第 1 期　p. 86

S. 429

福井文雅　般若心經　敦煌と中國仏教(講座敦煌 7)　(東京)大東出版社　1984　p. 41

S. 431

道端良秀　敦煌文獻に見える死後の世界　敦煌と中國仏教(講座敦煌 7)　(東京)大東出版社　1984　p. 513
金岡照光　敦煌における地獄文獻:敦煌庶民信仰の一様相　敦煌と中國仏教(講座敦煌 7)　(東京)大東出版社　1984　p. 578
方廣錩　地藏菩薩本願經　敦煌學大辭典　上海辭書出版社　1998　p. 662
方廣錩　地藏菩薩經　敦煌學大辭典　上海辭書出版社　1998　p. 729
張總　地藏信仰研究　宗教文化出版社　2003　p. 96、109

S. 433

景盛軒　敦煌寫本《大般涅槃經》著録商補　浙江與敦煌學:常書鴻先生誕辰一百周年紀念文集　浙江古籍出版社　2004　p. 346、354
景盛軒　試論敦煌佛經異文研究的價值和意義　《敦煌研究》2004 年第 5 期　p. 88

S. 437

齊陳駿　有關遺産繼承的幾件敦煌遺書　《敦煌學輯刊》1994 年第 2 期　p. 56

S. 438

芳村修基　土橋秀高　井ノ口泰淳　敦煌佛教史年表　西域文化研究(第一)・敦煌佛教資料　(京都)法藏館　1958　p. 267
陳祚龍　敦煌古抄内典尾記彙校二編　敦煌文物隨筆　(臺北)商務印書館　1979　p. 178
陳祚龍　新集中世敦煌三寶感通録　敦煌學海探珠(下冊)　(臺北)商務印書館　1979　p. 336
矢吹慶輝　鳴沙餘韻・解説篇(第一部)　(京都)臨川書店　1980　p. 187
陳祚龍　敦煌古抄内典尾記彙校初、二、三編合刊　敦煌學要籥　(臺北)新文豐出版公司　1982　p. 82
池田溫　中國古代寫本識語集録　(東京)大藏出版株式會社　1990　p. 390

S. 439

謝桃坊　敦煌文化尋繹　四川人民出版社　1999　p. 207

S. 440

陳祚龍　敦煌古抄中世詩歌　敦煌學海探珠(上冊)　(臺北)商務印書館　1979　p. 148

賀世哲　敦煌莫高窟壁畫中的《維摩詰經變》《敦煌研究》1982 年試刊第 2 期　p. 64
陳祚龍　中世敦煌釋門的布薩法事之一斑　敦煌簡策訂存　（臺北）商務印書館　1983　p. 161
汪泛舟　偈・頌　敦煌文學　甘肅人民出版社　1989　p. 90
張弓　漢唐佛寺文化史　中國社會科學出版社　1997　p. 818
郝春文　英藏敦煌社會歷史文獻釋録(第二卷)　科學出版社　2003　p. 318
何劍平　作爲民間寫經和禮懺儀式的維摩詰信仰《敦煌學輯刊》2005 年第 4 期　p. 61

S. 443

陳祚龍　關於研究李唐三藏法師玄奘的"作爲"及其影響之敦煌古抄參考資料　中華佛教文化史散策(初集)　(臺北)新文豐出版公司　1978　p. 367
岡部和雄　敦煌藏經目録　敦煌と中國仏教(講座敦煌 7)　(東京)大東出版社　1984　p. 317
廣川堯敏　淨土三部經　敦煌と中國仏教(講座敦煌 7)　(東京)大東出版社　1984　p. 84
方廣錩　稱讚淨土佛攝受經　敦煌學大辭典　上海辭書出版社　1998　p. 660
林聰明　敦煌吐魯番文書解詁指例　(臺北)新文豐出版公司　2001　p. 187

S. 444

陳祚龍　新集敦煌古抄釋門的詩歌與曲子　敦煌簡策訂存　(臺北)商務印書館　1983　p. 190
池田溫　中國古代寫本識語集録　(東京)大藏出版株式會社　1990　p. 362
郝春文　英藏敦煌社會歷史文獻釋録(第二卷)　科學出版社　2003　p. 321

S. 446

王重民　《敦煌遺書總目索引》後記　敦煌遺書論文集　中華書局　1984　p. 67
唐耕耦　陸宏基　敦煌社會經濟文獻真迹釋録(四)　全國圖書館文獻縮微複製中心　1990　p. 260
中村裕一　唐代制勅研究　(東京)汲古書院　1991　p. 13、878
中村裕一　官文書　敦煌漢文文獻(講座敦煌 5)　(東京)大東出版社　1992　p. 553
中村裕一　唐代公文書研究　(東京)汲古書院　1996　p. 67、641
寧可　郝春文　敦煌社邑文書輯校　江蘇古籍出版社　1997　p. 771
中村裕一　文書行政　魏晉南北朝隋唐時代史の基本問題　(東京)汲古書院　1997　p. 330
王繼如　敦煌遺書斯 0446 號唐玄宗《加應道尊號大赦文》校讀記　敦煌問學叢稿　甘肅文化出版社　1999　p. 272
榮新江　敦煌學十八講　北京大學出版社　2001　p. 194
山本達郎等　補(IV)社・VI 諸種文書　『NUN – HUANG AND TURFAN DOCUMENTS CONCERNING SOCIAL AND ECONOMIC HISTORY』(Sup. p. lemrnts)　(東京)東洋文庫　2001　p. 91
郝春文　英藏敦煌社會歷史文獻釋録(第二卷)　科學出版社　2003　p. 322
王卡　敦煌道教文獻研究　中國社會科學出版社　2004　p. 13、232
王卡　敦煌道教綜述　敦煌與絲路文化學術講座(第二輯)　北京圖書館出版社　2005　p. 382

S. 447

加地哲定　增補中國佛教文學研究　(東京)同朋舍　1979　p. 200、216
鄭阿財　敦煌孝道文學研究　(臺北)石門圖書公司　1982　p. 379、530、648
加地哲定著　劉衛星譯　中國佛教文學　今日中國出版社　1990　p. 171、185
高田時雄　チベット文字書寫「長卷」の研究(本文編)　『東方學報』(第 65 號)　京都大學人文科

學研究所　1993　p. 374
鄭阿財　敦煌文獻與文學　（臺北）新文豐出版公司　1993　p. 32
張先堂　晚唐至宋初淨土五會念佛法門在敦煌的流傳　《敦煌研究》1998 年第 1 期　p. 52
劉長東　晉唐彌陀淨土信仰研究　巴蜀書社　2000　p. 405
郝春文　英藏敦煌社會歷史文獻釋録（第二卷）　科學出版社　2003　p. 327、330
沙武田　趙曉星　歸義軍時期敦煌文獻中的太子　《敦煌研究》2003 年第 4 期　p. 48

S. 449

池田溫　中國古代寫本識語集録　（東京）大藏出版株式會社　1990　p. 367
周偉洲　吐蕃對河隴的統治及歸義軍前期的河西諸族　《甘肅民族研究》1990 年第 2 期　p. 2
鄭炳林　唐五代敦煌的粟特人與佛教　敦煌歸義軍史專題研究　蘭州大學出版社　1997　p. 451
鄭炳林　吐蕃統治下的敦煌粟特人　敦煌歸義軍史專題研究　蘭州大學出版社　1997　p. 389 注 18
鄭炳林　《康秀華寫經施入疏》與《炫和尚貨賣胡粉曆》研究　敦煌吐魯番研究（第三卷）　北京大學出版社　1998　p. 199
郝春文　英藏敦煌社會歷史文獻釋録（第二卷）　科學出版社　2003　p. 331

S. 450

暨遠志　張議潮出行圖研究（續）　《敦煌研究》1992 年第 4 期　p. 79
金岡照光　高僧傳因緣　敦煌の文學文獻（講座敦煌 9）　（東京）大東出版社　1992　p. 598
姜伯勤　變文的南方源頭與敦煌的唱導法匠　華學（第一輯）　中山大學出版社　1995　p. 157
井ノ口泰淳　敦煌本『仏名經』の諸系統　中央アジアの言語と仏教　（京都）法藏館　1995　p. 297
姜伯勤　敦煌藝術宗教與禮樂文明　中國社會科學出版社　1996　p. 410

S. 452

周紹良　敦煌文學芻議及其它　（臺北）新文豐出版公司　1992　p. 13

S. 453

黄征　吴偉　敦煌願文集　岳麓書社　1995　p. 610
郝春文　英藏敦煌社會歷史文獻釋録（第二卷）　科學出版社　2003　p. 332、334
李小榮　敦煌密教文獻論稿　人民文學出版社　2003　p. 169
湛如　敦煌佛教律儀制度研究　中華書局　2003　p. 50
黄征　敦煌俗字典　上海教育出版社　2005　p. 前言 13、50、105
黄征　敦煌俗字要論　《敦煌研究》2005 年第 1 期　p. 86

S. 454

土橋秀高　敦煌の律蔵　敦煌と中國仏教（講座敦煌 7）　（東京）大東出版社　1984　p. 264
林聰明　敦煌文書學　（臺北）新文豐出版公司　1991　p. 429
王三慶　敦煌寫卷中武后新字之調查研究　唐代研究論集（第三輯）　（臺北）新文豐出版公司　1992　p. 87

S. 455

平井俊榮　敦煌仏典と中國仏教　敦煌と中國仏教（講座敦煌 7）　（東京）大東出版社　1984　p. 8

S. 456

芳村修基　土橋秀高　井ノ口泰淳　敦煌佛教史年表　西域文化研究(第一)·敦煌佛教資料　(京都)法藏館　1958　p. 262
陳祚龍　敦煌古抄內典尾記彙校初、二、三編合刊　敦煌學要籥　(臺北)新文豐出版公司　1982　p. 90
饒宗頤解說　林宏作譯　敦煌書法叢刊(第十八卷)·碎金(一)　(東京)二玄社　1983　p. 91
池田溫　中國古代寫本識語集録　(東京)大蔵出版株式會社　1990　p. 220
林聰明　從敦煌文書看佛教徒的造經祈福　第二屆敦煌學國際研討會論文集　(臺北)漢學研究中心　1990　p. 523
方廣錩　佛教大藏經史(八—十世紀)　中國社會科學出版社　1991　p. 58
林聰明　敦煌文書出處略考　季羨林教授八十華誕紀念論文集(下)　江西人民出版社　1991　p. 851
林聰明　敦煌文書學　(臺北)新文豐出版公司　1991　p. 138、374
楊森　唐虞世南子虞昶傳略補　《陝西師範大學學報》1992 年第 21 卷第 2 期　p. 72
顧吉辰　唐代敦煌文獻寫本書手考述　《敦煌學輯刊》1993 年第 1 期　p. 26
林聰明　談敦煌文書的抄寫問題　紀念陳寅恪先生百年誕辰學術論文集　江西教育出版社　1994　p. 284
沃興華　敦煌書法藝術　上海人民出版社　1994　p. 67
藤枝晃著　徐慶全　李樹清譯　敦煌寫本概述　《敦煌研究》1996 年第 2 期　p. 118
張涌泉　敦煌俗字研究導論　(臺北)新文豐出版公司　1996　p. 25
陳國燦　咸亨二年唐宮廷寫妙法蓮花經記　敦煌學大辭典　上海辭書出版社　1998　p. 455
方廣錩　敦煌遺書中的《妙法蓮華經》及有關文獻　敦煌學佛教學論叢(下)　中國佛教文化研究所　1998　p. 79　又見:法源(第 16 期)　中國佛學院　1998　p. 44
楊富學　王書慶　唐代長安與敦煌佛教文化之關係　'98 法門寺唐文化國際學術討論會論文集　陝西人民出版社　2000　p. 178
林聰明　敦煌吐魯番文書解詁指例　(臺北)新文豐出版公司　2001　p. 58 注 11
姜亮夫　敦煌莫高窟年表　姜亮夫全集(十一)　雲南人民出版社　2002　p. 239
郝春文　英藏敦煌社會歷史文獻釋録(第二卷)　科學出版社　2003　p. 335

S. 457

本田義英　敦煌出土智度論に就いて　『宗教研究』(新 6 卷 2 期)　(東京)宗教研究會　1929　p. 245
芳村修基　土橋秀高　井ノ口泰淳　敦煌佛教史年表　西域文化研究(第一)·敦煌佛教資料　(京都)法藏館　1958　p. 257
池田溫　評『ペリオ將來敦煌漢文文獻目録』第一卷(P. 2001 – 2500)　『東洋學報』(54 卷 4 號)　(東京)東洋學術協會　1972　p. 67
陳祚龍　敦煌古抄內典尾記彙校初、二、三編合刊　敦煌學要籥　(臺北)新文豐出版公司　1982　p. 91
池田溫　中國古代寫本識語集録　(東京)大蔵出版株式會社　1990　p. 144
沃興華　敦煌書法藝術　上海人民出版社　1994　p. 119
趙聲良　隋代敦煌寫本的書法藝術　敦煌書法庫(第三輯)　甘肅人民美術出版社　1994　p. 3　又見:《敦煌研究》1995 年第 4 期　p. 134

王三慶　敦煌書儀載録之節日活動與民俗　全國敦煌學研討會論文集　（臺北）中正大學中國文學系所　1995　p.26 注 39

伊藤美重子　敦煌本『大智度論』の整理　中國佛教石經の研究　京都大學學術出版會　1996　p.361

方廣錩　大智度論　敦煌學大辭典　上海辭書出版社　1998　p.721

林聰明　敦煌吐魯番文書解詁指例　（臺北）新文豐出版公司　2001　p.60 注 37、156

蔡忠霖　敦煌漢文寫卷俗字及其現象　（臺北）文津出版社　2002　p.42、67、140

姜亮夫　敦煌莫高窟年表　姜亮夫全集（十一）　雲南人民出版社　2002　p.175

蔡忠霖　從書法角度看俗字的生成　敦煌學（第 24 輯）　（臺北）樂學書局有限公司　2003　p.167

蔡忠霖　官定正字之外的通行文字　新世紀敦煌學論集　巴蜀書社　2003　p.111

郝春文　英藏敦煌社會歷史文獻釋録（第二卷）　科學出版社　2003　p.337

S.458

張鴻勳　敦煌講唱伎藝搬演考略　《敦煌學輯刊》1982 年第 3 期　p.65

池田溫　中國古代寫本識語集録　（東京）大藏出版株式會社　1990　p.389

林聰明　敦煌文書學　（臺北）新文豐出版公司　1991　p.387

郝春文　英藏敦煌社會歷史文獻釋録（第二卷）　科學出版社　2003　p.338

S.459

平井俊榮　敦煌仏典と中國仏教　敦煌と中國仏教（講座敦煌 7）　（東京）大東出版社　1984　p.7

S.461

伊藤美重子　敦煌本『大智度論』の整理　中國佛教石經の研究　京都大學學術出版會　1996　p.385

郝春文　英藏敦煌社會歷史文獻釋録（第二卷）　科學出版社　2003　p.339

S.462

張先堂　敦煌文學概論　甘肅人民出版社　1993　p.340

鄭阿財　敦煌寫卷《懺悔滅罪金光明經傳》初探　慶祝潘石禪先生九秩華誕敦煌學特刊　（臺北）文津出版社　1996　p.583

鄭阿財　敦煌寫卷《懺悔滅罪金光明經傳》研究　敦煌文藪（下）　（臺北）新文豐出版公司　1999　p.71

榮新江　《英藏敦煌文獻》定名商補　文史（第五十二輯）　中華書局　2000　p.117　又見：敦煌學新論　甘肅教育出版社　2002　p.189

楊寶玉　《懺悔滅罪金光明經冥報傳》校考　英國收藏敦煌漢藏文獻研究：紀念敦煌文獻發現一百周年　中國社會科學出版社　2000　p.330

楊富學　王書慶　唐代長安與敦煌佛教文化之關係　'98 法門寺唐文化國際學術討論會論文集　陝西人民出版社　2000　p.178

張鴻勳　敦煌俗文學研究　甘肅人民出版社　2002　p.352

郝春文　英藏敦煌社會歷史文獻釋録（第二卷）　科學出版社　2003　p.342－347

黃征　敦煌俗字典　上海教育出版社　2005　p.22、50、105

S. 463

矢吹慶輝　鳴沙餘韻・解說篇(第一部)　(京都)臨川書店　1980　p. 139

饒宗頤解說　林宏作譯　敦煌書法叢刊(第二五卷)・寫經(六)　(東京)二玄社　1984　p. 72

方廣錩　瑜伽師地論隨聽疏　敦煌學大辭典　上海辭書出版社　1998　p. 715

S. 464

上山大峻　敦煌佛教の研究　(京都)法藏館　1990　p. 19

郝春文　曇曠　敦煌學大辭典　上海辭書出版社　1998　p. 347

郝春文　英藏敦煌社會歷史文獻釋録(第二卷)　科學出版社　2003　p. 351

S. 465

金岡照光　敦煌における地獄文獻:敦煌庶民信仰の一様相　敦煌と中國仏教(講座敦煌 7)　(東京)大東出版社　1984　p. 570

S. 466

向達　倫敦所藏敦煌卷子經眼目録　《北平圖書館圖書季刊》1939 年新第 1 卷第 4 期　p. 397　又見:唐代長安與西域文明　三聯書店　1957　p. 200

仁井田陞　唐末五代の敦煌寺院佃戶關係文書　西域文化研究(第二)・敦煌吐魯番社會經濟資料(上)　(京都)法藏館　1959　p. 88

池田溫　中國古代の租佃契(上)　『東洋文化研究所紀要』(第 60 冊)　東京大學東洋文化研究所　1973　p. 38

董作賓　敦煌紀年　敦煌學文選(上)　蘭州大學歷史系敦煌學研究室等　1983　p. 34

仁井田陞著　姜鎮慶譯　唐末五代的敦煌寺院佃戶關係文書　敦煌學譯文集　甘肅人民出版社　1985　p. 863 注 11、869 注 25

唐耕耦　關於唐代租佃制的若干問題:以吐魯番敦煌租佃契爲中心　歷史論叢(第五輯)　齊魯書社　1985　p. 110

池田溫　吐魯番、敦煌契券概觀　漢學研究(敦煌學國際研討會論文專號)　(臺北)漢學研究資料及服務中心　1986　p. 32

李正宇　敦煌方音止遇二攝混同及其校勘學意義　《敦煌研究》1986 年第 4 期　p. 48

楊際平　麴氏高昌與唐代西州、沙州租佃制研究　敦煌吐魯番出土經濟文書研究　廈門大學出版社　1986　p. 271

項楚　王梵志詩校注　敦煌吐魯番文獻研究論集(第四輯)　北京大學出版社　1987　p. 528

王公望　契約　敦煌文學　甘肅人民出版社　1989　p. 56

唐耕耦　陸宏基　敦煌社會經濟文獻真迹釋録(二)　全國圖書館文獻縮微複製中心　1990　p. 30

堀敏一著　林世田譯　唐代後期敦煌社會經濟之變化　《敦煌學輯刊》1991 年第 1 期　p. 97

林聰明　敦煌文書學　(臺北)新文豐出版公司　1991　p. 264

仁井田陞　補訂中國法制史研究:奴隸農奴法・家族村落法　東京大學出版會　1991　p. 85

仁井田陞　補訂中國法制史研究:土地法・取引法　東京大學出版會　1991　p. 700、720

林聰明　談敦煌文書的抄寫問題　紀念陳寅恪先生百年誕辰學術論文集　江西教育出版社　1994　p. 305

榮新江　龍家考　中亞學刊(第四輯)　北京大學出版社　1995　p. 146

張傳璽　中國歷代契約會編考釋(上)　北京大學出版社　1995　p. 273 注 1

高啓安　唐宋時期敦煌人名探析　《敦煌研究》1997 年第 4 期　p. 123
陸慶夫　從焉耆龍王到河西龍家——龍部落遷徙考　敦煌歸義軍史專題研究　蘭州大學出版社　1997　p. 493
鄭炳林　敦煌碑銘讚輯釋　甘肅教育出版社　1997　p. 491 注 4
鄭炳林　晚唐五代敦煌貿易市場的物價　敦煌歸義軍史專題研究　蘭州大學出版社　1997　p. 296
黄永年　唐代史事考釋　(臺北)聯經出版公司　1998　p. 455
李正宇　敦煌遺書標點符號　敦煌學大辭典　上海辭書出版社　1998　p. 519
馬繼興　敦煌醫藥文獻輯校　江蘇古籍出版社　1998　p. 786
沙知　典地契　敦煌學大辭典　上海辭書出版社　1998　p. 388
沙知　敦煌契約文書輯校　江蘇古籍出版社　1998　p. 339
沙知　蓮畔人　敦煌學大辭典　上海辭書出版社　1998　p. 391
陳國燦　唐代的經濟社會　(臺北)文津出版社　1999　p. 160、219 注 68
雷紹鋒　歸義軍賦役制度初探　(臺北)洪葉文化事業有限公司　2000　p. 9
林聰明　敦煌吐魯番文書解詁指例　(臺北)新文豐出版公司　2001　p. 91
楊森　關於敦煌文獻中的"平章"一詞　敦煌學與中國史研究論集　甘肅人民出版社　2001　p. 231
陳國燦　敦煌學史事新證　甘肅教育出版社　2002　p. 291
姜亮夫　敦煌莫高窟年表　姜亮夫全集(十一)　雲南人民出版社　2002　p. 534
郝春文　英藏敦煌社會歷史文獻釋録(第二卷)　科學出版社　2003　p. 352
洪藝芳　敦煌社會經濟文書中的唐五代新興量詞研究　敦煌學(第 24 輯)　(臺北)樂學書局有限公司　2003　p. 109
李正宇　敦煌遺書一宗後晉時期敦煌民事訴訟檔案　《敦煌研究》2003 年第 2 期　p. 44
童丕　敦煌的借貸:中國中古時代的物質生活與社會　中華書局　2003　p. 9、159
王啓濤　中古及近代法制文書語言研究　巴蜀書社　2003　p. 233、289
鄭顯文　唐代律令制研究　北京大學出版社　2004　p. 134

S. 467

王重民　敦煌曲子詞集　商務印書館　1950　p. 21
邵榮芬　敦煌俗文學中的别字異文和唐五代西北方音　《中國語文》1963 年第 3 期　又見:中國敦煌學百年文庫·語言文字卷(一)　甘肅文化出版社　1999　p. 128
金岡照光　敦煌漢文文學文獻の文學形態上の種類とその分類　敦煌出土文學文獻分類目録·附解説　(東京)東洋文庫　1971　p. 234
金岡照光　敦煌文學のさまざま　敦煌の文學　(東京)大蔵出版株式會社　1971　p. 147
陳祚龍　中古敦煌仕女心目中的五臺山　中華佛教文化史散策(初集)　(臺北)新文豐出版公司　1978　p. 37
廣川堯敏　禮讚　敦煌と中國仏教(講座敦煌 7)　(東京)大東出版社　1984　p. 470
杜斗城　關於敦煌本《五臺山讚》與《五臺山曲子》的創作年代問題　《敦煌學輯刊》1987 年第 1 期　1987　p. 52
任半塘　敦煌歌辭總編　上海古籍出版社　1987　p. 1711
任半塘　王昆吾　隋唐五代燕樂雜言歌辭集　巴蜀書社　1990　p. 47
杜斗城　敦煌五臺山文獻校録研究　山西人民出版社　1991　p. 81
金岡照光　曲子詞類　敦煌の文學文獻(講座敦煌 9)　(東京)大東出版社　1992　p. 399
黎薔　敦煌遺書與壁畫中的佛教戲曲　西域戲劇與戲劇的發生　新疆人民出版社　1992　p. 91

周紹良　敦煌文學芻議及其它　(臺北)新文豐出版公司　1992　p. 36
李正宇　論敦煌曲子　第二届國際唐代學術會議論文集(上)　(臺北)文津出版社　1993　p. 759
趙聲良　莫高窟第61窟五臺山圖研究　《敦煌研究》1993年第4期　p. 100
張涌泉　試論審辨敦煌寫本俗字的方法　《敦煌研究》1994年第2期　p. 147　又見:舊學新知　浙江大學出版社　1999　p. 76
杜斗城　北涼譯經論　甘肅文化出版社　1995　p. 24
黎蕃　論波斯諸教對敦煌樂舞之影響　敦煌學國際研討會文集·石窟藝術編　遼寧美術出版社　1995　p. 220
榮新江　歸義軍史研究　上海古籍出版社　1996　p. 250
王昆吾　隋唐五代燕樂雜言歌辭研究　中華書局　1996　p. 191
張涌泉　敦煌俗字研究導論　(臺北)新文豐出版公司　1996　p. 67
黄征　張涌泉　敦煌變文校注　中華書局　1997　p. 1053
陸淑綺　李重申　絲綢之路上的舞蹈與音樂　周紹良先生欣開九秩慶壽文集　中華書局　1997　p. 435
張弓　漢唐佛寺文化史　中國社會科學出版社　1997　p. 842
孫其芳　蘇幕遮　敦煌學大辭典　上海辭書出版社　1998　p. 532
張錫厚　五臺山曲子　敦煌學大辭典　上海辭書出版社　1998　p. 542
高國藩　敦煌俗文化學　上海三聯書店　1999　p. 545
孫其芳　鳴沙遺音:敦煌詞選評　甘肅人民出版社　2000　p. 237
鄭炳林　徐曉麗　敦煌寫本P. 3973《往五臺山行記》殘卷研究　《敦煌學輯刊》2002年第1期　p. 11
郝春文　英藏敦煌社會歷史文獻釋録(第二卷)　科學出版社　2003　p. 354
湯涒　敦煌曲子詞地域文化研究　上海古籍出版社　2004　p. 27、109、130
湯涒　敦煌曲子詞寫本叙略　敦煌學國際研討會論文集　北京圖書館出版社　2005　p. 197

S. 468

沖本克己　敦煌出土のチベット文禪宗文獻の内容　敦煌仏典と禪(講座敦煌8)　(東京)大東出版社　1980　p. 424
木村隆德　敦煌出土のチベット文禪宗文獻の性格　敦煌仏典と禪(講座敦煌8)　(東京)大東出版社　1980　p. 444
篠原壽雄　北宗禪と南宗禪　敦煌仏典と禪(講座敦煌8)　(東京)大東出版社　1980　p. 194
王重民　記敦煌寫本的佛經　敦煌吐魯番文獻研究論集(第二輯)　北京大學出版社　1983　p. 21　又見:敦煌遺書論文集　中華書局　1984　p. 305
楊曾文　日本學者對中國禪宗文獻的研究和整理　《世界宗教研究》1987年第1期　p. 121
上山大峻　敦煌佛教の研究　(京都)法藏館　1990　p. 421
李學勤　禪宗早期文物的重要發現　《文物》1992年第3期　p. 71
吳其昱著　伊藤美重子譯　敦煌漢文寫本概観　敦煌漢文文獻(講座敦煌5)　(東京)大東出版社　1992　p. 58
冉雲華　敦煌遺書與中國禪宗歷史研究　"中國唐代學會"會刊(第四期)　(臺北)"中國唐代學會"　1993　p. 58
索仁森著　李吉和譯　敦煌漢文禪籍特徵概觀　《敦煌研究》1994年第1期　p. 111
田中良昭　敦煌の禪籍　禪學研究入門　(東京)大東出版社　1994　p. 68
柳田聖山　禪籍解題(一)·敦煌禪籍　俗語言研究(第二期)　(京都)禪文化研究所　1995　p. 146

方廣錩　頓悟無生般若頌　敦煌學大辭典　上海辭書出版社　1998　p. 727
郝春文　英藏敦煌社會歷史文獻釋録(第二卷)　科學出版社　2003　p. 360
楊曾文　慧能弟子神會及其禪法理論　敦煌與絲路文化學術講座(第二輯)　北京圖書館出版社　2005　p. 359

S. 469

沖本克己　敦煌出土のチベット文禪宗文獻の内容　敦煌仏典と禪(講座敦煌 8)　(東京)大東出版社　1980　p. 428
木村隆德　敦煌出土のチベット文禪宗文獻の性格　敦煌仏典と禪(講座敦煌 8)　(東京)大東出版社　1980　p. 448
土肥義和　はじめに——歸義軍節度使の敦煌支配　敦煌の歴史(講座敦煌 2)　(東京)大東出版社　1980　p. 274
姜伯勤　唐五代敦煌寺戶制度　中華書局　1987　p. 146
謝重光　白文固　中國僧官制度史　青海人民出版社　1990　p. 135
王三慶　敦煌寫卷中武后新字之調查研究　唐代研究論集(第三輯)　(臺北)新文豐出版公司　1992　p. 87
公維章　文謿　敦煌寺院中的會計:直歲　《敦煌學輯刊》1997 年第 2 期　p. 119
湛如　敦煌佛教律儀制度研究　中華書局　2003　p. 41
張涌泉　敦煌文獻字詞例釋　敦煌學(第 25 輯)　(臺北)樂學書局有限公司　2004　p. 355

S. 471

江素雲　維摩詰所說經敦煌寫本綜合目録　(臺北)東初出版社　1991　p. 79
郝春文　英藏敦煌社會歷史文獻釋録(第二卷)　科學出版社　2003　p. 362

S. 472

福井文雅　般若心經　敦煌と中國仏教(講座敦煌 7)　(東京)大東出版社　1984　p. 38

S. 473

郝春文　英藏敦煌社會歷史文獻釋録(第二卷)　科學出版社　2003　p. 363

S. 474

竺沙雅章　敦煌出土「社」文書の研究　『東方學報』(第 35 號)　京都大學人文科學研究所　1964　p. 270
土肥義和　莫高窟千佛洞と大寺と蘭若と　敦煌の社會(講座敦煌 3)　(東京)大東出版社　1980　p. 365
土肥義和　はじめに——歸義軍節度使の敦煌支配　敦煌の歴史(講座敦煌 2)　(東京)大東出版社　1980　p. 273
陳國燦　敦煌所出諸借契年代考　魏晉南北朝隋唐史資料(第 4 輯)　武漢大學出版社　1982　p. 13　又見:《敦煌學輯刊》1984 年第 1 期　p. 5
孫修身　斯 2614 號卷寫作年代的考定　《敦煌學輯刊》1984 年第 1 期　p. 43
唐耕耦　唐五代時期的高利貸:敦煌吐魯番出土借貸文書初探　《敦煌學輯刊》1986 年第 1 期　p. 144

謝重光　晉—唐僧官制度考略　《世界宗教研究》1986 年第 3 期　p. 43 注 5　又見：五十年來漢唐佛教寺院經濟研究　北京師範大學出版社　1986　p. 345 注 1
姜伯勤　唐五代敦煌寺戶制度　中華書局　1987　p. 145、314
王永興　隋唐五代經濟史料彙編校注・第一編(下)　中華書局　1987　p. 921
羅華慶　9 至 11 世紀敦煌的行像和浴佛活動　《敦煌研究》1988 年第 4 期　p. 100
韓建瓴　雜記　敦煌文學　甘肅人民出版社　1989　p. 68
榮新江　關於沙州歸義軍都僧統年代的幾個問題　《敦煌研究》1989 年第 4 期　p. 73
唐耕耦　陸宏基　敦煌社會經濟文獻真迹釋録(三)　全國圖書館文獻縮微複製中心　1990　p. 344
謝重光　白文固　中國僧官制度史　青海人民出版社　1990　p. 135
姜伯勤　敦煌社會文書導論　(臺北)新文豐出版公司　1992　p. 250
郝春文　敦煌寫本社邑文書年代彙考(三)　《社科縱横》1993 年第 5 期　p. 12
郝春文　唐後期五代宋初沙州僧尼的宗教收入(三)：大衆倉試探　《敦煌學輯刊》1996 年第 2 期　p. 4
李正宇　敦煌史地新論　(臺北)新文豐出版公司　1996　p. 73
榮新江　歸義軍史研究　上海古籍出版社　1996　p. 15、284
公維章　文讕　敦煌寺院中的會計：直歲　《敦煌學輯刊》1997 年第 2 期　p. 119
寧可　郝春文　敦煌社邑文書輯校　江蘇古籍出版社　1997　p. 670
鄭炳林　敦煌碑銘讚輯釋　甘肅教育出版社　1997　p. 373 注 2、382 注 2
郝春文　唐後期五代宋初敦煌僧尼的社會生活　中國社會科學出版社　1998　p. 119、185
黄征　唐代俗語詞輯釋　唐研究(第四卷)　北京大學出版社　1998　p. 144
李正宇　司　敦煌學大辭典　上海辭書出版社　1998　p. 382
寧可　行像社　敦煌學大辭典　上海辭書出版社　1998　p. 428
寧可　修窟社　敦煌學大辭典　上海辭書出版社　1998　p. 428
榮新江　歸義軍大事紀年初稿　出土文獻研究(第三輯)　文物出版社　1998　p. 242
謝重光　行像司　敦煌學大辭典　上海辭書出版社　1998　p. 635
郝春文　英藏敦煌文獻年代叢考　英國收藏敦煌漢藏文獻研究：紀念敦煌文獻發現一百周年　中國社會科學出版社　2000　p. 370
童丕　從寺院的帳簿看敦煌二月八日節　法國漢學(敦煌學專號)　中華書局　2000　p. 83
劉文鎖　尼雅浴佛會及浴佛齋禱文　《敦煌研究》2001 年第 3 期　p. 47
謝重光　漢唐佛教社會史論　(臺北)國際文化事業有限公司　2001　p. 251 注 38
陳國燦　敦煌學史事新證　甘肅教育出版社　2002　p. 336
郝春文　P. 3223《勘尋永安寺法律願慶與老宿紹建相諍根由狀》及其相關問題考　中日敦煌佛教學術會議論文集　中國社會科學院研究所　2002　p. 57
黄征　敦煌語言文字學研究　甘肅教育出版社　2002　p. 156
郝春文　英藏敦煌社會歷史文獻釋録(第二卷)　科學出版社　2003　p. 366、368
何培斌　營造寄託：中國六至十世紀造寺功德的探討　寺院財富與世俗供養　上海書畫出版社　2003　p. 103
童丕　敦煌的借貸：中國中古時代的物質生活與社會　中華書局　2003　p. 53
湛如　敦煌佛教律儀制度研究　中華書局　2003　p. 41、67
高啓安　唐五代敦煌飲食文化研究　民族出版社　2004　p. 380
趙紅　高啓安　唐五代時期敦煌僧人飲食概述　麥積山石窟藝術文化論文集(下)　蘭州大學出版社　2004　p. 289

S. 476

岡部和雄　敦煌蔵經目録　敦煌と中國仏教(講座敦煌7)　(東京)大東出版社　1984　p. 307
李正宇　敦煌地區古代祠廟寺觀簡志　《敦煌學輯刊》1988年第1、2期　p. 78
胡戟　傅玫　敦煌史話　中華書局　1995　p. 184
李正宇　敦煌史地新論　(臺北)新文豐出版公司　1996　p. 77
方廣錩　敦煌佛教經録輯校　江蘇古籍出版社　1997　p. 726
鄭炳林　敦煌碑銘讚輯釋　甘肅教育出版社　1997　p. 419注9
方廣錩　亥年四月二十九日勘南寺經録　敦煌學大辭典　上海辭書出版社　1998　p. 752
郝春文　唐後期五代宋初敦煌僧尼的社會生活　中國社會科學出版社　1998　p. 290
李正宇　大雲寺　敦煌學大辭典　上海辭書出版社　1998　p. 629
李正宇　開元寺　敦煌學大辭典　上海辭書出版社　1998　p. 629
李正宇　靈圖寺　敦煌學大辭典　上海辭書出版社　1998　p. 629
李正宇　龍興寺　敦煌學大辭典　上海辭書出版社　1998　p. 629
丘古耶夫斯基　敦煌漢文文書　上海古籍出版社　2000　p. 194
郝春文　英藏敦煌社會歷史文獻釋録(第二卷)　科學出版社　2003　p. 370、374
鄭炳林　晚唐五代敦煌地區《大般若經》的流傳與信仰　麥積山石窟藝術文化論文集(下)　蘭州大學出版社　2004　p. 116

S. 477

向達　倫敦所藏敦煌卷子經眼目録　《北平圖書館圖書季刊》1939年新第1卷第4期　p. 397　又見:唐代長安與西域文明　三聯書店　1957　p. 200
今枝二郎　道德真經玄宗御注本について(一)　『中國古典研究』(第15號)　(東京)早稲田大學中國古典研究會　1967　p. 31
王重民　敦煌古籍叙録　中華書局　1979　p. 233
蘇瑩輝　敦煌學概要　(臺北)編譯館"中華叢書編委會"　1981　p. 49
鄭良樹　敦煌老子寫本考異　(臺北)《大陸雜誌》1981年第2期　又見:中國敦煌學百年文庫・宗教卷(三)　甘肅文化出版社　1999　p. 68
楠山春樹　道德經類 付『莊子』『列子』『文子』　敦煌と中國道教(講座敦煌4)　(東京)大東出版社　1983　p. 33
蘇瑩輝　中外敦煌古寫本纂要　敦煌論集　(臺北)學生書局　1983　p. 325
王重民　巴黎敦煌殘卷叙録(第二輯)　敦煌叢刊初集(九)　(臺北)新文豐出版公司　1985　p. 272
王重民原編　黄永武新編　敦煌古籍叙録新編(第十二册)　(臺北)新文豐出版公司　1986　p. 115
王獻軍　唐代吐蕃統治河隴地區漢族瑣談　《西藏研究》1989年第2期　p. 42注15
杜愛英　敦煌遺書中俗體字的諸種類型　《敦煌研究》1992年第3期　p. 123
王卡　老子道德經河上公章句　中華書局　1993　p. 15
胡戟　傅玫　敦煌史話　中華書局　1995　p. 134
饒宗頤　吳建衡二年索紞寫本道德經殘卷考證　(香港)《東方文化》1995年第2卷第1期　p. 18
白化文　老子道德經河上公章句　敦煌學大辭典　上海辭書出版社　1998　p. 776
嚴靈峰　老子《想爾注》寫本殘卷質疑　中國敦煌學百年文庫・文獻卷(一)　甘肅文化出版社　1999　p. 492
姜亮夫　敦煌莫高窟年表　姜亮夫全集(十一)　雲南人民出版社　2002　p. 338
郝春文　英藏敦煌社會歷史文獻釋録(第二卷)　科學出版社　2003　p. 384

王卡　敦煌道教文獻研究　中國社會科學出版社　2004　p. 11、168
王卡　敦煌道教綜述　敦煌與絲路文化學術講座(第二輯)　北京圖書館出版社　2005　p. 380

S. 478

矢吹慶輝　鳴沙餘韻・解說篇(第一部)　(京都)臨川書店　1980　p. 250
景盛軒　試論敦煌佛經異文研究的價值和意義　《敦煌研究》2004 年第 5 期　p. 87
張涌泉　敦煌文獻字詞例釋　敦煌學(第 25 輯)　(臺北)樂學書局有限公司　2004　p. 356

S. 479

芳村修基　土橋秀高　井ノ口泰淳　敦煌佛教史年表　西域文化研究(第一)・敦煌佛教資料　(京都)法藏館　1958　p. 272
入矢義高　『太公家教』校釋　福井博士頌壽記念東洋思想論集　(東京)論文集刊行會　1960　p. 35
高國藩　敦煌寫本《太公家教》初探　《敦煌學輯刊》1984 年第 1 期　p. 64
王重民　跋太公家教　敦煌遺書論文集　中華書局　1984　p. 137
王重民　《敦煌遺書總目索引》後記　敦煌遺書論文集　中華書局　1984　p. 67
雷僑雲　敦煌兒童文學　(臺北)學生書局　1985　p. 81
汪泛舟　《太公家教》考　《敦煌研究》1986 年第 1 期　p. 48
王重民原編　黃永武新編　敦煌古籍叙録新編(第十一冊)　(臺北)新文豐出版公司　1986　p. 252
周鳳五　敦煌寫本太公家教研究　(臺北)明文書局　1986　p. 155
周鳳五　太公家教重探　漢學研究(敦煌學國際研討會論文專號)　(臺北)漢學研究資料及服務中心　1986　p. 374
朱鳳玉　太公家教研究　漢學研究(敦煌學國際研討會論文專號)　(臺北)漢學研究資料及服務中心　1986　p. 393
李正宇　敦煌學郎題記輯注　《敦煌學輯刊》1987 年第 1 期　p. 29
汪泛舟　《太公家教》別考　敦煌語言文學研究　北京大學出版社　1988　p. 244
高國藩　敦煌民俗學　上海文藝出版社　1989　p. 112(原文録爲 S. 497)
鄭阿財　敦煌寫卷新集文詞九經抄研究　(臺北)文史哲出版社　1989　p. 128 注 1(原文録爲 S. 497)
池田溫　中國古代寫本識語集録　(東京)大藏出版株式會社　1990　p. 431
鄭阿財　敦煌蒙書析論　第二屆敦煌學國際研討會論文集　(臺北)漢學研究中心　1990　p. 226
東野治之　敦煌と日本の『千字文』　遣唐使と正倉院　(東京)岩波書店　1992　p. 240、242
東野治之　訓蒙書　敦煌漢文文獻(講座敦煌 5)　(東京)大東出版社　1992　p. 405
姜伯勤　敦煌社會文書導論　(臺北)新文豐出版公司　1992　p. 98
鄭阿財　敦煌文獻與文學　(臺北)新文豐出版公司　1993　p. 260
鄭阿財　學日益齋敦煌學劄記　周一良先生八十生日紀念論文集　中國社會科學出版社　1993　p. 193(原文録爲 S. 497)
顔廷亮　關於《晏子賦》寫本的抄寫年代問題　《敦煌研究》1997 年第 2 期　p. 136
顧吉辰　敦煌文獻職官結銜考釋　《敦煌學輯刊》1998 年第 2 期　p. 31
榮新江　《英藏敦煌文獻》定名商補　文史(第五十二輯)　中華書局　2000　p. 128　又見:敦煌學新論　甘肅教育出版社　2002　p. 206
榮新江　《英國圖書館藏敦煌漢文非佛教文獻殘卷目録》補正　英國收藏敦煌漢藏文獻研究:紀念敦

煌文獻發現一百周年　中國社會科學出版社　2000　p. 387

汪泛舟　敦煌古代兒童課本　甘肅人民出版社　2000　p. 213(原文録爲 S. 497)

姜亮夫　敦煌莫高窟年表　姜亮夫全集(十一)　雲南人民出版社　2002　p. 416

鄭阿財　朱鳳玉　敦煌蒙書研究　甘肅教育出版社　2002　p. 357、377

郝春文　英藏敦煌社會歷史文獻釋録(第二卷)　科學出版社　2003　p. 399

鄭阿財　敦煌蒙書　敦煌與絲路文化學術講座(第一輯)　北京圖書館出版社　2003　p. 140

趙跟喜　敦煌唐宋時期的女子教育初探　《敦煌研究》2006 年第 2 期　p. 93

S. 481

池田溫　中國古代寫本識語集録　(東京)大蔵出版株式會社　1990　p. 394

方廣錩　金有陀羅尼經　敦煌學大辭典　上海辭書出版社　1998　p. 704

黨燕妮　毗沙門天王信仰在敦煌的流傳　《敦煌研究》2005 年第 3 期　p. 100

S. 482

向達　倫敦所藏敦煌卷子經眼目録　《北平圖書館圖書季刊》1939 年新第 1 卷第 4 期　p. 397　又見:唐代長安與西域文明　三聯書店　1957　p. 200

石井昌子　靈寶經類　敦煌と中國道教(講座敦煌 4)　(東京)大東出版社　1983　p. 155

姜亮夫　敦煌所見道教佚經考　敦煌學論文集　上海古籍出版社　1987　p. 315

陶秋英輯録　姜亮夫校訂　敦煌所見道教佚經録　敦煌碎金　浙江古籍出版社　1992　p. 321

王卡　元陽上卷超度濟難經　敦煌學大辭典　上海辭書出版社　1998　p. 764

山田俊　唐初道教思想史研究・論述篇　(京都)平樂寺書店　1999　p. 483

郝春文　英藏敦煌社會歷史文獻釋録(第二卷)　科學出版社　2003　p. 412

王卡　敦煌道教文獻研究　中國社會科學出版社　2004　p. 116

荒見泰史　從敦煌寫本中變文的改寫情況來探討五代講唱文學的演變　敦煌學國際研討會論文集　北京圖書館出版社　2005　p. 179

S. 490

陳祚龍　敦煌古抄內典尾記彙校二編　敦煌文物隨筆　(臺北)商務印書館　1979　p. 167

矢吹慶輝　鳴沙餘韻・解說篇(第一、二部)　(京都)臨川書店　1980　p. 127;353

陳祚龍　敦煌古抄內典尾記彙校初、二、三編合刊　敦煌學要籥　(臺北)新文豐出版公司　1982　p. 73

姜伯勤　敦煌毗尼藏主考　《敦煌研究》1993 年第 3 期　p. 4

姜伯勤　敦煌藝術宗教與禮樂文明　中國社會科學出版社　1996　p. 329

方廣錩　毗尼心　敦煌學大辭典　上海辭書出版社　1998　p. 714

郝春文　英藏敦煌社會歷史文獻釋録(第二卷)　科學出版社　2003　p. 422

S. 493

黑維强　吐魯番出土文書詞語例釋(二)　《敦煌學輯刊》2005 年第 2 期　p. 191

S. 494

蕭登福　道教術儀與密教典籍　(臺北)新文豐出版公司　1994　p. 467

S. 496

矢吹慶輝　鳴沙餘韻・解說篇(第一部)　(京都)臨川書店　1980　p. 106

林聰明　敦煌文書學　(臺北)新文豐出版公司　1991　p. 426

S. 498

向達　倫敦所藏敦煌卷子經眼目録　《北平圖書館圖書季刊》1939 年新第 1 卷第 4 期　p. 397　又見:唐代長安與西域文明　三聯書店　1957　p. 200

潘重規　巴黎倫敦所藏敦煌詩經卷子題記　(香港)《新亞書院學術年刊》1969 年第 11 期　又見:中國敦煌學百年文庫・文獻卷(二)　甘肅文化出版社　1999　p. 388

潘重規　敦煌詩經卷子研究　(臺北)《華岡學報》1970 年第 6 期　又見:中國敦煌學百年文庫・文獻卷(二)　甘肅文化出版社　1999　p. 441

王重民　敦煌古籍叙録　中華書局　1979　p. 45

蘇瑩輝　略論五經正義的原本格式及其標記"經"、"傳"、"注"文起訖情形　敦煌論集續編　(臺北)學生書局　1983　p. 72、80

王重民原編　黄永武新編　敦煌古籍叙録新編(第二冊)　(臺北)新文豐出版公司　1986　p. 347

土田健次郎　儒教典籍　敦煌漢文文獻(講座敦煌 5)　(東京)大東出版社　1992　p. 268、297

白化文　詩經　敦煌學大辭典　上海辭書出版社　1998　p. 773

白化文　朱墨寫經　敦煌學大辭典　上海辭書出版社　1998　p. 591

黄征　程惠新　劫塵遺珠:敦煌遺書　甘肅教育出版社　1999　p. 194

北京大學　敦煌《經卷》、《照片》及《圖書》目録　中國敦煌學百年文庫・綜述卷(一)　甘肅文化出版社　1999　p. 313

林聰明　敦煌吐魯番文書解詁指例　(臺北)新文豐出版公司　2001　p. 223

姜亮夫　敦煌莫高窟年表　姜亮夫全集(十一)　雲南人民出版社　2002　p. 217

郝春文　英藏敦煌社會歷史文獻釋録(第二卷)　科學出版社　2003　p. 423

伏俊璉　敦煌《詩經》殘卷的文獻價值　《敦煌研究》2004 年第 4 期　p. 43

許建平　潘重規先生對《詩經》研究的貢獻　敦煌學(第 25 輯)　(臺北)樂學書局有限公司　2004　p. 398

S. 499

石内德　敦煌文獻中被廢棄的殘經抄本　法國漢學(敦煌學專號)　中華書局　2000　p. 21

金滢坤　敦煌社會經濟文獻綴合拾遺　《敦煌研究》2006 年第 2 期　p. 88

S. 503

池田溫　中國古代寫本識語集録　(東京)大藏出版株式會社　1990　p. 392

S. 504

唐耕耦　唐五代時期的高利貸　《敦煌學輯刊》1985 年第 2 期　p. 18

S. 505

張先堂　敦煌文學概論　甘肅人民出版社　1993　p. 332

方廣錩　長爪梵志所問經　敦煌學大辭典　上海辭書出版社　1998　p. 708

S. 507

矢吹慶輝　鳴沙餘韻・解說篇(第二部)　(京都)臨川書店　1980　p. 315

S. 508

矢吹慶輝　鳴沙餘韻・解說篇(第一部)　(京都)臨川書店　1980　p. 314

S. 509

陳祚龍　敦煌古抄內典尾記彙校初、二、三編合刊　敦煌學要籥　(臺北)新文豐出版公司　1982　p. 91

賴富本宏　中國密教史における敦煌文獻　敦煌と中國仏教(講座敦煌 7)　(東京)大東出版社　1984　p. 163

池田溫　中國古代寫本識語集録　(東京)大蔵出版株式會社　1990　p. 444

上山大峻　敦煌佛教の研究　(京都)法藏館　1990　p. 144

杜愛英　敦煌遺書中俗體字的諸種類型　《敦煌研究》1992 年第 3 期　p. 122

方廣錩　千手千眼觀世音菩薩廣大圓滿無礙大悲心陀羅尼經　敦煌學大辭典　上海辭書出版社　1998　p. 701

林聰明　敦煌吐魯番文書解詁指例　(臺北)新文豐出版公司　2001　p. 130

郝春文　英藏敦煌社會歷史文獻釋録(第二卷)　科學出版社　2003　p. 428

李小榮　敦煌密教文獻論稿　人民文學出版社　2003　p. 24、84

李小榮　論密教中的千手觀音　文史(第六十三輯)　中華書局　2003　p. 155

魏迎春　敦煌菩薩漫談　民族出版社　2004　p. 80

S. 511

矢吹慶輝　鳴沙餘韻・解說篇(第二部)　(京都)臨川書店　1980　p. 520

郝春文　英藏敦煌社會歷史文獻釋録(第二卷)　科學出版社　2003　p. 429

S. 512

向達　倫敦所藏敦煌卷子經眼目録　《北平圖書館圖書季刊》1939 年新第 1 卷第 4 期　p. 397　又見:唐代長安與西域文明　三聯書店　1957　p. 200

姜亮夫　大英博物館藏敦煌寫本卷子 S 五一二卷歸三十母例跋　《經世季刊》1941 年第 2 卷第 1 期　又見:中國敦煌學百年文庫・文獻卷(一)　甘肅文化出版社　1999　p. 210

姜亮夫　瀛涯敦煌韻輯總目叙録　《國立中央圖書館館刊》1947 年第 1 期　又見:中國敦煌學百年文庫・文獻卷(一)　甘肅文化出版社　1999　p. 264

潘重規　瀛涯敦煌韻輯新編　(臺北)文史哲出版社　1974　p. 545

周祖謨　唐五代韻書集存　中華書局　1983　p. 795、955

潘重規　敦煌變文集新書(上)　(臺北)"中國文化大學"中文研究所　1984　p. 555

姜亮夫　敦煌韻輯凡例與叙例　敦煌學論文集　上海古籍出版社　1987　p. 367

姜亮夫　唐人所謂聲紐三十母說:S. 512 卷歸三十字母例　敦煌學論文集　上海古籍出版社　1987　p. 727　又見:姜亮夫全集(十四)　雲南人民出版社　2002　p. 174

姜亮夫　瀛外將去敦煌所藏韻書字書各卷叙録　敦煌學論文集　上海古籍出版社　1987　p. 361　又見:姜亮夫全集(十三)　雲南人民出版社　2002　p. 313

姜亮夫　瀛涯敦煌韻書卷子考釋　浙江古籍出版社　1990　p. 138

林家平　寧强　羅華慶　中國敦煌學史　北京語言學院出版社　1992　p. 301
汪泛舟　從敦煌文學構成特點看中外交流關係　敦煌學國際研討會文集·史地語文編　遼寧美術出版社　1995　p. 239
張金泉　歸三十字母例　敦煌學大辭典　上海辭書出版社　1998　p. 515
姜亮夫　瀛涯敦煌韻輯　姜亮夫全集(九)　雲南人民出版社　2002　p. 277
郝春文　英藏敦煌社會歷史文獻釋録(第二卷)　科學出版社　2003　p. 430
王冀青　斯坦因與日本敦煌學　甘肅教育出版社　2004　p. 173
周廣榮　梵語《悉曇章》在中國的傳播與影響　宗教文化出版社　2004　p. 199
黄征　敦煌俗字典　上海教育出版社　2005　p. 前言 16、46、89、117

S. 513

芳村修基　土橋秀高　井ノ口泰淳　敦煌佛教史年表　西域文化研究(第一)·敦煌佛教資料　(京都)法藏館　1958　p. 262
陳祚龍　敦煌古抄内典尾記彙校初、二、三編合刊　敦煌學要籥　(臺北)新文豐出版公司　1982　p. 91
池田溫　中國古代寫本識語集録　(東京)大藏出版株式會社　1990　p. 224
高國藩　敦煌古俗與民俗流變　河海大學出版社　1990　p. 428
林聰明　從敦煌文書看佛教徒的造經祈福　第二屆敦煌學國際研討會論文集　(臺北)漢學研究中心　1990　p. 524
柴劍虹　《敦煌遺書總目索引》重印記　西域文史論稿　(臺北)國文天地雜誌社　1991　p. 490
方廣錩　佛教大藏經史(八—十世紀)　中國社會科學出版社　1991　p. 58
林聰明　敦煌文書出處略考　季羨林教授八十華誕紀念論文集(下)　江西人民出版社　1991　p. 852
林聰明　敦煌文書學　(臺北)新文豐出版公司　1991　p. 99、108、139、376
林聰明　談敦煌文書的抄寫問題　紀念陳寅恪先生百年誕辰學術論文集　江西教育出版社　1994　p. 284
方廣錩　敦煌文獻中的《金剛經》及其注疏　《新疆文物》1995 年第 1 期　p. 46　又見:敦煌學佛教學論叢(上)　中國佛教文化研究所　1998　p. 374
鄭阿財　敦煌文獻與唐代字樣學　第六屆中國文字學全國學術研討會論文集　(臺北)"中國文字學會"　1995　p. 265
藤枝晃著　徐慶全　李樹清譯　敦煌寫本概述　《敦煌研究》1996 年第 2 期　p. 119
張涌泉　敦煌俗字研究導論　(臺北)新文豐出版公司　1996　p. 25
方廣錩　金剛般若波羅蜜經　敦煌學大辭典　上海辭書出版社　1998　p. 682
楊富學　王書慶　唐代長安與敦煌佛教文化之關係　'98 法門寺唐文化國際學術討論會論文集　陝西人民出版社　2000　p. 178
林聰明　敦煌吐魯番文書解詁指例　(臺北)新文豐出版公司　2001　p. 58 注 12
蔡忠霖　敦煌漢文寫卷俗字及其現象　(臺北)文津出版社　2002　p. 32
釋永有　敦煌遺書中的金剛經　敦煌佛教藝術文化國際學術研討會論文集　蘭州大學出版社　2002　p. 39
郝春文　英藏敦煌社會歷史文獻釋録(第二卷)　科學出版社　2003　p. 432
衣川賢次　唐玄宗《御注金剛般若經》的復原與研究　新世紀敦煌學論集　巴蜀書社　2003　p. 115
杜正乾　唐代的《金剛經》信仰　《敦煌研究》2004 年第 5 期　p. 53

赤尾榮慶　關於敦煌寫本的真僞和修復問題　敦煌學國際研討會論文集　北京圖書館出版社　2005　p. 329

S. 514

向達　倫敦所藏敦煌卷子經眼目録　《北平圖書館圖書季刊》1939 年新第 1 卷第 4 期　p. 397　又見:唐代長安與西域文明　三聯書店　1957　p. 200

芳村修基　土橋秀高　井ノ口泰淳　敦煌佛教史年表　西域文化研究(第一)・敦煌佛教資料　(京都)法藏館　1958　p. 268

西村元佑　唐代敦煌差科簿の研究　西域文化研究(第三)・敦煌吐魯番社會經濟資料(下)　(京都)法藏館　1960　p. 424

陳祚龍　瓜沙印録　(臺北)《大陸雜誌》1962 年第 4 期　又見:敦煌學概要　(臺北)編譯館"中華叢書編委會"　1981　p. 266、268；中國敦煌學百年文庫・考古卷(一)　甘肅文化出版社　1999　p. 183、189

土肥義和　唐令よりみたる現存唐代戶籍の基礎的研究(上)　『東洋學報』(52 卷 1 號)　(東京)東洋學術協會　1969　p. 94

池田溫　中國古代籍帳研究:概観・録文　東京大學東洋文化研究所　1979　p. 115、215

菊池英夫　唐代敦煌社會の外貌　敦煌の社會(講座敦煌 3)　(東京)大東出版社　1980　p. 104

佐藤武敏　敦煌の水利　敦煌の社會(講座敦煌 3)　(東京)大東出版社　1980　p. 277

陳祚龍　古代敦煌及其他地區流行之公私印章圖記文字録　敦煌學要籥　(臺北)新文豐出版公司　1982　p. 322、339

楊際平　鄭學檬　從唐代敦煌戶籍資料看均田制下私田的存在　《廈門大學學報》1982 年第 4 期　p. 43

姜亮夫　敦煌學之文書研究　敦煌吐魯番文獻研究論集(第二輯)　北京大學出版社　1983　p. 33

李永寧　《方角書一首》試析　《敦煌研究》1983 年創刊號　p. 176

蘇瑩輝　瓜沙史事系年　敦煌論集　(臺北)學生書局　1983　p. 273

池田溫　中國古代籍帳研究　中華書局　1984　p. 328

韓國磐　北朝隋唐的均田制　上海人民出版社　1984　p. 212

侯紹莊　"買田"性質研究　《敦煌學研究》(西北師院學報)1984 年增刊　p. 22

梁尉英　張芝籍貫辨　《敦煌研究》1985 年第 2 期　p. 151

饒宗頤解說　林宏作譯　敦煌書法叢刊(第十五卷)・牒狀(二)　(東京)二玄社　1985　p. 85

山本達郎　敦煌發見の唐代籍帳にみえる已受田の増減　『東方學』(第 70 輯)　(東京)東方學會　1985　p. 2

西村元佑著　姜鎮慶譯　通過唐代敦煌差科簿看唐代均田制時代的徭役制度　敦煌學譯文集　甘肅人民出版社　1985　p. 1119、1152、1228 注 34

寧欣　唐代敦煌地區農業水利問題初探　敦煌吐魯番文獻研究論集(第三輯)　北京大學出版社　1986　p. 502 注 13、507、511

唐耕耦　陸宏基　敦煌社會經濟文獻真迹釋録(一)　書目文獻出版社　1986　p. 189

王重民原編　黃永武新編　敦煌古籍叙録新編(第七冊)　(臺北)新文豐出版公司　1986　p. 18

高國藩　敦煌民俗學簡論　1983 年全國敦煌學術討論會文集・文史遺書編(下)　甘肅人民出版社　1987　p. 391

李正宇　《吐蕃子年(西元 808 年)沙州百姓氾履倩等戶籍手實殘卷》研究　1983 年全國敦煌學術討論會文集・文史遺書編(上)　甘肅人民出版社　1987　p. 195

梁尉英　漢代效穀城考　1983年全國敦煌學術討論會文集·文史遺書編(上)　甘肅人民出版社　1987　p. 286、296注7

李正宇　唐宋時代敦煌縣河渠泉澤簡志(一)　《敦煌研究》1988年第4期　p. 94

陳國燦　唐五代敦煌縣鄉里制的演變　《敦煌研究》1989年第3期　p. 41、48

高國藩　敦煌民俗學　上海文藝出版社　1989　p. 7、93

李正宇　唐宋時代敦煌縣河渠泉澤簡志(二)《敦煌研究》1989年第1期　p. 56

鄧文寬　敦煌吐魯番文書與唐代均田制研究　中國文化(2)　(香港)中華書局　1990　p. 10

李天石　敦煌吐魯番文書中的奴婢資料及其價值　《敦煌學輯刊》1990年第1期　p. 2、13

佐竹靖彥　唐宋變革の地域的研究　(東京)同朋舍　1990　p. 150

李并成　漢敦煌郡廣至縣城及其有關問題考　《敦煌研究》1991年第4期　p. 87

李并成　漢敦煌郡效穀縣城考　《敦煌學輯刊》1991年第1期　p. 60

李正宇　敦煌名勝古迹導論　《陽關》1991年第4期　p. 49

楊際平　均田制新探　廈門大學出版社　1991　p. 194

池田溫　關於敦煌發現的唐大曆四年手實殘卷(上)　唐代均田制研究選譯　甘肅教育出版社　1992　p. 104

凍國棟　唐代人口問題研究　武漢大學出版社　1992　p. 447

林天蔚　敦煌戶籍卷中所見唐代田制之新探　唐代研究論集(第二輯)　(臺北)新文豐出版公司　1992　p. 99

鈴木俊　山本達郎　唐代的均田制度與敦煌戶籍　唐代均田制研究選譯　甘肅教育出版社　1992　p. 17注26、30

盧向前　唐代六品以下職散官受永業田質疑　敦煌吐魯番文書論稿　江西人民出版社　1992　p. 4　又見:文史(第三十三輯)　中華書局　1992　p. 121

山本達郎　對均田制末期敦煌地區土地四至記載的考察(一)　唐代均田制研究選譯　甘肅教育出版社　1992　p. 187

王仲犖　敦煌石室出《沙州都督府圖經》殘卷考釋　《中國歷史地理論叢》1992年第1輯　又見:中國敦煌學百年文庫·地理卷(一)　甘肅文化出版社　1999　p. 355

佐竹靖彥　唐末宋初敦煌地區戶籍制度的演變　唐代均田制研究選譯　甘肅教育出版社　1992　p. 167

高國藩　敦煌民俗資料導論　(臺北)新文豐出版公司　1993　p. 43

李正宇　敦煌遺書中的檔案資料及其價值意義　《魏晉南北朝隋唐史》1993年第5期　p. 66

楊銘　吐蕃在敦煌計口授田的幾個問題　《西北師大學報》(社會科學版)1993年第5期　p. 104

盧向前　唐代胡化婚姻關係試論　紀念陳寅恪先生百年誕辰學術論文集　江西教育出版社　1994　p. 523

王永興　敦煌經濟文書導論　(臺北)新文豐出版公司　1994　p. 7、63

王永興　敦煌吐魯番出土唐官府文書縫背縫表記事押署鈐印問題初探　文史(第四十輯)　中華書局　1994　p. 91

Л. N. チュグイェフスキ－著　荒川正晴譯注　ソ連邦科學アカデミ－東洋學研究所所藏、敦煌寫本における官印と寺印『吐魯番出土文物研究會會報』(98、99號)　(東京)吐魯番出土文物研究會　1994　p. 3

胡戟　傅玫　敦煌史話　中華書局　1995　p. 160

李正宇　《沙州都督府圖經卷第三》劄記(二)　《敦煌研究》1995年第4期　p. 106

劉進寶　敦煌學論述　(臺北)洪葉文化事業有限公司　1995　p. 263

譚蟬雪　敦煌婚俗的特點　敦煌學國際研討會文集·史地語文編　遼寧美術出版社　1995　p. 608
鄭阿財　敦煌文獻與唐代字樣學　第六屆中國文字學全國學術研討會論文集　(臺北)"中國文字學會"　1995　p. 265
陳國燦　安史亂後的唐二庭四鎮　唐研究(第二卷)　北京大學出版社　1996　p. 418
胡如雷　隋唐五代社會經濟史論稿　中國社會科學出版社　1996　p. 1
李并成　北魏瓜州敦煌郡鳴沙、平康、東鄉三縣城址考　敦煌吐魯番學研究論集　書目文獻出版社　1996　p. 285
李并成　李春元　瓜沙史地研究　甘肅文化出版社　1996　p. 68、148
李正宇　敦煌史地新論　(臺北)新文豐出版公司　1996　p. 131
鄭炳林　唐五代敦煌粟特人與歸義軍政權　《敦煌研究》1996 年第 4 期　p. 83　又見:敦煌歸義軍史專題研究　蘭州大學出版社　1997　p. 406
池田溫　正倉院文書と敦煌·吐魯番文書　正倉院文書研究(5)　(東京)吉川弘文館　1997　p. 130
高啓安　唐宋時期敦煌人名探析　《敦煌研究》1997 年第 4 期　p. 124
李正宇　敦煌歷史地理導論　(臺北)新文豐出版公司　1997　p. 58、251
仁井田陞　ペリオ敦煌發見唐令の再吟味　唐令拾遺補　東京大學出版會　1997　p. 256
孫曉林　敦煌遺書所見唐宋間令狐氏在敦煌的分佈　唐代的歷史與社會　武漢大學出版社　1997　p. 527
楊銘　吐蕃統治敦煌研究　(臺北)新文豐出版公司　1997　p. 28
鄭炳林　都教授張金炫和尚生平事迹考　敦煌歸義軍史專題研究　蘭州大學出版社　1997　p. 547
鄭炳林　敦煌碑銘讚輯釋　甘肅教育出版社　1997　p. 236 注 22
鄭炳林　唐五代敦煌畜牧區域研究　敦煌歸義軍史專題研究　蘭州大學出版社　1997　p. 219
鄭炳林　晚唐五代敦煌園囿經濟研究　敦煌歸義軍史專題研究　蘭州大學出版社　1997　p. 309
陳國燦　懸泉鄉　敦煌學大辭典　上海辭書出版社　1998　p. 303
凍國棟　關於唐代前期的丁口"虚挂"　魏晉南北朝隋唐史資料(第 16 輯)　武漢大學出版社　1998　p. 91 注 15
何雙全　宜禾里　敦煌學大辭典　上海辭書出版社　1998　p. 303
黄永年　唐代史事考釋　(臺北)聯經出版公司　1998　p. 446
黄正建　敦煌文書所見唐宋之際敦煌民衆住房面積考略　敦煌吐魯番研究(第三卷)　北京大學出版社　1998　p. 222 注
李斌城　隋唐五代社會生活史　中國社會科學出版社　1998　p. 211 注 5
沙知　敦煌吐魯番文獻所見唐軍府名掇拾　《敦煌學輯刊》1998 年第 1 期　p. 7
沙知　敦煌縣之印　敦煌學大辭典　上海辭書出版社　1998　p. 292
沙知　黄石府　敦煌學大辭典　上海辭書出版社　1998　p. 394
沙知　金城府　敦煌學大辭典　上海辭書出版社　1998　p. 395
沙知　沙州都督府印　敦煌學大辭典　上海辭書出版社　1998　p. 290
沙知　通化府　敦煌學大辭典　上海辭書出版社　1998　p. 394
宋家鈺　唐代戶籍　敦煌學大辭典　上海辭書出版社　1998　p. 402
宋家鈺　唐沙州敦煌縣懸泉鄉宜禾里大曆四年手實　敦煌學大辭典　上海辭書出版社　1998　p. 403
池田溫　八世紀中葉敦煌的粟特人聚落　唐研究論文選集　中國社會科學出版社　1999　p. 57 注 40
高國藩　敦煌俗文化學　上海三聯書店　1999　p. 163

氣賀澤保規　府兵制の研究:府兵兵士とその社會　(東京)同朋舍　1999　p. 110
丘古耶夫斯基著　魏迎春譯　俄藏敦煌漢文寫卷中的官印及寺院印章　《敦煌學輯刊》1999 年第 1 期　p. 143
吳麗娛　敦煌寫本書儀中的行第之稱:兼論行第普及的庶民影響　敦煌吐魯番研究(第四卷)　北京大學出版社　1999　p. 545
謝桃坊　敦煌文化尋繹　四川人民出版社　1999　p. 204
陳永勝　敦煌吐魯番法制文書研究　甘肅人民出版社　2000　p. 164
金岡照光　敦煌文獻と中國文學　(東京)五曜書房　2000　p. 529
雷紹鋒　歸義軍賦役制度初探　(臺北)洪葉文化事業有限公司　2000　p. 8
劉進寶　敦煌文書與唐史研究　(臺北)新文豐出版公司　2000　p. 6
丘古耶夫斯基　敦煌漢文文書　上海古籍出版社　2000　p. 63
王克孝　ДХ2168 寫本初探　1994 年敦煌學國際研討會文集・宗教文史卷(下)　甘肅民族出版社　2000　p. 228
趙雲旗　唐代土地買賣研究　中國財政經濟出版社　2000　p. 45
馮培紅　敦煌文獻中的職官史料與唐五代藩鎮官制研究　《敦煌研究》2001 年第 3 期　p. 108
榮新江　敦煌學十八講　北京大學出版社　2001　p. 351
陳國燦　敦煌學史事新證　甘肅教育出版社　2002　p. 366、449
姜亮夫　敦煌莫高窟年表　姜亮夫全集(十一)　雲南人民出版社　2002　p. 347
郝春文　英藏敦煌社會歷史文獻釋録(第二卷)　科學出版社　2003　p. 434
王克孝　顔廷亮　從敦煌吐魯番文書看唐代手實文書的編製與類型　2000 年敦煌學國際學術討論會文集・歷史文化卷(上)　甘肅民族出版社　2003　p. 217
邢鐵　從三組敦煌戶籍說唐代均田制下的繼承問題　中國中古史論集　天津古籍出版社　2003　p. 65
楊際平　北朝隋唐均田制新探　岳麓書社　2003　p. 187
李并成　西涼敦煌戶籍殘卷(S. 0113)若干問題新探　敦煌學(第 25 輯)　(臺北)樂學書局有限公司　2004　p. 197
李天石　中國中古良賤身份制度研究　南京師範大學出版社　2004　p. 25
劉安志　關於唐代沙州陞爲都督府的時間問題　《敦煌學輯刊》2004 年第 2 期　p. 63
孟憲實　論敦煌渠人社　周秦漢唐文化研究(第三輯)　三秦出版社　2004　p. 131
陳麗萍　敦煌文書所見唐五代婚變現象初探(一)　《敦煌學輯刊》2005 年第 2 期　p. 171
陳麗萍　敦煌籍帳中夫妻年歲差距過大現象初探　《首都師範大學學報》2006 年第 2 期　p. 8
馮培紅　歸義軍鎮制考　敦煌吐魯番研究(第九卷)　北京大學出版社　2006　p. 269、275

S. 515

向達　倫敦所藏敦煌卷子經眼目録　《北平圖書館圖書季刊》1939 年新第 1 卷第 4 期　p. 397　又見:唐代長安與西域文明　三聯書店　1957　p. 200
榮新江　沙州歸義軍歷任節度使稱號研究　敦煌吐魯番學研究論文集　漢語大詞典出版社　1990　p. 790
唐耕耦　陸宏基　敦煌社會經濟文獻真迹釋録(四)　全國圖書館文獻縮微複製中心　1990　p. 44、63
中村裕一　官文書　敦煌漢文文獻(講座敦煌 5)　(東京)大東出版社　1992　p. 577
姜伯勤　敦煌戒壇與大乘佛教　華學(第二輯)　中山大學出版社　1996　p. 327

姜伯勤　敦煌藝術宗教與禮樂文明　中國社會科學出版社　1996　p. 357
榮新江　歸義軍史研究　上海古籍出版社　1996　p. 93
中村裕一　唐代公文書研究　（東京）汲古書院　1996　p. 143
郝春文　歸義軍政權與敦煌佛教之關係新探　周紹良先生欣開九秩慶壽文集　中華書局　1997　p. 165
郝春文　唐後期五代宋初敦煌僧尼的社會生活　中國社會科學出版社　1998　p. 7、10、394
唐耕耦　度牒　敦煌學大辭典　上海辭書出版社　1998　p. 641
楊秀清　敦煌西漢金山國史　甘肅人民出版社　1999　p. 146
雷紹鋒　歸義軍賦役制度初探　（臺北）洪葉文化事業有限公司　2000　p. 206、259
李正宇　索勳、張承奉更叠之際史事考　敦煌文獻論集：紀念藏經洞發現一百周年國際學術研討會論文集　遼寧人民出版社　2001　p. 117
曾良　敦煌文獻字義通釋　廈門大學出版社　2001　p. 118、158
李德龍　沙州三界寺《授戒牒》初探　甘肅民族研究論叢　甘肅人民出版社　2002　p. 400
劉永明　散見敦煌曆朔閏輯考　《敦煌研究》2002 年第 6 期　p. 13
郝春文　英藏敦煌社會歷史文獻釋録（第二卷）　科學出版社　2003　p. 457、463
湛如　敦煌佛教律儀制度研究　中華書局　2003　p. 75
葉貴良　敦煌社邑文書詞語選釋　《敦煌研究》2004 年第 5 期　p. 79
鄭炳林　晚唐五代歸義軍政權與佛教教團關係研究　《敦煌學輯刊》2005 年第 1 期　p. 6

S. 516

柳田聖山　敦煌の禪籍と矢吹慶輝　敦煌仏典と禪（講座敦煌 8）　（東京）大東出版社　1980　p. 22
冉雲華　中國佛教文化研究論集　（臺北）東初出版社　1980　p. 59
矢吹慶輝　鳴沙餘韻・解說篇（第一部）　（京都）臨川書店　1980　p. 207
田中良昭　禪宗燈史の発展　敦煌仏典と禪（講座敦煌 8）　（東京）大東出版社　1980　p. 102
張廣達　唐代禪宗的傳入吐蕃及有關的敦煌文書　學林漫録（三集）　中華書局　1981　p. 57 注 21
田中良昭　敦煌禪宗文獻の研究　（東京）大東出版社　1983　p. 625
王重民　記敦煌寫本的佛經　敦煌吐魯番文獻研究論集（第二輯）　北京大學出版社　1983　p. 22
　又見：敦煌遺書論文集　中華書局　1984　p. 306
張錫厚　王梵志詩校輯　中華書局　1983　p. 4
朱鳳玉　王梵志詩研究（上、下）　（臺北）學生書局　1986　p. 37、69、338
陳慶浩　法忍抄本殘卷王梵志詩初校　敦煌學（第 12 輯）　（臺北）新文豐出版公司　1987　p. 95
項楚　王梵志詩校注　敦煌吐魯番文獻研究論集（第四輯）　北京大學出版社　1987　p. 137、572
　又見：上海古籍出版社　1991　p. 13、725、907
楊曾文　日本學者對中國禪宗文獻的研究和整理　《世界宗教研究》1987 年第 1 期　p. 120
張錫厚　整理《王梵志詩集》的新收穫　《敦煌學輯刊》1987 年第 2 期　p. 35
陳祚龍　學佛零志　敦煌學散策新集　（臺北）新文豐出版公司　1989　p. 231
戴密微著　耿昇譯　達摩多羅考　國外藏學研究譯文集（第七輯）　西藏人民出版社　1990　p. 131
上山大峻　敦煌佛教の研究　（京都）法藏館　1990　p. 408
項楚　敦煌遺書中有關王梵志三條材料的校訂與解說　敦煌吐魯番文獻研究論集（第五輯）　北京大學出版社　1990　p. 54　又見：敦煌文學叢考　上海古籍出版社　1991　p. 441
張錫厚　敦煌寫本王梵志詩原卷真迹　王梵志詩研究彙録（上）　上海古籍出版社　1990　圖版 27

張錫厚　關於敦煌寫本王梵志詩整理的若干問題　王梵志詩研究彙録(上)　上海古籍出版社　1990　p. 62

林家平　寧强　羅華慶　中國敦煌學史　北京語言學院出版社　1992　p. 600

吳其昱著　伊藤美重子譯　敦煌漢文寫本概観　敦煌漢文文獻(講座敦煌 5)　(東京)大東出版社　1992　p. 59

杜斗城　敦煌本《歷代法寶記》與蜀地禪宗　《敦煌學輯刊》1993 年第 1 期　p. 53

項楚　敦煌詩歌導論　(臺北)新文豐出版公司　1993　p. 296

杜斗城　北涼譯經論　甘肅文化出版社　1995　p. 83

胡戟　傅玫　敦煌史話　中華書局　1995　p. 131

李錦繡　唐代財政史稿・下卷(第一分冊)　北京大學出版社　1995　p. 82 注 9

柳田聖山　禪籍解題(一)・敦煌禪籍　俗語言研究(第二期)　(京都)禪文化研究所　1995　p. 147

曲金良　敦煌佛教文學研究　(臺北)文津出版社　1995　p. 250

張錫厚　敦煌本唐集研究　(臺北)新文豐出版公司　1995　p. 62

柳田聖山撰　劉方譯　敦煌禪籍總說　《敦煌學輯刊》1996 年第 2 期　p. 117

中原健二　評項楚著《王梵志詩校注》　俗語言研究(第三期)　(京都)禪文化研究所　1996　p. 119

榮新江　敦煌本禪宗燈史殘卷拾遺　周紹良先生欣開九秩慶壽文集　中華書局　1997　p. 235

西肋常記　關於柏林所藏吐魯番收集品中的禪籍資料　俗語言研究(第四期)　(京都)禪文化研究所　1997　p. 138

張涌泉　敦煌文獻校讀易誤字例釋　敦煌文學論集　四川人民出版社　1997　p. 261

鄭炳林　敦煌碑銘讚輯釋　甘肅教育出版社　1997　p. 554 注 4

方廣錩　歷代法寶記　敦煌學大辭典　上海辭書出版社　1998　p. 728

方廣錩　日本對敦煌佛教文獻之研究　敦煌學佛教學論叢(下)　中國佛教文化研究所　1998　p. 376

張錫厚　柴劍虹　王梵志詩集　敦煌學大辭典　上海辭書出版社　1998　p. 562

高國藩　敦煌俗文化學　上海三聯書店　1999　p. 619

宋家鈺　佛教齋文源流與敦煌本"齋文"書的復原　《中國史研究》1999 年第 2 期　p. 73　又見:英國收藏敦煌漢藏文獻研究:紀念敦煌文獻發現一百周年　中國社會科學出版社　2000　p. 301

張錫厚　敦煌文學源流　作家出版社　2000　p. 77

張涌泉　漢語俗字叢考　中華書局　2000　p. 806

榮新江　敦煌學十八講　北京大學出版社　2001　p. 253

楊富學　敦煌本《歷代法寶記・弘忍傳》考論　華林(第一卷)　中華書局　2001　p. 177

榮新江　有關敦煌本《歷代法寶記》的幾個問題　中日敦煌佛教學術會議論文集　中國社會科學院研究所　2002　p. 70

榮新江　有關敦煌本《歷代法寶記》的新資料　戒幢佛學(第二卷)　岳麓書社　2002　p. 94

田中良昭　敦煌の禪宗燈史　中日敦煌佛教學術會議論文集　中國社會科學院研究所　2002　p. 109

郝春文　英藏敦煌社會歷史文獻釋録(第二卷)　科學出版社　2003　p. 467

蔣宗福　敦煌禪宗文獻詞語劄記　新世紀敦煌學論集　巴蜀書社　2003　p. 474

蔣宗福　敦煌禪宗文獻校讀劄記　中國俗文化研究(第一輯)　巴蜀書社　2003　p. 155

嚴耀中　唐代内侍省宦官奉佛因果補説　唐研究(第十卷)　北京大學出版社　2004　p. 65

S. 517

金岡照光　敦煌における地獄文獻:敦煌庶民信仰の一様相　敦煌と中國仏教(講座敦煌7)　(東京)大東出版社　1984　p. 570

S. 518

池田溫　中國古代寫本識語集録　(東京)大藏出版株式會社　1990　p. 489

榮新江　沙州歸義軍歷任節度使稱號研究　敦煌吐魯番學研究論文集　漢語大詞典出版社　1990　p. 801

孫修身　伯2155《曹元忠致甘州回鶻可汗狀》時代考　《敦煌研究》1991年第2期　p. 28

楊森　"婆姨"與"優婆姨"稱謂芻議　《敦煌研究》1994年第3期　p. 126

馬德　敦煌莫高窟史研究　甘肅教育出版社　1996　p. 138

榮新江　歸義軍史研究　上海古籍出版社　1996　p. 116

鄭炳林　敦煌碑銘讚輯釋　甘肅教育出版社　1997　p. 550 注3

榮新江　《英藏敦煌文獻》定名商補　文史(第五十二輯)　中華書局　2000　p. 117　又見:敦煌學新論　甘肅教育出版社　2002　p. 190

郝春文　英藏敦煌社會歷史文獻釋録(第二卷)　科學出版社　2003　p. 565

馮培紅　關於歸義軍節度使官制的幾個問題　麥積山石窟藝術文化論文集(下)　蘭州大學出版社　2004　p. 218

馮培紅　論晚唐五代的沙州(歸義軍)與涼州(河西)節度使　浙江與敦煌學:常書鴻先生誕辰一百周年紀念文集　浙江古籍出版社　2004　p. 251

S. 519

福井文雅　般若心經　敦煌と中國仏教(講座敦煌7)　(東京)大東出版社　1984　p. 42

S. 520

向達　倫敦所藏敦煌卷子經眼目録　《北平圖書館圖書季刊》1939年新第1卷第4期　p. 397　又見:唐代長安與西域文明　三聯書店　1957　p. 200

矢吹慶輝　鳴沙餘韻・解説篇(第一部)　(京都)臨川書店　1980　p. 102

土肥義和　はじめに——歸義軍節度使の敦煌支配　敦煌の歷史(講座敦煌2)　(東京)大東出版社　1980　p. 274

陳祚龍撰　費海璣譯　蘇瑩輝補注　瓜沙印録　敦煌學概要　(臺北)編譯館"中華叢書編委會"　1981　p. 266　又見:中國敦煌學百年文庫・考古卷(一)　甘肅文化出版社　1999　p. 185

蘇瑩輝　敦煌學概要　(臺北)編譯館"中華叢書編委會"　1981　p. 184

陳祚龍　古代敦煌及其他地區流行之公私印章圖記文字録　敦煌學要籥　(臺北)新文豐出版公司　1982　p. 325

姜伯勤　唐五代敦煌寺戶制度　中華書局　1987　p. 145

唐耕耦　陸宏基　敦煌社會經濟文獻真迹釋録(四)　全國圖書館文獻縮微複製中心　1990　p. 128

謝重光　白文固　中國僧官制度史　青海人民出版社　1990　p. 135

竺沙雅章　寺院文書　敦煌漢文文獻(講座敦煌5)　(東京)大東出版社　1992　p. 634

柴劍虹　俄藏敦煌詩詞寫卷經眼録　敦煌吐魯番研究(第一卷)　北京大學出版社　1996　p. 103、110注　又見:敦煌吐魯番學論稿　浙江教育出版社　2000　p. 217

郝春文　唐後期五代宋初沙州的方等道場與方等道場司　唐研究(第二卷)　北京大學出版社

1996 p. 66、77
姜伯勤 敦煌戒壇與大乘佛教 華學(第二輯) 中山大學出版社 1996 p. 319、327
姜伯勤 敦煌藝術宗教與禮樂文明 中國社會科學出版社 1996 p. 342、357
李正宇 敦煌史地新論 (臺北)新文豐出版公司 1996 p. 75
唐耕耦 敦煌研究拾遺補缺二則 《敦煌研究》1996 年第 4 期 p. 115
湛如 戒壇流變史之研究 華學(第二輯) 中山大學出版社 1996 p. 336
公維章 文讕 敦煌寺院中的會計:直歲 《敦煌學輯刊》1997 年第 2 期 p. 119
劉雯 吐蕃及歸義軍時期敦煌索氏家族研究 《敦煌學輯刊》1997 年第 2 期 p. 87
劉永連 1996—1997 年大陸地區唐代學術研究概況:敦煌學 "中國唐代學會"會刊(第八期) (臺北)"中國唐代學會" 1997 p. 115
鄭炳林 敦煌碑銘讚輯釋 甘肅教育出版社 1997 p. 31 注 3
鄭炳林 唐五代敦煌的粟特人與佛教 敦煌歸義軍史專題研究 蘭州大學出版社 1997 p. 446
方廣錩 敦煌遺書中的《法華經》注疏 《世界宗教研究》1998 年第 2 期 p. 76
方廣錩 法華經疏 敦煌學大辭典 上海辭書出版社 1998 p. 690
郝春文 道場司 敦煌學大辭典 上海辭書出版社 1998 p. 634
郝春文 唐後期五代宋初敦煌僧尼的社會生活 中國社會科學出版社 1998 p. 29、72
沙知 河西都僧統印 敦煌學大辭典 上海辭書出版社 1998 p. 294
唐耕耦 報恩寺方等道場榜 敦煌學大辭典 上海辭書出版社 1998 p. 637
榮新江 《英藏敦煌文獻》定名商補 文史(第五十二輯) 中華書局 2000 p. 125
榮新江 《英國圖書館藏敦煌漢文非佛教文獻殘卷目録》補正 英國收藏敦煌漢藏文獻研究:紀念敦煌文獻發現一百周年 中國社會科學出版社 2000 p. 381
楊森 《辛巳年六月十六日社人于燈司倉貸粟曆》文書之定年 《敦煌學輯刊》2001 年第 2 期 p. 18
劉進寶 敦煌學通論 甘肅教育出版社 2002 p. 328
郝春文 英藏敦煌社會歷史文獻釋録(第二卷) 科學出版社 2003 p. 566
湛如 敦煌佛教律儀制度研究 中華書局 2003 p. 98
鄭炳林 魏迎春 晚唐五代敦煌佛教教團的戒律和清規 《敦煌學輯刊》2004 年第 2 期 p. 31
黃征 敦煌俗字典 上海教育出版社 2005 p. 10、37、110

S. 522

田中良昭 敦煌禪宗文獻の研究 (東京)大東出版社 1983 p. 511
池田溫 中國古代寫本識語集録 (東京)大藏出版株式會社 1990 p. 388
加地哲定著 劉衛星譯 中國佛教文學 今日中國出版社 1990 p. 122
黃征 吳偉 《敦煌願文集》輯校中的一些問題 《敦煌研究》1992 年第 1 期 p. 66 又見:敦煌語文叢說 (臺北)新文豐出版公司 1997 p. 551
黃征 吳偉 敦煌願文集 岳麓書社 1995 p. 296
王書慶 敦煌佛學·佛事篇 甘肅民族出版社 1995 p. 26
黃征 敦煌願文考論 敦煌語文叢說 (臺北)新文豐出版公司 1997 p. 582
郝春文 發願文 敦煌學大辭典 上海辭書出版社 1998 p. 459
郝春文 英藏敦煌社會歷史文獻釋録(第二卷) 科學出版社 2003 p. 571
湛如 敦煌佛教律儀制度研究 中華書局 2003 p. 324、332
敏春芳 敦煌願文詞語例釋 《敦煌學輯刊》2005 年第 1 期 p. 99、106

S. 523

芳村修基　土橋秀高　井ノ口泰淳　敦煌佛教史年表　西域文化研究(第一)·敦煌佛教資料　(京都)法藏館　1958　p. 264

陳祚龍　敦煌古抄内典尾記彙校初、二、三編合刊　敦煌學要籥　(臺北)新文豐出版公司　1982　p. 92

潘重規　龍龕手鑒及其引用古文之研究　敦煌學(第7輯)　(臺北)新文豐出版公司　1984　p. 94

王三慶　日本所見敦煌寫卷目録提要(一)　敦煌學(第15輯)　(臺北)新文豐出版公司　1989　p. 94

池田溫　中國古代寫本識語集録　(東京)大藏出版株式會社　1990　p. 263

林聰明　從敦煌文書看佛教徒的造經祈福　第二屆敦煌學國際研討會論文集　(臺北)漢學研究中心　1990　p. 525

林聰明　敦煌文書出處略考　季羡林教授八十華誕紀念論文集(下)　江西人民出版社　1991　p. 852

林聰明　敦煌文書學　(臺北)新文豐出版公司　1991　p. 376、424、443 注 8

王三慶　敦煌寫卷中武后新字之調查研究　唐代研究論集(第三輯)　(臺北)新文豐出版公司　1992　p. 87

吳其昱著　伊藤美重子譯　敦煌漢文寫本概觀　敦煌漢文文獻(講座敦煌5)　(東京)大東出版社　1992　p. 21

林聰明　敦煌文書年代考探略述　敦煌學國際研討會文集·史地語文編　遼寧美術出版社　1995　p. 554

陳國燦　長安三年制新譯金光明最勝王經記　敦煌學大辭典　上海辭書出版社　1998　p. 456

楊富學　王書慶　唐代長安與敦煌佛教文化之關係　'98 法門寺唐文化國際學術討論會論文集　陝西人民出版社　2000　p. 178

林聰明　敦煌吐魯番文書解詁指例　(臺北)新文豐出版公司　2001　p. 258

施安昌　敦煌寫經斷代發凡　善本碑帖論集　紫禁城出版社　2002　p. 319

施安昌　唐武周時期的刻經與敦煌寫經　善本碑帖論集　紫禁城出版社　2002　p. 119

郝春文　英藏敦煌社會歷史文獻釋録(第三卷)　科學出版社　2003　p. 1

S. 524

許國霖　敦煌石室寫經題記彙編　《微妙聲》1936－1937 年第 1－4 期　又見:中國敦煌學百年文庫·宗教卷(四)　甘肅文化出版社　1999　p. 219

許國霖　敦煌石室寫經年代表　《微妙聲》1937 年第 5 期　又見:中國敦煌學百年文庫·宗教卷(四)　甘肅文化出版社　1999　p. 194

芳村修基　土橋秀高　井ノ口泰淳　敦煌佛教史年表　西域文化研究(第一)·敦煌佛教資料　(京都)法藏館　1958　p. 253

石田充之　西域佛教における淨土教的要素の研究について　西域文化研究(第一)·敦煌佛教資料　(京都)法藏館　1958　p. 103

中村元　笠原一男　金岡秀友　アジア仏教史·中國編Ⅴ:シルクロードの宗教　(東京)佼成出版社　1975　p. 161

陳祚龍　敦煌古抄内典尾記彙校二編　敦煌文物隨筆　(臺北)商務印書館　1979　p. 164

矢吹慶輝　鳴沙餘韻·解說篇(第一、二部)　(京都)臨川書店　1980　p. 50;58、128

陳祚龍　敦煌古抄内典尾記彙校初、二、三編合刊　敦煌學要籥　(臺北)新文豐出版公司　1982

p. 71
饒宗頤解說　林宏作譯　敦煌書法叢刊　第二二卷・寫經(三)　(東京)二玄社　1983　p. 69
姜亮夫　敦煌小識六論　敦煌學論文集　上海古籍出版社　1987　p. 750　又見:姜亮夫全集(十四)　雲南人民出版社　2002　p. 193
王永興　隋唐五代經濟史料彙編校注・第一編(下)　中華書局　1987　p. 922
朱雷　敦煌藏經洞所出兩種麴氏高昌人寫經題記跋　魏晉南北朝隋唐史資料(第9、10輯)　武漢大學出版社　1988　p. 19
池田溫　中國古代寫本識語集録　(東京)大藏出版株式會社　1990　p. 106
荒川正晴　吐魯番出土文物研究情報集録　『吐魯番出土文物研究會會報』(45號)　(東京)吐魯番出土文物研究會　1991　p. 244
石塚晴通　敦煌の加點本　敦煌漢文文獻(講座敦煌5)　(東京)大東出版社　1992　p. 241
陶秋英輯録　姜亮夫校訂　敦煌經卷題名録　敦煌碎金　浙江古籍出版社　1992　p. 53
趙聲良　北魏寫本《勝鬘疏》　敦煌書法庫(第二輯)　甘肅人民美術出版社　1994　p. 122
小田義久　大谷文書の研究　(京都)法藏館　1996　p. 106
方廣錩　勝鬘經疏　敦煌學大辭典　上海辭書出版社　1998　p. 659
姚崇新　試論高昌國的佛教與佛教教團　敦煌吐魯番研究(第四卷)　北京大學出版社　1999　p. 56
姜亮夫　敦煌莫高窟年表　姜亮夫全集(十一)　雲南人民出版社　2002　p. 119
王素　評《敦煌吐魯番文書論叢》　敦煌吐魯番研究(第六卷)　北京大學出版社　2002　p. 404
徐俊　俄藏Dx. 11414 + Dx. 02947前秦擬古詩殘本研究:兼論背面契券文書的地域和時代　敦煌吐魯番研究(第六卷)　北京大學出版社　2002　p. 219注
郝春文　英藏敦煌社會歷史文獻釋録(第三卷)　科學出版社　2003　p. 4
梁銀景　莫高窟隋代聯珠紋與隋王朝的西域經營　唐研究(第九卷)　北京大學出版社　2003　p. 474注39
石塚晴通　敦煌的加點本　敦煌學・日本學:石塚晴通教授退職紀念論文集　上海辭書出版社　2005　p. 6

S. 525
向達　倫敦所藏敦煌卷子經眼目録　《北平圖書館圖書季刊》1939年新第1卷第4期　p. 397　又見:唐代長安與西域文明　三聯書店　1957　p. 200
芳村修基　土橋秀高　井ノ口泰淳　敦煌佛教史年表　西域文化研究(第一)・敦煌佛教資料　(京都)法藏館　1958　p. 275
金岡照光　敦煌漢文文學文獻の文學形態上の種類とその分類　敦煌出土文學文獻分類目録・附解說　(東京)東洋文庫　1971　p. 215
楊家駱　敦煌變文　(臺北)世界書局　1980　p. 889
鄭阿財　敦煌孝道文學研究　(臺北)石門圖書公司　1982　p. 424
周紹良　談唐代民間文學　敦煌變文論文録　上海古籍出版社　1982　p. 413　又見:紹良叢稿　齊魯書社　1984　p. 55
潘重規　敦煌變文集新書(下)　(臺北)"中國文化大學"中文研究所　1984　p. 1238
王慶菽　搜神記一卷　敦煌變文集　人民文學出版社　1984　p. 889
王國良　敦煌本搜神記考辨　漢學研究(敦煌學國際研討會論文專號)　(臺北)漢學研究資料及服務中心　1986　p. 380

周紹良　小說　敦煌文學　甘肅人民出版社　1989　p. 285
高國藩　敦煌古俗與民俗流變　河海大學出版社　1990　p. 2
郭在貽　張涌泉　黃征　敦煌變文集校議　岳麓書社　1990　p. 403、449
郭在貽　郭在貽語言文學論稿　浙江古籍出版社　1992　p. 54
金岡照光　散文體類　敦煌の文學文獻(講座敦煌 9)　(東京)大東出版社　1992　p. 244
金岡照光　孝行譚:『舜子変』と『董永傳』　敦煌の文學文獻(講座敦煌 9)　(東京)大東出版社　1992　p. 525
林家平　寧强　羅華慶　中國敦煌學史　北京語言學院出版社　1992　p. 337
吳其昱著　伊藤美重子譯　敦煌漢文寫本概観　敦煌漢文文獻(講座敦煌 5)　(東京)大東出版社　1992　p. 21
周紹良　敦煌文學芻議及其它　(臺北)新文豐出版公司　1992　p. 58
高國藩　敦煌民俗資料導論　(臺北)新文豐出版公司　1993　p. 16、88、131
李正宇　敦煌儷散論　《敦煌研究》1993 年第 2 期　p. 118
蔣禮鴻　敦煌文獻語言詞典　杭州大學出版社　1994　p. 76
潘重規　敦煌卷子俗寫文字之研究　全國敦煌學研討會論文集　(臺北)中正大學中國文學系所　1995　p. 7
李重申　敦煌古代的博弈文化　敦煌佛教文化研究　社科縱横編輯部　1996　p. 187
張涌泉　敦煌俗字研究導論　(臺北)新文豐出版公司　1996　p. 104、197
劉子瑜　敦煌變文和王梵志詩　大象出版社　1997　p. 38
張鴻勳　句道興搜神記　敦煌學大辭典　上海辭書出版社　1998　p. 583
段小强　敦煌文書中所見的古代喪儀　《西北民族研究》1999 年第 1 期　p. 212
高國藩　敦煌俗文化學　上海三聯書店　1999　p. 253
張涌泉　敦煌文書疑難詞語辨釋　舊學新知　浙江大學出版社　1999　p. 259
張涌泉　俗字研究與敦煌文獻的校理　舊學新知　浙江大學出版社　1999　p. 62
伏俊璉　伏麒鵬　石室齊諧:敦煌小說選析　甘肅人民出版社　2000　p. 137
金岡照光　敦煌文獻と中國文學　(東京)五曜書房　2000　p. 33
李重申　敦煌古代體育文化　甘肅人民出版社　2000　p. 85
張錫厚　敦煌文學源流　作家出版社　2000　p. 502
郝春文　英藏敦煌社會歷史文獻釋録(第三卷)　科學出版社　2003　p. 5、20
崔達送　從三種《搜神記》的語言比較看敦煌本的語料價值　《敦煌研究》2004 年第 4 期　p. 50
張涌泉　敦煌文獻字詞例釋　敦煌學(第 25 輯)　(臺北)樂學書局有限公司　2004　p. 356
王青　句道興《搜神記》與天鵝處女型故事　《敦煌研究》2005 年第 2 期　p. 96
蘭州理工大學絲綢之路文史研究所編　絲綢之路體育文化論集　中華書局　2005　p. 212
王青　西域文化影響下的中古小說　中國社會科學出版社　2006　p. 342

S. 526

向達　倫敦所藏敦煌卷子經眼目録　《北平圖書館圖書季刊》1939 年新第 1 卷第 4 期　p. 397　又見:唐代長安與西域文明　三聯書店　1957　p. 200
任半塘　敦煌歌辭總編　上海古籍出版社　1987　p. 464
顏廷亮　關於敦煌遺書中的甘肅文學作品　1983 年全國敦煌學術討論會文集・文史遺書編(下)　甘肅人民出版社　1987　p. 229
杜琪　書・啓　敦煌文學　甘肅人民出版社　1989　p. 31

唐耕耦　陸宏基　敦煌社會經濟文獻真迹釋録(五)　全國圖書館文獻縮微複製中心　1990　p. 38
吳其昱著　伊藤美重子譯　敦煌漢文寫本概観　敦煌漢文文獻(講座敦煌 5)　(東京)大東出版社　1992　p. 73
李明偉　敦煌文學概論　甘肅人民出版社　1993　p. 466
李明偉　敦煌文學中"敦煌文"的研究和分類評價　《敦煌研究》1995 年第 4 期　p. 121
王書慶　敦煌佛學・佛事篇　甘肅民族出版社　1995　p. 256
顔廷亮　敦煌文學概説　(臺北)新文豐出版公司　1995　p. 72
張涌泉　敦煌俗字研究導論　(臺北)新文豐出版公司　1996　p. 160
謝桃坊　敦煌文化尋繹　四川人民出版社　1999　p. 163
李明偉　敦煌文學中敦煌文的分類及評價　1994 年敦煌學國際研討會文集・宗教文史卷(上)　甘肅民族出版社　2000　p. 297
曾良　敦煌文獻字義通釋　廈門大學出版社　2001　p. 37
郝春文　英藏敦煌社會歷史文獻釋録(第三卷)　科學出版社　2003　p. 21
鄭炳林　徐曉莉　晚唐五代敦煌歸義軍政權的婚姻關係研究　敦煌學(第 25 輯)　(臺北)樂學書局有限公司　2004　p. 577
支那　《敦煌遺書總目索引新編》匡補　《敦煌研究》2004 年第 4 期　p. 57
汪泛舟　敦煌俗別字新考(上)　《敦煌研究》2006 年第 1 期　p. 102

S. 527

向達　倫敦所藏敦煌卷子經眼目録　《北平圖書館圖書季刊》1939 年新第 1 卷第 4 期　p. 397　又見:唐代長安與西域文明　三聯書店　1957　p. 200
芳村修基　土橋秀高　井ノロ泰淳　敦煌佛教史年表　西域文化研究(第一)・敦煌佛教資料　(京都)法藏館　1958　p. 280
竺沙雅章　敦煌出土「社」文書の研究　『東方學報』(第 35 號)　京都大學人文科學研究所　1964　p. 239
長澤和俊　敦煌の庶民生活　敦煌の社會(講座敦煌 3)　(東京)大東出版社　1980　p. 470
堀敏一　敦煌社會の変質——中國社會全般の発展とも関連して　敦煌の社會(講座敦煌 3)　(東京)大東出版社　1980　p. 182、194
董作賓　敦煌紀年　敦煌學文選(上)　蘭州大學歷史系敦煌學研究室等　1983　p. 35
郭鋒　敦煌的"社"及其活動　《敦煌學輯刊》1983 年創刊號　p. 86
唐耕耦　陸宏基　敦煌社會經濟文獻真迹釋録(一)　書目文獻出版社　1986　p. 274
高國藩　敦煌民俗學　上海文藝出版社　1989　p. 18
山本達郎等　敦煌・I 社條　『NUN－HUANG AND TURFAN DOCUMENTS CONCERNING SOCIAL AND ECONOMIC HISTORY』(IV)　(東京)東洋文庫　1989　p. 9
胡同慶　從敦煌結社活動探討人的群體性以及個體與集體的關係　《敦煌研究》1990 年第 4 期　p. 71　又見:敦煌學研究　甘肅人民美術出版社　1994　p. 171
寧可　郝春文　北朝至隋唐五代間的女人結社　《北京師範學院學報》1990 年第 5 期　p. 77
郭鋒　吐魯番文書《唐衆阿婆作齋社約》與唐代西州的民間結社活動　《西域研究》1991 年第 3 期　p. 77
郝春文　隋唐五代宋初傳統私社與寺院的關係　《魏晉南北朝隋唐史》1991 年第 6 期　p. 67
林聰明　敦煌文書學　(臺北)新文豐出版公司　1991　p. 397
郝春文　東晉南北朝時期的佛教結社　《歷史研究》1992 年第 1 期　p. 102

姜伯勤　敦煌社會文書導論　(臺北)新文豐出版公司　1992　p. 234、240
高國藩　敦煌民俗資料導論　(臺北)新文豐出版公司　1993　p. 4、11
郝春文　敦煌寫本社邑文書年代彙考(一)　《首都師範大學學報》1993 年第 4 期　p. 34
譚禪雪　敦煌歲時掇瑣　(香港)《九州學刊》(敦煌學專輯)1993 年第 5 卷第 4 期　p. 85
郝春文　中古時期儒佛文化對民間結社的影響及其變化　唐文化研究論文集　上海人民出版社　1994　p. 205
寧可　郝春文　敦煌寫本社邑文書述略　《首都師範大學學報》1994 年第 4 期　p. 12
鄭炳林　高偉　唐五代敦煌釀酒業初探　《西北史地》1994 年第 1 期　p. 33
胡戟　傅玫　敦煌史話　中華書局　1995　p. 164
寧可　郝春文　敦煌社邑的喪葬互助　《首都師範大學學報》1995 年第 6 期　p. 33
土肥義和　唐・北宋間の「社」の組織形態に関する一考察　中國古代の國家と民衆(堀敏一先生古稀記念)　(東京)汲古書院　1995　p. 703
黄征　張涌泉　敦煌變文校注　中華書局　1997　p. 430
寧可　郝春文　敦煌社邑文書輯校　江蘇古籍出版社　1997　p. 23
董志翹　敦煌文書詞語考釋　《敦煌研究》1998 年第 1 期　p. 133
董志翹　也論中古漢語辭彙研究中的推源問題　漢語史研究集刊(第一輯)上　巴蜀書社　1998　p. 77
高田時雄　藏文社邑文書二三種　敦煌吐魯番研究(第三卷)　北京大學出版社　1998　p. 185
郝春文　唐後期五代宋初敦煌僧尼的社會生活　中國社會科學出版社　1998　p. 384
郝春文　唐後期五代宋初敦煌僧尼遺産的處理與喪事的操辦　《敦煌研究》1998 年第 3 期　p. 42
李斌城　隋唐五代社會生活史　中國社會科學出版社　1998　p. 246
李正宇　敦煌遺書標點符號　敦煌學大辭典　上海辭書出版社　1998　p. 520
寧可　燃燈社　敦煌學大辭典　上海辭書出版社　1998　p. 428
寧可　三官　敦煌學大辭典　上海辭書出版社　1998　p. 426
寧可　退社狀　敦煌學大辭典　上海辭書出版社　1998　p. 432
寧可　巷社　敦煌學大辭典　上海辭書出版社　1998　p. 427
譚蟬雪　敦煌歲時文化導論　(臺北)新文豐出版公司　1998　p. 21、26
土肥義和　唐・北宋の間:敦煌の杜家親情社追補社條(S. 8160rv)について　唐代史研究(創刊號)　(東京)唐代史研究會　1998　p. 6
楊森　晚唐五代兩件《女人社》文書劄記　《敦煌研究》1998 年第 1 期　p. 65
寧可　寧可史學論集　中國社會科學出版社　1999　p. 446 注 15
謝桃坊　敦煌文化尋繹　四川人民出版社　1999　p. 162
楊森　敦煌社司文書畫押符號及其相關問題　《敦煌學輯刊》1999 年第 1 期　p. 85
楊森　談敦煌社邑文書中“三官”及“録事”“虞侯”的若干問題　《敦煌研究》1999 年第 3 期　p. 79
張涌泉　敦煌文書疑難詞語辨釋　舊學新知　浙江大學出版社　1999　p. 261
董志翹　《入唐求法巡禮行記》辭彙研究　中國社會科學出版社　2000　p. 223
高啓安　唐五代敦煌人的飲酒習俗述論　《敦煌研究》2000 年第 3 期　p. 87
譚蟬雪　唐宋敦煌歲時佛俗:正月　《敦煌研究》2000 年第 4 期　p. 69
曾良　敦煌文獻字義通釋　廈門大學出版社　2001　p. 18、47、168
陳麗萍　敦煌女性寫經題記及反映的婦女問題　敦煌佛教藝術文化國際學術研討會論文集　蘭州大學出版社　2002　p. 443
郭鋒　吐魯番出土衆阿婆社約與唐代西州的民間結社活動　唐史與敦煌文獻論稿　中國社科出版社

2002　p. 235
郝春文　《唐末五代宋初敦煌社邑的幾個問題》商榷　國際敦煌學學術史研討會論文集　研討會籌備組　2002　p. 194
姜亮夫　敦煌莫高窟年表　姜亮夫全集(十一)　雲南人民出版社　2002　p. 541
馬茜　歸義軍時期敦煌地區庶民佛教的發展　甘肅民族研究論叢　甘肅人民出版社　2002　p. 469
孟憲實　論唐宋時期敦煌民間結社的組織形態　《敦煌研究》2002 年第 1 期　p. 63
楊惠玲　敦煌契約文書中的保人、見人、口承人、同便人、同取人　《敦煌研究》2002 年第 6 期　p. 42
郝春文　《敦煌寫本社邑文書輯校》補遺(四)　漢語史學報專輯(第三輯)　上海教育出版社　2003　p. 370
郝春文　英藏敦煌社會歷史文獻釋録(第三卷)　科學出版社　2003　p. 24
洪藝芳　敦煌社會經濟文書中的唐五代新興量詞研究　敦煌學(第 24 輯)　(臺北)樂學書局有限公司　2003　p. 90
高啓安　唐五代敦煌飲食文化研究　民族出版社　2004　p. 201
孟憲實　論敦煌渠人社　周秦漢唐文化研究(第三輯)　三秦出版社　2004　p. 127
葉貴良　敦煌社邑文書詞語選釋　《敦煌研究》2004 年第 5 期　p. 80
張涌泉　敦煌文獻字詞例釋　敦煌學(第 25 輯)　(臺北)樂學書局有限公司　2004　p. 348
鄭炳林　魏迎春　晚唐五代敦煌佛教教團的科罰制度研究　《敦煌研究》2004 年第 2 期　p. 55
黄征　敦煌俗字典　上海教育出版社　2005　p. 75
郝春文　唐後期五代宋初敦煌私社的教育與教化功能　敦煌吐魯番研究(第九卷)　北京大學出版社　2006　p. 305
孟憲實　論唐宋時期敦煌民間結社的社條　敦煌吐魯番研究(第九卷)　北京大學出版社　2006　p. 318

S. 528
陳祚龍　新校重訂釋增忍的答李"難"　敦煌學海探珠(下冊)　(臺北)商務印書館　1979　p. 310
向達　唐代俗講考　敦煌變文論輯　(臺北)石門圖書公司　1981　p. 40　又見:關隴文學論叢　甘肅人民出版社　1983　p. 180
孫修身　敦煌三界寺　甘肅省史學會論文集　甘肅省歷史學會編印　1982　又見:中國敦煌學百年文庫・宗教卷(一)　甘肅文化出版社　1999　p. 58
周紹良　唐代變文及其它　敦煌文學作品選　中華書局　1987　p. 19
榮新江　沙州張淮深與唐中央朝廷之關係　《敦煌學輯刊》1990 年第 2 期　p. 4
唐耕耦　陸宏基　敦煌社會經濟文獻真迹釋録(四)　全國圖書館文獻縮微複製中心　1990　p. 156
周紹良　敦煌文學芻議及其它　(臺北)新文豐出版公司　1992　p. 85
李明偉　敦煌文學概論　甘肅人民出版社　1993　p. 492
舒華　敦煌"變文"體裁新論　(香港)《九州學刊》(敦煌學專輯)1993 年第 5 卷第 4 期　p. 161
張鴻勳　敦煌說唱文學概論　(臺北)新文豐出版公司　1993　p. 81
張鴻勳　敦煌文學概論　甘肅人民出版社　1993　p. 227
榮新江　歸義軍史研究　上海古籍出版社　1996　p. 175
鄭炳林　敦煌碑銘讚輯釋　甘肅教育出版社　1997　p. 374 注 3
郝春文　唐後期五代宋初敦煌僧尼的社會生活　中國社會科學出版社　1998　p. 85
郝春文　唐後期五代宋初敦煌僧人的稅役負擔　《敦煌學輯刊》1998 年第 2 期　p. 3
譚蟬雪　敦煌歲時文化導論　(臺北)新文豐出版公司　1998　p. 9

周紹良　靈州龍興寺白草院史和尚因緣記　敦煌學大辭典　上海辭書出版社　1998　p. 581

姜伯勤　論禪宗在敦煌僧俗中的流傳　中國敦煌學百年文庫·宗教卷(一)　甘肅文化出版社　1999　p. 227

雷紹鋒　歸義軍賦役制度初探　(臺北)洪葉文化事業有限公司　2000　p. 287

蘇金花　試論晚唐五代敦煌僧侶免賦特權的進一步喪失　《敦煌研究》2000 年第 3 期　p. 158

袁德領　歸義軍時期莫高窟與敦煌寺院的關係　《敦煌研究》2000 年第 3 期　p. 173

郝春文　營造寄託:中國六至十世紀造寺功德的探討　佛教與歷史文化　宗教文化出版社　2001　p. 419

榮新江　敦煌學十八講　北京大學出版社　2001　p. 219

李正宇　唐宋時期的敦煌佛教　敦煌佛教藝術文化國際學術研討會論文集　蘭州大學出版社　2002　p. 381

榮新江　郝春文《唐後期五代宋初敦煌僧尼的社會生活》評介　敦煌學新論　甘肅教育出版社　2002　p. 240

張鴻勳　敦煌俗文學研究　甘肅人民出版社　2002　p. 111

陳菊霞　《大唐伊吾郡司馬上柱國潯陽翟府君修功德碑記》考釋　《敦煌研究》2003 年第 2 期　p. 15

郝春文　唐後期五代宋初敦煌僧尼的生活方式　寺院財富與世俗供養　上海書畫出版社　2003　p. 134

郝春文　英藏敦煌社會歷史文獻釋録(第三卷)　科學出版社　2003　p. 28、32

彭金章　有關敦煌莫高窟北區瘞窟的幾個問題　寺院財富與世俗供養　上海書畫出版社　2003　p. 366

沙武田　趙曉星　歸義軍時期敦煌文獻中的太子　《敦煌研究》2003 年第 4 期　p. 47

黄征　敦煌俗字典　上海教育出版社　2005　p. 41

馮培紅　歸義軍鎮制考　敦煌吐魯番研究(第九卷)　北京大學出版社　2006　p. 273

李正宇　晚唐至宋敦煌聽許僧人娶妻生子　敦煌吐魯番研究(第九卷)　北京大學出版社　2006　p. 341

S. 529

向達　倫敦所藏敦煌卷子經眼目録　《北平圖書館圖書季刊》1939 年新第 1 卷第 4 期　p. 397　又見:唐代長安與西域文明　三聯書店　1957　p. 200

芳村修基　土橋秀高　井ノ口泰淳　敦煌佛教史年表　西域文化研究(第一)·敦煌佛教資料　(京都)法藏館　1958　p. 277

史葦湘　絲綢之路上的敦煌與莫高窟　敦煌研究文集　甘肅人民出版社　1982　p. 120 注 135

陳祚龍　百尺竿頭,更進一步:敦煌學散策之三　敦煌學(第 7 輯)　(臺北)新文豐出版公司　1984　p. 74　又見:敦煌學林劄記　(臺北)商務印書館　1987　p. 87

劉銘恕　敦煌遺書雜記四篇　敦煌學論集　甘肅人民出版社　1985　p. 46

袁賓　變文詞語考釋録　敦煌語言文學論文集　浙江古籍出版社　1988　p. 153

鄭炳林　敦煌地理文書彙輯校注　甘肅教育出版社　1989　p. 266

鄭炳林　論《諸山聖迹志》的成書年代　《中國歷史地理論叢》1989 年第 1 輯　又見:中國敦煌學百年文庫·地理卷(一)　甘肅文化出版社　1999　p. 283

蘇哲　伯二九九二號文書三通五代狀文的研究　敦煌吐魯番文獻研究論集(第五輯)　北京大學出版社　1990　p. 462

唐耕耦　陸宏基　敦煌社會經濟文獻真迹釋録(五)　全國圖書館文獻縮微複製中心　1990　p. 9

杜斗城　敦煌五臺山文獻校録研究　山西人民出版社　1991　p. 197 注 18、200
林聰明　敦煌文書出處略考　季羨林教授八十華誕紀念論文集(下)　江西人民出版社　1991　p. 867
林聰明　敦煌文書學　(臺北)新文豐出版公司　1991　p. 409
榮新江　敦煌文獻所見晚唐五代宋初的中印文化交往　季羨林教授八十華誕紀念論文集(下)　江西人民出版社　1991　p. 957
項楚　王梵志詩校注　上海古籍出版社　1991　p. 257
鄭炳林　敦煌文書 S. 373 號李存勖唐玄奘詩證誤　《敦煌學輯刊》1991 年第 1 期　p. 22　又見:敦煌吐魯番文獻研究　中華書局　1995　p. 299
中村裕一　唐代官文書研究　(京都)中文出版社　1991　p. 497
竇俠父　敦煌學發凡　新疆大學出版社　1992　p. 42
杜愛英　敦煌遺書中俗體字的諸種類型　《敦煌研究》1992 年第 3 期　p. 123
李并成　敦煌遺書中地理書卷的學術價值　《地理研究》1992 年第 3 期　p. 43
李并成　五代宋初的玉門關及其相關問題考　《敦煌研究》1992 年第 2 期　p. 116
李并成　一批珍貴的古代地理文書:敦煌遺書中的地理書卷　《中國科技史料》1992 年第 13 卷第 4 期　p. 93
日比野丈夫　地理書　敦煌漢文文獻(講座敦煌 5)　(東京)大東出版社　1992　p. 350
周紹良　敦煌文學芻議及其它　(臺北)新文豐出版公司　1992　p. 9
石奈德　敦煌本《普化大師五臺山巡禮記》初探　法國學者敦煌學論文選萃　中華書局　1993　p. 130 注 8
汪泛舟　敦煌文學概論　甘肅人民出版社　1993　p. 557
鄭炳林　讀敦煌文書 P. 3859《後唐清泰三年六月沙州儭司教授福集等狀》劄記　《西北史地》1993 年第 4 期　p. 49　又見:敦煌吐魯番文獻研究　中華書局　1995　p. 618
姜伯勤　敦煌吐魯番文書與絲綢之路　文物出版社　1994　p. 147
張涌泉　試論審辨敦煌寫本俗字的方法　《敦煌研究》1994 年第 2 期　p. 147　又見:舊學新知　浙江大學出版社　1999　p. 77
王書慶　敦煌佛學·佛事篇　甘肅民族出版社　1995　p. 242、266
嚴耕望　唐代長安人口數量之估測　第二屆唐代文化研討會論文集　(臺北)學生書局　1995　p. 17
張涌泉　漢語俗字研究　岳麓書社　1995　p. 194
趙和平　後唐時代甘州回鶻表本及相關漢文文獻的初步研究　(香港)《九州學刊》1995 年第 6 卷第 4 期　p. 96
鄭炳林　關於《諸山聖迹志》的撰寫年代　敦煌吐魯番文獻研究　中華書局　1995　p. 289
周一良　趙和平　後唐時代甘州回鶻表本及相關漢文文獻的初步研究　唐五代書儀研究　中國社會科學出版社　1995　p. 242
周一良　趙和平　《新集雜別紙》的初步研究　唐五代書儀研究　中國社會科學出版社　1995　p. 263
姜伯勤　敦煌藝術宗教與禮樂文明　中國社會科學出版社　1996　p. 595
李并成　李春元　瓜沙史地研究　甘肅文化出版社　1996　p. 161
饒宗頤　附録:榮新江《敦煌文獻和繪畫反映的五代宋初中原與西北地區的文化交往》　敦煌曲續論　(臺北)新文豐出版公司　1996　p. 34
榮新江　歸義軍史研究　上海古籍出版社　1996　p. 17、250

宿白　敦煌莫高窟密教遺迹劄記　中國石窟寺考古　文物出版社　1996　p. 293 注 68
王惠民　論《孔雀明王經》及其在敦煌、大足的流傳　《敦煌研究》1996 年第 4 期　p. 42
張涌泉　敦煌俗字研究導論　（臺北）新文豐出版公司　1996　p. 146、253、266
趙和平　敦煌表狀箋啓書儀略論　敦煌吐魯番學研究論集　書目文獻出版社　1996　p. 198
徐俊　斯三七三卷諸山聖迹題詠詩抄輯考　敦煌文學論集　四川人民出版社　1997　p. 247
張先堂　S. 4654 晚唐《莫高窟紀遊詩》新探　《敦煌研究》1997 年第 3 期　p. 127
張涌泉　敦煌地理文書輯録著作三種校議　古典文獻與文化論叢　中華書局　1997　p. 92
張涌泉　敦煌文獻校讀易誤字例釋　敦煌文學論集　四川人民出版社　1997　p. 264
鄭炳林　敦煌碑銘讚輯釋　甘肅教育出版社　1997　p. 94 注 7
羅豐　五代、宋初靈州與絲綢之路　《西北民族研究》1998 年第 1 期　p. 18
榮新江　歸義軍大事紀年初稿　出土文獻研究（第三輯）　文物出版社　1998　p. 243
徐俊　劉廷堅詩　敦煌學大辭典　上海辭書出版社　1998　p. 562
張春燕　從 S. 529《諸山聖迹志》看五代佛寺的分佈及其原因　《敦煌學輯刊》1998 年第 2 期　p. 148
黄征　程惠新　劫塵遺珠：敦煌遺書　甘肅教育出版社　1999　p. 186
李麗　敦煌本《往五臺山行記》中的“王侍中”及其有關問題考　《敦煌學輯刊》2000 年第 1 期　p. 36
劉進寶　敦煌文書與唐史研究　（臺北）新文豐出版公司　2000　p. 269
榮新江　敦煌地理文獻的價值與研究　《書品》2000 年第 3 期　又見：敦煌學新論　甘肅教育出版社　2002　p. 256
徐俊　敦煌詩集殘卷輯考　中華書局　2000　p. 489、852
張惠明　敦煌《五臺山化現圖》早期底本的圖像及其來源　《敦煌研究》2000 年第 4 期　p. 4
杜曉勤　隋唐五代文學研究　北京出版社　2001　p. 1271
榮新江　敦煌學十八講　北京大學出版社　2001　p. 272
曾良　敦煌文獻字義通釋　廈門大學出版社　2001　p. 83
姜亮夫　敦煌莫高窟年表　姜亮夫全集（十一）　雲南人民出版社　2002　p. 474
黎薔　五臺山佛教樂舞戲曲文化鈎沈　《敦煌研究》2002 年第 2 期　p. 87
劉進寶　敦煌學通論　甘肅教育出版社　2002　p. 324
徐俊　敦煌寫本詩歌續考　《敦煌研究》2002 年第 5 期　p. 68
葉貴良　《敦煌文獻字義通釋》釋義商榷舉例　《敦煌研究》2002 年第 3 期　p. 49
鄭炳林　徐曉麗　敦煌寫本 P. 3973《往五臺山行記》殘卷研究　《敦煌學輯刊》2002 年第 1 期　p. 1
董志翹　敦煌文獻中之《往五臺山巡禮記》　新世紀敦煌學論集　巴蜀書社　2003　p. 669
郝春文　英藏敦煌社會歷史文獻釋録（第三卷）　科學出版社　2003　p. 37、45
湛如　敦煌佛教律儀制度研究　中華書局　2003　p. 72
趙貞　敦煌所出靈州道文書述略　《敦煌研究》2003 年第 4 期　p. 54
黨燕妮　五臺山文殊信仰及其在敦煌的流傳　《敦煌學輯刊》2004 年第 1 期　p. 88
羅豐　胡漢之間：“絲綢之路”與西北歷史考古　文物出版社　2004　p. 344
屈直敏　敦煌莫高窟文殊變相初探　麥積山石窟藝術文化論文集（下）　蘭州大學出版社　2004　p. 78
張涌泉　敦煌文獻字詞例釋　敦煌學（第 25 輯）　（臺北）樂學書局有限公司　2004　p. 356
鄭炳林　魏迎春　晚唐五代敦煌佛教教團的戒律和清規　《敦煌學輯刊》2004 年第 2 期　p. 36
鄭炳林　陳雙印　敦煌寫本《諸山聖迹志》作者探微　《敦煌研究》2005 年第 1 期　p. 7

S. 530

芳村修基　土橋秀高　井ノロ泰淳　敦煌佛教史年表　西域文化研究(第一)・敦煌佛教資料　(京都)法藏館　1958　p. 270

陳祚龍　敦煌古抄内典尾記彙校二編　敦煌文物隨筆　(臺北)商務印書館　1979　p. 175

矢吹慶輝　鳴沙餘韻・解説篇(第一部)　(京都)臨川書店　1980　p. 241

陳祚龍　敦煌古抄内典尾記彙校初、二、三編合刊　敦煌學要籥　(臺北)新文豐出版公司　1982　p. 80

賀世哲　從供養人題記看莫高窟部分洞窟的營建年代　敦煌莫高窟供養人題記　文物出版社　1986　p. 211

李正宇　唐宋時代敦煌縣河渠泉澤簡志(一)　《敦煌研究》1988 年第 4 期　p. 93

史葦湘　再論産生敦煌佛教藝術審美的社會因素　《敦煌研究》1989 年第 1 期　p. 7

譚蟬雪　碑・銘　敦煌文學　甘肅人民出版社　1989　p. 111

唐耕耦　陸宏基　敦煌社會經濟文獻真迹釋録(五)　全國圖書館文獻縮微複製中心　1990　p. 152

李正宇　敦煌名勝古迹導論　《陽關》1991 年第 4 期　p. 51

姜伯勤　敦煌社會文書導論　(臺北)新文豐出版公司　1992　p. 48

周紹良　敦煌文學芻議及其它　(臺北)新文豐出版公司　1992　p. 17

高國藩　敦煌民俗資料導論　(臺北)新文豐出版公司　1993　p. 90、102

李明偉　敦煌文學概論　甘肅人民出版社　1993　p. 480

齊陳駿　寒沁　河西都僧統唐悟真作品和見載文獻系年　《敦煌學輯刊》1993 年第 2 期　p. 10

張鴻勳　敦煌説唱文學概論　(臺北)新文豐出版公司　1993　p. 6

鄭炳林　敦煌碑銘讚抄本概述　《魏晉南北朝隋唐史》1993 年第 12 期　p. 54　又見:《歷史研究》1993 年第 5 期

鄭炳林　《索崇恩和尚修功德記》考釋　《敦煌研究》1993 年第 2 期　p. 61

姜伯勤　敦煌邈真讚與敦煌望族　敦煌邈真讚校録並研究　(臺北)新文豐出版公司　1994　p. 19

勁草　《敦煌文學概論》證誤糾謬　《敦煌學輯刊》1994 年第 1 期　p. 86

王惠民　關於《天請問經》和天請問經變的幾個問題　《敦煌研究》1994 年第 4 期　p. 182

鄭炳林　張淮深改建北大像和開鑿 94 窟年代再探　《敦煌研究》1994 年第 3 期　p. 38

黄征　吳偉　敦煌願文集　岳麓書社　1995　p. 222

李明偉　敦煌文學中"敦煌文"的研究和分類評價　《敦煌研究》1995 年第 4 期　p. 122

汪泛舟　論敦煌文明的多民族貢獻　《敦煌研究》1995 年第 2 期　p. 186

王惠民　曹元德功德窟考　《敦煌研究》1995 年第 4 期　p. 168

王書慶　敦煌佛學・佛事篇　甘肅民族出版社　1995　p. 190

張涌泉　陳祚龍校録敦煌卷子失誤例釋　學術集林(卷六)　上海遠東出版社　1995　p. 300　又見:舊學新知　浙江大學出版社　1999　p. 277

李正宇　敦煌史地新論　(臺北)新文豐出版公司　1996　p. 113

馬德　敦煌莫高窟史研究　甘肅教育出版社　1996　p. 101、203

馬德　莫高窟與敦煌佛教教團　敦煌吐魯番研究(第一卷)　北京大學出版社　1996　p. 162

榮新江　歸義軍史研究　上海古籍出版社　1996　p. 7

張涌泉　評《敦煌邈真讚校録並研究》　敦煌吐魯番研究(第一卷)　北京大學出版社　1996　p. 430

姜伯勤　普寂與北宗禪風西旋敦煌　佛教與中國傳統文化　宗教文化出版社　1997　p. 470

劉雯　吐蕃及歸義軍時期敦煌索氏家族研究　《敦煌學輯刊》1997 年第 2 期　p. 91

楊際平　郭鋒　張和平　五一十世紀敦煌的家庭與家族關係　岳麓書社　1997　p. 313
鄭炳林　敦煌碑銘讚及其有關問題　敦煌碑銘讚輯釋　甘肅教育出版社　1997　p. 5
鄭炳林　敦煌碑銘讚輯釋　甘肅教育出版社　1997　p. 90
榮新江　歸義軍大事紀年初稿　出土文獻研究(第三輯)　文物出版社　1998　p. 238
沙知　敦煌吐魯番文獻所見唐軍府名掇拾　《敦煌學輯刊》1998 年第 1 期　p. 8
沙知　防城使　敦煌學大辭典　上海辭書出版社　1998　p. 384
沙知　黃石府　敦煌學大辭典　上海辭書出版社　1998　p. 394
董玉祥　梵宮藝苑:甘肅石窟寺　甘肅教育出版社　1999　p. 114
金瀅坤　吐蕃沙州都督考　《敦煌研究》1999 年第 3 期　p. 89
梁尉英　敦煌石窟賢劫千佛變相　1994 年敦煌學國際研討會文集・石窟考古卷　甘肅民族出版社　2000　p. 51
劉進寶　敦煌歷史文化　甘肅人民出版社　2000　p. 87
劉進寶　敦煌文書與唐史研究　(臺北)新文豐出版公司　2000　p. 110
馬德　敦煌寫本《營窟稿文範》箋證　1994 年敦煌學國際研討會文集・石窟考古卷　甘肅民族出版社　2000　p. 216
榮新江　《英藏敦煌文獻》定名商補　文史(第五十二輯)　中華書局　2000　p. 117　又見:敦煌學新論　甘肅教育出版社　2002　p. 190
曾良　敦煌文獻字義通釋　廈門大學出版社　2001　p. 41、120
劉進寶　敦煌學通論　甘肅教育出版社　2002　p. 54
史葦湘　敦煌歷史與莫高窟藝術研究　甘肅教育出版社　2002　p. 506
張娜麗　敦煌本《注千字文》注解　《敦煌學輯刊》2002 年第 1 期　p. 47
鄭炳林　晚唐五代敦煌歸義軍行政區劃制度研究(之二)　《敦煌研究》2002 年第 3 期　p. 71
郝春文　英藏敦煌社會歷史文獻釋録(第三卷)　科學出版社　2003　p. 79、88
馬德　以史論窟　以窟證史　2000 年敦煌學國際學術討論會文集・歷史文化卷(上)　甘肅民族出版社　2003　p. 495
湛如　敦煌佛教律儀制度研究　中華書局　2003　p. 75
張小豔　刪字符號卜與敦煌文獻的解讀　《敦煌研究》2003 年第 3 期　p. 71
趙貞　敦煌所出靈州道文書述略　《敦煌研究》2003 年第 4 期　p. 53
公維章　涅槃、淨土的殿堂:敦煌莫高窟第 148 窟研究　民族出版社　2004　p. 200、220
葉貴良　敦煌社邑文書詞語選釋　《敦煌研究》2004 年第 5 期　p. 79
張涌泉　敦煌文獻字詞例釋　敦煌學(第 25 輯)　(臺北)樂學書局有限公司　2004　p. 356
馮培紅　漢晉敦煌大族略論　《敦煌學輯刊》2005 年第 2 期　p. 102
黃征　敦煌俗字典　上海教育出版社　2005　p. 24、95
屈直敏　從《勵忠節抄》看歸義軍政權道德秩序的重建　《敦煌學輯刊》2005 年第 3 期　p. 86
王志鵬　從敦煌歌辭看唐代敦煌地區禪宗的流傳與發展　《敦煌研究》2005 年第 6 期　p. 98

S. 532

芳村修基　土橋秀高　井ノ口泰淳　敦煌佛教史年表　西域文化研究(第一)・敦煌佛教資料　(京都)法藏館　1958　p. 280
孫修身　敦煌三界寺　甘肅省史學會論文集　甘肅省歷史學會編印　1982　又見:中國敦煌學百年文庫・宗教卷(一)　甘肅文化出版社　1999　p. 57
唐耕耦　陸宏基　敦煌社會經濟文獻真迹釋録(四)　全國圖書館文獻縮微複製中心　1990　p. 72、

77

李正宇　敦煌遺書宋人詩輯校　《敦煌研究》1992 年第 2 期　p. 39

竺沙雅章　寺院文書　敦煌漢文文獻(講座敦煌 5)　(東京)大東出版社　1992　p. 600

李正宇　敦煌文學概論　甘肅人民出版社　1993　p. 104

王克孝　ДХ2168 號寫本初探　《敦煌學輯刊》1993 年第 2 期　p. 25　又見:1994 年敦煌學國際研討會文集·宗教文史卷(下)　甘肅民族出版社　2000　p. 229

魏普賢　敦煌寫本和石窟中的劉薩訶傳說　法國學者敦煌學論文選萃　中華書局　1993　p. 453 注 86

王書慶　敦煌佛學·佛事篇　甘肅民族出版社　1995　p. 248

姜伯勤　敦煌戒壇與大乘佛教　華學(第二輯)　中山大學出版社　1996　p. 328

姜伯勤　敦煌藝術宗教與禮樂文明　中國社會科學出版社　1996　p. 358

王書慶　敦煌文獻中五代宋初戒牒研究　《敦煌研究》1997 年第 3 期　p. 35

唐耕耦　戒牒　敦煌學大辭典　上海辭書出版社　1998　p. 641

丘古耶夫斯基　敦煌漢文文書　上海古籍出版社　2000　p. 193

蔡忠霖　敦煌漢文寫卷俗字及其現象　(臺北)文津出版社　2002　p. 22

姜亮夫　敦煌莫高窟年表　姜亮夫全集(十一)　雲南人民出版社　2002　p. 545

施安昌　故宮藏有關韃靼的敦煌酒帳初探　善本碑帖論集　紫禁城出版社　2002　p. 341

郝春文　英藏敦煌社會歷史文獻釋録(第三卷)　科學出版社　2003　p. 95

李德龍　沙州三界寺《授戒牒》初探　甘肅民族研究論叢　甘肅人民出版社　2003　p. 386、401

S. 533

饒宗頤解說　林宏作譯　敦煌書法叢刊(第十八卷)·碎金(一)　(東京)二玄社　1983　p. 92

S. 534

衣川賢次　《敦煌新本六祖壇經》補校　俗語言研究(第三期)　(京都)禪文化研究所　1996　p. 75

S. 538

黑維强　吐魯番出土文書詞語例釋(一)　《敦煌學輯刊》2004 年第 2 期　p. 119

S. 539

陳祚龍　敦煌古抄内典尾記彙校初、二、三編合刊　敦煌學要籥　(臺北)新文豐出版公司　1982　p. 93

池田溫　中國古代寫本識語集録　(東京)大藏出版株式會社　1990　p. 163

方廣錩　金光明經　敦煌學大辭典　上海辭書出版社　1998　p. 678

郝春文　英藏敦煌社會歷史文獻釋録(第三卷)　科學出版社　2003　p. 100

S. 540

張金泉　唐民間詩韻:論變文詩韻　1983 年全國敦煌學術討論會文集·文史遺書編(下)　甘肅人民出版社　1987　p. 253

潘重規　敦煌卷子俗寫文字之研究　全國敦煌學研討會論文集　(臺北)中正大學中國文學系所　1995　p. 8

霍巍　早期密教圖像在敦煌的傳播及其來源的新探索　《敦煌研究》2006 年第 2 期　p. 111

S. 541

向達　倫敦所藏敦煌卷子經眼目録　《北平圖書館圖書季刊》1939 年新第 1 卷第 4 期　1939　p. 397　又見:唐代長安與西域文明　三聯書店　1957　p. 200

潘重規　敦煌詩經卷子研究　(臺北)《華岡學報》1970 年第 6 期　又見:中國敦煌學百年文庫・文獻卷(二)　甘肅文化出版社　1999　p. 438

黄瑞雲　敦煌古寫本《詩經》校釋劄記(二)　《敦煌研究》1986 年第 3 期　p. 48

金榮華　倫敦藏漢文敦煌卷子目録提要(初稿)序　敦煌學(第 12 輯)　(臺北)新文豐出版公司　1987　p. 138

李正宇　敦煌地區古代祠廟寺觀簡志　《敦煌學輯刊》1988 年第 1、2 期　p. 78

李正宇　釋"耶沒忽":敦煌遺書王梵志詩俗詞語研究之一　王梵志詩研究彙録(上)　上海古籍出版社　1990　p. 267

土田健次郎　儒教典籍　敦煌漢文文獻(講座敦煌 5)　(東京)大東出版社　1992　p. 268

王克孝　ДХ2168 號寫本初探　《敦煌學輯刊》1993 年第 2 期　p. 25

白化文　詩經　敦煌學大辭典　上海辭書出版社　1998　p. 773

李正宇　報恩寺　敦煌學大辭典　上海辭書出版社　1998　p. 629

潘重規　巴黎倫敦所藏敦煌詩經卷子題記　中國敦煌學百年文庫・文獻卷(二)　甘肅文化出版社　1999　p. 388

楊森　淺談敦煌文獻中唐代墓誌銘抄本　《敦煌研究》2000 年第 3 期　p. 137

郝春文　英藏敦煌社會歷史文獻釋録(第三卷)　科學出版社　2003　p. 101

許建平　敦煌《詩經》卷子研讀劄記二則　《敦煌學輯刊》2004 年第 1 期　p. 71

S. 542

竺沙雅章　敦煌の寺戸について　『史林』(44 卷 5 號)　京都大學文學部史學研究會　1961　p. 41

金岡照光　敦煌民衆の社會と生活　敦煌の民衆:その生活と思想　(東京)評論社　1972　p. 336

池田溫　中國古代籍帳研究:概観・録文　東京大學東洋文化研究所　1979　p. 523、536

北原薫　晚唐・五代の敦煌寺院経済——収支決算報告を中心に　敦煌の社會(講座敦煌 3)　(東京)大東出版社　1980　p. 386、398、406、410、450

堀敏一　敦煌社會の変質——中國社會全般の発展とも関連して　敦煌の社會(講座敦煌 3)　(東京)大東出版社　1980　p. 165

山口瑞鳳　吐蕃の敦煌支配期間　敦煌の歷史(講座敦煌 2)　(東京)大東出版社　1980　p. 230

土肥義和　はじめに——歸義軍節度使の敦煌支配　敦煌の歷史(講座敦煌 2)　(東京)大東出版社　1980　p. 241

姜伯勤　論敦煌寺院的"常住百姓"　《敦煌研究》1981 年試刊第 1 期　p. 49　又見:五十年來漢唐佛教寺院經濟研究　北京師範大學出版社　1986　p. 194

陳國燦　敦煌所出諸借契年代考　魏晉南北朝隋唐史資料(第 4 輯)　武漢大學出版社　1982　p. 9　又見:《敦煌學輯刊》1984 年第 1 期　p. 2

史葦湘　絲綢之路上的敦煌與莫高窟　敦煌研究文集　甘肅人民出版社　1982　p. 117 注 78

孫修身　敦煌三界寺　甘肅省史學會論文集　甘肅省歷史學會編印　1982　又見:中國敦煌學百年文庫・宗教卷(一)　甘肅文化出版社　1999　p. 51

陳炳應　敦煌所出宋開寶八年"鄭醜撻賣地舍契"定誤考釋　《西北史地》1983 年第 4 期　p. 87

姜伯勤　敦煌寺院碾磑經營的兩種形式　歷史論叢(第三輯)　齊魯書社　1983　p. 190　又見:五十年來漢唐佛教寺院經濟研究　北京師範大學出版社　1986　p. 236

姜伯勤 敦煌寺院文書中"梁戶"的性質 敦煌吐魯番文書研究 甘肅人民出版社 1984 p. 339

吳其昱 有關唐代和十世紀奴婢的敦煌卷子 《敦煌學輯刊》1984 年第 2 期 p. 144

張弓 唐五代敦煌寺院的牧羊人 《蘭州學刊》1984 年第 2 期 p. 61

楚古耶夫斯基著 桑林摘譯 八一十世紀的敦煌 國外中國學研究譯叢(1) 青海人民出版社 1986 p. 587

土肥義和著 李永寧譯 歸義軍時期(晚唐、五代、宋)的敦煌(一) 《敦煌研究》1986 年第 4 期 p. 84

謝重光 關於唐後期至五代間沙州寺院經濟的幾個問題 敦煌吐魯番出土經濟文書研究 廈門大學出版社 1986 p. 447、449、510 注 108

張弓 南北朝隋唐寺觀戶階層述略 五十年來漢唐佛教寺院經濟研究 北京師範大學出版社 1986 p. 316

何昌林 敦煌琵琶譜之考、解、譯(附《敦煌琵琶譯譜》) 1983 年全國敦煌學術討論會文集・石窟藝術編(下) 甘肅人民出版社 1987 p. 357、359

姜伯勤 唐五代敦煌寺戶制度 中華書局 1987 p. 3 圖版、23、59、51、72、247、273

藤枝晃著 徐秀靈譯 敦煌發現的藏文文書試釋 《敦煌學輯刊》1987 年第 2 期 p. 140

王永興 隋唐五代經濟史料彙編校注・第一編(上) 中華書局 1987 p. 193、255、302

楊銘 吐蕃時期敦煌部落設置考 《西北史地》1987 年第 2 期 p. 35

李正宇 敦煌地區古代祠廟寺觀簡志 《敦煌學輯刊》1988 年第 1、2 期 p. 76

張鴻勳 敦煌《燕子賦》(甲本)研究 敦煌語言文學研究 北京大學出版社 1988 p. 183

高國藩 敦煌民俗學 上海文藝出版社 1989 p. 60

王進玉 漫步敦煌藝術科技畫廊 科學普及出版社 1989 p. 37

王進玉 趙豐 敦煌文物中的紡織技藝 《敦煌研究》1989 年第 4 期 p. 100

王堯 敦煌吐蕃官號"節兒"考 《民族語文》1989 年第 4 期 又見:中國敦煌學百年文庫・民族卷(一) 甘肅文化出版社 1999 p. 417

凍國棟 吐魯番出土文書所見唐代前期西州的工匠 敦煌吐魯番文書初探(二編) 武漢大學出版社 1990 p. 311、332 注 40

李天石 敦煌吐魯番文書中的奴婢資料及其價值 《敦煌學輯刊》1990 年第 1 期 p. 3

上山大峻 敦煌佛教の研究 (京都)法藏館 1990 p. 397

唐耕耦 陸宏基 敦煌社會經濟文獻真迹釋録(二、三、四) 全國圖書館文獻縮微複製中心 1990 p. 380;570;116

王素 吐魯番所出高昌取銀錢作孤易券試釋 《文物》1990 年第 9 期 p. 94

謝重光 白文固 中國僧官制度史 青海人民出版社 1990 p. 126、145

周偉洲 吐蕃對河隴的統治及歸義軍前期的河西諸族 《甘肅民族研究》1990 年第 2 期 p. 2

竺沙雅章 敦煌吐蕃期的僧官制度 第二届敦煌學國際研討會論文集 (臺北)漢學研究中心 1990 p. 146

方廣錩 佛教大藏經史(八一十世紀) 中國社會科學出版社 1991 p. 111

仁井田陞 補訂中國法制史研究:奴隸農奴法・家族村落法 東京大學出版會 1991 p. 51、95

謝重光 吐蕃佔領期與歸義軍時期的敦煌僧官制度 《敦煌研究》1991 年第 3 期 p. 52、59

姜伯勤 敦煌社會文書導論 (臺北)新文豐出版公司 1992 p. 212

陶秋英輯録 姜亮夫校訂 敦煌經卷所見寺名録 敦煌碎金 浙江古籍出版社 1992 p. 100、102

王堯 《唐五代敦煌寺戶制度》評介 藏學零墨 西藏人民出版社 1992 p. 257

項楚　《敦煌歌辭總編》匡補(二)　文史(第三十六輯)　中華書局　1992　p. 175
竺沙雅章　寺院文書　敦煌漢文文獻(講座敦煌5)　(東京)大東出版社　1992　p. 608
高國藩　敦煌民俗資料導論　(臺北)新文豐出版公司　1993　p. 16
王永興　從田令和敦煌文書看唐代土地制度中幾個問題　陳門問學叢稿　江西人民出版社　1993　p. 191
項楚　敦煌詩歌導論　(臺北)新文豐出版公司　1993　p. 60
楊銘　敦煌遺書中的 Lho bal 與南波　《敦煌研究》1993 年第 3 期　p. 10　又見:敦煌吐魯番學研究論集　書目文獻出版社　1996　p. 353
姜伯勤　敦煌吐魯番文書與絲綢之路　文物出版社　1994　p. 234
李錦繡　1993—1994 年大陸地區唐代學術研究概況:史學　"中國唐代學會"會刊(第五期)　(臺北)"中國唐代學會"　1994　p. 94
王進玉　敦煌石窟探秘　四川教育出版社　1994　p. 19、58、96
沃興華　敦煌書法藝術　上海人民出版社　1994　p. 4
楊銘　關於敦煌藏文卷子中 Lho bal 研究　《西北民族研究》1994 年第 2 期　p. 118
楊銘　一件有關敦煌陷蕃時間的藏文文書　《敦煌研究》1994 年第 3 期　p. 85
鄭炳林　敦煌本《張淮深變文》研究　《西北民族研究》1994 年第 1 期　p. 154
胡戟　傅玫　敦煌史話　中華書局　1995　p. 133
劉惠琴　從敦煌文書中看沙州紡織業　《敦煌學輯刊》1995 年第 2 期　p. 53
王書慶　敦煌佛學・佛事篇　甘肅民族出版社　1995　p. 242
項楚　敦煌歌辭總編匡補　(臺北)新文豐出版公司　1995　p. 72
楊富學　牛汝極　沙州回鶻及其文獻　甘肅文化出版社　1995　p. 246
楊銘　吐蕃時期河隴軍政機構設置考　中亞學刊(第四輯)　北京大學出版社　1995　p. 113
鄭炳林　羊萍　敦煌本夢書　甘肅文化出版社　1995　p. 307
菊池英夫　西域出土文書に見える唐代軍制関係用語としての「團」について(その二)　アジア史における制度と社會　(東京)刀水書房　1996　p. 135
李正宇　敦煌史地新論　(臺北)新文豐出版公司　1996　p. 72、91
陸慶夫　唐宋間敦煌粟特人之漢化　《歷史研究》1996 年第 6 期　p. 26　又見:敦煌歸義軍史專題研究　蘭州大學出版社　1997　p. 360
馬德　敦煌莫高窟史研究　甘肅教育出版社　1996　p. 209
馬德　九、十世紀敦煌工匠史料述論　慶祝潘石禪先生九秩華誕敦煌學特刊　(臺北)文津出版社　1996　p. 320
馬德　莫高窟與敦煌佛教教團　敦煌吐魯番研究(第一卷)　北京大學出版社　1996　p. 166
張涌泉　敦煌文獻校讀釋例　文史(第四十一輯)　中華書局　1996　p. 197
高啓安　唐宋時期敦煌人名探析　《敦煌研究》1997 年第 4 期　p. 122
李正宇　敦煌歷史地理導論　(臺北)新文豐出版公司　1997　p. 215、226
李正宇　西同考　《敦煌研究》1997 年第 4 期　p. 110
陸慶夫　從焉耆龍王到河西龍家——龍部落遷徙考　敦煌歸義軍史專題研究　蘭州大學出版社　1997　p. 493
馬德　敦煌工匠史料　甘肅人民出版社　1997　p. 28、55
楊際平　郭鋒　張和平　五—十世紀敦煌的家庭與家族關係　岳麓書社　1997　p. 146
楊銘　吐蕃統治敦煌研究　(臺北)新文豐出版公司　1997　p. 2、188
鄭阿財　《龍興寺毗沙門天王靈驗記》與敦煌地區的毗沙門信仰　周紹良先生欣開九秩慶壽文集

中華書局　1997　p. 253

鄭阿財　論敦煌寫本《龍興寺毗沙門天王靈驗記》與唐代的毗沙門信仰　第三屆中國唐代文化學術研討會論文集　(臺北)政治大學中國文學系　1997　p. 428

鄭炳林　都教授張金炫和尚生平事迹考　敦煌歸義軍史專題研究　蘭州大學出版社　1997　p. 548

鄭炳林　敦煌碑銘讚輯釋　甘肅教育出版社　1997　p. 98 注 35

鄭炳林　唐五代敦煌的粟特人與佛教　敦煌歸義軍史專題研究　蘭州大學出版社　1997　p. 438

鄭炳林　唐五代敦煌手工業研究　敦煌歸義軍史專題研究　蘭州大學出版社　1997　p. 253、262

鄭炳林　唐五代敦煌畜牧區域研究　敦煌歸義軍史專題研究　蘭州大學出版社　1997　p. 212、223

鄭炳林　吐蕃統治下的敦煌粟特人　敦煌歸義軍史專題研究　蘭州大學出版社　1997　p. 375

陳國燦　榮新江　西桐　敦煌學大辭典　上海辭書出版社　1998　p. 306

伏俊璉　《駕幸溫泉賦》補正　敦煌吐魯番研究(第三卷)　北京大學出版社　1998　p. 60

郝春文　唐後期五代宋初敦煌僧尼的社會生活　中國社會科學出版社　1998　p. 93

黄永年　唐代史事考釋　(臺北)聯經出版公司　1998　p. 455

姜伯勤　寺戶　敦煌學大辭典　上海辭書出版社　1998　p. 650

金滢坤　吐蕃統治敦煌的社會基層組織　《中國邊疆史地研究》1998 年第 4 期　p. 30

李斌城　隋唐五代社會生活史　中國社會科學出版社　1998　p. 213 注 9

李并成　"西桐"地望考　《西北民族研究》1998 年第 1 期　p. 45

李正宇　大乘寺　敦煌學大辭典　上海辭書出版社　1998　p. 628

李正宇　大雲寺　敦煌學大辭典　上海辭書出版社　1998　p. 629

李正宇　靈圖寺　敦煌學大辭典　上海辭書出版社　1998　p. 629

李正宇　數字取名　敦煌學大辭典　上海辭書出版社　1998　p. 451

李正宇　團　敦煌學大辭典　上海辭書出版社　1998　p. 305

李正宇　永安寺　敦煌學大辭典　上海辭書出版社　1998　p. 630

羅豐　薩寶:一個唐朝唯一外來官職的再考察　唐研究(第四卷)　北京大學出版社　1998　p. 225

馬德　放毛　敦煌學大辭典　上海辭書出版社　1998　p. 452

寧可　謝重光　手力　敦煌學大辭典　上海辭書出版社　1998　p. 411

宋家鈺　營田　敦煌學大辭典　上海辭書出版社　1998　p. 414

蘇金花　從"方外之賓"到"釋吏"　《敦煌學輯刊》1998 年第 2 期　p. 114

謝重光　酒戶　敦煌學大辭典　上海辭書出版社　1998　p. 651

楊森　跋《子年三月五日計料海濟受戒衣缽具色——如後》帳及卷背《釋門教授帖》文書　《敦煌研究》1998 年第 4 期　p. 103

張亞萍　唐五代敦煌地區的駱駝牧養業　《敦煌學輯刊》1998 年第 1 期　p. 58

鄭炳林　《康秀華寫經施入疏》與《炫和尚貨賣胡粉曆》研究　敦煌吐魯番研究(第三卷)　北京大學出版社　1998　p. 200、206

池田溫　八世紀中葉敦煌的粟特人聚落　唐研究論文選集　中國社會科學出版社　1999　p. 66 注 120

高啓安　唐五代至宋敦煌的量器及量制　《敦煌學輯刊》1999 年第 1 期　p. 67

金滢坤　吐蕃統治敦煌的財政職官體系　《敦煌研究》1999 年第 2 期　p. 86

馬德　敦煌文書《諸寺付經歷》芻議　《敦煌學輯刊》1999 年第 1 期　p. 38

吳麗娛　敦煌寫本書儀中的行第之稱:兼論行第普及的庶民影響　敦煌吐魯番研究(第四卷)　北京大學出版社　1999　p. 545

謝桃坊　敦煌文化尋繹　四川人民出版社　1999　p. 69

高啓安　崇高與卑賤:敦煌的佛教信仰賤名再探　'98 法門寺唐文化國際學術討論會論文集　陝西人民出版社　2000　p. 250
雷紹鋒　歸義軍賦役制度初探　(臺北)洪葉文化事業有限公司　2000　p. 167
羅豐　流寓中國的中亞史國人　國學研究(第七卷)　北京大學出版社　2000　p. 255
丘古耶夫斯基　敦煌漢文文書　上海古籍出版社　2000　p. 16、163
魏明孔　隋唐寺院手工業述論　'98 法門寺唐文化國際學術討論會論文集　陝西人民出版社　2000　p. 535
顔廷亮　敦煌文化　光明日報出版社　2000　p. 279
楊寶玉　敦煌史話　中國大百科全書出版社　2000　p. 159
楊秀清　華戎交會的都市:敦煌與絲綢之路　甘肅人民出版社　2000　p. 83
郝春文　營造寄託:中國六至十世紀造寺功德的探討　佛教與歷史文化　宗教文化出版社　2001　p. 420
乜小紅　唐五代敦煌牧羊業述論　《敦煌研究》2001 年第 1 期　p. 136、137
謝重光　漢唐佛教社會史論　(臺北)國際文化事業有限公司　2001　p. 37 注 71、208
顔廷亮　敦煌文化中的祆教、摩尼教和景教　敦煌學與中國史研究論集　甘肅人民出版社　2001　p. 419
陳國燦　敦煌學史事新證　甘肅教育出版社　2002　p. 24、329
陳海濤　唐代入華粟特人的佛教信仰及其原因　華林(第二卷)　中華書局　2002　p. 89
金瀅坤　吐蕃瓜州節度使初探　《敦煌研究》2002 年第 2 期　p. 22
陸離　唐五代敦煌寺戶制度源流辨析　敦煌吐魯番研究(第六卷)　北京大學出版社　2002　p. 288
乜小紅　試論唐五代宋初敦煌畜牧區域的分佈　《敦煌研究》2002 年第 2 期　p. 42
乜小紅　唐宋敦煌毛紡織業述略　敦煌學(第 23 輯)　(臺北)樂學書局有限公司　2002　p. 122
王堯　從敦煌文獻看吐蕃文化　南京棲霞山石窟藝術與敦煌學　中國美術學院出版社　2002　p. 225
王堯　西望陽關有故人:敦煌藏文寫卷述要　中國學術(第四輯)　商務印書館　2002　p. 24
吳麗娛　唐禮摭遺:中古書儀研究　商務印書館　2002　p. 336
楊寶玉　敦煌滄桑　長江文藝出版社　2002　p. 244
郝春文　唐後期五代宋初敦煌僧尼的生活方式　寺院財富與世俗供養　上海書畫出版社　2003　p. 134
郝春文　英藏敦煌社會歷史文獻釋録(第三卷)　科學出版社　2003　p. 108
洪藝芳　敦煌社會經濟文書中的唐五代新興量詞研究　敦煌學(第 24 輯)　(臺北)樂學書局有限公司　2003　p. 110
李并成　敦煌文獻與西北生態環境變遷研究　漢語史學報專輯(第三輯)　上海教育出版社　2003　p. 392
李小榮　敦煌密教文獻論稿　人民文學出版社　2003　p. 165
乜小紅　唐五代敦煌音聲人試探　《敦煌研究》2003 年第 3 期　p. 78
榮新江　北朝隋唐胡人聚落的宗教信仰與祆祠的社會功能　唐代宗教信仰與社會　上海辭書出版社　2003　p. 392
上山大峻著　劉永增譯　關於北圖劾 76 號吳和尚藏書目録　《敦煌研究》2003 年第 1 期　p. 103
童丕　敦煌的借貸:中國中古時代的物質生活與社會　中華書局　2003　p. 29、53、61
王啓濤　中古及近代法制文書語言研究　巴蜀書社　2003　p. 169、213
湛如　敦煌佛教律儀制度研究　中華書局　2003　p. 45

高啓安　唐五代敦煌飲食文化研究　民族出版社　2004　p. 24、55、366

黑維强　《吐魯番出土文書》詞語釋　《敦煌學輯刊》2004 年第 1 期　p. 64

李正宇　晚唐至宋敦煌僧人聽食"淨肉"　敦煌學(第 25 輯)　(臺北)樂學書局有限公司　2004　p. 188

羅豐　胡漢之間:"絲綢之路"與西北歷史考古　文物出版社　2004　p. 229

孟憲實　論敦煌渠人社　周秦漢唐文化研究(第三輯)　三秦出版社　2004　p. 143

張涌泉　敦煌文獻字詞例釋　敦煌學(第 25 輯)　(臺北)樂學書局有限公司　2004　p. 355

鄭炳林　魏迎春　晚唐五代敦煌佛教教團的戒律和清規　《敦煌學輯刊》2004 年第 2 期　p. 27

李正宇　晚唐至北宋敦煌僧尼普聽飲酒　《敦煌研究》2005 年第 3 期　p. 77

陸離　敦煌、新疆等地吐蕃時期石窟中着虎皮衣飾神祇、武士圖像及雕塑研究　《敦煌學輯刊》2005 年第 3 期　p. 116

陸離　吐蕃統治敦煌時期的官府勞役　魏晉南北朝隋唐史資料(第 22 輯)　武漢大學出版社　2005　p. 181、184

陸離　吐蕃統治時期敦煌僧官的幾個問題　《敦煌研究》2005 年第 3 期　p. 94

趙曉星　寇甲　西魏:歸義軍時期敦煌地區的史姓　《敦煌學輯刊》2005 年第 2 期　p. 130

鄭炳林　敦煌寫本解夢書校録研究　民族出版社　2005　p. 125

陸離　吐蕃統治河隴西域時期職官四題　《西北民族研究》2006 年第 2 期　p. 30

S. 543

向達　倫敦所藏敦煌卷子經眼目録　《北平圖書館圖書季刊》1939 年新第 1 卷第 4 期　p. 397　又見:唐代長安與西域文明　三聯書店　1957　p. 201

芳村修基　土橋秀高　井ノロ泰淳　敦煌佛教史年表　西域文化研究(第一)・敦煌佛教資料　(京都)法藏館　1958　p. 275

西村元佑　唐代敦煌差科簿の研究　西域文化研究(第三)・敦煌吐魯番社會經濟資料(下)　(京都)法藏館　1960　p. 457

池田溫　中國古代籍帳研究:概観・録文　東京大學東洋文化研究所　1979　p. 285

金岡照光　敦煌における地獄文獻:敦煌庶民信仰の一様相　敦煌と中國仏教(講座敦煌 7)　(東京)大東出版社　1984　p. 582

土橋秀高　敦煌の律蔵　敦煌と中國仏教(講座敦煌 7)　(東京)大東出版社　1984　p. 263

西村元佑著　姜鎮慶譯　通過唐代敦煌差科簿看唐代均田制時代的徭役制度　敦煌學譯文集　甘肅人民出版社　1985　p. 981、1209、1216、1223

唐耕耦　陸宏基　敦煌社會經濟文獻真迹釋録(一)　書目文獻出版社　1986　p. 263

楊際平　關於唐天寶敦煌差科簿的幾個問題　敦煌吐魯番出土經濟文書研究　廈門大學出版社　1986　p. 135

李正宇　《吐蕃子年(西元 808 年)沙州百姓氾履倩等戶籍手實殘卷》研究　1983 年全國敦煌學術討論會文集・文史遺書編(上)　甘肅人民出版社　1987　p. 188 注 24、207

王永興　隋唐五代經濟史料彙編校注・第一編(下)　中華書局　1987　p. 627

汪泛舟　讚・箴　敦煌文學　甘肅人民出版社　1989　p. 103

池田溫　中國古代寫本識語集録　(東京)大蔵出版株式會社　1990　p. 401

林聰明　敦煌文書學　(臺北)新文豐出版公司　1991　p. 398

郝春文　敦煌寫本社邑文書年代彙考(三)　《社科縱横》1993 年第 5 期　p. 11

王永興　敦煌經濟文書導論　(臺北)新文豐出版公司　1994　p. 229

趙聲良　早期敦煌寫本書法的時代分期和類型　敦煌書法庫(第二輯)　甘肅人民美術出版社　1994　p. 7
黄征　吳偉　敦煌願文集　岳麓書社　1995　p. 54、663
姜伯勤　變文的南方源頭與敦煌的唱導法匠　華學(第一輯)　中山大學出版社　1995　p. 160
王書慶　敦煌佛學·佛事篇　甘肅民族出版社　1995　p. 17、75
姜伯勤　敦煌戒壇與大乘佛教　華學(第二輯)　中山大學出版社　1996　p. 323
姜伯勤　敦煌藝術宗教與禮樂文明　中國社會科學出版社　1996　p. 349、416
寧可　郝春文　敦煌社邑文書輯校　江蘇古籍出版社　1997　p. 518
楊際平　郭鋒　張和平　五—十世紀敦煌的家庭與家族關係　岳麓書社　1997　p. 137
湛如　敦煌菩薩戒儀與菩薩戒牒之研究　《敦煌研究》1997 年第 2 期　p. 77
郝春文　唐後期五代宋初敦煌僧尼的社會生活　中國社會科學出版社　1998　p. 21、198、199
黄征　唐代俗語詞輯釋　唐研究(第四卷)　北京大學出版社　1998　p. 141
李德龍　佛教法事文樣古藏文譯本　敦煌學大辭典　上海辭書出版社　1998　p. 484
李正宇　數字取名　敦煌學大辭典　上海辭書出版社　1998　p. 451
湛如　敦煌布薩文與布薩次第新探《敦煌研究》1999 年第 1 期　p. 121
郝春文　部分英藏敦煌文獻的定名問題　英國收藏敦煌漢藏文獻研究:紀念敦煌文獻發現一百周年　中國社會科學出版社　2000　p. 388
趙聲良　早期敦煌寫本書法的分期研究　1994 年敦煌學國際研討會文集·石窟藝術卷　甘肅民族出版社　2000　p. 275
黄征　敦煌語言文字學研究　甘肅教育出版社　2002　p. 152
池田溫　敦煌の歷史的背景　敦煌文書の世界　(東京)名著刊行會　2003　p. 105
郝春文　英藏敦煌社會歷史文獻釋録(第三卷)　科學出版社　2003　p. 140、149
湛如　布薩文研究　敦煌與絲路文化學術講座(第一輯)　北京圖書館出版社　2003　p. 504
湛如　敦煌佛教律儀制度研究　中華書局　2003　p. 137、152、157、197
夏廣興　冥界遊行:從佛典記載到隋唐五代小說　佛經文學研究論集　復旦大學出版社　2004　p. 426
殷光明　敦煌石窟中的地獄圖像與冥報思想　麥積山石窟藝術文化論文集(下)　蘭州大學出版社　2004　p. 38
張涌泉　敦煌文獻字詞例釋　敦煌學(第 25 輯)　(臺北)樂學書局有限公司　2004　p. 349
郝春文　唐後期五代宋初敦煌私社的教育與教化功能　敦煌吐魯番研究(第九卷)　北京大學出版社　2006　p. 311

S. 545

向達　倫敦所藏敦煌卷子經眼目録　《北平圖書館圖書季刊》1939 年新第 1 卷第 4 期　p. 397　又見:唐代長安與西域文明　三聯書店　1957　p. 201
藤枝晃　敦煌の僧尼籍『東方學報』(第 35 號)　京都大學人文科學研究所　1964　p. 302、323
陳祚龍　簡記敦煌古抄方志　敦煌文物隨筆　(臺北)商務印書館　1979　p. 55
山口瑞鳳　吐蕃の敦煌支配期間　敦煌の歷史(講座敦煌 2)　(東京)大東出版社　1980　p. 230
唐耕耦　陸宏基　敦煌社會經濟文獻真迹釋録(四)　全國圖書館文獻縮微複製中心　1990　p. 208
林聰明　敦煌文書學　(臺北)新文豐出版公司　1991　p. 411 注 9、425
陶秋英輯録　姜亮夫校訂　敦煌經卷所見寺名録　敦煌碎金　浙江古籍出版社　1992　p. 100
王三慶　敦煌寫卷中武后新字之調查研究　唐代研究論集(第三輯)　(臺北)新文豐出版公司

1992　p. 87
王三慶著　池田溫譯　類書　敦煌漢文文獻(講座敦煌 5)　(東京)大東出版社　1992　p. 384
竺沙雅章　寺院文書　敦煌漢文文獻(講座敦煌 5)　(東京)大東出版社　1992　p. 606
柴劍虹　俄藏敦煌詩詞寫卷經眼録　敦煌吐魯番研究(第一卷)　北京大學出版社　1996　p. 110 注、103　又見:敦煌吐魯番學論稿　浙江教育出版社　2000　p. 217
姜伯勤　敦煌藝術宗教與禮樂文明　中國社會科學出版社　1996　p. 384
鄭炳林　敦煌碑銘讚輯釋　甘肅教育出版社　1997　p. 187 注 6
李正宇　永安寺　敦煌學大辭典　上海辭書出版社　1998　p. 630
唐耕耦　戊年永安寺僧惠照上當寺應管主客僧牒狀　敦煌學大辭典　上海辭書出版社　1998 p. 639
馬德　敦煌文書《諸寺付經歷》芻議　《敦煌學輯刊》1999 年第 1 期　p. 43
丘古耶夫斯基　敦煌漢文文書　上海古籍出版社　2000　p. 123、235
謝重光　漢唐佛教社會史論　(臺北)國際文化事業有限公司　2001　p. 208
郝春文　英藏敦煌社會歷史文獻釋録(第三卷)　科學出版社　2003　p. 164、182
徐俊　敦煌先唐詩考　2000 年敦煌學國際學術討論會文集・歷史文化卷(下)　甘肅民族出版社 2003　p. 292
屈直敏　敦煌高僧　民族出版社　2004　p. 129
黄征　敦煌俗字典　上海教育出版社　2005　p. 30、58、131
黄征　敦煌俗字種類考辨　敦煌學・日本學:石塚晴通教授退職紀念論文集　上海辭書出版社 2005　p. 122、125

S. 548
周紹良　敦煌所出變文現存目録　敦煌變文彙録　上海出版公司　1955　p. 5
劉銘恕　英國博物院所藏的敦煌卷子　《中國科學院圖書館通訊》1957 年第 1 期　又見:中國敦煌學百年文庫・綜述卷(二)　甘肅文化出版社　1999　p. 128
劉銘恕　再記英國倫敦所藏的敦煌經卷　《中國科學院圖書館通訊》1957 年第 7 期　又見:中國敦煌學百年文庫・綜述卷(二)　甘肅文化出版社　1999　p. 135
金岡照光　敦煌漢文文學文獻の文學形態上の種類とその分類　敦煌出土文學文獻分類目録・附解説　(東京)東洋文庫　1971　p. 203
金岡照光　敦煌文學のさまざま　敦煌の文學　(東京)大蔵出版株式會社　1971　p. 108
金岡照光　敦煌民衆の宗教と生活　敦煌の民衆:その生活と思想　(東京)評論社　1972　p. 234
邱鎮京　敦煌變文述論　(臺北)商務印書館　1974　p. 1871
加地哲定　增補中國佛教文學研究　(東京)同朋舍　1979　p. 132、166
矢吹慶輝　鳴沙餘韻・解說篇(第一部)　(京都)臨川書店　1980　p. 285
楊家駱　敦煌變文　(臺北)世界書局　1980　p. 301
蔣禮鴻　敦煌變文字義通釋　上海古籍出版社　1981　p. 432　又見:敦煌叢刊初集(十四)　(臺北)新文豐出版公司　1985　p. 432
金岡照光　敦煌の繪物語　(東京)東方書店　1981　p. 68、112
陳祚龍　敦煌古抄内典尾記彙校初、二、三編合刊　敦煌學要籥　(臺北)新文豐出版公司　1982 p. 93
川口久雄　「王子と餓えた母虎」解説　敦煌壁畫繪解き銘文集(敦煌資料と日本文學　2)　(東京)大東文化大學東洋研究所　1983　p. 40

潘重規　敦煌變文集新書(上)　(臺北)“中國文化大學”中文研究所　1984　p. 512
王慶菽　太子成道經　敦煌變文集　人民文學出版社　1984　p. 301
白化文　對可補入《敦煌變文集》中的幾則録文的討論　《敦煌學輯刊》1986 年第 1 期　p. 46
金岡照光　關於敦煌變文演出的二三個問題　漢學研究(敦煌學國際研討會論文專號)　(臺北)漢學研究資料及服務中心　1986　p. 310
李正宇　敦煌方音止遇二攝混同及其校勘學意義　《敦煌研究》1986 年第 4 期　p. 53
梁梁　《太子成道經》隨筆數則　《敦煌研究》1986 年第 3 期　p. 51
李正宇　晚唐敦煌本《釋迦因緣劇本》試探　《敦煌研究》1987 年第 1 期　p. 79
平野顯照著　張桐生譯　唐代的文學與佛教　(臺北)業强出版社　1987　p. 288
曲金良　敦煌寫本變文、講經文作品創作時間彙考　《敦煌學輯刊》1987 年第 1 期　p. 57
周紹良　唐代變文及其它　敦煌文學作品選　中華書局　1987　p. 18
柴劍虹　因緣　敦煌文學　甘肅人民出版社　1989　p. 273
池田溫　中國古代寫本識語集録　(東京)大藏出版株式會社　1990　p. 475
高國藩　敦煌古俗與民俗流變　河海大學出版社　1990　p. 380
黎薔　西域戲劇的緣起及敦煌佛教戲曲的形成　《敦煌研究》1990 年第 2 期　p. 110
柴劍虹　敦煌文學中的“因緣”與“詩話”　西域文史論稿　(臺北)國文天地雜誌社　1991　p. 514
林聰明　敦煌文書出處略考　季羨林教授八十華誕紀念論文集(下)　江西人民出版社　1991　p. 857
林聰明　敦煌文書學　(臺北)新文豐出版公司　1991　p. 184
金岡照光　講唱體類　敦煌の文學文獻(講座敦煌 9)　(東京)大東出版社　1992　p. 76
周紹良　敦煌文學芻議及其它　(臺北)新文豐出版公司　1992　p. 84
高國藩　敦煌民俗資料導論　(臺北)新文豐出版公司　1993　p. 175
蔣禮鴻　敦煌文獻語言詞典　杭州大學出版社　1994　p. 204
林聰明　談敦煌文書的抄寫問題　紀念陳寅恪先生百年誕辰學術論文集　江西教育出版社　1994　p. 290
榮新江　歸義軍改元考　文史(第三十八輯)　中華書局　1994　p. 50
黄征　唐代俗語詞輯釋　唐研究(第一卷)　北京大學出版社　1995　p. 195
井ノ口泰淳　敦煌本『仏名經』の諸系統　中央アジアの言語と仏教　(京都)法藏館　1995　p. 299
梁梁　敦煌壁畫故事(第四輯)　江蘇古籍出版社　1995　p. 2
梁尉英　敦煌佛傳概觀及其中國化之特點　敦煌學國際研討會文集・石窟藝術編　遼寧美術出版社　1995　p. 341
曲金良　敦煌佛教文學研究　(臺北)文津出版社　1995　p. 41
王慶雲　佛太子與賈寶玉:從敦煌寫本《八相變》看佛教文學對《紅樓夢》的影響　敦煌佛教文學研究　(臺北)文津出版社　1995　p. 300
張涌泉　敦煌文書類化字研究　《敦煌研究》1995 年第 4 期　p. 72
黄征　敦煌俗語法研究之一:句法篇　敦煌吐魯番研究(第一卷)　北京大學出版社　1996　p. 66、75
榮新江　歸義軍史研究　上海古籍出版社　1996　p. 53
黄征　敦煌寫本異文綜析　敦煌語文叢說　(臺北)新文豐出版公司　1997　p. 22
黄征　張涌泉　敦煌變文校注　中華書局　1997　p. 442、1141
海客　太子成道經　敦煌學大辭典　上海辭書出版社　1998　p. 576
周紹良　張涌泉　黄征　敦煌變文講經文因緣輯校(下)　江蘇古籍出版社　1998　p. 709

刁汝鈞　《敦煌變文》研究管見　中國敦煌學百年文庫・文學卷(四)　甘肅文化出版社　1999　p. 17

梅維恒著　楊繼東　陳引馳譯　唐代變文　(香港)中國佛教文化出版公司　1999　p. 8、255、257 注 2

邵榮芬　敦煌俗文學中的別字異文和唐五代西北方音　中國敦煌學百年文庫・語言文字卷(一)　甘肅文化出版社　1999　p. 125

金岡照光　敦煌文獻と中國文學　(東京)五曜書房　2000　p. 145、474、500

謝生保　成佛之路:敦煌壁畫佛傳故事　甘肅人民出版社　2000　p. 181

顔廷亮　敦煌文化　光明日報出版社　2000　p. 275

張錫厚　敦煌文學源流　作家出版社　2000　p. 383

林聰明　敦煌吐魯番文書解詁指例　(臺北)新文豐出版公司　2001　p. 41

黄征　敦煌語言文字學研究　甘肅教育出版社　2002　p. 42、113、133、230

姜亮夫　敦煌莫高窟年表　姜亮夫全集(十一)　雲南人民出版社　2002　p. 493

張鴻勳　敦煌俗文學研究　甘肅人民出版社　2002　p. 111

郝春文　英藏敦煌社會歷史文獻釋録(第三卷)　科學出版社　2003　p. 185

汪娟　敦煌寫本《降生禮文》初探　新世紀敦煌學論集　巴蜀書社　2003　p. 417

荒見泰史　敦煌的講唱體文獻　敦煌學(第 25 輯)　(臺北)樂學書局有限公司　2004　p. 274

張涌泉　敦煌文獻字詞例釋　敦煌學(第 25 輯)　(臺北)樂學書局有限公司　2004　p. 355

荒見泰史　從敦煌寫本中變文的改寫情況來探討五代講唱文學的演變　敦煌學國際研討會論文集　北京圖書館出版社　2005　p. 178

S. 550

井ノ口泰淳　普賢行願讚考　中央アジアの言語と仏教　(京都)法藏館　1995　p. 200

S. 552

陳祚龍　敦煌古抄內典尾記彙校初、二、三編合刊　敦煌學要籥　(臺北)新文豐出版公司　1982　p. 94

池田溫　中國古代寫本識語集録　(東京)大藏出版株式會社　1990　p. 389

S. 553

上山大峻　敦煌佛教の研究　(京都)法藏館　1990　p. 315、603

方廣錩　大乘經纂要義　敦煌學大辭典　上海辭書出版社　1998　p. 697

S. 554

向達　倫敦所藏敦煌卷子經眼目録　《北平圖書館圖書季刊》1939 年新第 1 卷第 4 期　p. 397　又見:唐代長安與西域文明　三聯書店　1957　p. 201

金岡照光　敦煌文學のさまざま　敦煌の文學　(東京)大蔵出版株式會社　1971　p. 113

岡部和雄　經疏・要抄　敦煌仏典と禪(講座敦煌 8)　(東京)大東出版社　1980　p. 338

楊家駱　敦煌變文　(臺北)世界書局　1980　p. 254

陳祚龍　《簡記敦煌古抄方志》及其"後語"　敦煌學要籥　(臺北)新文豐出版公司　1982　p. 225

福井文雅撰　郭自得譯　般若心經觀在中國的變遷　敦煌學(第 6 輯)　(臺北)新文豐出版公司　1983　p. 20

福井文雅　般若心經　敦煌と中國仏教(講座敦煌 7)　(東京)大東出版社　1984　p. 38
潘重規　敦煌變文集新書(下)　(臺北)"中國文化大學"中文研究所　1984　p. 1149
王重民　燕子賦　敦煌變文集　人民文學出版社　1984　p. 254
雷僑雲　敦煌兒童文學　(臺北)學生書局　1985　p. 148
方廣錩　敦煌遺書中的《般若心經》譯注　《法音》1990 年第 7 期　p. 23
郭在貽　張涌泉　黄征　敦煌變文集校議　岳麓書社　1990　p. 167
朱雷　敦煌兩種寫本《燕子賦》中所見唐代浮逃戶處置的變化及其他:讀《敦煌變文集》劄記)(六)　敦煌吐魯番文書初探(二編)　武漢大學出版社　1990　p. 503、504
金岡照光　散文體類　敦煌の文學文獻(講座敦煌 9)　(東京)大東出版社　1992　p. 205
林家平　寧强　羅華慶　中國敦煌學史　北京語言學院出版社　1992　p. 82
柳田聖山　禪籍解題(一)・敦煌禪籍　俗語言研究(第二期)　(京都)禪文化研究所　1995　p. 149
方廣錩　般若波羅蜜多心經疏　敦煌學大辭典　上海辭書出版社　1998　p. 686
方廣錩　《般若心經譯注集成》前言　敦煌學佛教學論叢(下)　中國佛教文化研究所　1998　p. 39
伏俊璉　俗情雅韻:敦煌賦選析　甘肅人民出版社　2000　p. 113
郝春文　英藏敦煌社會歷史文獻釋録(第三卷)　科學出版社　2003　p. 216

S. 555

向達　倫敦所藏敦煌卷子經眼目録　《北平圖書館圖書季刊》1939 年新第 1 卷第 4 期　p. 397　又見:唐代長安與西域文明　三聯書店　1957　p. 201
劉銘恕　英國博物院所藏的敦煌卷子　《中國科學院圖書館通訊》1957 年第 1 期　又見:中國敦煌學百年文庫・綜述卷(二)　甘肅文化出版社　1999　p. 129
金岡照光　敦煌漢文文學文獻の文學形態上の種類とその分類　敦煌出土文學文獻分類目録・附解說　(東京)東洋文庫　1971　p. 237
王重民　敦煌古籍叙録　中華書局　1979　p. 289
萬曼　唐集叙録　中華書局　1980　p. 30
王重民　敦煌寫本跋文(王重民遺稿)　敦煌吐魯番文獻研究論集　中華書局　1982　p. 2
蔣禮鴻　《補全唐詩》校記　敦煌學論集　甘肅人民出版社　1985　p. 77
饒宗頤解說　林宏作譯　敦煌書法叢刊(第十六卷)・詩詞　(東京)二玄社　1985　p. 70
王重民　巴黎敦煌殘卷叙録(第二輯)　敦煌叢刊初集(九)　(臺北)新文豐出版公司　1985　p. 289
柴劍虹　敦煌題畫詩漫語　《敦煌學輯刊》1986 年第 1 期　p. 155
林聰明　敦煌漢文文書解讀要點試論　漢學研究(敦煌學國際研討會論文專號)　(臺北)漢學研究資料及服務中心　1986　p. 430
王重民原編　黄永武新編　敦煌古籍叙録新編(第十五册)　(臺北)新文豐出版公司　1986　p. 89
黄永武　敦煌斯 555 號背面三十七首唐詩研究　漢學研究(第 5 卷)　(臺北)漢學研究資料及服務中心　1987　又見:中國敦煌學百年文庫・文學卷(三)　甘肅文化出版社　1999　p. 396
高國藩　敦煌本王昭君故事研究　《敦煌學輯刊》1989 年第 2 期　p. 49
黄永武　施淑婷　敦煌的唐詩續編　(臺北)文史哲出版社　1989　p. 1、19
張錫厚　敦煌詩歌考論　《敦煌學輯刊》1989 年第 2 期　p. 26
張錫厚　詩歌　敦煌文學　甘肅人民出版社　1989　p. 174
金岡照光　韻文體類:長篇叙事詩・短篇歌詠　敦煌の文學文獻(講座敦煌 9)　(東京)大東出版社　1992　p. 265
王三慶著　池田溫譯　類書　敦煌漢文文獻(講座敦煌 5)　(東京)大東出版社　1992　p. 384

周紹良　敦煌文學芻議及其它　(臺北)新文豐出版公司　1992　p. 27
高國藩　敦煌民俗資料導論　(臺北)新文豐出版公司　1993　p. 176
項楚　敦煌詩歌導論　(臺北)新文豐出版公司　1993　p. 4
張錫厚　敦煌文學概論　甘肅人民出版社　1993　p. 356
蔣禮鴻　蔣禮鴻語言文字學論叢　浙江古籍出版社　1994　p. 421
胡戟　傅玫　敦煌史話　中華書局　1995　p. 168
劉進寶　敦煌學論述　(臺北)洪葉文化事業有限公司　1995　p. 329
徐俊　敦煌寫本唐人詩歌存佚互見綜考　敦煌吐魯番研究(第一卷)　北京大學出版社　1996　p. 112
陳尚君　唐代文學叢考　中國社會科學出版社　1997　p. 198
柴劍虹　度嶺詩　敦煌學大辭典　上海辭書出版社　1998　p. 570
柴劍虹　樊鑄詠物詩　敦煌學大辭典　上海辭書出版社　1998　p. 555
柴劍虹　李嶠雜詠注　敦煌學大辭典　上海辭書出版社　1998　p. 555
柴劍虹　唐人絕句彙抄　敦煌學大辭典　上海辭書出版社　1998　p. 564
柴劍虹　王勃佚詩　敦煌學大辭典　上海辭書出版社　1998　p. 557
荒川正晴　最近五年來(1993—1998)日本的唐代學術研究概況　"中國唐代學會"會刊(第九期)　(臺北)"中國唐代學會"　1998　p. 192
徐俊　敦煌寫本《李嶠雜詠注》校疏　敦煌吐魯番研究(第三卷)　北京大學出版社　1998　p. 63
徐俊　唐五代長沙窑瓷器題詩校證　唐研究(第四卷)　北京大學出版社　1998　p. 79
高國藩　敦煌俗文化學　上海三聯書店　1999　p. 32、44
胡大浚　王志鵬　敦煌邊塞詩歌校注　甘肅人民出版社　1999　p. 20、28
姜亮夫　敦煌:偉大的文化寶藏　雲南人民出版社　1999　p. 124
張涌泉　補全唐詩兩種補校　舊學新知　浙江大學出版社　1999　p. 295、307、308
北京大學　敦煌《經卷》、《照片》及《圖書》目録　中國敦煌學百年文庫·綜述卷(一)　甘肅文化出版社　1999　p. 319
孫其芳　大漠遺歌:敦煌詩歌選評　甘肅人民出版社　2000　p. 142
徐俊　敦煌詩集殘卷輯考　中華書局　2000　p. 345、505
楊森　淺談敦煌文獻中唐代墓誌銘抄本　《敦煌研究》2000 年第 3 期　p. 136
張錫厚　敦煌文學源流　作家出版社　2000　p. 77、85
陳尚君　評《敦煌詩集殘卷輯考》　敦煌吐魯番研究(第五卷)　北京大學出版社　2001　p. 385
杜曉勤　隋唐五代文學研究　北京出版社　2001　p. 1263
陶敏　李一飛　隋唐五代文學史料學　中華書局　2001　p. 350
姜亮夫　敦煌莫高窟年表　姜亮夫全集(十一)　雲南人民出版社　2002　p. 293
高國藩　敦煌學百年史述要　(臺北)商務印書館　2003　p. 188
郝春文　英藏敦煌社會歷史文獻釋録(第三卷)　科學出版社　2003　p. 217、223
林平和　試論敦煌文獻之輯佚價值　新世紀敦煌學論集　巴蜀書社　2003　p. 740
徐俊　敦煌先唐詩考　2000 年敦煌學國際學術討論會文集·歷史文化卷(下)　甘肅民族出版社　2003　p. 291
段莉萍　從敦煌殘本考李嶠《雜詠詩》的版本源流　《敦煌研究》2004 年第 5 期　p. 74

S. 556

韓建瓴　傳記　敦煌文學　甘肅人民出版社　1989　p. 61

金岡照光　高僧傳因緣　敦煌の文學文獻(講座敦煌 9)　(東京)大東出版社　1992　p. 593
李明偉　敦煌文學概論　甘肅人民出版社　1993　p. 474
郝春文　英藏敦煌社會歷史文獻釋録(第三卷)　科學出版社　2003　p. 231、235

S. 557

金岡照光　敦煌の寫本　敦煌の文學　(東京)大蔵出版株式會社　1971　p. 80
王重民　敦煌古籍叙録　中華書局　1979　p. 166
王重民原編　黄永武新編　敦煌古籍叙録新編(第八册)　(臺北)新文豐出版公司　1986　p. 280
林平和　羅振玉敦煌學析論　(臺北)文史哲出版社　1988　p. 83
菅原信海　占筮書　敦煌漢文文獻(講座敦煌 5)　(東京)大東出版社　1992　p. 445
蕭登福　道教與密宗　(臺北)新文豐出版公司　1993　p. 400
王卡　靈棋卜法　敦煌學大辭典　上海辭書出版社　1998　p. 765
馬克　敦煌數占小考　法國漢學(敦煌學專號)　中華書局　2000　p. 194
黄正建　敦煌占卜文書與唐五代占卜研究　學苑出版社　2001　p. 19
郝春文　英藏敦煌社會歷史文獻釋録(第三卷)　科學出版社　2003　p. 238
王冀青　斯坦因與日本敦煌學　甘肅教育出版社　2004　p. 145
王卡　敦煌道教文獻研究　中國社會科學出版社　2004　p. 11、149
王卡　敦煌道教綜述　敦煌與絲路文化學術講座(第二輯)　北京圖書館出版社　2005　p. 380

S. 558

矢吹慶輝　鳴沙餘韻・解說篇(第一部)　(京都)臨川書店　1980　p. 287

S. 559

陳祚龍　瓜沙印録　(臺北)《大陸雜誌》1962 年第 4 期　又見:敦煌學概要　(臺北)編譯館"中華叢書編委會"　1981　p. 266 ; 中國敦煌學百年文庫・考古卷(一)　甘肅文化出版社　1999　p. 186
陳祚龍　古代敦煌及其他地區流行之公私印章圖記文字録　敦煌學要籥　(臺北)新文豐出版公司　1982　p. 328
耿昇　中法學者友好合作的成果　《敦煌研究》1987 年第 1 期　p. 108
方廣錩　敦煌佛教經録輯校　江蘇古籍出版社　1997　p. 427
方廣錩　佛本行集經卷次録　敦煌學大辭典　上海辭書出版社　1998　p. 750
沙知　瓜沙州大王印　敦煌學大辭典　上海辭書出版社　1998　p. 289
王艷明　瓜沙州大王印考　《敦煌學輯刊》2000 年第 2 期　p. 42
郝春文　英藏敦煌社會歷史文獻釋録(第三卷)　科學出版社　2003　p. 242
樊錦詩　關於莫高窟第 61 窟佛傳故事畫的幾個問題　2004 年石窟研究國際學術會議論文提要集　敦煌研究院　2004　p. 79

S. 560

金榮華　敦煌寫卷紙質之考察　(臺北)《世界華學季刊》1981 年第 2 卷第 4 期　又見:敦煌吐魯番論集　(臺北)新文豐出版公司　1996　p. 81
周丕顯　敦煌科技書卷叢談　《敦煌學輯刊》1981 年第 2 期　p. 53
施萍婷　敦煌曆日研究　1983 年全國敦煌學術討論會文集・文史遺書編(上)　甘肅人民出版社

1987　p. 331
池田溫　中國古代寫本識語集録　(東京)大蔵出版株式會社　1990　p. 485
鄧文寬　天福十年乙巳歲具注曆日並序　敦煌學大辭典　上海辭書出版社　1998　p. 608
金岡照光　敦煌文獻と中國文學　(東京)五曜書房　2000　p. 339
姜亮夫　敦煌莫高窟年表　姜亮夫全集(十一)　雲南人民出版社　2002　p. 517
郝春文　英藏敦煌社會歷史文獻釋録(第三卷)　科學出版社　2003　p. 245

S. 561
景盛軒　試論敦煌佛經異文研究的價值和意義　《敦煌研究》2004 年第 5 期　p. 87
張涌泉　敦煌文獻字詞例釋　敦煌學(第 25 輯)　(臺北)樂學書局有限公司　2004　p. 356

S. 562
周紹良　《讚僧功德經》校録並解説　敦煌吐魯番學研究論文集　漢語大詞典出版社　1990　p. 87

S. 565
杜愛英　敦煌遺書中俗體字的諸種類型　《敦煌研究》1992 年第 3 期　p. 119
霍巍　早期密教圖像在敦煌的傳播及其來源的新探索　《敦煌研究》2006 年第 2 期　p. 111

S. 566
杜愛英　敦煌遺書中俗體字的諸種類型　《敦煌研究》1992 年第 3 期　p. 124
郝春文　英藏敦煌社會歷史文獻釋録(第三卷)　科學出版社　2003　p. 246

S. 568
矢吹慶輝　鳴沙餘韻・解説篇(第一部)　(京都)臨川書店　1980　p. 293
方廣錩　中阿含經　敦煌學大辭典　上海辭書出版社　1998　p. 705

S. 570
史葦湘　世族與石窟　敦煌研究文集　甘肅人民出版社　1982　p. 160
錢伯泉　爲索勳篡權翻案　《敦煌研究》1988 年第 1 期　p. 73
史葦湘　敦煌歷史與莫高窟藝術研究　甘肅教育出版社　2002　p. 132
郝春文　英藏敦煌社會歷史文獻釋録(第三卷)　科學出版社　2003　p. 247

S. 571
張涌泉　俗字研究與大型字典的編纂　中國典籍與文化論叢(第一輯)　中華書局　1993　p. 470
井ノ口泰淳　敦煌本『仏名經』の諸系統　中央アジアの言語と仏教　(京都)法藏館　1995　p. 297

S. 572
侯錦郎　敦煌寫本中的"印沙佛"儀軌　法國學者敦煌學論文選萃　中華書局　1993　p. 272
施萍婷　邰惠莉　敦煌遺書編目雜記一則　敦煌研究文集:敦煌研究院藏敦煌文獻研究篇　甘肅民族出版社　2000　p. 363

S. 575

向達　倫敦所藏敦煌卷子經眼目録　《北平圖書館圖書季刊》1939 年新第 1 卷第 4 期　p. 397　又見:唐代長安與西域文明　三聯書店　1957　p. 201

王重民　敦煌古籍叙録　中華書局　1979　p. 47

王重民原編　黄永武新編　敦煌古籍叙録新編(第三册)　(臺北)新文豐出版公司　1986　p. 31

土田健次郎　儒教典籍　敦煌漢文文獻(講座敦煌 5)　(東京)大東出版社　1992　p. 268

沃興華　敦煌書法藝術　上海人民出版社　1994　p. 120

胡戟　傅玫　敦煌史話　中華書局　1995　p. 143

張弓　漢唐佛寺文化史　中國社會科學出版社　1997　p. 989

白化文　禮記鄭玄注　敦煌學大辭典　上海辭書出版社　1998　p. 773

蔡忠霖　敦煌漢文寫卷俗字及其現象　(臺北)文津出版社　2002　p. 23

姜亮夫　敦煌莫高窟年表　姜亮夫全集(十一)　雲南人民出版社　2002　p. 204

郝春文　英藏敦煌社會歷史文獻釋録(第三卷)　科學出版社　2003　p. 248

S. 576

矢吹慶輝　三階教之研究　(東京)岩波書店　1927　p. 192、787

平井俊榮　敦煌仏典と中國仏教　敦煌と中國仏教(講座敦煌 7)　(東京)大東出版社　1984　p. 11

金岡照光　孝行譚:『舜子変』と『董永傳』　敦煌の文學文獻(講座敦煌 9)　(東京)大東出版社　1992　p. 525

吳其昱著　伊藤美重子譯　敦煌漢文寫本概観　敦煌漢文文獻(講座敦煌 5)　(東京)大東出版社　1992　p. 73

S. 577

井ノ口泰淳　敦煌本『仏名經』の諸系統　中央アジアの言語と仏教　(京都)法藏館　1995　p. 287

S. 578

井ノ口泰淳　敦煌本『仏名經』の諸系統　中央アジアの言語と仏教　(京都)法藏館　1995　p. 297

S. 580

月輪賢隆　土橋秀高　沙門慧述『四分戒本疏』巻第一について　西域文化研究(第一)・敦煌佛教資料　(京都)法藏館　1958　p. 157

上山大峻　敦煌佛教の研究　(京都)法藏館　1990　p. 362

S. 581

井ノ口泰淳　敦煌本『仏名經』の諸系統　中央アジアの言語と仏教　(京都)法藏館　1995　p. 308

羅豐　胡漢之間:“絲綢之路”與西北歷史考古　文物出版社　2004　p. 229

S. 582

陳祚龍　敦煌古抄内典尾記彙校初、二、三編合刊　敦煌學要籥　(臺北)新文豐出版公司　1982　p. 94

姜伯勤　唐五代敦煌寺戶制度　中華書局　1987　p. 95

池田溫　中國古代寫本識語集録　(東京)大藏出版株式會社　1990　p. 140

黄征　吳偉　敦煌願文集　岳麓書社　1995　p. 848

方廣錩　大方等大集經　敦煌學大辭典　上海辭書出版社　1998　p. 662

S. 588

矢吹慶輝　鳴沙餘韻・解說篇(第一部)　(京都)臨川書店　1980　p. 68

方廣錩　敦煌遺書中的《金剛經》及其注疏　敦煌學佛教學論叢(上)　中國佛教文化研究所　1998　p. 381

方廣錩　御注金剛般若波羅蜜經宣演　敦煌學大辭典　上海辭書出版社　1998　p. 684

杜正乾　唐代的《金剛經》信仰　《敦煌研究》2004 年第 5 期　p. 53

S. 590

井ノ口泰淳　敦煌本『仏名經』の諸系統　中央アジアの言語と仏教　(京都)法藏館　1995　p. 297

S. 592

許國霖　敦煌石室寫經題記彙編　《微妙聲》1936－1937 年第 1－4 期　又見:中國敦煌學百年文庫・宗教卷(四)　甘肅文化出版社　1999　p. 216

許國霖　敦煌石室寫經年代表　《微妙聲》1937 年第 5 期　又見:中國敦煌學百年文庫・宗教卷(四)　甘肅文化出版社　1999　p. 197

芳村修基　土橋秀高　井ノ口泰淳　敦煌佛教史年表　西域文化研究(第一)・敦煌佛教資料　(京都)法藏館　1958　p. 263

陳祚龍　敦煌古抄内典尾記彙校初、二、三編合刊　敦煌學要籥　(臺北)新文豐出版公司　1982　p. 94

耿昇　八十年代的法國敦煌學論著簡介　《敦煌研究》1986 年第 3 期　p. 88

池田溫　中國古代寫本識語集録　(東京)大藏出版株式會社　1990　p. 236

林聰明　敦煌文書學　(臺北)新文豐出版公司　1991　p. 324

林聰明　敦煌吐魯番文書解詁指例　(臺北)新文豐出版公司　2001　p. 171

陳麗萍　敦煌女性寫經題記及反映的婦女問題　敦煌佛教藝術文化國際學術研討會論文集　蘭州大學出版社　2002　p. 435

姜亮夫　敦煌莫高窟年表　姜亮夫全集(十一)　雲南人民出版社　2002　p. 253

郝春文　英藏敦煌社會歷史文獻釋録(第三卷)　科學出版社　2003　p. 251

S. 593

池田溫　中國古代寫本識語集録　(東京)大藏出版株式會社　1990　p. 157

郝春文　英藏敦煌社會歷史文獻釋録(第三卷)　科學出版社　2003　p. 252

李丞宰　探尋敦煌佛經的 50 卷本《華嚴經》　敦煌學・日本學:石塚晴通教授退職紀念論文集　上海辭書出版社　2005　p. 48

李丞宰著　大塚忠藏譯　敦煌佛經の50 卷本華厳經を探して　日本學・敦煌學・漢文訓讀の新展開　(東京)汲古書院　2005　p. 54

S. 599

矢吹慶輝　三階教之研究　(東京)岩波書店　1927　p. 534

汪娟　敦煌禮懺文研究　(臺北)法鼓文化公司　1994　p. 115
汪娟　敦煌文獻中的佛教禮懺儀　新國學(第二卷)　巴蜀書社　2000　p. 327

S. 600
土橋秀高　敦煌の律蔵　敦煌と中國仏教(講座敦煌 7)　(東京)大東出版社　1984　p. 246
郝春文　英藏敦煌社會歷史文獻釋録(第三卷)　科學出版社　2003　p. 253

S. 602
白化文　道德經白文本　敦煌學大辭典　上海辭書出版社　1998　p. 776
方廣錩　辯中邊論頌　敦煌學大辭典　上海辭書出版社　1998　p. 715
鄭良樹　敦煌老子寫本考異　中國敦煌學百年文庫・宗教卷(三)　甘肅文化出版社　1999　p. 69
林聰明　敦煌吐魯番文書解詁指例　(臺北)新文豐出版公司　2001　p. 134
郝春文　英藏敦煌社會歷史文獻釋録(第三卷)　科學出版社　2003　p. 255
王卡　敦煌道教文獻研究　中國社會科學出版社　2004　p. 165

S. 603
陳祚龍　關於研究李唐三藏法師玄奘的"作爲"及其影響之敦煌古抄參考資料　中華佛教文化史散策(初集)　(臺北)新文豐出版公司　1978　p. 371

S. 607
加地哲定著　劉衛星譯　中國佛教文學　今日中國出版社　1990　p. 122
黄征　吳偉　敦煌願文集　岳麓書社　1995　p. 611
郝春文　英藏敦煌社會歷史文獻釋録(第三卷)　科學出版社　2003　p. 257

S. 608
高國藩　敦煌曲子詞欣賞　南京大學出版社　1989　p. 182

S. 609
陳祚龍　關於研究李唐三藏法師玄奘的"作爲"及其影響之敦煌古抄參考資料　中華佛教文化史散策(初集)　(臺北)新文豐出版公司　1978　p. 368
吳其昱著　福井文雅　樋口勝譯　大蕃國大德・三藏法師・法成傳考　敦煌と中國仏教(講座敦煌 7)　(東京)大東出版社　1984　p. 405
上山大峻　敦煌佛教の研究　(京都)法藏館　1990　p. 186
方廣錩　六門陀羅尼經　敦煌學大辭典　上海辭書出版社　1998　p. 701
黄永年　唐代史事考釋　(臺北)聯經出版公司　1998　p. 427

S. 610
向達　倫敦所藏敦煌卷子經眼目録　《北平圖書館圖書季刊》1939 年新第 1 卷第 4 期　p. 397　又見:唐代長安與西域文明　三聯書店　1957　p. 201
羅福頤　敦煌石室文物對於學術上的貢獻　《歷史教學》1951 年第 5 期　又見:中國敦煌學百年文庫・考古卷(四)　甘肅文化出版社　1999　p. 7
金岡照光　敦煌漢文文學文獻の文學形態上の種類とその分類　敦煌出土文學文獻分類目録・附解

說　(東京)東洋文庫　1971　p. 215

張鴻勳　試論敦煌文學的範圍、性質及特點　《社會科學》1983 年第 2 期　又見:中國敦煌學百年文庫·文學卷(五)　甘肅文化出版社　1999　p. 253

牛龍菲　敦煌古樂史資料概論　《新疆藝術》1984 年第 5、6 期　又見:中國敦煌學百年文庫·文獻卷(二)　甘肅文化出版社　1999　p. 333

牛龍菲　敦煌樂史資料概論　絲綢之路樂舞藝術　新疆人民出版社　1985　p. 356

張鴻勳　談敦煌本《啓顔録》　學林漫録(十一集)　中華書局　1985　p. 120

張鴻勳　敦煌文學作品選　中華書局　1987　p. 334

周祖謨　敦煌唐本字書叙録　敦煌語言文學研究　北京大學出版社　1988　p. 49

陳祚龍　《太平廣記》析疑:看了《古典小說論評》以後　敦煌學散策新集　(臺北)新文豐出版公司　1989　p. 431

周紹良　小說　敦煌文學　甘肅人民出版社　1989　p. 286

朱鳳玉　敦煌寫本字樣書研究之一　(臺北)《華岡文科學報》1989 年第 17 期　p. 122

程毅中　唐代小說史話　文化藝術出版社　1990　p. 70

池田溫　中國古代寫本識語集録　(東京)大藏出版株式會社　1990　p. 293

高國潘　敦煌巫術形態:兼與中外巫術之比較　第二届敦煌學國際研討會論文集　(臺北)漢學研究中心　1990　p. 611、630

郭在貽　張涌泉　黄征　敦煌變文集校議　岳麓書社　1990　p. 118

饒宗頤　文轍　(臺北)學生書局　1990　p. 448

譚蟬雪　敦煌歲時掇瑣:正月　《敦煌研究》1990 年第 1 期　p. 43　又見:(香港)《九州學刊》(敦煌學專輯)1993 年第 5 卷第 4 期　p. 83

張鴻勳　敦煌本《啓顔録》的發現及其文學文獻價值　敦煌學國際學術討論會論文縮寫文(1990)　敦煌研究院　1990　p. 79

鄭阿財　敦煌蒙書析論　第二届敦煌學國際研討會論文集　(臺北)漢學研究中心　1990　p. 218

柴劍虹　列寧格勒藏《文酒清話》殘本考察　西域文史論稿　(臺北)國文天地雜誌社　1991　p. 358 注 9

朱鳳玉　敦煌寫本字書緒論　(臺北)《華岡文科學報》1991 年第 18 期　p. 96

金岡照光　散文體類　敦煌の文學文獻(講座敦煌 9)　(東京)大東出版社　1992　p. 244

林家平　寧强　羅華慶　中國敦煌學史　北京語言學院出版社　1992　p. 緒論 3、266

王三慶著　池田溫譯　類書　敦煌漢文文獻(講座敦煌 5)　(東京)大東出版社　1992　p. 383

周紹良　敦煌文學芻議及其它　(臺北)新文豐出版公司　1992　p. 59

高國藩　敦煌民俗資料導論　(臺北)新文豐出版公司　1993　p. 171、261

高國藩　敦煌巫術與巫術流變　河海大學出版社　1993　p. 84

黄征　敦煌寫本整理應遵循的原則　《敦煌研究》1993 年第 2 期　p. 102　又見:敦煌語文叢說　(臺北)新文豐出版公司　1997　p. 3

李明偉　敦煌文學概論　甘肅人民出版社　1993　p. 495

張鴻勳　敦煌話本詞文俗賦導論　(臺北)新文豐出版公司　1993　p. 244 注 58

張金泉　論《時要字樣》　《浙江社會科學》1993 年第 4 期　p. 81

張先堂　敦煌文學概論　甘肅人民出版社　1993　p. 329

鄭阿財　敦煌文獻與文學　(臺北)新文豐出版公司　1993　p. 248

朱鳳玉　敦煌寫卷《俗務要名林》研究　第二届國際唐代學術會議論文集(上)　(臺北)文津出版社　1993　p. 685

黃征　敦煌願文散校　《敦煌研究》1994年第3期　p.131　敦煌語文叢說　(臺北)新文豐出版公司　1997　p.574
蔣禮鴻　敦煌文獻語言詞典　杭州大學出版社　1994　p.131
胡戟　傅玫　敦煌史話　中華書局　1995　p.182
黃征　輯注本《啓顔録》匡補　俗語言研究(第二期)　(京都)禪文化研究所　1995　p.78　又見:敦煌語文叢說　(臺北)新文豐出版公司　1997　p.483
張鴻勳　敦煌本《啓顔録》發現的意義及其文學價值　敦煌學國際研討會文集·史地語文編　遼寧美術出版社　1995　p.286
鄭炳林　羊萍　敦煌本夢書　甘肅文化出版社　1995　p.250
朱鳳玉　敦煌文獻中的語文教材　(臺灣)《嘉義師院學報》1995年第9期　p.461
黃征　敦煌俗語法研究之一:句法篇　敦煌吐魯番研究(第一卷)　北京大學出版社　1996　p.71
張鴻勳　敦煌本《啓顔録》的發現及其文獻價值　慶祝潘石禪先生九秩華誕敦煌學特刊　(臺北)文津出版社　1996　p.133
張金泉　敦煌遺書與字樣學　文史(第四十一輯)　中華書局　1996　p.207
張金泉　許建平　敦煌音義彙考　杭州大學出版社　1996　p.745
黃征　敦煌文學《兒郎偉》輯録校注　敦煌語文叢說　(臺北)新文豐出版公司　1997　p.688
黃征　敦煌寫本異文綜析　敦煌語文叢說　(臺北)新文豐出版公司　1997　p.30
黃征　張涌泉　敦煌變文校注　中華書局　1997　p.45、197、282
譚蟬雪　敦煌歲時文化導論　(臺北)新文豐出版公司　1998　p.4
譚蟬雪　喪葬用雞探析　《敦煌研究》1998年第1期　p.76
譚蟬雪　桃符題辭　敦煌學大辭典　上海辭書出版社　1998　p.433
王繼如　《秋胡變文》校釋補正　敦煌吐魯番研究(第三卷)　北京大學出版社　1998　p.93　又見:敦煌問學叢稿　甘肅文化出版社　1999　p.175
余欣　質疑問難　發明頗多:《敦煌語文叢說》評介　《敦煌研究》1998年第3期　p.173
張鴻勳　敦煌遺書中的中印、中日文學因緣　《敦煌學輯刊》1998年第1期　p.51
張鴻勳　啓顔録　敦煌學大辭典　上海辭書出版社　1998　p.585
張金泉　敦煌字書　敦煌學大辭典　上海辭書出版社　1998　p.515
鄭汝中　音樂部　敦煌學大辭典　上海辭書出版社　1998　p.247
梅維恒著　楊繼東　陳引馳譯　唐代變文(上)　(香港)中國佛教文化出版公司　1999　p.257注2
張涌泉　敦煌文書疑難詞語辨釋　舊學新知　浙江大學出版社　1999　p.256注1
北京大學　敦煌《經卷》、《照片》及《圖書》目録　中國敦煌學百年文庫·綜述卷(一)　甘肅文化出版社　1999　p.318
伏俊璉　伏麒鵬　石室齊諧:敦煌小說選析　甘肅人民出版社　2000　p.190
黃征　敦煌傳奇故事　浙江大學出版社　2000　p.5
李明偉　敦煌文學中敦煌文的分類及評價　1994年敦煌學國際研討會文集·宗教文史卷(上)　甘肅民族出版社　2000　p.300
汪泛舟　敦煌古代兒童課本　甘肅人民出版社　2000　p.2
徐俊　敦煌詩集殘卷輯考　中華書局　2000　p.853
顏廷亮　敦煌文化　光明日報出版社　2000　p.209、487
張鴻勳　敦煌遺書中的中印中日文學因緣　1994年敦煌學國際研討會文集·宗教文史卷(上)　甘肅民族出版社　2000　p.197
張涌泉　漢語俗字叢考　中華書局　2000　p.913

朱鳳玉　俄藏敦煌寫本《雜字》研究　新國學(第二卷)　巴蜀書社　2000　p. 313
陳秀蘭　敦煌俗文學語彙溯源　岳麓書社　2001　p. 47
林聰明　敦煌吐魯番文書解詁指例　(臺北)新文豐出版公司　2001　p. 178
楊森　關於敦煌文獻中的"平章"一詞　敦煌學與中國史研究論集　甘肅人民出版社　2001　p. 232
張鴻勳　敦煌文學雜考三則　敦煌學與中國史研究論集　甘肅人民出版社　2001　p. 158
蔡忠霖　敦煌漢文寫卷俗字及其現象　(臺北)文津出版社　2002　p. 66、143、156
黃征　敦煌語言文字學研究　甘肅教育出版社　2002　p. 50、174、237
姜亮夫　敦煌莫高窟年表　姜亮夫全集(十一)　雲南人民出版社　2002　p. 303
呂鍾　重修敦煌縣誌　甘肅人民出版社　2002　p. 590
張鴻勳　敦煌俗文學研究　甘肅人民出版社　2002　p. 360
鄭阿財　朱鳳玉　敦煌蒙書研究　甘肅教育出版社　2002　p. 87
蔡忠霖　從書法角度看俗字的生成　敦煌學(第24輯)　(臺北)樂學書局有限公司　2003　p. 164、167
郝春文　英藏敦煌社會歷史文獻釋録(第三卷)　科學出版社　2003　p. 259、279
鄭阿財　敦煌蒙書　敦煌與絲路文化學術講座(第一輯)　北京圖書館出版社　2003　p. 136
李天石　中國中古良賤身份制度研究　南京師範大學出版社　2004　p. 27
夏廣興　隋唐五代小説采摭佛典題材探微　佛經文學研究論集　復旦大學出版社　2004　p. 445
張涌泉　敦煌文獻字詞例釋　敦煌學(第25輯)　(臺北)樂學書局有限公司　2004　p. 355
黃征　敦煌俗字典　上海教育出版社　2005　p. 前言16、3
黃征　敦煌俗字種類考辨　敦煌學・日本學:石塚晴通教授退職紀念論文集　上海辭書出版社　2005　p. 120、123
劉永明　敦煌道教的世俗化之路:道教向具注曆日的滲透　《敦煌學輯刊》2005年第2期　p. 202
鄭炳林　敦煌寫本解夢書校録研究　民族出版社　2005　p. 66

S. 612

向達　倫敦所藏敦煌卷子經眼目録　《北平圖書館圖書季刊》1939年新第1卷第4期　p. 397　又見:唐代長安與西域文明　三聯書店　1957　p. 201
劉銘恕　英國博物院所藏的敦煌卷子　《中國科學院圖書館通訊》1957年第1期　又見:中國敦煌學百年文庫・綜述卷(二)　甘肅文化出版社　1999　p. 129
山口瑞鳳　評『ペリオ・チベット文書の讀解』『東洋學報』(54卷4號)　(東京)東洋學術協會　1972　p. 81
董作賓　敦煌紀年　敦煌學文選(上)　蘭州大學歷史系敦煌學研究室等　1983　p. 36
施萍婷　本所藏《酒帳》研究　《敦煌研究》1983年創刊號　p. 149
施萍婷　敦煌曆日研究　1983年全國敦煌學術討論會文集・文史遺書編(上)　甘肅人民出版社　1987　p. 331
鄧文寬　敦煌殘曆定年　《中國歷史博物館館刊》1989年第12期　p. 17
鄧文寬　敦煌古曆叢識　《敦煌學輯刊》1989年第1期　p. 113
池田溫　中國古代寫本識語集録　(東京)大藏出版株式會社　1990　p. 507
蕭登福　從敦煌寫卷中看道教星斗崇拜對佛經之影響　第二屆敦煌學國際研討會論文集　(臺北)漢學研究中心　1990　p. 350
菅原信海　占筮書　敦煌漢文文獻(講座敦煌5)　(東京)大東出版社　1992　p. 457
茅甘　敦煌寫本中的"九宮圖"　法國學者敦煌學論文選萃　中華書局　1993　p. 302

蕭登福　道教星斗符印與佛教密宗　(臺北)新文豐出版公司　1993　p. 55
邰惠莉　敦煌遺書中的白描畫簡介　《社科縱橫》1994 年第 4 期　p. 51
王進玉　敦煌石窟探秘　四川教育出版社　1994　p. 83
饒宗頤　跋:從“河圖”、“洛書”、“陰陽五行”、“八卦”在西藏看古代哲學思想的交流　華學(第一輯)　中山大學出版社　1995　p. 257
鄧文寬　敦煌天文曆法文獻輯校　江蘇古籍出版社　1996　p. 513
鄧文寬　太平興國三年應天具注曆日序　敦煌學大辭典　上海辭書出版社　1998　p. 609
鄧文寬　五子元例正建法　敦煌學大辭典　上海辭書出版社　1998　p. 613
顧吉辰　敦煌文獻職官結銜考釋　《敦煌學輯刊》1998 年第 2 期　p. 35
施萍婷　評《敦煌天文曆法文獻輯校》　敦煌吐魯番研究(第三卷)　北京大學出版社　1998　p. 395
黃正建　評《東亞史的國家和地域》　唐研究(第六卷)　北京大學出版社　2000　p. 462
高啓安　從莫高窟壁畫看唐五代敦煌人的坐具和飲食坐姿(上)　《敦煌研究》2001 年第 3 期　p. 25
黃正建　敦煌祿命類文書述略　中國社會科學院歷史研究所學刊(第一集)　社會科學文獻出版社　2001　p. 255
黃正建　敦煌占卜文書與唐五代占卜研究　學苑出版社　2001　p. 96、127
鄧文寬　敦煌吐魯番天文曆法研究　甘肅教育出版社　2002　p. 95、158
姜亮夫　敦煌莫高窟年表　姜亮夫全集(十一)　雲南人民出版社　2002　p. 564
趙貞　評《敦煌占卜文書與唐五代占卜研究》　唐研究(第八卷)　北京大學出版社　2002　p. 523
郝春文　英藏敦煌社會歷史文獻釋録(第三卷)　科學出版社　2003　p. 282、305
華瀾　略論敦煌曆書的社會與宗教背景　敦煌與絲路文化學術講座(第一輯)　北京圖書館出版社　2003　p. 177
趙貞　“九曜行年”略説　《敦煌學輯刊》2005 年第 3 期　p. 24

S. 613

向達　倫敦所藏敦煌卷子經眼目録　《北平圖書館圖書季刊》1939 年新第 1 卷第 4 期　p. 397　又見:唐代長安與西域文明　三聯書店　1957　p. 202
越智重明　西魏、北周、北齊の均田制をめぐって　『東洋學報』(56 卷 1 號)　(東京)東洋學術協會　1974　p. 2
池田溫　中國古代籍帳研究:概觀・録文　東京大學東洋文化研究所　1979　p. 53、149
杉山佳男　敦煌の土地制度——均田制施行を中心として　敦煌の社會(講座敦煌 3)　(東京)大東出版社　1980　p. 232、259
唐耕耦　西魏敦煌計帳文書以及若干有關問題　文史(第九輯)　中華書局　1980　p. 31　又見:敦煌吐魯番文書研究　甘肅人民出版社　1984　p. 42 ; 中國敦煌學百年文庫・文獻卷(二)　甘肅文化出版社　1999　p. 533
山本達郎著　譚兩宜譯　敦煌發現計帳式的文書殘簡　魏晉南北朝隋唐史資料(第 3 輯)　武漢大學出版社　1981　p. 41
唐長孺　唐西州諸鄉戶口帳試釋　敦煌吐魯番文書初探　武漢大學出版社　1983　p. 184
池田溫　中國古代籍帳研究　中華書局　1984　p. 151 注 34、35
韓國磐　北朝隋唐的均田制　上海人民出版社　1984　p. 120
沙嘯　1984 年敦煌吐魯番學研究概況　《蘭州學刊》1985 年第 5 期　p. 80
山本達郎　敦煌發見の唐代籍帳にみえる已受田の增減　『東方學』(第 70 輯)　(東京)東方學會　1985　p. 1

譚世保　西魏大統十三年瓜州計帳戶籍(斯六一三號)文書研究(初篇)　歷史論叢(第五輯)　齊魯書社　1985　p. 60
小笠原宣秀　西村元佑著　那向芹譯　唐代徭役制度考　敦煌學譯文集　甘肅人民出版社　1985　p. 889 注 2
唐耕耦　陸宏基　敦煌社會經濟文獻真迹釋録(一)　書目文獻出版社　1986　p. 112
楊際平　鄭學檬　關於西魏大統十三年敦煌計帳戶籍文書的幾個問題　魏晉南北朝史研究　湖北人民出版社　1986　p. 404
李正宇　《吐蕃子年(西元 808 年)沙州百姓氾履倩等戶籍手實殘卷》研究　1983 年全國敦煌學術討論會文集·文史遺書編(上)　甘肅人民出版社　1987　p. 182 注 4
王永興　隋唐五代經濟史料彙編校注·第一編(下)　中華書局　1987　p. 638
楊森　敦煌研究院藏卷《北魏禁軍軍官籍簿》考述　《敦煌研究》1987 年第 2 期　p. 21
宋家鈺　唐朝戶籍法與均田制研究　中州古籍出版社　1988　p. 104、128
鄧文寬　北魏末年修改地、賦、戶令內容的復原與研究　出土文獻研究續集　文物出版社　1989　p. 237
杜紹順　唐代均田地段四至辨疑　紀念陳寅恪教授國際學術討論會文集　中山大學出版社　1989　p. 568 注 2
唐長孺　北齊標異鄉義慈惠石柱頌所見的課田與莊田　山居存稿　中華書局　1989　p. 124 注
李天石　敦煌吐魯番文書中的奴婢資料及其價值　《敦煌學輯刊》1990 年第 1 期　p. 2、13
氣賀澤保規　丁兵制與敦煌出土的《西魏大統十三年文書》中的負擔體系　敦煌吐魯番學研究論文集　漢語大詞典出版社　1990　p. 377
諸戶立雄　中國佛教制度史の研究　(東京)平河出版社　1990　p. 344
佐竹靖彥　唐宋變革の地域的研究　(東京)同朋舍　1990　p. 148、163
李并成　漢敦煌郡效穀縣城考　《敦煌學輯刊》1991 年第 1 期　p. 61
林聰明　敦煌文書學　(臺北)新文豐出版公司　1991　p. 398
仁井田陞　補訂中國法制史研究:法と慣習·法と道德　東京大學出版會　1991　p. 267
仁井田陞　補訂中國法制史研究:土地法·取引法　東京大學出版會　1991　p. 275
楊際平　均田制新探　廈門大學出版社　1991　p. 35 注 1
李錦繡　試論唐代的稅草制度　文史(第三十三輯)　中華書局　1992　p. 116 注 1、注 2
李正宇　敦煌遺書宋人詩輯校　《敦煌研究》1992 年第 2 期　p. 42
林家平　寧强　羅華慶　中國敦煌學史　北京語言學院出版社　1992　p. 527
林天蔚　敦煌戶籍卷中所見唐代田制之新探　唐代研究論集(第二輯)　(臺北)新文豐出版公司　1992　p. 110
鈴木俊　山本達郎　唐代的均田制度與敦煌戶籍　唐代均田制研究選譯　甘肅教育出版社　1992　p. 4
劉進寶　敦煌遺書與歷史研究　《魏晉南北朝隋唐史》1992 年第 9 期　p. 69
杉山佳男　從西域出土文書看均田制的實施狀況　唐代均田制研究選譯　甘肅教育出版社　1992　p. 368
西川正夫　關於敦煌發現的唐代戶籍殘卷上的"自田"　唐代均田制研究選譯　甘肅教育出版社　1992　p. 82
佐竹靖彥　唐末宋初敦煌地區戶籍制度的演變　唐代均田制研究選譯　甘肅教育出版社　1992　p. 175
李正宇　敦煌遺書中的檔案資料及其價值意義　《魏晉南北朝隋唐史》1993 年第 5 期　p. 66

劉進實　近十年來大陸地區敦煌學研究概述　“中國唐代學會”會刊(第四期)　(臺北)“中國唐代學會”　1993　p. 74

蘇遠鳴　敦煌漢文寫本的斷代　法國學者敦煌學論文選萃　中華書局　1993　p. 550

王永興　介紹敦煌文書西魏大統十三年(547 年)的計帳戶籍殘卷　陳門問學叢稿　江西人民出版社　1993　p. 204、256

王永興　唐天寶敦煌差科簿研究——兼論唐代色役制和其他問題　陳門問學叢稿　江西人民出版社　1993　p. 130

堀敏一　中國の律令制と農民支配　律令制と東アジア世界:私の中國史學(二)　(東京)汲古書院　1994　p. 28

王永興　敦煌經濟文書導論　(臺北)新文豐出版公司　1994　p. 3

胡戟　傅玫　敦煌史話　中華書局　1995　p. 159

李并成　北朝時期瓜州建置及其所屬郡縣考　《敦煌學輯刊》1995 年第 2 期　p. 122

李錦繡　唐代財政史稿・上卷(第二分冊)　北京大學出版社　1995　p. 618

劉惠琴　從敦煌文書中看沙州紡織業　《敦煌學輯刊》1995 年第 2 期　p. 52

劉進寶　敦煌學論述　(臺北)洪葉文化事業有限公司　1995　p. 262

譚蟬雪　敦煌婚俗的特點　敦煌學國際研討會文集・史地語文編　遼寧美術出版社　1995　p. 605

汪泛舟　論敦煌文明的多民族貢獻《敦煌研究》1995 年第 2 期　p. 188

船越泰次　唐代兩稅法研究　(東京)汲古書院　1996　p. 272

堀敏一　中國古代の家と集落　(東京)汲古書院　1996　p. 494

李并成　李春元　瓜沙史地研究　甘肅文化出版社　1996　p. 59

鄭炳林　唐五代敦煌粟特人與歸義軍政權　《敦煌研究》1996 年第 4 期　p. 83　又見:敦煌歸義軍史專題研究　蘭州大學出版社　1997　p. 406

池田溫　正倉院文書と敦煌・吐魯番文書　正倉院文書研究(5)　(東京)吉川弘文館　1997　p. 129

高啓安　唐宋時期敦煌人名探析　《敦煌研究》1997 年第 4 期　p. 123

鄭炳林　都教授張金炫和尚生平事迹考　敦煌歸義軍史專題研究　蘭州大學出版社　1997　p. 547

鄭炳林　晚唐五代敦煌園囿經濟研究　敦煌歸義軍史專題研究　蘭州大學出版社　1997　p. 309

金瀅坤　從敦煌文書看晚唐五代敦煌地區布紡織業　《敦煌研究》1998 年第 2 期　p. 133

李正宇　敦煌遺書標點符號　敦煌學大辭典　上海辭書出版社　1998　p. 519

李正宇　古本敦煌鄉土志八種箋證　(臺北)新文豐出版公司　1998　p. 269

李正宇　重字爲名　敦煌學大辭典　上海辭書出版社　1998　p. 451

宋家鈺　不課戶　敦煌學大辭典　上海辭書出版社　1998　p. 405

宋家鈺　計帳　敦煌學大辭典　上海辭書出版社　1998　p. 403

宋家鈺　課戶　敦煌學大辭典　上海辭書出版社　1998　p. 405

宋家鈺　雜任　敦煌學大辭典　上海辭書出版社　1998　p. 408

宋家鈺　寧可　虞侯　敦煌學大辭典　上海辭書出版社　1998　p. 409

譚蟬雪　族際婚　敦煌學大辭典　上海辭書出版社　1998　p. 436

湯長平　周倩　西魏北周時期的河西　《敦煌學輯刊》1998 年第 1 期　p. 126

王素　評《敦煌吐魯番學耕耘録》　敦煌吐魯番研究(第三卷)　北京大學出版社　1998　p. 410

張澤咸　漢唐間河西走廊地區農牧生産述略　《中國史研究》1998 年第 1 期　p. 45

池田溫　八世紀中葉敦煌的粟特人聚落　唐研究論文選集　中國社會科學出版社　1999　p. 63 注 87

氣賀澤保規　府兵制の研究:府兵兵士とその社會　(東京)同朋舍　1999　p. 8、55、78

榮新江　北朝隋唐粟特人之遷徙及其聚落　國學研究(第六卷)　北京大學出版社　1999　p. 39
謝桃坊　敦煌文化尋繹　四川人民出版社　1999　p. 172、203
陳永勝　敦煌吐魯番法制文書研究　甘肅人民出版社　2000　p. 163
劉進寶　敦煌文書與唐史研究　(臺北)新文豐出版公司　2000　p. 4、199
丘古耶夫斯基　敦煌漢文文書　上海古籍出版社　2000　p. 56
王永興　略論 S. 613 背敦煌文書載西魏大統十三年七戸納税制　英國收藏敦煌漢藏文獻研究:紀念敦煌文獻發現一百周年　中國社會科學出版社　2000　p. 233
雷聞　隋唐朝集制度研究　唐研究(第七卷)　北京大學出版社　2001　p. 305
榮新江　中古中國與外來文明　三聯書店　2001　p. 56
劉進寶　敦煌學通論　甘肅教育出版社　2002　p. 287
石井公成　敦煌發現之地論宗諸文獻與電腦自動異本處理　中日敦煌佛教學術會議論文集　中國社會科學院研究所　2002　p. 145　又見:戒幢佛學(第二卷)　岳麓書社　2002　p. 180
王素　敦煌吐魯番文獻　文物出版社　2002　p. 13、170
王素　評《敦煌吐魯番文書論叢》　敦煌吐魯番研究(第六卷)　北京大學出版社　2002　p. 405
郭正忠　一部失落的北朝算書寫本:《甲種敦煌算書》研究　數學典籍索引:秦漢至宋社會經濟史料　遼寧教育出版社　2003　p. 405、531
郝春文　英藏敦煌社會歷史文獻釋録(第三卷)　科學出版社　2003　p. 317
沙知　英藏敦煌文獻雜談　敦煌與絲路文化學術講座　北京圖書館出版社　2003　p. 121
砂岡和子　日本平安古記録文中的"件"　新世紀敦煌學論集　巴蜀書社　2003　p. 458
張澤咸　漢晉唐時期農業　中國社會科學出版社　2003　p. 750
黑維強　吐魯番出土文書詞語例釋(一)　《敦煌學輯刊》2004 年第 2 期　p. 117
李天石　中國中古良賤身份制度研究　南京師範大學出版社　2004　p. 25
陳麗萍　敦煌文書所見唐五代婚變現象初探(一)　《敦煌學輯刊》2005 年第 2 期　p. 170
趙曉星　寇甲　西魏:歸義軍時期敦煌地區的史姓　《敦煌學輯刊》2005 年第 2 期　p. 127
陳麗萍　敦煌籍帳中夫妻年歲差距過大現象初探　《首都師範大學學報》2006 年第 2 期　p. 7
李樹輝　"陰陽·五行·十二獸相配紀年法"非吐蕃所創　《敦煌研究》2006 年第 1 期　p. 73

S. 614

向達　倫敦所藏敦煌卷子經眼目録　《北平圖書館圖書季刊》1939 年新第 1 卷第 4 期　p. 397　又見:唐代長安與西域文明　三聯書店　1957　p. 202
饒宗頤解説　林宏作譯　敦煌書法叢刊(第十八卷)·碎金(一)　(東京)二玄社　1983　p. 98
郭長城　敦煌寫本兔園策府叙録　敦煌學(第 8 輯)　(臺北)"中國文化大學"中國文學研究所敦煌學會　1984　p. 47
李正宇　敦煌學郎題記輯注　《敦煌學輯刊》1987 年第 1 期　p. 38
池田溫　中國古代寫本識語集録　(東京)大藏出版株式會社　1990　p. 403
鄭阿財　敦煌蒙書析論　第二屆敦煌學國際研討會論文集　(臺北)漢學研究中心　1990　p. 224
林聰明　敦煌文書學　(臺北)新文豐出版公司　1991　p. 169、218
鄭阿財　敦煌本《明詩論》與《問對》殘卷初探　第四屆唐代文化學術研討會論文集　(臺南)成功大學　1991　p. 309 注 3
東野治之　敦煌と日本の『千字文』　遣唐使と正倉院　(東京)岩波書店　1992　p. 240
東野治之　訓蒙書　敦煌漢文文獻(講座敦煌 5)　(東京)大東出版社　1992　p. 404
王三慶著　池田溫譯　類書　敦煌漢文文獻(講座敦煌 5)　(東京)大東出版社　1992　p. 385

項楚　敦煌詩歌導論　(臺北)新文豐出版公司　1993　p. 214
鄭阿財　敦煌文獻與文學　(臺北)新文豐出版公司　1993　p. 257
林聰明　談敦煌文書的抄寫問題　紀念陳寅恪先生百年誕辰學術論文集　江西教育出版社　1994　p. 294
周丕顯　敦煌古抄《兔園策府》考析　《敦煌學輯刊》1994 年第 2 期　p. 18
李鼎霞　兔園策府　敦煌學大辭典　上海辭書出版社　1998　p. 779
劉進寶　敦煌本《兔園策府・征東夷》産生的歷史背景　《敦煌研究》1998 年第 1 期　p. 111
徐俊　唐五代長沙窑瓷器題詩校證　唐研究(第四卷)　北京大學出版社　1998　p. 77
楊秀清　淺談唐、宋時期敦煌地區的學生生活　《敦煌研究》1999 年第 4 期　p. 138
劉進寶　敦煌文書與唐史研究　(臺北)新文豐出版公司　2000　p. 73
徐俊　敦煌詩集殘卷輯考　中華書局　2000　p. 281、917
顔廷亮　敦煌文化　光明日報出版社　2000　p. 488
楊秀清　華戎交會的都市:敦煌與絲綢之路　甘肅人民出版社　2000　p. 95
林聰明　敦煌吐魯番文書解詁指例　(臺北)新文豐出版公司　2001　p. 45
屈直敏　敦煌本《兔園策府》考辨　《敦煌研究》2001 年第 3 期　p. 126
鄭阿財　朱鳳玉　敦煌蒙書研究　甘肅教育出版社　2002　p. 264
郝春文　英藏敦煌社會歷史文獻釋録(第三卷)　科學出版社　2003　p. 342、354
徐俊　敦煌先唐詩考　2000 年敦煌學國際學術討論會文集・歷史文化卷(下)　甘肅民族出版社　2003　p. 299
張涌泉　試論敦煌寫本類書的校勘價值:以《勵忠節抄》爲例　《敦煌研究》2003 年第 2 期　p. 69
鄭阿財　敦煌蒙書　敦煌與絲路文化學術講座　北京圖書館出版社　2003　p. 138

S. 615

向達　倫敦所藏敦煌卷子經眼目録　《北平圖書館圖書季刊》1939 年新第 1 卷第 4 期　p. 397　又見:唐代長安與西域文明　三聯書店　1957　p. 202
寺岡龍含　敦煌本郭象注莊子南華真經輯影　福井漢文學會　1960　p. 60
寺岡龍含　敦煌本郭象注莊子南華真經研究總論　福井漢文學會　1966　p. 60、114、156
王重民　敦煌古籍叙録　中華書局　1979　p. 250
蘇瑩輝　敦煌學概要　(臺北)編譯館"中華叢書編委會"　1981　p. 53
楠山春樹　道德經類　付『莊子』『列子』『文子』　敦煌と中國道教(講座敦煌 4)　(東京)大東出版社　1983　p. 51
蘇瑩輝　中外敦煌古寫本纂要　敦煌論集　(臺北)學生書局　1983　p. 329
王重民　巴黎敦煌殘卷叙録(第二輯)　敦煌叢刊初集(九)　(臺北)新文豐出版公司　1985　p. 276
王重民原編　黄永武新編　敦煌古籍叙録新編(第十三冊)　(臺北)新文豐出版公司　1986　p. 220
姜伯勤　敦煌藝術宗教與禮樂文明　中國社會科學出版社　1996　p. 4
白化文　莊子郭象注　敦煌學大辭典　上海辭書出版社　1998　p. 777
譚世寶　敦煌文書《南華真經》諸寫本之年代及篇卷結構探討　道家文化研究(第十三輯)　三聯書店　1998　p. 79
黄征　程惠新　劫塵遺珠:敦煌遺書　甘肅教育出版社　1999　p. 203
許建平　《日藏宋本莊子音義》校證　中古近代漢語研究(第一輯)　上海教育出版社　2000　p. 53
顔廷亮　敦煌文化　光明日報出版社　2000　p. 209
姜亮夫　敦煌莫高窟年表　姜亮夫全集(十一)　雲南人民出版社　2002　p. 203

郝春文　英藏敦煌社會歷史文獻釋録(第三卷)　科學出版社　2003　p. 355
王卡　敦煌道教文獻研究　中國社會科學出版社　2004　p. 181
王卡　中國國家圖書館藏敦煌道教遺書研究報告　敦煌吐魯番研究(第七卷)　北京大學出版社　2004　p. 366
許建平　跋國家圖書館所藏敦煌《詩經》寫卷　敦煌學國際研討會論文集　北京圖書館出版社　2005　p. 63

S. 616

許國霖　敦煌石室寫經題記彙編《微妙聲》1936－1937 年第 1－4 期　1936　又見:中國敦煌學百年文庫·宗教卷(四)　甘肅文化出版社　1999　p. 227
許國霖　敦煌石室寫經年代表　《微妙聲》1937 年第 5 期　又見:中國敦煌學百年文庫·宗教卷(四)　甘肅文化出版社　1999　p. 195
芳村修基　土橋秀高　井ノ口泰淳　敦煌佛教史年表　西域文化研究(第一)·敦煌佛教資料　(京都)法藏館　1958　p. 256
陳祚龍　敦煌古抄内典尾記彙校初、二、三編合刊　敦煌學要籥　(臺北)新文豐出版公司　1982　p. 94
饒宗頤　巴黎藏最早之敦煌寫卷金光明經(P. 4506)　選堂集林·史林　(香港)中華書局　1982　p. 418
池田溫　中國古代寫本識語集録　(東京)大藏出版株式會社　1990　p. 136
林聰明　敦煌文書出處略考　季羨林教授八十華誕紀念論文集(下)　江西人民出版社　1991　p. 855
林聰明　敦煌文書學　(臺北)新文豐出版公司　1991　p. 325、383
石塚晴通　敦煌の加點本　敦煌漢文文獻(講座敦煌 5)　(東京)大東出版社　1992　p. 251
黄征　吴偉　敦煌願文集　岳麓書社　1995　p. 843
李崇峰　有關莫高窟北周洞窟研究的兩個問題　敦煌學國際研討會文集·石窟考古編　遼寧美術出版社　1995　p. 81
李正宇　敦煌史地新論　(臺北)新文豐出版公司　1996　p. 89
鄭炳林　敦煌碑銘讚輯釋　甘肅教育出版社　1997　p. 478 注 13
方廣錩　金光明經　敦煌學大辭典　上海辭書出版社　1998　p. 678
李正宇　龍泉寺　敦煌學大辭典　上海辭書出版社　1998　p. 628
金岡照光　敦煌文獻と中國文學　(東京)五曜書房　2000　p. 427
李崇峰　敦煌莫高窟唐前期洞窟分期　敦煌研究文集:敦煌石窟考古篇　甘肅民族出版社　2000　p. 80
林聰明　敦煌吐魯番文書解詁指例　(臺北)新文豐出版公司　2001　p. 172
姜亮夫　敦煌莫高窟年表　姜亮夫全集(十一)　雲南人民出版社　2002　p. 98
郝春文　英藏敦煌社會歷史文獻釋録(第三卷)　科學出版社　2003　p. 366

S. 617

向達　倫敦所藏敦煌卷子經眼目録　《北平圖書館圖書季刊》1939 年新第 1 卷第 4 期　p. 397　又見:唐代長安與西域文明　三聯書店　1957　p. 202
周祖謨　敦煌唐本字書叙録　敦煌語言文學研究　北京大學出版社　1988　p. 49
周祖謨　唐五代的北方語音　周祖謨語言文史論集　浙江古籍出版社　1988　p. 210

高國藩　敦煌民俗學　上海文藝出版社　1989　p. 393
鄭阿財　敦煌蒙書析論　第二届敦煌學國際研討會論文集　（臺北）漢學研究中心　1990　p. 218
朱鳳玉　敦煌寫本《碎金》系字書初探　第二届敦煌學國際研討會論文集　（臺北）漢學研究中心　1990　p. 508
黄正建　敦煌文書與唐五代北方地區的飲食生活　魏晉南北朝隋唐史資料（第11輯）　武漢大學出版社　1991　p. 265
朱鳳玉　敦煌寫本字書緒論　（臺北）《華岡文科學報》1991年第18期　p. 96
鄭阿財　敦煌文獻與文學　（臺北）新文豐出版公司　1993　p. 248
朱鳳玉　敦煌寫卷《俗務要名林》研究　第二届國際唐代學術會議論文集（上）　（臺北）文津出版社　1993　p. 670
王進玉　敦煌石窟探秘　四川教育出版社　1994　p. 25、108
張涌泉　試論審辨敦煌寫本俗字的方法　《敦煌研究》1994年第2期　p. 153　又見：舊學新知　浙江大學出版社　1999　p. 87
朱鳳玉　從敦煌寫本字書看唐代民間的飲食生活　中國學術研討會論文集　（臺北）大安出版會　1994　p. 160
胡戟　傅玫　敦煌史話　中華書局　1995　p. 182
張涌泉　漢語俗字研究　岳麓書社　1995　p. 272
洪藝芳　論《俗務要名林》所反映的唐代西北方音　慶祝潘石禪先生九秩華誕敦煌學特刊　（臺北）文津出版社　1996　p. 510
張金泉　許建平　敦煌音義彙考　杭州大學出版社　1996　p. 645
張涌泉　敦煌俗字彙考　敦煌俗字研究　上海教育出版社　1996　p. 3
張涌泉　敦煌俗字研究導論　（臺北）新文豐出版公司　1996　p. 39
朱鳳玉　敦煌寫本碎金研究　（臺北）文津出版社　1997　p. 103
黄征　評《敦煌寫本碎金研究》　唐研究（第四卷）　北京大學出版社　1998　p. 543
張金泉　俗務要名林　敦煌學大辭典　上海辭書出版社　1998　p. 517
黄征　程惠新　劫塵遺珠：敦煌遺書　甘肅教育出版社　1999　p. 67
杜琪　敦煌詩賦作品要目分類題注　《甘肅社會科學》2000年第1期　p. 64
黄正建　試論唐代前期皇帝消費的某些側面　唐研究（第六卷）　北京大學出版社　2000　p. 182
黄正建　S. 964v號文書與唐代兵士的春冬衣　英國收藏敦煌漢藏文獻研究：紀念敦煌文獻發現一百周年　中國社會科學出版社　2000　p. 245
李重申　敦煌古代體育文化　甘肅人民出版社　2000　p. 73
張涌泉　漢語俗字叢考　中華書局　2000　p. 769、850、1173
朱鳳玉　俄藏敦煌寫本《雜字》研究　新國學（第二卷）　巴蜀書社　2000　p. 313
曾良　敦煌文獻字義通釋　廈門大學出版社　2001　p. 92
黄征　敦煌語言文字學研究　甘肅教育出版社　2002　p. 366
鄭阿財　朱鳳玉　敦煌蒙書研究　甘肅教育出版社　2002　p. 77
郝春文　英藏敦煌社會歷史文獻釋録（第三卷）　科學出版社　2003　p. 368
鄭阿財　敦煌蒙書　敦煌與絲路文化學術講座（第一輯）　北京圖書館出版社　2003　p. 135
高啓安　唐五代敦煌飲食文化研究　民族出版社　2004　p. 166
李小榮　《阿鼻地獄變文》校注　《敦煌研究》2004年第5期　p. 102
黄征　敦煌俗字典　上海教育出版社　2005　p. 前言31、3、51、64
黄征　敦煌俗字種類考辨　敦煌學・日本學：石塚晴通教授退職紀念論文集　上海辭書出版社

2005　p. 123
楊森　跋甘肅武山拉梢寺北周造大佛像發願文石刻碑　《敦煌學輯刊》2005 年第 2 期　p. 233

S. 618

向達　倫敦所藏敦煌卷子經眼目録　《北平圖書館圖書季刊》1939 年新第 1 卷第 4 期　p. 397　又見:唐代長安與西域文明　三聯書店　1957　p. 202
高國藩　驅儺風俗和敦煌民間歌謠《兒郎偉》　文史(第二十九輯)　中華書局　1988　p. 295
王素　唐寫本《論語鄭氏注》校讀劄記　唐寫本論語鄭氏注及其研究　文物出版社　1991　p. 256
土田健次郎　儒教典籍　敦煌漢文文獻(講座敦煌 5)　(東京)大東出版社　1992　p. 269
李方　敦煌《論語集解》校正　江蘇古籍出版社　1998　p. 830
郝春文　英藏敦煌社會歷史文獻釋録(第三卷)　科學出版社　2003　p. 393
石塚晴通　敦煌的加點本　敦煌學・日本學:石塚晴通教授退職紀念論文集　上海辭書出版社　2005　p. 9

S. 619

向達　倫敦所藏敦煌卷子經眼目録　《北平圖書館圖書季刊》1939 年新第 1 卷第 4 期　p. 397　又見:唐代長安與西域文明　三聯書店　1957　p. 202
劉銘恕　英國博物院所藏的敦煌卷子　《中國科學院圖書館通訊》1957 年第 1 期　又見:中國敦煌學百年文庫・綜述卷(二)　甘肅文化出版社　1999　p. 129
金岡照光　敦煌文學のさまざま　敦煌の文學　(東京)大藏出版株式會社　1971　p. 165
蘇瑩輝　"敦煌曲"評介　敦煌論集續編　(臺北)學生書局　1983　p. 311
饒宗頤解說　林宏作譯　敦煌書法叢刊(第十五卷)・牒狀(二)　(東京)二玄社　1985　p. 85
黄盛璋　于闐文《使河西記》的歷史地理研究　《敦煌學輯刊》1986 年第 2 期　p. 11
盧向前　關於歸義軍時期一份布紙破用曆的研究:試釋伯四六四〇背面文書　敦煌吐魯番文獻研究論集(第三輯)　北京大學出版社　1986　p. 430　又見:敦煌吐魯番文書論稿　江西人民出版社　1992　p. 137
黄盛璋　敦煌本曹氏二州六鎮與八鎮考　1983 年全國敦煌學術討論會文集・文史遺書編(上)　甘肅人民出版社　1987　p. 272
劉修業　敦煌本《讀史編年詩》與明代小類書《大千生鑿》　敦煌語言文學研究　北京大學出版社　1988　p. 222
周祖謨　敦煌唐本字書叙録　敦煌語言文學研究　北京大學出版社　1988　p. 52
劉燕文　從敦煌寫本《字寶》的注音看晚唐五代西北方音　出土文獻研究續集　文物出版社　1989　p. 237
張錫厚　敦煌詩歌考論　《敦煌學輯刊》1989 年第 2 期　p. 31
張錫厚　詩歌　敦煌文學　甘肅人民出版社　1989　p. 180
陳國燦　唐五代瓜沙歸義軍軍鎮的演變　敦煌吐魯番文書初探(二編)　武漢大學出版社　1990　p. 574
榮新江　沙州歸義軍歷任節度使稱號研究　敦煌吐魯番學研究論文集　漢語大詞典出版社　1990　p. 790
趙和平　敦煌寫本鄭餘慶《大唐新定吉凶書儀》殘卷研究　敦煌吐魯番文獻研究論集(第五輯)　北京大學出版社　1990　p. 210
鄭阿財　敦煌蒙書析論　第二屆敦煌學國際研討會論文集　(臺北)漢學研究中心　1990　p. 219

朱鳳玉　敦煌寫本《碎金》系字書初探　第二屆敦煌學國際研討會論文集　（臺北）漢學研究中心　1990　p. 503
李并成　漢敦煌郡廣至縣城及其有關問題考　《敦煌研究》1991 年第 4 期　p. 85
朱鳳玉　敦煌寫本字書緒論　（臺北）《華岡文科學報》1991 年第 18 期　p. 101
周紹良　敦煌文學芻議及其它　（臺北）新文豐出版公司　1992　p. 28
張金泉　論敦煌本《字寶》　《敦煌研究》1993 第 2 期　p. 92
張錫厚　敦煌文學概論　甘肅人民出版社　1993　p. 357
鄭阿財　敦煌文獻與文學　（臺北）新文豐出版公司　1993　p. 250
高田時雄　可洪隨函録と行瑫隨函音疏　中國語の資料と方法　京都大學人文科學研究所　1994　p. 147
張涌泉　試論審辨敦煌寫本俗字的方法　《敦煌研究》1994 年第 2 期　p. 153　又見：舊學新知　浙江大學出版社　1999　p. 87
劉進寶　敦煌學論述　（臺北）洪葉文化事業有限公司　1995　p. 332
史雙元　唐五代詞紀事會評　黄山書社　1995　p. 181
王元軍　從敦煌唐佛經寫本談有關唐代寫經生及其書法藝術的幾個問題　《敦煌研究》1995 年第 1 期　p. 160
王元軍　唐人書法與文化　（臺北）東大圖書公司　1995　p. 138
吳庚舜　董乃斌　唐代文學史（下）　人民文學出版社　1995　p. 614
張錫厚　敦煌本唐集研究　（臺北）新文豐出版公司　1995　p. 238
張涌泉　漢語俗字研究　岳麓書社　1995　p. 269
周一良　趙和平　敦煌寫本鄭餘慶《大唐新定吉凶書儀》殘卷研究　唐五代書儀研究　中國社會科學出版社　1995　p. 155
徐俊　敦煌寫本唐人詩歌存佚互見綜考　敦煌吐魯番研究（第一卷）　北京大學出版社　1996　p. 129
張金泉　許建平　敦煌音義彙考　杭州大學出版社　1996　p. 545
張涌泉　敦煌俗字彙考　敦煌俗字研究　上海教育出版社　1996　p. 3
張涌泉　敦煌俗字研究導論　（臺北）新文豐出版公司　1996　p. 36
鄭炳林　唐五代敦煌粟特人與歸義軍政權　《敦煌研究》1996 年第 4 期　p. 89　又見：敦煌歸義軍史專題研究　蘭州大學出版社　1997　p. 419
柴劍虹　“模糊”的“敦煌文學”　敦煌文學論集　四川人民出版社　1997　p. 6
馮培紅　晚唐五代宋初歸義軍武職軍將研究　敦煌歸義軍史專題研究　蘭州大學出版社　1997　p. 120、153
鄭炳林　敦煌碑銘讚輯釋　甘肅教育出版社　1997　p. 360 注 9
鄭炳林　馮培紅　晚唐五代宋初歸義軍政權中都頭一職考辨　敦煌歸義軍史專題研究　蘭州大學出版社　1997　p. 87
朱鳳玉　敦煌寫本碎金研究　（臺北）文津出版社　1997　p. 21
柴劍虹　讀史編年詩　敦煌學大辭典　上海辭書出版社　1998　p. 565
柴劍虹　讚碎金詩　敦煌學大辭典　上海辭書出版社　1998　p. 568
黄征　評《敦煌寫本碎金研究》　唐研究（第四卷）　北京大學出版社　1998　p. 545
徐俊　酬校書詩　敦煌學大辭典　上海辭書出版社　1998　p. 575
張金泉　字寶　敦煌學大辭典　上海辭書出版社　1998　p. 516
平井宥慶　敦煌流傳の金剛般若經　金剛般若經の思想的研究　（東京）春秋社　1999　p. 253

張涌泉　大型字典編纂中與俗字相關的若干問題　舊學新知　浙江大學出版社　1999　p. 21
杜琪　敦煌詩賦作品要目分類題注　《甘肅社會科學》2000 年第 1 期　p. 64
徐俊　敦煌詩集殘卷輯考　中華書局　2000　p. 276、355、522、853
張錫厚　敦煌本《白香山詩集》考　1994 年敦煌學國際研討會文集・宗教文史卷(上)　甘肅民族出版社　2000　p. 241
張涌泉　漢語俗字叢考・前言　漢語俗字叢考　中華書局　2000　p. 2
朱鳳玉　英藏 S. 619《白家碎金》考釋　慶祝吳其昱先生八秩華誕敦煌學特刊　(臺北)文津出版社　2000　p. 340
陶敏　李一飛　隋唐五代文學史料學　中華書局　2001　p. 350
蔡忠霖　敦煌漢文寫卷俗字及其現象　(臺北)文津出版社　2002　p. 103
陳國燦　敦煌學史事新證　甘肅教育出版社　2002　p. 395
黃征　敦煌語言文字學研究　甘肅教育出版社　2002　p. 226、247、368
劉進寶　敦煌學通論　甘肅教育出版社　2002　p. 378
徐俊　敦煌寫本詩歌續考　《敦煌研究》2002 年第 5 期　p. 66
鄭阿財　朱鳳玉　敦煌蒙書研究　甘肅教育出版社　2002　p. 128
郝春文　英藏敦煌社會歷史文獻釋録(第三卷)　科學出版社　2003　p. 403、412
朱鳳玉　敦煌本《碎金》與宋、明俗用雜字之比較　漢語史學報專輯(第三輯)　上海教育出版社　2003　p. 411
張金泉　《字寶》考　浙江與敦煌學:常書鴻先生誕辰一百周年紀念文集　浙江古籍出版社　2004　p. 559
陳逸平　唐宋時期敦煌大衆的歷史知識　《敦煌研究》2006 年第 2 期　p. 97
馮培紅　歸義軍鎮制考　敦煌吐魯番研究(第九卷)　北京大學出版社　2006　p. 270、281

S. 620

向達　倫敦所藏敦煌卷子經眼目録　《北平圖書館圖書季刊》1939 年新第 1 卷第 4 期　p. 397　又見:唐代長安與西域文明　三聯書店　1957　p. 202
黃正建　唐代占卜之一:夢占　《敦煌學輯刊》1986 年第 2 期　p. 145
高國藩　敦煌民俗學　上海文藝出版社　1989　p. 299
劉文英　夢的迷信與夢的探索　中國社會科學出版社　1989　p. 92 注 6、7、8,95 注 6、7,102 注 2,124
菅原信海　占筮書　敦煌漢文文獻(講座敦煌 5)　(東京)大東出版社　1992　p. 450
戴仁　敦煌寫本中的解夢書　法國學者敦煌學論文選萃　中華書局　1993　p. 313
鄭炳林　敦煌寫本解夢書概述　《敦煌學輯刊》1995 年第 2 期　p. 9
鄭炳林　羊萍　敦煌本夢書　甘肅文化出版社　1995　p. 31
史睿　評《敦煌本夢書》　敦煌吐魯番研究(第三卷)　北京大學出版社　1998　p. 415
嚴敦傑　解夢書　敦煌學大辭典　上海辭書出版社　1998　p. 620
楊富學　西域敦煌宗教論稿　甘肅文化出版社　1998　p. 66
素癡　不列顛博物院所藏中國寫本管記　中國敦煌學百年文庫・綜述卷(一)　甘肅文化出版社　1999　p. 60
徐俊　敦煌詩集殘卷輯考　中華書局　2000　p. 854
黃正建　敦煌占卜文書與唐五代占卜研究　學苑出版社　2001　p. 69
黃正建　關於《俄藏敦煌文獻》第 11 至第 17 冊中占卜文書的綴合與定名等問題　《敦煌研究》2002

年第 2 期　p. 50
關長龍　敦煌本夢書雜識　漢語史學報專輯(第三輯)　上海教育出版社　2003　p. 316
郝春文　英藏敦煌社會歷史文獻釋録(第三卷)　科學出版社　2003　p. 428、448
鄭炳林　敦煌文獻中的解夢書與相面書　敦煌與絲路文化學術講座(第一輯)　北京圖書館出版社　2003　p. 157
鄭炳林　晚唐五代敦煌占卜中的行爲決定論　《敦煌學輯刊》2003 年第 1 期　p. 8
陳于柱　從敦煌占卜文書看晚唐五代敦煌占卜與佛教的對話交融　《敦煌學輯刊》2005 年第 2 期　p. 27
劉少霞　敦煌出土醫書中有關女性問題初探　《敦煌學輯刊》2005 年第 2 期　p. 177
鄭炳林　敦煌寫本解夢書校録研究　民族出版社　2005　p. 4

S. 621

向達　倫敦所藏敦煌卷子經眼目録　《北平圖書館圖書季刊》1939 年新第 1 卷第 4 期　p. 397　又見:唐代長安與西域文明　三聯書店　1957　p. 202
王重民　敦煌古籍叙録　中華書局　1979　p. 49
王重民　英倫所藏敦煌經卷訪問記　敦煌遺書論文集　中華書局　1984　p. 2　又見:中國敦煌學百年文庫・綜述卷(一)　甘肅文化出版社　1999　p. 63
王重民　巴黎敦煌殘卷叙録(第一輯)　敦煌叢刊初集(九)　(臺北)新文豐出版公司　1985　p. 199
王重民原編　黄永武新編　敦煌古籍叙録新編(第三冊)　(臺北)新文豐出版公司　1986　p. 72
劉文英　夢的迷信與夢的探索　中國社會科學出版社　1989　p. 31 注 1
土田健次郎　儒教典籍　敦煌漢文文獻(講座敦煌 5)　(東京)大東出版社　1992　p. 269
白化文　唐玄宗御刪定禮記月令　敦煌學大辭典　上海辭書出版社　1998　p. 773
北京大學　敦煌《經卷》、《照片》及《圖書》目録　中國敦煌學百年文庫・綜述卷(一)　甘肅文化出版社　1999　p. 313
龍晦　敦煌文獻所見唐玄宗的宗教活動　1994 年敦煌學國際研討會文集・宗教文史卷(上)　甘肅民族出版社　2000　p. 21
榮新江　《英藏敦煌文獻》定名商補　文史(第五十二輯)　中華書局　2000　p. 117　又見:敦煌學新論　甘肅教育出版社　2002　p. 190
姜亮夫　敦煌莫高窟年表　姜亮夫全集(十一)　雲南人民出版社　2002　p. 336
吳麗娛　唐禮摭遺:中古書儀研究　商務印書館　2002　p. 202
郝春文　英藏敦煌社會歷史文獻釋録(第三卷)　科學出版社　2003　p. 451
張弓　敦煌四部籍與中古後期社會的文化情境　敦煌學(第 25 輯)　(臺北)樂學書局有限公司　2004　p. 318

S. 622

陳祚龍　敦煌古抄內典尾記彙校二編　敦煌文物隨筆　(臺北)商務印書館　1979　p. 180
陳祚龍　敦煌古抄內典尾記彙校初、二、三編合刊　敦煌學要籥　(臺北)新文豐出版公司　1982　p. 84
池田溫　中國古代寫本識語集録　(東京)大藏出版株式會社　1990　p. 265
林聰明　敦煌文書學　(臺北)新文豐出版公司　1991　p. 293、426
王三慶　敦煌寫卷中武后新字之調查研究　唐代研究論集(第三輯)　(臺北)新文豐出版公司　1992　p. 87

圓空　《新菩薩經》《勸善經》《救諸衆生苦難經》校録及其流傳背景之探討　《敦煌研究》1992 年第 1 期　p. 51
蕭登福　道教術儀與密教典籍　(臺北)新文豐出版公司　1994　p. 497
林聰明　敦煌文書年代考探略述　敦煌學國際研討會文集・史地語文編　遼寧美術出版社　1995　p. 555
方廣錩　新菩薩經　敦煌學大辭典　上海辭書出版社　1998　p. 739
楊富學　劉永連　丁曉瑜　1997—1998 年大陸地區唐代學術研究概況:敦煌學　"中國唐代學會"會刊(第九期)　(臺北)"中國唐代學會"　1998　p. 110
張子開　敦煌寫本斯 136、417、622 號"佛經"初探　中國敦煌學百年文庫・宗教卷(二)　甘肅文化出版社　1999　p. 499
林聰明　敦煌吐魯番文書解詁指例　(臺北)新文豐出版公司　2001　p. 259
姜亮夫　敦煌莫高窟年表　姜亮夫全集(十一)　雲南人民出版社　2002　p. 279
張國剛　佛學與隋唐社會　河北人民出版社　2002　p. 193
郝春文　英藏敦煌社會歷史文獻釋録(第三卷)　科學出版社　2003　p. 456

S. 624

江素雲　維摩詰所說經敦煌寫本綜合目録　(臺北)東初出版社　1991　p. 79

S. 625

張涌泉　敦煌俗字研究導論　(臺北)新文豐出版公司　1996　p. 89

S. 626

索仁森著　李吉和譯　敦煌漢文禪籍特徵概觀　《敦煌研究》1994 年第 1 期　p. 111
柴劍虹　光明崖禪詩　敦煌學大辭典　上海辭書出版社　1998　p. 550
張子開　敦煌文獻中的白話禪詩　《敦煌學輯刊》2003 年第 1 期　p. 82、87
景盛軒　敦煌寫本《大般涅槃經》著録商補　浙江與敦煌學:常書鴻先生誕辰一百周年紀念文集　浙江古籍出版社　2004　p. 353

S. 629

伊藤美重子　敦煌本『大智度論』の整理　中國佛教石經の研究　京都大學學術出版會　1996　p. 348
鄭炳林　敦煌碑銘讃輯釋　甘肅教育出版社　1997　p. 448 注 4

S. 633

黄征　吳偉　《敦煌願文集》輯校中的一些問題　《敦煌研究》1992 年第 1 期　p. 66
井ノ口泰淳　敦煌本『仏名經』の諸系統　中央アジアの言語と仏教　(京都)法藏館　1995　p. 299
藤田光寬著　劉永增譯　關於敦煌出土的吐蕃瑜伽寫本　1994 年敦煌學國際研討會文集・宗教文史卷(上)　甘肅民族出版社　2000　p. 120
景盛軒　敦煌寫本《大般涅槃經》著録商補　浙江與敦煌學:常書鴻先生誕辰一百周年紀念文集　浙江古籍出版社　2004　p. 353

S. 635

許國霖　敦煌石室寫經題記彙編　《微妙聲》1936 – 1937 年第 1 – 4 期　又見:中國敦煌學百年文庫・宗教卷(四)　甘肅文化出版社　1999　p. 226

許國霖　敦煌石室寫經年代表　《微妙聲》1937 年第 5 期　又見:中國敦煌學百年文庫・宗教卷(四)　甘肅文化出版社　1999　p. 195

芳村修基　土橋秀高　井ノ口泰淳　敦煌佛教史年表　西域文化研究(第一)・敦煌佛教資料　(京都)法藏館　1958　p. 258

陳祚龍　敦煌古抄內典尾記彙校初、二、三編合刊　敦煌學要籥　(臺北)新文豐出版公司　1982　p. 94

池田溫　中國古代寫本識語集録　(東京)大藏出版株式會社　1990　p. 148

林聰明　敦煌文書學　(臺北)新文豐出版公司　1991　p. 313

沃興華　敦煌書法藝術　上海人民出版社　1994　p. 119

趙聲良　隋代敦煌寫本的書法藝術　敦煌書法庫(第三輯)　甘肅人民美術出版社　1994　p. 3　又見:《敦煌研究》1995 年第 4 期　p. 135

井ノ口泰淳　敦煌本『仏名經』の諸系統　中央アジアの言語と仏教　(京都)法藏館　1995　p. 287

程喜霖　20 世紀敦煌文獻與古史研究　敦煌文獻論集:紀念藏經洞發現一百周年國際學術研討會論文集　遼寧人民出版社　2001　p. 53

陳麗萍　敦煌女性寫經題記及反映的婦女問題　敦煌佛教藝術文化國際學術研討會論文集　蘭州大學出版社　2002　p. 430

姜亮夫　敦煌莫高窟年表　姜亮夫全集(十一)　雲南人民出版社　2002　p. 179

郝春文　英藏敦煌社會歷史文獻釋録(第三卷)　科學出版社　2003　p. 457

S. 639

江素雲　維摩詰所說經敦煌寫本綜合目録　(臺北)東初出版社　1991　p. 79

S. 641

謝重光　副僧統　敦煌學大辭典　上海辭書出版社　1998　p. 638

S. 646

金岡照光　敦煌文學のさまざま　敦煌の文學　(東京)大藏出版株式會社　1971　p. 162

川崎ミチコ　通俗詩類・雜詩文類　敦煌仏典と禪(講座敦煌 8)　(東京)大東出版社　1980　p. 323

川崎ミチコ　修道偈Ⅱ——定格聯章　敦煌仏典と禪(講座敦煌 8)　(東京)大東出版社　1980　p. 276

柳田聖山　敦煌の禪籍と矢吹慶輝　敦煌仏典と禪(講座敦煌 8)　(東京)大東出版社　1980　p. 10

饒宗頤　王錫《頓悟大乘政理決》序說並校記　選堂集林・史林　(香港)中華書局　1982　p. 728　又見:漢藏佛教研究彙編　(臺北)文殊出版社　1987　p. 325

楊曾文　日本學者對中國禪宗文獻的研究和整理　《世界宗教研究》1987 年第 1 期　p. 117

陳祚龍　敦煌學劄記　敦煌學散策新集　(臺北)新文豐出版公司　1989　p. 19

上山大峻　敦煌佛教の研究　(京都)法藏館　1990　p. 421

田中良昭　敦煌の禪籍　禪學研究入門　(東京)大東出版社　1994　p. 59

胡戟　傅玫　敦煌史話　中華書局　1995　p. 131
柳田聖山　禪籍解題(一)・敦煌禪籍　俗語言研究(第二期)　(京都)禪文化研究所　1995　p. 137
楊曾文　禪宗北宗及禪法　佛教與中國傳統文化　宗教文化出版社　1997　p. 449
柴劍虹　揚州顗禪師與女子問答詩　敦煌學大辭典　上海辭書出版社　1998　p. 568
方廣錩　觀心論　敦煌學大辭典　上海辭書出版社　1998　p. 724
徐俊　敦煌詩集殘卷輯考　中華書局　2000　p. 854
榮新江　《英藏敦煌文獻》定名商補　文史(第五十二輯)　中華書局　2000　p. 118　又見:敦煌學新論　甘肅教育出版社　2002　p. 190
郝春文　英藏敦煌社會歷史文獻釋録(第三卷)　科學出版社　2003　p. 458
張子開　敦煌文獻中的白話禪詩　《敦煌學輯刊》2003 年第 1 期　p. 90
張錫厚　《詠臥輪禪師看心法四首》補正與敦煌本《菩提達摩論》定名　《敦煌研究》2006 年第 1 期　p. 92

S. 648

江素雲　維摩詰所說經敦煌寫本綜合目録　(臺北)東初出版社　1991　p. 79
郝春文　英藏敦煌社會歷史文獻釋録(第三卷)　科學出版社　2003　p. 464

S. 649

張金泉　許建平　敦煌音義彙考　杭州大學出版社　1996　p. 1198
張金泉　敦煌佛經音義寫卷述要　《敦煌研究》1997 年第 2 期　p. 122

S. 650

金岡照光　敦煌文獻より見たる彌勒信仰の一側面　敦煌と中國仏教(講座敦煌 7)　(東京)大東出版社　1984　p. 541
方廣錩　彌勒下生經　敦煌學大辭典　上海辭書出版社　1998　p. 665

S. 652

金岡照光　敦煌文學のさまざま　敦煌の文學　(東京)大蔵出版株式會社　1971　p. 134
陳祚龍　新校重訂敦煌古抄舊從阿含經略集　敦煌學海探珠(上冊)　(臺北)商務印書館　1979　p. 72
周紹良　白化文　李鼎霞　敦煌變文集補編　北京大學出版社　1989　p. 114
周紹良　敦煌文學芻議及其它　(臺北)新文豐出版公司　1992　p. 132
周紹良　敦煌文學叢考　英國收藏敦煌漢藏文獻研究:紀念敦煌文獻發現一百周年　中國社會科學出版社　2000　p. 260

S. 654

盧向前　金山國立國之我見　《敦煌學輯刊》1990 年第 2 期　p. 15
鄭顯文　唐代律令制研究　北京大學出版社　2004　p. 203

S. 655

姜伯勤　敦煌藝術宗教與禮樂文明　中國社會科學出版社　1996　p. 350

S. 659

井ノ口泰淳　敦煌本『仏名經』の諸系統　中央アジアの言語と仏教　(京都)法藏館　1995　p. 297

S. 661

馬雍　古代鄯善、于闐地區佉盧文字資料綜考　西域史地文物叢考　文物出版社　1990　p. 68、圖版 5

馬雍　新疆所出佉盧文書的斷代問題　西域史地文物叢考　文物出版社　1990　p. 90

尚衍斌　西域文化　遼寧教育出版社　1998　p. 99

S. 662

蕭登福　道教術儀與密教典籍　(臺北)新文豐出版公司　1994　p. 497

S. 663

劉銘恕　英國博物院所藏的敦煌卷子　《中國科學院圖書館通訊》1957 年第 1 期　又見:中國敦煌學百年文庫・綜述卷(二)　甘肅文化出版社　1999　p. 129

竺沙雅章　敦煌出土「社」文書の研究　『東方學報』(第 35 號)　京都大學人文科學研究所　1964　p. 266

矢吹慶輝　鳴沙餘韻・解說篇(第一部)　(京都)臨川書店　1980　p. 216

陳祚龍　古往世上流行之中華佛教男女信士立誓發願文章的抽樣　中華佛教文化史散策(四集)　(臺北)新文豐出版公司　1986　p. 394

唐耕耦　陸宏基　敦煌社會經濟文獻真迹釋録(一)　書目文獻出版社　1986　p. 392

王重民原編　黄永武新編　敦煌古籍叙録新編(第八冊)　(臺北)新文豐出版公司　1986　p. 179

杜琪　表・疏　敦煌文學　甘肅人民出版社　1989　p. 24

山本達郎等　敦煌・VII 尚饗文・諸齋文　『NUN - HUANG AND TURFAN DOCUMENTS CONCERNING SOCIAL AND ECONOMIC HISTORY』(IV)　(東京)東洋文庫　1989　p. 143

譚蟬雪　印沙・脱佛・脱塔　《敦煌研究》1989 年第 1 期　p. 19

郝春文　隋唐五代宋初傳統私社與寺院的關係　《魏晉南北朝隋唐史》1991 年第 6 期　p. 69

李并成　從敦煌算經看我國唐宋時代的初級數學教育　《數學教學研究》1991 年第 1 期　p. 40

姜伯勤　敦煌社會文書導論　(臺北)新文豐出版公司　1992　p. 249

郝春文　敦煌寫本社邑文書年代彙考(三)　《社科縱横》1993 年第 5 期　p. 11

侯錦郎　敦煌寫本中的"印沙佛"儀軌　法國學者敦煌學論文選萃　中華書局　1993　p. 272

李明偉　敦煌文學概論　甘肅人民出版社　1993　p. 462

譚禪雪　敦煌歲時掇瑣　(香港)《九州學刊》(敦煌學專輯)1993 年第 5 卷第 4 期　p. 85

汪泛舟　敦煌文學概論　甘肅人民出版社　1993　p. 565

鄭炳林　讀敦煌文書 P. 3859《後唐清泰三年六月沙州儭司教授福集等狀》劄記　《西北史地》1993 年第 4 期　p. 48　又見:敦煌吐魯番文獻研究　中華書局　1995　p. 616

王進玉　敦煌石窟探秘　四川教育出版社　1994　p. 107

黃征　吳偉　敦煌願文集　岳麓書社　1995　p. 36、409

土肥義和　唐・北宋間の「社」の組織形態に関する一考察　中國古代の國家と民衆(堀敏一先生古稀記念)　(東京)汲古書院　1995　p. 703

王書慶　敦煌佛學・佛事篇　甘肅民族出版社　1995　p. 90

寧可　郝春文　敦煌社邑文書輯校　江蘇古籍出版社　1997　p. 625

鄭炳林　敦煌碑銘讃輯釋　甘肅教育出版社　1997　p. 227 注 2
鄧文寬　數碼　敦煌學大辭典　上海辭書出版社　1998　p. 603
劉鈍　算經　敦煌學大辭典　上海辭書出版社　1998　p. 601
馬德　尚書曹仁貴史事鈎沈　《敦煌學輯刊》1998 年第 2 期　p. 12
譚蟬雪　印沙佛會　敦煌學大辭典　上海辭書出版社　1998　p. 434
寧可　寧可史學論集　中國社會科學出版社　1999　p. 447 注 11
徐曉麗　曹議金與甘州回鶻天公主結親時間考　《敦煌研究》2001 年第 4 期　p. 116
徐曉麗　敦煌石窟所見天公主考辨　《敦煌學輯刊》2002 年第 2 期　p. 78
徐曉麗　回鶻天公主與敦煌佛教　敦煌佛教藝術文化國際學術研討會論文集　蘭州大學出版社　2002　p. 417
張國剛　佛學與隋唐社會　河北人民出版社　2002　p. 239
郝春文　英藏敦煌社會歷史文獻釋録(第三卷)　科學出版社　2003　p. 465、471
李小榮　敦煌密教文獻論稿　人民文學出版社　2003　p. 281
湛如　敦煌佛教律儀制度研究　中華書局　2003　p. 373
鄭炳林　晚唐五代敦煌村莊聚落輯考　2000 年敦煌學國際學術討論會文集・歷史文化卷(上)　甘肅民族出版社　2003　p. 134
葉貴良　敦煌社邑文書詞語選釋　《敦煌研究》2004 年第 5 期　p. 84
謝生保　謝靜　敦煌文獻與水陸法會　《敦煌研究》2006 年第 2 期　p. 45

S. 668

金岡照光　敦煌漢文文學文獻の文學形態上の種類とその分類　敦煌出土文學文獻分類目録・附解說　(東京)東洋文庫　1971　p. 229
加地哲定　增補中國佛教文學研究　(東京)同朋舍　1979　p. 200
鄭阿財　敦煌孝道文學研究　(臺北)石門圖書公司　1982　p. 532
孫其芳　詞　敦煌文學　甘肅人民出版社　1989　p. 214
加地哲定著　劉衛星譯　中國佛教文學　今日中國出版社　1990　p. 171
周紹良　敦煌文學芻議及其它　(臺北)新文豐出版公司　1992　p. 38
孫其芳　顔廷亮　敦煌文學概論　甘肅人民出版社　1993　p. 440
砂岡和子　敦煌散花樂和聲曲輯考　敦煌佛教文化研究　社科縱橫編輯部　1996　p. 22
陸淑綺　李重申　敦煌古代戲曲文化史料綜述　《敦煌研究》1997 年第 2 期　p. 64
柴劍虹　散蓮花樂　敦煌學大辭典　上海辭書出版社　1998　p. 545
于淑健　《浙藏敦煌文獻》疑難雜字輯考　南京棲霞山石窟藝術與敦煌學　中國美術學院出版社　2002　p. 260
郝春文　英藏敦煌社會歷史文獻釋録(第三卷)　科學出版社　2003　p. 474
張子開　敦煌文獻中的白話禪詩　《敦煌學輯刊》2003 年第 1 期　p. 82

S. 669

江素雲　維摩詰所說經敦煌寫本綜合目録　(臺北)東初出版社　1991　p. 79

S. 672

井ノ口泰淳　敦煌本『仏名經』の諸系統　中央アジアの言語と仏教　(京都)法藏館　1995　p. 296

S. 673

藤田光寛著　劉永增譯　關於敦煌出土的吐蕃瑜伽寫本　1994 年敦煌學國際研討會文集・宗教文史卷(上)　甘肅民族出版社　2000　p. 120

S. 674

藤田光寛著　劉永增譯　關於敦煌出土的吐蕃瑜伽寫本　1994 年敦煌學國際研討會文集・宗教文史卷(上)　甘肅民族出版社　2000　p. 120

S. 676

池田溫　中國古代寫本識語集録　(東京)大藏出版株式會社　1990　p. 368

S. 678

馬雍　古代鄯善、于闐地區佉盧文字資料綜考　西域史地文物叢考　文物出版社　1990　p. 79

湛如　敦煌結夏安居考察　法源(第 16 期)　中國佛學院　1998　p. 84　又見:佛學研究(第七期)　中國佛教文化研究所　1998　p. 339

湛如　敦煌佛教律儀制度研究　中華書局　2003　p. 247

S. 680

平井俊榮　敦煌仏典と中國仏教　敦煌と中國仏教(講座敦煌 7)　(東京)大東出版社　1984　p. 8

S. 681

戴密微著　耿昇譯　敦煌學近作　敦煌譯叢(第一輯)　甘肅人民出版社　1985　p. 25

施萍婷　敦煌曆日研究　1983 年全國敦煌學術討論會文集・文史遺書編(上)　甘肅人民出版社　1987　p. 316、330、362

譚蟬雪　敦煌歲時掇瑣:正月　《敦煌研究》1990 年第 1 期　p. 50　又見:(香港)《九州學刊》(敦煌學專輯)1993 年第 5 卷第 4 期　p. 87

宮島一彥　曆書・算書　敦煌漢文文獻(講座敦煌 5)　(東京)大東出版社　1992　p. 471

胡戟　傅玫　敦煌史話　中華書局　1995　p. 188

周一良　趙和平　晚唐五代時的三種吉凶書儀寫卷研究　唐五代書儀研究　中國社會科學出版社　1995　p. 206

鄧文寬　敦煌天文曆法文獻輯校　江蘇古籍出版社　1996　p. 460

鄧文寬　天福十年乙巳歲具注曆日並序　敦煌學大辭典　上海辭書出版社　1998　p. 608

趙和平　《敦煌寫本書儀研究》訂補　敦煌吐魯番研究(第三卷)　北京大學出版社　1998　p. 250

趙和平　新集書儀　敦煌學大辭典　上海辭書出版社　1998　p. 421

鄧文寬　敦煌三篇具注曆日佚文校考　《敦煌研究》2000 年第 3 期　p. 110

高明士　唐代敦煌官方的祭祀禮儀　1994 年敦煌學國際研討會文集・宗教文史卷(上)　甘肅民族出版社　2000　p. 45

榮新江　《英藏敦煌文獻》定名商補　文史(第五十二輯)　中華書局　2000　p. 118　又見:敦煌學新論　甘肅教育出版社　2002　p. 190

趙和平　晚唐時河北地區的一種吉凶書儀的再研究　中華文史論叢(總 62 輯)　上海古籍出版社　2000　p. 193

曾良　敦煌文獻字義通釋　廈門大學出版社　2001　p. 156

鄧文寬　敦煌吐魯番天文曆法研究　甘肅教育出版社　2002　p. 209
郝春文　英藏敦煌社會歷史文獻釋録(第三卷)　科學出版社　2003　p. 476、482
王愛和　英藏 S. 681v 與俄藏 ДX01454、ДX02418v 的拼接綴合與研究　《敦煌學輯刊》2003 年第 1 期　p. 12
馬若安　敦煌曆日"沒日"和"滅日"安排初探　敦煌吐魯番研究(第七卷)　北京大學出版社　2004　p. 429
余欣　敦煌的入宅與暖房禮俗　中華文史論叢(總 78 輯)　上海古籍出版社　2004　p. 106

S. 682

矢吹慶輝　鳴沙餘韻·解說篇(第二部)　(京都)臨川書店　1980　p. 312

S. 686

江素雲　維摩詰所說經敦煌寫本綜合目録　(臺北)東初出版社　1991　p. 79

S. 688

江素雲　維摩詰所說經敦煌寫本綜合目録　(臺北)東初出版社　1991　p. 79
郝春文　英藏敦煌社會歷史文獻釋録(第三卷)　科學出版社　2003　p. 494

S. 692

向達　倫敦所藏敦煌卷子經眼目録　《北平圖書館圖書季刊》1939 年新第 1 卷第 4 期　p. 397　又見:唐代長安與西域文明　三聯書店　1957　p. 202
芳村修基　土橋秀高　井ノ口泰淳　敦煌佛教史年表　西域文化研究(第一)·敦煌佛教資料　(京都)法藏館　1958　p. 276
金岡照光　敦煌漢文文學文獻の文學形態上の種類とその分類　敦煌出土文學文獻分類目録·附解說　(東京)東洋文庫　1971　p. 236
金岡照光　敦煌文學のさまざま　敦煌の文學　(東京)大藏出版株式會社　1971　p. 160
王重民　敦煌古籍叙録　中華書局　1979　p. 303
沖本克己　敦煌出土のチベット文禪宗文獻の內容　敦煌仏典と禪(講座敦煌 8)　(東京)大東出版社　1980　p. 440
蘇瑩輝　敦煌學概要　(臺北)編譯館"中華叢書編委會"　1981　p. 61
董作賓　敦煌紀年　敦煌學文選(上)　蘭州大學歷史系敦煌學研究室等　1983　p. 30
龍晦　唐五代西北方音與卜天壽《論語》寫本　新疆考古三十年　新疆人民出版社　1983　p. 376
蘇瑩輝　中外敦煌古寫本纂要　敦煌論集　(臺北)學生書局　1983　p. 335
王重民　記敦煌寫本的佛經　敦煌吐魯番文獻研究論集(第二輯)　北京大學出版社　1983　p. 15　又見:敦煌遺書論文集　中華書局　1984　p. 300
劉修業　王重民　《秦婦吟》校勘續記　敦煌遺書論文集　中華書局　1984　p. 153 注 3
潘重規　敦煌寫本秦婦吟新書　敦煌學(第 8 輯)　(臺北)"中國文化大學"中國文學研究所敦煌學會　1984　p. 14
蔣禮鴻　《補全唐詩》校記　敦煌學論集　甘肅人民出版社　1985　p. 79
高明士　唐代敦煌的教育　漢學研究(敦煌學國際研討會論文專號)　(臺北)漢學研究資料及服務中心　1986　p. 258
簡濤　敦煌本《燕子賦》考論　《敦煌研究》1986 年第 3 期　p. 31

李正宇　唐宋時代的敦煌學校　《敦煌研究》1986 年第 1 期　p. 45
王重民原編　黃永武新編　敦煌古籍叙録新編(第十五冊)　(臺北)新文豐出版公司　1986　p. 261
姜亮夫　敦煌經卷題名録　敦煌學論文集　上海古籍出版社　1987　p. 1054
李正宇　敦煌學郎題記輯注　《敦煌學輯刊》1987 年第 1 期　p. 31
龍晦　大足石刻父母恩重經變像與敦煌音樂文學的關係　敦煌歌辭總編　上海古籍出版社　1987　p. 1835
任半塘　敦煌歌辭總編　上海古籍出版社　1987　p. 758
林平和　羅振玉敦煌學析論　(臺北)文史哲出版社　1988　p. 73
高國藩　敦煌民俗學　上海文藝出版社　1989　p. 99
林亞傑　從晉唐寫經看書法與佛教的關係　紀念陳寅恪教授國際學術討論會文集　中山大學出版社　1989　p. 522 注 22
張錫厚　詩歌　敦煌文學　甘肅人民出版社　1989　p. 171
柴劍虹　《秦婦吟》敦煌寫卷的新發現　秦婦吟研究彙録　上海古籍出版社　1990　p. 171　又見：西域文史論稿　(臺北)國文天地雜誌社　1991　p. 307
池田溫　中國古代寫本識語集録　(東京)大藏出版株式會社　1990　p. 458
龍晦　敦煌與五代兩蜀文化　《敦煌研究》1990 年第 2 期　p. 96
顏廷亮　趙以武　秦婦吟研究彙録　上海古籍出版社　1990　p. 1(圖版)
方廣錩　佛教大藏經史(八—十世紀)　中國社會科學出版社　1991　p. 60
林聰明　敦煌文書出處略考　季羨林教授八十華誕紀念論文集(下)　江西人民出版社　1991　p. 856、863
林聰明　敦煌文書學　(臺北)新文豐出版公司　1991　p. 175、226、334、386、401
張高評　韋莊《秦婦吟》與唐宋詩風之嬗變——以叙事、詩史、破體爲例　第四届唐代文化學術研討會論文集　(臺南)成功大學　1991　p. 385 注 2
東野治之　敦煌と日本の『千字文』　遣唐使と正倉院　(東京)岩波書店　1992　p. 240
東野治之　訓蒙書　敦煌漢文文獻(講座敦煌 5)　(東京)大東出版社　1992　p. 405
姜伯勤　敦煌社會文書導論　(臺北)新文豐出版公司　1992　p. 90
陶秋英輯録　姜亮夫校訂　敦煌經卷題名録　敦煌碎金　浙江古籍出版社　1992　p. 63
周紹良　敦煌文學芻議及其它　(臺北)新文豐出版公司　1992　p. 27
項楚　敦煌詩歌導論　(臺北)新文豐出版公司　1993　p. 33
張錫厚　敦煌文學概論　甘肅人民出版社　1993　p. 357
蔣禮鴻　蔣禮鴻語言文字學論叢　浙江古籍出版社　1994　p. 424
林聰明　談敦煌文書的抄寫問題　紀念陳寅恪先生百年誕辰學術論文集　江西教育出版社　1994　p. 289、295
沃興華　敦煌書法藝術　上海人民出版社　1994　p. 5、71
徐俊　敦煌學郎詩作者問題考略　《文獻》1994 年第 2 期　p. 17
胡戟　傅玫　敦煌史話　中華書局　1995　p. 168
劉進寶　敦煌學論述　(臺北)洪葉文化事業有限公司　1995　p. 328、331
王元軍　從敦煌唐佛經寫本談有關唐代寫經生及其書法藝術的幾個問題　《敦煌研究》1995 年第 1 期　p. 159
王元軍　唐人書法與文化　(臺北)東大圖書公司　1995　p. 135
顏廷亮　敦煌文學概說　(臺北)新文豐出版公司　1995　p. 98
李正宇　敦煌史地新論　(臺北)新文豐出版公司　1996　p. 189

張弓　漢唐佛寺文化史　中國社會科學出版社　1997　p. 981
張涌泉　敦煌寫本《秦婦吟》彙校　中國典籍與文化論叢（第四輯）　中華書局　1997　p. 314
柴劍虹　秦婦吟　敦煌學大辭典　上海辭書出版社　1998　p. 554
高國藩　敦煌俗文化學　上海三聯書店　1999　p. 512
楊秀清　淺談唐、宋時期敦煌地區的學生生活　《敦煌研究》1999 年第 4 期　p. 144
張涌泉　敦煌文獻校讀釋例　舊學新知　浙江大學出版社　1999　p. 211
朱關田　中國書法史（隋唐五代卷）　江蘇教育出版社　1999　p. 194
徐俊　敦煌詩集殘卷輯考　中華書局　2000　p. 231、854
楊秀清　華戎交會的都市：敦煌與絲綢之路　甘肅人民出版社　2000　p. 107
張錫厚　敦煌文學源流　作家出版社　2000　p. 71、110
林聰明　敦煌吐魯番文書解詁指例　（臺北）新文豐出版公司　2001　p. 38. 175
陳國燦　敦煌學史事新證　甘肅教育出版社　2002　p. 26
姜亮夫　敦煌莫高窟年表　姜亮夫全集（十一）　雲南人民出版社　2002　p. 463
李斌城　唐代文化　中國社會科學出版社　2002　p. 1107
劉進寶　敦煌學通論　甘肅教育出版社　2002　p. 374
馬茜　歸義軍時期敦煌地區庶民佛教的發展　甘肅民族研究論叢　甘肅人民出版社　2002　p. 464
郝春文　唐後期五代宋初中印文化對敦煌寺院的影響　新世紀敦煌學論集　巴蜀書社　2003　p. 333
郝春文　英藏敦煌社會歷史文獻釋録（第三卷）　科學出版社　2003　p. 495、509
王冀青　斯坦因與日本敦煌學　甘肅教育出版社　2004　p. 145

S. 693

沖本克己　敦煌出土のチベット文禪宗文獻の內容　敦煌仏典と禪（講座敦煌 8）　（東京）大東出版社　1980　p. 440
郝春文　英藏敦煌社會歷史文獻釋録（第三卷）　科學出版社　2003　p. 510
景盛軒　試論敦煌佛經異文研究的價值和意義　《敦煌研究》2004 年第 5 期　p. 87
張涌泉　敦煌文獻字詞例釋　敦煌學（第 25 輯）　（臺北）樂學書局有限公司　2004　p. 356

S. 694

沖本克己　敦煌出土のチベット文禪宗文獻の內容　敦煌仏典と禪（講座敦煌 8）　（東京）大東出版社　1980　p. 440

S. 697

平井宥慶　金剛般若經　敦煌と中國仏教（講座敦煌 7）　（東京）大東出版社　1984　p. 26
平井宥慶　敦煌流傳の金剛般若經　金剛般若經の思想的研究　（東京）春秋社　1999　p. 252

S. 698

井ノ口泰淳　敦煌本『仏名經』の諸系統　中央アジアの言語と仏教　（京都）法藏館　1995　p. 297

S. 699

賴富本宏　中國密教史における敦煌文獻　敦煌と中國仏教（講座敦煌 7）　（東京）大東出版社　1984　p. 162

S. 700

矢吹慶輝　鳴沙餘韻・解説篇(第一部)　(京都)臨川書店　1980　p. 90
福井文雅　般若心經　敦煌と中國仏教(講座敦煌 7)　(東京)大東出版社　1984　p. 39
郝春文　英藏敦煌社會歷史文獻釋録(第三卷)　科學出版社　2003　p. 511

S. 702

郝春文　英藏敦煌社會歷史文獻釋録(第三卷)　科學出版社　2003　p. 512

S. 703

木村隆德　敦煌出土のチベット文禪宗文獻の性格　敦煌仏典と禪(講座敦煌 8)　(東京)大東出版社　1980　p. 449

S. 704

田中良昭　敦煌禪宗文獻の研究　(東京)大東出版社　1983　p. 622

S. 705

向達　倫敦所藏敦煌卷子經眼目録　《北平圖書館圖書季刊》1939 年新第 1 卷第 4 期　p. 397　又見:唐代長安與西域文明　三聯書店　1957　p. 202
沖本克己　敦煌出土のチベット文禪宗文獻の內容　敦煌仏典と禪(講座敦煌 8)　(東京)大東出版社　1980　p. 429
木村隆德　敦煌出土のチベット文禪宗文獻の性格　敦煌仏典と禪(講座敦煌 8)　(東京)大東出版社　1980　p. 449
土肥義和　莫高窟千佛洞と大寺と蘭若と　敦煌の社會(講座敦煌 3)　(東京)大東出版社　1980　p. 364
饒宗頤解說　林宏作譯　敦煌書法叢刊(第十八卷)・碎金(一)　(東京)二玄社　1983　p. 98
雷僑雲　敦煌兒童文學　(臺北)學生書局　1985　p. 44
高明士　唐代敦煌的教育　漢學研究(敦煌學國際研討會論文專號)　(臺北)漢學研究資料及服務中心　1986　p. 251
唐耕耦　陸宏基　敦煌社會經濟文獻真迹釋録(一)　書目文獻出版社　1986　p. 307
李正宇　敦煌學郎題記輯注《敦煌學輯刊》1987 年第 1 期　p. 27
周祖謨　敦煌唐本字書叙録　敦煌語言文學研究　北京大學出版社　1988　p. 44
高國藩　敦煌民俗學　上海文藝出版社　1989　p. 109
山本達郎等　敦煌・III 轉貼　『NUN - HUANG AND TURFAN DOCUMENTS CONCERNING SOCIAL AND ECONOMIC HISTORY』(IV)　(東京)東洋文庫　1989　p. 28
池田溫　中國古代寫本識語集録　(東京)大蔵出版株式會社　1990　p. 403
鄭阿財　敦煌蒙書析論　第二屆敦煌學國際研討會論文集　(臺北)漢學研究中心　1990　p. 217
林聰明　敦煌文書學　(臺北)新文豐出版公司　1991　p. 166
東野治之　敦煌と日本の『千字文』　遣唐使と正倉院　(東京)岩波書店　1992　p. 240、242
東野治之　訓蒙書　敦煌漢文文獻(講座敦煌 5)　(東京)大東出版社　1992　p. 404
盧向前　金山國立國之我見　敦煌吐魯番文書論稿　江西人民出版社　1992　p. 178
郝春文　敦煌寫本社邑文書年代彙考(二)　《首都師範大學學報》1993 年第 5 期　p. 81
鄭阿財　敦煌文獻與文學　(臺北)新文豐出版公司　1993　p. 246

榮新江　歸義軍改元考　文史(第三十八輯)　中華書局　1994　p. 46
沃興華　敦煌書法藝術　上海人民出版社　1994　p. 34、128、249
朱鳳玉　從敦煌寫本字書看唐代民間的飲食生活　中國學術研討會論文集　(臺北)大安出版會　1994　p. 166
胡戟　傅玫　敦煌史話　中華書局　1995　p. 182
周一良　趙和平　晚唐五代時的三種吉凶書儀寫卷研究　唐五代書儀研究　中國社會科學出版社　1995　p. 220
李正宇　敦煌史地新論　(臺北)新文豐出版公司　1996　p. 97、211
榮新江　歸義軍史研究　上海古籍出版社　1996　p. 45
馮培紅　唐五代敦煌的河渠水利與水司管理機構初探　《敦煌學輯刊》1997 年第 2 期　p. 79
馮培紅　晚唐五代宋初歸義軍武職軍將研究　敦煌歸義軍史專題研究　蘭州大學出版社　1997　p. 111
寧可　郝春文　敦煌社邑文書輯校　江蘇古籍出版社　1997　p. 324
李正宇　蘭若　敦煌學大辭典　上海辭書出版社　1998　p. 627
汪泛舟　《開蒙要訓》初探　《敦煌研究》1999 年第 2 期　p. 138
楊秀清　淺談唐、宋時期敦煌地區的學生生活　《敦煌研究》1999 年第 4 期　p. 144
郝春文　英藏敦煌文獻年代叢考　英國收藏敦煌漢藏文獻研究:紀念敦煌文獻發現一百周年　中國社會科學出版社　2000　p. 369
汪泛舟　敦煌古代兒童課本　甘肅人民出版社　2000　p. 28、51
顔廷亮　敦煌文化　光明日報出版社　2000　p. 215
楊秀清　華戎交會的都市:敦煌與絲綢之路　甘肅人民出版社　2000　p. 107
張涌泉　漢語俗字叢考　中華書局　2000　p. 484
林聰明　敦煌吐魯番文書解詁指例　(臺北)新文豐出版公司　2001　p. 37
孟憲實　敦煌社邑的分佈　敦煌文獻論集:紀念藏經洞發現一百周年國際學術研討會論文集　遼寧人民出版社　2001　p. 434
汪泛舟　敦煌俗別字補正　《敦煌研究》2001 年第 4 期　p. 160
蔡忠霖　敦煌漢文寫卷俗字及其現象　(臺北)文津出版社　2002　p. 42、65、145、165
沖本克己　敦煌發現的藏文禪宗文獻及所遺課題　戒幢佛學(第二卷)　岳麓書社　2002　p. 162
姜亮夫　敦煌莫高窟年表　姜亮夫全集(十一)　雲南人民出版社　2002　p. 383
施安昌　敦煌寫經的遞變字群及其命名　善本碑帖論集　紫禁城出版社　2002　p. 336
鄭阿財　朱鳳玉　敦煌蒙書研究　甘肅教育出版社　2002　p. 52、61
蔡忠霖　從書法角度看俗字的生成　敦煌學(第 24 輯)　(臺北)樂學書局有限公司　2003　p. 163
郝春文　英藏敦煌社會歷史文獻釋録(第三卷)　科學出版社　2003　p. 513、535
湛如　敦煌佛教律儀制度研究　中華書局　2003　p. 68
朱鳳玉　敦煌寫本《開蒙要訓》與臺灣《四言雜字》　中國俗文化研究(第一輯)　巴蜀書社　2003　p. 121

S. 706

木村隆德　敦煌出土のチベット文禪宗文獻の性格　敦煌仏典と禪(講座敦煌 8)　(東京)大東出版社　1980　p. 449
矢吹慶輝　鳴沙餘韻・解說篇(第一部)　(京都)臨川書店　1980　p. 45、62

S. 707

向達　倫敦所藏敦煌卷子經眼目録　《北平圖書館圖書季刊》1939 年新第 1 卷第 4 期　p. 397　又見：唐代長安與西域文明　三聯書店　1957　p. 203

芳村修基　土橋秀高　井ノ口泰淳　敦煌佛教史年表　西域文化研究（第一）・敦煌佛教資料　（京都）法藏館　1958　p. 277

陳鐵凡　敦煌本孝經考略　（臺中）《東海學報》1978 年第 19 卷　又見：中國敦煌學百年文庫・文獻卷（二）　甘肅文化出版社　1999　p. 494

木村隆德　敦煌出土のチベット文禪宗文獻の性格　敦煌仏典と禪（講座敦煌 8）　（東京）大東出版社　1980　p. 449

孫修身　敦煌三界寺　甘肅省史學會論文集　甘肅省歷史學會編印　1982　又見：中國敦煌學百年文庫・宗教卷（一）　甘肅文化出版社　1999　p. 55

饒宗頤解說　林宏作譯　敦煌書法叢刊（第十五卷）・牒狀（二）　（東京）二玄社　1985　p. 87

高明士　唐代敦煌的教育　漢學研究（敦煌學國際研討會論文專號）　（臺北）漢學研究資料及服務中心　1986　p. 257

簡濤　敦煌本《燕子賦》考論　《敦煌研究》1986 年第 3 期　p. 31

李正宇　唐宋時代的敦煌學校　《敦煌研究》1986 年第 1 期　p. 45

王重民原編　黄永武新編　敦煌古籍叙録新編（第四册）　（臺北）新文豐出版公司　1986　p. 99

李正宇　敦煌學郎題記輯注　《敦煌學輯刊》1987 年第 1 期　p. 31

蘇瑩輝　曹元德、元深、元忠事迹考略　敦煌文史藝術論叢　（臺北）新文豐出版公司　1987　p. 159

高國藩　敦煌民俗學　上海文藝出版社　1989　p. 97

池田溫　中國古代寫本識語集録　（東京）大藏出版株式會社　1990　p. 468

李德超　敦煌本孝經校讎　第二屆敦煌學國際研討會論文集　（臺北）漢學研究中心　1990　p. 112

林聰明　敦煌文書出處略考　季羡林教授八十華誕紀念論文集（下）　江西人民出版社　1991　p. 858

林聰明　敦煌文書學　（臺北）新文豐出版公司　1991　p. 178、335、389

鄭炳林　伯 2641 號背莫高窟再修功德記撰寫人探微　《敦煌學輯刊》1991 年第 2 期　p. 54

東野治之　敦煌と日本の『千字文』　遣唐使と正倉院　（東京）岩波書店　1992　p. 240

東野治之　訓蒙書　敦煌漢文文獻（講座敦煌 5）　（東京）大東出版社　1992　p. 404

姜伯勤　敦煌社會文書導論　（臺北）新文豐出版公司　1992　p. 92

土田健次郎　儒教典籍　敦煌漢文文獻（講座敦煌 5）　（東京）大東出版社　1992　p. 269

林聰明　談敦煌文書的抄寫問題　紀念陳寅恪先生百年誕辰學術論文集　江西教育出版社　1994　p. 289

李正宇　敦煌史地新論　（臺北）新文豐出版公司　1996　p. 189

寧可　郝春文　敦煌社邑文書輯校　江蘇古籍出版社　1997　p. 360

張弓　漢唐佛寺文化史　中國社會科學出版社　1997　p. 991

顧吉辰　敦煌文獻職官結銜考釋　《敦煌學輯刊》1998 年第 2 期　p. 33

孫修身　曹元深　敦煌學大辭典　上海辭書出版社　1998　p. 361

謝桃坊　敦煌文化尋繹　四川人民出版社　1999　p. 95

柴劍虹　讀敦煌學士郎張宗之詩抄劄記　敦煌吐魯番學論稿　浙江教育出版社　2000　p. 251 注 3

龍晦　敦煌文獻所見唐玄宗的宗教活動　1994 年敦煌學國際研討會文集・宗教文史卷（上）　甘肅民族出版社　2000　p. 20

顏廷亮　敦煌文化　光明日報出版社　2000　p. 188、491

楊秀清 華戎交會的都市:敦煌與絲綢之路 甘肅人民出版社 2000 p. 106
林聰明 敦煌吐魯番文書解詁指例 (臺北)新文豐出版公司 2001 p. 39. 131
姜亮夫 敦煌莫高窟年表 姜亮夫全集(十一) 雲南人民出版社 2002 p. 477
李小榮 變文講唱與華梵宗教藝術 上海三聯書店 2002 p. 275
郝春文 唐後期五代宋初中印文化對敦煌寺院的影響 新世紀敦煌學論集 巴蜀書社 2003 p. 333
郝春文 英藏敦煌社會歷史文獻釋録(第三卷) 科學出版社 2003 p. 539、547
張小豔 刪字符號卜與敦煌文獻的解讀 《敦煌研究》2003 年第 3 期 p. 72
馬德 敦煌冊子本《壇經》之性質及抄寫年代試探 敦煌吐魯番研究(第九卷) 北京大學出版社 2006 p. 59

S. 709

沖本克己 敦煌出土のチベット文禪宗文獻の内容 敦煌仏典と禪(講座敦煌 8) (東京)大東出版社 1980 p. 424
木村隆德 敦煌出土のチベット文禪宗文獻の性格 敦煌仏典と禪(講座敦煌 8) (東京)大東出版社 1980 p. 444
李正宇 敦煌地區古代祠廟寺觀簡志 《敦煌學輯刊》1988 年第 1、2 期 p. 80
井ノロ泰淳 普賢行願讚考 中央アジアの言語と仏教 (京都)法藏館 1995 p. 200
李正宇 敦煌史地新論 (臺北)新文豐出版公司 1996 p. 81
王堯 吐蕃時期藏譯漢籍名著及故事 中國古籍研究(第一卷) 上海古籍出版社 1996 p. 539
方廣錩 普賢菩薩行願王經 敦煌學大辭典 上海辭書出版社 1998 p. 656
李正宇 三界寺 敦煌學大辭典 上海辭書出版社 1998 p. 631

S. 710

遊佐昇 『王梵志詩』のもつ兩側面 大正大學大學院研究論集(第 2 號) (東京)大正大學大學院 1978 p. 10
沖本克己 敦煌出土のチベット文禪宗文獻の内容 敦煌仏典と禪(講座敦煌 8) (東京)大東出版社 1980 p. 414
木村隆德 敦煌出土のチベット文禪宗文獻の性格 敦煌仏典と禪(講座敦煌 8) (東京)大東出版社 1980 p. 442
田中良昭 敦煌禪宗文獻の研究 (東京)大東出版社 1983 p. 622

S. 712

張金泉 許建平 敦煌音義彙考 杭州大學出版社 1996 p. 1198
張金泉 敦煌佛經音義寫卷述要 《敦煌研究》1997 年第 2 期 p. 122

S. 713

向達 倫敦所藏敦煌卷子經眼目録 《北平圖書館圖書季刊》1939 年新第 1 卷第 4 期 p. 397 又見:唐代長安與西域文明 三聯書店 1957 p. 203
王重民 敦煌古籍叙録 中華書局 1979 p. 90
蘇瑩輝 敦煌學概要 (臺北)編譯館"中華叢書編委會" 1981 p. 39
蘇瑩輝 中外敦煌古寫本纂要 敦煌論集 (臺北)學生書局 1983 p. 315

王重民　巴黎敦煌殘卷叙録(第一、二輯)　敦煌叢刊初集(九)　(臺北)新文豐出版公司　1985　p.200;219
王重民原編　黄永武新編　敦煌古籍叙録新編(第五册)　(臺北)新文豐出版公司　1986　p.220
康世昌　孔衍《春秋後語》試探　敦煌學(第13輯)　(臺北)新文豐出版公司　1988　p.113
康世昌　《春秋後語》輯校(上)　敦煌學(第14輯)　(臺北)新文豐出版公司　1989　p.91
康世昌　《春秋後語》研究　敦煌學(第16輯)　(臺北)新文豐出版公司　1990　p.72
林聰明　敦煌文書學　(臺北)新文豐出版公司　1991　p.277
尾崎康　史籍　敦煌漢文文獻(講座敦煌5)　(東京)大東出版社　1992　p.325
王重民　英倫所藏敦煌經卷訪問記　中國敦煌學百年文庫·綜述卷(一)　甘肅文化出版社　1999　p.64
榮新江　敦煌文獻與古籍整理　慶祝吳其昱先生八秩華誕敦煌學特刊　(臺北)文津出版社　2000　p.274
徐俊　敦煌詩集殘卷輯考　中華書局　2000　p.855
郝春文　英藏敦煌社會歷史文獻釋録(第三卷)　科學出版社　2003　p.549、562
陸慶夫　陸離　俄藏敦煌寫本《春秋後語》殘卷再探　《敦煌學輯刊》2004年第1期　p.1
張弓　敦煌四部籍與中古後期社會的文化情境　敦煌學(第25輯)　(臺北)樂學書局有限公司　2004　p.315

S.714

道端良秀　敦煌文獻に見える死後の世界　敦煌と中國仏教(講座敦煌7)　(東京)大東出版社　1984　p.515
周一良著　錢文忠譯　唐代密宗　上海遠東出版社　1996　p.172
方廣錩　善惡因果經　敦煌學大辭典　上海辭書出版社　1998　p.740

S.715

江素雲　維摩詰所說經敦煌寫本綜合目録　(臺北)東初出版社　1991　p.79

S.717

芳村修基　土橋秀高　井ノ口泰淳　敦煌佛教史年表　西域文化研究(第一)·敦煌佛教資料　(京都)法藏館　1958　p.267
金榮華　敦煌寫卷紙質之考察　(臺北)《世界華學季刊》1981年第2卷第4期　又見:敦煌吐魯番論集　(臺北)新文豐出版公司　1996　p.78
陳祚龍　敦煌古抄内典尾記彙校初、二、三編合刊　敦煌學要籥　(臺北)新文豐出版公司　1982　p.94
池田溫　中國古代寫本識語集録　(東京)大藏出版株式會社　1990　p.304
林聰明　敦煌文書學　(臺北)新文豐出版公司　1991　p.293
林聰明　敦煌吐魯番文書解詁指例　(臺北)新文豐出版公司　2001　p.126
姜亮夫　敦煌莫高窟年表　姜亮夫全集(十一)　雲南人民出版社　2002　p.338
施安昌　敦煌寫經斷代發凡　善本碑帖論集　紫禁城出版社　2002　p.311
郝春文　英藏敦煌社會歷史文獻釋録(第三卷)　科學出版社　2003　p.564

S. 719

王元軍　從敦煌唐佛經寫本談有關唐代寫經生及其書法藝術的幾個問題　《敦煌研究》1995 年第 1 期　p. 161

王元軍　唐人書法與文化　（臺北）東大圖書公司　1995　p. 140

S. 720

陳祚龍　敦煌古抄內典尾記彙校初、二、三編合刊　敦煌學要籥　（臺北）新文豐出版公司　1982　p. 94

林聰明　敦煌吐魯番文書解詁指例　（臺北）新文豐出版公司　2001　p. 185

郝春文　英藏敦煌社會歷史文獻釋録（第三卷）　科學出版社　2003　p. 565

S. 721

矢吹慶輝　三階教之研究　（東京）岩波書店　1927　p. 181、192、787

芳村修基　土橋秀高　井ノ口泰淳　敦煌佛教史年表　西域文化研究（第一）・敦煌佛教資料　（京都）法藏館　1958　p. 268

饒宗頤　論敦煌陷於吐蕃之年代　（香港）《東方文化》1971 年第 9 卷第 1 期　又見：選堂集林・史林　（香港）中華書局　1982　p. 685；中國敦煌學百年文庫・民族卷（一）　甘肅文化出版社　1999　p. 230

陳祚龍　敦煌古抄內典尾記彙校二編　敦煌文物隨筆　（臺北）商務印書館　1979　p. 160

金岡照光　敦煌寫本と民衆仏教　続シルクロ－ドと仏教文化　（東京）東洋哲學研究所　1980　p. 152

矢吹慶輝　鳴沙餘韻・解說篇（第一部）　（京都）臨川書店　1980　p. 74、210

陳祚龍　敦煌古抄內典尾記彙校初、二、三編合刊　敦煌學要籥　（臺北）新文豐出版公司　1982　p. 68

陳祚龍　敦煌古抄《梁朝傅大士頌金剛經》之考證和校訂　敦煌簡策訂存　（臺北）商務印書館　1983　p. 249 注 17

王重民　記敦煌寫本的佛經　敦煌遺書論文集　中華書局　1984　p. 305

賀世哲　敦煌莫高窟隋代石窟與“雙弘定慧”　1983 年全國敦煌學術討論會文集・石窟藝術編（上）　甘肅人民出版社　1985　p. 48

陳祚龍　新校重訂敦煌古抄楊隋釋信行的著述小集　敦煌學林劄記　（臺北）商務印書館　1987　p. 461

姜伯勤　唐五代敦煌寺戶制度　中華書局　1987　p. 116

平野顯照著　張桐生譯　唐代的文學與佛教　（臺北）業强出版社　1987　p. 230

謝和耐著　耿昇譯　中國 5—10 世紀的寺院經濟　甘肅人民出版社　1987　p. 261 注 2

池田溫　中國古代寫本識語集録　（東京）大藏出版株式會社　1990　p. 307

上山大峻　敦煌佛教の研究　（京都）法藏館　1990　p. 18、76

方廣錩　佛教大藏經史（八—十世紀）　中國社會科學出版社　1991　p. 138

林聰明　敦煌文書出處略考　季羨林教授八十華誕紀念論文集（下）　江西人民出版社　1991　p. 856

林聰明　敦煌文書學　（臺北）新文豐出版公司　1991　p. 385

尾崎康　史籍　敦煌漢文文獻（講座敦煌 5）　（東京）大東出版社　1992　p. 311

吳其昱著　伊藤美重子譯　敦煌漢文寫本概觀　敦煌漢文文獻（講座敦煌 5）　（東京）大東出版社

1992 p. 73

樊錦詩 趙青蘭 吐蕃佔領時期莫高窟洞窟的分期研究 《敦煌研究》1994 年第 4 期 p. 82

方廣錩 敦煌文獻中的《金剛經》及其注疏 《新疆文物》1995 年第 1 期 p. 49 又見：敦煌學佛教學論叢（上） 中國佛教文化研究所 1998 p. 383

胡戟 傅玫 敦煌史話 中華書局 1995 p. 132

王元軍 唐人書法與文化 （臺北）東大圖書公司 1995 p. 134

鄭炳林 敦煌碑銘讚輯釋 甘肅教育出版社 1997 p. 177 注 9

方廣錩 金剛般若經旨讚 敦煌學大辭典 上海辭書出版社 1998 p. 684

郝春文 曇曠 敦煌學大辭典 上海辭書出版社 1998 p. 347

平井宥慶 敦煌文書における金剛經疏 金剛般若經の思想的研究 （東京）春秋社 1999 p. 266

北京大學 敦煌《經卷》、《照片》及《圖書》目録 中國敦煌學百年文庫・綜述卷（一） 甘肅文化出版社 1999 p. 320

金岡照光 敦煌文獻と中國文學 （東京）五曜書房 2000 p. 18

鄭阿財 臺北“中研院”傅斯年圖書館藏敦煌卷子題記 慶祝吳其昱先生八秩華誕敦煌學特刊 （臺北）文津出版社 2000 p. 379

楊森 《辛巳年六月十六日社人于燈司倉貸粟曆》文書之定年 《敦煌學輯刊》2001 年第 2 期 p. 21

姜亮夫 敦煌莫高窟年表 姜亮夫全集（十一） 雲南人民出版社 2002 p. 344

釋永有 敦煌遺書中的金剛經 敦煌佛教藝術文化國際學術研討會論文集 蘭州大學出版社 2002 p. 43

西本照真 敦煌抄本中的三階教文獻 中日敦煌佛教學術會議論文集 中國社會科學院研究所 2002 p. 177

張總 評《三階教的研究》 唐研究（第八卷） 北京大學出版社 2002 p. 470

郝春文 英藏敦煌社會歷史文獻釋録（第三卷） 科學出版社 2003 p. 566

西本照真 三階教文獻綜述 藏外佛教文獻（第九輯） 宗教文化出版社 2003 p. 365

杜正乾 唐代的《金剛經》信仰 《敦煌研究》2004 年第 5 期 p. 53

樊錦詩 玄奘譯經和敦煌壁畫 《敦煌研究》2004 年第 2 期 p. 6

S. 724

張鴻勳 從《孔子項托相問書》談敦煌文學的研究 敦煌語言文學論文集 浙江古籍出版社 1988 p. 252

黃征 張涌泉 敦煌變文校注 中華書局 1997 p. 360

S. 726

池田溫 中國古代寫本識語集録 （東京）大藏出版株式會社 1990 p. 396

姜伯勤 敦煌毗尼藏主考 《敦煌研究》1993 年第 3 期 p. 6

姜伯勤 敦煌藝術宗教與禮樂文明 中國社會科學出版社 1996 p. 333

方廣錩 四分律刪繁補闕行事抄 敦煌學大辭典 上海辭書出版社 1998 p. 713

郝春文 英藏敦煌社會歷史文獻釋録（第三卷） 科學出版社 2003 p. 568

S. 727

郝春文 英藏敦煌社會歷史文獻釋録（第三卷） 科學出版社 2003 p. 250、569

S. 728

向達　倫敦所藏敦煌卷子經眼目録　《北平圖書館圖書季刊》1939 年新第 1 卷第 4 期　p. 397　又見:唐代長安與西域文明　三聯書店　1957　p. 203

陳鐵凡　敦煌本孝經考略　(臺中)《東海學報》1978 年第 19 卷　又見:中國敦煌學百年文庫·文獻卷(二)　甘肅文化出版社　1999　p. 492

高明士　唐代敦煌的教育　漢學研究(敦煌學國際研討會論文專號)　(臺北)漢學研究資料及服務中心　1986　p. 251

簡濤　敦煌本《燕子賦》考論　《敦煌研究》1986 年第 3 期　p. 25、31

李正宇　唐宋時代的敦煌學校　《敦煌研究》1986 年第 1 期　p. 45

周鳳五　敦煌寫本太公家教研究　(臺北)明文書局　1986　p. 155

朱鳳玉　太公家教研究　漢學研究(敦煌學國際研討會論文專號)　(臺北)漢學研究資料及服務中心　1986　p. 400

李正宇　敦煌學郎題記輯注　《敦煌學輯刊》1987 年第 1 期　p. 36、40

任半塘　敦煌歌辭總編　上海古籍出版社　1987　p. 351

李正宇　敦煌地區古代祠廟寺觀簡志　《敦煌學輯刊》1988 年第 1、2 期　p. 77

汪泛舟　《太公家教》別考　敦煌語言文學研究　北京大學出版社　1988　p. 245

高國藩　敦煌民俗學　上海文藝出版社　1989　p. 97

李正宇　敦煌佚詩零珠　《敦煌語言文學研究通訊》1989 年第 1 期　p. 6

池田溫　中國古代寫本識語集録　(東京)大藏出版株式會社　1990　p. 477

李德超　敦煌本孝經校讎　第二屆敦煌學國際研討會論文集　(臺北)漢學研究中心　1990　p. 102

林聰明　敦煌文書學　(臺北)新文豐出版公司　1991　p. 306、337、384

東野治之　敦煌と日本の『千字文』　遣唐使と正倉院　(東京)岩波書店　1992　p. 240

東野治之　訓蒙書　敦煌漢文文獻(講座敦煌 5)　(東京)大東出版社　1992　p. 404

姜伯勤　敦煌社會文書導論　(臺北)新文豐出版公司　1992　p. 93

李正宇　敦煌俗講僧保宣及其《講經通難致語》　程千帆先生八十壽辰紀念文集　江蘇古籍出版社　1992　p. 213

土田健次郎　儒教典籍　敦煌漢文文獻(講座敦煌 5)　(東京)大東出版社　1992　p. 269

高國藩　敦煌民俗資料導論　(臺北)新文豐出版公司　1993　p. 2

郝春文　敦煌寫本社邑文書年代彙考(二)　《首都師範大學學報》1993 年第 5 期　p. 77

李正宇　敦煌儺散論　《敦煌研究》1993 年第 2 期　p. 118

李正宇　敦煌文學概論　甘肅人民出版社　1993　p. 167

項楚　敦煌詩歌導論　(臺北)新文豐出版公司　1993　p. 217

鄭阿財　從敦煌文獻看唐代的三教合一　第二屆國際唐代學術會議論文集(上)　(臺北)文津出版社　1993　p. 654

李正宇　敦煌史地新論　(臺北)新文豐出版公司　1996　p. 74、189

朱鳳玉　論敦煌本《碎金》與唐五代辭彙　慶祝潘石禪先生九秩華誕敦煌學特刊　(臺北)文津出版社　1996　p. 577

寧可　郝春文　敦煌社邑文書輯校　江蘇古籍出版社　1997　p. 158

朱鳳玉　敦煌寫本碎金研究　(臺北)文津出版社　1997　p. 144

朱鳳玉　論敦煌本《碎金》對解讀敦煌俗文學的意義　敦煌文學論集　四川人民出版社　1997　p. 291

白化文　孝經　敦煌學大辭典　上海辭書出版社　1998　p. 774

李正宇　靈圖寺　敦煌學大辭典　上海辭書出版社　1998　p. 629
李正宇　學郎詩　敦煌學大辭典　上海辭書出版社　1998　p. 558
謝桃坊　敦煌文化尋繹　四川人民出版社　1999　p. 95
楊秀清　淺談唐、宋時期敦煌地區的學生生活　《敦煌研究》1999 年第 4 期　p. 145
郝春文　英藏敦煌文獻年代叢考　英國收藏敦煌漢藏文獻研究:紀念敦煌文獻發現一百周年　中國社會科學出版社　2000　p. 370
龍晦　敦煌文獻所見唐玄宗的宗教活動　1994 年敦煌學國際研討會文集·宗教文史卷(上)　甘肅民族出版社　2000　p. 20
徐俊　敦煌詩集殘卷輯考　中華書局　2000　p. 855
楊秀清　華戎交會的都市:敦煌與絲綢之路　甘肅人民出版社　2000　p. 109
林聰明　敦煌吐魯番文書解詁指例　(臺北)新文豐出版公司　2001　p. 235 注 5
李小榮　變文講唱與華梵宗教藝術　上海三聯書店　2002　p. 275
劉進寶　敦煌學通論　甘肅教育出版社　2002　p. 375
鄭阿財　朱鳳玉　敦煌蒙書研究　甘肅教育出版社　2002　p. 366
郝春文　唐後期五代宋初中印文化對敦煌寺院的影響　新世紀敦煌學論集　巴蜀書社　2003　p. 332
郝春文　英藏敦煌社會歷史文獻釋録(第三卷)　科學出版社　2003　p. 579
許建平　殘卷定名正補　2000 年敦煌學國際學術討論會文集·歷史文化卷(上)　甘肅民族出版社　2003　p. 306
許建平　英倫法京所藏敦煌寫本殘片八種之定名並校録　敦煌學(第 24 輯)　(臺北)樂學書局有限公司　2003　p. 126
許建平　跋大谷文書中四件未經定名的儒家經籍殘片《敦煌學輯刊》2005 年第 4 期　p. 11

S. 735

芳村修基　土橋秀高　井ノ口泰淳　敦煌佛教史年表　西域文化研究(第一)·敦煌佛教資料　(京都)法藏館　1958　p. 271
柳田聖山　敦煌の禪籍と矢吹慶輝　敦煌仏典と禪(講座敦煌 8)　(東京)大東出版社　1980　p. 9
矢吹慶輝　鳴沙餘韻·解說篇(第一部)　(京都)臨川書店　1980　p. 285
篠原壽雄　北宗禪と南宗禪　敦煌仏典と禪(講座敦煌 8)　(東京)大東出版社　1980　p. 171
陳祚龍　敦煌古抄內典尾記彙校初、二、三編合刊　敦煌學要籥　(臺北)新文豐出版公司　1982　p. 95
陳祚龍　繼行新發現、續作新發明:敦煌學散策之五　敦煌學(第 10 輯)　(臺北)新文豐出版公司　1985　p. 19　又見:敦煌學林劄記　(臺北)商務印書館　1987　p. 372
楊曾文　日本學者對中國禪宗文獻的研究和整理　《世界宗教研究》1987 年第 1 期　p. 118
池田溫　中國古代寫本識語集録　(東京)大藏出版株式會社　1990　p. 415
上山大峻　敦煌佛教の研究　(京都)法藏館　1990　p. 220、245、417
吳其昱著　伊藤美重子譯　敦煌漢文寫本概觀　敦煌漢文文獻(講座敦煌 5)　(東京)大東出版社　1992　p. 57
戴仁　敦煌和吐魯番寫本的斷代研究　法國學者敦煌學論文選萃　中華書局　1993　p. 525
賀世哲　莫高窟第 192 窟《發願功德讚文》重録及有關問題　《敦煌研究》1993 年第 2 期　p. 3
冉雲華　敦煌遺書與中國禪宗歷史研究　"中國唐代學會"會刊(第四期)　(臺北)"中國唐代學會"　1993　p. 56

田中良昭　敦煌の禪籍　禪學研究入門　(東京)大東出版社　1994　p. 60
柳田聖山　禪籍解題(一)·敦煌禪籍　俗語言研究(第二期)　(京都)禪文化研究所　1995　p. 138
衣川賢次　《敦煌新本六祖壇經》補校　俗語言研究(第三期)　(京都)禪文化研究所　1996　p. 76
姜伯勤　普寂與北宗禪風西旋敦煌　佛教與中國傳統文化　宗教文化出版社　1997　p. 480
鄭炳林　敦煌碑銘讚輯釋　甘肅教育出版社　1997　p. 87 注 2
戴仁　敦煌寫本中的贋品　法國漢學(敦煌學專號)　中華書局　2000　p. 9
鄭炳林　北京圖書館藏《吳和尚經論目録》有關問題研究　敦煌學與中國史研究論集　甘肅人民出版社　2001　p. 128
郝春文　英藏敦煌社會歷史文獻釋録(第三卷)　科學出版社　2003　p. 586
榮新江　余欣　敦煌寫本辨僞示例:以法成講《瑜伽師地論》學生筆記爲中心　敦煌學·日本學:石塚晴通教授退職紀念論文集　上海辭書出版社　2005　p. 68
榮新江　余欣著　谷美喜子譯　敦煌寫本真僞弁別示例:法成の講じた「瑜伽師地論」の學生により筆記を中心として　日本學·敦煌學·漢文訓讀の新展開　(東京)汲古書院　2005　p. 158

S. 736

許國霖　敦煌石室寫經題記彙編　《微妙聲》1936 - 1937 年第 1 - 4 期　又見:中國敦煌學百年文庫·宗教卷(四)　甘肅文化出版社　1999　p. 237
許國霖　敦煌石室寫經年代表　《微妙聲》1937 年第 5 期　又見:中國敦煌學百年文庫·宗教卷(四)　甘肅文化出版社　1999　p. 194
芳村修基　土橋秀高　井ノ口泰淳　敦煌佛教史年表　西域文化研究(第一)·敦煌佛教資料　(京都)法藏館　1958　p. 255
陳祚龍　敦煌古抄內典尾記彙校初、二、三編合刊　敦煌學要籥　(臺北)新文豐出版公司　1982　p. 95
池田溫　中國古代寫本識語集録　(東京)大藏出版株式會社　1990　p. 123
林聰明　敦煌文書學　(臺北)新文豐出版公司　1991　p. 282
趙聲良　敦煌南北朝寫本的書法藝術　《敦煌研究》1991 年第 4 期　p. 44
伊藤伸　中國書法史上から見た敦煌漢文寫本　敦煌漢文文獻(講座敦煌 5)　(東京)大東出版社　1992　p. 217
趙聲良　西魏寫本《大比丘尼羯磨經》　敦煌書法庫(第二輯)　甘肅人民美術出版社　1994　p. 146
黃征　吳偉　敦煌願文集　岳麓書社　1995　p. 830
井ノ口泰淳　中アジア出土の律典　中央アジアの言語と仏教　(京都)法藏館　1995　p. 330
伊藤伸著　趙聲良譯　從中國書法史看敦煌漢文文書(二)　《敦煌研究》1996 年第 2 期　p. 146
黃征　張涌泉　敦煌變文校注　中華書局　1997　p. 521
劉濤　大比丘尼羯磨　敦煌學大辭典　上海辭書出版社　1998　p. 281
謝桃坊　敦煌文化尋繹　四川人民出版社　1999　p. 84
陳麗萍　敦煌女性寫經題記及反映的婦女問題　敦煌佛教藝術文化國際學術研討會論文集　蘭州大學出版社　2002　p. 430
姜亮夫　敦煌莫高窟年表　姜亮夫全集(十一)　雲南人民出版社　2002　p. 139
郝春文　英藏敦煌社會歷史文獻釋録(第三卷)　科學出版社　2003　p. 587

S. 737

陳祚龍　敦煌古抄內典尾記彙校初、二、三編合刊　敦煌學要籥　(臺北)新文豐出版公司　1982

p. 95
池田溫　中國古代寫本識語集録　（東京）大藏出版株式會社　1990　p. 96
林聰明　敦煌文書學　（臺北）新文豐出版公司　1991　p. 306
方廣錩　大般涅槃經　敦煌學大辭典　上海辭書出版社　1998　p. 693
郝春文　英藏敦煌社會歷史文獻釋録(第三卷)　科學出版社　2003　p. 588

S. 741
陳祚龍　敦煌古抄内典尾記彙校初、二、三編合刊　敦煌學要籥　（臺北）新文豐出版公司　1982　p. 95
池田溫　中國古代寫本識語集録　（東京）大藏出版株式會社　1990　p. 360
郝春文　英藏敦煌社會歷史文獻釋録(第三卷)　科學出版社　2003　p. 589

S. 742
李正宇　敦煌史地新論　（臺北）新文豐出版公司　1996　p. 92

S. 747
向達　倫敦所藏敦煌卷子經眼目録　《北平圖書館圖書季刊》1939 年新第 1 卷第 4 期　p. 397 又見:唐代長安與西域文明　三聯書店　1957　p. 203
鄭阿財　敦煌蒙書析論　第二屆敦煌學國際研討會論文集　（臺北）漢學研究中心　1990　p. 220
土田健次郎　儒教典籍　敦煌漢文文獻(講座敦煌 5)　（東京）大東出版社　1992　p. 269
鄭阿財　敦煌文獻與文學　（臺北）新文豐出版公司　1993　p. 251
李鼎霞　"上大夫"習字本　敦煌學大辭典　上海辭書出版社　1998　p. 782
李方　敦煌《論語集解》校正　江蘇古籍出版社　1998　p. 830
李方　唐寫本《論語集解》校讀零拾　出土文獻研究(第三輯)　文物出版社　1998　p. 219
許建平　《俄藏敦煌文獻》儒家經典類寫本的定名與綴合　漢語史學報專輯(第三輯)　上海教育出版社　2003　p. 311
許建平　BD09523《禮記音義》殘卷跋　《敦煌研究》2003 年第 2 期　p. 77

S. 749
王卡　十戒經　敦煌學大辭典　上海辭書出版社　1998　p. 765
石内德　敦煌文獻中被廢棄的殘經抄本　法國漢學(敦煌學專號)　中華書局　2000　p. 20

S. 750
陳祚龍　敦煌古抄内典尾記彙校初、二、三編合刊　敦煌學要籥　（臺北）新文豐出版公司　1982　p. 95
沖本克己　チベットの禅　禅學研究入門　（東京）大東出版社　1994　p. 153

S. 751
池田溫　中國古代寫本識語集録　（東京）大藏出版株式會社　1990　p. 97
張涌泉　敦煌俗字研究導論　（臺北）新文豐出版公司　1996　p. 116
張涌泉　俗字研究與敦煌文獻的校理　舊學新知　浙江大學出版社　1999　p. 72

S. 752

王元軍　從敦煌唐佛經寫本談有關唐代寫經生及其書法藝術的幾個問題　《敦煌研究》1995 年第 1 期　p. 160

王元軍　唐人書法與文化　(臺北)東大圖書公司　1995　p. 138

S. 753

江素雲　維摩詰所說經敦煌寫本綜合目録　(臺北)東初出版社　1991　p. 79

S. 754

土橋秀高　敦煌の律蔵　敦煌と中國仏教(講座敦煌 7)　(東京)大東出版社　1984　p. 246

S. 755

王三慶　敦煌寫卷中武后新字之調查研究　唐代研究論集(第三輯)　(臺北)新文豐出版公司　1992　p. 87

S. 756

陳麗萍　敦煌女性寫經題記及反映的婦女問題　敦煌佛教藝術文化國際學術研討會論文集　蘭州大學出版社　2002　p. 436

S. 757

杜愛英　敦煌遺書中俗體字的諸種類型　《敦煌研究》1992 年第 3 期　p. 121

S. 761

中村裕一　唐代官文書研究　(京都)中文出版社　1991　p. 501

S. 765

陳祚龍　敦煌古抄内典尾記彙校初、二、三編合刊　敦煌學要籥　(臺北)新文豐出版公司　1982　p. 95

池田溫　中國古代寫本識語集録　(東京)大蔵出版株式會社　1990　p. 325

江素雲　維摩詰所說經敦煌寫本綜合目録　(臺北)東初出版社　1991　p. 79

林聰明　敦煌文書學　(臺北)新文豐出版公司　1991　p. 102、210

何劍平　作爲民間寫經和禮懺儀式的維摩詰信仰　《敦煌學輯刊》2005 年第 4 期　p. 57

S. 766

向達　倫敦所藏敦煌卷子經眼目録　《北平圖書館圖書季刊》1939 年新第 1 卷第 4 期　p. 397　又見:唐代長安與西域文明　三聯書店　1957　p. 203

陳國燦　對未刊敦煌借契的考察　魏晉南北朝隋唐史資料(第 5 輯)　武漢大學出版社　1983　p. 25

董作賓　敦煌紀年　敦煌學文選(上)　蘭州大學歷史系敦煌學研究室等　1983　p. 36

唐耕耦　唐五代時期的高利貸　《敦煌學輯刊》1985 年第 2 期　p. 13

唐耕耦　陸宏基　敦煌社會經濟文獻真迹釋録(二)　全國圖書館文獻縮微複製中心　1990　p. 117、130

仁井田陞　補訂中國法制史研究:土地法・取引法　東京大學出版會　1991　p. 716、740
胡戟　傅玫　敦煌史話　中華書局　1995　p. 188
張傳璽　中國歷代契約會編考釋(上)　北京大學出版社　1995　p. 647 注 1
周一良　趙和平　晚唐五代時的三種吉凶書儀寫卷研究　唐五代書儀研究　中國社會科學出版社　1995　p. 206
沙知　敦煌契約文書輯校　江蘇古籍出版社　1998　p. 232、552
雷紹鋒　歸義軍賦役制度初探　(臺北)洪葉文化事業有限公司　2000　p. 180
榮新江　《英藏敦煌文獻》定名商補　文史(第五十二輯)　中華書局　2000　p. 118　又見:敦煌學新論　甘肅教育出版社　2002`　p. 191
楊森　關於敦煌文獻中的"平章"一詞　敦煌學與中國史研究論集　甘肅人民出版社　2001　p. 231
姜亮夫　敦煌莫高窟年表　姜亮夫全集(十一)　雲南人民出版社　2002　p. 574
楊惠玲　敦煌契約文書中的保人、見人、口承人、同便人、同取人　《敦煌研究》2002 年第 6 期　p. 43
童丕　敦煌的借貸:中國中古時代的物質生活與社會　中華書局　2003　p. 138
王啓濤　中古及近代法制文書語言研究　巴蜀書社　2003　p. 207、238
余欣　敦煌的入宅與暖房禮俗　中華文史論叢(總 78 輯)　上海古籍出版社　2004　p. 106

S. 767

矢吹慶輝　鳴沙餘韻・解說篇(第一部)　(京都)臨川書店　1980　p. 291
陳祚龍　敦煌古抄内典尾記彙校初、二、三編合刊　敦煌學要籥　(臺北)新文豐出版公司　1982　p. 96
韓建瓴　題跋　敦煌文學　甘肅人民出版社　1989　p. 77
池田溫　中國古代寫本識語集録　(東京)大藏出版株式會社　1990　p. 160
林聰明　敦煌文書學　(臺北)新文豐出版公司　1991　p. 99
石塚晴通　敦煌の加點本　敦煌漢文文獻(講座敦煌 5)　(東京)大東出版社　1992　p. 243
黃征　吳偉　敦煌願文集　岳麓書社　1995　p. 862
方廣錩　大般涅槃經　敦煌學大辭典　上海辭書出版社　1998　p. 694
顏廷亮　敦煌文化中的道教及文化　《敦煌研究》1999 年第 1 期　p. 137
顏廷亮　敦煌文化　光明日報出版社　2000　p. 234
林聰明　敦煌吐魯番文書解詁指例　(臺北)新文豐出版公司　2001　p. 166
陳麗萍　敦煌女性寫經題記及反映的婦女問題　敦煌佛教藝術文化國際學術研討會論文集　蘭州大學出版社　2002　p. 436
石塚晴通　關於漢字文化圈漢字字體的標準　敦煌學(第 25 輯)　(臺北)樂學書局有限公司　2004　p. 102
陳麗萍　敦煌文書所見唐五代婚變現象初探(一)　《敦煌學輯刊》2005 年第 2 期　p. 165
紅林幸子　"無"、"无"字間的問題系列:在《開成石經周易》中的兩字　敦煌學・日本學:石塚晴通教授退職紀念論文集　上海辭書出版社　2005　p. 194
紅林幸子　「無」・「无」字の問題系:『開成石經周易』における二字體　日本學・敦煌學・漢文訓讀の新展開　(東京)汲古書院　2005　p. 547
石塚晴通　敦煌的加點本　敦煌學・日本學:石塚晴通教授退職紀念論文集　上海辭書出版社　2005　p. 8

S. 769

江素雲　維摩詰所説經敦煌寫本綜合目録　(臺北)東初出版社　1991　p. 79

S. 770

李德超　敦煌本孝經校讎　第二屆敦煌學國際研討會論文集　(臺北)漢學研究中心　1990　p. 112

S. 774

江素雲　維摩詰所説經敦煌寫本綜合目録　(臺北)東初出版社　1991　p. 79

S. 777

金岡照光　敦煌の寫本　敦煌の文學　(東京)大蔵出版株式會社　1971　p. 80
王重民　敦煌古籍叙録　中華書局　1979　p. 257
楠山春樹　道德經類 付『莊子』『列子』『文子』　敦煌と中國道教(講座敦煌 4)　(東京)大東出版社　1983　p. 54
饒宗頤解説　林宏作譯　敦煌書法叢刊(第二七卷)・道書(一)　(東京)二玄社　1985　p. 79
王重民原編　黄永武新編　敦煌古籍叙録新編(第十三冊)　(臺北)新文豐出版公司　1986　p. 292
池田温　評『英國圖書館藏敦煌漢文非佛教文獻殘卷目録』『東洋學報』(77 卷 3・4 號)　(東京)東洋學術協會　1996　p. 71
白化文　列子張湛注　敦煌學大辭典　上海辭書出版社　1998　p. 777
黄征　程惠新　劫塵遺珠:敦煌遺書　甘肅教育出版社　1999　p. 204
顔廷亮　敦煌文化中的道教及文化　《敦煌研究》1999 年第 1 期　p. 135
顔廷亮　敦煌文化　光明日報出版社　2000　p. 202、231
張錫厚　敦煌文學源流　作家出版社　2000　p. 142
姜亮夫　敦煌莫高窟年表　姜亮夫全集(十一)　雲南人民出版社　2002　p. 163
王卡　中國國家圖書館藏敦煌道教遺書研究報告　敦煌吐魯番研究(第七卷)　北京大學出版社　2004　p. 366

S. 778

向達　記倫敦所藏的敦煌俗文學　《新中華雜誌》1937 年第 5 卷第 13 號　p. 123　又見:唐代長安與西域文明　三聯書店　1957　p. 241 ; 敦煌變文論文録　上海古籍出版社　1982　p. 30
向達　倫敦所藏敦煌卷子經眼目録　《北平圖書館圖書季刊》1939 年新第 1 卷第 4 期　p. 397　又見:唐代長安與西域文明　三聯書店　1957　p. 203
金岡照光　敦煌漢文文學文獻の文學形態上の種類とその分類　敦煌出土文學文獻分類目録・附解説　(東京)東洋文庫　1971　p. 236
金岡照光　敦煌文學のさまざま　敦煌の文學　(東京)大蔵出版株式會社　1971　p. 159
遊佐昇　『王梵志詩』のもつ兩側面　大正大學大學院研究論集(第 2 號)　(東京)大正大學大學院　1978　p. 9
陳祚龍　敦煌古抄内典尾記彙校二編　敦煌文物隨筆　(臺北)商務印書館　1979　p. 176
加地哲定　增補中國佛教文學研究　(東京)同朋舍　1979　p. 79
川崎ミチコ　通俗詩類・雜詩文類　敦煌仏典と禪(講座敦煌 8)　(東京)大東出版社　1980　p. 317
菊池英夫　唐代敦煌社會の外貌　敦煌の社會(講座敦煌 3)　(東京)大東出版社　1980　p. 140

萬曼　唐集叙録　中華書局　1980　p. 13
張錫厚　敦煌文學　上海古籍出版社　1980　p. 52
趙和平　敦煌寫本王梵志詩校注(續)　《北京大學學報》1980 年第 6 期　p. 32
張錫厚　敦煌文學的歷史貢獻　文學評論叢刊(第九輯)　中國社會科學出版社　1981　p. 212
陳祚龍　敦煌古抄内典尾記彙校初、二、三編合刊　敦煌學要籥　(臺北)新文豐出版公司　1982　p. 80
傅芸子　敦煌俗文學之發見及其展開　敦煌變文論文録　上海古籍出版社　1982　p. 140
張錫厚　關於敦煌寫本《王梵志詩》整理的若干問題　文史(第十五輯)　中華書局　1982　p. 185　又見:王梵志詩研究彙録(上)　上海古籍出版社　1990　p. 59；中国敦煌学百年文库·文学卷(二)　甘肃文化出版社　1999　p. 484
張錫厚　關於王梵志思想評價的幾個問題　關隴文學論叢　甘肅人民出版社　1983　p. 47
張錫厚　王梵志詩校輯　中華書局　1983　p. 3
柴劍虹　敦煌文學研究　唐代文學研究年鑒　1985　p. 110
高國藩　古敦煌民間葬俗　學林漫録(十集)　中華書局　1985　p. 79 注 1
高明士　唐代敦煌的教育　漢學研究(敦煌學國際研討會論文專號)　(臺北)漢學研究資料及服務中心　1986　p. 258
簡濤　敦煌本《燕子賦》考論　《敦煌研究》1986 年第 3 期　p. 31
李正宇　唐宋時代的敦煌學校　《敦煌研究》1986 年第 1 期　p. 45
劉瑞明　王梵志詩校注補正　《敦煌學研究》(西北師院學報)1986 年增刊　p. 17
王重民原編　黄永武新編　敦煌古籍叙録新編(第十五册)　(臺北)新文豐出版公司　1986　p. 43
朱鳳玉　王梵志詩研究(上)　(臺北)學生書局　1986　p. 6、111
朱鳳玉　王梵志研究的兩本專著評介　敦煌學(第 11 輯)　(臺北)新文豐出版公司　1986　p. 87
李正宇　敦煌學郎題記輯注　《敦煌學輯刊》1987 年第 1 期　p. 37
項楚　王梵志詩校注　敦煌吐魯番文獻研究論集(第四輯)　北京大學出版社　1987　p. 136
張錫厚　整理《王梵志詩集》的新收穫　《敦煌學輯刊》1987 年第 2 期　p. 34
黄征　敦煌陳寫本晉竺法護譯《佛說生經》殘卷 P. 2965 校釋　敦煌語言文學論文集　浙江古籍出版社　1988　p. 280 注 23　又見:敦煌語文叢說　(臺北)新文豐出版公司　1997　p. 736
黄征　《王梵志詩校輯》商補　《敦煌研究》1988 年第 4 期　p. 79　又見:敦煌語文叢說　(臺北)新文豐出版公司　1997　p. 175
菊池英夫著　朱鳳玉譯　王梵志詩集和山上憶良“貧窮問答歌”之研究　敦煌學(第 13 輯)　(臺北)新文豐出版公司　1988　p. 133
李正宇　敦煌地區古代祠廟寺觀簡志　《敦煌學輯刊》1988 年第 1、2 期　p. 77
李正宇　敦煌文學雜考二題　敦煌語言文學研究　北京大學出版社　1988　p. 95
高國藩　敦煌民俗學　上海文藝出版社　1989　p. 24、73、98、244
顔廷亮　十多年來我國的敦煌文學研究　敦煌文學　甘肅人民出版社　1989　p. 322
高國藩　敦煌古俗與民俗流變　河海大學出版社　1990　p. 320、438
郭在貽　張涌泉　俗字研究與古籍整理　古籍整理與研究(第 5 期)　中華書局　1990　p. 238
郭在貽　張涌泉　黄征　敦煌變文集校議　岳麓書社　1990　p. 170、452
菊池英夫　中國古文書·古寫本學と日本　東アジア古文書の史的研究　(東京)刀水書房　1990　p. 191
李正宇　釋“耶沒忽”:敦煌遺書王梵志詩俗詞語研究之一　王梵志詩研究彙録(上)　上海古籍出版社　1990　p. 263

任半塘　《王梵志詩校輯》序　王梵志詩研究彙録(上)　上海古籍出版社　1990　p. 51
張錫厚　敦煌寫本王梵志詩原卷真迹　王梵志詩研究彙録(上)　上海古籍出版社　1990　圖版 1
張錫厚　論王梵志詩的口語化傾向　王梵志詩研究彙録(上)　上海古籍出版社　1990　p. 131
張錫厚　蘇藏敦煌寫本王梵志詩補正　王梵志詩研究彙録(上)　上海古籍出版社　1990　p. 243
趙和平　鄧文寬　敦煌寫本王梵志詩校注　王梵志詩研究彙録(上)　上海古籍出版社　1990　p. 203
林聰明　敦煌文書出處略考　季羨林教授八十華誕紀念論文集(下)　江西人民出版社　1991　p. 855
林聰明　敦煌文書學　(臺北)新文豐出版公司　1991　p. 334、383
項楚　王梵志詩釋詞　敦煌文學叢考　上海古籍出版社　1991　p. 614
東野治之　敦煌と日本の『千字文』　遣唐使と正倉院　(東京)岩波書店　1992　p. 241
東野治之　訓蒙書　敦煌漢文文獻(講座敦煌 5)　(東京)大東出版社　1992　p. 405
郭在貽　郭在貽語言文學論稿　浙江古籍出版社　1992　p. 59
黄征　王梵志詩校釋補議　中華文史論叢(總 50 輯)　上海古籍出版社　1992　p. 91　又見:敦煌語文叢説　(臺北)新文豐出版公司　1997　p. 248
姜伯勤　敦煌社會文書導論　(臺北)新文豐出版公司　1992　p. 94
林家平　寧强　羅華慶　中國敦煌學史　北京語言學院出版社　1992　p. 105、595、600
吳其昱著　伊藤美重子譯　敦煌漢文寫本概観　敦煌漢文文獻(講座敦煌 5)　(東京)大東出版社　1992　p. 116
項楚　S. 5588 號寫本之再探索:《敦煌歌辭總編》"求因果"匡補　(香港)《九州學刊》(敦煌學專輯)　1992 年第 4 卷第 4 期　p. 138
張涌泉　《敦煌歌辭總編》校議《語言研究》1992 年第 1 期　p. 58
周丕顯　敦煌佚詩雜考　《敦煌學輯刊》1992 年第 1、2 期　p. 53
周紹良　敦煌文學芻議及其它　(臺北)新文豐出版公司　1992　p. 28
高國藩　敦煌民俗資料導論　(臺北)新文豐出版公司　1993　p. 87
郭在貽　郭在貽敦煌學論集　江西人民出版社　1993　p. 191、221
蔣冀騁　敦煌文書校讀研究　(臺北)文津出版社　1993　p. 265
項楚　敦煌詩歌導論　(臺北)新文豐出版公司　1993　p. 295
張錫厚　敦煌文學概論　甘肅人民出版社　1993　p. 364
張先堂　敦煌文學概論　甘肅人民出版社　1993　p. 327
蔣禮鴻　敦煌文獻語言詞典　杭州大學出版社　1994　p. 41
喬象鍾　陳鐵民　唐代文學史(上)　人民文學出版社　1995　p. 169
曲金良　敦煌佛教文學研究　(臺北)文津出版社　1995　p. 249
土肥義和　唐・北宋間の「社」の組織形態に関する一考察　中國古代の國家と民衆(堀敏一先生古稀記念)　(東京)汲古書院　1995　p. 701
楊富學　牛汝極　沙州回鶻及其文獻　甘肅文化出版社　1995　p. 246
張錫厚　敦煌本唐集研究　(臺北)新文豐出版公司　1995　p. 59
張涌泉　敦煌文書類化字研究　《敦煌研究》1995 年第 4 期　p. 75
張涌泉　漢語俗字研究　岳麓書社　1995　p. 78、156
段小强　敦煌文書所反映的古代喪禮　《敦煌學輯刊》1996 年第 2 期　p. 43　又見:《西北民族研究》1999 年第 1 期　p. 214
李正宇　敦煌史地新論　(臺北)新文豐出版公司　1996　p. 72

中原健二　評項楚著《王梵志詩校注》　俗語言研究(第三期)　(京都)禪文化研究所　1996　p. 119
黄征　《敦煌變文集新書》校議　敦煌語文叢說　(臺北)新文豐出版公司　1997　p. 434
黄征　《韓擒虎話本》補校　敦煌語文叢說　(臺北)新文豐出版公司　1997　p. 406
黄征　三字連文論析　敦煌語文叢說　(臺北)新文豐出版公司　1997　p. 133、138
黄征　王梵志詩校釋續商補　敦煌語文叢說　(臺北)新文豐出版公司　1997　p. 207
黄征　張涌泉　敦煌變文校注　中華書局　1997　p. 49、136、249、331、387
寧可　郝春文　敦煌社邑文書輯校　江蘇古籍出版社　1997　p. 770
鄭炳林　敦煌碑銘讚輯釋　甘肅教育出版社　1997　p. 253 注 53
葛兆光　中國宗教與文學論集　清華大學出版社　1998　p. 181 注 1
張錫厚　柴劍虹　王梵志詩集　敦煌學大辭典　上海辭書出版社　1998　p. 562
董志翹　敦煌文書詞語瑣記　《敦煌研究》1999 年第 4 期　p. 34
高國藩　敦煌俗文化學　上海三聯書店　1999　p. 18、596、605
黄征　程惠新　劫塵遺珠:敦煌遺書　甘肅教育出版社　1999　p. 81
張涌泉　《補全唐詩》兩種補校　舊學新知　浙江大學出版社　1999　p. 304　又見:舊學新知　浙江大學出版社　1999　p. 304
董志翹　也論中古漢語辭彙研究中的推源問題　中古文獻語言論集　巴蜀書社　2000　p. 119
徐俊　敦煌詩集殘卷輯考　中華書局　2000　p. 92、856
顏廷亮　西陲文學遺珍:敦煌文學通俗談　甘肅人民出版社　2000　p. 97
張錫厚　敦煌文學源流　作家出版社　2000　p. 76
杜曉勤　隋唐五代文學研究　北京出版社　2001　p. 1273
黄征　敦煌語言文字學研究　甘肅教育出版社　2002　p. 282
齊文榜　《王梵志詩校注》指瑕　文史(第五十九輯)　中華書局　2002　p. 163
陳慶浩　朱鳳玉　王梵志詩之整理與研究　新世紀敦煌學論集　巴蜀書社　2003　p. 157
張總　地藏信仰研究　宗教文化出版社　2003　p. 362
黨燕妮　晚唐五代敦煌的十王信仰　麥積山石窟藝術文化論文集(下)　蘭州大學出版社　2004　p. 147

S. 779

塚本善隆　敦煌佛教史概說　西域文化研究(第一)・敦煌佛教資料　(京都)法藏館　1958　p. 68
陳祚龍　敦煌寫本《洪䛒、悟真等告身》校注　(臺北)《大陸雜誌》1962 年第 1 期　又見:敦煌資料考屑(上冊)　(臺北)商務印書館　1979　p. 42 ; 中國敦煌學百年文庫・民族卷(二)　甘肅文化出版社　1999　p. 81
蘇瑩輝　論敦煌資料中的三位河西都僧統　(臺北)《幼獅學志》1966 年第 1 期　又見:敦煌論集(臺北)學生書局　1983　p. 416 ; 中國敦煌學百年文庫・宗教卷(一)　甘肅文化出版社　1999　p. 2
蘇瑩輝　從敦煌吳僧統碑和三卷敦煌寫本論吳法成並非緒芝之子亦非洪䛒和尚　(臺北)《大陸雜誌》1974 年第 3 期　又見:敦煌論集續編　(臺北)學生書局　1983　p. 130 ; 中國敦煌學百年文庫・民族卷(二)　甘肅文化出版社　1999　p. 95
加地哲定　增補中國佛教文學研究　(東京)同朋舍　1979　p. 200、215
蘇瑩輝　論莫高窟七佛藥師之堂非由洪䛒所開鑿　敦煌學(第 4 輯)　(香港)新亞研究所敦煌學會　1979　p. 66 注 17
矢吹慶輝　鳴沙餘韻・解說篇(第一部)　(京都)臨川書店　1980　p. 213、221

鄭阿財　敦煌孝道文學研究　(臺北)石門圖書公司　1982　p. 530
高明士　唐代敦煌的教育　漢學研究(敦煌學國際研討會論文專號)　(臺北)漢學研究資料及服務中心　1986　p. 242
馬德　吳和尚・吳和尚窟・吳家窟　《敦煌研究》1987 年第 3 期　p. 63
榮新江　關於沙州歸義軍都僧統年代的幾個問題　《敦煌研究》1989 年第 4 期　p. 70
王獻軍　唐代吐蕃統治河隴地區漢族瑣談　《西藏研究》1989 年第 2 期　p. 39
加地哲定著　劉衛星譯　中國佛教文學　今日中國出版社　1990　p. 171、185
謝重光　白文固　中國僧官制度史　青海人民出版社　1990　p. 127
姜伯勤　敦煌本乘恩帖考證　中山大學史學集刊(第一輯)　廣東人民出版社　1992　又見:中國敦煌學百年文庫・宗教卷(二)　甘肅文化出版社　1999　p. 317
姜伯勤　敦煌社會文書導論　(臺北)新文豐出版公司　1992　p. 85、213
高田時雄　チベット文字書寫「長卷」の研究(本文编)　『東方學報』(第 65 號)　京都大學人文科學研究所　1993　p. 371
李正宇　敦煌文學概論　甘肅人民出版社　1993　p. 94
榮新江　敦煌寫本《敕河西節度兵部尚書張公德政之碑》校考　周一良先生八十生日紀念論文集　中國社會科學出版社　1993　p. 213
譚禪雪　敦煌歲時掇瑣　(香港)《九州學刊》(敦煌學專輯)1993 年第 5 卷第 4 期　p. 99
姜伯勤　敦煌藝術宗教與禮樂文明　中國社會科學出版社　1996　p. 385、390
李正宇　吐蕃論董勃藏修伽藍功德記兩殘卷的發現、綴合及考證　敦煌吐魯番研究(第二卷)　北京大學出版社　1997　p. 257 注
王惠民　《董保德功德記》與隋代敦煌崇教寺舍利塔　《敦煌研究》1997 年第 3 期　p. 73
張弓　漢唐佛寺文化史　中國社會科學出版社　1997　p. 833
張先堂　S. 4654 晚唐《莫高窟紀遊詩》新探　《敦煌研究》1997 年第 3 期　p. 127
鄭炳林　敦煌碑銘讚輯釋　甘肅教育出版社　1997　p. 66 注 2
鄧文寬　三篇敦煌邈真讚研究　出土文獻研究(第四輯)　文物出版社　1998　p. 86
楊森　跋《子年三月五日計料海濟受戒衣鉢具色一一如後》帳及卷背《釋門教授帖》文書　《敦煌研究》1998 年第 4 期　p. 102
張先堂　晚唐至宋初淨土五會念佛法門在敦煌的流傳　《敦煌研究》1998 年第 1 期　p. 52
徐俊　敦煌詩集殘卷輯考　中華書局　2000　p. 834
顔廷亮　敦煌文化　光明日報出版社　2000　p. 183、455
顔廷亮　敦煌文化的靈魂論綱　《甘肅社會科學》2000 年第 4 期　p. 33
汪泛舟　敦煌俗別字補正　《敦煌研究》2001 年第 4 期　p. 158
童丕　敦煌的借貸:中國中古時代的物質生活與社會　中華書局　2003　p. 52
黄征　敦煌俗字典　上海教育出版社　2005　p. 24
沙武田　梁紅　敦煌千佛變畫稿刺孔研究　《敦煌學輯刊》2005 年第 2 期　p. 62

S. 780

江素雲　維摩詰所說經敦煌寫本綜合目録　(臺北)東初出版社　1991　p. 79

S. 782

向達　倫敦所藏敦煌卷子經眼目録　《北平圖書館圖書季刊》1939 年新第 1 卷第 4 期　p. 397　又見:唐代長安與西域文明　三聯書店　1957　p. 203

山本達郎等　敦煌・IV 納贈暦・納色物暦等　『NUN – HUANG AND TURFAN DOCUMENTS CONCERNING SOCIAL AND ECONOMIC HISTORY』(IV)　(東京)東洋文庫　1989　p. 91
土田健次郎　儒教典籍　敦煌漢文文獻(講座敦煌 5)　(東京)大東出版社　1992　p. 269
寧可　郝春文　敦煌社邑文書輯校　江蘇古籍出版社　1997　p. 360
王利器　跋敦煌寫本《陰保山等牒》　曉傳書齋集　華東師範大學出版社　1997　p. 507
李方　敦煌《論語集解》校正　江蘇古籍出版社　1998　p. 830
李方　唐寫本《論語集解》校讀零拾　出土文獻研究(第三輯)　文物出版社　1998　p. 222

S. 783

鄭良樹　敦煌老子寫本考異　(臺北)《大陸雜誌》1981 年第 2 期　又見:中國敦煌學百年文庫・宗教卷(三)　甘肅文化出版社　1999　p. 69
白化文　道德經白文本　敦煌學大辭典　上海辭書出版社　1998　p. 776
廖名春　楚簡《老子》校釋之一　華學(第三輯)　中山大學出版社　1998　p. 189
王卡　敦煌道教文獻研究　中國社會科學出版社　2004　p. 165
王卡　中國國家圖書館藏敦煌道教遺書研究報告　敦煌吐魯番研究(第七卷)　北京大學出版社　2004　p. 361

S. 784

向達　倫敦所藏敦煌卷子經眼目録　《北平圖書館圖書季刊》1939 年新第 1 卷第 4 期　p. 397　又見:唐代長安與西域文明　三聯書店　1957　p. 203
石井昌子　靈寶經類　敦煌と中國道教(講座敦煌 4)　(東京)大東出版社　1983　p. 156
姜亮夫　敦煌所見道教佚經考　敦煌學論文集　上海古籍出版社　1987　p. 316
陶秋英輯録　姜亮夫校訂　敦煌所見道教佚經録　敦煌碎金　浙江古籍出版社　1992　p. 323
朱越利　道經總論　遼寧教育出版社　1992　p. 274
王卡　天尊說禁戒經　敦煌學大辭典　上海辭書出版社　1998　p. 764
王卡　敦煌道教文獻研究　中國社會科學出版社　2004　p. 12、137
葉貴良　《敦煌社邑文書輯校》拾補　《吐魯番學研究》2004 年第 1 期　p. 105
王卡　敦煌道教綜述　敦煌與絲路文化學術講座(第二輯)　北京圖書館出版社　2005　p. 381

S. 785

向達　倫敦所藏敦煌卷子經眼目録　《北平圖書館圖書季刊》1939 年新第 1 卷第 4 期　p. 397　又見:唐代長安與西域文明　三聯書店　1957　p. 203
饒宗頤　敦煌本文選斠證(一)　(香港)《新亞學報》1957 年第 1 期　p. 336
金岡照光　敦煌文學のさまざま　敦煌の文學　(東京)大蔵出版株式會社　1971　p. 127
李正宇　敦煌學郎題記輯注　《敦煌學輯刊》1987 年第 1 期　p. 39
李丹禾　校訂敦煌本《李陵蘇武往還書》　敦煌語言文學論文集　浙江古籍出版社　1988　p. 292
杜琪　書・啓　敦煌文學　甘肅人民出版社　1989　p. 27
王克芬　柴劍虹　敦煌舞譜的再探索　敦煌吐魯番學研究論文集　漢語大詞典出版社　1990　p. 221
柴劍虹　敦煌舞譜的再探索　西域文史論稿　(臺北)國文天地雜誌社　1991　p. 468
李正宇　敦煌歌舞三劄　《敦煌研究》1992 年第 4 期　p. 50
吳其昱著　伊藤美重子譯　敦煌漢文寫本概觀　敦煌漢文文獻(講座敦煌 5)　(東京)大東出版社

1992　p. 114
李正宇　論敦煌曲子　第二届國際唐代學術會議論文集(上)　(臺北)文津出版社　1993　p. 760
王小盾　唐代酒令藝術　(臺北)文津出版社　1993　p. 159
金賢珠　唐五代敦煌民歌　(臺北)文史哲出版社　1994　p. 28、208
董錫玖　金秋　絲綢之路　新華出版社　1995　p. 119
王昆吾　隋唐五代燕樂雜言歌辭研究　中華書局　1996　p. 88、485
陸淑綺　李重申　敦煌古代戲曲文化史料綜述　《敦煌研究》1997 年第 2 期　p. 62
邵文實　敦煌李陵、蘇武故事流變發微　敦煌吐魯番研究(第二卷)　北京大學出版社　1997　p. 80
李正宇　荷葉杯舞譜　敦煌學大辭典　上海辭書出版社　1998　p. 264
李正宇　演曲子　敦煌學大辭典　上海辭書出版社　1998　p. 448
高國藩　敦煌俗文化學　上海三聯書店　1999　p. 546
劉銘恕　英國博物院所藏的敦煌卷子　中國敦煌學百年文庫・綜述卷(二)　甘肅文化出版社　1999　p. 128
山田俊　敦煌舞譜的對舞結構試析:兼論譜字的解釋　敦煌吐魯番研究(第四卷)　北京大學出版社　1999　p. 509
郝春文　英藏敦煌社會歷史文獻釋録(第一卷)　科學出版社　2001　p. 257
李正宇　沙州歸義軍樂營及其職事　敦煌吐魯番研究(第五卷)　北京大學出版社　2001　p. 221
王克芬　中國舞蹈發展史　上海人民出版社　2003　p. 234
王克芬　柴劍虹　對敦煌舞譜研究若干問題的再認識　2000 年敦煌學國際學術討論會文集・石窟藝術卷　甘肅民族出版社　2003　p. 49
劉敬林　《英藏敦煌社會歷史文獻釋録》(第一卷)補校　《敦煌研究》2004 年第 2 期　p. 103
湯涒　敦煌曲子詞地域文化研究　上海古籍出版社　2004　p. 93

S. 786

王元軍　唐人書法與文化　(臺北)東大圖書公司　1995　p. 138
伊藤美重子　敦煌本『大智度論』の整理　中國佛教石經の研究　京都大學學術出版會　1996　p. 373

S. 788

向達　倫敦所藏敦煌卷子經眼目録　《北平圖書館圖書季刊》1939 年新第 1 卷第 4 期　p. 397　又見:唐代長安與西域文明　三聯書店　1957　p. 204
向達　記敦煌石室出晉天福十年寫本壽昌縣地境　《北平圖書館圖書季刊》1944 年新第 5 卷第 4 期　p. 1　又見:唐代長安與西域文明　三聯書店　1957　p. 429
向達　羅叔言《補唐書張議潮傳》補正　遼海引年集　和記印書館　1944　p. 85　又見:唐代長安與西域文明　三聯書店　1957　p. 418
閻文儒　敦煌史地雜考　《文物參考資料》1951 年第 4 期　又見:中國敦煌學百年文庫・地理卷(一)　甘肅文化出版社　1999　p. 89
劉銘恕　英國博物院所藏的敦煌卷子　《中國科學院圖書館通訊》1957 年第 1 期　又見:中國敦煌學百年文庫・綜述卷(二)　甘肅文化出版社　1999　p. 129
蘇瑩輝　論唐時敦煌陷蕃的年代　(臺北)《大陸雜誌》1961 年第 12 期　又見:中國敦煌學百年文庫・歷史卷(一)　甘肅文化出版社　1999　p. 184
勞榦　敦煌長史武斑碑校釋　《香港大學 50 周年紀念集》1964 年第 1 期　又見:中國敦煌學百年文

庫・地理卷(一)　甘肅文化出版社　1999　p. 111
藤枝晃　敦煌の僧尼籍　『東方學報』(第35號)　京都大學人文科學研究所　1964　p. 303
金岡照光　敦煌文學のさまざま　敦煌の文學　(東京)大蔵出版株式會社　1971　p. 165
饒宗頤　論敦煌陷於吐蕃之年代　(香港)《東方文化》1971年第9卷第1期　又見:選堂集林・史林　(香港)中華書局　1982　p. 676、689；中國敦煌學百年文庫・民族卷(一)　甘肅文化出版社　1999　p. 226、232
陳祚龍　簡記敦煌古抄方志　敦煌文物隨筆　(臺北)商務印書館　1979　p. 49
陳祚龍　中世敦煌與成都之間的交通路線　敦煌資料考屑(下冊)　(臺北)商務印書館　1979　p. 340　又見:唐代研究論集(第三輯)　(臺北)新文豐出版公司　1992　p. 439
姜亮夫　唐五代瓜沙張曹兩世家考　《中華文史論叢》1979年第3期　又見:中國敦煌學百年文庫・歷史卷(一)　甘肅文化出版社　1999　p. 350
王重民　敦煌古籍敘録　中華書局　1979　p. 119、120、121
菊池英夫　唐代敦煌社會の外貌　敦煌の社會(講座敦煌3)　(東京)大東出版社　1980　p. 92
山口瑞鳳　吐蕃の敦煌支配期間　敦煌の歷史(講座敦煌2)　(東京)大東出版社　1980　p. 199
蘇瑩輝　敦煌學概要　(臺北)編譯館"中華叢書編委會"　1981　p. 375
陳祚龍　《簡記敦煌古抄方志》及其"後語"　敦煌學要籥　(臺北)新文豐出版公司　1982　p. 220
蘇瑩輝　論張議潮收復河隴州郡之年代　敦煌論集續編　(臺北)學生書局　1983　p. 7
蘇瑩輝　張議潮　敦煌論集　(臺北)學生書局　1983　p. 234
向達　補唐書張議潮傳補正　敦煌學文選(上)　蘭州大學歷史系敦煌學研究室等　1983　p. 52、60注3
李永寧　也談敦煌陷蕃年代　《敦煌學研究》(西北師院學報)1984年增刊　p. 29
吳其昱著　福井文雅　樋口勝譯　大蕃國大德・三蔵法師・法成傳考　敦煌と中國仏教(講座敦煌7)　(東京)大東出版社　1984　p. 408
陳國燦　唐朝吐蕃陷落沙州的時間問題　《敦煌學輯刊》1985年第1期　p. 1
池田溫　唐代敦煌均田制の一考察　『東洋學報』(66卷1-4號　創立60年記念特輯號)　(東京)東洋學術協會　1985　p. 30
賀世哲　從供養人題記看莫高窟部分洞窟的營建年代　敦煌莫高窟供養人題記　文物出版社　1986　p. 234注30
姜亮夫　羅振玉補唐書張議潮傳訂補　向達先生紀念論文集　新疆人民出版社　1986　p. 74　又見:姜亮夫全集(十四)　雲南人民出版社　2002　p. 314
劉瑞明　王梵志詩校注補正　《敦煌學研究》(西北師院學報)1986年增刊　p. 17
山口瑞鳳著　高然譯　吐蕃統治的敦煌　國外藏學研究譯文集(第一輯)　西藏人民出版社　1986　p. 34
唐耕耦　陸宏基　敦煌社會經濟文獻真迹釋録(一)　書目文獻出版社　1986　p. 42
土肥義和著　李永寧譯　歸義軍時期(晚唐、五代、宋)的敦煌(一)　《敦煌研究》1986年第4期　p. 88注3
王重民原編　黃永武新編　敦煌古籍敘録新編(第七冊)　(臺北)新文豐出版公司　1986　p. 13
高國藩　敦煌文學作品選　中華書局　1987　p. 72
姜亮夫　敦煌小識六論　敦煌學論文集　上海古籍出版社　1987　p. 758
蘇瑩輝　論敦煌唐代資料在文史藝術及科技諸方面的貢獻　敦煌文史藝術論叢　(臺北)新文豐出版公司　1987　p. 47
高國藩　敦煌曲子詞欣賞　南京大學出版社　1989　p. 29

黄永武　施淑婷　敦煌的唐詩續編　(臺北)文史哲出版社　1989　p. 16
李正宇　《敦煌廿詠》探微　《古文獻研究》1989 年第 6 期　p. 239
李正宇　唐宋時代敦煌縣河渠泉澤簡志(二)　《敦煌研究》1989 年第 1 期　p. 61
李正宇　唐宋時代沙州壽昌縣河渠泉澤簡志　《敦煌研究》1989 年第 3 期　p. 32
張錫厚　敦煌詩歌考論　《敦煌學輯刊》1989 年第 2 期　p. 27
張錫厚　詩歌　敦煌文學　甘肅人民出版社　1989　p. 175
鄭炳林　敦煌地理文書彙輯校注　甘肅教育出版社　1989　p. 56
陳國燦　唐五代瓜沙歸義軍軍鎮的演變　敦煌吐魯番文書初探(二編)　武漢大學出版社　1990　p. 557
池田溫　中國古代寫本識語集録　(東京)大藏出版株式會社　1990　p. 497
李正宇　渥窪水天馬史事綜理　《敦煌研究》1990 年第 3 期　p. 18
上山大峻　敦煌佛教の研究　(京都)法藏館　1990　p. 26
程喜霖　漢唐烽堠制度研究　(臺北)聯經出版公司　1991　p. 187
李并成　漢敦煌郡廣至縣城及其有關問題考　《敦煌研究》1991 年第 4 期　p. 86
李正宇　敦煌名勝古迹導論　《陽關》1991 年第 4 期　p. 47
林聰明　敦煌文書學　(臺北)新文豐出版公司　1991　p. 396
姜伯勤　敦煌社會文書導論　(臺北)新文豐出版公司　1992　p. 59
李并成　敦煌遺書中地理書卷的學術價值　《地理研究》1992 年第 3 期　p. 42
李并成　唐代河西戍所城址考　《敦煌學輯刊》1992 年第 1、2 期　p. 10
李并成　一批珍貴的古代地理文書:敦煌遺書中的地理書卷　《中國科技史料》1992 年第 13 卷第 4 期　p. 90
林家平　寧强　羅華慶　中國敦煌學史　北京語言學院出版社　1992　p. 81、186
劉進寶　敦煌遺書與歷史研究　《魏晉南北朝隋唐史》1992 年第 9 期　p. 71
盧向前　關於歸義軍時期一份布紙破用曆的研究:試釋伯四六四〇背面文書　敦煌吐魯番文書論稿　江西人民出版社　1992　p. 125 注 64
日比野丈夫　地理書　敦煌漢文文獻(講座敦煌 5)　(東京)大東出版社　1992　p. 346
王仲犖　敦煌石窟出《壽昌縣地境》考釋　《敦煌學輯刊》1992 年第 1、2 期　p. 2
鄭炳林　梁志勝　《梁幸德邈真讚》與梁願請《莫高窟功德記》　《敦煌研究》1992 年第 2 期　p. 65
又見:敦煌吐魯番文獻研究　中華書局　1995　p. 261
李并成　漢敦煌郡的鄉、里、南境塞牆和烽隧系統考　《敦煌研究》1993 年第 2 期　p. 72
李正宇　敦煌呂鍾氏録本《壽昌縣地境》　《敦煌研究》1993 年第 4 期　p. 42
前田正名　河西歷史地理學研究　中國藏學出版社　1993　p. 171
王仲犖　沙州志殘片三種考釋　敦煌石室地志殘卷考釋　上海古籍出版社　1993　p. 143、156
王仲犖　《壽昌縣地境》考釋　敦煌石室地志殘卷考釋　上海古籍出版社　1993　p. 184
鄭炳林　前涼行政地理區劃初探(河州沙州)　《敦煌學輯刊》1993 年第 2 期　p. 75
勁草　《敦煌文學概論》證誤糾謬　《敦煌學輯刊》1994 年第 1 期　p. 84
李并成　瓜沙二州間一塊消失了的綠洲　《敦煌研究》1994 年第 3 期　p. 76
鄭炳林　敦煌本《張淮深變文》研究　《西北民族研究》1994 年第 1 期　p. 154
鄭炳林　《索勳紀德碑》研究　《敦煌學輯刊》1994 年第 2 期　p. 71
鄭炳林　唐五代敦煌新開道考　《敦煌學輯刊》1994 年第 1 期　p. 47
周偉洲　吐谷渾在西域的活動及定居　西域考察與研究　新疆人民出版　1994　p. 264
程喜霖　漢唐敦煌軍防　敦煌學國際研討會文集・史地語文編　遼寧美術出版社　1995　p. 40

馮培紅　有關敦煌文書的兩則讀書劄記　《敦煌學輯刊》1995 年第 2 期　p. 128
胡戟　傅玫　敦煌史話　中華書局　1995　p. 148、168
李并成　北朝時期瓜州建置及其所屬郡縣考　《敦煌學輯刊》1995 年第 2 期　p. 122
劉進寶　敦煌學論述　(臺北)洪葉文化事業有限公司　1995　p. 268
薛宗正　安西與北庭　黑龍江教育出版社　1995　p. 298
鄭炳林　唐五代敦煌金鞍山異名考《敦煌研究》1995 年第 2 期　p. 131
李并成　李春元　瓜沙史地研究　甘肅文化出版社　1996　p. 59
李正宇　敦煌史地新論　(臺北)新文豐出版公司　1996　p. 144、189
馬德　敦煌莫高窟史研究　甘肅教育出版社　1996　p. 205
馬德　莫高窟與敦煌佛教教團　敦煌吐魯番研究(第一卷)　北京大學出版社　1996　p. 163
邵文實　敦煌道教試述《世界宗教研究》1996 年第 2 期　又見:中國敦煌學百年文庫・宗教卷(三)　甘肅文化出版社　1999　p. 337
張錫厚　敦煌本《高適詩集》考述《敦煌研究》1996 年第 1 期　p. 83
黃征　敦煌變文釋詞　敦煌語文叢說　(臺北)新文豐出版公司　1997　p. 43
黃征　敦煌文學《兒郎偉》輯録校注　敦煌語文叢說　(臺北)新文豐出版公司　1997　p. 690
李吟屏　古代西域的自然崇拜　《西域研究》1997 年第 1 期　p. 107
李正宇　敦煌歷史地理導論　(臺北)新文豐出版公司　1997　p. 21
陸慶夫　鄭炳林　唐末五代敦煌的社與粟特人聚落　敦煌歸義軍史專題研究　蘭州大學出版社　1997　p. 393
楊際平　郭鋒　張和平　五—十世紀敦煌的家庭與家族關係　岳麓書社　1997　p. 131
張涌泉　敦煌地理文書輯録著作三種校議　古典文獻與文化論叢　中華書局　1997　p. 87
鄭炳林　敦煌碑銘讚輯釋　甘肅教育出版社　1997　p. 23 注 7
鄭炳林　唐末五代敦煌都河水系研究　敦煌歸義軍史專題研究　蘭州大學出版社　1997　p. 182
鄭炳林　唐五代敦煌畜牧區域研究　敦煌歸義軍史專題研究　蘭州大學出版社　1997　p. 222
陳國燦　敦煌鎮　敦煌學大辭典　上海辭書出版社　1998　p. 295
陳國燦　榮新江　西壽昌城　敦煌學大辭典　上海辭書出版社　1998　p. 306
李永寧　張孝嵩屠龍記　敦煌學大辭典　上海辭書出版社　1998　p. 586
李正宇　大雲寺　敦煌學大辭典　上海辭書出版社　1998　p. 629
李正宇　古本敦煌鄉土志八種箋證　(臺北)新文豐出版公司　1998　p. 205
李正宇　三危山　敦煌學大辭典　上海辭書出版社　1998　p. 310
李正宇　沙州伊州地志　敦煌學大辭典　上海辭書出版社　1998　p. 326
李正宇　永安寺　敦煌學大辭典　上海辭書出版社　1998　p. 630
譚蟬雪　敦煌道經題記綜述　道家文化研究(第十三輯)　三聯書店　1998　p. 11
楊森　張議潮　敦煌學大辭典　上海辭書出版社　1998　p. 352
池田溫　八世紀中葉敦煌的粟特人聚落　唐研究論文選集　中國社會科學出版社　1999　p. 57 注 39
胡大浚　王志鵬　敦煌邊塞詩歌校注　甘肅人民出版社　1999　p. 96
施謝捷　敦煌文獻語詞校釋叢劄《敦煌研究》1999 年第 4 期　p. 27
張涌泉　敦煌文書疑難詞語辨釋　舊學新知　浙江大學出版社　1999　p. 256
周維平　從敦煌遺書看敦煌道教《西北民族研究》1999 年第 2 期　p. 129
雷紹鋒　歸義軍賦役制度初探　(臺北)洪葉文化事業有限公司　2000　p. 5 注 3
劉進寶　敦煌文書與唐史研究　(臺北)新文豐出版公司　2000　p. 10

丘古耶夫斯基　敦煌漢文文書　上海古籍出版社　2000　p. 230
榮新江　敦煌地理文獻的價值與研究　《書品》2000 年第 3 期　又見:敦煌學新論　甘肅教育出版社　2002　p. 246
王惠民　敦煌隋至唐前期藥師圖像考察　藝術史研究(2)　中山大學出版社　2000　p. 318
徐俊　敦煌詩集殘卷輯考　中華書局　2000　p. 92、154、399、469、535
鄭炳林　張紅麗　《張淮深變文》的年代問題　1994 年敦煌學國際研討會文集·宗教文史卷(上)　甘肅民族出版社　2000　p. 328
倉修良　陳仰光　從敦煌圖經殘卷看隋唐五代圖經發展　文史(第五十五輯)　中華書局　2001　p. 131
褚良才　敦煌學簡明教程　中華書局　2001　p. 48
李并成　漢玉門關新考　敦煌文獻論集:紀念藏經洞發現一百周年國際學術研討會論文集　遼寧人民出版社　2001　p. 130
榮新江　評《古本敦煌鄉土志八種箋證》　敦煌吐魯番研究(第五卷)　北京大學出版社　2001　p. 418
陶敏　李一飛　隋唐五代文學史料學　中華書局　2001　p. 350
陳國燦　敦煌學史事新證　甘肅教育出版社　2002　p. 23、385、472
姜亮夫　敦煌莫高窟年表　姜亮夫全集(十一)　雲南人民出版社　2002　p. 358
李斌城　唐代文化　中國社會科學出版社　2002　p. 1651
劉進寶　敦煌學通論　甘肅教育出版社　2002　p. 293
呂鍾　重修敦煌縣誌　甘肅人民出版社　2002　p. 297
乜小紅　試論唐五代宋初敦煌畜牧區域的分佈　《敦煌研究》2002 年第 2 期　p. 38
徐俊　敦煌寫本詩歌續考　《敦煌研究》2002 年第 5 期　p. 65
鄭炳林　晚唐五代敦煌歸義軍行政區劃制度研究(之二)　《敦煌研究》2002 年第 3 期　p. 69
陳夢家　玉門關與玉門縣　敦煌陽關玉門關論文選萃　甘肅人民出版社　2003　p. 142
胡大浚　敦煌寫卷中幾首佚名詩考釋　2000 年敦煌學國際學術討論會文集·歷史文化卷(下)　甘肅民族出版社　2003　p. 286
李并成　敦煌學與沙漠歷史地理研究　2000 年敦煌學國際學術討論會文集·歷史文化卷(上)　甘肅民族出版社　2003　p. 486
李并成　盛唐時期河西走廊的區位特點與開發　唐代地域結構與運作空間　上海辭書出版社　2003　p. 80
譚蟬雪　敦煌的粟特居民及祆神祈賽　2000 年敦煌學國際學術討論會文集·歷史文化卷(下)　甘肅民族出版社　2003　p. 57
蕭默　敦煌建築研究　機械工業出版社　2003　p. 283
辛德勇　唐代的地理學　唐代地域結構與運作空間　上海辭書出版社　2003　p. 441
朱悅梅　李并成　《沙州督都府圖經》纂修年代及其相關問題考　《敦煌研究》2003 年第 5 期　p. 62
高啓安　唐五代敦煌飲食文化研究　民族出版社　2004　p. 48
謝稚柳　中國古代書畫研究十論　復旦大學出版社　2004　p. 91 注 1
趙紅　高啓安　張孝嵩斬龍傳說歷史背景研究　《敦煌研究》2004 年第 2 期　p. 63
高啓安　趙紅　敦煌“玉女”考屑　敦煌學國際研討會論文集　北京圖書館出版社　2005　p. 224　又見:《敦煌研究》2005 年第 2 期　p. 68
李錦繡　敦煌吐魯番地理文書與唐五代地理學　《吐魯番學研究》2005 年第 1 期　p. 60
馮培紅　歸義軍鎮制考　敦煌吐魯番研究(第九卷)　北京大學出版社　2006　p. 263

鄭炳林　晚唐五代河西地區的居民結構研究　《蘭州大學學報》2006 年第 2 期　p. 12

S. 789

向達　倫敦所藏敦煌卷子經眼目録　《北平圖書館圖書季刊》1939 年新第 1 卷第 4 期　p. 397　又見:唐代長安與西域文明　三聯書店　1957　p. 204

潘重規　巴黎倫敦所藏敦煌詩經卷子題記　(香港)《新亞書院學術年刊》1969 年第 11 期　又見:中國敦煌學百年文庫·文獻卷(二)　甘肅文化出版社　1999　p. 387

潘重規　敦煌詩經卷子研究　(臺北)《華岡學報》1970 年第 6 期　又見:中國敦煌學百年文庫·文獻卷(二)　甘肅文化出版社　1999　p. 437

王重民　敦煌古籍敘録　中華書局　1979　p. 44

蘇瑩輝　從敦煌本毛詩詁訓傳論毛詩定本及詁訓傳分卷問題　敦煌論集續編　(臺北)學生書局　1983　p. 26、33

黄瑞雲　敦煌古寫本《詩經》校釋劄記(二)　《敦煌研究》1986 年第 3 期　p. 40

王重民原編　黄永武新編　敦煌古籍敘録新編(第二册)　(臺北)新文豐出版公司　1986　p. 317

黄瑞雲　敦煌古寫本《詩經》校釋劄記(三)　《敦煌研究》1987 年第 1 期　p. 83

土田健次郎　儒教典籍　敦煌漢文文獻(講座敦煌 5)　(東京)大東出版社　1992　p. 268

白化文　詩經　敦煌學大辭典　上海辭書出版社　1998　p. 773

伏俊璉　敦煌《詩經》殘卷的文獻價值　《敦煌研究》2004 年第 4 期　p. 43

張弓　敦煌四部籍與中古後期社會的文化情境　敦煌學(第 25 輯)　(臺北)樂學書局有限公司　2004　p. 313

S. 791

許國霖　敦煌石室寫經題記匯編　《微妙聲》1936－1937 年第 1－4 期　又見:中國敦煌學百年文庫·宗教卷(四)　甘肅文化出版社　1999　p. 216

許國霖　敦煌石室寫經年代表　《微妙聲》1937 年第 5 期　又見:中國敦煌學百年文庫·宗教卷(四)　甘肅文化出版社　1999　p. 197

芳村修基　土橋秀高　井ノ口泰淳　敦煌佛教史年表　西域文化研究(第一)·敦煌佛教資料　(京都)法藏館　1958　p. 263

陳祚龍　敦煌古抄内典尾記彙校初、二、三編合刊　敦煌學要籥　(臺北)新文豐出版公司　1982　p. 96

池田溫　中國古代寫本識語集録　(東京)大藏出版株式會社　1990　p. 235

林聰明　從敦煌文書看佛教徒的造經祈福　第二屆敦煌學國際研討會論文集　(臺北)漢學研究中心　1990　p. 535

林聰明　敦煌文書學　(臺北)新文豐出版公司　1991　p. 318

楊森　"婆姨"與"優婆姨"稱謂芻議　《敦煌研究》1994 年第 3 期　p. 126

方廣錩　敦煌遺書中的《妙法蓮華經》及有關文獻　敦煌學佛教學論叢(下)　中國佛教文化研究所　1998　p. 76　又見:法源(第 16 期)　中國佛學院　1998　p. 42

方廣錩　妙法蓮華經　敦煌學大辭典　上海辭書出版社　1998　p. 689

金岡照光　敦煌文獻と中國文學　(東京)五曜書房　2000　p. 427

陳麗萍　敦煌女性寫經題記及反映的婦女問題　敦煌佛教藝術文化國際學術研討會論文集　蘭州大學出版社　2002　p. 435

姜亮夫　敦煌莫高窟年表　姜亮夫全集(十一)　雲南人民出版社　2002　p. 253

施安昌　敦煌寫經斷代發凡　善本碑帖論集　紫禁城出版社　2002　p. 311
施安昌　唐武周時期的刻經與敦煌寫經　善本碑帖論集　紫禁城出版社　2002　p. 119

S. 792
向達　倫敦所藏敦煌卷子經眼目録　《北平圖書館圖書季刊》1939 年新第 1 卷第 4 期　p. 397　又見:唐代長安與西域文明　三聯書店　1957　p. 204
鄭良樹　敦煌老子寫本考異　(臺北)《大陸雜誌》1981 年第 2 期　又見:中國敦煌學百年文庫·宗教卷(三)　甘肅文化出版社　1999　p. 69
楠山春樹　道德經類 付『莊子』『列子』『文子』　敦煌と中國道教(講座敦煌 4)　(東京)大東出版社　1983　p. 30
廖名春　楚簡《老子》校釋之一　華學(第三輯)　中山大學出版社　1998　p. 202
王卡　敦煌道教文獻研究　中國社會科學出版社　2004　p. 167

S. 793
向達　倫敦所藏敦煌卷子經眼目録　《北平圖書館圖書季刊》1939 年新第 1 卷第 4 期　p. 397　又見:唐代長安與西域文明　三聯書店　1957　p. 204
石井昌子　靈寶經類　敦煌と中國道教(講座敦煌 4)　(東京)大東出版社　1983　p. 157
林聰明　敦煌文書學　(臺北)新文豐出版公司　1991　p. 213
劉屹　敦煌十卷本《老子化胡經》殘卷新探　唐研究(第二卷)　北京大學出版社　1996　p. 107
廖名春　楚簡《老子》校釋之一　華學(第三輯)　中山大學出版社　1998　p. 189
劉屹　評《北京大學藏敦煌文獻》　敦煌吐魯番研究(第三卷)　北京大學出版社　1998　p. 373
王卡　靈真戒拔除生死濟苦經　敦煌學大辭典　上海辭書出版社　1998　p. 763
劉屹　中古道教的“三道說”　華林(第一卷)　中華書局　2001　p. 285
劉屹　唐代道教的“化胡”經說與“道本論”　唐代宗教信仰與社會　上海辭書出版社　2003　p. 108
王卡　敦煌道教文獻研究　中國社會科學出版社　2004　p. 130

S. 794
楠山春樹　道德經類 付『莊子』『列子』『文子』　敦煌と中國道教(講座敦煌 4)　(東京)大東出版社　1983　p. 9
石井昌子　靈寶經類　敦煌と中國道教(講座敦煌 4)　(東京)大東出版社　1983　p. 156
秦明智　關於甘肅省博物館藏敦煌遺書之淺考和目録　1983 年全國敦煌學術討論會文集·文史遺書編(上)　甘肅人民出版社　1987　p. 458
林聰明　談敦煌文書的抄寫問題　紀念陳寅恪先生百年誕辰學術論文集　江西教育出版社　1994　p. 292
汪泛舟　敦煌道教與齋醮諸考　1994 年敦煌學國際研討會文集·宗教文史卷(上)　甘肅民族出版社　2000　p. 3
林聰明　敦煌吐魯番文書解詁指例　(臺北)新文豐出版公司　2001　p. 60 注 34
孫昌武　道教與唐代文學　人民文學出版社　2001　p. 483 注 2
王卡　敦煌道教文獻研究　中國社會科學出版社　2004　p. 136
王卡　中國國家圖書館藏敦煌道教遺書研究報告　敦煌吐魯番研究(第七卷)　北京大學出版社　2004　p. 357

S.795

張總　說不盡的觀世音　上海辭書出版社　2002　p.181

S.796

向達　倫敦所藏敦煌卷子經眼目録　《北平圖書館圖書季刊》1939年新第1卷第4期　p.397　又見:唐代長安與西域文明　三聯書店　1957　p.204
芳村修基　土橋秀高　井ノ口泰淳　敦煌佛教史年表　西域文化研究(第一)·敦煌佛教資料　(京都)法藏館　1958　p.276
土橋秀高　四分律雜抄　西域文化研究(第一)·敦煌佛教資料　(京都)法藏館　1958　p.186
寺岡龍含　敦煌本郭象注莊子南華真經輯影　福井漢文學會　1960　p.14
寺岡龍含　敦煌本郭象注莊子南華真經研究總論　福井漢文學會　1966　p.50、100、156
王重民　敦煌古籍叙録　中華書局　1979　p.250
蘇瑩輝　敦煌學概要　(臺北)編譯館"中華叢書編委會"　1981　p.53
楠山春樹　道德經類 付『莊子』『列子』『文子』　敦煌と中國道教(講座敦煌4)　(東京)大東出版社　1983　p.51
蘇瑩輝　中外敦煌古寫本纂要　敦煌論集　(臺北)學生書局　1983　p.329
王重民　巴黎敦煌殘卷叙録(第二輯)　敦煌叢刊初集(九)　(臺北)新文豐出版公司　1985　p.276
王重民原編　黄永武新編　敦煌古籍叙録新編(第十三册)　(臺北)新文豐出版公司　1986　p.220
李正宇　敦煌地區古代祠廟寺觀簡志　《敦煌學輯刊》1988年第1、2期　p.80
池田温　中國古代寫本識語集録　(東京)大藏出版株式會社　1990　p.340
林聰明　敦煌文書學　(臺北)新文豐出版公司　1991　p.184、319
姜伯勤　敦煌藝術宗教與禮樂文明　中國社會科學出版社　1992　p.4
伊藤伸　中國書法史上から見た敦煌漢文寫本　敦煌漢文文獻(講座敦煌5)　(東京)大東出版社　1992　p.163
李正宇　敦煌史地新論　(臺北)新文豐出版公司　1996　p.79
白化文　莊子郭象注　敦煌學大辭典　上海辭書出版社　1998　p.777
陳國燦　大番國　敦煌學大辭典　上海辭書出版社　1998　p.368
譚世寶　敦煌文書《南華真經》諸寫本之年代及篇卷結構探討　道家文化研究(第十三輯)　三聯書店　1998　p.79
黄征　程惠新　劫塵遺珠:敦煌遺書　甘肅教育出版社　1999　p.203
馬德　敦煌文書《諸寺付經歷》芻議　《敦煌學輯刊》1999年第1期　p.39
楊富學　李吉和　敦煌漢文吐蕃史料輯校(第一輯)　甘肅人民出版社　1999　p.279
金岡照光　敦煌文獻と中國文學　(東京)五曜書房　2000　p.427
丘古耶夫斯基　敦煌漢文文書　上海古籍出版社　2000　p.235
徐俊　敦煌詩集殘卷輯考　中華書局　2000　p.856
顔廷亮　敦煌文化　光明日報出版社　2000　p.209
林聰明　敦煌吐魯番文書解詁指例　(臺北)新文豐出版公司　2001　p.164
姜亮夫　敦煌莫高窟年表　姜亮夫全集(十一)　雲南人民出版社　2002　p.203
王卡　敦煌道教文獻研究　中國社會科學出版社　2004　p.181
王卡　中國國家圖書館藏敦煌道教遺書研究報告　敦煌吐魯番研究(第七卷)　北京大學出版社　2004　p.366

S. 797

許國霖　敦煌石室寫經題記匯編　《微妙聲》1936－1937 年第 1－4 期　又見:中國敦煌學百年文庫・宗教卷(四)　甘肅文化出版社　1999　p. 238

許國霖　敦煌石室寫經年代表　《微妙聲》1937 年第 5 期　又見:中國敦煌學百年文庫・宗教卷(四)　甘肅文化出版社　1999　p. 193

向達　倫敦所藏敦煌卷子經眼目録　《北平圖書館圖書季刊》1939 年新第 1 卷第 4 期　p. 397　又見:唐代長安與西域文明　三聯書店　1957　p. 204

芳村修基　土橋秀高　井ノ口泰淳　敦煌佛教史年表　西域文化研究(第一)・敦煌佛教資料　(京都)法藏館　1958　p. 250、276

塚本善隆　敦煌佛教史概說　西域文化研究(第一)・敦煌佛教資料　(京都)法藏館　1958　p. 48

中村元　笠原一男　金岡秀友　アジア仏教史・中國编Ⅴ:シルクロ－ドの宗教　(東京)佼成出版社　1975　p. 158

井ノ口泰淳　シルクロ－ド出土の仏典　シルクロ－ドと仏教文化　(東京)東洋哲學研究所　1979　p. 217

矢吹慶輝　鳴沙餘韻・解說篇(第一部)　(京都)臨川書店　1980　p. 122、266

金榮華　敦煌寫卷紙質之考察　(臺北)《世界華學季刊》1981 年第 2 卷第 4 期　又見:敦煌吐魯番論集　(臺北)新文豐出版公司　1996　p. 74

蘇瑩輝　敦煌學概要　(臺北)编譯館"中華叢書编委會"　1981　p. 34

陳祚龍　敦煌古抄内典尾記彙校初、二、三编合刊　敦煌學要籥　(臺北)新文豐出版公司　1982　p. 96

董作賓　敦煌紀年　敦煌學文選(上)　蘭州大學歷史系敦煌學研究室等　1983　p. 17

金榮華　新德里印度博物館藏"壬寅閏四月"敦煌卷子跋　敦煌學(第 6 輯)　(臺北)新文豐出版公司　1983　p. 100

王重民　記敦煌寫本的佛經　敦煌吐魯番文獻研究論集(第二輯)　北京大學出版社　1983　p. 10　又見:敦煌遺書論文集　中華書局　1984　p. 295

周丕顯　敦煌佛經略考　《敦煌學輯刊》1987 年第 2 期　p. 3、6

袁德領　敦煌遺書中佛教文書簡介　《敦煌研究》1988 年第 1 期　p. 110

侯燦　四一六世紀高昌奉行年號再探　《新疆文物》1989 年第 4 期　p. 109

池田溫　中國古代寫本識語集録　(東京)大藏出版株式會社　1990　p. 80

高國藩　敦煌古俗與民俗流變　河海大學出版社　1990　p. 422

侯燦　高昌樓蘭研究論集　新疆人民出版社　1990　p. 130

施萍婷著　池田溫譯　敦煌研究院、上海圖書館及び天津藝術博物館所藏の敦煌遺書をめぐって『東洋學報』(72 卷 1・2 號)　(東京)東洋學術協會　1990　p. 91

藤枝晃　敦煌遺書之分期　敦煌吐魯番學研究論文集　漢語大詞典出版社　1990　p. 12

鄭汝中　敦煌書法管窺　《敦煌研究》1991 年第 4 期　p. 38

伊藤伸　中國書法史上から見た敦煌漢文寫本　敦煌漢文文獻(講座敦煌 5)　(東京)大東出版社　1992　p. 146、164

戴仁　敦煌和吐魯番寫本的斷代研究　法國學者敦煌學論文選萃　中華書局　1993　p. 525

蘇遠鳴　敦煌漢文寫本的斷代　法國學者敦煌學論文選萃　中華書局　1993　p. 552、560

陳澤奎　試論唐人寫經題記的原始著作權意義　《敦煌研究》1994 年第 3 期　p. 119

沃興華　敦煌書法藝術　上海人民出版社　1994　p. 65、94、211

趙聲良　萬經珍寶:古代書法藝術的寶庫"敦煌書法"　(臺北)《雄獅美術》1994 年第 12 期

趙聲良　早期敦煌寫本書法的時代分期和類型　敦煌書法庫(第二輯)　甘肅人民美術出版社　1994　p. 1
鄭汝中　敦煌書法概述　敦煌書法庫(第一輯)　甘肅人民美術出版社　1994　p. 11
鄭汝中　西涼寫本《十誦比丘戒本》　敦煌書法庫(第一輯)　甘肅人民美術出版社　1994　p. 22
池田溫著　李德範譯　敦煌吐魯番文獻圖録的定本　《敦煌學輯刊》1995 年第 2 期　p. 135
井ノ口泰淳　シルクロ－ド出土の仏典　中央アジアの言語と仏教　(京都)法藏館　1995　p. 22
井ノ口泰淳　中アジア出土の律典　中央アジアの言語と仏教　(京都)法藏館　1995　p. 330
李冬梅　唐五代敦煌學校部分教學檔案簡介　《敦煌學輯刊》1995 年第 2 期　p. 65
劉進寶　敦煌學論述　(臺北)洪葉文化事業有限公司　1995　p. 272
楊森　敦研 0010 號《佛說祝毒經》書法風格:從北朝經生體書法談起　《敦煌研究》1995 年第 1 期　p. 169
伊藤伸著　趙聲良譯　從中國書法史看敦煌漢文文書(一)　《敦煌研究》1995 年第 3 期　p. 172
趙聲良　榮新江　饒宗頤編《法藏敦煌書苑精華》評介　《敦煌研究》1995 年第 1 期　p. 174
郝春文　唐後期五代宋初沙州的方等道場與方等道場司　唐研究(第二卷)　北京大學出版社　1996　p. 77
李正宇　敦煌史地新論　(臺北)新文豐出版公司　1996　p. 83
宿白　兩漢魏晉南北朝時期的敦煌　中國石窟寺考古　文物出版社　1996　p. 235
藤枝晃著　徐慶全　李樹清譯　敦煌寫本概述　《敦煌研究》1996 年第 2 期　p. 106
王書慶　敦煌文獻中五代宋初戒牒研究　《敦煌研究》1997 年第 3 期　p. 40
張弓　漢唐佛寺文化史　中國社會科學出版社　1997　p. 878
趙聲良　敦煌寫卷書法(上)　《文史知識》1997 年第 3 期　p. 72
鄭炳林　都教授張金炫和尚生平事迹考　敦煌歸義軍史專題研究　蘭州大學出版社　1997　p. 549
陳國燦　敦煌寫經題記　敦煌學大辭典　上海辭書出版社　1998　p. 453
郝春文　唐後期五代宋初敦煌僧尼的社會生活　中國社會科學出版社　1998　p. 36
劉濤　十誦比丘戒本　敦煌學大辭典　上海辭書出版社　1998　p. 279
王素　高昌史稿・統治編　文物出版社　1998　p. 169
黄征　程惠新　劫塵遺珠:敦煌遺書　甘肅教育出版社　1999　p. 217
謝桃坊　敦煌文化尋繹　四川人民出版社　1999　p. 85
顔廷亮　敦煌文化　光明日報出版社　2000　p. 49、58
趙聲良　早期敦煌寫本書法的分期研究　1994 年敦煌學國際研討會文集・石窟藝術卷　甘肅民族出版社　2000　p. 258
褚良才　敦煌學簡明教程　中華書局　2001　p. 7
林聰明　敦煌吐魯番文書解詁指例　(臺北)新文豐出版公司　2001　p. 181
馬德　敦煌寫經題記的社會意義　法源(第 19 期)　中國佛學院　2001　p. 86
榮新江　敦煌學十八講　北京大學出版社　2001　p. 247
蔡忠霖　敦煌漢文寫卷俗字及其現象　(臺北)文津出版社　2002　p. 24、28
陳國燦　敦煌學史事新證　甘肅教育出版社　2002　p. 53
黄征　敦煌語言文字學研究　甘肅教育出版社　2002　p. 2
黄征　敦煌語言文字學研究要論　漢語史學報(第二輯)　上海教育出版社　2002　p. 2
姜亮夫　敦煌莫高窟年表　姜亮夫全集(十一)　雲南人民出版社　2002　p. 59
姜亮夫　敦煌小識六論　姜亮夫全集(十四)　雲南人民出版社　2002　p. 191
李春遠　關於敦煌遺書的書法化趨向　《敦煌學輯刊》2002 年第 1 期　p. 62

施安昌　敦煌寫經斷代發凡　善本碑帖論集　紫禁城出版社　2002　p. 317

石塚晴通　聖教の形と場——敦煌及び日本の古寫經・刊本　日本における漢字字體規範成立の實證的研究(報告書)　北海道大學大學院文學研究科　2002　p. 191

釋永有　敦煌遺書中的金剛經　敦煌佛教藝術文化國際學術研討會論文集　蘭州大學出版社　2002　p. 32

徐曉卉　敦煌歸義軍時期的道場司探析　《敦煌研究》2002 年第 2 期　p. 26

楊寶玉　敦煌滄桑　長江文藝出版社　2002　p. 241

褚良才　敦煌地理及歷史沿革　敦煌陽關玉門關論文選萃　甘肅人民出版社　2003　p. 11

湛如　敦煌佛教律儀制度研究　中華書局　2003　p. 108

陳炳應　從敦煌資料看儒學對吐蕃的深刻影響　《敦煌研究》2004 年第 4 期　p. 94

胡同慶　安忠義　佛教藝術　敦煌文藝出版社　2004　p. 295

金維諾　中國美術史論集(中)　黑龍江美術出版社　2004　p. 141

施萍婷　敦煌研究院、上海圖書館、天津藝術博物館藏敦煌遺書巡禮　浙江與敦煌學:常書鴻先生誕辰一百周年紀念文集　浙江古籍出版社　2004　p. 305

王冀青　斯坦因與日本敦煌學　甘肅教育出版社　2004　p. 417

余欣　許國霖與敦煌學　敦煌吐魯番研究(第七卷)　北京大學出版社　2004　p. 83

赤尾榮慶　敦煌寫本的書志學研究　敦煌學・日本學:石塚晴通教授退職紀念論文集　上海辭書出版社　2005　p. 53

赤尾榮慶　敦煌寫本の書志學的研究——近年の動向を踏まえて　日本學・敦煌學・漢文訓讀の新展開　(東京)汲古書院　2005　p. 190

S. 798

向達　倫敦所藏敦煌卷子經眼目録　《北平圖書館圖書季刊》1939 年新第 1 卷第 4 期　p. 397　又見:唐代長安與西域文明　三聯書店　1957　p. 204

陳世驤　"想爾"老子道德經敦煌殘卷論证　《清華學報》1957 年新 1 卷第 2 期　又見:中國敦煌學百年文庫・文獻卷(一)　甘肅文化出版社　1999　p. 383

嚴靈峰　老子《想爾注》寫本殘卷質疑　(臺北)《大陸雜誌》1965 年第 6 期　又見:中國敦煌學百年文庫・文獻卷(一)　甘肅文化出版社　1999　p. 496

張弓　漢唐佛寺文化史　中國社會科學出版社　1997　p. 991

白化文　道德經白文本　敦煌學大辭典　上海辭書出版社　1998　p. 776

鄭良樹　敦煌老子寫本考異　中國敦煌學百年文庫・宗教卷(三)　甘肅文化出版社　1999　p. 69

王卡　中國國家圖書館藏敦煌道教遺書研究報告　國際敦煌學學術史研討會論文集　研討會籌備組　2002　p. 261　又見:敦煌吐魯番研究(第七卷)　北京大學出版社　2004　p. 361

王卡　敦煌道教文獻研究　中國社會科學出版社　2004　p. 161

S. 799

向達　倫敦所藏敦煌卷子經眼目録　《北平圖書館圖書季刊》1939 年新第 1 卷第 4 期　p. 397　又見:唐代長安與西域文明　三聯書店　1957　p. 204

陳鐵凡　敦煌本尚書述略　(臺北)《大陸雜誌》1961 年第 8 期　又見:中國敦煌學百年文庫・文獻卷(一)　甘肅文化出版社　1999　p. 445

王堯　陳踐　敦煌吐蕃文獻選　四川民族出版社　1983　p. 66

吴其昱著　福井文雅　樋口勝譯　大蕃國大德・三藏法師・法成傳考　敦煌と中國仏教(講座敦煌

7）（東京）大東出版社　1984　p. 387

高國藩　敦煌古俗與民俗流變　河海大學出版社　1990　p. 120

孫啓治　唐寫本俗別字變化類型舉例　敦煌吐魯番文獻研究論集（第五輯）　北京大學出版社　1990　p. 124、126、128、131

杜愛英　敦煌遺書中俗體字的諸種類型　《敦煌研究》1992 年第 3 期　p. 121

石塚晴通　敦煌の加點本　敦煌漢文文獻（講座敦煌 5）（東京）大東出版社　1992　p. 249

土田健次郎　儒教典籍　敦煌漢文文獻（講座敦煌 5）（東京）大東出版社　1992　p. 268

吳其昱著　伊藤美重子譯　敦煌漢文寫本概観　敦煌漢文文獻（講座敦煌 5）（東京）大東出版社　1992　p. 98

梅弘理　敦煌的宗教活動和斷代寫本　法國學者敦煌學論文選萃　中華書局　1993　p. 565

王三慶　敦煌書儀載録之節日活動與民俗　全國敦煌學研討會論文集　（臺北）中正大學中國文學系所　1995　p. 26 注 44

張涌泉　敦煌俗字研究導論　（臺北）新文豐出版公司　1996　p. 248

張弓　漢唐佛寺文化史　中國社會科學出版社　1997　p. 988

陳公柔　評介《尚書文字合編》　燕京學報（新第 4 期）　北京大學出版社　1998　p. 293

周維平　從敦煌遺書看敦煌道教　《西北民族研究》1999 年第 2 期　p. 133

徐俊　敦煌詩集殘卷輯考　中華書局　2000　p. 855

許建平　敦煌本《尚書》叙録　敦煌文獻論集：紀念藏經洞發現一百周年國際學術研討會論文集　遼寧人民出版社　2001　p. 385

趙平安　談談敦煌醫學寫本的釋字問題　敦煌吐魯番研究（第六卷）　北京大學出版社　2002　p. 199

樊錦詩　玄奘譯經和敦煌壁畫　《敦煌研究》2004 年第 2 期　p. 6

王冀青　斯坦因與日本敦煌學　甘肅教育出版社　2004　p. 306

許建平　敦煌出土《尚書》寫卷研究的過去與未來　敦煌吐魯番研究（第七卷）　北京大學出版社　2004　p. 227

中村威也　ДX10698『尚書費誓』とДX10698v「史書」について　『西北出土文獻研究』（創刊號）（新潟）西北出土文獻研究會　2004　p. 42

黄征　敦煌俗字典　上海教育出版社　2005　p. 10、79

黄征　敦煌俗字要論　《敦煌研究》2005 年第 1 期　p. 84

黄征　敦煌俗字種類考辨　敦煌學・日本學：石塚晴通教授退職紀念論文集　上海辭書出版社　2005　p. 117、120、124

石塚晴通　敦煌的加點本　敦煌學・日本學：石塚晴通教授退職紀念論文集　上海辭書出版社　2005　p. 13

S. 800

向達　倫敦所藏敦煌卷子經眼目録　《北平圖書館圖書季刊》1939 年新第 1 卷第 4 期　p. 397　又見：唐代長安與西域文明　三聯書店　1957　p. 204

王重民　敦煌古籍叙録　中華書局　1979　p. 69

蘇瑩輝　敦煌學概要　（臺北）編譯館"中華叢書編委會"　1981　p. 37

蘇瑩輝　中外敦煌古寫本纂要　敦煌論集　（臺北）學生書局　1983　p. 313

王重民原編　黄永武新編　敦煌古籍叙録新編（第四冊）　（臺北）新文豐出版公司　1986　p. 166

唐耕耦　陸宏基　敦煌社會經濟文獻真迹釋録（三）　全國圖書館文獻縮微複製中心　1990　p. 148

王素　唐寫本《論語鄭氏注》校録　唐寫本論語鄭氏注及其研究　文物出版社　1991　p. 81 注 10

杜愛英　敦煌遺書中俗體字的諸種類型　《敦煌研究》1992 年第 3 期　p. 119

姜伯勤　敦煌社會文書導論　（臺北）新文豐出版公司　1992　p. 96

土田健次郎　儒教典籍　敦煌漢文文獻（講座敦煌 5）　（東京）大東出版社　1992　p. 269

高國藩　敦煌民俗資料導論　（臺北）新文豐出版公司　1993　p. 173

胡戟　傅玫　敦煌史話　中華書局　1995　p. 141

陳金木　唐寫本論語鄭氏注研究（上）　（臺北）文津出版社　1996　p. 70

唐耕耦　敦煌寺院會計文書研究　（臺北）新文豐出版公司　1997　p. 19

白化文　論語集解　敦煌學大辭典　上海辭書出版社　1998　p. 774

高啓安　索黛　敦煌古代僧人官齋飲食檢閲　《敦煌研究》1998 年第 3 期　p. 66

李方　敦煌《論語集解》校正　江蘇古籍出版社　1998　p. 830

李方　唐寫本《論語集解》校讀零拾　出土文獻研究（第三輯）　文物出版社　1998　p. 219

顔廷亮　敦煌文化　光明日報出版社　2000　p. 491

許建平　評《敦煌〈論語集解〉校正》　敦煌吐魯番研究（第五卷）　北京大學出版社　2001　p. 338

姜亮夫　敦煌莫高窟年表　姜亮夫全集（十一）　雲南人民出版社　2002　p. 384

許建平　《俄藏敦煌文獻》儒家經典類寫本的定名與綴合　漢語史學報專輯（第三輯）　上海教育出版社　2003　p. 313

許建平　中國國家圖書館藏未刊敦煌寫本殘片四種的定名與綴合　浙江與敦煌學：常書鴻先生誕辰一百周年紀念文集　浙江古籍出版社　2004　p. 320

黄征　敦煌俗字典　上海教育出版社　2005　p. 前言 13、48、103

黄征　敦煌俗字要論　《敦煌研究》2005 年第 1 期　p. 86

S. 801

向達　倫敦所藏敦煌卷子經眼目録　《北平圖書館圖書季刊》1939 年新第 1 卷第 4 期　p. 397　又見：唐代長安與西域文明　三聯書店　1957　p. 204

陳鐵凡　敦煌本尚書述略　（臺北）《大陸雜誌》1961 年第 8 期　又見：中國敦煌學百年文庫・文獻卷（一）　甘肅文化出版社　1999　p. 444

陳鐵凡　敦煌本虞夏商書校證補遺　（臺北）《大陸雜誌》1969 年第 2 期　又見：中國敦煌學百年文庫・文獻卷（二）　甘肅文化出版社　1999　p. 429

王堯　陳踐　敦煌吐蕃文獻選　四川民族出版社　1983　p. 66

金榮華　倫敦藏漢文敦煌卷子目録提要（初稿）序　敦煌學（第 12 輯）　（臺北）新文豐出版公司　1987　p. 138

孫啓治　唐寫本俗別字變化類型舉例　敦煌吐魯番文獻研究論集（第五輯）　北京大學出版社　1990　p. 124、128、130、132

土田健次郎　儒教典籍　敦煌漢文文獻（講座敦煌 5）　（東京）大東出版社　1992　p. 268

吳其昱著　伊藤美重子譯　敦煌漢文寫本概觀　敦煌漢文文獻（講座敦煌 5）　（東京）大東出版社　1992　p. 98

王堯　吐蕃時期藏譯漢籍名著及故事　中國古籍研究（第一卷）　上海古籍出版社　1996　p. 539

許建平　敦煌本《尚書》叙録　敦煌文獻論集：紀念藏經洞發現一百周年國際學術研討會論文集　遼寧人民出版社　2001　p. 382

許建平　BD14681《尚書》殘卷考辨　新世紀敦煌學論集　巴蜀書社　2003　p. 89

王冀青　斯坦因與日本敦煌學　甘肅教育出版社　2004　p. 306

許建平　敦煌出土《尚書》寫卷研究的過去與未來　敦煌吐魯番研究(第七卷)　北京大學出版社　2004　p. 227

中村威也　ДХ10698『尚書費誓』とДХ10698v「史書」について　『西北出土文獻研究』(創刊號)　(新潟)西北出土文獻研究會　2004　p. 42

S. 809

向達　倫敦所藏敦煌卷子經眼目録　《北平圖書館圖書季刊》1939 年新第 1 卷第 4 期　p. 397　又見:唐代長安與西域文明　三聯書店　1957　p. 204

石井昌子　靈寶經類　敦煌と中國道教(講座敦煌 4)　(東京)大東出版社　1983　p. 157

王卡　三洞奉道科戒儀範　敦煌學大辭典　上海辭書出版社　1998　p. 763

池田温　東アジア中古の荘園をめぐる一考察　東アジア史における國家と地域　(東京)刀水書房　1999　p. 400

王卡　敦煌道教文獻研究　中國社會科學出版社　2004　p. 33、138

S. 810

向達　倫敦所藏敦煌卷子經眼目録　《北平圖書館圖書季刊》1939 年新第 1 卷第 4 期　p. 397　又見:唐代長安與西域文明　三聯書店　1957　p. 205

姜亮夫　敦煌所見道教佚經考　敦煌學論文集　上海古籍出版社　1987　p. 315

池田溫　中國古代寫本識語集録　(東京)大藏出版株式會社　1990　p. 446

陶秋英輯録　姜亮夫校訂　敦煌所見道教佚經録　敦煌碎金　浙江古籍出版社　1992　p. 321

王卡　太平九極太上中皇真經　敦煌學大辭典　上海辭書出版社　1998　p. 760

王卡　敦煌殘抄本《太上濟衆經》考釋　唐研究(第六卷)　北京大學出版社　2000　p. 58

王卡　敦煌道教文獻研究　中國社會科學出版社　2004　p. 214

王卡　中國國家圖書館藏敦煌道教遺書研究報告　敦煌吐魯番研究(第七卷)　北京大學出版社　2004　p. 373

S. 811

向達　倫敦所藏敦煌卷子經眼目録　《北平圖書館圖書季刊》1939 年新第 1 卷第 4 期　p. 397　又見:唐代長安與西域文明　三聯書店　1957　p. 205

李正宇　敦煌文學概論　甘肅人民出版社　1993　p. 98、170

顏廷亮　敦煌西漢金山國之文學又三題　《蘭州教育學院學報》1993 年第 2 期　p. 11

沃興華　敦煌書法藝術　上海人民出版社　1994　p. 185

顏廷亮　敦煌文學概說　(臺北)新文豐出版公司　1995　p. 192

顏廷亮　《龍泉神劍歌》寫作時間和作者小辨　《西北民族研究》1995 年第 2 期　p. 59

楊秀清　八十年代以來金山國史研究綜述　《敦煌研究》1995 年第 4 期　p. 191

顏廷亮　敦煌西漢金山國檔案文獻考略　《甘肅社會科學》1996 年第 5 期　p. 93

劉濤　敦煌書法　敦煌學大辭典　上海辭書出版社　1998　p. 274

張涌泉　敦煌文書疑難詞語辨釋　舊學新知　浙江大學出版社　1999　p. 264

徐俊　敦煌詩集殘卷輯考　中華書局　2000　p. 773

顏廷亮　敦煌西漢金山國之文學考論　1994 年敦煌學國際研討會文集・宗教文史卷(上)　甘肅民族出版社　2000　p. 206、222

鄭炳林　陳雙印　敦煌寫本《諸山聖迹志》作者探微　《敦煌研究》2005 年第 1 期　p. 6

S. 813

向達　倫敦所藏敦煌卷子經眼目録　《北平圖書館圖書季刊》1939 年新第 1 卷第 4 期　p. 397　又見:唐代長安與西域文明　三聯書店　1957　p. 205

周一良　敦煌寫本書儀考(之一)　敦煌吐魯番文獻研究論集　中華書局　1982　p. 22

高國藩　敦煌民俗學　上海文藝出版社　1989　p. 326

菅原信海　占筮書　敦煌漢文文獻(講座敦煌 5)　(東京)大東出版社　1992　p. 461

金賢珠　唐五代敦煌民歌　(臺北)文史哲出版社　1994　p. 73

石泰安著　耿昇譯　兩卷敦煌藏文寫本中的儒教格言　國外藏學研究譯文集(第十一輯)　西藏人民出版社　1994　p. 271

嚴敦傑　孔子馬頭卜法一部二十七條　敦煌學大辭典　上海辭書出版社　1998　p. 622

嚴敦傑　李老君周易十二錢卜法　敦煌學大辭典　上海辭書出版社　1998　p. 622

饒宗頤　敦煌本《立成孔子馬坐卜占法》跋　《敦煌學輯刊》1999 年第 1 期　p. 1

馬克　敦煌數占小考　法國漢學(敦煌學專號)　中華書局　2000　p. 194

黄正建　敦煌占卜文書與唐五代占卜研究　學苑出版社　2001　p. 23、103

周一良　書儀源流考　魏晉南北朝史論集續編　北京大學出版社　2001　p. 274

湯涒　敦煌曲子詞地域文化研究　上海古籍出版社　2004　p. 108

王卡　敦煌道教文獻研究　中國社會科學出版社　2004　p. 151

支那　《敦煌遺書總目索引新編》匡補　《敦煌研究》2004 年第 4 期　p. 58

余欣　敦煌竈神信仰稽考　《敦煌學輯刊》2005 年第 3 期　p. 157

S. 814

張金泉　許建平　敦煌音義彙考　杭州大學出版社　1996　p. 1198

張金泉　敦煌佛經音義寫卷述要　《敦煌研究》1997 年第 2 期　p. 122

S. 816

土橋秀高　敦煌の律蔵　敦煌と中國仏教(講座敦煌 7)　(東京)大東出版社　1984　p. 249

S. 817

芳村修基　土橋秀高　井ノ口泰淳　敦煌佛教史年表　西域文化研究(第一)・敦煌佛教資料　(京都)法藏館　1958　p. 275

方廣錩　敦煌佛教經録輯校　江蘇古籍出版社　1997　p. 1023

S. 823

井ノ口泰淳　敦煌本『仏名經』の諸系統　中央アジアの言語と仏教　(京都)法藏館　1995　p. 296

S. 827

江素雲　維摩詰所説經敦煌寫本綜合目録　(臺北)東初出版社　1991　p. 79

S. 828

江素雲　維摩詰所説經敦煌寫本綜合目録　(臺北)東初出版社　1991　p. 79

S. 829

景盛軒　試論敦煌佛經異文研究的價值和意義　《敦煌研究》2004 年第 5 期　p. 88

S. 832

矢吹慶輝　三階教之研究　（東京）岩波書店　1927　p. 191

西本照真　敦煌抄本中的三階教文獻　中日敦煌佛教學術會議論文集　中國社會科學院研究所　2002　p. 177

西本照真　三階教文獻綜述　藏外佛教文獻（第九輯）　宗教文化出版社　2003　p. 364

S. 834

井ノ口泰淳　敦煌本『仏名經』の諸系統　中央アジアの言語と仏教　（京都）法藏館　1995　p. 296

S. 837

岡部和雄　疑僞經典　敦煌仏典と禪（講座敦煌 8）　（東京）大東出版社　1980　p. 357

田中良昭　敦煌禪宗文獻の研究　（東京）大東出版社　1983　p. 403

柳田聖山　禪籍解題（一）・敦煌禪籍　俗語言研究（第二期）　（京都）禪文化研究所　1995　p. 148

S. 839

岡部和雄　經疏・要抄　敦煌仏典と禪（講座敦煌 8）　（東京）大東出版社　1980　p. 337

福井文雅撰　郭自得譯　般若心經觀在中國的變遷　敦煌學（第 6 輯）　（臺北）新文豐出版公司　1983　p. 26

福井文雅　般若心經　敦煌と中國仏教（講座敦煌 7）　（東京）大東出版社　1984　p. 43

柳田聖山　禪籍解題（一）・敦煌禪籍　俗語言研究（第二期）　（京都）禪文化研究所　1995　p. 149

方廣錩　般若波羅蜜多心經疏　敦煌學大辭典　上海辭書出版社　1998　p. 687

S. 840

李正宇　敦煌方音止遇二攝混同及其校勘學意義　《敦煌研究》1986 年第 4 期　p. 47

周祖謨　敦煌唐本字書叙録　敦煌語言文學研究　北京大學出版社　1988　p. 54

鄭阿財　敦煌蒙書析論　第二屆敦煌學國際研討會論文集　（臺北）漢學研究中心　1990　p. 215 注 14

胡戟　傅玫　敦煌史話　中華書局　1995　p. 182

張金泉　許建平　敦煌音義彙考　杭州大學出版社　1996　p. 1272

張金泉　雜字　敦煌學大辭典　上海辭書出版社　1998　p. 516

張涌泉　敦煌文書疑難詞語辨釋　舊學新知　浙江大學出版社　1999　p. 268

S. 845

江素雲　維摩詰所説經敦煌寫本綜合目録　（臺北）東初出版社　1991　p. 79

林聰明　敦煌吐魯番文書解詁指例　（臺北）新文豐出版公司　2001　p. 121

S. 846

土橋秀高　敦煌の律蔵　敦煌と中國仏教（講座敦煌 7）　（東京）大東出版社　1984　p. 247

方廣錩　四分律刪補隨機羯磨　敦煌學大辭典　上海辭書出版社　1998　p. 712

S. 848

上山大峻　敦煌佛教の研究　(京都)法藏館　1990　p. 196

方廣錩　六門陀羅尼經論廣釋　敦煌學大辭典　上海辭書出版社　1998　p. 701

S. 855

福井文雅　般若心經　敦煌と中國仏教(講座敦煌 7)　(東京)大東出版社　1984　p. 44

S. 857

土橋秀高　敦煌の律蔵　敦煌と中國仏教(講座敦煌 7)　(東京)大東出版社　1984　p. 249

S. 860

岡部和雄　敦煌蔵經目録　敦煌と中國仏教(講座敦煌 7)　(東京)大東出版社　1984　p. 317

S. 861

石井昌子　靈寶經類　敦煌と中國道教(講座敦煌 4)　(東京)大東出版社　1983　p. 155

伊藤伸　中國書法史上から見た敦煌漢文寫本　敦煌漢文文獻(講座敦煌 5)　(東京)大東出版社　1992　p. 188

茅甘　敦煌寫本中的"九宮圖"　法國學者敦煌學論文選萃　中華書局　1993　p. 302

饒宗頤　跋:從"河圖"、"洛書"、"陰陽五行"、"八卦"在西藏看古代哲學思想的交流　華學(第一輯)　中山大學出版社　1995　p. 257

伊藤伸著　趙聲良譯　從中國書法史看敦煌漢文文書(二)　《敦煌研究》1996 年第 2 期　p. 134

王卡　太上業報因緣經　敦煌學大辭典　上海辭書出版社　1998　p. 764

王卡　敦煌道教文獻研究　中國社會科學出版社　2004　p. 127

王卡　中國國家圖書館藏敦煌道教遺書研究報告　敦煌吐魯番研究(第七卷)　北京大學出版社　2004　p. 354

S. 864

芳村修基　土橋秀高　井ノ口泰淳　敦煌佛教史年表　西域文化研究(第一)・敦煌佛教資料　(京都)法藏館　1958　p. 275

福井文雅　般若心經　敦煌と中國仏教(講座敦煌 7)　(東京)大東出版社　1984　p. 70

山本達郎等　敦煌・III 轉貼　『NUN – HUANG AND TURFAN DOCUMENTS CONCERNING SOCIAL AND ECONOMIC HISTORY』(IV)　(東京)東洋文庫　1989　p. 46

池田溫　中國古代寫本識語集録　(東京)大蔵出版株式會社　1990　p. 527

方廣錩　般若波羅蜜多心經　敦煌學大辭典　上海辭書出版社　1998　p. 686

徐俊　關於"禪門秘要訣":敦煌釋氏歌偈寫本三種合校　慶祝吳其昱先生八秩華誕敦煌學特刊　(臺北)文津出版社　2000　p. 223

S. 865

福井文雅　般若心經　敦煌と中國仏教(講座敦煌 7)　(東京)大東出版社　1984　p. 38

陳祚龍　敦煌學新簡　敦煌文物散論　(臺北)新文豐出版公司　1993　p. 161

寧可　郝春文　敦煌社邑文書輯校　江蘇古籍出版社　1997　p. 237

張涌泉　敦煌本《佛說父母恩重經》研究　文史(第四十九輯)　中華書局　1999　p. 70

馬世長　《父母恩重經》寫本與變相　敦煌研究文集:敦煌石窟經變篇　甘肅民族出版社　2000　p. 398
山本達郎等　補(IV)社・III 轉貼　『NUN – HUANG AND TURFAN DOCUMENTS CONCERNING SOCIAL AND ECONOMIC HISTORY』(Sup. p. lemrnts)　(東京)東洋文庫　2001　p. 77
町田隆吉　『唐咸亨四年(673)左憧憙生前及隨身錢物疏』をめぐって　『西北出土文獻研究』(創刊號)　(新潟)西北出土文獻研究會　2004　p. 69

S. 866

江素雲　維摩詰所説經敦煌寫本綜合目録　(臺北)東初出版社　1991　p. 79

S. 871

江素雲　維摩詰所説經敦煌寫本綜合目録　(臺北)東初出版社　1991　p. 79

S. 889

蘇瑩輝　張淮深於光啓三年求授旌節辯　敦煌學(第 3 輯)　(香港)新亞研究所敦煌學會　1976　p. 60 注 23
蘇瑩輝　瓜沙史事叢考　(臺北)商務印書館　1983　p. 42

S. 890

陳祚龍　敦煌古抄内典尾記彙校初、二、三編合刊　敦煌學要籥　(臺北)新文豐出版公司　1982　p. 97
池田溫　中國古代寫本識語集録　(東京)大藏出版株式會社　1990　p. 326

S. 895

劉銘恕　英國博物院所藏的敦煌卷子　《中國科學院圖書館通訊》1957 年第 1 期　又見:中國敦煌學百年文庫・綜述卷(二)　甘肅文化出版社　1999　p. 127

S. 898

馮培紅　唐五代歸義軍政權中隊職問題辨析　《敦煌學輯刊》1996 年第 2 期　p. 30　又見:敦煌歸義軍史專題研究　蘭州大學出版社　1997　p. 44

S. 902

王青　西域文化影響下的中古小說　中國社會科學出版社　2006　p. 342

S. 905

江素雲　維摩詰所説經敦煌寫本綜合目録　(臺北)東初出版社　1991　p. 79

S. 908

杜愛英　敦煌遺書中俗體字的諸種類型　《敦煌研究》1992 年第 3 期　p. 121

S. 912

芳村修基　土橋秀高　井ノ口泰淳　敦煌佛教史年表　西域文化研究(第一)・敦煌佛教資料　(京

都)法藏館　1958　p. 270

金榮華　敦煌寫卷紙質之考察　(臺北)《世界華學季刊》1981 年第 2 卷第 4 期　又見:敦煌吐魯番論集　(臺北)新文豐出版公司　1996　p. 78

圓空　《新菩薩經》《勸善經》《救諸衆生苦難經》校録及其流傳背景之探討　《敦煌研究》1992 年第 1 期　p. 53

蕭登福　道教術儀與密教典籍　(臺北)新文豐出版公司　1994　p. 496

S. 913

江素雲　維摩詰所説經敦煌寫本綜合目録　(臺北)東初出版社　1991　p. 79

S. 914

矢吹慶輝　鳴沙餘韻・解說篇(第一部)　(京都)臨川書店　1980　p. 39

上山大峻　敦煌佛教の研究　(京都)法藏館　1990　p. 345

S. 918

藤枝晃著　徐慶全　李樹清譯　敦煌寫本概述　《敦煌研究》1996 年第 2 期　p. 117

S. 920

荒見泰史　從敦煌寫本中變文的改寫情況來探討五代講唱文學的演變　敦煌學國際研討會論文集　北京圖書館出版社　2005　p. 179

S. 921

郝春文　英倫研讀敦煌文獻原件劄記　《敦煌研究》2000 年第 2 期　p. 96

陳國燦　敦煌學史事新證　甘肅教育出版社　2002　p. 334

S. 922

陳祚龍　敦煌古抄内典尾記彙校初、二、三編合刊　敦煌學要籥　(臺北)新文豐出版公司　1982　p. 97

池田溫　中國古代寫本識語集録　(東京)大蔵出版株式會社　1990　p. 389

S. 928

土橋秀高　敦煌の律蔵　敦煌と中國仏教(講座敦煌 7)　(東京)大東出版社　1984　p. 246

方廣錩　曇無德律部雜羯磨　敦煌學大辭典　上海辭書出版社　1998　p. 712

S. 929

江素雲　維摩詰所説經敦煌寫本綜合目録　(臺北)東初出版社　1991　p. 79

S. 930

向達　倫敦所藏敦煌卷子經眼目録　《北平圖書館圖書季刊》1939 年新第 1 卷第 4 期　p. 397　又見:唐代長安與西域文明　三聯書店　1957　p. 205

劉銘恕　英國博物院所藏的敦煌卷子　《中國科學院圖書館通訊》1957 年第 1 期　又見:中國敦煌學百年文庫・綜述卷(二)　甘肅文化出版社　1999　p. 129

金岡照光　敦煌文學のさまざま　敦煌の文學　（東京）大藏出版株式會社　1971　p. 161
陳慶浩　古賢集校注　敦煌學(第 3 輯）（香港）新亞研究所敦煌學會　1976　p. 67
李正宇　敦煌方音止遇二攝混同及其校勘學意義　《敦煌研究》1986 年第 4 期　p. 50
王重民原編　黄永武新編　敦煌古籍叙録新編(第八冊）（臺北）新文豐出版公司　1986　p. 187
姜亮夫　敦煌經卷壁畫中所見釋氏僧名録　敦煌學論文集　上海古籍出版社　1987　p. 1034
任半塘　敦煌歌辭總編　上海古籍出版社　1987　p. 1338
高國藩　敦煌民俗學　上海文藝出版社　1989　p. 33
許康　敦煌算書透露的科學與社會信息　《敦煌研究》1989 年第 1 期　p. 96
張錫厚　敦煌詩歌考論　《敦煌學輯刊》1989 年第 2 期　p. 12
張錫厚　詩歌　敦煌文學　甘肅人民出版社　1989　p. 158
高國藩　敦煌古俗與民俗流變　河海大學出版社　1990　p. 448
李豐楙　唐代《洞淵神咒經》寫卷與李弘:兼論神咒類道經的功德觀　第二屆敦煌學國際研討會論文集（臺北）漢學研究中心　1990　p. 482
任半塘　王昆吾　隋唐五代燕樂雜言歌辭集　巴蜀書社　1990　p. 1666
宮島一彥　曆書・算書　敦煌漢文文獻(講座敦煌 5）（東京）大東出版社　1992　p. 477
菅原信海　占筮書　敦煌漢文文獻(講座敦煌 5）（東京）大東出版社　1992　p. 457
陶秋英輯録　姜亮夫校訂　敦煌經卷壁畫中所見釋氏名録　敦煌碎金　浙江古籍出版社　1992　p. 20
張涌泉　《敦煌歌辭總編》校議　《語言研究》1992 年第 1 期　p. 59
周紹良　敦煌文學芻議及其它（臺北）新文豐出版公司　1992　p. 23
李正宇　敦煌文學概論　甘肅人民出版社　1993　p. 95
齊陳駿　寒沁　河西都僧統唐悟真作品和見載文獻系年　《敦煌學輯刊》1993 年第 2 期　p. 11
孫其芳　顔廷亮　敦煌文學概論　甘肅人民出版社　1993　p. 444
項楚　敦煌詩歌導論（臺北）新文豐出版公司　1993　p. 158
张锡厚　敦煌文學概論　甘肅人民出版社　1993　p. 360
王進玉　敦煌石窟探秘　四川教育出版社　1994　p. 107
閻國權等　敦煌宗教文化　新華出版社　1994　p. 34
胡戟　傅玫　敦煌史話　中華書局　1995　p. 197
鄧文寬　敦煌文獻《唐貞觀八年高士廉等條舉氏族奏抄》辨證　敦煌吐魯番學耕耘録（臺北）新文豐出版公司　1996　p. 254
楊際平　唐代尺步、畝制、畝産小議　《中國社會經濟史研究》1996 年第 2 期　p. 36
張錫厚　敦煌釋氏詩歌創作論　慶祝潘石禪先生九秩華誕敦煌學特刊（臺北）文津出版社　1996　p. 198
張涌泉　敦煌俗字研究導論（臺北）新文豐出版公司　1996　p. 102
張弓　漢唐佛寺文化史　中國社會科學出版社　1997　p. 839
鄭炳林　敦煌碑銘讚輯釋　甘肅教育出版社　1997　p. 128 注 2
鄧文寬　敦煌算書　敦煌學大辭典　上海辭書出版社　1998　p. 600
鄧文寬　圭抄撮　敦煌學大辭典　上海辭書出版社　1998　p. 603
鄧文寬　數碼　敦煌學大辭典　上海辭書出版社　1998　p. 603
李正宇　悟真　敦煌學大辭典　上海辭書出版社　1998　p. 355
李正宇　悟真詩　敦煌學大辭典　上海辭書出版社　1998　p. 558
王卡　太上洞淵神咒經　敦煌學大辭典　上海辭書出版社　1998　p. 762

羅福頤　敦煌石室文物對於學術上的貢獻　中國敦煌學百年文庫·考古卷(四)　甘肅文化出版社　1999　p. 7

張涌泉　俗字研究與敦煌文獻的校理　舊學新知　浙江大學出版社　1999　p. 60

杜琪　敦煌詩賦作品要目分類題注　《甘肅社會科學》2000 第 1 期　p. 62

孫其芳　大漠遺歌:敦煌詩歌選評　甘肅人民出版社　2000　p. 181

徐俊　敦煌詩集殘卷輯考　中華書局　2000　p. 155

顔廷亮　西陲文學遺珍:敦煌文學通俗談　甘肅人民出版社　2000　p. 91

楊秀清　華戎交會的都市:敦煌與絲綢之路　甘肅人民出版社　2000　p. 135

張錫厚　敦煌文學源流　作家出版社　2000　p. 43、347

黄正建　敦煌占卜文書與唐五代占卜研究　學苑出版社　2001　p. 174

邵文實　敦煌佛教文學與邊塞文學　《敦煌學輯刊》2001 年第 2 期　p. 29

王卡　敦煌道教文獻研究　中國社會科學出版社　2004　p. 144

王卡　中國國家圖書館藏敦煌道教遺書研究報告　敦煌吐魯番研究(第七卷)　北京大學出版社　2004　p. 359

華瀾　9 至 10 世紀敦煌曆日中的選擇術與醫學活動　敦煌吐魯番研究(第九卷)　北京大學出版社　2006　p. 428

S. 933

陳祚龍　敦煌古抄内典尾記彙校初、二、三編合刊　敦煌學要籥　(臺北)新文豐出版公司　1982　p. 97

池田溫　中國古代寫本識語集録　(東京)大蔵出版株式會社　1990　p. 366

石内德　敦煌文獻中被廢棄的殘經抄本　法國漢學(敦煌學專號)　中華書局　2000　p. 19

S. 935

鄭炳林　敦煌碑銘讚輯釋　甘肅教育出版社　1997　p. 517 注 8

S. 936

羽田亨　唐光啓元年寫本沙州伊州地志殘卷考　唐代文獻叢考　商務印書館　1947　p. 73

向達　羅叔言《補唐書張議潮傳》補正　遼海引年集　和記印書館　1948　p. 85　又見:唐代長安與西域文明　三聯書店　1957　p. 418

森安孝夫　ウイグル吐蕃の北庭爭奪戰及びその後の西域情勢について　『東洋學報』(55 卷 4 號)　(東京)東洋學術協會　1973　p. 87

姜亮夫　唐五代瓜沙張曹兩世家考　《中華文史論叢》1979 年第 3 期　又見:中國敦煌學百年文庫·歷史卷(一)　甘肅文化出版社　1999　p. 352

菊池英夫　唐代敦煌社會の外貌　敦煌の社會(講座敦煌 3)　(東京)大東出版社　1980　p. 92

向達　補唐書張議潮傳補正　敦煌學文選(上)　蘭州大學歷史系敦煌學研究室等　1983　p. 61 注 7

土橋秀高　敦煌の律蔵　敦煌と中國仏教(講座敦煌 7)　(東京)大東出版社　1984　p. 246

姜伯勤　論敦煌寺院的"常住百姓"　五十年來漢唐佛教寺院經濟研究　北京師範大學出版社　1986　p. 184

姜亮夫　羅振玉補唐書張議潮傳訂補　向達先生紀念論文集　新疆人民出版社　1986　p. 76　又見:敦煌學論文集　上海古籍出版社　1987　p. 887 ; 姜亮夫全集(十四)　雲南人民出版社

2002　p. 316

盧向前　關於歸義軍時期一份布紙破用曆的研究：試釋伯四六四〇背面文書　敦煌吐魯番文獻研究論集（第三輯）　北京大學出版社　1986　p. 417 注 40　又見：敦煌吐魯番文書論稿　江西人民出版社　1992　p. 123 注 54

姜亮夫　敦煌經卷題名録　敦煌學論文集　上海古籍出版社　1987　1986

唐長孺　關於歸義軍節度使的幾種資料跋　絲綢之路文獻叙録　蘭州大學出版社　1989　p. 52　又見：山居存稿　中華書局　1989　p. 440

齊東方　敦煌文書及敦煌石窟題名中所見的吐谷渾餘部　敦煌吐魯番文獻研究論集（第五輯）　北京大學出版社　1990　p. 268、277 注 5

日比野丈夫　地理書　敦煌漢文文獻（講座敦煌 5）　（東京）大東出版社　1992　p. 347

陶秋英輯録　姜亮夫校訂　敦煌經卷題名録　敦煌碎金　浙江古籍出版社　1992　p. 81

榮新江　敦煌邈真讚所見歸義軍與東西回鶻的關係　敦煌邈真讚校録並研究　（臺北）新文豐出版公司　1994　p. 74

榮新江　張氏歸義軍與西州回鶻的關係　敦煌學國際研討會文集・史地語文編　遼寧美術出版社　1995　p. 120

黄征　程惠新　劫塵遺珠：敦煌遺書　甘肅教育出版社　1999　p. 235

陳國燦　敦煌學史事新證　甘肅教育出版社　2002　p. 26

S. 937

方廣錩　入楞伽經　敦煌學大辭典　上海辭書出版社　1998　p. 666

S. 938

平井俊榮　敦煌仏典と中國仏教　敦煌と中國仏教（講座敦煌 7）　（東京）大東出版社　1984　p. 8

王三慶　敦煌寫卷中武后新字之調查研究　唐代研究論集（第三輯）　（臺北）新文豐出版公司　1992　p. 87

S. 943

方廣錩　七佛八菩薩所說大陀羅尼神咒經　敦煌學大辭典　上海辭書出版社　1998　p. 701

李小榮　敦煌密教文獻論稿　人民文學出版社　2003　p. 33

S. 945

福井文雅撰　郭自得譯　般若心經觀在中國的變遷　敦煌學（第 6 輯）　（臺北）新文豐出版公司　1983　p. 22

福井文雅　般若心經　敦煌と中國仏教（講座敦煌 7）　（東京）大東出版社　1984　p. 42

S. 948

平井俊榮　敦煌仏典と中國仏教　敦煌と中國仏教（講座敦煌 7）　（東京）大東出版社　1984　p. 8

S. 950

福井文雅　般若心經　敦煌と中國仏教（講座敦煌 7）　（東京）大東出版社　1984　p. 43

S. 957

向達　倫敦所藏敦煌卷子經眼目録　《北平圖書館圖書季刊》1939 年新第 1 卷第 4 期　p. 397　又見:唐代長安與西域文明　三聯書店　1957　p. 205

矢吹慶輝　鳴沙餘韻・解說篇(第二部)　(京都)臨川書店　1980　p. 316

王卡　太上九真妙戒金籙度命九幽拔罪妙經　敦煌學大辭典　上海辭書出版社　1998　p. 760

王卡　敦煌道教文獻研究　中國社會科學出版社　2004　p. 140

S. 958

陳祚龍　關於研究李唐三藏法師玄奘的"作爲"及其影響之敦煌古抄參考資料　中華佛教文化史散策(初集)　(臺北)新文豐出版公司　1978　p. 373

陳祚龍　《簡記敦煌古抄方志》及其"後語"　敦煌學要籥　(臺北)新文豐出版公司　1982　p. 221

鄭炳林　敦煌地理文書彙輯校注　甘肅教育出版社　1989　p. 261

劉銘恕　敦煌遺書叢識之四　敦煌吐魯番學研究論文集　漢語大詞典出版社　1990　p. 34

李并成　敦煌遺書中地理書卷的學術價值　《地理研究》1992 年第 3 期　p. 43

李并成　一批珍貴的古代地理文書:敦煌遺書中的地理書卷　《中國科技史料》1992 年第 13 卷第 4 期　p. 92

胡戟　傅玫　敦煌史話　中華書局　1995　p. 150

劉方　大唐西域記古本三種　敦煌學大辭典　上海辭書出版社　1998　p. 838(原文録爲 S. 598)

黄征　程惠新　劫塵遺珠:敦煌遺書　甘肅教育出版社　1999　p. 184

榮新江　敦煌地理文獻的價值與研究　《書品》2000 年第 3 期　又見:敦煌學新論　甘肅教育出版社　2002　p. 253

樊錦詩　玄奘譯經和敦煌壁畫　《敦煌研究》2004 年第 2 期　p. 10

S. 961

江素雲　維摩詰所說經敦煌寫本綜合目録　(臺北)東初出版社　1991　p. 79

S. 964

矢吹慶輝　鳴沙餘韻・解說篇(第一部)　(京都)臨川書店　1980　p. 154

王進玉　趙豐　敦煌文物中的紡織技藝　《敦煌研究》1989 年第 4 期　p. 102

上山大峻　敦煌佛教の研究　(京都)法藏館　1990　p. 18

唐耕耦　陸宏基　敦煌社會經濟文獻真迹釋録(四)　全國圖書館文獻縮微複製中心　1990　p. 447

方廣錩　佛教大藏經史(八—十世紀)　中國社會科學出版社　1991　p. 135

暨遠志　張議潮出行圖研究(續)　《敦煌研究》1992 年第 4 期　p. 80

黄正建　敦煌文書與唐代軍隊衣裝　《敦煌學輯刊》1993 年第 1 期　p. 11

李錦繡　1993—1994 年大陸地區唐代學術研究概況:史學　"中國唐代學會"會刊(第五期)　(臺北)"中國唐代學會"　1994　p. 96

李錦繡　唐代財政史稿・上卷(第三分冊)　北京大學出版社　1995　p. 1251

張國剛　隋唐五代史研究概要　天津教育出版社　1996　p. 214

劉永連　1996—1997 年大陸地區唐代學術研究概況:敦煌學　"中國唐代學會"會刊(第八期)　(臺北)"中國唐代學會"　1997　p. 115

孫繼民　敦煌文書 S. 964 的定名及所涉兵員身份　《敦煌研究》1997 年第 1 期　p. 101

郝春文　曇曠　敦煌學大辭典　上海辭書出版社　1998　p. 347

孫繼民　《唐天寶年間豆盧軍某營衣裝勘檢曆》雜識之一　敦煌吐魯番研究(第三卷)　北京大學出版社　1998　p. 161
池田溫　中國古代物價初探　唐研究論文選集　中國社會科學出版社　1999　p. 179 注 68
史睿　1996—1997 年隋唐五代史研究綜述　國際漢學(第三輯)　大象出版社　1999　p. 441
黄正建　S. 964v 號文書與唐代兵士的春冬衣　英國收藏敦煌漢藏文獻研究:紀念敦煌文獻發現一百周年　中國社會科學出版社　2000　p. 237
孫繼民　敦煌吐魯番所出唐代軍事文書初探　中國社會科學出版社　2000　p. 80、167
黄正建　敦煌資料與唐五代人的衣食住行　敦煌與絲路文化學術講座(第二輯)　北京圖書館出版社　2005　p. 112

S. 966

向達　倫敦所藏敦煌卷子經眼目録　《北平圖書館圖書季刊》1939 年新第 1 卷第 4 期　p. 397　又見:唐代長安與西域文明　三聯書店　1957　p. 205
藤枝晃著　白文譯　中國北朝寫本的三個分期　《敦煌研究》1990 年第 2 期　p. 46
王素　唐寫本《論語鄭氏注》校録　唐寫本論語鄭氏注及其研究　文物出版社　1991　p. 132 注 156
土田健次郎　儒教典籍　敦煌漢文文獻　(講座敦煌 5)　(東京)大東出版社　1992　p. 269
李方　敦煌《論語集解》校正　江蘇古籍出版社　1998　p. 832
李方　唐寫本《論語集解》校讀零拾　出土文獻研究(第三輯)　文物出版社　1998　p. 218
許建平　《俄藏敦煌文獻》儒家經典類寫本的定名與綴合　漢語史學報專輯(第三輯)　上海教育出版社　2003　p. 310
韓鋒　幾件敦煌寫本《論語》白文殘卷綴合研究　《敦煌學輯刊》2006 年第 1 期　p. 6

S. 972

土橋秀高　敦煌の律蔵　敦煌と中國仏教(講座敦煌 7)　(東京)大東出版社　1984　p. 262
湛如　敦煌佛教律儀制度研究　中華書局　2003　p. 157

S. 973

陳祚龍　敦煌古抄内典尾記彙校初、二、三編合刊　敦煌學要籥　(臺北)新文豐出版公司　1982　p. 97

S. 975

江素雲　維摩詰所說經敦煌寫本綜合目録　(臺北)東初出版社　1991　p. 79
方廣錩　斯坦因敦煌特藏所附數碼著録考　敦煌學國際研討會文集・史地語文編　遼寧美術出版社　1995　p. 532

S. 976

陳祚龍　敦煌古抄内典尾記彙校初、二、三編合刊　敦煌學要籥　(臺北)新文豐出版公司　1982　p. 98

S. 977

方廣錩　斯坦因敦煌特藏所附數碼著録考　敦煌學國際研討會文集・史地語文編　遼寧美術出版社　1995　p. 532

S. 978

江素雲　維摩詰所說經敦煌寫本綜合目録　(臺北)東初出版社　1991　p. 79

S. 980

芳村修基　土橋秀高　井ノロ泰淳　敦煌佛教史年表　西域文化研究(第一)·敦煌佛教資料　(京都)法藏館　1958　p. 275

陳祚龍　敦煌古抄内典尾記彙校初、二、三編合刊　敦煌學要籥　(臺北)新文豐出版公司　1982　p. 98

池田溫　中國古代寫本識語集録　(東京)大藏出版株式會社　1990　p. 455

盧向前　金山國立國之我見　《敦煌學輯刊》1990 年第 2 期　p. 16　又見:敦煌吐魯番文書論稿　江西人民出版社　1992　p. 179

榮新江　金山國史辨正　中華文史論叢(總 50 輯)　上海古籍出版社　1992　p. 84 注 10

黄征　吴偉　敦煌願文集　岳麓書社　1995　p. 920

張金泉　許建平　敦煌音義彙考　杭州大學出版社　1996　p. 1198

張金泉　敦煌佛經音義寫卷述要　《敦煌研究》1997 年第 2 期　p. 122

陳國燦　辛未年皇太子寫金光明最勝王經記　敦煌學大辭典　上海辭書出版社　1998　p. 458

方廣錩　金光明最勝王經　敦煌學大辭典　上海辭書出版社　1998　p. 679

葛兆光　中國宗教與文學論集　清華大學出版社　1998　p. 37 注 3

高國藩　敦煌俗文化學　上海三聯書店　1999　p. 607

金岡照光　敦煌文獻と中國文學　(東京)五曜書房　2000　p. 427

嚴耀中　敦煌文書中的"平等大王"和唐宋間的均平思潮　唐研究(第六卷)　北京大學出版社　2000　p. 19

楊富學　王書慶　唐代長安與敦煌佛教文化之關係　'98 法門寺唐文化國際學術討論會論文集　陝西人民出版社　2000　p. 178

馬德　敦煌寫經題記的社會意義　法源(第 19 期)　中國佛學院　2001　p. 84

李正宇　唐宋時期的敦煌佛教　敦煌佛教藝術文化國際學術研討會論文集　蘭州大學出版社　2002　p. 374

李正宇　唐宋時期敦煌佛經性質功能的變化　戒幢佛學(第二卷)　岳麓書社　2002　p. 23　又見:中日敦煌佛教學術會議論文集　中國社會科學院研究所　2002　p. 19

王豔明　瓜州曹氏與甘州回鶻的兩次和親始末　《敦煌研究》2003 年第 1 期　p. 70

劉永明　論敦煌佛教信仰中的佛道融合　《敦煌學輯刊》2005 年第 1 期　p. 53

敏春芳　敦煌願文詞語例釋　《敦煌學輯刊》2005 年第 1 期　p. 105

S. 982

方廣錩　斯坦因敦煌特藏所附數碼著録考　敦煌學國際研討會文集·史地語文编　遼寧美術出版社　1995　p. 532

S. 983

方廣錩　斯坦因敦煌特藏所附數碼著録考　敦煌學國際研討會文集·史地語文编　遼寧美術出版社　1995　p. 532

S. 984

方廣錩　斯坦因敦煌特藏所附數碼著録考　敦煌學國際研討會文集・史地語文编　遼寧美術出版社　1995　p. 532

S. 985

芳村修基　土橋秀高　井ノ口泰淳　敦煌佛教史年表　西域文化研究(第一)・敦煌佛教資料　(京都)法藏館　1958　p. 273

岡部和雄　經疏・要抄　敦煌仏典と禪(講座敦煌 8)　(東京)大東出版社　1980　p. 344

矢吹慶輝　鳴沙餘韻・解說篇(第一部)　(京都)臨川書店　1980　p. 212、315

陳祚龍　敦煌古抄内典尾記彙校初、二、三編合刊　敦煌學要籥　(臺北)新文豐出版公司　1982　p. 98

陳祚龍　南朝傅翕的"韻文"　敦煌簡策訂存　(臺北)商務印書館　1983　p. 130

陳祚龍　關於"青州牛吃草,益州馬腹脹"與"人在橋上走,橋流水不流"　中華佛教文化史散策(四集)　(臺北)新文豐出版公司　1986　p. 324

上山大峻　敦煌佛教の研究　(京都)法藏館　1990　p. 19、75、421

林聰明　敦煌文書出處略考　季羨林教授八十華誕紀念論文集(下)　江西人民出版社　1991　p. 856

林聰明　敦煌文書學　(臺北)新文豐出版公司　1991　p. 386

吳其昱著　伊藤美重子譯　敦煌漢文寫本概観　敦煌漢文文獻(講座敦煌 5)　(東京)大東出版社　1992　p. 57

索仁森著　李吉和譯　敦煌漢文禪籍特徵概觀　《敦煌研究》1994 年第 1 期　p. 110

汪泛舟　敦煌詩詞補正與考源　《敦煌研究》1997 年第 3 期　p. 111

方廣錩　大乘要語　敦煌學大辭典　上海辭書出版社　1998　p. 723

郝春文　曇曠　敦煌學大辭典　上海辭書出版社　1998　p. 347

徐俊　敦煌詩集殘卷輯考　中華書局　2000　p. 858、930

姜亮夫　敦煌莫高窟年表　姜亮夫全集(十一)　雲南人民出版社　2002　p. 436

黄征　敦煌草書寫卷《大乘起信論略述》卷上考訂(三)　敦煌學國際研討會論文集　北京圖書館出版社　2005　p. 100

S. 986

向達　倫敦所藏敦煌卷子經眼目録　《北平圖書館圖書季刊》1939 年新第 1 卷第 4 期　p. 397　又見:唐代長安與西域文明　三聯書店　1957　p. 205

方廣錩　斯坦因敦煌特藏所附數碼著録考　敦煌學國際研討會文集・史地語文编　遼寧美術出版社　1995　p. 531

王卡　道要靈祇神鬼品經　敦煌學大辭典　上海辭書出版社　1998　p. 759

王卡　敦煌道教文獻研究　中國社會科學出版社　2004　p. 225

王卡　中國國家圖書館藏敦煌道教遺書研究報告　敦煌吐魯番研究(第七卷)　北京大學出版社　2004　p. 374

S. 987

矢吹慶輝　鳴沙餘韻・解說篇(第二部)　(京都)臨川書店　1980　p. 315

陳祚龍　敦煌古抄内典尾記彙校初、二、三編合刊　敦煌學要籥　(臺北)新文豐出版公司　1982

p. 98

S. 988

李小榮　敦煌密教文獻論稿　人民文學出版社　2003　p. 36

陳明　殊方異藥:出土文書與西域醫學　北京大學出版社　2005　p. 99

S. 992

方廣錩　勝鬘師子吼一乘大方便方廣經　敦煌學大辭典　上海辭書出版社　1998　p. 658

S. 994

矢吹慶輝　鳴沙餘韻・解說篇(第二部)　(京都)臨川書店　1980　p. 312

S. 995

方廣錩　斯坦因敦煌特藏所附數碼著録考　敦煌學國際研討會文集・史地語文编　遼寧美術出版社　1995　p. 531

井ノ口泰淳　敦煌本『仏名經』の諸系統　中央アジアの言語と仏教　(京都)法藏館　1995　p. 298

S. 996

許國霖　敦煌石室寫經題記彙编　《微妙聲》1936 – 1937 年第 1 – 4 期　又見:中國敦煌學百年文庫・宗教卷(四)　甘肅文化出版社　1999　p. 239

許國霖　敦煌石室寫經年代表　《微妙聲》1937 年第 5 期　又見:中國敦煌學百年文庫・宗教卷(四)　甘肅文化出版社　1999　p. 193

芳村修基　土橋秀高　井ノ口泰淳　敦煌佛教史年表　西域文化研究(第一)・敦煌佛教資料　(京都)法藏館　1958　p. 252

陳祚龍　敦煌古抄内典尾記彙校初、二、三编合刊　敦煌學要籥　(臺北)新文豐出版公司　1982　p. 98

饒宗頤　巴黎藏最早之敦煌寫卷金光明經(P. 4506)　選堂集林・史林　(香港)中華書局　1982　p. 418

饒宗頤　北魏馮熙(？— 495)與敦煌寫經:魏太和寫雜阿毘曇心經跋　選堂集林・史林　(香港)中華書局　1982　p. 422

劉銘恕　敦煌遺書叢識　1983 年全國敦煌學術討論會文集・文史遺書编(上)　甘肅人民出版社　1987　p. 434

龍晦　唐五代西北方音與敦煌文獻研究　敦煌歌辭總编　上海古籍出版社　1987　p. 1832 注 3

周丕顯　敦煌佛經略考　《敦煌學輯刊》1987 年第 2 期　p. 4

韓建瓴　題跋　敦煌文學　甘肅人民出版社　1989　p. 78

林亞傑　從晉唐寫經看書法與佛教的關係　紀念陳寅恪教授國際學術討論會文集　中山大學出版社　1989　p. 474

池田溫　中國古代寫本識語集録　(東京)大藏出版株式會社　1990　p. 92

陳祚龍　敦煌學識小　敦煌學津雜誌　(臺北)文津出版社　1991　p. 169

伊藤伸　中國書法史上から見た敦煌漢文寫本　敦煌漢文文獻(講座敦煌 5)　(東京)大東出版社　1992　p. 203

戴仁　敦煌和吐魯番寫本的斷代研究　法國學者敦煌學論文選萃　中華書局　1993　p. 532

饒宗頤　北魏馮熙與敦煌寫經　饒宗頤史學論著選　上海古籍出版社　1993　p. 482
饒宗頤　文心與阿毗曇心　梵學集　上海古籍出版社　1993　p. 184
蘇遠鳴　敦煌漢文寫本的斷代　法國學者敦煌學論文選萃　中華書局　1993　p. 553
沃興華　敦煌書法藝術　上海人民出版社　1994　p. 103
趙聲良　早期敦煌寫本書法的時代分期和類型　敦煌書法庫(第二輯)　甘肅人民美術出版社　1994　p. 4
黄征　吳偉　敦煌願文集　岳麓書社　1995　p. 805
張涌泉　漢語俗字研究　岳麓書社　1995　p. 331
藤枝晃著　徐慶全　李樹清譯　敦煌寫本概述《敦煌研究》1996 年第 2 期　p. 107
伊藤伸著　趙聲良譯　從中國書法史看敦煌漢文文書(二)　《敦煌研究》1996 年第 2 期　p. 140
張涌泉　敦煌俗字研究導論　(臺北)新文豐出版公司　1996　p. 118
陳國燦　太和三年馮晉國寫雜阿毗曇心經記　敦煌學大辭典　上海辭書出版社　1998　p. 454
顧吉辰　敦煌文獻職官結銜考釋　《敦煌學輯刊》1998 年第 2 期　p. 19
張涌泉　俗字研究與敦煌文獻的校理　舊學新知　浙江大學出版社　1999　p. 74
顔廷亮　敦煌文化　光明日報出版社　2000　p. 105
趙聲良　早期敦煌寫本書法的分期研究　1994 年敦煌學國際研討會文集 · 石窟藝術卷　甘肅民族出版社　2000　p. 268
林聰明　敦煌吐魯番文書解詁指例　(臺北)新文豐出版公司　2001　p. 185
馬德　敦煌寫經題記的社會意義　法源(第 19 期)　中國佛學院　2001　p. 84
蔡忠霖　敦煌漢文寫卷俗字及其現象　(臺北)文津出版社　2002　p. 34、142、161、181
陳國燦　從敦煌吐魯番所出早期寫經看佛教的東傳西漸　敦煌佛教藝術文化國際學術研討會論文集　蘭州大學出版社　2002　p. 362
姜亮夫　敦煌莫高窟年表　姜亮夫全集(十一)　雲南人民出版社　2002　p. 98

S. 997

陳祚龍　敦煌古抄内典尾記彙校初、二、三編合刊　敦煌學要籥　(臺北)新文豐出版公司　1982　p. 99
高國藩　敦煌古俗與民俗流變　河海大學出版社　1990　p. 423
林聰明　敦煌文書學　(臺北)新文豐出版公司　1991　p. 99

S. 998

福井文雅　般若心經　敦煌と中國仏教(講座敦煌 7)　(東京)大東出版社　1984　p. 38

S. 1000

長澤和俊　敦煌　(東京)築摩書房　1965　p. 168
長澤和俊　敦煌の庶民生活　敦煌の社會(講座敦煌 3)　(東京)大東出版社　1980　p. 479
梅村坦　住民の種族構成——敦煌をめぐる諸民族の動向　敦煌の社會(講座敦煌 3)　(東京)大東出版社　1980　p. 208
陳慶英　《斯坦因劫經録》、《伯希和劫經録》所收漢文寫卷中夾存的藏文寫卷情況調查　《敦煌學輯刊》1981 年第 2 期　p. 111
黃布凡　敦煌《藏漢對照詞語》殘卷考辨訂誤　《民族語文》1984 年第 5 期　又見:中國敦煌學百年文庫 · 民族卷(二)　甘肅文化出版社　1999　p. 244

高田時雄　コ－タン文書中の漢語語彙　漢語史の諸問題(別冊)　京都大學人文科學研究所　1988　p. 104
王堯　陳踐　吐蕃職官考信録　《中國藏學》1989 年第 1 期　又見:中國敦煌學百年文庫・民族卷(一)　甘肅文化出版社　1999　p. 398
熊文彬　兩唐書《吐蕃傳》吐蕃制度補證　《中國藏學》1989 年第 3 期　又見:中國敦煌學百年文庫・民族卷(一)　甘肅文化出版社　1999　p. 413
方廣錩　斯坦因敦煌特藏所附數碼著録考　敦煌學國際研討會文集・史地語文編　遼寧美術出版社　1995　p. 532
榮新江　龍家考　中亞學刊(第四輯)　北京大學出版社　1995　p. 148
楊銘　吐蕃經略西北的歷史作用　《民族研究》1997 年第 1 期　又見:中國敦煌學百年文庫・民族卷(二)　甘肅文化出版社　1999　p. 76
楊曉靄　翰海駝鈴——絲綢之路的人物往來與文化交流　甘肅教育出版社　1999　p. 132
陳炳應　盧冬　古代民族　敦煌文藝出版社　2004　p. 142
高田時雄著　鍾翀等譯　敦煌發現的多種語言文獻　敦煌・民族・語言　中華書局　2005　p. 8
楊富學　少數民族對古代敦煌文化的貢獻　《敦煌學輯刊》2005 年第 2 期　p. 89

S. 1001

福井文雅　般若心經　敦煌と中國仏教(講座敦煌 7)　(東京)大東出版社　1984　p. 38

S. 1002

柳田聖山　敦煌の禪籍と矢吹慶輝　敦煌仏典と禪(講座敦煌 8)　(東京)大東出版社　1980　p. 9
篠原壽雄　北宗禪と南宗禪　敦煌仏典と禪(講座敦煌 8)　(東京)大東出版社　1980　p. 171
上山大峻　敦煌佛教の研究　(京都)法藏館　1990　p. 417
吳其昱著　伊藤美重子譯　敦煌漢文寫本概観　敦煌漢文文獻(講座敦煌 5)　(東京)大東出版社　1992　p. 57
冉雲華　敦煌遺書與中國禪宗歷史研究　"中國唐代學會"會刊(第四期)　(臺北)"中國唐代學會"　1993　p. 56
田中良昭　敦煌の禪籍　禪學研究入門　(東京)大東出版社　1994　p. 60
柳田聖山　禪籍解題(一)・敦煌禪籍　俗語言研究(第二期)　(京都)禪文化研究所　1995　p. 138

S. 1003

方廣錩　斯坦因敦煌特藏所附數碼著録考　敦煌學國際研討會文集・史地語文編　遼寧美術出版社　1995　p. 532

S. 1004

西本照真　敦煌抄本中的三階教文獻　中日敦煌佛教學術會議論文集　中國社會科學院研究所　2002　p. 178
張總　評《三階教的研究》　唐研究(第八卷)　北京大學出版社　2002　p. 468
西本照真　三階教文獻綜述　藏外佛教文獻(第九輯)　宗教文化出版社　2003　p. 368

S. 1005

江素雲　維摩詰所説經敦煌寫本綜合目録　(臺北)東初出版社　1991　p. 79

S. 1013

江素雲　維摩詰所説經敦煌寫本綜合目録　（臺北）東初出版社　1991　p. 79

S. 1016

梅弘理　敦煌本佛教教理問答書　法國學者敦煌學論文選萃　中華書局　1993　p. 140

S. 1020

向達　倫敦所藏敦煌卷子經眼目録　《北平圖書館圖書季刊》1939 年新第 1 卷第 4 期　p. 397　又見:唐代長安與西域文明　三聯書店　1957　p. 205

王卡　閱録儀　敦煌學大辭典　上海辭書出版社　1998　p. 760

王卡　敦煌道教文獻研究　中國社會科學出版社　2004　p. 219

S. 1023

陳祚龍　敦煌古抄内典尾記彙校初、二、三編合刊　敦煌學要籥　（臺北）新文豐出版公司　1982　p. 99

廣川堯敏　淨土三部經　敦煌と中國仏教(講座敦煌 7)　（東京）大東出版社　1984　p. 86

池田溫　中國古代寫本識語集録　（東京）大藏出版株式會社　1990　p. 515

林聰明　從敦煌文書看佛教徒的造經祈福　第二屆敦煌學國際研討會論文集　（臺北）漢學研究中心　1990　p. 534

林聰明　敦煌文書學　（臺北）新文豐出版公司　1991　p. 314

張金泉　敦煌佛經音義寫卷述要　《敦煌研究》1997 年第 2 期　p. 118

方廣錩　阿彌陀經　敦煌學大辭典　上海辭書出版社　1998　p. 660

金岡照光　敦煌文獻と中國文學　（東京）五曜書房　2000　p. 427

S. 1026

井ノ口泰淳　敦煌本『仏名經』の諸系統　中央アジアの言語と仏教　（京都）法藏館　1995　p. 298

S. 1027

方廣錩　勝鬘師子吼一乘大方便方廣經　敦煌學大辭典　上海辭書出版社　1998　p. 658

S. 1031

矢吹慶輝　鳴沙餘韻・解說篇(第二部)　（京都）臨川書店　1980　p. 311

江素雲　維摩詰所説經敦煌寫本綜合目録　（臺北）東初出版社　1991　p. 79

S. 1032

矢吹慶輝　鳴沙餘韻・解說篇(第一部)　（京都）臨川書店　1980　p. 193、274

饒宗頤　蒲甘國史事零拾　選堂集林・史林　（香港）中華書局　1982　p. 850 注 11　又見:饒宗頤史學論著選　上海古籍出版社　1993　p. 621 注 11

李正宇　晚唐敦煌本《釋迦因緣劇本》試探　《敦煌研究》1987 年第 1 期　p. 74

項楚　《破魔變文》補校　敦煌文學叢考　上海古籍出版社　1991　p. 262

劉昭瑞　關於吐魯番出土隨葬衣物疏的幾個問題　《敦煌研究》1993 年第 3 期　p. 66

黄征　張涌泉　敦煌變文校注　中華書局　1997　p. 578

方廣錩　如來成道經　敦煌學大辭典　上海辭書出版社　1998　p. 737
李正宇　唐宋時期敦煌佛經性質功能的變化　戒幢佛學(第二卷)　岳麓書社　2002　p. 17　又見:中日敦煌佛教學術會議論文集　中國社會科學院研究所　2002　p. 15
李文潔　林世田　《佛說如來成道經》與《降魔變文》關係之研究　《敦煌學輯刊》2005 年第 4 期　p. 46

S. 1036

江素雲　維摩詰所説經敦煌寫本綜合目録　(臺北)東初出版社　1991　p. 79

S. 1037

井ノ口泰淳　敦煌本『仏名經』の諸系統　中央アジアの言語と仏教　(京都)法藏館　1995　p. 287

S. 1038

汪泛舟　敦煌俗別字補正　《敦煌研究》2001 年第 4 期　p. 159

S. 1039

土橋秀高　敦煌の律蔵　敦煌と中國仏教(講座敦煌 7)　(東京)大東出版社　1984　p. 246
池田溫　中國古代寫本識語集録　(東京)大蔵出版株式會社　1990　p. 98
方廣錩　斯坦因敦煌特藏所附數碼著録考　敦煌學國際研討會文集・史地語文編　遼寧美術出版社　1995　p. 532

S. 1040

向達　倫敦所藏敦煌卷子經眼目録　《北平圖書館圖書季刊》1939 年新第 1 卷第 4 期　p. 397　又見:唐代長安與西域文明　三聯書店　1957　p. 205
周一良著　池田溫付記　敦煌寫本の書儀に見える唐代の婚禮と葬式　『東方學』(第 71 輯)　(東京)東方學會　1986　p. 139
任半塘　敦煌歌辭總編　上海古籍出版社　1987　p. 542
周一良　敦煌寫本書儀考(之二)　敦煌吐魯番文獻研究論集(第四輯)　北京大學出版社　1987　p. 27　又見:唐五代書儀研究　中國社會科學出版社　1995　p. 81
任半塘　王昆吾　隋唐五代燕樂雜言歌辭集　巴蜀書社　1990　p. 1308
張涌泉　《敦煌歌辭總編》校議　《語言研究》1992 年第 1 期　p. 54
杜琦　敦煌文學概論　甘肅人民出版社　1993　p. 515
周一良　趙和平　敦煌寫本書儀中所見的唐代婚喪禮俗　唐五代書儀研究　中國社會科學出版社　1995　p. 296　又見:魏晉南北朝史論集續編　北京大學出版社　2001　p. 255
周一良　趙和平　晚唐五代時的三種吉凶書儀寫卷研究　唐五代書儀研究　中國社會科學出版社　1995　p. 201
張涌泉　敦煌俗字研究導論　(臺北)新文豐出版公司　1996　p. 271
柴劍虹　秋樹　敦煌學大辭典　上海辭書出版社　1998　p. 567
汪泛舟　敦煌道教詩歌補論　《敦煌研究》1998 年第 4 期　p. 89
趙和平　新集吉凶書儀、凶儀卷下　敦煌學大辭典　上海辭書出版社　1998　p. 421
段小强　敦煌文書中所見的古代喪儀　《西北民族研究》1999 年第 1 期　p. 214
榮新江　《英藏敦煌文獻》定名商補　文史(第五十二輯)　中華書局　2000　p. 118

徐俊　敦煌詩集殘卷輯考　中華書局　2000　p. 858
譚蟬雪　喪祭與齋忌　敦煌學與中國史研究論集　甘肅人民出版社　2001　p. 225
周一良　魏晉南北朝史論集續編　北京大學出版社　2001　p. 233
榮新江　《英藏敦煌文獻》寫本定名商補　敦煌學新論　甘肅教育出版社　2002　p. 191
葉貴良　敦煌社邑文書詞語選釋　《敦煌研究》2004 年第 5 期　p. 82
孫猛　《日本國見在書目録》(經部、史部、集部)失考書考　域外漢籍研究集刊　中華書局　2006　p. 229

S. 1043

金岡照光　敦煌における地獄文獻:敦煌庶民信仰の一様相　敦煌と中國仏教(講座敦煌 7)　(東京)大東出版社　1984　p. 569

S. 1045

上山大峻　敦煌佛教の研究　(京都)法藏館　1990　p. 144

S. 1046

江素雲　維摩詰所說經敦煌寫本綜合目録　(臺北)東初出版社　1991　p. 79

S. 1048

芳村修基　土橋秀高　井ノ口泰淳　敦煌佛教史年表　西域文化研究(第一)·敦煌佛教資料　(京都)法藏館　1958　p. 262
陳祚龍　敦煌古抄內典尾記彙校初、二、三編合刊　敦煌學要籥　(臺北)新文豐出版公司　1982　p. 99
哈密頓著　耿昇譯　回鶻文尊號闍梨和都統考　《甘肅民族研究》1988 年第 3－4 期　p. 122 注 4
池田溫　中國古代寫本識語集録　(東京)大蔵出版株式會社　1990　p. 229
林聰明　從敦煌文書看佛教徒的造經祈福　第二屆敦煌學國際研討會論文集　(臺北)漢學研究中心　1990　p. 524
柴劍虹　《敦煌遺書總目索引》重印記　西域文史論稿　(臺北)國文天地雜誌社　1991　p. 491
方廣錩　佛教大藏經史(八—十世紀)　中國社會科學出版社　1991　p. 58
林聰明　敦煌文書出處略考　季羨林教授八十華誕紀念論文集(下)　江西人民出版社　1991　p. 852
林聰明　敦煌文書學　(臺北)新文豐出版公司　1991　p. 100、141、375
顧吉辰　唐代敦煌文獻寫本書手考述　《敦煌學輯刊》1993 年第 1 期　p. 22
陳澤奎　試論唐人寫經題記的原始著作權意義　《敦煌研究》1994 年第 3 期　p. 115
林聰明　談敦煌文書的抄寫問題　紀念陳寅恪先生百年誕辰學術論文集　江西教育出版社　1994　p. 284
藤枝晃著　徐慶全　李樹清譯　敦煌寫本概述　《敦煌研究》1996 年第 2 期　p. 119
張涌泉　敦煌俗字研究導論　(臺北)新文豐出版公司　1996　p. 25
寧可　郝春文　敦煌社邑文書輯校　江蘇古籍出版社　1997　p. 232
陳國燦　上元三年唐宮廷寫妙法蓮花經記　敦煌學大辭典　上海辭書出版社　1998　p. 455
方廣錩　敦煌遺書中的《妙法蓮華經》及有關文獻　敦煌學佛教學論叢(下)　中國佛教文化研究所　1998　p. 81　又見:法源(第 16 期)　中國佛學院　1998　p. 44

顧吉辰　敦煌文獻職官結銜考釋　《敦煌學輯刊》1998 年第 2 期　p. 24
林聰明　敦煌吐魯番文書解詁指例　（臺北）新文豐出版公司　2001　p. 59 注 15、134
姜亮夫　敦煌莫高窟年表　姜亮夫全集（十一）　雲南人民出版社　2002　p. 241

S. 1049

楊富學　王書慶　唐代長安與敦煌佛教文化之關係　’98 法門寺唐文化國際學術討論會論文集　陜西人民出版社　2000　p. 178

S. 1053

劉銘恕　再記英國倫敦所藏的敦煌經卷　《中國科學院圖書館通訊》1957 年第 7 期　又見：中國敦煌學百年文庫・綜述卷（二）　甘肅文化出版社　1999　p. 140
田中良昭　禪宗燈史の発展　敦煌仏典と禪（講座敦煌 8）　（東京）大東出版社　1980　p. 117
土肥義和　莫高窟千佛洞と大寺と蘭若と　敦煌の社會（講座敦煌 3）　（東京）大東出版社　1980　p. 364
田中良昭　敦煌禪宗文獻の研究　（東京）大東出版社　1983　p. 82、641
張弓　唐五代敦煌寺院的牧羊人　《蘭州學刊》1984 年第 2 期　p. 62
譚蟬雪　敦煌歲時掇瑣：正月　《敦煌研究》1990 年第 1 期　p. 45　又見：（香港）《九州學刊》（敦煌學專輯）1993 年第 5 卷第 4 期　p. 90
唐耕耦　陸宏基　敦煌社會經濟文獻真迹釋録（三）　全國圖書館文獻縮微複製中心　1990　p. 339
高國藩　敦煌民俗資料導論　（臺北）新文豐出版公司　1993　p. 172
鄭炳林　高偉　唐五代敦煌釀酒業初探　《西北史地》1994 年第 1 期　p. 33
劉銘恕　敦煌遺書劄記八篇　敦煌學國際研討會文集・史地語文编　遼寧美術出版社　1995　p. 392
張弓　敦煌秋冬節俗初探　敦煌學國際研討會文集・史地語文编　遼寧美術出版社　1995　p. 588
鄭炳林　羊萍　敦煌本夢書　甘肅文化出版社　1995　p. 308
姜伯勤　敦煌悉磨遮爲蘇摩遮樂舞考　《敦煌研究》1996 年第 3 期　p. 2
姜伯勤　敦煌藝術宗教與禮樂文明　中國社會科學出版社　1996　p. 529
黎蕃　西域敦煌儺戲考　《敦煌研究》1996 年第 2 期　p. 162
田中良昭　《禪籍解題（一）・敦煌禪籍》補遺　俗語言研究（第三期）　（京都）禪文化研究所　1996　p. 213
李正宇　敦煌歷史地理導論　（臺北）新文豐出版公司　1997　p. 60、214
陸淑綺　李重申　敦煌古代戲曲文化史料綜述　《敦煌研究》1997 年第 2 期　p. 61
陸淑綺　李重申　絲綢之路上的舞蹈與音樂　周紹良先生欣開九秩慶壽文集　中華書局　1997　p. 435
唐耕耦　敦煌寺院會計文書研究　（臺北）新文豐出版公司　1997　p. 48
張弓　漢唐佛寺文化史　中國社會科學出版社　1997　p. 957
鄭炳林　敦煌碑銘讚輯釋　甘肅教育出版社　1997　p. 383 注 3
鄭炳林　晚唐五代敦煌園囿經濟研究　敦煌歸義軍史專題研究　蘭州大學出版社　1997　p. 318
李正宇　村莊　敦煌學大辭典　上海辭書出版社　1998　p. 304
馬德　10 世紀敦煌寺曆所記三窟活動　《敦煌研究》1998 年第 2 期　p. 86
譚蟬雪　敦煌歲時文化導論　（臺北）新文豐出版公司　1998　p. 308
譚蟬雪　悉磨遮　敦煌學大辭典　上海辭書出版社　1998　p. 447

唐耕耦　入破曆算會牒　敦煌學大辭典　上海辭書出版社　1998　p. 647
楊森　晚唐五代兩件《女人社》文書劄記　《敦煌研究》1998 年第 1 期　p. 70
施謝捷　敦煌文獻語詞校釋叢劄　《敦煌研究》1999 年第 4 期　p. 23
蘇金花　唐、五代敦煌地區的商品貨幣形態　《敦煌研究》1999 年第 2 期　p. 96
李正宇　歸義軍樂營的結構與配置　《敦煌研究》2000 年第 3 期　p. 74
王微　春祭:二月八日節的佛教儀式　法國漢學(敦煌學專號)　中華書局　2000　p. 116
譚蟬雪　唐宋敦煌歲時佛俗　《敦煌研究》2001 年第 1 期　p. 96
陳明　張議潮出行圖中的樂舞　《敦煌研究》2003 年第 5 期　p. 54
蔣宗福　敦煌禪宗文獻詞語劄記　新世紀敦煌學論集　巴蜀書社　2003　p. 483
鄭炳林　晚唐五代敦煌村莊聚落輯考　2000 年敦煌學國際學術討論會文集・歷史文化卷(上)　甘肅民族出版社　2003　p. 126、149
高啓安　唐五代敦煌飲食文化研究　民族出版社　2004　p. 12、20
湯涒　敦煌曲子詞地域文化研究　上海古籍出版社　2004　p. 109
趙紅　高啓安　唐五代時期敦煌僧人飲食概述　麥積山石窟藝術文化論文集(下)　蘭州大學出版社　2004　p. 286
李軍　晚唐五代肅州相關史實考述　《敦煌學輯刊》2005 年第 3 期　p. 95
李正宇　晚唐至北宋敦煌僧尼普聽飲酒　《敦煌研究》2005 年第 3 期　p. 70
趙曉星　寇甲　西魏:歸義軍時期敦煌地區的史姓　《敦煌學輯刊》2005 年第 2 期　p. 136
趙貞　“九曜行年”略說　《敦煌學輯刊》2005 年第 3 期　p. 23
鄭炳林　敦煌寫本解夢書校録研究　民族出版社　2005　p. 128

S. 1055

福井文雅　般若心經　敦煌と中國仏教(講座敦煌 7)　(東京)大東出版社　1984　p. 38
王重民　《敦煌遺書總目索引》後記　敦煌遺書論文集　中華書局　1984　p. 69
趙曉星　寇甲　西魏:歸義軍時期敦煌地區的史姓　《敦煌學輯刊》2005 年第 2 期　p. 138

S. 1056

矢吹慶輝　鳴沙餘韻・解說篇(第一部)　(京都)臨川書店　1980　p. 164

S. 1057

李正宇　敦煌史地新論　(臺北)新文豐出版公司　1996　p. 97
李正宇　蘭若　敦煌學大辭典　上海辭書出版社　1998　p. 627
許建平　英倫法京所藏敦煌寫本殘片八種之定名並校録　敦煌學(第 24 輯)　(臺北)樂學書局有限公司　2003　p. 116
王卡　敦煌道教文獻研究　中國社會科學出版社　2004　p. 252

S. 1059

井ノ口泰淳　敦煌本『仏名經』の諸系統　中央アジアの言語と仏教　(京都)法藏館　1995　p. 297

S. 1061

馬承玉　從敦煌寫本看《洞淵神咒經》在北方的傳播　道家文化研究(第十三輯)　三聯書店　1998　p. 200

王卡　太上洞淵神咒經　敦煌學大辭典　上海辭書出版社　1998　p. 762
王卡　敦煌道教文獻研究　中國社會科學出版社　2004　p. 143
王卡　中國國家圖書館藏敦煌道教遺書研究報告　敦煌吐魯番研究(第七卷)　北京大學出版社　2004　p. 359

S. 1063

平井宥慶　敦煌流傳の金剛般若經　金剛般若經の思想的研究　(東京)春秋社　1999　p. 252

S. 1064

湛如　敦煌佛教律儀制度研究　中華書局　2003　p. 78

S. 1066

陳祚龍　敦煌古抄內典尾記彙校初、二、三編合刊　敦煌學要籥　(臺北)新文豐出版公司　1982　p. 100
池田溫　中國古代寫本識語集録　(東京)大藏出版株式會社　1990　p. 520
林聰明　從敦煌文書看佛教徒的造經祈福　第二屆敦煌學國際研討會論文集　(臺北)漢學研究中心　1990　p. 535
林聰明　敦煌文書學　(臺北)新文豐出版公司　1991　p. 289
林聰明　敦煌吐魯番文書解詁指例　(臺北)新文豐出版公司　2001　p. 161

S. 1067

福井文雅　般若心經　敦煌と中國仏教(講座敦煌 7)　(東京)大東出版社　1984　p. 38
池田溫　中國古代寫本識語集録　(東京)大藏出版株式會社　1990　p. 376
方廣錩　般若波羅蜜多心經　敦煌學大辭典　上海辭書出版社　1998　p. 686

S. 1068

池田溫　中國古代寫本識語集録　(東京)大藏出版株式會社　1990　p. 157、393、389

S. 1071

平井宥慶　金剛般若經　敦煌と中國仏教(講座敦煌 7)　(東京)大東出版社　1984　p. 26
平井宥慶　敦煌流傳の金剛般若經　金剛般若經の思想的研究　(東京)春秋社　1999　p. 252

S. 1073

芳村修基　土橋秀高　井ノ口泰淳　敦煌佛教史年表　西域文化研究(第一)・敦煌佛教資料　(京都)法藏館　1958　p. 272
陳祚龍　敦煌古抄內典尾記彙校二編　敦煌文物隨筆　(臺北)商務印書館　1979　p. 175
矢吹慶輝　鳴沙餘韻・解說篇(第一部)　(京都)臨川書店　1980　p. 232
陳國燦　敦煌所出諸借契年代考　魏晉南北朝隋唐史資料(第 4 輯)　武漢大學出版社　1982　p. 13　又見:《敦煌學輯刊》1984 年第 1 期　p. 6
陳祚龍　敦煌古抄內典尾記彙校初、二、三編合刊　敦煌學要籥　(臺北)新文豐出版公司　1982　p. 79
田中良昭　敦煌禪宗文獻の研究　(東京)大東出版社　1983　p. 463

土橋秀高　敦煌の律蔵　敦煌と中國仏教(講座敦煌 7)　(東京)大東出版社　1984　p. 262、263
任半塘　敦煌歌辭總編　上海古籍出版社　1987　p. 1089
池田溫　中國古代寫本識語集録　(東京)大蔵出版株式會社　1990　p. 431
任半塘　王昆吾　隋唐五代燕樂雜言歌辭集　巴蜀書社　1990　p. 365
唐耕耦　陸宏基　敦煌社會經濟文獻真迹釋録(四)　全國圖書館文獻縮微複製中心　1990　p. 50
方廣錩　佛教大藏經史(八—十世紀)　中國社會科學出版社　1991　p. 135
林聰明　敦煌文書學　(臺北)新文豐出版公司　1991　p. 303
王元軍　唐人書法與文化　(臺北)東大圖書公司　1995　p. 134
張錫厚　敦煌釋氏詩歌創作論　慶祝潘石禪先生九秩華誕敦煌學特刊　(臺北)文津出版社　1996　p. 201
湛如　敦煌菩薩戒儀與菩薩戒牒之研究　《敦煌研究》1997 年第 2 期　p. 78
柴劍虹　和菩薩戒文　敦煌學大辭典　上海辭書出版社　1998　p. 546
劉方　戒律之研究　敦煌學大辭典　上海辭書出版社　1998　p. 836
杜琪　敦煌詩賦作品要目分類題注　《甘肅社會科學》2000 年第 1 期　p. 62
陳國燦　敦煌學史事新證　甘肅教育出版社　2002　p. 337
姜亮夫　敦煌莫高窟年表　姜亮夫全集(十一)　雲南人民出版社　2002　p. 451
蔣宗福　敦煌禪宗文獻詞語劄記　新世紀敦煌學論集　巴蜀書社　2003　p. 473
湛如　敦煌佛教律儀制度研究　中華書局　2003　p. 43、155、157、162

S. 1076

方廣錩　斯坦因敦煌特藏所附數碼著録考　敦煌學國際研討會文集・史地語文編　遼寧美術出版社　1995　p. 532

S. 1078

池田溫　中國古代寫本識語集録　(東京)大蔵出版株式會社　1990　p. 390

S. 1079

池田溫　中國古代寫本識語集録　(東京)大蔵出版株式會社　1990　p. 392

S. 1080

陳祚龍　敦煌古抄内典尾記彙校二編　敦煌文物隨筆　(臺北)商務印書館　1979　p. 166
陳祚龍　敦煌古抄内典尾記彙校初、二、三編合刊　敦煌學要籥　(臺北)新文豐出版公司　1982　p. 72
上山大峻　敦煌佛教の研究　(京都)法藏館　1990　p. 91、210
王堯　西藏文史考信集　中國藏學出版社　1994　p. 31
黄征　《龍龕手鏡》名義考　敦煌語文叢說　(臺北)新文豐出版公司　1997　p. 786
黄征　吳士鑒舊藏敦煌北朝唐人寫卷的鑒定與考證　《敦煌研究》1999 年第 2 期　p. 167
王堯　藏族翻譯家管・法成對民族文化交流的貢獻　中國敦煌學百年文庫・民族卷(三)　甘肅文化出版社　1999　p. 36
楊富學　李吉和　敦煌漢文吐蕃史料輯校(第一輯)　甘肅人民出版社　1999　p. 135

S. 1082

芳村修基　土橋秀高　井ノ口泰淳　敦煌佛教史年表　西域文化研究(第一)・敦煌佛教資料　(京都)法藏館　1958　p. 273

S. 1083

土橋秀高　敦煌の律蔵　敦煌と中國仏教(講座敦煌 7)　(東京)大東出版社　1984　p. 249

S. 1084

金岡照光　敦煌文學のさまざま　敦煌の文學　(東京)大蔵出版株式會社　1971　p. 162
陳慶英　《斯坦因劫經録》、《伯希和劫經録》所收漢文寫卷中夾存的藏文寫卷情況調查　《敦煌學輯刊》1981 年第 2 期　p. 111
張廣達　榮新江　敦煌文書 P. 3510(于闐文)《從德太子發願文(擬)》及其年代　1983 年全國敦煌學術討論會文集・文史遺書編(上)　甘肅人民出版社　1987　p. 173 注 5　又見:于闐史叢考　上海書店　1993　p. 59
張錫厚　敦煌詩歌考論　《敦煌學輯刊》1989 年第 2 期　p. 25
張錫厚　詩歌　敦煌文學　甘肅人民出版社　1989　p. 173
周紹良　敦煌文學芻議及其它　(臺北)新文豐出版公司　1992　p. 24
高田時雄　チベット文字書寫「長巻」の研究(本文編)　『東方學報』(第 65 號)　京都大學人文科學研究所　1993　p. 369
項楚　敦煌詩歌導論　(臺北)新文豐出版公司　1993　p. 218
張錫厚　敦煌文學概論　甘肅人民出版社　1993　p. 363
汪娟　敦煌禮懺文研究　(臺北)法鼓文化公司　1994　p. 14、152
井ノ口泰淳　敦煌本『仏名經』の諸系統　中央アジアの言語と仏教　(京都)法藏館　1995　p. 320
井ノ口泰淳　敦煌本「禮懺文」　中央アジアの言語と仏教　(京都)法藏館　1995　p. 359
徐俊　嘲沙門詩　敦煌學大辭典　上海辭書出版社　1998　p. 575
杜琪　敦煌詩賦作品要目分類題注　《甘肅社會科學》2000 年第 1 期　p. 63
徐俊　敦煌詩集殘卷輯考　中華書局　2000　p. 859
張錫厚　敦煌文學源流　作家出版社　2000　p. 73
黄正建　敦煌占卜文書與唐五代占卜研究　學苑出版社　2001　p. 173

S. 1085

平井俊榮　敦煌仏典と中國仏教　敦煌と中國仏教(講座敦煌 7)　(東京)大東出版社　1984　p. 8

S. 1086

向達　倫敦所藏敦煌卷子經眼目録　《北平圖書館圖書季刊》1939 年新第 1 卷第 4 期　p. 397　又見:唐代長安與西域文明　三聯書店　1957　p. 205
饒宗頤解說　林宏作譯　敦煌書法叢刊(第十八卷)・碎金(一)　(東京)二玄社　1983　p. 98
郭長城　敦煌寫本兔園策府敘録　敦煌學(第 8 輯)　(臺北)"中國文化大學"中國文學研究所敦煌學會　1984　p. 47
郭長城　敦煌寫本兔園策府逸注補　敦煌學(第 9 輯)　(臺北)新文豐出版公司　1985　p. 83
鄭阿財　敦煌蒙書析論　第二屆敦煌學國際研討會論文集　(臺北)漢學研究中心　1990　p. 224
鄭阿財　敦煌本《明詩論》與《問對》殘卷初探　第四屆唐代文化學術研討會論文集　(臺南)成功大

學　1991　p. 309 注 3
王三慶著　池田溫譯　類書　敦煌漢文文獻(講座敦煌 5)　(東京)大東出版社　1992　p. 385
鄭阿財　敦煌文獻與文學　(臺北)新文豐出版公司　1993　p. 257
周丕顯　敦煌古抄《兔園策府》考析　《敦煌學輯刊》1994 年第 2 期　p. 18
李鼎霞　兔園策府　敦煌學大辭典　上海辭書出版社　1998　p. 779
劉進寶　敦煌本《兔園策府・征東夷》產生的歷史背景　《敦煌研究》1998 年第 1 期　p. 111
劉進寶　敦煌文書與唐史研究　(臺北)新文豐出版公司　2000　p. 73
屈直敏　敦煌本《兔園策府》考辨　《敦煌研究》2001 年第 3 期　p. 126
鄭阿財　朱鳳玉　敦煌蒙書研究　甘肅教育出版社　2002　p. 264
徐俊　敦煌先唐詩考　2000 年敦煌學國際學術討論會文集・歷史文化卷(下)　甘肅民族出版社　2003　p. 299
張涌泉　試論敦煌寫本類書的校勘價值:以《勵忠節抄》爲例　《敦煌研究》2003 年第 2 期　p. 69
黃征　敦煌俗字典　上海教育出版社　2005　p. 前言 24、50、109
黃征　敦煌俗字種類考辨　敦煌學・日本學:石塚晴通教授退職紀念論文集　上海辭書出版社　2005　p. 116

S. 1087

矢吹慶輝　鳴沙餘韻・解說篇(第一部)　(京都)臨川書店　1980　p. 65
方廣錩　敦煌文獻中的《金剛經》及其注疏　《新疆文物》1995 年第 1 期　p. 49　又見:敦煌學佛教學論叢(上)　中國佛教文化研究所　1998　p. 385
方廣錩　金剛般若義記　敦煌學大辭典　上海辭書出版社　1998　p. 684
平井宥慶　敦煌文書における金剛經疏　金剛般若經の思想的研究　(東京)春秋社　1999　p. 268
杜正乾　唐代的《金剛經》信仰　《敦煌研究》2004 年第 5 期　p. 53

S. 1094

井ノ口泰淳　敦煌本『仏名經』の諸系統　中央アジアの言語と仏教　(京都)法藏館　1995　p. 297

S. 1099

方廣錩　斯坦因敦煌特藏所附數碼著録考　敦煌學國際研討會文集・史地語文編　遼寧美術出版社　1995　p. 532

S. 1103

王堯　西藏文史考信集　中國藏學出版社　1994　p. 227
林聰明　敦煌吐魯番文書解詁指例　(臺北)新文豐出版公司　2001　p. 121

S. 1105

金岡照光　敦煌における地獄文獻:敦煌庶民信仰の一樣相　敦煌と中國仏教(講座敦煌 7)　(東京)大東出版社　1984　p. 569

S. 1110

矢吹慶輝　鳴沙餘韻・解說篇(第二部)　(京都)臨川書店　1980　p. 311
井ノ口泰淳　敦煌本『仏名經』の諸系統　中央アジアの言語と仏教　(京都)法藏館　1995　p. 287

S. 1112

矢吹慶輝　鳴沙餘韻・解說篇(第二部)　(京都)臨川書店　1980　p. 267

S. 1113

劉銘恕　英國博物院所藏的敦煌卷子　《中國科學院圖書館通訊》1957 年第 1 期　又見:中國敦煌學百年文庫・綜述卷(二)　甘肅文化出版社　1999　p. 129

神塚淑子　魔の觀念と消魔の思想　中國古道教史研究(京都大學人文科學研究所研究報告)　(東京)同朋舍　1996　p. 142

山田俊　唐初道教思想史研究・資料篇　(京都)平樂寺書店　1999　p. 58、163、189、274

劉屹　論《昇玄經》的文本差異問題　文津學志(第一輯)　北京圖書館出版社　2003　p. 202

王卡　敦煌道教文獻研究　中國社會科學出版社　2004　p. 227

王卡　中國國家圖書館藏敦煌道教遺書研究報告　敦煌吐魯番研究(第七卷)　北京大學出版社　2004　p. 375

S. 1114

楊森　敦煌研究院藏卷《北魏禁軍軍官籍簿》考述　《敦煌研究》1987 年第 2 期　p. 21

S. 1117

池田溫　中國古代寫本識語集録　(東京)大蔵出版株式會社　1990　p. 389

張金泉　許建平　敦煌音義彙考　杭州大學出版社　1996　p. 1198

S. 1119

方廣錩　斯坦因敦煌特藏所附數碼著録考　敦煌學國際研討會文集・史地語文編　遼寧美術出版社　1995　p. 532

S. 1122

景盛軒　試論敦煌佛經異文研究的價值和意義　《敦煌研究》2004 年第 5 期　p. 87

S. 1126

福井文雅　般若心經　敦煌と中國仏教(講座敦煌 7)　(東京)大東出版社　1984　p. 38

S. 1128

福井文雅　般若心經　敦煌と中國仏教(講座敦煌 7)　(東京)大東出版社　1984　p. 43

S. 1129

方廣錩　斯坦因敦煌特藏所附數碼著録考　敦煌學國際研討會文集・史地語文編　遼寧美術出版社　1995　p. 532

S. 1130

鄭炳林　晚唐五代敦煌地區《大般若經》的流傳與信仰　麥積山石窟藝術文化論文集(下)　蘭州大學出版社　2004　p. 120

S. 1132

齊陳駿　有關遺産繼承的幾件敦煌遺書　《敦煌學輯刊》1994 年第 2 期　p. 51

S. 1133

王啓濤　中古及近代法制文書語言研究　巴蜀書社　2003　p. 288

S. 1136

趙貞　敦煌所出靈州道文書述略　《敦煌研究》2003 年第 4 期　p. 53

S. 1137

蕭登福　從敦煌寫卷中看道教星斗崇拜對佛經之影響　第二屆敦煌學國際研討會論文集　（臺北）漢學研究中心　1990　p. 343

蕭登福　道教星斗符印與佛教密宗　（臺北）新文豐出版公司　1993　p. 55、105

蕭登福　道教與密宗　（臺北）新文豐出版公司　1993　p. 396、520

鄭炳林　讀敦煌文書 P. 3859《後唐清泰三年六月沙州儭司教授福集等狀》劄記　《西北史地》1993 年第 4 期　p. 48　又見：敦煌吐魯番文獻研究　中華書局　1995　p. 616

黄征　吳偉　敦煌願文集　岳麓書社　1995　p. 605

黄征　敦煌願文考論　敦煌語文叢説　（臺北）新文豐出版公司　1997　p. 587

鄭炳林　敦煌碑銘讚輯釋　甘肅教育出版社　1997　p. 226 注 2

黄征　程惠新　劫塵遺珠：敦煌遺書　甘肅教育出版社　1999　p. 172

徐曉麗　曹議金與甘州回鶻天公主結親時間考《敦煌研究》2001 年第 4 期　p. 112

徐曉麗　敦煌石窟所見天公主考辨　《敦煌學輯刊》2002 年第 2 期　p. 78

徐曉麗　回鶻天公主與敦煌佛教　敦煌佛教藝術文化國際學術研討會論文集　蘭州大學出版社　2002　p. 418

賴比星　對樂傳"忽見金光，狀有千佛"的考證　《敦煌研究》2004 年第 4 期　p. 80

S. 1141

項楚　敦煌詩歌導論　（臺北）新文豐出版公司　1993　p. 206

S. 1142

向達　倫敦所藏敦煌卷子經眼目録　《北平圖書館圖書季刊》1939 年新第 1 卷第 4 期　p. 397　又見：唐代長安與西域文明　三聯書店　1957　p. 205

山本達郎等　敦煌・V 計會文書　『NUN－HUANG AND TURFAN DOCUMENTS CONCERNING SOCIAL AND ECONOMIC HISTORY』（IV）　（東京）東洋文庫　1989　p. 116

S. 1144

芳村修基　土橋秀高　井ノ口泰淳　敦煌佛教史年表　西域文化研究（第一）・敦煌佛教資料　（京都）法藏館　1958　p. 275

池田溫　中國古代寫本識語集録　（東京）大藏出版株式會社　1990　p. 196、348

上山大峻　敦煌佛教の研究　（京都）法藏館　1990　p. 362、422

姜伯勤　敦煌毗尼藏主考　《敦煌研究》1993 年第 3 期　p. 7

姜伯勤　敦煌藝術宗教與禮樂文明　中國社會科學出版社　1996　p. 335

方廣錩　四分律戒本疏　敦煌學大辭典　上海辭書出版社　1998　p. 713
楊富學　李吉和　敦煌漢文吐蕃史料輯校(第一輯)　甘肅人民出版社　1999　p. 281

S. 1145

陳慶英　《斯坦因劫經録》、《伯希和劫經録》所收漢文寫卷中夾存的藏文寫卷情況調查　《敦煌學輯刊》1981 年第 2 期　p. 111
江素雲　維摩詰所説經敦煌寫本綜合目録　(臺北)東初出版社　1991　p. 79
黄征　吳偉　敦煌願文集　岳麓書社　1995　p. 113
林聰明　敦煌吐魯番文書解詁指例　(臺北)新文豐出版公司　2001　p. 121
邵文實　敦煌佛教文學與邊塞文學　《敦煌學輯刊》2001 年第 2 期　p. 24

S. 1146

土橋秀高　四分律雜抄　西域文化研究(第一)·敦煌佛教資料　(京都)法藏館　1958　p. 186

S. 1147

蕭登福　從敦煌寫卷中看道教星斗崇拜對佛經之影響　第二届敦煌學國際研討會論文集　(臺北)漢學研究中心　1990　p. 343
汪泛舟　敦煌文學概論　甘肅人民出版社　1993　p. 565
蕭登福　道教星斗符印與佛教密宗　(臺北)新文豐出版公司　1993　p. 43
蕭登福　道教與密宗　(臺北)新文豐出版公司　1993　p. 396、520
郝春文　部分英藏敦煌文獻的定名問題　英國收藏敦煌漢藏文獻研究:紀念敦煌文獻發現一百周年　中國社會科學出版社　2000　p. 388
李小榮　敦煌密教文獻論稿　人民文學出版社　2003　p. 263

S. 1153

唐長孺　關於歸義軍節度使的幾種資料跋　《中華文史論叢》1962 年第 1 期　又見:敦煌學文選(上)　蘭州大學歷史系敦煌學研究室等　1983　p. 170 ; 絲綢之路文獻叙録　蘭州大學出版社　1989　p. 51 ; 山居存稿　中華書局　1989　p. 430 ; 中國敦煌學百年文庫·歷史卷(一)　甘肅文化出版社　1999　p. 205
李永寧　報恩經和莫高窟壁畫中的報恩經變相　敦煌研究文集　甘肅人民出版社　1982　p. 219 注 16
錢伯泉　爲索勳篡權翻案　《敦煌研究》1988 年第 1 期　p. 74
李明偉　狀·牒·帖　敦煌文學　甘肅人民出版社　1989　p. 37
錢伯泉　張淮深對甘州回鶻國的顛覆行動　《甘肅民族研究》1989 年第 1 期　p. 25
山本達郎等　敦煌·V 計會文書　『NUN – HUANG AND TURFAN DOCUMENTS CONCERNING SOCIAL AND ECONOMIC HISTORY』(IV)　(東京)東洋文庫　1989　p. 127
吳震　P. 3547《沙州歸義軍上都進奏院上本使狀》試析　敦煌學國際學術討論會論文縮寫文(1990)　敦煌研究院　1990　p. 64
姜伯勤　敦煌社會文書導論　(臺北)新文豐出版公司　1992　p. 186
陸慶夫　唐宋間敦煌粟特人之漢化　《歷史研究》1996 年第 6 期　p. 27　又見:敦煌歸義軍史專題研究　蘭州大學出版社　1997　p. 362
馮培紅　晚唐五代宋初歸義軍武職軍將研究　敦煌歸義軍史專題研究　蘭州大學出版社　1997

p. 123
鄭炳林　敦煌碑銘讚輯釋　甘肅教育出版社　1997　p. 49 注 48
丘古耶夫斯基　敦煌漢文文書　上海古籍出版社　2000　p. 126
施萍婷　《敦煌遺書總目索引新編》前言　敦煌遺書總目索引新編　中華書局　2000　p. 3
徐俊　敦煌詩集殘卷輯考　中華書局　2000　p. 180
榮新江　唐五代歸義軍武職軍將考　敦煌學新論　甘肅教育出版社　2002　p. 53、60
徐曉麗　鄭炳林　晚唐五代敦煌吐谷渾與吐蕃移民婦女研究　《敦煌學輯刊》2002 年第 2 期　p. 3
劉進寶　P. 4525(8)《官布籍》所見歸義軍政權的賦稅免征　新世紀敦煌學論集　巴蜀書社　2003　p. 297
馮培紅　晚唐五代宋初沙州上佐考論　敦煌學國際研討會論文集　北京圖書館出版社　2005　p. 71
黄征　敦煌俗字典　上海教育出版社　2005　p. 92、107
馮培紅　歸義軍鎮制考　敦煌吐魯番研究(第九卷)　北京大學出版社　2006　p. 271

S. 1154

吳其昱著　福井文雅　樋口勝譯　大蕃國大德・三蔵法師・法成傳考　敦煌と中國仏教(講座敦煌 7)　(東京)大東出版社　1984　p. 392
池田溫　中國古代寫本識語集録　(東京)大藏出版株式會社　1990　p. 423
上山大峻　敦煌佛教の研究　(京都)法藏館　1990　p. 91、110、230
鄭炳林　敦煌碑銘讚抄本概述　《魏晉南北朝隋唐史》1993 年第 12 期　p. 56　又見:《歷史研究》1993 年第 5 期
鄭炳林　馮培紅　讀《中國古代寫本識語集録》劄記　《西北史地》1994 年第 4 期　p. 47
馬雅倫　邢豔紅　吐蕃統治時期敦煌兩位粟特僧官:史慈燈、石法海考　《敦煌學輯刊》1996 年第 1 期　p. 56
鄭炳林　敦煌碑銘讚輯釋　甘肅教育出版社　1997　p. 87 注 2
鄭炳林　唐五代敦煌的粟特人與佛教　敦煌歸義軍史專題研究　蘭州大學出版社　1997　p. 441
鄭炳林　吐蕃統治下的敦煌粟特人　敦煌歸義軍史專題研究　蘭州大學出版社　1997　p. 382
邰惠莉　鄉閣　甘肅省圖書館收藏敦煌文獻簡介　《敦煌學輯刊》1998 年第 2 期　p. 75
鄭炳林　法鏡　敦煌學大辭典　上海辭書出版社　1998　p. 353
鄭炳林　《康秀華寫經施入疏》與《炫和尚貨賣胡粉曆》研究　敦煌吐魯番研究(第三卷)　北京大學出版社　1998　p. 203
鄭炳林　北京圖書館藏《吳和尚經論目録》有關問題研究　敦煌學與中國史研究論集　甘肅人民出版社　2001　p. 129

S. 1155

方廣錩　敦煌佛教經録輯校　江蘇古籍出版社　1997　p. 257

S. 1156

王重民　敦煌本《捉季布傳文》　《国立北平圖書館館刊》1936 年第 10 卷第 1 號　又見:敦煌變文論文録　上海古籍出版社　1982　p. 561 ; 敦煌遺書論文集　中華書局　1984　p. 232
向達　記倫敦所藏的敦煌俗文學　《新中華雜誌》1937 年第 5 卷第 13 號　p. 123　又見:唐代長安與西域文明　三聯書店　1957　p. 240
向達　倫敦所藏敦煌卷子經眼目録　《北平圖書館圖書季刊》1939 年新第 1 卷第 4 期　p. 397　又

見:唐代長安與西域文明　三聯書店　1957　p. 205
向達　唐代俗講考　《國學季刊》1950 年第 6 卷第 4 號　p. 1　又見:唐代長安與西域文明　三聯書店　1957　p. 334；敦煌變文論輯　(臺北)石門圖書公司　1981　p. 39；敦煌變文論文録　上海古籍出版社　1982　p. 68；關隴文學論叢　甘肅人民出版社　1983　p. 180
周紹良　敦煌所出變文現存目録　敦煌變文彙録　上海出版公司　1955　p. 9
劉銘恕　英國博物院所藏的敦煌卷子　《中國科學院圖書館通訊》1957 年第 1 期　又見:中國敦煌學百年文庫・綜述卷(二)　甘肅文化出版社　1999　p. 127
芳村修基　土橋秀高　井ノ口泰淳　敦煌佛教史年表　西域文化研究(第一)・敦煌佛教資料　(京都)法藏館　1958　p. 278
左補闕《敦煌遺書總目索引》簡評　文史(第一輯)　中華書局　1962　p. 86
蘇瑩輝　補唐書張淮深傳　(臺北)《大陸雜誌》1963 年第 5 期　又見:敦煌論集　(臺北)學生書局　1983　p. 250；中國敦煌學百年文庫・歷史卷(一)　甘肅文化出版社　1999　p. 268
蘇瑩輝　論敦煌本史傳變文與中國俗文學　(臺中)《東海大學圖書館學報》1964 年第 6 期　又見:敦煌論集　(臺北)學生書局　1983　p. 122；中國敦煌學百年文庫・文學卷(五)　甘肅文化出版社　1999　p. 16
金岡照光　敦煌漢文文學文獻の文學形態上の種類とその分類　敦煌出土文學文獻分類目録・附解說　(東京)東洋文庫　1971　p. 221
金岡照光　敦煌漢文文學文獻の寫本及び影印の收集保存、整理研究の現狀　敦煌出土文學文獻分類目録・附解說　(東京)東洋文庫　1971　p. 177
金岡照光　敦煌文學のこころ　敦煌の文學　(東京)大藏出版株式會社　1971　p. 278
金岡照光　敦煌文學のさまざま　敦煌の文學　(東京)大藏出版株式會社　1971　p. 123
金岡照光　敦煌民衆の宗教と生活　敦煌の民衆:その生活と思想　(東京)評論社　1972　p. 177
邱鎮京　敦煌變文述論　(臺北)商務印書館　1974　p. 1872
潘重規　敦煌寫本祇園圖記新書　敦煌學(第 3 輯)　(香港)新亞研究所敦煌學會　1976　p. 107
蘇瑩輝　張淮深於光啓三年求授旌節辯　敦煌學(第 3 輯)　(香港)新亞研究所敦煌學會　1976　p. 51
蘇瑩輝　唐僖宗光啓年求授旌節者爲索勳論　(臺北)《大陸雜誌》1978 年第 3 期　又見:中國敦煌學百年文庫・歷史卷(一)　甘肅文化出版社　1999　p. 331
王重民　敦煌古籍敍録　中華書局　1979　p. 344
土肥義和　はじめに——歸義軍節度使の敦煌支配　敦煌の歷史(講座敦煌 2)　(東京)大東出版社　1980　p. 260
楊家駱　敦煌變文　(臺北)世界書局　1980　p. 72、846
張錫厚　敦煌文學　上海古籍出版社　1980　p. 114 注 1
蘇瑩輝　敦煌學概要　(臺北)編譯館"中華叢書編委會"　1981　p. 89
史葦湘　絲綢之路上的敦煌與莫高窟　敦煌研究文集　甘肅人民出版社　1982　p. 118 注 104
向達　記倫敦所藏的敦煌俗文學　敦煌變文論文録　上海古籍出版社　1982　p. 29
鄭阿財　敦煌孝道文學研究　(臺北)石門圖書公司　1982　p. 76
蘇瑩輝　瓜沙史事叢考　(臺北)商務印書館　1983　p. 23、27、46
潘重規　敦煌變文集新書(上)　(臺北)"中國文化大學"中文研究所　1984　p. 665、1010
王重民　季布詩詠　敦煌變文集　人民文學出版社　1984　p. 846
王重民　捉季布傳文　敦煌變文集　人民文學出版社　1984　p. 72
榮新江　歸義軍及其與周邊民族的關係初探　《敦煌學輯刊》1986 年第 2 期　p. 28

萬庚育　珍貴的歷史資料:莫高窟供養人畫像題記　敦煌莫高窟供養人題記　文物出版社　1986　p.192 注 19

王重民原編　黄永武新編　敦煌古籍叙録新編(第十七冊)　(臺北)新文豐出版公司　1986　p.102

李正宇　敦煌學郎題記輯注　《敦煌學輯刊》1987 年第 1 期　p.28

李正宇《下女夫詞》研究　《敦煌研究》1987 年第 2 期　p.48

蘇瑩輝　繼張氏任歸義軍節度使者爲曹仁貴論　敦煌文史藝術論叢　(臺北)新文豐出版公司　1987　p.24

土肥義和著　李永寧譯　歸義軍時期(晚唐、五代、宋)的敦煌(續)　《敦煌研究》1987 年第 1 期　p.91

張鴻勳　敦煌講唱文學作品選注　甘肅人民出版社　1987　p.22

張金泉　唐民間詩韻:論變文詩韻　1983 年全國敦煌學術討論會文集·文史遺書編(下)　甘肅人民出版社　1987　p.253

周紹良　唐代變文及其它　敦煌文學作品選　中華書局　1987　p.24

李正宇　敦煌文學雜考二題　敦煌語言文學研究　北京大學出版社　1988　p.98

柴劍虹　詩話　敦煌文學　甘肅人民出版社　1989　p.300　又見:敦煌學大辭典　上海辭書出版社　1998　p.524

劉瑞明　詞文　敦煌文學　甘肅人民出版社　1989　p.307

池田溫　中國古代寫本識語集録　(東京)大蔵出版株式會社　1990　p.480

郭在貽　張涌泉　黄征　敦煌變文集校議　岳麓書社　1990　p.363、434

榮新江　沙州歸義軍歷任節度使稱號研究　敦煌吐魯番學研究論文集　漢語大詞典出版社　1990　p.784

榮新江　沙州張淮深與唐中央朝廷之關係　《敦煌學輯刊》1990 年第 2 期　p.2、8

唐耕耦　陸宏基　敦煌社會經濟文獻真迹釋録(四)　全國圖書館文獻縮微複製中心　1990　p.370

項楚　敦煌變文選注　巴蜀書社　1990　p.772

柴劍虹　敦煌文學中的"因緣"與"詩話"　西域文史論稿　(臺北)國文天地雜誌社　1991　p.523

暨遠志　張議潮出行圖研究　《敦煌研究》1991 年第 3 期　p.37

譚蟬雪　三教融合的敦煌喪俗《敦煌研究》1991 年第 3 期　p.74

張廣達　唐末五代宋初西北地區的般次和使次　季羨林教授八十華誕紀念論文集(下)　江西人民出版社　1991　p.969

中村裕一　唐代官文書研究　(京都)中文出版社　1991　p.28、330

金岡照光　講唱體類　敦煌の文學文獻(講座敦煌 9)　(東京)大東出版社　1992　p.109

金岡照光　講史譚·時事变文等:「王陵」「李陵」「張議潮」变文を中心に　敦煌の文學文獻(講座敦煌 9)　(東京)大東出版社　1992　p.549

金岡照光　韻文體類:長篇叙事詩·短篇歌詠　敦煌の文學文獻(講座敦煌 9)　(東京)大東出版社　1992　p.254、261

金岡照光　総說『敦煌文學の諸形態』　敦煌の文學文獻(講座敦煌 9)　(東京)大東出版社　1992　p.20

林家平　寧强　羅華慶　中國敦煌學史　北京語言學院出版社　1992　p.105、358

張涌泉　敦煌寫卷俗字類型及其考辨的方法　(香港)《九州學刊》(敦煌學專輯)1992 年第 4 卷第 4 期　p.72

中村裕一　官文書　敦煌漢文文獻(講座敦煌 5)　(東京)大東出版社　1992　p.564

周紹良　敦煌文學芻議及其它　(臺北)新文豐出版公司　1992　p.61、90

郭在貽　郭在貽敦煌學論集　江西人民出版社　1993　p. 207
李明偉　敦煌文學概論　甘肅人民出版社　1993　p. 464
榮新江　初期沙州歸義軍與唐中央朝廷之關係　隋唐史論集　香港大學亞洲研究中心　1993　p. 113
榮新江　英倫所見三種敦煌俗文學作品跋　(香港)《九州學刊》(敦煌學專輯)1993 年第 5 卷第 4 期　p. 132
舒華　敦煌“變文”體裁新論　(香港)《九州學刊》(敦煌學專輯)1993 年第 5 卷第 4 期　p. 161
譚禪雪　敦煌歲時掇瑣　(香港)《九州學刊》(敦煌學專輯)1993 年第 5 卷第 4 期　p. 93
張鴻勳　敦煌話本詞文俗賦導論　(臺北)新文豐出版公司　1993　p. 78
張錫厚　敦煌文學概論　甘肅人民出版社　1993　p. 276
蔣禮鴻　敦煌文獻語言詞典　杭州大學出版社　1994　p. 277
顔廷亮　歸義軍張氏時期敦煌的三位張姓作家　《駝鈴》1994 年第 3 期　p. 93
鄭炳林　張淮深改建北大像和開鑿 94 窟年代再探　《敦煌研究》1994 年第 3 期　p. 41
鄧文寬　張淮深改建莫高窟北大像和開鑿第 94 窟年代考　敦煌學國際研討會文集・石窟考古編　遼寧美術出版社　1995　p. 125
胡戟　傅玫　敦煌史話　中華書局　1995　p. 156
吳震　P. 3547《沙州歸義軍上都督進奏院上本使狀》試析　敦煌學國際研討會文集・史地語文編　遼寧美術出版社　1995　p. 72
張廣達　西域史地叢稿初編　上海古籍出版社　1995　p. 335
張涌泉　漢語俗字研究　岳麓書社　1995　p. 54
榮新江　歸義軍史研究　上海古籍出版社　1996　p. 7、184
楊秀清　晚唐歸義軍與中央關係述論《甘肅社會科學》1996 年第 2 期　p. 70
楊秀清　張議潮出走與張淮深之死　《敦煌研究》1996 年第 4 期　p. 78
張涌泉　敦煌寫卷俗字類釋　敦煌吐魯番學研究論集　書目文獻出版社　1996　p. 480
鄭炳林　唐五代敦煌粟特人與歸義軍政權　《敦煌研究》1996 年第 4 期　p. 89
中村裕一　唐代公文書研究　(東京)汲古書院　1996　p. 148
馮培紅　晚唐五代宋初歸義軍武職軍將研究　敦煌歸義軍史專題研究　蘭州大學出版社　1997　p. 105
黄征　敦煌寫本異文綜析　敦煌語文叢說　(臺北)新文豐出版公司　1997　p. 19
黄征　張涌泉　敦煌變文校注　中華書局　1997　p. 99、606、1192
沙知　般次零拾　周紹良先生欣開九秩慶壽文集　中華書局　1997　p. 144
顔廷亮　關於《晏子賦》寫本的抄寫年代問題《敦煌研究》1997 年第 2 期　p. 138
趙和平　晚唐五代靈武節度使與沙州歸義軍關係試論　第三届中國唐代文化學術研討會論文集　(臺北)政治大學中國文學系　1997　p. 543
鄭炳林　敦煌碑銘讚輯釋　甘肅教育出版社　1997　p. 282 注 3
李正宇　張文徹　敦煌學大辭典　上海辭書出版社　1998　p. 357
榮新江　歸義軍及其與周邊民族的關係初探　中國人文社會科學博士碩士文庫・歷史學卷　浙江教育出版社　1998　p. 655
譚蟬雪　敦煌歲時文化導論　(臺北)新文豐出版公司　1998　p. 125
譚蟬雪　寒食設座　敦煌學大辭典　上海辭書出版社　1998　p. 435
唐耕耦　進奏院狀　敦煌學大辭典　上海辭書出版社　1998　p. 371
張鴻勳　大漢三年季布罵陣詞文　敦煌學大辭典　上海辭書出版社　1998　p. 582

高國藩 敦煌俗文化學 上海三聯書店 1999 p. 528
梅維恒著 楊繼東 陳引馳譯 唐代變文(上) (香港)中國佛教文化出版公司 1999 p. 257 注 2
謝桃坊 敦煌文化尋繹 四川人民出版社 1999 p. 194
顏廷亮 關於敦煌文學發展的歷史進程 《甘肅社會科學》1999 年第 4 期 p. 48
楊森 小議張淮深受旌節 《敦煌研究》1999 年第 1 期 p. 96
楊秀清 敦煌西漢金山國史 甘肅人民出版社 1999 p. 21、39
董志翹 《入唐求法巡禮行記》辭彙研究 中國社會科學出版社 2000 p. 123
金岡照光 敦煌文獻と中國文學 (東京)五曜書房 2000 p. 236
羅豐 流寓中國的中亞史國人 國學研究(第七卷) 北京大學出版社 2000 p. 255
徐俊 敦煌詩集殘卷輯考 中華書局 2000 p. 809
顏廷亮 敦煌文化 光明日報出版社 2000 p. 323
楊寶玉 敦煌史話 中國大百科全書出版社 2000 p. 159
張鴻勳 說唱藝術奇葩:敦煌變文選評 甘肅人民出版社 2000 p. 42
張錫厚 敦煌文學源流 作家出版社 2000 p. 530、542
周月亮 中國古代文化傳播史 北京廣播學院出版社 2000 p. 170
譚蟬雪 唐宋敦煌歲時佛俗 《敦煌研究》2001 年第 1 期 p. 97
張鴻勳 敦煌文學雜考三則 敦煌學與中國史研究論集 甘肅人民出版社 2001 p. 161
黄征 敦煌語言文字學研究 甘肅教育出版社 2002 p. 40
姜亮夫 敦煌莫高窟年表 姜亮夫全集(十一) 雲南人民出版社 2002 p. 504
楊寶玉 敦煌滄桑 長江文藝出版社 2002 p. 244
張國剛 佛學與隋唐社會 河北人民出版社 2002 p. 255
張鴻勳 敦煌俗文學研究 甘肅人民出版社 2002 p. 5、132
陸慶夫 歸義軍政權與蕃兵蕃將 2000 年敦煌學國際學術討論會文集・歷史文化卷(上) 甘肅民族出版社 2003 p. 116
鄭炳林 徐曉麗 讀《俄藏敦煌文獻》第 12 册幾件非佛經文獻劄記 《敦煌研究》2003 年第 4 期 p. 82
高啓安 唐五代敦煌飲食文化研究 民族出版社 2004 p. 381
劉後濱 唐代中書門下體制研究 齊魯書社 2004 p. 195
羅豐 胡漢之間:"絲綢之路"與西北歷史考古 文物出版社 2004 p. 230
鄭炳林 晚唐五代敦煌商業貿易市場研究 《敦煌學輯刊》2004 年第 1 期 p. 109
黑維强 吐魯番出土文書詞語例釋(二) 《敦煌學輯刊》2005 年第 2 期 p. 187
吳麗娱 關於敦煌 S. 5566 書儀的研究 敦煌學國際研討會論文集 北京圖書館出版社 2005 p. 83
趙曉星 寇甲 西魏:歸義軍時期敦煌地區的史姓 《敦煌學輯刊》2005 年第 2 期 p. 135

S. 1159

向達 倫敦所藏敦煌卷子經眼目録 《北平圖書館圖書季刊》1939 年新第 1 卷第 4 期 p. 397 又見:唐代長安與西域文明 三聯書店 1957 p. 206
山本達郎等 敦煌・III 轉貼 『NUN - HUANG AND TURFAN DOCUMENTS CONCERNING SOCIAL AND ECONOMIC HISTORY』(IV) (東京)東洋文庫 1989 p. 77
姜伯勤 敦煌社會文書導論 (臺北)新文豐出版公司 1992 p. 183、185
高國藩 敦煌民俗資料導論 (臺北)新文豐出版公司 1993 p. 3

石田勇作　敦煌「社文書」研究序說　中國古代の國家と民衆(堀敏一先生古稀記念)　(東京)汲古書院　1995　p. 675

土肥義和　唐・北宋間の「社」の組織形態に関する一考察　中國古代の國家と民衆(堀敏一先生古稀記念)　(東京)汲古書院　1995　p. 730

孫曉林　敦煌遺書所見唐宋間令狐氏在敦煌的分佈　唐代的歷史與社會　武漢大學出版社　1997　p. 537

寧可　行人轉帖　敦煌學大辭典　上海辭書出版社　1998　p. 430

劉銘恕　英國博物院所藏的敦煌卷子　中國敦煌學百年文庫・綜述卷(二)　甘肅文化出版社　1999　p. 127

S. 1160

加地哲定著　劉衛星譯　中國佛教文學　今日中國出版社　1990　p. 122

郝春文　部分英藏敦煌文獻的定名問題　英國收藏敦煌漢藏文獻研究:紀念敦煌文獻發現一百周年　中國社會科學出版社　2000　p. 388

S. 1162

藤枝晃　敦煌の僧尼籍　『東方學報』(第 35 號)　京都大學人文科學研究所　1964　p. 305

土橋秀高　敦煌の律蔵　敦煌と中國仏教(講座敦煌 7)　(東京)大東出版社　1984　p. 247

姜伯勤　敦煌毗尼藏主考　《敦煌研究》1993 年第 3 期　p. 7

姜伯勤　敦煌藝術宗教與禮樂文明　中國社會科學出版社　1996　p. 335

S. 1163

向達　記倫敦所藏的敦煌俗文學　《新中華雜誌》1937 年第 5 卷第 13 號　p. 123　又見:唐代長安與西域文明　三聯書店　1957　p. 243；敦煌變文論文録　上海古籍出版社　1982　p. 32

向達　倫敦所藏敦煌卷子經眼目録　《北平圖書館圖書季刊》1939 年新第 1 卷第 4 期　p. 397　又見:唐代長安與西域文明　三聯書店　1957　p. 206

入矢義高　『太公家教』校釋　福井博士頌壽記念東洋思想論集　(東京)論文集刊行會　1960　p. 36

高國藩　敦煌寫本《太公家教》初探　《敦煌學輯刊》1984 年第 1 期　p. 64

王重民　跋太公家教　敦煌遺書論文集　中華書局　1984　p. 137

雷僑雲　敦煌兒童文學　(臺北)學生書局　1985　p. 82 注 4

高明士　唐代敦煌的教育　漢學研究(敦煌學國際研討會論文專號)　(臺北)漢學研究資料及服務中心　1986　p. 258

簡濤　敦煌本《燕子賦》考論　《敦煌研究》1986 年第 3 期　p. 31

李正宇　唐宋時代的敦煌學校　《敦煌研究》1986 年第 1 期　p. 45

汪泛舟　《太公家教》考　《敦煌研究》1986 年第 1 期　p. 48

周鳳五　敦煌寫本太公家教研究　(臺北)明文書局　1986　p. 155

朱鳳玉　太公家教研究　漢學研究(敦煌學國際研討會論文專號)　(臺北)漢學研究資料及服務中心　1986　p. 393

李正宇　敦煌學郎題記輯注　《敦煌學輯刊》1987 年第 1 期　p. 36

高國藩　敦煌民俗學　上海文藝出版社　1989　p. 98、112

山本達郎等　敦煌・III 轉貼　『NUN – HUANG AND TURFAN DOCUMENTS CONCERNING SOCIAL

AND ECONOMIC HISTORY』(IV)　(東京)東洋文庫　1989　p. 58
鄭阿財　敦煌寫卷新集文詞九經抄研究　(臺北)文史哲出版社　1989　p. 128 注 1
池田溫　中國古代寫本識語集録　(東京)大蔵出版株式會社　1990　p. 490
鄭阿財　敦煌蒙書析論　第二届敦煌學國際研討會論文集　(臺北)漢學研究中心　1990　p. 226
汪泛舟　敦煌文學寫本辨正舉隅　《敦煌研究》1991 年第 1 期　p. 92
東野治之　敦煌と日本の『千字文』　遣唐使と正倉院　(東京)岩波書店　1992　p. 240
東野治之　訓蒙書　敦煌漢文文獻(講座敦煌 5)　(東京)大東出版社　1992　p. 404
姜伯勤　敦煌社會文書導論　(臺北)新文豐出版公司　1992　p. 92、98
林家平　寧强　羅華慶　中國敦煌學史　北京語言學院出版社　1992　p. 106
鄭阿財　敦煌文獻與文學　(臺北)新文豐出版公司　1993　p. 260
鄭阿財　學日益齋敦煌學劄記　周一良先生八十生日紀念論文集　中國社會科學出版社　1993　p. 193
胡戟　傅玫　敦煌史話　中華書局　1995　p. 184
石田勇作　敦煌「社文書」研究序說　中國古代の國家と民衆(堀敏一先生古稀記念)　(東京)汲古書院　1995　p. 684
李正宇　敦煌史地新論　(臺北)新文豐出版公司　1996　p. 189
劉進寶　P. 3236 號《壬申年官布籍》時代考　《西北師大學報》(社會科學版)1996 年第 5 期　p. 43
劉進寶　P. 3236 號《壬申年官布籍》研究　慶祝潘石禪先生九秩華誕敦煌學特刊　(臺北)文津出版社　1996　p. 358
寧可　郝春文　敦煌社邑文書輯校　江蘇古籍出版社　1997　p. 213、227
顏廷亮　關於《晏子賦》寫本的抄寫年代問題　《敦煌研究》1997 年第 2 期　p. 136
寧可　行人轉帖　敦煌學大辭典　上海辭書出版社　1998　p. 430
柴劍虹　讀敦煌學士郎張宗之詩抄劄記　敦煌吐魯番學論稿　浙江教育出版社　2000　p. 249
劉進寶　敦煌文書與唐史研究　(臺北)新文豐出版公司　2000　p. 230
汪泛舟　敦煌古代兒童課本　甘肅人民出版社　2000　p. 213、223
林聰明　敦煌吐魯番文書解詁指例　(臺北)新文豐出版公司　2001　p. 131
汪泛舟　敦煌俗别字補正　《敦煌研究》2001 年第 4 期　p. 160
鄭阿財　敦煌童蒙讀物的分類與總說　敦煌文獻論集:紀念藏經洞發現一百周年國際學術研討會論文集　遼寧人民出版社　2001　p. 202
鄭阿財　朱鳳玉　敦煌蒙書研究　甘肅教育出版社　2002　p. 357
郝春文　唐後期五代宋初中印文化對敦煌寺院的影響　新世紀敦煌學論集　巴蜀書社　2003　p. 333
王紹峰　初唐佛典辭彙研究　安徽教育出版社　2004　p. 206
趙跟喜　敦煌唐宋時期的女子教育初探　《敦煌研究》2006 年第 2 期　p. 93

S. 1164

矢吹慶輝　鳴沙餘韻・解說篇(第一部)　(京都)臨川書店　1980　p. 231
鄭炳林　敦煌碑銘讚三篇證誤與考釋　《敦煌學輯刊》1992 年第 1、2 期　p. 101
晒麟　張謙逸在吐蕃時期的任職　《敦煌學輯刊》1993 年第 1 期　p. 83
蘇遠鳴　敦煌漢文寫本的斷代　法國學者敦煌學論文選萃　中華書局　1993　p. 551
鄭炳林　《索崇恩和尚修功德記》考釋　《敦煌研究》1993 年第 2 期　p. 59
蕭登福　道教術儀與密教典籍　(臺北)新文豐出版公司　1994　p. 492

鄭炳林　董念清　唐五代敦煌私營釀酒業初探　《社科縱横》1994 年第 4 期　p. 65
鄭炳林　馮培紅　讀《中國古代寫本識語集録》劄記　《西北史地》1994 年第 4 期　p. 46
黄征　吳偉　敦煌願文集　岳麓書社　1995　p. 233、368
蕭登福　道教與佛教　（臺北）東大圖書公司　1995　p. 153
楊自福　顧大勇　敦煌本《周公解夢書》殘卷初探　《敦煌學輯刊》1995 年第 2 期　p. 71
鄭炳林　敦煌漢文吐蕃史料綜述：兼論吐蕃控制河西時期的職官與統治政策　敦煌吐魯番文獻研究　中華書局　1995　p. 99
鄭炳林　羊萍　敦煌本夢書　甘肅文化出版社　1995　p. 240
蕭登福　道佛十王地獄説　（臺北）新文豐出版公司　1996　p. 266
鄭炳林　唐五代敦煌粟特人與歸義軍政權　《敦煌研究》1996 年第 4 期　p. 87　又見：敦煌歸義軍史專題研究　蘭州大學出版社　1997　p. 413
鄭炳林　敦煌碑銘讚輯釋　甘肅教育出版社　1997　p. 163 注 4
鄭炳林　論晚唐敦煌文士張球即張景球　文史（第四十三輯）　中華書局　1997　p. 117
鄭炳林　唐五代敦煌的粟特人與佛教　敦煌歸義軍史專題研究　蘭州大學出版社　1997　p. 463 注 6
鄭炳林　唐五代敦煌的醫事研究　敦煌歸義軍史專題研究　蘭州大學出版社　1997　p. 517
鄭炳林　吐蕃統治下的敦煌粟特人　敦煌歸義軍史專題研究　蘭州大學出版社　1997　p. 386
楊富學　李吉和　敦煌漢文吐蕃史料輯校（第一輯）　甘肅人民出版社　1999　p. 201
聖凱　論唐代的講經儀軌　《敦煌學輯刊》2001 年第 2 期　p. 39
王繼光　鄭炳林　敦煌漢文吐蕃史料綜述　中國西部民族文化研究（2003 年卷）　民族出版社　2003　p. 251
陳曉紅　試論敦煌佛教願文的類型　《敦煌學輯刊》2004 年第 1 期　p. 99
鄭炳林　敦煌寫本解夢書校録研究　民族出版社　2005　p. 55
武學軍　敏春芳　敦煌願文婉詞試解（一）　《敦煌學輯刊》2006 年第 1 期　p. 131

S. 1165

平井俊榮　敦煌仏典と中國仏教　敦煌と中國仏教（講座敦煌 7）　（東京）大東出版社　1984　p. 8
張鴻勳　敦煌講唱文學作品選注　甘肅人民出版社　1987　p. 28
張鴻勳　敦煌話本詞文俗賦導論　（臺北）新文豐出版公司　1993　p. 86

S. 1167

陳祚龍　敦煌學新記　敦煌文物隨筆　（臺北）商務印書館　1979　p. 272
池田溫　中國古代寫本識語集録　（東京）大藏出版株式會社　1990　p. 399
林聰明　敦煌文書出處略考　季羨林教授八十華誕紀念論文集（下）　江西人民出版社　1991　p. 856
林聰明　敦煌文書學　（臺北）新文豐出版公司　1991　p. 181
鄭炳林　敦煌碑銘讚部分文書拼接復原　《敦煌研究》1993 年第 1 期　p. 54
鄭炳林　敦煌碑銘讚輯釋　甘肅教育出版社　1997　p. 178 注 9
金岡照光　敦煌文獻と中國文學　（東京）五曜書房　2000　p. 427
徐俊　敦煌詩集殘卷輯考　中華書局　2000　p. 835
陳麗萍　敦煌女性寫經題記及反映的婦女問題　敦煌佛教藝術文化國際學術研討會論文集　蘭州大學出版社　2002　p. 431

屈直敏　敦煌高僧　民族出版社　2004　p. 111

S. 1170

胡戟　傅玫　敦煌史話　中華書局　1995　p. 189

張小豔　刪字符號卜與敦煌文獻的解讀　《敦煌研究》2003 年第 3 期　p. 73

張小豔　試論敦煌書儀的語料價值　浙江與敦煌學:常書鴻先生誕辰一百周年紀念文集　浙江古籍出版社　2004　p. 545

S. 1172

池田溫　中國古代寫本識語集録　(東京)大藏出版株式會社　1990　p. 389

加地哲定著　劉衛星譯　中國佛教文學　今日中國出版社　1990　p. 145

S. 1173

方廣錩　斯坦因敦煌特藏所附數碼著録考　敦煌學國際研討會文集・史地語文编　遼寧美術出版社　1995　p. 530

胡戟　傅玫　敦煌史話　中華書局　1995　p. 189

鄭炳林　唐五代敦煌粟特人與歸義軍政權　《敦煌研究》1996 年第 4 期　p. 87　又見:敦煌歸義軍史專題研究　蘭州大學出版社　1997　p. 414

寧可　郝春文　敦煌社邑文書輯校　江蘇古籍出版社　1997　p. 576

鄭炳林　康通信　敦煌學大辭典　上海辭書出版社　1998　p. 353

楊森　談敦煌社邑文書中“三官”及“録事”“虞侯”的若干問題　《敦煌研究》1999 年第 3 期　p. 80

S. 1175

方廣錩　斯坦因敦煌特藏所附數碼著録考　敦煌學國際研討會文集・史地語文编　遼寧美術出版社　1995　p. 530

井ノ口泰淳　敦煌本『仏名經』の諸系統　中央アジアの言語と仏教　(京都)法藏館　1995　p. 287

S. 1176

汪泛舟　讃・箴　敦煌文學　甘肅人民出版社　1989　p. 101

S. 1177

芳村修基　土橋秀高　井ノ口泰淳　敦煌佛教史年表　西域文化研究(第一)・敦煌佛教資料　(京都)法藏館　1958　p. 273

陳祚龍　敦煌古抄内典尾記彙校初、二、三編合刊　敦煌學要籥　(臺北)新文豐出版公司　1982　p. 100

王三慶　敦煌寫卷中武后新字之調查研究　漢學研究(敦煌學國際研討會論文專號)　(臺北)漢學研究資料及服務中心　1986　p. 441　又見:唐代研究論集(第三輯)　(臺北)新文豐出版公司　1992　p. 63

姜亮夫　瓜沙曹氏世譜　敦煌學論文集　上海古籍出版社　1987　p. 958　又見:姜亮夫全集(十四)　雲南人民出版社　2002　p. 377

韓建瓴　題跋　敦煌文學　甘肅人民出版社　1989　p. 77

池田溫　中國古代寫本識語集録　(東京)大藏出版株式會社　1990　p. 438

林聰明　敦煌文書學　(臺北)新文豐出版公司　1991　p. 430
林家平　寧强　羅華慶　中國敦煌學史　北京語言學院出版社　1992　p. 513
盧向前　金山國立國之我見　敦煌吐魯番文書論稿　江西人民出版社　1992　p. 179
伏俊璉　敦煌賦校注　甘肅人民出版社　1994　p. 6
姜伯勤　敦煌邈真讚與敦煌望族　敦煌邈真讚校録並研究　(臺北)新文豐出版公司　1994　p. 17
黄征　吳偉　敦煌願文集　岳麓書社　1995　p. 916
林聰明　敦煌文書年代考探略述　敦煌學國際研討會文集·史地語文編　遼寧美術出版社　1995　p. 556
鄭炳林　敦煌碑銘讚輯釋　甘肅教育出版社　1997　p. 298 注 10
方廣錩　金光明最勝王經　敦煌學大辭典　上海辭書出版社　1998　p. 679
雷紹鋒　P. 3418v《唐沙州諸鄉欠枝夫人户名目》研究　《敦煌研究》1998 年第 2 期　p. 107
金岡照光　敦煌文獻と中國文學　(東京)五曜書房　2000　p. 427
雷紹鋒　歸義軍賦役制度初探　(臺北)洪葉文化事業有限公司　2000　p. 79
劉長東　晉唐彌陀淨土信仰研究　巴蜀書社　2000　p. 487
楊森　淺談敦煌文獻中唐代墓誌銘抄本　《敦煌研究》2000 年第 3 期　p. 138
李正宇　索勳、張承奉更叠之際史事考　敦煌文獻論集:紀念藏經洞發現一百周年國際學術研討會論文集　遼寧人民出版社　2001　p. 120
林聰明　敦煌吐魯番文書解詁指例　(臺北)新文豐出版公司　2001　p. 170. 192
馬德　敦煌寫經題記的社會意義　法源(第 19 期)　中國佛學院　2001　p. 85
蔡忠霖　敦煌漢文寫卷俗字及其現象　(臺北)文津出版社　2002　p. 67、140
陳麗萍　敦煌女性寫經題記及反映的婦女問題　敦煌佛教藝術文化國際學術研討會論文集　蘭州大學出版社　2002　p. 435
姜亮夫　敦煌莫高窟年表　姜亮夫全集(十一)　雲南人民出版社　2002　p. 450
李小榮　變文講唱與華梵宗教藝術　上海三聯書店　2002　p. 291
蔡忠霖　從書法角度看俗字的生成　敦煌學(第 24 輯)　(臺北)樂學書局有限公司　2003　p. 167
鄭炳林　徐曉莉　晚唐五代敦煌歸義軍政權的婚姻關係研究　敦煌學(第 25 輯)　(臺北)樂學書局有限公司　2004　p. 571
沙武田　《金光明最勝王經變》在敦煌吐蕃時期洞窟首次出現的原因　《蘭州大學學報》2006 年第 3 期　p. 37

S. 1181

芳村修基　土橋秀高　井ノ口泰淳　敦煌佛教史年表　西域文化研究(第一)·敦煌佛教資料　(京都)法藏館　1958　p. 277
陳祚龍　敦煌古抄内典尾記彙校二編　敦煌文物隨筆　(臺北)商務印書館　1979　p. 175
矢吹慶輝　鳴沙餘韻·解説篇(第一部)　(京都)臨川書店　1980　p. 231
陳祚龍撰　費海璣譯　蘇瑩輝補注　瓜沙印録　敦煌學概要　(臺北)編譯館"中華叢書編委會"　1981　p. 268　又見:中國敦煌學百年文庫·考古卷(一)　甘肅文化出版社　1999　p. 191
陳祚龍　敦煌古抄内典尾記彙校初、二、三編合刊　敦煌學要籥　(臺北)新文豐出版公司　1982　p. 79
陳祚龍　古代敦煌及其他地區流行之公私印章圖記文字録　敦煌學要籥　(臺北)新文豐出版公司　1982　p. 346
榮新江　沙州歸義軍歷任節度使稱號研究　敦煌吐魯番學研究論文集　漢語大詞典出版社　1990

p. 792
榮新江　關於曹氏歸義軍首任節度使的幾個問題　《敦煌研究》1993 年第 2 期　p. 48
鄭炳林　讀敦煌文書 P. 3859《後唐清泰三年六月沙州儭司教授福集等狀》劄記　《西北史地》1993 年第 4 期　p. 46　又見:敦煌吐魯番文獻研究　中華書局　1995　p. 612
榮新江　歸義軍史研究　上海古籍出版社　1996　p. 19、103
馮培紅　晚唐五代宋初歸義軍武職軍將研究　敦煌歸義軍史專題研究　蘭州大學出版社　1997　p. 115
郝春文　關於唐後期五代宋初沙州僧俗的施捨問題　唐研究(第三卷)　北京大學出版社　1997　p. 25
鄭炳林　敦煌碑銘讚輯釋　甘肅教育出版社　1997　p. 227 注 2、380 注 15
郝春文　唐後期五代宋初敦煌僧尼的社會生活　中國社會科學出版社　1998　p. 247
榮新江　歸義軍大事紀年初稿　出土文獻研究(第三輯)　文物出版社　1998　p. 245
郝春文　部分英藏敦煌文獻的定名問題　英國收藏敦煌漢藏文獻研究:紀念敦煌文獻發現一百周年　中國社會科學出版社　2000　p. 388
姜亮夫　敦煌莫高窟年表　姜亮夫全集(十一)　雲南人民出版社　2002　p. 388
徐曉麗　敦煌石窟所見天公主考辨　《敦煌學輯刊》2002 年第 2 期　p. 78
徐曉麗　回鶻天公主與敦煌佛教　敦煌佛教藝術文化國際學術研討會論文集　蘭州大學出版社　2002　p. 418
古正美　于闐與敦煌的毗沙門天王信仰　2000 年敦煌學國際學術討論會文集・歷史文化卷(上)　甘肅民族出版社　2003　p. 56
李小榮　敦煌密教文獻論稿　人民文學出版社　2003　p. 267
王豔明　瓜州曹氏與甘州回鶻的兩次和親始末　《敦煌研究》2003 年第 1 期　p. 71
馮培紅　關於歸義軍節度使官制的幾個問題　麥積山石窟藝術文化論文集(下)　蘭州大學出版社　2004　p. 210

S. 1183

芳村修基　土橋秀高　井ノ口泰淳　敦煌佛教史年表　西域文化研究(第一)・敦煌佛教資料　(京都)法藏館　1958　p. 281
唐耕耦　陸宏基　敦煌社會經濟文獻真迹釋録(四)　全國圖書館文獻縮微複製中心　1990　p. 95
鄭炳林　伯 2641 號背莫高窟再修功德記撰寫人探微　《敦煌學輯刊》1991 年第 2 期　p. 48
竺沙雅章　寺院文書　敦煌漢文文獻(講座敦煌 5)　(東京)大東出版社　1992　p. 600
李玉昆　敦煌遺書《泉州千佛新著諸祖師頌》研究　《敦煌學輯刊》1995 年第 1 期　p. 31
王書慶　敦煌文獻中五代宋初戒牒研究　《敦煌研究》1997 年第 3 期　p. 35
鄭炳林　敦煌碑銘讚輯釋　甘肅教育出版社　1997　p. 519 注 8
唐耕耦　戒牒　敦煌學大辭典　上海辭書出版社　1998　p. 641
姜亮夫　敦煌莫高窟年表　姜亮夫全集(十一)　雲南人民出版社　2002　p. 578
李德龍　沙州三界寺《授戒牒》初探　甘肅民族研究論叢　甘肅人民出版社　2002　p. 403

S. 1184

向達　倫敦所藏敦煌卷子經眼目録　《北平圖書館圖書季刊》1939 年新第 1 卷第 4 期　p. 397
蕭登福　道教術儀與密教典籍　(臺北)新文豐出版公司　1994　p. 214、497

S. 1185

芳村修基　土橋秀高　井ノロ泰淳　敦煌佛教史年表　西域文化研究(第一)·敦煌佛教資料　(京都)法藏館　1958　p. 278

陳祚龍　敦煌古抄内典尾記彙校初、二、三編合刊　敦煌學要籥　(臺北)新文豐出版公司　1982　p. 101

池田溫　中國古代寫本識語集録　(東京)大藏出版株式會社　1990　p. 479

圓空　《新菩薩經》《勸善經》《救諸衆生苦難經》校録及其流傳背景之探討　《敦煌研究》1992 年第 1 期　p. 53

蕭登福　道教術儀與密教典籍　(臺北)新文豐出版公司　1994　p. 496

黄征　敦煌文獻中有浙江文化史的資料　敦煌語文叢説　(臺北)新文豐出版公司　1997　p. 769

邰惠莉　敦煌寫本《佛圖澄所化經》初探　《敦煌研究》1998 年第 4 期　p. 98

金岡照光　敦煌文獻と中國文學　(東京)五曜書房　2000　p. 427

顔廷亮　敦煌文化　光明日報出版社　2000　p. 270

姜亮夫　敦煌莫高窟年表　姜亮夫全集(十一)　雲南人民出版社　2002　p. 502

S. 1186

方廣錩　斯坦因敦煌特藏所附數碼著録考　敦煌學國際研討會文集·史地語文編　遼寧美術出版社　1995　p. 531

方廣錩　敦煌佛教經録輯校　江蘇古籍出版社　1997　p. 421

方廣錩　金光明最勝王經卷品開闔録　敦煌學大辭典　上海辭書出版社　1998　p. 750

S. 1188

上山大峻著　劉永增譯　關於北圖效 76 號吳和尚藏書目録　《敦煌研究》2003 年第 1 期　p. 103

S. 1189

陳祚龍　敦煌學新簡　敦煌文物散論　(臺北)新文豐出版公司　1993　p. 161

鄭阿財　從敦煌文獻看唐代的三教合一　第二屆國際唐代學術會議論文集(上)　(臺北)文津出版社　1993　p. 668 注 16

方廣錩　父母恩重經　敦煌學大辭典　上海辭書出版社　1998　p. 733

張涌泉　敦煌本《佛説父母恩重經》研究　文史(第四十九輯)　中華書局　1999　p. 69

馬世長　《父母恩重經》寫本與變相　敦煌研究文集·敦煌石窟經變篇　甘肅民族出版社　2000　p. 398

町田隆吉　『唐咸亨四年(673)左憧熹生前及隨身錢物疏』をめぐって　『西北出土文獻研究』(創刊號)　(新潟)西北出土文獻研究會　2004　p. 69

S. 1198

三木榮　西域出土醫藥關係文獻綜合解説目録　『東洋學報』(47 卷 1 號)　(東京)東洋學術協會　1964　p. 12

蕭登福　道教術儀與密教典籍　(臺北)新文豐出版公司　1994　p. 476

李永寧　程亮　整理王重民敦煌遺書手稿所得(三)　《敦煌研究》2005 年第 2 期　p. 65

S. 1200

土橋秀高　敦煌の律蔵　敦煌と中國仏教(講座敦煌 7)　(東京)大東出版社　1984　p. 247

S. 1206

江素雲　維摩詰所說經敦煌寫本综合目録　(臺北)東初出版社　1991　p. 79

S. 1210

平井宥慶　千手千眼陀羅尼經　敦煌と中國仏教(講座敦煌 7)　(東京)大東出版社　1984　p. 138

上山大峻　敦煌佛教の研究　(京都)法藏館　1990　p. 144

李小榮　敦煌密教文獻論稿　人民文學出版社　2003　p. 25

李小榮　論密教中的千手觀音　文史(第六十三輯)　中華書局　2003　p. 148

S. 1214

王三慶　敦煌寫卷中武后新字之調査研究　唐代研究論集(第三輯)　(臺北)新文豐出版公司　1992　p. 87

S. 1215

矢吹慶輝　鳴沙餘韻・解說篇(第二部)　(京都)臨川書店　1980　p. 269

福井文雅　般若心經　敦煌と中國仏教(講座敦煌 7)　(東京)大東出版社　1984　p. 38

方廣錩　續命經　敦煌學大辭典　上海辭書出版社　1998　p. 735

許國霖　敦煌石室寫經年代表　中國敦煌學百年文庫・宗教卷(四)　甘肅文化出版社　1999　p. 196

S. 1218

芳村修基　土橋秀高　井ノ口泰淳　敦煌佛教史年表　西域文化研究(第一)・敦煌佛教資料　(京都)法藏館　1958　p. 260

陳祚龍　敦煌古抄内典尾記彙校初、二、三編合刊　敦煌學要籥　(臺北)新文豐出版公司　1982　p. 101

池田溫　中國古代寫本識語集録　(東京)大蔵出版株式會社　1990　p. 181

許國霖　敦煌石室寫經題記彙編　中國敦煌學百年文庫・宗教卷(四)　甘肅文化出版社　1999　p. 222

S. 1219

江素雲　維摩詰所說經敦煌寫本综合目録　(臺北)東初出版社　1991　p. 79

S. 1220

平井俊榮　敦煌仏典と中國仏教　敦煌と中國仏教(講座敦煌 7)　(東京)大東出版社　1984　p. 10

張金泉　敦煌佛經音義寫卷述要　《敦煌研究》1997 年第 2 期　p. 118

S. 1224

沃興華　敦煌書法藝術　上海人民出版社　1994　p. 249

S. 1226

井ノ口泰淳　敦煌本『仏名經』の諸系統　中央アジアの言語と仏教　(京都)法藏館　1995　p. 287

S. 1236

方廣錩　敦煌佛教經録輯校　江蘇古籍出版社　1997　p. 1029

S. 1238

井ノ口泰淳　敦煌本『仏名經』の諸系統　中央アジアの言語と仏教　(京都)法藏館　1995　p. 325

方廣錩　賢劫千佛名經　敦煌學大辭典　上海辭書出版社　1998　p. 674

梁曉鵬　莫高窟第254窟千佛文本的符號學分析　《敦煌學輯刊》2005年第2期　p. 74

S. 1239

江素雲　維摩詰所說經敦煌寫本綜合目録　(臺北)東初出版社　1991　p. 79

S. 1242

平井俊榮　敦煌仏典と中國仏教　敦煌と中國仏教(講座敦煌7)　(東京)大東出版社　1984　p. 10

S. 1243

陳祚龍　敦煌古抄内典尾記彙校初、二、三編合刊　敦煌學要籥　(臺北)新文豐出版公司　1982　p. 101

吳其昱著　福井文雅　樋口勝譯　大蕃國大德・三藏法師・法成傳考　敦煌と中國仏教(講座敦煌7)　(東京)大東出版社　1984　p. 392

上山大峻　敦煌佛教の研究　(京都)法藏館　1990　p. 91、232

鄭炳林　敦煌碑銘讚輯釋　甘肅教育出版社　1997　p. 79 注 3

S. 1244

方廣錩　四分律比丘戒本　敦煌學大辭典　上海辭書出版社　1998　p. 712

S. 1245

方廣錩　五千五百佛名神咒除障滅罪經　敦煌學大辭典　上海辭書出版社　1998　p. 673

S. 1246

向達　倫敦所藏敦煌卷子經眼目録　《北平圖書館圖書季刊》1939年新第1卷第4期　p. 397　又見:唐代長安與西域文明　三聯書店　1957　p. 206

石井昌子　靈寶經類　敦煌と中國道教(講座敦煌4)　(東京)大東出版社　1983　p. 160

郭在貽　張涌泉　黄征　敦煌變文集校議　岳麓書社　1990　p. 1

山田俊　唐初道教思想史研究・資料篇　(京都)平樂寺書店　1999　p. 64、163

王卡　敦煌道教文獻研究　中國社會科學出版社　2004　p. 200

王卡　中國國家圖書館藏敦煌道教遺書研究報告　敦煌吐魯番研究(第七卷)　北京大學出版社　2004　p. 369

S. 1247

蔣述卓　佛經傳譯與中古文學思潮　江西人民出版社　1990　p. 63

S. 1248

江素雲　維摩詰所說經敦煌寫本綜合目録　（臺北）東初出版社　1991　p. 79

S. 1249

土橋秀高　敦煌の律蔵　敦煌と中國仏教（講座敦煌 7）　（東京）大東出版社　1984　p. 262

劉方　戒律之研究　敦煌學大辭典　上海辭書出版社　1998　p. 836

林鳴宇　上海圖書館所藏 861087 號卷子失缺部分之發現及其紙褙戒律資料之内容意義　戒幢佛學（第三卷）　岳麓書社　2005　p. 422

S. 1251

王堯　藏族翻譯家管・法成對民族文化交流的貢獻　《文物》1980 年第 7 期　又見：中國敦煌學百年文庫・民族卷（三）　甘肅文化出版社　1999　p. 36

福井文雅　般若心經　敦煌と中國仏教（講座敦煌 7）　（東京）大東出版社　1984　p. 38

王重民　《敦煌遺書總目索引》後記　敦煌遺書論文集　中華書局　1984　p. 69

上山大峻　敦煌佛教の研究　（京都）法藏館　1990　p. 89、171、607

王堯　西藏文史考信集　中國藏學出版社　1994　p. 30

方廣錩　斯坦因敦煌特藏所附數碼著録考　敦煌學國際研討會文集・史地語文編　遼寧美術出版社　1995　p. 531

方廣錩　般若波羅蜜多心經　敦煌學大辭典　上海辭書出版社　1998　p. 686

方廣錩　《般若心經譯注集成》前言　敦煌學佛教學論叢（下）　中國佛教文化研究所　1998　p. 21

楊富學　李吉和　敦煌漢文吐蕃史料輯校（第一輯）　甘肅人民出版社　1999　p. 83

S. 1252

芳村修基　土橋秀高　井ノ口泰淳　敦煌佛教史年表　西域文化研究（第一）・敦煌佛教資料　（京都）法藏館　1958　p. 264

陳祚龍　敦煌古抄内典尾記彙校初、二、三編合刊　敦煌學要籥　（臺北）新文豐出版公司　1982　p. 101

林聰明　從敦煌文書看佛教徒的造經祈福　第二屆敦煌學國際研討會論文集　（臺北）漢學研究中心　1990　p. 525

林聰明　敦煌文書學　（臺北）新文豐出版公司　1991　p. 376

陳國燦　長安三年制新譯金光明最勝王經記　敦煌學大辭典　上海辭書出版社　1998　p. 456

施安昌　敦煌寫經斷代發凡　善本碑帖論集　紫禁城出版社　2002　p. 319

施安昌　唐武周時期的刻經與敦煌寫經　善本碑帖論集　紫禁城出版社　2002　p. 119

S. 1256

方廣錩　斯坦因敦煌特藏所附數碼著録考　敦煌學國際研討會文集・史地語文编　遼寧美術出版社　1995　p. 532

S. 1257

郭在貽　張涌泉　黄征　敦煌變文集校議　岳麓書社　1990　p. 1

方廣錩　斯坦因敦煌特藏所附數碼著録考　敦煌學國際研討會文集・史地語文編　遼寧美術出版社　1995　p. 533

S. 1258

郭在貽　張涌泉　黄征　敦煌變文集校議　岳麓書社　1990　p. 1

江素雲　維摩詰所説經敦煌寫本綜合目録　（臺北）東初出版社　1991　p. 79

劉屹　北京大學藏上宮廄戸寫《維摩詰經》補説　華林（第三卷）　中華書局　2004　p. 164

S. 1259

方廣錩　彌勒下生經　敦煌學大辭典　上海辭書出版社　1998　p. 665

S. 1260

方廣錩　斯坦因敦煌特藏所附數碼著録考　敦煌學國際研討會文集・史地語文編　遼寧美術出版社　1995　p. 533

S. 1261

郝春文　唐後期五代宋初敦煌僧尼的社會生活　中國社會科學出版社　1998　p. 91、220

郝春文　唐後期五代宋初敦煌的春秋官齋、十二月轉經、水則道場與佛教節日　慶祝吳其昱先生八秩華誕敦煌學特刊　（臺北）文津出版社　2000　p. 251

S. 1264

金岡照光　敦煌民衆の宗教と生活　敦煌の民衆:その生活と思想　（東京）評論社　1972　p. 233

方廣錩　斯坦因敦煌特藏所附數碼著録考　敦煌學國際研討會文集・史地語文編　遼寧美術出版社　1995　p. 533

S. 1265

方廣錩　斯坦因敦煌特藏所附數碼著録考　敦煌學國際研討會文集・史地語文編　遼寧美術出版社　1995　p. 533

S. 1266

江素雲　維摩詰所説經敦煌寫本綜合目録　（臺北）東初出版社　1991　p. 79

S. 1267

山本達郎等　敦煌・V 計會文書　『NUN – HUANG AND TURFAN DOCUMENTS CONCERNING SOCIAL AND ECONOMIC HISTORY』(IV)　（東京）東洋文庫　1989　p. 113

唐耕耦　陸宏基　敦煌社會經濟文獻真迹釋録（三）　全國圖書館文獻縮微複製中心　1990　p. 248

李正宇　敦煌歷史地理導論　（臺北）新文豐出版公司　1997　p. 214

高啓安　索黛　敦煌古代僧人官齋飲食檢閲　《敦煌研究》1998 年第 3 期　p. 65

高啓安　索黛　唐五代敦煌飲食中的餅淺探　《敦煌研究》1998 年第 4 期　p. 78

高啓安　唐五代敦煌飲食文化研究　民族出版社　2004　p. 35、46

王卡　敦煌道教文獻研究　中國社會科學出版社　2004　p. 139

S. 1268

江素雲　維摩詰所説經敦煌寫本綜合目録　(臺北)東初出版社　1991　p. 79

S. 1271

方廣錩　斯坦因敦煌特藏所附數碼著録考　敦煌學國際研討會文集·史地語文編　遼寧美術出版社　1995　p. 533

S. 1279

郭在貽　張涌泉　黄征　敦煌變文集校議　岳麓書社　1990　p. 1

S. 1280

景盛軒　試論敦煌佛經異文研究的價值和意義　《敦煌研究》2004 年第 5 期　p. 89

S. 1284

森安孝夫　敦煌と西ウイグル王國　『東方學』(第 74 輯)　(東京)東方學會　1987　p. 68

森安孝夫著　陳俊謀譯　敦煌與西回鶻王國　《西北史地》1987 年第 3 期　p. 126

榮新江　西元十世紀沙州歸義軍與西州回鶻的文化交往　第二届敦煌學國際研討會論文集　(臺北)漢學研究中心　1990　p. 591

鄭炳林　敦煌碑銘讚輯釋　甘肅教育出版社　1997　p. 382 注 2

鄭炳林　晚唐五代敦煌貿易市場的外來商品輯考　中華文史論叢(總 63 輯)　上海古籍出版社　2000　p. 58

王啓濤　中古及近代法制文書語言研究　巴蜀書社　2003　p. 305

S. 1285

向達　倫敦所藏敦煌卷子經眼目録　《北平圖書館圖書季刊》1939 年新第 1 卷第 4 期　p. 397　又見:唐代長安與西域文明　三聯書店　1957　p. 206

羅福頤　敦煌石室文物對於學術上的貢獻　《歷史教學》1951 年第 5 期　又見:中國敦煌學百年文庫·考古卷(四)　甘肅文化出版社　1999　p. 12

芳村修基　土橋秀高　井ノ口泰淳　敦煌佛教史年表　西域文化研究(第一)·敦煌佛教資料　(京都)法藏館　1958　p. 278

仁井田陞　唐末五代の敦煌寺院佃戸關係文書　西域文化研究(第二)·敦煌吐魯番社會經濟資料(上)　(京都)法藏館　1959　p. 90

菊池英夫　唐代敦煌社會の外貌　敦煌の社會(講座敦煌 3)　(東京)大東出版社　1980　p. 115

土肥義和　はじめに——歸義軍節度使の敦煌支配　敦煌の歷史(講座敦煌 2)　(東京)大東出版社　1980　p. 246

董作賓　敦煌紀年　敦煌學文選(上)　蘭州大學歷史系敦煌學研究室等　1983　p. 32

侯紹莊　“買田”性質研究　《敦煌學研究》(西北師院學報)1984 年增刊　p. 26

仁井田陞著　姜鎮慶譯　唐末五代的敦煌寺院佃戸關係文書　敦煌學譯文集　甘肅人民出版社　1985　p. 869 注 25

土肥義和著　李永寧譯　歸義軍時期(晚唐、五代、宋)的敦煌(一)　《敦煌研究》1986 年第 4 期

p. 87
王永興　隋唐五代經濟史料彙編校注・第一編(下)　中華書局　1987　p. 982
池田溫　吐魯番・敦煌文書にみえる地方城市の住居　中國都市の歷史的研究(唐代史研究會報告第 VI 集)　(東京)刀水書房　1988　p. 181
張廣達　榮新江　關於敦煌出土于闐文獻的年代及其相關問題　紀念陳寅恪先生誕辰百年學術論文集　北京大學出版社　1989　p. 292
唐耕耦　陸宏基　敦煌社會經濟文獻真迹釋録(二)　全國圖書館文獻縮微複製中心　1990　p. 9
李正宇　敦煌名勝古迹導論　《陽關》1991 年第 4 期　p. 51
仁井田陞　補訂中國法制史研究:奴隸農奴法・家族村落法　東京大學出版會　1991　p. 34、90
仁井田陞　補訂中國法制史研究:土地法・取引法　東京大學出版會　1991　p. 688、699、756
姜伯勤　敦煌社會文書導論　(臺北)新文豐出版公司　1992　p. 172
張鴻勳　敦煌說唱文學概論　(臺北)新文豐出版公司　1993　p. 7
方廣錩　斯坦因敦煌特藏所附數碼著録考　敦煌學國際研討會文集・史地語文編　遼寧美術出版社　1995　p. 531
土肥義和　唐・北宋間の「社」の組織形態に関する一考察　中國古代の國家と民衆(堀敏一先生古稀記念)　(東京)汲古書院　1995　p. 726
張傳璽　中國歷代契約會編考釋(上)　北京大學出版社　1995　p. 238 注 1
劉進寶　歸義軍土地制度初探　《敦煌研究》1997 年第 2 期　p. 55
鄭炳林　晚唐五代敦煌貿易市場的物價　敦煌歸義軍史專題研究　蘭州大學出版社　1997　p. 295
黃永年　唐代史事考釋　(臺北)聯經出版公司　1998　p. 455
黃正建　敦煌文書所見唐宋之際敦煌民衆住房面積考略　敦煌吐魯番研究(第三卷)　北京大學出版社　1998　p. 209
沙知　敦煌契約文書輯校　江蘇古籍出版社　1998　p. 21
沙知　見人　敦煌學大辭典　上海辭書出版社　1998　p. 390
池田溫　八世紀中葉敦煌的粟特人聚落　唐研究論文選集　中國社會科學出版社　1999　p. 61 注 73
蘇金花　唐、五代敦煌地區的商品貨幣形態　《敦煌研究》1999 年第 2 期　p. 96
陳永勝　敦煌買賣契約法律制度探析　《敦煌研究》2000 年第 4 期　p. 99
陳永勝　敦煌吐魯番法制文書研究　甘肅人民出版社　2000　p. 57
劉進寶　敦煌歷史文化　甘肅人民出版社　2000　p. 131
劉進寶　敦煌文書與唐史研究　(臺北)新文豐出版公司　2000　p. 171
楊森　關於敦煌文獻中的"平章"一詞　敦煌學與中國史研究論集　甘肅人民出版社　2001　p. 231
姜亮夫　敦煌莫高窟年表　姜亮夫全集(十一)　雲南人民出版社　2002　p. 496
劉進寶　敦煌學通論　甘肅教育出版社　2002　p. 88
盛會蓮　唐五代百姓房舍的分配及相關問題之試析　《敦煌研究》2002 年第 6 期　p. 30、33
李正宇　敦煌遺書一宗後晉時期敦煌民事訴訟檔案　《敦煌研究》2003 年第 2 期　p. 44
盛會蓮　從敦煌吐魯番文書看隋至宋初的宅舍交易　中國中古史論集　天津古籍出版社　2003　p. 83
王啓濤　中古及近代法制文書語言研究　巴蜀書社　2003　p. 146、161、290
杜正乾　敦煌文獻中的"壁"字芻議　《敦煌研究》2004 年第 2 期　p. 76

S. 1286

李正宇　曹仁貴名實論:曹氏歸義軍創始集歸奉後梁史探　第二屆敦煌學國際研討會論文集　(臺北)漢學研究中心　1990　p. 554

方廣錩　斯坦因敦煌特藏所附數碼著録考　敦煌學國際研討會文集・史地語文編　遼寧美術出版社　1995　p. 531

李正宇　敦煌史地新論　(臺北)新文豐出版公司　1996　p. 312

S. 1287

王堯　藏族翻譯家管・法成對民族文化交流的貢獻　《文物》1980 年第 7 期　又見:中國敦煌學百年文庫・民族卷(三)　甘肅文化出版社　1999　p. 29

平井俊榮　敦煌仏典と中國仏教　敦煌と中國仏教(講座敦煌 7)　(東京)大東出版社　1984　p. 7

三崎良周　仏頂尊勝陀羅尼經と諸星母陀羅尼經　敦煌と中國仏教(講座敦煌 7)　(東京)大東出版社　1984　p. 127

王堯　西藏文史考信集　中國藏學出版社　1994　p. 20

沙知　修多寺　敦煌學大辭典　上海辭書出版社　1998　p. 633

S. 1288

李正宇　敦煌史地新論　(臺北)新文豐出版公司　1996　p. 210

S. 1291

向達　記倫敦所藏的敦煌俗文學　《新中華雜誌》1937 年第 5 卷第 13 號　p. 123　又見:敦煌變文論文録　上海古籍出版社　1982　p. 31

向達　倫敦所藏敦煌卷子經眼目録　《北平圖書館圖書季刊》1939 年新第 1 卷第 4 期　p. 397　又見:唐代長安與西域文明　三聯書店　1957　p. 206

仁井田陞　唐末五代の敦煌寺院佃戶關係文書　西域文化研究(第二)・敦煌吐魯番社會經濟資料(上)　(京都)法藏館　1959　p. 82

入矢義高　『太公家教』校釋　福井博士頌壽記念東洋思想論集　(東京)論文集刊行會　1960　p. 36

堀敏一　敦煌社會の変質——中國社會全般の発展とも関連して　敦煌の社會(講座敦煌 3)　(東京)大東出版社　1980　p. 171

陳國燦　敦煌所出諸借契年代考　魏晉南北朝隋唐史資料(第 4 輯)　武漢大學出版社　1982　p. 12　又見:《敦煌學輯刊》1984 年第 1 期　p. 5

段文傑　敦煌壁畫中的衣冠服飾　敦煌研究文集　甘肅人民出版社　1982　p. 187 注 55

高國藩　敦煌寫本《太公家教》初探　《敦煌學輯刊》1984 年第 1 期　p. 64

王重民　跋太公家教　敦煌遺書論文集　中華書局　1984　p. 137

雷僑雲　敦煌兒童文學　(臺北)學生書局　1985　p. 82 注 4

仁井田陞著　姜鎮慶譯　唐末五代的敦煌寺院佃戶關係文書　敦煌學譯文集　甘肅人民出版社　1985　p. 846 注 10

王堯　陳踐　從一張借契看宗教的社會作用:P. T. 1297 號敦煌吐蕃文書譯解　《世界宗教研究》1986 年第 4 期　p. 68

周鳳五　敦煌寫本太公家教研究　(臺北)明文書局　1986　p. 155

王永興　隋唐五代經濟史料彙編校注・第一編(上)　中華書局　1987　p. 320

向達　記倫敦所藏的敦煌俗文學　唐代長安與西域文明　三聯書店　1987　p. 243

鄭阿財　敦煌寫卷新集文詞九經抄研究　(臺北)文史哲出版社　1989　p. 128 注 1

唐耕耦　陸宏基　敦煌社會經濟文獻真迹釋録(二)　全國圖書館文獻縮微複製中心　1990　p. 95

鄭阿財　敦煌蒙書析論　第二届敦煌學國際研討會論文集　(臺北)漢學研究中心　1990　p. 226

仁井田陞　補訂中國法制史研究:奴隸農奴法・家族村落法　東京大學出版會　1991　p. 71

仁井田陞　補訂中國法制史研究:土地法・取引法　東京大學出版會　1991　p. 723

林家平　寧强　羅華慶　中國敦煌學史　北京語言學院出版社　1992　p. 106

鄭阿財　敦煌文獻與文學　(臺北)新文豐出版公司　1993　p. 260

鄭阿財　學日益齋敦煌學劄記　周一良先生八十生日紀念論文集　中國社會科學出版社　1993　p. 193

蔣禮鴻　敦煌文獻語言詞典　杭州大學出版社　1994　p. 406

胡戟　傅玫　敦煌史話　中華書局　1995　p. 184

王三慶　敦煌書儀載録之節日活動與民俗　全國敦煌學研討會論文集　(臺北)中正大學中國文學系所　1995　p. 25 注 22

張傳璽　中國歷代契約會編考釋(上)　北京大學出版社　1995　p. 408 注 1

鄭炳林　吐蕃統治下的敦煌粟特人　敦煌歸義軍史專題研究　蘭州大學出版社　1997　p. 377

陳國燦　中元部落　敦煌學大辭典　上海辭書出版社　1998　p. 300

金瀅坤　吐蕃統治敦煌的社會基層組織　《中國邊疆史地研究》1998 年第 4 期　p. 30

沙知　典物契　敦煌學大辭典　上海辭書出版社　1998　p. 389

沙知　敦煌契約文書輯校　江蘇古籍出版社　1998　p. 152

沙知　身東西不在　敦煌學大辭典　上海辭書出版社　1998　p. 390

陳國燦　唐代的經濟社會　(臺北)文津出版社　1999　p. 219 注 65

陳海濤　敦煌歸義軍時期從化鄉消失原因初探　中國社會歷史評論(第二卷)　天津古籍出版社　2000　p. 436

宋家鈺　英國收藏敦煌文獻叙録　英國收藏敦煌漢藏文獻研究:紀念敦煌文獻發現一百周年　中國社會科學出版社　2000　p. 169

汪泛舟　敦煌古代兒童課本　甘肅人民出版社　2000　p. 223

楊森　關於敦煌文獻中的"平章"一詞　敦煌學與中國史研究論集　甘肅人民出版社　2001　p. 231

童丕　敦煌的借貸:中國中古時代的物質生活與社會　中華書局　2003　p. 48、57

王啓濤　中古及近代法制文書語言研究　巴蜀書社　2003　p. 138

金瀅坤　敦煌社會經濟文獻綴合拾遺　《敦煌研究》2006 年第 2 期　p. 90

S. 1292

陳國燦　唐代的民間借貸:吐魯番敦煌等地所出唐代借貸契券初探　敦煌吐魯番文書初探　武漢大學出版社　1983　p. 272 注 65

楊銘　吐蕃統治敦煌研究　(臺北)新文豐出版公司　1997　p. 23

金瀅坤　敦煌社會經濟文獻綴合拾遺　《敦煌研究》2006 年第 2 期　p. 90

S. 1294

湛如　敦煌佛教律儀制度研究　中華書局　2003　p. 157

S. 1298

矢吹慶輝　鳴沙餘韻・解説篇(第一部)　(京都)臨川書店　1980　p. 190
方廣錩　敦煌遺書中的《妙法蓮華經》及有關文獻　敦煌學佛教學論叢(下)　中國佛教文化研究所　1998　p. 96　又見:法源(第 16 期)　中國佛學院　1998　p. 53
方廣錩　妙法蓮華經度量天地品第二十九　敦煌學大辭典　上海辭書出版社　1998　p. 732

S. 1299

杜愛英　敦煌遺書中俗體字的諸種類型　《敦煌研究》1992 年第 3 期　p. 118

S. 1303

福井文雅　般若心經　敦煌と中國仏教(講座敦煌 7)　(東京)大東出版社　1984　p. 38

S. 1304

江素雲　維摩詰所說經敦煌寫本綜合目録　(臺北)東初出版社　1991　p. 79

S. 1305

福井文雅撰　郭自得譯　般若心經觀在中國的變遷　敦煌學(第 6 輯)　(臺北)新文豐出版公司　1983　p. 22
福井文雅　般若心經　敦煌と中國仏教(講座敦煌 7)　(東京)大東出版社　1984　p. 42

S. 1306

矢吹慶輝　三階教之研究　(東京)岩波書店　1927　p. 191、534、786
王堯　藏族翻譯家管・法成對民族文化交流的貢獻　《文物》1980 年第 7 期　又見:中國敦煌學百年文庫・民族卷(三)　甘肅文化出版社　1999　p. 36
王重民　記敦煌寫本的佛經　敦煌吐魯番文獻研究論集(第二輯)　北京大學出版社　1983　p. 20　又見:敦煌遺書論文集　中華書局　1984　p. 305
福井文雅　般若心經　敦煌と中國仏教(講座敦煌 7)　(東京)大東出版社　1984　p. 38
饒宗頤解說　林宏作譯　敦煌書法叢刊(第二四卷)・寫經(五)　(東京)二玄社　1984　p. 55
吳其昱著　福井文雅　樋口勝譯　大蕃國大德・三藏法師・法成傳考　敦煌と中國仏教(講座敦煌 7)　(東京)大東出版社　1984　p. 406
張廣達　榮新江　敦煌文書 P. 3510(于闐文)《從德太子發願文(擬)》及其年代　1983 年全國敦煌學術討論會文集・文史遺書編(上)　甘肅人民出版社　1987　p. 173 注 5　又見:于闐史叢考　上海書店　1993　p. 59
陳祚龍　關於唐釋智昇的生平與著述　敦煌學散策新集　(臺北)新文豐出版公司　1989　p. 172
加地哲定著　劉衛星譯　中國佛教文學　今日中國出版社　1990　p. 122
上山大峻　敦煌佛教の研究　(京都)法藏館　1990　p. 89、171
吳其昱著　伊藤美重子譯　敦煌漢文寫本概観　敦煌漢文文獻(講座敦煌 5)　(東京)大東出版社　1992　p. 73
高田時雄　チベット文字書寫「長卷」の研究(本文编)　『東方學報』(第 65 號)　京都大學人文科學研究所　1993　p. 369
汪娟　敦煌禮懺文研究　(臺北)法鼓文化公司　1994　p. 115
胡戟　傅玫　敦煌史話　中華書局　1995　p. 132

井ノ口泰淳　敦煌本『仏名經』の諸系統　中央アジアの言語と仏教　(京都)法藏館　1995　p. 320
井ノ口泰淳　敦煌本「禮懺文」　中央アジアの言語と仏教　(京都)法藏館　1995　p. 359
方廣錩　般若波羅蜜多心經　敦煌學大辭典　上海辭書出版社　1998　p. 686
方廣錩　《般若心經譯注集成》前言　敦煌學佛教學論叢(下)　中國佛教文化研究所　1998　p. 21
汪娟　敦煌文獻中的佛教禮懺儀　新國學(第二卷)　巴蜀書社　2000　p. 327
西本照真　敦煌抄本中的三階教文獻　中日敦煌佛教學術會議論文集　中國社會科學院研究所　2002　p. 177
西本照真　三階教文獻綜述　藏外佛教文獻(第九輯)　宗教文化出版社　2003　p. 365

S. 1308

雷僑雲　敦煌兒童文學　(臺北)學生書局　1985　p. 44
高國藩　敦煌民俗學　上海文藝出版社　1989　p. 109
鄭阿財　敦煌蒙書析論　第二屆敦煌學國際研討會論文集　(臺北)漢學研究中心　1990　p. 217
鄭阿財　敦煌文獻與文學　(臺北)新文豐出版公司　1993　p. 246
沃興華　敦煌書法藝術　上海人民出版社　1994　p. 249
胡戟　傅玫　敦煌史話　中華書局　1995　p. 182
汪泛舟　《開蒙要訓》初探　《敦煌研究》1999年第2期　p. 139
汪泛舟　敦煌古代兒童課本　甘肅人民出版社　2000　p. 40、51
鄭阿財　朱鳳玉　敦煌蒙書研究　甘肅教育出版社　2000　p. 52

S. 1310

上山大峻　敦煌佛教の研究　(京都)法藏館　1990　p. 346
黄征　敦煌文獻中有浙江文化史的資料　敦煌語文叢說　(臺北)新文豐出版公司　1997　p. 770
楊富學　敦煌寫本《天臺五義分門圖》校録研究　西域敦煌宗教論稿　甘肅文化出版社　1998　p. 97
楊富學　王書慶　唐代長安與敦煌佛教文化之關係　'98法門寺唐文化國際學術討論會論文集　陝西人民出版社　2000　p. 177

S. 1311

池田溫　中國古代寫本識語集録　(東京)大藏出版株式會社　1990　p. 355

S. 1313

芳村修基　土橋秀高　井ノ口泰淳　敦煌佛教史年表　西域文化研究(第一)・敦煌佛教資料　(京都)法藏館　1958　p. 276
陳祚龍　敦煌古抄内典尾記彙校二编　敦煌文物隨筆　(臺北)商務印書館　1979　p. 171
矢吹慶輝　鳴沙餘韻・解說篇(第一部)　(京都)臨川書店　1980　p. 164、174
陳祚龍　敦煌古抄内典尾記彙校初、二、三編合刊　敦煌學要籥　(臺北)新文豐出版公司　1982　p. 76
山口瑞鳳　吐蕃王國成立史研究　(東京)岩波書店　1983　p. 636
戴密微著　耿昇譯　敦煌學近作　敦煌譯叢(第一輯)　甘肅人民出版社　1985　p. 42
姜伯勤　唐五代敦煌寺戶制度　中華書局　1987　p. 146
池田溫　中國古代寫本識語集録　(東京)大藏出版株式會社　1990　p. 345

上山大峻　敦煌佛教の研究　(京都)法藏館　1990　p. 81
唐耕耦　陸宏基　敦煌社會經濟文獻真迹釋録(三)　全國圖書館文獻縮微複製中心　1990　p. 127
姜伯勤　敦煌社會文書導論　(臺北)新文豐出版公司　1992　p. 220
馬德　吐蕃佔領敦煌前後沙州史事系年　敦煌學(第19輯)　1992　p. 73
鄭阿財　從敦煌文獻看唐代的三教合一　第二屆國際唐代學術會議論文集(上)　(臺北)文津出版社　1993　p. 668 注 16
樊錦詩　趙青蘭　吐蕃佔領時期莫高窟洞窟的分期研究　《敦煌研究》1994 年第 4 期　p. 87　又見:敦煌研究文集·敦煌石窟考古篇　甘肅民族出版社　2000　p. 199
釋依昱　曇曠與敦煌寫本《大乘百法明門論開宗義記》的研究　敦煌學國際研討會文集·史地語文編　遼寧美術出版社　1995　p. 519
唐耕耦　敦煌寺院會計文書研究　(臺北)新文豐出版公司　1997　p. 11
王利器　"上大人"備考　曉傳書齋集　華東師範大學出版社　1997　p. 499
鄭炳林　敦煌碑銘讚輯釋　甘肅教育出版社　1997　p. 314 注 3
方廣錩　大乘百法明門論開宗義記序釋　敦煌學大辭典　上海辭書出版社　1998　p. 717
郝春文　都師　敦煌學大辭典　上海辭書出版社　1998　p. 639
李鼎霞　"上大夫"習字本　敦煌學大辭典　上海辭書出版社　1998　p. 782
劉永明　散見敦煌曆朔閏輯考　《敦煌研究》2002 年第 6 期　p. 17
鄭阿財　朱鳳玉　敦煌蒙書研究　甘肅教育出版社　2002　p. 149

S. 1314

王永興　唐代前期西北軍事研究　中國社會科學出版社　1994　p. 372
黄征　王伯敏先生藏敦煌唐寫本《四分律小抄一卷》(擬)殘卷研究　敦煌學與中國史研究論集　甘肅人民出版社　2001　p. 167
黄征　敦煌語言文字學研究　甘肅教育出版社　2002　p. 335

S. 1315

西本照真　敦煌抄本中的三階教文獻　中日敦煌佛教學術會議論文集　中國社會科學院研究所　2002　p. 177
西本照真　三階教文獻綜述　藏外佛教文獻(第九輯)　宗教文化出版社　2003　p. 365

S. 1316

姜伯勤　唐五代敦煌寺戶制度　中華書局　1987　p. 288
高國藩　敦煌古俗與民俗流變　河海大學出版社　1990　p. 368
譚蟬雪　敦煌歲時掇瑣:正月　《敦煌研究》1990 年第 1 期　p. 49　又見:(香港)《九州學刊》(敦煌學專輯)1993 年第 5 卷第 4 期　p. 86
唐耕耦　陸宏基　敦煌社會經濟文獻真迹釋録(三)　全國圖書館文獻縮微複製中心　1990　p. 320
高國藩　敦煌民俗資料導論　(臺北)新文豐出版公司　1993　p. 172
土肥義和　唐·北宋間の「社」の組織形態に関する一考察　中國古代の國家と民衆(堀敏一先生古稀記念)　(東京)汲古書院　1995　p. 705
李正宇　吐蕃論董勃藏修伽藍功德記兩殘卷的發現、綴合及考證　敦煌吐魯番研究(第二卷)　北京大學出版社　1997　p. 254
唐耕耦　敦煌寺院會計文書研究　(臺北)新文豐出版公司　1997　p. 47

張弓　漢唐佛寺文化史　中國社會科學出版社　1997　p. 942
李正宇　城東寺　敦煌學大辭典　上海辭書出版社　1998　p. 631
譚蟬雪　敦煌歲時文化導論　（臺北）新文豐出版公司　1998　p. 43、392
譚蟬雪　影燈　敦煌學大辭典　上海辭書出版社　1998　p. 448
唐耕耦　入破曆算會牒　敦煌學大辭典　上海辭書出版社　1998　p. 647
謝重光　燃燈　敦煌學大辭典　上海辭書出版社　1998　p. 644
譚蟬雪　唐宋敦煌歲時佛俗:正月　《敦煌研究》2000 年第 4 期　p. 70
杜建録　西夏酒的生産與征榷　《寧夏社會科學》2002 年第 2 期　p. 84
李斌城　唐代文化　中國社會科學出版社　2002　p. 1074
鄭炳林　晚唐五代敦煌村莊聚落輯考　2000 年敦煌學國際學術討論會文集·歷史文化卷(上)　甘肅民族出版社　2003　p. 154

S. 1317

許國霖　敦煌石室寫經題記彙編　《微妙聲》1936 – 1937 年第 1 – 4 期　1936　又見:中國敦煌學百年文庫·宗教卷(四)　甘肅文化出版社　1999　p. 221
許國霖　敦煌石室寫經年代表　《微妙聲》1937 年第 5 期　又見:中國敦煌學百年文庫·宗教卷(四)　甘肅文化出版社　1999　p. 195
芳村修基　土橋秀高　井ノ口泰淳　敦煌佛教史年表　西域文化研究(第一)·敦煌佛教資料　（京都)法藏館　1958　p. 256
陳祚龍　敦煌古抄内典尾記彙校初、二、三編合刊　敦煌學要籥　（臺北)新文豐出版公司　1982　p. 101
饒宗頤解說　林宏作譯　敦煌書法叢刊(第二二卷)·寫經(三)　（東京)二玄社　1983　p. 64
池田溫　中國古代寫本識語集録　（東京)大蔵出版株式會社　1990　p. 133
趙聲良　早期敦煌寫本書法的時代分期和類型　敦煌書法庫(第二輯)　甘肅人民美術出版社　1994　p. 7
黄征　吳偉　敦煌願文集　岳麓書社　1995　p. 840
張涌泉　敦煌俗字研究導論　（臺北)新文豐出版公司　1996　p. 245
方廣錩　大般涅槃經　敦煌學大辭典　上海辭書出版社　1998　p. 694
謝桃坊　敦煌文化尋繹　四川人民出版社　1999　p. 210
金岡照光　敦煌文獻と中國文學　（東京)五曜書房　2000　p. 427
趙聲良　早期敦煌寫本書法的分期研究　1994 年敦煌學國際研討會文集·石窟藝術卷　甘肅民族出版社　2000　p. 277
林聰明　敦煌吐魯番文書解詁指例　（臺北)新文豐出版公司　2001　p. 112
馬德　敦煌寫經題記的社會意義　法源(第 19 期)　中國佛學院　2001　p. 86
姜亮夫　敦煌莫高窟年表　姜亮夫全集(十一)　雲南人民出版社　2002　p. 153
公維章　涅槃、淨土的殿堂:敦煌莫高窟第 148 窟研究　民族出版社　2004　p. 72、157

S. 1318

周紹良　敦煌文學芻議及其它　（臺北)新文豐出版公司　1992　p. 18
沃興華　敦煌書法藝術　上海人民出版社　1994　p. 115

S. 1319

李丞宰　探尋敦煌佛經的50卷本《華嚴經》　敦煌學・日本學:石塚晴通教授退職紀念論文集　上海辭書出版社　2005　p. 44

李丞宰著　大塚忠藏譯　敦煌佛經の50卷本華厳經を探して　日本學・敦煌學・漢文訓讀の新展開　(東京)汲古書院　2005　p. 51、72

S. 1320

矢吹慶輝　鳴沙餘韻・解說篇(第一部)　(京都)臨川書店　1980　p. 202

杜愛英　敦煌遺書中俗體字的諸種類型　《敦煌研究》1992年第3期　p. 121

徐紹强　大方廣華嚴十惡品經　藏外佛教文獻(第一輯)　宗教文化出版社　1995　p. 359

方廣錩　大方廣華嚴十惡品經　敦煌學大辭典　上海辭書出版社　1998　p. 729

張總　地藏信仰研究　宗教文化出版社　2003　p. 434

S. 1321

月輪賢隆　土橋秀高　沙門慧述『四分戒本疏』卷第一について　西域文化研究(第一)・敦煌佛教資料　(京都)法藏館　1958　p. 157

上山大峻　敦煌佛教の研究　(京都)法藏館　1990　p. 362

S. 1323

劉銘恕　再記英國倫敦所藏的敦煌經卷　《中國科學院圖書館通訊》1957年第7期　又見:中國敦煌學百年文庫・綜述卷(二)　甘肅文化出版社　1999　p. 132

羅秉芬　唐代藏漢文化交流的歷史見證　《中國藏學》1989年第2期　又見:中國敦煌學百年文庫・民族卷(二)　甘肅文化出版社　1999　p. 319

陳祚龍　敦煌學新簡　敦煌文物散論　(臺北)新文豐出版公司　1993　p. 161

張涌泉　敦煌本《佛說父母恩重經》研究　文史(第四十九輯)　中華書局　1999　p. 68

馬世長　《父母恩重經》寫本與變相　敦煌研究文集:敦煌石窟經變篇　甘肅民族出版社　2000　p. 398

町田隆吉　『唐咸亨四年(673)左憧憙生前及隨身錢物疏』をめぐって　『西北出土文獻研究』(創刊號)　(新潟)西北出土文獻研究會　2004　p. 69

S. 1324

向達　倫敦所藏敦煌卷子經眼目録　《北平圖書館圖書季刊》1939年新第1卷第4期　p. 397　又見:唐代長安與西域文明　三聯書店　1957　p. 206

菊池英夫　西域出土文書を通じてみたる唐玄宗時代における府兵制の運用(上)　『東洋學報』(52卷3號)　(東京)東洋學術協會　1969　p. 31

菊池英夫　隋唐王朝支配期の河西と敦煌　敦煌の歷史(講座敦煌2)　(東京)大東出版社　1980　p. 160

王冀青　唐前期西北地區用於交通的驛馬、傳馬和長行馬　《敦煌學輯刊》1986年第2期　p. 61

唐耕耦　陸宏基　敦煌社會經濟文獻真迹釋録(四)　全國圖書館文獻縮微複製中心　1990　p. 446

李錦繡　唐代財政史稿・上卷(第三分册)　北京大學出版社　1995　p. 1009

孫曉林　長行坊　敦煌學大辭典　上海辭書出版社　1998　p. 382

榮新江　《英藏敦煌文獻》定名商補　文史(第五十二輯)　中華書局　2000　p. 118　又見:敦煌學

新論　甘肅教育出版社　2002　p. 191
姜亮夫　敦煌莫高窟年表　姜亮夫全集(十一)　雲南人民出版社　2002　p. 331

S. 1328

江素雲　維摩詰所說經敦煌寫本綜合目録　(臺北)東初出版社　1991　p. 79

S. 1329

池田溫　中國古代寫本識語集録　(東京)大藏出版株式會社　1990　p. 160
黄征　吳偉　敦煌願文集　岳麓書社　1995　p. 861
方廣錩　大般涅槃經　敦煌學大辭典　上海辭書出版社　1998　p. 695
顔廷亮　關於敦煌文學發展的歷史進程　《甘肅社會科學》1999 年第 4 期　p. 45
顔廷亮　敦煌文化　光明日報出版社　2000　p. 314
劉少霞　敦煌出土醫書中有關女性問題初探　《敦煌學輯刊》2005 年第 2 期　p. 174

S. 1332

李小榮　敦煌密教文獻論稿　人民文學出版社　2003　p. 31

S. 1334

土橋秀高　四分律雜抄　西域文化研究(第一)・敦煌佛教資料　(京都)法藏館　1958　p. 186

S. 1339

向達　記倫敦所藏的敦煌俗文學　《新中華雜誌》1937 年第 5 卷第 13 號　p. 123　又見:唐代長安與西域文明　三聯書店　1957　p. 242
向達　倫敦所藏敦煌卷子經眼目録　《北平圖書館圖書季刊》1939 年新第 1 卷第 4 期　p. 397　又見:唐代長安與西域文明　三聯書店　1957　p. 206
羅福頤　敦煌石室文物對於學術上的貢獻　《歷史教學》1951 年第 5 期　又見:中國敦煌學百年文庫・考古卷(四)　甘肅文化出版社　1999　p. 7
遊佐昇　『王梵志詩』のもつ兩側面　大正大學大學院研究論集(第 2 號)　(東京)大正大學大學院　1978　p. 9
向達　記倫敦所藏的敦煌俗文學　敦煌變文論文録　上海古籍出版社　1982　p. 31
菅原信海　占筮書　敦煌漢文文獻(講座敦煌 5)　(東京)大東出版社　1992　p. 461
林家平　寧强　羅華慶　中國敦煌學史　北京語言學院出版社　1992　p. 106
柴劍虹　少年問老　敦煌學大辭典　上海辭書出版社　1998　p. 568
嚴敦傑　孔子馬頭卜法一部二十七條　敦煌學大辭典　上海辭書出版社　1998　p. 622
饒宗頤　敦煌本《立成孔子馬坐卜占法》跋　《敦煌學輯刊》1999 年第 1 期　p. 1
榮新江　英國圖書館藏敦煌漢文非佛教文獻殘卷概述　敦煌文藪(下)　(臺北)新文豐出版公司　1999　p. 127
馬克　敦煌數占小考　法國漢學(敦煌學專號)　中華書局　2000　p. 197
徐俊　敦煌詩集殘卷輯考　中華書局　2000　p. 472
黄正建　敦煌占卜文書與唐五代占卜研究　學苑出版社　2001　p. 26

S. 1340

福井文雅　般若心經　敦煌と中國仏教(講座敦煌7)　(東京)大東出版社　1984　p. 38

S. 1341

方廣錩　楞伽阿跋多羅寶經　敦煌學大辭典　上海辭書出版社　1998　p. 666

S. 1344

向達　倫敦所藏敦煌卷子經眼目録　《北平圖書館圖書季刊》1939 年新第 1 卷第 4 期　p. 397　又見:唐代長安與西域文明　三聯書店　1957　p. 206

仁井田陞　唐末五代の敦煌寺院佃戶關係文書　西域文化研究(第二)・敦煌吐魯番社會經濟資料(上)　(京都)法藏館　1959　p. 87

池田溫　中國古代の租佃契(中)　『東洋文化研究所紀要』(第65 冊)　東京大學東洋文化研究所　1975　p. 81

饒宗頤　論鳩摩羅什《通韻》　選堂集林・史林　(香港)中華書局　1982　p. 1446、1458

陳國燦　對唐西州都督府勘檢天山縣主簿高元禎職田案的考察　敦煌吐魯番文書初探　武漢大學出版社　1983　p. 484 注 115

仁井田陞著　姜鎮慶譯　唐末五代的敦煌寺院佃戶關係文書　敦煌學譯文集　甘肅人民出版社　1985　p. 862 注 7

姜伯勤著　池田溫譯　敦煌・吐魯番とシルクロ－ド上のソグド人(2)　『季刊東西交涉』(5 卷 2 號)　(東京)井草出版社　1986　p. 30

王永興　隋唐五代經濟史料彙編校注・第一編(上)　中華書局　1987　p. 50

饒宗頤　鳩摩羅什《通韻》箋　敦煌語言文學論文集　浙江古籍出版社　1988　p. 13　又見:中印文化關係史論集・語文篇　香港中文大學中國文化研究所　三聯書店　1990　p. 54 ;梵學集　上海古籍出版社　1993　p. 121、138

宋家鈺　唐朝戶籍法與均田制研究　中州古籍出版社　1988　p. 215 注 2　330 注 1

劉俊文　敦煌吐魯番唐代法制文書考釋　中華書局　1989　p. 276

饒宗頤　梵文四流母音 R、R、L、L 與其對中國文學之影響:論鳩摩羅什《通韻》　西域與佛教文書論集(全 1 冊)　(臺北)學生書局　1989　p. 203　又見:梵學集　上海古籍出版社　1993　p. 187 ;饒宗頤史學論著選　上海古籍出版社　1993　p. 367、379

陳國燦　武周時期的勘田檢籍活動　敦煌吐魯番文書初探(二編)　武漢大學出版社　1990　p. 415 注 19,417 注 55、63

李正宇　再談 S. 2440(7)《釋迦因緣》的性質　《敦煌研究》1990 年第 4 期　p. 89

劉俊文　論唐格:敦煌寫本唐格殘卷研究　敦煌吐魯番學研究論文集　漢語大詞典出版社　1990　p. 524

饒宗頤　論悉曇入華之年代與河西法朗之"肆曇"說　中印文化關係史論集・語文篇　香港中文大學中國文化研究所　三聯書店　1990　p. 30

饒宗頤　《文心雕龍・聲律篇》與鳩摩羅什《通韻》　中印文化關係史論集・語文篇　香港中文大學中國文化研究所　三聯書店　1990　p. 70　又見:梵學集　上海古籍出版社　1993　p. 97

唐耕耦　陸宏基　敦煌社會經濟文獻真迹釋録(二)　全國圖書館文獻縮微複製中心　1990　p. 570

仁井田陞　補訂中國法制史研究:法と慣習・法と道德　東京大學出版會　1991　p. 283

仁井田陞　補訂中國法制史研究:奴隸農奴法・家族村落法　東京大學出版會　1991　p. 84

方廣錩　吐魯番出土漢文佛典述略　《西域研究》1992 年第 1 期　p. 123
荒川正晴　唐の對西域布帛輸送と客商の活動について　『東洋學報』(73 卷 3・4 號)　1992　(東京)東洋學術協會　p. 55
荒川正晴著　王忻譯　唐政府對西域布帛的運送及客商的活動　《敦煌學輯刊》1993 年第 2 期　p. 115
饒宗頤　文心與阿毗曇心　梵學集　上海古籍出版社　1993　p. 181
王邦維　鳩摩羅什《通韻》考疑暨敦煌寫卷 S. 1344 號相關問題　中國文化(7)　(香港)中華書局　1993　p. 71　又見:敦煌吐魯番學研究論集　書目文獻出版社　1996　p. 68
姜伯勤　敦煌吐魯番文書與絲綢之路　文物出版社　1994　p. 186
堀敏一　古代東アジア世界の基本構造　律令制と東アジア世界:私の中國史學(二)　(東京)汲古書院　1994　p. 171
李明偉　隋唐絲綢之路　甘肅人民出版社　1994　p. 156
譚世寶　敦煌寫卷 S. 1344(2)號中所謂"鳩摩羅什法師《通韻》"之研究　中國文化(10)　(香港)中華書局　1994　p. 88
王永興　敦煌經濟文書導論　(臺北)新文豐出版公司　1994　p. 397
池田溫　唐朝開元後期土地政策の一考察　中國古代の國家と民衆(堀敏一先生古稀記念)　(東京)汲古書院　1995　p. 396
胡戟　傅玫　敦煌史話　中華書局　1995　p. 156
劉進寶　敦煌學論述　(臺北)洪葉文化事業有限公司　1995　p. 260
石見清裕　唐の內附異民族對象規定をめぐって　中國古代の國家と民衆(堀敏一先生古稀記念)　(東京)汲古書院　1995　p. 421
土肥義和　唐・北宋間の「社」の組織形態に関する一考察　中國古代の國家と民衆(堀敏一先生古稀記念)　(東京)汲古書院　1995　p. 702
王書慶　從敦煌文獻看敦煌佛教文化與中原佛教文化的交流　敦煌佛教文獻研究　敦煌研究院文獻研究所　1995　p. 30
王書慶　敦煌佛學・佛事篇　甘肅民族出版社　1995　p. 284
周一良　趙和平　敦煌寫本 P. 2481 號性質初探　唐五代書儀研究　中國社會科學出版社　1995　p. 279
池田溫著　孫曉林譯　唐開元後期土地政策的考察　《敦煌學輯刊》1996 年第 2 期　p. 139
堀敏一　中國古代の家と集落　(東京)汲古書院　1996　p. 395、439
張涌泉　敦煌俗字研究導論　(臺北)新文豐出版公司　1996　p. 155
張澤咸　唐代階級結構研究　中州古籍出版社　1996　p. 299
中村裕一　唐代公文書研究　(東京)汲古書院　1996　p. 463
黃征　張涌泉　敦煌變文校注　中華書局　1997　p. 109、387
寧可　郝春文　敦煌社邑文書輯校　江蘇古籍出版社　1997　p. 770
仁井田陞　ペリオ敦煌發見唐令の再吟味　唐令拾遺補　東京大學出版會　1997　p. 255
仁井田陞　唐の僧道・寺觀関係の田令の遺文　唐令拾遺補　東京大學出版會　1997　p. 198
石見清裕　唐代外國貿易・在留外國人をめぐる諸問題　魏晉南北朝隋唐時代史の基本問題　(東京)汲古書院　1997　p. 70
張弓　漢唐佛寺文化史　中國社會科學出版社　1997　p. 993
荒川正晴　關於唐向西域輸送布帛與客商的關係　魏晉南北朝隋唐史資料(第 16 輯)　武漢大學出版社　1998　p. 350

黄時鑒　慧超《往五天竺國傳》識讀餘論　東西交流論譚　上海文藝出版社　1998　p. 42（原文録爲S. 1334）
石見清裕　唐の北方問題と國際秩序　（東京）汲古書院　1998　p. 124、162、516
唐耕耦　開元戶部格　敦煌學大辭典　上海辭書出版社　1998　p. 379
陳國燦　唐代的經濟社會　（臺北）文津出版社　1999　p. 219 注 70
董志翹　敦煌文書詞語瑣記　《敦煌研究》1999 年第 4 期　p. 31
劉俊文　唐代法制研究　（臺北）文津出版社　1999　p. 131
榮新江　北朝隋唐粟特人之遷徙及其聚落　國學研究（第六卷）　北京大學出版社　1999　p. 52
謝桃坊　敦煌文化尋繹　四川人民出版社　1999　p. 186
張涌泉　敦煌文獻校讀釋例　舊學新知　浙江大學出版社　1999　p. 210
陳永勝　敦煌吐魯番法制文書研究　甘肅人民出版社　2000　p. 43
程喜霖　唐代過所研究　中華書局　2000　p. 264 注 30
荒川正晴　唐朝の交通システム　大阪大學院文學研究科紀要（第 40 卷）　大阪大學院文學研究科　2000　p. 290
劉進寶　敦煌文書與唐史研究　（臺北）新文豐出版公司　2000　p. 2
劉玉峰　試論唐代民族貿易的管理　'98 法門寺唐文化國際學術討論會論文集　陝西人民出版社　2000　p. 573
譚世寶　漢文獻的胡本與梵本考辨　1994 年敦煌學國際研討會文集・宗教文史卷（下）　甘肅民族出版社　2000　p. 257
雷聞　俄藏敦煌 ДX06521 殘卷考釋　《敦煌學輯刊》2001 年第 1 期　p. 2
雷聞　隋唐朝集制度研究　唐研究（第七卷）　北京大學出版社　2001　p. 292
榮新江　敦煌學十八講　北京大學出版社　2001　p. 199
榮新江　中古中國與外來文明　三聯書店　2001　p. 80
山本達郎等　補（IV）社・VI 諸種文書　『NUN – HUANG AND TURFAN DOCUMENTS CONCERNING SOCIAL AND ECONOMIC HISTORY』（Sup. p. lemrnts）　（東京）東洋文庫　2001　p. 91
尚衍斌　唐代入華"興生胡"的社會權益評析　《西域研究》2001 年第 1 期　p. 21 注 1
陳國燦　敦煌學史事新證　甘肅教育出版社　2002　p. 15
荒川正晴著　陳海濤譯　唐帝國和粟特人的交易活動　《敦煌研究》2002 年第 3 期　p. 82
姜亮夫　敦煌莫高窟年表　姜亮夫全集（十一）　雲南人民出版社　2002　p. 291
黎蕾　五臺山佛教樂舞戲曲文化鈎沈　《敦煌研究》2002 年第 2 期　p. 90
李小榮　變文講唱與華梵宗教藝術　上海三聯書店　2002　p. 227
董志翹　敦煌社會經濟文書詞語散釋　中國俗文化研究（第一輯）　巴蜀書社　2003　p. 129
王啓濤　中古及近代法制文書語言研究　巴蜀書社　2003　p. 196、372
董志翹　敦煌社會經濟文獻詞語略考　浙江與敦煌學：常書鴻先生誕辰一百周年紀念文集　浙江古籍出版社　2004　p. 491
高華平　論兩晉佛教僧侶的文學創作　華林（第三卷）　中華書局　2004　p. 191
李天石　中國中古良賤身份制度研究　南京師範大學出版社　2004　p. 414
李小榮　論《大般涅槃經》卷八之《文字品》　佛經文學研究論集　復旦大學出版社　2004　p. 57
鄭顯文　關於唐神龍年間《散頒刑部格》殘卷的文獻價值　中國古代法律文獻研究（第二輯）　政法大學出版社　2004　p. 131
鄭顯文　唐代律令制研究　北京大學出版社　2004　p. 42、112、225、244
周廣榮　梵語《悉曇章》在中國的傳播與影響　宗教文化出版社　2004　p. 199、315

劉安志　陳國燦　唐代安西都護府對龜兹的治理　《歷史研究》2006 年 1 期　p. 41

S. 1345

林聰明　敦煌文書學　(臺北)新文豐出版公司　1991　p. 233
林聰明　談敦煌文書的抄寫問題　紀念陳寅恪先生百年誕辰學術論文集　江西教育出版社　1994　p. 297
林聰明　敦煌吐魯番文書解詁指例　(臺北)新文豐出版公司　2001　p. 48

S. 1347

向達　倫敦所藏敦煌卷子經眼目録　《北平圖書館圖書季刊》1939 年新第 1 卷第 4 期　p. 397　又見:唐代長安與西域文明　三聯書店　1957　p. 206
佐藤哲英　維摩經疏の殘缺本について　西域文化研究(第一)・敦煌佛教資料　(京都)法藏館　1958　p. 129
矢吹慶輝　鳴沙餘韻・解說篇(第一部)　(京都)臨川書店　1980　p. 39
上山大峻　敦煌佛教の研究　(京都)法藏館　1990　p. 345
方廣錩　許培鈴　敦煌遺書中的《維摩詰所說經》及其注疏　《敦煌研究》1994 年第 4 期　p. 151　又見:敦煌學佛教學論叢(下)　中國佛教文化研究所　1998　p. 121
方廣錩　黎明　維摩疏釋前小序抄・釋肇序抄義　敦煌學大辭典　上海辭書出版社　1998　p. 676
劉屹　北京大學藏上宫廄戶寫《維摩詰經》補說　華林(第三卷)　中華書局　2004　p. 165

S. 1348

長澤和俊　敦煌　(東京)築摩書房　1965　p. 171
中村裕一　官文書　敦煌漢文文獻(講座敦煌 5)　(東京)大東出版社　1992　p. 563
小田義久　大谷文書の研究　(京都)法藏館　1996　p. 350
王卡　中國國家圖書館藏敦煌道教遺書研究報告　敦煌吐魯番研究(第七卷)　北京大學出版社　2004　p. 362

S. 1349

芳村修基　土橋秀高　井ノ口泰淳　敦煌佛教史年表　西域文化研究(第一)・敦煌佛教資料　(京都)法藏館　1958　p. 270
饒宗頤　鳩摩羅什《通韻》箋　敦煌語言文學論文集　浙江古籍出版社　1988　p. 15　又見:中印文化關係史論集・語文篇　香港中文大學中國文化研究所　三聯書店　1990　p. 41
池田溫　中國古代寫本識語集録　(東京)大藏出版株式會社　1990　p. 386
圓空　《新菩薩經》《勸善經》《救諸衆生苦難經》校録及其流傳背景之探討　《敦煌研究》1992 年第 1 期　p. 53
蕭登福　道教術儀與密教典籍　(臺北)新文豐出版公司　1994　p. 214、496
施萍婷　敦煌遺書編目雜記二則　敦煌吐魯番研究(第一卷)　北京大學出版社　1996　p. 327
葛兆光　中國宗教與文學論集　清華大學出版社　1998　p. 37 注 4

S. 1350

向達　倫敦所藏敦煌卷子經眼目録　《北平圖書館圖書季刊》1939 年新第 1 卷第 4 期　p. 397　又見:唐代長安與西域文明　三聯書店　1957　p. 206

董作賓　敦煌紀年　敦煌學文選(上)　蘭州大學歷史系敦煌學研究室等　1983　p. 26
饒宗頤解說　林宏作譯　敦煌書法叢刊(第十四卷)·牒狀(一)　(東京)二玄社　1985　p. 92
池田溫　吐魯番、敦煌契券概觀　漢學研究(敦煌學國際研討會論文專號)　(臺北)漢學研究資料及服務中心　1986　p. 28
王永興　隋唐五代經濟史料彙編校注·第一編(上)　中華書局　1987　p. 301 注 14
唐耕耦　8 至 10 世紀敦煌的物價　紀念陳寅恪教授國際學術討論會文集　中山大學出版社　1989　p. 545
王公望　契約　敦煌文學　甘肅人民出版社　1989　p. 55
堀敏一　中唐以後敦煌稅法的變化　《魏晉南北朝隋唐史》1990 年第 6 期　p. 65
唐耕耦　陸宏基　敦煌社會經濟文獻真迹釋録(二)　全國圖書館文獻縮微複製中心　1990　p. 43
王仲犖　唐西陲物價考　敦煌吐魯番文獻研究論集(第五輯)　北京大學出版社　1990　p. 5
仁井田陞　補訂中國法制史研究:土地法·取引法　東京大學出版會　1991　p. 698
高田時雄　評:池田溫編『敦煌漢文文獻』(講座敦煌 5)　東洋史研究(52 卷 1 號)　(東京)東洋史研究會　1993　p. 119
王永興　從田令和敦煌文書看唐代土地制度中幾個問題　陳門問學叢稿　江西人民出版社　1993　p. 189(原文録爲 S. 1305)
謝和耐　敦煌賣契與專賣制度　法國學者敦煌學論文選萃　中華書局　1993　p. 42、60 注 1
李明偉　隋唐絲綢之路　甘肅人民出版社　1994　p. 277
榮新江　歸義軍改元考　文史(第三十八輯)　中華書局　1994　p. 46
王進玉　敦煌石窟探秘　四川教育出版社　1994　p. 19
王書慶　敦煌佛學·佛事篇　甘肅民族出版社　1995　p. 267
張傳璽　中國歷代契約會編考釋(上)　北京大學出版社　1995　p. 221
郝春文　唐後期五代宋初沙州僧尼的宗教收入(一)　慶祝潘石禪先生九秩華誕敦煌學特刊　(臺北)文津出版社　1996　p. 301
榮新江　歸義軍史研究　上海古籍出版社　1996　p. 45
王仲犖　金泥玉屑叢考　中華書局　1996　p. 196
張亞萍　娜閣　唐五代敦煌的計量單位與價格換算　《敦煌學輯刊》1996 年第 2 期　p. 40
唐耕耦　敦煌寺院會計文書研究　(臺北)新文豐出版公司　1997　p. 446
郝春文　唐後期五代宋初敦煌僧尼的社會生活　中國社會科學出版社　1998　p. 297
沙知　敦煌契約文書輯校　江蘇古籍出版社　1998　p. 62
陳永勝　敦煌買賣契約法律制度探析　《敦煌研究》2000 年第 4 期　p. 97(原文録爲 S. 1356)
陳永勝　敦煌吐魯番法制文書研究　甘肅人民出版社　2000　p. 4
楊森　關於敦煌文獻中的"平章"一詞　敦煌學與中國史研究論集　甘肅人民出版社　2001　p. 231
姜亮夫　敦煌莫高窟年表　姜亮夫全集(十一)　雲南人民出版社　2002　p. 383
王克孝　顔廷亮　敦煌吐魯番契約中的契約形式與契約制度　2000 年敦煌學國際學術討論會文集·歷史文化卷(上)　甘肅民族出版社　2003　p. 227(原文録爲 S. 1356)
王啓濤　中古及近代法制文書語言研究　巴蜀書社　2003　p. 232、373
謝和耐著　耿昇譯　中國 5—10 世紀的寺院經濟　上海古籍出版社　2004　p. 350
陸離　吐蕃統治河隴西域時期的市券研究　敦煌吐魯番研究(第九卷)　北京大學出版社　2006　p. 241

S. 1351

向達　倫敦所藏敦煌卷子經眼目録　《北平圖書館圖書季刊》1939 年新第 1 卷第 4 期　p. 397　又見:唐代長安與西域文明　三聯書店　1957　p. 206
石井昌子　靈寳經類　敦煌と中國道教(講座敦煌 4)　(東京)大東出版社　1983　p. 152
饒宗頤解說　林宏作譯　敦煌書法叢刊(第二七卷)·道書(一)　(東京)二玄社　1985　p. 75
姜亮夫　敦煌所見道教佚經考　敦煌學論文集　上海古籍出版社　1987　p. 316
陶秋英輯録　姜亮夫校訂　敦煌所見道教佚經録　敦煌碎金　浙江古籍出版社　1992　p. 323
朱越利　道經總論　遼寧教育出版社　1992　p. 273
姜伯勤　敦煌藝術宗教與禮樂文明　中國社會科學出版社　1996　p. 291
大淵忍爾　論古靈寳經　道家文化研究(第十三輯)　三聯書店　1998　p. 504
王承文　敦煌本《太極左仙公請問經》考論　道家文化研究(第十三輯)　三聯書店　1998　p. 156
王卡　太極左仙公請問經　敦煌學大辭典　上海辭書出版社　1998　p. 767
山田俊　唐初道教思想史研究·論述篇　(京都)平樂寺書店　1999　p. 120、140、254
王承文　早期靈寳經與漢魏天師道　《敦煌研究》1999 年第 3 期　p. 34
王承文　古靈寳經對"黄赤道士"的批判與道教出家理論的發端　華林(第一卷)　中華書局　2001　p. 303
王承文　敦煌古靈寳經與晉唐道教　中華書局　2002　p. 53、154、190
王承文　古靈寳經定期齋戒的淵源及其與佛教的關係　華林(第二卷)　中華書局　2002　p. 237
葛兆光　從"六天"到"三天":六朝到隋唐道教齋醮儀式的再研究　中國學術(第二輯)　商務印書館　2003　p. 94
王卡　敦煌道教文獻研究　中國社會科學出版社　2004　p. 105
劉屹　敬天與崇道:中古經教道教形成的思想史背景　中華書局　2005　p. 626

S. 1358

宇井伯壽　西域佛典の研究:敦煌逸書簡譯　(東京)岩波書店　1969　p. 241
矢吹慶輝　鳴沙餘韻·解說篇(第一部)　(京都)臨川書店　1980　p. 106
方廣錩　讀敦煌佛典經録劄記　《敦煌學輯刊》1986 年第 1 期　p. 113
上山大峻　敦煌佛教の研究　(京都)法藏館　1990　p. 204
方廣錩　佛教大藏經史(八—十世紀)　中國社會科學出版社　1991　p. 136
華方田　因緣心論頌　藏外佛教文獻(第三輯)　宗教文化出版社　1997　p. 215
方廣錩　因緣心論頌　敦煌學大辭典　上海辭書出版社　1998　p. 719

S. 1359

寧可　郝春文　敦煌社邑文書輯校　江蘇古籍出版社　1997　p. 360

S. 1360

劉銘恕　英國博物院所藏的敦煌卷子　《中國科學院圖書館通訊》1957 年第 1 期　又見:中國敦煌學百年文庫·綜述卷(二)　甘肅文化出版社　1999　p. 130
吉田豐　ソグド語文獻　敦煌胡語文獻(講座敦煌 6)　(東京)大東出版社　1985　p. 199
史成禮　史葆光　敦煌性文化　廣州出版社　1999　p. 78
謝桃坊　敦煌文化尋繹　四川人民出版社　1999　p. 164
王克孝　ДХ2168 寫本初探　1994 年敦煌學國際研討會文集·宗教文史卷(下)　甘肅民族出版社

2000　p. 230

S. 1361

方廣錩　敦煌佛教經録輯校　江蘇古籍出版社　1997　p. 385
方廣錩　大般涅槃經帙卷品及首尾經文録　敦煌學大辭典　上海辭書出版社　1998　p. 749
王承文　敦煌古靈寶經與晉唐道教　中華書局　2002　p. 178

S. 1362

慶谷壽信　敦煌出土の音韻資料(上)——Stein6691vについて　『人文學報』(第 78 號)　京都大學人文科學研究所　1970　p. 174
張涌泉　敦煌文獻字詞例釋　敦煌學(第 25 輯)　(臺北)樂學書局有限公司　2004　p. 349

S. 1364

孫修身　敦煌三界寺　甘肅省史學會論文集　甘肅省歷史學會編印　1982　又見:中國敦煌學百年文庫・宗教卷(一)　甘肅文化出版社　1999　p. 58
岡部和雄　敦煌蔵經目録　敦煌と中國仏教(講座敦煌 7)　(東京)大東出版社　1984　p. 311
方廣錩　佛教大藏經史(八—十世紀)　中國社會科學出版社　1991　p. 115
方廣錩　敦煌佛教經録輯校　江蘇古籍出版社　1997　p. 699
鄭炳林　晚唐五代敦煌地區《大般若經》的流傳與信仰　麥積山石窟藝術文化論文集(下)　蘭州大學出版社　2004　p. 114

S. 1365

金岡照光　敦煌の繪物語　(東京)東方書店　1981　p. 110
加地哲定著　劉衛星譯　中國佛教文學　今日中國出版社　1990　p. 145
金岡照光　敦煌文獻と中國文學　(東京)五曜書房　2000　p. 495

S. 1366

向達　倫敦所藏敦煌卷子經眼目録　《北平圖書館圖書季刊》1939 年新第 1 卷第 4 期　p. 397　又見:唐代長安與西域文明　三聯書店　1957　p. 207
劉銘恕　英國博物院所藏的敦煌卷子　《中國科學院圖書館通訊》1957 年第 1 期　又見:中國敦煌學百年文庫・綜述卷(二)　甘肅文化出版社　1999　p. 127
劉銘恕　再記英國倫敦所藏的敦煌經卷　《中國科學院圖書館通訊》1957 年第 7 期　又見:中國敦煌學百年文庫・綜述卷(二)　甘肅文化出版社　1999　p. 140
森安孝夫　ウイグルと敦煌　敦煌の歴史(講座敦煌 2)　(東京)大東出版社　1980　p. 302
土肥義和　はじめに——歸義軍節度使の敦煌支配　敦煌の歴史(講座敦煌 2)　(東京)大東出版社　1980　p. 278
湯開建　馬明達　對五代宋初河西若干民族問題的探討　《敦煌學輯刊》1983 年創刊號　p. 74
唐長孺　關於歸義軍節度使的幾種資料跋　敦煌學文選(上)　蘭州大學歷史系敦煌學研究室等　1983　p. 189　又見:敦煌吐魯番文書研究　甘肅人民出版社　1984　p. 181；山居存稿　中華書局　1989　p. 451
森安孝夫著　高然譯　回鶻與敦煌　《西北史地》1984 年第 1 期　p. 108
劉銘恕　敦煌遺書雜記四篇　敦煌學論集　甘肅人民出版社　1985　p. 52

盧向前　關於歸義軍時期一份布紙破用曆的研究:試釋伯四六四〇背面文書　敦煌吐魯番文獻研究論集(第三輯)　北京大學出版社　1986　p. 417 注 40　又見:敦煌吐魯番文書論稿　江西人民出版社　1992　p. 124 注 54

榮新江　歸義軍及其與周邊民族的關係初探　《敦煌學輯刊》1986 年第 2 期　p. 33

黄盛璋　敦煌本曹氏二州六鎮與八鎮考　1983 年全國敦煌學術討論會文集・文史遺書編(上)　甘肅人民出版社　1987　p. 281 注 8

森安孝夫　敦煌と西ウイグル王國　『東方學』(第 74 輯)　(東京)東方學會　1987　p. 68

森安孝夫著　陳俊謀譯　敦煌與西回鶻王國　《西北史地》1987 年第 3 期　p. 126

李正宇　唐宋時代敦煌縣河渠泉澤簡志(一)　《敦煌研究》1988 年第 4 期　p. 96

陳國燦　唐五代敦煌縣鄉里制的演變　《敦煌研究》1989 年第 3 期　p. 48

高國藩　敦煌民俗學　上海文藝出版社　1989　p. 274

張廣達　榮新江　關於敦煌出土于闐文獻的年代及其相關問題　紀念陳寅恪先生誕辰百年學術論文集　北京大學出版社　1989　p. 291

張廣達　榮新江　有關西州回鶻的一篇敦煌漢文文獻　《北京大學學報》1989 年第 2 期　p. 28

榮新江　西元十世紀沙州歸義軍與西州回鶻的文化交往　第二屆敦煌學國際研討會論文集　(臺北)漢學研究中心　1990　p. 585

蘇北海　丁谷山　瓜沙曹氏政權與甘州回鶻于闐回鶻的關係　《敦煌研究》1990 年第 3 期　p. 38

孫修身　五代時期甘州回鶻可汗世系考　《敦煌研究》1990 年第 3 期　p. 41(原文録爲 S. 1336)

唐耕耦　陸宏基　敦煌社會經濟文獻真迹釋録(三)　全國圖書館文獻縮微複製中心　1990　p. 281

姜伯勤　敦煌吐魯番與香藥之路　季羨林教授八十華誕紀念論文集(下)　江西人民出版社　1991　p. 841

榮新江　敦煌文獻所見晚唐五代宋初的中印文化交往　季羨林教授八十華誕紀念論文集(下)　江西人民出版社　1991　p. 964

邵文實　唐代後期河西地區的民族遷徙及其後果　《敦煌學輯刊》1992 年第 1、2 期　p. 28

昞麟　金山國名稱來源　《敦煌學輯刊》1993 年第 1 期　p. 52

暨遠志　論唐代打馬球　《敦煌研究》1993 年第 2 期　p. 33

姜伯勤　論高昌胡天與敦煌祆寺　《世界宗教研究》1993 年 1 期　又見:中國敦煌學百年文庫・宗教卷(三)　甘肅文化出版社　1999　p. 516、523

譚蟬雪　敦煌祈賽風俗　《敦煌研究》1993 年第 4 期　p. 62

譚禪雪　敦煌歲時掇瑣　(香港)《九州學刊》(敦煌學專輯)1993 年第 5 卷第 4 期　p. 88

姜伯勤　敦煌吐魯番文書與絲綢之路　文物出版社　1994　p. 57、70、142、244、255

李重申　敦煌馬毬史料探析　《敦煌研究》1994 年第 4 期　p. 172

王永興　敦煌經濟文書導論　(臺北)新文豐出版公司　1994　p. 447

鄭炳林　敦煌本《張淮深變文》研究　《西北民族研究》1994 年第 1 期　p. 154

鄭炳林　高偉　唐五代敦煌釀酒業初探　《西北史地》1994 年第 1 期　p. 35

李金梅　敦煌傳統文化與武術　《敦煌研究》1995 年第 2 期　p. 195

林悟殊　波斯拜火教與古代中國　(臺北)新文豐出版公司　1995　p. 94

馬德　論莫高窟佛教的社會性　敦煌佛教文獻研究　敦煌研究院文獻研究所　1995　p. 14

土肥義和　唐・北宋間の「社」の組織形態に関する一考察　中國古代の國家と民衆(堀敏一先生古稀記念)　(東京)汲古書院　1995　p. 731

汪泛舟　論敦煌文明的多民族貢獻　《敦煌研究》1995 年第 2 期　p. 193

張廣達　西域史地叢稿初编　上海古籍出版社　1995　p. 228

鄭炳林　唐五代敦煌金鞍山異名考　《敦煌研究》1995 年第 2 期　p. 133
鄭炳林　羊萍　敦煌本夢書　甘肅文化出版社　1995　p. 308
姜伯勤　敦煌悉磨遮爲蘇摩遮樂舞考《敦煌研究》1996 年第 3 期　p. 11
姜伯勤　敦煌藝術宗教與禮樂文明　中國社會科學出版社　1996　p. 489、498、545
李正宇　敦煌史地新論　(臺北)新文豐出版公司　1996　p. 98、120
李正宇　俄藏中國西北文物經眼記《敦煌研究》1996 年第 3 期　p. 41
馬德　敦煌莫高窟史研究　甘肅教育出版社　1996　p. 170、182
馬德　九、十世紀敦煌工匠史料述論　慶祝潘石禪先生九秩華誕敦煌學特刊　(臺北)文津出版社　1996　p. 305、321
榮新江　歸義軍史研究　上海古籍出版社　1996　p. 31
盛朝暉　"細供"考　《敦煌學輯刊》1996 年第 2 期　p. 102
譚蟬雪　敦煌馬文化《敦煌研究》1996 年第 1 期　p. 114
鄭炳林　唐五代敦煌粟特人與歸義軍政權　《敦煌研究》1996 年第 4 期　p. 81　又見:敦煌歸義軍史專題研究　蘭州大學出版社　1997　p. 402
馬德　敦煌工匠史料　甘肅人民出版社　1997　p. 7、51
王素　評《敦煌吐魯番文書與絲綢之路》　敦煌吐魯番研究(第二卷)　北京大學出版社　1997　p. 410
張廣達　唐代祆教圖像再考　唐研究(第三卷)　北京大學出版社　1997　p. 5
鄭炳林　敦煌碑銘讚輯釋　甘肅教育出版社　1997　p. 321 注 2
鄭炳林　唐末五代敦煌都河水系研究　敦煌歸義軍史專題研究　蘭州大學出版社　1997　p. 181
鄭炳林　唐五代敦煌的醫事研究　敦煌歸義軍史專題研究　蘭州大學出版社　1997　p. 525
鄭炳林　唐五代敦煌金山國征伐樓蘭史事考　敦煌歸義軍史專題研究　蘭州大學出版社　1997　p. 13
鄭炳林　唐五代敦煌手工業研究　敦煌歸義軍史專題研究　蘭州大學出版社　1997　p. 254
鄭炳林　唐五代敦煌畜牧區域研究　敦煌歸義軍史專題研究　蘭州大學出版社　1997　p. 213、233
鄭炳林　晚唐五代敦煌園囿經濟研究　敦煌歸義軍史專題研究　蘭州大學出版社　1997　p. 311
鄭炳林　論晚唐敦煌文士張球即張景球　文史(第四十三輯)　中華書局　1997　p. 118
鄭炳林　馮培紅　唐五代歸義軍政權對外關係中的使頭一職　敦煌歸義軍史專題研究　蘭州大學出版社　1997　p. 51
鄭炳林　楊富學　晚唐五代金銀在敦煌的使用與流通　《甘肅金融》1997 年第 8 期　又見:中國敦煌學百年文庫·歷史卷(二)　甘肅文化出版社　1999　p. 583
高啓安　索黛　敦煌古代僧人官齋飲食檢閲　《敦煌研究》1998 年第 3 期　p. 66
高啓安　索黛　唐五代敦煌飲食中的餅淺探　《敦煌研究》1998 年第 4 期　p. 80
郝春文　唐後期五代宋初敦煌僧尼的社會生活　中國社會科學出版社　1998　p. 337
李冬梅　唐五代歸義軍與周邊民族關係綜論《敦煌學輯刊》1998 年第 2 期　p. 45
李正宇　佛堂　敦煌學大辭典　上海辭書出版社　1998　p. 627
李正宇　金鞍山神祠　敦煌學大辭典　上海辭書出版社　1998　p. 626
馬德　10 世紀敦煌寺曆所記三窟活動　《敦煌研究》1998 年第 2 期　p. 87
譚蟬雪　敦煌歲時文化導論　(臺北)新文豐出版公司　1998　p. 122、139、163
譚蟬雪　灌腸　敦煌學大辭典　上海辭書出版社　1998　p. 444
譚蟬雪　寒食設座　敦煌學大辭典　上海辭書出版社　1998　p. 435
譚蟬雪　胡餅　敦煌學大辭典　上海辭書出版社　1998　p. 444

譚蟬雪　馬騎　敦煌學大辭典　上海辭書出版社　1998　p. 447
譚蟬雪　馬毬　敦煌學大辭典　上海辭書出版社　1998　p. 600
譚蟬雪　餢餅　敦煌學大辭典　上海辭書出版社　1998　p. 445
譚蟬雪　蒸餅　敦煌學大辭典　上海辭書出版社　1998　p. 445
譚蟬雪　沙知　賽祆　敦煌學大辭典　上海辭書出版社　1998　p. 449
張亞萍　唐五代敦煌地區的駱駝牧養業　《敦煌學輯刊》1998 年第 1 期　p. 56
馮培紅　客司與歸義軍的外交活動　《敦煌學輯刊》1999 年第 1 期　p. 79
高啓安　王璽玉　唐五代敦煌人的飲食品種研究　《敦煌研究》1999 年第 2 期　p. 60
林悟殊　波斯瑣羅亞斯德教與中國古代的祆神崇拜　歐亞學刊(第 1 輯)　中華書局　1999　又見：二十世紀中國文史考據文録　雲南人民出版社　2001　p. 1905
陳永勝　敦煌吐魯番法制文書研究　甘肅人民出版社　2000　p. 143
馮培紅　歸義軍時期敦煌縣諸鄉置廢申論　《敦煌研究》2000 年第 3 期　p. 99
高明士　唐代敦煌官方的祭祀禮儀　1994 年敦煌學國際研討會文集・宗教文史卷(上)　甘肅民族出版社　2000　p. 61
華濤　西域歷史研究(8—10 世紀)　上海古籍出版社　2000　p. 93、125
雷紹鋒　歸義軍賦役制度初探　(臺北)洪葉文化事業有限公司　2000　p. 58、165
李正宇　歸義軍樂營的結構與配置　《敦煌研究》2000 年第 3 期　p. 76
李重申　敦煌古代體育文化　甘肅人民出版社　2000　p. 53、61
譚蟬雪　《君者者狀》辨析:河西達怛國的一份書狀　1994 年敦煌學國際研討會文集・宗教文史卷(下)　甘肅民族出版社　2000　p. 102
顏廷亮　敦煌文化　光明日報出版社　2000　p. 282、300、381、408
鄭炳林　晚唐五代敦煌貿易市場的外來商品輯考　中華文史論叢(總 63 輯)　上海古籍出版社　2000　p. 71
乜小紅　唐五代敦煌牧羊業述論　《敦煌研究》2001 年第 1 期　p. 135
譚蟬雪　敦煌古代百戲考述　《敦煌研究》2001 年第 1 期　p. 110
顏廷亮　敦煌文化中的祆教、摩尼教和景教　敦煌學與中國史研究論集　甘肅人民出版社　2001　p. 427
陳國燦　敦煌學史事新證　甘肅教育出版社　2002　p. 378
馮培紅　姚桂蘭　歸義軍時期敦煌與周邊地區之間的僧使交往　敦煌佛教藝術文化國際學術研討會論文集　蘭州大學出版社　2002　p. 456
高啓安　晚唐五代敦煌僧人飲食戒律初探　敦煌佛教藝術文化國際學術研討會論文集　蘭州大學出版社　2002　p. 393
李金梅　李重申　敦煌文獻與體育史研究之關係　《敦煌研究》2002 年第 2 期　p. 45
徐曉麗　鄭炳林　晚唐五代敦煌吐谷渾與吐蕃移民婦女研究　《敦煌學輯刊》2002 年第 2 期　p. 6
馮培紅　唐五代敦煌官府宴設機構考略　2000 年敦煌學國際學術討論會文集・歷史文化卷(上)　甘肅民族出版社　2003　p. 178
洪藝芳　敦煌社會經濟文書中的唐五代新興量詞研究　敦煌學(第 24 輯)　(臺北)樂學書局有限公司　2003　p. 109
荒見泰史　敦煌本夢書雜識　漢語史學報專輯(第三輯)　上海教育出版社　2003　p. 334
劉進寶　P. 4525(8)《官布籍》所見歸義軍政權的賦稅免征　新世紀敦煌學論集　巴蜀書社　2003　p. 304
榮新江　略談于闐對敦煌石窟的貢獻　2000 年敦煌學國際學術討論會文集・歷史文化卷(上)　甘

肅民族出版社　2003　p. 76

譚蟬雪　敦煌的粟特居民及祆神祈賽　2000 年敦煌學國際學術討論會文集・歷史文化卷(下)　甘肅民族出版社　2003　p. 65

王豔明　瓜州曹氏與甘州回鶻的兩次和親始末　《敦煌研究》2003 年第 1 期　p. 73

楊森　五代宋時期于闐皇太子在敦煌的太子莊　《敦煌研究》2003 年第 4 期　p. 41

鄭炳林　晚唐五代敦煌村莊聚落輯考　2000 年敦煌學國際學術討論會文集・歷史文化卷(上)　甘肅民族出版社　2003　p. 153

陳明　生命吠陀:西域出土胡語醫學文獻的知識來源　歐亞學刊(第 4 輯)　中華書局　2004　p. 236

高啓安　唐五代敦煌飲食文化研究　民族出版社　2004　p. 37、153、183

荒見泰史　漢文譬喻經典及其綱要本的作用　佛經文學研究論集　復旦大學出版社　2004　p. 281

李永平　從考古發現看胡騰舞與祆教儀式　《碑林集刊》(九)　陝西人民美術出版社　2004　p. 138

楊富學　高昌回鶻醫學稽考　《敦煌學輯刊》2004 年第 2 期　p. 134

趙紅　高啓安　唐五代時期敦煌僧人飲食概述　麥積山石窟藝術文化論文集(下)　蘭州大學出版社　2004　p. 291

陳明　殊方異藥:出土文書與西域醫學　北京大學出版社　2005　p. 43

陳于柱　從敦煌占卜文書看晚唐五代敦煌占卜與佛教的對話交融　《敦煌學輯刊》2005 年第 2 期　p. 25

高啓安　趙紅　敦煌"玉女"考屑　敦煌學國際研討會論文集　北京圖書館出版社　2005　p. 227　又見:《敦煌研究》2005 年第 2 期　p. 70

李軍　晚唐五代肅州相關史實考述　《敦煌學輯刊》2005 年第 3 期　p. 95

林悟殊　中古三夷教辨證　中華書局　2005　p. 336

陸離　吐蕃統治敦煌時期的官府勞役　魏晉南北朝隋唐史資料(第 22 輯)　武漢大學出版社　2005　p. 186

解梅　唐五代敦煌地區賽祆儀式考　《敦煌學輯刊》2005 年第 2 期　p. 145

鄭炳林　敦煌寫本解夢書校録研究　民族出版社　2005　p. 127

蘭州理工大學絲綢之路文史研究所編　絲綢之路體育文化論集　中華書局　2005　p. 143、250

林英　拂箖僧:關於唐代景教之外的基督教派别入華的一個推測　《世界宗教研究》2006 年 2 期　p. 106

S. 1367

金岡照光　敦煌文獻と中國文學　(東京)五曜書房　2000　p. 510

S. 1371

陳祚龍　敦煌古抄内典尾記彙校初、二、三編合刊　敦煌學要籥　(臺北)新文豐出版公司　1982　p. 102

池田溫　中國古代寫本識語集録　(東京)大藏出版株式會社　1990　p. 519

李際寧　佛母經　藏外佛教文獻(第一輯)　宗教文化出版社　1995　p. 375

李際寧　敦煌疑僞經典《佛母經》考察　《北京圖書館館刊》1996 年第 4 期　又見:中國敦煌學百年文庫・宗教卷(二)　甘肅文化出版社　1999　p. 447

方廣錩　佛母經　敦煌學大辭典　上海辭書出版社　1998　p. 732

S. 1373

江素雲　維摩詰所說經敦煌寫本綜合目録　(臺北)東初出版社　1991　p. 79

S. 1374

池田溫　中國古代寫本識語集録　(東京)大藏出版株式會社　1990　p. 393

S. 1376

向達　倫敦所藏敦煌卷子經眼目録　《北平圖書館圖書季刊》1939 年新第 1 卷第 4 期　p. 397　又見:唐代長安與西域文明　三聯書店　1957　p. 207

馬承玉　從敦煌寫本看《洞淵神咒經》在北方的傳播　道家文化研究(第十三輯)　三聯書店　1998　p. 200

王卡　太上洞淵神咒經　敦煌學大辭典　上海辭書出版社　1998　p. 762

王卡　敦煌道教文獻研究　中國社會科學出版社　2004　p. 144

王卡　中國國家圖書館藏敦煌道教遺書研究報告　敦煌吐魯番研究(第七卷)　北京大學出版社　2004　p. 359

S. 1380

向達　倫敦所藏敦煌卷子經眼目録　《北平圖書館圖書季刊》1939 年新第 1 卷第 4 期　p. 397　又見:唐代長安與西域文明　三聯書店　1957　p. 207

王三慶著　池田溫譯　類書　敦煌漢文文獻(講座敦煌 5)　(東京)大東出版社　1992　p. 365

徐俊　敦煌先唐詩考　2000 年敦煌學國際學術討論會文集・歷史文化卷(下)　甘肅民族出版社　2003　p. 293

S. 1381

向達　倫敦所藏敦煌卷子經眼目録　《北平圖書館圖書季刊》1939 年新第 1 卷第 4 期　p. 397　又見:唐代長安與西域文明　三聯書店　1957　p. 207

陳祚龍　敦煌古抄内典尾記彙校初、二、三編合刊　敦煌學要籥　(臺北)新文豐出版公司　1982　p. 102

董作賓　敦煌紀年　敦煌學文選(上)　蘭州大學歷史系敦煌學研究室等　1983　p. 33

平井宥慶　千手千眼陀羅尼經　敦煌と中國仏教(講座敦煌 7)　(東京)大東出版社　1984　p. 144

姜亮夫　敦煌經卷壁畫中所見寺觀録　敦煌學論文集　上海古籍出版社　1987　p. 1076

林聰明　敦煌文書學　(臺北)新文豐出版公司　1991　p. 100、307

陶秋英輯録　姜亮夫校訂　敦煌經卷所見寺名録　敦煌碎金　浙江古籍出版社　1992　p. 109

陶秋英輯録　姜亮夫校訂　敦煌經卷題名録　敦煌碎金　浙江古籍出版社　1992　p. 72

李丞宰　探尋敦煌佛經的 50 卷本《華嚴經》　敦煌學・日本學:石塚晴通教授退職紀念論文集　上海辭書出版社　2005　p. 45

李丞宰著　大塚忠蔵譯　敦煌佛經の50 卷本華厳經を探して　日本學・敦煌學・漢文訓讀の新展開　(東京)汲古書院　2005　p. 51

S. 1385

向達　倫敦所藏敦煌卷子經眼目録　《北平圖書館圖書季刊》1939 年新第 1 卷第 4 期　p. 397　又見:唐代長安與西域文明　三聯書店　1957　p. 207

上山大峻　敦煌佛教の研究　(京都)法藏館　1990　p. 469
方廣錩　佛說回向輪經　敦煌學大辭典　上海辭書出版社　1998　p. 697
梅林　莫高窟 365 窟漢文題記重録並跋　寺院財富與世俗供養　上海書畫出版社　2003　p. 350

S. 1386

陳鐵凡　敦煌本孝經考略　(臺中)《東海學報》1978 年第 19 卷　又見:中國敦煌學百年文庫・文獻卷(二)　甘肅文化出版社　1999　p. 498
蘇瑩輝　簡評巴宙輯敦煌韻文集　敦煌論集　(臺北)學生書局　1983　p. 454
簡濤　敦煌本《燕子賦》考論　《敦煌研究》1986 年第 3 期　p. 31
李正宇　唐宋時代的敦煌學校　《敦煌研究》1986 年第 1 期　p. 45
唐耕耦　陸宏基　敦煌社會經濟文獻真迹釋録(一)　書目文獻出版社　1986　p. 317
李正宇　敦煌學郎題記輯注　《敦煌學輯刊》1987 年第 1 期　p. 32
山本達郎等　敦煌・III 轉貼　『NUN – HUANG AND TURFAN DOCUMENTS CONCERNING SOCIAL AND ECONOMIC HISTORY』(IV)　(東京)東洋文庫　1989　p. 52
池田溫　中國古代寫本識語集録　(東京)大藏出版株式會社　1990　p. 483
李德超　敦煌本孝經校讎　第二屆敦煌學國際研討會論文集　(臺北)漢學研究中心　1990　p. 101
林聰明　敦煌文書出處略考　季羨林教授八十華誕紀念論文集(下)　江西人民出版社　1991　p. 857
林聰明　敦煌文書學　(臺北)新文豐出版公司　1991　p. 179、388
東野治之　敦煌と日本の『千字文』　遣唐使と正倉院　(東京)岩波書店　1992　p. 240
東野治之　訓蒙書　敦煌漢文文獻(講座敦煌 5)　(東京)大東出版社　1992　p. 404
姜伯勤　敦煌社會文書導論　(臺北)新文豐出版公司　1992　p. 91、242
土田健次郎　儒教典籍　敦煌漢文文獻(講座敦煌 5)　(東京)大東出版社　1992　p. 269
高國藩　敦煌民俗資料導論　(臺北)新文豐出版公司　1993　p. 2
郝春文　敦煌寫本社邑文書年代彙考(二)　《首都師範大學學報》1993 年第 5 期　p. 77
林聰明　談敦煌文書的抄寫問題　紀念陳寅恪先生百年誕辰學術論文集　江西教育出版社　1994　p. 289
石田勇作　敦煌「社文書」研究序說　中國古代の國家と民衆(堀敏一先生古稀記念)　(東京)汲古書院　1995　p. 684
李正宇　敦煌史地新論　(臺北)新文豐出版公司　1996　p. 189
寧可　郝春文　敦煌社邑文書輯校　江蘇古籍出版社　1997　p. 160
寧可　座社　敦煌學大辭典　上海辭書出版社　1998　p. 431
沙知　敦煌契約文書輯校　江蘇古籍出版社　1998　p. 543
柴劍虹　讀敦煌學士郎張宗之詩抄劄記　敦煌吐魯番學論稿　浙江教育出版社　2000　p. 249
郝春文　英藏敦煌文獻年代叢考　英國收藏敦煌漢藏文獻研究:紀念敦煌文獻發現一百周年　中國社會科學出版社　2000　p. 370
林聰明　敦煌吐魯番文書解詁指例　(臺北)新文豐出版公司　2001　p. 39. 205
曾良　敦煌文獻字義通釋　廈門大學出版社　2001　p. 116、154
姜亮夫　敦煌莫高窟年表　姜亮夫全集(十一)　雲南人民出版社　2002　p. 511
榮新江　《英藏敦煌文獻》寫本定名商補　敦煌學新論　甘肅教育出版社　2002　p. 191
郝春文　唐後期五代宋初中印文化對敦煌寺院的影響　新世紀敦煌學論集　巴蜀書社　2003　p. 333

金瀅坤　唐五代童子科與兒童教育　中國中古史論集　天津古籍出版社　2003　p. 296
張小豔　刪字符號卜與敦煌文獻的解讀　《敦煌研究》2003 年第 3 期　p. 73
許建平　跋大谷文書中四件未經定名的儒家經籍殘片　《敦煌學輯刊》2005 年第 4 期　p. 11

S. 1388

李正宇　敦煌史地新論　（臺北）新文豐出版公司　1996　p. 122

S. 1389

矢吹慶輝　鳴沙餘韻・解說篇（第一部）　（京都）臨川書店　1980　p. 68
李德超　敦煌本孝經校讎　第二屆敦煌學國際研討會論文集　（臺北）漢學研究中心　1990　p. 115
平井宥慶　敦煌文書における金剛經疏　金剛般若經の思想的研究　（東京）春秋社　1999　p. 265
杜正乾　唐代的《金剛經》信仰　《敦煌研究》2004 年第 5 期　p. 53

S. 1392

向達　倫敦所藏敦煌卷子經眼目録　《北平圖書館圖書季刊》1939 年新第 1 卷第 4 期　p. 397　又見：唐代長安與西域文明　三聯書店　1957　p. 207
邵榮芬　敦煌俗文學中的別字異文和唐五代西北方音　《中國語文》1963 年第 3 期　又見：中國敦煌學百年文庫・語言文字卷（一）　甘肅文化出版社　1999　p. 136
金岡照光　敦煌漢文文學文獻の文學形態上の種類とその分類　敦煌出土文學文獻分類目録・附解說　（東京）東洋文庫　1971　p. 218
金岡照光　敦煌文學のさまざま　敦煌の文學　（東京）大藏出版株式會社　1971　p. 115
馮燕　敦煌藏文本《孔丘項托相問書》考　《青海民族學院學報》1979 年第 4 卷　又見：中國敦煌學百年文庫・文獻卷（二）　甘肅文化出版社　1999　p. 529
楊家駱　敦煌變文　（臺北）世界書局　1980　p. 236
鄭阿財　敦煌孝道文學研究　（臺北）石門圖書公司　1982　p. 78
潘重規　敦煌變文集新書（下）　（臺北）"中國文化大學"中文研究所　1984　p. 1124
王重民　孔子項托相問書　敦煌變文集　人民文學出版社　1984　p. 236
張鴻勳　《唐寫本孔子與子羽對語雜抄》考略　《敦煌學輯刊》1984 年第 1 期　p. 57
雷僑雲　敦煌兒童文學　（臺北）學生書局　1985　p. 165
張鴻勳　敦煌本《孔子項托相問書》研究　《敦煌研究》1985 年第 2 期　p. 99
張鴻勳　《孔子項托相問書》傳承研究　《民間文學論壇》1986 年第 6 期　p. 38
任半塘　敦煌歌辭總編　上海古籍出版社　1987　p. 1438
張鴻勳　敦煌講唱文學作品選注　甘肅人民出版社　1987　p. 89
張鴻勳　從《孔子項托相問書》談敦煌文學的研究　敦煌語言文學論文集　浙江古籍出版社　1988　p. 246
張先堂　話本　敦煌文學　甘肅人民出版社　1989　p. 291
項楚　敦煌變文選注　巴蜀書社　1990　p. 364
鄭阿財　敦煌寫本《孔子項托相問書》初探　《法學商報》1990 年第 24 期　又見：中國敦煌學百年文庫・文學卷（五）　甘肅文化出版社　1999　p. 48
金岡照光　散文體類　敦煌の文學文獻（講座敦煌 9）　（東京）大東出版社　1992　p. 175
張鴻勳　敦煌話本詞文俗賦導論　（臺北）新文豐出版公司　1993　p. 196
鄭阿財　敦煌文獻與文學　（臺北）新文豐出版公司　1993　p. 397

黄征　敦煌寫本異文綜析　敦煌語文叢説　(臺北)新文豐出版公司　1997　p. 26、34
黄征　張涌泉　敦煌變文校注　中華書局　1997　p. 360
柴劍虹　孔子項托相問書　敦煌學大辭典　上海辭書出版社　1998　p. 585
潘重規　敦煌《雲謠集》新書　雲謠集研究彙録　上海古籍出版社　1998　p. 190
黄征　敦煌語言文字學研究　甘肅教育出版社　2002　p. 46、53
盧善煥　敦煌本《孔子項托相問書》研究　古史文存　社會科學文獻出版社　2002　p. 193
張鴻勳　敦煌俗文學研究　甘肅人民出版社　2002　p. 6、229
王昆吾　從敦煌學到域外漢文學　商務印書館　2003　p. 30

S. 1393

向達　倫敦所藏敦煌卷子經眼目録　《北平圖書館圖書季刊》1939 年新第 1 卷第 4 期　p. 397　又見:唐代長安與西域文明　三聯書店　1957　p. 207
菊池英夫　唐代敦煌社會の外貌　敦煌の社會(講座敦煌 3)　(東京)大東出版社　1980　p. 115
白化文　晉書　敦煌學大辭典　上海辭書出版社　1998　p. 776
曾良　敦煌文獻字義通釋　廈門大學出版社　2001　p. 10、80
曾良　敦煌文獻字義劄記　2000 年敦煌學國際學術討論會文集・歷史文化卷(下)　甘肅民族出版社　2003　p. 473

S. 1395

馮燕　敦煌藏文本《孔丘項托相問書》考　《青海民族學院學報》1979 年第 4 卷　又見:中國敦煌學百年文庫・文獻卷(二)　甘肅文化出版社　1999　p. 529
張鴻勳　敦煌俗文學研究　甘肅人民出版社　2002　p. 239

S. 1396

菅原信海　占筮書　敦煌漢文文獻(講座敦煌 5)　(東京)大東出版社　1992　p. 457
譚蟬雪　胡餅　敦煌學大辭典　上海辭書出版社　1998　p. 444
黄正建　敦煌祿命類文書述略　中國社會科學院歷史研究所學刊(第一集)　社會科學文獻出版社　2001　p. 249
黄正建　敦煌占卜文書與唐五代占卜研究　學苑出版社　2001　p. 118
曾良　敦煌文獻字義通釋　廈門大學出版社　2001　p. 141
趙貞　評《敦煌占卜文書與唐五代占卜研究》　唐研究(第八卷)　北京大學出版社　2002　p. 522

S. 1397

池田溫　中國古代寫本識語集録　(東京)大藏出版株式會社　1990　p. 471
李刈　敦煌壁畫中的《天請問經變相》　《敦煌研究》1991 年第 1 期　p. 2
王惠民　關於《天請問經》和天請問經變的幾個問題　《敦煌研究》1994 年第 4 期　p. 180
王小盾　從莫高窟第 61 窟維摩詰經變看經變畫和講經文的體制　2000 年敦煌學國際學術討論會文集・石窟考古卷　甘肅民族出版社　2003　p. 198
樊錦詩　玄奘譯經和敦煌壁畫　《敦煌研究》2004 年第 2 期　p. 2
公維章　涅槃、淨土的殿堂:敦煌莫高窟第 148 窟研究　民族出版社　2004　p. 15、200
沙武田　敦煌壁畫榜題寫本研究　《敦煌研究》2004 年第 3 期　p. 105
王惠民　敦煌經變畫的研究成果與研究方法　《敦煌學輯刊》2004 年第 2 期　p. 70

S. 1398

向達　倫敦所藏敦煌卷子經眼目録　《北平圖書館圖書季刊》1939 年新第 1 卷第 4 期　p. 397　又見:《唐代長安與西域文明　三聯書店　1957　p. 207

仁井田陞　唐末五代の敦煌寺院佃戶關係文書　西域文化研究(第二)·敦煌吐魯番社會經濟資料(上)　(京都)法藏館　1959　p. 87

陳祚龍　瓜沙印録　(臺北)《大陸雜誌》1962 年第 4 期　又見:敦煌學概要　(臺北)編譯館"中華叢書編委會"　1981　p. 268;中國敦煌學百年文庫·考古卷(一)　甘肅文化出版社　1999　p. 191

堀敏一　敦煌社會の変質——中國社會全般の発展とも関連して　敦煌の社會(講座敦煌 3)　(東京)大東出版社　1980　p. 193

土肥義和　はじめに——歸義軍節度使の敦煌支配　敦煌の歷史(講座敦煌 2)　(東京)大東出版社　1980　p. 246

陳祚龍　古代敦煌及其他地區流行之公私印章圖記文字録　敦煌學要籥　(臺北)新文豐出版公司　1982　p. 346

陳炳應　敦煌所出宋開寶八年"鄭醜撻賣地舍契"定誤考釋　《西北史地》1983 年第 4 期　p. 85

陳國燦　唐代的民間借貸:吐魯番敦煌等地所出唐代借貸契券初探　敦煌吐魯番文書初探　武漢大學出版社　1983　p. 248

陳祚龍　晚唐至宋初敦煌通行典賣"奴婢"之一斑　敦煌簡策訂存　(臺北)商務印書館　1983　p. 92

董作賓　敦煌紀年　敦煌學文選(上)　蘭州大學歷史系敦煌學研究室等　1983　p. 36

侯紹莊　"買田"性質研究　《敦煌學研究》(西北師院學報)1984 年增刊　p. 25

吳其昱　有關唐代和十世紀奴婢的敦煌卷子　《敦煌學輯刊》1984 年第 2 期　p. 142

仁井田陞著　姜鎮慶譯　唐末五代的敦煌寺院佃戶關係文書　敦煌學譯文集　甘肅人民出版社　1985　p. 863 注 11

李正宇　敦煌方音止遇二攝混同及其校勘學意義　《敦煌研究》1986 年第 4 期　p. 48

土肥義和著　李永寧譯　歸義軍時期(晚唐、五代、宋)的敦煌(一)　《敦煌研究》1986 年第 4 期　p. 87

姜伯勤　唐五代敦煌寺戶制度　中華書局　1987　p. 195

池田溫　吐魯番·敦煌文書にみえる地方城市の住居　中國都市の歷史的研究(唐代史研究會報告第 VI 集)　(東京)刀水書房　1988　p. 182

高國藩　敦煌民俗學　上海文藝出版社　1989　p. 55

山本達郎等　敦煌·IV 納贈曆·納色物曆等　『NUN - HUANG AND TURFAN DOCUMENTS CONCERNING SOCIAL AND ECONOMIC HISTORY』(IV)　(東京)東洋文庫　1989　p. 101

王進玉　趙豐　敦煌文物中的紡織技藝　《敦煌研究》1989 年第 4 期　p. 102

堀敏一　中唐以後敦煌稅法的變化　《魏晉南北朝隋唐史》1990 年第 6 期　p. 65

李天石　敦煌吐魯番文書中的奴婢資料及其價值　《敦煌學輯刊》1990 年第 1 期　p. 2、8

唐耕耦　陸宏基　敦煌社會經濟文獻真迹釋録(二)　全國圖書館文獻縮微複製中心　1990　p. 13、53、227

李正宇　敦煌名勝古迹導論　《陽關》1991 年第 4 期　p. 51

林聰明　敦煌文書學　(臺北)新文豐出版公司　1991　p. 436

仁井田陞　補訂中國法制史研究:奴隸農奴法·家族村落法　東京大學出版會　1991　p. 85

仁井田陞　補訂中國法制史研究:土地法·取引法　東京大學出版會　1991　p. 684、701、756

姜伯勤　敦煌社會文書導論　(臺北)新文豐出版公司　1992　p. 173
高國藩　敦煌民俗資料導論　(臺北)新文豐出版公司　1993　p. 16
譚禪雪　敦煌歲時掇瑣　(香港)《九州學刊》(敦煌學專輯)1993 年第 5 卷第 4 期　p. 104
王克孝　ДX2168 號寫本初探　《敦煌學輯刊》1993 年第 2 期　p. 25　又見:1994 年敦煌學國際研討會文集・宗教文史卷(下)　甘肅民族出版社　2000　p. 229
鄭炳林　高偉　唐五代敦煌釀酒業初探　《西北史地》1994 年第 1 期　p. 30
林聰明　敦煌文書年代考探略述　敦煌學國際研討會文集・史地語文编　遼寧美術出版社　1995　p. 560
土肥義和　唐・北宋間の「社」の組織形態に関する一考察　中國古代の國家と民衆(堀敏一先生古稀記念)　(東京)汲古書院　1995　p. 726
張傳璽　中國歷代契約會編考釋(上)　北京大學出版社　1995　p. 521 注 1
李正宇　敦煌歷史地理導論　(臺北)新文豐出版公司　1997　p. 60、255
劉進寶　歸義軍土地制度初探　《敦煌研究》1997 年第 2 期　p. 54
馬德　敦煌工匠史料　甘肅人民出版社　1997　p. 55
鄭炳林　唐五代敦煌手工業研究　敦煌歸義軍史專題研究　蘭州大學出版社　1997　p. 263
鄭炳林　晚唐五代敦煌貿易市場的物價　敦煌歸義軍史專題研究　蘭州大學出版社　1997　p. 296
鄭炳林　馮培紅　晚唐五代宋初歸義軍政權中都頭一職考辨　敦煌歸義軍史專題研究　蘭州大學出版社　1997　p. 83
黃正建　敦煌文書所見唐宋之際敦煌民衆住房面積考略　敦煌吐魯番研究(第三卷)　北京大學出版社　1998　p. 214
金瀅坤　從敦煌文書看晚唐五代敦煌地區布紡織業　《敦煌研究》1998 年第 2 期　p. 134
李天石　敦煌所出賣身、典身契約年代考　《敦煌學輯刊》1998 年第 1 期　p. 25
沙知　典身契　敦煌學大辭典　上海辭書出版社　1998　p. 389
沙知　敦煌契約文書輯校　江蘇古籍出版社　1998　p. 35、353
沙知　身東西不在　敦煌學大辭典　上海辭書出版社　1998　p. 390
譚蟬雪　迎賽南山　敦煌學大辭典　上海辭書出版社　1998　p. 448
謝重光　莊田　敦煌學大辭典　上海辭書出版社　1998　p. 415
陳國燦　唐代的經濟社會　(臺北)文津出版社　1999　p. 197
池田溫　八世紀中葉敦煌的粟特人聚落　唐研究論文選集　中國社會科學出版社　1999　p. 62 注 73
蘇金花　唐、五代敦煌地區的商品貨幣形態　《敦煌研究》1999 年第 2 期　p. 96
謝桃坊　敦煌文化尋繹　四川人民出版社　1999　p. 182
陳永勝　敦煌吐魯番法制文書研究　甘肅人民出版社　2000　p. 129
雷紹鋒　歸義軍賦役制度初探　(臺北)洪葉文化事業有限公司　2000　p. 22
劉進寶　敦煌文書與唐史研究　(臺北)新文豐出版公司　2000　p. 169
丘古耶夫斯基　敦煌漢文文書　上海古籍出版社　2000　p. 196
林聰明　敦煌吐魯番文書解詁指例　(臺北)新文豐出版公司　2001　p. 268
楊森　關於敦煌文獻中的“平章”一詞　敦煌學與中國史研究論集　甘肅人民出版社　2001　p. 232
曾良　敦煌文獻字義通釋　廈門大學出版社　2001　p. 170
姜亮夫　敦煌莫高窟年表　姜亮夫全集(十一)　雲南人民出版社　2002　p. 574
盛會蓮　從敦煌吐魯番文書看隋至宋初的宅舍交易　中國中古史論集　天津古籍出版社　2003

p. 85
童丕　敦煌的借貸:中國中古時代的物質生活與社會　中華書局　2003　p. 104、114、167
王啓濤　中古及近代法制文書語言研究　巴蜀書社　2003　p. 164、231、289、318、373、402
鄭炳林　晚唐五代敦煌村莊聚落輯考　2000 年敦煌學國際學術討論會文集・歷史文化卷(上)　甘肅民族出版社　2003　p. 135、155
高啓安　唐五代敦煌飲食文化研究　民族出版社　2004　p. 282
李天石　中國中古良賤身份制度研究　南京師範大學出版社　2004　p. 23、415
李正宇　晚唐至北宋敦煌僧尼普聽飲酒　《敦煌研究》2005 年第 3 期　p. 69

S. 1399

金岡照光　敦煌文學のさまざま　敦煌の文學　(東京)大蔵出版株式會社　1971　p. 159
川崎ミチコ　通俗詩類・雜詩文類　敦煌仏典と禅(講座敦煌 8)　(東京)大東出版社　1980　p. 318
菊池英夫　唐代敦煌社會の外貌　敦煌の社會(講座敦煌 3)　(東京)大東出版社　1980　p. 140
張錫厚　王梵志詩校輯　中華書局　1983　p. 3
朱鳳玉　王梵志詩研究(上)　(臺北)學生書局　1986　p. 9、24
朱鳳玉　王梵志研究的兩本專著評介　敦煌學(第 11 輯)　(臺北)新文豐出版公司　1986　p. 87
劉銘恕　敦煌遺書叢識　1983 年全國敦煌學術討論會文集・文史遺書編(上)　甘肅人民出版社　1987　p. 429
項楚　王梵志詩校注　敦煌吐魯番文獻研究論集(第四輯)　北京大學出版社　1987　p. 136
張錫厚　整理《王梵志詩集》的新收穫　《敦煌學輯刊》1987 年第 2 期　p. 34
黃征　《王梵志詩校輯》商補　《敦煌研究》1988 年第 4 期　p. 79　又見:敦煌語文叢説　(臺北)新文豐出版公司　1997　p. 177
菊池英夫　中國古文書・古寫本學と日本　東アジア古文書の史的研究　(東京)刀水書房　1990　p. 191
張錫厚　敦煌寫本王梵志詩原卷真迹　王梵志詩研究彙録(上)　上海古籍出版社　1990　圖版 4
張錫厚　關於敦煌寫本王梵志詩整理的若干問題　王梵志詩研究彙録(上)　上海古籍出版社　1990　p. 60
黃征　王梵志詩校釋補議　中華文史論叢(總 50 輯)　上海古籍出版社　1992　p. 92　又見:敦煌語文叢説　(臺北)新文豐出版公司　1997　p. 248
林家平　寧强　羅華慶　中國敦煌學史　北京語言學院出版社　1992　p. 596
吳其昱著　伊藤美重子譯　敦煌漢文寫本概観　敦煌漢文文獻(講座敦煌 5)　(東京)大東出版社　1992　p. 116
項楚　S. 5588 號寫本之再探索:《敦煌歌辭總編》"求因果"匡補　(香港)《九州學刊》(敦煌學專輯)　1992 年第 4 卷第 4 期　p. 138
張涌泉　《敦煌歌辭總編》校議　《語言研究》1992 年第 1 期　p. 58
項楚　敦煌詩歌導論　(臺北)新文豐出版公司　1993　p. 295
蔣禮鴻　敦煌文獻語言詞典　杭州大學出版社　1994　p. 174、198、426
曲金良　敦煌佛教文學研究　(臺北)文津出版社　1995　p. 249
張錫厚　敦煌本唐集研究　(臺北)新文豐出版公司　1995　p. 60、105
黃征　敦煌俗音考辨　敦煌語文叢説　(臺北)新文豐出版公司　1997　p. 138
黃征　王梵志詩校釋商補　敦煌語文叢説　(臺北)新文豐出版公司　1997　p. 159

黄征　王梵志詩校釋續商補　敦煌語文叢說　(臺北)新文豐出版公司　1997　p. 212
黄征　張涌泉　敦煌變文校注　中華書局　1997　p. 284
張錫厚　柴劍虹　王梵志詩集　敦煌學大辭典　上海辭書出版社　1998　P. 562
張錫厚　敦煌文學源流　作家出版社　2000　p. 76
杜曉勤　隋唐五代文學研究　北京出版社　2001　p. 1273
曾良　敦煌文獻字義通釋　廈門大學出版社　2001　p. 194
黄征　敦煌語言文字學研究　甘肅教育出版社　2002　p. 247、282、298
張鴻勳　敦煌俗文學研究　甘肅人民出版社　2002　p. 410

S. 1401

入矢義高　『太公家教』校釋　福井博士頌壽記念東洋思想論集　(東京)論文集刊行會　1960　p. 36
高國藩　敦煌寫本《太公家教》初探　《敦煌學輯刊》1984 年第 1 期　p. 64
王重民　跋太公家教　敦煌遺書論文集　中華書局　1984　p. 137
雷僑雲　敦煌兒童文學　(臺北)學生書局　1985　p. 82 注 4
周鳳五　敦煌寫本太公家教研究　(臺北)明文書局　1986　p. 155
鄭阿財　敦煌寫卷新集文詞九經抄研究　(臺北)文史哲出版社　1989　p. 128 注 1
鄭阿財　敦煌蒙書析論　第二屆敦煌學國際研討會論文集　(臺北)漢學研究中心　1990　p. 226
鄭阿財　敦煌文獻與文學　(臺北)新文豐出版公司　1993　p. 260
鄭阿財　學日益齋敦煌學劄記　周一良先生八十生日紀念論文集　中國社會科學出版社　1993　p. 193
汪泛舟　敦煌古代兒童課本　甘肅人民出版社　2000　p. 224

S. 1402

王三慶　敦煌寫卷中武后新字之調查研究　唐代研究論集(第三輯)　(臺北)新文豐出版公司　1992　p. 87
謝和耐　敦煌寫本中的租駱駝旅行契　法國學者敦煌學論文選萃　中華書局　1993　p. 99 注 1

S. 1403

向達　倫敦所藏敦煌卷子經眼目録　《北平圖書館圖書季刊》1939 年新第 1 卷第 4 期　p. 397　又見:唐代長安與西域文明　三聯書店　1957　p. 207
池田溫　敦煌の流通経済　敦煌の社會(講座敦煌 3)　(東京)大東出版社　1980　p. 339　又見:敦煌文書の世界　(東京)名著刊行會　2003　p. 176
謝重光　關於唐後期至五代間沙州寺院經濟的幾個問題　敦煌吐魯番出土經濟文書研究　廈門大學出版社　1986　p. 510 注 105
王永興　隋唐五代經濟史料彙編校注・第一編(下)　中華書局　1987　p. 689
王公望　契約　敦煌文學　甘肅人民出版社　1989　p. 57
唐耕耦　陸宏基　敦煌社會經濟文獻真迹釋録(二)　全國圖書館文獻縮微複製中心　1990　p. 42
仁井田陞　補訂中國法制史研究:土地法・取引法　東京大學出版會　1991　p. 734、830
謝和耐　敦煌寫本中的租駱駝旅行契　法國學者敦煌學論文選萃　中華書局　1993　p. 98
張傳璽　中國歷代契約會編考釋(上)　北京大學出版社　1995　p. 659 注 1
馮培紅　唐五代歸義軍政權中隊職問題辨析　《敦煌學輯刊》1996 年第 2 期　p. 29　又見:敦煌歸義

軍史專題研究　蘭州大學出版社　1997　p. 38、43
齊陳俊　馮培紅　晚唐五代宋初歸義軍對外商業貿易　敦煌歸義軍史專題研究　蘭州大學出版社　1997　p. 347
沙知　般次零拾　周紹良先生欣開九秩慶壽文集　中華書局　1997　p. 146
鄭炳林　馮培紅　唐五代歸義軍政權對外關係中的使頭一職　敦煌歸義軍史專題研究　蘭州大學出版社　1997　p. 53
李冬梅　唐五代歸義軍與周邊民族關係綜論　《敦煌學輯刊》1998 年第 2 期　p. 46
沙知　敦煌契約文書輯校　江蘇古籍出版社　1998　p. 316
沙知　雇畜契　敦煌學大辭典　上海辭書出版社　1998　p. 389
沙知　身東西不在　敦煌學大辭典　上海辭書出版社　1998　p. 390
馮培紅　客司與歸義軍的外交活動　《敦煌學輯刊》1999 年第 1 期　p. 82
雷紹鋒　歸義軍賦役制度初探　（臺北）洪葉文化事業有限公司　2000　p. 172
楊森　關於敦煌文獻中的"平章"一詞　敦煌學與中國史研究論集　甘肅人民出版社　2001　p. 232
楊惠玲　敦煌契約文書中的保人、見人、口承人、同便人、同取人　《敦煌研究》2002 年第 6 期　p. 43
王啓濤　中古及近代法制文書語言研究　巴蜀書社　2003　p. 290、393
謝和耐著　耿昇譯　中國 5—10 世紀的寺院經濟　上海古籍出版社　2004　p. 371
鄭炳林　晚唐五代敦煌商業貿易市場研究　《敦煌學輯刊》2004 年第 1 期　p. 110

S. 1405

平井宥慶　千手千眼陀羅尼經　敦煌と中國仏教(講座敦煌 7)　(東京)大東出版社　1984　p. 139
杜愛英　敦煌遺書中俗體字的諸種類型　《敦煌研究》1992 年第 3 期　p. 123
李小榮　敦煌密教文獻論稿　人民文學出版社　2003　p. 25

S. 1407

伊藤美重子　敦煌本『大智度論』の整理　中國佛教石經の研究　京都大學學術出版會　1996　p. 361

S. 1408

唐耕耦　陸宏基　敦煌社會經濟文獻真迹釋録(一)　書目文獻出版社　1986　p. 348
寧可　郝春文　敦煌社邑文書輯校　江蘇古籍出版社　1997　p. 306
鄭炳林　敦煌碑銘讚輯釋　甘肅教育出版社　1997　p. 545 注 2
孟憲實　敦煌社邑的分佈　敦煌文獻論集:紀念藏經洞發現一百周年國際學術研討會論文集　遼寧人民出版社　2001　p. 433
山本達郎等　補(IV)社・III 轉貼　『NUN - HUANG AND TURFAN DOCUMENTS CONCERNING SOCIAL AND ECONOMIC HISTORY』(Sup. p. lemrnts)　(東京)東洋文庫　2001　p. 77

S. 1409

林聰明　敦煌文書學　(臺北)新文豐出版公司　1991　p. 425
王三慶　敦煌寫卷中武后新字之調查研究　唐代研究論集(第三輯)　(臺北)新文豐出版公司　1992　p. 88

S. 1411

黄征　敦煌願文的整理和結集　敦煌語文叢說　(臺北)新文豐出版公司　1997　p. 562

楊寶玉　勵忠節抄　敦煌學大辭典　上海辭書出版社　1998　p. 779

S. 1412

向達　倫敦所藏敦煌卷子經眼目録　《北平圖書館圖書季刊》1939 年新第 1 卷第 4 期　p. 397　又見:唐代長安與西域文明　三聯書店　1957　p. 207

芳村修基　土橋秀高　井ノ口泰淳　敦煌佛教史年表　西域文化研究(第一)・敦煌佛教資料　(京都)法藏館　1958　p. 262

佐藤哲英　維摩經疏の殘缺本について　西域文化研究(第一)・敦煌佛教資料　(京都)法藏館　1958　p. 129

矢吹慶輝　鳴沙餘韻・解說篇(第一部)　(京都)臨川書店　1980　p. 34

上山大峻　敦煌佛教の研究　(京都)法藏館　1990　p. 344

方廣錩　佛教大藏經史(八一十世紀)　中國社會科學出版社　1991　p. 135

S. 1414

蔣冀騁　敦煌文書校讀研究　(臺北)文津出版社　1993　p. 238

李明偉　隋唐絲綢之路　甘肅人民出版社　1994　p. 322

曾良　敦煌文獻字義通釋　廈門大學出版社　2001　p. 101

曾良　敦煌文獻字義劄記　2000 年敦煌學國際學術討論會文集・歷史文化卷(下)　甘肅民族出版社　2003　p. 468

S. 1415

陳祚龍　敦煌古抄内典尾記彙校初、二、三編合刊　敦煌學要籥　(臺北)新文豐出版公司　1982　p. 102

方廣錩　四分律　敦煌學大辭典　上海辭書出版社　1998　p. 711

池田溫　敦煌遺文　敦煌文書の世界　(東京)名著刊行會　2003　p. 41

S. 1419

張子開　敦煌文獻中的白話禪詩　《敦煌學輯刊》2003 年第 1 期　p. 82

S. 1422

平井俊榮　敦煌仏典と中國仏教　敦煌と中國仏教(講座敦煌 7)　(東京)大東出版社　1984　p. 8

S. 1427

許國霖　敦煌石室寫經年代表　《微妙聲》1937 年第 5 期　又見:中國敦煌學百年文庫・宗教卷(四)　甘肅文化出版社　1999　p. 193

芳村修基　土橋秀高　井ノ口泰淳　敦煌佛教史年表　西域文化研究(第一)・敦煌佛教資料　(京都)法藏館　1958　p. 253

陳祚龍　後魏元宋坐鎮瓜州事佛之一斑　中華佛教文化史散策(初集)　(臺北)新文豐出版公司　1978　p. 79　又見:中國敦煌學百年文庫・宗教卷(一)　甘肅文化出版社　1999　p. 8

陳祚龍　敦煌古抄内典尾記彙校初、二、三編合刊　敦煌學要籥　(臺北)新文豐出版公司　1982

p. 102
饒宗頤解說　林宏作譯　敦煌書法叢刊　第二十卷・寫經(一)　(東京)二玄社　1983　p. 63
戴密微著　耿昇譯　敦煌學近作　敦煌譯叢(第一輯)　甘肅人民出版社　1985　p. 31
Jean – Pierre Drege　敦煌寫本的物質性分析　漢學研究(敦煌學國際研討會論文專號)　(臺北)漢學研究資料及服務中心　1986　p. 112
姜亮夫　敦煌經卷題名録　敦煌學論文集　上海古籍出版社　1987　p. 1053、1066
王三慶　日本所見敦煌寫卷目録提要(一)　敦煌學(第15輯)　(臺北)新文豐出版公司　1989　p. 98
池田溫　中國古代寫本識語集録　(東京)大藏出版株式會社　1990　p. 101
林聰明　敦煌文書學　(臺北)新文豐出版公司　1991　p. 100、163
趙聲良　敦煌南北朝寫本的書法藝術　《敦煌研究》1991年第4期　p. 44
陶秋英輯録　姜亮夫校訂　敦煌經卷題名録　敦煌碎金　浙江古籍出版社　1992　p. 59、86
伊藤伸　中國書法史上から見た敦煌漢文寫本　敦煌漢文文獻(講座敦煌5)　(東京)大東出版社　1992　p. 212
戴仁　敦煌和吐魯番寫本的斷代研究　法國學者敦煌學論文選萃　中華書局　1993　p. 528、532
沃興華　敦煌書法藝術　上海人民出版社　1994　p. 104
趙聲良　南北朝寫經書法藝術　敦煌書法庫(第一輯)　甘肅人民美術出版社　1994　p. 18
趙聲良　萬經珍寶:古代書法藝術的寶庫"敦煌書法"　(臺北)《雄獅美術》1994年第12期
趙聲良　早期敦煌寫本書法的時代分期和類型　敦煌書法庫(第二輯)　甘肅人民美術出版社　1994　p. 5
張涌泉　敦煌文書類化字研究　《敦煌研究》1995年第4期　p. 77
伊藤伸著　趙聲良譯　從中國書法史看敦煌漢文文書(二)　《敦煌研究》1996年第2期　p. 144
張涌泉　敦煌俗字研究導論　(臺北)新文豐出版公司　1996　p. 120
榮新江　敦煌藏經洞的性質及其封閉原因　敦煌吐魯番研究(第二卷)　北京大學出版社　1997　p. 34
趙聲良　敦煌寫卷書法(上)　《文史知識》1997年第3期　p. 74
鄭炳林　唐五代敦煌的粟特人與佛教　敦煌歸義軍史專題研究　蘭州大學出版社　1997　p. 450
鄭炳林　吐蕃統治下的敦煌粟特人　敦煌歸義軍史專題研究　蘭州大學出版社　1997　p. 389 注16
方廣錩　成實論　敦煌學大辭典　上海辭書出版社　1998　p. 722
顧吉辰　敦煌文獻職官結銜考釋　《敦煌學輯刊》1998年第2期　p. 19
趙聲良　王羲之蘭亭序　敦煌學大辭典　上海辭書出版社　1998　p. 279
戴仁　敦煌寫本中的贋品　法國漢學(敦煌學專號)　中華書局　2000　p. 6
顏廷亮　敦煌文化　光明日報出版社　2000　p. 376
趙聲良　早期敦煌寫本書法的分期研究　1994年敦煌學國際研討會文集・石窟藝術卷　甘肅民族出版社　2000　p. 269
蔡忠霖　敦煌漢文寫卷俗字及其現象　(臺北)文津出版社　2002　p. 42、66、140、166
姜亮夫　敦煌莫高窟年表　姜亮夫全集(十一)　雲南人民出版社　2002　p. 113
劉濤　中國書法史:魏晉南北朝卷　江蘇教育出版社　2002　p. 397 注21
施安昌　敦煌寫經斷代發凡　善本碑帖論集　紫禁城出版社　2002　p. 318
蔡忠霖　從書法角度看俗字的生成　敦煌學(第24輯)　(臺北)樂學書局有限公司　2003　p. 164
赤尾榮慶　敦煌寫本的書志學研究　敦煌學・日本學:石塚晴通教授退職紀念論文集　上海辭書出版社　2005　p. 60

赤尾榮慶　敦煌寫本の書志學的研究——近年の動向を踏まえて　日本學・敦煌學・漢文訓讀の新展開　(東京)汲古書院　2005　p. 196
方孝坤　敦煌書法的文獻學價值　《敦煌研究》2006 年第 2 期　p. 38

S. 1428

長澤和俊　敦煌　(東京)築摩書房　1965　p. 163

S. 1429

馬明達　P. T. 1291 號敦煌藏文文書譯解訂誤　《敦煌學輯刊》1984 年第 2 期　p. 19
江素雲　維摩詰所說經敦煌寫本綜合目録　(臺北)東初出版社　1991　p. 79

S. 1430

謝和耐　敦煌寫本中的租駱駝旅行契　法國學者敦煌學論文選萃　中華書局　1993　p. 98
謝和耐著　耿昇譯　中國 5—10 世紀的寺院經濟　上海古籍出版社　2004　p. 367

S. 1433

王堯《國外敦煌吐蕃文書研究選譯》前言　法藏敦煌藏文文獻解題目録　民族出版社　1999　p. 299
謝桃坊　敦煌文化尋繹　四川人民出版社　1999　p. 187

S. 1435

土肥義和　莫高窟千佛洞と大寺と蘭若と　敦煌の社會(講座敦煌 3)　(東京)大東出版社　1980　p. 365
湛如　敦煌佛教律儀制度研究　中華書局　2003　p. 68

S. 1437

陳祚龍　敦煌古抄內典尾記彙校初、二、三編合刊　敦煌學要籥　(臺北)新文豐出版公司　1982　p. 102
耿昇　八十年代的法國敦煌學論著簡介　《敦煌研究》1986 年第 3 期　p. 84
池田溫　中國古代寫本識語集録　(東京)大藏出版株式會社　1990　p. 97
林聰明　敦煌文書學　(臺北)新文豐出版公司　1991　p. 101、296
茅甘　敦煌寫本中的"五姓堪輿"法　法國學者敦煌學論文選萃　中華書局　1993　p. 250
方廣錩　大方等陀羅尼經　敦煌學大辭典　上海辭書出版社　1998　p. 700
林聰明　敦煌吐魯番文書解詁指例　(臺北)新文豐出版公司　2001　p. 136
賀世哲　石室劄記　《敦煌研究》2003 年第 1 期　p. 24

S. 1438

向達　倫敦所藏敦煌卷子經眼目録　《北平圖書館圖書季刊》1939 年新第 1 卷第 4 期　p. 397　又見:唐代長安與西域文明　三聯書店　1957　p. 207
長澤和俊　敦煌　(東京)築摩書房　1965　p. 222
金岡照光　敦煌の寫本　敦煌の文學　(東京)大藏出版株式會社　1971　p. 80
金岡照光　敦煌民衆の宗教と生活　敦煌の民衆:その生活と思想　(東京)評論社　1972　p. 254

長澤和俊　敦煌の庶民生活　敦煌の社會(講座敦煌 3)　(東京)大東出版社　1980　p. 482
山口瑞鳳　摩訶衍の禪　敦煌仏典と禪(講座敦煌 8)　(東京)大東出版社　1980　p. 406
張廣達　唐代禪宗的傳入吐蕃及有關的敦煌文書　學林漫録(三集)　中華書局　1981　p. 44
史葦湘　世族與石窟　敦煌研究文集　甘肅人民出版社　1982　p. 161
史葦湘　絲綢之路上的敦煌與莫高窟　敦煌研究文集　甘肅人民出版社　1982　p. 117 注 70
姜伯勤　上海藏本敦煌所出河西支度營田使文書研究　敦煌吐魯番文獻研究論集(第二輯)　北京大學出版社　1983　p. 339
史葦湘　吐蕃王朝管轄沙州前後　《敦煌研究》1983 年創刊號　p. 131、133
李永寧　也談敦煌陷蕃年代　《敦煌學研究》(西北師院學報)1984 年增刊　p. 31
陳國燦　唐朝吐蕃陷落沙州的時間問題　《敦煌學輯刊》1985 年第 1 期　p. 1
沙嘯　1984 年敦煌吐魯番學研究概況　《蘭州學刊》1985 年第 5 期　p. 81
姜伯勤　沙州道門親表部落釋證　《敦煌研究》1986 年第 3 期　p. 5
陳祚龍　百尺竿頭,更進一步:敦煌學散策之三　敦煌學林劄記　(臺北)商務印書館　1987　p. 68
何昌林　敦煌琵琶譜之考、解、譯(附《敦煌琵琶譯譜》)　1983 年全國敦煌學術討論會文集·石窟藝術編(下)　甘肅人民出版社　1987　p. 355、359
姜伯勤　唐五代敦煌寺戶制度　中華書局　1987　p. 19
李正宇　《吐蕃子年(西元 808 年)沙州百姓氾履倩等戶籍手實殘卷》研究　1983 年全國敦煌學術討論會文集·文史遺書編(上)　甘肅人民出版社　1987　p. 218 注 19
馬德　吐蕃統治敦煌初期的幾個問題　《敦煌研究》1987 年第 1 期　p. 59
周紹良　趙和平　書儀　《敦煌語言文學研究通訊》1987 年第 4 期　p. 2
周一良　敦煌寫本書儀考(之二)　敦煌吐魯番文獻研究論集(第四輯)　北京大學出版社　1987　p. 32　又見:唐五代書儀研究　中國社會科學出版社　1995　p. 87
池田溫　吐魯番·敦煌文書にみえる地方城市の住居　中國都市の歷史的研究(唐代史研究會報告第 VI 集)　(東京)刀水書房　1988　p. 188
李正宇　敦煌地區古代祠廟寺觀簡志　《敦煌學輯刊》1988 年第 1、2 期　p. 78
李正宇　敦煌古城談往　《西北史地》1988 年第 2 期　p. 25
杜琪　表·疏　敦煌文學　甘肅人民出版社　1989　p. 19
高國藩　敦煌民俗學　上海文藝出版社　1989　p. 32
李正宇　《敦煌廿詠》探微　《古文獻研究》1989 年第 6 期　p. 242
周紹良　趙和平　書儀　敦煌文學　甘肅人民出版社　1989　p. 47
劉進寶　歸義軍及其政權始末述論　《西北師大學報》(社會科學版)1990 年第 3 期　p. 47
上山大峻　敦煌佛教の研究　(京都)法藏館　1990　p. 30
唐耕耦　陸宏基　敦煌社會經濟文獻真迹釋録(五)　全國圖書館文獻縮微複製中心　1990　p. 314
趙和平　敦煌寫本書儀略論　敦煌吐魯番學研究論文集　漢語大詞典出版社　1990　p. 564、588　又見:唐五代書儀研究　中國社會科學出版社　1995　p. 3
周偉洲　吐蕃對河隴的統治及歸義軍前期的河西諸族　《甘肅民族研究》1990 年第 2 期　p. 5
方廣錩　佛教大藏經史(八—十世紀)　中國社會科學出版社　1991　p. 108
李正宇　敦煌名勝古迹導論　《陽關》1991 年第 4 期　p. 51
陸慶夫　略論敦煌民族史料的價值　《敦煌學輯刊》1991 年第 1 期　p. 31
安忠義　吐蕃攻陷沙州城之我見　《敦煌學輯刊》1992 年第 1、2 期　p. 23
姜伯勤　敦煌社會文書導論　(臺北)新文豐出版公司　1992　p. 171
姜伯勤　論禪宗在敦煌僧俗中的流傳　(香港)《九州學刊》(敦煌學專輯)1992 年第 4 卷第 4 期

p. 10　又見：中國敦煌學百年文庫・宗教卷（一）　甘肅文化出版社　1999　p. 222
馬德　KHROM 詞義考　《中國藏學》1992 年第 2 期　p. 100
邵文實　沙州節兒考及其引申出來的幾個問題　《西北師大學報》（社會科學版）1992 年第 5 期　p. 63
吳其昱著　伊藤美重子譯　敦煌漢文寫本概觀　敦煌漢文文獻（講座敦煌 5）　（東京）大東出版社　1992　p. 63、106
圓空　《新菩薩經》《勸善經》《救諸衆生苦難經》校録及其流傳背景之探討　《敦煌研究》1992 年第 1 期　p. 57
張涌泉　《吐魯番出土文書》辨誤　《西域研究》1992 年第 3 期　p. 92
中村裕一　官文書　敦煌漢文文獻（講座敦煌 5）　（東京）大東出版社　1992　p. 577
周一良　唐代書儀の類型　敦煌漢文文獻（講座敦煌 5）　（東京）大東出版社　1992　p. 702
李明偉　敦煌文學概論　甘肅人民出版社　1993　p. 470
李正宇　敦煌文學概論　甘肅人民出版社　1993　p. 134
前田正名　河西歷史地理學研究　中國藏學出版社　1993　p. 185、239
榮新江　敦煌寫本《敕河西節度兵部尚書張公德政之碑》校考　周一良先生八十生日紀念論文集　中國社會科學出版社　1993　p. 216 注 9
趙和平　敦煌寫本書儀研究　（臺北）新文豐出版公司　1993　p. 14、63
鄭炳林　《索崇恩和尚修功德記》考釋　《敦煌研究》1993 年第 2 期　p. 58
胡戟　中國古代禮儀　陝西人民出版社　1994　p. 186
劉進寶　關於吐蕃統治經營河西地區的若干問題　《中國邊疆史地研究》1994 年第 1 期　p. 18
陸慶夫　敦煌民族文獻與河西古代民族　《敦煌學輯刊》1994 年第 2 期　p. 86
楊銘　一件有關敦煌陷蕃時間的藏文文書　《敦煌研究》1994 年第 3 期　p. 83
鄭炳林　馮培紅　讀《中國古代寫本識語集録》劄記　《西北史地》1994 年第 4 期　p. 49
王書慶　敦煌佛學・佛事篇　甘肅民族出版社　1995　p. 264
楊銘　吐蕃時期河隴軍政機構設置考　中亞學刊（第四輯）　北京大學出版社　1995　p. 115
張廣達　西域史地叢稿初編　上海古籍出版社　1995　p. 198
趙和平　敦煌寫本書儀中所看到的部分唐代社會文化生活　敦煌學國際研討會文集・史地語文編　遼寧美術出版社　1995　p. 580
鄭炳林　敦煌漢文吐蕃史料綜述：兼論吐蕃控制河西時期的職官與統治政策　敦煌吐魯番文獻研究　中華書局　1995　p. 95
鄭炳林　敦煌寫本解夢書概述　《敦煌學輯刊》1995 年第 2 期　p. 25
鄭炳林　羊萍　敦煌本夢書　甘肅文化出版社　1995　p. 262
周一良　趙和平　晚唐五代時的三種吉凶書儀寫卷研究　唐五代書儀研究　中國社會科學出版社　1995　p. 220
姜伯勤　敦煌藝術宗教與禮樂文明　中國社會科學出版社　1996　p. 262、366
李正宇　敦煌史地新論　（臺北）新文豐出版公司　1996　p. 78
劉安志　唐朝吐蕃佔領沙州時期的敦煌大族　《中國史研究》1996 年第 3 期　p. 89
劉進寶　吐蕃對河西的統治與經營　敦煌吐魯番學研究論集　書目文獻出版社　1996　p. 332
陸慶夫　鄭炳林　俄藏敦煌寫本中九件轉帖初探　《敦煌學輯刊》1996 年第 1 期　p. 9
張國剛　隋唐五代史研究概要　天津教育出版社　1996　p. 393、730
張涌泉　敦煌俗字研究導論　（臺北）新文豐出版公司　1996　p. 169
中村裕一　唐代公文書研究　（東京）汲古書院　1996　p. 102

姜伯勤　敦煌道書中南朝宋文明的再發現　《傳統文化與現代化》1997 年第 3 期　p. 36
李正宇　敦煌歷史地理導論　（臺北）新文豐出版公司　1997　p. 58、321
李正宇　吐蕃論董勃藏修伽藍功德記兩殘卷的發現、綴合及考證　敦煌吐魯番研究（第二卷）　北京大學出版社　1997　p. 253
李正宇　新玉門關考　《敦煌研究》1997 年第 3 期　p. 11
陸慶夫　鄭炳林　唐末五代敦煌的社與粟特人聚落　敦煌歸義軍史專題研究　蘭州大學出版社　1997　p. 392
榮新江　敦煌藏經洞的性質及其封閉原因　敦煌吐魯番研究（第二卷）　北京大學出版社　1997　p. 43
王惠民　《董保德功德記》與隋代敦煌崇教寺舍利塔　《敦煌研究》1997 年第 3 期　p. 78、83
楊銘　吐蕃統治敦煌研究　（臺北）新文豐出版公司　1997　p. 7、40、101、107
鄭炳林　敦煌碑銘讚輯釋　甘肅教育出版社　1997　p. 222 注 4
陳國燦　東道節度使　敦煌學大辭典　上海辭書出版社　1998　p. 384
陳國燦　榮新江　東道軍州　敦煌學大辭典　上海辭書出版社　1998　p. 306
大淵忍爾　論古靈寶經　道家文化研究（第十三輯）　三聯書店　1998　p. 500
郝春文　唐後期五代宋初敦煌僧尼的社會生活　中國社會科學出版社　1998　p. 123
姜伯勤　玉關驛戶起義　敦煌學大辭典　上海辭書出版社　1998　p. 376
李其瓊　論吐蕃時期的敦煌壁畫藝術　《敦煌研究》1998 年第 2 期　p. 1
李正宇　蓮台寺　敦煌學大辭典　上海辭書出版社　1998　p. 629
沙知　納布　敦煌學大辭典　上海辭書出版社　1998　p. 408
汪泛舟　汜國忠　敦煌學大辭典　上海辭書出版社　1998　p. 348
汪泛舟　王令詮　敦煌學大辭典　上海辭書出版社　1998　p. 348
王卡　道教義　敦煌學大辭典　上海辭書出版社　1998　p. 759
張亞萍　唐五代敦煌地區的駱駝牧養業　《敦煌學輯刊》1998 年第 1 期　p. 58
趙和平　書儀　敦煌學大辭典　上海辭書出版社　1998　p. 420
董志翹　敦煌文書詞語瑣記　《敦煌研究》1999 年第 4 期　p. 35
高國藩　敦煌俗文化學　上海三聯書店　1999　p. 179
金瀅坤　吐蕃統治敦煌的財政職官體系　《敦煌研究》1999 年第 2 期　p. 86
王堯　敦煌吐蕃官號“節兒”考　中國敦煌學百年文庫·民族卷（一）　甘肅文化出版社　1999　p. 416
楊富學　李吉和　敦煌漢文吐蕃史料輯校（第一輯）　甘肅人民出版社　1999　p. 199、231
楊秀清　敦煌西漢金山國史　甘肅人民出版社　1999　p. 13、86
程存潔　略論唐王朝對西北邊城的經營　’98 法門寺唐文化國際學術討論會論文集　陝西人民出版社　2000　p. 417
董志翹　《入唐求法巡禮行記》辭彙研究　中國社會科學出版社　2000　p. 210
姜伯勤　敦煌本宋文明道教佚書研究　慶祝吳其昱先生八秩華誕敦煌學特刊　（臺北）文津出版社　2000　p. 67
劉進寶　敦煌歷史文化　甘肅人民出版社　2000　p. 82
劉進寶　敦煌文書與唐史研究　（臺北）新文豐出版公司　2000　p. 105
王惠民　敦煌隋至唐前期藥師圖像考察　藝術史研究（2）　中山大學出版社　2000　p. 318
吳麗娛　唐代書儀中單、複書形式簡析　英國收藏敦煌漢藏文獻研究：紀念敦煌文獻發現一百周年　中國社會科學出版社　2000　p. 271

顔廷亮　敦煌文化　光明日報出版社　2000　p. 432、453
楊寶玉　敦煌史話　中國大百科全書出版社　2000　p. 95、159
姜伯勤　唐敦煌城市的禮儀空間　文史(第五十五輯)　中華書局　2001　p. 231
邵文實　敦煌佛教文學與邊塞文學　《敦煌學輯刊》2001 年第 2 期　p. 27
曾良　敦煌文獻字義通釋　廈門大學出版社　2001　p. 4、30、42、55、101、139、153、170
周一良　魏晉南北朝史論集續編　北京大學出版社　2001　p. 240
陳國燦　敦煌學史事新證　甘肅教育出版社　2002　p. 473
金瀅坤　吐蕃瓜州節度使初探　《敦煌研究》2002 年第 2 期　p. 23
劉進寶　敦煌學通論　甘肅教育出版社　2002　p. 52
石曉軍　日本園城寺(三井寺)藏唐人詩文尺牘校證　唐研究(第八卷)　北京大學出版社　2002　p. 128
史葦湘　敦煌歷史與莫高窟藝術研究　甘肅教育出版社　2002　p. 133、152
王承文　敦煌古靈寶經與晉唐道教　中華書局　2002　p. 119
吳麗娛　唐禮摭遺:中古書儀研究　商務印書館　2002　p. 47、200
楊寶玉　敦煌滄桑　長江文藝出版社　2002　p. 244
董志翹　敦煌社會經濟文書詞語散釋　中國俗文化研究(第一輯)　巴蜀書社　2003　p. 133
陸慶夫　歸義軍政權與蕃兵蕃將　2000 年敦煌學國際學術討論會文集·歷史文化卷(上)　甘肅民族出版社　2003　p. 112
王繼光　鄭炳林　敦煌漢文吐蕃史料綜述　中國西部民族文化研究(2003 年卷)　民族出版社　2003　p. 247
蕭默　敦煌建築研究　機械工業出版社　2003　p. 15、285
楊森　談與敦煌和尚師子吼相關的幾個問題　2000 年敦煌學國際學術討論會文集·歷史文化卷(下)　甘肅民族出版社　2003　p. 132
曾良　敦煌文獻字義劄記　2000 年敦煌學國際學術討論會文集·歷史文化卷(下)　甘肅民族出版社　2003　p. 467
董志翹　敦煌社會經濟文獻詞語略考　浙江與敦煌學:常書鴻先生誕辰一百周年紀念文集　浙江古籍出版社　2004　p. 497
公維章　涅槃、淨土的殿堂:敦煌莫高窟第 148 窟研究　民族出版社　2004　p. 110
王卡　敦煌道教文獻研究　中國社會科學出版社　2004　p. 177
王曉平　敦煌書儀與《萬葉集》書狀的比較研究　《敦煌研究》2004 年第 6 期　p. 78
張雲　唐代吐蕃史與西北民族史研究　中國藏學出版社　2004　p. 185
陸離　吐蕃統治敦煌時期的官府勞役　魏晉南北朝隋唐史資料(第 22 輯)　武漢大學出版社　2005　p. 178
陸離　吐蕃統治時期敦煌僧官的幾個問題　《敦煌研究》2005 年第 3 期　p. 93
邵文實　王錫與 S. 1438 文書中的沙州長官　《敦煌學輯刊》2005 年第 2 期　p. 150
鄭炳林　敦煌寫本解夢書校録研究　民族出版社　2005　p. 18
陸離　吐蕃統治河隴時期司法制度初探　《中國藏學》2006 年第 1 期　p. 26
陸離　吐蕃統治河隴西域時期職官四題　《西北民族研究》2006 年第 2 期　p. 21
陸離　也談敦煌文書中的唐五代"地子"、"地稅"　《歷史研究》2006 年第 4 期　p. 167

S. 1439

向達　倫敦所藏敦煌卷子經眼目録　《北平圖書館圖書季刊》1939 年新第 1 卷第 4 期　p. 397　又

見:唐代長安與西域文明　三聯書店　1957　p. 208

馬明達　P. T. 1291 號敦煌藏文文書譯解訂誤　《敦煌學輯刊》1984 年第 2 期　p. 19

施萍婷　敦煌曆日研究　1983 年全國敦煌學術討論會文集・文史遺書編(上)　甘肅人民出版社　1987　p. 311、324、349

康世昌　孔衍《春秋後語》試探　敦煌學(第 13 輯)　(臺北)新文豐出版公司　1988　p. 113

鄧文寬　敦煌殘曆定年　《中國歷史博物館館刊》1989 年第 12 期　p. 18

康世昌　《春秋後語》輯校(上、下)　敦煌學(第 14、15 輯)　(臺北)新文豐出版公司　1989　p. 91；12

康世昌　《春秋後語》研究　敦煌學(第 16 輯)　(臺北)新文豐出版公司　1990　p. 72、84

譚蟬雪　敦煌歲時掇瑣:正月　《敦煌研究》1990 年第 1 期　p. 49　又見:(香港)《九州學刊》(敦煌學專輯)1993 年第 5 卷第 4 期　p. 86、94

宮島一彥　暦書・算書　敦煌漢文文獻(講座敦煌 5)　(東京)大東出版社　1992　p. 471

高國藩　敦煌民俗資料導論　(臺北)新文豐出版公司　1993　p. 237

土肥義和　唐・北宋間の「社」の組織形態に関する一考察　中國古代の國家と民衆(堀敏一先生古稀記念)　(東京)汲古書院　1995　p. 720

許建平　《春秋後語釋文》校證　《敦煌研究》1995 年第 4 期　p. 81

鄧文寬　敦煌天文曆法文獻輯校　江蘇古籍出版社　1996　p. 160

許建平　《春秋後語釋文》校讀記　《杭州大學學報》1996 年第 26 卷第 2 期　p. 116　又見:敦煌文獻叢考　中華書局　2005　p. 235

張金泉　許建平　敦煌音義彙考　杭州大學出版社　1996　p. 316

張涌泉　敦煌俗字彙考　敦煌俗字研究　上海教育出版社　1996　p. 6

鄧文寬　大中十二年戊寅歲具注曆日　敦煌學大辭典　上海辭書出版社　1998　p. 606

譚蟬雪　敦煌歲時文化導論　(臺北)新文豐出版公司　1998　p. 45、96、138

張金泉　白化文　春秋後語　敦煌學大辭典　上海辭書出版社　1998　p. 780

北京大學　敦煌《經卷》、《照片》及《圖書》目録　中國敦煌學百年文庫・綜述卷(一)　甘肅文化出版社　1999　p. 316

高明士　唐代敦煌官方的祭祀禮儀　1994 年敦煌學國際研討會文集・宗教文史卷(上)　甘肅民族出版社　2000　p. 45、58

榮新江　敦煌文獻與古籍整理　慶祝吳其昱先生八秩華誕敦煌學特刊　(臺北)文津出版社　2000　p. 274

張涌泉　漢語俗字叢考　中華書局　2000　p. 154、655

曾良　敦煌文獻字義通釋　廈門大學出版社　2001　p. 69、105、116

鄧文寬　敦煌吐魯番天文曆法研究　甘肅教育出版社　2002　p. 159

劉永明　散見敦煌曆朔閏輯考　《敦煌研究》2002 年第 6 期　p. 14

馬繼興　當前世界各地收藏的中國出土卷子本古醫藥文獻備考　敦煌吐魯番研究(第六卷)　北京大學出版社　2002　p. 134

曾良　敦煌文獻字義劄記　2000 年敦煌學國際學術討論會文集・歷史文化卷(下)　甘肅民族出版社　2003　p. 472

馬若安　敦煌曆日“沒日”和“滅日”安排初探　敦煌吐魯番研究(第七卷)　北京大學出版社　2004　p. 429

金身佳　敦煌寫本宅經中的陰陽宅修造吉日　《敦煌研究》2006 年第 2 期　p. 68

S. 1440

向達　倫敦所藏敦煌卷子經眼目録　《北平圖書館圖書季刊》1939 年新第 1 卷第 4 期　p. 397　又見:唐代長安與西域文明　三聯書店　1957　p. 208

王重民　敦煌古籍叙録　中華書局　1979　p. 187

王重民原編　黄永武新編　敦煌古籍叙録新編(第十册)　(臺北)新文豐出版公司　1986　p. 1

土田健次郎　儒教典籍　敦煌漢文文獻(講座敦煌 5)　(東京)大東出版社　1992　p. 275

白化文　治道集　敦煌學大辭典　上海辭書出版社　1998　p. 779

曾良　敦煌文獻字義通釋　廈門大學出版社　2001　p. 54

S. 1441

向達　倫敦所藏敦煌卷子經眼目録《北平圖書館圖書季刊》1939 年新第 1 卷第 4 期　P. 397　又見:唐代長安與西域文明　三聯書店　1957　p. 208

關德棟　談變文　敦煌變文論文録　《覺群周報》1946 年 1 卷 1－12 期　又見:敦煌變文論文録　上海古籍出版社　1982　p. 224

王重民　敦煌曲子詞集　商務印書館　1950　p. 28

周紹良　敦煌所出變文現存目録　敦煌變文彙録　上海出版公司　1955　p. 2

劉銘恕　英國博物院所藏的敦煌卷子　《中國科學院圖書館通訊》1957 年第 1 期　又見:中國敦煌學百年文庫・綜述卷(二)　甘肅文化出版社　1999　p. 127

邵榮芬　敦煌俗文學中的别字異文和唐五代西北方音　《中國語文》1963 年第 3 期　又見:中國敦煌學百年文庫・語言文字卷(一)　甘肅文化出版社　1999　p. 127

金岡照光　ソビエトにおける敦煌研究文獻三種　『東洋學報』(48 卷 1 號)　(東京)東洋學術協會　1965　p. 123

金岡照光　敦煌漢文文學文獻の文學形態上の種類とその分類　敦煌出土文學文獻分類目録・附解說　(東京)東洋文庫　1971　p. 227、234

金岡照光　敦煌文學のさまざま　敦煌の文學　(東京)大藏出版株式會社　1971　p. 122、138

邱鎮京　敦煌變文述論　(臺北)商務印書館　1974　p. 1878

北村茂樹　『維摩經講經文』の異本について　『印度學佛教學研究』(24 卷 2 號)　(東京)日本印度學佛教學會　1976　p. 146

潘重規　敦煌雲謡集新書　(臺北)石門圖書公司　1977　p. 195(圖版)　又見:雲謡集研究彙録　上海古籍出版社　1998　p. 188

王重民　敦煌古籍叙録　中華書局　1979　p. 329

楊家駱　敦煌變文　(臺北)世界書局　1980　p. 831

蔣禮鴻　敦煌變文字義通釋　上海古籍出版社　1981　p. 434　又見:敦煌叢刊初集(十四)　(臺北)新文豐出版公司　1985　p. 434

潘重規　敦煌詞話　(臺北)石門圖書公司　1981　p. 66

潘重規　敦煌卷子俗寫文字與俗文學之研究　敦煌變文論輯　(臺北)石門圖書公司　1981　p. 291

蘇瑩輝　敦煌學概要　(臺北)編譯館"中華叢書編委會"　1981　p. 66

張錫厚　敦煌文學的歷史貢獻　文學評論叢刊(第九輯)　中國社會科學出版社　1981　p. 201 注 1

鄭阿財　孝道文學敦煌寫卷《十恩德讚》初探　(臺北)《華岡文科學報》1981 年第 13 期　p. 240

傅芸子　敦煌俗文學之發見及其展開　敦煌變文論文録　上海古籍出版社　1982　p. 135

沈英名　孟玉　敦煌雲謡集新校訂　(臺北)正中書局　1982　p. 11(圖版)

鄭阿財　敦煌孝道文學研究　(臺北)石門圖書公司　1982　p. 107、630 注 22

蘇瑩輝 “敦煌曲”評介 敦煌論集續編 (臺北)學生書局 1983 p. 305
蘇瑩輝 中外敦煌古寫本纂要 敦煌論集 (臺北)學生書局 1983 p. 339
潘重規 敦煌變文集新書(上) (臺北)“中國文化大學”中文研究所 1984 p. 13
王重民 維摩經押座文 敦煌變文集 人民文學出版社 1984 p. 831
席臻貫 敦煌曲譜第一群定弦之我見 《敦煌學研究》(西北師院學報)1984 年增刊 p. 7
龍晦 論敦煌道教文學 《世界宗教研究》1985 年第 3 期 又見:中國敦煌學百年文庫・宗教卷(三) 甘肅文化出版社 1999 p. 360
饒宗頤解說 林宏作譯 敦煌書法叢刊(第十六卷)・詩詞 (東京)二玄社 1985 p. 74
汪泛舟 敦煌曲子詞的地位特點和影響 《蘭州學刊》1985 年第 1 期 p. 70
王三慶 敦煌本古類書《語對》研究 (臺北)文史哲出版社 1985 p. 118
高國藩 敦煌民間詩詞中的府兵制與詞的起源問題 《魏晉南北朝隋唐史》1986 年第 4 期 p. 72
林玫儀 敦煌曲在詞學研究上之價值 漢學研究(敦煌學國際研討會論文專號) (臺北)漢學研究資料及服務中心 1986 p. 188
潘重規 讀《雲謠集考釋》 敦煌學(第 11 輯) (臺北)新文豐出版公司 1986 p. 63
邱燮友 唐代敦煌曲的時代使命 漢學研究(敦煌學國際研討會論文專號) (臺北)漢學研究資料及服務中心 1986 p. 143
王重民原編 黄永武新編 敦煌古籍叙録新編(第十六冊) (臺北)新文豐出版公司 1986 p. 287
高國藩 敦煌文學作品選 中華書局 1987 p. 57
李正宇 晚唐敦煌本《釋迦因緣劇本》試探 《敦煌研究》1987 年第 1 期 p. 71
任半塘 敦煌歌辭總編 上海古籍出版社 1987 p. 21
汪泛舟 敦煌曲子詞方音習語及其他 《敦煌研究》1987 年第 4 期 p. 60
鄭振鐸 中國俗文學史(上) 上海書店 1987 p. 187、207
高國藩 敦煌曲子詞欣賞 南京大學出版社 1989 p. 96、155
郭在貽 張涌泉 黄征 “押座文”八種補校 《寧波師院學報》1989 年第 1 期 p. 73
譚蟬雪 印沙・脱佛・脱塔 《敦煌研究》1989 年第 1 期 p. 19
周丕顯 題跋 敦煌文學 甘肅人民出版社 1989 p. 84
高國藩 敦煌古俗與民俗流變 河海大學出版社 1990 p. 370
郭在貽 張涌泉 黄征 敦煌變文集校議 岳麓書社 1990 p. 427
林玫儀 研究敦煌曲子詞之省思 第二届敦煌學國際研討會論文集 (臺北)漢學研究中心 1990 p. 312
任半塘 王昆吾 隋唐五代燕樂雜言歌辭集 巴蜀書社 1990 p. 239
楊振良 由現存評彈“開篇”論押座文 第二届敦煌學國際研討會論文集 (臺北)漢學研究中心 1990 p. 471
汪泛舟 敦煌文學寫本辨正舉隅 《敦煌研究》1991 年第 1 期 p. 95
杜愛英 敦煌遺書中俗體字的諸種類型 《敦煌研究》1992 年第 3 期 p. 120
郭在貽 郭在貽語言文學論稿 浙江古籍出版社 1992 p. 52
金岡照光 曲子詞類 敦煌の文學文獻(講座敦煌 9) (東京)大東出版社 1992 p. 395
金岡照光 押座文 敦煌の文學文獻(講座敦煌 9) (東京)大東出版社 1992 p. 339
潘重規著 遊佐昇譯 中國で最初の「詞の総集」:敦煌雲謠集の発見と整理 敦煌の文學文獻(講座敦煌 9) (東京)大東出版社 1992 p. 416
王三慶 敦煌本《勵忠節抄》研究 (香港)《九州學刊》(敦煌學專輯)1992 年第 4 卷第 4 期 p. 87
王三慶著 池田溫譯 類書 敦煌漢文文獻(講座敦煌 5) (東京)大東出版社 1992 p. 368

吳其昱著　伊藤美重子譯　敦煌漢文寫本概観　敦煌漢文文獻(講座敦煌 5)　(東京)大東出版社　1992　p. 111
周紹良　敦煌文學芻議及其它　(臺北)新文豐出版公司　1992　p. 14
高國藩　敦煌民俗資料導論　(臺北)新文豐出版公司　1993　p. 91、172
郭在貽　郭在貽敦煌學論集　江西人民出版社　1993　p. 187、207、251
侯錦郎　敦煌寫本中的"印沙佛"儀軌　法國學者敦煌學論文選萃　中華書局　1993　p. 272
李正宇　論敦煌曲子　第二屆國際唐代學術會議論文集(上)　(臺北)文津出版社　1993　p. 759
孫其芳　顔廷亮　敦煌文學概論　甘肅人民出版社　1993　p. 430
譚禪雪　敦煌歲時掇瑣　(香港)《九州學刊》(敦煌學專輯)1993 年第 5 卷第 4 期　p. 85
項楚　敦煌詩歌導論　(臺北)新文豐出版公司　1993　p. 118
翟平　講經文稱"經"考　(香港)《九州學刊》(敦煌學專輯)1993 年第 5 卷第 4 期　p. 149 注 2
張鴻勳　敦煌文學概論　甘肅人民出版社　1993　p. 218
張錫厚　敦煌本《雲謠集》的整理和時代考　(香港)《九州學刊》(敦煌學專輯)1993 年第 5 卷第 4 期　p. 31
鄭阿財　敦煌文獻與文學　(臺北)新文豐出版公司　1993　p. 13
金賢珠　唐五代敦煌民歌　(臺北)文史哲出版社　1994　p. 45
李明偉　唐代文學的嬗變與絲綢之路的影響　《敦煌研究》1994 年第 3 期　p. 138
邵文實　敦煌俗文學作品中的駢儷文風　《敦煌學輯刊》1994 年第 2 期　p. 44
胡戟　傅玫　敦煌史話　中華書局　1995　p. 165
黄征　吳偉　敦煌願文集　岳麓書社　1995　p. 16
劉進寶　敦煌學論述　(臺北)洪葉文化事業有限公司　1995　p. 336
潘重規　敦煌卷子俗寫文字之研究　全國敦煌學研討會論文集　(臺北)中正大學中國文學系所　1995　p. 7
邵文實　敦煌邊塞文學之《征婦怨》作品述論　《敦煌學輯刊》1995 年第 2 期　p. 56
王書慶　敦煌佛學·佛事篇　甘肅民族出版社　1995　p. 62
張錫厚　敦煌本唐集研究　(臺北)新文豐出版公司　1995　p. 317
張涌泉　陳祚龍校録敦煌卷子失誤例釋　學術集林(卷六)　上海遠東出版社　1995　p. 306　又見:舊學新知　浙江大學出版社　1999　p. 281
饒宗頤　法藏敦煌曲子詞四種解說　敦煌曲續論　(臺北)新文豐出版公司　1996　p. 219
饒宗頤　《雲謠集》一些問題的檢討　敦煌曲續論　(臺北)新文豐出版公司　1996　p. 92
王昆吾　隋唐五代燕樂雜言歌辭研究　中華書局　1996　p. 78
張涌泉　敦煌俗字研究導論　(臺北)新文豐出版公司　1996　p. 20、85、141、170
張涌泉　敦煌文獻校讀釋例　文史(第四十一輯)　中華書局　1996　p. 191、203　又見:舊學新知　浙江大學出版社　1999　p. 198、210、219
伏俊璉　關於變文體裁的一點探索　敦煌文學論集　四川人民出版社　1997　p. 130
黄征　《敦煌變文集新書》校議　敦煌語文叢說　(臺北)新文豐出版公司　1997　p. 430
黄征　敦煌願文考論　敦煌語文叢說　(臺北)新文豐出版公司　1997　p. 588
黄征　《伍子胥變文》校補　敦煌語文叢說　(臺北)新文豐出版公司　1997　p. 323
黄征　張涌泉　敦煌變文校注　中華書局　1997　p. 168、824
劉尊明　《雲謠集》整理與研究綜述　《文史知識》1997 年第 8 期　p. 110
陸淑綺　李重申　敦煌古代戲曲文化史料綜述　《敦煌研究》1997 年第 2 期　p. 64
曾良　《敦煌歌辭總編》商補　敦煌吐魯番研究(第二卷)　北京大學出版社　1997　p. 342

張廣達　"歎佛"與"歎齋"　慶祝鄧廣銘教授九十華誕論文集　河北教育出版社　1997　p. 61
張涌泉　敦煌文獻校讀易誤字例釋　敦煌文學論集　四川人民出版社　1997　p. 261
鄭炳林　敦煌碑銘讚輯釋　甘肅教育出版社　1997　p. 271 注 6
柴劍虹　雲謠集　敦煌學大辭典　上海辭書出版社　1998　p. 543
海客　維摩經押座文　敦煌學大辭典　上海辭書出版社　1998　p. 580
郝春文　唐後期五代宋初敦煌僧尼的社會生活　中國社會科學出版社　1998　p. 231
李斌城　隋唐五代社會生活史　中國社會科學出版社　1998　p. 199
潘重規　中國第一部"詞的總集":敦煌《雲謠集》之發現與整理　雲謠集研究彙録　上海古籍出版社　1998　p. 261
任二北　雲謠集雜曲子　雲謠集研究彙録　上海古籍出版社　1998　p. 96
孫其芳　雲謠集雜曲子校注　雲謠集研究彙録　上海古籍出版社　1998　p. 269
孫其芳　浣溪沙　敦煌學大辭典　上海辭書出版社　1998　p. 529
孫其芳　柳青娘　敦煌學大辭典　上海辭書出版社　1998　p. 542
譚蟬雪　脱服　敦煌學大辭典　上海辭書出版社　1998　p. 443
唐圭璋　"單帖書名年復年"　雲謠集研究彙録　上海古籍出版社　1998　p. 305
王重民　雲謠集雜曲子　雲謠集研究彙録　上海古籍出版社　1998　p. 85
張先堂　晚唐至宋初淨土五會念佛法門在敦煌的流傳　《敦煌研究》1998 年第 1 期　p. 52
周紹良　張涌泉　黄征　敦煌變文講經文因緣輯校(下)　江蘇古籍出版社　1998　p. 1047
伏俊璉　論變文與講經文的關係　《敦煌研究》1999 年第 3 期　p. 102
高國藩　敦煌俗文化學　上海三聯書店　1999　p. 22、545
黄征　敦煌願文"莊嚴""資薰""資莊"考辨　學林漫録(十四集)　中華書局　1999　p. 282
黄征　程惠新　劫塵遺珠:敦煌遺書　甘肅教育出版社　1999　p. 75
宋家鈺　佛教齋文源流與敦煌本"齋文"書的復原　《中國史研究》1999 年第 2 期　p. 77　又見:英國收藏敦煌漢藏文獻研究:紀念敦煌文獻發現一百周年　中國社會科學出版社　2000　p. 305
謝桃坊　敦煌文化尋繹　四川人民出版社　1999　p. 164
顔廷亮　敦煌文化中的道教及文化　《敦煌研究》1999 年第 1 期　p. 139
顔廷亮　關於敦煌文學發展的歷史進程　《甘肅社會科學》1999 年第 4 期　p. 46
楊富學　李吉和　敦煌漢文吐蕃史料輯校(第一輯)　甘肅人民出版社　1999　p. 215
伏俊璉　論講經文與變文的關係　中國典籍與文化論叢(第五輯)　中華書局　2000　p. 112
郝春文　唐後期五代宋初敦煌的春秋官齋、十二月轉經、水則道場與佛教節日　慶祝吳其昱先生八秩華誕敦煌學特刊　(臺北)文津出版社　2000　p. 262
何華珍　金春梅　敦煌本《勵忠節抄》王校補正　中古近代漢語研究(第一輯)　上海教育出版社　2000　p. 281
劉長東　晉唐彌陀淨土信仰研究　巴蜀書社　2000　p. 493
劉尊明　唐五代詞史論稿　文化藝術出版社　2000　p. 320
宋家鈺　英國收藏敦煌文獻敘録　英國收藏敦煌漢藏文獻研究:紀念敦煌文獻發現一百周年　中國社會科學出版社　2000　p. 97
孫其芳　鳴沙遺音:敦煌詞選評　甘肅人民出版社　2000　p. 1
王三慶　北京大學圖書館藏本《諸文要集》一卷研究　慶祝吳其昱先生八秩華誕敦煌學特刊　(臺北)文津出版社　2000　p. 170
王微　春祭:二月八日節的佛教儀式　法國漢學(敦煌學專號)　中華書局　2000　p. 114
徐俊　敦煌詩集殘卷輯考　中華書局　2000　p. 859

顔廷亮　敦煌文化　光明日報出版社　2000　p. 241
張錫厚　敦煌文學源流　作家出版社　2000　p. 168、268、428
張涌泉　漢語俗字叢考　中華書局　2000　p. 805
杜曉勤　隋唐五代文學研究　北京出版社　2001　p. 1331
譚蟬雪　喪祭與齋忌　敦煌學與中國史研究論集　甘肅人民出版社　2001　p. 228
陶敏　李一飛　隋唐五代文學史料學　中華書局　2001　p. 351
曾良　敦煌文獻字義通釋　廈門大學出版社　2001　p. 40、52、64、110、120、146、194
黄征　敦煌語言文字學研究　甘肅教育出版社　2002　p. 12、219
黄征　敦煌語言文字學研究要論　漢語史學報(第二輯)　上海教育出版社　2002　p. 5
姜亮夫　敦煌莫高窟年表　姜亮夫全集(十一)　雲南人民出版社　2002　p. 337、470
史葦湘　敦煌歷史與莫高窟藝術研究　甘肅教育出版社　2002　p. 649
徐俊　敦煌寫本詩歌續考　《敦煌研究》2002 年第 5 期　p. 70
張鴻勳　敦煌俗文學研究　甘肅人民出版社　2002　p. 9
高國藩　敦煌學百年史述要　(臺北)商務印書館　2003　p. 156
何劍平　敦煌維摩詰文學中的金粟如來　2000 年敦煌學國際學術討論會文集・歷史文化卷(下)　甘肅民族出版社　2003　p. 527
王啓濤　中古及近代法制文書語言研究　巴蜀書社　2003　P. 174
徐俊　敦煌先唐詩考　2000 年敦煌學國際學術討論會文集・歷史文化卷(下)　甘肅民族出版社　2003　p. 310
曾良　敦煌文獻字義劄記　2000 年敦煌學國際學術討論會文集・歷史文化卷(下)　甘肅民族出版社　2003　p. 470
張承東　試論敦煌寫本齋文的駢文特色　《敦煌學輯刊》2003 年第 1 期　p. 96
張錫厚　敦煌文概說　2000 年敦煌學國際學術討論會文集・歷史文化卷(下)　甘肅民族出版社　2003　p. 225
張涌泉　試論敦煌寫本類書的校勘價值:以《勵忠節抄》爲例　《敦煌研究》2003 年第 2 期　p. 69
鄭阿財　《雲謠集・鳳歸雲》中“金釵卜”民俗初探　中國俗文化研究(第一輯)　巴蜀書社　2003　p. 159
黨燕妮　晚唐五代敦煌的十王信仰　麥積山石窟藝術文化論文集(下)　蘭州大學出版社　2004　p. 162
杜斗城　“七七齋”之源流及敦煌文獻中有關資料的分析　《敦煌研究》2004 年第 4 期　p. 34
屈直敏　敦煌寫本類書《勵忠節抄》引《史記》異文考證　《敦煌學輯刊》2004 年第 2 期　p. 6 注 2
湯涒　敦煌曲子詞地域文化研究　上海古籍出版社　2004　p. 16、207
葉貴良　敦煌社邑文書詞語選釋　《敦煌研究》2004 年第 5 期　p. 84
張涌泉　敦煌文獻字詞例釋　敦煌學(第 25 輯)　(臺北)樂學書局有限公司　2004　p. 348
支那　《敦煌遺書總目索引新編》匡補　《敦煌研究》2004 年第 4 期　p. 59
中村威也　ДX10698『尚書費誓』とДX10698v「史書」について　『西北出土文獻研究』(創刊號)　(新潟)西北出土文獻研究會　2004　p. 48
屈直敏　從《勵忠節抄》看歸義軍政權道德秩序的重建　《敦煌學輯刊》2005 年第 3 期　p. 78
屈直敏　敦煌本類書《勵忠節抄》寫卷研究　敦煌學國際研討會論文集　北京圖書館出版社　2005　p. 91
湯涒　敦煌曲子詞寫本叙略　敦煌學國際研討會論文集　北京圖書館出版社　2005　p. 190
屈直敏　從敦煌寫本類書《勵忠節抄》看唐代的知識、道德與政治秩序　《蘭州大學學報》2006 年第 2

期　p. 23
汪泛舟　敦煌俗別字新考(上)　《敦煌研究》2006 年第 1 期　p. 103
武學軍　敏春芳　敦煌願文婉詞試解(一)　《敦煌學輯刊》2006 年第 1 期　p. 129

S. 1442

向達　倫敦所藏敦煌卷子經眼目録　《北平圖書館圖書季刊》1939 年新第 1 卷第 4 期　p. 397　又見:唐代長安與西域文明　三聯書店　1957　p. 208
潘重規　巴黎倫敦所藏敦煌詩經卷子題記　(香港)《新亞書院學術年刊》1969 年第 11 期　又見:中國敦煌學百年文庫・文獻卷(二)　甘肅文化出版社　1999　p. 388
潘重規　敦煌詩經卷子研究　(臺北)《華岡學報》1970 年第 6 期　又見:中國敦煌學百年文庫・文獻卷(二)　甘肅文化出版社　1999　p. 439
土田健次郎　儒教典籍　敦煌漢文文獻(講座敦煌 5)　(東京)大東出版社　1992　p. 268
白化文　詩經　敦煌學大辭典　上海辭書出版社　1998　p. 773
伏俊璉　敦煌《詩經》殘卷的文獻價值　《敦煌研究》2004 年第 4 期　p. 41

S. 1443

向達　倫敦所藏敦煌卷子經眼目録　《北平圖書館圖書季刊》1939 年新第 1 卷第 4 期　p. 397　又見:唐代長安與西域文明　三聯書店　1957　p. 208
王重民　敦煌古籍叙録　中華書局　1979　p. 56
王重民原編　黄永武新編　敦煌古籍叙録新編(第三冊)　(臺北)新文豐出版公司　1986　p. 253
土田健次郎　儒教典籍　敦煌漢文文獻(講座敦煌 5)　(東京)大東出版社　1992　p. 268
顔廷亮　敦煌文化　光明日報出版社　2000　p. 201
姜亮夫　敦煌莫高窟年表　姜亮夫全集(十一)　雲南人民出版社　2002　p. 162
李索　敦煌寫卷《春秋經傳集解》校證　中國社會科學出版社　2005　p. 69、81、401
石塚晴通　敦煌的加點本　敦煌學・日本學:石塚晴通教授退職紀念論文集　上海辭書出版社　2005　p. 9

S. 1445

平井俊榮　敦煌仏典と中國仏教　敦煌と中國仏教(講座敦煌 7)　(東京)大東出版社　1984　p. 8

S. 1447

汪泛舟　敦煌俗別字新考(上)　《敦煌研究》2006 年第 1 期　p. 105

S. 1449

福井文雅　般若心經　敦煌と中國仏教(講座敦煌 7)　(東京)大東出版社　1984　p. 38

S. 1450

井ノ口泰淳　敦煌本『仏名經』の諸系統　中央アジアの言語と仏教　(京都)法藏館　1995　p. 296

S. 1451

芳村修基　土橋秀高　井ノ口泰淳　敦煌佛教史年表　西域文化研究(第一)・敦煌佛教資料　(京都)法藏館　1958　p. 262

S.1453

山本達郎等　敦煌·III 轉貼『NUN－HUANG AND TURFAN DOCUMENTS CONCERNING SOCIAL AND ECONOMIC HISTORY』(IV)　(東京)東洋文庫　1989　p.26
高國藩　敦煌民俗資料導論　(臺北)新文豐出版公司　1993　p.2
石田勇作　敦煌「社文書」研究序說　中國古代の國家と民衆(堀敏一先生古稀記念)　(東京)汲古書院　1995　p.684
李正宇　敦煌史地新論　(臺北)新文豐出版公司　1996　p.97
寧可　郝春文　敦煌社邑文書輯校　江蘇古籍出版社　1997　p.137
李正宇　蘭若　敦煌學大辭典　上海辭書出版社　1998　p.627
丘古耶夫斯基　敦煌漢文文書　上海古籍出版社　2000　p.184
姜亮夫　敦煌莫高窟年表　姜亮夫全集(十一)　雲南人民出版社　2002　P.428

S.1456

矢吹慶輝　三階教之研究　(東京)岩波書店　1927　p.77
陳祚龍　敦煌古抄內典尾記彙校初、二、三編合刊　敦煌學要籥　(臺北)新文豐出版公司　1982　p.103
池田溫　中國古代寫本識語集録　(東京)大蔵出版株式會社　1990　p.225
林聰明　從敦煌文書看佛教徒的造經祈福　第二届敦煌學國際研討會論文集　(臺北)漢學研究中心　1990　p.524
柴劍虹　《敦煌遺書總目索引》重印記　西域文史論稿　(臺北)國文天地雜誌社　1991　p.491
方廣錩　佛教大藏經史(八—十世紀)　中國社會科學出版社　1991　p.58
林聰明　敦煌文書出處略考　季羨林教授八十華誕紀念論文集(下)　江西人民出版社　1991　p.851
林聰明　敦煌文書學　(臺北)新文豐出版公司　1991　p.101、110、138、375
王元軍　唐人書法與文化　(臺北)東大圖書公司　1992　p.128
顧吉辰　唐代敦煌文獻寫本書手考述　《敦煌學輯刊》1993年第1期　p.26
林聰明　談敦煌文書的抄寫問題　紀念陳寅恪先生百年誕辰學術論文集　江西教育出版社　1994　p.284
沃興華　敦煌書法藝術　上海人民出版社　1994　p.66
王元軍　從敦煌唐佛經寫本談有關唐代寫經生及其書法藝術的幾個問題　《敦煌研究》1995年第1期　p.156
藤枝晃著　徐慶全　李樹清譯　敦煌寫本概述　《敦煌研究》1996年第2期　p.119
張涌泉　敦煌俗字研究導論　(臺北)新文豐出版公司　1996　p.25
陳國燦　上元三年唐宮廷寫妙法蓮花經記　敦煌學大辭典　上海辭書出版社　1998　p.455
方廣錩　敦煌遺書中的《妙法蓮華經》及有關文獻　敦煌學佛教學論叢(下)　中國佛教文化研究所　1998　p.80　又見:法源(第16期)　中國佛學院　1998　p.44
顧吉辰　敦煌文獻職官結銜考釋《敦煌學輯刊》1998年第2期　p.25
楊富學　王書慶　唐代長安與敦煌佛教文化之關係　'98法門寺唐文化國際學術討論會論文集　陝西人民出版社　2000　p.178
林聰明　敦煌吐魯番文書解詁指例　(臺北)新文豐出版公司　2001　p.58注10
蔡忠霖　敦煌漢文寫卷俗字及其現象　(臺北)文津出版社　2002　p.31、67、140
姜亮夫　敦煌莫高窟年表　姜亮夫全集(十一)　雲南人民出版社　2002　p.241

蔡忠霖　從書法角度看俗字的生成　敦煌學(第 24 輯)　(臺北)樂學書局有限公司　2003　p. 167
蔡忠霖　官定正字之外的通行文字　新世紀敦煌學論集　巴蜀書社　2003　p. 109

S. 1457

陳祚龍　後魏元宋坐鎮瓜州事佛之一斑　中華佛教文化史散策(初集)　(臺北)新文豐出版公司　1978　p. 80
戴密微著　耿昇譯　敦煌學近作　敦煌譯叢(第一輯)　甘肅人民出版社　1985　p. 31
楊銘　吐蕃統治敦煌研究　(臺北)新文豐出版公司　1997　p. 23
高啓安　唐五代至宋敦煌的量器及量制　《敦煌學輯刊》1999 年第 1 期　p. 64
顏廷亮　敦煌文化　光明日報出版社　2000　p. 376
盛會蓮　從敦煌吐魯番文書看隋至宋初的宅舍交易　中國中古史論集　天津古籍出版社　2003　p. 92

S. 1458

劉進寶　敦煌歷史文化　甘肅人民出版社　2000　p. 124
劉進寶　敦煌學通論　甘肅教育出版社　2002　p. 81

S. 1463

江素雲　維摩詰所說經敦煌寫本綜合目録　(臺北)東初出版社　1991　p. 79
王書慶　敦煌佛學・佛事篇　甘肅民族出版社　1995　p. 246

S. 1467

向達　倫敦所藏敦煌卷子經眼目録　《北平圖書館圖書季刊》1939 年新第 1 卷第 4 期　p. 397　又見:唐代長安與西域文明　三聯書店　1957　p. 208
劉銘恕　英國博物院所藏的敦煌卷子　《中國科學院圖書館通訊》1957 年第 1 期　又見:中國敦煌學百年文庫・綜述卷(二)　甘肅文化出版社　1999　p. 129
三木榮　西域出土醫藥關係文獻綜合解說目録『東洋學報』(47 卷 1 號)　(東京)東洋學術協會　1964　p. 3
趙健雄　敦煌石窟醫學史料輯要　《敦煌學輯刊》1985 年第 2 期　p. 121
馬繼興　敦煌古醫籍考釋　江西科學技術出版社　1988　p. 12、194
甘肅中醫學院圖書館　敦煌中醫藥學集錦　甘肅中醫學院圖書館　1990　p. 140
趙健雄　敦煌遺書醫學卷考析《敦煌研究》1991 年第 4 期　p. 101
丛春雨　敦煌中醫藥全書　中醫古籍出版社　1994　p. 32、34、624
張儂　敦煌石窟秘方與灸經圖　甘肅文化出版社　1995　p. 10、77
馬繼興　敦煌醫藥文獻　敦煌學大辭典　上海辭書出版社　1998　p. 615
馬繼興　敦煌醫藥文獻輯校　江蘇古籍出版社　1998　p. 266
王淑民　不知名醫方第一種　敦煌學大辭典　上海辭書出版社　1998　p. 618
王淑民　敦煌石窟秘藏醫方　北京醫科大學中國協和醫科大學聯合出版社　1999　p. 41、69、83、110
丛春雨　敦煌中醫藥精萃發微　中醫古籍出版社　2000　p. 274
丛春雨　論醋在敦煌遺書、馬王堆竹簡古醫方的臨床應用《敦煌研究》2001 年第 2 期　p. 145
曾良　敦煌文獻字義通釋　廈門大學出版社　2001　p. 45
馬繼興　當前世界各地收藏的中國出土卷子本古醫藥文獻備考　敦煌吐魯番研究(第六卷)　北京

大學出版社　2002　p. 134

陳明　備急單驗:敦煌醫藥文獻中的單藥方　敦煌學國際研討會論文集　北京圖書館出版社　2005　p. 239

陳明　殊方異藥:出土文書與西域醫學　北京大學出版社　2005　p. 150、227

S. 1468

向達　倫敦所藏敦煌卷子經眼目録　《北平圖書館圖書季刊》1939 年新第 1 卷第 4 期　p. 397　又見:唐代長安與西域文明　三聯書店　1957　p. 208

三木榮　西域出土醫藥關係文獻綜合解説目録　『東洋學報』(47 卷 1 號)　(東京)東洋學術協會　1964　p. 3

馬繼興　敦煌古醫籍考釋　江西科學技術出版社　1988　p. 504

菅原信海　占筮書　敦煌漢文文獻(講座敦煌 5)　(東京)大東出版社　1992　p. 447

丛春雨　敦煌中醫藥全書　中醫古籍出版社　1994　p. 738

馬繼興　敦煌醫藥文獻輯校　江蘇古籍出版社　1998　p. 788

馬克　敦煌數占小考　法國漢學(敦煌學專號)　中華書局　2000　p. 194

黄正建　敦煌占卜文書與唐五代占卜研究　學苑出版社　2001　p. 23、143

黄正建　關於《俄藏敦煌文獻》第 11 至第 17 册中占卜文書的綴合與定名等問題　《敦煌研究》2002 年第 2 期　p. 49

馬繼興　當前世界各地收藏的中國出土卷子本古醫藥文獻備考　敦煌吐魯番研究(第六卷)　北京大學出版社　2002　p. 134

王卡　敦煌道教文獻研究　中國社會科學出版社　2004　p. 157

劉永明　敦煌道教的世俗化之路:敦煌《發病書》研究　《敦煌學輯刊》2006 年第 1 期　p. 71

S. 1471

江素雲　維摩詰所説經敦煌寫本綜合目録　(臺北)東初出版社　1991　p. 79

S. 1472

陳祚龍　敦煌古抄内典尾記彙校初、二、三編合刊　敦煌學要籥　(臺北)新文豐出版公司　1982　p. 103

山口瑞鳳　吐蕃王國成立史研究　(東京)岩波書店　1983　p. 636

池田溫　中國古代寫本識語集録　(東京)大藏出版株式會社　1990　p. 457

石泰安著　耿昇譯　敦煌寫本中的印—藏和漢—藏兩種辭彙　國外藏學研究譯文集(第八輯)　西藏人民出版社　1992　p. 185

黄征　張涌泉　敦煌變文校注　中華書局　1997　p. 847

方廣錩　天地八陽神咒經　敦煌學大辭典　上海辭書出版社　1998　p. 733

劉永明　散見敦煌曆朔閏輯考　《敦煌研究》2002 年第 6 期　p. 14

S. 1473

矢吹慶輝　三階教之研究　(東京)岩波書店　1927　p. 534

向達　倫敦所藏敦煌卷子經眼目録　《北平圖書館圖書季刊》1939 年新第 1 卷第 4 期　p. 397　又見:唐代長安與西域文明　三聯書店　1957　p. 208

劉銘恕　英國博物院所藏的敦煌卷子　《中國科學院圖書館通訊》1957 年第 1 期　又見:中國敦煌學

百年文庫・綜述卷(二)　甘肅文化出版社　1999　p. 129
周丕顯　敦煌科技書卷叢談　《敦煌學輯刊》1981 年第 2 期　p. 53
董作賓　敦煌紀年　敦煌學文選(上)　蘭州大學歷史系敦煌學研究室等　1983　p. 36
戴密微著　耿昇譯　敦煌學近作　敦煌譯叢(第一輯)　甘肅人民出版社　1985　p. 25
施萍婷　敦煌曆日研究　1983 年全國敦煌學術討論會文集・文史遺書編(上)　甘肅人民出版社 1987　p. 306、313、316、343、365 注 11
鄧文寬　敦煌殘曆定年　《中國歷史博物館館刊》1989 年第 12 期　p. 12
鄧文寬　敦煌古曆叢識　《敦煌學輯刊》1989 年第 1 期　p. 113
高田時雄　五姓說在敦煌藏族　敦煌吐魯番學研究論文集　漢語大詞典出版社　1990　p. 758
譚蟬雪　敦煌歲時掇瑣:正月　《敦煌研究》1990 年第 1 期　p. 49　又見:(香港)《九州學刊》(敦煌學專輯)1993 年第 5 卷第 4 期　p. 86
宮島一彥　曆書・算書　敦煌漢文文獻(講座敦煌 5)　(東京)大東出版社　1992　p. 474
李正宇　敦煌遺書宋人詩輯校　《敦煌研究》1992 年第 2 期　p. 43
高國藩　敦煌民俗資料導論　(臺北)新文豐出版公司　1993　p. 238
高田時雄　チベット文字書寫「長卷」の研究(本文编)　『東方學報』(第 65 號)　京都大學人文科學研究所　1993　p. 369
郝春文　敦煌寫本社邑文書年代彙考(二)　《首都師範大學學報》1993 年第 5 期　p. 80
茅甘　敦煌寫本中的"九宮圖"　法國學者敦煌學論文選萃　中華書局　1993　p. 302
汪娟　敦煌禮懺文研究　(臺北)法鼓文化公司　1994　p. 14、115、152、183、358
王進玉　敦煌石窟探秘　四川教育出版社　1994　p. 84
井ノ口泰淳　敦煌本『仏名經』の諸系統　中央アジアの言語と仏教　(京都)法藏館　1995　p. 320
井ノ口泰淳　敦煌本「禮懺文」　中央アジアの言語と仏教　(京都)法藏館　1995　p. 359
饒宗頤　跋:從"河圖"、"洛書"、"陰陽五行"、"八卦"在西藏看古代哲學思想的交流　華學(第一輯)　中山大學出版社　1995　p. 257
土肥義和　唐・北宋間の「社」の組織形態に関する一考察　中國古代の國家と民衆(堀敏一先生古稀記念)　(東京)汲古書院　1995　p. 720
M. 卡琳諾斯基著　方鈴譯　馬王堆帛書"刑德"試探　華學(第一輯)　中山大學出版社　1995　p. 94
鄧文寬　敦煌天文曆法文獻輯校　江蘇古籍出版社　1996　p. 560
施萍婷　敦煌遺書編目雜記二則　敦煌吐魯番研究(第一卷)　北京大學出版社　1996　p. 327
施萍婷　俄藏敦煌文獻 ДX1376、1438、2170 之研究　《敦煌研究》1996 年第 3 期　p. 27
鄭炳林　敦煌碑銘讚輯釋　甘肅教育出版社　1997　p. 59 注 9
鄧文寬　太平興國七年壬午歲具注曆日　敦煌學大辭典　上海辭書出版社　1998　p. 609
譚蟬雪　敦煌歲時文化導論　(臺北)新文豐出版公司　1998　p. 45、134
湛如　評《敦煌禮懺文研究》　敦煌吐魯番研究(第四卷)　北京大學出版社　1999　p. 618
高明士　唐代敦煌官方的祭祀禮儀　1994 年敦煌學國際研討會文集・宗教文史卷(上)　甘肅民族出版社　2000　p. 58
汪娟　敦煌文獻中的佛教禮懺儀　新國學(第二卷)　巴蜀書社　2000　p. 327
徐俊　敦煌詩集殘卷輯考　中華書局　2000　p. 860
顏廷亮　敦煌文化　光明日報出版社　2000　p. 407
黃正建　敦煌占卜文書與唐五代占卜研究　學苑出版社　2001　p. 99
曾良　敦煌文獻字義通釋　廈門大學出版社　2001　p. 69、105

鄧文寬　敦煌吐魯番天文曆法研究　甘肅教育出版社　2002　p. 83、108、153、179
黄一農　嫁娶宜忌:選擇術中的"亥不行嫁"與"陰陽不將"考辨　法制與禮俗　(臺北)"中央研究院"歷史語言研究所　2002　p. 288
姜亮夫　敦煌莫高窟年表　姜亮夫全集(十一)　雲南人民出版社　2002　p. 575
劉永明　散見敦煌曆朔閏輯考　《敦煌研究》2002 年第 6 期　p. 18
馬繼興　當前世界各地收藏的中國出土卷子本古醫藥文獻備考　敦煌吐魯番研究(第六卷)　北京大學出版社　2002　p. 134
曾良　敦煌文獻字義劄記　2000 年敦煌學國際學術討論會文集・歷史文化卷(下)　甘肅民族出版社　2003　p. 473
馬若安　敦煌曆日"沒日"和"滅日"安排初探　敦煌吐魯番研究(第七卷)　北京大學出版社　2004　p. 429
金瀅坤　敦煌社會經濟文書定年拾遺　《首都師範大學學報》2006 年第 1 期　p. 12

S. 1474

馬德　敦煌工匠史料　甘肅人民出版社　1997　p. 84
劉進寶　評《敦煌的借貸:中國中古時代的物質生活與社會》　敦煌吐魯番研究(第七卷)　北京大學出版社　2004　p. 494

S. 1475

那波利貞　佛教信仰に基きて組織せられたる中晚唐五代時代の社邑に就きて(上)　『史林』(24 卷 3 號)　京都大學文學部史學研究會　1939　p. 33　又見:唐代社會文化史研究・第六編　(東京)創文社　1974　p. 602
那波利貞　中唐時代俗講僧文漵法師釋疑　『東洋史研究』(4 卷 6 號)　(東京)東洋史研究會　1939　p. 22
那波利貞　敦煌發見文書に拠る中晚唐時代の佛教寺院の錢穀布帛類貸付營利事業運營の實況　『支那學』(10 卷 3 號)　(京都)支那學社　1941　p. 120
劉銘恕　英國博物院所藏的敦煌卷子　《中國科學院圖書館通訊》1957 年第 1 期　又見:中國敦煌學百年文庫・綜述卷(二)　甘肅文化出版社　1999　p. 128
那波利貞　千佛岩莫高窟と敦煌文書　西域文化研究(第二)・敦煌吐魯番社會經濟資料(上)　(京都)法藏館　1959　p. 38
仁井田陞　唐末五代の敦煌寺院佃戶關係文書　西域文化研究・(第二)敦煌吐魯番社會經濟資料(上)　(京都)法藏館　1959　p. 71
竺沙雅章　敦煌の寺戶について　『史林』(44 卷 5 號)　京都大學文學部史學研究會　1961　p. 41
竺沙雅章　敦煌出土「社」文書の研究　『東方學報』(第 35 號)　京都大學人文科學研究所　1964　p. 226
那波利貞　梁戶考　唐代社會文化史研究・第三編　(東京)創文社　1974　p. 353
那波利貞　唐代社會文化史研究・第五編:唐代の社邑に就きて(1938 年)　(東京)創文社　1974　p. 529、538、500、556
北原薫　晚唐・五代の敦煌寺院経済——收支決算報告を中心に　敦煌の社會(講座敦煌 3)　(東京)大東出版社　1980　p. 386
堀敏一　敦煌社會の変質——中國社會全般の発展とも関連して　敦煌の社會(講座敦煌 3)　(東京)大東出版社　1980　p. 170、174

矢吹慶輝　鳴沙餘韻・解說篇(第一部)　(京都)臨川書店　1980　p. 62
姜伯勤　論敦煌寺院的"常住百姓"　《敦煌研究》1981 年試刊第 1 期　p. 54 注 18　又見:五十年來漢唐佛教寺院經濟研究　北京師範大學出版社　1986　p. 188 注 1
陳國燦　敦煌所出諸借契年代考　魏晉南北朝隋唐史資料(第 4 輯)　武漢大學出版社　1982　p. 9　又見:《敦煌學輯刊》1984 年第 1 期　p. 2
段文傑　敦煌壁畫中的衣冠服飾　敦煌研究文集　甘肅人民出版社　1982　p. 187 注 55
陳炳應　敦煌所出宋開寶八年"鄭醜撻賣地舍契"定誤考釋　《西北史地》1983 年第 4 期　p. 88
陳國燦　對未刊敦煌借契的考察　魏晉南北朝隋唐史資料(第 5 輯)　武漢大學出版社　1983　p. 20
姜伯勤　上海藏本敦煌所出河西支度營田使文書研究　敦煌吐魯番文獻研究論集(第二輯)　北京大學出版社　1983　p. 344
楊際平　吐蕃時期敦煌計口授田考　《社會科學》1983 年第 2 期　又見:中國敦煌學百年文庫・歷史卷(一)　甘肅文化出版社　1999　p. 523 注 1
楊際平　鄭學檬　敦煌文書安環清賣地契的性質和年代　《四川大學學報》1983 年第 4 期　p. 88
侯紹莊　"買田"性質研究　《敦煌學研究》(西北師院學報)1984 年增刊　p. 25
姜伯勤　突地考　《敦煌學輯刊》1984 年第 1 期　p. 16
梁梁　說"烎腳"及其它　《敦煌學輯刊》1985 年第 1 期　p. 61
仁井田陞著　姜鎮慶譯　唐末五代的敦煌寺院佃戶關係文書　敦煌學譯文集　甘肅人民出版社　1985　p. 837、845 注 8
唐耕耦　唐五代時期的高利貸《敦煌學輯刊》1985 年第 2 期　p. 11、16、19
池田溫　吐魯番、敦煌契券概觀　漢學研究(敦煌學國際研討會論文專號)　(臺北)漢學研究資料及服務中心　1986　p. 28
唐耕耦　陸宏基　敦煌社會經濟文獻真迹釋録(一)　書目文獻出版社　1986　p. 297
王堯　陳踐　從一張借契看宗教的社會作用:P. T. 1297 號敦煌吐蕃文書譯解　《世界宗教研究》1986 年第 4 期　p. 69
謝重光　關於唐後期至五代間沙州寺院經濟的幾個問題　敦煌吐魯番出土經濟文書研究　廈門大學出版社　1986　p. 483
楊際平　吐蕃時期沙州社會經濟研究　敦煌吐魯番出土經濟文書研究　廈門大學出版社　1986　p. 399
姜伯勤　唐五代敦煌寺戶制度　中華書局　1987　p. 1、35、50、71、133
王永興　隋唐五代經濟史料彙編校注・第一編(上)　中華書局　1987　p. 302 注 18、319、949
謝和耐著　耿昇譯　中國 5—10 世紀的寺院經濟　甘肅人民出版社　1987　p. 218 注 1、321 注 5、329 注 1　又見:上海古籍出版社　2004　p. 179 注 1
楊銘　吐蕃時期敦煌部落設置考《西北史地》1987 年第 2 期　p. 35
李正宇　唐宋時代敦煌縣河渠泉澤簡志(一)　《敦煌研究》1988 年第 4 期　p. 93
高國藩　敦煌民俗學　上海文藝出版社　1989　p. 19、55、452
山本達郎等　敦煌・II 牒・狀『NUN – HUANG AND TURFAN DOCUMENTS CONCERNING SOCIAL AND ECONOMIC HISTORY』(IV)　(東京)東洋文庫　1989　p. 17
山本達郎等　敦煌・III 轉貼　『NUN – HUANG AND TURFAN DOCUMENTS CONCERNING SOCIAL AND ECONOMIC HISTORY』(IV)　(東京)東洋文庫　1989　p. 21
唐耕耦　8 至 10 世紀敦煌的物價　紀念陳寅恪教授國際學術討論會文集　中山大學出版社　1989　p. 549

王公望　契約　敦煌文學　甘肅人民出版社　1989　p. 55
池田溫　敦煌における土地税役制をめぐって　東アジア古文書の史的研究　(東京)刀水書房　1990　p. 68
郝春文　唐後期五代宋初沙州僧尼的特點　敦煌吐魯番學研究論文集　漢語大詞典出版社　1990　p. 832
劉戈　回鶻文契約文書初探　(臺北)五南圖書出版公司　1990　p. 97
唐耕耦　陸宏基　敦煌社會經濟文獻真迹釋録(二)　全國圖書館文獻縮微複製中心　1990　p. 1、34、83
謝重光　白文固　中國僧官制度史　青海人民出版社　1990　p. 135
郝春文　隋唐五代宋初傳統私社與寺院的關係　《魏晉南北朝隋唐史》1991 年第 6 期　p. 67
堀敏一著　林世田譯　唐代後期敦煌社會經濟之變化　《敦煌學輯刊》1991 年第 1 期　p. 96
陸慶夫　略論敦煌民族史料的價值　《敦煌學輯刊》1991 年第 1 期　p. 31
仁井田陞　補訂中國法制史研究:法と慣習・法と道德　東京大學出版會　1991　p. 642
仁井田陞　補訂中國法制史研究:奴隸農奴法・家族村落法　東京大學出版會　1991　p. 63
仁井田陞　補訂中國法制史研究:土地法・取引法　東京大學出版會　1991　p. 672、701、723、731、756
姜伯勤　敦煌本乘恩帖考證　中山大學史學集刊(第一輯)　廣東人民出版社　1992　又見:中國敦煌學百年文庫・宗教卷(二)　甘肅文化出版社　1999　p. 316
姜伯勤　敦煌社會文書導論　(臺北)新文豐出版公司　1992　p. 225、242、244
王堯　《唐五代敦煌寺戶制度》評介　藏學零墨　西藏人民出版社　1992　p. 257、258
高國藩　敦煌民俗資料導論　(臺北)新文豐出版公司　1993　p. 3、12
齊陳駿　寒沁　河西都僧統唐悟真作品和見載文獻系年　《敦煌學輯刊》1993 年第 2 期　p. 5
前田正名　河西歷史地理學研究　中國藏學出版社　1993　p. 241、253
王永興　從田令和敦煌文書看唐代土地制度中幾個問題　陳門問學叢稿　江西人民出版社　1993　p. 190
蔣禮鴻　敦煌文獻語言詞典　杭州大學出版社　1994　p. 20、126、304、406
李明偉　隋唐絲綢之路　甘肅人民出版社　1994　p. 255、277
寧可　郝春文　敦煌寫本社邑文書述略　《首都師範大學學報》1994 年第 4 期　p. 12
黃盛璋　敦煌漢文與于闐文書中之龍家及其相關問題　全國敦煌學研討會論文集　(臺北)中正大學中國文學系所　1995　p. 66　又見:《西域研究》1996 年第 1 期　p. 30
石田勇作　敦煌「社文書」研究序說　中國古代の國家と民衆(堀敏一先生古稀記念)　(東京)汲古書院　1995　p. 684
王三慶　敦煌書儀載録之節日活動與民俗　全國敦煌學研討會論文集　(臺北)中正大學中國文學系所　1995　p. 25 注 22
王堯　從"河圖"、"洛書"、"陰陽五行"、"八卦"在西藏看古代哲學思想的交流　華學(第一輯)　中山大學出版社　1995　p. 254
張傳璽　中國歷代契約會編考釋(上)　北京大學出版社　1995　p. 216、363 注 1
鄭炳林　敦煌漢文吐蕃史料綜述:兼論吐蕃控制河西時期的職官與統治政策　敦煌吐魯番文獻研究　中華書局　1995　p. 92
姜伯勤　敦煌藝術宗教與禮樂文明　中國社會科學出版社　1996　p. 384
李正宇　敦煌史地新論　(臺北)新文豐出版公司　1996　p. 113
劉進寶　吐蕃對河西的統治與經營　敦煌吐魯番學研究論集　書目文獻出版社　1996　p. 336

陸慶夫　鄭炳林　俄藏敦煌寫本中九件轉帖初探　《敦煌學輯刊》1996 年第 1 期　p. 12
馬德　敦煌莫高窟史研究　甘肅教育出版社　1996　p. 97
馬雅倫　邢豔紅　吐蕃統治時期敦煌兩位粟特僧官：史慈燈、石法海考　《敦煌學輯刊》1996 年第 1 期　p. 52
田德新　敦煌寺院中的"都頭"　《敦煌學輯刊》1996 年第 2 期　p. 99
張涌泉　敦煌俗字研究導論　（臺北）新文豐出版公司　1996　p. 268
高啓安　唐宋時期敦煌人名探析　《敦煌研究》1997 年第 4 期　p. 122
公維章　文讕　敦煌寺院中的會計：直歲　《敦煌學輯刊》1997 年第 2 期　p. 119
黄征　《敦煌碑銘讃輯釋》評介　敦煌語文叢說　（臺北）新文豐出版公司　1997　p. 813
劉進寶　歸義軍土地制度初探　《敦煌研究》1997 年第 2 期　p. 55
陸慶夫　從焉耆龍王到河西龍家——龍部落遷徙考　敦煌歸義軍史專題研究　蘭州大學出版社　1997　p. 493
陸慶夫　鄭炳林　唐末五代敦煌的社與粟特人聚落　敦煌歸義軍史專題研究　蘭州大學出版社　1997　p. 398
寧可　郝春文　敦煌社邑文書輯校　江蘇古籍出版社　1997　p. 310、710
唐耕耦　敦煌寺院會計文書研究　（臺北）新文豐出版公司　1997　p. 452
楊銘　吐蕃統治敦煌研究　（臺北）新文豐出版公司　1997　p. 22、39
鄭炳林　敦煌碑銘讃輯釋　甘肅教育出版社　1997　p. 117 注 2
鄭炳林　吐蕃統治下的敦煌粟特人　敦煌歸義軍史專題研究　蘭州大學出版社　1997　p. 377
鄭炳林　晚唐五代敦煌貿易市場的物價　敦煌歸義軍史專題研究　蘭州大學出版社　1997　p. 296
陳國燦　阿骨薩部落　敦煌學大辭典　上海辭書出版社　1998　p. 301
陳國燦　上部落　敦煌學大辭典　上海辭書出版社　1998　p. 300
高啓安　索黛　唐五代敦煌飲食中的餅淺探　《敦煌研究》1998 年第 4 期　p. 81
郝春文　唐後期五代宋初敦煌僧尼的社會生活　中國社會科學出版社　1998　p. 78、81
黄永年　唐代史事考釋　（臺北）聯經出版公司　1998　p. 455
金瀅坤　吐蕃統治敦煌的社會基層組織　《中國邊疆史地研究》1998 年第 4 期　p. 29
李正宇　數字取名　敦煌學大辭典　上海辭書出版社　1998　p. 451
寧可　三官　敦煌學大辭典　上海辭書出版社　1998　p. 426
寧可　社邑牒狀　敦煌學大辭典　上海辭書出版社　1998　p. 432
沙知　便人　敦煌學大辭典　上海辭書出版社　1998　p. 390
沙知　敦煌契約文書輯校　江蘇古籍出版社　1998　p. 1、59、103、535
沙知　見人　敦煌學大辭典　上海辭書出版社　1998　p. 390
沙知　領六　敦煌學大辭典　上海辭書出版社　1998　p. 390
譚蟬雪　軟脚　敦煌學大辭典　上海辭書出版社　1998　p. 445
謝重光　佛帳所　敦煌學大辭典　上海辭書出版社　1998　p. 635
楊森　跋《子年三月五日計料海濟受戒衣缽具色一一如後》帳及卷背《釋門教授帖》文書　《敦煌研究》1998 年第 4 期　p. 104
楊森　晚唐五代兩件《女人社》文書劄記　《敦煌研究》1998 年第 1 期　p. 67
趙雲旗　從敦煌吐魯番文書看唐代土地買賣的管理機制　《敦煌研究》1998 年第 3 期　p. 51
鄭炳林　《康秀華寫經施入疏》與《炫和尚貨賣胡粉曆》研究　敦煌吐魯番研究（第三卷）　北京大學出版社　1998　p. 196、201
高啓安　唐五代至宋敦煌的量器及量制　《敦煌學輯刊》1999 年第 1 期　p. 64

寧可　寧可史學論集　中國社會科學出版社　1999　p. 448 注 2
蘇金花　唐五代敦煌地區的商品貨幣形態　《敦煌研究》1999 年第 2 期　p. 95
謝桃坊　敦煌文化尋繹　四川人民出版社　1999　p. 176
楊森　談敦煌社邑文書中"三官"及"録事""虞侯"的若干問題　《敦煌研究》1999 年第 3 期　p. 81
楊森　敦煌社司文書畫押符號及其相關問題　《敦煌學輯刊》1999 年第 1 期　p. 85、89
陳海濤　敦煌歸義軍時期從化鄉消失原因初探　中國社會歷史評論(第二卷)　天津古籍出版社　2000　p. 436
陳永勝　敦煌買賣契約法律制度探析　《敦煌研究》2000 年第 4 期　p. 95、101
陳永勝　敦煌吐魯番法制文書研究　甘肅人民出版社　2000　p. 47、109
池田溫　李盛鐸舊藏敦煌歸義軍後期社會經濟文書簡介　慶祝吳其昱先生八秩華誕敦煌學特刊　(臺北)文津出版社　2000　p. 41
高啓安　崇高與卑賤:敦煌的佛教信仰賤名再探　'98 法門寺唐文化國際學術討論會論文集　陝西人民出版社　2000　p. 252
劉進寶　敦煌歷史文化　甘肅人民出版社　2000　p. 132
劉進寶　敦煌文書與唐史研究　(臺北)新文豐出版公司　2000　p. 116、171
丘古耶夫斯基著　王克孝譯　敦煌漢文文書　上海古籍出版社　2000　p. 137
趙雲旗　唐代土地買賣研究　中國財政經濟出版社　2000　p. 245
郝春文　營造寄託:中國六至十世紀造寺功德的探討　佛教與歷史文化　宗教文化出版社　2001　p. 419
謝重光　漢唐佛教社會史論　(臺北)國際文化事業有限公司　2001　p. 222
楊森　關於敦煌文獻中的"平章"一詞　敦煌學與中國史研究論集　甘肅人民出版社　2001　p. 230
楊森　《辛巳年六月十六日社人于燈司倉貸粟曆》文書之定年　《敦煌學輯刊》2001 年第 2 期　p. 18
岳純之　隋唐五代合同法研究　法律史論集(第五卷)　法律出版社　2001　p. 53
陳國燦　敦煌學史事新證　甘肅教育出版社　2002　p. 329
郝春文　《唐末五代宋初敦煌社邑的幾個問題》商榷　國際敦煌學學術史研討會論文集　研討會籌備組　2002　p. 196
劉進寶　敦煌學通論　甘肅教育出版社　2002　p. 88
孟憲實　論唐宋時期敦煌民間結社的組織形態　《敦煌研究》2002 年第 1 期　p. 60
楊惠玲　敦煌契約文書中的保人、見人、口承人、同便人、同取人　《敦煌研究》2002 年第 6 期　p. 40
余欣　胡天漢月:海外中國古代契約研究史略　國際漢學(第七輯)　大象出版社　2002　p. 368
余欣　評《敦煌的借貸:中國中古時代的物質生活與社會》　敦煌吐魯番研究(第六卷)　北京大學出版社　2002　p. 414
陳永勝　敦煌吐魯番契約中的契約形式與契約制度　2000 年敦煌學國際學術討論會文集・歷史文化卷(上)　甘肅民族出版社　2003　p. 222
郝春文　唐後期五代宋初敦煌僧尼的生活方式　寺院財富與世俗供養　上海書畫出版社　2003　p. 133
洪藝芳　敦煌社會經濟文書中的唐五代新興量詞研究　敦煌學(第 24 輯)　(臺北)樂學書局有限公司　2003　p. 111
李正宇　敦煌遺書一宗後晉時期敦煌民事訴訟檔案　《敦煌研究》2003 第 2 期　p. 45
彭金章　有關敦煌莫高窟北區瘞窟的幾個問題　寺院財富與世俗供養　上海書畫出版社　2003　p. 366
盛會蓮　從敦煌吐魯番文書看隋至宋初的宅舍交易　中國中古史論集　天津古籍出版社　2003

p. 93

童丕　敦煌的借貸:中國中古時代的物質生活與社會　中華書局　2003　p. 14、22、25

王繼光　鄭炳林　敦煌漢文吐蕃史料綜述　中國西部民族文化研究(2003 年卷)　民族出版社　2003　p. 243

王克孝　顔廷亮　敦煌吐魯番契約中的契約形式與契約制度　2000 年敦煌學國際學術討論會文集·歷史文化卷(上)　甘肅民族出版社　2003　p. 231

王啓濤　中古及近代法制文書語言研究　巴蜀書社　2003　p. 20、101、138、208、230、289、374

楊銘　四件英藏敦煌藏文文書考釋　2000 年敦煌學國際學術討論會文集·歷史文化卷(上)　甘肅民族出版社　2003　p. 297

楊森　談與敦煌和尚師子吼相關的幾個問題　2000 年敦煌學國際學術討論會文集·歷史文化卷(下)　甘肅民族出版社　2003　p. 139

湛如　敦煌佛教律儀制度研究　中華書局　2003　p. 41、354

鄭炳林　晚唐五代敦煌村莊聚落輯考　2000 年敦煌學國際學術討論會文集·歷史文化卷(上)　甘肅民族出版社　2003　p. 126

黑維强　吐魯番出土文書詞語例釋(一)　《敦煌學輯刊》2004 年第 2 期　p. 119

劉進寶　評《敦煌的借貸:中國中古時代的物質生活與社會》　敦煌吐魯番研究(第七卷)　北京大學出版社　2004　p. 489

葉貴良　敦煌社邑文書詞語選釋　《敦煌研究》2004 年第 5 期　p. 81

張小豔　試論敦煌書儀的語料價值　浙江與敦煌學:常書鴻先生誕辰一百周年紀念文集　浙江古籍出版社　2004　p. 537

鄭炳林　魏迎春　晚唐五代敦煌佛教教團的科罰制度研究　《敦煌研究》2004 年第 2 期　p. 57

鄭顯文　唐代律令制研究　北京大學出版社　2004　p. 157、217

陸離　吐蕃統治河隴西域時期的市券研究　敦煌吐魯番研究(第九卷)　北京大學出版社　2006　p. 234

孟憲實　論唐宋時期敦煌民間結社的社條　敦煌吐魯番研究(第九卷)　北京大學出版社　2006　p. 332

S. 1476

王啓濤　中古及近代法制文書語言研究　巴蜀書社　2003　p. 282

S. 1477

劉銘恕　英國博物院所藏的敦煌卷子　《中國科學院圖書館通訊》1957 年第 1 期　又見:中國敦煌學百年文庫·綜述卷(二)　甘肅文化出版社　1999　p. 128

李正宇　敦煌方音止遇二攝混同及其校勘學意義　《敦煌研究》1986 年第 4 期　p. 55

程毅中　敦煌俗賦的淵源及其與變文的關係　《文學遺産》1989 年第 1 期　p. 31

譚蟬雪　祭文　敦煌文學　甘肅人民出版社　1989　p. 121

高國藩　敦煌民俗資料導論　(臺北)新文豐出版公司　1993　p. 15、25

李明偉　敦煌文學概論　甘肅人民出版社　1993　p. 488

李正宇　敦煌文學概論　甘肅人民出版社　1993　p. 164

伏俊璉　敦煌賦校注　甘肅人民出版社　1994　p. 3

伏俊璉　論敦煌賦的表現特色　詩賦論集　甘肅人民出版社　1995　p. 111

伏俊璉　試談敦煌俗賦的體制和審美價值　《敦煌研究》1997 年第 3 期　p. 134

李正宇 敦煌出土的四首特型詩及其破解 敦煌文學論集 四川人民出版社 1997 p. 17
陸淑綺 李重申 敦煌古代戲曲文化史料綜述 《敦煌研究》1997 年第 2 期 p. 59
李正宇 祭驢文 敦煌學大辭典 上海辭書出版社 1998 p. 586
艾麗白 上古和中古時代中國的動物喪葬活動 法國漢學(敦煌學專號) 中華書局 2000 p. 134
鄧文寬 英藏敦煌本《六祖壇經》的河西特色:以方音通假爲依據的探索 1994 年敦煌學國際研討會文集・宗教文史卷(上) 甘肅民族出版社 2000 p. 107
李明偉 敦煌文學中敦煌文的分類及評價 1994 年敦煌學國際研討會文集・宗教文史卷(上) 甘肅民族出版社 2000 p. 304
施萍婷 《敦煌遺書總目索引新編》前言 敦煌遺書總目索引新編 中華書局 2000 p. 3
宋家鈺 佛教齋文源流與敦煌本"齋文"書的復原 英國收藏敦煌漢藏文獻研究:紀念敦煌文獻發現一百周年 中國社會科學出版社 2000 p. 298
顔廷亮 西陲文學遺珍:敦煌文學通俗談 甘肅人民出版社 2000 p. 155
張錫厚 敦煌文學源流 作家出版社 2000 p. 162
曾良 敦煌文獻字義通釋 廈門大學出版社 2001 p. 93、142、191
張錫厚 敦煌文概說 2000 年敦煌學國際學術討論會文集・歷史文化卷(下) 甘肅民族出版社 2003 p. 219
柴劍虹 敦煌寫本中的憤世嫉俗之文 《敦煌研究》2004 年第 1 期 p. 59
蘭州理工大學絲綢之路文史研究所編 絲綢之路體育文化論集 中華書局 2005 p. 250

S. 1478

林聰明 敦煌文書學 (臺北)新文豐出版公司 1991 p. 229
杜愛英 敦煌遺書中俗體字的諸種類型 《敦煌研究》1992 年第 3 期 p. 122
張國剛 隋唐五代史研究概要 天津教育出版社 1996 p. 727
劉濤 敦煌書法 敦煌學大辭典 上海辭書出版社 1998 p. 274
沙知 敦煌契約文書輯校 江蘇古籍出版社 1998 p. 253
戴仁 十世紀敦煌的基礎教育教材與學校文化 法國漢學(第八輯) 中華書局 2003 p. 89

S. 1479

姜伯勤 敦煌本乘恩帖考證 中山大學史學集刊(第一輯) 廣東人民出版社 1992 又見:中國敦煌學百年文庫・宗教卷(二) 甘肅文化出版社 1999 p. 316
姜伯勤 敦煌藝術宗教與禮樂文明 中國社會科學出版社 1996 p. 384

S. 1481

上山大峻 敦煌佛教の研究 (京都)法藏館 1990 p. 362

S. 1483

史葦湘 敦煌歷史與莫高窟藝術研究 甘肅教育出版社 2002 p. 73

S. 1484

陳祚龍 善用敦煌古抄殘全卷冊 中華佛教文化史散策(四集) (臺北)新文豐出版公司 1986 p. 253
饒宗頤 鳩摩羅什《通韻》箋 敦煌語言文學論文集 浙江古籍出版社 1988 p. 14 又見:中印文

化關係史論集・語文篇　香港中文大學中國文化研究所　三聯書店　1990　p. 40；梵學集　上海古籍出版社　1993　p. 122

劉方　戒律之研究　敦煌學大辭典　上海辭書出版社　1998　p. 836

林鳴宇　上海圖書館所藏 861087 號卷子失缺部分之發現及其紙背戒律資料之内容意義　戒幢佛學(第三卷)　岳麓書社　2005　p. 422

S. 1485

山口瑞鳳　蘇毗の領界　『東洋學報』(50 卷 4 號)　(東京)東洋學術協會　1968　p. 51

山口瑞鳳　吐蕃王國成立史研究　(東京)岩波書店　1983　p. 619

楊銘　通頰考　《敦煌學輯刊》1987 年第 1 期　p. 115

榮新江　通頰考　文史(第三十三輯)　中華書局　1990　p. 136　又見:二十世紀中國文史考據文録　雲南人民出版社　2001　p. 2117

唐耕耦　陸宏基　敦煌社會經濟文獻真迹釋録(二)　全國圖書館文獻縮微複製中心　1990　p. 67

劉進寶　試談歸義軍時期敦煌縣鄉的建置　《敦煌研究》1994 年第 3 期　p. 79

楊銘　吐蕃統治敦煌研究　(臺北)新文豐出版公司　1997　p. 235

榮新江　通頰　敦煌學大辭典　上海辭書出版社　1998　p. 301

沙知　敦煌契約文書輯校　江蘇古籍出版社　1998　p. 265

劉進寶　敦煌文書與唐史研究　(臺北)新文豐出版公司　2000　p. 134

曾良　敦煌文獻字義通釋　廈門大學出版社　2001　p. 194

S. 1487

李正宇　敦煌遺書宋人詩輯校　《敦煌研究》1992 年第 2 期　p. 43

S. 1491

加地哲定　增補中國佛教文學研究　(東京)同朋舍　1979　p. 208

加地哲定著　劉衛星譯　中國佛教文學　今日中國出版社　1990　p. 178

S. 1493

羅福頤　敦煌石室文物對於學術上的貢獻　《歷史教學》1951 年第 5 期　又見:中國敦煌學百年文庫・考古卷(四)　甘肅文化出版社　1999　p. 12

S. 1494

劉銘恕　英國博物院所藏的敦煌卷子　《中國科學院圖書館通訊》1957 年第 1 期　又見:中國敦煌學百年文庫・綜述卷(二)　甘肅文化出版社　1999　p. 127

饒宗頤　神會門下摩訶衍之入藏兼論禪門南北宗之調和問題　香港大學五十周年紀念論文集　香港大學　1964　又見:唐代研究論集(第四輯)　(臺北)新文豐出版公司　1992　p. 347；中國敦煌學百年文庫・民族卷(二)　甘肅文化出版社　1999　p. 90

陳祚龍　敦煌古抄中世詩歌一續　敦煌學海探珠(上冊)　(臺北)商務印書館　1979　p. 173

吳其昱　臥輪禪師逸語敦煌吐蕃文(伯希和 116 號)譯本考釋　敦煌學(第 4 輯)　(香港)新亞研究所敦煌學會　1979　p. 36

川崎ミチコ　禮讚文・塔文　敦煌仏典と禅(講座敦煌 8)　(東京)大東出版社　1980　p. 308

田中良昭　修道偈Ⅰ　敦煌仏典と禅(講座敦煌 8)　(東京)大東出版社　1980　p. 258

陳祚龍　新集敦煌古抄釋門的詩歌與曲子　敦煌簡策訂存　（臺北）商務印書館　1983　p. 196
廣川堯敏　禮讃　敦煌と中國仏教（講座敦煌 7）　（東京）大東出版社　1984　p. 468
戴密微著　耿昇譯　敦煌學近作　敦煌譯叢（第一輯）　甘肅人民出版社　1985　p. 6
木村隆德著　耿昇譯　摩訶衍之後的吐蕃禪宗　敦煌譯叢（第一輯）　甘肅人民出版社　1985　p. 224
上山大峻　敦煌佛教の研究　（京都）法藏館　1990　p. 419
吳其昱著　伊藤美重子譯　敦煌漢文寫本概観　敦煌漢文文獻（講座敦煌 5）　（東京）大東出版社　1992　p. 57
汪泛舟　敦煌文學概論　甘肅人民出版社　1993　p. 563
索仁森著　李吉和譯　敦煌漢文禪籍特徵概觀　《敦煌研究》1994 年第 1 期　p. 111
田中良昭　敦煌の禪籍　禪學研究入門　（東京）大東出版社　1994　p. 69
柳田聖山　禪籍解題（一）・敦煌禪籍　俗語言研究（第二期）　（京都）禪文化研究所　1995　p. 150
田中良昭　《禪籍解題（一）・敦煌禪籍》補遺　俗語言研究（第三期）　（京都）禪文化研究所　1996　p. 220
榮新江　《英藏敦煌文獻》定名商補　文史（第五十二輯）　中華書局　2000　p. 118　又見：敦煌學新論　甘肅教育出版社　2002　p. 192
徐俊　敦煌詩集殘卷輯考　中華書局　2000　p. 861
曾良　敦煌文獻字義通釋　廈門大學出版社　2001　p. 36
聖凱　中國佛教懺法研究　宗教文化出版社　2004　p. 323
王志鵬　從敦煌歌辭看唐代敦煌地區禪宗的流傳與發展　《敦煌研究》2005 年第 6 期　p. 100
張錫厚　《詠臥輪禪師看心法四首》補正與敦煌本《菩提達摩論》定名　《敦煌研究》2006 年第 1 期　p. 91

S. 1495

陳慶英　《斯坦因劫經録》、《伯希和劫經録》所收漢文寫卷中夾存的藏文寫卷情況調查　《敦煌學輯刊》1981 年第 2 期　p. 111

S. 1497

劉銘恕　英國博物院所藏的敦煌卷子　《中國科學院圖書館通訊》1957 年第 1 期　又見：中國敦煌學百年文庫・綜述卷（二）　甘肅文化出版社　1999　p. 127
金岡照光　ソビエトにおける敦煌研究文獻三種　『東洋學報』（48 卷 1 號）　（東京）東洋學術協會　1965　p. 121
寺岡龍含　敦煌本郭象注莊子南華真經研究總論　福井漢文學會　1966　p. 99
金岡照光　敦煌漢文文學文獻の文學形態上の種類とその分類　敦煌出土文學文獻分類目録・附解說　（東京）東洋文庫　1971　p. 229
金岡照光　敦煌文學のこころ　敦煌の文學　（東京）大蔵出版株式會社　1971　p. 261
金岡照光　敦煌文學のさまざま　敦煌の文學　（東京）大蔵出版株式會社　1971　p. 130
蘇瑩輝　"敦煌曲"評介　《香港中文大學學報》1974 年第 1 期　又見：敦煌論集續編　（臺北）學生書局　1983　p. 304、311；中國敦煌學百年文庫・藝術卷（一）　甘肅文化出版社　1999　p. 370
加地哲定　增補中國佛教文學研究　（東京）同朋舍　1979　p. 200
蘇瑩輝　敦煌學概要　（臺北）編譯館"中華叢書編委會"　1981　p. 73

鄭阿財　敦煌孝道文學研究　（臺北）石門圖書公司　1982　p. 532
白化文　對可補入《敦煌變文集》中的幾則録文的討論　《敦煌學輯刊》1986 年第 1 期　p. 49
邱燮友　唐代敦煌曲的時代使命　漢學研究（敦煌學國際研討會論文專號）（臺北）漢學研究資料及服務中心　1986　p. 148
任半塘　敦煌歌辭總編　上海古籍出版社　1987　p. 786、1225、1577
蘇瑩輝　國際敦煌學研究近貌　敦煌文史藝術論叢　（臺北）新文豐出版公司　1987　p. 186
柴劍虹　徐俊　敦煌詞輯校四談　《敦煌學輯刊》1988 年第 1、2 期　p. 57
汪泛舟　讚・箴　敦煌文學　甘肅人民出版社　1989　p. 101
高國藩　敦煌古俗與民俗流變　河海大學出版社　1990　p. 406
加地哲定著　劉衛星譯　中國佛教文學　今日中國出版社　1990　p. 171、185
黎薔　西域戲劇的緣起及敦煌佛教戲曲的形成　《敦煌研究》1990 年第 2 期　p. 106
任半塘　王昆吾　隋唐五代燕樂雜言歌辭集　巴蜀書社　1990　p. 872、1390
辛夷　讀敦煌俗曲雜識　《社科縱橫》1990 年第 6 期　p. 29
金岡照光　曲子詞類　敦煌の文學文獻（講座敦煌 9）（東京）大東出版社　1992　p. 396
楊聯陞　書評：饒宗頤、戴密微合著《敦煌曲》　楊聯陞論文集　中國社會科學出版社　1992　p. 243
高國藩　敦煌民俗資料導論　（臺北）新文豐出版公司　1993　p. 176
李正宇　敦煌文學概論　甘肅人民出版社　1993　p. 145
李正宇　論敦煌曲子　第二屆國際唐代學術會議論文集（上）（臺北）文津出版社　1993　p. 758
孫其芳　顔廷亮　敦煌文學概論　甘肅人民出版社　1993　p. 448
譚禪雪　敦煌歲時掇瑣　（香港）《九州學刊》（敦煌學專輯）1993 年第 5 卷第 4 期　p. 100
汪泛舟　敦煌文學概論　甘肅人民出版社　1993　p. 554
蔣禮鴻　敦煌文獻語言詞典　杭州大學出版社　1994　p. 114、367
金賢珠　唐五代敦煌民歌　（臺北）文史哲出版社　1994　p. 88
劉尊明　唐五代詞的文化觀照　（臺北）文津出版社　1994　p. 277
閻國權　唐《太公家教》在敦煌　敦煌文史資料選輯（第三輯）　1995　147
柴劍虹　俄藏敦煌詩詞寫卷經眼録（一）　敦煌吐魯番研究（第一卷）　北京大學出版社　1996　p. 109
饒宗頤　“法曲子”論　敦煌曲續論　（臺北）新文豐出版公司　1996　p. 87
王昆吾　隋唐五代燕樂雜言歌辭研究　中華書局　1996　p. 412、420
張涌泉　敦煌俗字研究導論　（臺北）新文豐出版公司　1996　p. 156
張涌泉　敦煌文獻校讀釋例　文史（第四十一輯）　中華書局　1996　p. 199　又見：舊學新知　浙江大學出版社　1999　p. 212
高啓安　敦煌五更詞與甘肅五更詞比較研究　《敦煌研究》1997 年第 3 期　p. 115
黄征　張涌泉　敦煌變文校注　中華書局　1997　p. 454
林仁昱　由唐代淨土讚歌看敦煌聯章俗曲歌謠套用曲調的原則　敦煌文學論集　四川人民出版社　1997　p. 163
陸淑綺　李重申　敦煌古代戲曲文化史料綜述　《敦煌研究》1997 年第 2 期　p. 64
柴劍虹　牛郎會織女詩　敦煌學大辭典　上海辭書出版社　1998　p. 568
柴劍虹　曲子喜秋天詠七夕五更　敦煌學大辭典　上海辭書出版社　1998　p. 530
柴劍虹　小小黄宫養讚　敦煌學大辭典　上海辭書出版社　1998　p. 548
孫其芳　五更轉　敦煌學大辭典　上海辭書出版社　1998　p. 535
譚蟬雪　敦煌歲時文化導論　（臺北）新文豐出版公司　1998　p. 239

張錫厚　柴劍虹　好住娘讃　敦煌學大辭典　上海辭書出版社　1998　p. 545
張錫厚　柴劍虹　樂入山讃　敦煌學大辭典　上海辭書出版社　1998　p. 544
張先堂　晚唐至宋初淨土五會念佛法門在敦煌的流傳　《敦煌研究》1998 年第 1 期　p. 52
周菁葆　邱陵　絲綢之路宗教文化　新疆人民出版社　1998　p. 253
高國藩　敦煌俗文化學　上海三聯書店　1999　p. 326、545
劉尊明　唐五代詞史論稿　文化藝術出版社　2000　p. 75
張錫厚　敦煌文學源流　作家出版社　2000　p. 330
曾良　敦煌文獻字義通釋　廈門大學出版社　2001　p. 192
李小榮　變文講唱與華梵宗教藝術　上海三聯書店　2002　p. 239
林仁昱　論敦煌佛教歌曲特質與“弘法”的關係　敦煌學(第 23 輯)　(臺北)樂學書局有限公司　2002　p. 68、72
林仁昱　論敦煌佛教歌曲向通俗傳播的內容　中國俗文化研究(第一輯)　巴蜀書社　2003　p. 188、195
王小盾　從敦煌本共住修道故事看唐代佛教詩歌文體的來源　中國俗文化研究(第一輯)　巴蜀書社　2003　p. 27
曾良　敦煌文獻字義劄記　2000 年敦煌學國際學術討論會文集・歷史文化卷(下)　甘肅民族出版社　2003　p. 471
張子開　敦煌文獻中的白話禪詩　《敦煌學輯刊》2003 年第 1 期　p. 82
湯涒　敦煌曲子詞地域文化研究　上海古籍出版社　2004　p. 46、143
湯涒　敦煌曲子詞寫本叙略　敦煌學國際研討會論文集　北京圖書館出版社　2005　p. 210
汪泛舟　敦煌俗別字新考(上)　《敦煌研究》2006 年第 1 期　p. 105

S. 1498

土橋秀高　敦煌の律藏　敦煌と中國仏教(講座敦煌 7)　(東京)大東出版社　1984　p. 249
王書慶　敦煌佛學・佛事篇　甘肅民族出版社　1995　p. 82
郝春文　唐後期五代宋初敦煌僧尼的社會生活　中國社會科學出版社　1998　p. 24

S. 1513

向達　倫敦所藏敦煌卷子經眼目録　《北平圖書館圖書季刊》1939 年新第 1 卷第 4 期　p. 397　又見:唐代長安與西域文明　三聯書店　1957　p. 208
陳祚龍　關於研究李唐三藏法師玄奘的“作爲”及其影響之敦煌古抄參考資料　中華佛教文化史散策(初集)　(臺北)新文豐出版公司　1978　p. 367
饒宗頤解說　林宏作譯　敦煌書法叢刊(第二九卷)・道書(三)　(東京)二玄社　1984　p. 68
龍晦　論敦煌道教文學　《世界宗教研究》1985 年第 3 期　又見:中國敦煌學百年文庫・宗教卷(三)　甘肅文化出版社　1999　p. 368
姜亮夫　敦煌所見道教佚經考　敦煌學論文集　上海古籍出版社　1987　p. 314
池田溫　中國古代寫本識語集録　(東京)大藏出版株式會社　1990　p. 256
上山大峻　敦煌佛教の研究　(京都)法藏館　1990　p. 195、345
陶秋英輯録　姜亮夫校訂　敦煌所見道教佚經録　敦煌碎金　浙江古籍出版社　1992　p. 319
姜伯勤　《本際經》與敦煌道教　《敦煌研究》1994 年第 3 期　p. 2
姜伯勤　敦煌藝術宗教與禮樂文明　中國社會科學出版社　1996　p. 226
方廣錩　六門陀羅尼經論　敦煌學大辭典　上海辭書出版社　1998　p. 701

譚蟬雪　敦煌道經題記綜述　道家文化研究(第十三輯)　三聯書店　1998　p. 11
王卡　敦煌道經　敦煌學大辭典　上海辭書出版社　1998　p. 758
王卡　老子十方像名經　敦煌學大辭典　上海辭書出版社　1998　p. 761
金岡照光　敦煌文獻と中國文學　(東京)五曜書房　2000　p. 516
張澤洪　論唐代道教的寫經　《敦煌研究》2000 年第 3 期　p. 130
劉屹　《玄妙内篇》考　敦煌文獻論集:紀念藏經洞發現一百周年國際學術研討會論文集　遼寧人民出版社　2001　p. 621
曾良　敦煌文獻字義通釋　廈門大學出版社　2001　p. 148、194
劉屹　論二十世紀的敦煌道教文獻研究　國際敦煌學學術史研討會論文集　研討會籌備組　2002　p. 226　又見:敦煌吐魯番研究(第七卷)　北京大學出版社　2004　p. 205
楊森　武則天至玄宗時代敦煌的三洞法師中嶽先生述略　《敦煌研究》2003 年第 3 期　p. 46
曾良　敦煌文獻字義劄記　2000 年敦煌學國際學術討論會文集・歷史文化卷(下)　甘肅民族出版社　2003　p. 471
王卡　敦煌道教文獻研究　中國社會科學出版社　2004　p. 19、36、192、230

S. 1515

許國霖　敦煌石室寫經題記彙編　《微妙聲》1936－1937 年第 1－4 期　又見:中國敦煌學百年文庫・宗教卷(四)　甘肅文化出版社　1999　p. 218
許國霖　敦煌石室寫經年代表　《微妙聲》1937 年第 5 期　又見:中國敦煌學百年文庫・宗教卷(四)　甘肅文化出版社　1999　p. 197
芳村修基　土橋秀高　井ノ口泰淳　敦煌佛教史年表　西域文化研究(第一)・敦煌佛教資料　(京都)法藏館　1958　p. 262
陳祚龍　敦煌古抄内典尾記彙校初、二、三編合刊　敦煌學要籥　(臺北)新文豐出版公司　1982　p. 103
廣川堯敏　淨土三部經　敦煌と中國仏教(講座敦煌 7)　(東京)大東出版社　1984　p. 102
池田溫　中國古代寫本識語集録　(東京)大藏出版株式會社　1990　p. 221
林聰明　敦煌文書學　(臺北)新文豐出版公司　1991　p. 286
方廣錩　觀無量壽佛經　敦煌學大辭典　上海辭書出版社　1998　p. 661
金岡照光　敦煌文獻と中國文學　(東京)五曜書房　2000　p. 427
林聰明　敦煌吐魯番文書解詁指例　(臺北)新文豐出版公司　2001　p. 159
陳麗萍　敦煌女性寫經題記及反映的婦女問題　敦煌佛教藝術文化國際學術研討會論文集　蘭州大學出版社　2002　p. 433
姜亮夫　敦煌莫高窟年表　姜亮夫全集(十一)　雲南人民出版社　2002　p. 342
公維章　涅槃、淨土的殿堂:敦煌莫高窟第 148 窟研究　民族出版社　2004　p. 122
礪波護著　韓昇　劉建英譯　隋唐佛教文化　上海古籍出版社　2004　p. 36、49

S. 1516

土橋秀高　敦煌の律藏　敦煌と中國仏教(講座敦煌 7)　(東京)大東出版社　1984　p. 249、264
戴密微著　耿昇譯　敦煌學近作　敦煌譯叢(第一輯)　甘肅人民出版社　1985　p. 24

S. 1517

森安孝夫著　楊富學譯　敦煌出土元代回鶻文佛教徒書簡《敦煌研究》1991 年第 2 期　p. 41

S. 1519

那波利貞　佛教信仰に基きて組織せられたる中晚唐五代時代の社邑に就きて(上)『史林』(24卷3號)　京都大學文學部史學研究會　1939　p. 39　又見:唐代社會文化史研究・第六編　(東京)創文社　1974　p. 607

向達　倫敦所藏敦煌卷子經眼目録　《北平圖書館圖書季刊》1939年新第1卷第4期　p. 397　又見:唐代長安與西域文明　三聯書店　1957　p. 209

那波利貞　千佛岩莫高窟と敦煌文書　西域文化研究(第二)・敦煌吐魯番社會經濟資料(上)　(京都)法藏館　1959　p. 35

那波利貞　梁戶考　唐代社會文化史研究・第三編　(東京)創文社　1974　p. 317、389

蘇瑩輝　敦煌學概要　(臺北)編譯館"中華叢書編委會"　1981　p. 179

姜伯勤　唐五代敦煌寺戶制度　中華書局　1987　p. 226、275

馬德　都僧統之"家窟"及其營建《臘八燃燈分配窟龕名數》叢識之三　《敦煌研究》1989年第4期　1989　p. 57

榮新江　關於沙州歸義軍都僧統年代的幾個問題　《敦煌研究》1989年第4期　p. 74

山本達郎等　敦煌・I 社條　『NUN – HUANG AND TURFAN DOCUMENTS CONCERNING SOCIAL AND ECONOMIC HISTORY』(IV)　(東京)東洋文庫　1989　p. 8

山本達郎等　敦煌・III 轉貼　『NUN – HUANG AND TURFAN DOCUMENTS CONCERNING SOCIAL AND ECONOMIC HISTORY』(IV)　(東京)東洋文庫　1989　p. 81

譚蟬雪　敦煌歲時掇瑣:正月　《敦煌研究》1990年第1期　p. 48　又見:(香港)《九州學刊》(敦煌學專輯)1993年第5卷第4期　p. 107

唐耕耦　陸宏基　敦煌社會經濟文獻真迹釋録(三)　全國圖書館文獻縮微複製中心　1990　p. 178

姜伯勤　敦煌社會文書導論　(臺北)新文豐出版公司　1992　p. 215

高國藩　敦煌民俗資料導論　(臺北)新文豐出版公司　1993　p. 170

鄭炳林　高偉　唐五代敦煌釀酒業初探　《西北史地》1994年第1期　p. 32

張弓　敦煌秋冬節俗初探　敦煌學國際研討會文集・史地語文編　遼寧美術出版社　1995　p. 593

郝春文　唐後期五代宋初沙州僧尼的宗教收入(三):大衆倉試探　《敦煌學輯刊》1996年第2期　p. 1

馬德　敦煌莫高窟史研究　甘肅教育出版社　1996　p. 214

馬德　莫高窟與敦煌佛教教團　敦煌吐魯番研究(第一卷)　北京大學出版社　1996　p. 170

鄭炳林　唐五代敦煌粟特人與歸義軍政權　《敦煌研究》1996年第4期　p. 93　又見:敦煌歸義軍史專題研究　蘭州大學出版社　1997　p. 425

方廣錩　敦煌佛教經録輯校　江蘇古籍出版社　1997　p. 518

馮培紅　唐五代敦煌的河渠水利與水司管理機構初探　《敦煌學輯刊》1997年第2期　p. 77

李正宇　敦煌歷史地理導論　(臺北)新文豐出版公司　1997　p. 63

馬德　敦煌工匠史料　甘肅人民出版社　1997　p. 75

張弓　漢唐佛寺文化史　中國社會科學出版社　1997　p. 957

鄭炳林　敦煌碑銘讚輯釋　甘肅教育出版社　1997　p. 159 注 4

方廣錩　諸寺藏經録　敦煌學大辭典　上海辭書出版社　1998　p. 751

郝春文　唐後期五代宋初敦煌僧尼的社會生活　中國社會科學出版社　1998　p. 174

金瀅坤　從敦煌文書看晚唐五代敦煌地區布紡織業　《敦煌研究》1998年第2期　p. 137

李正宇　村莊　敦煌學大辭典　上海辭書出版社　1998　p. 305

馬德　10 世紀敦煌寺曆所記三窟活動　《敦煌研究》1998 年第 2 期　p. 83
譚蟬雪　敦煌歲時文化導論　（臺北）新文豐出版公司　1998　p. 41、56、346、387
楊森　洪習　敦煌學大辭典　上海辭書出版社　1998　p. 350
楊森　晚唐五代兩件《女人社》文書劄記　《敦煌研究》1998 年第 1 期　p. 71
高啓安　唐五代敦煌僧人飲食的幾個名詞解釋　《敦煌研究》1999 年第 4 期　p. 134
高啓安　唐五代至宋敦煌的量器及量制　《敦煌學輯刊》1999 年第 1 期　p. 65
戴仁　敦煌寫本中的贋品　法國漢學（敦煌學專號）　中華書局　2000　p. 9
高啓安　唐五代敦煌人的飲酒習俗述論　《敦煌研究》2000 年第 3 期　p. 83
郝春文　部分英藏敦煌文獻的定名問題　英國收藏敦煌漢藏文獻研究：紀念敦煌文獻發現一百周年　中國社會科學出版社　2000　p. 389
金岡照光　敦煌文獻と中國文學　（東京）五曜書房　2000　p. 427
雷紹鋒　歸義軍賦役制度初探　（臺北）洪葉文化事業有限公司　2000　p. 269
譚蟬雪　唐宋敦煌歲時佛俗：正月　《敦煌研究》2000 年第 4 期　p. 70
譚蟬雪　唐宋敦煌歲時佛俗：八月至十二月　《敦煌研究》2001 年第 2 期　p. 75、79
曾良　敦煌文獻字義通釋　廈門大學出版社　2001　p. 33、75
杜建録　西夏酒的生産與征榷　《寧夏社會科學》2002 年第 2 期　p. 83
高啓安　晚唐五代敦煌僧人飲食戒律初探　敦煌佛教藝術文化國際學術研討會論文集　蘭州大學出版社　2002　p. 392
郝春文　《勘尋永安寺法律願慶與老宿紹建相諍根由狀》及相關問題考　戒幢佛學（第二卷）　岳麓書社　2002　p. 83　又見：中日敦煌佛教學術會議論文集　中國社會科學院研究所　2002　p. 59
李正宇　唐宋時期的敦煌佛教　敦煌佛教藝術文化國際學術研討會論文集　蘭州大學出版社　2002　p. 379
鄭炳林　晚唐五代敦煌歸義軍行政區劃制度研究（之二）　《敦煌研究》2002 年第 3 期　p. 69
楊森　五代宋時期于闐皇太子在敦煌的太子莊　《敦煌研究》2003 年第 4 期　p. 43
鄭炳林　晚唐五代敦煌村莊聚落輯考　2000 年敦煌學國際學術討論會文集・歷史文化卷（上）　甘肅民族出版社　2003　p. 136
高啓安　唐五代敦煌飲食文化研究　民族出版社　2004　p. 10、145
李正宇　晚唐至宋敦煌僧人聽食“淨肉”　敦煌學（第 25 輯）　（臺北）樂學書局有限公司　2004　p. 184
趙紅　高啓安　唐五代時期敦煌僧人飲食概述　麥積山石窟藝術文化論文集（下）　蘭州大學出版社　2004　p. 284
鄭炳林　魏迎春　晚唐五代敦煌佛教教團的戒律和清規　《敦煌學輯刊》2004 年第 2 期　p. 34
李正宇　晚唐至北宋敦煌僧尼普聽飲酒　《敦煌研究》2005 年第 3 期　p. 69、73

S. 1520

陳祚龍　敦煌古抄内典尾記彙校初、二、三編合刊　敦煌學要籥　（臺北）新文豐出版公司　1982　p. 104
田中良昭　敦煌禪宗文獻の研究　（東京）大東出版社　1983　p. 350
池田温　中國古代寫本識語集録　（東京）大藏出版株式會社　1990　p. 384
李正宇　敦煌文學概論　甘肅人民出版社　1993　p. 93
梅弘理　敦煌本佛教教理問答書　法國學者敦煌學論文選萃　中華書局　1993　p. 140

汪娟　敦煌禮懺文研究　(臺北)法鼓文化公司　1994　p. 224
鄭炳林　敦煌碑銘讚輯釋　甘肅教育出版社　1997　p. 217 注 3
李正宇　利濟　敦煌學大辭典　上海辭書出版社　1998　p. 349
楊富學　李吉和　敦煌漢文吐蕃史料輯校(第一輯)　甘肅人民出版社　1999　p. 283
徐俊　敦煌詩集殘卷輯考　中華書局　2000　p. 188
林聰明　敦煌吐魯番文書解詁指例　(臺北)新文豐出版公司　2001　p. 138、189
屈直敏　敦煌高僧　民族出版社　2004　p. 90

S. 1522

唐耕耦　陸宏基　敦煌社會經濟文獻真迹釋録(三)　全國圖書館文獻縮微複製中心　1990　p. 175
高國藩　敦煌民俗資料導論　(臺北)新文豐出版公司　1993　p. 91
沃興華　敦煌書法藝術　上海人民出版社　1994　p. 34
馮培紅　唐五代敦煌的河渠水利與水司管理機構初探　《敦煌學輯刊》1997 年第 2 期　p. 77
王三慶　北京大學圖書館藏本《諸文要集》一卷研究　慶祝吳其昱先生八秩華誕敦煌學特刊　(臺北)文津出版社　2000　p. 159

S. 1523

向達　倫敦所藏敦煌卷子經眼目録　《北平圖書館圖書季刊》1939 年新第 1 卷第 4 期　p. 397　又見:唐代長安與西域文明　三聯書店　1957　p. 209
饒宗頤解說　林宏作譯　敦煌書法叢刊(第二四卷)・寫經(五)　(東京)二玄社　1984　p. 53
陳祚龍　百尺竿頭,更進一步:敦煌學散策之三　敦煌學林劄記　(臺北)商務印書館　1987　p. 66
任半塘　敦煌歌辭總編　上海古籍出版社　1987　p. 800
譚蟬雪　碑・銘　敦煌文學　甘肅人民出版社　1989　p. 111
榮新江　《唐刺史考》補遺　《文獻》1990 年第 2 期　p. 86　又見:敦煌學新論　甘肅教育出版社　2002　p. 265
王三慶　敦煌寫卷中武后新字之調查研究　唐代研究論集(第三輯)　(臺北)新文豐出版公司　1992　p. 88
周紹良　敦煌文學芻議及其它　(臺北)新文豐出版公司　1992　p. 16
高國藩　敦煌民俗資料導論　(臺北)新文豐出版公司　1993　p. 90
李明偉　敦煌文學概論　甘肅人民出版社　1993　p. 479
郝春文　《上海博物館藏敦煌吐魯番文獻》讀後　《敦煌學輯刊》1994 年第 2 期　p. 122
馬德　三件莫高窟洞窟營造文書述略　《敦煌研究》1994 年第 4 期　p. 152
黃征　吳偉　敦煌願文集　岳麓書社　1995　p. 13、711
李明偉　敦煌文學中"敦煌文"的研究和分類評價　《敦煌研究》1995 年第 4 期　p. 121
馬德　敦煌莫高窟史研究　甘肅教育出版社　1996　p. 80
王昆吾　隋唐五代燕樂雜言歌辭研究　中華書局　1996　p. 374
方廣錩　評《敦煌願文集》　敦煌吐魯番研究(第二卷)　北京大學出版社　1997　p. 386
黃征　敦煌願文考論　敦煌語文叢說　(臺北)新文豐出版公司　1997　p. 591
王書慶　敦煌文獻中的《齋琬文》　《敦煌研究》1997 年第 1 期　p. 142
顏廷亮　《金山國諸雜齋文範》校録及其他　敦煌文學論集　四川人民出版社　1997　p. 356
鄭炳林　敦煌碑銘讚輯釋　甘肅教育出版社　1997　p. 1、16
顏廷亮　敦煌文化中的道教及文化　《敦煌研究》1999 年第 1 期　p. 139

徐俊　敦煌詩集殘卷輯考　中華書局　2000　p. 557
顔廷亮　敦煌文化　光明日報出版社　2000　p. 240、429
顔廷亮　敦煌文化的靈魂論綱　《甘肅社會科學》2000 年第 4 期　p. 36
榮新江　《英藏敦煌文獻》寫本定名商補　敦煌學新論　甘肅教育出版社　2002　p. 119、192
公維章　涅槃、淨土的殿堂：敦煌莫高窟第 148 窟研究　民族出版社　2004　p. 38
劉安志　關於唐代沙州陞爲都督府的時間問題　《敦煌學輯刊》2004 年第 2 期　p. 61

S. 1524

許國霖　敦煌石室寫經題記彙編　《微妙聲》1936 – 1937 年第 1 – 4 期　又見：中國敦煌學百年文庫・宗教卷（四）　甘肅文化出版社　1999　p. 233
許國霖　敦煌石室寫經年代表　《微妙聲》1937 年第 5 期　又見：中國敦煌學百年文庫・宗教卷（四）　甘肅文化出版社　1999　p. 194
芳村修基　土橋秀高　井ノ口泰淳　敦煌佛教史年表　西域文化研究（第一）・敦煌佛教資料　（京都）法藏館　1958　p. 254
陳祚龍　敦煌古抄内典尾記彙校初、二、三編合刊　敦煌學要籥　（臺北）新文豐出版公司　1982　p. 104
池田溫　中國古代寫本識語集録　（東京）大藏出版株式會社　1990　p. 107
鄭汝中　敦煌書法管窺　《敦煌研究》1991 年第 4 期　p. 38
趙聲良　北魏寫本《大方等陀羅尼經》　敦煌書法庫（第一輯）　甘肅人民美術出版社　1994　p. 157
鄭汝中　敦煌書法概述　敦煌書法庫（第一輯）　甘肅人民美術出版社　1994　p. 11
趙秀榮　北朝石窟中的神王像　《敦煌學輯刊》1995 年第 1 期　p. 69
鄧文寬　敦煌吐魯番文獻重文符號釋讀舉隅　敦煌吐魯番學耕耘録　（臺北）新文豐出版公司　1996　p. 329
方廣錩　大方等陀羅尼經　敦煌學大辭典　上海辭書出版社　1998　p. 700
趙聲良　大方等陀羅尼經卷第一　敦煌學大辭典　上海辭書出版社　1998　p. 280
姜亮夫　敦煌莫高窟年表　姜亮夫全集（十一）　雲南人民出版社　2002　p. 126
張元林　莫高窟北朝窟中的婆藪仙和鹿頭梵志形象再識　《敦煌研究》2002 年第 2 期　p. 73
賀世哲　石室劄記　《敦煌研究》2003 年第 1 期　p. 24
李小榮　敦煌密教文獻論稿　人民文學出版社　2003　p. 26

S. 1527

陳祚龍　敦煌古抄内典尾記彙校初、二、三編合刊　敦煌學要籥　（臺北）新文豐出版公司　1982　p. 104
池田溫　中國古代寫本識語集録　（東京）大藏出版株式會社　1990　p. 513
王三慶　敦煌寫卷中武后新字之調查研究　唐代研究論集（第三輯）　（臺北）新文豐出版公司　1992　p. 88
徐俊　敦煌詩集殘卷輯考　中華書局　2000　p. 838
陳麗萍　敦煌女性寫經題記及反映的婦女問題　敦煌佛教藝術文化國際學術研討會論文集　蘭州大學出版社　2002　p. 434

S. 1529

芳村修基　土橋秀高　井ノ口泰淳　敦煌佛教史年表　西域文化研究（第一）・敦煌佛教資料　（京

都)法藏館　1958　p. 258
池田溫　評『ペリオ將來敦煌漢文文獻目録』第一卷(P. 2001 – 2500)『東洋學報』(54 卷 4 號)(東京)東洋學術學會　1972　p. 67
陳祚龍　敦煌古抄内典尾記彙校初、二、三編合刊　敦煌學要籥　(臺北)新文豐出版公司　1982　p. 104
饒宗頤解說　林宏作譯　敦煌書法叢刊(第二二卷)・寫經(三)　(東京)二玄社　1983　p. 68
池田溫　中國古代寫本識語集録　(東京)大藏出版株式會社　1990　p. 151
楊森　"婆姨"與"優婆姨"稱謂芻議　《敦煌研究》1994 年第 3 期　p. 125
趙聲良　隋代敦煌寫本的書法藝術　敦煌書法庫(第三輯)　甘肅人民美術出版社　1994　p. 2　又見:《敦煌研究》1995 年第 4 期　p. 134
黄征　吳偉　敦煌願文集　岳麓書社　1995　p. 857
張涌泉　敦煌俗字研究導論　(臺北)新文豐出版公司　1996　p. 245
方廣錩　大方廣佛華嚴經　敦煌學大辭典　上海辭書出版社　1998　p. 655
陳麗萍　敦煌女性寫經題記及反映的婦女問題　敦煌佛教藝術文化國際學術研討會論文集　蘭州大學出版社　2001　p. 437
馬德　敦煌寫經題記的社會意義　法源(第 19 期)　中國佛學院　2001　p. 87
李丞宰著　大塚忠蔵譯　敦煌佛經の50 卷本華厳經を探して　日本學・敦煌學・漢文訓讀の新展開　(東京)汲古書院　2005　p. 61

S. 1531

江素雲　維摩詰所說經敦煌寫本綜合目録　(臺北)東初出版社　1991　p. 79

S. 1533

江素雲　維摩詰所說經敦煌寫本綜合目録　(臺北)東初出版社　1991　p. 79
許建平　英倫法京所藏敦煌寫本殘片八種之定名並校録　敦煌學(第 24 輯)　(臺北)樂學書局有限公司　2003　p. 117

S. 1534

伊藤美重子　敦煌本『大智度論』の整理　中國佛教石經の研究　京都大學學術出版會　1996　p. 362、385

S. 1543

遊志誠　敦煌古抄本文選五臣注研究　全國敦煌學研討會論文集　(臺北)中正大學中國文學系所　1995　p. 150

S. 1544

杜愛英　敦煌遺書中俗體字的諸種類型　《敦煌研究》1992 年第 3 期　p. 119

S. 1546

方廣錩　七女觀經　敦煌學大辭典　上海辭書出版社　1998　p. 709

S. 1547

許國霖　敦煌石室寫經題記彙編　《微妙聲》1936 - 1937 年第 1 - 4 期　又見：中國敦煌學百年文庫・宗教卷(四)　甘肅文化出版社　1999　p. 239

許國霖　敦煌石室寫經年代表　《微妙聲》1937 年第 5 期　又見：中國敦煌學百年文庫・宗教卷(四)　甘肅文化出版社　1999　p. 193

芳村修基　土橋秀高　井ノ口泰淳　敦煌佛教史年表　西域文化研究（第一）・敦煌佛教資料　(京都)法藏館　1958　p. 253

陳祚龍　後魏元榮坐鎮瓜州事佛之一斑　《古今談》1973 年第 103 期　又見：中國敦煌學百年文庫・宗教卷(一)　甘肅文化出版社　1999　p. 8

矢吹慶輝　鳴沙餘韻・解說篇(第一部)　(京都)臨川書店　1980　p. 267

陳祚龍　敦煌古抄內典尾記彙校初、二、三編合刊　敦煌學要籥　(臺北)新文豐出版公司　1982　p. 104

饒宗頤解說　林宏作譯　敦煌書法叢刊　第二十卷・寫經(一)解說　(東京)二玄社　1983　p. 63

姜亮夫　敦煌經卷題名録　敦煌學論文集　上海古籍出版社　1987　p. 1053、1071

王三慶　日本所見敦煌寫卷目録提要(一)　敦煌學(第 15 輯)　(臺北)新文豐出版公司　1989　p. 99

池田溫　中國古代寫本識語集録　(東京)大藏出版株式會社　1990　p. 102

高國藩　敦煌古俗與民俗流變　河海大學出版社　1990　p. 424

林聰明　敦煌文書學　(臺北)新文豐出版公司　1991　p. 101、158

陶秋英輯録　姜亮夫校訂　敦煌經卷題名録　敦煌碎金　浙江古籍出版社　1992　p. 59、96

伊藤伸　中國書法史上から見た敦煌漢文寫本　敦煌漢文文獻(講座敦煌 5)　(東京)大東出版社　1992　p. 212

陳澤奎　試論唐人寫經題記的原始著作權意義　《敦煌研究》1994 年第 3 期　p. 119

藤枝晃著　徐慶全　李樹清譯　敦煌寫本概述　《敦煌研究》1996 年第 2 期　p. 117

伊藤伸著　趙聲良譯　從中國書法史看敦煌漢文文書(二)　《敦煌研究》1996 年第 2 期　p. 145

方廣錩　成實論　敦煌學大辭典　上海辭書出版社　1998　p. 722

顧吉辰　敦煌文獻職官結銜考釋　《敦煌學輯刊》1998 年第 2 期　p. 20

高啓安　唐五代敦煌僧人飲食的幾個名詞解釋　《敦煌研究》1999 年第 4 期　p. 134

姜亮夫　敦煌莫高窟年表　姜亮夫全集(十一)　雲南人民出版社　2002　p. 114

方廣錩　敦煌寺院所藏大藏經概貌　藏外佛教文獻(第八輯)　宗教文化出版社　2003　p. 376

S. 1548

宇井伯壽　西域佛典の研究：敦煌逸書簡譯　(東京)岩波書店　1969　p. 405

陳祚龍　關於唐釋智昇的生平與著述　敦煌學散策新集　(臺北)新文豐出版公司　1989　p. 166

陳祚龍　敦煌學新簡　敦煌文物散論　(臺北)新文豐出版公司　1993　p. 161

鄭阿財　從敦煌文獻看唐代的三教合一　第二屆國際唐代學術會議論文集(上)　(臺北)文津出版社　1993　p. 668 注 16

方廣錩　七女觀經　敦煌學大辭典　上海辭書出版社　1998　p. 709

張涌泉　敦煌本《佛說父母恩重經》研究　文史(第四十九輯)　中華書局　1999　p. 69

馬世長　《父母恩重經》寫本與變相　敦煌研究文集：敦煌石窟經變篇　甘肅民族出版社　2000　p. 398

町田隆吉　『唐咸亨四年(673)左憧熹生前及隨身錢物疏』をめぐって　『西北出土文獻研究』(創刊

號）（新潟）西北出土文獻研究會 2004 p. 69

S. 1549

周紹良 白化文 李鼎霞 敦煌變文集補編 北京大學出版社 1989 p. 112

周紹良 《讚僧功德經》校録並解說 敦煌吐魯番學研究論文集 漢語大詞典出版社 1990 p. 94

周紹良 敦煌文學芻議及其它 （臺北）新文豐出版公司 1992 p. 132

徐俊 敦煌詩集殘卷輯考 中華書局 2000 p. 863

S. 1552

矢吹慶輝 三階教之研究 （東京）岩波書店 1927 p. 686、735、789

矢吹慶輝 鳴沙餘韻・解說篇(第一部) （京都）臨川書店 1980 p. 204、208

戴密微著 耿昇譯 唐代的入冥故事：黄仕强傳 敦煌譯叢(第一輯) 甘肅人民出版社 1985 p. 140 注 3

柴劍虹 讀敦煌寫卷《黄仕强傳》劄記 敦煌語言文學研究 北京大學出版社 1988 p. 249

蕭登福 道教星斗符印與佛教密宗 （臺北）新文豐出版公司 1993 p. 45

蕭登福 道教術儀與密教典籍 （臺北）新文豐出版公司 1994 p. 488

方廣錩 普賢菩薩說證明經 敦煌學大辭典 上海辭書出版社 1998 p. 736

鄭阿財 敦煌疑僞經與靈驗記關係之考察 漢語史學報專輯(第三輯) 上海教育出版社 2003 p. 286

S. 1554

福井文雅 般若心經 敦煌と中國仏教(講座敦煌 7) （東京）大東出版社 1984 p. 38

S. 1558

池田溫 中國古代寫本識語集録 （東京）大藏出版株式會社 1990 p. 254

鄭阿財 敦煌文獻與文學 （臺北）新文豐出版公司 1993 p. 167

S. 1561

陳祚龍 敦煌古抄内典尾記彙校初、二、三編合刊 敦煌學要籥 （臺北）新文豐出版公司 1982 p. 105

池田溫 中國古代寫本識語集録 （東京）大藏出版株式會社 1990 p. 392

S. 1563

向達 倫敦所藏敦煌卷子經眼目録 《北平圖書館圖書季刊》1939 年新第 1 卷第 4 期 p. 397 又見：唐代長安與西域文明 三聯書店 1957 p. 209

陳祚龍 瓜沙印録 （臺北）《大陸雜誌》1962 年第 4 期 又見：敦煌學概要 （臺北）編譯館"中華叢書編委會" 1981 p. 268；中國敦煌學百年文庫・考古卷(一) 甘肅文化出版社 1999 p. 190

唐長孺 關於歸義軍節度使的幾種資料跋 《中華文史論叢》1962 年第 1 期 又見：敦煌學文選(上) 蘭州大學歷史系敦煌學研究室等 1983 p. 177；敦煌吐魯番文書研究 甘肅人民出版社 1984 p. 169；山居存稿 中華書局 1989 p. 438；中國敦煌學百年文庫・歷史卷(一) 甘肅文化出版社 1999 p. 209

陳祚龍　中世敦煌婦女出家、入道、受戒、弘法之一斑　《海潮音》1979 年第 60 卷第 8 期　又見:敦煌簡策訂存　(臺北)商務印書館　1983　p. 35；中國敦煌學百年文庫・宗教卷(四)　甘肅文化出版社　1999　p. 337

陳祚龍　古代敦煌及其他地區流行之公私印章圖記文字録　敦煌學要籥　(臺北)新文豐出版公司　1982　p. 339

陳守忠　西元八世紀後期至十一世紀前期河西歷史述論　《西北師院學報》1983 年第 4 期　p. 58

賀世哲　孫修身　《瓜沙曹氏年表補正》之補正　敦煌學文選(上)　蘭州大學歷史系敦煌學研究室等　1983　p. 148

冷鵬飛　唐末沙州歸義軍時期有關百姓受田和賦稅的幾個問題　《敦煌學輯刊》1984 年第 1 期　p. 36

饒宗頤解說　林宏作譯　敦煌書法叢刊(第十五卷)・牒狀(二)　(東京)二玄社　1985　p. 79

賀世哲　從供養人題記看莫高窟部分洞窟的營建年代　敦煌莫高窟供養人題記　文物出版社　1986　p. 216

蘇瑩輝　從幾種敦煌資料論張承奉、曹議金之稱"帝"稱"王"　敦煌學(第 11 輯)　(臺北)新文豐出版公司　1986　p. 67　又見:敦煌文史藝術論叢　(臺北)新文豐出版公司　1987　p. 150

蘇瑩輝　瓜沙史事述要　漢學研究(敦煌學國際研討會論文專號)　(臺北)漢學研究資料及服務中心　1986　p. 472　又見:敦煌文史藝術論叢　(臺北)新文豐出版公司　1987　p. 82

李正宇　關於金山國和敦煌國建國的幾個問題　《西北史地》1987 年第 2 期　p. 73

蘇瑩輝　巴黎藏敦煌寫本歸義軍節度使曹議金道場四疏箋正　敦煌文史藝術論叢　(臺北)新文豐出版公司　1987　p. 130

蘇瑩輝　繼張氏任歸義軍節度使者爲曹仁貴論　敦煌文史藝術論叢　(臺北)新文豐出版公司　1987　p. 22

唐耕耦　曹仁貴節度沙州歸義軍始末　《敦煌研究》1987 年第 2 期　p. 16

王堯　陳踐　歸義軍曹氏與于闐之關係補證　《西北史地》1987 年第 2 期　p. 61

孫修身　瓜沙曹氏卒立世次考　《魏晉南北朝隋唐史》1988 年第 10 期　p. 25　又見:中國敦煌學百年文庫・歷史卷(二)　甘肅文化出版社　1999　p. 229

榮新江　關於沙州歸義軍都僧統年代的幾個問題　《敦煌研究》1989 年第 4 期　p. 73

汪泛舟　偈・頌　敦煌文學　甘肅人民出版社　1989　p. 93

李正宇　曹仁貴名實論:曹氏歸義軍創始及歸奉後梁史探　第二屆敦煌學國際研討會論文集　(臺北)漢學研究中心　1990　p. 555

盧向前　金山國立國之我見　《敦煌學輯刊》1990 年第 2 期　p. 21　又見:敦煌吐魯番文書論稿　江西人民出版社　1992　p. 188

榮新江　沙州歸義軍歷任節度使稱號研究　敦煌吐魯番學研究論文集　漢語大詞典出版社　1990　p. 791

蘇哲　伯二九九二號文書三通五代狀文的研究　敦煌吐魯番文獻研究論集(第五輯)　北京大學出版社　1990　p. 441

唐耕耦　陸宏基　敦煌社會經濟文獻真迹釋録(四)　全國圖書館文獻縮微複製中心　1990　p. 64

諸戸立雄　中國佛教制度史の研究　(東京)平河出版社　1990　p. 264

李正宇　曹仁貴歸奉後的一組新資料　魏晉南北朝隋唐史資料(第 11 輯)　武漢大學出版社　1991　p. 279

中村裕一　唐代官文書研究　(京都)中文出版社　1991　p. 423

林家平　寧强　羅華慶　中國敦煌學史　北京語言學院出版社　1992　p. 359
榮新江　金山國史辨正　中華文史論叢（總 50 輯）　上海古籍出版社　1992　p. 83
中村裕一　官文書　敦煌漢文文獻（講座敦煌 5）　（東京）大東出版社　1992　p. 554、577
竺沙雅章　寺院文書　敦煌漢文文獻（講座敦煌 5）　（東京）大東出版社　1992　p. 591
陳守忠　河隴史地考述　蘭州大學出版社　1993　p. 74
榮新江　敦煌邈真讚所見歸義軍與東西回鶻的關係　敦煌邈真讚校録並研究　（臺北）新文豐出版公司　1994　p. 72
蘇瑩輝　張承奉稱帝稱王與曹仁貴節度沙州歸義軍顛末考　敦煌學國際研討會文集・史地語文編　遼寧美術出版社　1995　p. 51
顔廷亮　敦煌文學概説　（臺北）新文豐出版公司　1995　p. 170
楊森　金山國與各教的疏密關係　敦煌佛教文獻研究　敦煌研究院文獻研究所　1995　p. 56
楊秀清　八十年代以來金山國史研究綜述　《敦煌研究》1995 年第 4 期　p. 188
李正宇　敦煌史地新論　（臺北）新文豐出版公司　1996　p. 214
劉進寶　P. 3236 號《壬申年官布籍》時代考　《西北師大學報》（社會科學版）1996 年第 5 期　p. 43
劉進寶　P. 3236 號《壬申年官布籍》研究　慶祝潘石禪先生九秩華誕敦煌學特刊　（臺北）文津出版社　1996　p. 358
榮新江　歸義軍史研究　上海古籍出版社　1996　p. 15
王惠民　《敦煌邈真讚校録並研究》評介　《敦煌研究》1996 年第 2 期　p. 153
顔廷亮　敦煌西漢金山國檔案文獻考略　《甘肅社會科學》1996 年第 5 期　p. 92
中村裕一　唐代公文書研究　（東京）汲古書院　1996　p. 78、143
郝春文　歸義軍政權與敦煌佛教之關係新探　周紹良先生欣開九秩慶壽文集　中華書局　1997　p. 169
王書慶　敦煌文獻中五代宋初戒牒研究　《敦煌研究》1997 年第 3 期　p. 34
鄭炳林　敦煌碑銘讚輯釋　甘肅教育出版社　1997　p. 360 注 9
陳國燦　西漢金山國　敦煌學大辭典　上海辭書出版社　1998　p. 372
郝春文　唐後期五代宋初敦煌僧尼的社會生活　中國社會科學出版社　1998　p. 8、119
榮新江　歸義軍大事紀年初稿　出土文獻研究（第三輯）　文物出版社　1998　p. 242
沙知　敦煌國天王印　敦煌學大辭典　上海辭書出版社　1998　p. 289
唐耕耦　甲戌年西漢敦煌國聖文神武王敕　敦煌學大辭典　上海辭書出版社　1998　p. 640
楊森　張承奉　敦煌學大辭典　上海辭書出版社　1998　p. 356
黄征　程惠新　劫塵遺珠：敦煌遺書　甘肅教育出版社　1999　p. 165
陸慶夫　金山國與甘州回鶻關係考論　《敦煌學輯刊》1999 年第 1 期　p. 56
楊秀清　敦煌西漢金山國史　甘肅人民出版社　1999　p. 139、154
郝春文　英藏敦煌文獻年代叢考　英國收藏敦煌漢藏文獻研究：紀念敦煌文獻發現一百周年　中國社會科學出版社　2000　p. 377
劉進寶　敦煌文書與唐史研究　（臺北）新文豐出版公司　2000　p. 229
顔廷亮　敦煌西漢金山國之文學考論　1994 年敦煌學國際研討會文集・宗教文史卷（上）　甘肅民族出版社　2000　p. 207
徐曉麗　曹議金與甘州回鶻天公主結親時間考　《敦煌研究》2001 年第 4 期　p. 117
李德龍　沙州三界寺《授戒牒》初探　甘肅民族研究論叢　甘肅人民出版社　2002　p. 401
王蘭平　敦煌寫本 ДX6062《歸義軍時期大般若經抄寫紙曆》及其相關問題考釋　敦煌佛教藝術文化國際學術研討會論文集　蘭州大學出版社　2002　p. 73

森安孝夫著　梁曉鵬摘譯　河西歸義軍節度使官印及其編年　《敦煌學輯刊》2003 年第 1 期　p. 142
王黼明　瓜州曹氏與甘州回鶻的兩次和親始末　《敦煌研究》2003 年第 1 期　p. 69
湛如　敦煌佛教律儀制度研究　中華書局　2003　p. 179
馮培紅　關於歸義軍節度使官制的幾個問題　麥積山石窟藝術文化論文集(下)　蘭州大學出版社　2004　p. 221
胡戟　胡戟文存　中國社會科學出版社　2004　p. 154
湯涒　敦煌曲子詞地域文化研究　上海古籍出版社　2004　p. 17
王冀青　斯坦因與日本敦煌學　甘肅教育出版社　2004　p. 173
湯涒　敦煌曲子詞寫本叙略　敦煌學國際研討會論文集　北京圖書館出版社　2005　p. 192
鄭炳林　晚唐五代歸義軍政權與佛教教團關係研究　《敦煌學輯刊》2005 年第 1 期　p. 11

S. 1564

江素雲　維摩詰所説經敦煌寫本綜合目録　(臺北)東初出版社　1991　p. 79

S. 1565

方廣錩　菩薩地持經　敦煌學大辭典　上海辭書出版社　1998　p. 715

S. 1566

陳祚龍　瓜沙印録　(臺北)《大陸雜誌》1962 年第 4 期　又見:敦煌學概要　(臺北)編譯館"中華叢書編委會"　1981　p. 267 ；中國敦煌學百年文庫・考古卷(一)　甘肅文化出版社　1999　p. 188
陳祚龍　古代敦煌及其他地區流行之公私印章圖記文字録　敦煌學要籥　(臺北)新文豐出版公司　1982　p. 333
池田溫　敦煌文獻について　『書道研究』(2 卷 2 號)　(東京)萱原書局　1988　p. 49　又見:敦煌文書の世界　(東京)名著刊行會　2003　p. 51

S. 1574

姜伯勤　敦煌寺院碾磑經營的兩種形式　歷史論叢(第三輯)　齊魯書社　1983　p. 183　又見:五十年來漢唐佛教寺院經濟研究　北京師範大學出版社　1986　p. 230
郝春文　唐後期五代宋初沙州僧尼的宗教收入(三):大衆倉試探　《敦煌學輯刊》1996 年第 2 期　p. 2
郝春文　關於唐後期五代宋初沙州僧俗的施捨問題　唐研究(第三卷)　北京大學出版社　1997　p. 31
唐耕耦　敦煌寺院會計文書研究　(臺北)新文豐出版公司　1997　p. 315
郝春文　唐後期五代宋初敦煌僧尼的社會生活　中國社會科學出版社　1998　p. 214
馬德　10 世紀敦煌寺曆所記三窟活動　《敦煌研究》1998 年第 2 期　p. 85
譚蟬雪　敦煌歲時文化導論　(臺北)新文豐出版公司　1998　p. 311
郝春文　唐後期五代宋初敦煌的春秋官齋、十二月轉經、水則道場與佛教節日　慶祝吳其昱先生八秩華誕敦煌學特刊　(臺北)文津出版社　2000　p. 245
雷紹鋒　歸義軍賦役制度初探　(臺北)洪葉文化事業有限公司　2000　p. 205
徐曉卉　唐五代宋初敦煌地區麻的種植品種試析　《敦煌研究》2004 年第 2 期　p. 89
郭永利　晚唐五代敦煌佛教寺院的納贈　《敦煌學輯刊》2005 年第 4 期　p. 79

S. 1575

池田溫　中國古代寫本識語集録　(東京)大藏出版株式會社　1990　p. 370

S. 1576

福井文雅　般若心經　敦煌と中國仏教(講座敦煌 7)　(東京)大東出版社　1984　p. 38

王重民　《敦煌遺書總目索引》後記　敦煌遺書論文集　中華書局　1984　p. 69

S. 1580

陳祚龍　敦煌古抄内典尾記彙校初、二、三編合刊　敦煌學要籥　(臺北)新文豐出版公司　1982　p. 105

池田溫　中國古代寫本識語集録　(東京)大藏出版株式會社　1990　p. 362

林聰明　敦煌文書學　(臺北)新文豐出版公司　1991　p. 297

S. 1585

楠山春樹　道德經類 付『莊子』『列子』『文子』　敦煌と中國道教(講座敦煌 4)　(東京)大東出版社　1983　p. 9

朱越利　道經總論　遼寧教育出版社　1992　p. 270

王卡　老子道德經序訣　敦煌學大辭典　上海辭書出版社　1998　p. 762

郝春文　英藏敦煌社會歷史文獻釋録(第一卷)　科學出版社　2001　p. 47

王卡　敦煌道教文獻研究　中國社會科學出版社　2004　p. 158

S. 1586

向達　倫敦所藏敦煌卷子經眼目録　《北平圖書館圖書季刊》1939 年新第 1 卷第 4 期　p. 397　又見:唐代長安與西域文明　三聯書店　1957　p. 209

李正宇　唐宋時代的敦煌學校　《敦煌研究》1986 年第 1 期　p. 45

金榮華　倫敦藏漢文敦煌卷子目録提要(初稿)序　敦煌學(第 12 輯)　(臺北)新文豐出版公司　1987　p. 138

李正宇　敦煌學郎題記輯注　《敦煌學輯刊》1987 年第 1 期　p. 39

池田溫　中國古代寫本識語集録　(東京)大藏出版株式會社　1990　p. 446

林聰明　敦煌文書學　(臺北)新文豐出版公司　1991　p. 190、336

王素　唐寫本《論語鄭氏注》校録　唐寫本論語鄭氏注及其研究　文物出版社　1991　p. 37 注 27、注 39

姜伯勤　敦煌社會文書導論　(臺北)新文豐出版公司　1992　p. 90

土田健次郎　儒教典籍　敦煌漢文文獻(講座敦煌 5)　(東京)大東出版社　1992　p. 269

鄭阿財　從敦煌文獻看唐代的三教合一　第二屆國際唐代學術會議論文集(上)　(臺北)文津出版社　1993　p. 655

陳金木　唐寫本論語鄭氏注研究(上)　(臺北)文津出版社　1996　p. 513

李正宇　敦煌史地新論　(臺北)新文豐出版公司　1996　p. 189

張弓　漢唐佛寺文化史　中國社會科學出版社　1997　p. 990

李方　敦煌《論語集解》校正　江蘇古籍出版社　1998　p. 830

林聰明　敦煌吐魯番文書解詁指例　(臺北)新文豐出版公司　2001　p. 235 注 4

郝春文　唐後期五代宋初中印文化對敦煌寺院的影響　新世紀敦煌學論集　巴蜀書社　2003

p. 333

S. 1587

陳祚龍　瓜沙印録　(臺北)《大陸雜誌》1962 年第 4 期　又見:敦煌學概要　(臺北)編譯館"中華叢書編委會"　1981　p. 267；中國敦煌學百年文庫・考古卷(一)　甘肅文化出版社　1999　p. 188

陳祚龍　古代敦煌及其他地區流行之公私印章圖記文字録　敦煌學要籥　(臺北)新文豐出版公司　1982　p. 333

孫修身　敦煌三界寺　甘肅省史學會論文集　甘肅省歷史學會編印　1982　又見:中國敦煌學百年文庫・宗教卷(一)　甘肅文化出版社　1999　p. 58

池田溫　敦煌文獻について『書道研究』(2 卷 2 號)　(東京)萱原書局　1988　p. 49

池田溫　中國古代寫本識語集録　(東京)大蔵出版株式會社　1990　p. 371

林聰明　敦煌文書學　(臺北)新文豐出版公司　1991　p. 127

鄭炳林　敦煌碑銘讚輯釋　甘肅教育出版社　1997　p. 517 注 8

李正宇　三界寺　敦煌學大辭典　上海辭書出版社　1998　p. 631

謝桃坊　敦煌文化尋繹　四川人民出版社　1999　p. 212

林聰明　敦煌吐魯番文書解詁指例　(臺北)新文豐出版公司　2001　p. 96

陳麗萍　敦煌女性寫經題記及反映的婦女問題　敦煌佛教藝術文化國際學術研討會論文集　蘭州大學出版社　2002　p. 431

池田溫　敦煌文獻について　敦煌文書の世界　(東京)名著刊行會　2003　p. 51

S. 1588

向達　記倫敦所藏的敦煌俗文學　《新中華雜誌》1937 年第 5 卷第 13 號　p. 123　又見:唐代長安與西域文明　三聯書店　1957　p. 241

向達　倫敦所藏敦煌卷子經眼目録　《北平圖書館圖書季刊》1939 年新第 1 卷第 4 期　p. 397　又見:唐代長安與西域文明　三聯書店　1957　p. 209

金岡照光　敦煌漢文文學文獻の文學形態上の種類とその分類　敦煌出土文學文獻分類目録・附解說　(東京)東洋文庫　1971　p. 232

金岡照光　敦煌文學のさまざま　敦煌の文學　(東京)大蔵出版株式會社　1971　p. 156

蘇瑩輝　"敦煌曲"評介　《香港中文大學學報》1974 年第 1 期　又見:敦煌論集續編　(臺北)學生書局　1983　p. 310；中國敦煌學百年文庫・藝術卷(一)　甘肅文化出版社　1999　p. 372

陳祚龍　敦煌古抄中世詩歌一續　敦煌學海探珠(上冊)　(臺北)商務印書館　1979　p. 182

陳祚龍撰　費海璣譯　蘇瑩輝補注　瓜沙印録　敦煌學概要　(臺北)編譯館"中華叢書編委會"　1981　p. 268　又見:中國敦煌學百年文庫・考古卷(一)　甘肅文化出版社　1999　p. 191

陳祚龍　古代敦煌及其他地區流行之公私印章圖記文字録　敦煌學要籥　(臺北)新文豐出版公司　1982　p. 346

向達　記倫敦所藏的敦煌俗文學　敦煌變文論文録　上海古籍出版社　1982　p. 30

鄭阿財　敦煌孝道文學研究　(臺北)石門圖書公司　1982　p. 533

任半塘　敦煌歌辭總編　上海古籍出版社　1987　p. 1324

鄭阿財　敦煌寫本定格聯章《百歲篇》研究　(臺北)《木鐸》1987 年第 11 期　又見:中國敦煌學百年文庫・文學卷(四)　甘肅文化出版社　1999　p. 311

任半塘　王昆吾　隋唐五代燕樂雜言歌辭集　巴蜀書社　1990　p. 885

林家平　寧强　羅華慶　中國敦煌學史　北京語言學院出版社　1992　p. 105
楊聯陞　書評:饒宗頤、戴密微合著《敦煌曲》　楊聯陞論文集　中國社會科學出版社　1992　p. 243
鄭阿財　敦煌文獻與文學　(臺北)新文豐出版公司　1993　p. 158
張涌泉　試論審辨敦煌寫本俗字的方法　《敦煌研究》1994 年第 2 期　p. 152　又見:舊學新知　浙江大學出版社　1999　p. 85

S. 1589

蘇瑩輝　"敦煌曲"評介　敦煌論集續編　(臺北)學生書局　1983　p. 305
任半塘　敦煌歌辭總編　上海古籍出版社　1987　p. 823
柴劍虹　徐俊　敦煌詞輯校四談　《敦煌學輯刊》1988 年第 1、2 期　p. 56　又見:西域文史論稿　(臺北)國文天地雜誌社　1991　p. 504
任半塘　王昆吾　隋唐五代燕樂雜言歌辭集　巴蜀書社　1990　p. 235
上山大峻　敦煌佛教の研究　(京都)法藏館　1990　p. 366
金岡照光　曲子詞類　敦煌の文學文獻(講座敦煌 9)　(東京)大東出版社　1992　p. 397
張涌泉　《敦煌歌辭總編》校議　《語言研究》1992 年第 1 期　p. 56
周紹良　敦煌文學芻議及其它　(臺北)新文豐出版公司　1992　p. 34
李正宇　論敦煌曲子　第二届國際唐代學術會議論文集(上)　(臺北)文津出版社　1993　p. 759
王惠民　敦煌壁畫《十六羅漢圖》榜題研究　《敦煌研究》1993 年第 1 期　p. 26
沃興華　敦煌書法藝術　上海人民出版社　1994　p. 188
王惠民　敦煌寶藏　上海古籍出版社　1995　p. 86
方廣錩　敦煌遺書中的《法華經》注疏　《世界宗教研究》1998 年第 2 期　p. 75
方廣錩　敦煌遺書中的《妙法蓮華經》及有關文獻　法源(第 16 期)　中國佛學院　1998　p. 46
高國藩　敦煌俗文化學　上海三聯書店　1999　p. 545
孫其芳　鳴沙遺音:敦煌詞選評　甘肅人民出版社　2000　p. 142
曾良　敦煌文獻字義通釋　廈門大學出版社　2001　p. 57
張子開　敦煌文獻中的白話禪詩　《敦煌學輯刊》2003 年第 1 期　p. 83
樊錦詩　玄奘譯經和敦煌壁畫　《敦煌研究》2004 年第 2 期　p. 4
沙武田　敦煌壁畫榜題寫本研究　《敦煌研究》2004 年第 3 期　p. 104
湯涒　敦煌曲子詞地域文化研究　上海古籍出版社　2004　p. 41、110、160、193
湯涒　敦煌曲子詞與河西本土文化　中國俗文化研究(第二輯)　巴蜀書社　2004　p. 195
王惠民　敦煌經變畫的研究成果與研究方法　《敦煌學輯刊》2004 年第 2 期　p. 69
黨燕妮　賓頭盧信仰及其在敦煌的流傳　《敦煌學輯刊》2005 年第 1 期　p. 70
湯涒　敦煌曲子詞寫本叙略　敦煌學國際研討會論文集　北京圖書館出版社　2005　p. 204

S. 1592

芳村修基　土橋秀高　井ノロ泰淳　敦煌佛教史年表　西域文化研究(第一)・敦煌佛教資料　(京都)法藏館　1958　p. 275
陳祚龍　敦煌古抄内典尾記彙校初、二、三編合刊　敦煌學要籥　(臺北)新文豐出版公司　1982　p. 105
池田溫　中國古代寫本識語集録　(東京)大藏出版株式會社　1990　p. 387
林聰明　敦煌文書學　(臺北)新文豐出版公司　1991　p. 294
王三慶　敦煌書儀載録之節日活動與民俗　全國敦煌學研討會論文集　(臺北)中正大學中國文學

系所　1995　p. 26 注 44

S. 1593

陳祚龍　瓜沙印録　(臺北)《大陸雜誌》1962 年第 4 期　1962　又見:敦煌學概要　(臺北)編譯館"中華叢書編委會"　1981　p. 268 ;中國敦煌學百年文庫・考古卷(一)　甘肅文化出版社　1999　p. 190

陳祚龍　古代敦煌及其他地區流行之公私印章圖記文字録　敦煌學要籥　(臺北)新文豐出版公司　1982　p. 342

池田溫　敦煌文獻について　『書道研究』(2 卷 2 號)　(東京)萱原書局　1988　p. 49

林聰明　敦煌文書學　(臺北)新文豐出版公司　1991　p. 80、124

李正宇　淨土寺　敦煌學大辭典　上海辭書出版社　1998　p. 631

李正宇　淨土寺藏經印　敦煌學大辭典　上海辭書出版社　1998　p. 293

謝桃坊　敦煌文化尋繹　四川人民出版社　1999　p. 212

池田溫　敦煌文獻について　敦煌文書の世界　(東京)名著刊行會　2003　p. 52

S. 1594

陳祚龍　敦煌古抄内典尾記彙校初、二、三編合刊　敦煌學要籥　(臺北)新文豐出版公司　1982　p. 105

王三慶　日本所見敦煌寫卷目録提要(一)　敦煌學(第 15 輯)　(臺北)新文豐出版公司　1989　p. 93

池田溫　中國古代寫本識語集録　(東京)大藏出版株式會社　1990　p. 363

S. 1595

高啓安　唐五代至宋敦煌的量器及量制　《敦煌學輯刊》1999 年第 1 期　p. 70

S. 1599

福井文雅　般若心經　敦煌と中國仏教(講座敦煌 7)　(東京)大東出版社　1984　p. 39

S. 1600

北原薫　晚唐・五代の敦煌寺院経済——収支決算報告を中心に　敦煌の社會(講座敦煌 3)　(東京)大東出版社　1980　p. 433

土肥義和　はじめに——歸義軍節度使の敦煌支配　敦煌の歴史(講座敦煌 2)　(東京)大東出版社　1980　p. 274

姜伯勤　敦煌寺院文書中"梁戶"的性質　五十年來漢唐佛教寺院經濟研究　北京師範大學出版社　1986　p. 127

姜伯勤　唐五代敦煌寺戶制度　中華書局　1987　p. 146、181、195、251、316

李正宇　敦煌地區古代祠廟寺觀簡志　《敦煌學輯刊》1988 年第 1、2 期　p. 77

高國藩　敦煌民俗學　上海文藝出版社　1989　p. 61

唐耕耦　陸宏基　敦煌社會經濟文獻真迹釋録(三)　全國圖書館文獻縮微複製中心　1990　p. 527

謝重光　白文固　中國僧官制度史　青海人民出版社　1990　p. 135

高國藩　敦煌民俗資料導論　(臺北)新文豐出版公司　1993　p. 17

郝春文　評榮新江《英國圖書館藏敦煌漢文非佛教文獻殘卷目録(S. 6981－13624)》　敦煌吐魯番研

究(第一卷)　北京大學出版社　1996　p. 364
李正宇　敦煌史地新論　(臺北)新文豐出版公司　1996　p. 91
鄭炳林　唐五代敦煌粟特人與歸義軍政權　《敦煌研究》1996 年第 4 期　p. 82　又見:敦煌歸義軍史專題研究　蘭州大學出版社　1997　p. 404
唐耕耦　敦煌寺院會計文書研究　(臺北)新文豐出版公司　1997　p. 52
鄭炳林　敦煌碑銘讚輯釋　甘肅教育出版社　1997　p. 374 注 3
郝春文　招提司　敦煌學大辭典　上海辭書出版社　1998　p. 635
李正宇　靈修寺　敦煌學大辭典　上海辭書出版社　1998　p. 629
唐耕耦　梁課　敦煌學大辭典　上海辭書出版社　1998　p. 645
唐耕耦　入破曆算會牒　敦煌學大辭典　上海辭書出版社　1998　p. 647
羅豐　流寓中國的中亞史國人　國學研究(第七卷)　北京大學出版社　2000　p. 256
徐俊　敦煌詩集殘卷輯考　中華書局　2000　p. 621
楊森　《辛巳年六月十六日社人于燈司倉貸粟曆》文書之定年　《敦煌學輯刊》2001 年第 2 期　p. 18
郝春文　《勘尋永安寺法律願慶與老宿紹建相諍根由狀》及相關問題考　戒幢佛學(第二卷)　岳麓書社　2002　p. 81　又見:中日敦煌佛教學術會議論文集　中國社會科學院研究所　2002　p. 57
湛如　敦煌佛教律儀制度研究　中華書局　2003　p. 41
鄭炳林　晚唐五代敦煌村莊聚落輯考　2000 年敦煌學國際學術討論會文集·歷史文化卷(上)　甘肅民族出版社　2003　p. 143、154
羅豐　胡漢之間:"絲綢之路"與西北歷史考古　文物出版社　2004　p. 230
張涌泉　敦煌文獻字詞例釋　敦煌學(第 25 輯)　(臺北)樂學書局有限公司　2004　p. 353
趙曉星　寇甲　西魏:歸義軍時期敦煌地區的史姓　《敦煌學輯刊》2005 年第 2 期　p. 136
鄭炳林　晚唐五代敦煌地區的胡姓居民與聚落　法國漢學(第 10 輯)(粟特人在中國:歷史、考古、語言的新探索)　中華書局　2005　p. 184
金瀅坤　敦煌社會經濟文獻綴合拾遺　《敦煌研究》2006 年第 2 期　p. 88

S. 1601

沃興華　敦煌書法藝術　上海人民出版社　1994　p. 53
陳金木　唐寫本論語鄭氏注研究(上)　(臺北)文津出版社　1996　p. 29

S. 1602

土肥義和　唐令よりみたる現存唐代戶籍の基礎的研究(下)　『東洋學報』(52 卷 2 號)　(東京)東洋學術協會　1969　p. 89
林聰明　敦煌文書學　(臺北)新文豐出版公司　1991　p. 426
王三慶　敦煌寫卷中武后新字之調查研究　唐代研究論集(第三輯)　(臺北)新文豐出版公司　1992　p. 88

S. 1603

向達　倫敦所藏敦煌卷子經眼目錄　《北平圖書館圖書季刊》1939 年新第 1 卷第 4 期　p. 397　又見:唐代長安與西域文明　三聯書店　1957　p. 209
寺岡龍含　敦煌本郭象注莊子南華真經輯影　福井漢文學會　1960　p. 21
寺岡龍含　敦煌本郭象注莊子南華真經研究總論　福井漢文學會　1966　p. 54、108、156

陳祚龍　關於研究李唐三藏法師玄奘的"作爲"及其影響之敦煌古抄參考資料　中華佛教文化史散策(初集)　(臺北)新文豐出版公司　1978　p. 371
王重民　敦煌古籍叙録　中華書局　1979　p. 250
蘇瑩輝　敦煌學概要　(臺北)編譯館"中華叢書編委會"　1981　p. 53
楠山春樹　道德經類 付『莊子』『列子』『文子』　敦煌と中國道教(講座敦煌 4)　(東京)大東出版社　1983　p. 51
蘇瑩輝　中外敦煌古寫本纂要　敦煌論集　(臺北)學生書局　1983　p. 329
王重民　巴黎敦煌殘卷叙録(第二輯)　敦煌叢刊初集(九)　(臺北)新文豐出版公司　1985　p. 276
王重民原編　黄永武新編　敦煌古籍叙録新編(第十三冊)　(臺北)新文豐出版公司　1986　p. 220
姜伯勤　敦煌藝術宗教與禮樂文明　中國社會科學出版社　1996　p. 4
白化文　莊子郭象注　敦煌學大辭典　上海辭書出版社　1998　p. 777
譚世寶　敦煌文書《南華真經》諸寫本之年代及篇卷結構探討　道家文化研究(第十三輯)　三聯書店　1998　p. 79
黄征　程惠新　劫塵遺珠:敦煌遺書　甘肅教育出版社　1999　p. 203
顔廷亮　敦煌文化　光明日報出版社　2000　p. 209
姜亮夫　敦煌莫高窟年表　姜亮夫全集(十一)　雲南人民出版社　2002　p. 203
王卡　敦煌道教文獻研究　中國社會科學出版社　2004　p. 181
王卡　中國國家圖書館藏敦煌道教遺書研究報告　敦煌吐魯番研究(第七卷)　北京大學出版社　2004　p. 366

S. 1604

向達　倫敦所藏敦煌卷子經眼目録　《北平圖書館圖書季刊》1939 年新第 1 卷第 4 期　p. 397　又見:唐代長安與西域文明　三聯書店　1957　p. 209
陳祚龍　瓜沙印録　(臺北)《大陸雜誌》1962 年第 4 期　又見:敦煌學概要　(臺北)編譯館"中華叢書編委會"　1981　p. 266 ; 中國敦煌學百年文庫・考古卷(一)　甘肅文化出版社　1999　p. 184
姜亮夫　唐五代瓜沙張曹兩世家考　《中華文史論叢》1979 年第 3 期　又見:中國敦煌學百年文庫・歷史卷(一)　甘肅文化出版社　1999　p. 365
陳祚龍　古代敦煌及其他地區流行之公私印章圖記文字録　敦煌學要籥　(臺北)新文豐出版公司　1982　p. 325
董作賓　敦煌紀年　敦煌學文選(上)　蘭州大學歷史系敦煌學研究室等　1983　p. 30
蘇瑩輝　瓜沙史事系年　敦煌論集　(臺北)學生書局　1983　p. 272
艾麗白著　耿昇譯　敦煌漢文寫本中的鳥形押　敦煌譯叢(第一輯)　甘肅人民出版社　1985　p. 190 注 2
陳祚龍　新校重訂敦煌古抄的兩份説明當地政、教關係之公告　中華佛教文化史散策(四集)　(臺北)新文豐出版公司　1986　p. 315
姜亮夫　羅振玉補唐書張議潮傳訂補　敦煌學論文集　上海古籍出版社　1987　p. 910　又見:姜亮夫全集(十四)　雲南人民出版社　2002　p. 336
袁賓　變文詞語考釋録　敦煌語言文學論文集　浙江古籍出版社　1988　p. 144
榮新江　關於沙州歸義軍都僧統年代的幾個問題　《敦煌研究》1989 年第 4 期　p. 73
張廣達　榮新江　關於敦煌出土于闐文獻的年代及其相關問題　紀念陳寅恪先生誕辰百年學術論文集　北京大學出版社　1989　p. 300

方廣錩　關於敦煌遺書《佛說佛名經》　敦煌吐魯番學研究論文集　漢語大詞典出版社　1990　p. 475
高國藩　敦煌古俗與民俗流變　河海大學出版社　1990　p. 367
郝春文　唐後期五代宋初沙州僧尼的特點　敦煌吐魯番學研究論文集　漢語大詞典出版社　1990　p. 853 注 13
榮新江　沙州歸義軍歷任節度使稱號研究　敦煌吐魯番學研究論文集　漢語大詞典出版社　1990　p. 790
唐耕耦　陸宏基　敦煌社會經濟文獻真迹釋録(四)　全國圖書館文獻縮微複製中心　1990　p. 125
謝重光　白文固　中國僧官制度史　青海人民出版社　1990　p. 140
林聰明　敦煌文書學　(臺北)新文豐出版公司　1991　p. 403
林聰明　敦煌文書出處略考　季羨林教授八十華誕紀念論文集(下)　江西人民出版社　1991　p. 864
謝重光　吐蕃佔領期與歸義軍時期的敦煌僧官制度　《敦煌研究》1991 年第 3 期　p. 55
中村裕一　唐代官文書研究　(京都)中文出版社　1991　p. 15
中村裕一　官文書　敦煌漢文文獻(講座敦煌 5)　(東京)大東出版社　1992　p. 579
周紹良　敦煌文學芻議及其它　(臺北)新文豐出版公司　1992　p. 8
竺沙雅章　寺院文書　敦煌漢文文獻(講座敦煌 5)　(東京)大東出版社　1992　p. 624
鄧文寬　敦煌文獻《河西都僧統悟真處分常住榜》管窺　周一良先生八十生日紀念論文集　中國社會科學出版社　1993　p. 227　又見:敦煌吐魯番學耕耘録　(臺北)新文豐出版公司　1996　p. 171
李明偉　敦煌文學概論　甘肅人民出版社　1993　p. 471
榮新江　關於曹氏歸義軍首任節度使的幾個問題　《敦煌研究》1993 年第 2 期　p. 51
譚禪雪　敦煌歲時掇瑣　(香港)《九州學刊》(敦煌學專輯)1993 年第 5 卷第 4 期　p. 96
汪泛舟　敦煌文學概論　甘肅人民出版社　1993　p. 556
汪娟　敦煌禮懺文研究　(臺北)法鼓文化公司　1994　p. 26
Л. N. チュグイェフスキ－著　荒川正晴譯注　ソ連邦科學アカデミ－東洋學研究所所藏、敦煌寫本における官印と寺印　『吐魯番出土文物研究會會報』(98、99 號)　(東京)吐魯番出土文物研究會　1994　p. 4
胡戟　傅玫　敦煌史話　中華書局　1995　p. 133
土肥義和　唐・北宋間の「社」の組織形態に関する一考察　中國古代の國家と民衆(堀敏一先生古稀記念)　(東京)汲古書院　1995　p. 749
王書慶　敦煌佛學・佛事篇　甘肅民族出版社　1995　p. 259
楊森　金山國與各教的疏密關係　敦煌佛教文獻研究　敦煌研究院文獻研究所　1995　p. 59
榮新江　歸義軍史研究　上海古籍出版社　1996　p. 13、274
中村裕一　唐代公文書研究　(東京)汲古書院　1996　p. 145
郝春文　歸義軍政權與敦煌佛教之關係新探　周紹良先生欣開九秩慶壽文集　中華書局　1997　p. 174
黃征　張涌泉　敦煌變文校注　中華書局　1997　p. 23
鄭炳林　敦煌碑銘讚輯釋　甘肅教育出版社　1997　p. 152 注 4
鄭炳林　唐五代敦煌的粟特人與佛教　敦煌歸義軍史專題研究　蘭州大學出版社　1997　p. 445
方廣錩　敦煌藏經洞封閉原因之我見　敦煌學佛教學論叢(上)　中國佛教文化研究所　1998　p. 43

郝春文　唐後期五代宋初敦煌僧尼的社會生活　中國社會科學出版社　1998　p. 203
榮新江　歸義軍大事紀年初稿　出土文獻研究(第三輯)　文物出版社　1998　p. 241
沙知　河西都僧統印　敦煌學大辭典　上海辭書出版社　1998　p. 294
沙知　沙州節度使印　敦煌學大辭典　上海辭書出版社　1998　p. 291
蘇金花　從"方外之賓"到"釋吏"　《敦煌學輯刊》1998 年第 2 期　p. 115
譚蟬雪　敦煌歲時文化導論　(臺北)新文豐出版公司　1998　p. 161
唐耕耦　河西都僧統　敦煌學大辭典　上海辭書出版社　1998　p. 636
楊森　晚唐五代兩件《女人社》文書劄記　《敦煌研究》1998 年第 1 期　p. 68
湛如　敦煌結夏安居考察　法源(第 16 期)　中國佛學院　1998　p. 80　又見:佛學研究(第七期)　中國佛教文化研究所　1998　p. 338
楊秀清　敦煌西漢金山國史　甘肅人民出版社　1999　p. 143
張涌泉　敦煌文書疑難詞語辨釋　舊學新知　浙江大學出版社　1999　p. 258
雷紹鋒　歸義軍賦役制度初探　(臺北)洪葉文化事業有限公司　2000　p. 282
汪娟　敦煌文獻中的佛教禮懺儀　新國學(第二卷)　巴蜀書社　2000　p. 331
王豔明　瓜沙州大王印考　《敦煌學輯刊》2000 年第 2 期　p. 43
袁德領　歸義軍時期莫高窟與敦煌寺院的關係　《敦煌研究》2000 年第 3 期　p. 174
姜亮夫　敦煌莫高窟年表　姜亮夫全集(十一)　雲南人民出版社　2002　p. 452
森安孝夫著　梁曉鵬摘譯　河西歸義軍節度使官印及其編年　《敦煌學輯刊》2003 年第 1 期　p. 140
湛如　敦煌佛教律儀制度研究　中華書局　2003　p. 239
聖凱　中國佛教懺法研究　宗教文化出版社　2004　p. 224
鄭炳林　魏迎春　晚唐五代敦煌佛教教團的戒律和清規　《敦煌學輯刊》2004 年第 2 期　p. 29
鄭炳林　魏迎春　晚唐五代敦煌佛教教團的科罰制度研究　《敦煌研究》2004 年第 2 期　p. 50
鄭顯文　唐代律令制研究　北京大學出版社　2004　p. 254
鄭炳林　晚唐五代歸義軍政權與佛教教團關係研究　《敦煌學輯刊》2005 年第 1 期　p. 12

S. 1605

向達　倫敦所藏敦煌卷子經眼目録　《北平圖書館圖書季刊》1939 年新第 1 卷第 4 期　p. 397　又見:唐代長安與西域文明　三聯書店　1957　p. 209
石井昌子　靈寶經類　敦煌と中國道教(講座敦煌 4)　(東京)大東出版社　1983　p. 150
王卡　太上洞玄靈寶真一勸戒法輪妙經　敦煌學大辭典　上海辭書出版社　1998　p. 766
曾良　敦煌文獻字義通釋　廈門大學出版社　2001　p. 94、170
王承文　敦煌古靈寶經與晉唐道教　中華書局　2002　p. 66
王卡　敦煌道教文獻研究　中國社會科學出版社　2004　p. 99

S. 1606

矢吹慶輝　鳴沙餘韻・解說篇(第一部)　(京都)臨川書店　1980　p. 287

S. 1607

洪藝芳　敦煌社會經濟文書中的唐五代新興量詞研究　敦煌學(第 24 輯)　(臺北)樂學書局有限公司　2003　p. 102

S. 1608

陳祚龍　敦煌古抄內典尾記彙校初、二、三編合刊　敦煌學要籥　(臺北)新文豐出版公司　1982　p. 105

林聰明　敦煌文書學　(臺北)新文豐出版公司　1991　p. 312

李丞宰　探尋敦煌佛經的 50 卷本《華嚴經》　敦煌學・日本學:石塚晴通教授退職紀念論文集　上海辭書出版社　2005　p. 44

李丞宰著　大塚忠蔵譯　敦煌佛經の50 卷本華厳經を探して　日本學・敦煌學・漢文訓讀の新展開　(東京)汲古書院　2005　p. 51、72

S. 1611

平井俊榮　牛頭宗と保唐宗　敦煌仏典と禪(講座敦煌 8)　(東京)大東出版社　1980　p. 213

冉雲華　中國佛教文化研究論集　(臺北)東初出版社　1980　p. 59

田中良昭　禪宗燈史の発展　敦煌仏典と禪(講座敦煌 8)　(東京)大東出版社　1980　p. 102

張廣達　唐代禪宗的傳入吐蕃及有關的敦煌文書　學林漫録(三集)　中華書局　1981　p. 57 注 21

田中良昭　敦煌禪宗文獻の研究　(東京)大東出版社　1983　p. 625

楊曾文　日本學者對中國禪宗文獻的研究和整理　《世界宗教研究》1987 年第 1 期　p. 120

上山大峻　敦煌佛教の研究　(京都)法藏館　1990　p. 420

田中良昭　敦煌の禪籍　禪學研究入門　(東京)大東出版社　1994　p. 50

柳田聖山　禪籍解題(一)・敦煌禪籍　俗語言研究(第二期)　(京都)禪文化研究所　1995　p. 147

榮新江　敦煌本禪宗燈史殘卷拾遺　周紹良先生欣開九秩慶壽文集　中華書局　1997　p. 235

方廣錩　歷代法寶記　敦煌學大辭典　上海辭書出版社　1998　p. 728

榮新江　《英藏敦煌文獻》定名商補　文史(第五十二輯)　中華書局　2000　p. 119　又見:敦煌學新論　甘肅教育出版社　2002　p. 192

榮新江　有關敦煌本《歷代法寶記》的幾個問題　中日敦煌佛教學術會議論文集　中國社會科學院研究所　2002　p. 70

榮新江　有關敦煌本《歷代法寶記》的新資料　戒幢佛學(第二卷)　岳麓書社　2002　p. 94

田中良昭　敦煌の禪宗燈史　中日敦煌佛教學術會議論文集　中國社會科學院研究所　2002　p. 109

田中良昭　敦煌的禪宗燈史　戒幢佛學(第二卷)　岳麓書社　2002　p. 151

S. 1612

向達　倫敦所藏敦煌卷子經眼目録　《北平圖書館圖書季刊》1939 年新第 1 卷第 4 期　p. 397　又見:唐代長安與西域文明　三聯書店　1957　p. 209

方廣錩　關於《大般涅槃經》的卷數　《南亞研究》1993 年第 3 期　p. 82

伊藤美重子　敦煌本『大智度論』の整理　中國佛教石經の研究　京都大學學術出版會　1996　p. 368

方廣錩　敦煌佛教經録輯校　江蘇古籍出版社　1997　p. 826

方廣錩　丙午年比丘願榮轉經歷　敦煌學大辭典　上海辭書出版社　1998　p. 755

李正宇　唐宋時期的敦煌佛教　敦煌佛教藝術文化國際學術研討會論文集　蘭州大學出版社　2002　p. 376

李正宇　唐宋時期敦煌佛經性質功能的變化　戒幢佛學(第二卷)　岳麓書社　2002　p. 13　又見:中日敦煌佛教學術會議論文集　中國社會科學院研究所　2002　p. 12

S. 1614

陳祚龍　敦煌古抄內典尾記彙校二编　敦煌文物隨筆　(臺北)商務印書館　1979　p. 176
陳祚龍　敦煌古抄內典尾記彙校初、二、三編合刊　敦煌學要籥　(臺北)新文豐出版公司　1982　p. 80

S. 1616

江素雲　維摩詰所說經敦煌寫本綜合目録　(臺北)東初出版社　1991　p. 79
李冬梅　唐五代歸義軍與周邊民族關係綜論　《敦煌學輯刊》1998 年第 2 期　p. 51

S. 1617

方廣錩　大方等大集賢護分　敦煌學大辭典　上海辭書出版社　1998　p. 663

S. 1618

杜愛英　敦煌遺書中俗體字的諸種類型　《敦煌研究》1992 年第 3 期　p. 126

S. 1619

沃興華　敦煌書法藝術　上海人民出版社　1994　p. 42
王元軍　從敦煌唐佛經寫本談有關唐代寫經生及其書法藝術的幾個問題　《敦煌研究》1995 年第 1 期　p. 159
王元軍　唐人書法與文化　(臺北)東大圖書公司　1995　p. 136
陳金木　唐寫本論語鄭氏注研究(上)　(臺北)文津出版社　1996　p. 29
胡同慶　安忠義　佛教藝術　敦煌文藝出版社　2004　p. 298

S. 1621

方廣錩　大智度論　敦煌學大辭典　上海辭書出版社　1998　p. 720

S. 1623

景盛軒　試論敦煌佛經異文研究的價值和意義　《敦煌研究》2004 年第 5 期　p. 87

S. 1624

陳祚龍　敦煌學劄記　敦煌學散策新集　(臺北)新文豐出版公司　1989　p. 36
山本達郎等　敦煌・I 社條『NUN－HUANG AND TURFAN DOCUMENTS CONCERNING SOCIAL AND ECONOMIC HISTORY』(IV)　(東京)東洋文庫　1989　p. 13
唐耕耦　敦煌寺院會計文書研究　(臺北)新文豐出版公司　1997　p. 5
郝春文　唐後期五代宋初敦煌僧尼的社會生活　中國社會科學出版社　1998　p. 129
郝春文　唐後期五代宋初敦煌寺院常住什物的數量及與僧人的關係　《敦煌研究》1998 年第 2 期　p. 119
唐耕耦　常住什物交割點檢曆　敦煌學大辭典　上海辭書出版社　1998　p. 648
黄正建　S. 964v 號文書與唐代兵士的春冬衣　英國收藏敦煌漢藏文獻研究：紀念敦煌文獻發現一百周年　中國社會科學出版社　2000　p. 241
李小榮　敦煌密教文獻論稿　人民文學出版社　2003　p. 101
張總　疑僞經典與佛教藝術探例　2000 年敦煌學國際學術討論會文集・石窟藝術卷　甘肅民族出

版社　2003　p. 269
何劍平　張僧繇爲竇志作畫事迹之考釋　華林(第三卷)　中華書局　2004　p. 194
金瀅坤　敦煌社會經濟文獻綴合拾遺　《敦煌研究》2006 年第 2 期　p. 89
趙鑫曄　瀝血哀集　蔚然可觀:讀《敦煌俗字典》《敦煌研究》2006 年第 1 期　p. 114

S. 1625

向達　倫敦所藏敦煌卷子經眼目録　《北平圖書館圖書季刊》1939 年新第 1 卷第 4 期　p. 397　又見:唐代長安與西域文明　三聯書店　1957　p. 210
芳村修基　土橋秀高　井ノ口泰淳　敦煌佛教史年表　西域文化研究(第一)・敦煌佛教資料　(京都)法藏館　1957　p. 278
陳祚龍　新集中世敦煌三寶感通録　敦煌學海探珠(下冊)　(臺北)商務印書館　1979　p. 335
董作賓　敦煌紀年　敦煌學文選(上)　蘭州大學歷史系敦煌學研究室等　1983　p. 32
周紹良　唐代變文及其它　敦煌文學作品選　中華書局　1987　p. 19
唐耕耦　關於敦煌寺院水磑研究中的幾個問題　《文獻》1988 年第 1 期　p. 182
柴劍虹　因緣　敦煌文學　甘肅人民出版社　1989　p. 276
周紹良　小說　敦煌文學　甘肅人民出版社　1989　p. 281
唐耕耦　陸宏基　敦煌社會經濟文獻真迹釋録(三)　全國圖書館文獻縮微複製中心　1990　p. 398
張先堂　佛教義理與小說藝術聯姻的産兒:論敦煌寫本佛教靈驗記　《甘肅社會科學》1990 年第 5 期　p. 163
柴劍虹　敦煌文學中的“因緣”與“詩話”　西域文史論稿　(臺北)國文天地雜誌社　1991　p. 519
金岡照光　高僧傳因緣　敦煌の文學文獻(講座敦煌 9)　(東京)大東出版社　1992　p. 586
金岡照光　講唱體類　敦煌の文學文獻(講座敦煌 9)　(東京)大東出版社　1992　p. 121
周紹良　敦煌文學芻議及其它　(臺北)新文豐出版公司　1992　p. 54、85
張鴻勳　敦煌說唱文學概論　(臺北)新文豐出版公司　1993　p. 81
張鴻勳　敦煌文學概論　甘肅人民出版社　1993　p. 226
張先堂　敦煌文學概論　甘肅人民出版社　1993　p. 336
楊寶玉　孫欣　夜半鐘聲　禪學研究(第二輯)　江蘇古籍出版社　1994　p. 181
鄭阿財　敦煌寫卷《釋智興鳴鐘感應記》研究　第二届唐代文化研討會論文集　(臺北)學生書局　1995　p. 174
馮培紅　唐五代敦煌的河渠水利與水司管理機構初探　《敦煌學輯刊》1997 年第 2 期　p. 77
黃正建　評《第二届唐代文化研討會論文集》　唐研究(第三卷)　北京大學出版社　1997　p. 506
唐耕耦　敦煌寺院會計文書研究　(臺北)新文豐出版公司　1997　p. 59、470
張弓　漢唐佛寺文化史　中國社會科學出版社　1997　p. 766
鄭炳林　唐五代敦煌的粟特人與佛教　敦煌歸義軍史專題研究　蘭州大學出版社　1997　p. 459
柴劍虹　因緣記　敦煌學大辭典　上海辭書出版社　1998　p. 523
劉方　中國佛教史研究　敦煌學大辭典　上海辭書出版社　1998　p. 839
周紹良　佛圖澄和尚因緣記　敦煌學大辭典　上海辭書出版社　1998　p. 581
高啓安　唐五代敦煌僧人飲食的幾個名詞解釋　《敦煌研究》1999 年第 4 期　p. 135
劉銘恕　再記英國倫敦所藏的敦煌經卷　中國敦煌學百年文庫・綜述卷(二)　甘肅文化出版社　1999　p. 138
徐俊　敦煌詩集殘卷輯考　中華書局　2000　p. 328、846
顏廷亮　西陲文學遺珍:敦煌文學通俗談　甘肅人民出版社　2000　p. 76

楊寶玉　佛家靈驗記與《智興判》　英國收藏敦煌漢藏文獻研究：紀念敦煌文獻發現一百周年　中國社會科學出版社　2000　p. 324
張錫厚　敦煌文學源流　作家出版社　2000　p. 58
曾良　敦煌文獻字義通釋　廈門大學出版社　2001　p. 24
姜亮夫　敦煌莫高窟年表　姜亮夫全集（十一）　雲南人民出版社　2002　p. 501
李小榮　敦煌密教文獻論稿　人民文學出版社　2002　p. 164
張鴻勳　敦煌俗文學研究　甘肅人民出版社　2002　p. 111
高啓安　唐五代敦煌飲食文化研究　民族出版社　2004　p. 25、358
夏廣興　冥界遊行：從佛典記載到隋唐五代小說　佛經文學研究論集　復旦大學出版社　2004　p. 427

S. 1627

矢吹慶輝　鳴沙餘韻・解說篇（第一部）　（京都）臨川書店　1980　p. 193、282
方廣錩　無量大慈教經　敦煌學大辭典　上海辭書出版社　1998　p. 734

S. 1628

井ノ口泰淳　敦煌本『仏名經』の諸系統　中央アジアの言語と仏教　（京都）法藏館　1995　p. 308

S. 1631

張錫厚　論王梵志詩的口語化傾向　王梵志詩研究彙録（上）　上海古籍出版社　1990　p. 142
林聰明　敦煌文書學　（臺北）新文豐出版公司　1991　p. 343
柴劍虹　定意定識定心難詩　敦煌學大辭典　上海辭書出版社　1998　p. 573
徐俊　敦煌詩集殘卷輯考　中華書局　2000　p. 863、920
林聰明　敦煌吐魯番文書解詁指例　（臺北）新文豐出版公司　2001　p. 211 注 4

S. 1632

福井文雅　般若心經　敦煌と中國仏教（講座敦煌 7）　（東京）大東出版社　1984　p. 42

S. 1633

江素雲　維摩詰所說經敦煌寫本綜合目録　（臺北）東初出版社　1991　p. 79

S. 1634

呂建福　中國密教史　中國社會科學出版社　1995　p. 371
張金泉　敦煌佛經音義寫卷述要　《敦煌研究》1997 年第 2 期　p. 119
方廣錩　無垢淨光大陀羅尼經　敦煌學大辭典　上海辭書出版社　1998　p. 699
柳富鉉　關於敦煌本《六祖壇經》中"無相戒"的考察　法源（第 19 期）　中國佛學院　2001　p. 23

S. 1635

陳祚龍　關於李唐襲燈大師香岩智閑的頌吟偈讚　中華佛教文化史散策（初集）　（臺北）新文豐出版公司　1978　p. 279
石井修道　伝法偈　敦煌仏典と禪（講座敦煌 8）　（東京）大東出版社　1980　p. 292
矢吹慶輝　鳴沙餘韻・解說篇（第一部）　（京都）臨川書店　1980　p. 249、533

陳祚龍　敦煌古抄内典尾記彙校初、二、三編合刊　敦煌學要籥　(臺北)新文豐出版公司　1982　p. 105

孫修身　敦煌三界寺　甘肅省史學會論文集　甘肅省歷史學會編印　1982　又見:中國敦煌學百年文庫・宗教卷(一)　甘肅文化出版社　1999　p. 58

孫修身　敦煌石窟《臘八燃燈分配窟龕名數》寫作年代考　絲路訪古　甘肅人民出版社　1983　p. 212

上山大峻　敦煌佛教の研究　(京都)法藏館　1990　p. 421

林聰明　敦煌文書出處略考　季羡林教授八十華誕紀念論文集(下)　江西人民出版社　1991　p. 858

林聰明　敦煌文書學　(臺北)新文豐出版公司　1991　p. 389

鄭炳林　伯 2641 號背莫高窟再修功德記撰寫人探微　《敦煌學輯刊》1991 年第 2 期　p. 51

索仁森著　李吉和譯　敦煌漢文禪籍特徵概觀　《敦煌研究》1994 年第 1 期　p. 111

李玉昆　敦煌遺書《泉州千佛新著諸祖師頌》研究　《敦煌學輯刊》1995 年第 1 期　p. 29

柳田聖山　禪籍解題(一)・敦煌禪籍　俗語言研究(第二期)　(京都)禪文化研究所　1995　p. 151

王書慶　從敦煌文獻看敦煌佛教文化與中原佛教文化的交流　敦煌佛教文獻研究　敦煌研究院文獻研究所　1995　p. 30

孫昌武　禪思與詩情　中華書局　1997　p. 330 注 12

鄭炳林　敦煌碑銘讚輯釋　甘肅教育出版社　1997　p. 519 注 8

柴劍虹　香嚴和尚嗟世三傷吟　敦煌學大辭典　上海辭書出版社　1998　p. 554

徐俊　敦煌詩集殘卷輯考　中華書局　2000　p. 625

曾良　敦煌文獻字義通釋　廈門大學出版社　2001　p. 19

李德龍　沙州三界寺《授戒牒》初探　甘肅民族研究論叢　甘肅人民出版社　2002　p. 406

田中良昭　敦煌の禪宗燈史　中日敦煌佛教學術會議論文集　中國社會科學院研究所　2002　p. 110

田中良昭　敦煌的禪宗燈史　戒幢佛學(第二卷)　岳麓書社　2002　p. 153

趙貞　"九曜行年"略説　《敦煌學輯刊》2005 年第 3 期　p. 23(原文録爲 S. 16035)

S. 1637

劉銘恕　再記英國倫敦所藏的敦煌經卷　《中國科學院圖書館通訊》1957 年第 7 期　又見:中國敦煌學百年文庫・綜述卷(二)　甘肅文化出版社　1999　p. 134

杜愛英　敦煌遺書中俗體字的諸種類型　《敦煌研究》1992 年第 3 期　p. 123

S. 1638

陳祚龍　籀讀敦煌古抄《釋家勸化愚頑經》以後　《海潮音》1984 年第 65 卷第 4 期　又見:中國敦煌學百年文庫・宗教卷(二)　甘肅文化出版社　1999　p. 148

劉銘恕　敦煌遺書叢識　1983 年全國敦煌學術討論會文集・文史遺書編(上)　甘肅人民出版社　1987　p. 427

S. 1640

竺沙雅章　寺院文書　敦煌漢文文獻(講座敦煌 5)　(東京)大東出版社　1992　p. 637

S. 1641

杜愛英　敦煌遺書中俗體字的諸種類型　《敦煌研究》1992 年第 3 期　p. 126

S. 1642

唐耕耦　陸宏基　敦煌社會經濟文獻真迹釋録(三)　全國圖書館文獻縮微複製中心　1990　p. 19

井ノ口泰淳　敦煌本『仏名經』の諸系統　中央アジアの言語と仏教　(京都)法藏館　1995　p. 297

鄭炳林　敦煌碑銘讚輯釋　甘肅教育出版社　1997　p. 448 注 4

鄭炳林　楊富學　晚唐五代金銀在敦煌的使用與流通　《甘肅金融》1997 年第 8 期　又見:中國敦煌學百年文庫・歷史卷(二)　甘肅文化出版社　1999　p. 581

高啓安　索黛　敦煌古代僧人官齋飲食檢閱　《敦煌研究》1998 年第 3 期　p. 73

金瀅坤　從敦煌文書看晚唐五代敦煌地區布紡織業　《敦煌研究》1998 年第 2 期　p. 140

高啓安　唐五代至宋敦煌的量器及量制　《敦煌學輯刊》1999 年第 1 期　p. 60

張涌泉　敦煌文書疑難詞語辨釋　舊學新知　浙江大學出版社　1999　p. 265

高啓安　唐五代敦煌人的飲酒習俗述論　《敦煌研究》2000 年第 3 期　p. 84

高啓安　從莫高窟壁畫看唐五代敦煌人的坐具和飲食坐姿(上)　《敦煌研究》2001 年第 3 期　p. 23

鄭炳林　晚唐五代敦煌諸寺藏經與管理　新世紀敦煌學論集　巴蜀書社　2003　p. 340

高啓安　唐五代敦煌飲食文化研究　民族出版社　2004　p. 66、83、234、244

S. 1644

向達　倫敦所藏敦煌卷子經眼目録　《北平圖書館圖書季刊》1939 年新第 1 卷第 4 期　p. 397　又見:唐代長安與西域文明　三聯書店　1957　p. 210

陳祚龍　新集敦煌古抄釋門的詩歌與曲子　敦煌簡策訂存　(臺北)商務印書館　1983　p. 195

周丕顯　敦煌俗曲中的分時聯章體歌辭　關隴文學論叢　甘肅人民出版社　1983　p. 7

任半塘　敦煌歌辭總編　上海古籍出版社　1987　p. 1386

劉進寶　俚曲小調　敦煌文學　甘肅人民出版社　1989　p. 222

張錫厚　敦煌文學源流　作家出版社　2000　p. 337

S. 1645

石井昌子　靈寶經類　敦煌と中國道教(講座敦煌 4)　(東京)大東出版社　1983　p. 155

王卡　太上業報因緣經　敦煌學大辭典　上海辭書出版社　1998　p. 764

王卡　敦煌道教文獻研究　中國社會科學出版社　2004　p. 126

王卡　中國國家圖書館藏敦煌道教遺書研究報告　敦煌吐魯番研究(第七卷)　北京大學出版社　2004　p. 354

S. 1647

矢吹慶輝　鳴沙餘韻・解說篇(第一部)　(京都)臨川書店　1980　p. 287

S. 1648

鄧文寬　敦煌吐魯番天文曆法研究　甘肅教育出版社　2002　p. 38

鄧文寬　劉樂賢　敦煌天文氣象占寫本概述　敦煌吐魯番研究(第九卷)　北京大學出版社　2006　p. 411

S. 1649

陳祚龍　敦煌古抄內典尾記彙校二編　敦煌文物隨筆　（臺北）商務印書館　1979　p. 164
矢吹慶輝　鳴沙餘韻·解說篇（第一部）　（京都）臨川書店　1980　p. 53
陳祚龍　敦煌古抄內典尾記彙校初、二、三編合刊　敦煌學要籥　（臺北）新文豐出版公司　1982　p. 70
池田溫　中國古代寫本識語集録　（東京）大藏出版株式會社　1990　p. 162
方廣錩　挾注勝鬘夫人經　敦煌學大辭典　上海辭書出版社　1998　p. 659

S. 1650

矢吹慶輝　鳴沙餘韻·解說篇（第一部）　（京都）臨川書店　1980　p. 287

S. 1652

楊秀清　敦煌西漢金山國史　甘肅人民出版社　1999　p. 83

S. 1653

山本達郎等　敦煌·IV 納贈曆·納色物曆等　『NUN－HUANG AND TURFAN DOCUMENTS CONCERNING SOCIAL AND ECONOMIC HISTORY』（IV）　（東京）東洋文庫　1989　p. 109
唐耕耦　陸宏基　敦煌社會經濟文獻真迹釋録（三）　全國圖書館文獻縮微複製中心　1990　p. 249
黃正建　敦煌文書與唐五代北方地區的飲食生活　魏晉南北朝隋唐史資料（第 11 輯）　武漢大學出版社　1991　p. 268
李錦繡　唐代財政史稿·上卷（第一分册）　北京大學出版社　1995　p. 191
方廣錩　長者女庵提遮獅子吼了義經　敦煌學大辭典　上海辭書出版社　1998　p. 670
高啓安　索黛　敦煌古代僧人官齋飲食檢閱　《敦煌研究》1998 年第 3 期　p. 67
譚蟬雪　䭔餅　敦煌學大辭典　上海辭書出版社　1998　p. 445

S. 1655

向達　倫敦所藏敦煌卷子經眼目録　《北平圖書館圖書季刊》1939 年新第 1 卷第 4 期　p. 397　又見：唐代長安與西域文明　三聯書店　1957　p. 210
金岡照光　敦煌文學のさまざま　敦煌の文學　（東京）大藏出版株式會社　1971　p. 165
高國藩　敦煌民俗學　上海文藝出版社　1989　p. 336
張錫厚　敦煌詩歌考論　《敦煌學輯刊》1989 年第 2 期　p. 10
張錫厚　詩歌　敦煌文學　甘肅人民出版社　1989　p. 154
周紹良　敦煌文學芻議及其它　（臺北）新文豐出版公司　1992　p. 23
李正宇　敦煌文學概論　甘肅人民出版社　1993　p. 99
項楚　敦煌詩歌導論　（臺北）新文豐出版公司　1993　p. 283
張錫厚　敦煌文學概論　甘肅人民出版社　1993　p. 358
劉進寶　敦煌學論述　（臺北）洪葉文化事業有限公司　1995　p. 318
楊森　金山國與各教的疏密關係　敦煌佛教文獻研究　敦煌研究院文獻研究所　1995　p. 53
榮新江　歸義軍史研究　上海古籍出版社　1996　p. 98
顔廷亮　關於《白雀歌》見在寫卷兼及敦煌佛道關係　敦煌佛教文化研究　社科縱橫編輯部　1996　p. 19
鄭炳林　敦煌碑銘讚輯釋　甘肅教育出版社　1997　p. 166 注 4

張錫厚　白鷹呈祥詩　敦煌學大辭典　上海辭書出版社　1998　p. 573
胡大浚　王志鵬　敦煌邊塞詩歌校注　甘肅人民出版社　1999　p. 248
汪泛舟　敦煌詩述異　《敦煌研究》1999 年第 4 期　p. 12
榮新江　《英藏敦煌文獻》定名商補　文史(第五十二輯)　中華書局　2000　p. 119　又見:敦煌學新論　甘肅教育出版社　2002　p. 192
徐俊　敦煌詩集殘卷輯考　中華書局　2000　p. 864
張錫厚　敦煌文學源流　作家出版社　2000　p. 37
劉進寶　敦煌學通論　甘肅教育出版社　2002　p. 362
王志鵬　敦煌寫卷 P. 2555《白雲歌》再探　《敦煌研究》2004 年第 6 期　p. 86

S. 1659

礪波護著　韓昇　劉建英譯　隋唐佛教文化　上海古籍出版社　2004　p. 49

S. 1661

池田溫　中國古代寫本識語集録　(東京)大藏出版株式會社　1990　p. 391
榮新江　敦煌學十八講　北京大學出版社　2001　p. 253

S. 1674

川崎ミチコ　禮讚文・塔文　敦煌仏典と禪(講座敦煌 8)　(東京)大東出版社　1980　p. 308
田中良昭　敦煌禪宗文獻の研究　(東京)大東出版社　1983　p. 346
汪娟　敦煌禮懺文研究　(臺北)法鼓文化公司　1994　p. 19、201
汪泛舟　敦煌詩詞補正與考源　《敦煌研究》1997 年第 3 期　p. 111
方廣錩　金剛五禮　敦煌學大辭典　上海辭書出版社　1998　p. 724
湛如　評《敦煌禮懺文研究》　敦煌吐魯番研究(第四卷)　北京大學出版社　1999　p. 620
達照　《金剛經》相關的懺法初探　法源(第 18 期)　中國佛學院　2000　p. 215
達照　金剛五禮　藏外佛教文獻(第七輯)　宗教文化出版社　2000　p. 54

S. 1677

矢吹慶輝　鳴沙餘韻・解說篇(第一部)　(京都)臨川書店　1980　p. 287

S. 1683

陳祚龍　敦煌古抄內典尾記彙校初、二、三編合刊　敦煌學要籥　(臺北)新文豐出版公司　1982　p. 107
池田溫　中國古代寫本識語集録　(東京)大藏出版株式會社　1990　p. 422
林聰明　敦煌文書學　(臺北)新文豐出版公司　1991　p. 298
林聰明　敦煌吐魯番文書解詁指例　(臺北)新文豐出版公司　2001　p. 138

S. 1686

施萍婷　敦煌曆日研究　1983 年全國敦煌學術討論會文集・文史遺書編(上)　甘肅人民出版社　1987　p. 347
韓建瓴　雜記　敦煌文學　甘肅人民出版社　1989　p. 68
池田溫　中國古代寫本識語集録　(東京)大藏出版株式會社　1990　p. 338

姜伯勤　敦煌本乘恩帖考證　中山大學史學集刊(第一輯)　廣東人民出版社　1992　又見:中國敦煌學百年文庫・宗教卷(二)　甘肅文化出版社　1999　p. 320
齊陳駿　有關遺産繼承的幾件敦煌遺書　《敦煌學輯刊》1994 年第 2 期　p. 52
龍晦　敦煌歌辭《搗練子・孟姜女》四首研究　敦煌學國際研討會文集・史地語文編　遼寧美術出版社　1995　p. 332
姜伯勤　敦煌藝術宗教與禮樂文明　中國社會科學出版社　1996　p. 390
鄭炳林　敦煌碑銘讚輯釋　甘肅教育出版社　1997　p. 207 注 1(原文録为 S. 1685)、355 注 2
楊森　洪習　敦煌學大辭典　上海辭書出版社　1998　p. 350
楊富學　李吉和　敦煌漢文吐蕃史料輯校(第一輯)　甘肅人民出版社　1999　p. 278
曾良　敦煌文獻字義通釋　廈門大學出版社　2001　p. 184
劉永明　散見敦煌曆朔閏輯考　《敦煌研究》2002 年第 6 期　p. 11
釋覺旻　從"三教大法師"看晚唐五代敦煌社會的三教融合　敦煌佛教藝術文化國際學術研討會論文集　蘭州大學出版社　2002　p. 402

S. 1688

岡部和雄　敦煌藏經目録　敦煌と中國仏教(講座敦煌 7)　(東京)大東出版社　1984　p. 317

S. 1691

池田溫　中國古代寫本識語集録　(東京)大藏出版株式會社　1990　p. 369

S. 1692

江素雲　維摩詰所説經敦煌寫本綜合目録　(臺北)東初出版社　1991　p. 79

S. 1694

江素雲　維摩詰所説經敦煌寫本綜合目録　(臺北)東初出版社　1991　p. 79

S. 1697

池田溫　中國古代寫本識語集録　(東京)大藏出版株式會社　1990　p. 371

S. 1698

芳村修基　土橋秀高　井ノ口泰淳　敦煌佛教史年表　西域文化研究(第一)・敦煌佛教資料　(京都)法藏館　1958　p. 267

S. 1706

岡部和雄　敦煌藏經目録　敦煌と中國仏教(講座敦煌 7)　(東京)大東出版社　1984　p. 317

S. 1709

江素雲　維摩詰所説經敦煌寫本綜合目録　(臺北)東初出版社　1991　p. 79

S. 1711

池田溫　中國古代寫本識語集録　(東京)大藏出版株式會社　1990　p. 393

S. 1713

周紹良　敦煌文學芻議及其它　(臺北)新文豐出版公司　1992　p. 13

S. 1714

池田溫　中國古代寫本識語集録　(東京)大蔵出版株式會社　1990　p. 392

S. 1715

池田溫　中國古代寫本識語集録　(東京)大蔵出版株式會社　1990　p. 392

S. 1716

池田溫　中國古代寫本識語集録　(東京)大蔵出版株式會社　1990　p. 392

S. 1717

李崇峰　有關莫高窟北周洞窟研究的兩個問題　敦煌學國際研討會文集・石窟考古編　遼寧美術出版社　1995　p. 81

李崇峰　敦煌莫高窟唐前期洞窟分期　敦煌研究文集:敦煌石窟考古篇　甘肅民族出版社　2000　p. 80

S. 1718

井ノ口泰淳　敦煌本『仏名經』の諸系統　中央アジアの言語と仏教　(京都)法藏館　1995　p. 297

S. 1720

池田溫　中國古代寫本識語集録　(東京)大蔵出版株式會社　1990　p. 391

李正宇　評莫高窟土地廟遺書與藏經洞遺書關係問題的探討　國際敦煌學學術史研討會論文集　研討會籌備組　2002　p. 60

李正宇　評莫高窟土地廟藏經來源問題的探討　敦煌吐魯番研究(第七卷)　北京大學出版社　2004　p. 135

S. 1721

劉操南　敦煌問世曆日辨析　敦煌語言文學論文集　浙江古籍出版社　1988　p. 56

S. 1722

向達　倫敦所藏敦煌卷子經眼目録　《北平圖書館圖書季刊》1939 年新第 1 卷第 4 期　p. 397　又見:唐代長安與西域文明　三聯書店　1957　p. 210

潘重規　敦煌詩經卷子研究　(臺北)《華岡學報》1970 年第 6 期　又見:中國敦煌學百年文庫・文獻卷(二)　甘肅文化出版社　1999　p. 437

饒宗頤解說　林宏作譯　敦煌書法叢刊(第十八卷)・碎金(一)　(東京)二玄社　1983　p. 98

郭長城　敦煌寫本兔園策府叙録　敦煌學(第 8 輯)　(臺北)"中國文化大學"中國文學研究所敦煌學會　1984　p. 47

饒宗頤解說　林宏作譯　敦煌書法叢刊(第六卷)・經史(四)　(東京)二玄社　1985　p. 69

鄭阿財　敦煌蒙書析論　第二屆敦煌學國際研討會論文集　(臺北)漢學研究中心　1990　p. 224

鄭阿財　敦煌本《明詩論》與《問對》殘卷初探　第四屆唐代文化學術研討會論文集　(臺南)成功大

學　1991　p. 309 注 3
石塚晴通　敦煌の加點本　敦煌漢文文獻(講座敦煌 5)　(東京)大東出版社　1992　p. 248
土田健次郎　儒教典籍　敦煌漢文文獻(講座敦煌 5)　(東京)大東出版社　1992　p. 268
王三慶著　池田溫譯　類書　敦煌漢文文獻(講座敦煌 5)　(東京)大東出版社　1992　p. 385
鄭阿財　敦煌文獻與文學　(臺北)新文豐出版公司　1993　p. 257
周丕顯　敦煌古抄《兔園策府》考析　《敦煌學輯刊》1994 年第 2 期　p. 18
胡戟　傅玫　敦煌史話　中華書局　1995　p. 183
白化文　詩經　敦煌學大辭典　上海辭書出版社　1998　p. 773
李鼎霞　兔園策府　敦煌學大辭典　上海辭書出版社　1998　p. 779
劉進寶　敦煌本《兔園策府・征東夷》産生的歷史背景　《敦煌研究》1998 年第 1 期　p. 111
劉進寶　敦煌文書與唐史研究　(臺北)新文豐出版公司　2000　p. 73
屈直敏　敦煌本《兔園策府》考辨　《敦煌研究》2001 年第 3 期　p. 126
曾良　敦煌文獻字義通釋　廈門大學出版社　2001　p. 142
鄭阿財　朱鳳玉　敦煌蒙書研究　甘肅教育出版社　2002　p. 265
徐俊　敦煌先唐詩考　2000 年敦煌學國際學術討論會文集・歷史文化卷(下)　甘肅民族出版社　2003　p. 299
許建平　《俄藏敦煌文獻》儒家經典類寫本的定名與綴合　漢語史學報專輯(第三輯)　上海教育出版社　2003　p. 305
曾良　敦煌文獻字義劄記　2000 年敦煌學國際學術討論會文集・歷史文化卷(下)　甘肅民族出版社　2003　p. 468
張涌泉　試論敦煌寫本類書的校勘價值:以《勵忠節抄》爲例　《敦煌研究》2003 年第 2 期　p. 69
伏俊璉　敦煌《詩經》殘卷的文獻價值　《敦煌研究》2004 年第 4 期　p. 41
石塚晴通　敦煌的加點本　敦煌學・日本學:石塚晴通教授退職紀念論文集　上海辭書出版社　2005　p. 12
趙鑫曄　瀝血哀集　蔚然可觀:讀《敦煌俗字典》　《敦煌研究》2006 年第 1 期　p. 114

S. 1723

王惠民　敦煌寶藏　上海古籍出版社　1996　p. 86
高明士　唐代敦煌官方的祭祀禮儀　1994 年敦煌學國際研討會文集・宗教文史卷(上)　甘肅民族出版社　2000　p. 63

S. 1724

高明士　唐代敦煌官方的祭祀禮儀　1994 年敦煌學國際研討會文集・宗教文史卷(上)　甘肅民族出版社　2000　p. 58

S. 1725

向達　倫敦所藏敦煌卷子經眼目録　《北平圖書館圖書季刊》1939 年新第 1 卷第 4 期　p. 397　又見:唐代長安與西域文明　三聯書店　1957　p. 210
周一良　敦煌寫本書儀中所見的唐代婚喪禮俗　《文物》1985 年第 1 期　又見:唐五代書儀研究　中國社會科學出版社　1995　p. 285、294
周一良著　池田溫付記　敦煌寫本の書儀に見える唐代の婚禮と葬式　『東方學』(第 71 輯)　(東京)東方學會　1986　p. 135

周紹良　趙和平　書儀　《敦煌語言文學研究通訊》1987 年第 4 期　p. 2　又見:敦煌文學　甘肅人民出版社　1989　p. 47

周一良　敦煌寫本書儀考(之二)　敦煌吐魯番文獻研究論集(第四輯)　北京大學出版社　1987　p. 29　又見:唐五代書儀研究　中國社會科學出版社　1995　p. 83

蘇晉仁　入唐五家求法目録中外典考　《魏晉南北朝隋唐史》1988 年第 11 期　p. 63

高國藩　敦煌民俗學　上海文藝出版社　1989　p. 232

郝春文　敦煌遺書中的"春秋座局席"考　《北京師範學院學報》1989 年第 4 期　p. 34

譚蟬雪　祭文　敦煌文學　甘肅人民出版社　1989　p. 121

譚蟬雪　敦煌歲時掇瑣:正月　《敦煌研究》1990 年第 1 期　p. 49

譚蟬雪　《諸文要集》殘卷録釋　敦煌學國際學術討論會論文縮寫文(1990)　敦煌研究院　1990　p. 89

趙和平　敦煌寫本書儀略論　敦煌吐魯番學研究論文集　漢語大詞典出版社　1990　p. 564、577

周純一　敦煌古劇質疑　第二屆敦煌學國際研討會論文集　(臺北)漢學研究中心　1990　p. 461

周一良　書儀源流考　《歷史研究》1990 年第 5 期　p. 97 注 2

姜伯勤　敦煌社會文書導論　(臺北)新文豐出版公司　1992　p. 2、15、23

劉瑞明　王梵志詩歌與古代民俗　《慶陽師專學報》1992 年第 2 期　p. 17

高國藩　敦煌民俗資料導論　(臺北)新文豐出版公司　1993　p. 58、71、237

譚蟬雪　敦煌婚姻文化　甘肅人民出版社　1993　p. 7、77

譚禪雪　敦煌歲時掇瑣　(香港)《九州學刊》(敦煌學專輯)1993 年第 5 卷第 4 期　p. 91

趙和平　敦煌寫本書儀研究　(臺北)新文豐出版公司　1993　p. 14、34、395

寧可　郝春文　敦煌寫本社邑文書述略　《首都師範大學學報》1994 年第 4 期　p. 14

胡戟　傅玫　敦煌史話　中華書局　1995　p. 188

譚蟬雪　敦煌婚俗的特點　敦煌學國際研討會文集・史地語文編　遼寧美術出版社　1995　p. 602

土肥義和　唐・北宋間の「社」の組織形態に関する一考察　中國古代の國家と民衆(堀敏一先生古稀記念)　(東京)汲古書院　1995　p. 720

謝海平　從應用文教學觀點看伯三四四二杜友晉《吉凶書儀》　全國敦煌學研討會論文集　(臺北)中正大學中國文學系所　1995　p. 288 注 3

趙和平　敦煌寫本書儀中所看到的部分唐代社會文化生活　敦煌學國際研討會文集・史地語文編　遼寧美術出版社　1995　p. 576　又見:唐五代書儀研究　中國社會科學出版社　1995　p. 313

周一良　趙和平　敦煌寫本書儀略論　唐五代書儀研究　中國社會科學出版社　1995　p. 3

周一良　趙和平　晚唐五代時的三種吉凶書儀寫卷研究　唐五代書儀研究　中國社會科學出版社　1995　p. 213

高國藩　敦煌數字與俗文化　慶祝潘石禪先生九秩華誕敦煌學特刊　(臺北)文津出版社　1996　p. 179

姜伯勤　敦煌藝術宗教與禮樂文明　中國社會科學出版社　1996　p. 432

黄亮文　評《敦煌寫本書儀研究》　唐研究(第三卷)　北京大學出版社　1997　p. 498

陸淑綺　李重申　敦煌古代戲曲文化史料綜述　《敦煌研究》1997 年第 2 期　p. 59

寧可　郝春文　敦煌社邑文書輯校　江蘇古籍出版社　1997　p. 695

楊際平　郭鋒　張和平　五—十世紀敦煌的家庭與家族關係　岳麓書社　1997　p. 81 注 1

董志翹　敦煌文書詞語考釋　《敦煌研究》1998 年第 1 期　p. 131

黄正建　唐代衣食住行研究　首都師範大學出版社　1998　p. 204

寧可　祭社文　敦煌學大辭典　上海辭書出版社　1998　p. 431

譚蟬雪　敦煌歲時文化導論　(臺北)新文豐出版公司　1998　p. 46、98、138
譚蟬雪　餜食　敦煌學大辭典　上海辭書出版社　1998　p. 445
譚蟬雪　男就女家　敦煌學大辭典　上海辭書出版社　1998　p. 437
楊森　晚唐五代兩件《女人社》文書劄記　《敦煌研究》1998 年第 1 期　p. 72
趙和平　《敦煌寫本書儀研究》訂補　敦煌吐魯番研究(第三卷)　北京大學出版社　1998　p. 232
趙和平　書儀　敦煌學大辭典　上海辭書出版社　1998　p. 419
高國藩　敦煌俗文化學　上海三聯書店　1999　p. 16
姜伯勤　唐禮與敦煌發現的書儀　敦煌文藪(下)　(臺北)新文豐出版公司　1999　p. 7
寧可　寧可史學論集　中國社會科學出版社　1999　p. 448 注 4
顏廷亮　敦煌文化中的道教及文化　《敦煌研究》1999 年第 1 期　p. 142
董志翹《入唐求法巡禮行記》辭彙研究　中國社會科學出版社　2000　p. 35
段塔麗　唐代婦女地位研究　人民出版社　2000　p. 191
高明士　唐代敦煌官方的祭祀禮儀　1994 年敦煌學國際研討會文集・宗教文史卷(上)　甘肅民族出版社　2000　p. 48、60
宋家鈺　佛教齋文源流與敦煌本"齋文"書的復原　英國收藏敦煌漢藏文獻研究:紀念敦煌文獻發現一百周年　中國社會科學出版社　2000　p. 296
汪泛舟　敦煌道教與齋醮諸考　1994 年敦煌學國際研討會文集・宗教文史卷(上)　甘肅民族出版社　2000　p. 9
吳麗娛　敦煌 S. 1725 與 P. 4024 寫本書儀的撰成年代與貞觀喪服禮　英國收藏敦煌漢藏文獻研究:紀念敦煌文獻發現一百周年　中國社會科學出版社　2000　p. 282
吳麗娛　英國收藏敦煌文獻叙録　英國收藏敦煌漢藏文獻研究:紀念敦煌文獻發現一百周年　中國社會科學出版社　2000　p. 113
顏廷亮　敦煌文化　光明日報出版社　2000　p. 249
趙和平　晚唐時河北地區的一種吉凶書儀的再研究　中華文史論叢(總 62 輯)　上海古籍出版社　2000　p. 196
姜伯勤　唐敦煌城市的禮儀空間　文史(第五十五輯)　中華書局　2001　p. 232
山本達郎等　補(IV)社・VI 諸種文書　『NUN - HUANG AND TURFAN DOCUMENTS CONCERNING SOCIAL AND ECONOMIC HISTORY』(Sup. p. lemrnts)　(東京)東洋文庫　2001　p. 96
史睿　敦煌吉凶書儀與東晉南朝禮俗　敦煌文獻論集:紀念藏經洞發現一百周年國際學術研討會論文集　遼寧人民出版社　2001　p. 409
王楠　唐代女性在家族中地位的變遷——對父權到夫權的考察　中國社會歷史評論(第三卷)　中華書局　2001　p. 140
吳麗娛　從敦煌書儀中的表狀箋啓看唐五代官場禮儀的轉移變遷　中國社會歷史評論(第三卷)　中華書局　2001　p. 361
吳麗娛　敦煌寫本書儀中的喪服圖與唐禮　中國社會科學院歷史研究所學刊(第一集)　社會科學文獻出版社　2001　p. 214
吳麗娛　關於 S. 78v 和 S. 1725v 兩件敦煌寫本書儀的一些看法　敦煌學與中國史研究論集　甘肅人民出版社　2001　p. 168
周一良　敦煌寫本書儀中所見的唐代婚喪禮俗　魏晉南北朝史論集續編　北京大學出版社　2001　p. 245
郝春文　《唐末五代宋初敦煌社邑的幾個問題》商榷　國際敦煌學學術史研討會論文集　研討會籌備組　2002　p. 199

李斌城　唐代文化　中國社會科學出版社　2002　p. 1206

吳麗娛　唐禮摭遺:中古書儀研究　商務印書館　2002　p. 41、54、131、224、357

王啓濤　中古及近代法制文書語言研究　巴蜀書社　2003　p. 29

吳麗娛　敦煌的禮書　敦煌與絲路文化學術講座　北京圖書館出版社　2003　p. 194

吳麗娛　唐代婚儀的再檢討　燕京學報(新第 15 期)　北京大學出版社　2003　p. 53

曾良　俗字與古籍整理舉隅　《中國典籍與文化》2003 年第 2 期　p. 65

趙和平　唐代書儀中所見婦人書劄　唐宋女性與社會　上海辭書出版社　2003　p. 218

趙和平　唐五代書儀的主要內容及其學術價值　敦煌與絲路文化學術講座　北京圖書館出版社　2003　p. 215

陳麗　唐代敦煌婦女婚姻生活探微　《敦煌研究》2004 年第 5 期　p. 49

陳麗萍　中古時期敦煌地區財婚風氣略論　麥積山石窟藝術文化論文集(下)　蘭州大學出版社　2004　p. 260

高啓安　唐五代敦煌飲食文化研究　民族出版社　2004　p. 163

張國剛　貞觀之治和盛唐的人文精神　唐研究(第十卷)　北京大學出版社　2004　p. 216

張小豔　試論敦煌書儀的語料價值　浙江與敦煌學:常書鴻先生誕辰一百周年紀念文集　浙江古籍出版社　2004　p. 530、536

吳麗娛　正禮與時俗:論民間書儀與唐朝禮制的同期互動　敦煌吐魯番研究(第九卷)　北京大學出版社　2006　p. 169

余欣　神祇的"碎化":唐宋敦煌社祭變遷研究　《歷史研究》2006 年 3 期　p. 60

S. 1726

譚禪雪　敦煌歲時掇瑣　(香港)《九州學刊》(敦煌學專輯)1993 年第 5 卷第 4 期　p. 86

段小强　敦煌文書中所見的古代喪儀　《西北民族研究》1999 年第 1 期　p. 214

S. 1727

高國藩　敦煌民俗學　上海文藝出版社　1989　p. 232

S. 1728

王卡　道要靈祇神鬼品經　敦煌學大辭典　上海辭書出版社　1998　p. 759

王卡　敦煌道教文獻研究　中國社會科學出版社　2004　p. 226

王卡　中國國家圖書館藏敦煌道教遺書研究報告　敦煌吐魯番研究(第七卷)　北京大學出版社　2004　p. 374

S. 1729

杜愛英　敦煌遺書中俗體字的諸種類型　《敦煌研究》1992 年第 3 期　p. 121

吳其昱著　伊藤美重子譯　敦煌漢文寫本概観　敦煌漢文文獻(講座敦煌 5)　(東京)大東出版社　1992　p. 67

S. 1730

田中良昭　敦煌禪宗文獻の研究　(東京)大東出版社　1983　p. 98

上山大峻　敦煌佛教の研究　(京都)法藏館　1990　p. 422

田中良昭　《禪籍解題(一)·敦煌禪籍》補遺　俗語言研究(第三期)　(京都)禪文化研究所　1996

p. 213

S. 1731

劉銘恕　再記英國倫敦所藏的敦煌經卷　《中國科學院圖書館通訊》1957 年第 7 期　又見:中國敦煌學百年文庫・綜述卷(二)　甘肅文化出版社　1999　p. 134

張錫厚　敦煌文學　上海古籍出版社　1980　p. 117 注 1

岡部和雄　敦煌藏經目録　敦煌と中國仏教(講座敦煌 7)　(東京)大東出版社　1984　p. 317

劉銘恕　敦煌遺書叢識　1983 年全國敦煌學術討論會文集・文史遺書編(上)　甘肅人民出版社　1987　p. 427

周丕顯　論說・文録　敦煌文學　甘肅人民出版社　1989　p. 80

林聰明　敦煌文書學　(臺北)新文豐出版公司　1991　p. 429

王三慶　敦煌寫卷中武后新字之調查研究　唐代研究論集(第三輯)　(臺北)新文豐出版公司　1992　p. 88

李明偉　敦煌文學概論　甘肅人民出版社　1993　p. 494

李明偉　敦煌文學中"敦煌文"的研究和分類評價　《敦煌研究》1995 年第 4 期　p. 122

柴劍虹　梵志喜學多術說　敦煌學大辭典　上海辭書出版社　1998　p. 589

張錫厚　敦煌文學源流　作家出版社　2000　p. 150

張錫厚　敦煌文概說　2000 年敦煌學國際學術討論會文集・歷史文化卷(下)　甘肅民族出版社　2003　p. 205

S. 1733

向達　倫敦所藏敦煌卷子經眼目録　《北平圖書館圖書季刊》1939 年新第 1 卷第 4 期　p. 397　又見:唐代長安與西域文明　三聯書店　1957　p. 210

韓國磐　隋唐五代史綱　人民出版社　1979　p. 304

姜伯勤　敦煌寺院文書中"梁戶"的性質　敦煌吐魯番文書研究　甘肅人民出版社　1984　p. 339　又見:五十年來漢唐佛教寺院經濟研究　北京師範大學出版社　1986　p. 123

姜伯勤　唐五代敦煌寺戶制度　中華書局　1987　p. 72、91、103、112、130、197、216、313

謝重光　魏晉隋唐佛教特權的盛衰　《魏晉南北朝隋唐史》1988 年第 3 期　p. 15 注 5

高國藩　敦煌民俗學　上海文藝出版社　1989　p. 60

郝春文　唐後期五代宋初沙州僧尼的特點　敦煌吐魯番學研究論文集　漢語大詞典出版社　1990　p. 857 注 50

姜伯勤　敦煌與波斯　《敦煌研究》1990 年第 3 期　p. 12

唐耕耦　陸宏基　敦煌社會經濟文獻真迹釋録(三)　全國圖書館文獻縮微複製中心　1990　p. 112、299

尹偉先　從敦煌文書看唐代河西地區的貨幣流通　《社科縱橫》1992 年第 6 期　又見:中國敦煌學百年文庫・歷史卷(二)　甘肅文化出版社　1999　p. 342

高國藩　敦煌民俗資料導論　(臺北)新文豐出版公司　1993　p. 16

李正宇　中國唐宋硬筆書法　上海文化出版社　1993　p. 60

姜伯勤　敦煌吐魯番文書與絲綢之路　文物出版社　1994　p. 65

王進玉　敦煌石窟探秘　四川教育出版社　1994　p. 119

劉惠琴　從敦煌文書中看沙州紡織業　《敦煌學輯刊》1995 年第 2 期　p. 53

馬德　九、十世紀敦煌工匠史料述論　慶祝潘石禪先生九秩華誕敦煌學特刊　(臺北)文津出版社

1996　p. 310
李正宇　敦煌歷史地理導論　(臺北)新文豐出版公司　1997　p. 214
馬德　敦煌工匠史料　甘肅人民出版社　1997　p. 79、87
唐耕耦　敦煌寺院會計文書研究　(臺北)新文豐出版公司　1997　p. 48
鄭炳林　唐五代敦煌手工業研究　敦煌歸義軍史專題研究　蘭州大學出版社　1997　p. 260
鄭炳林　晚唐五代敦煌貿易市場的物價　敦煌歸義軍史專題研究　蘭州大學出版社　1997　p. 302
郝春文　唐後期五代宋初敦煌僧尼的社會生活　中國社會科學出版社　1998　p. 169
唐耕耦　入破曆算會牒　敦煌學大辭典　上海辭書出版社　1998　p. 647
高啓安　王璽玉　唐五代敦煌人的飲食品種研究　《敦煌研究》1999 年第 2 期　p. 62
蘇金花　唐、五代敦煌地區的商品貨幣形態　《敦煌研究》1999 年第 2 期　p. 95
陳永勝　敦煌吐魯番法制文書研究　甘肅人民出版社　2000　p. 124
謝重光　漢唐佛教社會史論　(臺北)國際文化事業有限公司　2001　p. 38 注 95
高啓安　唐五代敦煌飲食文化研究　民族出版社　2004　p. 39、140

S. 1735

杜愛英　敦煌遺書中俗體字的諸種類型　《敦煌研究》1992 年第 3 期　p. 126

S. 1736

池田溫　中國古代寫本識語集録　(東京)大藏出版株式會社　1990　p. 322

S. 1737

杜愛英　敦煌遺書中俗體字的諸種類型　《敦煌研究》1992 年第 3 期　p. 126
周紹良　敦煌文學芻議及其它　(臺北)新文豐出版公司　1992　p. 21

S. 1739

江素雲　維摩詰所説經敦煌寫本綜合目録　(臺北)東初出版社　1991　p. 79

S. 1740

井ノ口泰淳　敦煌本『仏名經』の諸系統　中央アジアの言語と仏教　(京都)法藏館　1995　p. 298

S. 1741

周叔迦　大乘五門十地實相論跋　《現代佛學》1959 年第 4 期　又見：中國敦煌學百年文庫・宗教卷（四）　甘肅文化出版社　1999　p. 79
岡部和雄　敦煌藏經目録　敦煌と中國仏教(講座敦煌 7)　(東京)大東出版社　1984　p. 317

S. 1742

杜愛英　敦煌遺書中俗體字的諸種類型　《敦煌研究》1992 年第 3 期　p. 126

S. 1744

高啓安　唐五代至宋敦煌的量器及量制　《敦煌學輯刊》1999 年第 1 期　p. 60

S. 1745

吳其昱　有關唐代和十世紀奴婢的敦煌卷子　《敦煌學輯刊》1984 年第 2 期　p. 140

S. 1746

陳祚龍　敦煌古抄內典尾記彙校初、二、三編合刊　敦煌學要籥　（臺北）新文豐出版公司　1982　p. 106

方廣錩　敦煌文獻中的《金剛經》及其注疏　《新疆文物》1995 年第 1 期　p. 45

方廣錩　金剛般若波羅蜜經　敦煌學大辭典　上海辭書出版社　1998　p. 682

金岡照光　敦煌文獻と中國文學　（東京）五曜書房　2000　p. 428

馬德　敦煌寫經題記的社會意義　法源（第 19 期）　中國佛學院　2001　p. 87

釋永有　敦煌遺書中的金剛經　敦煌佛教藝術文化國際學術研討會論文集　蘭州大學出版社　2002　p. 42

杜正乾　唐代的《金剛經》信仰　《敦煌研究》2004 年第 5 期　p. 54

S. 1747

李正宇　三窟　敦煌學大辭典　上海辭書出版社　1998　p. 627

S. 1751

岡部和雄　敦煌藏經目録　敦煌と中國仏教（講座敦煌 7）　（東京）大東出版社　1984　p. 317

S. 1752

杜愛英　敦煌遺書中俗體字的諸種類型　《敦煌研究》1992 年第 3 期　p. 122

S. 1753

江素雲　維摩詰所説經敦煌寫本綜合目録　（臺北）東初出版社　1991　p. 79

S. 1754

岡部和雄　敦煌藏經目録　敦煌と中國仏教（講座敦煌 7）　（東京）大東出版社　1984　p. 317

S. 1755

井ノ口泰淳　敦煌本『仏名經』の諸系統　中央アジアの言語と仏教　（京都）法藏館　1995　p. 287

S. 1756

岡部和雄　敦煌藏經目録　敦煌と中國仏教（講座敦煌 7）　（東京）大東出版社　1984　p. 317

S. 1761

岡部和雄　敦煌藏經目録　敦煌と中國仏教（講座敦煌 7）　（東京）大東出版社　1984　p. 317

S. 1765

福井文雅　般若心經　敦煌と中國仏教（講座敦煌 7）　（東京）大東出版社　1984　p. 39

S. 1770

杜愛英　敦煌遺書中俗體字的諸種類型　《敦煌研究》1992 年第 3 期　p. 125

李明偉　敦煌文學概論　甘肅人民出版社　1993　p. 474

S. 1772

潘重規　巴黎倫敦所藏敦煌詩經卷子題記　（香港）《新亞書院學術年刊》1969 年第 11 期　又見：中國敦煌學百年文庫・文獻卷(二)　甘肅文化出版社　1999　p. 387

陳祚龍　敦煌古抄内典尾記彙校初、二、三編合刊　敦煌學要籥　（臺北）新文豐出版公司　1982　p. 106

池田溫　中國古代寫本識語集録　（東京）大蔵出版株式會社　1990　p. 370

鄭炳林　《康秀華寫經施入疏》與《炫和尚貨賣胡粉曆》研究　敦煌吐魯番研究(第三卷)　北京大學出版社　1998　p. 199

鄭阿財　朱鳳玉　敦煌蒙書研究　甘肅教育出版社　2002　p. 265

S. 1774

向達　倫敦所藏敦煌卷子經眼目録　《北平圖書館圖書季刊》1939 年新第 1 卷第 4 期　p. 397　又見：唐代長安與西域文明　三聯書店　1957　p. 210

董作賓　敦煌紀年　敦煌學文選(上)　蘭州大學歷史系敦煌學研究室等　1983　p. 33

山本達郎等　敦煌・I 社條　『NUN – HUANG AND TURFAN DOCUMENTS CONCERNING SOCIAL AND ECONOMIC HISTORY』(IV)　（東京）東洋文庫　1989　p. 13

唐耕耦　陸宏基　敦煌社會經濟文獻真迹釋録(三)　全國圖書館文獻縮微複製中心　1990　p. 17

姜伯勤　敦煌吐魯番與香藥之路　季羡林教授八十華誕紀念論文集(下)　江西人民出版社　1991　p. 845

郝春文　唐後期五代宋初沙州僧尼的宗教收入(三)：大衆倉試探　《敦煌學輯刊》1996 年第 2 期　p. 2、7

唐耕耦　敦煌寺院會計文書研究　（臺北）新文豐出版公司　1997　p. 4

鄭炳林　敦煌碑銘讚輯釋　甘肅教育出版社　1997　p. 418 注 4

鄭炳林　楊富學　晚唐五代金銀在敦煌的使用與流通　《甘肅金融》1997 年第 8 期　又見：中國敦煌學百年文庫・歷史卷(二)　甘肅文化出版社　1999　p. 581

郝春文　唐後期五代宋初敦煌僧尼的社會生活　中國社會科學出版社　1998　p. 99

郝春文　唐後期五代宋初敦煌寺院常住什物的數量及與僧人的關係　《敦煌研究》1998 年第 2 期　p. 119

唐耕耦　常住什物交割點檢曆　敦煌學大辭典　上海辭書出版社　1998　p. 648

唐耕耦　執物僧　敦煌學大辭典　上海辭書出版社　1998　p. 639

張涌泉　敦煌文書疑難詞語辨釋　舊學新知　浙江大學出版社　1999　p. 261

高啓安　唐五代敦煌人的飲酒習俗述論　《敦煌研究》2000 年第 3 期　p. 84

林聰明　敦煌吐魯番文書解詁指例　（臺北）新文豐出版公司　2001　p. 314

王明珠　定西地區博物館藏長柄銅香爐　《敦煌研究》2001 年第 1 期　p. 30

曾良　敦煌文獻字義通釋　廈門大學出版社　2001　p. 175

姜亮夫　敦煌莫高窟年表　姜亮夫全集(十一)　雲南人民出版社　2002　p. 511

鄭炳林　晚唐五代敦煌諸寺藏經與管理　新世紀敦煌學論集　巴蜀書社　2003　p. 340

高啓安　唐五代敦煌飲食文化研究　民族出版社　2004　p. 62

金瀅坤　敦煌社會經濟文書定年拾遺　《首都師範大學學報》2006 年第 1 期　p. 10
金瀅坤　敦煌社會經濟文獻綴合拾遺　《敦煌研究》2006 年第 2 期　p. 89

S. 1775

馬德　《乘恩帖》述略　《敦煌研究》1992 年第 1 期　p. 22
顔廷亮　敦煌文化中的道教及文化　《敦煌研究》1999 年第 1 期　p. 142
顔廷亮　敦煌文化　光明日報出版社　2000　p. 249

S. 1776

向達　倫敦所藏敦煌卷子經眼目録　《北平圖書館圖書季刊》1939 年新第 1 卷第 4 期　p. 397　又見:唐代長安與西域文明　三聯書店　1957　p. 210
冉雲華　中國佛教文化研究論集　(臺北)東初出版社　1980　p. 59
田中良昭　禪宗燈史の発展　敦煌仏典と禪(講座敦煌 8)　(東京)大東出版社　1980　p. 102
張廣達　唐代禪宗的傳入吐蕃及有關的敦煌文書　學林漫録(三集)　中華書局　1981　p. 57 注 21
董作賓　敦煌紀年　敦煌學文選(上)　蘭州大學歷史系敦煌學研究室等　1983　p. 35
田中良昭　敦煌禪宗文獻の研究　(東京)大東出版社　1983　p. 625
楊曾文　日本學者對中國禪宗文獻的研究和整理　《世界宗教研究》1987 年第 1 期　p. 120
山本達郎等　敦煌・I 社條　『NUN - HUANG AND TURFAN DOCUMENTS CONCERNING SOCIAL AND ECONOMIC HISTORY』(IV)　(東京)東洋文庫　1989　p. 13
王進玉　趙豐　敦煌文物中的紡織技藝　《敦煌研究》1989 年第 4 期　p. 100
上山大峻　敦煌佛教の研究　(京都)法藏館　1990　p. 420
唐耕耦　陸宏基　敦煌社會經濟文獻真迹釋録(三)　全國圖書館文獻縮微複製中心　1990　p. 18 注 22
姜伯勤　敦煌吐魯番與香藥之路　季羨林教授八十華誕紀念論文集(下)　江西人民出版社　1991 p. 845
林聰明　敦煌文書學　(臺北)新文豐出版公司　1991　p. 343
謝重光　吐蕃佔領期與歸義軍時期的敦煌僧官制度　《敦煌研究》1991 年第 3 期　p. 55
姜伯勤　敦煌社會文書導論　(臺北)新文豐出版公司　1992　p. 219
吳其昱著　伊藤美重子譯　敦煌漢文寫本概観　敦煌漢文文獻(講座敦煌 5)　(東京)大東出版社 1992　p. 59
索仁森著　李吉和譯　敦煌漢文禪籍特徵概觀　《敦煌研究》1994 年第 1 期　p. 113
田中良昭　敦煌の禪籍　禪學研究入門　(東京)大東出版社　1994　p. 50
劉惠琴　從敦煌文書中看沙州紡織業　《敦煌學輯刊》1995 年第 2 期　p. 53
柳田聖山　禪籍解題(一)・敦煌禪籍　俗語言研究(第二期)　(京都)禪文化研究所　1995　p. 147
馬德　敦煌工匠史料　甘肅人民出版社　1997　p. 97
齊陳俊　馮培紅　晚唐五代宋初歸義軍對外商業貿易　敦煌歸義軍史專題研究　蘭州大學出版社 1997　p. 347
榮新江　敦煌本禪宗燈史殘卷拾遺　周紹良先生欣開九秩慶壽文集　中華書局　1997　p. 235
唐耕耦　敦煌寺院會計文書研究　(臺北)新文豐出版公司　1997　p. 6
鄭炳林　敦煌碑銘讚輯釋　甘肅教育出版社　1997　p. 448 注 4
鄭炳林　唐五代敦煌的粟特人與佛教　敦煌歸義軍史專題研究　蘭州大學出版社　1997　p. 449
鄭炳林　楊富學　晚唐五代金銀在敦煌的使用與流通　《甘肅金融》1997 年第 8 期　又見:中國敦煌

學百年文庫・歷史卷(二)　甘肅文化出版社　1999　p. 581
方廣錩　歷代法寶記　敦煌學大辭典　上海辭書出版社　1998　p. 728
郝春文　唐後期五代宋初敦煌僧尼的社會生活　中國社會科學出版社　1998　p. 129
郝春文　唐後期五代宋初敦煌寺院常住什物的數量及與僧人的關係　《敦煌研究》1998 年第 2 期　p. 130
金瀅坤　從敦煌文書看晚唐五代敦煌地區布紡織業　《敦煌研究》1998 年第 2 期　p. 140
唐耕耦　常住什物交割點檢曆　敦煌學大辭典　上海辭書出版社　1998　p. 648
唐耕耦　執物僧　敦煌學大辭典　上海辭書出版社　1998　p. 639
高啓安　唐五代至宋敦煌的量器及量制　《敦煌學輯刊》1999 年第 1 期　p. 60
高啓安　唐五代敦煌人的飲酒習俗述論　《敦煌研究》2000 年第 3 期　p. 84
榮新江　《英藏敦煌文獻》定名商補　文史(第五十二輯)　中華書局　2000　p. 119
魏明孔　隋唐寺院手工業述論　'98 法門寺唐文化國際學術討論會論文集　陝西人民出版社　2000　p. 539
林聰明　敦煌吐魯番文書解詁指例　(臺北)新文豐出版公司　2001　p. 211 注 4
榮新江　敦煌學十八講　北京大學出版社　2001　p. 253
王明珠　定西地區博物館藏長柄銅香爐　《敦煌研究》2001 年第 1 期　p. 30
楊富學　敦煌本《歷代法寶記・弘忍傳》考論　華林(第一卷)　中華書局　2001　p. 178
曾良　敦煌文獻字義通釋　廈門大學出版社　2001　p. 162、175
姜亮夫　敦煌莫高窟年表　姜亮夫全集(十一)　雲南人民出版社　2002　p. 540
乜小紅　唐宋敦煌毛紡織業述略　敦煌學(第 23 輯)　(臺北)樂學書局有限公司　2002　p. 120、127
榮新江　有關敦煌本《歷代法寶記》的幾個問題　中日敦煌佛教學術會議論文集　中國社會科學院研究所　2002　p. 70
榮新江　有關敦煌本《歷代法寶記》的新資料　戒幢佛學(第二卷)　岳麓書社　2002　p. 94
榮新江　再論敦煌藏經洞的寶藏:三界寺與藏經洞　敦煌佛教藝術文化國際學術研討會論文集　蘭州大學出版社　2002　p. 25
田中良昭　敦煌の禪宗燈史　中日敦煌佛教學術會議論文集　中國社會科學院研究所　2002　p. 109
田中良昭　敦煌的禪宗燈史　戒幢佛學(第二卷)　岳麓書社　2002　p. 151
榮新江　于闐花氈與粟特銀盤:九、十世紀敦煌寺院的外來供養　寺院財富與世俗供養　上海書畫出版社　2003　p. 249
鄭炳林　晚唐五代敦煌諸寺藏經與管理　新世紀敦煌學論集　巴蜀書社　2003　p. 340、356
高啓安　唐五代敦煌飲食文化研究　民族出版社　2004　p. 64、93
黃征　敦煌俗字典　上海教育出版社　2005　p. 27、50、94
金瀅坤　敦煌社會經濟文獻綴合拾遺　《敦煌研究》2006 年第 2 期　p. 89

S. 1777

張金泉　敦煌佛經音義寫卷述要　《敦煌研究》1997 年第 2 期　p. 122

S. 1780

竺沙雅章　寺院文書　敦煌漢文文獻(講座敦煌 5)　(東京)大東出版社　1992　p. 596
姜伯勤　敦煌戒壇與大乘佛教　華學(第二輯)　中山大學出版社　1996　p. 324

姜伯勤　敦煌藝術宗教與禮樂文明　中國社會科學出版社　1996　p. 351
王書慶　敦煌文獻中五代宋初戒牒研究　《敦煌研究》1997 年第 3 期　p. 40
湛如　敦煌菩薩戒儀與菩薩戒牒之研究　《敦煌研究》1997 年第 2 期　p. 81
李德龍　沙州三界寺《授戒牒》初探　甘肅民族研究論叢　甘肅人民出版社　2002　p. 418 注 1
湛如　敦煌佛教律儀制度研究　中華書局　2003　p. 167

S. 1781

芳村修基　土橋秀高　井ノ口泰淳　敦煌佛教史年表　西域文化研究(第一)・敦煌佛教資料　(京都)法藏館　1958　p. 275
金岡照光　敦煌漢文文學文獻の文學形態上の種類とその分類　敦煌出土文學文獻分類目録・附解說　(東京)東洋文庫　1971　p. 229
金岡照光　敦煌文學のさまざま　敦煌の文學　(東京)大蔵出版株式會社　1971　p. 131
加地哲定　增補中國佛教文學研究　(東京)同朋舍　1979　p. 201
陳祚龍　敦煌古抄内典尾記彙校初、二、三編合刊　敦煌學要籥　(臺北)新文豐出版公司　1982　p. 106
鄭阿財　敦煌孝道文學研究　(臺北)石門圖書公司　1982　p. 532
陳國燦　唐代的民間借貸:吐魯番敦煌等地所出唐代借貸契券初探　敦煌吐魯番文書初探　武漢大學出版社　1983　p. 270 注 36
孫其芳　詞　敦煌文學　甘肅人民出版社　1989　p. 214
池田溫　中國古代寫本識語集録　(東京)大蔵出版株式會社　1990　p. 458
加地哲定著　劉衛星譯　中國佛教文學　今日中國出版社　1990　p. 176
唐耕耦　敦煌寫本便物曆初探　敦煌吐魯番文獻研究論集(第五輯)　北京大學出版社　1990　p. 138
唐耕耦　陸宏基　敦煌社會經濟文獻真迹釋録(二)　全國圖書館文獻縮微複製中心　1990　p. 205
周紹良　敦煌文學芻議及其它　(臺北)新文豐出版公司　1992　p. 38
砂岡和子　敦煌散花樂和聲曲輯考　敦煌佛教文化研究　社科縱橫編輯部　1996　p. 22
林仁昱　由唐代淨土讚歌看敦煌聯章俗曲歌謠套用曲調的原則　敦煌文學論集　四川人民出版社　1997　p. 156
唐耕耦　敦煌寺院會計文書研究　(臺北)新文豐出版公司　1997　p. 339
柴劍虹　散蓮花樂　敦煌學大辭典　上海辭書出版社　1998　p. 545
童丕　10 世紀敦煌的借貸人　法國漢學(第 3 輯)　中華書局　1998　p. 72
陳國燦　唐代的經濟社會　(臺北)文津出版社　1999　p. 217 注 36
劉銘恕　再記英國倫敦所藏的敦煌經卷　中國敦煌學百年文庫・綜述卷(二)　甘肅文化出版社　1999　p. 139
金岡照光　敦煌文獻と中國文學　(東京)五曜書房　2000　p. 173
羅彤華　從便物曆論敦煌寺院的放貸　敦煌文獻論集:紀念藏經洞發現一百周年國際學術研討會論文集　遼寧人民出版社　2001　p. 467
林仁昱　論敦煌佛教歌曲特質與“弘法”的關係　敦煌學(第 23 輯)　(臺北)樂學書局有限公司　2002　p. 74
林仁昱　論敦煌佛教歌曲向通俗傳播的內容　中國俗文化研究(第一輯)　巴蜀書社　2003　p. 192
張子開　敦煌文獻中的白話禪詩　《敦煌學輯刊》2003 年第 1 期　p. 82

S. 1782

江素雲　維摩詰所説經敦煌寫本綜合目録　（臺北）東初出版社　1991　p. 79

S. 1784

杜愛英　敦煌遺書中俗體字的諸種類型　《敦煌研究》1992 年第 3 期　p. 122

S. 1788

江素雲　維摩詰所説經敦煌寫本綜合目録　（臺北）東初出版社　1991　p. 79

S. 1791

井ノロ泰淳　敦煌本『仏名經』の諸系統　中央アジアの言語と仏教　（京都）法藏館　1995　p. 297

S. 1807

矢吹慶輝　鳴沙餘韻・解説篇(第二部)　（京都）臨川書店　1980　p. 90、214

廣川堯敏　禮讃　敦煌と中國仏教(講座敦煌 7)　（東京）大東出版社　1984　p. 447

柴劍虹　西方淨土讃　敦煌學大辭典　上海辭書出版社　1998　p. 545

劉長東　論隋唐三階教與淨土教的關係　新國學(第二卷)　巴蜀書社　2000　p. 374

曾良　敦煌文獻字義通釋　廈門大學出版社　2001　p. 110

張子開　敦煌文獻中的白話禪詩　《敦煌學輯刊》2003 年第 1 期　p. 88

S. 1810

向達　倫敦所藏敦煌卷子經眼目録　《北平圖書館圖書季刊》1939 年新第 1 卷第 4 期　p. 397　又見:唐代長安與西域文明　三聯書店　1957　p. 211

王三慶　敦煌本《勵忠節抄》研究　（香港）《九州學刊》(敦煌學專輯)1992 年第 4 卷第 4 期　p. 87

王三慶著　池田溫譯　類書　敦煌漢文文獻(講座敦煌 5)　（東京）大東出版社　1992　p. 368

楊寶玉　勵忠節抄　敦煌學大辭典　上海辭書出版社　1998　p. 779

何華珍　金春梅　敦煌本《勵忠節抄》王校補正　中古近代漢語研究(第一輯)　上海教育出版社　2000　p. 281

張涌泉　試論敦煌寫本類書的校勘價值:以《勵忠節抄》爲例　《敦煌研究》2003 年第 2 期　p. 69

屈直敏　敦煌寫本類書《勵忠節抄》引《史記》異文考證　《敦煌學輯刊》2004 年第 2 期　p. 6 注 2

中村威也　ДX10698『尚書費誓』とДX10698v「史書」について　『西北出土文獻研究』(創刊號)　(新潟)西北出土文獻研究會　2004　p. 48

屈直敏　從《勵忠節抄》看歸義軍政權道德秩序的重建　《敦煌學輯刊》2005 年第 3 期　p. 78

屈直敏　敦煌本類書《勵忠節抄》寫卷研究　敦煌學國際研討會論文集　北京圖書館出版社　2005　p. 90

屈直敏　從敦煌寫本類書《勵忠節抄》看唐代的知識、道德與政治秩序　《蘭州大學學報》2006 年第 2 期　p. 23

S. 1811

白化文　《首羅比丘見五百仙人並見月光童子經》校録　敦煌學(第 16 輯)　（臺北）新文豐出版公司　1990　p. 48

劉屹　評《北京大學藏敦煌文獻》　敦煌吐魯番研究(第三卷)　北京大學出版社　1998　p. 372

S. 1812

金榮華　倫敦藏漢文敦煌卷子目録提要(初稿)序　敦煌學(第12輯)　(臺北)新文豐出版公司　1987　p. 139

S. 1813

佐藤哲英　維摩經疏の殘缺本について　西域文化研究(第一)·敦煌佛教資料　(京都)法藏館　1958　p. 129

矢吹慶輝　鳴沙餘韻·解說篇(第一部)　(京都)臨川書店　1980　p. 35

上山大峻　敦煌佛教の研究　(京都)法藏館　1990　p. 344

S. 1815

王重民原編　黄永武新編　敦煌古籍叙録新編(第十册)　(臺北)新文豐出版公司　1986　p. 92

鄧文寬　跋敦煌寫本《百行章》　1983年全國敦煌學術討論會文集·文史遺書編(下)　甘肅人民出版社　1987　p. 104

鄧文寬　吐魯番出土《唐開元八年具注曆》釋文補正　《文物》1988年第2期　p. 93

鄧文寬　敦煌古曆叢識　《敦煌學輯刊》1989年第1期　p. 111

嚴敦傑　跋敦煌唐乾符四年曆書　中國古代天文文物論集　文物出版社　1989　p. 247

胡平生　《敦煌〈百行章〉校釋》補正　敦煌吐魯番文獻研究論集(第五輯)　北京大學出版社　1990　p. 279

鄭阿財　敦煌蒙書析論　第二届敦煌學國際研討會論文集　(臺北)漢學研究中心　1990　p. 226

鄭阿財　敦煌文獻與文學　(臺北)新文豐出版公司　1990　p. 259

胡戟　傅玫　敦煌史話　中華書局　1995　p. 184

白化文　百行章　敦煌學大辭典　上海辭書出版社　1998　p. 782

鄧文寬　六甲納音歌訣　敦煌學大辭典　上海辭書出版社　1998　p. 614

汪泛舟　敦煌古代兒童課本　甘肅人民出版社　2000　p. 156

徐俊　敦煌詩集殘卷輯考　中華書局　2000　p. 865

黄正建　敦煌占卜文書與唐五代占卜研究　學苑出版社　2001　p. 172

林聰明　敦煌吐魯番文書解詁指例　(臺北)新文豐出版公司　2001　p. 75

鄧文寬　敦煌吐魯番天文曆法研究　甘肅教育出版社　2002　p. 71、111、253

鄭阿財　朱鳳玉　敦煌蒙書研究　甘肅教育出版社　2002　p. 321

S. 1819

土田健次郎　儒教典籍　敦煌漢文文獻(講座敦煌5)　(東京)大東出版社　1992　p. 265

S. 1822

土橋秀高　四分律雜抄　西域文化研究(第一)·敦煌佛教資料　(京都)法藏館　1958　p. 186

黄征　王伯敏先生藏敦煌唐寫本《四分律小抄一卷》(擬)殘卷研究　敦煌學與中國史研究論集　甘肅人民出版社　2001　p. 167

黄征　敦煌語言文字學研究　甘肅教育出版社　2002　p. 335

S. 1823

姜伯勤　敦煌寺院文書中"梁戶"的性質　五十年來漢唐佛教寺院經濟研究　北京師範大學出版社

1986 p. 129
姜伯勤 唐五代敦煌寺戶制度 中華書局 1987 p. 254
唐耕耦 陸宏基 敦煌社會經濟文獻真迹釋録(三) 全國圖書館文獻縮微複製中心 1990 p. 121
林聰明 敦煌文書學 (臺北)新文豐出版公司 1991 p. 437
高國藩 敦煌民俗資料導論 (臺北)新文豐出版公司 1993 p. 91
黄征 吳偉 敦煌願文集 岳麓書社 1995 p. 735、781
林聰明 敦煌文書年代考探略述 敦煌學國際研討會文集・史地語文编 遼寧美術出版社 1995 p. 560
王三慶 敦煌書儀載録之節日活動與民俗 全國敦煌學研討會論文集 (臺北)中正大學中國文學系所 1995 p. 25 注 12
黄征 敦煌願文考論 敦煌語文叢說 (臺北)新文豐出版公司 1997 p. 583
鄭炳林 唐五代敦煌手工業研究 敦煌歸義軍史專題研究 蘭州大學出版社 1997 p. 264
黄征 唐代俗語詞輯釋 唐研究(第四卷) 北京大學出版社 1998 p. 141
李正宇 古本敦煌鄉土志八種箋證 (臺北)新文豐出版公司 1998 p. 384
沙知 梁戶 敦煌學大辭典 上海辭書出版社 1998 p. 651
唐耕耦 梁課 敦煌學大辭典 上海辭書出版社 1998 p. 645
林聰明 敦煌吐魯番文書解詁指例 (臺北)新文豐出版公司 2001 p. 268
黄征 敦煌語言文字學研究 甘肅教育出版社 2002 p. 152
姜亮夫 敦煌莫高窟年表 姜亮夫全集(十一) 雲南人民出版社 2002 p. 516

S. 1824

陳祚龍 敦煌古抄中世詩歌一續 敦煌學海探珠(上册) (臺北)商務印書館 1979 p. 183
土肥義和 はじめに——歸義軍節度使の敦煌支配 敦煌の歷史(講座敦煌 2) (東京)大東出版社 1980 p. 274
陳祚龍 敦煌古抄內典尾記彙校初、二、三編合刊 敦煌學要籥 (臺北)新文豐出版公司 1980 p. 106
孫修身 敦煌三界寺 甘肅省史學會論文集 甘肅省歷史學會編印 1982 又見:中國敦煌學百年文庫・宗教卷(一) 甘肅文化出版社 1999 p. 57
榮新江 歸義軍及其與周邊民族的關係初探 《敦煌學輯刊》1986 年第 2 期 p. 29
姜伯勤 唐五代敦煌寺戶制度 中華書局 1987 p. 144
池田溫 中國古代寫本識語集録 (東京)大蔵出版株式會社 1990 p. 436、452
盧向前 金山國立國之我見 《敦煌學輯刊》1990 年第 2 期 p. 20
榮新江 《唐刺史考》補遺 《文獻》1990 年第 2 期 p. 86 又見:敦煌學新論 甘肅教育出版社 2002 p. 265
張錫厚 論王梵志詩的口語化傾向 王梵志詩研究彙録(上) 上海古籍出版社 1990 p. 142
林聰明 敦煌文書出處略考 季羡林教授八十華誕紀念論文集(下) 江西人民出版社 1991 p. 858
林聰明 敦煌文書學 (臺北)新文豐出版公司 1991 p. 182
李正宇 敦煌文學概論 甘肅人民出版社 1993 p. 147
項楚 敦煌詩歌導論 (臺北)新文豐出版公司 1993 p. 219
張錫厚 敦煌文學概論 甘肅人民出版社 1993 p. 363
陳澤奎 試論唐人寫經題記的原始著作權意義 《敦煌研究》1994 年第 3 期 p. 115

林聰明　談敦煌文書的抄寫問題　紀念陳寅恪先生百年誕辰學術論文集　江西教育出版社　1994　p. 290
榮新江　歸義軍改元考　文史(第三十八輯)　中華書局　1994　p. 47
鄭炳林　《索勳紀德碑》研究　《敦煌學輯刊》1994 年第 2 期　p. 73
李正宇　敦煌史地新論　(臺北)新文豐出版公司　1996　p. 98
郝春文　唐後期五代宋初敦煌僧尼的社會生活　中國社會科學出版社　1998　p. 14
李正宇　佛堂　敦煌學大辭典　上海辭書出版社　1998　p. 627
榮新江　歸義軍及其與周邊民族的關係初探　中國人文社會科學博士碩士文庫・歷史學卷　浙江教育出版社　1998　p. 655
徐俊　敦煌詩集殘卷輯考　中華書局　2000　p. 865
林聰明　敦煌吐魯番文書解詁指例　(臺北)新文豐出版公司　2001　p. 40
曾良　敦煌文獻字義通釋　廈門大學出版社　2001　p. 185
姜亮夫　敦煌莫高窟年表　姜亮夫全集(十一)　雲南人民出版社　2002　p. 429
馬茜　歸義軍時期敦煌地區庶民佛教的發展　甘肅民族研究論叢　甘肅人民出版社　2002　p. 454
張小豔　刪字符號卜與敦煌文獻的解讀　《敦煌研究》2003 年第 3 期　p. 72
陳于柱　從敦煌占卜文書看晚唐五代敦煌占卜與佛教的對話交融　《敦煌學輯刊》2005 年第 2 期　p. 25

S. 1826

芳村修基　土橋秀高　井ノロ泰淳　敦煌佛教史年表　西域文化研究(第一)・敦煌佛教資料　(京都)法藏館　1958　p. 273
荒見泰史　從敦煌寫本中變文的改寫情況來探討五代講唱文學的演變　敦煌學國際研討會論文集　北京圖書館出版社　2005　p. 179

S. 1829

伊藤美重子　敦煌本『大智度論』の整理　中國佛教石經の研究　京都大學學術出版會　1996　p. 348

S. 1830

伊藤美重子　敦煌本『大智度論』の整理　中國佛教石經の研究　京都大學學術出版會　1996　p. 363

S. 1831

平井俊榮　敦煌仏典と中國仏教　敦煌と中國仏教(講座敦煌 7)　(東京)大東出版社　1984　p. 8

S. 1832

陳祚龍　瓜沙印録　(臺北)《大陸雜誌》1962 年第 4 期　又見:敦煌學概要　(臺北)編譯館“中華叢書編委會”　1981　p. 268 ; 中國敦煌學百年文庫・考古卷(一)　甘肅文化出版社　1999　p. 190
陳祚龍　古代敦煌及其他地區流行之公私印章圖記文字録　敦煌學要籥　(臺北)新文豐出版公司　1982　p. 342
池田溫　敦煌文獻について　『書道研究』(2 卷 2 號)　(東京)萱原書局　1988　p. 49

林聰明　敦煌文書學　(臺北)新文豐出版公司　1991　p. 124
李正宇　淨土寺　敦煌學大辭典　上海辭書出版社　1998　p. 631
李正宇　淨土寺藏經印　敦煌學大辭典　上海辭書出版社　1998　p. 293
林聰明　敦煌吐魯番文書解詁指例　(臺北)新文豐出版公司　2001　p. 95
池田溫　敦煌文獻について　敦煌文書の世界　(東京)名著刊行會　2003　P. 52

S. 1834

陳祚龍　敦煌古抄內典尾記彙校初、二、三編合刊　敦煌學要籥　(臺北)新文豐出版公司　1982　p. 106
池田溫　中國古代寫本識語集録　(東京)大蔵出版株式會社　1990　p. 390

S. 1835

饒宗頤　敦煌本文選斠證(一)　(香港)《新亞學報》1957 年第 1 期　p. 337
池田溫　中國古代寫本識語集録　(東京)大蔵出版株式會社　1990　p. 233
東野治之　正倉院の鳥毛書屏風と「唐太宗屏風書」　遣唐使と正倉院　(東京)岩波書店　1992　p. 276
周紹良　敦煌文學芻議及其它　(臺北)新文豐出版公司　1992　p. 6
沃興華　敦煌書法藝術　上海人民出版社　1994　p. 54
張涌泉　評《敦煌逸真讃校録並研究》　敦煌吐魯番研究(第一卷)　北京大學出版社　1996　p. 430
饒宗頤　敦煌吐魯番本文選　中華書局　2000　p. 1
徐俊　評《敦煌吐魯番本文選》、《敦煌本〈昭明文選〉研究》、《敦煌本〈文選注〉箋證》、《文選版本研究》　敦煌吐魯番研究(第五卷)　北京大學出版社　2001　p. 380
方孝坤　敦煌書法的文獻學價值　《敦煌研究》2006 年第 2 期　p. 37

S. 1837

池田溫　中國古代寫本識語集録　(東京)大蔵出版株式會社　1990　p. 393

S. 1838

池田溫　中國古代寫本識語集録　(東京)大蔵出版株式會社　1990　p. 392

S. 1839

池田溫　中國古代寫本識語集録　(東京)大蔵出版株式會社　1990　p. 391

S. 1840

池田溫　中國古代寫本識語集録　(東京)大蔵出版株式會社　1990　p. 393

S. 1841

池田溫　中國古代寫本識語集録　(東京)大蔵出版株式會社　1990　p. 391

S. 1842

池田溫　中國古代寫本識語集録　(東京)大蔵出版株式會社　1990　p. 393

S. 1843

池田溫　中國古代寫本識語集録　(東京)大藏出版株式會社　1990　p. 388

S. 1844

池田溫　中國古代寫本識語集録　(東京)大藏出版株式會社　1990　p. 390

S. 1845

唐耕耦　陸宏基　敦煌社會經濟文獻真迹釋録(一)　書目文獻出版社　1986　p. 366
山本達郎等　敦煌・IV 納贈曆・納色物曆等　『NUN – HUANG AND TURFAN DOCUMENTS CONCERNING SOCIAL AND ECONOMIC HISTORY』(IV)　(東京)東洋文庫　1989　p. 95
林聰明　敦煌文書學　(臺北)新文豐出版公司　1991　p. 399
姜伯勤　敦煌社會文書導論　(臺北)新文豐出版公司　1992　p. 246
郝春文　敦煌寫本社邑文書年代彙考(三)　《社科縱横》1993 年第 5 期　p. 9
寧可　郝春文　敦煌社邑的喪葬互助《首都師範大學學報》1995 年第 6 期　p. 37
土肥義和　唐・北宋間の「社」の組織形態に関する一考察　中國古代の國家と民衆(堀敏一先生古稀記念)　(東京)汲古書院　1995　p. 717
高啓安　唐宋時期敦煌人名探析《敦煌研究》1997 年第 4 期　p. 126
寧可　郝春文　敦煌社邑文書輯校　江蘇古籍出版社　1997　p. 429
齊陳俊　馮培紅　晚唐五代宋初歸義軍對外商業貿易　敦煌歸義軍史專題研究　蘭州大學出版社　1997　p. 347
鄭炳林　敦煌碑銘讃輯釋　甘肅教育出版社　1997　p. 374 注 3
鄭炳林　唐五代敦煌手工業研究　敦煌歸義軍史專題研究　蘭州大學出版社　1997　p. 259
郝春文　唐後期五代宋初敦煌僧尼的社會生活　中國社會科學出版社　1998　p. 310
郝春文　唐後期五代宋初敦煌僧尼遺産的處理與喪事的操辦　《敦煌研究》1998 年第 3 期　p. 42
寧可　寧可史學論集　中國社會科學出版社　1999　p. 451 注 1
郝春文　英藏敦煌文獻年代叢考　英國收藏敦煌漢藏文獻研究:紀念敦煌文獻發現一百周年　中國社會科學出版社　2000　p. 370
孟憲實　敦煌社邑的分佈　敦煌文獻論集:紀念藏經洞發現一百周年國際學術研討會論文集　遼寧人民出版社　2001　p. 423
榮新江　敦煌學十八講　北京大學出版社　2001　p. 215
乜小紅　唐宋敦煌毛紡織業述略　敦煌學(第 23 輯)　(臺北)樂學書局有限公司　2002　p. 116
孟憲實　論敦煌渠人社　周秦漢唐文化研究(第三輯)　三秦出版社　2004　p. 144
金瀅坤　敦煌社會經濟文書定年拾遺　《首都師範大學學報》2006 年第 1 期　p. 12
金瀅坤　敦煌社會經濟文獻綴合拾遺　《敦煌研究》2006 年第 2 期　p. 87

S. 1846

川崎ミチコ　通俗詩類・雜詩文類　敦煌仏典と禅(講座敦煌 8)　(東京)大東出版社　1980　p. 331
矢吹慶輝　鳴沙餘韻・解說篇(第一部)　(京都)臨川書店　1980　p. 79
陳祚龍　敦煌古抄《梁朝傅大士頌金剛經》之考證和校訂　敦煌簡策訂存　(臺北)商務印書館　1983　p. 204
陳祚龍　古往世上流行之中華佛教男女信士立誓發願文章的抽樣　中華佛教文化史散策(四集)

(臺北)新文豐出版公司 1986 p. 388
林聰明 敦煌文書出處略考 季羨林教授八十華誕紀念論文集(下) 江西人民出版社 1991 p. 863
蘇遠鳴 敦煌佛教肖像劄記 法國學者敦煌學論文選萃 中華書局 1993 p. 190
項楚 敦煌詩歌導論 (臺北)新文豐出版公司 1993 p. 106
井ノ口泰淳 『金剛般若經』傳承の一形式 中央アジアの言語と仏教 (京都)法藏館 1995 p. 366
柳田聖山 禪籍解題(一)・敦煌禪籍 俗語言研究(第二期) (京都)禪文化研究所 1995 p. 147
土肥義和 唐・北宋間の「社」の組織形態に関する一考察 中國古代の國家と民衆(堀敏一先生古稀記念) (東京)汲古書院 1995 p. 716
張勇 《梁朝傅大士頌金剛經》版本源流考述 敦煌文學論集 四川人民出版社 1997 p. 404
方廣錩 敦煌遺書中的《金剛經》及其注疏 敦煌學佛教學論叢(上) 中國佛教文化研究所 1998 p. 380
方廣錩 梁朝傅大士頌金剛經 敦煌學大辭典 上海辭書出版社 1998 p. 731
鬪口真大 曹溪慧能の『金剛般若經解義』について 金剛般若經の思想的研究 (東京)春秋社 1999 p. 381
平井宥慶 敦煌文書における金剛經疏 金剛般若經の思想的研究 (東京)春秋社 1999 p. 263
張勇 傅大士研究 巴蜀書社 2000 p. 260
達照 金剛經讚研究 宗教文化出版社 2002 p. 4、99
徐俊 敦煌寫本詩歌續考 《敦煌研究》2002 年第 5 期 p. 70
達照 金剛經讚集 藏外佛教文獻(第九輯) 宗教文化出版社 2003 p. 41
汪娟 佛教懺法對靈驗故事的運用 冉雲華先生八秩華誕壽慶論文集 (臺北)法光出版社 2003 p. 220
張鐵山 莫高窟北区出土三件珍貴的回鶻文佛經殘片研究 《敦煌研究》2004 年第 1 期 p. 81

S. 1847

矢吹慶輝 鳴沙餘韻・解説篇(第一部) (京都)臨川書店 1980 p. 187

S. 1848

李丞宰 探尋敦煌佛經的 50 卷本《華嚴經》 敦煌學・日本學:石塚晴通教授退職紀念論文集 上海辭書出版社 2005 p. 45
李丞宰著 大塚忠蔵譯 敦煌佛經の50 卷本華厳經を探して 日本學・敦煌學・漢文訓讀の新展開 (東京)汲古書院 2005 p. 51、72

S. 1853

鄭汝中 行草書法與敦煌寫卷 《敦煌研究》2000 年第 4 期 p. 77

S. 1855

福井文雅 般若心經 敦煌と中國仏教(講座敦煌 7) (東京)大東出版社 1984 p. 39

S. 1857

向達 倫敦所藏敦煌卷子經眼目録 《北平圖書館圖書季刊》1939 年新第 1 卷第 4 期 p. 397 又

見:唐代長安與西域文明　三聯書店　1957　p. 211
陳祚龍　敦煌道經後記彙録　敦煌文物随筆　（臺北）商務印書館　1979　p. 20
王重民　敦煌古籍叙録　中華書局　1979　p. 259
蘇瑩輝　敦煌學概要　（臺北）編譯館“中華叢書編委會”　1981　p. 54
陳祚龍　新校重訂《敦煌道經後記彙録》　敦煌學要籥　（臺北）新文豐出版公司　1982　p. 211
山田利明　老子化胡經類　敦煌と中國道教（講座敦煌 4）　（東京）大東出版社　1983　p. 99
蘇瑩輝　敦煌石室真迹録題記訂補之續　敦煌論集續編　（臺北）學生書局　1983　p. 215
蘇瑩輝　中外敦煌古寫本纂要　敦煌論集　（臺北）學生書局　1983　p. 330
姜亮夫　敦煌經卷題名録　敦煌學論文集　上海古籍出版社　1987　p. 1060
姜亮夫　敦煌所見道教佚經考　敦煌學論文集　上海古籍出版社　1987　p. 313
林平和　羅振玉敦煌學析論　（臺北）文史哲出版社　1988　p. 17
陳祚龍　看了敦煌古抄《報恩寺開溫室浴僧記》以後　敦煌學散策新集　（臺北）新文豐出版公司　1989　p. 206
池田溫　中國古代寫本識語集録　（東京）大蔵出版株式會社　1990　p. 281
榮新江　話說敦煌　山東教育出版社　1991　p. 78
陶秋英輯録　姜亮夫校訂　敦煌經卷題名録　敦煌碎金　浙江古籍出版社　1992　p. 74
陶秋英輯録　姜亮夫校訂　敦煌所見道教佚經録　敦煌碎金　浙江古籍出版社　1992　p. 318
王見川　從摩尼教到明教　（臺北）新文豐出版公司　1992　p. 220
朱越利　道經總論　遼寧教育出版社　1992　p. 264
顧吉辰　唐代敦煌文獻寫本書手考述　《敦煌學輯刊》1993 年第 1 期　p. 28
張澤洪　敦煌文書中的唐代道經　《敦煌學輯刊》1993 年第 2 期　p. 61
胡戟　傅玫　敦煌史話　中華書局　1995　p. 134
劉進寶　敦煌學論述　（臺北）洪葉文化事業有限公司　1995　p. 277
劉屹　敦煌十卷本《老子化胡經》殘卷新探　唐研究（第二卷）　北京大學出版社　1996　p. 102
項楚　《老子化胡經・玄歌》補校　敦煌文學論集　四川人民出版社　1997　p. 210
大淵忍爾　論古靈寶經　道家文化研究（第十三輯）　三聯書店　1998　p. 486
劉屹　試論《化胡經》產生的年代　道家文化研究（第十三輯）　三聯書店　1998　p. 99
王卡　敦煌道經校讀三則　道家文化研究（第十三輯）　三聯書店　1998　p. 114
王卡　老子化胡經　敦煌學大辭典　上海辭書出版社　1998　p. 760
謝桃坊　敦煌文化尋繹　四川人民出版社　1999　p. 128
顔廷亮　敦煌文化中的道教及文化　《敦煌研究》1999 年第 1 期　p. 136
周維平　從敦煌遺書看敦煌道教　《西北民族研究》1999 年第 2 期　p. 131
汪泛舟　敦煌道教與齋醮諸考　1994 年敦煌學國際研討會文集・宗教文史卷（上）　甘肅民族出版社　2000　p. 3
顔廷亮　敦煌文化　光明日報出版社　2000　p. 232
張澤洪　論唐代道教的寫經　《敦煌研究》2000 年第 3 期　p. 132
姜亮夫　敦煌莫高窟年表　姜亮夫全集（十一）　雲南人民出版社　2002　p. 13、258
劉屹　論二十世紀的敦煌道教文獻研究　國際敦煌學學術史研討會論文集　研討會籌備組　2002　p. 223
劉屹　試論敦煌本《化胡經序》的時代　2000 年敦煌學國際學術討論會文集・歷史文化卷（上）　甘肅民族出版社　2003　p. 264
劉屹　唐代道教的“化胡”經說與“道本論”　唐代宗教信仰與社會　上海辭書出版社　2003　p. 104

柳存仁　《老子化胡經》卷八的成立時代　新世紀敦煌學論集　巴蜀書社　2003　p. 173

王卡　敦煌道教文獻研究　中國社會科學出版社　2004　p. 26、187

劉屹　敬天與崇道:中古經教道教形成的思想史背景　中華書局　2005　p. 390

劉屹　唐開元年間摩尼教命運的轉折　敦煌吐魯番研究(第九卷)　北京大學出版社　2006　p. 90

S. 1862

池田溫　中國古代寫本識語集録　(東京)大藏出版株式會社　1990　p. 391

S. 1864

劉銘恕　再記英國倫敦所藏的敦煌經卷　《中國科學院圖書館通訊》1957 年第 7 期　又見:中國敦煌學百年文庫・綜述卷(二)　甘肅文化出版社　1999　p. 131

芳村修基　土橋秀高　井ノロ泰淳　敦煌佛教史年表　西域文化研究(第一)・敦煌佛教資料　(京都)法藏館　1958　p. 275

饒宗頤　論敦煌陷於吐蕃之年代　(香港)《東方文化》1971 年第 9 卷第 1 期　又見:選堂集林・史林　(香港)中華書局　1982　p. 686、690;中國敦煌學百年文庫・民族卷(一)　甘肅文化出版社　1999　p. 230

陳祚龍　敦煌古抄内典尾記彙校初、二、三編合刊　敦煌學要籥　(臺北)新文豐出版公司　1982　p. 106

楊銘　吐蕃時期敦煌部落設置考　《西北史地》1987 年第 2 期　p. 34

池田溫　中國古代寫本識語集録　(東京)大藏出版株式會社　1990　p. 317

江素雲　維摩詰所説經敦煌寫本綜合目録　(臺北)東初出版社　1991　p. 79

方廣錩　許培鈴　敦煌遺書中的《維摩詰所説經》及其注疏　《敦煌研究》1994 年第 4 期　p. 147　又見:敦煌學佛教學論叢(下)　中國佛教文化研究所　1998　p. 111

楊銘　吐蕃統治敦煌研究　(臺北)新文豐出版公司　1997　p. 22

方廣錩　維摩詰所説經　敦煌學大辭典　上海辭書出版社　1998　p. 675

金滢坤　吐蕃統治敦煌的社會基層組織　《中國邊疆史地研究》1998 年第 4 期　p. 29

楊富學　李吉和　敦煌漢文吐蕃史料輯校(第一輯)　甘肅人民出版社　1999　p. 276

金岡照光　敦煌文獻と中國文學　(東京)五曜書房　2000　p. 428

林聰明　敦煌吐魯番文書解詁指例　(臺北)新文豐出版公司　2001　p. 159

馬德　敦煌寫經題記的社會意義　法源(第 19 期)　中國佛學院　2001　p. 81

蔡忠霖　敦煌漢文寫卷俗字及其現象　(臺北)文津出版社　2002　p. 27、139、157

何劍平　作爲民間寫經和禮懺儀式的維摩詰信仰　《敦煌學輯刊》2005 年第 4 期　p. 57

S. 1865

江素雲　維摩詰所説經敦煌寫本綜合目録　(臺北)東初出版社　1991　p. 79

S. 1868

池田溫　中國古代寫本識語集録　(東京)大藏出版株式會社　1990　p. 393

S. 1869

池田溫　中國古代寫本識語集録　(東京)大藏出版株式會社　1990　p. 388

S. 1870

池田溫　中國古代寫本識語集録　（東京）大蔵出版株式會社　1990　p. 393

S. 1871

池田溫　中國古代寫本識語集録　（東京）大蔵出版株式會社　1990　p. 392

S. 1872

池田溫　中國古代寫本識語集録　（東京）大蔵出版株式會社　1990　p. 392

S. 1873

池田溫　敦煌の便穀曆　日野開三郎博士頌壽記念論集・中國社會・制度・文化史の諸問題　（福岡）中國書店　1987　p. 389

池田溫　中國古代寫本識語集録　（東京）大蔵出版株式會社　1990　p. 392

S. 1874

池田溫　中國古代寫本識語集録　（東京）大蔵出版株式會社　1990　p. 391

S. 1875

王重民原編　黄永武新編　敦煌古籍叙録新編（第十三册）（臺北）新文豐出版公司　1986　p. 297

池田溫　中國古代寫本識語集録　（東京）大蔵出版株式會社　1990　p. 392

S. 1877

林聰明　敦煌文書出處略考　季羨林教授八十華誕紀念論文集（下）　江西人民出版社　1991　p. 864

林聰明　敦煌文書學　（臺北）新文豐出版公司　1991　p. 403

方廣錩　觀佛三昧海經　敦煌學大辭典　上海辭書出版社　1998　p. 663

S. 1880

向達　倫敦所藏敦煌卷子經眼目録　《北平圖書館圖書季刊》1939 年新第 1 卷第 4 期　p. 397　又見:唐代長安與西域文明　三聯書店　1957　p. 211

陳祚龍　瓜沙印録　（臺北）《大陸雜誌》1962 年第 4 期　又見:敦煌學概要　（臺北）編譯館“中華叢書編委會”　1981　p. 268；中國敦煌學百年文庫・考古卷（一）　甘肅文化出版社　1999　p. 191

王重民　敦煌古籍叙録　中華書局　1979　p. 136

中川孝　楞伽宗と東山法門　敦煌仏典と禪（講座敦煌 8）　（東京）大東出版社　1980　p. 131

陳祚龍　古代敦煌及其他地區流行之公私印章圖記文字録　敦煌學要籥　（臺北）新文豐出版公司　1982　p. 346

田中良昭　敦煌禪宗文獻の研究　（東京）大東出版社　1983　p. 184、449

王堯　陳踐　敦煌吐蕃文獻選　四川民族出版社　1983　p. 1

劉俊文　敦煌寫本永徽東宮諸府職員令殘卷校箋:唐令格式寫本殘卷研究之二　敦煌吐魯番文獻研究論集（第三輯）　北京大學出版社　1986　p. 221

王重民原編　黄永武新編　敦煌古籍叙録新編（第七册）（臺北）新文豐出版公司　1986　p. 170

陳踐　王堯　敦煌本《吐蕃法制文書》譯釋　1983 年全國敦煌學術討論會文集・文史遺書編(上)　甘肅人民出版社　1987　p. 241
林平和　羅振玉敦煌學析論　(臺北)文史哲出版社　1988　p. 83
劉俊文　敦煌吐魯番唐代法制文書考釋　中華書局　1989　p. 180
上山大峻　敦煌佛教の研究　(京都)法藏館　1990　p. 413
唐耕耦　陸宏基　敦煌社會經濟文獻真迹釋録(二)　全國圖書館文獻縮微複製中心　1990　p. 542
仁井田陞　補訂中國法制史研究:法と慣習・法と道德　東京大學出版會　1991　p. 272
林家平　寧强　羅華慶　中國敦煌學史　北京語言學院出版社　1992　p. 71、74、167
吳其昱著　伊藤美重子譯　敦煌漢文寫本概觀　敦煌漢文文獻(講座敦煌 5)　(東京)大東出版社　1992　p. 57
吳震　吐魯番出土法制文書概述　《西域研究》1992 年第 3 期　p. 70
胡戟　傅玫　敦煌史話　中華書局　1995　p. 154
劉進寶　敦煌學論述　(臺北)洪葉文化事業有限公司　1995　p. 260
柳田聖山　禪籍解題(一)・敦煌禪籍　俗語言研究(第二期)　(京都)禪文化研究所　1995　p. 133
方廣錩　二入四行論　敦煌學大辭典　上海辭書出版社　1997　p. 725
仁井田陞　ペリオ敦煌發見唐職員令の再吟味　唐令拾遺補　東京大學出版會　1997　p. 293
仁井田陞　唐令拾遺補訂　唐令拾遺補　東京大學出版會　1997　p. 348
李錦繡　唐代視品官制初探　《中國史研究》1998 年第 3 期　p. 70
李錦繡　唐代制度史略論稿　中國政法大學出版社　1998　p. 57
沙知　涼州都督府之印　敦煌學大辭典　上海辭書出版社　1998　p. 290
唐耕耦　陳國燦　永徽令殘卷　敦煌學大辭典　上海辭書出版社　1998　p. 378
趙和平　評《唐令拾遺補:附唐日兩令對照一覽》　唐研究(第四卷)　北京大學出版社　1998　p. 550
高明士　試釋唐永徽職員令殘卷的試經規定　敦煌文藪(下)　(臺北)新文豐出版公司　1999　p. 21
劉俊文　唐代法制研究　(臺北)文津出版社　1999　p. 30
榮新江　唐代西州的道教　敦煌吐魯番研究(第四卷)　北京大學出版社　1999　p. 139
謝桃坊　敦煌文化尋繹　四川人民出版社　1999　p. 185
陳永勝　敦煌法制文書研究回顧與展望　《敦煌研究》2000 年第 2 期　p. 101
陳永勝　敦煌吐魯番法制文書研究　甘肅人民出版社　2000　p. 6
劉進寶　敦煌文書與唐史研究　(臺北)新文豐出版公司　2000　p. 2
榮新江　敦煌學十八講　北京大學出版社　2001　p. 199、262
陳國燦　敦煌學史事新證　甘肅教育出版社　2002　p. 15
姜亮夫　敦煌莫高窟年表　姜亮夫全集(十一)　雲南人民出版社　2002　p. 197
王素　敦煌吐魯番文獻　文物出版社　2002　p. 141
王冀青　斯坦因與日本敦煌學　甘肅教育出版社　2004　p. 145
張錫厚　《詠臥輪禪師看心法四首》補正與敦煌本《菩提達摩論》定名　《敦煌研究》2006 年第 1 期　p. 101

S. 1883

池田溫　中國古代寫本識語集録　(東京)大藏出版株式會社　1990　p. 366

S. 1888

薛宗正　安西與北庭　黑龍江教育出版社　1995　p. 285

伊藤美重子　敦煌本『大智度論』の整理　中國佛教石經の研究　京都大學學術出版會　1996　p. 373

S. 1889

向達　倫敦所藏敦煌卷子經眼目録　《北平圖書館圖書季刊》1939 年新第 1 卷第 4 期　p. 397　又見:唐代長安與西域文明　三聯書店　1957　p. 211

史葦湘　世族與石窟　敦煌研究文集　甘肅人民出版社　1982　p. 163 注 3、164 注 12

唐耕耦　陸宏基　敦煌社會經濟文獻真迹釋録(一)　書目文獻出版社　1986　p. 104

姜伯勤　唐五代敦煌寺戶制度　中華書局　1987　p. 13

李正宇　敦煌地區古代祠廟寺觀簡志　《敦煌學輯刊》1988 年第 1、2 期　p. 70

韓建瓴　傳記　敦煌文學　甘肅人民出版社　1989　p. 63

鄭炳林　敦煌地理文書彙輯校注　甘肅教育出版社　1989　p. 120

林聰明　敦煌文書學　(臺北)新文豐出版公司　1991　p. 397

譚蟬雪　三教融合的敦煌喪俗　《敦煌研究》1991 年第 3 期　p. 72

尤成民　漢代河西的豪强大姓　《敦煌學輯刊》1991 年第 1 期　p. 40

姜伯勤　敦煌社會文書導論　(臺北)新文豐出版公司　1992　p. 46

尾崎康　史籍　敦煌漢文文獻(講座敦煌 5)　(東京)大東出版社　1992　p. 329

李明偉　敦煌文學概論　甘肅人民出版社　1993　p. 474

李正宇　敦煌文學概論　甘肅人民出版社　1993　p. 131

姜伯勤　敦煌邈真讚與敦煌望族　敦煌邈真讚校録並研究　(臺北)新文豐出版公司　1994　p. 25

鄭炳林　董念清　唐五代敦煌私營釀酒業初探　《社科縱橫》1994 年第 4 期　p. 64

鄭炳林　高偉　唐五代敦煌釀酒業初探　《西北史地》1994 年第 1 期　p. 31

李明偉　敦煌文學中"敦煌文"的研究和分類評價　《敦煌研究》1995 年第 4 期　p. 121

李正宇　敦煌史地新論　(臺北)新文豐出版公司　1996　p. 54

楊偉　從敦煌文書中看古代西部移民　《敦煌研究》1996 年第 4 期　p. 98

楊際平　郭鋒　張和平　五一十世紀敦煌的家庭與家族關係　岳麓書社　1997　p. 3、159

鄭炳林　敦煌碑銘讚輯釋　甘肅教育出版社　1997　p. 31 注 3

白化文　敦煌氾氏人物傳　敦煌學大辭典　上海辭書出版社　1998　p. 776

李正宇　敦煌學校　敦煌學大辭典　上海辭書出版社　1998　p. 596

李正宇　氾咸廟　敦煌學大辭典　上海辭書出版社　1998　p. 625

譚蟬雪　出葬東西石　敦煌學大辭典　上海辭書出版社　1998　p. 442

唐耕耦　敦煌氾氏家傳　敦煌學大辭典　上海辭書出版社　1998　p. 453

黃征　程惠新　劫塵遺珠:敦煌遺書　甘肅教育出版社　1999　p. 179

李丹禾　《敦煌社邑文書輯校》補正　《敦煌研究》1999 年第 2 期　p. 58

顔廷亮　敦煌文化中的道教及文化　《敦煌研究》1999 年第 1 期　p. 134

北京大學　敦煌《經卷》、《照片》及《圖書》目録　中國敦煌學百年文庫・綜述卷(一)　甘肅文化出版社　1999　p. 316

李明偉　敦煌文學中敦煌文的分類及評價　1994 年敦煌學國際研討會文集・宗教文史卷(上)　甘肅民族出版社　2000　p. 298

顔廷亮　敦煌文化　光明日報出版社　2000　p. 224

榮新江　敦煌學十八講　北京大學出版社　2001　p. 212
王素　敦煌吐魯番文獻　文物出版社　2002　p. 141
宋曉梅　高昌國:西元五至七世紀絲綢之路上的一個移民小社會　中國社會科學出版社　2003　p. 101
鄭炳林　晚唐五代敦煌村莊聚落輯考　2000 年敦煌學國際學術討論會文集・歷史文化卷(上)　甘肅民族出版社　2003　p. 138
鄭炳林　徐曉莉　晚唐五代敦煌歸義軍政權的婚姻關係研究　敦煌學(第 25 輯)　(臺北)樂學書局有限公司　2004　p. 585
馮培紅　漢晉敦煌大族略論　《敦煌學輯刊》2005 年第 2 期　p. 102

S. 1890

池田溫　中國古代寫本識語集録　(東京)大藏出版株式會社　1990　p. 365

S. 1891

向達　倫敦所藏敦煌卷子經眼目録　《北平圖書館圖書季刊》1939 年新第 1 卷第 4 期　p. 397　又見:唐代長安與西域文明　三聯書店　1957　p. 211
王重民　敦煌古籍叙録　中華書局　1979　p. 149
王重民原編　黄永武新編　敦煌古籍叙録新編(第八册)　(臺北)新文豐出版公司　1986　p. 1
白化文　孔子家語　敦煌學大辭典　上海辭書出版社　1998　p. 778
顏廷亮　敦煌文化　光明日報出版社　2000　p. 202
榮新江　敦煌學十八講　北京大學出版社　2001　p. 273
姜亮夫　敦煌莫高窟年表　姜亮夫全集(十一)　雲南人民出版社　2002　p. 163
張弓　敦煌四部籍與中古後期社會的文化情境　敦煌學(第 25 輯)　(臺北)樂學書局有限公司　2004　p. 315

S. 1893

李正宇　唐宋時代的敦煌學校　《敦煌研究》1986 年第 1 期　p. 43
李正宇　敦煌學郎題記輯注《敦煌學輯刊》1987 年第 1 期　p. 38
池田溫　中國古代寫本識語集録　(東京)大藏出版株式會社　1990　p. 254
上山大峻　敦煌佛教の研究　(京都)法藏館　1990　p. 19
王元軍　從敦煌唐佛經寫本談有關唐代寫經生及其書法藝術的幾個問題　《敦煌研究》1995 年第 1 期　p. 158
王元軍　唐人書法與文化　(臺北)東大圖書公司　1995　p. 133
李正宇　敦煌史地新論　(臺北)新文豐出版公司　1996　p. 184
林聰明　敦煌吐魯番文書解詁指例　(臺北)新文豐出版公司　1996　p. 201

S. 1894

李明偉　敦煌文學中敦煌文的分類及評價　1994 年敦煌學國際研討會文集・宗教文史卷(上)　甘肅民族出版社　2000　p. 297

S. 1897

向達　倫敦所藏敦煌卷子經眼目録　《北平圖書館圖書季刊》1939 年新第 1 卷第 4 期　p. 397　又

見:唐代長安與西域文明　三聯書店　1957　p. 211
那波利貞　梁戶考　唐代社會文化史研究·第三編　(東京)創文社　1974　p. 277
陳炳應　敦煌所出宋開寶八年"鄭醜撻賣地舍契"定誤考釋　《西北史地》1983 年第 4 期　p. 85
李正宇　敦煌方音止遇二攝混同及其校勘學意義　《敦煌研究》1986 年第 4 期　p. 53
姜伯勤　唐五代敦煌寺戶制度　中華書局　1987　p. 273
李正宇　敦煌文學雜考二題　敦煌語言文學研究　北京大學出版社　1988　p. 93
袁賓　變文詞語考釋録　敦煌語言文學論文集　浙江古籍出版社　1988　p. 153
王公望　契約　敦煌文學　甘肅人民出版社　1989　p. 57
張涌泉　《王梵志詩校注》獻疑　《敦煌研究》1990 年第 2 期　p. 79
仁井田陞　補訂中國法制史研究:土地法·取引法　東京大學出版會　1991　p. 739
張涌泉　《補全唐詩》兩種補校　《敦煌學輯刊》1991 年第 2 期　p. 24　又見:舊學新知　浙江大學出版社　1999　p. 313
周紹良　敦煌文學芻議及其它　(臺北)新文豐出版公司　1992　p. 10
李明偉　敦煌文學概論　甘肅人民出版社　1993　p. 471
謝和耐　敦煌賣契與專賣制度　法國學者敦煌學論文選萃　中華書局　1993　p. 67 注 64
熊鐵基　以敦煌資料證傳統家庭　《敦煌研究》1993 年第 3 期　p. 78
蔣禮鴻　敦煌文獻語言詞典　杭州大學出版社　1994　p. 40、65、146、240
榮新江　歸義軍改元考　文史(第三十八輯)　中華書局　1994　p. 50
王三慶　敦煌書儀載録之節日活動與民俗　全國敦煌學研討會論文集　(臺北)中正大學中國文學系所　1995　p. 25 注 22
張傳璽　中國歷代契約會編考釋(上)　北京大學出版社　1995　p. 441 注 1
榮新江　歸義軍史研究　上海古籍出版社　1996　p. 52
張涌泉　敦煌俗字研究導論　(臺北)新文豐出版公司　1996　p. 103、239
沙知　敦煌契約文書輯校　江蘇古籍出版社　1998　p. 298
沙知　雇工契　敦煌學大辭典　上海辭書出版社　1998　p. 389
沙知　拋工　敦煌學大辭典　上海辭書出版社　1998　p. 390
唐耕耦　郝春文　作兒　敦煌學大辭典　上海辭書出版社　1998　p. 411
李丹禾　《敦煌社邑文書輯校》補正　《敦煌研究》1999 年第 2 期　p. 56
張涌泉　敦煌文書疑難詞語辨釋　舊學新知　浙江大學出版社　1999　p. 257
張涌泉　俗字研究與敦煌文獻的校理　舊學新知　浙江大學出版社　1999　p. 61
黄正建　S. 964v 號文書與唐代兵士的春冬衣　英國收藏敦煌漢藏文獻研究:紀念敦煌文獻發現一百周年　中國社會科學出版社　2000　p. 241
丘古耶夫斯基　敦煌漢文文書　上海古籍出版社　2000　p. 19
曾良　敦煌文獻字義通釋　廈門大學出版社　2001　p. 29
姜亮夫　敦煌莫高窟年表　姜亮夫全集(十一)　雲南人民出版社　2002　p. 472
楊惠玲　敦煌契約文書中的保人、見人、口承人、同便人、同取人　《敦煌研究》2002 年第 6 期　p. 43
王啓濤　中古及近代法制文書語言研究　巴蜀書社　2003　p. 202、290、398
謝和耐著　耿昇譯　中國 5—10 世紀的寺院經濟　上海古籍出版社　2004　p. 322 注 1
支那　《敦煌遺書總目索引新編》匡補　《敦煌研究》2004 年第 4 期　p. 60

S. 1898

段文傑　敦煌壁畫中的衣冠服飾　敦煌研究文集　甘肅人民出版社　1982　p. 186 注 34

榮新江　歸義軍及其與周邊民族的關係初探　《敦煌學輯刊》1986 年第 2 期　p. 35　又見:中國人文社會科學博士碩士文庫·歷史學卷　浙江教育出版社　1998　p. 666

張廣達　榮新江　關於敦煌出土于闐文獻的年代及其相關問題　紀念陳寅恪先生誕辰百年學術論文集　北京大學出版社　1989　p. 292

唐耕耦　陸宏基　敦煌社會經濟文獻真迹釋録(四)　全國圖書館文獻縮微複製中心　1990　p. 505

暨遠志　張議潮出行圖研究(續)　《敦煌研究》1992 年第 4 期　p. 80

齊陳駿　寒沁　河西都僧統唐悟真作品和見載文獻系年　《敦煌學輯刊》1993 年第 2 期　p. 12

姜伯勤　敦煌邈真讚與敦煌望族　敦煌邈真讚校録並研究　(臺北)新文豐出版公司　1994　p. 45

黄盛璋　敦煌漢文與于闐文書中之龍家及其相關問題　全國敦煌學研討會論文集　(臺北)中正大學中國文學系所　1995　p. 67　又見:《西域研究》1996 年第 1 期　p. 30

馮培紅　唐五代歸義軍政權中隊職問題辨析　《敦煌學輯刊》1996 年第 2 期　p. 27　又見:敦煌歸義軍史專題研究　蘭州大學出版社　1997　p. 38、44

陸慶夫　唐宋間敦煌粟特人之漢化　《歷史研究》1996 年第 6 期　p. 27　又見:敦煌歸義軍史專題研究　蘭州大學出版社　1997　p. 362

鄭炳林　唐五代敦煌粟特人與歸義軍政權　《敦煌研究》1996 年第 4 期　p. 87　又見:敦煌歸義軍史專題研究　蘭州大學出版社　1997　p. 414

馮培紅　晚唐五代宋初歸義軍武職軍將研究　敦煌歸義軍史專題研究　蘭州大學出版社　1997　p. 112、143

齊陳俊　馮培紅　晚唐五代宋初歸義軍政權中"十將"及下屬諸職考　敦煌歸義軍史專題研究　蘭州大學出版社　1997　p. 26

鄭炳林　敦煌碑銘讚輯釋　甘肅教育出版社　1997　p. 61 注 9

陳國燦　將頭　敦煌學大辭典　上海辭書出版社　1998　p. 385

沙知　歸義軍節度使之印　敦煌學大辭典　上海辭書出版社　1998　p. 291

鄭炳林　康通信　敦煌學大辭典　上海辭書出版社　1998　p. 353

雷紹鋒　歸義軍賦役制度初探　(臺北)洪葉文化事業有限公司　2000　p. 286

趙貞　歸義軍押衙兼知他官略考　《敦煌研究》2001 年第 2 期　p. 94

榮新江　唐五代歸義軍武職軍將考　敦煌學新論　甘肅教育出版社　2002　p. 62

陸慶夫　歸義軍政權與蕃兵蕃將　2000 年敦煌學國際學術討論會文集·歷史文化卷(上)　甘肅民族出版社　2003　p. 105

森安孝夫著　梁曉鵬摘譯　河西歸義軍節度使官印及其編年　《敦煌學輯刊》2003 年第 1 期　p. 142

S. 1900

池田溫　中國古代寫本識語集録　(東京)大藏出版株式會社　1990　p. 392

S. 1904

曾良　敦煌文獻字義通釋　廈門大學出版社　2001　p. 143

S. 1906

向達　倫敦所藏敦煌卷子經眼目録　《北平圖書館圖書季刊》1939 年新第 1 卷第 4 期　p. 397　又見:唐代長安與西域文明　三聯書店　1957　p. 211

石井昌子　靈寶經類　敦煌と中國道教(講座敦煌 4)　(東京)大東出版社　1983　p. 150

加地哲定著　劉衛星譯　中國佛教文學　今日中國出版社　1990　p. 122

王卡　太上洞玄靈寳真一勸戒法輪妙經　敦煌學大辭典　上海辭書出版社　1998　p. 766
王承文　敦煌古靈寳經與晉唐道教　中華書局　2002　p. 66
劉屹　唐代道教的"化胡"經說與"道本論"　唐代宗教信仰與社會　上海辭書出版社　2003　p. 99
王卡　敦煌道教文獻研究　中國社會科學出版社　2004　p. 99

S. 1907

芳村修基　土橋秀高　井ノ口泰淳　敦煌佛教史年表　西域文化研究(第一)・敦煌佛教資料　(京都)法藏館　1958　p. 279
鄭阿財　敦煌孝道文學研究　(臺北)石門圖書公司　1982　p. 165
小川貫弌　父母恩重經　敦煌と中國仏教(講座敦煌 7)　(東京)大東出版社　1984　p. 214
池田溫　中國古代寫本識語集録　(東京)大蔵出版株式會社　1990　p. 488
陳祚龍　敦煌學新簡　敦煌文物散論　(臺北)新文豐出版公司　1993　p. 161
鄭阿財　從敦煌文獻看唐代的三教合一　第二届國際唐代學術會議論文集(上)　(臺北)文津出版社　1993　p. 646
榮新江　歸義軍改元考　文史(第三十八輯)　中華書局　1994　p. 51
榮新江　歸義軍史研究　上海古籍出版社　1996　p. 54
張涌泉　敦煌本《佛說父母恩重經》研究　文史(第四十九輯)　中華書局　1999　p. 68
馬世長　《父母恩重經》寫本與變相　敦煌研究文集・敦煌石窟經變篇　甘肅民族出版社　2000　p. 398
顔廷亮　敦煌文化　光明日報出版社　2000　p. 270
鄭阿財　《父母恩重經》傳佈的歷史考察　新世紀敦煌學論集　巴蜀書社　2003　p. 45
町田隆吉　『唐咸亨四年(673)左憧熹生前及隨身錢物疏』をめぐって　『西北出土文獻研究』(創刊號)　(新潟)西北出土文獻研究會　2004　p. 69

S. 1908

平井俊榮　敦煌仏典と中國仏教　敦煌と中國仏教(講座敦煌 7)　(東京)大東出版社　1984　p. 11

S. 1910

芳村修基　土橋秀高　井ノ口泰淳　敦煌佛教史年表　西域文化研究(第一)・敦煌佛教資料　(京都)法藏館　1958　p. 265
石田充之　西域佛教における淨土教的要素の研究について　西域文化研究(第一)・敦煌佛教資料　(京都)法藏館　1958　p. 103
矢吹慶輝　鳴沙餘韻・解說篇(第一部)　(京都)臨川書店　1980　p. 282、289
廣川堯敏　淨土三部經　敦煌と中國仏教(講座敦煌 7)　(東京)大東出版社　1984　p. 83
池田溫　中國古代寫本識語集録　(東京)大蔵出版株式會社　1990　p. 292
井ノ口泰淳　敦煌本『阿彌陀經』　中央アジアの言語と仏教　(京都)法藏館　1995　p. 361
王三慶　敦煌書儀載録之節日活動與民俗　全國敦煌學研討會論文集　(臺北)中正大學中國文學系所　1995　p. 26 注 39
方廣錩　阿彌陀經　敦煌學大辭典　上海辭書出版社　1998　p. 660
劉長東　論隋唐三階教與淨土教的關係　新國學(第二卷)　巴蜀書社　2000　p. 373
李小榮　敦煌密教文獻論稿　人民文學出版社　2003　p. 312

S. 1911

陳祚龍　敦煌古抄内典尾記彙校初、二、三編合刊　敦煌學要籥　（臺北）新文豐出版公司　1982　p. 107

陳澤奎　試論唐人寫經題記的原始著作權意義　《敦煌研究》1994 年第 3 期　p. 114

王三慶　敦煌書儀載録之節日活動與民俗　全國敦煌學研討會論文集　（臺北）中正大學中國文學系所　1995　p. 26 注 39

姜亮夫　敦煌莫高窟年表　姜亮夫全集（十一）　雲南人民出版社　2002　p. 298

S. 1918

許建平　《英藏敦煌文獻》（1－8）補遺　英國收藏敦煌漢藏文獻研究：紀念敦煌文獻發現一百周年　中國社會科學出版社　2000　p. 392

S. 1919

慶谷壽信　敦煌出土の音韻資料（上）——Stein6691vについて　『人文學報』（第 78 號）　京都大學人文科學研究所　1970　p. 169

S. 1920

向達　倫敦所藏敦煌卷子經眼目録　《北平圖書館圖書季刊》1939 年新第 1 卷第 4 期　p. 397　又見：唐代長安與西域文明　三聯書店　1957　p. 211

潘重規　敦煌詞話　（臺北）石門圖書公司　1981　p. 73

李正宇　敦煌方音止遇二攝混同及其校勘學意義　《敦煌研究》1986 年第 4 期　p. 50

林聰明　敦煌漢文文書解讀要點試論　漢學研究（敦煌學國際研討會論文專號）　（臺北）漢學研究資料及服務中心　1986　p. 430

王重民原編　黄永武新編　敦煌古籍叙録新編（第十冊）　（臺北）新文豐出版公司　1986　p. 92

鄧文寬　跋敦煌寫本《百行章》　1983 年全國敦煌學術討論會文集·文史遺書編（下）　甘肅人民出版社　1987　p. 104

周一良　"賜無畏"及其他：讀《敦煌變文集》劄記　1983 年全國敦煌學術討論會文集·文史遺書編（下）　甘肅人民出版社　1987　p. 250

高國藩　敦煌古俗與民俗流變　河海大學出版社　1990　p. 434

胡平生　《敦煌〈百行章〉校釋》補正　敦煌吐魯番文獻研究論集（第五輯）　北京大學出版社　1990　p. 279

鄭阿財　敦煌蒙書析論　第二屆敦煌學國際研討會論文集　（臺北）漢學研究中心　1990　p. 226

林聰明　敦煌文書學　（臺北）新文豐出版公司　1991　p. 257

鄭阿財　敦煌文獻與文學　（臺北）新文豐出版公司　1993　p. 259

林聰明　談敦煌文書的抄寫問題　紀念陳寅恪先生百年誕辰學術論文集　江西教育出版社　1994　p. 302

胡戟　傅玫　敦煌史話　中華書局　1995　p. 184

寧可　郝春文　敦煌社邑文書輯校　江蘇古籍出版社　1997　p. 361

白化文　百行章　敦煌學大辭典　上海辭書出版社　1998　p. 782

張涌泉　論吳任臣的《字彙補》　舊學新知　浙江大學出版社　1999　p. 152

汪泛舟　敦煌古代兒童課本　甘肅人民出版社　2000　p. 156

徐俊　敦煌詩集殘卷輯考　中華書局　2000　p. 855

林聰明　敦煌吐魯番文書解詁指例　(臺北)新文豐出版公司　2001　p. 56
汪泛舟　敦煌俗別字補正　《敦煌研究》2001 年第 4 期　p. 160
曾良　敦煌文獻字義通釋　廈門大學出版社　2001　p. 61、182
張娜麗　敦煌本《注千字文》注解　《敦煌學輯刊》2002 年第 1 期　p. 48
鄭阿財　朱鳳玉　敦煌蒙書研究　甘肅教育出版社　2002　p. 321
張小豔　刪字符號卜與敦煌文獻的解讀　《敦煌研究》2003 年第 3 期　p. 71
汪泛舟　敦煌俗別字新考(上)　《敦煌研究》2006 年第 1 期　p. 103

S. 1921

唐耕耦　陸宏基　敦煌社會經濟文獻真迹釋録(二)　全國圖書館文獻縮微複製中心　1990　p. 56
杜愛英　敦煌遺書中俗體字的諸種類型　《敦煌研究》1992 年第 3 期　p. 118
沙知　敦煌契約文書輯校　江蘇古籍出版社　1998　p. 252
王啓濤　中古及近代法制文書語言研究　巴蜀書社　2003　p. 290

S. 1922

陳祚龍　敦煌古抄内典尾記彙校初、二、三編合刊　敦煌學要籥　(臺北)新文豐出版公司　1982　p. 107
土橋秀高　敦煌の律蔵　敦煌と中國仏教(講座敦煌 7)　(東京)大東出版社　1984　p. 247
姜伯勤　敦煌毗尼藏主考　《敦煌研究》1993 年第 3 期　p. 7
姜伯勤　敦煌藝術宗教與禮樂文明　中國社會科學出版社　1996　p. 335

S. 1923

矢吹慶輝　鳴沙餘韻・解說篇(第一部)　(京都)臨川書店　1980　p. 165
白化文　對可補入《敦煌變文集》中的幾則録文的討論　《敦煌學輯刊》1986 年第 1 期　p. 49
上山大峻　敦煌佛教の研究　(京都)法藏館　1990　p. 19
釋依昱　曇曠與敦煌寫本《大乘百法明門論開宗義記》的研究　敦煌學國際研討會文集・史地語文編　遼寧美術出版社　1995　p. 514
方廣錩　大乘百法明門論開宗義記　敦煌學大辭典　上海辭書出版社　1998　p. 717

S. 1924

加地哲定著　劉衛星譯　中國佛教文學　今日中國出版社　1990　p. 122
黄征　吳偉　敦煌願文集　岳麓書社　1995　p. 360
黄征　敦煌願文考論　敦煌語文叢說　(臺北)新文豐出版公司　1997　p. 580
黄征　曾良　洪玉雙　敦煌願文研究　敦煌文學論集　四川人民出版社　1997　p. 379
李小榮　變文講唱與華梵宗教藝術　上海三聯書店　2002　p. 269
李小榮　敦煌密教文獻論稿　人民文學出版社　2003　p. 58
敏春芳　敦煌願文詞語例釋　《敦煌學輯刊》2005 年第 1 期　p. 100
汪泛舟　敦煌俗別字新考(上)　《敦煌研究》2006 年第 1 期　p. 106
武學軍　敏春芳　敦煌願文婉詞試解(一)　《敦煌學輯刊》2006 年第 1 期　p. 131

S. 1930

井ノ口泰淳　敦煌本『仏名經』の諸系統　中央アジアの言語と仏教　(京都)法藏館　1995　p. 287

S. 1931

芳村修基　土橋秀高　井ノ口泰淳　敦煌佛教史年表　西域文化研究(第一)・敦煌佛教資料　(京都)法藏館　1958　p. 278

廣川堯敏　禮讃　敦煌と中國仏教(講座敦煌 7)　(東京)大東出版社　1984　p. 456

池田溫　中國古代寫本識語集録　(東京)大蔵出版株式會社　1990　p. 486

汪娟　敦煌禮懺文研究　(臺北)法鼓文化公司　1994　p. 18、182、358

寧可　郝春文　敦煌社邑文書輯校　江蘇古籍出版社　1997　p. 360

湛如　評《敦煌禮懺文研究》　敦煌吐魯番研究(第四卷)　北京大學出版社　1999　p. 618

徐俊　敦煌詩集殘卷輯考　中華書局　2000　p. 866

S. 1932

石井昌子　靈實經類　敦煌と中國道教(講座敦煌 4)　(東京)大東出版社　1983　p. 162

王三慶　日本天理大學圖書館典藏之敦煌卷子　第二屆敦煌學國際研討會論文集　(臺北)漢學研究中心　1990　p. 95

江素雲　維摩詰所說經敦煌寫本綜合目録　(臺北)東初出版社　1991　p. 79

萬毅　日本天理圖書館藏卷敦煌本《本際經》論略　華學(第一輯)　中山大學出版社　1995　p. 166

山田俊　唐初道教思想史研究・資料篇　(京都)平樂寺書店　1999　p. 34、149、165

王卡　敦煌道教文獻研究　中國社會科學出版社　2004　p. 210

王卡　中國國家圖書館藏敦煌道教遺書研究報告　敦煌吐魯番研究(第七卷)　北京大學出版社　2004　p. 371

S. 1933

平井俊榮　敦煌仏典と中國仏教　敦煌と中國仏教(講座敦煌 7)　(東京)大東出版社　1984　p. 8

S. 1934

伊藤美重子　敦煌本『大智度論』の整理　中國佛教石經の研究　京都大學學術出版會　1996　p. 385

S. 1941

姜伯勤　論禪宗在敦煌僧俗中的流傳　(香港)《九州學刊》(敦煌學專輯)1992 年第 4 卷第 4 期　p. 14　又見:中國敦煌學百年文庫・宗教卷(一)　甘肅文化出版社　1999　p. 227

姜伯勤　敦煌藝術宗教與禮樂文明　中國社會科學出版社　1996　p. 373

S. 1943

向達　倫敦所藏敦煌卷子經眼目録　《北平圖書館圖書季刊》1939 年新第 1 卷第 4 期　p. 397　又見:唐代長安與西域文明　三聯書店　1957　p. 211

饒宗頤解說　林宏作譯　敦煌書法叢刊(第八卷)・經史(六)　(東京)二玄社　1986　p. 76

土田健次郎　儒教典籍　敦煌漢文文獻(講座敦煌 5)　(東京)大東出版社　1992　p. 268

李索　敦煌寫卷《春秋經傳集解》校證　中國社會科學出版社　2005　p. 340

S. 1945

許國霖　敦煌石室寫經年代表　《微妙聲》1937 年第 5 期　又見:中國敦煌學百年文庫・宗教卷

(四)　甘肅文化出版社　1999　p. 195

芳村修基　土橋秀高　井ノロ泰淳　敦煌佛教史年表　西域文化研究(第一)・敦煌佛教資料　(京都)法藏館　1958　p. 256

矢吹慶輝　鳴沙餘韻・解說篇(第一部)　(京都)臨川書店　1980　p. 270

陳祚龍　敦煌古抄内典尾記彙校初、二、三編合刊　敦煌學要籥　(臺北)新文豐出版公司　1982　p. 107

池田溫　中國古代寫本識語集録　(東京)大藏出版株式會社　1990　p. 134

李玉珉　敦煌藥師經變研究　(臺北)《"故宮"學術季刊》1990 年第 7 卷第 3 期　p. 10

林聰明　敦煌文書學　(臺北)新文豐出版公司　1991　p. 283

趙聲良　敦煌南北朝寫本的書法藝術　《敦煌研究》1991 年第 4 期　p. 45

戴仁　敦煌和吐魯番寫本的斷代研究　法國學者敦煌學論文選萃　中華書局　1993　p. 523

趙聲良　北周寫本《大般涅槃經》　敦煌書法庫(第一輯)　甘肅人民美術出版社　1994　p. 227

趙聲良　南北朝寫經書法藝術　敦煌書法庫(第一輯)　甘肅人民美術出版社　1994　p. 19

趙聲良　萬經珍寶:古代書法藝術的寶庫"敦煌書法"　(臺北)《雄獅美術》1994 年第 12 期

趙聲良　早期敦煌寫本書法的時代分期和類型　敦煌書法庫(第二輯)　甘肅人民美術出版社　1994　p. 7

黃征　吳偉　敦煌願文集　岳麓書社　1995　p. 841

李崇峰　有關莫高窟北周洞窟研究的兩個問題　敦煌學國際研討會文集・石窟考古編　遼寧美術出版社　1995　p. 81

趙聲良　隋代敦煌寫本的書法藝術　《敦煌研究》1995 年第 4 期　p. 134

趙聲良　敦煌寫卷書法(上)　《文史知識》1997 年第 3 期　p. 74

趙聲良　大般涅槃經卷十一　敦煌學大辭典　上海辭書出版社　1998　p. 282

許國霖　敦煌石室寫經題記彙編　中國敦煌學百年文庫・宗教卷(四)　甘肅文化出版社　1999　p. 221

李崇峰　敦煌莫高窟唐前期洞窟分期　敦煌研究文集:敦煌石窟考古篇　甘肅民族出版社　2000　p. 80

王惠民　敦煌隋至唐前期藥師圖像考察　藝術史研究(2)　中山大學出版社　2000　p. 296

馬德　敦煌寫經題記的社會意義　法源(第 19 期)　中國佛學院　2001　p. 85

姜亮夫　敦煌莫高窟年表　姜亮夫全集(十一)　雲南人民出版社　2002　p. 154

公維章　涅槃、淨土的殿堂:敦煌莫高窟第 148 窟研究　民族出版社　2004　p. 72、142、157

景盛軒　試論敦煌佛經異文研究的價值和意義　《敦煌研究》2004 年第 5 期　p. 86

梁銀景　隋代佛教窟龕研究　文物出版社　2004　p. 169

S. 1946

素癡　不列顛博物院所藏中國寫本瞥記　《國文周刊》1934 年第 11 卷第 21 期　又見:中國敦煌學百年文庫・綜述卷(一)　甘肅文化出版社　1999　p. 58

向達　倫敦所藏敦煌卷子經眼目録　《北平圖書館圖書季刊》1939 年新第 1 卷第 4 期　p. 397　又見:唐代長安與西域文明　三聯書店　1957　p. 211

羅福頤　敦煌石室文物對於學術上的貢獻　《歷史教學》1951 年第 5 期　又見:中國敦煌學百年文庫・考古卷(四)　甘肅文化出版社　1999　p. 12

仁井田陞　唐末五代の敦煌寺院佃戶關係文書　西域文化研究(第二)・敦煌吐魯番社會經濟資料(上)　(京都)法藏館　1959　p. 72

竺沙雅章　敦煌の寺戸について　『史林』(44卷5號)　京都大學文學部史學研究會　1961　p. 68
那波利貞　梁戸考　唐代社會文化史研究・第三編　(東京)創文社　1974　p. 363
堀敏一　敦煌社會の変質——中國社會全般の発展とも関連して　敦煌の社會(講座敦煌3)　(東京)大東出版社　1980　p. 166
姜伯勤　論敦煌寺院的"常住百姓"　《敦煌研究》1981年試刊第1期　p. 51　又見:五十年來漢唐佛教寺院經濟研究　北京師範大學出版社　1986　p. 198
陳炳應　敦煌所出宋開寶八年"鄭醜撻賣地舍契"定誤考釋　《西北史地》1983年第4期　p. 88
陳祚龍　晚唐至宋初敦煌通行典賣"奴婢"之一斑　敦煌簡策訂存　(臺北)商務印書館　1983　p. 100
董作賓　敦煌紀年　敦煌學文選(上)　蘭州大學歷史系敦煌學研究室等　1983　p. 37
吴其昱　有關唐代和十世紀奴婢的敦煌卷子　《敦煌學輯刊》1984年第2期　p. 140
仁井田陞著　姜鎮慶譯　唐末五代的敦煌寺院佃戶關係文書　敦煌學譯文集　甘肅人民出版社　1985　p. 821、852
王文才　俗講儀式考　敦煌學論集　甘肅人民出版社　1985　p. 114
張鴻勳　樂傳史事纂詁　《敦煌研究》1985年第2期　p. 146
楚古耶夫斯基著　桑林摘譯　八—十世紀的敦煌　國外中國學研究譯叢(1)　青海人民出版社　1986　p. 586
李正宇　敦煌方音止遇二攝混同及其校勘學意義　《敦煌研究》1986年第4期　p. 48
立格夫斯基著　道奮譯　八至十世紀敦煌的經濟生活與經濟形態　《甘肅民族研究》1986年第4期　p. 101
姜伯勤　唐五代敦煌寺戶制度　中華書局　1987　p. 171
任半塘　敦煌歌辭總編　上海古籍出版社　1987　p. 730
高國藩　敦煌民俗學　上海文藝出版社　1989　p. 71
唐耕耦　8至10世紀敦煌的物價　紀念陳寅恪教授國際學術討論會文集　中山大學出版社　1989　p. 551
王公望　契約　敦煌文學　甘肅人民出版社　1989　p. 55
李天石　敦煌吐魯番文書中的奴婢資料及其價值　《敦煌學輯刊》1990年第1期　p. 2、8
山根清志　唐代の奴婢売買と市券　東アジア古文書の史的研究　(東京)刀水書房　1990　p. 387
唐耕耦　陸宏基　敦煌社會經濟文獻真迹釋録(二)　全國圖書館文獻縮微複製中心　1990　p. 49
堀敏一著　林世田譯　唐代後期敦煌社會經濟之變化　《敦煌學輯刊》1991年第1期　p. 95
仁井田陞　補訂中國法制史研究:奴隸農奴法・家族村落法　東京大學出版會　1991　p. 47、76
仁井田陞　補訂中國法制史研究:土地法・取引法　東京大學出版會　1991　p. 695
姜伯勤　敦煌社會文書導論　(臺北)新文豐出版公司　1992　p. 151
陶秋英輯録　姜亮夫校訂　敦煌經卷所見寺名録　敦煌碎金　浙江古籍出版社　1992　p. 127
蔣禮鴻　敦煌文獻語言詞典　杭州大學出版社　1994　p. 192
張傳璽　中國歷代契約會編考釋(上)　北京大學出版社　1995　p. 524注1
李正宇　敦煌史地新論　(臺北)新文豐出版公司　1996　p. 305
陸慶夫　唐宋間敦煌粟特人之漢化　《歷史研究》1996年第6期　p. 31　又見:敦煌歸義軍史專題研究　蘭州大學出版社　1997　p. 367
唐耕耦　敦煌寺院會計文書研究　(臺北)新文豐出版公司　1997　p. 456

鄭阿財 《龍興寺毗沙門天王靈驗記》與敦煌地區的毗沙門信仰 周紹良先生欣開九秩慶壽文集 中華書局 1997 p. 253
鄭炳林 唐五代敦煌的粟特人與佛教 敦煌歸義軍史專題研究 蘭州大學出版社 1997 p. 448
李天石 敦煌所出賣身、典身契約年代考 《敦煌學輯刊》1998 年第 1 期 p. 25
沙知 敦煌契約文書輯校 江蘇古籍出版社 1998 p. 79
蘇金花 唐、五代敦煌地區的商品貨幣形態 《敦煌研究》1999 年第 2 期 p. 97
謝桃坊 敦煌文化尋繹 四川人民出版社 1999 p. 181
陳永勝 敦煌買賣契約法律制度探析 《敦煌研究》2000 年第 4 期 p. 98
陳永勝 敦煌吐魯番法制文書研究 甘肅人民出版社 2000 p. 55
劉銘恕 唐代的奴隸墓誌 1994 年敦煌學國際研討會文集・宗教文史卷(下) 甘肅民族出版社 2000 p. 168
丘古耶夫斯基 敦煌漢文文書 上海古籍出版社 2000 p. 18
楊森 關於敦煌文獻中的"平章"一詞 敦煌學與中國史研究論集 甘肅人民出版社 2001 p. 232
曾良 敦煌文獻字義通釋 廈門大學出版社 2001 p. 112
蔡忠霖 敦煌漢文寫卷俗字及其現象 (臺北)文津出版社 2002 p. 22
姜亮夫 敦煌莫高窟年表 姜亮夫全集(十一) 雲南人民出版社 2002 p. 585
童丕 敦煌的借貸:中國中古時代的物質生活與社會 中華書局 2003 p. 105
王啓濤 中古及近代法制文書語言研究 巴蜀書社 2003 p. 91、177、192、235、244、281、318
李天石 中國中古良賤身份制度研究 南京師範大學出版社 2004 p. 23
鄭顯文 唐代律令制研究 北京大學出版社 2004 p. 158

S. 1947

芳村修基 土橋秀高 井ノ口泰淳 敦煌佛教史年表 西域文化研究(第一)・敦煌佛教資料 (京都)法藏館 1958 p. 271
塚本善隆 敦煌佛教史概說 西域文化研究(第一)・敦煌佛教資料 (京都)法藏館 1958 p. 72
竺沙雅章 敦煌の寺戸について 『史林』(44 卷 5 號) 京都大學文學部史學研究會 1961 p. 66
藤枝晃 敦煌の僧尼籍 『東方學報』(第 35 號) 京都大學人文科學研究所 1964 p. 287
蘇瑩輝 論敦煌資料中的三位河西都僧統 (臺北)《幼獅學志》1966 年第 1 期 又見:敦煌論集 (臺北)學生書局 1983 p. 416 ; 中國敦煌學百年文庫・宗教卷(一) 甘肅文化出版社 1999 p. 1
金岡照光 敦煌文學のさまざま 敦煌の文學 (東京)大蔵出版株式會社 1971 p. 132
蘇瑩輝 從敦煌吳僧統碑和三卷敦煌寫本論吳法成並非緒芝之子亦非洪䛒和尚 (臺北)《大陸雜誌》1974 年第 3 期 又見:敦煌論集續編 (臺北)學生書局 1983 p. 129 ; 中國敦煌學百年文庫・民族卷(二) 甘肅文化出版社 1999 p. 95
池田溫 中國古代籍帳研究:概観・録文 東京大學東洋文化研究所 1979 p. 571
加地哲定 增補中國佛教文學研究 (東京)同朋舍 1979 p. 200、215
北原薰 晚唐・五代の敦煌寺院経済——収支決算報告を中心に 敦煌の社會(講座敦煌 3) (東京)大東出版社 1980 p. 451
段文傑 張議潮時期的敦煌藝術 《敦煌學輯刊》1982 年第 3 期 p. 2
姜伯勤 敦煌寺院碾磑經營的兩種形式 歷史論叢(第三輯) 齊魯書社 1983 p. 173 又見:五十年來漢唐佛教寺院經濟研究 北京師範大學出版社 1986 p. 221
陳祚龍 繼行新發現,續作新發明:敦煌學散策之五 敦煌學(第 10 輯) (臺北)新文豐出版公司

1985　p. 19　又見:敦煌學林劄記　(臺北)商務印書館　1987　p. 373
姜伯勤　敦煌寺院文書中"梁戶"的性質　五十年來漢唐佛教寺院經濟研究　北京師範大學出版社　1986　p. 131
謝重光　關於唐後期至五代間沙州寺院經濟的幾個問題　敦煌吐魯番出土經濟文書研究　廈門大學出版社　1986　p. 450
謝重光　晉—唐僧官制度考略　《世界宗教研究》1986 年第 3 期　p. 42 注 10　又見:五十年來漢唐佛教寺院經濟研究　北京師範大學出版社　1986　p. 343
姜伯勤　唐五代敦煌寺戶制度　中華書局　1987　p. 142、227、257
馬德　吳和尚・吳和尚窟・吳家窟　《敦煌研究》1987 年第 3 期　p. 62
任半塘　敦煌歌辭總編　上海古籍出版社　1987　p. 922
顏廷亮　關於敦煌遺書中的甘肅文學作品　1983 年全國敦煌學術討論會文集・文史遺書編(下)　甘肅人民出版社　1987　p. 228
李正宇　唐宋時代敦煌縣河渠泉澤簡志(二)　《敦煌研究》1989 年第 1 期　p. 54
馬德　靈圖寺、靈圖寺窟及其它　《敦煌研究》1989 年第 2 期　p. 4
榮新江　關於沙州歸義軍都僧統年代的幾個問題　《敦煌研究》1989 年第 4 期　p. 70
汪泛舟　讚・箴　敦煌文學　甘肅人民出版社　1989　p. 99
加地哲定著　劉衛星譯　中國佛教文學　今日中國出版社　1990　p. 171、185
榮新江　沙州歸義軍歷任節度使稱號研究　敦煌吐魯番學研究論文集　漢語大詞典出版社　1990　p. 774
唐耕耦　陸宏基　敦煌社會經濟文獻真迹釋録(三)　全國圖書館文獻縮微複製中心　1990　p. 8
謝重光　白文固　中國僧官制度史　青海人民出版社　1990　p. 130
暨遠志　張議潮出行圖研究　《敦煌研究》1991 年第 3 期　p. 29
姜伯勤　敦煌吐魯番與香藥之路　季羨林教授八十華誕紀念論文集(下)　江西人民出版社　1991　p. 845
林聰明　敦煌文書學　(臺北)新文豐出版公司　1991　p. 435
姜伯勤　敦煌社會文書導論　(臺北)新文豐出版公司　1992　p. 213
鄭炳林　敦煌碑銘讚三篇證誤與考釋　《敦煌學輯刊》1992 年第 1、2 期　p. 100
周紹良　敦煌文學芻議及其它　(臺北)新文豐出版公司　1992　p. 30
高田時雄　チベット文字書寫「長卷」の研究(本文編)　『東方學報』(第 65 號)　京都大學人文科學研究所　1993　p. 371
賀世哲　莫高窟第 192 窟《發願功德讚文》重録及有關問題　《敦煌研究》1993 年第 2 期　p. 3
前田正名　河西歷史地理學研究　中國藏學出版社　1993　p. 257
鄭炳林　讀敦煌文書 P. 3859《後唐清泰三年六月沙州儭司教授福集等狀》劄記　《西北史地》1993 年第 4 期　p. 49　又見:敦煌吐魯番文獻研究　中華書局　1995　p. 618
胡戟　傅玫　敦煌史話　中華書局　1995　p. 133
劉惠琴　從敦煌文書中看沙州紡織業　《敦煌學輯刊》1995 年第 2 期　p. 53
洛克什・錢德拉著　楊富學譯　敦煌壁畫中的觀音　《敦煌研究》1995 年第 2 期　p. 89
顏廷亮　敦煌文學概説　(臺北)新文豐出版公司　1995　p. 70
馬德　敦煌莫高窟史研究　甘肅教育出版社　1996　p. 212
馬德　莫高窟與敦煌佛教教團　敦煌吐魯番研究(第一卷)　北京大學出版社　1996　p. 169
榮新江　歸義軍史研究　上海古籍出版社　1996　p. 3
王昆吾　隋唐五代燕樂雜言歌辭研究　中華書局　1996　p. 412

張先堂　敦煌本唐代淨土五會讚文與佛教文學　《敦煌研究》1996 年第 4 期　p. 72
榮新江　敦煌藏經洞的性質及其封閉原因　敦煌吐魯番研究(第二卷)　北京大學出版社　1997　p. 43
張弓　漢唐佛寺文化史　中國社會科學出版社　1997　p. 832
鄭炳林　敦煌碑銘讚及其有關問題　敦煌碑銘讚輯釋　甘肅教育出版社　1997　p. 13
鄭炳林　敦煌碑銘讚輯釋　甘肅教育出版社　1997　p. 177 注 7、110 注 2
郝春文　法榮　敦煌學大辭典　上海辭書出版社　1998　p. 351
李正宇　十六寺　敦煌學大辭典　上海辭書出版社　1998　p. 627
李正宇　送師讚　敦煌學大辭典　上海辭書出版社　1998　p. 546
榮新江　歸義軍大事紀年初稿　出土文獻研究(第三輯)　文物出版社　1998　p. 235
唐耕耦　釋門帖諸寺綱管　敦煌學大辭典　上海辭書出版社　1998　p. 642
謝重光　都僧統司　敦煌學大辭典　上海辭書出版社　1998　p. 634
楊森　跋《子年三月五日計料海濟受戒衣鉢具色一一如後》帳及卷背《釋門教授帖》文書　《敦煌研究》1998 年第 4 期　p. 103
楊森　洪䛒　敦煌學大辭典　上海辭書出版社　1998　p. 350
張先堂　晚唐至宋初淨土五會念佛法門在敦煌的流傳《敦煌研究》1998 年第 1 期　p. 61
高啓安　唐五代至宋敦煌的量器及量制　《敦煌學輯刊》1999 年第 1 期　p. 60
鄭炳林　晚唐五代敦煌地區種植棉花研究《中國史研究》1999 年第 3 期　p. 92
雷紹鋒　歸義軍賦役制度初探　(臺北)洪葉文化事業有限公司　2000　p. 262
劉進寶　敦煌文書與唐史研究　(臺北)新文豐出版公司　2000　p. 273
丘古耶夫斯基　敦煌漢文文書　上海古籍出版社　2000　p. 119
魏明孔　隋唐寺院手工業述論　'98 法門寺唐文化國際學術討論會論文集　陝西人民出版社　2000　p. 539
謝重光　漢唐佛教社會史論　(臺北)國際文化事業有限公司　2001　p. 210
楊森　《辛巳年六月十六日社人于燈司倉貸粟曆》文書之定年　《敦煌學輯刊》2001 年第 2 期　p. 18
姜亮夫　敦煌莫高窟年表　姜亮夫全集(十一)　雲南人民出版社　2002　p. 402
李斌城　唐代文化　中國社會科學出版社　2002　p. 1015
劉進寶　敦煌學通論　甘肅教育出版社　2002　p. 327
乜小紅　唐宋敦煌毛紡織業述略　敦煌學(第 23 輯)　(臺北)樂學書局有限公司　2002　p. 120
洪藝芳　敦煌社會經濟文書中的唐五代新興量詞研究　敦煌學(第 24 輯)　(臺北)樂學書局有限公司　2003　p. 89
湛如　敦煌佛教律儀制度研究　中華書局　2003　p. 40、57、380
張子開　敦煌文獻中的白話禪詩《敦煌學輯刊》2003 年第 1 期　p. 84
高啓安　唐五代敦煌飲食文化研究　民族出版社　2004　p. 56

S. 1949

張涌泉　敦煌俗字研究導論　(臺北)新文豐出版公司　1996　p. 69
金瀅坤　從敦煌文書看晚唐五代敦煌地區布紡織業　《敦煌研究》1998 年第 2 期　p. 140

S. 1951

江素雲　維摩詰所說經敦煌寫本綜合目録　(臺北)東初出版社　1991　p. 79

S. 1959

王三慶　敦煌寫卷中武后新字之調查研究　唐代研究論集(第三輯)　(臺北)新文豐出版公司　1992　p. 88

S. 1963

陳祚龍　敦煌古抄内典尾記彙校初、二、三編合刊　敦煌學要籥　(臺北)新文豐出版公司　1982　p. 107

平井宥慶　金剛般若經　敦煌と中國仏教(講座敦煌 7)　(東京)大東出版社　1984　p. 26

任半塘　敦煌歌辭總編　上海古籍出版社　1987　p. 457

池田溫　中國古代寫本識語集録　(東京)大藏出版株式會社　1990　p. 379

林聰明　敦煌文書學　(臺北)新文豐出版公司　1991　p. 210

黃征　吳偉　敦煌願文集　岳麓書社　1995　p. 906

項楚　敦煌歌辭總編匡補　(臺北)新文豐出版公司　1995　p. 23

鄭阿財　敦煌寫卷《懺悔滅罪金光明經傳》初探　慶祝潘石禪先生九秩華誕敦煌學特刊　(臺北)文津出版社　1996　p. 583

陳國燦　盧大娘寫金光明經記　敦煌學大辭典　上海辭書出版社　1998　p. 457

方廣錩　金光明最勝王經　敦煌學大辭典　上海辭書出版社　1998　p. 679

楊富學　李吉和　敦煌漢文吐蕃史料輯校(第一輯)　甘肅人民出版社　1999　p. 283

鄭阿財　敦煌寫卷《懺悔滅罪金光明經傳》研究　敦煌文藪(下)　(臺北)新文豐出版公司　1999　p. 71

段塔麗　唐代婦女地位研究　人民出版社　2000　p. 85

金岡照光　敦煌文獻と中國文學　(東京)五曜書房　2000　p. 428

楊寶玉　《懺悔滅罪金光明經冥報傳》校考　英國收藏敦煌漢藏文獻研究：紀念敦煌文獻發現一百周年　中國社會科學出版社　2000　p. 330

林聰明　敦煌吐魯番文書解詁指例　(臺北)新文豐出版公司　2001　p. 179

陳麗萍　敦煌女性寫經題記及反映的婦女問題　敦煌佛教藝術文化國際學術研討會論文集　蘭州大學出版社　2002　p. 433

李正宇　唐宋時期敦煌佛經性質功能的變化　戒幢佛學(第二卷)　岳麓書社　2002　p. 22　又見：中日敦煌佛教學術會議論文集　中國社會科學院研究所　2002　p. 18

S. 1964

姜亮夫　敦煌經卷壁畫中所見寺觀録　敦煌學論文集　上海古籍出版社　1987　p. 1083

仁井田陞　補訂中國法制史研究：土地法・取引法　東京大學出版會　1991　p. 756

S. 1968

蕭登福　從敦煌寫卷中看道教星斗崇拜對佛經之影響　第二屆敦煌學國際研討會論文集　(臺北)漢學研究中心　1990　p. 335

S. 1973

周紹良　敦煌所出變文現存目録　敦煌變文彙録　上海出版公司　1955　p. 7

竺沙雅章　敦煌出土「社」文書の研究　『東方學報』(第 35 號)　京都大學人文科學研究所　1964　p. 275

邱鎮京　敦煌變文述論　(臺北)商務印書館　1974　p. 1878
陳祚龍　敦煌古抄内典尾記彙校初、二、三編合刊　敦煌學要籥　(臺北)新文豐出版公司　1982　p. 107
唐耕耦　陸宏基　敦煌社會經濟文獻真迹釋録(一)　書目文獻出版社　1986　p. 350
山本達郎等　敦煌・III 轉貼『NUN – HUANG AND TURFAN DOCUMENTS CONCERNING SOCIAL AND ECONOMIC HISTORY』(IV)　(東京)東洋文庫　1989　p. 33
池田温　中國古代寫本識語集録　(東京)大藏出版株式會社　1990　p. 517
姜伯勤　敦煌社會文書導論　(臺北)新文豐出版公司　1992　p. 242
高國藩　敦煌民俗資料導論　(臺北)新文豐出版公司　1993　p. 2
項楚　敦煌詩歌導論　(臺北)新文豐出版公司　1993　p. 119
石田勇作　敦煌「社文書」研究序說　中國古代の國家と民衆(堀敏一先生古稀記念)　(東京)汲古書院　1995　p. 687
寧可　郝春文　敦煌社邑文書輯校　江蘇古籍出版社　1997　p. 311
張先堂　晚唐至宋初淨土五會念佛法門在敦煌的流傳《敦煌研究》1998 年第 1 期　p. 52
鄭汝中　敦煌寫卷行草書法集　甘肅人民美術出版社　2000　p. 304
孟憲實　敦煌社邑的分佈　敦煌文獻論集:紀念藏經洞發現一百周年國際學術研討會論文集　遼寧人民出版社　2001　p. 432

S. 1976

向達　倫敦所藏敦煌卷子經眼目録　《北平圖書館圖書季刊》1939 年新第 1 卷第 4 期　p. 397　又見:唐代長安與西域文明　三聯書店　1957　p. 211

S. 1978

三木榮　西域出土醫藥關係文獻綜合解說目録　『東洋學報』(47 卷 1 號)　(東京)東洋學術協會　1964　p. 12

S. 1981

加地哲定著　劉衛星譯　中國佛教文學　今日中國出版社　1990　p. 122
井ノ口泰淳　敦煌本『仏名經』の諸系統　中央アジアの言語と仏教　(京都)法藏館　1995　p. 297

S. 1982

池田温　中國古代寫本識語集録　(東京)大藏出版株式會社　1990　p. 390

S. 1987

池田温　中國古代寫本識語集録　(東京)大藏出版株式會社　1990　p. 393
唐耕耦　陸宏基　敦煌社會經濟文獻真迹釋録(二)　全國圖書館文獻縮微複製中心　1990　p. 59

S. 1988

金岡照光　敦煌における地獄文獻:敦煌庶民信仰の一樣相　敦煌と中國仏教(講座敦煌 7)　(東京)大東出版社　1984　p. 570
林聰明　敦煌吐魯番文書解詁指例　(臺北)新文豐出版公司　2001　p. 144

S. 1990

池田溫　中國古代寫本識語集録　（東京）大藏出版株式會社　1990　p. 389

S. 1991

池田溫　中國古代寫本識語集録　（東京）大藏出版株式會社　1990　p. 390

S. 1992

池田溫　中國古代寫本識語集録　（東京）大藏出版株式會社　1990　p. 388

S. 1993

池田溫　中國古代寫本識語集録　（東京）大藏出版株式會社　1990　p. 393

S. 1995

王重民　記敦煌寫本的佛經　敦煌吐魯番文獻研究論集(第二輯)　北京大學出版社　1983　p. 15　又見:敦煌遺書論文集　中華書局　1984　p. 300

池田溫　中國古代寫本識語集録　（東京）大藏出版株式會社　1990　p. 391

林聰明　敦煌文書學　（臺北）新文豐出版公司　1991　p. 348

馬茜　歸義軍時期敦煌地區庶民佛教的發展　甘肅民族研究論叢　甘肅人民出版社　2002　p. 464

S. 2002

劉銘恕　再記英國倫敦所藏的敦煌經卷　《中國科學院圖書館通訊》1957 年第 7 期　又見:中國敦煌學百年文庫・綜述卷(二)　甘肅文化出版社　1999　p. 134

景盛軒　敦煌寫本《大般涅槃經》著録商補　浙江與敦煌學:常書鴻先生誕辰一百周年紀念文集　浙江古籍出版社　2004　p. 347

S. 2004

王重民原編　黄永武新編　敦煌古籍叙録新編(第十八册)　(臺北)新文豐出版公司　1986　p. 1

寧可　郝春文　敦煌社邑的喪葬互助　《首都師範大學學報》1995 年第 6 期　p. 36

S. 2005

仁井田陞　ペリオ敦煌發見唐令の再吟味　唐令拾遺補　東京大學出版會　1997　p. 258

S. 2007

姜伯勤　敦煌寺院文書中"梁戶"的性質　五十年來漢唐佛教寺院經濟研究　北京師範大學出版社　1986　p. 131

S. 2009

唐耕耦　陸宏基　敦煌社會經濟文獻真迹釋録(三)　全國圖書館文獻縮微複製中心　1990　p. 53

暨遠志　張議潮出行圖研究(續)　《敦煌研究》1992 年第 4 期　p. 80

陸慶夫　河西達怛考述　《敦煌學輯刊》1992 年第 1、2 期　p. 19

譚蟬雪　敦煌祈賽風俗　《敦煌研究》1993 年第 4 期　p. 63

姜伯勤　敦煌吐魯番文書與絲綢之路　文物出版社　1994　p. 68

馬德　敦煌工匠史料　甘肅人民出版社　1997　p. 36、101
鄭炳林　敦煌碑銘讚輯釋　甘肅教育出版社　1997　p. 145 注 2
鄭炳林　楊富學　晚唐五代金銀在敦煌的使用與流通　《甘肅金融》1997 年第 8 期　又見:中國敦煌學百年文庫·歷史卷(二)　甘肅文化出版社　1999　p. 585
高啓安　索黛　敦煌古代僧人官齋飲食檢閱　《敦煌研究》1998 年第 3 期　p. 73
高啓安　唐五代敦煌人的飲酒習俗述論　《敦煌研究》2000 年第 3 期　p. 84
林梅村　古道西風:考古新發現所見中西文化交流　三聯書店　2000　p. 221
鄭炳林　晚唐五代敦煌貿易市場的外來商品輯考　中華文史論叢(總 63 輯)　上海古籍出版社　2000　p. 88
曾良　敦煌文獻字義通釋　廈門大學出版社　2001　p. 1
李并成　敦煌文獻與西北生態環境變遷研究　漢語史學報專輯(第三輯)　上海教育出版社　2003　p. 391
余欣　禁忌、儀式與法術　唐代宗教信仰與社會　上海辭書出版社　2003　p. 320
高啓安　唐五代敦煌飲食文化研究　民族出版社　2004　p. 64、92
馬德　《敦煌工匠史料》補遺與訂誤　敦煌學(第 25 輯)　(臺北)樂學書局有限公司　2004　p. 299
楊森　敦煌壁畫中的胡床家具(一)　《敦煌研究》2005 年第 5 期　p. 30

S. 2011
池田溫　中國古代寫本識語集録　(東京)大蔵出版株式會社　1990　p. 392
蔡忠霖　敦煌漢文寫卷俗字及其現象　(臺北)文津出版社　2002　p. 101

S. 2013
曾良　俗字與古籍整理舉隅　《中國典籍與文化》2003 年第 2 期　p. 64

S. 2015
池田溫　中國古代寫本識語集録　(東京)大蔵出版株式會社　1990　p. 388、391

S. 2016
姜亮夫　隋唐宋韻書體式變遷考　中古近代漢語研究(第一輯)　上海教育出版社　2000　p. 16

S. 2017
池田溫　中國古代寫本識語集録　(東京)大蔵出版株式會社　1990　p. 392

S. 2020
張金泉　敦煌佛經音義寫卷述要　《敦煌研究》1997 年第 2 期　p. 120
方廣錩　大方等大集賢護分　敦煌學大辭典　上海辭書出版社　1998　p. 663

S. 2021
宇井伯壽　西域佛典の研究:敦煌逸書簡譯　(東京)岩波書店　1969　p. 335
陳寅恪　敦煌本《心王投陀經》及《法句經》跋尾　金明館叢稿(二編)　上海古籍出版社　1980　p. 178　又見:中國敦煌學百年文庫·宗教卷(四)　甘肅文化出版社　1999　p. 9
岡部和雄　疑僞經典　敦煌仏典と禅(講座敦煌 8)　(東京)大東出版社　1980　p. 355

矢吹慶輝　鳴沙餘韻·解說篇(第二部)　(京都)臨川書店　1980　p. 238
田中良昭　敦煌禪宗文獻の研究　(東京)大東出版社　1983　p. 401
柳田聖山　禪籍解題(一)·敦煌禪籍　俗語言研究(第二期)　(京都)禪文化研究所　1995　p. 148
李正宇　敦煌史地新論　(臺北)新文豐出版公司　1996　p. 113
衣川賢次　《敦煌新本六祖壇經》補校　俗語言研究(第三期)　(京都)禪文化研究所　1996　p. 75
孫昌武　禪思與詩情　中華書局　1997　p. 154
方廣錩　法句經　敦煌學大辭典　上海辭書出版社　1998　p. 742

S. 2024

黄瑞雲　敦煌古寫本《詩經》校釋劄記(三)　《敦煌研究》1987 年第 1 期　p. 83
江素雲　維摩詰所説經敦煌寫本綜合目録　(臺北)東初出版社　1991　p. 79

S. 2025

江素雲　維摩詰所説經敦煌寫本綜合目録　(臺北)東初出版社　1991　p. 79

S. 2027

鄭炳林　敦煌碑銘讚輯釋　甘肅教育出版社　1997　p. 148 注 3

S. 2028

許國霖　敦煌石室寫經題記彙編　《微妙聲》1936 – 1937 年第 1 – 4 期　又見:中國敦煌學百年文庫·宗教卷(四)　甘肅文化出版社　1999　p. 220

S. 2029

黄瑞雲　敦煌古寫本詩經校釋劄記　《敦煌研究》1986 年第 2 期　p. 57

S. 2031

石塚晴通　敦煌的加點本　敦煌學·日本學:石塚晴通教授退職紀念論文集　上海辭書出版社　2005　p. 10

S. 2033

景盛軒　試論敦煌佛經異文研究的價值和意義　《敦煌研究》2004 年第 5 期　p. 87

S. 2034

周紹良　《盂蘭盆經》講經文　敦煌吐魯番文獻研究論集(第五輯)　北京大學出版社　1990　p. 25
胡文和　大足寶頂《父母恩重經變》研究　《敦煌研究》1992 年第 2 期　p. 13
周紹良　敦煌文學芻議及其它　(臺北)新文豐出版公司　1992　p. 110

S. 2035

江素雲　維摩詰所説經敦煌寫本綜合目録　(臺北)東初出版社　1991　p. 79

S. 2037

周紹良　讀變文劄記　紹良叢稿　齊魯書社　1984　p. 101
黄征　敦煌寫本異文綜析　敦煌語文叢說　（臺北）新文豐出版公司　1997　p. 20
顔廷亮　敦煌文化　光明日報出版社　2000　p. 275
黄征　敦煌語言文字學研究　甘肅教育出版社　2002　p. 40
李小榮　敦煌密教文獻論稿　人民文學出版社　2003　p. 21
葉貴良　《敦煌社邑文書輯校》拾補　《吐魯番學研究》2004 年第 1 期　p. 106

S. 2039

三崎良周　仏頂尊勝陀羅尼經と諸星母陀羅尼經　敦煌と中國仏教（講座敦煌 7）　（東京）大東出版社　1984　p. 127
沙知　修多寺　敦煌學大辭典　上海辭書出版社　1998　p. 633

S. 2040

佐藤哲英　維摩經疏の殘缺本について　西域文化研究（第一）・敦煌佛教資料　（京都）法藏館　1958　p. 129
陳祚龍　敦煌學新記　敦煌文物隨筆　（臺北）商務印書館　1979　p. 272
唐耕耦　8 至 10 世紀敦煌的物價　紀念陳寅恪教授國際學術討論會文集　中山大學出版社　1989　p. 541
池田溫　中國古代寫本識語集録　（東京）大蔵出版株式會社　1990　p. 381
鄭炳林　敦煌碑銘讚部分文書拼接復原　《敦煌研究》1993 年第 1 期　p. 54
高啓安　唐五代敦煌飲食文化研究　民族出版社　2004　p. 120
屈直敏　敦煌高僧　民族出版社　2004　p. 111

S. 2041

向達　倫敦所藏敦煌卷子經眼目録　《北平圖書館圖書季刊》1939 年新第 1 卷第 4 期　p. 397　又見:唐代長安與西域文明　三聯書店　1957　p. 211
竺沙雅章　敦煌出土「社」文書の研究　『東方學報』（第 35 號）　京都大學人文科學研究所　1964　p. 242
長澤和俊　敦煌の庶民生活　敦煌の社會（講座敦煌 3）　（東京）大東出版社　1980　p. 470
菊池英夫　唐代敦煌社會の外貌　敦煌の社會（講座敦煌 3）　（東京）大東出版社　1980　p. 115
堀敏一　敦煌社會の変質——中國社會全般の発展とも関連して　敦煌の社會（講座敦煌 3）　（東京）大東出版社　1980　p. 181
土肥義和　はじめに——歸義軍節度使の敦煌支配　敦煌の歷史（講座敦煌 2）　（東京）大東出版社　1980　p. 246
郭鋒　敦煌的"社"及其活動　《敦煌學輯刊》1983 年創刊號　p. 83、87
張鴻勳　樂傳史事纂詁　《敦煌研究》1985 年第 2 期　p. 146
李正宇　敦煌方音止遇二攝混同及其校勘學意義　《敦煌研究》1986 年第 4 期　p. 50
唐耕耦　陸宏基　敦煌社會經濟文獻真迹釋録（一）　書目文獻出版社　1986　p. 270
土肥義和著　李永寧譯　歸義軍時期（晚唐、五代、宋）的敦煌（一）　《敦煌研究》1986 年第 4 期　p. 87
高國藩　敦煌民俗學　上海文藝出版社　1989　p. 18

郝春文　敦煌私社的"義聚"　《中國社會經濟史研究》1989 年第 4 期　p. 27
山本達郎等　敦煌・I 社條　『NUN - HUANG AND TURFAN DOCUMENTS CONCERNING SOCIAL AND ECONOMIC HISTORY』(IV)　(東京)東洋文庫　1989　p. 1
王進玉　趙豐　敦煌文物中的紡織技藝　《敦煌研究》1989 年第 4 期　p. 102
胡同慶　從敦煌結社活動探討人的群體性以及個體與集體的關係　《敦煌研究》1990 年第 4 期　p. 71　又見:敦煌學研究　甘肅人民美術出版社　1994　p. 171
李正宇　敦煌名勝古迹導論　《陽關》1991 年第 4 期　p. 51
林聰明　敦煌文書學　(臺北)新文豐出版公司　1991　p. 397
姜伯勤　敦煌社會文書導論　(臺北)新文豐出版公司　1992　p. 233、235
高國藩　敦煌民俗資料導論　(臺北)新文豐出版公司　1993　p. 4、11
郝春文　敦煌寫本社邑文書年代彙考(二)　《首都師範大學學報》1993 年第 5 期　p. 81
郝春文　敦煌寫本社邑文書年代彙考(三)　《社科縱横》1993 年第 5 期　p. 12
李正宇　中國唐宋硬筆書法　上海文化出版社　1993　p. 38
齊陳駿　寒沁　河西都僧統唐悟真作品和見載文獻系年　《敦煌學輯刊》1993 年第 2 期　p. 9
張鴻勳　敦煌說唱文學概論　(臺北)新文豐出版公司　1993　p. 7
郝春文　中古時期儒佛文化對民間結社的影響及其變化　唐文化研究論文集　上海人民出版社　1994　p. 210
蔣禮鴻　敦煌文獻語言詞典　杭州大學出版社　1994　p. 178
寧可　郝春文　敦煌寫本社邑文書述略　《首都師範大學學報》1994 年第 4 期　p. 12
胡戟　傅玫　敦煌史話　中華書局　1995　p. 164
寧可　郝春文　敦煌社邑的喪葬互助　《首都師範大學學報》1995 年第 6 期　p. 33
土肥義和　唐・北宋間の「社」の組織形態に関する一考察　中國古代の國家と民衆(堀敏一先生古稀記念)　(東京)汲古書院　1995　p. 703
堀敏一　中國古代の家と集落　(東京)汲古書院　1996　p. 470
李正宇　敦煌史地新論　(臺北)新文豐出版公司　1996　p. 305
黄征　張涌泉　敦煌變文校注　中華書局　1997　p. 430
寧可　郝春文　敦煌社邑文書輯校　江蘇古籍出版社　1997　p. 4
鄭炳林　敦煌碑銘讚輯釋　甘肅教育出版社　1997　p. 158 注 2
伏俊璉　《駕幸溫泉賦》補正　敦煌吐魯番研究(第三卷)　北京大學出版社　1998　p. 60
高田時雄　藏文社邑文書二三種　敦煌吐魯番研究(第三卷)　北京大學出版社　1998　p. 185
郝春文　唐後期五代宋初敦煌僧尼的社會生活　中國社會科學出版社　1998　p. 384
郝春文　唐後期五代宋初敦煌僧尼遺産的處理與喪事的操辦　《敦煌研究》1998 年第 3 期　p. 42
李正宇　敦煌古代硬筆書法　敦煌學大辭典　上海辭書出版社　1998　p. 288
寧可　社邑牒狀　敦煌學大辭典　上海辭書出版社　1998　p. 432
寧可　巷社　敦煌學大辭典　上海辭書出版社　1998　p. 427
土肥義和　唐・北宋の間:敦煌の杜家親情社追補社條(S. 8160rv)について　唐代史研究(創刊號)　(東京)唐代史研究會　1998　p. 6
鄭炳林　梁僧政　敦煌學大辭典　上海辭書出版社　1998　p. 350
池田溫　八世紀中葉敦煌的粟特人聚落　唐研究論文選集　中國社會科學出版社　1999　p. 62 注 73
寧可　寧可史學論集　中國社會科學出版社　1999　p. 449 注 2
高啓安　崇高與卑賤:敦煌的佛教信仰賤名再探　'98 法門寺唐文化國際學術討論會論文集　陝西

人民出版社　2000　p. 251

榮新江　《英藏敦煌文獻》定名商補　文史（第五十二輯）　中華書局　2000　p. 119　又見：敦煌學新論　甘肅教育出版社　2002　p. 192

姜伯勤　唐敦煌城市的禮儀空間　文史（第五十五輯）　中華書局　2001　p. 233

孟憲實　敦煌社邑的分佈　敦煌文獻論集：紀念藏經洞發現一百周年國際學術研討會論文集　遼寧人民出版社　2001　p. 423

榮新江　敦煌學十八講　北京大學出版社　2001　p. 215

陳麗萍　敦煌女性寫經題記及反映的婦女問題　敦煌佛教藝術文化國際學術研討會論文集　蘭州大學出版社　2002　p. 443

郝春文　《唐末五代宋初敦煌社邑的幾個問題》商榷　國際敦煌學學術史研討會論文集　研討會籌備組　2002　p. 194

孟憲實　論唐宋時期敦煌民間結社的組織形態　《敦煌研究》2002 年第 1 期　p. 60

郝春文　《敦煌寫本社邑文書輯校》補遺（四）　漢語史學報專輯（第三輯）　上海教育出版社　2003　p. 370

洪藝芳　敦煌社會經濟文書中的唐五代新興量詞研究　敦煌學（第 24 輯）　（臺北）樂學書局有限公司　2003　p. 94、111

高啓安　唐五代敦煌飲食文化研究　民族出版社　2004　p. 171

孟憲實　論敦煌渠人社　周秦漢唐文化研究（第三輯）　三秦出版社　2004　p. 144

葉貴良　敦煌社邑文書詞語選釋　《敦煌研究》2004 年第 5 期　p. 81

郝春文　唐後期五代宋初敦煌私社的教育與教化功能　敦煌吐魯番研究（第九卷）　北京大學出版社　2006　p. 305

孟憲實　論唐宋時期敦煌民間結社的社條　敦煌吐魯番研究（第九卷）　北京大學出版社　2006　p. 317、326

S. 2042

土肥義和　はじめに——歸義軍節度使の敦煌支配　敦煌の歷史（講座敦煌 2）　（東京）大東出版社　1980　p. 273

姜伯勤　唐五代敦煌寺戶制度　中華書局　1987　p. 145

謝重光　白文固　中國僧官制度史　青海人民出版社　1990　p. 135

公維章　文讕　敦煌寺院中的會計：直歲　《敦煌學輯刊》1997 年第 2 期　p. 119

寧可　行像社　敦煌學大辭典　上海辭書出版社　1998　p. 428

湛如　敦煌佛教律儀制度研究　中華書局　2003　p. 41

S. 2044

矢吹慶輝　鳴沙餘韻・解說篇（第一、二部）　（京都）臨川書店　1980　p. 194;299

陳祚龍　古往世上流行之中華佛教男女信士立誓發願文章的抽樣　中華佛教文化史散策（四集）　（臺北）新文豐出版公司　1986　p. 390

劉淑芬　唐代俗人的塔葬　燕京學報（新第 7 期）　北京大學出版社　1999　p. 84

宗舜　敦煌寫卷 S. 343v 佛教文獻考　《敦煌研究》2001 年第 4 期　p. 120

S. 2045

榮新江著　衣川賢次譯　ロシア所藏の景德傳燈録　『禪文化』（161 號）　（京都）禪文化研究所

1996　p. 142
榮新江　敦煌本禪宗燈史殘卷拾遺　周紹良先生欣開九秩慶壽文集　中華書局　1997　p. 233
榮新江　《英藏敦煌文獻》定名商補　文史(第五十二輯)　中華書局　2000　p. 119
榮新江　敦煌學十八講　北京大學出版社　2001　p. 252

S. 2047

矢吹慶輝　鳴沙餘韻・解說篇(第一部)　(京都)臨川書店　1980　p. 81
方廣錩　佛教大藏經史(八—十世紀)　中國社會科學出版社　1991　p. 138
王利器　讀《敦煌變文集》四首俗賦書後　曉傳書齋集　華東師範大學出版社　1997　p. 486
陳公柔　評介《尚書文字合編》　燕京學報(新第4期)　北京大學出版社　1998　p. 293
方廣錩　敦煌遺書中的《金剛經》及其注疏　敦煌學佛教學論叢(上)　中國佛教文化研究所　1998　p. 379
方廣錩　金剛經疏　敦煌學大辭典　上海辭書出版社　1998　p. 683
平井宥慶　敦煌文書における金剛經疏　金剛般若經の思想的研究　(東京)春秋社　1999　p. 267

S. 2048

許國霖　敦煌石室寫經題記彙編　《微妙聲》1936－1937年第1－4期　又見:中國敦煌學百年文庫・宗教卷(四)　甘肅文化出版社　1999　p. 242
許國霖　敦煌石室寫經年代表　《微妙聲》1937年第5期　又見:中國敦煌學百年文庫・宗教卷(四)　甘肅文化出版社　1999　p. 196
芳村修基　土橋秀高　井ノ口泰淳　敦煌佛教史年表　西域文化研究(第一)・敦煌佛教資料　(京都)法藏館　1958　p. 258
宇井伯壽　西域佛典の研究:敦煌逸書簡譯　(東京)岩波書店　1969　p. 18
潘重規　敦煌詩經卷子研究　(臺北)《華岡學報》1970年第6期　又見:中國敦煌學百年文庫・文獻卷(二)　甘肅文化出版社　1999　p. 444
陳祚龍　敦煌古抄內典尾記彙校二編　敦煌文物隨筆　(臺北)商務印書館　1979　p. 170
矢吹慶輝　鳴沙餘韻・解說篇(第一、二部)　(京都)臨川書店　1980　p. 148;402
陳祚龍　敦煌古抄內典尾記彙校初、二、三編合刊　敦煌學要籥　(臺北)新文豐出版公司　1982　p. 76
平井宥慶　金剛般若經　敦煌と中國仏教(講座敦煌7)　(東京)大東出版社　1984　p. 22
池田溫　中國古代寫本識語集録　(東京)大藏出版株式會社　1990　p. 168
林聰明　敦煌文書出處略考　季羨林教授八十華誕紀念論文集(下)　江西人民出版社　1991　p. 866
林聰明　敦煌文書學　(臺北)新文豐出版公司　1991　p. 407
陶秋英輯録　姜亮夫校訂　敦煌經卷所見寺名録　敦煌碎金　浙江古籍出版社　1992　p. 119
趙聲良　隋代敦煌寫本的書法藝術　敦煌書法庫(第三輯)　甘肅人民美術出版社　1994　p. 4　又見:《敦煌研究》1995年第4期　p. 135
趙聲良　隋寫本《攝論章》　敦煌書法庫(第三輯)　甘肅人民美術出版社　1994　p. 39
趙聲良　萬經珍寶:古代書法藝術的寶庫"敦煌書法"　(臺北)《雄獅美術》1994年第12期
黃征　吳偉　敦煌願文集　岳麓書社　1995　p. 871
李正宇　敦煌史地新論　(臺北)新文豐出版公司　1996　p. 72
宿白　《莫高窟記》跋　中國石窟寺考古　文物出版社　1996　p. 204 注 18

王惠民　《董保德功德記》與隋代敦煌崇教寺舍利塔　《敦煌研究》1997 年第 3 期　p. 76
趙聲良　敦煌寫卷書法(下)　《文史知識》1997 年第 5 期　p. 80
方廣錩　攝論章卷第一　敦煌學大辭典　上海辭書出版社　1998　p. 716
李正宇　潘玉閃　崇教寺　敦煌學大辭典　上海辭書出版社　1998　p. 628
趙聲良　攝論章卷第一　敦煌學大辭典　上海辭書出版社　1998　p. 277
平井宥慶　敦煌流傳の金剛般若經　金剛般若經の思想的研究　(東京)春秋社　1999　p. 247
鄭汝中　敦煌寫卷行草書法集　甘肅人民美術出版社　2000　p. 16
林聰明　敦煌吐魯番文書解詁指例　(臺北)新文豐出版公司　2001　p. 157
蔡忠霖　敦煌漢文寫卷俗字及其現象　(臺北)文津出版社　2002　p. 56
梁銀景　莫高窟隋代經變畫與南朝、兩京地區　《敦煌研究》2004 年第 5 期　p. 32
梁銀景　隋代佛教窟龕研究　文物出版社　2004　p. 172

S. 2049

向達　倫敦所藏敦煌卷子經眼目録　《北平圖書館圖書季刊》1939 年新第 1 卷第 4 期　p. 397　又見:唐代長安與西域文明　三聯書店　1957　p. 211
潘重規　巴黎倫敦所藏敦煌詩經卷子題記　(香港)《新亞書院學術年刊》1969 年第 11 期　又見:中國敦煌學百年文庫・文獻卷(二)　甘肅文化出版社　1999　p. 388
潘重規　敦煌詩經卷子研究　(臺北)《華岡學報》1970 年第 6 期　又見:中國敦煌學百年文庫・文獻卷(二)　甘肅文化出版社　1999　p. 440
金岡照光　敦煌漢文文學文獻の文學形態上の種類とその分類　敦煌出土文學文獻分類目録・附解說　(東京)東洋文庫　1971　p. 235
金岡照光　敦煌文學のさまざま　敦煌の文學　(東京)大蔵出版株式會社　1971　p. 159
陳慶浩　古賢集校注　敦煌學(第 3 輯)　(香港)新亞研究所敦煌學會　1976　p. 66
陳祚龍　敦煌古抄中世詩歌一續　敦煌學海探珠(上册)　(臺北)商務印書館　1979　p. 187
鄭阿財　敦煌孝道文學研究　(臺北)石門圖書公司　1982　p. 371、416
蔣禮鴻　《補全唐詩》校記　敦煌學論集　甘肅人民出版社　1985　p. 75
雷僑雲　敦煌兒童文學　(臺北)學生書局　1985　p. 93
饒宗頤解說　林宏作譯　敦煌書法叢刊(第十七卷)・雜詩文　(東京)二玄社　1985　p. 52
趙和平　唐代節日略說　《百科知識》1986 年第 1 期　p. 32
黄瑞雲　敦煌古寫本《詩經》校釋劄記(三)　《敦煌研究》1987 年第 1 期　p. 83
黄永武　敦煌的唐詩　(臺北)洪範書店　1987　p. 201
任半塘　敦煌歌辭總編　上海古籍出版社　1987　p. 636、727、1674、1784
蘇瑩輝　從敦煌遺書的發現論中國古典文學和俗講作品對後世的影響　敦煌文史藝術論叢　(臺北)新文豐出版公司　1987　p. 13
張錫厚　敦煌賦集校理　《敦煌研究》1987 年第 4 期　p. 41
張錫厚　關於《敦煌賦集》整理的幾個問題　《敦煌學輯刊》1987 年第 1 期　p. 45　又見:敦煌語言文學論文集　浙江古籍出版社　1988　p. 225、238
高國藩　古敦煌民間遊戲　學林漫録(十二集)　中華書局　1988　p. 74
韓建瓴　敦煌寫本《古賢集》研究　敦煌語言文學研究　北京大學出版社　1988　p. 150
張錫厚　伯 2488、伯 5037 敦煌賦卷初考　敦煌語言文學研究　北京大學出版社　1988　p. 200
陳祚龍　敦煌學劄記　敦煌學散策新集　(臺北)新文豐出版公司　1989　p. 19
黄永武　施淑婷　敦煌的唐詩續編　(臺北)文史哲出版社　1989　p. 16

張錫厚　賦　敦煌文學　甘肅人民出版社　1989　p. 134
張錫厚　詩歌　敦煌文學　甘肅人民出版社　1989　p. 170、180
高國藩　敦煌古俗與民俗流變　河海大學出版社　1990　p. 166
林聰明　從敦煌文書看佛教徒的造經祈福　第二屆敦煌學國際研討會論文集　（臺北）漢學研究中心　1990　p. 529
林平和　羅振玉校勘敦煌寫卷之商榷　第二屆敦煌學國際研討會論文集　（臺北）漢學研究中心　1990　p. 205
任半塘　王昆吾　隋唐五代燕樂雜言歌辭集　巴蜀書社　1990　p. 359
鄭阿財　敦煌蒙書析論　第二屆敦煌學國際研討會論文集　（臺北）漢學研究中心　1990　p. 222
柴劍虹　敦煌唐人詩文選集殘卷（伯 2555）補録　西域文史論稿　（臺北）國文天地雜誌社　1991　p. 291
張涌泉　《補全唐詩》兩種補校　《敦煌學輯刊》1991 年第 2 期　p. 14　又見：舊學新知　浙江大學出版社　1999　p. 295
杜愛英　敦煌遺書中俗體字的諸種類型　《敦煌研究》1992 年第 3 期　p. 119
黄永武著　渋谷譽一郎譯　韻文體類：敦煌に殘された李白詩四首の價值　敦煌の文學文獻（講座敦煌 9）　（東京）大東出版社　1992　p. 267、330
姜伯勤　敦煌社會文書導論　（臺北）新文豐出版公司　1992　p. 160
土田健次郎　儒教典籍　敦煌漢文文獻（講座敦煌 5）　（東京）大東出版社　1992　p. 268
王三慶著　池田温譯　類書　敦煌漢文文獻（講座敦煌 5）　（東京）大東出版社　1992　p. 385
周紹良　敦煌文學芻議及其它　（臺北）新文豐出版公司　1992　p. 20
伏俊璉　敦煌賦校補（三）　《江西師範大學學報》1993 年第 26 卷第 4 期　p. 115
高國藩　敦煌民俗資料導論　（臺北）新文豐出版公司　1993　p. 236
暨遠志　論唐代打馬球　《敦煌研究》1993 年第 2 期　p. 27
項楚　敦煌詩歌導論　（臺北）新文豐出版公司　1993　p. 8、47、191
張鴻勳　敦煌話本詞文俗賦導論　（臺北）新文豐出版公司　1993　p. 164、176
張錫厚　敦煌文學概論　甘肅人民出版社　1993　p. 356、394
鄭阿財　敦煌文獻與文學　（臺北）新文豐出版公司　1993　p. 255
鄭阿財　臺灣地區研究概況（1992—1993）：敦煌學部分　"中國唐代學會"會刊（第 4 期）　（臺北）"中國唐代學會"　1993　p. 248
伏俊璉　敦煌賦校注　甘肅人民出版社　1994　p. 2
蔣禮鴻　蔣禮鴻語言文字學論叢　浙江古籍出版社　1994　p. 420
李重申　敦煌馬毬史料探析　《敦煌研究》1994 年第 4 期　p. 170
項楚　《敦煌歌辭總編》匡補（六）　文史（第四十輯）　中華書局　1994　p. 188
伏俊璉　論敦煌賦的表現特色　詩賦論集　甘肅人民出版社　1995　p. 111
李重申　敦煌體育史料考析　敦煌學國際研討會文集・石窟考古編　遼寧美術出版社　1995　p. 386
劉進寶　敦煌學論述　（臺北）洪葉文化事業有限公司　1995　p. 327、332
王忠林　敦煌歌辭與民俗活動　全國敦煌學研討會論文集　（臺北）中正大學中國文學系所　1995　p. 165、178 注 1
吴庚舜　董乃斌　唐代文學史（下）　人民文學出版社　1995　p. 613
項楚　敦煌歌辭總編匡補　（臺北）新文豐出版公司　1995　p. 291
張錫厚　敦煌本唐集研究　（臺北）新文豐出版公司　1995　p. 177、411

張先堂　敦煌唐人詩集殘卷(P. 2555)新校　《敦煌研究》1995 年第 3 期　p. 157
張涌泉　陳祚龍校録敦煌卷子失誤例釋　學術集林(卷六)　上海遠東出版社　1995　p. 312
張涌泉　敦煌文書類化字研究　《敦煌研究》1995 年第 4 期　p. 73
譚蟬雪　敦煌馬文化　《敦煌研究》1996 年第 1 期　p. 119
張錫厚　敦煌本《高適詩集》考述　《敦煌研究》1996 年第 1 期　p. 83
張錫厚　敦煌本《李白詩集》殘卷探微　敦煌吐魯番學研究論集　書目文獻出版社　1996　p. 411
張錫厚　敦煌賦彙　(臺北)新文豐出版公司　1996　p. 5、201、278
張錫厚　評《敦煌賦校注》　敦煌吐魯番研究(第一卷)　北京大學出版社　1996　p. 421
張錫厚　探幽發微　佚篇薈萃:讀《敦煌賦校注》　《西北師大學報》(社會科學版)1996 年第 1 期　p. 73
鄧文寬　大梵寺佛音:敦煌莫高窟壇經讀本　(臺北)如聞出版社　1997　p. 15
劉子瑜　敦煌變文和王梵志詩　大象出版社　1997　p. 77
張鴻勳　敦煌寫本《清明日登張女郎神》詩釋證　敦煌吐魯番研究(第二卷)　北京大學出版社　1997　p. 67
周裕鍇　敦煌賦與初唐歌行　敦煌文學論集　四川人民出版社　1997　p. 75
白化文　古賢集　敦煌學大辭典　上海辭書出版社　1998　p. 780
白化文　詩經　敦煌學大辭典　上海辭書出版社　1998　p. 773
柴劍虹　長安少年行　敦煌學大辭典　上海辭書出版社　1998　p. 570
柴劍虹　打馬毬詩　敦煌學大辭典　上海辭書出版社　1998　p. 569
柴劍虹　高興歌　敦煌學大辭典　上海辭書出版社　1998　p. 552
柴劍虹　夜燒篇　敦煌學大辭典　上海辭書出版社　1998　p. 557
胡大浚　王志鵬　敦煌邊塞詩歌綜論　《敦煌研究》1998 年第 1 期　p. 121
李重申　錦袄子　敦煌學大辭典　上海辭書出版社　1998　p. 600
馬德　咒願　敦煌學大辭典　上海辭書出版社　1998　p. 440
譚蟬雪　藏鈎　敦煌學大辭典　上海辭書出版社　1998　p. 599
譚蟬雪　馬毬　敦煌學大辭典　上海辭書出版社　1998　p. 600
張錫厚　龍門賦　敦煌學大辭典　上海辭書出版社　1998　p. 587
高國藩　敦煌俗文化學　上海三聯書店　1999　p. 238、325
胡大浚　王志鵬　敦煌邊塞詩歌校注　甘肅人民出版社　1999　p. 36
黄永武　敦煌本劉希夷詩研究　中國敦煌學百年文庫・文學卷(三)　甘肅文化出版社　1999　p. 382
張涌泉　陳祚龍校録敦煌卷子失誤例釋　舊學新知　浙江大學出版社　1999　p. 286
鄧文寬　英藏敦煌本《六祖壇經》的河西特色:以方音通假爲依據的探索　1994 年敦煌學國際研討會文集・宗教文史卷(上)　甘肅民族出版社　2000　p. 108
杜琪　敦煌詩賦作品要目分類題注　《甘肅社會科學》2000 年第 1 期　p. 63
伏俊璉　俗情雅韻:敦煌賦選析　甘肅人民出版社　2000　p. 11、39
李重申　敦煌古代體育文化　甘肅人民出版社　2000　p. 58、63、86、115
榮新江　《英藏敦煌文獻》定名商補　文史(第五十二輯)　中華書局　2000　p. 119
徐俊　敦煌詩集殘卷輯考　中華書局　2000　p. 55、120、300、464、535、694、732
顔廷亮　敦煌文化　光明日報出版社　2000　p. 409
張錫厚　敦煌文學源流　作家出版社　2000　p. 64、78、86、199、244
劉瑞明　集遺珠以彙詩海　復原貌而觀萬象:評《敦煌詩集殘卷輯考》　《敦煌研究》2001 年第 4 期

p. 170

陶敏　李一飛　隋唐五代文學史料學　中華書局　2001　p. 354

段小强　陳康　從敦煌本《杖前飛》談唐代馬球運動　《敦煌研究》2002 年第 6 期　p. 60

李金梅　李重申　敦煌文獻與體育史研究之關係　《敦煌研究》2002 年第 2 期　p. 45

劉進寶　敦煌學通論　甘肅教育出版社　2002　p. 373

徐俊　敦煌寫本詩歌續考　《敦煌研究》2002 年第 5 期　p. 65

張鴻勳　敦煌俗文學研究　甘肅人民出版社　2002　p. 316

鄭阿財　朱鳳玉　敦煌蒙書研究　甘肅教育出版社　2002　p. 255

胡大浚　敦煌寫卷中幾首佚名詩考釋　2000 年敦煌學國際學術討論會文集・歷史文化卷(下)　甘肅民族出版社　2003　p. 286

林平和　試論敦煌文獻之輯佚價值　新世紀敦煌學論集　巴蜀書社　2003　p. 742

鄭炳林　晚唐五代敦煌村莊聚落輯考　2000 年敦煌學國際學術討論會文集・歷史文化卷(上)　甘肅民族出版社　2003　p. 129

伏俊璉　敦煌《詩經》殘卷的文獻價值　《敦煌研究》2004 年第 4 期　p. 41

張涌泉　燦爛的敦煌文化　浙江與敦煌學:常書鴻先生誕辰一百周年紀念文集　浙江古籍出版社　2004　p. 641

蘭州理工大學絲綢之路文史研究所編　絲綢之路體育文化論集　中華書局　2005　p. 98、213、248、251

S. 2050

芳村修基　土橋秀高　井ノ口泰淳　敦煌佛教史年表　西域文化研究(第一)・敦煌佛教資料　(京都)法藏館　1958　p. 275

土橋秀高　四部律及論要抄解說　西域文化研究(第一)・敦煌佛教資料　(京都)法藏館　1958　p. 210

陳祚龍　敦煌古抄内典尾記彙校二編　敦煌文物隨筆　(臺北)商務印書館　1979　p. 168

矢吹慶輝　鳴沙餘韻・解說篇(第一部)　(京都)臨川書店　1980　p. 83、129

陳祚龍　敦煌古抄内典尾記彙校初、二、三編合刊　敦煌學要籥　(臺北)新文豐出版公司　1982　p. 74

鄭阿財　敦煌孝道文學研究　(臺北)石門圖書公司　1982　p. 139、198、629

池田溫　中國古代寫本識語集録　(東京)大藏出版株式會社　1990　p. 318

方廣錩　佛教大藏經史(八—十世紀)　中國社會科學出版社　1991　p. 138

鄭阿財　敦煌文獻與文學　(臺北)新文豐出版公司　1993　p. 12

方廣錩　敦煌文獻中的《金剛經》及其注疏　《新疆文物》1995 年第 1 期　p. 47　又見:敦煌學佛教學論叢(上)　中國佛教文化研究所　1998　p. 379

方廣錩　金剛經疏　敦煌學大辭典　上海辭書出版社　1998　p. 683

平井宥慶　敦煌文書における金剛經疏　金剛般若經の思想的研究　(東京)春秋社　1999　p. 264

楊富學　李吉和　敦煌漢文吐蕃史料輯校(第一輯)　甘肅人民出版社　1999　p. 276

S. 2051

賀世哲　莫高窟第 285 窟窟頂天象圖考論　《敦煌研究》1987 年第 2 期　p. 8

蕭登福　從敦煌寫卷中看道教星斗崇拜對佛經之影響　第二屆敦煌學國際研討會論文集　(臺北)漢學研究中心　1990　p. 334

蕭登福　道教術儀與密教典籍　（臺北）新文豐出版公司　1994　p. 480
蕭登福　道教與佛教　（臺北）東大圖書公司　1995　p. 151
蕭登福　道佛十王地獄說　（臺北）新文豐出版公司　1996　p. 139
葛兆光　征服與轉化：5 至 7 世紀中國思想史中的佛教　華學（第三輯）　中山大學出版社　1998　p. 82 注

S. 2052

向達　倫敦所藏敦煌卷子經眼目録《北平圖書館圖書季刊》1939 年新第 1 卷第 4 期　p. 397　又見：唐代長安與西域文明　三聯書店　1957　p. 212
陳祚龍　瓜沙印録　（臺北）《大陸雜誌》1962 年第 4 期　又見：敦煌學概要　（臺北）編譯館"中華叢書編委會"　1981　p. 266 ；中国敦煌学百年文库・考古卷（一）　甘肃文化出版社　1999　p. 185
毛漢光　敦煌唐代氏族譜殘卷之商榷　（臺北）《歷史語言研究所集刊》1971 年第 2 期　又見：中國敦煌學百年文庫・文獻卷（二）　甘肅文化出版社　1999　p. 445 注 2
陳祚龍　古代敦煌及其他地區流行之公私印章圖記文字録　敦煌學要籥　（臺北）新文豐出版公司　1982　p. 327
鄧小南　爲肅州刺史劉臣璧答南蕃書（伯二五五五）校釋　敦煌吐魯番文獻研究論集　中華書局　1982　p. 600 注 2
唐耕耦　敦煌四件唐寫本姓望氏族譜（?）殘卷研究　敦煌吐魯番文獻研究論集（第二輯）　北京大學出版社　1983　p. 211、225
唐耕耦　敦煌唐寫本天下姓望氏族譜殘卷的若干問題　魏晉隋唐史論集（第二輯）　中國社會科學出版社　1983　p. 297
王仲犖　《新集天下姓望氏族譜》考釋　敦煌吐魯番文獻研究論集（第二輯）　北京大學出版社　1983　p. 71　又見：㟭華山館叢稿　中華書局　1987　p. 365
唐耕耦　陸宏基　敦煌社會經濟文獻真迹釋録（一）　書目文獻出版社　1986　p. 93
王仲犖　敦煌石室出殘姓氏書五種考釋　敦煌吐魯番文獻研究論集（第三輯）　北京大學出版社　1986　p. 10
姜伯勤　唐五代敦煌寺戶制度　中華書局　1987　p. 15
姜亮夫　海外敦煌卷子經眼録　敦煌學論文集　上海古籍出版社　1987　p. 39　又見：姜亮夫全集（十三）　雲南人民出版社　2002　p. 32
王永興　隋唐五代經濟史料彙编校注・第一編（上）　中華書局　1987　p. 382
王仲犖　《唐貞觀八年條舉氏族事件》殘卷考釋　㟭華山館叢稿　中華書局　1987　p. 359
鄭炳林　敦煌地理文書彙輯校注　甘肅教育出版社　1989　p. 323
鄧文寬　歸義軍張氏家族的封爵與郡望　敦煌吐魯番學研究論文集　漢語大詞典出版社　1990　p. 607
齊東方　敦煌文書及敦煌石窟題名中所見的吐谷渾餘部　敦煌吐魯番文獻研究論集（第五輯）　北京大學出版社　1990　p. 278 注 22
榮新江　小月氏考　中亞學刊（第三輯）　中華書局　1990　p. 61 注 65
華林甫　《新集天下郡望氏族譜》寫作年代考　《敦煌研究》1991 年第 4 期　p. 70
仁井田陞　補訂中國法制史研究：奴隸農奴法・家族村落法　東京大學出版會　1991　p. 626、640
項楚　王梵志詩校注　上海古籍出版社　1991　p. 364

姜伯勤　敦煌社會文書導論　（臺北）新文豐出版公司　1992　p. 36、42、50、63、69
唐長孺　魏晉南北朝隋唐史三論　武漢大學出版社　1992　p. 390
齊陳駿　寒沁　河西都僧統唐悟真作品和見載文獻系年　《敦煌學輯刊》1993 年第 2 期　p. 6
王素　吐魯番出土《某氏族譜》新探　《敦煌研究》1993 年第 1 期　p. 64
鄭炳林　《索崇恩和尚修功德記》考釋　《敦煌研究》1993 年第 2 期　p. 61
姜伯勤　敦煌邈真讚與敦煌望族　敦煌邈真讚校録並研究　（臺北）新文豐出版公司　1994　p. 11、22、37、45
鄭炳林　董念清　唐五代敦煌私營釀酒業初探　《社科縱横》1994 年第 4 期　p. 65
胡戟　傅玫　敦煌史話　中華書局　1995　p. 145
李冬梅　唐五代敦煌學校部分教學檔案簡介　《敦煌學輯刊》1995 年第 2 期　p. 67
鄧文寬　敦煌文獻《唐貞觀八年高士廉等條舉氏族奏抄》辨證　敦煌吐魯番學耕耘録　（臺北）新文豐出版公司　1996　p. 258
黄征　敦煌文獻中有浙江文化史的資料　敦煌語文叢説　（臺北）新文豐出版公司　1997　p. 772
張涌泉　敦煌文獻校讀易誤字例釋　敦煌文學論集　四川人民出版社　1997　p. 270
鄭炳林　敦煌碑銘讚輯釋　甘肅教育出版社　1997　p. 30 注 2
白化文　姓望氏族譜　敦煌學大辭典　上海辭書出版社　1998　p. 452
池田溫　開元十三年西州都督府牒秦州殘牒簡介　敦煌吐魯番研究（第三卷）　北京大學出版社　1998　p. 125 注
李正宇　家印　敦煌學大辭典　上海辭書出版社　1998　p. 294
黄征　程惠新　劫塵遺珠：敦煌遺書　甘肅教育出版社　1999　p. 187
北京大學　敦煌《經卷》、《照片》及《圖書》目録　中國敦煌學百年文庫・綜述卷（一）　甘肅文化出版社　1999　p. 316
楊森　淺談敦煌文獻中唐代墓誌銘抄本　《敦煌研究》2000 年第 3 期　p. 137
郭鋒　郡望向姓望轉化與士族政治社會運動的終結　中國社會歷史評論（第三卷）　中華書局　2001　p. 75
榮新江　中古中國與外來文明　三聯書店　2001　p. 261
曾良　敦煌文獻字義通釋　廈門大學出版社　2001　p. 141
華林甫　中國地名學源流　湖南人民出版社　2002　p. 185
鄭阿財　朱鳳玉　敦煌蒙書研究　甘肅教育出版社　2002　p. 73
陳菊霞　《大唐伊吾郡司馬上柱國潯陽翟府君修功德碑記》考釋　《敦煌研究》2003 年第 2 期　p. 14
宋曉梅　高昌國：西元五至七世紀絲綢之路上的一個移民小社會　中國社會科學出版社　2003　p. 127
陳菊霞　敦煌翟氏郡望和族源新探　《敦煌研究》2004 年第 2 期　p. 69
羅豐　胡漢之間："絲綢之路"與西北歷史考古　文物出版社　2004　p. 365
張弓　敦煌四部籍與中古後期社會的文化情境　敦煌學（第 25 輯）　（臺北）樂學書局有限公司　2004　p. 319
鄭炳林　徐曉莉　晚唐五代敦煌歸義軍政權的婚姻關係研究　敦煌學（第 25 輯）　（臺北）樂學書局有限公司　2004　p. 564
陸離　吐蕃統治時期敦煌僧官的幾個問題　《敦煌研究》2005 年第 3 期　p. 98

S. 2053

向達　倫敦所藏敦煌卷子經眼目録　《北平圖書館圖書季刊》1939 年新第 1 卷第 4 期　p. 397　又

見:唐代長安與西域文明　三聯書店　1957　p. 212
王重民　敦煌古籍叙録　中華書局　1979　p. 48、79
蘇瑩輝　敦煌學概要　(臺北)編譯館"中華叢書編委會"　1981　p. 38
冉雲華　敦煌卷子中的兩份北宗禪書　敦煌學(第 8 輯)　(臺北)"中國文化大學"中國文學研究所敦煌學會　1984　p. 2
王三慶　敦煌本古類書《語對》研究　(臺北)文史哲出版社　1985　p. 18、82
王重民原編　黄永武新編　敦煌古籍叙録新編(第三、五册)　(臺北)新文豐出版公司　1986　p. 38;45
金榮華　倫敦藏漢文敦煌卷子目録提要(初稿)序　敦煌學(第 12 輯)　(臺北)新文豐出版公司　1987　p. 138
林平和　羅振玉敦煌學析論　(臺北)文史哲出版社　1988　p. 85
榮新江　話説敦煌　山東教育出版社　1991　p. 82
許建平　唐寫本《禮記音》考　《敦煌研究》1991 年第 2 期　p. 85
石塚晴通　敦煌の加點本　敦煌漢文文獻(講座敦煌 5)　(東京)大東出版社　1992　p. 244
土田健次郎　儒教典籍　敦煌漢文文獻(講座敦煌 5)　(東京)大東出版社　1992　p. 269
王三慶著　池田溫譯　類書　敦煌漢文文獻(講座敦煌 5)　(東京)大東出版社　1992　p. 374
尾崎康　史籍　敦煌漢文文獻(講座敦煌 5)　(東京)大東出版社　1992　p. 306、315
胡戟　傅玫　敦煌史話　中華書局　1995　p. 143
許建平　唐寫本《禮記音》著作時代考　中國典籍與文化論叢(第三輯)　中華書局　1995　p. 364
許建平　《春秋後語釋文》校證　《敦煌研究》1995 年第 4 期　p. 82
葛兆光　評《隋書經籍志詳考》　唐研究(第二卷)　北京大學出版社　1996　p. 541
張金泉　許建平　敦煌音義彙考　杭州大學出版社　1996　p. 210
張涌泉　敦煌俗字彙考　敦煌俗字研究　上海教育出版社　1996　p. 5
許建平　唐寫本《禮記音》所見方音考　俗語言研究(第四期)　(京都)禪文化研究所　1997　p. 72
白化文　漢書　敦煌學大辭典　上海辭書出版社　1998　p. 775
許建平　《禮記音》補校　《敦煌研究》1998 年第 3 期　p. 146
楊寶玉　篇金　敦煌學大辭典　上海辭書出版社　1998　p. 779
楊富學　劉永連　丁曉瑜　1997—1998 年大陸地區唐代學術研究概況:敦煌學　"中國唐代學會"會刊(第九期)　(臺北)"中國唐代學會"　1998　p. 115
張金泉　白化文　禮記音　敦煌學大辭典　上海辭書出版社　1998　p. 773
劉銘恕　再記英國倫敦所藏的敦煌經卷　中國敦煌學百年文庫・綜述卷(二)　甘肅文化出版社　1999　p. 132
王重民　倫敦所見敦煌群書叙録　中國敦煌學百年文庫・綜述卷(一)　甘肅文化出版社　1999　p. 271
謝桃坊　敦煌文化尋繹　四川人民出版社　1999　p. 101
北京大學　敦煌《經卷》、《照片》及《圖書》目録　中國敦煌學百年文庫・綜述卷(一)　甘肅文化出版社　1999　p. 313
顏廷亮　敦煌文化　光明日報出版社　2000　p. 209
張涌泉　漢語俗字叢考　中華書局　2000　p. 15、1052
林聰明　敦煌吐魯番文書解詁指例　(臺北)新文豐出版公司　2001　p. 349
榮新江　敦煌學十八講　北京大學出版社　2001　p. 265
曾良　敦煌文獻字義通釋　廈門大學出版社　2001　p. 5、74、140

姜亮夫　敦煌莫高窟年表　姜亮夫全集(十一)　雲南人民出版社　2002　p. 198
王素　敦煌吐魯番文獻　文物出版社　2002　p. 140
石塚晴通　敦煌的加點本　敦煌學・日本學:石塚晴通教授退職紀念論文集　上海辭書出版社　2005　p. 9

S. 2054

柳田聖山　敦煌の禪籍と矢吹慶輝　敦煌仏典と禪(講座敦煌 8)　(東京)大東出版社　1980　p. 11
矢吹慶輝　鳴沙餘韻・解說篇(第一、二部)　(京都)臨川書店　1980　p. 207;502
中川孝　楞伽宗と東山法門　敦煌仏典と禪(講座敦煌 8)　(東京)大東出版社　1980　p. 143
椎名宏雄　北宗燈史の成立　敦煌仏典と禪(講座敦煌 8)　(東京)大東出版社　1980　p. 57
鄭阿財　敦煌孝道文學研究　(臺北)石門圖書公司　1982　p. 76
田中良昭　敦煌禪宗文獻の研究　(東京)大東出版社　1983　p. 23
王重民　記敦煌寫本的佛經　敦煌吐魯番文獻研究論集(第二輯)　北京大學出版社　1983　p. 22
又見:敦煌遺書論文集　中華書局　1984　p. 306
戴密微著　耿昇譯　敦煌學近作　敦煌譯叢(第一輯)　甘肅人民出版社　1985　p. 101
楊曾文　日本學者對中國禪宗文獻的研究和整理　《世界宗教研究》1987 年第 1 期　p. 119
陳祚龍　學佛零志　敦煌學散策新集　(臺北)新文豐出版公司　1989　p. 229
上山大峻　敦煌佛教の研究　(京都)法藏館　1990　p. 404
吳其昱著　伊藤美重子譯　敦煌漢文寫本概觀　敦煌漢文文獻(講座敦煌 5)　(東京)大東出版社　1992　p. 59
姜伯勤　敦煌邈真讚與敦煌望族　敦煌邈真讚校録並研究　(臺北)新文豐出版公司　1994　p. 42
田中良昭　敦煌の禪籍　禪學研究入門　(東京)大東出版社　1994　p. 47
胡戟　傅玫　敦煌史話　中華書局　1995　p. 131
柳田聖山　禪籍解題(一)・敦煌禪籍　俗語言研究(第二期)　(京都)禪文化研究所　1995　p. 139
柳田聖山撰　劉方譯　敦煌禪籍總說　《敦煌學輯刊》1996 年第 2 期　p. 112
榮新江著　衣川賢次譯　ロシア所藏の景德傳燈録　『禪文化』(161 號)　(京都)禪文化研究所　1996　p. 144
榮新江　敦煌本禪宗燈史殘卷拾遺　周紹良先生欣開九秩慶壽文集　中華書局　1997　p. 235
鄭炳林　敦煌碑銘讚輯釋　甘肅教育出版社　1997　p. 374 注 3
方廣錩　楞伽師資記　敦煌學大辭典　上海辭書出版社　1998　p. 725
方廣錩　日本對敦煌佛教文獻之研究　敦煌學佛教學論叢(下)　中國佛教文化研究所　1998　p. 376
劉方　初期的禪史 I　敦煌學大辭典　上海辭書出版社　1998　p. 827
趙益　敦煌卷子中三種禪宗文獻考辨　中國敦煌學百年文庫・宗教卷(二)　甘肅文化出版社　1999　p. 327
張勇　傅大士研究　巴蜀書社　2000　p. 93
袁德領　法如神秀與北宗禪的肇始　《敦煌研究》2001 年第 1 期　p. 73
田中良昭　敦煌の禪宗燈史　中日敦煌佛教學術會議論文集　中國社會科學院研究所　2002　p. 107
田中良昭　敦煌的禪宗燈史　戒幢佛學(第二卷)　岳麓書社　2002　p. 146
張錫厚　《詠臥輪禪師看心法四首》補正與敦煌本《菩提達摩論》定名　《敦煌研究》2006 年第 1 期

p. 98

S. 2055

向達　倫敦所藏敦煌卷子經眼目録　《北平圖書館圖書季刊》1939 年新第 1 卷第 4 期　p. 397　又見:唐代長安與西域文明　三聯書店　1957　p. 212

姜亮夫　瀛涯敦煌韻輯總目叙録　《國立中央圖書館館刊》1947 年第 1 期　又見:中國敦煌學百年文庫・文獻卷(一)　甘肅文化出版社　1999　p. 263

潘重規　瀛涯敦煌韻輯新編　(臺北)文史哲出版社　1974　p. 199

上田正　ソ連にある切韻殘卷について　『東方學』(第 62 輯)　(東京)東方學會　1981　p. 11

周祖謨　唐五代韻書集存　中華書局　1983　p. 149、834

姜亮夫　敦煌學概論　中華書局　1985　p. 64

耿昇　八十年代的法國敦煌學論著簡介　《敦煌研究》1986 年第 3 期　p. 82

林炯陽　敦煌韻書殘卷在聲韻學研究上的價值　漢學研究(敦煌學國際研討會論文專號)　(臺北)漢學研究資料及服務中心　1986　p. 411

盧向前　關於歸義軍時期一份布紙破用曆的研究:試釋伯四六四〇背面文書　敦煌吐魯番文獻研究論集(第三輯)　北京大學出版社　1986　p. 420 注 81、422 注 94　又見:敦煌吐魯番文書論稿　江西人民出版社　1992　p. 127 注 81

姜亮夫　敦煌韻輯凡例與叙例　敦煌學論文集　上海古籍出版社　1987　p. 367

姜亮夫　切韻系統　敦煌學論文集　上海古籍出版社　1987　p. 399、406、415、418、420、438、455

姜亮夫　隋唐宋韻書反切異文表　敦煌學論文集　上海古籍出版社　1987　p. 694 注 2

姜亮夫　隋唐宋韻書體式變遷考　敦煌學論文集　上海古籍出版社　1987　p. 471　又見:中古近代漢語研究(第一輯)　上海教育出版社　2000　p. 3

姜亮夫　王靜安先生所録切韻三種卷子校記　敦煌學論文集　上海古籍出版社　1987　p. 779

姜亮夫　瀛外將去敦煌所藏韻書字書各卷叙録　敦煌學論文集　上海古籍出版社　1987　p. 325　又見:姜亮夫全集(十三)　雲南人民出版社　2002　p. 282

劉燕文　《切韻》殘卷 S. 2055 所引之《説文》淺析　1983 年全國敦煌學術討論會文集・文史遺書編(下)　甘肅人民出版社　1987　p. 320

高國藩　驅儺風俗和敦煌民間歌謠《兒郎偉》　文史(第二十九輯)　中華書局　1988　p. 290

遠藤光曉　P. 3696の第 10、12、13 片について　『開篇』(第 6 號)　(東京)好文出版　1988　p. 28

周祖謨　唐五代韻書集存序言　周祖謨語言文史論集　浙江古籍出版社　1988　p. 226

高國藩　敦煌民俗學　上海文藝出版社　1989　p. 494

高國潘　敦煌巫術形態:兼與中外巫術之比較　第二届敦煌學國際研討會論文集　(臺北)漢學研究中心　1990　p. 630

姜亮夫　瀛涯敦煌韻書卷子考釋　浙江古籍出版社　1990　p. 47、147

周純一　敦煌古劇質疑　第二届敦煌學國際研討會論文集　(臺北)漢學研究中心　1990　p. 465

趙誠　中國古代韻書　中華書局　1991　p. 19

姜伯勤　敦煌社會文書導論　(臺北)新文豐出版公司　1992　p. 10

李正宇　敦煌歌舞三劄　《敦煌研究》1992 年第 4 期　p. 51

林家平　寧强　羅華慶　中國敦煌學史　北京語言學院出版社　1992　p. 34、59、63、145、300、309

艾麗白　敦煌寫本中的"大儺"儀禮　法國學者敦煌學論文選萃　中華書局　1993　p. 258

艾麗白　敦煌寫本中的"兒郎偉"　法國學者敦煌學論文選萃　中華書局　1993　p. 239

高國藩　敦煌民俗資料導論　(臺北)新文豐出版公司　1993　p. 177、261

黄征　敦煌願文《兒郎偉》輯考　（香港）《九州學刊》（敦煌學專輯）1993 年第 5 卷第 4 期　p. 52　又見：敦煌語文叢說　（臺北）新文豐出版公司　1997　p. 643

李正宇　敦煌儺散論　《敦煌研究》1993 年第 2 期　p. 111

譚禪雪　敦煌歲時掇瑣　（香港）《九州學刊》（敦煌學專輯）1993 年第 5 卷第 4 期　p. 109

黄征　敦煌願文散校　《敦煌研究》1994 年第 3 期　p. 131　又見：敦煌語文叢說　（臺北）新文豐出版公司　1997　p. 573

胡戟　傅玫　敦煌史話　中華書局　1995　p. 181

黄征　吳偉　敦煌願文集　岳麓書社　1995　p. 963

李金梅　敦煌傳統文化與武術　《敦煌研究》1995 年第 2 期　p. 195

許建平　唐寫本《禮記音》著作時代考　中國典籍與文化論叢（第三輯）　中華書局　1995　p. 380　注 39

姚榮松　巴黎所藏 P. 2011 王韻的新校記　全國敦煌學研討會論文集　（臺北）中正大學中國文學系所　1995　p. 31

張涌泉　漢語俗字研究　岳麓書社　1995　p. 287、345

姜伯勤　敦煌藝術宗教與禮樂文明　中國社會科學出版社　1996　p. 468

張涌泉　敦煌俗字彙考　敦煌俗字研究　上海教育出版社　1996　p. 4

張涌泉　敦煌俗字研究導論　（臺北）新文豐出版公司　1996　p. 44、108

陸淑綺　李重申　敦煌古代戲曲文化史料綜述　《敦煌研究》1997 年第 2 期　p. 59

張涌泉　讀《八瓊室金石補正》劄記　周紹良先生欣開九秩慶壽文集　中華書局　1997　p. 78

張涌泉　敦煌文獻校讀易誤字例釋　敦煌文學論集　四川人民出版社　1997　p. 262

潘重規　敦煌《雲謠集》新書　雲謠集研究彙録　上海古籍出版社　1998　p. 188

譚蟬雪　敦煌歲時文化導論　（臺北）新文豐出版公司　1998　p. 397

譚蟬雪　儺舞　敦煌學大辭典　上海辭書出版社　1998　p. 271

張金泉　敦煌韻書　敦煌學大辭典　上海辭書出版社　1998　p. 512

張金泉　陸法言　敦煌學大辭典　上海辭書出版社　1998　p. 344

張金泉　文選　敦煌學大辭典　上海辭書出版社　1998　p. 783

高國藩　敦煌俗文化學　上海三聯書店　1999　p. 227

黄征　程惠新　劫塵遺珠：敦煌遺書　甘肅教育出版社　1999　p. 58

姜伯勤　沙州儺禮考　中國敦煌學百年文庫・歷史卷（二）　甘肅文化出版社　1999　p. 444

姜亮夫　敦煌：偉大的文化寶藏　雲南人民出版社　1999　p. 137

楊秀清　淺談唐、宋時期敦煌地區的學生生活　《敦煌研究》1999 年第 4 期　p. 145

周祖謨　王仁昫切韻著作年代釋疑　中國敦煌學百年文庫・語言文字卷（一）　甘肅文化出版社　1999　p. 312

北京大學　敦煌《經卷》、《照片》及《圖書》目録　中國敦煌學百年文庫・綜述卷（一）　甘肅文化出版社　1999　p. 314

楊秀清　華戎交會的都市：敦煌與絲綢之路　甘肅人民出版社　2000　p. 109

張涌泉　漢語俗字叢考　中華書局　2000　p. 43、331、805、1153

褚良才　敦煌學簡明教程　中華書局　2001　p. 42

李正宇　沙州歸義軍樂營及其職事　敦煌吐魯番研究（第五卷）　北京大學出版社　2001　p. 221

姜亮夫　敦煌莫高窟年表　姜亮夫全集（十一）　雲南人民出版社　2002　p. 246

姜亮夫　切韻系統　姜亮夫全集（十三）　雲南人民出版社　2002　p. 362

姜亮夫　瀛涯敦煌韻輯　姜亮夫全集（九）　雲南人民出版社　2002　p. 95

施安昌　敦煌寫經的遞變字群及其命名　善本碑帖論集　紫禁城出版社　2002　p. 334
施安昌　論漢字演變的分期:兼談敦煌古韻書的書寫時間　善本碑帖論集　紫禁城出版社　2002　p. 323
徐朝東　與蔣藏本《唐韻》相關的敦煌韻書殘卷考釋　《敦煌研究》2003 年第 2 期　p. 80
楊挺　不存在兒郎偉文體和兒郎偉曲調　《敦煌研究》2003 年第 1 期　p. 47
湯涒　敦煌曲子詞地域文化研究　上海古籍出版社　2004　p. 103
張弓　敦煌四部籍與中古後期社會的文化情境　敦煌學(第 25 輯)　(臺北)樂學書局有限公司　2004　p. 322
楊森　跋甘肅武山拉梢寺北周造大佛像發願文石刻碑　《敦煌學輯刊》2005 年第 2 期　p. 233

S. 2056

王重民　敦煌本《捉季布傳文》　《國立北平圖書館館刊》1936 年第 10 卷第 1 號　又見:敦煌變文論文録　上海古籍出版社　1982　p. 560；敦煌遺書論文集　中華書局　1984　p. 231
向達　記倫敦所藏的敦煌俗文學　《新中華雜誌》1937 年第 5 卷第 13 號　p. 123　又見:唐代長安與西域文明　三聯書店　1957　p. 241；敦煌變文論文録　上海古籍出版社　1982　p. 29
向達　倫敦所藏敦煌卷子經眼目録　《北平圖書館圖書季刊》1939 年新第 1 卷第 4 期　p. 397　又見:唐代長安與西域文明　三聯書店　1957　p. 212
向達　唐代俗講考　《國學季刊》1950 年第 6 卷第 4 號　p. 1　又見:唐代長安與西域文明　三聯書店　1957　p. 334；敦煌變文論輯　(臺北)石門圖書公司　1981　p. 40；敦煌變文論文録　上海古籍出版社　1982　p. 68；關隴文學論叢　甘肅人民出版社　1983　p. 180
周紹良　敦煌所出變文現存目録　敦煌變文彙録　上海出版公司　1955　p. 10
土橋秀高　四分律雜抄　西域文化研究(第一)・敦煌佛教資料　(京都)法藏館　1958　p. 186
邵榮芬　敦煌俗文學中的別字異文和唐五代西北方音　《中國語文》1963 年第 3 期　又見:中國敦煌學百年文庫・語言文字卷(一)　甘肅文化出版社　1999　p. 139
蘇瑩輝　論敦煌本史傳變文與中國俗文學　(臺中)《東海大學圖書館學報》1964 年第 6 期　又見:中國敦煌學百年文庫・文學卷(五)　甘肅文化出版社　1999　p. 16
金岡照光　敦煌漢文文學文獻の文學形態上の種類とその分類　敦煌出土文學文獻分類目録・附解說　(東京)東洋文庫　1971　p. 221、224
王重民　敦煌古籍敘録　中華書局　1979　p. 344
楊家駱　敦煌變文　(臺北)世界書局　1980　p. 72
張錫厚　敦煌文學　上海古籍出版社　1980　p. 114 注 1
蘇瑩輝　敦煌學概要　(臺北)編譯館"中華叢書編委會"　1981　p. 89
蘇瑩輝　論敦煌本史傳變文與中國俗文學　敦煌論集　(臺北)學生書局　1983　p. 121
潘重規　敦煌變文集新書(下)　(臺北)"中國文化大學"中文研究所　1984　p. 1010、1195
潘重規　敦煌寫本秦婦吟新書　敦煌學(第 8 輯)　(臺北)"中國文化大學"中國文學研究所敦煌學會　1984　p. 22
王重民　捉季布傳文　敦煌變文集　人民文學出版社　1984　p. 72
王重民原編　黄永武新編　敦煌古籍敘録新編(第十七冊)　(臺北)新文豐出版公司　1986　p. 102
朱雷　《捉季布傳文》、《廬山遠公話》、《董永變文》諸篇辨疑　魏晉南北朝隋唐史資料(第 8 輯)　武漢大學出版社　1986　p. 20
任半塘　敦煌歌辭總編　上海古籍出版社　1987　p. 515
張鴻勳　敦煌講唱文學作品選注　甘肅人民出版社　1987　p. 22

張金泉　唐民間詩韻:論變文詩韻　1983 年全國敦煌學術討論會文集・文史遺書編(下)　甘肅人民出版社　1987　p. 253
張涌泉　敦煌變文校讀釋例　《敦煌學輯刊》1987 年第 2 期　p. 21　又見:舊學新知　浙江大學出版社　1999　p. 162、198
郭在貽　張涌泉　黃征　蘇聯所藏押座文及說唱佛經故事五種補校　《古籍整理研究學刊》1988 年第 3 期　p. 10、29
張鴻勳　《父母恩重經講經文》補校　敦煌語言文學論文集　浙江古籍出版社　1988　p. 261
張涌泉　敦煌變文校劄　敦煌語言文學論文集　浙江古籍出版社　1988　p. 182
項楚　敦煌變文選注　巴蜀書社　1990　p. 142
郭在貽　郭在貽語言文學論稿　浙江古籍出版社　1992　p. 142
金岡照光　講唱體類　敦煌の文學文獻(講座敦煌 9)　(東京)大東出版社　1992　p. 109
金岡照光　講史譚・時事変文等:「王陵」「李陵」「張議潮」変文を中心に　敦煌の文學文獻(講座敦煌 9)　(東京)大東出版社　1992　p. 549
金岡照光　韻文體類:長篇叙事詩・短篇歌詠　敦煌の文學文獻(講座敦煌 9)　(東京)大東出版社　1992　p. 254
張涌泉　敦煌寫卷俗字類型及其考辨的方法　(香港)《九州學刊》(敦煌學專輯)1992 年第 4 卷第 4 期　p. 76
黃征　敦煌寫本整理應遵循的原則　《敦煌研究》1993 年第 2 期　p. 106　又見:敦煌語文叢說　(臺北)新文豐出版公司　1997　p. 11
榮新江　英倫所見三種敦煌俗文學作品跋　(香港)《九州學刊》(敦煌學專輯)1993 年第 5 卷第 4 期　p. 131
張鴻勳　敦煌話本詞文俗賦導論　(臺北)新文豐出版公司　1993　p. 78
張涌泉　俗字研究與大型字典的編纂　中國典籍與文化論叢(第一輯)　中華書局　1993　p. 467
鄭阿財　敦煌文獻與文學　(臺北)新文豐出版公司　1993　p. 9
蔣禮鴻　敦煌文獻語言詞典　杭州大學出版社　1994　p. 127、311
胡戟　傅玫　敦煌史話　中華書局　1995　p. 180
張涌泉　漢語俗字研究　岳麓書社　1995　p. 80、97
饒宗頤　敦煌曲訂補　敦煌曲續論　(臺北)新文豐出版公司　1996　p. 40
張涌泉　敦煌俗字研究導論　(臺北)新文豐出版公司　1996　p. 62、102、181、279
張涌泉　敦煌文獻校讀釋例　文史(第四十一輯)　中華書局　1996　p. 190
張涌泉　敦煌寫卷俗字類釋　敦煌吐魯番學研究論集　書目文獻出版社　1996　p. 486
黃征　敦煌俗音考辨　敦煌語文叢說　(臺北)新文豐出版公司　1997　p. 140
黃征　敦煌俗語詞小劄　敦煌語文叢說　(臺北)新文豐出版公司　1997　p. 75
黃征　敦煌寫本異文綜析　敦煌語文叢說　(臺北)新文豐出版公司　1997　p. 20、28
黃征　張涌泉　敦煌變文校注　中華書局　1997　p. 99、615
潘重規　敦煌《雲謠集》新書　雲謠集研究彙録　上海古籍出版社　1998　p. 191
張鴻勳　大漢三年季布罵陣詞文　敦煌學大辭典　上海辭書出版社　1998　p. 582
梅維恒著　楊繼東　陳引馳譯　唐代變文(上)　(香港)中國佛教文化出版公司　1999　p. 78
張涌泉　大型字典編纂中與俗字相關的若干問題　舊學新知　浙江大學出版社　1999　p. 38
張涌泉　俗字研究與敦煌文獻的校理　舊學新知　浙江大學出版社　1999　p. 55、59
蔣禮鴻　中國俗文字學研究導言　中古近代漢語研究(第一輯)　上海教育出版社　2000　p. 73
金岡照光　敦煌文獻と中國文學　(東京)五曜書房　2000　p. 236

施萍婷　《敦煌遺書總目索引新編》前言　敦煌遺書總目索引新編　中華書局　2000　p. 3
張鴻勳　說唱藝術奇葩:敦煌變文選評　甘肅人民出版社　2000　p. 41
張涌泉　漢語俗字叢考　中華書局　2000　p. 17、191
曾良　敦煌文獻字義通釋　廈門大學出版社　2001　p. 3
黃征　敦煌語言文字學研究　甘肅教育出版社　2002　p. 41、248
張鴻勳　敦煌俗文學研究　甘肅人民出版社　2002　p. 5、132
高國藩　敦煌學百年史述要　(臺北)商務印書館　2003　p. 166

S. 2057

陳慶英　《斯坦因劫經録》、《伯希和劫經録》所收漢文寫卷中夾存的藏文寫卷情況調查　《敦煌學輯刊》1981 年第 2 期　p. 111
吳其昱著　伊藤美重子譯　敦煌漢文寫本概觀　敦煌漢文文獻(講座敦煌 5)　(東京)大東出版社　1992　p. 68

S. 2058

黃征　敦煌寫本異文綜析　敦煌語文叢說　(臺北)新文豐出版公司　1997　p. 38
黃征　敦煌語言文字學研究　甘肅教育出版社　2002　p. 57

S. 2059

顏廷亮　有關張球生平及其著作的一件新見文獻　《敦煌研究》2002 年第 5 期　p. 101

S. 2060

向達　倫敦所藏敦煌卷子經眼目録　《北平圖書館圖書季刊》1939 年新第 1 卷第 4 期　p. 397　又見:唐代長安與西域文明　三聯書店　1957　p. 212
金岡照光　敦煌民衆の宗教と生活　敦煌の民衆:その生活と思想　(東京)評論社　1972　p. 253
鄭良樹　敦煌老子寫本考異　(臺北)《大陸雜誌》1981 年第 2 期　又見:中國敦煌學百年文庫·宗教卷(三)　甘肅文化出版社　1999　p. 69
王重民原編　黃永武新編　敦煌古籍叙録新編(第十三冊)　(臺北)新文豐出版公司　1986　p. 48
姜伯勤　敦煌藝術宗教與禮樂文明　中國社會科學出版社　1996　p. 303
顏廷亮　關於《白雀歌》見在寫卷兼及敦煌佛道關係　敦煌佛教文化研究　社科縱横編輯部　1996　p. 12
楊秀清　金山國立國年代補證　《敦煌研究》1997 年第 4 期　p. 129
白化文　老子道德經李榮注　敦煌學大辭典　上海辭書出版社　1998　p. 777
姜伯勤　道釋相激:道教在敦煌　道家文化研究(第十三輯)　三聯書店　1998　p. 64
楊秀清　敦煌西漢金山國史　甘肅人民出版社　1999　p. 57、74
徐俊　敦煌詩集殘卷輯考　中華書局　2000　p. 772
孫昌武　道教與唐代文學　人民文學出版社　2001　p. 453
王卡　敦煌道教文獻研究　中國社會科學出版社　2004　p. 28、174
朱大星　敦煌寫卷李榮《老子注》及相關問題　浙江與敦煌學:常書鴻先生誕辰一百周年紀念文集　浙江古籍出版社　2004　p. 372

S. 2061

趙聲良　敦煌南北朝寫本的書法藝術《敦煌研究》1991 年第 4 期　p. 44

趙聲良　南北朝寫經書法藝術　敦煌書法庫(第一輯)　甘肅人民美術出版社　1994　p. 18

S. 2064

芳村修基　土橋秀高　井ノロ泰淳　敦煌佛教史年表　西域文化研究(第一)·敦煌佛教資料　(京都)法藏館　1958　p. 276

陳祚龍　敦煌古抄内典尾記彙校初、二、三編合刊　敦煌學要籥　(臺北)新文豐出版公司　1982　p. 108

饒宗頤解說　林宏作譯　敦煌書法叢刊(第十四卷)·牒狀(一)　(東京)二玄社　1985　p. 89

池田溫　中國古代寫本識語集録　(東京)大藏出版株式會社　1990　p. 342

齊陳駿　寒沁　河西都僧統唐悟真作品和見載文獻系年　《敦煌學輯刊》1993 年第 2 期　p. 5

黃征　《敦煌碑銘讃輯釋》評介　敦煌語文叢說　(臺北)新文豐出版公司　1997　p. 813

鄭炳林　敦煌碑銘讃輯釋　甘肅教育出版社　1997　p. 117 注 2

方廣錩　八波羅夷經　敦煌學大辭典　上海辭書出版社　1998　p. 714

李正宇　悟真　敦煌學大辭典　上海辭書出版社　1998　p. 355

楊富學　李吉和　敦煌漢文吐蕃史料輯校(第一輯)　甘肅人民出版社　1999　p. 280

徐俊　敦煌詩集殘卷輯考　中華書局　2000　p. 328

蔡忠霖　敦煌漢文寫卷俗字及其現象　(臺北)文津出版社　2002　p. 21

S. 2065

邵榮芬　敦煌俗文學中的別字異文和唐五代西北方音　《中國語文》1963 年第 3 期　又見:中國敦煌學百年文庫·語言文字卷(一)　甘肅文化出版社　1999　p. 138

S. 2066

矢吹慶輝　鳴沙餘韻·解說篇(第一部)　(京都)臨川書店　1980　p. 164、175

戴密微著　耿昇譯　敦煌學近作　敦煌譯叢(第一輯)　甘肅人民出版社　1985　p. 43 注 1

池田溫　中國古代寫本識語集録　(東京)大藏出版株式會社　1990　p. 401

上山大峻　敦煌佛教の研究　(京都)法藏館　1990　p. 81

釋依昱　曇曠與敦煌寫本《大乘百法明門論開宗義記》的研究　敦煌學國際研討會文集·史地語文編　遼寧美術出版社　1995　p. 517

黃征　《龍龕手鏡》名義考　敦煌語文叢說　(臺北)新文豐出版公司　1997　p. 786

方廣錩　大乘百法明門論述　敦煌學大辭典　上海辭書出版社　1998　p. 717

S. 2067

許國霖　敦煌石室寫經題記彙編　《微妙聲》1936 – 1937 年第 1 – 4 期　又見:中國敦煌學百年文庫·宗教卷(四)　甘肅文化出版社　1999　p. 218

芳村修基　土橋秀高　井ノロ泰淳　敦煌佛教史年表　西域文化研究(第一)·敦煌佛教資料　(京都)法藏館　1958　p. 253

陳祚龍　後魏元榮坐鎮瓜州事佛之一斑　《古今談》1973 年第 103 期　又見:中華佛教文化史散策(初集)　(臺北)新文豐出版公司　1978　p. 83；中國敦煌學百年文庫·宗教卷(一)　甘肅文化出版社　1999　p. 10

饒宗頤解說　林宏作譯　敦煌書法叢刊(第二十、二一卷)・寫經(一、二)　(東京)二玄社　1983　p. 63;72
蘇瑩輝　敦煌藝文略　敦煌論集　(臺北)學生書局　1983　p. 373
姜亮夫　敦煌經卷題名録　敦煌學論文集　上海古籍出版社　1987　p. 1053
王三慶　日本所見敦煌寫卷目録提要(一)　敦煌學(第15輯)　(臺北)新文豐出版公司　1989　p. 99
池田溫　中國古代寫本識語集録　(東京)大蔵出版株式會社　1990　p. 104
蔣述卓　佛經傳譯與中古文學思潮　江西人民出版社　1990　p. 63
林聰明　敦煌文書學　(臺北)新文豐出版公司　1991　p. 158
陶秋英輯録　姜亮夫校訂　敦煌經卷題名録　敦煌碎金　浙江古籍出版社　1992　p. 59
伊藤伸　中國書法史上から見た敦煌漢文寫本　敦煌漢文文獻(講座敦煌5)　(東京)大東出版社　1992　p. 215
戴仁　敦煌寫本紙張的顏色　法國學者敦煌學論文選萃　中華書局　1993　p. 591
沃興華　敦煌書法藝術　上海人民出版社　1994　p. 104
張涌泉　試論審辨敦煌寫本俗字的方法　《敦煌研究》1994年第2期　p. 153　又見:舊學新知　浙江大學出版社　1999　p. 87
藤枝晃著　徐慶全　李樹清譯　敦煌寫本概述　《敦煌研究》1996年第2期　p. 117
伊藤伸著　趙聲良譯　從中國書法史看敦煌漢文文書(二)　《敦煌研究》1996年第2期　p. 145
方廣錩　大方廣佛華嚴經　敦煌學大辭典　上海辭書出版社　1998　p. 655
顧吉辰　敦煌文獻職官結銜考釋　《敦煌學輯刊》1998年第2期　p. 20
顏廷亮　敦煌文化　光明日報出版社　2000　p. 376
蔡忠霖　敦煌漢文寫卷俗字及其現象　(臺北)文津出版社　2002　p. 33、65、140、160
姜亮夫　敦煌莫高窟年表　姜亮夫全集(十一)　雲南人民出版社　2002　p. 118
殷光明　敦煌盧舍那佛法界圖像研究之一　《敦煌研究》2002年第1期　p. 49
蔡忠霖　從書法角度看俗字的生成　敦煌學(第24輯)　(臺北)樂學書局有限公司　2003　p. 163
石塚晴通　關於漢字文化圈漢字字體的標準　敦煌學(第25輯)　(臺北)樂學書局有限公司　2004　p. 102
赤尾榮慶　敦煌寫本的書志學研究　敦煌學・日本學:石塚晴通教授退職紀念論文集　上海辭書出版社　2005　p. 53
赤尾榮慶　敦煌寫本の書志學的研究——近年の動向を踏まえて　日本學・敦煌學・漢文訓讀の新展開　(東京)汲古書院　2005　p. 191
紅林幸子　"無"、"无"字間的問題系列:在《開成石經周易》中的兩字　敦煌學・日本學:石塚晴通教授退職紀念論文集　上海辭書出版社　2005　p. 194
紅林幸子　「無」・「无」字の問題系——『開成石經周易』における二字體　日本學・敦煌學・漢文訓讀の新展開　(東京)汲古書院　2005　p. 547
李丞宰著　大塚忠蔵譯　敦煌佛經の50卷本華厳經を探して　日本學・敦煌學・漢文訓讀の新展開　(東京)汲古書院　2005　p. 56
方孝坤　敦煌書法的文獻學價值　《敦煌研究》2006年第2期　p. 38

S. 2068

矢吹慶輝　鳴沙餘韻・解說篇(第一部)　(京都)臨川書店　1980　p. 86
方廣錩　敦煌文獻中的《金剛經》及其注疏　《新疆文物》1995年第1期　p. 49　又見:敦煌學佛教

學論叢(上)　中國佛教文化研究所　1998　p. 384
方廣錩　挾注金剛經　敦煌學大辭典　上海辭書出版社　1998　p. 684
平井宥慶　敦煌文書における金剛經疏　金剛般若經の思想的研究　(東京)春秋社　1999　p. 267
衣川賢次　唐玄宗《御注金剛般若經》的復原與研究　新世紀敦煌學論集　巴蜀書社　2003　p. 114
杜正乾　唐代的《金剛經》信仰　《敦煌研究》2004 年第 5 期　p. 52

S. 2069

王三慶　日本所見敦煌寫卷目録提要(一)　敦煌學(第 15 輯)　(臺北)新文豐出版公司　1989　p. 93
池田溫　中國古代寫本識語集録　(東京)大藏出版株式會社　1990　p. 394

S. 2070

高啓安　唐宋時期敦煌人名探析　《敦煌研究》1997 年第 4 期　p. 123
石塚晴通　敦煌的加點本　敦煌學・日本學:石塚晴通教授退職紀念論文集　上海辭書出版社　2005　p. 10

S. 2071

向達　倫敦所藏敦煌卷子經眼目録　《北平圖書館圖書季刊》1939 年新第 1 卷第 4 期　p. 397　又見:唐代長安與西域文明　三聯書店　1957　p. 212
姜亮夫　大英博物館藏敦煌寫本卷子 S 五一二卷歸三十母例跋　《經世季刊》1941 年第 2 卷第 1 期　又見:中國敦煌學百年文庫・文獻卷(一)　甘肅文化出版社　1999　p. 214
姜亮夫　瀛涯敦煌韻輯總目叙録　《國立中央圖書館館刊》1947 年第 1 期　又見:中國敦煌學百年文庫・文獻卷(一)　甘肅文化出版社　1999　p. 263
芳村修基　土橋秀高　井ノ口泰淳　敦煌佛教史年表　西域文化研究(第一)・敦煌佛教資料　(京都)法藏館　1958　p. 276
佐藤哲英　維摩經疏の殘缺本について　西域文化研究(第一)・敦煌佛教資料　(京都)法藏館　1958　p. 129
潘重規　瀛涯敦煌韻輯新編　(臺北)文史哲出版社　1974　p. 77
蘇瑩輝　敦煌學概要　(臺北)編譯館"中華叢書編委會"　1981　p. 73
蘇瑩輝　中外敦煌古寫本纂要　敦煌論集　(臺北)學生書局　1983　p. 342
周祖謨　唐五代韻書集存　中華書局　1983　p. 74、827
饒宗頤解說　林宏作譯　敦煌書法叢刊(第二卷)・韻書　(東京)二玄社　1984　p. 52
姜亮夫　敦煌學概論　中華書局　1985　p. 64
王三慶　敦煌本古類書《語對》研究　(臺北)文史哲出版社　1985　p. 18
林炯陽　敦煌韻書殘卷在聲韻學研究上的價值　漢學研究(敦煌學國際研討會論文專號)　(臺北)漢學研究資料及服務中心　1986　p. 411
王素　高昌火祆教論稿　《歷史研究》1986 年第 3 期　p. 170　又見:《魏晉南北朝隋唐史》1986 年第 10 期　p. 13
姜亮夫　敦煌韻輯凡例與叙例　敦煌學論文集　上海古籍出版社　1987　p. 366
姜亮夫　切韻系統　敦煌學論文集　上海古籍出版社　1987　p. 415、418、430、443、448
姜亮夫　隋唐宋韻書反切異文表　敦煌學論文集　上海古籍出版社　1987　p. 694 注 2
姜亮夫　隋唐宋韻書體式變遷考　敦煌學論文集　上海古籍出版社　1987　p. 476　又見:中古近代

漢語研究(第一輯) 上海教育出版社 2000 p. 8
姜亮夫 唐人所謂聲紐三十母說:S. 512 卷歸三十字母例 敦煌學論文集 上海古籍出版社 1987 p. 735 又見:姜亮夫全集(十四) 雲南人民出版社 2002 p. 181
姜亮夫 王靜安先生所録切韻三種卷子校記 敦煌學論文集 上海古籍出版社 1987 p. 779
姜亮夫 瀛外將去敦煌所藏韻書字書各卷叙録 敦煌學論文集 上海古籍出版社 1987 p. 325
周祖謨 五代刻本切韻之韻目 周祖謨語言文史論集 浙江古籍出版社 1988 p. 254
姜亮夫 瀛涯敦煌韻書卷子考釋 浙江古籍出版社 1990 p. 13、147
姜亮夫 李丹禾 從敦煌卷子推測唐人對切韻系統諸韻書之刊補大例 敦煌吐魯番學研究論文集 漢語大詞典出版社 1990 p. 1
林聰明 敦煌文書學 (臺北)新文豐出版公司 1991 p. 253
林家平 寧强 羅華慶 中國敦煌學史 北京語言學院出版社 1992 p. 34、59、63、145、301、303、306
吳其昱著 伊藤美重子譯 敦煌漢文寫本概観 敦煌漢文文獻(講座敦煌 5) (東京)大東出版社 1992 p. 102
蔣冀騁 敦煌文書校讀研究 (臺北)文津出版社 1993 p. 250
劉進寶 近十年來大陸地區敦煌學研究概述 "中國唐代學會"會刊(第 4 期) (臺北)"中國唐代學會" 1993 p. 77
張金泉 論敦煌本《字寶》 《敦煌研究》1993 年第 2 期 p. 97
高田時雄 可洪隨函録と行瑫隨函音疏 中國語の資料と方法 京都大學人文科學研究所 1994 p. 147
胡戟 傅玫 敦煌史話 中華書局 1995 p. 181
許建平 唐寫本《禮記音》著作時代考 中國典籍與文化論叢(第三輯) 中華書局 1995 p. 368
姚榮松 巴黎所藏 P. 2011 王韻的新校記 全國敦煌學研討會論文集 (臺北)中正大學中國文學系所 1995 p. 31
張涌泉 漢語俗字研究 岳麓書社 1995 p. 273、345
張涌泉 敦煌俗字彙考 敦煌俗字研究 上海教育出版社 1996 p. 4
張涌泉 敦煌俗字研究導論 (臺北)新文豐出版公司 1996 p. 42、191
潘重規 敦煌《雲謠集》新書 雲謠集研究彙録 上海古籍出版社 1998 p. 188
張金泉 敦煌韻書 敦煌學大辭典 上海辭書出版社 1998 p. 512
張金泉 陸法言 敦煌學大辭典 上海辭書出版社 1998 p. 344
張金泉 文選 敦煌學大辭典 上海辭書出版社 1998 p. 783
張涌泉 漢語俗字叢考 漢語史研究集刊(第一輯)下 巴蜀書社 1998 p. 611 又見:中華書局 2000 p. 2、13、43、246、747、917
黄征 程惠新 劫塵遺珠:敦煌遺書 甘肅教育出版社 1999 p. 58
張涌泉 大型字典編纂中與俗字相關的若干問題 舊學新知 浙江大學出版社 1999 p. 20、33、37
張涌泉 論吳任臣的《字彙補》 舊學新知 浙江大學出版社 1999 p. 153、257
張涌泉 試論漢語俗字研究的意義 舊學新知 浙江大學出版社 1999 p. 9
周祖謨 王仁昫切韻著作年代釋疑 中國敦煌學百年文庫・語言文字卷(一) 甘肅文化出版社 1999 p. 312
北京大學 敦煌《經卷》、《照片》及《圖書》目録 中國敦煌學百年文庫・綜述卷(一) 甘肅文化出版社 1999 p. 314
姜亮夫 切韻系統 姜亮夫全集(十三) 雲南人民出版社 2002 p. 362

姜亮夫　瀛涯敦煌韻輯　姜亮夫全集(九)　雲南人民出版社　2002　p. 27
施安昌　敦煌寫經的遞變字群及其命名　善本碑帖論集　紫禁城出版社　2002　p. 334
張涌泉　《說文》"連篆讀"發覆　文史(第六十輯)　中華書局　2002　p. 249　又見:雪泥鴻爪:浙江大學古籍研究所建所二十周年紀念文集　中華書局　2003　p. 37
郭在貽　《楚辭》解詁　雪泥鴻爪:浙江大學古籍研究所建所二十周年紀念文集　中華書局　2003　p. 198
張涌泉　敦煌卷子辨僞研究:基於字形分析角度的考察　文史(第六十五輯)　中華書局　2003　p. 229
關長龍　曾波　敦煌韻書斯二〇五五之謎　浙江與敦煌學:常書鴻先生誕辰一百周年紀念文集　浙江古籍出版社　2004　p. 448
洪藝芳　潘重規先生在敦煌音韻整理研究上的貢獻　敦煌學(第25輯)　(臺北)樂學書局有限公司　2004　p. 236
許建平　法藏敦煌《毛詩音》"又音"考　中國俗文化研究(第二輯)　巴蜀書社　2004　p. 98
張弓　敦煌四部籍與中古後期社會的文化情境　敦煌學(第25輯)　(臺北)樂學書局有限公司　2004　p. 322
楊森　跋甘肅武山拉梢寺北周造大佛像發願文石刻碑　《敦煌學輯刊》2005年第2期　p. 233

S. 2072

向達　倫敦所藏敦煌卷子經眼目録　《北平圖書館圖書季刊》1939年新第1卷第4期　p. 397　又見:唐代長安與西域文明　三聯書店　1957　p. 212
三木榮　西域出土醫藥關係文獻綜合解說目録　『東洋學報』(47卷1號)　(東京)東洋學術協會　1964　p. 15
川口久雄撰　郭自得譯　敦煌本類林與我國文學　敦煌學(第10輯)　(臺北)新文豐出版公司　1985　p. 72
王三慶　敦煌本古類書《語對》研究　(臺北)文史哲出版社　1985　p. 35、75、80
王三慶　《古類書》伯2524號及其複抄寫卷之研究　敦煌學(第9輯)　(臺北)新文豐出版公司　1985　p. 73
王國良　敦煌本搜神記考辨　漢學研究(敦煌學國際研討會論文專號)　(臺北)漢學研究資料及服務中心　1986　p. 380
王三慶　敦煌古類書研究之一:"事林一卷"(伯4052號)研究　敦煌學(第12輯)　(臺北)新文豐出版公司　1987　p. 100
康世昌　孔衍《春秋後語》試探　敦煌學(第13輯)　(臺北)新文豐出版公司　1988　p. 115
馬繼興　敦煌古醫籍考釋　江西科學技術出版社　1988　p. 501
康世昌　《春秋後語》研究　敦煌學(第16輯)　(臺北)新文豐出版公司　1990　p. 77
王三慶著　池田溫譯　類書　敦煌漢文文獻(講座敦煌5)　(東京)大東出版社　1992　p. 364
戴仁　敦煌寫本中的解夢書　法國學者敦煌學論文選萃　中華書局　1993　p. 346 注125
丛春雨　敦煌中醫藥全書　中醫古籍出版社　1994　p. 740
鄭炳林　敦煌寫本解夢書概述　《敦煌學輯刊》1995年第2期　p. 27
鄭炳林　羊萍　敦煌本夢書　甘肅文化出版社　1995　p. 215
鄭炳林　敦煌碑銘讚輯釋　甘肅教育出版社　1997　p. 52 注60
馬繼興　敦煌醫藥文獻輯校　江蘇古籍出版社　1998　p. 802
梅維恒著　楊繼東　陳引馳譯　唐代變文(上)　(香港)中國佛教文化出版公司　1999　p. 260 注1

伏俊璉　伏麒鵬　石室齊諧:敦煌小說選析　甘肅人民出版社　2000　p. 137
張錫厚　敦煌文學源流　作家出版社　2000　p. 502
馬繼興　當前世界各地收藏的中國出土卷子本古醫藥文獻備考　敦煌吐魯番研究(第六卷)　北京大學出版社　2002　p. 134
荒見泰史　敦煌本夢書雜識　漢語史學報專輯(第三輯)　上海教育出版社　2003　p. 338
王宗祥　"良妻解夢"事確有記載:卜天壽抄《三臺詞》得解　2000 年敦煌學國際學術討論會文集·歷史文化卷(下)　甘肅民族出版社　2003　p. 532
張涌泉　試論敦煌寫本類書的校勘價值:以《勵忠節抄》爲例　《敦煌研究》2003 年第 2 期　p. 69
鄭炳林　王晶波　敦煌寫本相書校録研究　民族出版社　2004　p. 227
王青　句道興《搜神記》與天鵝處女型故事　《敦煌研究》2005 年第 2 期　p. 99
鄭炳林　敦煌寫本解夢書校録研究　民族出版社　2005　p. 93
鄭炳林　敦煌寫本許負相書殘卷研究　敦煌學國際研討會論文集　北京圖書館出版社　2005　p. 172

S. 2073

芳村修基　土橋秀高　井ノ口泰淳　敦煌佛教史年表　西域文化研究(第一)·敦煌佛教資料　(京都)法藏館　1958　p. 281
金岡照光　敦煌の寫本　敦煌の文學　(東京)大蔵出版株式會社　1971　p. 69
金岡照光　敦煌漢文文學文獻の寫本及び影印の收集保存、整理研究の現狀　敦煌出土文學文獻分類目録·附解說　(東京)東洋文庫　1971　p. 169
金岡照光　敦煌文學のさまざま　敦煌の文學　(東京)大蔵出版株式會社　1971　p. 113
陳祚龍　敦煌古抄內典尾記彙校二編　敦煌文物隨筆　(臺北)商務印書館　1979　p. 176
楊家駱　敦煌變文　(臺北)世界書局　1980　p. 194
陳祚龍　敦煌古抄內典尾記彙校初、二、三編合刊　敦煌學要籥　(臺北)新文豐出版公司　1982　p. 80
鄭阿財　敦煌孝道文學研究　(臺北)石門圖書公司　1982　p. 77、150
韓建瓴　敦煌寫本《廬山遠公話》初探　《敦煌學輯刊》1983 年創刊號　p. 47
羅宗濤　敦煌變文:石窟裏的老傳說　(臺北)時報文化出版公司　1983　p. 140
張錫厚　敦煌話本研究三題《社會科學》1983 年第 2 期　又見:中國敦煌學百年文庫·文學卷(五)　甘肅文化出版社　1999　p. 245
朱雷　敦煌所出《唐沙州某市時價簿口馬行時沽》考　敦煌吐魯番文書初探　武漢大學出版社　1983　p. 517 注 18
左景權　《大正新修大藏經》第八十五卷——舊刊新評:《敦煌文書學發凡》之一章　敦煌吐魯番文獻研究論集(第二輯)　北京大學出版社　1983　p. 625
福井文雅　講經儀式の組織內容　敦煌と中國仏教(講座敦煌 7)　(東京)大東出版社　1984　p. 368
潘重規　敦煌變文集新書(下)　(臺北)"中國文化大學"中文研究所　1984　p. 1072
王慶菽　廬山遠公話　敦煌變文集　人民文學出版社　1984　p. 194
項楚　《廬山遠公話》補校　敦煌學論集　甘肅人民出版社　1985　p. 84
金岡照光　關於敦煌變文演出的二三個問題　漢學研究(敦煌學國際研討會論文專號)　(臺北)漢學研究資料及服務中心　1986　p. 308
姜伯勤　唐五代敦煌寺戶制度　中華書局　1987　p. 58

姜亮夫　敦煌經卷題名録　敦煌學論文集　上海古籍出版社　1987　p. 1063
龍晦　大足石刻父母恩重經變像與敦煌音樂文學的關係　敦煌歌辭總編　上海古籍出版社　1987　p. 1843
張鴻勳　敦煌講唱文學作品選注　甘肅人民出版社　1987　p. 403
張涌泉　敦煌變文校讀釋例　《敦煌學輯刊》1987 年第 2 期　p. 19、28　又見：舊學新知　浙江大學出版社　1999　p. 159、177、209、213、215
蕭登福　唐世佛家之講經與敦煌變文　敦煌俗文學論叢　（臺北）商務印書館　1988　p. 82 注 5
張鴻勳　《父母恩重經講經文》補校　敦煌語言文學論文集　浙江古籍出版社　1988　p. 274
張涌泉　敦煌變文校勘平議　《敦煌研究》1988 年第 4 期　p. 85
張涌泉　敦煌變文校劄　敦煌語言文學論文集　浙江古籍出版社　1988　p. 167
高國藩　敦煌民俗學　上海文藝出版社　1989　p. 82
高國藩　敦煌曲子詞欣賞　南京大學出版社　1989　p. 119
張先堂　話本　敦煌文學　甘肅人民出版社　1989　p. 290
張涌泉　《敦煌歌辭總編》誤校二十例　《古籍整理出版情況簡報》1989 年第 218 期　p. 18
程毅中　唐代小說史話　文化藝術出版社　1990　p. 94
池田溫　中國古代寫本識語集録　（東京）大藏出版株式會社　1990　p. 503
郭在貽　張涌泉　俗字研究與古籍整理　古籍整理與研究（第 5 期）　中華書局　1990　p. 241
郭在貽　張涌泉　黄征　敦煌變文集校議　岳麓書社　1990　p. 126、286
郭在貽　張涌泉　黄征　敦煌寫本書寫特例發微　敦煌吐魯番學研究論文集　漢語大詞典出版社　1990　p. 317、335
江藍生　近代漢語語法資料彙編（唐五代卷）　商務印書館　1990　p. 258
李天石　敦煌吐魯番文書中的奴婢資料及其價值　《敦煌學輯刊》1990 年第 1 期　p. 3
張涌泉　《王梵志詩校注》獻疑　《敦煌研究》1990 年第 2 期　p. 80
李正宇　敦煌名勝古迹導論　《陽關》1991 年第 4 期　p. 52
林聰明　敦煌文書學　（臺北）新文豐出版公司　1991　p. 7、21
郭在貽　郭在貽語言文學論稿　浙江古籍出版社　1992　p. 143、276
金岡照光　講唱體類　敦煌の文學文獻（講座敦煌 9）　（東京）大東出版社　1992　p. 88、111
金岡照光　散文體類　敦煌の文學文獻（講座敦煌 9）　（東京）大東出版社　1992　p. 236
陶秋英輯録　姜亮夫校訂　敦煌經卷題名録　敦煌碎金　浙江古籍出版社　1992　p. 79
張涌泉　敦煌寫卷俗字類型及其考辨的方法　（香港）《九州學刊》（敦煌學專輯）1992 年第 4 卷第 4 期　p. 73
周紹良　敦煌文學芻議及其它　（臺北）新文豐出版公司　1992　p. 60
高國藩　敦煌民俗資料導論　（臺北）新文豐出版公司　1993　p. 16、41、88
黄征　敦煌寫本整理應遵循的原則　《敦煌研究》1993 年第 2 期　p. 103　又見：敦煌語文叢說　（臺北）新文豐出版公司　1997　p. 5
蔣冀騁　敦煌文書校讀研究　（臺北）文津出版社　1993　p. 27、204
汪泛舟　敦煌文學概論　甘肅人民出版社　1993　p. 180
張鴻勳　敦煌話本《葉淨能詩》再探　第二屆國際唐代學術會議論文集（上）　（臺北）文津出版社　1993　p. 733　又見：1994 年敦煌學國際研討會文集・宗教文史卷（上）　甘肅民族出版社　2000　p. 275
張鴻勳　敦煌話本詞文俗賦導論　（臺北）新文豐出版公司　1993　p. 8
張鴻勳　敦煌說唱文學概論　（臺北）新文豐出版公司　1993　p. 43

張先堂　敦煌文學概論　甘肅人民出版社　1993　p. 306
陳海濤　敦煌變文新論　《敦煌研究》1994 年第 1 期　p. 67
張涌泉　試論審辨敦煌寫本俗字的方法　《敦煌研究》1994 年第 2 期　p. 154　又見:舊學新知　浙江大學出版社　1999　p. 89
胡戟　傅玫　敦煌史話　中華書局　1995　p. 177
黃征　輯注本《啓顏録》匡補　俗語言研究(第二期)　(京都)禪文化研究所　1995　p. 91
曲金良　敦煌佛教文學研究　(臺北)文津出版社　1995　p. 96
王書慶　敦煌佛學·佛事篇　甘肅民族出版社　1995　p. 165
徐俊　《廬山遠公話》的篇尾結詩　《文學遺産》1995 年第 6 期　p. 116
張涌泉　敦煌文書類化字研究　《敦煌研究》1995 年第 4 期　p. 77
張涌泉　漢語俗字研究　岳麓書社　1995　p. 58、139、167、200
張涌泉　試論敦煌寫卷俗文字研究之意義　敦煌學國際研討會文集·史地語文编　遼寧美術出版社　1995　p. 363
黃征　敦煌俗語法研究之一:句法篇　敦煌吐魯番研究(第一卷)　北京大學出版社　1996　p. 73
張涌泉　敦煌俗字研究導論　(臺北)新文豐出版公司　1996　p. 53、103、160、196、239、283
張涌泉　敦煌文獻校讀釋例　文史(第四十一輯)　中華書局　1996　p. 197、200
張涌泉　敦煌寫卷俗字類釋　敦煌吐魯番學研究論集　書目文獻出版社　1996　p. 484
周維平　英藏斯 2073 卷子敦煌話本故事探源　《敦煌學輯刊》1996 年第 2 期　p. 32
黃征　敦煌俗語詞輯釋　敦煌語文叢説　(臺北)新文豐出版公司　1997　p. 61
黃征　敦煌文學《兒郎偉》輯録校注　敦煌語文叢説　(臺北)新文豐出版公司　1997　p. 728
黃征　敦煌寫本異文綜析　敦煌語文叢説　(臺北)新文豐出版公司　1997　p. 31
黃征　輯注本《啓顏録》匡補　敦煌語文叢説　(臺北)新文豐出版公司　1997　p. 504
黃征　《廬山遠公話》補校　敦煌語文叢説　(臺北)新文豐出版公司　1997　p. 375
黃征　張涌泉　敦煌變文校注　中華書局　1997　p. 138、269、659、841
陸淑綺　李重申　敦煌古代戲曲文化史料綜述　《敦煌研究》1997 年第 2 期　p. 68
顔廷亮　關於《晏子賦》寫本的抄寫年代問題　《敦煌研究》1997 年第 2 期　p. 139
張弓　漢唐佛寺文化史　中國社會科學出版社　1997　p. 778
柴劍虹　儒童説五典詩　敦煌學大辭典　上海辭書出版社　1998　p. 572
柴劍虹　身智詩　敦煌學大辭典　上海辭書出版社　1998　p. 574
程毅中　廬山遠公話　敦煌學大辭典　上海辭書出版社　1998　p. 585
沙知　保人　敦煌學大辭典　上海辭書出版社　1998　p. 390
沙知　口馬行　敦煌學大辭典　上海辭書出版社　1998　p. 411
汪泛舟　敦煌道教詩歌補論　《敦煌研究》1998 年第 4 期　p. 90
王政　敦煌遺書中生殖婚配喻象探討　《敦煌研究》1998 年第 3 期　p. 95
徐俊　唐五代長沙窑瓷器題詩校證　唐研究(第四卷)　北京大學出版社　1998　p. 76
高國藩　敦煌俗文化學　上海三聯書店　1999　p. 337、429
謝桃坊　敦煌文化尋繹　四川人民出版社　1999　p. 155
顔廷亮　關於敦煌文學發展的歷史進程　《甘肅社會科學》1999 年第 4 期　p. 48
張涌泉　大型字典編纂中與俗字相關的若干問題　舊學新知　浙江大學出版社　1999　p. 38
張涌泉　敦煌寫本書寫特例發微　舊學新知　浙江大學出版社　1999　p. 228、246、252
張涌泉　俗字研究與敦煌文獻的校理　舊學新知　浙江大學出版社　1999　p. 55、61
鄭炳潤　敦煌佛教故事類講唱文學所見淨土宗與禪宗　《敦煌研究》1999 年第 2 期　p. 150

伏俊璉　伏麒鵬　石室齊諧:敦煌小說選析　甘肅人民出版社　2000　p. 42
金岡照光　敦煌文獻と中國文學　(東京)五曜書房　2000　p. 142
李昊　試論《廬山遠公話》的藝術手法與構思　新國學(第二卷)　巴蜀書社　2000　p. 261
劉長東　晉唐彌陀淨土信仰研究　巴蜀書社　2000　p. 27
施萍婷　邰惠莉　敦煌遺書編目雜記一則　敦煌研究文集:敦煌研究院藏敦煌文獻研究篇　甘肅民族出版社　2000　p. 363
徐俊　敦煌詩集殘卷輯考　中華書局　2000　p. 539
嚴耀中　敦煌文書中的"平等大王"和唐宋間的均平思潮　唐研究(第六卷)　北京大學出版社　2000　p. 22
顏廷亮　敦煌文化　光明日報出版社　2000　p. 323
張錫厚　敦煌文學源流　作家出版社　2000　p. 470
張涌泉　漢語俗字叢考　中華書局　2000　p. 17、161、993
林聰明　敦煌吐魯番文書解詁指例　(臺北)新文豐出版公司　2001　p. 394
聖凱　論唐代的講經儀軌　《敦煌學輯刊》2001 年第 2 期　p. 36
陶敏　李一飛　隋唐五代文學史料學　中華書局　2001　p. 353
曾良　敦煌文獻字義通釋　廈門大學出版社　2001　p. 35、41
蔡忠霖　敦煌漢文寫卷俗字及其現象　(臺北)文津出版社　2002　p. 140、167
黃征　敦煌語言文字學研究　甘肅教育出版社　2002　p. 51、238
李小榮　敦煌變文作品校録二種　《敦煌學輯刊》2002 年第 2 期　p. 31
張鴻勳　敦煌俗文學研究　甘肅人民出版社　2002　p. 7、39、269
蔡忠霖　從書法角度看俗字的生成　敦煌學(第 24 輯)　(臺北)樂學書局有限公司　2003　p. 164
荒見泰史　敦煌的講唱體文獻　敦煌學(第 25 輯)　(臺北)樂學書局有限公司　2004　p. 268
李天石　中國中古良賤身份制度研究　南京師範大學出版社　2004　p. 27
張小豔　試論敦煌書儀的語料價值　浙江與敦煌學:常書鴻先生誕辰一百周年紀念文集　浙江古籍出版社　2004　p. 545
張涌泉　敦煌文獻字詞例釋　敦煌學(第 25 輯)　(臺北)樂學書局有限公司　2004　p. 348
黃征　敦煌俗字典　上海教育出版社　2005　p. 前言 23、44
黃征　敦煌俗字種類考辨　敦煌學・日本學:石塚晴通教授退職紀念論文集　上海辭書出版社　2005　p. 114、119、124
汪泛舟　敦煌俗別字新考(上)　《敦煌研究》2006 年第 1 期　p. 103

S. 2074

向達　倫敦所藏敦煌卷子經眼目録　《北平圖書館圖書季刊》1939 年新第 1 卷第 4 期　p. 397　又見:唐代長安與西域文明　三聯書店　1957　p. 212
陳鐵凡　敦煌本尚書述略　(臺北)《大陸雜誌》1961 年第 8 期　又見:中國敦煌學百年文庫・文獻卷(一)　甘肅文化出版社　1999　p. 446
王堯　陳踐　敦煌吐蕃文獻選　四川民族出版社　1983　p. 66
孫啓治　唐寫本俗別字變化類型舉例　敦煌吐魯番文獻研究論集(第五輯)　北京大學出版社　1990　p. 124、127、129、131
土田健次郎　儒教典籍　敦煌漢文文獻(講座敦煌 5)　(東京)大東出版社　1992　p. 268
吳其昱著　伊藤美重子譯　敦煌漢文寫本概観　敦煌漢文文獻(講座敦煌 5)　(東京)大東出版社　1992　p. 98

王堯　吐蕃時期藏譯漢籍名著及故事　中國古籍研究(第一卷)　上海古籍出版社　1996　p. 539
鄭炳林　晚唐五代敦煌園囿經濟研究　敦煌歸義軍史專題研究　蘭州大學出版社　1997　p. 318
陳公柔　評介《尚書文字合編》　燕京學報(新第4期)　北京大學出版社　1998　p. 294
許建平　敦煌本《尚書》敘録　敦煌文獻論集:紀念藏經洞發現一百周年國際學術研討會論文集　遼寧人民出版社　2001　p. 387
曾良　敦煌文獻字義通釋　廈門大學出版社　2001　p. 51
許建平　BD14681《尚書》殘卷考辨　新世紀敦煌學論集　巴蜀書社　2003　p. 83、92
王冀青　斯坦因與日本敦煌學　甘肅教育出版社　2004　p. 306
許建平　敦煌出土《尚書》寫卷研究的過去與未來　敦煌吐魯番研究(第七卷)　北京大學出版社　2004　p. 227
中村威也　ДX10698『尚書費誓』とДX10698v「史書」について　『西北出土文獻研究』(創刊號)　(新潟)西北出土文獻研究會　2004　p. 42

S. 2075
賀世哲　敦煌莫高窟隋代石窟與"雙弘定慧"　1983年全國敦煌學術討論會文集・石窟藝術編(上)　甘肅人民出版社　1985　p. 47、49
賀世哲　關於十六國北朝時期的三世佛與三佛造像諸問題(二)　《敦煌研究》1993年第1期　p. 7
方廣錩　像法決疑經　敦煌學大辭典　上海辭書出版社　1998　p. 736

S. 2076
史葦湘　微妙比丘尼變初探　《敦煌學輯刊》1980年第1期　p. 72
矢吹慶輝　鳴沙餘韻・解說篇(第一、二部)　(京都)臨川書店　1980　p. 192;279
方廣錩　現報當受經　敦煌學大辭典　上海辭書出版社　1998　p. 737
顔廷亮　敦煌文化　光明日報出版社　2000　p. 348
史葦湘　敦煌歷史與莫高窟藝術研究　甘肅教育出版社　2002　p. 344

S. 2077
矢吹慶輝　鳴沙餘韻・解說篇(第一部)　(京都)臨川書店　1980　p. 184
陳祚龍　敦煌古抄内典尾記彙校初、二、三編合刊　敦煌學要籥　(臺北)新文豐出版公司　1982　p. 108
道端良秀　敦煌文獻に見える死後の世界　敦煌と中國仏教(講座敦煌7)　(東京)大東出版社　1984　p. 515
池田溫　中國古代寫本識語集録　(東京)大藏出版株式會社　1990　p. 474
金岡照光　敦煌文獻と中國文學　(東京)五曜書房　2000　p. 428

S. 2078
矢吹慶輝　鳴沙餘韻・解說篇(第一部)　(京都)臨川書店　1980　p. 181
唐耕耦　陸宏基　敦煌社會經濟文獻真迹釋録(一)　書目文獻出版社　1986　p. 348
池田溫　中國古代寫本識語集録　(東京)大藏出版株式會社　1990　p. 388
林聰明　敦煌文書學　(臺北)新文豐出版公司　1991　p. 239
姜伯勤　敦煌社會文書導論　(臺北)新文豐出版公司　1992　p. 242
林聰明　談敦煌文書的抄寫問題　紀念陳寅恪先生百年誕辰學術論文集　江西教育出版社　1994

p. 299

寧可　郝春文　敦煌社邑文書輯校　江蘇古籍出版社　1997　p. 131

方廣錩　寶雲經　敦煌學大辭典　上海辭書出版社　1998　p. 670

林聰明　敦煌吐魯番文書解詁指例　(臺北)新文豐出版公司　2001　p. 51

山本達郎等　補(IV)社・III 轉貼　『NUN－HUANG AND TURFAN DOCUMENTS CONCERNING SOCIAL AND ECONOMIC HISTORY』(Sup. p. lemrnts)　(東京)東洋文庫　2001　p. 78

李小榮　變文講唱與華梵宗教藝術　上海三聯書店　2002　p. 288

S. 2079

矢吹慶輝　鳴沙餘韻・解說篇(第一部)　(京都)臨川書店　1980　p. 262

岡部和雄　敦煌蔵經目録　敦煌と中國仏教(講座敦煌 7)　(東京)大東出版社　1984　p. 298

方廣錩　吐蕃統治時期敦煌流行的偈頌帙號法　《敦煌學輯刊》1990 年第 1 期　p. 85

方廣錩　佛教大藏經史(八—十世紀)　中國社會科學出版社　1991　p. 119、141、356

王惠民　敦煌《密嚴經變》考釋　《敦煌研究》1993 年第 2 期　p. 15

榮新江《寫本時代(十世紀以前)的中國藏書》評介　(香港)《九州學刊》1995 年第 6 卷第 4 期　p. 172

王惠民　《思益經》及其在敦煌的流傳　《敦煌研究》1997 年第 1 期　p. 35

方廣錩　敦煌遺書中所存的全國性佛教經録　敦煌學佛教學論叢(上)　中國佛教文化研究所　1998　p. 282

方廣錩　龍興寺藏經目録　敦煌學大辭典　上海辭書出版社　1998　p. 750

方廣錩　諸寺藏經録　敦煌學大辭典　上海辭書出版社　1998　p. 751

侯旭東　如來在金棺囑累清淨莊嚴敬福經　藏外佛教文獻(第四輯)　宗教文化出版社　1998　p. 390

張涌泉　敦煌寫本書寫特例發微　舊學新知　浙江大學出版社　1999　p. 252

榮新江　《英藏敦煌文獻》定名商補　文史(第五十二輯)　中華書局　2000　p. 119　又見:敦煌學新論　甘肅教育出版社　2002　p. 192

方廣錩　敦煌寺院所藏大藏經　中日敦煌佛教學術會議論文集　中國社會科學院研究所　2002　p. 40

李正宇　唐宋時期敦煌佛經性質功能的變化　戒幢佛學(第二卷)　岳麓書社　2002　p. 13　又見:中日敦煌佛教學術會議論文集　中國社會科學院研究所　2002　p. 12

馬茜　歸義軍時期敦煌地區庶民佛教的發展　甘肅民族研究論叢　甘肅人民出版社　2002　p. 447

文正義　敦煌藏經洞封閉原因新探　戒幢佛學(第二卷)　岳麓書社　2002　p. 243

方廣錩　敦煌寺院所藏大藏經概貌　藏外佛教文獻(第八輯)　宗教文化出版社　2003　p. 373

鄭炳林　晚唐五代敦煌諸寺藏經與管理　新世紀敦煌學論集　巴蜀書社　2003　p. 342

S. 2080

王重民　敦煌曲子詞集　商務印書館　1950　p. 21

金岡照光　敦煌漢文文學文獻の文學形態上の種類とその分類　敦煌出土文學文獻分類目録・附解說　(東京)東洋文庫　1971　p. 234

蘇瑩輝　"敦煌曲"評介　《香港中文大學學報》1974 年第 1 期　又見:敦煌論集續編　(臺北)學生書局　1983　p. 306、313 ；中國敦煌學百年文庫・藝術卷(一)　甘肅文化出版社　1999　p. 370

陳祚龍　中古敦煌仕女心目中的五臺山　中華佛教文化史散策(初集)　(臺北)新文豐出版公司　1978　p. 37
蔣禮鴻　敦煌變文字義通釋　上海古籍出版社　1981　p. 440
廣川堯敏　禮讃　敦煌と中國仏教(講座敦煌 7)　(東京)大東出版社　1984　p. 470
蔣禮鴻　敦煌變文字義通釋　敦煌叢刊初集(十四)　(臺北)新文豐出版公司　1985　p. 440
任半塘　敦煌歌辭總編　上海古籍出版社　1987　p. 1711、1745
高國藩　敦煌曲子詞中的詠花詞　《鹽城師專學報》1988 年第 3 期　p. 34
任半塘　王昆吾　隋唐五代燕樂雜言歌辭集　巴蜀書社　1990　p. 47
上山大峻　敦煌佛教の研究　(京都)法藏館　1990　p. 92
杜斗城　敦煌五臺山文獻校録研究　山西人民出版社　1991　p. 84
金岡照光　曲子詞類　敦煌の文學文獻(講座敦煌 9)　(東京)大東出版社　1992　p. 399
周紹良　敦煌文學芻議及其它　(臺北)新文豐出版公司　1992　p. 36
李正宇　論敦煌曲子　第二屆國際唐代學術會議論文集(上)　(臺北)文津出版社　1993　p. 759
石奈德　敦煌本《普化大師五臺山巡禮記》初探　法國學者敦煌學論文選萃　中華書局　1993　p. 133 注 30
張涌泉　試論審辨敦煌寫本俗字的方法　《敦煌研究》1994 年第 2 期　p. 147　又見:舊學新知　浙江大學出版社　1999　p. 76
黎薔　論波斯諸教對敦煌樂舞之影響　敦煌學國際研討會文集・石窟藝術編　遼寧美術出版社　1995　p. 220
張涌泉　漢語俗字研究　岳麓書社　1995　p. 194
姜伯勤　敦煌悉磨遮爲蘇摩遮樂舞考　《敦煌研究》1996 年第 3 期　p. 9
姜伯勤　敦煌藝術宗教與禮樂文明　中國社會科學出版社　1996　p. 541
饒宗頤　附録:榮新江《敦煌文獻和繪畫反映的五代宋初中原與西北地區的文化交往》　敦煌曲續論　(臺北)新文豐出版公司　1996　p. 35
榮新江　歸義軍史研究　上海古籍出版社　1996　p. 250
黄征　張涌泉　敦煌變文校注　中華書局　1997　p. 1053
陸淑綺　李重申　敦煌古代戲曲文化史料綜述　《敦煌研究》1997 年第 2 期　p. 64
徐俊　敦煌大曲　敦煌文學論集　四川人民出版社　1997　p. 253
張弓　漢唐佛寺文化史　中國社會科學出版社　1997　p. 842
鄭炳林　敦煌碑銘讚輯釋　甘肅教育出版社　1997　p. 419 注 9
孫其芳　蘇幕遮　敦煌學大辭典　上海辭書出版社　1998　p. 532
張錫厚　五臺山曲子　敦煌學大辭典　上海辭書出版社　1998　p. 542
榮新江　《英藏敦煌文獻》定名商補　文史(第五十二輯)　中華書局　2000　p. 119　又見:敦煌學新論　甘肅教育出版社　2002　p. 192
徐俊　敦煌詩集殘卷輯考　中華書局　2000　p. 228、493
鄭炳林　徐曉麗　敦煌寫本 P. 3973《往五臺山行記》殘卷研究　《敦煌學輯刊》2002 年第 1 期　p. 11
湯涒　敦煌曲子詞地域文化研究　上海古籍出版社　2004　p. 27、109、130
湯涒　敦煌曲子詞寫本叙略　敦煌學國際研討會論文集　北京圖書館出版社　2005　p. 197

S. 2081

向達　倫敦所藏敦煌卷子經眼目録　《北平圖書館圖書季刊》1939 年新第 1 卷第 4 期　p. 397　又見:唐代長安與西域文明　三聯書店　1957　p. 212

山田利明　老子化胡經類　敦煌と中國道教(講座敦煌 4)　(東京)大東出版社　1983　p. 99
姜亮夫　敦煌所見道教佚經考　敦煌學論文集　上海古籍出版社　1987　p. 313
陳祚龍　敦煌學識小　敦煌學津雜誌　(臺北)文津出版社　1991　p. 173
榮新江　話說敦煌　山東教育出版社　1991　p. 78
陶秋英輯録　姜亮夫校訂　敦煌所見道教佚經録　敦煌碎金　浙江古籍出版社　1992　p. 318
饒宗頤　吳建衡二年索紞寫本道德經殘卷考證　(香港)《東方文化》1995 年第 2 卷第 1 期　p. 6
劉屹　敦煌十卷本《老子化胡經》殘卷新探　唐研究(第二卷)　北京大學出版社　1996　p. 114 注 17
項楚　《老子化胡經・玄歌》補校　敦煌文學論集　四川人民出版社　1997　p. 210
王卡　敦煌道經校讀三則　道家文化研究(第十三輯)　三聯書店　1998　p. 118
顔廷亮　敦煌文化中的道教及文化　《敦煌研究》1999 年第 1 期　p. 136
顔廷亮　敦煌文化　光明日報出版社　2000　p. 232
池田溫　敦煌の歷史的背景　敦煌文書の世界　(東京)名著刊行會　2003　p. 116
王卡　敦煌道教文獻研究　中國社會科學出版社　2004　p. 27、188

S. 2082

許國霖　敦煌石室寫經年代表　《微妙聲》1937 年第 5 期　又見:中國敦煌學百年文庫・宗教卷(四)　甘肅文化出版社　1999　p. 195
芳村修基　土橋秀高　井ノ口泰淳　敦煌佛教史年表　西域文化研究(第一)・敦煌佛教資料　(京都)法藏館　1958　p. 256
矢吹慶輝　鳴沙餘韻・解說篇(第一部)　(京都)臨川書店　1980　p. 271
金榮華　敦煌寫卷紙質之考察　(臺北)《世界華學季刊》1981 年第 2 卷第 4 期　又見:敦煌吐魯番論集　(臺北)新文豐出版公司　1996　p. 75
陳祚龍　敦煌古抄内典尾記彙校初、二、三編合刊　敦煌學要籥　(臺北)新文豐出版公司　1982　p. 108
池田溫　中國古代寫本識語集録　(東京)大藏出版株式會社　1990　p. 130
趙聲良　敦煌南北朝寫本的書法藝術　《敦煌研究》1991 年第 4 期　p. 44
伊藤伸　中國書法史上から見た敦煌漢文寫本　敦煌漢文文獻(講座敦煌 5)　(東京)大東出版社　1992　p. 217
陳澤奎　試論唐人寫經題記的原始著作權意義　《敦煌研究》1994 年第 3 期　p. 119
趙聲良　南北朝寫經書法藝術　敦煌書法庫(第一輯)　甘肅人民美術出版社　1994　p. 18
李崇峰　有關莫高窟北周洞窟研究的兩個問題　敦煌學國際研討會文集・石窟考古編　遼寧美術出版社　1995　p. 80
伊藤伸著　趙聲良譯　從中國書法史看敦煌漢文文書(二)　《敦煌研究》1996 年第 2 期　p. 146
方廣錩　大般涅槃經　敦煌學大辭典　上海辭書出版社　1998　p. 694
劉濤　大般涅槃經卷第十八　敦煌學大辭典　上海辭書出版社　1998　p. 281
金岡照光　敦煌文獻と中國文學　(東京)五曜書房　2000　p. 428
李崇峰　敦煌莫高窟唐前期洞窟分期　敦煌研究文集・敦煌石窟考古篇　甘肅民族出版社　2000　p. 80
蔡忠霖　敦煌漢文寫卷俗字及其現象　(臺北)文津出版社　2002　p. 143、164
姜亮夫　敦煌莫高窟年表　姜亮夫全集(十一)　雲南人民出版社　2002　p. 153
蔡忠霖　從書法角度看俗字的生成　敦煌學(第 24 輯)　(臺北)樂學書局有限公司　2003　p. 171

景盛軒　試論敦煌佛經異文研究的價值和意義　《敦煌研究》2004 年第 5 期　p. 89

S. 2084

陳祚龍　新校重訂敦煌古抄中世釋衆唱導行孝報恩的藝文四種　中華佛教文化史散策(三集)　(臺北)新文豐出版公司　1981　p. 227

小川貫弌　父母恩重經　敦煌と中國仏教(講座敦煌 7)　(東京)大東出版社　1984　p. 214

李正宇　中國佛教中的孝　《敦煌學輯刊》1988 年第 1、2 期　p. 136

上山大峻　敦煌佛教の研究　(京都)法藏館　1990　p. 28

陳祚龍　敦煌學新簡　敦煌文物散論　(臺北)新文豐出版公司　1993　p. 161

鄭阿財　從敦煌文獻看唐代的三教合一　第二屆國際唐代學術會議論文集(上)　(臺北)文津出版社　1993　p. 668 注 16

李際寧　佛母經　藏外佛教文獻(第一輯)　宗教文化出版社　1995　p. 374

李際寧　敦煌疑僞經典《佛母經》考察　《北京圖書館館刊》1996 年第 4 期　又見:中國敦煌學百年文庫・宗教卷(二)　甘肅文化出版社　1999　p. 447

方廣錩　佛母經　敦煌學大辭典　上海辭書出版社　1998　p. 732

張涌泉　敦煌本《佛説父母恩重經》研究　文史(第四十九輯)　中華書局　1999　p. 68

馬世長　《父母恩重經》寫本與變相　敦煌研究文集・敦煌石窟經變篇　甘肅民族出版社　2000　p. 397

劉安志　石墨林　《大谷文書集成》佛教資料考辨　魏晉南北朝隋唐史資料(第二十輯)　武漢大學出版社　2003　p. 280

町田隆吉　『唐咸亨四年(673)左憧熹生前及隨身錢物疏』をめぐって　『西北出土文獻研究』(創刊號)　(新潟)西北出土文獻研究會　2004　p. 69

S. 2087

池田溫　中國古代寫本識語集録　(東京)大藏出版株式會社　1990　p. 392

S. 2088

耿昇　八十年代的法國敦煌學論著簡介　《敦煌研究》1986 年第 3 期　p. 85

蕭登福　從敦煌寫卷中看道教星斗崇拜對佛經之影響　第二屆敦煌學國際研討會論文集　(臺北)漢學研究中心　1990　p. 339

蕭登福　道教星斗符印與佛教密宗　(臺北)新文豐出版公司　1993　p. 46

蕭登福　道教術儀與密教典籍　(臺北)新文豐出版公司　1994　p. 138、471

S. 2089

李刈　敦煌壁畫中的《天請問經變相》　《敦煌研究》1991 年第 1 期　p. 2

S. 2090

戴仁　敦煌寫本紙張的顏色　法國學者敦煌學論文選萃　中華書局　1993　p. 592

S. 2091

井ノ口泰淳　敦煌本『仏名經』の諸系統　中央アジアの言語と仏教　(京都)法藏館　1995　p. 297

S. 2092

陳炳應　敦煌所出宋開寶八年"鄭醜撻賣地舍契"定誤考釋　《西北史地》1983 年第 4 期　p. 89

王永興　隋唐五代經濟史料彙編校注・第一編(下)　中華書局　1987　p. 973

唐耕耦　陸宏基　敦煌社會經濟文獻真迹釋録(三)　全國圖書館文獻縮微複製中心　1990　p. 567

方廣錩　敦煌佛教經録輯校　江蘇古籍出版社　1997　p. 414

方廣錩　閻羅王授記勸修七齋功德經　敦煌學大辭典　上海辭書出版社　1998　p. 739

方廣錩　尚會鵬　妙法蓮花經品名録　敦煌學大辭典　上海辭書出版社　1998　p. 750

黄正建　敦煌文書所見唐宋之際敦煌民衆住房面積考略　敦煌吐魯番研究(第三卷)　北京大學出版社　1998　p. 209

沙知　敦煌契約文書輯校　江蘇古籍出版社　1998　p. 3

徐俊　敦煌詩集殘卷輯考　中華書局　2000　p. 866

山本達郎等　補(III)契・敦煌發現契　『NUN – HUANG AND TURFAN DOCUMENTS CONCERNING SOCIAL AND ECONOMIC HISTORY』(Sup. p. lemrnts)　(東京)東洋文庫　2001　p. 51

S. 2094

上山大峻　龍口明生　龍谷大學所藏敦煌本『比丘含注戒本』解說　敦煌寫本『本草集注』序録・『比丘含注戒本』　(京都)法藏館　1998　p. 301 注 11

S. 2095

李小榮　敦煌密教文獻論稿　人民文學出版社　2003　p. 21

S. 2096

方廣錩　敦煌佛教經録輯校　江蘇古籍出版社　1997　p. 420

方廣錩　太子須大拏經　敦煌學大辭典　上海辭書出版社　1998　p. 671

方廣錩　維摩詰經品名録　敦煌學大辭典　上海辭書出版社　1998　p. 750

S. 2097

岡部和雄　敦煌蔵經目録　敦煌と中國仏教(講座敦煌 7)　(東京)大東出版社　1984　p. 315

張金泉　許建平　敦煌音義彙考　杭州大學出版社　1996　p. 1198

張金泉　敦煌佛經音義寫卷述要　《敦煌研究》1997 年第 2 期　p. 122

S. 2100

杜愛英　敦煌遺書中俗體字的諸種類型　《敦煌研究》1992 年第 3 期　p. 118、122

S. 2103

向達　倫敦所藏敦煌卷子經眼目録　《北平圖書館圖書季刊》1939 年新第 1 卷第 4 期　p. 397　又見:唐代長安與西域文明　三聯書店　1957　p. 212

池田溫　中國古代籍帳研究:概観・録文　東京大學東洋文化研究所　1979　p. 518

王堯　陳踐　敦煌吐蕃文獻選　四川民族出版社　1983　p. 60 注 1

姜伯勤　突地考　《敦煌學輯刊》1984 年第 1 期　p. 11

寧欣　唐代敦煌地區農業水利問題初探　敦煌吐魯番文獻研究論集(第三輯)　北京大學出版社　1986　p. 474 注 8、483、500 注 5、507、512、532 注 19

楊際平　吐蕃時期沙州社會經濟研究　敦煌吐魯番出土經濟文書研究　廈門大學出版社　1986　p. 366
姜伯勤　唐五代敦煌寺戶制度　中華書局　1987　p. 108
任半塘　敦煌歌辭總編　上海古籍出版社　1987　p. 1228
李正宇　唐宋時代敦煌縣河渠泉澤簡志(一)　《敦煌研究》1988 年第 4 期　p. 92
李明偉　狀·牒·帖　敦煌文學　甘肅人民出版社　1989　p. 37
李正宇　唐宋時代敦煌縣河渠泉澤簡志(二)　《敦煌研究》1989 年第 1 期　p. 54
池田溫　敦煌における土地税役制をめぐって　東アジア古文書の史的研究　(東京)刀水書房　1990　p. 51
郝春文　敦煌的渠人與渠社　《北京師範學院學報》1990 年第 1 期　p. 90
唐耕耦　陸宏基　敦煌社會經濟文獻真迹釋録(二)　全國圖書館文獻縮微複製中心　1990　p. 374
李正宇　敦煌名勝古迹導論　《陽關》1991 年第 4 期　p. 49
劉進寶　敦煌遺書與歷史研究　《魏晉南北朝隋唐史》1992 年第 9 期　p. 71
郝春文　敦煌寫本社邑文書年代彙考(三)　《社科縱横》1993 年第 5 期　p. 8
王震亞　趙熒　敦煌殘卷爭訟文牒集釋　甘肅人民出版社　1993　p. 82
劉進寶　關於吐蕃統治經營河西地區的若干問題　《中國邊疆史地研究》1994 年第 1 期　p. 15
沃興華　敦煌書法藝術　上海人民出版社　1994　p. 54
劉進寶　敦煌學論述　(臺北)洪葉文化事業有限公司　1995　p. 269
李正宇　敦煌史地新論　(臺北)新文豐出版公司　1996　p. 109
劉進寶　吐蕃對河西的統治與經營　敦煌吐魯番學研究論集　書目文獻出版社　1996　p. 326
馬子海　吐蕃統治下的河西走廊　《西北師大學報》(社會科學版)1996 年第 2 期　p. 103
馮培紅　唐五代敦煌的河渠水利與水司管理機構初探　《敦煌學輯刊》1997 年第 2 期　p. 72
李正宇　敦煌歷史地理導論　(臺北)新文豐出版公司　1997　p. 263
寧可　郝春文　敦煌社邑文書輯校　江蘇古籍出版社　1997　p. 364
李正宇　五石口堰　敦煌學大辭典　上海辭書出版社　1998　p. 313
劉進寶　敦煌歷史文化　甘肅人民出版社　2000　p. 95
劉進寶　敦煌文書與唐史研究　(臺北)新文豐出版公司　2000　p. 11、96
馮培紅　敦煌文獻中的職官史料與唐五代藩鎮官制研究　《敦煌研究》2001 年第 3 期　p. 109
山本達郎等　補(IV)社·II 牒·狀　『NUN - HUANG AND TURFAN DOCUMENTS CONCERNING SOCIAL AND ECONOMIC HISTORY』(Sup. p. lemrnts)　(東京)東洋文庫　2001　p. 68
曾良　敦煌文獻字義通釋　廈門大學出版社　2001　p. 185
劉進寶　敦煌學通論　甘肅教育出版社　2002　p. 59、294
洪藝芳　敦煌社會經濟文書中的唐五代新興量詞研究　敦煌學(第 24 輯)　(臺北)樂學書局有限公司　2003　p. 103
孟憲實　論敦煌渠人社　周秦漢唐文化研究(第三輯)　三秦出版社　2004　p. 142
方孝坤　敦煌書法的文獻學價值　《敦煌研究》2006 年第 2 期　p. 37
陸離　吐蕃統治河隴西域時期職官四題　《西北民族研究》2006 年第 2 期　p. 29

S. 2104

矢吹慶輝　鳴沙餘韻·解說篇(第一部)　(京都)臨川書店　1980　p. 164、174
福井文雅　般若心經　敦煌と中國仏教(講座敦煌 7)　(東京)大東出版社　1984　p. 39
項楚　變文字義零拾　《中華文史論叢》(總 29 輯)　上海古籍出版社　1984　又見:中國敦煌學百

年文庫・語言文字卷(一)　甘肅文化出版社　1999　p. 471

戴密微著　耿昇譯　敦煌學近作　敦煌譯叢(第一輯)　甘肅人民出版社　1985　p. 43

任半塘　敦煌歌辭總編　上海古籍出版社　1987　p. 543

顔廷亮　關於敦煌遺書中的甘肅文學作品　1983 年全國敦煌學術討論會文集・文史遺書編(下)　甘肅人民出版社　1987　p. 227

張錫厚　敦煌文學作品選　中華書局　1987　p. 48

高國藩　敦煌民俗學　上海文藝出版社　1989　p. 465

張錫厚　敦煌詩歌考論　《敦煌學輯刊》1989 年第 2 期　p. 10、31

張錫厚　詩歌　敦煌文學　甘肅人民出版社　1989　p. 156、181

高國藩　敦煌古俗與民俗流變　河海大學出版社　1990　p. 406

上山大峻　敦煌佛教の研究　(京都)法藏館　1990　p. 19、81

項楚　敦煌變文選注　巴蜀書社　1990　p. 329

項楚　敦煌本《燕子賦》劄記　敦煌文學叢考　上海古籍出版社　1991　p. 134

周紹良　敦煌文學芻議及其它　(臺北)新文豐出版公司　1992　p. 23

高國藩　敦煌民俗資料導論　(臺北)新文豐出版公司　1993　p. 176

譚禪雪　敦煌歲時掇瑣　(香港)《九州學刊》(敦煌學專輯)1993 年第 5 卷第 4 期　p. 100

項楚　敦煌詩歌導論　(臺北)新文豐出版公司　1993　p. 225、285

張錫厚　敦煌文學概論　甘肅人民出版社　1993　p. 361

樊錦詩　趙青蘭　吐蕃佔領時期莫高窟洞窟的分期研究　《敦煌研究》1994 年第 4 期　p. 87　又見:敦煌研究文集・敦煌石窟考古篇　甘肅民族出版社　2000　p. 199

劉進寶　敦煌學論述　(臺北)洪葉文化事業有限公司　1995　p. 319

王書慶　敦煌佛學・佛事篇　甘肅民族出版社　1995　p. 276

顔廷亮　敦煌文學概說　(臺北)新文豐出版公司　1995　p. 70

張涌泉　漢語俗字研究　岳麓書社　1995　p. 347

趙和平　後唐時代甘州回鶻表本及相關漢文文獻的初步研究　(香港)《九州學刊》1995 年第 6 卷第 4 期　p. 96

王昆吾　隋唐五代燕樂雜言歌辭研究　中華書局　1996　p. 71

張錫厚　敦煌釋氏詩歌創作論　慶祝潘石禪先生九秩華誕敦煌學特刊　(臺北)文津出版社　1996　p. 204

劉子瑜　敦煌變文和王梵志詩　大象出版社　1997　p. 75

譚蟬雪　敦煌歲時文化導論　(臺北)新文豐出版公司　1998　p. 241

張錫厚　贈道清和尚詩　敦煌學大辭典　上海辭書出版社　1998　p. 574

高國藩　敦煌俗文化學　上海三聯書店　1999　p. 44、326

榮新江　《英藏敦煌文獻》定名商補　文史(第五十二輯)　中華書局　2000　p. 119　又見:敦煌學新論　甘肅教育出版社　2002　p. 192

孫其芳　大漠遺歌:敦煌詩歌選評　甘肅人民出版社　2000　p. 204

徐俊　敦煌詩集殘卷輯考　中華書局　2000　p. 867

張錫厚　敦煌文學源流　作家出版社　2000　p. 40

陳尚君　評《敦煌詩集殘卷輯考》　敦煌吐魯番研究(第五卷)　北京大學出版社　2001　p. 385

曾良　敦煌文獻字義通釋　廈門大學出版社　2001　p. 73

劉進寶　敦煌學通論　甘肅教育出版社　2002　p. 363

葉貴良　《敦煌文獻字義通釋》釋義商榷舉例　《敦煌研究》2002 年第 3 期　p. 49

張小豔　試論敦煌書儀的語料價值　浙江與敦煌學:常書鴻先生誕辰一百周年紀念文集　浙江古籍出版社　2004　p. 531

S. 2105

許國霖　敦煌石室寫經題記彙編　《微妙聲》1936 – 1937 年第 1 – 4 期　又見:中國敦煌學百年文庫・宗教卷(四)　甘肅文化出版社　1999　p. 213

許國霖　敦煌石室寫經年代表　《微妙聲》1937 年第 5 期　又見:中國敦煌學百年文庫・宗教卷(四)　甘肅文化出版社　1999　p. 194

芳村修基　土橋秀高　井ノ口泰淳　敦煌佛教史年表　西域文化研究(第一)・敦煌佛教資料　(京都)法藏館　1958　p. 254

矢吹慶輝　鳴沙餘韻・解說篇(第一部)　(京都)臨川書店　1980　p. 269

陳祚龍　敦煌古抄內典尾記彙校初、二、三編合刊　敦煌學要籥　(臺北)新文豐出版公司　1982　p. 108

池田溫　中國古代寫本識語集録　(東京)大蔵出版株式會社　1990　p. 118

戴仁　敦煌寫本紙張的顏色　法國學者敦煌學論文選萃　中華書局　1993　p. 591

趙聲良　早期敦煌寫本書法的時代分期和類型　敦煌書法庫(第二輯)　甘肅人民美術出版社　1994　p. 6

張涌泉　敦煌俗字研究導論　(臺北)新文豐出版公司　1996　p. 154

張涌泉　敦煌文書疑難詞語辨釋　舊學新知　浙江大學出版社　1999　p. 266

趙聲良　早期敦煌寫本書法的分期研究　1994 年敦煌學國際研討會文集・石窟藝術卷　甘肅民族出版社　2000　p. 272

蔡忠霖　敦煌漢文寫卷俗字及其現象　(臺北)文津出版社　2002　p. 156

姜亮夫　敦煌莫高窟年表　姜亮夫全集(十一)　雲南人民出版社　2002　p. 133

施安昌　敦煌寫經斷代發凡　善本碑帖論集　紫禁城出版社　2002　p. 314

S. 2106

許國霖　敦煌石室寫經題記彙編　《微妙聲》1936 – 1937 年第 1 – 4 期　又見:中國敦煌學百年文庫・宗教卷(四)　甘肅文化出版社　1999　p. 212、240

許國霖　敦煌石室寫經年代表　《微妙聲》1937 年第 5 期　又見:中國敦煌學百年文庫・宗教卷(四)　甘肅文化出版社　1999　p. 193

向達　倫敦所藏敦煌卷子經眼目録　《北平圖書館圖書季刊》1939 年新第 1 卷第 4 期　p. 397　又見:唐代長安與西域文明　三聯書店　1957　p. 212

芳村修基　土橋秀高　井ノ口泰淳　敦煌佛教史年表　西域文化研究(第一)・敦煌佛教資料　(京都)法藏館　1958　p. 253

佐藤哲英　維摩經疏の殘缺本について　西域文化研究(第一)・敦煌佛教資料　(京都)法藏館　1958　p. 129

中村元　笠原一男　金岡秀友　アジア仏教史・中國編Ⅴ:シルクロ－ドの宗教　(東京)佼成出版社　1975　p. 161

陳祚龍　敦煌古抄內典尾記彙校二編　敦煌文物隨筆　(臺北)商務印書館　1979　p. 165

矢吹慶輝　鳴沙餘韻・解說篇(第一部)　(京都)臨川書店　1980　p. 28

陳祚龍　敦煌古抄內典尾記彙校初、二、三編合刊　敦煌學要籥　(臺北)新文豐出版公司　1982　p. 72

饒宗頤　巴黎藏最早之敦煌寫卷金光明經(P. 4506)　選堂集林・史林　(香港)中華書局　1982　p. 414、418

姜亮夫　敦煌小識六論　敦煌學論文集　上海古籍出版社　1987　p. 750　又見:姜亮夫全集(十四)　雲南人民出版社　2002　p. 193

池田溫　中國古代寫本識語集録　(東京)大藏出版株式會社　1990　p. 94

陸揚　《維摩詰經》與南北朝社會文化之關係　中國文化與中國哲學(1988)　三聯書店　1990　p. 578

林聰明　敦煌文書出處略考　季羨林教授八十華誕紀念論文集(下)　江西人民出版社　1991　p. 867

林聰明　敦煌文書學　(臺北)新文豐出版公司　1991　p. 409

方廣錩　許培鈴　敦煌遺書中的《維摩詰所說經》及其注疏　《敦煌研究》1994 年第 4 期　p. 148　又見:敦煌學佛教學論叢(下)　中國佛教文化研究所　1998　p. 114

趙聲良　萬經珍寶:古代書法藝術的寶庫"敦煌書法"　(臺北)《雄獅美術》1994 年第 12 期

趙聲良　早期敦煌寫本書法的時代分期和類型　敦煌書法庫(第二輯)　甘肅人民美術出版社　1994　p. 6

方廣錩　維摩義記　敦煌學大辭典　上海辭書出版社　1998　p. 675

孫繼民　皇興五年張巢主寫金光明經記　敦煌學大辭典　上海辭書出版社　1998　p. 454

丘古耶夫斯基　敦煌漢文文書　上海古籍出版社　2000　p. 99

趙聲良　早期敦煌寫本書法的分期研究　1994 年敦煌學國際研討會文集・石窟藝術卷　甘肅民族出版社　2000　p. 271

鄭汝中　敦煌寫卷行草書法集　甘肅人民美術出版社　2000　p. 11

姜亮夫　敦煌莫高窟年表　姜亮夫全集(十一)　雲南人民出版社　2002　p. 42、105

陳國燦　敦煌藏經洞魏晉寫經系年訂補　漢語史學報專輯(第三輯)　上海教育出版社　2003　p. 49

S. 2107

廣川堯敏　淨土三部經　敦煌と中國仏教(講座敦煌 7)　(東京)大東出版社　1984　p. 87

S. 2108

井ノ口泰淳　敦煌本『仏名經』の諸系統　中央アジアの言語と仏教　(京都)法藏館　1995　p. 308

S. 2109

陳祚龍　敦煌古抄内典尾記彙校初、二、三編合刊　敦煌學要籥　(臺北)新文豐出版公司　1982　p. 112

方廣錩　小法滅盡經　敦煌學大辭典　上海辭書出版社　1998　p. 736

S. 2110

矢吹慶輝　鳴沙餘韻・解說篇(第二部)　(京都)臨川書店　1980　p. 299

陳祚龍　敦煌古抄内典尾記彙校初、二、三編合刊　敦煌學要籥　(臺北)新文豐出版公司　1982　p. 109

高國藩　敦煌古俗與民俗流變　河海大學出版社　1990　p. 416

蕭登福　從敦煌寫卷中看道教星斗崇拜對佛經之影響　第二届敦煌學國際研討會論文集　(臺北)

漢學研究中心　1990　p. 339
高國藩　敦煌民俗資料導論　(臺北)新文豐出版公司　1993　p. 130
蕭登福　道教星斗符印與佛教密宗　(臺北)新文豐出版公司　1993　p. 12
蕭登福　道教與密宗　(臺北)新文豐出版公司　1993　p. 432、520
蕭登福　道教術儀與密教典籍　(臺北)新文豐出版公司　1994　p. 398、490
蕭登福　道教與佛教　(臺北)東大圖書公司　1995　p. 56
方廣錩　要行捨身經　敦煌學大辭典　上海辭書出版社　1998　p. 741
劉永明　敦煌道教的世俗化之路:道教向具注曆日的滲透　《敦煌學輯刊》2005 年第 2 期　p. 203
余欣　唐宋時代敦煌的鎮宅術　敦煌吐魯番研究(第九卷)　北京大學出版社　2006　p. 365

S. 2111

王重民《敦煌遺書總目索引》後記　敦煌遺書論文集　中華書局　1984　p. 69
林聰明　敦煌文書學　(臺北)新文豐出版公司　1991　p. 343
林聰明　敦煌吐魯番文書解詁指例　(臺北)新文豐出版公司　2001　p. 211 注 4

S. 2112

廣川堯敏　淨土三部經　敦煌と中國仏教(講座敦煌 7)　(東京)大東出版社　1984　p. 87
劉長東　論隋唐三階教與淨土教的關係　新國學(第二卷)　巴蜀書社　2000　p. 373

S. 2113

芳村修基　土橋秀高　井ノロ泰淳　敦煌佛教史年表　西域文化研究(第一)・敦煌佛教資料　(京都)法藏館　1958　p. 273
王重民　敦煌古籍叙録　中華書局　1979　p. 73
土肥義和　はじめに——歸義軍節度使の敦煌支配　敦煌の歷史(講座敦煌 2)　(東京)大東出版社　1980　p. 283
饒宗頤　達嚫國考　選堂集林・史林　(香港)中華書局　1982　p. 462　又見:梵學集　上海古籍出版社　1993　p. 304、311;饒宗頤史學論著選　上海古籍出版社　1993　p. 472;饒宗頤東方學論集　汕頭大學出版社　1999　p. 206
孫修身　莫高窟佛教史迹故事畫介紹(三)　《敦煌研究》1982 年試刊第 2 期　p. 92
孫修身　莫高窟佛教史迹故事畫介紹(四)　《敦煌研究》1983 年創刊號　p. 46
饒宗頤解說　林宏作譯　敦煌書法叢刊(第十九卷)・碎金(二)　(東京)二玄社　1984　p. 105
王重民原編　黄永武新編　敦煌古籍叙録新編(第四冊)　(臺北)新文豐出版公司　1986　p. 227
張廣達　榮新江　敦煌"瑞像記"、瑞像圖及其反映的于闐　敦煌吐魯番文獻研究論集(第三輯)　北京大學出版社　1986　p. 69　又見:于闐史叢考　上海書店　1993　p. 214
耿昇　中法學者友好合作的成果　《敦煌研究》1987 年第 1 期　p. 107
劉銘恕　敦煌遺書叢識　1983 年全國敦煌學術討論會文集・文史遺書編(上)　甘肅人民出版社　1987　p. 435
孫修身　莫高窟佛教史迹畫内容考釋(九)　《敦煌研究》1988 年第 4 期　p. 26
韓建瓴　雜記　敦煌文學　甘肅人民出版社　1989　p. 68
李正宇　唐宋時代敦煌縣河渠泉澤簡志(二)　《敦煌研究》1989 年第 1 期　p. 60
馬德　靈圖寺、靈圖寺窟及其它　《敦煌研究》1989 年第 2 期　p. 4
池田溫　中國古代寫本識語集録　(東京)大藏出版株式會社　1990　p. 438

唐耕耦　陸宏基　敦煌社會經濟文獻真迹釋録(五)　全國圖書館文獻縮微複製中心　1990　p. 242
林聰明　敦煌文書學　(臺北)新文豐出版公司　1991　p. 351 注 17
梅林　吐蕃和歸義軍時期敦煌禪僧寺籍考辨　《敦煌研究》1992 年第 3 期　p. 101
胡同慶　敦煌石窟藝術概述　《敦煌研究》1993 年第 3 期　p. 32
李正宇　敦煌文學概論　甘肅人民出版社　1993　p. 98
蘇遠鳴　敦煌石窟中的瑞像圖　法國學者敦煌學論文選萃　中華書局　1993　p. 157
蘇遠鳴　敦煌寫本中的某些壁畫題識　法國學者敦煌學論文選萃　中華書局　1993　p. 232
魏普賢　敦煌寫本和石窟中的劉薩訶傳說　法國學者敦煌學論文選萃　中華書局　1993　p. 462 注 111
鄭炳林　敦煌碑銘讚抄本概述　《魏晉南北朝隋唐史》1993 年第 12 期　p. 54　又見:《歷史研究》1993 年第 5 期
周紹良　三卷關於變相圖的膀題本事考釋　(香港)《九州學刊》(敦煌學專輯)1993 年第 5 卷第 4 期　1993　p. 23
國家文物局教育處　佛教石窟考古概要　文物出版社　1993　p. 428
胡同慶　羅華慶　敦煌學入門　甘肅人民出版社　1994　p. 51
劉銘恕　敦煌遺書劄記八篇　敦煌學國際研討會文集・史地語文編　遼寧美術出版社　1995　p. 387
馬德　敦煌莫高窟吐蕃、歸義軍時代營建概況　(香港)《九州學刊》1995 年第 6 卷第 4 期　p. 67
馬德　敦煌遺書莫高窟營建史料淺論　敦煌學國際研討會文集・石窟考古編　遼寧美術出版社　1995　p. 143
姜伯勤　敦煌戒壇與大乘佛教　華學(第二輯)　中山大學出版社　1996　p. 319
姜伯勤　敦煌藝術宗教與禮樂文明　中國社會科學出版社　1996　p. 342
李正宇　敦煌史地新論　(臺北)新文豐出版公司　1996　p. 142
盧秀文　敦煌莫高窟隋唐背光研究　《敦煌學輯刊》1996 年第 1 期　p. 92
馬德　敦煌莫高窟史研究　甘肅教育出版社　1996　p. 104、212
馬德　莫高窟與敦煌佛教教團　敦煌吐魯番研究(第一卷)　北京大學出版社　1996　p. 169
榮新江　歸義軍史研究　上海古籍出版社　1996　p. 12
湛如　戒壇流變史之研究　華學(第二輯)　中山大學出版社　1996　p. 346
張涌泉　敦煌俗字研究導論　(臺北)新文豐出版公司　1996　p. 81
張涌泉　敦煌文獻校讀釋例　文史(第四十一輯)　中華書局　1996　p. 201　又見:舊學新知　浙江大學出版社　1999　p. 216
鄧文寬　大梵寺佛音:敦煌莫高窟壇經讀本　(臺北)如聞出版社　1997　p. 86
胡同慶　甘肅石窟雕塑藝術概論　《敦煌研究》1997 年第 4 期　p. 59
鄭炳林　敦煌碑銘讚及其有關問題　敦煌碑銘讚輯釋　甘肅教育出版社　1997　p. 6
鄭炳林　敦煌碑銘讚輯釋　甘肅教育出版社　1997　p. 312
李正宇　宕泉　敦煌學大辭典　上海辭書出版社　1998　p. 321
李正宇　馬德勝宕泉剏修公德記　敦煌學大辭典　上海辭書出版社　1998　p. 334
李正宇　宣論使圖書記　敦煌學大辭典　上海辭書出版社　1998　p. 293
榮新江　歸義軍大事紀年初稿　出土文獻研究(第三輯)　文物出版社　1998　p. 240
饒宗頤　劉薩訶事迹與瑞像圖　饒宗頤東方學論集　汕頭大學出版社　1999　p. 270
榮新江　《英藏敦煌文獻》定名商補　文史(第五十二輯)　中華書局　2000　p. 119　又見:敦煌學新論　甘肅教育出版社　2002　p. 193

徐俊　敦煌詩集殘卷輯考　中華書局　2000　p. 140、619、890
褚良才　敦煌學簡明教程　中華書局　2001　p. 96
榮新江　中古中國與外來文明　三聯書店　2001　p. 328
姜亮夫　敦煌莫高窟年表　姜亮夫全集(十一)　雲南人民出版社　2002　p. 447
榮新江　《釋迦降伏外道像》中的祆神密斯拉和祖爾萬　華林(第二卷)　中華書局　2002　p. 202
史葦湘　敦煌歷史與莫高窟藝術研究　甘肅教育出版社　2002　p. 203
孫修身　敦煌與中西交通研究　甘肅教育出版社　2002　p. 36
張廣達　榮新江　聖彼得堡藏和田出土漢文文書考釋　敦煌吐魯番研究(第六卷)　北京大學出版社　2002　p. 230
古正美　于闐與敦煌的毗沙門天王信仰　2000年敦煌學國際學術討論會文集・歷史文化卷(上)　甘肅民族出版社　2003　p. 40、48
賈應逸　藏經洞遺書與和闐佛教遺址　2000年敦煌學國際學術討論會文集・歷史文化卷(上)　甘肅民族出版社　2003　p. 89
蔣宗福　敦煌禪宗文獻詞語劄記　新世紀敦煌學論集　巴蜀書社　2003　p. 475
馬德　以史論窟　以窟證史　2000年敦煌學國際學術討論會文集・歷史文化卷(上)　甘肅民族出版社　2003　p. 494
王國良　《劉薩訶和尚因緣記》探究　新世紀敦煌學論集　巴蜀書社　2003　p. 596
楊秀清　唐宋敦煌地區的世俗佛教信仰　新世紀敦煌學論集　巴蜀書社　2003　p. 713
湛如　敦煌佛教律儀制度研究　中華書局　2003　p. 57、121
樊錦詩　玄奘譯經和敦煌壁畫　《敦煌研究》2004年第2期　p. 11
屈直敏　敦煌高僧　民族出版社　2004　p. 41
沙武田　敦煌壁畫榜題寫本研究　《敦煌研究》2004年第3期　p. 104
王惠民　敦煌經變畫的研究成果與研究方法　《敦煌學輯刊》2004年第2期　p. 69
鄭炳林　王晶波　敦煌寫本相書校録研究　民族出版社　2004　p. 235
沙武田　梁紅　敦煌千佛變畫稿刺孔研究　《敦煌學輯刊》2005年第2期　p. 62
張小剛　敦煌瑞像圖中的于闐護國神王　《敦煌研究》2005年第1期　p. 50

S. 2114

周紹良　敦煌所出變文現存目録　敦煌變文彙録　上海出版公司　1955　p. 3
劉銘恕　再記英國倫敦所藏的敦煌經卷　《中國科學院圖書館通訊》1957年第7期　又見:中國敦煌學百年文庫・綜述卷(二)　甘肅文化出版社　1999　p. 135
王慶菽　試談變文的産生和影響　《新建設》1957年第3、4期　又見:敦煌變文論文録　上海古籍出版社　1982　p. 259；中國敦煌學百年文庫・文學卷(一)　甘肅文化出版社　1999　p. 546
竺沙雅章　敦煌の寺戸について　『史林』(44巻5號)　京都大學文學部史學研究會　1961　p. 72
邵榮芬　敦煌俗文學中的別字異文和唐五代西北方音　《中國語文》1963年第3期　又見:中國敦煌學百年文庫・語言文字卷(一)　甘肅文化出版社　1999　p. 143
金岡照光　敦煌漢文文學文獻の文學形態上の種類とその分類　敦煌出土文學文獻分類目録・附解説　(東京)東洋文庫　1971　p. 190
金岡照光　敦煌漢文文學文獻の寫本及び影印の收集保存、整理研究の現狀　敦煌出土文學文獻分類目録・附解説　(東京)東洋文庫　1971　p. 169
邱鎮京　敦煌變文述論　(臺北)商務印書館　1974　p. 1886

加地哲定　增補中國佛教文學研究　(東京)同朋舍　1979　p. 169
王重民　敦煌古籍叙録　中華書局　1979　p. 381
楊家駱　敦煌變文　(臺北)世界書局　1980　p. 801
金岡照光　敦煌の繪物語　(東京)東方書店　1981　p. 69
蘇瑩輝　敦煌學概要　(臺北)編譯館"中華叢書編委會"　1981　p. 84
鄭阿財　敦煌孝道文學研究　(臺北)石門圖書公司　1982　p. 76
周紹良　談唐代民間文學　敦煌變文論文録　上海古籍出版社　1982　p. 412　又見:紹良叢稿　齊魯書社　1984　p. 54
潘重規　敦煌變文集新書(下)　(臺北)"中國文化大學"中文研究所　1984　p. 785
王重民　醜女緣起　敦煌變文集　人民文學出版社　1984　p. 801
王重民原編　黄永武新編　敦煌古籍叙録新編(第十八册)　(臺北)新文豐出版公司　1986　p. 277
周紹良　唐代變文及其它　敦煌文學作品選　中華書局　1987　p. 4、18
郭在貽　張涌泉　黄征　敦煌變文集校議　岳麓書社　1990　p. 405
加地哲定著　劉衛星譯　中國佛教文學　今日中國出版社　1990　p. 143
江藍生　近代漢語語法資料彙編(唐五代卷)　商務印書館　1990　p. 434
上山大峻　敦煌佛教の研究　(京都)法藏館　1990　p. 19
項楚　敦煌變文選注　巴蜀書社　1990　p. 723
郭在貽　郭在貽語言文學論稿　浙江古籍出版社　1992　p. 51
金岡照光　高僧傳因緣　敦煌の文學文獻(講座敦煌 9)　(東京)大東出版社　1992　p. 599
金岡照光　講唱體類　敦煌の文學文獻(講座敦煌 9)　(東京)大東出版社　1992　p. 77、106
金岡照光　総說『敦煌文學の諸形態』　敦煌の文學文獻(講座敦煌 9)　(東京)大東出版社　1992　p. 9
林家平　寧强　羅華慶　中國敦煌學史　北京語言學院出版社　1992　p. 337
周紹良　敦煌文學芻議及其它　(臺北)新文豐出版公司　1992　p. 68
郭在貽　郭在貽敦煌學論集　江西人民出版社　1993　p. 250
蔣禮鴻　敦煌文獻語言詞典　杭州大學出版社　1994　p. 139、174、390
張涌泉　試論審辨敦煌寫本俗字的方法　《敦煌研究》1994 年第 2 期　p. 152　又見:舊學新知　浙江大學出版社　1999　p. 86
王繼如　《醜女緣起》校釋補正　俗語言研究(第二期)　(京都)禪文化研究所　1995　p. 52
張涌泉《敦煌文獻語言辭典》補正　原學(第四輯)　中國廣播電視出版社　1995　p. 388
張涌泉　敦煌俗字研究導論　(臺北)新文豐出版公司　1996　p. 106、259
黄征　張涌泉　敦煌變文校注　中華書局　1997　p. 1109
劉子瑜　敦煌變文和王梵志詩　大象出版社　1997　p. 38
海客　醜女緣起　敦煌學大辭典　上海辭書出版社　1998　p. 580
梁麗玲　《雜寶藏經》及其故事研究　(臺北)法鼓文化公司　1998　p. 471
高國藩　敦煌俗文化學　上海三聯書店　1999　p. 482
梅維恒著　楊繼東　陳引馳譯　唐代變文(上)　(香港)中國佛教文化出版公司　1999　p. 84
張涌泉　評《唐五代語言詞典》　敦煌吐魯番研究(第四卷)　北京大學出版社　1999　p. 623
張涌泉　俗字研究與敦煌文獻的校理　舊學新知　浙江大學出版社　1999　p. 64
王繼如　敦煌俗字研究法　訓詁問學叢稿　江蘇古籍出版社　2001　p. 233　又見:2000 年敦煌學國際學術討論會文集・歷史文化卷(下)　甘肅民族出版社　2003　p. 458
張鴻勳　敦煌俗文學研究　甘肅人民出版社　2002　p. 8、99

王繼如　敦煌變文研究尚有可爲　漢語史學報專輯(第三輯)　上海教育出版社　2003　p. 362
汪泛舟　敦煌俗别字新考(上)《敦煌研究》2006 年第 1 期　p. 104

S. 2115

陳慶英　《斯坦因劫經録》、《伯希和劫經録》所收漢文寫卷中夾存的藏文寫卷情況調查　《敦煌學輯刊》1981 年第 2 期　p. 111
景盛軒　試論敦煌佛經異文研究的價值和意義　《敦煌研究》2004 年第 5 期　p. 88

S. 2116

王三慶　敦煌寫卷中武后新字之調查研究　唐代研究論集(第三輯)　(臺北)新文豐出版公司 1992　p. 88

S. 2117

鄭炳林　敦煌碑銘讚輯釋　甘肅教育出版社　1997　p. 290 注 6

S. 2121

陳祚龍　敦煌古抄内典尾記彙校初、二、三編合刊　敦煌學要籥　(臺北)新文豐出版公司　1982 p. 109
福井文雅　般若心經　敦煌と中國仏教(講座敦煌 7)　(東京)大東出版社　1984　p. 39
池田溫　中國古代寫本識語集録　(東京)大藏出版株式會社　1990　p. 389

S. 2122

向達　倫敦所藏敦煌卷子經眼目録　《北平圖書館圖書季刊》1939 年新第 1 卷第 4 期　p. 397　又見:唐代長安與西域文明　三聯書店　1957　p. 212
王卡　太上妙法本相經　敦煌學大辭典　上海辭書出版社　1998　p. 761
山田俊　唐初道教思想史研究・論述篇　(京都)平樂寺書店　1999　p. 367、526
山田俊　再論《太上妙法本相經》:以《東極真人問事品第九》爲主　敦煌吐魯番研究(第四卷)　北京大學出版社　1999　p. 491
劉屹　評《唐初道教思想史研究》　唐研究(第六卷)　北京大學出版社　2000　p. 457
王卡　敦煌道教文獻研究　中國社會科學出版社　2004　p. 119

S. 2123

杜愛英　敦煌遺書中俗體字的諸種類型　《敦煌研究》1992 年第 3 期　p. 121
巫鴻　再論劉薩訶　禮儀中的美術　三聯書店　2005　p. 445

S. 2125

陳祚龍　敦煌古抄内典尾記彙校初、二、三編合刊　敦煌學要籥　(臺北)新文豐出版公司　1982 p. 110

S. 2126

汪泛舟　敦煌俗别字新考(上)　《敦煌研究》2006 年第 1 期　p. 103

S. 2127

景盛軒　敦煌寫本《大般涅槃經》著録商補　浙江與敦煌學:常書鴻先生誕辰一百周年紀念文集　浙江古籍出版社　2004　p. 347

景盛軒　試論敦煌佛經異文研究的價值和意義　《敦煌研究》2004 年第 5 期　p. 88

S. 2129

陳祚龍　瓜沙印録　（臺北）《大陸雜誌》1962 年第 4 期　又見:敦煌學概要　（臺北）編譯館"中華叢書編委會"　1981　p. 267；中國敦煌學百年文庫・考古卷(一)　甘肅文化出版社　1999　p. 188

陳祚龍　古代敦煌及其他地區流行之公私印章圖記文字録　敦煌學要籥　（臺北）新文豐出版公司　1982　p. 335

孫修身　敦煌三界寺　甘肅省史學會論文集　甘肅省歷史學會編印　1982　又見:中國敦煌學百年文庫・宗教卷(一)　甘肅文化出版社　1999　p. 58

池田溫　敦煌文獻について　『書道研究』(2 卷 2 號)　（東京）萱原書局　1988　p. 49

林聰明　敦煌文書學　（臺北）新文豐出版公司　1991　p. 128

鄭炳林　敦煌碑銘讚輯釋　甘肅教育出版社　1997　p. 517 注 8

李正宇　三界寺　敦煌學大辭典　上海辭書出版社　1998　p. 631

池田溫　敦煌文獻について　敦煌文書の世界　（東京）名著刊行會　2003　p. 52

S. 2130

平井俊榮　敦煌仏典と中國仏教　敦煌と中國仏教(講座敦煌 7)　（東京）大東出版社　1984　p. 8

汪泛舟　讃・箴　敦煌文學　甘肅人民出版社　1989　p. 103

S. 2132

羅宗濤　敦煌變文:石窟裏的老傳說　（臺北）時報文化出版公司　1983　p. 26

蔡忠霖　遼・釋行均《龍龕手鑑》的俗字觀　冉雲華先生八秩華誕壽慶論文集　（臺北）法光出版社　2003　p. 418

景盛軒　試論敦煌佛經異文研究的價值和意義　《敦煌研究》2004 年第 5 期　p. 87

S. 2133

張涌泉　敦煌俗字研究導論　（臺北）新文豐出版公司　1996　p. 193

S. 2134

平井俊榮　敦煌仏典と中國仏教　敦煌と中國仏教(講座敦煌 7)　（東京）大東出版社　1984　p. 8

S. 2135

張涌泉　敦煌文獻字詞例釋　敦煌學(第 25 輯)　（臺北）樂學書局有限公司　2004　p. 355

S. 2136

芳村修基　土橋秀高　井ノ口泰淳　敦煌佛教史年表　西域文化研究(第一)・敦煌佛教資料　（京都）法藏館　1958　p. 264

池田溫　八世紀初における敦煌の氏族　『東洋史研究』(24 卷 3 號)　（東京）東洋史研究會　1969

p. 52
陳祚龍　敦煌古抄內典尾記彙校初、二、三編合刊　敦煌學要籥　(臺北)新文豐出版公司　1982　p. 109
韓建瓴　題跋　敦煌文學　甘肅人民出版社　1989　p. 77
池田溫　中國古代寫本識語集録　(東京)大藏出版株式會社　1990　p. 270
林聰明　從敦煌文書看佛教徒的造經祈福　第二屆敦煌學國際研討會論文集　(臺北)漢學研究中心　1990　p. 536
林聰明　敦煌文書學　(臺北)新文豐出版公司　1991　p. 347
王三慶　敦煌寫卷中武后新字之調查研究　唐代研究論集(第三輯)　(臺北)新文豐出版公司　1992　p. 62
李明偉　敦煌文學概論　甘肅人民出版社　1993　p. 498
黃征　敦煌願文散校　《敦煌研究》1994 年第 3 期　p. 130　又見:敦煌語文叢說　(臺北)新文豐出版公司　1997　p. 571
黃征　吳偉　敦煌願文集　岳麓書社　1995　p. 897、913
陳國燦　景龍二年薛崇徽寫大涅槃經記　敦煌學大辭典　上海辭書出版社　1998　p. 456
顧吉辰　敦煌文獻職官結銜考釋　《敦煌學輯刊》1998 年第 2 期　p. 28
沙知　敦煌吐魯番文獻所見唐軍府名掇拾　《敦煌學輯刊》1998 年第 1 期　p. 3
沙知　永樂府　敦煌學大辭典　上海辭書出版社　1998　p. 392
顏廷亮　關於敦煌文學發展的歷史進程　《甘肅社會科學》1999 年第 4 期　p. 45
金岡照光　敦煌文獻と中國文學　(東京)五曜書房　2000　p. 428
林聰明　敦煌吐魯番文書解詁指例　(臺北)新文豐出版公司　2001　p. 183
馬德　敦煌寫經題記的社會意義　法源(第 19 期)　中國佛學院　2001　p. 81
蔡忠霖　敦煌漢文寫卷俗字及其現象　(臺北)文津出版社　2002　p. 143、156、166
陳麗萍　敦煌女性寫經題記及反映的婦女問題　敦煌佛教藝術文化國際學術研討會論文集　蘭州大學出版社　2002　p. 444
姜亮夫　敦煌莫高窟年表　姜亮夫全集(十一)　雲南人民出版社　2002　p. 285
蔡忠霖　官定正字之外的通行文字　新世紀敦煌學論集　巴蜀書社　2003　p. 110
蔡忠霖　遼・釋行均《龍龕手鑒》的俗字觀　冉雲華先生八秩華誕壽慶論文集　(臺北)法光出版社　2003　p. 418
赤尾榮慶　敦煌寫本の書志學的研究——近年の動向を踏まえて　日本學・敦煌學・漢文訓讀の新展開　(東京)汲古書院　2005　p. 195
赤尾榮慶　關於敦煌寫本的真僞和修復問題　敦煌學國際研討會論文集　北京圖書館出版社　2005　p. 328

S. 2137
矢吹慶輝　三階教之研究　(東京)岩波書店　1927　p. 33、181、191、660、786
池田溫　中國古代籍帳研究:概観・録文　東京大學東洋文化研究所　1979　p. 54
王重民　記敦煌寫本的佛經　敦煌吐魯番文獻研究論集(第二輯)　北京大學出版社　1983　p. 20　又見:敦煌遺書論文集　中華書局　1984　p. 305
陳祚龍　新校重訂敦煌古抄楊隋釋信行的著述小集　敦煌學林劄記　(臺北)商務印書館　1987　p. 460、488
趙聲良　隋代敦煌寫本的書法藝術　敦煌書法庫(第三輯)　甘肅人民美術出版社　1994　p. 4　又

見:《敦煌研究》1995 年第 4 期　p. 135
胡戟　傅玫　敦煌史話　中華書局　1995　p. 132
方廣錩　大乘無盡藏法　藏外佛教文獻(第四輯)　宗教文化出版社　1998　p. 363
許建平　《英藏敦煌文獻》(1-8)補遺　英國收藏敦煌漢藏文獻研究:紀念敦煌文獻發現一百周年　中國社會科學出版社　2000　p. 392
姜亮夫　敦煌莫高窟年表　姜亮夫全集(十一)　雲南人民出版社　2002　p. 168
西本照真　敦煌抄本中的三階教文獻　中日敦煌佛教學術會議論文集　中國社會科學院研究所　2002　p. 177
西本照真　三階教文獻綜述　藏外佛教文獻(第九輯)　宗教文化出版社　2003　p. 365

S. 2138

蕭登福　從敦煌寫卷中看道教星斗崇拜對佛經之影響　第二屆敦煌學國際研討會論文集　(臺北)漢學研究中心　1990　p. 323
蕭登福　道教星斗符印與佛教密宗　(臺北)新文豐出版公司　1993　p. 68
鄭炳林　敦煌碑銘讚輯釋　甘肅教育出版社　1997　p. 86 注 2
沙知　修多寺　敦煌學大辭典　上海辭書出版社　1998　p. 633
鄭炳林　北京圖書館藏《吳和尚經論目録》有關問題研究　敦煌學與中國史研究論集　甘肅人民出版社　2001　p. 127

S. 2139

李正宇　敦煌方音止遇二攝混同及其校勘學意義　《敦煌研究》1986 年第 4 期　p. 50
譚蟬雪　大祥　敦煌學大辭典　上海辭書出版社　1998　p. 443
郝春文　部分英藏敦煌文獻的定名問題　英國收藏敦煌漢藏文獻研究:紀念敦煌文獻發現一百周年　中國社會科學出版社　2000　p. 389
郝春文　唐後期五代宋初中印文化對敦煌寺院的影響　新世紀敦煌學論集　巴蜀書社　2003　p. 334
賈應逸　藏經洞遺書與和闐佛教遺址　2000 年敦煌學國際學術討論會文集·歷史文化卷(上)　甘肅民族出版社　2003　p. 89

S. 2140

向達　唐代俗講考　《國學季刊》1950 年第 6 卷第 4 號　p. 1　又見:唐代長安與西域文明　三聯書店　1957　p. 334 ;敦煌變文論文録　上海古籍出版社　1982　p. 68 ;關隴文學論叢　甘肅人民出版社　1983　p. 155、181
矢吹慶輝　鳴沙餘韻·解說篇(第一部)　(京都)臨川書店　1980　p. 230、262
土肥義和　はじめに——歸義軍節度使の敦煌支配　敦煌の歷史(講座敦煌 2)　(東京)大東出版社　1980　p. 269
岡部和雄　敦煌藏經目録　敦煌と中國仏教(講座敦煌 7)　(東京)大東出版社　1984　p. 298
姜伯勤　唐五代敦煌寺戶制度　中華書局　1987　p. 331
土肥義和著　李永寧譯　歸義軍時期(晚唐、五代、宋)的敦煌(續)　《敦煌研究》1987 年第 1 期　p. 94
方廣錩　朱明忠　敦煌遺書《沙州乞經狀》　隋唐佛教研究論文集　三秦出版社　1990　p. 262
京戶慈光　敦煌遺書中佛教文獻的研究:分類和方法　敦煌學國際學術討論會論文縮寫文(1990)

敦煌研究院　1990　p. 54

方廣錩　佛教大藏經史(八—十世紀)　中國社會科學出版社　1991　p. 252

劉進寶　敦煌學論述　(臺北)洪葉文化事業有限公司　1995　p. 273

施萍婷　俄藏敦煌文獻 ДX1376、1438、2170 之研究　《敦煌研究》1996 年第 3 期　p. 25

方廣錩　敦煌佛教經録輯校　江蘇古籍出版社　1997　p. 900

張涌泉　敦煌文獻校讀易誤字例釋　敦煌文學論集　四川人民出版社　1997　p. 270

方廣錩　敦煌遺書《沙州乞經狀》研究　敦煌學佛教學論叢(下)　中國佛教文化研究所　1998　p. 195

方廣錩　沙州乞經狀　敦煌學大辭典　上海辭書出版社　1998　p. 756

石内德　敦煌文獻中被廢棄的殘經抄本　法國漢學(敦煌學專號)　中華書局　2000　p. 28

楊富學　王書慶　唐代長安與敦煌佛教文化之關係　'98 法門寺唐文化國際學術討論會論文集　陝西人民出版社　2000　p. 174

楊秀清　華戎交會的都市:敦煌與絲綢之路　甘肅人民出版社　2000　p. 88

劉進寶　敦煌學通論　甘肅教育出版社　2002　p. 297

方廣錩　敦煌寺院所藏大藏經概貌　藏外佛教文獻(第八輯)　宗教文化出版社　2003　p. 385

土肥義和著　王平先譯　論莫高窟藏經洞的性質　2004 年石窟研究國際學術會議論文提要集　敦煌研究院　2004　p. 51

S. 2141

郝春文　敦煌寫本社邑文書年代彙考(二)　《首都師範大學學報》1993 年第 5 期　p. 80

井ノロ泰淳　敦煌本『仏名經』の諸系統　中央アジアの言語と仏教　(京都)法藏館　1995　p. 319

石田勇作　敦煌「社文書」研究序說　中國古代の國家と民衆(堀敏一先生古稀記念)　(東京)汲古書院　1995　p. 684

汪娟　敦煌本《大佛略懺》在佛教懺悔文中的地位　敦煌文學論集　四川人民出版社　1997　p. 388

郝春文　曇曠　敦煌學大辭典　上海辭書出版社　1998　p. 347

湛如　敦煌結夏安居考察　法源(第 16 期)　中國佛學院　1998　p. 84　又見:佛學研究(第七期)　中國佛教文化研究所　1998　p. 339

孟憲實　敦煌社邑的分佈　敦煌文獻論集:紀念藏經洞發現一百周年國際學術研討會論文集　遼寧人民出版社　2001　p. 427、430、433

湛如　敦煌佛教律儀制度研究　中華書局　2003　p. 247

S. 2142

劉銘恕　再記英國倫敦所藏的敦煌經卷　《中國科學院圖書館通訊》1957 年第 7 期　又見:中國敦煌學百年文庫・綜述卷(二)　甘肅文化出版社　1999　p. 131

芳村修基　土橋秀高　井ノロ泰淳　敦煌佛教史年表　西域文化研究(第一)・敦煌佛教資料　(京都)法藏館　1958　p. 280

矢吹慶輝　鳴沙餘韻・解說篇(第一部)　(京都)臨川書店　1980　p. 262

土肥義和　はじめに——歸義軍節度使の敦煌支配　敦煌の歴史(講座敦煌 2)　(東京)大東出版社　1980　p. 274

陳祚龍　敦煌古抄内典尾記彙校初、二、三編合刊　敦煌學要籥　(臺北)新文豐出版公司　1982　p. 110

岡部和雄　敦煌藏經目録　敦煌と中國仏教(講座敦煌 7)　(東京)大東出版社　1984　p. 298

姜伯勤　唐五代敦煌寺戶制度　中華書局　1987　p. 145
謝重光　白文固　中國僧官制度史　青海人民出版社　1990　p. 135
方廣錩　佛教大藏經史(八—十世紀)　中國社會科學出版社　1991　p. 110、296
姜伯勤　敦煌毗尼藏主考　《敦煌研究》1993 年第 3 期　p. 5
姜伯勤　敦煌藝術宗教與禮樂文明　中國社會科學出版社　1996　p. 332
方廣錩　敦煌佛教經録輯校　江蘇古籍出版社　1997　p. 356、571
公維章　文諷　敦煌寺院中的會計:直歲　《敦煌學輯刊》1997 年第 2 期　p. 119
榮新江　敦煌藏經洞的性質及其封閉原因　敦煌吐魯番研究(第二卷)　北京大學出版社　1997　p. 31
楊秀清　金山國立國年代補證　《敦煌研究》1997 年第 4 期　p. 132
白化文　細字寫經　敦煌學大辭典　上海辭書出版社　1998　p. 591
方廣錩　大寶積經第十一帙會品卷開闔録　敦煌學大辭典　上海辭書出版社　1998　p. 749
方廣錩　當寺上藏内諸雜經録　敦煌學大辭典　上海辭書出版社　1998　p. 752
謝重光　郝春文　經司　敦煌學大辭典　上海辭書出版社　1998　p. 634
楊秀清　敦煌西漢金山國史　甘肅人民出版社　1999　p. 62
石內德　敦煌文獻中被廢棄的殘經抄本　法國漢學(敦煌學專號)　中華書局　2000　p. 28
林聰明　敦煌吐魯番文書解詁指例　(臺北)新文豐出版公司　2001　p. 177
榮新江　敦煌學十八講　北京大學出版社　2001　p. 84
楊森　《辛巳年六月十六日社人于燈司倉貸粟曆》文書之定年　《敦煌學輯刊》2001 年第 2 期　p. 18
方廣錩　敦煌寺院所藏大藏經　中日敦煌佛教學術會議論文集　中國社會科學院研究所　2002　p. 43
姜亮夫　敦煌莫高窟年表　姜亮夫全集(十一)　雲南人民出版社　2002　p. 544
孟憲實　論唐宋時期敦煌民間結社的組織形態　《敦煌研究》2002 年第 1 期　p. 61
方廣錩　敦煌寺院所藏大藏經概貌　藏外佛教文獻(第八輯)　宗教文化出版社　2003　p. 373
湛如　敦煌佛教律儀制度研究　中華書局　2003　p. 41
鄭炳林　晚唐五代敦煌諸寺藏經與管理　新世紀敦煌學論集　巴蜀書社　2003　p. 340、355
郭俊葉　敦煌研究院藏絲質經帙標簽及其相關問題　《敦煌研究》2005 年第 6 期　p. 89

S. 2143

川崎ミチコ　禮讚文・塔文　敦煌仏典と禪(講座敦煌 8)　(東京)大東出版社　1980　p. 309
矢吹慶輝　鳴沙餘韻・解說篇(第一、二部)　(京都)臨川書店　1980　p. 298;90
廣川堯敏　淨土三部經　敦煌と中國仏教(講座敦煌 7)　(東京)大東出版社　1984　p. 108
廣川堯敏　禮讚　敦煌と中國仏教(講座敦煌 7)　(東京)大東出版社　1984　p. 447
任半塘　敦煌歌辭總編　上海古籍出版社　1987　p. 1071
劉進寶　俚曲小調　敦煌文學　甘肅人民出版社　1989　p. 226
唐耕耦　陸宏基　敦煌社會經濟文獻真迹釋録(三)　全國圖書館文獻縮微複製中心　1990　p. 108
王三慶　談齋論文——敦煌寫卷齋願文研究　第四屆唐代文化學術研討會論文集　(臺南)成功大學　1991　p. 282
高田時雄　チベット文字書寫「長卷」の研究(本文编)　『東方學報』(第 65 號)　京都大學人文科學研究所　1993　p. 372
蘇遠鳴　敦煌寫本中的地藏十齋日　法國學者敦煌學論文選萃　中華書局　1993　p. 393
郝春文　關於唐後期五代宋初沙州僧俗的施捨問題　唐研究(第三卷)　北京大學出版社　1997

p. 27
郝春文　唐後期五代宋初敦煌僧尼的社會生活　中國社會科學出版社　1998　p. 252
高啓安　王璽玉　唐五代敦煌人的飲食品種研究　《敦煌研究》1999 年第 2 期　p. 62
徐俊　敦煌詩集殘卷輯考　中華書局　2000　p. 868
張總　地藏菩薩十齋日　藏外佛教文獻(第七輯)　宗教文化出版社　2000　p. 350
徐俊　敦煌寫本詩歌續考　《敦煌研究》2002 年第 5 期　p. 70
高啓安　唐五代敦煌飲食文化研究　民族出版社　2004　p. 140

S. 2144
金岡照光　敦煌漢文文學文獻の文學形態上の種類とその分類　敦煌出土文學文獻分類目録・附解說　(東京)東洋文庫　1971　p. 213
金岡照光　敦煌文學のさまざま　敦煌の文學　(東京)大蔵出版株式會社　1971　p. 112
田中良昭　禪宗燈史の発展　敦煌仏典と禪(講座敦煌 8)　(東京)大東出版社　1980　p. 120
楊家駱　敦煌變文　(臺北)世界書局　1980　p. 207
金岡照光　敦煌の繪物語　(東京)東方書店　1981　p. 70
潘重規　敦煌變文新論　敦煌變文論輯　(臺北)石門圖書公司　1981　p. 175
潘重規　敦煌詞話　(臺北)石門圖書公司　1981　p. 39
田中良昭　敦煌禪宗文獻の研究　(東京)大東出版社　1983　p. 115、509、580
張錫厚　敦煌話本研究三題　《社會科學》1983 年第 2 期　又見:中國敦煌學百年文庫・文學卷(五)　甘肅文化出版社　1999　p. 240
潘重規　敦煌變文集新書(下)　(臺北)"中國文化大學"中文研究所　1984　p. 1090
王慶菽　韓擒虎話本　敦煌變文集　人民文學出版社　1984　p. 207
張鴻勳　敦煌講唱作品年代考三種　《蘭州學刊》1985 年第 4 期　p. 81
韓建瓴　敦煌寫本《韓擒虎畫本》初探(一)　《敦煌學輯刊》1986 年第 1 期　p. 51、61
李正宇　《吐蕃子年(西元 808 年)沙州百姓氾履倩等戶籍手實殘卷》研究　1983 年全國敦煌學術討論會文集・文史遺書編(上)　甘肅人民出版社　1987　p. 184 注 10
張鴻勳　敦煌講唱文學作品選注　甘肅人民出版社　1987　p. 326
張涌泉　敦煌變文校讀釋例　《敦煌學輯刊》1987 年第 2 期　p. 23　又見:舊學新知　浙江大學出版社　1999　p. 166
張先堂　話本　敦煌文學　甘肅人民出版社　1989　p. 290
郭在貽　張涌泉　黄征　敦煌變文集校議　岳麓書社　1990　p. 139
上山大峻　敦煌佛教の研究　(京都)法藏館　1990　p. 419
項楚　敦煌變文選注　巴蜀書社　1990　p. 297
黄征　語辭輯釋　《古漢語研究》1992 年第 1 期　p. 61
金岡照光　講唱體類　敦煌の文學文獻(講座敦煌 9)　(東京)大東出版社　1992　p. 88、112
金岡照光　散文體類　敦煌の文學文獻(講座敦煌 9)　(東京)大東出版社　1992　p. 237
張涌泉　敦煌寫卷俗字類型及其考辨的方法　(香港)《九州學刊》(敦煌學專輯)1992 年第 4 卷第 4 期　p. 81
周紹良　敦煌文學芻議及其它　(臺北)新文豐出版公司　1992　p. 60
高國藩　敦煌民俗資料導論　(臺北)新文豐出版公司　1993　p. 131
黄征　敦煌寫本整理應遵循的原則　《敦煌研究》1993 年第 2 期　p. 103　又見:敦煌語文叢說　(臺北)新文豐出版公司　1997　p. 4

蔣冀騁　敦煌文書校讀研究　（臺北）文津出版社　1993　p. 37、261
李正宇　敦煌文學概論　甘肅人民出版社　1993　p. 139
張鴻勳　敦煌話本詞文俗賦導論　（臺北）新文豐出版公司　1993　p. 27
張鴻勳　敦煌話本《葉淨能詩》再探　第二屆國際唐代學術會議論文集（上）　（臺北）文津出版社　1993　p. 733　又見：1994 年敦煌學國際研討會文集・宗教文史卷（上）　甘肅民族出版社　2000　p. 275
張鴻勳　敦煌說唱文學概論　（臺北）新文豐出版公司　1993　p. 172
張先堂　敦煌文學概論　甘肅人民出版社　1993　p. 307
陳海濤　敦煌變文新論　《敦煌研究》1994 年第 1 期　p. 67
田中良昭　敦煌の禪籍　禪學研究入門　（東京）大東出版社　1994　p. 52
張涌泉　試論審辨敦煌寫本俗字的方法　《敦煌研究》1994 年第 2 期　p. 153　又見：舊學新知　浙江大學出版社　1999　p. 87
胡戟　傅玫　敦煌史話　中華書局　1995　p. 177
黃征　吳偉　敦煌願文集　岳麓書社　1995　p. 565
李金梅　敦煌傳統文化與武術　《敦煌研究》1995 年第 2 期　p. 195
柳田聖山　禪籍解題（一）・敦煌禪籍　俗語言研究（第二期）　（京都）禪文化研究所　1995　p. 152
呂建福　中國密教史　中國社會科學出版社　1995　p. 255
張涌泉　漢語俗字研究　岳麓書社　1995　p. 97、163、204
張涌泉　試論敦煌寫卷俗文字研究之意義　敦煌學國際研討會文集・史地語文編　遼寧美術出版社　1995　p. 362
黃征　敦煌俗語法研究之一：句法篇　敦煌吐魯番研究（第一卷）　北京大學出版社　1996　p. 73
衣川賢次　《敦煌新本六祖壇經》補校　俗語言研究（第三期）　（京都）禪文化研究所　1996　p. 69
張涌泉　敦煌俗字研究導論　（臺北）新文豐出版公司　1996　p. 204
黃征　敦煌俗語詞小劄　敦煌語文叢說　（臺北）新文豐出版公司　1997　p. 77
黃征　敦煌願文考論　敦煌語文叢說　（臺北）新文豐出版公司　1997　p. 580
黃征　《韓擒虎話本》補校　敦煌語文叢說　（臺北）新文豐出版公司　1997　p. 401
黃征　《壇經校釋》釋詞商補　敦煌語文叢說　（臺北）新文豐出版公司　1997　p. 84
黃征　張涌泉　敦煌變文校注　中華書局　1997　p. 305
陸淑綺　李重申　敦煌古代戲曲文化史料綜述　《敦煌研究》1997 年第 2 期　p. 65
張涌泉　讀《八瓊室金石補正》劄記　周紹良先生欣開九秩慶壽文集　中華書局　1997　p. 81
方廣錩　金剛頂經一切如來真實攝大乘現證大教王經深妙秘密金剛界大三昧耶修習瑜伽迎請儀　敦煌學大辭典　上海辭書出版社　1998　p. 704
潘重規　敦煌《雲謠集》新書　雲謠集研究彙錄　上海古籍出版社　1998　p. 216
張鴻勳　韓擒虎話本　敦煌學大辭典　上海辭書出版社　1998　p. 585
高國藩　敦煌俗文化學　上海三聯書店　1999　p. 333、439
梅維恒著　楊繼東　陳引馳譯　唐代變文（上）　（香港）中國佛教文化出版公司　1999　p. 49
潘重規　敦煌寫本唐昭宗菩薩蠻詞的新探測（下）　中國敦煌學百年文庫・文學卷（二）　甘肅文化出版社　1999　p. 364
謝桃坊　敦煌文化尋繹　四川人民出版社　1999　p. 155
張涌泉　大型字典編纂中與俗字相關的若干問題　舊學新知　浙江大學出版社　1999　p. 33、40
伏俊璉　伏麒鵬　石室齊諧：敦煌小說選析　甘肅人民出版社　2000　p. 69
李重申　敦煌古代體育文化　甘肅人民出版社　2000　p. 24

顔廷亮　西陲文學遺珍:敦煌文學通俗談　甘肅人民出版社　2000　p. 15
張錫厚　敦煌文學源流　作家出版社　2000　p. 470
張涌泉　漢語俗字叢考·前言　漢語俗字叢考　中華書局　2000　p. 13
陶敏　李一飛　隋唐五代文學史料學　中華書局　2001　p. 353
王宗祥　敦煌變文斷代研究劄記二則　《敦煌研究》2001 年第 1 期　p. 162
黄征　敦煌語言文字學研究　甘肅教育出版社　2002　p. 232
李小榮　敦煌變文作品校録二種　《敦煌學輯刊》2002 年第 2 期　p. 31
田中良昭　敦煌の禅宗燈史　中日敦煌佛教學術會議論文集　中國社會科學院研究所　2002　p. 111
田中良昭　敦煌的禪宗燈史　戒幢佛學(第二卷)　岳麓書社　2002　p. 153
張鴻勳　敦煌俗文學研究　甘肅人民出版社　2002　p. 122、269
李小榮　敦煌密教文獻論稿　人民文學出版社　2003　p. 21
汪娟　敦煌寫本《瑜伽佛禮》初探　2000 年敦煌學國際學術討論會文集·歷史文化卷(上)　甘肅民族出版社　2003　p. 357
楊君　淺論敦煌符籙中的"善鬼護身"觀念　《敦煌學輯刊》2003 年第 1 期　p. 78
郭麗英　敦煌漢傳密教經典研究:以《金剛峻經》爲例　敦煌吐魯番研究(第七卷)　北京大學出版社　2004　p. 329
葉貴良　《敦煌社邑文書輯校》拾補　《吐魯番學研究》2004 年第 1 期　p. 102
張小豔　試論敦煌書儀的語料價值　浙江與敦煌學:常書鴻先生誕辰一百周年紀念文集　浙江古籍出版社　2004　p. 531
黄征　敦煌俗字典　上海教育出版社　2005　p. 前言 23、59、77
黄征　敦煌俗字種類考辨　敦煌學·日本學:石塚晴通教授退職紀念論文集　上海辭書出版社　2005　p. 115
劉永明　論敦煌佛教信仰中的佛道融合　《敦煌學輯刊》2005 年第 1 期　p. 53
汪泛舟　敦煌俗別字新考(上)　《敦煌研究》2006 年第 1 期　p. 102
王青　西域文化影響下的中古小說　中國社會科學出版社　2006　p. 483
謝生保　謝靜　敦煌文獻與水陸法會　《敦煌研究》2006 年第 2 期　p. 46

S. 2146

陳祚龍　新校重訂唐代吐蕃統治瓜沙期間當地釋衆事佛的幾種藝文　敦煌學海探珠(下册)　(臺北)商務印書館　1979　p. 351、358
矢吹慶輝　鳴沙餘韻·解說篇(第一部)　(京都)臨川書店　1980　p. 218、224
陳祚龍　中世敦煌釋門的布薩法事之一斑　敦煌簡策訂存　(臺北)商務印書館　1983　p. 162
席臻貫　《佛本行集經·憂波離品次》琵琶譜符號考　《音樂研究》1983 年第 3 期　又見:中國敦煌學百年文庫·藝術卷(三)　甘肅文化出版社　1999　p. 236
姜伯勤　敦煌音聲人略論　《敦煌研究》1988 年第 4 期　p. 3
羅華慶　9 至 11 世紀敦煌的行像和浴佛活動　《敦煌研究》1988 年第 4 期　p. 101
冉雲華　敦煌本"大乘布薩文"研究　第二届敦煌學國際研討會論文集　(臺北)漢學研究中心　1990　p. 413
姜伯勤　敦煌本乘恩帖考證　中山大學史學集刊(第一輯)　廣東人民出版社　1992　又見:中國敦煌學百年文庫·宗教卷(二)　甘肅文化出版社　1999　p. 321
姜伯勤　敦煌社會文書導論　(臺北)新文豐出版公司　1992　p. 210

邵文實　沙州節兒考及其引申出來的幾個問題　《西北師大學報》(社會科學版)1992 年第 5 期　p. 63
杜琦　敦煌文學概論　甘肅人民出版社　1993　p. 528
譚禪雪　敦煌歲時掇瑣　(香港)《九州學刊》(敦煌學專輯)1993 年第 5 卷第 4 期　p. 89
汪泛舟　敦煌文學概論　甘肅人民出版社　1993　p. 565
張鴻勳　敦煌說唱文學概論　(臺北)新文豐出版公司　1993　p. 9
鄭炳林　《索崇恩和尚修功德記》考釋　《敦煌研究》1993 年第 2 期　p. 59
閻國權等　敦煌宗教文化　新華出版社　1994　p. 66
楊銘　一件有關敦煌陷蕃時間的藏文文書　《敦煌研究》1994 年第 3 期　p. 85
鄭炳林　馮培紅　讀《中國古代寫本識語集録》劄記　《西北史地》1994 年第 4 期　p. 49
黃征　吳偉　敦煌願文集　岳麓書社　1995　p. 451、497、554、659
王書慶　敦煌佛學・佛事篇　甘肅民族出版社　1995　p. 20、60、78
張涌泉　陳祚龍校録敦煌卷子失誤例釋　學術集林(卷六)　上海遠東出版社　1995　p. 300　又見:舊學新知　浙江大學出版社　1999　p. 276、280、290
鄭炳林　敦煌漢文吐蕃史料綜述:兼論吐蕃控制河西時期的職官與統治政策　敦煌吐魯番文獻研究　中華書局　1995　p. 94
姜伯勤　敦煌戒壇與大乘佛教　華學(第二輯)　中山大學出版社　1996　p. 323
姜伯勤　敦煌悉磨遮爲蘇摩遮樂舞考《敦煌研究》1996 年第 3 期　p. 11
姜伯勤　敦煌藝術宗教與禮樂文明　中國社會科學出版社　1996　p. 347、390、514、546
饒宗頤　敦煌曲與樂舞及龜茲樂　敦煌曲續論　(臺北)新文豐出版公司　1996　p. 72
黃征　《敦煌願文集》輯校中的一些問題　敦煌語文叢說　(臺北)新文豐出版公司　1997　p. 549
黃征　敦煌願文考論　敦煌語文叢說　(臺北)新文豐出版公司　1997　p. 587
顏廷亮　《金山國諸雜齋文範》校録及其他　敦煌文學論集　四川人民出版社　1997　p. 349
楊銘　吐蕃統治敦煌研究　(臺北)新文豐出版公司　1997　p. 105
湛如　敦煌菩薩戒儀與菩薩戒牒之研究　《敦煌研究》1997 年第 2 期　p. 77
鄭炳林　敦煌碑銘讚輯釋　甘肅教育出版社　1997　p. 47 注 22
郝春文　唐後期五代宋初敦煌僧尼的社會生活　中國社會科學出版社　1998　p. 231
李正宇　六蕃　敦煌學大辭典　上海辭書出版社　1998　p. 463
譚蟬雪　安傘旋城　敦煌學大辭典　上海辭書出版社　1998　p. 433
譚蟬雪　敦煌歲時文化導論　(臺北)新文豐出版公司　1998　p. 14、83、141、314
譚蟬雪　二月八盛節　敦煌學大辭典　上海辭書出版社　1998　p. 434
金瀅坤　吐蕃沙州都督考《敦煌研究》1999 年第 3 期　p. 87
饒宗頤　談佛教的發願文　敦煌吐魯番研究(第四卷)　北京大學出版社　1999　p. 481
楊富學　李吉和　敦煌漢文吐蕃史料輯校(第一輯)　甘肅人民出版社　1999　p. 185、199、217、225、239
湛如　敦煌布薩文與布薩次第新探　《敦煌研究》1999 年第 1 期　p. 129
郝春文　唐後期五代宋初敦煌的春秋官齋、十二月轉經、水則道場與佛教節日　慶祝吳其昱先生八秩華誕敦煌學特刊　(臺北)文津出版社　2000　p. 262
劉進寶　敦煌歷史文化　甘肅人民出版社　2000　p. 86
劉進寶　敦煌文書與唐史研究　(臺北)新文豐出版公司　2000　p. 110
譚蟬雪　唐宋敦煌歲時佛俗:正月《敦煌研究》2000 年第 4 期　p. 66
王微　春祭:二月八日節的佛教儀式　法國漢學(敦煌學專號)　中華書局　2000　p. 111

馮培紅　敦煌文獻中的職官史料與唐五代藩鎮官制研究　《敦煌研究》2001 年第 3 期　p. 108
譚蟬雪　唐宋敦煌歲時佛俗:二月至七月　《敦煌研究》2001 年第 1 期　p. 94、98
曾良　敦煌文獻字義通釋　廈門大學出版社　2001　p. 8
李小榮　變文講唱與華梵宗教藝術　上海三聯書店　2002　p. 175
劉進寶　敦煌學通論　甘肅教育出版社　2002　p. 53
陸離　有關吐蕃太子的文書研究　《敦煌學輯刊》2003 年第 1 期　p. 29
王繼光　鄭炳林　敦煌漢文吐蕃史料綜述　中國西部民族文化研究(2003 年卷)　民族出版社　2003　p. 239、248
楊秀清　唐宋敦煌地區的世俗佛教信仰　新世紀敦煌學論集　巴蜀書社　2003　p. 713
湛如　布薩文研究　敦煌與絲路文化學術講座(第一輯)　北京圖書館出版社　2003　p. 511
湛如　敦煌佛教律儀制度研究　中華書局　2003　p. 152、215
葉貴良　敦煌社邑文書詞語選釋　《敦煌研究》2004 年第 5 期　p. 84
張雲　唐代吐蕃史與西北民族史研究　中國藏學出版社　2004　p. 181
鄭炳林　晚唐五代敦煌地區《大般若經》的流傳與信仰　麥積山石窟藝術文化論文集(下)　蘭州大學出版社　2004　p. 116
陸離　吐蕃統治時期敦煌僧官的幾個問題　《敦煌研究》2005 年第 3 期　p. 95
謝生保　謝靜　敦煌文獻與水陸法會　《敦煌研究》2006 年第 2 期　p. 48

S. 2147

平井俊榮　敦煌仏典と中國仏教　敦煌と中國仏教(講座敦煌 7)　(東京)大東出版社　1984　p. 8
李正宇　敦煌方音止遇二攝混同及其校勘學意義　《敦煌研究》1986 年第 4 期　p. 48
榮新江　金山國史辨正　中華文史論叢(總 50 輯)　上海古籍出版社　1992　p. 75
劉進寶　P. 3236 號《壬申年官布籍》時代考　《西北師大學報》(社會科學版)1996 年第 5 期　p. 44
劉進寶　P. 3236 號《壬申年官布籍》研究　慶祝潘石禪先生九秩華誕敦煌學特刊　(臺北)文津出版社　1996　p. 361
劉進寶　敦煌文書與唐史研究　(臺北)新文豐出版公司　2000　p. 233

S. 2151

池田溫　中國古代寫本識語集録　(東京)大藏出版株式會社　1990　p. 355
林聰明　敦煌文書學　(臺北)新文豐出版公司　1991　p. 292

S. 2154

許國霖　敦煌石室寫經題記彙編　《微妙聲》1936－1937 年第 1－4 期　又見:中國敦煌學百年文庫・宗教卷(四)　甘肅文化出版社　1999　p. 229
許國霖　敦煌石室寫經年代表　《微妙聲》1937 年第 5 期　又見:中國敦煌學百年文庫・宗教卷(四)　甘肅文化出版社　1999　p. 195
芳村修基　土橋秀高　井ノ口泰淳　敦煌佛教史年表　西域文化研究(第一)・敦煌佛教資料　(京都)法藏館　1958　p. 257
張鐵弦　敦煌古寫本叢談　《文物》1963 年第 3 期　p. 7
池田溫　評『ペリオ將來敦煌漢文文獻目録』第一卷(P. 2001－2500)　『東洋學報』(54 卷 4 號)　(東京)東洋學術協會　1972　p. 67
矢吹慶輝　鳴沙餘韻・解說篇(第一部)　(京都)臨川書店　1980　p. 292

陳祚龍　敦煌古抄內典尾記彙校初、二、三編合刊　敦煌學要籥　（臺北）新文豐出版公司　1982　p. 110
池田溫　中國古代寫本識語集録　（東京）大蔵出版株式會社　1990　p. 142
林聰明　從敦煌文書看佛教徒的造經祈福　第二屆敦煌學國際研討會論文集　（臺北）漢學研究中心　1990　p. 525
藤枝晃　敦煌遺書之分期　敦煌吐魯番學研究論文集　漢語大詞典出版社　1990　p. 15 圖版
林聰明　敦煌文書出處略考　季羨林教授八十華誕紀念論文集（下）　江西人民出版社　1991　p. 853、866
林聰明　敦煌文書學　（臺北）新文豐出版公司　1991　p. 378、407
譚禪雪　敦煌歲時掇瑣　（香港）《九州學刊》（敦煌學專輯）1993 年第 5 卷第 4 期　p. 95
沃興華　敦煌書法藝術　上海人民出版社　1994　p. 119
王三慶　敦煌書儀載録之節日活動與民俗　全國敦煌學研討會論文集　（臺北）中正大學中國文學系所　1995　p. 26 注 39
藤枝晃著　徐慶全　李樹清譯　敦煌寫本概述　《敦煌研究》1996 年第 2 期　p. 118
榮新江　敦煌藏經洞的性質及其封閉原因　敦煌吐魯番研究（第二卷）　北京大學出版社　1997　p. 34
譚蟬雪　敦煌歲時文化導論　（臺北）新文豐出版公司　1998　p. 151
劉長東　晉唐彌陀淨土信仰研究　巴蜀書社　2000　p. 235
施萍婷　《敦煌遺書總目索引新編》前言　敦煌遺書總目索引新編　中華書局　2000　p. 4
譚蟬雪　唐宋敦煌歲時佛俗　《敦煌研究》2001 年第 1 期　p. 99
陳麗萍　敦煌女性寫經題記及反映的婦女問題　敦煌佛教藝術文化國際學術研討會論文集　蘭州大學出版社　2002　p. 435
姜亮夫　敦煌莫高窟年表　姜亮夫全集（十一）　雲南人民出版社　2002　p. 174
池田溫　敦煌遺文　敦煌文書の世界　（東京）名著刊行會　2003　p. 41
赤尾榮慶　敦煌寫本的書志學研究　敦煌學・日本學：石塚晴通教授退職紀念論文集　上海辭書出版社　2005　p. 54
赤尾榮慶　敦煌寫本の書志學的研究——近年の動向を踏まえて　日本學・敦煌學・漢文訓讀の新展開　（東京）汲古書院　2005　p. 191

S. 2156

陳祚龍　新校重訂敦煌古抄釋良價的歌辭與偈子　敦煌學海探珠（上冊）　（臺北）商務印書館　1979　p. 85
陳祚龍　敦煌古抄內典尾記彙校初、二、三編合刊　敦煌學要籥　（臺北）新文豐出版公司　1982　p. 111
林聰明　敦煌文書學　（臺北）新文豐出版公司　1991　p. 295
方廣錩　佛藏經　敦煌學大辭典　上海辭書出版社　1998　p. 710
林聰明　敦煌吐魯番文書解詁指例　（臺北）新文豐出版公司　2001　p. 136

S. 2157

許國霖　敦煌石室寫經題記彙編　《微妙聲》1936 – 1937 年第 1 – 4 期　又見：中國敦煌學百年文庫・宗教卷（四）　甘肅文化出版社　1999　p. 216
許國霖　敦煌石室寫經年代表　《微妙聲》1937 年第 5 期　又見：中國敦煌學百年文庫・宗教卷

（四）　甘肅文化出版社　1999　p. 197

芳村修基　土橋秀高　井ノ口泰淳　敦煌佛教史年表　西域文化研究（第一）·敦煌佛教資料　（京都）法藏館　1958　p. 263

陳祚龍　敦煌古抄內典尾記彙校初、二、三編合刊　敦煌學要籥　（臺北）新文豐出版公司　1982　p. 111

王三慶　敦煌寫卷中武后新字之調查研究　漢學研究（敦煌學國際研討會論文專號）　（臺北）漢學研究資料及服務中心　1986　p. 443　又見：唐代研究論集（第三輯）　（臺北）新文豐出版公司　1992　p. 66

李正宇　敦煌地區古代祠廟寺觀簡志　《敦煌學輯刊》1988 年第 1、2 期　p. 77

池田溫　中國古代寫本識語集録　（東京）大藏出版株式會社　1990　p. 236

林聰明　敦煌文書學　（臺北）新文豐出版公司　1991　p. 320、384、424、443 注 7

沃興華　敦煌書法藝術　上海人民出版社　1994　p. 228

李正宇　敦煌史地新論　（臺北）新文豐出版公司　1996　p. 91

鄭炳林　敦煌碑銘讚輯釋　甘肅教育出版社　1997　p. 399 注 2

李正宇　靈修寺　敦煌學大辭典　上海辭書出版社　1998　p. 629

金岡照光　敦煌文獻と中國文學　（東京）五曜書房　2000　p. 428

劉長東　晉唐彌陀淨土信仰研究　巴蜀書社　2000　p. 370

蔡忠霖　敦煌漢文寫卷俗字及其現象　（臺北）文津出版社　2002　p. 23

陳麗萍　敦煌女性寫經題記及反映的婦女問題　敦煌佛教藝術文化國際學術研討會論文集　蘭州大學出版社　2002　p. 431

姜亮夫　敦煌莫高窟年表　姜亮夫全集（十一）　雲南人民出版社　2002　p. 255

施安昌　唐武周時期的刻經與敦煌寫經　善本碑帖論集　紫禁城出版社　2002　p. 120

公維章　涅槃、淨土的殿堂：敦煌莫高窟第 148 窟研究　民族出版社　2004　p. 122

余欣　許國霖與敦煌學　敦煌吐魯番研究（第七卷）　北京大學出版社　2004　p. 83

S. 2158

方廣錩　無量壽義記　敦煌學大辭典　上海辭書出版社　1998　p. 661

S. 2160

陳祚龍　敦煌古抄內典尾記彙校初、二、三編合刊　敦煌學要籥　（臺北）新文豐出版公司　1982　p. 111

Jean－Pierre Drege　敦煌寫本的物質性分析　漢學研究（敦煌學國際研討會論文專號）　（臺北）漢學研究資料及服務中心　1986　p. 111

池田溫　中國古代寫本識語集録　（東京）大藏出版株式會社　1990　p. 98

伊藤美重子　敦煌本『大智度論』の整理　中國佛教石經の研究　京都大學學術出版會　1996　p. 373

S. 2161

陳祚龍　後魏元宋坐鎮瓜州事佛之一斑　中華佛教文化史散策（初集）　（臺北）新文豐出版公司　1978　p. 94

矢吹慶輝　鳴沙餘韻·解說篇（第一部）　（京都）臨川書店　1980　p. 185

伊藤美重子　敦煌本『大智度論』の整理　中國佛教石經の研究　京都大學學術出版會　1996

p. 355

S. 2162

江素雲　維摩詰所說經敦煌寫本綜合目録　（臺北）東初出版社　1991　p. 79

S. 2163

金岡照光　敦煌文獻と中國文學　（東京）五曜書房　2000　p. 402

S. 2164

史葦湘　絲綢之路上的敦煌與莫高窟　敦煌研究文集　甘肅人民出版社　1982　p. 117 注 80
鄭炳林　《索崇恩和尚修功德記》考釋　《敦煌研究》1993 年第 2 期　p. 59
鄭炳林　《索勳紀德碑》研究　《敦煌學輯刊》1994 年第 2 期　p. 67
井ノ口泰淳　敦煌本『仏名經』の諸系統　中央アジアの言語と仏教　（京都）法藏館　1995　p. 297
鄭炳林　唐五代敦煌手工業研究　敦煌歸義軍史專題研究　蘭州大學出版社　1997　p. 273 注 7
丘古耶夫斯基　敦煌漢文文書　上海古籍出版社　2000　p. 127

S. 2165

陳祚龍　關於先後兩青峰和尚的行誼及其偈子　中華佛教文化史散策（初集）　（臺北）新文豐出版公司　1978　p. 391
陳祚龍　敦煌古抄中世詩歌一續　敦煌學海探珠（上冊）　（臺北）商務印書館　1979　p. 179
陳祚龍　敦煌學雜記　敦煌資料考屑（下冊）　（臺北）商務印書館　1979　p. 390
陳祚龍　新校重訂敦煌古抄釋亡名的“絕學箴”　敦煌學海探珠（下冊）　（臺北）商務印書館　1979　p. 301
田中良昭　修道偈Ⅰ　敦煌仏典と禪（講座敦煌 8）　（東京）大東出版社　1980　p. 246
羅宗濤　敦煌變文：石窟裏的老傳說　（臺北）時報文化出版公司　1983　p. 163 注 18、315
田中良昭　敦煌禪宗文獻の研究　（東京）大東出版社　1983　p. 285
陳祚龍著　福井文雅　平木真快譯　釈亡名と善慧大士の詩歌について　敦煌と中國仏教（講座敦煌 7）　（東京）大東出版社　1984　p. 471
李正宇　敦煌方音止遇二攝混同及其校勘學意義　《敦煌研究》1986 年第 4 期　p. 52
龍晦　論敦煌詞曲所見之禪宗與淨土宗　《世界宗教研究》1986 年第 3 期　p. 61
任半塘　敦煌歌辭總編　上海古籍出版社　1987　p. 782
譚蟬雪　碑・銘　敦煌文學　甘肅人民出版社　1989　p. 113
汪泛舟　偈・頌　敦煌文學　甘肅人民出版社　1989　p. 90
汪泛舟　讚・箴　敦煌文學　甘肅人民出版社　1989　p. 106
張錫厚　詩歌　敦煌文學　甘肅人民出版社　1989　p. 160
任半塘　王昆吾　隋唐五代燕樂雜言歌辭集　巴蜀書社　1990　p. 37
上山大峻　敦煌佛教の研究　（京都）法藏館　1990　p. 421
周紹良　敦煌文學芻議及其它　（臺北）新文豐出版公司　1992　p. 16
汪泛舟　敦煌文學概論　甘肅人民出版社　1993　p. 549
項楚　敦煌詩歌導論　（臺北）新文豐出版公司　1993　p. 107
索仁森著　李吉和譯　敦煌漢文禪籍特徵概觀　《敦煌研究》1994 年第 1 期　p. 117
田中良昭　敦煌の禅籍　禪學研究入門　（東京）大東出版社　1994　p. 68

汪泛舟　敦煌韻文辨正舉隅　《敦煌研究》1994 年第 2 期　p. 142
柳田聖山　禪籍解題(一)・敦煌禪籍　俗語言研究(第二期)　(京都)禪文化研究所　1995　p. 150
王書慶　敦煌佛學・佛事篇　甘肅民族出版社　1995　p. 268
徐俊　敦煌寫本《山僧歌》綴合與斯 5692 蝴蝶裝冊的還原　中國典籍與文化論叢(第二輯)　中華書局　1995　p. 77
徐俊　《廬山遠公話》的篇尾結詩　《文學遺産》1995 年第 6 期　p. 116
張涌泉　陳祚龍校録敦煌卷子失誤例釋　學術集林(卷六)　上海遠東出版社　1995　p. 306　又見:舊學新知　浙江大學出版社　1999　p. 281
柳田聖山　禪籍解題(二)　俗語言研究(第三期)　(京都)禪文化研究所　1996　p. 188
徐俊　敦煌寫本唐人詩歌存佚互見綜考　敦煌吐魯番研究(第一卷)　北京大學出版社　1996　p. 123
張涌泉　敦煌俗字研究導論　(臺北)新文豐出版公司　1996　p. 141
張涌泉　敦煌文獻校讀釋例　文史(第四十一輯)　中華書局　1996　p. 191
孫昌武　禪思與詩情　中華書局　1997　p. 331 注 37
汪泛舟　敦煌詩詞補正與考源　《敦煌研究》1997 年第 3 期　p. 106
徐俊　敦煌大曲　敦煌文學論集　四川人民出版社　1997　p. 248 注 1
張弓　漢唐佛寺文化史　中國社會科學出版社　1997　p. 819
柴劍虹　辭親偈　敦煌學大辭典　上海辭書出版社　1998　p. 548
柴劍虹　龍牙祖偈　敦煌學大辭典　上海辭書出版社　1998　p. 546
柴劍虹　儒童說五典詩　敦煌學大辭典　上海辭書出版社　1998　p. 572
柴劍虹　身智詩　敦煌學大辭典　上海辭書出版社　1998　p. 574
柴劍虹　亡名和尚絕學箴　敦煌學大辭典　上海辭書出版社　1998　p. 549
徐俊　唐五代長沙窑瓷器題詩校證　唐研究(第四卷)　北京大學出版社　1998　p. 76
黃征　程惠新　劫塵遺珠:敦煌遺書　甘肅教育出版社　1999　p. 98
徐俊　敦煌詩集殘卷輯考　中華書局　2000　p. 5、229、494、537、637
劉瑞明　集遺珠以彙詩海　復原貌而觀萬象:評《敦煌詩集殘卷輯考》《敦煌研究》2001 年第 4 期　p. 172
曾良　敦煌文獻字義通釋　廈門大學出版社　2001　p. 127
劉進寶　敦煌學通論　甘肅教育出版社　2002　p. 366
王志鵬　從敦煌歌辭看唐代敦煌地區禪宗的流傳與發展　《敦煌研究》2005 年第 6 期　p. 100

S. 2167

方廣錩　佛教大藏經史(八—十世紀)　中國社會科學出版社　1991　p. 137

S. 2169

芳村修基　土橋秀高　井ノ口泰淳　敦煌佛教史年表　西域文化研究(第一)・敦煌佛教資料　(京都)法藏館　1958　p. 267
矢吹慶輝　鳴沙餘韻・解說篇(第一、二部)　(京都)臨川書店　1980　p. 187;258
方廣錩　佛性海藏智慧解脫破心相經　敦煌學大辭典　上海辭書出版社　1998　p. 737

S. 2171

廣川堯敏　淨土三部經　敦煌と中國仏教(講座敦煌 7)　(東京)大東出版社　1984　p. 88

李正宇　敦煌史地新論　（臺北）新文豐出版公司　1996　p. 98
李正宇　佛堂　敦煌學大辭典　上海辭書出版社　1998　p. 627
陳于柱　從敦煌占卜文書看晚唐五代敦煌占卜與佛教的對話交融　《敦煌學輯刊》2005 年第 2 期　p. 25

S. 2174

向達　倫敦所藏敦煌卷子經眼目録　《北平圖書館圖書季刊》1939 年新第 1 卷第 4 期　p. 397　又見:唐代長安與西域文明　三聯書店　1957　p. 212
池田溫　中國古代の租佃契(上)　『東洋文化研究所紀要』(第 60 冊)　東京大學東洋文化研究所　1973　p. 107
陳炳應　敦煌所出宋開寶八年"鄭醜撻賣地舍契"定誤考釋　《西北史地》1983 年第 4 期　p. 86
董作賓　敦煌紀年　敦煌學文選(上)　蘭州大學歷史系敦煌學研究室等　1983　p. 30
池田溫　吐魯番、敦煌契券概觀　漢學研究(敦煌學國際研討會論文專號)　(臺北)漢學研究資料及服務中心　1986　p. 37
寧欣　唐代敦煌地區農業水利問題初探　敦煌吐魯番文獻研究論集(第三輯)　北京大學出版社　1986　p. 502 注 13、524
李正宇　關於金山國和敦煌國建國的幾個問題　《西北史地》1987 年第 2 期　p. 72
池田溫　吐魯番・敦煌文書にみえる地方城市の住居　中國都市の歷史的研究(唐代史研究會報告第 VI 集)　(東京)刀水書房　1988　p. 188
李正宇　唐宋時代敦煌縣河渠泉澤簡志(一)　《敦煌研究》1988 年第 4 期　p. 93
王公望　契約　敦煌文學　甘肅人民出版社　1989　p. 58
堀敏一　中唐以後敦煌税法的變化　《魏晉南北朝隋唐史》1990 年第 6 期　p. 65
唐耕耦　陸宏基　敦煌社會經濟文獻真迹釋録(二)　全國圖書館文獻縮微複製中心　1990　p. 148
仁井田陞　補訂中國法制史研究:奴隸農奴法・家族村落法　東京大學出版會　1991　p. 34、567
池田溫　關於敦煌發現的唐大曆四年手實殘卷(下)　唐代均田制研究選譯　甘肅教育出版社　1992　p. 154
盧向前　金山國立國之我見　敦煌吐魯番文書論稿　江西人民出版社　1992　p. 178
熊鐵基　以敦煌資料證傳統家庭　《敦煌研究》1993 年第 3 期　p. 75
蔣禮鴻　敦煌文獻語言詞典　杭州大學出版社　1994　p. 316、352
齊陳駿　有關遺産繼承的幾件敦煌遺書　《敦煌學輯刊》1994 年第 2 期　p. 51、55
李并成　唐代瓜沙二州間驛站考　敦煌學國際研討會文集・史地語文编　遼寧美術出版社　1995　p. 203　又見:《歷史地理》1996 年第 13 輯；中國敦煌學百年文庫・地理卷(一)　甘肅文化出版社　1999　p. 162
李正宇　俄藏《端拱二年八月十九日往西天取菩薩戒僧智堅手記》決疑　敦煌佛教文獻研究　敦煌研究院文獻研究所　1995　p. 5
張傳璽　中國歷代契約會編考釋(上)　北京大學出版社　1995　p. 463 注 1
李并成　李春元　瓜沙史地研究　甘肅文化出版社　1996　p. 65、133
李正宇　敦煌史地新論　(臺北)新文豐出版公司　1996　p. 111、211
陸慶夫　唐宋間敦煌粟特人之漢化　《歷史研究》1996 年第 6 期　p. 29　又見:敦煌歸義軍史專題研究　蘭州大學出版社　1997　p. 364
榮新江　歸義軍史研究　上海古籍出版社　1996　p. 217

鄭炳林　唐五代敦煌粟特人與歸義軍政權　《敦煌研究》1996 年第 4 期　p. 92　又見:敦煌歸義軍史專題研究　蘭州大學出版社　1997　p. 424

李正宇　敦煌歷史地理導論　(臺北)新文豐出版公司　1997　p. 248、252、325

鄭炳林　唐五代敦煌種植林業研究　敦煌歸義軍史專題研究　蘭州大學出版社　1997　p. 202(原文録爲 S. 1274)

鄭炳林　晚唐五代敦煌園囿經濟研究　敦煌歸義軍史專題研究　蘭州大學出版社　1997　p. 314

李正宇　塞庭渠　敦煌學大辭典　上海辭書出版社　1998　p. 313

沙知　敦煌契約文書輯校　江蘇古籍出版社　1998　p. 441

楊秀清　試論金山國的有關政治制度　《敦煌學輯刊》1998 年第 2 期　p. 40

楊秀清　敦煌西漢金山國史　甘肅人民出版社　1999　p. 100

蔡忠霖　敦煌漢文寫卷俗字及其現象　(臺北)文津出版社　2002　p. 28

姜亮夫　敦煌莫高窟年表　姜亮夫全集(十一)　雲南人民出版社　2002　p. 460

劉永明　散見敦煌曆朔閏輯考　《敦煌研究》2002 年第 6 期　p. 12、16

童丕　敦煌的借貸:中國中古時代的物質生活與社會　中華書局　2003　p. 10

王啓濤　中古及近代法制文書語言研究　巴蜀書社　2003　p. 65、91、177、279、388

黑維强　吐魯番出土文書詞語例釋(一)　《敦煌學輯刊》2004 年第 2 期　p. 121

李正宇　晚唐至宋敦煌僧人聽食"淨肉"　敦煌學(第 25 輯)　(臺北)樂學書局有限公司　2004　p. 186

鄭顯文　唐代律令制研究　北京大學出版社　2004　p. 136、202

S. 2175

廣川堯敏　淨土三部經　敦煌と中國仏教(講座敦煌 7)　(東京)大東出版社　1984　p. 87

S. 2180

矢吹慶輝　鳴沙餘韻・解說篇(第一部)　(京都)臨川書店　1980　p. 198

S. 2181

芳村修基　土橋秀高　井ノ口泰淳　敦煌佛教史年表　西域文化研究(第一)・敦煌佛教資料　(京都)法藏館　1958　p. 262

饒宗頤　論敦煌陷於吐蕃之年代　(香港)《東方文化》1971 年第 9 卷第 1 期　又見:選堂集林・史林　(香港)中華書局　1982　p. 683 ;中國敦煌學百年文庫・民族卷(一)　甘肅文化出版社　1999　p. 229

矢吹慶輝　鳴沙餘韻・解說篇(第一部)　(京都)臨川書店　1980　p. 276

陳祚龍　敦煌古抄内典尾記彙校初、二、三編合刊　敦煌學要籥　(臺北)新文豐出版公司　1982　p. 111

姜伯勤　唐五代敦煌寺戶制度　中華書局　1987　p. 51

池田溫　中國古代寫本識語集録　(東京)大藏出版株式會社　1990　p. 225

凍國棟　吐魯番出土文書所見唐代前期西州的工匠　敦煌吐魯番文書初探(二編)　武漢大學出版社　1990　p. 312

林聰明　從敦煌文書看佛教徒的造經祈福　第二届敦煌學國際研討會論文集　(臺北)漢學研究中心　1990　p. 524

方廣錩　佛教大藏經史(八—十世紀)　中國社會科學出版社　1991　p. 62

林聰明　敦煌文書出處略考　季羨林教授八十華誕紀念論文集(下)　江西人民出版社　1991　p. 851
林聰明　敦煌文書學　(臺北)新文豐出版公司　1991　p. 110、143、375
戴仁　敦煌寫本紙張的顏色　法國學者敦煌學論文選萃　中華書局　1993　p. 591
顧吉辰　唐代敦煌文獻寫本書手考述　《敦煌學輯刊》1993 年第 1 期　p. 27
林聰明　談敦煌文書的抄寫問題　紀念陳寅恪先生百年誕辰學術論文集　江西教育出版社　1994　p. 285
沃興華　敦煌書法藝術　上海人民出版社　1994　p. 65
藤枝晃著　徐慶全　李樹清譯　敦煌寫本概述　《敦煌研究》1996 年第 2 期　p. 119
白化文　校字人　敦煌學大辭典　上海辭書出版社　1998　p. 594
陳國燦　敦煌寫經題記　敦煌學大辭典　上海辭書出版社　1998　p. 453
陳國燦　上元三年唐宮廷寫妙法蓮花經記　敦煌學大辭典　上海辭書出版社　1998　p. 455
方廣錩　敦煌遺書中的《妙法蓮華經》及有關文獻　敦煌學佛教學論叢(下)　中國佛教文化研究所　1998　p. 80　又見:法源(第 16 期)　中國佛學院　1998　p. 44
楊富學　李吉和　敦煌漢文吐蕃史料輯校(第一輯)　甘肅人民出版社　1999　p. 277
楊富學　王書慶　唐代長安與敦煌佛教文化之關係　'98 法門寺唐文化國際學術討論會論文集　陝西人民出版社　2000　p. 178
林聰明　敦煌吐魯番文書解詁指例　(臺北)新文豐出版公司　2001　p. 59 注 19
姜亮夫　敦煌莫高窟年表　姜亮夫全集(十一)　雲南人民出版社　2002　p. 240

S. 2183

土橋秀高　敦煌の律蔵　敦煌と中國仏教(講座敦煌 7)　(東京)大東出版社　1984　p. 246

S. 2184

井ノ口泰淳　敦煌本『仏名經』の諸系統　中央アジアの言語と仏教　(京都)法藏館　1995　p. 297

S. 2186

平井俊榮　敦煌仏典と中國仏教　敦煌と中國仏教(講座敦煌 7)　(東京)大東出版社　1984　p. 8、11
潘重規著　遊佐昇譯　中國で最初の「詞の総集」:敦煌雲謠集の発見と整理　敦煌の文學文獻(講座敦煌 9)　(東京)大東出版社　1992　p. 423
汪泛舟　敦煌韻文辨正舉隅　《敦煌研究》1994 年第 2 期　p. 142
方廣錩　文殊師利所說摩訶般若波羅蜜經　敦煌學大辭典　上海辭書出版社　1998　p. 681
徐俊　敦煌詩集殘卷輯考　中華書局　2000　p. 326

S. 2190

池田溫　中國古代寫本識語集録　(東京)大藏出版株式會社　1990　p. 250
陳麗萍　敦煌女性寫經題記及反映的婦女問題　敦煌佛教藝術文化國際學術研討會論文集　蘭州大學出版社　2002　p. 431
釋永有　敦煌遺書中的金剛經　敦煌佛教藝術文化國際學術研討會論文集　蘭州大學出版社　2002　p. 39
杜正乾　唐代的《金剛經》信仰　《敦煌研究》2004 年第 5 期　p. 56

謝生保　謝靜　敦煌文獻與水陸法會　《敦煌研究》2006 年第 2 期　p. 42

S. 2192

平井俊榮　敦煌仏典と中國仏教　敦煌と中國仏教(講座敦煌 7)　(東京)大東出版社　1984　p. 8

S. 2193

平井俊榮　敦煌仏典と中國仏教　敦煌と中國仏教(講座敦煌 7)　(東京)大東出版社　1984　p. 8

S. 2195

平井俊榮　敦煌仏典と中國仏教　敦煌と中國仏教(講座敦煌 7)　(東京)大東出版社　1984　p. 8

張涌泉　敦煌俗字研究導論　(臺北)新文豐出版公司　1996　p. 86

S. 2199

向達　倫敦所藏敦煌卷子經眼目録　《北平圖書館圖書季刊》1939 年新第 1 卷第 4 期　p. 397　又見:唐代長安與西域文明　三聯書店　1957　p. 213

芳村修基　土橋秀高　井ノ口泰淳　敦煌佛教史年表　西域文化研究(第一)・敦煌佛教資料　(京都)法藏館　1958　p. 271

陳祚龍　晚唐至宋初敦煌通行典賣"奴婢"之一斑　敦煌簡策訂存　(臺北)商務印書館　1983　p. 105

池田溫　吐魯番、敦煌契券概觀　漢學研究(敦煌學國際研討會論文專號)　(臺北)漢學研究資料及服務中心　1986　p. 36

李正宇　敦煌方音止遇二攝混同及其校勘學意義　《敦煌研究》1986 年第 4 期　p. 54

張弓　唐代寺院奴婢階層略說　《魏晉南北朝隋唐史》1986 年第 10 期　p. 37

李天石　試論兩税法對唐代私奴婢的影響　《敦煌學輯刊》1987 年第 1 期　p. 97

謝和耐著　耿昇譯　中國 5—10 世紀的寺院經濟　甘肅人民出版社　1987　p. 105 注 3

杜琪　書・啓　敦煌文學　甘肅人民出版社　1989　p. 32

王公望　契約　敦煌文學　甘肅人民出版社　1989　p. 53

李天石　敦煌吐魯番文書中的奴婢資料及其價值　《敦煌學輯刊》1990 年第 1 期　p. 3

唐耕耦　陸宏基　敦煌社會經濟文獻真迹釋録(二)　全國圖書館文獻縮微複製中心　1990　p. 153

仁井田陞　補訂中國法制史研究:奴隸農奴法・家族村落法　東京大學出版會　1991　p. 37、567

周紹良　敦煌文學芻議及其它　(臺北)新文豐出版公司　1992　p. 6

高國藩　敦煌民俗資料導論　(臺北)新文豐出版公司　1993　p. 92

李明偉　敦煌文學概論　甘肅人民出版社　1993　p. 466

蔣禮鴻　敦煌文獻語言詞典　杭州大學出版社　1994　p. 156

齊陳駿　有關遺産繼承的幾件敦煌遺書　《敦煌學輯刊》1994 年第 2 期　p. 51

張傳璽　中國歷代契約會編考釋(上)　北京大學出版社　1995　p. 499 注 1

張涌泉　敦煌俗字研究導論　(臺北)新文豐出版公司　1996　p. 241

馮培紅　唐五代敦煌的河渠水利與水司管理機構初探　《敦煌學輯刊》1997 年第 2 期　p. 78

馮培紅　晚唐五代宋初歸義軍武職軍將研究　敦煌歸義軍史專題研究　蘭州大學出版社　1997　p. 133

張弓　漢唐佛寺文化史　中國社會科學出版社　1997　p. 763

張涌泉　敦煌地理文書輯録著作三種校議　古典文獻與文化論叢　中華書局　1997　p. 88
鄭炳林　敦煌碑銘讚輯釋　甘肅教育出版社　1997　p. 105 注 2
郝春文　唐後期五代宋初敦煌僧尼的社會生活　中國社會科學出版社　1998　p. 84
郝春文　唐後期五代宋初敦煌僧尼遺産的處理與喪事的操辦　《敦煌研究》1998 年第 3 期　p. 34
沙知　敦煌契約文書輯校　江蘇古籍出版社　1998　p. 515
土肥義和　唐・北宋の間:敦煌の杜家親情社追補社條(S. 8160rv)について　唐代史研究(創刊號)　(東京)唐代史研究會　1998　p. 20
陳永勝　敦煌吐魯番法制文書研究　甘肅人民出版社　2000　p. 173
董志翹　《入唐求法巡禮行記》辭彙研究　中國社會科學出版社　2000　p. 123
雷紹鋒　歸義軍賦役制度初探　(臺北)洪葉文化事業有限公司　2000　p. 195
郝春文　營造寄託:中國六至十世紀造寺功德的探討　佛教與歷史文化　宗教文化出版社　2001　p. 419
姜亮夫　敦煌莫高窟年表　姜亮夫全集(十一)　雲南人民出版社　2002　p. 404
余欣　胡天漢月:海外中國古代契約研究史略　國際漢學(第七輯)　大象出版社　2002　p. 366
余欣　浙敦 065 文書僞卷考　《敦煌研究》2002 年第 3 期　p. 42
湛如　敦煌佛教喪葬律儀研究　中日敦煌佛教學術會議論文集　中國社會科學院研究所　2002　p. 87
李正宇　敦煌遺書一宗後晉時期敦煌民事訴訟檔案　《敦煌研究》2003 年第 2 期　p. 45
彭金章　有關敦煌莫高窟北區瘞窟的幾個問題　寺院財富與世俗供養　上海書畫出版社　2003　p. 366
王啓濤　中古及近代法制文書語言研究　巴蜀書社　2003　p. 84、272、394
李天石　中國中古良賤身份制度研究　南京師範大學出版社　2004　p. 26、258
王冀青　斯坦因與日本敦煌學　甘肅教育出版社　2004　p. 173
鄭炳林　魏迎春　晚唐五代敦煌佛教教團的戒律和清規　《敦煌學輯刊》2004 年第 2 期　p. 37
鄭顯文　唐代律令制研究　北京大學出版社　2004　p. 199

S. 2200

周一良　敦煌寫本書儀考(之二)　敦煌吐魯番文獻研究論集(第四輯)　北京大學出版社　1987　p. 28、33　又見:唐五代書儀研究　中國社會科學出版社　1995　p. 82、88
池田溫　中國古代寫本識語集録　(東京)大藏出版株式會社　1990　p. 415
譚蟬雪　敦煌歲時掇瑣:正月　《敦煌研究》1990 年第 1 期　p. 44　又見:(香港)《九州學刊》(敦煌學專輯)1993 年第 5 卷第 4 期　p. 84
趙和平　敦煌寫本書儀略論　敦煌吐魯番學研究論文集　漢語大詞典出版社　1990　p. 598
中村裕一　唐代官文書研究　(京都)中文出版社　1991　p. 502
中村裕一　官文書　敦煌漢文文獻(講座敦煌 5)　(東京)大東出版社　1992　p. 564
周一良　唐代書儀の類型　敦煌漢文文獻(講座敦煌 5)　(東京)大東出版社　1992　p. 699
趙和平　敦煌寫本書儀研究　(臺北)新文豐出版公司　1993　p. 66
周一良　唐代的書儀與中日文化關係　中日文化關係史論　江西人民出版社　1993　p. 53　又見:唐五代書儀研究　中國社會科學出版社　1995　p. 325、336
周一良　趙和平　敦煌寫本書儀略論　唐五代書儀研究　中國社會科學出版社　1995　p. 36
周一良　趙和平　晚唐五代時的三種吉凶書儀寫卷研究　唐五代書儀研究　中國社會科學出版社　1995　p. 201

中村裕一　唐代公文書研究　(東京)汲古書院　1996　p. 103
董志翹　《入唐求法巡禮行記》 唐研究(第三卷)　北京大學出版社　1997　p. 125
寧可　郝春文　敦煌社邑文書輯校　江蘇古籍出版社　1997　p. 505
譚蟬雪　敦煌歲時文化導論　(臺北)新文豐出版公司　1998　p. 2、107、126、185、303
趙和平　新集吉凶書儀、吉儀卷上　敦煌學大辭典　上海辭書出版社　1998　p. 420
董志翹　《入唐求法巡禮行記》辭彙研究　中國社會科學出版社　2000　p. 281
榮新江　《英藏敦煌文獻》定名商補　文史(第五十二輯)　中華書局　2000　p. 119　又見:敦煌學新論　甘肅教育出版社　2002　p. 193
譚蟬雪　唐宋敦煌歲時佛俗　《敦煌研究》2001 年第 1 期　p. 97
曾良　敦煌文獻字義通釋　廈門大學出版社　2001　p. 82
周一良　王梵志詩的幾條補注　魏晉南北朝史論集續編　北京大學出版社　2001　p. 293
周一良　魏晉南北朝史論集續編　北京大學出版社　2001　p. 235
姜亮夫　敦煌莫高窟年表　姜亮夫全集(十一)　雲南人民出版社　2002　p. 392
吳麗娛　唐禮摭遺:中古書儀研究　商務印書館　2002　p. 50
趙和平　唐五代書儀的主要內容及其學術價值　敦煌與絲路文化學術講座　北京圖書館出版社　2003　p. 223
高啓安　唐五代敦煌飲食文化研究　民族出版社　2004　p. 156
孫猛　《日本國見在書目録》(經部、史部、集部)失考書考　域外漢籍研究集刊　中華書局　2006　p. 229

S. 2202

李正宇　敦煌古代美術字　敦煌學大辭典　上海辭書出版社　1998　p. 287
劉濤　敦煌書法　敦煌學大辭典　上海辭書出版社　1998　p. 274
劉濤　忍辱波羅蜜　敦煌學大辭典　上海辭書出版社　1998　p. 288
榮新江　《英藏敦煌文獻》定名商補　文史(第五十二輯)　中華書局　2000　p. 119　又見:敦煌學新論　甘肅教育出版社　2002　p. 193

S. 2204

向達　記倫敦所藏的敦煌俗文學　《新中華雜誌》1937 年第 5 卷第 13 號　p. 123　又見:唐代長安與西域文明　三聯書店　1957　p. 242 ; 敦煌變文論文録　上海古籍出版社　1982　p. 31
向達　倫敦所藏敦煌卷子經眼目録《北平圖書館圖書季刊》1939 年新第 1 卷第 4 期　p. 397　又見:唐代長安與西域文明　三聯書店　1957　p. 213
周紹良　敦煌所出變文現存目録　敦煌變文彙録　上海出版公司　1955　p. 10
蘇瑩輝　論敦煌本史傳變文與中國俗文學　(臺中)《東海大學圖書館學報》1964 年第 6 期　又見:敦煌論集　(臺北)學生書局　1983　p. 123 ; 中國敦煌學百年文庫・文學卷(五)　甘肅文化出版社　1999　p. 17
金岡照光　ソビエトにおける敦煌研究文獻三種　『東洋學報』(48 卷 1 號)　(東京)東洋學術協會　1965　p. 121
金岡照光　敦煌漢文文學文獻の文學形態上の種類とその分類　敦煌出土文學文獻分類目録・附解說　(東京)東洋文庫　1971　p. 221
金岡照光　敦煌漢文文學文獻の寫本及び影印の收集保存、整理研究の現狀　敦煌出土文學文獻分類目録・附解說　(東京)東洋文庫　1971　p. 169

金岡照光　敦煌文學のさまざま　敦煌の文學　(東京)大蔵出版株式會社　1971　p. 124、157
金岡照光　敦煌民衆の宗教と生活　敦煌の民衆:その生活と思想　(東京)評論社　1972　p. 234
加地哲定　增補中國佛教文學研究　(東京)同朋舍　1979　p. 201、216
王重民　敦煌古籍叙録　中華書局　1979　p. 358
楊家駱　敦煌變文　(臺北)世界書局　1980　p. 113
陳祚龍　新校重訂敦煌古抄中世釋衆唱導行孝報恩的藝文四種　中華佛教文化史散策(三集)　(臺北)新文豐出版公司　1981　p. 213
金岡照光　敦煌の繪物語　(東京)東方書店　1981　p. 70
潘重規　敦煌詞話　(臺北)石門圖書公司　1981　p. 96
蘇瑩輝　敦煌學概要　(臺北)編譯館"中華叢書編委會"　1981　p. 90
鄭阿財　孝道文學敦煌寫卷《十恩德讚》初探　(臺北)《華岡文科學報》1981 年第 13 期　p. 235、246
白化文　什麽是變文　敦煌變文論文録　上海古籍出版社　1982　p. 443
傅芸子　敦煌俗文學之發見及其展開　敦煌變文論文録　上海古籍出版社　1982　p. 138
王重民　敦煌本《董永變文》跋　敦煌變文論文録　上海古籍出版社　1982　p. 691
邢慶蘭　敦煌石室所見《董永董仲歌》與紅河上游擺彝所傳借錢葬父故事　敦煌變文論文録　上海古籍出版社　1982　p. 695
鄭阿財　敦煌孝道文學研究　(臺北)石門圖書公司　1982　p. 16、151、256 注 87、407、529、628
陳祚龍　新集敦煌古抄釋門的詩歌與曲子　敦煌簡策訂存　(臺北)商務印書館　1983　p. 195
小川陽一　道教說話　敦煌と中國道教(講座敦煌 4)　(東京)大東出版社　1983　p. 300
嚴紹璗　狩野直喜和中國俗文學的研究　學林漫録(七集)　中華書局　1983　p. 152 注 6
陳祚龍著　福井文雅　平木真快譯　釈亡名と善慧大士の詩歌について　敦煌と中國仏教(講座敦煌 7)　(東京)大東出版社　1984　p. 477
金岡照光　敦煌文獻より見たる彌勒信仰の一側面　敦煌と中國仏教(講座敦煌 7)　(東京)大東出版社　1984　p. 552
潘重規　敦煌變文集新書(下)　(臺北)"中國文化大學"中文研究所　1984　p. 929
王重民　董永變文　敦煌變文集　人民文學出版社　1984　p. 113
雷僑雲　敦煌兒童文學　(臺北)學生書局　1985　p. 90 注 5
龍晦　論敦煌詞曲所見之禪宗與淨土宗　《世界宗教研究》1986 年第 3 期　p. 65
朱鳳玉　王梵志詩研究(上)　(臺北)學生書局　1986　p. 294
任半塘　敦煌歌辭總編　上海古籍出版社　1987　p. 800、1004、1081
張鴻勳　敦煌講唱文學作品選注　甘肅人民出版社　1987　p. 33
張涌泉　敦煌變文校讀釋例　《敦煌學輯刊》1987 年第 2 期　p. 21　又見:舊學新知　浙江大學出版社　1999　p. 162、198
鄭振鐸　中國俗文學史(上)　上海書店　1987　p. 142
周紹良　唐代變文及其它　敦煌文學作品選　中華書局　1987　p. 24
高國藩　敦煌曲子詞欣賞　南京大學出版社　1989　p. 49
劉瑞明　詞文　敦煌文學　甘肅人民出版社　1989　p. 307
汪泛舟　讚·箴　敦煌文學　甘肅人民出版社　1989　p. 98
程毅中　唐代小說史話　文化藝術出版社　1990　p. 75
高國藩　敦煌古俗與民俗流變　河海大學出版社　1990　p. 165、429
郭在貽　張涌泉　黄征　敦煌寫本書寫特例發微　敦煌吐魯番學研究論文集　漢語大詞典出版社　1990　p. 334

郭在貽　張涌泉　俗字研究與古籍整理　古籍整理與研究(第5期)　中華書局　1990　p.240
郭在貽　張涌泉　黄征　敦煌變文集校議　岳麓書社　1990　p.90
加地哲定著　劉衛星譯　中國佛教文學　今日中國出版社　1990　p.171、185
任半塘　王昆吾　隋唐五代燕樂雜言歌辭集　巴蜀書社　1990　p.62、864、1389
項楚　敦煌變文選注　巴蜀書社　1990　p.227
項楚　王梵志詩校注　上海古籍出版社　1991　p.308
郭在貽　郭在貽語言文學論稿　浙江古籍出版社　1992　p.145
胡文和　大足寶頂《父母恩重經變》研究　《敦煌研究》1992年第2期　p.17
金岡照光　講唱體類　敦煌の文學文獻(講座敦煌9)　(東京)大東出版社　1992　p.89
金岡照光　邈真讃　敦煌の文學文獻(講座敦煌9)　(東京)大東出版社　1992　p.607
金岡照光　孝行譚:『舜子変』と『董永傳』　敦煌の文學文獻(講座敦煌9)　(東京)大東出版社　1992　p.525
金岡照光　韻文體類:長篇叙事詩・短篇歌詠　敦煌の文學文獻(講座敦煌9)　(東京)大東出版社　1992　p.254
金岡照光　総說『敦煌文學の諸形態』　敦煌の文學文獻(講座敦煌9)　(東京)大東出版社　1992　p.19
林家平　寧强　羅華慶　中國敦煌學史　北京語言學院出版社　1992　p.36、106、128、198
張涌泉　《敦煌歌辭總編》校議　《語言研究》1992年第1期　p.55、59
張涌泉　敦煌寫卷俗字類型及其考辨的方法　(香港)《九州學刊》(敦煌學專輯)1992年第4卷第4期　p.72
周紹良　敦煌文學芻議及其它　(臺北)新文豐出版公司　1992　p.62、91
高國藩　敦煌民俗資料導論　(臺北)新文豐出版公司　1993　p.16、42、88、236
李正宇　敦煌文學概論　甘肅人民出版社　1993　p.139
王小盾　唐代酒令藝術　(臺北)文津出版社　1993　p.42
張鴻勳　敦煌話本詞文俗賦導論　(臺北)新文豐出版公司　1993　p.89
張鴻勳　敦煌說唱文學概論　(臺北)新文豐出版公司　1993　p.82
張錫厚　敦煌文學概論　甘肅人民出版社　1993　p.285
張涌泉　語詞辨析七則　《古漢語研究》1993年第1期　p.45
鄭阿財　從敦煌文獻看唐代的三教合一　第二屆國際唐代學術會議論文集(上)　(臺北)文津出版社　1993　p.649
鄭阿財　敦煌文獻與文學　(臺北)新文豐出版公司　1993　p.5、26
陳海濤　敦煌變文新論　《敦煌研究》1994年第1期　p.67
張涌泉　試論審辨敦煌寫本俗字的方法　《敦煌研究》1994年第2期　p.149　又見:舊學新知　浙江大學出版社　1999　p.81
曲金良　敦煌佛教文學研究　(臺北)文津出版社　1995　p.105
汪泛舟　從敦煌文學構成特點看中外交流關係　敦煌學國際研討會文集・史地語文編　遼寧美術出版社　1995　p.243
王書慶　敦煌佛學・佛事篇　甘肅民族出版社　1995　p.216
張涌泉　漢語俗字研究　岳麓書社　1995　p.53、199
段小强　敦煌文書所反映的古代喪禮　《敦煌學輯刊》1996年第2期　p.44
王昆吾　隋唐五代燕樂雜言歌辭研究　中華書局　1996　p.374、408
張涌泉　敦煌俗字研究導論　(臺北)新文豐出版公司　1996　p.21、73、144、192、246

張涌泉　敦煌文獻校讀釋例　文史(第四十一輯)　中華書局　1996　p. 190
張涌泉　敦煌寫卷俗字類釋　敦煌吐魯番學研究論集　書目文獻出版社　1996　p. 480
黃征　張涌泉　敦煌變文校注　中華書局　1997　p. 175、991
李并成　古代河西走廊桑蠶絲織業考　《敦煌學輯刊》1997 年第 2 期　p. 64
王繼如　敦煌疑字尋解　俗語言研究(第四期)　(京都)禪文化研究所　1997　p. 69
曾良　《敦煌歌辭總編》商補　敦煌吐魯番研究(第二卷)　北京大學出版社　1997　p. 346
柴劍虹　董永　敦煌學大辭典　上海辭書出版社　1998　p. 584
柴劍虹　十無常曲　敦煌學大辭典　上海辭書出版社　1998　p. 542
程毅中　詞文　敦煌學大辭典　上海辭書出版社　1998　p. 524
沙知　賤人行　敦煌學大辭典　上海辭書出版社　1998　p. 411
張錫厚　太子讚　敦煌學大辭典　上海辭書出版社　1998　p. 544
段小强　敦煌文書中所見的古代喪儀　《西北民族研究》1999 年第 1 期　p. 211
高國藩　敦煌俗文化學　上海三聯書店　1999　p. 255
梅維恒著　楊繼東　陳引馳譯　唐代變文(上)　(香港)中國佛教文化出版公司　1999　p. 52 注 1、76
謝桃坊　敦煌文化尋繹　四川人民出版社　1999　p. 120
張涌泉　敦煌本《佛說父母恩重經》研究　文史(第四十九輯)　中華書局　1999　p. 65、72
張涌泉　敦煌寫本書寫特例發微　舊學新知　浙江大學出版社　1999　p. 244、269
張涌泉　論"音隨形變"　舊學新知　浙江大學出版社　1999　p. 94 注 1
張涌泉　俗字研究與敦煌文獻的校理　舊學新知　浙江大學出版社　1999　p. 60
金岡照光　敦煌文獻と中國文學　(東京)五曜書房　2000　p. 357、443、475
顏廷亮　敦煌文化的靈魂論綱　《甘肅社會科學》2000 年第 4 期　p. 33
顏廷亮　西陲文學遺珍:敦煌文學通俗談　甘肅人民出版社　2000　p. 15
張鴻勳　說唱藝術奇葩:敦煌變文選評　甘肅人民出版社　2000　p. 55
張錫厚　敦煌文學源流　作家出版社　2000　p. 548
張涌泉　漢語俗字叢考　中華書局　2000　p. 198
郝春文　英藏敦煌社會歷史文獻釋録(第一卷)　科學出版社　2001　p. 198
陶敏　李一飛　隋唐五代文學史料學　中華書局　2001　p. 352
周一良　王梵志詩的幾條補注　魏晉南北朝史論集續編　北京大學出版社　2001　p. 288
姜亮夫　敦煌莫高窟年表　姜亮夫全集(十一)　雲南人民出版社　2002　p. 12
林仁昱　論敦煌佛教歌曲特質與"弘法"的關係　敦煌學(第 23 輯)　(臺北)樂學書局有限公司　2002　p. 61
李小榮　敦煌密教文獻論稿　人民文學出版社　2003　p. 58
林仁昱　論敦煌佛教歌曲向通俗傳播的內容　中國俗文化研究(第一輯)　巴蜀書社　2003　p. 185
王啓濤　中古及近代法制文書語言研究　巴蜀書社　2003　p. 80
張子開　敦煌文獻中的白話禪詩　《敦煌學輯刊》2003 年第 1 期　p. 83、88
荒見泰史　敦煌變文研究概述以及新觀點　華林(第三卷)　中華書局　2004　p. 388、399
王冀青　斯坦因與日本敦煌學　甘肅教育出版社　2004　p. 132
張涌泉　燦爛的敦煌文化　浙江與敦煌學:常書鴻先生誕辰一百周年紀念文集　浙江古籍出版社　2004　p. 643
荒見泰史　從敦煌寫本中變文的改寫情況來探討五代講唱文學的演變　敦煌學國際研討會論文集　北京圖書館出版社　2005　p. 177

汪泛舟　敦煌俗別字新考(上)　《敦煌研究》2006 年第 1 期　p. 103

S. 2206

江素雲　維摩詰所說經敦煌寫本綜合目録　(臺北)東初出版社　1991　p. 79

S. 2213

向達　倫敦所藏敦煌卷子經眼目録　《北平圖書館圖書季刊》1939 年新第 1 卷第 4 期　p. 397　又見:唐代長安與西域文明　三聯書店　1957　p. 213

林家平　寧强　羅華慶　中國敦煌學史　北京語言學院出版社　1992　p. 510

S. 2214

向達　倫敦所藏敦煌卷子經眼目録　《北平圖書館圖書季刊》1939 年新第 1 卷第 4 期　p. 397　又見:唐代長安與西域文明　三聯書店　1957　p. 213

姜伯勤　上海藏本敦煌所出河西支度營田使文書研究　敦煌吐魯番文獻研究論集(第二輯)　北京大學出版社　1983　p. 340、341、342、345

韓國磐　根據敦煌和吐魯番發現的文件略談有關唐代均田制的幾個問題　敦煌吐魯番文書研究　甘肅人民出版社　1984　p. 193 注 2

梁尉英　張芝籍貫辨　《敦煌研究》1985 年第 2 期　p. 150

楊際平　吐蕃時期沙州社會經濟研究　敦煌吐魯番出土經濟文書研究　廈門大學出版社　1986　p. 374

姜伯勤　唐五代敦煌寺戶制度　中華書局　1987　p. 195

柴劍虹　因緣　敦煌文學　甘肅人民出版社　1989　p. 273

李正宇　唐宋時代敦煌縣河渠泉澤簡志(二)　《敦煌研究》1989 年第 1 期　p. 54

唐耕耦　陸宏基　敦煌社會經濟文獻真迹釋録(二)　全國圖書館文獻縮微複製中心　1990　p. 421

柴劍虹　敦煌文學中的"因緣"與"詩話"　西域文史論稿　(臺北)國文天地雜誌社　1991　p. 515

劉進寶　從敦煌文書談晚唐五代的"地子"　《歷史研究》1996 年第 3 期　p. 174

鄭炳林　唐五代敦煌粟特人與歸義軍政權　《敦煌研究》1996 年第 4 期　p. 93　又見:敦煌歸義軍史專題研究　蘭州大學出版社　1997　p. 425

馮培紅　唐五代敦煌的河渠水利與水司管理機構初探　《敦煌學輯刊》1997 年第 2 期　p. 73

劉進寶　晚唐五代"地子"考釋　唐代的歷史與社會　武漢大學出版社　1997　p. 298

楊際平　郭鋒　張和平　五一十世紀敦煌的家庭與家族關係　岳麓書社　1997　p. 145

金瀅坤　從敦煌文書看晚唐五代敦煌地區布紡織業　《敦煌研究》1998 年第 2 期　p. 134

鄭阿財　敦煌寫本《佛頂心觀世音菩薩救難神驗經》研究　新國學(第一卷)　巴蜀書社　1999　p. 323

高啓安　崇高與卑賤:敦煌的佛教信仰賤名再探　'98 法門寺唐文化國際學術討論會論文集　陝西人民出版社　2000　p. 251

雷紹鋒　歸義軍賦役制度初探　(臺北)洪葉文化事業有限公司　2000　p. 48

山本達郎等　補(IV)社・III 轉貼『NUN - HUANG AND TURFAN DOCUMENTS CONCERNING SOCIAL AND ECONOMIC HISTORY』(Sup. p. lemrnts)　(東京)東洋文庫　2001　p. 71

鄭阿財　敦煌寫本《佛頂心觀世音菩薩大陀羅尼經》研究　敦煌學(第 23 輯)　(臺北)樂學書局有限公司　2002　p. 38　又見:2000 年敦煌學國際學術討論會文集・歷史文化卷(下)　甘肅民族出版社　2003　p. 6

馮培紅　唐五代敦煌官府宴設機構考略　2000 年敦煌學國際學術討論會文集・歷史文化卷(上)　甘肅民族出版社　2003　p. 183

馮培紅　晚唐五代宋初沙州上佐考論　敦煌學國際研討會論文集　北京圖書館出版社　2005　p. 66

鄭炳林　晚唐五代敦煌地區的胡姓居民與聚落　法國漢學(第 10 輯)(粟特人在中國:歷史、考古、語言的新探索)　中華書局　2005　p. 179

S. 2215

許國霖　敦煌石室寫經題記彙编　《微妙聲》1936 – 1937 年第 1 – 4 期　又見:中國敦煌學百年文庫・宗教卷(四)　甘肅文化出版社　1999　p. 212

許國霖　敦煌石室寫經年代表　《微妙聲》1937 年第 5 期　又見:中國敦煌學百年文庫・宗教卷(四)　甘肅文化出版社　1999　p. 197

芳村修基　土橋秀高　井ノ口泰淳　敦煌佛教史年表　西域文化研究(第一)・敦煌佛教資料　(京都)法藏館　1958　p. 262

陳祚龍　敦煌古抄內典尾記彙校初、二、三編合刊　敦煌學要籥　(臺北)新文豐出版公司　1982　p. 112

楊際平　吐蕃時期沙州社會經濟研究　敦煌吐魯番出土經濟文書研究　廈門大學出版社　1986　p. 376

池田溫　中國古代寫本識語集録　(東京)大藏出版株式會社　1990　p. 211

林聰明　從敦煌文書看佛教徒的造經祈福　第二屆敦煌學國際研討會論文集　(臺北)漢學研究中心　1990　p. 534

顧吉辰　唐代敦煌文獻寫本書手考述　《敦煌學輯刊》1993 年第 1 期　p. 31

金岡照光　敦煌文獻と中國文學　(東京)五曜書房　2000　p. 428

顏廷亮　敦煌文化　光明日報出版社　2000　p. 318

林聰明　敦煌吐魯番文書解詁指例　(臺北)新文豐出版公司　2001　p. 172

姜亮夫　敦煌莫高窟年表　姜亮夫全集(十一)　雲南人民出版社　2002　p. 238

李正宇　唐宋時期敦煌佛經性質功能的變化　戒幢佛學(第二卷)　岳麓書社　2002　p. 21　又見:中日敦煌佛教學術會議論文集　中國社會科學院研究所　2002　p. 18

S. 2216

許國霖　敦煌石室寫經題記匯編《微妙聲》1936 – 1937 年第 1 – 4 期　又見:中國敦煌學百年文庫・宗教卷(四)　甘肅文化出版社　1999　p. 220

許國霖　敦煌石室寫經年代表《微妙聲》1937 年第 5 期　又見:中國敦煌學百年文庫・宗教卷(四)　甘肅文化出版社　1999　p. 194

芳村修基　土橋秀高　井ノ口泰淳　敦煌佛教史年表　西域文化研究(第一)・敦煌佛教資料　(京都)法藏館　1958　p. 255

陳祚龍　敦煌古抄內典尾記彙校初、二、三編合刊　敦煌學要籥　(臺北)新文豐出版公司　1982　p. 112

池田溫　中國古代寫本識語集録　(東京)大藏出版株式會社　1990　p. 121

趙聲良　南北朝寫經書法藝術　敦煌書法庫(第一輯)　甘肅人民美術出版社　1994　p. 18

姜亮夫　敦煌莫高窟年表　姜亮夫全集(十一)　雲南人民出版社　2002　p. 140

赤尾榮慶　敦煌寫本的書志學研究　敦煌學・日本學:石塚晴通教授退職紀念論文集　上海辭書出版社　2005　p. 53

赤尾榮慶　敦煌寫本の書志學的研究——近年の動向を踏まえて　日本學・敦煌學・漢文訓讀の新展開　(東京)汲古書院　2005　p. 191

S. 2220

中村裕一　唐代官文書研究　(京都)中文出版社　1991　p. 501

中村裕一　唐代制勅研究　(東京)汲古書院　1991　p. 417

S. 2222

向達　倫敦所藏敦煌卷子經眼目録　《北平圖書館圖書季刊》1939 年新第 1 卷第 4 期　p. 397　又見:唐代長安與西域文明　三聯書店　1957　p. 213

高國藩　敦煌民俗學　上海文藝出版社　1989　p. 34、299

劉文英　夢的迷信與夢的探索　中國社會科學出版社　1989　p. 121、128 注 4

菅原信海　占筮書　敦煌漢文文獻(講座敦煌 5)　(東京)大東出版社　1992　p. 450

戴仁　敦煌寫本中的解夢書　法國學者敦煌學論文選萃　中華書局　1993　p. 313

楊自福　顧大勇　敦煌本《周公解夢書》殘卷初探　《敦煌學輯刊》1995 年第 2 期　p. 69

鄭炳林　敦煌寫本解夢書概述　《敦煌學輯刊》1995 年第 2 期　p. 9

鄭炳林　羊萍　敦煌本夢書　甘肅文化出版社　1995　p. 28

葛兆光　評《隋書經籍志詳考》　唐研究(第二卷)　北京大學出版社　1996　p. 541

史睿　評《敦煌本夢書》　敦煌吐魯番研究(第三卷)　北京大學出版社　1998　p. 414

嚴敦傑　解夢書　敦煌學大辭典　上海辭書出版社　1998　p. 620

楊富學　西域敦煌宗教論稿　甘肅文化出版社　1998　p. 66

羅福頤　敦煌石室文物對於學術上的貢獻　中國敦煌學百年文庫・考古卷(四)　甘肅文化出版社　1999　p. 7

黄正建　敦煌占卜文書與唐五代占卜研究　學苑出版社　2001　p. 65

關長龍　敦煌本夢書雜識　漢語史學報專輯(第三輯)　上海教育出版社　2003　p. 316

鄭炳林　敦煌文獻中的解夢書與相面書　敦煌與絲路文化學術講座(第一輯)　北京圖書館出版社　2003　p. 156

鄭炳林　晚唐五代敦煌占卜中的行爲決定論　《敦煌學輯刊》2003 年第 1 期　p. 8

劉少霞　敦煌出土醫書中有關女性問題初探　《敦煌學輯刊》2005 年第 2 期　p. 174

鄭炳林　敦煌寫本解夢書校録研究　民族出版社　2005　p. 6

S. 2224

矢吹慶輝　鳴沙餘韻・解說篇(第一、二部)　(京都)臨川書店　1980　p. 191;249

王昆吾　隋唐五代燕樂雜言歌辭研究　中華書局　1996　p. 389

張涌泉　敦煌文獻字詞例釋　敦煌學(第 25 輯)　(臺北)樂學書局有限公司　2004　p. 352

S. 2228

長澤和俊　敦煌　(東京)築摩書房　1965　p. 167

山口瑞鳳　吐蕃の敦煌支配期間　敦煌の歷史(講座敦煌 2)　(東京)大東出版社　1980　p. 213

陳慶英　《斯坦因劫經録》、《伯希和劫經録》所收漢文寫卷中夾存的藏文寫卷情況調查　《敦煌學輯刊》1981 年第 2 期　p. 111

高田時雄　チベット文字で書かれた寒食詩の斷片　『均社論叢』(第 10 號)　京都大學　1981

p. 69
楊際平　吐蕃時期沙州社會經濟研究　敦煌吐魯番出土經濟文書研究　廈門大學出版社　1986　p. 388
姜伯勤　唐五代敦煌寺戶制度　中華書局　1987　p. 51
楊銘　吐蕃時期敦煌部落設置考　《西北史地》1987年第2期　p. 39
池田温　敦煌における土地税役制をめぐって　東アジア古文書の史的研究　(東京)刀水書房　1990　p. 56
榮新江　通頰考　文史(第三十三輯)　中華書局　1990　p. 129　又見:二十世紀中國文史考據文録　雲南人民出版社　2001　p. 2111
唐耕耦　陸宏基　敦煌社會經濟文獻真迹釋録(二、三)　全國圖書館文獻縮微複製中心　1990　p. 203、403;149
周偉洲　吐蕃對河隴的統治及歸義軍前期的河西諸族　《甘肅民族研究》1990年第2期　p. 2
齊陳駿　寒沁　河西都僧統唐悟真作品和見載文獻系年　《敦煌學輯刊》1993年第2期　p. 12
姜伯勤　敦煌吐魯番文書與絲綢之路　文物出版社　1994　p. 196、223
劉進寶　關於吐蕃統治經營河西地區的若干問題　《中國邊疆史地研究》1994年第1期　p. 13
姜伯勤　敦煌文書所見胡錦番錦考　敦煌學國際研討會文集·石窟考古編　遼寧美術出版社　1995　p. 288
劉進寶　吐蕃對河西的統治與經營　敦煌吐魯番學研究論集　書目文獻出版社　1996　p. 323
馬子海　吐蕃統治下的河西走廊　《西北師大學報》(社會科學版)1996年第2期　p. 103
楊銘　吐蕃"十將"(Tshan bcu)制補證　《中國藏學》1996年第2期　又見:中國敦煌學百年文庫·民族卷(二)　甘肅文化出版社　1999　p. 60
鄭炳林　唐五代敦煌粟特人與歸義軍政權　《敦煌研究》1996年第4期　p. 84
馮培紅　晚唐五代宋初歸義軍武職軍將研究　敦煌歸義軍史專題研究　蘭州大學出版社　1997　p. 140
劉雯　吐蕃及歸義軍時期敦煌索氏家族研究　《敦煌學輯刊》1997年第2期　p. 90
楊際平　郭鋒　張和平　五—十世紀敦煌的家庭與家族關係　岳麓書社　1997　p. 143
楊銘　吐蕃統治敦煌研究　(臺北)新文豐出版公司　1997　p. 279
鄭炳林　敦煌碑銘讚輯釋　甘肅教育出版社　1997　p. 114 注2
鄭炳林　唐五代敦煌的粟特人與歸義軍政權　敦煌歸義軍史專題研究　蘭州大學出版社　1997　p. 407
鄭炳林　吐蕃統治下的敦煌粟特人　敦煌歸義軍史專題研究　蘭州大學出版社　1997　p. 376
鄭炳林　晚唐五代敦煌貿易市場的物價　敦煌歸義軍史專題研究　蘭州大學出版社　1997　p. 281
陳國燦　將　敦煌學大辭典　上海辭書出版社　1998　p. 302
郝春文　唐後期五代宋初敦煌僧尼的社會生活　中國社會科學出版社　1998　p. 20
金瀅坤　吐蕃統治敦煌的社會基層組織　《中國邊疆史地研究》1998年第4期　p. 29
榮新江　通頰　敦煌學大辭典　上海辭書出版社　1998　p. 301
童丕　10世紀敦煌的借貸人　法國漢學(第3輯)　中華書局　1998　p. 75
鄭炳林　《康秀華寫經施入疏》與《炫和尚貨賣胡粉曆》研究　敦煌吐魯番研究(第三卷)　北京大學出版社　1998　p. 200
鄭炳林　康通信　敦煌學大辭典　上海辭書出版社　1998　p. 353
鄭炳林　晚唐五代敦煌地區種植棉花研究　《中國史研究》1999年第3期　p. 88
高啓安　崇高與卑賤:敦煌的佛教信仰賤名再探　'98法門寺唐文化國際學術討論會論文集　陝西

人民出版社　2000　p. 250
劉進寶　敦煌歷史文化　甘肅人民出版社　2000　p. 92
劉進寶　敦煌文書與唐史研究　（臺北）新文豐出版公司　2000　p. 93
丘古耶夫斯基　敦煌漢文文書　上海古籍出版社　2000　p. 64
羅彤華　從便物曆論敦煌寺院的放貸　敦煌文獻論集：紀念藏經洞發現一百周年國際學術研討會論文集　遼寧人民出版社　2001　p. 466
劉進寶　敦煌學通論　甘肅教育出版社　2002　p. 57
洪藝芳　敦煌社會經濟文書中的唐五代新興量詞研究　敦煌學（第24輯）　（臺北）樂學書局有限公司　2003　p. 111
童丕　敦煌的借貸：中國中古時代的物質生活與社會　中華書局　2003　p. 154
鄭炳林　晚唐五代敦煌村莊聚落輯考　2000年敦煌學國際學術討論會文集・歷史文化卷（上）　甘肅民族出版社　2003　p. 136
吳越　敦煌歷史人物　民族出版社　2004　p. 171
鄭炳林　晚唐五代敦煌商業貿易市場研究　《敦煌學輯刊》2004年第1期　p. 104
高田時雄著　鍾翀等譯　藏文音譯《寒食詩》殘片　敦煌・民族・語言　中華書局　2005　p. 50
李正宇　晚唐至北宋敦煌僧尼普聽飲酒　《敦煌研究》2005年第3期　p. 69、77
陸離　吐蕃統治敦煌時期的官府勞役　魏晉南北朝隋唐史資料（第22輯）　武漢大學出版社　2005　p. 178
陸離　吐蕃統治河隴西域時期職官四題　《西北民族研究》2006年第2期　p. 21

S. 2229

平井俊榮　敦煌仏典と中國仏教　敦煌と中國仏教（講座敦煌7）　（東京）大東出版社　1984　p. 8
林聰明　敦煌文書學　（臺北）新文豐出版公司　1991　p. 425
王三慶　敦煌寫卷中武后新字之調查研究　唐代研究論集（第三輯）　（臺北）新文豐出版公司　1992　p. 88

S. 2231

許國霖　敦煌石室寫經題記匯編　《微妙聲》1936－1937年第1－4期　1936　又見：中國敦煌學百年文庫・宗教卷（四）　甘肅文化出版社　1999　p. 222
許國霖　敦煌石室寫經年代表　《微妙聲》1937年第5期　又見：中國敦煌學百年文庫・宗教卷（四）　甘肅文化出版社　1999　p. 196
芳村修基　土橋秀高　井ノ口泰淳　敦煌佛教史年表　西域文化研究（第一）・敦煌佛教資料　（京都）法藏館　1958　p. 259
池田溫　中國古代寫本識語集録　（東京）大藏出版株式會社　1990　p. 181
王三慶　敦煌書儀載録之節日活動與民俗　全國敦煌學研討會論文集　（臺北）中正大學中國文學系所　1995　p. 25注26
方廣錩　大般涅槃經　敦煌學大辭典　上海辭書出版社　1998　p. 695
蔡忠霖　敦煌漢文寫卷俗字及其現象　（臺北）文津出版社　2002　p. 66、143、185
蔡忠霖　從書法角度看俗字的生成　敦煌學（第24輯）　（臺北）樂學書局有限公司　2003　p. 164
蔡忠霖　官定正字之外的通行文字　新世紀敦煌學論集　巴蜀書社　2003　p. 111
公維章　涅槃、淨土的殿堂：敦煌莫高窟第148窟研究　民族出版社　2004　p. 95
礪波護著　韓昇　劉建英譯　隋唐佛教文化　上海古籍出版社　2004　p. 41

S. 2235

江素雲　維摩詰所說經敦煌寫本綜合目録　(臺北)東初出版社　1991　p. 79

S. 2237

土橋秀高　敦煌の律蔵　敦煌と中國仏教(講座敦煌 7)　(東京)大東出版社　1984　p. 246

S. 2240

金岡照光　敦煌民衆の社會と生活　敦煌の民衆:その生活と思想　(東京)評論社　1972　p. 333

金岡照光　孝行譚:『舜子変』と『董永傳』　敦煌の文學文獻(講座敦煌 9)　(東京)大東出版社　1992　p. 483

張涌泉　以父母十恩德爲主題的佛教文學藝術作品探源　舊學新知　浙江大學出版社　1999　p. 317

金岡照光　敦煌文獻と中國文學　(東京)五曜書房　2000　p. 32

荒見泰史　從敦煌寫本中變文的改寫情況來探討五代講唱文學的演變　敦煌學國際研討會論文集　北京圖書館出版社　2005　p. 177

S. 2241

向達　倫敦所藏敦煌卷子經眼目録　《北平圖書館圖書季刊》1939 年新第 1 卷第 4 期　p. 397　又見:唐代長安與西域文明　三聯書店　1957　p. 213

芳村修基　土橋秀高　井ノ口泰淳　敦煌佛教史年表　西域文化研究(第一)・敦煌佛教資料　(京都)法藏館　1958　p. 280

饒宗頤　穆護歌考　選堂集林・史林　(香港)中華書局　1982　p. 479　又見:饒宗頤史學論著選　上海古籍出版社　1993　p. 412 ; 饒宗頤東方學論集　汕頭大學出版社　1999　p. 89

劉銘恕　敦煌遺書雜記四篇　敦煌學論集　甘肅人民出版社　1985　p. 54

盧向前　關於歸義軍時期一份布紙破用曆的研究:試釋伯四六四〇背面文書　敦煌吐魯番文獻研究論集(第三輯)　北京大學出版社　1986　p. 417 注 40　又見:敦煌吐魯番文書論稿　江西人民出版社　1992　p. 124 注 54

林悟殊　摩尼教及其東漸　中華書局　1987　p. 58

顔廷亮　關於敦煌遺書中的甘肅文學作品　1983 年全國敦煌學術討論會文集・文史遺書編(下)　甘肅人民出版社　1987　p. 229

李正宇　敦煌地區古代祠廟寺觀簡志　《敦煌學輯刊》1988 年第 1、2 期　p. 72

高國藩　敦煌民俗學　上海文藝出版社　1989　p. 274

唐耕耦　陸宏基　敦煌社會經濟文獻真迹釋録(五)　全國圖書館文獻縮微複製中心　1990　p. 23

郝春文　敦煌寫本社邑文書年代彙考(三)　《社科縱横》1993 年第 5 期　p. 9

姜伯勤　論高昌胡天與敦煌祆寺　《世界宗教研究》1993 年 1 期　又見:中國敦煌學百年文庫・宗教卷(三)　甘肅文化出版社　1999　p. 516、524

譚蟬雪　敦煌祈賽風俗　《敦煌研究》1993 年第 4 期　p. 63

姜伯勤　敦煌吐魯番文書與絲綢之路　文物出版社　1994　p. 244、258

蔣禮鴻　敦煌文獻語言詞典　杭州大學出版社　1994　p. 253

閻國權等　敦煌宗教文化　新華出版社　1994　p. 91

林悟殊　波斯拜火教與古代中國　(臺北)新文豐出版公司　1995　p. 94

顔廷亮　敦煌文學概說　(臺北)新文豐出版公司　1995　p. 72

姜伯勤　敦煌藝術宗教與禮樂文明　中國社會科學出版社　1996　p. 489、499
李正宇　敦煌史地新論　（臺北）新文豐出版公司　1996　p. 59
李正宇　公主君者者致北宅夫人書　敦煌學大辭典　上海辭書出版社　1998　p. 375
李正宇　玉女娘子觀　敦煌學大辭典　上海辭書出版社　1998　p. 634
譚蟬雪　敦煌歲時文化導論　（臺北）新文豐出版公司　1998　p. 62
譚蟬雪　沿路賽神　敦煌學大辭典　上海辭書出版社　1998　p. 445
譚蟬雪　沙知　賽祆　敦煌學大辭典　上海辭書出版社　1998　p. 449
池田溫　八世紀中葉敦煌的粟特人聚落　唐研究論文選集　中國社會科學出版社　1999　p. 54 注 16
郝春文　英藏敦煌文獻年代叢考　英國收藏敦煌漢藏文獻研究：紀念敦煌文獻發現一百周年　中國社會科學出版社　2000　p. 370
姜伯勤　敦煌白畫中粟特神祇圖像的再考察　藝術史研究（2）　中山大學出版社　2000　p. 283
譚蟬雪　《君者者狀》辨析：河西達怛國的一份書狀　1994 年敦煌學國際研討會文集・宗教文史卷（下）　甘肅民族出版社　2000　p. 100
顔廷亮　敦煌文化　光明日報出版社　2000　p. 281
乜小紅　唐五代敦煌牧羊業述論　《敦煌研究》2001 年第 1 期　p. 139
顔廷亮　敦煌文化中的祆教、摩尼教和景教　敦煌學與中國史研究論集　甘肅人民出版社　2001　p. 419
曾良　敦煌文獻字義通釋　廈門大學出版社　2001　p. 202
姜亮夫　敦煌莫高窟年表　姜亮夫全集（十一）　雲南人民出版社　2002　p. 539
余欣　禁忌、儀式與法術　唐代宗教信仰與社會　上海辭書出版社　2003　p. 344
陳炳應　盧冬　古代民族　敦煌文藝出版社　2004　p. 228
姜伯勤　中國祆教藝術史研究　三聯書店　2004　p. 268
鄭炳林　徐曉莉　晚唐五代敦煌歸義軍政權的婚姻關係研究　敦煌學（第 25 輯）　（臺北）樂學書局有限公司　2004　p. 578
解梅　唐五代敦煌地區賽祆儀式考　《敦煌學輯刊》2005 年第 2 期　p. 145

S. 2242

向達　倫敦所藏敦煌卷子經眼目録　《北平圖書館圖書季刊》1939 年新第 1 卷第 4 期　p. 397　又見：唐代長安與西域文明　三聯書店　1957　p. 213
竺沙雅章　敦煌出土「社」文書の研究　『東方學報』（第 35 號）　京都大學人文科學研究所　1964　p. 226
唐耕耦　陸宏基　敦煌社會經濟文獻真迹釋録（一）　書目文獻出版社　1986　p. 352
郝春文　敦煌遺書中的“春秋座局席”考　《北京師範學院學報》1989 年第 4 期　p. 35
山本達郎等　敦煌・III 轉貼　『NUN – HUANG AND TURFAN DOCUMENTS CONCERNING SOCIAL AND ECONOMIC HISTORY』（IV）　（東京）東洋文庫　1989　p. 64
姜伯勤　敦煌社會文書導論　（臺北）新文豐出版公司　1992　p. 234、243
石田勇作　敦煌「社文書」研究序說　中國古代の國家と民衆（堀敏一先生古稀記念）　（東京）汲古書院　1995　p. 685
土肥義和　唐・北宋間の「社」の組織形態に関する一考察　中國古代の國家と民衆（堀敏一先生古稀記念）　（東京）汲古書院　1995　p. 711
寧可　郝春文　敦煌社邑文書輯校　江蘇古籍出版社　1997　p. 123

楊際平　郭鋒　張和平　五一十世紀敦煌的家庭與家族關係　岳麓書社　1997　p. 171

寧可　親情社　敦煌學大辭典　上海辭書出版社　1998　p. 428

土肥義和　唐・北宋の間:敦煌の杜家親情社追補社條(S. 8160rv)について　唐代史研究(創刊號)　(東京)唐代史研究會　1998　p. 11

孟憲實　敦煌社邑的分佈　敦煌文獻論集:紀念藏經洞發現一百周年國際學術研討會論文集　遼寧人民出版社　2001　p. 425

葉貴良　敦煌社邑文書詞語選釋　《敦煌研究》2004 年第 5 期　p. 82

S. 2244

芳村修基　土橋秀高　井ノ口泰淳　敦煌佛教史年表　西域文化研究(第一)・敦煌佛教資料　(京都)法藏館　1958　p. 275

陳祚龍　瓜沙印録　(臺北)《大陸雜誌》1962 年第 4 期　又見:敦煌學概要　(臺北)編譯館"中華叢書編委會"　1981　p. 268；中國敦煌學百年文庫・考古卷(一)　甘肅文化出版社　1999　p. 191

陳祚龍　古代敦煌及其他地區流行之公私印章圖記文字録　敦煌學要籥　(臺北)新文豐出版公司　1982　p. 346

土橋秀高　敦煌の律藏　敦煌と中國仏教(講座敦煌 7)　(東京)大東出版社　1984　p. 249

郝春文　部分英藏敦煌文獻的定名問題　英國收藏敦煌漢藏文獻研究:紀念敦煌文獻發現一百周年　中國社會科學出版社　2000　p. 389

S. 2245

月輪賢隆　土橋秀高　沙門慧述『四分戒本疏』卷第一について　西域文化研究(第一)・敦煌佛教資料　(京都)法藏館　1958　p. 157

陳祚龍　敦煌古抄内典尾記彙校初、二、三編合刊　敦煌學要籥　(臺北)新文豐出版公司　1982　p. 112

池田溫　中國古代寫本識語集録　(東京)大藏出版株式會社　1990　p. 156

李丞宰　探尋敦煌佛經的 50 卷本《華嚴經》　敦煌學・日本學:石塚晴通教授退職紀念論文集　上海辭書出版社　2005　p. 46

李丞宰著　大塚忠藏譯　敦煌佛經の50 卷本華厳經を探して　日本學・敦煌學・漢文訓讀の新展開　(東京)汲古書院　2005　p. 52、72

S. 2246

井ノ口泰淳　敦煌本『仏名經』の諸系統　中央アジアの言語と仏教　(京都)法藏館　1995　p. 287

S. 2247

金岡照光　敦煌における地獄文獻:敦煌庶民信仰の一様相　敦煌と中國仏教(講座敦煌 7)　(東京)大東出版社　1984　p. 579

S. 2255

顔廷亮　關於敦煌文學發展的歷史進程　《甘肅社會科學》1999 年第 4 期　p. 46

S. 2258

張金泉　敦煌佛經音義寫卷述要　《敦煌研究》1997 年第 2 期　p. 120

S. 2259

林仁昱　論敦煌佛教歌曲向通俗傳播的內容　中國俗文化研究(第一輯)　巴蜀書社　2003　p. 187

S. 2260

伊藤美重子　敦煌本『大智度論』の整理　中國佛教石經の研究　京都大學學術出版會　1996　p. 384

S. 2262

道端良秀　敦煌文獻に見える死後の世界　敦煌と中國仏教(講座敦煌 7)　(東京)大東出版社　1984　p. 513

金岡照光　敦煌における地獄文獻:敦煌庶民信仰の一様相　敦煌と中國仏教(講座敦煌 7)　(東京)大東出版社　1984　p. 571

S. 2263

芳村修基　土橋秀高　井ノ口泰淳　敦煌佛教史年表　西域文化研究(第一)・敦煌佛教資料　(京都)法藏館　1958　p. 273

蘇瑩輝　論索勳、張承奉節度沙州歸義軍之起訖年　敦煌學(第 1 輯)　(香港)新亞研究所敦煌學會　1974　p. 94 注 34

姜亮夫　唐五代瓜沙張曹兩世家考　《中華文史論叢》1979 年第 3 期　又見:中國敦煌學百年文庫・歷史卷(一)　甘肅文化出版社　1999　p. 364

蘇瑩輝　敦煌學概要　(臺北)編譯館"中華叢書編委會"　1981　p. 152

向達　補唐書張議潮傳補正　敦煌學文選(上)　蘭州大學歷史系敦煌學研究室等　1983　p. 59

饒宗頤解說　林宏作譯　敦煌書法叢刊(第十五卷)・牒狀(二)　(東京)二玄社　1985　p. 80

高明士　唐代敦煌的教育　漢學研究(敦煌學國際研討會論文專號)　(臺北)漢學研究資料及服務中心　1986　p. 248

李正宇　唐宋時代的敦煌學校　《敦煌研究》1986 年第 1 期　p. 43

姜亮夫　羅振玉補唐書張議潮傳訂補　敦煌學論文集　上海古籍出版社　1987　p. 909　又見:姜亮夫全集(十四)　雲南人民出版社　2002　p. 335

池田溫　中國古代寫本識語集録　(東京)大蔵出版株式會社　1990　p. 438

鄧文寬　歸義軍張氏家族的封爵與郡望　敦煌吐魯番學研究論文集　漢語大詞典出版社　1990　p. 605

姜伯勤　敦煌社會文書導論　(臺北)新文豐出版公司　1992　p. 85

顧吉辰　唐代敦煌文獻寫本書手考述　《敦煌學輯刊》1993 年第 1 期　p. 28

李正宇　敦煌文學概論　甘肅人民出版社　1993　p. 123 注 9

榮新江　歸義軍改元考　文史(第三十八輯)　中華書局　1994　p. 48

段小强　讀《瓜沙史事概述》劄記　《敦煌學輯刊》1995 年第 2 期　p. 126

鄭炳林　羊萍　敦煌本夢書　甘肅文化出版社　1995　p. 327

李正宇　敦煌史地新論　(臺北)新文豐出版公司　1996　p. 183

榮新江　歸義軍史研究　上海古籍出版社　1996　p. 12、50

陸慶夫　從焉耆龍王到河西龍家——龍部落遷徙考　敦煌歸義軍史專題研究　蘭州大學出版社　1997　p. 488

鄭炳林　敦煌碑銘讚輯釋　甘肅教育出版社　1997　p. 51 注 49

鄭炳林　唐五代敦煌的醫事研究　敦煌歸義軍史專題研究　蘭州大學出版社　1997　p. 519

顧吉辰　敦煌文獻職官結銜考釋　《敦煌學輯刊》1998 年第 2 期　p. 33

雷紹鋒　P. 3418v《唐沙州諸鄉欠枝夫人戶名目》研究　《敦煌研究》1998 年第 2 期　p. 107

榮新江　歸義軍大事紀年初稿　出土文獻研究(第三輯)　文物出版社　1998　p. 240

嚴敦傑　葬録　敦煌學大辭典　上海辭書出版社　1998　p. 625

顏廷亮　敦煌文化中的道教及文化　《敦煌研究》1999 年第 1 期　p. 141

楊秀清　敦煌西漢金山國史　甘肅人民出版社　1999　p. 53、141

雷紹鋒　歸義軍賦役制度初探　(臺北)洪葉文化事業有限公司　2000　p. 79

沈睿文　唐陵陵園佈局的分類及演變　唐研究(第六卷)　北京大學出版社　2000　p. 355、371 注 52

顏廷亮　敦煌文化　光明日報出版社　2000　p. 184、246

黃正建　敦煌占卜文書與唐五代占卜研究　學苑出版社　2001　p. 84

林聰明　敦煌吐魯番文書解詁指例　(臺北)新文豐出版公司　2001　p. 200

姜亮夫　敦煌莫高窟年表　姜亮夫全集(十一)　雲南人民出版社　2002　p. 447

榮新江　唐五代歸義軍武職軍將考　敦煌學新論　甘肅教育出版社　2002　p. 58

華瀾　略論敦煌曆書的社會與宗教背景　敦煌與絲路文化學術講座(第一輯)　北京圖書館出版社　2003　p. 178

沈睿文　關中唐陵陵地秩序研究　唐研究(第九卷)　北京大學出版社　2003　p. 390

金身佳　敦煌寫本 P. 2831《卜葬書》中的麒麟、鳳凰、章光、玉堂　《敦煌學輯刊》2005 年第 4 期　p. 35

劉屹　上博本《曹元深祭神文》的幾個問題　敦煌學國際研討會論文集　北京圖書館出版社　2005　p. 156

鄭炳林　敦煌寫本解夢書校録研究　民族出版社　2005　p. 20

S. 2264

井ノ口泰淳　敦煌本『仏名經』の諸系統　中央アジアの言語と仏教　(京都)法藏館　1995　p. 287

S. 2266

慶谷壽信　敦煌出土の音韻資料(上)——Stein6691vについて　『人文學報』(第 78 號)　京都大學人文科學研究所　1970　p. 171

S. 2267

向達　倫敦所藏敦煌卷子經眼目録　《北平圖書館圖書季刊》1939 年新第 1 卷第 4 期　p. 397　又見:唐代長安與西域文明　三聯書店　1957　p. 213

陳世驤　"想爾"老子道德經敦煌殘卷論證　《清華學報》1957 年新 1 卷第 2 期　又見:中國敦煌學百年文庫・文獻卷(一)　甘肅文化出版社　1999　p. 383

陳祚龍　關於研究李唐三藏法師玄奘的"作爲"及其影響之敦煌古抄參考資料　中華佛教文化史散策(初集)　(臺北)新文豐出版公司　1978　p. 371

鄭良樹　敦煌老子寫本考異　(臺北)《大陸雜誌》1981 年第 2 期　又見:中國敦煌學百年文庫・宗

教卷(三) 甘肅文化出版社 1999 p. 70
李重申 李金梅 李小唐 敦煌石窟氣功鈎沈 《敦煌學輯刊》2001 年第 2 期 p. 50
李金梅 敦煌氣功養生文化的研究 敦煌佛教藝術文化國際學術研討會論文集 蘭州大學出版社 2002 p. 628
李金梅 李重申 敦煌文獻與體育史研究之關係 《敦煌研究》2002 年第 2 期 p. 45
王卡 敦煌道教文獻研究 中國社會科學出版社 2004 p. 165

S. 2269

饒宗頤 孝順觀念與敦煌佛曲 敦煌學(第 1 輯) (香港)新亞研究所敦煌學會 1974 p. 70 又見:敦煌曲續論 (臺北)新文豐出版公司 1996 p. 7
鄭阿財 敦煌孝道文學研究 (臺北)石門圖書公司 1982 p. 175 注 2
陳祚龍 敦煌學新簡 敦煌文物散論 (臺北)新文豐出版公司 1993 p. 161
鄭阿財 從敦煌文獻看唐代的三教合一 第二屆國際唐代學術會議論文集(上) (臺北)文津出版社 1993 p. 668 注 16
張涌泉 敦煌本《佛說父母恩重經》研究 文史(第四十九輯) 中華書局 1999 p. 67
張涌泉 以父母十恩德爲主題的佛教文學藝術作品探源 舊學新知 浙江大學出版社 1999 p. 326
馬世長 《父母恩重經》寫本與變相 敦煌研究文集·敦煌石窟經變篇 甘肅民族出版社 2000 p. 398
張涌泉 漢語俗字叢考 中華書局 2000 p. 322
町田隆吉 『唐咸亨四年(673)左憧熹生前及隨身錢物疏』をめぐって 『西北出土文獻研究』(創刊號) (新潟)西北出土文獻研究會 2004 p. 69

S. 2272

田中良昭 敦煌禪宗文獻の研究 (東京)大東出版社 1983 p. 594
三﨑良周 仏頂尊勝陀羅尼經と諸星母陀羅尼經 敦煌と中國仏教(講座敦煌 7) (東京)大東出版社 1984 p. 123
上山大峻 敦煌佛教の研究 (京都)法藏館 1990 p. 419
石泰安著 耿昇譯 有關吐蕃佛教起源的傳說 國外藏學研究譯文集(第七輯) 西藏人民出版社 1990 p. 275
呂建福 中國密教史 中國社會科學出版社 1995 p. 255
衣川賢次 《敦煌新本六祖壇經》補校 俗語言研究(第三期) (京都)禪文化研究所 1996 p. 74
湛如 敦煌佛教律儀制度研究 中華書局 2003 p. 158

S. 2273

矢吹慶輝 三階教之研究 (東京)岩波書店 1927 p. 686、789

S. 2274

景盛軒 試論敦煌佛經異文研究的價值和意義 《敦煌研究》2004 年第 5 期 p. 88

S. 2275

森安孝夫著 楊富學譯 敦煌出土元代回鶻文佛教徒書簡 《敦煌研究》1991 年第 2 期 p. 41

S. 2277

許國霖　敦煌石室寫經年代表　《微妙聲》1937 年第 5 期　又見：中國敦煌學百年文庫・宗教卷（四）　甘肅文化出版社　1999　p. 195

芳村修基　土橋秀高　井ノ口泰淳　敦煌佛教史年表　西域文化研究（第一）・敦煌佛教資料　（京都）法藏館　1958　p. 257

徐俊　敦煌詩集殘卷輯考　中華書局　2000　p. 868

S. 2278

矢吹慶輝　三階教之研究　（東京）岩波書店　1927　p. 758

許國霖　敦煌石室寫經年代表　《微妙聲》1937 年第 5 期　又見：中國敦煌學百年文庫・宗教卷（四）　甘肅文化出版社　1999　p. 197

矢吹慶輝　鳴沙餘韻・解說篇（第一部）　（京都）臨川書店　1980　p. 278

陳祚龍　敦煌古抄内典尾記彙校初、二、三編合刊　敦煌學要籥　（臺北）新文豐出版公司　1982　p. 112

潘重規　龍龕手鑒及其引用古文之研究　敦煌學（第 7 輯）　（臺北）新文豐出版公司　1984　p. 94

史葦湘　敦煌莫高窟的《寶雨經變》　1983 年全國敦煌學術討論會文集・石窟藝術編（上）　甘肅人民出版社　1985　p. 83 注 7

王三慶　敦煌寫卷中武后新字之調查研究　漢學研究（敦煌學國際研討會論文專號）　（臺北）漢學研究資料及服務中心　1986　p. 443　又見：唐代研究論集（第三輯）　（臺北）新文豐出版公司　1992　p. 67

池田溫　中國古代寫本識語集録　（東京）大藏出版株式會社　1990　p. 241

池田溫　トゥルファン古寫本展　列品解說　（東京）朝日新聞社　1991　p. 105

林聰明　敦煌文書學　（臺北）新文豐出版公司　1991　p. 424、427、443 注 8

饒宗頤　柏林印度藝術博物館藏經卷小記　（香港）《九州學刊》（敦煌學專輯）1992 年第 4 卷第 4 期　p. 162

吳其昱著　伊藤美重子譯　敦煌漢文寫本概観　敦煌漢文文獻（講座敦煌 5）　（東京）大東出版社　1992　p. 21

饒宗頤　從石刻論武后之宗教信仰　饒宗頤史學論著選　上海古籍出版社　1993　p. 508

施萍婷　斯 2926《佛說校量數珠功德經》寫卷研究　《敦煌研究》1993 年第 4 期　p. 35

沃興華　敦煌書法藝術　上海人民出版社　1994　p. 66

胡戟　傅玫　敦煌史話　中華書局　1995　p. 129

林聰明　敦煌文書年代考探略述　敦煌學國際研討會文集・史地語文編　遼寧美術出版社　1995　p. 555

劉進寶　敦煌學論述　（臺北）洪葉文化事業有限公司　1995　p. 274

藏中進　則天文字の研究　（東京）翰林書房　1995　p. 30、242

方廣錩　敦煌遺書中的佛教文獻及其價值　《西域研究》1996 年第 1 期　p. 44

榮新江　柏林印度藝術博物館藏吐魯番漢文佛典劄記　華學（第二輯）　中山大學出版社　1996　p. 315

榮新江　吐魯番出土《武周康居士寫經功德記碑》校考　民大史學（1）　中央民族大學出版社　1996　p. 13

陳國燦　證聖元年敕譯寫佛說寶雨經記　敦煌學大辭典　上海辭書出版社　1998　p. 456

方廣錩　寶雨經　敦煌學大辭典　上海辭書出版社　1998　p. 669

方廣錩　敦煌經帙　敦煌學佛教學論叢(上)　中國佛教文化研究所　1998　p. 245
顧吉辰　敦煌文獻職官結銜考釋　《敦煌學輯刊》1998 年第 2 期　p. 25
王惠民　武則天時期的密教造像　藝術史研究(1)　中山大學出版社　1999　p. 260
謝桃坊　敦煌文化尋繹　四川人民出版社　1999　p. 209
楊富學　王書慶　唐代長安與敦煌佛教文化之關係　'98 法門寺唐文化國際學術討論會論文集　陝西人民出版社　2000　p. 178
林聰明　敦煌吐魯番文書解詁指例　(臺北)新文豐出版公司　2001　p. 259
榮新江　中古中國與外來文明　三聯書店　2001　p. 213
姜亮夫　敦煌莫高窟年表　姜亮夫全集(十一)　雲南人民出版社　2002　p. 259
劉進寶　敦煌學通論　甘肅教育出版社　2002　p. 298
施安昌　唐武周時期的刻經與敦煌寫經　善本碑帖論集　紫禁城出版社　2002　p. 120
余欣　許國霖與敦煌學　敦煌吐魯番研究(第七卷)　北京大學出版社　2004　p. 83
張清濤　武則天時代的敦煌陰氏及有關洞窟　2004 年石窟研究國際學術會議論文提要集　敦煌研究院　2004　p. 94

S. 2282

陳祚龍　敦煌古抄內典尾記彙校初、二、三編合刊　敦煌學要籥　(臺北)新文豐出版公司　1982　p. 114
池田溫　中國古代寫本識語集録　(東京)大蔵出版株式會社　1990　p. 378
江素雲　維摩詰所說經敦煌寫本綜合目録　(臺北)東初出版社　1991　p. 79
方廣錩　許培鈴　敦煌遺書中的《維摩詰所說經》及其注疏　《敦煌研究》1994 年第 4 期　p. 148　又見:敦煌學佛教學論叢(下)　中國佛教文化研究所　1998　p. 112
方廣錩　維摩詰所說經　敦煌學大辭典　上海辭書出版社　1998　p. 675

S. 2287

上山大峻　敦煌佛教の研究　(京都)法藏舘　1990　p. 82

S. 2289

錢伯泉　張淮深對甘州回鶻國的顛覆行動　《甘肅民族研究》1989 年第 1 期　p. 26 注 6

S. 2291

陳祚龍　敦煌古抄內典尾記彙校初、二、三編合刊　敦煌學要籥　(臺北)新文豐出版公司　1982　p. 115
池田溫　中國古代寫本識語集録　(東京)大蔵出版株式會社　1990　p. 385
姜伯勤　敦煌吐魯番與香藥之路　季羨林教授八十華誕紀念論文集(下)　江西人民出版社　1991　p. 844
姜伯勤　敦煌吐魯番文書與絲綢之路　文物出版社　1994　p. 131
井ノ口泰淳　敦煌本『仏名經』の諸系統　中央アジアの言語と仏教　(京都)法藏舘　1995　p. 297
林聰明　敦煌吐魯番文書解詁指例　(臺北)新文豐出版公司　2001　p. 139

S. 2293

方廣錩　延壽命經　敦煌學大辭典　上海辭書出版社　1998　p. 734

S. 2294

平井俊榮　敦煌仏典と中國仏教　敦煌と中國仏教(講座敦煌 7)　(東京)大東出版社　1984　p. 8

S. 2295

許國霖　敦煌石室寫經題記彙編　《微妙聲》1936 - 1937 年第 1 - 4 期　又見:中國敦煌學百年文庫・宗教卷(四)　甘肅文化出版社　1999　p. 245

許國霖　敦煌石室寫經年代表　《微妙聲》1937 年第 5 期　又見:中國敦煌學百年文庫・宗教卷(四)　甘肅文化出版社　1999　p. 196

向達　倫敦所藏敦煌卷子經眼目録　《北平圖書館圖書季刊》1939 年新第 1 卷第 4 期　p. 397　又見:唐代長安與西域文明　三聯書店　1957　p. 213

芳村修基　土橋秀高　井ノ口泰淳　敦煌佛教史年表　西域文化研究(第一)・敦煌佛教資料　(京都)法藏館　1958　p. 259

大淵忍爾　敦煌殘卷三則　福井博士頌壽記念東洋思想論集　(東京)論文集刊行會　1960　p. 110

金岡照光　敦煌文學のさまざま　敦煌の文學　(東京)大蔵出版株式會社　1971　p. 162

陳祚龍　敦煌道經後記彙録　敦煌文物隨筆　(臺北)商務印書館　1979　p. 19

菊池英夫　唐代敦煌社會の外貌　敦煌の社會(講座敦煌 3)　(東京)大東出版社　1980　p. 101

陳祚龍　新校重訂《敦煌道經後記彙録》　敦煌學要籥　(臺北)新文豐出版公司　1982　p. 210

宮川尚志　唐以前の河西における宗教・思想的狀況　敦煌と中國道教(講座敦煌 4)　(東京)大東出版社　1983　p. 310

山田利明　老子化胡經類　敦煌と中國道教(講座敦煌 4)　(東京)大東出版社　1983　p. 99

饒宗頤解說　林宏作譯　敦煌書法叢刊(第二九卷)・道書(三)　(東京)二玄社　1984　p. 70

龍晦　論敦煌道教文學　《世界宗教研究》1985 年第 3 期　又見:中國敦煌學百年文庫・宗教卷(三)　甘肅文化出版社　1999　p. 368

姜亮夫　敦煌所見道教佚經考　敦煌學論文集　上海古籍出版社　1987　p. 313

張錫厚　敦煌詩歌考論　《敦煌學輯刊》1989 年第 2 期　p. 18

張錫厚　詩歌　敦煌文學　甘肅人民出版社　1989　p. 163

池田溫　中國古代寫本識語集録　(東京)大藏出版株式會社　1990　p. 176

林聰明　敦煌文書學　(臺北)新文豐出版公司　1991　p. 101、164、217、308

陶秋英輯録　姜亮夫校訂　敦煌所見道教佚經録　敦煌碎金　浙江古籍出版社　1992　p. 318

朱越利　道經總論　遼寧教育出版社　1992　p. 257、263、272

項楚　敦煌詩歌導論　(臺北)新文豐出版公司　1993　p. 144

張澤洪　敦煌文書中的唐代道經　《敦煌學輯刊》1993 年第 2 期　p. 61

胡同慶　羅華慶　敦煌學入門　甘肅人民出版社　1994　p. 66

林聰明　談敦煌文書的抄寫問題　紀念陳寅恪先生百年誕辰學術論文集　江西教育出版社　1994　p. 288

趙聲良　隋代敦煌寫本的書法藝術　敦煌書法庫(第三輯)　甘肅人民美術出版社　1994　p. 3　又見:《敦煌研究》1995 年第 4 期　p. 134

葛兆光　中國禪思想史:從 6 世紀到 9 世紀　北京大學出版社　1995　p. 278

李豐楙　敦煌道經寫卷與道教寫經的供養功德觀　全國敦煌學研討會論文集　(臺北)中正大學中國文學系所　1995　p. 134

劉進寶　敦煌學論述　(臺北)洪葉文化事業有限公司　1995　p. 323

曲金良　敦煌佛教文學研究　(臺北)文津出版社　1995　p. 241

王書慶　敦煌佛學·佛事篇　甘肅民族出版社　1995　p. 274
王元軍　從敦煌唐佛經寫本談有關唐代寫經生及其書法藝術的幾個問題　《敦煌研究》1995 年第 1 期　p. 156
王元軍　唐人書法與文化　（臺北）東大圖書公司　1995　p. 128
姜伯勤　敦煌藝術宗教與禮樂文明　中國社會科學出版社　1996　p. 313
藤枝晃著　徐慶全　李樹清譯　敦煌寫本概述　《敦煌研究》1996 年第 2 期　p. 103、118
張錫厚　敦煌釋氏詩歌創作論　慶祝潘石禪先生九秩華誕敦煌學特刊　（臺北）文津出版社　1996　p. 201
劉子瑜　敦煌變文和王梵志詩　大象出版社　1997　p. 74
榮新江　敦煌藏經洞的性質及其封閉原因　敦煌吐魯番研究（第二卷）　北京大學出版社　1997　p. 34
白化文　寫經生　敦煌學大辭典　上海辭書出版社　1998　p. 594
姜伯勤　道釋相激:道教在敦煌　道家文化研究（第十三輯）　三聯書店　1998　p. 75
李正宇　心海集　敦煌學大辭典　上海辭書出版社　1998　p. 564
蘇晉仁　敦煌逸書《老子變化經》疏證　道家文化研究（第十三輯）　三聯書店　1998　p. 130
譚蟬雪　敦煌道經題記綜述　道家文化研究（第十三輯）　三聯書店　1998　p. 9
王卡　敦煌道經　敦煌學大辭典　上海辭書出版社　1998　p. 758
王卡　老子變化經　敦煌學大辭典　上海辭書出版社　1998　p. 760
鄭阿財　敦煌道教孝道文獻研究之一　《杭州大學學報》1998 年第 1 期　又見:中國敦煌學百年文庫·宗教卷（三）　甘肅文化出版社　1999　p. 353
顔廷亮　敦煌文化中的道教及文化　《敦煌研究》1999 年第 1 期　p. 136
杜琪　敦煌詩賦作品要目分類題注　《甘肅社會科學》2000 年第 1 期　p. 63
徐俊　敦煌詩集殘卷輯考　中華書局　2000　p. 588
顔廷亮　敦煌文化　光明日報出版社　2000　p. 116、234
張澤洪　論唐代道教的寫經　《敦煌研究》2000 年第 3 期　p. 131
林聰明　敦煌吐魯番文書解詁指例　（臺北）新文豐出版公司　2001　p. 35
劉屹　敦煌本《老子變化經》研究之二　《敦煌研究》2001 年第 4 期　p. 138
汪泛舟　敦煌俗別字補正　《敦煌研究》2001 年第 4 期　p. 158
蔡忠霖　敦煌漢文寫卷俗字及其現象　（臺北）文津出版社　2002　p. 33
姜亮夫　敦煌莫高窟年表　姜亮夫全集（十一）　雲南人民出版社　2002　p. 192
劉進寶　敦煌學通論　甘肅教育出版社　2002　p. 367
劉屹　唐代道教的“化胡”經說與“道本論”　唐代宗教信仰與社會　上海辭書出版社　2003　p. 88
柳存仁　《老子化胡經》卷八的成立時代　新世紀敦煌學論集　巴蜀書社　2003　p. 187
楊森　武則天至玄宗時代敦煌的三洞法師中嶽先生述略　《敦煌研究》2003 年第 3 期　p. 46
張子開　敦煌文獻中的白話禪詩　《敦煌學輯刊》2003 年第 1 期　p. 87
王卡　敦煌道教文獻研究　中國社會科學出版社　2004　p. 9、18、187
鄭阿財　北京故宮藏敦煌本《慈善孝子報恩成道經》考　敦煌學（第 25 輯）　（臺北）樂學書局有限公司　2004　p. 546
劉屹　敬天與崇道:中古經教道教形成的思想史背景　中華書局　2005　p. 368
王卡　敦煌道教綜述　敦煌與絲路文化學術講座（第二輯）　北京圖書館出版社　2005　p. 378
鄭阿財　敦煌本慈善孝子報恩成道經考論　敦煌學國際研討會論文集　北京圖書館出版社　2005　p. 136

鍾書林　《禪門秘要訣》校補　《敦煌學輯刊》2006 年第 1 期　p. 137

S. 2296

平井俊榮　敦煌仏典と中國仏教　敦煌と中國仏教(講座敦煌 7)　(東京)大東出版社　1984　p. 10

S. 2297

慶谷壽信　敦煌出土の音韻資料(上)——Stein6691vについて　『人文學報』(第 78 號)　京都大學人文科學研究所　1970　p. 174

S. 2299

梅維恒著　楊繼東　陳引馳譯　唐代變文(上)　(香港)中國佛教文化出版公司　1999　p. 186

S. 2300

江素雲　維摩詰所說經敦煌寫本綜合目録　(臺北)東初出版社　1991　p. 79

S. 2301

方廣錩　從經録著録看《淨度三昧經》的真僞　周紹良先生欣開九秩慶壽文集　中華書局　1997　p. 215

方廣錩　淨度三昧經　敦煌學大辭典　上海辭書出版社　1998　p. 734

大内文雄　齊藤隆信　淨度三昧經　藏外佛教文獻(第七輯)　宗教文化出版社　2000　p. 230

S. 2305

慶谷壽信　敦煌出土の音韻資料(上)——Stein6691vについて　『人文學報』(第 78 號)　京都大學人文科學研究所　1970　p. 174

池田溫　中國古代寫本識語集録　(東京)大藏出版株式會社　1990　p. 383

李正宇　敦煌文學概論　甘肅人民出版社　1993　p. 143

S. 2307

江素雲　維摩詰所說經敦煌寫本綜合目録　(臺北)東初出版社　1991　p. 79

S. 2311

秦明智　跋唐人寫本《大般涅槃經後分》　《西北師院學報》1984 年第 10 期　又見:中國敦煌學百年文庫・宗教卷(二)　甘肅文化出版社　1999　p. 112

伍德煦　敦煌唐寫本《二聖序文》校記　《敦煌學研究》(西北師院學報)1984 年增刊　p. 56

馬德　敦煌文書《諸寺付經歷》芻議　《敦煌學輯刊》1999 年第 1 期　p. 38

公維章　涅槃、淨土的殿堂:敦煌莫高窟第 148 窟研究　民族出版社　2004　p. 65

張涌泉　敦煌文獻字詞例釋　敦煌學(第 25 輯)　(臺北)樂學書局有限公司　2004　p. 355

S. 2312

李正宇　曹仁貴名實論:曹氏歸義軍創始及歸奉後梁史探　第二屆敦煌學國際研討會論文集　(臺北)漢學研究中心　1990　p. 566

井ノ口泰淳　敦煌本『仏名經』の諸系統　中央アジアの言語と仏教　(京都)法藏館　1995　p. 308

S. 2313

矢吹慶輝　鳴沙餘韻・解說篇(第一部)　(京都)臨川書店　1980　p. 261
胡同慶　敦煌晚期壁畫中的天國圖像　《敦煌研究》1996 年第 2 期　p. 26
黄征　敦煌願文考論　敦煌語文叢說　(臺北)新文豐出版公司　1997　p. 583
方廣錩　三界斷惑圖　敦煌學大辭典　上海辭書出版社　1998　p. 724
胡同慶　安忠義　佛教藝術　敦煌文藝出版社　2004　p. 172

S. 2314

張涌泉　敦煌文獻字詞例釋　敦煌學(第 25 輯)　(臺北)樂學書局有限公司　2004　p. 357

S. 2316

田中良昭　敦煌禪宗文獻の研究　(東京)大東出版社　1983　p. 595
福井文雅　般若心經　敦煌と中國仏教(講座敦煌 7)　(東京)大東出版社　1984　p. 65
田中良昭著　朱悅梅譯　從 P. 3913 談唐代佛教諸派之關係　《敦煌學輯刊》1992 年第 1、2 期 p. 115
郭麗英　敦煌漢傳密教經典研究:以《金剛峻經》爲例　敦煌吐魯番研究(第七卷)　北京大學出版社 2004　p. 329

S. 2317

矢吹慶輝　鳴沙餘韻・解說篇(第一部)　(京都)臨川書店　1980　p. 164

S. 2321

土橋秀高　四分律雜抄　西域文化研究(第一)・敦煌佛教資料　(京都)法藏館　1958　p. 186
黄征　王伯敏先生藏敦煌唐寫本《四分律小抄一卷》(擬)殘卷研究　敦煌學與中國史研究論集　甘肅人民出版社　2001　p. 167
黄征　敦煌語言文字學研究　甘肅教育出版社　2002　p. 335

S. 2324

矢吹慶輝　鳴沙餘韻・解說篇(第一部)　(京都)臨川書店　1980　p. 198
井ノ口泰淳　普賢行願讚考　中央アジアの言語と仏教　(京都)法藏館　1995　p. 200
方廣錩　普賢菩薩行願王經　敦煌學大辭典　上海辭書出版社　1998　p. 656

S. 2325

矢吹慶輝　鳴沙餘韻・解說篇(第一部)　(京都)臨川書店　1980　p. 164
王進玉　趙豐　敦煌文物中的紡織技藝　《敦煌研究》1989 年第 4 期　p. 102
唐耕耦　敦煌寺院會計文書研究　(臺北)新文豐出版公司　1997　p. 44

S. 2329

土橋秀高　敦煌の律藏　敦煌と中國仏教(講座敦煌 7)　(東京)大東出版社　1984　p. 247

S. 2342

饒宗頤　敦煌寫卷之書法　唐代研究論集(第三輯)　(臺北)新文豐出版公司　1992　p. 22
劉濤　敦煌書法　敦煌學大辭典　上海辭書出版社　1998　p. 273
劉濤　因明入正理論後疏　敦煌學大辭典　上海辭書出版社　1998　p. 277
胡同慶　安忠義　佛教藝術　敦煌文藝出版社　2004　p. 298

S. 2343

井ノロ泰淳　敦煌本『仏名經』の諸系統　中央アジアの言語と仏教　(京都)法藏館　1995　p. 297

S. 2344

黄征　《龍龕手鏡》名義考　敦煌語文叢説　(臺北)新文豐出版公司　1997　p. 786

S. 2347

杜愛英　敦煌遺書中俗體字的諸種類型　《敦煌研究》1992 年第 3 期　p. 120

S. 2348

江素雲　維摩詰所説經敦煌寫本綜合目録　(臺北)東初出版社　1991　p. 79

S. 2350

芳村修基　土橋秀高　井ノロ泰淳　敦煌佛教史年表　西域文化研究(第一)・敦煌佛教資料　(京都)法藏館　1958　p. 271
川崎ミチコ　禮讚文・塔文　敦煌仏典と禪(講座敦煌 8)　(東京)大東出版社　1980　p. 309
方廣錩　大乘四法經釋　敦煌學大辭典　上海辭書出版社　1998　p. 696

S. 2351

曲金良　敦煌佛教文學研究　(臺北)文津出版社　1995　p. 41

S. 2352

周紹良　敦煌所出變文現存目録　敦煌變文彙録　上海出版公司　1955　p. 5
劉銘恕　再記英國倫敦所藏的敦煌經卷　《中國科學院圖書館通訊》1957 年第 7 期　又見:中國敦煌學百年文庫・綜述卷(二)　甘肅文化出版社　1999　p. 135
金岡照光　敦煌漢文文學文獻の文學形態上の種類とその分類　敦煌出土文學文獻分類目録・附解説　(東京)東洋文庫　1971　p. 203
金岡照光　敦煌文學のさまざま　敦煌の文學　(東京)大蔵出版株式會社　1971　p. 108
金岡照光　敦煌民衆の宗教と生活　敦煌の民衆:その生活と思想　(東京)評論社　1972　p. 234
加地哲定　增補中國佛教文學研究　(東京)同朋舍　1979　p. 166
楊家駱　敦煌變文　(臺北)世界書局　1980　p. 301
金岡照光　敦煌の繪物語　(東京)東方書店　1981　p. 68、112
川口久雄　「王子と餓えた母虎」解説　敦煌壁畫繪解き銘文集(敦煌資料と日本文學　3)　(東京)大東文化大學東洋研究所　1983　p. 30
潘重規　敦煌變文集新書(上)　(臺北)"中國文化大學"中文研究所　1984　p. 513
王慶菽　太子成道經　敦煌變文集　人民文學出版社　1984　p. 301

白化文　對可補入《敦煌變文集》中的幾則録文的討論　《敦煌學輯刊》1986 年第 1 期　p. 46
平野顯照著　張桐生譯　唐代的文學與佛教　(臺北)業强出版社　1987　p. 288
周紹良　唐代變文及其它　敦煌文學作品選　中華書局　1987　p. 18
柴劍虹　因緣　敦煌文學　甘肅人民出版社　1989　p. 273
周紹良　白化文　李鼎霞　敦煌變文集補編　北京大學出版社　1989　p. 100
高國藩　敦煌古俗與民俗流變　河海大學出版社　1990　p. 380
郭在貽　張涌泉　黄征　敦煌變文集校議　岳麓書社　1990　p. 189
柴劍虹　敦煌文學中的"因緣"與"詩話"　西域文史論稿　(臺北)國文天地雜誌社　1991　p. 514
金岡照光　講唱體類　敦煌の文學文獻(講座敦煌 9)　(東京)大東出版社　1992　p. 76、163
周紹良　敦煌文學芻議及其它　(臺北)新文豐出版公司　1992　p. 84
高國藩　敦煌民俗資料導論　(臺北)新文豐出版公司　1993　p. 175
黄征　唐代俗語詞輯釋　唐研究(第一卷)　北京大學出版社　1995　p. 195
梁梁　敦煌壁畫故事(第四輯)　江蘇古籍出版社　1995　p. 2
王慶雲　佛太子與賈寶玉:從敦煌寫本《八相變》看佛教文學對《紅樓夢》的影響　敦煌佛教文學研究　(臺北)文津出版社　1995　p. 301
王書慶　敦煌佛學・佛事篇　甘肅民族出版社　1995　p. 141
黄征　敦煌俗語法研究之一:句法篇　敦煌吐魯番研究(第一卷)　北京大學出版社　1996　p. 66
黄征　張涌泉　敦煌變文校注　中華書局　1997　p. 442、476
海客　太子成道經　敦煌學大辭典　上海辭書出版社　1998　p. 576
周紹良　張涌泉　黄征　敦煌變文講經文因緣輯校(下)　江蘇古籍出版社　1998　p. 709
金岡照光　敦煌文獻と中國文學　(東京)五曜書房　2000　p. 132、151、474、500
謝生保　成佛之路:敦煌壁畫佛傳故事　甘肅人民出版社　2000　p. 181
張錫厚　敦煌文學源流　作家出版社　2000　p. 383
張涌泉　漢語俗字叢考　中華書局　2000　p. 18
黄征　敦煌語言文字學研究　甘肅教育出版社　2002　p. 113、133、230
張鴻勳　敦煌俗文學研究　甘肅人民出版社　2002　p. 8
荒見泰史　從敦煌寫本中變文的改寫情況來探討五代講唱文學的演變　敦煌學國際研討會論文集　北京圖書館出版社　2005　p. 178

S. 2354

張廣達　榮新江　敦煌文書 P. 3510(于闐文)《從德太子發願文(擬)》及其年代　1983 年全國敦煌學術討論會文集・文史遺書編(上)　甘肅人民出版社　1987　p. 173 注 5　又見:于闐史叢考　上海書店　1993　p. 59
高田時雄　チベット文字書寫「長巻」の研究(本文編)　『東方學報』(第 65 號)　京都大學人文科學研究所　1993　p. 370
井ノ口泰淳　敦煌本「禮懺文」　中央アジアの言語と仏教　(京都)法藏館　1995　p. 359

S. 2357

井ノ口泰淳　敦煌本『仏名經』の諸系統　中央アジアの言語と仏教　(京都)法藏館　1995　p. 297

S. 2360

矢吹慶輝　三階教之研究　(東京)岩波書店　1927　p. 191、534、786

大淵忍爾　敦煌殘卷三則　福井博士頌壽記念東洋思想論集　（東京）論文集刊行會　1960　p. 109
陳祚龍　敦煌古抄内典尾記彙校初、二、三編合刊　敦煌學要籥　（臺北）新文豐出版公司　1982　p. 114
戴密微著　耿昇譯　敦煌學近作　敦煌譯叢（第一輯）　甘肅人民出版社　1985　p. 85
池田溫　中國古代寫本識語集録　（東京）大蔵出版株式會社　1990　p. 326
吳其昱著　伊藤美重子譯　敦煌漢文寫本概観　敦煌漢文文獻（講座敦煌 5）　（東京）大東出版社　1992　p. 73
汪娟　敦煌禮懺文研究　（臺北）法鼓文化公司　1994　p. 22、115
池田溫　八世紀中葉敦煌的粟特人聚落　唐研究論文選集　中國社會科學出版社　1999　p. 65 注 115
金岡照光　敦煌文獻と中國文學　（東京）五曜書房　2000　p. 428
汪娟　敦煌文獻中的佛教禮懺儀　新國學（第二卷）　巴蜀書社　2000　p. 327
李正宇　唐宋時期敦煌佛經性質功能的變化　戒幢佛學（第二卷）　岳麓書社　2002　p. 22
池田溫　敦煌の流通經濟　敦煌文書の世界　（東京）名著刊行會　2003　p. 179

S. 2361

矢吹慶輝　鳴沙餘韻・解説篇（第一部）　（京都）臨川書店　1980　p. 198
井ノ口泰淳　普賢行願讃考　中央アジアの言語と仏教　（京都）法藏館　1995　p. 200
方廣錩　普賢菩薩行願王經　敦煌學大辭典　上海辭書出版社　1998　p. 656

S. 2364

礪波護著　韓昇　劉建英譯　隋唐佛教文化　上海古籍出版社　2004　p. 49

S. 2367

芳村修基　土橋秀高　井ノ口泰淳　敦煌佛教史年表　西域文化研究（第一）・敦煌佛教資料　（京都）法藏館　1958　p. 268
矢吹慶輝　鳴沙餘韻・解説篇（第一部）　（京都）臨川書店　1980　p. 158
陳祚龍　敦煌古抄内典尾記彙校初、二、三編合刊　敦煌學要籥　（臺北）新文豐出版公司　1982　p. 114
池田溫　中國古代寫本識語集録　（東京）大蔵出版株式會社　1990　p. 326
上山大峻　敦煌佛教の研究　（京都）法藏館　1990　p. 18、77
林聰明　敦煌文書學　（臺北）新文豐出版公司　1991　p. 297
饒宗頤　敦煌寫卷之書法　唐代研究論集（第三輯）　（臺北）新文豐出版公司　1992　p. 22
方廣錩　大乘起信論廣釋　敦煌學大辭典　上海辭書出版社　1998　p. 718
郝春文　曇曠　敦煌學大辭典　上海辭書出版社　1998　p. 347
劉濤　敦煌書法　敦煌學大辭典　上海辭書出版社　1998　p. 273
劉濤　因明入正理論後疏　敦煌學大辭典　上海辭書出版社　1998　p. 277
張總　地藏信仰研究　宗教文化出版社　2003　p. 316
胡同慶　安忠義　佛教藝術　敦煌文藝出版社　2004　p. 298

S. 2368

岡部和雄　疑僞經典　敦煌仏典と禅（講座敦煌 8）　（東京）大東出版社　1980　p. 360

方廣錩　金剛三昧經　敦煌學大辭典　上海辭書出版社　1998　p. 693

S. 2369

芳村修基　土橋秀高　井ノ口泰淳　敦煌佛教史年表　西域文化研究(第一)・敦煌佛教資料　(京都)法藏館　1958　p. 276

土橋秀高　敦煌の律蔵　敦煌と中國仏教(講座敦煌 7)　(東京)大東出版社　1984　p. 249

李正宇　敦煌學郎題記輯注　《敦煌學輯刊》1987 年第 1 期　p. 34

池田溫　中國古代寫本識語集録　(東京)大蔵出版株式會社　1990　p. 485

林聰明　敦煌文書出處略考　季羨林教授八十華誕紀念論文集(下)　江西人民出版社　1991　p. 863

林聰明　敦煌文書學　(臺北)新文豐出版公司　1991　p. 401

東野治之　敦煌と日本の『千字文』　遣唐使と正倉院　(東京)岩波書店　1992　p. 241

東野治之　訓蒙書　敦煌漢文文獻(講座敦煌 5)　(東京)大東出版社　1992　p. 405

郝春文　唐後期五代宋初敦煌僧尼的社會生活　中國社會科學出版社　1998　p. 24

林聰明　敦煌吐魯番文書解詁指例　(臺北)新文豐出版公司　2001　p. 200

S. 2373

土橋秀高　敦煌の律蔵　敦煌と中國仏教(講座敦煌 7)　(東京)大東出版社　1984　p. 247

S. 2375

景盛軒　試論敦煌佛經異文研究的價值和意義　《敦煌研究》2004 年第 5 期　p. 87

S. 2378

許國霖　敦煌石室寫經年代表　《微妙聲》1937 年第 5 期　又見:中國敦煌學百年文庫・宗教卷(四)　甘肅文化出版社　1999　p. 198

鄭炳林　馮培紅　唐五代歸義軍政權對外關係中的使頭一職　敦煌歸義軍史專題研究　蘭州大學出版社　1997　p. 51

S. 2380

郭鋒　簡談敦煌寫本斯 2506 號等唐修史書殘卷的性質和價值　《敦煌學輯刊》1992 年第 1、2 期　p. 88　又見:《魏晉南北朝隋唐史》1993 年第 2 期　p. 10

S. 2382

王三慶　敦煌寫卷中武后新字之調查研究　唐代研究論集(第三輯)　(臺北)新文豐出版公司　1992　p. 88、101

S. 2384

矢吹慶輝　鳴沙餘韻・解説篇(第一部)　(京都)臨川書店　1980　p. 197

井ノ口泰淳　普賢行願讃考　中央アジアの言語と仏教　(京都)法藏館　1995　p. 200

方廣錩　普賢菩薩行願王經　敦煌學大辭典　上海辭書出版社　1998　p. 656

S. 2385

向達　倫敦所藏敦煌卷子經眼目録　《北平圖書館圖書季刊》1939 年新第 1 卷第 4 期　p. 397　又見:唐代長安與西域文明　三聯書店　1957　p. 214

土肥義和　はじめに——歸義軍節度使の敦煌支配　敦煌の歷史(講座敦煌 2)　(東京)大東出版社　1980　p. 284

唐耕耦　陸宏基　敦煌社會經濟文獻真迹釋録(二)　全國圖書館文獻縮微複製中心　1990　p. 16

張涌泉　《王梵志詩校注》獻疑　《敦煌研究》1990 年第 2 期　p. 78

仁井田陞　補訂中國法制史研究:奴隸農奴法・家族村落法　東京大學出版會　1991　p. 34

仁井田陞　補訂中國法制史研究:土地法・取引法　東京大學出版會　1991　p. 682

張涌泉　敦煌俗字研究導論　(臺北)新文豐出版公司　1996　p. 269

馮培紅　晚唐五代宋初歸義軍武職軍將研究　敦煌歸義軍史專題研究　蘭州大學出版社　1997　p. 115

劉進寶　歸義軍土地制度初探　《敦煌研究》1997 年第 2 期　p. 54

沙知　敦煌契約文書輯校　江蘇古籍出版社　1998　p. 40

沙知　蓮畔人　敦煌學大辭典　上海辭書出版社　1998　p. 391

劉進寶　敦煌歷史文化　甘肅人民出版社　2000　p. 131

楊森　關於敦煌文獻中的"平章"一詞　敦煌學與中國史研究論集　甘肅人民出版社　2001　p. 232

劉進寶　敦煌學通論　甘肅教育出版社　2002　p. 87

李正宇　敦煌遺書一宗後晉時期敦煌民事訴訟檔案　《敦煌研究》2003 年第 2 期　p. 45(原文録爲 S. 2835)

王啓濤　中古及近代法制文書語言研究　巴蜀書社　2003　p. 234、291

S. 2387

陳祚龍　敦煌古抄內典尾記彙校初、二、三編合刊　敦煌學要籥　(臺北)新文豐出版公司　1982　p. 114

宋家鈺　唐朝戶籍法與均田制研究　中州古籍出版社　1988　p. 83

S. 2388

池田溫　中國古代寫本識語集録　(東京)大藏出版株式會社　1990　p. 324

S. 2391

芳村修基　土橋秀高　井ノ口泰淳　敦煌佛教史年表　西域文化研究(第一)・敦煌佛教資料　(京都)法藏館　1958　p. 275

S. 2392

李小榮　敦煌密教文獻論稿　人民文學出版社　2003　p. 31

S. 2394

景盛軒　試論敦煌佛經異文研究的價值和意義　《敦煌研究》2004 年第 5 期　p. 86

S. 2395

吳其昱著　伊藤美重子譯　敦煌漢文寫本概観　敦煌漢文文獻(講座敦煌 5)　(東京)大東出版社

1992 p. 58

S. 2400

許建平 《英藏敦煌文獻》(1-8)補遺 英國收藏敦煌漢藏文獻研究:紀念敦煌文獻發現一百周年 中國社會科學出版社 2000 p. 392

S. 2401

芳村修基 土橋秀高 井ノ口泰淳 敦煌佛教史年表 西域文化研究(第一)·敦煌佛教資料 (京都)法藏館 1958 p. 281
陳祚龍 敦煌古抄内典尾記彙校二編 敦煌文物隨筆 (臺北)商務印書館 1979 p. 176
矢吹慶輝 鳴沙餘韻·解說篇(第一部) (京都)臨川書店 1980 p. 238
左景權 《大正新修大藏經》第八十五卷——舊刊新評:《敦煌文書學發凡》之一章 敦煌吐魯番文獻研究論集(第二輯) 北京大學出版社 1983 p. 622
林聰明 敦煌文書學 (臺北)新文豐出版公司 1991 p. 8
寧可 寧可史學論集 中國社會科學出版社 1999 p. 452 注 3

S. 2402

方廣錩 敦煌佛教經録輯校 江蘇古籍出版社 1997 p. 1041

S. 2403

土橋秀高 敦煌の律蔵 敦煌と中國仏教(講座敦煌 7) (東京)大東出版社 1984 p. 247

S. 2404

向達 倫敦所藏敦煌卷子經眼目録 《北平圖書館圖書季刊》1939 年新第 1 卷第 4 期 p. 397 又見:唐代長安與西域文明 三聯書店 1957 p. 214
戴密微著 耿昇譯 敦煌學近作 敦煌譯叢(第一輯) 甘肅人民出版社 1985 p. 63
施萍婷 敦煌曆日研究 1983 年全國敦煌學術討論會文集·文史遺書編(上) 甘肅人民出版社 1987 p. 306、328、358
鄧文寬 敦煌殘曆定年 《中國歷史博物館館刊》1989 年第 12 期 p. 14
高國藩 敦煌古俗與民俗流變 河海大學出版社 1990 p. 307
譚蟬雪 敦煌歲時掇瑣:正月 《敦煌研究》1990 年第 1 期 p. 49
蕭登福 從敦煌寫卷中看道教星斗崇拜對佛經之影響 第二屆敦煌學國際研討會論文集 (臺北)漢學研究中心 1990 p. 350
高田時雄 五姓を說く敦煌資料 『國立民族學博物館研究報告別冊』(14 號) (吹田)國立民族學博物館 1991 p. 253
宮島一彦 曆書·算書 敦煌漢文文獻(講座敦煌 5) (東京)大東出版社 1992 p. 474
姜伯勤 敦煌社會文書導論 (臺北)新文豐出版公司 1992 p. 103
高國藩 敦煌民俗資料導論 (臺北)新文豐出版公司 1993 p. 237
高田時雄 評:池田溫編『敦煌漢文文獻』(講座敦煌 5) 『東洋史研究』(52 卷 1 號) (東京)東洋史研究會 1993 p. 126
茅甘 敦煌寫本中的"九宮圖" 法國學者敦煌學論文選萃 中華書局 1993 p. 301
蕭登福 道教星斗符印與佛教密宗 (臺北)新文豐出版公司 1993 p. 196

王進玉　敦煌石窟探秘　四川教育出版社　1994　p. 84
劉進寶　敦煌學論述　(臺北)洪葉文化事業有限公司　1995　p. 286
饒宗頤　跋:從"河圖"、"洛書"、"陰陽五行"、"八卦"在西藏看古代哲學思想的交流　華學(第一輯)　中山大學出版社　1995　p. 257
殷光明　從敦煌漢簡曆譜看太初曆的科學性和進步性　《敦煌學輯刊》1995 年第 2 期　p. 101
鄧文寬　敦煌天文曆法文獻輯校　江蘇古籍出版社　1996　p. 374
榮新江　歸義軍史研究　上海古籍出版社　1996　p. 27
施萍婷　敦煌遺書編目雜記二則　敦煌吐魯番研究(第一卷)　北京大學出版社　1996　p. 327
鄧文寬　同光二年甲申歲具注曆日並序　敦煌學大辭典　上海辭書出版社　1998　p. 608
榮新江　歸義軍大事紀年初稿　出土文獻研究(第三輯)　文物出版社　1998　p. 249
施萍婷　評《敦煌天文曆法文獻輯校》　敦煌吐魯番研究(第三卷)　北京大學出版社　1998　p. 394
譚蟬雪　敦煌歲時文化導論　(臺北)新文豐出版公司　1998　p. 45
馬德　敦煌文書《諸寺付經歷》芻議　《敦煌學輯刊》1999 年第 1 期　p. 39
黄正建　敦煌占卜文書與唐五代占卜研究　學苑出版社　2001　p. 98
林聰明　敦煌吐魯番文書解詁指例　(臺北)新文豐出版公司　2001　p. 140. 197
鄧文寬　敦煌曆日文獻研究的歷史追憶　國際敦煌學學術史研討會論文集　研討會籌備組　2002　p. 312　又見:敦煌吐魯番研究(第七卷)　北京大學出版社　2004　p. 293
鄧文寬　敦煌吐魯番天文曆法研究　甘肅教育出版社　2002　p. 155
華瀾　簡論中國古代曆日中的二十八宿注曆:以敦煌具注曆日爲中心　國際敦煌學學術史研討會論文集　研討會籌備組　2002　p. 322　又見:敦煌吐魯番研究(第七卷)　北京大學出版社　2004　p. 413
黄一農　嫁娶宜忌:選擇術中的"亥不行嫁"與"陰陽不將"考辨　法制與禮俗　(臺北)"中央研究院"歷史語言研究所　2002　p. 288
馬繼興　當前世界各地收藏的中國出土卷子本古醫藥文獻備考　敦煌吐魯番研究(第六卷)　北京大學出版社　2002　p. 134
鄧文寬　敦煌曆日與戰國秦漢《日書》的文化關係　漢語史學報專輯(第三輯)　上海教育出版社　2003　p. 295
王卡　敦煌道教文獻研究　中國社會科學出版社　2004　p. 244
高田時雄著　鍾翀等譯　五姓說之敦煌資料　敦煌·民族·語言　中華書局　2005　p. 331
趙貞　"九曜行年"略說　《敦煌學輯刊》2005 年第 3 期　p. 31
金身佳　敦煌寫本宅經中的陰陽宅修造吉日　《敦煌研究》2006 年第 2 期　p. 69
劉永明　敦煌道教的世俗化之路:敦煌《發病書》研究　《敦煌學輯刊》2006 年第 1 期　p. 75

S. 2407

朱越利　道經總論　遼寧教育出版社　1992　p. 270

S. 2410

陳祚龍　後魏元宋坐鎮瓜州事佛之一斑　中華佛教文化史散策(初集)　(臺北)新文豐出版公司　1978　p. 94
伊藤美重子　敦煌本『大智度論』の整理　中國佛教石經の研究　京都大學學術出版會　1996　p. 355

S. 2412

王三慶　敦煌寫卷中武后新字之調查研究　唐代研究論集(第三輯)　(臺北)新文豐出版公司　1992　p. 88

S. 2414

平井俊榮　敦煌仏典と中國仏教　敦煌と中國仏教(講座敦煌 7)　(東京)大東出版社　1984　p. 8

S. 2416

王書慶　敦煌佛學·佛事篇　甘肅民族出版社　1995　p. 22
郝春文　唐後期五代宋初敦煌僧尼的社會生活　中國社會科學出版社　1998　p. 43
張涌泉　陳祚龍校録敦煌卷子失誤例釋　舊學新知　浙江大學出版社　1999　p. 284

S. 2419

許國霖　敦煌石室寫經題記彙編　《微妙聲》1936 – 1937 年第 1 – 4 期　又見:中國敦煌學百年文庫·宗教卷(四)　甘肅文化出版社　1999　p. 212
許國霖　敦煌石室寫經年代表　《微妙聲》1937 年第 5 期　又見:中國敦煌學百年文庫·宗教卷(四)　甘肅文化出版社　1999　p. 196
芳村修基　土橋秀高　井ノ口泰淳　敦煌佛教史年表　西域文化研究(第一)·敦煌佛教資料　(京都)法藏館　1958　p. 259
矢吹慶輝　鳴沙餘韻·解說篇(第一部)　(京都)臨川書店　1980　p. 273、287
陳祚龍　敦煌古抄内典尾記彙校初、二、三編合刊　敦煌學要籥　(臺北)新文豐出版公司　1982　p. 114
池田溫　中國古代寫本識語集録　(東京)大蔵出版株式會社　1990　p. 176
林聰明　從敦煌文書看佛教徒的造經祈福　第二屆敦煌學國際研討會論文集　(臺北)漢學研究中心　1990　p. 526
戴仁　敦煌寫本紙張的顏色　法國學者敦煌學論文選萃　中華書局　1993　p. 592
趙聲良　隋代敦煌寫本的書法藝術　敦煌書法庫(第三輯)　甘肅人民美術出版社　1994　p. 2　又見:《敦煌研究》1995 年第 4 期　p. 134
黄征　吳偉　敦煌願文集　岳麓書社　1995　p. 877
鄭炳林　敦煌碑銘讚輯釋　甘肅教育出版社　1997　p. 290 注 6
顧吉辰　敦煌文獻職官結銜考釋　《敦煌學輯刊》1998 年第 2 期　p. 21
陳麗萍　敦煌女性寫經題記及反映的婦女問題　敦煌佛教藝術文化國際學術研討會論文集　蘭州大學出版社　2002　p. 447
姜亮夫　敦煌莫高窟年表　姜亮夫全集(十一)　雲南人民出版社　2002　p. 190
施安昌　敦煌寫經斷代發凡　善本碑帖論集　紫禁城出版社　2002　p. 311
梁銀景　隋代佛教窟龕研究　文物出版社　2004　p. 170

S. 2420

陳祚龍　新校重訂敦煌古抄舊從阿含經略集誦讚僧竇文　敦煌學海探珠(上冊)　(臺北)商務印書館　1979　p. 72
傅芸子　敦煌本《溫室經講唱押座文》跋　敦煌變文論文録　上海古籍出版社　1982　p. 486
周紹良　白化文　李鼎霞　敦煌變文集補編　北京大學出版社　1989　p. 112

周紹良　《讚僧功德經》校録並解説　敦煌吐魯番學研究論文集　漢語大詞典出版社　1990　p. 95

周紹良　敦煌文學芻議及其它　(臺北)新文豐出版公司　1992　p. 132

S. 2421

福井文雅撰　郭自得譯　般若心經觀在中國的變遷　敦煌學(第6輯)　(臺北)新文豐出版公司　1983　p. 26

福井文雅　般若心經　敦煌と中國仏教(講座敦煌7)　(東京)大東出版社　1984　p. 39

方廣錩　敦煌遺書中的《般若心經》譯注　《法音》1990年第7期　p. 26

方廣錩　般若波羅蜜多心經注　敦煌學大辭典　上海辭書出版社　1998　p. 688

方廣錩　《般若心經譯注集成》前言　敦煌學佛教學論叢(下)　中國佛教文化研究所　1998　p. 51

方廣錩　敦煌藏經洞封閉原因之我見:兼論敦煌遺書與藏經洞遺書之界定　敦煌學佛教學論叢(上)　中國佛教文化研究所　1998　p. 55

方廣錩　敦煌藏經洞封閉年代之我見　敦煌文藪(下)　(臺北)新文豐出版公司　1999　p. 184、200

S. 2422

陳祚龍　敦煌古抄内典尾記彙校二編　敦煌文物隨筆　(臺北)商務印書館　1979　p. 163

矢吹慶輝　鳴沙餘韻·解説篇(第一、二部)　(京都)臨川書店　1980　p. 54;115

陳祚龍　敦煌古抄内典尾記彙校初、二、三編合刊　敦煌學要籥　(臺北)新文豐出版公司　1982　p. 70

方廣錩　無量壽義記　敦煌學大辭典　上海辭書出版社　1998　p. 661

S. 2423

矢吹慶輝　三階教之研究　(東京)岩波書店　1927　p. 192、787

芳村修基　土橋秀高　井ノ口泰淳　敦煌佛教史年表　西域文化研究(第一)·敦煌佛教資料　(京都)法藏館　1958　p. 265

陳祚龍　敦煌古抄内典尾記彙校二編　敦煌文物隨筆　(臺北)商務印書館　1979　p. 179

矢吹慶輝　鳴沙餘韻·解説篇(第一、二部)　(京都)臨川書店　1980　p. 182、194;297

陳祚龍　敦煌古抄内典尾記彙校初、二、三編合刊　敦煌學要籥　(臺北)新文豐出版公司　1982　p. 82

王重民　記敦煌寫本的佛經　敦煌吐魯番文獻研究論集(第二輯)　北京大學出版社　1983　p. 12、20　又見:敦煌遺書論文集　中華書局　1984　p. 297、304

饒宗頤解説　林宏作譯　敦煌書法叢刊(第二四卷)·寫經(五)　(東京)二玄社　1984　p. 55

周一良　敦煌寫本書儀考(之二)　敦煌吐魯番文獻研究論集(第四輯)　北京大學出版社　1987　p. 23　又見:唐五代書儀研究　中國社會科學出版社　1995　p. 75

林聰明　從敦煌文書看佛教徒的造經祈福　第二屆敦煌學國際研討會論文集　(臺北)漢學研究中心　1990　p. 525

林聰明　敦煌文書出處略考　季羨林教授八十華誕紀念論文集(下)　江西人民出版社　1991　p. 853

林聰明　敦煌文書學　(臺北)新文豐出版公司　1991　p. 377

陶秋英輯録　姜亮夫校訂　敦煌經卷所見寺名録　敦煌碎金　浙江古籍出版社　1992　p. 119

王三慶　敦煌寫卷中武后新字之調查研究　唐代研究論集(第三輯)　(臺北)新文豐出版公司　1992　p. 62

顧吉辰　唐代敦煌文獻寫本書手考述　《敦煌學輯刊》1993 年第 1 期　p. 27
施萍婷　斯 2926《佛説校量數珠功德經》寫卷研究　《敦煌研究》1993 年第 4 期　p. 35
吳其昱　敦煌本《珠英集》中的 14 位詩人　法國學者敦煌學論文選萃　中華書局　1993　p. 515 注 76
陳澤奎　試論唐人寫經題記的原始著作權意義　《敦煌研究》1994 年第 3 期　p. 115
沃興華　敦煌書法藝術　上海人民出版社　1994　p. 12
胡戟　傅玫　敦煌史話　中華書局　1995　p. 132
陳國燦　延和元年敕令昭文館學士等詳定法鏡經記　敦煌學大辭典　上海辭書出版社　1998　p. 456
方廣錩　三廚經　敦煌學大辭典　上海辭書出版社　1998　p. 738
顧吉辰　敦煌文獻職官結銜考釋　《敦煌學輯刊》1998 年第 2 期　p. 27
劉方　中國佛教史研究　敦煌學大辭典　上海辭書出版社　1998　p. 839
楊富學　王書慶　唐代長安與敦煌佛教文化之關係　'98 法門寺唐文化國際學術討論會論文集　陝西人民出版社　2000　p. 178
周一良　魏晉南北朝史論集續編　北京大學出版社　2001　p. 228
姜亮夫　敦煌莫高窟年表　姜亮夫全集(十一)　雲南人民出版社　2002　p. 283
西本照真　敦煌抄本中的三階教文獻　中日敦煌佛教學術會議論文集　中國社會科學院研究所　2002　p. 177
西本照真　三階教文獻綜述　藏外佛教文獻(第九輯)　宗教文化出版社　2003　p. 365

S. 2424

芳村修基　土橋秀高　井ノ口泰淳　敦煌佛教史年表　西域文化研究(第一)・敦煌佛教資料　(京都)法藏館　1958　p. 264
石田充之　西域佛教における淨土教的要素の研究について　西域文化研究(第一)・敦煌佛教資料　(京都)法藏館　1958　p. 103
矢吹慶輝　鳴沙餘韻・解說篇(第一部)　(京都)臨川書店　1980　p. 282
金榮華　敦煌寫卷紙質之考察　(臺北)《世界華學季刊》1981 年第 2 卷第 4 期　又見:敦煌吐魯番論集　(臺北)新文豐出版公司　1996　p. 77
陳祚龍　敦煌古抄内典尾記彙校初、二、三編合刊　敦煌學要籥　(臺北)新文豐出版公司　1982　p. 114
廣川堯敏　淨土三部經　敦煌と中國仏教(講座敦煌 7)　(東京)大東出版社　1984　p. 83
池田溫　中國古代寫本識語集録　(東京)大蔵出版株式會社　1990　p. 271
林聰明　從敦煌文書看佛教徒的造經祈福　第二屆敦煌學國際研討會論文集　(臺北)漢學研究中心　1990　p. 527
陳澤奎　試論唐人寫經題記的原始著作權意義　《敦煌研究》1994 年第 3 期　p. 114
井ノ口泰淳　敦煌本『阿彌陀經』　中央アジアの言語と仏教　(京都)法藏館　1995　p. 361
王元軍　從敦煌唐佛經寫本談有關唐代寫經生及其書法藝術的幾個問題　《敦煌研究》1995 年第 1 期　p. 158
王元軍　唐人書法與文化　(臺北)東大圖書公司　1995　p. 133
方廣錩　阿彌陀經　敦煌學大辭典　上海辭書出版社　1998　p. 660
劉長東　晉唐彌陀淨土信仰研究　巴蜀書社　2000　p. 369
馬德　敦煌寫經題記的社會意義　法源(第 19 期)　中國佛學院　2001　p. 87

陳麗萍　敦煌女性寫經題記及反映的婦女問題　敦煌佛教藝術文化國際學術研討會論文集　蘭州大學出版社　2002　p. 433
姜亮夫　敦煌莫高窟年表　姜亮夫全集(十一)　雲南人民出版社　2002　p. 286
公維章　涅槃、淨土的殿堂:敦煌莫高窟第148窟研究　民族出版社　2004　p. 123
礪波護著　韓昇　劉建英譯　隋唐佛教文化　上海古籍出版社　2004　p. 50

S. 2425

矢吹慶輝　鳴沙餘韻・解說篇(第一部)　(京都)臨川書店　1980　p. 181
陳祚龍　敦煌古抄内典尾記彙校初、二、三編合刊　敦煌學要籥　(臺北)新文豐出版公司　1982　p. 114
饒宗頤　論七曜與十一曜　饒宗頤史學論著選　上海古籍出版社　1993　p. 592　又見:饒宗頤東方學論集　汕頭大學出版社　1999　p. 130
汪泛舟　論敦煌文明的多民族貢獻　《敦煌研究》1995年第2期　p. 187
沙知　修多寺　敦煌學大辭典　上海辭書出版社　1998　p. 633
郭俊葉　莫高窟第454窟窟主再議　《敦煌研究》1999年第2期　p. 23

S. 2427

井ノ口泰淳　敦煌本『仏名經』の諸系統　中央アジアの言語と仏教　(京都)法藏館　1995　p. 297
雷紹鋒　歸義軍賦役制度初探　(臺北)洪葉文化事業有限公司　2000　p. 166

S. 2428

矢吹慶輝　鳴沙餘韻・解說篇(第一、二部)　(京都)臨川書店　1980　p. 192;266

S. 2429

平井俊榮　敦煌仏典と中國仏教　敦煌と中國仏教(講座敦煌7)　(東京)大東出版社　1984　p. 10

S. 2430

向達　唐代俗講考　《國學季刊》1950年第6卷第4號　p. 1　又見:唐代長安與西域文明　三聯書店　1957　p. 334；敦煌變文論文録　上海古籍出版社　1982　p. 68
矢吹慶輝　鳴沙餘韻・解說篇(第一部)　(京都)臨川書店　1980　p. 109
方廣錩　涅槃經疏　敦煌學大辭典　上海辭書出版社　1998　p. 695

S. 2431

矢吹慶輝　鳴沙餘韻・解說篇(第一部)　(京都)臨川書店　1980　p. 153
上山大峻　敦煌佛教の研究　(京都)法藏館　1990　p. 18
方廣錩　佛教大藏經史(八—十世紀)　中國社會科學出版社　1991　p. 135
郝春文　曇曠　敦煌學大辭典　上海辭書出版社　1998　p. 347

S. 2432

陳祚龍　敦煌古抄内典尾記彙校初、二、三編合刊　敦煌學要籥　(臺北)新文豐出版公司　1982　p. 114

池田溫　中國古代寫本識語集録　(東京)大蔵出版株式會社　1990　p. 341
上山大峻　敦煌佛教の研究　(京都)法藏館　1990　p. 343
楊富學　李吉和　敦煌漢文吐蕃史料輯校(第一輯)　甘肅人民出版社　1999　p. 280

S. 2433
江素雲　維摩詰所說經敦煌寫本綜合目録　(臺北)東初出版社　1991　p. 79

S. 2435
長澤和俊　敦煌　(東京)築摩書房　1965　p. 174
宇井伯壽　西域佛典の研究:敦煌逸書簡譯　(東京)岩波書店　1969　p. 18
矢吹慶輝　鳴沙餘韻·解說篇(第一部)　(京都)臨川書店　1980　p. 149
平井宥慶　金剛般若經　敦煌と中國仏教(講座敦煌 7)　(東京)大東出版社　1984　p. 22
方廣錩　攝大乘論釋章　敦煌學大辭典　上海辭書出版社　1998　p. 716
平井宥慶　敦煌流傳の金剛般若經　金剛般若經の思想的研究　(東京)春秋社　1999　p. 247

S. 2436
芳村修基　土橋秀高　井ノ口泰淳　敦煌佛教史年表　西域文化研究(第一)·敦煌佛教資料　(京都)法藏館　1958　p. 267
饒宗頤　論敦煌陷於吐蕃之年代　(香港)《東方文化》1971 年第 9 卷第 1 期　又見:選堂集林·史林　(香港)中華書局　1982　p. 685；中國敦煌學百年文庫·民族卷(一)　甘肅文化出版社　1999　p. 230
陳祚龍　敦煌古抄内典尾記彙校二編　敦煌文物隨筆　(臺北)商務印書館　1979　p. 172
矢吹慶輝　鳴沙餘韻·解說篇(第一部)　(京都)臨川書店　1980　p. 153
饒宗頤解說　林宏作譯　敦煌書法叢刊　(第二六卷)·寫經(七)　(東京)二玄社　1984　p. 55
李正宇　敦煌地區古代祠廟寺觀簡志　《敦煌學輯刊》1988 年第 1、2 期　p. 78
池田溫　中國古代寫本識語集録　(東京)大蔵出版株式會社　1990　p. 307
上山大峻　敦煌佛教の研究　(京都)法藏館　1990　p. 18、75、396
方廣錩　佛教大藏經史(八—十世紀)　中國社會科學出版社　1991　p. 107
林聰明　敦煌文書出處略考　季羨林教授八十華誕紀念論文集(下)　江西人民出版社　1991　p. 856
林聰明　敦煌文書學　(臺北)新文豐出版公司　1991　p. 385
樊錦詩　趙青蘭　吐蕃佔領時期莫高窟洞窟的分期研究　《敦煌研究》1994 年第 4 期　p. 87　又見:敦煌研究文集·敦煌石窟考古篇　甘肅民族出版社　2000　p. 199
釋依昱　曇曠與敦煌寫本《大乘百法明門論開宗義記》的研究　敦煌學國際研討會文集·史地語文編　遼寧美術出版社　1995　p. 506
李正宇　敦煌史地新論　(臺北)新文豐出版公司　1996　p. 76
鄭阿財　《龍興寺毗沙門天王靈驗記》與敦煌地區的毗沙門信仰　周紹良先生欣開九秩慶壽文集　中華書局　1997　p. 253
鄭炳林　敦煌碑銘讚輯釋　甘肅教育出版社　1997　p. 177 注 9
方廣錩　大乘起信論略述　敦煌學大辭典　上海辭書出版社　1998　p. 718
郝春文　曇曠　敦煌學大辭典　上海辭書出版社　1998　p. 347
李正宇　龍興寺　敦煌學大辭典　上海辭書出版社　1998　p. 629

馬德　敦煌文書《諸寺付經歷》芻議　《敦煌學輯刊》1999 年第 1 期　p. 38
林聰明　敦煌吐魯番文書解詁指例　（臺北）新文豐出版公司　2001　p. 129
楊森　《辛巳年六月十六日社人于燈司倉貸粟曆》文書之定年　《敦煌學輯刊》2001 年第 2 期　p. 21
姜亮夫　敦煌莫高窟年表　姜亮夫全集（十一）　雲南人民出版社　2002　p. 343
王承文　敦煌古靈寶經與晉唐道教　中華書局　2002　p. 119
李小榮　敦煌密教文獻論稿　人民文學出版社　2003　p. 165
黄征　敦煌草書寫卷《大乘起信論略述》卷上考訂（三）　敦煌學國際研討會論文集　北京圖書館出版社　2005　p. 100
鄭阿財　論敦煌寫本《龍興寺毗沙門天王靈驗記》與唐代的毗沙門信仰　第三届中國唐代文化學術研討會論文集　（臺北）政治大學中國文學系　p. 428

S. 2437

芳村修基　土橋秀高　井ノ口泰淳　敦煌佛教史年表　西域文化研究（第一）・敦煌佛教資料　（京都）法藏館　1958　p. 268
陳祚龍　敦煌古抄内典尾記彙校二編　敦煌文物隨筆　（臺北）商務印書館　1979　p. 160
陳祚龍　敦煌古抄内典尾記彙校初、二、三編合刊　敦煌學要籥　（臺北）新文豐出版公司　1982　p. 68
陳祚龍　敦煌古抄《梁朝傅大士頌金剛經》之考證和校訂　敦煌簡策訂存　（臺北）商務印書館　1983　p. 249 注 17
平野顯照著　張桐生譯　唐代的文學與佛教　（臺北）業强出版社　1987　p. 230
汪泛舟　讚・箴　敦煌文學　甘肅人民出版社　1989　p. 101
上山大峻　敦煌佛教の研究　（京都）法藏館　1990　p. 18、74、341
尾崎康　史籍　敦煌漢文文獻（講座敦煌 5）　（東京）大東出版社　1992　p. 311
郝春文　晏曠　敦煌學大辭典　上海辭書出版社　1998　p. 347
平井宥慶　敦煌文書における金剛經疏　金剛般若經の思想的研究　（東京）春秋社　1999　p. 266
樊錦詩　玄奘譯經和敦煌壁畫　《敦煌研究》2004 年第 2 期　p. 6

S. 2438

向達　倫敦所藏敦煌卷子經眼目録　《北平圖書館圖書季刊》1939 年新第 1 卷第 4 期　p. 397　又見：唐代長安與西域文明　三聯書店　1957　p. 214
三木榮　西域出土醫藥關係文獻綜合解說目録　『東洋學報』(47 卷 1 號)　（東京）東洋學術協會　1964　p. 12
施萍婷　兩件敦煌文物介紹　《敦煌學輯刊》1982 年第 3 期　p. 76
馬繼興　敦煌古醫籍考釋　江西科學技術出版社　1988　p. 16、468
蕭登福　道教星斗符印與佛教密宗　（臺北）新文豐出版公司　1993　p. 134
蕭登福　道教與密宗　（臺北）新文豐出版公司　1993　p. 188
丛春雨　敦煌中醫藥全書　中醫古籍出版社　1994　p. 677
蕭登福　道教術儀與密教典籍　（臺北）新文豐出版公司　1994　p. 464
蕭登福　道教與佛教　（臺北）東大圖書公司　1995　p. 52
馬繼興　敦煌醫藥文獻輯校　江蘇古籍出版社　1998　p. 708
王淑民　辟谷諸方　敦煌學大辭典　上海辭書出版社　1998　p. 620
馬繼興　當前世界各地收藏的中國出土卷子本古醫藥文獻備考　敦煌吐魯番研究（第六卷）　北京

　　大學出版社　2002　p. 135
王卡　敦煌道教文獻研究　中國社會科學出版社　2004　p. 50、215
陳明　備急單驗:敦煌醫藥文獻中的單藥方　敦煌學國際研討會論文集　北京圖書館出版社　2005　p. 239
陳明　殊方異藥:出土文書與西域醫學　北京大學出版社　2005　p. 150、194

S. 2439

矢吹慶輝　鳴沙餘韻・解說篇(第一部)　(京都)臨川書店　1980　p. 100
方廣錩　敦煌遺書中的《法華經》注疏　《世界宗教研究》1998 年第 2 期　p. 76
方廣錩　敦煌遺書中的《妙法蓮華經》及有關文獻　敦煌學佛教學論叢(下)　中國佛教文化研究所　1998　p. 83　又見:法源(第 16 期)　中國佛學院　1998　p. 45
方廣錩　法華經疏　敦煌學大辭典　上海辭書出版社　1998　p. 690

S. 2440

向達　唐代俗講考　《國學季刊》1950 年第 6 卷第 4 號　p. 1　又見:唐代長安與西域文明　三聯書店　1957　p. 332 ; 敦煌變文論輯　(臺北)石門圖書公司　1981　p. 38 ; 敦煌變文論文録　上海古籍出版社　1982　p. 66 ; 關隴文學論叢　甘肅人民出版社　1983　p. 155、181
羅福頤　敦煌石室文物對於學術上的貢獻　《歷史教學》1951 年第 5 期　又見:中國敦煌學百年文庫・考古卷(四)　甘肅文化出版社　1999　p. 8
周紹良　敦煌所出變文現存目録　敦煌變文彙録　上海出版公司　1955　p. 1
劉銘恕　再記英國倫敦所藏的敦煌經卷　《中國科學院圖書館通訊》1957 年第 7 期　又見:中國敦煌學百年文庫・綜述卷(二)　甘肅文化出版社　1999　p. 136
王慶菽　試談變文的産生和影響　《新建設》1957 年第 3 期　又見:敦煌變文論文録　上海古籍出版社　1982　p. 258
邵榮芬　敦煌俗文學中的別字異文和唐五代西北方音　《中國語文》1963 年第 3 期　又見:中國敦煌學百年文庫・語言文字卷(一)　甘肅文化出版社　1999　p. 125
金岡照光　ソビエトにおける敦煌研究文獻三種　『東洋學報』(48 卷 1 號)　(東京)東洋學術協會　1965　p. 123
金岡照光　敦煌漢文文學文獻の文學形態上の種類とその分類　敦煌出土文學文獻分類目録・附解說　(東京)東洋文庫　1971　p. 202
金岡照光　敦煌漢文文學文獻の寫本及び影印の收集保存、整理研究の現狀　敦煌出土文學文獻分類目録・附解說　(東京)東洋文庫　1971　p. 178
金岡照光　敦煌文學のさまざま　敦煌の文學　(東京)大蔵出版株式會社　1971　p. 122
金岡照光　敦煌民衆の宗教と生活　敦煌の民衆:その生活と思想　(東京)評論社　1972　p. 113
邱鎮京　敦煌變文述論　(臺北)商務印書館　1974　p. 1857、1865
北村茂樹　『維摩經講經文』の異本について　『印度學佛教學研究』(24 卷 2 號)　(東京)日本印度學佛教學會　1976　p. 146
蘇瑩輝　敦煌的舞譜　敦煌　(臺北)藝文印書館　1977　p. 30
加地哲定　增補中國佛教文學研究　(東京)同朋舍　1979　p. 159
矢吹慶輝　鳴沙餘韻・解說篇(第一部)　(京都)臨川書店　1980　p. 230
楊家駱　敦煌變文　(臺北)世界書局　1980　p. 826
金岡照光　敦煌の繪物語　(東京)東方書店　1981　p. 113

蘇瑩輝　敦煌學概要　(臺北)編譯館"中華叢書編委會"　1981　p. 90
王重民　敦煌本《董永變文》跋　敦煌變文論文録　上海古籍出版社　1982　p. 691
鄭阿財　敦煌孝道文學研究　(臺北)石門圖書公司　1982　p. 107
羅宗濤　敦煌變文:石窟裏的老傳說　(臺北)時報文化出版公司　1983　p. 26
牛龍菲　中國散韻相間、兼說兼唱之文體的來源　《敦煌學輯刊》1983 年創刊號　p. 33
席臻貫　《佛本行集經・憂波離品次》琵琶譜符號考　《音樂研究》1983 年第 3 期　又見:中國敦煌學百年文庫・藝術卷(三)　甘肅文化出版社　1999　p. 235
牛龍菲　敦煌古樂史資料概論　《新疆藝術》1984 年第 5、6 期　又見:中國敦煌學百年文庫・文獻卷(二)　甘肅文化出版社　1999　p. 333
潘重規　敦煌變文集新書(上)　(臺北)"中國文化大學"中文研究所　1984　p. 4
平野顯照　講經文の組織內容　敦煌と中國仏教(講座敦煌 7)　(東京)大東出版社　1984　p. 334
王慶菽　八相押座文　敦煌變文集　人民文學出版社　1984　p. 826
王重民　維摩經押座文　敦煌變文集　人民文學出版社　1984　p. 831
王重民　溫室經講唱押座文　敦煌變文集　人民文學出版社　1984　p. 834
柴劍虹　敦煌文學研究　唐代文學研究年鑒　1985　p. 115
戴密微著　耿昇譯　敦煌學近作　敦煌譯叢(第一輯)　甘肅人民出版社　1985　p. 88
牛龍菲　敦煌樂史資料概論　絲綢之路樂舞藝術　新疆人民出版社　1985　p. 357
白化文　對可補入《敦煌變文集》中的幾則録文的討論　《敦煌學輯刊》1986 年第 1 期　p. 46
李正宇　敦煌方音止遇二攝混同及其校勘學意義　《敦煌研究》1986 年第 4 期　p. 55
周紹良　《敦煌變文集》中幾個卷子定名之商榷　敦煌吐魯番文獻研究論集(第三輯)　北京大學出版社　1986　p. 26
白化文　"解講"和"解講辭"　俗文學論　黑龍江人民出版社　1987　p. 146
何昌林　敦煌琵琶譜之考、解、譯(附《敦煌琵琶譯譜》)　1983 年全國敦煌學術討論會文集・石窟藝術編(下)　甘肅人民出版社　1987　p. 348
李正宇　晚唐敦煌本《釋迦因緣劇本》試探　《敦煌研究》1987 年第 1 期　p. 64、70
平野顯照著　張桐生譯　唐代的文學與佛教　(臺北)業强出版社　1987　p. 207
任半塘　敦煌歌辭總編　上海古籍出版社　1987　p. 1492
王克芬　從敦煌壁畫、龍門唐窟石雕及其它墓室俑畫等文物探索唐代舞蹈的特點　1983 年全國敦煌學術討論會文集・石窟藝術編(下)　甘肅人民出版社　1987　p. 243
王克芬　中國舞蹈史　文化藝術出版社　1987　p. 199
謝生保　河西寶卷與敦煌變文的比較　《敦煌研究》1987 年第 4 期　p. 83
周紹良　唐代變文及其它　敦煌文學作品選　中華書局　1987　p. 20
蕭登福　唐世佛家之講經與敦煌變文　敦煌俗文學論叢　(臺北)商務印書館　1988　p. 51、60
楊雄　講經文四篇補校　《敦煌研究》1988 年第 1 期　p. 39
張涌泉　敦煌變文校劄　敦煌語言文學論文集　浙江古籍出版社　1988　p. 171
陳祚龍　看了敦煌古抄《報恩寺開溫室浴僧記》以後　敦煌學散策新集　(臺北)新文豐出版公司　1989　p. 192
高國藩　敦煌民俗學　上海文藝出版社　1989　p. 537
郭在貽　張涌泉　黃征　"押座文"八種補校　《寧波師院學報》1989 年第 1 期　p. 71、76
劉瑞明　詞文　敦煌文學　甘肅人民出版社　1989　p. 307
潘重規　長興四年中興殿應聖節講經文讀後記　敦煌學(第 14 輯)　(臺北)新文豐出版公司　1989　p. 1

曲金良　敦煌寫本 S. 2440(7)原卷考辨　《敦煌研究》1989 年第 3 期　p. 63
張鴻勳　講經文　敦煌文學　甘肅人民出版社　1989　p. 268
周紹良　白化文　李鼎霞　敦煌變文集補編　北京大學出版社　1989　p. 118
郭在貽　張涌泉　黄征　敦煌變文集校議　岳麓書社　1990　p. 423
加地哲定著　劉衛星譯　中國佛教文學　今日中國出版社　1990　p. 135
黎蕾　西域戲劇的緣起及敦煌佛教戲曲的形成　《敦煌研究》1990 年第 2 期　p. 106
李正宇　再談 S. 2440(7)《釋迦因緣》的性質　《敦煌研究》1990 年第 4 期　p. 86
劉瑞明　S2440(7)號文書以"劇本"定性擬名之質疑　《敦煌學輯刊》1990 年第 1 期　p. 93
楊振良　由現存評彈"開篇"論押座文　第二屆敦煌學國際研討會論文集　(臺北)漢學研究中心　1990　p. 470
周純一　敦煌古劇質疑　第二屆敦煌學國際研討會論文集　(臺北)漢學研究中心　1990　p. 462
劉瑞明　所謂唐代兩件戲劇資料辨析　中華戲曲(第 11 輯)　山西人民出版社　1991　p. 166
歐陽友徽　敦煌 S. 2440(7)寫卷是歌舞戲腳本　《西域研究》1991 年第 3 期　p. 65
金岡照光　講唱體類　敦煌の文學文獻(講座敦煌 9)　(東京)大東出版社　1992　p. 42
金岡照光　押座文　敦煌の文學文獻(講座敦煌 9)　(東京)大東出版社　1992　p. 343、379
金岡照光　総說『敦煌文學の諸形態』　敦煌の文學文獻(講座敦煌 9)　(東京)大東出版社　1992　p. 21
黎蕾　敦煌遺書與壁畫中的佛教戲曲　西域戲劇與戲劇的發生　新疆人民出版社　1992　p. 89
席臻貫　敦煌古樂　敦煌文藝出版社　1992　p. 6
周紹良　敦煌文學芻議及其它　(臺北)新文豐出版公司　1992　p. 55、86、105
高國藩　敦煌民俗資料導論　(臺北)新文豐出版公司　1993　p. 175
李正宇　敦煌文學概論　甘肅人民出版社　1993　p. 143、159
劉進寶　近十年來大陸地區敦煌學研究概述　"中國唐代學會"會刊(第四期)　(臺北)"中國唐代學會"　1993　p. 85
張鴻勳　敦煌文學概論　甘肅人民出版社　1993　p. 218、228
張錫厚　敦煌文學概論　甘肅人民出版社　1993　p. 285
李重申　敦煌體育史料考析　敦煌學國際研討會文集・石窟考古編　遼寧美術出版社　1995　p. 377
梁梁　敦煌壁畫故事(第四輯)　江蘇古籍出版社　1995　p. 2
曲金良　敦煌佛教文學研究　(臺北)文津出版社　1995　p. 42、102、254
王書慶　敦煌佛學・佛事篇　甘肅民族出版社　1995　p. 137
楊雄　八相押座文　敦煌論稿　甘肅文化出版社　1995　p. 418
姜伯勤　敦煌藝術宗教與禮樂文明　中國社會科學出版社　1996　p. 409
李正宇　敦煌史地新論　(臺北)新文豐出版公司　1996　p. 12
饒宗頤　敦煌曲與樂舞及龜茲樂　敦煌曲續論　(臺北)新文豐出版公司　1996　p. 68
饒宗頤　"法曲子"論　敦煌曲續論　(臺北)新文豐出版公司　1996　p. 79
饒宗頤　《雲謠集》的性質及其與歌筵樂舞的聯繫　敦煌曲續論　(臺北)新文豐出版公司　1996　p. 124
張涌泉　敦煌俗字研究導論　(臺北)新文豐出版公司　1996　p. 113
黃征　張涌泉　敦煌變文校注　中華書局　1997　p. 449、1140、1192
陸淑綺　李重申　敦煌古代戲曲文化史料綜述　《敦煌研究》1997 年第 2 期　p. 65、67
張弓　漢唐佛寺文化史　中國社會科學出版社　1997　p. 771

白化文　押座文　敦煌學大辭典　上海辭書出版社　1998　p. 524
伏俊璉　《駕幸溫泉賦》補正　敦煌吐魯番研究(第三卷)　北京大學出版社　1998　p. 57
海客　太子成道經　敦煌學大辭典　上海辭書出版社　1998　p. 576
黃征　唐代俗語詞輯釋　唐研究(第四卷)　北京大學出版社　1998　p. 140、146
周菁葆　邱陵　絲綢之路宗教文化　新疆人民出版社　1998　p. 253、373
周紹良　佛本行集經變文詩　敦煌學大辭典　上海辭書出版社　1998　p. 555
周紹良　押座文彙抄　敦煌學大辭典　上海辭書出版社　1998　p. 579
周紹良　張涌泉　黃征　敦煌變文講經文因緣輯校(上、下)　江蘇古籍出版社　1998　p. 22;1047
梅維恒著　楊繼東　陳引馳譯　唐代變文(上)　(香港)中國佛教文化出版公司　1999　p. 86
王慶菽　試談變文的産生和影響　中國敦煌學百年文庫·文學卷(一)　甘肅文化出版社　1999　p. 546
張涌泉　敦煌寫本書寫特例發微　舊學新知　浙江大學出版社　1999　p. 250
張涌泉　俗字研究與敦煌文獻的校理　舊學新知　浙江大學出版社　1999　p. 69
金岡照光　敦煌文獻と中國文學　(東京)五曜書房　2000　p. 127、138、164、292
李重申　敦煌古代體育文化　甘肅人民出版社　2000　p. 48
謝生保　成佛之路:敦煌壁畫佛傳故事　甘肅人民出版社　2000　p. 181
徐俊　敦煌詩集殘卷輯考　中華書局　2000　p. 888
顔廷亮　西陲文學遺珍:敦煌文學通俗談　甘肅人民出版社　2000　p. 26
楊秀清　華戎交會的都市:敦煌與絲綢之路　甘肅人民出版社　2000　p. 85
張錫厚　敦煌文學源流　作家出版社　2000　p. 12、425、553
周紹良　敦煌文學叢考　英國收藏敦煌漢藏文獻研究:紀念敦煌文獻發現一百周年　中國社會科學出版社　2000　p. 260
陶敏　李一飛　隋唐五代文學史料學　中華書局　2001　p. 353
張錫厚　讀敦煌緣起類作品及其他　敦煌學與中國史研究論集　甘肅人民出版社　2001　p. 152
白化文　從圓珍述及俗講的兩段文字說起:紀念周太初(一良)先生　敦煌吐魯番研究(第六卷)　北京大學出版社　2002　p. 7
黃征　敦煌語言文字學研究　甘肅教育出版社　2002　p. 151、167
李小榮　變文講唱與華梵宗教藝術　上海三聯書店　2002　p. 66、299
李正宇　唐宋時期敦煌佛經性質功能的變化　戒幢佛學(第二卷)　岳麓書社　2002　p. 25　又見:中日敦煌佛教學術會議論文集　中國社會科學院研究所　2002　p. 20
馬茜　歸義軍時期敦煌地區庶民佛教的發展　甘肅民族研究論叢　甘肅人民出版社　2002　p. 450
張鴻勳　敦煌俗文學研究　甘肅人民出版社　2002　p. 9
何劍平　敦煌維摩詰文學中的金粟如來　2000 年敦煌學國際學術討論會文集·歷史文化卷(下)　甘肅民族出版社　2003　p. 527
李正宇　李樹輝　絲綢之路與敦煌　敦煌陽關玉門關論文選萃　甘肅人民出版社　2003　p. 75
劉屹　唐代道教的"化胡"經說與"道本論"　唐代宗教信仰與社會　上海辭書出版社　2003　p. 99
汪娟　敦煌寫本《降生禮文》初探　新世紀敦煌學論集　巴蜀書社　2003　p. 411
王克芬　中國舞蹈發展史　上海人民出版社　2003　p. 168
荒見泰史　從敦煌寫本中變文的改寫情況來探討五代講唱文學的演變　敦煌學國際研討會論文集　北京圖書館出版社　2005　p. 177
李文潔　林世田　《佛說如來成道經》與《降魔變文》關係之研究　《敦煌學輯刊》2005 年第 4 期　p. 47

王青　西域文化影響下的中古小説　中國社會科學出版社　2006　p. 493

S. 2441

鄭炳林　唐五代敦煌粟特人與歸義軍政權　《敦煌研究》1996 年第 4 期　p. 86　又見:敦煌歸義軍史專題研究　蘭州大學出版社　1997　p. 413

S. 2442

翟平　講經文稱“經”考　(香港)《九州學刊》(敦煌學專輯)1993 年第 5 卷第 4 期　p. 149 注 2
伏俊璉　論變文與講經文的關係　《敦煌研究》1999 年第 3 期　p. 102

S. 2444

郭在貽　張涌泉　黄征　敦煌寫本書寫特例發微　敦煌吐魯番學研究論文集　漢語大詞典出版社　1990　p. 340

S. 2445

岡部和雄　疑僞經典　敦煌仏典と禅(講座敦煌 8)　(東京)大東出版社　1980　p. 360
方廣錩　金剛三昧經　敦煌學大辭典　上海辭書出版社　1998　p. 693

S. 2446

矢吹慶輝　三階教之研究　(東京)岩波書店　1927　p. 784
王重民　記敦煌寫本的佛經　敦煌吐魯番文獻研究論集(第二輯)　北京大學出版社　1983　p. 20　又見:敦煌遺書論文集　中華書局　1984　p. 305
吳其昱著　伊藤美重子譯　敦煌漢文寫本概観　敦煌漢文文獻(講座敦煌 5)　(東京)大東出版社　1992　p. 73
胡戟　傅玫　敦煌史話　中華書局　1995　p. 132
西本照真　敦煌抄本中的三階教文獻　中日敦煌佛教學術會議論文集　中國社會科學院研究所　2002　p. 177
西本照真　三階教文獻綜述　藏外佛教文獻(第九輯)　宗教文化出版社　2003　p. 364、375

S. 2447

芳村修基　土橋秀高　井ノ口泰淳　敦煌佛教史年表　西域文化研究(第一)・敦煌佛教資料　(京都)法藏館　1958　p. 276
矢吹慶輝　鳴沙餘韻・解説篇(第一部)　(京都)臨川書店　1980　p. 262
岡部和雄　敦煌蔵經目録　敦煌と中國仏教(講座敦煌 7)　(東京)大東出版社　1984　p. 298
唐耕耦　8 至 10 世紀敦煌的物價　紀念陳寅恪教授國際學術討論會文集　中山大學出版社　1989　p. 549
唐耕耦　陸宏基　敦煌社會經濟文獻真迹釋録(三)　全國圖書館文獻縮微複製中心　1990　p. 74
方廣錩　佛教大藏經史(八—十世紀)　中國社會科學出版社　1991　p. 109
鄭炳林　伯 2641 號背莫高窟再修功德記撰寫人探微　《敦煌學輯刊》1991 年第 2 期　p. 48
姜伯勤　敦煌毗尼藏主考　《敦煌研究》1993 年第 3 期　p. 6
李明偉　隋唐絲綢之路　甘肅人民出版社　1994　p. 255
姜伯勤　敦煌藝術宗教與禮樂文明　中國社會科學出版社　1996　p. 332

方廣錩　敦煌佛教經録輯校　江蘇古籍出版社　1997　p. 709、750
郝春文　關於唐後期五代宋初沙州僧俗的施捨問題　唐研究(第三卷)　北京大學出版社　1997　p. 36
李并成　古代河西走廊桑蠶絲織業考　《敦煌學輯刊》1997 年第 2 期　p. 64
唐耕耦　敦煌寺院會計文書研究　(臺北)新文豐出版公司　1997　p. 453
鄭炳林　敦煌碑銘讚輯釋　甘肅教育出版社　1997　p. 106 注 3
方廣錩　交剖藏經手貼　敦煌學大辭典　上海辭書出版社　1998　p. 754
方廣錩　酉年三月十三日於普光寺點官《大般若經》録　敦煌學大辭典　上海辭書出版社　1998　p. 753
郝春文　出唱　敦煌學大辭典　上海辭書出版社　1998　p. 646
郝春文　唐後期五代宋初敦煌僧尼的社會生活　中國社會科學出版社　1998　p. 265
謝重光　郝春文　經司　敦煌學大辭典　上海辭書出版社　1998　p. 634
郝春文　關於唐後期五代宋初沙州僧團的"出唱"活動　首都師範大學史學研究(1)　首都師範大學出版社　1999　p. 110
金瀅坤　吐蕃沙州都督考　《敦煌研究》1999 年第 3 期　p. 88
楊富學　李吉和　敦煌漢文吐蕃史料輯校(第一輯)　甘肅人民出版社　1999　p. 226
劉進寶　敦煌文書與唐史研究　(臺北)新文豐出版公司　2000　p. 266
楊森　《辛巳年六月十六日社人于燈司倉貸粟曆》文書之定年　《敦煌學輯刊》2001 年第 2 期　p. 18
方廣錩　敦煌寺院所藏大藏經　中日敦煌佛教學術會議論文集　中國社會科學院研究所　2002　p. 40
劉進寶　敦煌學通論　甘肅教育出版社　2002　p. 322
方廣錩　敦煌寺院所藏大藏經概貌　藏外佛教文獻(第八輯)　宗教文化出版社　2003　p. 380
洪藝芳　敦煌社會經濟文書中的唐五代新興量詞研究　敦煌學(第 24 輯)　(臺北)樂學書局有限公司　2003　p. 93
陸離　有關吐蕃太子的文書研究　《敦煌學輯刊》2003 年第 1 期　p. 31
鄭炳林　晚唐五代敦煌諸寺藏經與管理　新世紀敦煌學論集　巴蜀書社　2003　p. 356
鄭炳林　晚唐五代敦煌地區《大般若經》的流傳與信仰　麥積山石窟藝術文化論文集(下)　蘭州大學出版社　2004　p. 123

S. 2448

芳村修基　土橋秀高　井ノ口泰淳　敦煌佛教史年表　西域文化研究(第一)・敦煌佛教資料　(京都)法藏館　1958　p. 281
孫修身　敦煌三界寺　甘肅省史學會論文集　甘肅省歷史學會編印　1982　又見:中國敦煌學百年文庫・宗教卷(一)　甘肅文化出版社　1999　p. 57
唐耕耦　陸宏基　敦煌社會經濟文獻真迹釋録(四)　全國圖書館文獻縮微複製中心　1990　p. 91
鄭炳林　伯 2641 號背莫高窟再修功德記撰寫人探微　《敦煌學輯刊》1991 年第 2 期　p. 47
竺沙雅章　寺院文書　敦煌漢文文獻(講座敦煌 5)　(東京)大東出版社　1992　p. 600
王繼如　敦煌疑字尋解　俗語言研究(第四期)　(京都)禪文化研究所　1997　p. 69
王書慶　敦煌文獻中五代宋初戒牒研究　《敦煌研究》1997 年第 3 期　p. 35
鄭炳林　敦煌碑銘讚輯釋　甘肅教育出版社　1997　p. 519 注 8
唐耕耦　戒牒　敦煌學大辭典　上海辭書出版社　1998　p. 641
李德龍　沙州三界寺《授戒牒》初探　甘肅民族研究論叢　甘肅人民出版社　2002　p. 391、402

S. 2449

向達　倫敦所藏敦煌卷子經眼目録　《北平圖書館圖書季刊》1939 年新第 1 卷第 4 期　p. 397　又見:唐代長安與西域文明　三聯書店　1957　p. 214

芳村修基　土橋秀高　井ノ口泰淳　敦煌佛教史年表　西域文化研究(第一)·敦煌佛教資料　(京都)法藏館　1958　p. 276

朱越利　道經總論　遼寧教育出版社　1992　p. 274

李正宇　敦煌史地新論　(臺北)新文豐出版公司　1996　p. 97

方廣錩　敦煌佛教經録輯校　江蘇古籍出版社　1997　p. 963

方廣錩　諸寺抄經録　敦煌學大辭典　上海辭書出版社　1998　p. 757

李正宇　蘭若　敦煌學大辭典　上海辭書出版社　1998　p. 627

楊富學　李吉和　敦煌漢文吐蕃史料輯校(第一輯)　甘肅人民出版社　1999　p. 251、264

石内德　敦煌文獻中被廢棄的殘經抄本　法國漢學(敦煌學專號)　中華書局　2000　p. 24

S. 2452

井ノ口泰淳　敦煌本『仏名經』の諸系統　中央アジアの言語と仏教　(京都)法藏館　1995　p. 296

S. 2453

馬繼興　當前世界各地收藏的中國出土卷子本古醫藥文獻備考　敦煌吐魯番研究(第六卷)　北京大學出版社　2002　p. 135

S. 2454

金岡照光　敦煌文學のさまざま　敦煌の文學　(東京)大蔵出版株式會社　1971　p. 152

加地哲定　增補中國佛教文學研究　(東京)同朋舍　1979　p. 188

川崎ミチコ　修道偈Ⅱ——定格聯章　敦煌仏典と禪(講座敦煌 8)　(東京)大東出版社　1980　p. 268

蘇瑩輝　敦煌學概要　(臺北)編譯館"中華叢書編委會"　1981　p. 71、80

鄭阿財　敦煌孝道文學研究　(臺北)石門圖書公司　1982　p. 532

蘇瑩輝　"敦煌曲"評介　敦煌論集續編　(臺北)學生書局　1983　p. 311

蘇瑩輝　簡評巴宙輯敦煌韻文集　敦煌論集　(臺北)學生書局　1983　p. 446

任半塘　敦煌歌辭總編　上海古籍出版社　1987　p. 1486

龍晦　敦煌佛曲《五更轉兼十二時·維摩托疾》跋　《世界宗教研究》1988 年第 4 期　又見:中國敦煌學百年文庫·文學卷(四)　甘肅文化出版社　1999　p. 325

劉進寶　俚曲小調　敦煌文學　甘肅人民出版社　1989　p. 218

加地哲定著　劉衛星譯　中國佛教文學　今日中國出版社　1990　p. 160

上山大峻　敦煌佛教の研究　(京都)法藏館　1990　p. 420

周紹良　敦煌文學芻議及其它　(臺北)新文豐出版公司　1992　p. 37

鄭阿財　敦煌文獻與文學　(臺北)新文豐出版公司　1993　p. 112、135

張涌泉　敦煌俗字研究導論　(臺北)新文豐出版公司　1996　p. 271

高啓安　敦煌五更詞與甘肅五更詞比較研究　《敦煌研究》1997 年第 3 期　p. 116

林仁昱　由唐代淨土讚歌看敦煌聯章俗曲歌謠套用曲調的原則　敦煌文學論集　四川人民出版社　1997　p. 160

柴劍虹　維摩十二時　敦煌學大辭典　上海辭書出版社　1998　p. 538

張錫厚　敦煌文學源流　作家出版社　2000　p. 330

何劍平　敦煌維摩詰文學中的金粟如來　2000 年敦煌學國際學術討論會文集・歷史文化卷(下)　甘肅民族出版社　2003　p. 510

李小榮　敦煌密教文獻論稿　人民文學出版社　2003　p. 276

王小盾　從敦煌本共住修道故事看唐代佛教詩歌文體的來源　中國俗文化研究(第一輯)　巴蜀書社　2003　p. 28

何劍平　作爲民間寫經和禮懺儀式的維摩詰信仰　《敦煌學輯刊》2005 年第 4 期　p. 60

謝生保　謝靜　敦煌文獻與水陸法會　《敦煌研究》2006 年第 2 期　p. 44

S. 2456

上山大峻　敦煌佛教の研究　(京都)法藏館　1990　p. 366

S. 2457

孫繼民　開元二十三年許子顒寫閱紫録儀三年一說經記　敦煌學大辭典　上海辭書出版社　1998　p. 456

S. 2460

李丞宰　探尋敦煌佛經的 50 卷本《華嚴經》　敦煌學・日本學:石塚晴通教授退職紀念論文集　上海辭書出版社　2005　p. 47

李丞宰著　大塚忠蔵譯　敦煌佛經の50 卷本華厳經を探して　日本學・敦煌學・漢文訓讀の新展開　(東京)汲古書院　2005　p. 53

S. 2461

黃霞　佛說相好經　藏外佛教文獻(第三輯)　宗教文化出版社　1997　p. 405

張先堂　觀相念佛:盛唐至北宋一度流行的淨土教行儀　《敦煌研究》2005 年第 5 期　p. 32

S. 2462

宇井伯壽　西域佛典の研究:敦煌逸書簡譯　(東京)岩波書店　1969　p. 241

戴密微著　耿昇譯　敦煌學近作　敦煌譯叢(第一輯)　甘肅人民出版社　1985　p. 63

汪泛舟　偈・頌　敦煌文學　甘肅人民出版社　1989　p. 92

上山大峻　敦煌佛教の研究　(京都)法藏館　1990　p. 204

胡戟　傅玫　敦煌史話　中華書局　1995　p. 128

華方田　因緣心論頌　藏外佛教文獻(第三輯)　宗教文化出版社　1997　p. 215

方廣錩　因緣心論頌　敦煌學大辭典　上海辭書出版社　1998　p. 719

S. 2463

饒宗頤　論敦煌陷於吐蕃之年代　(香港)《東方文化》1971 年第 9 卷第 1 期　又見:選堂集林・史林　(香港)中華書局　1982　p. 684；中國敦煌學百年文庫・民族卷(一)　甘肅文化出版社　1999　p. 229

矢吹慶輝　鳴沙餘韻・解說篇(第一部)　(京都)臨川書店　1980　p. 99

上山大峻　敦煌佛教の研究　(京都)法藏館　1990　p. 19、39、77

方廣錩　大乘入道次第開決　敦煌學大辭典　上海辭書出版社　1998　p. 723

方廣錩　敦煌遺書中的《法華經》注疏　《世界宗教研究》1998 年第 2 期　p. 76
方廣錩　敦煌遺書中的《妙法蓮華經》及有關文獻　敦煌學佛教學論叢(下)　中國佛教文化研究所　1998　p. 83　又見:法源(第 16 期)　中國佛學院　1998　p. 45
方廣錩　法華經疏　敦煌學大辭典　上海辭書出版社　1998　p. 690

S. 2464

福井文雅　般若心經　敦煌と中國仏教(講座敦煌 7)　(東京)大東出版社　1984　p. 39
池田溫　中國古代寫本識語集録　(東京)大蔵出版株式會社　1990　p. 514
方廣錩　敦煌遺書中的《般若心經》譯注　《法音》1990 年第 7 期　p. 23
段文傑　玄奘取經圖研究　敦煌學國際研討會文集・石窟藝術編　遼寧美術出版社　1995　p. 15
方廣錩《般若心經譯注集成》前言　敦煌學佛教學論叢(下)　中國佛教文化研究所　1998　p. 27
方廣錩　唐梵翻對字音般若波羅蜜多心經　敦煌學大辭典　上海辭書出版社　1998　p. 687
梅維恒《心經》與《西遊記》的關係　唐研究(第十卷)　北京大學出版社　2004　p. 47

S. 2465

上山大峻　敦煌佛教の研究　(京都)法藏館　1990　p. 80、368

S. 2466

向達　倫敦所藏敦煌卷子經眼目録　《北平圖書館圖書季刊》1939 年新第 1 卷第 4 期　p. 397　又見:唐代長安與西域文明　三聯書店　1957　p. 214
矢吹慶輝　鳴沙餘韻・解說篇(第一部)　(京都)臨川書店　1980　p. 8
陳祚龍　古往世上流行之中華佛教男女信士立誓發願文章的抽樣　中華佛教文化史散策(四集)　(臺北)新文豐出版公司　1986　p. 389
方廣錩　讀敦煌佛典經録劄記　《敦煌學輯刊》1986 年第 1 期　p. 113
方廣錩　佛教大藏經史(八—十世紀)　中國社會科學出版社　1991　p. 136
方廣錩　華嚴經章　敦煌學大辭典　上海辭書出版社　1998　p. 657
殷光明　敦煌盧舍那佛法界圖像研究之一　《敦煌研究》2002 年第 1 期　p. 51
王冀青　斯坦因與日本敦煌學　甘肅教育出版社　2004　p. 422

S. 2467

三木榮　西域出土醫藥關係文獻綜合解說目録『東洋學報』(47 卷 1 號)　(東京)東洋學術協會　1964　p. 12
蕭登福　道教術儀與密教典籍　(臺北)新文豐出版公司　1994　p. 476
蕭登福　道教與佛教　(臺北)東大圖書公司　1995　p. 152
京戶慈光　傳入日本的中國佛教疑僞經典(上)　《敦煌學輯刊》1996 年第 1 期　p. 78
方廣錩　救疾經　敦煌學大辭典　上海辭書出版社　1998　p. 735
馬繼興　當前世界各地收藏的中國出土卷子本古醫藥文獻備考　敦煌吐魯番研究(第六卷)　北京大學出版社　2002　p. 135
李永寧　程亮　整理王重民敦煌遺書手稿所得(三)　《敦煌研究》2005 年第 2 期　p. 65

S. 2468

矢吹慶輝　鳴沙餘韻・解說篇(第一部)　(京都)臨川書店　1980　p. 164、170

上山大峻　敦煌佛教の研究　(京都)法藏館　1990　p. 19
郝春文　晏曠　敦煌學大辭典　上海辭書出版社　1998　p. 347

S. 2469

芳村修基　土橋秀高　井ノ口泰淳　敦煌佛教史年表　西域文化研究(第一)·敦煌佛教資料　(京都)法藏館　1958　p. 275
陳慶英　《斯坦因劫經録》、《伯希和劫經録》所收漢文寫卷中夾存的藏文寫卷情況調查　《敦煌學輯刊》1981 年第 2 期　p. 111
陳祚龍　敦煌古抄內典尾記彙校初、二、三編合刊　敦煌學要籥　(臺北)新文豐出版公司　1982　p. 116
張廣達　榮新江　關於唐末宋初于闐國的國號、年號及其王家世系問題　敦煌吐魯番文獻研究論集　中華書局　1982　p. 190　又見:于闐史叢考　上海書店　1993　p. 33
熊本裕　コ-タン語文獻　敦煌胡語文獻(講座敦煌 6)　(東京)大東出版社　1985　p. 137
池田溫　中國古代寫本識語集録　(東京)大藏出版株式會社　1990　p. 427
孟凡人　五代宋初于闐王統考　《中國邊疆史地研究》1992 年第 3 期　p. 103
沙武田　《金光明最勝王經變》在敦煌吐蕃時期洞窟首次出現的原因　《蘭州大學學報》2006 年第 3 期　p. 37

S. 2470

井ノ口泰淳　敦煌本『仏名經』の諸系統　中央アジアの言語と仏教　(京都)法藏館　1995　p. 298

S. 2471

陳慶英　《斯坦因劫經録》、《伯希和劫經録》所收漢文寫卷中夾存的藏文寫卷情況調查　《敦煌學輯刊》1981 年第 2 期　p. 111
黄振華　于闐文研究概述　中國民族古文字研究　中國社會科學出版社　1984　p. 71
熊本裕　コ-タン語文獻　敦煌胡語文獻(講座敦煌 6)　(東京)大東出版社　1985　p. 121、137
岩松淺夫　敦煌のコ-タン語仏教文獻　敦煌胡語文獻(講座敦煌 6)　(東京)大東出版社　1985　p. 175
張廣達　榮新江　敦煌"瑞像記"、瑞像圖及其反映的于闐　敦煌吐魯番文獻研究論集(第三輯)　北京大學出版社　1986　p. 116　又見:于闐史叢考　上海書店　1993　p. 252
井ノ口泰淳　トカラ語及びウテン語の仏典　中央アジアの言語と仏教　(京都)法藏館　1995　p. 113
榮新江　無量壽宗要經于闐語譯本　敦煌學大辭典　上海辭書出版社　1998　p. 501
榮新江　于闐語佛名經　敦煌學大辭典　上海辭書出版社　1998　p. 501

S. 2472

竺沙雅章　敦煌出土「社」文書の研究　『東方學報』(第 35 號)　京都大學人文科學研究所　1964　p. 254
長澤和俊　敦煌の庶民生活　敦煌の社會(講座敦煌 3)　(東京)大東出版社　1980　p. 471
郭鋒　敦煌的"社"及其活動　《敦煌學輯刊》1983 年創刊號　p. 83
唐耕耦　陸宏基　敦煌社會經濟文獻真迹釋録(一)　書目文獻出版社　1986　p. 373
郝春文　敦煌私社的"義聚"　《中國社會經濟史研究》1989 年第 4 期　p. 28

山本達郎等　敦煌・IV 納贈曆・納色物曆等　『NUN – HUANG AND TURFAN DOCUMENTS CONCERNING SOCIAL AND ECONOMIC HISTORY』(IV)　(東京)東洋文庫　1989　p. 101

胡同慶　從敦煌結社活動探討人的群體性以及個體與集體的關係　《敦煌研究》1990 年第 4 期　p. 72　又見:敦煌學研究　甘肅人民美術出版社　1994　p. 173

唐耕耦　陸宏基　敦煌社會經濟文獻真迹釋録(三)　全國圖書館文獻縮微複製中心　1990　p. 287

林聰明　敦煌文書學　(臺北)新文豐出版公司　1991　p. 239

姜伯勤　敦煌社會文書導論　(臺北)新文豐出版公司　1992　p. 141、233、246

土肥義和　九・十世紀の敦煌莫高窟を支えた人々　中國の都市と農村　(東京)汲古書院　1992　p. 438

高國藩　敦煌民俗資料導論　(臺北)新文豐出版公司　1993　p. 5

郝春文　敦煌寫本社邑文書年代彙考(三)　《社科縱横》1993 年第 5 期　p. 9

李正宇　敦煌遺書中的檔案資料及其價值意義　《魏晉南北朝隋唐史》1993 年第 5 期　p. 65

寧可　郝春文　敦煌寫本社邑文書述略　《首都師範大學學報》1994 年第 4 期　p. 12

井ノ口泰淳　敦煌本『仏名經』の諸系統　中央アジアの言語と仏教　(京都)法藏館　1995　p. 319

寧可　郝春文　敦煌社邑的喪葬互助　《首都師範大學學報》1995 年第 6 期　p. 37

土肥義和　唐・北宋間の「社」の組織形態に関する一考察　中國古代の國家と民衆(堀敏一先生古稀記念)　(東京)汲古書院　1995　p. 709

馮培紅　唐五代歸義軍政權中隊職問題辨析　《敦煌學輯刊》1996 年第 2 期　p. 27　又見:敦煌歸義軍史專題研究　蘭州大學出版社　1997　p. 38

郝春文　唐後期五代宋初沙州僧尼的宗教收入(三):大衆倉試探　《敦煌學輯刊》1996 年第 2 期　p. 4

劉進寶　P. 3236 號《壬申年官布籍》時代考　《西北師大學報》(社會科學版)1996 年第 5 期　p. 45

劉進寶　P. 3236 號《壬申年官布籍》研究　慶祝潘石禪先生九秩華誕敦煌學特刊　(臺北)文津出版社　1996　p. 365

馮培紅　晚唐五代宋初歸義軍武職軍將研究　敦煌歸義軍史專題研究　蘭州大學出版社　1997　p. 143

寧可　郝春文　敦煌社邑文書輯校　江蘇古籍出版社　1997　p. 442

鄭炳林　敦煌碑銘讚輯釋　甘肅教育出版社　1997　p. 60 注 9

鄭炳林　唐五代敦煌手工業研究　敦煌歸義軍史專題研究　蘭州大學出版社　1997　p. 262

高啓安　索黛　唐五代敦煌飲食中的餅淺探　《敦煌研究》1998 年第 4 期　p. 84

郝春文　唐後期五代宋初敦煌僧尼的社會生活　中國社會科學出版社　1998　p. 384

郝春文　唐後期五代宋初敦煌僧尼遺産的處理與喪事的操辦　《敦煌研究》1998 年第 3 期　p. 42

李冬梅　唐五代歸義軍與周邊民族關係綜論　《敦煌學輯刊》1998 年第 2 期　p. 50

寧可　社團頭　敦煌學大辭典　上海辭書出版社　1998　p. 427

寧可　巷社　敦煌學大辭典　上海辭書出版社　1998　p. 427

沙知　敦煌契約文書輯校　江蘇古籍出版社　1998　p. 449

宋家鈺　寧可　虞候　敦煌學大辭典　上海辭書出版社　1998　p. 409

譚蟬雪　臨壙焚屍　敦煌學大辭典　上海辭書出版社　1998　p. 442

高啓安　唐五代至宋敦煌的量器及量制　《敦煌學輯刊》1999 年第 1 期　p. 66

寧可　寧可史學論集　中國社會科學出版社　1999　p. 449 注 2

楊森　敦煌社司文書畫押符號及其相關問題　《敦煌學輯刊》1999 年第 1 期　p. 86

楊森　談敦煌社邑文書中"三官"及"録事""虞侯"的若干問題　《敦煌研究》1999 年第 3 期　p. 80

張涌泉　敦煌文書疑難詞語辨釋　舊學新知　浙江大學出版社　1999　p. 261
郝春文　英藏敦煌文獻年代叢考　英國收藏敦煌漢藏文獻研究：紀念敦煌文獻發現一百周年　中國社會科學出版社　2000　p. 370
雷紹鋒　歸義軍賦役制度初探　（臺北）洪葉文化事業有限公司　2000　p. 286
山本達郎等　補(III)契・敦煌發現契『NUN－HUANG AND TURFAN DOCUMENTS CONCERNING SOCIAL AND ECONOMIC HISTORY』(Sup. p. lemrnts)　（東京）東洋文庫　2001　p. 59
曾良　敦煌文獻字義通釋　廈門大學出版社　2001　p. 188
郝春文　《唐末五代宋初敦煌社邑的幾個問題》商榷　國際敦煌學學術史研討會論文集　研討會籌備組　2002　p. 197
榮新江　唐五代歸義軍武職軍將考　敦煌學新論　甘肅教育出版社　2002　p. 57
徐曉麗　鄭炳林　晚唐五代敦煌吐谷渾與吐蕃移民婦女研究　《敦煌學輯刊》2002 年第 2 期　p. 3、8
盛會蓮　從敦煌吐魯番文書看隋至宋初的宅舍交易　中國中古史論集　天津古籍出版社　2003　p. 76
高啓安　唐五代敦煌飲食文化研究　民族出版社　2004　p. 131、153、165
郝春文　再論敦煌私社的“義聚”　敦煌學(第 25 輯)　（臺北）樂學書局有限公司　2004　p. 284
葉貴良　敦煌社邑文書詞語選釋　《敦煌研究》2004 年第 5 期　p. 82

S. 2473

矢吹慶輝　鳴沙餘韻・解說篇(第一部)　（京都）臨川書店　1980　p. 74

S. 2474

劉銘恕　再記英國倫敦所藏的敦煌經卷　《中國科學院圖書館通訊》1957 年第 7 期　又見：中國敦煌學百年文庫・綜述卷(二)　甘肅文化出版社　1999　p. 133
芳村修基　土橋秀高　井ノ口泰淳　敦煌佛教史年表　西域文化研究(第一)・敦煌佛教資料　（京都）法藏館　1958　p. 281
陳寅恪　敦煌本心王投陀經及法句經跋尾　金明館叢稿(二編)　上海古籍出版社　1980　p. 178
矢吹慶輝　鳴沙餘韻・解說篇(第一、二部)　（京都）臨川書店　1980　p. 203；266
土肥義和　はじめに——歸義軍節度使の敦煌支配　敦煌の歷史(講座敦煌 2)　（東京）大東出版社　1980　p. 278
陳國燦　敦煌所出諸借契年代考　魏晉南北朝隋唐史資料(第 4 輯)　武漢大學出版社　1982　p. 15　又見：《敦煌學輯刊》1984 年第 1 期　p. 8
艾麗白著　耿昇譯　敦煌漢文寫本中的鳥形押　敦煌譯叢(第一輯)　甘肅人民出版社　1985　p. 191
劉銘恕　敦煌遺書雜記四篇　敦煌學論集　甘肅人民出版社　1985　p. 52
盧向前　關於歸義軍時期一份布紙破用曆的研究：試釋伯四六四〇背面文書　敦煌吐魯番文獻研究論集(第三輯)　北京大學出版社　1986　p. 414 注 40　又見：敦煌吐魯番文書論稿　江西人民出版社　1992　p. 120 注 40
林悟殊　摩尼教及其東漸　中華書局　1987　p. 59
高國藩　敦煌民俗學　上海文藝出版社　1989　p. 274
張廣達　榮新江　關於敦煌出土于闐文獻的年代及其相關問題　紀念陳寅恪先生誕辰百年學術論文集　北京大學出版社　1989　p. 292
唐耕耦　陸宏基　敦煌社會經濟文獻真迹釋録(三)　全國圖書館文獻縮微複製中心　1990

p. 278、600
林聰明　敦煌文書學　(臺北)新文豐出版公司　1991　p. 435
陸慶夫　河西達怛考述　《敦煌學輯刊》1992 年第 1、2 期　p. 19
郝春文　敦煌寫本社邑文書年代彙考(一)　《首都師範大學學報》1993 年第 4 期　p. 37
姜伯勤　論高昌胡天與敦煌祆寺　《世界宗教研究》1993 年第 1 期　又見:中國敦煌學百年文庫・宗教卷(三)　甘肅文化出版社　1999　p. 523
前田正名　河西歷史地理學研究　中國藏學出版社　1993　p. 474
譚蟬雪　敦煌祈賽風俗　《敦煌研究》1993 年第 4 期　p. 64
譚禪雪　敦煌歲時掇瑣　(香港)《九州學刊》(敦煌學專輯)1993 年第 5 卷第 4 期　p. 97
姜伯勤　敦煌吐魯番文書與絲綢之路　文物出版社　1994　p. 255
榮新江　于闐王國與瓜沙曹氏《敦煌研究》1994 年第 2 期　p. 113
王永興　敦煌經濟文書導論　(臺北)新文豐出版公司　1994　p. 447
鄭炳林　敦煌本《張淮深變文》研究　《西北民族研究》1994 年第 1 期　p. 154
方廣錩　佛爲心王菩薩說頭陀經　藏外佛教文獻(第一輯)　宗教文化出版社　1995　p. 252　又見:敦煌學大辭典　上海辭書出版社　1998　p. 737
林聰明　敦煌文書年代考探略述　敦煌學國際研討會文集・史地語文編　遼寧美術出版社　1995　p. 559
土肥義和　唐・北宋間の「社」の組織形態に関する一考察　中國古代の國家と民衆(堀敏一先生古稀記念)　(東京)汲古書院　1995　p. 731
郝春文　評榮新江《英國圖書館藏敦煌漢文非佛教文獻殘卷目録(S. 6981－13624)》　敦煌吐魯番研究(第一卷)　北京大學出版社　1996　p. 364
姜伯勤　敦煌藝術宗教與禮樂文明　中國社會科學出版社　1996　p. 498
雷紹鋒　論曹氏歸義軍時期官府之"牧子"　《敦煌學輯刊》1996 年第 1 期　p. 39
馬德　敦煌莫高窟史研究　甘肅教育出版社　1996　p. 170、172、184、200
馬德　九、十世紀敦煌工匠史料述論　慶祝潘石禪先生九秩華誕敦煌學特刊　(臺北)文津出版社　1996　p. 305、321
榮新江　評《藏外佛教文獻》第一輯　唐研究(第二卷)　北京大學出版社　1996　p. 465
盛朝暉　"細供"考　《敦煌學輯刊》1996 年第 2 期　p. 102
鄭炳林　唐五代敦煌粟特人與歸義軍政權　《敦煌研究》1996 年第 4 期　p. 81　又見:敦煌歸義軍史專題研究　蘭州大學出版社　1997　p. 402
鄧文寬　評《藏外佛教文獻》第一輯　敦煌吐魯番研究(第二卷)　北京大學出版社　1997　p. 375
馮培紅　晚唐五代宋初歸義軍武職軍將研究　敦煌歸義軍史專題研究　蘭州大學出版社　1997　p. 115、133
李正宇　敦煌歷史地理導論　(臺北)新文豐出版公司　1997　p. 226
馬德　敦煌工匠史料　甘肅人民出版社　1997　p. 48、61
孫昌武　禪思與詩情　中華書局　1997　p. 153
張廣達　唐代祆教圖像再考　唐研究(第三卷)　北京大學出版社　1997　p. 5
鄭炳林　敦煌碑銘讚輯釋　甘肅教育出版社　1997　p. 536 注 2
鄭炳林　唐五代敦煌金山國征伐樓蘭史事考　敦煌歸義軍史專題研究　蘭州大學出版社　1997　p. 13
鄭炳林　唐五代敦煌手工業研究　敦煌歸義軍史專題研究　蘭州大學出版社　1997　p. 250、267
鄭炳林　晚唐五代敦煌園囿經濟研究　敦煌歸義軍史專題研究　蘭州大學出版社　1997　p. 310

鄭炳林　馮培紅　唐五代歸義軍政權對外關係中的使頭一職　敦煌歸義軍史專題研究　蘭州大學出版社　1997　p. 54

鄭炳林　馮培紅　晚唐五代宋初歸義軍政權中都頭一職考辨　敦煌歸義軍史專題研究　蘭州大學出版社　1997　p. 83

方廣錩　關於《佛爲心王菩薩説頭陀經》　敦煌學佛教學論叢(下)　中國佛教文化研究所　1998　p. 268、271

高啓安　索黛　敦煌古代僧人官齋飲食檢閱　《敦煌研究》1998 年第 3 期　p. 70

高啓安　索黛　唐五代敦煌飲食中的餅淺探　《敦煌研究》1998 年第 4 期　p. 78

李正宇　宕泉　敦煌學大辭典　上海辭書出版社　1998　p. 321

馬德　10 世紀敦煌寺曆所記三窟活動　《敦煌研究》1998 年第 2 期　p. 83、88

榮新江　歸義軍大事紀年初稿　出土文獻研究(第三輯)　文物出版社　1998　p. 252

沙知　敦煌契約文書輯校　江蘇古籍出版社　1998　p. 553

譚蟬雪　敦煌歲時文化導論　(臺北)新文豐出版公司　1998　p. 163

譚蟬雪　駝馬神　敦煌學大辭典　上海辭書出版社　1998　p. 449

唐耕耦　郝春文　宋己卯年駝官鄧富通狀　敦煌學大辭典　上海辭書出版社　1998　p. 410

張亞萍　唐五代敦煌地區的駱駝牧養業　《敦煌學輯刊》1998 年第 1 期　p. 57

陳寅恪　敦煌本《心王投陀經》及《法句經》跋尾　中國敦煌學百年文庫・宗教卷(四)　甘肅文化出版社　1999　p. 9

馮培紅　客司與歸義軍的外交活動　《敦煌學輯刊》1999 年第 1 期　p. 79

高啓安　唐五代至宋敦煌的量器及量制　《敦煌學輯刊》1999 年第 1 期　p. 66

高啓安　王璽玉　唐五代敦煌人的飲食品種研究　《敦煌研究》1999 年第 2 期　p. 62

池田溫　李盛鐸舊藏敦煌歸義軍後期社會經濟文書簡介　慶祝吳其昱先生八秩華誕敦煌學特刊　(臺北)文津出版社　2000　p. 51

雷紹鋒　歸義軍賦役制度初探　(臺北)洪葉文化事業有限公司　2000　p. 58、151、181

譚蟬雪《君者者狀》辨析:河西達怛國的一份書狀　1994 年敦煌學國際研討會文集・宗教文史卷(下)　甘肅民族出版社　2000　p. 105

顔廷亮　敦煌文化　光明日報出版社　2000　p. 282、381

林聰明　敦煌吐魯番文書解詁指例　(臺北)新文豐出版公司　2001　p. 266

山本達郎等　補(III)契・敦煌發現契『NUN - HUANG AND TURFAN DOCUMENTS CONCERNING SOCIAL AND ECONOMIC HISTORY』(Sup. p. lemrnts)　(東京)東洋文庫　2001　p. 64

顔廷亮　敦煌文化中的祆教、摩尼教和景教　敦煌學與中國史研究論集　甘肅人民出版社　2001　p. 420

陳國燦　敦煌學史事新證　甘肅教育出版社　2002　p. 341

杜建録　西夏經濟史　中國社會科學出版社　2002　p. 221

馮培紅　姚桂蘭　歸義軍時期敦煌與周邊地區之間的僧使交往　敦煌佛教藝術文化國際學術研討會論文集　蘭州大學出版社　2002　p. 460

姜亮夫　敦煌莫高窟年表　姜亮夫全集(十一)　雲南人民出版社　2002　p. 574

劉永明　散見敦煌曆朔閏輯考　《敦煌研究》2002 年第 6 期　p. 18

榮新江　略談于闐對敦煌石窟的貢獻　2000 年敦煌學國際學術討論會文集・歷史文化卷(上)　甘肅民族出版社　2003　p. 75

沙武田　趙曉星　歸義軍時期敦煌文獻中的太子　《敦煌研究》2003 年第 4 期　p. 46

譚蟬雪　敦煌的粟特居民及祆神祈賽　2000 年敦煌學國際學術討論會文集・歷史文化卷(下)　甘

肅民族出版社 2003 p. 64
楊森 五代宋時期于闐皇太子在敦煌的太子莊 《敦煌研究》2003 年第 4 期 p. 43
鄭炳林 晚唐五代敦煌村莊聚落輯考 2000 年敦煌學國際學術討論會文集・歷史文化卷(上) 甘肅民族出版社 2003 p. 152
高啓安 唐五代敦煌飲食文化研究 民族出版社 2004 p. 89、183
趙紅 高啓安 唐五代時期敦煌僧人飲食概述 麥積山石窟藝術文化論文集(下) 蘭州大學出版社 2004 p. 302
高啓安 趙紅 敦煌"玉女"考屑 敦煌學國際研討會論文集 北京圖書館出版社 2005 p. 227
又見:《敦煌研究》2005 年第 2 期 p. 70
李軍 晚唐五代肅州相關史實考述 《敦煌學輯刊》2005 年第 3 期 p. 95
解梅 唐五代敦煌地區賽祆儀式考 《敦煌學輯刊》2005 年第 2 期 p. 146

S. 2477

井ノ口泰淳 敦煌本『仏名經』の諸系統 中央アジアの言語と仏教 (京都)法藏館 1995 p. 296

S. 2479

江素雲 維摩詰所說經敦煌寫本綜合目録 (臺北)東初出版社 1991 p. 79

S. 2481

王政 敦煌遺書中生殖婚配喻象探討 《敦煌研究》1998 年第 3 期 p. 95

S. 2482

馮培紅 晚唐五代宋初歸義軍武職軍將研究 敦煌歸義軍史專題研究 蘭州大學出版社 1997 p. 115
李并成 西北民族歷史地理研究芻議 《甘肅民族研究》1997 年第 1 期 p. 23

S. 2489

陳祚龍 敦煌古抄內典尾記彙校初、二、三編合刊 敦煌學要籥 (臺北)新文豐出版公司 1982 p. 116
道端良秀 敦煌文獻に見える死後の世界 敦煌と中國仏教(講座敦煌 7) (東京)大東出版社 1984 p. 480
金岡照光 敦煌における地獄文獻:敦煌庶民信仰の一様相 敦煌と中國仏教(講座敦煌 7) (東京)大東出版社 1984 p. 575
杜斗城 關於敦煌本《佛說十王經》的幾個問題 《世界宗教研究》1987 年第 2 期 p. 44
杜斗城 敦煌本《佛說十王經》校録研究 甘肅教育出版社 1989 p. 55
池田溫 中國古代寫本識語集録 (東京)大藏出版株式會社 1990 p. 520
高國藩 敦煌古俗與民俗流變 河海大學出版社 1990 p. 74
林聰明 從敦煌文書看佛教徒的造經祈福 第二屆敦煌學國際研討會論文集 (臺北)漢學研究中心 1990 p. 534
林聰明 敦煌文書出處略考 季羨林教授八十華誕紀念論文集(下) 江西人民出版社 1991 p. 857
林聰明 敦煌文書學 (臺北)新文豐出版公司 1991 p. 81

譚蟬雪　三教融合的敦煌喪俗　《敦煌研究》1991 年第 3 期　p. 79
杜斗城　北涼譯經論　甘肅文化出版社　1995　p. 42、48
方廣錩　閻羅王授記勸修七齋功德經　敦煌學大辭典　上海辭書出版社　1998　p. 739
羅世平　地藏十王圖像的遺存及其信仰　唐研究(第四卷)　北京大學出版社　1998　p. 409 注 2
譚蟬雪　逆修　敦煌學大辭典　上海辭書出版社　1998　p. 444
曾良　敦煌文獻字義通釋　廈門大學出版社　2001　p. 74
張總　《閻羅王授記經》綴補研考　敦煌吐魯番研究(第五卷)　北京大學出版社　2001　p. 92
陳麗萍　敦煌女性寫經題記及反映的婦女問題　敦煌佛教藝術文化國際學術研討會論文集　蘭州大學出版社　2002　p. 431
湛如　敦煌佛教喪葬律儀研究　中日敦煌佛教學術會議論文集　中國社會科學院研究所　2002　p. 90
張總　地藏信仰研究　宗教文化出版社　2003　p. 325
黨燕妮　晚唐五代敦煌的十王信仰　麥積山石窟藝術文化論文集(下)　蘭州大學出版社　2004　p. 153

S. 2491

矢吹慶輝　鳴沙餘韻・解說篇(第二部)　(京都)臨川書店　1980　p. 353
孫修身　跋敦煌遺書伯 2992 號卷背幾件文書　《新疆文物》1988 年第 4 期　又見:中國敦煌學百年文庫・民族卷(四)　甘肅文化出版社　1999　p. 32
梅維恒著　楊繼東　陳引馳譯　唐代變文(上)　(香港)中國佛教文化出版公司　1999　p. 257 注 2

S. 2492

楊曾文　日本學者對中國禪宗文獻的研究和整理　《世界宗教研究》1987 年第 1 期　p. 121
上山大峻　敦煌佛教の研究　(京都)法藏館　1990　p. 412
吳其昱著　伊藤美重子譯　敦煌漢文寫本概観　敦煌漢文文獻(講座敦煌 5)　(東京)大東出版社　1992　p. 58
冉雲華　敦煌遺書與中國禪宗歷史研究　"中國唐代學會"會刊(第四期)　(臺北)"中國唐代學會"　1993　p. 58
田中良昭　敦煌の禪籍　禪學研究入門　(東京)大東出版社　1994　p. 62
柳田聖山　禪籍解題(一)・敦煌禪籍　俗語言研究(第二期)　(京都)禪文化研究所　1995　p. 145
張弓　漢唐佛寺文化史　中國社會科學出版社　1997　p. 382
鄧文寬　榮新江　敦博本禪籍録校　江蘇古籍出版社　1998　p. 109
方廣錩　南陽和上頓教解脫禪門直了性壇語　敦煌學大辭典　上海辭書出版社　1998　p. 726

S. 2493

石塚晴通　敦煌的加點本　敦煌學・日本學:石塚晴通教授退職紀念論文集　上海辭書出版社　2005　p. 13

S. 2494

劉銘恕　再記英國倫敦所藏的敦煌經卷　《中國科學院圖書館通訊》1957 年第 7 期　又見:中國敦煌學百年文庫・綜述卷(二)　甘肅文化出版社　1999　p. 133
蕭登福　從敦煌寫卷中看道教星斗崇拜對佛經之影響　第二届敦煌學國際研討會論文集　(臺北)

漢學研究中心　1990　p. 335

S. 2495

劉銘恕　再記英國倫敦所藏的敦煌經卷　《中國科學院圖書館通訊》1957 年第 7 期　又見:中國敦煌學百年文庫・綜述卷(二)　甘肅文化出版社　1999　p. 133

S. 2496

佐藤哲英　維摩經疏の殘缺本について　西域文化研究(第一)・敦煌佛教資料　(京都)法藏館　1958　p. 129

矢吹慶輝　鳴沙餘韻・解說篇(第一部)　(京都)臨川書店　1980　p. 39、40、64

上山大峻　敦煌佛教の研究　(京都)法藏館　1990　p. 345

方廣錩　佛教大藏經史(八—十世紀)　中國社會科學出版社　1991　p. 95

林聰明　敦煌文書學　(臺北)新文豐出版公司　1991　p. 182

方廣錩　敦煌遺書中的《維摩詰所說經》及其注疏　敦煌學佛教學論叢(下)　中國佛教文化研究所　1998　p. 122

方廣錩　黎明　維摩疏釋前小序抄・釋肇序抄義　敦煌學大辭典　上海辭書出版社　1998　p. 676

楊富學　敦煌寫本《天臺五義分門圖》校録研究　西域敦煌宗教論稿　甘肅文化出版社　1998　p. 100

黄征　吳士鑒舊藏敦煌北朝唐人寫卷的鑒定與考證　《敦煌研究》1999 年第 2 期　p. 166

楊富學　王書慶　唐代長安與敦煌佛教文化之關係　'98 法門寺唐文化國際學術討論會論文集　陝西人民出版社　2000　p. 177

劉屹　北京大學藏上宮廏戶寫《維摩詰經》補說　華林(第三卷)　中華書局　2004　p. 165

S. 2497

田中良昭　敦煌禪宗文獻の研究　(東京)大東出版社　1983　p. 258

陳祚龍　看了敦煌古抄《報恩寺開溫室浴僧記》以後　敦煌學散策新集　(臺北)新文豐出版公司　1989　p. 192

孫其芳　顏廷亮　敦煌文學概論　甘肅人民出版社　1993　p. 448

方廣錩　溫室經疏　敦煌學大辭典　上海辭書出版社　1998　p. 666

汪泛舟　論敦煌僧詩的功利性　《敦煌研究》2000 年第 4 期　p. 154

陳明　耆婆的形象演變及其在敦煌吐魯番地區的影響　文津學志(第一輯)　北京圖書館出版社　2003　p. 148

陳明　漢唐西域胡語醫學文獻中的宗教因素　中國學術(第一輯)　商務印書館　2004　p. 168

陳明　殊方異藥:出土文書與西域醫學　北京大學出版社　2005　p. 65

S. 2498

王堯　藏族翻譯家管・法成對民族文化交流的貢獻　《文物》1980 年第 7 期　又見:中國敦煌學百年文庫・民族卷(三)　甘肅文化出版社　1999　p. 34

平井宥慶　千手千眼陀羅尼經　敦煌と中國仏教(講座敦煌 7)　(東京)大東出版社　1984　p. 148

上山大峻　敦煌佛教の研究　(京都)法藏館　1990　p. 146

王惠民　敦煌佛頂尊勝陀羅尼經變考釋　《敦煌研究》1991 年第 1 期　p. 17

杜愛英　敦煌遺書中俗體字的諸種類型　《敦煌研究》1992 年第 3 期　p. 126

蕭登福　道教星斗符印與佛教密宗　（臺北）新文豐出版公司　1993　p. 40、195
蕭登福　道教與密宗　（臺北）新文豐出版公司　1993　p. 187
王堯　西藏文史考信集　中國藏學出版社　1994　p. 28
沃興華　敦煌書法藝術　上海人民出版社　1994　p. 159
蕭登福　道教術儀與密教典籍　（臺北）新文豐出版公司　1994　p. 399、435、459
呂建福　中國密教史　中國社會科學出版社　1995　p. 371
蕭登福　道教與佛教　（臺北）東大圖書公司　1995　p. 52
姜伯勤　敦煌藝術宗教與禮樂文明　中國社會科學出版社　1996　p. 310
張金泉　敦煌佛經音義寫卷述要　《敦煌研究》1997 年第 2 期　p. 119
方廣錩　觀世音菩薩秘密藏如意輪陀羅尼神咒經　敦煌學大辭典　上海辭書出版社　1998　p. 700
姜伯勤　道釋相激：道教在敦煌　道家文化研究（第十三輯）　三聯書店　1998　p. 71
王育成　道教法印權杖探奥　宗教文化出版社　2000　p. 42
王育成　道教法印考實　中國社會科學院歷史研究所學刊（第一集）　社會科學文獻出版社　2001　p. 459
周一良　讀《敦煌與中國佛教》：介紹日本集體巨著《講座敦煌》　魏晉南北朝史論集續編　北京大學出版社　2001　p. 311
李斌城　唐代文化　中國社會科學出版社　2002　p. 1635
張總　說不盡的觀世音　上海辭書出版社　2002　p. 179
趙貞　評《敦煌占卜文書與唐五代占卜研究》　唐研究（第八卷）　北京大學出版社　2002　p. 519
李小榮　敦煌密教文獻論稿　人民文學出版社　2003　p. 54、89、167、299
李小榮　論密教中的千手觀音　文史（第六十三輯）　中華書局　2003　p. 160
王卡　敦煌道教文獻研究　中國社會科學出版社　2004　p. 61
鄒西禮　夏廣興　毗沙門天王信仰與唐五代文學創作　佛經文學研究論集　復旦大學出版社　2004　p. 528
劉永明　敦煌道教的世俗化之路：道教向具注曆日的滲透　《敦煌學輯刊》2005 年第 2 期　p. 203

S. 2499

陳祚龍　敦煌古抄内典尾記彙校二編　敦煌文物隨筆　（臺北）商務印書館　1979　p. 178
矢吹慶輝　鳴沙餘韻・解說篇（第一部）　（京都）臨川書店　1980　p. 191
陳祚龍　敦煌古抄内典尾記彙校初、二、三編合刊　敦煌學要籥　（臺北）新文豐出版公司　1982　p. 82
于淑健　《大正藏》第 85 卷詞語輯釋　《敦煌研究》2004 年第 6 期　p. 100

S. 2500

土橋秀高　敦煌の律蔵　敦煌と中國仏教（講座敦煌 7）　（東京）大東出版社　1984　p. 264
李正宇　敦煌地區古代祠廟寺觀簡志　《敦煌學輯刊》1988 年第 1、2 期　p. 80
池田溫　中國古代寫本識語集録　（東京）大蔵出版株式會社　1990　p. 303
姜伯勤　敦煌戒壇與大乘佛教　華學（第二輯）　中山大學出版社　1996　p. 325
姜伯勤　敦煌藝術宗教與禮樂文明　中國社會科學出版社　1996　p. 353
李正宇　敦煌史地新論　（臺北）新文豐出版公司　1996　p. 81
張涌泉　敦煌俗字研究導論　（臺北）新文豐出版公司　1996　p. 209

S. 2501

月輪賢隆　土橋秀高　沙門慧述『四分戒本疏』卷第一について　西域文化研究(第一)・敦煌佛教資料　(京都)法藏館　1958　p. 156

矢吹慶輝　鳴沙餘韻・解說篇(第一部)　(京都)臨川書店　1980　p. 124

上山大峻　敦煌佛教の研究　(京都)法藏館　1990　p. 362

S. 2502

許國霖　敦煌石室寫經題記彙編　《微妙聲》1936－1937 年第 1－4 期　又見:中國敦煌學百年文庫・宗教卷(四)　甘肅文化出版社　1999　p. 209

許國霖　敦煌石室寫經年代表　《微妙聲》1937 年第 5 期　又見:中國敦煌學百年文庫・宗教卷(四)　甘肅文化出版社　1999　p. 196

陳祚龍　敦煌古抄內典尾記彙校二編　敦煌文物隨筆　(臺北)商務印書館　1979　p. 161

矢吹慶輝　鳴沙餘韻・解說篇(第一部)　(京都)臨川書店　1980　p. 97

陳祚龍　敦煌古抄內典尾記彙校初、二、三編合刊　敦煌學要籥　(臺北)新文豐出版公司　1982　p. 69

池田溫　中國古代寫本識語集録　(東京)大蔵出版株式會社　1990　p. 152

林聰明　敦煌文書學　(臺北)新文豐出版公司　1991　p. 294

趙聲良　隋代敦煌寫本的書法藝術　敦煌書法庫(第三輯)　甘肅人民美術出版社　1994　p. 3　又見:《敦煌研究》1995 年第 4 期　p. 135

方廣錩　仁王經疏　敦煌學大辭典　上海辭書出版社　1998　p. 681

尚永琪　佛經義疏與講經文、因緣文及變文的關係探討　2000 年敦煌學國際學術討論會文集・歷史文化卷(下)　甘肅民族出版社　2003　p. 232

S. 2503

久野芳隆　流動性に富む唐代の禪宗典籍　『宗教研究』(新 14 卷 1 期)　(東京)宗教研究會　1937　p. 119

金岡照光　敦煌文學のさまざま　敦煌の文學　(東京)大蔵出版株式會社　1971　p. 161

陳祚龍　敦煌古抄內典尾記彙校二編　敦煌文物隨筆　(臺北)商務印書館　1979　p. 174

川崎ミチコ　通俗詩類・雜詩文類　敦煌仏典と禪(講座敦煌 8)　(東京)大東出版社　1980　p. 328

柳田聖山　敦煌の禪籍と矢吹慶輝　敦煌仏典と禪(講座敦煌 8)　(東京)大東出版社　1980　p. 9

矢吹慶輝　鳴沙餘韻・解說篇(第二部)　(京都)臨川書店　1980　p. 482

篠原壽雄　北宗禪と南宗禪　敦煌仏典と禪(講座敦煌 8)　(東京)大東出版社　1980　p. 171

戴密微　《拉薩宗教會議僧諍記》導言　《敦煌學輯刊》1981 年第 2 期　p. 147

陳祚龍　敦煌古抄內典尾記彙校初、二、三編合刊　敦煌學要籥　(臺北)新文豐出版公司　1982　p. 79

楊曾文　日本學者對中國禪宗文獻的研究和整理　《世界宗教研究》1987 年第 1 期　p. 118

池田溫　中國古代寫本識語集録　(東京)大蔵出版株式會社　1990　p. 348

上山大峻　敦煌佛教の研究　(京都)法藏館　1990　p. 417

姜伯勤　論禪宗在敦煌僧俗中的流傳　(香港)《九州學刊》(敦煌學專輯)1992 年第 4 卷第 4 期　p. 15　又見:中國敦煌學百年文庫・宗教卷(一)　甘肅文化出版社　1999　p. 228

吳其昱著　伊藤美重子譯　敦煌漢文寫本概観　敦煌漢文文獻(講座敦煌 5)　(東京)大東出版社

1992　p. 57

冉雲華　敦煌遺書與中國禪宗歷史研究　“中國唐代學會”會刊(第四期)　(臺北)“中國唐代學會”　1993　p. 56

田中良昭　敦煌の禪籍　禪學研究入門　(東京)大東出版社　1994　p. 59

胡戟　傅玫　敦煌史話　中華書局　1995　p. 131

柳田聖山　禪籍解題(一)·敦煌禪籍　俗語言研究(第二期)　(京都)禪文化研究所　1995　p. 132、138

姜伯勤　敦煌藝術宗教與禮樂文明　中國社會科學出版社　1996　p. 375

柳田聖山撰　劉方譯　敦煌禪籍總說　《敦煌學輯刊》1996 年第 2 期　p. 111

衣川賢次《敦煌新本六祖壇經》補校　俗語言研究(第三期)　(京都)禪文化研究所　1996　p. 76

柴劍虹　讚禪門詩　敦煌學大辭典　上海辭書出版社　1998　p. 575

方廣錩　大乘無生方便門　敦煌學大辭典　上海辭書出版社　1998　p. 725

楊富學　李吉和　敦煌漢文吐蕃史料輯校(第一輯)　甘肅人民出版社　1999　p. 281

徐俊　敦煌詩集殘卷輯考　中華書局　2000　p. 869

楊曾文　關於敦煌本《六祖壇經》中“無相戒”的考察　法源(第 19 期)　中國佛學院　2001　p. 21

楊曾文　敦煌本《壇經》的佛經引述及其在慧能禪法中的意義　戒幢佛學(第二卷)　岳麓書社　2002　p. 41　又見:中日敦煌佛教學術會議論文集　中國社會科學院研究所　2002　p. 34

楊曾文　中國佛教史論　中國社會科學出版社　2002　p. 132

張子開　敦煌文獻中的白話禪詩　《敦煌學輯刊》2003 年第 1 期　p. 89

S. 2504

方廣錩　敦煌遺書中的《法華經》注疏　《世界宗教研究》1998 年第 2 期　p. 75

方廣錩　敦煌遺書中的《妙法蓮華經》及有關文獻　法源(第 16 期)　中國佛學院　1998　p. 45

S. 2505

上山大峻　敦煌佛教の研究　(京都)法藏館　1990　p. 19

S. 2506

王重民　敦煌古籍叙録　中華書局　1979　p. 86

潘重規　敦煌詞話　(臺北)石門圖書公司　1981　p. 54

鄭阿財　敦煌孝道文學研究　(臺北)石門圖書公司　1982　p. 255 注 78

陳人之　奮起奪回“敦煌學中心”　關隴文學論叢　甘肅人民出版社　1983　p. 190

楠山春樹　道德經類 付『莊子』『列子』『文子』　敦煌と中國道教(講座敦煌 4)　(東京)大東出版社　1983　p. 54

王重民　《敦煌遺書總目索引》後記　敦煌遺書論文集　中華書局　1984　p. 67

饒宗頤解說　林宏作譯　敦煌書法叢刊　(第二七卷)·道書(一)　(東京)二玄社　1985　p. 79

王重民原編　黃永武新編　敦煌古籍叙録新編(第五冊)　(臺北)新文豐出版公司　1986　p. 197

郭鋒　簡談敦煌寫本斯 2506 號等唐修史書殘卷的性質和價值　《敦煌學輯刊》1992 年第 1、2 期　p. 88　又見:《魏晉南北朝隋唐史》1993 年第 2 期　p. 10

金岡照光　曲子詞類　敦煌の文學文獻(講座敦煌 9)　(東京)大東出版社　1992　p. 398

胡戟　傅玫　敦煌史話　中華書局　1995　p. 143

王卡　文子　敦煌學大辭典　上海辭書出版社　1998　p. 766

潘重規　敦煌愛國詞　中國敦煌學百年文庫・文學卷(二)　甘肅文化出版社　1999　p. 366
盛朝暉　敦煌寫本 P. 2506、2810a、2810b、4073、2380 之研究　《敦煌研究》2001 年第 4 期　p. 123
朱大星　敦煌寫本《文子》殘卷校證　文史(第五十七輯)　中華書局　2001　p. 140
姜亮夫　敦煌莫高窟年表　姜亮夫全集(十一)　雲南人民出版社　2002　p. 299
許建平　北敦 14681 號《尚書》殘卷的抄寫時代及其版本來源:與王煕華先生商榷　《敦煌學輯刊》2002 年第 2 期　p. 36
許建平　英倫法京所藏敦煌寫本殘片八種之定名並校録　敦煌學(第 24 輯)　(臺北)樂學書局有限公司　2003　p. 124
許建平　BD14681《尚書》殘卷考辨　新世紀敦煌學論集　巴蜀書社　2003　p. 75
朱大星　《文子》敦煌本與竹簡本、今本關係考論　《敦煌研究》2003 年第 2 期　p. 60
李永寧　程亮　王重民敦煌遺書手稿整理　《敦煌研究》2004 年第 5 期　p. 69
李永寧　程亮　整理王重民敦煌遺書手稿所得(一)　《敦煌研究》2004 年第 6 期　p. 71
王冀青　斯坦因與日本敦煌學　甘肅教育出版社　2004　p. 145
王卡　敦煌道教文獻研究　中國社會科學出版社　2004　p. 24、185
張弓　敦煌四部籍與中古後期社會的文化情境　敦煌學(第 25 輯)　(臺北)樂學書局有限公司　2004　p. 325
李樹輝　"陰陽・五行・十二獸相配紀年法"非吐蕃所創　《敦煌研究》2006 年第 1 期　p. 74

S. 2507

石泰安著　耿昇譯　有關吐蕃佛教起源的傳說　國外藏學研究譯文集(第七輯)　西藏人民出版社　1990　p. 287

S. 2508

江素雲　維摩詰所說經敦煌寫本綜合目録　(臺北)東初出版社　1991　p. 79

S. 2509

池田溫　中國古代寫本識語集録　(東京)大藏出版株式會社　1990　p. 356

S. 2510

陳祚龍　敦煌古抄内典尾記彙校初、二、三編合刊　敦煌學要籥　(臺北)新文豐出版公司　1982　p. 116

S. 2511

平井宥慶　敦煌文書における金剛經疏　金剛般若經の思想的研究　(東京)春秋社　1999　p. 267

S. 2512

川崎ミチコ　禮讚文・塔文　敦煌仏典と禪(講座敦煌 8)　(東京)大東出版社　1980　p. 315
矢吹慶輝　鳴沙餘韻・解說篇(第一部)　(京都)臨川書店　1980　p. 118
田中良昭　敦煌禪宗文獻の研究　(東京)大東出版社　1983　p. 553
姜伯勤　論禪宗在敦煌僧俗中的流傳　(香港)《九州學刊》(敦煌學專輯)1992 年第 4 卷第 4 期　p. 12　又見:中國敦煌學百年文庫・宗教卷(一)　甘肅文化出版社　1999　p. 225
冉雲華　敦煌遺書與中國禪宗歷史研究　"中國唐代學會"會刊(第四期)　(臺北)"中國唐代學會"

1993　p. 55
姜伯勤　敦煌藝術宗教與禮樂文明　中國社會科學出版社　1996　p. 370
姜伯勤　普寂與北宗禪風西旋敦煌　佛教與中國傳統文化　宗教文化出版社　1997　p. 474
方廣錩　藥師如來本願經　敦煌學大辭典　上海辭書出版社　1998　p. 664
溫玉成　敦煌本《第七祖大照和尚寂滅日齋文》誤字指實　佛學研究(第十期)　中華佛教文化研究所　2001　p. 356
李小榮　敦煌密教文獻論稿　人民文學出版社　2003　p. 20、207
王志鵬　從敦煌歌辭看唐代敦煌地區禪宗的流傳與發展　《敦煌研究》2005 年第 6 期　p. 98

S. 2514
黃瑞雲　敦煌古寫本《詩經》校釋劄記(一、二)　《敦煌研究》1986 年第 2、3 期　p. 57;40
黃瑞雲　敦煌古寫本《詩經》校釋劄記(三)　《敦煌研究》1987 年第 1 期　p. 83
楊秀清　華戎交會的都市:敦煌與絲綢之路　甘肅人民出版社　2000　p. 78
景盛軒　試論敦煌佛經異文研究的價值和意義　《敦煌研究》2004 年第 5 期　p. 86

S. 2515
蕭登福　從敦煌寫卷中看道教星斗崇拜對佛經之影響　第二屆敦煌學國際研討會論文集　(臺北)漢學研究中心　1990　p. 335
蕭登福　道教星斗符印與佛教密宗　(臺北)新文豐出版公司　1993　p. 45
蕭登福　道教術儀與密教典籍　(臺北)新文豐出版公司　1994　p. 487
蕭登福　敦煌寫卷及藏經中所見受道教影響的星壇及幡燈續命思想　慶祝潘石禪先生九秩華誕敦煌學特刊　(臺北)文津出版社　1996　p. 477
姜伯勤　普寂與北宗禪風西旋敦煌　佛教與中國傳統文化　宗教文化出版社　1997　p. 473
徐文明　禪宗第八代北宗弘正大師　《敦煌學輯刊》1999 年第 2 期　p. 33

S. 2517
矢吹慶輝　鳴沙餘韻・解說篇(第一、二部)　(京都)臨川書店　1980　p. 189;202
陳祚龍　敦煌古抄內典尾記彙校初、二、三編合刊　敦煌學要籥　(臺北)新文豐出版公司　1982　p. 116
池田溫　中國古代寫本識語集録　(東京)大藏出版株式會社　1990　p. 520
蕭登福　從敦煌寫卷中看道教星斗崇拜對佛經之影響　第二屆敦煌學國際研討會論文集　(臺北)漢學研究中心　1990　p. 339
林聰明　敦煌文書學　(臺北)新文豐出版公司　1991　p. 312
蕭登福　道教星斗符印與佛教密宗　(臺北)新文豐出版公司　1993　p. 40
蕭登福　道教術儀與密教典籍　(臺北)新文豐出版公司　1994　p. 471
張涌泉　大型字典編纂中與俗字相關的若干問題　舊學新知　浙江大學出版社　1999　p. 32
張涌泉　漢語俗字叢考・前言　漢語俗字叢考　中華書局　2000　p. 11

S. 2519
方廣錩　解深密經　敦煌學大辭典　上海辭書出版社　1998　p. 668

S. 2521

月輪賢隆　土橋秀高　沙門慧述『四分戒本疏』卷第一について　西域文化研究(第一)・敦煌佛教資料　(京都)法藏館　1958　p. 157

S. 2522

華林甫　中國地名學源流　湖南人民出版社　2002　p. 184

S. 2523

江素雲　維摩詰所說經敦煌寫本綜合目録　(臺北)東初出版社　1991　p. 79

S. 2524

池田溫　中國古代寫本識語集録　(東京)大藏出版株式會社　1990　p. 388

S. 2526

方廣錩　勝鬘師子吼一乘大方便方廣經　敦煌學大辭典　上海辭書出版社　1998　p. 658

S. 2527

芳村修基　土橋秀高　井ノ口泰淳　敦煌佛教史年表　西域文化研究(第一)・敦煌佛教資料　(京都)法藏館　1958　p. 258

池田溫　評『ペリオ將來敦煌漢文文獻目録』第一卷(P. 2001 – 2500)　『東洋學報』(54卷4號)　(東京)東洋學術協會　1972　p. 67

矢吹慶輝　鳴沙餘韻・解說篇(第一部)　(京都)臨川書店　1980　p. 272

陳祚龍　敦煌古抄内典尾記彙校初、二、三編合刊　敦煌學要籥　(臺北)新文豐出版公司　1982　p. 116

池田溫　中國古代寫本識語集録　(東京)大藏出版株式會社　1990　p. 149

林聰明　從敦煌文書看佛教徒的造經祈福　第二屆敦煌學國際研討會論文集　(臺北)漢學研究中心　1990　p. 527

林聰明　敦煌文書學　(臺北)新文豐出版公司　1991　p. 355

周紹良　敦煌文學芻議及其它　(臺北)新文豐出版公司　1992　p. 13

楊森　"婆姨"與"優婆姨"稱謂芻議　《敦煌研究》1994年第3期　p. 125

黃征　吳偉　敦煌願文集　岳麓書社　1995　p. 856

張涌泉　敦煌俗字研究導論　(臺北)新文豐出版公司　1996　p. 245

方廣錩　大方廣佛華嚴經　敦煌學大辭典　上海辭書出版社　1998　p. 655

高啓安　王璽玉　唐五代敦煌人的飲食品種研究　《敦煌研究》1999年第2期　p. 69

戴仁　敦煌寫本中的贋品　法國漢學(敦煌學專號)　中華書局　2000　p. 9

蔡忠霖　敦煌漢文寫卷俗字及其現象　(臺北)文津出版社　2002　p. 139、161

陳麗萍　敦煌女性寫經題記及反映的婦女問題　敦煌佛教藝術文化國際學術研討會論文集　蘭州大學出版社　2002　p. 434

李丞宰著　大塚忠藏譯　敦煌佛經の50卷本華厳經を探して　日本學・敦煌學・漢文訓讀の新展開　(東京)汲古書院　2005　p. 61

S. 2528

許國霖　敦煌石室寫經題記彙編　《微妙聲》1936－1937年第1－4期　又見：中國敦煌學百年文庫·宗教卷(四)　甘肅文化出版社　1999　p. 221

土肥義和　はじめに——歸義軍節度使の敦煌支配　敦煌の歷史(講座敦煌2)　(東京)大東出版社　1980　p. 240

張廣達　榮新江　關於敦煌出土于闐文獻的年代及其相關問題　紀念陳寅恪先生誕辰百年學術論文集　北京大學出版社　1989　p. 294

前田正名　河西歷史地理學研究　中國藏學出版社　1993　p. 267

張廣達　榮新江　于闐佛寺志　于闐史叢考　上海書店　1993　p. 290

S. 2529

陳慶英　《斯坦因劫經録》、《伯希和劫經録》所收漢文寫卷中夾存的藏文寫卷情況調查　《敦煌學輯刊》1981年第2期　p. 111

岩松淺夫　敦煌のコ－タン語仏教文獻　敦煌胡語文獻(講座敦煌6)　(東京)大東出版社　1985　p. 173

熊本裕　コ－タン語文獻　敦煌胡語文獻(講座敦煌6)　(東京)大東出版社　1985　p. 137

榮新江　梵文本白傘蓋陀羅尼經　敦煌學大辭典　上海辭書出版社　1998　p. 511

S. 2530

上山大峻　敦煌佛教の研究　(京都)法藏館　1990　p. 62

S. 2532

郝春文　都師　敦煌學大辭典　上海辭書出版社　1998　p. 639

S. 2535

芳村修基　土橋秀高　井ノ口泰淳　敦煌佛教史年表　西域文化研究(第一)·敦煌佛教資料　(京都)法藏館　1958　p. 268

陳祚龍　敦煌古抄内典尾記彙校二編　敦煌文物隨筆　(臺北)商務印書館　1979　p. 168

矢吹慶輝　鳴沙餘韻·解說篇(第一部)　(京都)臨川書店　1980　p. 128

陳祚龍　敦煌古抄内典尾記彙校初、二、三編合刊　敦煌學要籥　(臺北)新文豐出版公司　1982　p. 74

S. 2537

陳祚龍　敦煌古抄内典尾記彙校初、二、三編合刊　敦煌學要籥　(臺北)新文豐出版公司　1982　p. 117

廣川堯敏　淨土三部經　敦煌と中國仏教(講座敦煌7)　(東京)大東出版社　1984　p. 102

池田溫　中國古代寫本識語集録　(東京)大藏出版株式會社　1990　p. 162

林聰明　從敦煌文書看佛教徒的造經祈福　第二屆敦煌學國際研討會論文集　(臺北)漢學研究中心　1990　p. 533

林聰明　敦煌文書學　(臺北)新文豐出版公司　1991　p. 313

礪波護著　韓昇　劉建英譯　隋唐佛教文化　上海古籍出版社　2004　p. 41

S. 2538

矢吹慶輝　鳴沙餘韻・解說篇(第一、二部)　(京都)臨川書店　1980　p. 164、191;277

方廣錩　山海慧菩薩經　敦煌學大辭典　上海辭書出版社　1998　p. 737

S. 2539

平井宥慶　敦煌文書における金剛經疏　金剛般若經の思想的研究　(東京)春秋社　1999　p. 266

S. 2540

陳祚龍　新校重訂敦煌古抄舊從阿含經略集誦讚僧寶文　敦煌學海探珠(上冊)　(臺北)商務印書館　1979　p. 72

鄭阿財　敦煌孝道文學研究　(臺北)石門圖書公司　1982　p. 190

川口久雄　目連救母變文考　大目乾連冥間救母變文(敦煌資料と日本文學　3)　(東京)大東文化大學東洋研究所　1984　p. 55

上山大峻　敦煌佛教の研究　(京都)法藏館　1990　p. 469

方廣錩　佛說回向輪經　敦煌學大辭典　上海辭書出版社　1998　p. 697

方廣錩　佛說盂蘭盆經　敦煌學大辭典　上海辭書出版社　1998　p. 672

金岡照光　關於敦煌變文與唐代佛教儀式之關係　敦煌文藪(上)　(臺北)新文豐出版公司　1999　p. 133

金岡照光　敦煌文獻と中國文學　(東京)五曜書房　2000　p. 375

許建平　《英藏敦煌文獻》(1－8)補遺　英國收藏敦煌漢藏文獻研究:紀念敦煌文獻發現一百周年　中國社會科學出版社　2000　p. 393

林聰明　敦煌吐魯番文書解詁指例　(臺北)新文豐出版公司　2001　p. 122

梅林　莫高窟365窟漢文題記重録並跋　寺院財富與世俗供養　上海書畫出版社　2003　p. 350

鄭阿財　《盂蘭盆經疏》與《盂蘭盆經講經文》　冉雲華先生八秩華誕壽慶論文集　(臺北)法光出版社　2003　p. 436

町田隆吉　『唐咸亨四年(673)左憧熹生前及隨身錢物疏』をめぐって　『西北出土文獻研究』(創刊號)　(新潟)西北出土文獻研究會　2004　p. 69

S. 2541

蕭登福　從敦煌寫卷中看道教星斗崇拜對佛經之影響　第二屆敦煌學國際研討會論文集　(臺北)漢學研究中心　1990　p. 335

蕭登福　道教星斗符印與佛教密宗　(臺北)新文豐出版公司　1993　p. 12

S. 2543

陳祚龍　敦煌古抄內典尾記彙校初、二、三編合刊　敦煌學要籥　(臺北)新文豐出版公司　1982　p. 117

王惠民　敦煌遺書中的藥師經變榜題底稿校録　《敦煌研究》1998年第4期　p. 12

王惠民　《敦煌遺書中的藥師經變榜題底稿校録》補遺　《敦煌研究》1999年第4期　p. 161

王惠民　敦煌隋至唐前期藥師圖像考察　藝術史研究(2)　中山大學出版社　2000　p. 294

王惠民　敦煌遺書的觀無量壽經變榜題底稿校録　《敦煌研究》2002年第5期　p. 57

李小榮　敦煌密教文獻論稿　人民文學出版社　2003　p. 203

王昆吾　從敦煌學到域外漢文學　商務印書館　2003　p. 115

王小盾　從莫高窟第 61 窟維摩詰經變看經變畫和講經文的體制　2000 年敦煌學國際學術討論會文集・石窟考古卷　甘肅民族出版社　2003　p. 199
樊錦詩　玄奘譯經和敦煌壁畫　《敦煌研究》2004 年第 2 期　p. 2
沙武田　敦煌壁畫榜題寫本研究　《敦煌研究》2004 年第 3 期　p. 105
王惠民　敦煌經變畫的研究成果與研究方法　《敦煌學輯刊》2004 年第 2 期　p. 70

S. 2548

井ノロ泰淳　敦煌本『仏名經』の諸系統　中央アジアの言語と仏教　（京都）法藏館　1995　p. 297

S. 2549

井ノロ泰淳　敦煌本『仏名經』の諸系統　中央アジアの言語と仏教　（京都）法藏館　1995　p. 308

S. 2550

王三慶　敦煌寫卷中武后新字之調查研究　唐代研究論集（第三輯）　（臺北）新文豐出版公司　1992　p. 88

S. 2551

陳祚龍　敦煌古抄內典尾記彙校二編　敦煌文物隨筆　（臺北）商務印書館　1979　p. 165
岡部和雄　疑僞經典　敦煌仏典と禪（講座敦煌 8）　（東京）大東出版社　1980　p. 358
矢吹慶輝　鳴沙餘韻・解說篇（第一部）　（京都）臨川書店　1980　p. 116
陳祚龍　敦煌古抄內典尾記彙校初、二、三編合刊　敦煌學要籥　（臺北）新文豐出版公司　1982　p. 71
韓建瓴　題跋　敦煌文學　甘肅人民出版社　1989　p. 74
池田溫　中國古代寫本識語集録　（東京）大藏出版株式會社　1990　p. 254
周紹良　敦煌文學芻議及其它　（臺北）新文豐出版公司　1992　p. 13
李明偉　敦煌文學概論　甘肅人民出版社　1993　p. 498
方廣錩　藥師如來本願經疏　敦煌學大辭典　上海辭書出版社　1998　p. 665
王惠民　敦煌隋至唐前期藥師圖像考察　藝術史研究（2）　中山大學出版社　2000　p. 303
李小榮　敦煌密教文獻論稿　人民文學出版社　2003　p. 190、207
鄭炳林　陳雙印　敦煌寫本《諸山聖迹志》作者探微　《敦煌研究》2005 年第 1 期　p. 6

S. 2552

向達　倫敦所藏敦煌卷子經眼目録　《北平圖書館圖書季刊》1939 年新第 1 卷第 4 期　p. 397　又見：唐代長安與西域文明　三聯書店　1957　p. 214
矢吹慶輝　鳴沙餘韻・解說篇（第一部）　（京都）臨川書店　1980　p. 143
田中良昭　敦煌禪宗文獻の研究　（東京）大東出版社　1983　p. 197
周丕顯　敦煌佛經略考　《敦煌學輯刊》1987 年第 2 期　p. 7
池田溫　中國古代寫本識語集録　（東京）大藏出版株式會社　1990　p. 419
上山大峻　敦煌佛教の研究　（京都）法藏館　1990　p. 92
鄭炳林　敦煌碑銘讚輯釋　甘肅教育出版社　1997　p. 79 注 3
徐紹强　瑜伽師地開釋分門記　藏外佛教文獻（第五輯）　宗教文化出版社　1998　p. 203

S. 2553

加地哲定　增補中國佛教文學研究　(東京)同朋舍　1979　p. 201
矢吹慶輝　鳴沙餘韻・解說篇(第一、二部)　(京都)臨川書店　1980　p. 297;90
廣川堯敏　禮讃　敦煌と中國仏教(講座敦煌 7)　(東京)大東出版社　1984　p. 434
汪泛舟　偈・頌　敦煌文學　甘肅人民出版社　1989　p. 88
池田溫　中國古代寫本識語集録　(東京)大藏出版株式會社　1990　p. 390
加地哲定著　劉衛星譯　中國佛教文學　今日中國出版社　1990　p. 171
張弓　漢唐佛寺文化史　中國社會科學出版社　1997　p. 818
劉長東　論隋唐三階教與淨土教的關係　新國學(第二卷)　巴蜀書社　2000　p. 374
聖凱　善導禮讚儀新探　法源(第 18 期)　中國佛學院　2000　p. 174
曾良　敦煌文獻字義通釋　廈門大學出版社　2001　p. 190
湛如　敦煌淨土教讚文考辨　華林(第一卷)　中華書局　2001　p. 185
湛如　敦煌佛教律儀制度研究　中華書局　2003　p. 255
盛會蓮　《禮阿彌陀佛文》校勘記　《敦煌研究》2005 年第 2 期　p. 104

S. 2554

芳村修基　土橋秀高　井ノ口泰淳　敦煌佛教史年表　西域文化研究(第一)・敦煌佛教資料　(京都)法藏館　1958　p. 268
矢吹慶輝　鳴沙餘韻・解說篇(第一部)　(京都)臨川書店　1980　p. 158
上山大峻　敦煌佛教の研究　(京都)法藏館　1990　p. 18、77
井ノ口泰淳　敦煌本『仏名經』の諸系統　中央アジアの言語と仏教　(京都)法藏館　1995　p. 320
方廣錩　大乘起信論廣釋　敦煌學大辭典　上海辭書出版社　1998　p. 718
郝春文　曇曠　敦煌學大辭典　上海辭書出版社　1998　p. 347

S. 2555

井ノ口泰淳　敦煌本『仏名經』の諸系統　中央アジアの言語と仏教　(京都)法藏館　1995　p. 296
張錫厚　評《敦煌賦校注》　敦煌吐魯番研究(第一卷)　北京大學出版社　1996　p. 421

S. 2556

井ノ口泰淳　敦煌本『仏名經』の諸系統　中央アジアの言語と仏教　(京都)法藏館　1995　p. 298

S. 2557

汪泛舟　偈・頌　敦煌文學　甘肅人民出版社　1989　p. 91
汪泛舟　敦煌文學概論　甘肅人民出版社　1993　p. 549

S. 2560

池田溫　中國古代寫本識語集録　(東京)大藏出版株式會社　1990　p. 376
方廣錩　大方等大集賢護分　敦煌學大辭典　上海辭書出版社　1998　p. 663
丘古耶夫斯基　敦煌漢文文書　上海古籍出版社　2000　p. 194
張總　說不盡的觀世音　上海辭書出版社　2002　p. 172
張總　疑僞經典與佛教藝術探例　2000 年敦煌學國際學術討論會文集・石窟藝術卷　甘肅民族出版社　2003　p. 250

S. 2564

陳祚龍　敦煌古抄內典尾記彙校初、二、三編合刊　敦煌學要籥　(臺北)新文豐出版公司　1982　p. 117

池田溫　中國古代寫本識語集録　(東京)大藏出版株式會社　1990　p. 322

上山大峻　敦煌佛教の研究　(京都)法藏館　1990　p. 368

林聰明　敦煌文書學　(臺北)新文豐出版公司　1991　p. 324

S. 2565

陳祚龍　敦煌學劄記　敦煌學(第11輯)　(臺北)新文豐出版公司　1986　p. 23　又見:敦煌學散策新集　(臺北)新文豐出版公司　1989　p. 37

王三慶　談齋論文——敦煌寫卷齋願文研究　第四屆唐代文化學術研討會論文集　(臺南)成功大學　1991　p. 282

劉昭瑞　關於吐魯番出土隨葬衣物疏的幾個問題　《敦煌研究》1993年第3期　p. 65

蘇遠鳴　敦煌寫本中的地藏十齋日　法國學者敦煌學論文選萃　中華書局　1993　p. 392

方廣錩　佛說金剛經纂　藏外佛教文獻(第一輯)　宗教文化出版社　1995　p. 354

羅世平　敦煌泗州僧伽經像與泗州和尚信仰　敦煌吐魯番學研究論集　書目文獻出版社　1996　p. 124

榮新江　評《藏外佛教文獻》第一輯　唐研究(第二卷)　北京大學出版社　1996　p. 466

方廣錩　敦煌藏經洞封閉原因之我見:兼論敦煌遺書與藏經洞遺書之界定　敦煌學佛教學論叢(上)　中國佛教文化研究所　1998　p. 58

方廣錩　金剛經纂　敦煌學大辭典　上海辭書出版社　1998　p. 743

方廣錩　僧伽和尚欲入涅槃說六度經　敦煌學大辭典　上海辭書出版社　1998　p. 739

許建平　《英藏敦煌文獻》(1-8)補遺　英國收藏敦煌漢藏文獻研究:紀念敦煌文獻發現一百周年　中國社會科學出版社　2000　p. 393

張總　地藏菩薩十齋日　藏外佛教文獻(第七輯)　宗教文化出版社　2000　p. 349

李正宇　唐宋時期敦煌佛經性質功能的變化　戒幢佛學(第二卷)　岳麓書社　2002　p. 12　又見:中日敦煌佛教學術會議論文集　中國社會科學院研究所　2002　p. 11

張總　地藏信仰研究　宗教文化出版社　2003　p. 382

張總　疑僞經典與佛教藝術探例　2000年敦煌學國際學術討論會文集・石窟藝術卷　甘肅民族出版社　2003　p. 269

杜正乾　唐代的《金剛經》信仰　《敦煌研究》2004年第5期　p. 55

S. 2566

矢吹慶輝　鳴沙餘韻・解說篇(第一部)　(京都)臨川書店　1980　p. 236

土肥義和　はじめに——歸義軍節度使の敦煌支配　敦煌の歷史(講座敦煌2)　(東京)大東出版社　1980　p. 272

陳祚龍　敦煌古抄內典尾記彙校初、二、三編合刊　敦煌學要籥　(臺北)新文豐出版公司　1982　p. 117

孫修身　敦煌三界寺　甘肅省史學會論文集　甘肅省歷史學會編印　1982　又見:中國敦煌學百年文庫・宗教卷(一)　甘肅文化出版社　1999　p. 57

平井宥慶　千手千眼陀羅尼經　敦煌と中國仏教(講座敦煌7)　(東京)大東出版社　1984　p. 147

三崎良周　仏頂尊勝陀羅尼經と諸星母陀羅尼經　敦煌と中國仏教(講座敦煌7)　(東京)大東出

版社　1984　p. 123
陳祚龍　古往世上流行之中華佛教男女信士立誓發願文章的抽樣　中華佛教文化史散策(四集)　(臺北)新文豐出版公司　1986　p. 394
土肥義和著　李永寧譯　歸義軍時期(晚唐、五代、宋)的敦煌(續)　《敦煌研究》1987 年第 1 期　p. 95
池田溫　中國古代寫本識語集録　(東京)大蔵出版株式會社　1990　p. 507
鄭炳林　伯 2641 號背莫高窟再修功德記撰寫人探微　《敦煌學輯刊》1991 年第 2 期　p. 48
王惠民　敦煌寫本《水月觀音經》研究　《敦煌研究》1992 年第 3 期　p. 94
王惠民　敦煌千手千眼觀音像　《敦煌學輯刊》1994 年第 1 期　p. 63
張金泉　敦煌佛經音義寫卷述要　《敦煌研究》1997 年第 2 期　p. 119
方廣錩　佛頂尊勝加句靈驗陀羅尼　敦煌學大辭典　上海辭書出版社　1998　p. 698
平井宥慶　敦煌文書における金剛經疏　金剛般若經の思想的研究　(東京)春秋社　1999　p. 269
周一良　讀《敦煌與中國佛教》:介紹日本集體巨著《講座敦煌》　魏晉南北朝史論集續編　北京大學出版社　2001　p. 311
李小榮　敦煌密教文獻論稿　人民文學出版社　2003　p. 85
李小榮　論密教中的千手觀音　文史(第六十三輯)　中華書局　2003　p. 156

S. 2567

矢吹慶輝　鳴沙餘韻・解說篇(第一部)　(京都)臨川書店　1980　p. 233
廣川堯敏　禮讃　敦煌と中國仏教(講座敦煌 7)　(東京)大東出版社　1984　p. 448
王三慶　談齋論文——敦煌寫卷齋願文研究　第四屆唐代文化學術研討會論文集　(臺南)成功大學　1991　p. 282
高田時雄　チベット文字書寫「長巻」の研究(本文编)　『東方學報』(第 65 號)　京都大學人文科學研究所　1993　p. 372
蘇遠鳴　敦煌寫本中的地藏十齋日　法國學者敦煌學論文選萃　中華書局　1993　p. 395
蕭登福　道教術儀與密教典籍　(臺北)新文豐出版公司　1994　p. 492
蕭登福　道教與佛教　(臺北)東大圖書公司　1995　p. 152
蕭登福　道佛十王地獄說　(臺北)新文豐出版公司　1996　p. 266
張總　地藏菩薩十齋日　藏外佛教文獻(第七輯)　宗教文化出版社　2000　p. 349
李小榮　敦煌密教文獻論稿　人民文學出版社　2003　p. 57
李小榮　論密教中的千手觀音　文史(第六十三輯)　中華書局　2003　p. 156
張總　地藏信仰研究　宗教文化出版社　2003　p. 382

S. 2568

矢吹慶輝　鳴沙餘韻・解說篇(第一部)　(京都)臨川書店　1980　p. 233
道端良秀　敦煌文獻に見える死後の世界　敦煌と中國仏教(講座敦煌 7)　(東京)大東出版社　1984　p. 513
廣川堯敏　禮讃　敦煌と中國仏教(講座敦煌 7)　(東京)大東出版社　1984　p. 448
金岡照光　敦煌における地獄文獻:敦煌庶民信仰の一様相　敦煌と中國仏教(講座敦煌 7)　(東京)大東出版社　1984　p. 579
戴密微著　耿昇譯　唐代的入冥故事:黄仕强傳　敦煌譯叢(第一輯)　甘肅人民出版社　1985　p. 142 注 3

高田時雄　チベット文字書寫「長卷」の研究(本文編)　『東方學報』(第 65 號)　京都大學人文科學研究所　1993　p. 372
蘇遠鳴　敦煌寫本中的地藏十齋日　法國學者敦煌學論文選萃　中華書局　1993　p. 394
蕭登福　道教術儀與密教典籍　(臺北)新文豐出版公司　1994　p. 495
蕭登福　道教與佛教　(臺北)東大圖書公司　1995　p. 152
方廣錩　地藏菩薩十齋日　敦煌學大辭典　上海辭書出版社　1998　p. 730
羅世平　地藏十王圖像的遺存及其信仰　唐研究(第四卷)　北京大學出版社　1998　p. 394
張總　地藏菩薩十齋日　藏外佛教文獻(第七輯)　宗教文化出版社　2000　p. 349
張總　地藏信仰研究　宗教文化出版社　2003　p. 112

S. 2569

姜伯勤　敦煌藝術宗教與禮樂文明　中國社會科學出版社　1996　p. 489

S. 2572

江素雲　維摩詰所説經敦煌寫本綜合目録　(臺北)東初出版社　1991　p. 79

S. 2573

芳村修基　土橋秀高　井ノ口泰淳　敦煌佛教史年表　西域文化研究(第一)・敦煌佛教資料　(京都)法藏館　1958　p. 262
陳祚龍　敦煌古抄内典尾記彙校初、二、三編合刊　敦煌學要籥　(臺北)新文豐出版公司　1982　p. 117
饒宗頤解説　林宏作譯　敦煌書法叢刊　(第十八卷)・碎金(一)　(東京)二玄社　1983　p. 91
池田溫　中國古代寫本識語集録　(東京)大藏出版株式會社　1990　p. 217
凍國棟　吐魯番出土文書所見唐代前期西州的工匠　敦煌吐魯番文書初探(二編)　武漢大學出版社　1990　p. 330 注 17
柴劍虹　《敦煌遺書總目索引》重印記　西域文史論稿　(臺北)國文天地雜誌社　1991　p. 491
方廣錩　佛教大藏經史(八—十世紀)　中國社會科學出版社　1991　p. 61
林聰明　敦煌文書學　(臺北)新文豐出版公司　1991　p. 111
戴仁　敦煌寫本紙張的顏色　法國學者敦煌學論文選萃　中華書局　1993　p. 592
王元軍　從敦煌唐佛經寫本談有關唐代寫經生及其書法藝術的幾個問題　《敦煌研究》1995 年第 1 期　p. 157
王元軍　唐人書法與文化　(臺北)東大圖書公司　1995　p. 130、196
藤枝晃著　徐慶全　李樹清譯　敦煌寫本概述　《敦煌研究》1996 年第 2 期　p. 118
方廣錩　敦煌遺書中的《妙法蓮華經》及有關文獻　敦煌學佛教學論叢(下)　中國佛教文化研究所　1998　p. 79　又見:法源(第 16 期)　中國佛學院　1998　p. 44
顧吉辰　敦煌文獻職官結銜考釋　《敦煌學輯刊》1998 年第 2 期　p. 24
楊富學　王書慶　唐代長安與敦煌佛教文化之關係　'98 法門寺唐文化國際學術討論會論文集　陝西人民出版社　2000　p. 178
姜亮夫　敦煌莫高窟年表　姜亮夫全集(十一)　雲南人民出版社　2002　p. 240

S. 2574

矢吹慶輝　鳴沙餘韻・解説篇(第一部)　(京都)臨川書店　1980　p. 298

饒宗頤解說　林宏作譯　敦煌書法叢刊　(第二四卷)·寫經(五)　(東京)二玄社　1984　p. 55
陳祚龍　關於唐釋智昇的生平與著述　敦煌學散策新集　(臺北)新文豐出版公司　1989　p. 172
方廣錩　對《六百號敦煌無名斷片的新標目》之補正　中華文史論叢(總 50 輯)　上海古籍出版社　1992　p. 65
汪娟　敦煌禮懺文研究　(臺北)法鼓文化公司　1994　p. 118
井ノ口泰淳　敦煌本「禮懺文」　中央アジアの言語と仏教　(京都)法藏館　1995　p. 359
王書慶　敦煌佛學·佛事篇　甘肅民族出版社　1995　p. 92
劉長東　晉唐彌陀淨土信仰研究　巴蜀書社　2000　p. 296
劉長東　論隋唐三階教與淨土教的關係　新國學(第二卷)　巴蜀書社　2000　p. 371
聖凱　善導禮讚儀新探　法源(第 18 期)　中國佛學院　2000　p. 173
許建平　《英藏敦煌文獻》(1－8)補遺　英國收藏敦煌漢藏文獻研究:紀念敦煌文獻發現一百周年　中國社會科學出版社　2000　p. 393

S. 2575

芳村修基　土橋秀高　井ノ口泰淳　敦煌佛教史年表　西域文化研究(第一)·敦煌佛教資料　(京都)法藏館　1958　p. 274
陳祚龍　瓜沙印録　(臺北)《大陸雜誌》1962 年第 4 期　又見:敦煌學概要　(臺北)編譯館"中華叢書編委會"　1981　p. 266 ; 中國敦煌學百年文庫·考古卷(一)　甘肅文化出版社　1999　p. 185
藤枝晃　敦煌の僧尼籍『東方學報』(第 35 號)　京都大學人文科學研究所　1964　p. 289
池田溫　中國古代の租佃契(上)『東洋文化研究所紀要』(第 60 號)　東京大學東洋文化研究所　1973　p. 93
土肥義和　はじめに——歸義軍節度使の敦煌支配　敦煌の歷史(講座敦煌 2)　(東京)大東出版社　1980　p. 274
蘇瑩輝　敦煌學概要　(臺北)編譯館"中華叢書編委會"　1981　p. 180、182
陳祚龍　古代敦煌及其他地區流行之公私印章圖記文字録　敦煌學要籥　(臺北)新文豐出版公司　1982　p. 325
孫修身　斯 2614 號卷寫作年代的考定　《敦煌學輯刊》1984 年第 1 期　p. 43
姜伯勤　唐五代敦煌寺戶制度　中華書局　1987　p. 144
李正宇　敦煌地區古代祠廟寺觀簡志　《敦煌學輯刊》1988 年第 1、2 期　p. 81
李明偉　狀·牒·帖　敦煌文學　甘肅人民出版社　1989　p. 43
馬德　都僧統之"家窟"及其營建《臘八燃燈分配窟龕名數》叢識之三　《敦煌研究》1989 年第 4 期　p. 56
盧向前　金山國立國之我見　《敦煌學輯刊》1990 年第 2 期　p. 15　又見:敦煌吐魯番文書論稿　江西人民出版社　1992　p. 176
榮新江　沙州歸義軍歷任節度使稱號研究　敦煌吐魯番學研究論文集　漢語大詞典出版社　1990　p. 791
唐耕耦　陸宏基　敦煌社會經濟文獻真迹釋録(四)　全國圖書館文獻縮微複製中心　1990　p. 51、131、146
謝重光　白文固　中國僧官制度史　青海人民出版社　1990　p. 135
姜伯勤　敦煌吐魯番與香藥之路　季羡林教授八十華誕紀念論文集(下)　江西人民出版社　1991　p. 837

中村裕一　唐代官文書研究　(京都)中文出版社　1991　p. 20
姜伯勤　敦煌社會文書導論　(臺北)新文豐出版公司　1992　p. 214
梅林　吐蕃和歸義軍時期敦煌禪僧寺籍考辨　《敦煌研究》1992 年第 3 期　p. 101
榮新江　金山國史辨正　中華文史論叢(總 50 輯)　上海古籍出版社　1992　p. 75
中村裕一　官文書　敦煌漢文文獻(講座敦煌 5)　(東京)大東出版社　1992　p. 579
竺沙雅章　寺院文書　敦煌漢文文獻(講座敦煌 5)　(東京)大東出版社　1992　p. 619、634
昞麟　金山國名稱來源　《敦煌學輯刊》1993 年第 1 期　p. 52
鄧文寬　敦煌文獻《河西都僧統悟真處分常住榜》管窺　周一良先生八十生日紀念論文集　中國社會科學出版社　1993　p. 220　又見:敦煌吐魯番學耕耘録　(臺北)新文豐出版公司　1996　p. 173
姜伯勤　敦煌毗尼藏主考《敦煌研究》1993 年第 3 期　p. 2
李正宇　敦煌文學概論　甘肅人民出版社　1993　p. 101
譚禪雪　敦煌歲時掇瑣　(香港)《九州學刊》(敦煌學專輯)1993 年第 5 卷第 4 期　p. 101
鄭炳林　讀敦煌文書 P. 3859《後唐清泰三年六月沙州儭司教授福集等狀》劄記　《西北史地》1993 年第 4 期　p. 45　又見:敦煌吐魯番文獻研究　中華書局　1995　p. 611
姜伯勤　敦煌吐魯番文書與絲綢之路　文物出版社　1994　p. 133
鄭炳林　高偉　唐五代敦煌釀酒業初探　《西北史地》1994 年第 1 期　p. 35
王書慶　敦煌佛學・佛事篇　甘肅民族出版社　1995　p. 243、262
張弓　敦煌秋冬節俗初探　敦煌學國際研討會文集・史地語文編　遼寧美術出版社　1995　p. 587
郝春文　唐後期五代宋初沙州的方等道場與方等道場司　唐研究(第二卷)　北京大學出版社　1996　p. 63
姜伯勤　敦煌戒壇與大乘佛教　華學(第二輯)　中山大學出版社　1996　p. 326
姜伯勤　敦煌藝術宗教與禮樂文明　中國社會科學出版社　1996　p. 325、335、354
李正宇　敦煌史地新論　(臺北)新文豐出版公司　1996　p. 83
榮新江　歸義軍史研究　上海古籍出版社　1996　p. 18
湛如　戒壇流變史之研究　華學(第二輯)　中山大學出版社　1996　p. 336
中村裕一　唐代公文書研究　(東京)汲古書院　1996　p. 145
公維章　文諷　敦煌寺院中的會計:直歲　《敦煌學輯刊》1997 年第 2 期　p. 119
郝春文　歸義軍政權與敦煌佛教之關係新探　周紹良先生欣開九秩慶壽文集　中華書局　1997　p. 167
張弓　漢唐佛寺文化史　中國社會科學出版社　1997　p. 367
鄭炳林　敦煌碑銘讚輯釋　甘肅教育出版社　1997　p. 263 注 2
鄭炳林　唐五代敦煌的醫事研究　敦煌歸義軍史專題研究　蘭州大學出版社　1997　p. 526
鄭炳林　楊富學　晚唐五代金銀在敦煌的使用與流通　《甘肅金融》1997 年第 8 期　又見:中國敦煌學百年文庫・歷史卷(二)　甘肅文化出版社　1999　p. 582
郝春文　道場司　敦煌學大辭典　上海辭書出版社　1998　p. 634
郝春文　唐後期五代宋初敦煌僧尼的社會生活　中國社會科學出版社　1998　p. 26、399
李正宇　奉唐寺　敦煌學大辭典　上海辭書出版社　1998　p. 631
李正宇　司　敦煌學大辭典　上海辭書出版社　1998　p. 382
榮新江　歸義軍大事紀年初稿　出土文獻研究(第三輯)　文物出版社　1998　p. 244
沙知　河西都僧統印　敦煌學大辭典　上海辭書出版社　1998　p. 294
譚蟬雪　敦煌歲時文化導論　(臺北)新文豐出版公司　1998　p. 257

唐耕耦　河西都僧統　敦煌學大辭典　上海辭書出版社　1998　p. 636
謝重光　副僧統　敦煌學大辭典　上海辭書出版社　1998　p. 638
楊森　晚唐五代兩件《女人社》文書劄記　《敦煌研究》1998 年第 1 期　p. 70
楊森　跋《子年三月五日計料海濟受戒衣缽具色一一如後》帳及卷背《釋門教授帖》文書　《敦煌研究》1998 年第 4 期　p. 105
高啓安　唐五代敦煌人的飲酒習俗述論　《敦煌研究》2000 年第 3 期　p. 83
郝春文　部分英藏敦煌文獻的定名問題　英國收藏敦煌漢藏文獻研究:紀念敦煌文獻發現一百周年　中國社會科學出版社　2000　p. 389
郝春文　英藏敦煌文獻年代叢考　英國收藏敦煌漢藏文獻研究:紀念敦煌文獻發現一百周年　中國社會科學出版社　2000　p. 370
丘古耶夫斯基　敦煌漢文文書　上海古籍出版社　2000　p. 206
鄭炳林　晚唐五代敦煌貿易市場的外來商品輯考　中華文史論叢(總 63 輯)　上海古籍出版社　2000　p. 82
陳明　醫理精華:印度古典醫學在敦煌的實例分析　敦煌吐魯番研究(第五卷)　北京大學出版社　2001　p. 237
譚蟬雪　唐宋敦煌歲時佛俗　《敦煌研究》2001 年第 1 期　p. 102
楊森　《辛巳年六月十六日社人于燈司倉貸粟曆》文書之定年　《敦煌學輯刊》2001 年第 2 期　p. 18
曾良　敦煌文獻字義通釋　廈門大學出版社　2001　p. 12、53、115、190
陳明　印度梵文醫典醫理精華研究　中華書局　2002　p. 83
姜亮夫　敦煌莫高窟年表　姜亮夫全集(十一)　雲南人民出版社　2002　p. 455
徐曉卉　敦煌歸義軍時期的道場司探析　《敦煌研究》2002 年第 2 期　p. 26
徐曉麗　回鶻天公主與敦煌佛教　敦煌佛教藝術文化國際學術研討會論文集　蘭州大學出版社　2002　p. 426
洪藝芳　敦煌社會經濟文書中的唐五代新興量詞研究　敦煌學(第 24 輯)　(臺北)樂學書局有限公司　2003　p. 92
砂岡和子　日本平安古記録文中的"件"　新世紀敦煌學論集　巴蜀書社　2003　p. 458
袁德領　歸義軍時期敦煌佛教的轉經活動　2000 年敦煌學國際學術討論會文集·歷史文化卷(下)　甘肅民族出版社　2003　p. 190
湛如　敦煌佛教律儀制度研究　中華書局　2003　p. 43、59、75、98、108、116
高啓安　唐五代敦煌飲食文化研究　民族出版社　2004　p. 41、111、171、313、348、389
李正宇　晚唐至宋敦煌僧人聽食"淨肉"　敦煌學(第 25 輯)　(臺北)樂學書局有限公司　2004　p. 186
屈直敏　敦煌高僧　民族出版社　2004　p. 131
徐曉麗　唐五代敦煌大族出嫁女性初探　麥積山石窟藝術文化論文集(下)　蘭州大學出版社　2004　p. 275
葉貴良　敦煌社邑文書詞語選釋　《敦煌研究》2004 年第 5 期　p. 82
趙紅　高啓安　唐五代時期敦煌僧人飲食概述　麥積山石窟藝術文化論文集(下)　蘭州大學出版社　2004　p. 297
鄭炳林　魏迎春　晚唐五代敦煌佛教教團的戒律和清規　《敦煌學輯刊》2004 年第 2 期　p. 28
鄭炳林　魏迎春　晚唐五代敦煌佛教教團的科罰制度研究　《敦煌研究》2004 年第 2 期　p. 53
鄭炳林　晚唐五代歸義軍政權與佛教教團關係研究　《敦煌學輯刊》2005 年第 1 期　p. 8

S. 2577

矢吹慶輝　鳴沙餘韻・解說篇(第一部)　(京都)臨川書店　1980　p. 286

陳祚龍　敦煌古抄内典尾記彙校初、二、三編合刊　敦煌學要籥　(臺北)新文豐出版公司　1982　p. 118

池田溫　中國古代寫本識語集録　(東京)大藏出版株式會社　1990　p. 253

林聰明　敦煌文書學　(臺北)新文豐出版公司　1991　p. 247

石塚晴通　敦煌の加點本　敦煌漢文文獻(講座敦煌 5)　(東京)大東出版社　1992　p. 232

方廣錩　敦煌遺書中的《妙法蓮華經》及有關文獻　敦煌學佛教學論叢(下)　中國佛教文化研究所　1998　p. 78　又見:法源(第 16 期)　中國佛學院　1998　p. 43

方廣錩　妙法蓮華經　敦煌學大辭典　上海辭書出版社　1998　p. 689

梅維恒著　楊繼東　陳引馳譯　唐代變文(下)　(香港)中國佛教文化出版公司　1999　p. 8

孫修身　敦煌壁畫中的法華經變　敦煌研究文集・敦煌石窟經變篇　甘肅民族出版社　2000　p. 173

林聰明　敦煌吐魯番文書解詁指例　(臺北)新文豐出版公司　2001　p. 176. 222

馬德　敦煌寫經題記的社會意義　法源(第 19 期)　中國佛學院　2001　p. 88

石塚晴通　聖教の形と場——敦煌及び日本の古寫經・刊本　日本における漢字字體規範成立の實證的研究(報告書)　北海道大學大學院文學研究科　2002　p. 192

石塚晴通　關於漢字文化圈漢字字體的標準　敦煌學(第 25 輯)　(臺北)樂學書局有限公司　2004　p. 102

紅林幸子　"無"、"无"字間的問題系列:在《開成石經周易》中的兩字　敦煌學・日本學:石塚晴通教授退職紀念論文集　上海辭書出版社　2005　p. 194

紅林幸子　「無」・「无」字の問題系——「開成石經周易」における二字體　日本學・敦煌學・漢文訓讀の新展開　(東京)汲古書院　2005　p. 547

石塚晴通　敦煌的加點本　敦煌學・日本學:石塚晴通教授退職紀念論文集　上海辭書出版社　2005　p. 1、10

S. 2578

向達　倫敦所藏敦煌卷子經眼目録　《北平圖書館圖書季刊》1939 年新第 1 卷第 4 期　p. 397　又見:唐代長安與西域文明　三聯書店　1957　p. 214

唐耕耦　陸宏基　敦煌社會經濟文獻真迹釋録(五)　全國圖書館文獻縮微複製中心　1990　p. 39

菅原信海　占筮書　敦煌漢文文獻(講座敦煌 5)　(東京)大東出版社　1992　p. 461

馬雅倫　關於南山問題的討論　《敦煌學輯刊》1995 年第 2 期　p. 48

鄭炳林　敦煌碑銘讃輯釋　甘肅教育出版社　1997　p. 350 注 8

鄭炳林　馮培紅　晚唐五代宋初歸義軍政權中都頭一職考辨　敦煌歸義軍史專題研究　蘭州大學出版社　1997　p. 88

嚴敦傑　孔子馬頭卜法一部二十七條　敦煌學大辭典　上海辭書出版社　1998　p. 622

馬克　敦煌數占小考　法國漢學(敦煌學專號)　中華書局　2000　p. 197

黄正建　敦煌占卜文書與唐五代占卜研究　學苑出版社　2001　p. 26

葉貴良　《敦煌文獻字義通釋》釋義商榷舉例　《敦煌研究》2002 年第 3 期　p. 49

李軍　晚唐五代肅州相關史實考述　《敦煌學輯刊》2005 年第 3 期　p. 91

S. 2579

廣川堯敏　禮讃　敦煌と中國仏教(講座敦煌 7)　(東京)大東出版社　1984　p. 434

汪泛舟　讚·箴　敦煌文學　甘肅人民出版社　1989　p. 101
柴劍虹　西方淨土讚　敦煌學大辭典　上海辭書出版社　1998　p. 545
聖凱　善導禮讚儀新探　法源(第18期)　中國佛學院　2000　p. 174
湛如　敦煌淨土教讚文考辨　華林(第一卷)　中華書局　2001　p. 187
湛如　敦煌佛教律儀制度研究　中華書局　2003　p. 258
盛會蓮　《禮阿彌陀佛文》校勘記　《敦煌研究》2005年第2期　p. 105

S. 2580
陳祚龍　敦煌古抄中世詩歌　敦煌學海探珠(上冊)　(臺北)商務印書館　1979　p. 148
矢吹慶輝　鳴沙餘韻·解說篇(第一部)　(京都)臨川書店　1980　p. 218
陳祚龍　中世敦煌釋門的布薩法事之一斑　敦煌簡策訂存　(臺北)商務印書館　1983　p. 161
福井文雅　講經儀式の組織內容　敦煌と中國仏教(講座敦煌7)　(東京)大東出版社　1984　p. 365
土橋秀高　敦煌の律藏　敦煌と中國仏教(講座敦煌7)　(東京)大東出版社　1984　p. 263
汪泛舟　偈·頌　敦煌文學　甘肅人民出版社　1989　p. 90
冉雲華　敦煌本"大乘布薩文"研究　第二屆敦煌學國際研討會論文集　(臺北)漢學研究中心　1990　p. 414、421
任半塘　王昆吾　隋唐五代燕樂雜言歌辭集　巴蜀書社　1990　p. 332
汪泛舟　敦煌詩詞補正與考源　《敦煌研究》1997年第3期　p. 106
張弓　漢唐佛寺文化史　中國社會科學出版社　1997　p. 818
方廣錩　菩薩布薩文　敦煌學大辭典　上海辭書出版社　1998　p. 711
聖凱　論唐代的講經儀軌　《敦煌學輯刊》2001年第2期　p. 37
林仁昱　論敦煌佛教歌曲特質與"弘法"的關係　敦煌學(第23輯)　(臺北)樂學書局有限公司　2002　p. 58
林仁昱　論敦煌佛教歌曲向通俗傳播的內容　中國俗文化研究(第一輯)　巴蜀書社　2003　p. 191
荒見泰史　敦煌的講唱體文獻　敦煌學(第25輯)　(臺北)樂學書局有限公司　2004　p. 270
何劍平　作爲民間寫經和禮懺儀式的維摩詰信仰　《敦煌學輯刊》2005年第4期　p. 61

S. 2581
柳田聖山　敦煌の禪籍と矢吹慶輝　敦煌仏典と禪(講座敦煌8)　(東京)大東出版社　1980　p. 9
矢吹慶輝　鳴沙餘韻·解說篇(第二部)　(京都)臨川書店　1980　p. 482
饒宗頤　論敦煌陷於吐蕃之年代　選堂集林·史林　(香港)中華書局　1982　p. 706
龍晦　論敦煌詞曲所見之禪宗與淨土宗　《世界宗教研究》1986年第3期　p. 63
上山大峻　敦煌佛教の研究　(京都)法藏館　1990　p. 418
饒宗頤　神會門下摩訶衍之入藏兼論禪門南北宗之調和問題　唐代研究論集(第四輯)　(臺北)新文豐出版公司　1992　p. 350　又見:中國敦煌學百年文庫·民族卷(二)　甘肅文化出版社　1999　p. 92
吳其昱著　伊藤美重子譯　敦煌漢文寫本概觀　敦煌漢文文獻(講座敦煌5)　(東京)大東出版社　1992　p. 58
冉雲華　敦煌遺書與中國禪宗歷史研究　"中國唐代學會"會刊(第四期)　(臺北)"中國唐代學會"　1993　p. 56
胡戟　傅玫　敦煌史話　中華書局　1995　p. 131

柳田聖山　禪籍解題(一)・敦煌禪籍　俗語言研究(第二期)　(京都)禪文化研究所　1995　p. 132、138

柳田聖山撰　劉方譯　敦煌禪籍總說　《敦煌學輯刊》1996年第2期　p. 111

田中良昭　《禪籍解題(一)・敦煌禪籍》補遺　俗語言研究(第三期)　(京都)禪文化研究所　1996　p. 219

湛如　敦煌菩薩戒儀與菩薩戒牒之研究　《敦煌研究》1997年第2期　p. 81

湛如　敦煌佛教律儀制度研究　中華書局　2003　p. 167

S. 2582

井ノ口泰淳　敦煌本『仏名經』の諸系統　中央アジアの言語と仏教　(京都)法藏館　1995　p. 287

S. 2583

關口真大　達磨禪師觀門「燉煌出土」について　『宗教研究』(146卷)　(東京)宗教研究會　1955　p. 261

陳祚龍　敦煌古抄内典尾記彙校二編　敦煌文物隨筆　(臺北)商務印書館　1979　p. 174

柳田聖山　敦煌の禪籍と矢吹慶輝　敦煌仏典と禪(講座敦煌8)　(東京)大東出版社　1980　p. 11

矢吹慶輝　鳴沙餘韻・解說篇(第一、二部)　(京都)臨川書店　1980　p. 208;543

田中良昭　念仏禪と後期北宗禪　敦煌仏典と禪(講座敦煌8)　(東京)大東出版社　1980　p. 224

陳祚龍　敦煌古抄内典尾記彙校初、二、三編合刊　敦煌學要籥　(臺北)新文豐出版公司　1982　p. 78

田中良昭　敦煌禪宗文獻の研究　(東京)大東出版社　1983　p. 205、213、508

王重民　記敦煌寫本的佛經　敦煌吐魯番文獻研究論集(第二輯)　北京大學出版社　1983　p. 21　又見:敦煌遺書論文集　中華書局　1984　p. 305

上山大峻　敦煌佛教の研究　(京都)法藏館　1990　p. 418、428

姜伯勤　論禪宗在敦煌僧俗中的流傳　(香港)《九州學刊》(敦煌學專輯)1992年第4卷第4期　p. 12　又見:中國敦煌學百年文庫・宗教卷(一)　甘肅文化出版社　1999　p. 224

金岡照光　邈真讚　敦煌の文學文獻(講座敦煌9)　(東京)大東出版社　1992　p. 607

吳其昱著　伊藤美重子譯　敦煌漢文寫本概觀　敦煌漢文文獻(講座敦煌5)　(東京)大東出版社　1992　p. 59

高田時雄　チベット文字書寫「長卷」の研究(本文編)　『東方學報』(第65號)　京都大學人文科學研究所　1993　p. 373

田中良昭　敦煌の禪籍　禪學研究入門　(東京)大東出版社　1994　p. 64

葛兆光　中國禪思想史:從6世紀到9世紀　北京大學出版社　1995　p. 228注57

胡戟　傅玫　敦煌史話　中華書局　1995　p. 131

柳田聖山　禪籍解題(一)・敦煌禪籍　俗語言研究(第二期)　(京都)禪文化研究所　1995　p. 132

姜伯勤　敦煌藝術宗教與禮樂文明　中國社會科學出版社　1996　p. 369

鄭炳林　敦煌碑銘讚輯釋　甘肅教育出版社　1997　p. 290注9

方廣錩　南天竺國菩提達磨禪師觀門　敦煌學大辭典　上海辭書出版社　1998　p. 724

周季文　南天竺國菩提達摩禪師觀門古藏文音譯本　敦煌學大辭典　上海辭書出版社　1998　p. 476

黃征　《變文字義待質録》考辨　中古近代漢語研究(第一輯)　上海教育出版社　2000　p. 208　又

見:2000 年敦煌學國際學術討論會文集·歷史文化卷(下)　甘肅民族出版社　2003　p. 424
劉長東　晉唐彌陀淨土信仰研究　巴蜀書社　2000　p. 497
黃征　敦煌語言文字學研究　甘肅教育出版社　2002　p. 152
葉貴良　敦煌社邑文書詞語選釋　《敦煌研究》2004 年第 5 期　p. 84

S. 2584
向達　倫敦所藏敦煌卷子經眼目録　《北平圖書館圖書季刊》1939 年新第 1 卷第 4 期　p. 397　又見:唐代長安與西域文明　三聯書店　1957　p. 214
佐藤哲英　維摩經疏の殘缺本について　西域文化研究(第一)·敦煌佛教資料　(京都)法藏館　1958　p. 130
矢吹慶輝　鳴沙餘韻·解說篇(第一部)　(京都)臨川書店　1980　p. 43
上山大峻　敦煌佛教の研究　(京都)法藏館　1990　p. 345
王三慶　日本天理大學圖書館典藏之敦煌卷子　第二屆敦煌學國際研討會論文集　(臺北)漢學研究中心　1990　p. 95
萬毅　日本天理圖書館藏卷敦煌本《本際經》論略　華學(第一輯)　中山大學出版社　1995　p. 166

S. 2585
矢吹慶輝　鳴沙餘韻·解說篇(第一部)　(京都)臨川書店　1980　p. 183
陳祚龍　看了敦煌古抄佛說觀經以後　第二屆敦煌學國際研討會論文集　(臺北)漢學研究中心　1990　p. 29　又見:敦煌學津雜誌　(臺北)文津出版社　1991　p. 3
賀世哲　關於十六國北朝時期的三世佛與三佛造像諸問題(二)　《敦煌研究》1993 年第 1 期　p. 5
方廣錩　觀經　敦煌學大辭典　上海辭書出版社　1998　p. 738
施萍婷　關於莫高窟第四二八窟的思考　《敦煌研究》1998 年第 1 期　p. 5

S. 2587
矢吹慶輝　鳴沙餘韻·解說篇(第一部)　(京都)臨川書店　1980　p. 157
上山大峻　敦煌佛教の研究　(京都)法藏館　1990　p. 80
鄭炳林　敦煌碑銘讚及其有關問題　敦煌碑銘讚輯釋　甘肅教育出版社　1997　p. 17
方廣錩　大乘起信論略述補注　敦煌學大辭典　上海辭書出版社　1998　p. 719

S. 2588
向達　倫敦所藏敦煌卷子經眼目録　《北平圖書館圖書季刊》1939 年新第 1 卷第 4 期　p. 397　又見:唐代長安與西域文明　三聯書店　1957　p. 214
王三慶　敦煌本古類書《語對》伯 4870 號試論　敦煌學(第 10 輯)　(臺北)新文豐出版公司　1985　p. 51
王三慶　敦煌本古類書《語對》研究　(臺北)文史哲出版社　1985　p. 4、91、94、258、275
王三慶　《古類書》伯 2524 號及其複抄寫卷之研究　敦煌學(第 9 輯)　(臺北)新文豐出版公司　1985　p. 65
王三慶著　池田溫譯　類書　敦煌漢文文獻(講座敦煌 5)　(東京)大東出版社　1992　p. 372
白化文　語對　敦煌學大辭典　上海辭書出版社　1998　p. 780
郝春文　英藏敦煌社會歷史文獻釋録(第一卷)　科學出版社　2001　p. 107
徐俊　敦煌先唐詩考　2000 年敦煌學國際學術討論會文集·歷史文化卷(下)　甘肅民族出版社

2003　p. 291

張涌泉　試論敦煌寫本類書的校勘價值:以《勵忠節抄》爲例　《敦煌研究》2003 年第 2 期　p. 69

S. 2589

劉銘恕　再記英國倫敦所藏的敦煌經卷　《中國科學院圖書館通訊》1957 年第 7 期　又見:中國敦煌學百年文庫·綜述卷(二)　甘肅文化出版社　1999　p. 133

芳村修基　土橋秀高　井ノ口泰淳　敦煌佛教史年表　西域文化研究(第一)·敦煌佛教資料　(京都)法藏館　1958　p. 273

梅村坦　住民の種族構成——敦煌をめぐる諸民族の動向　敦煌の社會(講座敦煌 3)　(東京)大東出版社　1980　p. 210

森安孝夫　ウイグルと敦煌　敦煌の歷史(講座敦煌 2)　(東京)大東出版社　1980　p. 306

姜伯勤　上海藏本敦煌所出河西支度營田使文書研究　敦煌吐魯番文獻研究論集(第二輯)　北京大學出版社　1983　p. 355 注 25

饒宗頤解說　林宏作譯　敦煌書法叢刊　(第十一卷)·經史(九)　(東京)二玄社　1984　p. 64

森安孝夫著　高然譯　回鶻與敦煌　《西北史地》1984 年第 1 期　p. 110

唐長孺　關於歸義軍節度使的幾種資料跋　敦煌吐魯番文書研究　甘肅人民出版社　1984　p. 165、177

鄧文寬　張淮深平定甘州回鶻史事鈎沈　《魏晉南北朝隋唐史》1986 年第 11 期　p. 68

榮新江　歸義軍及其與周邊民族的關係初探　《敦煌學輯刊》1986 年第 2 期　p. 32　又見:中國人文社會科學博士碩士文庫·歷史學卷　浙江教育出版社　1998　p. 662

黃盛璋　敦煌于闐文書與漢文書中關於甘州回鶻史實異同及回鶻進佔甘州的年代問題　《西北史地》1989 年第 1 期　p. 4

李明偉　狀·牒·帖　敦煌文學　甘肅人民出版社　1989　p. 38

榮新江　沙州張淮深與唐中央朝廷之關係　《敦煌學輯刊》1990 年第 2 期　p. 9

唐耕耦　陸宏基　敦煌社會經濟文獻真迹釋録(四)　全國圖書館文獻縮微複製中心　1990　p. 485

張廣達　唐末五代宋初西北地區的般次和使次　季羨林教授八十華誕紀念論文集(下)　江西人民出版社　1991　p. 969

暨遠志　張議潮出行圖研究(續)　《敦煌研究》1992 年第 4 期　p. 79

饒宗頤　敦煌寫卷之書法　唐代研究論集(第三輯)　(臺北)新文豐出版公司　1992　p. 22

李明偉　敦煌文學概論　甘肅人民出版社　1993　p. 464

李正宇　敦煌文學概論　甘肅人民出版社　1993　p. 163

前田正名　河西歷史地理學研究　中國藏學出版社　1993　p. 224、299

榮新江　甘州回鶻成立史論　《魏晉南北朝隋唐史》1993 年第 12 期　p. 63

王震亞　趙熒　敦煌殘卷爭訟文牒集釋　甘肅人民出版社　1993　p. 213

榮新江　敦煌邈真讚所見歸義軍與東西回鶻的關係　敦煌邈真讚校録並研究　(臺北)新文豐出版公司　1994　p. 62

鄭炳林　敦煌本《張淮深變文》研究　《西北民族研究》1994 年第 1 期　p. 152

鄭炳林　張淮深改建北大像和開鑿 94 窟年代再探　《敦煌研究》1994 年第 3 期　p. 41

鄧文寬　張淮深改建莫高窟北大像和開鑿第 94 窟年代考　敦煌學國際研討會文集·石窟考古編　遼寧美術出版社　1995　p. 130

黃盛璋　敦煌漢文與于闐文書中之龍家及其相關問題　全國敦煌學研討會論文集　(臺北)中正大學中國文學系所　1995　p. 59　又見:《西域研究》1996 年第 1 期　p. 27

李明偉　敦煌文學中"敦煌文"的研究和分類評價　《敦煌研究》1995 年第 4 期　p. 120
榮新江　龍家考　中亞學刊(第四輯)　北京大學出版社　1995　p. 151
張廣達　西域史地叢稿初編　上海古籍出版社　1995　p. 336
榮新江　歸義軍史研究　上海古籍出版社　1996　p. 10、186
楊秀清　晚唐歸義軍與中央關係述論　《甘肅社會科學》1996 年第 2 期　p. 70
鄭炳林　唐五代敦煌粟特人與歸義軍政權　《敦煌研究》1996 年第 4 期　p. 89　又見:敦煌歸義軍史專題研究　蘭州大學出版社　1997　p. 418
方中　箋釋"使君"　《敦煌學輯刊》1997 年第 2 期　p. 117
馮培紅　晚唐五代宋初歸義軍武職軍將研究　敦煌歸義軍史專題研究　蘭州大學出版社　1997　p. 164
陸慶夫　從焉耆龍王到河西龍家——龍部落遷徙考　敦煌歸義軍史專題研究　蘭州大學出版社　1997　p. 498
陸慶夫　唐宋之際的涼州嗢末　《敦煌學輯刊》1997 年第 2 期　p. 41
鄭炳林　敦煌碑銘讚輯釋　甘肅教育出版社　1997　p. 152 注 4
鄭炳林　唐五代敦煌的粟特人與佛教　敦煌歸義軍史專題研究　蘭州大學出版社　1997　p. 463 注 8
顧吉辰　敦煌文獻職官結銜考釋　《敦煌學輯刊》1998 年第 2 期　p. 32
李冬梅　唐五代歸義軍與周邊民族關係綜論　《敦煌學輯刊》1998 年第 2 期　p. 45
陸慶夫　黨項的崛起與對河西的爭奪　《敦煌研究》1998 年第 3 期　p. 111
榮新江　歸義軍大事紀年初稿　出土文獻研究(第三輯)　文物出版社　1998　p. 239
陸慶夫　金山國與甘州回鶻關係考論　《敦煌學輯刊》1999 年第 1 期　p. 50
楊森　小議張淮深受旌節　《敦煌研究》1999 年第 1 期　p. 97
楊秀清　敦煌西漢金山國史　甘肅人民出版社　1999　p. 21、108
雷紹鋒　歸義軍賦役制度初探　(臺北)洪葉文化事業有限公司　2000　p. 240
李明偉　敦煌文學中敦煌文的分類及評價　1994 年敦煌學國際研討會文集·宗教文史卷(上)　甘肅民族出版社　2000　p. 297
榮新江　《英藏敦煌文獻》定名商補　文史(第五十二輯)　中華書局　2000　p. 120　又見:敦煌學新論　甘肅教育出版社　2002　p. 193
鄭炳林　張紅麗　《張淮深變文》的年代問題　1994 年敦煌學國際研討會文集·宗教文史卷(上)　甘肅民族出版社　2000　p. 322
趙貞　歸義軍押衙兼知他官略考　《敦煌研究》2001 年第 2 期　p. 91
姜亮夫　敦煌莫高窟年表　姜亮夫全集(十一)　雲南人民出版社　2002　p. 422
鄭炳林　晚唐五代敦煌歸義軍行政區劃制度研究(一、二)　《敦煌研究》2002 年第 2、3 期　p. 15;70
王啓濤　中古及近代法制文書語言研究　巴蜀書社　2003　p. 135、163
趙貞　敦煌所出靈州道文書述略　《敦煌研究》2003 年第 4 期　p. 53
馮培紅　晚唐五代宋初沙州上佐考論　敦煌學國際研討會論文集　北京圖書館出版社　2005　p. 66
李軍　晚唐五代肅州相關史實考述　《敦煌學輯刊》2005 年第 3 期　p. 92
鄭炳林　晚唐五代河西地區的居民結構研究　《蘭州大學學報》2006 年第 2 期　p. 18

S. 2590

向達　倫敦所藏敦煌卷子經眼目録　《北平圖書館圖書季刊》1939 年新第 1 卷第 4 期　p. 397　又見:唐代長安與西域文明　三聯書店　1957　p. 214
王重民原編　黄永武新編　敦煌古籍叙録新編(第三冊)　(臺北)新文豐出版公司　1986　p. 19

土田健次郎　儒教典籍　敦煌漢文文獻(講座敦煌 5)　(東京)大東出版社　1992　p. 269
胡戟　傅玫　敦煌史話　中華書局　1995　p. 143
寧可　郝春文　敦煌社邑文書輯校　江蘇古籍出版社　1997　p. 718
白化文　禮記鄭玄注　敦煌學大辭典　上海辭書出版社　1998　p. 773
龍晦　敦煌文獻所見唐玄宗的宗教活動　1994 年敦煌學國際研討會文集・宗教文史卷(上)　甘肅民族出版社　2000　p. 21
山本達郎等　補(IV)社・II 牒・狀　『NUN – HUANG AND TURFAN DOCUMENTS CONCERNING SOCIAL AND ECONOMIC HISTORY』(Sup. p. lemrnts)　(東京)東洋文庫　2001　p. 69

S. 2593

向達　倫敦所藏敦煌卷子經眼目録　《北平圖書館圖書季刊》1939 年新第 1 卷第 4 期　p. 397　又見:唐代長安與西域文明　三聯書店　1957　p. 214
劉銘恕　再記英國倫敦所藏的敦煌經卷　《中國科學院圖書館通訊》1957 年第 7 期　又見:中國敦煌學百年文庫・綜述卷(二)　甘肅文化出版社　1999　p. 134
陳祚龍　簡記敦煌古抄方志　敦煌文物隨筆　(臺北)商務印書館　1979　p. 48
陳祚龍　中世敦煌與成都之間的交通路線　敦煌資料考屑(下冊)　(臺北)商務印書館　1979　p. 340　又見:唐代研究論集(第三輯)　(臺北)新文豐出版公司　1992　p. 439
白須淨真　在地豪族・名族社會——一至四世紀の河西　敦煌の社會(講座敦煌 3)　(東京)大東出版社　1980　p. 42
菊池英夫　唐代敦煌社會の外貌　敦煌の社會(講座敦煌 3)　(東京)大東出版社　1980　p. 92
陳祚龍　《簡記敦煌古抄方志》及其"後語"　敦煌學要籥　(臺北)新文豐出版公司　1982　p. 218
陳祚龍　竭誠做好知己知彼,悉力做到精益求精:敦煌學散策之四(上)　敦煌學(第 8 輯)　(臺北)"中國文化大學"中國文學研究所敦煌學會　1984　p. 15　又見:敦煌學林劄記　(臺北)商務印書館　1987　p. 205
李并成　唐代圖經蠡測　《敦煌學研究》(西北師院學報)1986 年增刊　p. 34
寧欣　唐代敦煌地區農業水利問題初探　敦煌吐魯番文獻研究論集(第三輯)　北京大學出版社　1986　p. 503、530 注 1
唐耕耦　陸宏基　敦煌社會經濟文獻真迹釋録(一)　書目文獻出版社　1986　p. 1
李正宇　唐宋時代敦煌縣河渠泉澤簡志(一)　《敦煌研究》1988 年第 4 期　p. 91
鄭炳林　敦煌地理文書彙輯校注　甘肅教育出版社　1989　p. 1
李并成　敦煌石窟所出《沙州都督府圖經》　《陽關》1990 年第 2 期　p. 63
林聰明　敦煌文書學　(臺北)新文豐出版公司　1991　p. 396
李并成　敦煌遺書中地理書卷的學術價值　《地理研究》1992 年第 3 期　p. 42
李并成　一批珍貴的古代地理文書:敦煌遺書中的地理書卷　《中國科技史料》1992 年第 13 卷第 4 期　p. 90
李正宇　《沙州圖經》綴合校注　《甘肅文史》1992 年第 8 期　p. 44
林家平　寧强　羅華慶　中國敦煌學史　北京語言學院出版社　1992　p. 81
王仲犖　沙州志殘片三種考釋　敦煌石室地志殘卷考釋　上海古籍出版社　1993　p. 142
梅林　469 窟與莫高窟石室經藏的方位特徵　《敦煌研究》1994 年第 4 期　p. 191
李并成　李春元　瓜沙史地研究　甘肅文化出版社　1996　p. 174
李正宇　敦煌史地新論　(臺北)新文豐出版公司　1996　p. 108
李正宇　敦煌遺書 P. 2691 寫本的定性與正名　慶祝潘石禪先生九秩華誕敦煌學特刊　(臺北)文津

出版社　1996　p. 126
李正宇　敦煌歷史地理導論　(臺北)新文豐出版公司　1997　p. 21
鄭炳林　敦煌碑銘讚輯釋　甘肅教育出版社　1997　p. 522 注 2
鄭炳林　唐五代敦煌的醫事研究　敦煌歸義軍史專題研究　蘭州大學出版社　1997　p. 515
鄭炳林　唐五代敦煌種植林業研究　敦煌歸義軍史專題研究　蘭州大學出版社　1997　p. 196
陳國燦　敦煌鎮　敦煌學大辭典　上海辭書出版社　1998　p. 295
李正宇　古本敦煌鄉土志八種箋證　(臺北)新文豐出版公司　1998　p. 1
李正宇　沙州圖經卷第一　敦煌學大辭典　上海辭書出版社　1998　p. 325
張澤咸　漢唐間河西走廊地區農牧生產述略　《中國史研究》1998 年第 1 期　p. 48
謝桃坊　敦煌文化尋繹　四川人民出版社　1999　p. 29
顔廷亮　敦煌文化　光明日報出版社　2000　p. 180
顔廷亮　敦煌文化的靈魂論綱　《甘肅社會科學》2000 年第 4 期　p. 35
楊寶玉　敦煌史話　中國大百科全書出版社　2000　p. 158
倉修良　陳仰光　從敦煌圖經殘卷看隋唐五代圖經發展　文史(第五十五輯)　中華書局　2001　p. 131
杜正乾　唐病坊表徵《敦煌研究》2001 年第 1 期　p. 126
榮新江　評《古本敦煌鄉土志八種箋證》　敦煌吐魯番研究(第五卷)　北京大學出版社　2001　p. 406 注、419
周一良　説宛　魏晉南北朝史論集續編　北京大學出版社　2001　p. 296
陳國燦　敦煌學史事新證　甘肅教育出版社　2002　p. 195
李斌城　唐代文化　中國社會科學出版社　2002　p. 1651
榮新江　敦煌地理文獻的價值與研究　敦煌學新論　甘肅教育出版社　2002　p. 246
王素　敦煌吐魯番文獻　文物出版社　2002　p. 142
楊寶玉　敦煌滄桑　長江文藝出版社　2002　p. 243
辛德勇　唐代的地理學　唐代地域結構與運作空間　上海辭書出版社　2003　p. 441
張澤咸　漢晉唐時期農業　中國社會科學出版社　2003　p. 756
朱悦梅　李并成　《沙州督都府圖經》纂修年代及其相關問題考　《敦煌研究》2003 年第 5 期　p. 61
景盛軒　敦煌寫本《大般涅槃經》著録商補　浙江與敦煌學:常書鴻先生誕辰一百周年紀念文集　浙江古籍出版社　2004　p. 350
劉安志　關於唐代沙州陞爲都督府的時間問題　《敦煌學輯刊》2004 年第 2 期　p. 59
李并成　唐《始平縣圖經》殘卷(S. 6014)研究　《敦煌研究》2005 年第 5 期　p. 52
李錦繡　敦煌吐魯番地理文書與唐五代地理學　《吐魯番學研究》2005 年第 1 期　p. 58

S. 2594

朱越利　道經總論　遼寧教育出版社　1992　p. 270

S. 2595

芳村修基　土橋秀高　井ノ口泰淳　敦煌佛教史年表　西域文化研究(第一)·敦煌佛教資料　(京都)法藏館　1958　p. 276
饒宗頤　論敦煌陷於吐蕃之年代　(香港)《東方文化》1971 年第 9 卷第 1 期　又見:選堂集林·史林　(香港)中華書局　1982　p. 683；中國敦煌學百年文庫·民族卷(一)　甘肅文化出版社　1999　p. 229

陳祚龍　敦煌古抄内典尾記彙校二編　敦煌文物隨筆　(臺北)商務印書館　1979　p. 174
柳田聖山　敦煌の禪籍と矢吹慶輝　敦煌仏典と禪(講座敦煌 8)　(東京)大東出版社　1980　p. 10
矢吹慶輝　鳴沙餘韻・解說篇(第一、二部)　(京都)臨川書店　1980　p. 254;545
篠原壽雄　北宗禪と南宗禪　敦煌仏典と禪(講座敦煌 8)　(東京)大東出版社　1980　p. 174
陳祚龍　敦煌古抄内典尾記彙校初、二、三編合刊　敦煌學要籥　(臺北)新文豐出版公司　1982　p. 78
盧向前　馬社研究:伯三八九九號背面馬社文書介紹　敦煌吐魯番文獻研究論集(第二輯)　北京大學出版社　1983　p. 381 注 29　又見:敦煌吐魯番文書論稿　江西人民出版社　1992　p. 63
田中良昭　敦煌禪宗文獻の研究　(東京)大東出版社　1983　p. 258
王重民　記敦煌寫本的佛經　敦煌吐魯番文獻研究論集(第二輯)　北京大學出版社　1983　p. 22　又見:敦煌遺書論文集　中華書局　1984　p. 305
楊曾文　日本學者對中國禪宗文獻的研究和整理《世界宗教研究》1987 年第 1 期　p. 117
池田溫　中國古代寫本識語集録　(東京)大藏出版株式會社　1990　p. 345
上山大峻　敦煌佛教の研究　(京都)法藏館　1990　p. 405
冉雲華　敦煌遺書與中國禪宗歷史研究　"中國唐代學會"會刊(第四期)　(臺北)"中國唐代學會"　1993　p. 56
田中良昭　敦煌の禪籍　禪學研究入門　(東京)大東出版社　1994　p. 59
胡戟　傅玫　敦煌史話　中華書局　1995　p. 131
柳田聖山　禪籍解題(一)・敦煌禪籍　俗語言研究(第二期)　(京都)禪文化研究所　1995　p. 132
柳田聖山撰　劉方譯　敦煌禪籍總說　《敦煌學輯刊》1996 年第 2 期　p. 111
楊曾文　禪宗北宗及禪法　佛教與中國傳統文化　宗教文化出版社　1997　p. 449
方廣錩　觀心論　敦煌學大辭典　上海辭書出版社　1998　p. 724
榮新江　《英藏敦煌文獻》定名商補　文史(第五十二輯)　中華書局　2000　p. 118
李永寧　程亮　王重民敦煌遺書手稿整理　《敦煌研究》2004 年第 5 期　p. 69
李永寧　程亮　王重民先生贈存敦煌研究院的敦煌遺書資料的簡況介紹　敦煌學國際研討會論文集　北京圖書館出版社　2005　p. 22
李永寧　程亮　整理王重民敦煌遺書手稿所得(三)　《敦煌研究》2005 年第 2 期　p. 64

S. 2596

向達　倫敦所藏敦煌卷子經眼目録　《北平圖書館圖書季刊》1939 年新第 1 卷第 4 期　p. 397　又見:唐代長安與西域文明　三聯書店　1957　p. 215
芳村修基　土橋秀高　井ノ口泰淳　敦煌佛教史年表　西域文化研究(第一)・敦煌佛教資料　(京都)法藏館　1958　p. 272
矢吹慶輝　鳴沙餘韻・解說篇(第一部)　(京都)臨川書店　1980　p. 43
郭鋒　敦煌的"社"及其活動　《敦煌學輯刊》1983 年創刊號　p. 85
唐耕耦　陸宏基　敦煌社會經濟文獻真迹釋録(一)　書目文獻出版社　1986　p. 292
李明偉　狀・牒・帖　敦煌文學　甘肅人民出版社　1989　p. 43
山本達郎等　敦煌・II 牒・狀　『NUN – HUANG AND TURFAN DOCUMENTS CONCERNING SOCIAL AND ECONOMIC HISTORY』(IV)　(東京)東洋文庫　1989　p. 14
胡同慶　從敦煌結社活動探討人的群體性以及個體與集體的關係　《敦煌研究》1990 年第 4 期　p. 75　又見:敦煌學研究　甘肅人民美術出版社　1994　p. 178

姜伯勤　敦煌社會文書導論　（臺北）新文豐出版公司　1992　p. 240
高國藩　敦煌民俗資料導論　（臺北）新文豐出版公司　1993　p. 3、8
李明偉　敦煌文學概論　甘肅人民出版社　1993　p. 470
王元軍　從敦煌唐佛經寫本談有關唐代寫經生及其書法藝術的幾個問題　《敦煌研究》1995 年第 1 期　p. 156
王元軍　唐人書法與文化　（臺北）東大圖書公司　1995　p. 129
寧可　郝春文　敦煌社邑文書輯校　江蘇古籍出版社　1997　p. 700
寧可　三官　敦煌學大辭典　上海辭書出版社　1998　p. 426
土肥義和　唐・北宋の間：敦煌の杜家親情社追補社條（S. 8160rv）について　唐代史研究（創刊號）（東京）唐代史研究會　1998　p. 13
楊森　談敦煌社邑文書中"三官"及"録事""虞侯"的若干問題　《敦煌研究》1999 年第 3 期　p. 80
董志翹　《入唐求法巡禮行記》辭彙研究　中國社會科學出版社　2000　p. 175
姜亮夫　敦煌莫高窟年表　姜亮夫全集（十一）　雲南人民出版社　2002　p. 407

S. 2597

矢吹慶輝　鳴沙餘韻・解說篇（第一部）　（京都）臨川書店　1980　p. 76
平野顯照著　張桐生譯　唐代的文學與佛教　（臺北）業强出版社　1987　p. 230
平井宥慶　敦煌文書における金剛經疏　金剛般若經の思想的研究　（東京）春秋社　1999　p. 266

S. 2598

許國霖　敦煌石室寫經年代表　《微妙聲》1937 年第 5 期　又見：中國敦煌學百年文庫・宗教卷（四）　甘肅文化出版社　1999　p. 196
芳村修基　土橋秀高　井ノ口泰淳　敦煌佛教史年表　西域文化研究（第一）・敦煌佛教資料　（京都）法藏館　1958　p. 258
陳祚龍　敦煌古抄内典尾記彙校初、二、三編合刊　敦煌學要籥　（臺北）新文豐出版公司　1982　p. 118
董作賓　敦煌紀年　敦煌學文選（上）　蘭州大學歷史系敦煌學研究室等　1983　p. 28
韓建瓴　題跋　敦煌文學　甘肅人民出版社　1989　p. 77
池田溫　中國古代寫本識語集録　（東京）大蔵出版株式會社　1990　p. 171
林聰明　從敦煌文書看佛教徒的造經祈福　第二屆敦煌學國際研討會論文集　（臺北）漢學研究中心　1990　p. 534
林聰明　敦煌文書學　（臺北）新文豐出版公司　1991　p. 320
榮新江　通頰考　文史（第三十三輯）　中華書局　1992　p. 134　又見：二十世紀中國文史考據文録　雲南人民出版社　2001　p. 2115
前田正名　河西歷史地理學研究　中國藏學出版社　1993　p. 231
趙聲良　隋代敦煌寫本的書法藝術　敦煌書法庫（第三輯）　甘肅人民美術出版社　1994　p. 4　又見：《敦煌研究》1995 年第 4 期　p. 136
黃征　吳偉　敦煌願文集　岳麓書社　1995　p. 871
榮新江　龍家考　中亞學刊（第四輯）　北京大學出版社　1995　p. 151
宿白　《莫高窟記》跋　中國石窟寺考古　文物出版社　1996　p. 204 注 18
林聰明　敦煌吐魯番文書解詁指例　（臺北）新文豐出版公司　2001　p. 164
陳麗萍　敦煌女性寫經題記及反映的婦女問題　敦煌佛教藝術文化國際學術研討會論文集　蘭州大

學出版社　2002　p. 447
姜亮夫　敦煌莫高窟年表　姜亮夫全集(十一)　雲南人民出版社　2002　p. 189
公維章　涅槃、淨土的殿堂:敦煌莫高窟第 148 窟研究　民族出版社　2004　p. 85
景盛軒　試論敦煌佛經異文研究的價值和意義　《敦煌研究》2004 年第 5 期　p. 87
梁銀景　隋代佛教窟龕研究　文物出版社　2004　p. 170

S. 2600
江素雲　維摩詰所説經敦煌寫本綜合目録　(臺北)東初出版社　1991　p. 79
沃興華　敦煌書法藝術　上海人民出版社　1994　p. 104
趙聲良　早期敦煌寫本書法的分期研究　1994 年敦煌學國際研討會文集・石窟藝術卷　甘肅民族出版社　2000　p. 271

S. 2603
土橋秀高　敦煌の律藏　敦煌と中國仏教(講座敦煌 7)　(東京)大東出版社　1984　p. 249
郭在貽　張涌泉　黄征　敦煌變文集校議　岳麓書社　1990　p. 146
劉永明　散見敦煌曆朔閏輯考　《敦煌研究》2002 年第 6 期　p. 16

S. 2605
許國霖　敦煌石室寫經題記彙編　《微妙聲》1936 – 1937 年第 1 – 4 期　又見:中國敦煌學百年文庫・宗教卷(四)　甘肅文化出版社　1999　p. 209
許國霖　敦煌石室寫經年代表　《微妙聲》1937 年第 5 期　又見:中國敦煌學百年文庫・宗教卷(四)　甘肅文化出版社　1999　p. 196
王重民　敦煌曲子詞集　商務印書館　1950　p. 12
芳村修基　土橋秀高　井ノ口泰淳　敦煌佛教史年表　西域文化研究(第一)・敦煌佛教資料　(京都)法藏館　1958　p. 259
陳祚龍　敦煌古抄内典尾記彙校初、二、三編合刊　敦煌學要籥　(臺北)新文豐出版公司　1982　p. 118
平井宥慶　金剛般若經　敦煌と中國仏教(講座敦煌 7)　(東京)大東出版社　1984　p. 28
池田溫　中國古代寫本識語集録　(東京)大藏出版株式會社　1990　p. 177
高國藩　敦煌古俗與民俗流變　河海大學出版社　1990　p. 416
陳澤奎　試論唐人寫經題記的原始著作權意義　《敦煌研究》1994 年第 3 期　p. 119
楊森　"婆姨"與"優婆姨"稱謂芻議　《敦煌研究》1994 年第 3 期　p. 125
趙聲良　隋代敦煌寫本的書法藝術　敦煌書法庫(第三輯)　甘肅人民美術出版社　1994　p. 2　又見:《敦煌研究》1995 年第 4 期　p. 134
方廣錩　敦煌文獻中的《金剛經》及其注疏　《新疆文物》1995 年第 1 期　p. 45
黃征　吳偉　敦煌願文集　岳麓書社　1995　p. 878
鄭阿財　敦煌靈應小説的佛教史學價值　唐研究國際學術會議論文彙編　中國社會科學院歷史研究所　1997　p. 189　又見:唐研究(第四卷)　北京大學出版社　1998　p. 38
方廣錩　關於《禪藏》與敦煌禪籍的若干問題　敦煌學佛教學論叢(上)　中國佛教文化研究所　1998　p. 372
方廣錩　金剛般若波羅蜜經　敦煌學大辭典　上海辭書出版社　1998　p. 682
平井宥慶　敦煌流傳の金剛般若經　金剛般若經の思想的研究　(東京)春秋社　1999　p. 253

蔡忠霖　敦煌漢文寫卷俗字及其現象　(臺北)文津出版社　2002　p. 27
陳麗萍　敦煌女性寫經題記及反映的婦女問題　敦煌佛教藝術文化國際學術研討會論文集　蘭州大學出版社　2002　p. 434
姜亮夫　敦煌莫高窟年表　姜亮夫全集(十一)　雲南人民出版社　2002　p. 196
釋永有　敦煌遺書中的金剛經　敦煌佛教藝術文化國際學術研討會論文集　蘭州大學出版社　2002　p. 32
杜正乾　唐代的《金剛經》信仰　《敦煌研究》2004 年第 5 期　p. 57

S. 2606

柴劍虹　俄藏敦煌詩詞寫卷經眼録　敦煌吐魯番學論稿　浙江教育出版社　2000　p. 225

S. 2607

向達　倫敦所藏敦煌卷子經眼目録　《北平圖書館圖書季刊》1939 年新第 1 卷第 4 期　p. 397　又見:唐代長安與西域文明　三聯書店　1957　p. 215
王重民　敦煌曲子詞集　商務印書館　1950　p. 4
金岡照光　敦煌文學のさまざま　敦煌の文學　(東京)大蔵出版株式會社　1971　p. 140
蘇瑩輝　"敦煌曲"評介　《香港中文大學學報》1974 年第 1 期　又見:敦煌論集續編　(臺北)學生書局　1983　p. 305、312 ; 中國敦煌學百年文庫・藝術卷(一)　甘肅文化出版社　1999　p. 371
潘重規　敦煌詞話　(臺北)石門圖書公司　1981　p. 30、72、95
潘重規　敦煌卷子俗寫文字與俗文學之研究　敦煌變文論輯　(臺北)石門圖書公司　1981　p. 311
鄭阿財　孝道文學敦煌寫卷《十恩德讚》初探　(臺北)《華岡文科學報》1981 年第 13 期　p. 246
饒宗頤　王錫《頓悟大乘政理决》序說並校記　選堂集林・史林　(香港)中華書局　1982　p. 726　又見:漢藏佛教研究彙編　(臺北)文殊出版社　1987　p. 323
潘重規　龍龕手鑑與寫本刻本之關係　敦煌學(第 6 輯)　(臺北)新文豐出版公司　1983　p. 95
饒宗頤解說　林宏作譯　敦煌書法叢刊　(第十九卷)・碎金(二)　(東京)二玄社　1984　p. 102
王重民　記敦煌新出的菩薩蠻　敦煌遺書論文集　中華書局　1984　p. 171、172
龍晦　論敦煌道教文學　《世界宗教研究》1985 年第 3 期　又見:中國敦煌學百年文庫・宗教卷(三)　甘肅文化出版社　1999　p. 359
汪泛舟　敦煌曲子詞的地位特點和影響　《蘭州學刊》1985 年第 1 期　p. 72
高國藩　敦煌民間詩詞中的府兵制與詞的起源問題　《魏晉南北朝隋唐史》1986 年第 4 期　p. 72
李正宇　敦煌方音止遇二攝混同及其校勘學意義　《敦煌研究》1986 年第 4 期　p. 51
盧善煥　《敦煌曲校録》略校　《敦煌學輯刊》1986 年第 2 期　p. 89
邱燮友　唐代敦煌曲的時代使命　漢學研究(敦煌學國際研討會論文專號)　(臺北)漢學研究資料及服務中心　1986　p. 144
朱鳳玉　王梵志詩研究(下)　(臺北)學生書局　1986　p. 110、201
高國藩　敦煌文學作品選　中華書局　1987　p. 76 注 1
高國藩　論敦煌寫本中孟姜女故事的形成和價值　1983 年全國敦煌學術討論會文集・文史遺書編(下)　甘肅人民出版社　1987　p. 199
姜伯勤　唐五代敦煌寺戶制度　中華書局　1987　p. 257
任半塘　敦煌歌辭總編　上海古籍出版社　1987　p. 309、340、405、475、521、601
汪泛舟　敦煌曲子詞方音習語及其他　《敦煌研究》1987 年第 4 期　p. 58

柴劍虹　徐俊　敦煌詞輯校四談　《敦煌學輯刊》1988 年第 1、2 期　p. 56　又見：西域文史論稿　(臺北)國文天地雜誌社　1991　p. 505
高國藩　敦煌曲子詞中的詠花詞　《鹽城師專學報》1988 年第 3 期　p. 34
高國藩　敦煌民俗學　上海文藝出版社　1989　p. 277
高國藩　敦煌曲子詞欣賞　南京大學出版社　1989　p. 62、126、177
孫其芳　詞　敦煌文學　甘肅人民出版社　1989　p. 201
高國藩　敦煌古俗與民俗流變　河海大學出版社　1990　p. 310、477
林玫儀　研究敦煌曲子詞之省思　第二屆敦煌學國際研討會論文集　(臺北)漢學研究中心　1990　p. 306
劉銘恕　敦煌遺書叢識之四　敦煌吐魯番學研究論文集　漢語大詞典出版社　1990　p. 30
任半塘　王昆吾　隋唐五代燕樂雜言歌辭集　巴蜀書社　1990　p. 234、453、805
唐耕耦　陸宏基　敦煌社會經濟文獻真迹釋録(三)　全國圖書館文獻縮微複製中心　1990　p. 42
李正宇　敦煌名勝古迹導論　《陽關》1991 年第 4 期　p. 52
張仲儀　試論敦煌曲子詞的審美特徵　《敦煌研究》1991 年第 2 期　p. 83
金岡照光　曲子詞類　敦煌の文學文獻(講座敦煌 9)　(東京)大東出版社　1992　p. 396
李正宇　敦煌歌舞三劄　《敦煌研究》1992 年第 4 期　p. 49
席臻貫　敦煌古樂　敦煌文藝出版社　1992　p. 5
周紹良　敦煌文學芻議及其它　(臺北)新文豐出版公司　1992　p. 33
高國藩　敦煌民俗資料導論　(臺北)新文豐出版公司　1993　p. 176、352
李正宇　敦煌文學概論　甘肅人民出版社　1993　p. 126、136
李正宇　論敦煌曲子　第二屆國際唐代學術會議論文集(上)　(臺北)文津出版社　1993　p. 758
孫其芳　顔廷亮　敦煌文學概論　甘肅人民出版社　1993　p. 408
王小盾　唐代酒令藝術　(臺北)文津出版社　1993　p. 138
張錫厚　敦煌本《雲謠集》的整理和時代考　(香港)《九州學刊》(敦煌學專輯)1993 年第 5 卷第 4 期　p. 37
鄭阿財　敦煌文獻與文學　(臺北)新文豐出版公司　1993　p. 48
金賢珠　唐五代敦煌民歌　(臺北)文史哲出版社　1994　p. 41、62
李明偉　隋唐絲綢之路　甘肅人民出版社　1994　p. 323
李明偉　唐代文學的嬗變與絲綢之路的影響　《敦煌研究》1994 年第 3 期　p. 139
劉尊明　唐五代詞的文化觀照　(臺北)文津出版社　1994　p. 265、517
劉進寶　敦煌學論述　(臺北)洪葉文化事業有限公司　1995　p. 337
邵文實　敦煌邊塞文學之《征婦怨》作品述論　《敦煌學輯刊》1995 年第 2 期　p. 58
史雙元　唐五代詞紀事會評　黄山書社　1995　p. 397
楊森　金山國與各教的疏密關係　敦煌佛教文獻研究　敦煌研究院文獻研究所　1995　p. 53
張錫厚　敦煌本唐集研究　(臺北)新文豐出版公司　1995　p. 336
張涌泉　漢語俗字研究　岳麓書社　1995　p. 205
柴劍虹　俄藏敦煌詩詞寫卷經眼録(一)　敦煌吐魯番研究(第一卷)　北京大學出版社　1996　p. 108
饒宗頤　敦煌曲訂補　敦煌曲續論　(臺北)新文豐出版公司　1996　p. 43
饒宗頤　唐末的皇帝、軍閥與曲子詞　敦煌曲續論　(臺北)新文豐出版公司　1996　p. 133
王昆吾　隋唐五代燕樂雜言歌辭研究　中華書局　1996　p. 71、418
張涌泉　敦煌俗字研究導論　(臺北)新文豐出版公司　1996　p. 186

劉尊明　《雲謠集》整理與研究綜述　《文史知識》1997 年第 8 期　p. 111
陸淑綺　李重申　敦煌古代戲曲文化史料綜述　《敦煌研究》1997 年第 2 期　p. 64
齊陳俊　馮培紅　晚唐五代宋初歸義軍對外商業貿易　敦煌歸義軍史專題研究　蘭州大學出版社　1997　p. 347
唐耕耦　敦煌寺院會計文書研究　(臺北)新文豐出版公司　1997　p. 6
楊銘　吐蕃經略西北的歷史作用　《民族研究》1997 年第 1 期　又見:中國敦煌學百年文庫・民族卷(二)　甘肅文化出版社　1999　p. 76
曾良　《敦煌歌辭總編》商補　敦煌吐魯番研究(第二卷)　北京大學出版社　1997　p. 346
鄭炳林　晚唐五代敦煌貿易市場的物價　敦煌歸義軍史專題研究　蘭州大學出版社　1997　p. 288
郝春文　唐後期五代宋初敦煌僧尼的社會生活　中國社會科學出版社　1998　p. 130
郝春文　唐後期五代宋初敦煌寺院常住什物的數量及與僧人的關係　《敦煌研究》1998 年第 2 期　p. 119
潘重規　敦煌《雲謠集》新書　雲謠集研究彙録　上海古籍出版社　1998　p. 209
舍之　歷代詞選集叙録　雲謠集研究彙録　上海古籍出版社　1998　p. 304
孫其芳　浣溪沙　敦煌學大辭典　上海辭書出版社　1998　p. 529
孫其芳　浪淘沙　敦煌學大辭典　上海辭書出版社　1998　p. 535
孫其芳　蘇幕遮　敦煌學大辭典　上海辭書出版社　1998　p. 532
孫其芳　西江月　敦煌學大辭典　上海辭書出版社　1998　p. 530
孫其芳　讚普子　敦煌學大辭典　上海辭書出版社　1998　p. 533
唐耕耦　常住什物交割點檢曆　敦煌學大辭典　上海辭書出版社　1998　p. 648
高國藩　敦煌俗文化學　上海三聯書店　1999　p. 545、556
黄征　程惠新　劫塵遺珠:敦煌遺書　甘肅教育出版社　1999　p. 78
潘重規　敦煌寫本唐昭宗菩薩蠻詞的新探測(上、下)　中國敦煌學百年文庫・文學卷(二)　甘肅文化出版社　1999　p. 362、364
榮新江　英國圖書館藏敦煌漢文非佛教文獻殘卷概述　敦煌文藪(下)　(臺北)新文豐出版公司　1999　p. 128
楊曉靄　翰海駝鈴——絲綢之路的人物往來與文化交流　甘肅教育出版社　1999　p. 132
伏俊璉　俗情雅韻:敦煌賦選析　甘肅人民出版社　2000　p. 37
劉尊明　唐五代詞史論稿　文化藝術出版社　2000　p. 49
榮新江《英藏敦煌文獻》定名商補　文史(第五十二輯)　中華書局　2000　p. 120　又見:敦煌學新論　甘肅教育出版社　2002　p. 194
孫其芳　鳴沙遺音:敦煌詞選評　甘肅人民出版社　2000　p. 84
顔廷亮　西陲文學遺珍:敦煌文學通俗談　甘肅人民出版社　2000　p. 121、128
張鴻勳　說唱藝術奇葩:敦煌變文選評　甘肅人民出版社　2000　p. 157
杜曉勤　隋唐五代文學研究　北京出版社　2001　p. 1331
高啓安　從莫高窟壁畫看唐五代敦煌人的坐具和飲食坐姿(上)　《敦煌研究》2001 年第 3 期　p. 21
王明珠　定西地區博物館藏長柄銅香爐　《敦煌研究》2001 年第 1 期　p. 30
曾良　敦煌文獻字義通釋　廈門大學出版社　2001　p. 19
姜亮夫　敦煌莫高窟年表　姜亮夫全集(十一)　雲南人民出版社　2002　p. 420
劉進寶　敦煌學通論　甘肅教育出版社　2002　p. 385
徐俊　唐詞、唐曲子及其相關問題　國際敦煌學學術史研討會論文集　研討會籌備組　2002　p. 375　又見:敦煌吐魯番研究(第七卷)　北京大學出版社　2004　p. 149

張鴻勳　敦煌俗文學研究　甘肅人民出版社　2002　p. 258
高啓安　唐五代敦煌飲食文化研究　民族出版社　2004　p. 73、230
湯涒　敦煌曲子詞地域文化研究　上海古籍出版社　2004　p. 18、33、110
金開誠　葛兆光　古詩文要籍叙録　中華書局　2005　p. 105
湯涒　敦煌曲子詞寫本叙略　敦煌學國際研討會論文集　北京圖書館出版社　2005　p. 200

S. 2608

江素雲　維摩詰所說經敦煌寫本綜合目録　(臺北)東初出版社　1991　p. 79

S. 2609

江素雲　維摩詰所說經敦煌寫本綜合目録　(臺北)東初出版社　1991　p. 79

S. 2610

岡部和雄　疑僞經典　敦煌仏典と禪(講座敦煌 8)　(東京)大東出版社　1980　p. 360
菅原信海　占筮書　敦煌漢文文獻(講座敦煌 5)　(東京)大東出版社　1992　p. 456
方廣錩　金剛三昧經　敦煌學大辭典　上海辭書出版社　1998　p. 693

S. 2611

池田溫　中國古代寫本識語集録　(東京)大藏出版株式會社　1990　p. 393

S. 2612

矢吹慶輝　鳴沙餘韻・解說篇(第一部)　(京都)臨川書店　1980　p. 164、170
陳祚龍　敦煌古抄内典尾記彙校初、二、三編合刊　敦煌學要籥　(臺北)新文豐出版公司　1982　p. 119
上山大峻　敦煌佛教の研究　(京都)法藏館　1990　p. 81

S. 2613

矢吹慶輝　鳴沙餘韻・解說篇(第一部)　(京都)臨川書店　1980　p. 140
饒宗頤解說　林宏作譯　敦煌書法叢刊　第二五卷・寫經(六)　(東京)二玄社　1984　p. 72
吳其昱著　福井文雅　樋口勝譯　大蕃國大德・三藏法師・法成傳考　敦煌と中國仏教(講座敦煌 7)　(東京)大東出版社　1984　p. 392
池田溫　中國古代寫本識語集録　(東京)大藏出版株式會社　1990　p. 420
上山大峻　敦煌佛教の研究　(京都)法藏館　1990　p. 91、223
胡戟　傅玫　敦煌史話　中華書局　1995　p. 130
鄭炳林　敦煌碑銘讚輯釋　甘肅教育出版社　1997　p. 79 注 3

S. 2614

傅芸子　俗講新考　《新思潮月刊》1945 年第 1 卷第 2 期　又見:敦煌變文論文録　上海古籍出版社　1982　p. 154
關德棟　談變文　《覺群周報》1946 年 1 卷 1-12 期　又見:敦煌變文論文録　上海古籍出版社　1982　p. 202、227
向達　唐代俗講考　《國學季刊》1950 年第 6 卷第 4 號　p. 1　又見:唐代長安與西域文明　三聯書

店　1957　p. 332；敦煌變文論輯　（臺北）石門圖書公司　1981　p. 38；敦煌變文論文録　上海古籍出版社　1982　p. 66；關隴文學論叢　甘肅人民出版社　1983　p. 179

周紹良　敦煌所出變文現存目録　敦煌變文彙録　上海出版公司　1955　p. 6

芳村修基　土橋秀高　井ノ口泰淳　敦煌佛教史年表　西域文化研究（第一）·敦煌佛教資料　（京都）法藏館　1958　p. 277

內藤乾吉　西域發見唐代官文書の研究　西域文化研究（第三）·敦煌吐魯番社會經濟資料（下）（京都）法藏館　1960　p. 40　又見：中國法制史考證　（東京）有斐閣　1963　p. 259

邵榮芬　敦煌俗文學中的别字異文和唐五代西北方音　《中國語文》1963年第3期　又見：中國敦煌學百年文庫·語言文字卷（一）　甘肅文化出版社　1999　p. 120

藤枝晃　敦煌の僧尼籍　『東方學報』（第35號）　京都大學人文科學研究所　1964　p. 323、285、294

長澤和俊　敦煌　（東京）築摩書房　1965　p. 198

胡適　讀《大目乾連冥間救母變文》筆記　胡適手稿（第8集）　臺北胡適紀念館　1970　又見：中國敦煌學百年文庫·文學卷（四）　甘肅文化出版社　1999　p. 7

金岡照光　敦煌の寫本　敦煌の文學　（東京）大藏出版株式會社　1971　p. 69

金岡照光　敦煌漢文文學文獻の文學形態上の種類とその分類　敦煌出土文學文獻分類目録·附解說　（東京）東洋文庫　1971　p. 198

金岡照光　敦煌漢文文學文獻の寫本及び影印の收集保存、整理研究の現狀　敦煌出土文學文獻分類目録·附解說　（東京）東洋文庫　1971　p. 169

金岡照光　敦煌文學のこころ　敦煌の文學　（東京）大藏出版株式會社　1971　p. 250

金岡照光　敦煌文學のさまざま　敦煌の文學　（東京）大藏出版株式會社　1971　p. 107、186

金岡照光　敦煌民衆の社會と生活　敦煌の民衆：その生活と思想　（東京）評論社　1972　p. 320

金岡照光　敦煌民衆の宗教と生活　敦煌の民衆：その生活と思想　（東京）評論社　1972　p. 133、165

蘇瑩輝　"敦煌曲"評介　《香港中文大學學報》1974年第1期　又見：中國敦煌學百年文庫·藝術卷（一）　甘肅文化出版社　1999　p. 378

加地哲定　增補中國佛教文學研究　（東京）同朋舍　1979　p. 121、167

北原薰　晚唐·五代の敦煌寺院経済——收支決算報告を中心に　敦煌の社會（講座敦煌3）　（東京）大東出版社　1980　p. 437、456

金岡照光　敦煌寫本と民衆仏教　続シルクロードと仏教文化　（東京）東洋哲學研究所　1980　p. 155

菊池英夫　唐代敦煌社會の外貌　敦煌の社會（講座敦煌3）　（東京）大東出版社　1980　p. 104

矢吹慶輝　鳴沙餘韻·解說篇（第一部）　（京都）臨川書店　1980　p. 257

楊家駱　敦煌變文　（臺北）世界書局　1980　p. 745

金岡照光　敦煌の繪物語　（東京）東方書店　1981　p. 56、172

潘重規　敦煌變文新論　敦煌變文論輯　（臺北）石門圖書公司　1981　p. 160

蘇瑩輝　敦煌學概要　（臺北）編譯館"中華叢書編委會"　1981　p. 180、182

張錫厚　敦煌文學的歷史貢獻　文學評論叢刊（第九輯）　中國社會科學出版社　1981　p. 200

白化文　什麽是變文　敦煌變文論文録　上海古籍出版社　1982　p. 431

陳國燦　敦煌所出諸借契年代考　魏晉南北朝隋唐史資料（第4輯）　武漢大學出版社　1982　p. 13　又見：《敦煌學輯刊》1984年第1期　p. 6

傅芸子　敦煌俗文學之發見及其展開　敦煌變文論文録　上海古籍出版社　1982　p. 137

李永寧　敦煌莫高窟碑文録及有關問題　《敦煌研究》1982 年試刊第 2 期　p. 124
羅宗濤　敦煌變文中詩歌形式之探討　漢學論文集　(臺北)文史哲出版社　1982　又見:中國敦煌學百年文庫・文學卷(四)　甘肅文化出版社　1999　p. 62
孫修身　敦煌三界寺　甘肅省史學會論文集　甘肅省歷史學會編印　1982　又見:中國敦煌學百年文庫・宗教卷(一)　甘肅文化出版社　1999　p. 52、58
趙景深　目連故事的演變　敦煌變文論文録　上海古籍出版社　1982　p. 459
鄭阿財　敦煌孝道文學研究　(臺北)石門圖書公司　1982　p. 16、75、110、191
周紹良　談唐代民間文學　敦煌變文論文録　上海古籍出版社　1982　p. 412　又見:紹良叢稿　齊魯書社　1984　p. 54
山田利明　老子化胡經類　敦煌と中國道教(講座敦煌 4)　(東京)大東出版社　1983　p. 107
蘇瑩輝　敦煌卷子對近五十年來中國文學史家之貢獻　敦煌論集續編　(臺北)學生書局　1983　p. 100
川口久雄　目連救母變文考　大目乾連冥間救母變文(敦煌資料と日本文學　3)　(東京)大東文化大學東洋研究所　1984　p. 45
道端良秀　敦煌文獻に見える死後の世界　敦煌と中國仏教(講座敦煌 7)　(東京)大東出版社　1984　p. 505
鄧文寬　敦煌寫本《百行章》述略　《文物》1984 年第 9 期　p. 65
岡部和雄　敦煌藏經目録　敦煌と中國仏教(講座敦煌 7)　(東京)大東出版社　1984　p. 307
金岡照光　敦煌における地獄文獻:敦煌庶民信仰の一様相　敦煌と中國仏教(講座敦煌 7)　(東京)大東出版社　1984　p. 582
潘重規　敦煌變文集新書(下)　(臺北)"中國文化大學"中文研究所　1984　p. 716
孫修身　斯 2614 號卷寫作年代的考定　《敦煌學輯刊》1984 年第 1 期　p. 41
王慶菽　大目乾連冥間救母變文並圖一卷並序　敦煌變文集　人民文學出版社　1984　p. 745
戴密微著　耿昇譯　唐代的入冥故事:黄仕强傳　敦煌譯叢(第一輯)　甘肅人民出版社　1985　p. 133
蕭登福　敦煌寫卷《唐太宗入冥記》之撰寫年代及其影響　(臺北)《中國文化復興月刊》1985 年第 5－6 期　又見:敦煌俗文學論叢　(臺北)商務印書館　1988　p. 88
柴劍虹　敦煌題畫詩漫語　《敦煌學輯刊》1986 年第 1 期　p. 154　又見:西域文史論稿　(臺北)國文天地雜誌社　1991　p. 362
高明士　唐代敦煌的教育　漢學研究(敦煌學國際研討會論文專號)　(臺北)漢學研究資料及服務中心　1986　p. 256
簡濤　敦煌本《燕子賦》考論　《敦煌研究》1986 年第 3 期　p. 31
金岡照光　關於敦煌變文演出的二三個問題　漢學研究(敦煌學國際研討會論文專號)　(臺北)漢學研究資料及服務中心　1986　p. 306
李正宇　敦煌方音止遇二攝混同及其校勘學意義　《敦煌研究》1986 年第 4 期　p. 49
李正宇　唐宋時代的敦煌學校　《敦煌研究》1986 年第 1 期　p. 45
曲金良　"變文"名實新辨　《敦煌研究》1986 年第 2 期　p. 49
謝重光　關於唐後期至五代間沙州寺院經濟的幾個問題　敦煌吐魯番出土經濟文書研究　廈門大學出版社　1986　p. 450
謝重光　晉—唐僧官制度考略　五十年來漢唐佛教寺院經濟研究　北京師範大學出版社　1986　p. 344 注 5
姜伯勤　唐五代敦煌寺戶制度　中華書局　1987　p. 139、186、213

李正宇　敦煌學郎題記輯注　《敦煌學輯刊》1987 年第 1 期　p. 31
曲金良　敦煌寫本變文、講經文作品創作時間彙考　《敦煌學輯刊》1987 年第 1 期　p. 64
任半塘　敦煌歌辭總編　上海古籍出版社　1987　p. 1006
王永興　隋唐五代經濟史料彙編校注・第一編(下)　中華書局　1987　p. 958
周紹良　唐代變文及其它　敦煌文學作品選　中華書局　1987　p. 4
李正宇　敦煌地區古代祠廟寺觀簡志　《敦煌學輯刊》1988 年第 1、2 期　p. 76
孫昌武　佛教與中國文學　上海人民出版社　1988　p. 304
王慶菽　敦煌變文研究　敦煌語言文學論文集　浙江古籍出版社　1988　p. 58
蕭登福　唐世佛家之講經與敦煌變文　敦煌俗文學論叢　(臺北)商務印書館　1988　p. 64、70、75
柴劍虹　因緣　敦煌文學　甘肅人民出版社　1989　p. 273
陳祚龍　看了敦煌古抄《佛說盂蘭盆經讚述》以後　敦煌學散策新集　(臺北)新文豐出版公司　1989　p. 269
高國藩　敦煌民俗學　上海文藝出版社　1989　p. 34、98
郭在貽　張涌泉　黃征　《大目乾連冥間救母變文》校議　《安徽師大學報》1989 年第 1 期　p. 18
李并成　唐代前期河西走廊農田開墾面積估算　《檔案》1989 年第 6 期　p. 39
山本達郎等　敦煌・I 社條　『NUN – HUANG AND TURFAN DOCUMENTS CONCERNING SOCIAL AND ECONOMIC HISTORY』(IV)　(東京)東洋文庫　1989　p. 7
山本達郎等　敦煌・III 轉貼　『NUN – HUANG AND TURFAN DOCUMENTS CONCERNING SOCIAL AND ECONOMIC HISTORY』(IV)　(東京)東洋文庫　1989　p. 33、84
山本達郎等　敦煌・IV 納贈曆・納色物曆等　『NUN – HUANG AND TURFAN DOCUMENTS CONCERNING SOCIAL AND ECONOMIC HISTORY』(IV)　(東京)東洋文庫　1989　p. 92
張鴻勳　變文　敦煌文學　甘肅人民出版社　1989　p. 241
池田溫　中國古代寫本識語集録　(東京)大藏出版株式會社　1990　p. 465
高國藩　敦煌古俗與民俗流變　河海大學出版社　1990　p. 395
郭在貽　張涌泉　黃征　敦煌變文集校議　岳麓書社　1990　p. 370、393
郭在貽　張涌泉　黃征　敦煌寫本書寫特例發微　敦煌吐魯番學研究論文集　漢語大詞典出版社　1990　p. 313
郝春文　唐後期五代宋初沙州僧尼的特點　敦煌吐魯番學研究論文集　漢語大詞典出版社　1990　p. 825、843
加地哲定著　劉衛星譯　中國佛教文學　今日中國出版社　1990　p. 105、141
江藍生　近代漢語語法資料彙編(唐五代卷)　商務印書館　1990　p. 390
黎薔　西域戲劇的緣起及敦煌佛教戲曲的形成　《敦煌研究》1990 年第 2 期　p. 106
李并成　唐代前期河西走廊的農業開發　《中國農史》1990 年第 1 期　p. 16
李正宇　釋"耶沒忽":敦煌遺書王梵志詩俗詞語研究之一　王梵志詩研究彙録(上)　上海古籍出版社　1990　p. 267
任半塘　王昆吾　隋唐五代燕樂雜言歌辭集　巴蜀書社　1990　p. 482
榮新江　沙州歸義軍歷任節度使稱號研究　敦煌吐魯番學研究論文集　漢語大詞典出版社　1990　p. 790
榮新江　通頰考　文史(第三十三輯)　中華書局　1990　p. 139　又見:二十世紀中國文史考據文録　雲南人民出版社　2001　p. 2118
唐耕耦　陸宏基　敦煌社會經濟文獻真迹釋録(四)　全國圖書館文獻縮微複製中心　1990　p. 229
項楚　敦煌變文選注　巴蜀書社　1990　p. 646

謝重光　白文固　中國僧官制度史　青海人民出版社　1990　p. 133 注 6
柴劍虹　敦煌文學中的"因緣"與"詩話"　西域文史論稿　(臺北)國文天地雜誌社　1991　p. 515
李正宇　敦煌名勝古迹導論　《陽關》1991 年第 4 期　p. 51
林聰明　敦煌文書出處略考　季羨林教授八十華誕紀念論文集(下)　江西人民出版社　1991　p. 858
林聰明　敦煌文書學　(臺北)新文豐出版公司　1991　p. 173、273、389、411 注 9
楊雄　目連變文校勘拾遺　敦煌學(第 17 輯)　(臺北)新文豐出版公司　1991　p. 17
張涌泉　《補全唐詩》兩種補校　《敦煌學輯刊》1991 年第 2 期　p. 16　又見:舊學新知　浙江大學出版社　1999　p. 299
西北師範大學古籍整理研究所　酒泉寶卷　甘肅人民出版社　1991　p. 5
段平　河西寶卷選(上)　(臺北)新文豐出版公司　1992　p. 7
岡野誠　敦煌資料と唐代法典研究——西域発見の唐律・律疏斷簡の再檢討　敦煌漢文文獻(講座敦煌 5)　(東京)大東出版社　1992　p. 520
姜伯勤　敦煌社會文書導論　(臺北)新文豐出版公司　1992　p. 86、197、200、205、214
金岡照光　講唱體類　敦煌の文學文獻(講座敦煌 9)　(東京)大東出版社　1992　p. 65、92、121、152
金岡照光　講史譚・時事変文等:「王陵」「李陵」「張議潮」変文を中心に　敦煌の文學文獻(講座敦煌 9)　(東京)大東出版社　1992　p. 557
金岡照光　孝行譚:『舜子変』と『董永傳』　敦煌の文學文獻(講座敦煌 9)　(東京)大東出版社　1992　p. 509
金岡照光　総說『敦煌文學の諸形態』　敦煌の文學文獻(講座敦煌 9)　(東京)大東出版社　1992　p. 8
黎薔　敦煌遺書與壁畫中的佛教戲曲　西域戲劇與戲劇的發生　新疆人民出版社　1992　p. 91
林家平　寧强　羅華慶　中國敦煌學史　北京語言學院出版社　1992　p. 337、629
梅林　吐蕃和歸義軍時期敦煌禪僧寺籍考辨　《敦煌研究》1992 年第 3 期　p. 100
陶秋英輯録　姜亮夫校訂　敦煌經卷所見寺名録　敦煌碎金　浙江古籍出版社　1992　p. 100
汪泛舟　敦煌講唱文學語言審美追求　《敦煌研究》1992 年第 2 期　p. 51
張涌泉　敦煌寫卷俗字類型及其考辨的方法　(香港)《九州學刊》(敦煌學專輯)1992 年第 4 卷第 4 期　p. 75
周紹良　敦煌文學芻議及其它　(臺北)新文豐出版公司　1992　p. 42、68
竺沙雅章　寺院文書　敦煌漢文文獻(講座敦煌 5)　(東京)大東出版社　1992　p. 609
陳祚龍　唐代敦煌佛寺講經之真象　第二届國際唐代學術會議論文集(上)　(臺北)文津出版社　1993　p. 614 注 7
高國藩　敦煌民俗資料導論　(臺北)新文豐出版公司　1993　p. 131
郭在貽　郭在貽敦煌學論集　江西人民出版社　1993　p. 211
郝春文　敦煌寫本社邑文書年代彙考(一、二)　《首都師範大學學報》1993 年第 4、5 期　p. 34;76
李正宇　敦煌文學概論　甘肅人民出版社　1993　p. 122 注 1
前田正名　河西歷史地理學研究　中國藏學出版社　1993　p. 258
汪泛舟　敦煌文學概論　甘肅人民出版社　1993　p. 180
王克孝　ДХ2168 號寫本初探　《敦煌學輯刊》1993 年第 2 期　p. 25　又見:1994 年敦煌學國際研討會文集・宗教文史卷(下)　甘肅民族出版社　2000　p. 229
蕭登福　道教與密宗　(臺北)新文豐出版公司　1993　p. 527

張鴻勳　敦煌說唱文學概論　（臺北）新文豐出版公司　1993　p. 19
鄭阿財　從敦煌文獻看唐代的三教合一　第二屆國際唐代學術會議論文集(上)　（臺北）文津出版社　1993　p. 648
姜伯勤　敦煌邈真讚與敦煌望族　敦煌邈真讚校録並研究　（臺北）新文豐出版公司　1994　p. 42、46
蔣禮鴻　敦煌文獻語言詞典　杭州大學出版社　1994　p. 112、294、333
李明偉　隋唐絲綢之路　甘肅人民出版社　1994　p. 325
李明偉　唐代文學的嬗變與絲綢之路的影響　《敦煌研究》1994 年第 3 期　p. 140
林聰明　談敦煌文書的抄寫問題　紀念陳寅恪先生百年誕辰學術論文集　江西教育出版社　1994　p. 289
邵文實　敦煌俗文學作品中的駢儷文風　《敦煌學輯刊》1994 年第 2 期　p. 47
王堯　從兩件敦煌吐蕃文書來談洪䛒的事迹　選堂文史論苑　上海古籍出版社　1994　p. 248
沃興華　敦煌書法藝術　上海人民出版社　1994　p. 173
顔廷亮　《大目乾連冥間救母變文並圖一卷並序》的一個未見著録的節抄卷　《社科縱横》1994 年第 4 期　p. 4
鄭炳林　《索勳紀德碑》研究　《敦煌學輯刊》1994 年第 2 期　p. 69
黄盛璋　敦煌漢文與于闐文書中之龍家及其相關問題　全國敦煌學研討會論文集　（臺北）中正大學中國文學系所　1995　p. 66　又見:《西域研究》1996 年第 1 期　p. 30
黄征　唐代俗語詞輯釋(一)　唐研究(第一卷)　北京大學出版社　1995　p. 196
劉進寶　敦煌學論述　（臺北）洪葉文化事業有限公司　1995　p. 303
曲金良　敦煌佛教文學研究　（臺北）文津出版社　1995　p. 99
吴庚舜　董乃斌　唐代文學史(下)　人民文學出版社　1995　p. 596 注 14
蕭登福　道教與佛教　（臺北）東大圖書公司　1995　p. 158
顔廷亮　敦煌文學概說　（臺北）新文豐出版公司　1995　p. 323
張弓　敦煌秋冬節俗初探　敦煌學國際研討會文集・史地語文編　遼寧美術出版社　1995　p. 589
張涌泉　陳祚龍校録敦煌卷子失誤例釋　學術集林(卷六)　上海遠東出版社　1995　p. 301　又見:舊學新知　浙江大學出版社　1999　p. 278、284
張涌泉　敦煌文書類化字研究　《敦煌研究》1995 年第 4 期　p. 73
張涌泉　漢語俗字研究　岳麓書社　1995　p. 84
陳允吉　《目連變》故事基型的素材結構與生成時代之推考　唐研究(第二卷)　北京大學出版社　1996　p. 216、233 注 1
段小强　敦煌文書所反映的古代喪禮　《敦煌學輯刊》1996 年第 2 期　p. 43
郝春文　唐後期五代宋初沙州的方等道場與方等道場司　唐研究(第二卷)　北京大學出版社　1996　p. 66、83
郝春文　唐後期五代宋初沙州僧尼的宗教收入(三):大衆倉試探　《敦煌學輯刊》1996 年第 2 期　p. 6
李并成　李春元　瓜沙史地研究　甘肅文化出版社　1996　p. 195
李正宇　敦煌史地新論　（臺北）新文豐出版公司　1996　p. 72、76、82、91、189
陸慶夫　唐宋間敦煌粟特人之漢化　《歷史研究》1996 年第 6 期　p. 31　又見:敦煌歸義軍史專題研究　蘭州大學出版社　1997　p. 367
馬德　敦煌莫高窟史研究　甘肅教育出版社　1996　p. 209
馬德　莫高窟與敦煌佛教教團　敦煌吐魯番研究(第一卷)　北京大學出版社　1996　p. 166

張涌泉　敦煌俗字研究導論　(臺北)新文豐出版公司　1996　p. 95、103、111、169、199、241、265
張涌泉　敦煌文獻校讀釋例　文史(第四十一輯)　中華書局　1996　p. 202　又見:舊學新知　浙江大學出版社　1999　p. 218
張涌泉　敦煌寫卷俗字類釋　敦煌吐魯番學研究論集　書目文獻出版社　1996　p. 484
黄征　張涌泉　敦煌變文校注　中華書局　1997　p. 55、345、694、792、1038
黄征　李丹禾　敦煌變文中的願文　敦煌文學論集　四川人民出版社　1997　p. 369
劉子瑜　敦煌變文和王梵志詩　大象出版社　1997　p. 38
顔廷亮　關於《晏子賦》寫本的抄寫年代問題　《敦煌研究》1997 年第 2 期　p. 138
張弓　漢唐佛寺文化史　中國社會科學出版社　1997　p. 385、771
張涌泉　敦煌地理文書輯録著作三種校議　古典文獻與文化論叢　中華書局　1997　p. 88
鄭炳林　敦煌碑銘讚輯釋　甘肅教育出版社　1997　p. 61 注 9
鄭炳林　唐五代敦煌的粟特人與佛教　敦煌歸義軍史專題研究　蘭州大學出版社　1997　p. 445
顧吉辰　敦煌文獻職官結銜考釋　《敦煌學輯刊》1998 年第 2 期　p. 33
海客　大目乾連冥間救母變文　敦煌學大辭典　上海辭書出版社　1998　p. 575
郝春文　唐後期五代宋初敦煌僧尼的社會生活　中國社會科學出版社　1998　p. 29、386
郝春文　唐後期五代宋初敦煌僧尼遺産的處理與喪事的操辦　《敦煌研究》1998 年第 3 期　p. 43
郝春文　唐後期五代宋初敦煌寺院常住什物的數量及與僧人的關係　《敦煌研究》1998 年第 2 期　p. 118
黄征　唐代俗語詞輯釋(二)　唐研究(第四卷)　北京大學出版社　1998　p. 139
李天石　敦煌所出賣身、典身契約年代考　《敦煌學輯刊》1998 年第 1 期　p. 29
李正宇　報恩寺　敦煌學大辭典　上海辭書出版社　1998　p. 629
李正宇　大乘寺　敦煌學大辭典　上海辭書出版社　1998　p. 628
李正宇　金光明寺　敦煌學大辭典　上海辭書出版社　1998　p. 630
李正宇　淨土寺　敦煌學大辭典　上海辭書出版社　1998　p. 631
李正宇　蓮台寺　敦煌學大辭典　上海辭書出版社　1998　p. 629
李正宇　靈修寺　敦煌學大辭典　上海辭書出版社　1998　p. 629
李正宇　龍興寺　敦煌學大辭典　上海辭書出版社　1998　p. 629
李正宇　普光寺　敦煌學大辭典　上海辭書出版社　1998　p. 630
李正宇　三界寺　敦煌學大辭典　上海辭書出版社　1998　p. 631
李重申　武術　敦煌學大辭典　上海辭書出版社　1998　p. 600
潘重規　敦煌《雲謠集》新書　雲謠集研究彙録　上海古籍出版社　1998　p. 217
譚蟬雪　敦煌歲時文化導論　(臺北)新文豐出版公司　1998　p. 162
唐耕耦　式叉尼　敦煌學大辭典　上海辭書出版社　1998　p. 640
王繼如　別本《大目乾連冥間救母變文》研究　《敦煌研究》1998 年第 3 期　p. 142
楊森　跋《子年三月五日計料海濟受戒衣缽具色一一如後》帳及卷背《釋門教授帖》文書　《敦煌研究》1998 年第 4 期　p. 103
袁德領　法心與敦煌莫高窟第 119 窟　《敦煌研究》1998 年第 4 期　p. 29
周紹良　張涌泉　黄征　敦煌變文講經文因緣輯校(上、下)　江蘇古籍出版社　1998　p. 5;872
高國藩　敦煌俗文化學　上海三聯書店　1999　p. 528
金岡照光　關於敦煌變文與唐代佛教儀式之關係　敦煌文藪(上)　(臺北)新文豐出版公司　1999　p. 136
馬德　敦煌文書《諸寺付經歷》芻議　《敦煌學輯刊》1999 年第 1 期　p. 38

梅維恒著　楊繼東　陳引馳譯　唐代變文(上)　(香港)中國佛教文化出版公司　1999　p. 55、212、258 注 1
蘇瑩輝　敦煌卷子對近五十年來中國文學史家之貢獻　中國敦煌學百年文庫・文學卷(五)　甘肅文化出版社　1999　p. 187
蕭登福　敦煌寫卷《唐太宗入冥記》之撰寫年代及其影響　中國敦煌學百年文庫・文學卷(五)　甘肅文化出版社　1999　p. 274
楊秀清　淺談唐、宋時期敦煌地區的學生生活　《敦煌研究》1999 年第 4 期　p. 144
張涌泉　敦煌文書疑難詞語辨釋　舊學新知　浙江大學出版社　1999　p. 262
張涌泉　敦煌寫本書寫特例發微　舊學新知　浙江大學出版社　1999　p. 223、248
張涌泉　俗字研究與敦煌文獻的校理　舊學新知　浙江大學出版社　1999　p. 52、60、68
鄧文寬　英藏敦煌本《六祖壇經》的河西特色:以方音通假爲依據的探索　1994 年敦煌學國際研討會文集・宗教文史卷(上)　甘肅民族出版社　2000　p. 106
郝春文　《敦煌社邑文書輯校》補遺(二)　《首都師範大學學報》2000 年第 2 期　p. 8
郝春文　唐後期五代宋初敦煌的春秋官齋、十二月轉經、水則道場與佛教節日　慶祝吳其昱先生八秩華誕敦煌學特刊　(臺北)文津出版社　2000　p. 250、254
郝春文　英藏敦煌文獻年代叢考　英國收藏敦煌漢藏文獻研究:紀念敦煌文獻發現一百周年　中國社會科學出版社　2000　p. 370、377
金岡照光　敦煌文獻と中國文學　(東京)五曜書房　2000　p. 21、36、99、158、380、141
雷紹鋒　歸義軍賦役制度初探　(臺北)洪葉文化事業有限公司　2000　p. 255
李重申　陸淑綺　敦煌目連變文與戲曲研究　《敦煌研究》2000 年第 3 期　p. 52
丘古耶夫斯基　敦煌漢文文書　上海古籍出版社　2000　p. 121、135、163、222
沙知　英國收藏敦煌文獻敘録　英國收藏敦煌漢藏文獻研究:紀念敦煌文獻發現一百周年　中國社會科學出版社　2000　p. 123
汪娟　敦煌寫本《觀音禮》初探　慶祝吳其昱先生八秩華誕敦煌學特刊　(臺北)文津出版社　2000　p. 335
巫鴻著　鄭岩譯　何爲變相?　藝術史研究(2)　中山大學出版社　2000　p. 53
徐俊　敦煌詩集殘卷輯考　中華書局　2000　p. 140、775、899、935
顏廷亮　敦煌文化　光明日報出版社　2000　p. 275、322
楊秀清　華戎交會的都市:敦煌與絲綢之路　甘肅人民出版社　2000　p. 107
張錫厚　敦煌文學源流　作家出版社　2000　p. 414
張涌泉　漢語俗字叢考　中華書局　2000　p. 434、551
岡野誠　論中國國家圖書館所藏唐律殘片　敦煌文獻論集:紀念藏經洞發現一百周年國際學術研討會論文集　遼寧人民出版社　2001　p. 104
林聰明　敦煌吐魯番文書解詁指例　(臺北)新文豐出版公司　2001　p. 38
山本達郎等　補(IV)社・V 計會文書　『NUN – HUANG AND TURFAN DOCUMENTS CONCERNING SOCIAL AND ECONOMIC HISTORY』(Sup. p. lemrnts)　(東京)東洋文庫　2001　p. 87
陶敏　李一飛　隋唐五代文學史料學　中華書局　2001　p. 352
謝重光　漢唐佛教社會史論　(臺北)國際文化事業有限公司　2001　p. 210
楊森　《辛巳年六月十六日社人于燈司倉貸粟曆》文書之定年　《敦煌學輯刊》2001 年第 2 期　p. 20
張錫厚　讀敦煌緣起類作品及其他　敦煌學與中國史研究論集　甘肅人民出版社　2001　p. 147
張總　《閻羅王授記經》綴補研考　敦煌吐魯番研究(第五卷)　北京大學出版社　2001　p. 100
鄭阿財　敦煌童蒙讀物的分類與總說　敦煌文獻論集:紀念藏經洞發現一百周年國際學術研討會論

文集　遼寧人民出版社　2001　p. 204
陳國燦　敦煌學史事新證　甘肅教育出版社　2002　p. 336
郝春文　《勘尋永安寺法律願慶與老宿紹建相諍根由狀》及相關問題考　戒幢佛學(第二卷)　岳麓書社　2002　p. 80　又見:中日敦煌佛教學術會議論文集　中國社會科學院研究所　2002　p. 57
黄征　敦煌語言文字學研究　甘肅教育出版社　2002　p. 134、298
姜亮夫　敦煌莫高窟年表　姜亮夫全集(十一)　雲南人民出版社　2002　p. 467
李小榮　變文講唱與華梵宗教藝術　上海三聯書店　2002　p. 121、246
李小榮　敦煌變文作品校録二種《敦煌學輯刊》2002 年第 2 期　p. 32
張鴻勳　敦煌俗文學研究　甘肅人民出版社　2002　p. 7
鄭阿財　朱鳳玉　敦煌蒙書研究　甘肅教育出版社　2002　p. 325
黎薔　目連文化現象研究　2000 年敦煌學國際學術討論會文集・歷史文化卷(下)　甘肅民族出版社　2003　p. 120
李并成　盛唐時期河西走廊的區位特點與開發　唐代地域結構與運作空間　上海辭書出版社　2003　p. 88
王啓濤　中古及近代法制文書語言研究　巴蜀書社　2003　p. 198
楊森　談與敦煌和尚師子吼相關的幾個問題　2000 年敦煌學國際學術討論會文集・歷史文化卷(下)　甘肅民族出版社　2003　p. 137
湛如　敦煌佛教律儀制度研究　中華書局　2003　p. 59
張小豔　刪字符號卜與敦煌文獻的解讀《敦煌研究》2003 年第 3 期　p. 71
張子開　敦煌文獻中的白話禪詩《敦煌學輯刊》2003 年第 1 期　p. 83
鄭阿財　《盂蘭盆經疏》與《盂蘭盆經講經文》　冉雲華先生八秩華誕壽慶論文集　(臺北)法光出版社　2003　p. 446
陳允吉　李賀《許公子鄭姬歌》與變文講唱　佛經文學研究論集　復旦大學出版社　2004　p. 414
荒見泰史　敦煌變文研究概述以及新觀點　華林(第三卷)　中華書局　2004　p. 389、393、404
荒見泰史　敦煌的講唱體文獻　敦煌學(第 25 輯)　(臺北)樂學書局有限公司　2004　p. 274
李小榮　"狸貓換太子"與佛典　佛經文學研究論集　復旦大學出版社　2004　p. 583
王小盾　潘重規先生"變文外衣"理論疏說　敦煌學(第 25 輯)　(臺北)樂學書局有限公司　2004　p. 89
夏廣興　冥界遊行:從佛典記載到隋唐五代小說　佛經文學研究論集　復旦大學出版社　2004　p. 426
殷光明　敦煌石窟中的地獄圖像與冥報思想　麥積山石窟藝術文化論文集(下)　蘭州大學出版社　2004　p. 41
鄭阿財　敦煌蒙書研究的回顧與前瞻　敦煌吐魯番研究(第七卷)　北京大學出版社　2004　p. 264
黄征　敦煌俗字典　上海教育出版社　2005　p. 前言 23、55、91
黄征　敦煌俗字種類考辨　敦煌學・日本學:石塚晴通教授退職紀念論文集　上海辭書出版社　2005　p. 118、121
劉正平　唐代俗講與佛教神變月齋戒　戒幢佛學(第三卷)　岳麓書社　2005　p. 264
巫鴻　何爲變相:兼論敦煌藝術與敦煌文學的關係　禮儀中的美術　三聯書店　2005　p. 347
趙曉星　寇甲　西魏:歸義軍時期敦煌地區的史姓《敦煌學輯刊》2005 年第 2 期　p. 135
陳大爲　敦煌文獻 P. 4958 背(3)《當寺轉帖》小考《文獻》2006 年第 1 期　p. 94
金瀅坤　敦煌社會經濟文書定年拾遺《首都師範大學學報》2006 年第 1 期　p. 10

S. 2615

金岡照光　敦煌民衆の宗教と生活　敦煌の民衆:その生活と思想　(東京)評論社　1972　p. 255
小川陽一　道教說話　敦煌と中國道教(講座敦煌 4)　(東京)大東出版社　1983　p. 300
高國藩　敦煌古俗與民俗流變　河海大學出版社　1990　p. 173
高國藩　敦煌民俗資料導論　(臺北)新文豐出版公司　1993　p. 305
鄭炳林　唐五代敦煌的醫事研究　敦煌歸義軍史專題研究　蘭州大學出版社　1997　p. 519
譚蟬雪　敦煌歲時文化導論　(臺北)新文豐出版公司　1998　p. 196
陳炳良　《葉淨能詩》探研　中國敦煌學百年文庫・文學卷(五)　甘肅文化出版社　1999　p. 40
譚蟬雪　唐宋敦煌歲時佛俗　《敦煌研究》2001 年第 1 期　p. 101
楊君　淺論敦煌符籙中的"善鬼護身"觀念　《敦煌學輯刊》2003 年第 1 期　p. 77

S. 2616

芳村修基　土橋秀高　井ノ口泰淳　敦煌佛教史年表　西域文化研究(第一)・敦煌佛教資料　(京都)法藏館　1958　p. 268
矢吹慶輝　鳴沙餘韻・解說篇(第一部)　(京都)臨川書店　1980　p. 283
陳祚龍　敦煌古抄內典尾記彙校初、二、三編合刊　敦煌學要籥　(臺北)新文豐出版公司　1982　p. 119
池田溫　中國古代寫本識語集録　(東京)大蔵出版株式會社　1990　p. 308
李玉珉　敦煌藥師經變研究　(臺北)《"故宮"學術季刊》第 7 卷第 3 期　1990　p. 8
林聰明　敦煌文書學　(臺北)新文豐出版公司　1991　p. 316
蔡忠霖　敦煌漢文寫卷俗字及其現象　(臺北)文津出版社　2002　p. 142
姜亮夫　敦煌莫高窟年表　姜亮夫全集(十一)　雲南人民出版社　2002　p. 344
蔡忠霖　從書法角度看俗字的生成　敦煌學(第 24 輯)　(臺北)樂學書局有限公司　2003　p. 175
李小榮　敦煌密教文獻論稿　人民文學出版社　2003　p. 28、190
公維章　涅槃、淨土的殿堂:敦煌莫高窟第 148 窟研究　民族出版社　2004　p. 144

S. 2617

顧吉辰　唐代敦煌文獻寫本書手考述　《敦煌學輯刊》1993 年第 1 期　p. 27
鄭阿財　敦煌文獻與文學　(臺北)新文豐出版公司　1993　p. 14

S. 2618

向達　倫敦所藏敦煌卷子經眼目録　《北平圖書館圖書季刊》1939 年新第 1 卷第 4 期　p. 397　又見:唐代長安與西域文明　三聯書店　1957　p. 215
石井昌子　靈寶經類　敦煌と中國道教(講座敦煌 4)　(東京)大東出版社　1983　p. 160
山田俊　唐初道教思想史研究・資料篇　(京都)平樂寺書店　1999　p. 43、162
王卡　敦煌道教文獻研究　中國社會科學出版社　2004　p. 198
王卡　中國國家圖書館藏敦煌道教遺書研究報告　敦煌吐魯番研究(第七卷)　北京大學出版社　2004　p. 368

S. 2619

平井俊榮　敦煌仏典と中國仏教　敦煌と中國仏教(講座敦煌 7)　(東京)大東出版社　1984　p. 8

S. 2620

向達　倫敦所藏敦煌卷子經眼目録　《北平圖書館圖書季刊》1939 年新第 1 卷第 4 期　p. 397　又見:唐代長安與西域文明　三聯書店　1957　p. 215

鄧文寬　敦煌文獻 S. 2620 號《唐年神方陣圖》試釋　《文物》1988 年第 2 期　p. 63　又見:敦煌吐魯番學耕耘録　(臺北)新文豐出版公司　1996　p. 79

陳治文　敦煌變文釋詞商兑《語言研究》1989 年第 1 期　又見:中國敦煌學百年文庫・語言文字卷(二)　甘肅文化出版社　1999　p. 11

鄧文寬　敦煌古曆叢識《敦煌學輯刊》1989 年第 1 期　p. 109

黄征　張涌泉　敦煌變文校注　中華書局　1997　p. 381

鄧文寬　九方色　敦煌學大辭典　上海辭書出版社　1998　p. 612

黄征　程惠新　劫塵遺珠:敦煌遺書　甘肅教育出版社　1999　p. 243

黄正建　敦煌占卜文書與唐五代占卜研究　學苑出版社　2001　p. 96

鄧文寬　敦煌曆日文獻研究的歷史追憶　國際敦煌學學術史研討會論文集　研討會籌備組　2002　p. 312　又見:敦煌吐魯番研究(第七卷)　北京大學出版社　2004　p. 293

鄧文寬　敦煌吐魯番天文曆法研究　甘肅教育出版社　2002　p. 108、218

劉永明　試論曹延祿的醮祭活動　《敦煌學輯刊》2002 年第 1 期　p. 72

S. 2621

張錫厚　略論敦煌賦集及其選録標準　《敦煌學輯刊》1986 年第 1 期　p. 18

張鴻勳　敦煌話本詞文俗賦導論　(臺北)新文豐出版公司　1993　p. 92

S. 2622

陳祚龍　敦煌古抄內典尾記彙校初、二、三編合刊　敦煌學要籥　(臺北)新文豐出版公司　1982　p. 119

池田溫　中國古代寫本識語集録　(東京)大藏出版株式會社　1990　p. 372

林聰明　敦煌文書學　(臺北)新文豐出版公司　1991　p. 298

吳麗娛　唐代書儀中單、複書形式簡析　英國收藏敦煌漢藏文獻研究:紀念敦煌文獻發現一百周年　中國社會科學出版社　2000　p. 272

S. 2624

芳村修基　土橋秀高　井ノ口泰淳　敦煌佛教史年表　西域文化研究(第一)・敦煌佛教資料　(京都)法藏館　1958　p. 266

川崎ミチコ　修道偈Ⅱ——定格聯章　敦煌仏典と禅(講座敦煌 8)　(東京)大東出版社　1980　p. 264

陳祚龍　敦煌古抄內典尾記彙校初、二、三編合刊　敦煌學要籥　(臺北)新文豐出版公司　1982　p. 119

鄭阿財　敦煌孝道文學研究　(臺北)石門圖書公司　1982　p. 532

池田溫　中國古代寫本識語集録　(東京)大藏出版株式會社　1990　p. 294

林聰明　敦煌文書學　(臺北)新文豐出版公司　1991　p. 204

鄭阿財　從敦煌文獻看唐代的三教合一　第二屆國際唐代學術會議論文集(上)　(臺北)文津出版社　1993　p. 647

陳澤奎　試論唐人寫經題記的原始著作權意義　《敦煌研究》1994 年第 3 期　p. 114

林聰明　談敦煌文書的抄寫問題　紀念陳寅恪先生百年誕辰學術論文集　江西教育出版社　1994　p. 293
馬德　九、十世紀敦煌工匠史料述論　慶祝潘石禪先生九秩華誕敦煌學特刊　（臺北）文津出版社　1996　p. 305
黄征　敦煌寫本異文綜析　敦煌語文叢說　（臺北）新文豐出版公司　1997　p. 24
方廣錩　要行捨身經　敦煌學大辭典　上海辭書出版社　1998　p. 741
劉淑芬　唐代俗人的塔葬　燕京學報(新第 7 期)　北京大學出版社　1999　p. 83
黄征　敦煌語言文字學研究　甘肅教育出版社　2002　p. 44
姜亮夫　敦煌莫高窟年表　姜亮夫全集(十一)　雲南人民出版社　2002　p. 307

S. 2630

芳村修基　土橋秀高　井ノロ泰淳　敦煌佛教史年表　西域文化研究(第一)・敦煌佛教資料　（京都）法藏館　1958　p. 274
金岡照光　敦煌漢文文學文獻の文學形態上の種類とその分類　敦煌出土文學文獻分類目録・附解說　（東京）東洋文庫　1971　p. 214
金岡照光　敦煌文學のさまざま　敦煌の文學　（東京）大蔵出版株式會社　1971　p. 112
金岡照光　敦煌民衆の宗教と生活　敦煌の民衆:その生活と思想　（東京）評論社　1972　p. 178、231
池田溫　中國古代の租佃契(上)　『東洋文化研究所紀要』(第 60 冊)　東京大學東洋文化研究所　1973　p. 93
王重民　敦煌古籍叙録　中華書局　1979　p. 360
楊家駱　敦煌變文　（臺北）世界書局　1980　p. 214
金岡照光　敦煌の繪物語　（東京）東方書店　1981　p. 172
蘇瑩輝　敦煌學概要　（臺北）編譯館"中華叢書編委會"　1981　p. 88
張錫厚　敦煌文學的歷史貢獻　文學評論叢刊(第九輯)　中國社會科學出版社　1981　p. 203
蘇瑩輝　敦煌卷子對近五十年來中國文學史家之貢獻　敦煌論集續編　（臺北）學生書局　1983　p. 112 注 13
嚴紹璗　狩野直喜和中國俗文學的研究　學林漫録(七集)　中華書局　1983　p. 152 注 6
潘重規　敦煌變文集新書(下)　（臺北）"中國文化大學"中文研究所　1984　p. 1100
王慶菽　唐太宗入冥記　敦煌變文集　人民文學出版社　1984　p. 214
戴密微著　耿昇譯　唐代的入冥故事:黄仕强傳　敦煌譯叢(第一輯)　甘肅人民出版社　1985　p. 147 附記
蕭登福　敦煌寫卷《唐太宗入冥記》之撰寫年代及其影響　（臺北）《中國文化復興月刊》1985 年第 5－6 期　又見:敦煌俗文學論叢　（臺北）商務印書館　1988　p. 86；中國敦煌學百年文庫・文學卷(五)　甘肅文化出版社　1999　p. 273
王重民原編　黄永武新編　敦煌古籍叙録新編(第十八冊)　（臺北）新文豐出版公司　1986　p. 14
高國藩　敦煌文學作品選　中華書局　1987　p. 77 注 4
李正宇　關於金山國和敦煌國建國的幾個問題　《西北史地》1987 年第 2 期　p. 65、71
李正宇　談《白雀歌》尾部雜寫與金山國建國年月　《敦煌研究》1987 年第 3 期　p. 79 注 7
張鴻勳　敦煌講唱文學作品選注　甘肅人民出版社　1987　p. 340
蕭登福　敦煌寫卷《佛說十王經》之探討　敦煌俗文學論叢　（臺北）商務印書館　1988　p. 209
張先堂　話本　敦煌文學　甘肅人民出版社　1989　p. 291

周紹良　小說　敦煌文學　甘肅人民出版社　1989　p. 282
池田溫　中國古代寫本識語集録　（東京）大藏出版株式會社　1990　p. 451
盧向前　金山國立國之我見《敦煌學輯刊》1990 年第 2 期　p. 20　又見：敦煌吐魯番文書論稿　江西人民出版社　1992　p. 177
劉進寶　敦煌遺書與歷史研究　《魏晉南北朝隋唐史》1992 年第 9 期　p. 71
榮新江　金山國史辨正　中華文史論叢（總 50 輯）　上海古籍出版社　1992　p. 75
周紹良　敦煌文學芻議及其它　（臺北）新文豐出版公司　1992　p. 59
蕭登福　道教與密宗　（臺北）新文豐出版公司　1993　p. 530
張鴻勳　敦煌話本詞文俗賦導論　（臺北）新文豐出版公司　1993　p. 31
張先堂　敦煌文學概論　甘肅人民出版社　1993　p. 307、346
陳海濤　敦煌變文新論　《敦煌研究》1994 年第 1 期　p. 67
胡戟　傅玫　敦煌史話　中華書局　1995　p. 177
劉進寶　敦煌學論述　（臺北）洪葉文化事業有限公司　1995　p. 267
蕭登福　道教與佛教　（臺北）東大圖書公司　1995　p. 159
張涌泉　漢語俗字研究　岳麓書社　1995　p. 107、217
李正宇　敦煌史地新論　（臺北）新文豐出版公司　1996　p. 198、210
榮新江　歸義軍史研究　上海古籍出版社　1996　p. 217
蕭登福　道佛十王地獄說　（臺北）新文豐出版公司　1996　p. 20
張涌泉　敦煌俗字研究導論　（臺北）新文豐出版公司　1996　p. 167
張涌泉　敦煌文獻校讀釋例　文史（第四十一輯）　中華書局　1996　p. 202　又見：舊學新知　浙江大學出版社　1999　p. 217
伏俊璉　河西寶卷　《文史知識》1997 年第 6 期　p. 87
黃征　張涌泉　敦煌變文校注　中華書局　1997　p. 323
程毅中　唐太宗入冥記　敦煌學大辭典　上海辭書出版社　1998　p. 583
高國藩　敦煌俗文化學　上海三聯書店　1999　p. 349
李麗　公維章　林太仁　豐都"鬼城"地獄十王信仰的考察　《敦煌學輯刊》1999 年第 2 期　p. 45
卞孝萱　《唐太宗入冥記》與"玄武門之變"　《敦煌學輯刊》2000 年第 2 期　p. 2
李明偉　敦煌文學中敦煌文的分類及評價　1994 年敦煌學國際研討會文集・宗教文史卷（上）　甘肅民族出版社　2000　p. 303
劉進寶　敦煌文書與唐史研究　（臺北）新文豐出版公司　2000　p. 9
顏廷亮　敦煌文化　光明日報出版社　2000　p. 275
張錫厚　敦煌文學源流　作家出版社　2000　p. 16、472
周紹良　敦煌文學叢考　英國收藏敦煌漢藏文獻研究：紀念敦煌文獻發現一百周年　中國社會科學出版社　2000　p. 258
陶敏　李一飛　隋唐五代文學史料學　中華書局　2001　p. 353
姜亮夫　敦煌莫高窟年表　姜亮夫全集（十一）　雲南人民出版社　2002　p. 509
劉進寶　敦煌學通論　甘肅教育出版社　2002　p. 292
劉永明　散見敦煌曆朔閏輯考《敦煌研究》2002 年第 6 期　p. 12
張總　陝西新發現的唐代三階教刻經窟初識　唐代宗教信仰與社會　上海辭書出版社　2003　p. 188
王冀青　斯坦因與日本敦煌學　甘肅教育出版社　2004　p. 131、145
夏廣興　冥界遊行：從佛典記載到隋唐五代小說　佛經文學研究論集　復旦大學出版社　2004

p. 427
張涌泉　燦爛的敦煌文化　浙江與敦煌學:常書鴻先生誕辰一百周年紀念文集　浙江古籍出版社　2004　p. 644
王丁　吐魯番安伽勒克出土北涼寫本《金光明經》及其題記研究　敦煌吐魯番研究(第九卷)　北京大學出版社　2006　p. 44

S. 2632
陳國燦　赤心鄉　敦煌學大辭典　上海辭書出版社　1998　p. 303

S. 2633
金岡照光　曲子詞類　敦煌の文學文獻(講座敦煌 9)　(東京)大東出版社　1992　p. 398

S. 2637
矢吹慶輝　三階教之研究　(東京)岩波書店　1927　p. 77
芳村修基　土橋秀高　井ノ口泰淳　敦煌佛教史年表　西域文化研究(第一)・敦煌佛教資料　(京都)法藏館　1958　p. 262
矢吹慶輝　鳴沙餘韻・解說篇(第一部)　(京都)臨川書店　1980　p. 294
陳祚龍　敦煌古抄內典尾記彙校初、二、三編合刊　敦煌學要籥　(臺北)新文豐出版公司　1982　p. 119
賀世哲　孫修身　《瓜沙曹氏年表補正》之補正　敦煌學文選(上)　蘭州大學歷史系敦煌學研究室等　1983　p. 160 注 24
池田溫　中國古代寫本識語集録　(東京)大藏出版株式會社　1990　p. 226
凍國棟　吐魯番出土文書所見唐代前期西州的工匠　敦煌吐魯番文書初探(二編)　武漢大學出版社　1990　p. 330 注 17
高國藩　敦煌古俗與民俗流變　河海大學出版社　1990　p. 428
林聰明　從敦煌文書看佛教徒的造經祈福　第二屆敦煌學國際研討會論文集　(臺北)漢學研究中心　1990　p. 524
柴劍虹　《敦煌遺書總目索引》重印記　西域文史論稿　(臺北)國文天地雜誌社　1991　p. 491
方廣錩　佛教大藏經史(八一十世紀)　中國社會科學出版社　1991　p. 58
林聰明　敦煌文書出處略考　季羨林教授八十華誕紀念論文集(下)　江西人民出版社　1991　p. 852
林聰明　敦煌文書學　(臺北)新文豐出版公司　1991　p. 110、142、214、375
顧吉辰　唐代敦煌文獻寫本書手考述　《敦煌學輯刊》1993 年第 1 期　p. 26
林聰明　談敦煌文書的抄寫問題　紀念陳寅恪先生百年誕辰學術論文集　江西教育出版社　1994　p. 284
沃興華　敦煌書法藝術　上海人民出版社　1994　p. 67
王元軍　從敦煌唐佛經寫本談有關唐代寫經生及其書法藝術的幾個問題　《敦煌研究》1995 年第 1 期　p. 156
王元軍　唐人書法與文化　(臺北)東大圖書公司　1995　p. 132
藤枝晃著　徐慶全　李樹清譯　敦煌寫本概述　《敦煌研究》1996 年第 2 期　p. 119
白化文　裝潢手　敦煌學大辭典　上海辭書出版社　1998　p. 594
方廣錩　敦煌遺書中的《妙法蓮華經》及有關文獻　敦煌學佛教學論叢(下)　中國佛教文化研究所

1998　p. 80　又見:法源(第16期)　中國佛學院　1998　p. 44
顧吉辰　敦煌文獻職官結銜考釋　《敦煌學輯刊》1998年第2期　p. 24
楊富學　王書慶　唐代長安與敦煌佛教文化之關係　'98法門寺唐文化國際學術討論會論文集　陝西人民出版社　2000　p. 178
林聰明　敦煌吐魯番文書解詁指例　(臺北)新文豐出版公司　2001　p. 59注17
姜亮夫　敦煌莫高窟年表　姜亮夫全集(十一)　雲南人民出版社　2002　p. 241

S. 2638

謝重光　關於唐後期至五代間沙州寺院經濟的幾個問題　敦煌吐魯番出土經濟文書研究　廈門大學出版社　1986　p. 450
謝重光　白文固　中國僧官制度史　青海人民出版社　1990　p. 133注5
謝重光　漢唐佛教社會史論　(臺北)國際文化事業有限公司　2001　p. 210

S. 2640

劉進寶　敦煌學論述　(臺北)洪葉文化事業有限公司　1995　p. 266

S. 2641

塚本善隆　敦煌佛教史概說　西域文化研究(第一)・敦煌佛教資料　(京都)法藏館　1958　p. 72
鄭炳林　敦煌碑銘讚輯釋　甘肅教育出版社　1997　p. 78注1
高啓安　索黛　唐五代敦煌飲食中的餅淺探　《敦煌研究》1998年第4期　p. 78
鄭炳潤　敦煌佛教故事類講唱文學所見淨土宗與禪宗　《敦煌研究》1999年第2期　p. 156
郝春文　英倫研讀敦煌文獻原件劄記　《敦煌研究》2000年第2期　p. 99

S. 2643

陳祚龍　新校重訂敦煌古抄舊從阿含經略集誦讚僧實文　敦煌學海探珠(上冊)　(臺北)商務印書館　1979　p. 72
周紹良　白化文　李鼎霞　敦煌變文集補編　北京大學出版社　1989　p. 112
周紹良　《讚僧功德經》校録並解說　敦煌吐魯番學研究論文集　漢語大詞典出版社　1990　p. 94
王三慶　敦煌寫卷中武后新字之調查研究　唐代研究論集(第三輯)　(臺北)新文豐出版公司　1992　p. 88
周紹良　敦煌文學芻議及其它　(臺北)新文豐出版公司　1992　p. 131

S. 2646

加地哲定　增補中國佛教文學研究　(東京)同朋舍　1979　p. 201
加地哲定著　劉衛星譯　中國佛教文學　今日中國出版社　1990　p. 171
周紹良　敦煌文學芻議及其它　(臺北)新文豐出版公司　1992　p. 30
徐俊　敦煌詩集殘卷輯考　中華書局　2000　p. 869
沙武田　敦煌壁畫榜題寫本研究　《敦煌研究》2004年第3期　p. 105
王惠民　敦煌經變畫的研究成果與研究方法　《敦煌學輯刊》2004年第2期　p. 69

S. 2647

金岡照光　散文體類　敦煌の文學文獻(講座敦煌9)　(東京)大東出版社　1992　p. 176

上山大峻著　耿昇譯　吐蕃僧諍問題的新透視　國外藏學研究譯文集(第十一輯)　西藏人民出版社　1994　p. 260

S. 2648

矢吹慶輝　三階教之研究　(東京)岩波書店　1927　p. 191
蕭登福　從敦煌寫卷中看道教星斗崇拜對佛經之影響　第二屆敦煌學國際研討會論文集　(臺北)漢學研究中心　1990　p. 323
金岡照光　韻文體類:長篇叙事詩・短篇歌詠　敦煌の文學文獻(講座敦煌 9)　(東京)大東出版社　1992　p. 254
蕭登福　道教星斗符印與佛教密宗　(臺北)新文豐出版公司　1993　p. 55
榮新江　英國圖書館藏敦煌漢文非佛教文獻殘卷概述　敦煌文藪(下)　(臺北)新文豐出版公司　1999　p. 128

S. 2649

蕭登福　道教術儀與密教典籍　(臺北)新文豐出版公司　1994　p. 496

S. 2650

矢吹慶輝　鳴沙餘韻・解說篇(第二部)　(京都)臨川書店　1980　p. 316
福井文雅　般若心經　敦煌と中國仏教(講座敦煌 7)　(東京)大東出版社　1984　p. 39
簡濤　敦煌本《燕子賦》考論　《敦煌研究》1986 年第 3 期　p. 26
方廣錩　般若波羅蜜多心經　敦煌學大辭典　上海辭書出版社　1998　p. 686
譚蟬雪　敦煌歲時文化導論　(臺北)新文豐出版公司　1998　p. 290
艾麗白　上古和中古時代中國的動物喪葬活動　法國漢學(敦煌學專號)　中華書局　2000　p. 140
林聰明　敦煌吐魯番文書解詁指例　(臺北)新文豐出版公司　2001　p. 173
李正宇　唐宋時期敦煌佛經性質功能的變化　戒幢佛學(第二卷)　岳麓書社　2002　p. 24　又見:中日敦煌佛教學術會議論文集　中國社會科學院研究所　2002　p. 20
公維章　涅槃、淨土的殿堂:敦煌莫高窟第 148 窟研究　民族出版社　2004　p. 157

S. 2651

金岡照光　敦煌文學のさまざま　敦煌の文學　(東京)大蔵出版株式會社　1971　p. 132
矢吹慶輝　鳴沙餘韻・解說篇(第一部)　(京都)臨川書店　1980　p. 164
鄭阿財　敦煌孝道文學研究　(臺北)石門圖書公司　1982　p. 530
任半塘　敦煌歌辭總編　上海古籍出版社　1987　p. 512
上山大峻　敦煌佛教の研究　(京都)法藏館　1990　p. 19
蔣禮鴻　敦煌文獻語言詞典　杭州大學出版社　1994　p. 235
釋依昱　曇曠與敦煌寫本《大乘百法明門論開宗義記》的研究　敦煌學國際研討會文集・史地語文編　遼寧美術出版社　1995　p. 514
楊森　金山國與各教的疏密關係　敦煌佛教文獻研究　敦煌研究院文獻研究所　1995　p. 54
孫昌武　禪思與詩情　中華書局　1997　p. 331 注 23
柴劍虹　五蘊山詞　敦煌學大辭典　上海辭書出版社　1998　p. 541
張子開　敦煌文獻中的白話禪詩　《敦煌學輯刊》2003 年第 1 期　p. 84

S. 2653

金岡照光　敦煌文學のさまざま　敦煌の文學　（東京）大蔵出版株式會社　1971　p. 113
平井俊榮　敦煌仏典と中國仏教　敦煌と中國仏教（講座敦煌 7）（東京）大東出版社　1984　p. 11
張錫厚　賦　敦煌文學　甘肅人民出版社　1989　p. 135
伏俊璉　敦煌賦校注　甘肅人民出版社　1994　p. 2
方廣錩　文殊師利所說摩訶般若波羅蜜經　敦煌學大辭典　上海辭書出版社　1998　p. 681

S. 2654

景盛軒　試論敦煌佛經異文研究的價值和意義　《敦煌研究》2004 年第 5 期　p. 87
劉正平　唐代俗講與佛教神變月齋戒　戒幢佛學（第三卷）　岳麓書社　2005　p. 264
劉正平　王志鵬　唐代俗講與佛教八關齋戒之關係　《敦煌研究》2005 年第 2 期　p. 95

S. 2655

平井俊榮　敦煌仏典と中國仏教　敦煌と中國仏教（講座敦煌 7）（東京）大東出版社　1984　p. 8
鄭炳林　敦煌碑銘讚輯釋　甘肅教育出版社　1997　p. 516 注 8

S. 2658

矢吹慶輝　三階教之研究　（東京）岩波書店　1927　p. 686、694、789
アントニーノ・フォルテ　『大雲經疏』をめぐって　敦煌と中國仏教（講座敦煌 7）（東京）大東出版社　1984　p. 173
史葦湘　敦煌莫高窟的《寶雨經變》　1983 年全國敦煌學術討論會文集・石窟藝術編（上）　甘肅人民出版社　1985　p. 77
蕭登福　敦煌寫卷《唐太宗入冥記》之撰寫年代及其影響　（臺北）《中國文化復興月刊》1985 年第 5－6 期　又見：敦煌俗文學論叢　（臺北）商務印書館　1988　p. 92；中國敦煌學百年文庫・文學卷（五）　甘肅文化出版社　1999　p. 277
王三慶　敦煌寫卷中武后新字之調查研究　漢學研究（敦煌學國際研討會論文專號）（臺北）漢學研究資料及服務中心　1986　p. 445　又見：唐代研究論集（第三輯）（臺北）新文豐出版公司　1992　p. 69、89
林聰明　敦煌文書學　（臺北）新文豐出版公司　1991　p. 425、429
吳其昱著　伊藤美重子譯　敦煌漢文寫本概観　敦煌漢文文獻（講座敦煌 5）（東京）大東出版社　1992　p. 20
沃興華　敦煌書法藝術　上海人民出版社　1994　p. 120
林聰明　敦煌文書年代考探略述　敦煌學國際研討會文集・史地語文編　遼寧美術出版社　1995　p. 556
藏中進　則天文字の研究　（東京）翰林書房　1995　p. 253
榮新江　七世紀末中國的政治宣傳和思想意識　敦煌學大辭典　上海辭書出版社　1998　p. 831
賀世哲　敦煌壁畫中的涅槃經變　敦煌研究文集・敦煌石窟經變篇　甘肅民族出版社　2000　p. 86
林聰明　敦煌吐魯番文書解詁指例　（臺北）新文豐出版公司　2001　p. 260
史葦湘　敦煌歷史與莫高窟藝術研究　甘肅教育出版社　2002　p. 383
張乃翥　從洛陽出土文物看武周政治的國際文化色彩　唐研究（第八卷）　北京大學出版社　2002　p. 205

林世田　敦煌所出《普賢菩薩說證明經》及《大雲經疏》考略　文津學志(第一輯)　北京圖書館出版社　2003　p. 165
林世田　《大雲經疏》結構分析　麥積山石窟藝術文化論文集(下)　蘭州大學出版社　2004　p. 175

S. 2659

羽田亨　景教經典序聽迷詩所經に就いて　羽田博士史學論文集(下卷)・言語、宗教篇　(東京)東洋史研究會　1957　p. 148
陳祚龍　關於研究李唐三藏法師玄奘的"作爲"及其影響之敦煌古抄參考資料　中華佛教文化史散策(初集)　(臺北)新文豐出版公司　1978　p. 374
陳祚龍　簡記敦煌古抄方志　敦煌文物隨筆　(臺北)商務印書館　1979　p. 50
陳祚龍　中世敦煌與成都之間的交通路線　敦煌資料考屑(下册)　(臺北)商務印書館　1979　p. 340　又見:唐代研究論集(第三輯)　(臺北)新文豐出版公司　1992　p. 439
王重民　敦煌古籍叙録　中華書局　1979　p. 133
矢吹慶輝　鳴沙餘韻・解說篇(第一部)　(京都)臨川書店　1980　p. 298、307
土肥義和　はじめに——歸義軍節度使の敦煌支配　敦煌の歷史(講座敦煌2)　(東京)大東出版社　1980　p. 267
蘇瑩輝　敦煌學概要　(臺北)編譯館"中華叢書編委會"　1981　p. 41
陳祚龍　敦煌古抄内典尾記彙校初、二、三編合刊　敦煌學要籥　(臺北)新文豐出版公司　1982　p. 120
陳祚龍　《簡記敦煌古抄方志》及其"後語"　敦煌學要籥　(臺北)新文豐出版公司　1982　p. 221
饒宗頤　李白出生地:碎葉　選堂集林・史林　(香港)中華書局　1982　p. 649 注 14
方南生　《雙恩記》創作年代初探　《社會科學》1983 年第 5 期　又見:中國敦煌學百年文庫・文學卷(四)　甘肅文化出版社　1999　p. 89
蘇瑩輝　"敦煌曲"評介　敦煌論集續編　(臺北)學生書局　1983　p. 314
蘇瑩輝　中外敦煌古寫本纂要　敦煌論集　(臺北)學生書局　1983　p. 318
廣川堯敏　禮讃　敦煌と中國仏教(講座敦煌7)　(東京)大東出版社　1984　p. 445
饒宗頤解說　林宏作譯　敦煌書法叢刊　(第十九卷)・碎金(二)　(東京)二玄社　1984　p. 102
土橋秀高　敦煌の律蔵　敦煌と中國仏教(講座敦煌7)　(東京)大東出版社　1984　p. 248
劉銘恕　敦煌遺書雜記四篇　敦煌學論集　甘肅人民出版社　1985　p. 46
王重民　巴黎敦煌殘卷叙録(第二輯)　敦煌叢刊初集(九)　(臺北)新文豐出版公司　1985　p. 224
王重民原編　黄永武新編　敦煌古籍叙録新編(第七册)　(臺北)新文豐出版公司　1986　p. 131
林悟殊　摩尼教及其東漸　中華書局　1987　p. 208
蘇瑩輝　論敦煌唐代資料在文史藝術及科技諸方面的貢獻　敦煌文史藝術論叢　(臺北)新文豐出版公司　1987　p. 46
土肥義和著　李永寧譯　歸義軍時期(晚唐、五代、宋)的敦煌(續)　《敦煌研究》1987 年第 1 期　p. 94
鄭炳林　敦煌地理文書彙輯校注　甘肅教育出版社　1989　p. 234
池田溫　中國古代寫本識語集録　(東京)大藏出版株式會社　1990　p. 282、446
劉銘恕　敦煌遺書叢識之四　敦煌吐魯番學研究論文集　漢語大詞典出版社　1990　p. 34
林悟殊　倫敦藏敦煌寫本《下部讚》原件考察　季羡林教授八十華誕紀念論文集(下)　江西人民出版社　1991　p. 873
榮新江　敦煌文獻所見晚唐五代宋初的中印文化交往　季羡林教授八十華誕紀念論文集(下)　江

西人民出版社　1991　p. 957
高田時雄　慧超『往五天竺國傳』の言語と敦煌寫本の性格　慧超往五天竺國傳研究　京都大學人文科學研究所　1992　p. 210
李幷成　敦煌遺書中地理書卷的學術價值　《地理研究》1992 年第 3 期　p. 43
李幷成　一批珍貴的古代地理文書：敦煌遺書中的地理書卷　《中國科技史料》1992 年第 13 卷第 4 期　p. 91
日比野丈夫　地理書　敦煌漢文文獻（講座敦煌 5）（東京）大東出版社　1992　p. 353
王三慶　敦煌寫卷中武后新字之調查研究　唐代研究論集（第三輯）（臺北）新文豐出版公司　1992　p. 89
吳其昱著　伊藤美重子譯　敦煌漢文寫本概観　敦煌漢文文獻（講座敦煌 5）（東京）大東出版社　1992　p. 88
姜伯勤　敦煌毗尼藏主考　《敦煌研究》1993 年第 3 期　p. 7
饒宗頤　穆護歌考　饒宗頤史學論著選　上海古籍出版社　1993　p. 425　又見：饒宗頤東方學論集　汕頭大學出版社　1999　p. 101
姜伯勤　敦煌吐魯番文書與絲綢之路　文物出版社　1994　p. 147
汪娟　敦煌禮懺文研究　（臺北）法鼓文化公司　1994　p. 14、75
張先堂　敦煌文學與周邊民族文學、域外文學關係述論　《敦煌研究》1994 年第 1 期　p. 59　又見：敦煌吐魯番學研究論集　書目文獻出版社　1996　p. 433
鄭炳林　馮培紅　讀《中國古代寫本識語集録》劄記　《西北史地》1994 年第 4 期　p. 49
胡戟　傅玫　敦煌史話　中華書局　1995　p. 137、150
黃征　吳偉　敦煌願文集　岳麓書社　1995　p. 902
劉進寶　敦煌學論述　（臺北）洪葉文化事業有限公司　1995　p. 285
汪泛舟　從敦煌文學構成特點看中外交流關係　敦煌學國際研討會文集・史地語文編　遼寧美術出版社　1995　p. 237
王書慶　從敦煌文獻看敦煌佛教文化與中原佛教文化的交流　敦煌佛教文獻研究　敦煌研究院文獻研究所　1995　p. 31
姜伯勤　敦煌藝術宗教與禮樂文明　中國社會科學出版社　1996　p. 335
汪娟　敦煌寫本《十二光禮》研究　慶祝潘石禪先生九秩華誕敦煌學特刊　（臺北）文津出版社　1996　p. 481、505
虞萬里　敦煌摩尼教《下部讚》寫本年代新探　敦煌吐魯番研究（第一卷）　北京大學出版社　1996　p. 37
林悟殊　敦煌摩尼教《下部讚》經名考釋：兼論該經三首音譯詩　敦煌吐魯番研究（第三卷）　北京大學出版社　1998　p. 45
林悟殊　摩尼光佛教法儀略　敦煌學大辭典　上海辭書出版社　1998　p. 771
林悟殊　下部讚　敦煌學大辭典　上海辭書出版社　1998　p. 771
劉方　大唐西域記古本三種　敦煌學大辭典　上海辭書出版社　1998　p. 838
黃征　程惠新　劫塵遺珠：敦煌遺書　甘肅教育出版社　1999　p. 184、231
謝桃坊　敦煌文化尋繹　四川人民出版社　1999　p. 132
北京大學　敦煌《經卷》、《照片》及《圖書》目録　中國敦煌學百年文庫・綜述卷（一）　甘肅文化出版社　1999　p. 316
劉長東　論隋唐三階教與淨土教的關係　新國學（第二卷）　巴蜀書社　2000　p. 374
榮新江　敦煌地理文獻的價值與研究　《書品》2000 年第 3 期　又見：敦煌學新論　甘肅教育出版社

2002　p. 253
聖凱　善導禮讚儀新探　法源(第 18 期)　中國佛學院　2000　p. 174
譚世寶　漢文獻的胡本與梵本考辨　1994 年敦煌學國際研討會文集・宗教文史卷(下)　甘肅民族出版社　2000　p. 259
徐俊　敦煌詩集殘卷輯考　中華書局　2000　p. 934
顏廷亮　敦煌文化　光明日報出版社　2000　p. 290
楊秀清　華戎交會的都市:敦煌與絲綢之路　甘肅人民出版社　2000　p. 59
林悟殊　敦煌景教寫本 P. 3847 之再研究　敦煌吐魯番研究(第五卷)　北京大學出版社　2001　p. 65
林悟殊　20 世紀敦煌漢文摩尼教寫本研究述評　敦煌學與中國史研究論集　甘肅人民出版社　2001　p. 431
顏廷亮　敦煌文化中的祆教、摩尼教和景教　敦煌學與中國史研究論集　甘肅人民出版社　2001　p. 423
曾良　敦煌文獻字義通釋　廈門大學出版社　2001　p. 19、32、60、67、96、124、180
湛如　敦煌淨土教讚文考辨　華林(第一卷)　中華書局　2001　p. 187
姜亮夫　敦煌莫高窟年表　姜亮夫全集(十一)　雲南人民出版社　2002　p. 217
王素　敦煌吐魯番文獻　文物出版社　2002　p. 155
高國藩　敦煌學百年史述要　(臺北)商務印書館　2003　p. 97
林悟殊　唐代景教再研究　中國社會科學出版社　2003　p. 133
沙知　英藏敦煌文獻雜談　敦煌與絲路文化學術講座　北京圖書館出版社　2003　p. 122
湛如　敦煌佛教律儀制度研究　中華書局　2003　p. 258
王惠民　敦煌經變畫的研究成果與研究方法　《敦煌學輯刊》2004 年第 2 期　p. 69
王冀青　斯坦因與日本敦煌學　甘肅教育出版社　2004　p. 294
張涌泉　敦煌文獻字詞例釋　敦煌學(第 25 輯)　(臺北)樂學書局有限公司　2004　p. 353
林悟殊　中古三夷教辨證　中華書局　2005　p. 111、119、123、132
盛會蓮　《禮阿彌陀佛文》校勘記　《敦煌研究》2005 年第 2 期　p. 105

S. 2660

許國霖　敦煌石室寫經題記彙編　《微妙聲》1936 – 1937 年第 1 – 4 期　又見:中國敦煌學百年文庫・宗教卷(四)　甘肅文化出版社　1999　p. 240
許國霖　敦煌石室寫經年代表　《微妙聲》1937 年第 5 期　又見:中國敦煌學百年文庫・宗教卷(四)　甘肅文化出版社　1999　p. 193
芳村修基　土橋秀高　井ノ口泰淳　敦煌佛教史年表　西域文化研究(第一)・敦煌佛教資料　(京都)法藏館　1958　p. 253
陳祚龍　敦煌古抄內典尾記彙校二編　敦煌文物隨筆　(臺北)商務印書館　1979　p. 163
矢吹慶輝　鳴沙餘韻・解說篇(第一、二部)　(京都)臨川書店　1980　p. 49;5
陳祚龍　敦煌古抄內典尾記彙校初、二、三編合刊　敦煌學要籥　(臺北)新文豐出版公司　1982　p. 70
饒宗頤解說　林宏作譯　敦煌書法叢刊　(第二二卷)・寫經(三)　(東京)二玄社　1983　p. 69
Jean – Pierre Drege　敦煌寫本的物質性分析　漢學研究(敦煌學國際研討會論文專號)　(臺北)漢學研究資料及服務中心　1986　p. 111
池田溫　中國古代寫本識語集録　(東京)大藏出版株式會社　1990　p. 99

高國藩　敦煌古俗與民俗流變　河海大學出版社　1990　p. 424
林聰明　敦煌文書學　(臺北)新文豐出版公司　1991　p. 101
伊藤伸　中國書法史上から見た敦煌漢文寫本　敦煌漢文文獻(講座敦煌 5)　(東京)大東出版社　1992　p. 207
趙聲良　南北朝寫經書法藝術　敦煌書法庫(第一輯)　甘肅人民美術出版社　1994　p. 18
趙聲良　早期敦煌寫本書法的時代分期和類型　敦煌書法庫(第二輯)　甘肅人民美術出版社　1994　p. 6
杜斗城　北凉譯經論　甘肅文化出版社　1995　p. 18
伊藤伸著　趙聲良譯　從中國書法史看敦煌漢文文書(二)　《敦煌研究》1996 年第 2 期　p. 143
方廣錩　勝鬘義記　敦煌學大辭典　上海辭書出版社　1998　p. 659
林聰明　敦煌吐魯番文書解詁指例　(臺北)新文豐出版公司　2001　p. 149
石塚晴通　敦煌寫本的問題點　敦煌文獻論集:紀念藏經洞發現一百周年國際學術研討會論文集　遼寧人民出版社　2001　p. 46
姜亮夫　敦煌莫高窟年表　姜亮夫全集(十一)　雲南人民出版社　2002　p. 111

S. 2662

矢吹慶輝　鳴沙餘韻・解說篇(第一部)　(京都)臨川書店　1980　p. 103
上山大峻　敦煌佛教の研究　(京都)法藏館　1990　p. 369
方廣錩　敦煌遺書中的《法華經》注疏　《世界宗教研究》1998 年第 2 期　p. 76
方廣錩　敦煌遺書中的《妙法蓮華經》及有關文獻　敦煌學佛教學論叢(下)　中國佛教文化研究所　1998　p. 87　又見:法源(第 16 期)　中國佛學院　1998　p. 47
方廣錩　法華問答　敦煌學大辭典　上海辭書出版社　1998　p. 691

S. 2663

上山大峻　敦煌佛教の研究　(京都)法藏館　1990　p. 362
王三慶　敦煌寫卷中武后新字之調查研究　唐代研究論集(第三輯)　(臺北)新文豐出版公司　1992　p. 89

S. 2664

芳村修基　土橋秀高　井ノ口泰淳　敦煌佛教史年表　西域文化研究(第一)・敦煌佛教資料　(京都)法藏館　1958　p. 256
藤枝晃　敦煌の僧尼籍　『東方學報』(第 35 號)　京都大學人文科學研究所　1964　p. 323
陳祚龍　敦煌古抄內典尾記彙校二編　敦煌文物隨筆　(臺北)商務印書館　1979　p. 167
矢吹慶輝　鳴沙餘韻・解說篇(第一部)　(京都)臨川書店　1980　p. 130
陳祚龍　敦煌古抄內典尾記彙校初、二、三編合刊　敦煌學要籥　(臺北)新文豐出版公司　1982　p. 73
宿白　東陽王與建平公(二稿)　敦煌吐魯番文獻研究論集(第四輯)　北京大學出版社　1987　p. 54 注 21
池田溫　中國古代寫本識語集録　(東京)大藏出版株式會社　1990　p. 130
林聰明　敦煌文書學　(臺北)新文豐出版公司　1991　p. 185、416
趙聲良　早期敦煌寫本書法的時代分期和類型　敦煌書法庫(第二輯)　甘肅人民美術出版社　1994　p. 7

李崇峰　有關莫高窟北周洞窟研究的兩個問題　敦煌學國際研討會文集·石窟考古編　遼寧美術出版社　1995　p. 80

宿白　兩漢魏晉南北朝時期的敦煌　中國石窟寺考古　文物出版社　1996　p. 247

李崇峰　敦煌莫高窟唐前期洞窟分期　敦煌研究文集·敦煌石窟考古篇　甘肅民族出版社　2000　p. 80

趙聲良　早期敦煌寫本書法的分期研究　1994 年敦煌學國際研討會文集·石窟藝術卷　甘肅民族出版社　2000　p. 276

S. 2668

芳村修基　土橋秀高　井ノ口泰淳　敦煌佛教史年表　西域文化研究(第一)·敦煌佛教資料　(京都)法藏館　1958　p. 266

S. 2669

饒宗頤　神會門下摩訶衍之入藏兼論禪門南北宗之調和問題　香港大學五十周年紀念論文集　香港大學　1964　又見:唐代研究論集(第四輯)　(臺北)新文豐出版公司　1992　p. 350 ；中國敦煌學百年文庫·民族卷(二)　甘肅文化出版社　1999　p. 92

藤枝晃　敦煌の僧尼籍『東方學報』(第 35 號)　京都大學人文科學研究所　1964　p. 305

饒宗頤　論敦煌陷於吐蕃之年代　(香港)《東方文化》1971 年第 9 卷第 1 期　又見:選堂集林·史林　(香港)中華書局　1982　p. 678、706 ；中國敦煌學百年文庫·民族卷(一)　甘肅文化出版社　1999　p. 228

池田溫　中國古代籍帳研究:概觀·録文　東京大學東洋文化研究所　1979　p. 573

柳田聖山　敦煌の禪籍と矢吹慶輝　敦煌仏典と禪(講座敦煌 8)　(東京)大東出版社　1980　p. 11

田中良昭　念仏禪と後期北宗禪　敦煌仏典と禪(講座敦煌 8)　(東京)大東出版社　1980　p. 225

中川孝　楞伽宗と東山法門　敦煌仏典と禪(講座敦煌 8)　(東京)大東出版社　1980　p. 141、155

孫修身　敦煌三界寺　甘肅省史學會論文集　甘肅省歷史學會編印　1982　又見:中國敦煌學百年文庫·宗教卷(一)　甘肅文化出版社　1999　p. 55

陳炳應　敦煌所出宋開寶八年"鄭醜撻賣地舍契"定誤考釋　《西北史地》1983 年第 4 期　p. 84

田中良昭　敦煌禪宗文獻の研究　(東京)大東出版社　1983　p. 54、205、213、345

王重民　記敦煌寫本的佛經　敦煌吐魯番文獻研究論集(第二輯)　北京大學出版社　1983　p. 21　又見:敦煌遺書論文集　中華書局　1984　p. 305

陳祚龍　新校重訂敦煌古抄《澄心論》　中華佛教文化史散策(四集)　(臺北)新文豐出版公司　1986　p. 235

楊際平　關於唐天寶敦煌差科簿的幾個問題　敦煌吐魯番出土經濟文書研究　廈門大學出版社　1986　p. 158

姜伯勤　唐五代敦煌寺戶制度　中華書局　1987　p. 138、186

梁尉英　漢代效穀城考　1983 年全國敦煌學術討論會文集·文史遺書編(上)　甘肅人民出版社　1987　p. 287

楊曾文　日本學者對中國禪宗文獻的研究和整理　《世界宗教研究》1987 年第 1 期　p. 117

李正宇　敦煌地區古代祠廟寺觀簡志　《敦煌學輯刊》1988 年第 1、2 期　p. 76

李正宇　敦煌古城談往　《西北史地》1988 年第 2 期　p. 26

陳國燦　唐五代敦煌縣鄉里制的演變　《敦煌研究》1989 年第 3 期　p. 47

郝春文　唐後期五代宋初沙州僧尼的特點　敦煌吐魯番學研究論文集　漢語大詞典出版社　1990　p. 854 注 23
任半塘　王昆吾　隋唐五代燕樂雜言歌辭集　巴蜀書社　1990　p. 83
上山大峻　敦煌佛教の研究　（京都）法藏館　1990　p. 418、434
唐耕耦　陸宏基　敦煌社會經濟文獻真迹釋録（四）　全國圖書館文獻縮微複製中心　1990　p. 215
諸戶立雄　中國佛教制度史の研究　（東京）平河出版社　1990　p. 361
李正宇　敦煌名勝古迹導論　《陽關》1991 年第 4 期　p. 51
菅原信海　占筮書　敦煌漢文文獻（講座敦煌 5）（東京）大東出版社　1992　p. 461
姜伯勤　敦煌社會文書導論　（臺北）新文豐出版公司　1992　p. 203
陶秋英輯録　姜亮夫校訂　敦煌經卷所見寺名録　敦煌碎金　浙江古籍出版社　1992　p. 101
土田健次郎　儒教典籍　敦煌漢文文獻（講座敦煌 5）（東京）大東出版社　1992　p. 283
吳其昱著　伊藤美重子譯　敦煌漢文寫本概観　敦煌漢文文獻（講座敦煌 5）（東京）大東出版社　1992　p. 57
竺沙雅章　寺院文書　敦煌漢文文獻（講座敦煌 5）（東京）大東出版社　1992　p. 608
高田時雄　チベット文字書寫「長卷」の研究（本文編）『東方學報』（第 65 號）　京都大學人文科學研究所　1993　p. 373
郝春文　敦煌寫本社邑文書年代彙考（二）《首都師範大學學報》1993 年第 5 期　p. 77
梅弘理　敦煌本佛教教理問答書　法國學者敦煌學論文選萃　中華書局　1993　p. 139
前田正名　河西歷史地理學研究　中國藏學出版社　1993　p. 260
冉雲華　敦煌遺書與中國禪宗歷史研究　"中國唐代學會"會刊（第四期）（臺北）"中國唐代學會"　1993　p. 56
李尚全　敦煌本《修心要論》芻議　佛教論譯集　甘肅民族出版社　1994　p. 82
索仁森著　李吉和譯　敦煌漢文禪籍特徵概觀　《敦煌研究》1994 年第 1 期　p. 111
田中良昭　敦煌の禪籍　禪學研究入門　（東京）大東出版社　1994　p. 57
柳田聖山　禪籍解題（一）・敦煌禪籍　俗語言研究（第二期）（京都）禪文化研究所　1995　p. 132
郝春文　唐後期五代宋初沙州僧尼的宗教收入（三）：大衆倉試探　《敦煌學輯刊》1996 年第 2 期　p. 6
李并成　李春元　瓜沙史地研究　甘肅文化出版社　1996　p. 65
李正宇　敦煌史地新論　（臺北）新文豐出版公司　1996　p. 93
陸慶夫　唐宋間敦煌粟特人之漢化　《歷史研究》1996 年第 6 期　p. 31　又見：敦煌歸義軍史專題研究　蘭州大學出版社　1997　p. 367
田中良昭　《禪籍解題（一）・敦煌禪籍》補遺　俗語言研究（第三期）（京都）禪文化研究所　1996　p. 221
高啓安　唐宋時期敦煌人名探析　《敦煌研究》1997 年第 4 期　p. 124
李正宇　敦煌歷史地理導論　（臺北）新文豐出版公司　1997　p. 56
孫曉林　敦煌遺書所見唐宋間令狐氏在敦煌的分佈　唐代的歷史與社會　武漢大學出版社　1997　p. 529
張弓　漢唐佛寺文化史　中國社會科學出版社　1997　p. 383
鄭炳林　敦煌碑銘讚輯釋　甘肅教育出版社　1997　p. 388 注 2
鄭炳林　唐五代敦煌的粟特人與佛教　敦煌歸義軍史專題研究　蘭州大學出版社　1997　p. 449
陳國燦　赤心鄉　敦煌學大辭典　上海辭書出版社　1998　p. 303
陳國燦　晉昌縣　敦煌學大辭典　上海辭書出版社　1998　p. 300

方廣錩　澄心論　敦煌學大辭典　上海辭書出版社　1998　p. 727
方廣錩　南天竺國菩提達磨禪師觀門　敦煌學大辭典　上海辭書出版社　1998　p. 724
李正宇　大乘寺　敦煌學大辭典　上海辭書出版社　1998　p. 628
李正宇　重字爲名　敦煌學大辭典　上海辭書出版社　1998　p. 451
楊森　跋《子年三月五日計料海濟受戒衣缽具色一一如後》帳及卷背《釋門教授帖》文書　《敦煌研究》1998 年第 4 期　p. 103
周季文　南天竺國菩提達摩禪師觀門古藏文音譯本　敦煌學大辭典　上海辭書出版社　1998　p. 476
池田溫　八世紀中葉敦煌的粟特人聚落　唐研究論文選集　中國社會科學出版社　1999　p. 65 注 118
馬德　敦煌文書《諸寺付經歷》芻議　《敦煌學輯刊》1999 年第 1 期　p. 40
梅維恒著　楊繼東　陳引馳譯　唐代變文(上)　(香港)中國佛教文化出版公司　1999　p. 258 注 1
郝春文　英藏敦煌文獻年代叢考　英國收藏敦煌漢藏文獻研究:紀念敦煌文獻發現一百周年　中國社會科學出版社　2000　p. 371
雷紹鋒　歸義軍賦役制度初探　(臺北)洪葉文化事業有限公司　2000　p. 256
丘古耶夫斯基　敦煌漢文文書　上海古籍出版社　2000　p. 119、127、163
黃正建　敦煌占卜文書與唐五代占卜研究　學苑出版社　2001　p. 50
謝重光　漢唐佛教社會史論　(臺北)國際文化事業有限公司　2001　p. 211
袁德領　法如神秀與北宗禪的肇始　《敦煌研究》2001 年第 1 期　p. 74
陳國燦　敦煌學史事新證　甘肅教育出版社　2002　p. 377
陳海濤　唐代入華粟特人的佛教信仰及其原因　華林(第二卷)　中華書局　2002　p. 88
劉進寶　敦煌學通論　甘肅教育出版社　2002　p. 80
嚴耀中　墓誌祭文中的唐代婦女佛教信仰　唐宋女性與社會　上海辭書出版社　2003　p. 482
趙曉星　寇甲　西魏:歸義軍時期敦煌地區的史姓　《敦煌學輯刊》2005 年第 2 期　p. 135
鄧文寬　劉樂賢　敦煌天文氣象占寫本概述　敦煌吐魯番研究(第九卷)　北京大學出版社　2006　p. 411

S. 2670

向達　倫敦所藏敦煌卷子經眼目録　《北平圖書館圖書季刊》1939 年新第 1 卷第 4 期　p. 397　又見:唐代長安與西域文明　三聯書店　1957　p. 215
佐藤哲英　維摩經疏の殘缺本について　西域文化研究(第一)・敦煌佛教資料　(京都)法藏館　1958　p. 129
矢吹慶輝　鳴沙餘韻・解說篇(第一部)　(京都)臨川書店　1980　p. 35
金岡照光　敦煌の繪物語　(東京)東方書店　1981　p. 173
上山大峻　敦煌佛教の研究　(京都)法藏館　1990　p. 344
索仁森著　李吉和譯　敦煌漢文禪籍特徵概觀　《敦煌研究》1994 年第 1 期　p. 110
方廣錩　敦煌文獻中的《金剛經》及其注疏　《新疆文物》1995 年第 1 期　p. 49　又見:敦煌學佛教學論叢(上)　中國佛教文化研究所　1998　p. 385
方廣錩　金剛般若波羅蜜經傳外傳　敦煌學大辭典　上海辭書出版社　1998　p. 685
平井宥慶　敦煌文書における金剛經疏　金剛般若經の思想的研究　(東京)春秋社　1999　p. 272
杜正乾　唐代的《金剛經》信仰　《敦煌研究》2004 年第 5 期　p. 53

S. 2671

矢吹慶輝　鳴沙餘韻・解說篇（第一部）　（京都）臨川書店　1980　p. 68

平井宥慶　敦煌文書における金剛經疏　金剛般若經の思想的研究　（東京）春秋社　1999　p. 265

杜正乾　唐代的《金剛經》信仰　《敦煌研究》2004 年第 5 期　p. 53

S. 2672

土橋秀高　四分律雜抄　西域文化研究（第一）・敦煌佛教資料　（京都）法藏館　1958　p. 186

饒宗頤　神會門下摩訶衍之入藏兼論禪門南北宗之調和問題　香港大學五十周年紀念論文集　香港大學　1964　又見：唐代研究論集（第四輯）　（臺北）新文豐出版公司　1992　p. 343；中國敦煌學百年文庫・民族卷（二）　甘肅文化出版社　1999　p. 88

金岡照光　敦煌文學のさまざま　敦煌の文學　（東京）大蔵出版株式會社　1971　p. 162

饒宗頤　論敦煌陷於吐蕃之年代　（香港）《東方文化》1971 年第 9 卷第 1 期　又見：選堂集林・史林　（香港）中華書局　1982　p. 672、699；中國敦煌學百年文庫・民族卷（一）　甘肅文化出版社　1999　p. 224

沖本克己　敦煌出土のチベット文禪宗文獻の內容　敦煌仏典と禪（講座敦煌 8）　（東京）大東出版社　1980　p. 422

川崎ミチコ　通俗詩類・雜詩文類　敦煌仏典と禪（講座敦煌 8）　（東京）大東出版社　1980　p. 323

菊池英夫　隋唐王朝支配期の河西と敦煌　敦煌の歷史（講座敦煌 2）　（東京）大東出版社　1980　p. 190

饒宗頤　王錫《頓悟大乘政理決》序說並校記　選堂集林・史林　（香港）中華書局　1982　p. 716　又見：漢藏佛教研究彙編　（臺北）文殊出版社　1987　p. 313

吳其昱　臥輪禪師出家安心十功德蕃本試釋　敦煌學（第 5 輯）　（臺北）新文豐出版公司　1982　p. 45

史葦湘　吐蕃王朝管轄沙州前後　《敦煌研究》1983 年創刊號　p. 134

戴密微著　耿昇譯　敦煌學近作　敦煌譯叢（第一輯）　甘肅人民出版社　1985　p. 45

戴密微著　施肖更譯　新發現的吐蕃僧諍會漢文檔案寫本　國外藏學研究譯文集（第三輯）　西藏人民出版社　1987　p. 65

陳祚龍　敦煌學劄記　敦煌學散策新集　（臺北）新文豐出版公司　1989　p. 19

上山大峻　敦煌佛教の研究　（京都）法藏館　1990　p. 250、415、540

吳其昱著　伊藤美重子譯　敦煌漢文寫本概觀　敦煌漢文文獻（講座敦煌 5）　（東京）大東出版社　1992　p. 58、63

榮新江　饒宗頤教授與敦煌學研究　"中國唐代學會"會刊（第四期）　（臺北）"中國唐代學會"　1993　p. 43　又見：選堂文史論苑　上海古籍出版社　1994　p. 269

沖本克己　チベットの禪　禪學研究入門　（東京）大東出版社　1994　p. 151

上山大峻著　耿昇譯　吐蕃僧諍問題的新透視　國外藏學研究譯文集（第十一輯）　西藏人民出版社　1994　p. 263

田中良昭　敦煌の禪籍　禪學研究入門　（東京）大東出版社　1994　p. 62

柳田聖山　禪籍解題（一）・敦煌禪籍　俗語言研究（第二期）　（京都）禪文化研究所　1995　p. 141

饒宗頤　跋：從"河圖"、"洛書"、"陰陽五行"、"八卦"在西藏看古代哲學思想的交流　華學（第一輯）　中山大學出版社　1995　p. 257

項楚　敦煌歌辭總編匡補　（臺北）新文豐出版公司　1995　p. 152

孫昌武　禪思與詩情　中華書局　1997　p. 128 注 2
柴劍虹　揚州顗禪師與女子問答詩　敦煌學大辭典　上海辭書出版社　1998　p. 568
方廣錩　頓悟大乘正理決　敦煌學大辭典　上海辭書出版社　1998　p. 724
郝春文　摩訶衍　敦煌學大辭典　上海辭書出版社　1998　p. 347
楊富學　李吉和　敦煌漢文吐蕃史料輯校(第一輯)　甘肅人民出版社　1999　p. 58
張勇　傅大士研究　巴蜀書社　2000　p. 209
史葦湘　敦煌歷史與莫高窟藝術研究　甘肅教育出版社　2002　p. 159
楊森　談與敦煌和尚師子吼相關的幾個問題　2000 年敦煌學國際學術討論會文集·歷史文化卷(下)　甘肅民族出版社　2003　p. 136
張子開　敦煌文獻中的白話禪詩　《敦煌學輯刊》2003 年第 1 期　p. 90
屈直敏　敦煌高僧　民族出版社　2004　p. 93

S. 2673

矢吹慶輝　鳴沙餘韻·解說篇(第一、二部)　(京都)臨川書店　1980　p. 195;302
李明偉　狀·牒·帖　敦煌文學　甘肅人民出版社　1989　p. 43
蕭登福　道教與密宗　(臺北)新文豐出版公司　1993　p. 302
蕭登福　道教術儀與密教典籍　(臺北)新文豐出版公司　1994　p. 445
蕭登福　道教與佛教　(臺北)東大圖書公司　1995　p. 61
方廣錩　三廚經　敦煌學大辭典　上海辭書出版社　1998　p. 738
蕭登福　敦煌寫卷所見受道教避穀食氣思想影響的佛典　新世紀敦煌學論集　巴蜀書社　2003　p. 695
趙曉星　敦煌落蕃舊事　民族出版社　2004　p. 184

S. 2674

芳村修基　土橋秀高　井ノ口泰淳　敦煌佛教史年表　西域文化研究(第一)·敦煌佛教資料　(京都)法藏館　1958　p. 275
饒宗頤　論敦煌陷於吐蕃之年代　(香港)《東方文化》1971 年第 9 卷第 1 期　又見:選堂集林·史林　(香港)中華書局　1982　p. 685；中國敦煌學百年文庫·民族卷(一)　甘肅文化出版社　1999　p. 230
陳祚龍　敦煌古抄內典尾記彙校二編　敦煌文物隨筆　(臺北)商務印書館　1979　p. 173
矢吹慶輝　鳴沙餘韻·解說篇(第一部)　(京都)臨川書店　1980　p. 256
張廣達　唐代禪宗的傳入吐蕃及有關的敦煌文書　學林漫録(三集)　中華書局　1981　p. 48
陳祚龍　敦煌古抄內典尾記彙校初、二、三編合刊　敦煌學要籥　(臺北)新文豐出版公司　1982　p. 78
賀世哲　敦煌莫高窟壁畫中的《維摩詰經變》　《敦煌研究》1982 年試刊第 2 期　p. 72
戴密微著　耿昇譯　敦煌學近作　敦煌譯叢(第一輯)　甘肅人民出版社　1985　p. 37
馬德　吐蕃統治敦煌初期的幾個問題　《敦煌研究》1987 年第 1 期　p. 58
池田溫　中國古代寫本識語集録　(東京)大藏出版株式會社　1990　p. 314
上山大峻　敦煌佛教の研究　(京都)法藏館　1990　p. 19、42、82、485
林聰明　敦煌文書學　(臺北)新文豐出版公司　1991　p. 185
吴其昱著　伊藤美重子譯　敦煌漢文寫本概観　敦煌漢文文獻(講座敦煌 5)　(東京)大東出版社　1992　p. 67

王堯　西藏文史考信集　中國藏學出版社　1994　p. 310
柳田聖山　禪籍解題(一)·敦煌禪籍　俗語言研究(第二期)　(京都)禪文化研究所　1995　p. 141
方廣錩　大乘二十二問　敦煌學大辭典　上海辭書出版社　1998　p. 723
郝春文　曇曠　敦煌學大辭典　上海辭書出版社　1998　p. 347
榮新江　大乘二十二問之研究　敦煌學大辭典　上海辭書出版社　1998　p. 835
楊富學　李吉和　敦煌漢文吐蕃史料輯校(第一輯)　甘肅人民出版社　1999　p. 6

S. 2675

趙健雄　敦煌石窟醫學史料輯要　《敦煌學輯刊》1985 年第 2 期　p. 118
池田溫　中國古代寫本識語集録　(東京)大藏出版株式會社　1990　p. 326
上山大峻　敦煌佛教の研究　(京都)法藏館　1990　p. 18、77
劉進寶　敦煌學論述　(臺北)洪葉文化事業有限公司　1995　p. 300
張弓　漢唐佛寺文化史　中國社會科學出版社　1997　p. 928
劉進寶　敦煌學通論　甘肅教育出版社　2002　p. 417

S. 2678

福井文雅　般若心經　敦煌と中國仏教(講座敦煌 7)　(東京)大東出版社　1984　p. 39
孫修身　敦煌遺書吐蕃文書 P. T. 1284 號第三件書信有關問題考　《敦煌研究》1989 年第 2 期　p. 68

S. 2679

向達　記倫敦所藏的敦煌俗文學　《新中華雜誌》1937 年第 5 卷第 13 號　p. 123 – 128　又見:唐代長安與西域文明　三聯書店　1957　p. 242；敦煌變文論文録　上海古籍出版社　1982　p. 31
向達　倫敦所藏敦煌卷子經眼目録　《北平圖書館圖書季刊》1939 年新第 1 卷第 4 期　p. 397　又見:唐代長安與西域文明　三聯書店　1957　p. 215
金岡照光　敦煌漢文文學文獻の文學形態上の種類とその分類　敦煌出土文學文獻分類目録·附解說　(東京)東洋文庫　1971　p. 231
金岡照光　敦煌文學のさまざま　敦煌の文學　(東京)大蔵出版株式會社　1971　p. 151
加地哲定　增補中國佛教文學研究　(東京)同朋舍　1979　p. 188
川崎ミチコ　修道偈Ⅱ——定格聯章　敦煌仏典と禪(講座敦煌 8)　(東京)大東出版社　1980　p. 272
任半塘　敦煌歌辭研究在國外　文學評論叢刊(第九輯)　中國社會科學出版社　1981　p. 189
龍晦　論敦煌詞曲所見之禪宗與淨土宗　《世界宗教研究》1986 年第 3 期　p. 60
任半塘　敦煌歌辭總編　上海古籍出版社　1987　p. 1361、1424、1443
劉進寶　俚曲小調　敦煌文學　甘肅人民出版社　1989　p. 218
加地哲定著　劉衛星譯　中國佛教文學　今日中國出版社　1990　p. 160
任半塘　王昆吾　隋唐五代燕樂雜言歌辭集　巴蜀書社　1990　p. 174
上山大峻　敦煌佛教の研究　(京都)法藏館　1990　p. 420
唐耕耦　陸宏基　敦煌社會經濟文獻真迹釋録(四)　全國圖書館文獻縮微複製中心　1990　p. 322
林家平　寧强　羅華慶　中國敦煌學史　北京語言學院出版社　1992　p. 106
周紹良　敦煌文學芻議及其它　(臺北)新文豐出版公司　1992　p. 37
李正宇　敦煌文學概論　甘肅人民出版社　1993　p. 93
孫其芳　顔廷亮　敦煌文學概論　甘肅人民出版社　1993　p. 446

鄭阿財　敦煌文獻與文學　(臺北)新文豐出版公司　1993　p. 113、139
劉尊明　唐五代詞的文化觀照　(臺北)文津出版社　1994　p. 511
榮新江　鄧文寬　有關敦博本禪籍的幾個問題　《敦煌學輯刊》1994 年第 2 期　p. 8
柳田聖山　禪籍解題(一)·敦煌禪籍　俗語言研究(第二期)　(京都)禪文化研究所　1995　p. 146
史雙元　唐五代詞紀事會評　黄山書社　1995　p. 29
王書慶　敦煌佛學·佛事篇　甘肅民族出版社　1995　p. 264
張涌泉　漢語俗字研究　岳麓書社　1995　p. 142
王昆吾　隋唐五代燕樂雜言歌辭研究　中華書局　1996　p. 421
楊曾文　神會和尚禪語録　中華書局　1996　p. 126
張涌泉　敦煌俗字研究導論　(臺北)新文豐出版公司　1996　p. 73
周紹良　敦煌本《六祖壇經》是慧能的原本:《敦博本禪籍校録》序　敦煌吐魯番研究(第一卷)　北京大學出版社　1996　p. 302
孫昌武　禪思與詩情　中華書局　1997　p. 330 注 16、331 注 29
柴劍虹　佛性成就十二時　敦煌學大辭典　上海辭書出版社　1998　p. 538
柴劍虹　菏澤和尚五更轉　敦煌學大辭典　上海辭書出版社　1998　p. 549
柴劍虹　良牧詩　敦煌學大辭典　上海辭書出版社　1998　p. 574
柴劍虹　南宗定邪正五更轉　敦煌學大辭典　上海辭書出版社　1998　p. 549
鄧文寬　榮新江　敦博本禪籍録校　江蘇古籍出版社　1998　p. 10、187
榮新江　《英藏敦煌文獻》定名商補　文史(第五十二輯)　中華書局　2000　p. 120　又見:敦煌學新論　甘肅教育出版社　2002　p. 194
徐俊　敦煌詩集殘卷輯考　中華書局　2000　p. 189
張錫厚　敦煌文學源流　作家出版社　2000　p. 330
王小盾　從敦煌本共住修道故事看唐代佛教詩歌文體的來源　中國俗文化研究(第一輯)　巴蜀書社　2003　p. 27
王志鵬　從敦煌歌辭看唐代敦煌地區禪宗的流傳與發展　《敦煌研究》2005 年第 6 期　p. 96

S. 2680

蕭登福　道教與密宗　(臺北)新文豐出版公司　1993　p. 310
蕭登福　道教術儀與密教典籍　(臺北)新文豐出版公司　1994　p. 451
方廣錩　三廚經　敦煌學大辭典　上海辭書出版社　1998　p. 738

S. 2682

周紹良　敦煌所出變文現存目録　敦煌變文彙録　上海出版公司　1955　p. 5
劉銘恕　再記英國倫敦所藏的敦煌經卷　《中國科學院圖書館通訊》1957 年第 7 期　又見:中國敦煌學百年文庫·綜述卷(二)　甘肅文化出版社　1999　p. 135
邵榮芬　敦煌俗文學中的别字異文和唐五代西北方音　《中國語文》1963 年第 3 期　又見:中國敦煌學百年文庫·語言文字卷(一)　甘肅文化出版社　1999　p. 133
金岡照光　敦煌漢文文學文獻の文學形態上の種類とその分類　敦煌出土文學文獻分類目録·附解說　(東京)東洋文庫　1971　p. 203
金岡照光　敦煌文學のさまざま　敦煌の文學　(東京)大蔵出版株式會社　1971　p. 108
金岡照光　敦煌民衆の宗教と生活　敦煌の民衆:その生活と思想　(東京)評論社　1972　p. 234
加地哲定　增補中國佛教文學研究　(東京)同朋舍　1979　p. 166

楊家駱　敦煌變文　(臺北)世界書局　1980　p. 301
金岡照光　敦煌の繪物語　(東京)東方書店　1981　p. 68、102、112
潘重規　敦煌變文集新書(上)　(臺北)"中國文化大學"中文研究所　1984　p. 512
王慶菽　太子成道經　敦煌變文集　人民文學出版社　1984　p. 301
白化文　對可補入《敦煌變文集》中的幾則録文的討論　《敦煌學輯刊》1986 年第 1 期　p. 46
梁梁　《太子成道經》隨筆數則　《敦煌研究》1986 年第 3 期　p. 53
李正宇　晚唐敦煌本《釋迦因緣劇本》試探　《敦煌研究》1987 年第 1 期　p. 65、70
平野顯照著　張桐生譯　唐代的文學與佛教　(臺北)業强出版社　1987　p. 288
項楚　敦煌文學雜考　1983 年全國敦煌學術討論會文集・文史遺書編(下)　甘肅人民出版社　1987　p. 123
周紹良　唐代變文及其它　敦煌文學作品選　中華書局　1987　p. 18
柴劍虹　因緣　敦煌文學　甘肅人民出版社　1989　p. 273
高國藩　敦煌民俗學　上海文藝出版社　1989　p. 132
周紹良　白化文　李鼎霞　敦煌變文集補編　北京大學出版社　1989　p. 100
高國藩　敦煌古俗與民俗流變　河海大學出版社　1990　p. 380
郭在貽　張涌泉　黄征　敦煌變文集校議　岳麓書社　1990　p. 347
劉瑞明　S. 2440(7)號文書以"劇本"定性擬名之質疑　《敦煌學輯刊》1990 年第 1 期　p. 94
柴劍虹　敦煌文學中的"因緣"與"詩話"　西域文史論稿　(臺北)國文天地雜誌社　1991　p. 514
金岡照光　講唱體類　敦煌の文學文獻(講座敦煌 9)　(東京)大東出版社　1992　p. 76、163
周紹良　敦煌文學芻議及其它　(臺北)新文豐出版公司　1992　p. 84
高國藩　敦煌民俗資料導論　(臺北)新文豐出版公司　1993　p. 175
蔣禮鴻　敦煌文獻語言詞典　杭州大學出版社　1994　p. 409
井ノロ泰淳　敦煌本『仏名經』の諸系統　中央アジアの言語と仏教　(京都)法藏館　1995　p. 319
曲金良　敦煌佛教文學研究　(臺北)文津出版社　1995　p. 41
王慶雲　佛太子與賈寶玉:從敦煌寫本《八相變》看佛教文學對《紅樓夢》的影響　敦煌佛教文學研究　(臺北)文津出版社　1995　p. 301
鄧文寬　評《敦煌新本六祖壇經》　敦煌吐魯番研究(第一卷)　北京大學出版社　1996　p. 402
黄征　敦煌俗語法研究之一:句法篇　敦煌吐魯番研究(第一卷)　北京大學出版社　1996　p. 66
黄征　敦煌寫本異文綜析　敦煌語文叢說　(臺北)新文豐出版公司　1997　p. 24
黄征　張涌泉　敦煌變文校注　中華書局　1997　p. 442、1180
海客　太子成道經　敦煌學大辭典　上海辭書出版社　1998　p. 576
周紹良　張涌泉　黄征　敦煌變文講經文因緣輯校(下)　江蘇古籍出版社　1998　p. 709
金岡照光　敦煌文獻と中國文學　(東京)五曜書房　2000　p. 132、159、474、500
張錫厚　敦煌文學源流　作家出版社　2000　p. 383
張涌泉　漢語俗字叢考　中華書局　2000　p. 18
黄征　敦煌語言文字學研究　甘肅教育出版社　2002　p. 113、230
荒見泰史　從敦煌寫本中變文的改寫情況來探討五代講唱文學的演變　敦煌學國際研討會論文集　北京圖書館出版社　2005　p. 178
黄征　敦煌俗字典　上海教育出版社　2005　p. 13、41
李正宇　晚唐至宋敦煌聽許僧人娶妻生子　敦煌吐魯番研究(第九卷)　北京大學出版社　2006　p. 341

S. 2683

姜亮夫　瀛涯敦煌韻輯總目叙録　《國立中央圖書館館刊》1947 年第 1 期　又見:中國敦煌學百年文庫・文獻卷(一)　甘肅文化出版社　1999　p. 263

周祖謨　王仁昫切韻著作年代釋疑　問學集　中華書局　1966　又見:中國敦煌學百年文庫・語言文字卷(一)　甘肅文化出版社　1999　p. 312

潘重規　瀛涯敦煌韻輯新編　(臺北)文史哲出版社　1974　p. 55

王重民　記敦煌寫本的佛經　敦煌吐魯番文獻研究論集(第二輯)　北京大學出版社　1983　p. 20　又見:敦煌遺書論文集　中華書局　1984　p. 304

周祖謨　唐五代韻書集存　中華書局　1983　p. 64、819

饒宗頤解說　林宏作譯　敦煌書法叢刊　(第二四卷)・寫經(五)　(東京)二玄社　1984　p. 54

姜亮夫　敦煌學概論　中華書局　1985　p. 64

姜亮夫　切韻系統　敦煌學論文集　上海古籍出版社　1987　p. 415、423、430、455　又見:姜亮夫全集(十三)　雲南人民出版社　2002　p. 371

姜亮夫　隋唐宋韻書反切異文表　敦煌學論文集　上海古籍出版社　1987　p. 694 注 2

姜亮夫　隋唐宋韻書體式變遷考　敦煌學論文集　上海古籍出版社　1987　p. 470　又見:中古近代漢語研究(第一輯)　上海教育出版社　2000　p. 3

姜亮夫　王靜安先生所録切韻三種卷子校記　敦煌學論文集　上海古籍出版社　1987　p. 779

姜亮夫　瀛外將去敦煌所藏韻書字書各卷叙録　敦煌學論文集　上海古籍出版社　1987　p. 325　又見:姜亮夫全集(十三)　雲南人民出版社　2002　p. 284

周祖謨　唐五代韻書集存序言　周祖謨語言文史論集　浙江古籍出版社　1988　p. 226

姜亮夫　瀛涯敦煌韻書卷子考釋　浙江古籍出版社　1990　p. 7、149

姜亮夫　李丹禾　從敦煌卷子推測唐人對切韻系統諸韻書之刊補大例　敦煌吐魯番學研究論文集　漢語大詞典出版社　1990　p. 1

趙誠　中國古代韻書　中華書局　1991　p. 18

林家平　寧强　羅華慶　中國敦煌學史　北京語言學院出版社　1992　p. 34、59、63、300、306

劉進寶　近十年來大陸地區敦煌學研究概述　“中國唐代學會”會刊(第四期)　(臺北)“中國唐代學會”　1993　p. 77

胡戟　傅玫　敦煌史話　中華書局　1995　p. 132、181

姚榮松　巴黎所藏 P. 2011 王韻的新校記　全國敦煌學研討會論文集　(臺北)中正大學中國文學系所　1995　p. 31

張涌泉　敦煌俗字彙考　敦煌俗字研究　上海教育出版社　1996　p. 3

朱鳳玉　敦煌寫本碎金研究　(臺北)文津出版社　1997　p. 66

潘重規　敦煌《雲謠集》新書　雲謠集研究彙録　上海古籍出版社　1998　p. 188

張金泉　敦煌韻書　敦煌學大辭典　上海辭書出版社　1998　p. 512

張金泉　陸法言　敦煌學大辭典　上海辭書出版社　1998　p. 344

張金泉　唐寫本切韻殘帙三卷　敦煌學大辭典　上海辭書出版社　1998　p. 803

北京大學　敦煌《經卷》、《照片》及《圖書》目録　中國敦煌學百年文庫・綜述卷(一)　甘肅文化出版社　1999　p. 314

姜亮夫　瀛涯敦煌韻輯　姜亮夫全集(九)　雲南人民出版社　2002　p. 15

施安昌　敦煌寫經的遞變字群及其命名　善本碑帖論集　紫禁城出版社　2002　p. 334

施安昌　論漢字演變的分期:兼談敦煌古韻書的書寫時間　善本碑帖論集　紫禁城出版社　2002　p. 323

張弓　敦煌四部籍與中古後期社會的文化情境　敦煌學(第 25 輯)　(臺北)樂學書局有限公司　2004　p. 320

楊森　跋甘肅武山拉梢寺北周造大佛像發願文石刻碑　《敦煌學輯刊》2005 年第 2 期　p. 234

S. 2684

矢吹慶輝　三階教之研究　(東京)岩波書店　1927　p. 784

陳祚龍　關於研究李唐三藏法師玄奘的"作爲"及其影響之敦煌古抄參考資料　中華佛教文化史散策(初集)　(臺北)新文豐出版公司　1978　p. 371

金岡照光　敦煌寫本と民衆仏教　続シルクロ－ドと仏教文化　(東京)東洋哲學研究所　1980　p. 152

方廣錩　讀敦煌佛典經録劄記　《敦煌學輯刊》1986 年第 1 期　p. 111

寧欣　唐代敦煌地區農業水利問題初探　敦煌吐魯番文獻研究論集(第三輯)　北京大學出版社　1986　p. 532 注 20

方廣錩　佛教大藏經史(八—十世紀)　中國社會科學出版社　1991　p. 131

王靜芬　唐代莫高窟壁畫所見與畫史記載寺院的經變題材比較　敦煌文藪(上)　(臺北)新文豐出版公司　1999　p. 226

金岡照光　敦煌文獻と中國文學　(東京)五曜書房　2000　p. 18

西本照真　敦煌抄本中的三階教文獻　中日敦煌佛教學術會議論文集　中國社會科學院研究所　2002　p. 177

西本照真　三階教文獻綜述　藏外佛教文獻(第九輯)　宗教文化出版社　2003　p. 364

S. 2685

蕭登福　從敦煌寫卷中看道教星斗崇拜對佛經之影響　第二届敦煌學國際研討會論文集　(臺北)漢學研究中心　1990　p. 343

蕭登福　道教星斗符印與佛教密宗　(臺北)新文豐出版公司　1993　p. 32

蕭登福　道教與密宗　(臺北)新文豐出版公司　1993　p. 396、520

王書慶　敦煌佛學·佛事篇　甘肅民族出版社　1995　p. 76

黄霞　佛説相好經　藏外佛教文獻(第三輯)　宗教文化出版社　1997　p. 405

鄭炳林　敦煌碑銘讚輯釋　甘肅教育出版社　1997　p. 208 注 5、354 注 2

方廣錩　相好經　敦煌學大辭典　上海辭書出版社　1998　p. 730

徐俊　敦煌詩集殘卷輯考　中華書局　2000　p. 635

張先堂　觀相念佛:盛唐至北宋一度流行的淨土教行儀　《敦煌研究》2005 年第 5 期　p. 33

S. 2687

賀世哲　孫修身　《瓜沙曹氏年表補正》之補正　《甘肅師大學報》1980 年第 3 期　又見:敦煌學文選(上)　蘭州大學歷史系敦煌學研究室等　1983　p. 162、163 注 26；中國敦煌學百年文庫·歷史卷(一)　甘肅文化出版社　1999　p. 498

土肥義和　莫高窟千佛洞と大寺と蘭若と　敦煌の社會(講座敦煌 3)　(東京)大東出版社　1980　p. 359

姜伯勤　上海藏本敦煌所出河西支度營田使文書研究　敦煌吐魯番文獻研究論集(第二輯)　北京大學出版社　1983　p. 355 注 24

姜亮夫　瓜沙曹氏年表補正　敦煌學文選(上)　蘭州大學歷史系敦煌學研究室等　1983　p. 127

又見:敦煌學論文集　上海古籍出版社　1987　p. 933
孫修身　敦煌石窟《臘八燃燈分配窟龕名數》寫作年代考　絲路訪古　甘肅人民出版社　1983　p. 213
王堯　陳踐　歸義軍曹氏與于闐之關係補證　《西北史地》1987 年第 2 期　p. 62
孫修身　敦煌遺書伯 3016 號卷背第二件文書有關問題考　《敦煌學輯刊》1988 年第 1、2 期　p. 28
杜琪　表·疏　敦煌文學　甘肅人民出版社　1989　p. 23
榮新江　沙州歸義軍歷任節度使稱號研究　敦煌吐魯番學研究論文集　漢語大詞典出版社　1990　p. 801
唐耕耦　陸宏基　敦煌社會經濟文獻真迹釋録(三)　全國圖書館文獻縮微複製中心　1990　p. 94
孫修身　伯 2155《曹元忠致甘州回鶻可汗狀》時代考　《敦煌研究》1991 年第 2 期　p. 28
黄盛璋　關於沙州曹氏和于闐交往的諸藏文文書及相關問題　《敦煌研究》1992 年第 1 期　p. 41
李明偉　敦煌文學概論　甘肅人民出版社　1993　p. 462
蔣禮鴻　敦煌文獻語言詞典　杭州大學出版社　1994　p. 405
榮新江　歸義軍改元考　文史(第三十八輯)　中華書局　1994　p. 51
閻國權等　敦煌宗教文化　新華出版社　1994　p. 68
黄征　吴偉　敦煌願文集　岳麓書社　1995　p. 376
李明偉　敦煌文學中"敦煌文"的研究和分類評價　《敦煌研究》1995 年第 4 期　p. 120
王書慶　敦煌佛學·佛事篇　甘肅民族出版社　1995　p. 49
榮新江　歸義軍史研究　上海古籍出版社　1996　p. 54
李并成　古代河西走廊桑蠶絲織業考　《敦煌學輯刊》1997 年第 2 期　p. 64
鄭炳林　敦煌碑銘讚輯釋　甘肅教育出版社　1997　p. 60 注 9
郝春文　唐後期五代宋初敦煌僧尼的社會生活　中國社會科學出版社　1998　p. 250
孫修身　曹元忠　敦煌學大辭典　上海辭書出版社　1998　p. 364
張彦珍　敦煌遺書 S. 4400《貳師泉賦》的作者及寫本年代問題　《甘肅社會科學》1998 年第 5 期　p. 79
李丹禾　《敦煌社邑文書輯校》補正　《敦煌研究》1999 年第 2 期　p. 57
李明偉　敦煌文學中敦煌文的分類及評價　1994 年敦煌學國際研討會文集·宗教文史卷(上)　甘肅民族出版社　2000　p. 297
榮新江　《英藏敦煌文獻》定名商補　文史(第五十二輯)　中華書局　2000　p. 120　又見:敦煌學新論　甘肅教育出版社　2002　p. 194
譚蟬雪　《君者者狀》辨析:河西達怛國的一份書狀　1994 年敦煌學國際研討會文集·宗教文史卷(下)　甘肅民族出版社　2000　p. 105
顔廷亮　西陲文學遺珍:敦煌文學通俗談　甘肅人民出版社　2000　p. 148
張錫厚　敦煌文學源流　作家出版社　2000　p. 168
姜亮夫　敦煌莫高窟年表　姜亮夫全集(十一)　雲南人民出版社　2002　p. 527
姜亮夫　瓜沙曹氏年表補正　姜亮夫全集(十四)　雲南人民出版社　2002　p. 355
劉永明　散見敦煌曆朔閏輯考　《敦煌研究》2002 年第 6 期　p. 17
馬茜　歸義軍時期敦煌地區庶民佛教的發展　甘肅民族研究論叢　甘肅人民出版社　2002　p. 446
沙武田　趙曉星　歸義軍時期敦煌文獻中的太子　《敦煌研究》2003 年第 4 期　p. 49
楊秀清　唐宋敦煌地區的世俗佛教信仰　新世紀敦煌學論集　巴蜀書社　2003　p. 720
張錫厚　敦煌文概說　2000 年敦煌學國際學術討論會文集·歷史文化卷(下)　甘肅民族出版社　2003　p. 225

陳菊霞　敦煌翟氏郡望和族源新探　《敦煌研究》2004 年第 2 期　p. 66
陳曉紅　試論敦煌佛教願文的類型　《敦煌學輯刊》2004 年第 1 期　p. 99
馮培紅　關於歸義軍節度使官制的幾個問題　麥積山石窟藝術文化論文集(下)　蘭州大學出版社　2004　p. 223
馮培紅　論晚唐五代的沙州(歸義軍)與涼州(河西)節度使　浙江與敦煌學:常書鴻先生誕辰一百周年紀念文集　浙江古籍出版社　2004　p. 251
葉貴良　敦煌社邑文書詞語選釋　《敦煌研究》2004 年第 5 期　p. 79

S. 2688

向達　倫敦所藏敦煌卷子經眼目録　《北平圖書館圖書季刊》1939 年新第 1 卷第 4 期　p. 397　又見:唐代長安與西域文明　三聯書店　1957　p. 215
佐藤哲英　維摩經疏の殘缺本について　西域文化研究(第一)・敦煌佛教資料　(京都)法藏館　1958　p. 129
矢吹慶輝　鳴沙餘韻・解説篇(第一部)　(京都)臨川書店　1980　p. 38
方廣錩　許培鈴　敦煌遺書中的《維摩詰所説經》及其注疏　《敦煌研究》1994 年第 4 期　p. 149　又見:敦煌學佛教學論叢(下)　中國佛教文化研究所　1998　p. 117
方廣錩　維摩義記　敦煌學大辭典　上海辭書出版社　1998　p. 676
王啓濤　中古及近代法制文書語言研究　巴蜀書社　2003　p. 274

S. 2689

土橋秀高　敦煌の律蔵　敦煌と中國仏教(講座敦煌 7)　(東京)大東出版社　1984　p. 264
鄭炳林　晚唐五代敦煌貿易市場的物價　敦煌歸義軍史專題研究　蘭州大學出版社　1997　p. 279
榮新江　粟特語受八齋戒儀　敦煌學大辭典　上海辭書出版社　1998　p. 506
徐俊　敦煌詩集殘卷輯考　中華書局　2000　p. 872

S. 2690

池田溫　中國古代寫本識語集録　(東京)大藏出版株式會社　1990　p. 370

S. 2691

鄭炳林　敦煌碑銘讚輯釋　甘肅教育出版社　1997　p. 57 注 4、265 注 2
董志翹　敦煌文書詞語瑣記　《敦煌研究》1999 年第 4 期　p. 32
劉永明　散見敦煌曆朔閏輯考　《敦煌研究》2002 年第 6 期　p. 13
郝春文　唐後期五代宋初中印文化對敦煌寺院的影響　新世紀敦煌學論集　巴蜀書社　2003　p. 334

S. 2692

岡部和雄　疑僞經典　敦煌仏典と禪(講座敦煌 8)　(東京)大東出版社　1980　p. 363
矢吹慶輝　鳴沙餘韻・解説篇(第一部)　(京都)臨川書店　1980　p. 193
周紹良　敦煌文學芻議及其它　(臺北)新文豐出版公司　1992　p. 16
高田時雄　チベット文字書寫「長巻」の研究(本文編)　『東方學報』(第 65 號)　京都大學人文科學研究所　1993　p. 369
柳田聖山　禪籍解題(一)・敦煌禪籍　俗語言研究(第二期)　(京都)禪文化研究所　1995　p. 148

孫昌武　禪思與詩情　中華書局　1997　p. 520
方廣錩　法王經　敦煌學大辭典　上海辭書出版社　1998　p. 740

S. 2693

陳祚龍　敦煌古抄内典尾記彙校初、二、三編合刊　敦煌學要籥　(臺北)新文豐出版公司　1982　p. 120
池田溫　中國古代寫本識語集録　(東京)大藏出版株式會社　1990　p. 162
方廣錩　無量壽義記　敦煌學大辭典　上海辭書出版社　1998　p. 661
劉長東　晉唐彌陀淨土信仰研究　巴蜀書社　2000　p. 201
公維章　莫高窟第220窟南壁無量壽經變劄記　《敦煌研究》2002年第5期　p. 10
公維章　涅槃、淨土的殿堂:敦煌莫高窟第148窟研究　民族出版社　2004　p. 53

S. 2694

向達　倫敦所藏敦煌卷子經眼目録　《北平圖書館圖書季刊》1939年新第1卷第4期　p. 397　又見:唐代長安與西域文明　三聯書店　1957　p. 215
饒宗頤　論敦煌陷於吐蕃之年代　(香港)《東方文化》1971年第9卷第1期　又見:選堂集林·史林　(香港)中華書局　1982　p. 689；中國敦煌學百年文庫·民族卷(一)　甘肅文化出版社　1999　p. 232
陳祚龍　敦煌古抄内典尾記彙校二編　敦煌文物隨筆　(臺北)商務印書館　1979　p. 162
矢吹慶輝　鳴沙餘韻·解説篇(第一部)　(京都)臨川書店　1980　p. 16
陳祚龍　敦煌古抄内典尾記彙校初、二、三編合刊　敦煌學要籥　(臺北)新文豐出版公司　1982　p. 69
池田溫　中國古代寫本識語集録　(東京)大藏出版株式會社　1990　p. 158
方廣錩　華嚴略疏　敦煌學大辭典　上海辭書出版社　1998　p. 656
殷光明　敦煌盧舍那佛法界圖像研究之一　《敦煌研究》2002年第1期　p. 49
悟緣　華嚴略疏卷第一　藏外佛教文獻(第八輯)　宗教文化出版社　2003　p. 17

S. 2695

矢吹慶輝　鳴沙餘韻·解説篇(第一部)　(京都)臨川書店　1980　p. 254
鄭阿財　敦煌寫卷新集文詞九經抄研究　(臺北)文史哲出版社　1989　p. 114　又見:唐代研究論集(第四輯)　(臺北)新文豐出版公司　1992　p. 666
鄭阿財　敦煌蒙書析論　第二屆敦煌學國際研討會論文集　(臺北)漢學研究中心　1990　p. 233
鄭阿財　從敦煌文獻看唐代的三教合一　第二屆國際唐代學術會議論文集(上)　(臺北)文津出版社　1993　p. 660
鄭阿財　敦煌文獻與文學　(臺北)新文豐出版公司　1993　p. 205、272
鄭阿財　學日益齋敦煌學劄記　周一良先生八十生日紀念論文集　中國社會科學出版社　1993　p. 190
曾良　敦煌文獻字義通釋　廈門大學出版社　2001　p. 52、151
鄭阿財　敦煌童蒙讀物的分類與總説　敦煌文獻論集:紀念藏經洞發現一百周年國際學術研討會論文集　遼寧人民出版社　2001　p. 202
樊錦詩　玄奘譯經和敦煌壁畫　《敦煌研究》2004年第2期　p. 10

S. 2697

方廣錩　讀敦煌佛典經録劄記　《敦煌學輯刊》1986 年第 1 期　p. 112
白化文　《首羅比丘見五百仙人並見月光童子經》校録　敦煌學(第 16 輯)　(臺北)新文豐出版公司　1990　p. 48
方廣錩　佛教大藏經史(八—十世紀)　中國社會科學出版社　1991　p. 134
蕭登福　道教術儀與密教典籍　(臺北)新文豐出版公司　1994　p. 478
方廣錩　首羅比丘經　敦煌學大辭典　上海辭書出版社　1998　p. 743
劉屹　評《北京大學藏敦煌文獻》　敦煌吐魯番研究(第三卷)　北京大學出版社　1998　p. 372
王惠民　北魏佛教傳帖原件《大慈如來告疏》研究　《敦煌研究》1998 年第 1 期　p. 43
溫玉成　《首羅比丘經》若干問題探索　佛學研究(第八期)　中國佛教文化研究所　1999　p. 205
于淑健　《大正藏》第 85 卷詞語輯釋　《敦煌研究》2004 年第 6 期　p. 101

S. 2700

沃興華　敦煌書法藝術　上海人民出版社　1994　p. 137
方廣錩　敦煌遺書中的《法華經》注疏　《世界宗教研究》1998 年第 2 期　p. 77
方廣錩　敦煌遺書中的《妙法蓮華經》及有關文獻　法源(第 16 期)　中國佛學院　1998　p. 49
馬德　敦煌寫卷行草書法集　甘肅人民美術出版社　2000　p. 284

S. 2701

芳村修基　土橋秀高　井ノ口泰淳　敦煌佛教史年表　西域文化研究(第一)・敦煌佛教資料　(京都)法藏館　1958　p. 278
陳祚龍　敦煌古抄內典尾記彙校初、二、三編合刊　敦煌學要籥　(臺北)新文豐出版公司　1982　p. 120
池田溫　中國古代寫本識語集録　(東京)大藏出版株式會社　1990　p. 337
上山大峻　敦煌佛教の研究　(京都)法藏館　1990　p. 343
林聰明　敦煌文書學　(臺北)新文豐出版公司　1991　p. 186
郝春文　唐後期五代宋初沙州的方等道場與方等道場司　唐研究(第二卷)　北京大學出版社　1996　p. 69
郝春文　唐後期五代宋初敦煌僧尼的社會生活　中國社會科學出版社　1998　p. 33
楊富學　李吉和　敦煌漢文吐蕃史料輯校(第一輯)　甘肅人民出版社　1999　p. 278
張涌泉　敦煌文書疑難詞語辨釋　舊學新知　浙江大學出版社　1999　p. 257
王繼如　敦煌變文研究尚有可爲　漢語史學報專輯(第三輯)　上海教育出版社　2003　p. 361

S. 2702

向達　倫敦所藏敦煌卷子經眼目録　《北平圖書館圖書季刊》1939 年新第 1 卷第 4 期　p. 397　又見:唐代長安與西域文明　三聯書店　1957　p. 215
劉銘恕　再記英國倫敦所藏的敦煌經卷　《中國科學院圖書館通訊》1957 年第 7 期　又見:中國敦煌學百年文庫・綜述卷(二)　甘肅文化出版社　1999　p. 134
矢吹慶輝　鳴沙餘韻・解說篇(第一部)　(京都)臨川書店　1980　p. 33
任半塘　敦煌歌辭總編　上海古籍出版社　1987　p. 1029
白化文　變文和榜題　敦煌語言文學研究　北京大學出版社　1988　p. 145
任半塘　王昆吾　隋唐五代燕樂雜言歌辭集　巴蜀書社　1990　p. 866

上山大峻　敦煌佛教の研究　(京都)法藏館　1990　p. 485
王三慶　敦煌本《類林》校箋及其研究(下)　敦煌學(第17輯)　(臺北)新文豐出版公司　1991　p. 93
項楚　王梵志詩校注　上海古籍出版社　1991　p. 59
金岡照光　曲子詞類　敦煌の文學文獻(講座敦煌9)　(東京)大東出版社　1992　p. 397
周紹良　敦煌文學芻議及其它　(臺北)新文豐出版公司　1992　p. 23
張錫厚　敦煌文學概論　甘肅人民出版社　1993　p. 361
汪泛舟　敦煌僧詩補論　《敦煌研究》1994年第3期　p. 145
井ノ口泰淳　普賢行願讚考　中央アジアの言語と仏教　(京都)法藏館　1995　p. 202
黎明　淨名經集解關中疏　藏外佛教文獻(第二輯)　宗教文化出版社　1996　p. 175
黃征　敦煌俗音考辨　敦煌語文叢說　(臺北)新文豐出版公司　1997　p. 138
柴劍虹　三囑歌　敦煌學大辭典　上海辭書出版社　1998　p. 552
方廣錩　大吉祥天女十二契一百八名無垢大乘經　敦煌學大辭典　上海辭書出版社　1998　p. 698
林聰明　敦煌吐魯番文書解詁指例　(臺北)新文豐出版公司　2001　p. 108、144
曾良　敦煌文獻字義通釋　廈門大學出版社　2001　p. 106
黃征　敦煌語言文字學研究　甘肅教育出版社　2002　p. 247
王惠民　敦煌經變畫的研究成果與研究方法　《敦煌學輯刊》2004年第2期　p. 69

S. 2703

向達　倫敦所藏敦煌卷子經眼目録　《北平圖書館圖書季刊》1939年新第1卷第4期　p. 397　又見:唐代長安與西域文明　三聯書店　1957　p. 216
陳祚龍　瓜沙印録　(臺北)《大陸雜誌》1962年第4期　又見:敦煌學概要　(臺北)編譯館"中華叢書編委會"　1981　p. 268；中國敦煌學百年文庫・考古卷(一)　甘肅文化出版社　1999　p. 189
菊池英夫　西域出土文書を通じてみたる唐玄宗時代における府兵制の運用(上)　『東洋學報』(52卷3號)　(東京)東洋學術協會　1969　p. 29
菊池英夫　西域出土文書を通じてみたる唐玄宗時代における府兵制の運用(下)　『東洋學報』(52卷4號)　(東京)東洋學術協會　1970　p. 91
菊池英夫　唐代敦煌社會の外貌　敦煌の社會(講座敦煌3)　(東京)大東出版社　1980　p. 119
土肥義和　はじめに——歸義軍節度使の敦煌支配　敦煌の歷史(講座敦煌2)　(東京)大東出版社　1980　p. 239
陳祚龍　古代敦煌及其他地區流行之公私印章圖記文字録　敦煌學要籥　(臺北)新文豐出版公司　1982　p. 339
蘇瑩輝　瓜沙史事系年　敦煌論集　(臺北)學生書局　1983　p. 273
李正宇　一件唐代學童的習字作業　《文物天地》1986年第11期　p. 15
王冀青　唐前期西北地區用於交通的驛馬、傳馬和長行馬　《敦煌學輯刊》1986年第2期　p. 57
黃盛璋　敦煌本曹氏二州六鎮與八鎮考　1983年全國敦煌學術討論會文集・文史遺書編(上)　甘肅人民出版社　1987　p. 272
荒川正晴　唐河西以西の傳馬坊と長行坊　『東洋學報』(70卷3・4號)　(東京)東洋學術協會　1989　p. 58
李志生　唐開元年間西州抄目三件考釋　敦煌吐魯番文獻研究論集(第五輯)　北京大學出版社　1990　p. 475、483

盧向前　從敦煌吐魯番出土的幾件文書看唐前期和糴的一些特點　敦煌吐魯番文獻研究論集（第五輯）　北京大學出版社　1990　p. 337
唐耕耦　陸宏基　敦煌社會經濟文獻真迹釋録（四）　全國圖書館文獻縮微複製中心　1990　p. 468、475
林聰明　敦煌文書學　（臺北）新文豐出版公司　1991　p. 228
王永興　唐勾檢制研究　上海古籍出版社　1991　p. 60
中村裕一　唐代制勅研究　（東京）汲古書院　1991　p. 709
中村裕一　官文書　敦煌漢文文獻（講座敦煌 5）　（東京）大東出版社　1992　p. 539
黄正建　敦煌文書與唐代軍隊衣裝　《敦煌學輯刊》1993 年第 1 期　p. 13
王永興　吐魯番出土唐西州某縣事目文書研究　國學研究（第一卷）　北京大學出版社　1993　p. 365
王永興　敦煌經濟文書導論　（臺北）新文豐出版公司　1994　p. 382
王永興　唐代前期西北軍事研究　中國社會科學出版社　1994　p. 378
沃興華　敦煌書法藝術　上海人民出版社　1994　p. 40
Л. N. チュグイェフスキ－著　荒川正晴譯注　ソ連邦科學アカデミ－東洋學研究所所藏、敦煌寫本における官印と寺印　『吐魯番出土文物研究會會報』(98、99 號)　（東京）吐魯番出土文物研究會　1994　p. 3
李并成　唐代瓜沙二州間驛站考　敦煌學國際研討會文集・史地語文編　遼寧美術出版社　1995　p. 207　又見:《歷史地理》1996 年第 13 輯；中國敦煌學百年文庫・地理卷（一）　甘肅文化出版社　1999　p. 165
李錦繡　唐代財政史稿・上卷（第二、三分册）　北京大學出版社　1995　p. 474;1060
李并成　李春元　瓜沙史地研究　甘肅文化出版社　1996　p. 137
盧向前　唐代中後期的和糴　文史（第四十一輯）　中華書局　1996　p. 39
譚蟬雪　敦煌馬文化　《敦煌研究》1996 年第 1 期　p. 117
鄭炳林　唐五代敦煌粟特人與歸義軍政權　《敦煌研究》1996 年第 4 期　p. 83　又見:敦煌歸義軍史專題研究　蘭州大學出版社　1997　p. 406
高啓安　唐宋時期敦煌人名探析　《敦煌研究》1997 年第 4 期　p. 123
白化文　臨本　敦煌學大辭典　上海辭書出版社　1998　p. 593
劉濤　敦煌書法　敦煌學大辭典　上海辭書出版社　1998　p. 274
沙知　敦煌縣之印　敦煌學大辭典　上海辭書出版社　1998　p. 292
孫曉林　函馬　敦煌學大辭典　上海辭書出版社　1998　p. 402
丘古耶夫斯基著　魏迎春譯　俄藏敦煌漢文寫卷中的官印及寺院印章　《敦煌學輯刊》1999 年第 1 期　p. 143
楊秀清　淺談唐、宋時期敦煌地區的學生生活　《敦煌研究》1999 年第 4 期　p. 143
中村裕一　唐代の勅符　東アジア史における國家と地域　（東京）刀水書房　1999　p. 96
荒川正晴　唐朝の交通システム　大阪大學院文學研究科紀要（第 40 卷）　大阪大學院文學研究科　2000　p. 221
黄正建　S. 964v 號文書與唐代兵士的春冬衣　英國收藏敦煌漢藏文獻研究：紀念敦煌文獻發現一百周年　中國社會科學出版社　2000　p. 243
李方　唐西州行政體制考論　黑龍江教育出版社　2000　p. 21
榮新江《英藏敦煌文獻》定名商補　文史（第五十二輯）　中華書局　2000　p. 118
楊秀清　華戎交會的都市：敦煌與絲綢之路　甘肅人民出版社　2000　p. 105

程喜霖　20 世紀敦煌文獻與古史研究　敦煌文獻論集:紀念藏經洞發現一百周年國際學術研討會論文集　遼寧人民出版社　2001　p. 58
李小榮　敦煌變文"平"、"側"、"斷"諸音聲符號探析　《敦煌學輯刊》2001 年第 2 期　p. 10
姜亮夫　敦煌莫高窟年表　姜亮夫全集(十一)　雲南人民出版社　2002　p. 331
鄭阿財　朱鳳玉　敦煌蒙書研究　甘肅教育出版社　2002　p. 20
盧向前　唐代敦煌吐魯番地區的戍與長行坊　2000 年敦煌學國際學術討論會文集・歷史文化卷(上)　甘肅民族出版社　2003　p. 23
胡同慶　安忠義　佛教藝術　敦煌文藝出版社　2004　p. 298
寧志新　隋唐使職制度研究　中華書局　2005　p. 276
余欣　唐宋敦煌醮祭鎮宅法考察　《敦煌研究》2006 年第 2 期　p. 60

S. 2704

方廣錩　僧伽吒經　敦煌學大辭典　上海辭書出版社　1998　p. 663

S. 2707

吳其昱著　福井文雅　樋口勝譯　大蕃國大德・三蔵法師・法成傳考　敦煌と中國仏教(講座敦煌 7)　(東京)大東出版社　1984　p. 405
戴密微著　耿昇譯　敦煌學近作　敦煌譯叢(第一輯)　甘肅人民出版社　1985　p. 37、43 注 1
上山大峻　敦煌佛教の研究　(京都)法藏館　1990　p. 19、42、82、186、611
柳田聖山　禪籍解題(一)・敦煌禪籍　俗語言研究(第二期)　(京都)禪文化研究所　1995　p. 141
方廣錩　大乘二十二問　敦煌學大辭典　上海辭書出版社　1998　p. 723
方廣錩　大乘四法經釋　敦煌學大辭典　上海辭書出版社　1998　p. 696
楊富學　李吉和　敦煌漢文吐蕃史料輯校(第一輯)　甘肅人民出版社　1999　p. 6、24、88

S. 2708

矢吹慶輝　鳴沙餘韻・解說篇(第一、二部)　(京都)臨川書店　1980　p. 195;306
賀世哲　莫高窟第 285 窟窟頂天象圖考論　《敦煌研究》1987 年第 2 期　p. 9
蕭登福　從敦煌寫卷中看道教星斗崇拜對佛經之影響　第二屆敦煌學國際研討會論文集　(臺北)漢學研究中心　1990　p. 332
蕭登福　道教星斗符印與佛教密宗　(臺北)新文豐出版公司　1993　p. 68
蕭登福　道教術儀與密教典籍　(臺北)新文豐出版公司　1994　p. 436
方廣錩　七千佛神符經　敦煌學大辭典　上海辭書出版社　1998　p. 738
余欣　禁忌、儀式與法術　唐代宗教信仰與社會　上海辭書出版社　2003　p. 321
王卡　敦煌道教文獻研究　中國社會科學出版社　2004　p. 251

S. 2709

上山大峻　敦煌佛教の研究　(京都)法藏館　1990　p. 196
方廣錩　六門陀羅尼經論廣釋　敦煌學大辭典　上海辭書出版社　1998　p. 701

S. 2710

向達　記倫敦所藏的敦煌俗文學　《新中華雜誌》1937 年第 5 卷第 13 號　p. 123 – 128　又見:唐代長安與西域文明　三聯書店　1957　p. 241 ; 敦煌變文論文録　上海古籍出版社　1982　p. 30

向達　倫敦所藏敦煌卷子經眼目録　《北平圖書館圖書季刊》1939 年新第 1 卷第 4 期　p. 397　又見:唐代長安與西域文明　三聯書店　1957　p. 216
芳村修基　土橋秀高　井ノ口泰淳　敦煌佛教史年表　西域文化研究(第一)・敦煌佛教資料　(京都)法藏館　1958　p. 278
金岡照光　敦煌文學のさまざま　敦煌の文學　(東京)大藏出版株式會社　1971　p. 159
加地哲定　增補中國佛教文學研究　(東京)同朋舍　1979　p. 79
川崎ミチコ　通俗詩類・雜詩文類　敦煌仏典と禪(講座敦煌 8)　(東京)大東出版社　1980　p. 318
菊池英夫　唐代敦煌社會の外貌　敦煌の社會(講座敦煌 3)　(東京)大東出版社　1980　p. 140
萬曼　唐集叙録　中華書局　1980　p. 13
張錫厚　敦煌文學　上海古籍出版社　1980　p. 58 注 1
陳祚龍　敦煌古抄内典尾記彙校初、二、三編合刊　敦煌學要籥　(臺北)新文豐出版公司　1982　p. 120
張錫厚　關於敦煌寫本《王梵志詩》整理的若干問題　文史(第十五輯)　中華書局　1982　p. 185　又見:王梵志詩研究彙録(上)　上海古籍出版社　1990　p. 59 ; 中國敦煌學百年文庫・文學卷(二)　甘肅文化出版社　1999　p. 499
張錫厚　王梵志詩校輯　中華書局　1983　p. 4
朱鳳玉　王梵志詩研究(上、下)　(臺北)學生書局　1986　p. 6、24、82、111;267
陳慶浩　法忍抄本殘卷王梵志詩初校　敦煌學(第 12 輯)　(臺北)新文豐出版公司　1987　p. 92
姜亮夫　敦煌經卷題名録　敦煌學論文集　上海古籍出版社　1987　p. 1054
劉銘恕　敦煌遺書叢識　1983 年全國敦煌學術討論會文集・文史遺書編(上)　甘肅人民出版社　1987　p. 429
項楚　王梵志詩校注　敦煌吐魯番文獻研究論集(第四輯)　北京大學出版社　1987　p. 136
張錫厚　整理《王梵志詩集》的新收穫　《敦煌學輯刊》1987 年第 2 期　p. 34
李正宇　敦煌文學雜考二題　敦煌語言文學研究　北京大學出版社　1988　p. 95
池田溫　中國古代寫本識語集録　(東京)大藏出版株式會社　1990　p. 478
菊池英夫　中國古文書・古寫本學と日本　東アジア古文書の史的研究　(東京)刀水書房　1990　p. 181
堀敏一　中唐以後敦煌税法的變化　《魏晉南北朝隋唐史》1990 年第 6 期　p. 65
唐耕耦　陸宏基　敦煌社會經濟文獻真迹釋録(二)　全國圖書館文獻縮微複製中心　1990　p. 61
張錫厚　敦煌寫本王梵志詩原卷真迹　王梵志詩研究彙録(上)　上海古籍出版社　1990　圖版 19
趙和平　敦煌寫本書儀略論　敦煌吐魯番學研究論文集　漢語大詞典出版社　1990　p. 599
鄭阿財　敦煌蒙書析論　第二屆敦煌學國際研討會論文集　(臺北)漢學研究中心　1990　p. 228
黄征　王梵志詩校釋補議　中華文史論叢(總 50 輯)　上海古籍出版社　1992　p. 106　又見:敦煌語文叢說　(臺北)新文豐出版公司　1997　p. 267
林家平　寧强　羅華慶　中國敦煌學史　北京語言學院出版社　1992　p. 105、596
陶秋英輯録　姜亮夫校訂　敦煌經卷題名録　敦煌碎金　浙江古籍出版社　1992　p. 61
吳其昱著　伊藤美重子譯　敦煌漢文寫本概觀　敦煌漢文文獻(講座敦煌 5)　(東京)大東出版社　1992　p. 116
項楚　敦煌詩歌導論　(臺北)新文豐出版公司　1993　p. 296
趙和平　敦煌寫本書儀研究　(臺北)新文豐出版公司　1993　p. 66
鄭阿財　敦煌文獻與文學　(臺北)新文豐出版公司　1993　p. 263

曲金良　敦煌佛教文學研究　(臺北)文津出版社　1995　p. 249
張傳璽　中國歷代契約會編考釋(上)　北京大學出版社　1995　p. 239 注 1
張錫厚　敦煌本唐集研究　(臺北)新文豐出版公司　1995　p. 59、72
周一良　趙和平　敦煌寫本書儀略論　唐五代書儀研究　中國社會科學出版社　1995　p. 36
黃征　王梵志詩校釋續商補　敦煌語文叢說　(臺北)新文豐出版公司　1997　p. 230
鄭炳林　敦煌碑銘讚輯釋　甘肅教育出版社　1997　p. 483 注 8
沙知　敦煌契約文書輯校　江蘇古籍出版社　1998　p. 66
張錫厚　柴劍虹　王梵志詩集　敦煌學大辭典　上海辭書出版社　1998　p. 562
池田溫　李盛鐸舊藏敦煌歸義軍後期社會經濟文書簡介　慶祝吳其昱先生八秩華誕敦煌學特刊　(臺北)文津出版社　2000　p. 41
顔廷亮　敦煌文化　光明日報出版社　2000　p. 275
張錫厚　敦煌文學源流　作家出版社　2000　p. 76
杜曉勤　隋唐五代文學研究　北京出版社　2001　p. 1273
曾良　敦煌文獻字義通釋　廈門大學出版社　2001　p. 127
黃征　敦煌語言文字學研究　甘肅教育出版社　2002　p. 313
姜亮夫　敦煌莫高窟年表　姜亮夫全集(十一)　雲南人民出版社　2002　p. 498
鄭阿財　朱鳳玉　敦煌蒙書研究　甘肅教育出版社　2002　p. 425
王啓濤　中古及近代法制文書語言研究　巴蜀書社　2003　p. 253
趙和平　唐五代書儀的主要內容及其學術價值　敦煌與絲路文化學術講座　北京圖書館出版社　2003　p. 223
余欣　敦煌的入宅與暖房禮俗　中華文史論叢(總 78 輯)　上海古籍出版社　2004　p. 110 注 22

S. 2711

劉銘恕　再記英國倫敦所藏的敦煌經卷　《中國科學院圖書館通訊》1957 年第 7 期　又見:中國敦煌學百年文庫・綜述卷(二)　甘肅文化出版社　1999　p. 131
北原薰　晚唐・五代の敦煌寺院経済——収支決算報告を中心に　敦煌の社會(講座敦煌 3)　(東京)大東出版社　1980　p. 441
山口瑞鳳　吐蕃の敦煌支配期間　敦煌の歷史(講座敦煌 2)　(東京)大東出版社　1980　p. 230
戴仁　敦煌和吐魯番寫本的斷代研究　法國學者敦煌學論文選萃　中華書局　1993　p. 542
李正宇　敦煌文學概論　甘肅人民出版社　1993　p. 94
白化文　寫經人　敦煌學大辭典　上海辭書出版社　1998　p. 594
郝春文　謝重光　經坊　敦煌學大辭典　上海辭書出版社　1998　p. 634
李正宇　李顯　敦煌學大辭典　上海辭書出版社　1998　p. 349

S. 2712

土肥義和　唐令よりみたる現存唐代戶籍の基礎的研究(下)　『東洋學報』(52 卷 2 號)　(東京)東洋學術協會　1969　p. 90
岡部和雄　敦煌藏經目録　敦煌と中國仏教(講座敦煌 7)　(東京)大東出版社　1984　p. 311
戴密微著　耿昇譯　敦煌學近作　敦煌譯叢(第一輯)　甘肅人民出版社　1985　p. 43 注 1
方廣錩　敦煌佛教經録輯校　江蘇古籍出版社　1997　p. 782
丘古耶夫斯基　敦煌漢文文書　上海古籍出版社　2000　p. 194
鄭炳林　晚唐五代敦煌地區《大般若經》的流傳與信仰　麥積山石窟藝術文化論文集(下)　蘭州大

學出版社　2004　p. 120
郭俊葉　敦煌研究院藏絲質經帙標簽及其相關問題　《敦煌研究》2005 年第 6 期　p. 89

S. 2713

金岡照光　ソビエトにおける敦煌研究文獻三種　『東洋學報』(48 卷 1 號)　(東京)東洋學術協會　1965　p. 122
陳祚龍　新集中世敦煌三寶感通録　敦煌學海探珠(下冊)　(臺北)商務印書館　1979　p. 336
項楚　王梵志詩校注　上海古籍出版社　1991　p. 181
黄征　王梵志詩校釋補議　中華文史論叢(總 50 輯)　上海古籍出版社　1992　p. 93　又見:敦煌語文叢說　(臺北)新文豐出版公司　1997　p. 251
金岡照光　邈真讃　敦煌の文學文獻(講座敦煌 9)　(東京)大東出版社　1992　p. 606
蕭登福　道教術儀與密教典籍　(臺北)新文豐出版公司　1994　p. 497
楊寶玉　英國收藏敦煌文獻叙録　英國收藏敦煌漢藏文獻研究:紀念敦煌文獻發現一百周年　中國社會科學出版社　2000　p. 127
姜亮夫　敦煌莫高窟年表　姜亮夫全集(十一)　雲南人民出版社　2002　p. 238
葉貴良　敦煌社邑文書詞語選釋　《敦煌研究》2004 年第 5 期　p. 83

S. 2714

矢吹慶輝　鳴沙餘韻・解說篇(第一部)　(京都)臨川書店　1980　p. 189
饒宗頤　從石刻論武后之宗教信仰　選堂集林・史林　(香港)中華書局　1982　p. 605　又見:饒宗頤史學論著選　上海古籍出版社　1993　p. 522
池田溫　中國古代寫本識語集録　(東京)大蔵出版株式會社　1990　p. 519
方廣錩　天公經　藏外佛教文獻(第一輯)　宗教文化出版社　1995　p. 369　又見:敦煌學大辭典　上海辭書出版社　1998　p. 736
榮新江　評《藏外佛教文獻》第一輯　唐研究(第二卷)　北京大學出版社　1996　p. 466
張國剛　唐代府兵制若干問題的探討　文史(第六十輯)　中華書局　2002　p. 129

S. 2715

柳田聖山　敦煌の禪籍と矢吹慶輝　敦煌仏典と禪(講座敦煌 8)　(東京)大東出版社　1980　p. 10
中川孝　楞伽宗と東山法門　敦煌仏典と禪(講座敦煌 8)　(東京)大東出版社　1980　p. 131
田中良昭　敦煌禪宗文獻の研究　(東京)大東出版社　1983　p. 169
楊曾文　日本學者對中國禪宗文獻的研究和整理　《世界宗教研究》1987 年第 1 期　p. 116
上山大峻　敦煌佛教の研究　(京都)法藏館　1990　p. 414
吳其昱著　伊藤美重子譯　敦煌漢文寫本概観　敦煌漢文文獻(講座敦煌 5)　(東京)大東出版社　1992　p. 57
冉雲華　敦煌遺書與中國禪宗歷史研究　"中國唐代學會"會刊(第四期)　(臺北)"中國唐代學會"　1993　p. 53
索仁森著　李吉和譯　敦煌漢文禪籍特徵概觀　《敦煌研究》1994 年第 1 期　p. 117
田中良昭　敦煌の禪籍　禪學研究入門　(東京)大東出版社　1994　p. 56
柳田聖山　禪籍解題(一)・敦煌禪籍　俗語言研究(第二期)　(京都)禪文化研究所　1995　p. 132
柳田聖山撰　劉方譯　敦煌禪籍總說　《敦煌學輯刊》1996 年第 2 期　p. 112

方廣錩　二入四行論　敦煌學大辭典　上海辭書出版社　1998　p. 725
張錫厚　《詠臥輪禪師看心法四首》補正與敦煌本《菩提達摩論》定名　《敦煌研究》2006 年第 1 期　p. 100

S. 2716

土肥義和　唐・北宋の間:敦煌の杜家親情社追補社條(S. 8160rv)について　唐代史研究(創刊號)　(東京)唐代史研究會　1998　p. 25
李小榮　論密教中的千手觀音　文史(第六十三輯)　中華書局　2003　p. 160

S. 2717

向達　倫敦所藏敦煌卷子經眼目録　《北平圖書館圖書季刊》1939 年新第 1 卷第 4 期　p. 397　又見:唐代長安與西域文明　三聯書店　1957　p. 216
蘇瑩輝　石室出土的寫本古籍　敦煌　(臺北)藝文印書館　1977　p. 20
王重民　敦煌古籍叙録　中華書局　1979　p. 325
矢吹慶輝　鳴沙餘韻・解說篇(第一部)　(京都)臨川書店　1980　p. 10
蘇瑩輝　敦煌學概要　(臺北)編譯館"中華叢書編委會"　1981　p. 66
蔣禮鴻　《補全唐詩》校記　敦煌學論集　甘肅人民出版社　1985　p. 73
王重民　巴黎敦煌殘卷叙録(第二輯)　敦煌叢刊初集(九)　(臺北)新文豐出版公司　1985　p. 315
耿昇　八十年代的法國敦煌學論著簡介　《敦煌研究》1986 年第 3 期　p. 82
王重民原編　黄永武新編　敦煌古籍叙録新編(第十六册)　(臺北)新文豐出版公司　1986　p. 195
高國藩　敦煌民俗學　上海文藝出版社　1989　p. 415
張錫厚　敦煌詩歌考論　《敦煌學輯刊》1989 年第 2 期　p. 28
張錫厚　詩歌　敦煌文學　甘肅人民出版社　1989　p. 176
王克芬　柴劍虹　敦煌舞譜的再探索　敦煌吐魯番學研究論文集　漢語大詞典出版社　1990　p. 233
柴劍虹　敦煌舞譜的再探索　西域文史論稿　(臺北)國文天地雜誌社　1991　p. 479
林聰明　敦煌文書學　(臺北)新文豐出版公司　1991　p. 358
徐俊　敦煌本《珠英集》考補　《文獻》1992 年第 4 期　p. 17
周紹良　敦煌文學芻議及其它　(臺北)新文豐出版公司　1992　p. 26
高國藩　敦煌民俗資料導論　(臺北)新文豐出版公司　1993　p. 130
王小盾　唐代酒令藝術　(臺北)文津出版社　1993　p. 235
吳其昱　敦煌本《珠英集》兩殘卷考　法國學者敦煌學論文選萃　中華書局　1993　p. 476、492 注 47
吳其昱　敦煌本《珠英集》中的 14 位詩人　法國學者敦煌學論文選萃　中華書局　1993　p. 499
項楚　敦煌詩歌導論　(臺北)新文豐出版公司　1993　p. 6
蕭登福　道教與密宗　(臺北)新文豐出版公司　1993　p. 432
張錫厚　敦煌文學概論　甘肅人民出版社　1993　p. 356
蔣禮鴻　敦煌文獻語言詞典　杭州大學出版社　1994　p. 329
蔣禮鴻　蔣禮鴻語言文字學論叢　浙江古籍出版社　1994　p. 417、428
黄征　吳偉　敦煌願文集　岳麓書社　1995　p. 13、332、657、712
劉進寶　敦煌學論述　(臺北)洪葉文化事業有限公司　1995　p. 330
蕭登福　道教與佛教　(臺北)東大圖書公司　1995　p. 56

邵文實　敦煌道教試述　《世界宗教研究》1996 年第 2 期　又見：中國敦煌學百年文庫・宗教卷（三）　甘肅文化出版社　1999　p. 334
徐俊　敦煌寫本唐人詩歌存佚互見綜考　敦煌吐魯番研究（第一卷）　北京大學出版社　1996　p. 112
張涌泉　敦煌俗字研究導論　（臺北）新文豐出版公司　1996　p. 241
陳尚君　唐代文學叢考　中國社會科學出版社　1997　p. 188
方廣錩　評《敦煌願文集》　敦煌吐魯番研究（第二卷）　北京大學出版社　1997　p. 386
黃征　《敦煌願文集》輯校中的一些問題　敦煌語文叢說　（臺北）新文豐出版公司　1997　p. 546
黃征　敦煌願文考論　敦煌語文叢說　（臺北）新文豐出版公司　1997　p. 591
黃征　張涌泉　敦煌變文校注　中華書局　1997　p. 145、625
劉子瑜　敦煌變文和王梵志詩　大象出版社　1997　p. 79
顏廷亮　《金山國諸雜齋文範》校録及其他　敦煌文學論集　四川人民出版社　1997　p. 356
張涌泉　敦煌地理文書輯録著作三種校議　古典文獻與文化論叢　中華書局　1997　p. 88
柴劍虹　王無競詩　敦煌學大辭典　上海辭書出版社　1998　p. 559
李正宇　珠英學士集　敦煌學大辭典　上海辭書出版社　1998　p. 563
胡大浚　王志鵬　敦煌邊塞詩歌校注　甘肅人民出版社　1999　p. 1
余欣　敦煌本《珠英集》殘卷所見劉知幾佚詩三首箋證　《敦煌學輯刊》1999 年第 1 期　p. 94
張涌泉　《補全唐詩》兩種補校　舊學新知　浙江大學出版社　1999　p. 294
北京大學　敦煌《經卷》、《照片》及《圖書》目録　中國敦煌學百年文庫・綜述卷（一）　甘肅文化出版社　1999　p. 318
杜琪　敦煌詩賦作品要目分類題注　《甘肅社會科學》2000 年第 1 期　p. 64
劉長東　晉唐彌陀淨土信仰研究　巴蜀書社　2000　p. 493
孫其芳　大漠遺歌：敦煌詩歌選評　甘肅人民出版社　2000　p. 125
王三慶　北京大學圖書館藏本《諸文要集》一卷研究　慶祝吳其昱先生八秩華誕敦煌學特刊　（臺北）文津出版社　2000　p. 172
徐俊　敦煌詩集殘卷輯考　中華書局　2000　p. 548
張錫厚　敦煌文學源流　作家出版社　2000　p. 82
劉瑞明　集遺珠以彙詩海　復原貌而觀萬象：評《敦煌詩集殘卷輯考》　《敦煌研究》2001 年第 4 期　p. 170
譚蟬雪　喪祭與齋忌　敦煌學與中國史研究論集　甘肅人民出版社　2001　p. 228
陶敏　李一飛　隋唐五代文學史料學　中華書局　2001　p. 350
曾良　敦煌文獻字義通釋　廈門大學出版社　2001　p. 65
姜亮夫　敦煌莫高窟年表　姜亮夫全集（十一）　雲南人民出版社　2002　p. 280
劉進寶　敦煌學通論　甘肅教育出版社　2002　p. 377
黃征　曾良　洪玉雙　敦煌願文補校　新世紀敦煌學論集　巴蜀書社　2003　p. 626
王克芬　中國舞蹈發展史　上海人民出版社　2003　p. 235
張承東　試論敦煌寫本齋文的駢文特色　《敦煌學輯刊》2003 年第 1 期　p. 94
黨燕妮　晚唐五代敦煌的十王信仰　麥積山石窟藝術文化論文集（下）　蘭州大學出版社　2004　p. 162
杜斗城　"七七齋"之源流及敦煌文獻中有關資料的分析　《敦煌研究》2004 年第 4 期　p. 37
余欣　敦煌的入宅與暖房禮俗　中華文史論叢（總 78 輯）　上海古籍出版社　2004　p. 104

S. 2719

矢吹慶輝　鳴沙餘韻·解說篇(第一部)　(京都)臨川書店　1980　p. 85

S. 2720

陳祚龍　敦煌古抄内典尾記彙校二編　敦煌文物隨筆　(臺北)商務印書館　1979　p. 171

矢吹慶輝　鳴沙餘韻·解說篇(第一部)　(京都)臨川書店　1980　p. 164、170

陳祚龍　敦煌古抄内典尾記彙校初、二、三編合刊　敦煌學要籥　(臺北)新文豐出版公司　1982　p. 77

戴密微著　耿昇譯　敦煌學近作　敦煌譯叢(第一輯)　甘肅人民出版社　1985　p. 43 注 1

上山大峻　敦煌佛教の研究　(京都)法藏館　1990　p. 19、81

吳其昱著　伊藤美重子譯　敦煌漢文寫本概観　敦煌漢文文獻(講座敦煌 5)　(東京)大東出版社　1992　p. 66

方廣錩　大乘百法明門論開宗義決　敦煌學大辭典　上海辭書出版社　1998　p. 718

S. 2721

向達　倫敦所藏敦煌卷子經眼目録　《北平圖書館圖書季刊》1939 年新第 1 卷第 4 期　p. 397　又見:唐代長安與西域文明　三聯書店　1957　p. 216

矢吹慶輝　鳴沙餘韻·解說篇(第一部)　(京都)臨川書店　1980　p. 10、20、158

上山大峻　敦煌佛教の研究　(京都)法藏館　1990　p. 18、77

許建平　《殘類書》所引《劉子》殘卷考略　《浙江社會科學》1993 年第 4 期　p. 90

沃興華　敦煌書法藝術　上海人民出版社　1994　p. 138

胡戟　傅玫　敦煌史話　中華書局　1995　p. 130

方廣錩　大乘起信論廣釋　敦煌學大辭典　上海辭書出版社　1998　p. 718

郝春文　曇曠　敦煌學大辭典　上海辭書出版社　1998　p. 347

鄭汝中　敦煌寫卷行草書法集　甘肅人民美術出版社　2000　p. 136

鄭汝中　行草書法與敦煌寫卷　《敦煌研究》2000 年第 4 期　p. 77

S. 2723

芳村修基　土橋秀高　井ノ口泰淳　敦煌佛教史年表　西域文化研究(第一)·敦煌佛教資料　(京都)法藏館　1958　p. 265

矢吹慶輝　鳴沙餘韻·解說篇(第一、二部)　(京都)臨川書店　1980　p. 297;90、138

陳祚龍　敦煌古抄内典尾記彙校初、二、三編合刊　敦煌學要籥　(臺北)新文豐出版公司　1982　p. 120

廣川堯敏　禮讃　敦煌と中國仏教(講座敦煌 7)　(東京)大東出版社　1984　p. 429

池田溫　中國古代寫本識語集録　(東京)大蔵出版株式會社　1990　p. 282

林聰明　從敦煌文書看佛教徒的造經祈福　第二屆敦煌學國際研討會論文集　(臺北)漢學研究中心　1990　p. 532

姜亮夫　敦煌莫高窟年表　姜亮夫全集(十一)　雲南人民出版社　2002　p. 288

S. 2724

芳村修基　土橋秀高　井ノ口泰淳　敦煌佛教史年表　西域文化研究(第一)·敦煌佛教資料　(京都)法藏館　1958　p. 254

矢吹慶輝 鳴沙餘韻・解說篇(第一部) (京都)臨川書店 1980 p. 268
陳祚龍 敦煌古抄內典尾記彙校初、二、三編合刊 敦煌學要籥 (臺北)新文豐出版公司 1982 p. 121
楊森 敦煌研究院藏卷《北魏禁軍軍官籍簿》考述 《敦煌研究》1987 年第 2 期 p. 21
韓建瓴 題跋 敦煌文學 甘肅人民出版社 1989 p. 73
池田溫 中國古代寫本識語集録 (東京)大藏出版株式會社 1990 p. 108
陸揚 《維摩詰經》與南北朝社會文化之關係 中國文化與中國哲學(1988) 三聯書店 1990 p. 577
蘇遠鳴 敦煌漢文寫本的斷代 法國學者敦煌學論文選萃 中華書局 1993 p. 553
沃興華 敦煌書法藝術 上海人民出版社 1994 p. 104
黄征 吳偉 敦煌願文集 岳麓書社 1995 p. 811、825
王三慶 敦煌書儀載録之節日活動與民俗 全國敦煌學研討會論文集 (臺北)中正大學中國文學系所 1995 p. 26 注 39
方廣錩 大方廣佛華嚴經 敦煌學大辭典 上海辭書出版社 1998 p. 655
譚蟬雪 敦煌歲時文化導論 (臺北)新文豐出版公司 1998 p. 151
顏廷亮 關於敦煌文學發展的歷史進程 《甘肅社會科學》1999 年第 4 期 p. 45
金岡照光 敦煌文獻と中國文學 (東京)五曜書房 2000 p. 428
顏廷亮 敦煌文化 光明日報出版社 2000 p. 314
林聰明 敦煌吐魯番文書解詁指例 (臺北)新文豐出版公司 2001 p. 169
馬德 敦煌寫經題記的社會意義 法源(第 19 期) 中國佛學院 2001 p. 79
姜亮夫 敦煌莫高窟年表 姜亮夫全集(十一) 雲南人民出版社 2002 p. 127
殷光明 敦煌盧舍那佛法界圖像研究之一 《敦煌研究》2002 年第 1 期 p. 49
張元林 淨土思想與仙界思想的合流 《敦煌研究》2003 年第 4 期 p. 6
岩本篤志 羽田紀念館歲藏「西北出土文獻寫真」766、767『十六國春秋』考 『西北出土文獻研究』(創刊號) (新潟)西北出土文獻研究會 2004 p. 28
李丞宰著 大塚忠蔵譯 敦煌佛經の50 卷本華厳經を探して 日本學・敦煌學・漢文訓讀の新展開 (東京)汲古書院 2005 p. 60
方孝坤 敦煌書法的文獻學價值 《敦煌研究》2006 年第 2 期 p. 38

S. 2725

馬德 敦煌文書《諸寺付經歷》芻議 《敦煌學輯刊》1999 年第 1 期 p. 40

S. 2726

鄭炳林 敦煌碑銘讚輯釋 甘肅教育出版社 1997 p. 199 注 2

S. 2729

向達 倫敦所藏敦煌卷子經眼目録 《北平圖書館圖書季刊》1939 年新第 1 卷第 4 期 p. 397 又見:唐代長安與西域文明 三聯書店 1957 p. 216
王重民 倫敦所見敦煌殘卷叙録 《大公報》1947 年 12 月 11 日 又見:中國敦煌學百年文庫・綜述卷(一) 甘肅文化出版社 1999 p. 273
塚本善隆 敦煌佛教史概說 西域文化研究(第一)・敦煌佛教資料 (京都)法藏館 1958 p. 72、270

藤枝晃　敦煌の僧尼籍　『東方學報』(第35號)　京都大學人文科學研究所　1964　p. 287、293、323

潘重規　巴黎倫敦所藏敦煌詩經卷子題記　(香港)《新亞書院學術年刊》1969年第11期　又見:中國敦煌學百年文庫·文獻卷(二)　甘肅文化出版社　1999　p. 387

潘重規　敦煌詩經卷子研究　(臺北)《華岡學報》1970年第6期　又見:中國敦煌學百年文庫·文獻卷(二)　甘肅文化出版社　1999　p. 441

饒宗頤　論敦煌陷於吐蕃之年代　(香港)《東方文化》1971年第9卷第1期　又見:中國敦煌學百年文庫·民族卷(一)　甘肅文化出版社　1999　p. 228

中村元　笠原一男　金岡秀友　アジア仏教史·中國編Ⅴ:シルクロ-ドの宗教　(東京)佼成出版社　1975　p. 169

王重民　敦煌古籍叙録　中華書局　1979　p. 32、42

北原薫　晚唐·五代の敦煌寺院経済——収支決算報告を中心に　敦煌の社會(講座敦煌3)　(東京)大東出版社　1980　p. 444

菊池英夫　隋唐王朝支配期の河西と敦煌　敦煌の歴史(講座敦煌2)　(東京)大東出版社　1980　p. 190

蘇瑩輝　敦煌學概要　(臺北)編譯館"中華叢書編委會"　1981　p. 132、136

饒宗頤　論敦煌陷於吐蕃之年代　選堂集林·史林　(香港)中華書局　1982　p. 678、689

陳祚龍　中世敦煌婦女出家、入道、受戒、弘法之一斑　敦煌簡策訂存　(臺北)商務印書館　1983　p. 31

蘇瑩輝　從敦煌本毛詩詁訓傳論毛詩定本及詁訓傳分卷問題　敦煌論集續編　(臺北)學生書局　1983　p. 27、34

李永寧　也談敦煌陷蕃年代　《敦煌學研究》(西北師院學報)1984年增刊　p. 35

陳國燦　唐朝吐蕃陷落沙州的時間問題　《敦煌學輯刊》1985年第1期　p. 5

戴密微著　耿昇譯　敦煌學近作　敦煌譯叢(第一輯)　甘肅人民出版社　1985　p. 38注1、103

劉銘恕　敦煌遺書雜記四篇　敦煌學論集　甘肅人民出版社　1985　p. 53

張鴻勳　樂傳史事纂詁　《敦煌研究》1985年第2期　p. 145

陳祚龍　關於敦煌陷蕃初期的僧尼"牌子曆"　中華佛教文化史散策(四集)　(臺北)新文豐出版公司　1986　p. 405

姜伯勤　沙州道門親表部落釋證　《敦煌研究》1986年第3期　p. 1

王重民原編　黄永武新編　敦煌古籍叙録新編(第二册)　(臺北)新文豐出版公司　1986　p. 259、302

謝重光　關於唐後期至五代間沙州寺院經濟的幾個問題　敦煌吐魯番出土經濟文書研究　廈門大學出版社　1986　p. 446

姜伯勤　唐五代敦煌寺戶制度　中華書局　1987　p. 37、185

馬德　吐蕃統治敦煌初期的幾個問題　《敦煌研究》1987年第1期　p. 60

謝和耐著　耿昇譯　中國5—10世紀的寺院經濟　甘肅人民出版社　1987　p. 23注4

楊銘　吐蕃時期敦煌部落設置考　《西北史地》1987年第2期　p. 34

黄顥　敦煌吐蕃佛教的特點　藏族史論文集　四川民族出版社　1988　又見:中國敦煌學百年文庫·民族卷(三)　甘肅文化出版社　1999　p. 59

李正宇　敦煌地區古代祠廟寺觀簡志　《敦煌學輯刊》1988年第1、2期　p. 76

高國藩　敦煌民俗學　上海文藝出版社　1989　p. 274

山本達郎等　敦煌·Ⅴ計會文書　『NUN-HUANG AND TURFAN DOCUMENTS CONCERNING SO-

CIAL AND ECONOMIC HISTORY』(IV)　(東京)東洋文庫　1989　p. 113
池田溫　中國古代寫本識語集録　(東京)大藏出版株式會社　1990　p. 320
郝春文　唐後期五代宋初沙州僧尼的特點　敦煌吐魯番學研究論文集　漢語大詞典出版社　1990　p. 847
上山大峻　敦煌佛教の研究　(京都)法藏館　1990　p. 406
唐耕耦　陸宏基　敦煌社會經濟文獻真迹釋録(四)　全國圖書館文獻縮微複製中心　1990　p. 194
蕭登福　從敦煌寫卷中看道教星斗崇拜對佛經之影響　第二屆敦煌學國際研討會論文集　(臺北)漢學研究中心　1990　p. 350
謝重光　白文固　中國僧官制度史　青海人民出版社　1990　p. 124
竺沙雅章　敦煌吐蕃期的僧官制度　第二屆敦煌學國際研討會論文集　(臺北)漢學研究中心　1990　p. 148
林聰明　敦煌文書學　(臺北)新文豐出版公司　1991　p. 417
汪泛舟　敦煌文學寫本辨正舉隅　《敦煌研究》1991 年第 1 期　p. 91
謝重光　吐蕃佔領期與歸義軍時期的敦煌僧官制度　《敦煌研究》1991 年第 3 期　p. 52
安忠義　吐蕃攻陷沙州城之我見　《敦煌學輯刊》1992 年第 1、2 期　p. 23
菅原信海　占筮書　敦煌漢文文獻(講座敦煌 5)　(東京)大東出版社　1992　p. 457
姜伯勤　敦煌本乘恩帖考證　中山大學史學集刊(第一輯)　廣東人民出版社　1992　又見:中國敦煌學百年文庫・宗教卷(二)　甘肅文化出版社　1999　p. 316
姜伯勤　敦煌社會文書導論　(臺北)新文豐出版公司　1992　p. 199、201
林家平　寧强　羅華慶　中國敦煌學史　北京語言學院出版社　1992　p. 139
馬德　《乘恩帖》述略　《敦煌研究》1992 年第 1 期　p. 22
土田健次郎　儒教典籍　敦煌漢文文獻(講座敦煌 5)　(東京)大東出版社　1992　p. 268、284
吳其昱著　伊藤美重子譯　敦煌漢文寫本概觀　敦煌漢文文獻(講座敦煌 5)　(東京)大東出版社　1992　p. 108
鄭炳林　敦煌碑銘讚三篇證誤與考釋　《敦煌學輯刊》1992 年第 1、2 期　p. 103
竺沙雅章　寺院文書　敦煌漢文文獻(講座敦煌 5)　(東京)大東出版社　1992　p. 604
姜伯勤　敦煌毗尼藏主考《敦煌研究》1993 年第 3 期　p. 6
李正宇　敦煌遺書中的檔案資料及其價值意義　《魏晉南北朝隋唐史》1993 年第 5 期　p. 65
前田正名　河西歷史地理學研究　中國藏學出版社　1993　p. 239、258
邵文實　尚乞心兒事迹考《敦煌學輯刊》1993 年第 2 期　p. 21
蕭登福　道教星斗符印與佛教密宗　(臺北)新文豐出版公司　1993　p. 12
張廣達　九世紀初吐蕃的《勅頒翻譯名義集三種》　周一良先生八十生日紀念論文集　中國社會科學出版社　1993　p. 155
姜伯勤　敦煌邈真讚與敦煌望族　敦煌邈真讚校録並研究　(臺北)新文豐出版公司　1994　p. 36
姜伯勤　敦煌吐魯番文書與絲綢之路　文物出版社　1994　p. 248
饒宗頤　《敦煌邈真讚校録並研究》序　敦煌邈真讚校録並研究　(臺北)新文豐出版公司　1994　p. 3
汪娟　敦煌禮懺文研究　(臺北)法鼓文化公司　1994　p. 224
王堯　從兩件敦煌吐蕃文書來談洪頸的事迹　選堂文史論苑　上海古籍出版社　1994　p. 248
胡戟　傅玫　敦煌史話　中華書局　1995　p. 142
林聰明　敦煌文書年代考探略述　敦煌學國際研討會文集・史地語文編　遼寧美術出版社　1995　p. 552

劉進寶　敦煌學論述　(臺北)洪葉文化事業有限公司　1995　p. 269
楊富學　牛汝極　沙州回鶻及其文獻　甘肅文化出版社　1995　p. 246
楊森　金山國與各教的疏密關係　敦煌佛教文獻研究　敦煌研究院文獻研究所　1995　p. 53
張廣達　西域史地叢稿初編　上海古籍出版社　1995　p. 323
張涌泉　漢語俗字研究　岳麓書社　1995　p. 246
鄭炳林　敦煌漢文吐蕃史料綜述:兼論吐蕃控制河西時期的職官與統治政策　敦煌吐魯番文獻研究　中華書局　1995　p. 92
柴劍虹　俄藏敦煌詩詞寫卷經眼録(一)　敦煌吐魯番研究(第一卷)　北京大學出版社　1996　p. 103　又見:敦煌吐魯番學論稿　浙江教育出版社　2000　p. 218
姜伯勤　敦煌藝術宗教與禮樂文明　中國社會科學出版社　1996　p. 254、333、384、491
李正宇　敦煌史地新論　(臺北)新文豐出版公司　1996　p. 72、91
劉安志　唐朝吐蕃佔領沙州時期的敦煌大族　《中國史研究》1996 年第 3 期　p. 88
陸慶夫　唐宋間敦煌粟特人之漢化　《歷史研究》1996 年第 6 期　p. 31　又見:敦煌歸義軍史專題研究　蘭州大學出版社　1997　p. 367
馬德　敦煌莫高窟史研究　甘肅教育出版社　1996　p. 209
馬德　莫高窟與敦煌佛教教團　敦煌吐魯番研究(第一卷)　北京大學出版社　1996　p. 166
寧可　敦煌遺書散録二則　敦煌吐魯番研究(第一卷)　北京大學出版社　1996　p. 313
張金泉　許建平　敦煌音義彙考　杭州大學出版社　1996　p. 112
張涌泉　敦煌俗字彙考　敦煌俗字研究　上海教育出版社　1996　p. 5
高啓安　唐宋時期敦煌人名探析　《敦煌研究》1997 年第 4 期　p. 123
黄征　《敦煌碑銘讚輯釋》評介　敦煌語文叢説　(臺北)新文豐出版公司　1997　p. 812
姜伯勤　普寂與北宗禪風西旋敦煌　佛教與中國傳統文化　宗教文化出版社　1997　p. 472
李正宇　敦煌歷史地理導論　(臺北)新文豐出版公司　1997　p. 58
劉永明　S. 2729 背《懸象占》與蕃占時期的敦煌道教　敦煌歸義軍史專題研究　蘭州大學出版社　1997　p. 529
陸慶夫　鄭炳林　唐末五代敦煌的社與粟特人聚落　敦煌歸義軍史專題研究　蘭州大學出版社　1997　p. 398
王惠民　《董保德功德記》與隋代敦煌崇教寺舍利塔　《敦煌研究》1997 年第 3 期　p. 73
王利器　跋敦煌唐寫本劉炫《毛詩述議》　曉傳書齋集　華東師範大學出版社　1997　p. 81
楊際平　郭鋒　張和平　五—十世紀敦煌的家庭與家族關係　岳麓書社　1997　p. 146
楊銘　吐蕃統治敦煌研究　(臺北)新文豐出版公司　1997　p. 22
鄭阿財　《龍興寺毗沙門天王靈驗記》與敦煌地區的毗沙門信仰　周紹良先生欣開九秩慶壽文集　中華書局　1997　p. 253
鄭阿財　論敦煌寫本《龍興寺毗沙門天王靈驗記》與唐代的毗沙門信仰　第三届中國唐代文化學術研討會論文集　(臺北)政治大學中國文學系　1997　p. 428
鄭炳林　都教授張金炫和尚生平事迹考　敦煌歸義軍史專題研究　蘭州大學出版社　1997　p. 543
鄭炳林　敦煌碑銘讚及其有關問題　敦煌碑銘讚輯釋　甘肅教育出版社　1997　p. 12
鄭炳林　敦煌碑銘讚輯釋　甘肅教育出版社　1997　p. 30 注 2
鄭炳林　唐五代敦煌的粟特人與佛教　敦煌歸義軍史專題研究　蘭州大學出版社　1997　p. 434
白化文　毛詩音　敦煌學大辭典　上海辭書出版社　1998　p. 773
白化文　詩經　敦煌學大辭典　上海辭書出版社　1998　p. 773
陳國燦　算使　敦煌學大辭典　上海辭書出版社　1998　p. 385

陳國燦　謝重光　僧尼部落　敦煌學大辭典　上海辭書出版社　1998　p. 301
鄧文寬　三篇敦煌邈真讚研究　出土文獻研究(第四輯)　文物出版社　1998　p. 84
鄧文寬　手決一卷　敦煌學大辭典　上海辭書出版社　1998　p. 623
郝春文　唐後期五代宋初敦煌僧尼的社會生活　中國社會科學出版社　1998　p. 13、95、115
金瀅坤　吐蕃統治敦煌的社會基層組織　《中國邊疆史地研究》1998 年第 4 期　p. 29
李正宇　大乘寺　敦煌學大辭典　上海辭書出版社　1998　p. 628
李正宇　大雲寺　敦煌學大辭典　上海辭書出版社　1998　p. 629
李正宇　敦煌遺書檔案資料　敦煌學大辭典　上海辭書出版社　1998　p. 391
李正宇　蓮台寺　敦煌學大辭典　上海辭書出版社　1998　p. 629
李正宇　靈修寺　敦煌學大辭典　上海辭書出版社　1998　p. 629
李正宇　龍興寺　敦煌學大辭典　上海辭書出版社　1998　p. 629
唐耕耦　戌年永安寺僧惠照上當寺應管主客僧牒狀　敦煌學大辭典　上海辭書出版社　1998　p. 639
汪泛舟　楊謙讓　敦煌學大辭典　上海辭書出版社　1998　p. 349
嚴敦傑　太史雜占曆　敦煌學大辭典　上海辭書出版社　1998　p. 623
楊富學　劉永連　丁曉瑜　1997—1998 年大陸地區唐代學術研究概況:敦煌學　"中國唐代學會"會刊(第九期)　(臺北)"中國唐代學會"　1998　p. 110
楊森　跋《子年三月五日計料海濟受戒衣缽具色一一如後》帳及卷背《釋門教授帖》文書　《敦煌研究》1998 年第 4 期　p. 103
楊森　金髻　敦煌學大辭典　上海辭書出版社　1998　p. 348
鄭炳林　《康秀華寫經施入疏》與《炫和尚貨賣胡粉曆》研究　敦煌吐魯番研究(第三卷)　北京大學出版社　1998　p. 202
鄭炳林　梁僧政　敦煌學大辭典　上海辭書出版社　1998　p. 350
姜伯勤　論高昌胡天與敦煌祆寺　中國敦煌學百年文庫·宗教卷(三)　甘肅文化出版社　1999　p. 517
金瀅坤　吐蕃統治敦煌的財政職官體系　《敦煌研究》1999 年第 2 期　p. 88
馬德　敦煌文書《諸寺付經歷》芻議　《敦煌學輯刊》1999 年第 1 期　p. 38
謝桃坊　敦煌文化尋繹　四川人民出版社　1999　p. 100
北京大學　敦煌《經卷》、《照片》及《圖書》目録　中國敦煌學百年文庫·綜述卷(一)　甘肅文化出版社　1999　p. 313
陳海濤　敦煌歸義軍時期從化鄉消失原因初探　中國社會歷史評論(第二卷)　天津古籍出版社　2000　p. 434
雷紹鋒　歸義軍賦役制度初探　(臺北)洪葉文化事業有限公司　2000　p. 256
劉進寶　敦煌文書與唐史研究　(臺北)新文豐出版公司　2000　p. 11
劉玉權　沙州回鶻史探微　1994 年敦煌學國際研討會文集·宗教文史卷(下)　甘肅民族出版社　2000　p. 24
丘古耶夫斯基　敦煌漢文文書　上海古籍出版社　2000　p. 118、137
徐俊　敦煌詩集殘卷輯考　中華書局　2000　p. 187、310、443
顏廷亮　敦煌文化　光明日報出版社　2000　p. 285
楊森　淺談敦煌文獻中唐代墓誌銘抄本　《敦煌研究》2000 年第 3 期　p. 137
張涌泉　漢語俗字叢考　中華書局　2000　p. 204、917、1052
郝春文　英藏敦煌社會歷史文獻釋録(第一卷)　科學出版社　2001　p. 9

黄正建　敦煌占卜文書與唐五代占卜研究　學苑出版社　2001　p. 44、147、202
林聰明　敦煌吐魯番文書解詁指例　（臺北）新文豐出版公司　2001　p. 253、350
榮新江　敦煌學十八講　北京大學出版社　2001　p. 265
謝重光　漢唐佛教社會史論　（臺北）國際文化事業有限公司　2001　p. 205
顔廷亮　敦煌文化中的祆教、摩尼教和景教　敦煌學與中國史研究論集　甘肅人民出版社　2001　p. 421
楊森　《辛巳年六月十六日社人于燈司倉貸粟曆》文書之定年　《敦煌學輯刊》2001 年第 2 期　p. 20
曾良　敦煌文獻字義通釋　廈門大學出版社　2001　p. 130
陳國燦　敦煌學史事新證　甘肅教育出版社　2002　p. 23、481
陳海濤　唐代入華粟特人的佛教信仰及其原因　華林（第二卷）　中華書局　2002　p. 88
郭鋒　略論歸義軍時期仲雲人族屬諸問題　唐史與敦煌文獻論稿　中國社會科學出版社　2002　p. 315
姜亮夫　敦煌莫高窟年表　姜亮夫全集（十一）　雲南人民出版社　2002　p. 271
劉進寶　敦煌學通論　甘肅教育出版社　2002　p. 293
釋覺旻　從“三教大法師”看晚唐五代敦煌社會的三教融合　敦煌佛教藝術文化國際學術研討會論文集　蘭州大學出版社　2002　p. 402
王素　敦煌吐魯番文獻　文物出版社　2002　p. 138
趙貞　評《敦煌占卜文書與唐五代占卜研究》　唐研究（第八卷）　北京大學出版社　2002　p. 523
陳菊霞　《大唐伊吾郡司馬上柱國潯陽翟府君修功德碑記》考釋　《敦煌研究》2003 年第 2 期　p. 15
高田時雄　吐蕃期敦煌有關受戒的藏文資料　新世紀敦煌學論集　巴蜀書社　2003　p. 272
洪藝芳　敦煌社會經濟文書中的唐五代新興量詞研究　敦煌學（第 24 輯）　（臺北）樂學書局有限公司　2003　p. 103
黄正建　敦煌占婚嫁文書與唐五代的占婚嫁　新世紀敦煌學論集　巴蜀書社　2003　p. 282
雷聞　割耳剺面與刺心剖腹　《中國典籍與文化》2003 年第 4 期　p. 102
李小榮　敦煌密教文獻論稿　人民文學出版社　2003　p. 165
王繼光　鄭炳林　敦煌漢文吐蕃史料綜述　中國西部民族文化研究（2003 年卷）　民族出版社　2003　p. 243
楊森　談與敦煌和尚師子吼相關的幾個問題　2000 年敦煌學國際學術討論會文集・歷史文化卷（下）　甘肅民族出版社　2003　p. 139
余欣　禁忌、儀式與法術　唐代宗教信仰與社會　上海辭書出版社　2003　p. 323
陳國燦　俄藏敦煌 ДX12012 號《書儀》疏證　敦煌學（第 25 輯）　（臺北）樂學書局有限公司　2004　p. 407
伏俊璉　敦煌《詩經》殘卷的文獻價值　《敦煌研究》2004 年第 4 期　p. 43
洪藝芳　潘重規先生在敦煌音韻整理研究上的貢獻　敦煌學（第 25 輯）　（臺北）樂學書局有限公司　2004　p. 241
黄正建　敦煌占卜文書研究的回顧與展望　敦煌吐魯番研究（第七卷）　北京大學出版社　2004　p. 303
劉樂賢　敦煌卷子與《乙巳占》對讀一例　出土文獻研究（第六輯）　文物出版社　2004　p. 267
許建平　敦煌《詩經》卷子研讀劄記二則　《敦煌學輯刊》2004 年第 1 期　p. 71
張弓　敦煌四部籍與中古後期社會的文化情境　敦煌學（第 25 輯）　（臺北）樂學書局有限公司　2004　p. 313

邵文賓　王錫與 S. 1438 文書中的沙州長官　《敦煌學輯刊》2005 年第 2 期　p. 150
許建平　跋國家圖書館所藏敦煌《詩經》寫卷　敦煌學國際研討會論文集　北京圖書館出版社　2005　p. 63
趙曉星　寇甲　西魏：歸義軍時期敦煌地區的史姓　《敦煌學輯刊》2005 年第 2 期　p. 130
鄭阿財　論敦煌文獻展現的六朝隋唐注釋學　《敦煌學輯刊》2005 年第 4 期　p. 5
鄧文寬　劉樂賢　敦煌天文氣象占寫本概述　敦煌吐魯番研究（第九卷）　北京大學出版社　2006　p. 411

S. 2731

矢吹慶輝　鳴沙餘韻·解說篇（第一部）　（京都）臨川書店　1980　p. 107、164、165
上山大峻　敦煌佛教の研究　（京都）法藏館　1990　p. 19、77
釋依昱　曇曠與敦煌寫本《大乘百法明門論開宗義記》的研究　敦煌學國際研討會文集·史地語文編　遼寧美術出版社　1995　p. 514
方廣錩　大般涅槃經義記　敦煌學大辭典　上海辭書出版社　1998　p. 695

S. 2732

許國霖　敦煌石室寫經題記彙編　《微妙聲》1936－1937 年第 1－4 期　又見：中國敦煌學百年文庫·宗教卷（四）　甘肅文化出版社　1999　p. 241
許國霖　敦煌石室寫經年代表　《微妙聲》1937 年第 5 期　又見：中國敦煌學百年文庫·宗教卷（四）　甘肅文化出版社　1999　p. 195
向達　倫敦所藏敦煌卷子經眼目録　《北平圖書館圖書季刊》1939 年新第 1 卷第 4 期　p. 397　又見：唐代長安與西域文明　三聯書店　1957　p. 216
芳村修基　土橋秀高　井ノ口泰淳　敦煌佛教史年表　西域文化研究（第一）·敦煌佛教資料　（京都）法藏館　1958　p. 255、268
佐藤哲英　維摩經疏の殘缺本について　西域文化研究（第一）·敦煌佛教資料　（京都）法藏館　1958　p. 129
陳祚龍　敦煌古抄内典尾記彙校二編　敦煌文物隨筆　（臺北）商務印書館　1979　p. 166
川崎ミチコ　通俗詩類·雜詩文類　敦煌仏典と禅（講座敦煌 8）　（東京）大東出版社　1980　p. 331
矢吹慶輝　鳴沙餘韻·解說篇（第一部）　（京都）臨川書店　1980　p. 31、74、164、170
陳祚龍　敦煌古抄内典尾記彙校初、二、三編合刊　敦煌學要籥　（臺北）新文豐出版公司　1982　p. 72、77
左景權　《大正新修大藏經》第八十五卷——舊刊新評：《敦煌文書學發凡》之一章　敦煌吐魯番文獻研究論集（第二輯）　北京大學出版社　1983　p. 622
池田溫　中國古代寫本識語集録　（東京）大藏出版株式會社　1990　p. 121、132
李崇峰　敦煌莫高窟北朝晚期洞窟的分期與研究　敦煌學國際學術討論會論文縮寫文（1990）　敦煌研究院　1990　p. 28
陸揚　《維摩詰經》與南北朝社會文化之關係　中國文化與中國哲學（1988）　三聯書店　1990　p. 578
上山大峻　敦煌佛教の研究　（京都）法藏館　1990　p. 19、77
李偉國　上海博物館藏敦煌吐魯番文獻綜論　中華文史論叢（總 50 輯）　上海古籍出版社　1992　p. 38

石塚晴通　敦煌の加點本　敦煌漢文文獻(講座敦煌5)　(東京)大東出版社　1992　p. 239
吳其昱著　伊藤美重子譯　敦煌漢文寫本概観　敦煌漢文文獻(講座敦煌5)　(東京)大東出版社　1992　p. 66
戴仁　敦煌和吐魯番寫本的斷代研究　法國學者敦煌學論文選萃　中華書局　1993　p. 523
方廣錩　許培鈴　敦煌遺書中的《維摩詰所說經》及其注疏　《敦煌研究》1994 年第 4 期　p. 149　又見:敦煌學佛教學論叢(下)　中國佛教文化研究所　1998　p. 115
趙聲良　早期敦煌寫本書法的時代分期和類型　敦煌書法庫(第二輯)　甘肅人民美術出版社　1994　p. 7
李崇峰　有關莫高窟北周洞窟研究的兩個問題　敦煌學國際研討會文集・石窟考古編　遼寧美術出版社　1995　p. 76、80
方廣錩　大乘百法明門論開宗義決　敦煌學大辭典　上海辭書出版社　1998　p. 718
方廣錩　維摩詰經義記　敦煌學大辭典　上海辭書出版社　1998　p. 675
李崇峰　敦煌莫高窟唐前期洞窟分期　敦煌研究文集・敦煌石窟考古篇　甘肅民族出版社　2000　p. 76
趙聲良　早期敦煌寫本書法的分期研究　1994 年敦煌學國際研討會文集・石窟藝術卷　甘肅民族出版社　2000　p. 276
姜亮夫　敦煌莫高窟年表　姜亮夫全集(十一)　雲南人民出版社　2002　p. 43、138
陳國燦　敦煌藏經洞魏晉寫經系年訂補　漢語史學報專輯(第三輯)　上海教育出版社　2003　p. 49
張元林　淨土思想與仙界思想的合流　《敦煌研究》2003 年第 4 期　p. 5
梁銀景　隋代佛教窟龕研究　文物出版社　2004　p. 169
黃征　敦煌草書寫卷《大乘起信論略述》卷上考訂(三)　敦煌學國際研討會論文集　北京圖書館出版社　2005　p. 100
石塚晴通　敦煌的加點本　敦煌學・日本學:石塚晴通教授退職紀念論文集　上海辭書出版社　2005　p. 5

S. 2733

許國霖　敦煌石室寫經題記彙編　《微妙聲》1936 – 1937 年第 1 – 4 期　又見:中國敦煌學百年文庫・宗教卷(四)　甘肅文化出版社　1999　p. 212
許國霖　敦煌石室寫經年代表　《微妙聲》1937 年第 5 期　又見:中國敦煌學百年文庫・宗教卷(四)　甘肅文化出版社　1999　p. 193
周一良　跋敦煌秘笈留真　《清華學報》1948 年第 15 卷第 1 期　又見:魏晉南北朝史論集　中華書局　1963　p. 372 ; 中國敦煌學百年文庫・文獻卷(一)　甘肅文化出版社　1999　p. 284
芳村修基　土橋秀高　井ノ口泰淳　敦煌佛教史年表　西域文化研究(第一)・敦煌佛教資料　(京都)法藏館　1958　p. 253
塚本善隆　敦煌佛教史概說　西域文化研究(第一)・敦煌佛教資料　(京都)法藏館　1958　p. 58
長澤和俊　敦煌　(東京)築摩書房　1965　p. 151
陳祚龍　敦煌古抄內典尾記彙校二編　敦煌文物隨筆　(臺北)商務印書館　1979　p. 162
矢吹慶輝　鳴沙餘韻・解說篇(第一部)　(京都)臨川書店　1980　p. 94
陳祚龍　敦煌古抄內典尾記彙校初、二、三編合刊　敦煌學要籥　(臺北)新文豐出版公司　1982　p. 69
饒宗頤解說　林宏作譯　敦煌書法叢刊(第二一卷)・寫經(二)　(東京)二玄社　1983　p. 74

左景權　《大正新修大藏經》第八十五卷——舊刊新評:《敦煌文書學發凡》之一章　敦煌吐魯番文獻研究論集(第二輯)　北京大學出版社　1983　p. 625

姜亮夫　敦煌小識六論　敦煌學論文集　上海古籍出版社　1987　p. 750　又見:姜亮夫全集(十四)　雲南人民出版社　2002　p. 193

池田溫　中國古代寫本識語集録　(東京)大蔵出版株式會社　1990　p. 100

林聰明　敦煌文書出處略考　季羨林教授八十華誕紀念論文集(下)　江西人民出版社　1991　p. 866

林聰明　敦煌文書學　(臺北)新文豐出版公司　1991　p. 407

李偉國　上海博物館藏敦煌吐魯番文獻綜論　中華文史論叢(總 50 輯)　上海古籍出版社　1992　p. 38

周一良著　錢文忠譯　唐代密宗　上海遠東出版社　1996　p. 213

方廣錩　敦煌遺書中的《法華經》注疏　《世界宗教研究》1998 年第 2 期　p. 76

方廣錩　敦煌遺書中的《妙法蓮華經》及有關文獻　敦煌學佛教學論叢(下)　中國佛教文化研究所　1998　p. 88　又見:法源(第 16 期)　中國佛學院　1998　p. 48

方廣錩　法華經義記卷第三　敦煌學大辭典　上海辭書出版社　1998　p. 692

鄭阿財　臺北"中研院"傅斯年圖書館藏敦煌卷子題記　慶祝吳其昱先生八秩華誕敦煌學特刊　(臺北)文津出版社　2000　p. 381

姜亮夫　敦煌莫高窟年表　姜亮夫全集(十一)　雲南人民出版社　2002　p. 112

張元林　《法華經》佛性觀的形象詮釋　《敦煌研究》2004 年第 6 期　p. 9

S. 2734

矢吹慶輝　鳴沙餘韻・解說篇(第一部)　(京都)臨川書店　1980　p. 190

賀世哲　敦煌莫高窟隋代石窟與"雙弘定慧"　1983 年全國敦煌學術討論會文集・石窟藝術編(上)　甘肅人民出版社　1985　p. 58 注 37

賀世哲　關於二八五窟之寶應聲菩薩與寶吉祥菩薩　《敦煌研究》1985 年第 3 期　p. 39

賀世哲　莫高窟第 285 窟窟頂天象圖考論　《敦煌研究》1987 年第 2 期　p. 7

方廣錩　敦煌遺書中的《妙法蓮華經》及有關文獻　敦煌學佛教學論叢(下)　中國佛教文化研究所　1998　p. 97　又見:法源(第 16 期)　中國佛學院　1998　p. 53

方廣錩　妙法蓮華經馬明菩薩品第三十　敦煌學大辭典　上海辭書出版社　1998　p. 732

石井公成　敦煌發現之地論宗諸文獻與電腦自動異本處理　中日敦煌佛教學術會議論文集　中國社會科學院研究所　2002　p. 145　又見:戒幢佛學(第二卷)　岳麓書社　2002　p. 180

S. 2735

矢吹慶輝　鳴沙餘韻・解說篇(第一部)　(京都)臨川書店　1980　p. 109

S. 2736

長澤和俊　敦煌　(東京)築摩書房　1965　p. 168

長澤和俊　敦煌の庶民生活　敦煌の社會(講座敦煌 3)　(東京)大東出版社　1980　p. 479

梅村坦　住民の種族構成——敦煌をめぐる諸民族の動向　敦煌の社會(講座敦煌 3)　(東京)大東出版社　1980　p. 208

陳慶英　《斯坦因劫經録》、《伯希和劫經録》所收漢文寫卷中夾存的藏文寫卷情況調查　《敦煌學輯刊》1981 年第 2 期　p. 111

黄布凡　敦煌《藏漢對照詞語》殘卷考辨訂誤　《民族語文》1984 年第 5 期　又見:中國敦煌學百年文庫・民族卷(二)　甘肅文化出版社　1999　p. 244
榮新江　通頰考　文史(第三十三輯)　中華書局　1990　p. 141 注 72
張雲　吐蕃在西域的部落及其組織制度　《甘肅民族研究》1992 年第 2－3 期　p. 81
榮新江　龍家考　中亞學刊(第四輯)　北京大學出版社　1995　p. 148
楊銘　吐蕃經略西北的歷史作用　《民族研究》1997 年第 1 期　又見:中國敦煌學百年文庫・民族卷(二)　甘肅文化出版社　1999　p. 76
黄布凡　藏漢(藏文譯音)對照詞語表　敦煌學大辭典　上海辭書出版社　1998　p. 477
楊曉靄　翰海駝鈴——絲綢之路的人物往來與文化交流　甘肅教育出版社　1999　p. 132
陳炳應　盧冬　古代民族　敦煌文藝出版社　2004　p. 142
張雲　唐代吐蕃史與西北民族史研究　中國藏學出版社　2004　p. 362
高田時雄著　鍾翀等譯　敦煌發現的多種語言文獻　敦煌・民族・語言　中華書局　2005　p. 8
楊富學　少數民族對古代敦煌文化的貢獻　《敦煌學輯刊》2005 年第 2 期　p. 89

S. 2737

鄭炳林　唐五代敦煌金山國征伐樓蘭史事考　敦煌歸義軍史專題研究　蘭州大學出版社　1997　p. 14

S. 2738

平井宥慶　敦煌文書における金剛經疏　金剛般若經の思想的研究　(東京)春秋社　1999　p. 267

S. 2739

向達　倫敦所藏敦煌卷子經眼目録　《北平圖書館圖書季刊》1939 年新第 1 卷第 4 期　p. 397　又見:唐代長安與西域文明　三聯書店　1957　p. 216
佐藤哲英　維摩經疏の殘缺本について　西域文化研究(第一)・敦煌佛教資料　(京都)法藏館　1958　p. 130
矢吹慶輝　鳴沙餘韻・解説篇(第一部)　(京都)臨川書店　1980　p. 43
上山大峻　敦煌佛教の研究　(京都)法藏館　1990　p. 345

S. 2740

矢吹慶輝　鳴沙餘韻・解説篇(第一部)　(京都)臨川書店　1980　p. 288
陳祚龍　敦煌古抄内典尾記彙校初、二、三編合刊　敦煌學要籥　(臺北)新文豐出版公司　1982　p. 121
池田溫　中國古代寫本識語集録　(東京)大藏出版株式會社　1990　p. 96
林聰明　敦煌文書學　(臺北)新文豐出版公司　1991　p. 312

S. 2741

向達　倫敦所藏敦煌卷子經眼目録　《北平圖書館圖書季刊》1939 年新第 1 卷第 4 期　p. 397　又見:唐代長安與西域文明　三聯書店　1957　p. 216
矢吹慶輝　鳴沙餘韻・解説篇(第一部)　(京都)臨川書店　1980　p. 10
胡戟　傅玫　敦煌史話　中華書局　1995　p. 130
王冀青　斯坦因與日本敦煌學　甘肅教育出版社　2004　p. 422

S. 2744

羅宗濤　賢愚經與祇園因由記、降魔變文之比較研究　中國古典小說研究專集（第 2 期）（臺北）聯經出版公司　1980　p. 108　又見：中國敦煌學百年文庫・文學卷（二）　甘肅文化出版社　1999　p. 411

矢吹慶輝　鳴沙餘韻・解說篇（第一部）（京都）臨川書店　1980　p. 73

陳祚龍　敦煌古抄《梁朝傅大士頌金剛經》之考證和校訂　敦煌簡策訂存　（臺北）商務印書館　1983　p. 249 注 17

平野顯照著　張桐生譯　唐代的文學與佛教　（臺北）業强出版社　1987　p. 230

上山大峻　敦煌佛教の研究　（京都）法藏館　1990　p. 18

尾崎康　史籍　敦煌漢文文獻（講座敦煌 5）（東京）大東出版社　1992　p. 311

郝春文　曇曠　敦煌學大辭典　上海辭書出版社　1998　p. 347

平井宥慶　敦煌文書における金剛經疏　金剛般若經の思想的研究　（東京）春秋社　1999　p. 266

杜正乾　唐代的《金剛經》信仰　《敦煌研究》2004 年第 5 期　p. 53

樊錦詩　玄奘譯經和敦煌壁畫　《敦煌研究》2004 年第 2 期　p. 6

S. 2747

矢吹慶輝　鳴沙餘韻・解說篇（第一部）（京都）臨川書店　1980　p. 149

平井宥慶　金剛般若經　敦煌と中國仏教（講座敦煌 7）（東京）大東出版社　1984　p. 22

金岡照光　韻文體類：長篇叙事詩・短篇歌詠　敦煌の文學文獻（講座敦煌 9）（東京）大東出版社　1992　p. 254

鄭炳林　唐五代敦煌金山國征伐樓蘭史事考　敦煌歸義軍史專題研究　蘭州大學出版社　1997　p. 14

方廣錩　攝大乘論釋疏　敦煌學大辭典　上海辭書出版社　1998　p. 716

S. 2748

矢吹慶輝　鳴沙餘韻・解說篇（第一部）（京都）臨川書店　1980　p. 120

S. 2752

方廣錩　從經録著録看《淨度三昧經》的真僞　周紹良先生欣開九秩慶壽文集　中華書局　1997　p. 215

方廣錩　淨度三昧經　敦煌學大辭典　上海辭書出版社　1998　p. 734

大内文雄　齊藤隆信　淨度三昧經　藏外佛教文獻（第七輯）　宗教文化出版社　2000　p. 230

S. 2754

矢吹慶輝　鳴沙餘韻・解說篇（第一部）（京都）臨川書店　1980　p. 196

陳祚龍　敦煌古抄内典尾記彙校初、二、三編合刊　敦煌學要籥　（臺北）新文豐出版公司　1982　p. 121

陳祚龍　敦煌學劄記　敦煌學（第 11 輯）（臺北）新文豐出版公司　1986　p. 23　又見：敦煌學散策新集　（臺北）新文豐出版公司　1989　p. 37

池田溫　中國古代寫本識語集録　（東京）大蔵出版株式會社　1990　p. 518

劉昭瑞　關於吐魯番出土隨葬衣物疏的幾個問題　《敦煌研究》1993 年第 3 期　p. 65

羅世平　敦煌泗州僧伽經像與泗州和尚信仰　敦煌吐魯番學研究論集　書目文獻出版社　1996

p. 124

方廣錩　僧伽和尚欲入涅槃說六度經　敦煌學大辭典　上海辭書出版社　1998　p. 739

劉方　中國佛教史研究　敦煌學大辭典　上海辭書出版社　1998　p. 839

孫曉崗　僧伽和尚像及遺書《僧伽欲入涅槃說六度經》有關問題考　《西北民族研究》1998 年第 2 期　p. 262

張總　疑僞經典與佛教藝術探例　2000 年敦煌學國際學術討論會文集・石窟藝術卷　甘肅民族出版社　2003　p. 269

S. 2755

曾布川寛　敦煌莫高窟的多佛表現　敦煌學國際學術討論會論文縮寫文(1990)　敦煌研究院　1990　p. 12

井ノ口泰淳　敦煌本『仏名經』の諸系統　中央アジアの言語と仏教　(京都)法藏館　1995　p. 285

S. 2758

土橋秀高　敦煌の律蔵　敦煌と中國仏教(講座敦煌 7)　(東京)大東出版社　1984　p. 246

S. 2759

蕭登福　從敦煌寫卷中看道教星斗崇拜對佛經之影響　第二屆敦煌學國際研討會論文集　(臺北)漢學研究中心　1990　p. 323

蕭登福　道教星斗符印與佛教密宗　(臺北)新文豐出版公司　1993　p. 12

沙知　修多寺　敦煌學大辭典　上海辭書出版社　1998　p. 633

S. 2761

陳祚龍　後魏元宋坐鎮瓜州事佛之一斑　中華佛教文化史散策(初集)　(臺北)新文豐出版公司　1978　p. 94

矢吹慶輝　鳴沙餘韻・解說篇(第一部)　(京都)臨川書店　1980　p. 185

伊藤美重子　敦煌本『大智度論』の整理　中國佛教石經の研究　京都大學學術出版會　1996　p. 355

S. 2762

慶谷壽信　敦煌出土の音韻資料(上)——Stein6691vについて『人文學報』(第 78 號)　京都大學人文科學研究所　1970　p. 171

陳祚龍　敦煌古抄內典尾記彙校初、二、三編合刊　敦煌學要籥　(臺北)新文豐出版公司　1982　p. 121

池田溫　中國古代寫本識語集録　(東京)大藏出版株式會社　1990　p. 265

周偉洲　吐蕃對河隴的統治及歸義軍前期的河西諸族　《甘肅民族研究》1990 年第 2 期　p. 6

林聰明　敦煌文書出處略考　季羨林教授八十華誕紀念論文集(下)　江西人民出版社　1991　p. 866

林聰明　敦煌文書學　(臺北)新文豐出版公司　1991　p. 408

方廣錩　大佛頂如來密因修正了義諸菩薩萬行首楞嚴經　敦煌學大辭典　上海辭書出版社　1998　p. 700

S. 2763

陳祚龍　敦煌古抄内典尾記彙校初、二、三編合刊　敦煌學要籥　(臺北)新文豐出版公司　1982　p. 123

李正宇　利濟　敦煌學大辭典　上海辭書出版社　1998　p. 349

S. 2764

陳祚龍　瓜沙印録　(臺北)《大陸雜誌》1962 年第 4 期　又見:敦煌學概要　(臺北)編譯館"中華叢書編委會"　1981　p. 267；中國敦煌學百年文庫・考古卷(一)　甘肅文化出版社　1999　p. 188

陳祚龍　古代敦煌及其他地區流行之公私印章圖記文字録　敦煌學要籥　(臺北)新文豐出版公司　1982　p. 333

池田溫　敦煌文獻について　『書道研究』(2 卷 2 號)　(東京)萱原書局　1988　p. 49　又見:敦煌文書の世界　(東京)名著刊行會　2003　p. 51

李正宇　敦煌郡之印　敦煌學大辭典　上海辭書出版社　1998　p. 293

S. 2765

李正宇　敦煌地區古代祠廟寺觀簡志　《敦煌學輯刊》1988 年第 1、2 期　p. 80

S. 2766

芳村修基　土橋秀高　井ノ口泰淳　敦煌佛教史年表　西域文化研究(第一)・敦煌佛教資料　(京都)法藏館　1958　p. 275

陳祚龍　敦煌古抄内典尾記彙校初、二、三編合刊　敦煌學要籥　(臺北)新文豐出版公司　1982　p. 121

池田溫　中國古代寫本識語集録　(東京)大藏出版株式會社　1990　p. 99

S. 2770

高啓安　唐宋時期敦煌人名探析　《敦煌研究》1997 年第 4 期　p. 123

S. 2771

杜愛英　敦煌遺書中俗體字的諸種類型　《敦煌研究》1992 年第 3 期　p. 123

陳尚君　評《唐詩研究集成》　唐研究(第三卷)　北京大學出版社　1997　p. 487

方廣錩　勝鬘師子吼一乘大方便方廣經　敦煌學大辭典　上海辭書出版社　1998　p. 658

S. 2772

王三慶　敦煌寫卷中武后新字之調查研究　唐代研究論集(第三輯)　(臺北)新文豐出版公司　1992　p. 89

S. 2782

矢吹慶輝　鳴沙餘韻・解説篇(第一部)　(京都)臨川書店　1980　p. 73

陳祚龍　敦煌古抄《梁朝傅大士頌金剛經》之考證和校訂　敦煌簡策訂存　(臺北)商務印書館　1983　p. 249 注 17

平野顯照著　張桐生譯　唐代的文學與佛教　(臺北)業强出版社　1987　p. 230

上山大峻　敦煌佛教の研究　(京都)法藏館　1990　p. 18、78、368
尾崎康　史籍　敦煌漢文文獻(講座敦煌5)　(東京)大東出版社　1992　p. 311
郝春文　曇曠　敦煌學大辭典　上海辭書出版社　1998　p. 347
平井宥慶　敦煌文書における金剛經疏　金剛般若經の思想的研究　(東京)春秋社　1999　p. 266
樊錦詩　玄奘譯經和敦煌壁畫　《敦煌研究》2004 年第 2 期　p. 6

S. 2786

陳祚龍　敦煌古抄内典尾記彙校初、二、三編合刊　敦煌學要籥　(臺北)新文豐出版公司　1982　p. 122
池田温　中國古代寫本識語集録　(東京)大藏出版株式會社　1990　p. 163
高國藩　敦煌古俗與民俗流變　河海大學出版社　1990　p. 423

S. 2788

陳祚龍　瓜沙印録　(臺北)《大陸雜誌》1962 年第 4 期　又見:敦煌學概要　(臺北)編譯館"中華叢書編委會"　1981　p. 267；中國敦煌學百年文庫・考古卷(一)　甘肅文化出版社　1999　p. 188
平井宥慶　金剛般若經　敦煌と中國仏教(講座敦煌7)　(東京)大東出版社　1984　p. 29
平井宥慶　敦煌流傳の金剛般若經　金剛般若經の思想的研究　(東京)春秋社　1999　p. 255
平井宥慶　敦煌文書における金剛經疏　金剛般若經の思想的研究　(東京)春秋社　1999　p. 262

S. 2790

井ノ口泰淳　敦煌本『仏名經』の諸系統　中央アジアの言語と仏教　(京都)法藏館　1995　p. 297

S. 2791

許國霖　敦煌石室寫經題記彙編　《微妙聲》1936－1937 年第 1－4 期　又見:中國敦煌學百年文庫・宗教卷(四)　甘肅文化出版社　1999　p. 221
許國霖　敦煌石室寫經年代表　《微妙聲》1937 年第 5 期　又見:中國敦煌學百年文庫・宗教卷(四)　甘肅文化出版社　1999　p. 195
陳祚龍　敦煌古抄内典尾記彙校初、二、三編合刊　敦煌學要籥　(臺北)新文豐出版公司　1982　p. 122
李明偉　狀・牒・帖　敦煌文學　甘肅人民出版社　1989　p. 41
池田温　中國古代寫本識語集録　(東京)大藏出版株式會社　1990　p. 152
高國藩　敦煌古俗與民俗流變　河海大學出版社　1990　p. 416
黄征　吳偉　敦煌願文集　岳麓書社　1995　p. 858
王三慶　敦煌書儀載録之節日活動與民俗　全國敦煌學研討會論文集　(臺北)中正大學中國文學系所　1995　p. 26 注 39
譚蟬雪　敦煌歲時文化導論　(臺北)新文豐出版公司　1998　p. 152
金岡照光　敦煌文獻と中國文學　(東京)五曜書房　2000　p. 428
劉長東　晉唐彌陀淨土信仰研究　巴蜀書社　2000　p. 247
譚蟬雪　唐宋敦煌歲時佛俗　《敦煌研究》2001 年第 1 期　p. 99
陳麗萍　敦煌女性寫經題記及反映的婦女問題　敦煌佛教藝術文化國際學術研討會論文集　蘭州大學出版社　2002　p. 432

姜亮夫　敦煌莫高窟年表　姜亮夫全集(十一)　雲南人民出版社　2002　p. 183
公維章　涅槃、淨土的殿堂:敦煌莫高窟第148窟研究　民族出版社　2004　p. 84
梁銀景　莫高窟隋代經變畫與南朝、兩京地區　《敦煌研究》2004年第5期　p. 32
梁銀景　隋代佛教窟龕研究　文物出版社　2004　p. 170
陳麗萍　敦煌文書所見唐五代婚變現象初探(一)　《敦煌學輯刊》2005年第2期　p. 165

S. 2792

井ノ口泰淳　敦煌本『仏名經』の諸系統　中央アジアの言語と仏教　(京都)法藏館　1995　p. 319
汪娟　敦煌本《大佛略懺》在佛教懺悔文中的地位　敦煌文學論集　四川人民出版社　1997　p. 388
湛如　敦煌結夏安居考察　佛學研究(第七期)　中國佛教文化研究所　1998　p. 339
湛如　敦煌佛教律儀制度研究　中華書局　2003　p. 248

S. 2794

岡部和雄　疑僞經典　敦煌仏典と禪(講座敦煌 8)　(東京)大東出版社　1980　p. 360
陳祚龍　敦煌古抄內典尾記彙校初、二、三編合刊　敦煌學要籥　(臺北)新文豐出版公司　1982　p. 122
池田溫　中國古代寫本識語集録　(東京)大蔵出版株式會社　1990　p. 442
高國藩　敦煌古俗與民俗流變　河海大學出版社　1990　p. 416
李正宇　敦煌史地新論　(臺北)新文豐出版公司　1996　p. 80
方廣錩　金剛三昧經　敦煌學大辭典　上海辭書出版社　1998　p. 693
馬德　敦煌文書《諸寺付經歷》芻議　《敦煌學輯刊》1999年第1期　p. 39

S. 2796

朱鳳玉　王梵志詩研究(上)　(臺北)學生書局　1986　p. 37
菊池英夫　中國古文書・古寫本學と日本　東アジア古文書の史的研究　(東京)刀水書房　1990　p. 191

S. 2797

井ノ口泰淳　敦煌本『仏名經』の諸系統　中央アジアの言語と仏教　(京都)法藏館　1995　p. 308
馬繼興　敦煌醫藥文獻　敦煌學大辭典　上海辭書出版社　1998　p. 615

S. 2799

景盛軒　試論敦煌佛經異文研究的價值和意義　《敦煌研究》2004年第5期　p. 86

S. 2801

福井文雅　般若心經　敦煌と中國仏教(講座敦煌 7)　(東京)大東出版社　1984　p. 43

S. 2803

慶谷壽信　敦煌出土の音韻資料(上)——Stein6691vについて　『人文學報』(第78號)　京都大學人文科學研究所　1970　p. 177

S. 2807

張雲　唐代吐蕃史與西北民族史研究　中國藏學出版社　2004　p. 185

S. 2810

郭鋒　簡談敦煌寫本斯 2506 號等唐修史書殘卷的性質和價值　《敦煌學輯刊》1992 年第 1、2 期　p. 88　又見:《魏晉南北朝隋唐史》1993 年第 2 期　p. 10

S. 2815

金岡照光　敦煌における地獄文獻:敦煌庶民信仰の一樣相　敦煌と中國仏教(講座敦煌 7)　(東京)大東出版社　1984　p. 575

杜斗城　關於敦煌本《佛說十王經》的幾個問題　《世界宗教研究》1987 年第 2 期　p. 44

蕭登福　敦煌所見十九種《閻羅受記經(佛說十王經)》之校勘　敦煌俗文學論叢　(臺北)商務印書館　1988　p. 252

蕭登福　敦煌寫卷《佛說十王經》之探討　敦煌俗文學論叢　(臺北)商務印書館　1988　p. 175

杜斗城　敦煌本《佛說十王經》校録研究　甘肅教育出版社　1989　p. 60

蕭登福　道教術儀與密教典籍　(臺北)新文豐出版公司　1994　p. 428

杜斗城　北涼譯經論　甘肅文化出版社　1995　p. 42

蕭登福　道佛十王地獄說　(臺北)新文豐出版公司　1996　p. 242

羅世平　地藏十王圖像的遺存及其信仰　唐研究(第四卷)　北京大學出版社　1998　p. 409 注 2

張總　《閻羅王授記經》綴補研考　敦煌吐魯番研究(第五卷)　北京大學出版社　2001　p. 90

勝義　《俄藏敦煌文獻》第十二冊校讀記(上)　戒幢佛學(第二卷)　岳麓書社　2002　p. 630

張總　疑僞經典與佛教藝術探例　2000 年敦煌學國際學術討論會文集・石窟藝術卷　甘肅民族出版社　2003　p. 247

黨燕妮　晚唐五代敦煌的十王信仰　麥積山石窟藝術文化論文集(下)　蘭州大學出版社　2004　p. 153

荒見泰史　關於地藏十王信仰成立和演變的有關資料數則　2004 年石窟研究國際學術會議論文提要集　敦煌研究院　2004　p. 62

S. 2816

道端良秀　敦煌文獻に見える死後の世界　敦煌と中國仏教(講座敦煌 7)　(東京)大東出版社　1984　p. 505

S. 2817

上山大峻　敦煌佛教の研究　(京都)法藏館　1990　p. 90、187、613

陳祚龍　雲樓敦煌吐魯番學偶記　慶祝潘石禪先生九秩華誕敦煌學特刊　(臺北)文津出版社　1996　p. 37

鄭炳林　敦煌碑銘讚輯釋　甘肅教育出版社　1997　p. 545 注 2

方廣錩　大乘四法經釋　敦煌學大辭典　上海辭書出版社　1998　p. 696

土肥義和　唐・北宋の間:敦煌の杜家親情社追補社條(S. 8160rv)について　唐代史研究(創刊號)　(東京)唐代史研究會　1998　p. 11

楊富學　李吉和　敦煌漢文吐蕃史料輯校(第一輯)　甘肅人民出版社　1999　p. 101

S. 2821

張金泉　許建平　敦煌音義彙考　杭州大學出版社　1996　p. 1031

張涌泉　敦煌俗字彙考　敦煌俗字研究　上海教育出版社　1996　p. 6

張金泉　敦煌佛經音義寫卷述要　《敦煌研究》1997 年第 2 期　p. 116

張金泉　大般涅槃經音　敦煌學大辭典　上海辭書出版社　1998　p. 518

張涌泉　漢語俗字叢考　中華書局　2000　p. 4

S. 2823

王素　吐魯番出土"功德疏"所見西州庶民的淨土信仰　唐研究(第一卷)　北京大學出版社　1995　p. 27

S. 2824

陳祚龍　敦煌古抄内典尾記彙校初、二、三編合刊　敦煌學要籥　(臺北)新文豐出版公司　1982　p. 122

平井宥慶　金剛般若經　敦煌と中國仏教(講座敦煌 7)　(東京)大東出版社　1984　p. 28

池田溫　中國古代寫本識語集録　(東京)大藏出版株式會社　1990　p. 511

高國藩　敦煌古俗與民俗流變　河海大學出版社　1990　p. 416

平井宥慶　敦煌流傳の金剛般若經　金剛般若經の思想的研究　(東京)春秋社　1999　p. 253

金岡照光　敦煌文獻と中國文學　(東京)五曜書房　2000　p. 428

釋永有　敦煌遺書中的金剛經　敦煌佛教藝術文化國際學術研討會論文集　蘭州大學出版社　2002　p. 42

杜正乾　唐代的《金剛經》信仰　《敦煌研究》2004 年第 5 期　p. 54

S. 2827

蕭登福　從敦煌寫卷中看道教星斗崇拜對佛經之影響　第二屆敦煌學國際研討會論文集　(臺北)漢學研究中心　1990　p. 323

蕭登福　道教星斗符印與佛教密宗　(臺北)新文豐出版公司　1993　p. 55

沙知　修多寺　敦煌學大辭典　上海辭書出版社　1998　p. 633

S. 2831

土橋秀高　敦煌の律藏　敦煌と中國仏教(講座敦煌 7)　(東京)大東出版社　1984　p. 246

S. 2832

素癡　不列顛博物院所藏中國寫本瞥記　《國文周刊》1934 年第 11 卷第 21 期　又見:中國敦煌學百年文庫·綜述卷(一)　甘肅文化出版社　1999　p. 60

向達　倫敦所藏敦煌卷子經眼目録　《北平圖書館圖書季刊》1939 年新第 1 卷第 4 期　p. 397　又見:唐代長安與西域文明　三聯書店　1957　p. 216

陳祚龍　敦煌古抄内典尾記彙校初、二、三編合刊　敦煌學要籥　(臺北)新文豐出版公司　1982　p. 122

譚蟬雪　祭文　敦煌文學　甘肅人民出版社　1989　p. 121

池田溫　中國古代寫本識語集録　(東京)大藏出版株式會社　1990　p. 523

譚蟬雪　敦煌歲時掇瑣:正月　《敦煌研究》1990 年第 1 期　p. 48　又見:(香港)《九州學刊》(敦煌

學專輯)1993 年第 5 卷第 4 期　p. 86
譚蟬雪　三教融合的敦煌喪俗　《敦煌研究》1991 年第 3 期　p. 79
王三慶　談齋論文——敦煌寫卷齋願文研究　第四屆唐代文化學術研討會論文集　(臺南)成功大學　1991　p. 299
杜琦　敦煌文學概論　甘肅人民出版社　1993　p. 520
周一良　唐代的書儀與中日文化關係　中日文化關係史論　江西人民出版社　1993　p. 59　又見:唐五代書儀研究　中國社會科學出版社　1995　p. 331
黄征　敦煌願文散校　《敦煌研究》1994 年第 3 期　p. 129　又見:敦煌語文叢説　(臺北)新文豐出版公司　1997　p. 569
黄征　吳偉　敦煌願文集　岳麓書社　1995　p. 39、102
王書慶　敦煌佛學·佛事篇　甘肅民族出版社　1995　p. 283
張涌泉　陳祚龍校録敦煌卷子失誤例釋　學術集林(卷六)　上海遠東出版社　1995　p. 315　又見:舊學新知　浙江大學出版社　1999　p. 290
方廣錩　評《敦煌願文集》　敦煌吐魯番研究(第二卷)　北京大學出版社　1997　p. 387
黄征　敦煌俗語詞輯釋　敦煌語文叢説　(臺北)新文豐出版公司　1997　p. 61
黄征　張涌泉　敦煌變文校注　中華書局　1997　p. 19、205
李正宇　敦煌歷史地理導論　(臺北)新文豐出版公司　1997　p. 127
陸淑綺　李重申　敦煌古代戲曲文化史料綜述　《敦煌研究》1997 年第 2 期　p. 59
張廣達　"歎佛"與"歎齋"　慶祝鄧廣銘教授九十華誕論文集　河北教育出版社　1997　p. 60
黄征　敦煌願文雜考　文史(第四十六輯)　中華書局　1998　p. 250
李正宇　古本敦煌鄉土志八種箋證　(臺北)新文豐出版公司　1998　p. 315
譚蟬雪　大祥　敦煌學大辭典　上海辭書出版社　1998　p. 443
譚蟬雪　敦煌歲時文化導論　(臺北)新文豐出版公司　1998　p. 40、76、118、306、436
黄征　敦煌願文"莊嚴""資薰""資莊"考辨　學林漫録(十四集)　中華書局　1999　p. 282
宋家鈺　佛教齋文源流與敦煌本"齋文"書的復原　《中國史研究》1999 年第 2 期　p. 72　又見:英國收藏敦煌漢藏文獻研究:紀念敦煌文獻發現一百周年　中國社會科學出版社　2000　p. 300
楊富學　李吉和　敦煌漢文吐蕃史料輯校(第一輯)　甘肅人民出版社　1999　p. 245
徐俊　敦煌詩集殘卷輯考　中華書局　2000　p. 666
譚蟬雪　喪祭與齋忌　敦煌學與中國史研究論集　甘肅人民出版社　2001　p. 228
譚蟬雪　唐宋敦煌歲時佛俗　《敦煌研究》2001 年第 1 期　p. 93、98
譚蟬雪　唐宋敦煌歲時佛俗:八月至十二月　《敦煌研究》2001 年第 2 期　p. 75
曾良　敦煌文獻字義通釋　廈門大學出版社　2001　p. 61、93、197
黄征　敦煌語言文字學研究　甘肅教育出版社　2002　p. 187、219
王三慶　敦煌寫卷中有關的"滿月禮"儀式及其源流探討　冉雲華先生八秩華誕壽慶論文集　(臺北)法光出版社　2003　p. 5
曾良　俗字與古籍整理舉隅　《中國典籍與文化》2003 年第 2 期　p. 64
湛如　敦煌佛教律儀制度研究　中華書局　2003　p. 327
張承東　試論敦煌寫本齋文的駢文特色　《敦煌學輯刊》2003 年第 1 期　p. 93
黨燕妮　晚唐五代敦煌的十王信仰　麥積山石窟藝術文化論文集(下)　蘭州大學出版社　2004　p. 166
杜斗城　"七七齋"之源流及敦煌文獻中有關資料的分析　《敦煌研究》2004 年第 4 期　p. 36
黄建寧　《雙恩記》補校　《敦煌研究》2004 年第 6 期　p. 91

黃征　敦煌俗字典　上海教育出版社　2005　p. 前言 13、44
黃征　敦煌俗字要論　《敦煌研究》2005 年第 1 期　p. 86
黃征　敦煌俗字種類考辨　敦煌學・日本學：石塚晴通教授退職紀念論文集　上海辭書出版社　2005　p. 117、120、123
敏春芳　敦煌願文詞語例釋　《敦煌學輯刊》2005 年第 1 期　p. 103
汪泛舟　敦煌俗別字新考（上）《敦煌研究》2006 年第 1 期　p. 103、108
武學軍　敏春芳　敦煌願文婉詞試解（一）《敦煌學輯刊》2006 年第 1 期　p. 127

S. 2834

汪泛舟　敦煌俗別字新考（上）《敦煌研究》2006 年第 1 期　p. 103

S. 2838

許國霖　敦煌石室寫經題記彙編　《微妙聲》1936 – 1937 年第 1 – 4 期　又見：中國敦煌學百年文庫・宗教卷（四）　甘肅文化出版社　1999　p. 226
許國霖　敦煌石室寫經年代表　《微妙聲》1937 年第 5 期　又見：中國敦煌學百年文庫・宗教卷（四）　甘肅文化出版社　1999　p. 196
芳村修基　土橋秀高　井ノ口泰淳　敦煌佛教史年表　西域文化研究（第一）・敦煌佛教資料　（京都）法藏館　1958　p. 260
矢吹慶輝　鳴沙餘韻・解說篇（第一部）　（京都）臨川書店　1980　p. 273
陳祚龍　敦煌古抄內典尾記彙校初、二、三編合刊　敦煌學要籥　（臺北）新文豐出版公司　1982　p. 122
吳震　吐魯番出土的"敦煌文書"　1983 年全國敦煌學術討論會文集・文史遺書編（上）　甘肅人民出版社　1987　p. 456
朱雷　敦煌藏經洞所出兩種麴氏高昌人寫經題記跋　魏晉南北朝隋唐史資料（第 9、10 輯）　武漢大學出版社　1988　p. 20
韓建瓴　題跋　敦煌文學　甘肅人民出版社　1989　p. 75
林聰明　吐魯番文書解讀要點試論　敦煌學（第 14 輯）　（臺北）新文豐出版公司　1989　p. 88
池田溫　中國古代寫本識語集録　（東京）大藏出版株式會社　1990　p. 183
關尾史郎　吐魯番出土文物研究情報集録　『吐魯番出土文物研究會會報』（1 – 50 號・38）　（東京）吐魯番出土文物研究會　1991　p. 204
荒川正晴　吐魯番出土文物研究情報集録　『吐魯番出土文物研究會會報』（45 號）　（東京）吐魯番出土文物研究會　1991　p. 244
江素雲　維摩詰所說經敦煌寫本綜合目録　（臺北）東初出版社　1991　p. 79
林聰明　敦煌文書出處略考　季羨林教授八十華誕紀念論文集（下）　江西人民出版社　1991　p. 865
林聰明　敦煌文書學　（臺北）新文豐出版公司　1991　p. 405
周紹良　敦煌文學芻議及其它　（臺北）新文豐出版公司　1992　p. 13
李明偉　敦煌文學概論　甘肅人民出版社　1993　p. 498
李正宇　論敦煌曲子　第二屆國際唐代學術會議論文集（上）　（臺北）文津出版社　1993　p. 760
方廣錩　許培鈴　敦煌遺書中的《維摩詰所說經》及其注疏　《敦煌研究》1994 年第 4 期　p. 147　又見：敦煌學佛教學論叢（下）　中國佛教文化研究所　1998　p. 109
楊森　"婆姨"與"優婆姨"稱謂芻議　《敦煌研究》1994 年第 3 期　p. 126

黄征　吳偉　敦煌願文集　岳麓書社　1995　p. 885
王素　吐魯番出土“功德疏”所見西州庶民的淨土信仰　唐研究(第一卷)　北京大學出版社　1995　p. 33 注 22
金榮華　高昌國及斯坦因所盜高昌文物　敦煌吐魯番論集　(臺北)新文豐出版公司　1996　p. 168
小田義久　大谷文書の研究　(京都)法藏館　1996　p. 109、199
陸淑綺　李重申　敦煌古代戲曲文化史料綜述　《敦煌研究》1997 年第 2 期　p. 64
陳國燦　延壽十四年高昌女寫維摩詰經記　敦煌學大辭典　上海辭書出版社　1998　p. 455
方廣錩　維摩詰所説經　敦煌學大辭典　上海辭書出版社　1998　p. 674
顧吉辰　敦煌文獻職官結銜考釋　《敦煌學輯刊》1998 年第 2 期　p. 21
高國藩　敦煌俗文化學　上海三聯書店　1999　p. 545
顔廷亮　關於敦煌文學發展的歷史進程　《甘肅社會科學》1999 年第 4 期　p. 45
姚崇新　試論高昌國的佛教與佛教教團　敦煌吐魯番研究(第四卷)　北京大學出版社　1999　p. 56
金岡照光　敦煌文獻と中國文學　(東京)五曜書房　2000　p. 428
顔廷亮　敦煌文化　光明日報出版社　2000　p. 316、377
林聰明　敦煌吐魯番文書解詁指例　(臺北)新文豐出版公司　2001　p. 194. 235 注 6
馬德　敦煌寫經題記的社會意義　法源(第 19 期)　中國佛學院　2001　p. 80
蔡忠霖　敦煌漢文寫卷俗字及其現象　(臺北)文津出版社　2002　p. 33、165
陳麗萍　敦煌女性寫經題記及反映的婦女問題　敦煌佛教藝術文化國際學術研討會論文集　蘭州大學出版社　2002　p. 432
姜亮夫　敦煌莫高窟年表　姜亮夫全集(十一)　雲南人民出版社　2002　p. 212
王素　評《敦煌吐魯番文書論叢》　敦煌吐魯番研究(第六卷)　北京大學出版社　2002　p. 404
張國剛　佛學與隋唐社會　河北人民出版社　2002　p. 230
蔡忠霖　從書法角度看俗字的生成　敦煌學(第 24 輯)　(臺北)樂學書局有限公司　2003　p. 166
蔡忠霖　官定正字之外的通行文字　新世紀敦煌學論集　巴蜀書社　2003　p. 109
梁銀景　莫高窟隋代聯珠紋與隋王朝的西域經營　唐研究(第九卷)　北京大學出版社　2003　p. 474 注 39
張國剛　佛教的世俗化與民間佛教結社　中國中古史論集　天津古籍出版社　2003　p. 266
何劍平　作爲民間寫經和禮懺儀式的維摩詰信仰　《敦煌學輯刊》2005 年第 4 期　p. 61

S. 2840

福井文雅　般若心經　敦煌と中國仏教(講座敦煌 7)　(東京)大東出版社　1984　p. 39

S. 2841

礪波護著　韓昇　劉建英譯　隋唐佛教文化　上海古籍出版社　2004　p. 48

S. 2842

劉惠琴　從敦煌文書中看沙州紡織業　《敦煌學輯刊》1995 年第 2 期　p. 53
嚴敦傑　推人九天宮法　敦煌學大辭典　上海辭書出版社　1998　p. 623
陳于柱　敦煌寫本宅經的八宅:“八宅經一卷”研究　麥積山石窟藝術文化論文集(下)　蘭州大學出版社　2004　p. 246

S. 2848

方廣錩　敦煌佛教經録輯校　江蘇古籍出版社　1997　p. 1042

S. 2850

方廣錩　吐蕃統治時期敦煌流行的偈頌帙號法　《敦煌學輯刊》1990 年第 1 期　p. 81

黄征　吴偉　敦煌願文集　岳麓書社　1995　p. 377

S. 2851

芳村修基　土橋秀高　井ノ口泰淳　敦煌佛教史年表　西域文化研究（第一）・敦煌佛教資料　（京都）法藏館　1958　p. 269

藤枝晃　敦煌の僧尼籍『東方學報』（第 35 號）　京都大學人文科學研究所　1964　p. 294

陳祚龍　中世敦煌婦女出家、入道、受戒、弘法之一斑　《海潮音》1979 年第 60 卷第 8 期　又見：敦煌簡策訂存　（臺北）商務印書館　1983　p. 30；中國敦煌學百年文庫・宗教卷（四）　甘肅文化出版社　1999　p. 335

陳祚龍　敦煌古抄内典尾記彙校初、二、三編合刊　敦煌學要籥　（臺北）新文豐出版公司　1982　p. 123

饒宗頤　論敦煌陷於吐蕃之年代　選堂集林・史林　（香港）中華書局　1982　p. 692

土橋秀高　敦煌の律藏　敦煌と中國仏教（講座敦煌 7）　（東京）大東出版社　1984　p. 262

林聰明　敦煌文書出處略考　季羨林教授八十華誕紀念論文集（下）　江西人民出版社　1991　p. 863

林聰明　敦煌文書學　（臺北）新文豐出版公司　1991　p. 238、401

竺沙雅章　寺院文書　敦煌漢文文獻（講座敦煌 5）　（東京）大東出版社　1992　p. 595

姜伯勤　敦煌戒壇與大乘佛教　華學（第二輯）　中山大學出版社　1996　p. 325

姜伯勤　敦煌藝術宗教與禮樂文明　中國社會科學出版社　1996　p. 353

湛如　敦煌菩薩戒儀與菩薩戒牒之研究　《敦煌研究》1997 年第 2 期　p. 79

鄭炳林　敦煌碑銘讚輯釋　甘肅教育出版社　1997　p. 355 注 2

丘古耶夫斯基　敦煌漢文文書　上海古籍出版社　2000　p. 124

王惠民　敦煌隋至唐前期藥師圖像考察　藝術史研究（2）　中山大學出版社　2000　p. 318

陳麗萍　敦煌女性寫經題記及反映的婦女問題　敦煌佛教藝術文化國際學術研討會論文集　蘭州大學出版社　2002　p. 433

姜亮夫　敦煌莫高窟年表　姜亮夫全集（十一）　雲南人民出版社　2002　p. 357

李德龍　沙州三界寺《授戒牒》初探　甘肅民族研究論叢　甘肅人民出版社　2002　p. 418 注 1

湛如　敦煌佛教律儀制度研究　中華書局　2003　p. 157、163、166

聖凱　中國佛教懺法研究　宗教文化出版社　2004　p. 107

S. 2853

芳村修基　土橋秀高　井ノ口泰淳　敦煌佛教史年表　西域文化研究（第一）・敦煌佛教資料　（京都）法藏館　1958　p. 270

圓空　《新菩薩經》《勸善經》《救諸衆生苦難經》校録及其流傳背景之探討　《敦煌研究》1992 年第 1 期　p. 53

周紹良　敦煌文學芻議及其它　（臺北）新文豐出版公司　1992　p. 14

蕭登福　道教術儀與密教典籍　（臺北）新文豐出版公司　1994　p. 496

S. 2854

周紹良　敦煌文學芻議及其它　(臺北)新文豐出版公司　1992　p. 14
汪泛舟　敦煌文學概論　甘肅人民出版社　1993　p. 563
黃征　唐代俗語詞輯釋　唐研究(第四卷)　北京大學出版社　1998　p. 140
王三慶　北京大學圖書館藏本《諸文要集》一卷研究　慶祝吳其昱先生八秩華誕敦煌學特刊　(臺北)文津出版社　2000　p. 170
黃征　敦煌語言文字學研究　甘肅教育出版社　2002　p. 152

S. 2858

池田溫　中國古代寫本識語集録　(東京)大蔵出版株式會社　1990　p. 390

S. 2859

左景權　《大正新修大藏經》第八十五卷——舊刊新評:《敦煌文書學發凡》之一章　敦煌吐魯番文獻研究論集(第二輯)　北京大學出版社　1983　p. 625
池田溫　中國古代寫本識語集録　(東京)大蔵出版株式會社　1990　p. 393

S. 2863

許國霖　敦煌石室寫經題記彙編　《微妙聲》1936 - 1937 年第 1 - 4 期　又見:中國敦煌學百年文庫・宗教卷(四)　甘肅文化出版社　1999　p. 215
許國霖　敦煌石室寫經年代表　《微妙聲》1937 年第 5 期　又見:中國敦煌學百年文庫・宗教卷(四)　甘肅文化出版社　1999　p. 197
芳村修基　土橋秀高　井ノ口泰淳　敦煌佛教史年表　西域文化研究(第一)・敦煌佛教資料　(京都)法藏館　1958　p. 263
吳震　吐魯番出土的"敦煌文書"　1983 年全國敦煌學術討論會文集・文史遺書編(上)　甘肅人民出版社　1987　p. 452
池田溫　中國古代寫本識語集録　(東京)大蔵出版株式會社　1990　p. 234
戴仁　敦煌寫本紙張的顏色　法國學者敦煌學論文選萃　中華書局　1993　p. 592
張涌泉　敦煌俗字研究導論　(臺北)新文豐出版公司　1996　p. 89
金岡照光　敦煌文獻と中國文學　(東京)五曜書房　2000　p. 428
劉長東　晉唐彌陀淨土信仰研究　巴蜀書社　2000　p. 369、502
陳國燦　敦煌學史事新證　甘肅教育出版社　2002　p. 194
姜亮夫　敦煌莫高窟年表　姜亮夫全集(十一)　雲南人民出版社　2002　p. 250
施安昌　唐武周時期的刻經與敦煌寫經　善本碑帖論集　紫禁城出版社　2002　p. 120
公維章　涅槃、淨土的殿堂:敦煌莫高窟第 148 窟研究　民族出版社　2004　p. 122
礪波護著　韓昇　劉建英譯　隋唐佛教文化　上海古籍出版社　2004　p. 43

S. 2864

景盛軒　試論敦煌佛經異文研究的價值和意義　《敦煌研究》2004 年第 5 期　p. 86

S. 2865

沃興華　敦煌書法藝術　上海人民出版社　1994　p. 228

S. 2866

伊藤美重子　敦煌本『大智度論』の整理　中國佛教石經の研究　京都大學學術出版會　1996　p. 348

S. 2867

京戸慈光　傳入日本的中國佛教疑僞經典(上)　《敦煌學輯刊》1996 年第 1 期　p. 78

S. 2868

土橋秀高　敦煌の律藏　敦煌と中國仏教(講座敦煌 7)　(東京)大東出版社　1984　p. 247

S. 2869

景盛軒　敦煌寫本《大般涅槃經》著録商補　浙江與敦煌學:常書鴻先生誕辰一百周年紀念文集　浙江古籍出版社　2004　p. 354

S. 2870

杜斗城　敦煌本《佛説十王經》校録研究　甘肅教育出版社　1989　p. 233

S. 2871

陳祚龍　敦煌古抄内典尾記彙校初、二、三編合刊　敦煌學要籥　(臺北)新文豐出版公司　1982　p. 123

池田溫　中國古代寫本識語集録　(東京)大蔵出版株式會社　1990　p. 378

江素雲　維摩詰所説經敦煌寫本綜合目録　(臺北)東初出版社　1991　p. 79

方廣錩　許培鈴　敦煌遺書中的《維摩詰所説經》及其注疏　《敦煌研究》1994 年第 4 期　p. 148　又見:敦煌學佛教學論叢(下)　中國佛教文化研究所　1998　p. 112

方廣錩　維摩詰所説經　敦煌學大辭典　上海辭書出版社　1998　p. 675

S. 2872

矢吹慶輝　鳴沙餘韻・解説篇(第一部)　(京都)臨川書店　1980　p. 262

岡部和雄　敦煌藏經目録　敦煌と中國仏教(講座敦煌 7)　(東京)大東出版社　1984　p. 298

白化文　敦煌寫本《衆經別録》殘卷校釋　《敦煌學輯刊》1987 年第 1 期　p. 21

方廣錩　佛教大藏經史(八—十世紀)　中國社會科學出版社　1991　p. 19、141

胡戟　傅玫　敦煌史話　中華書局　1995　p. 132

方廣錩　敦煌佛教經録輯校　江蘇古籍出版社　1997　p. 12

方廣錩　敦煌遺書中所存的全國性佛教經録　敦煌學佛教學論叢(上)　中國佛教文化研究所　1998　p. 273

方廣錩　衆經別録　敦煌學大辭典　上海辭書出版社　1998　p. 743

方廣錩　諸寺藏經録　敦煌學大辭典　上海辭書出版社　1998　p. 751

李正宇　陽焰　敦煌學大辭典　上海辭書出版社　1998　p. 331

方廣錩　敦煌寺院所藏大藏經　中日敦煌佛教學術會議論文集　中國社會科學院研究所　2002　p. 40

方廣錩　敦煌寺院所藏大藏經概貌　藏外佛教文獻(第八輯)　宗教文化出版社　2003　p. 378

S. 2873

楊家駱　敦煌變文　(臺北)世界書局　1980　p. 142

福井文雅　般若心經　敦煌と中國仏教(講座敦煌 7)　(東京)大東出版社　1984　p. 43

S. 2876

陳祚龍　敦煌古抄内典尾記彙校初、二、三編合刊　敦煌學要籥　(臺北)新文豐出版公司　1982　p. 124

池田溫　中國古代寫本識語集録　(東京)大藏出版株式會社　1990　p. 122

榮新江　金山國史辨正　中華文史論叢(總 50 輯)　上海古籍出版社　1992　p. 74

金岡照光　敦煌文獻と中國文學　(東京)五曜書房　2000　p. 428

公維章　涅槃、淨土的殿堂:敦煌莫高窟第 148 窟研究　民族出版社　2004　p. 71

S. 2878

江素雲　維摩詰所説經敦煌寫本綜合目録　(臺北)東初出版社　1991　p. 79

劉昭瑞　關於吐魯番出土隨葬衣物疏的幾個問題　《敦煌研究》1993 年第 3 期　p. 66

S. 2879

鄧文寬　敦煌文獻《河西都僧統悟真處分常住榜》管窺　周一良先生八十生日紀念論文集　中國社會科學出版社　1993　p. 231

S. 2882

蕭登福　道教術儀與密教典籍　(臺北)新文豐出版公司　1994　p. 496

陳明　備急單驗:敦煌醫藥文獻中的單藥方　敦煌學國際研討會論文集　北京圖書館出版社　2005　p. 239

陳明　殊方異藥:出土文書與西域醫學　北京大學出版社　2005　p. 150

S. 2883

姜亮夫　切韻系統　敦煌學論文集　上海古籍出版社　1987　p. 415、425

周紹良　敦煌文學芻議及其它　(臺北)新文豐出版公司　1992　p. 30

S. 2884

江素雲　維摩詰所説經敦煌寫本綜合目録　(臺北)東初出版社　1991　p. 79

S. 2885

楊秀清　敦煌西漢金山國史　甘肅人民出版社　1999　p. 138

S. 2886

月輪賢隆　土橋秀高　沙門慧述『四分戒本疏』巻第一について　西域文化研究(第一)・敦煌佛教資料　(京都)法藏館　1958　p. 157

上山大峻　敦煌佛教の研究　(京都)法藏館　1990　p. 362

S. 2889

唐長孺　關於歸義軍節度使的幾種資料跋　《中華文史論叢》1962 年第 1 期　又見:敦煌學文選(上)　蘭州大學歷史系敦煌學研究室等　1983　p. 184 ; 絲綢之路文獻叙録　蘭州大學出版社　1989　p. 52 ; 山居存稿　中華書局　1989　p. 446 ; 中國敦煌學百年文庫・歷史卷(一)　甘肅文化出版社　1999　p. 214

高自厚　敦煌文獻中的河西回鶻　《西北民族學院學報》1983 年第 3 期　又見:中國敦煌學百年文庫・民族卷(三)　甘肅文化出版社　1999　p. 237

蘇北海　周美娟　甘州回鶻世系考辨　《敦煌學輯刊》1987 年第 2 期　p. 72

林家平　寧强　羅華慶　中國敦煌學史　北京語言學院出版社　1992　p. 360

牛新軍　甘州回鶻漫談　《西北師大學報》(社會科學版)1994 年第 1 期　p. 102

S. 2892

山本達郎等　敦煌・III 轉貼　『NUN - HUANG AND TURFAN DOCUMENTS CONCERNING SOCIAL AND ECONOMIC HISTORY』(IV)　(東京)東洋文庫　1989　p. 62

S. 2894

向達　倫敦所藏敦煌卷子經眼目録　《北平圖書館圖書季刊》1939 年新第 1 卷第 4 期　p. 397　又見:唐代長安與西域文明　三聯書店　1957　p. 216

土肥義和　莫高窟千佛洞と大寺と蘭若と　敦煌の社會(講座敦煌 3)　(東京)大東出版社　1980　p. 364

郭鋒　敦煌的"社"及其活動　《敦煌學輯刊》1983 年創刊號　p. 86

李正宇　唐宋時代的敦煌學校　《敦煌研究》1986 年第 1 期　p. 45

唐耕耦　陸宏基　敦煌社會經濟文獻真迹釋録(一)　書目文獻出版社　1986　p. 332

李正宇　敦煌學郎題記輯注　《敦煌學輯刊》1987 年第 1 期　p. 33

李正宇　敦煌地區古代祠廟寺觀簡志　《敦煌學輯刊》1988 年第 1、2 期　p. 81

李正宇　敦煌古城談往　《西北史地》1988 年第 2 期　p. 26

高國藩　敦煌民俗學　上海文藝出版社　1989　p. 20、99

李明偉　狀・牒・帖　敦煌文學　甘肅人民出版社　1989　p. 44

山本達郎等　敦煌・I 社條　『NUN - HUANG AND TURFAN DOCUMENTS CONCERNING SOCIAL AND ECONOMIC HISTORY』(IV)　(東京)東洋文庫　1989　p. 13

山本達郎等　敦煌・III 轉貼　『NUN - HUANG AND TURFAN DOCUMENTS CONCERNING SOCIAL AND ECONOMIC HISTORY』(IV)　(東京)東洋文庫　1989　p. 44、63、86

胡同慶　從敦煌結社活動探討人的群體性以及個體與集體的關係　《敦煌研究》1990 年第 4 期　p. 74

林聰明　敦煌文書學　(臺北)新文豐出版公司　1991　p. 239

東野治之　敦煌と日本の『千字文』　遣唐使と正倉院　(東京)岩波書店　1992　p. 245

東野治之　訓蒙書　敦煌漢文文獻(講座敦煌 5)　(東京)大東出版社　1992　p. 413

姜伯勤　敦煌社會文書導論　(臺北)新文豐出版公司　1992　p. 88、172、242

高國藩　敦煌民俗資料導論　(臺北)新文豐出版公司　1993　p. 2、7、12、

郝春文　敦煌寫本社邑文書年代彙考(一、二)　《首都師範大學學報》1993 年第 4、5 期　p. 37;80

郝春文　敦煌寫本社邑文書年代彙考(三)　《社科縱横》1993 年第 5 期　p. 9

譚禪雪　敦煌歲時掇瑣　(香港)《九州學刊》(敦煌學專輯)1993 年第 5 卷第 4 期　p. 108

張鴻勳　敦煌説唱文學概論　(臺北)新文豐出版公司　1993　p. 7
林聰明　談敦煌文書的抄寫問題　紀念陳寅恪先生百年誕辰學術論文集　江西教育出版社　1994　p. 299
鄭炳林　董念清　唐五代敦煌私營釀酒業初探　《社科縱横》1994 年第 4 期　p. 65
鄭炳林　高偉　唐五代敦煌釀酒業初探　《西北史地》1994 年第 1 期　p. 31
石田勇作　敦煌「社文書」研究序説　中國古代の國家と民衆(堀敏一先生古稀記念)　(東京)汲古書院　1995　p. 684
土肥義和　唐・北宋間の「社」の組織形態に関する一考察　中國古代の國家と民衆(堀敏一先生古稀記念)　(東京)汲古書院　1995　p. 711
王三慶　敦煌書儀載録之節日活動與民俗　全國敦煌學研討會論文集　(臺北)中正大學中國文學系所　1995　p. 25 注 11
李正宇　敦煌史地新論　(臺北)新文豐出版公司　1996　p. 82、97
劉進寶　P. 3236 號《壬申年官布籍》時代考　《西北師大學報》(社會科學版)1996 年第 5 期　p. 43
劉進寶　P. 3236 號《壬申年官布籍》研究　慶祝潘石禪先生九秩華誕敦煌學特刊　(臺北)文津出版社　1996　p. 360
陸慶夫　唐宋間敦煌粟特人之漢化　《歷史研究》1996 年第 6 期　p. 26　又見:敦煌歸義軍史專題研究　蘭州大學出版社　1997　p. 360
陸慶夫　鄭炳林　俄藏敦煌寫本中九件轉帖初探　《敦煌學輯刊》1996 年第 1 期　p. 10
高啓安　唐宋時期敦煌人名探析　《敦煌研究》1997 年第 4 期　p. 125
李正宇　敦煌歷史地理導論　(臺北)新文豐出版公司　1997　p. 224
陸慶夫　鄭炳林　唐末五代敦煌的社與粟特人聚落　敦煌歸義軍史專題研究　蘭州大學出版社　1997　p. 393
寧可　郝春文　敦煌社邑文書輯校　江蘇古籍出版社　1997　p. 32、112、260、267
齊陳俊　馮培紅　晚唐五代宋初歸義軍政權中“十將”及下屬諸職考　敦煌歸義軍史專題研究　蘭州大學出版社　1997　p. 29
李正宇　淨土寺　敦煌學大辭典　上海辭書出版社　1998　p. 631
李正宇　蘭若　敦煌學大辭典　上海辭書出版社　1998　p. 627
李正宇　數字取名　敦煌學大辭典　上海辭書出版社　1998　p. 451
寧可　親情社　敦煌學大辭典　上海辭書出版社　1998　p. 428
上山大峻　龍口明生　龍谷大學所藏敦煌本『比丘含注戒本』解說　敦煌寫本『本草集注』序録・『比丘含注戒本』　(京都)法藏館　1998　p. 301
譚蟬雪　年終難巷　敦煌學大辭典　上海辭書出版社　1998　p. 436
馮培紅　客司與歸義軍的外交活動　《敦煌學輯刊》1999 年第 1 期　p. 75
楊秀清　淺談唐、宋時期敦煌地區的學生生活　《敦煌研究》1999 年第 4 期　p. 142
陳海濤　敦煌歸義軍時期從化鄉消失原因初探　中國社會歷史評論(第二卷)　天津古籍出版社　2000　p. 436
高啓安　崇高與卑賤:敦煌的佛教信仰賤名再探　’98 法門寺唐文化國際學術討論會論文集　陝西人民出版社　2000　p. 252
郝春文　英藏敦煌文獻年代叢考　英國收藏敦煌漢藏文獻研究:紀念敦煌文獻發現一百周年　中國社會科學出版社　2000　p. 371
劉進寶　敦煌文書與唐史研究　(臺北)新文豐出版公司　2000　p. 231
譚蟬雪　《君者者狀》辨析:河西達怛國的一份書狀　1994 年敦煌學國際研討會文集・宗教文史卷

（下）　甘肅民族出版社　2000　p. 107

顏廷亮　敦煌文化　光明日報出版社　2000　p. 396

楊秀清　華戎交會的都市:敦煌與絲綢之路　甘肅人民出版社　2000　p. 104

林聰明　敦煌吐魯番文書解詁指例　（臺北）新文豐出版公司　2001　p. 51

孟憲實　敦煌社邑的分佈　敦煌文獻論集:紀念藏經洞發現一百周年國際學術研討會論文集　遼寧人民出版社　2001　p. 423、430、432

榮新江　敦煌學十八講　北京大學出版社　2001　p. 215

姜亮夫　敦煌莫高窟年表　姜亮夫全集（十一）　雲南人民出版社　2002　p. 555

乜小紅　唐五代敦煌音聲人試探　《敦煌研究》2003 年第 3 期　p. 75

湛如　敦煌佛教律儀制度研究　中華書局　2003　p. 68

高啓安　唐五代敦煌飲食文化研究　民族出版社　2004　p. 286

孟憲實　論敦煌渠人社　周秦漢唐文化研究（第三輯）　三秦出版社　2004　p. 144

趙曉星　寇甲　西魏:歸義軍時期敦煌地區的史姓　《敦煌學輯刊》2005 年第 2 期　p. 137

鄭炳林　晚唐五代敦煌地區的胡姓居民與聚落　法國漢學（第 10 輯）（粟特人在中國:歷史、考古、語言的新探索）　中華書局　2005　p. 186

金瀅坤　敦煌社會經濟文書定年拾遺　《首都師範大學學報》2006 年第 1 期　p. 12

孟憲實　論唐宋時期敦煌民間結社的社條　敦煌吐魯番研究（第九卷）　北京大學出版社　2006　p. 318

S. 2895

方廣錩　佛垂般涅槃略説教誡經　敦煌學大辭典　上海辭書出版社　1998　p. 707

S. 2899

土肥義和　はじめに——歸義軍節度使の敦煌支配　敦煌の歷史（講座敦煌 2）　（東京）大東出版社　1980　p. 274

唐耕耦　陸宏基　敦煌社會經濟文獻真迹釋録（三）　全國圖書館文獻縮微複製中心　1990　p. 113

齊陳俊　馮培紅　晚唐五代宋初歸義軍對外商業貿易　敦煌歸義軍史專題研究　蘭州大學出版社　1997　p. 347

鄭炳林　晚唐五代敦煌貿易市場的外來商品輯考　中華文史論叢（總 63 輯）　上海古籍出版社　2000　p. 65

鄭炳林　晚唐五代敦煌貿易市場的物價　敦煌歸義軍史專題研究　蘭州大學出版社　1997　p. 289

S. 2900

方廣錩　解百生怨家陀羅尼經　敦煌學大辭典　上海辭書出版社　1998　p. 704

S. 2902

王重民　敦煌古籍叙録　中華書局　1979　p. 332

蘇瑩輝　敦煌學概要　（臺北）編譯館“中華叢書編委會”　1981　p. 70

蘇瑩輝　中外敦煌古寫本纂要　敦煌論集　（臺北）學生書局　1983　p. 341

蘇瑩輝　從敦煌遺書的發現論中國古典文學和俗講作品對後世的影響　敦煌文史藝術論叢　（臺北）新文豐出版公司　1987　p. 11

S. 2906

平井俊榮　敦煌仏典と中國仏教　敦煌と中國仏教(講座敦煌 7)　(東京)大東出版社　1984　p. 8

S. 2907

饒宗頤　巴黎藏最早之敦煌寫卷金光明經(P. 4506)　選堂集林・史林　(香港)中華書局　1982　p. 418

S. 2909

池田溫　中國古代寫本識語集録　(東京)大蔵出版株式會社　1990　p. 390

S. 2910

蕭登福　道教與密宗　(臺北)新文豐出版公司　1993　p. 432
蕭登福　道教術儀與密教典籍　(臺北)新文豐出版公司　1994　p. 427
蕭登福　道教與佛教　(臺北)東大圖書公司　1995　p. 56

S. 2911

土橋秀高　四分律雜抄　西域文化研究(第一)・敦煌佛教資料　(京都)法藏館　1958　p. 186
湛如　敦煌結夏安居考察　法源(第 16 期)　中國佛學院　1998　p. 73　又見:佛學研究(第七期)　中國佛教文化研究所　1998　p. 328
黄征　王伯敏先生藏敦煌唐寫本《四分律小抄一卷》(擬)殘卷研究　敦煌學與中國史研究論集　甘肅人民出版社　2001　p. 167
黄征　敦煌語言文字學研究　甘肅教育出版社　2002　p. 335
湛如　敦煌佛教律儀制度研究　中華書局　2003　p. 221

S. 2913

池田溫　中國古代寫本識語集録　(東京)大蔵出版株式會社　1990　p. 391

S. 2915

向達　倫敦所藏敦煌卷子經眼目録　《北平圖書館圖書季刊》1939 年新第 1 卷第 4 期　p. 397　又見:唐代長安與西域文明　三聯書店　1957　p. 217
石井昌子　靈實經類　敦煌と中國道教(講座敦煌 4)　(東京)大東出版社　1983　p. 149
姜亮夫　敦煌所見道教佚經考　敦煌學論文集　上海古籍出版社　1987　p. 312
陶秋英輯録　姜亮夫校訂　敦煌所見道教佚經録　敦煌碎金　浙江古籍出版社　1992　p. 317
朱越利　道經總論　遼寧教育出版社　1992　p. 273
大淵忍爾　論古靈實經　道家文化研究(第十三輯)　三聯書店　1998　p. 497
姜伯勤　道釋相激:道教在敦煌　道家文化研究(第十三輯)　三聯書店　1998　p. 51
王卡　太上洞玄靈實空洞靈章　敦煌學大辭典　上海辭書出版社　1998　p. 768
榮新江　《英藏敦煌文獻》定名商補　文史(第五十二輯)　中華書局　2000　p. 120　又見:敦煌學新論　甘肅教育出版社　2002　p. 194
王卡　敦煌道教文獻研究　中國社會科學出版社　2004　p. 93

S. 2916

王三慶　敦煌寫卷中武后新字之調查研究　唐代研究論集(第三輯)　(臺北)新文豐出版公司　1992　p. 89

戴仁　敦煌的經折裝寫本　法國學者敦煌學論文選萃　中華書局　1993　p. 582

林聰明　敦煌吐魯番文書解詁指例　(臺北)新文豐出版公司　2001　p. 145

S. 2920

鄭炳林　敦煌碑銘讚輯釋　甘肅教育出版社　1997　p. 355 注 2

S. 2922

向達　記倫敦所藏的敦煌俗文學　《新中華雜誌》1937 年第 5 卷第 13 號　p. 123 – 128　又見:唐代長安與西域文明　三聯書店　1957　242；敦煌變文論文録　上海古籍出版社　1982　p. 31

向達　倫敦所藏敦煌卷子經眼目録　《北平圖書館圖書季刊》1939 年新第 1 卷第 4 期　p. 397　又見:唐代長安與西域文明　三聯書店　1957　p. 217

王利器　敦煌文學中的《韓朋賦》　文學遺産增刊(第一輯)　作家出版社　1955　又見:敦煌變文論文録　上海古籍出版社　1982　p. 683

金岡照光　敦煌漢文文學文獻の文學形態上の種類とその分類　敦煌出土文學文獻分類目録・附解說　(東京)東洋文庫　1971　p. 213

鄭阿財　敦煌孝道文學研究　(臺北)石門圖書公司　1982　p. 77

王重民原編　黄永武新編　敦煌古籍叙録新編(第十六冊)　(臺北)新文豐出版公司　1986　p. 335

張錫厚　略論敦煌賦集及其選録標準　《敦煌學輯刊》1986 年第 1 期　p. 20

張鴻勳　敦煌講唱文學作品選注　甘肅人民出版社　1987　p. 67 注 6

張錫厚　關於《敦煌賦集》整理的幾個問題　《敦煌學輯刊》1987 年第 1 期　p. 49　又見:敦煌語言文學論文集　浙江古籍出版社　1988　p. 226、239

張錫厚　賦　敦煌文學　甘肅人民出版社　1989　p. 135

池田溫　中國古代寫本識語集録　(東京)大藏出版株式會社　1990　p. 474

金岡照光　散文體類　敦煌の文學文獻(講座敦煌 9)　(東京)大東出版社　1992　p. 240

金岡照光　総說『敦煌文學の諸形態』　敦煌の文學文獻(講座敦煌 9)　(東京)大東出版社　1992　p. 21

林家平　寧强　羅華慶　中國敦煌學史　北京語言學院出版社　1992　p. 106

周紹良　敦煌文學芻議及其它　(臺北)新文豐出版公司　1992　p. 19

郭在貽　郭在貽敦煌學論集　江西人民出版社　1993　p. 187

張鴻勳　敦煌話本詞文俗賦導論　(臺北)新文豐出版公司　1993　p. 189

張錫厚　敦煌文學概論　甘肅人民出版社　1993　p. 295

伏俊璉　敦煌賦校注　甘肅人民出版社　1994　p. 2

張錫厚　敦煌本唐集研究　(臺北)新文豐出版公司　1995　p. 413

黄征　敦煌俗語法研究之一:句法篇　敦煌吐魯番研究(第一卷)　北京大學出版社　1996　p. 71

張錫厚　敦煌賦彙　(臺北)新文豐出版公司　1996　p. 8、356

黄征《敦煌變文集新書》校議　敦煌語文叢說　(臺北)新文豐出版公司　1997　p. 429

黄征　《韓朋賦》補校　敦煌語文叢說　(臺北)新文豐出版公司　1997　p. 357

黄征　張涌泉　敦煌變文校注　中華書局　1997　p. 89、215

程毅中　韓朋賦　敦煌學大辭典　上海辭書出版社　1998　p. 587

伏俊璉　俗情雅韻:敦煌賦選析　甘肅人民出版社　2000　p. 90
金岡照光　敦煌文獻と中國文學　(東京)五曜書房　2000　p. 293
張鴻勳　說唱藝術奇葩:敦煌變文選評　甘肅人民出版社　2000　p. 91
張錫厚　敦煌文學源流　作家出版社　2000　p. 200、252
黄征　敦煌語言文字學研究　甘肅教育出版社　2002　p. 52、236
張鴻勳　敦煌俗文學研究　甘肅人民出版社　2002　p. 6

S. 2924

陳祚龍　敦煌古抄内典尾記彙校初、二、三編合刊　敦煌學要籥　(臺北)新文豐出版公司　1982　p. 124
池田溫　中國古代寫本識語集録　(東京)大藏出版株式會社　1990　p. 323
林聰明　從敦煌文書看佛教徒的造經祈福　第二屆敦煌學國際研討會論文集　(臺北)漢學研究中心　1990　p. 535
黄征　敦煌俗語法研究之一:句法篇　敦煌吐魯番研究(第一卷)　北京大學出版社　1996　p. 66
林聰明　敦煌吐魯番文書解詁指例　(臺北)新文豐出版公司　2001　p. 171
黄征　敦煌語言文字學研究　甘肅教育出版社　2002　p. 230

S. 2925

許國霖　敦煌石室寫經題記匯編　《微妙聲》1936 – 1937 年第 1 – 4 期　又見:中國敦煌學百年文庫・宗教卷(四)　甘肅文化出版社　1999　p. 229
許國霖　敦煌石室寫經年代表　《微妙聲》1937 年第 5 期　又見:中國敦煌學百年文庫・宗教卷(四)　甘肅文化出版社　1999　p. 193
芳村修基　土橋秀高　井ノ口泰淳　敦煌佛教史年表　西域文化研究(第一)・敦煌佛教資料　(京都)法藏館　1958　p. 252
矢吹慶輝　鳴沙餘韻・解說篇(第一部)　(京都)臨川書店　1980　p. 292
陳祚龍　敦煌古抄内典尾記彙校初、二、三編合刊　敦煌學要籥　(臺北)新文豐出版公司　1982　p. 124
饒宗頤　巴黎藏最早之敦煌寫卷金光明經(P. 4506)　選堂集林・史林　(香港)中華書局　1982　p. 417
平井俊榮　敦煌仏典と中國仏教　敦煌と中國仏教(講座敦煌 7)　(東京)大東出版社　1984　p. 8
池田溫　中國古代寫本識語集録　(東京)大藏出版株式會社　1990　p. 86
林聰明　敦煌文書出處略考　季羨林教授八十華誕紀念論文集(下)　江西人民出版社　1991　p. 865
林聰明　敦煌文書學　(臺北)新文豐出版公司　1991　p. 290、406
伊藤伸　中國書法史上から見た敦煌漢文寫本　敦煌漢文文獻(講座敦煌 5)　(東京)大東出版社　1992　p. 203
沃興華　敦煌書法藝術　上海人民出版社　1994　p. 65、91、211
趙聲良　早期敦煌寫本書法的時代分期和類型　敦煌書法庫(第二輯)　甘肅人民美術出版社　1994　p. 2
伊藤伸著　趙聲良譯　從中國書法史看敦煌漢文文書(二)　《敦煌研究》1996 年第 2 期　p. 141
施萍婷　敦煌遺書題記隋董孝纘寫經考略　周紹良先生欣開九秩慶壽文集　中華書局　1997　p. 123

方廣錩　摩訶般若波羅蜜經　敦煌學大辭典　上海辭書出版社　1998　p. 680
劉銘恕　再記英國倫敦所藏的敦煌經卷　中國敦煌學百年文庫・綜述卷(二)　甘肅文化出版社　1999　p. 131
趙聲良　早期敦煌寫本書法的分期研究　1994 年敦煌學國際研討會文集・石窟藝術卷　甘肅民族出版社　2000　p. 260
馬德　敦煌寫經題記的社會意義　法源(第 19 期)　中國佛學院　2001　p. 88
蔡忠霖　敦煌漢文寫卷俗字及其現象　(臺北)文津出版社　2002　p. 24
姜亮夫　敦煌莫高窟年表　姜亮夫全集(十一)　雲南人民出版社　2002　p. 86
施安昌　敦煌寫經斷代發凡　善本碑帖論集　紫禁城出版社　2002　p. 311

S. 2926

陳祚龍　敦煌古抄内典尾記彙校初、二、三編合刊　敦煌學要籥　(臺北)新文豐出版公司　1982　p. 124
周一良　敦煌寫本書儀考(之二)　敦煌吐魯番文獻研究論集(第四輯)　北京大學出版社　1987　p. 23
林聰明　從敦煌文書看佛教徒的造經祈福　第二屆敦煌學國際研討會論文集　(臺北)漢學研究中心　1990　p. 525
林聰明　敦煌文書出處略考　季羨林教授八十華誕紀念論文集(下)　江西人民出版社　1991　p. 852
林聰明　敦煌文書學　(臺北)新文豐出版公司　1991　p. 377
顧吉辰　唐代敦煌文獻寫本書手考述　《敦煌學輯刊》1993 年第 1 期　p. 26
施萍婷　斯 2926《佛說校量數珠功德經》寫卷研究　《敦煌研究》1993 年第 4 期　p. 31
吳其昱　敦煌本《珠英集》中的 14 位詩人　法國學者敦煌學論文選萃　中華書局　1993　p. 515 注 76
陳澤奎　試論唐人寫經題記的原始著作權意義　《敦煌研究》1994 年第 3 期　p. 115、120
陳國燦　延和元年敕令昭文館學士等詳定法鏡經記　敦煌學大辭典　上海辭書出版社　1998　p. 456
顧吉辰　敦煌文獻職官結銜考釋　《敦煌學輯刊》1998 年第 2 期　p. 28
楊富學　王書慶　唐代長安與敦煌佛教文化之關係　'98 法門寺唐文化國際學術討論會論文集　陝西人民出版社　2000　p. 178
周一良　魏晉南北朝史論集續編　北京大學出版社　2001　p. 228
姜亮夫　敦煌莫高窟年表　姜亮夫全集(十一)　雲南人民出版社　2002　p. 288

S. 2928

田中良昭　敦煌禪宗文獻の研究　(東京)大東出版社　1983　p. 346
梅弘理　敦煌本佛教教理問答書　法國學者敦煌學論文選萃　中華書局　1993　p. 139

S. 2929

杜愛英　敦煌遺書中俗體字的諸種類型　《敦煌研究》1992 年第 3 期　p. 125
方廣錩　七佛八菩薩所說大陀羅尼神咒經　敦煌學大辭典　上海辭書出版社　1998　p. 701
李正宇　古本敦煌鄉土志八種箋證　(臺北)新文豐出版公司　1998　p. 306
李小榮　敦煌密教文獻論稿　人民文學出版社　2003　p. 33

S. 2935

芳村修基　土橋秀高　井ノ口泰淳　敦煌佛教史年表　西域文化研究(第一)·敦煌佛教資料　(京都)法藏館　1958　p. 256

賀世哲　敦煌莫高窟供養人題記校勘　《中國史研究》1980 年第 3 期　p. 29

陳祚龍　敦煌古抄内典尾記彙校初、二、三編合刊　敦煌學要籥　(臺北)新文豐出版公司　1982　p. 126

土橋秀高　敦煌の律蔵　敦煌と中國仏教(講座敦煌 7)　(東京)大東出版社　1984　p. 247

李正宇　敦煌地區古代祠廟寺觀簡志　《敦煌學輯刊》1988 年第 1、2 期　p. 76

池田溫　中國古代寫本識語集録　(東京)大蔵出版株式會社　1990　p. 136

林聰明　從敦煌文書看佛教徒的造經祈福　第二屆敦煌學國際研討會論文集　(臺北)漢學研究中心　1990　p. 533

林聰明　敦煌文書出處略考　季羨林教授八十華誕紀念論文集(下)　江西人民出版社　1991　p. 855

林聰明　敦煌文書學　(臺北)新文豐出版公司　1991　p. 383

趙聲良　北周寫本《大比丘尼羯磨經》　敦煌書法庫(第二輯)　甘肅人民美術出版社　1994　p. 190

趙聲良　早期敦煌寫本書法的時代分期和類型　敦煌書法庫(第二輯)　甘肅人民美術出版社　1994　p. 7

井ノ口泰淳　中アジア出土の律典　中央アジアの言語と仏教　(京都)法藏館　1995　p. 330

李并成　北朝時期瓜州建置及其所屬郡縣考　《敦煌學輯刊》1995 年第 2 期　p. 123

李崇峰　有關莫高窟北周洞窟研究的兩個問題　敦煌學國際研討會文集·石窟考古編　遼寧美術出版社　1995　p. 81

李正宇　敦煌史地新論　(臺北)新文豐出版公司　1996　p. 71

馬德　敦煌莫高窟史研究　甘肅教育出版社　1996　p. 69

鄭炳林　敦煌碑銘讚輯釋　甘肅教育出版社　1997　p. 478 注 13

李正宇　永暉寺　敦煌學大辭典　上海辭書出版社　1998　p. 628

董玉祥　梵宫藝苑:甘肅石窟寺　甘肅教育出版社　1999　p. 84

李崇峰　敦煌莫高窟唐前期洞窟分期　敦煌研究文集·敦煌石窟考古篇　甘肅民族出版社　2000　p. 81、158

趙聲良　早期敦煌寫本書法的分期研究　1994 年敦煌學國際研討會文集·石窟藝術卷　甘肅民族出版社　2000　p. 276

蔡忠霖　敦煌漢文寫卷俗字及其現象　(臺北)文津出版社　2002　p. 139、150

陳麗萍　敦煌女性寫經題記及反映的婦女問題　敦煌佛教藝術文化國際學術研討會論文集　蘭州大學出版社　2002　p. 430

姜亮夫　敦煌莫高窟年表　姜亮夫全集(十一)　雲南人民出版社　2002　p. 154

蔡忠霖　從書法角度看俗字的生成　敦煌學(第 24 輯)　(臺北)樂學書局有限公司　2003　p. 167

S. 2937

顔廷亮　關於敦煌遺書中的甘肅文學作品　1983 年全國敦煌學術討論會文集·文史遺書編(下)　甘肅人民出版社　1987　p. 229

王惠民　敦煌經變畫的研究成果與研究方法　《敦煌學輯刊》2004 年第 2 期　p. 69

S. 2938

井ノ口泰淳　敦煌本『仏名經』の諸系統　中央アジアの言語と仏教　（京都）法藏館　1995　p. 297

鄭炳林　晚唐五代敦煌貿易市場的外來商品輯考　中華文史論叢（總 63 輯）　上海古籍出版社　2000　p. 62

S. 2939

池田溫　中國古代寫本識語集録　（東京）大藏出版株式會社　1990　p. 377

S. 2941

邵榮芬　敦煌俗文學中的別字異文和唐五代西北方音　《中國語文》1963 年第 3 期　又見：中國敦煌學百年文庫・語言文字卷（一）　甘肅文化出版社　1999　p. 136

金岡照光　敦煌漢文文學文獻の文學形態上の種類とその分類　敦煌出土文學文獻分類目録・附解說　（東京）東洋文庫　1971　p. 218

金岡照光　敦煌文學のさまざま　敦煌の文學　（東京）大藏出版株式會社　1971　p. 115

馮燕　敦煌藏文本《孔丘項托相問書》考　《青海民族學院學報》1979 年第 4 卷　又見：中國敦煌學百年文庫・文獻卷（二）　甘肅文化出版社　1999　p. 529

楊家駱　敦煌變文　（臺北）世界書局　1980　p. 236

鄭阿財　敦煌孝道文學研究　（臺北）石門圖書公司　1982　p. 78

潘重規　敦煌變文集新書（下）　（臺北）"中國文化大學"中文研究所　1984　p. 1124

王重民　孔子項托相問書　敦煌變文集　人民文學出版社　1984　p. 236

張鴻勳　《唐寫本孔子與子羽對語雜抄》考略　《敦煌學輯刊》1984 年第 1 期　p. 57

雷僑雲　敦煌兒童文學　（臺北）學生書局　1985　p. 165

張鴻勳　敦煌本《孔子項托相問書》研究　《敦煌研究》1985 年第 2 期　p. 99

張鴻勳　《孔子項托相問書》傳承研究　《民間文學論壇》1986 年第 6 期　p. 38

張鴻勳　敦煌講唱文學作品選注　甘肅人民出版社　1987　p. 89

李正宇　敦煌文學雜考二題　敦煌語言文學研究　北京大學出版社　1988　p. 95

張鴻勳　從《孔子項托相問書》談敦煌文學的研究　敦煌語言文學論文集　浙江古籍出版社　1988　p. 246

張先堂　話本　敦煌文學　甘肅人民出版社　1989　p. 291

項楚　敦煌變文選注　巴蜀書社　1990　p. 364

鄭阿財　敦煌寫本《孔子項托相問書》初探　《法學商報》1990 年第 24 期　又見：中國敦煌學百年文庫・文學卷（五）　甘肅文化出版社　1999　p. 48

金岡照光　散文體類　敦煌の文學文獻（講座敦煌 9）　（東京）大東出版社　1992　p. 175

張鴻勳　敦煌話本詞文俗賦導論　（臺北）新文豐出版公司　1993　p. 196

鄭阿財　敦煌文獻與文學　（臺北）新文豐出版公司　1993　p. 397

黃征　張涌泉　敦煌變文校注　中華書局　1997　p. 360

柴劍虹　孔子項托相問書　敦煌學大辭典　上海辭書出版社　1998　p. 585

張鴻勳　敦煌俗文學研究　甘肅人民出版社　2002　p. 6、229

王昆吾　從敦煌學到域外漢文學　商務印書館　2003　p. 30

S. 2942

池田溫　中國古代寫本識語集録　（東京）大藏出版株式會社　1990　p. 95

蘇遠鳴　敦煌漢文寫本的斷代　法國學者敦煌學論文選萃　中華書局　1993　p. 561
伊藤美重子　敦煌本『大智度論』の整理　中國佛教石經の研究　京都大學學術出版會　1996　p. 373
張涌泉　敦煌俗字研究導論　（臺北）新文豐出版公司　1996　p. 116
鄭炳林　唐五代敦煌的粟特人與佛教　敦煌歸義軍史專題研究　蘭州大學出版社　1997　p. 450
鄭炳林　吐蕃統治下的敦煌粟特人　敦煌歸義軍史專題研究　蘭州大學出版社　1997　p. 389 注 16
方廣錩　摩訶般若波羅蜜經　敦煌學大辭典　上海辭書出版社　1998　p. 680
張涌泉　俗字研究與敦煌文獻的校理　舊學新知　浙江大學出版社　1999　p. 72
鄭阿財　論敦煌俗字與寫本學之關係　日本學・敦煌學・漢文訓讀的新展開　（東京）汲古書院　2005　p. 37

S. 2943

陳祚龍　敦煌古抄内典尾記彙校初、二、三編合刊　敦煌學要籥　（臺北）新文豐出版公司　1982　p. 126
金岡照光　敦煌における地獄文獻：敦煌庶民信仰の一様相　敦煌と中國仏教（講座敦煌 7）　（東京）大東出版社　1984　p. 570
土橋秀高　敦煌の律藏　敦煌と中國仏教（講座敦煌 7）　（東京）大東出版社　1984　p. 264
王三慶　敦煌寫卷中武后新字之調查研究　唐代研究論集（第三輯）　（臺北）新文豐出版公司　1992　p. 89
方廣錩　華手經　敦煌學大辭典　上海辭書出版社　1998　p. 669
湛如　敦煌佛教律儀制度研究　中華書局　2003　p. 157

S. 2944

田中良昭　修道偈Ⅰ　敦煌仏典と禪（講座敦煌 8）　（東京）大東出版社　1980　p. 261
陳祚龍　敦煌古抄中華禪學藝文兩種　敦煌簡策訂存　（臺北）商務印書館　1983　p. 175
田中良昭　敦煌禪宗文獻の研究　（東京）大東出版社　1983　p. 349
吴其昱著　福井文雅　樋口勝譯　大蕃國大德・三藏法師・法成傳考　敦煌と中國仏教（講座敦煌 7）　（東京）大東出版社　1984　p. 396
陳祚龍　釋法融與"牛頭學"　中華佛教文化史散策（四集）　（臺北）新文豐出版公司　1986　p. 461
汪泛舟　偈・頌　敦煌文學　甘肅人民出版社　1989　p. 88
張錫厚　詩歌　敦煌文學　甘肅人民出版社　1989　p. 160
上山大峻　敦煌佛教の研究　（京都）法藏館　1990　p. 420
高田時雄　チベット文字書寫「長巻」の研究（本文编）　『東方學報』（第 65 號）　京都大學人文科學研究所　1993　p. 376
梅弘理　敦煌本佛教教理問答書　法國學者敦煌學論文選萃　中華書局　1993　p. 143
項楚　敦煌詩歌導論　（臺北）新文豐出版公司　1993　p. 141
鄭炳林　敦煌碑銘讚輯釋　甘肅教育出版社　1997　p. 375 注 3
徐俊　敦煌詩集殘卷輯考　中華書局　2000　p. 873

S. 2945

汪泛舟　讚・箴　敦煌文學　甘肅人民出版社　1989　p. 98
張先堂　晚唐至宋初淨土五會念佛法門在敦煌的流傳　《敦煌研究》1998 年第 1 期　p. 50

曾良　敦煌文獻字義通釋　廈門大學出版社　2001　p. 17
吳麗娛　唐禮摭遺:中古書儀研究　商務印書館　2002　p. 141

S. 2946
江素雲　維摩詰所說經敦煌寫本綜合目録　(臺北)東初出版社　1991　p. 79

S. 2947
向達　記倫敦所藏的敦煌俗文學　《新中華雜誌》1937 年第 5 卷第 13 號　p. 123 – 128　又見:唐代長安與西域文明　三聯書店　1957　p. 241 ; 敦煌變文論文録　上海古籍出版社　1982　p. 30
向達　倫敦所藏敦煌卷子經眼目録　《北平圖書館圖書季刊》1939 年新第 1 卷第 4 期　p. 397　又見:唐代長安與西域文明　三聯書店　1957　p. 217
邵榮芬　敦煌俗文學中的别字異文和唐五代西北方音　《中國語文》1963 年第 3 期　又見:中國敦煌學百年文庫・語言文字卷(一)　甘肅文化出版社　1999　p. 125
金岡照光　敦煌漢文文學文獻の文學形態上の種類とその分類　敦煌出土文學文獻分類目録・附解說　(東京)東洋文庫　1971　p. 232
金岡照光　敦煌漢文文學文獻の寫本及び影印の收集保存、整理研究の現狀　敦煌出土文學文獻分類目録・附解說　(東京)東洋文庫　1971　p. 174
金岡照光　敦煌文學のさまざま　敦煌の文學　(東京)大藏出版株式會社　1971　p. 155
潘重規　敦煌詞話　(臺北)石門圖書公司　1981　p. 103
鄭阿財　敦煌孝道文學研究　(臺北)石門圖書公司　1982　p. 533
姜亮夫　瓜沙曹氏年表補正　敦煌學文選(上)　蘭州大學歷史系敦煌學研究室等　1983　p. 131　又見:敦煌學論文集　上海古籍出版社　1987　p. 937 ; 姜亮夫全集(十四)　雲南人民出版社　2002　p. 358
朱鳳玉　王梵志詩研究(下)　(臺北)學生書局　1986　p. 270
任半塘　敦煌歌辭總編　上海古籍出版社　1987　p. 1315、1365
鄭阿財　敦煌寫本定格聯章《百歲篇》研究　(臺北)《木鐸》1987 年第 11 期　又見:中國敦煌學百年文庫・文學卷(四)　甘肅文化出版社　1999　p. 311
高國藩　古敦煌民間遊戲　學林漫録(十二集)　中華書局　1988　p. 74
高國藩　敦煌民俗學　上海文藝出版社　1989　p. 145
劉進寶　俚曲小調　敦煌文學　甘肅人民出版社　1989　p. 229
任半塘　王昆吾　隋唐五代燕樂雜言歌辭集　巴蜀書社　1990　p. 1576
金岡照光　総說『敦煌文學の諸形態』　敦煌の文學文獻(講座敦煌 9)　(東京)大東出版社　1992　p. 11
林家平　寧强　羅華慶　中國敦煌學史　北京語言學院出版社　1992　p. 105
高國藩　敦煌民俗資料導論　(臺北)新文豐出版公司　1993　p. 58
孫其芳　顏廷亮　敦煌文學概論　甘肅人民出版社　1993　p. 444
鄭阿財　敦煌文獻與文學　(臺北)新文豐出版公司　1993　p. 159、167
蔣禮鴻　敦煌文獻語言詞典　杭州大學出版社　1994　p. 169、415
金賢珠　唐五代敦煌民歌　(臺北)文史哲出版社　1994　p. 45、128
李重申　敦煌馬毬史料探析　《敦煌研究》1994 年第 4 期　p. 171
李金梅　敦煌傳統文化與武術　《敦煌研究》1995 年第 2 期　p. 195
李重申　敦煌體育史料考析　敦煌學國際研討會文集・石窟考古編　遼寧美術出版社　1995

p. 380
劉進竇　敦煌學論述　(臺北)洪葉文化事業有限公司　1995　p. 347
王書慶　敦煌佛學・佛事篇　甘肅民族出版社　1995　p. 218
張涌泉　漢語俗字研究　岳麓書社　1995　p. 163
高國藩　敦煌數字與俗文化　慶祝潘石禪先生九秩華誕敦煌學特刊　(臺北)文津出版社　1996　p. 186
張涌泉　敦煌俗字研究導論　(臺北)新文豐出版公司　1996　p. 59
陸淑綺　李重申　敦煌古代戲曲文化史料綜述　《敦煌研究》1997 年第 2 期　p. 64
李重申　射箭　敦煌學大辭典　上海辭書出版社　1998　p. 598
盛冬鈴　女人百歲篇　敦煌學大辭典　上海辭書出版社　1998　p. 544
高國藩　敦煌俗文化學　上海三聯書店　1999　p. 15、23、589
李重申　敦煌古代體育文化　甘肅人民出版社　2000　p. 24、61
汪泛舟　敦煌古代兒童課本　甘肅人民出版社　2000　p. 32
徐俊　敦煌詩集殘卷輯考　中華書局　2000　p. 629
張錫厚　敦煌文學源流　作家出版社　2000　p. 345
李金梅　敦煌角抵考　敦煌學與中國史研究論集　甘肅人民出版社　2001　p. 66
劉進寶　敦煌學通論　甘肅教育出版社　2002　p. 390
林仁昱　論敦煌佛教歌曲向通俗傳播的內容　中國俗文化研究(第一輯)　巴蜀書社　2003　p. 185
蘭州理工大學絲綢之路文史研究所編　絲綢之路體育文化論集　中華書局　2005　p. 94、250

S. 2949

池田溫　中國古代寫本識語集録　(東京)大藏出版株式會社　1990　p. 391

S. 2952

方廣錩　敦煌藏經洞封閉原因之我見　敦煌學佛教學論叢(上)　中國佛教文化研究所　1998　p. 36
張子開　敦煌文獻中的白話禪詩　《敦煌學輯刊》2003 年第 1 期　p. 84

S. 2955

關德棟　談變文　《覺群周報》1946 年 1 卷 1－12 期　又見:敦煌變文論文録　上海古籍出版社　1982　p. 204
鄭振鐸　中國俗文學史(上)　上海書店　1987　p. 217

S. 2956

芳村修基　土橋秀高　井ノ口泰淳　敦煌佛教史年表　西域文化研究(第一)・敦煌佛教資料　(京都)法藏館　1958　p. 263
左補闕　《敦煌遺書總目索引》簡評　文史(第一輯)　中華書局　1962　p. 86
陳祚龍　敦煌古抄內典尾記彙校初、二、三編合刊　敦煌學要籥　(臺北)新文豐出版公司　1982　p. 126
池田溫　中國古代寫本識語集録　(東京)大藏出版株式會社　1990　p. 230
凍國棟　吐魯番出土文書所見唐代前期西州的工匠　敦煌吐魯番文書初探(二編)　武漢大學出版社　1990　p. 330 注 17

方廣錩　佛教大藏經史(八—十世紀)　中國社會科學出版社　1991　p. 58
林家平　寧强　羅華慶　中國敦煌學史　北京語言學院出版社　1992　p. 105
沃興華　敦煌書法藝術　上海人民出版社　1994　p. 67
王元軍　唐人書法與文化　(臺北)東大圖書公司　1995　p. 132
藤枝晃著　徐慶全　李樹清譯　敦煌寫本概述　《敦煌研究》1996 年第 2 期　p. 119
陳國燦　上元三年唐宮廷寫妙法蓮花經記　敦煌學大辭典　上海辭書出版社　1998　p. 455
方廣錩　敦煌遺書中的《妙法蓮華經》及有關文獻　敦煌學佛教學論叢(下)　中國佛教文化研究所　1998　p. 81　又見:法源(第 16 期)　中國佛學院　1998　p. 44
楊富學　王書慶　唐代長安與敦煌佛教文化之關係　'98 法門寺唐文化國際學術討論會論文集　陝西人民出版社　2000　p. 178
姜亮夫　敦煌莫高窟年表　姜亮夫全集(十一)　雲南人民出版社　2002　p. 246

S. 2961

向達　倫敦所藏敦煌卷子經眼目録　《北平圖書館圖書季刊》1939 年新第 1 卷第 4 期　p. 397　又見:唐代長安與西域文明　三聯書店　1957　p. 217
芳村修基　土橋秀高　井ノ口泰淳　敦煌佛教史年表　西域文化研究(第一)・敦煌佛教資料　(京都)法藏館　1958　p. 277

S. 2962

王重民　記敦煌寫本的佛經　敦煌吐魯番文獻研究論集(第二輯)　北京大學出版社　1983　p. 12　又見:敦煌遺書論文集　中華書局　1984　p. 297

S. 2963

王惠民　《思益經》及其在敦煌的流傳　《敦煌研究》1997 年第 1 期　p. 34

S. 2964

高啓安　索黛　唐五代敦煌飲食中的餅淺探　《敦煌研究》1998 年第 4 期　p. 81

S. 2965

井ノ口泰淳　敦煌本『仏名經』の諸系統　中央アジアの言語と仏教　(京都)法藏館　1995　p. 287

S. 2967

杜愛英　敦煌遺書中俗體字的諸種類型　《敦煌研究》1992 年第 3 期　p. 118
方廣錩　究竟大悲經　敦煌學大辭典　上海辭書出版社　1998　p. 734

S. 2972

杜琦　敦煌文學概論　甘肅人民出版社　1993　p. 509

S. 2973

向達　倫敦所藏敦煌卷子經眼目録　《北平圖書館圖書季刊》1939 年新第 1 卷第 4 期　p. 397　又見:唐代長安與西域文明　三聯書店　1957　p. 217
董作賓　敦煌紀年　敦煌學文選(上)　蘭州大學歷史系敦煌學研究室等　1983　p. 35

田中良昭　敦煌禪宗文獻の研究　（東京）大東出版社　1983　p. 216
鄧文寬　《涼州節院使押衙劉少晏狀》新探　《敦煌學輯刊》1987 年第 2 期　p. 64
李明偉　狀・牒・帖　敦煌文學　甘肅人民出版社　1989　p. 36
山本達郎等　敦煌・I 社條　『NUN – HUANG AND TURFAN DOCUMENTS CONCERNING SOCIAL AND ECONOMIC HISTORY』(IV)　（東京）東洋文庫　1989　p. 10
上山大峻　敦煌佛教の研究　（京都）法藏館　1990　p. 421
唐耕耦　陸宏基　敦煌社會經濟文獻真迹釋録(五)　全國圖書館文獻縮微複製中心　1990　p. 24
李正宇　敦煌遺書宋人詩輯校　《敦煌研究》1992 年第 2 期　p. 41
饒宗頤　敦煌寫卷之書法　唐代研究論集(第三輯)　(臺北)新文豐出版公司　1992　p. 30
李正宇　敦煌文學概論　甘肅人民出版社　1993　p. 103
項楚　敦煌詩歌導論　(臺北)新文豐出版公司　1993　p. 280
榮新江　歸義軍改元考　文史(第三十八輯)　中華書局　1994　p. 51
馬德　敦煌莫高窟史研究　甘肅教育出版社　1996　p. 145
榮新江　歸義軍史研究　上海古籍出版社　1996　p. 55
田中良昭　《禪籍解題(一)・敦煌禪籍》補遺　俗語言研究(第三期)　(京都)禪文化研究所　1996　p. 216
汪泛舟　敦煌詩述異《敦煌研究》1999 年第 4 期　p. 14
榮新江　《英藏敦煌文獻》定名商補　文史(第五十二輯)　中華書局　2000　p. 120　又見:敦煌學新論　甘肅教育出版社　2002　p. 194
徐俊　敦煌詩集殘卷輯考　中華書局　2000　p. 874
姜亮夫　敦煌莫高窟年表　姜亮夫全集(十一)　雲南人民出版社　2002　p. 553
榮新江　唐五代歸義軍武職軍將考　敦煌學新論　甘肅教育出版社　2002　p. 58
竇懷永　許建平　敦煌寫本的避諱特點及其對傳統寫本抄寫時代判定的參考價值　《敦煌研究》2004 年第 4 期　p. 56

S. 2974

向達　倫敦所藏敦煌卷子經眼目録　《北平圖書館圖書季刊》1939 年新第 1 卷第 4 期　p. 397　又見:唐代長安與西域文明　三聯書店　1957　p. 217
芳村修基　土橋秀高　井ノ口泰淳　敦煌佛教史年表　西域文化研究(第一)・敦煌佛教資料　(京都)法藏館　1958　p. 280
陳祚龍　瓜沙印録　(臺北)《大陸雜誌》1962 年第 4 期　又見:敦煌學概要　(臺北)編譯館"中華叢書編委會"　1981　p. 267；中國敦煌學百年文庫・考古卷(一)　甘肅文化出版社　1999　p. 187
陳祚龍　古代敦煌及其他地區流行之公私印章圖記文字録　敦煌學要籥　(臺北)新文豐出版公司　1982　p. 330、346
施萍婷　本所藏《酒帳》研究　《敦煌研究》1983 年創刊號　p. 149
蘇瑩輝　瓜沙史事叢考　(臺北)商務印書館　1983　p. 99
土橋秀高　敦煌の律蔵　敦煌と中國仏教(講座敦煌 7)　(東京)大東出版社　1984　p. 248
艾麗白著　耿昇譯　敦煌漢文寫本中的鳥形押　敦煌譯叢(第一輯)　甘肅人民出版社　1985　p. 193 注 4
榮新江　沙州歸義軍歷任節度使稱號研究　敦煌吐魯番學研究論文集　漢語大詞典出版社　1990　p. 795、803

唐耕耦　陸宏基　敦煌社會經濟文獻真迹釋録(四)　全國圖書館文獻縮微複製中心　1990　p. 175
孫修身　伯 2155《曹元忠致甘州回鶻可汗狀》時代考　《敦煌研究》1991 年第 2 期　p. 28
姜伯勤　敦煌毗尼藏主考　《敦煌研究》1993 年第 3 期　p. 7
榮新江　歸義軍改元考　文史(第三十八輯)　中華書局　1994　p. 51
Л. N. チュグイェフスキ－著　荒川正晴譯注　ソ連邦科學アカデミ－東洋學研究所所藏、敦煌寫本における官印と寺印　『吐魯番出土文物研究會會報』(98、99 號)　(東京)吐魯番出土文物研究會　1994　p. 4
王惠民　古代印度賓頭盧信仰的産生及其東傳　《敦煌學輯刊》1995 年第 1 期　p. 77
姜伯勤　敦煌藝術宗教與禮樂文明　中國社會科學出版社　1996　p. 335
榮新江　歸義軍史研究　上海古籍出版社　1996　p. 55
鄭炳林　敦煌碑銘讚輯釋　甘肅教育出版社　1997　p. 551 注 3
沙知　歸義軍節度使新鑄印　敦煌學大辭典　上海辭書出版社　1998　p. 291
盛冬鈴　緇門百歲篇　敦煌學大辭典　上海辭書出版社　1998　p. 543
丘古耶夫斯基著　魏迎春譯　俄藏敦煌漢文寫卷中的官印及寺院印章　《敦煌學輯刊》1999 年第 1 期　p. 144
王豔明　瓜沙州大王印考　《敦煌學輯刊》2000 年第 2 期　p. 44
楊寶玉　英國收藏敦煌文獻敘録　英國收藏敦煌漢藏文獻研究:紀念敦煌文獻發現一百周年　中國社會科學出版社　2000　p. 178
姜亮夫　敦煌莫高窟年表　姜亮夫全集(十一)　雲南人民出版社　2002　p. 542
李小榮　敦煌密教文獻論稿　人民文學出版社　2003　p. 239
森安孝夫著　梁曉鵬摘譯　河西歸義軍節度使官印及其編年　《敦煌學輯刊》2003 年第 1 期　p. 141
楊森　五代宋時期于闐皇太子在敦煌的太子莊　《敦煌研究》2003 年第 4 期　p. 42
湛如　敦煌佛教律儀制度研究　中華書局　2003　p. 360
黨燕妮　賓頭盧信仰及其在敦煌的流傳　《敦煌學輯刊》2005 年第 1 期　p. 68

S. 2975

加地哲定　增補中國佛教文學研究　(東京)同朋舍　1979　p. 201
加地哲定著　劉衛星譯　中國佛教文學　今日中國出版社　1990　p. 171

S. 2976

艾麗白著　耿昇譯　敦煌漢文寫本中的鳥形押　敦煌譯叢(第一輯)　甘肅人民出版社　1985　p. 202 注 2

S. 2977

鄭炳林　徐曉麗　敦煌寫本 P. 3973《往五臺山行記》殘卷研究　《敦煌學輯刊》2002 年第 1 期　p. 2

S. 2981

入矢義高　『太公家教』校釋　福井博士頌壽記念東洋思想論集　(東京)論文集刊行會　1960　p. 35
陳祚龍　敦煌古抄内典尾記彙校初、二、三編合刊　敦煌學要籥　(臺北)新文豐出版公司　1982　p. 127
池田溫　中國古代寫本識語集録　(東京)大藏出版株式會社　1990　p. 380

鄭阿財　敦煌寫卷《懺悔滅罪金光明經傳》初探　慶祝潘石禪先生九秩華誕敦煌學特刊　(臺北)文津出版社　1996　p. 583

鄭阿財　敦煌寫卷《懺悔滅罪金光明經傳》研究　敦煌文藪(下)　(臺北)新文豐出版公司　1999　p. 71

金岡照光　敦煌文獻と中國文學　(東京)五曜書房　2000　p. 428

楊寶玉　《懺悔滅罪金光明經冥報傳》校考　英國收藏敦煌漢藏文獻研究:紀念敦煌文獻發現一百周年　中國社會科學出版社　2000　p. 330

馬德　敦煌寫經題記的社會意義　法源(第19期)　中國佛學院　2001　p. 83

劉永明　論敦煌佛教信仰中的佛道融合　《敦煌學輯刊》2005年第1期　p. 54

S. 2982

池田溫　中國古代寫本識語集録　(東京)大藏出版株式會社　1990　p. 390

S. 2984

向達　倫敦所藏敦煌卷子經眼目録　《北平圖書館圖書季刊》1939年新第1卷第4期　p. 397　又見:唐代長安與西域文明　三聯書店　1957　p. 217

饒宗頤解說　林宏作譯　敦煌書法叢刊　(第八卷)・經史(六)　(東京)二玄社　1986　p. 76

土田健次郎　儒教典籍　敦煌漢文文獻(講座敦煌5)　(東京)大東出版社　1992　p. 268

李索　敦煌寫卷《春秋經傳集解》校證　中國社會科學出版社　2005　p. 346

S. 2985

金岡照光　敦煌漢文文學文獻の文學形態上の種類とその分類　敦煌出土文學文獻分類目録・附解說　(東京)東洋文庫　1971　p. 234

金岡照光　敦煌文學のさまざま　敦煌の文學　(東京)大藏出版株式會社　1971　p. 147

陳祚龍　中古敦煌仕女心目中的五臺山　中華佛教文化史散策(初集)　(臺北)新文豐出版公司　1978　p. 37

川崎ミチコ　禮讃文・塔文　敦煌仏典と禪(講座敦煌8)　(東京)大東出版社　1980　p. 309

矢吹慶輝　鳴沙餘韻・解說篇(第一部)　(京都)臨川書店　1980　p. 215

蔣禮鴻　敦煌變文字義通釋　上海古籍出版社　1981　p. 440

廣川堯敏　禮讃　敦煌と中國仏教(講座敦煌7)　(東京)大東出版社　1984　p. 468

任半塘　敦煌歌辭總編　上海古籍出版社　1987　p. 1711

汪泛舟　讚・箴　敦煌文學　甘肅人民出版社　1989　p. 98

姜伯勤　敦煌與波斯　《敦煌研究》1990年第3期　p. 13

任半塘　王昆吾　隋唐五代燕樂雜言歌辭集　巴蜀書社　1990　p. 47

杜斗城　敦煌五臺山文獻校録研究　山西人民出版社　1991　p. 84

金岡照光　曲子詞類　敦煌の文學文獻(講座敦煌9)　(東京)大東出版社　1992　p. 399

周紹良　敦煌文學芻議及其它　(臺北)新文豐出版公司　1992　p. 36

項楚　敦煌詩歌導論　(臺北)新文豐出版公司　1993　p. 106

張涌泉　試論審辨敦煌寫本俗字的方法　《敦煌研究》1994年第2期　p. 147　又見:舊學新知　浙江大學出版社　1999　p. 76

黎薔　論波斯諸教對敦煌樂舞之影響　敦煌學國際研討會文集・石窟藝術編　遼寧美術出版社　1995　p. 220

張涌泉　漢語俗字研究　岳麓書社　1995　p. 194
張涌泉　敦煌俗字研究導論　（臺北）新文豐出版公司　1996　p. 208
張弓　漢唐佛寺文化史　中國社會科學出版社　1997　p. 842
鄭炳林　敦煌碑銘讚輯釋　甘肅教育出版社　1997　p. 419 注 9
孫其芳　蘇幕遮　敦煌學大辭典　上海辭書出版社　1998　p. 532
張錫厚　五臺山曲子　敦煌學大辭典　上海辭書出版社　1998　p. 542
周季文　道安法師念佛讚古藏文音譯本　敦煌學大辭典　上海辭書出版社　1998　p. 476
孫其芳　鳴沙遺音:敦煌詞選評　甘肅人民出版社　2000　p. 237
徐俊　敦煌詩集殘卷輯考　中華書局　2000　p. 228
林仁昱　論敦煌佛教歌曲特質與"弘法"的關係　敦煌學(第 23 輯)　（臺北）樂學書局有限公司　2002　p. 62
鄭炳林　徐曉麗　敦煌寫本 P. 3973《往五臺山行記》殘卷研究　《敦煌學輯刊》2002 年第 1 期　p. 11
林仁昱　論敦煌佛教歌曲向通俗傳播的內容　中國俗文化研究(第一輯)　巴蜀書社　2003　p. 196
湯涒　敦煌曲子詞地域文化研究　上海古籍出版社　2004　p. 27、109、130
湯涒　敦煌曲子詞寫本敘略　敦煌學國際研討會論文集　北京圖書館出版社　2005　p. 197

S. 2986

項楚　王梵志詩中的他人作品　敦煌吐魯番研究(第一卷)　北京大學出版社　1996　p. 98　又見:杜馬屋存稿　商務印書館　2003　p. 41

S. 2988

陳祚龍　後魏元宋坐鎮瓜州事佛之一斑　中華佛教文化史散策(初集)　（臺北）新文豐出版公司　1978　p. 94
伊藤美重子　敦煌本『大智度論』の整理　中國佛教石經の研究　京都大學學術出版會　1996　p. 355

S. 2990

慶谷壽信　敦煌出土の音韻資料(上)——Stein6691vについて　『人文學報』(第 78 號)　京都大學人文科學研究所　1970　p. 170

S. 2991

池田溫　中國古代寫本識語集録　（東京）大藏出版株式會社　1990　p. 378
江素雲　維摩詰所說經敦煌寫本綜合目録　（臺北）東初出版社　1991　p. 79
高田時雄　チベット文字書寫「長卷」の研究(本文編)　『東方學報』(第 65 號)　京都大學人文科學研究所　1993　p. 369
方廣錩　許培鈴　敦煌遺書中的《維摩詰所說經》及其注疏　《敦煌研究》1994 年第 4 期　p. 148　又見:敦煌學佛教學論叢(下)　中國佛教文化研究所　1998　p. 112
方廣錩　維摩詰所說經　敦煌學大辭典　上海辭書出版社　1998　p. 675

S. 2992

羅華慶　敦煌藝術中的《觀音普門品變》和《觀音經變》　《敦煌研究》1987 年第 3 期　p. 57
池田溫　中國古代寫本識語集録　（東京）大藏出版株式會社　1990　p. 377

黄征　敦煌寫本異文綜析　敦煌語文叢説　（臺北）新文豐出版公司　1997　p. 31
方廣錩　敦煌遺書中的《妙法蓮華經》及有關文獻　敦煌學佛教學論叢（下）　中國佛教文化研究所　1998　p. 93　又見：法源（第16期）　中國佛學院　1998　p. 51
方廣錩　觀世音經　敦煌學大辭典　上海辭書出版社　1998　p. 691
楊富學　李吉和　敦煌漢文吐蕃史料輯校（第一輯）　甘肅人民出版社　1999　p. 282
陳麗萍　敦煌女性寫經題記及反映的婦女問題　敦煌佛教藝術文化國際學術研討會論文集　蘭州大學出版社　2002　p. 435
黄征　敦煌語言文字學研究　甘肅教育出版社　2002　p. 50
李正宇　唐宋時期敦煌佛經性質功能的變化　戒幢佛學（第二卷）　岳麓書社　2002　p. 22　又見：中日敦煌佛教學術會議論文集　中國社會科學院研究所　2002　p. 18
礪波護著　韓昇　劉建英譯　隋唐佛教文化　上海古籍出版社　2004　p. 43

S. 2994

江素雲　維摩詰所説經敦煌寫本綜合目録　（臺北）東初出版社　1991　p. 79

S. 2999

向達　倫敦所藏敦煌卷子經眼目録　《北平圖書館圖書季刊》1939年新第1卷第4期　p. 397　又見：唐代長安與西域文明　三聯書店　1957　p. 217
陳祚龍　敦煌道經後記彙録　敦煌文物隨筆　（臺北）商務印書館　1979　p. 19
陳祚龍　關於道家"本際經"及其"要略妙義"與"疏"的敦煌古抄　敦煌文物隨筆　（臺北）商務印書館　1979　p. 216
陳祚龍　新校重訂《敦煌道經後記彙録》　敦煌學要籥　（臺北）新文豐出版公司　1982　p. 210
石井昌子　靈寳經類　敦煌と中國道教（講座敦煌4）　（東京）大東出版社　1983　p. 162
康得謨著　耿昇譯　《本際經》人名考釋　敦煌譯叢（第一輯）　甘肅人民出版社　1985　p. 187
姜亮夫　敦煌經卷題名録　敦煌學論文集　上海古籍出版社　1987　p. 1060
池田溫　中國古代寫本識語集録　（東京）大藏出版株式會社　1990　p. 288
高國藩　敦煌古俗與民俗流變　河海大學出版社　1990　p. 417
王三慶　日本天理大學圖書館典藏之敦煌卷子　第二届敦煌學國際研討會論文集　（臺北）漢學研究中心　1990　p. 95
林聰明　敦煌文書學　（臺北）新文豐出版公司　1991　p. 195
陶秋英輯録　姜亮夫校訂　敦煌經卷題名録　敦煌碎金　浙江古籍出版社　1992　p. 74
王見川　從摩尼教到明教　（臺北）新文豐出版公司　1992　p. 220
朱越利　道經總論　遼寧教育出版社　1992　p. 258、264
陳澤奎　試論唐人寫經題記的原始著作權意義　《敦煌研究》1994年第3期　p. 114
林聰明　談敦煌文書的抄寫問題　紀念陳寅恪先生百年誕辰學術論文集　江西教育出版社　1994　p. 291
李豐楙　敦煌道經寫卷與道教寫經的供養功德觀　全國敦煌學研討會論文集　（臺北）中正大學中國文學系所　1995　p. 124
萬毅　日本天理圖書館藏卷敦煌本《本際經》論略　華學（第一輯）　中山大學出版社　1995　p. 166
劉屹　敦煌十卷本《老子化胡經》殘卷新探　唐研究（第二卷）　北京大學出版社　1996　p. 117 注38
大淵忍爾　論古靈寳經　道家文化研究（第十三輯）　三聯書店　1998　p. 486

萬毅　敦煌道教文獻《本際經》録文及解說　道家文化研究(第十三輯)　三聯書店　1998　p. 468
王卡　太玄真一本際經　敦煌學大辭典　上海辭書出版社　1998　p. 765
山田俊　唐初道教思想史研究・資料篇　(京都)平樂寺書店　1999　p. 7、37、147、165
顔廷亮　敦煌文化中的道教及文化　《敦煌研究》1999年第1期　p. 137
顔廷亮　敦煌文化　光明日報出版社　2000　p. 237
張澤洪　論唐代道教的寫經　《敦煌研究》2000年第3期　p. 132
林聰明　敦煌吐魯番文書解詁指例　(臺北)新文豐出版公司　2001　p. 43
蔡忠霖　敦煌漢文寫卷俗字及其現象　(臺北)文津出版社　2002　p. 139
姜亮夫　敦煌莫高窟年表　姜亮夫全集(十一)　雲南人民出版社　2002　p. 294
蔡忠霖　從書法角度看俗字的生成　敦煌學(第24輯)　(臺北)樂學書局有限公司　2003　p. 164、167
楊森　武則天至玄宗時代敦煌的三洞法師中嶽先生述略　《敦煌研究》2003年第3期　p. 46
王卡　敦煌道教文獻研究　中國社會科學出版社　2004　p. 209
王卡　中國國家圖書館藏敦煌道教遺書研究報告　敦煌吐魯番研究(第七卷)　北京大學出版社　2004　p. 371

S. 3001

矢吹慶輝　鳴沙餘韻・解說篇(第一部)　(京都)臨川書店　1980　p. 131
石田勇作　敦煌「社文書」研究序說　中國古代の國家と民衆(堀敏一先生古稀記念)　(東京)汲古書院　1995　p. 684

S. 3004

陳國燦　唐代的民間借貸:吐魯番敦煌等地所出唐代借貸契券初探　敦煌吐魯番文書初探　武漢大學出版社　1983　p. 271 注 51

S. 3005

楚古耶夫斯基著　桑林摘譯　八一十世紀的敦煌　國外中國學研究譯叢(1)　青海人民出版社　1986　p. 583
唐耕耦　陸宏基　敦煌社會經濟文獻真迹釋録(一)　書目文獻出版社　1986　p. 414
山本達郎等　敦煌・III 轉貼　『NUN - HUANG AND TURFAN DOCUMENTS CONCERNING SOCIAL AND ECONOMIC HISTORY』(IV)　(東京)東洋文庫　1989　p. 87
姜伯勤　敦煌社會文書導論　(臺北)新文豐出版公司　1992　p. 183

S. 3007

池田溫　中國古代寫本識語集録　(東京)大藏出版株式會社　1990　p. 386
張金泉　敦煌佛經音義寫卷述要　《敦煌研究》1997年第2期　p. 119
方廣錩　十一面神咒心經　敦煌學大辭典　上海辭書出版社　1998　p. 699
魏迎春　敦煌菩薩漫談　民族出版社　2004　p. 81

S. 3008

向達　倫敦所藏敦煌卷子經眼目録　《北平圖書館圖書季刊》1939年新第1卷第4期　p. 397　又見:唐代長安與西域文明　三聯書店　1957　p. 217

石井昌子　靈寳經類　敦煌と中國道教(講座敦煌 4)　(東京)大東出版社　1983　p. 154
王卡　太上業報因緣經　敦煌學大辭典　上海辭書出版社　1998　p. 764
王卡　敦煌道教文獻研究　中國社會科學出版社　2004　p. 124
王卡　中國國家圖書館藏敦煌道教遺書研究報告　敦煌吐魯番研究(第七卷)　北京大學出版社　2004　p. 354

S. 3010

井ノ口泰淳　敦煌本『仏名經』の諸系統　中央アジアの言語と仏教　(京都)法藏館　1995　p. 297

S. 3011

向達　倫敦所藏敦煌卷子經眼目録　《北平圖書館圖書季刊》1939 年新第 1 卷第 4 期　p. 397　又見:唐代長安與西域文明　三聯書店　1957　p. 217
入矢義高　『太公家教』校釋　福井博士頌壽記念東洋思想論集　(東京)論文集刊行會　1960　p. 36
陳祚龍　敦煌古抄內典尾記彙校初、二、三編合刊　敦煌學要籥　(臺北)新文豐出版公司　1982　p. 127
李正宇　敦煌學郎題記輯注《敦煌學輯刊》1987 年第 1 期　p. 34
王永興　隋唐五代經濟史料彙編校注・第一編(下)　中華書局　1987　p. 689
山本達郎等　敦煌・III 轉貼　『NUN - HUANG AND TURFAN DOCUMENTS CONCERNING SOCIAL AND ECONOMIC HISTORY』(IV)　(東京)東洋文庫　1989　p. 60
池田溫　中國古代寫本識語集録　(東京)大藏出版株式會社　1990　p. 457
唐耕耦　陸宏基　敦煌社會經濟文獻真迹釋録(二)　全國圖書館文獻縮微複製中心　1990　p. 57
林聰明　敦煌文書學　(臺北)新文豐出版公司　1991　p. 191、280、336
仁井田陞　補訂中國法制史研究:土地法・取引法　東京大學出版會　1991　p. 740
王素　唐寫本《論語鄭氏注》校録　唐寫本論語鄭氏注及其研究　文物出版社　1991　p. 144 注 5
姜伯勤　敦煌社會文書導論　(臺北)新文豐出版公司　1992　p. 90
土田健次郎　儒教典籍　敦煌漢文文獻(講座敦煌 5)　(東京)大東出版社　1992　p. 269
高國藩　敦煌民俗資料導論　(臺北)新文豐出版公司　1993　p. 2
郝春文　敦煌寫本社邑文書年代彙考(一)　《首都師範大學學報》1993 年第 4 期　p. 37
鄭阿財　從敦煌文獻看唐代的三教合一　第二屆國際唐代學術會議論文集(上)　(臺北)文津出版社　1993　p. 655
張傳璽　中國歷代契約會編考釋(上)　北京大學出版社　1995　p. 653 注 1
陳尚君　評《唐詩研究集成》　唐研究(第三卷)　北京大學出版社　1997　p. 496
寧可　郝春文　敦煌社邑文書輯校　江蘇古籍出版社　1997　p. 105
李方　敦煌《論語集解》校正　江蘇古籍出版社　1998　p. 830
李方　唐寫本《論語集解》校讀零拾　出土文獻研究(第三輯)　文物出版社　1998　p. 219
李正宇　敦煌古代美術字　敦煌學大辭典　上海辭書出版社　1998　p. 287
李正宇　金光明寺　敦煌學大辭典　上海辭書出版社　1998　p. 630
沙知　敦煌契約文書輯校　江蘇古籍出版社　1998　p. 278
郝春文　英藏敦煌文獻年代叢考　英國收藏敦煌漢藏文獻研究:紀念敦煌文獻發現一百周年　中國社會科學出版社　2000　p. 372
施萍婷　《敦煌遺書總目索引新編》前言　敦煌遺書總目索引新編　中華書局　2000　p. 3

徐俊　敦煌詩集殘卷輯考　中華書局　2000　p. 874
林聰明　敦煌吐魯番文書解詁指例　（臺北）新文豐出版公司　2001　p. 235 注 4
郝春文　唐後期五代宋初中印文化對敦煌寺院的影響　新世紀敦煌學論集　巴蜀書社　2003　p. 332
武曉玲　《敦煌變文校注·維摩詰經講經文》商補　《敦煌研究》2003 年第 3 期　p. 106
徐俊　敦煌先唐詩考　2000 年敦煌學國際學術討論會文集·歷史文化卷（下）　甘肅民族出版社　2003　p. 300
許建平　殘卷定名正補　2000 年敦煌學國際學術討論會文集·歷史文化卷（上）　甘肅民族出版社　2003　p. 306
許建平　《俄藏敦煌文獻》儒家經典類寫本的定名與綴合　漢語史學報專輯（第三輯）　上海教育出版社　2003　p. 312
許建平　英倫法京所藏敦煌寫本殘片八種之定名並校録　敦煌學（第 24 輯）　（臺北）樂學書局有限公司　2003　p. 123
葉貴良　敦煌社邑文書詞語選釋　《敦煌研究》2004 年第 5 期　p. 82

S. 3012

秦明智　跋唐人寫本《大般涅槃經後分》　《西北師院學報》1984 年第 10 期　又見：中國敦煌學百年文庫·宗教卷（二）　甘肅文化出版社　1999　p. 112
伍德煦　敦煌唐寫本《二聖序文》校記　《敦煌學研究》（西北師院學報）1984 年增刊　p. 56
公維章　涅槃、淨土的殿堂：敦煌莫高窟第 148 窟研究　民族出版社　2004　p. 65

S. 3014

陳祚龍　敦煌古抄内典尾記彙校初、二、三編合刊　敦煌學要籥　（臺北）新文豐出版公司　1982　p. 127
池田溫　中國古代寫本識語集録　（東京）大藏出版株式會社　1990　p. 390

S. 3015

孫啓治　唐寫本俗別字變化類型舉例　敦煌吐魯番文獻研究論集（第五輯）　北京大學出版社　1990　p. 126

S. 3016

向達　倫敦所藏敦煌卷子經眼目録　《北平圖書館圖書季刊》1939 年新第 1 卷第 4 期　p. 397　又見：唐代長安與西域文明　三聯書店　1957　p. 217
金岡照光　敦煌の寫本　敦煌の文學　（東京）大藏出版株式會社　1971　p. 80
石井昌子　靈實經類　敦煌と中國道教（講座敦煌 4）　（東京）大東出版社　1983　p. 156
龍晦　論敦煌道教文學　《世界宗教研究》1985 年第 3 期　又見：中國敦煌學百年文庫·宗教卷（三）　甘肅文化出版社　1999　p. 368
黃盛璋　于闐文《使河西記》的歷史地理研究　《敦煌學輯刊》1986 年第 2 期　p. 7
任半塘　敦煌歌辭總編　上海古籍出版社　1987　p. 1220
張錫厚　敦煌詩歌考論　《敦煌學輯刊》1989 年第 2 期　p. 18
張錫厚　詩歌　敦煌文學　甘肅人民出版社　1989　p. 163
黃茂琳　哈密頓《鋼和泰藏卷考釋》辨正　亞洲文明（第一集）　安徽教育出版社　1992　p. 199

項楚　敦煌詩歌導論　(臺北)新文豐出版公司　1993　p. 141
汪泛舟　敦煌韻文辨正舉隅　《敦煌研究》1994 年第 2 期　p. 145
葛兆光　中國禪思想史:從 6 世紀到 9 世紀　北京大學出版社　1995　p. 278
曲金良　敦煌佛教文學研究　(臺北)文津出版社　1995　p. 241
王書慶　敦煌佛學・佛事篇　甘肅民族出版社　1995　p. 216
張涌泉　陳祚龍校録敦煌卷子失誤例釋　學術集林(卷六)　上海遠東出版社　1995　p. 315　又見:舊學新知　浙江大學出版社　1999　p. 289
張錫厚　敦煌釋氏詩歌創作論　慶祝潘石禪先生九秩華誕敦煌學特刊　(臺北)文津出版社　1996　p. 201
劉子瑜　敦煌變文和王梵志詩　大象出版社　1997　p. 74
柴劍虹　易易歌　敦煌學大辭典　上海辭書出版社　1998　p. 547
李正宇　心海集　敦煌學大辭典　上海辭書出版社　1998　p. 564
王卡　太上元陽經　敦煌學大辭典　上海辭書出版社　1998　p. 764
山田俊　唐初道教思想史研究・論述篇　(京都)平樂寺書店　1999　p. 483
杜琪　敦煌詩賦作品要目分類題注　《甘肅社會科學》2000 年第 1 期　p. 63
徐俊　敦煌詩集殘卷輯考　中華書局　2000　p. 558
張錫厚　敦煌文學源流　作家出版社　2000　p. 56
劉進寶　敦煌學通論　甘肅教育出版社　2002　p. 367
林仁昱　論敦煌佛教歌曲向通俗傳播的內容　中國俗文化研究(第一輯)　巴蜀書社　2003　p. 187
張子開　敦煌文獻中的白話禪詩　《敦煌學輯刊》2003 年第 1 期　p. 87
王卡　敦煌道教文獻研究　中國社會科學出版社　2004　p. 117
鍾書林　《禪門秘要訣》校補　《敦煌學輯刊》2006 年第 1 期　p. 137

S. 3017

芳村修基　徹心行路難殘卷考　西域文化研究(第一)・敦煌佛教資料　(京都)法藏館　1958　p. 195
土橋秀高　四分律雜抄　西域文化研究(第一)・敦煌佛教資料　(京都)法藏館　1958　p. 189
金岡照光　敦煌文學のさまざま　敦煌の文學　(東京)大藏出版株式會社　1971　p. 152
川崎ミチコ　修道偈Ⅱ——定格聯章　敦煌仏典と禪(講座敦煌 8)　(東京)大東出版社　1980　p. 276
任半塘　敦煌歌辭研究在國外　文學評論叢刊(第九輯)　中國社會科學出版社　1981　p. 193
田中良昭　敦煌禪宗文獻の研究　(東京)大東出版社　1983　p. 314
周丕顯　敦煌俗曲分時聯章歌體再議　《敦煌學輯刊》1983 年創刊號　p. 15
周丕顯　敦煌俗曲中的分時聯章體歌辭　關隴文學論叢　甘肅人民出版社　1983　p. 3
陳祚龍著　福井文雅　平木真快譯　釈亡名と善慧大士の詩歌について　敦煌と中國仏教(講座敦煌 7)　(東京)大東出版社　1984　p. 489
戴密微著　耿昇譯　敦煌學近作　敦煌譯叢(第一輯)　甘肅人民出版社　1985　p. 6
白化文　對可補入《敦煌變文集》中的幾則録文的討論　《敦煌學輯刊》1986 年第 1 期　p. 42
龍晦　論敦煌詞曲所見之禪宗與淨土宗　《世界宗教研究》1986 年第 3 期　p. 63
龍晦　大足石刻父母恩重經變像與敦煌音樂文學的關係　敦煌歌辭總編　上海古籍出版社　1987　p. 1844
任半塘　敦煌歌辭總編　上海古籍出版社　1987　p. 513、987、1412

柴劍虹　徐俊　敦煌詞輯校四談　《敦煌學輯刊》1988 年第 1、2 期　p. 56　又見：西域文史論稿　（臺北）國文天地雜誌社　1991　p. 504

劉進寶　俚曲小調　敦煌文學　甘肅人民出版社　1989　p. 218

孫其芳　詞　敦煌文學　甘肅人民出版社　1989　p. 214

汪泛舟　偈·頌　敦煌文學　甘肅人民出版社　1989　p. 90

周紹良　白化文　李鼎霞　敦煌變文集補編　北京大學出版社　1989　p. 142

任半塘　王昆吾　隋唐五代燕樂雜言歌辭集　巴蜀書社　1990　p. 843、1310、1719

上山大峻　敦煌佛教の研究　（京都）法藏館　1990　p. 416

李正宇　試論敦煌所藏《禪師衛士遇逢因緣》　西域戲劇與戲劇的發生　新疆人民出版社　1992　p. 55

林家平　寧强　羅華慶　中國敦煌學史　北京語言學院出版社　1992　p. 626

楊聯陞　書評：饒宗頤、戴密微合著《敦煌曲》　楊聯陞論文集　中國社會科學出版社　1992　p. 243

張涌泉　《敦煌歌辭總編》校議　《語言研究》1992 年第 1 期　p. 58

周紹良　敦煌文學芻議及其它　（臺北）新文豐出版公司　1992　p. 37

項楚　敦煌詩歌導論　（臺北）新文豐出版公司　1993　p. 123

柳田聖山　禪籍解題（一）·敦煌禪籍　俗語言研究（第二期）　（京都）禪文化研究所　1995　p. 151

李正宇　敦煌史地新論　（臺北）新文豐出版公司　1996　p. 11

邵文實　敦煌道教試述　《世界宗教研究》1996 年第 2 期　又見：中國敦煌學百年文庫·宗教卷（三）　甘肅文化出版社　1999　p. 334

張涌泉　敦煌俗字研究導論　（臺北）新文豐出版公司　1996　p. 207

高啓安　敦煌五更詞與甘肅五更詞比較研究　《敦煌研究》1997 年第 3 期　p. 116

黃征　《敦煌願文集》輯校中的一些問題　敦煌語文叢説　（臺北）新文豐出版公司　1997　p. 546

陸淑綺　李重申　敦煌古代戲曲文化史料綜述　《敦煌研究》1997 年第 2 期　p. 65

孫昌武　禪思與詩情　中華書局　1997　p. 330 注 18、331 注 24

柴劍虹　行路難詩　敦煌學大辭典　上海辭書出版社　1998　p. 549

李正宇　禪師衛士遇逢因緣　敦煌學大辭典　上海辭書出版社　1998　p. 582

張錫厚　敦煌文學源流　作家出版社　2000　p. 330

張勇　傅大士研究　巴蜀書社　2000　p. 210

林仁昱　論敦煌佛教歌曲特質與"弘法"的關係　敦煌學（第 23 輯）　（臺北）樂學書局有限公司　2002　p. 58、71、76

林仁昱　論敦煌佛教歌曲向通俗傳播的內容　中國俗文化研究（第一輯）　巴蜀書社　2003　p. 187

王小盾　從敦煌本共住修道故事看唐代佛教詩歌文體的來源　中國俗文化研究（第一輯）　巴蜀書社　2003　p. 22

張子開　敦煌文獻中的白話禪詩　《敦煌學輯刊》2003 年第 1 期　p. 87

王志鵬　從敦煌歌辭看唐代敦煌地區禪宗的流傳與發展　《敦煌研究》2005 年第 6 期　p. 99

S. 3019

矢吹慶輝　鳴沙餘韻·解説篇（第一部）　（京都）臨川書店　1980　p. 89

福井文雅　般若心經　敦煌と中國仏教（講座敦煌 7）　（東京）大東出版社　1984　p. 39

方廣錩　敦煌遺書中的《般若心經》譯注《法音》1990 年第 7 期　p. 26

方廣錩　般若波羅蜜多心經還源述　敦煌學大辭典　上海辭書出版社　1998　p. 688

方廣錩　《般若心經譯注集成》前言　敦煌學佛教學論叢（下）　中國佛教文化研究所　1998　p. 11、

53
施萍婷《敦煌遺書總目索引新編》前言　敦煌遺書總目索引新編　中華書局　2000　p. 4

S. 3021

矢吹慶輝　鳴沙餘韻・解說篇(第一部)　(京都)臨川書店　1980　p. 288
陳祚龍　敦煌古抄內典尾記彙校初、二、三編合刊　敦煌學要籥　(臺北)新文豐出版公司　1982　p. 127
池田溫　中國古代寫本識語集録　(東京)大藏出版株式會社　1990　p. 96
方廣錩　大般涅槃經　敦煌學大辭典　上海辭書出版社　1998　p. 693
金岡照光　敦煌文獻と中國文學　(東京)五曜書房　2000　p. 428
景盛軒　試論敦煌佛經異文研究的價值和意義　《敦煌研究》2004 年第 5 期　p. 89

S. 3024

徐俊　敦煌詩集殘卷輯考　中華書局　2000　p. 875

S. 3032

池田溫　中國古代寫本識語集録　(東京)大藏出版株式會社　1990　p. 389

S. 3033

池田溫　中國古代寫本識語集録　(東京)大藏出版株式會社　1990　p. 390

S. 3034

池田溫　中國古代寫本識語集録　(東京)大藏出版株式會社　1990　p. 391

S. 3035

陳祚龍　敦煌寫本《右軍衛十將使孔公浮圖功德銘並序》之我見　敦煌資料考屑(上冊)　(臺北)商務印書館　1979　p. 2、15 注 14
池田溫　中國古代寫本識語集録　(東京)大藏出版株式會社　1990　p. 393

S. 3036

池田溫　中國古代寫本識語集録　(東京)大藏出版株式會社　1990　p. 390

S. 3038

池田溫　中國古代寫本識語集録　(東京)大藏出版株式會社　1990　p. 390

S. 3040

矢吹慶輝　鳴沙餘韻・解說篇(第一部)　(京都)臨川書店　1980　p. 132
土橋秀高　敦煌の律藏　敦煌と中國仏教(講座敦煌 7)　(東京)大東出版社　1984　p. 248

S. 3046

沃興華　敦煌書法藝術　上海人民出版社　1994　p. 173

S. 3047

陳祚龍　看了敦煌古抄《報恩寺開溫室浴僧記》以後　敦煌學散策新集　(臺北)新文豐出版公司　1989　p. 192

方廣錩　溫室經疏　敦煌學大辭典　上海辭書出版社　1998　p. 666

陳明　耆婆的形象演變及其在敦煌吐魯番地區的影響　文津學志(第一輯)　北京圖書館出版社　2003　p. 148

陳明　漢唐西域胡語醫學文獻中的宗教因素　中國學術(第一輯)　商務印書館　2004　p. 168

陳明　殊方異藥:出土文書與西域醫學　北京大學出版社　2005　p. 65

S. 3048

向達　倫敦所藏敦煌卷子經眼目録　《北平圖書館圖書季刊》1939 年新第 1 卷第 4 期　p. 397　又見:唐代長安與西域文明　三聯書店　1957　p. 218

張弓　唐五代敦煌寺院的牧羊人　《蘭州學刊》1984 年第 2 期　p. 61

王慶菽　敦煌變文研究　敦煌語言文學論文集　浙江古籍出版社　1988　p. 65

唐耕耦　陸宏基　敦煌社會經濟文獻真迹釋録(三)　全國圖書館文獻縮微複製中心　1990　p. 585

姜伯勤　敦煌社會文書導論　(臺北)新文豐出版公司　1992　p. 159

王永興　敦煌經濟文書導論　(臺北)新文豐出版公司　1994　p. 362

鄭炳林　唐五代敦煌畜牧區域研究　敦煌歸義軍史專題研究　蘭州大學出版社　1997　p. 216

馮培紅　唐五代歸義軍軍資庫司初探　《敦煌學輯刊》1998 年第 1 期　p. 36

高啓安　崇高與卑賤:敦煌的佛教信仰賤名再探　'98 法門寺唐文化國際學術討論會論文集　陝西人民出版社　2000　p. 252

李并成　漢唐冥水(籍端水)冥澤及其變遷考　《敦煌研究》2001 年第 2 期　p. 65

乜小紅　唐五代敦煌牧羊業述論　《敦煌研究》2001 年第 1 期　p. 136

乜小紅　試論唐五代宋初敦煌畜牧區域的分佈　《敦煌研究》2002 年第 2 期　p. 41

S. 3050

劉銘恕　再記英國倫敦所藏的敦煌經卷　《中國科學院圖書館通訊》1957 年第 7 期　又見:中國敦煌學百年文庫・綜述卷(二)　甘肅文化出版社　1999　p. 134

金岡照光　敦煌漢文文學文獻の寫本及び影印の收集保存、整理研究の現狀　敦煌出土文學文獻分類目録・附解說　(東京)東洋文庫　1971　p. 178

金岡照光　敦煌文學のさまざま　敦煌の文學　(東京)大藏出版株式會社　1971　p. 113

邱鎮京　敦煌變文述論　(臺北)商務印書館　1974　p. 1886

楊家駱　敦煌變文　(臺北)世界書局　1980　p. 821

白化文　什麽是變文　敦煌變文論文録　上海古籍出版社　1982　p. 443

鄭阿財　敦煌孝道文學研究　(臺北)石門圖書公司　1982　p. 254、414

羅宗濤　敦煌變文:石窟裏的老傳說　(臺北)時報文化出版公司　1983　p. 51

潘重規　敦煌變文集新書(上)　(臺北)"中國文化大學"中文研究所　1984　p. 570、811

平井宥慶　千手千眼陀羅尼經　敦煌と中國仏教(講座敦煌 7)　(東京)大東出版社　1984　p. 139

王慶菽　不知名變文　敦煌變文集　人民文學出版社　1984　p. 821

劉銘恕　敦煌遺書叢識　1983 年全國敦煌學術討論會文集・文史遺書編(上)　甘肅人民出版社　1987　p. 430

袁賓　變文詞語考釋録　敦煌語言文學論文集　浙江古籍出版社　1988　p. 146

張鴻勳　《父母恩重經講經文》補校　敦煌語言文學論文集　浙江古籍出版社　1988　p. 261
柴劍虹　因緣　敦煌文學　甘肅人民出版社　1989　p. 277
郭在貽　張涌泉　黄征　《秋吟》和《不知名變文》三種補校　《溫州師範學院學報》1989 年第 2 期　p. 6
周丕顯　題跋　敦煌文學　甘肅人民出版社　1989　p. 83
郭在貽　張涌泉　黄征　敦煌寫本書寫特例發微　敦煌吐魯番學研究論文集　漢語大詞典出版社　1990　p. 321、335
加地哲定著　劉衛星譯　中國佛教文學　今日中國出版社　1990　p. 145
柴劍虹　敦煌文學中的“因緣”與“詩話”　西域文史論稿　（臺北）國文天地雜誌社　1991　p. 520
郭在貽　郭在貽語言文學論稿　浙江古籍出版社　1992　p. 144
林家平　寧强　羅華慶　中國敦煌學史　北京語言學院出版社　1992　p. 630
蔣禮鴻　敦煌文獻語言詞典　杭州大學出版社　1994　p. 290
楊雄　不知名變文　敦煌論稿　甘肅文化出版社　1995　p. 416
張涌泉　漢語俗字研究　岳麓書社　1995　p. 220
張涌泉　敦煌俗字研究導論　（臺北）新文豐出版公司　1996　p. 107
周紹良　敦煌卷子《善惠買花獻佛因緣》本事考　敦煌吐魯番學研究論集　書目文獻出版社　1996　p. 10
黄征　張涌泉　敦煌變文校注　中華書局　1997　p. 674、787、1135
柴劍虹　因緣記　敦煌學大辭典　上海辭書出版社　1998　p. 523
譚蟬雪　敦煌歲時文化導論　（臺北）新文豐出版公司　1998　p. 157
周紹良　善惠買花獻佛因緣　敦煌學大辭典　上海辭書出版社　1998　p. 581
周紹良　張涌泉　黄征　敦煌變文講經文因緣輯校（下）　江蘇古籍出版社　1998　p. 1008
梅維恒著　楊繼東　陳引馳譯　唐代變文（上）　（香港）中國佛教文化出版公司　1999　p. 79
張涌泉　敦煌變文校讀釋例　舊學新知　浙江大學出版社　1999　p. 180
張涌泉　敦煌寫本書寫特例發微　舊學新知　浙江大學出版社　1999　p. 231、246
張涌泉　試論漢語俗字研究的意義　舊學新知　浙江大學出版社　1999　p. 11
張涌泉　俗字研究與敦煌文獻的校理　舊學新知　浙江大學出版社　1999　p. 64
金岡照光　敦煌文獻と中國文學　（東京）五曜書房　2000　p. 293
張涌泉　漢語俗字叢考　中華書局　2000　p. 833、944
黄征　敦煌語言文字學研究　甘肅教育出版社　2002　p. 114、168
張鴻勳　敦煌俗文學研究　甘肅人民出版社　2002　p. 127
王繼如　敦煌變文研究尚有可爲　漢語史學報專輯（第三輯）　上海教育出版社　2003　p. 361

S. 3052

慶谷壽信　敦煌出土の音韻資料（上）——Stein6691vについて　『人文學報』（第 78 號）　京都大學人文科學研究所　1970　p. 169
周紹良　敦煌文學芻議及其它　（臺北）新文豐出版公司　1992　p. 14

S. 3053

山本達郎等　補（IV）社 · IV 納贈曆 · 納色物曆　『NUN - HUANG AND TURFAN DOCUMENTS CONCERNING SOCIAL AND ECONOMIC HISTORY』（Sup. p. lemrnts）　（東京）東洋文庫　2001　p. 82

S. 3054

芳村修基　土橋秀高　井ノ口泰淳　敦煌佛教史年表　西域文化研究(第一)·敦煌佛教資料　(京都)法藏館　1958　p. 276

陳祚龍　敦煌古抄内典尾記彙校初、二、三編合刊　敦煌學要籥　(臺北)新文豐出版公司　1982　p. 128

金岡照光　關於敦煌變文演出的二三個問題　漢學研究(敦煌學國際研討會論文專號)　(臺北)漢學研究資料及服務中心　1986　p. 303

李正宇　關於金山國和敦煌國建國的幾個問題　《西北史地》1987 年第 2 期　p. 75

池田溫　中國古代寫本識語集録　(東京)大藏出版株式會社　1990　p. 457

李正宇　曹仁貴名實論:曹氏歸義軍創始及歸奉後粱史探　第二屆敦煌學國際研討會論文集　(臺北)漢學研究中心　1990　p. 556

林聰明　從敦煌文書看佛教徒的造經祈福　第二屆敦煌學國際研討會論文集　(臺北)漢學研究中心　1990　p. 534

盧向前　金山國立國之我見　《敦煌學輯刊》1990 年第 2 期　p. 16　又見:敦煌吐魯番文書論稿　江西人民出版社　1992　p. 179

李正宇　曹仁貴歸奉後的一組新資料　魏晉南北朝隋唐史資料(第 11 輯)　武漢大學出版社　1991　p. 278

金岡照光　講唱體類　敦煌の文學文獻(講座敦煌 9)　(東京)大東出版社　1992　p. 153

鄭雨　莫高窟第九十八窟的歷史背景與時代精神　(香港)《九州學刊》(敦煌學專輯)1992 年第 4 卷第 4 期　p. 36 注 3

榮新江　歸義軍改元考　文史(第三十八輯)　中華書局　1994　p. 50

李正宇　敦煌史地新論　(臺北)新文豐出版公司　1996　p. 219

榮新江　歸義軍史研究　上海古籍出版社　1996　p. 52

金岡照光　敦煌文獻と中國文學　(東京)五曜書房　2000　p. 403、428

顔廷亮　敦煌文化　光明日報出版社　2000　p. 270

林聰明　敦煌吐魯番文書解詁指例　(臺北)新文豐出版公司　2001　p. 165

姜亮夫　敦煌莫高窟年表　姜亮夫全集(十一)　雲南人民出版社　2002　p. 462

吴麗娱　唐禮摭遺:中古書儀研究　商務印書館　2002　p. 165

吴麗娱　再析 P. 2945 書儀的年代與曹氏歸義軍通使中原　《敦煌研究》2002 年第 3 期　p. 74

王豔明　瓜州曹氏與甘州回鶻的兩次和親始末　《敦煌研究》2003 年第 1 期　p. 72

礪波護著　韓昇　劉建英譯　隋唐佛教文化　上海古籍出版社　2004　p. 43

S. 3061

向達　倫敦所藏敦煌卷子經眼目録　《北平圖書館圖書季刊》1939 年新第 1 卷第 4 期　p. 397　又見:唐代長安與西域文明　三聯書店　1957　p. 218

石井昌子　靈寶經類　敦煌と中國道教(講座敦煌 4)　(東京)大東出版社　1983　p. 153

陳祚龍　看了敦煌古抄《佛説盂蘭盆經讚述》以後　敦煌學散策新集　(臺北)新文豐出版公司　1989　p. 349

饒宗頤　孝順觀念與敦煌佛曲　敦煌曲續論　(臺北)新文豐出版公司　1996　p. 18

姜伯勤　道釋相激:道教在敦煌　道家文化研究(第十三輯)　三聯書店　1998　p. 74

王承文　敦煌古靈寶經與晉唐道教　中華書局　2002　p. 375

王承文　古靈寶經定期齋戒的淵源及其與佛教的關係　華林(第二卷)　中華書局　2002　p. 247

張弓　中古盂蘭盆節的民族化衍變　古史文存　社會科學文獻出版社　2002　p. 6 注 2
王卡　敦煌道教文獻研究　中國社會科學出版社　2004　p. 107

S. 3069

江素雲　維摩詰所說經敦煌寫本綜合目録（臺北）東初出版社　1991　p. 79
湛如　論淨衆禪門與法照淨土思想的關聯　敦煌文獻論集:紀念藏經洞發現一百周年國際學術研討會論文集　遼寧人民出版社　2001　p. 509
湛如　敦煌佛教律儀制度研究　中華書局　2003　p. 271

S. 3071

羅福頤　敦煌石室文物對於學術上的貢獻　《歷史教學》1951 年第 5 期　又見:中國敦煌學百年文庫·考古卷(四)　甘肅文化出版社　1999　p. 12
石井昌子　靈寳經類　敦煌と中國道教(講座敦煌 4)（東京)大東出版社　1983　p. 153
岡部和雄　敦煌藏經目録　敦煌と中國仏教(講座敦煌 7)（東京)大東出版社　1984　p. 311
方廣錩　佛教大藏經史(八—十世紀)　中國社會科學出版社　1991　p. 297
方廣錩　敦煌漢文遺書分類法(草案)及說明　(香港)《九州學刊》(敦煌學專輯)1992 年第 4 卷第 4 期　p. 64
黃征　吳偉　《敦煌願文集》輯校中的一些問題　《敦煌研究》1992 年第 1 期　p. 66　又見:敦煌語文叢說　(臺北)新文豐出版公司　1997　p. 552
朱越利　道經總論　遼寧教育出版社　1992　p. 273
胡戟　傅玫　敦煌史話　中華書局　1995　p. 135
黃征　吳偉　敦煌願文集　岳麓書社　1995　p. 147
邵文實　敦煌道教試述　《世界宗教研究》1996 年第 2 期　又見:中國敦煌學百年文庫·宗教卷(三)　甘肅文化出版社　1999　p. 340
顏廷亮　關於《白雀歌》見在寫卷兼及敦煌佛道關係　敦煌佛教文化研究　社科縱橫編輯部　1996　p. 19
黃征　敦煌願文考論　敦煌語文叢說　(臺北)新文豐出版公司　1997　p. 580
黃征　張涌泉　敦煌變文校注　中華書局　1997　p. 49
方廣錩　敦煌藏經洞封閉原因之我見　敦煌學佛教學論叢(上)　中國佛教文化研究所　1998　p. 27
王卡　靈寳自然齋儀　敦煌學大辭典　上海辭書出版社　1998　p. 764
顏廷亮　敦煌文化中的道教及文化　《敦煌研究》1999 年第 1 期　p. 139
周維平　從敦煌遺書看敦煌道教　《西北民族研究》1999 年第 2 期　p. 132
金岡照光　敦煌文獻と中國文學　(東京)五曜書房　2000　p. 429
汪泛舟　敦煌道教與齋醮諸考　1994 年敦煌學國際研討會文集·宗教文史卷(上)　甘肅民族出版社　2000　p. 4
顏廷亮　敦煌文化　光明日報出版社　2000　p. 240
王卡　敦煌道教文獻研究　中國社會科學出版社　2004　p. 40、109

S. 3074

姜伯勤　敦煌寺院文書中"梁戶"的性質　敦煌吐魯番文書研究　甘肅人民出版社　1984　p. 339　又見:五十年來漢唐佛教寺院經濟研究　北京師範大學出版社　1986　p. 123

姜伯勤　唐五代敦煌寺戶制度　中華書局　1987　p. 40、75、104、112、126、217、279
高國藩　敦煌民俗學　上海文藝出版社　1989　p. 60
郝春文　唐後期五代宋初沙州僧尼的特點　敦煌吐魯番學研究論文集　漢語大詞典出版社　1990　p. 848、857 注 50
譚蟬雪　敦煌歲時掇瑣:正月　《敦煌研究》1990 年第 1 期　p. 51　又見:(香港)《九州學刊》(敦煌學專輯)1993 年第 5 卷第 4 期　p. 105
唐耕耦　陸宏基　敦煌社會經濟文獻真迹釋録(三)　全國圖書館文獻縮微複製中心　1990　p. 169
高國藩　敦煌民俗資料導論　(臺北)新文豐出版公司　1993　p. 16、172
郝春文　唐後期五代宋初敦煌寺院中的博士　《中國經濟史研究》1993 年第 2 期　p. 122
鄭炳林　高偉　唐五代敦煌釀酒業初探　《西北史地》1994 年第 1 期　p. 35
張弓　敦煌秋冬節俗初探　敦煌學國際研討會文集・史地語文編　遼寧美術出版社　1995　p. 588
鄭炳林　唐五代敦煌粟特人與歸義軍政權　《敦煌研究》1996 年第 4 期　p. 82　又見:敦煌歸義軍史專題研究　蘭州大學出版社　1997　p. 404
唐耕耦　敦煌寺院會計文書研究　(臺北)新文豐出版公司　1997　p. 19
鄭阿財　《龍興寺毗沙門天王靈驗記》與敦煌地區的毗沙門信仰　周紹良先生欣開九秩慶壽文集　中華書局　1997　p. 262
鄭阿財　論敦煌寫本《龍興寺毗沙門天王靈驗記》與唐代的毗沙門信仰　第三屆中國唐代文化學術研討會論文集　(臺北)政治大學中國文學系　1997　p. 440
鄭炳林　唐五代敦煌手工業研究　敦煌歸義軍史專題研究　蘭州大學出版社　1997　p. 240
鄭炳林　唐五代敦煌畜牧區域研究　敦煌歸義軍史專題研究　蘭州大學出版社　1997　p. 225
鄭炳林　吐蕃統治下的敦煌粟特人　敦煌歸義軍史專題研究　蘭州大學出版社　1997　p. 377
鄭炳林　晚唐五代敦煌園囿經濟研究　敦煌歸義軍史專題研究　蘭州大學出版社　1997　p. 323
高啓安　索黛　敦煌古代僧人官齋飲食檢閱　《敦煌研究》1998 年第 3 期　p. 65
高啓安　索黛　唐五代敦煌飲食中的餅淺探　《敦煌研究》1998 年第 4 期　p. 78
郝春文　唐後期五代宋初敦煌僧尼的社會生活　中國社會科學出版社　1998　p. 117
馬德　10 世紀敦煌寺曆所記三窟活動　《敦煌研究》1998 年第 2 期　p. 88
尚衍斌　西域文化　遼寧教育出版社　1998　p. 309
譚蟬雪　敦煌歲時文化導論　(臺北)新文豐出版公司　1998　p. 56、259
譚蟬雪　馬毬　敦煌學大辭典　上海辭書出版社　1998　p. 600
譚蟬雪　賽天王　敦煌學大辭典　上海辭書出版社　1998　p. 449
謝重光　莊田　敦煌學大辭典　上海辭書出版社　1998　p. 415
楊森　晚唐五代兩件《女人社》文書劄記　《敦煌研究》1998 年第 1 期　p. 70
高啓安　唐五代敦煌僧人飲食的幾個名詞解釋　《敦煌研究》1999 年第 4 期　p. 133
陸離　敦煌文書中的博士與教授　《敦煌學輯刊》1999 年第 1 期　p. 91
陳永勝　敦煌吐魯番法制文書研究　甘肅人民出版社　2000　p. 123
張弓　英國收藏敦煌文獻叙録　英國收藏敦煌漢藏文獻研究:紀念敦煌文獻發現一百周年　中國社會科學出版社　2000　p. 129
譚蟬雪　唐宋敦煌歲時佛俗:二月至七月　《敦煌研究》2001 年第 1 期　p. 102
譚蟬雪　唐宋敦煌歲時佛俗:八月至十二月　《敦煌研究》2001 年第 2 期　p. 75
張弓　中國盂蘭盆節的民族化研究　佛教與歷史文化　宗教文化出版社　2001　p. 408
張弓　中古盂蘭盆節的民族化衍變　古史文存　社會科學文獻出版社　2002　p. 9
馮培紅　唐五代敦煌官府宴設機構考略　2000 年敦煌學國際學術討論會文集・歷史文化卷(上)

甘肅民族出版社　2003　p. 181
李小榮　敦煌密教文獻論稿　人民文學出版社　2003　p. 173
湛如　敦煌佛教律儀制度研究　中華書局　2003　p. 54
高啓安　唐五代敦煌飲食文化研究　民族出版社　2004　p. 11、79、213、372
趙紅　高啓安　唐五代時期敦煌僧人飲食概述　麥積山石窟藝術文化論文集(下)　蘭州大學出版社　2004　p. 281
鄭炳林　魏迎春　晚唐五代敦煌佛教教團的戒律和清規　《敦煌學輯刊》2004 年第 2 期　p. 34
黑維强　吐魯番出土文書詞語例釋(二)　《敦煌學輯刊》2005 年第 2 期　p. 185
陸離　吐蕃統治河隴西域時期職官四題　《西北民族研究》2006 年第 2 期　p. 22、30

S. 3076

井ノ口泰淳　敦煌本『仏名經』の諸系統　中央アジアの言語と仏教　(京都)法藏館　1995　p. 308

S. 3077

慶谷壽信　敦煌出土の音韻資料(上)——Stein6691vについて　『人文學報』(第 78 號)　京都大學人文科學研究所　1970　p. 168
李小榮　敦煌密教文獻論稿　人民文學出版社　2003　p. 34
張涌泉　敦煌文獻字詞例釋　敦煌學(第 25 輯)　(臺北)樂學書局有限公司　2004　p. 351

S. 3079

芳村修基　土橋秀高　井ノ口泰淳　敦煌佛教史年表　西域文化研究(第一)・敦煌佛教資料　(京都)法藏館　1958　p. 262
陳祚龍　敦煌古抄内典尾記彙校初、二、三编合刊　敦煌學要籥　(臺北)新文豐出版公司　1982　p. 128
池田溫　中國古代寫本識語集録　(東京)大蔵出版株式會社　1990　p. 213
凍國棟　吐魯番出土文書所見唐代前期西州的工匠　敦煌吐魯番文書初探(二编)　武漢大學出版社　1990　p. 312
高國藩　敦煌古俗與民俗流變　河海大學出版社　1990　p. 428
方廣錩　佛教大藏經史(八—十世紀)　中國社會科學出版社　1991　p. 61
林聰明　敦煌文書出處略考　季羨林教授八十華誕紀念論文集(下)　江西人民出版社　1991　p. 851
林聰明　敦煌文書學　(臺北)新文豐出版公司　1991　p. 111、373
楊森　唐虞世南子虞昶傳略補　《陝西師範大學學報》1992 年第 21 卷第 2 期　p. 72
顧吉辰　唐代敦煌文獻寫本書手考述　《敦煌學輯刊》1993 年第 1 期　p. 28
陳澤奎　試論唐人寫經題記的原始著作權意義　《敦煌研究》1994 年第 3 期　p. 122
王元軍　從敦煌唐佛經寫本談有關唐代寫經生及其書法藝術的幾個問題　《敦煌研究》1995 年第 1 期　p. 156
王元軍　唐人書法與文化　(臺北)東大圖書公司　1995　p. 132
藤枝晃著　徐慶全　李樹清譯　敦煌寫本概述　《敦煌研究》1996 年第 2 期　p. 118
方廣錩　敦煌遺書中的《妙法蓮華經》及有關文獻　敦煌學佛教學論叢(下)　中國佛教文化研究所　1998　p. 79　又見:法源(第 16 期)　中國佛學院　1998　p. 44
方廣錩　妙法蓮華經　敦煌學大辭典　上海辭書出版社　1998　p. 689

楊富學　王書慶　唐代長安與敦煌佛教文化之關係　'98 法門寺唐文化國際學術討論會論文集　陝西人民出版社　2000　p. 178

姜亮夫　敦煌莫高窟年表　姜亮夫全集(十一)　雲南人民出版社　2002　p. 240

S. 3082

陳祚龍　敦煌古抄內典尾記彙校初、二、三編合刊　敦煌學要籥　(臺北)新文豐出版公司　1982　p. 129

池田溫　中國古代寫本識語集録　(東京)大藏出版株式會社　1990　p. 252

張金泉　許建平　敦煌音義彙考　杭州大學出版社　1996　p. 1187

張金泉　敦煌佛經音義寫卷述要　《敦煌研究》1997 年第 2 期　p. 122

S. 3083

陳祚龍　敦煌古抄內典尾記彙校初、二、三編合刊　敦煌學要籥　(臺北)新文豐出版公司　1982　p. 129

池田溫　中國古代寫本識語集録　(東京)大藏出版株式會社　1990　p. 323

林聰明　從敦煌文書看佛教徒的造經祈福　第二届敦煌學國際研討會論文集　(臺北)漢學研究中心　1990　p. 536

林聰明　敦煌文書學　(臺北)新文豐出版公司　1991　p. 322

湛如　敦煌菩薩戒儀與菩薩戒牒之研究　《敦煌研究》1997 年第 2 期　p. 77

金岡照光　敦煌文獻と中國文學　(東京)五曜書房　2000　p. 429

林聰明　敦煌吐魯番文書解詁指例　(臺北)新文豐出版公司　2001　p. 168

湛如　敦煌佛教律儀制度研究　中華書局　2003　p. 152

陳麗萍　敦煌文書所見唐五代婚變現象初探(一)　《敦煌學輯刊》2005 年第 2 期　p. 165

S. 3087

張涌泉　敦煌俗字研究導論　(臺北)新文豐出版公司　1996　p. 60

S. 3091

圓空　《新菩薩經》《勸善經》《救諸衆生苦難經》校録及其流傳背景之探討　《敦煌研究》1992 年第 1 期　p. 51

蕭登福　道教術儀與密教典籍　(臺北)新文豐出版公司　1994　p. 496

S. 3092

陳祚龍　新集中世敦煌三寶感通録　敦煌學海探珠(下冊)　(臺北)商務印書館　1979　p. 339

矢吹慶輝　鳴沙餘韻・解說篇(第一部)　(京都)臨川書店　1980　p. 249

小川貫弌　閻羅王授記經　敦煌と中國仏教(講座敦煌 7)　(東京)大東出版社　1984　p. 226

劉銘恕　敦煌遺書雜記四篇　敦煌學論集　甘肅人民出版社　1985　p. 56

陳祚龍　新校重訂敦煌古抄楊隋釋信行的著述小集　敦煌學林劄記　(臺北)商務印書館　1987　p. 497

周紹良　趙和平　小說　《敦煌語言文學研究通訊》1988 年第 1 期　p. 3　又見:敦煌文學　甘肅人民出版社　1989　p. 283

杜斗城　敦煌本《佛說十王經》校録研究　甘肅教育出版社　1989　p. 241

周紹良　敦煌文學芻議及其它　（臺北）新文豐出版公司　1992　p. 59
羅華慶　敦煌地藏圖像和"地藏十王廳"研究　《敦煌研究》1993 年第 2 期　p. 10
張先堂　敦煌文學概論　甘肅人民出版社　1993　p. 347
汪娟　敦煌禮懺文研究　（臺北）法鼓文化公司　1994　p. 307
王三慶　敦煌書儀載録之節日活動與民俗　全國敦煌學研討會論文集　（臺北）中正大學中國文學系所　1995　p. 25 注 26
張涌泉　陳祚龍校録敦煌卷子失誤例釋　學術集林(卷六)　上海遠東出版社　1995　p. 296　又見:舊學新知　浙江大學出版社　1999　p. 270
張弓　漢唐佛寺文化史　中國社會科學出版社　1997　p. 766
葛兆光　中國宗教與文學論集　清華大學出版社　1998　p. 188 注 1
羅世平　地藏十王圖像的遺存及其信仰　唐研究(第四卷)　北京大學出版社　1998　p. 382、400
張鴻勳　道明還魂記　敦煌學大辭典　上海辭書出版社　1998　p. 583
鄭阿財　梁麗玲　1997—1998 年臺灣地區唐代學術研究概況:敦煌學　"中國唐代學會"會刊(第九期)　（臺北）"中國唐代學會"　1998　p. 71
金岡照光　敦煌文獻と中國文學　（東京）五曜書房　2000　p. 429
顏廷亮　西陲文學遺珍:敦煌文學通俗談　甘肅人民出版社　2000　p. 81
譚蟬雪　喪祭與齋忌　敦煌學與中國史研究論集　甘肅人民出版社　2001　p. 227
姜亮夫　敦煌莫高窟年表　姜亮夫全集(十一)　雲南人民出版社　2002　p. 356
荒見泰史　敦煌本夢書雜識　漢語史學報專輯(第三輯)　上海教育出版社　2003　p. 337
張總　地藏信仰研究　宗教文化出版社　2003　p. 233
魏迎春　敦煌菩薩漫談　民族出版社　2004　p. 110
夏廣興　冥界遊行:從佛典記載到隋唐五代小説　佛經文學研究論集　復旦大學出版社　2004　p. 427

S. 3093

謝生保　成佛之路:敦煌壁畫佛傳故事　甘肅人民出版社　2000　p. 181

S. 3094

芳村修基　土橋秀高　井ノ口泰淳　敦煌佛教史年表　西域文化研究(第一)・敦煌佛教資料　（京都）法藏館　1958　p. 263
陳祚龍　敦煌古抄内典尾記彙校初、二、三編合刊　敦煌學要籥　（臺北）新文豐出版公司　1982　p. 129
池田溫　中國古代寫本識語集録　（東京）大藏出版株式會社　1990　p. 232
林聰明　從敦煌文書看佛教徒的造經祈福　第二屆敦煌學國際研討會論文集　（臺北）漢學研究中心　1990　p. 524
方廣錩　佛教大藏經史(八—十世紀)　中國社會科學出版社　1991　p. 62
林聰明　敦煌文書出處略考　季羨林教授八十華誕紀念論文集(下)　江西人民出版社　1991　p. 852
林聰明　敦煌文書學　（臺北）新文豐出版公司　1991　p. 110、144、376
王元軍　從敦煌唐佛經寫本談有關唐代寫經生及其書法藝術的幾個問題　《敦煌研究》1995 年第 1 期　p. 156
王元軍　唐人書法與文化　（臺北）東大圖書公司　1995　p. 132

藤枝晃著　徐慶全　李樹清譯　敦煌寫本概述　《敦煌研究》1996 年第 2 期　p. 119
陳國燦　上元三年唐宫廷寫妙法蓮花經記　敦煌學大辭典　上海辭書出版社　1998　p. 455
方廣錩　敦煌遺書中的《妙法蓮華經》及有關文獻　敦煌學佛教學論叢(下)　中國佛教文化研究所　1998　p. 81　又见:法源(第 16 期)　中國佛學院　1998　p. 44
楊富學　王書慶　唐代長安與敦煌佛教文化之關係　'98 法門寺唐文化國際學術討論會論文集　陜西人民出版社　2000　p. 178
姜亮夫　敦煌莫高窟年表　姜亮夫全集(十一)　雲南人民出版社　2002　p. 246

S. 3095

金岡照光　敦煌文學のさまざま　敦煌の文學　(東京)大蔵出版株式會社　1971　p. 108
胡戟　傅玫　敦煌史話　中華書局　1995　p. 181

S. 3096

劉銘恕　再記英國倫敦所藏的敦煌經卷　《中國科學院圖書館通訊》1957 年第 7 期　又見:中國敦煌學百年文庫・綜述卷(二)　甘肅文化出版社　1999　p. 135
金岡照光　敦煌漢文文學文獻の文學形態上の種類とその分類　敦煌出土文學文獻分類目録・附解說　(東京)東洋文庫　1971　p. 203
金岡照光　敦煌民衆の宗教と生活　敦煌の民衆:その生活と思想　(東京)評論社　1972　p. 234
邱鎮京　敦煌變文述論　(臺北)商務印書館　1974　p. 1879
加地哲定　增補中國佛教文學研究　(東京)同朋舍　1979　p. 166
楊家駱　敦煌變文　(臺北)世界書局　1980　p. 327
金岡照光　敦煌の繪物語　(東京)東方書店　1981　p. 69、113
潘重規　敦煌變文集新書(上)　(臺北)"中國文化大學"中文研究所　1984　p. 569
王慶菽　太子成道變文　敦煌變文集　人民文學出版社　1984　p. 327
李正宇　敦煌方音止遇二攝混同及其校勘學意義　《敦煌研究》1986 年第 4 期　p. 50
平野顯照著　張桐生譯　唐代的文學與佛教　(臺北)業强出版社　1987　p. 288
高國藩　敦煌民俗學　上海文藝出版社　1989　p. 170
高國藩　敦煌古俗與民俗流變　河海大學出版社　1990　p. 380
加地哲定著　劉衛星譯　中國佛教文學　今日中國出版社　1990　p. 141
上山大峻　敦煌佛教の研究　(京都)法藏館　1990　p. 419
楊雄　《敦煌變文集》校勘拾遺　《敦煌研究》1990 年第 4 期　p. 80
楊雄　太子成道變文補校　《古籍整理研究學刊》1990 年第 4 期　p. 8
黄武松　《太子成道變文》(斯 3096 卷)疑難點校釋補遺　《敦煌研究》1991 年第 3 期　p. 88
金岡照光　講唱體類　敦煌の文學文獻(講座敦煌 9)　(東京)大東出版社　1992　p. 77
高國藩　敦煌民俗資料導論　(臺北)新文豐出版公司　1993　p. 58、175
高田時雄　チベット文字書寫「長卷」の研究(本文編)　『東方學報』(第 65 號)　京都大學人文科學研究所　1993　p. 374
梁梁　敦煌壁畫故事(第四輯)　江蘇古籍出版社　1995　p. 2
梁尉英　敦煌佛傳概觀及其中國化之特點　敦煌學國際研討會文集・石窟藝術編　遼寧美術出版社　1995　p. 337
王慶雲　佛太子與賈寶玉:從敦煌寫本《八相變》看佛教文學對《紅樓夢》的影響　敦煌佛教文學研究　(臺北)文津出版社　1995　p. 301

方一新　敦煌變文詞語校釋　敦煌文學論集　四川人民出版社　1997　p. 307
黄征　張涌泉　敦煌變文校注　中華書局　1997　p. 498
海客　太子成道經　敦煌學大辭典　上海辭書出版社　1998　p. 576
張先堂　晚唐至宋初淨土五會念佛法門在敦煌的流傳　《敦煌研究》1998 年第 1 期　p. 52
周紹良　張涌泉　黄征　敦煌變文講經文因緣輯校(下)　江蘇古籍出版社　1998　p. 688
梅維恒著　楊繼東　陳引馳譯　唐代變文(上)　(香港)中國佛教文化出版公司　1999　p. 79
金岡照光　敦煌文獻と中國文學　(東京)五曜書房　2000　p. 134、474
劉長東　晉唐彌陀淨土信仰研究　巴蜀書社　2000　p. 405
白化文　從圓珍述及俗講的兩段文字說起:紀念周太初(一良)先生　敦煌吐魯番研究(第六卷)　北京大學出版社　2002　p. 7
黄征　敦煌語言文字學研究　甘肅教育出版社　2002　p. 117
林仁昱　論敦煌佛教歌曲特質與“弘法”的關係　敦煌學(第 23 輯)　(臺北)樂學書局有限公司　2002　p. 64
荒見泰史　敦煌本夢書雜識　漢語史學報專輯(第三輯)　上海教育出版社　2003　p. 337
荒見泰史　漢文譬喻經典及其綱要本的作用　佛經文學研究論集　復旦大學出版社　2004　p. 286

S. 3101

井ノ口泰淳　敦煌本『仏名經』の諸系統　中央アジアの言語と仏教　(京都)法藏館　1995　p. 296

S. 3102

慶谷壽信　敦煌出土の音韻資料(上)——Stein6691vについて　『人文學報』(第 78 號)　京都大學人文科學研究所　1970　p. 173
金岡照光　敦煌漢文文學文獻の寫本及び影印の收集保存、整理研究の現狀　敦煌出土文學文獻分類目録・附解說　(東京)東洋文庫　1971　p. 168

S. 3103

慶谷壽信　敦煌出土の音韻資料(上)——Stein6691vについて　『人文學報』(第 78 號)　京都大學人文科學研究所　1970　p. 170

S. 3107

井ノ口泰淳　敦煌本『仏名經』の諸系統　中央アジアの言語と仏教　(京都)法藏館　1995　p. 287

S. 3108

方廣錩　成實論　敦煌學大辭典　上海辭書出版社　1998　p. 722

S. 3109

陳祚龍　敦煌道經後記彙録　敦煌文物隨筆　(臺北)商務印書館　1979　p. 3
陳祚龍　新校重訂《敦煌道經後記彙録》　敦煌學要籥　(臺北)新文豐出版公司　1982　p. 198
石井昌子　靈寳經類　敦煌と中國道教(講座敦煌 4)　(東京)大東出版社　1983　p. 151
池田溫　中國古代寫本識語集録　(東京)大蔵出版株式會社　1990　p. 281
朱越利　道經總論　遼寧教育出版社　1992　p. 263
王卡　太上洞玄靈寳無量度人上品妙經　敦煌學大辭典　上海辭書出版社　1998　p. 767

顔廷亮　敦煌文化中的道教及文化　《敦煌研究》1999 年第 1 期　p. 137
顔廷亮　敦煌文化　光明日報出版社　2000　p. 237
張澤洪　論唐代道教的寫經　《敦煌研究》2000 年第 3 期　p. 132
郝春文　英藏敦煌社會歷史文獻釋録(第一卷)　科學出版社　2001　p. 41
吳麗娛　論九宫祭祀與道教崇拜　唐研究(第九卷)　北京大學出版社　2003　p. 307
王卡　敦煌道教文獻研究　中國社會科學出版社　2004　p. 101
王卡　中國國家圖書館藏敦煌道教遺書研究報告　敦煌吐魯番研究(第七卷)　北京大學出版社　2004　p. 350

S. 3111

段文傑　敦煌壁畫中的衣冠服飾　敦煌研究文集　甘肅人民出版社　1982　p. 186 注 33
金榮華　倫敦藏漢文敦煌卷子目録提要(初稿)序　敦煌學(第 12 輯)　(臺北)新文豐出版公司　1987　p. 138
唐耕耦　陸宏基　敦煌社會經濟文獻真迹釋録(四)　全國圖書館文獻縮微複製中心　1990　p. 416
王進玉　敦煌石窟探秘　四川教育出版社　1994　p. 112
顧吉辰　敦煌文獻職官結銜考釋　《敦煌學輯刊》1998 年第 2 期　p. 21
平井宥慶　敦煌文書における金剛經疏　金剛般若經の思想的研究　(東京)春秋社　1999　p. 268
許建平　敦煌本《尚書》叙録　敦煌文獻論集:紀念藏經洞發現一百周年國際學術研討會論文集　遼寧人民出版社　2001　p. 381
姜亮夫　敦煌莫高窟年表　姜亮夫全集(十一)　雲南人民出版社　2002　p. 191
杜正乾　唐代的《金剛經》信仰　《敦煌研究》2004 年第 5 期　p. 52
中村威也　ДX10698『尚書費誓』とДX10698v「史書」について　『西北出土文獻研究』(創刊號)　(新潟)西北出土文獻研究會　2004　p. 42

S. 3113

關德棟　談變文　《覺群周報》1946 年 1 卷 1－12 期　又見:敦煌變文論文録　上海古籍出版社　1982　p. 203
周紹良　敦煌所出變文現存目録　敦煌變文彙録　上海出版公司　1955　p. 6
邱鎮京　敦煌變文述論　(臺北)商務印書館　1974　p. 1865
加地哲定　增補中國佛教文學研究　(東京)同朋舍　1979　p. 159
傅芸子　敦煌俗文學之發見及其展開　敦煌變文論文録　上海古籍出版社　1982　p. 135
任半塘　敦煌歌辭總編　上海古籍出版社　1987　p. 1491
鄭振鐸　中國俗文學史(上)　上海書店　1987　p. 186、207
加地哲定著　劉衛星譯　中國佛教文學　今日中國出版社　1990　p. 135
白化文　論語義疏　敦煌學大辭典　上海辭書出版社　1998　p. 774

S. 3115

張鐵弦　敦煌古寫本叢談　《文物》1963 年第 3 期　p. 7
矢吹慶輝　鳴沙餘韻・解說篇(第一部)　(京都)臨川書店　1980　p. 289
陳祚龍　敦煌古抄内典尾記彙校初、二、三編合刊　敦煌學要籥　(臺北)新文豐出版公司　1982　p. 130
廣川堯敏　淨土三部經　敦煌と中國仏教(講座敦煌 7)　(東京)大東出版社　1984　p. 102

池田溫　中國古代寫本識語集録　（東京）大蔵出版株式會社　1990　p. 253
方廣錩　觀無量壽佛經　敦煌學大辭典　上海辭書出版社　1998　p. 660
李正宇　唐宋時期敦煌佛經性質功能的變化　戒幢佛學(第二卷)　岳麓書社　2002　p. 20　又見：中日敦煌佛教學術會議論文集　中國社會科學院研究所　2002　p. 17
公維章　涅槃、淨土的殿堂：敦煌莫高窟第 148 窟研究　民族出版社　2004　p. 123
礪波護著　韓昇　劉建英譯　隋唐佛教文化　上海古籍出版社　2004　p. 36

S. 3116

井ノ口泰淳　敦煌本『仏名經』の諸系統　中央アジアの言語と仏教　（京都）法藏館　1995　p. 297

S. 3120

林仁昱　論敦煌佛教歌曲向通俗傳播的内容　中國俗文化研究(第一輯)　巴蜀書社　2003　p. 195

S. 3121

池田溫　中國古代寫本識語集録　（東京）大蔵出版株式會社　1990　p. 390

S. 3123

金岡照光　押座文　敦煌の文學文獻(講座敦煌 9)　（東京）大東出版社　1992　p. 345

S. 3126

黄征　敦煌文獻中有浙江文化史的資料　敦煌語文叢説　（臺北）新文豐出版公司　1997　p. 769

S. 3128

蘇瑩輝　繼張氏任歸義軍節度使者爲曹仁貴論　敦煌文史藝術論叢　（臺北）新文豐出版公司　1987　p. 25

S. 3129

金岡照光　敦煌民衆の社會と生活　敦煌の民衆：その生活と思想　（東京）評論社　1972　p. 339
姜亮夫　敦煌莫高窟年表　姜亮夫全集(十一)　雲南人民出版社　2002　p. 117

S. 3132

曾布川寛　敦煌莫高窟的多佛表現　敦煌學國際學術討論會論文縮寫文(1990)　敦煌研究院　1990　p. 12
井ノ口泰淳　敦煌本『仏名經』の諸系統　中央アジアの言語と仏教　（京都）法藏館　1995　p. 285

S. 3134

方廣錩　佛垂般涅槃略説教誡經　敦煌學大辭典　上海辭書出版社　1998　p. 707

S. 3135

許國霖　敦煌石室寫經題記彙編　《微妙聲》1936 – 1937 年第 1 – 4 期　又見：中國敦煌學百年文庫・宗教卷(四)　甘肅文化出版社　1999　p. 245
向達　倫敦所藏敦煌卷子經眼目録　《北平圖書館圖書季刊》1939 年新第 1 卷第 4 期　p. 397　又

見:唐代長安與西域文明　三聯書店　1957　p. 218
陳祚龍　敦煌道經後記彙録　敦煌文物隨筆　（臺北）商務印書館　1979　p. 8
陳祚龍　新校重訂《敦煌道經後記彙録》　敦煌學要籥　（臺北）新文豐出版公司　1982　p. 202
宮川尚志　唐以前の河西における宗教・思想的狀況　敦煌と中國道教(講座敦煌 4)　（東京）大東出版社　1983　p. 307
石井昌子　靈寶經類　敦煌と中國道教(講座敦煌 4)　（東京）大東出版社　1983　p. 160
饒宗頤解說　林宏作譯　敦煌書法叢刊　（第二八卷）・道書(二)　（東京）二玄社　1984　p. 90
姜亮夫　敦煌所見道教佚經考　敦煌學論文集　上海古籍出版社　1987　p. 310
池田溫　中國古代寫本識語集録　（東京）大藏出版株式會社　1990　p. 232
林聰明　敦煌文書學　（臺北）新文豐出版公司　1991　p. 201、322
朱越利　道經總論　遼寧教育出版社　1992　p. 257、263
顧吉辰　唐代敦煌文獻寫本書手考述《敦煌學輯刊》1993 年第 1 期　p. 28
張澤洪　敦煌文書中的唐代道經　《敦煌學輯刊》1993 年第 2 期　p. 62
姜伯勤　《本際經》與敦煌道教　《敦煌研究》1994 年第 3 期　p. 2
林聰明　談敦煌文書的抄寫問題　紀念陳寅恪先生百年誕辰學術論文集　江西教育出版社　1994　p. 292
李豐楙　敦煌道經寫卷與道教寫經的供養功德觀　全國敦煌學研討會論文集　（臺北）中正大學中國文學系所　1995　p. 127
張涌泉　陳祚龍校録敦煌卷子失誤例釋　學術集林(卷六)　上海遠東出版社　1995　p. 300　又見:舊學新知　浙江大學出版社　1999　p. 277
姜伯勤　敦煌藝術宗教與禮樂文明　中國社會科學出版社　1996　p. 227
邵文實　敦煌道教試述　《世界宗教研究》1996 年第 2 期　又見:中國敦煌學百年文庫・宗教卷(三)　甘肅文化出版社　1999　p. 339
顧吉辰　敦煌文獻職官結銜考釋　《敦煌學輯刊》1998 年第 2 期　p. 25
胡文和　仁壽縣壇神岩第 53 號"三寶"窟右壁"南竺觀記"中道藏經目研究　《世界宗教研究》1998 年第 2 期　p. 125
劉屹　評《北京大學藏敦煌文獻》　敦煌吐魯番研究(第三卷)　北京大學出版社　1998　p. 374
譚蟬雪　敦煌道經題記綜述　道家文化研究(第十三輯)　三聯書店　1998　p. 15
山田俊　唐初道教思想史研究・資料篇　（京都）平樂寺書店　1999　p. 29、47、32、162
顔廷亮　敦煌文化中的道教及文化　《敦煌研究》1999 年第 1 期　p. 137、143
周維平　從敦煌遺書看敦煌道教　《西北民族研究》1999 年第 2 期　p. 131
金岡照光　敦煌文獻と中國文學　（東京）五曜書房　2000　p. 410、429、516
汪泛舟　敦煌道教與齋醮諸考　1994 年敦煌學國際研討會文集・宗教文史卷(上)　甘肅民族出版社　2000　p. 2
顔廷亮　敦煌文化　光明日報出版社　2000　p. 237、250
張澤洪　論唐代道教的寫經　《敦煌研究》2000 年第 3 期　p. 132
林聰明　敦煌吐魯番文書解詁指例　（臺北）新文豐出版公司　2001　p. 60 注 32
蔡忠霖　敦煌漢文寫卷俗字及其現象　（臺北）文津出版社　2002　p. 29
姜亮夫　敦煌莫高窟年表　姜亮夫全集(十一)　雲南人民出版社　2002　p. 247
李小榮　變文講唱與華梵宗教藝術　上海三聯書店　2002　p. 286
楊森　武則天至玄宗時代敦煌的三洞法師中嶽先生述略　《敦煌研究》2003 年第 3 期　p. 48
王卡　敦煌道教文獻研究　中國社會科學出版社　2004　p. 36、197

王卡　中國國家圖書館藏敦煌道教遺書研究報告　敦煌吐魯番研究(第七卷)　北京大學出版社　2004　p. 368

S. 3136

許國霖　敦煌石室寫經年代表　《微妙聲》1937 年第 5 期　又見:中國敦煌學百年文庫・宗教卷(四)　甘肅文化出版社　1999　p. 197

道端良秀　敦煌文獻に見える死後の世界　敦煌と中國仏教(講座敦煌 7)　(東京)大東出版社　1984　p. 513

林聰明　敦煌文書學　(臺北)新文豐出版公司　1991　p. 148

林聰明　談敦煌文書的抄寫問題　紀念陳寅恪先生百年誕辰學術論文集　江西教育出版社　1994　p. 285

林聰明　敦煌吐魯番文書解詁指例　(臺北)新文豐出版公司　2001　p. 32

張總　地藏信仰研究　宗教文化出版社　2003　p. 98

S. 3139

石井昌子　靈寶經類　敦煌と中國道教(講座敦煌 4)　(東京)大東出版社　1983　p. 160

山田俊　唐初道教思想史研究・資料篇　(京都)平樂寺書店　1999　p. 164

王卡　敦煌道教文獻研究　中國社會科學出版社　2004　p. 202

王卡　中國國家圖書館藏敦煌道教遺書研究報告　敦煌吐魯番研究(第七卷)　北京大學出版社　2004　p. 370

S. 3140

石井昌子　靈寶經類　敦煌と中國道教(講座敦煌 4)　(東京)大東出版社　1983　p. 158

朱越利　道經總論　遼寧教育出版社　1992　p. 274

王書慶　敦煌文獻中五代宋初戒牒研究　《敦煌研究》1997 年第 3 期　p. 37

王卡　敦煌道教文獻研究　中國社會科學出版社　2004　p. 139

S. 3143

江素雲　維摩詰所說經敦煌寫本綜合目録　(臺北)東初出版社　1991　p. 79

王書慶　敦煌文獻中五代宋初戒牒研究　《敦煌研究》1997 年第 3 期　p. 37

S. 3144

張涌泉　敦煌俗字研究導論　(臺北)新文豐出版公司　1996　p. 262

S. 3145

陳慶英　《斯坦因劫經録》、《伯希和劫經録》所收漢文寫卷中夾存的藏文寫卷情況調查　《敦煌學輯刊》1981 年第 2 期　p. 111

S. 3147

陳祚龍　敦煌古抄内典尾記彙校初、二、三編合刊　敦煌學要籥　(臺北)新文豐出版公司　1982　p. 130

道端良秀　敦煌文獻に見える死後の世界　敦煌と中國仏教(講座敦煌 7)　(東京)大東出版社

1984　p. 505

金岡照光　敦煌における地獄文獻:敦煌庶民信仰の一様相　敦煌と中國仏教(講座敦煌 7)　(東京)大東出版社　1984　p. 575

小川貫弌　閻羅王授記經　敦煌と中國仏教(講座敦煌 7)　(東京)大東出版社　1984　p. 227

杜斗城　關於敦煌本《佛說十王經》的幾個問題　《世界宗教研究》1987 年第 2 期　p. 44

蕭登福　敦煌所見十九種《閻羅受記經(佛說十王經)》之校勘　敦煌俗文學論叢　(臺北)商務印書館　1988　p. 252

蕭登福　敦煌寫卷《佛說十王經》之探討　敦煌俗文學論叢　(臺北)商務印書館　1988　p. 175

杜斗城　敦煌本《佛說十王經》校録研究　甘肅教育出版社　1989　p. 46

池田溫　中國古代寫本識語集録　(東京)大藏出版株式會社　1990　p. 523

譚蟬雪　三教融合的敦煌喪俗　《敦煌研究》1991 年第 3 期　p. 74

李正宇　敦煌遺書宋人詩輯校　《敦煌研究》1992 年第 2 期　p. 39

李正宇　敦煌文學概論　甘肅人民出版社　1993　p. 103

蕭登福　道教術儀與密教典籍　(臺北)新文豐出版公司　1994　p. 428

杜斗城　北涼譯經論　甘肅文化出版社　1995　p. 42、48

王書慶　從敦煌文獻看敦煌佛教文化與中原佛教文化的交流　敦煌佛教文獻研究　敦煌研究院文獻研究所　1995　p. 29

蕭登福　道佛十王地獄說　(臺北)新文豐出版公司　1996　p. 242

榮新江　敦煌藏經洞的性質及其封閉原因　敦煌吐魯番研究(第二卷)　北京大學出版社　1997　p. 32

鄭炳林　敦煌碑銘讚輯釋　甘肅教育出版社　1997　p. 517 注 8

方廣錩　閻羅王授記勸修七齋功德經　敦煌學大辭典　上海辭書出版社　1998　p. 739

李正宇　道真　敦煌學大辭典　上海辭書出版社　1998　p. 365

李正宇　古本敦煌鄉土志八種箋證　(臺北)新文豐出版公司　1998　p. 305

羅世平　地藏十王圖像的遺存及其信仰　唐研究(第四卷)　北京大學出版社　1998　p. 409 注 2

譚蟬雪　逆修　敦煌學大辭典　上海辭書出版社　1998　p. 444

徐俊　敦煌詩集殘卷輯考　中華書局　2000　p. 114

林聰明　敦煌吐魯番文書解詁指例　(臺北)新文豐出版公司　2001　p. 154

張總　《閻羅王授記經》綴補研考　敦煌吐魯番研究(第五卷)　北京大學出版社　2001　p. 92

李德龍　沙州三界寺《授戒牒》初探　甘肅民族研究論叢　甘肅人民出版社　2002　p. 408

勝義　《俄藏敦煌文獻》第十二冊校讀記(上)　戒幢佛學(第二卷)　岳麓書社　2002　p. 631

楊秀清　唐宋敦煌地區的世俗佛教信仰　新世紀敦煌學論集　巴蜀書社　2003　p. 716

張總　地藏信仰研究　宗教文化出版社　2003　p. 325

黨燕妮　晚唐五代敦煌的十王信仰　麥積山石窟藝術文化論文集(下)　蘭州大學出版社　2004　p. 153

荒見泰史　關於地藏十王信仰成立和演變的有關資料數則　2004 年石窟研究國際學術會議論文提要集　敦煌研究院　2004　p. 62

S. 3149

湯涒　敦煌曲子詞地域文化研究　上海古籍出版社　2004　p. 173

S. 3150

土橋秀高　敦煌の律蔵　敦煌と中國仏教(講座敦煌 7)　(東京)大東出版社　1984　p. 249

S. 3151

江素雲　維摩詰所說經敦煌寫本綜合目録　(臺北)東初出版社　1991　p. 79

S. 3153

郭在貽　張涌泉　黄征　敦煌變文集校議　岳麓書社　1990　p. 171
杜愛英　敦煌遺書中俗體字的諸種類型　《敦煌研究》1992 年第 3 期　p. 123

S. 3156

藤枝晃　敦煌の僧尼籍　『東方學報』(第 35 號)　京都大學人文科學研究所　1964　p. 288
土肥義和　莫高窟千佛洞と大寺と蘭若と　敦煌の社會(講座敦煌 3)　(東京)大東出版社　1980　p. 361
姜伯勤　唐五代敦煌寺戶制度　中華書局　1987　p. 143
李正宇　敦煌地區古代祠廟寺觀簡志　《敦煌學輯刊》1988 年第 1、2 期　p. 77
山本達郎等　敦煌・III 轉貼　『NUN – HUANG AND TURFAN DOCUMENTS CONCERNING SOCIAL AND ECONOMIC HISTORY』(IV)　(東京)東洋文庫　1989　p. 84
姜伯勤　敦煌社會文書導論　(臺北)新文豐出版公司　1992　p. 204
土肥義和　唐・北宋間の「社」の組織形態に関する一考察　中國古代の國家と民衆(堀敏一先生古稀記念)　(東京)汲古書院　1995　p. 718
李正宇　敦煌史地新論　(臺北)新文豐出版公司　1996　p. 75、91
張亞萍　娜閣　唐五代敦煌的計量單位與價格換算　《敦煌學輯刊》1996 年第 2 期　p. 40
鄭炳林　晚唐五代敦煌貿易市場的物價　敦煌歸義軍史專題研究　蘭州大學出版社　1997　p. 298
李正宇　淨土寺　敦煌學大辭典　上海辭書出版社　1998　p. 631
李正宇　普光寺　敦煌學大辭典　上海辭書出版社　1998　p. 630
寧可　僧人轉帖　敦煌學大辭典　上海辭書出版社　1998　p. 430
馬德　敦煌文書《諸寺付經歷》芻議　《敦煌學輯刊》1999 年第 1 期　p. 39
郝春文　部分英藏敦煌文獻的定名問題　英國收藏敦煌漢藏文獻研究：紀念敦煌文獻發現一百周年　中國社會科學出版社　2000　p. 390
丘古耶夫斯基　敦煌漢文文書　上海古籍出版社　2000　p. 125、133、222
湛如　敦煌佛教律儀制度研究　中華書局　2003　p. 40

S. 3162

井ノ口泰淳　敦煌本『仏名經』の諸系統　中央アジアの言語と仏教　(京都)法藏館　1995　p. 287

S. 3165

江素雲　維摩詰所說經敦煌寫本綜合目録　(臺北)東初出版社　1991　p. 79
李正宇　敦煌歷史地理導論　(臺北)新文豐出版公司　1997　p. 60
張弓　漢唐佛寺文化史　中國社會科學出版社　1997　p. 315

S. 3166

池田溫　中國古代寫本識語集録　(東京)大蔵出版株式會社　1990　p. 363

S. 3168

江素雲　維摩詰所說經敦煌寫本綜合目録　(臺北)東初出版社　1991　p. 79

S. 3171

鄭阿財　敦煌孝道文學研究　(臺北)石門圖書公司　1982　p. 190

川口久雄　目連救母變文考　大目乾連冥間救母變文(敦煌資料と日本文學　3)　(東京)大東文化大學東洋研究所　1984　p. 55

道端良秀　敦煌文獻に見える死後の世界　敦煌と中國仏教(講座敦煌 7)　(東京)大東出版社　1984　p. 506

陳祚龍　看了敦煌古抄《佛說盂蘭盆經讚述》以後　敦煌學散策新集　(臺北)新文豐出版公司　1989　p. 250

方廣錩　佛說盂蘭盆經　敦煌學大辭典　上海辭書出版社　1998　p. 672

金岡照光　闢於敦煌變文與唐代佛教儀式之闢係　敦煌文藪(上)　(臺北)新文豐出版公司　1999　p. 133

金岡照光　敦煌文獻と中國文學　(東京)五曜書房　2000　p. 375

町田隆吉　『唐咸亨四年(673)左憧熹生前及隨身錢物疏』をめぐって　『西北出土文獻研究』(創刊號)　(新潟)西北出土文獻研究會　2004　p. 69

S. 3172

蕭登福　道教與密宗　(臺北)新文豐出版公司　1993　p. 439

蕭登福　道教術儀與密教典籍　(臺北)新文豐出版公司　1994　p. 427

S. 3173

王卡　太上妙法本相經　敦煌學大辭典　上海辭書出版社　1998　p. 761

山田俊　唐初道教思想史研究・論述篇　(京都)平樂寺書店　1999　p. 526

王卡　敦煌道教文獻研究　中國社會科學出版社　2004　p. 117

S. 3174

平井俊榮　敦煌仏典と中國仏教　敦煌と中國仏教(講座敦煌 7)　(東京)大東出版社　1984　p. 8

S. 3175

龍晦　論敦煌道教文學　《世界宗教研究》1985 年第 3 期　又見:中國敦煌學百年文庫・宗教卷(三)　甘肅文化出版社　1999　p. 365

S. 3177

川崎ミチコ　通俗詩類・雜詩文類　敦煌仏典と禪(講座敦煌 8)　(東京)大東出版社　1980　p. 325

矢吹慶輝　鳴沙餘韻・解說篇(第一部)　(京都)臨川書店　1980　p. 209

田中良昭　敦煌禪宗文獻の研究　(東京)大東出版社　1983　p. 515

田中良昭　《禪籍解題(一)·敦煌禪籍》補遺　俗語言研究(第三期)　(京都)禪文化研究所　1996　p. 221
湛如　敦煌布薩文與布薩次第新探　《敦煌研究》1999 年第 1 期　p. 123
徐俊　敦煌詩集殘卷輯考　中華書局　2000　p. 810、876

S. 3178

加地哲定　增補中國佛教文學研究　(東京)同朋舍　1979　p. 201
福井文雅　般若心經　敦煌と中國仏教(講座敦煌 7)　(東京)大東出版社　1984　p. 43
方廣錩　敦煌遺書中的《般若心經》譯注　《法音》1990 年第 7 期　p. 23
加地哲定著　劉衛星譯　中國佛教文學　今日中國出版社　1990　p. 172
方廣錩　《般若心經譯注集成》前言　敦煌學佛教學論叢(下)　中國佛教文化研究所　1998　p. 29
方廣錩　唐梵翻對字音般若波羅蜜多心經　敦煌學大辭典　上海辭書出版社　1998　p. 687
梅維恒　《心經》與《西遊記》的關係　唐研究(第十卷)　北京大學出版社　2004　p. 51

S. 3180

張廣達　榮新江　關於唐末宋初于闐國的國號、年號及其王家世系問題　敦煌吐魯番文獻研究論集　中華書局　1982　p. 185
張廣達　榮新江　關於敦煌出土于闐文獻的年代及其相關問題　紀念陳寅恪先生誕辰百年學術論文集　北京大學出版社　1989　p. 286
唐耕耦　陸宏基　敦煌社會經濟文獻真迹釋録(四)　全國圖書館文獻縮微複製中心　1990　p. 191
榮新江　于闐王國與瓜沙曹氏　《敦煌研究》1994 年第 2 期　p. 116
郝春文　關於唐後期五代宋初沙州僧俗的施捨問題　唐研究(第三卷)　北京大學出版社　1997　p. 30
郝春文　唐後期五代宋初敦煌僧尼的社會生活　中國社會科學出版社　1998　p. 255
湛如　敦煌佛教律儀制度研究　中華書局　2003　p. 360
黨燕妮　賓頭盧信仰及其在敦煌的流傳　《敦煌學輯刊》2005 年第 1 期　p. 68

S. 3182

平井宥慶　金剛般若經　敦煌と中國仏教(講座敦煌 7)　(東京)大東出版社　1984　p. 26
平井宥慶　敦煌流傳の金剛般若經　金剛般若經の思想的研究　(東京)春秋社　1999　p. 252

S. 3185

蕭登福　道教術儀與密教典籍　(臺北)新文豐出版公司　1994　p. 152
呂建福　中國密教史　中國社會科學出版社　1995　p. 354
伊藤美重子　敦煌本『大智度論』の整理　中國佛教石經の研究　京都大學學術出版會　1996　p. 353
方廣錩　十一面神咒心經　敦煌學大辭典　上海辭書出版社　1998　p. 699
魏迎春　敦煌菩薩漫談　民族出版社　2004　p. 81

S. 3186

蕭登福　從敦煌寫卷中看道教星斗崇拜對佛經之影響　第二屆敦煌學國際研討會論文集　(臺北)漢學研究中心　1990　p. 335

S. 3187

江素雲　維摩詰所說經敦煌寫本綜合目録　(臺北)東初出版社　1991　p. 79

S. 3189

鄭炳林　敦煌碑銘讚輯釋　甘肅教育出版社　1997　p. 383 注 3

S. 3191

張子開　敦煌寫本《六祖壇經》語辭三題　敦煌學國際研討會論文集　北京圖書館出版社　2005　p. 213

S. 3194

吳其昱著　福井文雅　樋口勝譯　大蕃國大德・三蔵法師・法成傳考　敦煌と中國仏教(講座敦煌 7)　(東京)大東出版社　1984　p. 405

上山大峻　敦煌佛教の研究　(京都)法藏館　1990　p. 186、610

胡戟　傅玫　敦煌史話　中華書局　1995　p. 128

方廣錩　大乘四法經　敦煌學大辭典　上海辭書出版社　1998　p. 696

方廣錩　大乘四法經釋　敦煌學大辭典　上海辭書出版社　1998　p. 696

楊富學　李吉和　敦煌漢文吐蕃史料輯校(第一輯)　甘肅人民出版社　1999　p. 85

S. 3195

姜亮夫　海外敦煌卷子經眼録　敦煌學論文集　上海古籍出版社　1987　p. 49

S. 3197

江素雲　維摩詰所說經敦煌寫本綜合目録　(臺北)東初出版社　1991　p. 79

張廣達　唐末五代宋初西北地區的般次和使次　季羨林教授八十華誕紀念論文集(下)　江西人民出版社　1991　p. 970

金岡照光　韻文體類:長篇叙事詩・短篇歌詠　敦煌の文學文獻(講座敦煌 9)　(東京)大東出版社　1992　p. 254

張廣達　西域史地叢稿初編　上海古籍出版社　1995　p. 337

S. 3198

杜愛英　敦煌遺書中俗體字的諸種類型　《敦煌研究》1992 年第 3 期　p. 120

S. 3199

井ノ口泰淳　敦煌本『仏名經』の諸系統　中央アジアの言語と仏教　(京都)法藏館　1995　p. 297

S. 3200

芳村修基　土橋秀高　井ノ口泰淳　敦煌佛教史年表　西域文化研究(第一)・敦煌佛教資料　(京都)法藏館　1958　p. 271

S. 3201

杜琪　表・疏　敦煌文學　甘肅人民出版社　1989　p. 19

李明偉　敦煌文學概論　甘肅人民出版社　1993　p. 458
李明偉　敦煌文學中“敦煌文”的研究和分類評價　《敦煌研究》1995 年第 4 期　p. 120

S. 3206

土橋秀高　敦煌の律藏　敦煌と中國仏教(講座敦煌 7)　(東京)大東出版社　1984　p. 262
姜伯勤　敦煌戒壇與大乘佛教　華學(第二輯)　中山大學出版社　1996　p. 325
姜伯勤　敦煌藝術宗教與禮樂文明　中國社會科學出版社　1996　p. 353
王書慶　敦煌文獻中五代宋初戒牒研究　《敦煌研究》1997 年第 3 期　p. 38
劉方　戒律之研究　敦煌學大辭典　上海辭書出版社　1998　p. 836
湛如　敦煌佛教律儀制度研究　中華書局　2003　p. 157
林鳴宇　上海圖書館所藏 861087 號卷子失缺部分之發現及其紙背戒律資料之内容意義　戒幢佛學(第三卷)　岳麓書社　2005　p. 422

S. 3207

王書慶　敦煌文獻中五代宋初戒牒研究　《敦煌研究》1997 年第 3 期　p. 38

S. 3210

金岡照光　ソビエトにおける敦煌研究文獻三種　『東洋學報』(48 卷 1 號)　(東京)東洋學術協會　1965　p. 123
平井宥慶　金剛般若經　敦煌と中國仏教(講座敦煌 7)　(東京)大東出版社　1984　p. 26
陳祚龍　看了敦煌古抄《報恩寺開溫室浴僧記》以後　敦煌學散策新集　(臺北)新文豐出版公司　1989　p. 192
平井宥慶　敦煌流傳の金剛般若經　金剛般若經の思想的研究　(東京)春秋社　1999　p. 252

S. 3211

江素雲　維摩詰所說經敦煌寫本綜合目録　(臺北)東初出版社　1991　p. 79

S. 3212

李正宇　敦煌歷史地理導論　(臺北)新文豐出版公司　1997　p. 224

S. 3216

寧可　三官　敦煌學大辭典　上海辭書出版社　1998　p. 426

S. 3217

平井俊榮　敦煌仏典と中國仏教　敦煌と中國仏教(講座敦煌 7)　(東京)大東出版社　1984　p. 8

S. 3218

丘古耶夫斯基　敦煌漢文文書　上海古籍出版社　2000　p. 222

S. 3221

方廣錩　敦煌佛教經録輯校　江蘇古籍出版社　1997　p. 1040

S. 3226

矢吹慶輝　鳴沙餘韻·解說篇(第一部)　(京都)臨川書店　1980　p. 64

S. 3227

向達　記倫敦所藏的敦煌俗文學　《新中華雜誌》1937 年第 5 卷第 13 號　p. 123 – 128　又見:唐代長安與西域文明　三聯書店　1957　p. 242；敦煌變文論文録　上海古籍出版社　1982　p. 31

向達　倫敦所藏敦煌卷子經眼目録　《北平圖書館圖書季刊》1939 年新第 1 卷第 4 期　p. 397　又見:唐代長安與西域文明　三聯書店　1957　p. 218

王利器　敦煌文學中的《韓朋賦》　文學遺産增刊(第一輯)　作家出版社　1955　又見:敦煌變文論文録　上海古籍出版社　1982　p. 683

王重民　敦煌古籍叙録　中華書局　1979　p. 332

楊家駱　敦煌變文　(臺北)世界書局　1980　p. 142

蘇瑩輝　敦煌學概要　(臺北)編譯館"中華叢書編委會"　1981　p. 70

鄭阿財　敦煌孝道文學研究　(臺北)石門圖書公司　1982　p. 77

蘇瑩輝　中外敦煌古寫本纂要　敦煌論集　(臺北)學生書局　1983　p. 341

潘重規　敦煌變文集新書(下)　(臺北)"中國文化大學"中文研究所　1984　p. 966

王慶菽　韓朋賦　敦煌變文集　人民文學出版社　1984　p. 142

王重民原編　黄永武新編　敦煌古籍叙録新編(第十六冊)　(臺北)新文豐出版公司　1986　p. 335

張鴻勳　敦煌講唱文學作品選注　甘肅人民出版社　1987　p. 67 注 6

張鴻勳　敦煌寫本《下女夫詞》新探　1983 年全國敦煌學術討論會文集·文史遺書編(下)　甘肅人民出版社　1987　p. 162

張錫厚　關於整理《敦煌賦集》的幾個問題　敦煌語言文學論文集　浙江古籍出版社　1988　p. 226

周祖謨　敦煌唐本字書叙録　敦煌語言文學研究　北京大學出版社　1988　p. 48

劉瑞明　詞文　敦煌文學　甘肅人民出版社　1989　p. 307

張錫厚　賦　敦煌文學　甘肅人民出版社　1989　p. 135

張錫厚　詩歌　敦煌文學　甘肅人民出版社　1989　p. 182 注 11

朱鳳玉　敦煌寫本字樣書研究之一　(臺北)《華岡文科學報》1989 年第 17 期　p. 122

項楚　敦煌變文選注　巴蜀書社　1990　p. 266

鄭阿財　敦煌蒙書析論　第二屆敦煌學國際研討會論文集　(臺北)漢學研究中心　1990　p. 218

朱鳳玉　敦煌寫本《碎金》系字書初探　第二屆敦煌學國際研討會論文集　(臺北)漢學研究中心　1990　p. 508

姜伯勤　敦煌社會文書導論　(臺北)新文豐出版公司　1992　p. 18

金岡照光　散文體類　敦煌の文學文獻(講座敦煌 9)　(東京)大東出版社　1992　p. 240

林家平　寧强　羅華慶　中國敦煌學史　北京語言學院出版社　1992　p. 106

周紹良　敦煌文學芻議及其它　(臺北)新文豐出版公司　1992　p. 20

張鴻勳　敦煌話本詞文俗賦導論　(臺北)新文豐出版公司　1993　p. 189

張錫厚　敦煌文學概論　甘肅人民出版社　1993　p. 285

鄭阿財　敦煌文獻與文學　(臺北)新文豐出版公司　1993　p. 248

朱鳳玉　敦煌寫卷《俗務要名林》研究　第二屆國際唐代學術會議論文集(上)　(臺北)文津出版社　1993　p. 683

伏俊璉　敦煌賦校注　甘肅人民出版社　1994　p. 2

蔣禮鴻　敦煌文獻語言詞典　杭州大學出版社　1994　p. 376

王進玉　敦煌石窟探秘　四川教育出版社　1994　p. 15
朱鳳玉　從敦煌寫本字書看唐代民間的飲食生活　中國學術研討會論文集　(臺北)大安出版會　1994　p. 167
胡戟　傅玫　敦煌史話　中華書局　1995　p. 173
張錫厚　敦煌本唐集研究　(臺北)新文豐出版公司　1995　p. 413
張金泉　許建平　敦煌音義彙考　杭州大學出版社　1996　p. 745
張錫厚　敦煌賦彙　(臺北)新文豐出版公司　1996　p. 356
黃征　《韓朋賦》補校　敦煌語文叢說　(臺北)新文豐出版公司　1997　p. 357
黃征　敦煌寫本異文綜析　敦煌語文叢說　(臺北)新文豐出版公司　1997　p. 33
黃征　張涌泉　敦煌變文校注　中華書局　1997　p. 215
劉子瑜　敦煌變文和王梵志詩　大象出版社　1997　p. 77
程毅中　韓朋賦　敦煌學大辭典　上海辭書出版社　1998　p. 587
高國藩　敦煌俗文化學　上海三聯書店　1999　p. 459
黃征　程惠新　劫塵遺珠:敦煌遺書　甘肅教育出版社　1999　p. 67
伏俊璉　俗情雅韻:敦煌賦選析　甘肅人民出版社　2000　p. 90
張鴻勳　說唱藝術奇葩:敦煌變文選評　甘肅人民出版社　2000　p. 91
張錫厚　敦煌文學源流　作家出版社　2000　p. 67、200、551
陶敏　李一飛　隋唐五代文學史料學　中華書局　2001　p. 350
黃征　敦煌語言文字學研究　甘肅教育出版社　2002　p. 52
張鴻勳　敦煌俗文學研究　甘肅人民出版社　2002　p. 6
鄭阿財　朱鳳玉　敦煌蒙書研究　甘肅教育出版社　2002　p. 86

S. 3228

福井文雅　般若心經　敦煌と中國仏教(講座敦煌 7)　(東京)大東出版社　1984　p. 39
陳祚龍　敦煌學新簡　敦煌文物散論　(臺北)新文豐出版公司　1993　p. 161
張涌泉　敦煌本《佛說父母恩重經》研究　文史(第四十九輯)　中華書局　1999　p. 69
馬世長　《父母恩重經》寫本與變相　敦煌研究文集・敦煌石窟經變篇　甘肅民族出版社　2000　p. 398
町田隆吉　『唐咸亨四年(673)左憧熹生前及隨身錢物疏』をめぐって　『西北出土文獻研究』(創刊號)　(新潟)西北出土文獻研究會　2004　p. 69

S. 3229

史雙元　唐五代詞紀事會評　黃山書社　1995　p. 386

S. 3233

李正宇　敦煌歷史地理導論　(臺北)新文豐出版公司　1997　p. 214

S. 3234

姜伯勤　唐五代敦煌寺戶制度　中華書局　1987　p. 269
鄭炳林　敦煌碑銘讚輯釋　甘肅教育出版社　1997　p. 556 注 13

S. 3237

王重民原編　黄永武新編　敦煌古籍叙録新編(第十冊)　(臺北)新文豐出版公司　1986　p. 351

蘇瑩輝　從敦煌遺書的發現論中國古典文學和俗講作品對後世的影響　敦煌文史藝術論叢　(臺北)新文豐出版公司　1987　p. 11

S. 3239

姜伯勤　敦煌藝術宗教與禮樂文明　中國社會科學出版社　1996　p. 268

姜伯勤　道釋相激:道教在敦煌　道家文化研究(第十三輯)　三聯書店　1998　p. 27

S. 3240

井ノ口泰淳　敦煌本『仏名經』の諸系統　中央アジアの言語と仏教　(京都)法藏館　1995　p. 296

S. 3242

杜愛英　敦煌遺書中俗體字的諸種類型　《敦煌研究》1992 年第 3 期　p. 119

S. 3245

石內德　敦煌文獻中被廢棄的殘經抄本　法國漢學(敦煌學專號)　中華書局　2000　p. 21

鄭炳林　晚唐五代敦煌村莊聚落輯考　2000 年敦煌學國際學術討論會文集・歷史文化卷(上)　甘肅民族出版社　2003　p. 133

胡同慶　宋琪　試探麥積山石窟摩崖龕的功能和意義　麥積山石窟藝術文化論文集(上)　蘭州大學出版社　2004　p. 226

S. 3251

福井文雅　般若心經　敦煌と中國仏教(講座敦煌 7)　(東京)大東出版社　1984　p. 39

S. 3252

福井文雅撰　郭自得譯　般若心經觀在中國的變遷　敦煌學(第 6 輯)　(臺北)新文豐出版公司　1983　p. 26

福井文雅　般若心經　敦煌と中國仏教(講座敦煌 7)　(東京)大東出版社　1984　p. 39

簡濤　敦煌本《燕子賦》考論　《敦煌研究》1986 年第 3 期　p. 26

池田溫　中國古代寫本識語集録　(東京)大藏出版株式會社　1990　p. 514

林聰明　敦煌文書學　(臺北)新文豐出版公司　1991　p. 149

方廣錩　般若波羅蜜多心經　敦煌學大辭典　上海辭書出版社　1998　p. 685

金岡照光　敦煌文獻と中國文學　(東京)五曜書房　2000　p. 429

李正宇　唐宋時期敦煌佛經性質功能的變化　戒幢佛學(第二卷)　岳麓書社　2002　p. 23　又見:中日敦煌佛教學術會議論文集　中國社會科學院研究所　2002　p. 19

王蘭平　敦煌寫本 ДХ6062《歸義軍時期大般若經抄寫紙曆》及其相關問題考釋　敦煌佛教藝術文化國際學術研討會論文集　蘭州大學出版社　2002　p. 72

S. 3254

劉進寶　歸義軍土地制度初探　《敦煌研究》1997 年第 2 期　p. 46

劉進寶　敦煌歷史文化　甘肅人民出版社　2000　p. 128

劉進寶　敦煌文書與唐史研究　(臺北)新文豐出版公司　2000　p. 145
劉進寶　敦煌學通論　甘肅教育出版社　2002　p. 85

S. 3256
江素雲　維摩詰所說經敦煌寫本綜合目録　(臺北)東初出版社　1991　p. 80
楊富學　李吉和　敦煌漢文吐蕃史料輯校(第一輯)　甘肅人民出版社　1999　p. 185

S. 3257
張先堂　佛教義理與小說藝術聯姻的産兒:論敦煌寫本佛教靈驗記　《甘肅社會科學》1990 年第 5 期　p. 163
張先堂　敦煌文學概論　甘肅人民出版社　1993　p. 340
鄭阿財　敦煌寫卷《懺悔滅罪金光明經傳》初探　慶祝潘石禪先生九秩華誕敦煌學特刊　(臺北)文津出版社　1996　p. 583
鄭阿財　敦煌寫卷《懺悔滅罪金光明經傳》研究　敦煌文藪(下)　(臺北)新文豐出版公司　1999　p. 72
楊寶玉　《懺悔滅罪金光明經冥報傳》校考　英國收藏敦煌漢藏文獻研究:紀念敦煌文獻發現一百周年　中國社會科學出版社　2000　p. 330

S. 3258
張金泉　敦煌佛經音義寫卷述要　《敦煌研究》1997 年第 2 期　p. 120

S. 3265
蕭登福　從敦煌寫卷中看道教星斗崇拜對佛經之影響　第二屆敦煌學國際研討會論文集　(臺北)漢學研究中心　1990　p. 335

S. 3267
蕭登福　從敦煌寫卷中看道教星斗崇拜對佛經之影響　第二屆敦煌學國際研討會論文集　(臺北)漢學研究中心　1990　p. 335

S. 3270
黄盛璋　敦煌漢文與于闐文書中之龍家及其相關問題　全國敦煌學研討會論文集　(臺北)中正大學中國文學系所　1995　p. 63　又見:《西域研究》1996 年第 1 期　p. 29

S. 3271
郝春文　敦煌私社的“義聚”　《中國社會經濟史研究》1989 年第 4 期　p. 27
饒宗頤　“唐詞”辨正　(香港)《九州學刊》(敦煌學專輯)1992 年第 4 卷第 4 期　p. 111　又見:敦煌曲續論　(臺北)新文豐出版公司　1996　p. 204

S. 3272
蕭登福　道教與密宗　(臺北)新文豐出版公司　1993　p. 432
孫修身　試論瓜沙曹氏與甘州回鶻之關係　敦煌學國際研討會文集・史地語文編　遼寧美術出版社　1995　p. 113

蕭登福　道教與佛教　(臺北)東大圖書公司　1995　p. 56

S. 3273

伊藤美重子　敦煌本『大智度論』の整理　中國佛教石經の研究　京都大學學術出版會　1996　p. 384

S. 3274

金岡照光　敦煌における地獄文獻:敦煌庶民信仰の一樣相　敦煌と中國仏教(講座敦煌 7)　(東京)大東出版社　1984　p. 570

方廣錩　觀佛三昧海經　敦煌學大辭典　上海辭書出版社　1998　p. 663

S. 3276

井ノ口泰淳　敦煌本『仏名經』の諸系統　中央アジアの言語と仏教　(京都)法藏館　1995　p. 308

馬德　敦煌莫高窟史研究　甘肅教育出版社　1996　p. 260

S. 3277

金岡照光　敦煌漢文文學文獻の文學形態上の種類とその分類　敦煌出土文學文獻分類目録・附解說　(東京)東洋文庫　1971　p. 213

朱鳳玉　敦煌寫本《碎金》系字書初探　第二屆敦煌學國際研討會論文集　(臺北)漢學研究中心　1990　p. 514

朱鳳玉　敦煌寫卷《俗務要名林》研究　第二屆國際唐代學術會議論文集(上)　(臺北)文津出版社　1993　p. 670

朱鳳玉　俄藏敦煌寫本《雜字》研究　新國學(第二卷)　巴蜀書社　2000　p. 313

鄭阿財　朱鳳玉　敦煌蒙書研究　甘肅教育出版社　2002　p. 98

S. 3278

金岡照光　敦煌文學のさまざま　敦煌の文學　(東京)大藏出版株式會社　1971　p. 122

王三慶　敦煌寫卷中武后新字之調查研究　唐代研究論集(第三輯)　(臺北)新文豐出版公司　1992　p. 89

藤枝晃著　徐慶全　李樹清譯　敦煌寫本概述　《敦煌研究》1996 年第 2 期　p. 119

高啓安　王璽玉　唐五代敦煌人的飲食品種研究　《敦煌研究》1999 年第 2 期　p. 70

鄭阿財　朱鳳玉　敦煌蒙書研究　甘肅教育出版社　2002　p. 20

高啓安　唐五代敦煌飲食文化研究　民族出版社　2004　p. 167

S. 3279

池田溫　中國古代寫本識語集録　(東京)大藏出版株式會社　1990　p. 392

S. 3280

池田溫　中國古代寫本識語集録　(東京)大藏出版株式會社　1990　p. 390

S. 3281

菅原信海　占筮書　敦煌漢文文獻(講座敦煌 5)　(東京)大東出版社　1992　p. 456

馬繼興　敦煌醫藥文獻輯校　江蘇古籍出版社　1998　p. 772。

S. 3282

池田溫　中國古代寫本識語集録　（東京）大藏出版株式會社　1990　p. 389

王卡　靈寶自然齋儀　敦煌學大辭典　上海辭書出版社　1998　p. 764

S. 3284

劉永明　散見敦煌曆朔閏輯考　《敦煌研究》2002 年第 6 期　p. 11

S. 3285

池田溫　中國古代寫本識語集録　（東京）大藏出版株式會社　1990　p. 389

S. 3287

向達　倫敦所藏敦煌卷子經眼目録《北平圖書館圖書季刊》1939 年新第 1 卷第 4 期　p. 397　又見:唐代長安與西域文明　三聯書店　1957　p. 218

劉銘恕　再記英國倫敦所藏的敦煌經卷　《中國科學院圖書館通訊》1957 年第 7 期　又見:中國敦煌學百年文庫・綜述卷(二)　甘肅文化出版社　1999　p. 139

藤枝晃　敦煌の僧尼籍　『東方學報』(第 35 號)　京都大學人文科學研究所　1964　p. 328

寺岡龍含　敦煌本郭象注莊子南華真經研究總論　福井漢文學會　1966　p. 99

池田溫　中國古代籍帳研究:概観・録文　東京大學東洋文化研究所　1979　p. 519

加地哲定　增補中國佛教文學研究　（東京)同朋舍　1979　p. 200

北原薰　晚唐・五代の敦煌寺院経済——収支決算報告を中心に　敦煌の社會(講座敦煌 3)　（東京)大東出版社　1980　p. 408

山口瑞鳳　吐蕃の敦煌支配期間　敦煌の歷史(講座敦煌 2)　（東京)大東出版社　1980　p. 213

宋家鈺　唐代手實初探　魏晉隋唐史論集(第一輯)　中國社會科學出版社　1981　p. 220

陳國燦　敦煌所出諸借契年代考　魏晉南北朝隋唐史資料(第 4 輯)　武漢大學出版社　1982　p. 8　又見:《敦煌學輯刊》1984 年第 1 期　p. 1

陳祚龍　新集敦煌古抄釋門的詩歌與曲子　敦煌簡策訂存　（臺北)商務印書館　1983　p. 195

楊際平　吐蕃時期敦煌計口授田考　《社會科學》1983 年第 2 期　又見:中國敦煌學百年文庫・歷史卷(一)　甘肅文化出版社　1999　p. 524

廣川堯敏　禮讃　敦煌と中國仏教(講座敦煌 7)　（東京)大東出版社　1984　p. 468

饒宗頤解說　林宏作譯　敦煌書法叢刊　(第十二卷)・經史(十)　（東京)二玄社　1984　p. 69

王重民　《敦煌遺書總目索引》後記　敦煌遺書論文集　中華書局　1984　p. 67

陳國燦　唐朝吐蕃陷落沙州的時間問題　《敦煌學輯刊》1985 年第 1 期　p. 5

立格夫斯基著　道奮譯　八至十世紀敦煌的經濟生活與經濟形態　《甘肅民族研究》1986 年第 4 期　p. 99

楊際平　關於唐天寶敦煌差科簿的幾個問題　敦煌吐魯番出土經濟文書研究　廈門大學出版社　1986　p. 158

楊際平　吐蕃子年左二將戶狀與所謂"擘三部落"　《敦煌學輯刊》1986 年第 2 期　p. 19

朱鳳玉　王梵志詩研究(上、下)　(臺北)學生書局　1986　p. 296;310

黃家全　敦煌寫本《千字文》試論　1983 年全國敦煌學術討論會文集・文史遺書編(下)　甘肅人民出版社　1987　p. 348

姜伯勤　唐五代敦煌寺戶制度　中華書局　1987　p. 44
李正宇　敦煌學郎題記輯注　《敦煌學輯刊》1987 年第 1 期　p. 40
李正宇　《吐蕃子年(西元 808 年)沙州百姓氾履倩等戶籍手實殘卷》研究　1983 年全國敦煌學術討論會文集・文史遺書編(上)　甘肅人民出版社　1987　p. 176
王永興　隋唐五代經濟史料彙編校注・第一編(上、下)　中華書局　1987　p. 319、941;1053
項楚　王梵志詩校注　敦煌吐魯番文獻研究論集(第四輯)　北京大學出版社　1987　p. 593
楊銘　吐蕃時期敦煌部落設置考　《西北史地》1987 年第 2 期　p. 34
高國藩　敦煌民俗學　上海文藝出版社　1989　p. 104
李明偉　狀・牒・帖　敦煌文學　甘肅人民出版社　1989　p. 41
李正宇　敦煌佚詩零珠　《敦煌語言文學研究通訊》1989 年第 1 期　p. 6
嚴敦傑　跋敦煌唐乾符四年曆書　中國古代天文文物論集　文物出版社　1989　p. 247
郝春文　唐後期五代宋初沙州僧尼的特點　敦煌吐魯番學研究論文集　漢語大詞典出版社　1990　p. 847
加地哲定著　劉衛星譯　中國佛教文學　今日中國出版社　1990　p. 171
李天石　敦煌吐魯番文書中的奴婢資料及其價值《敦煌學輯刊》1990 年第 1 期　p. 2、13
榮新江　通頰考　文史(第三十三輯)　中華書局　1990　p. 140 注 20
唐耕耦　陸宏基　敦煌社會經濟文獻真迹釋録(二)　全國圖書館文獻縮微複製中心　1990　p. 377
謝重光　白文固　中國僧官制度史　青海人民出版社　1990　p. 125 注 3
鄭阿財　敦煌蒙書析論　第二屆敦煌學國際研討會論文集　(臺北)漢學研究中心　1990　p. 216
周偉洲　吐蕃對河隴的統治及歸義軍前期的河西諸族　《甘肅民族研究》1990 年第 2 期　p. 4
佐竹靖彦　唐宋變革の地域的研究　(東京)同朋舍　1990　p. 164
東野治之　敦煌と日本の『千字文』遣唐使と正倉院　(東京)岩波書店　1992　p. 245
東野治之　訓蒙書　敦煌漢文文獻(講座敦煌 5)　(東京)大東出版社　1992　p. 413
金岡照光　邈真讚　敦煌の文學文獻(講座敦煌 9)　(東京)大東出版社　1992　p. 606
林家平　寧强　羅華慶　中國敦煌學史　北京語言學院出版社　1992　p. 538
吳其昱著　伊藤美重子譯　敦煌漢文寫本概観　敦煌漢文文獻(講座敦煌 5)　(東京)大東出版社　1992　p. 106
佐竹靖彦　唐末宋初敦煌地區戶籍制度的演變　唐代均田制研究選譯　甘肅教育出版社　1992　p. 175
李明偉　敦煌文學概論　甘肅人民出版社　1993　p. 464
李正宇　敦煌文學概論　甘肅人民出版社　1993　p. 148
李正宇　敦煌遺書中的檔案資料及其價值意義　《魏晉南北朝隋唐史》1993 年第 5 期　p. 66
前田正名　河西歷史地理學研究　中國藏學出版社　1993　p. 243
王震亞　趙熒　敦煌殘卷爭訟文牒集釋　甘肅人民出版社　1993　p. 82
項楚　敦煌詩歌導論　(臺北)新文豐出版公司　1993　p. 112
張錫厚　敦煌文學概論　甘肅人民出版社　1993　p. 363
劉進寶　關於吐蕃統治經營河西地區的若干問題《中國邊疆史地研究》1994 年第 1 期　p. 13
沃興華　敦煌書法藝術　上海人民出版社　1994　p. 53、73
胡戟　傅玫　敦煌史話　中華書局　1995　p. 182
劉進寶　吐蕃對河西的統治與經營　敦煌吐魯番學研究論集　書目文獻出版社　1996　p. 323
馬子海　吐蕃統治下的河西走廊　《西北師大學報》(社會科學版)1996 年第 2 期　p. 103
楊銘　吐蕃"十將"(Tshan bcu)制補證　《中國藏學》1996 年第 2 期　又見:中國敦煌學百年文庫・

民族卷(二) 甘肅文化出版社 1999 p. 59
馮培紅 晚唐五代宋初歸義軍武職軍將研究 敦煌歸義軍史專題研究 蘭州大學出版社 1997 p. 140
高啓安 唐宋時期敦煌人名探析 《敦煌研究》1997 年第 4 期 p. 123
李并成 古代河西走廊桑蠶絲織業考 《敦煌學輯刊》1997 年第 2 期 p. 63
劉子瑜 敦煌變文和王梵志詩 大象出版社 1997 p. 78
楊際平 郭鋒 張和平 五—十世紀敦煌的家庭與家族關係 岳麓書社 1997 p. 144
楊銘 吐蕃統治敦煌研究 (臺北)新文豐出版公司 1997 p. 21、38、270
張弓 漢唐佛寺文化史 中國社會科學出版社 1997 p. 833
鄭炳林 敦煌碑銘讚輯釋 甘肅教育出版社 1997 p. 147 注 3
陳國燦 擘三部落 敦煌學大辭典 上海辭書出版社 1998 p. 300
陳國燦 將 敦煌學大辭典 上海辭書出版社 1998 p. 302
鄧文寬 六甲納音歌訣 敦煌學大辭典 上海辭書出版社 1998 p. 614
郝春文 唐後期五代宋初敦煌僧尼的社會生活 中國社會科學出版社 1998 p. 113
郝春文 唐後期五代宋初敦煌僧人的稅役負擔 《敦煌學輯刊》1998 年第 2 期 p. 7
金瀅坤 吐蕃統治敦煌的社會基層組織 《中國邊疆史地研究》1998 年第 4 期 p. 29
李正宇 敦煌遺書檔案資料 敦煌學大辭典 上海辭書出版社 1998 p. 391
李正宇 團 敦煌學大辭典 上海辭書出版社 1998 p. 305
李正宇 學郎詩 敦煌學大辭典 上海辭書出版社 1998 p. 558
李正宇 子年沙州擘三部落左二將百姓氾履倩等手實 敦煌學大辭典 上海辭書出版社 1998 p. 403
劉方 中國佛教史研究 敦煌學大辭典 上海辭書出版社 1998 p. 839
劉濤 敦煌書法 敦煌學大辭典 上海辭書出版社 1998 p. 274
饒宗頤 由懸泉置漢代紙帛法書名迹談早期敦煌書家 出土文獻研究(第四輯) 文物出版社 1998 p. 2
宋家鈺 手實 敦煌學大辭典 上海辭書出版社 1998 p. 403
張錫厚 柴劍虹 樂入山讚 敦煌學大辭典 上海辭書出版社 1998 p. 544
張先堂 晚唐至宋初淨土五會念佛法門在敦煌的流傳 《敦煌研究》1998 年第 1 期 p. 52
劉進寶 敦煌歷史文化 甘肅人民出版社 2000 p. 94
劉進寶 敦煌文書與唐史研究 (臺北)新文豐出版公司 2000 p. 11、93
宋家鈺 英國收藏敦煌文獻叙録 英國收藏敦煌漢藏文獻研究:紀念敦煌文獻發現一百周年 中國社會科學出版社 2000 p. 172
徐俊 敦煌詩集殘卷輯考 中華書局 2000 p. 877
楊寶玉 敦煌史話 中國大百科全書出版社 2000 p. 96、159
張錫厚 敦煌文學源流 作家出版社 2000 p. 71
張涌泉 漢語俗字叢考 中華書局 2000 p. 1147
黃正建 敦煌占卜文書與唐五代占卜研究 學苑出版社 2001 p. 172
林聰明 敦煌吐魯番文書解詁指例 (臺北)新文豐出版公司 2001 p. 175
謝重光 漢唐佛教社會史論 (臺北)國際文化事業有限公司 2001 p. 248 注 4
陳國燦 敦煌學史事新證 甘肅教育出版社 2002 p. 328、480
金瀅坤 吐蕃瓜州節度使初探 《敦煌研究》2002 年第 2 期 p. 22
林仁昱 論敦煌佛教歌曲特質與“弘法”的關係 敦煌學(第 23 輯) (臺北)樂學書局有限公司

2002　p. 74
劉進寶　敦煌學通論　甘肅教育出版社　2002　p. 57、293
楊寶玉　敦煌滄桑　長江文藝出版社　2002　p. 134、244
洪藝芳　敦煌社會經濟文書中的唐五代新興量詞研究　敦煌學(第 24 輯)　(臺北)樂學書局有限公司　2003　p. 103
林仁昱　論敦煌佛教歌曲向通俗傳播的內容　中國俗文化研究(第一輯)　巴蜀書社　2003　p. 188
王克孝　顏廷亮　從敦煌吐魯番文書看唐代手實文書的編製與類型　2000 年敦煌學國際學術討論會文集・歷史文化卷(上)　甘肅民族出版社　2003　p. 213
王啓濤　中古及近代法制文書語言研究　巴蜀書社　2003　p. 63
楊銘　四件英藏敦煌藏文文書考釋　2000 年敦煌學國際學術討論會文集・歷史文化卷(上)　甘肅民族出版社　2003　p. 290
張子開　敦煌文獻中的白話禪詩　《敦煌學輯刊》2003 年第 1 期　p. 88
朱鳳玉　《俄藏敦煌文獻》11－17 冊中之文學文獻叙録　冉雲華先生八秩華誕壽慶論文集　(臺北)法光出版社　2003　p. 79
李天石　中國中古良賤身份制度研究　南京師範大學出版社　2004　p. 25
陳麗萍　敦煌文書所見唐五代婚變現象初探(一)　《敦煌學輯刊》2005 年第 2 期　p. 171
陳麗萍　敦煌籍帳中夫妻年歲差距過大現象初探　《首都師範大學學報》2006 年第 2 期　p. 9
馬國俊　敦煌遺書民間書法特徵研究　《敦煌研究》2006 年第 2 期　p. 34

S. 3288

平井俊榮　敦煌仏典と中國仏教　敦煌と中國仏教(講座敦煌 7)　(東京)大東出版社　1984　p. 8
杜愛英　敦煌遺書中俗體字的諸種類型　《敦煌研究》1992 年第 3 期　p. 121
張金泉　敦煌佛經音義寫卷述要　《敦煌研究》1997 年第 2 期　p. 120
方廣錩　光讚般若經　敦煌學大辭典　上海辭書出版社　1998　p. 680
劉樂賢　敦煌卷子與《乙巳占》對讀一例　出土文獻研究(第六輯)　文物出版社　2004　p. 267

S. 3289

項楚　敦煌詩歌導論　(臺北)新文豐出版公司　1993　p. 212

S. 3291

郝春文　《上海博物館藏敦煌吐魯番文獻》讀後　《敦煌學輯刊》1994 年第 2 期　p. 120

S. 3292

唐耕耦　制授告身式　敦煌學大辭典　上海辭書出版社　1998　p. 381

S. 3296

石田勇作　敦煌「社文書」研究序說　中國古代の國家と民衆(堀敏一先生古稀記念)　(東京)汲古書院　1995　p. 688
楊森　談敦煌社邑文書中“三官”及“録事”“虞侯”的若干問題　《敦煌研究》1999 年第 3 期　p. 84

S. 3303

陳祚龍　敦煌古抄內典尾記彙校初、二、三編合刊　敦煌學要籥　(臺北)新文豐出版公司　1982

p. 130
池田溫　中國古代寫本識語集録　(東京)大藏出版株式會社　1990　p. 389
昞麟　張謙逸在吐蕃時期的任職　《敦煌學輯刊》1993 年第 1 期　p. 83
張錫厚　敦煌文學概論　甘肅人民出版社　1993　p. 390
李際寧　敦煌疑僞經典《佛母經》考察　《北京圖書館館刊》1996 年第 4 期　p. 83　又見: 中國敦煌學百年文庫・宗教卷(二)　甘肅文化出版社　1999　p. 447
鄭炳林　敦煌碑銘讚輯釋　甘肅教育出版社　1997　p. 306 注 7
楊森　張謙逸　敦煌學大辭典　上海辭書出版社　1998　p. 349
張延清　張議潮與吐蕃文化　《敦煌研究》2005 年第 3 期　p. 88

S. 3305
江素雲　維摩詰所說經敦煌寫本綜合目録　(臺北)東初出版社　1991　p. 80

S. 3306
李際寧　佛母經　藏外佛教文獻(第一輯)　宗教文化出版社　1995　p. 375
方廣錩　佛母經　敦煌學大辭典　上海辭書出版社　1998　p. 732

S. 3308
陳祚龍　敦煌古抄內典尾記彙校初、二、三編合刊　敦煌學要籥　(臺北)新文豐出版公司　1982　p. 130
池田溫　中國古代寫本識語集録　(東京)大藏出版株式會社　1990　p. 389
邰惠莉　娜閣　甘肅省圖書館收藏敦煌文獻簡介　《敦煌學輯刊》1998 年第 2 期　p. 74

S. 3309
陳祚龍　敦煌古抄內典尾記彙校初、二、三編合刊　敦煌學要籥　(臺北)新文豐出版公司　1982　p. 130
池田溫　中國古代寫本識語集録　(東京)大藏出版株式會社　1990　p. 393

S. 3310
陳祚龍　敦煌古抄內典尾記彙校初、二、三編合刊　敦煌學要籥　(臺北)新文豐出版公司　1982　p. 130
池田溫　中國古代寫本識語集録　(東京)大藏出版株式會社　1990　p. 391

S. 3311
陳祚龍　敦煌古抄內典尾記彙校初、二、三編合刊　敦煌學要籥　(臺北)新文豐出版公司　1982　p. 131
池田溫　中國古代寫本識語集録　(東京)大藏出版株式會社　1990　p. 391

S. 3316
杜愛英　敦煌遺書中俗體字的諸種類型　《敦煌研究》1992 年第 3 期　p. 122
景盛軒　試論敦煌佛經異文研究的價值和意義　《敦煌研究》2004 年第 5 期　p. 86

S. 3320

王書慶　敦煌文獻中五代宋初戒牒研究《敦煌研究》1997 年第 3 期　p. 37

S. 3321

王三慶　敦煌寫卷中武后新字之調查研究　唐代研究論集(第三輯)　(臺北)新文豐出版公司　1992　p. 89

S. 3323

唐耕耦　陸宏基　敦煌社會經濟文獻真迹釋録(三)　全國圖書館文獻縮微複製中心　1990　p. 321

S. 3326

素癡　不列顛博物院所藏中國寫本皆記《國文周刊》1934 年第 11 卷第 21 期　又見:中國敦煌學百年文庫·綜述卷(一)　甘肅文化出版社　1999　p. 59

向達　倫敦所藏敦煌卷子經眼目録　《北平圖書館圖書季刊》1939 年新第 1 卷第 4 期　p. 397　又見:唐代長安與西域文明　三聯書店　1957　p. 218

羅福頤　敦煌石室文物對於學術上的貢獻　《歷史教學》1951 年第 5 期　又見:中國敦煌學百年文庫·考古卷(四)　甘肅文化出版社　1999　p. 7

席澤宗　敦煌星圖　《文物》1966 年第 3 期　又見:中國古代天文文物論集　文物出版社　1989　p. 181 ；中國敦煌學百年文庫·科技卷　甘肅文化出版社　1999　p. 172

周丕顯　敦煌科技書卷叢談　《敦煌學輯刊》1981 年第 2 期　p. 57

馬世長　敦煌縣博物館藏星圖、占雲氣書殘卷:敦博第五八號卷子研究之三　敦煌吐魯番文獻研究論集　中華書局　1982　p. 477、479、484、487、488

何丙郁　何冠彪　敦煌殘卷占雲氣書研究　(臺北)藝文印書館　1985　p. 41

馬世長　《敦煌星圖》的年代　1983 年全國敦煌學術討論會文集·文史遺書編(上)　甘肅人民出版社　1987　p. 367　又見:中國古代天文文物論集　文物出版社　1989　p. 195

趙承澤　敦煌學和科技史　1983 年全國敦煌學術討論會文集·文史遺書編(上)　甘肅人民出版社　1987　p. 408

馬世長　敦煌寫本紫微垣星圖　中國古代天文文物論集　文物出版社　1989　p. 199

王進玉　漫步敦煌藝術科技畫廊　文物出版社　1989　p. 99

夏鼐　另一件敦煌星圖寫本:《敦煌星圖乙本》　中國古代天文文物論集　文物出版社　1989　p. 211　又見:中國敦煌學百年文庫·科技卷　甘肅文化出版社　1999　p. 131

榮新江　話說敦煌　山東教育出版社　1991　p. 106

何丙鬱著　臺建群譯　一份遺失的占星術著作:敦煌殘卷占雲氣書　《敦煌研究》1992 年第 2 期　p. 85

菅原信海　占筮書　敦煌漢文文獻(講座敦煌 5)　(東京)大東出版社　1992　p. 453

林家平　寧强　羅華慶　中國敦煌學史　北京語言學院出版社　1992　p. 584

胡同慶　羅華慶　敦煌學入門　甘肅人民出版社　1994　p. 75

王進玉　敦煌石窟探秘　四川教育出版社　1994　p. 77

胡戟　傅玫　敦煌史話　中華書局　1995　p. 195

劉進寶　敦煌學論述　(臺北)洪葉文化事業有限公司　1995　p. 288

鄧文寬　敦煌天文曆法文獻輯校　江蘇古籍出版社　1996　p. 58

鄧文寬　敦煌吐魯番文獻重文符號釋讀舉隅　敦煌吐魯番學耕耘録　(臺北)新文豐出版公司

1996　p. 319

鄧文寬　白描電神像　敦煌學大辭典　上海辭書出版社　1998　p. 239

鄧文寬　全天星圖　敦煌學大辭典　上海辭書出版社　1998　p. 604

饒宗頤　馬王堆《陰陽五行》之天一圖:漢初天一家遺説考　燕京學報(新第7期)　北京大學出版社　1999　p. 71

顔廷亮　敦煌文化　光明日報出版社　2000　p. 118、210

楊秀清　華戎交會的都市:敦煌與絲綢之路　甘肅人民出版社　2000　p. 123

黄正建　敦煌占卜文書與唐五代占卜研究　學苑出版社　2001　p. 51

榮新江　敦煌學十八講　北京大學出版社　2001　p. 294

鄧文寬　敦煌吐魯番天文曆法研究　甘肅教育出版社　2002　p. 5、25

杜澤遜　文獻學概要　中華書局　2002　p. 515

李斌城　唐代文化　中國社會科學出版社　2002　p. 1582

楊富學　回鶻文獻與回鶻文化　民族出版社　2002　p. 319

張弓　敦煌四部籍與中古後期社會的文化情境　敦煌學(第25輯)　(臺北)樂學書局有限公司　2004　p. 330

鄧文寬　劉樂賢　敦煌天文氣象占寫本概述　敦煌吐魯番研究(第九卷)　北京大學出版社　2006　p. 411

S. 3328

井ノ口泰淳　敦煌本『仏名經』の諸系統　中央アジアの言語と仏教　(京都)法藏館　1995　p. 296

S. 3329

向達　羅叔言《補唐書張議潮傳》補正　遼海引年集　和記印書館　1947　p. 85　又見:唐代長安與西域文明　三聯書店　1957　p. 418

金啓綜　唐末沙州(敦煌)張議潮的起義　《歷史教學》1954年第2期　又見:中國敦煌學百年文庫・歷史卷(一)　甘肅文化出版社　1999　p. 116

劉銘恕　再記英國倫敦所藏的敦煌經卷　《中國科學院圖書館通訊》1957年第7期　又見:中國敦煌學百年文庫・綜述卷(二)　甘肅文化出版社　1999　p. 132

唐長孺　關於歸義軍節度使的幾種資料跋　《中華文史論叢》1962年第1期　又見:敦煌學文選(上)　蘭州大學歷史系敦煌學研究室等　1983　p. 179、182 ; 敦煌吐魯番文書研究　甘肅人民出版社　1984　p. 171、175 ; 絲綢之路文獻叙録　蘭州大學出版社　1989　p. 51 ; 山居存稿　中華書局　1989　p. 444 ; 中國敦煌學百年文庫・歷史卷(一)　甘肅文化出版社　1999　p. 211

長澤和俊　敦煌　(東京)築摩書房　1965　p. 186

姜亮夫　唐五代瓜沙張曹兩世家考　《中華文史論叢》1979年第3期　又見:中國敦煌學百年文庫・歷史卷(一)　甘肅文化出版社　1999　p. 350

賀世哲　敦煌莫高窟供養人題記校勘　《中國史研究》1980年第3期　p. 37

山口瑞鳳　吐蕃の敦煌支配期間　敦煌の歷史(講座敦煌2)　(東京)大東出版社　1980　p. 199

蘇瑩輝　敦煌學概要　(臺北)編譯館"中華叢書編委會"　1981　p. 247

高田時雄　チベット文字轉寫阿彌陀經の奥書　『人文研究』(第65輯)　(小樽市)小樽商科大學　1983　p. 7

蘇瑩輝　略論唐代河西五州之陷蕃及其光復時期　敦煌論集續編　(臺北)學生書局　1983　p. 165

蘇瑩輝　論張議潮收復河隴州郡之年代　敦煌論集續編　(臺北)學生書局　1983　p. 8、11
蘇瑩輝　試論張議潮收復河隴後遣使獻表長安之年代　敦煌論集續編　(臺北)學生書局　1983　p. 144
蘇瑩輝　張議潮　敦煌論集　(臺北)學生書局　1983　p. 235
向達　補唐書張議潮傳補正　敦煌學文選(上)　蘭州大學歷史系敦煌學研究室等　1983　p. 52
饒宗頤解說　林宏作譯　敦煌書法叢刊(第十九卷)・碎金(二)　(東京)二玄社　1984　p. 95
吳其昱著　福井文雅　樋口勝譯　大蕃國大德・三藏法師・法成傳考　敦煌と中國仏教(講座敦煌7)　(東京)大東出版社　1984　p. 385
饒宗頤解說　林宏作譯　敦煌書法叢刊(第十五卷)・牒狀(二)　(東京)二玄社　1985　p. 80
陳國燦　八、九世紀間唐朝西州統治政權的轉移　魏晉南北朝隋唐史資料(第8輯)　武漢大學出版社　1986　p. 18
姜亮夫　羅振玉補唐書張議潮傳訂補　向達先生紀念論文集　新疆人民出版社　1986　p. 74、80　又見:敦煌學論文集　上海古籍出版社　1987　p. 884、892；姜亮夫全集(十四)　雲南人民出版社　2002　p. 314
李正宇　唐宋時代的敦煌學校　《敦煌研究》1986年第1期　p. 46 注9
榮新江　歸義軍及其與周邊民族的關係初探　《敦煌學輯刊》1986年第2期　p. 31　又見:中國人文社會科學博士碩士文庫・歷史學卷　浙江教育出版社　1998　p. 659
山口瑞鳳著　高然譯　吐蕃統治的敦煌　國外藏學研究譯文集(第一輯)　西藏人民出版社　1986　p. 34
蘇瑩輝　瓜沙史事述要　漢學研究(敦煌學國際研討會論文專號)　(臺北)漢學研究資料及服務中心　1986　p. 467　又見:敦煌文史藝術論叢　(臺北)新文豐出版公司　1987　p. 74
蘇瑩輝　論敦煌唐代資料在文史藝術及科技諸方面的貢獻　敦煌文史藝術論叢　(臺北)新文豐出版公司　1987　p. 47
韓建瓴　雜記　敦煌文學　甘肅人民出版社　1989　p. 67
李正宇《敦煌廿詠》探微　《古文獻研究》1989年第6期　p. 239
譚蟬雪　碑・銘　敦煌文學　甘肅人民出版社　1989　p. 119 注9
鄭炳林　敦煌地理文書彙輯校注　甘肅教育出版社　1989　p. 127
鄧文寬　張淮深改建北大像和開鑿第94窟年代考　敦煌學國際學術討論會論文縮寫文(1990)　敦煌研究院　1990　p. 44
郭在貽　張涌泉　黃征　敦煌變文集校議　岳麓書社　1990　p. 92
榮新江　沙州歸義軍歷任節度使稱號研究　敦煌吐魯番學研究論文集　漢語大詞典出版社　1990　p. 770
榮新江　《唐刺史考》補遺　《文獻》1990年第2期　p. 87　又見:敦煌學新論　甘肅教育出版社　2002　p. 266
唐耕耦　陸宏基　敦煌社會經濟文獻真迹釋録(五)　全國圖書館文獻縮微複製中心　1990　p. 198
暨遠志　張議潮出行圖研究　《敦煌研究》1991年第3期　p. 28
暨遠志　張議潮出行圖研究(續)　《敦煌研究》1992年第4期　p. 79
林家平　寧强　羅華慶　中國敦煌學史　北京語言學院出版社　1992　p. 187、359
劉進寶　敦煌遺書與歷史研究　《魏晉南北朝隋唐史》1992年第9期　p. 71
饒宗頤　敦煌寫卷之書法　唐代研究論集(第三輯)　(臺北)新文豐出版公司　1992　p. 22
尾崎康　史籍　敦煌漢文文獻(講座敦煌5)　(東京)大東出版社　1992　p. 328
吳其昱著　伊藤美重子譯　敦煌漢文寫本概観　敦煌漢文文獻(講座敦煌5)　(東京)大東出版社

1992　p. 139
周紹良　敦煌文學芻議及其它　(臺北)新文豐出版公司　1992　p. 16
眪麟　《敕河西節度兵部尚書張公德政之碑》復原與撰寫　《敦煌學輯刊》1993 年第 2 期　p. 31
鄧文寬　敦煌文獻《河西都僧統悟真處分常住榜》管窺　周一良先生八十生日紀念論文集　中國社科出版社　1993　p. 232 注 7
李正宇　中國唐宋硬筆書法　上海文化出版社　1993　p. 79
齊陳駿　寒沁　河西都僧統唐悟真作品和見載文獻系年《敦煌學輯刊》1993 年第 2 期　p. 12
榮新江　敦煌寫本《敕河西節度兵部尚書張公德政之碑》校考　周一良先生八十生日紀念論文集　中國社會科學出版社　1993　p. 206
陸慶夫　敦煌民族文獻與河西古代民族　《敦煌學輯刊》1994 年第 2 期　p. 87
梅林　469 窟與莫高窟石室經藏的方位特徵　《敦煌研究》1994 年第 4 期　p. 188
榮新江　歸義軍改元考　文史(第三十八輯)　中華書局　1994　p. 47
鄭炳林　敦煌本《張淮深變文》研究　《西北民族研究》1994 年第 1 期　p. 148
鄧文寬　張淮深改建莫高窟北大像和開鑿第 94 窟年代考　敦煌學國際研討會文集·石窟考古編　遼寧美術出版社　1995　p. 132
黃盛璋　敦煌漢文與于闐文書中之龍家及其相關問題　全國敦煌學研討會論文集　(臺北)中正大學中國文學系所　1995　p. 73
李明偉　敦煌文學中"敦煌文"的研究和分類評價　《敦煌研究》1995 年第 4 期　p. 121
劉進寶　敦煌學論述　(臺北)洪葉文化事業有限公司　1995　p. 268
榮新江　龍家考　中亞學刊(第四輯)　北京大學出版社　1995　p. 148
薛宗正　安西與北庭　黑龍江教育出版社　1995　p. 298
郝春文　評榮新江《英國圖書館藏敦煌漢文非佛教文獻殘卷目録(S. 6981－13624)》　敦煌吐魯番研究(第一卷)　北京大學出版社　1996　p. 362
李正宇　敦煌史地新論　(臺北)新文豐出版公司　1996　p. 191 注 9
榮新江　歸義軍史研究　上海古籍出版社　1996　p. 2、48
薛宗正　回鶻西遷新考　《新疆大學學報》1996 年第 4 期　p. 38
楊偉　從敦煌文書中看古代西部移民　《敦煌研究》1996 年第 4 期　p. 99
楊秀清　張議潮出走與張淮深之死　《敦煌研究》1996 年第 4 期　p. 75
黃征　《敦煌碑銘讚輯釋》評介　敦煌語文叢說　(臺北)新文豐出版公司　1997　p. 813
黃征　敦煌文學《兒郎偉》輯録校注　敦煌語文叢說　(臺北)新文豐出版公司　1997　p. 686
陸慶夫　從焉耆龍王到河西龍家——龍部落遷徙考　敦煌歸義軍史專題研究　蘭州大學出版社　1997　p. 492
齊陳俊　馮培紅　晚唐五代宋初歸義軍對外商業貿易　敦煌歸義軍史專題研究　蘭州大學出版社　1997　p. 341
張先堂　S. 4654 晚唐《莫高窟紀遊詩》新探　《敦煌研究》1997 年第 3 期　p. 130
趙和平　晚唐五代靈武節度使與沙州歸義軍關係試論　第三屆中國唐代文化學術研討會論文集　(臺北)政治大學中國文學系　1997　p. 541
鄭炳林　敦煌碑銘讚輯釋　甘肅教育出版社　1997　p. 129 注 2
鄭炳林　唐五代敦煌金山國征伐樓蘭史事考　敦煌歸義軍史專題研究　蘭州大學出版社　1997　p. 24 注 20
鄭炳林　唐五代敦煌種植林業研究　敦煌歸義軍史專題研究　蘭州大學出版社　1997　p. 194
鄭炳林　馮培紅　唐五代歸義軍政權對外關係中的使頭一職　敦煌歸義軍史專題研究　蘭州大學出

版社　1997　p. 63
柴劍虹　張氏修公德記卷背詩　敦煌學大辭典　上海辭書出版社　1998　p. 569
陳國燦　甘州回鶻　敦煌學大辭典　上海辭書出版社　1998　p. 461
陳國燦　西州回鶻　敦煌學大辭典　上海辭書出版社　1998　p. 461
顧吉辰　敦煌文獻職官結銜考釋　《敦煌學輯刊》1998 年第 2 期　p. 30
李冬梅　唐五代歸義軍與周邊民族關係綜論　《敦煌學輯刊》1998 年第 2 期　p. 45
李永寧　敕河西節度兵部尚書張公德政之碑　敦煌學大辭典　上海辭書出版社　1998　p. 333
李正宇　古本敦煌鄉土志八種箋證　（臺北）新文豐出版公司　1998　p. 225
李正宇　悟真詩　敦煌學大辭典　上海辭書出版社　1998　p. 558
榮新江　歸義軍大事紀年初稿　出土文獻研究（第三輯）　文物出版社　1998　p. 234
徐志斌　《河西都僧統唐悟真作品和見載文獻系年》補四則　《敦煌學輯刊》1998 年第 2 期　p. 67
楊森　張議潮　敦煌學大辭典　上海辭書出版社　1998　p. 352
張亞萍　唐五代歸義軍政府牧馬業研究　《敦煌學輯刊》1998 年第 2 期　p. 59
馮培紅　客司與歸義軍的外交活動　《敦煌學輯刊》1999 年第 1 期　p. 73
梅維恒著　楊繼東　陳引馳譯　唐代變文（上）　（香港）中國佛教文化出版公司　1999　p. 265
榮新江　英國圖書館藏敦煌漢文非佛教文獻殘卷概述　敦煌文藪（下）　（臺北）新文豐出版公司　1999　p. 131
楊森　小議張淮深受旌節　《敦煌研究》1999 年第 1 期　p. 98
楊秀清　敦煌西漢金山國史　甘肅人民出版社　1999　p. 33
雷紹鋒　歸義軍賦役制度初探　（臺北）洪葉文化事業有限公司　2000　p. 5 注 3、242
劉進寶　敦煌文書與唐史研究　（臺北）新文豐出版公司　2000　p. 11
榮新江《英藏敦煌文獻》定名商補　文史（第五十二輯）　中華書局　2000　p. 120　又見：敦煌學新論　甘肅教育出版社　2002　p. 194
榮新江《英國圖書館藏敦煌漢文非佛教文獻殘卷目録》補正　英國收藏敦煌漢藏文獻研究：紀念敦煌文獻發現一百周年　中國社會科學出版社　2000　p. 386
徐俊　敦煌詩集殘卷輯考　中華書局　2000　p. 171、326、496、922
顏廷亮　敦煌文化　光明日報出版社　2000　p. 215、408
楊寶玉　敦煌史話　中國大百科全書出版社　2000　p. 158
陳國燦　敦煌學史事新證　甘肅教育出版社　2002　p. 23、493
馮培紅　姚桂蘭　歸義軍時期敦煌與周邊地區之間的僧使交往　敦煌佛教藝術文化國際學術研討會論文集　蘭州大學出版社　2002　p. 451
姜亮夫　敦煌莫高窟年表　姜亮夫全集（十一）　雲南人民出版社　2002　p. 359
劉進寶　敦煌學通論　甘肅教育出版社　2002　p. 293
呂鍾　重修敦煌縣誌　甘肅人民出版社　2002　p. 297
楊寶玉　敦煌滄桑　長江文藝出版社　2002　p. 243
張先堂　敦煌寫本《晚唐佚名氏殘詩集》新校　2000 年敦煌學國際學術討論會文集・歷史文化卷（下）　甘肅民族出版社　2003　p. 443
馮培紅　關於歸義軍節度使官制的幾個問題　麥積山石窟藝術文化論文集（下）　蘭州大學出版社　2004　p. 206
馮培紅　論晚唐五代的沙州（歸義軍）與涼州（河西）節度使　浙江與敦煌學：常書鴻先生誕辰一百周年紀念文集　浙江古籍出版社　2004　p. 253 注 11
謝稚柳　中國古代書畫研究十論　復旦大學出版社　2004　p. 91 注 2

S. 3330

向達　倫敦所藏敦煌卷子經眼目録　《北平圖書館圖書季刊》1939 年新第 1 卷第 4 期　p. 397　又見:唐代長安與西域文明　三聯書店　1957　p. 218

潘重規　巴黎倫敦所藏敦煌詩經卷子題記　（香港）《新亞書院學術年刊》1969 年第 11 期　又見:中國敦煌學百年文庫・文獻卷(二)　甘肅文化出版社　1999　p. 388

潘重規　敦煌詩經卷子研究　（臺北）《華岡學報》1970 年第 6 期　又見:中國敦煌學百年文庫・文獻卷(二)　甘肅文化出版社　1999　p. 440

蘇瑩輝　從敦煌本毛詩詁訓傳論毛詩定本及詁訓傳分卷問題　（臺北）《孔孟學報》1971 年第 22 期　又見:敦煌論集續編　（臺北)學生書局　1983　p. 26；中國敦煌學百年文庫・文學卷(二)甘肅文化出版社　1999　p. 252

王重民　敦煌古籍叙録　中華書局　1979　p. 44

王重民原編　黄永武新編　敦煌古籍叙録新編(第二冊)　（臺北)新文豐出版公司　1986　p. 317

姜伯勤　唐五代敦煌寺戶制度　中華書局　1987　p. 229

榮新江　沙州歸義軍歷任節度使稱號研究　敦煌吐魯番學研究論文集　漢語大詞典出版社　1990　p. 790

姜伯勤　敦煌社會文書導論　（臺北)新文豐出版公司　1992　p. 135

土田健次郎　儒教典籍　敦煌漢文文獻(講座敦煌 5)　（東京)大東出版社　1992　p. 268、283

鄭炳林　敦煌碑銘讚輯釋　甘肅教育出版社　1997　p. 360 注 9

白化文　詩經　敦煌學大辭典　上海辭書出版社　1998　p. 773

姜亮夫　敦煌莫高窟年表　姜亮夫全集(十一)　雲南人民出版社　2002　p. 547

許建平　殘卷定名正補　2000 年敦煌學國際學術討論會文集・歷史文化卷(上)　甘肅民族出版社　2003　p. 306

伏俊璉　敦煌《詩經》殘卷的文獻價值　《敦煌研究》2004 年第 4 期　p. 43

張弓　敦煌四部籍與中古後期社會的文化情境　敦煌學(第 25 輯)　（臺北)樂學書局有限公司　2004　p. 313

S. 3332

池田溫　中國古代寫本識語集録　（東京)大藏出版株式會社　1990　p. 392

S. 3334

上山大峻　龍口明生　龍谷大學所藏敦煌本『比丘含注戒本』解説　敦煌寫本『本草集注』序録・『比丘含注戒本』　（京都)法藏館　1998　p. 300

陳明　評《敦煌寫本〈本草集注序録〉〈比丘含注戒本〉》　敦煌吐魯番研究(第四卷)　北京大學出版社　1999　p. 627

S. 3335

李正宇　敦煌名勝古迹導論　《陽關》1991 年第 4 期　p. 51

S. 3336

井ノ口泰淳　敦煌本『仏名經』の諸系統　中央アジアの言語と仏教　（京都)法藏館　1995　p. 297

S. 3339

向達　倫敦所藏敦煌卷子經眼目録　《北平圖書館圖書季刊》1939 年新第 1 卷第 4 期　p. 397　又見:唐代長安與西域文明　三聯書店　1957　p. 219

陳鐵凡　敦煌論語鄭注三本疏證　(臺北)《大陸雜誌》1960 年第 10 期　又見:唐寫本論語鄭氏注及其研究　文物出版社　1991　p. 163 ; 中國敦煌學百年文庫・文獻卷(一)　甘肅文化出版社　1999　p. 426

王重民　敦煌古籍叙録　中華書局　1979　p. 68

蘇瑩輝　敦煌學概要　(臺北)編譯館"中華叢書編委會"　1981　p. 37

穆舜英等　新疆考古三十年　新疆人民出版社　1983　p. 346 注 2

蘇瑩輝　中外敦煌古寫本纂要　敦煌論集　(臺北)學生書局　1983　p. 313

饒宗頤解說　林宏作譯　敦煌書法叢刊(第七卷)・經史(五)　(東京)二玄社　1985　p. 50

王重民原编　黄永武新編　敦煌古籍叙録新編(第四冊)　(臺北)新文豐出版公司　1986　p. 161

金谷治　鄭玄與《論語》　唐寫本論語鄭氏注及其研究　文物出版社　1991　p. 205

王素　敦煌文書中的第四件《論語鄭氏注》　唐寫本論語鄭氏注及其研究　文物出版社　1991　p. 172

王素　唐寫本《論語鄭氏注》校録　唐寫本論語鄭氏注及其研究　文物出版社　1991　p. 114 注 93

王素　唐寫本《論語鄭氏注》校録校勘説明　唐寫本論語鄭氏注及其研究　文物出版社　1991　p. 4

王重民　《論語》鄭注《八佾篇》叙録　唐寫本論語鄭氏注及其研究　文物出版社　1991　p. 162

土田健次郎　儒教典籍　敦煌漢文文獻(講座敦煌 5)　(東京)大東出版社　1992　p. 269、288

胡戟　傅玫　敦煌史話　中華書局　1995　p. 140

陳金木　唐寫本論語鄭氏注研究(上)　(臺北)文津出版社　1996　p. 10

楊銘　重慶市博物館藏敦煌吐魯番寫經目録　《敦煌研究》1996 年第 1 期　p. 121

李方　敦煌《論語集解》校正　江蘇古籍出版社　1998　p. 832

劉方　唐抄本鄭氏注論語集成　敦煌學大辭典　上海辭書出版社　1998　p. 833

林平和　試論敦煌文獻之輯佚價值　新世紀敦煌學論集　巴蜀書社　2003　p. 728

王素　敦煌本《論語》研究的回顧與展望　2000 年敦煌學國際學術討論會文集・歷史文化卷(上)　甘肅民族出版社　2003　p. 471

許建平　中國國家圖書館藏未刊敦煌寫本殘片四種的定名與綴合　浙江與敦煌學:常書鴻先生誕辰一百周年紀念文集　浙江古籍出版社　2004　p. 323

韓鋒　讀俄藏敦煌文書 ДХ02174 號劄記　《敦煌學輯刊》2005 年第 1 期　p. 40

S. 3340

陳祚龍　敦煌古抄内典尾記彙校初、二、三編合刊　敦煌學要籥　(臺北)新文豐出版公司　1982　p. 131

池田溫　中國古代寫本識語集録　(東京)大藏出版株式會社　1990　p. 391

S. 3346

張金泉　敦煌佛經音義寫卷述要　《敦煌研究》1997 年第 2 期　p. 116

S. 3347

三木榮　西域出土醫藥關係文獻綜合解說目録　『東洋學報』(47 卷 1 號)　(東京)東洋學術協會　1964　p. 3

馬繼興　敦煌古醫籍考釋　江西科學技術出版社　1988　p. 304
王冀青　英國圖書館藏《備急單驗藥方卷》(S. 9987)的整理復原　《敦煌研究》1991 年第 4 期　p. 103
丛春雨　敦煌中醫藥全書　中醫古籍出版社　1994　p. 31、441
張儂　敦煌石窟秘方與灸經圖　甘肅文化出版社　1995　p. 117、265
馬繼興　敦煌醫藥文獻輯校　江蘇古籍出版社　1998　p. 413
王淑民　不知名醫方第十三種　敦煌學大辭典　上海辭書出版社　1998　p. 619
王淑民　敦煌石窟秘藏醫方　北京醫科大學中國協和醫科大學聯合出版社　1999　p. 36、72、94
丛春雨　敦煌中醫藥精萃發微　中醫古籍出版社　2000　p. 268、395
榮新江　《英藏敦煌文獻》定名商補　文史(第五十二輯)　中華書局　2000　p. 120　又見:敦煌學新論　甘肅教育出版社　2002　p. 194
張儂　敦煌遺書中的針灸文獻　《敦煌研究》2001 年第 2 期　p. 151
馬繼興　當前世界各地收藏的中國出土卷子本古醫藥文獻備考　敦煌吐魯番研究(第六卷)　北京大學出版社　2002　p. 135
王卡　敦煌道教文獻研究　中國社會科學出版社　2004　p. 51
張弓　敦煌四部籍與中古後期社會的文化情境　敦煌學(第 25 輯)　(臺北)樂學書局有限公司　2004　p. 328
陳明　備急單驗:敦煌醫藥文獻中的單藥方　敦煌學國際研討會論文集　北京圖書館出版社　2005　p. 236
陳明　殊方異藥:出土文書與西域醫學　北京大學出版社　2005　p. 149

S. 3348

芳村修基　土橋秀高　井ノ口泰淳　敦煌佛教史年表　西域文化研究(第一)・敦煌佛教資料　(京都)法藏館　1958　p. 262
陳祚龍　敦煌古抄内典尾記彙校初、二、三編合刊　敦煌學要籥　(臺北)新文豐出版公司　1982　p. 131
池田溫　中國古代寫本識語集録　(東京)大藏出版株式會社　1990　p. 220
凍國棟　吐魯番出土文書所見唐代前期西州的工匠　敦煌吐魯番文書初探(二編)　武漢大學出版社　1990　p. 330 注 17
高國藩　敦煌古俗與民俗流變　河海大學出版社　1990　p. 428
林聰明　從敦煌文書看佛教徒的造經祈福　第二屆敦煌學國際研討會論文集　(臺北)漢學研究中心　1990　p. 523
方廣錩　佛教大藏經史(八—十世紀)　中國社會科學出版社　1991　p. 58
林聰明　敦煌文書出處略考　季羨林教授八十華誕紀念論文集(下)　江西人民出版社　1991　p. 851
林聰明　敦煌文書學　(臺北)新文豐出版公司　1991　p. 110、139、374
楊森　唐虞世南子虞昶傳略補　《陝西師範大學學報》1992 年第 21 卷第 2 期　p. 72
顧吉辰　唐代敦煌文獻寫本書手考述　《敦煌學輯刊》1993 年第 1 期　p. 22
李明偉　隋唐絲綢之路　甘肅人民出版社　1994　p. 259
林聰明　談敦煌文書的抄寫問題　紀念陳寅恪先生百年誕辰學術論文集　江西教育出版社　1994　p. 284
王元軍　從敦煌唐佛經寫本談有關唐代寫經生及其書法藝術的幾個問題　《敦煌研究》1995 年第 1

期　p. 156
王元軍　唐人書法與文化　(臺北)東大圖書公司　1995　p. 129
藤枝晃著　徐慶全　李樹清譯　敦煌寫本概述　《敦煌研究》1996 年第 2 期　p. 118
陳國燦　上元三年唐宮廷寫妙法蓮花經記　敦煌學大辭典　上海辭書出版社　1998　p. 455
方廣錩　敦煌遺書中的《妙法蓮華經》及有關文獻　敦煌學佛教學論叢(下)　中國佛教文化研究所　1998　p. 79　又見:法源(第 16 期)　中國佛學院　1998　p. 44
姜亮夫　敦煌莫高窟年表　姜亮夫全集(十一)　雲南人民出版社　2002　p. 240

S. 3349
許國霖　敦煌石室寫經年代表　《微妙聲》1937 年第 5 期　又見:中國敦煌學百年文庫・宗教卷(四)　甘肅文化出版社　1999　p. 197

S. 3350
郭在貽　張涌泉　黃征　敦煌變文集校議　岳麓書社　1990　p. 2

S. 3351
戴仁　敦煌寫本紙張的顏色　法國學者敦煌學論文選萃　中華書局　1993　p. 592

S. 3352
姜伯勤　敦煌寺院碾磑經營的兩種形式　歷史論叢(第三輯)　齊魯書社　1983　p. 185
井ノ口泰淳　敦煌本『仏名經』の諸系統　中央アジアの言語と仏教　(京都)法藏館　1995　p. 287

S. 3354
向達　倫敦所藏敦煌卷子經眼目録　《北平圖書館圖書季刊》1939 年新第 1 卷第 4 期　p. 397　又見:唐代長安與西域文明　三聯書店　1957　p. 219
金榮華　倫敦藏漢文敦煌卷子目録提要(初稿)序　敦煌學(第 12 輯)　(臺北)新文豐出版公司　1987　p. 139
土田健次郎　儒教典籍　敦煌漢文文獻(講座敦煌 5)　(東京)大東出版社　1992　p. 268
王書慶　敦煌佛學・佛事篇　甘肅民族出版社　1995　p. 72
丘古耶夫斯基　敦煌漢文文書　上海古籍出版社　2000　p. 202
李小榮　變文講唱與華梵宗教藝術　上海三聯書店　2002　p. 36
李正宇　唐宋時期敦煌佛經性質功能的變化　戒幢佛學(第二卷)　岳麓書社　2002　p. 22　又見:中日敦煌佛教學術會議論文集　中國社會科學院研究所　2002　p. 18
李索　敦煌寫卷《春秋經傳集解》校證　中國社會科學出版社　2005　p. 254

S. 3358
江素雲　維摩詰所說經敦煌寫本綜合目録　(臺北)東初出版社　1991　p. 80

S. 3360
金岡照光　敦煌文學のさまざま　敦煌の文學　(東京)大藏出版株式會社　1971　p. 147
金岡照光　曲子詞類　敦煌の文學文獻(講座敦煌 9)　(東京)大東出版社　1992　p. 400

S. 3361

芳村修基　土橋秀高　井ノ口泰淳　敦煌佛教史年表　西域文化研究(第一)·敦煌佛教資料　(京都)法藏館　1958　p. 262

蘇瑩輝　"敦煌曲"評介　《香港中文大學學報》1974 年第 1 期　又見:中國敦煌學百年文庫·藝術卷(一)　甘肅文化出版社　1999　p. 372

陳祚龍　敦煌古抄內典尾記彙校初、二、三編合刊　敦煌學要籥　(臺北)新文豐出版公司　1982　p. 131

池田溫　中國古代寫本識語集録　(東京)大蔵出版株式會社　1990　p. 226

凍國棟　吐魯番出土文書所見唐代前期西州的工匠　敦煌吐魯番文書初探(二編)　武漢大學出版社　1990　p. 330 注 17

林聰明　從敦煌文書看佛教徒的造經祈福　第二屆敦煌學國際研討會論文集　(臺北)漢學研究中心　1990　p. 524

方廣錩　佛教大藏經史(八—十世紀)　中國社會科學出版社　1991　p. 62

林聰明　敦煌文書出處略考　季羨林教授八十華誕紀念論文集(下)　江西人民出版社　1991　p. 851

林聰明　敦煌文書學　(臺北)新文豐出版公司　1991　p. 110、137、375

陳澤奎　試論唐人寫經題記的原始著作權意義　《敦煌研究》1994 年第 3 期　p. 115

林聰明　談敦煌文書的抄寫問題　紀念陳寅恪先生百年誕辰學術論文集　江西教育出版社　1994　p. 283

藤枝晃著　徐慶全　李樹清譯　敦煌寫本概述　《敦煌研究》1996 年第 2 期　p. 119

陳國燦　上元三年唐宮廷寫妙法蓮花經記　敦煌學大辭典　上海辭書出版社　1998　p. 455

方廣錩　敦煌遺書中的《妙法蓮華經》及有關文獻　敦煌學佛教學論叢(下)　中國佛教文化研究所　1998　p. 80　又見:法源(第 16 期)　中國佛學院　1998　p. 44

姜亮夫　敦煌莫高窟年表　姜亮夫全集(十一)　雲南人民出版社　2002　p. 240

S. 3365

孫修身　瓜沙曹氏卒立世次考　《鄭州大學學報》1988 年第 4 期　又見:中國敦煌學百年文庫·歷史卷(二)　甘肅文化出版社　1999　p. 235

山本達郎等　補(IV)社·III 轉貼　『NUN - HUANG AND TURFAN DOCUMENTS CONCERNING SOCIAL AND ECONOMIC HISTORY』(Sup. p. lemrnts)　(東京)東洋文庫　2001　p. 70

S. 3366

張金泉　許建平　敦煌音義彙考　杭州大學出版社　1996　p. 1031

張金泉　敦煌佛經音義寫卷述要　《敦煌研究》1997 年第 2 期　p. 116

張金泉　大般涅槃經音　敦煌學大辭典　上海辭書出版社　1998　p. 518

S. 3367

陳祚龍　中世敦煌與成都之間的交通路線　敦煌資料考屑(下册)　(臺北)商務印書館　1979　p. 340

道端良秀　敦煌文獻に見える死後の世界　敦煌と中國仏教(講座敦煌 7)　(東京)大東出版社　1984　p. 513

金岡照光　敦煌における地獄文獻:敦煌庶民信仰の一様相　敦煌と中國仏教(講座敦煌 7)　(東

京)大東出版社　1984　p. 571
方廣錩　大方廣十輪經　敦煌學大辭典　上海辭書出版社　1998　p. 662
張總　地藏信仰研究　宗教文化出版社　2003　p. 99

S. 3368

道端良秀　敦煌文獻に見える死後の世界　敦煌と中國仏教(講座敦煌 7)　(東京)大東出版社　1984　p. 513
金岡照光　敦煌における地獄文獻:敦煌庶民信仰の一様相　敦煌と中國仏教(講座敦煌 7)　(東京)大東出版社　1984　p. 571
李正宇　敦煌史地新論　(臺北)新文豐出版公司　1996　p. 90
鄭炳林　敦煌碑銘讚輯釋　甘肅教育出版社　1997　p. 478 注 13
張總　地藏信仰研究　宗教文化出版社　2003　p. 99

S. 3370

向達　倫敦所藏敦煌卷子經眼目録　《北平圖書館圖書季刊》1939 年新第 1 卷第 4 期　p. 397　又見:唐代長安與西域文明　三聯書店　1957　p. 219
饒宗頤　敦煌寫卷之書法　唐代研究論集(第三輯)　(臺北)新文豐出版公司　1992　p. 23
鄭炳林　唐五代敦煌粟特人與歸義軍政權　《敦煌研究》1996 年第 4 期　p. 84　又見:敦煌歸義軍史專題研究　蘭州大學出版社　1997　p. 407
大淵忍爾　論古靈寶經　道家文化研究(第十三輯)　三聯書店　1998　p. 505
王卡　道要靈祇神鬼品經　敦煌學大辭典　上海辭書出版社　1998　p. 759
陳海濤　敦煌歸義軍時期從化鄉消失原因初探　中國社會歷史評論(第二卷)　天津古籍出版社　2000　p. 436
王卡　敦煌道教文獻研究　中國社會科學出版社　2004　p. 225
王卡　中國國家圖書館藏敦煌道教遺書研究報告　敦煌吐魯番研究(第七卷)　北京大學出版社　2004　p. 374

S. 3372

陸慶夫　鄭炳林　俄藏敦煌寫本中九件轉帖初探　《敦煌學輯刊》1996 年第 1 期　p. 12
陸慶夫　鄭炳林　唐末五代敦煌的社與粟特人聚落　敦煌歸義軍史專題研究　蘭州大學出版社　1997　p. 397

S. 3373

川崎ミチコ　通俗詩類・雜詩文類　敦煌仏典と禪(講座敦煌 8)　(東京)大東出版社　1980　p. 331
矢吹慶輝　鳴沙餘韻・解說篇(第一部)　(京都)臨川書店　1980　p. 79
陳祚龍　敦煌古抄《梁朝傅大士頌金剛經》之考證和校訂　敦煌簡策訂存　(臺北)商務印書館　1983　p. 204
龍晦　論敦煌詞曲所見之禪宗與淨土宗　《世界宗教研究》1986 年第 3 期　p. 64
柳田聖山　禪籍解題(一)・敦煌禪籍　俗語言研究(第二期)　(京都)禪文化研究所　1995　p. 147
張勇　《梁朝傅大士頌金剛經》版本源流考述　敦煌文學論集　四川人民出版社　1997　p. 404
鄭炳林　敦煌碑銘讚輯釋　甘肅教育出版社　1997　p. 292 注 23

方廣錩　敦煌遺書中的《金剛經》及其注疏　敦煌學佛教學論叢(上)　中國佛教文化研究所　1998　p. 380
方廣錩　梁朝傅大士頌金剛經　敦煌學大辭典　上海辭書出版社　1998　p. 731
平井宥慶　敦煌文書における金剛經疏　金剛般若經の思想的研究　(東京)春秋社　1999　p. 263
張勇　傅大士研究　巴蜀書社　2000　p. 260
達照　金剛經讃研究　宗教文化出版社　2002　p. 4
達照　金剛經讃集　藏外佛教文獻(第九輯)　宗教文化出版社　2003　p. 41
張鐵山　莫高窟北区出土三件珍貴的回鶻文佛經殘片研究　《敦煌研究》2004 年第 1 期　p. 81

S. 3374

蕭登福　從敦煌寫卷中看道教星斗崇拜對佛經之影響　第二屆敦煌學國際研討會論文集　(臺北)漢學研究中心　1990　p. 324 注 9、326
蕭登福　敦煌寫卷及藏經中所見受道教影響的星壇及幡燈續命思想　慶祝潘石禪先生九秩華誕敦煌學特刊　(臺北)文津出版社　1996　p. 463、467
鄧文寬　敦煌吐魯番天文曆法研究　甘肅教育出版社　2002　p. 38
李小榮　敦煌密教文獻論稿　人民文學出版社　2003　p. 23、34
鄧文寬　劉樂賢　敦煌天文氣象占寫本概述　敦煌吐魯番研究(第九卷)　北京大學出版社　2006　p. 411

S. 3375

向達　倫敦所藏敦煌卷子經眼目録　《北平圖書館圖書季刊》1939 年新第 1 卷第 4 期　p. 397　又見:唐代長安與西域文明　三聯書店　1957　p. 219
中川孝　楞伽宗と東山法門　敦煌仏典と禪(講座敦煌 8)　(東京)大東出版社　1980　p. 131
田中良昭　敦煌禪宗文獻の研究　(東京)大東出版社　1983　p. 170、183、449
劉俊文　敦煌寫本永徽東宮諸府職員令殘卷校箋:唐令格式寫本殘卷研究之二　敦煌吐魯番文獻研究論集(第三輯)　北京大學出版社　1986　p. 221
楊曾文　日本學者對中國禪宗文獻的研究和整理　《世界宗教研究》1987 年第 1 期　p. 116
劉俊文　敦煌吐魯番唐代法制文書考釋　中華書局　1989　p. 180
池田溫　中國古代寫本識語集録　(東京)大蔵出版株式會社　1990　p. 196
上山大峻　敦煌佛教の研究　(京都)法藏館　1990　p. 413
唐耕耦　陸宏基　敦煌社會經濟文獻真迹釋録(二)　全國圖書館文獻縮微複製中心　1990　p. 542
仁井田陞　補訂中國法制史研究:法と慣習・法と道德　東京大學出版會　1991　p. 273
吳其昱著　伊藤美重子譯　敦煌漢文寫本概観　敦煌漢文文獻(講座敦煌 5)　(東京)大東出版社　1992　p. 57
吳震　吐魯番出土法制文書概述　《西域研究》1992 年第 3 期　p. 70
索仁森著　李吉和譯　敦煌漢文禪籍特徵概觀　《敦煌研究》1994 年第 1 期　p. 117
田中良昭　敦煌の禪籍　禪學研究入門　(東京)大東出版社　1994　p. 56
胡戟　傅玫　敦煌史話　中華書局　1995　p. 131、154
劉進寶　敦煌學論述　(臺北)洪葉文化事業有限公司　1995　p. 260
柳田聖山　禪籍解題(一)・敦煌禪籍　俗語言研究(第二期)　(京都)禪文化研究所　1995　p. 134
仁井田陞　唐令拾遺補訂　唐令拾遺補　東京大學出版會　1997　p. 352
仁井田陞　ペリオ敦煌發見唐職員令の再吟味　唐令拾遺補　東京大學出版會　1997　p. 294

方廣錩　二入四行論　敦煌學大辭典　上海辭書出版社　1998　p. 725
李錦繡　唐代視品官制初探　《中國史研究》1998 年第 3 期　p. 70
李錦繡　唐代制度史略論稿　中國政法大學出版社　1998　p. 57
沙知　涼州都督府之印　敦煌學大辭典　上海辭書出版社　1998　p. 290
唐耕耦　陳國燦　永徽令殘卷　敦煌學大辭典　上海辭書出版社　1998　p. 378
趙和平　評《唐令拾遺補:附唐日兩令對照一覽》　唐研究(第四卷)　北京大學出版社　1998　p. 550
高明士　試釋唐永徽職員令殘卷的試經規定　敦煌文藪(下)　(臺北)新文豐出版公司　1999　p. 19
榮新江　唐代西州的道教　敦煌吐魯番研究(第四卷)　北京大學出版社　1999　p. 139
陳永勝　敦煌法制文書研究回顧與展望　《敦煌研究》2000 年第 2 期　p. 101
陳永勝　敦煌吐魯番法制文書研究　甘肅人民出版社　2000　p. 6
劉進寶　敦煌文書與唐史研究　(臺北)新文豐出版公司　2000　p. 2
榮新江　敦煌學十八講　北京大學出版社　2001　p. 199、262
山本達郎等　補(I)法制　『NUN – HUANG AND TURFAN DOCUMENTS CONCERNING SOCIAL AND ECONOMIC HISTORY』(Sup. p. lemrnts)　(東京)東洋文庫　2001　p. 3
王素　敦煌吐魯番文獻　文物出版社　2002　p. 141
張錫厚　《詠臥輪禪師看心法四首》補正與敦煌本《菩提達摩論》定名　《敦煌研究》2006 年第 1 期　p. 98

S. 3376

江素雲　維摩詰所說經敦煌寫本綜合目録　(臺北)東初出版社　1991　p. 80

S. 3377

金岡照光　敦煌文學のさまざま　敦煌の文學　(東京)大蔵出版株式會社　1971　p. 127
江素雲　維摩詰所說經敦煌寫本綜合目録　(臺北)東初出版社　1991　p. 80

S. 3378

土田健次郎　儒教典籍　敦煌漢文文獻(講座敦煌 5)　(東京)大東出版社　1992　p. 269
方廣錩　諸法無行經　敦煌學大辭典　上海辭書出版社　1998　p. 669

S. 3380

向達　倫敦所藏敦煌卷子經眼目録　《北平圖書館圖書季刊》1939 年新第 1 卷第 4 期　p. 397　又見:唐代長安與西域文明　三聯書店　1957　p. 219
陳祚龍　瓜沙印録　(臺北)《大陸雜誌》1962 年第 4 期　又見:敦煌學概要　(臺北)編譯館"中華叢書編委會"　1981　p. 268；中國敦煌學百年文庫・考古卷(一)　甘肅文化出版社　1999　p. 191
陳祚龍　古代敦煌及其他地區流行之公私印章圖記文字録　敦煌學要籥　(臺北)新文豐出版公司　1982　p. 347
石井昌子　靈寶經類　敦煌と中國道教(講座敦煌 4)　(東京)大東出版社　1983　p. 153
陳祚龍　看了敦煌古抄《報恩寺開溫室浴僧記》以後　漢學研究(敦煌學國際研討會論文專號)　(臺北)漢學研究資料及服務中心　1986　p. 215　又見:敦煌學散策新集　(臺北)新文豐出版公司

1989　p. 207
朱越利　道經總論　遼寧教育出版社　1992　p. 273
姜伯勤　敦煌藝術宗教與禮樂文明　中國社會科學出版社　1996　p. 311
程存潔　敦煌本《太上靈寶洗浴身心經》研究　道家文化研究(第十三輯)　三聯書店　1998　p. 295
姜伯勤　道釋相激:道教在敦煌　道家文化研究(第十三輯)　三聯書店　1998　p. 72
王卡　太上靈寶洗浴身心經　敦煌學大辭典　上海辭書出版社　1998　p. 764
王卡　中國國家圖書館藏敦煌道教遺書研究報告　國際敦煌學學術史研討會論文集　研討會籌備組　2002　p. 252　又見:敦煌吐魯番研究(第七卷)　北京大學出版社　2004　p. 355
陳明　耆婆的形象演變及其在敦煌吐魯番地區的影響　文津學志(第一輯)　北京圖書館出版社　2003　p. 151
王卡　敦煌道教文獻研究　中國社會科學出版社　2004　p. 132

S. 3381

芳村修基　土橋秀高　井ノロ泰淳　敦煌佛教史年表　西域文化研究(第一)・敦煌佛教資料　(京都)法藏館　1958　p. 274

S. 3383

方廣錩　入楞伽經　敦煌學大辭典　上海辭書出版社　1998　p. 666

S. 3384

陳祚龍　敦煌古抄内典尾記彙校初、二、三編合刊　敦煌學要籥　(臺北)新文豐出版公司　1982　p. 132
寧欣　唐代敦煌地區農業水利問題初探　敦煌吐魯番文獻研究論集(第三輯)　北京大學出版社　1986　p. 512
池田溫　中國古代寫本識語集録　(東京)大藏出版株式會社　1990　p. 250
林聰明　從敦煌文書看佛教徒的造經祈福　第二屆敦煌學國際研討會論文集　(臺北)漢學研究中心　1990　p. 527

S. 3387

石井昌子　靈寶經類　敦煌と中國道教(講座敦煌 4)　(東京)大東出版社　1983　p. 160
山田俊　唐初道教思想史研究・資料篇　(京都)平樂寺書店　1999　p. 59、163
王堯　從敦煌文獻看吐蕃文化　南京棲霞山石窟藝術與敦煌學　中國美術學院出版社　2002　p. 228
王堯　西望陽關有故人:敦煌藏文寫卷述要　中國學術(第四輯)　商務印書館　2002　p. 20
王卡　敦煌道教文獻研究　中國社會科學出版社　2004　p. 199
葉貴良　《俄藏敦煌文獻》道經殘卷考述　浙江與敦煌學:常書鴻先生誕辰一百周年紀念文集　浙江古籍出版社　2004　p. 365

S. 3389

向達　倫敦所藏敦煌卷子經眼目録《北平圖書館圖書季刊》1939 年新第 1 卷第 4 期　p. 397　又見:唐代長安與西域文明　三聯書店　1957　p. 219
金岡照光　敦煌の寫本　敦煌の文學　(東京)大藏出版株式會社　1971　p. 80

馬承玉 從敦煌寫本看《洞淵神咒經》在北方的傳播 道家文化研究(第十三輯) 三聯書店 1998 p. 200
王卡 太上洞淵神咒經 敦煌學大辭典 上海辭書出版社 1998 p. 762
曾良 敦煌文獻字義通釋 廈門大學出版社 2001 p. 124
王卡 敦煌道教文獻研究 中國社會科學出版社 2004 p. 142
王卡 中國國家圖書館藏敦煌道教遺書研究報告 敦煌吐魯番研究(第七卷) 北京大學出版社 2004 p. 359

S. 3390

馬繼興 敦煌醫藥文獻 敦煌學大辭典 上海辭書出版社 1998 p. 615

S. 3391

金岡照光 敦煌民衆の宗教と生活 敦煌の民衆:その生活と思想 (東京)評論社 1972 p. 254
王卡 敦煌道教文獻研究 中國社會科學出版社 2004 p. 244

S. 3392

向達 倫敦所藏敦煌卷子經眼目録 《北平圖書館圖書季刊》1939 年新第 1 卷第 4 期 p. 397 又見:唐代長安與西域文明 三聯書店 1957 p. 219
大庭修 唐告身の古文書學的研究 西域文化研究(第三)・敦煌吐魯番社會經濟資料(下) (京都)法藏館 1960 p. 303
陳祚龍 瓜沙印録 (臺北)《大陸雜誌》1962 年第 4 期 又見:敦煌學概要 (臺北)編譯館"中華叢書編委會" 1981 p. 266 ; 中國敦煌學百年文庫・考古卷(一) 甘肅文化出版社 1999 p. 184
內藤乾吉 敦煌出土の唐騎都尉秦元告身 中國法制史考證 (東京)有斐閣 1963 p. 34
林天蔚 論索勳紀德碑及其史事之探討 漢學研究(敦煌學國際研討會論文專號) (臺北)漢學研究資料及服務中心 1986 p. 488
項楚 王梵志詩校注 敦煌吐魯番文獻研究論集(第四輯) 北京大學出版社 1987 p. 136
唐耕耦 陸宏基 敦煌社會經濟文獻真迹釋録(四) 全國圖書館文獻縮微複製中心 1990 p. 287
中村裕一 唐代官文書研究 (京都)中文出版社 1991 p. 21、209
中村裕一 唐代制勅研究 (東京)汲古書院 1991 p. 25、59
姜伯勤 敦煌社會文書導論 (臺北)新文豐出版公司 1992 p. 124
饒宗頤 敦煌寫卷之書法 唐代研究論集(第三輯) (臺北)新文豐出版公司 1992 p. 22
中村裕一 官文書 敦煌漢文文獻(講座敦煌 5) (東京)大東出版社 1992 p. 568
戴仁 敦煌寫本紙張的顏色 法國學者敦煌學論文選萃 中華書局 1993 p. 591
項楚 敦煌詩歌導論 (臺北)新文豐出版公司 1993 p. 296
中村裕一 唐代公文書研究 (東京)汲古書院 1996 p. 117
王書慶 敦煌文獻中五代宋初戒牒研究 《敦煌研究》1997 年第 3 期 p. 36
劉濤 敦煌書法 敦煌學大辭典 上海辭書出版社 1998 p. 274
劉濤 騎都尉秦元制受告身 敦煌學大辭典 上海辭書出版社 1998 p. 277
沙知 尚書司勳告身之印 敦煌學大辭典 上海辭書出版社 1998 p. 289
張弓 英國收藏敦煌文獻叙録 英國收藏敦煌漢藏文獻研究:紀念敦煌文獻發現一百周年 中國社會科學出版社 2000 p. 131

陳國燦　莫高窟北區第47窟新出唐告身文書研究　《敦煌研究》2001年第3期　p. 84
榮新江　敦煌學十八講　北京大學出版社　2001　p. 194
石塚晴通　敦煌寫本的問題點　敦煌文獻論集:紀念藏經洞發現一百周年國際學術研討會論文集　遼寧人民出版社　2001　p. 47
劉後濱　隋與唐前期的中書省　盛唐政治制度研究　上海辭書出版社　2003　p. 168
劉後濱　唐代中書門下體制研究　齊魯書社　2004　p. 128、312

S. 3393

向達　記倫敦所藏的敦煌俗文學　《新中華雜誌》1937年第5卷第13號　p. 123 – 128　又見:唐代長安與西域文明　三聯書店　1957　p. 241；敦煌變文論文録　上海古籍出版社　1982　p. 30
向達　倫敦所藏敦煌卷子經眼目録　《北平圖書館圖書季刊》1939年新第1卷第4期　p. 397　又見:唐代長安與西域文明　三聯書店　1957　p. 219
芳村修基　土橋秀高　井ノ口泰淳　敦煌佛教史年表　西域文化研究(第一)・敦煌佛教資料　(京都)法藏館　1958　p. 279
金岡照光　敦煌文學のさまざま　敦煌の文學　(東京)大蔵出版株式會社　1971　p. 159、165
遊佐昇　『王梵志詩』のもつ兩側面　大正大學大學院研究論集(第2號)　(東京)大正大學大學院　1978　p. 10
加地哲定　增補中國佛教文學研究　(東京)同朋舍　1979　p. 79
川崎ミチコ　通俗詩類・雜詩文類　敦煌仏典と禪(講座敦煌8)　(東京)大東出版社　1980　p. 318
菊池英夫　唐代敦煌社會の外貌　敦煌の社會(講座敦煌3)　(東京)大東出版社　1980　p. 140
萬曼　唐集叙録　中華書局　1980　p. 13
張錫厚　敦煌文學　上海古籍出版社　1980　p. 58注1
張錫厚　關於敦煌寫本《王梵志詩》整理的若干問題　文史(第十五輯)　中華書局　1982　p. 185　又見:王梵志詩研究彙録(上)　上海古籍出版社　1990　p. 60；中國敦煌學百年文庫・文學卷(二)　甘肅文化出版社　1999　p. 489
張錫厚　王梵志詩校輯　中華書局　1983　p. 4
朱鳳玉　王梵志詩研究(上、下)　(臺北)學生書局　1986　p. 6、25、111;267
李正宇　敦煌學郎題記輯注　《敦煌學輯刊》1987年第1期　p. 36
劉銘恕　敦煌遺書叢識　1983年全國敦煌學術討論會文集・文史遺書編(上)　甘肅人民出版社　1987　p. 429
李正宇　敦煌文學雜考二題　敦煌語言文學研究　北京大學出版社　1988　p. 95
張錫厚　關於整理《敦煌賦集》的幾個問題　敦煌語言文學論文集　浙江古籍出版社　1988　p. 226
高國藩　敦煌民俗學　上海文藝出版社　1989　p. 131
張錫厚　敦煌賦集校理(續)　《敦煌研究》1989年第4期　p. 97
張錫厚　賦　敦煌文學　甘肅人民出版社　1989　p. 135
菊池英夫　中國古文書・古寫本學と日本　東アジア古文書の史的研究　(東京)刀水書房　1990　p. 181
李正宇　釋"耶沒忽":敦煌遺書王梵志詩俗詞語研究之一　王梵志詩研究彙録(上)　上海古籍出版社　1990　p. 263
張錫厚　敦煌寫本王梵志詩原卷真迹　王梵志詩研究彙録(上)　上海古籍出版社　1990　圖版20
張錫厚　蘇藏敦煌寫本王梵志詩補正　王梵志詩研究彙録(上)　上海古籍出版社　1990　p. 243

鄭阿財　敦煌蒙書析論　第二屆敦煌學國際研討會論文集　(臺北)漢學研究中心　1990　p. 228
黄征　王梵志詩校釋補議　中華文史論叢(總 50 輯)　上海古籍出版社　1992　p. 105　又見:敦煌語文叢説　(臺北)新文豐出版公司　1997　p. 265
林家平　寧强　羅華慶　中國敦煌學史　北京語言學院出版社　1992　p. 105、596、601
吳其昱著　伊藤美重子譯　敦煌漢文寫本概観　敦煌漢文文獻(講座敦煌 5)　(東京)大東出版社　1992　p. 116
周紹良　敦煌文學芻議及其它　(臺北)新文豐出版公司　1992　p. 21
張鴻勳　敦煌話本詞文俗賦導論　(臺北)新文豐出版公司　1993　p. 180
張錫厚　敦煌文學概論　甘肅人民出版社　1993　p. 394
鄭阿財　敦煌文獻與文學　(臺北)新文豐出版公司　1993　p. 263
伏俊璉　敦煌賦校注　甘肅人民出版社　1994　p. 2
蔣禮鴻　敦煌文獻語言詞典　杭州大學出版社　1994　p. 128
曲金良　敦煌佛教文學研究　(臺北)文津出版社　1995　p. 249
王書慶　從敦煌文獻看敦煌佛教文化與中原佛教文化的交流　敦煌佛教文獻研究　敦煌研究院文獻研究所　1995　p. 27
王書慶　敦煌佛學・佛事篇　甘肅民族出版社　1995　p. 271
張錫厚　敦煌本唐集研究　(臺北)新文豐出版公司　1995　p. 59
張錫厚　敦煌賦彙　(臺北)新文豐出版公司　1996　p. 7、331
張錫厚　評《敦煌賦校注》　敦煌吐魯番研究(第一卷)　北京大學出版社　1996　p. 421
張錫厚　探幽發微　佚篇薈萃:讀《敦煌賦校注》　《西北師大學報》(社會科學版)1996 年第 1 期　p. 73
寧可　郝春文　敦煌社邑文書輯校　江蘇古籍出版社　1997　p. 239
李正宇　三界寺　敦煌學大辭典　上海辭書出版社　1998　p. 631
張錫厚　柴劍虹　王梵志詩集　敦煌學大辭典　上海辭書出版社　1998　p. 562
杜琪　敦煌詩賦作品要目分類題注　《甘肅社會科學》2000 年第 1 期　p. 64
徐俊　敦煌詩集殘卷輯考　中華書局　2000　p. 877
張錫厚　敦煌文學源流　作家出版社　2000　p. 76、245
杜曉勤　隋唐五代文學研究　北京出版社　2001　p. 1273
山本達郎等　補(IV)社・III 轉貼　『NUN – HUANG AND TURFAN DOCUMENTS CONCERNING SOCIAL AND ECONOMIC HISTORY』(Sup. p. lemrnts)　(東京)東洋文庫　2001　p. 78
齊文榜　《王梵志詩校注》指瑕　文史(第五十九輯)　中華書局　2002　p. 166
許建平　跋大谷文書中四件未經定名的儒家經籍殘片　《敦煌學輯刊》2005 年第 4 期　p. 11

S. 3394

許國霖　敦煌石室寫經題記彙編　《微妙聲》1936 – 1937 年第 1 – 4 期　又見:中國敦煌學百年文庫・宗教卷(四)　甘肅文化出版社　1999　p. 227
芳村修基　土橋秀高　井ノロ泰淳　敦煌佛教史年表　西域文化研究(第一)・敦煌佛教資料　(京都)法藏館　1958　p. 261
陳祚龍　敦煌古抄内典尾記彙校初、二、三編合刊　敦煌學要籥　(臺北)新文豐出版公司　1982　p. 132
寧欣　唐代敦煌地區農業水利問題初探　敦煌吐魯番文獻研究論集(第三輯)　北京大學出版社　1986　p. 524

池田溫　中國古代寫本識語集録　（東京）大藏出版株式會社　1990　p. 196
林聰明　從敦煌文書看佛教徒的造經祈福　第二届敦煌學國際研討會論文集　（臺北）漢學研究中心　1990　p. 533
唐耕耦　陸宏基　敦煌社會經濟文獻真迹釋録(二)　全國圖書館文獻縮微複製中心　1990　p. 2
江素雲　維摩詰所說經敦煌寫本綜合目録　（臺北）東初出版社　1991　p. 80
林聰明　敦煌文書學　（臺北）新文豐出版公司　1991　p. 311
方廣錩　許培鈴　敦煌遺書中的《維摩詰所說經》及其注疏　《敦煌研究》1994 年第 4 期　p. 148　又見:敦煌學佛教學論叢(下)　中國佛教文化研究所　1998　p. 112
方廣錩　維摩詰所說經　敦煌學大辭典　上海辭書出版社　1998　p. 675
林聰明　敦煌吐魯番文書解詁指例　（臺北）新文豐出版公司　2001　p. 154
何劍平　作爲民間寫經和禮懺儀式的維摩詰信仰　《敦煌學輯刊》2005 年第 4 期　p. 57

S. 3395

向達　倫敦所藏敦煌卷子經眼目録　《北平圖書館圖書季刊》1939 年新第 1 卷第 4 期　p. 397　又見:唐代長安與西域文明　三聯書店　1957　p. 219
三木榮　西域出土醫藥關係文獻綜合解說目録　『東洋學報』(47 卷 1 號)　（東京）東洋學術協會　1964　p. 3、15
寺岡龍含　敦煌本郭象注莊子南華真經研究總論　福井漢文學會　1966　p. 268
陳祚龍　相學國手袁天綱　敦煌資料考屑(下册)　（臺北）商務印書館　1979　p. 270
耿昇　八十年代的法國敦煌學論著簡介　《敦煌研究》1986 年第 3 期　p. 79
王重民原編　黄永武新編　敦煌古籍叙録新編(第九册)　（臺北）新文豐出版公司　1986　p. 210
黄正建　敦煌文書中《相書》殘卷與唐代的相面　《敦煌學輯刊》1988 年第 1、2 期　p. 115
馬繼興　敦煌古醫籍考釋　江西科學技術出版社　1988　p. 8、211
王冀青　英國圖書館藏《備急單驗藥方卷》(S. 9987)的整理復原　《敦煌研究》1991 年第 4 期　p. 103
菅原信海　占筮書　敦煌漢文文獻(講座敦煌 5)　（東京）大東出版社　1992　p. 455
高國藩　敦煌民俗資料導論　（臺北）新文豐出版公司　1993　p. 321
侯錦郎　敦煌寫本中的唐代相書　法國學者敦煌學論文選萃　中華書局　1993　p. 352
丛春雨　敦煌中醫藥全書　中醫古籍出版社　1994　p. 637
馬繼興　敦煌醫藥文獻　敦煌學大辭典　上海辭書出版社　1998　p. 615
馬繼興　敦煌醫藥文獻輯校　江蘇古籍出版社　1998　p. 275
王淑民　不知名醫方第三種　敦煌學大辭典　上海辭書出版社　1998　p. 618
嚴敦傑　相書一卷　敦煌學大辭典　上海辭書出版社　1998　p. 621
榮新江　英國圖書館藏敦煌漢文非佛教文獻殘卷概述　敦煌文藪(下)　（臺北）新文豐出版公司　1999　p. 126
丛春雨　敦煌中醫藥精萃發微　中醫古籍出版社　2000　p. 215
榮新江　《英藏敦煌文獻》定名商補　文史(第五十二輯)　中華書局　2000　p. 120
黄正建　敦煌占卜文書與唐五代占卜研究　學苑出版社　2001　p. 59
馬繼興　當前世界各地收藏的中國出土卷子本古醫藥文獻備考　敦煌吐魯番研究(第六卷)　北京大學出版社　2002　p. 135
鄭炳林　敦煌文獻中的解夢書與相面書　敦煌與絲路文化學術講座(第一輯)　北京圖書館出版社　2003　p. 165

鄭炳林　王晶波　敦煌寫本相書概述　《敦煌學國際聯絡委員會通訊》2003 年第 1 期　p. 46
王晶波　論佛教占相内容對敦煌寫本相書的影響　《敦煌研究》2004 年第 2 期　p. 94
王卡　敦煌道教文獻研究　中國社會科學出版社　2004　p. 51、183
王卡　中國國家圖書館藏敦煌道教遺書研究報告　敦煌吐魯番研究(第七卷)　北京大學出版社　2004　p. 365
鄭炳林　王晶波　敦煌寫本相書校録研究　民族出版社　2004　p. 5、120、221
陳明　備急單驗:敦煌醫藥文獻中的單藥方　敦煌學國際研討會論文集　北京圖書館出版社　2005　p. 236
陳明　殊方異藥:出土文書與西域醫學　北京大學出版社　2005　p. 149
陳逸平　亦波　論天人感應思想對敦煌相書的影響　《敦煌研究》2005 年第 2 期　p. 81
王晶波　論敦煌相書中的陰陽五行觀念　《敦煌學輯刊》2005 年第 2 期　p. 44
王晶波　王璐　唐代相痣書殘卷 P. 3492v 研究　《敦煌研究》2005 年第 1 期　p. 19
鄭炳林　敦煌寫本許負相書殘卷研究　敦煌學國際研討會論文集　北京圖書館出版社　2005　p. 168

S. 3396

高國藩　敦煌古俗與民俗流變　河海大學出版社　1990　p. 28

S. 3399

向達　倫敦所藏敦煌卷子經眼目録　《北平圖書館圖書季刊》1939 年新第 1 卷第 4 期　p. 397　又見:唐代長安與西域文明　三聯書店　1957　p. 219
周一良　敦煌寫本書儀考(之二)　敦煌吐魯番文獻研究論集(第四輯)　北京大學出版社　1987　p. 31　又見:唐五代書儀研究　中國社會科學出版社　1995　p. 86
趙和平　敦煌寫本書儀略論　敦煌吐魯番學研究論文集　漢語大詞典出版社　1990　p. 584
周一良　唐代書儀の類型　敦煌漢文文獻(講座敦煌 5)　(東京)大東出版社　1992　p. 701
周一良　趙和平　敦煌表狀箋啓書儀略論　唐五代書儀研究　中國社會科學出版社　1995　p. 49
趙和平　敦煌表狀箋啓書儀略論　敦煌吐魯番學研究論集　書目文獻出版社　1996　p. 201
趙和平　敦煌寫本書儀中的口頭用語問題初探　慶祝潘石禪先生九秩華誕敦煌學特刊　(臺北)文津出版社　1996　p. 233
趙和平　敦煌表狀箋啓書儀輯校　江蘇古籍出版社　1997　p. 305
趙和平　雜相賀語　敦煌學大辭典　上海辭書出版社　1998　p. 424
吳麗娛　從敦煌書儀中的表狀箋啓看唐五代官場禮儀的轉移變遷　中國社會歷史評論(第三卷)　中華書局　2001　p. 360
吳麗娛　關於 S. 078v 和 S. 1725v 兩件敦煌寫本書儀的一些看法　敦煌學與中國史研究論集　甘肅人民出版社　2001　p. 175
曾良　敦煌文獻字義通釋　廈門大學出版社　2001　p. 25
周一良　魏晉南北朝史論集續編　北京大學出版社　2001　p. 238
石曉軍　日本園城寺(三井寺)藏唐人詩文尺牘校證　唐研究(第八卷)　北京大學出版社　2002　p. 130
吳麗娛　唐禮摭遺:中古書儀研究　商務印書館　2002　p. 145、543

S. 3400

道端良秀　敦煌文獻に見える死後の世界　敦煌と中國仏教(講座敦煌 7)　(東京)大東出版社　1984　p. 515

S. 3403

耿昇　八十年代的法國敦煌學論著簡介　《敦煌研究》1986 年第 3 期　p. 84

宮島一彦　暦書・算書　敦煌漢文文獻(講座敦煌 5)　(東京)大東出版社　1992　p. 474

施萍婷　俄藏敦煌文獻 ДX1376、1438、2170 之研究　《敦煌研究》1996 年第 3 期　p. 27

S. 3405

山本達郎等　敦煌・IV 納贈暦・納色物暦等　『NUN－HUANG AND TURFAN DOCUMENTS CONCERNING SOCIAL AND ECONOMIC HISTORY』(IV)　(東京)東洋文庫　1989　p. 101

山本達郎等　敦煌・V 計會文書　『NUN－HUANG AND TURFAN DOCUMENTS CONCERNING SOCIAL AND ECONOMIC HISTORY』(IV)　(東京)東洋文庫　1989　p. 124

唐耕耦　陸宏基　敦煌社會經濟文獻真迹釋録(二)　全國圖書館文獻縮微複製中心　1990　p. 236

土肥義和　唐・北宋間の「社」の組織形態に関する一考察　中國古代の國家と民衆(堀敏一先生古稀記念)　(東京)汲古書院　1995　p. 711

寧可　郝春文　敦煌社邑文書輯校　江蘇古籍出版社　1997　p. 460

鄭炳林　敦煌碑銘讚輯釋　甘肅教育出版社　1997　p. 488 注 9

寧可　親情社　敦煌學大辭典　上海辭書出版社　1998　p. 428

丘古耶夫斯基　敦煌漢文文書　上海古籍出版社　2000　p. 161

羅彤華　從便物暦論敦煌寺院的放貸　敦煌文獻論集:紀念藏經洞發現一百周年國際學術研討會論文集　遼寧人民出版社　2001　p. 467

S. 3409

田中良昭　敦煌禪宗文獻の研究　(東京)大東出版社　1983　p. 318

高啓安　敦煌五更詞與甘肅五更詞比較研究　《敦煌研究》1997 年第 3 期　p. 116

蔣宗福　敦煌禪宗文獻詞語劄記　新世紀敦煌學論集　巴蜀書社　2003　p. 481

S. 3410

李志生　唐代婦女財産問題初探　中國典籍與文化論叢(第二輯)　中華書局　1995　p. 325

王啓濤　中古及近代法制文書語言研究　巴蜀書社　2003　p. 299

S. 3412

馬承玉　從敦煌寫本看《洞淵神咒經》在北方的傳播　道家文化研究(第十三輯)　三聯書店　1998　p. 200

王卡　太上洞淵神咒經　敦煌學大辭典　上海辭書出版社　1998　p. 762

王卡　敦煌道教文獻研究　中國社會科學出版社　2004　p. 143

王卡　中國國家圖書館藏敦煌道教遺書研究報告　敦煌吐魯番研究(第七卷)　北京大學出版社　2004　p. 359

S. 3414

王書慶　敦煌文獻中五代宋初戒牒研究　《敦煌研究》1997 年第 3 期　p. 37

S. 3415

江素雲　維摩詰所說經敦煌寫本綜合目録　(臺北)東初出版社　1991　p. 80

S. 3416

平井宥慶　金剛般若經　敦煌と中國仏教(講座敦煌 7)　(東京)大東出版社　1984　p. 29

S. 3417

芳村修基　土橋秀高　井ノ口泰淳　敦煌佛教史年表　西域文化研究(第一)・敦煌佛教資料　(京都)法藏館　1958　p. 280

三木榮　西域出土醫藥關係文獻綜合解說目録　『東洋學報』(47 卷 1 號)　(東京)東洋學術協會　1964　p. 12

陳祚龍　敦煌古抄内典尾記彙校初、二、三編合刊　敦煌學要籥　(臺北)新文豐出版公司　1982　p. 132

馬繼興　敦煌古醫籍考釋　江西科學技術出版社　1988　p. 500

池田溫　中國古代寫本識語集録　(東京)大蔵出版株式會社　1990　p. 500

圓空　《新菩薩經》《勸善經》《救諸衆生苦難經》校録及其流傳背景之探討　《敦煌研究》1992 年第 1 期　p. 55

戴仁　敦煌寫本紙張的顏色　法國學者敦煌學論文選萃　中華書局　1993　p. 591

丛春雨　敦煌中醫藥全書　中醫古籍出版社　1994　p. 42、741

蕭登福　道教術儀與密教典籍　(臺北)新文豐出版公司　1994　p. 497

馬繼興　敦煌醫藥文獻輯校　江蘇古籍出版社　1998　p. 769

盖建民　從敦煌遺書看佛教醫學思想及其影響　佛學研究(第八期)　中國佛教文化研究所　1999　p. 266

丛春雨　敦煌中醫藥精萃發微　中醫古籍出版社　2000　p. 172、332

石内德　敦煌文獻中被廢棄的殘經抄本　法國漢學(敦煌學專號)　中華書局　2000　p. 17

顏廷亮　敦煌文化　光明日報出版社　2000　p. 271

林聰明　敦煌吐魯番文書解詁指例　(臺北)新文豐出版公司　2001　p. 161

馬繼興　當前世界各地收藏的中國出土卷子本古醫藥文獻備考　敦煌吐魯番研究(第六卷)　北京大學出版社　2002　p. 135

趙平安　談談敦煌醫學寫本的釋字問題　敦煌吐魯番研究(第六卷)　北京大學出版社　2002　p. 198

S. 3418

方廣錩　五千五百佛名神咒除障滅罪經　敦煌學大辭典　上海辭書出版社　1998　p. 673

S. 3419

長澤和俊　敦煌の庶民生活　敦煌の社會(講座敦煌 3)　(東京)大東出版社　1980　p. 479

S. 3422

江素雲　維摩詰所説經敦煌寫本綜合目録　(臺北)東初出版社　1991　p. 80

S. 3423

李丞宰著　大塚忠蔵譯　敦煌佛經の50 卷本華厳經を探して　日本學・敦煌學・漢文訓讀の新展開　(東京)汲古書院　2005　p. 49、72

李丞宰　探尋敦煌佛經的 50 卷本《華嚴經》　敦煌學・日本學:石塚晴通教授退職紀念論文集　上海辭書出版社　2005　p. 42

S. 3424

芳村修基　土橋秀高　井ノロ泰淳　敦煌佛教史年表　西域文化研究(第一)・敦煌佛教資料　(京都)法藏館　1958　p. 282

土橋秀高　敦煌の律蔵　敦煌と中國仏教(講座敦煌 7)　(東京)大東出版社　1984　p. 264

劉銘恕　敦煌遺書雜記四篇　敦煌學論集　甘肅人民出版社　1985　p. 48

土肥義和著　李永寧譯　歸義軍時期(晚唐、五代、宋)的敦煌(續)　《敦煌研究》1987 年第 1 期　p. 95

池田溫　中國古代寫本識語集録　(東京)大蔵出版株式會社　1990　p. 534

江素雲　維摩詰所説經敦煌寫本綜合目録　(臺北)東初出版社　1991　p. 80

項楚　王梵志詩校注　上海古籍出版社　1991　p. 369

李正宇　俄藏《端拱二年八月十九日往西天取菩薩戒僧智堅手記》決疑　敦煌佛教文獻研究　敦煌研究院文獻研究所　1995　p. 9

楊秀清　華戎交會的都市:敦煌與絲綢之路　甘肅人民出版社　2000　p. 88

姜亮夫　敦煌莫高窟年表　姜亮夫全集(十一)　雲南人民出版社　2002　p. 583

湛如　敦煌佛教律儀制度研究　中華書局　2003　p. 157、348

S. 3427

加地哲定著　劉衛星譯　中國佛教文學　今日中國出版社　1990　p. 122

蕭登福　從敦煌寫卷中看道教星斗崇拜對佛經之影響　第二屆敦煌學國際研討會論文集　(臺北)漢學研究中心　1990　p. 343

汪泛舟　敦煌文學概論　甘肅人民出版社　1993　p. 560

蕭登福　道教星斗符印與佛教密宗　(臺北)新文豐出版公司　1993　p. 40

蕭登福　道教與密宗　(臺北)新文豐出版公司　1993　p. 395、432

黄征　吳偉　敦煌願文集　岳麓書社　1995　p. 393、576

王書慶　敦煌佛學・佛事篇　甘肅民族出版社　1995　p. 39

蕭登福　道教與佛教　(臺北)東大圖書公司　1995　p. 56

邵文實　敦煌道教試述　《世界宗教研究》1996 年第 2 期　又見:中國敦煌學百年文庫・宗教卷(三)　甘肅文化出版社　1999　p. 334

郝春文　發願文　敦煌學大辭典　上海辭書出版社　1998　p. 459

郝春文　部分英藏敦煌文獻的定名問題　英國收藏敦煌漢藏文獻研究:紀念敦煌文獻發現一百周年　中國社會科學出版社　2000　p. 388

施萍婷　《敦煌遺書總目索引新編》前言　敦煌遺書總目索引新編　中華書局　2000　p. 3

汪泛舟　敦煌道教與齋醮諸考　1994 年敦煌學國際研討會文集・宗教文史卷(上)　甘肅民族出版

社　2000　p. 11
曾良　敦煌文獻字義通釋　廈門大學出版社　2001　p. 176
李小榮　敦煌密教文獻論稿　人民文學出版社　2003　p. 240
湛如　敦煌佛教律儀制度研究　中華書局　2003　p. 324
葉貴良　敦煌社邑文書詞語選釋　《敦煌研究》2004 年第 5 期　p. 84
劉永明　論敦煌佛教信仰中的佛道融合　《敦煌學輯刊》2005 年第 1 期　p. 48、51
汪泛舟　敦煌俗别字新考(上)　《敦煌研究》2006 年第 1 期　p. 105
武學軍　敏春芳　敦煌願文婉詞試解(一)　《敦煌學輯刊》2006 年第 1 期　p. 128、131
余欣　神祇的"碎化":唐宋敦煌社祭變遷研究　《歷史研究》2006 年第 3 期　p. 69

S. 3430

荒見泰史　從敦煌寫本中變文的改寫情況來探討五代講唱文學的演變　敦煌學國際研討會論文集　北京圖書館出版社　2005　p. 179

S. 3432

魏迎春　敦煌菩薩漫談　民族出版社　2004　p. 81

S. 3434

江素雲　維摩詰所說經敦煌寫本綜合目録　(臺北)東初出版社　1991　p. 80

S. 3437

唐耕耦　陸宏基　敦煌社會經濟文獻真迹釋録(二)　全國圖書館文獻縮微複製中心　1990　p. 132
江素雲　維摩詰所說經敦煌寫本綜合目録　(臺北)東初出版社　1991　p. 80
李正宇　中國唐宋硬筆書法　上海文化出版社　1993　p. 81
沙知　敦煌契約文書輯校　江蘇古籍出版社　1998　p. 158
謝桃坊　敦煌文化尋繹　四川人民出版社　1999　p. 210

S. 3438

楊富學　王書慶　唐代長安與敦煌佛教文化之關係　'98 法門寺唐文化國際學術討論會論文集　陝西人民出版社　2000　p. 178

S. 3439

王書慶　敦煌文獻中五代宋初戒牒研究　《敦煌研究》1997 年第 3 期　p. 37

S. 3440

高國藩　敦煌古俗與民俗流變　河海大學出版社　1990　p. 380

S. 3441

金岡照光　敦煌文學のさまざま　敦煌の文學　(東京)大藏出版株式會社　1971　p. 162
川崎ミチコ　通俗詩類・雜詩文類　敦煌仏典と禅(講座敦煌 8)　(東京)大東出版社　1980　p. 323
池田温　中國古代寫本識語集録　(東京)大藏出版株式會社　1990　p. 326

舒華　敦煌“變文”體裁新論　（香港）《九州學刊》(敦煌學專輯)1993 年第 5 卷第 4 期　p. 158
胡同慶　敦煌晚期壁畫中的天國圖像　《敦煌研究》1996 年第 2 期　p. 26
荒川正晴　最近五年來(1993—1998)日本的唐代學術研究概況　“中國唐代學會”會刊(第九期)(臺北)“中國唐代學會”　1998　p. 191
楊森　談敦煌社邑文書中“三官”及“録事”“虞侯”的若干問題　《敦煌研究》1999 年第 3 期　p. 80
徐俊　敦煌詩集殘卷輯考　中華書局　2000　p. 869
石井公成　敦煌發現之地論宗諸文獻與電腦自動異本處理　中日敦煌佛教學術會議論文集　中國社會科學院研究所　2002　p. 145　又見:戒幢佛學(第二卷)　岳麓書社　2002　p. 180
胡同慶　安忠義　佛教藝術　敦煌文藝出版社　2004　p. 172

S. 3442

芳村修基　土橋秀高　井ノロ泰淳　敦煌佛教史年表　西域文化研究(第一)・敦煌佛教資料　(京都)法藏館　1958　p. 276
池田溫　中國古代寫本識語集録　(東京)大藏出版株式會社　1990　p. 476
圓空　《新菩薩經》《勸善經》《救諸衆生苦難經》校録及其流傳背景之探討　《敦煌研究》1992 年第 1 期　p. 52
蕭登福　道教術儀與密教典籍　(臺北)新文豐出版公司　1994　p. 496

S. 3443

徐俊　敦煌詩集殘卷輯考　中華書局　2000　p. 878
徐俊　敦煌寫本詩歌續考　《敦煌研究》2002 年第 5 期　p. 70

S. 3445

江素雲　維摩詰所說經敦煌寫本綜合目録　(臺北)東初出版社　1991　p. 80

S. 3448

陳祚龍　敦煌古抄内典尾記彙校初、二、三編合刊　敦煌學要籥　(臺北)新文豐出版公司　1982　p. 132
王三慶　敦煌寫卷中武后新字之調查研究　唐代研究論集(第三輯)　(臺北)新文豐出版公司　1992　p. 89

S. 3449

楊際平　鄭學檬　兩本《敦煌吐魯番文獻研究論集》評介　《中國社會經濟史研究》1984 年第 1 期　p. 119

S. 3450

郝春文　敦煌寫本社邑文書年代彙考(一)　《首都師範大學學報》1993 年第 4 期　p. 34
劉進寶　P. 3236 號《壬申年官布籍》時代考　《西北師大學報》(社會科學版)1996 年第 5 期　p. 43
劉進寶　P. 3236 號《壬申年官布籍》研究　慶祝潘石禪先生九秩華誕敦煌學特刊　(臺北)文津出版社　1996　p. 360
鄭炳林　敦煌碑銘讚輯釋　甘肅教育出版社　1997　p. 436 注 5
劉進寶　敦煌文書與唐史研究　(臺北)新文豐出版公司　2000　p. 231

S. 3452

池田溫　中國古代寫本識語集録　(東京)大藏出版株式會社　1990　p. 522
李正宇　敦煌文學概論　甘肅人民出版社　1993　p. 103
鄭炳林　敦煌碑銘讚輯釋　甘肅教育出版社　1997　p. 517 注 8
李正宇　古本敦煌鄉土志八種箋證　(臺北)新文豐出版公司　1998　p. 305
徐俊　敦煌詩集殘卷輯考　中華書局　2000　p. 114

S. 3453

池田溫　中國古代寫本識語集録　(東京)大藏出版株式會社　1990　p. 388

S. 3454

黄正建　敦煌占卜文書與唐五代占卜研究　學苑出版社　2001　p. 175

S. 3455

王書慶　敦煌文獻中五代宋初戒牒研究　《敦煌研究》1997 年第 3 期　p. 37

S. 3457

福井文雅　般若心經　敦煌と中國仏教(講座敦煌 7)　(東京)大東出版社　1984　p. 39
張弓　漢唐佛寺文化史　中國社會科學出版社　1997　p. 775
張弓　英國收藏敦煌文獻叙録　英國收藏敦煌漢藏文獻研究:紀念敦煌文獻發現一百周年　中國社會科學出版社　2000　p. 136
楊寶玉　英藏敦煌文獻原卷查閲劄記(一)　敦煌學國際研討會論文集　北京圖書館出版社　2005　p. 126

S. 3458

江素雲　維摩詰所説經敦煌寫本綜合目録　(臺北)東初出版社　1991　p. 80

S. 3459

池田溫　中國古代寫本識語集録　(東京)大藏出版株式會社　1990　p. 465

S. 3462

榮新江　歸義軍史研究　上海古籍出版社　1996　p. 33
榮新江　歸義軍大事紀年初稿　出土文獻研究(第三輯)　文物出版社　1998　p. 253

S. 3463

平井俊榮　敦煌仏典と中國仏教　敦煌と中國仏教(講座敦煌 7)　(東京)大東出版社　1984　p. 8
榮新江　俄藏敦煌西域文獻紀略　學術集林(卷四)　上海遠東出版社　1995　p. 268

S. 3464

陳祚龍　敦煌古抄内典尾記彙校初、二、三編合刊　敦煌學要籥　(臺北)新文豐出版公司　1982　p. 132
池田溫　中國古代寫本識語集録　(東京)大藏出版株式會社　1990　p. 95

林聰明　敦煌文書學　(臺北)新文豐出版公司　1991　p. 312
榮新江　敦煌文獻所見晚唐五代宋初的中印文化交往　季羨林教授八十華誕紀念論文集(下)　江西人民出版社　1991　p. 961
李正宇　俄藏《端拱二年八月十九日往西天取菩薩戒僧智堅手記》決疑　敦煌佛教文獻研究　敦煌研究院文獻研究所　1995　p. 5
施安昌　敦煌寫經斷代發凡　善本碑帖論集　紫禁城出版社　2002　p. 311、319

S. 3469

向達　倫敦所藏敦煌卷子經眼目録　《北平圖書館圖書季刊》1939 年新第 1 卷第 4 期　p. 397　又見:唐代長安與西域文明　三聯書店　1957　p. 219
陳鐵凡　敦煌本虞夏商書校證補遺　(臺北)《大陸雜誌》1969 年第 2 期　又見:中國敦煌學百年文庫・文獻卷(二)　甘肅文化出版社　1999　p. 419
石塚晴通　玄應《一切經音義》的西域寫本　《敦煌研究》1992 年第 2 期　p. 54
胡戟　傅玫　敦煌史話　中華書局　1995　p. 181
張金泉　許建平　敦煌音義彙考　杭州大學出版社　1996　p. 857
張金泉　敦煌佛經音義寫卷述要　《敦煌研究》1997 年第 2 期　p. 113
張金泉　玄應　敦煌學大辭典　上海辭書出版社　1998　p. 345
張金泉　P. 2901 佛經音義寫卷考　《杭州大學學報》1998 年第 1 期
張涌泉　敦煌故里對敦煌學的新奉獻　《敦煌研究》2001 年第 1 期　p. 184
徐時儀　敦煌寫本《玄應音義》考補　《敦煌研究》2005 年第 1 期　p. 100
徐時儀　玄應《衆經音義》版本考　中國學術(第十八輯)　商務印書館　2005　p. 195
徐時儀　玄應《衆經音義》研究　中華書局　2005　p. 40、89
徐時儀　金藏、麗藏、磧砂藏與永樂南藏淵源考:以《玄應音義》爲例　《世界宗教研究》2006 年第 2 期　p. 27

S. 3471

江素雲　維摩詰所說經敦煌寫本綜合目録　(臺北)東初出版社　1991　p. 80

S. 3473

岡部和雄　敦煌藏經目録　敦煌と中國仏教(講座敦煌 7)　(東京)大東出版社　1984　p. 317
曾布川寬　敦煌莫高窟的多佛表現　敦煌學國際學術討論會論文縮寫文(1990)　敦煌研究院　1990　p. 12
井ノ口泰淳　敦煌本『仏名經』の諸系統　中央アジアの言語と仏教　(京都)法藏館　1995　p. 285

S. 3475

向達　倫敦所藏敦煌卷子經眼目録　《北平圖書館圖書季刊》1939 年新第 1 卷第 4 期　p. 397　又見:唐代長安與西域文明　三聯書店　1957　p. 220
芳村修基　土橋秀高　井ノ口泰淳　敦煌佛教史年表　西域文化研究(第一)・敦煌佛教資料　(京都)法藏館　1958　p. 268
塚本善隆　敦煌佛教史概說　西域文化研究(第一)・敦煌佛教資料　(京都)法藏館　1958　p. 63
佐藤哲英　維摩經疏の殘缺本について　西域文化研究(第一)・敦煌佛教資料　(京都)法藏館　1958　p. 129

藤枝晃　敦煌の僧尼籍　『東方學報』(第 35 號)　京都大學人文科學研究所　1964　p. 294

饒宗頤　論敦煌陷於吐蕃之年代　(香港)《東方文化》1971 年第 9 卷第 1 期　又見:選堂集林・史林　(香港)中華書局　1982　p. 678、690 ; 中國敦煌學百年文庫・民族卷(一)　甘肅文化出版社　1999　p. 228

菊池英夫　隋唐王朝支配期の河西と敦煌　敦煌の歷史(講座敦煌 2)　(東京)大東出版社　1980　p. 190

矢吹慶輝　鳴沙餘韻・解說篇(第一部)　(京都)臨川書店　1980　p. 34

陳祚龍　敦煌古抄内典尾記彙校初、二、三編合刊　敦煌學要籥　(臺北)新文豐出版公司　1982　p. 133

李永寧　也談敦煌陷蕃年代　《敦煌學研究》(西北師院學報)1984 年增刊　p. 33

饒宗頤解說　林宏作譯　敦煌書法叢刊　(第二五卷)・寫經(六)　(東京)二玄社　1984　p. 73

池田溫　中國古代寫本識語集録　(東京)大藏出版株式會社　1990　p. 310

上山大峻　敦煌佛教の研究　(京都)法藏館　1990　p. 343

方廣錩　佛教大藏經史(八—十世紀)　中國社會科學出版社　1991　p. 95

林聰明　敦煌文書出處略考　季羨林教授八十華誕紀念論文集(下)　江西人民出版社　1991　p. 863

林聰明　敦煌文書學　(臺北)新文豐出版公司　1991　p. 401

竺沙雅章　寺院文書　敦煌漢文文獻(講座敦煌 5)　(東京)大東出版社　1992　p. 605

前田正名　河西歷史地理學研究　中國藏學出版社　1993　p. 169

陳國燦　辰年索遊岩轉寫淨名經關中疏記　敦煌學大辭典　上海辭書出版社　1998　p. 457

楊富學　敦煌寫本《天臺五義分門圖》校録研究　西域敦煌宗教論稿　甘肅文化出版社　1998　p. 101

黄征　吳士鑒舊藏敦煌北朝唐人寫卷的鑒定與考證　《敦煌研究》1999 年第 2 期　p. 166

楊富學　李吉和　敦煌漢文吐蕃史料輯校(第一輯)　甘肅人民出版社　1999　p. 275

王惠民　敦煌隋至唐前期藥師圖像考察　藝術史研究(2)　中山大學出版社　2000　p. 318

徐俊　敦煌詩集殘卷輯考　中華書局　2000　p. 878

許建平　《英藏敦煌文獻》(1 – 8)補遺　英國收藏敦煌漢藏文獻研究:紀念敦煌文獻發現一百周年　中國社會科學出版社　2000　p. 393

楊富學　王書慶　唐代長安與敦煌佛教文化之關係　'98 法門寺唐文化國際學術討論會論文集　陝西人民出版社　2000　p. 177

陳麗萍　敦煌女性寫經題記及反映的婦女問題　敦煌佛教藝術文化國際學術研討會論文集　蘭州大學出版社　2002　p. 443

姜亮夫　敦煌莫高窟年表　姜亮夫全集(十一)　雲南人民出版社　2002　p. 349

S. 3476

顧吉辰　唐代敦煌文獻寫本書手考述　《敦煌學輯刊》1993 年第 1 期　p. 28

S. 3481

王獻軍　唐代吐蕃統治河隴地區漢族瑣談　《西藏研究》1989 年第 2 期　p. 42 注 40

S. 3483

伊藤美重子　敦煌本『大智度論』の整理　中國佛教石經の研究　京都大學學術出版會　1996

p. 361

S. 3485

芳村修基　土橋秀高　井ノロ泰淳　敦煌佛教史年表　西域文化研究(第一)・敦煌佛教資料　(京都)法藏館　1958　p. 269

饒宗頤　論敦煌陷於吐蕃之年代　(香港)《東方文化》1971 年第 9 卷第 1 期　又見:選堂集林・史林　(香港)中華書局　1982　p. 678、690；中國敦煌學百年文庫・民族卷(一)　甘肅文化出版社　1999　p. 228

陳祚龍　敦煌古抄内典尾記彙校初、二、三編合刊　敦煌學要籥　(臺北)新文豐出版公司　1982　p. 133

平井宥慶　金剛般若經　敦煌と中國仏教(講座敦煌 7)　(東京)大東出版社　1984　p. 28

池田溫　中國古代寫本識語集録　(東京)大藏出版株式會社　1990　p. 315、500

唐耕耦　陸宏基　敦煌社會經濟文獻真迹釋録(三)　全國圖書館文獻縮微複製中心　1990　p. 132

林聰明　敦煌文書學　(臺北)新文豐出版公司　1991　p. 417

圓空　《新菩薩經》《勸善經》《救諸衆生苦難經》校録及其流傳背景之探討　《敦煌研究》1992 年第 1 期　p. 53

蕭登福　道教術儀與密教典籍　(臺北)新文豐出版公司　1994　p. 496

平井宥慶　敦煌流傳の金剛般若經　金剛般若經の思想的研究　(東京)春秋社　1999　p. 251

楊富學　李吉和　敦煌漢文吐蕃史料輯校(第一輯)　甘肅人民出版社　1999　p. 275

金岡照光　敦煌文獻と中國文學　(東京)五曜書房　2000　p. 429

王惠民　敦煌隋至唐前期藥師圖像考察　藝術史研究(2)　中山大學出版社　2000　p. 318

蔡忠霖　敦煌漢文寫卷俗字及其現象　(臺北)文津出版社　2002　p. 166

蔡忠霖　從書法角度看俗字的生成　敦煌學(第 24 輯)　(臺北)樂學書局有限公司　2003　p. 173

蔡忠霖　官定正字之外的通行文字　新世紀敦煌學論集　巴蜀書社　2003　p. 109

杜正乾　唐代的《金剛經》信仰　《敦煌研究》2004 年第 5 期　p. 54

赤尾榮慶　敦煌寫本的書志學研究　敦煌學・日本學:石塚晴通教授退職紀念論文集　上海辭書出版社　2005　p. 55

赤尾榮慶　敦煌寫本の書志學的研究——近年の動向を踏まえて　日本學・敦煌學・漢文訓讀の新展開　(東京)汲古書院　2005　p. 192

S. 3486

江素雲　維摩詰所説經敦煌寫本綜合目録　(臺北)東初出版社　1991　p. 80

S. 3487

矢吹慶輝　鳴沙餘韻・解説篇(第一部)　(京都)臨川書店　1980　p. 46

S. 3488

江素雲　維摩詰所説經敦煌寫本綜合目録　(臺北)東初出版社　1991　p. 80

S. 3489

姜伯勤　敦煌社會文書導論　(臺北)新文豐出版公司　1992　p. 242

寧可　郝春文　敦煌社邑的喪葬互助　《首都師範大學學報》1995 年第 6 期　p. 33

S. 3490

鄭炳林 唐五代敦煌粟特人與歸義軍政權 《敦煌研究》1996 年第 4 期 p. 83 又見:敦煌歸義軍史專題研究 蘭州大學出版社 1997 p. 405

鄭炳林 敦煌碑銘讚輯釋 甘肅教育出版社 1997 p. 535 注 2

S. 3491

向達 倫敦所藏敦煌卷子經眼目録 《北平圖書館圖書季刊》1939 年新第 1 卷第 4 期 p. 397 又見:唐代長安與西域文明 三聯書店 1957 p. 220

向達 唐代俗講考 《國學季刊》1950 年第 6 卷第 4 號 p. 1 又見:唐代長安與西域文明 三聯書店 1957 p. 333 ; 敦煌變文論輯 (臺北)石門圖書公司 1981 p. 39 ; 敦煌變文論文録 上海古籍出版社 1982 p. 67 ; 關隴文學論叢 甘肅人民出版社 1983 p. 180

周紹良 敦煌所出變文現存目録 敦煌變文彙録 上海出版公司 1955 p. 2

王慶菽 試談變文的産生和影響 《新建設》1957 年第 3、8 期 又見:敦煌變文論文録 上海古籍出版社 1982 p. 259 ; 中國敦煌學百年文庫・文學卷(一) 甘肅文化出版社 1999 p. 546

邵榮芬 敦煌俗文學中的别字異文和唐五代西北方音 《中國語文》1963 年第 3 期 又見:中國敦煌學百年文庫・語言文字卷(一) 甘肅文化出版社 1999 p. 127

金岡照光 敦煌の寫本 敦煌の文學 (東京)大藏出版株式會社 1971 p. 71

金岡照光 敦煌漢文文學文獻の文學形態上の種類とその分類 敦煌出土文學文獻分類目録・附解説 (東京)東洋文庫 1971 p. 198

金岡照光 敦煌文學のさまざま 敦煌の文學 (東京)大藏出版株式會社 1971 p. 107、186

金岡照光 敦煌民衆の宗教と生活 敦煌の民衆:その生活と思想 (東京)評論社 1972 p. 123、134

邱鎮京 敦煌變文述論 (臺北)商務印書館 1974 p. 1882

加地哲定 增補中國佛教文學研究 (東京)同朋舍 1979 p. 108、130

楊家駱 敦煌變文 (臺北)世界書局 1980 p. 356、769

金岡照光 敦煌の繪物語 (東京)東方書店 1981 p. 57、113、133

潘重規 敦煌變文新論 敦煌變文論輯 (臺北)石門圖書公司 1981 p. 161

潘重規 敦煌詞話 (臺北)石門圖書公司 1981 p. 73、115

鄭阿財 孝道文學敦煌寫卷《十恩德讚》初探 (臺北)《華岡文科學報》1981 年第 13 期 p. 235、243

白化文 什麽是變文 敦煌變文論文録 上海古籍出版社 1982 p. 431

傅芸子 敦煌俗文學之發見及其展開 敦煌變文論文録 上海古籍出版社 1982 p. 136

潘重規 敦煌變文集新書引言 敦煌學(第 5 輯) (臺北)新文豐出版公司 1982 p. 65

鄭阿財 敦煌孝道文學研究 (臺北)石門圖書公司 1982 p. 75

周紹良 談唐代民間文學 敦煌變文論文録 上海古籍出版社 1982 p. 412 又見:紹良叢稿 齊魯書社 1984 p. 54

潘重規 敦煌變文集新書(上) (臺北)"中國文化大學"中文研究所 1984 p. 601

平野顯照 講經文の組織内容 敦煌と中國仏教(講座敦煌 7) (東京)大東出版社 1984 p. 355

王重民 頻婆娑羅王后宫綵女功德意供養塔生天因緣變 敦煌變文集 人民文學出版社 1984 p. 769

王重民 破魔變文 敦煌變文集 人民文學出版社 1984 p. 356

張錫厚 敦煌變文藝術散論 敦煌學論集 甘肅人民出版社 1985 p. 150

李正宇 敦煌方音止遇二攝混同及其校勘學意義 《敦煌研究》1986 年第 4 期 p. 50

林聰明 敦煌漢文文書解讀要點試論 漢學研究(敦煌學國際研討會論文專號) (臺北)漢學研究資料及服務中心 1986 p. 430
曲金良 "變文"名實新辨 《敦煌研究》1986 年第 2 期 p. 49
王重民原編 黄永武新編 敦煌古籍敘録新編(第十冊) (臺北)新文豐出版公司 1986 p. 92
平野顯照著 張桐生譯 唐代的文學與佛教 (臺北)業强出版社 1987 p. 211
曲金良 敦煌寫本變文、講經文作品創作時間彙考 《敦煌學輯刊》1987 年第 1 期 p. 66
項楚 敦煌文學雜考 1983 年全國敦煌學術討論會文集・文史遺書編(下) 甘肅人民出版社 1987 p. 137
周紹良 唐代變文及其它 敦煌文學作品選 中華書局 1987 p. 3
王慶菽 敦煌變文研究 敦煌語言文學論文集 浙江古籍出版社 1988 p. 65
蕭登福 唐世佛家之講經與敦煌變文 敦煌俗文學論叢 (臺北)商務印書館 1988 p. 70
楊雄 敦煌變文四篇補校 《敦煌研究》1989 年第 1 期 p. 88
張鴻勳 講經文 敦煌文學 甘肅人民出版社 1989 p. 268
郭在貽 張涌泉 黄征 敦煌變文集校議 岳麓書社 1990 p. 211、397
胡平生 《敦煌〈百行章〉校釋》補正 敦煌吐魯番文獻研究論集(第五輯) 北京大學出版社 1990 p. 279
加地哲定著 劉衛星譯 中國佛教文學 今日中國出版社 1990 p. 113、122、145
蔣紹愚 近代漢語語法資料彙編(唐五代卷) 商務印書館 1990 p. 362
榮新江 沙州歸義軍歷任節度使稱號研究 敦煌吐魯番學研究論文集 漢語大詞典出版社 1990 p. 802
項楚 敦煌變文選注 巴蜀書社 1990 p. 448
楊振良 由現存評彈"開篇"論押座文 第二屆敦煌學國際研討會論文集 (臺北)漢學研究中心 1990 p. 470
鄭阿財 敦煌蒙書析論 第二屆敦煌學國際研討會論文集 (臺北)漢學研究中心 1990 p. 226
杜斗城 敦煌五臺山文獻校録研究 山西人民出版社 1991 p. 133
汪泛舟 敦煌文學寫本辨正舉隅 《敦煌研究》1991 年第 1 期 p. 92
項楚 敦煌文學叢考 上海古籍出版社 1991 p. 20
項楚 《破魔變文》補校 敦煌文學叢考 上海古籍出版社 1991 p. 240
金岡照光 高僧傳因緣 敦煌の文學文獻(講座敦煌 9) (東京)大東出版社 1992 p. 598
金岡照光 講唱體類 敦煌の文學文獻(講座敦煌 9) (東京)大東出版社 1992 p. 65、92、116
金岡照光 押座文 敦煌の文學文獻(講座敦煌 9) (東京)大東出版社 1992 p. 351、372
林家平 寧强 羅華慶 中國敦煌學史 北京語言學院出版社 1992 p. 337、688
潘重規著 遊佐昇譯 中國で最初の「詞の総集」:敦煌雲謠集の発見と整理 敦煌の文學文獻(講座敦煌 9) (東京)大東出版社 1992 p. 423
岩本裕 敦煌における仏傳・本生譚 敦煌の文學文獻(講座敦煌 9) (東京)大東出版社 1992 p. 443
周紹良 敦煌文學芻議及其它 (臺北)新文豐出版公司 1992 p. 43
高國藩 敦煌民俗資料導論 (臺北)新文豐出版公司 1993 p. 88
楊雄 講經文名實說 (香港)《九州學刊》(敦煌學專輯)1993 年第 5 卷第 4 期 p. 145
鄭阿財 敦煌文獻與文學 (臺北)新文豐出版公司 1993 p. 28、259
蔣禮鴻 敦煌文獻語言詞典 杭州大學出版社 1994 p. 136
李明偉 隋唐絲綢之路 甘肅人民出版社 1994 p. 325

李明偉　唐代文學的嬗變與絲綢之路的影響　《敦煌研究》1994 年第 3 期　p. 140
李潤强　《降魔變文》、《破魔變文》與《西遊記》　《社科縱橫》1994 年第 4 期　p. 29
汪泛舟　敦煌韻文辨正舉隅　《敦煌研究》1994 年第 2 期　p. 142
杜斗城　北凉譯經論　甘肅文化出版社　1995　p. 38
杜斗城　敦煌所見《五臺山圖》與《五臺山讚》　敦煌吐魯番文獻研究　中華書局　1995　p. 398
劉進寶　敦煌學論述　（臺北）洪葉文化事業有限公司　1995　p. 303
曲金良　敦煌佛教文學研究　（臺北）文津出版社　1995　p. 99、224
汪泛舟　從敦煌文學構成特點看中外交流關係　敦煌學國際研討會文集·史地語文編　遼寧美術出版社　1995　p. 247
楊雄　破魔變文　敦煌論稿　甘肅文化出版社　1995　p. 296
鍾少異　早期管形火器研究　中國古代火藥火器史研究　中國社會科學出版社　1995　p. 103
黄征　敦煌俗語法研究之一：句法篇　敦煌吐魯番研究（第一卷）　北京大學出版社　1996　p. 76
榮新江　歸義軍史研究　上海古籍出版社　1996　p. 118
王昆吾　隋唐五代燕樂雜言歌辭研究　中華書局　1996　p. 367
張涌泉　敦煌俗字研究導論　（臺北）新文豐出版公司　1996　p. 194
黄征　敦煌俗音考辨　敦煌語文叢說　（臺北）新文豐出版公司　1997　p. 142
黄征　敦煌寫本異文綜析　敦煌語文叢說　（臺北）新文豐出版公司　1997　p. 21、35
黄征　李丹禾　敦煌變文中的願文　敦煌文學論集　四川人民出版社　1997　p. 365
黄征　張涌泉　敦煌變文校注　中華書局　1997　p. 52、537、1083
劉子瑜　敦煌變文和王梵志詩　大象出版社　1997　p. 37
陸淑綺　李重申　敦煌古代戲曲文化史料綜述　《敦煌研究》1997 年第 2 期　p. 65
入矢義高　評蔣禮鴻《敦煌變文字義通釋》　俗語言研究（第四期）　（京都）禪文化研究所　1997　p. 101
鄭炳林　敦煌碑銘讚輯釋　甘肅教育出版社　1997　p. 551 注 3
白化文　百行章　敦煌學大辭典　上海辭書出版社　1998　p. 782
海客　頻婆娑羅王后宮綵女功德意供養塔生天因緣變　敦煌學大辭典　上海辭書出版社　1998　p. 581
黄征　唐代俗語詞輯釋　唐研究（第四卷）　北京大學出版社　1998　p. 137、141
潘重規　敦煌《雲謠集》新書　雲謠集研究彙録　上海古籍出版社　1998　p. 211
潘重規　中國第一部"詞的總集"：敦煌《雲謠集》之發現與整理　雲謠集研究彙録　上海古籍出版社　1998　p. 266
譚蟬雪　敦煌歲時文化導論　（臺北）新文豐出版公司　1998　p. 80
周紹良　張涌泉　黄征　敦煌變文講經文因緣輯校（上、下）　江蘇古籍出版社　1998　p. 6；820、924
高國藩　敦煌俗文化學　上海三聯書店　1999　p. 335
梅維恒著　楊繼東　陳引馳譯　唐代變文（上）　（香港）中國佛教文化出版公司　1999　p. 70、261 注 5
金岡照光　敦煌文獻と中國文學　（東京）五曜書房　2000　p. 135
汪泛舟　敦煌古代兒童課本　甘肅人民出版社　2000　p. 156
徐俊　敦煌詩集殘卷輯考　中華書局　2000　p. 767
顔廷亮　敦煌文化　光明日報出版社　2000　p. 514
張錫厚　敦煌文學源流　作家出版社　2000　p. 11、426

林聰明　敦煌吐魯番文書解詁指例　(臺北)新文豐出版公司　2001　p. 75
黃征　敦煌語言文字學研究　甘肅教育出版社　2002　p. 42、147、242
李小榮　變文講唱與華梵宗教藝術　上海三聯書店　2002　p. 67
張鴻勳　敦煌俗文學研究　甘肅人民出版社　2002　p. 7、19、99
鄭阿財　朱鳳玉　敦煌蒙書研究　甘肅教育出版社　2002　p. 321
荒見泰史　敦煌本夢書雜識　漢語史學報專輯(第三輯)　上海教育出版社　2003　p. 342
黃征　《破魔變》殘卷考釋　漢語史學報專輯(第三輯)　上海教育出版社　2003　p. 354
顏廷亮　關於敦煌文化在古代世界文化格局中的地位問題　2000 年敦煌學國際學術討論會文集·歷史文化卷(下)　甘肅民族出版社　2003　p. 102
張小豔　删字符號卜與敦煌文獻的解讀　《敦煌研究》2003 年第 3 期　p. 71
陳允吉　李賀《許公子鄭姬歌》與變文講唱　佛經文學研究論集　復旦大學出版社　2004　p. 414
荒見泰史　敦煌變文研究概述以及新觀點　華林(第三卷)　中華書局　2004　p. 391、394
荒見泰史　敦煌的講唱體文獻　敦煌學(第 25 輯)　(臺北)樂學書局有限公司　2004　p. 274
王小盾　潘重規先生"變文外衣"理論疏說　敦煌學(第 25 輯)　(臺北)樂學書局有限公司　2004　p. 76
黃征　敦煌俗字典　上海教育出版社　2005　p. 36
汪泛舟　敦煌俗別字新考(上)　《敦煌研究》2006 年第 1 期　p. 103
王青　西域文化影響下的中古小說　中國社會科學出版社　2006　p. 483

S. 3492

王重民原編　黃永武新編　敦煌古籍叙録新編　(第九冊)　(臺北)新文豐出版公司　1986　p. 210
汪泛舟　敦煌俗別字補正　《敦煌研究》2001 年第 4 期　p. 157
鄭炳林　王晶波　敦煌寫本相書校録研究　民族出版社　2004　p. 5、146

S. 3503

井ノ口泰淳　敦煌本『仏名經』の諸系統　中央アジアの言語と仏教　(京都)法藏館　1995　p. 297
王繼如　《目連緣起》校釋補正　敦煌問學叢稿　甘肅文化出版社　1999　p. 211

S. 3504

井ノ口泰淳　敦煌本『仏名經』の諸系統　中央アジアの言語と仏教　(京都)法藏館　1995　p. 297

S. 3505

李正宇　敦煌史地新論　(臺北)新文豐出版公司　1996　p. 85

S. 3507

譚蟬雪　敦煌歲時掇瑣:正月　《敦煌研究》1990 年第 1 期　p. 49　又見:(香港)《九州學刊》(敦煌學專輯)1993 年第 5 卷第 4 期　p. 86
王三慶　敦煌寫卷中武后新字之調查研究　唐代研究論集(第三輯)　(臺北)新文豐出版公司　1992　p. 90
土肥義和　唐・北宋間の「社」の組織形態に関する一考察　中國古代の國家と民衆(堀敏一先生古稀記念)　(東京)汲古書院　1995　p. 720
譚蟬雪　敦煌歲時文化導論　(臺北)新文豐出版公司　1998　p. 45

高明士　唐代敦煌官方的祭祀禮儀　1994年敦煌學國際研討會文集·宗教文史卷(上)　甘肅民族出版社　2000　p. 58

S. 3508

杜愛英　敦煌遺書中俗體字的諸種類型　《敦煌研究》1992年第3期　p. 119

S. 3510

芳村修基　土橋秀高　井ノ口泰淳　敦煌佛教史年表　西域文化研究(第一)·敦煌佛教資料　(京都)法藏館　1958　p. 265

王三慶　日本所見敦煌寫卷目録提要(一)　敦煌學(第15輯)　(臺北)新文豐出版公司　1989　p. 89

池田溫　中國古代寫本識語集録　(東京)大藏出版株式會社　1990　p. 292

方廣錩　敦煌遺書中的《妙法蓮華經》及有關文獻　敦煌學佛教學論叢(下)　中國佛教文化研究所　1998　p. 78　又見:法源(第16期)　中國佛學院　1998　p. 43

方廣錩　妙法蓮華經　敦煌學大辭典　上海辭書出版社　1998　p. 689

池田溫　吐魯番敦煌功德録和有關文書　1994年敦煌學國際研討會文集·宗教文史卷(上)　甘肅民族出版社　2000　p. 140

陳麗萍　敦煌女性寫經題記及反映的婦女問題　敦煌佛教藝術文化國際學術研討會論文集　蘭州大學出版社　2002　p. 431

S. 3517

江素雲　維摩詰所説經敦煌寫本綜合目録　(臺北)東初出版社　1991　p. 80

S. 3518

許國霖　敦煌石室寫經題記彙編　《微妙聲》1936－1937年第1－4期　又見:中國敦煌學百年文庫·宗教卷(四)　甘肅文化出版社　1999　p. 221

許國霖　敦煌石室寫經年代表　《微妙聲》1937年第5期　又見:中國敦煌學百年文庫·宗教卷(四)　甘肅文化出版社　1999　p. 195

芳村修基　土橋秀高　井ノ口泰淳　敦煌佛教史年表　西域文化研究(第一)·敦煌佛教資料　(京都)法藏館　1958　p. 257

矢吹慶輝　鳴沙餘韻·解說篇(第一部)　(京都)臨川書店　1980　p. 293

陳祚龍　敦煌古抄内典尾記彙校初、二、三編合刊　敦煌學要籥　(臺北)新文豐出版公司　1982　p. 133

池田溫　中國古代寫本識語集録　(東京)大藏出版株式會社　1990　p. 142

林聰明　從敦煌文書看佛教徒的造經祈福　第二屆敦煌學國際研討會論文集　(臺北)漢學研究中心　1990　p. 526

杜愛英　敦煌遺書中俗體字的諸種類型　《敦煌研究》1992年第3期　p. 119

趙聲良　隋代敦煌寫本的書法藝術　敦煌書法庫(第三輯)　甘肅人民美術出版社　1994　p. 2　又見:《敦煌研究》1995年第4期　p. 134

黄征　吳偉　敦煌願文集　岳麓書社　1995　p. 850

金岡照光　敦煌文獻と中國文學　(東京)五曜書房　2000　p. 429

林聰明　敦煌吐魯番文書解詁指例　(臺北)新文豐出版公司　2001　p. 159

姜亮夫　敦煌莫高窟年表　姜亮夫全集(十一)　雲南人民出版社　2002　p. 299
公維章　涅槃、淨土的殿堂:敦煌莫高窟第 148 窟研究　民族出版社　2004　p. 84、157
景盛軒　試論敦煌佛經異文研究的價值和意義　《敦煌研究》2004 年第 5 期　p. 88

S. 3521

福井文雅　般若心經　敦煌と中國仏教(講座敦煌 7)　(東京)大東出版社　1984　p. 39

S. 3522

岡部和雄　敦煌藏經目録　敦煌と中國仏教(講座敦煌 7)　(東京)大東出版社　1984　p. 317
方廣錩　敦煌佛教經録輯校　江蘇古籍出版社　1997　p. 300、306
方廣錩　大般若經卷次録　敦煌學大辭典　上海辭書出版社　1998　p. 748
方廣錩　大般若經帙卷對照録　敦煌學大辭典　上海辭書出版社　1998　p. 748

S. 3523

福井文雅　般若心經　敦煌と中國仏教(講座敦煌 7)　(東京)大東出版社　1984　p. 39

S. 3524

福井文雅　般若心經　敦煌と中國仏教(講座敦煌 7)　(東京)大東出版社　1984　p. 39

S. 3532

慶谷壽信　敦煌出土の音韻資料(上)——Stein6691vについて　『人文學報』(第 78 號)　京都大學人文科學研究所　1970　p. 171
蔣禮鴻　敦煌文獻語言詞典　杭州大學出版社　1994　p. 358

S. 3534

袁德領　關於敦煌遺書中六個卷子的定名　《敦煌研究》1989 年第 3 期　p. 62
上山大峻　敦煌佛教の研究　(京都)法藏館　1990　p. 145
張金泉　敦煌佛經音義寫卷述要　《敦煌研究》1997 年第 2 期　p. 119
李小榮　敦煌密教文獻論稿　人民文學出版社　2003　p. 25

S. 3536

王三慶著　池田溫譯　類書　敦煌漢文文獻(講座敦煌 5)　(東京)大東出版社　1992　p. 395
井ノ口泰淳　敦煌本『仏名經』の諸系統　中央アジアの言語と仏教　(京都)法藏館　1995　p. 297

S. 3538

石塚晴通　玄應《一切經音義》的西域寫本　《敦煌研究》1992 年第 2 期　p. 54
張金泉　許建平　敦煌音義彙考　杭州大學出版社　1996　p. 857
方廣錩　敦煌佛教經録輯校　江蘇古籍出版社　1997　p. 948
張金泉　敦煌佛經音義寫卷述要　《敦煌研究》1997 年第 2 期　p. 113
方廣錩　諸寺抄經録　敦煌學大辭典　上海辭書出版社　1998　p. 757
張金泉　一切經音義　敦煌學大辭典　上海辭書出版社　1998　p. 517
張金泉　P. 2901 佛經音義寫卷考　《杭州大學學報》1998 年第 1 期

周祖謨　校讀玄應一切經音義後記　中國敦煌學百年文庫・語言文字卷(一)　甘肅文化出版社　1999　p. 296

徐時儀　敦煌寫本《玄應音義》考補　《敦煌研究》2005 年第 1 期　p. 101

徐時儀　玄應《衆經音義》版本考　中國學術(第十八輯)　商務印書館　2005　p. 195

徐時儀　玄應《衆經音義》研究　中華書局　2005　p. 87

徐時儀　金藏、麗藏、磧砂藏與永樂南藏淵源考:以《玄應音義》爲例　《世界宗教研究》2006 年第 2 期　p. 27

S. 3539

王三慶　敦煌寫卷中武后新字之調查研究　唐代研究論集(第三輯)　(臺北)新文豐出版公司　1992　p. 90

方廣錩　大寶積經　敦煌學大辭典　上海辭書出版社　1998　p. 657

S. 3540

陳祚龍　新校重訂敦煌古抄事佛崇法文獻小集　《東方雜誌》1978 年第 6 期　又見:中國敦煌學百年文庫・宗教卷(二)　甘肅文化出版社　1999　p. 51

土肥義和　はじめに——歸義軍節度使の敦煌支配　敦煌の歷史(講座敦煌 2)　(東京)大東出版社　1980　p. 287

郭鋒　敦煌的"社"及其活動　《敦煌學輯刊》1983 年創刊號　p. 81

閻文儒　敦煌兩個陷蕃人殘詩集校釋　向達先生紀念論文集　新疆人民出版社　1986　p. 218

山本達郎等　敦煌・I 社條『NUN – HUANG AND TURFAN DOCUMENTS CONCERNING SOCIAL AND ECONOMIC HISTORY』(IV)　(東京)東洋文庫　1989　p. 10

胡同慶　從敦煌結社活動探討人的群體性以及個體與集體的關係　《敦煌研究》1990 年第 4 期　p. 72　又見:敦煌學研究　甘肅人民美術出版社　1994　p. 173

郭鋒　吐魯番文書《唐衆阿婆作齋社約》與唐代西州的民間結社活動　《西域研究》1991 年第 3 期　p. 76

姜伯勤　敦煌社會文書導論　(臺北)新文豐出版公司　1992　p. 242

李正宇　敦煌遺書宋人詩輯校《敦煌研究》1992 年第 2 期　p. 41

高國藩　敦煌民俗資料導論　(臺北)新文豐出版公司　1993　p. 4

李正宇　敦煌文學概論　甘肅人民出版社　1993　p. 103

蘇遠鳴　敦煌漢文寫本的斷代　法國學者敦煌學論文選萃　中華書局　1993　p. 551

郝春文　中古時期儒佛文化對民間結社的影響及其變化　唐文化研究論文集　上海人民出版社　1994　p. 210

馬德　敦煌莫高窟吐蕃、歸義軍時代營建概況　(香港)《九州學刊》1995 年第 6 卷第 4 期　p. 68

馬德　敦煌庶民與莫高窟的營造　華學(第一輯)　中山大學出版社　1995　p. 183

馬德　敦煌遺書莫高窟營建史料淺論　敦煌學國際研討會文集・石窟考古編　遼寧美術出版社　1995　p. 136

馬德　敦煌莫高窟史研究　甘肅教育出版社　1996　p. 145、259

榮新江　歸義軍史研究　上海古籍出版社　1996　p. 30

寧可　郝春文　敦煌社邑文書輯校　江蘇古籍出版社　1997　p. 29

鄭炳林　敦煌碑銘讚輯釋　甘肅教育出版社　1997　p. 328 注 7

鄭炳林　唐五代敦煌的粟特人與佛教　敦煌歸義軍史專題研究　蘭州大學出版社　1997　p. 456

鄭炳林　馮培紅　晚唐五代宋初歸義軍政權中都頭一職考辨　敦煌歸義軍史專題研究　蘭州大學出版社　1997　p. 82
李正宇　憑　敦煌學大辭典　上海辭書出版社　1998　p. 387
馬德　10 世紀敦煌寺曆所記三窟活動　《敦煌研究》1998 年第 2 期　p. 81
寧可　三官　敦煌學大辭典　上海辭書出版社　1998　p. 426
寧可　社條　敦煌學大辭典　上海辭書出版社　1998　p. 428
榮新江　歸義軍大事紀年初稿　出土文獻研究(第三輯)　文物出版社　1998　p. 251
宋家鈺　寧可　虞侯　敦煌學大辭典　上海辭書出版社　1998　p. 409
楊森　晚唐五代兩件《女人社》文書劄記　《敦煌研究》1998 年第 1 期　p. 67
寧可　寧可史學論集　中國社會科學出版社　1999　p. 447 注 2
楊森　敦煌社司文書畫押符號及其相關問題　《敦煌學輯刊》1999 年第 1 期　p. 86
楊森　談敦煌社邑文書中"三官"及"録事""虞侯"的若干問題　《敦煌研究》1999 年第 3 期　p. 82
徐俊　敦煌詩集殘卷輯考　中華書局　2000　p. 874
孟憲實　敦煌社邑的分佈　敦煌文獻論集:紀念藏經洞發現一百周年國際學術研討會論文集　遼寧人民出版社　2001　p. 423
郭鋒　吐魯番出土衆阿婆社約與唐代西州的民間結社活動　唐史與敦煌文獻論稿　中國社科出版社　2002　p. 233
郝春文　《唐末五代宋初敦煌社邑的幾個問題》商榷　國際敦煌學學術史研討會論文集　研討會籌備組　2002　p. 195
王蘭平　敦煌寫本 ДХ6062《歸義軍時期大般若經抄寫紙曆》及其相關問題考釋　敦煌佛教藝術文化國際學術研討會論文集　蘭州大學出版社　2002　p. 74
孟憲實　論敦煌渠人社　周秦漢唐文化研究(第三輯)　三秦出版社　2004　p. 144
鄭炳林　魏迎春　晚唐五代敦煌佛教教團的科罰制度研究　《敦煌研究》2004 年第 2 期　p. 55
孟憲實　論唐宋時期敦煌民間結社的社條　敦煌吐魯番研究(第九卷)　北京大學出版社　2006　p. 318

S. 3541

池田溫　中國古代寫本識語集録　(東京)大藏出版株式會社　1990　p. 239

S. 3542

許國霖　敦煌石室寫經題記彙編　《微妙聲》1936 - 1937 年第 1 - 4 期　又見:中國敦煌學百年文庫・宗教卷(四)　甘肅文化出版社　1999　p. 219
許國霖　敦煌石室寫經年代表　《微妙聲》1937 年第 5 期　又見:中國敦煌學百年文庫・宗教卷(四)　甘肅文化出版社　1999　p. 198
芳村修基　土橋秀高　井ノ口泰淳　敦煌佛教史年表　西域文化研究(第一)・敦煌佛教資料　(京都)法藏館　1958　p. 264
廣川堯敏　淨土三部經　敦煌と中國仏教(講座敦煌 7)　(東京)大東出版社　1984　p. 83
王三慶　敦煌寫卷中武后新字之調查研究　漢學研究(敦煌學國際研討會論文專號)　(臺北)漢學研究資料及服務中心　1986　p. 443　又見:唐代研究論集(第三輯)　(臺北)新文豐出版公司　1992　p. 66
林聰明　敦煌文書學　(臺北)新文豐出版公司　1991　p. 426
井ノ口泰淳　敦煌本『阿彌陀經』　中央アジアの言語と仏教　(京都)法藏館　1995　p. 361

藏中進　則天文字の研究　（東京）翰林書房　1995　p. 241
方廣錩　阿彌陀經　敦煌學大辭典　上海辭書出版社　1998　p. 660
陳麗萍　敦煌女性寫經題記及反映的婦女問題　敦煌佛教藝術文化國際學術研討會論文集　蘭州大學出版社　2002　p. 435
施安昌　唐武周時期的刻經與敦煌寫經　善本碑帖論集　紫禁城出版社　2002　p. 120

S. 3547

向達　倫敦所藏敦煌卷子經眼目録　《北平圖書館圖書季刊》1939 年新第 1 卷第 4 期　p. 397　又見:唐代長安與西域文明　三聯書店　1957　p. 220
尾崎正治　道教の類書　敦煌と中國道教(講座敦煌 4）（東京)大東出版社　1983　p. 193
尾崎正治　上清經類　敦煌と中國道教(講座敦煌 4）（東京)大東出版社　1983　p. 140
王卡　敦煌道教文獻研究　中國社會科學出版社　2004　p. 224

S. 3548

許國霖　敦煌石室寫經題記彙編　《微妙聲》1936 – 1937 年第 1 – 4 期　又見:中國敦煌學百年文庫・宗教卷(四)　甘肅文化出版社　1999　p. 207
許國霖　敦煌石室寫經年代表　《微妙聲》1937 年第 5 期　又見:中國敦煌學百年文庫・宗教卷(四)　甘肅文化出版社　1999　p. 196
芳村修基　土橋秀高　井ノ口泰淳　敦煌佛教史年表　西域文化研究(第一)・敦煌佛教資料　(京都)法藏館　1958　p. 258
陳祚龍　敦煌古抄内典尾記彙校初、二、三編合刊　敦煌學要籥　(臺北)新文豐出版公司　1982　p. 133
池田溫　中國古代寫本識語集録　(東京)大藏出版株式會社　1990　p. 168
高國藩　敦煌古俗與民俗流變　河海大學出版社　1990　p. 424
林聰明　敦煌文書學　(臺北)新文豐出版公司　1991　p. 164
戴仁　敦煌寫本紙張的顏色　法國學者敦煌學論文選萃　中華書局　1993　p. 591
林聰明　談敦煌文書的抄寫問題　紀念陳寅恪先生百年誕辰學術論文集　江西教育出版社　1994　p. 287
趙聲良　隋代敦煌寫本的書法藝術　敦煌書法庫(第三輯)　甘肅人民美術出版社　1994　p. 3　又見:《敦煌研究》1995 年第 4 期　p. 135
白化文　寫經生　敦煌學大辭典　上海辭書出版社　1998　p. 594
方廣錩　中阿含經　敦煌學大辭典　上海辭書出版社　1998　p. 705
林聰明　敦煌吐魯番文書解詁指例　(臺北)新文豐出版公司　2001　p. 35. 149
蔡忠霖　敦煌漢文寫卷俗字及其現象　(臺北)文津出版社　2002　p. 68、145、165
姜亮夫　敦煌莫高窟年表　姜亮夫全集(十一)　雲南人民出版社　2002　p. 187
蔡忠霖　從書法角度看俗字的生成　敦煌學(第 24 輯)　(臺北)樂學書局有限公司　2003　p. 167
蔡忠霖　遼・釋行均《龍龕手鑒》的俗字觀　冉雲華先生八秩華誕壽慶論文集　(臺北)法光出版社　2003　p. 418
池田溫　敦煌遺文　敦煌文書の世界　(東京)名著刊行會　2003　p. 41

S. 3550

郝春文　敦煌五代宋初佛社與寺院的關係　《敦煌學輯刊》1990 年第 1 期　p. 18

S. 3552

陳祚龍　敦煌古抄内典尾記彙校初、二、三編合刊　敦煌學要籥　（臺北）新文豐出版公司　1982　p. 134

池田溫　中國古代寫本識語集録　（東京）大藏出版株式會社　1990　p. 156

艾麗白　敦煌寫本中的"大儺"儀禮　法國學者敦煌學論文選萃　中華書局　1993　p. 258

方廣錩　放光般若經　敦煌學大辭典　上海辭書出版社　1998　p. 679

林聰明　敦煌吐魯番文書解詁指例　（臺北）新文豐出版公司　2001　p. 156

陳麗萍　敦煌女性寫經題記及反映的婦女問題　敦煌佛教藝術文化國際學術研討會論文集　蘭州大學出版社　2002　p. 431

S. 3553

史葦湘　絲綢之路上的敦煌與莫高窟　敦煌研究文集　甘肅人民出版社　1982　p. 121 注 146

杜琪　書・啓　敦煌文學　甘肅人民出版社　1989　p. 34

唐耕耦　陸宏基　敦煌社會經濟文獻真迹釋録(五)　全國圖書館文獻縮微複製中心　1990　p. 37

東野治之　ラピス・ラズリ東傳考　遣唐使と正倉院　（東京）岩波書店　1992　p. 204

汪泛舟　敦煌文學概論　甘肅人民出版社　1993　p. 561

高田時雄　可洪隨函録と行瑫隨函音疏　中國語の資料と方法　京都大學人文科學研究所　1994　p. 123

馬德　敦煌莫高窟吐蕃、歸義軍時代營建概況　（香港）《九州學刊》1995 年第 6 卷第 4 期　p. 63

馬德　敦煌庶民與莫高窟的營造　華學(第一輯)　中山大學出版社　1995　p. 186

馬德　敦煌莫高窟史研究　甘肅教育出版社　1996　p. 266

張金泉　許建平　敦煌音義彙考　杭州大學出版社　1996　p. 1006

張金泉　敦煌佛經音義寫卷述要　《敦煌研究》1997 年第 2 期　p. 114

張金泉　關於《時要字樣》等八件敦煌寫卷的考辨　古典文獻與文化論叢　中華書局　1997　p. 95

黄征　唐代俗語詞輯釋　唐研究(第四卷)　北京大學出版社　1998　p. 139

張金泉　新集藏經音義隨函録　敦煌學大辭典　上海辭書出版社　1998　p. 518

榮新江　《英藏敦煌文獻》定名商補　文史(第五十二輯)　中華書局　2000　p. 121　又見:敦煌學新論　甘肅教育出版社　2002　p. 195

顔廷亮　敦煌文化　光明日報出版社　2000　p. 285

顔廷亮　敦煌文化中的祆教、摩尼教和景教　敦煌學與中國史研究論集　甘肅人民出版社　2001　p. 421

黄征　敦煌語言文字學研究　甘肅教育出版社　2002　p. 149

高田時雄著　鍾翀等譯　可洪《隨函録》與行瑫《隨函音疏》　敦煌・民族・語言　中華書局　2005　p. 406

盧秀文　于倩　敦煌壁畫中的婦女紅粉妝　《敦煌研究》2005 年第 6 期　p. 53

S. 3555

平井俊榮　敦煌仏典と中國仏教　敦煌と中國仏教(講座敦煌 7)　（東京）大東出版社　1984　p. 8

郝春文　唐後期五代宋初敦煌僧尼的社會生活　中國社會科學出版社　1998　p. 250

S. 3556

池田溫　中國古代寫本識語集録　（東京）大藏出版株式會社　1990　p. 355

榮新江　甘州回鶻與曹氏歸義軍　《中國古代史》(先秦至隋唐)1994 年第 3 期　p. 109
鄭炳林　敦煌碑銘讚輯釋　甘肅教育出版社　1997　p. 178 注 9
顔廷亮　關於敦煌文學發展的歷史進程　《甘肅社會科學》1999 年第 4 期　p. 45
顔廷亮　敦煌文化　光明日報出版社　2000　p. 316

S. 3557

鄭炳林　敦煌碑銘讚輯釋　甘肅教育出版社　1997　p. 471 注 2

S. 3558

劉銘恕　再記英國倫敦所藏的敦煌經卷　《中國科學院圖書館通訊》1957 年第 7 期　又見:中國敦煌學百年文庫・綜述卷(二)　甘肅文化出版社　1999　p. 131
柳田聖山　敦煌の禅籍と矢吹慶輝　敦煌仏典と禅(講座敦煌 8)　(東京)大東出版社　1980　p. 12
田中良昭　念仏禅と後期北宗禅　敦煌仏典と禅(講座敦煌 8)　(東京)大東出版社　1980　p. 226
田中良昭　修道偈 I　敦煌仏典と禅(講座敦煌 8)　(東京)大東出版社　1980　p. 259
中川孝　楞伽宗と東山法門　敦煌仏典と禅(講座敦煌 8)　(東京)大東出版社　1980　p. 141
陳祚龍　敦煌古抄内典尾記彙校初、二、三編合刊　敦煌學要籥　(臺北)新文豐出版公司　1982　p. 134
陳祚龍　關於敦煌古抄《了性句並序》　敦煌學(第 5 輯)　(臺北)新文豐出版公司　1982　p. 29
饒宗頤　論敦煌陷於吐蕃之年代　選堂集林・史林　(香港)中華書局　1982　p. 706
田中良昭　敦煌禅宗文献の研究　(東京)大東出版社　1983　p. 54、507
王重民　記敦煌寫本的佛經　敦煌吐魯番文獻研究論集(第二輯)　北京大學出版社　1983　p. 22　又見:敦煌遺書論文集　中華書局　1984　p. 305
陳祚龍　新校重訂敦煌古抄《澄心論》　中華佛教文化史散策(四集)　(臺北)新文豐出版公司　1986　p. 235
楊曾文　日本學者對中國禪宗文獻的研究和整理《世界宗教研究》1987 年第 1 期　p. 117
上山大峻　敦煌佛教の研究　(京都)法藏館　1990　p. 413
饒宗頤　神會門下摩訶衍之入藏兼論禪門南北宗之調和問題　唐代研究論集(第四輯)　(臺北)新文豐出版公司　1992　p. 350　又見:香港大學五十周年紀念論文集　香港大學　1996；中國敦煌學百年文庫・民族卷(二)　甘肅文化出版社　1999　p. 92
吳其昱著　伊藤美重子譯　敦煌漢文寫本概観　敦煌漢文文獻(講座敦煌 5)　(東京)大東出版社　1992　p. 57
田中良昭　敦煌の禅籍　禅學研究入門　(東京)大東出版社　1994　p. 57
柳田聖山　禅籍解題(一)・敦煌禅籍　俗語言研究(第二期)　(京都)禪文化研究所　1995　p. 135、151
方廣錩　澄心論　敦煌學大辭典　上海辭書出版社　1998　p. 727
方廣錩　了性句　敦煌學大辭典　上海辭書出版社　1998　p. 729

S. 3559

周紹良　說"城主"　1994 年敦煌學國際研討會文集・宗教文史卷(下)　甘肅民族出版社　2000　p. 56

S. 3561

江素雲　維摩詰所說經敦煌寫本綜合目録　（臺北）東初出版社　1991　p. 80

S. 3562

姜伯勤　變文的南方源頭與敦煌的唱導法匠　華學（第一輯）　中山大學出版社　1995　p. 160
姜伯勤　敦煌藝術宗教與禮樂文明　中國社會科學出版社　1996　p. 415

S. 3563

向達　倫敦所藏敦煌卷子經眼目録　《北平圖書館圖書季刊》1939 年新第 1 卷第 4 期　p. 397　又見：唐代長安與西域文明　三聯書店　1957　p. 220
陳祚龍　敦煌道經後記彙録　敦煌文物隨筆　（臺北）商務印書館　1979　p. 9
陳祚龍　新校重訂《敦煌道經後記彙録》　敦煌學要籥　（臺北）新文豐出版公司　1982　p. 203
宮川尚志　唐以前の河西における宗教・思想的狀況　敦煌と中國道教（講座敦煌 4）　（東京）大東出版社　1983　p. 310
石井昌子　靈寶經類　敦煌と中國道教（講座敦煌 4）　（東京）大東出版社　1983　p. 160
龍晦　論敦煌道教文學　《世界宗教研究》1985 年第 3 期　又見：中國敦煌學百年文庫・宗教卷（三）　甘肅文化出版社　1999　p. 366
姜亮夫　敦煌經卷題名録　敦煌學論文集　上海古籍出版社　1987　p. 1060
姜亮夫　敦煌所見道教佚經考　敦煌學論文集　上海古籍出版社　1987　p. 310
池田溫　中國古代寫本識語集録　（東京）大藏出版株式會社　1990　p. 287
林聰明　敦煌文書學　（臺北）新文豐出版公司　1991　p. 194
陶秋英輯録　姜亮夫校訂　敦煌經卷題名録　敦煌碎金　浙江古籍出版社　1992　p. 74
陶秋英輯録　姜亮夫校訂　敦煌所見道教佚經録　敦煌碎金　浙江古籍出版社　1992　p. 314
王見川　從摩尼教到明教　（臺北）新文豐出版公司　1992　p. 220
朱越利　道經總論　遼寧教育出版社　1992　p. 258、264
林聰明　談敦煌文書的抄寫問題　紀念陳寅恪先生百年誕辰學術論文集　江西教育出版社　1994　p. 291
李豐楙　敦煌道經寫卷與道教寫經的供養功德觀　全國敦煌學研討會論文集　（臺北）中正大學中國文學系所　1995　p. 124
劉屹　敦煌十卷本《老子化胡經》殘卷新探　唐研究（第二卷）　北京大學出版社　1996　p. 117 注 38
胡文和　仁壽縣壇神岩第 53 號“三寶”窟右壁“南竺觀記”中道藏經目研究　《世界宗教研究》1998 年第 2 期　p. 125
山田俊　唐初道教思想史研究・論述篇　（京都）平樂寺書店　1999　p. 47
山田俊　唐初道教思想史研究・資料篇　（京都）平樂寺書店　1999　p. 48、162
顔廷亮　敦煌文化中的道教及文化　《敦煌研究》1999 年第 1 期　p. 137
周維平　從敦煌遺書看敦煌道教　《西北民族研究》1999 年第 2 期　p. 131
汪泛舟　敦煌道教與齋醮諸考　1994 年敦煌學國際研討會文集・宗教文史卷（上）　甘肅民族出版社　2000　p. 2
顔廷亮　敦煌文化　光明日報出版社　2000　p. 237
張澤洪　論唐代道教的寫經　《敦煌研究》2000 年第 3 期　p. 132
林聰明　敦煌吐魯番文書解詁指例　（臺北）新文豐出版公司　2001　p. 43
楊森　武則天至玄宗時代敦煌的三洞法師中嶽先生述略　《敦煌研究》2003 年第 3 期　p. 46

王卡　敦煌道教文獻研究　中國社會科學出版社　2004　p. 197
王卡　中國國家圖書館藏敦煌道教遺書研究報告　敦煌吐魯番研究(第七卷)　北京大學出版社　2004　p. 368

S. 3564

馬德　敦煌莫高窟史研究　甘肅教育出版社　1996　p. 145

S. 3565

土肥義和　莫高窟千佛洞と大寺と蘭若と　敦煌の社會(講座敦煌 3)　(東京)大東出版社　1980　p. 359
陳炳應　敦煌所出宋開寶八年"鄭醜撻賣地舍契"定誤考釋　《西北史地》1983 年第 4 期　p. 88
姜亮夫　瓜沙曹氏年表補正　敦煌學文選(上)　蘭州大學歷史系敦煌學研究室等　1983　p. 124　又見:敦煌學論文集　上海古籍出版社　1987　p. 930；姜亮夫全集(十四)　雲南人民出版社　2002　p. 352
方廣錩　讀敦煌佛典經録劄記　《敦煌學輯刊》1986 年第 1 期　p. 108
李正宇　敦煌方音止遇二攝混同及其校勘學意義　《敦煌研究》1986 年第 4 期　p. 49
盧向前　關於歸義軍時期一份布紙破用曆的研究:試釋伯四六四〇背面文書　敦煌吐魯番文獻研究論集(第三輯)　北京大學出版社　1986　p. 447　又見:敦煌吐魯番文書論稿　江西人民出版社　1992　p. 152
李正宇　敦煌地區古代祠廟寺觀簡志　《敦煌學輯刊》1988 年第 1、2 期　p. 78
榮新江　沙州歸義軍歷任節度使稱號研究　敦煌吐魯番學研究論文集　漢語大詞典出版社　1990　p. 802
唐耕耦　陸宏基　敦煌社會經濟文獻真迹釋録(三)　全國圖書館文獻縮微複製中心　1990　p. 97
方廣錩　佛教大藏經史(八—十世紀)　中國社會科學出版社　1991　p. 194、247
李正宇　敦煌文學概論　甘肅人民出版社　1993　p. 110
梅林　469 窟與莫高窟石室經藏的方位特徵　《敦煌研究》1994 年第 4 期　p. 186
黄征　吳偉　敦煌願文集　岳麓書社　1995　p. 377
姜伯勤　敦煌文書所見胡錦番錦考　敦煌學國際研討會文集·石窟考古編　遼寧美術出版社　1995　p. 283
李正宇　敦煌史地新論　(臺北)新文豐出版公司　1996　p. 77
榮新江　歸義軍史研究　上海古籍出版社　1996　p. 118
方廣錩　敦煌佛教經録輯校　江蘇古籍出版社　1997　p. 275
郝春文　關於唐後期五代宋初沙州僧俗的施捨問題　唐研究(第三卷)　北京大學出版社　1997　p. 26
李并成　古代河西走廊桑蠶絲織業考　《敦煌學輯刊》1997 年第 2 期　p. 64
鄭炳林　敦煌碑銘讚輯釋　甘肅教育出版社　1997　p. 355 注 2
白化文　經巾　敦煌學大辭典　上海辭書出版社　1998　p. 595
方廣錩　敦煌遺書中所存的全國性佛教經録　敦煌學佛教學論叢(上)　中國佛教文化研究所　1998　p. 311
方廣錩　西天大小乘經律論並在唐都數目録　敦煌學大辭典　上海辭書出版社　1998　p. 747
李正宇　龍興寺　敦煌學大辭典　上海辭書出版社　1998　p. 629
郝春文　關於唐後期五代宋初沙州僧團的"出唱"活動　首都師範大學史學研究(1)　首都師範大學

出版社　1999　p. 111
榮新江　英國圖書館藏敦煌漢文非佛教文獻殘卷概述　敦煌文藪(下)　(臺北)新文豐出版公司　1999　p. 123
丘古耶夫斯基　敦煌漢文文書　上海古籍出版社　2000　p. 125
楊富學　王書慶　唐代長安與敦煌佛教文化之關係　'98 法門寺唐文化國際學術討論會論文集　陝西人民出版社　2000　p. 176
李正宇　唐宋時期敦煌佛經性質功能的變化　戒幢佛學(第二卷)　岳麓書社　2002　p. 18　又見:中日敦煌佛教學術會議論文集　中國社會科學院研究所　2002　p. 15
馬茜　歸義軍時期敦煌地區庶民佛教的發展　甘肅民族研究論叢　甘肅人民出版社　2002　p. 446
童丕　敦煌的借貸:中國中古時代的物質生活與社會　中華書局　2003　p. 108
鄭炳林　晚唐五代敦煌諸寺藏經與管理　新世紀敦煌學論集　巴蜀書社　2003　p. 343
陳菊霞　敦煌翟氏郡望和族源新探　《敦煌研究》2004 年第 2 期　p. 66
胡同慶　安忠義　佛教藝術　敦煌文藝出版社　2004　p. 307
鄭炳林　徐曉莉　晚唐五代敦煌歸義軍政權的婚姻關係研究　敦煌學(第 25 輯)　(臺北)樂學書局有限公司　2004　p. 582

S. 3566

福井文雅　般若心經　敦煌と中國仏教(講座敦煌 7)　(東京)大東出版社　1984　p. 41

S. 3569

江素雲　維摩詰所說經敦煌寫本綜合目録　(臺北)東初出版社　1991　p. 80

S. 3570

張金泉　敦煌佛經音義寫卷述要　《敦煌研究》1997 年第 2 期　p. 118

S. 3571

井ノ口泰淳　敦煌本『仏名經』の諸系統　中央アジアの言語と仏教　(京都)法藏館　1995　p. 287

S. 3576

西田龍雄　西夏王國の言語と文化　(東京)岩波書店　1997　p. 274

S. 3578

江素雲　維摩詰所說經敦煌寫本綜合目録　(臺北)東初出版社　1991　p. 80
沙知　梁戶　敦煌學大辭典　上海辭書出版社　1998　p. 651

S. 3579

王繼如　《目連緣起》校釋補正　敦煌問學叢稿　甘肅文化出版社　1999　p. 208

S. 3582

蕭登福　從敦煌寫卷中看道教星斗崇拜對佛經之影響　第二屆敦煌學國際研討會論文集　(臺北)漢學研究中心　1990　p. 335

S. 3585

陳祚龍　敦煌古抄内典尾記彙校初、二、三編合刊　敦煌學要籥　(臺北)新文豐出版公司　1982　p. 134

池田溫　中國古代寫本識語集録　(東京)大蔵出版株式會社　1990　p. 469

S. 3589

馬繼興　敦煌醫藥文獻　敦煌學大辭典　上海辭書出版社　1998　p. 615

S. 3590

金岡照光　韻文體類:長篇叙事詩・短篇歌詠　敦煌の文學文獻(講座敦煌 9)　(東京)大東出版社　1992　p. 264

吳其昱著　伊藤美重子譯　敦煌漢文寫本概観　敦煌漢文文獻(講座敦煌 5)　(東京)大東出版社　1992　p. 24

S. 3592

周紹良　談唐代民間文學　敦煌變文論文録　上海古籍出版社　1982　p. 412　又見:紹良叢稿　齊魯書社　1984　p. 54

周紹良　唐代變文及其它　敦煌文學作品選　中華書局　1987　p. 4

林家平　寧强　羅華慶　中國敦煌學史　北京語言學院出版社　1992　p. 337

周紹良　敦煌文學芻議及其它　(臺北)新文豐出版公司　1992　p. 68

劉子瑜　敦煌變文和王梵志詩　大象出版社　1997　p. 38

S. 3595

陳祚龍　敦煌古抄内典尾記彙校初、二、三編合刊　敦煌學要籥　(臺北)新文豐出版公司　1982　p. 134

池田溫　中國古代寫本識語集録　(東京)大蔵出版株式會社　1990　p. 469

王蘭平　敦煌寫本 ДX6062《歸義軍時期大般若經抄寫紙曆》及其相關問題考釋　敦煌佛教藝術文化國際學術研討會論文集　蘭州大學出版社　2002　p. 64

S. 3597

蕭登福　從敦煌寫卷中看道教星斗崇拜對佛經之影響　第二屆敦煌學國際研討會論文集　(臺北)漢學研究中心　1990　p. 335

黄征　程惠新　劫塵遺珠:敦煌遺書　甘肅教育出版社　1999　p. 213

S. 3600

井ノ口泰淳　敦煌本『仏名經』の諸系統　中央アジアの言語と仏教　(京都)法藏館　1995　p. 287

S. 3601

王卡　太上洞玄靈寳中元玉京玄都大獻經　敦煌學大辭典　上海辭書出版社　1998　p. 764

S. 3602

平井宥慶　金剛般若經　敦煌と中國仏教(講座敦煌 7)　(東京)大東出版社　1984　p. 29

池田溫　中國古代寫本識語集録　(東京)大蔵出版株式會社　1990　p. 376
平井宥慶　敦煌流傳の金剛般若經　金剛般若經の思想的研究　(東京)春秋社　1999　p. 254

S. 3603
池田溫　中國古代寫本識語集録　(東京)大蔵出版株式會社　1990　p. 391

S. 3604
池田溫　中國古代寫本識語集録　(東京)大蔵出版株式會社　1990　p. 373

S. 3606
池田溫　中國古代寫本識語集録　(東京)大蔵出版株式會社　1990　p. 370

S. 3607
岡部和雄　敦煌蔵經目録　敦煌と中國仏教(講座敦煌 7)　(東京)大東出版社　1984　p. 312
方廣錩　朱明忠　敦煌遺書《沙州乞經狀》　隋唐佛教研究論文集　三秦出版社　1990　p. 262
方廣錩　佛教大藏經史(八—十世紀)　中國社會科學出版社　1991　p. 253
施萍婷　俄藏敦煌文獻ДХ1376、1438、2170 之研究　《敦煌研究》1996 年第 3 期　p. 25
方廣錩　敦煌佛教經録輯校　江蘇古籍出版社　1997　p. 905
方廣錩　敦煌遺書《沙州乞經狀》研究　敦煌學佛教學論叢(下)　中國佛教文化研究所　1998　p. 195
方廣錩　沙州乞經狀　敦煌學大辭典　上海辭書出版社　1998　p. 756
楊富學　王書慶　唐代長安與敦煌佛教文化之關係　'98 法門寺唐文化國際學術討論會論文集　陝西人民出版社　2000　p. 174
方廣錩　敦煌寺院所藏大藏經概貌　藏外佛教文獻(第八輯)　宗教文化出版社　2003　p. 385

S. 3615
岡部和雄　疑僞經典　敦煌仏典と禪(講座敦煌 8)　(東京)大東出版社　1980　p. 360
方廣錩　金剛三昧經　敦煌學大辭典　上海辭書出版社　1998　p. 693

S. 3617
江素雲　維摩詰所說經敦煌寫本綜合目録　(臺北)東初出版社　1991　p. 80

S. 3618
向達　倫敦所藏敦煌卷子經眼目録　《北平圖書館圖書季刊》1939 年新第 1 卷第 4 期　p. 397　又見:唐代長安與西域文明　三聯書店　1957　p. 220
尾崎正治　道教の類書　敦煌と中國道教(講座敦煌 4)　(東京)大東出版社　1983　p. 194
姜亮夫　敦煌所見道教佚經考　敦煌學論文集　上海古籍出版社　1987　p. 314
陶秋英輯録　姜亮夫校訂　敦煌所見道教佚經録　敦煌碎金　浙江古籍出版社　1992　p. 320
大淵忍爾　論古靈寶經　道家文化研究(第十三輯)　三聯書店　1998　p. 502
王卡　大道通玄要　敦煌學大辭典　上海辭書出版社　1998　p. 759
向群　敦煌本《大道通玄要》研究　道家文化研究(第十三輯)　三聯書店　1998　p. 311 注 1
黄征　敦煌語言文字學研究　甘肅教育出版社　2002　p. 114

王卡　敦煌道教文獻研究　中國社會科學出版社　2004　p. 229

S. 3619

平井俊榮　敦煌仏典と中國仏教　敦煌と中國仏教(講座敦煌 7)　(東京)大東出版社　1984　p. 8

S. 3620

周紹良　敦煌文學芻議及其它　(臺北)新文豐出版公司　1992　p. 4

S. 3621

陳祚龍　敦煌古抄内典尾記彙校初、二、三編合刊　敦煌學要籥　(臺北)新文豐出版公司　1982　p. 134

池田溫　中國古代寫本識語集録　(東京)大蔵出版株式會社　1990　p. 354

林聰明　敦煌吐魯番文書解詁指例　(臺北)新文豐出版公司　2001　p. 154

S. 3624

孫修身　敦煌三界寺　甘肅省史學會論文集　甘肅省歷史學會編印　1982　又見:中國敦煌學百年文庫・宗教卷(一)　甘肅文化出版社　1999　p. 58

岡部和雄　敦煌蔵經目録　敦煌と中國仏教(講座敦煌 7)　(東京)大東出版社　1984　p. 307

方廣錩　關於《大般涅槃經》的卷數　《南亞研究》1993 年第 3 期　p. 83

井ノ口泰淳　敦煌本『仏名經』の諸系統　中央アジアの言語と仏教　(京都)法藏館　1995　p. 311

榮新江　《寫本時代(十世紀以前)的中國藏書》評介　(香港)《九州學刊》1995 第 6 卷第 4 期　p. 172

方廣錩　敦煌佛教經録輯校　江蘇古籍出版社　1997　p. 931

榮新江　敦煌藏經洞的性質及其封閉原因　敦煌吐魯番研究(第二卷)　北京大學出版社　1997　p. 32

方廣錩　見一切入藏經目録　敦煌學大辭典　上海辭書出版社　1998　p. 757

榮新江　敦煌學十八講　北京大學出版社　2001　p. 84

鄭炳林　晚唐五代敦煌諸寺藏經與管理　新世紀敦煌學論集　巴蜀書社　2003　p. 347

鄭炳林　晚唐五代敦煌地區《大般若經》的流傳與信仰　麥積山石窟藝術文化論文集(下)　蘭州大學出版社　2004　p. 109、133

S. 3625

蕭登福　從敦煌寫卷中看道教星斗崇拜對佛經之影響　第二届敦煌學國際研討會論文集　(臺北)漢學研究中心　1990　p. 335

S. 3627

金岡照光　敦煌民衆の宗教と生活　敦煌の民衆:その生活と思想　(東京)評論社　1972　p. 134

林家平　寧强　羅華慶　中國敦煌學史　北京語言學院出版社　1992　p. 337

劉子瑜　敦煌變文和王梵志詩　大象出版社　1997　p. 38

S. 3630

道端良秀　敦煌文獻に見える死後の世界　敦煌と中國仏教(講座敦煌 7)　(東京)大東出版社

1984　p. 505

S. 3632

杜愛英　敦煌遺書中俗體字的諸種類型　《敦煌研究》1992 年第 3 期　p. 125

S. 3633

李正宇　敦煌文學概論　甘肅人民出版社　1993　p. 163
張錫厚　評《敦煌賦校注》　敦煌吐魯番研究(第一卷)　北京大學出版社　1996　p. 421

S. 3635

張金泉　敦煌佛經音義寫卷述要　《敦煌研究》1997 年第 2 期　p. 118

S. 3637

池田溫　中國古代寫本識語集録　(東京)大藏出版株式會社　1990　p. 383

S. 3639

蕭登福　從敦煌寫卷中看道教星斗崇拜對佛經之影響　第二屆敦煌學國際研討會論文集　(臺北)漢學研究中心　1990　p. 335

S. 3643

李正宇　敦煌歷史地理導論　(臺北)新文豐出版公司　1997　p. 254

S. 3645

金岡照光　敦煌文學のさまざま　敦煌の文學　(東京)大藏出版株式會社　1971　p. 112
廣川堯敏　禮讚　敦煌と中國仏教(講座敦煌 7)　(東京)大東出版社　1984　p. 458
金岡照光　講唱體類　敦煌の文學文獻(講座敦煌 9)　(東京)大東出版社　1992　p. 88
李明偉　隋唐絲綢之路　甘肅人民出版社　1994　p. 325
李明偉　唐代文學的嬗變與絲綢之路的影響　《敦煌研究》1994 年第 3 期　p. 140
余欣　許國霖與敦煌學　敦煌吐魯番研究(第七卷)　北京大學出版社　2004　p. 75

S. 3647

江素雲　維摩詰所說經敦煌寫本綜合目録　(臺北)東初出版社　1991　p. 80

S. 3650

江素雲　維摩詰所說經敦煌寫本綜合目録　(臺北)東初出版社　1991　p. 80

S. 3651

芳村修基　土橋秀高　井ノ口泰淳　敦煌佛教史年表　西域文化研究(第一)・敦煌佛教資料　(京都)法藏館　1958　p. 275
陳祚龍　敦煌古抄内典尾記彙校初、二、三編合刊　敦煌學要籥　(臺北)新文豐出版公司　1982　p. 134
池田溫　中國古代寫本識語集録　(東京)大藏出版株式會社　1990　p. 375

王三慶　敦煌書儀載録之節日活動與民俗　全國敦煌學研討會論文集　（臺北）中正大學中國文學系所　1995　p. 25 注 26

S. 3655

許國霖　敦煌石室寫經題記彙編　《微妙聲》1936 – 1937 年第 1 – 4 期　又見：中國敦煌學百年文庫・宗教卷（四）　甘肅文化出版社　1999　p. 212

芳村修基　土橋秀高　井ノ口泰淳　敦煌佛教史年表　西域文化研究（第一）・敦煌佛教資料　（京都）法藏館　1958　p. 262

陳祚龍　敦煌古抄内典尾記彙校初、二、三編合刊　敦煌學要籥　（臺北）新文豐出版公司　1982　p. 134

池田溫　中國古代寫本識語集録　（東京）大蔵出版株式會社　1990　p. 211

顧吉辰　唐代敦煌文獻寫本書手考述　《敦煌學輯刊》1993 年第 1 期　p. 31

S. 3658

許國霖　敦煌石室寫經年代表　《微妙聲》1937 年第 5 期　又見：中國敦煌學百年文庫・宗教卷（四）　甘肅文化出版社　1999　p. 197

S. 3659

平井俊榮　敦煌仏典と中國仏教　敦煌と中國仏教（講座敦煌 7）　（東京）大東出版社　1984　p. 8

國家文物局教育處　佛教石窟考古概要　文物出版社　1993　p. 428

姜亮夫　敦煌莫高窟年表　姜亮夫全集（十一）　雲南人民出版社　2002　p. 19

S. 3661

陳祚龍　敦煌古抄内典尾記彙校初、二、三編合刊　敦煌學要籥　（臺北）新文豐出版公司　1982　p. 135

池田溫　中國古代寫本識語集録　（東京）大蔵出版株式會社　1990　p. 250

杜愛英　敦煌遺書中俗體字的諸種類型　《敦煌研究》1992 年第 3 期　p. 118

湛如　敦煌菩薩戒儀與菩薩戒牒之研究　《敦煌研究》1997 年第 2 期　p. 77

湛如　敦煌佛教律儀制度研究　中華書局　2003　p. 152

S. 3663

向達　倫敦所藏敦煌卷子經眼目録　《北平圖書館圖書季刊》1939 年新第 1 卷第 4 期　p. 397　又見：唐代長安與西域文明　三聯書店　1957　p. 220

饒宗頤　敦煌本文選校證（一）　（香港）《新亞學報》1957 年第 1 期　p. 333　又見：中國敦煌學百年文庫・文學卷（二）　甘肅文化出版社　1999　p. 1

金岡照光　敦煌漢文文學文獻の文學形態上の種類とその分類　敦煌出土文學文獻分類目録・附解說　（東京）東洋文庫　1971　p. 236

陳祚龍　敦煌寫本《登樓賦》斠證　敦煌學海探珠（上冊）　（臺北）商務印書館　1979　p. 21 注 9

王重民　敦煌古籍叙録　中華書局　1979　p. 322

張錫厚　敦煌賦集校理　《敦煌研究》1987 年第 4 期　p. 31

張錫厚　關於整理《敦煌賦集》的幾個問題　敦煌語言文學論文集　浙江古籍出版社　1988　p. 224

張錫厚　賦　敦煌文學　甘肅人民出版社　1989　p. 133

池田溫　中國古代寫本識語集録　(東京)大蔵出版株式會社　1990　p. 258
金岡照光　韻文體類:長篇叙事詩・短篇歌詠　敦煌の文學文獻(講座敦煌 9)　(東京)大東出版社　1992　p. 264
石塚晴通　敦煌の加點本　敦煌漢文文獻(講座敦煌 5)　(東京)大東出版社　1992　p. 232、256
張鴻勳　敦煌話本詞文俗賦導論　(臺北)新文豐出版公司　1993　p. 135
張錫厚　敦煌文學概論　甘肅人民出版社　1993　p. 393
伏俊璉　敦煌賦校注　甘肅人民出版社　1994　p. 1、6
遊志誠　敦煌古抄本文選五臣注研究　全國敦煌學研討會論文集　(臺北)中正大學中國文學系所　1995　p. 148
張錫厚　敦煌本唐集研究　(臺北)新文豐出版公司　1995　p. 409
遊志誠　昭明文選學術論考　(臺北)學生書局　1996　p. 36
張金泉　許建平　敦煌音義彙考　杭州大學出版社　1996　p. 474
張錫厚　敦煌賦彙　(臺北)新文豐出版公司　1996　p. 3
白化文　敦煌遺書中《文選》殘卷綜述　中外學者文選學論集(上)　中華書局　1998　p. 380
白化文　文選　敦煌學大辭典　上海辭書出版社　1998　p. 783
傅剛　《文選》版本叙録　國學研究(第五卷)　北京大學出版社　1998　p. 173
羅國威　敦煌本《昭明文選》研究　黑龍江教育出版社　1999　p. 122、266
傅剛　文選版本研究　北京大學出版社　2000　p. 114、313
饒宗頤　敦煌吐魯番本文選　中華書局　2000　p. 30(圖版)
徐俊　敦煌詩集殘卷輯考　中華書局　2000　p. 878
張弓　英國收藏敦煌文獻叙録　英國收藏敦煌漢藏文獻研究:紀念敦煌文獻發現一百周年　中國社會科學出版社　2000　p. 137
張錫厚　敦煌文學源流　作家出版社　2000　p. 197
林聰明　敦煌吐魯番文書解詁指例　(臺北)新文豐出版公司　2001　p. 53. 222
姜亮夫　敦煌莫高窟年表　姜亮夫全集(十一)　雲南人民出版社　2002　p. 166
石塚晴通　敦煌的加點本　敦煌學・日本學:石塚晴通教授退職紀念論文集　上海辭書出版社　2005　p. 1、19

S. 3666

黄征　敦煌寫本異文綜析　敦煌語文叢說　(臺北)新文豐出版公司　1997　p. 34
黄征　敦煌語言文字學研究　甘肅教育出版社　2002　p. 53

S. 3669

寧欣　唐代敦煌地區農業水利問題初探　敦煌吐魯番文獻研究論集(第三輯)　北京大學出版社　1986　p. 507、527

S. 3673

伊藤美重子　敦煌本『大智度論』の整理　中國佛教石經の研究　京都大學學術出版會　1996　p. 372

S. 3677

伊藤美重子　敦煌本『大智度論』の整理　中國佛教石經の研究　京都大學學術出版會　1996

p. 348

S. 3680

江素雲　維摩詰所說經敦煌寫本綜合目録　（臺北）東初出版社　1991　p. 80

S. 3683

林聰明　敦煌文書學　（臺北）新文豐出版公司　1991　p. 426

王三慶　敦煌寫卷中武后新字之調查研究　唐代研究論集（第三輯）　（臺北）新文豐出版公司　1992　p. 90

S. 3685

蕭登福　道教術儀與密教典籍　（臺北）新文豐出版公司　1994　p. 497

方廣錩　敦煌佛教經録輯校　江蘇古籍出版社　1997　p. 1042

S. 3686

芳村修基　土橋秀高　井ノ口泰淳　敦煌佛教史年表　西域文化研究（第一）・敦煌佛教資料　（京都）法藏館　1958　p. 267

陳祚龍　敦煌古抄内典尾記彙校初、二、三編合刊　敦煌學要籥　（臺北）新文豐出版公司　1982　p. 135

平井宥慶　金剛般若經　敦煌と中國仏教（講座敦煌 7）　（東京）大東出版社　1984　p. 28

池田溫　中國古代寫本識語集録　（東京）大蔵出版株式會社　1990　p. 302

林聰明　從敦煌文書看佛教徒的造經祈福　第二届敦煌學國際研討會論文集　（臺北）漢學研究中心　1990　p. 526

平井宥慶　敦煌流傳の金剛般若經　金剛般若經の思想的研究　（東京）春秋社　1999　p. 253

釋永有　敦煌遺書中的金剛經　敦煌佛教藝術文化國際學術研討會論文集　蘭州大學出版社　2002　p. 42

杜正乾　唐代的《金剛經》信仰　《敦煌研究》2004 年第 5 期　p. 54

S. 3687

芳村修基　土橋秀高　井ノ口泰淳　敦煌佛教史年表　西域文化研究（第一）・敦煌佛教資料　（京都）法藏館　1958　p. 276

陳祚龍　敦煌古抄内典尾記彙校初、二、三編合刊　敦煌學要籥　（臺北）新文豐出版公司　1982　p. 135

池田溫　中國古代寫本識語集録　（東京）大蔵出版株式會社　1990　p. 479

圓空　《新菩薩經》《勸善經》《救諸衆生苦難經》校録及其流傳背景之探討　《敦煌研究》1992 年第 1 期　p. 53

蕭登福　道教術儀與密教典籍　（臺北）新文豐出版公司　1994　p. 496

S. 3691

芳村修基　土橋秀高　井ノ口泰淳　敦煌佛教史年表　西域文化研究（第一）・敦煌佛教資料　（京都）法藏館　1958　p. 276

賀世哲　孫修身　《瓜沙曹氏年表補正》之補正　《甘肅師大學報》1980 年第 3 期　又見：敦煌學文

選(上) 蘭州大學歷史系敦煌學研究室等 1983 p. 149;中國敦煌學百年文庫·歷史卷(一) 甘肅文化出版社 1999 p. 490
矢吹慶輝 鳴沙餘韻·解說篇(第一部) (京都)臨川書店 1980 p. 284
陳祚龍 敦煌古抄内典尾記彙校初、二、三編合刊 敦煌學要籥 (臺北)新文豐出版公司 1982 p. 135
姜亮夫 瓜沙曹氏年表補正 敦煌學文選(上) 蘭州大學歷史系敦煌學研究室等 1983 p. 109 又見:敦煌學論文集 上海古籍出版社 1987 p. 914;姜亮夫全集(十四) 雲南人民出版社 2002 p. 339
道端良秀 敦煌文獻に見える死後の世界 敦煌と中國仏教(講座敦煌 7) (東京)大東出版社 1984 p. 505
李正宇 唐宋時代的敦煌學校 《敦煌研究》1986 年第 1 期 p. 45
李正宇 敦煌學郎題記輯注 《敦煌學輯刊》1987 年第 1 期 p. 39
錢伯泉 爲索勳篡權翻案 《敦煌研究》1988 年第 1 期 p. 70
池田溫 中國古代寫本識語集録 (東京)大藏出版株式會社 1990 p. 463
李正宇 曹仁貴名實論:曹氏歸義軍創始及歸奉後梁史探 第二屆敦煌學國際研討會論文集 (臺北)漢學研究中心 1990 p. 565
林聰明 敦煌文書學 (臺北)新文豐出版公司 1991 p. 356
鄭雨 莫高窟第九十八窟的歷史背景與時代精神 (香港)《九州學刊》(敦煌學專輯)1992 年第 4 卷第 4 期 p. 38
戴仁 敦煌和吐魯番寫本的斷代研究 法國學者敦煌學論文選萃 中華書局 1993 p. 532
井ノ口泰淳 敦煌本『仏名經』の諸系統 中央アジアの言語と仏教 (京都)法藏館 1995 p. 298
楊秀清 八十年代以來金山國史研究綜述 《敦煌研究》1995 年第 4 期 p. 188
李正宇 敦煌史地新論 (臺北)新文豐出版公司 1996 p. 189
鄭炳林 敦煌碑銘讚輯釋 甘肅教育出版社 1997 p. 384 注 12
李丹禾 《敦煌社邑文書輯校》補正 《敦煌研究》1999 年第 2 期 p. 57
金岡照光 敦煌文獻と中國文學 (東京)五曜書房 2000 p. 429
王豔明 瓜沙州大王印考 《敦煌學輯刊》2000 年第 2 期 p. 42
姜亮夫 敦煌莫高窟年表 姜亮夫全集(十一) 雲南人民出版社 2002 p. 466
李正宇 唐宋時期敦煌佛經性質功能的變化 戒幢佛學(第二卷) 岳麓書社 2002 p. 18、23 又見:中日敦煌佛教學術會議論文集 中國社會科學院研究所 2002 p. 16
葉貴良 敦煌社邑文書詞語選釋 《敦煌研究》2004 年第 5 期 p. 79
何劍平 作爲民間寫經和禮懺儀式的維摩詰信仰 《敦煌學輯刊》2005 年第 4 期 p. 65 注 9

S. 3693

王堯 敦煌本藏文《賢愚經》及譯者考述 (香港)《九州學刊》(敦煌學專輯)1992 年第 4 卷第 4 期 p. 98
王堯 西藏文史考信集 中國藏學出版社 1994 p. 184
梁梁 敦煌壁畫故事(第四輯) 江蘇古籍出版社 1995 p. 3
方廣錩 賢愚因緣經 敦煌學大辭典 上海辭書出版社 1998 p. 707

S. 3694

池田溫 中國古代寫本識語集録 (東京)大藏出版株式會社 1990 p. 393

S. 3696

陳祚龍　敦煌古抄內典尾記彙校初、二、三編合刊　敦煌學要籥　（臺北）新文豐出版公司　1982　p. 135

池田溫　中國古代寫本識語集録　（東京）大藏出版株式會社　1990　p. 478

圓空　《新菩薩經》《勸善經》《救諸衆生苦難經》校録及其流傳背景之探討　《敦煌研究》1992 年第 1 期　p. 55

黃征　敦煌文獻中有浙江文化史的資料　敦煌語文叢說　（臺北）新文豐出版公司　1997　p. 769

S. 3702

汪泛舟　偈・頌　敦煌文學　甘肅人民出版社　1989　p. 92

金岡照光　高僧傳因緣　敦煌の文學文獻（講座敦煌 9）　（東京）大東出版社　1992　p. 575

齊陳駿　寒沁　河西都僧統唐悟真作品和見載文獻系年　《敦煌學輯刊》1993 年第 2 期　p. 9

舒華　敦煌"變文"體裁新論　（香港）《九州學刊》（敦煌學專輯）1993 年第 5 卷第 4 期　p. 164

鄭炳林　《索崇恩和尚修功德記》考釋　《敦煌研究》1993 年第 2 期　p. 59

姜伯勤　變文的南方源頭與敦煌的唱導法匠　華學（第一輯）　中山大學出版社　1995　p. 159

姜伯勤　敦煌藝術宗教與禮樂文明　中國社會科學出版社　1996　p. 415

劉雯　吐蕃及歸義軍時期敦煌索氏家族研究　《敦煌學輯刊》1997 年第 2 期　p. 85

張弓　漢唐佛寺文化史　中國社會科學出版社　1997　p. 775

鄭炳林　敦煌碑銘讚輯釋　甘肅教育出版社　1997　p. 198 注 2

鄭炳林　梁僧政　敦煌學大辭典　上海辭書出版社　1998　p. 350

張弓　英國收藏敦煌文獻叙録　英國收藏敦煌漢藏文獻研究：紀念敦煌文獻發現一百周年　中國社會科學出版社　2000　p. 138

曾良　敦煌文獻字義通釋　廈門大學出版社　2001　p. 119

楊寶玉　英藏敦煌文獻原卷查閲劄記（一）　敦煌學國際研討會論文集　北京圖書館出版社　2005　p. 127

S. 3704

周紹良　敦煌所出變文現存目録　敦煌變文彙録　上海出版公司　1955　p. 7

劉銘恕　再記英國倫敦所藏的敦煌經卷　《中國科學院圖書館通訊》1957 年第 7 期　又見：中國敦煌學百年文庫・綜述卷（二）　甘肅文化出版社　1999　p. 136

金岡照光　敦煌文學のこころ　敦煌の文學　（東京）大藏出版株式會社　1971　p. 250

金岡照光　敦煌文學のさまざま　敦煌の文學　（東京）大藏出版株式會社　1971　p. 107

金岡照光　敦煌民衆の宗教と生活　敦煌の民衆：その生活と思想　（東京）評論社　1972　p. 191

加地哲定　增補中國佛教文學研究　（東京）同朋舍　1979　p. 167

楊家駱　敦煌變文　（臺北）世界書局　1980　p. 745

金岡照光　敦煌の繪物語　（東京）東方書店　1981　p. 173

鄭阿財　敦煌孝道文學研究　（臺北）石門圖書公司　1982　p. 16、218

周紹良　談唐代民間文學　敦煌變文論文録　上海古籍出版社　1982　p. 412　又見：紹良叢稿　齊魯書社　1984　p. 54

遊佐昇　文學文獻より見た敦煌の道教　敦煌と中國道教（講座敦煌 4）　（東京）大東出版社　1983　p. 290

川口久雄　目連救母變文考　大目乾連冥間救母變文（敦煌資料と日本文學　3）　（東京）大東文化

大學東洋研究所　1984　p. 45
道端良秀　敦煌文獻に見える死後の世界　敦煌と中國仏教(講座敦煌 7)　(東京)大東出版社　1984　p. 505
潘重規　敦煌變文集新書(下)　(臺北)"中國文化大學"中文研究所　1984　p. 717、786
王慶菽　大目乾連冥間救母變文並圖一卷並序　敦煌變文集　人民文學出版社　1984　p. 745
周紹良　唐代變文及其它　敦煌文學作品選　中華書局　1987　p. 4
陳祚龍　看了敦煌古抄《佛說盂蘭盆經讚述》以後　敦煌學散策新集　(臺北)新文豐出版公司　1989　p. 269
高國藩　敦煌民俗學　上海文藝出版社　1989　p. 428
郭在貽　張涌泉　黄征　《大目乾連冥間救母變文》校議　《安徽師大學報》1989 年第 1 期　p. 18
郭在貽　張涌泉　黄征　敦煌變文集校議　岳麓書社　1990　p. 378
加地哲定著　劉衛星譯　中國佛教文學　今日中國出版社　1990　p. 141
江藍生　近代漢語語法資料彙編(唐五代卷)　商務印書館　1990　p. 391
項楚　敦煌變文選注　巴蜀書社　1990　p. 647
金岡照光　講唱體類　敦煌の文學文獻(講座敦煌 9)　(東京)大東出版社　1992　p. 152
林家平　寧强　羅華慶　中國敦煌學史　北京語言學院出版社　1992　p. 337
周紹良　敦煌文學芻議及其它　(臺北)新文豐出版公司　1992　p. 68
顔廷亮　《大目乾連冥間救母變文並圖一卷並序》的一個未見著録的節抄卷　《社科縱横》1994 年第 4 期　p. 4
蕭登福　道教與佛教　(臺北)東大圖書公司　1995　p. 275
顔廷亮　敦煌文學概說　(臺北)新文豐出版公司　1995　p. 324
劉子瑜　敦煌變文和王梵志詩　大象出版社　1997　p. 38
海客　大目乾連冥間救母變文　敦煌學大辭典　上海辭書出版社　1998　p. 575
李重申　武術　敦煌學大辭典　上海辭書出版社　1998　p. 600
王繼如　別本《大目乾連冥間救母變文》研究　《敦煌研究》1998 年第 3 期　p. 142
周紹良　張涌泉　黄征　敦煌變文講經文因緣輯校(下)　江蘇古籍出版社　1998　p. 874
梅維恒著　楊繼東　陳引馳譯　唐代變文(上)　(香港)中國佛教文化出版公司　1999　p. 59
鄭阿財　《盂蘭盆經疏》與《盂蘭盆經講經文》　冉雲華先生八秩華誕壽慶論文集　(臺北)法光出版社　2003　p. 446
黄征　敦煌俗字典　上海教育出版社　2005　p. 51

S. 3705

王卡　太上洞淵神咒經　敦煌學大辭典　上海辭書出版社　1998　p. 762
王卡　太上一乘海空智藏經　敦煌學大辭典　上海辭書出版社　1998　p. 761
王卡　敦煌道教文獻研究　中國社會科學出版社　2004　p. 11、145、212
王卡　中國國家圖書館藏敦煌道教遺書研究報告　敦煌吐魯番研究(第七卷)　北京大學出版社　2004　p. 359、372
王卡　敦煌道教綜述　敦煌與絲路文化學術講座(第二輯)　北京圖書館出版社　2005　p. 380

S. 3706

王三慶　敦煌寫卷中武后新字之調查研究　唐代研究論集(第三輯)　(臺北)新文豐出版公司　1992　p. 90

S. 3707

鄭阿財　從敦煌文獻看唐代的三教合一　第二届國際唐代學術會議論文集(上)　(臺北)文津出版社　1993　p. 648

S. 3708

芳村修基　土橋秀高　井ノ口泰淳　敦煌佛教史年表　西域文化研究(第一)・敦煌佛教資料　(京都)法藏館　1958　p. 281
謝重光　白文固　中國僧官制度史　青海人民出版社　1990　p. 173
姜亮夫　敦煌莫高窟年表　姜亮夫全集(十一)　雲南人民出版社　2002　p. 574

S. 3711

劉銘恕　再記英國倫敦所藏的敦煌經卷　《中國科學院圖書館通訊》1957 年第 7 期　又見:中國敦煌學百年文庫・綜述卷(二)　甘肅文化出版社　1999　p. 136
金岡照光　敦煌民衆の宗教と生活　敦煌の民衆:その生活と思想　(東京)評論社　1972　p. 235
金岡照光　敦煌の繪物語　(東京)東方書店　1981　p. 69、113
潘重規　敦煌變文集新書(上)　(臺北)"中國文化大學"中文研究所　1984　p. 549
白化文　對可補入《敦煌變文集》中的幾則録文的討論　《敦煌學輯刊》1986 年第 1 期　p. 46
曲金良　"變文"名實新辨　《敦煌研究》1986 年第 2 期　p. 49
李正宇　晚唐敦煌本《釋迦因緣劇本》試探　《敦煌研究》1987 年第 1 期　p. 73
任半塘　敦煌歌辭總編　上海古籍出版社　1987　p. 822、974
曲金良　變文的講唱藝術:轉變考略　《敦煌學輯刊》1989 年第 2 期　p. 92
張鴻勳　講經文　敦煌文學　甘肅人民出版社　1989　p. 259
周紹良　白化文　李鼎霞　敦煌變文集補編　北京大學出版社　1989　p. 99
郭在貽　張涌泉　黄征　敦煌變文集校議　岳麓書社　1990　p. 189
金岡照光　講唱體類　敦煌の文學文獻(講座敦煌 9)　(東京)大東出版社　1992　p. 77、106、113
李正宇　敦煌文學概論　甘肅人民出版社　1993　p. 107
譚禪雪　敦煌歲時掇瑣　(香港)《九州學刊》(敦煌學專輯)1993 年第 5 卷第 4 期　p. 89
楊雄　講經文名實說　(香港)《九州學刊》(敦煌學專輯)1993 年第 5 卷第 4 期　p. 144
黄征　敦煌俗語法研究之一:句法篇　敦煌吐魯番研究(第一卷)　北京大學出版社　1996　p. 67
饒宗頤　"法曲子"論　敦煌曲續論　(臺北)新文豐出版公司　1996　p. 79
黄征　張涌泉　敦煌變文校注　中華書局　1997　p. 475
沙知　敦煌契約文書輯校　江蘇古籍出版社　1998　p. 539
張鴻勳　柴劍虹　唱辯　敦煌學大辭典　上海辭書出版社　1998　p. 526
周紹良　悉達太子修道因緣　敦煌學大辭典　上海辭書出版社　1998　p. 580
周紹良　張涌泉　黄征　敦煌變文講經文因緣輯校(下)　江蘇古籍出版社　1998　p. 758
梅維恒著　楊繼東　陳引馳譯　唐代變文(上)　(香港)中國佛教文化出版公司　1999　p. 83 注 4
金岡照光　敦煌文獻と中國文學　(東京)五曜書房　2000　p. 474
李正宇　歸義軍樂營的結構與配置　《敦煌研究》2000 年第 3 期　p. 78
張鴻勳　說唱藝術奇葩:敦煌變文選評　甘肅人民出版社　2000　p. 19
黄征　敦煌語言文字學研究　甘肅教育出版社　2002　p. 230
張鴻勳　敦煌俗文學研究　甘肅人民出版社　2002　p. 8
荒見泰史　敦煌本夢書雜識　漢語史學報專輯(第三輯)　上海教育出版社　2003　p. 343

林仁昱　論敦煌佛教歌曲向通俗傳播的內容　中國俗文化研究(第一輯)　巴蜀書社　2003　p. 188
鄭阿財　《盂蘭盆經疏》與《盂蘭盆經講經文》　冉雲華先生八秩華誕壽慶論文集　(臺北)法光出版社　2003　p. 436
荒見泰史　敦煌的講唱體文獻　敦煌學(第25輯)　(臺北)樂學書局有限公司　2004　p. 274
湯涒　敦煌曲子詞地域文化研究　上海古籍出版社　2004　p. 102
王小盾　潘重規先生"變文外衣"理論疏說　敦煌學(第25輯)　(臺北)樂學書局有限公司　2004　p. 87
荒見泰史　從敦煌寫本中變文的改寫情況來探討五代講唱文學的演變　敦煌學國際研討會論文集　北京圖書館出版社　2005　p. 178
王青　西域文化影響下的中古小說　中國社會科學出版社　2006　p. 474

S. 3712

芳村修基　土橋秀高　井ノ口泰淳　敦煌佛教史年表　西域文化研究(第一)・敦煌佛教資料　(京都)法藏館　1958　p. 264
陳祚龍　敦煌古抄內典尾記彙校初、二、三編合刊　敦煌學要籥　(臺北)新文豐出版公司　1982　p. 135
林聰明　從敦煌文書看佛教徒的造經祈福　第二屆敦煌學國際研討會論文集　(臺北)漢學研究中心　1990　p. 525
林聰明　敦煌文書學　(臺北)新文豐出版公司　1991　p. 377
陳澤奎　試論唐人寫經題記的原始著作權意義　《敦煌研究》1994年第3期　p. 115
陳國燦　長安三年制新譯金光明最勝王經記　敦煌學大辭典　上海辭書出版社　1998　p. 456
王繼如　敦煌變文研究尚有可爲　漢語史學報專輯(第三輯)　上海教育出版社　2003　p. 361

S. 3713

劉銘恕　再記英國倫敦所藏的敦煌經卷　《中國科學院圖書館通訊》1957年第7期　又見:中國敦煌學百年文庫・綜述卷(二)　甘肅文化出版社　1999　p. 134
上山大峻　敦煌佛教の研究　(京都)法藏館　1990　p. 366
林聰明　敦煌文書學　(臺北)新文豐出版公司　1991　p. 231
平井宥慶　敦煌文書における金剛經疏　金剛般若經の思想的研究　(東京)春秋社　1999　p. 268
柴劍虹　讀敦煌學士郎張宗之詩抄劄記　敦煌吐魯番學論稿　浙江教育出版社　2000　p. 248
徐俊　敦煌詩集殘卷輯考　中華書局　2000　p. 794、837
徐俊　敦煌寫本詩歌續考　《敦煌研究》2002年第5期　p. 70

S. 3714

向達　倫敦所藏敦煌卷子經眼目録　《北平圖書館圖書季刊》1939年新第1卷第4期　p. 397　又見:唐代長安與西域文明　三聯書店　1957　p. 220
唐耕耦　陸宏基　敦煌社會經濟文獻真迹釋録(一)　書目文獻出版社　1986　p. 354
山本達郎等　敦煌・III 轉貼　『NUN－HUANG AND TURFAN DOCUMENTS CONCERNING SOCIAL AND ECONOMIC HISTORY』(IV)　(東京)東洋文庫　1989　p. 65
姜伯勤　敦煌社會文書導論　(臺北)新文豐出版公司　1992　p. 233、243
胡戟　傅玫　敦煌史話　中華書局　1995　p. 164
石田勇作　敦煌「社文書」研究序說　中國古代の國家と民衆(堀敏一先生古稀記念)　(東京)汲古

書院　1995　p. 685
土肥義和　唐・北宋間の「社」の組織形態に関する一考察　中國古代の國家と民衆(堀敏一先生古稀記念)　(東京)汲古書院　1995　p. 711
寧可　郝春文　敦煌社邑文書輯校　江蘇古籍出版社　1997　p. 128
寧可　親情社　敦煌學大辭典　上海辭書出版社　1998　p. 428
施萍婷　《敦煌遺書總目索引新編》前言　敦煌遺書總目索引新編　中華書局　2000　p. 3

S. 3716

福井文雅　般若心經　敦煌と中國仏教(講座敦煌 7)　(東京)大東出版社　1984　p. 39

S. 3717

杜愛英　敦煌遺書中俗體字的諸種類型　《敦煌研究》1992 年第 3 期　p. 120

S. 3719

董錫玖　敦煌舞蹈　新疆美術攝影出版社　1992　p. 102
王三慶　敦煌寫卷中武后新字之調查研究　唐代研究論集(第三輯)　(臺北)新文豐出版公司　1992　p. 90
董錫玖　金秋　絲綢之路　新華出版社　1995　p. 119
李重申　敦煌古代體育文化　甘肅人民出版社　2000　p. 49

S. 3720

上山大峻　敦煌佛教の研究　(京都)法藏館　1990　p. 427
張金泉　許建平　敦煌音義彙考　杭州大學出版社　1996　p. 1110

S. 3721

池田溫　中國古代寫本識語集録　(東京)大藏出版株式會社　1990　p. 367

S. 3722

向達　倫敦所藏敦煌卷子經眼目録　《北平圖書館圖書季刊》1939 年新第 1 卷第 4 期　p. 397　又見:唐代長安與西域文明　三聯書店　1957　p. 220
石井昌子　靈寶經類　敦煌と中國道教(講座敦煌 4)　(東京)大東出版社　1983　p. 159
姜亮夫　敦煌所見道教佚經考　敦煌學論文集　上海古籍出版社　1987　p. 312
杜愛英　敦煌遺書中俗體字的諸種類型　《敦煌研究》1992 年第 3 期　p. 124
陶秋英輯録　姜亮夫校訂　敦煌所見道教佚經録　敦煌碎金　浙江古籍出版社　1992　p. 316
萬毅　敦煌本《昇玄内教經》試探　唐研究(第一卷)　北京大學出版社　1995　p. 67
劉屹　敦煌十卷本《老子化胡經》殘卷新探　唐研究(第二卷)　北京大學出版社　1996　p. 108
胡文和　仁壽縣壇神岩第 53 號"三寶"窟右壁"南竺觀記"中道藏經目研究　《世界宗教研究》1998 年第 2 期　p. 124
山田俊　唐初道教思想史研究・資料篇　(京都)平樂寺書店　1998　p. 211、274
萬毅　敦煌本《昇玄内教經》解說　道家文化研究(第十三輯)　三聯書店　1998　p. 268
王卡　太上洞玄靈寶昇玄内教經　敦煌學大辭典　上海辭書出版社　1998　p. 760
萬毅　敦煌本道教《昇玄内教經》的文本順序　《敦煌研究》2000 年第 4 期　p. 135　又見:敦煌文獻

論集:紀念藏經洞發現一百周年國際學術研討會論文集　遼寧人民出版社　2001　p. 598
曾良　敦煌文獻字義通釋　廈門大學出版社　2001　p. 25
王卡　敦煌道教文獻研究　中國社會科學出版社　2004　p. 121
王卡　中國國家圖書館藏敦煌道教遺書研究報告　敦煌吐魯番研究(第七卷)　北京大學出版社　2004　p. 354
王卡　敦煌本《昇玄内教經》殘卷校讀記　敦煌吐魯番研究(第九卷)　北京大學出版社　2006　p. 66

S. 3723

江素雲　維摩詰所説經敦煌寫本綜合目録　(臺北)東初出版社　1991　p. 80

S. 3724

山口瑞鳳　評『ペリオ・チベット文書の讀解』『東洋學報』(54 卷 4 號)　(東京)東洋學術協會　1972　p. 81
鄧文寬　吐魯番出土《唐開元八年具注曆》釋文補正　《文物》1988 年第 2 期　p. 93
鄧文寬　敦煌古曆叢識　《敦煌學輯刊》1989 年第 1 期　p. 111
暨遠志　張議潮出行圖研究(續)　《敦煌研究》1992 年第 4 期　p. 80
菅原信海　占筮書　敦煌漢文文獻(講座敦煌 5)　(東京)大東出版社　1992　p. 461
石泰安著　耿昇譯　兩卷敦煌藏文寫本中的儒教格言　國外藏學研究譯文集(第十一輯)　西藏人民出版社　1994　p. 271
鄧文寬　六甲納音歌訣　敦煌學大辭典　上海辭書出版社　1998　p. 614
嚴敦傑　李老君周易十二錢卜法　敦煌學大辭典　上海辭書出版社　1998　p. 622
馬克　敦煌數占小考　法國漢學(敦煌學專號)　中華書局　2000　p. 194
榮新江　《英藏敦煌文獻》定名商補　文史(第五十二輯)　中華書局　2000　p. 121　又見:敦煌學新論　甘肅教育出版社　2002　p. 195
徐俊　敦煌詩集殘卷輯考　中華書局　2000　p. 816、880
張弓　英國收藏敦煌文獻叙録　英國收藏敦煌漢藏文獻研究:紀念敦煌文獻發現一百周年　中國社會科學出版社　2000　p. 140
黄正建　敦煌祿命類文書述略　中國社會科學院歷史研究所學刊(第一集)　社會科學文獻出版社　2001　p. 244、256
黄正建　敦煌占卜文書與唐五代占卜研究　學苑出版社　2001　p. 23、112、172
鄧文寬　敦煌吐魯番天文曆法研究　甘肅教育出版社　2002　p. 71、111、253
王卡　敦煌道教文獻研究　中國社會科學出版社　2004　p. 15、151
王卡　敦煌道教綜述　敦煌與絲路文化學術講座(第二輯)　北京圖書館出版社　2005　p. 384

S. 3725

王三慶　敦煌寫卷中武后新字之調查研究　唐代研究論集(第三輯)　(臺北)新文豐出版公司　1992　p. 90
楊銘　重慶市博物館藏敦煌吐魯番寫經目録　《敦煌研究》1996 年第 1 期　p. 123

S. 3728

向達　倫敦所藏敦煌卷子經眼目録　《北平圖書館圖書季刊》1939 年新第 1 卷第 4 期　p. 397　又

見:唐代長安與西域文明　三聯書店　1957　p. 220
周紹良　敦煌所出變文現存目録　敦煌變文彙録　上海出版公司　1955　p. 2
劉銘恕　再記英國倫敦所藏的敦煌經卷《中國科學院圖書館通訊》1957 年第 7 期　又見:中國敦煌學百年文庫・綜述卷(二)　甘肅文化出版社　1999　p. 137
邵榮芬　敦煌俗文學中的別字異文和唐五代西北方音　《中國語文》1963 年第 3 期　又見:中國敦煌學百年文庫・語言文字卷(一)　甘肅文化出版社　1999　p. 119、147
金岡照光　敦煌文學のさまざま　敦煌の文學　(東京)大藏出版株式會社　1971　p. 122
金岡照光　敦煌民衆の宗教と生活　敦煌の民衆:その生活と思想　(東京)評論社　1972　p. 114、167、212
邱鎮京　敦煌變文述論　(臺北)商務印書館　1974　p. 1866
陳祚龍　釋雲辯及其詩文　中華佛教文化史散策(初集)　(臺北)新文豐出版公司　1978　p. 98
加地哲定　增補中國佛教文學研究　(東京)同朋舍　1979　p. 137
金岡照光　敦煌寫本と民衆仏教　続シルクロ－ドと仏教文化　(東京)東洋哲學研究所　1980　p. 153
楊家駱　敦煌變文　(臺北)世界書局　1980　p. 839
張錫厚　敦煌文學　上海古籍出版社　1980　p. 119 注 1
蘇瑩輝　敦煌學概要　(臺北)編譯館“中華叢書編委會”　1981　p. 181
羅宗濤　敦煌變文中詩歌形式之探討　漢學論文集　(臺北)文史哲出版社　1982　又見:中國敦煌學百年文庫・文學卷(四)　甘肅文化出版社　1999　p. 58
馬德　從一件敦煌遺書看唐玄宗與佛教的關係　《敦煌學輯刊》1982 年第 3 期　p. 73
鄭阿財　敦煌孝道文學研究　(臺北)石門圖書公司　1982　p. 16、211 注 1、303、380、457
羅宗濤　敦煌變文:石窟裏的老傳説　(臺北)時報文化出版公司　1983　p. 24
遊佐昇　文學文獻より見た敦煌の道教　敦煌と中國道教(講座敦煌 4)　(東京)大東出版社　1983　p. 290
金岡照光　敦煌文獻ょり見たる彌勒信仰の一側面　敦煌と中國仏教(講座敦煌 7)　(東京)大東出版社　1984　p. 553
潘重規　敦煌變文集新書(上)　(臺北)“中國文化大學”中文研究所　1984　p. 25、28
王慶菽　左街僧録大師押座文　敦煌變文集　人民文學出版社　1984　p. 841
王重民　故圓鑒大師二十四孝押座文　敦煌變文集　人民文學出版社　1984　p. 839
周紹良　讀變文劄記　紹良叢稿　齊魯書社　1984　p. 105
艾麗白著　耿昇譯　敦煌漢文寫本中的鳥形押　敦煌譯叢(第一輯)　甘肅人民出版社　1985　p. 191
雷僑雲　敦煌兒童文學　(臺北)學生書局　1985　p. 86
陳祚龍　幾則與莫高窟的興廢小有關係之資料　中華佛教文化史散策(四集)　(臺北)新文豐出版公司　1986　p. 23
盧向前　關於歸義軍時期一份布紙破用曆的研究:試釋伯四六四〇背面文書　敦煌吐魯番文獻研究論集(第三輯)　北京大學出版社　1986　p. 411 注 25
姜伯勤　唐五代敦煌寺戶制度　中華書局　1987　p. 305
森安孝夫　敦煌と西ウイグル王國　『東方學』(第 74 輯)　(東京)東方學會　1987　p. 68
森安孝夫著　陳俊謀譯　敦煌與西回鶻王國　《西北史地》1987 年第 3 期　p. 126
周紹良　唐代變文及其它　敦煌文學作品選　中華書局　1987　p. 21

哈密頓著　耿昇譯　回鶻文尊號闍梨和都統考　《甘肅民族研究》1988 年第 3－4 期　p. 123 注 15
李正宇　中國佛教中的孝　《敦煌學輯刊》1988 年第 1、2 期　p. 135
舒學　敦煌漢文遺書中雕版印刷資料綜叙　敦煌語言文學研究　北京大學出版社　1988　p. 288
張鴻勳　《父母恩重經講經文》補校　敦煌語言文學論文集　浙江古籍出版社　1988　p. 260
郭在貽　張涌泉　黄征　“押座文”八種補校　《寧波師院學報》1989 年第 1 期　p. 75
張廣達　榮新江　關於敦煌出土于闐文獻的年代及其相關問題　紀念陳寅恪先生誕辰百年學術論文集　北京大學出版社　1989　p. 292
張鴻勳　講經文　敦煌文學　甘肅人民出版社　1989　p. 268
郭在貽　張涌泉　黄征　敦煌變文集校議　岳麓書社　1990　p. 430
郭在貽　張涌泉　黄征　敦煌寫本書寫特例發微　敦煌吐魯番學研究論文集　漢語大詞典出版社　1990　p. 324
加地哲定著　劉衛星譯　中國佛教文學　今日中國出版社　1990　p. 118
堀敏一　中唐以後敦煌税法的變化　《魏晉南北朝隋唐史》1990 年第 6 期　p. 64
榮新江　西元十世紀沙州歸義軍與西州回鶻的文化交往　第二屆敦煌學國際研討會論文集　（臺北）漢學研究中心　1990　p. 587
唐耕耦　陸宏基　敦煌社會經濟文獻真迹釋録（三）　全國圖書館文獻縮微複製中心　1990　p. 618
項楚　敦煌變文選注　巴蜀書社　1990　p. 761
楊振良　由現存評彈“開篇”論押座文　第二屆敦煌學國際研討會論文集　（臺北）漢學研究中心　1990　p. 471
林聰明　敦煌文書學　（臺北）新文豐出版公司　1991　p. 36
項楚　王梵志詩校注　上海古籍出版社　1991　p. 318
程毅中　敦煌本《孝子傳》與睒子故事　中國文化（5）（香港）中華書局　1992　p. 151
姜伯勤　敦煌社會文書導論　（臺北）新文豐出版公司　1992　p. 135
金岡照光　孝行譚:『舜子变』と『董永傳』　敦煌の文學文獻（講座敦煌 9）　（東京）大東出版社　1992　p. 498
金岡照光　押座文　敦煌の文學文獻（講座敦煌 9）　（東京）大東出版社　1992　p. 346
邵文實　沙州節兒考及其引申出來的幾個問題　《西北師大學報》（社會科學版）1992 年第 5 期　p. 67
邵文實　唐代後期河西地區的民族遷徙及其後果　《敦煌學輯刊》1992 年第 1、2 期　p. 28
吳其昱著　伊藤美重子譯　敦煌漢文寫本概觀　敦煌漢文文獻（講座敦煌 5）　（東京）大東出版社　1992　p. 24
周紹良　敦煌文學芻議及其它　（臺北）新文豐出版公司　1992　p. 87、213
郭在貽　郭在貽敦煌學論集　江西人民出版社　1993　p. 206
李正宇　敦煌文學概論　甘肅人民出版社　1993　p. 121
譚蟬雪　敦煌祈賽風俗　《敦煌研究》1993 年第 4 期　p. 62
譚禪雪　敦煌歲時掇瑣　（香港）《九州學刊》（敦煌學專輯）1993 年第 5 卷第 4 期　p. 92
鄭阿財　從敦煌文獻看唐代的三教合一　第二屆國際唐代學術會議論文集（上）　（臺北）文津出版社　1993　p. 649
榮新江　敦煌邈真讚所見歸義軍與東西回鶻的關係　敦煌邈真讚校録並研究　（臺北）新文豐出版公司　1994　p. 112
榮新江　甘州回鶻與曹氏歸義軍　《中國古代史》（先秦至隋唐）1994 年第 3 期　p. 108
榮新江　于闐王國與瓜沙曹氏　《敦煌研究》1994 年第 2 期　p. 113

王永興　敦煌經濟文書導論　（臺北）新文豐出版公司　1994　p. 448
鄭炳林　唐五代敦煌新開道考　《敦煌學輯刊》1994年第1期　p. 48
馬雅倫　關於南山問題的討論　《敦煌學輯刊》1995年第2期　p. 48
曲金良　敦煌佛教文學研究　（臺北）文津出版社　1995　p. 60
榮新江　歸義軍史研究　上海古籍出版社　1996　p. 26
譚蟬雪　敦煌馬文化　《敦煌研究》1996年第1期　p. 114
黄征　張涌泉　敦煌變文校注　中華書局　1997　p. 849、1155
馬德　敦煌工匠史料　甘肅人民出版社　1997　p. 86
張弓　漢唐佛寺文化史　中國社會科學出版社　1997　p. 771
鄭炳林　敦煌碑銘讚輯釋　甘肅教育出版社　1997　p. 350 注8
鄭炳林　唐五代敦煌金山國征伐樓蘭史事考　敦煌歸義軍史專題研究　蘭州大學出版社　1997　p. 22
鄭炳林　晚唐五代敦煌園囿經濟研究　敦煌歸義軍史專題研究　蘭州大學出版社　1997　p. 311
海客　左街僧録大師押座文　敦煌學大辭典　上海辭書出版社　1998　p. 580
雷紹鋒　P. 3418v《唐沙州諸鄉欠枝夫人戶名目》研究　《敦煌研究》1998年第2期　p. 108
李正宇　曹元忠鳥形押　敦煌學大辭典　上海辭書出版社　1998　p. 294
馬德　10世紀敦煌寺曆所記三窟活動　《敦煌研究》1998年第2期　p. 83
榮新江　歸義軍大事紀年初稿　出土文獻研究（第三輯）　文物出版社　1998　p. 249
榮新江　南山　敦煌學大辭典　上海辭書出版社　1998　p. 462
譚蟬雪　敦煌歲時文化導論　（臺北）新文豐出版公司　1998　p. 109、131
譚蟬雪　駝馬神　敦煌學大辭典　上海辭書出版社　1998　p. 449
唐耕耦　柴場司　敦煌學大辭典　上海辭書出版社　1998　p. 382
唐耕耦　乙卯年押衙知柴場司安祐成狀　敦煌學大辭典　上海辭書出版社　1998　p. 417
張亞萍　唐五代歸義軍政府牧馬業研究　《敦煌學輯刊》1998年第2期　p. 57
周紹良　張涌泉　黄征　敦煌變文講經文因緣輯校（下）　江蘇古籍出版社　1998　p. 1070
堀敏一　中唐以後敦煌地域における税制度　東アジア史における國家と地域　（東京）刀水書房　1999　p. 332
梅維恒著　楊繼東　陳引馳譯　唐代變文（上）　（香港）中國佛教文化出版公司　1999　p. 256
張涌泉　敦煌寫本書寫特例發微　舊學新知　浙江大學出版社　1999　p. 234
華濤　西域歷史研究（8—10世紀）　上海古籍出版社　2000　p. 93
金岡照光　敦煌文獻と中國文學　（東京）五曜書房　2000　p. 19、84、182、254、358
堀敏一著　張宇譯　中唐以後敦煌地區的税制　《敦煌研究》2000年第3期　p. 151
雷紹鋒　歸義軍賦役制度初探　（臺北）洪葉文化事業有限公司　2000　p. 81、141、165
榮新江　《英藏敦煌文獻》定名商補　文史（第五十二輯）　中華書局　2000　p. 121　又見：敦煌學新論　甘肅教育出版社　2002　p. 195
施萍婷　《敦煌遺書總目索引新編》前言　敦煌遺書總目索引新編　中華書局　2000　p. 3
蘇金花　試論晚唐五代敦煌僧侶免賦特權的進一步喪失　《敦煌研究》2000年第3期　p. 156
徐俊　敦煌詩集殘卷輯考　中華書局　2000　p. 605
楊富學　王書慶　唐代長安與敦煌佛教文化之關係　'98法門寺唐文化國際學術討論會論文集　陝西人民出版社　2000　p. 178
袁德領　歸義軍時期莫高窟與敦煌寺院的關係　《敦煌研究》2000年第3期　p. 175
張弓　英國收藏敦煌文獻叙録　英國收藏敦煌漢藏文獻研究：紀念敦煌文獻發現一百周年　中國社

會科學出版社 2000 p. 142
張錫厚 敦煌文學源流 作家出版社 2000 p. 425
張涌泉 漢語俗字叢考 中華書局 2000 p. 240、756
曾良 敦煌文獻字義通釋 廈門大學出版社 2001 p. 159
趙貞 歸義軍押衙兼知他官略考 《敦煌研究》2001 年第 2 期 p. 92
李小榮 變文講唱與華梵宗教藝術 上海三聯書店 2002 p. 66、289
榮新江 唐五代歸義軍武職軍將考 敦煌學新論 甘肅教育出版社 2002 p. 58
馮培紅 唐五代敦煌官府宴設機構考略 2000 年敦煌學國際學術討論會文集·歷史文化卷(上) 甘肅民族出版社 2003 p. 176
李并成 敦煌文獻與西北生態環境變遷研究 漢語史學報專輯(第三輯) 上海教育出版社 2003 p. 393
李并成 敦煌學與沙漠歷史地理研究 2000 年敦煌學國際學術討論會文集·歷史文化卷(上) 甘肅民族出版社 2003 p. 490
榮新江 略談于闐對敦煌石窟的貢獻 2000 年敦煌學國際學術討論會文集·歷史文化卷(上) 甘肅民族出版社 2003 p. 74
譚蟬雪 敦煌的粟特居民及祆神祈賽 2000 年敦煌學國際學術討論會文集·歷史文化卷(下) 甘肅民族出版社 2003 p. 64
王啓濤 中古及近代法制文書語言研究 巴蜀書社 2003 p. 174
鄭炳林 晚唐五代敦煌村莊聚落輯考 2000 年敦煌學國際學術討論會文集·歷史文化卷(上) 甘肅民族出版社 2003 p. 129、152
高啓安 唐五代敦煌飲食文化研究 民族出版社 2004 p. 45、189
荒見泰史 敦煌變文研究概述以及新觀點 華林(第三卷) 中華書局 2004 p. 407
荒見泰史 敦煌的講唱體文獻 敦煌學(第 25 輯) (臺北)樂學書局有限公司 2004 p. 275
姜伯勤 中國祆教藝術史研究 三聯書店 2004 p. 176
王冀青 斯坦因與日本敦煌學 甘肅教育出版社 2004 p. 306
高啓安 趙紅 敦煌"玉女"考屑 《敦煌研究》2005 年第 2 期 p. 70
黑維強 吐魯番出土文書詞語例釋(二) 《敦煌學輯刊》2005 年第 2 期 p. 185

S. 3735

上山大峻 龍口明生 龍谷大學所藏敦煌本『比丘含注戒本』解說 敦煌寫本『本草集注』序録·『比丘含注戒本』 (京都)法藏館 1998 p. 300
陳明 評《敦煌寫本〈本草集注序録〉〈比丘含注戒本〉》 敦煌吐魯番研究(第四卷) 北京大學出版社 1999 p. 627

S. 3738

金岡照光 韻文體類:長篇叙事詩·短篇歌詠 敦煌の文學文獻(講座敦煌 9) (東京)大東出版社 1992 p. 265

S. 3739

土肥義和 唐·北宋間の「社」の組織形態に関する一考察 中國古代の國家と民衆(堀敏一先生古稀記念) (東京)汲古書院 1995 p. 728

S. 3740

杜愛英　敦煌遺書中俗體字的諸種類型　《敦煌研究》1992 年第 3 期　p. 124

S. 3743

江素雲　維摩詰所說經敦煌寫本綜合目録　（臺北）東初出版社　1991　p. 80

S. 3744

寧欣　唐代敦煌地區農業水利問題初探　敦煌吐魯番文獻研究論集（第三輯）　北京大學出版社　1986　p. 523

S. 3747

向達　倫敦所藏敦煌卷子經眼目録　《北平圖書館圖書季刊》1939 年新第 1 卷第 4 期　p. 397　又見：唐代長安與西域文明　三聯書店　1957　p. 220

王卡　太上昇玄護命經　敦煌學大辭典　上海辭書出版社　1998　p. 761

王卡　敦煌道教文獻研究　中國社會科學出版社　2004　p. 140

S. 3748

芳村修基　土橋秀高　井ノ口泰淳　敦煌佛教史年表　西域文化研究（第一）・敦煌佛教資料　（京都）法藏館　1958　p. 282

S. 3750

向達　倫敦所藏敦煌卷子經眼目録　《北平圖書館圖書季刊》1939 年新第 1 卷第 4 期　p. 397　又見：唐代長安與西域文明　三聯書店　1957　p. 220

饒宗頤　敦煌寫卷之書法　唐代研究論集（第三輯）　（臺北）新文豐出版公司　1992　p. 32

王卡　陶公傳授儀　敦煌學大辭典　上海辭書出版社　1998　p. 759

王承文　敦煌古靈寶經與晉唐道教　中華書局　2002　p. 804

王卡　敦煌殘抄本陶公傳授儀校讀記　《敦煌學輯刊》2002 年第 1 期　p. 93

王卡　敦煌道教文獻研究　中國社會科學出版社　2004　p. 33、141

王卡　中國國家圖書館藏敦煌道教遺書研究報告　敦煌吐魯番研究（第七卷）　北京大學出版社　2004　p. 346、358

S. 3753

向達　倫敦所藏敦煌卷子經眼目録　《北平圖書館圖書季刊》1939 年新第 1 卷第 4 期　p. 397　又見：唐代長安與西域文明　三聯書店　1957　p. 220

饒宗頤　敦煌書法叢刊（第一卷）・拓本・序　（東京）二玄社　1983　p. 1

饒宗頤解說　林宏作譯　敦煌書法叢刊（第十八卷）・碎金（一）　（東京）二玄社　1983　p. 85

饒宗頤　敦煌寫卷之書法　唐代研究論集（第三輯）　（臺北）新文豐出版公司　1992　p. 23

沃興華　敦煌書法藝術　上海人民出版社　1994　p. 46

楊森　淺談北朝經生體楷筆的演化　《社科縱横》1994 年第 4 期　p. 61

趙聲良　唐人臨十七帖殘卷　敦煌書法庫（第四輯）　甘肅人民美術出版社　1994　p. 84

鄭汝中　唐代書法藝術與敦煌寫卷　《敦煌研究》1996 年第 2 期　p. 124

張弓　漢唐佛寺文化史　中國社會科學出版社　1997　p. 999

趙聲良　敦煌寫卷書法(下)　《文史知識》1997 年第 5 期　p. 81
劉濤　敦煌書法　敦煌學大辭典　上海辭書出版社　1998　p. 274
劉濤　王羲之龍保帖　敦煌學大辭典　上海辭書出版社　1998　p. 276
劉濤　王羲之旃罽胡桃帖　敦煌學大辭典　上海辭書出版社　1998　p. 275
鄭汝中　敦煌寫卷行草書法集　甘肅人民美術出版社　2000　p. 47
李斌城　唐代文化　中國社會科學出版社　2002　p. 1115
李春遠　關於敦煌遺書的書法化趨向　《敦煌學輯刊》2002 年第 1 期　p. 63
鶴田一雄　敦煌出土の書迹に關する一考察　『西北出土文獻研究』(創刊號)　(新潟)西北出土文獻研究會　2004　p. 92
胡同慶　安忠義　佛教藝術　敦煌文藝出版社　2004　p. 298

S. 3755

陳祚龍　瓜沙印録　(臺北)《大陸雜誌》1962 年第 4 期　又見:敦煌學概要　(臺北)編譯館"中華叢書編委會"　1981　p. 267 ; 中國敦煌學百年文庫・考古卷(一)　甘肅文化出版社　1999　p. 188
陳祚龍　敦煌古抄內典尾記彙校初、二、三編合刊　敦煌學要籥　(臺北)新文豐出版公司　1982　p. 136
陳祚龍　古代敦煌及其他地區流行之公私印章圖記文字録　敦煌學要籥　(臺北)新文豐出版公司　1982　p. 335
孫修身　敦煌三界寺　甘肅省史學會論文集　甘肅省歷史學會編印　1982　p. 173　又見:中國敦煌學百年文庫・宗教卷(一)　甘肅文化出版社　1999　p. 58
池田溫　敦煌文獻について　『書道研究』(2 卷 2 號)　(東京)萱原書局　1988　p. 49　又見:敦煌文書の世界　(東京)名著刊行會　2003　p. 52
池田溫　中國古代寫本識語集録　(東京)大藏出版株式會社　1990　p. 353
林聰明　敦煌文書學　(臺北)新文豐出版公司　1991　p. 128
戴仁　敦煌和吐魯番寫本的斷代研究　法國學者敦煌學論文選萃　中華書局　1993　p. 542
鄭炳林　敦煌碑銘讚輯釋　甘肅教育出版社　1997　p. 517 注 8
李正宇　三界寺　敦煌學大辭典　上海辭書出版社　1998　p. 631

S. 3756

平井俊榮　敦煌仏典と中國仏教　敦煌と中國仏教(講座敦煌 7)　(東京)大東出版社　1984　p. 8
林聰明　敦煌文書學　(臺北)新文豐出版公司　1991　p. 429
王三慶　敦煌寫卷中武后新字之調查研究　唐代研究論集(第三輯)　(臺北)新文豐出版公司　1992　p. 90
林聰明　敦煌文書年代考探略述　敦煌學國際研討會文集・史地語文編　遼寧美術出版社　1995　p. 556
林聰明　敦煌吐魯番文書解詁指例　(臺北)新文豐出版公司　2001　p. 260

S. 3757

梅維恒著　楊繼東　陳引馳譯　唐代變文(上)　(香港)中國佛教文化出版公司　1999　p. 253 注 1

S. 3758

陳祚龍　敦煌古抄內典尾記彙校初、二、三編合刊　敦煌學要籥　（臺北）新文豐出版公司　1982　p. 136

池田溫　中國古代寫本識語集録　（東京）大藏出版株式會社　1990　p. 255

陳麗萍　敦煌女性寫經題記及反映的婦女問題　敦煌佛教藝術文化國際學術研討會論文集　蘭州大學出版社　2002　p. 431

S. 3760

井ノ口泰淳　敦煌本『仏名經』の諸系統　中央アジアの言語と仏教　（京都）法藏館　1995　p. 287

S. 3761

福井文雅　般若心經　敦煌と中國仏教(講座敦煌 7)　（東京）大東出版社　1984　p. 44

荒見泰史　關於地藏十王信仰成立和演變的有關資料數則　2004 年石窟研究國際學術會議論文提要集　敦煌研究院　2004　p. 62

S. 3763

張弓　漢唐佛寺文化史　中國社會科學出版社　1997　p. 315

馬德　10 世紀敦煌寺曆所記三窟活動　《敦煌研究》1998 年第 2 期　p. 84

S. 3768

陳祚龍　敦煌古抄內典尾記彙校初、二、三編合刊　敦煌學要籥　（臺北）新文豐出版公司　1982　p. 136

池田溫　中國古代寫本識語集録　（東京）大藏出版株式會社　1990　p. 442

蕭登福　從敦煌寫卷中看道教星斗崇拜對佛經之影響　第二屆敦煌學國際研討會論文集　（臺北）漢學研究中心　1990　p. 335

S. 3769

杜愛英　敦煌遺書中俗體字的諸種類型　《敦煌研究》1992 年第 3 期　p. 123

S. 3770

黎明　淨名經集解關中疏　藏外佛教文獻(第二輯)　宗教文化出版社　1996　p. 176

馬茜　歸義軍時期敦煌地區庶民佛教的發展　甘肅民族研究論叢　甘肅人民出版社　2002　p. 448

S. 3772

井ノ口泰淳　敦煌本『仏名經』の諸系統　中央アジアの言語と仏教　（京都）法藏館　1995　p. 297

S. 3774

楊銘　吐蕃在敦煌計口授田的幾個問題　《西北師大學報》(社會科學版)1993 年第 5 期　p. 105

胡戟　傅玫　敦煌史話　中華書局　1995　p. 181

楊銘　吐蕃統治敦煌研究　（臺北）新文豐出版公司　1997　p. 31

雷紹鋒　歸義軍賦役制度初探　（臺北）洪葉文化事業有限公司　2000　p. 258

高啓安　唐五代敦煌飲食文化研究　民族出版社　2004　p. 276

S. 3775

冉雲華　敦煌遺書與中國禪宗歷史研究　“中國唐代學會”會刊(第四期)　(臺北)“中國唐代學會”　1993　p. 53

S. 3776

池田溫　中國古代寫本識語集録　(東京)大藏出版株式會社　1990　p. 519

朱鳳玉　敦煌寫本《碎金》系字書初探　第二屆敦煌學國際研討會論文集　(臺北)漢學研究中心　1990　p. 508

S. 3779

蕭登福　從敦煌寫卷中看道教星斗崇拜對佛經之影響　第二屆敦煌學國際研討會論文集　(臺北)漢學研究中心　1990　p. 335

S. 3781

平井俊榮　敦煌仏典と中國仏教　敦煌と中國仏教(講座敦煌 7)　(東京)大東出版社　1984　p. 8

S. 3782

芳村修基　土橋秀高　井ノ口泰淳　敦煌佛教史年表　西域文化研究(第一)・敦煌佛教資料　(京都)法藏館　1958　p. 270

慶谷壽信　敦煌出土の音韻資料(上)——Stein6691vについて『人文學報』(第 78 號)　京都大學人文科學研究所　1970　p. 175

李志生　唐開元年間西州抄目三件考釋　敦煌吐魯番文獻研究論集(第五輯)　北京大學出版社　1990　p. 481

張涌泉　敦煌文獻字詞例釋　敦煌學(第 25 輯)　(臺北)樂學書局有限公司　2004　p. 349

S. 3783

李小榮　敦煌密教文獻論稿　人民文學出版社　2003　p. 32

陸離　有關吐蕃太子的文書研究　《敦煌學輯刊》2003 年第 1 期　p. 38

S. 3784

池田溫　中國古代寫本識語集録　(東京)大藏出版株式會社　1990　p. 354

戴仁　敦煌和吐魯番寫本的斷代研究　法國學者敦煌學論文選萃　中華書局　1993　p. 542

S. 3786

王卡　太上洞淵神咒經　敦煌學大辭典　上海辭書出版社　1998　p. 762

王卡　敦煌道教文獻研究　中國社會科學出版社　2004　p. 142

王卡　中國國家圖書館藏敦煌道教遺書研究報告　敦煌吐魯番研究(第七卷)　北京大學出版社　2004　p. 358

S. 3788

陳祚龍　瓜沙印録　(臺北)《大陸雜誌》1962 年第 4 期　又見:敦煌學概要　(臺北)編譯館“中華叢書編委會”　1981　p. 267 ；中國敦煌學百年文庫・考古卷(一)　甘肅文化出版社　1999

p. 188

陳祚龍　古代敦煌及其他地區流行之公私印章圖記文字録　敦煌學要籥　(臺北)新文豐出版公司　1982　p. 333、335

池田溫　敦煌文獻について　『書道研究』(2卷2號)　(東京)萱原書局　1988　p. 49　又見:敦煌文書の世界　(東京)名著刊行會　2003　p. 51

林聰明　敦煌文書學　(臺北)新文豐出版公司　1991　p. 128

李正宇　三界寺　敦煌學大辭典　上海辭書出版社　1998　p. 631

陳國燦　敦煌學史事新證　甘肅教育出版社　2002　p. 338

S. 3792

圓空　《新菩薩經》《勸善經》《救諸衆生苦難經》校録及其流傳背景之探討　《敦煌研究》1992年第1期　p. 53

蕭登福　道教術儀與密教典籍　(臺北)新文豐出版公司　1994　p. 496

S. 3793

向達　倫敦所藏敦煌卷子經眼目録　《北平圖書館圖書季刊》1939年新第1卷第4期　p. 397　又見:唐代長安與西域文明　三聯書店　1957　p. 221

竺沙雅章　敦煌出土「社」文書の研究　『東方學報』(第35號)　京都大學人文科學研究所　1964　p. 271

唐耕耦　陸宏基　敦煌社會經濟文獻真迹釋録(一)　書目文獻出版社　1986　p. 380

郝春文　敦煌私社的"義聚"　《中國社會經濟史研究》1989年第4期　p. 30

山本達郎等　敦煌・V計會文書　『NUN－HUANG AND TURFAN DOCUMENTS CONCERNING SOCIAL AND ECONOMIC HISTORY』(IV)　(東京)東洋文庫　1989　p. 116

鄭阿財　敦煌蒙書析論　第二屆敦煌學國際研討會論文集　(臺北)漢學研究中心　1990　p. 227

林聰明　敦煌文書學　(臺北)新文豐出版公司　1991　p. 399

姜伯勤　敦煌社會文書導論　(臺北)新文豐出版公司　1992　p. 247

寧可　郝春文　敦煌社邑文書輯校　江蘇古籍出版社　1997　p. 501

高啓安　索黛　敦煌古代僧人官齋飲食檢閱　《敦煌研究》1998年第3期　p. 73

寧可　社司破曆　敦煌學大辭典　上海辭書出版社　1998　p. 431

楊森　敦煌社司文書畫押符號及其相關問題　《敦煌學輯刊》1999年第1期　p. 86

榮新江　唐五代歸義軍武職軍將考　敦煌學新論　甘肅教育出版社　2002　p. 61

高啓安　唐五代敦煌飲食文化研究　民族出版社　2004　p. 205

郝春文　再論敦煌私社的"義聚"　敦煌學(第25輯)　(臺北)樂學書局有限公司　2004　p. 291

S. 3794

福井文雅　般若心經　敦煌と中國仏教(講座敦煌7)　(東京)大東出版社　1984　p. 39

S. 3795

汪泛舟　敦煌俗別字新考(上)　《敦煌研究》2006年第1期　p. 107

S. 3797

林聰明　敦煌文書學　(臺北)新文豐出版公司　1991　p. 102

景盛軒　試論敦煌佛經異文研究的價值和意義　《敦煌研究》2004 年第 5 期　p. 89

S. 3798

陳祚龍　瓜沙印録　（臺北）《大陸雜誌》1962 年第 4 期　又見：敦煌學概要　（臺北）編譯館“中華叢書編委會”　1981　p. 266；中國敦煌學百年文庫・考古卷（一）　甘肅文化出版社　1999　p. 185

陳祚龍　古代敦煌及其他地區流行之公私印章圖記文字録　敦煌學要籥　（臺北）新文豐出版公司　1982　p. 325

唐耕耦　陸宏基　敦煌社會經濟文獻真迹釋録（四）　全國圖書館文獻縮微複製中心　1990　p. 102

陶秋英輯録　姜亮夫校訂　敦煌經卷所見寺名録　敦煌碎金　浙江古籍出版社　1992　p. 131

竺沙雅章　寺院文書　敦煌漢文文獻（講座敦煌 5）　（東京）大東出版社　1992　p. 598

鄧文寬　敦煌文獻《河西都僧統悟真處分常住榜》管窺　周一良先生八十生日紀念論文集　中國社會科學出版社　1993　p. 231　又見：敦煌吐魯番學耕耘録　（臺北）新文豐出版公司　1996　p. 177

王書慶　敦煌佛學・佛事篇　甘肅民族出版社　1995　p. 250

姜伯勤　敦煌戒壇與大乘佛教　華學（第二輯）　中山大學出版社　1996　p. 324

姜伯勤　敦煌藝術宗教與禮樂文明　中國社會科學出版社　1996　p. 351

王書慶　敦煌文獻中五代宋初戒牒研究　《敦煌研究》1997 年第 3 期　p. 38

湛如　敦煌菩薩戒儀與菩薩戒牒之研究　《敦煌研究》1997 年第 2 期　p. 82

沙知　河西都僧統印　敦煌學大辭典　上海辭書出版社　1998　p. 294

唐耕耦　戒牒　敦煌學大辭典　上海辭書出版社　1998　p. 641

姜亮夫　敦煌莫高窟年表　姜亮夫全集（十一）　雲南人民出版社　2002　p. 582

森安孝夫著　梁曉鵬摘譯　河西歸義軍節度使官印及其編年　《敦煌學輯刊》2003 年第 1 期　p. 143

湛如　敦煌佛教律儀制度研究　中華書局　2003　p. 170

S. 3800

杜愛英　敦煌遺書中俗體字的諸種類型　《敦煌研究》1992 年第 3 期　p. 124

S. 3801

江素雲　維摩詰所說經敦煌寫本綜合目録　（臺北）東初出版社　1991　p. 80

S. 3806

江素雲　維摩詰所說經敦煌寫本綜合目録　（臺北）東初出版社　1991　p. 80

S. 3807

金岡照光　敦煌文獻より見たる彌勒信仰の一側面　敦煌と中國仏教（講座敦煌 7）　（東京）大東出版社　1984　p. 541

金岡照光　敦煌文獻と中國文學　（東京）五曜書房　2000　p. 339

姜亮夫　敦煌莫高窟年表　姜亮夫全集（十一）　雲南人民出版社　2002　p. 73

S. 3812

任半塘　王昆吾　隋唐五代燕樂雜言歌辭集　巴蜀書社　1990　p. 1638

杜愛英　敦煌遺書中俗體字的諸種類型　《敦煌研究》1992 年第 3 期　p. 123

S. 3815

蕭登福　從敦煌寫卷中看道教星斗崇拜對佛經之影響　第二屆敦煌學國際研討會論文集　(臺北)漢學研究中心　1990　p. 335

杜斗城　北涼譯經論　甘肅文化出版社　1995　p. 46

S. 3822

江素雲　維摩詰所說經敦煌寫本綜合目録　(臺北)東初出版社　1991　p. 80

S. 3823

杜愛英　敦煌遺書中俗體字的諸種類型　《敦煌研究》1992 年第 3 期　p. 125

S. 3824

向達　倫敦所藏敦煌卷子經眼目録　《北平圖書館圖書季刊》1939 年新第 1 卷第 4 期　p. 397　又見:唐代長安與西域文明　三聯書店　1957　p. 221

山口瑞鳳　評『ペリオ・チベット文書の讀解』『東洋學報』(54 卷 4 號)　(東京)東洋學術協會　1972　p. 81

陳鐵凡　敦煌本孝經考略　(臺中)《東海學報》1978 年第 19 卷　又見:中國敦煌學百年文庫・文獻卷(二)　甘肅文化出版社　1999　p. 501

鄭阿財　敦煌孝道文學研究　(臺北)石門圖書公司　1982　p. 16、535

金榮華　倫敦藏漢文敦煌卷子目録提要(初稿)序　敦煌學(第 12 輯)　(臺北)新文豐出版公司　1987　p. 139

施萍婷　敦煌曆日研究　1983 年全國敦煌學術討論會文集・文史遺書編(上)　甘肅人民出版社　1987　p. 311、330、363

池田溫　中國古代寫本識語集録　(東京)大藏出版株式會社　1990　p. 431

宮島一彥　曆書・算書　敦煌漢文文獻(講座敦煌 5)　(東京)大東出版社　1992　p. 474

土田健次郎　儒教典籍　敦煌漢文文獻(講座敦煌 5)　(東京)大東出版社　1992　p. 269

鄭阿財　臺灣地區研究概況(1992—1993):敦煌學部分　"中國唐代學會"會刊(第四期)　(臺北)"中國唐代學會"　1993　p. 248

王進玉　敦煌石窟探秘　四川教育出版社　1994　p. 85

沃興華　敦煌書法藝術　上海人民出版社　1994　p. 195

鄧文寬　敦煌天文曆法文獻輯校　江蘇古籍出版社　1996　p. 124

施萍婷　敦煌遺書編目雜記二則　敦煌吐魯番研究(第一卷)　北京大學出版社　1996　p. 327

白化文　孝經　敦煌學大辭典　上海辭書出版社　1998　p. 775

鄧文寬　元和十四年己亥歲曆日　敦煌學大辭典　上海辭書出版社　1998　p. 605

榮新江　《英藏敦煌文獻》定名商補　文史(第五十二輯)　中華書局　2000　p. 121　又見:敦煌學新論　甘肅教育出版社　2002　p. 195

張弓　英國收藏敦煌文獻叙録　英國收藏敦煌漢藏文獻研究:紀念敦煌文獻發現一百周年　中國社會科學出版社　2000　p. 143

劉永明　散見敦煌曆朔閏輯考　《敦煌研究》2002 年第 6 期　p. 12

S. 3825

竺沙雅章　敦煌出土「社」文書の研究　『東方學報』(第 35 號)　京都大學人文科學研究所　1964　p. 286

菊池英夫　唐代敦煌社會の外貌　敦煌の社會(講座敦煌 3)　(東京)大東出版社　1980　p. 115

鄭炳林　敦煌碑銘讚輯釋　甘肅教育出版社　1997　p. 404 注 8

池田溫　八世紀中葉敦煌的粟特人聚落　唐研究論文選集　中國社會科學出版社　1999　p. 62 注 73

宋家鈺　英國收藏敦煌文獻敘録　英國收藏敦煌漢藏文獻研究:紀念敦煌文獻發現一百周年　中國社會科學出版社　2000　p. 104

S. 3828

江素雲　維摩詰所說經敦煌寫本綜合目録　(臺北)東初出版社　1991　p. 80

S. 3831

向達　倫敦所藏敦煌卷子經眼目録　《北平圖書館圖書季刊》1939 年新第 1 卷第 4 期　p. 397　又見:唐代長安與西域文明　三聯書店　1957　p. 221

石井昌子　靈寶經類　敦煌と中國道教(講座敦煌 4)　(東京)大東出版社　1983　p. 160

姜亮夫　敦煌所見道教佚經考　敦煌學論文集　上海古籍出版社　1987　p. 310

胡文和　仁壽縣壇神岩第 53 號"三寶"窟右壁"南竺觀記"中道藏經目研究　《世界宗教研究》1998 年第 2 期　p. 125

山田俊　唐初道教思想史研究・論述篇　(京都)平樂寺書店　1999　p. 47

山田俊　唐初道教思想史研究・資料篇　(京都)平樂寺書店　1999　p. 62、163

王卡　敦煌道教文獻研究　中國社會科學出版社　2004　p. 200

王卡　中國國家圖書館藏敦煌道教遺書研究報告　敦煌吐魯番研究(第七卷)　北京大學出版社　2004　p. 369

S. 3832

譚禪雪　敦煌歲時掇瑣　(香港)《九州學刊》(敦煌學專輯)1993 年第 5 卷第 4 期　p. 88

S. 3833

汪泛舟　敦煌文學概論　甘肅人民出版社　1993　p. 563

S. 3834

張涌泉　論吴任臣的《字彙補》　舊學新知　浙江大學出版社　1999　p. 153

S. 3835

向達　記倫敦所藏的敦煌俗文學　《新中華雜誌》1937 年第 5 卷第 13 號　p. 123 – 128　又見:唐代長安與西域文明　三聯書店　1957　p. 242；敦煌變文論文録　上海古籍出版社　1982　p. 31

向達　倫敦所藏敦煌卷子經眼目録　《北平圖書館圖書季刊》1939 年新第 1 卷第 4 期　p. 397　又見:唐代長安與西域文明　三聯書店　1957　p. 221

仁井田陞　唐末五代の敦煌寺院佃戶關係文書　西域文化研究(第二)・敦煌吐魯番社會經濟資料(上)　(京都)法藏館　1959　p. 90

入矢義高　『太公家教』校釋　福井博士頌壽記念東洋思想論集　(東京)論文集刊行會　1960

p. 35
金岡照光　敦煌漢文文學文獻の文學形態上の種類とその分類　敦煌出土文學文獻分類目録・附解説　(東京)東洋文庫　1971　p. 224
金岡照光　敦煌文學のさまざま　敦煌の文學　(東京)大藏出版株式會社　1971　p. 128
土肥義和　はじめに——歸義軍節度使の敦煌支配　敦煌の歷史(講座敦煌 2)　(東京)大東出版社　1980　p. 246
楊家駱　敦煌變文　(臺北)世界書局　1980　p. 853
高國藩　敦煌寫本《太公家教》初探　《敦煌學輯刊》1984 年第 1 期　p. 64
潘重規　敦煌變文集新書(下)　(臺北)"中國文化大學"中文研究所　1984　p. 1209
王重民　跋太公家教　敦煌遺書論文集　中華書局　1984　p. 137
王重民　百鳥名　敦煌變文集　人民文學出版社　1984　p. 853
雷僑雲　敦煌兒童文學　(臺北)學生書局　1985　p. 82 注 4
仁井田陞著　姜鎮慶譯　唐末五代的敦煌寺院佃戶關係文書　敦煌學譯文集　甘肅人民出版社　1985　p. 869 注 25
土肥義和著　李永寧譯　歸義軍時期(晚唐、五代、宋)的敦煌(一)　《敦煌研究》1986 年第 4 期　p. 87
汪泛舟　《太公家教》考　《敦煌研究》1986 年第 1 期　p. 48
周鳳五　敦煌寫本太公家教研究　(臺北)明文書局　1986　p. 155
朱鳳玉　太公家教研究　漢學研究(敦煌學國際研討會論文專號)　(臺北)漢學研究資料及服務中心　1986　p. 393
黃家全　敦煌寫本《千字文》試論　1983 年全國敦煌學術討論會文集·文史遺書編(下)　甘肅人民出版社　1987　p. 334
姜亮夫　敦煌經卷題名録　敦煌學論文集　上海古籍出版社　1987　p. 1060
張鴻勳　敦煌講唱文學作品選注　甘肅人民出版社　1987　p. 42
池田溫　吐魯番·敦煌文書にみえる地方城市の住居　中國都市の歷史的研究(唐代史研究會報告第 VI 集)　(東京)刀水書房　1988　p. 183
汪泛舟　《太公家教》別考　敦煌語言文學研究　北京大學出版社　1988　p. 244
柴劍虹　詩話　敦煌文學　甘肅人民出版社　1989　p. 300　又見:敦煌學大辭典　上海辭書出版社　1998　p. 524
高國藩　敦煌民俗學　上海文藝出版社　1989　p. 104、277
高國藩　敦煌曲子詞欣賞　南京大學出版社　1989　p. 91
李正宇　敦煌佚詩零珠　《敦煌語言文學研究通訊》1989 年第 1 期　p. 5
劉瑞明　敦煌抄卷《百鳥名》研究　《敦煌學輯刊》1989 年第 2 期　p. 37
張錫厚　敦煌詩歌考論　《敦煌學輯刊》1989 年第 2 期　p. 32
張錫厚　詩歌　敦煌文學　甘肅人民出版社　1989　p. 181
鄭阿財　敦煌寫卷新集文詞九經抄研究　(臺北)文史哲出版社　1989　p. 128 注 1
池田溫　中國古代寫本識語集録　(東京)大藏出版株式會社　1990　p. 473
郭在貽　張涌泉　黃征　敦煌變文集校議　岳麓書社　1990　p. 440
唐耕耦　陸宏基　敦煌社會經濟文獻真迹釋録(二)　全國圖書館文獻縮微複製中心　1990　p. 15
項楚　敦煌變文選注　巴蜀書社　1990　p. 778
鄭阿財　敦煌蒙書析論　第二屆敦煌學國際研討會論文集　(臺北)漢學研究中心　1990　p. 216、226

柴劍虹　敦煌文學中的“因緣”與“詩話”　西域文史論稿　(臺北)國文天地雜誌社　1991　p.523
仁井田陞　補訂中國法制史研究:奴隸農奴法・家族村落法　東京大學出版會　1991　p.90
仁井田陞　補訂中國法制史研究:土地法・取引法　東京大學出版會　1991　p.691
汪泛舟　敦煌文學寫本辨正舉隅　《敦煌研究》1991年第1期　p.91
東野治之　訓蒙書　敦煌漢文文獻(講座敦煌5)　(東京)大東出版社　1992　p.413
金岡照光　韻文體類:長篇叙事詩・短篇歌詠　敦煌の文學文獻(講座敦煌9)　(東京)大東出版社　1992　p.261
林家平　寧强　羅華慶　中國敦煌學史　北京語言學院出版社　1992　p.106
陶秋英輯録　姜亮夫校訂　敦煌經卷題名録　敦煌碎金　浙江古籍出版社　1992　p.75
張鴻勳　敦煌唱本《百鳥名》的文化意蘊及其流變影響　《敦煌研究》1992年第1期　p.70
周紹良　敦煌文學芻議及其它　(臺北)新文豐出版公司　1992　p.61
高國藩　敦煌民俗資料導論　(臺北)新文豐出版公司　1993　p.352
李正宇　敦煌文學概論　甘肅人民出版社　1993　p.160
汪泛舟　敦煌文學概論　甘肅人民出版社　1993　p.558
張鴻勳　敦煌話本詞文俗賦導論　(臺北)新文豐出版公司　1993　p.95
張鴻勳　敦煌說唱文學概論　(臺北)新文豐出版公司　1993　p.7
張錫厚　敦煌文學概論　甘肅人民出版社　1993　p.276、358
鄭阿財　敦煌文獻與文學　(臺北)新文豐出版公司　1993　p.260
鄭阿財　學日益齋敦煌學劄記　周一良先生八十生日紀念論文集　中國社會科學出版社　1993　p.193
蔣禮鴻　敦煌文獻語言詞典　杭州大學出版社　1994　p.185
蔣禮鴻　蔣禮鴻語言文字學論叢　浙江古籍出版社　1994　p.191
胡戟　傅玫　敦煌史話　中華書局　1995　p.182
曲金良　敦煌佛教文學研究　(臺北)文津出版社　1995　p.100
土肥義和　唐・北宋間の「社」の組織形態に関する一考察　中國古代の國家と民衆(堀敏一先生古稀記念)　(東京)汲古書院　1995　p.726
張傳璽　中國歷代契約會編考釋(上)　北京大學出版社　1995　p.522 注1
張涌泉　敦煌文書類化字研究　《敦煌研究》1995年第4期　p.73
張涌泉　漢語俗字研究　岳麓書社　1995　p.145、227
黄征　張涌泉　敦煌變文校注　中華書局　1997　p.85、705、1208
李正宇　敦煌出土的四首特型詩及其破解　敦煌文學論集　四川人民出版社　1997　p.9
劉子瑜　敦煌變文和王梵志詩　大象出版社　1997　p.80
邰惠莉　敦煌本《六字千文》初探　《敦煌研究》1997年第1期　p.149
顔廷亮　關於《晏子賦》寫本的抄寫年代問題　《敦煌研究》1997年第2期　p.136
張涌泉　敦煌寫本《秦婦吟》彙校　中國典籍與文化論叢(第四輯)　中華書局　1997　p.314
朱鳳玉　敦煌寫本碎金研究　(臺北)文津出版社　1997　p.16
黄正建　敦煌文書所見唐宋之際敦煌民衆住房面積考略　敦煌吐魯番研究(第三卷)　北京大學出版社　1998　p.209
劉濤　敦煌書法　敦煌學大辭典　上海辭書出版社　1998　p.274
沙知　敦煌契約文書輯校　江蘇古籍出版社　1998　p.39
徐俊　唐五代長沙窑瓷器題詩校證　唐研究(第四卷)　北京大學出版社　1998　p.78
張鴻勳　百鳥名　敦煌學大辭典　上海辭書出版社　1998　p.587

梅維恒著　楊繼東　陳引馳譯　唐代變文(上)　(香港)中國佛教文化出版公司　1999　p. 254

施謝捷　敦煌文獻語詞校釋叢劄《敦煌研究》1999 年第 4 期　p. 28

蔣禮鴻　中國俗文字學研究導言　中古近代漢語研究(第一輯)　上海教育出版社　2000　p. 73

汪泛舟　敦煌古代兒童課本　甘肅人民出版社　2000　p. 211、224

徐俊　敦煌詩集殘卷輯考　中華書局　2000　p. 286、881

張鴻勳　說唱藝術奇葩:敦煌變文選評　甘肅人民出版社　2000　p. 63

張錫厚　敦煌文學源流　作家出版社　2000　p. 530

蔣禮鴻《敦煌資料》第一輯詞釋　蔣禮鴻集(第四卷)　浙江教育出版社　2001　p. 50

張娜麗《敦煌本〈六字千文〉初探》析疑《敦煌研究》2001 年第 3 期　p. 100　又見:《敦煌研究》2002 年第 1 期　p. 93

蔡忠霖　敦煌漢文寫卷俗字及其現象　(臺北)文津出版社　2002　p. 22

黄征　敦煌語言文字學研究　甘肅教育出版社　2002　p. 111、164

姜亮夫　敦煌莫高窟年表　姜亮夫全集(十一)　雲南人民出版社　2002　p. 484、577

劉進寶　敦煌學通論　甘肅教育出版社　2002　p. 379

張鴻勳　敦煌俗文學研究　甘肅人民出版社　2002　p. 6、48、151

鄭阿財　朱鳳玉　敦煌蒙書研究　甘肅教育出版社　2002　p. 20、358

李正宇　敦煌遺書一宗後晉時期敦煌民事訴訟檔案《敦煌研究》2003 年第 2 期　p. 44

盛會蓮　從敦煌吐魯番文書看隋至宋初的宅舍交易　中國中古史論集　天津古籍出版社　2003　p. 83

王啓濤　中古及近代法制文書語言研究　巴蜀書社　2003　p. 223、289、373

張涌泉　敦煌文獻字詞例釋　敦煌學(第 25 輯)　(臺北)樂學書局有限公司　2004　p. 353

S. 3836

土橋秀高　四分律雜抄　西域文化研究(第一)・敦煌佛教資料　(京都)法藏館　1958　p. 186

黄正建　敦煌文書與唐五代北方地區的飲食生活　魏晉南北朝隋唐史資料(第 11 輯)　武漢大學出版社　1991　p. 263

朱鳳玉　敦煌寫卷《俗務要名林》研究　第二屆國際唐代學術會議論文集(上)　(臺北)文津出版社　1993　p. 686

鄭炳林　高偉　唐五代敦煌釀酒業初探《西北史地》1994 年第 1 期　p. 35

張金泉　許建平　敦煌音義彙考　杭州大學出版社　1996　p. 745

高啓安　索黛　敦煌古代僧人官齋飲食檢閲《敦煌研究》1998 年第 3 期　p. 71

高啓安　索黛　唐五代敦煌飲食中的餅淺探《敦煌研究》1998 年第 4 期　p. 78、84

楊森　晚唐五代兩件《女人社》文書劄記《敦煌研究》1998 年第 1 期　p. 70

高啓安　唐五代敦煌飲食文化研究　民族出版社　2004　p. 131、166、312

鄭炳林　敦煌寫本解夢書校録研究　民族出版社　2005　p. 126

S. 3837

姜伯勤　敦煌社會文書導論　(臺北)新文豐出版公司　1992　p. 173

S. 3838

林聰明　敦煌吐魯番文書解詁指例　(臺北)新文豐出版公司　2001　p. 428

S. 3839

向達　倫敦所藏敦煌卷子經眼目録　《北平圖書館圖書季刊》1939 年新第 1 卷第 4 期　p. 397　又見:唐代長安與西域文明　三聯書店　1957　p. 221
尾崎正治　道教の類書　敦煌と中國道教(講座敦煌 4)　(東京)大東出版社　1983　p. 194
姜亮夫　敦煌所見道教佚經考　敦煌學論文集　上海古籍出版社　1987　p. 311
陶秋英輯録　姜亮夫校訂　敦煌所見道教佚經録　敦煌碎金　浙江古籍出版社　1992　p. 316
胡文和　仁壽縣壇神岩第 53 號"三寶"窟右壁"南竺觀記"中道藏經目研究　《世界宗教研究》1998 年第 2 期　p. 124
王卡　大道通玄要　敦煌學大辭典　上海辭書出版社　1998　p. 759
向群　敦煌本《大道通玄要》研究　道家文化研究(第十三輯)　三聯書店　1998　p. 342
山田俊　唐初道教思想史研究・資料篇　(京都)平樂寺書店　1999　p. 182、274
王卡　敦煌道教文獻研究　中國社會科學出版社　2004　p. 229

S. 3841

池田溫　中國古代寫本識語集録　(東京)大藏出版株式會社　1990　p. 364
西田龍雄　西夏王國の言語と文化　(東京)岩波書店　1997　p. 274

S. 3842

西田龍雄　西夏王國の言語と文化　(東京)岩波書店　1997　p. 274

S. 3843

池田溫　中國古代寫本識語集録　(東京)大藏出版株式會社　1990　p. 389

S. 3844

池田溫　中國古代寫本識語集録　(東京)大藏出版株式會社　1990　p. 391

S. 3849

湛如　敦煌佛教律儀制度研究　中華書局　2003　p. 346

S. 3852

金岡照光　敦煌文學のさまざま　敦煌の文學　(東京)大藏出版株式會社　1971　p. 149

S. 3853

陳慶英《斯坦因劫經録》、《伯希和劫經録》所收漢文寫卷中夾存的藏文寫卷情况調查　《敦煌學輯刊》1981 年第 2 期　p. 111
森安孝夫　ウイグル語文獻　敦煌胡語文獻(講座敦煌 6)　(東京)大東出版社　1985　p. 23、35
耿昇　敦煌回鶻文寫本的概況　《敦煌研究》1988 年第 1 期　p. 102
林聰明　敦煌文書學　(臺北)新文豐出版公司　1991　p. 67
牛汝極　七件回鶻文佛教文獻研究　《喀什師範學院學報》1993 年第 1 期　p. 44
楊富學　9—12 世紀的沙州回鶻文化　《敦煌學輯刊》1994 年第 2 期　p. 98
牛汝極　楊富學　敦煌回鶻文書法藝術　《甘肅民族研究》1995 年第 1 期　p. 100
汪泛舟　論敦煌文明的多民族貢獻　《敦煌研究》1995 年第 2 期　p. 191

楊富學　沙州回鶻及其政權組織　敦煌學國際研討會文集・史地語文編　遼寧美術出版社　1995　p. 193
楊富學　牛汝極　沙州回鶻及其文獻　甘肅文化出版社　1995　p. 31、62、205
楊富學　佛教與敦煌回鶻文書法藝術　西域敦煌宗教論稿　甘肅文化出版社　1998　p. 138
李正宇　唐宋時期敦煌佛經性質功能的變化　戒幢佛學(第二卷)　岳麓書社　2002　p. 21　又見：中日敦煌佛教學術會議論文集　中國社會科學院研究所　2002　p. 18
楊富學　敦煌吐魯番出土回鶻文佛教願文研究　《敦煌研究》2006 年第 2 期　p. 50

S. 3856

江素雲　維摩詰所説經敦煌寫本綜合目録　(臺北)東初出版社　1991　p. 80

S. 3858

西田龍雄　西夏王國の言語と文化　(東京)岩波書店　1997　p. 274

S. 3863

石井昌子　靈寶經類　敦煌と中國道教(講座敦煌 4)　(東京)大東出版社　1983　p. 157
高啓安　索黛　唐五代敦煌飲食中的餅淺探　《敦煌研究》1998 年第 4 期　p. 82
王卡　三洞奉道科戒儀範　敦煌學大辭典　上海辭書出版社　1998　p. 763
池田溫　東アジア中古の莊園をめぐる一考察　東アジア史における國家と地域　(東京)刀水書房　1999　p. 400
王卡　敦煌道教文獻研究　中國社會科學出版社　2004　p. 137

S. 3864

汪泛舟　偈・頌　敦煌文學　甘肅人民出版社　1989　p. 88

S. 3865

伊藤美重子　敦煌本『大智度論』の整理　中國佛教石經の研究　京都大學學術出版會　1996　p. 348

S. 3867

梅維恒著　楊繼東　陳引馳譯　唐代變文(上)　(香港)中國佛教文化出版公司　1999　p. 176

S. 3870

芳村修基　土橋秀高　井ノ口泰淳　敦煌佛教史年表　西域文化研究(第一)・敦煌佛教資料　(京都)法藏館　1958　p. 264
陳祚龍　敦煌古抄内典尾記彙校初、二、三編合刊　敦煌學要籥　(臺北)新文豐出版公司　1982　p. 136
林聰明　從敦煌文書看佛教徒的造經祈福　第二屆敦煌學國際研討會論文集　(臺北)漢學研究中心　1990　p. 525
林聰明　敦煌文書學　(臺北)新文豐出版公司　1991　p. 377
項楚　敦煌詩歌導論　(臺北)新文豐出版公司　1993　p. 272
陳國燦　長安三年制新譯金光明最勝王經記　敦煌學大辭典　上海辭書出版社　1998　p. 456

施安昌　唐武周時期的刻經與敦煌寫經　善本碑帖論集　紫禁城出版社　2002　p. 120

S. 3871

芳村修基　土橋秀高　井ノ口泰淳　敦煌佛教史年表　西域文化研究(第一)・敦煌佛教資料　(京都)法藏館　1958　p. 270

北村茂樹　『維摩經講經文』の異本について　『印度學佛教學研究』(24 卷 2 號)　(東京)日本印度學佛教學會　1976　p. 146

池田溫　中國古代寫本識語集録　(東京)大藏出版株式會社　1990　p. 386

圓空　《新菩薩經》《勸善經》《救諸衆生苦難經》校録及其流傳背景之探討　《敦煌研究》1992 年第 1 期　p. 53

鄭炳林　敦煌碑銘讚輯釋　甘肅教育出版社　1997　p. 208 注 5

S. 3872

周紹良　敦煌所出變文現存目録　敦煌變文彙録　上海出版公司　1955　p. 6

金岡照光　敦煌漢文文學文獻の文學形態上の種類とその分類　敦煌出土文學文獻分類目録・附解說　(東京)東洋文庫　1971　p. 191

金岡照光　敦煌の寫本　敦煌の文學　(東京)大蔵出版株式會社　1971　p. 69

加地哲定　增補中國佛教文學研究　(東京)同朋舍　1979　p. 121、130、144、159、174

閻文儒　經變的起源種類和所反映佛教上宗派的關係　《社會科學戰線》1979 年第 4 期　又見：中國敦煌學百年文庫・宗教卷(四)　甘肅文化出版社　1999　p. 92

楊家駱　敦煌變文　(臺北)世界書局　1980　p. 587

金岡照光　敦煌の繪物語　(東京)東方書店　1981　p. 55

王重民　敦煌變文研究　敦煌變文論輯　(臺北)石門圖書公司　1981　p. 189　又見：敦煌變文論文録　上海古籍出版社　1982　p. 275；敦煌遺書論文集　中華書局　1984　p. 177

鄭阿財　孝道文學敦煌寫卷《十恩德讚》初探　(臺北)《華岡文科學報》1981 年第 13 期　p. 247

張鴻勳　敦煌講唱文學韻律初探　《敦煌研究》1982 年試刊第 2 期　p. 135

鄭阿財　敦煌孝道文學研究　(臺北)石門圖書公司　1982　p. 108、381、661

羅宗濤　敦煌變文：石窟裹的老傳說　(臺北)時報文化出版公司　1983　p. 14

潘重規　敦煌變文集新書(上)　(臺北)"中國文化大學"中文研究所　1984　p. 298

王慶菽　維摩詰經講經文　敦煌變文集　人民文學出版社　1984　p. 587

耿昇譯　列寧格勒所藏敦煌漢文寫本簡介　敦煌譯叢(第一輯)　甘肅人民出版社　1985　p. 131

袁賓　敦煌變文校補　《蘭州大學學報》1986 年第 2 期　p. 17

平野顯照著　張桐生譯　唐代的文學與佛教　(臺北)業強出版社　1987　p. 223

曲金良　敦煌寫本變文、講經文作品創作時間彙考(續)　《敦煌學輯刊》1987 年第 2 期　p. 47

任半塘　敦煌歌辭總編　上海古籍出版社　1987　p. 1491

張涌泉　敦煌變文校讀釋例　《敦煌學輯刊》1987 年第 2 期　p. 20　又見：舊學新知　浙江大學出版社　1999　p. 160

周紹良　唐代變文及其它　敦煌文學作品選　中華書局　1987　p. 14

程毅中　唐代俗講文體制補說　敦煌語言文學研究　北京大學出版社　1988　p. 65

高國藩　古敦煌民間遊戲　學林漫録(十二集)　中華書局　1988　p. 76

郭在貽　張涌泉　黄征　敦煌變文整理校勘中的幾個問題　《古漢語研究》1988 年第 1 期　p. 76

王慶菽　敦煌變文研究　敦煌語言文學論文集　浙江古籍出版社　1988　p. 62

蕭登福　唐世佛家之講經與敦煌變文　敦煌俗文學論叢　(臺北)商務印書館　1988　p. 48
袁賓　變文詞語考釋録　敦煌語言文學論文集　浙江古籍出版社　1988　p. 148
楊雄　《維摩詰經講經文》補校　《敦煌研究》1989 年第 4 期　p. 79
張鴻勳　講經文　敦煌文學　甘肅人民出版社　1989　p. 262
郭在貽　張涌泉　黄征　敦煌變文集校議　岳麓書社　1990　p. 233、419
加地哲定著　劉衛星譯　中國佛教文學　今日中國出版社　1990　p. 112、135、147
項楚　《維摩詰經講經文》補校　敦煌吐魯番文獻研究論集(第五輯)　北京大學出版社　1990　p. 69、83　又見:敦煌文學叢考　上海古籍出版社　1991　p. 270
張涌泉　《王梵志詩校注》獻疑　《敦煌研究》1990 年第 2 期　p. 79
項楚　《維摩碎金》探索　敦煌文學叢考　上海古籍出版社　1991　p. 30
胥洪泉　《敦煌變文集》校記四十五則　《敦煌學輯刊》1991 年第 2 期　p. 29
張涌泉　《補全唐詩》兩種補校　《敦煌學輯刊》1991 年第 2 期　p. 16　又見:舊學新知　浙江大學出版社　1999　p. 298
郭在貽　郭在貽語言文學論稿　浙江古籍出版社　1992　p. 148
金岡照光　講唱體類　敦煌の文學文獻(講座敦煌 9)　(東京)大東出版社　1992　p. 38
金岡照光　押座文　敦煌の文學文獻(講座敦煌 9)　(東京)大東出版社　1992　p. 362
汪泛舟　敦煌講唱文學語言審美追求　《敦煌研究》1992 年第 2 期　p. 51
周紹良　敦煌文學芻議及其它　(臺北)新文豐出版公司　1992　p. 79
郭在貽　郭在貽敦煌學論集　江西人民出版社　1993　p. 172
李正宇　敦煌文學概論　甘肅人民出版社　1993　p. 137
汪泛舟　敦煌文學概論　甘肅人民出版社　1993　p. 180
楊雄　講經文名實說　(香港)《九州學刊》(敦煌學專輯)1993 年第 5 卷第 4 期　p. 142　又見:敦煌論稿　甘肅文化出版社　1995　p. 255
張鴻勳　敦煌說唱文學概論　(臺北)新文豐出版公司　1993　p. 102、193
張鴻勳　敦煌文學概論　甘肅人民出版社　1993　p. 218
張涌泉　俗字研究與大型字典的編纂　中國典籍與文化論叢(第一輯)　中華書局　1993　p. 462、470
鄭阿財　敦煌文獻與文學　(臺北)新文豐出版公司　1993　p. 51
蔣禮鴻　敦煌文獻語言詞典　杭州大學出版社　1994　p. 67、115、254、356
張涌泉　試論審辨敦煌寫本俗字的方法　《敦煌研究》1994 年第 2 期　p. 155　又見:舊學新知　浙江大學出版社　1999　p. 91
胡戟　傅玫　敦煌史話　中華書局　1995　p. 175
曲金良　敦煌佛教文學研究　(臺北)文津出版社　1995　p. 38、110
張涌泉　漢語俗字研究　岳麓書社　1995　p. 61、163、206
張涌泉　試論敦煌寫卷俗文字研究之意義　敦煌學國際研討會文集・史地語文編　遼寧美術出版社　1995　p. 362
張涌泉　敦煌俗字研究導論　(臺北)新文豐出版公司　1996　p. 63、95、139、182、264
方一新　敦煌變文詞語校釋　敦煌文學論集　四川人民出版社　1997　p. 300
黄征　張涌泉　敦煌變文校注　中華書局　1997　p. 48、109、716、837、1150
陸淑綺　李重申　敦煌古代戲曲文化史料綜述　《敦煌研究》1997 年第 2 期　p. 59
朱慶之　敦煌變文詩體文的換"言"現象及其來源　敦煌文學論集　四川人民出版社　1997　p. 83
海客　維摩詰經講經文　敦煌學大辭典　上海辭書出版社　1998　p. 578

李重申　武術　敦煌學大辭典　上海辭書出版社　1998　p. 600
周紹良　張涌泉　黄征　敦煌變文講經文因緣輯校(上)　江蘇古籍出版社　1998　p. 389
高國藩　敦煌俗文化學　上海三聯書店　1999　p. 317
張涌泉　敦煌寫本書寫特例發微　舊學新知　浙江大學出版社　1999　p. 238、247
張涌泉　俗字研究與敦煌文獻的校理　舊學新知　浙江大學出版社　1999　p. 52、53
鄭炳潤　敦煌佛教故事類講唱文學所見淨土宗與禪宗　《敦煌研究》1999 年第 2 期　p. 153
徐俊　敦煌詩集殘卷輯考　中華書局　2000　p. 882
張錫厚　敦煌文學源流　作家出版社　2000　p. 376
張涌泉　漢語俗字叢考　中華書局　2000　p. 163、776
陳秀蘭　敦煌俗文學語彙溯源　岳麓書社　2001　p. 106
李小榮　敦煌變文"平"、"側"、"斷"諸音聲符號探析　《敦煌學輯刊》2001 年第 2 期　p. 9
林聰明　敦煌吐魯番文書解詁指例　(臺北)新文豐出版公司　2001　p. 27 注 2、366
聖凱　論唐代的講經儀軌　《敦煌學輯刊》2001 年第 2 期　p. 39
李小榮　變文講唱與華梵宗教藝術　上海三聯書店　2002　p. 203、300
魏良弢　"邪教"雜考　文史(第六十輯)　中華書局　2002　p. 253
何建平　《維摩詰經講經文》的撰寫年代　《敦煌研究》2003 年第 4 期　p. 65
孫昌武　敦煌寫卷《維摩詰講經文》的文學意義　2000 年敦煌學國際學術討論會文集・歷史文化卷(下)　甘肅民族出版社　2003　p. 477
王昆吾　從敦煌學到域外漢文學　商務印書館　2003　p. 89、104
王小盾　從莫高窟第 61 窟維摩詰經變看經變畫和講經文的體制　2000 年敦煌學國際學術討論會文集・石窟考古卷　甘肅民族出版社　2003　p. 176、192
鄭阿財　《盂蘭盆經疏》與《盂蘭盆經講經文》　冉雲華先生八秩華誕壽慶論文集　(臺北)法光出版社　2003　p. 442
王小盾　潘重規先生"變文外衣"理論疏說　敦煌學(第 25 輯)　(臺北)樂學書局有限公司　2004　p. 78
單芳　論敦煌說唱文學的叙事藝術　《敦煌研究》2005 年第 6 期　p. 103

S. 3873

竺沙雅章　敦煌の寺戸について　『史林』(44 卷 5 號)　京都大學文學部史學研究會　1961　p. 63
邵榮芬　敦煌俗文學中的別字異文和唐五代西北方音　《中國語文》1963 年第 3 期　又見:中國敦煌學百年文庫・語言文字卷(一)　甘肅文化出版社　1999　p. 132
金岡照光　敦煌漢文文學文獻の文學形態上の種類とその分類　敦煌出土文學文獻分類目録・附解說　(東京)東洋文庫　1971　p. 213
金岡照光　敦煌文學のさまざま　敦煌の文學　(東京)大蔵出版株式會社　1971　p. 112
北原薫　晚唐・五代の敦煌寺院経済——收支決算報告を中心に　敦煌の社會(講座敦煌 3)　(東京)大東出版社　1980　p. 415
姜伯勤　敦煌寺院碾磑經營的兩種形式　歷史論叢(第三輯)　齊魯書社　1983　p. 173　又見:五十年來漢唐佛教寺院經濟研究　北京師範大學出版社　1986　p. 221
王慶菽　韓朋賦　敦煌變文集　人民文學出版社　1984　p. 142
姜伯勤　唐西州寺院家人奴婢的放良　五十年來漢唐佛教寺院經濟研究　北京師範大學出版社　1986　p. 212
姜伯勤　唐五代敦煌寺戶制度　中華書局　1987　p. 12、132、226

唐耕耦　陸宏基　敦煌社會經濟文獻真迹釋録(三)　全國圖書館文獻縮微複製中心　1990　p. 83
項楚　敦煌變文選注　巴蜀書社　1990　p. 266
郭在貽　郭在貽敦煌學論集　江西人民出版社　1993　p. 187
鄭炳林　《索崇恩和尚修功德記》考釋　《敦煌研究》1993 年第 2 期　p. 63
鄭炳林　《索勳紀德碑》研究　《敦煌學輯刊》1994 年第 2 期　p. 67
郝春文　關於唐後期五代宋初沙州僧俗的施捨問題　唐研究(第三卷)　北京大學出版社　1997　p. 24
鄭炳林　晚唐五代敦煌園囿經濟研究　敦煌歸義軍史專題研究　蘭州大學出版社　1997　p. 314
郝春文　唐後期五代宋初敦煌僧尼的社會生活　中國社會科學出版社　1998　p. 247
謝重光　家客　敦煌學大辭典　上海辭書出版社　1998　p. 411
何培斌　營造寄託:中國六至十世紀造寺功德的探討　寺院財富與世俗供養　上海書畫出版社　2003　p. 100
高啓安　唐五代敦煌飲食文化研究　民族出版社　2004　p. 57
馮培紅　晚唐五代宋初沙州上佐考論　敦煌學國際研討會論文集　北京圖書館出版社　2005　p. 66

S. 3874

蕭登福　從敦煌寫卷中看道教星斗崇拜對佛經之影響　第二届敦煌學國際研討會論文集　(臺北)漢學研究中心　1990　p. 335

S. 3875

芳村修基　土橋秀高　井ノ口泰淳　敦煌佛教史年表　西域文化研究(第一)·敦煌佛教資料　(京都)法藏館　1958　p. 278
李正宇　唐宋時代敦煌的用筆與製筆　《絲路論壇》1987 年第 2 期　p. 64
蕭登福　從敦煌寫卷中看道教星斗崇拜對佛經之影響　第二届敦煌學國際研討會論文集　(臺北)漢學研究中心　1990　p. 343
林聰明　敦煌文書學　(臺北)新文豐出版公司　1991　p. 437
王三慶　談齋論文——敦煌寫卷齋願文研究　第四届唐代文化學術研討會論文集　(臺南)成功大學　1991　p. 283
王進玉　敦煌石窟探秘　四川教育出版社　1994　p. 98
黄征　吴偉　敦煌願文集　岳麓書社　1995　p. 409
王書慶　從敦煌文獻看敦煌佛教文化與中原佛教文化的交流　敦煌佛教文獻研究　敦煌研究院文獻研究所　1995　p. 26
張涌泉　漢語俗字研究　岳麓書社　1995　p. 7
黄征　敦煌願文考論　敦煌語文叢説　(臺北)新文豐出版公司　1997　p. 583、591
李正宇　敦煌歷史地理導論　(臺北)新文豐出版公司　1997　p. 226
張弓　漢唐佛寺文化史　中國社會科學出版社　1997　p. 315
郝春文　齋文　敦煌學大辭典　上海辭書出版社　1998　p. 458
宋家鈺　佛教齋文源流與敦煌本"齋文"書的復原　《中國史研究》1999 年第 2 期　p. 77　又見:英國收藏敦煌漢藏文獻研究:紀念敦煌文獻發現一百周年　中國社會科學出版社　2000　p. 306
施萍婷　《敦煌遺書總目索引新編》前言　敦煌遺書總目索引新編　中華書局　2000　p. 3
張涌泉　漢語俗字叢考　中華書局　2000　p. 7

姜亮夫　敦煌莫高窟年表　姜亮夫全集(十一)　雲南人民出版社　2002　p. 498
袁德領　歸義軍時期敦煌佛教的轉經活動　2000 年敦煌學國際學術討論會文集・歷史文化卷(下)　甘肅民族出版社　2003　p. 192
何劍平　作爲民間寫經和禮懺儀式的維摩詰信仰　《敦煌學輯刊》2005 年第 4 期　p. 59

S. 3876

向達　倫敦所藏敦煌卷子經眼目録　《北平圖書館圖書季刊》1939 年新第 1 卷第 4 期　p. 397　又見:唐代長安與西域文明　三聯書店　1957　p. 221
芳村修基　土橋秀高　井ノ口泰淳　敦煌佛教史年表　西域文化研究(第一)・敦煌佛教資料　(京都)法藏館　1958　p. 280
土肥義和　はじめに——歸義軍節度使の敦煌支配　敦煌の歷史(講座敦煌 2)　(東京)大東出版社　1980　p. 246
董作賓　敦煌紀年　敦煌學文選(上)　蘭州大學歷史系敦煌學研究室等　1983　p. 35
土肥義和著　李永寧譯　歸義軍時期(晚唐、五代、宋)的敦煌(一)　《敦煌研究》1986 年第 4 期　p. 87
王重民原編　黄永武新編　敦煌古籍叙録新編(第七冊)　(臺北)新文豐出版公司　1986　p. 274
李明偉　狀・牒・帖　敦煌文學　甘肅人民出版社　1989　p. 41
郝春文　唐後期五代宋初沙州僧尼的特點　敦煌吐魯番學研究論文集　漢語大詞典出版社　1990　p. 835
唐耕耦　陸宏基　敦煌社會經濟文獻真迹釋録(二)　全國圖書館文獻縮微複製中心　1990　p. 305
李正宇　敦煌名勝古迹導論　《陽關》1991 年第 4 期　p. 51
汪泛舟　敦煌文學概論　甘肅人民出版社　1993　p. 557
王震亞　趙熒　敦煌殘卷爭訟文牒集釋　甘肅人民出版社　1993　p. 40
土肥義和　唐・北宋間の「社」の組織形態に関する一考察　中國古代の國家と民衆(堀敏一先生古稀記念)　(東京)汲古書院　1995　p. 726
黄征　張涌泉　敦煌變文校注　中華書局　1997　p. 27
郝春文　乾德六年沙州釋門法律慶深置舍請判印憑由牒　敦煌學大辭典　上海辭書出版社　1998　p. 643
郝春文　唐後期五代宋初敦煌僧尼的社會生活　中國社會科學出版社　1998　p. 81
姜亮夫　敦煌莫高窟年表　姜亮夫全集(十一)　雲南人民出版社　2002　p. 551
盛會蓮　從敦煌吐魯番文書看隋至宋初的宅舍交易　中國中古史論集　天津古籍出版社　2003　p. 86
竇懷永　許建平　敦煌寫本的避諱特點及其對傳統寫本抄寫時代判定的參考價值　《敦煌研究》2004 年第 4 期　p. 56
鄭炳林　魏迎春　晚唐五代敦煌佛教教團的戒律和清規　《敦煌學輯刊》2004 年第 2 期　p. 36
金瀅坤　敦煌社會經濟文書定年拾遺　《首都師範大學學報》2006 年第 1 期　p. 12

S. 3877

向達　記倫敦所藏的敦煌俗文學　《新中華雜誌》1937 年第 5 卷第 13 號　p. 123 – 128　又見:唐代長安與西域文明　三聯書店　1957　p. 241；敦煌變文論文録　上海古籍出版社　1982　p. 30
向達　倫敦所藏敦煌卷子經眼目録　《北平圖書館圖書季刊》1939 年新第 1 卷第 4 期　p. 397　又見:唐代長安與西域文明　三聯書店　1957　p. 221

仁井田陞　唐末五代の敦煌寺院佃戶關係文書　西域文化研究（第二）・敦煌吐魯番社會經濟資料（上）（京都）法藏館　1959　p. 88

邵榮芬　敦煌俗文學中的別字異文和唐五代西北方音　《中國語文》1963 年第 3 期　又見：中國敦煌學百年文庫・語言文字卷（一）　甘肅文化出版社　1999　p. 124

土肥義和　唐令よりみたる現存唐代戶籍の基礎的研究（上）『東洋學報』（52 卷 1 號）（東京）東洋學術協會　1969　p. 90

金岡照光　敦煌漢文文學文獻の文學形態上の種類とその分類　敦煌出土文學文獻分類目録・附解說（東京）東洋文庫　1971　p. 215

金岡照光　敦煌漢文文學文獻の寫本及び影印の收集保存、整理研究の現狀　敦煌出土文學文獻分類目録・附解說（東京）東洋文庫　1971　p. 178

金岡照光　敦煌文學のこころ　敦煌の文學（東京）大藏出版株式會社　1971　p. 244

金岡照光　敦煌民衆の社會と生活　敦煌の民衆：その生活と思想（東京）評論社　1972　p. 332

韓國磐　隋唐五代史綱　人民出版社　1979　p. 305、308

長澤和俊　敦煌の庶民生活　敦煌の社會（講座敦煌 3）（東京）大東出版社　1980　p. 481

菊池英夫　唐代敦煌社會の外貌　敦煌の社會（講座敦煌 3）（東京）大東出版社　1980　p. 115

堀敏一　敦煌社會の変質——中國社會全般の発展とも関連して　敦煌の社會（講座敦煌 3）（東京）大東出版社　1980　p. 179

土肥義和　はじめに——歸義軍節度使の敦煌支配　敦煌の歷史（講座敦煌 2）（東京）大東出版社　1980　p. 246

楊家駱　敦煌變文（臺北）世界書局　1980　p. 277

陳國燦　敦煌所出諸借契年代考　魏晉南北朝隋唐史資料（第 4 輯）　武漢大學出版社　1982　p. 13　又見：《敦煌學輯刊》1984 年第 1 期　p. 6

鄭阿財　敦煌孝道文學研究（臺北）石門圖書公司　1982　p. 77

陳祚龍　晚唐至宋初敦煌通行典賣"奴婢"之一斑　敦煌簡策訂存（臺北）商務印書館　1983　p. 98

侯紹莊　"買田"性質研究　《敦煌學研究》（西北師院學報）1984 年增刊　p. 25

冷鵬飛　唐末沙州歸義軍時期有關百姓受田和賦稅的幾個問題　《敦煌學輯刊》1984 年第 1 期　p. 31

潘重規　敦煌變文集新書（下）（臺北）"中國文化大學"中文研究所　1984　p. 1183

王重民　下女"夫"詞　敦煌變文集　人民文學出版社　1984　p. 277

吳其昱　有關唐代和十世紀奴婢的敦煌卷子　《敦煌學輯刊》1984 年第 2 期　p. 140

仁井田陞著　姜鎮慶譯　唐末五代的敦煌寺院佃戶關係文書　敦煌學譯文集　甘肅人民出版社　1985　p. 863 注 11

楚古耶夫斯基著　桑林摘譯　八—十世紀的敦煌　國外中國學研究譯叢（1）　青海人民出版社　1986　p. 585

李正宇　敦煌方音止遇二攝混同及其校勘學意義　《敦煌研究》1986 年第 4 期　p. 48

唐耕耦　唐五代時期的高利貸：敦煌吐魯番出土借貸文書初探　《敦煌學輯刊》1986 年第 1 期　p. 150

土肥義和著　李永寧譯　歸義軍時期（晚唐、五代、宋）的敦煌（一）　《敦煌研究》1986 年第 4 期　p. 87

王國良　敦煌本搜神記考辨　漢學研究（敦煌學國際研討會論文專號）（臺北）漢學研究資料及服務中心　1986　p. 380

楊際平　麴氏高昌與唐代西州、沙州租佃制研究　敦煌吐魯番出土經濟文書研究　廈門大學出版社　1986　p. 274
姜伯勤　唐五代敦煌寺戶制度　中華書局　1987　p. 211
李正宇　《下女夫詞》研究　《敦煌研究》1987年第2期　p. 45
王永興　隋唐五代經濟史料彙編校注・第一編(下)　中華書局　1987　p. 684、961
張鴻勳　敦煌寫本《下女夫詞》新探　1983年全國敦煌學術討論會文集・文史遺書編(下)　甘肅人民出版社　1987　p. 162
池田溫　吐魯番・敦煌文書にみえる地方城市の住居　中國都市の歷史的研究(唐代史研究會報告第VI集)　(東京)刀水書房　1988　p. 180
楊寶玉　《敦煌變文集》未入校的兩個《下女夫詞》殘卷校録　敦煌語言文學研究　北京大學出版社　1988　p. 249
周紹良　讀變文劄記　敦煌語言文學研究　北京大學出版社　1988　p. 58
高國藩　敦煌民俗學　上海文藝出版社　1989　p. 55、70
劉瑞明　詞文　敦煌文學　甘肅人民出版社　1989　p. 307
山本達郎等　敦煌・III 轉貼　『NUN - HUANG AND TURFAN DOCUMENTS CONCERNING SOCIAL AND ECONOMIC HISTORY』(IV)　(東京)東洋文庫　1989　p. 34
唐耕耦　8至10世紀敦煌的物價　紀念陳寅恪教授國際學術討論會文集　中山大學出版社　1989　p. 551
王公望　契約　敦煌文學　甘肅人民出版社　1989　p. 55
張錫厚　詩歌　敦煌文學　甘肅人民出版社　1989　p. 182注11
周紹良　白化文　李鼎霞　敦煌變文集補編　北京大學出版社　1989　p. 145
程喜霖　唐代過所文書中所見的作人與雇主　敦煌吐魯番文書初探(二編)　武漢大學出版社　1990　p. 445
郝春文　敦煌的渠人與渠社　《北京師範學院學報》1990年第1期　p. 91
李天石　敦煌吐魯番文書中的奴婢資料及其價值　《敦煌學輯刊》1990年第1期　p. 1、8
劉戈　回鶻文契約文書初探　(臺北)五南圖書出版公司　1990　p. 97
榮新江　沙州歸義軍歷任節度使稱號研究　敦煌吐魯番學研究論文集　漢語大詞典出版社　1990　p. 796
唐耕耦　陸宏基　敦煌社會經濟文獻真迹釋録(二)　全國圖書館文獻縮微複製中心　1990　p. 5、455、469
堀敏一著　林世田譯　唐代後期敦煌社會經濟之變化　《敦煌學輯刊》1991年第1期　p. 99
李正宇　敦煌名勝古迹導論　《陽關》1991年第4期　p. 51
林聰明　敦煌文書學　(臺北)新文豐出版公司　1991　p. 233
仁井田陞　補訂中國法制史研究:法と慣習・法と道德　東京大學出版會　1991　p. 643
仁井田陞　補訂中國法制史研究:奴隸農奴法・家族村落法　東京大學出版會　1991　p. 85
仁井田陞　補訂中國法制史研究:土地法・取引法　東京大學出版會　1991　p. 678、697、739、756
菅原信海　占筮書　敦煌漢文文獻(講座敦煌5)　(東京)大東出版社　1992　p. 461
姜伯勤　敦煌社會文書導論　(臺北)新文豐出版公司　1992　p. 18、157、172
金岡照光　講唱體類　敦煌の文學文獻(講座敦煌9)　(東京)大東出版社　1992　p. 107
金岡照光　散文體類　敦煌の文學文獻(講座敦煌9)　(東京)大東出版社　1992　p. 177、244
金岡照光　孝行譚:『舜子変』と『董永傳』　敦煌の文學文獻(講座敦煌9)　(東京)大東出版社

1992 p. 525
金岡照光 総說『敦煌文學の諸形態』 敦煌の文學文獻(講座敦煌 9) (東京)大東出版社 1992 p. 21
林家平 寧强 羅華慶 中國敦煌學史 北京語言學院出版社 1992 p. 105
榮新江 金山國史辨正 中華文史論叢(總 50 輯) 上海古籍出版社 1992 p. 75
周紹良 敦煌文學芻議及其它 (臺北)新文豐出版公司 1992 p. 10、201
高國藩 敦煌民俗資料導論 (臺北)新文豐出版公司 1993 p. 16、88
榮新江 英倫所見三種敦煌俗文學作品跋 (香港)《九州學刊》(敦煌學專輯)1993 年第 5 卷第 4 期 p. 133 注 4
王震亞 趙熒 敦煌殘卷爭訟文牒集釋 甘肅人民出版社 1993 p. 18
張鴻勳 敦煌說唱文學概論 (臺北)新文豐出版公司 1993 p. 6
張錫厚 敦煌文學概論 甘肅人民出版社 1993 p. 362
張先堂 敦煌文學概論 甘肅人民出版社 1993 p. 332
張涌泉 語詞辨析七則 《古漢語研究》1993 年第 1 期 p. 44
鄭炳林 讀敦煌文書 P. 3859《後唐清泰三年六月沙州儭司教授福集等狀》劄記 《西北史地》1993 年第 4 期 p. 48 又見:敦煌吐魯番文獻研究 中華書局 1995 p. 617
蔣禮鴻 敦煌文獻語言詞典 杭州大學出版社 1994 p. 142、299、418
李明偉 隋唐絲綢之路 甘肅人民出版社 1994 p. 277
林聰明 談敦煌文書的抄寫問題 紀念陳寅恪先生百年誕辰學術論文集 江西教育出版社 1994 p. 296
胡戟 傅玫 敦煌史話 中華書局 1995 p. 163、173
黄征 吳偉 敦煌願文集 岳麓書社 1995 p. 399
土肥義和 唐・北宋間の「社」の組織形態に関する一考察 中國古代の國家と民衆(堀敏一先生古稀記念) (東京)汲古書院 1995 p. 726
張傳璽 中國歷代契約會編考釋(上) 北京大學出版社 1995 p. 437 注 1
劉進寶 從敦煌文書談晚唐五代的"地子" 《歷史研究》1996 年第 3 期 p. 174
劉進寶 P. 3236 號《壬申年官布籍》時代考 《西北師大學報》(社會科學版)1996 年第 5 期 p. 44
劉進寶 P. 3236 號《壬申年官布籍》研究 慶祝潘石禪先生九秩華誕敦煌學特刊 (臺北)文津出版社 1996 p. 361
榮新江 歸義軍史研究 上海古籍出版社 1996 p. 108
張涌泉 敦煌俗字研究導論 (臺北)新文豐出版公司 1996 p. 269
鄧文寬 大梵寺佛音:敦煌莫高窟壇經讀本 (臺北)如聞出版社 1997 p. 11
方廣錩 敦煌佛教經録輯校 江蘇古籍出版社 1997 p. 180
黄征 張涌泉 敦煌變文校注 中華書局 1997 p. 1020
劉進寶 歸義軍土地制度初探 《敦煌研究》1997 年第 2 期 p. 53
劉進寶 晚唐五代"地子"考釋 唐代的歷史與社會 武漢大學出版社 1997 p. 296
劉子瑜 敦煌變文和王梵志詩 大象出版社 1997 p. 77
寧可 郝春文 敦煌社邑文書輯校 江蘇古籍出版社 1997 p. 239
齊陳俊 馮培紅 晚唐五代宋初歸義軍對外商業貿易 敦煌歸義軍史專題研究 蘭州大學出版社 1997 p. 349
孫曉林 敦煌遺書所見唐宋間令狐氏在敦煌的分佈 唐代的歷史與社會 武漢大學出版社 1997 p. 532

唐耕耦　敦煌寺院會計文書研究　（臺北）新文豐出版公司　1997　p. 455
鄭炳林　晚唐五代敦煌貿易市場的物價　敦煌歸義軍史專題研究　蘭州大學出版社　1997　p. 295、302
郝春文　唐後期五代宋初敦煌僧尼的社會生活　中國社會科學出版社　1998　p. 185
黄永年　唐代史事考釋　（臺北）聯經出版公司　1998　p. 455
黄正建　敦煌文書所見唐宋之際敦煌民衆住房面積考略　敦煌吐魯番研究（第三卷）　北京大學出版社　1998　p. 209
李天石　敦煌所出賣身、典身契約年代考　《敦煌學輯刊》1998 年第 1 期　p. 25
沙知　敦煌契約文書輯校　江蘇古籍出版社　1998　p. 8、75、248
沙知　雇工契　敦煌學大辭典　上海辭書出版社　1998　p. 389
沙知　蓮畔人　敦煌學大辭典　上海辭書出版社　1998　p. 391
唐耕耦　郝春文　作兒　敦煌學大辭典　上海辭書出版社　1998　p. 411
楊森　晚唐五代兩件《女人社》文書劄記　《敦煌研究》1998 年第 1 期　p. 70
張鴻勳　下女夫詞　敦煌學大辭典　上海辭書出版社　1998　p. 582
陳國燦　唐代的經濟社會　（臺北）文津出版社　1999　p. 79、219 注 60
董志翹　敦煌文書詞語瑣記　《敦煌研究》1999 年第 4 期　p. 35
高啓安　唐五代至宋敦煌的量器及量制　《敦煌學輯刊》1999 年第 1 期　p. 67
蘇金花　唐五代敦煌地區的商品貨幣形態　《敦煌研究》1999 年第 2 期　p. 96
謝桃坊　敦煌文化尋繹　四川人民出版社　1999　p. 153、181
顔廷亮　敦煌文化中的道教及文化　《敦煌研究》1999 年第 1 期　p. 141
張涌泉　敦煌文書疑難詞語辨釋　舊學新知　浙江大學出版社　1999　p. 269
陳永勝　敦煌買賣契約法律制度探析　《敦煌研究》2000 年第 4 期　p. 97
陳永勝　敦煌吐魯番法制文書研究　甘肅人民出版社　2000　p. 76
程喜霖　唐代過所研究　中華書局　2000　p. 270
董志翹　《入唐求法巡禮行記》辭彙研究　中國社會科學出版社　2000　p. 93
杜琪　敦煌詩賦作品要目分類題注　《甘肅社會科學》2000 年第 1 期　p. 63
伏俊璉　伏麒鵬　石室齊諧：敦煌小說選析　甘肅人民出版社　2000　p. 137
高啓安　崇高與卑賤：敦煌的佛教信仰賤名再探　'98 法門寺唐文化國際學術討論會論文集　陝西人民出版社　2000　p. 252
金岡照光　敦煌文獻と中國文學　（東京）五曜書房　2000　p. 33、293
雷紹鋒　歸義軍賦役制度初探　（臺北）洪葉文化事業有限公司　2000　p. 9、34、80、180
劉進寶　敦煌歷史文化　甘肅人民出版社　2000　p. 131
劉進寶　敦煌文書與唐史研究　（臺北）新文豐出版公司　2000　p. 166、184、233
丘古耶夫斯基　敦煌漢文文書　上海古籍出版社　2000　p. 18
顔廷亮　敦煌文化　光明日報出版社　2000　p. 246
張弓　英國收藏敦煌文獻叙録　英國收藏敦煌漢藏文獻研究：紀念敦煌文獻發現一百周年　中國社會科學出版社　2000　p. 143
張錫厚　敦煌文學源流　作家出版社　2000　p. 506
趙雲旗　唐代土地買賣研究　中國財政經濟出版社　2000　p. 246
黄正建　敦煌占卜文書與唐五代占卜研究　學苑出版社　2001　p. 85
林聰明　敦煌吐魯番文書解詁指例　（臺北）新文豐出版公司　2001　p. 47
謝重光　漢唐佛教社會史論　（臺北）國際文化事業有限公司　2001　p. 253 注 61

楊森　關於敦煌文獻中的"平章"一詞　敦煌學與中國史研究論集　甘肅人民出版社　2001　p. 231
郝春文　《勘尋永安寺法律願慶與老宿紹建相諍根由狀》及相關問題考　戒幢佛學(第二卷)　岳麓書社　2002　p. 82　又見:中日敦煌佛教學術會議論文集　中國社會科學院研究所　2002　p. 59
黃征　敦煌語言文字學研究　甘肅教育出版社　2002　p. 53、169
姜亮夫　敦煌莫高窟年表　姜亮夫全集(十一)　雲南人民出版社　2002　p. 448、483
劉進寶　敦煌學通論　甘肅教育出版社　2002　p. 88
盛會蓮　唐五代百姓房舍的分配及相關問題之試析　《敦煌研究》2002 年第 6 期　p. 33
張鴻勳　敦煌俗文學研究　甘肅人民出版社　2002　p. 407
董志翹　敦煌社會經濟文書詞語散釋　中國俗文化研究(第一輯)　巴蜀書社　2003　p. 134
洪藝芳　敦煌社會經濟文書中的唐五代新興量詞研究　敦煌學(第 24 輯)　(臺北)樂學書局有限公司　2003　p. 95
李正宇　敦煌遺書一宗後晉時期敦煌民事訴訟檔案　《敦煌研究》2003 年第 2 期　p. 44
劉敬林　敦煌文牒詞語校釋　《敦煌學輯刊》2003 年第 1 期　p. 119
盛會蓮　從敦煌吐魯番文書看隋至宋初的宅舍交易　中國中古史論集　天津古籍出版社　2003　p. 83
童丕　敦煌的借貸:中國中古時代的物質生活與社會　中華書局　2003　p. 10、135
王克孝　顔廷亮　敦煌吐魯番契約中的契約形式與契約制度　2000 年敦煌學國際學術討論會文集·歷史文化卷(上)　甘肅民族出版社　2003　p. 227
王啓濤　中古及近代法制文書語言研究　巴蜀書社　2003　p. 104、141、161、207、223、343
董志翹　敦煌社會經濟文獻詞語略考　浙江與敦煌學:常書鴻先生誕辰一百周年紀念文集　浙江古籍出版社　2004　p. 498
杜正乾　敦煌文獻中的"壁"字芻議　《敦煌研究》2004 年第 2 期　p. 76
黑維强　吐魯番出土文書詞語例釋(一)　《敦煌學輯刊》2004 年第 2 期　p. 117
李天石　中國中古良賤身份制度研究　南京師範大學出版社　2004　p. 23、413
劉進寶　歸義軍政權初期的人口調査和土地調整　《敦煌研究》2004 年第 2 期　p. 61
鄭顯文　唐代律令制研究　北京大學出版社　2004　p. 157、217
陳麗萍　敦煌文書所見唐五代婚變現象初探(一)　《敦煌學輯刊》2005 年第 2 期　p. 166
劉屹　上博本《曹元深祭神文》的幾個問題　敦煌學國際研討會論文集　北京圖書館出版社　2005　p. 161
陸離　吐蕃統治河隴西域時期職官四題　《西北民族研究》2006 年第 2 期　p. 30
王青　西域文化影響下的中古小説　中國社會科學出版社　2006　p. 342
趙跟喜　敦煌唐宋時期的女子教育初探　《敦煌研究》2006 年第 2 期　p. 95

S. 3878

陳祚龍　敦煌古抄内典尾記彙校初、二、三編合刊　敦煌學要籥　(臺北)新文豐出版公司　1982　p. 136
池田溫　中國古代寫本識語集録　(東京)大蔵出版株式會社　1990　p. 254
李明偉　《長興四年中興殿應聖節講經文》研究　絲綢之路貿易史研究　甘肅人民出版社　1991　p. 351
李崇峰　敦煌莫高窟唐前期洞窟分期　敦煌研究文集·敦煌石窟考古篇　甘肅民族出版社　2000　p. 77

S. 3879

向達　倫敦所藏敦煌卷子經眼目録　《北平圖書館圖書季刊》1939 年新第 1 卷第 4 期　p. 397　又見:唐代長安與西域文明　三聯書店　1957　p. 221

芳村修基　土橋秀高　井ノ口泰淳　敦煌佛教史年表　西域文化研究(第一)・敦煌佛教資料　(京都)法藏館　1958　p. 279

陳祚龍　瓜沙印録　(臺北)《大陸雜誌》1962 年第 4 期　又見:敦煌學概要　(臺北)編譯館"中華叢書編委會"　1981　p. 266；中國敦煌學百年文庫・考古卷(一)　甘肅文化出版社　1999　p. 185

陳祚龍　古代敦煌及其他地區流行之公私印章圖記文字録　敦煌學要籥　(臺北)新文豐出版公司　1982　p. 325

王重民原編　黄永武新編　敦煌古籍叙録新編(第七册)　(臺北)新文豐出版公司　1986　p. 269

項楚　王梵志詩校注　敦煌吐魯番文獻研究論集(第四輯)　北京大學出版社　1987　p. 538

榮新江　關於沙州歸義軍都僧統年代的幾個問題　《敦煌研究》1989 年第 4 期　p. 75

唐耕耦　陸宏基　敦煌社會經濟文獻真迹釋録(四)　全國圖書館文獻縮微複製中心　1990　p. 151

中村裕一　官文書　敦煌漢文文獻(講座敦煌 5)　(東京)大東出版社　1992　p. 579

竺沙雅章　寺院文書　敦煌漢文文獻(講座敦煌 5)　(東京)大東出版社　1992　p. 627

譚禪雪　敦煌歲時掇瑣　(香港)《九州學刊》(敦煌學專輯)1993 年第 5 卷第 4 期　p. 96

王三慶　敦煌書儀載録之節日活動與民俗　全國敦煌學研討會論文集　(臺北)中正大學中國文學系所　1995　p. 26 注 39

王書慶　敦煌佛學・佛事篇　甘肅民族出版社　1995　p. 260

郝春文　唐後期五代宋初沙州僧尼的宗教收入(三):大衆倉試探　《敦煌學輯刊》1996 年第 2 期　p. 7

榮新江　歸義軍史研究　上海古籍出版社　1996　p. 23

中村裕一　唐代公文書研究　(東京)汲古書院　1996　p. 145

鄭炳林　敦煌碑銘讚輯釋　甘肅教育出版社　1997　p. 511 注 2

郝春文　唐後期五代宋初敦煌僧尼的社會生活　中國社會科學出版社　1998　p. 99、232

榮新江　歸義軍大事紀年初稿　出土文獻研究(第三輯)　文物出版社　1998　p. 247

譚蟬雪　敦煌歲時文化導論　(臺北)新文豐出版公司　1998　p. 154

唐耕耦　北圖新八七〇廣順二年願護等牒跋　敦煌文藪(下)　(臺北)新文豐出版公司　1999　p. 209

郝春文　唐後期五代宋初敦煌的春秋官齋、十二月轉經、水則道場與佛教節日　慶祝吳其昱先生八秩華誕敦煌學特刊　(臺北)文津出版社　2000　p. 264

譚蟬雪　唐宋敦煌歲時佛俗　《敦煌研究》2001 年第 1 期　p. 99

姜亮夫　敦煌莫高窟年表　姜亮夫全集(十一)　雲南人民出版社　2002　p. 532

袁德領　歸義軍時期敦煌佛教的轉經活動　2000 年敦煌學國際學術討論會文集・歷史文化卷(下)　甘肅民族出版社　2003　p. 189

鄭炳林　魏迎春　晚唐五代敦煌佛教教團的科罰制度研究　《敦煌研究》2004 年第 2 期　p. 53

S. 3880

向達　倫敦所藏敦煌卷子經眼目録　《北平圖書館圖書季刊》1939 年新第 1 卷第 4 期　p. 397　又見:唐代長安與西域文明　三聯書店　1957　p. 222

金岡照光　敦煌文學のさまざま　敦煌の文學　(東京)大蔵出版株式會社　1971　p. 160

董作賓　敦煌紀年　敦煌學文選(上)　蘭州大學歷史系敦煌學研究室等　1983　p. 29
姜亮夫　敦煌經卷題名録　敦煌學論文集　上海古籍出版社　1987　p. 1056、1062
高國藩　敦煌民俗學　上海文藝出版社　1989　p. 475
池田溫　中國古代寫本識語集録　(東京)大藏出版株式會社　1990　p. 484
饒宗頤　敦煌寫卷之書法　唐代研究論集(第三輯)　(臺北)新文豐出版公司　1992　p. 31
陶秋英輯録　姜亮夫校訂　敦煌經卷題名録　敦煌碎金　浙江古籍出版社　1992　p. 65、79
周紹良　敦煌文學芻議及其它　(臺北)新文豐出版公司　1992　p. 29
高國藩　敦煌民俗資料導論　(臺北)新文豐出版公司　1993　p. 177
顧吉辰　唐代敦煌文獻寫本書手考述　《敦煌學輯刊》1993 年第 1 期　p. 28
項楚　敦煌詩歌導論　(臺北)新文豐出版公司　1993　p. 194
榮新江　歸義軍改元考　文史(第三十八輯)　中華書局　1994　p. 48
劉進寶　P. 3236 號《壬申年官布籍》時代考　《西北師大學報》(社會科學版)1996 年第 5 期　p. 43
劉進寶　P. 3236 號《壬申年官布籍》研究　慶祝潘石禪先生九秩華誕敦煌學特刊　(臺北)文津出版社　1996　p. 358
饒宗頤　敦煌曲訂補　敦煌曲續論　(臺北)新文豐出版公司　1996　p. 50
榮新江　歸義軍史研究　上海古籍出版社　1996　p. 49
徐俊　敦煌寫本唐人詩歌存佚互見綜考　敦煌吐魯番研究(第一卷)　北京大學出版社　1996　p. 130
柴劍虹　詠廿四節氣詩　敦煌學大辭典　上海辭書出版社　1998　p. 563
譚蟬雪　敦煌歲時文化導論　(臺北)新文豐出版公司　1998　p. 431
劉進寶　敦煌文書與唐史研究　(臺北)新文豐出版公司　2000　p. 229
孫其芳　大漠遺歌:敦煌詩歌選評　甘肅人民出版社　2000　p. 179
徐俊　敦煌詩集殘卷輯考　中華書局　2000　p. 99、280
張錫厚　敦煌文學源流　作家出版社　2000　p. 65
林聰明　敦煌吐魯番文書解詁指例　(臺北)新文豐出版公司　2001　p. 150
姜亮夫　敦煌莫高窟年表　姜亮夫全集(十一)　雲南人民出版社　2002　p. 431
包菁萍　敦煌文獻《詠廿四節氣詩》輯校　《敦煌研究》2005 年第 1 期　p. 88
汪泛舟　敦煌俗別字新考(上)　《敦煌研究》2006 年第 1 期　p. 103

S. 3881

田中良昭　敦煌禪宗文獻の研究　(東京)大東出版社　1983　p. 258
陳祚龍　看了敦煌古抄《報恩寺開溫室浴僧記》以後　敦煌學散策新集　(臺北)新文豐出版公司　1989　p. 192
黄征　吳偉　敦煌願文集　岳麓書社　1995　p. 479
徐俊　敦煌詩集殘卷輯考　中華書局　2000　p. 100

S. 3883

邵榮芬　敦煌俗文學中的別字異文和唐五代西北方音　《中國語文》1963 年第 3 期　又見:　中國敦煌學百年文庫·語言文字卷(一)　甘肅文化出版社　1999　p. 125
陳祚龍　敦煌古抄內典尾記彙校初、二、三編合刊　敦煌學要籥　(臺北)新文豐出版公司　1982　p. 136
池田溫　中國古代寫本識語集録　(東京)大藏出版株式會社　1990　p. 97

張涌泉　大型字典編纂中與俗字相關的若干問題　舊學新知　浙江大學出版社　1999　p. 40

S. 3884

方廣錩　觀佛三昧海經　敦煌學大辭典　上海辭書出版社　1998　p. 663

S. 3885

陳祚龍　敦煌古抄内典尾記彙校初、二、三編合刊　敦煌學要籥　(臺北)新文豐出版公司　1982　p. 137

池田溫　中國古代寫本識語集録　(東京)大蔵出版株式會社　1990　p. 159

林聰明　敦煌文書出處略考　季羨林教授八十華誕紀念論文集(下)　江西人民出版社　1991　p. 865

林聰明　敦煌文書學　(臺北)新文豐出版公司　1991　p. 405

景盛軒　試論敦煌佛經異文研究的價值和意義　《敦煌研究》2004 年第 5 期　p. 88

S. 3886

汪泛舟　論敦煌僧詩的功利性　《敦煌研究》2000 年第 4 期　p. 150

S. 3888

許國霖　敦煌石室寫經題記彙編　《微妙聲》1936 – 1937 年第 1 – 4 期　又見:中國敦煌學百年文庫・宗教卷(四)　甘肅文化出版社　1999　p. 223

許國霖　敦煌石室寫經年代表　《微妙聲》1937 年第 5 期　又見:中國敦煌學百年文庫・宗教卷(四)　甘肅文化出版社　1999　p. 196

芳村修基　土橋秀高　井ノロ泰淳　敦煌佛教史年表　西域文化研究(第一)・敦煌佛教資料　(京都)法藏館　1958　p. 260

陳祚龍　敦煌古抄内典尾記彙校初、二、三編合刊　敦煌學要籥　(臺北)新文豐出版公司　1982　p. 137

吳震　吐魯番出土的"敦煌文書"　1983 年全國敦煌學術討論會文集・文史遺書編(上)　甘肅人民出版社　1987　p. 456

林聰明　吐魯番文書解讀要點試論　敦煌學(第 14 輯)　(臺北)新文豐出版公司　1989　p. 88

池田溫　中國古代寫本識語集録　(東京)大蔵出版株式會社　1990　p. 184

江素雲　維摩詰所說經敦煌寫本綜合目録　(臺北)東初出版社　1991　p. 80

林聰明　敦煌文書學　(臺北)新文豐出版公司　1991　p. 444 注 14

金榮華　高昌國及斯坦因所盜高昌文物　敦煌吐魯番論集　(臺北)新文豐出版公司　1996　p. 168

小田義久　大谷文書の研究　(京都)法藏館　1996　p. 109

方廣錩　大方等如來藏經　敦煌學大辭典　上海辭書出版社　1998　p. 669

姚崇新　試論高昌國的佛教與佛教教團　敦煌吐魯番研究(第四卷)　北京大學出版社　1999　p. 56

林聰明　敦煌吐魯番文書解詁指例　(臺北)新文豐出版公司　2001　p. 235 注 6

S. 3889

唐長孺　關於歸義軍節度使的幾種資料跋　《中華文史論叢》1962 年第 1 期　又見:敦煌學文選(上)　蘭州大學歷史系敦煌學研究室等　1983　p. 173 ; 山居存稿　中華書局　1989　p. 434 ;

中國敦煌學百年文庫・歷史卷(一)　甘肅文化出版社　1999　p. 207

S. 3890

矢吹慶輝　鳴沙餘韻・解說篇(第一部)　(京都)臨川書店　1980　p. 164

S. 3891

池田溫　中國古代寫本識語集録　(東京)大藏出版株式會社　1990　p. 390

S. 3892

雷僑雲　敦煌兒童文學　(臺北)學生書局　1985　p. 90 注 5

郭在貽　張涌泉　黄征　敦煌寫本書寫特例發微　敦煌吐魯番學研究論文集　漢語大詞典出版社　1990　p. 321

張涌泉　敦煌寫本書寫特例發微　舊學新知　浙江大學出版社　1999　p. 231

S. 3894

黄盛璋　敦煌漢文與于闐文書中之龍家及其相關問題　全國敦煌學研討會論文集　(臺北)中正大學中國文學系所　1995　p. 59　又見:《西域研究》1996 年第 1 期　p. 27

S. 3897

郝春文　唐後期五代宋初敦煌的春秋官齋、十二月轉經、水則道場與佛教節日　慶祝吳其昱先生八秩華誕敦煌學特刊　(臺北)文津出版社　2000　p. 263

S. 3898

戴密微著　耿昇譯　唐代的入冥故事:黄仕强傳　敦煌譯叢(第一輯)　甘肅人民出版社　1985　p. 147 注 1

李正宇　敦煌方音止遇二攝混同及其校勘學意義　《敦煌研究》1986 年第 4 期　p. 55

S. 3901

劉安志　關於唐代沙州陞爲都督府的時間問題　《敦煌學輯刊》2004 年第 2 期　p. 63

S. 3902

土橋秀高　四分律雜抄　西域文化研究(第一)・敦煌佛教資料　(京都)法藏館　1958　p. 186

S. 3903

蕭登福　從敦煌寫卷中看道教星斗崇拜對佛經之影響　第二屆敦煌學國際研討會論文集　(臺北)漢學研究中心　1990　p. 335

蕭登福　道教星斗符印與佛教密宗　(臺北)新文豐出版公司　1993　p. 12

S. 3904

向達　記倫敦所藏的敦煌俗文學　《新中華雜誌》1937 年第 5 卷第 13 號　p. 123 – 128　又見:唐代長安與西域文明　三聯書店　1957　p. 243 ; 敦煌變文論文録　上海古籍出版社　1982　p. 31

向達　倫敦所藏敦煌卷子經眼目録　《北平圖書館圖書季刊》1939 年新第 1 卷第 4 期　p. 397　又

見:唐代長安與西域文明　三聯書店　1957　p. 222
王利器　敦煌文學中的《韓朋賦》　文學遺産增刊(第一輯)　作家出版社　1955　p. 434　又見:敦煌變文論文録　上海古籍出版社　1982　p. 683
金岡照光　敦煌漢文文學文獻の文學形態上の種類とその分類　敦煌出土文學文獻分類目録・附解說　(東京)東洋文庫　1971　p. 213
金岡照光　敦煌文學のさまざま　敦煌の文學　(東京)大蔵出版株式會社　1971　p. 112
王重民　敦煌古籍叙録　中華書局　1979　p. 332
楊家駱　敦煌變文　(臺北)世界書局　1980　p. 142
蘇瑩輝　敦煌學概要　(臺北)編譯館"中華叢書編委會"　1981　p. 70
蘇瑩輝　中外敦煌古寫本纂要　敦煌論集　(臺北)學生書局　1983　p. 341
潘重規　敦煌變文集新書(下)　(臺北)"中國文化大學"中文研究所　1984　p. 966
王慶菽　韓朋賦　敦煌變文集　人民文學出版社　1984　p. 142
王重民原編　黄永武新編　敦煌古籍叙録新編(第十六冊)　(臺北)新文豐出版公司　1986　p. 335
蘇瑩輝　從敦煌遺書的發現論中國古典文學和俗講作品對後世的影響　敦煌文史藝術論叢　(臺北)新文豐出版公司　1987　p. 11
張鴻勳　敦煌講唱文學作品選注　甘肅人民出版社　1987　p. 70
張錫厚　關於整理《敦煌賦集》的幾個問題　敦煌語言文學論文集　浙江古籍出版社　1988　p. 226
張錫厚　賦　敦煌文學　甘肅人民出版社　1989　p. 135
項楚　敦煌變文選注　巴蜀書社　1990　p. 266
鄭阿財　敦煌蒙書析論　第二屆敦煌學國際研討會論文集　(臺北)漢學研究中心　1990　p. 227
東野治之　敦煌と日本の『千字文』　遣唐使と正倉院　(東京)岩波書店　1992　p. 245
東野治之　訓蒙書　敦煌漢文文獻(講座敦煌 5)　(東京)大東出版社　1992　p. 413
金岡照光　散文體類　敦煌の文學文獻(講座敦煌 9)　(東京)大東出版社　1992　p. 240
林家平　寧强　羅華慶　中國敦煌學史　北京語言學院出版社　1992　p. 106
周紹良　敦煌文學芻議及其它　(臺北)新文豐出版公司　1992　p. 20
項楚　敦煌詩歌導論　(臺北)新文豐出版公司　1993　p. 199
張鴻勳　敦煌話本詞文俗賦導論　(臺北)新文豐出版公司　1993　p. 189
鄭阿財　敦煌文獻與文學　(臺北)新文豐出版公司　1993　p. 262
伏俊璉　敦煌賦校注　甘肅人民出版社　1994　p. 2
張錫厚　敦煌本唐集研究　(臺北)新文豐出版公司　1995　p. 413
朱鳳玉　敦煌文獻中的語文教材　(臺灣)《嘉義師院學報》1995 年第 9 期　p. 472
張錫厚　敦煌賦彙　(臺北)新文豐出版公司　1996　p. 9、356
黄征　《韓朋賦》補校　敦煌語文叢說　(臺北)新文豐出版公司　1997　p. 357
黄征　張涌泉　敦煌變文校注　中華書局　1997　p. 53、215、725
朱鳳玉　敦煌寫本碎金研究　(臺北)文津出版社　1997　p. 16
程毅中　韓朋賦　敦煌學大辭典　上海辭書出版社　1998　p. 587
李鼎霞　新集嚴父教一本　敦煌學大辭典　上海辭書出版社　1998　p. 781
高國藩　敦煌俗文化學　上海三聯書店　1999　p. 459
伏俊璉　俗情雅韻:敦煌賦選析　甘肅人民出版社　2000　p. 90
榮新江　《英藏敦煌文獻》定名商補　文史(第五十二輯)　中華書局　2000　p. 127　又見:敦煌學新論　甘肅教育出版社　2002　p. 204
榮新江　《英國圖書館藏敦煌漢文非佛教文獻殘卷目録》補正　英國收藏敦煌漢藏文獻研究:紀念敦

煌文獻發現一百周年　中國社會科學出版社　2000　p. 384
徐俊　敦煌詩集殘卷輯考　中華書局　2000　p. 819
張鴻勳　說唱藝術奇葩:敦煌變文選評　甘肅人民出版社　2000　p. 91
張錫厚　敦煌文學源流　作家出版社　2000　p. 200、253
張涌泉　漢語俗字叢考　中華書局　2000　p. 1060
乜小紅　唐五代敦煌牧羊業述論《敦煌研究》2001 年第 1 期　p. 137
鄭阿財　朱鳳玉　敦煌蒙書研究　甘肅教育出版社　2002　p. 403

S. 3905

藤枝晃　敦煌の僧尼籍『東方學報』(第 35 號)　京都大學人文科學研究所　1964　p. 289
簡濤　敦煌本《燕子賦》考論　《敦煌研究》1986 年第 3 期　p. 25
姜伯勤　敦煌的"畫行"與"畫院"　1983 年全國敦煌學術討論會文集・石窟藝術編(下)　甘肅人民出版社　1987　p. 177
高國藩　驅儺風俗和敦煌民間歌謠《兒郎偉》　文史(第二十九輯)　中華書局　1988　p. 293
李正宇　敦煌地區古代祠廟寺觀簡志　《敦煌學輯刊》1988 年第 1、2 期　p. 78
高國藩　敦煌民俗學　上海文藝出版社　1989　p. 434
馬德　敦煌遺書莫高窟營建史料淺論　敦煌學國際學術討論會論文縮寫文(1990)　敦煌研究院　1990　p. 46　又見:敦煌學國際研討會文集・石窟考古編　遼寧美術出版社　1995　p. 144
榮新江　金山國史辨正　中華文史論叢(總 50 輯)　上海古籍出版社　1992　p. 80
高國藩　敦煌民俗資料導論　(臺北)新文豐出版公司　1993　p. 157
黃征　敦煌願文《兒郎偉》輯考　(香港)《九州學刊》(敦煌學專輯)1993 年第 5 卷第 4 期　p. 52、66
馬德　九州大學文學部藏敦煌文書《新大德造窟簷計料》探微　《敦煌研究》1993 年第 3 期　p. 61
張錫厚　敦煌文學概論　甘肅人民出版社　1993　p. 362
馬德　三件莫高窟洞窟營造文書述略　《敦煌研究》1994 年第 4 期　p. 154
榮新江　敦煌邈真讚所見歸義軍與東西回鶻的關係　敦煌邈真讚校録並研究　(臺北)新文豐出版公司　1994　p. 68
黃征　吳偉　敦煌願文集　岳麓書社　1995　p. 969
李正宇　俄藏《端拱二年八月十九日往西天取菩薩戒僧智堅手記》決疑　敦煌佛教文獻研究　敦煌研究院文獻研究所　1995　p. 3
馬德　敦煌莫高窟吐蕃、歸義軍時代營建概況　(香港)《九州學刊》1995 年第 6 卷第 4 期　p. 67
馬德　敦煌庶民與莫高窟的營造　華學(第一輯)　中山大學出版社　1995　p. 183
李正宇　敦煌史地新論　(臺北)新文豐出版公司　1996　p. 77
馬德　敦煌莫高窟史研究　甘肅教育出版社　1996　p. 106、177、179、221
馬德　九、十世紀敦煌工匠史料述論　慶祝潘石禪先生九秩華誕敦煌學特刊　(臺北)文津出版社　1996　p. 315、317、318
馬德　莫高窟與敦煌佛教教團　敦煌吐魯番研究(第一卷)　北京大學出版社　1996　p. 172
榮新江　歸義軍史研究　上海古籍出版社　1996　p. 13
黃征　敦煌願文《兒郎偉》考論　敦煌語文叢說　(臺北)新文豐出版公司　1997　p. 615、647
馬德　敦煌工匠史料　甘肅人民出版社　1997　p. 14、20、45、68、74
楊秀清　金山國立國年代補證　《敦煌研究》1997 年第 4 期　p. 133
鄭炳林　敦煌碑銘讚輯釋　甘肅教育出版社　1997　p. 98 注 35
鄭炳林　唐五代敦煌金山國征伐樓蘭史事考　敦煌歸義軍史專題研究　蘭州大學出版社　1997

p. 3
鄭炳林　唐五代敦煌種植林業研究　敦煌歸義軍史專題研究　蘭州大學出版社　1997　p. 195
李冬梅　唐五代歸義軍與周邊民族關係綜論　《敦煌學輯刊》1998 年第 2 期　p. 46
李正宇　金光明寺　敦煌學大辭典　上海辭書出版社　1998　p. 630
榮新江　歸義軍大事紀年初稿　出土文獻研究(第三輯)　文物出版社　1998　p. 241
沙知　敦煌契約文書輯校　江蘇古籍出版社　1998　p. 332
譚蟬雪　上梁　敦煌學大辭典　上海辭書出版社　1998　p. 446
高國藩　敦煌俗文化學　上海三聯書店　1999　p. 213、224
高啓安　王璽玉　唐五代敦煌人的飲食品種研究　《敦煌研究》1999 年第 2 期　p. 61
黄征　程惠新　劫塵遺珠:敦煌遺書　甘肅教育出版社　1999　p. 148
陸慶夫　金山國與甘州回鶻關係考論　《敦煌學輯刊》1999 年第 1 期　p. 51
楊秀清　敦煌西漢金山國史　甘肅人民出版社　1999　p. 64、111
丘古耶夫斯基　敦煌漢文文書　上海古籍出版社　2000　p. 213
顔廷亮　敦煌文化　光明日報出版社　2000　p. 484
山本達郎等　補(III)契・敦煌發現契　『NUN－HUANG AND TURFAN DOCUMENTS CONCERNING SOCIAL AND ECONOMIC HISTORY』(Sup. p. lemrnts)　(東京)東洋文庫　2001　p. 55
徐曉麗　曹議金與甘州回鶻天公主結親時間考　《敦煌研究》2001 年第 4 期　p. 113
黄一農　嫁娶宜忌:選擇術中的"亥不行嫁"與"陰陽不將"考辨　法制與禮俗　(臺北)"中央研究院"歷史語言研究所　2002　p. 291
劉永明　散見敦煌曆朔閏輯考《敦煌研究》2002 年第 6 期　p. 15
王啓濤　中古及近代法制文書語言研究　巴蜀書社　2003　p. 107
楊挺　不存在兒郎偉文體和兒郎偉曲調　《敦煌研究》2003 年第 1 期　p. 45
高啓安　唐五代敦煌飲食文化研究　民族出版社　2004　p. 207
屈直敏　敦煌高僧　民族出版社　2004　p. 127
艾俊川　淺析敦煌文書《上梁文》中的"莫須"與宋代俗語"莫須有"　敦煌學國際研討會論文集　北京圖書館出版社　2005　p. 221
梅林　"曇摩毗"與"曇摩蜱"名實辨　《敦煌研究》2005 年第 3 期　p. 85

S. 3906

達照　金剛經讚集　藏外佛教文獻(第九輯)　宗教文化出版社　2003　p. 42

S. 3907

玉井是博　敦煌戸籍殘卷再考　唐代文獻叢考　商務印書館　1947　p. 26
土肥義和　唐令よりみたる現存唐代戸籍の基礎的研究(上)　『東洋學報』(52 卷 1 號)　(東京)東洋學術協會　1969　p. 94
池田溫　中國古代籍帳研究:概観・録文　東京大學東洋文化研究所　1979　p. 89、192
佐藤武敏　敦煌の水利　敦煌の社會(講座敦煌 3)　(東京)大東出版社　1980　p. 277
楊際平　鄭學檬　從唐代敦煌戸籍資料看均田制下私田的存在　《廈門大學學報》1982 年第 4 期　p. 43
池田溫　中國古代籍帳研究　中華書局　1984　p. 250
山本達郎　敦煌發見の唐代籍帳にみえる已受田の増減　『東方學』(第 70 輯)　(東京)東方學會　1985　p. 2

寧欣　唐代敦煌地區農業水利問題初探　敦煌吐魯番文獻研究論集（第三輯）　北京大學出版社　1986　p. 520、525

唐耕耦　陸宏基　敦煌社會經濟文獻真迹釋録（一）　書目文獻出版社　1986　p. 161

高國藩　敦煌民俗學簡論　1983 年全國敦煌學術討論會文集・文史遺書編（下）　甘肅人民出版社　1987　p. 392

李正宇　唐宋時代敦煌縣河渠泉澤簡志（一）　《敦煌研究》1988 年第 4 期　p. 94

李正宇　唐宋時代敦煌縣河渠泉澤簡志（二）　《敦煌研究》1989 年第 1 期　p. 59

鄧文寬　敦煌吐魯番文書與唐代均田制研究　中國文化（2）　（香港）中華書局　1990　p. 10

盧向前　唐代六品以下職散官受永業田質疑　文史（第三十三輯）　中華書局　1990　p. 121 又見：敦煌吐魯番文書論稿　江西人民出版社　1992　p. 4

梅弘理著　耿昇譯　根據 P. 2547 號寫本對《齋琬文》的復原和斷代　《敦煌研究》1990 年第 2 期　p. 54

楊際平　均田制新探　廈門大學出版社　1991　p. 194

池田溫　關於敦煌發現的唐大曆四年手實殘卷（上）　唐代均田制研究選譯　甘肅教育出版社　1992　p. 134 注 1

鈴木俊　山本達郎　唐代的均田制度與敦煌戶籍　唐代均田制研究選譯　甘肅教育出版社　1992　p. 20

王永興　從田令和敦煌文書看唐代土地制度中幾個問題　陳門問學叢稿　江西人民出版社　1993　p. 151

王仲犖　《沙州都督府圖經》殘卷考釋　敦煌石室地志殘卷考釋　上海古籍出版社　1993　p. 112

王永興　敦煌經濟文書導論　（臺北）新文豐出版公司　1994　p. 7、176

王永興　敦煌吐魯番出土唐官府文書縫背縫表記事押署鈐印問題初探　文史（第四十輯）　中華書局　1994　p. 91

胡戟　傅玫　敦煌史話　中華書局　1995　p. 160

李正宇　敦煌史地新論　（臺北）新文豐出版公司　1996　p. 115

李并成　古代河西走廊桑蠶絲織業考　《敦煌學輯刊》1997 年第 2 期　p. 63

李正宇　敦煌歷史地理導論　（臺北）新文豐出版公司　1997　p. 57、272

鄭炳林　敦煌碑銘讚輯釋　甘肅教育出版社　1997　p. 252 注 35

鄭炳林　晚唐五代敦煌園囿經濟研究　敦煌歸義軍史專題研究　蘭州大學出版社　1997　p. 309

沙知　敦煌縣之印　敦煌學大辭典　上海辭書出版社　1998　p. 292

鄧小南　六至八世紀的吐魯番婦女：特别是她們在家庭以外的活動　敦煌吐魯番研究（第四卷）　北京大學出版社　1999　p. 221

高國藩　敦煌俗文化學　上海三聯書店　1999　p. 164

氣賀澤保規　府兵制の研究：府兵兵士とその社會　（東京）同朋舍　1999　p. 110

丘古耶夫斯基　敦煌漢文文書　上海古籍出版社　2000　p. 56、63、232

趙雲旗　唐代土地買賣研究　中國財政經濟出版社　2000　p. 44

朱雷　唐"籍坊"考　敦煌吐魯番文書論叢　2000　p. 146

姜亮夫　敦煌莫高窟年表　姜亮夫全集（十一）　雲南人民出版社　2002　p. 66

楊際平　北朝隋唐均田制新探　岳麓書社　2003　p. 187

趙曉星　寇甲　西魏：歸義軍時期敦煌地區的史姓　《敦煌學輯刊》2005 年第 2 期　p. 128

S. 3909

池田溫　中國古代寫本識語集録　(東京)大藏出版株式會社　1990　p. 388

S. 3910

土橋秀高　四分律雜抄　西域文化研究(第一)·敦煌佛教資料　(京都)法藏館　1958　p. 186
黄征　王伯敏先生藏敦煌唐寫本《四分律小抄一卷》(擬)殘卷研究　敦煌學與中國史研究論集　甘肅人民出版社　2001　p. 167
黄征　敦煌語言文字學研究　甘肅教育出版社　2002　p. 335

S. 3911

李伯重　唐代奴婢的異稱　唐研究(第六卷)　北京大學出版社　2000　p. 324

S. 3912

池田溫　中國古代寫本識語集録　(東京)大藏出版株式會社　1990　p. 364

S. 3913

池田溫　中國古代寫本識語集録　(東京)大藏出版株式會社　1990　p. 390
上山大峻　敦煌佛教の研究　(京都)法藏館　1990　p. 419

S. 3914

昞麟　金山國名稱來源　《敦煌學輯刊》1993 年第 1 期　p. 52
譚蟬雪　敦煌祈賽風俗　《敦煌研究》1993 年第 4 期　p. 64
黄征　吳偉　敦煌願文集　岳麓書社　1995　p. 596
鄭炳林　讀敦煌文書 P. 3859《後唐清泰三年六月沙州儭司教授福集等狀》劄記　敦煌吐魯番文獻研究　中華書局　1995　p. 616
鄭炳林　唐五代敦煌金鞍山異名考　《敦煌研究》1995 年第 2 期　p. 128
鄭炳林　敦煌碑銘讚輯釋　甘肅教育出版社　1997　p. 227 注 2
鄭炳林　唐末五代敦煌都河水系研究　敦煌歸義軍史專題研究　蘭州大學出版社　1997　p. 183
李正宇　金鞍山神祠　敦煌學大辭典　上海辭書出版社　1998　p. 626
譚蟬雪　敦煌歲時文化導論　(臺北)新文豐出版公司　1998　p. 271
譚蟬雪　唐宋敦煌歲時佛俗　《敦煌研究》2001 年第 1 期　p. 104
高啓安　趙紅　敦煌"玉女"考屑　敦煌學國際研討會論文集　北京圖書館出版社　2005　p. 224
又見:《敦煌研究》2005 年第 2 期　p. 68
汪泛舟　敦煌俗別字新考(上)　《敦煌研究》2006 年第 1 期　p. 106
余欣　神祇的"碎化":唐宋敦煌社祭變遷研究　《歷史研究》2006 年第 3 期　p. 68

S. 3915

陳祚龍　敦煌古抄内典尾記彙校初、二、三編合刊　敦煌學要籥　(臺北)新文豐出版公司　1982　p. 137
池田溫　中國古代寫本識語集録　(東京)大藏出版株式會社　1990　p. 388
上山大峻　敦煌佛教の研究　(京都)法藏館　1990　p. 440

S. 3916

李刈　敦煌壁畫中的《天請問經變相》《敦煌研究》1991 年第 1 期　p. 2

S. 3919

孫修身　大足寶頂與敦煌莫高窟佛說父母恩重經變相的比較研究　《敦煌研究》1997 年第 1 期　p. 58

孫修身　儒釋孝道說的比較研究　《敦煌研究》1998 年第 4 期　p. 10

張涌泉　敦煌本《佛說父母恩重經》研究　文史(第四十九輯)　中華書局　1999　p. 80 注 4

馬世長　《父母恩重經》寫本與變相　敦煌研究文集・敦煌石窟經變篇　甘肅民族出版社　2000　p. 414

S. 3920

姜伯勤　唐五代敦煌寺戶制度　中華書局　1987　p. 37

哈密頓著　耿昇譯　回鶻文尊號闍梨和都統考《甘肅民族研究》1988 年第 3 – 4 期　p. 121 注 1

姜伯勤　敦煌社會文書導論　(臺北)新文豐出版公司　1992　p. 212

沃興華　敦煌書法藝術　上海人民出版社　1994　p. 232

陸慶夫　鄭炳林　俄藏敦煌寫本中九件轉帖初探《敦煌學輯刊》1996 年第 1 期　p. 12

鄭炳林　吐蕃統治下的敦煌粟特人　敦煌歸義軍史專題研究　蘭州大學出版社　1997　p. 380

楊森　金髻　敦煌學大辭典　上海辭書出版社　1998　p. 348

鄭炳林　《康秀華寫經施入疏》與《炫和尚貨賣胡粉曆》研究　敦煌吐魯番研究(第三卷)　北京大學出版社　1998　p. 195

陳海濤　敦煌歸義軍時期從化鄉消失原因初探　中國社會歷史評論(第二卷)　天津古籍出版社　2000　p. 434

劉永明　散見敦煌曆朔閏輯考《敦煌研究》2002 年第 6 期　p. 13

趙曉星　敦煌落蕃舊事　民族出版社　2004　p. 183

S. 3922

平井宥慶　敦煌文書における金剛經疏　金剛般若經の思想的研究　(東京)春秋社　1999　p. 262

S. 3924

矢吹慶輝　鳴沙餘韻・解說篇(第一部)　(京都)臨川書店　1980　p. 10

S. 3926

向達　倫敦所藏敦煌卷子經眼目録　《北平圖書館圖書季刊》1939 年新第 1 卷第 4 期　p. 397　又見:唐代長安與西域文明　三聯書店　1957　p. 222

嚴靈峰　老子《想爾注》寫本殘卷質疑　(臺北)《大陸雜誌》1965 年第 6 期　又見:中國敦煌學百年文庫・文獻卷(一)　甘肅文化出版社　1999　p. 492、496

王重民　敦煌古籍叙録　中華書局　1979　p. 233

蘇瑩輝　敦煌學概要　(臺北)編譯館"中華叢書編委會"　1981　p. 49

鄭良樹　敦煌老子寫本考異　(臺北)《大陸雜誌》1981 年第 2 期　又見:中國敦煌學百年文庫・宗教卷(三)　甘肅文化出版社　1999　p. 70

楠山春樹　道德經類 付『莊子』『列子』『文子』　敦煌と 中國道教(講座敦煌 4)　(東京)大東出版

社　1983　p. 33
蘇瑩輝　中外敦煌古寫本纂要　敦煌論集　（臺北）學生書局　1983　p. 325
王重民原編　黄永武新編　敦煌古籍叙録新編（第十二冊）　（臺北）新文豐出版公司　1986　p. 115
王卡　老子道德經河上公章句　中華書局　1993　p. 15
胡戟　傅玫　敦煌史話　中華書局　1995　p. 134
饒宗頤　吳建衡二年索紞寫本道德經殘卷考證　（香港）《東方文化》1995 年第 2 卷第 1 期　p. 18
白化文　老子道德經河上公章句　敦煌學大辭典　上海辭書出版社　1998　p. 776
李重申　李金梅　李小唐　敦煌石窟氣功鈎沈　《敦煌學輯刊》2001 年第 2 期　p. 50
姜亮夫　敦煌莫高窟年表　姜亮夫全集（十一）　雲南人民出版社　2002　p. 338
李金梅　敦煌氣功養生文化的研究　敦煌佛教藝術文化國際學術研討會論文集　蘭州大學出版社　2002　p. 628
李金梅　李重申　敦煌文獻與體育史研究之關係　《敦煌研究》2002 年第 2 期　p. 45
王卡　敦煌道教文獻研究　中國社會科學出版社　2004　p. 168

S. 3927

芳村修基　土橋秀高　井ノ口泰淳　敦煌佛教史年表　西域文化研究（第一）・敦煌佛教資料　（京都）法藏館　1958　p. 271
陳祚龍　敦煌古抄内典尾記彙校初、二、三編合刊　敦煌學要籥　（臺北）新文豐出版公司　1982　p. 137
陳祚龍　繼行新發現，續作新發明：敦煌學散策之五　敦煌學（第 10 輯）　（臺北）新文豐出版公司　1985　p. 19　又見：敦煌學林劄記　（臺北）商務印書館　1987　p. 372
池田溫　中國古代寫本識語集録　（東京）大藏出版株式會社　1990　p. 415
上山大峻　敦煌佛教の研究　（京都）法藏館　1990　p. 220、245
戴仁　敦煌和吐魯番寫本的斷代研究　法國學者敦煌學論文選萃　中華書局　1993　p. 525
賀世哲　莫高窟第 192 窟《發願功德讚文》重録及有關問題　《敦煌研究》1993 年第 2 期　p. 3
榮新江　歸義軍史研究　上海古籍出版社　1996　p. 3
鄭炳林　敦煌碑銘讚輯釋　甘肅教育出版社　1997　p. 86 注 2
榮新江　歸義軍大事紀年初稿　出土文獻研究（第三輯）　文物出版社　1998　p. 235
楊森　跋《子年三月五日計料海濟受戒衣鉢具色一一如後》帳及卷背《釋門教授帖》文書　《敦煌研究》1998 年第 4 期　p. 103
戴仁　敦煌寫本中的贋品　法國漢學（敦煌學專號）　中華書局　2000　p. 9
姜亮夫　敦煌莫高窟年表　姜亮夫全集（十一）　雲南人民出版社　2002　p. 393
榮新江　余欣　敦煌寫本辨僞示例：以法成講《瑜伽師地論》學生筆記爲中心　敦煌學・日本學：石塚晴通教授退職紀念論文集　上海辭書出版社　2005　p. 68
榮新江　余欣著　谷美喜子譯　敦煌寫本真僞弁別示例：法成の講じた『瑜伽師地論』の學生により筆記を中心として　日本學・敦煌學・漢文訓讀の新展開　（東京）汲古書院　2005　p. 159

S. 3928

史葦湘　絲綢之路上的敦煌與莫高窟　敦煌研究文集　甘肅人民出版社　1982　p. 120 注 128
江素雲　維摩詰所說經敦煌寫本綜合目録　（臺北）東初出版社　1991　p. 80
雷紹鋒　論曹氏歸義軍時期官府之“牧子”　《敦煌學輯刊》1996 年第 1 期　p. 40
雷紹鋒　歸義軍賦役制度初探　（臺北）洪葉文化事業有限公司　2000　p. 183

乜小紅　唐五代敦煌牧羊業述論　《敦煌研究》2001 年第 1 期　p. 136

S. 3929

陳祚龍　莫高窟壁畫表隱　敦煌資料考屑(下冊)　(臺北)商務印書館　1979　p. 282

土肥義和　はじめに——歸義軍節度使の敦煌支配　敦煌の歷史(講座敦煌 2)　(東京)大東出版社　1980　p. 291

史葦湘　絲綢之路上的敦煌與莫高窟　敦煌研究文集　甘肅人民出版社　1982　p. 121 注 145

席臻貫　《佛本行集經·憂波離品次》琵琶譜符號考　《音樂研究》1983 年第 3 期　又見:中國敦煌學百年文庫·藝術卷(三)　甘肅文化出版社　1999　p. 234

饒宗頤解說　林宏作譯　敦煌書法叢刊(第十九卷)·碎金(二)　(東京)二玄社　1984　p. 105

梁尉英　張芝籍貫辨　《敦煌研究》1985 年第 2 期　p. 151

饒宗頤解說　林宏作譯　敦煌書法叢刊(第十四卷)·牒狀(一)　(東京)二玄社　1985　p. 91

姜伯勤　敦煌的"畫行"與"畫院"　1983 年全國敦煌學術討論會文集·石窟藝術編(下)　甘肅人民出版社　1987　p. 172

姜伯勤　唐五代敦煌寺戶制度　中華書局　1987　p. 144、287

馬德　《莫高窟記》淺議　《敦煌學輯刊》1987 年第 2 期　p. 130

王克芬　從敦煌壁畫、龍門唐窟石雕及其它墓室俑畫等文物探索唐代舞蹈的特點　1983 年全國敦煌學術討論會文集·石窟藝術編(下)　甘肅人民出版社　1987　p. 242

王克芬　中國舞蹈史　文化藝術出版社　1987　p. 198

李正宇　敦煌地區古代祠廟寺觀簡志　《敦煌學輯刊》1988 年第 1、2 期　p. 76

李正宇　敦煌古城談往　《西北史地》1988 年第 2 期　p. 24

汪泛舟　偈·頌　敦煌文學　甘肅人民出版社　1989　p. 92

李正宇　敦煌名勝古迹導論　《陽關》1991 年第 4 期　p. 51

姜伯勤　敦煌社會文書導論　(臺北)新文豐出版公司　1992　p. 171

李正宇　敦煌遺書宋人詩輯校　《敦煌研究》1992 年第 2 期　p. 40

周紹良　敦煌文學芻議及其它　(臺北)新文豐出版公司　1992　p. 15

李正宇　敦煌文學概論　甘肅人民出版社　1993　p. 104

魏普賢　敦煌寫本和石窟中的劉薩訶傳說　法國學者敦煌學論文選萃　中華書局　1993　p. 462 注 111

張鴻勳　敦煌說唱文學概論　(臺北)新文豐出版公司　1993　p. 7

胡同慶　莫高窟第 154、231 窟經變畫研究　敦煌學研究　甘肅人民美術出版社　1994　p. 124

蔣禮鴻　敦煌文獻語言詞典　杭州大學出版社　1994　p. 279

黃征　吳偉　敦煌願文集　岳麓書社　1995　p. 389

土肥義和　唐·北宋間の「社」の組織形態に関する一考察　中國古代の國家と民衆(堀敏一先生古稀記念)　(東京)汲古書院　1995　p. 714

王書慶　從敦煌文獻看敦煌佛教文化與中原佛教文化的交流　敦煌佛教文獻研究　敦煌研究院文獻研究所　1995　p. 25

王書慶　敦煌佛學·佛事篇　甘肅民族出版社　1995　p. 44

姜伯勤　敦煌藝術宗教與禮樂文明　中國社會科學出版社　1996　p. 14

李正宇　敦煌史地新論　(臺北)新文豐出版公司　1996　p. 67

馬德　《董保德功德頌》述略　《敦煌研究》1996 年第 3 期　p. 14

馬德　敦煌莫高窟史研究　甘肅教育出版社　1996　p. 54、173、259

馬德　九、十世紀敦煌工匠史料述論　慶祝潘石禪先生九秩華誕敦煌學特刊　(臺北)文津出版社　1996　p. 309、316
饒宗頤　敦煌曲與樂舞及龜茲樂　敦煌曲續論　(臺北)新文豐出版公司　1996　p. 68
馮培紅　晚唐五代宋初歸義軍武職軍將研究　敦煌歸義軍史專題研究　蘭州大學出版社　1997　p. 109
陸淑綺　李重申　敦煌古代戲曲文化史料綜述《敦煌研究》1997 年第 2 期　p. 62
馬德　敦煌工匠史料　甘肅人民出版社　1997　p. 10、69
王惠民《董保德功德記》與隋代敦煌崇教寺舍利塔　《敦煌研究》1997 年第 3 期　p. 69
張弓　漢唐佛寺文化史　中國社會科學出版社　1997　p. 862
張廣達　"歎佛"與"歎齋"　慶祝鄧廣銘教授九十華誕論文集　河北教育出版社　1997　p. 62
鄭炳林　敦煌碑銘讃輯釋　甘肅教育出版社　1997　p. 57 注 5
李正宇　仙岩寺　敦煌學大辭典　上海辭書出版社　1998　p. 627
李正宇　道真　敦煌學大辭典　上海辭書出版社　1998　p. 365
李正宇　董保德修公德記　敦煌學大辭典　上海辭書出版社　1998　p. 336
沙知　都料　敦煌學大辭典　上海辭書出版社　1998　p. 410
周菁葆　邱陵　絲綢之路宗教文化　新疆人民出版社　1998　p. 373
高國藩　敦煌俗文化學　上海三聯書店　1999　p. 82
黄征　程惠新　劫塵遺珠:敦煌遺書　甘肅教育出版社　1999　p. 238
饒宗頤　劉薩訶事迹與瑞像圖　饒宗頤東方學論集　汕头大学出版社　1999　p. 269
陳永勝　敦煌吐魯番法制文書研究　甘肅人民出版社　2000　p. 125
程存潔　略論唐王朝對西北邊城的經營　'98 法門寺唐文化國際學術討論會論文集　陝西人民出版社　2000　p. 417
王三慶　北京大學圖書館藏本《諸文要集》一卷研究　慶祝吳其昱先生八秩華誕敦煌學特刊　(臺北)文津出版社　2000　p. 171
張弓　英國收藏敦煌文獻叙録　英國收藏敦煌漢藏文獻研究:紀念敦煌文獻發現一百周年　中國社會科學出版社　2000　p. 145
姜伯勤　唐敦煌城市的禮儀空間　文史(第五十五輯)　中華書局　2001　p. 233
曾良　敦煌文獻字義通釋　廈門大學出版社　2001　p. 133
張總　《閻羅王授記經》綴補研考　敦煌吐魯番研究(第五卷)　北京大學出版社　2001　p. 99
趙貞　歸義軍押衙兼知他官略考　《敦煌研究》2001 年第 2 期　p. 93
陳明　沙武田　莫高窟第 98 窟及其對曹氏歸義軍時期大窟營建之影響　敦煌佛教藝術文化國際學術研討會論文集　蘭州大學出版社　2002　p. 179
李小榮　變文講唱與華梵宗教藝術　上海三聯書店　2002　p. 179
馬德　莫高窟新發現的窟龕與墓塔遺迹　敦煌佛教藝術文化國際學術研討會論文集　蘭州大學出版社　2002　p. 160
馬茜　歸義軍時期敦煌地區庶民佛教的發展　甘肅民族研究論叢　甘肅人民出版社　2002　p. 454
史葦湘　敦煌歷史與莫高窟藝術研究　甘肅教育出版社　2002　p. 348、505
何培斌　營造寄託:中國六至十世紀造寺功德的探討　寺院財富與世俗供養　上海書畫出版社　2003　p. 101
胡朝陽　胡同慶　敦煌壁畫藝術的美學特徵　《敦煌研究》2003 年第 2 期　p. 3
胡素馨　佛教藝術的經濟制度:雜物曆、儲藏室和畫行　寺院財富與世俗供養　上海書畫出版社　2003　p. 287 注 2

馬德　以史論窟　以窟證史　2000 年敦煌學國際學術討論會文集·歷史文化卷(上)　甘肅民族出版社　2003　p. 493

王國良　《劉薩訶和尚因緣記》探究　新世紀敦煌學論集　巴蜀書社　2003　p. 596

王克芬　中國舞蹈發展史　上海人民出版社　2003　p. 168

王昆吾　從敦煌學到域外漢文學　商務印書館　2003　p. 87

王小盾　從莫高窟第 61 窟維摩詰經變看經變畫和講經文的體制　2000 年敦煌學國際學術討論會文集·石窟考古卷　甘肅民族出版社　2003　p. 173

楊森　談與敦煌和尚師子吼相關的幾個問題　2000 年敦煌學國際學術討論會文集·歷史文化卷(下)　甘肅民族出版社　2003　p. 138

湛如　敦煌佛教律儀制度研究　中華書局　2003　p. 65

張總　疑僞經典與佛教藝術探例　2000 年敦煌學國際學術討論會文集·石窟藝術卷　甘肅民族出版社　2003　p. 263

陳曉紅　試論敦煌佛教願文的類型　《敦煌學輯刊》2004 年第 1 期　p. 96

胡同慶　安忠義　佛教藝術　敦煌文藝出版社　2004　p. 151

賴比星　對樂僔"忽見金光,狀有千佛"的考證　《敦煌研究》2004 年第 4 期　p. 83

馬德　《敦煌工匠史料》補遺與訂誤　敦煌學(第 25 輯)　(臺北)樂學書局有限公司　2004　p. 295

馬德　論敦煌石窟崖面上的"王公窟"　麥積山石窟藝術文化論文集(下)　蘭州大學出版社　2004　p. 14

金滢坤　敦煌社會經濟文書定年拾遺　《首都師範大學學報》2006 年第 1 期　p. 12

沙武田　敦煌寫真邈真讚畫稿研究:兼論敦煌畫之寫真肖像藝術　《敦煌學輯刊》2006 年第 1 期　p. 48

S. 3930

廣川堯敏　淨土三部經　敦煌と中國仏教(講座敦煌 7)　(東京)大東出版社　1984　p. 109

荒川正晴　最近五年來(1993—1998)日本的唐代學術研究概況　"中國唐代學會"會刊(第九期)　(臺北)"中國唐代學會"　1998　p. 191

S. 3931

李明偉　狀·牒·帖　敦煌文學　甘肅人民出版社　1989　p. 41

S. 3933

李正宇　敦煌地區古代祠廟寺觀簡志　《敦煌學輯刊》1988 年第 1、2 期　p. 76

李正宇　敦煌史地新論　(臺北)新文豐出版公司　1996　p. 67

張錫厚　去三害賦　敦煌學大辭典　上海辭書出版社　1998　p. 587

S. 3934

土橋秀高　四分律雜抄　西域文化研究(第一)·敦煌佛教資料　(京都)法藏館　1958　p. 186

S. 3935

許國霖　敦煌石室寫經題記彙編　《微妙聲》1936 - 1937 年第 1 - 4 期　又見:中國敦煌學百年文庫·宗教卷(四)　甘肅文化出版社　1999　p. 223

許國霖　敦煌石室寫經年代表　《微妙聲》1937 年第 5 期　又見:中國敦煌學百年文庫·宗教卷

(四)　甘肅文化出版社　1999　p. 195
周一良　跋敦煌秘笈留真　《清華學報》1948 年第 15 卷第 1 期　又見:魏晉南北朝史論集　中華書局　1963　p. 367；中國敦煌學百年文庫・文獻卷(一)　甘肅文化出版社　1999　p. 280
芳村修基　土橋秀高　井ノ口泰淳　敦煌佛教史年表　西域文化研究(第一)・敦煌佛教資料　(京都)法藏館　1958　p. 257
矢吹慶輝　鳴沙餘韻・解說篇(第一部)　(京都)臨川書店　1980　p. 271
陳祚龍　敦煌古抄內典尾記彙校初、二、三編合刊　敦煌學要籥　(臺北)新文豐出版公司　1982　p. 138
池田溫　中國古代寫本識語集録　(東京)大蔵出版株式會社　1990　p. 140
李玉珍　敦煌藥師經變研究　(臺北)《"故宮"學術季刊》1990 年第 7 卷第 3 期　p. 8
林聰明　從敦煌文書看佛教徒的造經祈福　第二屆敦煌學國際研討會論文集　(臺北)漢學研究中心　1990　p. 526
周紹良　敦煌文學芻議及其它　(臺北)新文豐出版公司　1992　p. 13
趙聲良　隋代敦煌寫本的書法藝術　敦煌書法庫(第三輯)　甘肅人民美術出版社　1994　p. 2　又見:《敦煌研究》1995 年第 4 期　p. 134
趙聲良　隋寫本《大集經卷第十八》　敦煌書法庫(第三輯)　甘肅人民美術出版社　1994　p. 5
趙聲良　萬經珍寶:古代書法藝術的寶庫"敦煌書法"　(臺北)《雄獅美術》1994 年第 12 期
黃征　吳偉　敦煌願文集　岳麓書社　1995　p. 848
周一良著　錢文忠譯　唐代密宗　上海遠東出版社　1996　p. 208
方廣錩　敦煌遺書鑒別三題　佛教與中國傳統文化　宗教文化出版社　1997　p. 263
趙聲良　敦煌寫卷書法(下)　《文史知識》1997 年第 5 期　p. 79
方廣錩　大方等大集經　敦煌學大辭典　上海辭書出版社　1998　p. 662
顧吉辰　敦煌文獻職官結銜考釋　《敦煌學輯刊》1998 年第 2 期　p. 20
趙聲良　大集經卷第十八　敦煌學大辭典　上海辭書出版社　1998　p. 283
金岡照光　敦煌文獻と中國文學　(東京)五曜書房　2000　p. 429
劉長東　晉唐彌陀淨土信仰研究　巴蜀書社　2000　p. 244
王惠民　敦煌隋至唐前期藥師圖像考察　藝術史研究(2)　中山大學出版社　2000　p. 297
蔡忠霖　敦煌漢文寫卷俗字及其現象　(臺北)文津出版社　2002　p. 65、139、162
姜亮夫　敦煌莫高窟年表　姜亮夫全集(十一)　雲南人民出版社　2002　p. 167
蔡忠霖　從書法角度看俗字的生成　敦煌學(第 24 輯)　(臺北)樂學書局有限公司　2003　p. 163、167
公維章　涅槃、淨土的殿堂:敦煌莫高窟第 148 窟研究　民族出版社　2004　p. 143
梁銀景　莫高窟隋代經變畫與南朝、兩京地區　《敦煌研究》2004 年第 5 期　p. 31
梁銀景　隋代佛教窟龕研究　文物出版社　2004　p. 170
赤尾榮慶　敦煌寫本的書志學研究　敦煌學・日本學:石塚晴通教授退職紀念論文集　上海辭書出版社　2005　p. 61
赤尾榮慶　敦煌寫本の書志學的研究——近年の動向を踏まえて　日本學・敦煌學・漢文訓讀の新展開　(東京)汲古書院　2005　p. 197
馬國俊　敦煌遺書民間書法特徵研究　《敦煌研究》2006 年第 2 期　p. 34

S. 3937

土肥義和　はじめに——歸義軍節度使の敦煌支配　敦煌の歷史(講座敦煌 2)　(東京)大東出版

社　1980　p. 291
韓建瓴　雜記　敦煌文學　甘肅人民出版社　1989　p. 68
黄征　吳偉　敦煌願文集　岳麓書社　1995　p. 392
李正宇　敦煌史地新論　(臺北)新文豐出版公司　1996　p. 97
王惠民　《董保德功德記》與隋代敦煌崇教寺舍利塔　《敦煌研究》1997 年第 3 期　p. 69、82
李正宇　董保德修公德記　敦煌學大辭典　上海辭書出版社　1998　p. 336
李正宇　蘭若　敦煌學大辭典　上海辭書出版社　1998　p. 627
李正宇　仙岩寺　敦煌學大辭典　上海辭書出版社　1998　p. 627
何培斌　營造寄託:中國六至十世紀造寺功德的探討　寺院財富與世俗供養　上海書畫出版社　2003　p. 101
楊森　談與敦煌和尚師子吼相關的幾個問題　2000 年敦煌學國際學術討論會文集・歷史文化卷(下)　甘肅民族出版社　2003　p. 138
馬德　《敦煌工匠史料》補遺與訂誤　敦煌學(第 25 輯)　(臺北)樂學書局有限公司　2004　p. 295
沙武田　敦煌壁畫榜題寫本研究　《敦煌研究》2004 年第 3 期　p. 104

S. 3938
福井文雅　般若心經　敦煌と中國仏教(講座敦煌 7)　(東京)大東出版社　1984　p. 41
方廣錩　佛教大藏經史(八一十世紀)　中國社會科學出版社　1991　p. 114

S. 3939
杜愛英　敦煌遺書中俗體字的諸種類型　《敦煌研究》1992 年第 3 期　p. 119

S. 3942
池田溫　中國古代寫本識語集録　(東京)大藏出版株式會社　1990　p. 391
鄭炳林　唐五代敦煌粟特人與歸義軍政權　《敦煌研究》1996 年第 4 期　p. 91　又見:敦煌歸義軍史專題研究　蘭州大學出版社　1997　p. 421

S. 3946
蕭登福　從敦煌寫卷中看道教星斗崇拜對佛經之影響　第二屆敦煌學國際研討會論文集　(臺北)漢學研究中心　1990　p. 335

S. 3947
井ノ口泰淳　敦煌本『仏名經』の諸系統　中央アジアの言語と仏教　(京都)法藏館　1995　p. 287

S. 3948
陳祚龍　敦煌古抄内典尾記彙校初、二、三編合刊　敦煌學要籥　(臺北)新文豐出版公司　1982　p. 138
池田溫　中國古代寫本識語集録　(東京)大藏出版株式會社　1990　p. 397
杜愛英　敦煌遺書中俗體字的諸種類型　《敦煌研究》1992 年第 3 期　p. 118
姜伯勤　敦煌藝術宗教與禮樂文明　中國社會科學出版社　1996　p. 353
方廣錩　梵網經盧舍那佛説菩薩心地法門戒品　敦煌學大辭典　上海辭書出版社　1998　p. 710
林聰明　敦煌吐魯番文書解詁指例　(臺北)新文豐出版公司　2001　p. 177

S. 3950

張涌泉　敦煌俗字研究導論　（臺北）新文豐出版公司　1996　p. 225

S. 3951

向達　倫敦所藏敦煌卷子經眼目録　《北平圖書館圖書季刊》1939 年新第 1 卷第 4 期　p. 397　又見:唐代長安與西域文明　三聯書店　1957　p. 222

潘重規　巴黎倫敦所藏敦煌詩經卷子題記　（香港）《新亞書院學術年刊》1969 年第 11 期　又見:中國敦煌學百年文庫・文獻卷(二)　甘肅文化出版社　1999　p. 387

潘重規　敦煌詩經卷子研究　（臺北）《華岡學報》1970 年第 6 期　又見:中國敦煌學百年文庫・文獻卷(二)　甘肅文化出版社　1999　p. 437

黄瑞雲　敦煌古寫本《詩經》校釋劄記(二)　《敦煌研究》1986 年第 3 期　p. 41

土田健次郎　儒教典籍　敦煌漢文文獻(講座敦煌 5)　（東京）大東出版社　1992　p. 268

白化文　詩經　敦煌學大辭典　上海辭書出版社　1998　p. 773

許建平　《俄藏敦煌文獻》儒家經典類寫本的定名與綴合　漢語史學報專輯(第三輯)　上海教育出版社　2003　p. 305

伏俊璉　敦煌《詩經》殘卷的文獻價值　《敦煌研究》2004 年第 4 期　p. 41

S. 3952

蕭登福　從敦煌寫卷中看道教星斗崇拜對佛經之影響　第二屆敦煌學國際研討會論文集　（臺北）漢學研究中心　1990　p. 335

杜愛英　敦煌遺書中俗體字的諸種類型　《敦煌研究》1992 年第 3 期　p. 118

S. 3953

王三慶　敦煌寫卷中武后新字之調查研究　唐代研究論集(第三輯)　（臺北）新文豐出版公司　1992　p. 90

項楚　敦煌詩歌導論　（臺北）新文豐出版公司　1993　p. 33

S. 3955

福井文雅　般若心經　敦煌と中國仏教(講座敦煌 7)　（東京）大東出版社　1984　p. 39

S. 3956

平井俊榮　敦煌仏典と中國仏教　敦煌と中國仏教(講座敦煌 7)　（東京）大東出版社　1984　p. 8

S. 3958

王三慶　敦煌寫卷中武后新字之調查研究　唐代研究論集(第三輯)　（臺北）新文豐出版公司　1992　p. 90

S. 3960

王淑民　敦煌石窟秘藏醫方　北京醫科大學中國協和醫科大學聯合出版社　1999　p. 4

S. 3961

芳村修基　土橋秀高　井ノ口泰淳　敦煌佛教史年表　西域文化研究(第一)・敦煌佛教資料　（京

都)法藏館 1958 p. 277
金岡照光 敦煌寫本と民衆仏教 続シルクロードと仏教文化 (東京)東洋哲學研究所 1980 p. 155
道端良秀 敦煌文獻に見える死後の世界 敦煌と中國仏教(講座敦煌7) (東京)大東出版社 1984 p. 505
金岡照光 敦煌における地獄文獻:敦煌庶民信仰の一様相 敦煌と中國仏教(講座敦煌7) (東京)大東出版社 1984 p. 574
小川貫弌 閻羅王授記經 敦煌と中國仏教(講座敦煌7) (東京)大東出版社 1984 p. 228
杜斗城 關於敦煌本《佛說十王經》的幾個問題 《世界宗教研究》1987年第2期 p. 44
中野美代子 敦煌物語 (東京)集英社 1987 p. 226
杜斗城 敦煌本《佛說十王經》校録研究 甘肅教育出版社 1989 p. 35
項楚 敦煌變文選注 巴蜀書社 1990 p. 318
仁井田陞 補訂中國法制史研究:刑法 東京大學出版會 1991 p. 606
郭在貽 郭在貽語言文學論稿 浙江古籍出版社 1992 p. 59
郭在貽 郭在貽敦煌學論集 江西人民出版社 1993 p. 221
黄征 敦煌寫本整理應遵循的原則 《敦煌研究》1993年第2期 p. 107 又見:敦煌語文叢說 (臺北)新文豐出版公司 1997 p. 13
蘇遠鳴 敦煌寫本中的壁畫題識集 法國學者敦煌學論文選萃 中華書局 1993 p. 204
蔣禮鴻 敦煌文獻語言詞典 杭州大學出版社 1994 p. 286
張涌泉 試論審辨敦煌寫本俗字的方法 《敦煌研究》1994年第2期 p. 151 又見:舊學新知 浙江大學出版社 1999 p. 84
杜斗城 北涼譯經論 甘肅文化出版社 1995 p. 42
黄征 敦煌變文釋詞 敦煌語文叢說 (臺北)新文豐出版公司 1997 p. 43
黄征 敦煌文學《兒郎偉》輯録校注 敦煌語文叢說 (臺北)新文豐出版公司 1997 p. 680
黄征 張涌泉 敦煌變文校注 中華書局 1997 p. 84
方廣錩 閻羅王授記勸修七齋功德經 敦煌學大辭典 上海辭書出版社 1998 p. 739
李正宇 兩面抄 敦煌學大辭典 上海辭書出版社 1998 p. 592
羅世平 地藏十王圖像的遺存及其信仰 唐研究(第四卷) 北京大學出版社 1998 p. 394、403、409注2
譚蟬雪 十齋忌 敦煌學大辭典 上海辭書出版社 1998 p. 443
黄征 《變文字義待質録》考辨 中古近代漢語研究(第一輯) 上海教育出版社 2000 p. 205 又見:2000年敦煌學國際學術討論會文集·歷史文化卷(下) 甘肅民族出版社 2003 p. 420
金岡照光 敦煌文獻と中國文學 (東京)五曜書房 2000 p. 21
曾良 敦煌文獻字義通釋 廈門大學出版社 2001 p. 46
張總《閻羅王授記經》綴補研考 敦煌吐魯番研究(第五卷) 北京大學出版社 2001 p. 87
黄征 敦煌語言文字學研究 甘肅教育出版社 2002 p. 8、60、115
黄征 敦煌語言文字學研究要論 漢語史學報(第二輯) 上海教育出版社 2002 p. 3
勝義 《俄藏敦煌文獻》第十二册校讀記(上) 戒幢佛學(第二卷) 岳麓書社 2002 p. 630
謝繼勝 黑水城唐卡中的護法與空行母圖像考 《西北民族研究》2002年第3期 p. 92注1
張總 地藏信仰研究 宗教文化出版社 2003 p. 281
張總 疑僞經典與佛教藝術探例 2000年敦煌學國際學術討論會文集·石窟藝術卷 甘肅民族出版社 2003 p. 246

黨燕妮　晚唐五代敦煌的十王信仰　麥積山石窟藝術文化論文集(下)　蘭州大學出版社　2004　p. 150

荒見泰史　關於地藏十王信仰成立和演變的有關資料數則　2004 年石窟研究國際學術會議論文提要集　敦煌研究院　2004　p. 62

赤尾榮慶　關於敦煌寫本的真僞和修復問題　敦煌學國際研討會論文集　北京圖書館出版社　2005　p. 329

S. 3962

杜愛英　敦煌遺書中俗體字的諸種類型　《敦煌研究》1992 年第 3 期　p. 121

王三慶　敦煌寫卷中武后新字之調查研究　唐代研究論集(第三輯)　(臺北)新文豐出版公司　1992　p. 90

沃興華　敦煌書法藝術　上海人民出版社　1994　p. 120

西本照真　敦煌抄本中的三階教文獻　中日敦煌佛教學術會議論文集　中國社會科學院研究所　2002　p. 177

西本照真　三階教文獻綜述　藏外佛教文獻(第九輯)　宗教文化出版社　2003　p. 365、381

S. 3963

江素雲　維摩詰所說經敦煌寫本綜合目録　(臺北)東初出版社　1991　p. 80

S. 3964

井ノ口泰淳　敦煌本『仏名經』の諸系統　中央アジアの言語と仏教　(京都)法藏館　1995　p. 287

S. 3966

芳村修基　土橋秀高　井ノ口泰淳　敦煌佛教史年表　西域文化研究(第一)・敦煌佛教資料　(京都)法藏館　1958　p. 276

閻文儒　莫高窟研究　《科技史文集》1981 年第 6 期　又見:中國敦煌學百年文庫・綜述卷(二)　甘肅文化出版社　1999　p. 340

陳祚龍　敦煌古抄內典尾記彙校初、二、三編合刊　敦煌學要籥　(臺北)新文豐出版公司　1982　p. 77

閻文儒　敦煌兩個陷蕃人殘詩集校釋　向達先生紀念論文集　新疆人民出版社　1986　p. 218

池田溫　中國古代寫本識語集録　(東京)大蔵出版株式會社　1990　p. 339

上山大峻　敦煌佛教の研究　(京都)法藏館　1990　p. 315、603

林聰明　敦煌文書學　(臺北)新文豐出版公司　1991　p. 417

張廣達　九世紀初吐蕃的《勅頒翻譯名義集三種》　周一良先生八十生日紀念論文集　中國社會科學出版社　1993　p. 154

張廣達　西域史地叢稿初編　上海古籍出版社　1995　p. 322

陳國燦　壬寅年寫大乘經纂要義記　敦煌學大辭典　上海辭書出版社　1998　p. 457

方廣錩　大乘經纂要義　敦煌學大辭典　上海辭書出版社　1998　p. 697

楊富學　李吉和　敦煌漢文吐蕃史料輯校(第一輯)　甘肅人民出版社　1999　p. 279

蔡忠霖　敦煌漢文寫卷俗字及其現象　(臺北)文津出版社　2002　p. 21

赤尾榮慶　敦煌寫本的書志學研究　敦煌學・日本學:石塚晴通教授退職紀念論文集　上海辭書出版社　2005　p. 55

赤尾榮慶　敦煌寫本の書志學的研究——近年の動向を踏まえて　日本學・敦煌學・漢文訓讀の新展開　（東京）汲古書院　2005　p. 192

S. 3967

陳祚龍　瓜沙印録　（臺北）《大陸雜誌》1962 年第 4 期　又見：敦煌學概要　（臺北）編譯館"中華叢書編委會"　1981　p. 266；中國敦煌學百年文庫・考古卷（一）　甘肅文化出版社　1999　p. 186

陳祚龍　古代敦煌及其他地區流行之公私印章圖記文字録　敦煌學要籥　（臺北）新文豐出版公司　1982　p. 328

耿昇　中法學者友好合作的成果　《敦煌研究》1987 年第 1 期　p. 109

沙知　瓜沙州大王印　敦煌學大辭典　上海辭書出版社　1998　p. 289

王豔明　瓜沙州大王印考　《敦煌學輯刊》2000 年第 2 期　p. 42

S. 3968

岡部和雄　疑僞經典　敦煌仏典と禅（講座敦煌 8）　（東京）大東出版社　1980　p. 357

柳田聖山　禪籍解題（一）・敦煌禪籍　俗語言研究（第二期）　（京都）禪文化研究所　1995　p. 148

方廣錩　法句經　敦煌學大辭典　上海辭書出版社　1998　p. 742

S. 3969

饒宗頤　穆護歌考　選堂集林・史林　（香港）中華書局　1982　p. 486　又見：饒宗頤史學論著選　上海古籍出版社　1993　p. 418；饒宗頤東方學論集　汕头大學出版社　1999　p. 95

林悟殊　摩尼教及其東漸　中華書局　1987　p. 168

池田溫　中國古代寫本識語集録　（東京）大藏出版株式會社　1990　p. 294

林悟殊　《摩尼光佛教法儀略》殘卷的綴合　敦煌吐魯番文獻研究論集（第五輯）　北京大學出版社　1990　p. 197、202

吳其昱　摩尼傳記中之年代問題　第二屆敦煌學國際研討會論文集　（臺北）漢學研究中心　1990　p. 151

林家平　寧强　羅華慶　中國敦煌學史　北京語言學院出版社　1992　p. 580

胡戟　傅玫　敦煌史話　中華書局　1995　p. 136

林悟殊　摩尼教"三常"考：兼論景教碑"啓三常之門"一句之釋讀　華學（第一輯）　中山大學出版社　1995　p. 18

劉進寶　敦煌學論述　（臺北）洪葉文化事業有限公司　1995　p. 284

汪泛舟　從敦煌文學構成特點看中外交流關係　敦煌學國際研討會文集・史地語文編　遼寧美術出版社　1995　p. 241

楊森　金山國與各教的疏密關係　敦煌佛教文獻研究　敦煌研究院文獻研究所　1995　p. 54

劉屹　敦煌十卷本《老子化胡經》殘卷新探　唐研究（第二卷）　北京大學出版社　1996　p. 106

林悟殊　敦煌摩尼教《下部讚》經名考釋：兼論該經三首音譯詩　敦煌吐魯番研究（第三卷）　北京大學出版社　1998　p. 45

黄征　程惠新　劫塵遺珠：敦煌遺書　甘肅教育出版社　1999　p. 230

謝桃坊　敦煌文化尋繹　四川人民出版社　1999　p. 132

池田溫　李盛鐸舊藏敦煌歸義軍後期社會經濟文書簡介　慶祝吳其昱先生八秩華誕敦煌學特刊　（臺北）文津出版社　2000　p. 34

譚世寶　漢文獻的胡本與梵本考辨　1994 年敦煌學國際研討會文集・宗教文史卷(下)　甘肅民族出版社　2000　p. 259
顔廷亮　敦煌文化　光明日報出版社　2000　p. 290
林悟殊　20 世紀敦煌漢文摩尼教寫本研究述評　敦煌學與中國史研究論集　甘肅人民出版社　2001　p. 430
顔廷亮　敦煌文化中的祆教、摩尼教和景教　敦煌學與中國史研究論集　甘肅人民出版社　2001　p. 423
姜亮夫　敦煌莫高窟年表　姜亮夫全集(十一)　雲南人民出版社　2002　p. 309
劉進寶　敦煌學通論　甘肅教育出版社　2002　p. 309
林悟殊　中古三夷教辨證　中華書局　2005　p. 14、108、121
劉屹　唐開元年間摩尼教命運的轉折　敦煌吐魯番研究(第九卷)　北京大學出版社　2006　p. 86

S. 3972

鄭炳林　北京圖書館藏《吳和尚經論目録》有關問題研究　敦煌學與中國史研究論集　甘肅人民出版社　2001　p. 127

S. 3973

雷紹鋒　歸義軍賦役制度初探　(臺北)洪葉文化事業有限公司　2000　p. 275

S. 3974

蕭登福　從敦煌寫卷中看道教星斗崇拜對佛經之影響　第二屆敦煌學國際研討會論文集　(臺北)漢學研究中心　1990　p. 335

S. 3976

平井俊榮　敦煌仏典と中國仏教　敦煌と中國仏教(講座敦煌 7)　(東京)大東出版社　1984　p. 8

S. 3978

竺沙雅章　敦煌出土「社」文書の研究　『東方學報』(第 35 號)　京都大學人文科學研究所　1964　p. 274
金岡照光　敦煌民衆の社會と生活　敦煌の民衆:その生活と思想　(東京)評論社　1972　p. 327
長澤和俊　敦煌の庶民生活　敦煌の社會(講座敦煌 3)　(東京)大東出版社　1980　p. 484
賀世哲　孫修身　《瓜沙曹氏年表補正》之補正　《甘肅師大學報》1980 年第 3 期　又見:中國敦煌學百年文庫・歷史卷(一)　甘肅文化出版社　1999　p. 500
賀世哲　孫修身　瓜沙曹氏與敦煌莫高窟　敦煌研究文集　甘肅人民出版社　1982　p. 259
郭鋒　敦煌的"社"及其活動　《敦煌學輯刊》1983 年創刊號　p. 88
蘇瑩輝　瓜沙史事叢考　(臺北)商務印書館　1983　p. 114
賀世哲　從供養人題記看莫高窟部分洞窟的營建年代　敦煌莫高窟供養人題記　文物出版社　1986　p. 230
唐耕耦　陸宏基　敦煌社會經濟文獻真迹釋録(一)　書目文獻出版社　1986　p. 365
李正宇　敦煌學郎題記輯注　《敦煌學輯刊》1987 年第 1 期　p. 37
李正宇　歸義軍曹氏"表文三件"考釋　《文獻》1988 年第 3 期　p. 5
孫修身　瓜沙曹氏卒立世次考　《魏晉南北朝隋唐史》1988 年第 10 期　p. 30　又見:《鄭州大學學

報》1988 年第 4 期 ；中國敦煌學百年文庫・歷史卷(二)　甘肅文化出版社　1999　p. 236
高國藩　敦煌民俗學　上海文藝出版社　1989　p. 22
山本達郎等　敦煌・IV 納贈曆・納色物曆等　『NUN – HUANG AND TURFAN DOCUMENTS CONCERNING SOCIAL AND ECONOMIC HISTORY』(IV)　(東京)東洋文庫　1989　p. 97
榮新江　沙州歸義軍歷任節度使稱號研究　敦煌吐魯番學研究論文集　漢語大詞典出版社　1990　p. 805
林聰明　敦煌文書學　(臺北)新文豐出版公司　1991　p. 399
姜伯勤　敦煌社會文書導論　(臺北)新文豐出版公司　1992　p. 246
張鴻勳　敦煌唱本《百鳥名》的文化意蘊及其流變影響　《敦煌研究》1992 年第 1 期　p. 71
高國藩　敦煌民俗資料導論　(臺北)新文豐出版公司　1993　p. 5
郝春文　敦煌寫本社邑文書年代彙考(三)　《社科縱橫》1993 年第 5 期　p. 9
寧可　郝春文　敦煌寫本社邑文書述略　《首都師範大學學報》1994 年第 4 期　p. 13
劉進寶　P. 3236 號《壬申年官布籍》時代考　《西北師大學報》(社會科學版)1996 年第 5 期　p. 44
劉進寶　P. 3236 號《壬申年官布籍》研究　慶祝潘石禪先生九秩華誕敦煌學特刊　(臺北)文津出版社　1996　p. 364
寧可　郝春文　敦煌社邑文書輯校　江蘇古籍出版社　1997　p. 436
王書慶　敦煌文獻中五代宋初戒牒研究　《敦煌研究》1997 年第 3 期　p. 35
鄭炳林　敦煌碑銘讚輯釋　甘肅教育出版社　1997　p. 234 注 7
鄭炳林　馮培紅　晚唐五代宋初歸義軍政權中都頭一職考辨　敦煌歸義軍史專題研究　蘭州大學出版社　1997　p. 82
郝春文　丙子年司空遷化納贈曆　敦煌學大辭典　上海辭書出版社　1998　p. 430
郝春文　唐後期五代宋初敦煌僧尼的社會生活　中國社會科學出版社　1998　p. 309
寧可　社人身故納贈曆　敦煌學大辭典　上海辭書出版社　1998　p. 430
榮新江　歸義軍大事紀年初稿　出土文獻研究(第三輯)　文物出版社　1998　p. 252
沙知　處分遺物憑　敦煌學大辭典　上海辭書出版社　1998　p. 390
池田溫　李盛鐸舊藏敦煌歸義軍後期社會經濟文書簡介　慶祝吳其昱先生八秩華誕敦煌學特刊　(臺北)文津出版社　2000　p. 46
樊錦詩　彭金章　王旭東　從莫高窟的歷史遺迹探討莫高窟崖體的穩定性　宿白先生八秩華誕紀念文集　文物出版社　2000　p. 652
郝春文　英藏敦煌文獻年代叢考　英國收藏敦煌漢藏文獻研究：紀念敦煌文獻發現一百周年　中國社會科學出版社　2000　p. 372
劉進寶　敦煌文書與唐史研究　(臺北)新文豐出版公司　2000　p. 236
譚蟬雪　《君者者狀》辨析：河西達怛國的一份書狀　1994 年敦煌學國際研討會文集・宗教文史卷(下)　甘肅民族出版社　2000　p. 105
徐俊　敦煌詩集殘卷輯考　中華書局　2000　p. 838
山本達郎等　補(IV)社・VI 諸種文書　『NUN – HUANG AND TURFAN DOCUMENTS CONCERNING SOCIAL AND ECONOMIC HISTORY』(Sup. p. lemrnts)　(東京)東洋文庫　2001　p. 93
陳明　沙武田　莫高窟第 98 窟及其對曹氏歸義軍時期大窟營建之影響　敦煌佛教藝術文化國際學術研討會論文集　蘭州大學出版社　2002　p. 173

S. 3982

劉進寶　P. 4525(8)《官布籍》所見歸義軍政權的賦稅免征　新世紀敦煌學論集　巴蜀書社　2003

p. 307

S. 3983

方廣錩　佛教大藏經史(八—十世紀)　中國社會科學出版社　1991　p. 111
姜伯勤　敦煌毗尼藏主考《敦煌研究》1993 年第 3 期　p. 6
方廣錩　敦煌佛教經録輯校　江蘇古籍出版社　1997　p. 707
方廣錩　光璨催經狀　敦煌學大辭典　上海辭書出版社　1998　p. 754
鄭炳林　晚唐五代敦煌諸寺藏經與管理　新世紀敦煌學論集　巴蜀書社　2003　p. 356

S. 3984

向達　倫敦所藏敦煌卷子經眼目録　《北平圖書館圖書季刊》1939 年新第 1 卷第 4 期　p. 397　又見:唐代長安與西域文明　三聯書店　1957　p. 222
北原薰　晚唐・五代の敦煌寺院経済——收支決算報告を中心に　敦煌の社會(講座敦煌 3)　(東京)大東出版社　1980　p. 403
金岡照光　敦煌における地獄文獻:敦煌庶民信仰の一樣相　敦煌と中國仏教(講座敦煌 7)　(東京)大東出版社　1984　p. 570
張弓　唐五代敦煌寺院的牧羊人　《蘭州學刊》1984 年第 2 期　p. 59
謝重光　關於唐後期至五代間沙州寺院經濟的幾個問題　敦煌吐魯番出土經濟文書研究　廈門大學出版社　1986　p. 510 注 103
姜伯勤　唐五代敦煌寺戶制度　中華書局　1987　p. 269
王永興　隋唐五代經濟史料彙編校注・第一編(下)　中華書局　1987　p. 922
唐耕耦　陸宏基　敦煌社會經濟文獻真迹釋録(三)　全國圖書館文獻縮微複製中心　1990　p. 575
前田正名　河西歷史地理學研究　中國藏學出版社　1993　p. 255
張傳璽　中國歷代契約會編考釋(上)　北京大學出版社　1995　p. 510 注 1
唐耕耦　敦煌寺院會計文書研究　(臺北)新文豐出版公司　1997　p. 328
李正宇　大業寺　敦煌學大辭典　上海辭書出版社　1998　p. 628
沙知　敦煌契約文書輯校　江蘇古籍出版社　1998　p. 372
唐耕耦　算會　敦煌學大辭典　上海辭書出版社　1998　p. 647
張涌泉　敦煌文書疑難詞語辨釋　舊學新知　浙江大學出版社　1999　p. 261
丘古耶夫斯基　敦煌漢文文書　上海古籍出版社　2000　p. 171
宋家鈺　英國收藏敦煌文獻叙録　英國收藏敦煌漢藏文獻研究:紀念敦煌文獻發現一百周年　中國社會科學出版社　2000　p. 169

S. 3985

金榮華　敦煌寫卷紙質之考察　(臺北)《世界華學季刊》1981 年第 2 卷第 4 期　又見:敦煌吐魯番論集　(臺北)新文豐出版公司　1996　p. 80
施萍婷　敦煌曆日研究　1983 年全國敦煌學術討論會文集・文史遺書編(上)　甘肅人民出版社　1987　p. 331
池田溫　中國古代寫本識語集録　(東京)大藏出版株式會社　1990　p. 533
鄧文寬　敦煌天文曆法文獻輯校　江蘇古籍出版社　1996　p. 650
鄧文寬　端拱二年乙丑歲具注曆日　敦煌學大辭典　上海辭書出版社　1998　p. 610
姜亮夫　敦煌莫高窟年表　姜亮夫全集(十一)　雲南人民出版社　2002　p. 583

馬繼興　當前世界各地收藏的中國出土卷子本古醫藥文獻備考　敦煌吐魯番研究(第六卷)　北京大學出版社　2002　p. 135

S. 3986

土橋秀高　敦煌の律蔵　敦煌と中國仏教(講座敦煌 7)　(東京)大東出版社　1984　p. 264

S. 3987

井ノ口泰淳　敦煌本『仏名經』の諸系統　中央アジアの言語と仏教　(京都)法藏館　1995　p. 319

王書慶　敦煌佛學・佛事篇　甘肅民族出版社　1995　p. 92

汪娟　敦煌本《大佛略懺》在佛教懺悔文中的地位　敦煌文學論集　四川人民出版社　1997　p. 388

S. 3988

姜伯勤　敦煌藝術宗教與禮樂文明　中國社會科學出版社　1996　p. 332

S. 3991

張鴻勳　變文　敦煌文學　甘肅人民出版社　1989　p. 241

劉正平　唐代俗講與佛教神變月齋戒　戒幢佛學(第三卷)　岳麓書社　2005　p. 264

S. 3992

向達　倫敦所藏敦煌卷子經眼目録　《北平圖書館圖書季刊》1939 年新第 1 卷第 4 期　p. 397　又見:唐代長安與西域文明　三聯書店　1957　p. 222

土田健次郎　儒教典籍　敦煌漢文文獻(講座敦煌 5)　(東京)大東出版社　1992　p. 269

李方　敦煌《論語集解》校正　江蘇古籍出版社　1998　p. 830

許建平　評《敦煌〈論語集解〉校正》　敦煌吐魯番研究(第五卷)　北京大學出版社　2001　p. 342

韓鋒　讀俄藏敦煌文書 ДX02174 號劄記　《敦煌學輯刊》2005 年第 1 期　p. 43

S. 3993

向達　倫敦所藏敦煌卷子經眼目録　《北平圖書館圖書季刊》1939 年新第 1 卷第 4 期　p. 397　又見:唐代長安與西域文明　三聯書店　1957　p. 222

陳鐵凡　敦煌本孝經考略　(臺中)《東海學報》1978 年第 19 卷　又見:中國敦煌學百年文庫・文獻卷(二)　甘肅文化出版社　1999　p. 500

李德超　敦煌本孝經校讎　第二屆敦煌學國際研討會論文集　(臺北)漢學研究中心　1990　p. 115

土田健次郎　儒教典籍　敦煌漢文文獻(講座敦煌 5)　(東京)大東出版社　1992　p. 269

榮新江　《英藏敦煌文獻》定名商補　文史(第五十二輯)　中華書局　2000　p. 121　又見:敦煌學新論　甘肅教育出版社　2002　p. 195

許建平　跋大谷文書中四件未經定名的儒家經籍殘片　《敦煌學輯刊》2005 年第 4 期　p. 10

S. 3994

上山大峻　敦煌佛教の研究　(京都)法藏館　1990　p. 368

S. 3998

金岡照光　敦煌における地獄文獻:敦煌庶民信仰の一様相　敦煌と中國仏教(講座敦煌 7)　(東

京)大東出版社　1984　p. 570
杜愛英　敦煌遺書中俗體字的諸種類型　《敦煌研究》1992 年第 3 期　p. 124

S. 4000

芳村修基　土橋秀高　井ノロ泰淳　敦煌佛教史年表　西域文化研究(第一)・敦煌佛教資料　(京都)法藏館　1958　p. 267、282
陳祚龍　新集中世敦煌三寶感通録　敦煌學海探珠(下冊)　(臺北)商務印書館　1979　p. 336
陳祚龍　敦煌古抄内典尾記彙校初、二、三編合刊　敦煌學要籥　(臺北)新文豐出版公司　1982　p. 82
李正宇　唐宋時代敦煌縣河渠泉澤簡志(一)　《敦煌研究》1988 年第 4 期　p. 93
池田溫　中國古代寫本識語集録　(東京)大藏出版株式會社　1990　p. 306
方廣錩　佛教大藏經史(八—十世紀)　中國社會科學出版社　1991　p. 94
李正宇　敦煌名勝古迹導論　《陽關》1991 年第 4 期　p. 47
林聰明　敦煌文書出處略考　季羨林教授八十華誕紀念論文集(下)　江西人民出版社　1991　p. 864
林聰明　敦煌文書學　(臺北)新文豐出版公司　1991　p. 403
李正宇　俄藏《端拱二年八月十九日往西天取菩薩戒僧智堅手記》決疑　敦煌佛教文獻研究　敦煌研究院文獻研究所　1995　p. 4
李正宇　敦煌歷史地理導論　(臺北)新文豐出版公司　1997　p. 325
陳國燦　寶應元年常會寫佛説智慧海藏經記　敦煌學大辭典　上海辭書出版社　1998　p. 456
李正宇　敦煌王　敦煌學大辭典　上海辭書出版社　1998　p. 385
李正宇　塞庭渠　敦煌學大辭典　上海辭書出版社　1998　p. 313
金岡照光　敦煌文獻と中國文學　(東京)五曜書房　2000　p. 429
林聰明　敦煌吐魯番文書解詁指例　(臺北)新文豐出版公司　2001　p. 178
姜亮夫　敦煌莫高窟年表　姜亮夫全集(十一)　雲南人民出版社　2002　p. 343
李正宇　評莫高窟土地廟藏經來源問題的探討　敦煌吐魯番研究(第七卷)　北京大學出版社　2004　p. 132

S. 4001

福井文雅　般若心經　敦煌と中國仏教(講座敦煌 7)　(東京)大東出版社　1984　p. 39
仁井田陞　補訂中國法制史研究:奴隸農奴法・家族村落法　東京大學出版會　1991　p. 599
余欣　浙敦 065 文書僞卷考　《敦煌研究》2002 年第 3 期　p. 45

S. 4002

榮新江　敦煌本《書儀鏡》爲安西書儀考　慶祝潘石禪先生九秩華誕敦煌學特刊　(臺北)文津出版社　1996　p. 268

S. 4004

陳祚龍　敦煌古抄内典尾記彙校初、二、三編合刊　敦煌學要籥　(臺北)新文豐出版公司　1982　p. 138
上山大峻　敦煌佛教の研究　(京都)法藏館　1990　p. 362

S. 4006

伊藤美重子　敦煌本『大智度論』の整理　中國佛教石經の研究　京都大學學術出版會　1996　p. 368

S. 4010

陳祚龍　敦煌古抄内典尾記彙校初、二、三編合刊　敦煌學要籥　(臺北)新文豐出版公司　1982　p. 138

池田溫　中國古代寫本識語集録　(東京)大藏出版株式會社　1990　p. 94

林聰明　敦煌吐魯番文書解詁指例　(臺北)新文豐出版公司　2001　p. 115

鄭阿財　論敦煌俗字與寫本學之關係　日本學・敦煌學・漢文訓讀の新展開　(東京)汲古書院　2005　p. 37

S. 4011

陳祚龍　敦煌古抄内典尾記彙校初、二、三編合刊　敦煌學要籥　(臺北)新文豐出版公司　1982　p. 138

饒宗頤解說　林宏作譯　敦煌書法叢刊(第二五卷)・寫經(六)　(東京)二玄社　1984　p. 72

吴其昱著　福井文雅　樋口勝譯　大蕃國大德・三藏法師・法成傳考　敦煌と中國仏教(講座敦煌7)　(東京)大東出版社　1984　p. 392

池田溫　中國古代寫本識語集録　(東京)大藏出版株式會社　1990　p. 419

上山大峻　敦煌佛教の研究　(京都)法藏館　1990　p. 91、232

鄭炳林　敦煌碑銘讚輯釋　甘肅教育出版社　1997　p. 79 注 3

李正宇　三界寺　敦煌學大辭典　上海辭書出版社　1998　p. 631

S. 4012

金岡照光　敦煌漢文文學文獻の文學形態上の種類とその分類　敦煌出土文學文獻分類目録・附解說　(東京)東洋文庫　1971　p. 234

蘇瑩輝　"敦煌曲"評介　《香港中文大學學報》1974 年第 1 期　又見:敦煌論集續編　(臺北)學生書局　1983　p. 313；中國敦煌學百年文庫・藝術卷(一)　甘肅文化出版社　1999　p. 370

陳祚龍　中古敦煌仕女心目中的五臺山　中華佛教文化史散策(初集)　(臺北)新文豐出版公司　1978　p. 37

金榮華　敦煌寫卷紙質之考察　(臺北)《世界華學季刊》1981 年第 2 卷第 4 期　又見:敦煌吐魯番論集　(臺北)新文豐出版公司　1996　p. 79

廣川堯敏　禮讚　敦煌と中國仏教(講座敦煌 7)　(東京)大東出版社　1984　p. 470

任半塘　敦煌歌辭總編　上海古籍出版社　1987　p. 1711、1745

池田溫　中國古代寫本識語集録　(東京)大藏出版株式會社　1990　p. 472

任半塘　王昆吾　隋唐五代燕樂雜言歌辭集　巴蜀書社　1990　p. 47

杜斗城　敦煌五臺山文獻校録研究　山西人民出版社　1991　p. 86

金岡照光　曲子詞類　敦煌の文學文獻(講座敦煌 9)　(東京)大東出版社　1992　p. 400

石奈德　敦煌本《普化大師五臺山巡禮記》初探　法國學者敦煌學論文選萃　中華書局　1993　p. 135 注 47

黎薔　論波斯諸教對敦煌樂舞之影響　敦煌學國際研討會文集・石窟藝術編　遼寧美術出版社　1995　p. 220

姜伯勤　敦煌悉磨遮爲蘇摩遮樂舞考　《敦煌研究》1996 年第 3 期　p. 9
姜伯勤　敦煌藝術宗教與禮樂文明　中國社會科學出版社　1996　p. 541
饒宗頤　附録：榮新江《敦煌文獻和繪畫反映的五代宋初中原與西北地區的文化交往》　敦煌曲續論　（臺北）新文豐出版公司　1996　p. 35
榮新江　歸義軍史研究　上海古籍出版社　1996　p. 250
徐俊　敦煌大曲　敦煌文學論集　四川人民出版社　1997　p. 253
張弓　漢唐佛寺文化史　中國社會科學出版社　1997　p. 842
鄭炳林　敦煌碑銘讚輯釋　甘肅教育出版社　1997　p. 419 注 9
張錫厚　五臺山曲子　敦煌學大辭典　上海辭書出版社　1998　p. 542
榮新江　《英藏敦煌文獻》定名商補　文史（第五十二輯）　中華書局　2000　p. 119
孫其芳　鳴沙遺音：敦煌詞選評　甘肅人民出版社　2000　p. 237
徐俊　敦煌詩集殘卷輯考　中華書局　2000　p. 228
姜亮夫　敦煌莫高窟年表　姜亮夫全集（十一）　雲南人民出版社　2002　p. 483
鄭炳林　徐曉麗　敦煌寫本 P. 3973《往五臺山行記》殘卷研究　《敦煌學輯刊》2002 年第 1 期　p. 11
黨燕妮　五臺山文殊信仰及其在敦煌的流傳　《敦煌學輯刊》2004 年第 1 期　p. 88
湯涒　敦煌曲子詞地域文化研究　上海古籍出版社　2004　p. 27、109、130
湯涒　敦煌曲子詞寫本叙略　敦煌學國際研討會論文集　北京圖書館出版社　2005　p. 197

S. 4013

陳祚龍撰　費海璣譯　蘇瑩輝補注　瓜沙印録　敦煌學概要　（臺北）編譯館“中華叢書編委會”　1981　p. 268

S. 4015

陳祚龍　瓜沙印録　（臺北）《大陸雜誌》1962 年第 4 期　又見：敦煌學概要　（臺北）編譯館“中華叢書編委會”　1981　p. 268；中國敦煌學百年文庫・考古卷（一）　甘肅文化出版社　1999　p. 190
陳祚龍　古代敦煌及其他地區流行之公私印章圖記文字録　敦煌學要籥　（臺北）新文豐出版公司　1982　p. 342
池田溫　敦煌文獻について　『書道研究』（2 卷 2 號）　（東京）萱原書局　1988　p. 49　又見：敦煌文書の世界　（東京）名著刊行會　2003　p. 52
江素雲　維摩詰所說經敦煌寫本綜合目録　（臺北）東初出版社　1991　p. 80
李正宇　淨土寺　敦煌學大辭典　上海辭書出版社　1998　p. 631

S. 4018

方廣錩　佛教大藏經史（八—十世紀）　中國社會科學出版社　1991　p. 115
方廣錩　敦煌佛教經録輯校　江蘇古籍出版社　1997　p. 697

S. 4019

方廣錩　文殊師利所說摩訶般若波羅蜜經　敦煌學大辭典　上海辭書出版社　1998　p. 681

S. 4020

許國霖　敦煌石室写经题记汇编　《微妙声》1936 – 1937 年第 1 – 4 期　又見：中國敦煌學百年文

庫・宗教卷(四)　甘肅文化出版社　1999　p. 224
芳村修基　土橋秀高　井ノ口泰淳　敦煌佛教史年表　西域文化研究(第一)・敦煌佛教資料　(京都)法藏館　1958　p. 257
陳祚龍　敦煌古抄內典尾記彙校初、二、三編合刊　敦煌學要籥　(臺北)新文豐出版公司　1982　p. 138
劉銘恕　敦煌遺書叢識　1983 年全國敦煌學術討論會文集・文史遺書編(上)　甘肅人民出版社　1987　p. 432
池田溫　中國古代寫本識語集録　(東京)大蔵出版株式會社　1990　p. 142
林聰明　從敦煌文書看佛教徒的造經祈福　第二屆敦煌學國際研討會論文集　(臺北)漢學研究中心　1990　p. 526
顧吉辰　唐代敦煌文獻寫本書手考述　《敦煌學輯刊》1993 年第 1 期　p. 22
陳澤奎　試論唐人寫經題記的原始著作權意義　《敦煌研究》1994 年第 3 期　p. 119
王三慶　敦煌書儀載録之節日活動與民俗　全國敦煌學研討會論文集　(臺北)中正大學中國文學系所　1995　p. 26 注 39
藤枝晃著　徐慶全　李樹清譯　敦煌寫本概述　《敦煌研究》1996 年第 2 期　p. 118
王惠民　《思益經》其在敦煌的流傳　《敦煌研究》1997 年第 1 期　p. 34
方廣錩　思益梵天所問經　敦煌學大辭典　上海辭書出版社　1998　p. 668
顧吉辰　敦煌文獻職官結銜考釋　《敦煌學輯刊》1998 年第 2 期　p. 21
金岡照光　敦煌文獻と中國文學　(東京)五曜書房　2000　p. 429
顏廷亮　敦煌文化　光明日報出版社　2000　p. 116
楊秀清　華戎交會的都市:敦煌與絲綢之路　甘肅人民出版社　2000　p. 78
陳麗萍　敦煌女性寫經題記及反映的婦女問題　敦煌佛教藝術文化國際學術研討會論文集　蘭州大學出版社　2002　p. 435
姜亮夫　敦煌莫高窟年表　姜亮夫全集(十一)　雲南人民出版社　2002　p. 171
池田溫　敦煌遺文　敦煌文書の世界　(東京)名著刊行會　2003　p. 40

S. 4024

姜伯勤　敦煌藝術宗教與禮樂文明　中國社會科學出版社　1996　p. 434

S. 4025

池田溫　中國古代寫本識語集録　(東京)大蔵出版株式會社　1990　p. 393

S. 4026

池田溫　中國古代寫本識語集録　(東京)大蔵出版株式會社　1990　p. 389
邰惠莉　婀閣　甘肅省圖書館收藏敦煌文獻簡介　《敦煌學輯刊》1998 年第 2 期　p. 74

S. 4033

陳祚龍　敦煌古抄內典尾記彙校初、二、三編合刊　敦煌學要籥　(臺北)新文豐出版公司　1982　p. 139
平井俊榮　敦煌仏典と中國仏教　敦煌と中國仏教(講座敦煌 7)　(東京)大東出版社　1984　p. 8
池田溫　中國古代寫本識語集録　(東京)大蔵出版株式會社　1990　p. 131
林聰明　從敦煌文書看佛教徒的造經祈福　第二屆敦煌學國際研討會論文集　(臺北)漢學研究中

心 1990 p. 537
方廣錩 摩訶般若波羅蜜經 敦煌學大辭典 上海辭書出版社 1998 p. 680
金岡照光 敦煌文獻と中國文學 (東京)五曜書房 2000 p. 429
林聰明 敦煌吐魯番文書解詁指例 (臺北)新文豐出版公司 2001 p. 168
陳麗萍 敦煌文書所見唐五代婚變現象初探(一) 《敦煌學輯刊》2005 年第 2 期 p. 165

S. 4035

池田溫 中國古代寫本識語集録 (東京)大藏出版株式會社 1990 p. 388

S. 4036

汪泛舟 讚·箴 敦煌文學 甘肅人民出版社 1989 p. 99
王三慶 敦煌寫卷中武后新字之調查研究 唐代研究論集(第三輯) (臺北)新文豐出版公司 1992 p. 90

S. 4037

陳祚龍 敦煌古抄中世詩歌一續 敦煌學海探珠(上冊) (臺北)商務印書館 1979 p. 187
陳祚龍 敦煌學雜記 敦煌資料考屑(下冊) (臺北)商務印書館 1979 p. 390
陳祚龍 新集中世敦煌三寶感通録 敦煌學海探珠(下冊) (臺北)商務印書館 1979 p. 342
田中良昭 修道偈Ⅰ 敦煌仏典と禪(講座敦煌 8) (東京)大東出版社 1980 p. 251
土肥義和 はじめに——歸義軍節度使の敦煌支配 敦煌の歷史(講座敦煌 2) (東京)大東出版社 1980 p. 246
佐藤武敏 敦煌の水利 敦煌の社會(講座敦煌 3) (東京)大東出版社 1980 p. 286
陳祚龍 新集敦煌古抄釋門的詩歌與曲子 敦煌簡策訂存 (臺北)商務印書館 1983 p. 197
田中良昭 敦煌禪宗文獻の研究 (東京)大東出版社 1983 p. 297
道端良秀 敦煌文獻に見える死後の世界 敦煌と中國仏教(講座敦煌 7) (東京)大東出版社 1984 p. 505
唐耕耦 陸宏基 敦煌社會經濟文獻真迹釋録(一) 書目文獻出版社 1986 p. 336
王三慶 敦煌寫卷中武后新字之調查研究 漢學研究(敦煌學國際研討會論文專號) (臺北)漢學研究資料及服務中心 1986 p. 441 又見:唐代研究論集(第三輯) (臺北)新文豐出版公司 1992 p. 63、91
任半塘 敦煌歌辭總編 上海古籍出版社 1987 p. 510、954
顏廷亮 關於敦煌遺書中的甘肅文學作品 1983 年全國敦煌學術討論會文集·文史遺書編(下) 甘肅人民出版社 1987 p. 228
郝春文 敦煌遺書中的"春秋座局席"考 《北京師範學院學報》1989 年第 4 期 p. 32
李明偉 狀·牒·帖 敦煌文學 甘肅人民出版社 1989 p. 44
山本達郎等 敦煌·III 轉貼 『NUN – HUANG AND TURFAN DOCUMENTS CONCERNING SOCIAL AND ECONOMIC HISTORY』(IV) (東京)東洋文庫 1989 p. 46
汪泛舟 讚·箴 敦煌文學 甘肅人民出版社 1989 p. 98
周紹良 小說 敦煌文學 甘肅人民出版社 1989 p. 282
龍晦 敦煌與五代兩蜀文化 《敦煌研究》1990 年第 2 期 p. 96
任半塘 王昆吾 隋唐五代燕樂雜言歌辭集 巴蜀書社 1990 p. 544、843
上山大峻 敦煌佛教の研究 (京都)法藏館 1990 p. 421

姜伯勤　敦煌社會文書導論　(臺北)新文豐出版公司　1992　p. 242
林家平　寧强　羅華慶　中國敦煌學史　北京語言學院出版社　1992　p. 676
趙益　敦煌卷子中三種禪宗文獻考辨　古典文獻研究　南京大學出版社　1992　又見:中國敦煌學百年文庫・宗教卷(二)　甘肅文化出版社　1999　p. 323
周紹良　敦煌文學芻議及其它　(臺北)新文豐出版公司　1992　p. 59
高國藩　敦煌民俗資料導論　(臺北)新文豐出版公司　1993　p. 2
李明偉　敦煌文學概論　甘肅人民出版社　1993　p. 471
項楚　敦煌詩歌導論　(臺北)新文豐出版公司　1993　p. 151
張先堂　敦煌文學概論　甘肅人民出版社　1993　p. 340
索仁森著　李吉和譯　敦煌漢文禪籍特徵概觀　《敦煌研究》1994 年第 1 期　p. 111
田中良昭　敦煌の禪籍　禪學研究入門　(東京)大東出版社　1994　p. 68
柳田聖山　禪籍解題(一)・敦煌禪籍　俗語言研究(第二期)　(京都)禪文化研究所　1995　p. 150
石田勇作　敦煌「社文書」研究序說　中國古代の國家と民衆(堀敏一先生古稀記念)　(東京)汲古書院　1995　p. 684
徐俊　敦煌寫本《山僧歌》綴合與斯 5692 蝴蝶裝冊的還原　中國典籍與文化論叢(第二輯)　中華書局　1995　p. 79
顔廷亮　敦煌文學概說　(臺北)新文豐出版公司　1995　p. 70
柳田聖山　禪籍解題(二)　俗語言研究(第三期)　(京都)禪文化研究所　1996　p. 190
徐俊　敦煌寫本唐人詩歌存佚互見綜考　敦煌吐魯番研究(第一卷)　北京大學出版社　1996　p. 125
柴劍虹　俄藏敦煌詩詞寫卷經眼録(二)　敦煌吐魯番研究(第二卷)　北京大學出版社　1997　p. 56　又見:敦煌吐魯番學論稿　浙江教育出版社　2000　p. 236
寧可　郝春文　敦煌社邑文書輯校　江蘇古籍出版社　1997　p. 184
孫昌武　禪思與詩情　中華書局　1997　p. 331 注 37
汪泛舟　敦煌詩詞補正與考源　《敦煌研究》1997 年第 3 期　p. 108
楊寶玉　P. 2094《持誦金剛經靈驗功德記》校考　周紹良先生欣開九秩慶壽文集　中華書局　1997　p. 266
張弓　漢唐佛寺文化史　中國社會科學出版社　1997　p. 766
鄭阿財　敦煌靈應小說的佛教史學價值　唐研究國際學術會議論文彙编　中國社會科學院歷史研究所　1997　p. 193　又見:唐研究(第四卷)　北京大學出版社　1998　p. 43
梅維恒著　楊繼東　陳引馳譯　唐代變文(下)　(香港)中國佛教文化出版公司　1999　p. 168
徐俊　敦煌詩集殘卷輯考　中華書局　2000　p. 11、543、641
徐俊　關於"禪門秘要訣":敦煌釋氏歌偈寫本三種合校　慶祝吳其昱先生八秩華誕敦煌學特刊　(臺北)文津出版社　2000　p. 221
楊寶玉　英國收藏敦煌文獻叙録　英國收藏敦煌漢藏文獻研究:紀念敦煌文獻發現一百周年　中國社會科學出版社　2000　p. 162
張勇　傅大士研究　巴蜀書社　2000　p. 225
鄧鷗英　敦煌詩歌《釋氏歌偈銘叢抄》補校　《敦煌研究》2002 年第 2 期　p. 99
林仁昱　論敦煌佛教歌曲向通俗傳播的內容　中國俗文化研究(第一輯)　巴蜀書社　2003　p. 188
張子開　敦煌文獻中的白話禪詩　《敦煌學輯刊》2003 年第 1 期　p. 84
鄭西禮　夏廣興　毗沙門天王信仰與唐五代文學創作　佛經文學研究論集　復旦大學出版社　2004　p. 530

王志鵬　從敦煌歌辭看唐代敦煌地區禪宗的流傳與發展　《敦煌研究》2005 年第 6 期　p. 100
鍾書林　《禪門秘要訣》校補　《敦煌學輯刊》2006 年第 1 期　p. 133

S. 4039

金岡照光　ソビエトにおける敦煌研究文獻三種　『東洋學報』(48 卷 1 號)　(東京)東洋學術協會　1965　p. 121
陳祚龍　中古敦煌仕女心目中的五臺山　中華佛教文化史散策(初集)　(臺北)新文豐出版公司　1978　p. 36
陳祚龍　新校重訂敦煌寫本《十空讚》表隱　敦煌資料考屑(上冊)　(臺北)商務印書館　1979　p. 107、124 注 3
加地哲定　增補中國佛教文學研究　(東京)同朋舍　1979　p. 200、216
鄭阿財　敦煌孝道文學研究　(臺北)石門圖書公司　1982　p. 530
廣川堯敏　禮讚　敦煌と中國仏教(講座敦煌 7)　(東京)大東出版社　1984　p. 470
李正宇　敦煌方音止遇二攝混同及其校勘學意義　《敦煌研究》1986 年第 4 期　p. 53
任半塘　敦煌歌辭總編　上海古籍出版社　1987　p. 829、1132
加地哲定著　劉衛星譯　中國佛教文學　今日中國出版社　1990　p. 171、185
任半塘　王昆吾　隋唐五代燕樂雜言歌辭集　巴蜀書社　1990　p. 1386
杜斗城　敦煌五臺山文獻校録研究　山西人民出版社　1991　p. 6
蔣冀騁　敦煌文書校讀研究　(臺北)文津出版社　1993　p. 10
饒宗頤　《雲謠集》一些問題的檢討　敦煌曲續論　(臺北)新文豐出版公司　1996　p. 104
鄧文寬　大梵寺佛音:敦煌莫高窟壇經讀本　(臺北)如聞出版社　1997　p.40
張弓　漢唐佛寺文化史　中國社會科學出版社　1997　p. 831
鄭炳林　敦煌碑銘讚輯釋　甘肅教育出版社　1997　p. 419 注 9
郝春文　唐後期五代宋初敦煌僧尼的社會生活　中國社會科學出版社　1998　p. 358
張錫厚　五臺山讚　敦煌學大辭典　上海辭書出版社　1998　p. 544
施謝捷　敦煌文獻語詞校釋叢劄　《敦煌研究》1999 年第 4 期　p. 25
謝桃坊　敦煌文化尋繹　四川人民出版社　1999　p. 118
張錫厚　新羅僧慈藏入唐禮五臺考　敦煌文獻論集:紀念藏經洞發現一百周年國際學術研討會論文集　遼寧人民出版社　2001　p. 533
林仁昱　論敦煌佛教歌曲特質與"弘法"的關係　敦煌學(第 23 輯)　(臺北)樂學書局有限公司　2002　p. 72
林仁昱　論敦煌佛教歌曲向通俗傳播的內容　中國俗文化研究(第一輯)　巴蜀書社　2003　p. 186
張子開　敦煌文獻中的白話禪詩　《敦煌學輯刊》2003 年第 1 期　p. 86

S. 4040

方廣錩　業報差別經　敦煌學大辭典　上海辭書出版社　1998　p. 707

S. 4045

江素雲　維摩詰所說經敦煌寫本綜合目録　(臺北)東初出版社　1991　p. 80

S. 4046

福井文雅　般若心經　敦煌と中國仏教(講座敦煌 7)　(東京)大東出版社　1984　p. 39

S. 4048

池田溫　中國古代寫本識語集録　（東京）大蔵出版株式會社　1990　p. 391

S. 4049

林聰明　敦煌文書學　（臺北）新文豐出版公司　1991　p. 425

S. 4050

姜伯勤　敦煌社會文書導論　（臺北）新文豐出版公司　1992　p. 183

S. 4051

劉銘恕　再記英國倫敦所藏的敦煌經卷　《中國科學院圖書館通訊》1957 年第 7 期　又見：中國敦煌學百年文庫・綜述卷（二）　甘肅文化出版社　1999　p. 138

S. 4052

芳村修基　土橋秀高　井ノ口泰淳　敦煌佛教史年表　西域文化研究（第一）・敦煌佛教資料　（京都）法藏館　1958　p. 268

王重民　記敦煌寫本的佛經　敦煌吐魯番文獻研究論集（第二輯）　北京大學出版社　1983　p. 1　又見：敦煌遺書論文集　中華書局　1984　p. 295

金榮華　倫敦藏漢文敦煌卷子目録提要（初稿）序　敦煌學（第 12 輯）　（臺北）新文豐出版公司　1987　p. 139

池田溫　中國古代寫本識語集録　（東京）大蔵出版株式會社　1990　p. 311

沃興華　敦煌書法藝術　上海人民出版社　1994　p. 12、138

鄭炳林　敦煌碑銘讚輯釋　甘肅教育出版社　1997　p. 177 注 9

方廣錩　敦煌遺書中的《金剛經》及其注疏　敦煌學佛教學論叢（上）　中國佛教文化研究所　1998　p. 382

方廣錩　御注金剛般若波羅蜜經宣演　敦煌學大辭典　上海辭書出版社　1998　p. 684

平井宥慶　敦煌文書における金剛經疏　金剛般若經の思想的研究　（東京）春秋社　1999　p. 265

楊森　《辛巳年六月十六日社人于燈司倉貸粟曆》文書之定年　《敦煌學輯刊》2001 年第 2 期　p. 21

釋永有　敦煌遺書中的金剛經　敦煌佛教藝術文化國際學術研討會論文集　蘭州大學出版社　2002　p. 44

S. 4057

芳村修基　土橋秀高　井ノ口泰淳　敦煌佛教史年表　西域文化研究（第一）・敦煌佛教資料　（京都）法藏館　1958　p. 272

李正宇　唐宋時代的敦煌學校　《敦煌研究》1986 年第 1 期　p. 43

李正宇　敦煌學郎題記輯注　《敦煌學輯刊》1987 年第 1 期　p. 29

高國藩　敦煌民俗學　上海文藝出版社　1989　p. 97

池田溫　中國古代寫本識語集録　（東京）大蔵出版株式會社　1990　p. 431

東野治之　敦煌と日本の『千字文』　遣唐使と正倉院　（東京）岩波書店　1992　p. 241

東野治之　訓蒙書　敦煌漢文文獻（講座敦煌 5）　（東京）大東出版社　1992　p. 405

李正宇　敦煌史地新論　（臺北）新文豐出版公司　1996　p. 184

顔廷亮　敦煌文化　光明日報出版社　2000　p. 185

林聰明　敦煌吐魯番文書解詁指例　(臺北)新文豐出版公司　2001　p. 201
黄征　敦煌語言文字學研究　甘肅教育出版社　2002　p. 115
姜亮夫　敦煌莫高窟年表　姜亮夫全集(十一)　雲南人民出版社　2002　p. 416

S. 4060

向達　倫敦所藏敦煌卷子經眼目録　《北平圖書館圖書季刊》1939 年新第 1 卷第 4 期　p. 397　又見:唐代長安與西域文明　三聯書店　1957　p. 222
陳國燦　唐代的民間借貸:吐魯番敦煌等地所出唐代借貸契券初探　敦煌吐魯番文書初探　武漢大學出版社　1983　p. 270 注 31
冷鵬飛　唐末沙州歸義軍時期有關百姓受田和賦税的幾個問題　《敦煌學輯刊》1984 年第 1 期　p. 38
唐耕耦　唐五代時期的高利貸　《敦煌學輯刊》1985 年第 2 期　p. 15
池田溫　敦煌の便穀曆　日野開三郎博士頌壽記念論集・中國社會・制度・文化史の諸問題　(福岡)中國書店　1987　p. 370
唐耕耦　敦煌寫本便物曆初探　敦煌吐魯番文獻研究論集(第五輯)　北京大學出版社　1990　p. 151
唐耕耦　陸宏基　敦煌社會經濟文獻真迹釋録(二)　全國圖書館文獻縮微複製中心　1990　p. 225
堀敏一著　林世田譯　唐代後期敦煌社會經濟之變化　《敦煌學輯刊》1991 年第 1 期　p. 101
劉進寶　從敦煌文書談晚唐五代的"地子"　《歷史研究》1996 年第 3 期　p. 175
雷紹鋒　唐末宋初歸義軍時期之"地子"、"地税"淺論　魏晉南北朝隋唐史資料(第 15 輯)　武漢大學出版社　1997　p. 134
劉進寶　晚唐五代"地子"考釋　唐代的歷史與社會　武漢大學出版社　1997　p. 300
齊陳俊　馮培紅　晚唐五代宋初歸義軍政權中"十將"及下屬諸職考　敦煌歸義軍史專題研究　蘭州大學出版社　1997　p. 30
唐耕耦　敦煌寺院會計文書研究　(臺北)新文豐出版公司　1997　p. 357
童丕　10 世紀敦煌的借貸人　法國漢學(第 3 輯)　中華書局　1998　p. 64、97
陳國燦　唐代的經濟社會　(臺北)文津出版社　1999　p. 217 注 31
堀敏一　中唐以後敦煌地域における税制度　東アジア史における國家と地域　(東京)刀水書房　1999　p. 324
高啓安　崇高與卑賤:敦煌的佛教信仰賤名再探　'98 法門寺唐文化國際學術討論會論文集　陝西人民出版社　2000　p. 252
雷紹鋒　歸義軍賦役制度初探　(臺北)洪葉文化事業有限公司　2000　p. 45
劉進寶　敦煌文書與唐史研究　(臺北)新文豐出版公司　2000　p. 191
丘古耶夫斯基　敦煌漢文文書　上海古籍出版社　2000　p. 140
羅彤華　從便物曆論敦煌寺院的放貸　敦煌文獻論集:紀念藏經洞發現一百周年國際學術研討會論文集　遼寧人民出版社　2001　p. 468
鄭炳林　晚唐五代敦煌村莊聚落輯考　2000 年敦煌學國際學術討論會文集・歷史文化卷(上)　甘肅民族出版社　2003　p. 134

S. 4063

土橋秀高　四分律雜抄　西域文化研究(第一)・敦煌佛教資料　(京都)法藏館　1958　p. 186
宋家鈺　佛教齋文源流與敦煌本"齋文"書的復原　英國收藏敦煌漢藏文獻研究:紀念敦煌文獻發現

一百周年　中國社會科學出版社　2000　p. 298

S. 4064

饒宗頤　神會門下摩訶衍之入藏兼論禪門南北宗之調和問題　香港大學五十周年紀念論文集　香港大學　1966　又見:唐代研究論集(第四輯)　(臺北)新文豐出版公司　1992　p. 350；中國敦煌學百年文庫·民族卷(二)　甘肅文化出版社　1999　p. 92

柳田聖山　敦煌の禅籍と矢吹慶輝　敦煌仏典と禪(講座敦煌 8)　(東京)大東出版社　1980　p. 12

田中良昭　念仏禅と後期北宗禅　敦煌仏典と禪(講座敦煌 8)　(東京)大東出版社　1980　p. 226

田中良昭　修道偈 I　敦煌仏典と禪(講座敦煌 8)　(東京)大東出版社　1980　p. 259

中川孝　楞伽宗と東山法門　敦煌仏典と禪(講座敦煌 8)　(東京)大東出版社　1980　p. 141

陳祚龍　關於敦煌古抄《了性句並序》　敦煌學(第 5 輯)　(臺北)新文豐出版公司　1982　p. 29

饒宗頤　論敦煌陷於吐蕃之年代　選堂集林·史林　(香港)中華書局　1982　p. 706

田中良昭　敦煌禪宗文獻の研究　(東京)大東出版社　1983　p. 54、507

王重民　記敦煌寫本的佛經　敦煌吐魯番文獻研究論集(第二輯)　北京大學出版社　1983　p. 22　又見:敦煌遺書論文集　中華書局　1984　p. 305

陳祚龍　新校重訂敦煌古抄《澄心論》　中華佛教文化史散策(四集)　(臺北)新文豐出版公司　1986　p. 235

楊曾文　日本學者對中國禪宗文獻的研究和整理　《世界宗教研究》1987 年第 1 期　p. 117

上山大峻　敦煌佛教の研究　(京都)法藏館　1990　p. 413

吳其昱著　伊藤美重子譯　敦煌漢文寫本概観　敦煌漢文文獻(講座敦煌 5)　(東京)大東出版社　1992　p. 57

冉雲華　敦煌遺書與中國禪宗歷史研究　"中國唐代學會"會刊(第四期)　(臺北)"中國唐代學會"　1993　p. 56

李尚全　敦煌本《修心要論》芻議　佛教論譯集　甘肅民族出版社　1994　p. 82

田中良昭　敦煌の禅籍　禪學研究入門　(東京)大東出版社　1994　p. 57

柳田聖山　禪籍解題(一)·敦煌禪籍　俗語言研究(第二期)　(京都)禪文化研究所　1995　p. 135、151

方廣錩　澄心論　敦煌學大辭典　上海辭書出版社　1998　p. 727

方廣錩　了性句　敦煌學大辭典　上海辭書出版社　1998　p. 729

S. 4067

平井俊榮　敦煌仏典と中國仏教　敦煌と中國仏教(講座敦煌 7)　(東京)大東出版社　1984　p. 8

S. 4068

平井俊榮　敦煌仏典と中國仏教　敦煌と中國仏教(講座敦煌 7)　(東京)大東出版社　1984　p. 8

S. 4070

道端良秀　敦煌文獻に見える死後の世界　敦煌と中國仏教(講座敦煌 7)　(東京)大東出版社　1984　p. 513

S. 4071

王卡　敦煌道教文獻研究　中國社會科學出版社　2004　p. 212

王卡　中國國家圖書館藏敦煌道教遺書研究報告　敦煌吐魯番研究(第七卷)　北京大學出版社　2004　p. 372

S. 4073

高啓安　唐宋時期敦煌人名探析　《敦煌研究》1997 年第 4 期　p. 126

S. 4075

顧吉辰　敦煌文獻職官結銜考釋　《敦煌學輯刊》1998 年第 2 期　p. 31

S. 4077

向達　倫敦所藏敦煌卷子經眼目録　《北平圖書館圖書季刊》1939 年新第 1 卷第 4 期　p. 397　又見:唐代長安與西域文明　三聯書店　1957　p. 222

王卡　敦煌道教文獻研究　中國社會科學出版社　2004　p. 252

S. 4079

福井文雅　般若心經　敦煌と中國仏教(講座敦煌 7)　(東京)大東出版社　1984　p. 39

S. 4080

陳祚龍　中古敦煌仕女心目中的五臺山　中華佛教文化史散策(初集)　(臺北)新文豐出版公司　1978　p. 38

S. 4081

土橋秀高　敦煌の律蔵　敦煌と中國仏教(講座敦煌 7)　(東京)大東出版社　1984　p. 264

任半塘　敦煌歌辭總編　上海古籍出版社　1987　p. 970

譚蟬雪　祭文　敦煌文學　甘肅人民出版社　1989　p. 125

周紹良　敦煌文學芻議及其它　(臺北)新文豐出版公司　1992　p. 14

杜琦　敦煌文學概論　甘肅人民出版社　1993　p. 528

高國藩　敦煌民俗資料導論　(臺北)新文豐出版公司　1993　p. 15、24

李明偉　敦煌文學概論　甘肅人民出版社　1993　p. 488

王書慶　敦煌寺廟"號頭文"略說　《社科縱横》1994 年第 4 期　p. 45

黄征　吳偉　敦煌願文集　岳麓書社　1995　p. 176

王書慶　敦煌佛學・佛事篇　甘肅民族出版社　1995　p. 283

衣川賢次　《敦煌新本六祖壇經》補校　俗語言研究(第三期)　(京都)禪文化研究所　1996　p. 76

榮新江　粟特語受八齋戒儀　敦煌學大辭典　上海辭書出版社　1998　p. 506

譚蟬雪　敦煌歲時文化導論　(臺北)新文豐出版公司　1998　p. 289

張涌泉　漢語俗字叢考　中華書局　2000　p. 7

李小榮　敦煌變文"平"、"側"、"斷"諸音聲符號探析　《敦煌學輯刊》2001 年第 2 期　p. 7

曾良　敦煌文獻字義通釋　廈門大學出版社　2001　p. 18、162

黄征　敦煌語言文字學研究　甘肅教育出版社　2002　p. 115

李小榮　變文講唱與華梵宗教藝術　上海三聯書店　2002　p. 198

柴劍虹　敦煌寫本中的憤世嫉俗之文　《敦煌研究》2004 年第 1 期　p. 60
汪泛舟　敦煌俗別字新考(上)　《敦煌研究》2006 年第 1 期　p. 103

S. 4083

吉田豐　ソグド語文獻　敦煌胡語文獻(講座敦煌 6)　(東京)大東出版社　1985　p. 199

S. 4087

陳祚龍　敦煌古抄內典尾記彙校初、二、三編合刊　敦煌學要籥　(臺北)新文豐出版公司　1982　p. 139
池田溫　中國古代寫本識語集録　(東京)大藏出版株式會社　1990　p. 393

S. 4088

陳祚龍　敦煌古抄內典尾記彙校初、二、三編合刊　敦煌學要籥　(臺北)新文豐出版公司　1982　p. 139
池田溫　中國古代寫本識語集録　(東京)大藏出版株式會社　1990　p. 388
上山大峻　敦煌佛教の研究　(京都)法藏館　1990　p. 440
林聰明　敦煌文書學　(臺北)新文豐出版公司　1991　p. 304

S. 4089

蕭登福　從敦煌寫卷中看道教星斗崇拜對佛經之影響　第二屆敦煌學國際研討會論文集　(臺北)漢學研究中心　1990　p. 323
蕭登福　道教星斗符印與佛教密宗　(臺北)新文豐出版公司　1993　p. 12

S. 4090

王三慶　敦煌寫卷中武后新字之調查研究　唐代研究論集(第三輯)　(臺北)新文豐出版公司　1992　p. 91

S. 4092

上山大峻　敦煌佛教の研究　(京都)法藏館　1990　p. 362

S. 4093

王三慶　敦煌寫卷中武后新字之調查研究　唐代研究論集(第三輯)　(臺北)新文豐出版公司　1992　p. 91

S. 4102

陳祚龍　敦煌古抄內典尾記彙校初、二、三編合刊　敦煌學要籥　(臺北)新文豐出版公司　1982　p. 139
池田溫　中國古代寫本識語集録　(東京)大藏出版株式會社　1990　p. 159
方廣錩　敦煌遺書中的《法華經》注疏　《世界宗教研究》1998 年第 2 期　p. 76
方廣錩　敦煌遺書中的《妙法蓮華經》及有關文獻　法源(第 16 期)　中國佛學院　1998　p. 48
鄭阿財　臺北"中研院"傅斯年圖書館藏敦煌卷子題記　慶祝吳其昱先生八秩華誕敦煌學特刊　(臺北)文津出版社　2000　p. 381

S. 4103

陳祚龍　敦煌古抄內典尾記彙校初、二、三編合刊　敦煌學要籥　（臺北）新文豐出版公司　1982　p. 82

S. 4105

陳祚龍　敦煌古抄《梁朝傅大士頌金剛經》之考證和校訂　敦煌簡策訂存　（臺北）商務印書館　1983　p. 204

張勇　《梁朝傅大士頌金剛經》版本源流考述　敦煌文學論集　四川人民出版社　1997　p. 404

張勇　傅大士研究　巴蜀書社　2000　p. 260

達照　敦煌本 P. 2039v 號《金剛經讚》的考察　法源（第 19 期）　中國佛學院　2001　p. 96

達照　金剛經讚研究　宗教文化出版社　2002　p. 2、13、58

達照　金剛經讚集　藏外佛教文獻（第九輯）　宗教文化出版社　2003　p. 39、44

S. 4106

岡部和雄　疑僞經典　敦煌仏典と禪（講座敦煌 8）　（東京）大東出版社　1980　p. 357

田中良昭　敦煌禪宗文獻の研究　（東京）大東出版社　1983　p. 403

劉銘恕　敦煌遺書叢識　敦煌語言文學論文集　浙江古籍出版社　1988　p. 52

鄭阿財　敦煌蒙書析論　第二屆敦煌學國際研討會論文集　（臺北）漢學研究中心　1990　p. 220

高國藩　敦煌民俗資料導論　（臺北）新文豐出版公司　1993　p. 42

鄭阿財　敦煌文獻與文學　（臺北）新文豐出版公司　1993　p. 251

沃興華　敦煌書法藝術　上海人民出版社　1994　p. 39

柳田聖山　禪籍解題（一）・敦煌禪籍　俗語言研究（第二期）　（京都）禪文化研究所　1995　p. 148

方廣錩　法句經　敦煌學大辭典　上海辭書出版社　1998　p. 742

李鼎霞　"上大夫"習字本　敦煌學大辭典　上海辭書出版社　1998　p. 782

鄭阿財　朱鳳玉　敦煌蒙書研究　甘肅教育出版社　2002　p. 140

S. 4107

方廣錩　敦煌遺書中的《法華經》注疏　《世界宗教研究》1998 年第 2 期　p. 76

方廣錩　敦煌遺書中的《妙法蓮華經》及有關文獻　法源（第 16 期）　中國佛學院　1998　p. 46

S. 4109

福井文雅　般若心經　敦煌と中國仏教（講座敦煌 7）　（東京）大東出版社　1984　p. 39

S. 4113

篠原壽雄　北宗禪と南宗禪　敦煌仏典と禪（講座敦煌 8）　（東京）大東出版社　1980　p. 192

田中良昭　敦煌禪宗文獻の研究　（東京）大東出版社　1983　p. 261

上山大峻　敦煌佛教の研究　（京都）法藏館　1990　p. 421

田中良昭　《禪籍解題（一）・敦煌禪籍》補遺　俗語言研究（第三期）　（京都）禪文化研究所　1996　p. 217

S. 4115

芳村修基　土橋秀高　井ノ口泰淳　敦煌佛教史年表　西域文化研究（第一）・敦煌佛教資料　（京

都)法藏館　1958　p. 281
陳祚龍　瓜沙印録　(臺北)《大陸雜誌》1962 年第 4 期　又見:敦煌學概要　(臺北)編譯館"中華叢書編委會"　1981　p. 268；中國敦煌學百年文庫·考古卷(一)　甘肅文化出版社　1999　p. 191
陳祚龍　古代敦煌及其他地區流行之公私印章圖記文字録　敦煌學要籥　(臺北)新文豐出版公司　1982　p. 347
孫修身　敦煌三界寺　甘肅省史學會論文集　甘肅省歷史學會編印　1982　p. 173　又見:中國敦煌學百年文庫·宗教卷(一)　甘肅文化出版社　1999　p. 57
李明偉　狀·牒·帖　敦煌文學　甘肅人民出版社　1989　p. 41
唐耕耦　陸宏基　敦煌社會經濟文獻真迹釋録(四)　全國圖書館文獻縮微複製中心　1990　p. 99
鄭炳林　伯 2641 號背莫高窟再修功德記撰寫人探微　《敦煌學輯刊》1991 年第 2 期　p. 54
王書慶　敦煌文獻中五代宋初戒牒研究　《敦煌研究》1997 年第 3 期　p. 35
鄭炳林　敦煌碑銘讚輯釋　甘肅教育出版社　1997　p. 519 注 8
唐耕耦　戒牒　敦煌學大辭典　上海辭書出版社　1998　p. 641
李德龍　沙州三界寺《授戒牒》初探　甘肅民族研究論叢　甘肅人民出版社　2002　p. 391、403
金瀅坤　敦煌社會經濟文書定年拾遺　《首都師範大學學報》2006 年第 1 期　p. 11

S. 4116

向達　倫敦所藏敦煌卷子經眼目録　《北平圖書館圖書季刊》1939 年新第 1 卷第 4 期　p. 397　又見:唐代長安與西域文明　三聯書店　1957　p. 222
北原薰　晚唐·五代の敦煌寺院経済——収支決算報告を中心に　敦煌の社會(講座敦煌 3)　(東京)大東出版社　1980　p. 404
姜伯勤　唐五代敦煌寺戶制度　中華書局　1987　p. 79、269、276
唐耕耦　陸宏基　敦煌社會經濟文獻真迹釋録(三)　全國圖書館文獻縮微複製中心　1990　p. 576
張弓　唐代的寺莊　《魏晉南北朝隋唐史》1990 年第 2 期　p. 55
張弓　中國中古時期寺院地主的非自主發展　《魏晉南北朝隋唐史》1990 年第 9 期　p. 12
高國藩　敦煌民俗資料導論　(臺北)新文豐出版公司　1993　p. 15
前田正名　河西歷史地理學研究　中國藏學出版社　1993　p. 256
張傳璽　中國歷代契約會編考釋(上)　北京大學出版社　1995　p. 511 注 1
李正宇　敦煌歷史地理導論　(臺北)新文豐出版公司　1997　p. 59
唐耕耦　敦煌寺院會計文書研究　(臺北)新文豐出版公司　1997　p. 309
張弓　漢唐佛寺文化史　中國社會科學出版社　1997　p. 311
鄭炳林　敦煌碑銘讚輯釋　甘肅教育出版社　1997　p. 474 注 14
沙知　敦煌契約文書輯校　江蘇古籍出版社　1998　p. 374
張涌泉　敦煌文書疑難詞語辨釋　舊學新知　浙江大學出版社　1999　p. 261
丘古耶夫斯基　敦煌漢文文書　上海古籍出版社　2000　p. 97、190
宋家鈺　英國收藏敦煌文獻敘録　英國收藏敦煌漢藏文獻研究:紀念敦煌文獻發現一百周年　中國社會科學出版社　2000　p. 169
乜小紅　唐五代敦煌牧羊業述論　《敦煌研究》2001 年第 1 期　p. 137
黑維强　敦煌變文詞語校釋　《敦煌學輯刊》2003 年第 1 期　p. 108
鄭炳林　晚唐五代敦煌村莊聚落輯考　2000 年敦煌學國際學術討論會文集·歷史文化卷(上)　甘肅民族出版社　2003　p. 127

鄭炳林　晚唐五代敦煌諸寺藏經與管理　新世紀敦煌學論集　巴蜀書社　2003　p. 350

S. 4117

土肥義和　はじめに——歸義軍節度使の敦煌支配　敦煌の歷史(講座敦煌 2)　(東京)大東出版社　1980　p. 294

王三慶　敦煌寫卷中武后新字之調查研究　漢學研究(敦煌學國際研討會論文專號)　(臺北)漢學研究資料及服務中心　1986　p. 441　又見:唐代研究論集(第三輯)　(臺北)新文豐出版公司　1992　p. 63

周丕顯　敦煌佛經略考　《敦煌學輯刊》1987 年第 2 期　p. 4

劉進寶　敦煌學論述　(臺北)洪葉文化事業有限公司　1995　p. 276

鄭炳林　敦煌碑銘讚輯釋　甘肅教育出版社　1997　p. 31 注 3

白化文　寫經人　敦煌學大辭典　上海辭書出版社　1998　p. 594

劉銘恕　再記英國倫敦所藏的敦煌經卷　《中國科學院圖書館通訊》1957 年第 7 期　又見:中國敦煌學百年文庫・綜述卷(二)　甘肅文化出版社　1999　p. 131

石内德　敦煌文獻中被廢棄的殘經抄本　法國漢學(敦煌學專號)　中華書局　2000　p. 23、28

施安昌　唐武周時期的刻經與敦煌寫經　善本碑帖論集　紫禁城出版社　2002　p. 120

王蘭平　敦煌寫本 ДХ6062《歸義軍時期大般若經抄寫紙曆》及其相關問題考釋　敦煌佛教藝術文化國際學術研討會論文集　蘭州大學出版社　2002　p. 71

方廣錩　敦煌寺院所藏大藏經概貌　藏外佛教文獻(第八輯)　宗教文化出版社　2003　p. 392

王蘭平　P. 3240、P. 4779、S. 4117 等三件敦煌文書的年代　麥積山石窟藝術文化論文集(下)　蘭州大學出版社　2004　p. 197

S. 4118

戴密微著　耿昇譯　敦煌學近作　敦煌譯叢(第一輯)　甘肅人民出版社　1985　p. 43 注 1

上山大峻　敦煌佛教の研究　(京都)法藏館　1990　p. 81

S. 4119

李刈　敦煌壁畫中的《天請問經變相》　《敦煌研究》1991 年第 1 期　p. 2

井ノ口泰淳　普賢行願讚考　中央アジアの言語と仏教　(京都)法藏館　1995　p. 202

方廣錩　救拔焰口餓鬼陀羅尼經　敦煌學大辭典　上海辭書出版社　1998　p. 699

S. 4120

姜伯勤　敦煌寺院碾磑經營的兩種形式　歷史論叢(第三輯)　齊魯書社　1983　p. 175　又見:五十年來漢唐佛教寺院經濟研究　北京師範大學出版社　1986　p. 223

唐耕耦　8 至 10 世紀敦煌的物價　紀念陳寅恪教授國際學術討論會文集　中山大學出版社　1989　p. 535、544

郝春文　唐後期五代宋初沙州僧尼的特點　敦煌吐魯番學研究論文集　漢語大詞典出版社　1990　p. 835

唐耕耦　陸宏基　敦煌社會經濟文獻真迹釋録(三)　全國圖書館文獻縮微複製中心　1990　p. 213

方廣錩　佛教大藏經史(八—十世紀)　中國社會科學出版社　1991　p. 350

李明偉　隋唐絲綢之路　甘肅人民出版社　1994　p. 260

榮新江　敦煌邈真讚所見歸義軍與東西回鶻的關係　敦煌邈真讚校録並研究　(臺北)新文豐出版

公司　1994　p. 115
榮新江　甘州回鶻與曹氏歸義軍　《中國古代史》(先秦至隋唐)1994 年第 3 期　p. 110
郝春文　唐後期五代宋初沙州的方等道場與方等道場司　唐研究(第二卷)　北京大學出版社　1996　p. 71
馬德　敦煌莫高窟史研究　甘肅教育出版社　1996　p. 175
馬德　九、十世紀敦煌工匠史料述論　慶祝潘石禪先生九秩華誕敦煌學特刊　(臺北)文津出版社　1996　p. 312
張亞萍　娜閣　唐五代敦煌的計量單位與價格換算　《敦煌學輯刊》1996 年第 2 期　p. 41
鄭炳林　唐五代敦煌粟特人與歸義軍政權　《敦煌研究》1996 年第 4 期　p. 93　又見:敦煌歸義軍史專題研究　蘭州大學出版社　1997　p. 425
方廣錩　敦煌佛教經録輯校　江蘇古籍出版社　1997　p.1043
馬德　敦煌工匠史料　甘肅人民出版社　1997　p. 48、83
唐耕耦　敦煌寺院會計文書研究　(臺北)新文豐出版公司　1997　p. 425、444
鄭炳林　敦煌碑銘讚輯釋　甘肅教育出版社　1997　p. 315 注 6
鄭炳林　唐五代敦煌的粟特人與佛教　敦煌歸義軍史專題研究　蘭州大學出版社　1997　p. 448、460
鄭炳林　唐五代敦煌手工業研究　敦煌歸義軍史專題研究　蘭州大學出版社　1997　p. 243、268
鄭炳林　晚唐五代敦煌貿易市場的物價　敦煌歸義軍史專題研究　蘭州大學出版社　1997　p. 279、293
郝春文　唐後期五代宋初敦煌僧尼的社會生活　中國社會科學出版社　1998　p. 35
金瀅坤　從敦煌文書看晚唐五代敦煌地區布紡織業　《敦煌研究》1998 年第 2 期　p. 138
童丕　從寺院的帳簿看敦煌二月八日節　法國漢學(敦煌學專號)　中華書局　2000　p. 91
鄭炳林　晚唐五代敦煌貿易市場的外來商品輯考　中華文史論叢(總 63 輯)　上海古籍出版社　2000　p. 66、86
李正宇　唐宋時期的敦煌佛教　敦煌佛教藝術文化國際學術研討會論文集　蘭州大學出版社　2002　p. 382
乜小紅　唐宋敦煌毛紡織業述略　敦煌學(第 23 輯)　(臺北)樂學書局有限公司　2002　p. 129
徐曉麗　鄭炳林　晚唐五代敦煌吐谷渾與吐蕃移民婦女研究　《敦煌學輯刊》2002 年第 2 期　p. 8
方廣錩　敦煌寺院所藏大藏經概貌　藏外佛教文獻(第八輯)　宗教文化出版社　2003　p. 389
童丕　敦煌的借貸:中國中古時代的物質生活與社會　中華書局　2003　p. 106
鄭炳林　晚唐五代敦煌商業貿易市場研究　《敦煌學輯刊》2004 年第 1 期　p. 115
趙曉星　寇甲　西魏:歸義軍時期敦煌地區的史姓　《敦煌學輯刊》2005 年第 2 期　p. 135
李正宇　晚唐至宋敦煌聽許僧人娶妻生子　敦煌吐魯番研究(第九卷)　北京大學出版社　2006　p. 340

S. 4121

池田溫　中國古代籍帳研究:概観・録文　東京大學東洋文化研究所　1979　p. 645
山本達郎等　敦煌・IV 納贈暦・納色物暦等　『NUN – HUANG AND TURFAN DOCUMENTS CONCERNING SOCIAL AND ECONOMIC HISTORY』(IV)　(東京)東洋文庫　1989　p. 99
唐耕耦　陸宏基　敦煌社會經濟文獻真迹釋録(四)　全國圖書館文獻縮微複製中心　1990　p. 10、15 注
李正宇　敦煌遺書宋人詩輯校　《敦煌研究》1992 年第 2 期　p. 44

土肥義和　唐・北宋間の「社」の組織形態に関する一考察　中國古代の國家と民衆(堀敏一先生古稀記念)　(東京)汲古書院　1995　p. 723
唐耕耦　敦煌研究拾遺補缺二則　《敦煌研究》1996 年第 4 期　p. 113
鄭炳林　唐五代敦煌粟特人與歸義軍政權　《敦煌研究》1996 年第 4 期　p. 91　又見:敦煌歸義軍史專題研究　蘭州大學出版社　1997　p. 421
馮培紅　唐五代敦煌的河渠水利與水司管理機構初探　《敦煌學輯刊》1997 年第 2 期　p. 79
馮培紅　晚唐五代宋初歸義軍武職軍將研究　敦煌歸義軍史專題研究　蘭州大學出版社　1997　p. 145
高啓安　唐宋時期敦煌人名探析　《敦煌研究》1997 年第 4 期　p. 125
劉永連　1996—1997 年大陸地區唐代學術研究概況:敦煌學　“中國唐代學會”會刊(第八期)　(臺北)“中國唐代學會”　1997　p. 115
鄭炳林　敦煌碑銘讚輯釋　甘肅教育出版社　1997　p. 105 注 2
鄭炳林　唐五代敦煌手工業研究　敦煌歸義軍史專題研究　蘭州大學出版社　1997　p. 271
高啓安　索黛　敦煌古代僧人官齋飲食檢閱　《敦煌研究》1998 年第 3 期　p. 64
譚蟬雪　榮親　敦煌學大辭典　上海辭書出版社　1998　p. 440
雷紹鋒　歸義軍賦役制度初探　(臺北)洪葉文化事業有限公司　2000　p. 195
徐俊　敦煌詩集殘卷輯考　中華書局　2000　p. 838
徐曉麗　鄭炳林　晚唐五代敦煌吐谷渾與吐蕃移民婦女研究　《敦煌學輯刊》2002 年第 2 期　p. 9
劉進寶　關於歸義軍時期稅草的兩個問題　2000 年敦煌學國際學術討論會文集・歷史文化卷(上)　甘肅民族出版社　2003　p. 171
高啓安　唐五代敦煌飲食文化研究　民族出版社　2004　p. 213、276
金瀅坤　敦煌社會經濟文書定年拾遺　《首都師範大學學報》2006 年第 1 期　p. 11

S. 4125

向達　倫敦所藏敦煌卷子經眼目録　《北平圖書館圖書季刊》1939 年新第 1 卷第 4 期　p. 397　又見:唐代長安與西域文明　三聯書店　1957　p. 222
芳村修基　土橋秀高　井ノ口泰淳　敦煌佛教史年表　西域文化研究(第一)・敦煌佛教資料　(京都)法藏館　1958　p. 281
藤枝晃　敦煌の僧尼籍　『東方學報』(第 35 號)　京都大學人文科學研究所　1964　p. 333
池田溫　中國古代籍帳研究:概観・録文　東京大學東洋文化研究所　1979　p. 663
宋家鈺　唐代手實初探　魏晉隋唐史論集(第一輯)　中國社會科學出版社　1981　p. 224 注 1
董作賓　敦煌紀年　敦煌學文選(上)　蘭州大學歷史系敦煌學研究室等　1983　p. 37
寧欣　唐代敦煌地區農業水利問題初探　敦煌吐魯番文獻研究論集(第三輯)　北京大學出版社　1986　p. 502 注 13、515
王重民原編　黄永武新編　敦煌古籍叙録新編(第七冊)　(臺北)新文豐出版公司　1986　p. 60
李正宇　《吐蕃子年(西元 808 年)沙州百姓氾履倩等戶籍手實殘卷》研究　1983 年全國敦煌學術討論會文集・文史遺書編(上)　甘肅人民出版社　1987　p. 194
宋家鈺　唐朝戶籍法與均田制研究　中州古籍出版社　1988　p. 87 注 2
郝春文　唐後期五代宋初沙州僧尼的特點　敦煌吐魯番學研究論文集　漢語大詞典出版社　1990　p. 855 注 31
唐耕耦　陸宏基　敦煌社會經濟文獻真迹釋録(二)　全國圖書館文獻縮微複製中心　1990　p. 479
佐竹靖彦　唐宋變革の地域的研究　(東京)同朋舍　1990　p. 151

林聰明　敦煌文書學　(臺北)新文豐出版公司　1991　p. 436
佐竹靖彦　唐末宋初敦煌地區戶籍制度的演變　唐代均田制研究選譯　甘肅教育出版社　1992　p. 167
王克孝　評丘古耶夫斯基對敦煌所出某些籍帳文書的考釋　魏晉南北朝隋唐史資料(第12輯)　武漢大學出版社　1993　p. 127
榮新江　歸義軍改元考　文史(第三十八輯)　中華書局　1994　p. 52
林聰明　敦煌文書年代考探略述　敦煌學國際研討會文集・史地語文編　遼寧美術出版社　1995　p. 560
王三慶　敦煌書儀載録之節日活動與民俗　全國敦煌學研討會論文集　(臺北)中正大學中國文學系所　1995　p. 25 注 13
胡如雷　隋唐五代社會經濟史論稿　中國社會科學出版社　1996　p. 58
李正宇　敦煌史地新論　(臺北)新文豐出版公司　1996　p. 123
陸慶夫　唐宋間敦煌粟特人之漢化　《歷史研究》1996年第6期　p. 29　又見:敦煌歸義軍史專題研究　蘭州大學出版社　1997　p. 364
榮新江　歸義軍史研究　上海古籍出版社　1996　p. 56
鄭炳林　唐五代敦煌粟特人與歸義軍政權　《敦煌研究》1996年第4期　p. 83　又見:敦煌歸義軍史專題研究　蘭州大學出版社　1997　p. 405
李正宇　敦煌歷史地理導論　(臺北)新文豐出版公司　1997　p. 269
郝春文　唐後期五代宋初敦煌僧尼的社會生活　中國社會科學出版社　1998　p. 114
郝春文　唐後期五代宋初敦煌僧人的稅役負擔　《敦煌學輯刊》1998年第2期　p. 8
陳國燦　唐代的經濟社會　(臺北)文津出版社　1999　p. 84
池田溫　李盛鐸舊藏敦煌歸義軍後期社會經濟文書簡介　慶祝吳其昱先生八秩華誕敦煌學特刊　(臺北)文津出版社　2000　p. 39
雷紹鋒　歸義軍賦役制度初探　(臺北)洪葉文化事業有限公司　2000　p. 3、8
丘古耶夫斯基　敦煌漢文文書　上海古籍出版社　2000　p. 66
宋家鈺　英國收藏敦煌文獻叙録　英國收藏敦煌漢藏文獻研究:紀念敦煌文獻發現一百周年　中國社會科學出版社　2000　p. 172
林聰明　敦煌吐魯番文書解詁指例　(臺北)新文豐出版公司　2001　p. 267
陳國燦　敦煌學史事新證　甘肅教育出版社　2002　p. 311
姜亮夫　敦煌莫高窟年表　姜亮夫全集(十一)　雲南人民出版社　2002　p. 579
李德龍　沙州三界寺《授戒牒》初探　甘肅民族研究論叢　甘肅人民出版社　2002　p. 416

S. 4127

井ノ口泰淳　普賢行願讚考　中央アジアの言語と仏教　(京都)法藏館　1995　p. 200

S. 4128

周紹良　敦煌所出變文現存目録　敦煌變文彙録　上海出版公司　1955　p. 4
劉銘恕　再記英國倫敦所藏的敦煌經卷　《中國科學院圖書館通訊》1957年第7期　又見:中國敦煌學百年文庫・綜述卷(二)　甘肅文化出版社　1999　p. 135
金岡照光　敦煌民衆の宗教と生活　敦煌の民衆:その生活と思想　(東京)評論社　1972　p. 234
邱鎮京　敦煌變文述論　(臺北)商務印書館　1974　p. 1879
加地哲定　增補中國佛教文學研究　(東京)同朋舍　1979　p. 166

楊家駱　敦煌變文　(臺北)世界書局　1980　p. 324
金岡照光　敦煌の繪物語　(東京)東方書店　1981　p. 113
潘重規　敦煌變文集新書(上)　(臺北)"中國文化大學"中文研究所　1984　p. 563
王慶菽　太子成道變文　敦煌變文集　人民文學出版社　1984　p. 324
平野顯照著　張桐生譯　唐代的文學與佛教　(臺北)業强出版社　1987　p. 288
曲金良　敦煌寫本 S. 2440(7)原卷考辨　《敦煌研究》1989 年第 3 期　p. 71
張涌泉　《敦煌歌辭總編》誤校二十例　《古籍整理出版情況簡報》1989 年第 218 期　p. 23
高國藩　敦煌古俗與民俗流變　河海大學出版社　1990　p. 380
加地哲定著　劉衛星譯　中國佛教文學　今日中國出版社　1990　p. 141
楊雄　《敦煌變文集》校勘拾遺　《敦煌研究》1990 年第 4 期　p. 79
楊雄　太子成道變文補校　《古籍整理研究學刊》1990 年第 4 期　p. 7
高國藩　敦煌民俗資料導論　(臺北)新文豐出版公司　1993　p. 175
梁梁　敦煌壁畫故事(第四輯)　江蘇古籍出版社　1995　p. 2
曲金良　敦煌佛教文學研究　(臺北)文津出版社　1995　p. 271
王慶雲　佛太子與賈寶玉:從敦煌寫本《八相變》看佛教文學對《紅樓夢》的影響　敦煌佛教文學研究　(臺北)文津出版社　1995　p. 301
方一新　敦煌變文詞語校釋　敦煌文學論集　四川人民出版社　1997　p. 296
黄征　張涌泉　敦煌變文校注　中華書局　1997　p. 492、875
海客　太子成道經　敦煌學大辭典　上海辭書出版社　1998　p. 576
梅維恒著　楊繼東　陳引馳譯　唐代變文(上)　(香港)中國佛教文化出版公司　1999　p. 79
金岡照光　敦煌文獻と中國文學　(東京)五曜書房　2000　p. 134、474
謝生保　成佛之路:敦煌壁畫佛傳故事　甘肅人民出版社　2000　p. 181
白化文　從圓珍述及俗講的兩段文字說起:紀念周太初(一良)先生　敦煌吐魯番研究(第六卷)　北京大學出版社　2002　p. 7
黄征　敦煌俗字典　上海教育出版社　2005　p. 35
趙鑫曄　瀝血哀集　蔚然可觀:讀《敦煌俗字典》　《敦煌研究》2006 年第 1 期　p. 114

S. 4129

向達　記倫敦所藏的敦煌俗文學　《新中華雜誌》1937 年第 5 卷第 13 號　p. 123 - 128　又見:唐代長安與西域文明　三聯書店　1957　p. 242;敦煌變文論文録　上海古籍出版社　1982　p. 30
向達　倫敦所藏敦煌卷子經眼目録　《北平圖書館圖書季刊》1939 年新第 1 卷第 4 期　p. 397　又見:唐代長安與西域文明　三聯書店　1957　p. 222
王重民　說《十二時》　《申報·文史》1948 年第 22 期　又見:敦煌遺書論文集　中華書局　1984　p. 158;中國敦煌學百年文庫·文學卷(一)　甘肅文化出版社　1999　p. 479
金岡照光　敦煌漢文文學文獻の文學形態上の種類とその分類　敦煌出土文學文獻分類目録·附解說　(東京)東洋文庫　1971　p. 224
金岡照光　敦煌文學のさまざま　敦煌の文學　(東京)大藏出版株式會社　1971　p. 127
陳祚龍　關於敦煌古抄李唐《崔氏夫人訓女文》　敦煌學海探珠(上冊)　(臺北)商務印書館　1979　p. 43
陳祚龍　唐代西京刻印圖籍之一斑　敦煌資料考屑(下冊)　(臺北)商務印書館　1979　p. 255
川崎ミチコ　修道偈Ⅱ——定格聯章　敦煌仏典と禪(講座敦煌 8)　(東京)大東出版社　1980　p. 271

楊家駱　敦煌變文　(臺北)世界書局　1980　p. 861
潘重規　敦煌詞話　(臺北)石門圖書公司　1981　p. 62
鄭阿財　敦煌孝道文學研究　(臺北)石門圖書公司　1982　p. 16、78、532、604
陳祚龍　關於我國始行雕版印刷品的"老"問題　敦煌簡策訂存　(臺北)商務印書館　1983　p. 3
周丕顯　敦煌俗曲中的分時聯章體歌辭　隴文學論叢　甘肅人民出版社　1983　p. 7
潘重規　敦煌變文集新書(下)　(臺北)"中國文化大學"中文研究所　1984　p. 1200
王慶菽　齖䶗書一卷　敦煌變文集　人民文學出版社　1984　p. 861
李正宇　敦煌學郎題記輯注　《敦煌學輯刊》1987年第1期　p. 35
任半塘　敦煌歌辭總編　上海古籍出版社　1987　p. 1288
張鴻勳　敦煌講唱文學作品選注　甘肅人民出版社　1987　p. 82
舒學　敦煌漢文遺書中雕版印刷資料綜叙　敦煌語言文學研究　北京大學出版社　1988　p. 294
周紹良　讀變文劄記　敦煌語言文學研究　北京大學出版社　1988　p. 60
柴劍虹　詩話　敦煌文學　甘肅人民出版社　1989　p. 301　又見:敦煌學大辭典　上海辭書出版社　1998　p. 524
劉進寶　俚曲小調　敦煌文學　甘肅人民出版社　1989　p. 222
張錫厚　敦煌詩歌考論　《敦煌學輯刊》1989年第2期　p. 22
張錫厚　詩歌　敦煌文學　甘肅人民出版社　1989　p. 169
高國藩　敦煌古俗與民俗流變　河海大學出版社　1990　p. 462
郭在貽　張涌泉　黄征　敦煌變文集校議　岳麓書社　1990　p. 443
任半塘　王昆吾　隋唐五代燕樂雜言歌辭集　巴蜀書社　1990　p. 247
項楚　敦煌變文選注　巴蜀書社　1990　p. 789
柴劍虹　敦煌文學中的"因緣"與"詩話"　西域文史論稿　(臺北)國文天地雜誌社　1991　p. 523
林聰明　敦煌文書學　(臺北)新文豐出版公司　1991　p. 343
金岡照光　韻文體類:長篇叙事詩・短篇歌詠　敦煌の文學文獻(講座敦煌9)　(東京)大東出版社　1992　p. 261
林家平　寧强　羅華慶　中國敦煌學史　北京語言學院出版社　1992　p. 106
翁同文　世界史上最早的中晚唐間長安出版商　唐代研究論集(第四輯)　(臺北)新文豐出版公司　1992　p. 64
張涌泉　敦煌寫卷俗字類型及其考辨的方法　(香港)《九州學刊》(敦煌學專輯)1992年第4卷第4期　p. 83
周紹良　敦煌文學芻議及其它　(臺北)新文豐出版公司　1992　p. 61、204
高國藩　敦煌民俗資料導論　(臺北)新文豐出版公司　1993　p. 59
郭在貽　郭在貽敦煌學論集　江西人民出版社　1993　p. 209
項楚　敦煌詩歌導論　(臺北)新文豐出版公司　1993　p. 201
張鴻勳　敦煌話本詞文俗賦導論　(臺北)新文豐出版公司　1993　p. 75、194
張錫厚　敦煌文學概論　甘肅人民出版社　1993　p. 276、362
鄭阿財　從敦煌文獻看唐代的三教合一　第二屆國際唐代學術會議論文集(上)　(臺北)文津出版社　1993　p. 651
鄭阿財　敦煌文獻與文學　(臺北)新文豐出版公司　1993　p. 112、135、262、279
劉進寶　敦煌學論述　(臺北)洪葉文化事業有限公司　1995　p. 294
曲金良　敦煌佛教文學研究　(臺北)文津出版社　1995　p. 96
張涌泉　漢語俗字研究　岳麓書社　1995　p. 222

朱鳳玉　敦煌文獻中的語文教材　(臺灣)《嘉義師院學報》1995 年第 9 期　p. 472
黄征　張涌泉　敦煌變文校注　中華書局　1997　p. 1214
寧可　郝春文　敦煌社邑文書輯校　江蘇古籍出版社　1997　p. 360
鄧文寬　敦煌本《六祖壇經》口語詞釋　敦煌吐魯番研究(第三卷)　北京大學出版社　1998　p. 101
荒川正晴　最近五年來(1993—1998)日本的唐代學術研究概況　“中國唐代學會”會刊(第九期)　(臺北)“中國唐代學會”　1998　p. 191
李鼎霞　柴劍虹　崔氏夫人要女文　敦煌學大辭典　上海辭書出版社　1998　p. 547
盛冬鈴　勸學十二時　敦煌學大辭典　上海辭書出版社　1998　p. 538
徐俊　唐五代長沙窑瓷器題詩校證　唐研究(第四卷)　北京大學出版社　1998　p. 90
張鴻勳　齖魺書　敦煌學大辭典　上海辭書出版社　1998　p. 586
胡大浚　王志鵬　敦煌邊塞詩歌校注　甘肅人民出版社　1999　p. 15
黄征　程惠新　劫塵遺珠:敦煌遺書　甘肅教育出版社　1999　p. 99
妹尾達彦　唐代長安東市の印刷業　東アジア史における國家と地域　(東京)刀水書房　1999　p. 220
陳永勝　敦煌買賣契約法律制度探析　《敦煌研究》2000 年第 4 期　p. 101
杜琪　敦煌詩賦作品要目分類題注　《甘肅社會科學》2000 年第 1 期　p. 63
伏俊璉　俗情雅韻:敦煌賦選析　甘肅人民出版社　2000　p. 167
徐俊　敦煌詩集殘卷輯考　中華書局　2000　p. 290、764、883
張鴻勳　說唱藝術奇葩:敦煌變文選評　甘肅人民出版社　2000　p. 99
張錫厚　敦煌文學源流　作家出版社　2000　p. 65、530
林聰明　敦煌吐魯番文書解詁指例　(臺北)新文豐出版公司　2001　p. 211 注 4
劉進寶　敦煌學通論　甘肅教育出版社　2002　p. 411
張鴻勳　敦煌俗文學研究　甘肅人民出版社　2002　p. 7
鄭阿財　朱鳳玉　敦煌蒙書研究　甘肅教育出版社　2002　p. 409
王克孝　顔廷亮　敦煌吐魯番契約中的契約形式與契約制度　2000 年敦煌學國際學術討論會文集·歷史文化卷(上)　甘肅民族出版社　2003　p. 231
黄建寧　《雙恩記》補校　《敦煌研究》2004 年第 6 期　p. 91
趙跟喜　敦煌唐宋時期的女子教育初探　《敦煌研究》2006 年第 2 期　p. 92

S. 4130

劉惠琴　從敦煌文書中看沙州紡織業　《敦煌學輯刊》1995 年第 2 期　p. 53

S. 4134

許建平　《英藏敦煌文獻》(1－8)補遺　英國收藏敦煌漢藏文獻研究:紀念敦煌文獻發現一百周年　中國社會科學出版社　2000　p. 394

S. 4136

王重民　記敦煌寫本的佛經　敦煌吐魯番文獻研究論集(第二輯)　北京大學出版社　1983　p. 9　又見:敦煌遺書論文集　中華書局　1984　p. 295
沃興華　敦煌書法藝術　上海人民出版社　1994　p. 12
黄征　《韓擒虎話本》補校　敦煌語文叢說　(臺北)新文豐出版公司　1997　p. 402
黄征　張涌泉　敦煌變文校注　中華書局　1997　p. 306

方廣錩　敦煌遺書中的《法華經》注疏　《世界宗教研究》1998 年第 2 期　p. 76
方廣錩　敦煌遺書中的《妙法蓮華經》及有關文獻　法源(第 16 期)　中國佛學院　1998　p. 48
石井公成　敦煌發現之地論宗諸文獻與電腦自動異本處理　中日敦煌佛教學術會議論文集　中國社會科學院研究所　2002　p. 144　又見:戒幢佛學(第二卷)　岳麓書社　2002　p. 179

S. 4137
上山大峻　敦煌佛教の研究　(京都)法藏館　1990　p. 39

S. 4142
陳祚龍　敦煌古抄内典尾記彙校初、二、三編合刊　敦煌學要籥　(臺北)新文豐出版公司　1982　p. 140
池田溫　中國古代寫本識語集録　(東京)大藏出版株式會社　1990　p. 391

S. 4144
土橋秀高　敦煌の律藏　敦煌と中國仏教(講座敦煌 7)　(東京)大東出版社　1984　p. 249

S. 4146
蕭登福　從敦煌寫卷中看道教星斗崇拜對佛經之影響　第二屆敦煌學國際研討會論文集　(臺北)漢學研究中心　1990　p. 335

S. 4148
江素雲　維摩詰所說經敦煌寫本綜合目録　(臺北)東初出版社　1991　p. 80

S. 4149
方廣錩　中阿含經　敦煌學大辭典　上海辭書出版社　1998　p. 705

S. 4151
蕭登福　從敦煌寫卷中看道教星斗崇拜對佛經之影響　第二屆敦煌學國際研討會論文集　(臺北)漢學研究中心　1990　p. 323
蕭登福　道教星斗符印與佛教密宗　(臺北)新文豐出版公司　1993　p. 55

S. 4153
池田溫　中國古代寫本識語集録　(東京)大藏出版株式會社　1990　p. 378
江素雲　維摩詰所說經敦煌寫本綜合目録　(臺北)東初出版社　1991　p. 80
鄭炳林　敦煌碑銘讚輯釋　甘肅教育出版社　1997　p. 31 注 5
楊富學　李吉和　敦煌漢文吐蕃史料輯校(第一輯)　甘肅人民出版社　1999　p. 282

S. 4154
江素雲　維摩詰所說經敦煌寫本綜合目録　(臺北)東初出版社　1991　p. 80

S. 4155
劉銘恕　再記英國倫敦所藏的敦煌經卷　《中國科學院圖書館通訊》1957 年第 7 期　又見:中國敦煌

學百年文庫・綜述卷(二)　甘肅文化出版社　1999　p. 138
平野顯照著　張桐生譯　唐代的文學與佛教　(臺北)業强出版社　1987　p. 264
鄭阿財　敦煌寫卷《懺悔滅罪金光明經傳》初探　慶祝潘石禪先生九秩華誕敦煌學特刊　(臺北)文津出版社　1996　p. 584
鄭阿財　敦煌寫卷《懺悔滅罪金光明經傳》研究　敦煌文藪(下)　(臺北)新文豐出版公司　1999　p. 72
楊寶玉　《懺悔滅罪金光明經冥報傳》校考　英國收藏敦煌漢藏文獻研究:紀念敦煌文獻發現一百周年　中國社會科學出版社　2000　p. 330

S. 4156

方廣錩　無垢淨光大陀羅尼經　敦煌學大辭典　上海辭書出版社　1998　p. 699

S. 4159

上山大峻　敦煌佛教の研究　(京都)法藏館　1990　p. 19、42、485
柳田聖山　禪籍解題(一)・敦煌禪籍　俗語言研究(第二期)　(京都)禪文化研究所　1995　p. 141
郝春文　曇曠　敦煌學大辭典　上海辭書出版社　1998　p. 347
楊富學　李吉和　敦煌漢文吐蕃史料輯校(第一輯)　甘肅人民出版社　1999　p. 24

S. 4160

陳祚龍　敦煌古抄內典尾記彙校初、二、三編合刊　敦煌學要籥　(臺北)新文豐出版公司　1982　p. 140
孫修身　敦煌三界寺　甘肅省史學會論文集　甘肅省歷史學會編印　1982　p. 173　又見:中國敦煌學百年文庫・宗教卷(一)　甘肅文化出版社　1999　p. 58
孫修身　敦煌石窟《臘八燃燈分配窟龕名數》寫作年代考　絲路訪古　甘肅人民出版社　1983　p. 212
池田溫　中國古代寫本識語集録　(東京)大藏出版株式會社　1990　p. 522
王書慶　敦煌文獻中五代宋初戒牒研究　《敦煌研究》1997 年第 3 期　p. 39
鄭炳林　敦煌碑銘讚輯釋　甘肅教育出版社　1997　p. 517 注 8
徐俊　敦煌詩集殘卷輯考　中華書局　2000　p. 114

S. 4162

許國霖　敦煌石室寫經題記彙編　《微妙聲》1936 – 1937 年第 1 – 4 期　又見:中國敦煌學百年文庫・宗教卷(四)　甘肅文化出版社　1999　p. 237
許國霖　敦煌石室寫經年代表　《微妙聲》1937 年第 5 期　又見:中國敦煌學百年文庫・宗教卷(四)　甘肅文化出版社　1999　p. 196
芳村修基　土橋秀高　井ノ口泰淳　敦煌佛教史年表　西域文化研究(第一)・敦煌佛教資料　(京都)法藏館　1958　p. 258
陳祚龍　敦煌古抄內典尾記彙校初、二、三編合刊　敦煌學要籥　(臺北)新文豐出版公司　1982　p. 140
李正宇　晚唐敦煌本《釋迦因緣劇本》試探　《敦煌研究》1987 年第 1 期　p. 74
池田溫　中國古代寫本識語集録　(東京)大藏出版株式會社　1990　p. 169
趙聲良　隋代敦煌寫本的書法藝術　敦煌書法庫(第三輯)　甘肅人民美術出版社　1994　p. 3　又

見:《敦煌研究》1995 年第 4 期　p. 135
黄征　吳偉　敦煌願文集　岳麓書社　1995　p. 869
梁尉英　敦煌佛傳概觀及其中國化之特點　敦煌學國際研討會文集・石窟藝術編　遼寧美術出版社　1995　p. 340
王三慶　敦煌書儀載録之節日活動與民俗　全國敦煌學研討會論文集　(臺北)中正大學中國文學系所　1995　p. 26 注 39
方廣錩　優婆塞戒經　敦煌學大辭典　上海辭書出版社　1998　p. 710
譚蟬雪　敦煌歲時文化導論　(臺北)新文豐出版公司　1998　p. 152
金岡照光　敦煌文獻と中國文學　(東京)五曜書房　2000　p. 429
王惠民　敦煌隋至唐前期藥師圖像考察　藝術史研究(2)　中山大學出版社　2000　p. 297
譚蟬雪　唐宋敦煌歲時佛俗　《敦煌研究》2001 年第 1 期　p. 99
李文潔　林世田　《佛說如來成道經》與《降魔變文》關係之研究　《敦煌學輯刊》2005 年第 4 期　p. 47

S. 4164

陳祚龍　敦煌古抄内典尾記彙校初、二、三編合刊　敦煌學要籥　(臺北)新文豐出版公司　1982　p. 140
金岡照光　敦煌文獻と中國文學　(東京)五曜書房　2000　p. 429

S. 4167

土橋秀高　四分律雜抄　西域文化研究(第一)・敦煌佛教資料　(京都)法藏館　1958　p. 186
陳祚龍　敦煌古抄内典尾記彙校初、二、三編合刊　敦煌學要籥　(臺北)新文豐出版公司　1982　p. 140
池田溫　中國古代寫本識語集録　(東京)大藏出版株式會社　1990　p. 400
宋家鈺　佛教齋文源流與敦煌本"齋文"書的復原　英國收藏敦煌漢藏文獻研究:紀念敦煌文獻發現一百周年　中國社會科學出版社　2000　p. 298
陳麗萍　敦煌女性寫經題記及反映的婦女問題　敦煌佛教藝術文化國際學術研討會論文集　蘭州大學出版社　2002　p. 431

S. 4168

芳村修基　土橋秀高　井ノ口泰淳　敦煌佛教史年表　西域文化研究(第一)・敦煌佛教資料　(京都)法藏館　1958　p. 262
陳祚龍　敦煌古抄内典尾記彙校初、二、三編合刊　敦煌學要籥　(臺北)新文豐出版公司　1982　p. 140
池田溫　中國古代寫本識語集録　(東京)大藏出版株式會社　1990　p. 226
高國藩　敦煌古俗與民俗流變　河海大學出版社　1990　p. 428
林聰明　從敦煌文書看佛教徒的造經祈福　第二屆敦煌學國際研討會論文集　(臺北)漢學研究中心　1990　p. 524
方廣錩　佛教大藏經史(八—十世紀)　中國社會科學出版社　1991　p. 62
林聰明　敦煌文書出處略考　季羨林教授八十華誕紀念論文集(下)　江西人民出版社　1991　p. 852
林聰明　敦煌文書學　(臺北)新文豐出版公司　1991　p. 110、143、375

藤枝晃著　徐慶全　李樹清譯　敦煌寫本概述　《敦煌研究》1996 年第 2 期　p. 119
白化文　裝潢手　敦煌學大辭典　上海辭書出版社　1998　p. 594
陳國燦　上元三年唐宮廷寫妙法蓮花經記　敦煌學大辭典　上海辭書出版社　1998　p. 455
方廣錩　敦煌遺書中的《妙法蓮華經》及有關文獻　敦煌學佛教學論叢(下)　中國佛教文化研究所　1998　p. 80　又見:法源(第 16 期)　中國佛學院　1998　p. 44
顧吉辰　敦煌文獻職官結銜考釋　《敦煌學輯刊》1998 年第 2 期　p. 25
姜亮夫　敦煌莫高窟年表　姜亮夫全集(十一)　雲南人民出版社　2002　p. 241

S. 4171

池田溫　中國古代寫本識語集録　(東京)大藏出版株式會社　1990　p. 392

S. 4172

素癡　不列顛博物院所藏中國寫本瞥記　《國文周刊》1934 年第 11 卷第 21 期　又見:中國敦煌學百年文庫・綜述卷(一)　甘肅文化出版社　1999　p. 58
向達　倫敦所藏敦煌卷子經眼目録　《北平圖書館圖書季刊》1939 年新第 1 卷第 4 期　p. 397　又見:唐代長安與西域文明　三聯書店　1957　p. 223
玉井是博　敦煌戶籍殘卷再考　唐代文獻叢考　商務印書館　1947　p. 30
嚴靈峰　老子《想爾注》寫本殘卷質疑　(臺北)《大陸雜誌》1965 年第 6 期　又見:中國敦煌學百年文庫・文獻卷(一)　甘肅文化出版社　1999　p. 495
池田溫　中國古代籍帳研究:概觀・録文　東京大學東洋文化研究所　1979　p. 668
王重民　敦煌古籍叙録　中華書局　1979　p. 126
菊池英夫　唐代敦煌社會の外貌　敦煌の社會(講座敦煌 3)　(東京)大東出版社　1980　p. 147
宋家鈺　唐代手實初探　魏晉隋唐史論集(第一輯)　中國社會科學出版社　1981　p. 224
史葦湘　絲綢之路上的敦煌與莫高窟　敦煌研究文集　甘肅人民出版社　1982　p. 120 注 129
董作賓　敦煌紀年　敦煌學文選(上)　蘭州大學歷史系敦煌學研究室等　1983　p. 37
姜亮夫　敦煌學之文書研究　敦煌吐魯番文獻研究論集(第二輯)　北京大學出版社　1983　p. 33、35
寧欣　唐代敦煌地區農業水利問題初探　敦煌吐魯番文獻研究論集(第三輯)　北京大學出版社　1986　p. 502 注 13
王重民原編　黄永武新編　敦煌古籍叙録新編(第七冊)　(臺北)新文豐出版公司　1986　p. 60
高國藩　敦煌民俗學簡論　1983 年全國敦煌學術討論會文集・文史遺書編(下)　甘肅人民出版社　1987　p. 390
李正宇　《吐蕃子年(西元 808 年)沙州百姓氾履倩等戶籍手實殘卷》研究　1983 年全國敦煌學術討論會文集・文史遺書編(上)　甘肅人民出版社　1987　p. 194
宋家鈺　唐朝戶籍法與均田制研究　中州古籍出版社　1988　p. 87
楊際平　唐末宋初敦煌土地制度初探　《敦煌學輯刊》1988 年第 1、2 期　p. 12
高國藩　敦煌民俗學　上海文藝出版社　1989　p. 93
李正宇　唐宋時代敦煌縣河渠泉澤簡志(二)　《敦煌研究》1989 年第 1 期　p. 54
唐耕耦　陸宏基　敦煌社會經濟文獻真迹釋録(二)　全國圖書館文獻縮微複製中心　1990　p. 483
佐竹靖彥　唐宋變革の地域的研究　(東京)同朋舍　1990　p. 151
林家平　寧强　羅華慶　中國敦煌學史　北京語言學院出版社　1992　p. 87
王仲犖　敦煌石室出《沙州都督府圖經》殘卷考釋　《中國歷史地理論叢》1992 年第 1 輯　又見:中國敦煌學百年文庫・地理卷(一)　甘肅文化出版社　1999　p. 354

佐竹靖彦　唐末宋初敦煌地區戸籍制度的演變　唐代均田制研究選譯　甘肅教育出版社　1992　p. 167

高國藩　敦煌民俗資料導論　(臺北)新文豐出版公司　1993　p. 42

王克孝　評丘古耶夫斯基對敦煌所出某些籍帳文書的考釋　魏晉南北朝隋唐史資料(第12輯)　武漢大學出版社　1993　p. 127

榮新江　歸義軍改元考　文史(第三十八輯)　中華書局　1994　p. 52

王三慶　敦煌書儀載録之節日活動與民俗　全國敦煌學研討會論文集　(臺北)中正大學中國文學系所　1995　p. 25 注 13

榮新江　歸義軍史研究　上海古籍出版社　1996　p. 56

鄭炳林　唐五代敦煌粟特人與歸義軍政權《敦煌研究》1996 年第 4 期　p. 83　又見:敦煌歸義軍史專題研究　蘭州大學出版社　1997　p. 405

李正宇　敦煌歷史地理導論　(臺北)新文豐出版公司　1997　p. 268

劉進寶　歸義軍土地制度初探《敦煌研究》1997 年第 2 期　p. 48、53

張弓　漢唐佛寺文化史　中國社會科學出版社　1997　p. 840

劉濤　敦煌書法　敦煌學大辭典　上海辭書出版社　1998　p. 274

宋家鈺　籍帳　敦煌學大辭典　上海辭書出版社　1998　p. 402

陳國燦　唐代的經濟社會　(臺北)文津出版社　1999　p. 84

高國藩　敦煌俗文化學　上海三聯書店　1999　p. 162

池田溫　李盛鐸舊藏敦煌歸義軍後期社會經濟文書簡介　慶祝吳其昱先生八秩華誕敦煌學特刊　(臺北)文津出版社　2000　p. 39

雷紹鋒　歸義軍賦役制度初探　(臺北)洪葉文化事業有限公司　2000　p. 3、65、131

劉進寶　敦煌文書與唐史研究　(臺北)新文豐出版公司　2000　p. 151

丘古耶夫斯基　敦煌漢文文書　上海古籍出版社　2000　p. 65

宋家鈺　英國收藏敦煌文獻叙録　英國收藏敦煌漢藏文獻研究:紀念敦煌文獻發現一百周年　中國社會科學出版社　2000　p. 172

陳國燦　敦煌學史事新證　甘肅教育出版社　2002　p. 312

姜亮夫　敦煌莫高窟年表　姜亮夫全集(十一)　雲南人民出版社　2002　p. 588

趙曉星　寇甲　西魏:歸義軍時期敦煌地區的史姓　《敦煌學輯刊》2005 年第 2 期　p. 138

S. 4173

金岡照光　ソビエトにおける敦煌研究文獻三種　『東洋學報』(48 卷 1 號)　(東京)東洋學術協會　1965　p. 121

金岡照光　敦煌文學のさまざま　敦煌の文學　(東京)大蔵出版株式會社　1971　p. 151

加地哲定　增補中國佛教文學研究　(東京)同朋舍　1979　p. 188、201

川崎ミチコ　禮讚文・塔文　敦煌仏典と禅(講座敦煌 8)　(東京)大東出版社　1980　p. 308

川崎ミチコ　修道偈Ⅱ——定格聯章　敦煌仏典と禅(講座敦煌 8)　(東京)大東出版社　1980　p. 269

鄭阿財　敦煌孝道文學研究　(臺北)石門圖書公司　1982　p. 531

耿昇譯　列寧格勒所藏敦煌漢文寫本簡介　敦煌譯叢(第一輯)　甘肅人民出版社　1985　p. 123 注 4

龍晦　論敦煌詞曲所見之禪宗與淨土宗　《世界宗教研究》1986 年第 3 期　p. 61

任半塘　敦煌歌辭總編　上海古籍出版社　1987　p. 1429

汪泛舟　讚·箴　敦煌文學　甘肅人民出版社　1989　p. 98
加地哲定著　劉衛星譯　中國佛教文學　今日中國出版社　1990　p. 160、172
任半塘　王昆吾　隋唐五代燕樂雜言歌辭集　巴蜀書社　1990　p. 872
上山大峻　敦煌佛教の研究　（京都）法藏館　1990　p. 419
高田時雄　チベット文字書寫「長卷」の研究（本文编）『東方學報』（第 65 號）　京都大學人文科學研究所　1993　p. 372
汪娟　敦煌禮懺文研究　（臺北）法鼓文化公司　1994　p. 19、201
張涌泉　漢語俗字研究　岳麓書社　1995　p. 163
張涌泉　試論敦煌寫卷俗文字研究之意義　敦煌學國際研討會文集·史地語文编　遼寧美術出版社　1995　p. 361
孫昌武　禪思與詩情　中華書局　1997　p. 330 注 21
柴劍虹　南宗五更轉　敦煌學大辭典　上海辭書出版社　1998　p. 549
方廣錩　金剛五禮　敦煌學大辭典　上海辭書出版社　1998　p. 724
湛如　評《敦煌禮懺文研究》　敦煌吐魯番研究（第四卷）　北京大學出版社　1999　p. 620
達照　《金剛經》相關的懺法初探　法源（第 18 期）　中國佛學院　2000　p. 215
達照　金剛五禮　藏外佛教文獻（第七輯）　宗教文化出版社　2000　p. 54
張錫厚　敦煌文學源流　作家出版社　2000　p. 331
張涌泉　漢語俗字叢考　中華書局　2000　p. 472
蔣宗福　敦煌禪宗文獻校讀劄記　中國俗文化研究（第一輯）　巴蜀書社　2003　p. 155

S. 4175

王重民　敦煌古籍叙録　中華書局　1979　p. 126
姜亮夫　敦煌學之文書研究　敦煌吐魯番文獻研究論集（第二輯）　北京大學出版社　1983　p. 33、35
戴密微著　耿昇譯　列寧格勒所藏敦煌漢文寫本簡介　敦煌譯叢（第一輯）　甘肅人民出版社　1985　p. 124 注 1
池田溫　中國古代寫本識語集録　（東京）大藏出版株式會社　1990　p. 457
林家平　寧強　羅華慶　中國敦煌學史　北京語言學院出版社　1992　p. 87
高田時雄　チベット文字書寫「長卷」の研究（本文编）『東方學報』（第 65 號）　京都大學人文科學研究所　1993　p. 372
蘇遠鳴　敦煌寫本中的地藏十齋日　法國學者敦煌學論文選萃　中華書局　1993　p. 392
蕭登福　道教與佛教　（臺北）東大圖書公司　1995　p. 154
方廣錩　地藏菩薩十齋日　敦煌學大辭典　上海辭書出版社　1998　p. 730
許建平　《英藏敦煌文獻》（1－8）補遺　英國收藏敦煌漢藏文獻研究：紀念敦煌文獻發現一百周年　中國社會科學出版社　2000　p. 394
張總　地藏菩薩十齋日　藏外佛教文獻（第七輯）　宗教文化出版社　2000　p. 349
張總　地藏信仰研究　宗教文化出版社　2003　p. 382

S. 4176

池田溫　中國古代寫本識語集録　（東京）大藏出版株式會社　1990　p. 393
戴仁　敦煌和吐魯番寫本的斷代研究　法國學者敦煌學論文選萃　中華書局　1993　p. 542

S. 4177

王三慶　談齋論文——敦煌寫卷齋願文研究　第四届唐代文化學術研討會論文集　(臺南)成功大學　1991　p. 291

S. 4178

方廣錩　僧伽吒經　敦煌學大辭典　上海辭書出版社　1998　p. 663

S. 4179

蕭登福　從敦煌寫卷中看道教星斗崇拜對佛經之影響　第二届敦煌學國際研討會論文集　(臺北)漢學研究中心　1990　p. 335

S. 4182

金岡照光　敦煌漢文文學文獻の文學形態上の種類とその分類　敦煌出土文學文獻分類目録・附解説　(東京)東洋文庫　1971　p. 203
金岡照光　敦煌文學のさまざま　敦煌の文學　(東京)大蔵出版株式會社　1971　p. 108
金岡照光　敦煌の繪物語　(東京)東方書店　1981　p. 69
福井文雅　般若心經　敦煌と中國仏教(講座敦煌7)　(東京)大東出版社　1984　p. 39
金岡照光　講唱體類　敦煌の文學文獻(講座敦煌9)　(東京)大東出版社　1992　p. 77

S. 4183

池田溫　中國古代寫本識語集録　(東京)大蔵出版株式會社　1990　p. 393

S. 4184

陳祚龍　敦煌古抄内典尾記彙校初、二、三編合刊　敦煌學要籥　(臺北)新文豐出版公司　1982　p. 141
池田溫　中國古代寫本識語集録　(東京)大蔵出版株式會社　1990　p. 392

S. 4185

陳祚龍　敦煌古抄内典尾記彙校初、二、三編合刊　敦煌學要籥　(臺北)新文豐出版公司　1982　p. 141
池田溫　中國古代寫本識語集録　(東京)大蔵出版株式會社　1990　p. 392

S. 4187

井ノ口泰淳　敦煌本『仏名經』の諸系統　中央アジアの言語と仏教　(京都)法藏館　1995　p. 298

S. 4191

李明偉　狀・牒・帖　敦煌文學　甘肅人民出版社　1989　p. 40
郝春文　唐後期五代宋初沙州僧尼的特點　敦煌吐魯番學研究論文集　漢語大詞典出版社　1990　p. 856 注 50
唐耕耦　陸宏基　敦煌社會經濟文獻真迹釋録(三)　全國圖書館文獻縮微複製中心　1990　p. 307
譚禪雪　敦煌歲時掇瑣　(香港)《九州學刊》(敦煌學專輯)1993 年第 5 卷第 4 期　p. 106
汪泛舟　敦煌文學概論　甘肅人民出版社　1993　p. 557

蔣禮鴻　敦煌文獻語言詞典　杭州大學出版社　1994　p. 150
黄征　張涌泉　敦煌變文校注　中華書局　1997　p. 19
唐耕耦　敦煌寺院會計文書研究　（臺北）新文豐出版公司　1997　p. 40、52
鄭炳林　敦煌碑銘讚輯釋　甘肅教育出版社　1997　p. 208 注 5
鄭炳林　唐五代敦煌種植林業研究　敦煌歸義軍史專題研究　蘭州大學出版社　1997　p. 197
譚蟬雪　敦煌歲時文化導論　（臺北）新文豐出版公司　1998　p. 366
唐耕耦　敦煌會計文書　敦煌學大辭典　上海辭書出版社　1998　p. 646
唐耕耦　入破曆算會牒　敦煌學大辭典　上海辭書出版社　1998　p. 647
楊富學　李吉和　敦煌漢文吐蕃史料輯校（第一輯）　甘肅人民出版社　1999　p. 231
譚蟬雪　唐宋敦煌歲時佛俗：八月至十二月　《敦煌研究》2001 年第 2 期　p. 76
高啓安　唐五代敦煌飲食文化研究　民族出版社　2004　p. 10、25
黑維强　吐魯番出土文書詞語例釋（二）　《敦煌學輯刊》2005 年第 2 期　p. 192

S. 4192

仁井田陞　唐末五代の敦煌寺院佃戶關係文書　西域文化研究（第二）・敦煌吐魯番社會經濟資料（上）　（京都）法藏館　1959　p. 82
陳國燦　敦煌所出諸借契年代考　魏晉南北朝隋唐史資料（第 4 輯）　武漢大學出版社　1982　p. 12　又見：《敦煌學輯刊》1984 年第 1 期　p. 5
仁井田陞著　姜鎮慶譯　唐末五代的敦煌寺院佃戶關係文書　敦煌學譯文集　甘肅人民出版社　1985　p. 847 注 10
王堯　陳踐　從一張借契看宗教的社會作用：P. T. 1297 號敦煌吐蕃文書譯解　《世界宗教研究》1986 年第 4 期　p. 70
姜伯勤　唐五代敦煌寺戶制度　中華書局　1987　p. 314
李正宇　《吐蕃子年（西元 808 年）沙州百姓氾履倩等戶籍手實殘卷》研究　1983 年全國敦煌學術討論會文集・文史遺書編（上）　甘肅人民出版社　1987　p. 188 注 24
唐耕耦　陸宏基　敦煌社會經濟文獻真迹釋録（二、三）　全國圖書館文獻縮微複製中心　1990　p. 79；150
仁井田陞　補訂中國法制史研究：奴隸農奴法・家族村落法　東京大學出版會　1991　p. 71
仁井田陞　補訂中國法制史研究：土地法・取引法　東京大學出版會　1991　p. 704
郝春文　敦煌寫本社邑文書年代彙考（一、二）　《首都師範大學學報》1993 年第 4、5 期　p. 35；81
李正宇　敦煌古代硬筆書法　（臺北）《文化大學中文學報》1993 年創刊號　p. 4
李正宇　中國唐宋硬筆書法　上海文化出版社　1993　p. 30
林聰明　談敦煌學研究上的一些障礙問題　全國敦煌學研討會論文集　（臺北）中正大學中國文學系所　1995　p. 245
張傳璽　中國歷代契約會編考釋（上）　北京大學出版社　1995　p. 376 注 1
鄭炳林　唐五代敦煌的粟特人與佛教　敦煌歸義軍史專題研究　蘭州大學出版社　1997　p. 435
鄭炳林　吐蕃統治下的敦煌粟特人　敦煌歸義軍史專題研究　蘭州大學出版社　1997　p. 381
李正宇　敦煌古代硬筆書法　敦煌學大辭典　上海辭書出版社　1998　p. 288
沙知　敦煌契約文書輯校　江蘇古籍出版社　1998　p. 150
鄭炳林　《康秀華寫經施入疏》與《炫和尚貨賣胡粉曆》研究　敦煌吐魯番研究（第三卷）　北京大學出版社　1998　p. 202
陳海濤　敦煌歸義軍時期從化鄉消失原因初探　中國社會歷史評論（第二卷）　天津古籍出版社

2000 p. 434

陳永勝 敦煌吐魯番法制文書研究 甘肅人民出版社 2000 p. 52

林聰明 敦煌吐魯番文書解詁指例 （臺北）新文豐出版公司 2001 p. 315

楊森 關於敦煌文獻中的“平章”一詞 敦煌學與中國史研究論集 甘肅人民出版社 2001 p. 230

陳國燦 敦煌學史事新證 甘肅教育出版社 2002 p. 334

楊惠玲 敦煌契約文書中的保人、見人、口承人、同便人、同取人 《敦煌研究》2002 年第 6 期 p. 40

童丕 敦煌的借貸:中國中古時代的物質生活與社會 中華書局 2003 p. 127、143

王啓濤 中古及近代法制文書語言研究 巴蜀書社 2003 p. 208、272

鄭顯文 唐代律令制研究 北京大學出版社 2004 p. 218

S. 4193

方廣錩 觀無量壽佛經 敦煌學大辭典 上海辭書出版社 1998 p. 660

王啓濤 中古及近代法制文書語言研究 巴蜀書社 2003 p. 393

S. 4194

金岡照光 敦煌の寫本 敦煌の文學 （東京）大藏出版株式會社 1971 p. 70

金岡照光 敦煌民衆の宗教と生活 敦煌の民衆:その生活と思想 （東京）評論社 1972 p. 234

金岡照光 敦煌の繪物語 （東京）東方書店 1981 p. 113

林聰明 敦煌文書學 （臺北）新文豐出版公司 1991 p. 21

金岡照光 敦煌文獻と中國文學 （東京）五曜書房 2000 p. 474

荒見泰史 敦煌本夢書雜識 漢語史學報專輯(第三輯) 上海教育出版社 2003 p. 337

荒見泰史 漢文譬喻經典及其綱要本的作用 佛經文學研究論集 復旦大學出版社 2004 p. 285

荒見泰史 從敦煌寫本中變文的改寫情況來探討五代講唱文學的演變 敦煌學國際研討會論文集 北京圖書館出版社 2005 p. 176

S. 4195

向達 倫敦所藏敦煌卷子經眼目録 《北平圖書館圖書季刊》1939 年新第 1 卷第 4 期 p. 397 又見:唐代長安與西域文明 三聯書店 1957 p. 223

王三慶 敦煌本古類書《語對》研究 （臺北）文史哲出版社 1985 p. 18、82

姜亮夫 瀛外將去敦煌所藏韻書字書各卷叙録 敦煌學論文集 上海古籍出版社 1987 p. 363 又見:姜亮夫全集(十三) 雲南人民出版社 2002 p. 314

王三慶著 池田溫譯 類書 敦煌漢文文獻(講座敦煌 5) （東京）大東出版社 1992 p. 374

高田時雄 評:池田溫編『敦煌漢文文獻』(講座敦煌 5) 『東洋史研究』(52 卷 1 號) （東京）東洋史研究會 1993 p. 125

伊藤美重子 敦煌本『大智度論』の整理 中國佛教石經の研究 京都大學學術出版會 1996 p. 385

楊寶玉 籯金 敦煌學大辭典 上海辭書出版社 1998 p. 779

榮新江 《英藏敦煌文獻》定名商補 文史(第五十二輯) 中華書局 2000 p. 121 又見:敦煌學新論 甘肅教育出版社 2002 p. 195

姜亮夫 海外敦煌卷子經眼録 姜亮夫全集(十三) 雲南人民出版社 2002 p. 41

孫猛 《日本國見在書目録》(經部、史部、集部)失考書考 域外漢籍研究集刊 中華書局 2006 p. 211

S. 4196

土橋秀高　敦煌の律蔵　敦煌と中國仏教(講座敦煌 7)　(東京)大東出版社　1984　p. 262
湛如　敦煌佛教律儀制度研究　中華書局　2003　p. 157

S. 4199

唐耕耦　陸宏基　敦煌社會經濟文獻真迹釋録(三)　全國圖書館文獻縮微複製中心　1990　p. 28
唐耕耦　敦煌寺院會計文書研究　(臺北)新文豐出版公司　1997　p. 6、300
鄭炳林　唐五代敦煌手工業研究　敦煌歸義軍史專題研究　蘭州大學出版社　1997　p. 267
郝春文　唐後期五代宋初敦煌僧尼的社會生活　中國社會科學出版社　1998　p. 130
郝春文　唐後期五代宋初敦煌寺院常住什物的數量及與僧人的關係　《敦煌研究》1998 年第 2 期　p. 119、131
唐耕耦　常住什物交割點檢曆　敦煌學大辭典　上海辭書出版社　1998　p. 648
土肥義和　唐・北宋の間:敦煌の杜家親情社追補社條(S. 8160rv)について　唐代史研究(創刊號)　(東京)唐代史研究會　1998　p. 19
高啓安　唐五代至宋敦煌的量器及量制　《敦煌學輯刊》1999 年第 1 期　p. 60
郝春文　英藏敦煌文獻年代叢考　英國收藏敦煌漢藏文獻研究:紀念敦煌文獻發現一百周年　中國社會科學出版社　2000　p. 375
高啓安　從莫高窟壁畫看唐五代敦煌人的坐具和飲食坐姿(上)　《敦煌研究》2001 年第 3 期　p. 23
高啓安　唐五代敦煌飲食文化研究　民族出版社　2004　p. 68
金瀅坤　敦煌社會經濟文書定年拾遺　《首都師範大學學報》2006 年第 1 期　p. 9、14
金瀅坤　敦煌社會經濟文獻綴合拾遺　《敦煌研究》2006 年第 2 期　p. 89

S. 4201

池田溫　中國古代寫本識語集録　(東京)大蔵出版株式會社　1990　p. 391

S. 4205

竺沙雅章　寺院文書　敦煌漢文文獻(講座敦煌 5)　(東京)大東出版社　1992　p. 600

S. 4208

池田溫　中國古代寫本識語集録　(東京)大蔵出版株式會社　1990　p. 390

S. 4209

陳祚龍　敦煌古抄内典尾記彙校初、二、三編合刊　敦煌學要籥　(臺北)新文豐出版公司　1982　p. 141
池田溫　中國古代寫本識語集録　(東京)大蔵出版株式會社　1990　p. 215
林聰明　從敦煌文書看佛教徒的造經祈福　第二屆敦煌學國際研討會論文集　(臺北)漢學研究中心　1990　p. 523
方廣錩　佛教大藏經史(八—十世紀)　中國社會科學出版社　1991　p. 61
林聰明　敦煌文書出處略考　季羨林教授八十華誕紀念論文集(下)　江西人民出版社　1991　p. 851
林聰明　敦煌文書學　(臺北)新文豐出版公司　1991　p. 111、137、374
楊森　唐虞世南子虞昶傳略補《陝西師範大學學報》1992 年第 21 卷第 2 期　p. 72

顧吉辰　唐代敦煌文獻寫本書手考述　《敦煌學輯刊》1993 年第 1 期　p. 26
陳澤奎　試論唐人寫經題記的原始著作權意義　《敦煌研究》1994 年第 3 期　p. 122
林聰明　談敦煌文書的抄寫問題　紀念陳寅恪先生百年誕辰學術論文集　江西教育出版社　1994　p. 284
沃興華　敦煌書法藝術　上海人民出版社　1994　p. 14、65
藤枝晃著　徐慶全　李樹清譯　敦煌寫本概述　《敦煌研究》1996 年第 2 期　p. 118
榮新江　敦煌藏經洞的性質及其封閉原因　敦煌吐魯番研究(第二卷)　北京大學出版社　1997　p. 34
白化文　校字人　敦煌學大辭典　上海辭書出版社　1998　p. 594
白化文　裝潢手　敦煌學大辭典　上海辭書出版社　1998　p. 594
方廣錩　敦煌遺書中的《妙法蓮華經》及有關文獻　敦煌學佛教學論叢(下)　中國佛教文化研究所　1998　p. 79　又見:法源(第 16 期)　中國佛學院　1998　p. 44
顧吉辰　敦煌文獻職官結銜考釋《敦煌學輯刊》1998 年第 2 期　p. 24
林聰明　敦煌吐魯番文書解詁指例　(臺北)新文豐出版公司　2001　p. 58 注 7
姜亮夫　敦煌莫高窟年表　姜亮夫全集(十一)　雲南人民出版社　2002　p. 239
石塚晴通　聖教の形と場——敦煌及び日本の古寫經・刊本　日本における漢字字體規範成立の實證的研究(報告書)　北海道大學大學院文學研究科　2002　p. 192

S. 4211

譚蟬雪　敦煌歲時文化導論　(臺北)新文豐出版公司　1998　p. 152
楊森　晚唐五代兩件《女人社》文書劄記　《敦煌研究》1998 年第 1 期　p. 71
石內德　敦煌文獻中被廢棄的殘經抄本　法國漢學(敦煌學專號)　中華書局　2000　p. 25
譚蟬雪　唐宋敦煌歲時佛俗　《敦煌研究》2001 年第 1 期　p. 99

S. 4213

陳祚龍　敦煌古抄內典尾記彙校初、二、三編合刊　敦煌學要籥　(臺北)新文豐出版公司　1982　p. 142
平井俊榮　敦煌仏典と中國仏教　敦煌と中國仏教(講座敦煌 7)　(東京)大東出版社　1984　p. 8
池田溫　中國古代寫本識語集録　(東京)大蔵出版株式會社　1990　p. 156
林聰明　從敦煌文書看佛教徒的造經祈福　第二屆敦煌學國際研討會論文集　(臺北)漢學研究中心　1990　p. 527
金岡照光　敦煌文獻と中國文學　(東京)五曜書房　2000　p. 429

S. 4215

史葦湘　絲綢之路上的敦煌與莫高窟　敦煌研究文集　甘肅人民出版社　1982　p. 120 注 129
唐耕耦　陸宏基　敦煌社會經濟文獻真迹釋録(三)　全國圖書館文獻縮微複製中心　1990　p. 37
姜伯勤　敦煌吐魯番文書與絲綢之路　文物出版社　1994　p. 25、206
李明偉　隋唐絲綢之路　甘肅人民出版社　1994　p. 61
姜伯勤　敦煌文書所見胡錦番錦考　敦煌學國際研討會文集・石窟考古編　遼寧美術出版社　1995　p. 279
劉惠琴　從敦煌文書中看沙州紡織業　《敦煌學輯刊》1995 年第 2 期　p. 53
齊陳俊　馮培紅　晚唐五代宋初歸義軍對外商業貿易　敦煌歸義軍史專題研究　蘭州大學出版社

1997　p. 347
唐耕耦　敦煌寺院會計文書研究　(臺北)新文豐出版公司　1997　p. 6
鄭炳林　馮培紅　唐五代歸義軍政權對外關係中的使頭一職　敦煌歸義軍史專題研究　蘭州大學出版社　1997　p. 54
鄭炳林　楊富學　晚唐五代金銀在敦煌的使用與流通　《甘肅金融》1997 年第 8 期　又見:中國敦煌學百年文庫·歷史卷(二)　甘肅文化出版社　1999　p. 581
郝春文　唐後期五代宋初敦煌僧尼的社會生活　中國社會科學出版社　1998　p. 129
郝春文　唐後期五代宋初敦煌寺院常住什物的數量及與僧人的關係　《敦煌研究》1998 年第 2 期　p. 119、126
唐耕耦　常住什物交割點檢曆　敦煌學大辭典　上海辭書出版社　1998　p. 648
土肥義和　唐·北宋の間:敦煌の杜家親情社追補社條(S. 8160rv)について　唐代史研究(創刊號)　(東京)唐代史研究會　1998　p. 19
鄭炳林　晚唐五代敦煌貿易市場的外來商品輯考　中華文史論叢(總 63 輯)　上海古籍出版社　2000　p. 64、77
乜小紅　唐宋敦煌毛紡織業述略　敦煌學(第 23 輯)　(臺北)樂學書局有限公司　2002　p. 118
洪藝芳　敦煌社會經濟文書中的唐五代新興量詞研究　敦煌學(第 24 輯)　(臺北)樂學書局有限公司　2003　p. 90
榮新江　于闐花氈與粟特銀盤:九、十世紀敦煌寺院的外來供養　寺院財富與世俗供養　上海書畫出版社　2003　p. 248
鄭炳林　晚唐五代敦煌諸寺藏經與管理　新世紀敦煌學論集　巴蜀書社　2003　p. 340
高啓安　唐五代敦煌飲食文化研究　民族出版社　2004　p. 79

S. 4216

芳村修基　土橋秀高　井ノ口泰淳　敦煌佛教史年表　西域文化研究(第一)·敦煌佛教資料　(京都)法藏館　1958　p. 267
福井文雅　般若心經　敦煌と中國仏教(講座敦煌 7)　(東京)大東出版社　1984　p. 39

S. 4218

陳祚龍　敦煌古抄中世詩歌　敦煌學海探珠(上冊)　(臺北)商務印書館　1979　p. 148
矢吹慶輝　鳴沙餘韻·解說篇(第二部)　(京都)臨川書店　1980　p. 258
陳祚龍　中世敦煌釋門的布薩法事之一斑　敦煌簡策訂存　(臺北)商務印書館　1983　p. 161
土橋秀高　敦煌の律蔵　敦煌と中國仏教(講座敦煌 7)　(東京)大東出版社　1984　p. 264
汪泛舟　偈·頌　敦煌文學　甘肅人民出版社　1989　p. 90
方廣錩　吐蕃統治時期敦煌流行的偈頌帙號法　《敦煌學輯刊》1990 年第 1 期　p. 81
方廣錩　佛教大藏經史(八—十世紀)　中國社會科學出版社　1991　p. 316
張弓　漢唐佛寺文化史　中國社會科學出版社　1997　p. 818
方廣錩　菩薩布薩文　敦煌學大辭典　上海辭書出版社　1998　p. 711

S. 4219

芳村修基　土橋秀高　井ノ口泰淳　敦煌佛教史年表　西域文化研究(第一)·敦煌佛教資料　(京都)法藏館　1958　p. 262
馬茜　歸義軍時期敦煌地區庶民佛教的發展　甘肅民族研究論叢　甘肅人民出版社　2002　p. 445

S. 4220

杜琪　書・啓　敦煌文學　甘肅人民出版社　1989　p. 34

唐耕耦　陸宏基　敦煌社會經濟文獻真迹釋録(五)　全國圖書館文獻縮微複製中心　1990　p. 31

S. 4226

向達　倫敦所藏敦煌卷子經眼目録　《北平圖書館圖書季刊》1939 年新第 1 卷第 4 期　p. 397　又見:唐代長安與西域文明　三聯書店　1957　p. 223

王明　《太平經》目録考　文史(第四輯)　中華書局　1965　p. 19

嚴靈峰　老子《想爾注》寫本殘卷質疑　(臺北)《大陸雜誌》1965 年第 6 期　又見:中國敦煌學百年文庫・文獻卷(一)　甘肅文化出版社　1999　p. 494

王重民　敦煌古籍叙録　中華書局　1979　p. 235

饒宗頤　老子想爾注考略　選堂集林・史林　(香港)中華書局　1982　p. 344、352

楠山春樹　太平經類　敦煌と中國道教(講座敦煌 4)　(東京)大東出版社　1983　p. 119

姜亮夫　敦煌所見道教佚經考　敦煌學論文集　上海古籍出版社　1987　p. 315

柳存仁　想爾注與道教　第二屆敦煌學國際研討會論文集　(臺北)漢學研究中心　1990　p. 50

陶秋英輯録　姜亮夫校訂　敦煌所見道教佚經録　敦煌碎金　浙江古籍出版社　1992　p. 321

朱越利　道經總論　遼寧教育出版社　1992　p. 284

胡戟　傅玫　敦煌史話　中華書局　1995　p. 134

劉屹　試論《化胡經》産生的年代　道家文化研究(第十三輯)　三聯書店　1998　p. 95

王卡　太平部　敦煌學大辭典　上海辭書出版社　1998　p. 766

吳金華　《三國志》斠議(上)　文史(第五十輯)　中華書局　1999　p. 81 注 9

施萍婷　《敦煌遺書總目索引新編》前言　敦煌遺書總目索引新編　中華書局　2000　p. 2

劉屹　中古道教的"三道說"　華林(第一卷)　中華書局　2001　p. 284

王承文　敦煌古靈寶經與晉唐道教　中華書局　2002　p. 72、167

葛兆光　屈服史及其他:六朝隋唐道教的思想史研究　三聯書店　2003　p. 199

王卡　敦煌道教文獻研究　中國社會科學出版社　2004　p. 29、213

S. 4227

上山大峻　敦煌佛教の研究　(京都)法藏館　1990　p. 19

趙益　敦煌卷子中三種禪宗文獻考辨　中國敦煌學百年文庫・宗教卷(二)　甘肅文化出版社　1999　p. 327

S. 4232

陳祚龍　敦煌古抄内典尾記彙校初、二、三編合刊　敦煌學要籥　(臺北)新文豐出版公司　1982　p. 142

池田溫　中國古代寫本識語集録　(東京)大藏出版株式會社　1990　p. 392

S. 4235

上山大峻　敦煌佛教の研究　(京都)法藏館　1990　p. 204

胡戟　傅玫　敦煌史話　中華書局　1995　p. 128

華方田　因緣心論頌　藏外佛教文獻(第三輯)　宗教文化出版社　1997　p. 215

S. 4236

田中良昭　敦煌禪宗文獻の研究　(東京)大東出版社　1983　p. 346

池田溫　中國古代寫本識語集録　(東京)大藏出版株式會社　1990　p. 401

梅弘理　敦煌本佛教教理問答書　法國學者敦煌學論文選萃　中華書局　1993　p. 139

方廣錩　八波羅夷經　敦煌學大辭典　上海辭書出版社　1998　p. 715

S. 4237

柴劍虹　瓊枝詩　敦煌學大辭典　上海辭書出版社　1998　p. 575

S. 4238

上山大峻　龍口明生　龍谷大學所藏敦煌本『比丘含注戒本』解說　敦煌寫本『本草集注』序録·『比丘含注戒本』　(京都)法藏館　1998　p. 300

陳明　評《敦煌寫本〈本草集注序録〉〈比丘含注戒本〉》　敦煌吐魯番研究(第四卷)　北京大學出版社　1999　p. 627

S. 4239

池田溫　中國古代寫本識語集録　(東京)大藏出版株式會社　1990　p. 389

郃惠莉　娜閣　甘肅省圖書館收藏敦煌文獻簡介　《敦煌學輯刊》1998 年第 2 期　p. 74

S. 4240

芳村修基　土橋秀高　井ノ口泰淳　敦煌佛教史年表　西域文化研究(第一)·敦煌佛教資料　(京都)法藏館　1958　p. 276

賀世哲　孫修身　《瓜沙曹氏年表補正》之補正　《甘肅師大學報》1980 年第 3 期　又見:敦煌學文選(上)　蘭州大學歷史系敦煌學研究室等　1983　p. 149 ; 中國敦煌學百年文庫·歷史卷(一)　甘肅文化出版社　1999　p. 490

陳祚龍　敦煌古抄內典尾記彙校初、二、三編合刊　敦煌學要籥　(臺北)新文豐出版公司　1982　p. 142

姜亮夫　瓜沙曹氏年表補正　敦煌學文選(上)　蘭州大學歷史系敦煌學研究室等　1983　p. 109　又見:敦煌學論文集　上海古籍出版社　1987　p. 914 ; 姜亮夫全集(十四)　雲南人民出版社　2002　p. 339

艾麗白著　耿昇譯　敦煌漢文寫本中的鳥形押　敦煌譯叢(第一輯)　甘肅人民出版社　1985　p. 199 注 5、206 注 1

楊森　敦煌研究院藏卷《北魏禁軍軍官籍簿》考述　《敦煌研究》1987 年第 2 期　p. 21

錢伯泉　爲索勳篡權翻案　《敦煌研究》1988 年第 1 期　p. 70

池田溫　中國古代寫本識語集録　(東京)大藏出版株式會社　1990　p. 460

李正宇　曹仁貴名實論:曹氏歸義軍創始及歸奉後梁史探　第二屆敦煌學國際研討會論文集　(臺北)漢學研究中心　1990　p. 566

榮新江　沙州歸義軍歷任節度使稱號研究　敦煌吐魯番學研究論文集　漢語大詞典出版社　1990　p. 791

藤枝晃　敦煌遺書之分期　敦煌吐魯番學研究論文集　漢語大詞典出版社　1990　p. 15(圖版)

林聰明　敦煌文書學　(臺北)新文豐出版公司　1991　p. 356

黃茂琳　哈密頓《鋼和泰藏卷考釋》辨正　亞洲文明(第一集)　安徽教育出版社　1992　p. 204

鄭雨　莫高窟第九十八窟的歷史背景與時代精神　(香港)《九州學刊》(敦煌學專輯)1992 年第 4 卷第 4 期　p. 38

戴仁　敦煌和吐魯番寫本的斷代研究　法國學者敦煌學論文選萃　中華書局　1993　p. 532

井ノ口泰淳　敦煌本『仏名經』の諸系統　中央アジアの言語と仏教　(京都)法藏館　1995　p. 287、297

楊秀清　八十年代以來金山國史研究綜述　《敦煌研究》1995 年第 4 期　p. 188

榮新江　歸義軍史研究　上海古籍出版社　1996　p. 16、98

鄭炳林　敦煌碑銘讚輯釋　甘肅教育出版社　1997　p. 384 注 12

孫修身　曹元德　敦煌學大辭典　上海辭書出版社　1998　p. 360

黃征　程惠新　劫塵遺珠:敦煌遺書　甘肅教育出版社　1999　p. 166

陸慶夫　金山國與甘州回鶻關係考論　《敦煌學輯刊》1999 年第 1 期　p. 57

金岡照光　敦煌文獻と中國文學　(東京)五曜書房　2000　p. 429

王豔明　瓜沙州大王印考　《敦煌學輯刊》2000 年第 2 期　p. 42

顏廷亮　敦煌文化　光明日報出版社　2000　p. 270

姜亮夫　敦煌莫高窟年表　姜亮夫全集(十一)　雲南人民出版社　2002　p. 466

李正宇　唐宋時期敦煌佛經性質功能的變化　戒幢佛學(第二卷)　岳麓書社　2002　p. 20、23　又見:中日敦煌佛教學術會議論文集　中國社會科學院研究所　2002　p. 17

楊秀清　唐宋敦煌地區的世俗佛教信仰　新世紀敦煌學論集　巴蜀書社　2003　p. 721

赤尾榮慶　敦煌寫本的書志學研究　敦煌學・日本學:石塚晴通教授退職紀念論文集　上海辭書出版社　2005　p. 55

赤尾榮慶　敦煌寫本の書志學的研究——近年の動向を踏まえて　日本學・敦煌學・漢文訓讀の新展開　(東京)汲古書院　2005　p. 192

S. 4241

伊藤美重子　敦煌本『大智度論』の整理　中國佛教石經の研究　京都大學學術出版會　1996　p. 383

S. 4242

鄒西禮　夏廣興　毗沙門天王信仰與唐五代文學創作　佛經文學研究論集　復旦大學出版社　2004　p. 530

S. 4243

陳祚龍　敦煌古抄中世詩歌一續　敦煌學海探珠(上冊)　(臺北)商務印書館　1979　p. 178

陳慶英　《斯坦因劫經録》、《伯希和劫經録》所收漢文寫卷中夾存的藏文寫卷情況調查　《敦煌學輯刊》1981 年第 2 期　p. 111

任半塘　敦煌歌辭總編　上海古籍出版社　1987　p. 924

周紹良　敦煌文學芻議及其它　(臺北)新文豐出版公司　1992　p. 23

施萍婷　斯 2926《佛説校量數珠功德經》寫卷研究　《敦煌研究》1993 年第 4 期　p. 33

項楚　敦煌詩歌導論　(臺北)新文豐出版公司　1993　p. 139

張錫厚　敦煌文學概論　甘肅人民出版社　1993　p. 361

王書慶　敦煌佛學・佛事篇　甘肅民族出版社　1995　p. 214

張錫厚　敦煌釋氏詩歌創作論　慶祝潘石禪先生九秩華誕敦煌學特刊　(臺北)文津出版社　1996

p. 206
張涌泉　敦煌俗字研究導論　(臺北)新文豐出版公司　1996　p. 207
黄征　《伍子胥變文》校補　敦煌語文叢說　(臺北)新文豐出版公司　1997　p. 319
汪泛舟　敦煌詩詞補正與考源　《敦煌研究》1997 年第 3 期　p. 105
柴劍虹　念珠歌　敦煌學大辭典　上海辭書出版社　1998　p. 552
杜琪　敦煌詩賦作品要目分類題注　《甘肅社會科學》2000 年第 1 期　p. 63
徐俊　敦煌詩集殘卷輯考　中華書局　2000　p. 884
張錫厚　敦煌文學源流　作家出版社　2000　p. 54
林仁昱　論敦煌佛教歌曲向通俗傳播的內容　中國俗文化研究(第一輯)　巴蜀書社　2003　p. 187
張子開　敦煌文獻中的白話禪詩　《敦煌學輯刊》2003 年第 1 期　p. 89
汪泛舟　敦煌俗别字新考(上)　《敦煌研究》2006 年第 1 期　p. 106

S. 4245

陳祚龍　新校重訂敦煌古抄事佛崇法文獻小集　《東方雜誌》1978 年第 6 期　又見:中國敦煌學百年文庫·宗教卷(二)　甘肅文化出版社　1999　p. 53
賀世哲　孫修身　《瓜沙曹氏年表補正》之補正　《甘肅師大學報》1980 年第 3 期　又見:中國敦煌學百年文庫·歷史卷(一)　甘肅文化出版社　1999　p. 495
賀世哲　孫修身　瓜沙曹氏與敦煌莫高窟　敦煌研究文集　甘肅人民出版社　1982　p. 238
蘇瑩輝　瓜沙史事叢考　(臺北)商務印書館　1983　p. 89
賀世哲　從供養人題記看莫高窟部分洞窟的營建年代　敦煌莫高窟供養人題記　文物出版社　1986　p. 222
蘇瑩輝　從幾種敦煌資料論張承奉、曹議金之稱"帝"稱"王"　敦煌學(第 11 輯)　(臺北)新文豐出版公司　1986　p. 67
蘇瑩輝　瓜沙史事述要　漢學研究(敦煌學國際研討會論文專號)　(臺北)漢學研究資料及服務中心　1986　p. 476　又見:敦煌文史藝術論叢　(臺北)新文豐出版公司　1987　p. 88
曲金良　敦煌寫本變文、講經文作品創作時間彙考　《敦煌學輯刊》1987 年第 1 期　p. 63
蘇瑩輝　巴黎藏敦煌寫本歸義軍節度使曹議金道場四疏箋正　敦煌文史藝術論叢　(臺北)新文豐出版公司　1987　p. 124
蘇瑩輝　從莫高、榆林二窟供養者像看瓜沙曹氏的聯姻外族　敦煌文史藝術論叢　(臺北)新文豐出版公司　1987　p. 32
蘇瑩輝　瓜沙曹氏稱"王"者新考　敦煌文史藝術論叢　(臺北)新文豐出版公司　1987　p. 98
顏廷亮　關於敦煌遺書中的甘肅文學作品　1983 年全國敦煌學術討論會文集·文史遺書編(下)　甘肅人民出版社　1987　p. 229
譚蟬雪　曹元德曹元深卒年考　《敦煌研究》1988 年第 1 期　p. 55
韓建瓴　雜記　敦煌文學　甘肅人民出版社　1989　p. 68
曲金良　變文的講唱藝術:轉變考略　《敦煌學輯刊》1989 年第 2 期　p. 95
蘇瑩輝　巴黎藏石室本歸義軍節度使曹議金四疏箋證　《敦煌研究》1989 年第 4 期　p. 61
榮新江　沙州歸義軍歷任節度使稱號研究　敦煌吐魯番學研究論文集　漢語大詞典出版社　1990　p. 795、799
蘇哲　伯二九九二號文書三通五代狀文的研究　敦煌吐魯番文獻研究論集(第五輯)　北京大學出版社　1990　p. 442
唐耕耦　陸宏基　敦煌社會經濟文獻真迹釋録(五)　全國圖書館文獻縮微複製中心　1990　p. 232

馬德　曹氏三大窟營建的社會背景　《敦煌研究》1991 年第 1 期　p. 21
黄盛璋　關於沙州曹氏和于闐交往的諸藏文文書及相關問題　《敦煌研究》1992 年第 1 期　p. 41
黄征　吳偉　《敦煌願文集》輯校中的一些問題　《敦煌研究》1992 年第 1 期　p. 65　又見：敦煌語文叢説　(臺北)新文豐出版公司　1997　p. 549
林家平　寧强　羅華慶　中國敦煌學史　北京語言學院出版社　1992　p. 509
周紹良　敦煌文學芻議及其它　(臺北)新文豐出版公司　1992　p. 11
鄭炳林　讀敦煌文書 P. 3859《後唐清泰三年六月沙州僬司教授福集等狀》劄記　《西北史地》1993 年第 4 期　p. 48
黄征　吳偉　敦煌願文集　岳麓書社　1995　p. 233、300、395
李明偉　敦煌文學中"敦煌文"的研究和分類評價　《敦煌研究》1995 年第 4 期　p. 123
劉進寶　敦煌學論述　(臺北)洪葉文化事業有限公司　1995　p. 112 注 166
馬德　敦煌莫高窟吐蕃、歸義軍時代營建概況　(香港)《九州學刊》1995 年第 6 卷第 4 期　p. 67
馬德　敦煌遺書莫高窟營建史料淺論　敦煌學國際研討會文集・石窟考古編　遼寧美術出版社　1995　p. 142
馬德　論莫高窟佛教的社會性　敦煌佛教文獻研究　敦煌研究院文獻研究所　1995　p. 15
寧强　曹議金夫婦出行禮佛圖　敦煌學國際研討會文集・石窟藝術編　遼寧美術出版社　1995　p. 305
曲金良　敦煌佛教文學研究　(臺北)文津出版社　1995　p. 190
孫修身　試論瓜沙曹氏與甘州回鶻之關係　敦煌學國際研討會文集・史地語文編　遼寧美術出版社　1995　p. 108
顔廷亮　敦煌文學概說　(臺北)新文豐出版公司　1995　p. 72
馬德　敦煌莫高窟史研究　甘肅教育出版社　1996　p. 127、196
馬德　莫高窟張都衙窟及有關問題　《敦煌研究》1996 年第 2 期　p. 31
榮新江　歸義軍史研究　上海古籍出版社　1996　p. 109
黄征　敦煌文學《兒郎偉》輯録校注　敦煌語文叢説　(臺北)新文豐出版公司　1997　p. 727
黄征　敦煌願文的整理和結集　敦煌語文叢説　(臺北)新文豐出版公司　1997　p. 563
黄征　張涌泉　敦煌變文校注　中華書局　1997　p. 540
馬德　敦煌文書《某使君造龕設齋讚文》的有關問題　《敦煌研究》1997 年第 2 期　p. 127
馬德　敦煌遺書莫高窟歲首燃燈文輯識　《敦煌研究》1997 年第 3 期　p. 60
鄭炳林　敦煌碑銘讚輯釋　甘肅教育出版社　1997　p. 229 注 11
馬德　尚書曹仁貴史事鈎沈　《敦煌學輯刊》1998 年第 2 期　p. 14
榮新江　歸義軍大事紀年初稿　出土文獻研究(第三輯)　文物出版社　1998　p. 246
孫修身　曹元德　敦煌學大辭典　上海辭書出版社　1998　p. 360
郭俊葉　莫高窟第 454 窟窟主再議　《敦煌研究》1999 年第 2 期　p. 23
李明偉　敦煌文學中敦煌文的分類及評價　1994 年敦煌學國際研討會文集・宗教文史卷(上)　甘肅民族出版社　2000　p. 300
曾良　敦煌文獻字義通釋　廈門大學出版社　2001　p. 26
陳麗萍　敦煌女性寫經題記及反映的婦女問題　敦煌佛教藝術文化國際學術研討會論文集　蘭州大學出版社　2002　p. 442
陳明　沙武田　莫高窟第 98 窟及其對曹氏歸義軍時期大窟營建之影響　敦煌佛教藝術文化國際學術研討會論文集　蘭州大學出版社　2002　p. 172
馬茜　歸義軍時期敦煌地區庶民佛教的發展　甘肅民族研究論叢　甘肅人民出版社　2002　p. 445

徐曉麗　敦煌石窟所見天公主考辨　《敦煌學輯刊》2002 年第 2 期　p. 78
徐曉麗　回鶻天公主與敦煌佛教　敦煌佛教藝術文化國際學術研討會論文集　蘭州大學出版社　2002　p. 423
馬德　以史論窟　以窟證史　2000 年敦煌學國際學術討論會文集・歷史文化卷(上)　甘肅民族出版社　2003　p. 496
沙武田　趙曉星　歸義軍時期敦煌文獻中的太子　《敦煌研究》2003 年第 4 期　p. 48
王豔明　瓜州曹氏與甘州回鶻的兩次和親始末　《敦煌研究》2003 年第 1 期　p. 71
馮培紅　關於歸義軍節度使官制的幾個問題　麥積山石窟藝術文化論文集(下)　蘭州大學出版社　2004　p. 210
馮培紅　論晚唐五代的沙州(歸義軍)與涼州(河西)節度使　浙江與敦煌學:常書鴻先生誕辰一百周年紀念文集　浙江古籍出版社　2004　p. 250
公維章　涅槃、淨土的殿堂:敦煌莫高窟第 148 窟研究　民族出版社　2004　p. 216
馬德　論敦煌石窟崖面上的"王公窟"　麥積山石窟藝術文化論文集(下)　蘭州大學出版社　2004　p. 17
汪泛舟　敦煌俗別字新考(上)　《敦煌研究》2006 年第 1 期　p. 106

S. 4246

江素雲　維摩詰所說經敦煌寫本綜合目録　(臺北)東初出版社　1991　p. 80

S. 4251

唐耕耦　敦煌寺院會計文書研究　(臺北)新文豐出版公司　1997　p. 299

S. 4252

陳祚龍　敦煌古抄内典尾記彙校初、二、三編合刊　敦煌學要籥　(臺北)新文豐出版公司　1982　p. 142
池田溫　中國古代寫本識語集録　(東京)大藏出版株式會社　1990　p. 132
林聰明　從敦煌文書看佛教徒的造經祈福　第二屆敦煌學國際研討會論文集　(臺北)漢學研究中心　1990　p. 537
唐耕耦　陸宏基　敦煌社會經濟文獻真迹釋録(三)　全國圖書館文獻縮微複製中心　1990　p. 51
馮培紅　晚唐五代宋初歸義軍武職軍將研究　敦煌歸義軍史專題研究　蘭州大學出版社　1997　p. 133
齊陳俊　馮培紅　晚唐五代宋初歸義軍對外商業貿易　敦煌歸義軍史專題研究　蘭州大學出版社　1997　p. 347
鄭炳林　敦煌碑銘讚輯釋　甘肅教育出版社　1997　p. 383 注 3
鄭炳林　楊富學　晚唐五代金銀在敦煌的使用與流通　《甘肅金融》1997 年第 8 期　又見:中國敦煌學百年文庫・歷史卷(二)　甘肅文化出版社　1999　p. 585
鄭炳林　晚唐五代敦煌貿易市場的外來商品輯考　中華文史論叢(總 63 輯)　上海古籍出版社　2000　p. 77
林聰明　敦煌吐魯番文書解詁指例　(臺北)新文豐出版公司　2001　p. 168
李丞宰　探尋敦煌佛經的 50 卷本《華嚴經》　敦煌學・日本學:石塚晴通教授退職紀念論文集　上海辭書出版社　2005　p. 41
李丞宰著　大塚忠蔵譯　敦煌佛經の50 巻本華厳經を探して　日本學・敦煌學・漢文訓讀の新展

開　(東京)汲古書院　2005　p. 48、72

S. 4257

左補闕　《敦煌遺書總目索引》簡評　文史(第一輯)　中華書局　1962　p. 86

程毅中　關於敦煌變文的幾點探索　敦煌變文論輯　(臺北)石門圖書公司　1981　p. 144

金岡照光　敦煌の繪物語　(東京)東方書店　1981　p. 138

程毅中　關於變文的幾點探索　敦煌變文論文録　上海古籍出版社　1982　p. 388

柴劍虹　敦煌文學研究　唐代文學研究年鑒　陝西人民出版社　1985　p. 115

李永寧　蔡偉堂　《降魔變文》與敦煌壁畫中的"勞度叉鬥聖變"　1983 年全國敦煌學術討論會文集・石窟藝術編(上)　甘肅人民出版社　1985　p. 189　又見:敦煌研究文集・敦煌石窟經變篇　甘肅民族出版社　2000　p. 352

劉銘恕　敦煌遺書叢識　1983 年全國敦煌學術討論會文集・文史遺書編(上)　甘肅人民出版社　1987　p. 423

白化文　變文和榜題　敦煌語言文學研究　北京大學出版社　1988　p. 146

周紹良　三卷關於變相圖的牓題本事考釋　(香港)《九州學刊》(敦煌學專輯)1993 年第 5 卷第 4 期　p. 28

沙武田　敦煌壁畫榜題寫本研究　《敦煌研究》2004 年第 3 期　p. 104

王惠民　敦煌經變畫的研究成果與研究方法　《敦煌學輯刊》2004 年第 2 期　p. 70

巫鴻　敦煌晚期"降魔"壁畫題記的研究　禮儀中的美術　三聯書店　2005　p. 403

S. 4258

江素雲　維摩詰所説經敦煌寫本綜合目録　(臺北)東初出版社　1991　p. 80

S. 4260

鄭阿財　敦煌孝道文學研究　(臺北)石門圖書公司　1982　p. 190

蕭登福　從敦煌寫卷中看道教星斗崇拜對佛經之影響　第二屆敦煌學國際研討會論文集　(臺北)漢學研究中心　1990　p. 335

S. 4261

井ノ口泰淳　敦煌本『仏名經』の諸系統　中央アジアの言語と仏教　(京都)法藏館　1995　p. 297

S. 4263

鄭炳林　敦煌碑銘讚輯釋　甘肅教育出版社　1997　p. 187 注 2

S. 4264

川口久雄　目連救母變文考　大目乾連冥間救母變文(敦煌資料と日本文學　3)　(東京)大東文化大學東洋研究所　1984　p. 55

道端良秀　敦煌文獻に見える死後の世界　敦煌と中國仏教(講座敦煌 7)　(東京)大東出版社　1984　p. 506

陳祚龍　看了敦煌古抄《佛説盂蘭盆經讚述》以後　敦煌學散策新集　(臺北)新文豐出版公司　1989　p. 251

方廣錩　佛説盂蘭盆經　敦煌學大辭典　上海辭書出版社　1998　p. 672

金岡照光　關於敦煌變文與唐代佛教儀式之關係　敦煌文藪(上)　(臺北)新文豐出版公司　1999　p. 133

金岡照光　敦煌文獻と中國文學　(東京)五曜書房　2000　p. 376

鄭阿財　《盂蘭盆經疏》與《盂蘭盆經講經文》　冉雲華先生八秩華誕壽慶論文集　(臺北)法光出版社　2003　p. 436

町田隆吉　『唐咸亨四年(673)左憧熹生前及隨身錢物疏』をめぐって　『西北出土文獻研究』(創刊號)　(新潟)西北出土文獻研究會　2004　p. 69

S. 4267

劉銘恕　再記英國倫敦所藏的敦煌經卷　《中國科學院圖書館通訊》1957 年第 7 期　又見:中國敦煌學百年文庫・綜述卷(二)　甘肅文化出版社　1999　p. 132

盧向前　金山國立國之我見　《敦煌學輯刊》1990 年第 2 期　p. 24　又見:敦煌吐魯番文書論稿　江西人民出版社　1992　p. 198

馮培紅　P. 3249 背《軍籍殘卷》與歸義軍初期的僧兵武裝　《敦煌研究》1998 年第 2 期　p. 144

屈直敏　從《勵忠節抄》看歸義軍政權道德秩序的重建　《敦煌學輯刊》2005 年第 3 期　p. 84

S. 4268

芳村修基　土橋秀高　井ノ口泰淳　敦煌佛教史年表　西域文化研究(第一)・敦煌佛教資料　(京都)法藏館　1958　p. 264

饒宗頤　神會門下摩訶衍之入藏兼論禪門南北宗之調和問題　香港大學五十周年紀念論文集　香港大學　1968　又見:中國敦煌學百年文庫・民族卷(二)　甘肅文化出版社　1999　p. 89

陳祚龍　敦煌古抄內典尾記彙校初、二、三編合刊　敦煌學要籥　(臺北)新文豐出版公司　1982　p. 143

饒宗頤　論敦煌陷於吐蕃之年代　選堂集林・史林　(香港)中華書局　1982　p. 701

姜伯勤　論禪宗在敦煌僧俗中的流傳　(香港)《九州學刊》(敦煌學專輯)1992 年第 4 卷第 4 期　p. 10　又見:中國敦煌學百年文庫・宗教卷(一)　甘肅文化出版社　1999　p. 223

姜伯勤　敦煌藝術宗教與禮樂文明　中國社會科學出版社　1996　p. 367

陳國燦　長安三年制新譯金光明最勝王經記　敦煌學大辭典　上海辭書出版社　1998　p. 456

施安昌　敦煌寫經斷代發凡　善本碑帖論集　紫禁城出版社　2002　p. 319

施安昌　唐武周時期的刻經與敦煌寫經　善本碑帖論集　紫禁城出版社　2002　p. 120

S. 4272

沖本克己　敦煌出土のチベット文禪宗文獻の內容　敦煌仏典と禪(講座敦煌 8)　(東京)大東出版社　1980　p. 415

中川孝　楞伽宗と東山法門　敦煌仏典と禪(講座敦煌 8)　(東京)大東出版社　1980　p. 144

椎名宏雄　北宗燈史の成立　敦煌仏典と禪(講座敦煌 8)　(東京)大東出版社　1980　p. 57

田中良昭　敦煌禪宗文獻の研究　(東京)大東出版社　1983　p. 23

楊曾文　日本學者對中國禪宗文獻的研究和整理　《世界宗教研究》1987 年第 1 期　p. 119

饒宗頤　論悉曇入華之年代與河西法朗之"肆曇"說　中印文化關係史論集・語文篇　香港中文大學中國文化研究所　三聯書店　1990　p. 25

吳其昱著　伊藤美重子譯　敦煌漢文寫本概観　敦煌漢文文獻(講座敦煌 5)　(東京)大東出版社　1992　p. 59

田中良昭　敦煌の禪籍　禪學研究入門　(東京)大東出版社　1994　p. 47
胡戟　傅玫　敦煌史話　中華書局　1995　p. 131
柳田聖山　禪籍解題(一)・敦煌禪籍　俗語言研究(第二期)　(京都)禪文化研究所　1995　p. 139
榮新江著　衣川賢次譯　ロシア所藏の景德傳燈錄　『禪文化』(161號)　(京都)禪文化研究所　1996　p. 142
榮新江　敦煌本禪宗燈史殘卷拾遺　周紹良先生欣開九秩慶壽文集　中華書局　1997　p. 233
方廣錩　楞伽師資記　敦煌學大辭典　上海辭書出版社　1998　p. 725
方廣錩　日本對敦煌佛教文獻之研究　敦煌學佛教學論叢(下)　中國佛教文化研究所　1998　p. 376
劉方　初期的禪史Ⅰ　敦煌學大辭典　上海辭書出版社　1998　p. 827
榮新江　《英藏敦煌文獻》定名商補　文史(第五十二輯)　中華書局　2000　p. 119、121　又見:敦煌學新論　甘肅教育出版社　2002　p. 195
榮新江　敦煌學十八講　北京大學出版社　2001　p. 252
田中良昭　敦煌的禪宗燈史　戒幢佛學(第二卷)　岳麓書社　2002　p. 146
田中良昭　敦煌の禪宗燈史　中日敦煌佛教學術會議論文集　中國社會科學院研究所　2002　p. 107

S. 4274

馮培紅　晚唐五代宋初歸義軍武職軍將研究　敦煌歸義軍史專題研究　蘭州大學出版社　1997　p. 122
榮新江　唐五代歸義軍武職軍將考　敦煌學新論　甘肅教育出版社　2002　p. 60

S. 4275

曾良　敦煌文獻字義通釋　廈門大學出版社　2001　p. 187
徐時儀　玄應《衆經音義》研究　中華書局　2005　p. 455

S. 4276

向達　倫敦所藏敦煌卷子經眼目録　《北平圖書館圖書季刊》1939年新第1卷第4期　p. 397　又見:唐代長安與西域文明　三聯書店　1957　p. 223
唐長孺　關於歸義軍節度使的幾種資料跋　《中華文史論叢》1962年第1期　又見:敦煌學文選(上)　蘭州大學歷史系敦煌學研究室等　1983　p. 177；敦煌吐魯番文書研究　甘肅人民出版社　1984　p. 170；中國敦煌學百年文庫・歷史卷(一)　甘肅文化出版社　1999　p. 210
山口瑞鳳　蘇毗の領界　『東洋學報』(50卷4號)　(東京)東洋學術協會　1968　p. 51
賀世哲　孫修身　《瓜沙曹氏年表補正》之補正　《甘肅師大學報》1980年第3期　又見:敦煌學文選(上)　蘭州大學歷史系敦煌學研究室等　1983　p. 151；中國敦煌學百年文庫・歷史卷(一)　甘肅文化出版社　1999　p. 492
土肥義和　はじめに——歸義軍節度使の敦煌支配　敦煌の歷史(講座敦煌2)　(東京)大東出版社　1980　p. 243
賀世哲　孫修身　瓜沙曹氏與敦煌莫高窟　敦煌研究文集　甘肅人民出版社　1982　p. 223
山口瑞鳳　吐蕃王國成立史研究　(東京)岩波書店　1983　p. 619
蘇瑩輝　瓜沙史事叢考　(臺北)商務印書館　1983　p. 59
黃盛璋　《鋼和泰藏卷》與《西北史地》研究　《新疆社會科學》1984年第2期　又見:中國敦煌學百

年文庫·民族卷(二)　甘肅文化出版社　1999　p. 239
賀世哲　從供養人題記看莫高窟部分洞窟的營建年代　敦煌莫高窟供養人題記　文物出版社　1986　p. 217
榮新江　歸義軍及其與周邊民族的關係初探　《敦煌學輯刊》1986 年第 2 期　p. 27　又見:中國人文社會科學博士碩士文庫·歷史學卷　浙江教育出版社　1998　p. 652
土肥義和著　李永寧譯　歸義軍時期(晚唐、五代、宋)的敦煌(一)　《敦煌研究》1986 年第 4 期　p. 86
黄盛璋　敦煌本曹氏二州六鎮與八鎮考　1983 年全國敦煌學術討論會文集·文史遺書編(上)　甘肅人民出版社　1987　p. 269
顔廷亮　關於敦煌遺書中的甘肅文學作品　1983 年全國敦煌學術討論會文集·文史遺書編(下)　甘肅人民出版社　1987　p. 229
杜琪　表·疏　敦煌文學　甘肅人民出版社　1989　p. 17
郭鋒　慕容歸盈與瓜沙曹氏　《敦煌學輯刊》1989 年第 1 期　p. 100
陳國燦　唐五代瓜沙歸義軍軍鎮的演變　敦煌吐魯番文書初探(二編)　武漢大學出版社　1990　p. 565
齊東方　敦煌文書及敦煌石窟題名中所見的吐谷渾餘部　敦煌吐魯番文獻研究論集(第五輯)　北京大學出版社　1990　p. 266、277 注 8
榮新江　通頰考　文史(第三十三輯)　中華書局　1990　p. 135　又見:二十世紀中國文史考據文録　雲南人民出版社　2001　p. 2116
唐耕耦　陸宏基　敦煌社會經濟文獻真迹釋録(四)　全國圖書館文獻縮微複製中心　1990　p. 386
周偉洲　吐蕃對河隴的統治及歸義軍前期的河西諸族　《甘肅民族研究》1990 年第 2 期　p. 7
黄茂琳　哈密頓《鋼和泰藏卷考釋》辨正　亞洲文明(第一集)　安徽教育出版社　1992　p. 204
暨遠志　張議潮出行圖研究(續)　《敦煌研究》1992 年第 4 期　p. 83
姜伯勤　敦煌社會文書導論　(臺北)新文豐出版公司　1992　p. 140
鄭炳林　敦煌碑銘讚三篇證誤與考釋　《敦煌學輯刊》1992 年第 1、2 期　p. 101
周紹良　敦煌文學芻議及其它　(臺北)新文豐出版公司　1992　p. 4
李明偉　敦煌文學概論　甘肅人民出版社　1993　p. 458
劉進寶　試談歸義軍時期敦煌縣鄉的建置　《敦煌研究》1994 年第 3 期　p. 80
李明偉　敦煌文學中"敦煌文"的研究和分類評價　《敦煌研究》1995 年第 4 期　p. 120
楊森　金山國與各教的疏密關係　敦煌佛教文獻研究　敦煌研究院文獻研究所　1995　p. 60
鄭炳林　唐五代敦煌粟特人與歸義軍政權　《敦煌研究》1996 年第 4 期　p. 90　又見:敦煌歸義軍史專題研究　蘭州大學出版社　1997　p. 420
中村裕一　唐代公文書研究　(東京)汲古書院　1996　p. 102
楊際平　郭鋒　張和平　五一十世紀敦煌的家庭與家族關係　岳麓書社　1997　p. 289
鄭炳林　敦煌碑銘讚輯釋　甘肅教育出版社　1997　p. 162 注 4
鄭炳林　唐五代敦煌的粟特人與佛教　敦煌歸義軍史專題研究　蘭州大學出版社　1997　p. 461
鄭炳林　唐五代敦煌的醫事研究　敦煌歸義軍史專題研究　蘭州大學出版社　1997　p. 522
陳國燦　歸義軍管内三軍百姓奏請表　敦煌學大辭典　上海辭書出版社　1998　p. 373
李冬梅　唐五代歸義軍與周邊民族關係綜論　《敦煌學輯刊》1998 年第 2 期　p. 52
榮新江　通頰　敦煌學大辭典　上海辭書出版社　1998　p. 301
孫修身　曹議金　敦煌學大辭典　上海辭書出版社　1998　p. 358
楊秀清　試論金山國的有關政治制度　《敦煌學輯刊》1998 年第 2 期　p. 39

謝桃坊　敦煌文化尋繹　四川人民出版社　1999　p. 126
楊秀清　敦煌西漢金山國史　甘肅人民出版社　1999　p. 99
李明偉　敦煌文學中敦煌文的分類及評價　1994 年敦煌學國際研討會文集・宗教文史卷(上)　甘肅民族出版社　2000　p. 297
劉進寶　敦煌歷史文化　甘肅人民出版社　2000　p. 125
劉進寶　敦煌文書與唐史研究　(臺北)新文豐出版公司　2000　p. 135
施萍婷　《敦煌遺書總目索引新編》前言　敦煌遺書總目索引新編　中華書局　2000　p. 3
顔廷亮　敦煌文化　光明日報出版社　2000　p. 458
張弓　英國收藏敦煌文獻叙録　英國收藏敦煌漢藏文獻研究:紀念敦煌文獻發現一百周年　中國社會科學出版社　2000　p. 146
榮新江　敦煌學十八講　北京大學出版社　2001　p. 195
趙貞　歸義軍押衙兼知他官略考　《敦煌研究》2001 年第 2 期　p. 94
陳國燦　敦煌學史事新證　甘肅教育出版社　2002　p. 393
劉進寶　敦煌學通論　甘肅教育出版社　2002　p. 84
榮新江　唐五代歸義軍武職軍將考　敦煌學新論　甘肅教育出版社　2002　p. 56
徐曉麗　鄭炳林　晚唐五代敦煌吐谷渾與吐蕃移民婦女研究　《敦煌學輯刊》2002 年第 2 期　p. 2
鄭炳林　晚唐五代敦煌歸義軍行政區劃制度研究(之二)《敦煌研究》2002 年第 3 期　p. 68
陸慶夫　歸義軍政權與番兵番將　2000 年敦煌學國際學術討論會文集・歷史文化卷(上)　甘肅民族出版社　2003　p. 118
柳洪亮　遷居吐魯番盆地的吐谷渾人　《吐魯番學研究》2004 年第 2 期　p. 122
陳逸平　唐宋時期敦煌大衆的歷史知識　《敦煌研究》2006 年第 2 期　p. 98

S. 4277

金岡照光　敦煌文學のさまざま　敦煌の文學　(東京)大蔵出版株式會社　1971　p. 159
遊佐昇　『王梵志詩』のもつ兩側面　大正大學大學院研究論集(第 2 號)　(東京)大正大學大學院　1978　p. 10
川崎ミチコ　通俗詩類・雜詩文類　敦煌仏典と禪(講座敦煌 8)　(東京)大東出版社　1980　p. 318
項楚　《敦煌寫本王梵志詩校注》補正　中華文史論叢(總 20 輯)　上海古籍出版社　1981　p. 102
張錫厚　王梵志詩校輯　中華書局　1983　p. 4
朱鳳玉　王梵志詩研究(上、下)　(臺北)學生書局　1986　p. 8、37、290;365
劉銘恕　敦煌遺書叢識　1983 年全國敦煌學術討論會文集・文史遺書編(上)　甘肅人民出版社　1987　p. 430
任半塘　敦煌歌辭總編　上海古籍出版社　1987　p. 510、1797
項楚　王梵志詩的重大新發現　《敦煌語言文學研究通訊》1987 年第 4 期　p. 6
項楚　王梵志詩校注　敦煌吐魯番文獻研究論集(第四輯)　北京大學出版社　1987　p. 550　又見:上海古籍出版社　1991　p. 769、933
張錫厚　敦煌文學作品選　中華書局　1987　p. 50
張錫厚　整理《王梵志詩集》的新收穫　《敦煌學輯刊》1987 年第 2 期　p. 31
張涌泉　敦煌變文校讀釋例　《敦煌學輯刊》1987 年第 2 期　p. 20　又見:舊學新知　浙江大學出版社　1999　p. 161
朱鳳玉　敦煌寫卷 S. 4277 號殘卷校釋　敦煌學(第 12 輯)　(臺北)新文豐出版公司　1987　p. 127

張錫厚　詩歌　敦煌文學　甘肅人民出版社　1989　p. 166
劉瑞明　《李陵變文》補校　《社科縱横》1990 年第 5 期　p. 39
項楚　列 1456 號王梵志詩殘卷補校　敦煌吐魯番學研究論文集　漢語大詞典出版社　1990　p. 348　又見：中國敦煌學百年文庫・文學卷(二)　甘肅文化出版社　1999　p. 582
項楚　《維摩詰經講經文》補校　敦煌吐魯番文獻研究論集(第五輯)　北京大學出版社　1990　p. 90　又見：敦煌文學叢考　上海古籍出版社　1991　p. 313
張錫厚　敦煌寫本王梵志詩原卷真迹　王梵志詩研究彙録(上)　上海古籍出版社　1990　圖版 29
張錫厚　關於敦煌寫本王梵志詩整理的若干問題　王梵志詩研究彙録(上)　上海古籍出版社　1990　p. 79
項楚　《王梵志詩校輯》匡補　敦煌文學叢考　上海古籍出版社　1991　p. 579
林家平　寧强　羅華慶　中國敦煌學史　北京語言學院出版社　1992　p. 596、600
饒宗頤　敦煌詞劄記　(香港)《九州學刊》(敦煌學專輯)1992 年第 4 卷第 4 期　p. 119　又見：敦煌曲續論　(臺北)新文豐出版公司　1996　p. 198
吳其昱著　伊藤美重子譯　敦煌漢文寫本概觀　敦煌漢文文獻(講座敦煌 5)　(東京)大東出版社　1992　p. 116
項楚　《敦煌歌辭總編》匡補(一)　文史(第三十五輯)　中華書局　1992　p. 197
周紹良　敦煌文學芻議及其它　(臺北)新文豐出版公司　1992　p. 24
蔣冀騁　敦煌文書校讀研究　(臺北)文津出版社　1993　p. 265
項楚　《敦煌歌辭總編》匡補(三)　文史(第三十七輯)　中華書局　1993　p. 184
項楚　敦煌詩歌導論　(臺北)新文豐出版公司　1993　p. 296、320
蔣禮鴻　敦煌文獻語言詞典　杭州大學出版社　1994　p. 33、197、336
索仁森著　李吉和譯　敦煌漢文禪籍特徵概觀　《敦煌研究》1994 年第 1 期　p. 111
項楚　《敦煌歌辭總編》匡補(五)　文史(第三十八輯)　中華書局　1994　p. 243
項楚　敦煌寫本斯四二七七王梵志詩校注　紀念陳寅恪先生百年誕辰學術論文集　江西教育出版社　1994　p. 250
喬象鍾　陳鐵民　唐代文學史(上)　人民文學出版社　1995　p. 170
曲金良　敦煌佛教文學研究　(臺北)文津出版社　1995　p. 250
項楚　敦煌歌辭總編匡補　(臺北)新文豐出版公司　1995　p. 34、141、272
張錫厚　敦煌本唐集研究　(臺北)新文豐出版公司　1995　p. 63
饒宗頤　《雲謠集》一些問題的檢討　敦煌曲續論　(臺北)新文豐出版公司　1996　p. 111
張涌泉　敦煌俗字研究導論　(臺北)新文豐出版公司　1996　p. 193
中原健二　評項楚著《王梵志詩校注》　俗語言研究(第三期)　(京都)禪文化研究所　1996　p. 119
黄征　敦煌俗語詞輯釋　敦煌語文叢說　(臺北)新文豐出版公司　1997　p. 69
黄征　王梵志詩校釋續商補　敦煌語文叢說　(臺北)新文豐出版公司　1997　p. 239
黄征　張涌泉　敦煌變文校注　中華書局　1997　p. 459、597
張錫厚　柴劍虹　王梵志詩集　敦煌學大辭典　上海辭書出版社　1998　p. 562
高國藩　敦煌俗文化學　上海三聯書店　1999　p. 615、647
張錫厚　敦煌文學源流　作家出版社　2000　p. 76
杜曉勤　隋唐五代文學研究　北京出版社　2001　p. 1276
陶敏　李一飛　隋唐五代文學史料學　中華書局　2001　p. 360
黄征　敦煌語言文字學研究　甘肅教育出版社　2002　p. 319
池田溫　敦煌文學と日本上代文學　敦煌文書の世界　(東京)名著刊行會　2003　p. 276

鄭阿財　敦煌蒙書研究的回顧與前瞻　敦煌吐魯番研究(第七卷)　北京大學出版社　2004　p. 267
張子開　敦煌寫本《六祖壇經》語辭三題　敦煌學國際研討會論文集　北京圖書館出版社　2005　p. 217

S. 4279

譚蟬雪　羅睺羅供養　敦煌學大辭典　上海辭書出版社　1998　p. 440
王卡　敦煌道教文獻研究　中國社會科學出版社　2004　p. 53、155
趙貞　"九曜行年"略說　《敦煌學輯刊》2005 年第 3 期　p. 31

S. 4281

金岡照光　敦煌の寫本　敦煌の文學　(東京)大蔵出版株式會社　1971　p. 81
榮新江　《英藏敦煌文獻》定名商補　文史(第五十二輯)　中華書局　2000　p. 121　又見:敦煌學新論　甘肅教育出版社　2002　p. 196
王卡　敦煌道教文獻研究　中國社會科學出版社　2004　p. 13、38、232
王卡　敦煌道教綜述　敦煌與絲路文化學術講座(第二輯)　北京圖書館出版社　2005　p. 382

S. 4282

高國藩　敦煌民俗資料導論　(臺北)新文豐出版公司　1993　p. 58、65
黄正建　敦煌祿命類文書述略　中國社會科學院歷史研究所學刊(第一集)　社會科學文獻出版社　2001　p. 257
黄正建　敦煌占卜文書與唐五代占卜研究　學苑出版社　2001　p. 129、149
黄正建　敦煌占婚嫁文書與唐五代的占婚嫁　新世紀敦煌學論集　巴蜀書社　2003　p. 285

S. 4283

池田溫　中國古代寫本識語集録　(東京)大蔵出版株式會社　1990　p. 382
楊富學　李吉和　敦煌漢文吐蕃史料輯校(第一輯)　甘肅人民出版社　1999　p. 283
沙武田　《金光明最勝王經變》在敦煌吐蕃時期洞窟首次出現的原因　《蘭州大學學報》2006 年第 3 期　p. 37

S. 4284

許國霖　敦煌石室寫經題記彙編　《微妙聲》1936 - 1937 年第 1 - 4 期　又見:中國敦煌學百年文庫·宗教卷(四)　甘肅文化出版社　1999　p. 207
許國霖　敦煌石室寫經年代表　《微妙聲》1937 年第 5 期　又見:中國敦煌學百年文庫·宗教卷(四)　甘肅文化出版社　1999　p. 196
芳村修基　土橋秀高　井ノ口泰淳　敦煌佛教史年表　西域文化研究(第一)·敦煌佛教資料　(京都)法藏館　1958　p. 260
陳祚龍　敦煌古抄内典尾記彙校初、二、三編合刊　敦煌學要籥　(臺北)新文豐出版公司　1982　p. 143
池田溫　中國古代寫本識語集録　(東京)大蔵出版株式會社　1990　p. 185
林聰明　從敦煌文書看佛教徒的造經祈福　第二届敦煌學國際研討會論文集　(臺北)漢學研究中心　1990　p. 527
沃興華　敦煌書法藝術　上海人民出版社　1994　p. 13

黄征　吳偉　敦煌願文集　岳麓書社　1995　p. 886
方廣錩　大方便佛報恩經　敦煌學大辭典　上海辭書出版社　1998　p. 671
謝桃坊　敦煌文化尋繹　四川人民出版社　1999　p. 88
金岡照光　敦煌文獻と中國文學　（東京）五曜書房　2000　p. 429
顔廷亮　敦煌文化　光明日報出版社　2000　p. 417
馬德　敦煌寫經題記的社會意義　法源（第19期）　中國佛學院　2001　p. 87
姜亮夫　敦煌莫高窟年表　姜亮夫全集（十一）　雲南人民出版社　2002　p. 213

S. 4286

陳祚龍　敦煌學雜記　敦煌資料考屑（下冊）　（臺北）商務印書館　1979　p. 383
田中良昭　念仏禪と後期北宗禪　敦煌仏典と禪（講座敦煌 8）　（東京）大東出版社　1980　p. 234
饒宗頤　論敦煌陷於吐蕃之年代　選堂集林・史林　（香港）中華書局　1982　p. 709（圖版）
田中良昭　敦煌禪宗文獻の研究　（東京）大東出版社　1983　p. 237
戴密微著　耿昇譯　敦煌學近作　敦煌譯叢（第一輯）　甘肅人民出版社　1985　p. 97
上山大峻　敦煌佛教の研究　（京都）法藏館　1990　p. 410
饒宗頤　神會門下摩訶衍之入藏兼論禪門南北宗之調和問題　唐代研究論集（第四輯）　（臺北）新文豐出版公司　1992　p. 345
田中良昭　敦煌の禪籍　禪學研究入門　（東京）大東出版社　1994　p. 65
柳田聖山　禪籍解題（一）・敦煌禪籍　俗語言研究（第二期）　（京都）禪文化研究所　1995　p. 140
田中良昭　《禪籍解題（一）・敦煌禪籍》補遺　俗語言研究（第三期）　（京都）禪文化研究所　1996　p. 220
方廣錩　大乘開心顯性頓悟真宗論　敦煌學大辭典　上海辭書出版社　1998　p. 725
沖本克己　敦煌發現的藏文禪宗文獻及所遺課題　戒幢佛學（第二卷）　岳麓書社　2002　p. 161

S. 4288

項楚　敦煌變文選注　巴蜀書社　1990　p. 251、379
江藍生　《燕子賦》（乙）校釋拾零　敦煌吐魯番研究（第一卷）　北京大學出版社　1996　p. 47

S. 4291

向達　倫敦所藏敦煌卷子經眼目録　《北平圖書館圖書季刊》1939 年新第 1 卷第 4 期　p. 397　又見:《唐代長安與西域文明　三聯書店　1957　p. 223
芳村修基　土橋秀高　井ノ口泰淳　敦煌佛教史年表　西域文化研究（第一）・敦煌佛教資料　（京都）法藏館　1958　p. 278
陳祚龍　瓜沙印録　（臺北）《大陸雜誌》1962 年第 4 期　又見:敦煌學概要　（臺北）編譯館"中華叢書編委會"　1981　p. 268；中國敦煌學百年文庫・考古卷（一）　甘肅文化出版社　1999　p. 191
唐長孺　關於歸義軍節度使的幾種資料跋　《中華文史論叢》1962 年第 1 期　又見:敦煌學文選（上）　蘭州大學歷史系敦煌學研究室等　1983　p. 178；敦煌吐魯番文書研究　甘肅人民出版社　1984　p. 171；山居存稿　中華書局　1989　p. 440；中國敦煌學百年文庫・歷史卷（一）　甘肅文化出版社　1999　p. 210
陳祚龍　中世敦煌婦女出家、入道、受戒、弘法之一斑　《海潮音》1979 年第60 卷 8 期　又見:敦煌簡策訂存　（臺北）商務印書館　1983　p. 37；中國敦煌學百年文庫・宗教卷（四）　甘肅文化出

版社 1999 p. 337

陳祚龍 古代敦煌及其他地區流行之公私印章圖記文字録 敦煌學要籥 (臺北)新文豐出版公司 1982 p. 347

賀世哲 孫修身 瓜沙曹氏與敦煌莫高窟 敦煌研究文集 甘肅人民出版社 1982 p. 236

董作賓 敦煌紀年 敦煌學文選(上) 蘭州大學歷史系敦煌學研究室等 1983 p. 32

榮新江 敦煌卷子劄記四則 敦煌吐魯番文獻研究論集(第二輯) 北京大學出版社 1983 p. 651－655

蘇瑩輝 瓜沙史事叢考 (臺北)商務印書館 1983 p. 59

賀世哲 從供養人題記看莫高窟部分洞窟的營建年代 敦煌莫高窟供養人題記 文物出版社 1986 p. 221

萬庚育 珍貴的歷史資料:莫高窟供養人畫像題記 敦煌莫高窟供養人題記 文物出版社 1986 p. 192 注 31

蘇瑩輝 曹元德、元深、元忠事迹考略 敦煌文史藝術論叢 (臺北)新文豐出版公司 1987 p. 157

孫修身 瓜沙曹氏卒立世次考 《魏晉南北朝隋唐史》1988 年第 10 期 p. 26 又見:《鄭州大學學報》1988 年第 4 期 ; 中國敦煌學百年文庫・歷史卷(二) 甘肅文化出版社 1999 p. 230

譚蟬雪 曹元德曹元深卒年考 《敦煌研究》1988 年第 1 期 p. 53

李明偉 狀・牒・帖 敦煌文學 甘肅人民出版社 1989 p. 37

汪泛舟 偈・頌 敦煌文學 甘肅人民出版社 1989 p. 93

郝春文 唐後期五代宋初沙州僧尼的特點 敦煌吐魯番學研究論文集 漢語大詞典出版社 1990 p. 854 注 27

榮新江 沙州歸義軍歷任節度使稱號研究 敦煌吐魯番學研究論文集 漢語大詞典出版社 1990 p. 795

蘇哲 伯二九九二號文書三通五代狀文的研究 敦煌吐魯番文獻研究論集(第五輯) 北京大學出版社 1990 p. 441

唐耕耦 陸宏基 敦煌社會經濟文獻真迹釋録(四) 全國圖書館文獻縮微複製中心 1990 p. 65

諸戶立雄 中國佛教制度史の研究 (東京)平河出版社 1990 p. 264

中村裕一 唐代官文書研究 (京都)中文出版社 1991 p. 424

黄盛璋 關於沙州曹氏和于闐交往的諸藏文文書及相關問題 《敦煌研究》1992 年第 1 期 p. 41

林家平 寧强 羅華慶 中國敦煌學史 北京語言學院出版社 1992 p. 359、507

中村裕一 官文書 敦煌漢文文獻(講座敦煌 5) (東京)大東出版社 1992 p. 577

周紹良 敦煌文學芻議及其它 (臺北)新文豐出版公司 1992 p. 9

竺沙雅章 寺院文書 敦煌漢文文獻(講座敦煌 5) (東京)大東出版社 1992 p. 592

汪泛舟 敦煌文學概論 甘肅人民出版社 1993 p. 557

鄭炳林 讀敦煌文書 P. 3859《後唐清泰三年六月沙州儭司教授福集等狀》劄記 《西北史地》1993 年第 4 期 p. 48

榮新江 歸義軍改元考 文史(第三十八輯) 中華書局 1994 p. 50

寧强 曹議金夫婦出行禮佛圖 敦煌學國際研討會文集・石窟藝術編 遼寧美術出版社 1995 p. 306

王書慶 敦煌佛學・佛事篇 甘肅民族出版社 1995 p. 246

榮新江 歸義軍史研究 上海古籍出版社 1996 p. 53

張國剛 隋唐五代史研究概要 天津教育出版社 1996 p. 745

中村裕一 唐代公文書研究 (東京)汲古書院 1996 p. 143

郝春文 歸義軍政權與敦煌佛教之關係新探 周紹良先生欣開九秩慶壽文集 中華書局 1997 p. 170
王書慶 敦煌文獻中五代宋初戒牒研究 《敦煌研究》1997 年第 3 期 p. 34
鄭炳林 敦煌碑銘讚輯釋 甘肅教育出版社 1997 p. 230 注 11
郝春文 唐後期五代宋初敦煌僧尼的社會生活 中國社會科學出版社 1998 p. 8
榮新江 歸義軍大事紀年初稿 出土文獻研究(第三輯) 文物出版社 1998 p. 245
唐耕耦 度牒 敦煌學大辭典 上海辭書出版社 1998 p. 641
唐耕耦 清泰伍年敕歸義軍節度使准百姓張留子女勝蓮出家牒 敦煌學大辭典 上海辭書出版社 1998 p. 640
陳祚龍 迎頭趕上,此其時也:敦煌學散策之二 中國敦煌學百年文庫・綜述卷(三) 甘肅文化出版社 1999 p. 50
謝桃坊 敦煌文化尋繹 四川人民出版社 1999 p. 203
姜亮夫 敦煌莫高窟年表 姜亮夫全集(十一) 雲南人民出版社 2002 p. 499
姜亮夫 瓜沙曹氏年表補正 姜亮夫全集(十四) 雲南人民出版社 2002 p. 347
李德龍 沙州三界寺《授戒牒》初探 甘肅民族研究論叢 甘肅人民出版社 2002 p. 401
森安孝夫著 梁曉鵬摘譯 河西歸義軍節度使官印及其編年 《敦煌學輯刊》2003 年第 1 期 p. 141
湛如 敦煌佛教律儀制度研究 中華書局 2003 p. 179
鄭炳林 晚唐五代歸義軍政權與佛教教團關係研究 《敦煌學輯刊》2005 年第 1 期 p. 11

S. 4292

陳祚龍 敦煌古抄內典尾記彙校初、二、三編合刊 敦煌學要籥 (臺北)新文豐出版公司 1982 p. 143
池田溫 中國古代寫本識語集録 (東京)大藏出版株式會社 1990 p. 387
張弓 漢唐佛寺文化史 中國社會科學出版社 1997 p. 382
李德龍 錫杖經古藏文譯本 敦煌學大辭典 上海辭書出版社 1998 p. 478
陳麗萍 敦煌女性寫經題記及反映的婦女問題 敦煌佛教藝術文化國際學術研討會論文集 蘭州大學出版社 2002 p. 436

S. 4293

黃征 吳偉 《敦煌願文集》輯校中的一些問題 《敦煌研究》1992 年第 1 期 p. 66 又見:敦煌語文叢說 (臺北)新文豐出版公司 1997 p. 551
高田時雄 チベット文字書寫「長卷」の研究(本文編) 『東方學報』(第 65 號) 京都大學人文科學研究所 1993 p. 369
汪娟 敦煌禮懺文研究 (臺北)法鼓文化公司 1994 p. 14
井ノロ泰淳 敦煌本『仏名經』の諸系統 中央アジアの言語と仏教 (京都)法藏館 1995 p. 320
井ノロ泰淳 敦煌本「禮懺文」 中央アジアの言語と仏教 (京都)法藏館 1995 p. 359
牛汝極 回鶻佛教文獻 新疆大學出版社 2000 p. 228

S. 4294

上山大峻 敦煌佛教の研究 (京都)法藏館 1990 p. 142

S. 4295

芳村修基　土橋秀高　井ノ口泰淳　敦煌佛教史年表　西域文化研究(第一)·敦煌佛教資料　(京都)法藏館　1958　p. 281

池田溫　中國古代寫本識語集録　(東京)大蔵出版株式會社　1990　p. 503

劉進寶　P. 3236 號《壬申年官布籍》時代考　《西北師大學報》(社會科學版)1996 年第 5 期　p. 43

劉進寶　P. 3236 號《壬申年官布籍》研究　慶祝潘石禪先生九秩華誕敦煌學特刊　(臺北)文津出版社　1996　p. 359

劉進寶　敦煌文書與唐史研究　(臺北)新文豐出版公司　2000　p. 230

譚蟬雪　《君者者狀》辨析:河西達怛國的一份書狀　1994 年敦煌學國際研討會文集·宗教文史卷(下)　甘肅民族出版社　2000　p. 112

姜亮夫　敦煌莫高窟年表　姜亮夫全集(十一)　雲南人民出版社　2002　p. 557

徐俊　敦煌寫本詩歌續考　《敦煌研究》2002 年第 5 期　p. 71

S. 4297

戴密微著　耿昇譯　敦煌學近作　敦煌譯叢(第一輯)　甘肅人民出版社　1985　p. 37

上山大峻　敦煌佛教の研究　(京都)法藏館　1990　p. 19、42、485

柳田聖山　禪籍解題(一)·敦煌禪籍　俗語言研究(第二期)　(京都)禪文化研究所　1995　p. 141

方廣錩　大乘二十二問　敦煌學大辭典　上海辭書出版社　1998　p. 723

楊富學　李吉和　敦煌漢文吐蕃史料輯校(第一輯)　甘肅人民出版社　1999　p. 6

S. 4298

福井文雅　般若心經　敦煌と中國仏教(講座敦煌 7)　(東京)大東出版社　1984　p. 39

方廣錩　敦煌遺書中的《法華經》注疏　《世界宗教研究》1998 年第 2 期　p. 77

方廣錩　敦煌遺書中的《妙法蓮華經》及有關文獻　法源(第 16 期)　中國佛學院　1998　p. 49

S. 4300

芳村修基　土橋秀高　井ノ口泰淳　敦煌佛教史年表　西域文化研究(第一)·敦煌佛教資料　(京都)法藏館　1958　p. 279

陳祚龍　敦煌古抄内典尾記彙校初、二、三編合刊　敦煌學要籥　(臺北)新文豐出版公司　1982　p. 143

任半塘　敦煌歌辭總編　上海古籍出版社　1987　p. 963

池田溫　中國古代寫本識語集録　(東京)大蔵出版株式會社　1990　p. 488

任半塘　王昆吾　隋唐五代燕樂雜言歌辭集　巴蜀書社　1990　p. 509

高田時雄　チベット文字書寫「長卷」の研究(本文編)　『東方學報』(第 65 號)　京都大學人文科學研究所　1993　p. 369

榮新江　歸義軍改元考　文史(第三十八輯)　中華書局　1994　p. 51

汪娟　敦煌禮懺文研究　(臺北)法鼓文化公司　1994　p. 18、182、358

榮新江　歸義軍史研究　上海古籍出版社　1996　p. 54

湛如　評《敦煌禮懺文研究》　敦煌吐魯番研究(第四卷)　北京大學出版社　1999　p. 618

姜亮夫　敦煌莫高窟年表　姜亮夫全集(十一)　雲南人民出版社　2002　p. 528

S. 4301

土橋秀高　敦煌の律蔵　敦煌と中國仏教(講座敦煌 7)　(東京)大東出版社　1984　p. 263
任半塘　敦煌歌辭總編　上海古籍出版社　1987　p. 1089
柴劍虹　和菩薩戒文　敦煌學大辭典　上海辭書出版社　1998　p. 546
蔣宗福　敦煌禪宗文獻詞語劄記　新世紀敦煌學論集　巴蜀書社　2003　p. 473
湛如　敦煌佛教律儀制度研究　中華書局　2003　p. 157

S. 4302

上山大峻　敦煌佛教の研究　(京都)法藏館　1990　p. 82
方廣錩　八波羅夷經　敦煌學大辭典　上海辭書出版社　1998　p. 714

S. 4303

石井公成　敦煌發現之地論宗諸文獻與電腦自動異本處理　中日敦煌佛教學術會議論文集　中國社會科學院研究所　2002　p. 146　又見:戒幢佛學(第二卷)　岳麓書社　2002　p. 182

S. 4307

向達　記倫敦所藏的敦煌俗文學　《新中華雜誌》1937 年第 5 卷第 13 號　p. 123 – 128　又見:唐代長安與西域文明　三聯書店　1957　p. 243 ; 敦煌變文論文録　上海古籍出版社　1982　p. 31
向達　倫敦所藏敦煌卷子經眼目録《北平圖書館圖書季刊》1939 年新第 1 卷第 4 期　p. 397　又見:唐代長安與西域文明　三聯書店　1957　p. 223
芳村修基　土橋秀高　井ノ口泰淳　敦煌佛教史年表　西域文化研究(第一)・敦煌佛教資料　(京都)法藏館　1958　p. 281
高明士　唐代敦煌的教育　漢學研究(敦煌學國際研討會論文專號)　(臺北)漢學研究資料及服務中心　1986　p. 251
簡濤　敦煌本《燕子賦》考論　《敦煌研究》1986 年第 3 期　p. 31
李正宇　唐宋時代的敦煌學校　《敦煌研究》1986 年第 1 期　p. 44
土肥義和著　李永寧譯　歸義軍時期(晚唐、五代、宋)的敦煌(一)　《敦煌研究》1986 年第 4 期　p. 87
李正宇　敦煌學郎題記輯注　《敦煌學輯刊》1987 年第 1 期　p. 34、37
池田溫　中國古代寫本識語集録　(東京)大蔵出版株式會社　1990　p. 531
鄭阿財　敦煌蒙書析論　第二屆敦煌學國際研討會論文集　(臺北)漢學研究中心　1990　p. 227
李正宇　敦煌名勝古迹導論　《陽關》1991 年第 4 期　p. 51
東野治之　敦煌と日本の『千字文』　遣唐使と正倉院　(東京)岩波書店　1992　p. 240
東野治之　訓蒙書　敦煌漢文文獻(講座敦煌 5)　(東京)大東出版社　1992　p. 405
姜伯勤　敦煌社會文書導論　(臺北)新文豐出版公司　1992　p. 173
李正宇　敦煌遺書宋人詩輯校　《敦煌研究》1992 年第 2 期　p. 42
林家平　寧强　羅華慶　中國敦煌學史　北京語言學院出版社　1992　p. 106
項楚　敦煌詩歌導論　(臺北)新文豐出版公司　1993　p. 199
張鴻勳　敦煌說唱文學概論　(臺北)新文豐出版公司　1993　p. 7
鄭阿財　敦煌文獻與文學　(臺北)新文豐出版公司　1993　p. 262
土肥義和　唐・北宋間の「社」の組織形態に関する一考察　中國古代の國家と民衆(堀敏一先生古稀記念)　(東京)汲古書院　1995　p. 726

鄭炳林　羊萍　敦煌本夢書　甘肅文化出版社　1995　p. 250
朱鳳玉　敦煌文獻中的語文教材　(臺灣)《嘉義師院學報》1995 年第 9 期　p. 472
李正宇　敦煌史地新論　(臺北)新文豐出版公司　1996　p. 187
李鼎霞　新集嚴父教一本　敦煌學大辭典　上海辭書出版社　1998　p. 781
李正宇　敦煌學校教師　敦煌學大辭典　上海辭書出版社　1998　p. 596
楊秀清　淺談唐、宋時期敦煌地區的學生生活　《敦煌研究》1999 年第 4 期　p. 144
柴劍虹　讀敦煌學士郎張宗之詩抄劄記　敦煌吐魯番學論稿　浙江教育出版社　2000　p. 250
汪泛舟　敦煌古代兒童課本　甘肅人民出版社　2000　p. 9
徐俊　敦煌詩集殘卷輯考　中華書局　2000　p. 819
顏廷亮　敦煌文化　光明日報出版社　2000　p. 187
楊秀清　華戎交會的都市:敦煌與絲綢之路　甘肅人民出版社　2000　p. 106
張弓　英國收藏敦煌文獻叙録　英國收藏敦煌漢藏文獻研究:紀念敦煌文獻發現一百周年　中國社會科學出版社　2000　p. 146
林聰明　敦煌吐魯番文書解詁指例　(臺北)新文豐出版公司　2001　p. 203
鄭阿財　敦煌童蒙讀物的分類與總說　敦煌文獻論集:紀念藏經洞發現一百周年國際學術研討會論文集　遼寧人民出版社　2001　p. 202
姜亮夫　敦煌莫高窟年表　姜亮夫全集(十一)　雲南人民出版社　2002　p. 581
鄭阿財　朱鳳玉　敦煌蒙書研究　甘肅教育出版社　2002　p. 403
郝春文　唐後期五代宋初中印文化對敦煌寺院的影響　新世紀敦煌學論集　巴蜀書社　2003　p. 333
鄭炳林　敦煌寫本解夢書校録研究　民族出版社　2005　p. 66

S. 4309

上山大峻　敦煌佛教の研究　(京都)法藏館　1990　p. 19
竺沙雅章　寺院文書　敦煌漢文文獻(講座敦煌 5)　(東京)大東出版社　1992　p. 648
郝春文　關於唐後期五代宋初沙州僧俗的施捨問題　唐研究(第三卷)　北京大學出版社　1997　p. 30
郝春文　唐後期五代宋初敦煌僧尼的社會生活　中國社會科學出版社　1998　p. 255
湛如　敦煌佛教律儀制度研究　中華書局　2003　p. 360
馬德　新見敦煌本唐人草書《大乘百法明門論疏》殘卷述略　《敦煌研究》2005 年第 5 期　p. 50

S. 4310

平井俊榮　敦煌仏典と中國仏教　敦煌と中國仏教(講座敦煌 7)　(東京)大東出版社　1984　p. 8
江素雲　維摩詰所說經敦煌寫本綜合目録　(臺北)東初出版社　1991　p. 80

S. 4312

上山大峻　敦煌佛教の研究　(京都)法藏館　1990　p. 419
伊藤美重子　敦煌本『大智度論』の整理　中國佛教石經の研究　京都大學學術出版會　1996　p. 373

S. 4314

王卡　紫文行事訣　敦煌學大辭典　上海辭書出版社　1998　p. 765

王卡　敦煌道教文獻研究　中國社會科學出版社　2004　p. 49、89

S. 4315

王卡　敦煌道教文獻研究　中國社會科學出版社　2004　p. 33、90

S. 4316

平井宥慶　敦煌流傳の金剛般若經　金剛般若經の思想的研究　（東京）春秋社　1999　p. 254

S. 4317

江素雲　維摩詰所說經敦煌寫本綜合目録　（臺北）東初出版社　1991　p. 80

S. 4318

黄征　吳偉　敦煌願文集　岳麓書社　1995　p. 300

黄征　敦煌願文考論　敦煌語文叢說　（臺北）新文豐出版公司　1997　p. 583

郝春文　發願文　敦煌學大辭典　上海辭書出版社　1998　p. 459

劉淑芬　唐代俗人的塔葬　燕京學報(新第 7 期)　北京大學出版社　1999　p. 84

湛如　敦煌佛教律儀制度研究　中華書局　2003　p. 324

S. 4319

蕭登福　從敦煌寫卷中看道教星斗崇拜對佛經之影響　第二屆敦煌學國際研討會論文集　（臺北）漢學研究中心　1990　p. 335

S. 4321

江素雲　維摩詰所說經敦煌寫本綜合目録　（臺北）東初出版社　1991　p. 80

S. 4323

井ノ口泰淳　敦煌本『仏名經』の諸系統　中央アジアの言語と仏教　（京都）法藏館　1995　p. 287

S. 4325

方廣錩　出曜經　敦煌學大辭典　上海辭書出版社　1998　p. 709

S. 4327

楊家駱　敦煌變文　（臺北）世界書局　1980　p. 818

白化文　什麽是變文　敦煌變文論文録　上海古籍出版社　1982　p. 443

張鴻勳　敦煌講唱伎藝搬演考略　《敦煌學輯刊》1982 年第 3 期　p. 66

張鴻勳　敦煌講唱文學韻律初探　《敦煌研究》1982 年試刊第 2 期　p. 128

張鴻勳　試論敦煌文學的範圍、性質及特點　《社會科學》1983 年第 2 期　又見：中國敦煌學百年文庫・文學卷(五)　甘肅文化出版社　1999　p. 254

潘重規　敦煌變文集新書(下)　（臺北）"中國文化大學"中文研究所　1984　p. 808

王慶菽　不知名變文　敦煌變文集　人民文學出版社　1984　p. 818

袁賓　敦煌變文校補　《蘭州大學學報》1986 年第 2 期　p. 21

劉銘恕　敦煌遺書叢識　敦煌語言文學論文集　浙江古籍出版社　1988　p. 48

高國藩　敦煌民俗學　上海文藝出版社　1989　p. 313
郭在貽　張涌泉　黄征　《敦煌變文集新書》讀後　《杭州師範學院學報》1989 年第 5 期　p. 115
郭在貽　張涌泉　黄征　《秋吟》和《不知名變文》三種補校　《溫州師範學院學報》1989 年第 2 期　p. 6
郭在貽　張涌泉　黄征　敦煌變文集校議　岳麓書社　1990　p. 417
加地哲定著　劉衛星譯　中國佛教文學　今日中國出版社　1990　p. 145
饒宗頤　文轍　(臺北)學生書局　1990　p. 444
林家平　寧强　羅華慶　中國敦煌學史　北京語言學院出版社　1992　p. 630
周紹良　敦煌文學芻議及其它　(臺北)新文豐出版公司　1992　p. 60
榮新江　饒宗頤教授與敦煌學研究　"中國唐代學會"會刊(第四期)　(臺北)"中國唐代學會"　1993　p. 40　又見:選堂文史論苑　上海古籍出版社　1994　p. 267
張鴻勳　敦煌話本詞文俗賦導論　(臺北)新文豐出版公司　1993　p. 37
張鴻勳　敦煌說唱文學概論　(臺北)新文豐出版公司　1993　p. 43、104
張先堂　敦煌文學概論　甘肅人民出版社　1993　p. 306
蔣禮鴻　敦煌文獻語言詞典　杭州大學出版社　1994　p. 290
吳庚舜　董乃斌　唐代文學史(下)　人民文學出版社　1995　p. 618 注 4
楊雄　不知名變文　敦煌論稿　甘肅文化出版社　1995　p. 415
黄征　張涌泉　敦煌變文校注　中華書局　1997　p. 948、1131
柴劍虹　師師謾語話　敦煌學大辭典　上海辭書出版社　1998　p. 581
譚蟬雪　師師謾　敦煌學大辭典　上海辭書出版社　1998　p. 448
梅維恒著　楊繼東　陳引馳譯　唐代變文(上)　(香港)中國佛教文化出版公司　1999　p. 79
顔廷亮　敦煌文化中的道教及文化　《敦煌研究》1999 年第 1 期　p. 143
徐俊　敦煌詩集殘卷輯考　中華書局　2000　p. 884
顔廷亮　敦煌文化　光明日報出版社　2000　p. 251
張錫厚　敦煌文學源流　作家出版社　2000　p. 470
張鴻勳　敦煌俗文學研究　甘肅人民出版社　2002　p. 34

S. 4329

向達　記倫敦所藏的敦煌俗文學　《新中華雜誌》1937 年第 5 卷第 13 號　p. 123 – 128　又見:唐代長安與西域文明　三聯書店　1957　p. 242；敦煌變文論文録　上海古籍出版社　1982　p. 31
向達　倫敦所藏敦煌卷子經眼目録　《北平圖書館圖書季刊》1939 年新第 1 卷第 4 期　p. 397　又見:唐代長安與西域文明　三聯書店　1957　p. 223
三木榮　西域出土醫藥關係文獻綜合解說目録　『東洋學報』(47 卷 1 號)　(東京)東洋學術協會　1964　p. 3
周鳳五　敦煌寫本太公家教研究　(臺北)明文書局　1986　p. 155
馬繼興　敦煌古醫籍考釋　江西科學技術出版社　1988　p. 302
高國藩　敦煌民俗學　上海文藝出版社　1989　p. 33
高國藩　敦煌古俗與民俗流變　河海大學出版社　1990　p. 449
姜伯勤　敦煌吐魯番與香藥之路　季羨林教授八十華誕紀念論文集(下)　江西人民出版社　1991　p. 842
項楚　王梵志詩校注　上海古籍出版社　1991　p. 419
林家平　寧强　羅華慶　中國敦煌學史　北京語言學院出版社　1992　p. 106

鄭阿財　從敦煌文獻看唐代的三教合一　第二屆國際唐代學術會議論文集(上)　(臺北)文津出版社　1993　p. 655
鄭阿財　敦煌文獻與文學　(臺北)新文豐出版公司　1993　p. 262
丛春雨　敦煌中醫藥全書　中醫古籍出版社　1994　p. 34、641
姜伯勤　敦煌吐魯番文書與絲綢之路　文物出版社　1994　p. 133
王進玉　敦煌石窟探秘　四川教育出版社　1994　p. 118
張儂　敦煌石窟秘方與灸經圖　甘肅文化出版社　1995　p. 20、121
饒宗頤　論古代香藥之路　敦煌吐魯番學研究論集　書目文獻出版社　1996　p. 373
鄭炳林　唐五代敦煌的醫事研究　敦煌歸義軍史專題研究　蘭州大學出版社　1997　p. 519
馬繼興　敦煌醫藥文獻輯校　江蘇古籍出版社　1998　p. 408
王淑民　不知名醫方第十二種　敦煌學大辭典　上海辭書出版社　1998　p. 619
王淑民　敦煌石窟秘藏醫方　北京醫科大學中國協和醫科大學聯合出版社　1999　p. 176
陳永勝　敦煌吐魯番法制文書研究　甘肅人民出版社　2000　p. 169
丛春雨　敦煌中醫藥精萃發微　中醫古籍出版社　2000　p. 303、395
顏廷亮　敦煌文化　光明日報出版社　2000　p. 406
葉永勝　敦煌本《辯才家教》初探　1994年敦煌學國際研討會文集·宗教文史卷(下)　甘肅民族出版社　2000　p. 213
陳明　醫理精華:印度古典醫學在敦煌的實例分析　敦煌吐魯番研究(第五卷)　北京大學出版社　2001　p. 256
馬繼興　當前世界各地收藏的中國出土卷子本古醫藥文獻備考　敦煌吐魯番研究(第六卷)　北京大學出版社　2002　p. 135
趙平安　談談敦煌醫學寫本的釋字問題　敦煌吐魯番研究(第六卷)　北京大學出版社　2002　p. 201
鄭阿財　朱鳳玉　敦煌蒙書研究　甘肅教育出版社　2002　p. 389
王卡　敦煌道教文獻研究　中國社會科學出版社　2004　p. 218
陳明　備急單驗:敦煌醫藥文獻中的單藥方　敦煌學國際研討會論文集　北京圖書館出版社　2005　p. 239
陳明　殊方異藥:出土文書與西域醫學　北京大學出版社　2005　p. 150
趙跟喜　敦煌唐宋時期的女子教育初探　《敦煌研究》2006年第2期　p. 93

S. 4330

向達　倫敦所藏敦煌卷子經眼目録　《北平圖書館圖書季刊》1939年新第1卷第4期　p. 397　又見:唐代長安與西域文明　三聯書店　1957　p. 223
石井昌子　靈寶經類　敦煌と中國道教(講座敦煌4)　(東京)大東出版社　1983　p. 160
山田俊　唐初道教思想史研究·資料篇　(京都)平樂寺書店　1999　p. 77、163
王卡　敦煌道教文獻研究　中國社會科學出版社　2004　p. 200
王卡　中國國家圖書館藏敦煌道教遺書研究報告　敦煌吐魯番研究(第七卷)　北京大學出版社　2004　p. 369

S. 4332

向達　倫敦所藏敦煌卷子經眼目録　《北平圖書館圖書季刊》1939年新第1卷第4期　p. 397　又見:唐代長安與西域文明　三聯書店　1957　p. 223

王重民　敦煌曲子詞集　商務印書館　1950　p. 2、27
金岡照光　敦煌文學のさまざま　敦煌の文學　(東京)大藏出版株式會社　1971　p. 144
蘇瑩輝　"敦煌曲"評介　《香港中文大學學報》1974 年第 1 期　又見:敦煌論集續編　(臺北)學生書局　1983　p. 305、313 ；中國敦煌學百年文庫・藝術卷(一)　甘肅文化出版社　1999　p. 374
潘重規　敦煌詞話　(臺北)石門圖書公司　1981　p. 32、74
陳國燦　對未刊敦煌借契的考察　魏晉南北朝隋唐史資料(第 5 輯)　武漢大學出版社　1983　p. 24
金榮華　記別本敦煌曲《別仙子》　(臺北)《大陸雜誌》1983 年第 5 期　又見:中國敦煌學百年文庫・文學卷(三)　甘肅文化出版社　1999　p. 147
蘇瑩輝　敦煌卷子對近五十年來中國文學史家之貢獻　敦煌論集續編　(臺北)學生書局　1983　p. 114 注 30
王重民　記敦煌新出的菩薩蠻　敦煌遺書論文集　中華書局　1984　p. 170
李正宇　敦煌曲子詞中一顆璀璨的明珠　《敦煌語言文學研究通訊》1986 年第 1 期　p. 6
李正宇　敦煌方音止遇二攝混同及其校勘學意義　《敦煌研究》1986 年第 4 期　p. 52
邱燮友　唐代敦煌曲的時代使命　漢學研究(敦煌學國際研討會論文專號)　(臺北)漢學研究資料及服務中心　1986　p. 143
高國藩　敦煌文學作品選　中華書局　1987　p. 69 注 1
任半塘　敦煌歌辭總編　上海古籍出版社　1987　p. 324、489
柴劍虹　徐俊　敦煌詞輯校四談　《敦煌學輯刊》1988 年第 1、2 期　p. 54　又見:西域文史論稿　(臺北)國文天地雜誌社　1991　p. 496
高國藩　敦煌曲子詞欣賞　南京大學出版社　1989　p. 1、36
孫其芳　詞　敦煌文學　甘肅人民出版社　1989　p. 205
王進玉　趙豐　敦煌文物中的紡織技藝　《敦煌研究》1989 年第 4 期　p. 101
郝春文　唐後期五代宋初沙州僧尼的特點　敦煌吐魯番學研究論文集　漢語大詞典出版社　1990　p. 853 注 18
林玫儀　研究敦煌曲子詞之省思　第二屆敦煌學國際研討會論文集　(臺北)漢學研究中心　1990　p. 312
饒宗頤　南戲戲神咒"囉哩嗹"之謎　中印文化關係史論集・語文篇　香港中文大學中國文化研究所　三聯書店　1990　p. 157　又見:梵學集　上海古籍出版社　1993　p. 211
任半塘　王昆吾　隋唐五代燕樂雜言歌辭集　巴蜀書社　1990　p. 238、357
王克芬　柴劍虹　敦煌舞譜的再探索　敦煌吐魯番學研究論文集　漢語大詞典出版社　1990　p. 224
柴劍虹　敦煌舞譜的再探索　西域文史論稿　(臺北)國文天地雜誌社　1991　p. 469
張仲儀　試論敦煌曲子詞的審美特徵　《敦煌研究》1991 年第 2 期　p. 80
金岡照光　曲子詞類　敦煌の文學文獻(講座敦煌 9)　(東京)大東出版社　1992　p. 396
周紹良　敦煌文學芻議及其它　(臺北)新文豐出版公司　1992　p. 34
孫其芳　顏廷亮　敦煌文學概論　甘肅人民出版社　1993　p. 418
金賢珠　唐五代敦煌民歌　(臺北)文史哲出版社　1994　p. 59、131
史雙元　唐五代詞紀事會評　黄山書社　1995　p. 422
張涌泉　漢語俗字研究　岳麓書社　1995　p. 79
饒宗頤　《雲謠集》一些問題的檢討　敦煌曲續論　(臺北)新文豐出版公司　1996　p. 102

張涌泉　敦煌俗字研究導論　（臺北）新文豐出版公司　1996　p. 189
郝春文　唐後期五代宋初敦煌僧尼的社會生活　中國社會科學出版社　1998　p. 85
郝春文　唐後期五代宋初敦煌僧尼遺産的處理與喪事的操辦　《敦煌研究》1998 年第 3 期　p. 35
潘重規　敦煌《雲謠集》新書　雲謠集研究彙録　上海古籍出版社　1998　p. 217
孫其芳　别仙子　敦煌學大辭典　上海辭書出版社　1998　p. 533
孫其芳　酒泉子　敦煌學大辭典　上海辭書出版社　1998　p. 532
黄征　程惠新　劫塵遺珠:敦煌遺書　甘肅教育出版社　1999　p. 75
鄭炳林　晚唐五代敦煌地區種植棉花研究　《中國史研究》1999 年第 3 期　p. 91
孫其芳　鳴沙遺音:敦煌詞選評　甘肅人民出版社　2000　p. 81、160
張涌泉　漢語俗字叢考　中華書局　2000　p. 264
郝春文　營造寄託:中國六至十世紀造寺功德的探討　佛教與歷史文化　宗教文化出版社　2001　p. 419
楊森　《辛巳年六月十六日社人于燈司倉貸粟曆》文書之定年　《敦煌學輯刊》2001 年第 2 期　p. 18
姜亮夫　敦煌莫高窟年表　姜亮夫全集(十一)　雲南人民出版社　2002　p. 319
徐俊　唐詞、唐曲子及其相關問題　國際敦煌學學術史研討會論文集　研討會籌備組　2002　p. 376　又見:敦煌吐魯番研究(第七卷)　北京大學出版社　2004　p. 150
高國藩　敦煌學百年史述要　（臺北）商務印書館　2003　p. 163
郝春文　唐後期五代宋初敦煌僧尼的生活方式　寺院財富與世俗供養　上海書畫出版社　2003　p. 134
彭金章　有關敦煌莫高窟北區瘞窟的幾個問題　寺院財富與世俗供養　上海書畫出版社　2003　p. 366
湯涒　敦煌曲子詞地域文化研究　上海古籍出版社　2004　p. 36、112、186、224
湯涒　敦煌曲子詞與河西本土文化　中國俗文化研究(第二輯)　巴蜀書社　2004　p. 192
湯涒　敦煌曲子詞寫本叙略　敦煌學國際研討會論文集　北京圖書館出版社　2005　p. 201

S. 4338

柳田聖山　禪籍解題(一)・敦煌禪籍　俗語言研究(第二期)　（京都）禪文化研究所　1995　p. 148
方廣錩　觀世音三昧經　敦煌學大辭典　上海辭書出版社　1998　p. 740
張總　説不盡的觀世音　上海辭書出版社　2002　p. 21
礪波護著　韓昇　劉建英譯　隋唐佛教文化　上海古籍出版社　2004　p. 42

S. 4341

向達　倫敦所藏敦煌卷子經眼目録　《北平圖書館圖書季刊》1939 年新第 1 卷第 4 期　p. 397　又見:唐代長安與西域文明　三聯書店　1957　p. 224
李正宇　評《河西走廊歷史地理》　敦煌吐魯番研究(第三卷)　北京大學出版社　1998　p. 433
劉濤　敦煌書法　敦煌學大辭典　上海辭書出版社　1998　p. 274

S. 4344

平井俊榮　敦煌仏典と中國仏教　敦煌と中國仏教(講座敦煌 7)　（東京）大東出版社　1984　p. 10

S. 4346

池田溫　中國古代寫本識語集録　（東京）大藏出版株式會社　1990　p. 364

S. 4350

江素雲　維摩詰所説經敦煌寫本綜合目録　（臺北）東初出版社　1991　p. 80

S. 4352

張涌泉　敦煌文獻字詞例釋　敦煌學(第25輯)　（臺北）樂學書局有限公司　2004　p. 352

S. 4353

芳村修基　土橋秀高　井ノ口泰淳　敦煌佛教史年表　西域文化研究(第一)・敦煌佛教資料　（京都)法藏館　1958　p. 263

陳祚龍　敦煌古抄内典尾記彙校初、二、三編合刊　敦煌學要籥　（臺北)新文豐出版公司　1982　p. 143

池田溫　中國古代寫本識語集録　（東京)大藏出版株式會社　1990　p. 230

林聰明　從敦煌文書看佛教徒的造經祈福　第二届敦煌學國際研討會論文集　（臺北)漢學研究中心　1990　p. 524

方廣錩　佛教大藏經史(八—十世紀)　中國社會科學出版社　1991　p. 58

林聰明　敦煌文書出處略考　季羨林教授八十華誕紀念論文集(下)　江西人民出版社　1991　p. 852

林聰明　敦煌文書學　（臺北)新文豐出版公司　1991　p. 110、141、375

林聰明　談敦煌文書的抄寫問題　紀念陳寅恪先生百年誕辰學術論文集　江西教育出版社　1994　p. 284

楊森　"婆姨"與"優婆姨"稱謂芻議　《敦煌研究》1994年第3期　p. 126

藤枝晃著　徐慶全　李樹清譯　敦煌寫本概述　《敦煌研究》1996年第2期　p. 119

白化文　楷書手　敦煌學大辭典　上海辭書出版社　1998　p. 594

方廣錩　敦煌遺書中的《妙法蓮華經》及有關文獻　敦煌學佛教學論叢(下)　中國佛教文化研究所　1998　p. 81　又見:法源(第16期)　中國佛學院　1998　p. 44

林聰明　敦煌吐魯番文書解詁指例　（臺北)新文豐出版公司　2001　p. 59 注 16

姜亮夫　敦煌莫高窟年表　姜亮夫全集(十一)　雲南人民出版社　2002　p. 241

S. 4354

慶谷壽信　敦煌出土の音韻資料(上)——Stein6691vについて　『人文學報』(第78號)　京都大學人文科學研究所　1970　p. 171

S. 4358

金岡照光　敦煌文學のさまざま　敦煌の文學　（東京)大藏出版株式會社　1971　p. 162

陳祚龍　新集敦煌古抄釋門的詩歌與曲子　敦煌簡策訂存　（臺北)商務印書館　1983　p. 190

陳祚龍　竭誠做好知己知彼,悉力做到精益求精:敦煌學散策之四(下)　敦煌學(第9輯)　（臺北)新文豐出版公司　1985　p. 48　又見:敦煌學林劄記　（臺北)商務印書館　1987　p. 248

孫修身　從一份資料談藏經洞的封閉　《敦煌研究》1988年第4期　p. 38

張錫厚　詩歌　敦煌文學　甘肅人民出版社　1989　p. 167

李正宇　“以千騎降夏”的“瓜州王”是誰?　《敦煌研究》1991 年第 2 期　p. 23
張錫厚　敦煌文學概論　甘肅人民出版社　1993　p. 357
胡文和　大足寶頂和敦煌的大方便(佛)報恩經變之比教研究　《敦煌研究》1996 年第 1 期　p. 35
李正宇　敦煌史地新論　(臺北)新文豐出版公司　1996　p. 349
王惠民　敦煌寶藏　上海古籍出版社　1996　p. 86
徐俊　敦煌寫本唐人詩歌存佚互見綜考　敦煌吐魯番研究(第一卷)　北京大學出版社　1996　p. 130
榮新江　敦煌藏經洞的性質及其封閉原因　敦煌吐魯番研究(第二卷)　北京大學出版社　1997　p. 38
汪泛舟　敦煌詩詞補正與考源　《敦煌研究》1997 年第 3 期　p. 109
陳明光　三聖御制佛牙讚　藏外佛教文獻(第四輯)　宗教文化出版社　1998　p. 308
方廣錩　敦煌藏經洞封閉原因之我見:兼論敦煌遺書與藏經洞遺書之界定　敦煌學佛教學論叢(上)　中國佛教文化研究所　1998　p. 56、81　又見:敦煌文藪(下)　(臺北)新文豐出版公司　1999　p. 185、200
顔廷亮　關於敦煌文學發展的歷史進程　《甘肅社會科學》1999 年第 4 期　p. 49
周維平　從敦煌遺書看敦煌道教　《西北民族研究》1999 年第 2 期　p. 134
杜琪　敦煌詩賦作品要目分類題注　《甘肅社會科學》2000 年第 1 期　p. 64
榮新江　法門寺與敦煌　'98 法門寺唐文化國際學術討論會論文集　陝西人民出版社　2000　p. 71　又見:敦煌學新論　甘肅教育出版社　2002　p. 42
徐俊　敦煌詩集殘卷輯考　中華書局　2000　p. 884
顔廷亮　敦煌文化　光明日報出版社　2000　p. 149、326
張錫厚　敦煌文學源流　作家出版社　2000　p. 62
陳尚君　評《敦煌詩集殘卷輯考》　敦煌吐魯番研究(第五卷)　北京大學出版社　2001　p. 388

S. 4359

劉銘恕　再記英國倫敦所藏的敦煌經卷　《中國科學院圖書館通訊》1957 年第 7 期　又見:中國敦煌學百年文庫・綜述卷(二)　甘肅文化出版社　1999　p. 133
芳村修基　土橋秀高　井ノ口泰淳　敦煌佛教史年表　西域文化研究(第一)・敦煌佛教資料　(京都)法藏館　1958　p. 277
慶谷壽信　敦煌出土の音韻資料(上)——Stein6691vについて　『人文學報』(第 78 號)　京都大學人文科學研究所　1970　p. 168
金岡照光　敦煌文學のさまざま　敦煌の文學　(東京)大藏出版株式會社　1971　p. 163
蘇瑩輝　“敦煌曲”評介　敦煌論集續编　(臺北)學生書局　1983　p. 304
張鴻勳　試論敦煌文學的範圍、性質及特點　《社會科學》1983 年第 2 期　又見:中國敦煌學百年文庫・文學卷(五)　甘肅文化出版社　1999　p. 257
任半塘　敦煌歌辭總编　上海古籍出版社　1987　p. 463
顔廷亮　關於敦煌遺書中的甘肅文學作品　1983 年全國敦煌學術討論會文集・文史遺書編(下)　甘肅人民出版社　1987　p. 228
郭鋒　慕容歸盈與瓜沙曹氏　《敦煌學輯刊》1989 年第 1 期　p. 91
王進玉　趙豐　敦煌文物中的紡織技藝　《敦煌研究》1989 年第 4 期　p. 100
張廣達　榮新江　關於敦煌出土于闐文獻的年代及其相關問題　紀念陳寅恪先生誕辰百年學術論文集　北京大學出版社　1989　p. 291

任半塘　王昆吾　隋唐五代燕樂雜言歌辭集　巴蜀書社　1990　p. 470
柴劍虹　《敦煌遺書總目索引》重印記　西域文史論稿　（臺北）國文天地雜誌社　1991　p. 492
孫修身　伯3718《李府君邈真讚》有關問題考　《魏晉南北朝隋唐史》1991年第4期　p. 44
鄭炳林　伯2641號背莫高窟再修功德記撰寫人探微　《敦煌學輯刊》1991年第2期　p. 48
黄盛璋　關於沙州曹氏和于闐交往的諸藏文文書及相關問題　《敦煌研究》1992年第1期　p. 41
金岡照光　曲子詞類　敦煌の文學文獻（講座敦煌9）（東京）大東出版社　1992　p. 397
榮新江　金山國史辨正　中華文史論叢（總50輯）　上海古籍出版社　1992　p. 80
楊聯陞　書評：饒宗頤、戴密微合著《敦煌曲》　楊聯陞論文集　中國社會科學出版社　1992　p. 243
趙豐　唐代絲綢與絲綢之路　三秦出版社　1992　p. 37注6
周紹良　敦煌文學芻議及其它　（臺北）新文豐出版公司　1992　p. 28
李正宇　敦煌文學概論　甘肅人民出版社　1993　p. 131
項楚　敦煌詩歌導論　（臺北）新文豐出版公司　1993　p. 283
榮新江　敦煌邈真讚所見歸義軍與東西回鶻的關係　敦煌邈真讚校録並研究　（臺北）新文豐出版公司　1994　p. 68
榮新江　于闐王國與瓜沙曹氏　《敦煌研究》1994年第2期　p. 112
孫修身　試論瓜沙曹氏與甘州回鶻之關係　敦煌學國際研討會文集·史地語文編　遼寧美術出版社　1995　p. 99
顔廷亮　敦煌文學概説　（臺北）新文豐出版公司　1995　p. 70
榮新江　歸義軍史研究　上海古籍出版社　1996　p. 13
徐俊　敦煌寫本唐人詩歌存佚互見綜考　敦煌吐魯番研究（第一卷）　北京大學出版社　1996　p. 123
李正宇　敦煌出土的四首特型詩及其破解　敦煌文學論集　四川人民出版社　1997　p. 15
鄭炳林　敦煌碑銘讚輯釋　甘肅教育出版社　1997　p. 347注3
榮新江　歸義軍大事紀年初稿　出土文獻研究（第三輯）　文物出版社　1998　p. 241
徐俊　唐五代長沙窑瓷器題詩校證　唐研究（第四卷）　北京大學出版社　1998　p. 70
謝桃坊　敦煌文化尋繹　四川人民出版社　1999　p. 89
孫其芳　鳴沙遺音：敦煌詞選評　甘肅人民出版社　2000　p. 131
徐俊　敦煌詩集殘卷輯考　中華書局　2000　p. 886
顔廷亮　西陲文學遺珍：敦煌文學通俗談　甘肅人民出版社　2000　p. 13
張弓　英國收藏敦煌文獻叙録　英國收藏敦煌漢藏文獻研究：紀念敦煌文獻發現一百周年　中國社會科學出版社　2000　p. 147
李正宇　沙州歸以軍樂營及其職事　敦煌吐魯番研究（第五卷）　北京大學出版社　2001　p. 221
林聰明　敦煌吐魯番文書解詁指例　（臺北）新文豐出版公司　2001　p. 150
姜亮夫　敦煌莫高窟年表　姜亮夫全集（十一）　雲南人民出版社　2002　p. 463
榮新江　略談于闐對敦煌石窟的貢獻　2000年敦煌學國際學術討論會文集·歷史文化卷（上）　甘肅民族出版社　2003　p. 73
王豔明　瓜州曹氏與甘州回鶻的兩次和親始末　《敦煌研究》2003年第1期　p. 72
湯涒　敦煌曲子詞地域文化研究　上海古籍出版社　2004　p. 43、162、187、215、269
湯涒　敦煌曲子詞與河西本土文化　中國俗文化研究（第二輯）　巴蜀書社　2004　p. 192
湯涒　敦煌曲子詞寫本叙略　敦煌學國際研討會論文集　北京圖書館出版社　2005　p. 206
陳逸平　唐宋時期敦煌大衆的歷史知識　《敦煌研究》2006年第2期　p. 98

S. 4360

蕭登福　道教與密宗　(臺北)新文豐出版公司　1993　p. 432

蕭登福　道教術儀與密教典籍　(臺北)新文豐出版公司　1994　p. 427

蕭登福　道教與佛教　(臺北)東大圖書公司　1995　p. 56

S. 4361

芳村修基　土橋秀高　井ノ口泰淳　敦煌佛教史年表　西域文化研究(第一)·敦煌佛教資料　(京都)法藏館　1958　p. 275

陳祚龍　敦煌古抄内典尾記彙校初、二、三編合刊　敦煌學要籥　(臺北)新文豐出版公司　1982　p. 144

池田溫　中國古代寫本識語集録　(東京)大藏出版株式會社　1990　p. 471

郝春文　唐後期五代宋初敦煌僧尼的社會生活　中國社會科學出版社　1998　p. 21

S. 4362

向達　倫敦所藏敦煌卷子經眼目録　《北平圖書館圖書季刊》1939 年新第 1 卷第 4 期　p. 397　又見:唐代長安與西域文明　三聯書店　1957　p. 224

陳祚龍　瓜沙印録　(臺北)《大陸雜誌》1962 年第 4 期　又見:敦煌學概要　(臺北)編譯館"中華叢書編委會"　1981　p. 268;中國敦煌學百年文庫·考古卷(一)　甘肅文化出版社　1999　p. 191

陳祚龍　古代敦煌及其他地區流行之公私印章圖記文字録　敦煌學要籥　(臺北)新文豐出版公司　1982　p. 347

哈密頓著　耿昇譯　回鶻文尊號闍梨和都統考　《甘肅民族研究》1988 年第 3－4 期　p. 121 注 1

唐耕耦　陸宏基　敦煌社會經濟文獻真迹釋録(五)　全國圖書館文獻縮微複製中心　1990　p. 29

高田時雄　評:池田溫編『敦煌漢文文獻』(講座敦煌 5)　『東洋史研究』(52 卷 1 號)　(東京)東洋史研究會　1993　p. 119

鄭炳林　敦煌碑銘讚輯釋　甘肅教育出版社　1997　p. 142 注 2

張弓　英國收藏敦煌文獻叙録　英國收藏敦煌漢藏文獻研究:紀念敦煌文獻發現一百周年　中國社會科學出版社　2000　p. 148

曾良　敦煌文獻字義通釋　廈門大學出版社　2001　p. 6

董志翹　敦煌社會經濟文書詞語散釋　中國俗文化研究(第一輯)　巴蜀書社　2003　p. 131

董志翹　敦煌社會經濟文獻詞語略考　浙江與敦煌學:常書鴻先生誕辰一百周年紀念文集　浙江古籍出版社　2004　p. 494

黑維强　吐魯番出土文書詞語例釋(二)　《敦煌學輯刊》2005 年第 2 期　p. 185

李軍　晚唐五代肅州相關史實考述　《敦煌學輯刊》2005 年第 3 期　p. 92

S. 4363

向達　倫敦所藏敦煌卷子經眼目録　《北平圖書館圖書季刊》1939 年新第 1 卷第 4 期　p. 397　又見:唐代長安與西域文明　三聯書店　1957　p. 224

芳村修基　土橋秀高　井ノ口泰淳　敦煌佛教史年表　西域文化研究(第一)·敦煌佛教資料　(京都)法藏館　1958　p. 278

賀世哲　孫修身　《瓜沙曹氏年表補正》之補正　《甘肅師大學報》1980 年第 3 期　又見:敦煌學文選(上)　蘭州大學歷史系敦煌學研究室等　1983　p. 158;中國敦煌學百年文庫·歷史卷(一)

甘肅文化出版社　1999　p. 496
董作賓　敦煌紀年　敦煌學文選(上)　蘭州大學歷史系敦煌學研究室等　1983　p. 33
姜亮夫　瓜沙曹氏年表補正　敦煌學文選(上)　蘭州大學歷史系敦煌學研究室等　1983　p. 122
又見:姜亮夫全集(十四)　雲南人民出版社　2002　p. 350
蘇瑩輝　瓜沙史事叢考　(臺北)商務印書館　1983　p. 99
蘇瑩輝著　川崎ミチコ譯　莫高、榆林二窟の供養人題記について　敦煌と中國仏教(講座敦煌 7)　(東京)大東出版社　1984　p. 424
饒宗頤解說　林宏作譯　敦煌書法叢刊(第十五卷)・牒狀(二)　(東京)二玄社　1985　p. 87
陳祚龍　竭誠做好知己知彼,悉力做到精益求精:敦煌學散策之四　敦煌學林劄記　(臺北)商務印書館　1987　p. 196
姜亮夫　瓜沙曹氏年表補正　敦煌學論文集　上海古籍出版社　1987　p. 928
蘇瑩輝　曹元德、元深、元忠事迹考略　敦煌文史藝術論叢　(臺北)新文豐出版公司　1987　p. 159
孫修身　瓜沙曹氏卒立世次考　《魏晉南北朝隋唐史》1988 年第 10 期　p. 27　又見:《鄭州大學學報》1988 年第 4 期 ; 中國敦煌學百年文庫・歷史卷(二)　甘肅文化出版社　1999　p. 232
李明偉　狀・牒・帖　敦煌文學　甘肅人民出版社　1989　p. 37
榮新江　沙州歸義軍歷任節度使稱號研究　敦煌吐魯番學研究論文集　漢語大詞典出版社　1990　p. 798
唐耕耦　陸宏基　敦煌社會經濟文獻真迹釋録(四)　全國圖書館文獻縮微複製中心　1990　p. 298
林家平　寧强　羅華慶　中國敦煌學史　北京語言學院出版社　1992　p. 509
中村裕一　官文書　敦煌漢文文獻(講座敦煌 5)　(東京)大東出版社　1992　p. 576
榮新江　敦煌邈真讚所見歸義軍與東西回鶻的關係　敦煌邈真讚校録並研究　(臺北)新文豐出版公司　1994　p. 110
榮新江　甘州回鶻與曹氏歸義軍　《中國古代史》(先秦至隋唐)1994 年第 3 期　p. 107
鄭炳林　羊萍　敦煌本夢書　甘肅文化出版社　1995　p. 3
榮新江　歸義軍史研究　上海古籍出版社　1996　p. 111
中村裕一　唐代公文書研究　(東京)汲古書院　1996　p. 136
鄭炳林　敦煌碑銘讚輯釋　甘肅教育出版社　1997　p. 504 注 6
鄭炳林　唐五代敦煌的粟特人與佛教　敦煌歸義軍史專題研究　蘭州大學出版社　1997　p. 463 注 12
鄭炳林　唐五代敦煌的醫事研究　敦煌歸義軍史專題研究　蘭州大學出版社　1997　p. 520
顧吉辰　敦煌文獻職官結銜考釋　《敦煌學輯刊》1998 年第 2 期　p. 34
姜亮夫　敦煌莫高窟年表　姜亮夫全集(十一)　雲南人民出版社　2002　p. 510
榮新江　唐五代歸義軍武職軍將考　敦煌學新論　甘肅教育出版社　2002　p. 59
陳明　耆婆的形象演變及其在敦煌吐魯番地區的影響　文津學志(第一輯)　北京圖書館出版社　2003　p. 154
陳明　生命吠陀:西域出土胡語醫學文獻的知識來源　歐亞學刊(第 4 輯)　中華書局　2004　p. 237
陳明　從出土文獻看漢唐西域中外醫學交流　敦煌與絲路文化學術講座(第二輯)　北京圖書館出版社　2005　p. 180
陳明　殊方異藥:出土文書與西域醫學　北京大學出版社　2005　p. 43
屈直敏　從《勵忠節抄》看歸義軍政權道德秩序的重建　《敦煌學輯刊》2005 年第 3 期　p. 85
趙曉星　寇甲　西魏:歸義軍時期敦煌地區的史姓　《敦煌學輯刊》2005 年第 2 期　p. 136

S. 4364

向達　倫敦所藏敦煌卷子經眼目録　《北平圖書館圖書季刊》1939 年新第 1 卷第 4 期　p. 397　又見:唐代長安與西域文明　三聯書店　1957　p. 224

杜琦　敦煌文學概論　甘肅人民出版社　1993　p. 509

曾良　敦煌文獻字義通釋　廈門大學出版社　2001　p. 82

S. 4365

山口瑞鳳　評『ペリオ・チベット文書の讀解』『東洋學報』(54 卷 4 號)　(東京)東洋學術協會　1972　p. 83

鄭良樹　敦煌老子寫本考異　(臺北)《大陸雜誌》1981 年第 2 期　又見:中國敦煌學百年文庫・宗教卷(三)　甘肅文化出版社　1999　p. 70

今枝二郎　敦煌本玄宗皇帝注「老子」の資料的意義　敦煌と中國道教(講座敦煌 4)　(東京)大東出版社　1983　p. 66

饒宗頤解說　林宏作譯　敦煌書法叢刊(第二七卷)・道書(一)　(東京)二玄社　1985　p. 73

王重民原編　黄永武新編　敦煌古籍叙録新編(第十三冊)　(臺北)新文豐出版公司　1986　p. 106

李斌城　敦煌寫本唐玄宗《道德經》注疏殘卷研究　《世界宗教研究》1987 年第 1 期　p. 57

藤原高男　唐玄宗御製道德真經注疏校本〈壹〉　《德島文理大學研究紀要》(39 號)　德島文理大學　1990　p. 11

張國剛　隋唐五代史研究概要　天津教育出版社　1996　p. 532

王卡　敦煌道教文獻研究　中國社會科學出版社　2004　p. 177

S. 4366

許國霖　敦煌石室寫經題記彙編　《微妙聲》1936 - 1937 年第 1 - 4 期　又見:中國敦煌學百年文庫・宗教卷(四)　甘肅文化出版社　1999　p. 220

芳村修基　土橋秀高　井ノ口泰淳　敦煌佛教史年表　西域文化研究(第一)・敦煌佛教資料　(京都)法藏館　1958　p. 255

陳祚龍　敦煌古抄内典尾記彙校初、二、三編合刊　敦煌學要籥　(臺北)新文豐出版公司　1982　p. 144

韓建瓴　題跋　敦煌文學　甘肅人民出版社　1989　p. 73

池田溫　中國古代寫本識語集録　(東京)大藏出版株式會社　1990　p. 125

趙聲良　西魏寫本《大般涅槃經卷第十二》　敦煌書法庫(第二輯)　甘肅人民美術出版社　1994　p. 157

黄征　吴偉　敦煌願文集　岳麓書社　1995　p. 831

黄征　張涌泉　敦煌變文校注　中華書局　1997　p. 573

方廣錩　大般涅槃經　敦煌學大辭典　上海辭書出版社　1998　p. 694

蔡忠霖　敦煌漢文寫卷俗字及其現象　(臺北)文津出版社　2002　p. 28

陳麗萍　敦煌女性寫經題記及反映的婦女問題　敦煌佛教藝術文化國際學術研討會論文集　蘭州大學出版社　2002　p. 430

姜亮夫　敦煌莫高窟年表　姜亮夫全集(十一)　雲南人民出版社　2002　p. 147

公維章　涅槃、淨土的殿堂:敦煌莫高窟第 148 窟研究　民族出版社　2004　p. 72

景盛軒　試論敦煌佛經異文研究的價值和意義　《敦煌研究》2004 年第 5 期　p. 87

赤尾榮慶　敦煌寫本的書志學研究　敦煌學・日本學:石塚晴通教授退職紀念論文集　上海辭書出

版社　2005　p. 54
赤尾榮慶　敦煌寫本の書志學的研究——近年の動向を踏まえて　日本學・敦煌學・漢文訓讀の新展開　(東京)汲古書院　2005　p. 191

S. 4367
陳祚龍　敦煌古抄內典尾記彙校初、二、三編合刊　敦煌學要籥　(臺北)新文豐出版公司　1982　p. 144
榮新江　敦煌藏經洞的性質及其封閉原因　敦煌吐魯番研究(第二卷)　北京大學出版社　1997　p. 34

S. 4371
周紹良　敦煌文學芻議及其它　(臺北)新文豐出版公司　1992　p. 51

S. 4372
仁井田陞　補訂中國法制史研究:奴隸農奴法・家族村落法　東京大學出版會　1991　p. 26
姜伯勤　敦煌社會文書導論　(臺北)新文豐出版公司　1992　p. 151
李正宇　敦煌歷史地理導論　(臺北)新文豐出版公司　1997　p. 225
鄭炳林　唐五代敦煌種植林業研究　敦煌歸義軍史專題研究　蘭州大學出版社　1997　p. 196

S. 4373
堀敏一　敦煌社會の変質——中國社會全般の発展とも関連して　敦煌の社會(講座敦煌 3)　(東京)大東出版社　1980　p. 193
姜伯勤　敦煌寺院碾磑經營的兩種形式　歷史論叢(第三輯)　齊魯書社　1983　p. 173、183、187
　又見:五十年來漢唐佛教寺院經濟研究　北京師範大學出版社　1986　p. 221、230
姜伯勤　唐五代敦煌寺戶制度　中華書局　1987　p. 227、244
唐耕耦　陸宏基　敦煌社會經濟文獻真迹釋録(三)　全國圖書館文獻縮微複製中心　1990　p. 183
鄭炳林　高偉　唐五代敦煌釀酒業初探　《西北史地》1994 年第 1 期　p. 33
馬德　敦煌工匠史料　甘肅人民出版社　1997　p. 48
唐耕耦　敦煌寺院會計文書研究　(臺北)新文豐出版公司　1997　p. 22
鄭炳林　敦煌碑銘讃輯釋　甘肅教育出版社　1997　p. 426 注 4
鄭炳林　唐五代敦煌手工業研究　敦煌歸義軍史專題研究　蘭州大學出版社　1997　p. 249
高啓安　唐五代至宋敦煌的量器及量制　《敦煌學輯刊》1999 年第 1 期　p. 70
曾良　敦煌文獻字義通釋　廈門大學出版社　2001　p. 79
高啓安　晚唐五代敦煌僧人飲食戒律初探　敦煌佛教藝術文化國際學術研討會論文集　蘭州大學出版社　2002　p. 394
李正宇　唐宋時期的敦煌佛教　敦煌佛教藝術文化國際學術研討會論文集　蘭州大學出版社　2002　p. 379
洪藝芳　敦煌社會經濟文書中的唐五代新興量詞研究　敦煌學(第 24 輯)　(臺北)樂學書局有限公司　2003　p. 92
王啓濤　中古及近代法制文書語言研究　巴蜀書社　2003　p. 100、261
曾良　敦煌文獻字義劄記　2000 年敦煌學國際學術討論會文集・歷史文化卷(下)　甘肅民族出版社　2003　p. 466

鄭炳林　晚唐五代敦煌村莊聚落輯考　2000 年敦煌學國際學術討論會文集·歷史文化卷(上)　甘肅民族出版社　2003　p. 140、157
高啓安　唐五代敦煌飲食文化研究　民族出版社　2004　p. 55、368
李正宇　晚唐至宋敦煌僧人聽食"淨肉"　敦煌學(第 25 輯)　(臺北)樂學書局有限公司　2004　p. 185
趙紅　高啓安　唐五代時期敦煌僧人飲食概述　麥積山石窟藝術文化論文集(下)　蘭州大學出版社　2004　p. 301
鄭炳林　魏迎春　晚唐五代敦煌佛教教團的戒律和清規　《敦煌學輯刊》2004 年第 2 期　p. 34
高啓安　趙紅　敦煌"玉女"考屑　敦煌學國際研討會論文集　北京圖書館出版社　2005　p. 227　又見:《敦煌研究》2005 年第 2 期　p. 70
李正宇　晚唐至北宋敦煌僧尼普聽飲酒　《敦煌研究》2005 年第 3 期　p. 69、73

S. 4374

向達　倫敦所藏敦煌卷子經眼目録　《北平圖書館圖書季刊》1939 年新第 1 卷第 4 期　p. 397　又見:唐代長安與西域文明　三聯書店　1957　p. 224
韓國磐　根據敦煌和吐魯番發現的文件略談有關唐代田制的幾個問題　《歷史研究》1962 年第 4 - 6 期　又見:敦煌吐魯番文書研究　甘肅人民出版社　1984　p. 198
陳祚龍　晚唐至宋初敦煌通行典賣"奴婢"之一斑　敦煌簡策訂存　(臺北)商務印書館　1983　p. 107
吳其昱　有關唐代和十世紀奴婢的敦煌卷子　《敦煌學輯刊》1984 年第 2 期　p. 143
池田溫　吐魯番、敦煌契券概觀　漢學研究(敦煌學國際研討會論文專號)　(臺北)漢學研究資料及服務中心　1986　p. 39
李正宇　敦煌方音止遇二攝混同及其校勘學意義　《敦煌研究》1986 年第 4 期　p. 55
李天石　試論兩稅法對唐代私奴婢的影響　《敦煌學輯刊》1987 年第 1 期　p. 97
王永興　隋唐五代經濟史料彙編校注·第一編(上)　中華書局　1987　p. 255
楊際平　唐末宋初敦煌土地制度初探　《敦煌學輯刊》1988 年第 1、2 期　p. 22
山本達郎等　敦煌·I 社條　『NUN - HUANG AND TURFAN DOCUMENTS CONCERNING SOCIAL AND ECONOMIC HISTORY』(IV)　(東京)東洋文庫　1989　p. 5
王公望　契約　敦煌文學　甘肅人民出版社　1989　p. 54
李天石　敦煌吐魯番文書中的奴婢資料及其價值　《敦煌學輯刊》1990 年第 1 期　p. 2、14
唐耕耦　陸宏基　敦煌社會經濟文獻真迹釋録(二)　全國圖書館文獻縮微複製中心　1990　p. 185
仁井田陞　補訂中國法制史研究:奴隸農奴法·家族村落法　東京大學出版會　1991　p. 26、39、566
姜伯勤　敦煌社會文書導論　(臺北)新文豐出版公司　1992　p. 152
周紹良　敦煌文學芻議及其它　(臺北)新文豐出版公司　1992　p. 10
李明偉　敦煌文學概論　甘肅人民出版社　1993　p. 472
譚禪雪　敦煌歲時掇瑣　(香港)《九州學刊》(敦煌學專輯)1993 年第 5 卷第 4 期　p. 104
項楚　敦煌詩歌導論　(臺北)新文豐出版公司　1993　p. 234
熊鐵基　以敦煌資料證傳統家庭　《敦煌研究》1993 年第 3 期　p. 77
蔣禮鴻　敦煌文獻語言詞典　杭州大學出版社　1994　p. 358
邵文實　敦煌俗文學作品中的駢儷文風　《敦煌學輯刊》1994 年第 2 期　p. 44
胡戟　傅玫　敦煌史話　中華書局　1995　p. 189

張傳璽 中國歷代契約會編考釋(上) 北京大學出版社 1995 p. 465 注 1、481 注 1
黄征 張涌泉 敦煌變文校注 中華書局 1997 p. 117、875
寧可 郝春文 敦煌社邑文書輯校 江蘇古籍出版社 1997 p. 748
趙和平 敦煌表狀箋啓書儀輯校 江蘇古籍出版社 1997 p. 392
李斌城 隋唐五代社會生活史 中國社會科學出版社 1998 p. 212 注 8
沙知 敦煌契約文書輯校 江蘇古籍出版社 1998 p. 455、494
譚蟬雪 敦煌歲時文化導論 (臺北)新文豐出版公司 1998 p. 2、189、335
土肥義和 唐・北宋の間:敦煌の杜家親情社追補社條(S. 8160rv)について 唐代史研究(創刊號) (東京)唐代史研究會 1998 p. 25
趙和平 《敦煌寫本書儀研究》訂補 敦煌吐魯番研究(第三卷) 北京大學出版社 1998 p. 251
趙和平 書儀 敦煌學大辭典 上海辭書出版社 1998 p. 422
韓國磐 根據敦煌和吐魯番發現的文件略談有關唐代田制的幾個問題 中國敦煌學百年文庫・歷史卷(一) 甘肅文化出版社 1999 p. 228
王繼如 預流悟詁 敦煌問學叢稿 甘肅文化出版社 1999 p. 270
陳永勝 敦煌吐魯番法制文書研究 甘肅人民出版社 2000 p. 50、178
劉紅遠 敦煌文書所見的"莊"、"田莊"、"莊田"、"莊園"非封建莊園說 《敦煌學輯刊》2000 年第 2 期 p. 26
劉銘恕 唐代的奴隸墓誌 1994 年敦煌學國際研討會文集・宗教文史卷(下) 甘肅民族出版社 2000 p. 168
丘古耶夫斯基 敦煌漢文文書 上海古籍出版社 2000 p. 18、205
張弓 英國收藏敦煌文獻叙録 英國收藏敦煌漢藏文獻研究:紀念敦煌文獻發現一百周年 中國社會科學出版社 2000 p. 148
張錫厚 敦煌文學源流 作家出版社 2000 p. 165
曾良 敦煌文獻字義通釋 廈門大學出版社 2001 p. 29、172
盛會蓮 唐五代百姓房舍的分配及相關問題之試析 《敦煌研究》2002 年第 6 期 p. 30
王克孝 顔廷亮 敦煌吐魯番契約中的契約形式與契約制度 2000 年敦煌學國際學術討論會文集・歷史文化卷(上) 甘肅民族出版社 2003 p. 225
王啓濤 中古及近代法制文書語言研究 巴蜀書社 2003 p. 118、349
曾良 敦煌文獻字義劄記 2000 年敦煌學國際學術討論會文集・歷史文化卷(下) 甘肅民族出版社 2003 p. 464
張錫厚 敦煌文概說 2000 年敦煌學國際學術討論會文集・歷史文化卷(下) 甘肅民族出版社 2003 p. 222
李天石 中國中古良賤身份制度研究 南京師範大學出版社 2004 p. 24、257
孟憲實 論唐宋時期敦煌民間結社的社條 敦煌吐魯番研究(第九卷) 北京大學出版社 2006 p. 319

S. 4376

上山大峻 敦煌佛教の研究 (京都)法藏館 1990 p. 146

S. 4378

陳祚龍 敦煌古抄内典尾記彙校初、二、三編合刊 敦煌學要籥 (臺北)新文豐出版公司 1982 p. 145

平井宥慶　千手千眼陀羅尼經　敦煌と中國仏教(講座敦煌 7)　(東京)大東出版社　1984　p. 136、147
三崎良周　仏頂尊勝陀羅尼經と諸星母陀羅尼經　敦煌と中國仏教(講座敦煌 7)　(東京)大東出版社　1984　p. 126
池田溫　中國古代寫本識語集録　(東京)大蔵出版株式會社　1990　p. 497
林聰明　敦煌文書出處略考　季羨林教授八十華誕紀念論文集(下)　江西人民出版社　1991　p. 866
林聰明　敦煌文書學　(臺北)新文豐出版公司　1991　p. 408
王惠民　敦煌寫本《水月觀音經》研究　《敦煌研究》1992 年第 3 期　p. 94
王惠民　敦煌千手千眼觀音像　《敦煌學輯刊》1994 年第 1 期　p. 63
王書慶　從敦煌文獻看敦煌佛教文化與中原佛教文化的交流　敦煌佛教文獻研究　敦煌研究院文獻研究所　1995　p. 30
劉進寶　P. 3236 號《壬申年官布籍》時代考　《西北師大學報》(社會科學版)1996 年第 5 期　p. 43
劉進寶　P. 3236 號《壬申年官布籍》研究　慶祝潘石禪先生九秩華誕敦煌學特刊　(臺北)文津出版社　1996　p. 359
白化文　經藏內　敦煌學大辭典　上海辭書出版社　1998　p. 595
劉進寶　敦煌文書與唐史研究　(臺北)新文豐出版公司　2000　p. 230
周一良　讀《敦煌與中國佛教》:介紹日本集體巨著《講座敦煌》　魏晉南北朝史論集續編　北京大學出版社　2001　p. 311
李小榮　敦煌密教文獻論稿　人民文學出版社　2003　p. 56
李小榮　論密教中的千手觀音　文史(第六十三輯)　中華書局　2003　p. 156

S. 4381

池田溫　中國古代寫本識語集録　(東京)大蔵出版株式會社　1990　p. 389

S. 4385

森安孝夫著　楊富學譯　敦煌出土元代回鶻文佛教徒書簡　《敦煌研究》1991 年第 2 期　p. 41

S. 4386

江素雲　維摩詰所說經敦煌寫本綜合目録　(臺北)東初出版社　1991　p. 80

S. 4387

江素雲　維摩詰所說經敦煌寫本綜合目録　(臺北)東初出版社　1991　p. 80

S. 4389

賀世哲　孫修身　瓜沙曹氏與敦煌莫高窟　敦煌研究文集　甘肅人民出版社　1982　p. 221
饒宗頤　敦煌寫卷之書法　唐代研究論集(第三輯)　(臺北)新文豐出版公司　1992　p. 22
蘇瑩輝　張承奉稱帝稱王與曹仁貴節度沙州歸義軍顛末考　敦煌學國際研討會文集·史地語文編　遼寧美術出版社　1995　p. 51
汪泛舟　從敦煌文學構成特點看中外交流關係　敦煌學國際研討會文集·史地語文编　遼寧美術出版社　1995　p. 237

S. 4391

加地哲定著　劉衛星譯　中國佛教文學　今日中國出版社　1990　p. 118

S. 4394

上山大峻　龍口明生　龍谷大學所藏敦煌本『比丘含注戒本』解說　敦煌寫本『本草集注』序録・『比丘含注戒本』（京都）法藏館　1998　p. 296

陳明　評《敦煌寫本〈本草集注序録〉〈比丘含注戒本〉》　敦煌吐魯番研究（第四卷）　北京大學出版社　1999　p. 627

吳麗娛　關於 S. 78v 和 S. 1725v 兩件敦煌寫本書儀的一些看法　敦煌學與中國史研究論集　甘肅人民出版社　2001　p. 174

S. 4395

杜愛英　敦煌遺書中俗體字的諸種類型　《敦煌研究》1992 年第 3 期　p. 125

S. 4396

汪泛舟　敦煌文學概論　甘肅人民出版社　1993　p. 180

S. 4397

芳村修基　土橋秀高　井ノ口泰淳　敦煌佛教史年表　西域文化研究（第一）・敦煌佛教資料　（京都）法藏館　1958　p. 273

唐長孺　關於歸義軍節度使的幾種資料跋　《中華文史論叢》1962 年第 1 期　又見：敦煌學文選（上）　蘭州大學歷史系敦煌學研究室等　1983　p. 184；敦煌吐魯番文書研究　甘肅人民出版社　1984　p. 176；山居存稿　中華書局　1989　p. 446；中國敦煌學百年文庫・歷史卷（一）　甘肅文化出版社　1999　p. 214

陳祚龍　敦煌古抄內典尾記彙校初、二、三編合刊　敦煌學要籥　（臺北）新文豐出版公司　1982　p. 145

榮新江　歸義軍及其與周邊民族的關係初探　《敦煌學輯刊》1986 年第 2 期　p. 30　又見：中國人文社會科學博士碩士文庫・歷史學卷　浙江教育出版社　1998　p. 658

羅華慶　敦煌藝術中的《觀音普門品變》和《觀音經變》　《敦煌研究》1987 年第 3 期　p. 57

池田溫　中國古代寫本識語集録　（東京）大藏出版株式會社　1990　p. 432

林聰明　敦煌文書學　（臺北）新文豐出版公司　1991　p. 371

戴仁　敦煌寫本紙張的顏色　法國學者敦煌學論文選萃　中華書局　1993　p. 592

前田正名　河西歷史地理學研究　中國藏學出版社　1993　p. 200

榮新江　初期沙州歸義軍與唐中央朝廷之關係　隋唐史論集　香港大學亞洲研究中心　1993　p. 111

榮新江　歸義軍改元考　文史（第三十八輯）　中華書局　1994　p. 46

榮新江　歸義軍史研究　上海古籍出版社　1996　p. 5、46

方廣錩　敦煌遺書中的《妙法蓮華經》及有關文獻　敦煌學佛教學論叢（下）　中國佛教文化研究所　1998　p. 93　又見：法源（第 16 期）　中國佛學院　1998　p. 51

方廣錩　觀世音經　敦煌學大辭典　上海辭書出版社　1998　p. 691

顧吉辰　敦煌文獻職官結銜考釋　《敦煌學輯刊》1998 年第 2 期　p. 32

榮新江　歸義軍大事紀年初稿　出土文獻研究（第三輯）　文物出版社　1998　p. 236

金岡照光　敦煌文獻と中國文學　（東京）五曜書房　2000　p. 429
顔廷亮　敦煌文化　光明日報出版社　2000　p. 269
姜亮夫　敦煌莫高窟年表　姜亮夫全集(十一)　雲南人民出版社　2002　p. 418
馮培紅　論晚唐五代的沙州(歸義軍)與涼州(河西)節度使　浙江與敦煌學:常書鴻先生誕辰一百周年紀念文集　浙江古籍出版社　2004　p. 254 注 18
礪波護著　韓昇　劉建英譯　隋唐佛教文化　上海古籍出版社　2004　p. 43

S. 4398

向達　記倫敦所藏的敦煌俗文學　《新中華雜誌》1937 年第 5 卷第 13 號　p. 123 – 128　又見:唐代長安與西域文明　三聯書店　1957　p. 240；敦煌變文論文録　上海古籍出版社　1982　p. 29
向達　倫敦所藏敦煌卷子經眼目録　《北平圖書館圖書季刊》1939 年新第 1 卷第 4 期　p. 397　又見:唐代長安與西域文明　三聯書店　1957　p. 224
關德棟　談變文　《覺群周報》1946 年 1 卷 1 – 12 期　又見:敦煌變文論文録　上海古籍出版社　1982　p. 202
向達　唐代俗講考　《國學季刊》1950 年第 6 卷第 4 號　p. 1　又見:唐代長安與西域文明　三聯書店　1957　p. 333；敦煌變文論輯　（臺北）石門圖書公司　1981　p. 39；敦煌變文論文録　上海古籍出版社　1982　p. 67；關隴文學論叢　甘肅人民出版社　1983　p. 179
陳祚龍　瓜沙印録　（臺北）《大陸雜誌》1962 年第 4 期　又見:敦煌學概要　（臺北）編譯館“中華叢書編委會”　1981　p. 268；中國敦煌學百年文庫・考古卷(一)　甘肅文化出版社　1999　p. 191
唐長孺　關於歸義軍節度使的幾種資料跋　《中華文史論叢》1962 年第 1 期　又見:敦煌學文選（上）　蘭州大學歷史系敦煌學研究室等　1983　p. 177、179；敦煌吐魯番文書研究　甘肅人民出版社　1984　p. 169、171；絲綢之路文獻叙録　蘭州大學出版社　1989　p. 51；山居存稿　中華書局　1989　p. 438、440；中國敦煌學百年文庫・歷史卷(一)　甘肅文化出版社　1999　p. 210
金岡照光　敦煌漢文文學文獻の文學形態上の種類とその分類　敦煌出土文學文獻分類目録・附解說　（東京）東洋文庫　1971　p. 198
金岡照光　敦煌文學のさまざま　敦煌の文學　（東京）大蔵出版株式會社　1971　p. 107、186
金岡照光　敦煌民衆の宗教と生活　敦煌の民衆:その生活と思想　（東京）評論社　1972　p. 133
加地哲定　增補中國佛教文學研究　（東京）同朋舍　1979　p. 108
王重民　敦煌古籍叙録　中華書局　1979　p. 372
楊家駱　敦煌變文　（臺北）世界書局　1980　p. 390
金岡照光　敦煌の繪物語　（東京）東方書店　1981　p. 56、138
潘重規　敦煌變文新論　敦煌變文論輯　（臺北）石門圖書公司　1981　p. 160
蘇塋輝　敦煌學概要　（臺北）編譯館“中華叢書編委會”　1981　p. 85
張錫厚　敦煌文學的歷史貢獻　文學評論叢刊(第九輯)　中國社會科學出版社　1981　p. 200
白化文　什麽是變文　敦煌變文論文録　上海古籍出版社　1982　p. 431
陳祚龍　古代敦煌及其他地區流行之公私印章圖記文字録　敦煌學要籥　（臺北）新文豐出版公司　1982　p. 347
鄭阿財　敦煌孝道文學研究　（臺北）石門圖書公司　1982　p. 75
周紹良　談唐代民間文學　敦煌變文論文録　上海古籍出版社　1982　p. 412　又見:紹良叢稿　齊魯書社　1984　p. 54

董作賓　敦煌紀年　敦煌學文選(上)　蘭州大學歷史系敦煌學研究室等　1983　p. 34

姜亮夫　瓜沙曹氏年表補正　敦煌學文選(上)　蘭州大學歷史系敦煌學研究室等　1983　p. 128　又見:敦煌學論文集　上海古籍出版社　1987　p. 934；姜亮夫全集(十四)　雲南人民出版社　2002　p. 356

蘇瑩輝　敦煌藝文略　敦煌論集　(臺北)學生書局　1983　p. 370

蘇瑩輝　瓜沙史事叢考　(臺北)商務印書館　1983　p. 59

孫修身　敦煌石窟《臘八燃燈分配窟龕名數》寫作年代考　絲路訪古　甘肅人民出版社　1983　p. 214

潘重規　敦煌變文集新書(上)　(臺北)"中國文化大學"中文研究所　1984　p. 638

王重民　降魔變文　敦煌變文集　人民文學出版社　1984　p. 390

李永寧　蔡偉堂　《降魔變文》與敦煌壁畫中的"勞度叉鬥聖變"　1983 年全國敦煌學術討論會文集・石窟藝術編(上)　甘肅人民出版社　1985　p. 165　又見:敦煌研究文集・敦煌石窟經變篇　甘肅民族出版社　2000　p. 329

韓建瓴　敦煌寫本《韓擒虎畫本》初探(一)　《敦煌學輯刊》1986 年第 1 期　p. 53

曲金良　"變文"名實新辨　《敦煌研究》1986 年第 2 期　p. 48

王重民原編　黄永武新編　敦煌古籍叙録新編(第十八册)　(臺北)新文豐出版公司　1986　p. 155

王堯　陳踐　歸義軍曹氏與于闐之關係補證　《西北史地》1987 年第 2 期　p. 62

張鴻勳　敦煌講唱文學作品選注　甘肅人民出版社　1987　p. 292

周紹良　唐代變文及其它　敦煌文學作品選　中華書局　1987　p. 3

王慶菽　敦煌變文研究　敦煌語言文學論文集　浙江古籍出版社　1988　p. 65

蕭登福　唐世佛家之講經與敦煌變文　敦煌俗文學論叢　(臺北)商務印書館　1988　p. 74

李明偉　狀・牒・帖　敦煌文學　甘肅人民出版社　1989　p. 36

王慶菽　關於《敦煌變文集》内《降魔變文》"校記"的一些問題　《敦煌語言文學研究通訊》1989 年第 2 期　p. 1

張鴻勳　變文　敦煌文學　甘肅人民出版社　1989　p. 241

加地哲定著　劉衛星譯　中國佛教文學　今日中國出版社　1990　p. 143

榮新江　沙州歸義軍歷任節度使稱號研究　敦煌吐魯番學研究論文集　漢語大詞典出版社　1990　p. 801

唐耕耦　陸宏基　敦煌社會經濟文獻真迹釋録(四)　全國圖書館文獻縮微複製中心　1990　p. 398

項楚　敦煌變文選注　巴蜀書社　1990　p. 488

林聰明　敦煌文書出處略考　季羨林教授八十華誕紀念論文集(下)　江西人民出版社　1991　p. 864

林聰明　敦煌文書學　(臺北)新文豐出版公司　1991　p. 345、380、403

金岡照光　講唱體類　敦煌の文學文獻(講座敦煌 9)　(東京)大東出版社　1992　p. 65、92

黎蕃　敦煌遺書與壁畫中的佛教戲曲　西域戲劇與戲劇的發生　新疆人民出版社　1992　p. 91

林家平　寧强　羅華慶　中國敦煌學史　北京語言學院出版社　1992　p. 105、337、359、508

饒宗頤　敦煌寫卷之書法　唐代研究論集(第三輯)　(臺北)新文豐出版公司　1992　p. 32

岩本裕　敦煌における仏傳・本生譚　敦煌の文學文獻(講座敦煌 9)　(東京)大東出版社　1992　p. 430

中村裕一　官文書　敦煌漢文文獻(講座敦煌 5)　(東京)大東出版社　1992　p. 563

周紹良　敦煌文學芻議及其它　(臺北)新文豐出版公司　1992　p. 8、42、68

楊雄　講經文名實說　(香港)《九州學刊》(敦煌學專輯)1993 年第 5 卷第 4 期　p. 145

張鴻勳　敦煌説唱文學概論　（臺北）新文豐出版公司　1993　p. 49
張鴻勳　敦煌文學概論　甘肅人民出版社　1993　p. 235
李明偉　隋唐絲綢之路　甘肅人民出版社　1994　p. 325
李潤强　《降魔變文》、《破魔變文》與《西遊記》　《社科縱横》1994 年第 4 期　p. 29
榮新江　敦煌邈真讚所見歸義軍與東西回鶻的關係　敦煌邈真讚校録並研究　（臺北）新文豐出版公司　1994　p. 112
榮新江　甘州回鶻與曹氏歸義軍　《中國古代史》(先秦至隋唐)1994 年第 3 期　p. 108
王進玉　敦煌石窟探秘　四川教育出版社　1994　p. 118
胡戟　傅玫　敦煌史話　中華書局　1995　p. 156、175
劉進寶　敦煌學論述　（臺北）洪葉文化事業有限公司　1995　p. 303
曲金良　敦煌佛教文學研究　（臺北）文津出版社　1995　p. 98
李正宇　敦煌遺書 P. 2691 寫本的定性與正名　慶祝潘石禪先生九秩華誕敦煌學特刊　（臺北）文津出版社　1996　p. 125
榮新江　歸義軍史研究　上海古籍出版社　1996　p. 25
中村裕一　唐代公文書研究　（東京）汲古書院　1996　p. 103
馮培紅　晚唐五代宋初歸義軍武職軍將研究　敦煌歸義軍史專題研究　蘭州大學出版社　1997　p. 122
黄征　張涌泉　敦煌變文校注　中華書局　1997　p. 568
劉子瑜　敦煌變文和王梵志詩　大象出版社　1997　p. 37
鄭炳林　敦煌碑銘讚輯釋　甘肅教育出版社　1997　p. 551 注 3
海客　降魔變文　敦煌學大辭典　上海辭書出版社　1998　p. 577
李正宇　公主君者者致北宅夫人書　敦煌學大辭典　上海辭書出版社　1998　p. 375
李重申　武術　敦煌學大辭典　上海辭書出版社　1998　p. 600
榮新江　歸義軍大事紀年初稿　出土文獻研究(第三輯)　文物出版社　1998　p. 248
孫修身　曹元忠　敦煌學大辭典　上海辭書出版社　1998　p. 364
周紹良　張涌泉　黄征　敦煌變文講經文因緣輯校(上、下)　江蘇古籍出版社　1998　p. 5;799
刁汝鈞　《敦煌變文》研究管見　中國敦煌學百年文庫・文學卷(四)　甘肅文化出版社　1999　p. 19
梅維恒著　楊繼東　陳引馳譯　唐代變文(上)　（香港)中國佛教文化出版公司　1999　p. 57、212
平井宥慶　敦煌文書における金剛經疏　金剛般若經の思想的研究　（東京)春秋社　1999　p. 268
北京大學　敦煌《經卷》、《照片》及《圖書》目録　中國敦煌學百年文庫・綜述卷(一)　甘肅文化出版社　1999　p. 311
金岡照光　敦煌文獻と中國文學　（東京)五曜書房　2000　p. 135
梅維恒著　張國剛　陳海濤譯　變文之後的中國圖畫講唱藝術及其外來影響　國際漢學(第六輯)　大象出版社　2000　p. 202
王豔明　瓜沙州大王印考　《敦煌學輯刊》2000 年第 2 期　p. 43
謝生保　成佛之路:敦煌壁畫佛傳故事　甘肅人民出版社　2000　p. 182
張鴻勳　説唱藝術奇葩:敦煌變文選評　甘肅人民出版社　2000　p. 183
鄭炳林　晚唐五代敦煌貿易市場的外來商品輯考　中華文史論叢(總 63 輯)　上海古籍出版社　2000　p. 83
陳寅恪撰　榮新江整理　《敦煌零拾》劄記　敦煌吐魯番研究(第五卷)　北京大學出版社　2001　p. 9

榮新江　敦煌學十八講　北京大學出版社　2001　p. 195
徐曉麗　曹議金與甘州回鶻天公主結親時間考　《敦煌研究》2001 年第 4 期　p. 115
姜亮夫　敦煌莫高窟年表　姜亮夫全集(十一)　雲南人民出版社　2002　p. 529
榮新江　唐五代歸義軍武職軍將考　敦煌學新論　甘肅教育出版社　2002　p. 60
史葦湘　敦煌歷史與莫高窟藝術研究　甘肅教育出版社　2002　p. 194
張鴻勳　敦煌俗文學研究　甘肅人民出版社　2002　p. 7
黃征　胡適舊藏《降魔變文》真迹考證　敦煌學(第 24 輯)　(臺北)樂學書局有限公司　2003　p. 128
森安孝夫著　梁曉鵬摘譯　河西歸義軍節度使官印及其編年　《敦煌學輯刊》2003 年第 1 期　p. 141
馮培紅　關於歸義軍節度使官制的幾個問題　麥積山石窟藝術文化論文集(下)　蘭州大學出版社　2004　p. 231
荒見泰史　敦煌變文研究概述以及新觀點　華林(第三卷)　中華書局　2004　p. 393
荒見泰史　敦煌的講唱體文獻　敦煌學(第 25 輯)　(臺北)樂學書局有限公司　2004　p. 274
王小盾　潘重規先生"變文外衣"理論疏說　敦煌學(第 25 輯)　(臺北)樂學書局有限公司　2004　p. 76
吳麗娛　楊寶玉　P. 3197v《曹氏歸義軍時期甘州使人書狀》考試　《敦煌學輯刊》2005 年第 4 期　p. 22 注 9
汪泛舟　敦煌俗別字新考(上)　《敦煌研究》2006 年第 1 期　p. 104

S. 4400

賀世哲　孫修身　《瓜沙曹氏年表補正》之補正　《甘肅師大學報》1980 年第 3 期　又見:敦煌學文選(上)　蘭州大學歷史系敦煌學研究室等　1983　p. 166 ; 中國敦煌學百年文庫·歷史卷(一)　甘肅文化出版社　1999　p. 501
張廣達　榮新江　關於唐末宋初于闐國的國號、年號及其王家世系問題　敦煌吐魯番文獻研究論集　中華書局　1982　p. 187　又見:于闐史叢考　上海書店　1993　p. 33
姜亮夫　瓜沙曹氏年表補正　敦煌學文選(上)　蘭州大學歷史系敦煌學研究室等　1983　p. 144　又見:敦煌學論文集　上海古籍出版社　1987　p. 951 ; 姜亮夫全集(十四)　雲南人民出版社　2002　p. 370
韓建瓴　敦煌寫本《韓擒虎畫本》初探(一)　《敦煌學輯刊》1986 年第 1 期　p. 61
賀世哲　從供養人題記看莫高窟部分洞窟的營建年代　敦煌莫高窟供養人題記　文物出版社　1986　p. 230
盧向前　關於歸義軍時期一份布紙破用曆的研究:試釋伯四六四〇背面文書　敦煌吐魯番文獻研究論集(第三輯)　北京大學出版社　1986　p. 416 注 49　又見:敦煌吐魯番文書論稿　江西人民出版社　1992　p. 122 注 49
李正宇　唐宋時代敦煌縣河渠泉澤簡志(一)　《敦煌研究》1988 年第 4 期　p. 96
劉銘恕　敦煌遺書叢識　敦煌語言文學論文集　浙江古籍出版社　1988　p. 50
杜琪　表·疏　敦煌文學　甘肅人民出版社　1989　p. 21
榮新江　沙州歸義軍歷任節度使稱號研究　敦煌吐魯番學研究論文集　漢語大詞典出版社　1990　p. 807
李正宇　"以千騎降夏"的"瓜州王"是誰?　《敦煌研究》1991 年第 2 期　p. 20
孟凡人　五代宋初于闐王統考　《中國邊疆史地研究》1992 年第 3 期　p. 105
周紹良　敦煌文學芻議及其它　(臺北)新文豐出版公司　1992　p. 6

高國藩　敦煌民俗資料導論　（臺北）新文豐出版公司　1993　p. 130
李明偉　敦煌文學概論　甘肅人民出版社　1993　p. 462
汪泛舟　敦煌文學概論　甘肅人民出版社　1993　p. 561
張鴻勳　敦煌話本詞文俗賦導論　（臺北）新文豐出版公司　1993　p. 39
馬德　論莫高窟佛教的社會性　敦煌佛教文獻研究　敦煌研究院文獻研究所　1995　p. 13
姜伯勤　敦煌藝術宗教與禮樂文明　中國社會科學出版社　1996　p. 309
李正宇　敦煌史地新論　（臺北）新文豐出版公司　1996　p. 120
馬德　敦煌莫高窟史研究　甘肅教育出版社　1996　p. 193
榮新江　歸義軍史研究　上海古籍出版社　1996　p. 32
邵文實　敦煌道教試述　《世界宗教研究》1996 年第 2 期　又見：中國敦煌學百年文庫・宗教卷（三）　甘肅文化出版社　1999　p. 334
黄征　敦煌文學《兒郎偉》輯録校注　敦煌語文叢說　（臺北）新文豐出版公司　1997　p. 716
柴劍虹　敦煌王曹禳災祈福文　敦煌學大辭典　上海辭書出版社　1998　p. 590
姜伯勤　道釋相激：道教在敦煌　道家文化研究（第十三輯）　三聯書店　1998　p. 70
榮新江　歸義軍大事紀年初稿　出土文獻研究（第三輯）　文物出版社　1998　p. 253
譚蟬雪　禳災祈福　敦煌學大辭典　上海辭書出版社　1998　p. 447
張彥珍　敦煌遺書 S. 4400《貳師泉賦》的作者及寫本年代問題　《甘肅社會科學》1998 年第 5 期　p. 77
顔廷亮　敦煌文化中的道教及文化　《敦煌研究》1999 年第 1 期　p. 141
金岡照光　敦煌文獻と中國文學　（東京）五曜書房　2000　p. 430
李明偉　敦煌文學中敦煌文的分類及評價　1994 年敦煌學國際研討會文集・宗教文史卷（上）　甘肅民族出版社　2000　p. 297
榮新江　《英藏敦煌文獻》定名商補　文史（第五十二輯）　中華書局　2000　p. 121　又見：敦煌學新論　甘肅教育出版社　2002　p. 196
汪泛舟　敦煌道教與齋醮諸考　1994 年敦煌學國際研討會文集・宗教文史卷（上）　甘肅民族出版社　2000　p. 4、10
王克孝　ДX2168 寫本初探　1994 年敦煌學國際研討會文集・宗教文史卷（下）　甘肅民族出版社　2000　p. 230
顔廷亮　敦煌文化　光明日報出版社　2000　p. 133、247
顔廷亮　西陲文學遺珍：敦煌文學通俗談　甘肅人民出版社　2000　p. 148
榮新江　敦煌學十八講　北京大學出版社　2001　p. 225
姜亮夫　敦煌莫高窟年表　姜亮夫全集（十一）　雲南人民出版社　2002　p. 576
劉永明　散見敦煌曆朔閏輯考　《敦煌研究》2002 年第 6 期　p. 12、18
劉永明　試論曹延祿的醮祭活動　《敦煌學輯刊》2002 年第 1 期　p. 65
張鴻勳　敦煌俗文學研究　甘肅人民出版社　2002　p. 235
古正美　于闐與敦煌的毗沙門天王信仰　2000 年敦煌學國際學術討論會文集・歷史文化卷（上）　甘肅民族出版社　2003　p. 59
李小榮　敦煌密教文獻論稿　人民文學出版社　2003　p. 241
馮培紅　關於歸義軍節度使官制的幾個問題　麥積山石窟藝術文化論文集（下）　蘭州大學出版社　2004　p. 224
高啓安　唐五代敦煌飲食文化研究　民族出版社　2004　p. 299
羅瑶　榆林窟第 20 窟新發現"供養人像"考　《敦煌研究》2004 年第 2 期　p. 21

王卡　敦煌道教文獻研究　中國社會科學出版社　2004　p. 14、46、238
陳于柱　從敦煌占卜文書看晚唐五代敦煌占卜與佛教的對話交融《敦煌學輯刊》2005 年第 2 期　p. 31
高啓安　趙紅　敦煌“玉女”考屑　敦煌學國際研討會論文集　北京圖書館出版社　2005　p. 227 注 2
劉永明　敦煌道教的世俗化之路:道教向具注曆日的滲透　《敦煌學輯刊》2005 年第 2 期　p. 206
王卡　敦煌道教綜述　敦煌與絲路文化學術講座(第二輯)　北京圖書館出版社　2005　p. 383
余欣　唐宋敦煌醮祭鎮宅法考察　《敦煌研究》2006 年第 2 期　p. 63

S. 4401

周紹良　敦煌所出變文現存目録　敦煌變文彙録　上海出版公司　1955　p. 4
邱鎮京　敦煌變文述論　(臺北)商務印書館　1974　p. 1880
金岡照光　敦煌の繪物語　(東京)東方書店　1981　p. 113
金岡照光　敦煌文獻と中國文學　(東京)五曜書房　2000　p. 474

S. 4406

陳祚龍　新集中世敦煌三寶感通録　敦煌學海探珠(下册)　(臺北)商務印書館　1979　p. 341
陳祚龍　敦煌古抄内典尾記彙校初、二、三編合刊　敦煌學要籥　(臺北)新文豐出版公司　1982　p. 145
福井文雅撰　郭自得譯　般若心經觀在中國的變遷　敦煌學(第 6 輯)　(臺北)新文豐出版公司　1983　p. 26
福井文雅　般若心經　敦煌と中國仏教(講座敦煌 7)　(東京)大東出版社　1984　p. 39
池田溫　中國古代寫本識語集録　(東京)大蔵出版株式會社　1990　p. 439
黄征　吳偉　敦煌願文集　岳麓書社　1995　p. 876
方廣錩　般若波羅蜜多心經　敦煌學大辭典　上海辭書出版社　1998　p. 686
方廣錩《般若心經譯注集成》前言　敦煌學佛教學論叢(下)　中國佛教文化研究所　1998　p. 10
林聰明　敦煌吐魯番文書解詁指例　(臺北)新文豐出版公司　2001　p. 109

S. 4407

土橋秀高　敦煌の律蔵　敦煌と中國仏教(講座敦煌 7)　(東京)大東出版社　1984　p. 264
榮新江　粟特語受八齋戒儀　敦煌學大辭典　上海辭書出版社　1998　p. 506
曾良　敦煌文獻字義通釋　廈門大學出版社　2001　p. 144
湛如　敦煌佛教律儀制度研究　中華書局　2003　p. 137

S. 4408

邱鎮京　敦煌變文述論　(臺北)商務印書館　1974　p. 1879
福井文雅　般若心經　敦煌と中國仏教(講座敦煌 7)　(東京)大東出版社　1984　p. 46
金岡照光　敦煌における地獄文獻:敦煌庶民信仰の一様相　敦煌と中國仏教(講座敦煌 7)　(東京)大東出版社　1984　p. 569
王三慶　敦煌寫卷中武后新字之調查研究　唐代研究論集(第三輯)　(臺北)新文豐出版公司　1992　p. 91
方廣錩　長阿含經　敦煌學大辭典　上海辭書出版社　1998　p. 705

S. 4409

福井文雅　般若心經　敦煌と中國仏教(講座敦煌 7)　(東京)大東出版社　1984　p. 39

S. 4411

李正宇　唐宋時代敦煌的用筆與製筆　《絲路論壇》1987 年第 2 期　p. 64
王進玉　敦煌石窟探秘　四川教育出版社　1994　p. 98
李正宇　敦煌歷史地理導論　(臺北)新文豐出版公司　1997　p. 226
馬德　敦煌工匠史料　甘肅人民出版社　1997　p. 67、89

S. 4412

索仁森著　李吉和譯　敦煌漢文禪籍特徵概觀　《敦煌研究》1994 年第 1 期　p. 111
郝春文　唐後期五代宋初敦煌僧尼的社會生活　中國社會科學出版社　1998　p. 14
曾良　敦煌文獻字義通釋　廈門大學出版社　2001　p. 134
湯涒　敦煌曲子詞地域文化研究　上海古籍出版社　2004　p. 105

S. 4413

汪泛舟　偈·頌　敦煌文學　甘肅人民出版社　1989　p. 92
張弓　漢唐佛寺文化史　中國社會科學出版社　1997　p. 952
譚蟬雪　敦煌歲時文化導論　(臺北)新文豐出版公司　1998　p. 77
楊富學　李吉和　敦煌漢文吐蕃史料輯校(第一輯)　甘肅人民出版社　1999　p. 245
張弓　英國收藏敦煌文獻叙録　英國收藏敦煌漢藏文獻研究:紀念敦煌文獻發現一百周年　中國社會科學出版社　2000　p. 149
譚蟬雪　唐宋敦煌歲時佛俗　《敦煌研究》2001 年第 1 期　p. 94
李斌城　唐代文化　中國社會科學出版社　2002　p. 1083

S. 4415

許國霖　敦煌石室寫經題記彙編　《微妙聲》1936 – 1937 年第 1 – 4 期　又見:中國敦煌學百年文庫·宗教卷(四)　甘肅文化出版社　1999　p. 220
許國霖　敦煌石室寫經年代表　《微妙聲》1937 年第 5 期　又見:中國敦煌學百年文庫·宗教卷(四)　甘肅文化出版社　1999　p. 194
周一良　跋敦煌秘笈留真　《清華學報》1948 年第 15 卷第 1 期　又見:魏晉南北朝史論集　中華書局　1963　p. 370；中國敦煌學百年文庫·文獻卷(一)　甘肅文化出版社　1999　p. 282
芳村修基　土橋秀高　井ノ口泰淳　敦煌佛教史年表　西域文化研究(第一)·敦煌佛教資料　(京都)法藏館　1958　p. 254
塚本善隆　敦煌佛教史概說　西域文化研究(第一)·敦煌佛教資料　(京都)法藏館　1958　p. 58
陳祚龍　後魏元榮坐鎮瓜州事佛之一斑　《古今談》1973 年第 103 期　又見:中國敦煌學百年文庫·宗教卷(一)　甘肅文化出版社　1999　p. 14
閻文儒　莫高窟研究　《科技史文集》1981 年第 6 期　又見:中國敦煌學百年文庫·綜述卷(二)　甘肅文化出版社　1999　p. 338
陳祚龍　敦煌古抄内典尾記彙校初、二、三編合刊　敦煌學要籥　(臺北)新文豐出版公司　1982　p. 145
饒宗頤　北魏馮熙(？—495)與敦煌寫經:魏太和寫雜阿毘曇心經跋　選堂集林·史林　(香港)中

華書局　1982　p. 421
王重民　記敦煌寫本的佛經　敦煌吐魯番文獻研究論集(第二輯)　北京大學出版社　1983　p. 11　又見:敦煌遺書論文集　中華書局　1984　p. 296
廣川堯敏　淨土三部經　敦煌と中國仏教(講座敦煌 7)　(東京)大東出版社　1984　p. 108
宿白　東陽王與建平公　向達先生紀念論文集　新疆人民出版社　1986　p. 160　又見:敦煌吐魯番文獻研究論集(第四輯)　北京大學出版社　1987　p. 41、53 注 7
周丕顯　敦煌佛經略考　《敦煌學輯刊》1987 年第 2 期　p. 3
池田溫　中國古代寫本識語集録　(東京)大藏出版株式會社　1990　p. 119
李玉珉　敦煌藥師經變研究　(臺北)《"故宫"學術季刊》1990 年第 7 卷第 3 期　p. 6
林聰明　從敦煌文書看佛教徒的造經祈福　第二屆敦煌學國際研討會論文集　(臺北)漢學研究中心　1990　p. 526
陸揚　《維摩詰經》與南北朝社會文化之關係　中國文化與中國哲學(1988)　三聯書店　1990　p. 578
藤枝晃　敦煌遺書之分期　敦煌吐魯番學研究論文集　漢語大詞典出版社　1990　p. 15(圖版)
趙聲良　敦煌南北朝寫本的書法藝術　《敦煌研究》1991 年第 4 期　p. 44
饒宗頤　北魏馮熙與敦煌寫經　饒宗頤史學論著選　上海古籍出版社　1993　p. 481
楊森　"婆姨"與"優婆姨"稱謂芻議　《敦煌研究》1994 年第 3 期　p. 125
趙聲良　南北朝寫經書法藝術　敦煌書法庫(第一輯)　甘肅人民美術出版社　1994　p. 18
趙聲良　早期敦煌寫本書法的時代分期和類型　敦煌書法庫(第二輯)　甘肅人民美術出版社　1994　p. 6
黄征　吴偉　敦煌願文集　岳麓書社　1995　p. 823
王三慶　敦煌書儀載録之節日活動與民俗　全國敦煌學研討會論文集　(臺北)中正大學中國文學系所　1995　p. 27 注 51
宿白　兩漢魏晉南北朝時期的敦煌　中國石窟寺考古　文物出版社　1996　p. 247
藤枝晃著　徐慶全　李樹清譯　敦煌寫本概述　《敦煌研究》1996 年第 2 期　p. 118
張涌泉　敦煌俗字研究導論　(臺北)新文豐出版公司　1996　p. 86
鄭阿財　《龍興寺毗沙門天王靈驗記》與敦煌地區的毗沙門信仰　周紹良先生欣開九秩慶壽文集　中華書局　1997　p. 259
鄭阿財　論敦煌寫本《龍興寺毗沙門天王靈驗記》與唐代的毗沙門信仰　第三屆中國唐代文化學術研討會論文集　(臺北)政治大學中國文學系　1997　p. 435
鄭炳林　敦煌碑銘讚輯釋　甘肅教育出版社　1997　p. 15 注 5
陳國燦　永熙二年元太榮寫涅槃經記　敦煌學大辭典　上海辭書出版社　1998　p. 454
方廣錩　大方等大集經　敦煌學大辭典　上海辭書出版社　1998　p. 662
顧吉辰　敦煌文獻職官結銜考釋　《敦煌學輯刊》1998 年第 2 期　p. 20
譚蟬雪　敦煌歲時文化導論　(臺北)新文豐出版公司　1998　p. 269
謝桃坊　敦煌文化尋繹　四川人民出版社　1999　p. 67
金岡照光　敦煌文獻と中國文學　(東京)五曜書房　2000　p. 430
王惠民　敦煌隋至唐前期藥師圖像考察　藝術史研究(2)　中山大學出版社　2000　p. 295
顏廷亮　敦煌文化　光明日報出版社　2000　p. 109
趙聲良　早期敦煌寫本書法的分期研究　1994 年敦煌學國際研討會文集·石窟藝術卷　甘肅民族出版社　2000　p. 273
馬德　敦煌寫經題記的社會意義　法源(第 19 期)　中國佛學院　2001　p. 78

姜亮夫　敦煌莫高窟年表　姜亮夫全集(十一)　雲南人民出版社　2002　p.133
榮新江　才高四海,學貫八書:周一良先生與敦煌學　敦煌吐魯番研究(第六卷)　北京大學出版社　2002　p.29
李小榮　敦煌密教文獻論稿　人民文學出版社　2003　p.189
張元林　淨土思想與仙界思想的合流　《敦煌研究》2003年第4期　p.5
公維章　涅槃、淨土的殿堂:敦煌莫高窟第148窟研究　民族出版社　2004　p.70、142
梁銀景　隋代佛教窟龕研究　文物出版社　2004　p.169
余欣　許國霖與敦煌學　敦煌吐魯番研究(第七卷)　北京大學出版社　2004　p.83
張元林　《法華經》佛性觀的形象詮釋　《敦煌研究》2004年第6期　p.10
黨燕妮　毗沙門天王信仰在敦煌的流傳　《敦煌研究》2005年第3期　p.100

S.4417

芳村修基　土橋秀高　井ノ口泰淳　敦煌佛教史年表　西域文化研究(第一)·敦煌佛教資料　(京都)法藏館　1958　p.276
加地哲定　增補中國佛教文學研究　(東京)同朋舍　1979　p.119、146
鄭阿財　敦煌孝道文學研究　(臺北)石門圖書公司　1982　p.106
王文才　俗講儀式考　敦煌學論集　甘肅人民出版社　1985　p.101
平野顯照著　張桐生譯　唐代的文學與佛教　(臺北)業强出版社　1987　p.201
蕭登福　唐世佛家之講經與敦煌變文　敦煌俗文學論叢　(臺北)商務印書館　1988　p.50
吳其昱著　伊藤美重子譯　敦煌漢文寫本概觀　敦煌漢文文獻(講座敦煌5)　(東京)大東出版社　1992　p.119
楊雄　講經文名實說　(香港)《九州學刊》(敦煌學專輯)1993年第5卷第4期　p.136
張鴻勳　敦煌說唱文學概論　(臺北)新文豐出版公司　1993　p.156
張鴻勳　敦煌文學概論　甘肅人民出版社　1993　p.205
鄭阿財　潘重規教授與敦煌學研究　"中國唐代學會"會刊(第七期)　(臺北)"中國唐代學會"　1996　p.32
伏俊璉　關於變文體裁的一點探索　敦煌文學論集　四川人民出版社　1997　p.131
張弓　漢唐佛寺文化史　中國社會科學出版社　1997　p.407
柴劍虹　俗講儀式　敦煌學大辭典　上海辭書出版社　1998　p.528
伏俊璉　論變文與講經文的關係　《敦煌研究》1999年第3期　p.102　又見:中國典籍與文化論叢(第五輯)　中華書局　2000　p.113
梅維恒著　楊繼東　陳引馳譯　唐代變文(上、下)　(香港)中國佛教文化出版公司　1999　p.86注1;22
張錫厚　敦煌文學源流　作家出版社　2000　p.424、434
聖凱　論唐代的講經儀軌　《敦煌學輯刊》2001年第2期　p.33
李小榮　變文講唱與華梵宗教藝術　上海三聯書店　2002　p.64、151
全寅初　敦煌變文話本小說初探　2000年敦煌學國際學術討論會文集·歷史文化卷(下)　甘肅民族出版社　2003　p.267
荒見泰史　敦煌變文研究概述以及新觀點　華林(第三卷)　中華書局　2004　p.391
荒見泰史　敦煌的講唱體文獻　敦煌學(第25輯)　(臺北)樂學書局有限公司　2004　p.267、278

S. 4418

土橋秀高　四分律雜抄　西域文化研究(第一)・敦煌佛教資料　(京都)法藏館　1958　p. 186

S. 4426

景盛軒　試論敦煌佛經異文研究的價值和意義　《敦煌研究》2004 年第 5 期　p. 87

S. 4427

土橋秀高　敦煌の律藏　敦煌と中國仏教(講座敦煌 7)　(東京)大東出版社　1984　p. 248
姜伯勤　敦煌毗尼藏主考　《敦煌研究》1993 年第 3 期　p. 7
姜伯勤　敦煌藝術宗教與禮樂文明　中國社會科學出版社　1996　p. 335
梅維恒著　楊繼東　陳引馳譯　唐代變文(上)　(香港)中國佛教文化出版公司　1999　p. 34 注 1

S. 4428

譚蟬雪　印沙・脫佛・脫塔　《敦煌研究》1989 年第 1 期　p. 19
侯錦郎　敦煌寫本中的"印沙佛"儀軌　法國學者敦煌學論文選萃　中華書局　1993　p. 272
黄征　敦煌寫本整理應遵循的原則　《敦煌研究》1993 年第 2 期　p. 106
黄征　吳偉　敦煌願文集　岳麓書社　1995　p. 36、546
黄征　敦煌寫本異文綜析　敦煌語文叢說　(臺北)新文豐出版公司　1997　p. 20
黄征　敦煌願文考論　敦煌語文叢說　(臺北)新文豐出版公司　1997　p. 588
黄征　魏晉南北朝俗語詞輯釋　敦煌語文叢說　(臺北)新文豐出版公司　1997　p. 105
黄征　張涌泉　敦煌變文校注　中華書局　1997　p. 373
譚蟬雪　唐宋敦煌歲時佛俗:正月　《敦煌研究》2000 年第 4 期　p. 70
黄征　敦煌語言文字學研究　甘肅教育出版社　2002　p. 41

S. 4429

芳村修基　土橋秀高　井ノ口泰淳　敦煌佛教史年表　西域文化研究(第一)・敦煌佛教資料　(京都)法藏館　1958　p. 275
廣川堯敏　禮讃　敦煌と中國仏教(講座敦煌 7)　(東京)大東出版社　1984　p. 470
王三慶　敦煌寫卷中武后新字之調查研究　漢學研究(敦煌學國際研討會論文專號)　(臺北)漢學研究資料及服務中心　1986　p. 441　又見:唐代研究論集(第三輯)　(臺北)新文豐出版公司　1992　p. 63、91
杜斗城　關於敦煌本《五臺山讃》與《五臺山曲子》的創作年代問題　《敦煌學輯刊》1987 年第 1 期　p. 51
任半塘　敦煌歌辭總編　上海古籍出版社　1987　p. 829
池田溫　中國古代寫本識語集録　(東京)大藏出版株式會社　1990　p. 352
任半塘　王昆吾　隋唐五代燕樂雜言歌辭集　巴蜀書社　1990　p. 1386
杜斗城　敦煌五臺山文獻校録研究　山西人民出版社　1991　p. 7
張涌泉　試論審辨敦煌寫本俗字的方法　《敦煌研究》1994 年第 2 期　p. 147　又見:舊學新知　浙江大學出版社　1999　p. 77、81
杜斗城　北凉譯經論　甘肅文化出版社　1995　p. 23
張涌泉　漢語俗字研究　岳麓書社　1995　p. 195
饒宗頤　《雲謠集》一些問題的檢討　敦煌曲續論　(臺北)新文豐出版公司　1996　p. 104

張弓 漢唐佛寺文化史 中國社會科學出版社 1997 p. 831
張錫厚 五臺山讚 敦煌學大辭典 上海辭書出版社 1998 p. 544
張錫厚 新羅僧慈藏入唐禮五臺考 敦煌文獻論集:紀念藏經洞發現一百周年國際學術研討會論文集 遼寧人民出版社 2001 p. 534
黎薔 五臺山佛教樂舞戲曲文化鈎沈 《敦煌研究》2002 年第 2 期 p. 89
黨燕妮 五臺山文殊信仰及其在敦煌的流傳 《敦煌學輯刊》2004 年第 1 期 p. 88
汪泛舟 敦煌俗別字新考(上) 《敦煌研究》2006 年第 1 期 p. 104

S. 4430

向達 倫敦所藏敦煌卷子經眼目録 《北平圖書館圖書季刊》1939 年新第 1 卷第 4 期 p. 397 又見:唐代長安與西域文明 三聯書店 1957 p. 224
土橋秀高 四分律雜抄 西域文化研究(第一)・敦煌佛教資料 (京都)法藏館 1958 p. 186
鄭良樹 敦煌老子寫本考異 (臺北)《大陸雜誌》1981 年第 2 期 又見:中國敦煌學百年文庫・宗教卷(三) 甘肅文化出版社 1999 p. 70
白化文 老子道德經古注 敦煌學大辭典 上海辭書出版社 1998 p. 777
張弓 英國收藏敦煌文獻叙録 英國收藏敦煌漢藏文獻研究:紀念敦煌文獻發現一百周年 中國社會科學出版社 2000 p. 150
黄征 王伯敏先生藏敦煌唐寫本《四分律小抄一卷》(擬)殘卷研究 敦煌學與中國史研究論集 甘肅人民出版社 2001 p. 167
黄征 敦煌語言文字學研究 甘肅教育出版社 2002 p. 335
王卡 敦煌道教文獻研究 中國社會科學出版社 2004 p. 11、28、172
王卡 敦煌道教綜述 敦煌與絲路文化學術講座(第二輯) 北京圖書館出版社 2005 p. 380

S. 4432

伊藤美重子 敦煌本『大智度論』の整理 中國佛教石經の研究 京都大學學術出版會 1996 p. 385

S. 4433

三木榮 西域出土醫藥關係文獻綜合解說目録 『東洋學報』(47 卷 1 號) (東京)東洋學術協會 1964 p. 4
石井昌子 靈寶經類 敦煌と中國道教(講座敦煌 4) (東京)大東出版社 1983 p. 160
丛春雨 敦煌中醫藥全書 中醫古籍出版社 1994 p. 32、645
張儂 敦煌石窟秘方與灸經圖 甘肅文化出版社 1995 p. 85
馬繼興 敦煌醫藥文獻輯校 江蘇古籍出版社 1998 p. 444
王淑民 不知名醫方第十七種 敦煌學大辭典 上海辭書出版社 1998 p. 619
山田俊 唐初道教思想史研究・資料篇 (京都)平樂寺書店 1999 p. 78、163
王淑民 敦煌石窟秘藏醫方 北京醫科大學中國協和醫科大學聯合出版社 1999 p. 114
丛春雨 敦煌中醫藥精萃發微 中醫古籍出版社 2000 p. 280
張弓 英國收藏敦煌文獻叙録 英國收藏敦煌漢藏文獻研究:紀念敦煌文獻發現一百周年 中國社會科學出版社 2000 p. 155
馬繼興 當前世界各地收藏的中國出土卷子本古醫藥文獻備考 敦煌吐魯番研究(第六卷) 北京大學出版社 2002 p. 135

陳明　情性至道:西域"足身力"方與敦煌房中方藥　中國俗文化研究(第二輯)　巴蜀書社　2004　p. 172

王卡　敦煌道教文獻研究　中國社會科學出版社　2004　p. 50、201、217

王卡　中國國家圖書館藏敦煌道教遺書研究報告　敦煌吐魯番研究(第七卷)　北京大學出版社　2004　p. 369

陳明　備急單驗:敦煌醫藥文獻中的單藥方　敦煌學國際研討會論文集　北京圖書館出版社　2005　p. 239

陳明　殊方異藥:出土文書與西域醫學　北京大學出版社　2005　p. 137、150

S. 4436

謝桃坊　敦煌文化尋繹　四川人民出版社　1999　p. 85

S. 4437

王三慶　敦煌寫卷中武后新字之調查研究　唐代研究論集(第三輯)　(臺北)新文豐出版公司　1992　p. 91

S. 4438

金岡照光　敦煌漢文文學文獻の文學形態上の種類とその分類　敦煌出土文學文獻分類目録・附解說　(東京)東洋文庫　1971　p. 233

饒宗頤　孝順觀念與敦煌佛曲　敦煌學(第1輯)　(香港)新亞研究所敦煌學會　1974　p. 76　又見:敦煌曲續論　(臺北)新文豐出版公司　1996　p. 17

陳祚龍　敦煌古抄中世釋衆倡導行孝報恩的歌曲詞文集　敦煌文物隨筆　(臺北)商務印書館　1979　p. 305

加地哲定　增補中國佛教文學研究　(東京)同朋舍　1979　p. 192

鄭阿財　孝道文學敦煌寫卷《十恩德讚》初探　(臺北)《華岡文科學報》1981年第13期　p. 231

土橋秀高　敦煌の律蔵　敦煌と中國仏教(講座敦煌7)　(東京)大東出版社　1984　p. 264

朱鳳玉　王梵志詩研究(下)　(臺北)學生書局　1986　p. 144

龍晦　大足石刻父母恩重經變像與敦煌音樂文學的關係　敦煌歌辭總編　上海古籍出版社　1987　p. 1843

任半塘　敦煌歌辭總編　上海古籍出版社　1987　p. 748

郭在貽　張涌泉　黄征　敦煌變文整理校勘中的幾個問題　《古漢語研究》1988年第1期　p. 78

張鴻勳　《父母恩重經講經文》補校　敦煌語言文學論文集　浙江古籍出版社　1988　p. 263

劉進寶　俚曲小調　敦煌文學　甘肅人民出版社　1989　p. 230

加地哲定著　劉衛星譯　中國佛教文學　今日中國出版社　1990　p. 164

郭在貽　郭在貽語言文學論稿　浙江古籍出版社　1992　p. 48

胡文和　大足寶頂《父母恩重經變》研究　《敦煌研究》1992年第2期　p. 14

周紹良　敦煌文學芻議及其它　(臺北)新文豐出版公司　1992　p. 37

郭在貽　郭在貽敦煌學論集　江西人民出版社　1993　p. 247

蔣冀騁　敦煌文書校讀研究　(臺北)文津出版社　1993　p. 207

李正宇　敦煌文學概論　甘肅人民出版社　1993　p. 163

孫其芳　顔廷亮　敦煌文學概論　甘肅人民出版社　1993　p. 444

譚禪雪　敦煌歲時掇瑣　(香港)《九州學刊》(敦煌學專輯)1993年第5卷第4期　p. 90

鄭阿財　從敦煌文獻看唐代的三教合一　第二届國際唐代學術會議論文集(上)　(臺北)文津出版社　1993　p. 651
鄭阿財　敦煌文獻與文學　(臺北)新文豐出版公司　1993　p. 13、18
張涌泉　《敦煌文獻語言辭典》補正　原學(第四輯)　中國廣播電視出版社　1995　p. 392
陸淑綺　李重申　敦煌古代戲曲文化史料綜述　《敦煌研究》1997 年第 2 期　p. 64
張弓　漢唐佛寺文化史　中國社會科學出版社　1997　p. 836
張錫厚　評《敦煌文獻與文學》　敦煌吐魯番研究(第二卷)　北京大學出版社　1997　p. 390
孫其芳　十恩德　敦煌學大辭典　上海辭書出版社　1998　p. 535
郝春文　英藏敦煌社會歷史文獻釋録(第一卷)　科學出版社　2001　p. 437
劉進寶　敦煌學通論　甘肅教育出版社　2002　p. 395
湛如　敦煌佛教律儀制度研究　中華書局　2003　p. 137
鄭阿財　敦煌孝道文學研究　(臺北)石門圖書公司　1982　p. 16、215、260 注 138、378、533、605

S. 4439

上山大峻　龍口明生　龍谷大學所藏敦煌本『比丘含注戒本』解說　敦煌寫本『本草集注』序録・『比丘含注戒本』　(京都)法藏館　1998　p. 300
陳明　評《敦煌寫本〈本草集注序録〉〈比丘含注戒本〉》　敦煌吐魯番研究(第四卷)　北京大學出版社　1999　p. 627

S. 4440

平井宥慶　敦煌文書における金剛經疏　金剛般若經の思想的研究　(東京)春秋社　1999　p. 262

S. 4441

劉銘恕　再記英國倫敦所藏的敦煌經卷　《中國科學院圖書館通訊》1957 年第 7 期　又見:中國敦煌學百年文庫・綜述卷(二)　甘肅文化出版社　1999　p. 131
陳祚龍　敦煌古抄内典尾記彙校初、二、三編合刊　敦煌學要籥　(臺北)新文豐出版公司　1982　p. 146
福井文雅撰　郭自得譯　般若心經觀在中國的變遷　敦煌學(第 6 輯)　(臺北)新文豐出版公司　1983　p. 26
福井文雅　般若心經　敦煌と中國仏教(講座敦煌 7)　(東京)大東出版社　1984　p. 39
周丕顯　敦煌佛經略考　《敦煌學輯刊》1987 年第 2 期　p. 5
池田溫　中國古代寫本識語集録　(東京)大藏出版株式會社　1990　p. 514
方廣錩　般若波羅蜜多心經　敦煌學大辭典　上海辭書出版社　1998　p. 686
方廣錩　《般若心經譯注集成》前言　敦煌學佛教學論叢(下)　中國佛教文化研究所　1998　p. 11
謝桃坊　敦煌文化尋繹　四川人民出版社　1999　p. 87
艾麗白　上古和中古時代中國的動物喪葬活動　法國漢學(敦煌學專號)　中華書局　2000　p. 140
金岡照光　敦煌文獻と中國文學　(東京)五曜書房　2000　p. 430
林聰明　敦煌吐魯番文書解詁指例　(臺北)新文豐出版公司　2001　p. 173
李正宇　唐宋時期敦煌佛經性質功能的變化　戒幢佛學(第二卷)　岳麓書社　2002　p. 24　又見:中日敦煌佛教學術會議論文集　中國社會科學院研究所　2002　p. 20

S. 4442

上山大峻　龍口明生　龍谷大學所藏敦煌本『比丘含注戒本』解說　敦煌寫本『本草集注』序録・『比丘含注戒本』（京都）法藏館　1998　p. 300

陳明　評《敦煌寫本〈本草集注序録〉〈比丘含注戒本〉》　敦煌吐魯番研究（第四卷）　北京大學出版社　1999　p. 627

S. 4443

道端良秀　敦煌文獻に見える死後の世界　敦煌と中國仏教（講座敦煌 7）（東京）大東出版社　1984　p. 513

廣川堯敏　禮讃　敦煌と中國仏教（講座敦煌 7）（東京）大東出版社　1984　p. 448

金岡照光　敦煌における地獄文獻:敦煌庶民信仰の一様相　敦煌と中國仏教（講座敦煌 7）（東京）大東出版社　1984　p. 579

王三慶　談齋論文——敦煌寫卷齋願文研究　第四屆唐代文化學術研討會論文集（臺南）成功大學　1991　p. 282

高田時雄　チベット文字書寫「長卷」の研究（本文編）『東方學報』（第 65 號）　京都大學人文科學研究所　1993　p. 372

蘇遠鳴　敦煌寫本中的地藏十齋日　法國學者敦煌學論文選萃　中華書局　1993　p. 395

鄭炳林　敦煌碑銘讃輯釋　甘肅教育出版社　1997　p. 60 注 9

雷紹鋒　歸義軍賦役制度初探（臺北）洪葉文化事業有限公司　2000　p. 195

張總　地藏菩薩十齋日　藏外佛教文獻（第七輯）　宗教文化出版社　2000　p. 350

張總　地藏信仰研究　宗教文化出版社　2003　p. 112

S. 4444

藤枝晃　敦煌の僧尼籍『東方學報』（第 35 號）　京都大學人文科學研究所　1964　p. 304

唐耕耦　陸宏基　敦煌社會經濟文獻真迹釋録（一）　書目文獻出版社　1986　p. 340

李明偉　狀・牒・帖　敦煌文學　甘肅人民出版社　1989　p. 44

山本達郎等　敦煌・III 轉貼『NUN－HUANG AND TURFAN DOCUMENTS CONCERNING SOCIAL AND ECONOMIC HISTORY』（IV）（東京）東洋文庫　1989　p. 56

張錫厚　詩歌　敦煌文學　甘肅人民出版社　1989　p. 156

唐耕耦　陸宏基　敦煌社會經濟文獻真迹釋録（四）　全國圖書館文獻縮微複製中心　1990　p. 250

姜伯勤　敦煌社會文書導論（臺北）新文豐出版公司　1992　p. 242

金岡照光　曲子詞類　敦煌の文學文獻（講座敦煌 9）（東京）大東出版社　1992　p. 397

周紹良　敦煌文學芻議及其它（臺北）新文豐出版公司　1992　p. 22

高國藩　敦煌民俗資料導論（臺北）新文豐出版公司　1993　p. 2

郝春文　敦煌寫本社邑文書年代彙考（二）《首都師範大學學報》1993 年第 5 期　p. 80

項楚　敦煌詩歌導論（臺北）新文豐出版公司　1993　p. 14

徐俊　敦煌寫本張祜詩集二種《文獻》1993 年第 2 期　p. 254

張錫厚　敦煌文學概論　甘肅人民出版社　1993　p. 361

石田勇作　敦煌「社文書」研究序說　中國古代の國家と民衆（堀敏一先生古稀記念）（東京）汲古書院　1995　p. 684

項楚　敦煌歌辭總編匡補（臺北）新文豐出版公司　1995　p. 148

徐俊　敦煌寫本唐人詩歌存佚互見綜考　敦煌吐魯番研究（第一卷）　北京大學出版社　1996

p. 123
張錫厚　敦煌釋氏詩歌創作論　慶祝潘石禪先生九秩華誕敦煌學特刊　（臺北）文津出版社　1996　p. 204
寧可　郝春文　敦煌社邑文書輯校　江蘇古籍出版社　1997　p. 287
汪泛舟　敦煌詩詞補正與考源　《敦煌研究》1997 年第 3 期　p. 112
王惠民　《董保德功德記》與隋代敦煌崇教寺舍利塔　《敦煌研究》1997 年第 3 期　p. 72
鄭炳林　敦煌碑銘讚輯釋　甘肅教育出版社　1997　p. 388 注 2
柴劍虹　贈秀峰上人　敦煌學大辭典　上海辭書出版社　1998　p. 568
馬德　散藏美國的五件敦煌絹畫　《敦煌研究》1999 年第 2 期　p. 173
郝春文　英藏敦煌文獻年代叢考　英國收藏敦煌漢藏文獻研究:紀念敦煌文獻發現一百周年　中國社會科學出版社　2000　p. 372
雷紹鋒　歸義軍賦役制度初探　（臺北）洪葉文化事業有限公司　2000　p. 258
丘古耶夫斯基　敦煌漢文文書　上海古籍出版社　2000　p. 129、172
孫其芳　大漠遺歌:敦煌詩歌選評　甘肅人民出版社　2000　p. 201
徐俊　敦煌詩集殘卷輯考　中華書局　2000　p. 319、456
張弓　英國收藏敦煌文獻叙録　英國收藏敦煌漢藏文獻研究:紀念敦煌文獻發現一百周年　中國社會科學出版社　2000　p. 156
孟憲實　敦煌社邑的分佈　敦煌文獻論集:紀念藏經洞發現一百周年國際學術研討會論文集　遼寧人民出版社　2001　p. 432

S. 4445

向達　倫敦所藏敦煌卷子經眼目録　《北平圖書館圖書季刊》1939 年新第 1 卷第 4 期　p. 397　又見:唐代長安與西域文明　三聯書店　1957　p. 224
劉銘恕　再記英國倫敦所藏的敦煌經卷　《中國科學院圖書館通訊》1957 年第 7 期　又見:中國敦煌學百年文庫・綜述卷(二)　甘肅文化出版社　1999　p. 139
陳國燦　唐代的民間借貸:吐魯番敦煌等地所出唐代借貸契券初探　敦煌吐魯番文書初探　武漢大學出版社　1983　p. 271 注 45
施萍婷　本所藏《酒帳》研究　《敦煌研究》1983 年創刊號　p. 153
謝重光　關於唐後期至五代間沙州寺院經濟的幾個問題　敦煌吐魯番出土經濟文書研究　廈門大學出版社　1986　p. 475
王永興　隋唐五代經濟史料彙編校注・第一編(下)　中華書局　1987　p. 917
唐耕耦　8 至 10 世紀敦煌的物價　紀念陳寅恪教授國際學術討論會文集　中山大學出版社　1989　p. 541
唐耕耦　陸宏基　敦煌社會經濟文獻真迹釋録(二)　全國圖書館文獻縮微複製中心　1990　p. 118、209
仁井田陞　補訂中國法制史研究:土地法・取引法　東京大學出版會　1991　p. 717
前田正名　河西歷史地理學研究　中國藏學出版社　1993　p. 266
李明偉　隋唐絲綢之路　甘肅人民出版社　1994　p. 262
黃盛璋　敦煌漢文與于闐文書中之龍家及其相關問題　全國敦煌學研討會論文集　（臺北）中正大學中國文學系所　1995　p. 66　又見:《西域研究》1996 年第 1 期　p. 30
馬雅倫　關於南山問題的討論　《敦煌學輯刊》1995 年第 2 期　p. 48
榮新江　龍家考　中亞學刊(第四輯)　北京大學出版社　1995　p. 152

張傳璽　中國歷代契約會編考釋(上)　北京大學出版社　1995　p. 384 注 1
陸慶夫　略論粟特人與龍家的關係　敦煌歸義軍史專題研究　蘭州大學出版社　1997　p. 511
齊陳俊　馮培紅　晚唐五代宋初歸義軍對外商業貿易　敦煌歸義軍史專題研究　蘭州大學出版社　1997　p. 347
唐耕耦　敦煌寺院會計文書研究　(臺北)新文豐出版公司　1997　p. 433
鄭炳林　敦煌碑銘讚及其有關問題　敦煌碑銘讚輯釋　甘肅教育出版社　1997　p. 17
鄭炳林　敦煌碑銘讚輯釋　甘肅教育出版社　1997　p. 350 注 8
鄭炳林　唐五代敦煌手工業研究　敦煌歸義軍史專題研究　蘭州大學出版社　1997　p. 259
榮新江　南山　敦煌學大辭典　上海辭書出版社　1998　p. 462
沙知　敦煌契約文書輯校　江蘇古籍出版社　1998　p. 187
沙知　身東西不在　敦煌學大辭典　上海辭書出版社　1998　p. 390
陳國燦　唐代的經濟社會　(臺北)文津出版社　1999　p. 218 注 45
馮培紅　客司與歸義軍的外交活動　《敦煌學輯刊》1999 年第 1 期　p. 83
蘇金花　唐、五代敦煌地區的商品貨幣形態　《敦煌研究》1999 年第 2 期　p. 98
錢伯泉　南山部族與阿薩蘭回鶻研究　1994 年敦煌學國際研討會文集・宗教文史卷(下)　甘肅民族出版社　2000　p. 45
丘古耶夫斯基　敦煌漢文文書　上海古籍出版社　2000　p. 136
張弓　英國收藏敦煌文獻叙録　英國收藏敦煌漢藏文獻研究:紀念敦煌文獻發現一百周年　中國社會科學出版社　2000　p. 156
羅彤華　從便物曆論敦煌寺院的放貸　敦煌文獻論集:紀念藏經洞發現一百周年國際學術研討會論文集　遼寧人民出版社　2001　p. 467
謝重光　漢唐佛教社會史論　(臺北)國際文化事業有限公司　2001　p. 214
楊森　關於敦煌文獻中的"平章"一詞　敦煌學與中國史研究論集　甘肅人民出版社　2001　p. 231
乜小紅　唐宋敦煌毛紡織業述略　敦煌學(第 23 輯)　(臺北)樂學書局有限公司　2002　p. 127
楊惠玲　敦煌契約文書中的保人、見人、口承人、同便人、同取人　《敦煌研究》2002 年第 6 期　p. 43
池田溫　敦煌の歷史的背景　敦煌文書の世界　(東京)名著刊行會　2003　p. 102
池田溫　敦煌の流通經濟　敦煌文書の世界　(東京)名著刊行會　2003　p. 175
童丕　敦煌的借貸:中國中古時代的物質生活與社會　中華書局　2003　p. 98、141
王繼光　鄭炳林　敦煌漢文吐蕃史料綜述　中國西部民族文化研究(2003 年卷)　民族出版社　2003　p. 243
王啓濤　中古及近代法制文書語言研究　巴蜀書社　2003　p. 146、181、238
鄭炳林　晚唐五代敦煌村莊聚落輯考　2000 年敦煌學國際學術討論會文集・歷史文化卷(上)　甘肅民族出版社　2003　p. 134
鄭炳林　晚唐五代河西地區的居民結構研究　《蘭州大學學報》2006 年第 2 期　p. 10

S. 4447

方廣錩　敦煌佛教經録輯校　江蘇古籍出版社　1997　p. 611
方廣錩　大般若經點勘録　敦煌學大辭典　上海辭書出版社　1998　p. 753
鄭炳林　晚唐五代敦煌地區《大般若經》的流傳與信仰　麥積山石窟藝術文化論文集(下)　蘭州大學出版社　2004　p. 126

S. 4448

陳祚龍　敦煌古抄内典尾記彙校初、二、三編合刊　敦煌學要籥　（臺北）新文豐出版公司　1982　p. 146

池田溫　中國古代寫本識語集録　（東京）大藏出版株式會社　1990　p. 442

S. 4451

廣川堯敏　禮讃　敦煌と中國仏教（講座敦煌 7）（東京）大東出版社　1984　p. 428

汪娟　敦煌禮懺文研究　（臺北）法鼓文化公司　1994　p. 19、235

汪娟　敦煌寫本《上生禮》研究　全國敦煌學研討會論文集　（臺北）中正大學中國文學系所　1995　p. 89

聖凱　彌勒禮懺儀的演變與發展　佛學研究（第十期）　中華佛教文化研究所　2001　p. 180

汪娟　跋《上生禮》相關寫卷二篇　敦煌學（第 23 輯）　（臺北）樂學書局有限公司　2002　p. 49

張先堂　唐宋敦煌世俗佛教信仰的類型、特徵　寺院財富與世俗供養　上海書畫出版社　2003　p. 303

聖凱　中國佛教懺法研究　宗教文化出版社　2004　p. 340

林世田　《大乘方等陀羅尼經並諸經内四衆懺悔發願文》整理研究　敦煌學國際研討會論文集　北京圖書館出版社　2005　p. 119

S. 4452

向達　倫敦所藏敦煌卷子經眼目録　《北平圖書館圖書季刊》1939 年新第 1 卷第 4 期　p. 397　又見：唐代長安與西域文明　三聯書店　1957　p. 224

山本達郎等　敦煌・III 轉貼　『NUN – HUANG AND TURFAN DOCUMENTS CONCERNING SOCIAL AND ECONOMIC HISTORY』(IV)　（東京）東洋文庫　1989　p. 83

唐耕耦　陸宏基　敦煌社會經濟文獻真迹釋録（三）　全國圖書館文獻縮微複製中心　1990　p. 521

郝春文　敦煌寫本社邑文書年代彙考（二）　《首都師範大學學報》1993 年第 5 期　p. 79

馬德　敦煌莫高窟史研究　甘肅教育出版社　1996　p. 174

馬德　九、十世紀敦煌工匠史料述論　慶祝潘石禪先生九秩華誕敦煌學特刊　（臺北）文津出版社　1996　p. 309

郝春文　關於唐後期五代宋初沙州僧俗的施捨問題　唐研究（第三卷）　北京大學出版社　1997　p. 37

馬德　敦煌工匠史料　甘肅人民出版社　1997　p. 73

田德新　敦煌寺院中的都師　《敦煌學輯刊》1997 年第 2 期　p. 123

郝春文　唐後期五代宋初敦煌僧尼的社會生活　中國社會科學出版社　1998　p. 265

鄭炳林　晚唐五代敦煌地區種植棉花研究　《中國史研究》1999 年第 3 期　p. 93

郝春文　《勘尋永安寺法律願慶與老宿紹建相諍根由狀》及其相關問題考　戒幢佛學（第二卷）　岳麓書社　2002　p. 83　又見：中日敦煌佛教學術會議論文集　中國社會科學院研究所　2002　p. 59

姜亮夫　敦煌莫高窟年表　姜亮夫全集（十一）　雲南人民出版社　2002　p. 517

S. 4453

向達　倫敦所藏敦煌卷子經眼目録　《北平圖書館圖書季刊》1939 年新第 1 卷第 4 期　p. 397　又見：唐代長安與西域文明　三聯書店　1957　p. 225

劉銘恕　再記英國倫敦所藏的敦煌經卷　《中國科學院圖書館通訊》1957 年第 7 期　又見:中國敦煌學百年文庫・綜述卷(二)　甘肅文化出版社　1999　p. 140

陳祚龍　瓜沙印録　《大陸雜誌》1962 年第 4 期　又見:敦煌學概要　(臺北)編譯館"中華叢書編委會"　1981　p. 267；中國敦煌學百年文庫・考古卷(一)　甘肅文化出版社　1999　p. 187

陳祚龍　古代敦煌及其他地區流行之公私印章圖記文字録　敦煌學要籥　(臺北)新文豐出版公司　1982　p. 330

董作賓　敦煌紀年　敦煌學文選(上)　蘭州大學歷史系敦煌學研究室等　1983　p. 37

姜亮夫　瓜沙曹氏年表補正　敦煌學文選(上)　蘭州大學歷史系敦煌學研究室等　1983　p. 145　又見:姜亮夫全集(十四)　雲南人民出版社　2002　p. 371

艾麗白著　耿昇譯　敦煌漢文寫本中的鳥形押　敦煌譯叢(第一輯)　甘肅人民出版社　1985　p. 191、194

耿昇　八十年代的法國敦煌學論著簡介　《敦煌研究》1986 年第 3 期　p. 83

王重民原編　黄永武新編　敦煌古籍叙録新編(第七冊)　(臺北)新文豐出版公司　1986　p. 297

黄盛璋　敦煌本曹氏二州六鎮與八鎮考　1983 年全國敦煌學術討論會文集・文史遺書編(上)　甘肅人民出版社　1987　p. 270

姜伯勤　敦煌音聲人略論　《敦煌研究》1988 年第 4 期　p. 7

李明偉　狀・牒・帖　敦煌文學　甘肅人民出版社　1989　p. 37

陳國燦　唐五代瓜沙歸義軍軍鎮的演變　敦煌吐魯番文書初探(二編)　武漢大學出版社　1990　p. 577

唐耕耦　陸宏基　敦煌社會經濟文獻真迹釋録(四)　全國圖書館文獻縮微複製中心　1990　p. 306

中村裕一　官文書　敦煌漢文文獻(講座敦煌 5)　(東京)大東出版社　1992　p. 577

戴仁　敦煌的經折裝寫本　法國學者敦煌學論文選萃　中華書局　1993　p. 580

郝春文　評榮新江《英國圖書館藏敦煌漢文非佛教文獻殘卷目録(S. 6981 – 13624)》　敦煌吐魯番研究(第一卷)　北京大學出版社　1996　p. 364

姜伯勤　敦煌藝術宗教與禮樂文明　中國社會科學出版社　1996　p. 521

鄭炳林　唐五代敦煌粟特人與歸義軍政權　《敦煌研究》1996 年第 4 期　p. 84　又見:敦煌歸義軍史專題研究　蘭州大學出版社　1997　p. 408、426

中村裕一　唐代公文書研究　(東京)汲古書院　1996　p. 143

馮培紅　晚唐五代宋初歸義軍武職軍將研究　敦煌歸義軍史專題研究　蘭州大學出版社　1997　p. 123、154

齊陳俊　馮培紅　晚唐五代宋初歸義軍政權中"十將"及下屬諸職考　敦煌歸義軍史專題研究　蘭州大學出版社　1997　p. 30

鄭炳林　馮培紅　晚唐五代宋初歸義軍政權中都頭一職考辨　敦煌歸義軍史專題研究　蘭州大學出版社　1997　p. 78

陳國燦　壽昌鎮　敦煌學大辭典　上海辭書出版社　1998　p. 398

李正宇　古本敦煌鄉土志八種箋證　(臺北)新文豐出版公司　1998　p. 347

沙知　歸義軍節度使之印　敦煌學大辭典　上海辭書出版社　1998　p. 291

王豔明　瓜沙州大王印考　《敦煌學輯刊》2000 年第 2 期　p. 43

李正宇　沙州歸義軍樂營及其職事　敦煌吐魯番研究(第五卷)　北京大學出版社　2001　p. 221

陳國燦　敦煌學史事新證　甘肅教育出版社　2002　p. 404

姜亮夫　敦煌莫高窟年表　姜亮夫全集(十一)　雲南人民出版社　2002　p. 585

鄭炳林　晚唐五代敦煌歸義軍行政區劃制度研究(之二)　《敦煌研究》2002 年第 3 期　p. 69

森安孝夫著　梁曉鵬摘譯　河西歸義軍節度使官印及其編年　《敦煌學輯刊》2003 年第 1 期　p. 142
湯涒　敦煌曲子詞地域文化研究　上海古籍出版社　2004　p. 107
黄征　敦煌俗字典　上海教育出版社　2005　p. 33
陸離　吐蕃統治敦煌時期的官府勞役　魏晉南北朝隋唐史資料(第 22 輯)　武漢大學出版社　2005　p. 186
馮培紅　歸義軍鎮制考　敦煌吐魯番研究(第九卷)　北京大學出版社　2006　p. 263、268
鄭炳林　晚唐五代河西地區的居民結構研究　《蘭州大學學報》2006 年第 2 期　p. 12

S. 4454

蕭登福　從敦煌寫卷中看道教星斗崇拜對佛經之影響　第二屆敦煌學國際研討會論文集　(臺北)漢學研究中心　1990　p. 343
蕭登福　道教星斗符印與佛教密宗　(臺北)新文豐出版公司　1993　p. 12
蕭登福　道教與密宗　(臺北)新文豐出版公司　1993　p. 395
齊陳駿　有關遺産繼承的幾件敦煌遺書　《敦煌學輯刊》1994 年第 2 期　p. 52
蕭登福　道教與佛教　(臺北)東大圖書公司　1995　p. 159

S. 4455

上山大峻　敦煌佛教の研究　(京都)法藏館　1990　p. 345

S. 4456

杜愛英　敦煌遺書中俗體字的諸種類型　《敦煌研究》1992 年第 3 期　p. 125
京戶慈光　傳入日本的中國佛教疑僞經典(上)　《敦煌學輯刊》1996 年第 1 期　p. 77
方廣錩　救護身命經　敦煌學大辭典　上海辭書出版社　1998　p. 741
方廣錩　救苦觀世音經　敦煌學大辭典　上海辭書出版社　1998　p. 730
方廣錩　太子須大拏經　敦煌學大辭典　上海辭書出版社　1998　p. 671

S. 4458

譚蟬雪　印沙・脱佛・脱塔　《敦煌研究》1989 年第 1 期　p. 19
侯錦郎　敦煌寫本中的"印沙佛"儀軌　法國學者敦煌學論文選萃　中華書局　1993　p. 272
郝春文　中古時期儒佛文化對民間結社的影響及其變化　唐文化研究論文集　上海人民出版社　1994　p. 209
黄征　吳偉　敦煌願文集　岳麓書社　1995　p. 36
寧可　郝春文　敦煌社邑文書輯校　江蘇古籍出版社　1997　p. 619
葉貴良　敦煌社邑文書詞語選釋《敦煌研究》2004 年第 5 期　p. 83

S. 4459

盧向前　關於歸義軍時期一份布紙破用曆的研究:試釋伯四六四〇背面文書　敦煌吐魯番文獻研究論集(第三輯)　北京大學出版社　1986　p. 414 注 44　又見:敦煌吐魯番文書論稿　江西人民出版社　1992　p. 120 注 44
王重民原編　黄永武新編　敦煌古籍叙録新編(第七册)　(臺北)新文豐出版公司　1986　p. 299
李明偉　狀・牒・帖　敦煌文學　甘肅人民出版社　1989　p. 37
雷紹鋒　論曹氏歸義軍時期官府之"牧子"　《敦煌學輯刊》1996 年第 1 期　p. 41

鄭炳林 敦煌碑銘讚輯釋 甘肅教育出版社 1997 p. 159 注 4
鄭炳林 唐五代敦煌畜牧區域研究 敦煌歸義軍史專題研究 蘭州大學出版社 1997 p. 213
謝桃坊 敦煌文化尋繹 四川人民出版社 1999 p. 205
雷紹鋒 歸義軍賦役制度初探 （臺北）洪葉文化事業有限公司 2000 p. 177
張弓 英國收藏敦煌文獻敘録 英國收藏敦煌漢藏文獻研究：紀念敦煌文獻發現一百周年 中國社會科學出版社 2000 p. 157

S. 4460

黄征 吳偉 敦煌願文集 岳麓書社 1995 p. 536

S. 4463

蕭登福 從敦煌寫卷中看道教星斗崇拜對佛經之影響 第二屆敦煌學國際研討會論文集 （臺北）漢學研究中心 1990 p. 335

S. 4464

土橋秀高 敦煌の律藏 敦煌と中國仏教（講座敦煌 7） （東京）大東出版社 1984 p. 264
王三慶 敦煌寫卷中武后新字之調查研究 唐代研究論集（第三輯） （臺北）新文豐出版公司 1992 p. 91
荒見泰史 敦煌本夢書雜識 漢語史學報專輯（第三輯） 上海教育出版社 2003 p. 334、344
李小榮 論密教中的千手觀音 文史（第六十三輯） 中華書局 2003 p. 158
湛如 敦煌佛教律儀制度研究 中華書局 2003 p. 137
荒見泰史 漢文譬喻經典及其綱要本的作用 佛經文學研究論集 復旦大學出版社 2004 p. 281
荒見泰史 從敦煌寫本中變文的改寫情況來探討五代講唱文學的演變 敦煌學國際研討會論文集 北京圖書館出版社 2005 p. 182

S. 4468

王三慶 敦煌寫卷中武后新字之調查研究 漢學研究（敦煌學國際研討會論文專號） （臺北）漢學研究資料及服務中心 1986 p. 442 又見：唐代研究論集（第三輯） （臺北）新文豐出版公司 1992 p. 64

S. 4470

唐長孺 關於歸義軍節度使的幾種資料跋 《中華文史論叢》1962 年第 1 期 又見：敦煌學文選（上） 蘭州大學歷史系敦煌學研究室等 1983 p. 171；敦煌吐魯番文書研究 甘肅人民出版社 1984 p. 163；中國敦煌學百年文庫・歷史卷（一） 甘肅文化出版社 1999 p. 205
蘇瑩輝 論索勳、張承奉節度沙州歸義軍之起訖年 敦煌學（第 1 輯） （香港）新亞研究所敦煌學會 1974 p. 94 注 25、31
陳祚龍 中世敦煌婦女出家、入道、受戒、弘法之一斑 《海潮音》1979 年第 60 卷第 8 期 又見：敦煌簡策訂存 （臺北）商務印書館 1983 p. 34；中國敦煌學百年文庫・宗教卷（四） 甘肅文化出版社 1999 p. 337
姜亮夫 唐五代瓜沙張曹兩世家考 《中華文史論叢》1979 年第 3 期 又見：中國敦煌學百年文庫・歷史卷（一） 甘肅文化出版社 1999 p. 365
蘇瑩輝 榆林窟壁畫供養者題名考略 《書目季刊》1980 年第 4 期 又見：中國敦煌學百年文庫・考

古卷(一)　甘肅文化出版社　1999　p. 315
蘇瑩輝　敦煌學概要　(臺北)編譯館"中華叢書編委會"　1981　p. 152
王冀青　有關金山國史的幾個問題　《敦煌學輯刊》1982 年第 3 期　p. 45
蘇瑩輝　瓜沙史事叢考　(臺北)商務印書館　1983　p. 18
王仲犖　唐代西州的緤布　新疆考古三十年　新疆人民出版社　1983　p. 455
向達　補唐書張議潮傳補正　敦煌學文選(上)　蘭州大學歷史系敦煌學研究室等　1983　p. 59
土橋秀高　敦煌の律蔵　敦煌と中國仏教(講座敦煌 7)　(東京)大東出版社　1984　p. 247
饒宗頤解說　林宏作譯　敦煌書法叢刊(第十五卷)・牒狀(二)　(東京)二玄社　1985　p. 80
盧向前　關於歸義軍時期一份布紙破用曆的研究:試釋伯四六四〇背面文書　敦煌吐魯番文獻研究論集(第三輯)　北京大學出版社　1986　p. 413 注 39、419 注 77　又見:敦煌吐魯番文書論稿　江西人民出版社　1992　p. 120 注 39、126 注 77
萬庚育　珍貴的歷史資料:莫高窟供養人畫像題記　敦煌莫高窟供養人題記　文物出版社　1986　p. 192 注 24
姜亮夫　羅振玉補唐書張議潮傳訂補　敦煌學論文集　上海古籍出版社　1987　p. 910　又見:姜亮夫全集(十四)　雲南人民出版社　2002　p. 336
錢伯泉　有關歸義軍前期歷史的幾個問題　《敦煌學輯刊》1987 年第 1 期　p. 86
唐耕耦　曹仁貴節度沙州歸義軍始末　《敦煌研究》1987 年第 2 期　p. 15
錢伯泉　爲索勳篡權翻案　《敦煌研究》1988 年第 1 期　p. 69
杜琪　表・疏　敦煌文學　甘肅人民出版社　1989　p. 23
王進玉　趙豐　敦煌文物中的紡織技藝　《敦煌研究》1989 年第 4 期　p. 102
唐耕耦　陸宏基　敦煌社會經濟文獻真迹釋録(三)　全國圖書館文獻縮微複製中心　1990　p. 84
姜伯勤　敦煌社會文書導論　(臺北)新文豐出版公司　1992　p. 131
林家平　寧强　羅華慶　中國敦煌學史　北京語言學院出版社　1992　p. 508
吳其昱著　伊藤美重子譯　敦煌漢文寫本概觀　敦煌漢文文獻(講座敦煌 5)　(東京)大東出版社　1992　p. 139
閻國權等　敦煌宗教文化　新華出版社　1994　p. 68
劉詩平　評《唐方鎮文職僚佐考》　唐研究(第一卷)　北京大學出版社　1995　p. 551
蘇瑩輝　張承奉稱帝稱王與曹仁貴節度沙州歸義軍顛末考　敦煌學國際研討會文集・史地語文編　遼寧美術出版社　1995　p. 58
郝春文　唐後期五代宋初沙州僧尼的宗教收入(三):大衆倉試探　《敦煌學輯刊》1996 年第 2 期　p. 1
榮新江　歸義軍史研究　上海古籍出版社　1996　p. 12
郝春文　關於唐後期五代宋初沙州僧俗的施捨問題　唐研究(第三卷)　北京大學出版社　1997　p. 24
李并成　古代河西走廊桑蠶絲織業考　《敦煌學輯刊》1997 年第 2 期　p. 64
張春燕　吳越　西衙考　《敦煌學輯刊》1997 年第 2 期　p. 122
鄭炳林　敦煌碑銘讚輯釋　甘肅教育出版社　1997　p. 50 注 49
顧吉辰　敦煌文獻職官結銜考釋　《敦煌學輯刊》1998 年第 2 期　p. 33
郝春文　唐後期五代宋初敦煌僧尼的社會生活　中國社會科學出版社　1998　p. 247
榮新江　歸義軍大事紀年初稿　出土文獻研究(第三輯)　文物出版社　1998　p. 240
楊森　晚唐五代兩件《女人社》文書劄記　《敦煌研究》1998 年第 1 期　p. 68
楊秀清　曹議金執政臆談　《敦煌研究》1998 年第 3 期　p. 120

高啓安　王璽玉　唐五代敦煌人的飲食品種研究　《敦煌研究》1999 年第 2 期　p. 62
楊秀清　敦煌西漢金山國史　甘肅人民出版社　1999　p. 53、161
楊森　淺談敦煌文獻中唐代墓誌銘抄本　《敦煌研究》2000 年第 3 期　p. 137
李正宇　索勳、張承奉更叠之際史事考　敦煌文獻論集：紀念藏經洞發現一百周年國際學術研討會論文集　遼寧人民出版社　2001　p. 121
徐曉麗　曹議金與甘州回鶻天公主結親時間考　《敦煌研究》2001 年第 4 期　p. 115
姜亮夫　敦煌莫高窟年表　姜亮夫全集（十一）　雲南人民出版社　2002　p. 446
洪藝芳　敦煌社會經濟文書中的唐五代新興量詞研究　敦煌學（第 24 輯）（臺北）樂學書局有限公司　2003　p. 109
王啓濤　中古及近代法制文書語言研究　巴蜀書社　2003　p. 305
高啓安　唐五代敦煌飲食文化研究　民族出版社　2004　p. 140
鄭炳林　魏迎春　晚唐五代敦煌佛教教團的戒律和清規　《敦煌學輯刊》2004 年第 2 期　p. 38
馮培紅　晚唐五代宋初沙州上佐考論　敦煌學國際研討會論文集　北京圖書館出版社　2005　p. 69
楊秀清　光化三年（900）張承奉領節事鈎沈　《敦煌研究》2005 年第 1 期　p. 13

S. 4471

劉銘恕　再記英國倫敦所藏的敦煌經卷　《中國科學院圖書館通訊》1957 年第 7 期　又見：中國敦煌學百年文庫・綜述卷（二）　甘肅文化出版社　1999　p. 137
劉銘恕　敦煌遺書叢識　敦煌語言文學論文集　浙江古籍出版社　1988　p. 51
張錫厚　敦煌文學源流　作家出版社　2000　p. 367

S. 4472

向達　倫敦所藏敦煌卷子經眼目録　《北平圖書館圖書季刊》1939 年新第 1 卷第 4 期　p. 397　又見：唐代長安與西域文明　三聯書店　1957　p. 225
芳村修基　土橋秀高　井ノ口泰淳　敦煌佛教史年表　西域文化研究（第一）・敦煌佛教資料（京都）法藏館　1958　p. 280
金岡照光　敦煌民衆の宗教と生活　敦煌の民衆：その生活と思想（東京）評論社　1972　p. 167
陳祚龍　釋雲辯及其詩文　中華佛教文化史散策（初集）（臺北）新文豐出版公司　1978　p. 99
陳祚龍　關於五代名僧雲辯的"詩"與"偈"　敦煌學海探珠（上冊）（臺北）商務印書館　1979　p. 90
加地哲定　增補中國佛教文學研究（東京）同朋舍　1979　p. 137
鄭阿財　敦煌孝道文學研究（臺北）石門圖書公司　1982　p. 490
董作賓　敦煌紀年　敦煌學文選（上）　蘭州大學歷史系敦煌學研究室等　1983　p. 34
周紹良　讀變文劄記　紹良叢稿　齊魯書社　1984　p. 105
雷僑雲　敦煌兒童文學（臺北）學生書局　1985　p. 86
唐耕耦　陸宏基　敦煌社會經濟文獻真迹釋録（一）　書目文獻出版社　1986　p. 375
姜亮夫　敦煌經卷題名録　敦煌學論文集　上海古籍出版社　1987　p. 1056
曲金良　敦煌寫本變文、講經文作品創作時間彙考（續）　《敦煌學輯刊》1987 年第 2 期　p. 50
任半塘　敦煌歌辭總編　上海古籍出版社　1987　p. 985
舒學　敦煌漢文遺書中雕版印刷資料綜敘　敦煌語言文學研究　北京大學出版社　1988　p. 288
山本達郎等　敦煌・IV 納贈曆・納色物曆等　『NUN－HUANG AND TURFAN DOCUMENTS CONCERNING SOCIAL AND ECONOMIC HISTORY』（IV）（東京）東洋文庫　1989　p. 93

汪泛舟　偈・頌　敦煌文學　甘肅人民出版社　1989　p. 88
池田溫　中國古代寫本識語集録　（東京）大藏出版株式會社　1990　p. 492
加地哲定著　劉衛星譯　中國佛教文學　今日中國出版社　1990　p. 118
項楚　敦煌變文選注　巴蜀書社　1990　p. 251、762
程毅中　敦煌本《孝子傳》與睒子故事　中國文化(5)　（香港）中華書局　1992　p. 151
姜伯勤　敦煌社會文書導論　（臺北）新文豐出版公司　1992　p. 246
陶秋英輯録　姜亮夫校訂　敦煌經卷題名録　敦煌碎金　浙江古籍出版社　1992　p. 66
周紹良　敦煌文學芻議及其它　（臺北）新文豐出版公司　1992　p. 215
高國藩　敦煌民俗資料導論　（臺北）新文豐出版公司　1993　p. 5
郝春文　敦煌寫本社邑文書年代彙考(二)　《首都師範大學學報》1993 年第 5 期　p. 78
郝春文　敦煌寫本社邑文書年代彙考(三)　《社科縱横》1993 年第 5 期　p. 8
汪泛舟　敦煌文學概論　甘肅人民出版社　1993　p. 549
榮新江　歸義軍改元考　文史(第三十八輯)　中華書局　1994　p. 51
汪泛舟　敦煌僧詩補論　《敦煌研究》1994 年第 3 期　p. 146
汪泛舟　敦煌韻文辨正舉隅　《敦煌研究》1994 年第 2 期　p. 142
寧可　郝春文　敦煌社邑的喪葬互助　《首都師範大學學報》1995 年第 6 期　p. 37
曲金良　敦煌佛教文學研究　（臺北）文津出版社　1995　p. 58
土肥義和　唐・北宋間の「社」の組織形態に関する一考察　中國古代の國家と民衆(堀敏一先生古稀記念)　（東京)汲古書院　1995　p. 716
項楚　敦煌歌辭總編匡補　（臺北）新文豐出版公司　1995　p. 135
張涌泉　陳祚龍校録敦煌卷子失誤例釋　學術集林(卷六)　上海遠東出版社　1995　p. 297、304、313　又見:舊學新知　浙江大學出版社　1999　p. 274、280、288
郝春文　評榮新江《英國圖書館藏敦煌漢文非佛教文獻殘卷目録(S. 6981－13624)》　敦煌吐魯番研究(第一卷)　北京大學出版社　1996　p. 363
劉進寶　P. 3236 號《壬申年官布籍》時代考　《西北師大學報》(社會科學版)1996 年第 5 期　p. 45
劉進寶　P. 3236 號《壬申年官布籍》研究　慶祝潘石禪先生九秩華誕敦煌學特刊　（臺北）文津出版社　1996　p. 364
榮新江　歸義軍史研究　上海古籍出版社　1996　p. 26、54
張錫厚　敦煌釋氏詩歌創作論　慶祝潘石禪先生九秩華誕敦煌學特刊　（臺北）文津出版社　1996　p. 212
黄征　張涌泉　敦煌變文校注　中華書局　1997　p. 205、1155
寧可　郝春文　敦煌社邑文書輯校　江蘇古籍出版社　1997　p. 420
齊陳俊　馮培紅　晚唐五代宋初歸義軍對外商業貿易　敦煌歸義軍史專題研究　蘭州大學出版社　1997　p. 347
鄭炳林　敦煌碑銘讚輯釋　甘肅教育出版社　1997　p. 347 注 3
鄭炳林　唐五代敦煌手工業研究　敦煌歸義軍史專題研究　蘭州大學出版社　1997　p. 260
柴劍虹　十偈辭　敦煌學大辭典　上海辭書出版社　1998　p. 548
海客　故圓鑒大師二十四孝押座文　敦煌學大辭典　上海辭書出版社　1998　p. 580
郝春文　唐後期五代宋初敦煌僧尼的社會生活　中國社會科學出版社　1998　p. 379
郝春文　唐後期五代宋初敦煌僧尼遺産的處理與喪事的操辦　《敦煌研究》1998 年第 3 期　p. 39
金瀅坤　從敦煌文書看晚唐五代敦煌地區布紡織業　《敦煌研究》1998 年第 2 期　p. 140
李正宇　醜賤名　敦煌學大辭典　上海辭書出版社　1998　p. 451

榮新江　歸義軍大事紀年初稿　出土文獻研究(第三輯)　文物出版社　1998　p. 249

譚蟬雪　臨壙焚屍　敦煌學大辭典　上海辭書出版社　1998　p. 442

郝春文　《敦煌社邑文書輯校》補遺(一)　《首都師範大學學報》1999 年第 4 期　p. 27

黄征　程惠新　劫塵遺珠:敦煌遺書　甘肅教育出版社　1999　p. 99

梅維恒著　楊繼東　陳引馳譯　唐代變文(上)　(香港)中國佛教文化出版公司　1999　p. 256 注 1

楊森　敦煌社司文書畫押符號及其相關問題　《敦煌學輯刊》1999 年第 1 期　p. 86

楊森　談敦煌社邑文書中"三官"及"録事""虞候"的若干問題　《敦煌研究》1999 年第 3 期　p. 84

鄭阿財　敦煌寫本《佛頂心觀世音菩薩救難神驗經》研究　新國學(第一卷)　巴蜀書社　1999　p. 323

高啓安　崇高與卑賤:敦煌的佛教信仰賤名再探　'98 法門寺唐文化國際學術討論會論文集　陝西人民出版社　2000　p. 253

郝春文　部分英藏敦煌文獻的定名問題　英國收藏敦煌漢藏文獻研究:紀念敦煌文獻發現一百周年　中國社會科學出版社　2000　p. 390

郝春文　《敦煌社邑文書輯校》補遺(二)　《首都師範大學學報》2000 年第 2 期　p. 10

郝春文　英藏敦煌文獻年代叢考　英國收藏敦煌漢藏文獻研究:紀念敦煌文獻發現一百周年　中國社會科學出版社　2000　p. 372

劉進寶　敦煌文書與唐史研究　(臺北)新文豐出版公司　2000　p. 237

徐俊　敦煌詩集殘卷輯考　中華書局　2000　p. 605

陳秀蘭　敦煌俗文學語彙溯源　岳麓書社　2001　p. 110

孟憲實　敦煌社邑的分佈　敦煌文獻論集:紀念藏經洞發現一百周年國際學術研討會論文集　遼寧人民出版社　2001　p. 423

榮新江　敦煌學十八講　北京大學出版社　2001　p. 215

張錫厚　讀敦煌緣起類作品及其他　敦煌學與中國史研究論集　甘肅人民出版社　2001　p. 153

馮培紅　姚桂蘭　歸義軍時期敦煌與周邊地區之間的僧使交往　敦煌佛教藝術文化國際學術研討會論文集　蘭州大學出版社　2002　p. 455

姜亮夫　敦煌莫高窟年表　姜亮夫全集(十一)　雲南人民出版社　2002　p. 533、535

乜小紅　唐宋敦煌毛紡織業述略　敦煌學(第 23 輯)　(臺北)樂學書局有限公司　2002　p. 116

蔣宗福　敦煌禪宗文獻詞語劄記　新世紀敦煌學論集　巴蜀書社　2003　p. 472

鄭阿財　敦煌寫本《佛頂心觀世音菩薩大陀羅尼經》研究　2000 年敦煌學國際學術討論會文集・歷史文化卷(下)　甘肅民族出版社　2003　p. 6

高啓安　唐五代敦煌飲食文化研究　民族出版社　2004　p. 287

郝春文　再論敦煌私社的"義聚"　敦煌學(第 25 輯)　(臺北)樂學書局有限公司　2004　p. 281

孟憲實　論敦煌渠人社　周秦漢唐文化研究(第三輯)　三秦出版社　2004　p. 144

葉貴良　敦煌社邑文書詞語選釋　《敦煌研究》2004 年第 5 期　p. 82

金瀅坤　敦煌社會經濟文書定年拾遺　《首都師範大學學報》2006 年第 1 期　p. 9

S. 4473

劉銘恕　再記英國倫敦所藏的敦煌經卷　《中國科學院圖書館通訊》1957 年第 7 期　又見:中國敦煌學百年文庫・綜述卷(二)　甘肅文化出版社　1999　p. 132

王重民原編　黄永武新編　敦煌古籍叙録新編(第七冊)　(臺北)新文豐出版公司　1986　p. 300

姜亮夫　瓜沙曹氏世譜　敦煌學論文集　上海古籍出版社　1987　p. 958　又見:姜亮夫全集(十四)　雲南人民出版社　2002　p. 376

唐耕耦　陸宏基　敦煌社會經濟文獻真迹釋録(四)　全國圖書館文獻縮微複製中心　1990　p. 337、348
許福謙　斯坦因四四七三號寫卷後晉官私文書試釋　敦煌吐魯番學研究論文集　漢語大詞典出版社　1990　p. 490
許福謙　郝春文　斯四四七三號寫卷《大晉皇帝祭文》《大行皇帝謚狀》校注及跋　敦煌吐魯番文獻研究論集(第五輯)　北京大學出版社　1990　p. 237
中村裕一　唐代制勅研究　(東京)汲古書院　1991　p. 304、839
姜伯勤　敦煌社會文書導論　(臺北)新文豐出版公司　1992　p. 116
中村裕一　官文書　敦煌漢文文獻(講座敦煌5)　(東京)大東出版社　1992　p. 563、582
高國藩　敦煌民俗資料導論　(臺北)新文豐出版公司　1993　p. 91
沃興華　敦煌書法藝術　上海人民出版社　1994　p. 212
胡戟　傅玫　敦煌史話　中華書局　1995　p. 157
趙和平　後唐時代甘州回鶻表本及相關漢文文獻的初步研究　(香港)《九州學刊》1995 年第 6 卷第 4 期　p. 98
周一良　趙和平　敦煌表狀箋啓書儀略論　唐五代書儀研究　中國社會科學出版社　1995　p. 48　又見:敦煌吐魯番學研究論集　書目文獻出版社　1996　p. 199
周一良　趙和平　後唐時代刺史專用書儀　唐五代書儀研究　中國社會科學出版社　1995　p. 229
周一良　趙和平　後唐時代甘州回鶻表本及相關漢文文獻的初步研究　唐五代書儀研究　中國社會科學出版社　1995　p. 244
周一良　趙和平　《新集雜別紙》的初步研究　唐五代書儀研究　中國社會科學出版社　1995　p. 263
中村裕一　唐代公文書研究　(東京)汲古書院　1996　p. 153
鄭炳林　馮培紅　晚唐五代宋初歸義軍政權中都頭一職考辨　敦煌歸義軍史專題研究　蘭州大學出版社　1997　p. 90
謝桃坊　敦煌文化尋繹　四川人民出版社　1999　p. 194
榮新江　《英藏敦煌文獻》定名商補　文史(第五十二輯)　中華書局　2000　p. 121　又見:敦煌學新論　甘肅教育出版社　2002　p. 196
施萍婷　《敦煌遺書總目索引新編》前言　敦煌遺書總目索引新編　中華書局　2000　p. 3
曾良　敦煌文獻字義通釋　廈門大學出版社　2001　p. 55、183
姜亮夫　敦煌莫高窟年表　姜亮夫全集(十一)　雲南人民出版社　2002　p. 508
吴麗娛　唐禮摭遺:中古書儀研究　商務印書館　2002　p. 151
李永寧　程亮　王重民先生贈存敦煌研究院的敦煌遺書資料的簡況介紹　敦煌學國際研討會論文集　北京圖書館出版社　2005　p. 22

S. 4474

周紹良　敦煌所出變文現存目録　敦煌變文彙録　上海出版公司　1955　p. 2
劉銘恕　再記英國倫敦所藏的敦煌經卷　《中國科學院圖書館通訊》1957 年第 7 期　又見:中國敦煌學百年文庫・綜述卷(二)　甘肅文化出版社　1999　p. 136
金岡照光　敦煌文學のさまざま　敦煌の文學　(東京)大蔵出版株式會社　1971　p. 122
金岡照光　敦煌民衆の宗教と生活　敦煌の民衆:その生活と思想　(東京)評論社　1972　p. 114
邱鎮京　敦煌變文述論　(臺北)商務印書館　1974　p. 1866
楊家駱　敦煌變文　(臺北)世界書局　1980　p. 843

王慶菽　押座文　敦煌變文集　人民文學出版社　1984　p. 843
蕭登福　唐世佛家之講經與敦煌變文　敦煌俗文學論叢　（臺北）商務印書館　1988　p. 51
陳國燦　唐五代敦煌縣鄉里制的演變　《敦煌研究》1989 年第 3 期　p. 48
郭在貽　張涌泉　黄征　"押座文"八種補校　《寧波師院學報》1989 年第 1 期　p. 76
韓建瓴　雜記　敦煌文學　甘肅人民出版社　1989　p. 68
譚蟬雪　祭文　敦煌文學　甘肅人民出版社　1989　p. 123
張鴻勳　講經文　敦煌文學　甘肅人民出版社　1989　p. 268
郭在貽　張涌泉　黄征　敦煌變文集校議　岳麓書社　1990　p. 426
楊振良　由現存評彈"開篇"論押座文　第二届敦煌學國際研討會論文集　（臺北）漢學研究中心　1990　p. 471
譚蟬雪　三教融合的敦煌喪俗　《敦煌研究》1991 年第 3 期　p. 77
姜伯勤　敦煌社會文書導論　（臺北）新文豐出版公司　1992　p. 187
金岡照光　押座文　敦煌の文學文獻（講座敦煌 9）　（東京）大東出版社　1992　p. 346、380
金岡照光　総說『敦煌文學の諸形態』　敦煌の文學文獻（講座敦煌 9）　（東京）大東出版社　1992　p. 21
周紹良　敦煌文學芻議及其它　（臺北）新文豐出版公司　1992　p. 56
杜琦　敦煌文學概論　甘肅人民出版社　1993　p. 526
高國藩　敦煌民俗資料導論　（臺北）新文豐出版公司　1993　p. 90
張鴻勳　敦煌說唱文學概論　（臺北）新文豐出版公司　1993　p. 74
張鴻勳　敦煌文學概論　甘肅人民出版社　1993　p. 229
鄧文寬　英藏敦煌本《六祖壇經》通借字芻議　《敦煌研究》1994 年第 1 期　p. 85
黄征　敦煌願文散校　《敦煌研究》1994 年第 3 期　p. 130
黄征　吳偉　敦煌願文集　岳麓書社　1995　p. 184、913
王書慶　敦煌佛學·佛事篇　甘肅民族出版社　1995　p. 7、84、226
段小强　敦煌文書所反映的古代喪禮　《敦煌學輯刊》1996 年第 2 期　p. 44
李正宇　敦煌史地新論　（臺北）新文豐出版公司　1996　p. 98
張涌泉　敦煌俗字研究導論　（臺北）新文豐出版公司　1996　p. 210
張涌泉　敦煌文獻校讀釋例　文史（第四十一輯）　中華書局　1996　p. 197　又見：舊學新知　浙江大學出版社　1999　p. 209
方一新　敦煌變文詞語校釋　敦煌文學論集　四川人民出版社　1997　p. 306
馮培紅　晚唐五代宋初歸義軍武職軍將研究　敦煌歸義軍史專題研究　蘭州大學出版社　1997　p. 104
黄亮文　評《敦煌寫本書儀研究》　唐研究（第三卷）　北京大學出版社　1997　p. 499
黄征　張涌泉　敦煌變文校注　中華書局　1997　p. 134、1165
李正宇　敦煌歷史地理導論　（臺北）新文豐出版公司　1997　p. 59
鄭炳林　敦煌碑銘讚輯釋　甘肅教育出版社　1997　p. 316 注 1、317
陳國燦　敦煌里　敦煌學大辭典　上海辭書出版社　1998　p. 304
李正宇　村莊　敦煌學大辭典　上海辭書出版社　1998　p. 304
李正宇　佛堂　敦煌學大辭典　上海辭書出版社　1998　p. 627
李正宇　張安三父子造佛堂公德記　敦煌學大辭典　上海辭書出版社　1998　p. 334
譚蟬雪　藏鈎　敦煌學大辭典　上海辭書出版社　1998　p. 599
譚蟬雪　敦煌歲時文化導論　（臺北）新文豐出版公司　1998　p. 377

譚蟬雪　臨壙設祭　敦煌學大辭典　上海辭書出版社　1998　p. 442
譚蟬雪　逆修　敦煌學大辭典　上海辭書出版社　1998　p. 444
周紹良　張涌泉　黄征　敦煌變文講經文因緣輯校（上、下）　江蘇古籍出版社　1998　p. 22；1076
段小强　敦煌文書中所見的古代喪儀　《西北民族研究》1999 年第 1 期　p. 217
金岡照光　敦煌文獻と中國文學　（東京）五曜書房　2000　p. 292
李重申　敦煌古代體育文化　甘肅人民出版社　2000　p. 86
劉長東　晉唐彌陀淨土信仰研究　巴蜀書社　2000　p. 495
王三慶　北京大學圖書館藏本《諸文要集》一卷研究　慶祝吳其昱先生八秩華誕敦煌學特刊　（臺北）文津出版社　2000　p. 174
譚蟬雪　喪祭與齋忌　敦煌學與中國史研究論集　甘肅人民出版社　2001　p. 226
譚蟬雪　唐宋敦煌歲時佛俗：八月至十二月　《敦煌研究》2001 年第 2 期　p. 78
曾良　敦煌文獻字義通釋　廈門大學出版社　2001　p. 190
馬茜　歸義軍時期敦煌地區庶民佛教的發展　甘肅民族研究論叢　甘肅人民出版社　2002　p. 457
何培斌　營造寄託：中國六至十世紀造寺功德的探討　寺院財富與世俗供養　上海書畫出版社　2003　p. 103
張承東　試論敦煌寫本齋文的駢文特色　《敦煌學輯刊》2003 年第 1 期　p. 95
陳曉紅　試論敦煌佛教願文的類型　《敦煌學輯刊》2004 年第 1 期　p. 96
高啓安　唐五代敦煌飲食文化研究　民族出版社　2004　p. 342
陳于柱　從敦煌占卜文書看晚唐五代敦煌占卜與佛教的對話交融　《敦煌學輯刊》2005 年第 2 期　p. 25
蘭州理工大學絲綢之路文史研究所編　絲綢之路體育文化論集　中華書局　2005　p. 213

S. 4476

芳村修基　土橋秀高　井ノ口泰淳　敦煌佛教史年表　西域文化研究（第一）・敦煌佛教資料　（京都）法藏館　1958　p. 272
金榮華　敦煌寫卷紙質之考察　（臺北）《世界華學季刊》1981 年第 2 卷第 4 期　又見：敦煌吐魯番論集　（臺北）新文豐出版公司　1996　p. 79
陳祚龍　敦煌古抄內典尾記彙校初、二、三編合刊　敦煌學要籥　（臺北）新文豐出版公司　1982　p. 146
鄭阿財　敦煌孝道文學研究　（臺北）石門圖書公司　1982　p. 165
池田溫　中國古代寫本識語集録　（東京）大藏出版株式會社　1990　p. 430
高國藩　敦煌古俗與民俗流變　河海大學出版社　1990　p. 417
林聰明　從敦煌文書看佛教徒的造經祈福　第二届敦煌學國際研討會論文集　（臺北）漢學研究中心　1990　p. 535
林聰明　敦煌文書學　（臺北）新文豐出版公司　1991　p. 324
石泰安著　耿昇譯　敦煌寫本中的印—藏和漢—藏兩種辭彙　國外藏學研究譯文集（第八輯）　西藏人民出版社　1992　p. 182
陳祚龍　敦煌學新簡　敦煌文物散論　（臺北）新文豐出版公司　1993　p. 161
鄭阿財　從敦煌文獻看唐代的三教合一　第二届國際唐代學術會議論文集（上）　（臺北）文津出版社　1993　p. 647
陳澤奎　試論唐人寫經題記的原始著作權意義　《敦煌研究》1994 年第 3 期　p. 115
孫修身　大足寶頂與敦煌莫高窟佛說父母恩重經變相的比較研究　《敦煌研究》1997 年第 1 期

p. 67
方廣錩　父母恩重經　敦煌學大辭典　上海辭書出版社　1998　p. 733
張涌泉　敦煌本《佛說父母恩重經》研究　文史(第四十九輯)　中華書局　1999　p. 69
金岡照光　敦煌文獻と中國文學　(東京)五曜書房　2000　p. 404、430
馬世長　《父母恩重經》寫本與變相　敦煌研究文集·敦煌石窟經變篇　甘肅民族出版社　2000　p. 398
林聰明　敦煌吐魯番文書解詁指例　(臺北)新文豐出版公司　2001　p. 171
姜亮夫　敦煌莫高窟年表　姜亮夫全集(十一)　雲南人民出版社　2002　p. 414
鄭阿財　《父母恩重經》傳佈的歷史考察　新世紀敦煌學論集　巴蜀書社　2003　p. 45
町田隆吉　『唐咸亨四年(673)左憧熹生前及隨身錢物疏』をめぐって　『西北出土文獻研究』(創刊號)　(新潟)西北出土文獻研究會　2004　p. 69

S. 4478
石井修道　伝法偈　敦煌仏典と禪(講座敦煌 8)　(東京)大東出版社　1980　p. 289
田中良昭　禪宗燈史の発展　敦煌仏典と禪(講座敦煌 8)　(東京)大東出版社　1980　p. 110
田中良昭　敦煌禪宗文獻の研究　(東京)大東出版社　1983　p. 124、282、584
杜愛英　敦煌遺書中俗體字的諸種類型　《敦煌研究》1992 年第 3 期　p. 123
田中良昭著　朱悅梅譯　從 P. 3913 談唐代佛教諸派之關係　《敦煌學輯刊》1992 年第 1、2 期　p. 117
吳其昱著　伊藤美重子譯　敦煌漢文寫本概観　敦煌漢文文獻(講座敦煌 5)　(東京)大東出版社　1992　p. 59
榮新江　歸義軍改元考　文史(第三十八輯)　中華書局　1994　p. 48
索仁森著　李吉和譯　敦煌漢文禪籍特徵概觀　《敦煌研究》1994 年第 1 期　p. 113
田中良昭　敦煌の禪籍　禪學研究入門　(東京)大東出版社　1994　p. 52
柳田聖山　禪籍解題(一)·敦煌禪籍　俗語言研究(第二期)　(京都)禪文化研究所　1995　p. 152
榮新江　歸義軍史研究　上海古籍出版社　1996　p. 50
鄭炳林　敦煌碑銘讚輯釋　甘肅教育出版社　1997　p. 94 注 7
榮新江　《英藏敦煌文獻》定名商補　文史(第五十二輯)　中華書局　2000　p. 122　又見:敦煌學新論　甘肅教育出版社　2002　p. 196
曾良　敦煌文獻字義通釋　廈門大學出版社　2001　p. 38、123
田中良昭　敦煌的禪宗燈史　戒幢佛學(第二卷)　岳麓書社　2002　p. 152
田中良昭　敦煌の禪宗燈史　中日敦煌佛教學術會議論文集　中國社會科學院研究所　2002　p. 110
蔣宗福　敦煌禪宗文獻校讀劄記　中國俗文化研究(第一輯)　巴蜀書社　2003　p. 155

S. 4479
芳村修基　土橋秀高　井ノ口泰淳　敦煌佛教史年表　西域文化研究(第一)·敦煌佛教資料　(京都)法藏館　1958　p. 272
陳祚龍　敦煌古抄內典尾記彙校初、二、三編合刊　敦煌學要籥　(臺北)新文豐出版公司　1982　p. 146
池田溫　中國古代寫本識語集録　(東京)大蔵出版株式會社　1990　p. 432
圓空　《新菩薩經》《勸善經》《救諸衆生苦難經》校録及其流傳背景之探討　《敦煌研究》1992 年第 1

期　p. 52
姜亮夫　敦煌莫高窟年表　姜亮夫全集(十一)　雲南人民出版社　2002　p. 417
李正宇　唐宋時期敦煌佛經性質功能的變化　戒幢佛學(第二卷)　岳麓書社　2002　p. 22　又見:中日敦煌佛教學術會議論文集　中國社會科學院研究所　2002　p. 18
劉永明　散見敦煌曆朔閏輯考　《敦煌研究》2002 年第 6 期　p. 12、14
余欣　唐宋時代敦煌的鎮宅術　敦煌吐魯番研究(第九卷)　北京大學出版社　2006　p. 369

S. 4480

金岡照光　敦煌漢文文學文獻の文學形態上の種類とその分類　敦煌出土文學文獻分類目録・附解說　(東京)東洋文庫　1971　p. 203
金岡照光　敦煌文學のさまざま　敦煌の文學　(東京)大蔵出版株式會社　1971　p. 108
加地哲定　增補中國佛教文學研究　(東京)同朋舍　1979　p. 166
楊家駱　敦煌變文　(臺北)世界書局　1980　p. 321
金岡照光　敦煌の繪物語　(東京)東方書店　1981　p. 69、113
潘重規　敦煌變文集新書(上)　(臺北)"中國文化大學"中文研究所　1984　p. 558
王慶菽　太子成道變文　敦煌變文集　人民文學出版社　1984　p. 321
平野顯照著　張桐生譯　唐代的文學與佛教　(臺北)業强出版社　1987　p. 288
高國藩　敦煌古俗與民俗流變　河海大學出版社　1990　p. 380、437
加地哲定著　劉衛星譯　中國佛教文學　今日中國出版社　1990　p. 141
黄武松《太子成道變文》(斯 3096 卷)疑難點校釋補遺　《敦煌研究》1991 年第 3 期　p. 88
金岡照光　講唱體類　敦煌の文學文獻(講座敦煌 9)　(東京)大東出版社　1992　p. 77
高國藩　敦煌民俗資料導論　(臺北)新文豐出版公司　1993　p. 43、175
梁尉英　敦煌佛傳概觀及其中國化之特點　敦煌學國際研討會文集・石窟藝術編　遼寧美術出版社　1995　p. 335
王慶雲　佛太子與賈寶玉:從敦煌寫本《八相變》看佛教文學對《紅樓夢》的影響　敦煌佛教文學研究　(臺北)文津出版社　1995　p. 301
黄征　張涌泉　敦煌變文校注　中華書局　1997　p. 487
周紹良　張涌泉　黄征　敦煌變文講經文因緣輯校(下)　江蘇古籍出版社　1998　p. 678
金岡照光　敦煌文獻と中國文學　(東京)五曜書房　2000　p. 134、474
謝生保　成佛之路:敦煌壁畫佛傳故事　甘肅人民出版社　2000　p. 181
白化文　從圓珍述及俗講的兩段文字說起:紀念周太初(一良)先生　敦煌吐魯番研究(第六卷)　北京大學出版社　2002　p. 7

S. 4481

王三慶　敦煌寫卷中武后新字之調查研究　唐代研究論集(第三輯)　(臺北)新文豐出版公司　1992　p. 91

S. 4482

芳村修基　土橋秀高　井ノ口泰淳　敦煌佛教史年表　西域文化研究(第一)・敦煌佛教資料　(京都)法藏館　1958　p. 282
李明偉　狀・牒・帖　敦煌文學　甘肅人民出版社　1989　p. 41
唐耕耦　陸宏基　敦煌社會經濟文獻真迹釋録(四)　全國圖書館文獻縮微複製中心　1990　p. 100

黃征　敦煌願文考論　敦煌語文叢說　(臺北)新文豐出版公司　1997　p. 588
王書慶　敦煌文獻中五代宋初戒牒研究　《敦煌研究》1997 年第 3 期　p. 38
湛如　敦煌菩薩戒儀與菩薩戒牒之研究　《敦煌研究》1997 年第 2 期　p. 82
唐耕耦　戒牒　敦煌學大辭典　上海辭書出版社　1998　p. 641
丘古耶夫斯基　敦煌漢文文書　上海古籍出版社　2000　p. 184
李德龍　沙州三界寺《授戒牒》初探　甘肅民族研究論叢　甘肅人民出版社　2002　p. 403
湛如　敦煌佛教律儀制度研究　中華書局　2003　p. 170
聖凱　中國佛教懺法研究　宗教文化出版社　2004　p. 107

S. 4483

芳村修基　土橋秀高　井ノ口泰淳　敦煌佛教史年表　西域文化研究(第一)・敦煌佛教資料　(京都)法藏館　1958　p. 282

S. 4486

方廣錩　解深密經　敦煌學大辭典　上海辭書出版社　1998　p. 668

S. 4487

平野顯照著　張桐生譯　唐代的文學與佛教　(臺北)業强出版社　1987　p. 264
周紹良　小說　敦煌文學　甘肅人民出版社　1989　p. 281
鄭阿財　敦煌寫卷《懺悔滅罪金光明經傳》初探　慶祝潘石禪先生九秩華誕敦煌學特刊　(臺北)文津出版社　1996　p. 584
張弓　漢唐佛寺文化史　中國社會科學出版社　1997　p. 766
梅維恒著　楊繼東　陳引馳譯　唐代變文(上)　(香港)中國佛教文化出版公司　1999　p. 43 注 1
鄭阿財　敦煌寫卷《懺悔滅罪金光明經傳》研究　敦煌文藪(下)　(臺北)新文豐出版公司　1999　p. 72
楊寶玉　《懺悔滅罪金光明經冥報傳》校考　英國收藏敦煌漢藏文獻研究:紀念敦煌文獻發現一百周年　中國社會科學出版社　2000　p. 330
楊秀清　唐宋敦煌地區的世俗佛教信仰　新世紀敦煌學論集　巴蜀書社　2003　p. 710

S. 4489

芳村修基　土橋秀高　井ノ口泰淳　敦煌佛教史年表　西域文化研究(第一)・敦煌佛教資料　(京都)法藏館　1958　p. 275
池田溫　中國古代籍帳研究:概観・録文　東京大學東洋文化研究所　1979　p. 664
陳祚龍　敦煌古抄內典尾記彙校初、二、三編合刊　敦煌學要籥　(臺北)新文豐出版公司　1982　p. 146
楊際平　鄭學檬　敦煌文書安環清賣地契的性質和年代　《四川大學學報》1983 年第 4 期　p. 88
盧向前　牒式及其處理程式的探討:唐公式文研究　敦煌吐魯番文獻研究論集(第三輯)　北京大學出版社　1986　p. 390 注 6
王重民原編　黃永武新編　敦煌古籍叙録新編(第七冊)　(臺北)新文豐出版公司　1986　p. 313
榮新江　沙州歸義軍歷任節度使稱號研究　敦煌吐魯番學研究論文集　漢語大詞典出版社　1990　p. 808
唐耕耦　陸宏基　敦煌社會經濟文獻真迹釋録(二)　全國圖書館文獻縮微複製中心　1990　p. 307

王震亞　趙熒　敦煌殘卷爭訟文牒集釋　甘肅人民出版社　1993　p. 43
齊陳駿　有關遺産繼承的幾件敦煌遺書　《敦煌學輯刊》1994 年第 2 期　p. 51
井ノ口泰淳　敦煌本『仏名經』の諸系統　中央アジアの言語と仏教　(京都)法藏館　1995　p. 296
榮新江　歸義軍史研究　上海古籍出版社　1996　p. 127
鄭炳林　敦煌碑銘讃輯釋　甘肅教育出版社　1997　p. 348 注 7
金岡照光　敦煌文獻と中國文學　(東京)五曜書房　2000　p. 430
王豔明　瓜沙州大王印考《敦煌學輯刊》2000 年第 2 期　p. 44
陳國燦　略論吐魯番出土的敦煌文書《西域研究》2002 年第 3 期　2002　p. 7　又見:新世紀敦煌學論集　巴蜀書社　2003　p. 59
姜亮夫　敦煌莫高窟年表　姜亮夫全集(十一)　雲南人民出版社　2002　p. 580
劉敬林　敦煌文牒詞語校釋　《敦煌學輯刊》2003 年第 1 期　p. 118
劉進寶　唐五代的"單身"及其賦役免征　中華文史論叢(總 79 輯)　上海古籍出版社　2005　p. 235

S. 4491

向達　倫敦所藏敦煌卷子經眼目録　《北平圖書館圖書季刊》1939 年新第 1 卷第 4 期　p. 397　又見:唐代長安與西域文明　三聯書店　1957　p. 225
池田溫　中國古代の租佃契(上)『東洋文化研究所紀要』(第 60 冊)　東京大學東洋文化研究所　1973　p. 97
池田溫　中國古代籍帳研究:概観・録文　東京大學東洋文化研究所　1979　p. 563
北原薰　晚唐・五代の敦煌寺院経済——収支決算報告を中心に　敦煌の社會(講座敦煌 3)　(東京)大東出版社　1980　p. 380
楊際平　吐蕃時期敦煌計口授田考　《社會科學》1983 年第 2 期　又見:中國敦煌學百年文庫・歷史卷(一)　甘肅文化出版社　1999　p. 517
寧欣　唐代敦煌地區農業水利問題初探　敦煌吐魯番文獻研究論集(第三輯)　北京大學出版社　1986　p. 502 注 13、510、515、529
楊際平　吐蕃時期沙州社會經濟研究　敦煌吐魯番出土經濟文書研究　廈門大學出版社　1986　p. 359
李正宇　唐宋時代敦煌縣河渠泉澤簡志(一)　《敦煌研究》1988 年第 4 期　p. 92
李正宇　唐宋時代敦煌縣河渠泉澤簡志(二)　《敦煌研究》1989 年第 1 期　p. 54
池田溫　敦煌における土地税役制をめぐって　東アジア古文書の史的研究　(東京)刀水書房　1990　p. 46
王素　吐魯番所出高昌取銀錢作孤易券試釋　《文物》1990 年第 9 期　p. 93
佐竹靖彥　唐宋變革の地域的研究　(東京)同朋舍　1990　p. 167
李并成　漢敦煌郡廣至縣城及其有關問題考《敦煌研究》1991 年第 4 期　p. 87
林家平　寧强　羅華慶　中國敦煌學史　北京語言學院出版社　1992　p. 532
劉進寶　敦煌遺書與歷史研究　《魏晉南北朝隋唐史》1992 年第 9 期　p. 71
榮新江　敦煌學書評二則　《敦煌研究》1992 年第 4 期　p. 110
王仲犖　敦煌石室出《沙州都督府圖經》殘卷考釋　《中國歷史地理論叢》1992 年第 1 輯　又見:中國敦煌學百年文庫・地理卷(一)　甘肅文化出版社　1999　p. 354
佐竹靖彥　唐末宋初敦煌地區戶籍制度的演變　唐代均田制研究選譯　甘肅教育出版社　1992　p. 179

李正宇　敦煌遺書中的檔案資料及其價值意義　《魏晉南北朝隋唐史》1993 年第 5 期　p. 66
王仲犖　《沙州都督府圖經》殘卷考釋　敦煌石室地志殘卷考釋　上海古籍出版社　1993　p. 112
楊銘　吐蕃在敦煌計口授田的幾個問題　《西北師大學報》(社會科學版)1993 年第 5 期　p. 104
劉進寶　關於吐蕃統治經營河西地區的若干問題　《中國邊疆史地研究》1994 年第 1 期　p. 15
劉進寶　敦煌學論述　(臺北)洪葉文化事業有限公司　1995　p. 269
李正宇　敦煌史地新論　(臺北)新文豐出版公司　1996　p. 110
劉進寶　吐蕃對河西的統治與經營　敦煌吐魯番學研究論集　書目文獻出版社　1996　p. 327
張澤咸　唐代階級結構研究　中州古籍出版社　1996　p. 249 注 2
李正宇　敦煌歷史地理導論　(臺北)新文豐出版公司　1997　p. 246、325
楊銘　吐蕃統治敦煌研究　(臺北)新文豐出版公司　1997　p. 28
鄭炳林　敦煌碑銘讚輯釋　甘肅教育出版社　1997　p. 548 注 2
鄭炳林　唐末五代敦煌都河水系研究　敦煌歸義軍史專題研究　蘭州大學出版社　1997　p. 180
陳國燦　吐蕃敦煌諸戶口數地畝計簿　敦煌學大辭典　上海辭書出版社　1998　p. 415
郝春文　計口授田制　敦煌學大辭典　上海辭書出版社　1998　p. 415
李正宇　河北渠　敦煌學大辭典　上海辭書出版社　1998　p. 313
劉進寶　敦煌歷史文化　甘肅人民出版社　2000　p. 95
劉進寶　敦煌文書與唐史研究　(臺北)新文豐出版公司　2000　p. 11、97
丘古耶夫斯基　敦煌漢文文書　上海古籍出版社　2000　p. 201
陳國燦　敦煌學史事新證　甘肅教育出版社　2002　p. 23
劉進寶　敦煌學通論　甘肅教育出版社　2002　p. 60、294
楊際平　北朝隋唐均田制新探　岳麓書社　2003　p. 408
陸離　吐蕃統治河隴西域時期職官四題　《西北民族研究》2006 年第 2 期　p. 28

S. 4492

池田溫　中國古代寫本識語集録　(東京)大蔵出版株式會社　1990　p. 98
上山大峻　敦煌佛教の研究　(京都)法藏館　1990　p. 436
伊藤美重子　敦煌本『大智度論』の整理　中國佛教石經の研究　京都大學學術出版會　1996　p. 373
方廣錩　大智度論　敦煌學大辭典　上海辭書出版社　1998　p. 720

S. 4493

池田溫　中國古代寫本識語集録　(東京)大蔵出版株式會社　1990　p. 396
蕭登福　從敦煌寫卷中看道教星斗崇拜對佛經之影響　第二屆敦煌學國際研討會論文集　(臺北)漢學研究中心　1990　p. 323
蕭登福　道教星斗符印與佛教密宗　(臺北)新文豐出版公司　1993　p. 12

S. 4494

許國霖　敦煌石室寫經題記彙編　《微妙聲》1936－1937 年第 1－4 期　又見:中國敦煌學百年文庫・宗教卷(四)　甘肅文化出版社　1999　p. 245
許國霖　敦煌石室寫經年代表　《微妙聲》1937 年第 5 期　又見:中國敦煌學百年文庫・宗教卷(四)　甘肅文化出版社　1999　p. 194
陳祚龍　敦煌古抄内典尾記彙校初、二、三編合刊　敦煌學要籥　(臺北)新文豐出版公司　1982

p. 146
土橋秀高　敦煌の律藏　敦煌と中國仏教(講座敦煌 7)　(東京)大東出版社　1984　p. 264
耿昇　八十年代的法國敦煌學論著簡介　《敦煌研究》1986 年第 3 期　p. 87
池田溫　中國古代寫本識語集録　(東京)大藏出版株式會社　1990　p. 123
趙聲良　早期敦煌寫本書法的時代分期和類型　敦煌書法庫(第二輯)　甘肅人民美術出版社　1994　p. 7
趙秀榮　北朝石窟中的神王像　《敦煌學輯刊》1995 年第 1 期　p. 69
宿白　敦煌莫高窟密教遺迹劄記　中國石窟寺考古　文物出版社　1996　p. 279
劉方　戒律之研究　敦煌學大辭典　上海辭書出版社　1998　p. 836
趙聲良　早期敦煌寫本書法的分期研究　1994 年敦煌學國際研討會文集・石窟藝術卷　甘肅民族出版社　2000　p. 275
鄭阿財　敦煌寫本《佛頂心觀世音菩薩大陀羅尼經》研究　敦煌學(第 23 輯)　(臺北)樂學書局有限公司　2001　p. 41　又見:2000 年敦煌學國際學術討論會文集・歷史文化卷(下)　甘肅民族出版社　2003　p. 10
蔡忠霖　敦煌漢文寫卷俗字及其現象　(臺北)文津出版社　2002　p. 139、156
姜亮夫　敦煌莫高窟年表　姜亮夫全集(十一)　雲南人民出版社　2002　p. 143
蔡忠霖　官定正字之外的通行文字　新世紀敦煌學論集　巴蜀書社　2003　p. 108
湛如　敦煌佛教律儀制度研究　中華書局　2003　p. 137

S. 4495

池田溫　中國古代寫本識語集録　(東京)大藏出版株式會社　1990　p. 395
上山大峻　敦煌佛教の研究　(京都)法藏館　1990　p. 174
蕭登福　從敦煌寫卷中看道教星斗崇拜對佛經之影響　第二屆敦煌學國際研討會論文集　(臺北)漢學研究中心　1990　p. 323
蕭登福　道教星斗符印與佛教密宗　(臺北)新文豐出版公司　1993　p. 32
李正宇　敦煌歷史地理導論　(臺北)新文豐出版公司　1997　p. 252

S. 4496

許國霖　敦煌石室寫經題記彙編　《微妙聲》1936－1937 年第 1－4 期　又見:中國敦煌學百年文庫・宗教卷(四)　甘肅文化出版社　1999　p. 212
許國霖　敦煌石室寫經年代表　《微妙聲》1937 年第 5 期　又見:中國敦煌學百年文庫・宗教卷(四)　甘肅文化出版社　1999　p. 197
芳村修基　土橋秀高　井ノ口泰淳　敦煌佛教史年表　西域文化研究(第一)・敦煌佛教資料　(京都)法藏館　1958　p. 262
陳祚龍　敦煌古抄內典尾記彙校初、二、三編合刊　敦煌學要籥　(臺北)新文豐出版公司　1982　p. 146
金岡照光　敦煌文獻と中國文學　(東京)五曜書房　2000　p. 430
姜亮夫　敦煌莫高窟年表　姜亮夫全集(十一)　雲南人民出版社　2002　p. 237
施安昌　敦煌寫經斷代發凡　善本碑帖論集　紫禁城出版社　2002　p. 311
張清濤　武則天時代的敦煌陰氏及有關洞窟　2004 年石窟研究國際學術會議論文提要集　敦煌研究院　2004　p. 94

S. 4497

上山大峻　敦煌佛教の研究　（京都）法藏館　1990　p. 90
蔡忠霖　敦煌漢文寫卷俗字及其現象　（臺北）文津出版社　2002　p. 27

S. 4498

池田溫　中國古代寫本識語集録　（東京）大蔵出版株式會社　1990　p. 373

S. 4500

景盛軒　試論敦煌佛經異文研究的價值和意義　《敦煌研究》2004 年第 5 期　p. 88

S. 4502

方廣錩　敦煌佛教經録輯校　江蘇古籍出版社　1997　p. 1026
許建平　《英藏敦煌文獻》(1-8) 補遺　英國收藏敦煌漢藏文獻研究：紀念敦煌文獻發現一百周年　中國社會科學出版社　2000　p. 393

S. 4504

向達　倫敦所藏敦煌卷子經眼目録　《北平圖書館圖書季刊》1939 年新第 1 卷第 4 期　p. 397　又見：唐代長安與西域文明　三聯書店　1957　p. 225
仁井田陞　唐末五代の敦煌寺院佃戶關係文書　西域文化研究（第二）・敦煌吐魯番社會經濟資料（上）（京都）法藏館　1959　p. 74
藤枝晃　敦煌の僧尼籍　『東方學報』(第 35 號)　京都大學人文科學研究所　1964　p. 290
金岡照光　敦煌民衆の宗教と生活　敦煌の民衆：その生活と思想　（東京）評論社　1972　p. 235
池田溫　敦煌の流通経済　敦煌の社會（講座敦煌 3）　（東京）大東出版社　1980　p. 339　又見：敦煌文書の世界　（東京）名著刊行會　2003　p. 176
金岡照光　敦煌の繪物語　（東京）東方書店　1980　p. 113
孫修身　敦煌三界寺　甘肅省史學會論文集　甘肅省歷史學會編印　1982　p. 173　又見：中國敦煌學百年文庫・宗教卷（一）　甘肅文化出版社　1999　p. 58
陳炳應　敦煌所出宋開寶八年"鄭醜撻賣地舍契"定誤考釋　《西北史地》1983 年第 4 期　p. 88
陳國燦　唐代的民間借貸：吐魯番敦煌等地所出唐代借貸契券初探　敦煌吐魯番文書初探　武漢大學出版社　1983　p. 271 注 48
廣川堯敏　禮讃　敦煌と中國仏教（講座敦煌 7）　（東京）大東出版社　1984　p. 458
白化文　對可補入《敦煌變文集》中的幾則録文的討論　《敦煌學輯刊》1986 年第 1 期　p. 46
李正宇　敦煌方音止遇二攝混同及其校勘學意義　《敦煌研究》1986 年第 4 期　p. 51
唐耕耦　陸宏基　敦煌社會經濟文獻真迹釋録（一）　書目文獻出版社　1986　p. 413
謝重光　關於唐後期至五代間沙州寺院經濟的幾個問題　敦煌吐魯番出土經濟文書研究　廈門大學出版社　1986　p. 476
杜斗城　關於敦煌本《五臺山讚》與《五臺山曲子》的創作年代問題　《敦煌學輯刊》1987 年第 1 期　p. 51
李正宇　晚唐敦煌本《釋迦因緣劇本》試探　《敦煌研究》1987 年第 1 期　p. 73
森安孝夫著　陳俊謀譯　敦煌與西回鶻王國　《西北史地》1987 年第 3 期　p. 126
王永興　隋唐五代經濟史料彙編校注・第一編（下）　中華書局　1987　p. 921
陳國燦　唐五代敦煌縣鄉里制的演變　《敦煌研究》1989 年第 3 期　p. 48

高國藩　敦煌民俗學　上海文藝出版社　1989　p. 104
李明偉　狀·牒·帖　敦煌文學　甘肅人民出版社　1989　p. 43
山本達郎等　敦煌·III 轉貼　『NUN – HUANG AND TURFAN DOCUMENTS CONCERNING SOCIAL AND ECONOMIC HISTORY』(IV)　(東京)東洋文庫　1989　p. 76
汪泛舟　偈·頌　敦煌文學　甘肅人民出版社　1989　p. 92
汪泛舟　讚·箴　敦煌文學　甘肅人民出版社　1989　p. 99
王進玉　趙豐　敦煌文物中的紡織技藝　《敦煌研究》1989 年第 4 期　p. 102
張鴻勳　講經文　敦煌文學　甘肅人民出版社　1989　p. 269
張涌泉《敦煌歌辭總編》誤校二十例　《古籍整理出版情況簡報》1989 年第 218 期　p. 19
周紹良　白化文　李鼎霞　敦煌變文集補編　北京大學出版社　1989　p. 119
池田溫　中國古代寫本識語集録　(東京)大蔵出版株式會社　1990　p. 400
榮新江　西元十世紀沙州歸義軍與西州回鶻的文化交往　第二屆敦煌學國際研討會論文集　(臺北)漢學研究中心　1990　p. 586
唐耕耦　陸宏基　敦煌社會經濟文獻真迹釋録(二)　全國圖書館文獻縮微複製中心　1990　p. 110
張涌泉《王梵志詩校注》獻疑　《敦煌研究》1990 年第 2 期　p. 79
杜斗城　敦煌五臺山文獻校録研究　山西人民出版社　1991　p. 47
仁井田陞　補訂中國法制史研究:奴隸農奴法·家族村落法　東京大學出版會　1991　p. 51
仁井田陞　補訂中國法制史研究:土地法·取引法　東京大學出版會　1991　p. 715
姜伯勤　敦煌社會文書導論　(臺北)新文豐出版公司　1992　p. 172、183
金岡照光　講唱體類　敦煌の文學文獻(講座敦煌 9)　(東京)大東出版社　1992　p. 113
鄭炳林　梁志勝《梁幸德邈真讚》與梁願請《莫高窟功德記》《敦煌研究》1992 年第 2 期　p. 70　又見:敦煌吐魯番文獻研究　中華書局　1995　p. 269
高田時雄　チベット文字書寫「長卷」の研究(本文編)　『東方學報』(第 65 號)　京都大學人文科學研究所　1993　p. 370
前田正名　河西歷史地理學研究　中國藏學出版社　1993　p. 257、293
蘇遠鳴　敦煌漢文寫本的斷代　法國學者敦煌學論文選萃　中華書局　1993　p. 551
姜伯勤　敦煌吐魯番文書與絲綢之路　文物出版社　1994　p. 270
鄭炳林《索勳紀德碑》研究　《敦煌學輯刊》1994 年第 2 期　p. 67
鄭炳林　唐五代敦煌新開道考　《敦煌學輯刊》1994 年第 1 期　p. 48
鄭炳林　董念清　唐五代敦煌私營釀酒業初探　《社科縱横》1994 年第 4 期　p. 65
鄭炳林　馮培紅　讀《中國古代寫本識語集録》劄記　《西北史地》1994 年第 4 期　p. 46
杜斗城　北涼譯經論　甘肅文化出版社　1995　p. 24
石田勇作　敦煌「社文書」研究序說　中國古代の國家と民衆(堀敏一先生古稀記念)　(東京)汲古書院　1995　p. 675
楊自福　顧大勇　敦煌本《周公解夢書》殘卷初探　《敦煌學輯刊》1995 年第 2 期　p. 71
張傳璽　中國歷代契約會編考釋(上)　北京大學出版社　1995　p. 387 注 1
張涌泉　漢語俗字研究　岳麓書社　1995　p. 248
鄭炳林　羊萍　敦煌本夢書　甘肅文化出版社　1995　p. 240
馮培紅　唐五代歸義軍政權中隊職問題辨析　《敦煌學輯刊》1996 年第 2 期　p. 27　又見:敦煌歸義軍史專題研究　蘭州大學出版社　1997　p. 38
劉進寶　P. 3236 號《壬申年官布籍》研究　慶祝潘石禪先生九秩華誕敦煌學特刊　(臺北)文津出版社　1996　p. 369

陸慶夫　鄭炳林　俄藏敦煌寫本中九件轉帖初探　《敦煌學輯刊》1996 年第 1 期　p. 12
榮新江　歸義軍史研究　上海古籍出版社　1996　p. 20
張涌泉　敦煌俗字研究導論　(臺北)新文豐出版公司　1996　p. 111
鄭炳林　唐五代敦煌粟特人與歸義軍政權　《敦煌研究》1996 年第 4 期　p. 87　又見:敦煌歸義軍史專題研究　蘭州大學出版社　1997　p. 413
馮培紅　晚唐五代宋初歸義軍武職軍將研究　敦煌歸義軍史專題研究　蘭州大學出版社　1997　p. 133
高啓安　唐宋時期敦煌人名探析　《敦煌研究》1997 年第 4 期　p. 125
陸慶夫　鄭炳林　唐末五代敦煌的社與粟特人聚落　敦煌歸義軍史專題研究　蘭州大學出版社　1997　p. 397
齊陳俊　馮培紅　晚唐五代宋初歸義軍對外商業貿易　敦煌歸義軍史專題研究　蘭州大學出版社　1997　p. 352
沙知　般次零拾　周紹良先生欣開九秩慶壽文集　中華書局　1997　p. 145
汪泛舟　敦煌詩詞補正與考源《敦煌研究》1997 年第 3 期　p. 111
王堯　敦煌吐蕃文書 P. T. 1297 號再釋　佛教與中國傳統文化　宗教文化出版社　1997　p. 756
鄭炳林　敦煌碑銘讃輯釋　甘肅教育出版社　1997　p. 163 注 4
鄭炳林　論晚唐敦煌文士張球即張景球　文史(第四十三輯)　中華書局　1997　p. 117
鄭炳林　唐五代敦煌的粟特人與佛教　敦煌歸義軍史專題研究　蘭州大學出版社　1997　p. 463 注 6
鄭炳林　唐五代敦煌的醫事研究　敦煌歸義軍史專題研究　蘭州大學出版社　1997　p. 517
鄭炳林　吐蕃統治下的敦煌粟特人　敦煌歸義軍史專題研究　蘭州大學出版社　1997　p. 386
鄭炳林　馮培紅　唐五代歸義軍政權對外關係中的使頭一職　敦煌歸義軍史專題研究　蘭州大學出版社　1997　p. 50
鄭炳林　楊富學　敦煌西域出土回鶻文文獻所載 qunbu 與漢文文獻所見官布研究　《敦煌學輯刊》1997 年第 2 期　p. 24
柴劍虹　發願歌　敦煌學大辭典　上海辭書出版社　1998　p. 551
陳國燦　西州回鶻　敦煌學大辭典　上海辭書出版社　1998　p. 461
方廣錩　四分律比丘含注戒本　敦煌學大辭典　上海辭書出版社　1998　p. 713
郝春文　唐後期五代宋初敦煌僧尼的社會生活　中國社會科學出版社　1998　p. 105、400
郝春文　唐後期五代宋初敦煌僧人的税役負擔　《敦煌學輯刊》1998 年第 2 期　p. 3
金瀅坤　從敦煌文書看晚唐五代敦煌地區布紡織業　《敦煌研究》1998 年第 2 期　p. 135
李冬梅　唐五代歸義軍與周邊民族關係綜論　《敦煌學輯刊》1998 年第 2 期　p. 45
劉濤　敦煌書法　敦煌學大辭典　上海辭書出版社　1998　p. 274
寧可　行人轉帖　敦煌學大辭典　上海辭書出版社　1998　p. 430
榮新江　歸義軍大事紀年初稿　出土文獻研究(第三輯)　文物出版社　1998　p. 245
沙知　敦煌契約文書輯校　江蘇古籍出版社　1998　p. 196
上山大峻　龍口明生　龍谷大學所藏敦煌本『比丘含注戒本』解説　敦煌寫本『本草集注』序録・『比丘含注戒本』　(京都)法藏館　1998　p. 300
張乃翥　跋龍門石窟近藏長安三年、大中六年之幢塔刻石　《敦煌研究》1998 年第 1 期　p. 26
張先堂　晚唐至宋初淨土五會念佛法門在敦煌的流傳　《敦煌研究》1998 年第 1 期　p. 52
陳國燦　唐代的經濟社會　(臺北)文津出版社　1999　p. 218 注 48
陳明　評《敦煌寫本〈本草集注序録〉〈比丘含注戒本〉》　敦煌吐魯番研究(第四卷)　北京大學出版社　1999　p. 627

馮培紅　客司與歸義軍的外交活動　《敦煌學輯刊》1999 年第 1 期　p. 82
蘇金花　唐、五代敦煌地區的商品貨幣形態　《敦煌研究》1999 年第 2 期　p. 97
楊富學　李吉和　敦煌漢文吐蕃史料輯校(第一輯)　甘肅人民出版社　1999　p. 201
張涌泉　俗字研究與敦煌文獻的校理　舊學新知　浙江大學出版社　1999　p. 67
鄭炳林　晚唐五代敦煌地區種植棉花研究　《中國史研究》1999 年第 3 期　p. 86
陳海濤　敦煌歸義軍時期從化鄉消失原因初探　中國社會歷史評論(第二卷)　天津古籍出版社　2000　p. 436
鄧文寬　英藏敦煌本《六祖壇經》的河西特色:以方音通假爲依據的探索　1994 年敦煌學國際研討會文集・宗教文史卷(上)　甘肅民族出版社　2000　p. 108
董志翹　《入唐求法巡禮行記》辭彙研究　中國社會科學出版社　2000　p. 37
馮培紅　歸義軍時期敦煌縣諸鄉置廢申論　《敦煌研究》2000 年第 3 期　p. 99
高啓安　崇高與卑賤:敦煌的佛教信仰賤名再探　'98 法門寺唐文化國際學術討論會論文集　陝西人民出版社　2000　p. 253
金岡照光　敦煌文獻と中國文學　(東京)五曜書房　2000　p. 474
雷紹鋒　歸義軍賦役制度初探　(臺北)洪葉文化事業有限公司　2000　p. 171、284
陸離　俄法所藏敦煌文獻中一件歸義軍時期土地糾紛案卷殘卷淺識　《敦煌學輯刊》2000 年第 2 期　p. 61
蘇金花　試論晚唐五代敦煌僧侶免賦特權的進一步喪失　《敦煌研究》2000 年第 3 期　p. 158
徐俊　敦煌詩集殘卷輯考　中華書局　2000　p. 448、888
鄭炳林　晚唐五代敦煌貿易市場的外來商品輯考　中華文史論叢(總 63 輯)　上海古籍出版社　2000　p. 58
謝重光　漢唐佛教社會史論　(臺北)國際文化事業有限公司　2001　p. 215
楊森　關於敦煌文獻中的"平章"一詞　敦煌學與中國史研究論集　甘肅人民出版社　2001　p. 231
陳國燦　敦煌學史事新證　甘肅教育出版社　2002　p. 378
馮培紅　姚桂蘭　歸義軍時期敦煌與周邊地區之間的僧使交往　敦煌佛教藝術文化國際學術研討會論文集　蘭州大學出版社　2002　p. 462
榮新江　唐五代歸義軍武職軍將考　敦煌學新論　甘肅教育出版社　2002　p. 62
楊惠玲　敦煌契約文書中的保人、見人、口承人、同便人、同取人　《敦煌研究》2002 年第 6 期　p. 43
鄭阿財　朱鳳玉　敦煌蒙書研究　甘肅教育出版社　2002　p. 20
鄭炳林　徐曉麗　敦煌寫本 P. 3973《往五臺山行記》殘卷研究　《敦煌學輯刊》2002 年第 1 期　p. 8
童丕　敦煌的借貸:中國中古時代的物質生活與社會　中華書局　2003　p. 104、140
王啓濤　中古及近代法制文書語言研究　巴蜀書社　2003　p. 239、288、301
湛如　敦煌佛教律儀制度研究　中華書局　2003　p. 40
陳麗萍　中古時期敦煌地區財婚風氣略論　麥積山石窟藝術文化論文集(下)　蘭州大學出版社　2004　p. 266
黨燕妮　五臺山文殊信仰及其在敦煌的流傳　《敦煌學輯刊》2004 年第 1 期　p. 88
鄭炳林　晚唐五代敦煌商業貿易市場研究　《敦煌學輯刊》2004 年第 1 期　p. 109
馮培紅　晚唐五代宋初沙州上佐考論　敦煌學國際研討會論文集　北京圖書館出版社　2005　p. 66
鄭炳林　敦煌寫本解夢書校録研究　民族出版社　2005　p. 55

S. 4505

仁井田陞著　姜鎮慶譯　唐末五代的敦煌寺院佃戶關係文書　敦煌學譯文集　甘肅人民出版社

1985　p. 826 注 1
黄征　吳偉　敦煌願文集　岳麓書社　1995　p. 599
馮培紅　唐五代歸義軍政權中隊職問題辨析　敦煌歸義軍史專題研究　蘭州大學出版社　1997　p. 39
黄征　程惠新　劫塵遺珠:敦煌遺書　甘肅教育出版社　1999　p. 171

S. 4506

高國藩　敦煌民俗資料導論　(臺北)新文豐出版公司　1993　p. 172
黄征　吳偉　敦煌願文集　岳麓書社　1995　p. 536
馬德　敦煌遺書莫高窟歲首燃燈文輯識　《敦煌研究》1997 年第 3 期　p. 60

S. 4507

黄征　吳偉　敦煌願文集　岳麓書社　1995　p. 328
饒宗頤　談佛教的發願文　敦煌吐魯番研究(第四卷)　北京大學出版社　1999　p. 486
宋家鈺　佛教齋文源流與敦煌本"齋文"書的復原　《中國史研究》1999 年第 2 期　p. 71　又見:英國收藏敦煌漢藏文獻研究:紀念敦煌文獻發現一百周年　中國社會科學出版社　2000　p. 299
湛如　敦煌佛教律儀制度研究　中華書局　2003　p. 327
湯涒　敦煌曲子詞地域文化研究　上海古籍出版社　2004　p. 109
武學軍　敏春芳　敦煌願文婉詞試解(一)　《敦煌學輯刊》2006 年第 1 期　p. 128

S. 4508

蘇瑩輝　"敦煌曲"評介　敦煌論集續編　(臺北)學生書局　1983　p. 304
林玫儀　敦煌曲在詞學研究上之價值　漢學研究(敦煌學國際研討會論文專號)　(臺北)漢學研究資料及服務中心　1986　p. 177
高國藩　敦煌與俗文學　俗文學論　黑龍江人民出版社　1987　p. 122
任半塘　敦煌歌辭總編　上海古籍出版社　1987　p. 503、963
高國藩　敦煌曲子詞欣賞　南京大學出版社　1989　p. 78
李正宇　敦煌佚詩零珠　《敦煌語言文學研究通訊》1989 年第 1 期　p. 6
吳肅森　論敦煌佛曲與詞的起源　《敦煌學輯刊》1989 年第 2 期　p. 5
池田溫　中國古代寫本識語集録　(東京)大藏出版株式會社　1990　p. 445
任半塘　王昆吾　隋唐五代燕樂雜言歌辭集　巴蜀書社　1990　p. 509、839
譚真　敦煌隋唐時期醫事狀況　敦煌學國際學術討論會論文縮寫文(1990)　敦煌研究院　1990　p. 73　又見:敦煌學國際研討會文集·石窟考古編　遼寧美術出版社　1995　p. 408
楊聯陞　書評:饒宗頤、戴密微合著《敦煌曲》　楊聯陞論文集　中國社會科學出版社　1992　p. 243
李正宇　敦煌文學概論　甘肅人民出版社　1993　p. 162
項楚　敦煌詩歌導論　(臺北)新文豐出版公司　1993　p. 226
張涌泉　陳祚龍校録敦煌卷子失誤例釋　學術集林(卷六)　上海遠東出版社　1995　p. 307　又見:舊學新知　浙江大學出版社　1999　p. 282
張涌泉　漢語俗字研究　岳麓書社　1995　p. 106
饒宗頤　"法曲子"論　敦煌曲續論　(臺北)新文豐出版公司　1996　p. 80
饒宗頤　敦煌曲子中的藥名詞　敦煌曲續論　(臺北)新文豐出版公司　1996　p. 59
張涌泉　敦煌俗字研究導論　(臺北)新文豐出版公司　1996　p. 141

張涌泉　敦煌文獻校讀釋例　文史(第四十一輯)　中華書局　1996　p. 191
柴劍虹　藥名詞　敦煌學大辭典　上海辭書出版社　1998　p. 540
馬繼興　當前世界各地收藏的中國出土卷子本古醫藥文獻備考　敦煌吐魯番研究(第六卷)　北京大學出版社　2002　p. 135
歐天發　隱語與說唱文學之關係研究　2000 年敦煌學國際學術討論會文集・歷史文化卷(下)　甘肅民族出版社　2003　p. 395
湯涒　敦煌曲子詞地域文化研究　上海古籍出版社　2004　p. 31
湯涒　敦煌曲子詞寫本叙略　敦煌學國際研討會論文集　北京圖書館出版社　2005　p. 199

S. 4509

蕭登福　道教星斗符印與佛教密宗　(臺北)新文豐出版公司　1993　p. 238
蕭登福　道教與佛教　(臺北)東大圖書公司　1995　p. 52
李小榮　敦煌密教文獻論稿　人民文學出版社　2003　p. 22

S. 4510

賴富本宏　中國密教史における敦煌文獻　敦煌と中國仏教(講座敦煌 7)　(東京)大東出版社　1984　p. 162
呂建福　中國密教史　中國社會科學出版社　1995　p. 255
方廣錩　金剛頂經一切如來深密金剛界大三昧耶修習瑜伽迎請儀　敦煌學大辭典　上海辭書出版社　1998　p. 704
梅維恒著　楊繼東　陳引馳譯　唐代變文(下)　(香港)中國佛教文化出版公司　1999　p. 8 注 1
汪娟　敦煌寫本《瑜伽佛禮》初探　2000 年敦煌學國際學術討論會文集・歷史文化卷(上)　甘肅民族出版社　2003　p. 352

S. 4511

周紹良　敦煌所出變文現存目録　敦煌變文彙録　上海出版公司　1955　p. 3
劉銘恕　再記英國倫敦所藏的敦煌經卷　《中國科學院圖書館通訊》1957 年第 7 期　又見:中國敦煌學百年文庫・綜述卷(二)　甘肅文化出版社　1999　p. 135
王慶菽　試談變文的産生和影響　《新建設》1957 年第 3 期　又見:敦煌變文論文録　上海古籍出版社　1982　p. 259 ; 中國敦煌學百年文庫・文學卷(一)　甘肅文化出版社　1999　p. 546
邵榮芬　敦煌俗文學中的別字異文和唐五代西北方音　《中國語文》1963 年第 3 期　又見:中國敦煌學百年文庫・語言文字卷(一)　甘肅文化出版社　1999　p. 137
金岡照光　敦煌漢文文學文獻の文學形態上の種類とその分類　敦煌出土文學文獻分類目録・附解說　(東京)東洋文庫　1971　p. 203
邱鎮京　敦煌變文述論　(臺北)商務印書館　1974　p. 1886
加地哲定　增補中國佛教文學研究　(東京)同朋舍　1979　p. 169
王重民　敦煌古籍叙録　中華書局　1979　p. 381
楊家駱　敦煌變文　(臺北)世界書局　1980　p. 801
金岡照光　敦煌の繪物語　(東京)東方書店　1981　p. 69
潘重規　敦煌變文新論　敦煌變文論輯　(臺北)石門圖書公司　1981　p. 161
鄭阿財　敦煌孝道文學研究　(臺北)石門圖書公司　1982　p. 76
周紹良　談唐代民間文學　敦煌變文論文録　上海古籍出版社　1982　p. 412　又見:紹良叢稿　齊

魯書社　1984　p. 54
潘重規　敦煌變文集新書(下)　(臺北)"中國文化大學"中文研究所　1984　p. 785
王重民　醜女緣起　敦煌變文集　人民文學出版社　1984　p. 801
王重民原編　黄永武新編　敦煌古籍敘録新編(第十八冊)　(臺北)新文豐出版公司　1986　p. 277
高國藩　敦煌文學作品選　中華書局　1987　p. 63 注 4
周紹良　唐代變文及其它　敦煌文學作品選　中華書局　1987　p. 4、18
蕭登福　唐世佛家之講經與敦煌變文　敦煌俗文學論叢　(臺北)商務印書館　1988　p. 70
柴劍虹　因緣　敦煌文學　甘肅人民出版社　1989　p. 273
高國藩　敦煌民俗學　上海文藝出版社　1989　p. 143
郭在貽　張涌泉　黄征　敦煌變文集校議　岳麓書社　1990　p. 286、401
加地哲定著　劉衛星譯　中國佛教文學　今日中國出版社　1990　p. 143
江藍生　近代漢語語法資料彙編(唐五代卷)　商務印書館　1990　p. 433
項楚　敦煌變文選注　巴蜀書社　1990　p. 723
柴劍虹　敦煌文學中的"因緣"與"詩話"　西域文史論稿　(臺北)國文天地雜誌社　1991　p. 515
郭在貽　郭在貽語言文學論稿　浙江古籍出版社　1992　p. 51
金岡照光　高僧傳因緣　敦煌の文學文獻(講座敦煌 9)　(東京)大東出版社　1992　p. 599
金岡照光　講唱體類　敦煌の文學文獻(講座敦煌 9)　(東京)大東出版社　1992　p. 77、106
林家平　寧强　羅華慶　中國敦煌學史　北京語言學院出版社　1992　p. 337
張涌泉　敦煌寫卷俗字類型及其考辨的方法　(香港)《九州學刊》(敦煌學專輯)1992 年第 4 卷第 4 期　p. 71
周紹良　敦煌文學芻議及其它　(臺北)新文豐出版公司　1992　p. 53、84
高國藩　敦煌民俗資料導論　(臺北)新文豐出版公司　1993　p. 58、131
郭在貽　郭在貽敦煌學論集　江西人民出版社　1993　p. 250
陳海濤　敦煌變文新論　《敦煌研究》1994 年第 1 期　p. 66
蔣禮鴻　敦煌文獻語言詞典　杭州大學出版社　1994　p. 128、225、352、418
黄征　吴偉　敦煌願文集　岳麓書社　1995　p. 593
姜伯勤　變文的南方源頭與敦煌的唱導法匠　華學(第一輯)　中山大學出版社　1995　p. 157
王繼如　《醜女緣起》校釋補正　俗語言研究(第二期)　(京都)禪文化研究所　1995　p. 52
張涌泉　敦煌文書類化字研究　《敦煌研究》1995 年第 4 期　p. 72
張涌泉　《敦煌文獻語言辭典》補正　原學(第四輯)　中國廣播電視出版社　1995　p. 388
張涌泉　漢語俗字研究　岳麓書社　1995　p. 91、167
張涌泉　試論敦煌寫卷俗文字研究之意義　敦煌學國際研討會文集・史地語文編　遼寧美術出版社　1995　p. 363
姜伯勤　敦煌藝術宗教與禮樂文明　中國社會科學出版社　1996　p. 410
張涌泉　敦煌俗字研究導論　(臺北)新文豐出版公司　1996　p. 148、189
張涌泉　敦煌文獻校讀釋例　文史(第四十一輯)　中華書局　1996　p. 196　又見:舊學新知　浙江大學出版社　1999　p. 207
張涌泉　敦煌寫卷俗字類釋　敦煌吐魯番學研究論集　書目文獻出版社　1996　p. 479、488
黄征　李丹禾　敦煌變文中的願文　敦煌文學論集　四川人民出版社　1997　p. 364
黄征　張涌泉　敦煌變文校注　中華書局　1997　p. 692、1095
劉子瑜　敦煌變文和王梵志詩　大象出版社　1997　p. 38
陸淑綺　李重申　敦煌古代戲曲文化史料綜述　《敦煌研究》1997 年第 2 期　p. 65

海客　醜女緣起　敦煌學大辭典　上海辭書出版社　1998　p. 580
梁麗玲　《雜寶藏經》及其故事研究　(臺北)法鼓文化公司　1998　p. 471
周紹良　張涌泉　黄征　敦煌變文講經文因緣輯校(上、下)　江蘇古籍出版社　1998　p. 19、965
高國藩　敦煌俗文化學　(上海)三聯書店　1999　p. 482
梅維恒著　楊繼東　陳引馳譯　唐代變文(上)　(香港)中國佛教文化出版公司　1999　p. 84
張涌泉　評《唐五代語言詞典》　敦煌吐魯番研究(第四卷)　北京大學出版社　1999　p. 623
張錫厚　敦煌文學源流　作家出版社　2000　p. 417
陶敏　李一飛　隋唐五代文學史料學　中華書局　2001　p. 353
王繼如　敦煌俗字研究法　訓詁問學叢稿　江蘇古籍出版社　2001　p. 233　又見:2000 年敦煌學國際學術討論會文集·歷史文化卷(下)　甘肅民族出版社　2003　p. 458
黄征　敦煌語言文字學研究　甘肅教育出版社　2002　p. 167
張鴻勳　敦煌俗文學研究　甘肅人民出版社　2002　p. 8、99
王繼如　敦煌變文研究尚有可爲　漢語史學報專輯(第三輯)　上海教育出版社　2003　p. 362
王啓濤　中古及近代法制文書語言研究　巴蜀書社　2003　p. 120
謝生保　謝靜　敦煌文獻與水陸法會　《敦煌研究》2006 年第 2 期　p. 44

S. 4513

上山大峻　敦煌佛教の研究　(京都)法藏館　1990　p. 18、39
郝春文　曇曠　敦煌學大辭典　上海辭書出版社　1998　p. 347

S. 4514

高田時雄　チベット文字書寫「長卷」の研究(本文编)　『東方學報』(第 65 號)　京都大學人文科學研究所　1993　p. 369
井ノ口泰淳　敦煌本『仏名經』の諸系統　中央アジアの言語と仏教　(京都)法藏館　1995　p. 320
井ノ口泰淳　敦煌本「禮懺文」　中央アジアの言語と仏教　(京都)法藏館　1995　p. 359

S. 4517

金岡照光　敦煌民衆の宗教と生活　敦煌の民衆:その生活と思想　(東京)評論社　1972　p. 213
郭在貽　張涌泉　黄征　《敦煌變文集新書》讀後　《杭州師範學院學報》1989 年第 5 期　p. 115
李正宇　敦煌俗講僧保宣及其《講經通難致語》　程千帆先生八十壽辰紀念文集　江蘇古籍出版社　1992　p. 218

S. 4519

江素雲　維摩詰所說經敦煌寫本綜合目録　(臺北)東初出版社　1991　p. 80

S. 4520

芳村修基　土橋秀高　井ノ口泰淳　敦煌佛教史年表　西域文化研究(第一)·敦煌佛教資料　(京都)法藏館　1958　p. 258
池田溫　評『ペリオ將來敦煌漢文文獻目録』第一卷(P. 2001 - 2500)　『東洋學報』(54 卷 4 號)　(東京)東洋學術協會　1972　p. 67
陳祚龍　敦煌古抄内典尾記彙校初、二、三編合刊　敦煌學要籥　(臺北)新文豐出版公司　1982　p. 147

金岡照光　關於敦煌變文演出的二三個問題　漢學研究(敦煌學國際研討會論文專號)　(臺北)漢學研究資料及服務中心　1986　p. 303

池田溫　中國古代寫本識語集録　(東京)大藏出版株式會社　1990　p. 150

林聰明　從敦煌文書看佛教徒的造經祈福　第二屆敦煌學國際研討會論文集　(臺北)漢學研究中心　1990　p. 527

林聰明　敦煌文書學　(臺北)新文豐出版公司　1991　p. 355

金岡照光　講唱體類　敦煌の文學文獻(講座敦煌 9)　(東京)大東出版社　1992　p. 153

楊森　"婆姨"與"優婆姨"稱謂芻議　《敦煌研究》1994 年第 3 期　p. 125

趙聲良　隋代敦煌寫本的書法藝術　敦煌書法庫(第三輯)　甘肅人民美術出版社　1994　p. 2　又見:《敦煌研究》1995 年第 4 期　p. 134

黄征　吳偉　敦煌願文集　岳麓書社　1995　p. 857

張涌泉　敦煌俗字研究導論　(臺北)新文豐出版公司　1996　p. 245

方廣錩　大方廣佛華嚴經　敦煌學大辭典　上海辭書出版社　1998　p. 655

戴仁　敦煌寫本中的贋品　法國漢學(敦煌學專號)　中華書局　2000　p. 9

金岡照光　敦煌文獻と中國文學　(東京)五曜書房　2000　p. 404、430

陳麗萍　敦煌女性寫經題記及反映的婦女問題　敦煌佛教藝術文化國際學術研討會論文集　蘭州大學出版社　2002　p. 434

李丞宰著　大塚忠藏譯　敦煌佛經の50 卷本華嚴經を探して　日本學・敦煌學・漢文訓讀の新展開　(東京)汲古書院　2005　p. 61

S. 4524

蕭登福　從敦煌寫卷中看道教星斗崇拜對佛經之影響　第二屆敦煌學國際研討會論文集　(臺北)漢學研究中心　1990　p. 332

蕭登福　道教星斗符印與佛教密宗　(臺北)新文豐出版公司　1993　p. 36、45

蕭登福　道教術儀與密教典籍　(臺北)新文豐出版公司　1994　p. 436、472

蕭登福　道教與佛教　(臺北)東大圖書公司　1995　p. 52

沙武田　邰惠莉　20 世紀敦煌白畫研究概述　《敦煌研究》2001 年第 1 期　p. 165

S. 4525

鄭阿財　敦煌寫卷新集文詞九經抄研究　(臺北)文史哲出版社　1989　p. 179

唐耕耦　陸宏基　敦煌社會經濟文獻真迹釋録(三)　全國圖書館文獻縮微複製中心　1990　p. 50

暨遠志　張議潮出行圖研究(續)　《敦煌研究》1992 年第 4 期　p. 81

土肥義和　唐・北宋間の「社」の組織形態に関する一考察　中國古代の國家と民衆(堀敏一先生古稀記念)　(東京)汲古書院　1995　p. 705

馬德　九、十世紀敦煌工匠史料述論　慶祝潘石禪先生九秩華誕敦煌學特刊　(臺北)文津出版社　1996　p. 308

寧可　郝春文　敦煌社邑文書輯校　江蘇古籍出版社　1997　p. 778

齊陳俊　馮培紅　晚唐五代宋初歸義軍對外商業貿易　敦煌歸義軍史專題研究　蘭州大學出版社　1997　p. 347

鄭炳林　敦煌碑銘讚輯釋　甘肅教育出版社　1997　p. 556 注 13

鄭炳林　楊富學　晚唐五代金銀在敦煌的使用與流通　《甘肅金融》1997 年第 8 期　又見:中國敦煌學百年文庫・歷史卷(二)　甘肅文化出版社　1999　p. 582

馮培紅　客司與歸義軍的外交活動《敦煌學輯刊》1999 年第 1 期　p. 83
高啓安　唐五代敦煌人的飲酒習俗述論　《敦煌研究》2000 年第 3 期　p. 86
鄭炳林　晚唐五代敦煌貿易市場的外來商品輯考　中華文史論叢（總 63 輯）　上海古籍出版社　2000　p. 77
高啓安　從莫高窟壁畫看唐五代敦煌人的坐具和飲食坐姿（上）《敦煌研究》2001 年第 3 期　p. 25
乜小紅　唐宋敦煌毛紡織業述略　敦煌學（第 23 輯）（臺北）樂學書局有限公司　2002　p. 118、127
高啓安　唐五代敦煌飲食文化研究　民族出版社　2004　p. 79、210
趙曉星　寇甲　西魏：歸義軍時期敦煌地區的史姓《敦煌學輯刊》2005 年第 2 期　p. 135

S. 4526

方廣錩　決罪福經　敦煌學大辭典　上海辭書出版社　1998　p. 735

S. 4527

梅維恒著　楊繼東　陳引馳譯　唐代變文（上）（香港）中國佛教文化出版公司　1999　p. 188
李小榮　變文講唱與華梵宗教藝術　上海三聯書店　2002　p. 123

S. 4528

許國霖　敦煌石室寫經年代表　《微妙聲》1937 年第 5 期　又見：中國敦煌學百年文庫・宗教卷（四）　甘肅文化出版社　1999　p. 194
周一良　跋敦煌秘笈留真　《清華學報》1948 年第 15 卷第 1 期　又見：魏晉南北朝史論集　中華書局　1963　p. 369；中國敦煌學百年文庫・文獻卷（一）　甘肅文化出版社　1999　p. 282
芳村修基　土橋秀高　井ノ口泰淳　敦煌佛教史年表　西域文化研究（第一）・敦煌佛教資料（京都）法藏館　1958　p. 254
塚本善隆　敦煌佛教史概說　西域文化研究（第一）・敦煌佛教資料　（京都）法藏館　1958　p. 57
陳祚龍　後魏元榮坐鎮瓜州事佛之一斑《古今談》1973 年第 103 期　又見：中國敦煌學百年文庫・宗教卷（一）　甘肅文化出版社　1999　p. 12
閻文儒　莫高窟研究　《科技史文集》1981 年第 6 期　又見：中國敦煌學百年文庫・綜述卷（二）　甘肅文化出版社　1999　p. 339
陳祚龍　敦煌古抄内典尾記彙校初、二、三編合刊　敦煌學要籥　（臺北）新文豐出版公司　1982　p. 147
饒宗頤　北魏馮熙（？—495）與敦煌寫經：魏太和寫雜阿毘曇心經跋　選堂集林・史林　（香港）中華書局　1982　p. 421
廣川堯敏　淨土三部經　敦煌と中國仏教（講座敦煌 7）　（東京）大東出版社　1984　p. 108
姜伯勤著　池田溫譯　敦煌・吐魯番とシルクロ－ド上のソグド人（2）《季刊東西交涉》（5 卷 2 號）　（東京）井草出版社　1986　p. 32
宿白　東陽王與建平公　向達先生紀念論文集　新疆人民出版社　1986　p. 160　又見：敦煌吐魯番文獻研究論集（第四輯）　北京大學出版社　1987　p. 41、42
謝和耐著　耿昇譯　中國 5—10 世紀的寺院經濟　甘肅人民出版社　1987　p. 295 注 1
韓建瓴　題跋　敦煌文學　甘肅人民出版社　1989　p. 73
池田溫　中國古代寫本識語集録　（東京）大藏出版株式會社　1990　p. 115
姜伯勤　敦煌與波斯　《敦煌研究》1990 年第 3 期　p. 11

饒宗頤　北魏馮熙與敦煌寫經　饒宗頤史學論著選　上海古籍出版社　1993　p. 481
姜伯勤　敦煌吐魯番文書與絲綢之路　文物出版社　1994　p. 34
趙聲良　早期敦煌寫本書法的時代分期和類型　敦煌書法庫(第二輯)　甘肅人民美術出版社　1994　p. 6
黄征　吳偉　敦煌願文集　岳麓書社　1995　p. 816
宿白　兩漢魏晉南北朝時期的敦煌　中國石窟寺考古　文物出版社　1996　p. 247
藤枝晃著　徐慶全　李樹清譯　敦煌寫本概述　《敦煌研究》1996 年第 2 期　p. 118
周一良著　錢文忠譯　唐代密宗　上海遠東出版社　1996　p. 210
鄭阿財　《龍興寺毗沙門天王靈驗記》與敦煌地區的毗沙門信仰　周紹良先生欣開九秩慶壽文集　中華書局　1997　p. 258
鄭阿財　論敦煌寫本《龍興寺毗沙門天王靈驗記》與唐代的毗沙門信仰　第三屆中國唐代文化學術研討會論文集　(臺北)政治大學中國文學系　1997　p. 434
陳國燦　建明二年元榮寫仁王般若波羅蜜經記　敦煌學大辭典　上海辭書出版社　1998　p. 454
方廣錩　仁王般若波羅蜜經　敦煌學大辭典　上海辭書出版社　1998　p. 680
池田溫　八世紀中葉敦煌的粟特人聚落　唐研究論文選集　中國社會科學出版社　1999　p. 63 注 89
謝桃坊　敦煌文化尋繹　四川人民出版社　1999　p. 86
金岡照光　敦煌文獻と中國文學　(東京)五曜書房　2000　p. 430
顔廷亮　敦煌文化　光明日報出版社　2000　p. 107
楊秀清　華戎交會的都市:敦煌與絲綢之路　甘肅人民出版社　2000　p. 42
馬德　敦煌寫經題記的社會意義　法源(第 19 期)　中國佛學院　2001　p. 76
蔡忠霖　敦煌漢文寫卷俗字及其現象　(臺北)文津出版社　2002　p. 139、181
池田溫　敦煌の流通經濟　敦煌文書の世界　(東京)名著刊行會　2003　p. 170
古正美　于闐與敦煌的毗沙門天王信仰　2000 年敦煌學國際學術討論會文集・歷史文化卷(上)　甘肅民族出版社　2003　p. 53
李小榮　敦煌密教文獻論稿　人民文學出版社　2003　p. 145
張清濤　武則天時代的敦煌陰氏及有關洞窟　2004 年石窟研究國際學術會議論文提要集　敦煌研究院　2004　p. 94
黨燕妮　毗沙門天王信仰在敦煌的流傳　《敦煌研究》2005 年第 3 期　p. 99
李丞宰　探尋敦煌佛經的 50 卷本《華嚴經》　敦煌學・日本學:石塚晴通教授退職紀念論文集　上海辭書出版社　2005　p. 39
李丞宰著　大塚忠藏譯　敦煌佛經の50 卷本華厳經を探して　日本學・敦煌學・漢文訓讀の新展開　(東京)汲古書院　2005　p. 47

S. 4529

林聰明　敦煌吐魯番文書解詁指例　(臺北)新文豐出版公司　2001　p. 123

S. 4530

陳祚龍　敦煌古抄內典尾記彙校初、二、三編合刊　敦煌學要籥　(臺北)新文豐出版公司　1982　p. 147
道端良秀　敦煌文獻に見える死後の世界　敦煌と中國仏教(講座敦煌 7)　(東京)大東出版社　1984　p. 505

金岡照光　敦煌における地獄文獻:敦煌庶民信仰の一樣相　敦煌と中國仏教(講座敦煌 7)　(東京)大東出版社　1984　p. 575
杜斗城　關於敦煌本《佛說十王經》的幾個問題　《世界宗教研究》1987 年第 2 期　p. 44
蕭登福　敦煌所見十九種《閻羅受記經(佛說十王經)》之校勘　敦煌俗文學論叢　(臺北)商務印書館　1988　p. 252
蕭登福　敦煌寫卷《佛說十王經》之探討　敦煌俗文學論叢　(臺北)商務印書館　1988　p. 175
杜斗城　敦煌本《佛說十王經》校録研究　甘肅教育出版社　1989　p. 64
池田溫　中國古代寫本識語集録　(東京)大藏出版株式會社　1990　p. 453
文初　關於敦煌卷子中的"八十二老人"　《社科縱橫》1990 年第 6 期　p. 39
李正宇　敦煌文學概論　甘肅人民出版社　1993　p. 97
杜斗城　北涼譯經論　甘肅文化出版社　1995　p. 42
段小强　讀《瓜沙史事概述》劄記　《敦煌學輯刊》1995 年第 2 期　p. 125
蕭登福　道佛十王地獄說　(臺北)新文豐出版公司　1996　p. 242
鄭炳林　敦煌碑銘讚輯釋　甘肅教育出版社　1997　p. 296 注 3
方廣錩　閻羅王授記勸修七齋功德經　敦煌學大辭典　上海辭書出版社　1998　p. 739
羅世平　地藏十王圖像的遺存及其信仰　唐研究(第四卷)　北京大學出版社　1998　p. 409 注 2
曾良　敦煌文獻字義通釋　廈門大學出版社　2001　p. 46
張總　《閻羅王授記經》綴補研考　敦煌吐魯番研究(第五卷)　北京大學出版社　2001　p. 92
黨燕妮　晚唐五代敦煌的十王信仰　麥積山石窟藝術文化論文集(下)　蘭州大學出版社　2004　p. 153
荒見泰史　關於地藏十王信仰成立和演變的有關資料數則　2004 年石窟研究國際學術會議論文提要集　敦煌研究院　2004　p. 62

S. 4531

姜伯勤　敦煌吐魯番文書與絲綢之路　文物出版社　1994　p. 147
施安昌　敦煌寫經斷代發凡　善本碑帖論集　紫禁城出版社　2002　p. 319

S. 4532

平井俊榮　敦煌仏典と中國仏教　敦煌と中國仏教(講座敦煌 7)　(東京)大東出版社　1984　p. 8
周紹良　敦煌文學芻議及其它　(臺北)新文豐出版公司　1992　p. 35

S. 4533

池田溫　中國古代寫本識語集録　(東京)大藏出版株式會社　1990　p. 389
邰惠莉　婣閣　甘肅省圖書館收藏敦煌文獻簡介　《敦煌學輯刊》1998 年第 2 期　p. 74

S. 4534

三木榮　西域出土醫藥關係文獻綜合解說目録　『東洋學報』(47 卷 1 號)　(東京)東洋學術協會　1964　p. 12
王重民　敦煌古籍叙録　中華書局　1979　p. 153
王重民　巴黎敦煌殘卷叙録(第二輯)　敦煌叢刊初集(九)　(臺北)新文豐出版公司　1985　p. 248
王重民原編　黃永武新編　敦煌古籍叙録新編(第八冊)　(臺北)新文豐出版公司　1986　p. 133
趙承澤　敦煌學和科技史　1983 年全國敦煌學術討論會文集・文史遺書編(上)　甘肅人民出版社

1987　p. 411
馬繼興　敦煌古醫籍考釋　江西科學技術出版社　1988　p. 13
高田時雄　五姓を説く敦煌資料　『國立民族學博物館研究報告別冊』(14 號)　(吹田)國立民族學博物館　1991　p. 252
趙健雄　敦煌遺書醫學卷考析　《敦煌研究》1991 年第 4 期　p. 101
菅原信海　占筮書　敦煌漢文文獻(講座敦煌 5)　(東京)大東出版社　1992　p. 449
高國藩　敦煌民俗資料導論　(臺北)新文豐出版公司　1993　p. 130
蕭登福　道教與密宗　(臺北)新文豐出版公司　1993　p. 442
丛春雨　敦煌中醫藥全書　中醫古籍出版社　1994　p. 362
胡戟　傅玫　敦煌史話　中華書局　1995　p. 192
劉進寶　敦煌學論述　(臺北)洪葉文化事業有限公司　1995　p. 298
張弓　漢唐佛寺文化史　中國社會科學出版社　1997　p. 928
鄭炳林　唐五代敦煌的醫事研究　敦煌歸義軍史專題研究　蘭州大學出版社　1997　p. 520
馬繼興　敦煌醫藥文獻輯校　江蘇古籍出版社　1998　p. 613
王淑民　新修本草　敦煌學大辭典　上海辭書出版社　1998　p. 618
嚴敦傑　護宅神曆卷　敦煌學大辭典　上海辭書出版社　1998　p. 625
姜亮夫　敦煌:偉大的文化實藏　雲南人民出版社　1999　p. 144
王淑民　敦煌石窟秘藏醫方　北京醫科大學中國協和醫科大學聯合出版社　1999　p. 4
丛春雨　敦煌中醫藥精萃發微　中醫古籍出版社　2000　p. 105
榮新江　《英藏敦煌文獻》定名商補　文史(第五十二輯)　中華書局　2000　p. 126
黄正建　敦煌占卜文書與唐五代占卜研究　學苑出版社　2001　p. 77
劉進寶　敦煌學通論　甘肅教育出版社　2002　p. 415
馬繼興　當前世界各地收藏的中國出土卷子本古醫藥文獻備考　敦煌吐魯番研究(第六卷)　北京大學出版社　2002　p. 135、140
趙平安　談談敦煌醫學寫本的釋字問題　敦煌吐魯番研究(第六卷)　北京大學出版社　2002　p. 200
林平和　試論敦煌文獻之輯佚價值　新世紀敦煌學論集　巴蜀書社　2003　p. 735
高啓安　唐五代敦煌飲食文化研究　民族出版社　2004　p. 15、50
王卡　敦煌道教文獻研究　中國社會科學出版社　2004　p. 13、50、148、217
高田時雄著　鍾翀等譯　五姓說之敦煌資料　敦煌·民族·語言　中華書局　2005　p. 330
王卡　敦煌道教綜述　敦煌與絲路文化學術講座(第二輯)　北京圖書館出版社　2005　p. 382

S. 4535
楊秀清　華戎交會的都市:敦煌與絲綢之路　甘肅人民出版社　2000　p. 131
施安昌　敦煌寫經斷代發凡　善本碑帖論集　紫禁城出版社　2002　p. 319

S. 4536
黄征　吳偉　敦煌願文集　岳麓書社　1995　p. 313
鄭炳林　敦煌碑銘讚輯釋　甘肅教育出版社　1997　p. 53 注 67
李正宇　唐宋時期的敦煌佛教　敦煌佛教藝術文化國際學術研討會論文集　蘭州大學出版社　2002　p. 371

S. 4537

芳村修基　土橋秀高　井ノ口泰淳　敦煌佛教史年表　西域文化研究(第一)・敦煌佛教資料　(京都)法藏館　1958　p. 279

土肥義和　はじめに——歸義軍節度使の敦煌支配　敦煌の歷史(講座敦煌 2)　(東京)大東出版社　1980　p. 265

劉銘恕　敦煌遺書雜記四篇　敦煌學論集　甘肅人民出版社　1985　p. 47

土肥義和著　李永寧譯　歸義軍時期(晚唐、五代、宋)的敦煌(續)　《敦煌研究》1987 年第 1 期　p. 92

劉銘恕　敦煌遺書考(一)　文史(第二十九輯)　中華書局　1988　p. 276

譚蟬雪　曹元德曹元深卒年考　《敦煌研究》1988 年第 1 期　p. 56

榮新江　沙州歸義軍歷任節度使稱號研究　敦煌吐魯番學研究論文集　漢語大詞典出版社　1990　p. 798

榮新江　敦煌文獻所見晚唐五代宋初的中印文化交往　季羨林教授八十華誕紀念論文集(下)　江西人民出版社　1991　p. 959

張廣達　唐末五代宋初西北地區的般次和使次　季羨林教授八十華誕紀念論文集(下)　江西人民出版社　1991　p. 970

周紹良　敦煌文學芻議及其它　(臺北)新文豐出版公司　1992　p. 14

汪泛舟　敦煌文學概論　甘肅人民出版社　1993　p. 565

黃征　吳偉　敦煌願文集　岳麓書社　1995　p. 479、530、599、672

王書慶　敦煌佛學・佛事篇　甘肅民族出版社　1995　p. 28

張廣達　西域史地叢稿初編　上海古籍出版社　1995　p. 337

榮新江　歸義軍史研究　上海古籍出版社　1996　p. 23

郝春文　歸義軍政權與敦煌佛教之關係新探　周紹良先生欣開九秩慶壽文集　中華書局　1997　p. 172

黃征　敦煌文學《兒郎偉》輯録校注　敦煌語文叢說　(臺北)新文豐出版公司　1997　p. 728

顏廷亮　《金山國諸雜齋文範》校録及其他　敦煌文學論集　四川人民出版社　1997　p. 350

鄭炳林　敦煌碑銘讚輯釋　甘肅教育出版社　1997　p. 504 注 6

郝春文　唐後期五代宋初敦煌僧尼的社會生活　中國社會科學出版社　1998　p. 400

榮新江　歸義軍大事紀年初稿　出土文獻研究(第三輯)　文物出版社　1998　p. 247

黃征　程惠新　劫塵遺珠:敦煌遺書　甘肅教育出版社　1999　p. 171

曾良　敦煌文獻字義通釋　廈門大學出版社　2001　p. 70

姜亮夫　敦煌莫高窟年表　姜亮夫全集(十一)　雲南人民出版社　2002　p. 515

馬茜　歸義軍時期敦煌地區庶民佛教的發展　甘肅民族研究論叢　甘肅人民出版社　2002　p. 454

敏春芳　敦煌願文詞語例釋　《敦煌學輯刊》2005 年第 1 期　p. 100

武學軍　敏春芳　敦煌願文婉詞試解(一)　《敦煌學輯刊》2006 年第 1 期　p. 131

S. 4538

金岡照光　敦煌文學のさまざま　敦煌の文學　(東京)大蔵出版株式會社　1971　p. 129

施安昌　敦煌寫經斷代發凡　善本碑帖論集　紫禁城出版社　2002　p. 319

S. 4539

寧可　郝春文　敦煌社邑文書輯校　江蘇古籍出版社　1997　p. 361

S. 4543

道端良秀　敦煌文獻に見える死後の世界　敦煌と中國仏教(講座敦煌 7)　(東京)大東出版社　1984　p. 513

金岡照光　敦煌における地獄文獻:敦煌庶民信仰の一様相　敦煌と中國仏教(講座敦煌 7)　(東京)大東出版社　1984　p. 580

平井宥慶　千手千眼陀羅尼經　敦煌と中國仏教(講座敦煌 7)　(東京)大東出版社　1984　p. 147

上山大峻　敦煌佛教の研究　(京都)法藏館　1990　p. 145

呂建福　中國密教史　中國社會科學出版社　1995　p. 375

張總　地藏信仰研究　宗教文化出版社　2003　p. 109

S. 4544

黄征　吳偉　敦煌願文集　岳麓書社　1995　p. 457

馮培紅　論晚唐五代的沙州(歸義軍)與涼州(河西)節度使　浙江與敦煌學:常書鴻先生誕辰一百周年紀念文集　浙江古籍出版社　2004　p. 249

S. 4546

蕭登福　敦煌寫卷《佛說十王經》之探討　敦煌俗文學論叢　(臺北)商務印書館　1988　p. 215

蕭登福　從敦煌寫卷中看道教星斗崇拜對佛經之影響　第二屆敦煌學國際研討會論文集　(臺北)漢學研究中心　1990　p. 334

蕭登福　道教星斗符印與佛教密宗　(臺北)新文豐出版公司　1993　p. 13

蕭登福　道教術儀與密教典籍　(臺北)新文豐出版公司　1994　p. 435、484

蕭登福　敦煌寫卷《佛說淨度三昧經》中所見的道教思想　全國敦煌學研討會論文集　(臺北)中正大學中國文學系所　1995　p. 184

蕭登福　道佛十王地獄說　(臺北)新文豐出版公司　1996　p. 57

方廣錩　從經録著録看《淨度三昧經》的真僞　周紹良先生欣開九秩慶壽文集　中華書局　1997　p. 215

方廣錩　淨度三昧經　敦煌學大辭典　上海辭書出版社　1998　p. 734

大内文雄　齊藤隆信　淨度三昧經　藏外佛教文獻(第七輯)　宗教文化出版社　2000　p. 230

S. 4548

李刈　敦煌壁畫中的《天請問經變相》　《敦煌研究》1991 年第 1 期　p. 2

方廣錩　齋法清淨經　敦煌學大辭典　上海辭書出版社　1998　p. 738

陳祚龍　關於日本龍谷大學所藏的敦煌本《佛說齋法清淨經》　中國敦煌學百年文庫・宗教卷(二)　甘肅文化出版社　1999　p. 145

S. 4550

江素雲　維摩詰所說經敦煌寫本綜合目録　(臺北)東初出版社　1991　p. 80

S. 4551

芳村修基　土橋秀高　井ノ口泰淳　敦煌佛教史年表　西域文化研究(第一)・敦煌佛教資料　(京都)法藏館　1958　p. 262

金岡照光　敦煌漢文文學文獻の文學形態上の種類とその分類　敦煌出土文學文獻分類目録・附解

說　(東京)東洋文庫　1971　p. 190
陳祚龍　敦煌古抄内典尾記彙校初、二、三編合刊　敦煌學要籥　(臺北)新文豐出版公司　1982　p. 147
哈密頓著　耿昇譯　回鶻文尊號闍梨和都統考　《甘肅民族研究》1988 年第 3－4 期　p. 123 注 17
池田溫　中國古代寫本識語集録　(東京)大蔵出版株式會社　1990　p. 216
林聰明　從敦煌文書看佛教徒的造經祈福　第二屆敦煌學國際研討會論文集　(臺北)漢學研究中心　1990　p. 523
柴劍虹　《敦煌遺書總目索引》重印記　西域文史論稿　(臺北)國文天地雜誌社　1991　p. 491
方廣錩　佛教大藏經史(八—十世紀)　中國社會科學出版社　1991　p. 61
林聰明　敦煌文書出處略考　季羨林教授八十華誕紀念論文集(下)　江西人民出版社　1991　p. 851
林聰明　敦煌文書學　(臺北)新文豐出版公司　1991　p. 111、137、374
金岡照光　総説『敦煌文學の諸形態』　敦煌の文學文獻(講座敦煌 9)　(東京)大東出版社　1992　p. 9
楊森　唐虞世南子虞昶傳略補　《陝西師範大學學報》1992 年第 21 卷第 2 期　p. 72
林聰明　談敦煌文書的抄寫問題　紀念陳寅恪先生百年誕辰學術論文集　江西教育出版社　1994　p. 284
藤枝晃著　徐慶全　李樹清譯　敦煌寫本概述　《敦煌研究》1996 年第 2 期　p. 118
張弓　漢唐佛寺文化史　中國社會科學出版社　1997　p. 881
陳國燦　咸亨二年唐宫廷寫妙法蓮花經記　敦煌學大辭典　上海辭書出版社　1998　p. 455
方廣錩　敦煌遺書中的《妙法蓮華經》及有關文獻　敦煌學佛教學論叢(下)　中國佛教文化研究所　1998　p. 79　又見:法源(第 16 期)　中國佛學院　1998　p. 44
林聰明　敦煌吐魯番文書解詁指例　(臺北)新文豐出版公司　2001　p. 58 注 8
蔡忠霖　敦煌漢文寫卷俗字及其現象　(臺北)文津出版社　2002　p. 31
姜亮夫　敦煌莫高窟年表　姜亮夫全集(十一)　雲南人民出版社　2002　p. 239

S. 4552

加地哲定著　劉衛星譯　中國佛教文學　今日中國出版社　1990　p. 122

S. 4553

許國霖　敦煌石室寫經題記彙编　《微妙聲》1936－1937 年第 1－4 期　又見:中國敦煌學百年文庫・宗教卷(四)　甘肅文化出版社　1999　p. 229
許國霖　敦煌石室寫經年代表　《微妙聲》1937 年第 5 期　又見:中國敦煌學百年文庫・宗教卷(四)　甘肅文化出版社　1999　p. 196
芳村修基　土橋秀高　井ノ口泰淳　敦煌佛教史年表　西域文化研究(第一)・敦煌佛教資料　(京都)法藏館　1958　p. 258
陳祚龍　敦煌古抄内典尾記彙校初、二、三編合刊　敦煌學要籥　(臺北)新文豐出版公司　1982　p. 148
山田利明　老子化胡經類　敦煌と中國道教(講座敦煌 4)　(東京)大東出版社　1983　p. 114
周丕顯　敦煌佛經略考　《敦煌學輯刊》1987 年第 2 期　p. 6
池田溫　中國古代寫本識語集録　(東京)大蔵出版株式會社　1990　p. 169
林聰明　敦煌文書學　(臺北)新文豐出版公司　1991　p. 348

趙聲良　隋代敦煌寫本的書法藝術　敦煌書法庫(第三輯)　甘肅人民美術出版社　1994　p. 2　又見:《敦煌研究》1995 年第 4 期　p. 134
黄征　吳偉　敦煌願文集　岳麓書社　1995　p. 868
井ノ口泰淳　敦煌本『仏名經』の諸系統　中央アジアの言語と仏教　(京都)法藏館　1995　p. 299
張涌泉　敦煌俗字研究導論　(臺北)新文豐出版公司　1996　p. 245
方廣錩　大通方廣經　敦煌學大辭典　上海辭書出版社　1998　p. 733
金岡照光　敦煌文獻と中國文學　(東京)五曜書房　2000　p. 430
劉長東　晉唐彌陀淨土信仰研究　巴蜀書社　2000　p. 248
石塚晴通　敦煌寫本的問題點　敦煌文獻論集:紀念藏經洞發現一百周年國際學術研討會論文集　遼寧人民出版社　2001　p. 47
陳麗萍　敦煌女性寫經題記及反映的婦女問題　敦煌佛教藝術文化國際學術研討會論文集　蘭州大學出版社　2002　p. 432
姜亮夫　敦煌莫高窟年表　姜亮夫全集(十一)　雲南人民出版社　2002　p. 187
石塚晴通　聖教の形と場——敦煌及び日本の古寫經・刊本　日本における漢字字體規範成立の實證的研究(報告書)　北海道大學大學院文學研究科　2002　p. 192
公維章　涅槃、淨土的殿堂:敦煌莫高窟第 148 窟研究　民族出版社　2004　p. 121
礪波護著　韓昇　劉建英譯　隋唐佛教文化　上海古籍出版社　2004　p. 41
武學軍　敏春芳　敦煌願文婉詞試解(一)　《敦煌學輯刊》2006 年第 1 期　p. 131

S. 4554

李小榮　敦煌密教文獻論稿　人民文學出版社　2003　p. 265

S. 4555

土橋秀高　敦煌の律蔵　敦煌と中國仏教(講座敦煌 7)　(東京)大東出版社　1984　p. 263
池田溫　中國古代寫本識語集録　(東京)大蔵出版株式會社　1990　p. 456
姜伯勤　變文的南方源頭與敦煌的唱導法匠　華學(第一輯)　中山大學出版社　1995　p. 160
姜伯勤　敦煌藝術宗教與禮樂文明　中國社會科學出版社　1996　p. 416
伏俊璉　關於變文體裁的一點探索　敦煌文學論集　四川人民出版社　1997　p. 117
施萍婷　《敦煌遺書總目索引新編》前言　敦煌遺書總目索引新編　中華書局　2000　p. 3

S. 4556

福井文雅撰　郭自得譯　般若心經觀在中國的變遷　敦煌學(第 6 輯)　(臺北)新文豐出版公司　1983　p. 18
田中良昭　敦煌禪宗文獻の研究　(東京)大東出版社　1983　p. 30
福井文雅　般若心經　敦煌と中國仏教(講座敦煌 7)　(東京)大東出版社　1984　p. 39
戴密微著　耿昇譯　敦煌學近作　敦煌譯叢(第一輯)　甘肅人民出版社　1985　p. 101
方廣錩　敦煌遺書中的《般若心經》譯注　《法音》1990 年第 7 期　p. 25
榮新江　鄧文寬　有關敦博本禪籍的幾個問題　《敦煌學輯刊》1994 年第 2 期　p. 8、13
柳田聖山　禪籍解題(一)・敦煌禪籍　俗語言研究(第二期)　(京都)禪文化研究所　1995　p. 149
周紹良　敦煌本《六祖壇經》是慧能的原本:《敦博本禪籍校録》序　敦煌吐魯番研究(第一卷)　北京大學出版社　1996　p. 302
孫昌武　禪思與詩情　中華書局　1997　p. 62 注 17、521

鄧文寬　榮新江　敦博本禪籍録校　江蘇古籍出版社　1998　p. 24
方廣錩　楞伽師資記　敦煌學大辭典　上海辭書出版社　1998　p. 725
方廣錩　注般若波羅蜜多心經　敦煌學大辭典　上海辭書出版社　1998　p. 687
楊曾文　中日的敦煌禪籍研究和敦博本《壇經》、《南宗定是非論》等文獻的學術價值　中國敦煌學百年文庫·宗教卷(二)　甘肅文化出版社　1999　p. 187
趙益　敦煌卷子中三種禪宗文獻考辨　中國敦煌學百年文庫·宗教卷(二)　甘肅文化出版社　1999　p. 326
徐俊　敦煌詩集殘卷輯考　中華書局　2000　p. 228
榮新江　驚沙撼大漠:向達的敦煌考察及其學術意義　國際敦煌學學術史研討會論文集　研討會籌備組　2002　p. 78　又見:敦煌吐魯番研究(第七卷)　北京大學出版社　2004　p. 118
蔣宗福　敦煌禪宗文獻詞語劄記　新世紀敦煌學論集　巴蜀書社　2003　p. 473
蔣宗福　敦煌禪宗文獻校讀劄記　中國俗文化研究(第一輯)　巴蜀書社　2003　p. 155

S. 4557

梁麗玲　《雜寶藏經》及其故事研究　(臺北)法鼓文化公司　1998　p. 63

S. 4561

向達　倫敦所藏敦煌卷子經眼目録　《北平圖書館圖書季刊》1939 年新第 1 卷第 4 期　p. 397　又見:唐代長安與西域文明　三聯書店　1957　p. 225
石井昌子　靈寳經類　敦煌と中國道教(講座敦煌 4)　(東京)大東出版社　1983　p. 159
姜亮夫　敦煌所見道教佚經考　敦煌學論文集　上海古籍出版社　1987　p. 315
陶秋英輯録　姜亮夫校訂　敦煌所見道教佚經録　敦煌碎金　浙江古籍出版社　1992　p. 321
萬毅　敦煌本《昇玄内教經》試探　唐研究(第一卷)　北京大學出版社　1995　p. 67
萬毅　敦煌本《昇玄内教經》補考　道家文化研究(第十三輯)　三聯書店　1998　p. 279
萬毅　敦煌本《昇玄内教經》解説　道家文化研究(第十三輯)　三聯書店　1998　p. 268
王卡　太上洞玄靈寳昇玄内教經　敦煌學大辭典　上海辭書出版社　1998　p. 760
山田俊　唐初道教思想史研究·資料篇　(京都)平樂寺書店　1999　p. 222、275
萬毅　敦煌本道教《昇玄内教經》的文本順序　《敦煌研究》2000 年第 4 期　p. 135　又見:敦煌文獻論集:紀念藏經洞發現一百周年國際學術研討會論文集　遼寧人民出版社　2001　p. 598
孫昌武　道教與唐代文學　人民文學出版社　2001　p. 483 注 2
王卡　中國國家圖書館藏敦煌道教遺書研究報告　國際敦煌學學術史研討會論文集　研討會籌備組　2002　p. 250　又見:敦煌吐魯番研究(第七卷)　北京大學出版社　2004　p. 354
王卡　敦煌道教文獻研究　中國社會科學出版社　2004　p. 122

S. 4562

景盛軒　試論敦煌佛經異文研究的價值和意義　《敦煌研究》2004 年第 5 期　p. 88

S. 4563

蕭登福　從敦煌寫卷中看道教星斗崇拜對佛經之影響　第二届敦煌學國際研討會論文集　(臺北)漢學研究中心　1990　p. 323
蕭登福　道教星斗符印與佛教密宗　(臺北)新文豐出版公司　1993　p. 13
汪泛舟　敦煌俗別字新考(上)　《敦煌研究》2006 年第 1 期　p. 106

S. 4564

方廣錩　對黄編《六百號敦煌無名斷片的新標目》之補正　敦煌學佛教學論叢(下)　中國佛教文化研究所　1998　p. 311

顔廷亮　敦煌西漢金山國之文學考論　1994 年敦煌學國際研討會文集·宗教文史卷(上)　甘肅民族出版社　2000　p. 211

S. 4566

李小榮　敦煌密教文獻論稿　人民文學出版社　2003　p. 266

S. 4567

李小榮　敦煌密教文獻論稿　人民文學出版社　2003　p. 22

S. 4569

鄭阿財　敦煌蒙書析論　第二屆敦煌學國際研討會論文集　(臺北)漢學研究中心　1990　p. 224

李并成　從敦煌算經看我國唐宋時代的初級數學教育　《數學教學研究》1991 年第 1 期　p. 40

鄭阿財　敦煌文獻與文學　(臺北)新文豐出版公司　1993　p. 257

王進玉　敦煌石窟探秘　四川教育出版社　1994　p. 110

張弓　漢唐佛寺文化史　中國社會科學出版社　1997　p. 979

劉鈍　九九乘法表　敦煌學大辭典　上海辭書出版社　1998　p. 601

李斌城　唐代文化　中國社會科學出版社　2002　p. 1107

鄭阿財　朱鳳玉　敦煌蒙書研究　甘肅教育出版社　2002　p. 279

鄭阿財　敦煌蒙書　敦煌與絲路文化學術講座(第一輯)　北京圖書館出版社　2003　p. 139

S. 4570

許國霖　敦煌石室寫經題記彙編　《微妙聲》1936－1937 年第 1－4 期　又見:中國敦煌學百年文庫·宗教卷(四)　甘肅文化出版社　1999　p. 237

許國霖　敦煌石室寫經年代表　《微妙聲》1937 年第 5 期　又見:中國敦煌學百年文庫·宗教卷(四)　甘肅文化出版社　1999　p. 196

芳村修基　土橋秀高　井ノ口泰淳　敦煌佛教史年表　西域文化研究(第一)·敦煌佛教資料　(京都)法藏館　1958　p. 258

陳祚龍　敦煌古抄内典尾記彙校初、二、三編合刊　敦煌學要籥　(臺北)新文豐出版公司　1982　p. 149

池田溫　中國古代寫本識語集録　(東京)大藏出版株式會社　1990　p. 170

高國藩　敦煌古俗與民俗流變　河海大學出版社　1990　p. 387

趙聲良　隋代敦煌寫本的書法藝術　敦煌書法庫(第三輯)　甘肅人民美術出版社　1994　p. 3　又見:《敦煌研究》1995 年第 4 期　p. 135

黄征　吴偉　敦煌願文集　岳麓書社　1995　p. 869

王三慶　敦煌書儀載録之節日活動與民俗　全國敦煌學研討會論文集　(臺北)中正大學中國文學系所　1995　p. 26 注 39

方廣錩　優婆塞戒經　敦煌學大辭典　上海辭書出版社　1998　p. 710

金岡照光　敦煌文獻と中國文學　(東京)五曜書房　2000　p. 430

王惠民　敦煌隋至唐前期藥師圖像考察　藝術史研究(2)　中山大學出版社　2000　p. 297

S. 4571

向達　記倫敦所藏的敦煌俗文學　《新中華雜誌》1937 年第 5 卷第 13 號　p. 123 – 128　又見:唐代長安與西域文明　三聯書店　1957　p. 240 ; 敦煌變文論文録　上海古籍出版社　1982　p. 29

向達　倫敦所藏敦煌卷子經眼目録　《北平圖書館圖書季刊》1939 年新第 1 卷第 4 期　p. 397　又見:唐代長安與西域文明　三聯書店　1957　p. 225

關德棟　談變文　《覺群周報》1946 年 1 卷 1 – 12 期　又見:敦煌變文論文録　上海古籍出版社　1982　p. 202

向達　唐代俗講考　《國學季刊》1950 年第 6 卷第 4 號　p. 1　又見:唐代長安與西域文明　三聯書店　1957　p. 334 ; 敦煌變文論輯　(臺北)石門圖書公司　1981　p. 40 ; 敦煌變文論文録　上海古籍出版社　1982　p. 68 ; 關隴文學論叢　甘肅人民出版社　1983　p. 155、180

周紹良　敦煌所出變文現存目録　敦煌變文彙録　上海出版公司　1955　p. 6

王慶菽　試談變文的産生和影響　《新建設》1957 年第 3、8 期　又見:敦煌變文論文録　上海古籍出版社　1982　p. 266

金岡照光　敦煌漢文文學文獻の文學形態上の種類とその分類　敦煌出土文學文獻分類目録・附解説　(東京)東洋文庫　1971　p. 191

金岡照光　敦煌文學のさまざま　敦煌の文學　(東京)大蔵出版株式會社　1971　p. 102

金岡照光　敦煌の寫本　敦煌の文學　(東京)大蔵出版株式會社　1971　p. 72

金岡照光　敦煌民衆の宗教と生活　敦煌の民衆:その生活と思想　(東京)評論社　1972　p. 106

北村茂樹　『維摩經講經文』の異本について　『印度學佛教學研究』(24 卷 2 號)　(東京)日本印度學佛教學會　1976　p. 146

加地哲定　增補中國佛教文學研究　(東京)同朋舍　1979　p. 121、132、159、174

閻文儒　經變的起源種類和所反映佛教上宗派的關係　《社會科學戰線》1979 年第 4 期　又見:中國敦煌學百年文庫・宗教卷(四)　甘肅文化出版社　1999　p. 92

楊家駱　敦煌變文　(臺北)世界書局　1980　p. 560

金岡照光　敦煌の繪物語　(東京)東方書店　1981　p. 55

王重民　敦煌變文研究　敦煌變文論輯　(臺北)石門圖書公司　1981　p. 188　又見:敦煌變文論文録　上海古籍出版社　1982　p. 274 ; 敦煌遺書論文集　中華書局　1984　p. 176

鄭阿財　孝道文學敦煌寫卷《十恩德讚》初探　(臺北)《華岡文科學報》1981 年第 13 期　p. 247

傅芸子　敦煌俗文學之發見及其展開　敦煌變文論文録　上海古籍出版社　1982　p. 135

張鴻勳　敦煌講唱文學韻律初探　《敦煌研究》1982 年試刊第 2 期　p. 129

鄭阿財　敦煌孝道文學研究　(臺北)石門圖書公司　1982　p. 108、139、653

羅宗濤　敦煌變文:石窟裏的老傳說　(臺北)時報文化出版公司　1983　p. 10

平野顯照　講經文の組織内容　敦煌と中國仏教(講座敦煌 7)　(東京)大東出版社　1984　p. 326

王慶菽　維摩詰經講經文　敦煌變文集　人民文學出版社　1984　p. 560

白化文　程毅中　對《雙恩記》講經文的一些推斷　敦煌學論集　甘肅人民出版社　1985　p. 120、125

耿昇譯　列寧格勒所藏敦煌漢文寫本簡介　敦煌譯叢(第一輯)　甘肅人民出版社　1985　p. 130

譚蟬雪　念卷與俗講　《陽關》1986 年第 6 期　p. 81

王重民原编　黄永武新编　敦煌古籍叙録新编(第七冊)　(臺北)新文豐出版公司　1986　p. 315

袁賓　敦煌變文校補　《蘭州大學學報》1986 年第 2 期　p. 18

平野顯照著　張桐生譯　唐代的文學與佛教　(臺北)業强出版社　1987　p. 170、223

任半塘　敦煌歌辭總编　上海古籍出版社　1987　p. 1491

楊雄 《維摩詰經講經文》(S. 4571)補校 《敦煌研究》1987 年第 2 期 p. 58
張涌泉 敦煌變文校讀釋例 《敦煌學輯刊》1987 年第 2 期 p. 21 又見:文史(第四十一輯) 中華書局 1996 p. 199
鄭振鐸 中國俗文學史(上) 上海書店 1987 p. 207
周紹良 唐代變文及其它 敦煌文學作品選 中華書局 1987 p. 13
程毅中 唐代俗講文體制補說 敦煌語言文學研究 北京大學出版社 1988 p. 65
郭在貽 張涌泉 黃征 敦煌變文整理校勘中的幾個問題 《古漢語研究》1988 年第 1 期 p. 74
郭在貽 張涌泉 黃征 蘇聯所藏押座文及說唱佛經故事五種補校 《古籍整理研究學刊》1988 年第 4 期 p. 23
袁賓 變文詞語考釋録 敦煌語言文學論文集 浙江古籍出版社 1988 p. 141
張涌泉 敦煌變文校勘平議 《敦煌研究》1988 年第 4 期 p. 86
張涌泉 敦煌變文校劄 敦煌語言文學論文集 浙江古籍出版社 1988 p. 172
郭在貽 張涌泉 黃征 《敦煌變文集新書》讀後 《杭州師範學院學報》1989 年第 5 期 p. 117
張鴻勳 講經文 敦煌文學 甘肅人民出版社 1989 p. 262
張涌泉 《敦煌歌辭總編》誤校二十例 《古籍整理出版情況簡報》1989 年第 218 期 p. 21
郭在貽 張涌泉 黃征 敦煌變文集校議 岳麓書社 1990 p. 275、350、366
郭在貽 張涌泉 黃征 敦煌寫本書寫特例發微 敦煌吐魯番學研究論文集 漢語大詞典出版社 1990 p. 321、333
加地哲定著 劉衛星譯 中國佛教文學 今日中國出版社 1990 p. 104、124、147
龍晦 敦煌與五代兩蜀文化 《敦煌研究》1990 年第 2 期 p. 98
任半塘 王昆吾 隋唐五代燕樂雜言歌辭集 巴蜀書社 1990 p. 890
唐耕耦 陸宏基 敦煌社會經濟文獻真迹釋録(五) 全國圖書館文獻縮微複製中心 1990 p. 33
項楚 《維摩詰經講經文》補校 敦煌吐魯番文獻研究論集(第五輯) 北京大學出版社 1990 p. 69 又見:敦煌文學叢考 上海古籍出版社 1991 p. 270
林聰明 敦煌文書學 (臺北)新文豐出版公司 1991 p. 269
項楚 《維摩碎金》探索 敦煌文學叢考 上海古籍出版社 1991 p. 30
郭在貽 郭在貽語言文學論稿 浙江古籍出版社 1992 p. 40、143
金岡照光 講唱體類 敦煌の文學文獻(講座敦煌 9) (東京)大東出版社 1992 p. 37
金岡照光 押座文 敦煌の文學文獻(講座敦煌 9) (東京)大東出版社 1992 p. 363
林家平 寧强 羅華慶 中國敦煌學史 北京語言學院出版社 1992 p. 105
汪泛舟 敦煌講唱文學語言審美追求 《敦煌研究》1992 年第 2 期 p. 49
張涌泉 《敦煌歌辭總編》校議 《語言研究》1992 年第 1 期 p. 54
張涌泉 敦煌寫卷俗字類型及其考辨的方法 (香港)《九州學刊》(敦煌學專輯)1992 年第 4 卷第 4 期 p. 81
周紹良 敦煌文學芻議及其它 (臺北)新文豐出版公司 1992 p. 79
高國藩 敦煌民俗資料導論 (臺北)新文豐出版公司 1993 p. 58、89、131
郭在貽 郭在貽敦煌學論集 江西人民出版社 1993 p. 145、169、242
劉進寶 近十年來大陸地區敦煌學研究概述 “中國唐代學會”會刊(第四期) (臺北)“中國唐代學會” 1993 p. 77
楊雄 講經文名實說 (香港)《九州學刊》(敦煌學專輯)1993 年第 5 卷第 4 期 p. 142 又見:敦煌論稿 甘肅文化出版社 1995 p. 255
張鴻勳 敦煌說唱文學概論 (臺北)新文豐出版公司 1993 p. 100、193

張鴻勳　敦煌文學概論　甘肅人民出版社　1993　p. 218
張涌泉　俗字研究與大型字典的編纂　中國典籍與文化論叢（第一輯）　中華書局　1993　p. 460
張涌泉　語詞辨析七則　《古漢語研究》1993 年第 1 期　p. 46
鄭阿財　敦煌文獻與文學　（臺北）新文豐出版公司　1993　p. 50
伏俊璉　敦煌賦校補（四）　《西北民族學院學報》1994 年第 2 期　p. 102
蔣禮鴻　敦煌文獻語言詞典　杭州大學出版社　1994　p. 72、108、254、319、356、404
林聰明　談敦煌文書的抄寫問題　紀念陳寅恪先生百年誕辰學術論文集　江西教育出版社　1994　p. 305
劉尊明　唐五代詞的文化觀照　（臺北）文津出版社　1994　p. 534 注 28
汪泛舟　敦煌韻文辨正舉隅　《敦煌研究》1994 年第 2 期　p. 139
張涌泉　試論審辨敦煌寫本俗字的方法　《敦煌研究》1994 年第 2 期　p. 152　又見：舊學新知　浙江大學出版社　1999　p. 86、90
胡戟　傅玫　敦煌史話　中華書局　1995　p. 175
汪泛舟　從敦煌文學構成特點看中外交流關係　敦煌學國際研討會文集・史地語文編　遼寧美術出版社　1995　p. 244
楊雄　維摩詰經講經文　敦煌論稿　甘肅文化出版社　1995　p. 351
張涌泉　陳祚龍校録敦煌卷子失誤例釋　學術集林（卷六）　上海遠東出版社　1995　p. 298　又見：舊學新知　浙江大學出版社　1999　p. 275
張涌泉　敦煌文書類化字研究　《敦煌研究》1995 年第 4 期　p. 72
張涌泉　《敦煌文獻語言辭典》補正　原學（第四輯）　中國廣播電視出版社　1995　p. 386
張涌泉　漢語俗字研究　岳麓書社　1995　p. 51、162、203
張涌泉　試論敦煌寫卷俗文字研究之意義　敦煌學國際研討會文集・史地語文編　遼寧美術出版社　1995　p. 361
鄧文寬　敦煌本《六祖壇經》書寫符號發微　敦煌吐魯番學耕耘録　（臺北）新文豐出版公司　1996　p. 208
凍國棟　旅順博物館藏《唐建中五年孔目司帖》管見　魏晉南北朝隋唐史資料（第 14 輯）　武漢大學出版社　1996　p. 131
李重申　敦煌古代的博弈文化　敦煌佛教文化研究　社科縱橫編輯部　1996　p. 189
汪泛舟　敦煌石窟龍鳳與庫車石窟蛇金翅鳥圖像異源考《敦煌研究》1996 年第 1 期　p. 81
王昆吾　隋唐五代燕樂雜言歌辭研究　中華書局　1996　p. 391
張涌泉　敦煌俗字研究導論　（臺北）新文豐出版公司　1996　p. 63、113、245、260
張涌泉　評《敦煌邈真讚校録並研究》　敦煌吐魯番研究（第一卷）　北京大學出版社　1996　p. 431
陳國燦　劉健明　《全唐文》職官叢考　武漢大學出版社　1997　p. 415
方一新　敦煌變文詞語校釋　敦煌文學論集　四川人民出版社　1997　p. 297
馮培紅　晚唐五代宋初歸義軍武職軍將研究　敦煌歸義軍史專題研究　蘭州大學出版社　1997　p. 137
黃征　王梵志詩校釋續商補　敦煌語文叢說　（臺北）新文豐出版公司　1997　p. 225
黃征　李丹禾　敦煌變文中的願文　敦煌文學論集　四川人民出版社　1997　p. 363
黃征　張涌泉　敦煌變文校注　中華書局　1997　p. 76、538、628、771、814
陸淑綺　李重申　敦煌古代戲曲文化史料綜述　《敦煌研究》1997 年第 2 期　p. 69
張涌泉　敦煌地理文書輯録著作三種校議　古典文獻與文化論叢　中華書局　1997　p. 90
張涌泉　敦煌文獻校讀易誤字例釋　敦煌文學論集　四川人民出版社　1997　p. 263

張涌泉　敦煌寫本《秦婦吟》彙校　中國典籍與文化論叢(第四輯)　中華書局　1997　p. 334
海客　維摩詰經講經文　敦煌學大辭典　上海辭書出版社　1998　p. 578
李正宇　陽焰　敦煌學大辭典　上海辭書出版社　1998　p. 331
李重申　武術　敦煌學大辭典　上海辭書出版社　1998　p. 600
周紹良　張涌泉　黄征　敦煌變文講經文因緣輯校(上)　江蘇古籍出版社　1998　p. 16、327
高國藩　敦煌俗文化學　上海三聯書店　1999　p. 317
柳存仁　敦煌變文與中國文學　道家與道術　上海古籍出版社　1999　p. 204
汪泛舟　敦煌詩述異　《敦煌研究》1999 年第 4 期　p. 13
王慶菽　試談變文的産生和影響　中國敦煌學百年文庫・文學卷(一)　甘肅文化出版社　1999　p. 551
張涌泉　敦煌變文校讀釋例　舊學新知　浙江大學出版社　1999　p. 162、213
張涌泉　敦煌文書疑難詞語辨釋　舊學新知　浙江大學出版社　1999　p. 263
張涌泉　敦煌寫本書寫特例發微　舊學新知　浙江大學出版社　1999　p. 232、242、252
張涌泉　論四聲篇海　舊學新知　浙江大學出版社　1999　p. 105
張涌泉　論《四聲篇海》讀法四則　舊學新知　浙江大學出版社　1999　p. 119
張涌泉　俗字研究與敦煌文獻的校理　舊學新知　浙江大學出版社　1999　p. 55、56、70
鄭炳潤　敦煌佛教故事類講唱文學所見淨土宗與禪宗　《敦煌研究》1999 年第 2 期　p. 155
李重申　敦煌古代體育文化　甘肅人民出版社　2000　p. 89
張錫厚　敦煌文學源流　作家出版社　2000　p. 376
張涌泉　漢語俗字叢考　中華書局　2000　p. 4、775、1076
陳秀蘭　敦煌俗文學語彙溯源　岳麓書社　2001　p. 106
馮培紅　敦煌文獻中的職官史料與唐五代藩鎮官制研究　《敦煌研究》2001 年第 3 期　p. 110
李小榮　敦煌變文"平"、"側"、"斷"諸音聲符號探析　《敦煌學輯刊》2001 年第 2 期　p. 7
林聰明　敦煌吐魯番文書解詁指例　(臺北)新文豐出版公司　2001　p. 91、375
聖凱　論唐代的講經儀軌　《敦煌學輯刊》2001 年第 2 期　p. 39
陶敏　李一飛　隋唐五代文學史料學　中華書局　2001　p. 352
黄征　敦煌語言文字學研究　甘肅教育出版社　2002　p. 242、309
李小榮　變文講唱與華梵宗教藝術　上海三聯書店　2002　p. 162、175
李小榮　敦煌變文作品校録二種《敦煌學輯刊》2002 年第 2 期　p. 31
何劍平　敦煌維摩詰文學中的金粟如來　2000 年敦煌學國際學術討論會文集・歷史文化卷(下)　甘肅民族出版社　2003　p. 510
何建平　《維摩詰經講經文》的撰寫年代　《敦煌研究》2003 年第 4 期　p. 64
孫昌武　敦煌寫卷《維摩詰講經文》的文學意義　2000 年敦煌學國際學術討論會文集・歷史文化卷(下)　甘肅民族出版社　2003　p. 477
王昆吾　從敦煌學到域外漢文學　商務印書館　2003　p. 88、266
王小盾　從莫高窟第 61 窟維摩詰經變看經變畫和講經文的體制　2000 年敦煌學國際學術討論會文集・石窟考古卷　甘肅民族出版社　2003　p. 176、203
項楚　敦煌變文新校　柱馬屋存稿　商務印書館　2003　p. 59
鄭阿財　《盂蘭盆經疏》與《盂蘭盆經講經文》　冉雲華先生八秩華誕壽慶論文集　(臺北)法光出版社　2003　p. 442
李小榮　"狸貓換太子"與佛典　佛經文學研究論集　復旦大學出版社　2004　p. 583
湯涒　敦煌曲子詞地域文化研究　上海古籍出版社　2004　p. 105

汪娟　梁麗玲　潘重規先生與佛教研究　敦煌學(第25輯)　(臺北)樂學書局有限公司　2004　p. 224
王小盾　潘重規先生"變文外衣"理論疏說　敦煌學(第25輯)　(臺北)樂學書局有限公司　2004　p. 77
吳蘊慧　《敦煌變文校注》校釋補正　《敦煌研究》2004年第5期　p. 106
張小豔　試論敦煌書儀的語料價值　浙江與敦煌學:常書鴻先生誕辰一百周年紀念文集　浙江古籍出版社　2004　p. 535
蘭州理工大學絲綢之路文史研究所編　絲綢之路體育文化論集　中華書局　2005　p. 215
汪泛舟　敦煌俗別字新考(上)　《敦煌研究》2006年第1期　p. 103

S. 4574

池田溫　中國古代寫本識語集録　(東京)大藏出版株式會社　1990　p. 390

S. 4575

田中良昭　敦煌禪宗文獻の研究　(東京)大東出版社　1983　p. 357

S. 4577

向達　倫敦所藏敦煌卷子經眼目録　《北平圖書館圖書季刊》1939年新第1卷第4期　p. 397　又見:唐代長安與西域文明　三聯書店　1957　p. 225
王永興　隋唐五代經濟史料彙編校注·第一編(下)　中華書局　1987　p. 1057
李正宇　歸義軍曹氏"表文三件"考釋　《文獻》1988年第3期　p. 6
唐耕耦　陸宏基　敦煌社會經濟文獻真迹釋録(二)　全國圖書館文獻縮微複製中心　1990　p. 154
高國藩　敦煌民俗資料導論　(臺北)新文豐出版公司　1993　p. 93
齊陳駿　有關遺產繼承的幾件敦煌遺書　《敦煌學輯刊》1994年第2期　p. 51
張傳璽　中國歷代契約會編考釋(上)　北京大學出版社　1995　p. 498 注1
齊陳俊　馮培紅　晚唐五代宋初歸義軍政權中"十將"及下屬諸職考　敦煌歸義軍史專題研究　蘭州大學出版社　1997　p. 29
張金泉　敦煌佛經音義寫卷述要　《敦煌研究》1997年第2期　p. 121
郝春文　唐後期五代宋初敦煌僧尼的社會生活　中國社會科學出版社　1998　p. 371
郝春文　唐後期五代宋初敦煌僧尼遺產的處理與喪事的操辦　《敦煌研究》1998年第3期　p. 35
沙知　處分遺物憑　敦煌學大辭典　上海辭書出版社　1998　p. 389
沙知　敦煌契約文書輯校　江蘇古籍出版社　1998　p. 514
楊森　晚唐五代兩件《女人社》文書劄記　《敦煌研究》1998年第1期　p. 72
鄭炳林　晚唐五代敦煌地區種植棉花研究　《中國史研究》1999年第3期　p. 90
陳永勝　敦煌吐魯番法制文書研究　甘肅人民出版社　2000　p. 173
徐俊　敦煌詩集殘卷輯考　中華書局　2000　p. 838
鄭炳林　晚唐五代敦煌貿易市場的外來商品輯考　中華文史論叢(總63輯)　上海古籍出版社　2000　p. 71
王堯　從敦煌文獻看吐蕃文化　南京棲霞山石窟藝術與敦煌學　中國美術學院出版社　2002　p. 228
王堯　西望陽關有故人:敦煌藏文寫卷述要　中國學術(第四輯)　商務印書館　2002　p. 20
王啓濤　中古及近代法制文書語言研究　巴蜀書社　2003　p. 63、299

S. 4578

王重民　敦煌曲子詞集　商務印書館　1950　p. 21
金岡照光　敦煌文學のさまざま　敦煌の文學　(東京)大藏出版株式會社　1971　p. 145
蘇瑩輝　"敦煌曲"評介　敦煌論集續編　(臺北)學生書局　1983　p. 305
林玫儀　敦煌曲在詞學研究上之價值　漢學研究(敦煌學國際研討會論文專號)　(臺北)漢學研究資料及服務中心　1986　p. 187
任半塘　敦煌歌辭總編　上海古籍出版社　1987　p. 823
柴劍虹　徐俊　敦煌詞輯校四談　《敦煌學輯刊》1988 年第 1、2 期　p. 56　又見:西域文史論稿　(臺北)國文天地雜誌社　1991　p. 503
高國藩　敦煌民俗學　上海文藝出版社　1989　p. 297
孫其芳　詞　敦煌文學　甘肅人民出版社　1989　p. 215
高國藩　敦煌古俗與民俗流變　河海大學出版社　1990　p. 408
任半塘　王昆吾　隋唐五代燕樂雜言歌辭集　巴蜀書社　1990　p. 235
金岡照光　曲子詞類　敦煌の文學文獻(講座敦煌 9)　(東京)大東出版社　1992　p. 397
張涌泉　《敦煌歌辭總編》校議　《語言研究》1992 年第 1 期　p. 56
周紹良　敦煌文學芻議及其它　(臺北)新文豐出版公司　1992　p. 34
高國藩　敦煌民俗資料導論　(臺北)新文豐出版公司　1993　p. 177
李正宇　論敦煌曲子　第二屆國際唐代學術會議論文集(上)　(臺北)文津出版社　1993　p. 760
孫其芳　顏廷亮　敦煌文學概論　甘肅人民出版社　1993　p. 425
金賢珠　唐五代敦煌民歌　(臺北)文史哲出版社　1994　p. 62、130、164
王書慶　敦煌佛學・佛事篇　甘肅民族出版社　1995　p. 213
張涌泉　敦煌文書類化字研究　《敦煌研究》1995 年第 4 期　p. 75
張涌泉　敦煌俗字研究導論　(臺北)新文豐出版公司　1996　p. 223
孫其芳　望月婆羅門　敦煌學大辭典　上海辭書出版社　1998　p. 532
高國藩　敦煌俗文化學　上海三聯書店　1999　p. 545
孫其芳　鳴沙遺音:敦煌詞選評　甘肅人民出版社　2000　p. 142
顏廷亮　西陲文學遺珍:敦煌文學通俗談　甘肅人民出版社　2000　p. 131
高國藩　敦煌學百年史述要　(臺北)商務印書館　2003　p. 161
張子開　敦煌文獻中的白話禪詩　《敦煌學輯刊》2003 年第 1 期　p. 83
湯涒　敦煌曲子詞地域文化研究　上海古籍出版社　2004　p. 41、110、160、193
湯涒　敦煌曲子詞與河西本土文化　中國俗文化研究(第二輯)　巴蜀書社　2004　p. 195
湯涒　敦煌曲子詞寫本敘略　敦煌學國際研討會論文集　北京圖書館出版社　2005　p. 204

S. 4581

杜曉勤　隋唐五代文學研究　北京出版社　2001　p. 1244

S. 4582

饒宗頤　《禪門悉曇章》作者辨　中印文化關係史論集・語文篇　香港中文大學中國文化研究所　三聯書店　1990　p. 138

S. 4583

玉井是博　敦煌戶籍殘卷再考　唐代文獻叢考　商務印書館　1947　p. 23

土肥義和 唐令よりみたる現存唐代戸籍の基礎的研究(上) 『東洋學報』(52卷1號) (東京)東洋學術協會 1969 p. 94

池田溫 中國古代籍帳研究:概觀・録文 東京大學東洋文化研究所 1979 p. 191

佐藤武敏 敦煌の水利 敦煌の社會(講座敦煌3) (東京)大東出版社 1980 p. 277

饒宗頤 論鳩摩羅什《通韻》 選堂集林・史林 (香港)中華書局 1982 p. 1446

楊際平 鄭學檬 從唐代敦煌戶籍資料看均田制下私田的存在 《廈門大學學報》1982年第4期 p. 41

陳炳應 敦煌所出宋開寶八年"鄭醜撻賣地舍契"定誤考釋 《西北史地》1983年第4期 p. 85

山本達郎 敦煌發見の唐代籍帳にみえる已受田の增減 『東方學』(第70輯) (東京)東方學會 1985 p. 2

寧欣 唐代敦煌地區農業水利問題初探 敦煌吐魯番文獻研究論集(第三輯) 北京大學出版社 1986 p. 506、507、511

唐耕耦 陸宏基 敦煌社會經濟文獻真迹釋録(一) 書目文獻出版社 1986 p. 160

高國藩 敦煌民俗學簡論 1983年全國敦煌學術討論會文集・文史遺書編(下) 甘肅人民出版社 1987 p. 392

梁尉英 漢代效穀城考 1983年全國敦煌學術討論會文集・文史遺書編(上) 甘肅人民出版社 1987 p. 286、296注7

任半塘 敦煌歌辭總編 上海古籍出版社 1987 p. 940

饒宗頤 鳩摩羅什《通韻》箋 敦煌語言文學論文集 浙江古籍出版社 1988 p. 15 又見:中印文化關係史論集・語文篇 香港中文大學中國文化研究所 三聯書店 1990 p. 41 ;梵學集 上海古籍出版社 1993 p. 123

孫其芳 詞 敦煌文學 甘肅人民出版社 1989 p. 214

陳國燦 武周時期的勘田檢籍活動 敦煌吐魯番文書初探(二編) 武漢大學出版社 1990 p. 388

鄧文寬 敦煌吐魯番文書與唐代均田制研究 中國文化(2) (香港)中華書局 1990 p. 10

李并成 《沙州城土鏡》之地理調查與考釋 《敦煌學輯刊》1990年第2期 p. 89

饒宗頤 《禪門悉曇章》作者辨 中印文化關係史論集・語文篇 香港中文大學中國文化研究所 三聯書店 1990 p. 138 又見:梵學集 上海古籍出版社 1993 p. 205

饒宗頤 論悉曇入華之年代與河西法朗之"肆曇"說 中印文化關係史論集・語文篇 香港中文大學中國文化研究所 三聯書店 1990 p. 24

任半塘 王昆吾 隋唐五代燕樂雜言歌辭集 巴蜀書社 1990 p. 419

李并成 漢敦煌郡效穀縣城考 《敦煌學輯刊》1991年第1期 p. 60

楊際平 均田制新探 廈門大學出版社 1991 p. 192

池田溫 關於敦煌發現的唐大曆四年手實殘卷 唐代均田制研究選譯 甘肅教育出版社 1992 p. 134注1、159

凍國棟 唐代人口問題研究 武漢大學出版社 1992 p. 437

鈴木俊 山本達郎 唐代的均田制度與敦煌戶籍 唐代均田制研究選譯 甘肅教育出版社 1992 p. 20

周紹良 敦煌文學芻議及其它 (臺北)新文豐出版公司 1992 p. 38

高國藩 敦煌民俗資料導論 (臺北)新文豐出版公司 1993 p. 43

饒宗頤 梵文四流母音R、R、L、L與其對中國文學之影響 梵學集 上海古籍出版社 1993 p. 188 又見:饒宗頤史學論著選 上海古籍出版社 1993 p. 368

饒宗頤 論悉曇異譯作"肆曇"及其入華之年代 梵學集 上海古籍出版社 1993 p. 144

王邦維　鳩摩羅什《通韻》考疑暨敦煌寫卷 S. 1344 號相關問題　中國文化(7)　(香港)中華書局　1993　p. 75 注 1

王永興　關於唐代均田制中給田問題的探討——讀大谷欠田、退田、給田文書劄記　陳門問學叢稿　江西人民出版社　1993　p. 238

王永興　敦煌經濟文書導論　(臺北)新文豐出版公司　1994　p. 6

王永興　敦煌吐魯番出土唐官府文書縫背縫表記事押署鈐印問題初探　文史(第四十輯)　中華書局　1994　p. 90

張涌泉　試論審辨敦煌寫本俗字的方法　《敦煌研究》1994 年第 2 期　p. 150　又見:舊學新知　浙江大學出版社　1999　p. 82

胡戟　傅玫　敦煌史話　中華書局　1995　p. 160

劉進寶　敦煌學論述　(臺北)洪葉文化事業有限公司　1995　p. 263

張傳璽　懸泉置、效穀縣、魚澤障的設與廢　國學研究(第三卷)　北京大學出版社　1995　p. 331 注 32

李并成　北魏瓜州敦煌郡鳴沙、平康、東鄉三縣城址考　敦煌吐魯番學研究論集　書目文獻出版社　1996　p. 286

李正宇　敦煌史地新論　(臺北)新文豐出版公司　1996　p. 117

張涌泉　敦煌俗字研究導論　(臺北)新文豐出版公司　1996　p. 282

李正宇　敦煌歷史地理導論　(臺北)新文豐出版公司　1997　p. 271

孫昌武　禪思與詩情　中華書局　1997　p. 330 注 19

張弓　漢唐佛寺文化史　中國社會科學出版社　1997　p. 833

鄭炳林　唐五代敦煌畜牧區域研究　敦煌歸義軍史專題研究　蘭州大學出版社　1997　p. 219

陳國燦　唐代的經濟社會　(臺北)文津出版社　1998　p. 15

沙知　敦煌縣之印　敦煌學大辭典　上海辭書出版社　1998　p. 292

高國藩　敦煌俗文化學　上海三聯書店　1999　p. 164

謝桃坊　敦煌文化尋繹　四川人民出版社　1999　p. 203

劉進寶　敦煌文書與唐史研究　(臺北)新文豐出版公司　2000　p. 6

丘古耶夫斯基　敦煌漢文文書　上海古籍出版社　2000　p. 63、164、184、201

馮培紅　敦煌文獻中的職官史料與唐五代藩鎮官制研究　《敦煌研究》2001 年第 3 期　p. 108

周廣榮　敦煌《悉曇章》歌辭源流考略　《敦煌研究》2001 年第 1 期　p. 141

陳國燦　敦煌學史事新證　甘肅教育出版社　2002　p. 112

楊際平　北朝隋唐均田制新探　岳麓書社　2003　p. 185

張子開　敦煌文獻中的白話禪詩　《敦煌學輯刊》2003 年第 1 期　p. 86

高華平　論兩晉佛教僧侶的文學創作　華林(第三卷)　中華書局　2004　p. 191

李小榮　論《大般涅槃經》卷八之《文字品》　佛經文學研究論集　復旦大學出版社　2004　p. 46

劉安志　關於唐代沙州陞爲都督府的時間問題　《敦煌學輯刊》2004 年第 2 期　p. 63

周廣榮　梵語《悉曇章》在中國的傳播與影響　宗教文化出版社　2004　p. 388

陳麗萍　敦煌文書所見唐五代婚變現象初探(一)　《敦煌學輯刊》2005 年第 2 期　p. 170

王志鵬　從敦煌歌辭看唐代敦煌地區禪宗的流傳與發展　《敦煌研究》2005 年第 6 期　p. 99

S. 4585

饒宗頤　敦煌悉曇章與琴曲悉曇章　新世紀敦煌學論集　巴蜀書社　2003　p. 235

S. 4587

柴劍虹　徐俊　敦煌詞輯校四談　《敦煌學輯刊》1988 年第 1、2 期　p. 58
湯涒　敦煌曲子詞寫本叙略　敦煌學國際研討會論文集　北京圖書館出版社　2005　p. 205

S. 4588

池田溫　中國古代寫本識語集録　（東京）大蔵出版株式會社　1990　p. 368
鄭炳林　《康秀華寫經施入疏》與《炫和尚貨賣胡粉曆》研究　敦煌吐魯番研究（第三卷）　北京大學出版社　1998　p. 199

S. 4589

井ノ口泰淳　敦煌本『仏名經』の諸系統　中央アジアの言語と仏教　（京都）法藏館　1995　p. 287

S. 4592

郭鋒　慕容歸盈與瓜沙曹氏　《敦煌學輯刊》1989 年第 1 期　p. 97

S. 4593

井ノ口泰淳　敦煌本『仏名經』の諸系統　中央アジアの言語と仏教　（京都）法藏館　1995　p. 296

S. 4597

川崎ミチコ　禮讚文・塔文　敦煌仏典と禪（講座敦煌 8）　（東京）大東出版社　1980　p. 308
蕭登福　從敦煌寫卷中看道教星斗崇拜對佛經之影響　第二屆敦煌學國際研討會論文集　（臺北）漢學研究中心　1990　p. 335
姜伯勤　論禪宗在敦煌僧俗中的流傳　（香港）《九州學刊》（敦煌學專輯）1992 年第 4 卷第 4 期　p. 11　又見：中國敦煌學百年文庫・宗教卷（一）　甘肅文化出版社　1999　p. 224
姜伯勤　敦煌藝術宗教與禮樂文明　中國社會科學出版社　1996　p. 368
砂岡和子　敦煌散花樂和聲曲輯考　敦煌佛教文化研究　社科縱橫編輯部　1996　p. 24
郝春文　金瀅　敦煌學大辭典　上海辭書出版社　1998　p. 348
許建平　《英藏敦煌文獻》（1 – 8）補遺　英國收藏敦煌漢藏文獻研究：紀念敦煌文獻發現一百周年　中國社會科學出版社　2000　p. 394
趙曉星　敦煌落蕃舊事　民族出版社　2004　p. 183

S. 4599

杜愛英　敦煌遺書中俗體字的諸種類型　《敦煌研究》1992 年第 3 期　p. 126

S. 4600

汪娟　敦煌禮懺文研究　（臺北）法鼓文化公司　1994　p. 19、202
湛如　評《敦煌禮懺文研究》　敦煌吐魯番研究（第四卷）　北京大學出版社　1999　p. 620
達照　《金剛經》相關的懺法初探　法源（第 18 期）　中國佛學院　2000　p. 215
達照　金剛五禮　藏外佛教文獻（第七輯）　宗教文化出版社　2000　p. 55
汪娟　敦煌寫本《觀音禮》初探　慶祝吳其昱先生八秩華誕敦煌學特刊　（臺北）文津出版社　2000　p. 317

S. 4601

芳村修基　土橋秀高　井ノ口泰淳　敦煌佛教史年表　西域文化研究(第一)・敦煌佛教資料　(京都)法藏館　1958　p. 281

陳祚龍　敦煌古抄內典尾記彙校初、二、三編合刊　敦煌學要籥　(臺北)新文豐出版公司　1982　p. 149

池田溫　中國古代寫本識語集録　(東京)大蔵出版株式會社　1990　p. 528

高國藩　敦煌古俗與民俗流變　河海大學出版社　1990　p. 416

林聰明　從敦煌文書看佛教徒的造經祈福　第二屆敦煌學國際研討會論文集　(臺北)漢學研究中心　1990　p. 536

林聰明　敦煌文書學　(臺北)新文豐出版公司　1991　p. 149

戴仁　敦煌寫本紙張的顔色　法國學者敦煌學論文選萃　中華書局　1993　p. 591

林聰明　談敦煌文書的抄寫問題　紀念陳寅恪先生百年誕辰學術論文集　江西教育出版社　1994　p. 285

黄征　吳偉　敦煌願文集　岳麓書社　1995　p. 942

井ノ口泰淳　敦煌本『仏名經』の諸系統　中央アジアの言語と仏教　(京都)法藏館　1995　p. 300、325

榮新江　歸義軍史研究　上海古籍出版社　1996　p. 278

鄭炳林　唐五代敦煌的粟特人與佛教　敦煌歸義軍史專題研究　蘭州大學出版社　1997　p. 451

金岡照光　敦煌文獻と中國文學　(東京)五曜書房　2000　p. 430

徐俊　敦煌詩集殘卷輯考　中華書局　2000　p. 891

顔廷亮　敦煌文化　光明日報出版社　2000　p. 271

林聰明　敦煌吐魯番文書解詁指例　(臺北)新文豐出版公司　2001　p. 32

馬德　敦煌寫經題記的社會意義　法源(第19期)　中國佛學院　2001　p. 78

姜亮夫　敦煌莫高窟年表　姜亮夫全集(十一)　雲南人民出版社　2002　p. 580

石塚晴通　聖教の形と場——敦煌及び日本の古寫經・刊本　日本における漢字字體規範成立の實證的研究(報告書)　北海道大學大學院文學研究科　2002　p. 192

王蘭平　敦煌寫本ДX6062《歸義軍時期大般若經抄寫紙曆》及其相關問題考釋　敦煌佛教藝術文化國際學術研討會論文集　蘭州大學出版社　2002　p. 73

楊秀清　唐宋敦煌地區的世俗佛教信仰　新世紀敦煌學論集　巴蜀書社　2003　p. 721

赤尾榮慶　敦煌寫本的書志學研究　敦煌學・日本學:石塚晴通教授退職紀念論文集　上海辭書出版社　2005　p. 55

赤尾榮慶　敦煌寫本の書志學的研究——近年の動向を踏まえて　日本學・敦煌學・漢文訓讀の新展開　(東京)汲古書院　2005　p. 192

S. 4602

江素雲　維摩詰所說經敦煌寫本綜合目録　(臺北)東初出版社　1991　p. 80

S. 4603

芳村修基　土橋秀高　井ノ口泰淳　敦煌佛教史年表　西域文化研究(第一)・敦煌佛教資料　(京都)法藏館　1958　p. 268

上山大峻　敦煌佛教の研究　(京都)法藏館　1990　p. 19

S. 4604

福井文雅　般若心經　敦煌と中國仏教(講座敦煌 7)　(東京)大東出版社　1984　p. 39

S. 4606

蕭登福　從敦煌寫卷中看道教星斗崇拜對佛經之影響　第二屆敦煌學國際研討會論文集　(臺北)漢學研究中心　1990　p. 335

S. 4607

金岡照光　敦煌文獻より見たる彌勒信仰の一側面　敦煌と中國仏教(講座敦煌 7)　(東京)大東出版社　1984　p. 541

金岡照光　敦煌文獻と中國文學　(東京)五曜書房　2000　p. 340

S. 4608

岡部和雄　敦煌藏經目録　敦煌と中國仏教(講座敦煌 7)　(東京)大東出版社　1984　p. 317

S. 4609

向達　倫敦所藏敦煌卷子經眼目録　《北平圖書館圖書季刊》1939 年新第 1 卷第 4 期　p. 397　又見:唐代長安與西域文明　三聯書店　1957　p. 225

董作賓　敦煌紀年　敦煌學文選(上)　蘭州大學大歷史系敦煌學研究室等　1983　p. 36

山本達郎等　敦煌・VI 諸種文書　『NUN－HUANG AND TURFAN DOCUMENTS CONCERNING SOCIAL AND ECONOMIC HISTORY』(IV)　(東京)東洋文庫　1989　p. 134

唐耕耦　陸宏基　敦煌社會經濟文獻真迹釋録(四)　全國圖書館文獻縮微複製中心　1990　p. 6

譚蟬雪　敦煌婚姻文化　甘肅人民出版社　1993　p. 21

王三慶　敦煌寫卷記載的婚禮節目與程式　慶祝潘石禪先生九秩華誕敦煌學特刊　(臺北)文津出版社　1996　p. 550

馮培紅　晚唐五代宋初歸義軍武職軍將研究　敦煌歸義軍史專題研究　蘭州大學出版社　1997　p. 120

鄭炳林　馮培紅　晚唐五代宋初歸義軍政權中都頭一職考辨　敦煌歸義軍史專題研究　蘭州大學出版社　1997　p. 76

張亞萍　唐五代敦煌地區的駱駝牧養業　《敦煌學輯刊》1998 年第 1 期　p. 58

鄭炳林　晚唐五代敦煌地區種植棉花研究　《中國史研究》1999 年第 3 期　p. 90

高啓安　唐五代敦煌人的飲酒習俗述論　《敦煌研究》2000 年第 3 期　p. 83

山本達郎等　補(IV)社・III 轉貼　『NUN－HUANG AND TURFAN DOCUMENTS CONCERNING SOCIAL AND ECONOMIC HISTORY』(Sup. p. lemrnts)　(東京)東洋文庫　2001　p. 74

姜亮夫　敦煌莫高窟年表　姜亮夫全集(十一)　雲南人民出版社　2002　p. 578

榮新江　唐五代歸義軍武職軍將考　敦煌學新論　甘肅教育出版社　2002　p. 61

洪藝芳　敦煌社會經濟文書中的唐五代新興量詞研究　敦煌學(第 24 輯)　(臺北)樂學書局有限公司　2003　p. 96

陳麗萍　中古時期敦煌地區財婚風氣略論　麥積山石窟藝術文化論文集(下)　蘭州大學出版社　2004　p. 264

高啓安　唐五代敦煌飲食文化研究　民族出版社　2004　p. 348

S. 4610

向達　倫敦所藏敦煌卷子經眼目録　《北平圖書館圖書季刊》1939 年新第 1 卷第 4 期　p. 397　又見:唐代長安與西域文明　三聯書店　1957　p. 225

土橋秀高　敦煌の律蔵　敦煌と中國仏教(講座敦煌 7)　(東京)大東出版社　1984　p. 264

李正宇　敦煌文學概論　甘肅人民出版社　1993　p. 126

王卡　長樂經　敦煌學大辭典　上海辭書出版社　1998　p. 760

顔廷亮　關於敦煌文學發展的歷史進程　《甘肅社會科學》1999 年第 4 期　p. 45

顔廷亮　敦煌文化　光明日報出版社　2000　p. 316

湛如　敦煌佛教律儀制度研究　中華書局　2003　p. 137

王卡　敦煌道教文獻研究　中國社會科學出版社　2004　p. 39、235

S. 4612

饒宗頤　敦煌書法叢刊(第一卷)・拓本・序　(東京)二玄社　1983　p. 1

饒宗頤　敦煌寫卷之書法　唐代研究論集(第三輯)　(臺北)新文豐出版公司　1992　p. 23

王三慶　敦煌寫卷中武后新字之調查研究　唐代研究論集(第三輯)　(臺北)新文豐出版公司　1992　p. 91

楊富學　王書慶　唐代長安與敦煌佛教文化之關係　'98 法門寺唐文化國際學術討論會論文集　陝西人民出版社　2000　p. 178

張弓　英國收藏敦煌文獻叙録　英國收藏敦煌漢藏文獻研究:紀念敦煌文獻發現一百周年　中國社會科學出版社　2000　p. 157

S. 4613

向達　倫敦所藏敦煌卷子經眼目録　《北平圖書館圖書季刊》1939 年新第 1 卷第 4 期　p. 397　又見:唐代長安與西域文明　三聯書店　1957　p. 225

唐耕耦　陸宏基　敦煌社會經濟文獻真迹釋録(三)　全國圖書館文獻縮微複製中心　1990　p. 125

金瀅坤　敦煌社會經濟文書定年拾遺　《首都師範大學學報》2006 年第 1 期　p. 11

S. 4614

陳祚龍　敦煌古抄内典尾記彙校初、二、三編合刊　敦煌學要籥　(臺北)新文豐出版公司　1982　p. 149

韓建瓴　題跋　敦煌文學　甘肅人民出版社　1989　p. 75

池田溫　中國古代寫本識語集録　(東京)大蔵出版株式會社　1990　p. 255

伊藤美重子　敦煌本『大智度論』の整理　中國佛教石經の研究　京都大學學術出版會　1996　p. 369

金岡照光　敦煌文獻と中國文學　(東京)五曜書房　2000　p. 430

林聰明　敦煌吐魯番文書解詁指例　(臺北)新文豐出版公司　2001　p. 180

礪波護著　韓昇　劉建英譯　隋唐佛教文化　上海古籍出版社　2004　p. 50

S. 4615

方廣錩　觀佛三昧海經　敦煌學大辭典　上海辭書出版社　1998　p. 663

S. 4616

三崎良周　仏頂尊勝陀羅尼經と諸星母陀羅尼經　敦煌と中國仏教(講座敦煌 7)　(東京)大東出版社　1984　p. 123

S. 4617

芳村修基　土橋秀高　井ノ口泰淳　敦煌佛教史年表　西域文化研究(第一)·敦煌佛教資料　(京都)法藏舘　1958　p. 277

王震亞　趙熒　敦煌殘卷爭訟文牒集釋　甘肅人民出版社　1993　p. 30

鄭炳林　讀敦煌文書 P. 3859《後唐清泰三年六月沙州儭司教授福集等狀》劄記　《西北史地》1993 年第 4 期　p. 45　又見:敦煌吐魯番文獻研究　中華書局　1995　p. 611

劉敬林　敦煌文牒詞語校釋　《敦煌學輯刊》2003 年第 1 期　p. 119

S. 4621

蕭登福　從敦煌寫卷中看道教星斗崇拜對佛經之影響　第二屆敦煌學國際研討會論文集　(臺北)漢學研究中心　1990　p. 323

蕭登福　道教星斗符印與佛教密宗　(臺北)新文豐出版公司　1993　p. 196

S. 4622

金榮華　倫敦藏漢文敦煌卷子目録提要(初稿)序　敦煌學(第 12 輯)　(臺北)新文豐出版公司　1987　p. 139

楊寶玉　《龍興寺毗沙門天王靈驗記》簡注　《閩南佛學院學報》1992 年第 2 期　p. 111

李正宇　中國唐宋硬筆書法　上海文化出版社　1993　p. 79

張金泉　許建平　敦煌音義彙考　杭州大學出版社　1996　p. 1272

鄭阿財　《龍興寺毗沙門天王靈驗記》與敦煌地區的毗沙門信仰　周紹良先生欣開九秩慶壽文集　中華書局　1997　p. 259

鄭阿財　論敦煌寫本《龍興寺毗沙門天王靈驗記》與唐代的毗沙門信仰　第三屆中國唐代文化學術研討會論文集　(臺北)政治大學中國文學系　1997　p. 436

郝春文　唐後期五代宋初敦煌僧尼的社會生活　中國社會科學出版社　1998　p. 374

郝春文　唐後期五代宋初敦煌僧尼遺産的處理與喪事的操辦　《敦煌研究》1998 年第 3 期　p. 36

張金泉　雜字　敦煌學大辭典　上海辭書出版社　1998　p. 516

周紹良　毗沙門天緣起　敦煌學大辭典　上海辭書出版社　1998　p. 581

雷紹鋒　歸義軍賦役制度初探　(臺北)洪葉文化事業有限公司　2000　p. 245

張弓　英國收藏敦煌文獻叙録　英國收藏敦煌漢藏文獻研究:紀念敦煌文獻發現一百周年　中國社會科學出版社　2000　p. 157

鄭炳林　敦煌寫本《張議潮處置涼州進表》拼接綴合與歸義軍對涼州的管理　國際敦煌學學術史研討會論文集　研討會籌備組　2002　p. 190　又見:敦煌吐魯番研究(第七卷)　北京大學出版社　2004　p. 384

李小榮　敦煌密教文獻論稿　人民文學出版社　2003　p. 153

鄒西禮　夏廣興　毗沙門天王信仰與唐五代文學創作　佛經文學研究論集　復旦大學出版社　2004　p. 521

黨燕妮　毗沙門天王信仰在敦煌的流傳　《敦煌研究》2005 年第 3 期　p. 100

S. 4624

土橋秀高　敦煌の律藏　敦煌と中國仏教(講座敦煌 7)　(東京)大東出版社　1984　p. 264
周紹良　唐代變文及其它　敦煌文學作品選　中華書局　1987　p. 18
柴劍虹　因緣　敦煌文學　甘肅人民出版社　1989　p. 273
柴劍虹　敦煌文學中的"因緣"與"詩話"　西域文史論稿　(臺北)國文天地雜誌社　1991　p. 514
周紹良　敦煌文學芻議及其它　(臺北)新文豐出版公司　1992　p. 84
鄧文寬　大梵寺佛音:敦煌莫高窟壇經讀本　(臺北)如聞出版社　1997　p. 138
顔廷亮　《金山國諸雜齋文範》校錄及其他　敦煌文學論集　四川人民出版社　1997　p. 356
顔廷亮　敦煌文化中的道教及文化　《敦煌研究》1999 年第 1 期　p. 139
金岡照光　敦煌文獻と中國文學　(東京)五曜書房　2000　p. 501
童丕　從寺院的帳簿看敦煌二月八日節　法國漢學(敦煌學專號)　中華書局　2000　p. 90
顔廷亮　敦煌文化　光明日報出版社　2000　p. 241、450
顔廷亮　敦煌文化的靈魂論綱　《甘肅社會科學》2000 年第 4 期　p. 36
譚蟬雪　喪祭與齋忌　敦煌學與中國史研究論集　甘肅人民出版社　2001　p. 228
馬茜　歸義軍時期敦煌地區庶民佛教的發展　甘肅民族研究論叢　甘肅人民出版社　2002　p. 458
張承東　試論敦煌寫本齋文的駢文特色　《敦煌學輯刊》2003 年第 1 期　p. 93、98
黨燕妮　晚唐五代敦煌的十王信仰　麥積山石窟藝術文化論文集(下)　蘭州大學出版社　2004　p. 167
杜斗城　"七七齋"之源流及敦煌文獻中有關資料的分析　《敦煌研究》2004 年第 4 期　p. 39
湯涒　敦煌曲子詞地域文化研究　上海古籍出版社　2004　p. 105
黨燕妮　賓頭盧信仰及其在敦煌的流傳　《敦煌學輯刊》2005 年第 1 期　p. 69
黄征　敦煌俗字典　上海教育出版社　2005　p. 24
汪泛舟　敦煌俗別字新考(上)　《敦煌研究》2006 年第 1 期　p. 104
武學軍　敏春芳　敦煌願文婉詞試解(一)　《敦煌學輯刊》2006 年第 1 期　p. 129

S. 4625

高國藩　敦煌古俗與民俗流變　河海大學出版社　1990　p. 371
高國藩　敦煌民俗資料導論　(臺北)新文豐出版公司　1993　p. 172
黄征　敦煌寫本整理應遵循的原則　《敦煌研究》1993 年第 2 期　p. 103　又見:敦煌語文叢說　(臺北)新文豐出版公司　1997　p. 6
蕭登福　道教與密宗　(臺北)新文豐出版公司　1993　p. 396
黄征　吳偉　敦煌願文集　岳麓書社　1995　p. 529
饒宗頤　《雲謠集》一些問題的檢討　敦煌曲續論　(臺北)新文豐出版公司　1996　p. 105
黄征　《敦煌願文集》輯校中的一些問題　敦煌語文叢說　(臺北)新文豐出版公司　1997　p. 553
馬德　敦煌遺書莫高窟歲首燃燈文輯識　《敦煌研究》1997 年第 3 期　p. 60
顔廷亮　《金山國諸雜齋文範》校錄及其他　敦煌文學論集　四川人民出版社　1997　p. 350
余欣　質疑問難　發明頗多:《敦煌語文叢說》評介　《敦煌研究》1998 年第 3 期　p. 172
汪泛舟　敦煌俗別字新考(上)　《敦煌研究》2006 年第 1 期　p. 105

S. 4626

周紹良　敦煌所出變文現存目錄　敦煌變文彙錄　上海出版公司　1955　p. 5
劉銘恕　再記英國倫敦所藏的敦煌經卷　《中國科學院圖書館通訊》1957 年第 7 期　又見:中國敦煌

學百年文庫・綜述卷(二)　甘肅文化出版社　1999　p. 136
金岡照光　敦煌民衆の宗教と生活　敦煌の民衆:その生活と思想　(東京)評論社　1972　p. 234
加地哲定　增補中國佛教文學研究　(東京)同朋舍　1979　p. 166
楊家駱　敦煌變文　(臺北)世界書局　1980　p. 301
金岡照光　敦煌の繪物語　(東京)東方書店　1981　p. 112
川口久雄　「王子と餓えた母虎」解說　敦煌壁畫繪解き銘文集(敦煌資料と日本文學　3)　(東京)大東文化大學東洋研究所　1983　p. 40
潘重規　敦煌變文集新書(上)　(臺北)"中國文化大學"中文研究所　1984　p. 513
王慶菽　太子成道經　敦煌變文集　人民文學出版社　1984　p. 301
白化文　對可補入《敦煌變文集》中的幾則録文的討論　《敦煌學輯刊》1986年第1期　p. 46
李正宇　晚唐敦煌本《釋迦因緣劇本》試探　《敦煌研究》1987年第1期　p. 73
平野顯照著　張桐生譯　唐代的文學與佛教　(臺北)業强出版社　1987　p. 288
高國藩　敦煌古俗與民俗流變　河海大學出版社　1990　p. 380
高國藩　敦煌民俗資料導論　(臺北)新文豐出版公司　1993　p. 175
曲金良　敦煌佛教文學研究　(臺北)文津出版社　1995　p. 41
王慶雲　佛太子與賈寶玉:從敦煌寫本《八相變》看佛教文學對《紅樓夢》的影響　敦煌佛教文學研究　(臺北)文津出版社　1995　p. 301
黄征　敦煌俗語法研究之一:句法篇　敦煌吐魯番研究(第一卷)　北京大學出版社　1996　p. 66
黄征　張涌泉　敦煌變文校注　中華書局　1997　p. 443
海客　太子成道經　敦煌學大辭典　上海辭書出版社　1998　p. 576
周紹良　張涌泉　黄征　敦煌變文講經文因緣輯校(下)　江蘇古籍出版社　1998　p. 710
梅維恒著　楊繼東　陳引馳譯　唐代變文(上)　(香港)中國佛教文化出版公司　1999　p. 79 注 1
金岡照光　敦煌文獻と中國文學　(東京)五曜書房　2000　p. 132、472
張錫厚　敦煌文學源流　作家出版社　2000　p. 383
張涌泉　漢語俗字叢考　中華書局　2000　p. 18
黄征　敦煌語言文字學研究　甘肅教育出版社　2002　p. 230
汪娟　敦煌寫本《降生禮文》初探　新世紀敦煌學論集　巴蜀書社　2003　p. 417
荒見泰史　從敦煌寫本中變文的改寫情況來探討五代講唱文學的演變　敦煌學國際研討會論文集　北京圖書館出版社　2005　p. 178

S. 4627

岡部和雄　敦煌藏經目録　敦煌と中國仏教(講座敦煌 7)　(東京)大東出版社　1984　p. 313
方廣錩　敦煌佛教經録輯校　江蘇古籍出版社　1997　p. 598
方廣錩　靈修寺《般若經》欠剩數　敦煌學大辭典　上海辭書出版社　1998　p. 753
鄭炳林　晚唐五代敦煌諸寺藏經與管理　新世紀敦煌學論集　巴蜀書社　2003　p. 353
鄭炳林　晚唐五代敦煌地區《大般若經》的流傳與信仰　麥積山石窟藝術文化論文集(下)　蘭州大學出版社　2004　p. 111

S. 4628

池田溫　敦煌の流通経済　敦煌の社會(講座敦煌 3)　(東京)大東出版社　1980　p. 335
林聰明　從敦煌文書看佛教徒的造經祈福　第二屆敦煌學國際研討會論文集　(臺北)漢學研究中心　1990　p. 525

蕭登福　道教術儀與密教典籍　(臺北)新文豐出版公司　1994　p. 152

S. 4629

金岡照光　敦煌文學のさまざま　敦煌の文學　(東京)大蔵出版株式會社　1971　p. 108
汪泛舟　敦煌文學概論　甘肅人民出版社　1993　p. 565

S. 4630

陳祚龍　瓜沙印録　(臺北)《大陸雜誌》1962 年第 4 期　又見:敦煌學概要　(臺北)編譯館"中華叢書編委會"　1981　p. 268 ; 中國敦煌學百年文庫・考古卷(一)　甘肅文化出版社　1999　p. 190
陳祚龍　古代敦煌及其他地區流行之公私印章圖記文字録　敦煌學要籥　(臺北)新文豐出版公司　1982　p. 342
池田溫　敦煌文獻について　『書道研究』(2 卷 2 號)　(東京)萱原書局　1988　p. 49　又見:敦煌文書の世界　(東京)名著刊行會　2003　p. 52
林聰明　敦煌文書學　(臺北)新文豐出版公司　1991　p. 125
方廣錩　諸法無行經　敦煌學大辭典　上海辭書出版社　1998　p. 669
李正宇　淨土寺　敦煌學大辭典　上海辭書出版社　1998　p. 631

S. 4631

陳祚龍　敦煌古抄内典尾記彙校初、二、三編合刊　敦煌學要籥　(臺北)新文豐出版公司　1982　p. 150
廣川堯敏　淨土三部經　敦煌と中國仏教(講座敦煌 7)　(東京)大東出版社　1984　p. 102
池田溫　中國古代寫本識語集録　(東京)大蔵出版株式會社　1990　p. 253
方廣錩　觀無量壽佛經　敦煌學大辭典　上海辭書出版社　1998　p. 660
林聰明　敦煌吐魯番文書解詁指例　(臺北)新文豐出版公司　2001　p. 162
礪波護著　韓昇　劉建英譯　隋唐佛教文化　上海古籍出版社　2004　p. 36

S. 4632

芳村修基　土橋秀高　井ノ口泰淳　敦煌佛教史年表　西域文化研究(第一)・敦煌佛教資料　(京都)法藏館　1958　p. 280
陳祚龍　瓜沙印録　(臺北)《大陸雜誌》1962 年第 4 期　又見:敦煌學概要　(臺北)編譯館"中華叢書編委會"　1981　p. 267 ; 中國敦煌學百年文庫・考古卷(一)　甘肅文化出版社　1999　p. 187
金榮華　敦煌寫卷紙質之考察　(臺北)《世界華學季刊》1981 年第 2 卷第 4 期　又見:敦煌吐魯番論集　(臺北)新文豐出版公司　1996　p. 80
陳祚龍　古代敦煌及其他地區流行之公私印章圖記文字録　敦煌學要籥　(臺北)新文豐出版公司　1982　p. 325、330
黄盛璋　和闐文《于闐王尉遲徐拉與沙州大王曹元忠書》與西北史地問題　歷史地理(第三輯)　上海人民出版社　1983　p. 204
姜亮夫　瓜沙曹氏年表補正　敦煌學文選(上)　蘭州大學歷史系敦煌學研究室等　1983　p. 133　又見:敦煌學論文集　上海古籍出版社　1987　p. 939 ; 姜亮夫全集(十四)　雲南人民出版社　2002　p. 360

蘇瑩輝　瓜沙史事叢考　(臺北)商務印書館　1983　p. 99
艾麗白著　耿昇譯　敦煌漢文寫本中的鳥形押　敦煌譯叢(第一輯)　甘肅人民出版社　1985　p. 193 注 4、202 注 2
孫修身　敦煌遺書伯 3016 號卷背第二件文書有關問題考　《敦煌學輯刊》1988 年第 1、2 期　p. 28
杜琪　表・疏　敦煌文學　甘肅人民出版社　1989　p. 24
榮新江　沙州歸義軍歷任節度使稱號研究　敦煌吐魯番學研究論文集　漢語大詞典出版社　1990　p. 804
唐耕耦　陸宏基　敦煌社會經濟文獻真迹釋録(三、四)　全國圖書館文獻縮微複製中心　1990　p. 109;176
林聰明　敦煌文書出處略考　季羨林教授八十華誕紀念論文集(下)　江西人民出版社　1991　p. 859
林聰明　敦煌文書學　(臺北)新文豐出版公司　1991　p. 120、380、393
孫修身　伯 2155《曹元忠致甘州回鶻可汗狀》時代考　《敦煌研究》1991 年第 2 期　p. 29
林家平　寧强　羅華慶　中國敦煌學史　北京語言學院出版社　1992　p. 508
孟凡人　五代宋初于闐王統考　《中國邊疆史地研究》1992 年第 3 期　p. 105
蘇瑩輝　曹元忠仕履與卒年新考　(香港)《九州學刊》(敦煌學專輯)1992 年第 4 卷第 4 期　p. 163
Л. N. チュグイェフスキ－著　荒川正晴譯注　ソ連邦科學アカデミ－東洋學研究所所藏、敦煌寫本における官印と寺印　『吐魯番出土文物研究會會報』(98、99 號)　(東京)吐魯番出土文物研究會　1994　p. 4
王惠民　古代印度賓頭盧信仰的産生及其東傳　《敦煌學輯刊》1995 年第 1 期　p. 77
項楚　寒山詩籀讀劄記　中國古籍研究(第一卷)　上海古籍出版社　1996　p. 140
郝春文　唐後期五代宋初敦煌僧尼的社會生活　中國社會科學出版社　1998　p. 234
李正宇　敦煌王　敦煌學大辭典　上海辭書出版社　1998　p. 385
沙知　歸義軍節度使新鑄印　敦煌學大辭典　上海辭書出版社　1998　p. 291
譚蟬雪　敦煌歲時文化導論　(臺北)新文豐出版公司　1998　p. 155
丘古耶夫斯基著　魏迎春譯　俄藏敦煌漢文寫卷中的官印及寺院印章　《敦煌學輯刊》1999 年第 1 期　p. 144
郝春文　唐後期五代宋初敦煌的春秋官齋、十二月轉經、水則道場與佛教節日　慶祝吳其昱先生八秩華誕敦煌學特刊　(臺北)文津出版社　2000　p. 265
施萍婷　《敦煌遺書總目索引新編》前言　敦煌遺書總目索引新編　中華書局　2000　p. 2
王豔明　瓜沙州大王印考　《敦煌學輯刊》2000 年第 2 期　p. 44
楊寶玉　英國收藏敦煌文獻敘録　英國收藏敦煌漢藏文獻研究:紀念敦煌文獻發現一百周年　中國社會科學出版社　2000　p. 178
譚蟬雪　唐宋敦煌歲時佛俗　《敦煌研究》2001 年第 1 期　p. 100
姜亮夫　敦煌莫高窟年表　姜亮夫全集(十一)　雲南人民出版社　2002　p. 547
李小榮　敦煌密教文獻論稿　人民文學出版社　2003　p. 239
森安孝夫著　梁曉鵬摘譯　河西歸義軍節度使官印及其編年　《敦煌學輯刊》2003 年第 1 期　p. 141
楊森　五代宋時期于闐皇太子在敦煌的太子莊　《敦煌研究》2003 年第 4 期　p. 42
黨燕妮　賓頭盧信仰及其在敦煌的流傳　《敦煌學輯刊》2005 年第 1 期　p. 68

S. 4633

周紹良　敦煌所出變文現存目録　敦煌變文彙録　上海出版公司　1955　p. 4

劉銘恕　再記英國倫敦所藏的敦煌經卷　《中國科學院圖書館通訊》1957 年第 7 期　又見:中國敦煌學百年文庫・綜述卷(二)　甘肅文化出版社　1999　p. 135
金岡照光　敦煌漢文文學文獻の文學形態上の種類とその分類　敦煌出土文學文獻分類目録・附解說　(東京)東洋文庫　1971　p. 203
金岡照光　敦煌文學のさまざま　敦煌の文學　(東京)大藏出版株式會社　1971　p. 108
金岡照光　敦煌の寫本　敦煌の文學　(東京)大藏出版株式會社　1971　p. 70
邱鎮京　敦煌變文述論　(臺北)商務印書館　1974　p. 1879
加地哲定　增補中國佛教文學研究　(東京)同朋舍　1979　p. 166
楊家駱　敦煌變文　(臺北)世界書局　1980　p. 326
陳祚龍撰　費海璣譯　蘇瑩輝補注　瓜沙印録　敦煌學概要　(臺北)編譯館"中華叢書編委會"　1981　p. 266
金岡照光　敦煌の繪物語　(東京)東方書店　1981　p. 69、113
王慶菽　太子成道變文　敦煌變文集　人民文學出版社　1984　p. 326
袁賓　敦煌變文校補　《蘭州大學學報》1986 年第 2 期　p. 18
平野顯照著　張桐生譯　唐代的文學與佛教　(臺北)業强出版社　1987　p. 288
袁賓　變文詞語考釋録　敦煌語言文學論文集　浙江古籍出版社　1988　p. 145
高國藩　敦煌民俗學　上海文藝出版社　1989　p. 169
高國藩　敦煌古俗與民俗流變　河海大學出版社　1990　p. 380
加地哲定著　劉衛星譯　中國佛教文學　今日中國出版社　1990　p. 141
楊雄　《敦煌變文集》校勘拾遺　《敦煌研究》1990 年第 4 期　p. 80
林聰明　敦煌文書學　(臺北)新文豐出版公司　1991　p. 21
金岡照光　講唱體類　敦煌の文學文獻(講座敦煌 9)　(東京)大東出版社　1992　p. 77
高國藩　敦煌民俗資料導論　(臺北)新文豐出版公司　1993　p. 58、175
蔣冀騁　敦煌文書校讀研究　(臺北)文津出版社　1993　p. 51
譚禪雪　敦煌歲時掇瑣　(香港)《九州學刊》(敦煌學專輯)1993 年第 5 卷第 4 期　p. 99
梁尉英　敦煌佛傳概觀及其中國化之特點　敦煌學國際研討會文集・石窟藝術編　遼寧美術出版社　1995　p. 337
曲金良　敦煌佛教文學研究　(臺北)文津出版社　1995　p. 272
王慶雲　佛太子與賈寶玉:從敦煌寫本《八相變》看佛教文學對《紅樓夢》的影響　敦煌佛教文學研究　(臺北)文津出版社　1995　p. 301
黄征　張涌泉　敦煌變文校注　中華書局　1997　p. 496、1123
周紹良　張涌泉　黄征　敦煌變文講經文因緣輯校(下)　江蘇古籍出版社　1998　p. 685
梅維恒著　楊繼東　陳引馳譯　唐代變文(上)　(香港)中國佛教文化出版公司　1999　p. 79
史成禮　史葆光　敦煌性文化　廣州出版社　1999　p. 105
金岡照光　敦煌文獻と中國文學　(東京)五曜書房　2000　p. 475
謝生保　成佛之路:敦煌壁畫佛傳故事　甘肅人民出版社　2000　p. 181
林聰明　敦煌吐魯番文書解詁指例　(臺北)新文豐出版公司　2001　p. 27 注 3
白化文　從圓珍述及俗講的兩段文字說起:紀念周太初(一良)先生　敦煌吐魯番研究(第六卷)　北京大學出版社　2002　p. 7
劉少霞　敦煌出土醫書中有關女性問題初探　《敦煌學輯刊》2005 年第 2 期　p. 174

S. 4634

金岡照光　敦煌文學のさまざま　敦煌の文學　(東京)大藏出版株式會社　1971　p. 130
加地哲定　增補中國佛教文學研究　(東京)同朋舍　1979　p. 188、201、208
川崎ミチコ　修道偈Ⅱ——定格聯章　敦煌仏典と禪(講座敦煌 8)　(東京)大東出版社　1980　p. 266
鄭阿財　敦煌孝道文學研究　(臺北)石門圖書公司　1982　p. 532
任半塘　敦煌歌辭總編　上海古籍出版社　1987　p. 1073、1443
劉進寶　俚曲小調　敦煌文學　甘肅人民出版社　1989　p. 218
汪泛舟　讚・箴　敦煌文學　甘肅人民出版社　1989　p. 99
加地哲定著　劉衛星譯　中國佛教文學　今日中國出版社　1990　p. 160、172
菅原信海　占筮書　敦煌漢文文獻(講座敦煌 5)　(東京)大東出版社　1992　p. 447
周紹良　敦煌文學芻議及其它　(臺北)新文豐出版公司　1992　p. 37
李正宇　敦煌文學概論　甘肅人民出版社　1993　p. 145
榮新江　鄧文寬　有關敦博本禪籍的幾個問題　《敦煌學輯刊》1994 年第 2 期　p. 8
王書慶　敦煌佛學・佛事篇　甘肅民族出版社　1995　p. 232
張涌泉　漢語俗字研究　岳麓書社　1995　p. 362
唐耕耦　敦煌研究拾遺補缺二則　《敦煌研究》1996 年第 4 期　p. 113
楊曾文　神會和尚禪語録　中華書局　1996　p. 129
周紹良　敦煌本《六祖壇經》是慧能的原本:《敦博本禪籍校録》序　敦煌吐魯番研究(第一卷)　北京大學出版社　1996　p. 302
高啓安　敦煌五更詞與甘肅五更詞比較研究　《敦煌研究》1997 年第 3 期　p. 120
劉永連　1996—1997 年大陸地區唐代學術研究概況:敦煌學　"中國唐代學會"會刊(第八期)　(臺北)"中國唐代學會"　1997　p. 115
孫昌武　禪思與詩情　中華書局　1997　p. 331 注 29
張金泉　敦煌佛經音義寫卷述要　《敦煌研究》1997 年第 2 期　p. 121
鄭炳林　敦煌碑銘讚輯釋　甘肅教育出版社　1997　p. 61 注 9
柴劍虹　南宗定邪正五更轉　敦煌學大辭典　上海辭書出版社　1998　p. 549
鄧文寬　榮新江　敦博本禪籍録校　江蘇古籍出版社　1998　p. 10、187
張錫厚　柴劍虹　好住娘讚　敦煌學大辭典　上海辭書出版社　1998　p. 545
張錫厚　敦煌文學源流　作家出版社　2000　p. 330
張涌泉　漢語俗字叢考　中華書局　2000　p. 7
林仁昱　論敦煌佛教歌曲特質與"弘法"的關係　敦煌學(第 23 輯)　(臺北)樂學書局有限公司　2002　p. 68
林仁昱　論敦煌佛教歌曲向通俗傳播的內容　中國俗文化研究(第一輯)　巴蜀書社　2003　p. 188
張子開　敦煌文獻中的白話禪詩　《敦煌學輯刊》2003 年第 1 期　p. 82
王志鵬　從敦煌歌辭看唐代敦煌地區禪宗的流傳與發展　《敦煌研究》2005 年第 6 期　p. 97

S. 4635

芳村修基　土橋秀高　井ノ口泰淳　敦煌佛教史年表　西域文化研究(第一)・敦煌佛教資料　(京都)法藏館　1958　p. 259
池田溫　中國古代寫本識語集録　(東京)大藏出版株式會社　1990　p. 181
黄征　唐代俗語詞輯釋　唐研究(第一卷)　北京大學出版社　1995　p. 202

黄征　敦煌語言文字學研究　甘肅教育出版社　2002　p. 142

S. 4636

三木榮　西域出土醫藥關係文獻綜合解說目録『東洋學報』(47 卷 1 號)　(東京)東洋學術協會　1964　p. 13

陳祚龍　敦煌古抄内典尾記彙校初、二、三編合刊　敦煌學要籥　(臺北)新文豐出版公司　1982　p. 150

土橋秀高　敦煌の律蔵　敦煌と中國仏教(講座敦煌 7)　(東京)大東出版社　1984　p. 248

馬繼興　敦煌古醫籍考釋　江西科學技術出版社　1988　p. 506

池田溫　中國古代寫本識語集録　(東京)大藏出版株式會社　1990　p. 98

丛春雨　敦煌中醫藥全書　中醫古籍出版社　1994　p. 742

黄征　張涌泉　敦煌變文校注　中華書局　1997　p. 606

馬繼興　當前世界各地收藏的中國出土卷子本古醫藥文獻備考　敦煌吐魯番研究(第六卷)　北京大學出版社　2002　p. 136

徐俊　敦煌先唐詩考　2000 年敦煌學國際學術討論會文集·歷史文化卷(下)　甘肅民族出版社　2003　p. 302

S. 4637

鄭炳林　敦煌碑銘讃輯釋　甘肅教育出版社　1997　p. 383 注 3

方廣錩　大佛頂如來頂髻白蓋陀羅尼神咒　敦煌學大辭典　上海辭書出版社　1998　p. 704

S. 4638

梁麗玲　《雜寶藏經》及其故事研究　(臺北)法鼓文化公司　1998　p. 32

S. 4640

岡部和雄　敦煌藏經目録　敦煌と中國仏教(講座敦煌 7)　(東京)大東出版社　1984　p. 312

陳國燦　唐五代瓜沙歸義軍軍鎮的演變　敦煌吐魯番文書初探(二編)　武漢大學出版社　1990　p. 565

方廣錩　朱明忠　敦煌遺書《沙州乞經狀》　隋唐佛教研究論文集　三秦出版社　1990　p. 262

方廣錩　佛教大藏經史(八—十世紀)　中國社會科學出版社　1991　p. 253

李正宇　敦煌文學概論　甘肅人民出版社　1993　p. 134

施萍婷　俄藏敦煌文獻 ДХ1376、1438、2170 之研究　《敦煌研究》1996 年第 3 期　p. 25

方廣錩　敦煌佛教經録輯校　江蘇古籍出版社　1997　p. 897

鄭炳林　敦煌碑銘讃輯釋　甘肅教育出版社　1997　p. 87 注 2

方廣錩　沙州乞經狀　敦煌學大辭典　上海辭書出版社　1998　p. 756

楊富學　王書慶　唐代長安與敦煌佛教文化之關係　'98 法門寺唐文化國際學術討論會論文集　陝西人民出版社　2000　p. 174

方廣錩　敦煌寺院所藏大藏經概貌　藏外佛教文獻(第八輯)　宗教文化出版社　2003　p. 385

公維章　涅槃、淨土的殿堂:敦煌莫高窟第 148 窟研究　民族出版社　2004　p. 215

S. 4642

北原薫　晚唐·五代の敦煌寺院経済——収支決算報告を中心に　敦煌の社會(講座敦煌 3)　(東

京)大東出版社　1980　p. 441、449
張弓　唐五代敦煌寺院的牧羊人　《蘭州學刊》1984 年第 2 期　p. 63
張弓　唐代寺院奴婢階層略說　《魏晉南北朝隋唐史》1986 年第 10 期　p. 39
姜伯勤　唐五代敦煌寺戶制度　中華書局　1987　p. 195、275
唐耕耦　陸宏基　敦煌社會經濟文獻真迹釋録(三)　全國圖書館文獻縮微複製中心　1990　p. 547
鄭炳林　董念清　唐五代敦煌私營釀酒業初探　《社科縱横》1994 年第 4 期　p. 66
張弓　敦煌秋冬節俗初探　敦煌學國際研討會文集・史地語文編　遼寧美術出版社　1995　p. 587
郝春文　唐後期五代宋初沙州僧尼的宗教收入(三):大衆倉試探　《敦煌學輯刊》1996 年第 2 期　p. 1
馬德　敦煌莫高窟史研究　甘肅教育出版社　1996　p. 170、215
馬德　莫高窟與敦煌佛教教團　敦煌吐魯番研究(第一卷)　北京大學出版社　1996　p. 171
張亞萍　娜閣　唐五代敦煌的計量單位與價格換算　《敦煌學輯刊》1996 年第 2 期　p. 40
李正宇　敦煌歷史地理導論　(臺北)新文豐出版公司　1997　p. 227
馬德　敦煌工匠史料　甘肅人民出版社　1997　p. 49
唐耕耦　敦煌寺院會計文書研究　(臺北)新文豐出版公司　1997　p. 44
張弓　漢唐佛寺文化史　中國社會科學出版社　1997　p. 1036
鄭炳林　敦煌碑銘讚輯釋　甘肅教育出版社　1997　p. 187 注 2
鄭炳林　唐五代敦煌的粟特人與佛教　敦煌歸義軍史專題研究　蘭州大學出版社　1997　p. 448
鄭炳林　唐五代敦煌手工業研究　敦煌歸義軍史專題研究　蘭州大學出版社　1997　p. 242、260
鄭炳林　晚唐五代敦煌貿易市場的物價　敦煌歸義軍史專題研究　蘭州大學出版社　1997　p. 297
鄭炳林　晚唐五代敦煌園囿經濟研究　敦煌歸義軍史專題研究　蘭州大學出版社　1997　p. 326
鄭炳林　楊富學　晚唐五代金銀在敦煌的使用與流通　《甘肅金融》1997 年第 8 期　又見:中國敦煌學百年文庫・歷史卷(二)　甘肅文化出版社　1999　p. 581
郝春文　唐後期五代宋初敦煌僧尼的社會生活　中國社會科學出版社　1998　p. 172
郝春文　唐後期五代宋初敦煌僧尼遺産的處理與喪事的操辦　《敦煌研究》1998 年第 3 期　p. 39
馬德　10 世紀敦煌寺曆所記三窟活動　《敦煌研究》1998 年第 2 期　p. 82
唐耕耦　入破曆算會牒　敦煌學大辭典　上海辭書出版社　1998　p. 647
陸離　敦煌文書中的博士與教授　《敦煌學輯刊》1999 年第 1 期　p. 92
雷紹鋒　歸義軍賦役制度初探　(臺北)洪葉文化事業有限公司　2000　p. 271
童丕　從寺院的帳簿看敦煌二月八日節　法國漢學(敦煌學專號)　中華書局　2000　p. 73、91
王三慶　北京大學圖書館藏本《諸文要集》一卷研究　慶祝吳其昱先生八秩華誕敦煌學特刊　(臺北)文津出版社　2000　p. 176
鄭炳林　晚唐五代敦煌貿易市場的外來商品輯考　中華文史論叢(總 63 輯)　上海古籍出版社　2000　p. 57、87
乜小紅　唐五代敦煌牧羊業述論　《敦煌研究》2001 年第 1 期　p. 139
曾良　敦煌文獻字義通釋　廈門大學出版社　2001　p. 139
高啓安　莫高窟第 61 窟“五臺山靈口之店推磨圖”之我見　《敦煌學輯刊》2002 年第 1 期　p. 112
高啓安　晚唐五代敦煌僧人飲食戒律初探　敦煌佛教藝術文化國際學術研討會論文集　蘭州大學出版社　2002　p. 390
李斌城　唐代文化　中國社會科學出版社　2002　p. 1135
乜小紅　唐五代敦煌音聲人試探　《敦煌研究》2003 年第 3 期　p. 79
鄭炳林　晚唐五代敦煌村莊聚落輯考　2000 年敦煌學國際學術討論會文集・歷史文化卷(上)　甘

肅民族出版社　2003　p. 129
高啓安　唐五代敦煌飲食文化研究　民族出版社　2004　p. 57、209、283、419
町田隆吉　『唐咸亨四年(673)左憧熹生前及隨身錢物疏』をめぐって　『西北出土文獻研究』(創刊號)　(新潟)西北出土文獻研究會　2004　p. 69
鄭炳林　晚唐五代敦煌商業貿易市場研究　《敦煌學輯刊》2004 年第 1 期　p. 114
郭永利　晚唐五代敦煌佛教寺院的納贈　《敦煌學輯刊》2005 年第 4 期　p. 78
黄征　敦煌俗字典　上海教育出版社　2005　p. 前言 16、55、80
李正宇　晚唐至北宋敦煌僧尼普聽飲酒　《敦煌研究》2005 年第 3 期　p. 70

S. 4643

池田溫　中國古代籍帳研究:概観・録文　東京大學東洋文化研究所　1979　p. 645
山本達郎等　敦煌・III 轉貼　『NUN – HUANG AND TURFAN DOCUMENTS CONCERNING SOCIAL AND ECONOMIC HISTORY』(IV)　(東京)東洋文庫　1989　p. 69
山本達郎等　敦煌・IV 納贈曆・納色物曆等　『NUN – HUANG AND TURFAN DOCUMENTS CONCERNING SOCIAL AND ECONOMIC HISTORY』(IV)　(東京)東洋文庫　1989　p. 99
唐耕耦　陸宏基　敦煌社會經濟文獻真迹釋録(四)　全國圖書館文獻縮微複製中心　1990　p. 10
李正宇　敦煌遺書宋人詩輯校　《敦煌研究》1992 年第 2 期　p. 44
土肥義和　唐・北宋間の「社」の組織形態に関する一考察　中國古代の國家と民衆(堀敏一先生古稀記念)　(東京)汲古書院　1995　p. 723
鄭炳林　唐五代敦煌粟特人與歸義軍政權　《敦煌研究》1996 年第 4 期　p. 91　又見:敦煌歸義軍史專題研究　蘭州大學出版社　1997　p. 421
馮培紅　晚唐五代宋初歸義軍武職軍將研究　敦煌歸義軍史專題研究　蘭州大學出版社　1997　p. 145
鄭炳林　敦煌碑銘讚輯釋　甘肅教育出版社　1997　p. 61 注 9
高啓安　索黛　敦煌古代僧人官齋飲食檢閱　《敦煌研究》1998 年第 3 期　p. 64
譚蟬雪　榮親　敦煌學大辭典　上海辭書出版社　1998　p. 440
施萍婷　《敦煌遺書總目索引新編》前言　敦煌遺書總目索引新編　中華書局　2000　p. 2
徐俊　敦煌詩集殘卷輯考　中華書局　2000　p. 838
張錫厚　敦煌文學源流　作家出版社　2000　p. 330
徐曉麗　鄭炳林　晚唐五代敦煌吐谷渾與吐蕃移民婦女研究　《敦煌學輯刊》2002 年第 2 期　p. 9
劉進寶　關於歸義軍時期稅草的兩個問題　2000 年敦煌學國際學術討論會文集・歷史文化卷(上)　甘肅民族出版社　2003　p. 171
高啓安　唐五代敦煌飲食文化研究　民族出版社　2004　p. 213、276
金瀅坤　敦煌社會經濟文書定年拾遺　《首都師範大學學報》2006 年第 1 期　p. 11

S. 4644

李正宇　敦煌遺書宋人詩輯校　《敦煌研究》1992 年第 2 期　p. 46
方廣錩　文殊悔過經　敦煌學大辭典　上海辭書出版社　1998　p. 710
石内德　敦煌文獻中被廢棄的殘經抄本　法國漢學(敦煌學專號)　中華書局　2000　p. 16、29
徐俊　敦煌詩集殘卷輯考　中華書局　2000　p. 192
王蘭平　敦煌寫本 ДX6062《歸義軍時期大般若經抄寫紙曆》及其相關問題考釋　敦煌佛教藝術文化國際學術研討會論文集　蘭州大學出版社　2002　p. 64、77 注 11

邰惠莉　敦煌版畫叙録　《敦煌研究》2005 年第 2 期　p. 8

S. 4645

胡大浚　王志鵬　敦煌邊塞詩歌校注　甘肅人民出版社　1999　p. 292

S. 4646

王三慶　敦煌寫卷中武后新字之調查研究　唐代研究論集(第三輯)　(臺北)新文豐出版公司　1992　p. 92

山田俊　唐初道教思想史研究・資料篇　(京都)平樂寺書店　1999　p. 109、164

王卡　敦煌道教文獻研究　中國社會科學出版社　2004　p. 205

王卡　中國國家圖書館藏敦煌道教遺書研究報告　敦煌吐魯番研究(第七卷)　北京大學出版社　2004　p. 371

S. 4647

陳祚龍　看了敦煌古抄《報恩寺開溫室浴僧記》以後　敦煌學散策新集　(臺北)新文豐出版公司　1989　p. 192

S. 4648

張弓　唐五代敦煌寺院的牧羊人　《蘭州學刊》1984 年第 2 期　p. 62

姜伯勤　唐五代敦煌寺戶制度　中華書局　1987　p. 209、274

李正宇　唐宋時代敦煌縣河渠泉澤簡志(一)　《敦煌研究》1988 年第 4 期　p. 92

唐耕耦　陸宏基　敦煌社會經濟文獻真迹釋録(三)　全國圖書館文獻縮微複製中心　1990　p. 215

高田時雄　評:池田溫編『敦煌漢文文獻』(講座敦煌 5)　『東洋史研究』(52 卷 1 號)　(東京)東洋史研究會　1993　p. 124

鄭炳林　董念清　唐五代敦煌私營釀酒業初探　《社科縱横》1994 年第 4 期　p. 66

鄭炳林　高偉　唐五代敦煌釀酒業初探　《西北史地》1994 年第 1 期　p. 32

劉惠琴　從敦煌文書中看沙州紡織業　《敦煌學輯刊》1995 年第 2 期　p. 51

雷紹鋒　論曹氏歸義軍時期官府之"牧子"　《敦煌學輯刊》1996 年第 1 期　p. 42

李正宇　敦煌史地新論　(臺北)新文豐出版公司　1996　p. 110

李正宇　敦煌歷史地理導論　(臺北)新文豐出版公司　1997　p. 60

唐耕耦　敦煌寺院會計文書研究　(臺北)新文豐出版公司　1997　p. 19

鄭炳林　敦煌碑銘讚輯釋　甘肅教育出版社　1997　p. 31 注 3

鄭炳林　唐五代敦煌的粟特人與佛教　敦煌歸義軍史專題研究　蘭州大學出版社　1997　p. 460

鄭炳林　唐五代敦煌手工業研究　敦煌歸義軍史專題研究　蘭州大學出版社　1997　p. 256

鄭炳林　晚唐五代敦煌園囿經濟研究　敦煌歸義軍史專題研究　蘭州大學出版社　1997　p. 312、330

郝春文　唐後期五代宋初敦煌僧尼的社會生活　中國社會科學出版社　1998　p. 172

李正宇　村莊　敦煌學大辭典　上海辭書出版社　1998　p. 304

李正宇　米延德　敦煌學大辭典　上海辭書出版社　1998　p. 365

李正宇　宜秋渠　敦煌學大辭典　上海辭書出版社　1998　p. 313

馬德　10 世紀敦煌寺曆所記三窟活動　《敦煌研究》1998 年第 2 期　p. 83

雷紹鋒　歸義軍賦役制度初探　(臺北)洪葉文化事業有限公司　2000　p. 179

童丕　從寺院的帳簿看敦煌二月八日節　法國漢學(敦煌學專號)　中華書局　2000　p. 90
曾良　敦煌文獻字義通釋　廈門大學出版社　2001　p. 140
徐曉麗　鄭炳林　晚唐五代敦煌吐谷渾與吐蕃移民婦女研究　《敦煌學輯刊》2002 年第 2 期　p. 9
沙武田　趙曉星　歸義軍時期敦煌文獻中的太子　《敦煌研究》2003 年第 4 期　p. 47
鄭炳林　晚唐五代敦煌村莊聚落輯考　2000 年敦煌學國際學術討論會文集·歷史文化卷(上)　甘肅民族出版社　2003　p. 126、155
高啓安　唐五代敦煌飲食文化研究　民族出版社　2004　p. 197、419
郭永利　晚唐五代敦煌佛教寺院的納贈　《敦煌學輯刊》2005 年第 4 期　p. 78
李正宇　晚唐至北宋敦煌僧尼普聽飲酒　《敦煌研究》2005 年第 3 期　p. 69
鄭炳林　晚唐五代河西地區的居民結構研究　《蘭州大學學報》2006 年第 2 期　p. 10

S. 4650

土橋秀高　敦煌の律蔵　敦煌と中國仏教(講座敦煌 7)　(東京)大東出版社　1984　p. 248
姜伯勤　敦煌毗尼藏主考　《敦煌研究》1993 年第 3 期　p. 7
姜伯勤　敦煌藝術宗教與禮樂文明　中國社會科學出版社　1996　p. 335

S. 4651

胡同慶　從敦煌結社活動探討人的群體性以及個體與集體的關係　《敦煌研究》1990 年第 4 期　p. 75　又見:敦煌學研究　甘肅人民美術出版社　1994　p. 178
金岡照光　講唱體類　敦煌の文學文獻(講座敦煌 9)　(東京)大東出版社　1992　p. 66

S. 4652

石井昌子　靈賓經類　敦煌と中國道教(講座敦煌 4)　(東京)大東出版社　1983　p. 153
朱越利　道經總論　遼寧教育出版社　1992　p. 273
黄征　吳偉　敦煌願文集　岳麓書社　1995　p. 147、343
馬雅倫　關於南山問題的討論　《敦煌學輯刊》1995 年第 2 期　p. 48
邵文實　敦煌道教試述　《世界宗教研究》1996 年第 2 期　又見:中國敦煌學百年文庫·宗教卷(三)　甘肅文化出版社　1999　p. 334
張亞萍　娜閣　唐五代敦煌的計量單位與價格換算　《敦煌學輯刊》1996 年第 2 期　p. 41
張涌泉　敦煌俗字研究導論　(臺北)新文豐出版公司　1996　p. 283
鄭炳林　敦煌碑銘讚及其有關問題　敦煌碑銘讚輯釋　甘肅教育出版社　1997　p. 17
鄭炳林　敦煌碑銘讚輯釋　甘肅教育出版社　1997　p. 156 注 2
鄭炳林　唐五代敦煌的醫事研究　敦煌歸義軍史專題研究　蘭州大學出版社　1997　p. 527
王卡　靈寶金籙齋儀　敦煌學大辭典　上海辭書出版社　1998　p. 764
顔廷亮　敦煌文化中的道教及文化　《敦煌研究》1999 年第 1 期　p. 139
金岡照光　敦煌文獻と中國文學　(東京)五曜書房　2000　p. 430
汪泛舟　敦煌道教與齋醮諸考　1994 年敦煌學國際研討會文集·宗教文史卷(上)　甘肅民族出版社　2000　p. 4
顔廷亮　敦煌文化　光明日報出版社　2000　p. 240
張弓　英國收藏敦煌文獻叙録　英國收藏敦煌漢藏文獻研究:紀念敦煌文獻發現一百周年　中國社會科學出版社　2000　p. 158
王卡　敦煌道教文獻研究　中國社會科學出版社　2004　p. 40、109

S. 4653

蔣冀騁　敦煌文書校讀研究　(臺北)文津出版社　1993　p. 51

S. 4654

向達　記倫敦所藏的敦煌俗文學　《新中華雜誌》1937 年第 5 卷第 13 號　p. 123 – 128　又見:唐代長安與西域文明　三聯書店　1957　p. 240

向達　倫敦所藏敦煌卷子經眼目録　《北平圖書館圖書季刊》1939 年新第 1 卷第 4 期　p. 397　又見:唐代長安與西域文明　三聯書店　1957　p. 226

向達　唐代俗講考　《國學季刊》1950 年第 6 卷第 4 號　p. 1　又見:唐代長安與西域文明　三聯書店　1957　p. 333 ; 敦煌變文論輯　(臺北)石門圖書公司　1981　p. 39 ; 敦煌變文論文録　上海古籍出版社　1982　p. 67 ; 關隴文學論叢　甘肅人民出版社　1983　p. 179

周紹良　敦煌所出變文現存目録　敦煌變文彙録　上海出版公司　1955　p. 8

劉銘恕　再記英國倫敦所藏的敦煌經卷　《中國科學院圖書館通訊》1957 年第 7 期　又見:中國敦煌學百年文庫・綜述卷(二)　甘肅文化出版社　1999　p. 136

金岡照光　敦煌漢文文學文獻の文學形態上の種類とその分類　敦煌出土文學文獻分類目録・附解說　(東京)東洋文庫　1971　p. 198、228

金岡照光　敦煌文學のこころ　敦煌の文學　(東京)大蔵出版株式會社　1971　p. 214

金岡照光　敦煌文學のさまざま　敦煌の文學　(東京)大蔵出版株式會社　1971　p. 110、131、151、161、187

金岡照光　敦煌民衆の宗教と生活　敦煌の民衆:その生活と思想　(東京)評論社　1972　p. 134、234

蘇瑩輝　"敦煌曲"評介　《香港中文大學學報》1974 年第 1 期　又見:敦煌論集續編　(臺北)學生書局　1983　p. 312 ; 中國敦煌學百年文庫・藝術卷(一)　甘肅文化出版社　1999　p. 373

加地哲定　增補中國佛教文學研究　(東京)同朋舍　1979　p. 200

王重民　敦煌古籍叙録　中華書局　1979　p. 73

川崎ミチコ　修道偈Ⅱ——定格聯章　敦煌仏典と禪(講座敦煌 8)　(東京)大東出版社　1980　p. 264

楊家駱　敦煌變文　(臺北)世界書局　1980　p. 135

金岡照光　敦煌の繪物語　(東京)東方書店　1981　p. 57

潘重規　敦煌變文新論　敦煌變文論輯　(臺北)石門圖書公司　1981　p. 161

潘重規　敦煌詞話　(臺北)石門圖書公司　1981　p. 69

潘重規　敦煌卷子俗寫文字與俗文學之研究　敦煌變文論輯　(臺北)石門圖書公司　1981　p. 320

蘇瑩輝　敦煌學概要　(臺北)編譯館"中華叢書編委會"　1981　p. 73

白化文　什麽是變文　敦煌變文論文録　上海古籍出版社　1982　p. 431

向達　記倫敦所藏的敦煌俗文學　敦煌變文論文録　上海古籍出版社　1982　p. 29

鄭阿財　敦煌孝道文學研究　(臺北)石門圖書公司　1982　p. 16、75、363、389、416、530

周紹良　談唐代民間文學　敦煌變文論文録　上海古籍出版社　1982　p. 412　又見:紹良叢稿　齊魯書社　1984　p. 54

蘇瑩輝　論張議潮收復河隴州郡之年代　敦煌論集續編　(臺北)學生書局　1983　p. 12、16

潘重規　敦煌變文集新書(下)　(臺北)"中國文化大學"中文研究所　1984　p. 957

王重民　舜子變　敦煌變文集　人民文學出版社　1984　p. 135

張弓　唐五代敦煌寺院的牧羊人　《蘭州學刊》1984 年第 2 期　p. 59
龍晦　論敦煌詞曲所見之禪宗與淨土宗　《世界宗教研究》1986 年第 3 期　p. 60
盧向前　關於歸義軍時期一份布紙破用曆的研究:試釋伯四六四〇背面文書　敦煌吐魯番文獻研究論集(第三輯)　北京大學出版社　1986　p. 458　又見:敦煌吐魯番文書論稿　江西人民出版社　1992　p. 163
曲金良　"變文"名實新辨　《敦煌研究》1986 年第 2 期　p. 48
曾錦漳　從小說藝術看敦煌史傳變文的成就　漢學研究(敦煌學國際研討會論文專號)　(臺北)漢學研究資料及服務中心　1986　p. 336
池田溫　敦煌の便穀曆　日野開三郎博士頌壽記念論集・中國社會・制度・文化史の諸問題　(福岡)中國書店　1987　p. 369
高國藩　敦煌文學作品選　中華書局　1987　p. 67 注 4
曲金良　敦煌寫本變文、講經文作品創作時間彙考　《敦煌學輯刊》1987 年第 1 期　p. 61
任半塘　敦煌歌辭總編　上海古籍出版社　1987　p. 1429
蘇瑩輝　瓜沙史事述要　敦煌文史藝術論叢　(臺北)新文豐出版公司　1987　p. 79
蘇瑩輝　國際敦煌學研究近貌　敦煌文史藝術論叢　(臺北)新文豐出版公司　1987　p. 186
顔廷亮　關於敦煌遺書中的甘肅文學作品　1983 年全國敦煌學術討論會文集・文史遺書編(下)　甘肅人民出版社　1987　p. 227
張鴻勳　敦煌講唱文學作品選注　甘肅人民出版社　1987　p. 243
周紹良　唐代變文及其它　敦煌文學作品選　中華書局　1987　p. 3
王慶菽　敦煌變文研究　敦煌語言文學論文集　浙江古籍出版社　1988　p. 65
李正宇　邈真讚　敦煌文學　甘肅人民出版社　1989　p. 184
李正宇　唐宋時代敦煌縣河渠泉澤簡志(二)　《敦煌研究》1989 年第 1 期　p. 60
榮新江　關於沙州歸義軍都僧統年代的幾個問題　《敦煌研究》1989 年第 4 期　p. 76
山本達郎等　敦煌・I 社條　『NUN – HUANG AND TURFAN DOCUMENTS CONCERNING SOCIAL AND ECONOMIC HISTORY』(IV)　(東京)東洋文庫　1989　p. 9
張鴻勳　變文　敦煌文學　甘肅人民出版社　1989　p. 242
郭在貽　張涌泉　黃征　敦煌變文集校議　岳麓書社　1990　p. 100
加地哲定著　劉衛星譯　中國佛教文學　今日中國出版社　1990　p. 171、185
蔣紹愚　近代漢語語法資料彙編(唐五代卷)　商務印書館　1990　p. 239
任半塘　王昆吾　隋唐五代燕樂雜言歌辭集　巴蜀書社　1990　p. 872
上山大峻　敦煌佛教の研究　(京都)法藏館　1990　p. 419
唐耕耦　敦煌寫本便物曆初探　敦煌吐魯番文獻研究論集(第五輯)　北京大學出版社　1990　p. 149
唐耕耦　陸宏基　敦煌社會經濟文獻真迹釋録(二)　全國圖書館文獻縮微複製中心　1990　p. 223、300
項楚　敦煌變文選注　巴蜀書社　1990　p. 249
姜伯勤　敦煌社會文書導論　(臺北)新文豐出版公司　1992　p. 219
金岡照光　講唱體類　敦煌の文學文獻(講座敦煌 9)　(東京)大東出版社　1992　p. 111
金岡照光　散文體類　敦煌の文學文獻(講座敦煌 9)　(東京)大東出版社　1992　p. 228
金岡照光　孝行譚:『舜子変』と『董永傳』　敦煌の文學文獻(講座敦煌 9)　(東京)大東出版社　1992　p. 483
林家平　寧强　羅華慶　中國敦煌學史　北京語言學院出版社　1992　p. 105、337

潘重規著　遊佐昇譯　中國で最初の「詞の総集」:敦煌雲謠集の発見と整理　敦煌の文學文獻(講座敦煌9)　(東京)大東出版社　1992　p. 420
榮新江　金山國史辨正　中華文史論叢(總50輯)　上海古籍出版社　1992　p. 78
蘇瑩輝　唐宣宗收復河湟地區與三州七關的年代略論　唐代研究論集　(第一輯)　(臺北)新文豐出版公司　1992　p. 798、808 注77
周紹良　敦煌文學芻議及其它　(臺北)新文豐出版公司　1992　p. 43
高國藩　敦煌民俗資料導論　(臺北)新文豐出版公司　1993　p. 16、58、88、131、236
高田時雄　チベット文字書寫「長巻」の研究(本文编)　『東方學報』(第65號)　京都大學人文科學研究所　1993　p. 371
李正宇　敦煌文學概論　甘肅人民出版社　1993　p. 95、101
齊陳駿　寒沁　河西都僧統唐悟真作品和見載文獻系年　《敦煌學輯刊》1993年第2期　p. 7
王震亞　趙熒　敦煌殘卷爭訟文牒集釋　甘肅人民出版社　1993　p. 32
項楚　敦煌詩歌導論　(臺北)新文豐出版公司　1993　p. 212、276
鄭阿財　從敦煌文獻看唐代的三教合一　第二屆國際唐代學術會議論文集(上)　(臺北)文津出版社　1993　p. 649
鄭炳林　敦煌碑銘讚抄本概述　《歷史研究》1993年第5期
姜伯勤　敦煌吐魯番文書與絲綢之路　文物出版社　1994　p. 144
姜伯勤　項楚　榮新江　敦煌邈真讚校録並研究　(臺北)新文豐出版公司　1994　p. 231
李明偉　隋唐絲綢之路　甘肅人民出版社　1994　p. 325
李明偉　唐代文學的嬗變與絲綢之路的影響　《敦煌研究》1994年第3期　p. 140
劉尊明　唐五代詞的文化觀照　(臺北)文津出版社　1994　p. 511
齊陳駿　有關遺產繼承的幾件敦煌遺書　《敦煌學輯刊》1994年第2期　p. 51
榮新江　敦煌邈真讚年代考　敦煌邈真讚校録並研究　(臺北)新文豐出版公司　1994　p. 362
榮新江　于闐王國與瓜沙曹氏　《敦煌研究》1994年第2期　p. 113
汪泛舟　敦煌韻文辨正舉隅　《敦煌研究》1994年第2期　p. 142
王進玉　敦煌石窟探秘　四川教育出版社　1994　p. 134
葛兆光　中國禪思想史:從6世紀到9世紀　北京大學出版社　1995　p. 291 注68
胡戟　傅玫　敦煌史話　中華書局　1995　p. 176
劉進寶　敦煌學論述　(臺北)洪葉文化事業有限公司　1995　p. 303
柳田聖山　禅籍解題(一)・敦煌禅籍　俗語言研究(第二期)　(京都)禅文化研究所　1995　p. 146
曲金良　敦煌佛教文學研究　(臺北)文津出版社　1995　p. 96
榮新江　張氏歸義軍與西州回鶻的關係　敦煌學國際研討會文集・史地語文编　遼寧美術出版社　1995　p. 128
史雙元　唐五代詞紀事會評　黄山書社　1995　p. 366
顏廷亮　敦煌文學概說　(臺北)新文豐出版公司　1995　p. 70
張先堂　S. 4654《薩訶上人寄錫雁閣留題並序呈獻》新校與初探　敦煌佛教文獻研究　敦煌研究院文獻研究所　1995　p. 32　又見:敦煌佛教文化研究　社科縱横編輯部　1996　p. 30
張涌泉　漢語俗字研究　岳麓書社　1995　p. 362
鄭炳林　《梁幸德邈真讚》與梁願請《莫高窟功德記》　敦煌吐魯番文獻研究　中華書局　1995　p. 261
程毅中　《舜子變》與舜子故事的演化　慶祝潘石禪先生九秩華誕敦煌學特刊　(臺北)文津出版社　1996　p. 89

郝春文　唐後期五代宋初沙州僧尼的宗教收入(三):大衆倉試探　《敦煌學輯刊》1996年第2期　p. 6

黄征　敦煌俗語法研究之一:句法篇　敦煌吐魯番研究(第一卷)　北京大學出版社　1996　p. 73

李正宇　敦煌史地新論　(臺北)新文豐出版公司　1996　p. 142

榮新江　歸義軍史研究　上海古籍出版社　1996　p. 14、289

張先堂　敦煌寫本《悟真與京僧、朝官酬贈詩》新校　《社科縱横》1996年第1期　p. 43　又見:周紹良先生欣開九秩慶壽文集　中華書局　1997　p. 388

張涌泉　敦煌俗字研究導論　(臺北)新文豐出版公司　1996　p. 109、184

張涌泉　評《敦煌邈真讚校録並研究》　敦煌吐魯番研究(第一卷)　北京大學出版社　1996　p. 428

張涌泉　敦煌文獻校讀釋例　文史(第四十一輯)　中華書局　1996　p. 193　又見:舊學新知　浙江大學出版社　1999　p. 201

周紹良　敦煌本《六祖壇經》是慧能的原本:《敦博本禪籍校録》序　敦煌吐魯番研究(第一卷)　北京大學出版社　1996　p. 302

陳國燦　敦煌五十九首佚名氏詩歷史背景新探　敦煌吐魯番研究(第二卷)　北京大學出版社　1997　p. 100 注

馮培紅　晚唐五代宋初歸義軍武職軍將研究　敦煌歸義軍史專題研究　蘭州大學出版社　1997　p. 102

高啓安　敦煌五更詞與甘肅五更詞比較研究　《敦煌研究》1997年第3期　p. 116

黄征　《敦煌碑銘讚輯釋》評介　敦煌語文叢說　(臺北)新文豐出版公司　1997　p. 814

黄征　敦煌文學《兒郎偉》輯録校注　敦煌語文叢說　(臺北)新文豐出版公司　1997　p. 703

黄征　張涌泉　敦煌變文校注　中華書局　1997　p. 204

劉永連　1996—1997年大陸地區唐代學術研究概況:敦煌學　"中國唐代學會"會刊(第八期)　(臺北)"中國唐代學會"　1997　p. 117

劉子瑜　敦煌變文和王梵志詩　大象出版社　1997　p. 38

孫昌武　禪思與詩情　中華書局　1997　p. 330 注 21、331 注 29

唐耕耦　敦煌寺院會計文書研究　(臺北)新文豐出版公司　1997　p. 354

汪泛舟　《薩訶上人寄錫雁閣留題並序呈獻》再校與新論　《敦煌研究》1997年第1期　p. 134

楊秀清　金山國立國年代補證　《敦煌研究》1997年第4期　p. 132

張弓　漢唐佛寺文化史　中國社會科學出版社　1997　p. 840

張先堂　S. 4654 晚唐《莫高窟紀遊詩》新探　《敦煌研究》1997年第3期　p. 122、128

鄭炳林　敦煌碑銘讚及其有關問題　敦煌碑銘讚輯釋　甘肅教育出版社　1997　p. 18

鄭炳林　敦煌碑銘讚輯釋　甘肅教育出版社　1997　p. 334

鄭炳林　唐五代敦煌金山國征伐樓蘭史事考　敦煌歸義軍史專題研究　蘭州大學出版社　1997　p. 4

柴劍虹　長安名僧贈悟真詩　敦煌學大辭典　上海辭書出版社　1998　p. 559

柴劍虹　南宗定邪正五更轉　敦煌學大辭典　上海辭書出版社　1998　p. 549

柴劍虹　南宗五更轉　敦煌學大辭典　上海辭書出版社　1998　p. 549

柴劍虹　薩訶上人寄錫雁閣留題　敦煌學大辭典　上海辭書出版社　1998　p. 571

陳國燦　樓蘭州　敦煌學大辭典　上海辭書出版社　1998　p. 298

陳國燦　石城鎮　敦煌學大辭典　上海辭書出版社　1998　p. 398

陳國燦　榮新江　璨微　敦煌學大辭典　上海辭書出版社　1998　p. 305

程毅中　舜子變　敦煌學大辭典　上海辭書出版社　1998　p. 576

鄧文寬　榮新江　敦博本禪籍録校　江蘇古籍出版社　1998　p. 10、188
高啓安　索黛　唐五代敦煌飲食中的餅淺探　《敦煌研究》1998 年第 4 期　p. 81
郝春文　唐後期五代宋初敦煌僧尼的社會生活　中國社會科學出版社　1998　p. 98、294
李冬梅　唐五代歸義軍與周邊民族關係綜論　《敦煌學輯刊》1998 年第 2 期　p. 44
李正宇　悟真　敦煌學大辭典　上海辭書出版社　1998　p. 355
潘重規　中國第一部"詞的總集"——敦煌《雲謠集》之發現與整理　雲謠集研究彙録　上海古籍出版社　1998　p. 265
榮新江　歸義軍大事紀年初稿　出土文獻研究(第三輯)　文物出版社　1998　p. 242
譚蟬雪　敦煌歲時文化導論　(臺北)新文豐出版公司　1998　p. 385
唐耕耦　都僧録　敦煌學大辭典　上海辭書出版社　1998　p. 638
童丕　10 世紀敦煌的借貸人　法國漢學(第 3 輯)　中華書局　1998　p. 69
楊秀清　試論金山國的有關政治制度　《敦煌學輯刊》1998 年第 2 期　p. 36
鄭炳林　張延綬　敦煌學大辭典　上海辭書出版社　1998　p. 354
周紹良　張涌泉　黄征　敦煌變文講經文因緣輯校(上)　江蘇古籍出版社　1998　p. 6
周紹良　張涌泉　黄征　舜子變一卷　敦煌變文講經文因緣輯校(上)　江蘇古籍出版社　1998　p. 10
胡大浚　王志鵬　敦煌邊塞詩歌校注　甘肅人民出版社　1999　p. 295
陸慶夫　金山國與甘州回鶻關係考論　《敦煌學輯刊》1999 年第 1 期　p. 53
梅維恒著　楊繼東　陳引馳譯　唐代變文(上)　(香港)中國佛教文化出版公司　1999　p. 71
楊秀清　敦煌西漢金山國史　甘肅人民出版社　1999　p. 5、62、93、129
張涌泉　俗字研究與敦煌文獻的校理　舊學新知　浙江大學出版社　1999　p. 66
金岡照光　敦煌文獻と中國文學　(東京)五曜書房　2000　p. 65、109、153、421
雷紹鋒　歸義軍賦役制度初探　(臺北)洪葉文化事業有限公司　2000　p. 132
榮新江　法門寺與敦煌　'98 法門寺唐文化國際學術討論會論文集　陝西人民出版社　2000　p. 67　又見:敦煌學新論　甘肅教育出版社　2002　p. 30
榮新江　《英藏敦煌文獻》定名商補　文史(第五十二輯)　中華書局　2000　p. 122　又見:敦煌學新論　甘肅教育出版社　2002　p. 196
汪泛舟　論敦煌僧詩的功利性　《敦煌研究》2000 年第 4 期　p. 149
徐俊　敦煌詩集殘卷輯考　中華書局　2000　p. 323、334、619、815
余欣　吐魯番出土上烽契詞語輯釋　文史(第五十三輯)　中華書局　2000　p. 137
張弓　英國收藏敦煌文獻叙録　英國收藏敦煌漢藏文獻研究:紀念敦煌文獻發現一百周年　中國社會科學出版社　2000　p. 159
張錫厚　敦煌文學源流　作家出版社　2000　p. 87、330
張涌泉　漢語俗字叢考　中華書局　2000　p. 7
程毅中　再論敦煌俗賦的淵源　敦煌文獻論集:紀念藏經洞發現一百周年國際學術研討會論文集　遼寧人民出版社　2001　p. 252
馮培紅　敦煌文獻中的職官史料與唐五代藩鎮官制研究　《敦煌研究》2001 年第 3 期　p. 110
林聰明　敦煌吐魯番文書解詁指例　(臺北)新文豐出版公司　2001　p. 243
羅彤華　從便物曆論敦煌寺院的放貸　敦煌文獻論集:紀念藏經洞發現一百周年國際學術研討會論文集　遼寧人民出版社　2001　p. 468
邵文實　敦煌佛教文學與邊塞文學　《敦煌學輯刊》2001 年第 2 期　p. 30
陶敏　李一飛　隋唐五代文學史料學　中華書局　2001　p. 352

汪泛舟　敦煌俗別字補正　《敦煌研究》2001 年第 4 期　p. 158
陳國燦　敦煌學史事新證　甘肅教育出版社　2002　p. 392
郭鋒　略論歸義軍時期仲雲人族屬諸問題　唐史與敦煌文獻論稿　中國社科出版社　2002　p. 311
黄征　敦煌語言文字學研究　甘肅教育出版社　2002　p. 138、237
榮新江　唐五代歸義軍武職軍將考　敦煌學新論　甘肅教育出版社　2002　p. 55
余欣　許國霖與敦煌學　國際敦煌學學術史研討會論文集　研討會籌備組　2002　p. 92
張鴻勳　敦煌俗文學研究　甘肅人民出版社　2002　p. 7
荒見泰史　敦煌本夢書雜識　漢語史學報專輯(第三輯)　上海教育出版社　2003　p. 334
荒見泰史　敦煌文學與日本說話文學　敦煌與絲路文化學術講座　北京圖書館出版社　2003　p. 225、232　又見:佛經文學研究論集　復旦大學出版社　2004　p. 611、615
陸慶夫　歸義軍政權與蕃兵蕃將　2000 年敦煌學國際學術討論會文集·歷史文化卷(上)　甘肅民族出版社　2003　p. 115
張子開　敦煌文獻中的白話禪詩　《敦煌學輯刊》2003 年第 1 期　p. 88
高啓安　唐五代敦煌飲食文化研究　民族出版社　2004　p. 127
荒見泰史　敦煌變文研究概述以及新觀點　華林(第三卷)　中華書局　2004　p. 391、408
荒見泰史　漢文譬喻經典及其綱要本的作用　佛經文學研究論集　復旦大學出版社　2004　p. 282
梅維恒　《心經》與《西遊記》的關係　唐研究(第十卷)　北京大學出版社　2004　p. 61 注 47
屈直敏　敦煌高僧　民族出版社　2004　p. 108
湯涒　敦煌曲子詞地域文化研究　上海古籍出版社　2004　p. 163
張鴻勳　神聖與世俗:《舜子變》的叙事學解讀:兼論敦煌變文與口承故事的關係　敦煌學(第 25 輯)　(臺北)樂學書局有限公司　2004　p. 382
鄭炳林　徐曉莉　晚唐五代敦煌歸義軍政權的婚姻關係研究　敦煌學(第 25 輯)　(臺北)樂學書局有限公司　2004　p. 574
屈直敏　從《勵忠節抄》看歸義軍政權道德秩序的重建　《敦煌學輯刊》2005 年第 3 期　p. 82
湯涒　敦煌曲子詞寫本叙略　敦煌學國際研討會論文集　北京圖書館出版社　2005　p. 207
王志鵬　從敦煌歌辭看唐代敦煌地區禪宗的流傳與發展　《敦煌研究》2005 年第 6 期　p. 97
汪泛舟　敦煌俗別字新考(上)　《敦煌研究》2006 年第 1 期　p. 106

S. 4655

龍晦　論敦煌詞曲所見之禪宗與淨土宗　《世界宗教研究》1986 年第 3 期　p. 61

S. 4656

許國霖　敦煌石室寫經題記彙編　《微妙聲》1936－1937 年第 1－4 期　又見:中國敦煌學百年文庫·宗教卷(四)　甘肅文化出版社　1999　p. 223
許國霖　敦煌石室寫經年代表　《微妙聲》1937 年第 5 期　又見:中國敦煌學百年文庫·宗教卷(四)　甘肅文化出版社　1999　p. 197
芳村修基　土橋秀高　井ノ口泰淳　敦煌佛教史年表　西域文化研究(第一)·敦煌佛教資料　(京都)法藏館　1958　p. 261
陳祚龍　敦煌古抄内典尾記彙校初、二、三編合刊　敦煌學要籥　(臺北)新文豐出版公司　1982　p. 150
韓建瓴　題跋　敦煌文學　甘肅人民出版社　1989　p. 75
池田溫　中國古代寫本識語集録　(東京)大蔵出版株式會社　1990　p. 207

高國藩　敦煌古俗與民俗流變　河海大學出版社　1990　p. 416
陳澤奎　試論唐人寫經題記的原始著作權意義　《敦煌研究》1994 年第 3 期　p. 122
黄征　吳偉　敦煌願文集　岳麓書社　1995　p. 892
金岡照光　敦煌文獻と中國文學　（東京）五曜書房　2000　p. 430
林聰明　敦煌吐魯番文書解詁指例　（臺北）新文豐出版公司　2001　p. 113、180
姜亮夫　敦煌莫高窟年表　姜亮夫全集（十一）　雲南人民出版社　2002　p. 230

S. 4657

姜伯勤　唐五代敦煌寺戶制度　中華書局　1987　p. 203、275
李正宇　敦煌古城談往　《西北史地》1988 年第 2 期　p. 26
李正宇　唐宋時代敦煌縣河渠泉澤簡志（二）　《敦煌研究》1989 年第 1 期　p. 54
郝春文　敦煌的渠人與渠社　《北京師範學院學報》1990 年第 1 期　p. 92
唐耕耦　陸宏基　敦煌社會經濟文獻真迹釋録（三）　全國圖書館文獻縮微複製中心　1990　p. 215、530
張弓　唐代的寺莊　《魏晉南北朝隋唐史》1990 年第 2 期　p. 55
張弓　中國中古時期寺院地主的非自主發展　《魏晉南北朝隋唐史》1990 年第 9 期　p. 12
李正宇　敦煌名勝古迹導論　《陽關》1991 年第 4 期　p. 51
張鴻勳　敦煌説唱文學概論　（臺北）新文豐出版公司　1993　p. 7
鄭炳林　董念清　唐五代敦煌私營釀酒業初探　《社科縱横》1994 年第 4 期　p. 66
鄭炳林　高偉　唐五代敦煌釀酒業初探　《西北史地》1994 年第 1 期　p. 32
李正宇　敦煌史地新論　（臺北）新文豐出版公司　1996　p. 128
馬德　敦煌莫高窟史研究　甘肅教育出版社　1996　p. 171
馬德　九、十世紀敦煌工匠史料述論　慶祝潘石禪先生九秩華誕敦煌學特刊　（臺北）文津出版社　1996　p. 307
李正宇　敦煌歷史地理導論　（臺北）新文豐出版公司　1997　p. 59、224
馬德　敦煌工匠史料　甘肅人民出版社　1997　p. 53
唐耕耦　敦煌寺院會計文書研究　（臺北）新文豐出版公司　1997　p. 19、50
張弓　漢唐佛寺文化史　中國社會科學出版社　1997　p. 311
鄭炳林　唐五代敦煌的粟特人與佛教　敦煌歸義軍史專題研究　蘭州大學出版社　1997　p. 460
鄭炳林　唐五代敦煌手工業研究　敦煌歸義軍史專題研究　蘭州大學出版社　1997　p. 256
鄭炳林　晚唐五代敦煌貿易市場的物價　敦煌歸義軍史專題研究　蘭州大學出版社　1997　p. 278
鄭炳林　晚唐五代敦煌園囿經濟研究　敦煌歸義軍史專題研究　蘭州大學出版社　1997　p. 312
郝春文　唐後期五代宋初敦煌僧尼的社會生活　中國社會科學出版社　1998　p. 172
郝春文　唐後期五代宋初敦煌僧尼遺産的處理與喪事的操辦　《敦煌研究》1998 年第 3 期　p. 39
馬德　10 世紀敦煌寺曆所記三窟活動　《敦煌研究》1998 年第 2 期　p. 87
唐耕耦　入破曆算會牒　敦煌學大辭典　上海辭書出版社　1998　p. 647
顔廷亮　敦煌文化　光明日報出版社　2000　p. 382
徐曉麗　鄭炳林　晚唐五代敦煌吐谷渾與吐蕃移民婦女研究　《敦煌學輯刊》2002 年第 2 期　p. 9
沙武田　趙曉星　歸義軍時期敦煌文獻中的太子　《敦煌研究》2003 年第 4 期　p. 47
楊森　五代宋時期于闐皇太子在敦煌的太子莊　《敦煌研究》2003 年第 4 期　p. 43
鄭炳林　晚唐五代敦煌村莊聚落輯考　2000 年敦煌學國際學術討論會文集・歷史文化卷（上）　甘肅民族出版社　2003　p. 126、155

高啓安　唐五代敦煌飲食文化研究　民族出版社　2004　p. 419
郭永利　晚唐五代敦煌佛教寺院的納贈　《敦煌學輯刊》2005 年第 4 期　p. 78
李正宇　晚唐至北宋敦煌僧尼普聽飲酒　《敦煌研究》2005 年第 3 期　p. 69
鄭炳林　晚唐五代河西地區的居民結構研究　《蘭州大學學報》2006 年第 2 期　p. 10

S. 4658

徐俊　敦煌詩集殘卷輯考　中華書局　2000　p. 185
西本照真　敦煌抄本中的三階教文獻　中日敦煌佛教學術會議論文集　中國社會科學院研究所　2002　p. 177
西本照真　三階教文獻綜述　藏外佛教文獻(第九輯)　宗教文化出版社　2003　p. 365

S. 4659

榮新江　《英藏敦煌文獻》寫本定名商補　敦煌學新論　甘肅教育出版社　2002　p. 196　又見:文史(第五十二輯)　中華書局　2000　p. 122

S. 4660

向達　倫敦所藏敦煌卷子經眼目録　《北平圖書館圖書季刊》1939 年新第 1 卷第 4 期　p. 397　又見:唐代長安與西域文明　三聯書店　1957　p. 226
藤枝晃　敦煌の僧尼籍　『東方學報』(第 35 號)　京都大學人文科學研究所　1964　p. 292
陳祚龍　簡記敦煌古抄方志　敦煌文物隨筆　(臺北)商務印書館　1979　p. 61
菊池英夫　唐代敦煌社會の外貌　敦煌の社會(講座敦煌 3)　(東京)大東出版社　1980　p. 106
土肥義和　莫高窟千佛洞と大寺と蘭若と　敦煌の社會(講座敦煌 3)　(東京)大東出版社　1980　p. 364
陳祚龍　《簡記敦煌古抄方志》及其“後語”　敦煌學要籥　(臺北)新文豐出版公司　1982　p. 230
郭鋒　敦煌的“社”及其活動　《敦煌學輯刊》1983 年創刊號　p. 83
唐耕耦　陸宏基　敦煌社會經濟文獻真迹釋録(一)　書目文獻出版社　1986　p. 355
姜伯勤　唐五代敦煌寺戶制度　中華書局　1987　p. 145
李明偉　狀・牒・帖　敦煌文學　甘肅人民出版社　1989　p. 44
山本達郎等　敦煌・III 轉貼　『NUN – HUANG AND TURFAN DOCUMENTS CONCERNING SOCIAL AND ECONOMIC HISTORY』(IV)　(東京)東洋文庫　1989　p. 66
胡同慶　從敦煌結社活動探討人的群體性以及個體與集體的關係　《敦煌研究》1990 年第 4 期　p. 72　又見:敦煌學研究　甘肅人民美術出版社　1994　p. 173
姜伯勤　敦煌社會文書導論　(臺北)新文豐出版公司　1992　p. 233、243
高國藩　敦煌民俗資料導論　(臺北)新文豐出版公司　1993　p. 2
郝春文　敦煌寫本社邑文書年代彙考(一)　《首都師範大學學報》1993 年第 4 期　p. 37
郝春文　敦煌寫本社邑文書年代彙考(三)　《社科縱橫》1993 年第 5 期　p. 8
李明偉　敦煌文學概論　甘肅人民出版社　1993　p. 471
胡戟　傅玫　敦煌史話　中華書局　1995　p. 164
石田勇作　敦煌「社文書」研究序說　中國古代の國家と民衆(堀敏一先生古稀記念)　(東京)汲古書院　1995　p. 681
土肥義和　唐・北宋間の「社」の組織形態に関する一考察　中國古代の國家と民衆(堀敏一先生古稀記念)　(東京)汲古書院　1995　p. 716

陸慶夫　鄭炳林　俄藏敦煌寫本中九件轉帖初探　《敦煌學輯刊》1996 年第 1 期　p. 11
陸慶夫　鄭炳林　唐末五代敦煌的社與粟特人聚落　敦煌歸義軍史專題研究　蘭州大學出版社　1997　p. 394
寧可　郝春文　敦煌社邑文書輯校　江蘇古籍出版社　1997　p. 117
楊際平　郭鋒　張和平　五—十世紀敦煌的家庭與家族關係　岳麓書社　1997　p. 174
鄭炳林　敦煌碑銘讚輯釋　甘肅教育出版社　1997　p. 539 注 3
鄭炳林　馮培紅　晚唐五代宋初歸義軍政權中都頭一職考辨　敦煌歸義軍史專題研究　蘭州大學出版社　1997　p. 82
郝春文　唐後期五代宋初敦煌僧尼的社會生活　中國社會科學出版社　1998　p. 386
郝春文　唐後期五代宋初敦煌僧尼遺産的處理與喪事的操辦　《敦煌研究》1998 年第 3 期　p. 43
李正宇　蘭若　敦煌學大辭典　上海辭書出版社　1998　p. 627
寧可　兄弟社　敦煌學大辭典　上海辭書出版社　1998　p. 428
楊森　敦煌社司文書畫押符號及其相關問題　《敦煌學輯刊》1999 年第 1 期　p. 87
郝春文　部分英藏敦煌文獻的定名問題　英國收藏敦煌漢藏文獻研究:紀念敦煌文獻發現一百周年　中國社會科學出版社　2000　p. 390
郝春文　英藏敦煌文獻年代叢考　英國收藏敦煌漢藏文獻研究:紀念敦煌文獻發現一百周年　中國社會科學出版社　2000　p. 372
孟憲實　敦煌社邑的分佈　敦煌文獻論集:紀念藏經洞發現一百周年國際學術研討會論文集　遼寧人民出版社　2001　p. 431
湛如　敦煌佛教律儀制度研究　中華書局　2003　p. 58、68
郝春文　再論敦煌私社的"義聚"　敦煌學(第 25 輯)　(臺北)樂學書局有限公司　2004　p. 291
郝春文　唐後期五代宋初敦煌私社的教育與教化功能　敦煌吐魯番研究(第九卷)　北京大學出版社　2006　p. 306

S. 4661

王堯　陳踐　敦煌吐蕃文獻選　四川民族出版社　1983　p. 60 注 1
姜伯勤　突地考　《敦煌學輯刊》1984 年第 1 期　p. 12
劉進寶　敦煌遺書與歷史研究　《魏晉南北朝隋唐史》1992 年第 9 期　p. 71
劉進寶　關於吐蕃統治經營河西地區的若干問題　《中國邊疆史地研究》1994 年第 1 期　p. 15
王進玉　敦煌石窟探秘　四川教育出版社　1994　p. 107
劉進寶　敦煌學論述　(臺北)洪葉文化事業有限公司　1995　p. 269
劉進寶　吐蕃對河西的統治與經營　敦煌吐魯番學研究論集　書目文獻出版社　1996　p. 327
馬子海　吐蕃統治下的河西走廊　《西北師大學報》(社會科學版)1996 年第 2 期　p. 104
陳永勝　敦煌吐魯番法制文書研究　甘肅人民出版社　2000　p. 109
池田溫　李盛鐸舊藏敦煌歸義軍後期社會經濟文書簡介　慶祝吳其昱先生八秩華誕敦煌學特刊　(臺北)文津出版社　2000　p. 38
劉進寶　敦煌歷史文化　甘肅人民出版社　2000　p. 95
劉進寶　敦煌文書與唐史研究　(臺北)新文豐出版公司　2000　p. 12、97
劉進寶　敦煌學通論　甘肅教育出版社　2002　p. 60、294
楊際平　北朝隋唐均田制新探　岳麓書社　2003　p. 164

S. 4662

土橋秀高　敦煌の律藏　敦煌と中國仏教(講座敦煌 7)　(東京)大東出版社　1984　p. 263
任半塘　敦煌歌辭總編　上海古籍出版社　1987　p. 1089
姜伯勤　變文的南方源頭與敦煌的唱導法匠　華學(第一輯)　中山大學出版社　1995　p. 160
張弓　漢唐佛寺文化史　中國社會科學出版社　1997　p. 315
柴劍虹　和菩薩戒文　敦煌學大辭典　上海辭書出版社　1998　p. 546
湛如　敦煌佛教律儀制度研究　中華書局　2003　p. 157

S. 4663

林其錟　陳鳳金輯校　敦煌遺書劉子殘卷集録　上海書店　1988　p. 5、31
山本達郎等　敦煌・III 轉貼　『NUN – HUANG AND TURFAN DOCUMENTS CONCERNING SOCIAL AND ECONOMIC HISTORY』(IV)　(東京)東洋文庫　1989　p. 28
周丕顯　巴黎藏伯字第二七二一號《雜抄・書目》初探　敦煌吐魯番學研究論文集　漢語大詞典出版社　1990　p. 415
王三慶著　池田溫譯　類書　敦煌漢文文獻(講座敦煌 5)　(東京)大東出版社　1992　p. 387
譚禪雪　敦煌歲時掇瑣　(香港)《九州學刊》(敦煌學專輯)1993 年第 5 卷第 4 期　p. 98
石田勇作　敦煌「社文書」研究序說　中國古代の國家と民衆(堀敏一先生古稀記念)　(東京)汲古書院　1995　p. 684
寧可　郝春文　敦煌社邑文書輯校　江蘇古籍出版社　1997　p. 279
白化文　雜抄　敦煌學大辭典　上海辭書出版社　1998　p. 782
譚蟬雪　敦煌歲時文化導論　(臺北)新文豐出版公司　1998　p. 219、306、321、369
葛兆光　盛世的平庸:八世紀上半葉中國的知識與思想狀況　唐研究(第五卷)　北京大學出版社　1999　p. 27 注 34
張弓　英國收藏敦煌文獻敘録　英國收藏敦煌漢藏文獻研究:紀念敦煌文獻發現一百周年　中國社會科學出版社　2000　p. 159
譚蟬雪　唐宋敦煌歲時佛俗:八月至十二月　《敦煌研究》2001 年第 2 期　p. 74
鄭阿財　朱鳳玉　敦煌蒙書研究　甘肅教育出版社　2002　p. 169

S. 4664

姜伯勤　唐五代敦煌寺戶制度　中華書局　1987　p. 58
山本達郎等　敦煌・VI 諸種文書　『NUN – HUANG AND TURFAN DOCUMENTS CONCERNING SOCIAL AND ECONOMIC HISTORY』(IV)　(東京)東洋文庫　1989　p. 137
唐耕耦　陸宏基　敦煌社會經濟文獻真迹釋録(四)　全國圖書館文獻縮微複製中心　1990　p. 147
謝重光　白文固　中國僧官制度史　青海人民出版社　1990　p. 140
鄭阿財　敦煌蒙書析論　第二屆敦煌學國際研討會論文集　(臺北)漢學研究中心　1990　p. 221
竺沙雅章　寺院文書　敦煌漢文文獻(講座敦煌 5)　(東京)大東出版社　1992　p. 639
鄭阿財　敦煌文獻與文學　(臺北)新文豐出版公司　1993　p. 252
鄭炳林　敦煌碑銘讚輯釋　甘肅教育出版社　1997　p. 142 注 2
鄭炳林　唐五代敦煌的粟特人與佛教　敦煌歸義軍史專題研究　蘭州大學出版社　1997　p. 448
郝春文　唐後期五代宋初敦煌僧尼的社會生活　中國社會科學出版社　1998　p. 228
李正宇　團　敦煌學大辭典　上海辭書出版社　1998　p. 305
寧可　僧人轉帖　敦煌學大辭典　上海辭書出版社　1998　p. 430

唐耕耦　某部爲白露道場告諸團僧課念帖　敦煌學大辭典　上海辭書出版社　1998　p. 642
郝春文　唐後期五代宋初敦煌的春秋官齋、十二月轉經、水則道場與佛教節日　慶祝吳其昱先生八秩華誕敦煌學特刊　（臺北）文津出版社　2000　p. 259
丘古耶夫斯基　敦煌漢文文書　上海古籍出版社　2000　p. 136
譚蟬雪　唐宋敦煌歲時佛俗：八月至十二月　《敦煌研究》2001 年第 2 期　p. 73
楊森　《辛巳年六月十六日社人于燈司倉貸粟曆》文書之定年　《敦煌學輯刊》2001 年第 2 期　p. 19
童丕　敦煌的借貸：中國中古時代的物質生活與社會　中華書局　2003　p. 68
袁德領　歸義軍時期敦煌佛教的轉經活動　2000 年敦煌學國際學術討論會文集・歷史文化卷（下）　甘肅民族出版社　2003　p. 190
湛如　敦煌佛教律儀制度研究　中華書局　2003　p. 47
鄭炳林　魏迎春　晚唐五代敦煌佛教教團的科罰制度研究　《敦煌研究》2004 年第 2 期　p. 52

S. 4665

方廣錩　敦煌佛教經録輯校　江蘇古籍出版社　1997　p. 1044
李正宇　唐宋時期的敦煌佛教　敦煌佛教藝術文化國際學術研討會論文集　蘭州大學出版社　2002　p. 370

S. 4666

岡部和雄　疑僞經典　敦煌仏典と禪（講座敦煌 8）　（東京）大東出版社　1980　p. 357
田中良昭　敦煌禪宗文獻の研究　（東京）大東出版社　1983　p. 403
柳田聖山　禪籍解題（一）・敦煌禪籍　俗語言研究（第二期）　（京都）禪文化研究所　1995　p. 148
方廣錩　法句經　敦煌學大辭典　上海辭書出版社　1998　p. 742

S. 4667

向達　倫敦所藏敦煌卷子經眼目録　《北平圖書館圖書季刊》1939 年新第 1 卷第 4 期　p. 397　又見：唐代長安與西域文明　三聯書店　1957　p. 226
姜伯勤　敦煌吐魯番與香藥之路　季羡林教授八十華誕紀念論文集（下）　江西人民出版社　1991　p. 845
鄭炳林　敦煌碑銘讚輯釋　甘肅教育出版社　1997　p. 87 注 2
董志翹　《入唐求法巡禮行記》辭彙研究　中國社會科學出版社　2000　p. 247
鄭炳林　北京圖書館藏《吳和尚經論目録》有關問題研究　敦煌學與中國史研究論集　甘肅人民出版社　2001　p. 127
洪藝芳　敦煌社會經濟文書中的唐五代新興量詞研究　敦煌學（第 24 輯）　（臺北）樂學書局有限公司　2003　p. 109
高啓安　唐五代敦煌飲食文化研究　民族出版社　2004　p. 40

S. 4668

土橋秀高　四分律雜抄　西域文化研究（第一）・敦煌佛教資料　（京都）法藏館　1958　p. 186

S. 4669

金岡照光　敦煌文學のさまざま　敦煌の文學　（東京）大蔵出版株式會社　1971　p. 159
遊佐昇　『王梵志詩』のもつ兩側面　大正大學大學院研究論集（第 2 號）　（東京）大正大學大學院

1978　p. 10
川崎ミチコ　通俗詩類・雜詩文類　敦煌仏典と禪(講座敦煌 8)　(東京)大東出版社　1980　p. 318
張錫厚　敦煌文學　上海古籍出版社　1980　p. 58 注 1
張錫厚　關於敦煌寫本《王梵志詩》整理的若干問題　文史(第十五輯)　中華書局　1982　p. 185　又見:王梵志詩研究彙録(上)　上海古籍出版社　1990　p. 70 ; 中國敦煌學百年文庫・文學卷(二)　甘肅文化出版社　1999　p. 499
張錫厚　王梵志詩校輯　中華書局　1983　p. 4
朱鳳玉　王梵志詩研究(上、下)　(臺北)學生書局　1986　p. 9;267
劉銘恕　敦煌遺書叢識　1983 年全國敦煌學術討論會文集・文史遺書編(上)　甘肅人民出版社　1987　p. 429
項楚　王梵志詩校注　敦煌吐魯番文獻研究論集(第四輯)　北京大學出版社　1987　p. 136
加地哲定著　劉衛星譯　中國佛教文學　今日中國出版社　1990　p. 122
菊池英夫　中國古文書・古寫本學と日本　東アジア古文書の史的研究　(東京)刀水書房　1990　p. 192
張錫厚　敦煌寫本王梵志詩原卷真迹　王梵志詩研究彙録(上)　上海古籍出版社　1990　圖版 21
鄭阿財　敦煌蒙書析論　第二届敦煌學國際研討會論文集　(臺北)漢學研究中心　1990　p. 228
林家平　寧强　羅華慶　中國敦煌學史　北京語言學院出版社　1992　p. 596
吳其昱著　伊藤美重子譯　敦煌漢文寫本概観　敦煌漢文文獻(講座敦煌 5)　(東京)大東出版社　1992　p. 116
項楚　敦煌詩歌導論　(臺北)新文豐出版公司　1993　p. 296
鄭阿財　敦煌文獻與文學　(臺北)新文豐出版公司　1993　p. 263
曲金良　敦煌佛教文學研究　(臺北)文津出版社　1995　p. 249
張錫厚　敦煌本唐集研究　(臺北)新文豐出版公司　1995　p. 72
黃征　張涌泉　敦煌變文校注　中華書局　1997　p. 273
張錫厚　柴劍虹　王梵志詩集　敦煌學大辭典　上海辭書出版社　1998　p. 562
徐俊　敦煌詩集殘卷輯考　中華書局　2000　p. 891
張錫厚　敦煌文學源流　作家出版社　2000　p. 76
杜曉勤　隋唐五代文學研究　北京出版社　2001　p. 1273
齊文榜　《王梵志詩校注》指瑕　文史(第五十九輯)　中華書局　2002　p. 164

S. 4671

張錫厚　敦煌釋氏詩歌創作論　慶祝潘石禪先生九秩華誕敦煌學特刊　(臺北)文津出版社　1996　p. 197

S. 4672

陳祚龍　敦煌古抄內典尾記彙校初、二、三編合刊　敦煌學要籥　(臺北)新文豐出版公司　1982　p. 150
土橋秀高　敦煌の律蔵　敦煌と中國仏教(講座敦煌 7)　(東京)大東出版社　1984　p. 248
戴密微著　耿昇譯　敦煌學近作　敦煌譯叢(第一輯)　甘肅人民出版社　1985　p. 23
池田溫　中國古代寫本識語集録　(東京)大藏出版株式會社　1990　p. 166

S. 4673

向達　倫敦所藏敦煌卷子經眼目録《北平圖書館圖書季刊》1939 年新第 1 卷第 4 期　p. 397　又見:唐代長安與西域文明　三聯書店　1957　p. 226

饒宗頤解說　林宏作譯　敦煌書法叢刊(第十八卷)・碎金(一)　(東京)二玄社　1983　p. 99

王重民原編　黄永武新編　敦煌古籍叙録新編(第七冊)　(臺北)新文豐出版公司　1986　p. 212

劉俊文　敦煌吐魯番唐代法制文書考釋　中華書局　1989　p. 246

張廣達　論唐代的吏《北京大學學報》1989 年第 2 期　p. 6

劉俊文　論唐格:敦煌寫本唐格殘卷研究　敦煌吐魯番學研究論文集　漢語大詞典出版社　1990　p. 524

唐耕耦　陸宏基　敦煌社會經濟文獻真迹釋録(二)　全國圖書館文獻縮微複製中心　1990　p. 562

仁井田陞　補訂中國法制史研究:法と慣習・法と道徳　東京大學出版會　1991　p. 301

吳震　吐魯番出土法制文書概述《西域研究》1992 年第 3 期　p. 71

胡戟　傅玫　敦煌史話　中華書局　1995　p. 154

劉進寶　敦煌學論述　(臺北)洪葉文化事業有限公司　1995　p. 260

周一良　趙和平　敦煌寫本 P. 2481 號性質初探　唐五代書儀研究　中國社會科學出版社　1995　p. 279

中村裕一　唐代公文書研究　(東京)汲古書院　1996　p. 461

唐耕耦　神龍散頒刑部格　敦煌學大辭典　上海辭書出版社　1998　p. 378

董志翹　敦煌文書詞語瑣記《敦煌研究》1999 年第 4 期　p. 31

劉俊文　唐代法制研究　(臺北)文津出版社　1999　p. 128

陳永勝　敦煌法制文書研究回顧與展望《敦煌研究》2000 年第 2 期　p. 101

陳永勝　敦煌吐魯番法制文書研究　甘肅人民出版社　2000　p. 7

董志翹　評《宋語言詞典》　中古文獻語言論集　巴蜀書社　2000　p. 248

劉進寶　敦煌文書與唐史研究　(臺北)新文豐出版公司　2000　p. 2

榮新江　敦煌學十八講　北京大學出版社　2001　p. 199

陳國燦　敦煌學史事新證　甘肅教育出版社　2002　p. 15

王啓濤　中古及近代法制文書語言研究　巴蜀書社　2003　p. 123、193、256、380

鄭顯文　關於唐神龍年間《散頒刑部格》殘卷的文獻價值　中國古代法律文獻研究(第二輯)　政法大學出版社　2004　p. 124

鄭顯文　唐代律令制研究　北京大學出版社　2004　p. 42、287

S. 4674

饒宗頤　附録:榮新江《敦煌文獻和繪畫反映的五代宋初中原與西北地區的文化交往》　敦煌曲續論　(臺北)新文豐出版公司　1996　p. 35

景盛軒　敦煌寫本《大般涅槃經》著録商補　浙江與敦煌學:常書鴻先生誕辰一百周年紀念文集　浙江古籍出版社　2004　p. 353

S. 4675

許建平　《英藏敦煌文獻》(1－8)補遺　英國收藏敦煌漢藏文獻研究:紀念敦煌文獻發現一百周年　中國社會科學出版社　2000　p. 393

S. 4676

陳祚龍　關於研究李唐三藏法師玄奘的"作爲"及其影響之敦煌古抄參考資料　中華佛教文化史散策(初集)　(臺北)新文豐出版公司　1978　p. 372

錢伯泉　墨離軍及其相關問題　《敦煌研究》2003 年第 1 期　p. 68

S. 4677

唐耕耦　陸宏基　敦煌社會經濟文獻真迹釋録(五)　全國圖書館文獻縮微複製中心　1990　p. 48

姜伯勤　敦煌吐魯番與香藥之路　季羡林教授八十華誕紀念論文集(下)　江西人民出版社　1991　p. 845

高啓安　索黛　唐五代敦煌飲食中的餅淺探　《敦煌研究》1998 年第 4 期　p. 77

鄭炳林　晚唐五代敦煌貿易市場的外來商品輯考　中華文史論叢(總 63 輯)　上海古籍出版社　2000　p. 83

高啓安　唐五代敦煌飲食文化研究　民族出版社　2004　p. 39

S. 4678

金岡照光　敦煌における地獄文獻:敦煌庶民信仰の一様相　敦煌と中國仏教(講座敦煌 7)　(東京)大東出版社　1984　p. 570

黄霞　佛說相好經　藏外佛教文獻(第三輯)　宗教文化出版社　1997　p. 405

方廣錩　相好經　敦煌學大辭典　上海辭書出版社　1998　p. 730

張先堂　觀相念佛:盛唐至北宋一度流行的淨土教行儀　《敦煌研究》2005 年第 5 期　p. 33

S. 4679

三木榮　西域出土醫藥關係文獻綜合解說目録　『東洋學報』(47 卷 1 號)　(東京)東洋學術協會　1964　p. 13

鄭炳林　唐五代敦煌的醫事研究　敦煌歸義軍史專題研究　蘭州大學出版社　1997　p. 519

馬繼興　當前世界各地收藏的中國出土卷子本古醫藥文獻備考　敦煌吐魯番研究(第六卷)　北京大學出版社　2002　p. 136

S. 4680

高田時雄　チベット文字書寫「長卷」の研究(本文编)　『東方學報』(第 65 號)　京都大學人文科學研究所　1993　p. 369

井ノロ泰淳　敦煌本『仏名經』の諸系統　中央アジアの言語と仏教　(京都)法藏館　1995　p. 320

井ノロ泰淳　敦煌本「禮懺文」　中央アジアの言語と仏教　(京都)法藏館　1995　p. 359

鄭炳林　敦煌碑銘讚輯釋　甘肅教育出版社　1997　p. 544 注 1

S. 4681

嚴靈峰　老子《想爾注》寫本殘卷質疑　(臺北)《大陸雜誌》1965 年第 6 期　又見:中國敦煌學百年文庫・文獻卷(一)　甘肅文化出版社　1999　p. 496

今枝二郎　道德真經玄宗御注本について(一)　『中國古典研究』(第 15 號)　(東京)早稲田大學中國古典研究會　1967　p. 31

鄭良樹　敦煌老子寫本考異　(臺北)《大陸雜誌》1981 年第 2 期　又見:中國敦煌學百年文庫・宗教卷(三)　甘肅文化出版社　1999　p. 70

楠山春樹　道德經類 付『莊子』『列子』『文子』　敦煌と　中國道教(講座敦煌 4)　(東京)大東出版社　1983　p. 33
王卡　老子道德經河上公章句　中華書局　1993　p. 15
白化文　老子道德經河上公章句　敦煌學大辭典　上海辭書出版社　1998　p. 776
王卡　敦煌道教文獻研究　中國社會科學出版社　2004　p. 11、168
朱大星　敦煌寫卷李榮《老子注》及相關問題　浙江與敦煌學:常書鴻先生誕辰一百周年紀念文集　浙江古籍出版社　2004　p. 379
王卡　敦煌道教綜述　敦煌與絲路文化學術講座(第二輯)　北京圖書館出版社　2005　p. 380
朱大星　從出土文獻看《老子》的分章:以《道經》三十六章、《德經》四十五章的分章形式爲中心　文史(第二輯)　中華書局　2006　p. 115

S. 4682

西村元佑　唐代吐魯番における均田制の意義　西域文化研究(第二)・敦煌吐魯番社會經濟資料(上)　(京都)法藏館　1959　p. 330
西嶋定生　吐魯番出土文書より見たる均田制の實行狀態　西域文化研究(第二)・敦煌吐魯番社會經濟資料(上)　(京都)法藏館　1959　p. 204
陳祚龍　瓜沙印録　(臺北)《大陸雜誌》1962 年第 4 期　又見:敦煌學概要　(臺北)編譯館"中華叢書編委會"　1981　p. 266 ; 中國敦煌學百年文庫・考古卷(一)　甘肅文化出版社　1999　p. 185
土肥義和　唐令よりみたる現存唐代戶籍の基礎的研究(上)　(東京)『東洋學報』(52 卷 1 號)　(東京)東洋學術協會　1969　p. 94
池田溫　中國古代籍帳研究:概觀・録文　東京大學東洋文化研究所　1979　p. 235
土肥義和著　凍國棟譯　唐代均田制的給田基準考　《魏晉南北朝隋唐史資料》1984 年第 6 期　p. 79
西村元佑著　姜鎮慶譯　唐代均田制下授田的實際情況　敦煌學譯文集　甘肅人民出版社　1985　p. 608
西嶋定生著　姜鎮慶譯　從吐魯番出土文書看實施均田制的狀況　敦煌學譯文集　甘肅人民出版社　1985　p. 323、470 注 39
唐耕耦　陸宏基　敦煌社會經濟文獻真迹釋録(二)　全國圖書館文獻縮微複製中心　1990　p. 488
王永興　敦煌經濟文書導論　(臺北)新文豐出版公司　1994　p. 9
黃永年　唐代史事考釋　(臺北)聯經出版公司　1998　p. 466
沙知　高昌縣之印　敦煌學大辭典　上海辭書出版社　1998　p. 293
丘古耶夫斯基　敦煌漢文文書　上海古籍出版社　2000　p. 62
羅豐　胡漢之間:"絲綢之路"與西北歷史考古　文物出版社　2004　p. 229

S. 4683

王三慶　敦煌寫卷中武后新字之調查研究　唐代研究論集(第三輯)　(臺北)新文豐出版公司　1992　p. 92

S. 4685

向達　倫敦所藏敦煌卷子經眼目録　《北平圖書館圖書季刊》1939 年新第 1 卷第 4 期　p. 397　又見:唐代長安與西域文明　三聯書店　1957　p. 226

唐耕耦　陸宏基　敦煌社會經濟文獻真迹釋録(五)　全國圖書館文獻縮微複製中心　1990　p. 40
姜伯勤　論高昌胡天與敦煌祆寺　《世界宗教研究》1993 年第 1 期　又見:中國敦煌學百年文庫・宗教卷(三)　甘肅文化出版社　1999　p. 511
高啓安　唐宋時期敦煌人名探析　《敦煌研究》1997 年第 4 期　p. 123
譚蟬雪　榮親　敦煌學大辭典　上海辭書出版社　1998　p. 440
張弓　英國收藏敦煌文獻敘録　英國收藏敦煌漢藏文獻研究:紀念敦煌文獻發現一百周年　中國社會科學出版社　2000　p. 159
鄭炳林　晚唐五代敦煌貿易市場的外來商品輯考　中華文史論叢(總 63 輯)　上海古籍出版社　2000　p. 60
曾良　敦煌文獻字義通釋　廈門大學出版社　2001　p. 6
董志翹　敦煌社會經濟文書詞語散釋　中國俗文化研究(第一輯)　巴蜀書社　2003　p. 132
陳麗萍　中古時期敦煌地區財婚風氣略論　麥積山石窟藝術文化論文集(下)　蘭州大學出版社　2004　p. 265
董志翹　敦煌社會經濟文獻詞語略考　浙江與敦煌學:常書鴻先生誕辰一百周年紀念文集　浙江古籍出版社　2004　p. 494
高啓安　唐五代敦煌飲食文化研究　民族出版社　2004　p. 50、204

S. 4686

唐耕耦　陸宏基　敦煌社會經濟文獻真迹釋録(三)　全國圖書館文獻縮微複製中心　1990　p. 561
方廣錩　敦煌佛教經録輯校　江蘇古籍出版社　1997　p. 664

S. 4687

唐耕耦　陸宏基　敦煌社會經濟文獻真迹釋録(三)　全國圖書館文獻縮微複製中心　1990　p. 250
黄正建　敦煌文書與唐五代北方地區的飲食生活　魏晋南北朝隋唐史資料(第 11 輯)　武漢大學出版社　1991　p. 263
鄭炳林　敦煌碑銘讚輯釋　甘肅教育出版社　1997　p. 142 注 2
鄭炳林　唐五代敦煌的粟特人與佛教　敦煌歸義軍史專題研究　蘭州大學出版社　1997　p. 448
高啓安　索黛　敦煌古代僧人官齋飲食檢閱　《敦煌研究》1998 年第 3 期　p. 67、72
譚蟬雪　胡餅　敦煌學大辭典　上海辭書出版社　1998　p. 444
譚蟬雪　蒸餅　敦煌學大辭典　上海辭書出版社　1998　p. 445
高啓安　王璽玉　唐五代敦煌人的飲食品種研究　《敦煌研究》1999 年第 2 期　p. 65
高啓安　晚唐五代敦煌僧人飲食戒律初探　敦煌佛教藝術文化國際學術研討會論文集　蘭州大學出版社　2002　p. 387
高啓安　唐五代敦煌飲食文化研究　民族出版社　2004　p. 171、364
李正宇　晚唐至宋敦煌僧人聽食“淨肉”　敦煌學(第 25 輯)　(臺北)樂學書局有限公司　2004　p. 181
黄正建　敦煌資料與唐五代人的衣食住行　敦煌與絲路文化學術講座(第二輯)　北京圖書館出版社　2005　p. 114

S. 4688

方廣錩　敦煌佛教經録輯校　江蘇古籍出版社　1997　p. 592
方廣錩　戊戌年六月四日排大乘寺《般若經》欠在目　敦煌學大辭典　上海辭書出版社　1998

p. 753
鄭炳林　晚唐五代敦煌地區《大般若經》的流傳與信仰　麥積山石窟藝術文化論文集(下)　蘭州大學出版社　2004　p. 111

S. 4689

向達　倫敦所藏敦煌卷子經眼目録　《北平圖書館圖書季刊》1939 年新第 1 卷第 4 期　p. 397　又見:唐代長安與西域文明　三聯書店　1957　p. 226
芳村修基　土橋秀高　井ノロ泰淳　敦煌佛教史年表　西域文化研究(第一)・敦煌佛教資料　(京都)法藏館　1958　p. 280
土肥義和　はじめに——歸義軍節度使の敦煌支配　敦煌の歴史(講座敦煌 2)　(東京)大東出版社　1980　p. 274
姜伯勤　唐五代敦煌寺戶制度　中華書局　1987　p. 145
唐耕耦　陸宏基　敦煌社會經濟文獻真迹釋録(三)　全國圖書館文獻縮微複製中心　1990　p. 524
謝重光　白文固　中國僧官制度史　青海人民出版社　1990　p. 135
榮新江　歸義軍改元考　文史(第三十八輯)　中華書局　1994　p. 51
榮新江　歸義軍史研究　上海古籍出版社　1996　p. 54
公維章　文讕　敦煌寺院中的會計:直歲　《敦煌學輯刊》1997 年第 2 期　p. 119
唐耕耦　敦煌寺院會計文書研究　(臺北)新文豐出版公司　1997　p. 52
郝春文　功德司　敦煌學大辭典　上海辭書出版社　1998　p. 634
李正宇　司　敦煌學大辭典　上海辭書出版社　1998　p. 382
榮新江　英國圖書館藏敦煌漢文非佛教文獻殘卷概述　敦煌文藪(下)　(臺北)新文豐出版公司　1999　p. 130
鄭炳林　晚唐五代敦煌地區種植棉花研究　《中國史研究》1999 年第 3 期　p. 93
楊森　《辛巳年六月十六日社人于燈司倉貸粟曆》文書之定年　《敦煌學輯刊》2001 年第 2 期　p. 18
姜亮夫　敦煌莫高窟年表　姜亮夫全集(十一)　雲南人民出版社　2002　p. 535
湛如　敦煌佛教律儀制度研究　中華書局　2003　p. 41

S. 4690

金岡照光　敦煌漢文文學文獻の寫本及び影印の收集保存、整理研究の現狀　敦煌出土文學文獻分類目録・附解說　(東京)東洋文庫　1971　p. 169
金岡照光　敦煌文學のさまざま　敦煌の文學　(東京)大蔵出版株式會社　1971　p. 131
加地哲定　增補中國佛教文學研究　(東京)同朋舍　1979　p. 201
鄭阿財　敦煌孝道文學研究　(臺北)石門圖書公司　1982　p. 532
孫其芳　詞　敦煌文學　甘肅人民出版社　1989　p. 214
加地哲定著　劉衛星譯　中國佛教文學　今日中國出版社　1990　p. 172
周紹良　敦煌文學芻議及其它　(臺北)新文豐出版公司　1992　p. 38
蕭登福　道教星斗符印與佛教密宗　(臺北)新文豐出版公司　1993　p. 13
蕭登福　道教與密宗　(臺北)新文豐出版公司　1993　p. 188
蕭登福　道教與佛教　(臺北)東大圖書公司　1995　p. 52
砂岡和子　敦煌散花樂和聲曲輯考　敦煌佛教文化研究　社科縱橫編輯部　1996　p. 22
柴劍虹　散蓮花樂　敦煌學大辭典　上海辭書出版社　1998　p. 545
林仁昱　論敦煌佛教歌曲向通俗傳播的內容　中國俗文化研究(第一輯)　巴蜀書社　2003　p. 188

S. 4692

陳祚龍　敦煌古抄內典尾記彙校初、二、三編合刊　敦煌學要籥　(臺北)新文豐出版公司　1982　p. 150

池田溫　中國古代寫本識語集録　(東京)大藏出版株式會社　1990　p. 516

S. 4693

金岡照光　敦煌漢文文學文獻の文學形態上の種類とその分類　敦煌出土文學文獻分類目録・附解說　(東京)東洋文庫　1971　p. 229

井ノ口泰淳　敦煌本『仏名經』の諸系統　中央アジアの言語と仏教　(京都)法藏館　1995　p. 308

S. 4696

向達　倫敦所藏敦煌卷子經眼目録　《北平圖書館圖書季刊》1939 年新第 1 卷第 4 期　p. 397　又見:唐代長安與西域文明　三聯書店　1957　p. 226

李正宇　敦煌方音止遇二攝混同及其校勘學意義　《敦煌研究》1986 年第 4 期　p. 50

土田健次郎　儒教典籍　敦煌漢文文獻(講座敦煌 5)　(東京)大東出版社　1992　p. 269

張涌泉　敦煌俗字彙考　敦煌俗字研究　上海教育出版社　1996　p. 6

鄭炳林　唐五代敦煌手工業研究　敦煌歸義軍史專題研究　蘭州大學出版社　1997　p. 242

李方　敦煌《論語集解》校正　江蘇古籍出版社　1998　p. 830

許建平　《俄藏敦煌文獻》儒家經典類寫本的定名與綴合　漢語史學報專輯(第三輯)　上海教育出版社　2003　p. 312

S. 4700

池田溫　中國古代籍帳研究:概観・録文　東京大學東洋文化研究所　1979　p. 645

李正宇　敦煌地區古代祠廟寺觀簡志　《敦煌學輯刊》1988 年第 1、2 期　p. 79

山本達郎等　敦煌・IV 納贈曆・納色物曆等　『NUN – HUANG AND TURFAN DOCUMENTS CONCERNING SOCIAL AND ECONOMIC HISTORY』(IV)　(東京)東洋文庫　1989　p. 99

山本達郎等　敦煌・V 計會文書　『NUN – HUANG AND TURFAN DOCUMENTS CONCERNING SOCIAL AND ECONOMIC HISTORY』(IV)　(東京)東洋文庫　1989　p. 127

唐耕耦　陸宏基　敦煌社會經濟文獻真迹釋録(四)　全國圖書館文獻縮微複製中心　1990　p. 10

李正宇　敦煌遺書宋人詩輯校　《敦煌研究》1992 年第 2 期　p. 44

土肥義和　九・十世紀の敦煌莫高窟を支えた人々　中國の都市と農村　(東京)汲古書院　1992　p. 438

譚蟬雪　敦煌婚姻文化　甘肅人民出版社　1993　p. 22

土肥義和　唐・北宋間の「社」の組織形態に関する一考察　中國古代の國家と民衆(堀敏一先生古稀記念)　(東京)汲古書院　1995　p. 723

李正宇　敦煌史地新論　(臺北)新文豐出版公司　1996　p. 92

唐耕耦　敦煌研究拾遺補缺二則　《敦煌研究》1996 年第 4 期　p. 113

鄭炳林　唐五代敦煌粟特人與歸義軍政權　《敦煌研究》1996 年第 4 期　p. 91　又見:敦煌歸義軍史專題研究　蘭州大學出版社　1997　p. 421

方中　箋釋"使君"　《敦煌學輯刊》1997 年第 2 期　p. 117

馮培紅　唐五代敦煌的河渠水利與水司管理機構初探　《敦煌學輯刊》1997 年第 2 期　p. 78

馮培紅　晚唐五代宋初歸義軍武職軍將研究　敦煌歸義軍史專題研究　蘭州大學出版社　1997

p. 115、145
高啓安　唐宋時期敦煌人名探析　《敦煌研究》1997 年第 4 期　p. 125
劉永連　1996—1997 年大陸地區唐代學術研究概況：敦煌學　"中國唐代學會"會刊(第八期)　(臺北)"中國唐代學會"　1997　p. 115
齊陳俊　馮培紅　晚唐五代宋初歸義軍政權中"十將"及下屬諸職考　敦煌歸義軍史專題研究　蘭州大學出版社　1997　p. 30
鄭炳林　敦煌碑銘讚輯釋　甘肅教育出版社　1997　p. 60 注 9
鄭炳林　唐五代敦煌手工業研究　敦煌歸義軍史專題研究　蘭州大學出版社　1997　p. 271
高啓安　索黛　敦煌古代僧人官齋飲食檢閲　《敦煌研究》1998 年第 3 期　p. 64
李正宇　醜賤名　敦煌學大辭典　上海辭書出版社　1998　p. 451
李正宇　數字取名　敦煌學大辭典　上海辭書出版社　1998　p. 451
譚蟬雪　榮親　敦煌學大辭典　上海辭書出版社　1998　p. 440
楊森　跋《子年三月五日計料海濟受戒衣缽具色一一如後》帳及卷背《釋門教授帖》文書　《敦煌研究》1998 年第 4 期　p. 103
馬德　敦煌文書《諸寺付經歷》芻議　《敦煌學輯刊》1999 年第 1 期　p. 39
徐俊　敦煌詩集殘卷輯考　中華書局　2000　p. 838
郝春文　《勘尋永安寺法律願慶與老宿紹建相諍根由狀》及相關問題考　戒幢佛學(第二卷)　岳麓書社　2002　p. 81
徐曉麗　敦煌石窟所見天公主考辨　《敦煌學輯刊》2002 年第 2 期　p. 81
徐曉麗　鄭炳林　晚唐五代敦煌吐谷渾與吐蕃移民婦女研究　《敦煌學輯刊》2002 年第 2 期　p. 9
劉進寶　關於歸義軍時期稅草的兩個問題　2000 年敦煌學國際學術討論會文集·歷史文化卷(上)　甘肅民族出版社　2003　p. 171
沙武田　趙曉星　歸義軍時期敦煌文獻中的太子　《敦煌研究》2003 年第 4 期　p. 48
高啓安　唐五代敦煌飲食文化研究　民族出版社　2004　p. 213、276
金瀅坤　敦煌社會經濟文書定年拾遺　《首都師範大學學報》2006 年第 1 期　p. 11

S. 4701
王永興　隋唐五代經濟史料彙編校注·第一編(下)　中華書局　1987　p. 924
張錫厚　敦煌詩歌考論　《敦煌學輯刊》1989 年第 2 期　p. 25
張錫厚　詩歌　敦煌文學　甘肅人民出版社　1989　p. 172
唐耕耦　陸宏基　敦煌社會經濟文獻真迹釋録(三)　全國圖書館文獻縮微複製中心　1990　p. 400
唐耕耦　敦煌寺院會計文書研究　(臺北)新文豐出版公司　1997　p. 308
郝春文　唐後期五代宋初敦煌僧尼的社會生活　中國社會科學出版社　1998　p. 104
郝春文　唐後期五代宋初敦煌僧人的稅役負擔　《敦煌學輯刊》1998 年第 2 期　p. 3
李正宇　司　敦煌學大辭典　上海辭書出版社　1998　p. 382
沙知　敦煌契約文書輯校　江蘇古籍出版社　1998　p. 410
唐耕耦　執物僧　敦煌學大辭典　上海辭書出版社　1998　p. 639
高啓安　唐五代至宋敦煌的量器及量制　《敦煌學輯刊》1999 年第 1 期　p. 66
杜琪　敦煌詩賦作品要目分類題注　《甘肅社會科學》2000 年第 1 期　p. 63
丘古耶夫斯基　敦煌漢文文書　上海古籍出版社　2000　p. 133、136
榮新江　敦煌學十八講　北京大學出版社　2001　p. 219
山本達郎等　補(III)契·敦煌發現契　『NUN – HUANG AND TURFAN DOCUMENTS CONCERNING

SOCIAL AND ECONOMIC HISTORY』(Sup. p. lemrnts)　(東京)東洋文庫　2001　p. 63

郝春文　《勘尋永安寺法律願慶與老宿紹建相諍根由狀》及相關問題考　戒幢佛學(第二卷)　岳麓書社　2002　p. 81　又見:中日敦煌佛教學術會議論文集　中國社會科學院研究所　2002　p. 57

榮新江　郝春文《唐後期五代宋初敦煌僧尼的社會生活》評介　敦煌學新論　甘肅教育出版社　2002　p. 240

王啓濤　中古及近代法制文書語言研究　巴蜀書社　2003　p. 134、155、230

金瀅坤　敦煌社會經濟文書定年拾遺　《首都師範大學學報》2006 年第 1 期　p. 10

S. 4702

向達　倫敦所藏敦煌卷子經眼目録　《北平圖書館圖書季刊》1939 年新第 1 卷第 4 期　p. 397　又見:唐代長安與西域文明　三聯書店　1957　p. 226

王永興　隋唐五代經濟史料彙编校注・第一编(下)　中華書局　1987　p. 924

唐耕耦　陸宏基　敦煌社會經濟文獻真迹釋録(三)　全國圖書館文獻縮微複製中心　1990　p. 396

唐耕耦　敦煌寺院會計文書研究　(臺北)新文豐出版公司　1997　p. 310

鄭炳林　敦煌碑銘讚輯釋　甘肅教育出版社　1997　p. 143 注 2

沙知　敦煌契約文書輯校　江蘇古籍出版社　1998　p. 391

高啓安　唐五代至宋敦煌的量器及量制　《敦煌學輯刊》1999 年第 1 期　p. 66

丘古耶夫斯基　敦煌漢文文書　上海古籍出版社　2000　p. 136

山本達郎等　補(III)契・敦煌發現契　『NUN – HUANG AND TURFAN DOCUMENTS CONCERNING SOCIAL AND ECONOMIC HISTORY』(Sup. p. lemrnts)　(東京)東洋文庫　2001　p. 63

王啓濤　中古及近代法制文書語言研究　巴蜀書社　2003　p. 124、155、240

黑維强　吐魯番出土文書詞語例釋(二)　《敦煌學輯刊》2005 年第 2 期　p. 192

金瀅坤　敦煌社會經濟文書定年拾遺　《首都師範大學學報》2006 年第 1 期　p. 11、14

S. 4703

姜伯勤　敦煌的"畫行"與"畫院"　1983 年全國敦煌學術討論會文集・石窟藝術編(下)　甘肅人民出版社　1987　p. 187

姜伯勤　唐五代敦煌寺戸制度　中華書局　1987　p. 248

高國藩　敦煌民俗學　上海文藝出版社　1989　p. 61

凍國棟　吐魯番出土文書所見唐代前期西州的工匠　敦煌吐魯番文書初探(二編)　武漢大學出版社　1990　p. 315

唐耕耦　陸宏基　敦煌社會經濟文獻真迹釋録(四)　全國圖書館文獻縮微複製中心　1990　p. 3

高國藩　敦煌民俗資料導論　(臺北)新文豐出版公司　1993　p. 16

土肥義和　唐・北宋間の「社」の組織形態に関する一考察　中國古代の國家と民衆(堀敏一先生古稀記念)　(東京)汲古書院　1995　p. 726

鄭炳林　敦煌寫本解夢書概述　《敦煌學輯刊》1995 年第 2 期　p. 19

鄭炳林　羊萍　敦煌本夢書　甘肅文化出版社　1995　p. 25

姜伯勤　敦煌藝術宗教與禮樂文明　中國社會科學出版社　1996　p. 28

鄭炳林　唐五代敦煌粟特人與歸義軍政權　《敦煌研究》1996 年第 4 期　p. 91　又見:敦煌歸義軍史專題研究　蘭州大學出版社　1997　p. 422

李正宇　敦煌歷史地理導論　(臺北)新文豐出版公司　1997　p. 62、226

馬德　敦煌工匠史料　甘肅人民出版社　1997　p. 54、73
鄭炳林　敦煌碑銘讚輯釋　甘肅教育出版社　1997　p. 159 注 4
鄭炳林　唐五代敦煌手工業研究　敦煌歸義軍史專題研究　蘭州大學出版社　1997　p. 245、264
鄭炳林　晚唐五代敦煌園囿經濟研究　敦煌歸義軍史專題研究　蘭州大學出版社　1997　p. 329
李正宇　村莊　敦煌學大辭典　上海辭書出版社　1998　p. 305
高啓安　崇高與卑賤:敦煌的佛教信仰賤名再探　'98 法門寺唐文化國際學術討論會論文集　陝西人民出版社　2000　p. 250
丘古耶夫斯基　敦煌漢文文書　上海古籍出版社　2000　p. 135
鄭炳林　晚唐五代敦煌村莊聚落輯考　2000 年敦煌學國際學術討論會文集・歷史文化卷(上)　甘肅民族出版社　2003　p. 159
趙曉星　寇甲　西魏:歸義軍時期敦煌地區的史姓　《敦煌學輯刊》2005 年第 2 期　p. 137
金瀅坤　敦煌社會經濟文書定年拾遺　《首都師範大學學報》2006 年第 1 期　p. 12

S. 4704

向達　倫敦所藏敦煌卷子經眼目録　《北平圖書館圖書季刊》1939 年新第 1 卷第 4 期　p. 397　又見:唐代長安與西域文明　三聯書店　1957　p. 226
姜伯勤　唐五代敦煌寺戶制度　中華書局　1987　p. 278
唐耕耦　陸宏基　敦煌社會經濟文獻真迹釋録(三)　全國圖書館文獻縮微複製中心　1990　p. 576
李正宇　敦煌歷史地理導論　(臺北)新文豐出版公司　1997　p. 61
鄭炳林　敦煌碑銘讚輯釋　甘肅教育出版社　1997　p. 474 注 14
鄭炳林　唐五代敦煌畜牧區域研究　敦煌歸義軍史專題研究　蘭州大學出版社　1997　p. 221
李正宇　村莊　敦煌學大辭典　上海辭書出版社　1998　p. 304
鄭炳林　晚唐五代敦煌村莊聚落輯考　2000 年敦煌學國際學術討論會文集・歷史文化卷(上)　甘肅民族出版社　2003　p. 146

S. 4705

劉銘恕　再記英國倫敦所藏的敦煌經卷　《中國科學院圖書館通訊》1957 年第 7 期　又見:中國敦煌學百年文庫・綜述卷(二)　甘肅文化出版社　1999　p. 140
姜伯勤　敦煌音聲人略論　《敦煌研究》1988 年第 4 期　p. 1
唐耕耦　陸宏基　敦煌社會經濟文獻真迹釋録(三)　全國圖書館文獻縮微複製中心　1990　p. 289
李正宇　敦煌歌舞三劄　《敦煌研究》1992 年第 4 期　p. 52
高國藩　敦煌民俗資料導論　(臺北)新文豐出版公司　1993　p. 173
黃征　敦煌願文《兒郎偉》輯考　(香港)《九州學刊》(敦煌學專輯)1993 年第 5 卷第 4 期　p. 78
李正宇　敦煌文學概論　甘肅人民出版社　1993　p. 108、115
譚禪雪　敦煌歲時掇瑣　(香港)《九州學刊》(敦煌學專輯)1993 年第 5 卷第 4 期　p. 94
姜伯勤　敦煌悉磨遮爲蘇摩遮樂舞考　《敦煌研究》1996 年第 3 期　p. 3
姜伯勤　敦煌藝術宗教與禮樂文明　中國社會科學出版社　1996　p. 510、530、592
馮培紅　唐五代敦煌的河渠水利與水司管理機構初探　《敦煌學輯刊》1997 年第 2 期　p. 77
馬德　敦煌工匠史料　甘肅人民出版社　1997　p. 75
張弓　漢唐佛寺文化史　中國社會科學出版社　1997　p. 861
鄭炳林　唐五代敦煌手工業研究　敦煌歸義軍史專題研究　蘭州大學出版社　1997　p. 241、267
鄭炳林　晚唐五代敦煌貿易市場的物價　敦煌歸義軍史專題研究　蘭州大學出版社　1997　p. 286

譚蟬雪　敦煌歲時文化導論　(臺北)新文豐出版公司　1998　p. 127
譚蟬雪　寒食設座　敦煌學大辭典　上海辭書出版社　1998　p. 435
蘇金花　唐、五代敦煌地區的商品貨幣形態　《敦煌研究》1999 年第 2 期　p. 97
李正宇　沙州歸義軍樂營及其職事　敦煌吐魯番研究(第五卷)　北京大學出版社　2001　p. 223
譚蟬雪　唐宋敦煌歲時佛俗　《敦煌研究》2001 年第 1 期　p. 97
曾良　敦煌文獻字義通釋　廈門大學出版社　2001　p. 79
張國剛　佛學與隋唐社會　河北人民出版社　2002　p. 255
乜小紅　唐五代敦煌音聲人試探　《敦煌研究》2003 年第 3 期　p. 77
曾良　敦煌文獻字義劄記　2000 年敦煌學國際學術討論會文集・歷史文化卷(下)　甘肅民族出版社　2003　p. 467
鄭炳林　晚唐五代敦煌村莊聚落輯考　2000 年敦煌學國際學術討論會文集・歷史文化卷(上)　甘肅民族出版社　2003　p. 157
高啓安　唐五代敦煌飲食文化研究　民族出版社　2004　p. 382
湯涒　敦煌曲子詞地域文化研究　上海古籍出版社　2004　p. 108
趙紅　高啓安　唐五代時期敦煌僧人飲食概述　麥積山石窟藝術文化論文集(下)　蘭州大學出版社　2004　p. 291
高啓安　趙紅　敦煌"玉女"考屑　《敦煌研究》2005 年第 2 期　p. 70
李正宇　晚唐至北宋敦煌僧尼普聽飲酒　《敦煌研究》2005 年第 3 期　p. 70
趙曉星　寇甲　西魏:歸義軍時期敦煌地區的史姓　《敦煌學輯刊》2005 年第 2 期　p. 138

S. 4706

姜伯勤　唐五代敦煌寺戶制度　中華書局　1987　p. 248
唐耕耦　陸宏基　敦煌社會經濟文獻真迹釋録(三)　全國圖書館文獻縮微複製中心　1990　p. 32
郝春文　唐後期五代宋初沙州的方等道場與方等道場司　唐研究(第二卷)　北京大學出版社　1996　p. 70
鄭炳林　唐五代敦煌粟特人與歸義軍政權　《敦煌研究》1996 年第 4 期　p. 92　又見:敦煌歸義軍史專題研究　蘭州大學出版社　1997　p. 424
唐耕耦　敦煌寺院會計文書研究　(臺北)新文豐出版公司　1997　p. 293
鄭炳林　唐五代敦煌的粟特人與佛教　敦煌歸義軍史專題研究　蘭州大學出版社　1997　p. 459
鄭炳林　楊富學　晚唐五代金銀在敦煌的使用與流通　《甘肅金融》1997 年第 8 期　又見:中國敦煌學百年文庫・歷史卷(二)　甘肅文化出版社　1999　p. 581
郝春文　唐後期五代宋初敦煌僧尼的社會生活　中國社會科學出版社　1998　p. 34
郝春文　唐後期五代宋初敦煌寺院常住什物的數量及與僧人的關係　《敦煌研究》1998 年第 2 期　p. 118、126
沙知　梁戶　敦煌學大辭典　上海辭書出版社　1998　p. 651
唐耕耦　常住什物交割點檢曆　敦煌學大辭典　上海辭書出版社　1998　p. 648
土肥義和　唐・北宋の間:敦煌の杜家親情社追補社條(S. 8160rv)について　唐代史研究(創刊號)　(東京)唐代史研究會　1998　p. 19
郝春文　英藏敦煌社會歷史文獻釋録(第一卷)　科學出版社　2001　p. 429
乜小紅　唐宋敦煌毛紡織業述略　敦煌學(第 23 輯)　(臺北)樂學書局有限公司　2002　p. 118
鄭炳林　晚唐五代敦煌諸寺藏經與管理　新世紀敦煌學論集　巴蜀書社　2003　p. 339
高啓安　唐五代敦煌飲食文化研究　民族出版社　2004　p. 83

馮培紅　歸義軍鎮制考　敦煌吐魯番研究（第九卷）　北京大學出版社　2006　p. 265
金瀅坤　敦煌社會經濟文書定年拾遺　《首都師範大學學報》2006 年第 1 期　p. 10、14
金瀅坤　敦煌社會經濟文獻綴合拾遺　《敦煌研究》2006 年第 2 期　p. 89

S. 4707

向達　倫敦所藏敦煌卷子經眼目録　《北平圖書館圖書季刊》1939 年新第 1 卷第 4 期　p. 397　又見：唐代長安與西域文明　三聯書店　1957　p. 226
唐耕耦　陸宏基　敦煌社會經濟文獻真迹釋録（三）　全國圖書館文獻縮微複製中心　1990　p. 566
鄭炳林　敦煌碑銘讚輯釋　甘肅教育出版社　1997　p. 314 注 5
郝春文　唐後期五代宋初敦煌僧尼的社會生活　中國社會科學出版社　1998　p. 89
黄正建　敦煌文書所見唐宋之際敦煌民衆住房面積考略　敦煌吐魯番研究（第三卷）　北京大學出版社　1998　p. 209
黄正建　唐代衣食住行研究　首都師範大學出版社　1998　p. 142
沙知　敦煌契約文書輯校　江蘇古籍出版社　1998　p. 46
謝桃坊　敦煌文化尋繹　四川人民出版社　1999　p. 210
趙雲旗　唐代土地買賣研究　中國財政經濟出版社　2000　p. 251
郝春文　營造寄託：中國六至十世紀造寺功德的探討　佛教與歷史文化　宗教文化出版社　2001　p. 419
黄正建　敦煌資料與唐五代人的衣食住行　敦煌與絲路文化學術講座（第二輯）　北京圖書館出版社　2005　p. 119

S. 4708

平井俊榮　敦煌仏典と中國仏教　敦煌と中國仏教（講座敦煌 7）（東京）大東出版社　1984　p. 8

S. 4710

藤枝晃　敦煌の僧尼籍　『東方學報』（第 35 號）　京都大學人文科學研究所　1964　p. 331
池田溫　中國古代籍帳研究：概觀・録文　東京大學東洋文化研究所　1979　p. 587
楊際平　關於唐天寶敦煌差科簿的幾個問題　敦煌吐魯番出土經濟文書研究　廈門大學出版社　1986　p. 158
唐耕耦　陸宏基　敦煌社會經濟文獻真迹釋録（二）　全國圖書館文獻縮微複製中心　1990　p. 470
高啓安　唐宋時期敦煌人名探析　《敦煌研究》1997 年第 4 期　p. 123
伏俊璉　《駕幸溫泉賦》補正　敦煌吐魯番研究（第三卷）　北京大學出版社　1998　p. 60
李正宇　醜賤名　敦煌學大辭典　上海辭書出版社　1998　p. 451
高啓安　崇高與卑賤：敦煌的佛教信仰賤名再探　'98 法門寺唐文化國際學術討論會論文集　陝西人民出版社　2000　p. 251
雷紹鋒　歸義軍賦役制度初探　（臺北）洪葉文化事業有限公司　2000　p. 119 注 4
丘古耶夫斯基　敦煌漢文文書　上海古籍出版社　2000　p. 64
劉進寶　歸義軍政權初期的人口調查和土地調整　《敦煌研究》2004 年第 2 期　p. 59

S. 4711

加地哲定著　劉衛星譯　中國佛教文學　今日中國出版社　1990　p. 122
張弓　英國收藏敦煌文獻叙録　英國收藏敦煌漢藏文獻研究：紀念敦煌文獻發現一百周年　中國社

會科學出版社　2000　p. 160
王三慶　敦煌文獻《諸雜齋文》一本研究　敦煌學(第 24 輯)　(臺北)樂學書局有限公司　2003　p. 3　又見:2000 年敦煌學國際學術討論會文集·歷史文化卷(下)　甘肅民族出版社　2003　p. 537

S. 4712
川崎ミチコ　禮讚文·塔文　敦煌仏典と禪(講座敦煌 8)　(東京)大東出版社　1980　p. 308
汪娟　敦煌禮懺文研究　(臺北)法鼓文化公司　1994　p. 201
方廣錩　金剛五禮　敦煌學大辭典　上海辭書出版社　1998　p. 724
湛如　評《敦煌禮懺文研究》　敦煌吐魯番研究(第四卷)　北京大學出版社　1999　p. 620
達照　《金剛經》相關的懺法初探　法源(第 18 期)　中國佛學院　2000　p. 215
達照　金剛五禮　藏外佛教文獻(第七輯)　宗教文化出版社　2000　p. 52

S. 4713
蕭登福　從敦煌寫卷中看道教星斗崇拜對佛經之影響　第二屆敦煌學國際研討會論文集　(臺北)漢學研究中心　1990　p. 335

S. 4715
蕭登福　從敦煌寫卷中看道教星斗崇拜對佛經之影響　第二屆敦煌學國際研討會論文集　(臺北)漢學研究中心　1990　p. 335

S. 4716
石內德　敦煌文獻中被廢棄的殘經抄本　法國漢學(敦煌學專號)　中華書局　2000　p. 22
郭鋒　略論歸義軍時期仲雲人族屬諸問題　唐史與敦煌文獻論稿　中國社會科學出版社　2002　p. 312

S. 4719
江素雲　維摩詰所說經敦煌寫本綜合目録　(臺北)東初出版社　1991　p. 80

S. 4722
蕭登福　從敦煌寫卷中看道教星斗崇拜對佛經之影響　第二屆敦煌學國際研討會論文集　(臺北)漢學研究中心　1990　p. 335

S. 4723
陳祚龍　敦煌古抄內典尾記彙校初、二、三編合刊　敦煌學要籥　(臺北)新文豐出版公司　1982　p. 150
池田溫　中國古代寫本識語集録　(東京)大藏出版株式會社　1990　p. 386
方廣錩　佛說頂尊勝陀羅尼咒　敦煌學大辭典　上海辭書出版社　1998　p. 698
楊富學　李吉和　敦煌漢文吐蕃史料輯校(第一輯)　甘肅人民出版社　1999　p. 284
鄭阿財　朱鳳玉　敦煌蒙書研究　甘肅教育出版社　2002　p. 397

S. 4724

陳祚龍　敦煌學新簡　敦煌文物散論　（臺北）新文豐出版公司　1993　p. 161

鄭阿財　從敦煌文獻看唐代的三教合一　第二屆國際唐代學術會議論文集（上）　（臺北）文津出版社　1993　p. 668 注 16

張涌泉　敦煌本《佛說父母恩重經》研究　文史（第四十九輯）　中華書局　1999　p. 70

馬世長　《父母恩重經》寫本與變相　敦煌研究文集・敦煌石窟經變篇　甘肅民族出版社　2000　p. 398

町田隆吉　『唐咸亨四年（673）左憧熹生前及隨身錢物疏』をめぐって　『西北出土文獻研究』（創刊號）　（新潟）西北出土文獻研究會　2004　p. 69

S. 4728

田德新　敦煌寺院中的都師　《敦煌學輯刊》1997 年第 2 期　p. 123

李正宇　司　敦煌學大辭典　上海辭書出版社　1998　p. 382

S. 4730

藤枝晃　敦煌遺書之分期　敦煌吐魯番學研究論文集　漢語大詞典出版社　1990　p. 12 圖版 6

S. 4732

陳祚龍　敦煌古抄《梁朝傅大士頌金剛經》之考證和校訂　敦煌簡策訂存　（臺北）商務印書館　1983　p. 204

汪泛舟　敦煌文學概論　甘肅人民出版社　1993　p. 563

柳田聖山　禪籍解題（一）・敦煌禪籍　俗語言研究（第二期）　（京都）禪文化研究所　1995　p. 147

張勇　《梁朝傅大士頌金剛經》版本源流考述　敦煌文學論集　四川人民出版社　1997　p. 404

張勇　傅大士研究　巴蜀書社　2000　p. 260

達照　金剛經讚研究　宗教文化出版社　2002　p. 4

達照　金剛經讚集　藏外佛教文獻（第九輯）　宗教文化出版社　2003　p. 41

S. 4734

福井文雅　般若心經　敦煌と中國仏教（講座敦煌 7）　（東京）大東出版社　1984　p. 42

李刈　敦煌壁畫中的《天請問經變相》　《敦煌研究》1991 年第 1 期　p. 2

王惠民　關於《天請問經》和天請問經變的幾個問題　《敦煌研究》1994 年第 4 期　p. 177

S. 4737

方廣錩　佛說月燈三昧經　敦煌學大辭典　上海辭書出版社　1998　p. 664

S. 4739

芳村修基　土橋秀高　井ノ口泰淳　敦煌佛教史年表　西域文化研究（第一）・敦煌佛教資料　（京都）法藏館　1958　p. 270

圓空　《新菩薩經》《勸善經》《救諸衆生苦難經》校録及其流傳背景之探討　《敦煌研究》1992 年第 1 期　p. 53

S. 4743

金岡照光　敦煌における地獄文獻:敦煌庶民信仰の一様相　敦煌と中國仏教(講座敦煌 7)　(東京)大東出版社　1984　p. 570

S. 4745

池田溫　中國古代寫本識語集録　(東京)大蔵出版株式會社　1990　p. 391

S. 4746

池田溫　中國古代寫本識語集録　(東京)大蔵出版株式會社　1990　p. 374

鄭炳林　《康秀華寫經施入疏》與《炫和尚貨賣胡粉曆》研究　敦煌吐魯番研究(第三卷)　北京大學出版社　1998　p. 199

S. 4747

鄭阿財　敦煌蒙書析論　第二届敦煌學國際研討會論文集　(臺北)漢學研究中心　1990　p. 216

東野治之　敦煌と日本の『千字文』　遣唐使と正倉院　(東京)岩波書店　1992　p. 245

東野治之　訓蒙書　敦煌漢文文獻(講座敦煌 5)　(東京)大東出版社　1992　p. 413

鄭阿財　朱鳳玉　敦煌蒙書研究　甘肅教育出版社　2002　p. 21

S. 4749

金岡照光　敦煌の繪物語　(東京)東方書店　1981　p. 95、107

加地哲定著　劉衛星譯　中國佛教文學　今日中國出版社　1990　p. 145

S. 4750

李小榮　變文講唱與華梵宗教藝術　上海三聯書店　2002　p. 134

S. 4751

曲金良　敦煌佛教文學研究　(臺北)文津出版社　1995　p. 38、116

李小榮　敦煌變文"平"、"側"、"斷"諸音聲符號探析　《敦煌學輯刊》2001 年第 2 期　p. 10

S. 4753

王卡　上元經　敦煌學大辭典　上海辭書出版社　1998　p. 761

王卡　敦煌道教文獻研究　中國社會科學出版社　2004　p. 145

S. 4760

向達　倫敦所藏敦煌卷子經眼目録　《北平圖書館圖書季刊》1939 年新第 1 卷第 4 期　p. 397　又見:唐代長安與西域文明　三聯書店　1957　p. 226

芳村修基　土橋秀高　井ノ口泰淳　敦煌佛教史年表　西域文化研究(第一)・敦煌佛教資料　(京都)法藏館　1958　p. 281

王重民原編　黄永武新編　敦煌古籍叙録新編(第七冊)　(臺北)新文豐出版公司　1986　p. 266

李明偉　狀・牒・帖　敦煌文學　甘肅人民出版社　1989　p. 41

唐耕耦　陸宏基　敦煌社會經濟文獻真迹釋録(四)　全國圖書館文獻縮微複製中心　1990　p. 59

汪泛舟　敦煌文學概論　甘肅人民出版社　1993　p. 557

王進玉　敦煌石窟探秘　四川教育出版社　1994　p. 107
郝春文　唐後期五代宋初敦煌僧尼的社會生活　中國社會科學出版社　1998　p. 95
劉鈍　土地計算　敦煌學大辭典　上海辭書出版社　1998　p. 602
池田溫　李盛鐸舊藏敦煌歸義軍後期社會經濟文書簡介　慶祝吴其昱先生八秩華誕敦煌學特刊　（臺北）文津出版社　2000　p. 38
曾良　敦煌文獻字義通釋　廈門大學出版社　2001　p. 118
姜亮夫　敦煌莫高窟年表　姜亮夫全集（十一）　雲南人民出版社　2002　p. 574
楊際平　北朝隋唐均田制新探　岳麓書社　2003　p. 163
湛如　敦煌佛教律儀制度研究　中華書局　2003　p. 44、51
徐曉麗　唐五代敦煌大族出嫁女性初探　麥積山石窟藝術文化論文集（下）　蘭州大學出版社　2004　p. 276
金瀅坤　敦煌社會經濟文書定年拾遺　《首都師範大學學報》2006 年第 1 期　p. 11

S. 4761

向達　倫敦所藏敦煌卷子經眼目録　《北平圖書館圖書季刊》1939 年新第 1 卷第 4 期　p. 397　又見：唐代長安與西域文明　三聯書店　1957　p. 227
李明偉　狀・牒・帖　敦煌文學　甘肅人民出版社　1989　p. 41
中村裕一　唐代官文書研究　（京都）中文出版社　1991　p. 502
周一良　趙和平　晚唐五代時的三種吉凶書儀寫卷研究　唐五代書儀研究　中國社會科學出版社　1995　p. 201
寧可　郝春文　敦煌社邑文書輯校　江蘇古籍出版社　1997　p. 505
譚蟬雪　敦煌歲時文化導論　（臺北）新文豐出版公司　1998　p. 303
榮新江　《英藏敦煌文獻》定名商補　文史（第五十二輯）　中華書局　2000　p. 127　又見：敦煌學新論　甘肅教育出版社　2002　p. 205
榮新江　《英國圖書館藏敦煌漢文非佛教文獻殘卷目録》補正　英國收藏敦煌漢藏文獻研究：紀念敦煌文獻發現一百周年　中國社會科學出版社　2000　p. 385
孫猛　《日本國見在書目録》（經部、史部、集部）失考書考　域外漢籍研究集刊　中華書局　2006　p. 229

S. 4771

江素雲　維摩詰所說經敦煌寫本綜合目録　（臺北）東初出版社　1991　p. 80

S. 4772

井ノロ泰淳　敦煌本『仏名經』の諸系統　中央アジアの言語と仏教　（京都）法藏館　1995　p. 298

S. 4773

王三慶　敦煌寫卷中武后新字之調查研究　唐代研究論集（第三輯）　（臺北）新文豐出版公司　1992　p. 92

S. 4776

石内德　敦煌文獻中被廢棄的殘經抄本　法國漢學（敦煌學專號）　中華書局　2000　p. 20

S. 4780

江素雲　維摩詰所說經敦煌寫本綜合目録　(臺北)東初出版社　1991　p. 80

S. 4781

蘇瑩輝　"敦煌曲"評介　《香港中文大學學報》1974 年第 1 期　又見:敦煌論集續編　(臺北)學生書局　1983　p. 309 ; 中國敦煌學百年文庫・藝術卷(一)　甘肅文化出版社　1999　p. 372

辛夷　讀敦煌俗曲雜識《社科縱橫》1990 年第 6 期　p. 29

楊聯陞　書評:饒宗頤、戴密微合著《敦煌曲》　楊聯陞論文集　中國社會科學出版社　1992　p. 243

張錫厚　敦煌文學源流　作家出版社　2000　p. 333

S. 4782

向達　倫敦所藏敦煌卷子經眼目録《北平圖書館圖書季刊》1939 年新第 1 卷第 4 期　p. 397　又見:唐代長安與西域文明　三聯書店　1957　p. 227

北原薰　晚唐・五代の敦煌寺院経済——収支決算報告を中心に　敦煌の社會(講座敦煌 3)　(東京)大東出版社　1980　p. 438、455

土肥義和　はじめに——歸義軍節度使の敦煌支配　敦煌の歷史(講座敦煌 2)　(東京)大東出版社　1980　p. 274

姜伯勤　敦煌寺院碾磑經營的兩種形式　歷史論叢(第三輯)　齊魯書社　1983　p. 185　又見:五十年來漢唐佛教寺院經濟研究　北京師範大學出版社　1986　p. 231

韓國磐　也談四柱結帳法　敦煌吐魯番出土經濟文書研究　廈門大學出版社　1986　p. 189

姜伯勤　唐五代敦煌寺戶制度　中華書局　1987　p. 145、240

唐耕耦　關於敦煌寺院水磑研究中的幾個問題　《文獻》1988 年第 1 期　p. 180

郝春文　唐後期五代宋初沙州僧尼的特點　敦煌吐魯番學研究論文集　漢語大詞典出版社　1990　p. 857 注 50

唐耕耦　陸宏基　敦煌社會經濟文獻真迹釋録(三)　全國圖書館文獻縮微複製中心　1990　p. 309

謝重光　白文固　中國僧官制度史　青海人民出版社　1990　p. 135

張弓　唐代的寺莊　《魏晉南北朝隋唐史》1990 年第 2 期　p. 55

張弓　中國中古時期寺院地主的非自主發展　《魏晉南北朝隋唐史》1990 年第 9 期　p. 12

姜伯勤　敦煌社會文書導論　(臺北)新文豐出版公司　1992　p. 220

譚禪雪　敦煌歲時掇瑣　(香港)《九州學刊》(敦煌學專輯)1993 年第 5 卷第 4 期　p. 105

王克孝　ДХ2168 號寫本初探　《敦煌學輯刊》1993 年第 2 期　p. 28　又見:1994 年敦煌學國際研討會文集・宗教文史卷(下)　甘肅民族出版社　2000　p. 235

李正宇　敦煌史地新論　(臺北)新文豐出版公司　1996　p. 79、98

公維章　文謳　敦煌寺院中的會計:直歲　《敦煌學輯刊》1997 年第 2 期　p. 119

郝春文　關於唐後期五代宋初沙州僧俗的施捨問題　唐研究(第三卷)　北京大學出版社　1997　p. 37

李正宇　敦煌歷史地理導論　(臺北)新文豐出版公司　1997　p. 58、225

馬德　敦煌工匠史料　甘肅人民出版社　1997　p. 79

唐耕耦　敦煌寺院會計文書研究　(臺北)新文豐出版公司　1997　p. 39

田德新　敦煌寺院中的都師　《敦煌學輯刊》1997 年第 2 期　p. 127

張弓　漢唐佛寺文化史　中國社會科學出版社　1997　p. 311

鄭炳林　敦煌碑銘讚輯釋　甘肅教育出版社　1997　p. 208 注 5

鄭炳林　晚唐五代敦煌貿易市場的物價　敦煌歸義軍史專題研究　蘭州大學出版社　1997　p. 294
郝春文　都師　敦煌學大辭典　上海辭書出版社　1998　p. 639
郝春文　唐後期五代宋初敦煌僧尼的社會生活　中國社會科學出版社　1998　p. 172
郝春文　唐後期五代宋初敦煌僧尼遺產的處理與喪事的操辦　《敦煌研究》1998 年第 3 期　p. 39
郝春文　堂齋司　敦煌學大辭典　上海辭書出版社　1998　p. 635
李正宇　村莊　敦煌學大辭典　上海辭書出版社　1998　p. 305
譚蟬雪　敦煌歲時文化導論　(臺北)新文豐出版公司　1998　p. 260
唐耕耦　嚫施　敦煌學大辭典　上海辭書出版社　1998　p. 645
唐耕耦　敦煌會計文書　敦煌學大辭典　上海辭書出版社　1998　p. 646
唐耕耦　入破曆算會牒　敦煌學大辭典　上海辭書出版社　1998　p. 647
高啓安　唐五代敦煌僧人飲食的幾個名詞解釋　《敦煌研究》1999 年第 4 期　p. 133
高啓安　王璽玉　唐五代敦煌人的飲食品種研究　《敦煌研究》1999 年第 2 期　p. 65
陸離　敦煌文書中的博士與教授　《敦煌學輯刊》1999 年第 1 期　p. 92
楊森　《辛巳年六月十六日社人于燈司倉貸粟曆》文書之定年　《敦煌學輯刊》2001 年第 2 期　p. 18
郝春文　《勘尋永安寺法律願慶與老宿紹建相諍根由狀》及相關問題考　戒幢佛學(第二卷)　岳麓書社　2002　p. 83　又見:中日敦煌佛教學術會議論文集　中國社會科學院研究所　2002　p. 59
湛如　敦煌佛教律儀制度研究　中華書局　2003　p. 41
鄭炳林　晚唐五代敦煌村莊聚落輯考　2000 年敦煌學國際學術討論會文集·歷史文化卷(上)　甘肅民族出版社　2003　p. 127、148
高啓安　唐五代敦煌飲食文化研究　民族出版社　2004　p. 25、31、147
李正宇　晚唐至宋敦煌僧人聽食"淨肉"　敦煌學(第 25 輯)　(臺北)樂學書局有限公司　2004　p. 182
趙紅　高啓安　唐五代時期敦煌僧人飲食概述　麥積山石窟藝術文化論文集(下)　蘭州大學出版社　2004　p. 298
郭永利　晚唐五代敦煌佛教寺院的納贈　《敦煌學輯刊》2005 年第 4 期　p. 80
李軍　晚唐五代肅州相關史實考述　《敦煌學輯刊》2005 年第 3 期　p. 95
李正宇　晚唐至北宋敦煌僧尼普聽飲酒　《敦煌研究》2005 年第 3 期　p. 70

S. 4787

李正宇　敦煌歷史地理導論　(臺北)新文豐出版公司　1997　p. 226

S. 4789

江素雲　維摩詰所說經敦煌寫本綜合目録　(臺北)東初出版社　1991　p. 80

S. 4792

芳村修基　土橋秀高　井ノ口泰淳　敦煌佛教史年表　西域文化研究(第一)·敦煌佛教資料　(京都)法藏館　1958　p. 277

S. 4793

池田溫　中國古代寫本識語集録　(東京)大藏出版株式會社　1990　p. 467
榮新江　敦煌文獻所見晚唐五代宋初的中印文化交往　季羨林教授八十華誕紀念論文集(下)　江

西人民出版社　1991　p. 957

虞萬里　敦煌摩尼教《下部讚》寫本年代新探　敦煌吐魯番研究(第一卷)　北京大學出版社　1996　p. 44

S. 4794

金岡照光　敦煌文獻と中國文學　(東京)五曜書房　2000　p. 495

S. 4796

江素雲　維摩詰所說經敦煌寫本綜合目録　(臺北)東初出版社　1991　p. 80

S. 4797

慶谷壽信　敦煌出土の音韻資料(上)——Stein6691vについて　『人文學報』(第78號)　京都大學人文科學研究所　1970　p. 172

S. 4804

池田溫　中國古代寫本識語集録　(東京)大藏出版株式會社　1990　p. 390

S. 4805

道端良秀　敦煌文獻に見える死後の世界　敦煌と中國仏教(講座敦煌7)　(東京)大東出版社　1984　p. 505

杜斗城　關於敦煌本《佛說十王經》的幾個問題　《世界宗教研究》1987年第2期　p. 44

蕭登福　敦煌所見十九種《閻羅受記經(佛說十王經)》之校勘　敦煌俗文學論叢　(臺北)商務印書館　1988　p. 252

蕭登福　敦煌寫卷《佛說十王經》之探討　敦煌俗文學論叢　(臺北)商務印書館　1988　p. 175

杜斗城　敦煌本《佛說十王經》校録研究　甘肅教育出版社　1989　p. 68

杜斗城　北涼譯經論　甘肅文化出版社　1995　p. 42

蕭登福　道佛十王地獄說　(臺北)新文豐出版公司　1996　p. 242

羅世平　地藏十王圖像的遺存及其信仰　唐研究(第四卷)　北京大學出版社　1998　p. 409 注2

黨燕妮　晚唐五代敦煌的十王信仰　麥積山石窟藝術文化論文集(下)　蘭州大學出版社　2004　p. 153

荒見泰史　關於地藏十王信仰成立和演變的有關資料數則　2004年石窟研究國際學術會議論文提要集　敦煌研究院　2004　p. 62

S. 4806

井ノ口泰淳　敦煌本『仏名經』の諸系統　中央アジアの言語と仏教　(京都)法藏館　1995　p. 287

S. 4808

劉尊明　唐五代詞的文化觀照　(臺北)文津出版社　1994　p. 503

S. 4810

王三慶　敦煌寫卷中武后新字之調查研究　唐代研究論集(第三輯)　(臺北)新文豐出版公司　1992　p. 92

S. 4812

竺沙雅章　敦煌出土「社」文書の研究　『東方學報』(第 35 號)　京都大學人文科學研究所　1964　p. 268

土肥義和　はじめに——歸義軍節度使の敦煌支配　敦煌の歷史(講座敦煌 2)　(東京)大東出版社　1980　p. 273

唐耕耦　陸宏基　敦煌社會經濟文獻真迹釋録(一)　書目文獻出版社　1986　p. 379

羅華慶　9 至 11 世紀敦煌的行像和浴佛活動　《敦煌研究》1988 年第 4 期　p. 100

山本達郎等　敦煌・III 轉貼　『NUN – HUANG AND TURFAN DOCUMENTS CONCERNING SOCIAL AND ECONOMIC HISTORY』(IV)　(東京)東洋文庫　1989　p. 87

林聰明　敦煌文書學　(臺北)新文豐出版公司　1991　p. 399

姜伯勤　敦煌社會文書導論　(臺北)新文豐出版公司　1992　p. 247、250

郝春文　敦煌寫本社邑文書年代彙考(二)　《首都師範大學學報》1993 年第 5 期　p. 80

譚禪雪　敦煌歲時掇瑣　(香港)《九州學刊》(敦煌學專輯)1993 年第 5 卷第 4 期　p. 90

土肥義和　唐・北宋間の「社」の組織形態に関する一考察　中國古代の國家と民衆(堀敏一先生古稀記念)　(東京)汲古書院　1995　p. 705

郝春文　唐後期五代宋初沙州僧尼的宗教收入(三):大衆倉試探　《敦煌學輯刊》1996 年第 2 期　p. 5

劉進寶　P. 3236 號《壬申年官布籍》時代考　《西北師大學報》(社會科學版)1996 年第 5 期　p. 46

劉進寶　P. 3236 號《壬申年官布籍》研究　慶祝潘石禪先生九秩華誕敦煌學特刊　(臺北)文津出版社　1996　p. 365

寧可　郝春文　敦煌社邑文書輯校　江蘇古籍出版社　1997　p. 503

郝春文　唐後期五代宋初敦煌僧尼的社會生活　中國社會科學出版社　1998　p. 332

寧可　行像社　敦煌學大辭典　上海辭書出版社　1998　p. 428

沙知　敦煌契約文書輯校　江蘇古籍出版社　1998　p. 395

譚蟬雪　二月八盛節　敦煌學大辭典　上海辭書出版社　1998　p. 434

寧可　寧可史學論集　中國社會科學出版社　1999　p. 447 注 12

楊森　敦煌社司文書畫押符號及其相關問題　《敦煌學輯刊》1999 年第 1 期　p. 85

鄭阿財　敦煌寫本《佛頂心觀世音菩薩救難神驗經》研究　新國學(第一卷)　巴蜀書社　1999　p. 323

郝春文　《敦煌社邑文書輯校》補遺(二)　《首都師範大學學報》2000 年第 2 期　p. 10

劉進寶　敦煌文書與唐史研究　(臺北)新文豐出版公司　2000　p. 239

童丕　從寺院的帳簿看敦煌二月八日節　法國漢學(敦煌學專號)　中華書局　2000　p. 89

劉文鎖　尼雅浴佛會及浴佛齋禱文　《敦煌研究》2001 年第 3 期　p. 47

山本達郎等　補(III)契・敦煌發現契　『NUN – HUANG AND TURFAN DOCUMENTS CONCERNING SOCIAL AND ECONOMIC HISTORY』(Sup. p. lemrnts)　(東京)東洋文庫　2001　p. 61

譚蟬雪　唐宋敦煌歲時佛俗　《敦煌研究》2001 年第 1 期　p. 96

余欣　評《敦煌的借貸:中國中古時代的物質生活與社會》　敦煌吐魯番研究(第六卷)　北京大學出版社　2002　p. 416

童丕　敦煌的借貸:中國中古時代的物質生活與社會　中華書局　2003　p. 9、15、53

鄭阿財　敦煌寫本《佛頂心觀世音菩薩大陀羅尼經》研究　2000 年敦煌學國際學術討論會文集・歷史文化卷(下)　甘肅民族出版社　2003　p. 6

高啓安　唐五代敦煌飲食文化研究　民族出版社　2004　p. 380

趙紅　高啓安　唐五代時期敦煌僧人飲食概述　麥積山石窟藝術文化論文集(下)　蘭州大學出版社　2004　p. 289

S. 4818

饒宗頤　敦煌書法叢刊(第一卷)・拓本・序　(東京)二玄社　1983　p. 1

饒宗頤　敦煌寫卷之書法　唐代研究論集(第三輯)　(臺北)新文豐出版公司　1992　p. 23

S. 4821

山本達郎等　敦煌・V 計會文書　『NUN－HUANG AND TURFAN DOCUMENTS CONCERNING SOCIAL AND ECONOMIC HISTORY』(IV)　(東京)東洋文庫　1989　p. 116

S. 4823

許國霖　敦煌石室寫經題記彙編　《微妙聲》1936－1937 年第 1－4 期　又見:中國敦煌學百年文庫・宗教卷(四)　甘肅文化出版社　1999　p. 238

許國霖　敦煌石室寫經年代表　《微妙聲》1937 年第 5 期　又見:中國敦煌學百年文庫・宗教卷(四)　甘肅文化出版社　1999　p. 194

芳村修基　土橋秀高　井ノロ泰淳　敦煌佛教史年表　西域文化研究(第一)・敦煌佛教資料　(京都)法藏館　1958　p. 254

陳祚龍　敦煌古抄內典尾記彙校初、二、三編合刊　敦煌學要籥　(臺北)新文豐出版公司　1982　p. 151

姜亮夫　敦煌經卷題名録　敦煌學論文集　上海古籍出版社　1987　p. 1060

池田溫　中國古代寫本識語集録　(東京)大藏出版株式會社　1990　p. 108

陶秋英輯録　姜亮夫校訂　敦煌經卷題名録　敦煌碎金　浙江古籍出版社　1992　p. 74

方廣錩　十地經論　敦煌學大辭典　上海辭書出版社　1998　p. 720

顔廷亮　敦煌文化　光明日報出版社　2000　p. 377

林聰明　敦煌吐魯番文書解詁指例　(臺北)新文豐出版公司　2001　p. 133

蔡忠霖　敦煌漢文寫卷俗字及其現象　(臺北)文津出版社　2002　p. 360

姜亮夫　敦煌莫高窟年表　姜亮夫全集(十一)　雲南人民出版社　2002　p. 126

S. 4831

土肥義和　唐令よりみたる現存唐代戶籍の基礎的研究(下)　『東洋學報』(52 卷 2 號)　(東京)東洋學術協會　1969　p. 89

S. 4832

福井文雅　般若心經　敦煌と中國仏教(講座敦煌 7)　(東京)大東出版社　1984　p. 39

林聰明　敦煌文書學　(臺北)新文豐出版公司　1991　p. 165

林聰明　談敦煌文書的抄寫問題　紀念陳寅恪先生百年誕辰學術論文集　江西教育出版社　1994　p. 287

林聰明　敦煌吐魯番文書解詁指例　(臺北)新文豐出版公司　2001　p. 34

S. 4837

江素雲　維摩詰所說經敦煌寫本綜合目録　(臺北)東初出版社　1991　p. 80

S. 4843

蕭登福　從敦煌寫卷中看道教星斗崇拜對佛經之影響　第二屆敦煌學國際研討會論文集　（臺北）漢學研究中心　1990　p. 336

S. 4844

塚本善隆　敦煌佛教史概説　西域文化研究（第一）・敦煌佛教資料　（京都）法藏館　1958　p. 74
唐耕耦　陸宏基　敦煌社會經濟文獻真迹釋録（四）　全國圖書館文獻縮微複製中心　1990　p. 83
謝重光　白文固　中國僧官制度史　青海人民出版社　1990　p. 133 注 2
鄭炳林　伯 2641 號背莫高窟再修功德記撰寫人探微　《敦煌學輯刊》1991 年第 2 期　p. 49
竺沙雅章　寺院文書　敦煌漢文文獻（講座敦煌 5）　（東京）大東出版社　1992　p. 600
王書慶　敦煌文獻中五代宋初戒牒研究　《敦煌研究》1997 年第 3 期　p. 35
鄭炳林　敦煌碑銘讚輯釋　甘肅教育出版社　1997　p. 518 注 8
唐耕耦　戒牒　敦煌學大辭典　上海辭書出版社　1998　p. 641
李德龍　沙州三界寺《授戒牒》初探　甘肅民族研究論叢　甘肅人民出版社　2002　p. 402、417

S. 4845

陳祚龍　關於研究李唐三藏法師玄奘的"作爲"及其影響之敦煌古抄參考資料　中華佛教文化史散策（初集）　（臺北）新文豐出版公司　1978　p. 366
施萍婷　《敦煌遺書總目索引新編》前言　敦煌遺書總目索引新編　中華書局　2000　p. 4

S. 4852

任半塘　敦煌歌辭總編　上海古籍出版社　1987　p. 740
山本達郎等　敦煌・IV 納贈曆・納色物曆等『NUN – HUANG AND TURFAN DOCUMENTS CONCERNING SOCIAL AND ECONOMIC HISTORY』（IV）　（東京）東洋文庫　1989　p. 109
郝春文　唐後期五代宋初敦煌僧尼的社會生活　中國社會科學出版社　1998　p. 362

S. 4854

蕭登福　從敦煌寫卷中看道教星斗崇拜對佛經之影響　第二屆敦煌學國際研討會論文集　（臺北）漢學研究中心　1990　p. 336

S. 4855

平井俊榮　敦煌仏典と中國仏教　敦煌と中國仏教（講座敦煌 7）　（東京）大東出版社　1984　p. 8

S. 4856

江素雲　維摩詰所說經敦煌寫本綜合目録　（臺北）東初出版社　1991　p. 80

S. 4857

土橋秀高　敦煌の律藏　敦煌と中國仏教（講座敦煌 7）　（東京）大東出版社　1984　p. 247

S. 4859

江素雲　維摩詰所說經敦煌寫本綜合目録　（臺北）東初出版社　1991　p. 80
林聰明　敦煌文書學　（臺北）新文豐出版公司　1991　p. 426

王三慶　敦煌寫卷中武后新字之調查研究　唐代研究論集(第三輯)　(臺北)新文豐出版公司　1992　p. 92

S. 4860

藤枝晃　敦煌の僧尼籍　『東方學報』(第 35 號)　京都大學人文科學研究所　1964　p. 291

竺沙雅章　敦煌出土「社」文書の研究　『東方學報』(第 35 號)　京都大學人文科學研究所　1964　p. 270

陳祚龍　新校重訂敦煌古抄事佛崇法文獻小集　《東方雜誌》1978 年第 6 期　又見:中國敦煌學百年文庫・宗教卷(二)　甘肅文化出版社　1999　p. 53

土肥義和　莫高窟千佛洞と大寺と蘭若と　敦煌の社會(講座敦煌 3)　(東京)大東出版社　1980　p. 366

姜伯勤　論敦煌寺院的"常住百姓"　《敦煌研究》1981 年試刊第 1 期　p. 47　又見:五十年來漢唐佛教寺院經濟研究　北京師範大學出版社　1986　p. 191

姜伯勤　唐五代敦煌寺戶制度　中華書局　1987　p. 164

韓建瓴　雜記　敦煌文學　甘肅人民出版社　1989　p. 68

曲金良　變文的講唱藝術:轉變考略　《敦煌學輯刊》1989 年第 2 期　p. 95

唐耕耦　陸宏基　敦煌社會經濟文獻真迹釋録(五)　全國圖書館文獻縮微複製中心　1990　p. 230

姜伯勤　敦煌社會文書導論　(臺北)新文豐出版公司　1992　p. 233、250

姜伯勤　論禪宗在敦煌僧俗中的流傳　(香港)《九州學刊》(敦煌學專輯)1992 年第 4 卷第 4 期　p. 14　又見:中國敦煌學百年文庫・宗教卷(一)　甘肅文化出版社　1999　p. 227

周紹良　敦煌文學芻議及其它　(臺北)新文豐出版公司　1992　p. 11

郝春文　敦煌寫本社邑文書年代彙考(三)　《社科縱橫》1993 年第 5 期　p. 12

郝春文　中古時期儒佛文化對民間結社的影響及其變化　唐文化研究論文集　上海人民出版社　1994　p. 212 注 11

王惠民　敦煌千手千眼觀音像　《敦煌學輯刊》1994 年第 1 期　p. 63

土肥義和　唐・北宋間の「社」の組織形態に関する一考察　中國古代の國家と民衆(堀敏一先生古稀記念)　(東京)汲古書院　1995　p. 703

王書慶　敦煌佛學・佛事篇　甘肅民族出版社　1995　p. 45

姜伯勤　敦煌藝術宗教與禮樂文明　中國社會科學出版社　1996　p. 374

張涌泉　敦煌俗字研究導論　(臺北)新文豐出版公司　1996　p. 165

張涌泉　敦煌文獻校讀釋例　文史(第四十一輯)　中華書局　1996　p. 201　又見:舊學新知　浙江大學出版社　1999　p. 216

寧可　郝春文　敦煌社邑文書輯校　江蘇古籍出版社　1997　p. 679

王惠民　《董保德功德記》與隋代敦煌崇教寺舍利塔　《敦煌研究》1997 年第 3 期　p. 70

鄭炳林　敦煌碑銘讚輯釋　甘肅教育出版社　1997　p. 543

李正宇　某坊義社創建伽藍公德記　敦煌學大辭典　上海辭書出版社　1998　p. 335

寧可　燃燈社　敦煌學大辭典　上海辭書出版社　1998　p. 428

寧可　寧可史學論集　中國社會科學出版社　1999　p. 446 注 12、16

巫鴻著　鄭岩譯　何爲變相?　藝術史研究(2)　中山大學出版社　2000　p. 57　又見:禮儀中的美術　三聯書店　2005　p. 350

張弓　英國收藏敦煌文獻叙録　英國收藏敦煌漢藏文獻研究:紀念敦煌文獻發現一百周年　中國社會科學出版社　2000　p. 160

姜亮夫　敦煌莫高窟年表　姜亮夫全集(十一)　雲南人民出版社　2002　p. 508
何培斌　營造寄託:中國六至十世紀造寺功德的探討　寺院財富與世俗供養　上海書畫出版社　2003　p. 101
湛如　敦煌佛教律儀制度研究　中華書局　2003　p. 66
陳于柱　從敦煌占卜文書看晚唐五代敦煌占卜與佛教的對話交融　《敦煌學輯刊》2005 年第 2 期　p. 25
屈直敏　從《勵忠節抄》看歸義軍政權道德秩序的重建　《敦煌學輯刊》2005 年第 3 期　p. 87
郝春文　唐後期五代宋初敦煌私社的教育與教化功能　敦煌吐魯番研究(第九卷)　北京大學出版社　2006　p. 308、312

S. 4861

陳祚龍　瓜沙印録　(臺北)《大陸雜誌》1962 年第 4 期　又見:敦煌學概要　(臺北)編譯館“中華叢書編委會”　1981　p. 267 ; 中國敦煌學百年文庫・考古卷(一)　甘肅文化出版社　1999　p. 188
陳祚龍　古代敦煌及其他地區流行之公私印章圖記文字録　敦煌學要籥　(臺北)新文豐出版公司　1982　p. 335
池田溫　敦煌文獻について　『書道研究』(2 卷 2 號)　(東京)萱原書局　1988　p. 49　又見:敦煌文書の世界　(東京)名著刊行會　2003　p. 52
林聰明　敦煌文書學　(臺北)新文豐出版公司　1991　p. 129
鄭炳林　敦煌碑銘讃輯釋　甘肅教育出版社　1997　p. 517 注 8
李正宇　三界寺　敦煌學大辭典　上海辭書出版社　1998　p. 631
景盛軒　試論敦煌佛經異文研究的價值和意義　《敦煌研究》2004 年第 5 期　p. 87

S. 4862

萱原信海　占筮書　敦煌漢文文獻(講座敦煌 5)　(東京)大東出版社　1992　p. 447

S. 4863

嚴敦傑　各世遊魂六十四卦　敦煌學大辭典　上海辭書出版社　1998　p. 624
馬克　敦煌數占小考　法國漢學(敦煌學專號)　中華書局　2000　p. 193
黄正建　敦煌占卜文書與唐五代占卜研究　學苑出版社　2001　p. 13
張志清　林世田　S. 6015《易三備》綴合與校録　敦煌吐魯番研究(第九卷)　北京大學出版社　2006　p. 393

S. 4864

陳祚龍　瓜沙印録　(臺北)《大陸雜誌》1962 年第 4 期　又見:敦煌學概要　(臺北)編譯館“中華叢書編委會”　1981　p. 267 ; 中國敦煌學百年文庫・考古卷(一)　甘肅文化出版社　1999　p. 188
陳祚龍　古代敦煌及其他地區流行之公私印章圖記文字録　敦煌學要籥　(臺北)新文豐出版公司　1982　p. 335
池田溫　敦煌文獻について　『書道研究』(2 卷 2 號)　(東京)萱原書局　1988　p. 49　又見:敦煌文書の世界　(東京)名著刊行會　2003　p. 52
林聰明　敦煌文書學　(臺北)新文豐出版公司　1991　p. 129

景盛軒　試論敦煌佛經異文研究的價值和意義　《敦煌研究》2004 年第 5 期　p. 86

S. 4866

陳祚龍　關於日本龍谷大學所藏的敦煌本《佛説齋法清淨經》　《海潮音》1984 年第 65 卷第 4 期　又見：中國敦煌學百年文庫・宗教卷（二）　甘肅文化出版社　1999　p. 145

池田溫　中國古代寫本識語集録　（東京）大藏出版株式會社　1990　p. 391

S. 4867

方廣錩　四分律　敦煌學大辭典　上海辭書出版社　1998　p. 711

S. 4868

陳祚龍　瓜沙印録　（臺北）《大陸雜誌》1962 年第 4 期　又見：敦煌學概要　（臺北）編譯館“中華叢書編委會”　1981　p. 267；中國敦煌學百年文庫・考古卷（一）　甘肅文化出版社　1999　p. 188

陳祚龍　古代敦煌及其他地區流行之公私印章圖記文字録　敦煌學要籥　（臺北）新文豐出版公司　1982　p. 335

孫修身　敦煌三界寺　甘肅省史學會論文集　甘肅省歷史學會編印　1982　p. 173　又見：中國敦煌學百年文庫・宗教卷（一）　甘肅文化出版社　1999　p. 58

池田溫　敦煌文獻について　『書道研究』（2 卷 2 號）　（東京）萱原書局　1988　p. 49　又見：敦煌文書の世界　（東京）名著刊行會　2003　p. 52

林聰明　敦煌文書學　（臺北）新文豐出版公司　1991　p. 129

李正宇　三界寺　敦煌學大辭典　上海辭書出版社　1998　p. 631

景盛軒　敦煌寫本《大般涅槃經》著録商補　浙江與敦煌學：常書鴻先生誕辰一百周年紀念文集　浙江古籍出版社　2004　p. 347

S. 4869

陳祚龍　瓜沙印録　（臺北）《大陸雜誌》1962 年第 4 期　又見：敦煌學概要　（臺北）編譯館“中華叢書編委會”　1981　p. 267；中國敦煌學百年文庫・考古卷（一）　甘肅文化出版社　1999　p. 188

陳祚龍　古代敦煌及其他地區流行之公私印章圖記文字録　敦煌學要籥　（臺北）新文豐出版公司　1982　p. 335

池田溫　敦煌文獻について　『書道研究』（2 卷 2 號）　（東京）萱原書局　1988　p. 49　又見：敦煌文書の世界　（東京）名著刊行會　2003　p. 52

杜愛英　敦煌遺書中俗體字的諸種類型　《敦煌研究》1992 年第 3 期　p. 125

李正宇　三界寺　敦煌學大辭典　上海辭書出版社　1998　p. 631

景盛軒　試論敦煌佛經異文研究的價值和意義　《敦煌研究》2004 年第 5 期　p. 87

張涌泉　敦煌文獻字詞例釋　敦煌學（第 25 輯）　（臺北）樂學書局有限公司　2004　p. 356

S. 4870

林聰明　敦煌文書學　（臺北）新文豐出版公司　1991　p. 230

林聰明　談敦煌文書的抄寫問題　紀念陳寅恪先生百年誕辰學術論文集　江西教育出版社　1994　p. 296

林聰明　敦煌吐魯番文書解詁指例　（臺北）新文豐出版公司　2001　p. 46

S. 4871

上山大峻　敦煌佛教の研究　（京都）法藏館　1990　p. 362

S. 4873

荒見泰史　從敦煌寫本中變文的改寫情況來探討五代講唱文學的演變　敦煌學國際研討會論文集　北京圖書館出版社　2005　p. 179

S. 4876

陳祚龍　瓜沙印録　（臺北）《大陸雜誌》1962 年第 4 期　又見：敦煌學概要　（臺北）編譯館"中華叢書編委會"　1981　p. 267；中國敦煌學百年文庫・考古卷(一)　甘肅文化出版社　1999　p. 188

陳祚龍　古代敦煌及其他地區流行之公私印章圖記文字録　敦煌學要籥　（臺北）新文豐出版公司　1982　p. 335

孫修身　敦煌三界寺　甘肅省史學會論文集　甘肅省歷史學會編印　1982　p. 173　又見：中國敦煌學百年文庫・宗教卷(一)　甘肅文化出版社　1999　p. 58

林聰明　敦煌文書學　（臺北）新文豐出版公司　1991　p. 129

鄭炳林　敦煌碑銘讚輯釋　甘肅教育出版社　1997　p. 517 注 8

李正宇　三界寺　敦煌學大辭典　上海辭書出版社　1998　p. 631

S. 4878

孫其芳　詞　敦煌文學　甘肅人民出版社　1989　p. 214

周紹良　敦煌文學芻議及其它　（臺北）新文豐出版公司　1992　p. 38

林仁昱　論敦煌佛教歌曲特質與"弘法"的關係　敦煌學(第 23 輯)　（臺北）樂學書局有限公司　2002　p. 71

S. 4879

江素雲　維摩詰所說經敦煌寫本綜合目録　（臺北）東初出版社　1991　p. 80

S. 4880

任半塘　敦煌歌辭總編　上海古籍出版社　1987　p. 963

任半塘　王昆吾　隋唐五代燕樂雜言歌辭集　巴蜀書社　1990　p. 509

王書慶　敦煌佛學・佛事篇　甘肅民族出版社　1995　p. 214

王昆吾　隋唐五代燕樂雜言歌辭研究　中華書局　1996　p. 404

S. 4881

蕭登福　從敦煌寫卷中看道教星斗崇拜對佛經之影響　第二屆敦煌學國際研討會論文集　（臺北）漢學研究中心　1990　p. 336

S. 4882

姜伯勤　敦煌藝術宗教與禮樂文明　中國社會科學出版社　1996　p. 351

S. 4884

向達 倫敦所藏敦煌卷子經眼目録 《北平圖書館圖書季刊》1939 年新第 1 卷第 4 期 p. 397 又見:唐代長安與西域文明 三聯書店 1957 p. 227

陳國燦 敦煌所出諸借契年代考 魏晉南北朝隋唐史資料(第 4 輯) 武漢大學出版社 1982 p. 16 又見:《敦煌學輯刊》1984 年第 1 期 p. 8

唐耕耦 唐五代時期的高利貸 《敦煌學輯刊》1985 年第 2 期 p. 19

王永興 隋唐五代經濟史料彙編校注·第一編(下) 中華書局 1987 p. 919

山本達郎等 敦煌·III 轉貼 『NUN – HUANG AND TURFAN DOCUMENTS CONCERNING SOCIAL AND ECONOMIC HISTORY』(IV) (東京)東洋文庫 1989 p. 63、87

山本達郎等 敦煌·V 計會文書 『NUN – HUANG AND TURFAN DOCUMENTS CONCERNING SOCIAL AND ECONOMIC HISTORY』(IV) (東京)東洋文庫 1989 p. 117

唐耕耦 8 至 10 世紀敦煌的物價 紀念陳寅恪教授國際學術討論會文集 中山大學出版社 1989 p. 533

張涌泉 《敦煌歌辭總編》誤校二十例 《古籍整理出版情況簡報》1989 年第 218 期 p. 19

唐耕耦 敦煌寫本便物曆初探 敦煌吐魯番文獻研究論集(第五輯) 北京大學出版社 1990 p. 177

唐耕耦 陸宏基 敦煌社會經濟文獻真迹釋録(二) 全國圖書館文獻縮微複製中心 1990 p. 129、235

仁井田陞 補訂中國法制史研究:土地法·取引法 東京大學出版會 1991 p. 714

鄭炳林 梁志勝 《梁幸德邈真讃》與梁願請《莫高窟功德記》 《敦煌研究》1992 年第 2 期 p. 65 又見:敦煌吐魯番文獻研究 中華書局 1995 p. 260

李明偉 隋唐絲綢之路 甘肅人民出版社 1994 p. 259

榮新江 敦煌邈真讃所見歸義軍與東西回鶻的關係 敦煌邈真讃校録並研究 (臺北)新文豐出版公司 1994 p. 117

榮新江 甘州回鶻與曹氏歸義軍 《中國古代史》(先秦至隋唐)1994 年第 3 期 p. 111

張傳璽 中國歷代契約會編考釋(上) 北京大學出版社 1995 p. 645 注 1

榮新江 歸義軍史研究 上海古籍出版社 1996 p. 30

張涌泉 敦煌俗字研究導論 (臺北)新文豐出版公司 1996 p. 111

齊陳俊 馮培紅 晚唐五代宋初歸義軍對外商業貿易 敦煌歸義軍史專題研究 蘭州大學出版社 1997 p. 348

沙知 般次零拾 周紹良先生欣開九秩慶壽文集 中華書局 1997 p. 146

鄭炳林 敦煌碑銘讃輯釋 甘肅教育出版社 1997 p. 348 注 7

鄭炳林 晚唐五代敦煌貿易市場的物價 敦煌歸義軍史專題研究 蘭州大學出版社 1997 p. 278

鄭炳林 馮培紅 唐五代歸義軍政權對外關係中的使頭一職 敦煌歸義軍史專題研究 蘭州大學出版社 1997 p. 53

李冬梅 唐五代歸義軍與周邊民族關係綜論 《敦煌學輯刊》1998 年第 2 期 p. 46

榮新江 歸義軍大事紀年初稿 出土文獻研究(第三輯) 文物出版社 1998 p. 251

沙知 敦煌契約文書輯校 江蘇古籍出版社 1998 p. 228

童丕 10 世紀敦煌的借貸人 法國漢學(第 3 輯) 中華書局 1998 p. 75

馮培紅 客司與歸義軍的外交活動 《敦煌學輯刊》1999 年第 1 期 p. 82

張涌泉 俗字研究與敦煌文獻的校理 舊學新知 浙江大學出版社 1999 p. 67

高啓安 崇高與卑賤:敦煌的佛教信仰賤名再探 ’98 法門寺唐文化國際學術討論會論文集 陝西

人民出版社　2000　p. 253
宋家鈺　英國收藏敦煌文獻叙録　英國收藏敦煌漢藏文獻研究:紀念敦煌文獻發現一百周年　中國社會科學出版社　2000　p. 167
羅彤華　從便物曆論敦煌寺院的放貸　敦煌文獻論集:紀念藏經洞發現一百周年國際學術研討會論文集　遼寧人民出版社　2001　p. 469
楊森　關於敦煌文獻中的"平章"一詞　敦煌學與中國史研究論集　甘肅人民出版社　2001　p. 232
趙貞　歸義軍押衙兼知他官略考　《敦煌研究》2001 年第 2 期　p. 91
陳國燦　敦煌學史事新證　甘肅教育出版社　2002　p. 342
乜小紅　唐宋敦煌毛紡織業述略　敦煌學(第 23 輯)　(臺北)樂學書局有限公司　2002　p. 128
楊惠玲　敦煌契約文書中的保人、見人、口承人、同便人、同取人　《敦煌研究》2002 年第 6 期　p. 46
童丕　敦煌的借貸:中國中古時代的物質生活與社會　中華書局　2003　p. 105
王啓濤　中古及近代法制文書語言研究　巴蜀書社　2003　p. 136、181
鄭炳林　晚唐五代敦煌村莊聚落輯考　2000 年敦煌學國際學術討論會文集・歷史文化卷(上)　甘肅民族出版社　2003　p. 134
鄭炳林　晚唐五代敦煌商業貿易市場研究　《敦煌學輯刊》2004 年第 1 期　p. 110
鄭炳林　晚唐五代敦煌地區的胡姓居民與聚落　法國漢學(第 10 輯)(粟特人在中國:歷史、考古、語言的新探索)　中華書局　2005　p. 180
鄭炳林　晚唐五代河西地區的居民結構研究　《蘭州大學學報》2006 年第 2 期　p. 11

S. 4886

福井文雅　般若心經　敦煌と中國仏教(講座敦煌 7)　(東京)大東出版社　1984　p. 39

S. 4890

金岡照光　敦煌における地獄文獻:敦煌庶民信仰の一様相　敦煌と中國仏教(講座敦煌 7)　(東京)大東出版社　1984　p. 575
杜斗城　關於敦煌本《佛說十王經》的幾個問題　《世界宗教研究》1987 年第 2 期　p. 44
蕭登福　敦煌所見十九種《閻羅受記經(佛說十王經)》之校勘　敦煌俗文學論叢　(臺北)商務印書館　1988　p. 252
蕭登福　敦煌寫卷《佛說十王經》之探討　敦煌俗文學論叢　(臺北)商務印書館　1988　p. 175
杜斗城　敦煌本《佛說十王經》校録研究　甘肅教育出版社　1989　p. 73
杜斗城　北涼譯經論　甘肅文化出版社　1995　p. 42
蕭登福　道佛十王地獄說　(臺北)新文豐出版公司　1996　p. 242
羅世平　地藏十王圖像的遺存及其信仰　唐研究(第四卷)　北京大學出版社　1998　p. 409 注 2
張總　《閻羅王授記經》綴補研考　敦煌吐魯番研究(第五卷)　北京大學出版社　2001　p. 92
勝義　《俄藏敦煌文獻》第十二冊校讀記(上)　戒幢佛學(第二卷)　岳麓書社　2002　p. 631
張總　地藏信仰研究　宗教文化出版社　2003　p. 325
黨燕妮　晚唐五代敦煌的十王信仰　麥積山石窟藝術文化論文集(下)　蘭州大學出版社　2004　p. 153
荒見泰史　關於地藏十王信仰成立和演變的有關資料數則　2004 年石窟研究國際學術會議論文提要集　敦煌研究院　2004　p. 62

S. 4895

王三慶　敦煌寫卷中武后新字之調查研究　唐代研究論集(第三輯)　(臺北)新文豐出版公司　1992　p. 92

S. 4897

陳祚龍　敦煌寫本《右軍衛十將使孔公浮圖功德銘並序》之我見　敦煌資料考屑(上冊)　(臺北)商務印書館　1979　p. 2、15 注 14

池田溫　中國古代寫本識語集録　(東京)大藏出版株式會社　1990　p. 393

S. 4899

唐耕耦　陸宏基　敦煌社會經濟文獻真迹釋録(三)　全國圖書館文獻縮微複製中心　1990　p. 184

鄭炳林　高偉　唐五代敦煌釀酒業初探　《西北史地》1994 年第 1 期　p. 33

張弓　敦煌秋冬節俗初探　敦煌學國際研討會文集・史地語文編　遼寧美術出版社　1995　p. 591

馬德　敦煌莫高窟史研究　甘肅教育出版社　1996　p. 171、182

馬德　九、十世紀敦煌工匠史料述論　慶祝潘石禪先生九秩華誕敦煌學特刊　(臺北)文津出版社　1996　p. 307、316

馬德　敦煌工匠史料　甘肅人民出版社　1997　p. 15、51、65

鄭炳林　敦煌碑銘讚輯釋　甘肅教育出版社　1997　p. 168 注 2

鄭炳林　唐五代敦煌手工業研究　敦煌歸義軍史專題研究　蘭州大學出版社　1997　p. 251、263

鄭炳林　馮培紅　晚唐五代宋初歸義軍政權中都頭一職考辨　敦煌歸義軍史專題研究　蘭州大學出版社　1997　p. 83

土肥義和　唐・北宋の間:敦煌の杜家親情社追補社條(S. 8160rv)について　唐代史研究(創刊號)　(東京)唐代史研究會　1998　p. 21

雷紹鋒　歸義軍賦役制度初探　(臺北)洪葉文化事業有限公司　2000　p. 261

顔廷亮　敦煌文化　光明日報出版社　2000　p. 382

馮培紅　姚桂蘭　歸義軍時期敦煌與周邊地區之間的僧使交往　敦煌佛教藝術文化國際學術研討會論文集　蘭州大學出版社　2002　p. 460

高啓安　唐五代敦煌飲食文化研究　民族出版社　2004　p. 202

鄭炳林　魏迎春　晚唐五代敦煌佛教教團的戒律和清規　《敦煌學輯刊》2004 年第 2 期　p. 34

郭永利　晚唐五代敦煌佛教寺院的納贈　《敦煌學輯刊》2005 年第 4 期　p. 78

李軍　晚唐五代肅州相關史實考述　《敦煌學輯刊》2005 年第 3 期　p. 95

李正宇　晚唐至北宋敦煌僧尼普聽飲酒　《敦煌研究》2005 年第 3 期　p. 69

金瀅坤　敦煌社會經濟文書定年拾遺　《首都師範大學學報》2006 年第 1 期　p. 10、13

金瀅坤　敦煌社會經濟文獻綴合拾遺　《敦煌研究》2006 年第 2 期　p. 89

S. 4900

方廣錩　敦煌佛教經録輯校　江蘇古籍出版社　1997　p. 671

S. 4901

向達　記倫敦所藏的敦煌俗文學　《新中華雜誌》1937 年第 5 卷第 13 號　p. 123 – 128　又見:敦煌變文論文録　上海古籍出版社　1982　p. 31 ; 唐代長安與西域文明　三聯書店　1987　p. 243

向達　倫敦所藏敦煌卷子經眼目録　《北平圖書館圖書季刊》1939 年新第 1 卷第 4 期　p. 397　又

見:唐代長安與西域文明　三聯書店　1957　p. 227
王利器　敦煌文學中的《韓朋賦》　文學遺産增刊(第一輯)　作家出版社　1955　p. 434　又見:敦煌變文論文録　上海古籍出版社　1982　p. 683
入矢義高　『太公家教』校釋　福井博士頌壽記念東洋思想論集　(東京)論文集刊行會　1960　p. 35
金岡照光　敦煌漢文文學文獻の文學形態上の種類とその分類　敦煌出土文學文獻分類目録・附解說　(東京)東洋文庫　1971　p. 213
金岡照光　敦煌文學のさまざま　敦煌の文學　(東京)大藏出版株式會社　1971　p. 112
王重民　敦煌古籍叙録　中華書局　1979　p. 332
楊家駱　敦煌變文　(臺北)世界書局　1980　p. 142
蘇瑩輝　敦煌學概要　(臺北)編譯館"中華叢書編委會"　1981　p. 70
蘇瑩輝　中外敦煌古寫本纂要　敦煌論集　(臺北)學生書局　1983　p. 341
潘重規　敦煌變文集新書(下)　(臺北)"中國文化大學"中文研究所　1984　p. 966
王慶菽　韓朋賦　敦煌變文集　人民文學出版社　1984　p. 142
王重民原編　黄永武新編　敦煌古籍叙録新編(第十六册)　(臺北)新文豐出版公司　1986　p. 335
周鳳五　敦煌寫本太公家教研究　(臺北)明文書局　1986　p. 155
蘇瑩輝　從敦煌遺書的發現論中國古典文學和俗講作品對後世的影響　敦煌文史藝術論叢　(臺北)新文豐出版公司　1987　p. 11
張鴻勳　敦煌講唱文學作品選注　甘肅人民出版社　1987　p. 67 注 6
張錫厚　關於整理《敦煌賦集》的幾個問題　敦煌語言文學論文集　浙江古籍出版社　1988　p. 226
張錫厚　賦　敦煌文學　甘肅人民出版社　1989　p. 135
項楚　敦煌變文選注　巴蜀書社　1990　p. 266
鄭阿財　敦煌蒙書析論　第二届敦煌學國際研討會論文集　(臺北)漢學研究中心　1990　p. 216
林聰明　敦煌文書學　(臺北)新文豐出版公司　1991　p. 233
東野治之　敦煌と日本の『千字文』　遣唐使と正倉院　(東京)岩波書店　1992　p. 245
東野治之　訓蒙書　敦煌漢文文獻(講座敦煌 5)　(東京)大東出版社　1992　p. 413
金岡照光　散文體類　敦煌の文學文獻(講座敦煌 9)　(東京)大東出版社　1992　p. 240
林家平　寧强　羅華慶　中國敦煌學史　北京語言學院出版社　1992　p. 106
張涌泉　敦煌寫卷俗字類型及其考辨的方法　(香港)《九州學刊》(敦煌學專輯)1992 年第 4 卷第 4 期　p. 80
周紹良　敦煌文學芻議及其它　(臺北)新文豐出版公司　1992　p. 20
張鴻勳　敦煌話本詞文俗賦導論　(臺北)新文豐出版公司　1993　p. 189
鄭阿財　敦煌文獻與文學　(臺北)新文豐出版公司　1993　p. 260
鄭阿財　學日益齋敦煌學劄記　周一良先生八十生日紀念論文集　中國社會科學出版社　1993　p. 193
伏俊璉　敦煌賦校注　甘肅人民出版社　1994　p. 2
蔣禮鴻　敦煌文獻語言詞典　杭州大學出版社　1994　p. 119
林聰明　談敦煌文書的抄寫問題　紀念陳寅恪先生百年誕辰學術論文集　江西教育出版社　1994　p. 296
張錫厚　敦煌本唐集研究　(臺北)新文豐出版公司　1995　p. 413
張錫厚　敦煌賦彙　(臺北)新文豐出版公司　1996　p. 9、356
黄征　《韓朋賦》補校　敦煌語文叢說　(臺北)新文豐出版公司　1997　p. 357

黄征　張涌泉　敦煌變文校注　中華書局　1997　p. 215
朱鳳玉　敦煌寫本碎金研究　（臺北）文津出版社　1997　p. 16
程毅中　韓朋賦　敦煌學大辭典　上海辭書出版社　1998　p. 587
李鼎霞　新集嚴父教一本　敦煌學大辭典　上海辭書出版社　1998　p. 781
李正宇　數字取名　敦煌學大辭典　上海辭書出版社　1998　p. 451
沙知　敦煌契約文書輯校　江蘇古籍出版社　1998　p. 237
高國藩　敦煌俗文化學　上海三聯書店　1999　p. 459
邵榮芬　敦煌俗文學中的別字異文和唐五代西北方音　中國敦煌學百年文庫・語言文字卷(一)　甘肅文化出版社　1999　p. 136
伏俊璉　俗情雅韻:敦煌賦選析　甘肅人民出版社　2000　p. 90
榮新江　《英藏敦煌文獻》定名商補　文史(第五十二輯)　中華書局　2000　p. 127　又見:敦煌學新論　甘肅教育出版社　2002　p. 204
汪泛舟　敦煌古代兒童課本　甘肅人民出版社　2000　p. 224
徐俊　敦煌詩集殘卷輯考　中華書局　2000　p. 819
張鴻勳　說唱藝術奇葩:敦煌變文選評　甘肅人民出版社　2000　p. 91
張錫厚　敦煌文學源流　作家出版社　2000　p. 200、252
林聰明　敦煌吐魯番文書解詁指例　（臺北）新文豐出版公司　2001　p. 47
鄭阿財　朱鳳玉　敦煌蒙書研究　甘肅教育出版社　2002　p. 21、403
王啓濤　中古及近代法制文書語言研究　巴蜀書社　2003　p. 181
黄征　敦煌俗字典　上海教育出版社　2005　p. 31、136
黄征　敦煌俗字種類考辨　敦煌學・日本學:石塚晴通教授退職紀念論文集　上海辭書出版社　2005　p. 122

S. 4902

項楚　敦煌詩歌導論　（臺北）新文豐出版公司　1993　p. 199
堀敏一著　張宇譯　中唐以後敦煌地區的稅制　《敦煌研究》2000 年第 3 期　p. 148

S. 4906

馬德　敦煌莫高窟史研究　甘肅教育出版社　1996　p. 175
馬德　敦煌工匠史料　甘肅人民出版社　1997　p. 83
童丕　從寺院的帳簿看敦煌二月八日節　法國漢學(敦煌學專號)　中華書局　2000　p. 91

S. 4908

杜愛英　敦煌遺書中俗體字的諸種類型　《敦煌研究》1992 年第 3 期　p. 118

S. 4909

唐耕耦　陸宏基　敦煌社會經濟文獻真迹釋録(四)　全國圖書館文獻縮微複製中心　1990　p. 190
高田時雄　チベット文字書寫「長巻」の研究(本文編)　『東方學報』(第 65 號)　京都大學人文科學研究所　1993　p. 369
汪娟　敦煌禮懺文研究　（臺北）法鼓文化公司　1994　p. 139
榮新江　《英藏敦煌文獻》定名商補　文史(第五十二輯)　中華書局　2000　p. 122

S. 4910

杜愛英　敦煌遺書中俗體字的諸種類型　《敦煌研究》1992 年第 3 期　p. 119

S. 4914

北原薰　晚唐・五代の敦煌寺院経済——收支決算報告を中心に　敦煌の社會(講座敦煌 3)　(東京)大東出版社　1980　p. 450

岡部和雄　敦煌藏經目録　敦煌と中國仏教(講座敦煌 7)　(東京)大東出版社　1984　p. 311

李正宇　敦煌地區古代祠廟寺觀簡志　《敦煌學輯刊》1988 年第 1、2 期　p. 80

邵文實　尚乞心兒事迹考　《敦煌學輯刊》1993 年第 2 期　p. 22

李正宇　敦煌史地新論　(臺北)新文豐出版公司　1996　p. 80

馬德　莫高窟與敦煌佛教教團　敦煌吐魯番研究(第一卷)　北京大學出版社　1996　p. 166

方廣錩　敦煌佛教經録輯校　江蘇古籍出版社　1997　p. 824

鄭炳林　敦煌碑銘讚輯釋　甘肅教育出版社　1997　p. 264 注 2

方廣錩　卯年九月七日當寺轉經付經歷　敦煌學大辭典　上海辭書出版社　1998　p. 755

郝春文　唐後期五代宋初敦煌僧尼的社會生活　中國社會科學出版社　1998　p. 339

馬德　敦煌文書《諸寺付經歷》芻議　《敦煌學輯刊》1999 年第 1 期　p. 39

石内德　敦煌文獻中被廢棄的殘經抄本　法國漢學(敦煌學專號)　中華書局　2000　p. 28

鄭炳林　晚唐五代敦煌地區《大般若經》的流傳與信仰　麥積山石窟藝術文化論文集(下)　蘭州大學出版社　2004　p. 118

S. 4915

芳村修基　土橋秀高　井ノ口泰淳　敦煌佛教史年表　西域文化研究(第一)・敦煌佛教資料　(京都)法藏館　1958　p. 282

孫修身　敦煌三界寺　甘肅省史學會論文集　甘肅省歷史學會編印　1982　p. 173　又見:中國敦煌學百年文庫・宗教卷(一)　甘肅文化出版社　1999　p. 57

陳祚龍　竭誠做好知己知彼,悉力做到精益求精:敦煌學散策之四　敦煌學林劄記　(臺北)商務印書館　1987　p. 231

姜亮夫　敦煌經卷壁畫中所見寺觀録　敦煌學論文集　上海古籍出版社　1987　p. 1084

榮新江　關於沙州歸義軍都僧統年代的幾個問題　《敦煌研究》1989 年第 4 期　p. 76

唐耕耦　陸宏基　敦煌社會經濟文獻真迹釋録(四)　全國圖書館文獻縮微複製中心　1990　p. 101

謝重光　白文固　中國僧官制度史　青海人民出版社　1990　p. 133 注 1

鄭炳林　伯 2641 號背莫高窟再修功德記撰寫人探微　《敦煌學輯刊》1991 年第 2 期　p. 48

李正宇　敦煌遺書宋人詩輯校　《敦煌研究》1992 年第 2 期　p. 39

竺沙雅章　寺院文書　敦煌漢文文獻(講座敦煌 5)　(東京)大東出版社　1992　p. 600

李正宇　敦煌文學概論　甘肅人民出版社　1993　p. 104

魏普賢　敦煌寫本和石窟中的劉薩訶傳說　法國學者敦煌學論文選萃　中華書局　1993　p. 453 注 86

王書慶　敦煌佛學・佛事篇　甘肅民族出版社　1995　p. 250

姜伯勤　敦煌戒壇與大乘佛教　華學(第二輯)　中山大學出版社　1996　p. 324

姜伯勤　敦煌藝術宗教與禮樂文明　中國社會科學出版社　1996　p. 351

榮新江　歸義軍史研究　上海古籍出版社　1996　p. 291

榮新江　敦煌藏經洞的性質及其封閉原因　敦煌吐魯番研究(第二卷)　北京大學出版社　1997

p. 32

王書慶　敦煌文獻中五代宋初戒牒研究　《敦煌研究》1997 年第 3 期　p. 38

湛如　敦煌菩薩戒儀與菩薩戒牒之研究　《敦煌研究》1997 年第 2 期　p. 82

鄭炳林　敦煌碑銘讚輯釋　甘肅教育出版社　1997　p. 519 注 8

李正宇　道真　敦煌學大辭典　上海辭書出版社　1998　p. 365

李正宇　古本敦煌鄉土志八種箋證　(臺北)新文豐出版公司　1998　p. 306

唐耕耦　都僧録　敦煌學大辭典　上海辭書出版社　1998　p. 638

唐耕耦　戒牒　敦煌學大辭典　上海辭書出版社　1998　p. 641

徐俊　敦煌詩集殘卷輯考　中華書局　2000　p. 115

張總　《閻羅王授記經》綴補研考　敦煌吐魯番研究(第五卷)　北京大學出版社　2001　p. 111 注

姜亮夫　敦煌莫高窟年表　姜亮夫全集(十一)　雲南人民出版社　2002　p. 582

李德龍　沙州三界寺《授戒牒》初探　甘肅民族研究論叢　甘肅人民出版社　2002　p. 388、403

榮新江　再論敦煌藏經洞的寶藏:三界寺與藏經洞　敦煌佛教藝術文化國際學術研討會論文集　蘭州大學出版社　2002　p. 23

湛如　敦煌佛教律儀制度研究　中華書局　2003　p. 169

S. 4916

陳祚龍　瓜沙印録　(臺北)《大陸雜誌》1962 年第 4 期　又見:敦煌學概要　(臺北)編譯館"中華叢書編委會"　1981　p. 267 ; 中國敦煌學百年文庫・考古卷(一)　甘肅文化出版社　1999　p. 188

陳祚龍　古代敦煌及其他地區流行之公私印章圖記文字録　敦煌學要籥　(臺北)新文豐出版公司　1982　p. 335

孫修身　敦煌三界寺　甘肅省史學會論文集　甘肅省歷史學會編印　1982　p. 173　又見:中國敦煌學百年文庫・宗教卷(一)　甘肅文化出版社　1999　p. 58

池田溫　敦煌文獻について　『書道研究』(2 卷 2 號)　(東京)萱原書局　1988　p. 49　又見:敦煌文書の世界　(東京)名著刊行會　2003　p. 52

林聰明　敦煌文書學　(臺北)新文豐出版公司　1991　p. 129

鄭炳林　敦煌碑銘讚輯釋　甘肅教育出版社　1997　p. 517 注 8

李正宇　三界寺　敦煌學大辭典　上海辭書出版社　1998　p. 631

S. 4917

道端良秀　敦煌文獻に見える死後の世界　敦煌と中國仏教(講座敦煌 7)　(東京)大東出版社　1984　p. 515

S. 4920

入矢義高　『太公家教』校釋　福井博士頌壽記念東洋思想論集　(東京)論文集刊行會　1960　p. 35

高國藩　敦煌寫本《太公家教》初探　《敦煌學輯刊》1984 年第 1 期　p. 64

冷鵬飛　唐末沙州歸義軍時期有關百姓受田和賦税的幾個問題　《敦煌學輯刊》1984 年第 1 期　p. 36

王重民　跋太公家教　敦煌遺書論文集　中華書局　1984　p. 137

雷僑雲　敦煌兒童文學　(臺北)學生書局　1985　p. 82 注 4

周鳳五　敦煌寫本太公家教研究　(臺北)明文書局　1986　p. 155
鄭阿財　敦煌寫卷新集文詞九經抄研究　(臺北)文史哲出版社　1989　p. 128 注 1
堀敏一　中唐以後敦煌稅法的變化　《魏晉南北朝隋唐史》1990 年第 6 期　p. 62
鄭阿財　敦煌蒙書析論　第二屆敦煌學國際研討會論文集　(臺北)漢學研究中心　1990　p. 226
堀敏一著　林世田譯　唐代後期敦煌社會經濟之變化　《敦煌學輯刊》1991 年第 1 期　p. 100
張廣達　唐末五代宋初西北地區的般次和使次　季羨林教授八十華誕紀念論文集(下)　江西人民出版社　1991　p. 970
鄭阿財　敦煌文獻與文學　(臺北)新文豐出版公司　1993　p. 260
鄭阿財　學日益齋敦煌學劄記　周一良先生八十生日紀念論文集　中國社會科學出版社　1993　p. 193
張廣達　西域史地叢稿初編　上海古籍出版社　1995　p. 337
堀敏一　中唐以後敦煌地域における税制度　東アジア史における國家と地域　(東京)刀水書房　1999　p. 323
雷紹鋒　歸義軍賦役制度初探　(臺北)洪葉文化事業有限公司　2000　p. 68、97
丘古耶夫斯基　敦煌漢文文書　上海古籍出版社　2000　p. 169
汪泛舟　敦煌古代兒童課本　甘肅人民出版社　2000　p. 224

S. 4922

平井俊榮　敦煌仏典と中國仏教　敦煌と中國仏教(講座敦煌 7)　(東京)大東出版社　1984　p. 8

S. 4923

芳村修基　土橋秀高　井ノ口泰淳　敦煌佛教史年表　西域文化研究(第一)・敦煌佛教資料　(京都)法藏館　1958　p. 269
圓空　《新菩薩經》《勸善經》《救諸衆生苦難經》校録及其流傳背景之探討　《敦煌研究》1992 年第 1 期　p. 53

S. 4924

芳村修基　土橋秀高　井ノ口泰淳　敦煌佛教史年表　西域文化研究(第一)・敦煌佛教資料　(京都)法藏館　1958　p. 269
圓空　《新菩薩經》《勸善經》《救諸衆生苦難經》校録及其流傳背景之探討　《敦煌研究》1992 年第 1 期　p. 55

S. 4925

陳祚龍　關於研究李唐三藏法師玄奘的"作爲"及其影響之敦煌古抄參考資料　中華佛教文化史散策(初集)　(臺北)新文豐出版公司　1978　p. 367
上山大峻　敦煌佛教の研究　(京都)法藏館　1990　p. 195

S. 4927

芳村修基　土橋秀高　井ノ口泰淳　敦煌佛教史年表　西域文化研究(第一)・敦煌佛教資料　(京都)法藏館　1958　p. 275
土橋秀高　四分律雜抄　西域文化研究(第一)・敦煌佛教資料　(京都)法藏館　1958　p. 186
陳祚龍　敦煌古抄内典尾記彙校初、二、三編合刊　敦煌學要籥　(臺北)新文豐出版公司　1982

p. 151
池田溫　中國古代寫本識語集録　（東京）大藏出版株式會社　1990　p. 400

S. 4929
池田溫　中國古代寫本識語集録　（東京）大藏出版株式會社　1990　p. 389

S. 4930
廣川堯敏　淨土三部經　敦煌と中國仏教（講座敦煌 7）　（東京）大東出版社　1984　p. 87

S. 4933
景盛軒　試論敦煌佛經異文研究的價值和意義　《敦煌研究》2004 年第 5 期　p. 87

S. 4937
池田溫　中國古代寫本識語集録　（東京）大藏出版株式會社　1990　p. 391

S. 4940
池田溫　中國古代寫本識語集録　（東京）大藏出版株式會社　1990　p. 393

S. 4941
許建平　《英藏敦煌文獻》（1－8）補遺　英國收藏敦煌漢藏文獻研究：紀念敦煌文獻發現一百周年　中國社會科學出版社　2000　p. 394

S. 4942
池田溫　中國古代寫本識語集録　（東京）大藏出版株式會社　1990　p. 391

S. 4945
本田義英　敦煌出土智度論に就いて　『宗教研究』（新 6 卷 2 期）　（东京）宗教研究會　1929　p. 244

S. 4946
福井文雅　般若心經　敦煌と中國仏教（講座敦煌 7）　（東京）大東出版社　1984　p. 39

S. 4948
鄭阿財　敦煌蒙書析論　第二屆敦煌學國際研討會論文集　（臺北）漢學研究中心　1990　p. 216
鄭阿財　朱鳳玉　敦煌蒙書研究　甘肅教育出版社　2002　p. 21

S. 4949
許國霖　敦煌石室寫經題記彙編　《微妙聲》1936－1937 年第 1－4 期　又見：中國敦煌學百年文庫・宗教卷（四）　甘肅文化出版社　1999　p. 220
伊藤美重子　敦煌本『大智度論』の整理　中國佛教石經の研究　京都大學學術出版會　1996　p. 349

S. 4950

伊藤美重子　敦煌本『大智度論』の整理　中國佛教石經の研究　京都大學學術出版會　1996　p. 348

S. 4951

江素雲　維摩詰所説經敦煌寫本綜合目録　(臺北)東初出版社　1991　p. 80

S. 4953

陳祚龍　後魏元宋坐鎮瓜州事佛之一斑　中華佛教文化史散策(初集)　(臺北)新文豐出版公司　1978　p. 94

伊藤美重子　敦煌本『大智度論』の整理　中國佛教石經の研究　京都大學學術出版會　1996　p. 355

S. 4954

芳村修基　土橋秀高　井ノ口泰淳　敦煌佛教史年表　西域文化研究(第一)・敦煌佛教資料　(京都)法藏館　1958　p. 257

池田溫　評『ペリオ將來敦煌漢文文獻目録』第一卷(P. 2001－2500)　『東洋學報』(54 卷 4 號)　(東京)東洋學術協會　1972　p. 67

陳祚龍　敦煌古抄內典尾記彙校初、二、三編合刊　敦煌學要籥　(臺北)新文豐出版公司　1982　p. 151

池田溫　中國古代寫本識語集録　(東京)大藏出版株式會社　1990　p. 145

林聰明　敦煌文書學　(臺北)新文豐出版公司　1991　p. 355

趙聲良　隋代敦煌寫本的書法藝術　敦煌書法庫(第三輯)　甘肅人民美術出版社　1994　p. 3　又見:《敦煌研究》1995 年第 4 期　p. 134

王三慶　敦煌書儀載録之節日活動與民俗　全國敦煌學研討會論文集　(臺北)中正大學中國文學系所　1995　p. 26 注 39

伊藤美重子　敦煌本『大智度論』の整理　中國佛教石經の研究　京都大學學術出版會　1996　p. 361

方廣錩　大智度論　敦煌學大辭典　上海辭書出版社　1998　p. 721

姜亮夫　敦煌莫高窟年表　姜亮夫全集(十一)　雲南人民出版社　2002　p. 175

赤尾榮慶　敦煌寫本的書志學研究　敦煌學・日本學:石塚晴通教授退職紀念論文集　上海辭書出版社　2005　p. 54

赤尾榮慶　敦煌寫本の書志學的研究——近年の動向を踏まえて　日本學・敦煌學・漢文訓讀の新展開　(東京)汲古書院　2005　p. 191

S. 4956

饒宗頤解説　林宏作譯　敦煌書法叢刊(第二六卷)・寫經(七)　(東京)二玄社　1984　p. 53

S. 4957

江素雲　維摩詰所説經敦煌寫本綜合目録　(臺北)東初出版社　1991　p. 80

S. 4958

王三慶　敦煌寫卷中武后新字之調查研究　唐代研究論集(第三輯)　(臺北)新文豐出版公司　1992　p. 92

S. 4959

王書慶　敦煌文獻中五代宋初戒牒研究　《敦煌研究》1997 年第 3 期　p. 38

S. 4960

伊藤美重子　敦煌本『大智度論』の整理　中國佛教石經の研究　京都大學學術出版會　1996　p. 348

S. 4962

池田溫　中國古代寫本識語集録　(東京)大藏出版株式會社　1990　p. 386

方廣錩　佛說頂尊勝陀羅尼咒　敦煌學大辭典　上海辭書出版社　1998　p. 698

S. 4963

向達　倫敦所藏敦煌卷子經眼目録　《北平圖書館圖書季刊》1939 年新第 1 卷第 4 期　p. 397　又見:唐代長安與西域文明　三聯書店　1957　p. 227

石井昌子　靈寶經類　敦煌と中國道教(講座敦煌 4)　(東京)大東出版社　1983　p. 154

王卡　太上業報因緣經　敦煌學大辭典　上海辭書出版社　1998　p. 764

王卡　敦煌道教文獻研究　中國社會科學出版社　2004　p. 124

王卡　中國國家圖書館藏敦煌道教遺書研究報告　敦煌吐魯番研究(第七卷)　北京大學出版社　2004　p. 354

S. 4967

芳村修基　土橋秀高　井ノ口泰淳　敦煌佛教史年表　西域文化研究(第一)・敦煌佛教資料　(京都)法藏館　1958　p. 257

池田溫　評『ペリオ將來敦煌漢文文獻目録』第一卷(P. 2001－2500)　『東洋學報』(54 卷 4 號)　(東京)東洋學術協會　1972　p. 67

陳祚龍　敦煌古抄内典尾記彙校初、二、三編合刊　敦煌學要籥　(臺北)新文豐出版公司　1982　p. 151

池田溫　中國古代寫本識語集録　(東京)大藏出版株式會社　1990　p. 145

林聰明　敦煌文書學　(臺北)新文豐出版公司　1991　p. 355

楊森　淺談北朝經生體楷筆的演化　《社科縱橫》1994 年第 4 期　p. 61

趙聲良　隋代敦煌寫本的書法藝術　敦煌書法庫(第三輯)　甘肅人民美術出版社　1994　p. 3　又見:《敦煌研究》1995 年第 4 期　p. 135

趙聲良　隋寫本《大智論》　敦煌書法庫(第三輯)　甘肅人民美術出版社　1994　p. 29

王三慶　敦煌書儀載録之節日活動與民俗　全國敦煌學研討會論文集　(臺北)中正大學中國文學系所　1995　p. 26 注 39

伊藤美重子　敦煌本『大智度論』の整理　中國佛教石經の研究　京都大學學術出版會　1996　p. 361

方廣錩　大智度論　敦煌學大辭典　上海辭書出版社　1998　p. 721

姜亮夫　敦煌莫高窟年表　姜亮夫全集(十一)　雲南人民出版社　2002　p. 176

S. 4968

伊藤美重子　敦煌本『大智度論』の整理　中國佛教石經の研究　京都大學學術出版會　1996　p. 361

S. 4976

郝春文　敦煌寫本社邑文書年代彙考(三)　《社科縱横》1993 年第 5 期　p. 10
汪泛舟　敦煌文學概論　甘肅人民出版社　1993　p. 565
黄征　吳偉　敦煌願文集　岳麓書社　1995　p. 645
寧可　郝春文　敦煌社邑文書輯校　江蘇古籍出版社　1997　p. 514
榮新江　《英藏敦煌文獻》定名商補　文史(第五十二輯)　中華書局　2000　p. 122　又見:敦煌學新論　甘肅教育出版社　2002　p. 197
施萍婷　《敦煌遺書總目索引新編》前言　敦煌遺書總目索引新編　中華書局　2000　p. 3
宋家鈺　英國收藏敦煌文獻叙録　英國收藏敦煌漢藏文獻研究:紀念敦煌文獻發現一百周年　中國社會科學出版社　2000　p. 103
湛如　敦煌佛教律儀制度研究　中華書局　2003　p. 318、350、355

S. 4978

道端良秀　敦煌文獻に見える死後の世界　敦煌と中國仏教(講座敦煌 7)　(東京)大東出版社　1984　p. 515

S. 4979

譚蟬雪　祭文　敦煌文學　甘肅人民出版社　1989　p. 123
高國藩　敦煌民俗資料導論　(臺北)新文豐出版公司　1993　p. 90

S. 4981

井ノ口泰淳　敦煌本『仏名經』の諸系統　中央アジアの言語と仏教　(京都)法藏館　1995　p. 297
鄭炳林　敦煌碑銘讃輯釋　甘肅教育出版社　1997　p. 556 注 13

S. 4983

江素雲　維摩詰所說經敦煌寫本綜合目録　(臺北)東初出版社　1991　p. 80

S. 4984

平野顯照著　張桐生譯　唐代的文學與佛教　(臺北)業强出版社　1987　p. 264
鄭阿財　敦煌寫卷《懺悔滅罪金光明經傳》初探　慶祝潘石禪先生九秩華誕敦煌學特刊　(臺北)文津出版社　1996　p. 584
鄭阿財　敦煌寫卷《懺悔滅罪金光明經傳》研究　敦煌文藪(下)　(臺北)新文豐出版公司　1999　p. 72
楊寶玉　《懺悔滅罪金光明經冥報傳》校考　英國收藏敦煌漢藏文獻研究:紀念敦煌文獻發現一百周年　中國社會科學出版社　2000　p. 330

S. 4989

芳村修基　土橋秀高　井ノ口泰淳　敦煌佛教史年表　西域文化研究(第一)·敦煌佛教資料　(京都)法藏館　1958　p. 264

陳祚龍　敦煌古抄内典尾記彙校初、二、三編合刊　敦煌學要籥　(臺北)新文豐出版公司　1982　p. 151

林聰明　從敦煌文書看佛教徒的造經祈福　第二屆敦煌學國際研討會論文集　(臺北)漢學研究中心　1990　p. 525

林聰明　敦煌文書學　(臺北)新文豐出版公司　1991　p. 377、425

王三慶　敦煌寫卷中武后新字之調查研究　唐代研究論集(第三輯)　(臺北)新文豐出版公司　1992　p. 92

施安昌　敦煌寫經斷代發凡　善本碑帖論集　紫禁城出版社　2002　p. 316

施安昌　唐武周時期的刻經與敦煌寫經　善本碑帖論集　紫禁城出版社　2002　p. 120

S. 4991

池田溫　關於敦煌發現的唐大曆四年手實殘卷(下)　唐代均田制研究選譯　甘肅教育出版社　1992　p. 154

張承東　試論敦煌寫本齋文的駢文特色　《敦煌學輯刊》2003 年第 1 期　p. 94

S. 4992

黄征　吳偉　敦煌願文集　岳麓書社　1995　p. 20、142

黄征　敦煌願文考論　敦煌語文叢説　(臺北)新文豐出版公司　1997　p. 595

張承東　試論敦煌寫本齋文的駢文特色　《敦煌學輯刊》2003 年第 1 期　p. 95

趙跟喜　敦煌唐宋時期的女子教育初探　《敦煌研究》2006 年第 2 期　p. 96

S. 4995

黄征　吳偉　敦煌願文集　岳麓書社　1995　p. 967

譚蟬雪　喪祭與齋忌　敦煌學與中國史研究論集　甘肅人民出版社　2001　p. 227

S. 5000

江素雲　維摩詰所説經敦煌寫本綜合目録　(臺北)東初出版社　1991　p. 80

S. 5001

江素雲　維摩詰所説經敦煌寫本綜合目録　(臺北)東初出版社　1991　p. 80

S. 5002

方廣錩　敦煌佛教經録輯校　江蘇古籍出版社　1997　p. 360

方廣錩　大集經第三帙卷品開闔録　敦煌學大辭典　上海辭書出版社　1998　p. 749

S. 5004

江素雲　維摩詰所説經敦煌寫本綜合目録　(臺北)東初出版社　1991　p. 80

S. 5005

許國霖　敦煌石室寫經題記彙編　《微妙聲》1936－1937 年第 1－4 期　又見：中國敦煌學百年文庫・宗教卷（四）　甘肅文化出版社　1999　p. 224

許國霖　敦煌石室寫經年代表　《微妙聲》1937 年第 5 期　又見：中國敦煌學百年文庫・宗教卷（四）　甘肅文化出版社　1999　p. 198

芳村修基　土橋秀高　井ノ口泰淳　敦煌佛教史年表　西域文化研究（第一）・敦煌佛教資料　（京都）法藏館　1958　p. 264

陳祚龍　敦煌古抄内典尾記彙校初、二、三編合刊　敦煌學要籥　（臺北）新文豐出版公司　1982　p. 151

潘重規　龍龕手鑒及其引用古文之研究　敦煌學（第 7 輯）　（臺北）新文豐出版公司　1984　p. 94

王三慶　敦煌寫卷中武后新字之調查研究　漢學研究（敦煌學國際研討會論文專號）　（臺北）漢學研究資料及服務中心　1986　p. 443　又見：唐代研究論集（第三輯）　（臺北）新文豐出版公司　1992　p. 66

池田溫　中國古代寫本識語集録　（東京）大藏出版株式會社　1990　p. 241

林聰明　從敦煌文書看佛教徒的造經祈福　第二屆敦煌學國際研討會論文集　（臺北）漢學研究中心　1990　p. 532

蕭登福　從敦煌寫卷中看道教星斗崇拜對佛經之影響　第二屆敦煌學國際研討會論文集　（臺北）漢學研究中心　1990　p. 336

林聰明　敦煌文書學　（臺北）新文豐出版公司　1991　p. 425、443 注 7

楊森　"婆姨"與"優婆姨"稱謂芻議　《敦煌研究》1994 年第 3 期　p. 126

林聰明　敦煌文書年代考探略述　敦煌學國際研討會文集・史地語文編　遼寧美術出版社　1995　p. 554

王惠民　敦煌隋至唐前期藥師圖像考察　藝術史研究（2）　中山大學出版社　2000　p. 303

林聰明　敦煌吐魯番文書解詁指例　（臺北）新文豐出版公司　2001　p. 258

施安昌　唐武周時期的刻經與敦煌寫經　善本碑帖論集　紫禁城出版社　2002　p. 120

公維章　涅槃、淨土的殿堂：敦煌莫高窟第 148 窟研究　民族出版社　2004　p. 144

S. 5008

盧向前　關於歸義軍時期一份布紙破用曆的研究：試釋伯四六四〇背面文書　敦煌吐魯番文獻研究論集（第三輯）　北京大學出版社　1986　p. 421 注 85　又見：敦煌吐魯番文書論稿　江西人民出版社　1992　p. 119 注 32、128 注 85

唐耕耦　陸宏基　敦煌社會經濟文獻真迹釋録（三）　全國圖書館文獻縮微複製中心　1990　p. 555

鄭炳林　董念清　唐五代敦煌私營釀酒業初探　《社科縱横》1994 年第 4 期　p. 66

鄭炳林　高偉　唐五代敦煌釀酒業初探　《西北史地》1994 年第 1 期　p. 32

張弓　敦煌秋冬節俗初探　敦煌學國際研討會文集・史地語文編　遼寧美術出版社　1995　p. 591

馮培紅　唐五代敦煌的河渠水利與水司管理機構初探　《敦煌學輯刊》1997 年第 2 期　p. 78

唐耕耦　敦煌寺院會計文書研究　（臺北）新文豐出版公司　1997　p. 49、320

張弓　漢唐佛寺文化史　中國社會科學出版社　1997　p. 957

鄭炳林　唐五代敦煌手工業研究　敦煌歸義軍史專題研究　蘭州大學出版社　1997　p. 250

鄭炳林　唐五代敦煌畜牧區域研究　敦煌歸義軍史專題研究　蘭州大學出版社　1997　p. 225

鄭炳林　晚唐五代敦煌貿易市場的物價　敦煌歸義軍史專題研究　蘭州大學出版社　1997　p. 277

譚蟬雪　敦煌歲時文化導論　（臺北）新文豐出版公司　1998　p. 292

唐耕耦　入破曆算會牒　敦煌學大辭典　上海辭書出版社　1998　p. 647

楊森　晚唐五代兩件《女人社》文書劄記　《敦煌研究》1998 年第 1 期　p. 70

高啓安　王璽玉　唐五代敦煌人的飲食品種研究　《敦煌研究》1999 年第 2 期　p. 67

譚蟬雪　唐宋敦煌歲時佛俗:八月至十二月　《敦煌研究》2001 年第 2 期　p. 77

高啓安　晚唐五代敦煌僧人飲食戒律初探　敦煌佛教藝術文化國際學術研討會論文集　蘭州大學出版社　2002　p. 390

乜小紅　唐宋敦煌毛紡織業述略　敦煌學(第 23 輯)　(臺北)樂學書局有限公司　2002　p. 128

高啓安　唐五代敦煌飲食文化研究　民族出版社　2004　p. 151

李正宇　晚唐至宋敦煌僧人聽食"淨肉"　敦煌學(第 25 輯)　(臺北)樂學書局有限公司　2004　p. 178

趙紅　高啓安　唐五代時期敦煌僧人飲食概述　麥積山石窟藝術文化論文集(下)　蘭州大學出版社　2004　p. 294

李正宇　晚唐至北宋敦煌僧尼普聽飲酒　《敦煌研究》2005 年第 3 期　p. 70

趙曉星　寇甲　西魏:歸義軍時期敦煌地區的史姓　《敦煌學輯刊》2005 年第 2 期　p. 136

S. 5009

王三慶　敦煌寫卷中武后新字之調查研究　唐代研究論集(第三輯)　(臺北)新文豐出版公司　1992　p. 92

S. 5010

芳村修基　土橋秀高　井ノ口泰淳　敦煌佛教史年表　西域文化研究(第一)・敦煌佛教資料　(京都)法藏館　1958　p. 276

王堯　藏族翻譯家管・法成對民族文化交流的貢獻　《文物》1980 年第 7 期　又見:中國敦煌學百年文庫・民族卷(三)　甘肅文化出版社　1999　p. 29、36

陳祚龍　敦煌古抄內典尾記彙校初、二、三編合刊　敦煌學要籥　(臺北)新文豐出版公司　1982　p. 151

三崎良周　仏頂尊勝陀羅尼經と諸星母陀羅尼經　敦煌と中國仏教(講座敦煌 7)　(東京)大東出版社　1984　p. 127

吳其昱著　福井文雅　樋口勝譯　大蕃國大德・三藏法師・法成傳考　敦煌と中國仏教(講座敦煌 7)　(東京)大東出版社　1984　p. 407

平野顯照著　張桐生譯　唐代的文學與佛教　(臺北)業强出版社　1987　p. 254

池田溫　中國古代寫本識語集録　(東京)大藏出版株式會社　1990　p. 345

上山大峻　敦煌佛教の研究　(京都)法藏館　1990　p. 89、106、173

蕭登福　從敦煌寫卷中看道教星斗崇拜對佛經之影響　第二屆敦煌學國際研討會論文集　(臺北)漢學研究中心　1990　p. 323

林聰明　敦煌文書出處略考　季羡林教授八十華誕紀念論文集(下)　江西人民出版社　1991　p. 865

林聰明　敦煌文書學　(臺北)新文豐出版公司　1991　p. 404

蕭登福　道教星斗符印與佛教密宗　(臺北)新文豐出版公司　1993　p. 13

王堯　西藏文史考信集　中國藏學出版社　1994　p. 20、30

鄭炳林　敦煌碑銘讚輯釋　甘肅教育出版社　1997　p. 86 注 2

沙知　修多寺　敦煌學大辭典　上海辭書出版社　1998　p. 633

楊富學　李吉和　敦煌漢文吐蕃史料輯校(第一輯)　甘肅人民出版社　1999　p. 281

鄭炳林　北京圖書館藏《吳和尚經論目録》有關問題研究　敦煌學與中國史研究論集　甘肅人民出版社　2001　p. 127

蔡忠霖　敦煌漢文寫卷俗字及其現象　(臺北)文津出版社　2002　p. 56

S. 5016

上山大峻　龍口明生　龍谷大學所藏敦煌本『比丘含注戒本』解說　敦煌寫本『本草集注』序録·『比丘含注戒本』　(京都)法藏館　1998　p. 300

陳明　評《敦煌寫本〈本草集注序録〉〈比丘含注戒本〉》　敦煌吐魯番研究(第四卷)　北京大學出版社　1999　p. 627

S. 5018

池田溫　中國古代寫本識語集録　(東京)大蔵出版株式會社　1990　p. 393

S. 5019

周紹良　敦煌文學芻議及其它　(臺北)新文豐出版公司　1992　p. 15

S. 5030

江素雲　維摩詰所說經敦煌寫本綜合目録　(臺北)東初出版社　1991　p. 80

S. 5031

江素雲　維摩詰所說經敦煌寫本綜合目録　(臺北)東初出版社　1991　p. 80

S. 5032

山本達郎等　敦煌·III 轉貼　『NUN - HUANG AND TURFAN DOCUMENTS CONCERNING SOCIAL AND ECONOMIC HISTORY』(IV)　(東京)東洋文庫　1989　p. 47

寧可　郝春文　敦煌社邑文書輯校　江蘇古籍出版社　1997　p. 239

鄭炳林　唐五代敦煌手工業研究　敦煌歸義軍史專題研究　蘭州大學出版社　1997　p. 263

李正宇　數字取名　敦煌學大辭典　上海辭書出版社　1998　p. 451

S. 5035

福井文雅撰　郭自得譯　般若心經觀在中國的變遷　敦煌學(第6輯)　(臺北)新文豐出版公司　1983　p. 22

福井文雅　般若心經　敦煌と中國仏教(講座敦煌7)　(東京)大東出版社　1984　p. 42

S. 5037

蕭登福　從敦煌寫卷中看道教星斗崇拜對佛經之影響　第二屆敦煌學國際研討會論文集　(臺北)漢學研究中心　1990　p. 336

金瀅坤　從敦煌文書看晚唐五代敦煌地區布紡織業　《敦煌研究》1998 年第 2 期　p. 137

高啓安　崇高與卑賤:敦煌的佛教信仰賤名再探　'98 法門寺唐文化國際學術討論會論文集　陝西人民出版社　2000　p. 252

S. 5039

向達　倫敦所藏敦煌卷子經眼目録　《北平圖書館圖書季刊》1939 年新第 1 卷第 4 期　p. 397　又見:唐代長安與西域文明　三聯書店　1957　p. 227

周紹良　敦煌所出變文現存目録　敦煌變文彙録　上海出版公司　1955　p. 8

姜伯勤　敦煌寺院碾磑經營的兩種形式　歷史論叢(第三輯)　齊魯書社　1983　p. 173、177　又見:五十年來漢唐佛教寺院經濟研究　北京師範大學出版社　1986　p. 221

姜伯勤　唐五代敦煌寺戶制度　中華書局　1987　p. 303

李正宇　敦煌古城談往　《西北史地》1988 年第 2 期　p. 26

山本達郎等　敦煌・II 牒・狀『NUN－HUANG AND TURFAN DOCUMENTS CONCERNING SOCIAL AND ECONOMIC HISTORY』(IV)　(東京)東洋文庫　1989　p. 19

唐耕耦　陸宏基　敦煌社會經濟文獻真迹釋録(三)　全國圖書館文獻縮微複製中心　1990　p. 228

李正宇　敦煌名勝古迹導論　《陽關》1991 年第 4 期　p. 51

鄭炳林　董念清　唐五代敦煌私營釀酒業初探　《社科縱橫》1994 年第 4 期　p. 66

鄭炳林　高偉　唐五代敦煌釀酒業初探　《西北史地》1994 年第 1 期　p. 32

李正宇　俄藏《端拱二年八月十九日往西天取菩薩戒僧智堅手記》決疑　敦煌佛教文獻研究　敦煌研究院文獻研究所　1995　p. 3

劉惠琴　從敦煌文書中看沙州紡織業　《敦煌學輯刊》1995 年第 2 期　p. 53

馬德　敦煌莫高窟史研究　甘肅教育出版社　1996　p. 170

馬德　九、十世紀敦煌工匠史料述論　慶祝潘石禪先生九秩華誕敦煌學特刊　(臺北)文津出版社　1996　p. 305、310

田德新　敦煌寺院中的"都頭"　《敦煌學輯刊》1996 年第 2 期　p. 100

鄭炳林　唐五代敦煌粟特人與歸義軍政權　《敦煌研究》1996 年第 4 期　p. 91　又見:敦煌歸義軍史專題研究　蘭州大學出版社　1997　p. 422

方中　箋釋"使君"　《敦煌學輯刊》1997 年第 2 期　p. 117

李正宇　敦煌歷史地理導論　(臺北)新文豐出版公司　1997　p. 58、224

劉雯　吐蕃及歸義軍時期敦煌索氏家族研究　《敦煌學輯刊》1997 年第 2 期　p. 87

馬德　敦煌工匠史料　甘肅人民出版社　1997　p. 48、67、78

唐耕耦　敦煌寺院會計文書研究　(臺北)新文豐出版公司　1997　p. 28、316

田德新　敦煌寺院中的都師　《敦煌學輯刊》1997 年第 2 期　p. 125

鄭炳林　敦煌碑銘讚輯釋　甘肅教育出版社　1997　p. 61 注 9

鄭炳林　唐五代敦煌的粟特人與佛教　敦煌歸義軍史專題研究　蘭州大學出版社　1997　p. 448

鄭炳林　唐五代敦煌手工業研究　敦煌歸義軍史專題研究　蘭州大學出版社　1997　p. 246、260

鄭炳林　晚唐五代敦煌貿易市場的物價　敦煌歸義軍史專題研究　蘭州大學出版社　1997　p. 302

鄭炳林　馮培紅　晚唐五代宋初歸義軍政權中都頭一職考辨　敦煌歸義軍史專題研究　蘭州大學出版社　1997　p. 83

郝春文　唐後期五代宋初敦煌僧尼的社會生活　中國社會科學出版社　1998　p. 172

李正宇　村莊　敦煌學大辭典　上海辭書出版社　1998　p. 305

唐耕耦　老宿　敦煌學大辭典　上海辭書出版社　1998　p. 640

楊森　晚唐五代兩件《女人社》文書劄記　《敦煌研究》1998 年第 1 期　p. 71

高啓安　唐五代敦煌僧人飲食的幾個名詞解釋　《敦煌研究》1999 年第 4 期　p. 135

顔廷亮　敦煌文化　光明日報出版社　2000　p. 381

鄭炳林　晚唐五代敦煌村莊聚落輯考　2000 年敦煌學國際學術討論會文集・歷史文化卷(上)　甘

肅民族出版社　2003　p. 158
高啓安　唐五代敦煌飲食文化研究　民族出版社　2004　p. 21、40、56、221、358、419
郭永利　晚唐五代敦煌佛教寺院的納贈　《敦煌學輯刊》2005年第4期　p. 78
李正宇　晚唐至北宋敦煌僧尼普聽飲酒　《敦煌研究》2005年第3期　p. 69、73
趙曉星　寇甲　西魏：歸義軍時期敦煌地區的史姓　《敦煌學輯刊》2005年第2期　p. 138
金瀅坤　敦煌社會經濟文書定年拾遺　《首都師範大學學報》2006年第1期　p. 10、13
金瀅坤　敦煌社會經濟文獻綴合拾遺　《敦煌研究》2006年第2期　p. 89

S. 5042
池田溫　中國古代寫本識語集録　（東京）大藏出版株式會社　1990　p. 357

S. 5045
姜伯勤　敦煌社會文書導論　（臺北）新文豐出版公司　1992　p. 62
方廣錩　敦煌佛教經録輯校　江蘇古籍出版社　1997　p. 589
方廣錩　戊戌年六月四日排大乘寺《般若經》欠在目　敦煌學大辭典　上海辭書出版社　1998　p. 753
鄭炳林　晚唐五代敦煌地區《大般若經》的流傳與信仰　麥積山石窟藝術文化論文集（下）　蘭州大學出版社　2004　p. 111

S. 5046
方廣錩　佛教大藏經史（八—十世紀）　中國社會科學出版社　1991　p. 110
方廣錩　敦煌佛教經録輯校　江蘇古籍出版社　1997　p. 596
方廣錩　點龍興寺上下藏《大般若經》欠數　敦煌學大辭典　上海辭書出版社　1998　p. 753
鄭炳林　晚唐五代敦煌諸寺藏經與管理　新世紀敦煌學論集　巴蜀書社　2003　p. 340

S. 5047
方廣錩　敦煌佛教經録輯校　江蘇古籍出版社　1997　p. 387

S. 5048
姜伯勤　唐五代敦煌寺戶制度　中華書局　1987　p. 248、265
山本達郎等　敦煌・I 社條　『NUN－HUANG AND TURFAN DOCUMENTS CONCERNING SOCIAL AND ECONOMIC HISTORY』（IV）　（東京）東洋文庫　1989　p. 8
唐耕耦　陸宏基　敦煌社會經濟文獻真迹釋録（三）　全國圖書館文獻縮微複製中心　1990　p. 206、536
唐耕耦　敦煌寺院會計文書研究　（臺北）新文豐出版公司　1997　p. 312
田德新　敦煌寺院中的都師　《敦煌學輯刊》1997年第2期　p. 126
鄭炳林　敦煌碑銘讚輯釋　甘肅教育出版社　1997　p. 347 注3
沙知　梁戶　敦煌學大辭典　上海辭書出版社　1998　p. 651
唐耕耦　入破曆算會牒　敦煌學大辭典　上海辭書出版社　1998　p. 647
劉進寶　敦煌文書與唐史研究　（臺北）新文豐出版公司　2000　p. 202
徐曉麗　鄭炳林　晚唐五代敦煌吐谷渾與吐蕃移民婦女研究　《敦煌學輯刊》2002年第2期　p. 3
金瀅坤　敦煌社會經濟文書定年拾遺　《首都師範大學學報》2006年第1期　p. 14

S. 5049

張弓　唐朝倉廩制度初探　中華書局　1986　p. 15

姜伯勤　唐五代敦煌寺戶制度　中華書局　1987　p. 161、183、199

李正宇　唐宋時代敦煌縣河渠泉澤簡志(二)　《敦煌研究》1989 年第 1 期　p. 54

唐耕耦　陸宏基　敦煌社會經濟文獻真迹釋録(三)　全國圖書館文獻縮微複製中心　1990　p. 532

張弓　唐代的寺莊　《魏晉南北朝隋唐史》1990 年第 2 期　p. 55

張弓　中國中古時期寺院地主的非自主發展　《魏晉南北朝隋唐史》1990 年第 9 期　p. 12

唐耕耦　北圖新一四四六號諸色入破曆算會牒殘卷　(香港)《九州學刊》(敦煌學專輯)1993 年第 5 卷第 4 期　p. 126

李正宇　敦煌史地新論　(臺北)新文豐出版公司　1996　p. 128

李正宇　敦煌歷史地理導論　(臺北)新文豐出版公司　1997　p. 59

唐耕耦　敦煌寺院會計文書研究　(臺北)新文豐出版公司　1997　p. 42、288

張弓　漢唐佛寺文化史　中國社會科學出版社　1997　p. 311

鄭炳林　敦煌碑銘讚輯釋　甘肅教育出版社　1997　p. 474 注 14

鄭炳林　晚唐五代敦煌園囿經濟研究　敦煌歸義軍史專題研究　蘭州大學出版社　1997　p. 324

李正宇　村莊　敦煌學大辭典　上海辭書出版社　1998　p. 304

唐耕耦　入破曆算會牒　敦煌學大辭典　上海辭書出版社　1998　p. 647

雷紹鋒　歸義軍賦役制度初探　(臺北)洪葉文化事業有限公司　2000　p. 57、96

鄭炳林　晚唐五代敦煌村莊聚落輯考　2000 年敦煌學國際學術討論會文集・歷史文化卷(上)　甘肅民族出版社　2003　p. 131、158

鄭炳林　晚唐五代敦煌地區的胡姓居民與聚落　法國漢學(第 10 輯)(粟特人在中國:歷史、考古、語言的新探索)　中華書局　2005　p. 182

S. 5050

姜伯勤　敦煌寺院碾磑經營的兩種形式　歷史論叢(第三輯)　齊魯書社　1983　p. 173、177　又見:五十年來漢唐佛教寺院經濟研究　北京師範大學出版社　1986　p. 221

姜伯勤　唐五代敦煌寺戶制度　中華書局　1987　p. 226、303

李正宇　敦煌古城談往　《西北史地》1988 年第 2 期　p. 26

唐耕耦　陸宏基　敦煌社會經濟文獻真迹釋録(三)　全國圖書館文獻縮微複製中心　1990　p. 534

李正宇　敦煌名勝古迹導論　《陽關》1991 年第 4 期　p. 51

張鴻勳　敦煌說唱文學概論　(臺北)新文豐出版公司　1993　p. 7

鄭炳林　董念清　唐五代敦煌私營釀酒業初探　《社科縱橫》1994 年第 4 期　p. 65

鄭炳林　高偉　唐五代敦煌釀酒業初探　《西北史地》1994 年第 1 期　p. 31

馬德　敦煌莫高窟史研究　甘肅教育出版社　1996　p. 170

馬德　九、十世紀敦煌工匠史料述論　慶祝潘石禪先生九秩華誕敦煌學特刊　(臺北)文津出版社　1996　p. 305

馬德　敦煌工匠史料　甘肅人民出版社　1997　p. 48、83

唐耕耦　敦煌寺院會計文書研究　(臺北)新文豐出版公司　1997　p. 44、291

鄭炳林　敦煌碑銘讚輯釋　甘肅教育出版社　1997　p. 108 注 2

鄭炳林　唐五代敦煌手工業研究　敦煌歸義軍史專題研究　蘭州大學出版社　1997　p. 243

鄭炳林　晚唐五代敦煌貿易市場的物價　敦煌歸義軍史專題研究　蘭州大學出版社　1997　p. 290

郝春文　唐後期五代宋初敦煌僧尼的社會生活　中國社會科學出版社　1998　p. 176

郝春文　唐後期五代宋初敦煌僧尼遺産的處理與喪事的操辦　《敦煌研究》1998 年第 3 期　p. 39
唐耕耦　入破曆算會牒　敦煌學大辭典　上海辭書出版社　1998　p. 647
謝重光　酒戶　敦煌學大辭典　上海辭書出版社　1998　p. 652
楊森　晚唐五代兩件《女人社》文書劄記　《敦煌研究》1998 年第 1 期　p. 71
高啓安　王璽玉　唐五代敦煌人的飲食品種研究　《敦煌研究》1999 年第 2 期　p. 63
鄭炳林　晚唐五代敦煌貿易市場的外來商品輯考　中華文史論叢(總 63 輯)　上海古籍出版社　2000　p. 87
高啓安　唐五代敦煌飲食文化研究　民族出版社　2004　p. 142
郭永利　晚唐五代敦煌佛教寺院的納贈　《敦煌學輯刊》2005 年第 4 期　p. 78
李正宇　晚唐至北宋敦煌僧尼普聽飲酒　《敦煌研究》2005 年第 3 期　p. 70

S. 5053

池田溫　中國古代寫本識語集録　(東京)大藏出版株式會社　1990　p. 392

S. 5054

岡部和雄　敦煌藏經目録　敦煌と中國仏教(講座敦煌 7)　(東京)大東出版社　1984　p. 313
孫修身　試論瓜沙曹氏與甘州回鶻之關係　敦煌學國際研討會文集·史地語文編　遼寧美術出版社　1995　p. 100

S. 5056

江素雲　維摩詰所説經敦煌寫本綜合目録　(臺北)東初出版社　1991　p. 80

S. 5057

江素雲　維摩詰所説經敦煌寫本綜合目録　(臺北)東初出版社　1991　p. 80

S. 5058

廣川堯敏　淨土三部經　敦煌と中國仏教(講座敦煌 7)　(東京)大東出版社　1984　p. 106

S. 5060

池田溫　中國古代寫本識語集録　(東京)大藏出版株式會社　1990　p. 520

S. 5062

石內德　敦煌文獻中被廢棄的殘經抄本　法國漢學(敦煌學專號)　中華書局　2000　p. 22

S. 5063

戴仁　敦煌的經折裝寫本　法國學者敦煌學論文選萃　中華書局　1993　p. 581

S. 5064

唐耕耦　陸宏基　敦煌社會經濟文獻真迹釋録(二)　全國圖書館文獻縮微複製中心　1990　p. 251
郝春文　唐後期五代宋初敦煌僧尼的社會生活　中國社會科學出版社　1998　p. 186
金瀅坤　從敦煌文書看晚唐五代敦煌地區布紡織業　《敦煌研究》1998 年第 2 期　p. 134
童丕　10 世紀敦煌的借貸人　法國漢學(第 3 輯)　中華書局　1998　p. 77

羅彤華　從便物曆論敦煌寺院的放貸　敦煌文獻論集:紀念藏經洞發現一百周年國際學術研討會論文集　遼寧人民出版社　2001　p. 470

S. 5065

福井文雅　般若心經　敦煌と中國仏教(講座敦煌 7)　(東京)大東出版社　1984　p. 39

S. 5069

池田溫　中國古代寫本識語集録　(東京)大藏出版株式會社　1990　p. 355

S. 5071

唐耕耦　陸宏基　敦煌社會經濟文獻真迹釋録(三)　全國圖書館文獻縮微複製中心　1990　p. 557

李正宇　俄藏《端拱二年八月十九日往西天取菩薩戒僧智堅手記》决疑　敦煌佛教文獻研究　敦煌研究院文獻研究所　1995　p. 3

馬德　敦煌莫高窟史研究　甘肅教育出版社　1996　p. 174

馬德　九、十世紀敦煌工匠史料述論　慶祝潘石禪先生九秩華誕敦煌學特刊　(臺北)文津出版社　1996　p. 310

馬德　敦煌工匠史料　甘肅人民出版社　1997　p. 73

唐耕耦　敦煌寺院會計文書研究　(臺北)新文豐出版公司　1997　p. 49

鄭炳林　唐五代敦煌手工業研究　敦煌歸義軍史專題研究　蘭州大學出版社　1997　p. 247

鄭炳林　楊富學　晚唐五代金銀在敦煌的使用與流通　《甘肅金融》1997 年第 8 期　又見:中國敦煌學百年文庫・歷史卷(二)　甘肅文化出版社　1999　p. 583

高啓安　唐五代敦煌飲食文化研究　民族出版社　2004　p. 26

李正宇　晚唐至北宋敦煌僧尼普聽飲酒　《敦煌研究》2005 年第 3 期　p. 70

S. 5073

堀敏一　中唐以後敦煌稅法的變化　《魏晉南北朝隋唐史》1990 年第 6 期　p. 64

唐耕耦　陸宏基　敦煌社會經濟文獻真迹釋録(二)　全國圖書館文獻縮微複製中心　1990　p. 445

堀敏一著　林世田譯　唐代後期敦煌社會經濟之變化　《敦煌學輯刊》1991 年第 1 期　p. 101

李正宇　敦煌文學概論　甘肅人民出版社　1993　p. 150

王永興　敦煌經濟文書導論　(臺北)新文豐出版公司　1994　p. 407

李正宇　敦煌歷史地理導論　(臺北)新文豐出版公司　1997　p. 226

鄭炳林　敦煌碑銘讚輯釋　甘肅教育出版社　1997　p. 61 注 9

堀敏一　中唐以後敦煌地域における税制度　東アジア史における國家と地域　(東京)刀水書房　1999　p. 329

堀敏一著　張宇譯　中唐以後敦煌地區的稅制　《敦煌研究》2000 年第 3 期　p. 150

徐俊　敦煌詩集殘卷輯考　中華書局　2000　p. 891

李并成　敦煌文獻與西北生態環境變遷研究　漢語史學報專輯(第三輯)　上海教育出版社　2003　p. 393

李并成　敦煌學與沙漠歷史地理研究　2000 年敦煌學國際學術討論會文集・歷史文化卷(上)　甘肅民族出版社　2003　p. 490

S. 5074

鄭炳林　晚唐五代敦煌貿易市場的物價　敦煌歸義軍史專題研究　蘭州大學出版社　1997　p. 285

S. 5075

池田溫　中國古代寫本識語集録　（東京）大蔵出版株式會社　1990　p. 363

S. 5076

井ノ口泰淳　敦煌本『仏名經』の諸系統　中央アジアの言語と仏教　（京都）法藏館　1995　p. 298

方廣錩　敦煌佛教經録輯校　江蘇古籍出版社　1997　p. 1196

S. 5078

池田溫　中國古代寫本識語集録　（東京）大蔵出版株式會社　1990　p. 390

S. 5080

井ノ口泰淳　敦煌本『仏名經』の諸系統　中央アジアの言語と仏教　（京都）法藏館　1995　p. 308

寧可　郝春文　敦煌社邑文書輯校　江蘇古籍出版社　1997　p. 239

S. 5087

土橋秀高　敦煌の律蔵　敦煌と中國仏教（講座敦煌７）（東京）大東出版社　1984　p. 247

S. 5088

土橋秀高　敦煌の律蔵　敦煌と中國仏教（講座敦煌７）（東京）大東出版社　1984　p. 249

S. 5095

王三慶　敦煌寫卷中武后新字之調查研究　唐代研究論集（第三輯）（臺北）新文豐出版公司　1992　p. 92

S. 5100

池田溫　中國古代寫本識語集録　（東京）大蔵出版株式會社　1990　p. 392

S. 5104

山本達郎等　敦煌・III 轉貼　『NUN – HUANG AND TURFAN DOCUMENTS CONCERNING SOCIAL AND ECONOMIC HISTORY』（IV）（東京）東洋文庫　1989　p. 62

寧可　郝春文　敦煌社邑文書輯校　江蘇古籍出版社　1997　p. 360

S. 5105

江素雲　維摩詰所說經敦煌寫本綜合目録　（臺北）東初出版社　1991　p. 80

S. 5106

蕭登福　從敦煌寫卷中看道教星斗崇拜對佛經之影響　第二屆敦煌學國際研討會論文集　（臺北）漢學研究中心　1990　p. 323

蕭登福　道教星斗符印與佛教密宗　（臺北）新文豐出版公司　1993　p. 13

S. 5112

江素雲　維摩詰所說經敦煌寫本綜合目録　（臺北）東初出版社　1991　p. 80

S. 5113

芳村修基　土橋秀高　井ノロ泰淳　敦煌佛教史年表　西域文化研究（第一）・敦煌佛教資料　（京都）法藏館　1958　p. 270

圓空　《新菩薩經》《勸善經》《救諸衆生苦難經》校録及其流傳背景之探討　《敦煌研究》1992 年第 1 期　p. 53

S. 5115

姜亮夫　海外敦煌卷子經眼録　敦煌學論文集　上海古籍出版社　1987　p. 50

姜亮夫　敦煌莫高窟年表　姜亮夫全集（十一）　雲南人民出版社　2002　p. 214

S. 5119

池田溫　中國古代寫本識語集録　（東京）大藏出版株式會社　1990　p. 166

杜愛英　敦煌遺書中俗體字的諸種類型　《敦煌研究》1992 年第 3 期　p. 125

伊藤美重子　敦煌本『大智度論』の整理　中國佛教石經の研究　京都大學學術出版會　1996　p. 361

S. 5120

伊藤美重子　敦煌本『大智度論』の整理　中國佛教石經の研究　京都大學學術出版會　1996　p. 348

S. 5121

平井俊榮　敦煌仏典と中國仏教　敦煌と中國仏教（講座敦煌 7）　（東京）大東出版社　1984　p. 8

S. 5125

蕭登福　從敦煌寫卷中看道教星斗崇拜對佛經之影響　第二届敦煌學國際研討會論文集　（臺北）漢學研究中心　1990　p. 336

S. 5126

王三慶　敦煌寫卷中武后新字之調查研究　漢學研究（敦煌學國際研討會論文專號）　（臺北）漢學研究資料及服務中心　1986　p. 443　又見：唐代研究論集（第三輯）　（臺北）新文豐出版公司　1992　p. 66

伊藤美重子　敦煌本『大智度論』の整理　中國佛教石經の研究　京都大學學術出版會　1996　p. 361

S. 5128

蕭登福　從敦煌寫卷中看道教星斗崇拜對佛經之影響　第二届敦煌學國際研討會論文集　（臺北）漢學研究中心　1990　p. 336

S. 5129

池田溫　中國古代寫本識語集録　(東京)大蔵出版株式會社　1990　p. 382

鄭炳林　《康秀華寫經施入疏》與《炫和尚貨賣胡粉曆》研究　敦煌吐魯番研究(第三卷)　北京大學出版社　1998　p. 196

S. 5130

芳村修基　土橋秀高　井ノ口泰淳　敦煌佛教史年表　西域文化研究(第一)・敦煌佛教資料　(京都)法藏館　1958　p. 257

池田溫　評『ペリオ將來敦煌漢文文獻目録』第一卷(P. 2001－2500)　『東洋學報』(54卷4號)　(東京)東洋學術協會　1972　p. 67

陳祚龍　敦煌古抄内典尾記彙校初、二、三編合刊　敦煌學要籥　(臺北)新文豐出版公司　1982　p. 151

池田溫　中國古代寫本識語集録　(東京)大蔵出版株式會社　1990　p. 144

林聰明　敦煌文書學　(臺北)新文豐出版公司　1991　p. 355

趙聲良　隋代敦煌寫本的書法藝術　敦煌書法庫(第三輯)　甘肅人民美術出版社　1994　p. 3　又見:《敦煌研究》1995年第4期　p. 134

伊藤美重子　敦煌本『大智度論』の整理　中國佛教石經の研究　京都大學學術出版會　1996　p. 361

趙聲良　敦煌寫卷書法(下)　《文史知識》1997年第5期　p. 80

方廣錩　大智度論　敦煌學大辭典　上海辭書出版社　1998　p. 721

姜亮夫　敦煌莫高窟年表　姜亮夫全集(十一)　雲南人民出版社　2002　p. 175

馬國俊　敦煌遺書民間書法特徵研究　《敦煌研究》2006年第2期　p. 34

S. 5132

陳祚龍　後魏元榮坐鎮瓜州事佛之一斑　中華佛教文化史散策(初集)　(臺北)新文豐出版公司　1978　p. 94

池田溫　中國古代寫本識語集録　(東京)大蔵出版株式會社　1990　p. 166

伊藤美重子　敦煌本『大智度論』の整理　中國佛教石經の研究　京都大學學術出版會　1996　p. 355

方廣錩　大智度論　敦煌學大辭典　上海辭書出版社　1998　p. 721

S. 5133

江素雲　維摩詰所說經敦煌寫本綜合目録　(臺北)東初出版社　1991　p. 80

S. 5134

陳祚龍　後魏元榮坐鎮瓜州事佛之一斑　中華佛教文化史散策(初集)　(臺北)新文豐出版公司　1978　p. 95

陳祚龍撰　費海璣譯　蘇瑩輝補注　瓜沙印録　敦煌學概要　(臺北)編譯館"中華叢書編委會"　1981　p. 266　又見:中國敦煌學百年文庫・考古卷(一)　甘肅文化出版社　1999　p. 186

陳祚龍　古代敦煌及其他地區流行之公私印章圖記文字録　敦煌學要籥　(臺北)新文豐出版公司　1982　p. 328

耿昇　中法學者友好合作的成果　《敦煌研究》1987年第1期　p. 109

伊藤美重子　敦煌本『大智度論』の整理　中國佛教石經の研究　京都大學學術出版會　1996　p. 355

沙知　瓜沙州大王印　敦煌學大辭典　上海辭書出版社　1998　p. 289

王豔明　瓜沙州大王印考　《敦煌學輯刊》2000 年第 2 期　p. 42

S. 5135

王三慶　敦煌寫卷中武后新字之調查研究　唐代研究論集(第三輯)　(臺北)新文豐出版公司　1992　p. 92

方廣錩　大法炬陀羅尼經　敦煌學大辭典　上海辭書出版社　1998　p. 703

S. 5137

唐耕耦　陸宏基　敦煌社會經濟文獻真迹釋録(一)　書目文獻出版社　1986　p. 353

姜伯勤　敦煌社會文書導論　(臺北)新文豐出版公司　1992　p. 233、243

李正宇　敦煌史地新論　(臺北)新文豐出版公司　1996　p. 97

李正宇　蘭若　敦煌學大辭典　上海辭書出版社　1998　p. 627

S. 5139

向達　倫敦所藏敦煌卷子經眼目録　《北平圖書館圖書季刊》1939 年新第 1 卷第 4 期　p. 397　又見:唐代長安與西域文明　三聯書店　1957　p. 227

劉銘恕　再記英國倫敦所藏的敦煌經卷　《中國科學院圖書館通訊》1957 年第 7 期　又見:中國敦煌學百年文庫・綜述卷(二)　甘肅文化出版社　1999　p. 133

唐長孺　關於歸義軍節度使的幾種資料跋　《中華文史論叢》1962 年第 1 期　又見:敦煌學文選(上)　蘭州大學歷史系敦煌學研究室等　1983　p. 183、187；敦煌吐魯番文書研究　甘肅人民出版社　1984　p. 176、180；山居存稿　中華書局　1989　p. 445、449；中國敦煌學百年文庫・歷史卷(一)　甘肅文化出版社　1999　p. 216

藤枝晃　敦煌の僧尼籍　『東方學報』(第 35 號)　京都大學人文科學研究所　1964　p. 292

竺沙雅章　敦煌出土「社」文書の研究　『東方學報』(第 35 號)　京都大學人文科學研究所　1964　p. 276

陳祚龍　簡記敦煌古抄方志　敦煌文物隨筆　(臺北)商務印書館　1979　p. 61

菊池英夫　唐代敦煌社會の外貌　敦煌の社會(講座敦煌 3)　(東京)大東出版社　1980　p. 106

森安孝夫　ウイグルと敦煌　敦煌の歷史(講座敦煌 2)　(東京)大東出版社　1980　p. 306

土肥義和　莫高窟千佛洞と大寺と蘭若と　敦煌の社會(講座敦煌 3)　(東京)大東出版社　1980　p. 364

陳祚龍　《簡記敦煌古抄方志》及其"後語"　敦煌學要籥　(臺北)新文豐出版公司　1982　p. 230

賀世哲　孫修身　瓜沙曹氏與敦煌莫高窟　敦煌研究文集　甘肅人民出版社　1982　p. 231

史葦湘　絲綢之路上的敦煌與莫高窟　敦煌研究文集　甘肅人民出版社　1982　p. 120 注 136

姜亮夫　瓜沙曹氏年表補正　敦煌學文選(上)　蘭州大学歷史系敦煌學研究室等　1983　p. 112　又見:敦煌學論文集　上海古籍出版社　1987　p. 917；姜亮夫全集(十四)　雲南人民出版社　2002　p. 342

湯開建　馬明達　對五代宋初河西若干民族問題的探討　《敦煌學輯刊》1983 年創刊號　p. 75

黄盛璋　《鋼和泰藏卷》與《西北史地》研究　《新疆社會科學》1984 年第 2 期　又見:中國敦煌學百年文庫・民族卷(二)　甘肅文化出版社　1999　p. 238

森安孝夫著　高然譯　回鶻與敦煌　《西北史地》1984 年第 1 期　p. 110
榮新江　歸義軍及其與周邊民族的關係初探　《敦煌學輯刊》1986 年第 2 期　p. 30　又見：中國人文社會科學博士碩士文庫・歷史學卷　浙江教育出版社　1998　p. 658
唐耕耦　陸宏基　敦煌社會經濟文獻真迹釋録(一)　書目文獻出版社　1986　p. 345
鄧文寬　《涼州節院使押衙劉少晏狀》新探　《敦煌學輯刊》1987 年第 2 期　p. 62
姜伯勤　唐五代敦煌寺戶制度　中華書局　1987　p. 145
曲金良　敦煌寫本變文、講經文作品創作時間彙考　《敦煌學輯刊》1987 年第 1 期　p. 65
郝春文　敦煌遺書中的"春秋座局席"考　《北京師範學院學報》1989 年第 4 期　p. 32
黄盛璋　敦煌于闐文書與漢文書中關於甘州回鶻史實異同及回鶻進佔甘州的年代問題　《西北史地》1989 年第 1 期　p. 3
李明偉　狀・牒・帖　敦煌文學　甘肅人民出版社　1989　p. 38
山本達郎等　敦煌・III 轉貼　『NUN - HUANG AND TURFAN DOCUMENTS CONCERNING SOCIAL AND ECONOMIC HISTORY』(IV)　(東京)東洋文庫　1989　p. 64
榮新江　沙州歸義軍歷任節度使稱號研究　敦煌吐魯番學研究論文集　漢語大詞典出版社　1990　p. 775、792
蘇哲　伯二九九二號文書三通五代狀文的研究　敦煌吐魯番文獻研究論集(第五輯)　北京大學出版社　1990　p. 447
周偉洲　吐蕃對河隴的統治及歸義軍前期的河西諸族　《甘肅民族研究》1990 年第 2 期　p. 8
陸慶夫　略論敦煌民族史料的價值　《敦煌學輯刊》1991 年第 1 期　p. 37
榮新江　曹議金征甘州回鶻史事表微　《敦煌研究》1991 年第 2 期　p. 8
東野治之　敦煌と日本の『千字文』　遣唐使と正倉院　(東京)岩波書店　1992　p. 245
東野治之　訓蒙書　敦煌漢文文獻(講座敦煌 5)　(東京)大東出版社　1992　p. 413
黄盛璋　關於沙州曹氏和于闐交往的諸藏文文書及相關問題　《敦煌研究》1992 年第 1 期　p. 35
暨遠志　張議潮出行圖研究(續)　《敦煌研究》1992 年第 4 期　p. 82
姜伯勤　敦煌社會文書導論　(臺北)新文豐出版公司　1992　p. 141、242
高國藩　敦煌民俗資料導論　(臺北)新文豐出版公司　1993　p. 2
郝春文　敦煌寫本社邑文書年代彙考(一、二)　《首都師範大學學報》1993 年第 4、5 期　p. 36;77
郝春文　敦煌寫本社邑文書年代彙考(三)　《社科縱橫》1993 年第 5 期　p. 9
李明偉　敦煌文學概論　甘肅人民出版社　1993　p. 464
李正宇　敦煌文學概論　甘肅人民出版社　1993　p. 163
前田正名　河西歷史地理學研究　中國藏學出版社　1993　p. 199、291
榮新江　初期沙州歸義軍與唐中央朝廷之關係　隋唐史論集　香港大學亞洲研究中心　1993　p. 111
譚禪雪　敦煌歲時掇瑣　(香港)《九州學刊》(敦煌學專輯)1993 年第 5 卷第 4 期　p. 99
榮新江　甘州回鶻與曹氏歸義軍　《中國古代史》(先秦至隋唐)1994 年第 3 期　p. 102
榮新江　敦煌邈真讚所見歸義軍與東西回鶻的關係　敦煌邈真讚校録並研究　(臺北)新文豐出版公司　1994　p. 100
胡戟　傅玫　敦煌史話　中華書局　1995　p. 156
李明偉　敦煌文學中"敦煌文"的研究和分類評價　《敦煌研究》1995 年第 4 期　p. 120
石田勇作　敦煌「社文書」研究序說　中國古代の國家と民衆(堀敏一先生古稀記念)　(東京)汲古書院　1995　p. 687
孫修身　試論瓜沙曹氏與甘州回鶻之關係　敦煌學國際研討會文集・史地語文编　遼寧美術出版社

1995　p. 101

土肥義和　唐・北宋間の「社」の組織形態に関する一考察　中國古代の國家と民衆(堀敏一先生古稀記念)　(東京)汲古書院　1995　p. 711

王三慶　敦煌書儀載録之節日活動與民俗　全國敦煌學研討會論文集　(臺北)中正大學中國文學系所　1995　p. 26 注 39

黄盛璋　敦煌漢文與于闐文書中之龍家及其相關問題　《西域研究》1996 年第 1 期　p. 38

李正宇　敦煌史地新論　(臺北)新文豐出版公司　1996　p. 97、305

榮新江　歸義軍史研究　上海古籍出版社　1996　p. 16

王惠民　《敦煌邈真讚校録並研究》評介　《敦煌研究》1996 年第 2 期　p. 154

馮培紅　晚唐五代宋初歸義軍武職軍將研究　敦煌歸義軍史專題研究　蘭州大學出版社　1997　p. 145

寧可　郝春文　敦煌社邑文書輯校　江蘇古籍出版社　1997　p. 80、153

鄭炳林　敦煌碑銘讚輯釋　甘肅教育出版社　1997　p. 351 注 11

李正宇　蘭若　敦煌學大辭典　上海辭書出版社　1998　p. 627

寧可　親情社　敦煌學大辭典　上海辭書出版社　1998　p. 428

榮新江　歸義軍大事紀年初稿　出土文獻研究(第三輯)　文物出版社　1998　p. 243

譚蟬雪　敦煌歲時文化導論　(臺北)新文豐出版公司　1998　p. 238

謝桃坊　敦煌文化尋繹　四川人民出版社　1999　p. 205

楊秀清　敦煌西漢金山國史　甘肅人民出版社　1999　p. 110

馮培紅　唐五代歸義軍節院與節院使略考　《敦煌學輯刊》2000 年第 1 期　p. 49

郝春文　英藏敦煌文獻年代叢考　英國收藏敦煌漢藏文獻研究:紀念敦煌文獻發現一百周年　中國社會科學出版社　2000　p. 372

雷紹鋒　歸義軍賦役制度初探　(臺北)洪葉文化事業有限公司　2000　p. 122 注 37、247

丘古耶夫斯基　敦煌漢文文書　上海古籍出版社　2000　p. 184

徐俊　敦煌詩集殘卷輯考　中華書局　2000　p. 891

孟憲實　敦煌社邑的分佈　敦煌文獻論集:紀念藏經洞發現一百周年國際學術研討會論文集　遼寧人民出版社　2001　p. 431

徐曉麗　曹議金與甘州回鶻天公主結親時間考　《敦煌研究》2001 年第 4 期　p. 113

趙貞　歸義軍押衙兼知他官略考　《敦煌研究》2001 年第 2 期　p. 91

馬茜　歸義軍時期敦煌地區庶民佛教的發展　甘肅民族研究論叢　甘肅人民出版社　2002　p. 454

王豔明　瓜州曹氏與甘州回鶻的兩次和親始末　《敦煌研究》2003 年第 1 期　p. 72

湛如　敦煌佛教律儀制度研究　中華書局　2003　p. 68

郝春文　再論敦煌私社的“義聚”　敦煌學(第 25 輯)　(臺北)樂學書局有限公司　2004　p. 281

湯涒　敦煌曲子詞地域文化研究　上海古籍出版社　2004　p. 166

葉貴良　敦煌社邑文書詞語選釋　《敦煌研究》2004 年第 5 期　p. 83

鄭炳林　魏迎春　晚唐五代敦煌佛教教團的科罰制度研究　《敦煌研究》2004 年第 2 期　p. 52

湯涒　敦煌曲子詞寫本叙略　敦煌學國際研討會論文集　北京圖書館出版社　2005　p. 208

吳麗娛　楊寶玉　P. 3197v《曹氏歸義軍時期甘州使人書狀》考試　《敦煌學輯刊》2005 年第 4 期　p. 22 注 8

S. 5140

張鴻勳　敦煌說唱文學概論　(臺北)新文豐出版公司　1993　p. 6

S. 5147

江素雲　維摩詰所説經敦煌寫本綜合目録　（臺北）東初出版社　1991　p. 80

S. 5156

鄭炳林　敦煌碑銘讚輯釋　甘肅教育出版社　1997　p. 360 注 9

S. 5159

井ノ口泰淳　敦煌本『仏名經』の諸系統　中央アジアの言語と仏教　（京都）法藏館　1995　p. 296

S. 5161

池田溫　中國古代寫本識語集録　（東京）大藏出版株式會社　1990　p. 390

黃征　吳偉　敦煌願文集　岳麓書社　1995　p. 638

湛如　敦煌佛教律儀制度研究　中華書局　2003　p. 350

S. 5164

上山大峻　龍口明生　龍谷大學所藏敦煌本『比丘含注戒本』解說　敦煌寫本『本草集注』序録・『比丘含注戒本』　（京都）法藏館　1998　p. 300

陳明　評《敦煌寫本〈本草集注序録〉〈比丘含注戒本〉》　敦煌吐魯番研究（第四卷）　北京大學出版社　1999　p. 627

S. 5165

池田溫　中國古代寫本識語集録　（東京）大藏出版株式會社　1990　p. 390

S. 5170

饒宗頤　論敦煌陷於吐蕃之年代　選堂集林・史林　（香港）中華書局　1982　p. 712 注 13

S. 5171

蕭登福　從敦煌寫卷中看道教星斗崇拜對佛經之影響　第二屆敦煌學國際研討會論文集　（臺北）漢學研究中心　1990　p. 336

S. 5176

許國霖　敦煌石室寫經題記彙編　《微妙聲》1936－1937 年第 1－4 期　又見：中國敦煌學百年文庫・宗教卷（四）　甘肅文化出版社　1999　p. 216

許國霖　敦煌石室寫經年代表　《微妙聲》1937 年第 5 期　又見：中國敦煌學百年文庫・宗教卷（四）　甘肅文化出版社　1999　p. 198

池田溫　中國古代寫本識語集録　（東京）大藏出版株式會社　1990　p. 239

林聰明　敦煌文書學　（臺北）新文豐出版公司　1991　p. 426

王三慶　敦煌寫卷中武后新字之調查研究　唐代研究論集（第三輯）　（臺北）新文豐出版公司　1992　p. 92

陳麗萍　敦煌女性寫經題記及反映的婦女問題　敦煌佛教藝術文化國際學術研討會論文集　蘭州大學出版社　2002　p. 447

施安昌　敦煌寫經斷代發凡　善本碑帖論集　紫禁城出版社　2002　p. 311

施安昌　唐武周時期的刻經與敦煌寫經　善本碑帖論集　紫禁城出版社　2002　p. 120

赤尾榮慶　敦煌寫本的書志學研究　敦煌學・日本學:石塚晴通教授退職紀念論文集　上海辭書出版社　2005　p. 55

赤尾榮慶　敦煌寫本の書志學的研究——近年の動向を踏まえて　日本學・敦煌學・漢文訓讀の新展開　(東京)汲古書院　2005　p. 192

S. 5177

芳村修基　土橋秀高　井ノ口泰淳　敦煌佛教史年表　西域文化研究(第一)・敦煌佛教資料　(京都)法藏館　1958　p. 264

慶谷壽信　敦煌出土の音韻資料(上)——Stein6691vについて　『人文學報』(第 78 號)　京都大學人文科學研究所　1970　p. 173

S. 5181

許國霖　敦煌石室寫經題記彙編　《微妙聲》1936 – 1937 年第 1 – 4 期　又見:中國敦煌學百年文庫・宗教卷(四)　甘肅文化出版社　1999　p. 231

許國霖　敦煌石室寫經年代表　《微妙聲》1937 年第 5 期　又見:中國敦煌學百年文庫・宗教卷(四)　甘肅文化出版社　1999　p. 197

芳村修基　土橋秀高　井ノ口泰淳　敦煌佛教史年表　西域文化研究(第一)・敦煌佛教資料　(京都)法藏館　1958　p. 261

陳祚龍　敦煌古抄內典尾記彙校初、二、三編合刊　敦煌學要籥　(臺北)新文豐出版公司　1982　p. 152

池田溫　中國古代寫本識語集録　(東京)大藏出版株式會社　1990　p. 203

方廣錩　佛性海藏智慧解脱破心相經　敦煌學大辭典　上海辭書出版社　1998　p. 737

蘇遠鳴　中國避諱略述　法國漢學(敦煌學專號)　中華書局　2000　p. 54

姜亮夫　敦煌莫高窟年表　姜亮夫全集(十一)　雲南人民出版社　2002　p. 227

S. 5184

江素雲　維摩詰所説經敦煌寫本綜合目録　(臺北)東初出版社　1991　p. 80

S. 5192

蘇瑩輝　敦煌藝文略　敦煌論集　(臺北)學生書局　1983　p. 369

S. 5193

陳祚龍　敦煌寫本《瓜沙古事系年並序》箋正　(臺北)《大陸雜誌》1960 年第 12 期　又見:敦煌資料考屑(上冊)　(臺北)商務印書館　1979　p. 18;中國敦煌學百年文庫・歷史卷(一)　甘肅文化出版社　1999　p. 176

唐長孺　關於歸義軍節度使的幾種資料跋　《中華文史論叢》1962 年第 1 期　又見:中國敦煌學百年文庫・歷史卷(一)　甘肅文化出版社　1999　p. 214

榮新江　敦煌卷子劄記四則　敦煌吐魯番文獻研究論集(第二輯)　北京大學出版社　1983　p. 672 注 34

蘇瑩輝　瓜沙史事系年　敦煌論集　(臺北)學生書局　1983　p. 264

湯開建　馬明達　對五代宋初河西若干民族問題的探討　《敦煌學輯刊》1983 年創刊號　p. 68

吳震　P. 3547《沙州歸義軍上都進奏院上本使狀》試析　敦煌學國際學術討論會論文縮寫文(1990)　敦煌研究院　1990　p. 64

林家平　寧强　羅華慶　中國敦煌學史　北京語言學院出版社　1992　p. 360、508

S. 5200

蕭登福　從敦煌寫卷中看道教星斗崇拜對佛經之影響　第二届敦煌學國際研討會論文集　(臺北)漢學研究中心　1990　p. 336

S. 5202

井ノ口泰淳　敦煌本『仏名經』の諸系統　中央アジアの言語と仏教　(京都)法藏館　1995　p. 297

S. 5210

陳祚龍　敦煌古抄内典尾記彙校初、二、三編合刊　敦煌學要籥　(臺北)新文豐出版公司　1982　p. 152

池田溫　中國古代寫本識語集録　(東京)大藏出版株式會社　1990　p. 367

S. 5212

陳慶英　《斯坦因劫經録》、《伯希和劫經録》所收漢文寫卷中夾存的藏文寫卷情況調查　《敦煌學輯刊》1981 年第 2 期　p. 111

黄振華　于闐文研究概述　中國民族古文字研究　中國社會科學出版社　1984　p. 70

熊本裕　コ－タン語文獻　敦煌胡語文獻(講座敦煌 6)　(東京)大東出版社　1985　p. 134、137

張廣達　榮新江　巴黎國立圖書館所藏敦煌于闐語寫卷目録初編　敦煌吐魯番文獻研究論集(第四輯)　北京大學出版社　1987　p. 114

榮新江　漢語于闐語雙語對照詞表　敦煌學大辭典　上海辭書出版社　1998　p. 504

S. 5214

蕭登福　從敦煌寫卷中看道教星斗崇拜對佛經之影響　第二届敦煌學國際研討會論文集　(臺北)漢學研究中心　1990　p. 336

S. 5215

陳祚龍　敦煌學新簡　敦煌文物散論　(臺北)新文豐出版公司　1993　p. 161

鄭阿財　從敦煌文獻看唐代的三教合一　第二届國際唐代學術會議論文集(上)　(臺北)文津出版社　1993　p. 668 注 16

張涌泉　敦煌本《佛說父母恩重經》研究　文史(第四十九輯)　中華書局　1999　p. 69

馬世長　《父母恩重經》寫本與變相　敦煌研究文集・敦煌石窟經變篇　甘肅民族出版社　2000　p. 398

施萍婷　《敦煌遺書總目索引新編》前言　敦煌遺書總目索引新編　中華書局　2000　p. 4

町田隆吉　『唐咸亨四年(673)左憧熹生前及隨身錢物疏』をめぐって　『西北出土文獻研究』(創刊號)　(新潟)西北出土文獻研究會　2004　p. 69

S. 5220

礪波護著　韓昇　劉建英譯　隋唐佛教文化　上海古籍出版社　2004　p. 48

S. 5224

池田溫　中國古代寫本識語集録　(東京)大藏出版株式會社　1990　p. 393

S. 5227

廣川堯敏　禮讚　敦煌と中國仏教(講座敦煌 7)　(東京)大東出版社　1984　p. 434

聖凱　善導禮讚儀新探　法源(第 18 期)　中國佛學院　2000　p. 174

湛如　敦煌淨土教讚文考辨　華林(第一卷)　中華書局　2001　p. 187

湛如　敦煌佛教律儀制度研究　中華書局　2003　p. 258

盛會蓮　《禮阿彌陀佛文》校勘記　《敦煌研究》2005 年第 2 期　p. 101

S. 5229

池田溫　中國古代寫本識語集録　(東京)大藏出版株式會社　1990　p. 391

S. 5231

池田溫　中國古代寫本識語集録　(東京)大藏出版株式會社　1990　p. 393

S. 5232

郝春文　發願文　敦煌學大辭典　上海辭書出版社　1998　p. 459

S. 5234

福井文雅　般若心經　敦煌と中國仏教(講座敦煌 7)　(東京)大東出版社　1984　p. 42

S. 5236

土橋秀高　四分律雜抄　西域文化研究(第一)·敦煌佛教資料　(京都)法藏館　1958　p. 186

S. 5239

杜愛英　敦煌遺書中俗體字的諸種類型　《敦煌研究》1992 年第 3 期　p. 120

S. 5240

方廣錩　敦煌佛教經録輯校　江蘇古籍出版社　1997　p. 1039

鄭炳林　晚唐五代敦煌諸寺藏經與管理　新世紀敦煌學論集　巴蜀書社　2003　p. 352

S. 5241

景盛軒　試論敦煌佛經異文研究的價值和意義　《敦煌研究》2004 年第 5 期　p. 87

S. 5244

沙知　敦煌契約文書輯校　江蘇古籍出版社　1998　p. 174

童丕　敦煌的借貸:中國中古時代的物質生活與社會　中華書局　2003　p. 104

王啓濤　中古及近代法制文書語言研究　巴蜀書社　2003　p. 210

S. 5246

江素雲　維摩詰所說經敦煌寫本綜合目録　(臺北)東初出版社　1991　p. 80

S. 5247

張廣達　吐魯番出土漢語文書中所見伊朗語地區宗教的蹤迹　敦煌吐魯番研究(第四卷)　北京大學出版社　1999　p. 10

S. 5248

陳祚龍　敦煌古抄內典尾記彙校初、二、三編合刊　敦煌學要籥　(臺北)新文豐出版公司　1982　p. 152

池田溫　中國古代寫本識語集録　(東京)大藏出版株式會社　1990　p. 511

高國藩　敦煌古俗與民俗流變　河海大學出版社　1990　p. 415

金岡照光　敦煌文獻と中國文學　(東京)五曜書房　2000　p. 430

林聰明　敦煌吐魯番文書解詁指例　(臺北)新文豐出版公司　2001　p. 161

陳麗萍　敦煌女性寫經題記及反映的婦女問題　敦煌佛教藝術文化國際學術研討會論文集　蘭州大學出版社　2002　p. 434

釋永有　敦煌遺書中的金剛經　敦煌佛教藝術文化國際學術研討會論文集　蘭州大學出版社　2002　p. 39

杜正乾　唐代的《金剛經》信仰　《敦煌研究》2004 年第 5 期　p. 54

S. 5249

李正宇　中國唐宋硬筆書法　上海文化出版社　1993　p. 64

蔡忠霖　敦煌漢文寫卷俗字及其現象　(臺北)文津出版社　2002　p. 39

S. 5250

池田溫　中國古代寫本識語集録　(東京)大藏出版株式會社　1990　p. 367

S. 5253

陳祚龍　敦煌學新簡　敦煌文物散論　(臺北)新文豐出版公司　1993　p. 161

鄭阿財　從敦煌文獻看唐代的三教合一　第二屆國際唐代學術會議論文集(上)　(臺北)文津出版社　1993　p. 668 注 16

張涌泉　敦煌本《佛說父母恩重經》研究　文史(第四十九輯)　中華書局　1999　p. 68

馬世長　《父母恩重經》寫本與變相　敦煌研究文集・敦煌石窟經變篇　甘肅民族出版社　2000　p. 398

町田隆吉　『唐咸亨四年(673)左憧熹生前及隨身錢物疏』をめぐって　『西北出土文獻研究』(創刊號)　(新潟)西北出土文獻研究會　2004　p. 69

S. 5254

江素雲　維摩詰所說經敦煌寫本綜合目録　(臺北)東初出版社　1991　p. 80

S. 5255

江素雲　維摩詰所說經敦煌寫本綜合目録　(臺北)東初出版社　1991　p. 80

S. 5256

芳村修基　土橋秀高　井ノ口泰淳　敦煌佛教史年表　西域文化研究(第一)・敦煌佛教資料　(京

都)法藏館　1958　p. 275
陳祚龍　敦煌古抄內典尾記彙校初、二、三編合刊　敦煌學要籥　(臺北)新文豐出版公司　1982　p. 152
李正宇　敦煌學郎題記輯注　《敦煌學輯刊》1987 年第 1 期　p. 33、37
池田溫　中國古代寫本識語集録　(東京)大藏出版株式會社　1990　p. 453
圓空　《新菩薩經》《勸善經》《救諸衆生苦難經》校録及其流傳背景之探討　《敦煌研究》1992 年第 1 期　p. 52
黄征　敦煌文獻中有浙江文化史的資料　敦煌語文叢說　(臺北)新文豐出版公司　1997　p. 769
施謝捷　敦煌文獻語詞校釋叢劄　《敦煌研究》1999 年第 4 期　p. 28
徐俊　敦煌詩集殘卷輯考　中華書局　2000　p. 434
林聰明　敦煌吐魯番文書解詁指例　(臺北)新文豐出版公司　2001　p. 157

S. 5257

向達　倫敦所藏敦煌卷子經眼目録　《北平圖書館圖書季刊》1939 年新第 1 卷第 4 期　p. 397　又見:唐代長安與西域文明　三聯書店　1957　p. 227
芳村修基　土橋秀高　井ノ口泰淳　敦煌佛教史年表　西域文化研究(第一)・敦煌佛教資料　(京都)法藏館　1958　p. 265
池田溫　中國古代寫本識語集録　(東京)大藏出版株式會社　1990　p. 298
中村裕一　唐代制勅研究　(東京)汲古書院　1991　p. 481
中村裕一　官文書　敦煌漢文文獻(講座敦煌 5)　(東京)大東出版社　1992　p. 554
中村裕一　唐代公文書研究　(東京)汲古書院　1996　p. 80
汪泛舟　敦煌詩詞補正與考源　《敦煌研究》1997 年第 3 期　p. 106
馬德　敦煌寫卷行草書法集　甘肅人民美術出版社　2000　p. 49
徐俊　敦煌詩集殘卷輯考　中華書局　2000　p. 892
榮新江　敦煌學十八講　北京大學出版社　2001　p. 194
姜亮夫　敦煌莫高窟年表　姜亮夫全集(十一)　雲南人民出版社　2002　p. 291

S. 5258

許建平　《英藏敦煌文獻》(1-8)補遺　英國收藏敦煌漢藏文獻研究:紀念敦煌文獻發現一百周年　中國社會科學出版社　2000　p. 395

S. 5259

李明偉　狀・牒・帖　敦煌文學　甘肅人民出版社　1989　p. 41

S. 5260

井ノ口泰淳　敦煌本『仏名經』の諸系統　中央アジアの言語と仏教　(京都)法藏館　1995　p. 296

S. 5261

蕭登福　道教與密宗　(臺北)新文豐出版公司　1993　p. 432
蕭登福　道教術儀與密教典籍　(臺北)新文豐出版公司　1994　p. 427
蕭登福　道教與佛教　(臺北)東大圖書公司　1995　p. 56

S. 5265

井ノロ泰淳　敦煌本『仏名經』の諸系統　中央アジアの言語と仏教　(京都)法藏館　1995　p. 297

S. 5266

池田溫　中國古代寫本識語集録　(東京)大蔵出版株式會社　1990　p. 360

S. 5270

池田溫　中國古代寫本識語集録　(東京)大蔵出版株式會社　1990　p. 373

S. 5273

景盛軒　試論敦煌佛經異文研究的價值和意義　《敦煌研究》2004 年第 5 期　p. 87

S. 5283

杜愛英　敦煌遺書中俗體字的諸種類型　《敦煌研究》1992 年第 3 期　p. 119

S. 5286

石内德　敦煌文獻中被廢棄的殘經抄本　法國漢學(敦煌學專號)　中華書局　2000　p. 20

S. 5288

伊藤美重子　敦煌本『大智度論』の整理　中國佛教石經の研究　京都大學學術出版會　1996　p. 361

S. 5291

李小榮　敦煌密教文獻論稿　人民文學出版社　2003　p. 331

S. 5296

陳祚龍　瓜沙印録　(臺北)《大陸雜誌》1962 年第 4 期　又見:敦煌學概要　(臺北)編譯館"中華叢書編委會"　1981　p. 268 ; 中國敦煌學百年文庫・考古卷(一)　甘肅文化出版社　1999　p. 190

陳祚龍　古代敦煌及其他地區流行之公私印章圖記文字録　敦煌學要籥　(臺北)新文豐出版公司　1982　p. 342

池田溫　敦煌文獻について　『書道研究』(2 卷 2 號)　(東京)萱原書局　1988　p. 49　又見:敦煌文書の世界　(東京)名著刊行會　2003　p. 52

林聰明　敦煌文書學　(臺北)新文豐出版公司　1991　p. 125

李正宇　淨土寺　敦煌學大辭典　上海辭書出版社　1998　p. 631

景盛軒　試論敦煌佛經異文研究的價值和意義　《敦煌研究》2004 年第 5 期　p. 87

S. 5297

池田溫　中國古代寫本識語集録　(東京)大蔵出版株式會社　1990　p. 393

S. 5298

景盛軒　試論敦煌佛經異文研究的價值和意義　《敦煌研究》2004 年第 5 期　p. 89

S. 5300

池田溫　中國古代寫本識語集録　(東京)大藏出版株式會社　1990　p. 390

S. 5301

任半塘　敦煌歌辭總編　上海古籍出版社　1987　p. 355

張涌泉　《龍龕手鏡》讀法四題　慶祝潘石禪先生九秩華誕敦煌學特刊　(臺北)文津出版社　1996　p. 278　又見:舊學新知　浙江大學出版社　1999　p. 105

寧可　郝春文　敦煌社邑文書輯校　江蘇古籍出版社　1997　p. 360

S. 5302

慶谷壽信　敦煌出土の音韻資料(上)——Stein6691vについて　『人文學報』(第 78 號)　京都大學人文科學研究所　1970　p. 176

S. 5303

圓空　《新菩薩經》《勸善經》《救諸衆生苦難經》校録及其流傳背景之探討　《敦煌研究》1992 年第 1 期　p. 52

S. 5304

沃興華　敦煌書法藝術　上海人民出版社　1994　p. 111

S. 5306

江素雲　維摩詰所說經敦煌寫本綜合目録　(臺北)東初出版社　1991　p. 80

S. 5308

向達　倫敦所藏敦煌卷子經眼目録　《北平圖書館圖書季刊》1939 年新第 1 卷第 4 期　p. 397　又見:唐代長安與西域文明　三聯書店　1957　p. 227

秋月觀暎　敦煌發見神人所說三元威儀觀行經斷簡校勘　福井博士頌壽記念東洋思想論集　(東京)論文集刊行會　1960　p. 1

秋月観暎　敦煌出土道經と仏典　敦煌と中國道教(講座敦煌 4)　(東京)大東出版社　1983　p. 207

石井昌子　靈寳經類　敦煌と中國道教(講座敦煌 4)　(東京)大東出版社　1983　p. 158

姜亮夫　敦煌所見道教佚經考　敦煌學論文集　上海古籍出版社　1987　p. 314

陳祚龍　看了敦煌古抄《報恩寺開溫室浴僧記》以後　敦煌學散策新集　(臺北)新文豐出版公司　1989　p. 206

陶秋英輯録　姜亮夫校訂　敦煌所見道教佚經録　敦煌碎金　浙江古籍出版社　1992　p. 320

朱越利　道經總論　遼寧教育出版社　1992　p. 274

鄭阿財　從敦煌文獻看唐代的三教合一　第二屆國際唐代學術會議論文集(上)　(臺北)文津出版社　1993　p. 641

王卡　神人所說三千威儀觀行徑　敦煌學大辭典　上海辭書出版社　1998　p. 763

王卡　敦煌道教文獻研究　中國社會科學出版社　2004　p. 139

S. 5309

芳村修基　土橋秀高　井ノ口泰淳　敦煌佛教史年表　西域文化研究(第一)・敦煌佛教資料　(京都)法藏館　1958　p. 271

蘇瑩輝　從敦煌吳僧統碑和三卷敦煌寫本論吳法成並非緒芝之子亦非洪䛒和尚　(臺北)《大陸雜誌》1974 年第 3 期　又見:敦煌論集續編　(臺北)學生書局　1983　p. 140；中國敦煌學百年文庫・民族卷(二)　甘肅文化出版社　1999　p. 100

王堯　藏族翻譯家管・法成對民族文化交流的貢獻　《文物》1980 年第 7 期　又見:中國敦煌學百年文庫・民族卷(三)　甘肅文化出版社　1999　p. 29

陳祚龍　敦煌古抄內典尾記彙校初、二、三編合刊　敦煌學要籥　(臺北)新文豐出版公司　1982　p. 152

戴密微著　耿昇譯　敦煌學近作　敦煌譯叢(第一輯)　甘肅人民出版社　1985　p. 67

池田溫　中國古代寫本識語集録　(東京)大藏出版株式會社　1990　p. 416

上山大峻　敦煌佛教の研究　(京都)法藏館　1990　p. 221、245

林聰明　敦煌文書出處略考　季羨林教授八十華誕紀念論文集(下)　江西人民出版社　1991　p. 863

林聰明　敦煌文書學　(臺北)新文豐出版公司　1991　p. 401

石塚晴通　敦煌の加點本　敦煌漢文文獻(講座敦煌 5)　(東京)大東出版社　1992　p. 257

王堯　西藏文史考信集　中國藏學出版社　1994　p. 20

鄭炳林　馮培紅　讀《中國古代寫本識語集録》劄記　《西北史地》1994 年第 4 期　p. 44

榮新江　歸義軍史研究　上海古籍出版社　1996　p. 3

鄭炳林　敦煌碑銘讚輯釋　甘肅教育出版社　1997　p. 86 注 2

鄭炳林　唐五代敦煌的粟特人與佛教　敦煌歸義軍史專題研究　蘭州大學出版社　1997　p. 443

榮新江　歸義軍大事紀年初稿　出土文獻研究(第三輯)　文物出版社　1998　p. 235

戴仁　敦煌寫本中的贋品　法國漢學(敦煌學專號)　中華書局　2000　p. 9

石塚晴通　敦煌寫本的問題點　敦煌文獻論集:紀念藏經洞發現一百周年國際學術研討會論文集　遼寧人民出版社　2001　p. 46

鄭炳林　北京圖書館藏《吳和尚經論目録》有關問題研究　敦煌學與中國史研究論集　甘肅人民出版社　2001　p. 127

蔡忠霖　敦煌漢文寫卷俗字及其現象　(臺北)文津出版社　2002　p. 139、155、163

姜亮夫　敦煌莫高窟年表　姜亮夫全集(十一)　雲南人民出版社　2002　p. 393

石塚晴通　聖教の形と場——敦煌及び日本の古寫經・刊本　日本における漢字字體規範成立の實證的研究(報告書)　北海道大學大學院文學研究科　2002　p. 192

蔡忠霖　從書法角度看俗字的生成　敦煌學(第 24 輯)　(臺北)樂學書局有限公司　2003　p. 166

榮新江　余欣　敦煌寫本辨僞示例:以法成講《瑜伽師地論》學生筆記爲中心　敦煌學・日本學:石塚晴通教授退職紀念論文集　上海辭書出版社　2005　p. 67

榮新江　余欣著　谷美喜子譯　敦煌寫本真僞弁別示例:法成の講じた「瑜伽師地論」の學生による筆記を中心として　日本學・敦煌學・漢文訓讀の新展開　(東京)汲古書院　2005　p. 158

S. 5311

王惠民　敦煌石窟《楞伽經變》初探　《敦煌研究》1990 年第 2 期　p. 1

方廣錩　楞伽阿跋多羅寶經　敦煌學大辭典　上海辭書出版社　1998　p. 666

S. 5312

慶谷壽信　敦煌出土の音韻資料(上)——Stein6691vについて　『人文學報』(第 78 號)　京都大學人文科學研究所　1970　p. 169

S. 5313

芳村修基　土橋秀高　井ノロ泰淳　敦煌佛教史年表　西域文化研究(第一)·敦煌佛教資料　(京都)法藏館　1958　p. 275

孫修身　敦煌三界寺　甘肅省史學會論文集　甘肅省歷史學會編印　1982　p. 173　又見:中國敦煌學百年文庫·宗教卷(一)　甘肅文化出版社　1999　p. 58

孫修身　敦煌石窟《臘八燃燈分配窟龕名數》寫作年代考　絲路訪古　甘肅人民出版社　1983　p. 212

唐耕耦　陸宏基　敦煌社會經濟文獻真迹釋録(四)　全國圖書館文獻縮微複製中心　1990　p. 81

鄭炳林　伯 2641 號背莫高窟再修功德記撰寫人探微　《敦煌學輯刊》1991 年第 2 期　p. 46

竺沙雅章　寺院文書　敦煌漢文文獻(講座敦煌 5)　(東京)大東出版社　1992　p. 600

王書慶　敦煌文獻中五代宋初戒牒研究　《敦煌研究》1997 年第 3 期　p. 37

鄭炳林　敦煌碑銘讚輯釋　甘肅教育出版社　1997　p. 518 注 8

唐耕耦　戒牒　敦煌學大辭典　上海辭書出版社　1998　p. 641

李德龍　沙州三界寺《授戒牒》初探　甘肅民族研究論叢　甘肅人民出版社　2002　p. 402

S. 5314

池田溫　中國古代寫本識語集録　(東京)大藏出版株式會社　1990　p. 390

S. 5315

向達　倫敦所藏敦煌卷子經眼目録　《北平圖書館圖書季刊》1939 年新第 1 卷第 4 期　p. 397　又見:唐代長安與西域文明　三聯書店　1957　p. 227

石井昌子　靈寶經類　敦煌と中國道教(講座敦煌 4)　(東京)大東出版社　1983　p. 151

王卡　太上洞玄靈寶無量度人上品妙經　敦煌學大辭典　上海辭書出版社　1998　p. 767

郝春文　英藏敦煌社會歷史文獻釋録(第一卷)　科學出版社　2001　p. 41

吳麗娛　論九宮祭祀與道教崇拜　唐研究(第九卷)　北京大學出版社　2003　p. 307

王卡　敦煌道教文獻研究　中國社會科學出版社　2004　p. 101

王卡　中國國家圖書館藏敦煌道教遺書研究報告　敦煌吐魯番研究(第七卷)　北京大學出版社　2004　p. 350

S. 5319

許國霖　敦煌石室寫經年代表　《微妙聲》1937 年第 5 期　又見:中國敦煌學百年文庫·宗教卷(四)　甘肅文化出版社　1999　p. 197

芳村修基　土橋秀高　井ノロ泰淳　敦煌佛教史年表　西域文化研究(第一)·敦煌佛教資料　(京都)法藏館　1958　p. 262

陳祚龍　敦煌古抄內典尾記彙校初、二、三編合刊　敦煌學要籥　(臺北)新文豐出版公司　1982　p. 152

池田溫　中國古代寫本識語集録　(東京)大藏出版株式會社　1990　p. 212

林聰明　從敦煌文書看佛教徒的造經祈福　第二屆敦煌學國際研討會論文集　(臺北)漢學研究中

心　1990　p. 523
方廣錩　佛教大藏經史(八—十世紀)　中國社會科學出版社　1991　p. 61
林聰明　敦煌文書學　(臺北)新文豐出版公司　1991　p. 91、113
楊森　唐虞世南子虞昶傳略補　《陝西師範大學學報》1992 年第 21 卷第 2 期　p. 72
顧吉辰　唐代敦煌文獻寫本書手考述　《敦煌學輯刊》1993 年第 1 期　p. 22
沃興華　敦煌書法藝術　上海人民出版社　1994　p. 14
藤枝晃著　徐慶全　李樹清譯　敦煌寫本概述　《敦煌研究》1996 年第 2 期　p. 118
陳國燦　咸亨二年唐宮廷寫妙法蓮華經記　敦煌學大辭典　上海辭書出版社　1998　p. 455
方廣錩　敦煌遺書中的《妙法蓮華經》及有關文獻　敦煌學佛教學論叢(下)　中國佛教文化研究所　1998　p. 79　又見:法源(第 16 期)　中國佛學院　1998　p. 44
方廣錩　妙法蓮華經　敦煌學大辭典　上海辭書出版社　1998　p. 689
顧吉辰　敦煌文獻職官結銜考釋　《敦煌學輯刊》1998 年第 2 期　p. 24
謝桃坊　敦煌文化尋繹　四川人民出版社　1999　p. 208
林聰明　敦煌吐魯番文書解詁指例　(臺北)新文豐出版公司　2001　p. 147
姜亮夫　敦煌莫高窟年表　姜亮夫全集(十一)　雲南人民出版社　2002　p. 238
施安昌　敦煌寫經斷代發凡　善本碑帖論集　紫禁城出版社　2002　p. 311

S. 5328

王三慶　敦煌寫卷中武后新字之調查研究　唐代研究論集(第三輯)　(臺北)新文豐出版公司　1992　p. 92

S. 5330

王三慶　敦煌寫卷中武后新字之調查研究　唐代研究論集(第三輯)　(臺北)新文豐出版公司　1992　p. 92

S. 5334

王三慶　敦煌寫卷中武后新字之調查研究　唐代研究論集(第三輯)　(臺北)新文豐出版公司　1992　p. 93

S. 5335

蕭登福　從敦煌寫卷中看道教星斗崇拜對佛經之影響　第二屆敦煌學國際研討會論文集　(臺北)漢學研究中心　1990　p. 336

S. 5337

廣川堯敏　淨土三部經　敦煌と中國仏教(講座敦煌 7)　(東京)大東出版社　1984　p. 87

S. 5340

江素雲　維摩詰所說經敦煌寫本綜合目録　(臺北)東初出版社　1991　p. 80

S. 5341

池田溫　中國古代寫本識語集録　(東京)大藏出版株式會社　1990　p. 384
井ノ口泰淳　敦煌本『仏名經』の諸系統　中央アジアの言語と仏教　(京都)法藏館　1995　p. 297

S. 5345

蕭登福　從敦煌寫卷中看道教星斗崇拜對佛經之影響　第二屆敦煌學國際研討會論文集　(臺北)漢學研究中心　1990　p. 323

蕭登福　道教星斗符印與佛教密宗　(臺北)新文豐出版公司　1993　p. 13

S. 5350

王三慶　敦煌寫卷中武后新字之調查研究　唐代研究論集(第三輯)　(臺北)新文豐出版公司　1992　p. 93

S. 5353

江素雲　維摩詰所說經敦煌寫本綜合目録　(臺北)東初出版社　1991　p. 80

S. 5354

陳祚龍　敦煌古抄內典尾記彙校初、二、三編合刊　敦煌學要籥　(臺北)新文豐出版公司　1982　p. 153

李正宇　敦煌文學概論　甘肅人民出版社　1993　p. 99

S. 5357

芳村修基　土橋秀高　井ノ口泰淳　敦煌佛教史年表　西域文化研究(第一)·敦煌佛教資料　(京都)法藏館　1958　p. 267

陳祚龍　敦煌古抄內典尾記彙校初、二、三編合刊　敦煌學要籥　(臺北)新文豐出版公司　1982　p. 153

池田溫　中國古代寫本識語集録　(東京)大藏出版株式會社　1990　p. 305

戴仁　敦煌和吐魯番寫本的斷代研究　法國學者敦煌學論文選萃　中華書局　1993　p. 524

譚禪雪　敦煌歲時掇瑣　(香港)《九州學刊》(敦煌學專輯)1993年第5卷第4期　p. 100

王三慶　敦煌書儀載録之節日活動與民俗　全國敦煌學研討會論文集　(臺北)中正大學中國文學系所　1995　p. 27 注 52

顧吉辰　敦煌文獻職官結銜考釋　《敦煌學輯刊》1998年第2期　p. 29

沙知　敦煌吐魯番文獻所見唐軍府名掇拾　《敦煌學輯刊》1998年第1期　p. 6

沙知　彭池府　敦煌學大辭典　上海辭書出版社　1998　p. 394

譚蟬雪　敦煌歲時文化導論　(臺北)新文豐出版公司　1998　p. 269

金岡照光　敦煌文獻と中國文學　(東京)五曜書房　2000　p. 430

林聰明　敦煌吐魯番文書解詁指例　(臺北)新文豐出版公司　2001　p. 168

譚蟬雪　唐宋敦煌歲時佛俗　《敦煌研究》2001年第1期　p. 104

姜亮夫　敦煌莫高窟年表　姜亮夫全集(十一)　雲南人民出版社　2002　p. 340

S. 5359

蕭登福　從敦煌寫卷中看道教星斗崇拜對佛經之影響　第二屆敦煌學國際研討會論文集　(臺北)漢學研究中心　1990　p. 336

S. 5361

陳祚龍　敦煌古抄內典尾記彙校初、二、三編合刊　敦煌學要籥　(臺北)新文豐出版公司　1982

p. 154

金榮華　倫敦藏漢文敦煌卷子目録提要(初稿)序　敦煌學(第 12 輯)　(臺北)新文豐出版公司　1987　p. 138

池田溫　中國古代寫本識語集録　(東京)大蔵出版株式會社　1990　p. 157

李丞宰　探尋敦煌佛經的 50 卷本《華嚴經》　敦煌學・日本學:石塚晴通教授退職紀念論文集　上海辭書出版社　2005　p. 41

李丞宰著　大塚忠蔵譯　敦煌佛經の50 卷本華厳經を探して　日本學・敦煌學・漢文訓讀の新展開　(東京)汲古書院　2005　p. 48、72

S. 5362

李丞宰　探尋敦煌佛經的 50 卷本《華嚴經》　敦煌學・日本學:石塚晴通教授退職紀念論文集　上海辭書出版社　2005　p. 46

李丞宰著　大塚忠蔵譯　敦煌佛經の50 卷本華厳經を探して　日本學・敦煌學・漢文訓讀の新展開　(東京)汲古書院　2005　p. 52、72

S. 5365

池田溫　中國古代寫本識語集録　(東京)大蔵出版株式會社　1990　p. 393

S. 5367

李刈　敦煌壁畫中的《天請問經變相》《敦煌研究》1991 年第 1 期　p. 2

池田溫　評《英國圖書館藏敦煌漢文非佛教文獻殘卷目録》『東洋學報』(77 卷 3・4 號)　(東京)東洋學術協會　1996　p. 70

榮新江　英國圖書館藏敦煌漢文非佛教文獻殘卷概述　敦煌文藪(下)　(臺北)新文豐出版公司　1999　p. 123

山本達郎等　補(III)契・敦煌發現契　『NUN – HUANG AND TURFAN DOCUMENTS CONCERNING SOCIAL AND ECONOMIC HISTORY』(Sup. p. lemrnts)　(東京)東洋文庫　2001　p. 51

S. 5368

江素雲　維摩詰所說經敦煌寫本綜合目録　(臺北)東初出版社　1991　p. 80

S. 5371

江素雲　維摩詰所說經敦煌寫本綜合目録　(臺北)東初出版社　1991　p. 80

S. 5373

芳村修基　土橋秀高　井ノロ泰淳　敦煌佛教史年表　西域文化研究(第一)・敦煌佛教資料　(京都)法藏館　1958　p. 277

池田溫　中國古代寫本識語集録　(東京)大蔵出版株式會社　1990　p. 476

石泰安著　耿昇譯　敦煌寫本中的印—藏和漢—藏兩種辭彙　國外藏學研究譯文集(第八輯)　西藏人民出版社　1992　p. 185

榮新江　歸義軍改元考　文史(第三十八輯)　中華書局　1994　p. 50

榮新江　歸義軍史研究　上海古籍出版社　1996　p. 53

S. 5374

芳村修基　土橋秀高　井ノ口泰淳　敦煌佛教史年表　西域文化研究(第一)・敦煌佛教資料　(京都)法藏館　1958　p. 277

S. 5375

伊藤美重子　敦煌本『大智度論』の整理　中國佛教石經の研究　京都大學學術出版會　1996　p. 382

S. 5377

福井文雅　般若心經　敦煌と中國仏教(講座敦煌 7)　(東京)大東出版社　1984　p. 39

S. 5379

三木榮　西域出土醫藥關係文獻綜合解說目録　『東洋學報』(47 卷 1 號)　(東京)東洋學術協會　1964　p. 13

王三慶　敦煌寫卷中武后新字之調查研究　唐代研究論集(第三輯)　(臺北)新文豐出版公司　1992　p. 93

丛春雨　敦煌中醫藥全書　中醫古籍出版社　1994　p. 742

方廣錩　佛說痔病經　敦煌學大辭典　上海辭書出版社　1998　p. 706

馬繼興　敦煌醫藥文獻輯校　江蘇古籍出版社　1998　p. 783

盖建民　從敦煌遺書看佛教醫學思想及其影響　佛學研究(第八期)　中國佛教文化研究所　1999　p. 266

馬繼興　當前世界各地收藏的中國出土卷子本古醫藥文獻備考　敦煌吐魯番研究(第六卷)　北京大學出版社　2002　p. 136

S. 5381

金岡照光　敦煌文學のさまざま　敦煌の文學　(東京)大藏出版株式會社　1971　p. 162

劉銘恕　敦煌遺書叢識　1983 年全國敦煌學術討論會文集・文史遺書編(上)　甘肅人民出版社　1987　p. 420

張錫厚　敦煌文學作品選　中華書局　1987　p. 45

高國藩　敦煌民俗學　上海文藝出版社　1989　p. 242

張錫厚　敦煌詩歌考論　《敦煌學輯刊》1989 年第 2 期　p. 23

張錫厚　詩歌　敦煌文學　甘肅人民出版社　1989　p. 170

郭在貽　張涌泉　黄征　敦煌變文集校議　岳麓書社　1990　p. 100

高國藩　敦煌民俗資料導論　(臺北)新文豐出版公司　1993　p. 91

李明偉　敦煌文學概論　甘肅人民出版社　1993　p. 466

項楚　敦煌詩歌導論　(臺北)新文豐出版公司　1993　p. 233

徐俊　敦煌學郎詩作者問題考略　《文獻》1994 年第 2 期　p. 21

張先堂　敦煌詩歌劄記二則　《社科縱横》1994 年第 4 期　p. 25

李明偉　敦煌文學中"敦煌文"的研究和分類評價　《敦煌研究》1995 年第 4 期　p. 121

劉進寶　敦煌學論述　(臺北)洪葉文化事業有限公司　1995　p. 327

黄征　張涌泉　敦煌變文校注　中華書局　1997　p. 204

李正宇　敦煌出土的四首特型詩及其破解　敦煌文學論集　四川人民出版社　1997　p. 14

柴劍虹　康大娘遺書詩　敦煌學大辭典　上海辭書出版社　1998　p. 563
段小强　敦煌文書中所見的古代喪儀　《西北民族研究》1999 年第 1 期　p. 210
高國藩　敦煌俗文化學　上海三聯書店　1999　p. 41
池田溫　吐魯番敦煌功德録和有關文書　1994 年敦煌學國際研討會文集・宗教文史卷(上)　甘肅民族出版社　2000　p. 134
杜琪　敦煌詩賦作品要目分類題注　《甘肅社會科學》2000 年第 1 期　p. 63
李明偉　敦煌文學中敦煌文的分類及評價　1994 年敦煌學國際研討會文集・宗教文史卷(上)　甘肅民族出版社　2000　p. 297
宋家鈺　英國收藏敦煌文獻叙録　英國收藏敦煌漢藏文獻研究:紀念敦煌文獻發現一百周年　中國社會科學出版社　2000　p. 164
徐俊　敦煌詩集殘卷輯考　中華書局　2000　p. 850
張錫厚　敦煌文學源流　作家出版社　2000　p. 68
劉進寶　敦煌學通論　甘肅教育出版社　2002　p. 373
徐俊　敦煌先唐詩考　2000 年敦煌學國際學術討論會文集・歷史文化卷(下)　甘肅民族出版社　2003　p. 309

S. 5382

饒宗頤　敦煌寫卷之書法　唐代研究論集(第三輯)　(臺北)新文豐出版公司　1992　p. 32
王卡　無上秘要　敦煌學大辭典　上海辭書出版社　1998　p. 766
王卡　敦煌道教文獻研究　中國社會科學出版社　2004　p. 223
王卡　中國國家圖書館藏敦煌道教遺書研究報告　敦煌吐魯番研究(第七卷)　北京大學出版社　2004　p. 374

S. 5384

杜愛英　敦煌遺書中俗體字的諸種類型　《敦煌研究》1992 年第 3 期　p. 125
景盛軒　試論敦煌佛經異文研究的價值和意義　《敦煌研究》2004 年第 5 期　p. 86

S. 5385

井ノ口泰淳　敦煌本『仏名經』の諸系統　中央アジアの言語と仏教　(京都)法藏館　1995　p. 298

S. 5390

土橋秀高　敦煌の律蔵　敦煌と中國仏教(講座敦煌 7)　(東京)大東出版社　1984　p. 247
井ノ口泰淳　普賢行願讚考　中央アジアの言語と仏教　(京都)法藏館　1995　p. 202
王邦維　敦煌寫本中一段有關印度佛教部派的材料　敦煌文獻論集:紀念藏經洞發現一百周年國際學術研討會論文集　遼寧人民出版社　2001　p. 500

S. 5393

伊藤美重子　敦煌本『大智度論』の整理　中國佛教石經の研究　京都大學學術出版會　1996　p. 351

S. 5394

李正宇　關於金山國和敦煌國建國的幾個問題　《西北史地》1987 年第 2 期　p. 71

李正宇　敦煌文學雜考二題　敦煌語言文學研究　北京大學出版社　1988　p. 97
杜琪　書・啓　敦煌文學　甘肅人民出版社　1989　p. 33
唐耕耦　陸宏基　敦煌社會經濟文獻真迹釋録(四)　全國圖書館文獻縮微複製中心　1990　p. 492
榮新江　金山國史辨正　中華文史論叢(總 50 輯)　上海古籍出版社　1992　p. 82
吳其昱著　伊藤美重子譯　敦煌漢文寫本概観　敦煌漢文文獻(講座敦煌 5)　(東京)大東出版社　1992　p. 68
李明偉　敦煌文學概論　甘肅人民出版社　1993　p. 466
李正宇　敦煌文學概論　甘肅人民出版社　1993　p. 99
王震亞　趙熒　敦煌殘卷爭訟文牒集釋　甘肅人民出版社　1993　p. 219
榮新江　敦煌邈真讚所見歸義軍與東西回鶻的關係　敦煌邈真讚校録並研究　(臺北)新文豐出版公司　1994　p. 72
李明偉　敦煌文學中"敦煌文"的研究和分類評價　《敦煌研究》1995 年第 4 期　p. 121
顔廷亮　敦煌西漢金山國文學文獻三題新校並序　《社科縱横》1995 年第 1 期　p. 41
李正宇　敦煌史地新論　(臺北)新文豐出版公司　1996　p. 208
顔廷亮　敦煌西漢金山國檔案文獻考略　《甘肅社會科學》1996 年第 5 期　p. 91
馮培紅　晚唐五代宋初歸義軍武職軍將研究　敦煌歸義軍史專題研究　蘭州大學出版社　1997　p. 120
顔廷亮　《金山國諸雜齋文範》校録及其他　敦煌文學論集　四川人民出版社　1997　p. 346
鄭炳林　敦煌碑銘讚輯釋　甘肅教育出版社　1997　p. 50 注 48
李正宇　張文徹　敦煌學大辭典　上海辭書出版社　1998　p. 357
李明偉　敦煌文學中敦煌文的分類及評價　1994 年敦煌學國際研討會文集・宗教文史卷(上)　甘肅民族出版社　2000　p. 297
徐俊　敦煌詩集殘卷輯考　中華書局　2000　p. 809
曾良　敦煌文獻字義通釋　廈門大學出版社　2001　p. 6
董志翹　敦煌社會經濟文書詞語散釋　中國俗文化研究(第一輯)　巴蜀書社　2003　p. 131
董志翹　敦煌社會經濟文獻詞語略考　浙江與敦煌學:常書鴻先生誕辰一百周年紀念文集　浙江古籍出版社　2004　p. 494

S. 5395

江素雲　維摩詰所説經敦煌寫本綜合目録　(臺北)東初出版社　1991　p. 80

S. 5396

池田溫　中國古代寫本識語集録　(東京)大藏出版株式會社　1990　p. 156
李丞宰　探尋敦煌佛經的 50 卷本《華嚴經》　敦煌學・日本學:石塚晴通教授退職紀念論文集　上海辭書出版社　2005　p. 46
李丞宰著　大塚忠蔵譯　敦煌佛經の50 卷本華厳經を探して　日本學・敦煌學・漢文訓讀の新展開　(東京)汲古書院　2005　p. 52、72

S. 5401

井ノ口泰淳　敦煌本『仏名經』の諸系統　中央アジアの言語と仏教　(京都)法藏館　1995　p. 319

S. 5402

向達　倫敦所藏敦煌卷子經眼目録　《北平圖書館圖書季刊》1939 年新第 1 卷第 4 期　p. 397　又見:唐代長安與西域文明　三聯書店　1957　p. 227
李正宇　敦煌學郎題記輯注　《敦煌學輯刊》1987 年第 1 期　p. 31
唐耕耦　陸宏基　敦煌社會經濟文獻真迹釋録(五)　全國圖書館文獻縮微複製中心　1990　p. 3
吳其昱著　伊藤美重子譯　敦煌漢文寫本概観　敦煌漢文文獻(講座敦煌 5)　(東京)大東出版社　1992　p. 68
沃興華　敦煌書法藝術　上海人民出版社　1994　p. 188
張涌泉　敦煌俗字研究導論　(臺北)新文豐出版公司　1996　p. 171
楊秀清　淺談唐、宋時期敦煌地區的學生生活　《敦煌研究》1999 年第 4 期　p. 139
徐俊　敦煌詩集殘卷輯考　中華書局　2000　p. 899
楊秀清　華戎交會的都市:敦煌與絲綢之路　甘肅人民出版社　2000　p. 96
陳大爲　敦煌淨土寺與敦煌地區胡姓居民關係探析　《敦煌學輯刊》2006 年第 1 期　p. 94

S. 5403

月輪賢隆　土橋秀高　沙門慧述『四分戒本疏』卷第一について　西域文化研究(第一)・敦煌佛教資料　(京都)法藏館　1958　p. 157
上山大峻　敦煌佛教の研究　(京都)法藏館　1990　p. 362

S. 5404

方廣錩　佛教大藏經史(八—十世紀)　中國社會科學出版社　1991　p. 136
姜伯勤　敦煌毗尼藏主考　《敦煌研究》1993 年第 3 期　p. 6
姜伯勤　敦煌藝術宗教與禮樂文明　中國社會科學出版社　1996　p. 333
方廣錩　四分律删繁補闕行事抄　敦煌學大辭典　上海辭書出版社　1998　p. 713

S. 5405

李正宇　邈真讚　敦煌文學　甘肅人民出版社　1989　p. 184
池田溫　中國古代寫本識語集録　(東京)大藏出版株式會社　1990　p. 493
鄭炳林　伯 2641 號背莫高窟再修功德記撰寫人探微　《敦煌學輯刊》1991 年第 2 期　p. 47
金岡照光　邈真讚　敦煌の文學文獻(講座敦煌 9)　(東京)大東出版社　1992　p. 618
吳其昱著　伊藤美重子譯　敦煌漢文寫本概観　敦煌漢文文獻(講座敦煌 5)　(東京)大東出版社　1992　p. 68
鄭炳林　梁志勝　《梁幸德邈真讚》與梁願請《莫高窟功德記》　《敦煌研究》1992 年第 2 期　p. 69　又見:敦煌吐魯番文獻研究　中華書局　1995　p. 267
周紹良　敦煌文學芻議及其它　(臺北)新文豐出版公司　1992　p. 30
姜伯勤　敦煌邈真讚與敦煌望族　敦煌邈真讚校録並研究　(臺北)新文豐出版公司　1994　p. 7
姜伯勤　項楚　榮新江　敦煌邈真讚校録並研究　(臺北)新文豐出版公司　1994　p. 334
榮新江　敦煌邈真讚年代考　敦煌邈真讚校録並研究　(臺北)新文豐出版公司　1994　p. 367
姜伯勤　敦煌戒壇與大乘佛教　華學(第二輯)　中山大學出版社　1996　p. 321
姜伯勤　敦煌藝術宗教與禮樂文明　中國社會科學出版社　1996　p. 344
榮新江　歸義軍史研究　上海古籍出版社　1996　p. 26
湛如　戒壇流變史之研究　華學(第二輯)　中山大學出版社　1996　p. 346

鄭炳林　敦煌碑銘讚輯釋　甘肅教育出版社　1997　p. 525
榮新江　歸義軍大事紀年初稿　出土文獻研究(第三輯)　文物出版社　1998　p. 249
姜亮夫　敦煌莫高窟年表　姜亮夫全集(十一)　雲南人民出版社　2002　p. 536
釋覺旻　從"三教大法師"看晚唐五代敦煌社會的三教融合　敦煌佛教藝術文化國際學術研討會論文集　蘭州大學出版社　2002　p. 406
湛如　敦煌佛教律儀制度研究　中華書局　2003　p. 122
屈直敏　敦煌高僧　民族出版社　2004　p. 139

S. 5406

向達　倫敦所藏敦煌卷子經眼目録　《北平圖書館圖書季刊》1939 年新第 1 卷第 4 期　p. 397　又見:唐代長安與西域文明　三聯書店　1957　p. 228
唐耕耦　陸宏基　敦煌社會經濟文獻真迹釋録(一)　書目文獻出版社　1986　p. 358
山本達郎等　敦煌・III 轉貼　『NUN – HUANG AND TURFAN DOCUMENTS CONCERNING SOCIAL AND ECONOMIC HISTORY』(IV)　(東京)東洋文庫　1989　p. 82
郝春文　唐後期五代宋初沙州僧尼的特點　敦煌吐魯番學研究論文集　漢語大詞典出版社　1990　p. 852 注 2
土肥義和　唐・北宋間の「社」の組織形態に関する一考察　中國古代の國家と民衆(堀敏一先生古稀記念)　(東京)汲古書院　1995　p. 718
鄭炳林　敦煌碑銘讚輯釋　甘肅教育出版社　1997　p. 108 注 2
郝春文　唐後期五代宋初敦煌僧尼的社會生活　中國社會科學出版社　1998　p. 119
寧可　僧人轉帖　敦煌學大辭典　上海辭書出版社　1998　p. 430
鄭炳林　魏迎春　晚唐五代敦煌佛教教團的科罰制度研究　《敦煌研究》2004 年第 2 期　p. 51、56
李正宇　晚唐至北宋敦煌僧尼普聽飲酒　《敦煌研究》2005 年第 3 期　p. 75
金瀅坤　敦煌社會經濟文書定年拾遺　《首都師範大學學報》2006 年第 1 期　p. 10

S. 5408

陳祚龍　新校重訂敦煌古抄舊從阿含經略集誦讚僧寶文　敦煌學海探珠(上册)　(臺北)商務印書館　1979　p. 72
陳祚龍　敦煌學新簡　敦煌文物散論　(臺北)新文豐出版公司　1993　p. 161
張涌泉　敦煌本《佛說父母恩重經》研究　文史(第四十九輯)　中華書局　1999　p. 70
馬世長　《父母恩重經》寫本與變相　敦煌研究文集:敦煌石窟經變篇　甘肅民族出版社　2000　p. 398
町田隆吉　『唐咸亨四年(673)左憧熹生前及隨身錢物疏』をめぐって　『西北出土文獻研究』(創刊號)　(新潟)西北出土文獻研究會　2004　p. 69

S. 5410

福井文雅　般若心經　敦煌と中國仏教(講座敦煌 7)　(東京)大東出版社　1984　p. 39

S. 5412

池田溫　中國古代寫本識語集録　(東京)大藏出版株式會社　1990　p. 446

S. 5413

井ノロ泰淳　普賢行願讚考　中央アジアの言語と仏教　(京都)法藏館　1995　p. 202
張錫厚　佛母讚　敦煌學大辭典　上海辭書出版社　1998　p. 545

S. 5414

福井文雅　般若心經　敦煌と中國仏教(講座敦煌 7)　(東京)大東出版社　1984　p. 39

S. 5418

福井文雅　般若心經　敦煌と中國仏教(講座敦煌 7)　(東京)大東出版社　1984　p. 39

S. 5424

王三慶　敦煌寫卷中武后新字之調查研究　唐代研究論集(第三輯)　(臺北)新文豐出版公司　1992　p. 93

S. 5425

鄭炳林　敦煌碑銘讚輯釋　甘肅教育出版社　1997　p. 374 注 3
高啓安　晚唐五代敦煌僧人飲食戒律初探　敦煌佛教藝術文化國際學術研討會論文集　蘭州大學出版社　2002　p. 392

S. 5428

許國霖　敦煌石室寫經題記彙編　《微妙聲》1936－1937 年第 1－4 期　又見:中國敦煌學百年文庫・宗教卷(四)　甘肅文化出版社　1999　p. 208

S. 5429

福井文雅　般若心經　敦煌と中國仏教(講座敦煌 7)　(東京)大東出版社　1984　p. 39

S. 5431

向達　倫敦所藏敦煌卷子經眼目録　《北平圖書館圖書季刊》1939 年新第 1 卷第 4 期　p. 397　又見:唐代長安與西域文明　三聯書店　1957　p. 228
雷僑雲　敦煌兒童文學　(臺北)學生書局　1985　p. 44
高國藩　敦煌民俗學　上海文藝出版社　1989　p. 109
鄭阿財　敦煌蒙書析論　第二届敦煌學國際研討會論文集　(臺北)漢學研究中心　1990　p. 217
鄭阿財　敦煌文獻與文學　(臺北)新文豐出版公司　1993　p. 246
沃興華　敦煌書法藝術　上海人民出版社　1994　p. 249
汪泛舟　《開蒙要訓》初探　《敦煌研究》1999 年第 2 期　p. 139
汪泛舟　敦煌古代兒童課本　甘肅人民出版社　2000　p. 47、51
汪泛舟　敦煌俗別字補正　《敦煌研究》2001 年第 4 期　p. 159
鄭阿財　朱鳳玉　敦煌蒙書研究　甘肅教育出版社　2002　p. 52
黃征　敦煌俗字典　上海教育出版社　2005　p. 2、53、80

S. 5433

鄭阿財　敦煌孝道文學研究　(臺北)石門圖書公司　1982　p. 634

金岡照光　敦煌文獻より見たる彌勒信仰の一側面　敦煌と中國仏教(講座敦煌 7)　(東京)大東出版社　1984　p. 553
陳祚龍　敦煌學新簡　敦煌文物散論　(臺北)新文豐出版公司　1993　p. 161
鄭阿財　從敦煌文獻看唐代的三教合一　第二屆國際唐代學術會議論文集(上)　(臺北)文津出版社　1993　p. 668 注 16
汪娟　敦煌禮懺文研究　(臺北)法鼓文化公司　1994　p. 19、95、235
汪娟　敦煌寫本《上生禮》研究　全國敦煌學研討會論文集　(臺北)中正大學中國文學系所　1995　p. 89
汪娟　敦煌寫本《十二光禮》研究　慶祝潘石禪先生九秩華誕敦煌學特刊　(臺北)文津出版社　1996　p. 496
張涌泉　敦煌本《佛說父母恩重經》研究　文史(第四十九輯)　中華書局　1999　p. 69
金岡照光　敦煌文獻と中國文學　(東京)五曜書房　2000　p. 359、444
馬世長　《父母恩重經》寫本與變相　敦煌研究文集・敦煌石窟經變篇　甘肅民族出版社　2000　p. 398
汪娟　敦煌文獻中的佛教禮懺儀　新國學(第二卷)　巴蜀書社　2000　p. 331
許建平　《英藏敦煌文獻》(1－8)補遺　英國收藏敦煌漢藏文獻研究:紀念敦煌文獻發現一百周年　中國社會科學出版社　2000　p. 395
聖凱　彌勒禮懺儀的演變與發展　佛學研究(第十期)　中國佛教文化研究所　2001　p. 180
汪娟　跋《上生禮》相關寫卷二篇　敦煌學(第 23 輯)　(臺北)樂學書局有限公司　2002　p. 49
杜偉生　中國古籍修復與裝裱技術圖解　北京圖書館出版社　2003　p. 458
汪娟　敦煌寫本《降生禮文》初探　新世紀敦煌學論集　巴蜀書社　2003　p. 406、415
張先堂　唐宋敦煌世俗佛教信仰的類型、特徵　寺院財富與世俗供養　上海書畫出版社　2003　p. 303
鄭阿財　《父母恩重經》傳佈的歷史考察　新世紀敦煌學論集　巴蜀書社　2003　p. 45
聖凱　中國佛教懺法研究　宗教文化出版社　2004　p. 340
町田隆吉　「唐咸亨四年(673)左憧熹生前及隨身錢物疏」をめぐって　『西北出土文獻研究』(創刊號)　(新潟)西北出土文獻研究會　2004　p. 69

S. 5434

池田溫　中國古代寫本識語集録　(東京)大藏出版株式會社　1990　p. 476
宮下三郎　敦煌本の本草醫書　敦煌漢文文獻(講座敦煌 5)　(東京)大東出版社　1992　p. 494
顔廷亮　敦煌文化　光明日報出版社　2000　p. 270
姜亮夫　敦煌莫高窟年表　姜亮夫全集(十一)　雲南人民出版社　2002　p. 495

S. 5435

三木榮　西域出土醫藥關係文獻綜合解說目録　『東洋學報』(47 卷 1 號)　(東京)東洋學術協會　1964　p. 4
趙健雄　敦煌石窟醫學史料輯要　《敦煌學輯刊》1985 年第 2 期　p. 121
馬繼興　敦煌古醫籍考釋　江西科學技術出版社　1988　p. 10、15、211
甘肅中醫學院圖書館　敦煌中醫藥學集錦　甘肅中醫學院圖書館　1990　p. 163
趙健雄　敦煌遺書醫學卷考析　《敦煌研究》1991 年第 4 期　p. 102
丛春雨　敦煌中醫藥全書　中醫古籍出版社　1994　p. 36、456

張儂　敦煌石窟秘方與灸經圖　甘肅文化出版社　1995　p. 61、262
馬繼興　敦煌醫藥文獻輯校　江蘇古籍出版社　1998　p. 279
王淑民　不知名醫方第四種　敦煌學大辭典　上海辭書出版社　1998　p. 618
王淑民　敦煌石窟秘藏醫方　北京醫科大學中國協和醫科大學聯合出版社　1999　p. 92
丛春雨　敦煌中醫藥精萃發微　中醫古籍出版社　2000　p. 215、302
張儂　敦煌遺書中的針灸文獻　《敦煌研究》2001 年第 2 期　p. 149
馬繼興　當前世界各地收藏的中國出土卷子本古醫藥文獻備考　敦煌吐魯番研究(第六卷)　北京大學出版社　2002　p. 136
陳明　備急單驗:敦煌醫藥文獻中的單藥方　敦煌學國際研討會論文集　北京圖書館出版社　2005　p. 239
陳明　殊方異藥:出土文書與西域醫學　北京大學出版社　2005　p. 81、150、227

S. 5436

黃征　語辭輯釋　《古漢語研究》1992 年第 1 期　p. 61
蘇遠鳴　敦煌佛教肖像劄記　法國學者敦煌學論文選萃　中華書局　1993　p. 191
蔣禮鴻　敦煌文獻語言詞典　杭州大學出版社　1994　p. 217
黃征　敦煌俗語詞小劄　敦煌語文叢說　(臺北)新文豐出版公司　1997　p. 77

S. 5437

向達　記倫敦所藏的敦煌俗文學　《新中華雜誌》1937 年第 5 卷第 13 號　p. 123 – 128　又見:唐代長安與西域文明　三聯書店　1957　p. 240 ; 敦煌變文論文録　上海古籍出版社　1982　p. 29
向達　唐代俗講考　《國學季刊》1950 年第 6 卷第 4 號　p. 1　又見:唐代長安與西域文明　三聯書店　1957　p. 333 ; 敦煌變文論輯　(臺北)石門圖書公司　1981　p. 39 ; 敦煌變文論文録　上海古籍出版社　1982　p. 67 ; 關隴文學論叢　甘肅人民出版社　1983　p. 179
周紹良　敦煌所出變文現存目録　敦煌變文彙録　上海出版公司　1955　p. 8
邵榮芬　敦煌俗文學中的別字異文和唐五代西北方音　《中國語文》1963 年第 3 期　又見:中國敦煌學百年文庫・語言文字卷(一)　甘肅文化出版社　1999　p. 149
蘇瑩輝　論敦煌本史傳變文與中國俗文學　(臺中)《東海大學圖書館學報》1964 年第 6 期　又見:敦煌論集　(臺北)學生書局　1983　p. 115 ; 中國敦煌學百年文庫・文學卷(五)　甘肅文化出版社　1999　p. 13
金岡照光　敦煌漢文文學文獻の文學形態上の種類とその分類　敦煌出土文學文獻分類目録・附解說　(東京)東洋文庫　1971　p. 198
金岡照光　敦煌漢文文學文獻の寫本及び影印の收集保存、整理研究の現狀　敦煌出土文學文獻分類目録・附解說　(東京)東洋文庫　1971　p. 169
金岡照光　敦煌文學のこころ　敦煌の文學　(東京)大蔵出版株式會社　1971　p. 278
金岡照光　敦煌文學のさまざま　敦煌の文學　(東京)大蔵出版株式會社　1971　p. 109、186
金岡照光　敦煌の寫本　敦煌の文學　(東京)大蔵出版株式會社　1971　p. 72
金岡照光　敦煌民衆の宗教と生活　敦煌の民衆:その生活と思想　(東京)評論社　1972　p. 134
王重民　敦煌古籍叙録　中華書局　1979　p. 344、348
楊家駱　敦煌變文　(臺北)世界書局　1980　p. 47
金岡照光　敦煌の繪物語　(東京)東方書店　1981　p. 57、224
潘重規　敦煌變文新論　敦煌變文論輯　(臺北)石門圖書公司　1981　p. 161、173

蘇瑩輝　敦煌學概要　(臺北)編譯館"中華叢書編委會"　1981　p. 89
白化文　什麽是變文　敦煌變文論文録　上海古籍出版社　1982　p. 431
鄭阿財　敦煌孝道文學研究　(臺北)石門圖書公司　1982　p. 75
周紹良　談唐代民間文學　敦煌變文論文録　上海古籍出版社　1982　p. 412　又見:紹良叢稿　齊魯書社　1984　p. 54
潘重規　敦煌變文集新書(下)　(臺北)"中國文化大學"中文研究所　1984　p. 886
王重民　敦煌本《王陵變文》　敦煌遺書論文集　中華書局　1984　p. 270、283
王重民　漢將王陵變　敦煌變文集　人民文學出版社　1984　p. 47
曲金良　"變文"名實新辨　《敦煌研究》1986 年第 2 期　p. 48
王重民原編　黄永武新編　敦煌古籍叙録新編(第十七册)　(臺北)新文豐出版公司　1986　p. 310
曾錦漳　從小説藝術看敦煌史傳變文的成就　漢學研究(敦煌學國際研討會論文專號)　(臺北)漢學研究資料及服務中心　1986　p. 335
朱雷　《捉季布傳文》、《廬山遠公話》、《董永變文》諸篇辨疑　魏晉南北朝隋唐史資料(第 8 輯)　武漢大學出版社　1986　p. 20
高國藩　敦煌文學作品選　中華書局　1987　p. 66 注 3、102 注 3、210 注 5
張鴻勳　敦煌講唱文學作品選注　甘肅人民出版社　1987　p. 171
周紹良　唐代變文及其它　敦煌文學作品選　中華書局　1987　p. 3
王慶菽　敦煌變文研究　敦煌語言文學論文集　浙江古籍出版社　1988　p. 65
蕭登福　唐世佛家之講經與敦煌變文　敦煌俗文學論叢　(臺北)商務印書館　1988　p. 67
張鴻勳　變文　敦煌文學　甘肅人民出版社　1989　p. 242
高國藩　敦煌古俗與民俗流變　河海大學出版社　1990　p. 227
郭在貽　張涌泉　黄征　敦煌變文集校議　岳麓書社　1990　p. 36
江藍生　近代漢語語法資料彙編(唐五代卷)　商務印書館　1990　p. 229
項楚　敦煌變文選注　巴蜀書社　1990　p. 107
金岡照光　講唱體類　敦煌の文學文獻(講座敦煌 9)　(東京)大東出版社　1992　p. 65、92
金岡照光　講史譚・時事変文等:「王陵」「李陵」「張議潮」変文を中心に　敦煌の文學文獻(講座敦煌 9)　(東京)大東出版社　1992　p. 547
林家平　寧强　羅華慶　中國敦煌學史　北京語言學院出版社　1992　p. 105、337、629
周紹良　敦煌文學芻議及其它　(臺北)新文豐出版公司　1992　p. 43
高國藩　敦煌民俗資料導論　(臺北)新文豐出版公司　1993　p. 88、352
榮新江　英倫所見三種敦煌俗文學作品跋　(香港)《九州學刊》(敦煌學專輯)1993 年第 5 卷第 4 期　p. 132
張鴻勳　敦煌説唱文學概論　(臺北)新文豐出版公司　1993　p. 167
蔣禮鴻　敦煌文獻語言詞典　杭州大學出版社　1994　p. 46
李明偉　隋唐絲綢之路　甘肅人民出版社　1994　p. 325
李明偉　唐代文學的嬗變與絲綢之路的影響　《敦煌研究》1994 年第 3 期　p. 140
沃興華　敦煌書法藝術　上海人民出版社　1994　p. 173
黄征　輯注本《啓顔録》匡補　俗語言研究(第二期)　(京都)禪文化研究所　1995　p. 87　又見:敦煌語文叢説　(臺北)新文豐出版公司　1997　p. 499
劉進寶　敦煌學論述　(臺北)洪葉文化事業有限公司　1995　p. 303
曲金良　敦煌佛教文學研究　(臺北)文津出版社　1995　p. 98
張涌泉　漢語俗字研究　岳麓書社　1995　p. 141

張涌泉　試論敦煌寫卷俗文字研究之意義　敦煌學國際研討會文集·史地語文編　遼寧美術出版社　1995　p. 363
黄征　敦煌俗音考辨　敦煌語文叢說　（臺北）新文豐出版公司　1997　p. 138
黄征　敦煌俗語詞輯釋　敦煌語文叢說　（臺北）新文豐出版公司　1997　p. 69
黄征　敦煌寫本異文綜析　敦煌語文叢說　（臺北）新文豐出版公司　1997　p. 28、37
黄征　張涌泉　敦煌變文校注　中華書局　1997　p. 27、72
劉子瑜　敦煌變文和王梵志詩　大象出版社　1997　p. 38
海客　漢將王陵變　敦煌學大辭典　上海辭書出版社　1998　p. 577
李重申　射箭　敦煌學大辭典　上海辭書出版社　1998　p. 598
潘重規　敦煌《雲謠集》新書　雲謠集研究彙録　上海古籍出版社　1998　p. 190
周紹良　張涌泉　黄征　敦煌變文講經文因緣輯校（上）　江蘇古籍出版社　1998　p. 6
梅維恒著　楊繼東　陳引馳譯　唐代變文（上）（香港）中國佛教文化出版公司　1999　p. 56、175
金岡照光　敦煌文獻と中國文學　（東京）五曜書房　2000　p. 142、190、238、257
李重申　敦煌古代體育文化　甘肅人民出版社　2000　p. 23
張錫厚　敦煌文學源流　作家出版社　2000　p. 465
張涌泉　漢語俗字叢考　中華書局　2000　p. 774
李金梅　敦煌角抵考　敦煌學與中國史研究論集　甘肅人民出版社　2001　p. 66
林聰明　敦煌吐魯番文書解詁指例　（臺北）新文豐出版公司　2001　p. 27 注 6
張涌泉　敦煌故里對敦煌學的新奉獻　《敦煌研究》2001 年第 1 期　p. 184
黄征　敦煌語言文字學研究　甘肅教育出版社　2002　p. 47、247
張鴻勳　敦煌俗文學研究　甘肅人民出版社　2002　p. 7
李金梅　路志俊　敦煌古代的弓箭文化與現代射箭運動　2000 年敦煌學國際學術討論會文集·歷史文化卷（下）　甘肅民族出版社　2003　p. 182
陳允吉　李賀《許公子鄭姬歌》與變文講唱　佛經文學研究論集　復旦大學出版社　2004　p. 414
荒見泰史　敦煌變文研究概述以及新觀點　華林（第三卷）　中華書局　2004　p. 389、395
王小盾　潘重規先生"變文外衣"理論疏說　敦煌學（第 25 輯）　（臺北）樂學書局有限公司　2004　p. 76
劉正平　唐代俗講與佛教神變月齋戒　戒幢佛學（第三卷）　岳麓書社　2005　p. 264
蘭州理工大學絲綢之路文史研究所編　絲綢之路體育文化論集　中華書局　2005　p. 203
陳逸平　唐宋時期敦煌大衆的歷史知識　《敦煌研究》2006 年第 2 期　p. 99

S. 5438

張錫厚　詩歌　敦煌文學　甘肅人民出版社　1989　p. 178
項楚　敦煌詩歌導論　（臺北）新文豐出版公司　1993　p. 33

S. 5439

王重民　敦煌本《捉季布傳文》《國立北平圖書館館刊》1936 年第 10 卷第 1 號　又見：敦煌變文論文録　上海古籍出版社　1982　p. 560
向達　記倫敦所藏的敦煌俗文學　《新中華雜誌》1937 年第 5 卷第 13 號　p. 123 – 128　又見：唐代長安與西域文明　三聯書店　1957　p. 241；敦煌變文論文録　上海古籍出版社　1982　p. 30
向達　倫敦所藏敦煌卷子經眼目録　《北平圖書館圖書季刊》1939 年新第 1 卷第 4 期　p. 397　又見：唐代長安與西域文明　三聯書店　1957　p. 228

向達　唐代俗講考　《國學季刊》1950 年第 6 卷第 4 號　p. 1　又見:唐代長安與西域文明　三聯書店　1957　p. 334 ; 敦煌變文論文録　上海古籍出版社　1982　p. 68
周紹良　敦煌所出變文現存目録　敦煌變文彙録　上海出版公司　1955　p. 9
左補闕　《敦煌遺書總目索引》簡評　文史(第一輯)　中華書局　1962　p. 86
邵榮芬　敦煌俗文學中的別字異文和唐五代西北方音　《中國語文》1963 年第 3 期　又見:中國敦煌學百年文庫・語言文字卷(一)　甘肅文化出版社　1999　p. 135
蘇瑩輝　論敦煌本史傳變文與中國俗文學　(臺中)《東海大學圖書館學報》1964 年第 6 期　又見:敦煌論集　(臺北)學生書局　1983　p. 121 ; 中國敦煌學百年文庫・文學卷(五)　甘肅文化出版社　1999　p. 16
金岡照光　敦煌漢文文學文獻の文學形態上の種類とその分類　敦煌出土文學文獻分類目録・附解說　(東京)東洋文庫　1971　p. 221
金岡照光　敦煌漢文文學文獻の寫本及び影印の收集保存、整理研究の現狀　敦煌出土文學文獻分類目録・附解說　(東京)東洋文庫　1971　p. 178
金岡照光　敦煌文學のさまざま　敦煌の文學　(東京)大藏出版株式會社　1971　p. 123
潘重規　敦煌寫本衹園圖記新書　敦煌學(第 3 輯)　(香港)新亞研究所敦煌學會　1976　p. 107
王重民　敦煌古籍叙録　中華書局　1979　p. 344
楊家駱　敦煌變文　(臺北)世界書局　1980　p. 72
張錫厚　敦煌文學　上海古籍出版社　1980　p. 114 注 1
蘇瑩輝　敦煌學概要　(臺北)編譯館"中華叢書編委會"　1981　p. 89
向達　唐代俗講考　敦煌變文論輯　(臺北)石門圖書公司　1981　p. 40
鄭阿財　孝道文學敦煌寫卷《十恩德讚》初探　(臺北)《華岡文科學報》1981 年第 13 期　p. 242
鄭阿財　敦煌孝道文學研究　(臺北)石門圖書公司　1982　p. 76、654
潘重規　敦煌變文集新書(上、下)　(臺北)"中國文化大學"中文研究所　1984　p. 665;1010、1195
王重民　捉季布傳文　敦煌變文集　人民文學出版社　1984　p. 72
王重民原編　黃永武新編　敦煌古籍叙録新編(第十七冊)　(臺北)新文豐出版公司　1986　p. 102
張鴻勳　敦煌講唱文學作品選注　甘肅人民出版社　1987　p. 17 注 52、22
張鴻勳　敦煌文學作品選　中華書局　1987　p. 252 注 19
張金泉　唐民間詩韻:論變文詩韻　1983 年全國敦煌學術討論會文集・文史遺書編(下)　甘肅人民出版社　1987　p. 253
林平和　羅振玉敦煌學析論　(臺北)文史哲出版社　1988　p. 75
張涌泉　敦煌變文校劄　敦煌語言文學論文集　浙江古籍出版社　1988　p. 185
郭在貽　張涌泉　黃征　敦煌變文集校議　岳麓書社　1990　p. 234
李正宇　釋"耶沒忽":敦煌遺書王梵志詩俗詞語研究之一　王梵志詩研究彙録(上)　上海古籍出版社　1990　p. 267
項楚　敦煌變文選注　巴蜀書社　1990　p. 142
郭在貽　郭在貽語言文學論稿　浙江古籍出版社　1992　p. 36
金岡照光　講史譚・時事変文等:「王陵」「李陵」「張議潮」変文を中心に　敦煌の文學文獻(講座敦煌 9)　(東京)大東出版社　1992　p. 549
金岡照光　韻文體類:長篇叙事詩・短篇歌詠　敦煌の文學文獻(講座敦煌 9)　(東京)大東出版社　1992　p. 254
林家平　寧強　羅華慶　中國敦煌學史　北京語言學院出版社　1992　p. 105
許建平　敦煌遺書《劉子》殘卷校證補　《杭州師範學院學報》1992 年第 1 期　p. 42

趙逵夫　《敦煌變文集》第一卷六篇補校　《蘭州大學學報》1992 年第 2 期　p. 128

榮新江　英倫所見三種敦煌俗文學作品跋　(香港)《九州學刊》(敦煌學專輯)1993 年第 5 卷第 4 期　p. 132

張鴻勳　敦煌話本詞文俗賦導論　(臺北)新文豐出版公司　1993　p. 78

趙逵夫　《伍子胥變文》補校拾遺　唐代文學研究(第四輯)　廣西師範大學出版社　1993　p. 435

鄭阿財　敦煌文獻與文學　(臺北)新文豐出版公司　1993　p. 40

蔣禮鴻　敦煌文獻語言詞典　杭州大學出版社　1994　p. 28、89、142、237、311、394

李重申　敦煌馬毬史料探析　《敦煌研究》1994 年第 4 期　p. 171

黃征　唐代俗語詞輯釋　唐研究(第一卷)　北京大學出版社　1995　p. 198

黃征　敦煌俗語詞小劄　敦煌語文叢說　(臺北)新文豐出版公司　1997　p. 75

黃征　敦煌寫本異文綜析　敦煌語文叢說　(臺北)新文豐出版公司　1997　p. 19、33、38

黃征　《壇經校釋》釋詞商補　敦煌語文叢說　(臺北)新文豐出版公司　1997　p. 85

黃征　王梵志詩校釋續商補　敦煌語文叢說　(臺北)新文豐出版公司　1997　p. 239

黃征　魏晉南北朝俗語詞考釋　敦煌語文叢說　(臺北)新文豐出版公司　1997　p. 98

黃征　張涌泉　敦煌變文校注　中華書局　1997　p. 19、55、99、529、793

白化文　冊子裝　敦煌學大辭典　上海辭書出版社　1998　p. 592

潘重規　敦煌《雲謠集》新書　雲謠集研究彙録　上海古籍出版社　1998　p. 215

張鴻勳　大漢三年季布罵陣詞文　敦煌學大辭典　上海辭書出版社　1998　p. 582

梅維恒著　楊繼東　陳引馳譯　唐代變文(上)　(香港)中國佛教文化出版公司　1999　p. 77

蔣禮鴻　中國俗文字學研究導言　中古近代漢語研究(第一輯)　上海教育出版社　2000　p. 73

金岡照光　敦煌文獻と中國文學　(東京)五曜書房　2000　p. 236

李重申　敦煌古代體育文化　甘肅人民出版社　2000　p. 60

張鴻勳　說唱藝術奇葩:敦煌變文選評　甘肅人民出版社　2000　p. 41

黃征　敦煌語言文字學研究　甘肅教育出版社　2002　p. 40、52、137

張鴻勳　敦煌俗文學研究　甘肅人民出版社　2002　p. 5、132

張小豔　試論敦煌書儀的語料價值　浙江與敦煌學:常書鴻先生誕辰一百周年紀念文集　浙江古籍出版社　2004　p. 537

徐時儀　玄應《衆經音義》研究　中華書局　2005　p. 601

蘭州理工大學絲綢之路文史研究所編　絲綢之路體育文化論集　中華書局　2005　p. 249

S. 5440

向達　記倫敦所藏的敦煌俗文學　《新中華雜誌》1937 年第 5 卷第 13 號　p. 123 - 128　又見:唐代長安與西域文明　三聯書店　1957　p. 241

向達　倫敦所藏敦煌卷子經眼目録　《北平圖書館圖書季刊》1939 年新第 1 卷第 4 期　p. 397　又見:唐代長安與西域文明　三聯書店　1957　p. 228

向達　唐代俗講考　《國學季刊》1950 年第 6 卷第 4 號　p. 1　又見:唐代長安與西域文明　三聯書店　1957　p. 334 ; 敦煌變文論輯　(臺北)石門圖書公司　1981　p. 40 ; 敦煌變文論文録　上海古籍出版社　1982　p. 68

周紹良　敦煌所出變文現存目録　敦煌變文彙録　上海出版公司　1955　p. 10

左補闕　《敦煌遺書總目索引》簡評　文史(第一輯)　中華書局　1962　p. 86

邵榮芬　敦煌俗文學中的別字異文和唐五代西北方音　《中國語文》1963 年第 3 期　又見:中國敦煌學百年文庫·語言文字卷(一)　甘肅文化出版社　1999　p. 135

蘇瑩輝　論敦煌本史傳變文與中國俗文學　(臺中)《東海大學圖書館學報》1964 年第 6 期　又見:敦煌論集　(臺北)學生書局　1983　p. 121;中國敦煌學百年文庫・文學卷(五)　甘肅文化出版社　1999　p. 16
金岡照光　敦煌漢文文學文獻の文學形態上の種類とその分類　敦煌出土文學文獻分類目録・附解説　(東京)東洋文庫　1971　p. 221
金岡照光　敦煌文學のさまざま　敦煌の文學　(東京)大藏出版株式會社　1971　p. 123
王重民　敦煌古籍叙録　中華書局　1979　p. 344
楊家駱　敦煌變文　(臺北)世界書局　1980　p. 71
張錫厚　敦煌文學　上海古籍出版社　1980　p. 114 注 1
蘇瑩輝　敦煌學概要　(臺北)編譯館"中華叢書編委會"　1981　p. 89
王重民　敦煌本《捉季布傳文》　敦煌變文論文録　上海古籍出版社　1982　p. 560
向達　記倫敦所藏的敦煌俗文學　敦煌變文論文録　上海古籍出版社　1982　p. 30
鄭阿財　敦煌孝道文學研究　(臺北)石門圖書公司　1982　p. 630
潘重規　敦煌變文集新書(下)　(臺北)"中國文化大學"中文研究所　1984　p. 1010
王重民　敦煌本《捉季布傳文》　敦煌遺書論文集　中華書局　1984　p. 231
王重民　捉季布傳文　敦煌變文集　人民文學出版社　1984　p. 71
王重民原編　黄永武新編　敦煌古籍叙録新編(第十七册)　(臺北)新文豐出版公司　1986　p. 102
張鴻勳　敦煌講唱文學作品選注　甘肅人民出版社　1986　p. 19 注 85、22
張鴻勳　敦煌文學作品選　中華書局　1987　p. 260 注 18
林平和　羅振玉敦煌學析論　(臺北)文史哲出版社　1988　p. 75
項楚　敦煌變文選注　巴蜀書社　1990　p. 142
林聰明　敦煌文書學　(臺北)新文豐出版公司　1991　p. 354
郭在貽　郭在貽語言文學論稿　浙江古籍出版社　1992　p. 36
金岡照光　韻文體類:長篇叙事詩・短篇歌詠　敦煌の文學文獻(講座敦煌 9)　(東京)大東出版社　1992　p. 254
金岡照光　講史譚・時事変文等:「王陵」「李陵」「張議潮」変文を中心に　敦煌の文學文獻(講座敦煌 9)　(東京)大東出版社　1992　p. 549
林家平　寧强　羅華慶　中國敦煌學史　北京語言學院出版社　1992　p. 105
榮新江　英倫所見三種敦煌俗文學作品跋　(香港)《九州學刊》(敦煌學專輯)1993 年第 5 卷第 4 期　p. 131
張鴻勳　敦煌話本詞文俗賦導論　(臺北)新文豐出版公司　1993　p. 79
鄭阿財　敦煌文獻與文學　(臺北)新文豐出版公司　1993　p. 12
胡戟　傅玫　敦煌史話　中華書局　1995　p. 180
張涌泉　敦煌俗字研究導論　(臺北)新文豐出版公司　1996　p. 242
黄征　敦煌寫本異文綜析　敦煌語文叢說　(臺北)新文豐出版公司　1997　p. 25
黄征　《壇經校釋》釋詞商補　敦煌語文叢說　(臺北)新文豐出版公司　1997　p. 85
黄征　張涌泉　敦煌變文校注　中華書局　1997　p. 99
白化文　冊子裝　敦煌學大辭典　上海辭書出版社　1998　p. 592
張鴻勳　大漢三年季布罵陣詞文　敦煌學大辭典　上海辭書出版社　1998　p. 582
金岡照光　敦煌文獻と中國文學　(東京)五曜書房　2000　p. 236
張鴻勳　說唱藝術奇葩:敦煌變文選評　甘肅人民出版社　2000　p. 41
張錫厚　敦煌文學源流　作家出版社　2000　p. 542

林聰明 敦煌吐魯番文書解詁指例 (臺北)新文豐出版公司 2001 p. 66
黄征 敦煌語言文字學研究 甘肅教育出版社 2002 p. 40
張鴻勳 敦煌俗文學研究 甘肅人民出版社 2002 p. 132
黄征 敦煌俗字典 上海教育出版社 2005 p. 前言22、46、94
黄征 敦煌俗字種類考辨 敦煌學・日本學:石塚晴通教授退職紀念論文集 上海辭書出版社 2005 p. 113

S. 5441

王重民 敦煌本《捉季布傳文》《國立北平圖書館館刊》1936 年第 10 卷第 1 號 又見:敦煌變文論文録 上海古籍出版社 1982 p. 561;敦煌遺書論文集 中華書局 1984 p. 231
向達 記倫敦所藏的敦煌俗文學 《新中華雜誌》1937 年第 5 卷第 13 號 p. 123-128 又見:唐代長安與西域文明 三聯書店 1957 p. 241;敦煌變文論文録 上海古籍出版社 1982 p. 30
向達 倫敦所藏敦煌卷子經眼目録 《北平圖書館圖書季刊》1939 年新第 1 卷第 4 期 p. 397 又見:唐代長安與西域文明 三聯書店 1957 p. 228
向達 唐代俗講考 《國學季刊》1950 年第 6 卷第 4 號 p. 1 又見:唐代長安與西域文明 三聯書店 1957 p. 334;敦煌變文論輯 (臺北)石門圖書公司 1981 p. 40;敦煌變文論文録 上海古籍出版社 1982 p. 68;關隴文學論叢 甘肅人民出版社 1983 p. 180
周紹良 敦煌所出變文現存目録 敦煌變文彙録 上海出版公司 1955 p. 10
芳村修基 土橋秀高 井ノロ泰淳 敦煌佛教史年表 西域文化研究(第一)・敦煌佛教資料 (京都)法藏館 1958 p. 281
左補闕 《敦煌遺書總目索引》簡評 文史(第一輯) 中華書局 1962 p. 86
邵榮芬 敦煌俗文學中的别字異文和唐五代西北方音 《中國語文》1963 年第 3 期 又見:中國敦煌學百年文庫・語言文字卷(一) 甘肅文化出版社 1999 p. 135
蘇瑩輝 論敦煌本史傳變文與中國俗文學 (臺中)《東海大學圖書館學報》1964 年第 6 期 又見:中國敦煌學百年文庫・文學卷(五) 甘肅文化出版社 1999 p. 16
金岡照光 敦煌漢文文學文獻の文學形態上の種類とその分類 敦煌出土文學文獻分類目録・附解說 (東京)東洋文庫 1971 p. 221
金岡照光 敦煌漢文文學文獻の寫本及び影印の收集保存、整理研究の現狀 敦煌出土文學文獻分類目録・附解說 (東京)東洋文庫 1971 p. 168、178
金岡照光 敦煌文學のさまざま 敦煌の文學 (東京)大蔵出版株式會社 1971 p. 123、159
金岡照光 敦煌民衆の宗教と生活 敦煌の民衆:その生活と思想 (東京)評論社 1972 p. 166
遊佐昇 『王梵志詩』のもつ兩側面 大正大學大學院研究論集(第 2 號) (東京)大正大學大學院 1978 p. 9
加地哲定 增補中國佛教文學研究 (東京)同朋舍 1979 p. 79
王重民 敦煌古籍叙録 中華書局 1979 p. 344
川崎ミチコ 通俗詩類・雜詩文類 敦煌仏典と禪(講座敦煌 8) (東京)大東出版社 1980 p. 318
菊池英夫 唐代敦煌社會の外貌 敦煌の社會(講座敦煌 3) (東京)大東出版社 1980 p. 140
楊家駱 敦煌變文 (臺北)世界書局 1980 p. 72
張錫厚 敦煌文學 上海古籍出版社 1980 p. 114 注 1
蘇瑩輝 敦煌學概要 (臺北)編譯館"中華叢書編委會" 1981 p. 89
項楚 《敦煌寫本王梵志詩校注》補正 中華文史論叢(總 20 輯) 上海古籍出版社 1981 p. 91

鄭阿財　孝道文學敦煌寫卷《十恩德讚》初探　(臺北)《華岡文科學報》1981 年第 13 期　p. 242
張錫厚　關於敦煌寫本《王梵志詩》整理的若干問題　文史(第十五輯)　中華書局　1982　p. 185　又見:王梵志詩研究彙録(上)　上海古籍出版社　1990　p. 60;中國敦煌學百年文庫·文學卷(二)　甘肅文化出版社　1999　p. 495
鄭阿財　敦煌孝道文學研究　(臺北)石門圖書公司　1982　p. 76、256 注 87、654
高國藩　談敦煌五言白話詩　關隴文學論叢　甘肅人民出版社　1983　p. 60
蘇瑩輝　論敦煌本史傳變文與中國俗文學　敦煌論集　(臺北)學生書局　1983　p. 121
張錫厚　關於王梵志思想評價的幾個問題　關隴文學論叢　甘肅人民出版社　1983　p. 33
張錫厚　王梵志詩校輯　中華書局　1983　p. 3
潘重規　敦煌變文集新書(下)　(臺北)"中國文化大學"中文研究所　1984　p. 1010
潘重規　敦煌寫本秦婦吟新書　敦煌學(第 8 輯)　(臺北)"中國文化大學"中國文學研究所敦煌學會　1984　p. 14、22
王重民　捉季布傳文　敦煌變文集　人民文學出版社　1984　p. 72
簡濤　敦煌本《燕子賦》考論　《敦煌研究》1986 年第 3 期　p. 31
劉瑞明　王梵志詩校注補正《敦煌學研究》(西北師院學報)1986 年增刊　p. 18
王重民原編　黄永武新編　敦煌古籍叙録新編(第十五、十七冊)　(臺北)新文豐出版公司　1986　p. 49;102
朱鳳玉　王梵志詩研究(上)　(臺北)學生書局　1986　p. 6、26、111
朱鳳玉　王梵志研究的兩本專著評介　敦煌學(第 11 輯)　(臺北)新文豐出版公司　1986　p. 88
朱雷　《捉季布傳文》、《廬山遠公話》、《董永變文》諸篇辨疑　魏晉南北朝隋唐史資料(第 8 輯)　武漢大學出版社　1986　p. 20
陳慶浩　法忍抄本殘卷王梵志詩初校　敦煌學(第 12 輯)　(臺北)新文豐出版公司　1987　p. 92
姜亮夫　敦煌經卷題名録　敦煌學論文集　上海古籍出版社　1987　p. 1067
李正宇　敦煌學郎題記輯注　《敦煌學輯刊》1987 年第 1 期　p. 33、37
劉銘恕　敦煌遺書叢識　1983 年全國敦煌學術討論會文集·文史遺書編(上)　甘肅人民出版社　1987　p. 428
項楚　王梵志詩校注　敦煌吐魯番文獻研究論集(第四輯)　北京大學出版社　1987　p. 136
張鴻勳　敦煌講唱文學作品選注　甘肅人民出版社　1987　p. 17 注 51、22
張鴻勳　敦煌文學作品選　中華書局　1987　p. 260 注 18
張金泉　唐民間詩韻:論變文詩韻　1983 年全國敦煌學術討論會文集·文史遺書編(下)　甘肅人民出版社　1987　p. 253
張錫厚　整理《王梵志詩集》的新收穫　《敦煌學輯刊》1987 年第 2 期　p. 34
張涌泉　敦煌變文校讀釋例　《敦煌學輯刊》1987 年第 2 期　p. 21　又見:舊學新知　浙江大學出版社　1999　p. 162
周紹良　唐代變文及其它　敦煌文學作品選　中華書局　1987　p. 24
黄征　《王梵志詩校輯》商補　《敦煌研究》1988 年第 4 期　p. 81　又見:敦煌語文叢說　(臺北)新文豐出版公司　1997　p. 183
李正宇　敦煌文學雜考二題　敦煌語言文學研究　北京大學出版社　1988　p. 95
池田溫　中國古代寫本識語集録　(東京)大蔵出版株式會社　1990　p. 508
郭在貽　張涌泉　黄征　敦煌變文集校議　岳麓書社　1990　p. 153、234
菊池英夫　中國古文書·古寫本學と日本　東アジア古文書の史的研究　(東京)刀水書房　1990　p. 180

項楚　敦煌變文選注　巴蜀書社　1990　p. 142
張錫厚　敦煌寫本王梵志詩原卷真迹　王梵志詩研究彙録(上)　上海古籍出版社　1990　圖版 7
張錫厚　蘇藏敦煌寫本王梵志詩補正　王梵志詩研究彙録(上)　上海古籍出版社　1990　p. 243
趙和平　鄧文寬　敦煌寫本王梵志詩校注　王梵志詩研究彙録(上)　上海古籍出版社　1990　p. 153
林聰明　敦煌文書學　(臺北)新文豐出版公司　1991　p. 179
項楚　王梵志詩釋詞　敦煌文學叢考　上海古籍出版社　1991　p. 619
鄭阿財　試論敦煌寫本 P. 3910 對考察“張騫乘槎”故事之價值　唐代文化研討會論文集　(臺北)文史哲出版社　1991　p. 814
黃征　王梵志詩校釋補議　中華文史論叢(總 50 輯)　上海古籍出版社　1992　p. 88　又見:敦煌語文叢說　(臺北)新文豐出版公司　1997　p. 244
金岡照光　講史譚・時事変文等:「王陵」「李陵」「張議潮」変文を中心に　敦煌の文學文獻(講座敦煌 9)　(東京)大東出版社　1992　p. 549
金岡照光　韻文體類:長篇叙事詩・短篇歌詠　敦煌の文學文獻(講座敦煌 9)　(東京)大東出版社　1992　p. 254
林家平　寧强　羅華慶　中國敦煌學史　北京語言學院出版社　1992　p. 105、596、601
陶秋英輯録　姜亮夫校訂　敦煌經卷題名録　敦煌碎金　浙江古籍出版社　1992　p. 89
吳其昱著　伊藤美重子譯　敦煌漢文寫本概観　敦煌漢文文獻(講座敦煌 5)　(東京)大東出版社　1992　p. 116
周丕顯　敦煌佚詩雜考《敦煌學輯刊》1992 年第 1、2 期　p. 53
周紹良　敦煌文學芻議及其它　(臺北)新文豐出版公司　1992　p. 90
郭在貽　郭在貽敦煌學論集　江西人民出版社　1993　p. 214
黃征　敦煌寫本整理應遵循的原則《敦煌研究》1993 年第 2 期　p. 106
榮新江　英倫所見三種敦煌俗文學作品跋　(香港)《九州學刊》(敦煌學專輯)1993 年第 5 卷第 4 期　p. 132
項楚　敦煌詩歌導論　(臺北)新文豐出版公司　1993　p. 295
張鴻勳　敦煌話本詞文俗賦導論　(臺北)新文豐出版公司　1993　p. 79、259
鄭阿財　敦煌文獻與文學　(臺北)新文豐出版公司　1993　p. 12、40
蔣禮鴻　敦煌文獻語言詞典　杭州大學出版社　1994　p. 128、251、297、311
李重申　敦煌馬毬史料探析　《敦煌研究》1994 年第 4 期　p. 171
沃興華　敦煌書法藝術　上海人民出版社　1994　p. 5、68
曲金良　敦煌佛教文學研究　(臺北)文津出版社　1995　p. 184
張錫厚　敦煌本唐集研究　(臺北)新文豐出版公司　1995　p. 59、99
周一良　趙和平　晚唐五代時的三種吉凶書儀寫卷研究　唐五代書儀研究　中國社會科學出版社　1995　p. 220
黃征　敦煌俗語詞小劄　敦煌語文叢說　(臺北)新文豐出版公司　1997　p. 75
黃征　敦煌寫本異文綜析　敦煌語文叢說　(臺北)新文豐出版公司　1997　p. 25、38
黃征　敦煌寫本整理應遵循的原則　敦煌語文叢說　(臺北)新文豐出版公司　1997　p. 11
黃征　《壇經校釋》釋詞商補　敦煌語文叢說　(臺北)新文豐出版公司　1997　p. 85
黃征　王梵志詩校釋續商補　敦煌語文叢說　(臺北)新文豐出版公司　1997　p. 213
黃征《中國古代寫本識語輯録》匡補　敦煌語文叢說　(臺北)新文豐出版公司　1997　p. 540
黃征　張涌泉　敦煌變文校注　中華書局　1997　p. 39、99、325

白化文　冊子裝　敦煌學大辭典　上海辭書出版社　1998　p. 592
顧吉辰　敦煌文獻職官結銜考釋　《敦煌學輯刊》1998 年第 2 期　p. 35
潘重規　敦煌《雲謠集》新書　雲謠集研究彙録　上海古籍出版社　1998　p. 191
張鴻勳　大漢三年季布罵陣詞文　敦煌學大辭典　上海辭書出版社　1998　p. 582
張錫厚　柴劍虹　王梵志詩集　敦煌學大辭典　上海辭書出版社　1998　p. 562
高國藩　敦煌俗文化學　上海三聯書店　1999　p. 597、646
胡大浚　王志鵬　敦煌邊塞詩歌校注　甘肅人民出版社　1999　p. 12
梅維恒著　楊繼東　陳引馳譯　唐代變文(上)　(香港)中國佛教文化出版公司　1999　p. 78、253 注 1
楊秀清　淺談唐、宋時期敦煌地區的學生生活　《敦煌研究》1999 年第 4 期　p. 143
金岡照光　敦煌文獻と中國文學　(東京)五曜書房　2000　p. 236
李重申　敦煌古代體育文化　甘肅人民出版社　2000　p. 60
徐俊　敦煌詩集殘卷輯考　中華書局　2000　p. 431
顏廷亮　敦煌文化　光明日報出版社　2000　p. 187
楊秀清　華戎交會的都市:敦煌與絲綢之路　甘肅人民出版社　2000　p. 106
張鴻勳　說唱藝術奇葩:敦煌變文選評　甘肅人民出版社　2000　p. 42
張錫厚　敦煌文學源流　作家出版社　2000　p. 542
杜曉勤　隋唐五代文學研究　北京出版社　2001　p. 1273
黃征　敦煌語言文字學研究　甘肅教育出版社　2002　p. 45、299
姜亮夫　敦煌莫高窟年表　姜亮夫全集(十一)　雲南人民出版社　2002　p. 564
張鴻勳　敦煌俗文學研究　甘肅人民出版社　2002　p. 5、132
陳慶浩　朱鳳玉　王梵志詩之整理與研究　新世紀敦煌學論集　巴蜀書社　2003　p. 165
吳蘊慧　《敦煌變文校注》校釋補正　《敦煌研究》2004 年第 5 期　p. 106
徐時儀　玄應《衆經音義》研究　中華書局　2005　p. 601
蘭州理工大學絲綢之路文史研究所編　絲綢之路體育文化論集　中華書局　2005　p. 249

S. 5442

沃興華　敦煌書法藝術　上海人民出版社　1994　p. 188、226

S. 5443

平井宥慶　金剛般若經　敦煌と中國仏教(講座敦煌 7)　(東京)大東出版社　1984　p. 26
蘇遠鳴　敦煌佛教肖像劄記　法國學者敦煌學論文選萃　中華書局　1993　p. 191
平井宥慶　敦煌流傳の金剛般若經　金剛般若經の思想的研究　(東京)春秋社　1999　p. 251

S. 5444

芳村修基　土橋秀高　井ノ口泰淳　敦煌佛教史年表　西域文化研究(第一)・敦煌佛教資料　(京都)法藏館　1958　p. 274
池田溫　中國古代の租佃契(上)　『東洋文化研究所紀要』(第 60 冊)　東京大學東洋文化研究所　1973　p. 93
陳祚龍　中世敦煌與成都之間的交通路線:敦煌學散策之一　敦煌學(第 1 輯)　(香港)新亞研究所敦煌學會　1974　p. 81　又見:敦煌資料考屑(下冊)　(臺北)商務印書館　1979　p. 336；唐代研究論集(第三輯)　(臺北)新文豐出版公司　1992　p. 436

陳祚龍　敦煌古抄內典尾記彙校初、二、三編合刊　敦煌學要籥　(臺北)新文豐出版公司　1982　p. 154
平井宥慶　金剛般若經　敦煌と中國仏教(講座敦煌7)　(東京)大東出版社　1984　p. 25
李正宇　關於金山國和敦煌國建國的幾個問題　《西北史地》1987年第2期　p. 64
李正宇　談《白雀歌》尾部雜寫與金山國建國年月　《敦煌研究》1987年第3期　p. 79 注7
龍晦　大足石刻父母恩重經變像與敦煌音樂文學的關係　敦煌歌辭總編　上海古籍出版社　1987　p. 1835
平野顯照著　張桐生譯　唐代的文學與佛教　(臺北)業强出版社　1987　p. 256
舒學　敦煌漢文遺書中雕版印刷資料綜叙　敦煌語言文學研究　北京大學出版社　1988　p. 295
池田溫　中國古代寫本識語集録　(東京)大藏出版株式會社　1990　p. 450
林聰明　從敦煌文書看佛教徒的造經祈福　第二届敦煌學國際研討會論文集　(臺北)漢學研究中心　1990　p. 537
盧向前　金山國立國之我見　《敦煌學輯刊》1990年第2期　p. 15　又見:敦煌吐魯番文書論稿　江西人民出版社　1992　p. 176
文初　讀敦煌卷子劄記二則　《敦煌語言文學研究通訊》1990年第2－3期　p. 7
文初　關於敦煌卷子中的"八十二老人"　《社科縱橫》1990年第6期　p. 39
李正宇　曹仁貴歸奉後的一組新資料　魏晉南北朝隋唐史資料(第11輯)　武漢大學出版社　1991　p. 281 注45
榮新江　金山國史辨正　中華文史論叢(總50輯)　上海古籍出版社　1992　p. 74
李正宇　敦煌儺散論　《敦煌研究》1993年第2期　p. 118
李正宇　敦煌文學概論　甘肅人民出版社　1993　p. 97
榮新江　歸義軍改元考　文史(第三十八輯)　中華書局　1994　p. 49
胡戟　傅玫　敦煌史話　中華書局　1995　p. 199
呂建福　中國密教史　中國社會科學出版社　1995　p. 372
王書慶　從敦煌文獻看敦煌佛教文化與中原佛教文化的交流　敦煌佛教文獻研究　敦煌研究院文獻研究所　1995　p. 29
顏廷亮　敦煌文學概說　(臺北)新文豐出版公司　1995　p. 224
鄭阿財　敦煌寫卷《持誦金剛經靈驗功德記》研究　全國敦煌學研討會論文集　(臺北)中正大學中國文學系所　1995　p. 269
李正宇　敦煌史地新論　(臺北)新文豐出版公司　1996　p. 196
榮新江　歸義軍史研究　上海古籍出版社　1996　p. 51
鄭阿財　敦煌靈應小說的佛教史學價值　唐研究國際學術會議論文彙編　中國社會科學院歷史研究所　1997　p. 192　又見:唐研究(第四卷)　北京大學出版社　1998　p. 41
鄭炳林　敦煌碑銘讚輯釋　甘肅教育出版社　1997　p. 296 注3
白化文　西川過家真印本　敦煌學大辭典　上海辭書出版社　1998　p. 590
方廣錩　敦煌遺書中的《金剛經》及其注疏　敦煌學佛教學論叢(上)　中國佛教文化研究所　1998　p. 375
方廣錩　金剛般若波羅蜜經　敦煌學大辭典　上海辭書出版社　1998　p. 682
孫繼民　天祐三年某翁寫大身真言記　敦煌學大辭典　上海辭書出版社　1998　p. 458
平井宥慶　敦煌流傳の金剛般若經　金剛般若經の思想的研究　(東京)春秋社　1999　p. 251
李致忠　古代版印通論　紫禁城出版社　2000　p. 82
林聰明　敦煌吐魯番文書解詁指例　(臺北)新文豐出版公司　2001　p. 132

張總　《閻羅王授記經》綴補研考　敦煌吐魯番研究(第五卷)　北京大學出版社　2001　p. 96
釋永有　敦煌遺書中的金剛經　敦煌佛教藝術文化國際學術研討會論文集　蘭州大學出版社　2002　p. 37
杜正乾　唐代的《金剛經》信仰　《敦煌研究》2004 年第 5 期　p. 54
李致忠　敦煌遺書中的裝幀形式與書史研究中的裝幀形制　敦煌與絲路文化學術講座(第二輯)　北京圖書館出版社　2005　p. 82
張志清　林世田　S. 6349 與 P. 4924《易三備》寫卷綴合整理研究　《文獻》2006 年第 1 期　p. 48

S. 5446

妹尾達彥　唐代長安東市の印刷業　東アジア史における國家と地域　(東京)刀水書房　1999　p. 230
杜偉生　中國古籍修復與裝裱技術圖解　北京圖書館出版社　2003　p. 458

S. 5447

王堯　藏族翻譯家管・法成對民族文化交流的貢獻　《文物》1980 年第 7 期　又見:中國敦煌學百年文庫・民族卷(三)　甘肅文化出版社　1999　p. 36
福井文雅　般若心經　敦煌と中國仏教(講座敦煌 7)　(東京)大東出版社　1984　p. 38
李正宇　釋"耶沒忽":敦煌遺書王梵志詩俗詞語研究之一　王梵志詩研究彙録(上)　上海古籍出版社　1990　p. 263
上山大峻　敦煌佛教の研究　(京都)法藏館　1990　p. 89、171、607
王堯　西藏文史考信集　中國藏學出版社　1994　p. 30
方廣錩　《般若心經譯注集成》前言　敦煌學佛教學論叢(下)　中國佛教文化研究所　1998　p. 21
方廣錩　般若波羅蜜多心經　敦煌學大辭典　上海辭書出版社　1998　p. 686
楊富學　李吉和　敦煌漢文吐蕃史料輯校(第一輯)　甘肅人民出版社　1999　p. 83
汪泛舟　敦煌俗別字補正　《敦煌研究》2001 年第 4 期　p. 159

S. 5448

向達　倫敦所藏敦煌卷子經眼目録　《北平圖書館圖書季刊》1939 年新第 1 卷第 4 期　p. 397　又見:唐代長安與西域文明　三聯書店　1957　p. 228
劉銘恕　再記英國倫敦所藏的敦煌經卷　《中國科學院圖書館通訊》1957 年第 7 期　又見:中國敦煌學百年文庫・綜述卷(二)　甘肅文化出版社　1999　p. 133
向達　兩關雜考　唐代長安與西域文明　三聯書店　1957　p. 386
那波利貞　千佛岩莫高窟と敦煌文書　西域文化研究(第二)・敦煌吐魯番社會經濟資料(上)　(京都)法藏館　1959　p. 14
陳祚龍　敦煌寫本《瓜沙古事系年並序》箋正　(臺北)《大陸雜誌》1960 年第 12 期　又見:敦煌資料考屑(上冊)　(臺北)商務印書館　1979　p. 20 ; 中國敦煌學百年文庫・歷史卷(一)　甘肅文化出版社　1999　p. 177
陳祚龍　讀"柳公權的楷書"　敦煌文物隨筆　(臺北)商務印書館　1979　p. 38
陳祚龍　簡記敦煌古抄方志　敦煌文物隨筆　(臺北)商務印書館　1979　p. 52
陳祚龍　新考重訂《朝英集》　敦煌資料考屑(上冊)　(臺北)商務印書館　1979　p. 182
陳祚龍　中世敦煌與成都之間的交通路線　敦煌資料考屑(下冊)　(臺北)商務印書館　1979　p. 340　又見:唐代研究論集(第三輯)　(臺北)新文豐出版公司　1992　p. 439

菊池英夫　唐代敦煌社會の外貌　敦煌の社會(講座敦煌 3)　(東京)大東出版社　1980　p. 92
戴密微　《拉薩宗教會議僧諍記》導言　《敦煌學輯刊》1981 年第 2 期　p. 149
陳祚龍　《簡記敦煌古抄方志》及其"後語"　敦煌學要籥　(臺北)新文豐出版公司　1982　p. 223
賀世哲　孫修身　瓜沙曹氏與敦煌莫高窟　敦煌研究文集　甘肅人民出版社　1982　p. 272 注 54
陳炳應　敦煌所出宋開寶八年"鄭醜撻賣地舍契"定誤考釋　《西北史地》1983 年第 4 期　p. 86
賀世哲　孫修身　《瓜沙曹氏年表補正》之補正　敦煌學文選(上)　蘭州大學歷史系敦煌學研究室等　1983　p. 166 注 31
榮新江　敦煌卷子劄記四則　敦煌吐魯番文獻研究論集(第二輯)　北京大學出版社　1983　p. 641、648、665
蘇瑩輝　敦煌藝文略　敦煌論集　(臺北)學生書局　1983　p. 368
宿白　兩漢魏晉南北朝時期的敦煌　絲路訪古　甘肅人民出版社　1983　p. 21　又見:中國石窟寺考古　文物出版社　1996　p. 230
陳祚龍　竭誠做好知己知彼,悉力做到精益求精:敦煌學散策之四(上)　敦煌學(第 8 輯)　(臺北)"中國文化大學"中國文學研究所敦煌學會　1984　p. 15
高明士　唐代敦煌的教育　漢學研究(敦煌學國際研討會論文專號)　(臺北)漢學研究資料及服務中心　1986　p. 256
姜伯勤　沙州道門親表部落釋證　《敦煌研究》1986 年第 3 期　p. 3
李正宇　唐宋時代的敦煌學校　《敦煌研究》1986 年第 1 期　p. 44
盧向前　關於歸義軍時期一份布紙破用曆的研究:試釋伯四六四〇背面文書　敦煌吐魯番文獻研究論集(第三輯)　北京大學出版社　1986　p. 416 注 50、422 注 96　又見:敦煌吐魯番文書論稿　江西人民出版社　1992　p. 123 注 50、129 注 96
寧欣　唐代敦煌地區農業水利問題初探　敦煌吐魯番文獻研究論集(第三輯)　北京大學出版社　1986　p. 483
榮新江　歸義軍及其與周邊民族的關係初探　《敦煌學輯刊》1986 年第 2 期　p. 32　又見:中國人文社會科學博士碩士文庫・歷史學卷　浙江教育出版社　1998　p. 661
唐耕耦　陸宏基　敦煌社會經濟文獻真迹釋録(一)　書目文獻出版社　1986　p. 45
李正宇　《吐蕃子年(西元 808 年)沙州百姓氾履倩等戶籍手實殘卷》研究　1983 年全國敦煌學術討論會文集・文史遺書編(上)　甘肅人民出版社　1987　p. 198
李正宇　關於金山國和敦煌國建國的幾個問題　《西北史地》1987 年第 2 期　p. 67
梁尉英　漢代效穀城考　1983 年全國敦煌學術討論會文集・文史遺書編(上)　甘肅人民出版社　1987　p. 283
顔廷亮　關於敦煌遺書中的甘肅文學作品　1983 年全國敦煌學術討論會文集・文史遺書編(下)　甘肅人民出版社　1987　p. 229
李正宇　敦煌地區古代祠廟寺觀簡志　《敦煌學輯刊》1988 年第 1、2 期　p. 70
李正宇　唐宋時代敦煌縣河渠泉澤簡志(一)　《敦煌研究》1988 年第 4 期　p. 91
高國藩　敦煌民俗學　上海文藝出版社　1989　p. 58
李正宇　邈真讚　敦煌文學　甘肅人民出版社　1989　p. 184
李正宇　唐宋時代敦煌縣河渠泉澤簡志(二)　《敦煌研究》1989 年第 1 期　p. 60
馬德　靈圖寺、靈圖寺窟及其它　《敦煌研究》1989 年第 2 期　p. 1
鄭炳林　敦煌地理文書彙輯校注　甘肅教育出版社　1989　p. 86
周丕顯　題跋　敦煌文學　甘肅人民出版社　1989　p. 84
李并成　《沙州城土鏡》之地理調查與考釋　《敦煌學輯刊》1990 年第 2 期　p. 85

李正宇　曹仁貴名實論:曹氏歸義軍創始及歸奉後梁史探　第二屆敦煌學國際研討會論文集　(臺北)漢學研究中心　1990　p. 553
榮新江　《唐刺史考》補遺　《文獻》1990 年第 2 期　p. 87
譚蟬雪　敦煌歲時掇瑣:正月　《敦煌研究》1990 年第 1 期　p. 52　又見:(香港)《九州學刊》(敦煌學專輯)1993 年第 5 卷第 4 期　p. 88
唐耕耦　陸宏基　敦煌社會經濟文獻真迹釋録(五)　全國圖書館文獻縮微複製中心　1990　p. 297
文初　讀敦煌卷子劄記二則　《敦煌語言文學研究通訊》1990 年第 2－3 期　p. 9
程喜霖　漢唐烽堠制度研究　(臺北)聯經出版公司　1991　p. 208 注 106
李并成　漢敦煌郡廣至縣城及其有關問題考　《敦煌研究》1991 年第 4 期　p. 86
李并成　漢敦煌郡效穀縣城考　《敦煌學輯刊》1991 年第 1 期　p. 59
李正宇　敦煌名勝古迹導論　《陽關》1991 年第 6 期　p. 45
榮新江　曹議金征甘州回鶻史事表微　《敦煌研究》1991 年第 2 期　p. 1
榮新江　唐代河西地區鐵勒部落的入居及其消亡　中華民族研究新探索　中國社會科學出版社　1991　又見:中國敦煌學百年文庫·民族卷(一)　甘肅文化出版社　1999　p. 80
竇俠父　敦煌學發凡　新疆大學出版社　1992　p. 41
姜伯勤　敦煌社會文書導論　(臺北)新文豐出版公司　1992　p. 59
李并成　敦煌遺書中地理書卷的學術價值　《地理研究》1992 年第 3 期　p. 42
李并成　一批珍貴的古代地理文書:敦煌遺書中的地理書卷　《中國科技史料》1992 年第 13 卷第 4 期　p. 91
林家平　寧强　羅華慶　中國敦煌學史　北京語言學院出版社　1992　p. 82
馬德　《乘恩帖》述略　《敦煌研究》1992 年第 1 期　p. 24
日比野丈夫　地理書　敦煌漢文文獻(講座敦煌 5)　(東京)大東出版社　1992　p. 346
周紹良　敦煌文學芻議及其它　(臺北)新文豐出版公司　1992　p. 15
昞麟　金山國名稱來源　《敦煌學輯刊》1993 年第 1 期　p. 52
高國藩　敦煌民俗資料導論　(臺北)新文豐出版公司　1993　p. 16、174
李明偉　敦煌文學概論　甘肅人民出版社　1993　p. 495
李正宇　敦煌文學概論　甘肅人民出版社　1993　p. 96、163
榮新江　關於曹氏歸義軍首任節度使的幾個問題　《敦煌研究》1993 年第 2 期　p. 50
譚蟬雪　敦煌祈賽風俗　《敦煌研究》1993 年第 4 期　p. 63
項楚　敦煌詩歌導論　(臺北)新文豐出版公司　1993　p. 266
鄭炳林　敦煌碑銘讚抄本概述　《蘭州大學學報》1993 年第 4 期　p. 143
姜伯勤　敦煌邈真讚與敦煌望族　敦煌邈真讚校録並研究　(臺北)新文豐出版公司　1994　p. 47
姜伯勤　項楚　榮新江　敦煌邈真讚校録並研究　(臺北)新文豐出版公司　1994　p. 245
李并成　瓜沙二州間一塊消失了的綠洲　《敦煌研究》1994 年第 3 期　p. 76
李明偉　隋唐絲綢之路　甘肅人民出版社　1994　p. 308
劉進寶　關於吐蕃統治經營河西地區的若干問題　《中國邊疆史地研究》1994 年第 1 期　p. 13
榮新江　敦煌邈真讚所見歸義軍與東西回鶻的關係　敦煌邈真讚校録並研究　(臺北)新文豐出版公司　1994　p. 90
王進玉　敦煌石窟探秘　四川教育出版社　1994　p. 61、134
顔廷亮　歸義軍張氏時期敦煌的三位張姓作家　《駝鈴》1994 年第 3 期　p. 93
鄭炳林　《索勳紀德碑》研究　《敦煌學輯刊》1994 年第 2 期　p. 71
陳國燦　唐五代敦煌四出道路考　敦煌學國際研討會文集·史地語文編　遼寧美術出版社　1995

p. 217
程喜霖　漢唐敦煌軍防　敦煌學國際研討會文集・史地語文編　遼寧美術出版社　1995　p. 40
胡戟　傅玫　敦煌史話　中華書局　1995　p. 148
李并成　唐代瓜沙二州間驛站考　敦煌學國際研討會文集・史地語文編　遼寧美術出版社　1995　p. 210
李冬梅　唐五代敦煌學校部分教學檔案簡介　《敦煌學輯刊》1995年第2期　p. 66
李金梅　敦煌傳統文化與武術　《敦煌研究》1995年第2期　p. 195
李錦繡　唐代財政史稿・上卷(第三分册)　北京大學出版社　1995　p. 1122
李明偉　敦煌文學中"敦煌文"的研究和分類評價　《敦煌研究》1995年第4期　p. 122
林聰明　談敦煌學研究上的一些障礙問題　全國敦煌學研討會論文集　(臺北)中正大學中國文學系所　1995　p. 239
劉進寶　敦煌學論述　(臺北)洪葉文化事業有限公司　1995　p. 35、81、114
馬德　敦煌遺書莫高窟營建史料淺論　敦煌學國際研討會文集・石窟考古編　遼寧美術出版社　1995　p. 138、150
孫修身　試論瓜沙曹氏與甘州回鶻之關係　敦煌學國際研討會文集・史地語文编　遼寧美術出版社　1995　p. 103
顔廷亮　敦煌文學概説　(臺北)新文豐出版公司　1995　p. 72、122
顔廷亮　張球著作系年與生平管窺　敦煌學國際研討會文集・史地語文编　遼寧美術出版社　1995　p. 253
張先堂　S. 4654《薩訶上人寄錫雁閣留題並序呈獻》新校與初探　敦煌佛教文獻研究　敦煌研究院文獻研究所　1995　p. 45
鄭炳林　《梁幸德邈真讚》與梁願譆《莫高窟功德記》　敦煌吐魯番文獻研究　中華書局　1995　p. 261
鄭炳林　唐五代敦煌金鞍山異名考　《敦煌研究》1995年第2期　p. 127
姜伯勤　敦煌藝術宗教與禮樂文明　中國社會科學出版社　1996　p. 257
李并成　北魏瓜州敦煌郡鳴沙、平康、東鄉三縣城址考　敦煌吐魯番學研究論集　書目文獻出版社　1996　p. 282
李并成　唐代瓜沙二州間驛站考　《歷史地理》1996年第13輯　又見:中國敦煌學百年文庫・地理卷(一)　甘肅文化出版社　1999　p. 167
李并成　李春元　瓜沙史地研究　甘肅文化出版社　1996　p. 65、186
李正宇　敦煌史地新論　(臺北)新文豐出版公司　1996　p. 107
劉進寶　吐蕃對河西的統治與經營　敦煌吐魯番學研究論集　書目文獻出版社　1996　p. 324
馬德　敦煌莫高窟史研究　甘肅教育出版社　1996　p. 210
馬德　莫高窟與敦煌佛教教團　敦煌吐魯番研究(第一卷)　北京大學出版社　1996　p. 167
馬子海　吐蕃統治下的河西走廊　《西北師大學報》(社會科學版)1996年第2期　p. 103
榮新江　歸義軍史研究　上海古籍出版社　1996　p. 17
邵文實　敦煌道教試述　《世界宗教研究》1996年第2期　又見:中國敦煌學百年文庫・宗教卷(三)　甘肅文化出版社　1999　p. 334
張涌泉　敦煌文獻校讀釋例　文史(第四十一輯)　中華書局　1996　p. 199　又見:舊學新知　浙江大學出版社　1999　p. 213
馮培紅　唐五代歸義軍政權中隊職問題辨析　敦煌歸義軍史專題研究　蘭州大學出版社　1997　p. 46 注6

馮培紅　晚唐五代宋初歸義軍武職軍將研究　敦煌歸義軍史專題研究　蘭州大學出版社　1997　p. 140
郭鋒　補唐末沙州節度判官掌書記張球事一則　敦煌吐魯番研究(第二卷)　北京大學出版社　1997　p. 349
黄征　張涌泉　敦煌變文校注　中華書局　1997　p. 196
李吟屏　古代西域的自然崇拜　《西域研究》1997 年第 1 期　p. 107
李正宇　敦煌歷史地理導論　(臺北)新文豐出版公司　1997　p. 21、84、144
齊陳俊　馮培紅　晚唐五代宋初歸義軍政權中"十將"及下屬諸職考　敦煌歸義軍史專題研究　蘭州大學出版社　1997　p. 28
榮新江　敦煌藏經洞的性質及其封閉原因　敦煌吐魯番研究(第二卷)　北京大學出版社　1997　p. 37
楊際平　郭鋒　張和平　五—十世紀敦煌的家庭與家族關係　岳麓書社　1997　p. 290
張弓　漢唐佛寺文化史　中國社會科學出版社　1997　p. 978
鄭炳林　敦煌碑銘讚及其有關問題　敦煌碑銘讚輯釋　甘肅教育出版社　1997　p. 18
鄭炳林　敦煌碑銘讚輯釋　甘肅教育出版社　1997　p. 343
鄭炳林　唐末五代敦煌都河水系研究　敦煌歸義軍史專題研究　蘭州大學出版社　1997　p. 182
鄭炳林　唐五代敦煌畜牧區域研究　敦煌歸義軍史專題研究　蘭州大學出版社　1997　p. 225
鄭炳林　唐五代敦煌種植林業研究　敦煌歸義軍史專題研究　蘭州大學出版社　1997　p. 193
鄭炳林　吐蕃統治下的敦煌粟特人　敦煌歸義軍史專題研究　蘭州大學出版社　1997　p. 379
陳國燦　敦煌郡　敦煌學大辭典　上海辭書出版社　1998　p. 295
陳國燦　河倉城　敦煌學大辭典　上海辭書出版社　1998　p. 305
陳國燦　退渾　敦煌學大辭典　上海辭書出版社　1998　p. 460
金瀅坤　吐蕃統治敦煌的社會基層組織　《中國邊疆史地研究》1998 年第 4 期　p. 34
李永寧　張孝嵩屠龍記　敦煌學大辭典　上海辭書出版社　1998　p. 586
李正宇　敦煌學校教師　敦煌學大辭典　上海辭書出版社　1998　p. 596
李正宇　古本敦煌鄉土志八種箋證　(臺北)新文豐出版公司　1998　p. 299
李正宇　金鞍山神祠　敦煌學大辭典　上海辭書出版社　1998　p. 626
李正宇　金山　敦煌學大辭典　上海辭書出版社　1998　p. 312
李正宇　李先王廟　敦煌學大辭典　上海辭書出版社　1998　p. 625
李正宇　靈圖觀　敦煌學大辭典　上海辭書出版社　1998　p. 633
李正宇　三危山　敦煌學大辭典　上海辭書出版社　1998　p. 310
李正宇　烏山　敦煌學大辭典　上海辭書出版社　1998　p. 311
李正宇　陽關　敦煌學大辭典　上海辭書出版社　1998　p. 399
李正宇　張球　敦煌學大辭典　上海辭書出版社　1998　p. 356
榮新江　南山　敦煌學大辭典　上海辭書出版社　1998　p. 462
沙知　祭川原　敦煌學大辭典　上海辭書出版社　1998　p. 435
譚蟬雪　端午蹙沙　敦煌學大辭典　上海辭書出版社　1998　p. 435
譚蟬雪　敦煌道經題記綜述　道家文化研究(第十三輯)　三聯書店　1998　p. 11
譚蟬雪　敦煌歲時文化導論　(臺北)新文豐出版公司　1998　p. 42、62
譚蟬雪　賽金鞍山神　敦煌學大辭典　上海辭書出版社　1998　p. 449
譚蟬雪　沿路賽神　敦煌學大辭典　上海辭書出版社　1998　p. 446
譚蟬雪　迎賽南山　敦煌學大辭典　上海辭書出版社　1998　p. 448

楊森　張孝嵩　敦煌學大辭典　上海辭書出版社　1998　p. 346
楊秀清　曹議金執政臆談　《敦煌研究》1998 年第 3 期　p. 122
董志翹　敦煌文書詞語瑣記　《敦煌研究》1999 年第 4 期　p. 34　又見:中古文獻語言論集　巴蜀書社　2000　p. 102
馮培紅　客司與歸義軍的外交活動　《敦煌學輯刊》1999 年第 1 期　p. 83
胡大浚　王志鵬　敦煌邊塞詩歌校注　甘肅人民出版社　1999　p. 255
黄征　程惠新　劫塵遺珠:敦煌遺書　甘肅教育出版社　1999　p. 178
顔廷亮　敦煌文化中的道教及文化　《敦煌研究》1999 年第 1 期　p. 136、142
楊秀清　敦煌西漢金山國史　甘肅人民出版社　1999　p. 75、165
李明偉　敦煌文學中敦煌文的分類及評價　1994 年敦煌學國際研討會文集・宗教文史卷(上)　甘肅民族出版社　2000　p. 300
李正宇　《敦煌録》整理後記　慶祝吳其昱先生八秩華誕敦煌學特刊　(臺北)文津出版社　2000　p. 57
李致忠　古代版印通論　紫禁城出版社　2000　p. 83
李重申　敦煌古代體育文化　甘肅人民出版社　2000　p. 150
劉進寶　敦煌歷史文化　甘肅人民出版社　2000　p. 22、92
劉進寶　敦煌文書與唐史研究　(臺北)新文豐出版公司　2000　p. 93
榮新江　敦煌地理文獻的價值與研究　《書品》2000 年第 3 期　又見:敦煌學新論　甘肅教育出版社　2002　p. 246
沙武田　關於莫高窟第 130 窟窟前殿堂建築遺址的時代問題　《敦煌學輯刊》2000 年第 1 期　p. 70
譚蟬雪　《君者者狀》辨析:河西達怛國的一份書狀　1994 年敦煌學國際研討會文集・宗教文史卷(下)　甘肅民族出版社　2000　p. 105
譚蟬雪　唐宋敦煌歲時佛俗:正月　《敦煌研究》2000 年第 4 期　p. 70
汪泛舟　敦煌道教與齋醮諸考　1994 年敦煌學國際研討會文集・宗教文史卷(上)　甘肅民族出版社　2000　p. 4
顔廷亮　敦煌文化　光明日報出版社　2000　p. 188、215、234、249
顔廷亮　西陲文學遺珍:敦煌文學通俗談　甘肅人民出版社　2000　p. 157
楊寶玉　敦煌史話　中國大百科全書出版社　2000　p. 160
張先堂　唐宋時期敦煌天王堂寺、天王堂考　'98 法門寺唐文化國際學術討論會論文集　陝西人民出版社　2000　p. 192
褚良才　敦煌學簡明教程　中華書局　2001　p. 48
林聰明　敦煌吐魯番文書解詁指例　(臺北)新文豐出版公司　2001　p. 306
榮新江　敦煌學十八講　北京大學出版社　2001　p. 90
榮新江　評《古本敦煌鄉土志八種箋證》　敦煌吐魯番研究(第五卷)　北京大學出版社　2001　p. 418
曾良　敦煌文獻字義通釋　廈門大學出版社　2001　p. 65
張鴻勳　敦煌本《觀音證驗賦》與敦煌觀音信仰　敦煌文獻論集:紀念藏經洞發現一百周年國際學術研討會論文集　遼寧人民出版社　2001　p. 297
張鴻勳　敦煌文學雜考三則　敦煌學與中國史研究論集　甘肅人民出版社　2001　p. 155
趙貞　歸義軍押衙兼知他官略考　《敦煌研究》2001 年第 2 期　p. 92
華林甫　中國地名學源流　湖南人民出版社　2002　p. 185
李斌城　唐代文化　中國社會科學出版社　2002　p. 1105

劉進寶　敦煌學通論　甘肅教育出版社　2002　p. 13、57、454
馬茜　歸義軍時期敦煌地區庶民佛教的發展　甘肅民族研究論叢　甘肅人民出版社　2002　p. 452
榮新江　《唐刺史考》補遺　敦煌學新論　甘肅教育出版社　2002　p. 265
榮新江　唐五代歸義軍武職軍將考　敦煌學新論　甘肅教育出版社　2002　p. 62
榮新江　再論敦煌藏經洞的寶藏:三界寺與藏經洞　敦煌佛教藝術文化國際學術研討會論文集　蘭州大學出版社　2002　p. 22
徐曉麗　鄭炳林　晚唐五代敦煌吐谷渾與吐蕃移民婦女研究　《敦煌學輯刊》2002 年第 2 期　p. 3
顔廷亮　有關張球生平及其著作的一件新見文獻　《敦煌研究》2002 年第 5 期　p. 103
張鴻勳　敦煌俗文學研究　甘肅人民出版社　2002　p. 349
古正美　于闐與敦煌的毗沙門天王信仰　2000 年敦煌學國際學術討論會文集・歷史文化卷(上)　甘肅民族出版社　2003　p. 54
李并成　敦煌文獻與西北生態環境變遷研究　漢語史學報專輯(第三輯)　上海教育出版社　2003　p. 391
李并成　敦煌學與沙漠歷史地理研究　2000 年敦煌學國際學術討論會文集・歷史文化卷(上)　甘肅民族出版社　2003　p. 489
李小榮　敦煌密教文獻論稿　人民文學出版社　2003　p. 161
劉進寶　漢代對敦煌的開拓與經營　敦煌陽關玉門關論文選萃　甘肅人民出版社　2003　p. 18
蕭默　敦煌建築研究　機械工業出版社　2003　p. 283
張錫厚　敦煌文概說　2000 年敦煌學國際學術討論會文集・歷史文化卷(下)　甘肅民族出版社　2003　p. 202
張先堂　唐宋敦煌世俗佛教信仰的類型、特徵　寺院財富與世俗供養　上海書畫出版社　2003　p. 311
朱悅梅　李并成　《沙州督都府圖經》纂修年代及其相關問題考　《敦煌研究》2003 年第 5 期　p. 62
陳炳應　盧冬　古代民族　敦煌文藝出版社　2004　p. 114
馮培紅　論晚唐五代的沙州(歸義軍)與涼州(河西)節度使　浙江與敦煌學:常書鴻先生誕辰一百周年紀念文集　浙江古籍出版社　2004　p. 250
公維章　涅槃、淨土的殿堂:敦煌莫高窟第 148 窟研究　民族出版社　2004　p. 48
胡同慶　宋琪　試探麥積山石窟摩崖龕的功能和意義　麥積山石窟藝術文化論文集(上)　蘭州大學出版社　2004　p. 227
柳洪亮　遷居吐魯番盆地的吐谷渾人　《吐魯番學研究》2004 年第 2 期　p. 128
沙武田　莫高窟"天王堂"質疑　《敦煌研究》2004 年第 2 期　p. 25
湯涒　敦煌曲子詞地域文化研究　上海古籍出版社　2004　p. 175
吳越　敦煌歷史人物　民族出版社　2004　p. 205
張弓　敦煌四部籍與中古後期社會的文化情境　敦煌學(第 25 輯)　(臺北)樂學書局有限公司　2004　p. 331
趙紅　高啓安　張孝嵩斬龍傳說歷史背景研究　《敦煌研究》2004 年第 2 期　p. 63
黨燕妮　毗沙門天王信仰在敦煌的流傳　《敦煌研究》2005 年第 3 期　p. 103
高啓安　趙紅　敦煌"玉女"考屑　敦煌學國際研討會論文集　北京圖書館出版社　2005　p. 224　又見:《敦煌研究》2005 年第 2 期　p. 68
李錦繡　敦煌吐魯番地理文書與唐五代地理學　《吐魯番學研究》2005 年第 1 期　p. 63
李軍　晚唐五代肅州相關史實考述　《敦煌學輯刊》2005 年第 3 期　p. 96
李致忠　敦煌遺書中的裝幀形式與書史研究中的裝幀形制　敦煌與絲路文化學術講座(第二輯)

北京圖書館出版社　2005　p. 87
王卡　敦煌道教綜述　敦煌與絲路文化學術講座（第二輯）　北京圖書館出版社　2005　p. 376
汪泛舟　敦煌俗別字新考（上）《敦煌研究》2006 年第 1 期　p. 108

S. 5449
雷僑雲　敦煌兒童文學　（臺北）學生書局　1985　p. 44
高國藩　敦煌民俗學　上海文藝出版社　1989　p. 109
鄭阿財　敦煌蒙書析論　第二屆敦煌學國際研討會論文集　（臺北）漢學研究中心　1990　p. 217
鄭阿財　敦煌文獻與文學　（臺北）新文豐出版公司　1993　p. 246
沃興華　敦煌書法藝術　上海人民出版社　1994　p. 249
汪泛舟　《開蒙要訓》初探　《敦煌研究》1999 年第 2 期　p. 139
汪泛舟　敦煌古代兒童課本　甘肅人民出版社　2000　p. 47、51
鄭阿財　朱鳳玉　敦煌蒙書研究　甘肅教育出版社　2002　p. 53

S. 5450
陳祚龍　中世敦煌與成都之間的交通路線：敦煌學散策之一　敦煌學（第 1 輯）　（香港）新亞研究所敦煌學會　1974　p. 81　又見：敦煌資料考屑（下冊）　（臺北）商務印書館　1979　p. 336；唐代研究論集（第三輯）　（臺北）新文豐出版公司　1992　p. 437
陳祚龍　敦煌古抄內典尾記彙校初、二、三編合刊　敦煌學要籥　（臺北）新文豐出版公司　1982　p. 154
道端良秀　敦煌文獻に見える死後の世界　敦煌と中國仏教（講座敦煌 7）　（東京）大東出版社　1984　p. 505
金岡照光　敦煌における地獄文獻：敦煌庶民信仰の一様相　敦煌と中國仏教（講座敦煌 7）　（東京）大東出版社　1984　p. 575
平野顯照著　張桐生譯　唐代的文學與佛教　（臺北）業强出版社　1987　p. 256
周丕顯　敦煌佛經略考　《敦煌學輯刊》1987 年第 2 期　p. 4
舒學　敦煌漢文遺書中雕版印刷資料綜叙　敦煌語言文學研究　北京大學出版社　1988　p. 296
蕭登福　敦煌所見十九種《閻羅受記經（佛說十王經）》之校勘　敦煌俗文學論叢　（臺北）商務印書館　1988　p. 252
蕭登福　敦煌寫卷《佛說十王經》之探討　敦煌俗文學論叢　（臺北）商務印書館　1988　p. 175
池田溫　中國古代寫本識語集録　（東京）大藏出版株式會社　1990　p. 452、520
蘇遠鳴　敦煌佛教肖像劄記　法國學者敦煌學論文選萃　中華書局　1993　p. 198 注 11
鄭阿財　敦煌寫卷《持誦金剛經靈驗功德記》研究　全國敦煌學研討會論文集　（臺北）中正大學中國文學系所　1995　p. 269
蕭登福　道佛十王地獄說　（臺北）新文豐出版公司　1996　p. 242
鄭阿財　敦煌靈應小說的佛教史學價值　唐研究國際學術會議論文彙編　中國社會科學院歷史研究所　1997　p. 192　又見：唐研究（第四卷）　北京大學出版社　1998　p. 41
白化文　西川過家真印本　敦煌學大辭典　上海辭書出版社　1998　p. 590
妹尾達彦　唐代長安東市の印刷業　東アジア史における國家と地域　（東京）刀水書房　1999　p. 231
李致忠　古代版印通論　紫禁城出版社　2000　p. 82
張總　《閻羅王授記經》綴補研考　敦煌吐魯番研究（第五卷）　北京大學出版社　2001　p. 92

釋永有　敦煌遺書中的金剛經　敦煌佛教藝術文化國際學術研討會論文集　蘭州大學出版社　2002　p. 37

黨燕妮　晚唐五代敦煌的十王信仰　麥積山石窟藝術文化論文集(下)　蘭州大學出版社　2004　p. 153

李致忠　敦煌遺書中的裝幀形式與書史研究中的裝幀形制　敦煌與絲路文化學術講座(第二輯)　北京圖書館出版社　2005　p. 86

S. 5451

芳村修基　土橋秀高　井ノロ泰淳　敦煌佛教史年表　西域文化研究(第一)・敦煌佛教資料　(京都)法藏館　1958　p. 274

池田溫　中國古代の租佃契(上)　『東洋文化研究所紀要』(第60冊)　東京大學東洋文化研究所　1973　p. 93

陳祚龍　中世敦煌與成都之間的交通路線:敦煌學散策之一　敦煌學(第1輯)　(香港)新亞研究所敦煌學會　1974　p. 81　又見:敦煌資料考屑(下冊)　(臺北)商務印書館　1979　p. 336；唐代研究論集(第三輯)　(臺北)新文豐出版公司　1992　p. 437

陳祚龍　敦煌古抄内典尾記彙校初、二、三編合刊　敦煌學要籥　(臺北)新文豐出版公司　1982　p. 154

李正宇　關於金山國和敦煌國建國的幾個問題　《西北史地》1987年第2期　p. 65

龍晦　大足石刻父母恩重經變像與敦煌音樂文學的關係　敦煌歌辭總編　上海古籍出版社　1987　p. 1835

平野顯照著　張桐生譯　唐代的文學與佛教　(臺北)業强出版社　1987　p. 256

周丕顯　敦煌佛經略考　《敦煌學輯刊》1987年第2期　p. 4

舒學　敦煌漢文遺書中雕版印刷資料綜叙　敦煌語言文學研究　北京大學出版社　1988　p. 295

池田溫　中國古代寫本識語集録　(東京)大藏出版株式會社　1990　p. 451

林聰明　從敦煌文書看佛教徒的造經祈福　第二屆敦煌學國際研討會論文集　(臺北)漢學研究中心　1990　p. 537

龍晦　敦煌與五代兩蜀文化　《敦煌研究》1990年第2期　p. 100

盧向前　金山國立國之我見　《敦煌學輯刊》1990年第2期　p. 15、19　又見:敦煌吐魯番文書論稿　江西人民出版社　1992　p. 177

文初　讀敦煌卷子劄記二則　《敦煌語言文學研究通訊》1990年第2－3期　p. 7

文初　關於敦煌卷子中的"八十二老人"　《社科縱横》1990年第6期　p. 39

林聰明　敦煌文書學　(臺北)新文豐出版公司　1991　p. 339

林家平　寧强　羅華慶　中國敦煌學史　北京語言學院出版社　1992　p. 676

榮新江　金山國史辨正　中華文史論叢(總50輯)　上海古籍出版社　1992　p. 74

李正宇　敦煌文學概論　甘肅人民出版社　1993　p. 97

蘇遠鳴　敦煌佛教肖像劄記　法國學者敦煌學論文選萃　中華書局　1993　p. 198 注 11

方廣錩　敦煌文獻中的《金剛經》及其注疏　《新疆文物》1995年第1期　p. 45

胡戟　傅玫　敦煌史話　中華書局　1995　p. 199

呂建福　中國密教史　中國社會科學出版社　1995　p. 372

顔廷亮　敦煌文學概說　(臺北)新文豐出版公司　1995　p. 225

李正宇　敦煌史地新論　(臺北)新文豐出版公司　1996　p. 197

榮新江　歸義軍史研究　上海古籍出版社　1996　p. 215

鄭阿財　敦煌靈應小說的佛教史學價值　唐研究國際學術會議論文彙编　中國社會科學院歷史研究所　1997　p. 192　又見:唐研究(第四卷)　北京大學出版社　1998　p. 41
鄭炳林　敦煌碑銘讚輯釋　甘肅教育出版社　1997　p. 296 注 3
白化文　西川過家真印本　敦煌學大辭典　上海辭書出版社　1998　p. 590
白化文　朱墨寫經　敦煌學大辭典　上海辭書出版社　1998　p. 591
方廣錩　敦煌遺書中的《金剛經》及其注疏　敦煌學佛教學論叢(上)　中國佛教文化研究所　1998　p. 372
方廣錩　金剛般若波羅蜜經　敦煌學大辭典　上海辭書出版社　1998　p. 682
李正宇　刺血寫經　敦煌學大辭典　上海辭書出版社　1998　p. 591
孫繼民　天祐三年某翁寫大身真言記　敦煌學大辭典　上海辭書出版社　1998　p. 458
妹尾達彥　唐代長安東市の印刷業　東アジア史における國家と地域　(東京)刀水書房　1999　p. 230
李致忠　古代版印通論　紫禁城出版社　2000　p. 82
馬德　敦煌寫經題記的社會意義　法源(第 19 期)　中國佛學院　2001　p. 88
張總　《閻羅王授記經》綴補研考　敦煌吐魯番研究(第五卷)　北京大學出版社　2001　p. 98
姜亮夫　敦煌莫高窟年表　姜亮夫全集(十一)　雲南人民出版社　2002　p. 457
釋永有　敦煌遺書中的金剛經　敦煌佛教藝術文化國際學術研討會論文集　蘭州大學出版社　2002　p. 37
李小榮　敦煌密教文獻論稿　人民文學出版社　2003　p. 61
杜正乾　唐代的《金剛經》信仰　《敦煌研究》2004 年第 5 期　p. 54
胡同慶　安忠義　佛教藝術　敦煌文藝出版社　2004　p. 300
李致忠　敦煌遺書中的裝幀形式與書史研究中的裝幀形制　敦煌與絲路文化學術講座(第二輯)　北京圖書館出版社　2005　p. 86
馬德　敦煌冊子本《壇經》之性質及抄寫年代試探　敦煌吐魯番研究(第九卷)　北京大學出版社　2006　p. 58

S. 5453

黃征　敦煌願文考論　敦煌語文叢說　(臺北)新文豐出版公司　1997　p. 592

S. 5454

向達　倫敦所藏敦煌卷子經眼目録　《北平圖書館圖書季刊》1939 年新第 1 卷第 4 期　p. 397　又見:唐代長安與西域文明　三聯書店　1957　p. 228
高國藩　敦煌民俗學　上海文藝出版社　1989　p. 104
鄭阿財　敦煌蒙書析論　第二屆敦煌學國際研討會論文集　(臺北)漢學研究中心　1990　p. 216
張娜麗　《敦煌本〈六字千文〉初探》析疑(續)　《敦煌研究》2002 年第 1 期　p. 93
鄭阿財　朱鳳玉　敦煌蒙書研究　甘肅教育出版社　2002　p. 21

S. 5456

任半塘　敦煌歌辭總編　上海古籍出版社　1987　p. 829
任半塘　王昆吾　隋唐五代燕樂雜言歌辭集　巴蜀書社　1990　p. 1386
黃征　吳偉　敦煌願文集　岳麓書社　1995　p. 418
饒宗頤　《雲謠集》一些問題的檢討　敦煌曲續論　(臺北)新文豐出版公司　1996　p. 105

鄭炳林　敦煌碑銘讚輯釋　甘肅教育出版社　1997　p. 419 注 9
何劍平　作爲民間寫經和禮懺儀式的維摩詰信仰《敦煌學輯刊》2005 年第 4 期　p. 59

S. 5457

土橋秀高　敦煌の律藏　敦煌と中國仏教(講座敦煌 7)　(東京)大東出版社　1984　p. 263
張涌泉　試論審辨敦煌寫本俗字的方法　《敦煌研究》1994 年第 2 期　p. 154　又見:舊學新知　浙江大學出版社　1999　p. 89
柴劍虹　和菩薩戒文　敦煌學大辭典　上海辭書出版社　1998　p. 546
湛如　敦煌佛教律儀制度研究　中華書局　2003　p. 157

S. 5458

道端良秀　敦煌文獻に見える死後の世界　敦煌と中國仏教(講座敦煌 7)　(東京)大東出版社　1984　p. 516
福井文雅　般若心經　敦煌と中國仏教(講座敦煌 7)　(東京)大東出版社　1984　p. 39
李刈　敦煌壁畫中的《天請問經變相》《敦煌研究》1991 年第 1 期　p. 2
沃興華　敦煌書法藝術　上海人民出版社　1994　p. 177、204
方廣錩　天請問經　敦煌學大辭典　上海辭書出版社　1998　p. 708
杜偉生　中國古籍修復與裝裱技術圖解　北京圖書館出版社　2003　p. 458
馬國俊　敦煌遺書民間書法特徵研究　《敦煌研究》2006 年第 2 期　p. 34

S. 5460

平井宥慶　千手千眼陀羅尼經　敦煌と中國仏教(講座敦煌 7)　(東京)大東出版社　1984　p. 139
李小榮　敦煌密教文獻論稿　人民文學出版社　2003　p. 24

S. 5463

雷僑雲　敦煌兒童文學　(臺北)學生書局　1985　p. 44
簡濤　敦煌本《燕子賦》考論　《敦煌研究》1986 年第 3 期　p. 31
李正宇　唐宋時代的敦煌學校　《敦煌研究》1986 年第 1 期　p. 45
李正宇　敦煌學郎題記輯注　《敦煌學輯刊》1987 年第 1 期　p. 32
高國藩　敦煌民俗學　上海文藝出版社　1989　p. 98、109
王進玉　趙豐　敦煌文物中的紡織技藝　《敦煌研究》1989 年第 4 期　p. 101
池田溫　中國古代寫本識語集録　(東京)大藏出版株式會社　1990　p. 497
鄭阿財　敦煌蒙書析論　第二屆敦煌學國際研討會論文集　(臺北)漢學研究中心　1990　p. 217
朱鳳玉　敦煌寫本字書緒論　(臺北)《華岡文科學報》1991 年第 18 期　p. 94、106
東野治之　敦煌と日本の『千字文』　遣唐使と正倉院　(東京)岩波書店　1992　p. 240
東野治之　訓蒙書　敦煌漢文文獻(講座敦煌 5)　(東京)大東出版社　1992　p. 404
姜伯勤　敦煌社會文書導論　(臺北)新文豐出版公司　1992　p. 94
鄭阿財　敦煌文獻與文學　(臺北)新文豐出版公司　1993　p. 246、268
沃興華　敦煌書法藝術　上海人民出版社　1994　p. 34、249
朱鳳玉　從敦煌寫本字書看唐代民間的飲食生活　中國學術研討會論文集　(臺北)大安出版會　1994　p. 166
朱鳳玉　敦煌文獻中的語文教材　(臺灣)《嘉義師院學報》1995 年第 9 期　p. 475

李正宇　敦煌史地新論　(臺北)新文豐出版公司　1996　p. 189
李正宇　大雲寺　敦煌學大辭典　上海辭書出版社　1998　p. 629
汪泛舟　《開蒙要訓》初探　《敦煌研究》1999 年第 2 期　p. 139
汪泛舟　敦煌古代兒童課本　甘肅人民出版社　2000　p. 51
汪泛舟　敦煌俗别字補正　《敦煌研究》2001 年第 4 期　p. 160
鄭阿財　敦煌童蒙讀物的分類與總說　敦煌文獻論集:紀念藏經洞發現一百周年國際學術研討會論文集　遼寧人民出版社　2001　p. 202
姜亮夫　敦煌莫高窟年表　姜亮夫全集(十一)　雲南人民出版社　2002　p. 540
施安昌　敦煌寫經的遞變字群及其命名　善本碑帖論集　紫禁城出版社　2002　p. 336
鄭阿財　朱鳳玉　敦煌蒙書研究　甘肅教育出版社　2002　p. 53
金瀅坤　唐五代童子科與兒童教育　中國中古史論集　天津古籍出版社　2003　p. 296
朱鳳玉　敦煌寫本《開蒙要訓》與臺灣《四言雜字》　中國俗文化研究(第一輯)　巴蜀書社　2003　p. 121
黄征　敦煌俗字典　上海教育出版社　2005　p. 17、54

S. 5464

芳村修基　土橋秀高　井ノ口泰淳　敦煌佛教史年表　西域文化研究(第一)・敦煌佛教資料　(京都)法藏館　1958　p. 275
雷僑雲　敦煌兒童文學　(臺北)學生書局　1985　p. 44
高國藩　敦煌民俗學　上海文藝出版社　1989　p. 109
汪泛舟　讚・箴　敦煌文學　甘肅人民出版社　1989　p. 101
池田溫　中國古代寫本識語集録　(東京)大藏出版株式會社　1990　p. 510
鄭阿財　敦煌蒙書析論　第二屆敦煌學國際研討會論文集　(臺北)漢學研究中心　1990　p. 217
項楚　敦煌詩歌導論　(臺北)新文豐出版公司　1993　p. 182
鄭阿財　敦煌文獻與文學　(臺北)新文豐出版公司　1993　p. 246
沃興華　敦煌書法藝術　上海人民出版社　1994　p. 249
鄭阿財　敦煌寫卷《持誦金剛經靈驗功德記》研究　全國敦煌學研討會論文集　(臺北)中正大學中國文學系所　1995　p. 274 注 7
方廣錩　敦煌遺書中的《金剛經》及其注疏　敦煌學佛教學論叢(上)　中國佛教文化研究所　1998　p. 388
平井宥慶　敦煌文書における金剛經疏　金剛般若經の思想的研究　(東京)春秋社　1999　p. 269
汪泛舟　《開蒙要訓》初探　《敦煌研究》1999 年第 2 期　p. 139
汪泛舟　敦煌古代兒童課本　甘肅人民出版社　2000　p. 8、28、52
達照　敦煌本 P. 2039v 號《金剛經讚》的考察　法源(第 19 期)　中國佛學院　2001　p. 91
汪泛舟　敦煌俗别字補正　《敦煌研究》2001 年第 4 期　p. 158
鄭阿財　朱鳳玉　敦煌蒙書研究　甘肅教育出版社　2002　p. 53
宗舜　《浙藏敦煌文獻》佛教資料考辨　敦煌吐魯番研究(第六卷)　北京大學出版社　2002　p. 338
達照　金剛經讚集　藏外佛教文獻(第九輯)　宗教文化出版社　2003　p. 38
杜正乾　唐代的《金剛經》信仰　《敦煌研究》2004 年第 5 期　p. 53

S. 5465

山本達郎等　敦煌・V 計會文書　『NUN－HUANG AND TURFAN DOCUMENTS CONCERNING SO-

CIAL AND ECONOMIC HISTORY』(IV)　(東京)東洋文庫　1989　p. 123
唐耕耦　陸宏基　敦煌社會經濟文獻真迹釋録(二)　全國圖書館文獻縮微複製中心　1990　p. 238
饒宗頤　敦煌寫卷之書法　唐代研究論集(第三輯)　(臺北)新文豐出版公司　1992　p. 23
土肥義和　唐・北宋間の「社」の組織形態に関する一考察　中國古代の國家と民衆(堀敏一先生古稀記念)　(東京)汲古書院　1995　p. 710
鄭炳林　唐五代敦煌粟特人與歸義軍政權　《敦煌研究》1996 年第 4 期　p. 91　又見:敦煌歸義軍史專題研究　蘭州大學出版社　1997　p. 422
馮培紅　唐五代敦煌的河渠水利與水司管理機構初探　《敦煌學輯刊》1997 年第 2 期　p. 79
寧可　郝春文　敦煌社邑文書輯校　江蘇古籍出版社　1997　p. 495
鄭炳林　唐五代敦煌手工業研究　敦煌歸義軍史專題研究　蘭州大學出版社　1997　p. 271
劉濤　敦煌書法　敦煌學大辭典　上海辭書出版社　1998　p. 274
劉濤　忍辱波羅蜜　敦煌學大辭典　上海辭書出版社　1998　p. 288
寧可　社人便物曆　敦煌學大辭典　上海辭書出版社　1998　p. 430
寧可　兄弟社　敦煌學大辭典　上海辭書出版社　1998　p. 428
羅彤華　從便物曆論敦煌寺院的放貸　敦煌文獻論集:紀念藏經洞發現一百周年國際學術研討會論文集　遼寧人民出版社　2001　p. 470

S. 5466

加地哲定　增補中國佛教文學研究　(東京)同朋舍　1979　p. 201、215
鄭阿財　敦煌孝道文學研究　(臺北)石門圖書公司　1982　p. 530
加地哲定著　劉衛星譯　中國佛教文學　今日中國出版社　1990　p. 172、185
張弓　漢唐佛寺文化史　中國社會科學出版社　1997　p. 833
張錫厚　佛母讚　敦煌學大辭典　上海辭書出版社　1998　p. 545
張先堂　晚唐至宋初淨土五會念佛法門在敦煌的流傳　《敦煌研究》1998 年第 1 期　p. 52

S. 5467

任半塘　敦煌歌辭總編　上海古籍出版社　1987　p. 747
鄭阿財　敦煌蒙書析論　第二屆敦煌學國際研討會論文集　(臺北)漢學研究中心　1990　p. 217
周丕顯　敦煌詩詩考　敦煌學國際學術討論會論文縮寫文(1990)　敦煌研究院　1990　p. 83
朱鳳玉　敦煌寫本字書緒論　(臺北)《華岡文科學報》1991 年第 18 期　p. 92
東野治之　敦煌と日本の『千字文』　遣唐使と正倉院　(東京)岩波書店　1992　p. 253
東野治之　訓蒙書　敦煌漢文文獻(講座敦煌 5)　(東京)大東出版社　1992　p. 423
周丕顯　敦煌佚詩雜考　《敦煌學輯刊》1992 年第 1、2 期　p. 49
榮新江　《敦煌漢文文獻》(講座敦煌 5)(書評)　(香港)《東方文化》1993 年第 31 卷第 1 期　p. 176
鄭阿財　敦煌文獻與文學　(臺北)新文豐出版公司　1993　p. 246
郜惠莉　敦煌本《六字千文》初探　《敦煌研究》1997 年第 1 期　p. 148
施萍婷　《敦煌遺書總目索引新編》前言　敦煌遺書總目索引新編　中華書局　2000　p. 3
張娜麗　《敦煌本〈六字千文〉初探》析疑　《敦煌研究》2001 年第 3 期　p. 100
鄭阿財　朱鳳玉　敦煌蒙書研究　甘肅教育出版社　2002　p. 42
趙跟喜　敦煌唐宋時期的女子教育初探　《敦煌研究》2006 年第 2 期　p. 94

S. 5471

向達　倫敦所藏敦煌卷子經眼目録　《北平圖書館圖書季刊》1939 年新第 1 卷第 4 期　p. 397　又見:唐代長安與西域文明　三聯書店　1957　p. 228
高國藩　敦煌民俗學　上海文藝出版社　1989　p. 105
鄭阿財　敦煌蒙書析論　第二屆敦煌學國際研討會論文集　（臺北）漢學研究中心　1990　p. 216
朱鳳玉　敦煌寫本字書緒論　（臺北）《華岡文科學報》1991 年第 18 期　p. 92、101
東野治之　敦煌と日本の『千字文』　遣唐使と正倉院　（東京）岩波書店　1992　p. 247
東野治之　訓蒙書　敦煌漢文文獻（講座敦煌 5）　（東京）大東出版社　1992　p. 414
柴劍虹　敦煌文學概論　甘肅人民出版社　1993　p. 544
榮新江　《敦煌漢文文獻》（講座敦煌 5）（書評）　（香港）《東方文化》1993 年第 31 卷第 1 期　p. 176
白化文　千字文　敦煌學大辭典　上海辭書出版社　1998　p. 782
張娜麗　《敦煌本〈六字千文〉初探》析疑　《敦煌研究》2001 年第 3 期　p. 101
張娜麗　敦煌本《注千字文》注解　《敦煌學輯刊》2002 年第 1 期　p. 45
鄭阿財　朱鳳玉　敦煌蒙書研究　甘肅教育出版社　2002　p. 22
戴仁　十世紀敦煌的基礎教育教材與學校文化　法國漢學（第八輯）　中華書局　2003　p. 89
鄭阿財　敦煌蒙書　敦煌與絲路文化學術講座（第一輯）　北京圖書館出版社　2003　p. 134
趙跟喜　敦煌唐宋時期的女子教育初探　《敦煌研究》2006 年第 2 期　p. 94

S. 5472

郭長城　敦煌寫本朋友書儀試論　漢學研究（敦煌學國際研討會論文專號）　（臺北）漢學研究資料及服務中心　1986　p. 293
趙和平　敦煌寫本《朋友書儀》殘卷整理及研究　《敦煌研究》1987 年第 4 期　p. 44　又見:唐五代書儀研究　中國社會科學出版社　1995　p. 109
周紹良　趙和平　書儀　《敦煌語言文學研究通訊》1987 年第 4 期　p. 1　又見:敦煌文學　甘肅人民出版社　1989　p. 46
趙和平　敦煌寫本書儀略論　敦煌吐魯番學研究論文集　漢語大詞典出版社　1990　p. 562　又見:唐五代書儀研究　中國社會科學出版社　1995　p. 2
趙和平　敦煌寫本書儀研究　（臺北）新文豐出版公司　1993　p. 11
張涌泉　評《敦煌邈真讚校録並研究》　敦煌吐魯番研究（第一卷）　北京大學出版社　1996　p. 433 注
張涌泉　敦煌文獻校讀易誤字例釋　敦煌文學論集　四川人民出版社　1997　p. 264
吳麗娛　唐禮摭遺:中古書儀研究　商務印書館　2002　p. 30
王三慶　黄亮文　《朋友書儀》一卷研究　敦煌學（第 25 輯）　（臺北）樂學書局有限公司　2004　p. 23

S. 5473

加地哲定　增補中國佛教文學研究　（東京）同朋舍　1979　p. 201
任半塘　敦煌歌辭總編　上海古籍出版社　1987　p. 829
加地哲定著　劉衛星譯　中國佛教文學　今日中國出版社　1990　p. 172
任半塘　王昆吾　隋唐五代燕樂雜言歌辭集　巴蜀書社　1990　p. 1386
張涌泉　試論審辨敦煌寫本俗字的方法　《敦煌研究》1994 年第 2 期　p. 147　又見:舊學新知　浙江大學出版社　1999　p. 77

張涌泉　漢語俗字研究　岳麓書社　1995　p. 195

饒宗頤　《雲謠集》一些問題的檢討　敦煌曲續論　（臺北）新文豐出版公司　1996　p. 105

鄭炳林　敦煌碑銘讚輯釋　甘肅教育出版社　1997　p. 419 注 9

張先堂　晚唐至宋初淨土五會念佛法門在敦煌的流傳　《敦煌研究》1998 年第 1 期　p. 52

施萍婷　《敦煌遺書總目索引新編》前言　敦煌遺書總目索引新編　中華書局　2000　p. 2

林仁昱　論敦煌佛教歌曲特質與“弘法”的關係　敦煌學（第 23 輯）（臺北）樂學書局有限公司 2002　p. 61

李索　敦煌寫卷《春秋經傳集解》校證　中國社會科學出版社　2005　p. 1

汪泛舟　敦煌俗別字新考（上）《敦煌研究》2006 年第 1 期　p. 104

S. 5474

向達　倫敦所藏敦煌卷子經眼目録　《北平圖書館圖書季刊》1939 年新第 1 卷第 4 期　p. 397　又見：唐代長安與西域文明　三聯書店　1957　p. 228

金岡照光　敦煌文學のさまざま　敦煌の文學　（東京）大蔵出版株式會社　1971　p. 159

遊佐昇　『王梵志詩』のもつ兩側面　大正大學大學院研究論集（第 2 號）（東京）大正大學大學院 1978　p. 9

加地哲定　增補中國佛教文學研究　（東京）同朋舍　1979　p. 79

川崎ミチコ　通俗詩類・雜詩文類　敦煌仏典と禪（講座敦煌 8）（東京）大東出版社　1980 p. 318

菊池英夫　唐代敦煌社會の外貌　敦煌の社會（講座敦煌 3）（東京）大東出版社　1980　p. 140

萬曼　唐集叙録　中華書局　1980　p. 13

張錫厚　關於敦煌寫本《王梵志詩》整理的若干問題　文史（第十五輯）　中華書局　1982　p. 185　又見：王梵志詩研究彙録（上）　上海古籍出版社　1990　p. 60；中國敦煌學百年文庫・文學卷（二）　甘肅文化出版社　1999　p. 484

張錫厚　王梵志詩校輯　中華書局　1983　p. 3

朱鳳玉　王梵志詩研究（上）　（臺北）學生書局　1986　p. 7、27、117

劉銘恕　敦煌遺書叢識　1983 年全國敦煌學術討論會文集・文史遺書編（上）　甘肅人民出版社 1987　p. 429

項楚　王梵志詩校注　敦煌吐魯番文獻研究論集（第四輯）　北京大學出版社　1987　p. 136

張錫厚　整理《王梵志詩集》的新收穫　《敦煌學輯刊》1987 年第 2 期　p. 34

黄征　《王梵志詩校輯》商補　《敦煌研究》1988 年第 4 期　p. 79　又見：敦煌語文叢說　（臺北）新文豐出版公司　1997　p. 175

嚴敦傑　跋敦煌唐乾符四年曆書　中國古代天文文物論集　文物出版社　1989　p. 251　又見：中國敦煌學百年文庫・科技卷　甘肅文化出版社　1999　p. 215

郭在貽　張涌泉　黄征　敦煌變文集校議　岳麓書社　1990　p. 452

菊池英夫　中國古文書・古寫本學と日本　東アジア古文書の史的研究　（東京）刀水書房　1990 p. 191

李正宇　釋“耶沒忽”：敦煌遺書王梵志詩俗詞語研究之一　王梵志詩研究彙録（上）　上海古籍出版社　1990　p. 263

張錫厚　敦煌寫本王梵志詩原卷真迹　王梵志詩研究彙録（上）　上海古籍出版社　1990　圖版 3

郭在貽　郭在貽語言文學論稿　浙江古籍出版社　1992　p. 53

林家平　寧强　羅華慶　中國敦煌學史　北京語言學院出版社　1992　p. 596

吳其昱著　伊藤美重子譯　敦煌漢文寫本概観　敦煌漢文文獻(講座敦煌5)　(東京)大東出版社　1992　p. 116
郭在貽　郭在貽敦煌學論集　江西人民出版社　1993　p. 252
項楚　敦煌詩歌導論　(臺北)新文豐出版公司　1993　p. 295
蔣禮鴻　敦煌文獻語言詞典　杭州大學出版社　1994　p. 175
曲金良　敦煌佛教文學研究　(臺北)文津出版社　1995　p. 249
張錫厚　敦煌本唐集研究　(臺北)新文豐出版公司　1995　p. 60
黃征　敦煌文學《兒郎偉》輯録校注　敦煌語文叢說　(臺北)新文豐出版公司　1997　p. 696、730
黃征　張涌泉　敦煌變文校注　中華書局　1997　p. 166
張錫厚　柴劍虹　王梵志詩集　敦煌學大辭典　上海辭書出版社　1998　p. 562
顏廷亮　敦煌文化中的道教及文化　《敦煌研究》1999 年第 1 期　p. 142
張錫厚　敦煌文學源流　作家出版社　2000　p. 76
杜曉勤　隋唐五代文學研究　北京出版社　2001　p. 1273
齊文榜　《王梵志詩校注》指瑕　文史(第五十九輯)　中華書局　2002　p. 168
王啓濤　中古及近代法制文書語言研究　巴蜀書社　2003　p. 139

S. 5475

石井修道　伝法偈　敦煌仏典と禅(講座敦煌 8)　(東京)大東出版社　1980　p. 283
田中良昭　禅宗燈史の発展　敦煌仏典と禅(講座敦煌 8)　(東京)大東出版社　1980　p. 106
陳祚龍　關於"經偈字不宜更改"　中華佛教文化史散策(三集)　(臺北)新文豐出版公司　1981　p. 178
田中良昭　敦煌禪宗文獻の研究　(東京)大東出版社　1983　p. 629
王重民　記敦煌寫本的佛經　敦煌遺書論文集　中華書局　1984　p. 306
楊曾文　日本學者對中國禪宗文獻的研究和整理　《世界宗教研究》1987 年第 1 期　p. 122
上山大峻　敦煌佛教の研究　(京都)法藏館　1990　p. 421
宋紹年　近代漢語語法資料彙編(唐五代卷)　商務印書館　1990　p. 83
吳其昱著　伊藤美重子譯　敦煌漢文寫本概観　敦煌漢文文獻(講座敦煌5)　(東京)大東出版社　1992　p. 58
鄧文寬　敦煌文獻中的"去"字　中國文化(9)　(香港)中華書局　1993　p. 167　又見:敦煌吐魯番學耕耘録　(臺北)新文豐出版公司　1996　p. 309
潘重規　敦煌六祖壇經讀後管見　中國文化(7)　(香港)中華書局　1993　p. 48　又見:中國敦煌學百年文庫・綜述卷(三)　甘肅文化出版社　1999　p. 330
冉雲華　敦煌遺書與中國禪宗歷史研究　"中國唐代學會"會刊(第四期)　(臺北)"中國唐代學會"　1993　p. 60
楊曾文　敦煌新本六祖壇經　上海古籍出版社　1993　p. 3
李尚全　敦煌本《修心要論》芻議　佛教論譯集　甘肅民族出版社　1994　p. 93
潘重規　敦煌壇經新書　佛陀教育基金會　1994　p. 213
榮新江　鄧文寬　有關敦博本禪籍的幾個問題　《敦煌學輯刊》1994 年第 2 期　p. 6
索仁森著　李吉和譯　敦煌漢文禪籍特徵概觀　《敦煌研究》1994 年第 1 期　p. 111
田中良昭　敦煌の禪籍　禪學研究入門　(東京)大東出版社　1994　p. 60
胡戟　傅玫　敦煌史話　中華書局　1995　p. 131
柳田聖山　禪籍解題(一)・敦煌禪籍　俗語言研究(第二期)　(京都)禪文化研究所　1995　p. 141

鄧文寬　敦煌本《六祖壇經》書寫符號發微　敦煌吐魯番學耕耘録　（臺北）新文豐出版公司　1996　p. 208

鄧文寬　敦煌吐魯番文獻重文符號釋讀舉隅　敦煌吐魯番學耕耘録　（臺北）新文豐出版公司　1996　p. 328

鄧文寬　評《敦煌新本六祖壇經》　敦煌吐魯番研究(第一卷)　北京大學出版社　1996　p. 395

黄征　敦煌俗語法研究之一:句法篇　敦煌吐魯番研究(第一卷)　北京大學出版社　1996　p. 70

衣川賢次　《敦煌新本六祖壇經》補校　俗語言研究(第三期)　(京都)禪文化研究所　1996　p. 69

鄭阿財　潘重規教授與敦煌學研究　"中國唐代學會"會刊(第七期)　(臺北)"中國唐代學會"　1996　p. 34

周紹良　敦煌本《六祖壇經》是慧能的原本:《敦博本禪籍校録》序　敦煌吐魯番研究(第一卷)　北京大學出版社　1996　p. 301

鄧文寬　近年敦煌本《六祖壇經》整理工作評介　周紹良先生欣開九秩慶壽文集　中華書局　1997　p. 198

鄧文寬　評《藏外佛教文獻》第一輯　敦煌吐魯番研究(第二卷)　北京大學出版社　1997　p. 377

鄧文寬　《壇經校釋》訂補　文史(第四十二輯)　中華書局　1997　p. 208

鄧文寬　大梵寺佛音:敦煌莫高窟壇經讀本　(臺北)如聞出版社　1997　p. 6

周紹良　敦煌寫本壇經原本　文物出版社　1997　p. 19

鄧文寬　敦煌本《六祖壇經》口語詞釋　敦煌吐魯番研究(第三卷)　北京大學出版社　1998　p. 101

鄧文寬　敦煌本《六祖壇經》書寫形式和符號發微　出土文獻研究(第三輯)　文物出版社　1998　p. 228

鄧文寬　三篇敦煌邈真讚研究　出土文獻研究(第四輯)　文物出版社　1998　p. 84

鄧文寬　榮新江　敦博本禪籍録校　江蘇古籍出版社　1998　p. 5

方廣錩　《大梵寺佛音:敦煌莫高窟〈壇經〉讀本》評介　《敦煌研究》1998 年第 1 期　p. 185

方廣錩　南宗頓教最上大乘摩訶般若波羅蜜經六祖慧能大師於韶州大梵寺施法壇經　敦煌學大辭典　上海辭書出版社　1998　p. 728

劉方　六祖壇經諸本集成　敦煌學大辭典　上海辭書出版社　1998　p. 831

方廣錩　談敦煌本《壇經》標題的格式　敦煌壇經合校簡注　山西古籍出版社　1999　p. 139

洪修平　關於《壇經》的若干問題研究　《世界宗教研究》1999 年第 2 期　p. 77　又見:佛教與歷史文化　宗教文化出版社　2001　p. 178

楊曾文　中日的敦煌禪籍研究和敦博本《壇經》、《南宗定是非論》等文獻的學術價值　中國敦煌學百年文庫・宗教卷(二)　甘肅文化出版社　1999　p. 188

鄧文寬　英藏敦煌本《六祖壇經》的河西特色:以方音通假爲依據的探索　1994 年敦煌學國際研討會文集・宗教文史卷(上)　甘肅民族出版社　2000　p. 105、116

榮新江　敦煌文獻與古籍整理　慶祝吴其昱先生八秩華誕敦煌學特刊　(臺北)文津出版社　2000　p. 278

方廣錩　關於敦煌本《壇經》　敦煌文獻論集:紀念藏經洞發現一百周年國際學術研討會論文集　遼寧人民出版社　2001　p. 489

榮新江　敦煌學十八講　北京大學出版社　2001　p. 251

楊曾文　關於敦煌本《六祖壇經》中"無相戒"的考察　法源(第 19 期)　中國佛學院　2001　p. 23

方廣錩　敦煌本《壇經》首章校釋疏義　中國禪學　2002　p. 100

黄征　敦煌語言文字學研究　甘肅教育出版社　2002　p. 234

榮新江　驚沙撼大漠:向達的敦煌考察及其學術意義　國際敦煌學學術史研討會論文集　研討會籌

備組　2002　p. 79　又見:敦煌吐魯番研究(第七卷)　北京大學出版社　2004　p. 117
田中良昭　敦煌的禪宗燈史　戒幢佛學(第二卷)　岳麓書社　2002　p. 145
田中良昭　敦煌の禪宗燈史　中日敦煌佛教學術會議論文集　中國社會科學院研究所　2002　p. 109
楊曾文　敦煌本《壇經》的佛經引述及其在慧能禪法中的意義　戒幢佛學(第二卷)　岳麓書社　2002　p. 30　又見:中日敦煌佛教學術會議論文集　中國社會科學院研究所　2002　p. 24
楊曾文　中國佛教史論　中國社會科學出版社　2002　p. 136
鄧文寬　敦煌本《六祖壇經》的整理與研究　敦煌與絲路文化學術講座　北京圖書館出版社　2003　p. 439
蔣宗福　敦煌禪宗文獻詞語劄記　新世紀敦煌學論集　巴蜀書社　2003　p. 474
蔣宗福　敦煌禪宗文獻校讀劄記　中國俗文化研究(第一輯)　巴蜀書社　2003　p. 150
沙知　英藏敦煌文獻雜談　敦煌與絲路文化學術講座　北京圖書館出版社　2003　p. 121
汪娟　梁麗玲　潘重規先生與佛教研究　敦煌學(第25輯)　(臺北)樂學書局有限公司　2004　p. 214
馬德　敦煌冊子本《壇經》之性質及抄寫年代試探　敦煌吐魯番研究(第九卷)　北京大學出版社　2006　p. 57

S. 5476

向達　倫敦所藏敦煌卷子經眼目録　《北平圖書館圖書季刊》1939年新第1卷第4期　p. 397　又見:唐代長安與西域文明　三聯書店　1957　p. 228
金岡照光　敦煌漢文文學文獻の文學形態上の種類とその分類　敦煌出土文學文獻分類目録・附解説　(東京)東洋文庫　1971　p. 236
金岡照光　敦煌文學のさまざま　敦煌の文學　(東京)大蔵出版株式會社　1971　p. 160
王重民　敦煌古籍叙録　中華書局　1979　p. 303
蘇瑩輝　敦煌學概要　(臺北)編譯館"中華叢書編委會"　1981　p. 61
蘇瑩輝　中外敦煌古寫本纂要　敦煌論集　(臺北)學生書局　1983　p. 335
劉修業　王重民　《秦婦吟》校勘續記　敦煌遺書論文集　中華書局　1984　p. 153 注3　又見:秦婦吟研究彙録　上海古籍出版社　1990　p. 128
潘重規　敦煌寫本秦婦吟新書　敦煌學(第8輯)　(臺北)"中國文化大學"中國文學研究所敦煌學會　1984　p. 14
蔣禮鴻　《補全唐詩》校記　敦煌學論集　甘肅人民出版社　1985　p. 79
王重民原編　黄永武新編　敦煌古籍叙録新編(第十五冊)　(臺北)新文豐出版公司　1986　p. 261
龍晦　大足石刻父母恩重經變像與敦煌音樂文學的關係　敦煌歌辭總編　上海古籍出版社　1987　p. 1835
顔廷亮　敦煌文學作品選　中華書局　1987　p. 37 注7
張錫厚　詩歌　敦煌文學　甘肅人民出版社　1989　p. 178
龍晦　敦煌與五代兩蜀文化　《敦煌研究》1990年第2期　p. 96
顔廷亮　趙以武　秦婦吟研究彙録　上海古籍出版社　1990　p. 1(圖版)
柴劍虹　《秦婦吟》敦煌寫卷的新發現　西域文史論稿　(臺北)國文天地雜誌社　1991　p. 307
張高評　韋莊《秦婦吟》與唐宋詩風之嬗變——以叙事、詩史、破體爲例　第四届唐代文化學術研討會論文集　(臺南)成功大學　1991　p. 385 注2
周紹良　敦煌文學芻議及其它　(臺北)新文豐出版公司　1992　p. 27

項楚　敦煌詩歌導論　(臺北)新文豐出版公司　1993　p. 33

張錫厚　敦煌文學概論　甘肅人民出版社　1993　p. 357

蔣禮鴻　蔣禮鴻語言文字學論叢　浙江古籍出版社　1994　p. 424

胡戟　傅玫　敦煌史話　中華書局　1995　p. 168

劉進寶　敦煌學論述　(臺北)洪葉文化事業有限公司　1995　p. 331

顔廷亮　敦煌文學概說　(臺北)新文豐出版公司　1995　p. 98

張涌泉　敦煌寫本《秦婦吟》彙校　中國典籍與文化論叢(第四輯)　中華書局　1997　p. 314

柴劍虹　秦婦吟　敦煌學大辭典　上海辭書出版社　1998　p. 554

高國藩　敦煌俗文化學　上海三聯書店　1999　p. 512

徐俊　敦煌詩集殘卷輯考　中華書局　2000　p. 232

陶敏　李一飛　隋唐五代文學史料學　中華書局　2001　p. 350

王冀青　斯坦因與日本敦煌學　甘肅教育出版社　2004　p. 145

S. 5477

向達　倫敦所藏敦煌卷子經眼目録　《北平圖書館圖書季刊》1939 年新第 1 卷第 4 期　p. 397　又見:唐代長安與西域文明　三聯書店　1957　p. 228

金岡照光　敦煌漢文文學文獻の文學形態上の種類とその分類　敦煌出土文學文獻分類目録・附解說　(東京)東洋文庫　1971　p. 236

金岡照光　敦煌漢文文學文獻の寫本及び影印の收集保存、整理研究の現狀　敦煌出土文學文獻分類目録・附解說　(東京)東洋文庫　1971　p. 168

金岡照光　敦煌文學のさまざま　敦煌の文學　(東京)大藏出版株式會社　1971　p. 160

王重民　敦煌古籍叙録　中華書局　1979　p. 303

蘇瑩輝　敦煌學概要　(臺北)編譯館"中華叢書編委會"　1981　p. 61

蘇瑩輝　中外敦煌古寫本纂要　敦煌論集　(臺北)學生書局　1983　p. 335

劉修業　王重民　《秦婦吟》校勘續記　敦煌遺書論文集　中華書局　1984　p. 153 注 3

潘重規　敦煌寫本秦婦吟新書　敦煌學(第 8 輯)　(臺北)"中國文化大學"中國文學研究所敦煌學會　1984　p. 14

蔣禮鴻　《補全唐詩》校記　敦煌學論集　甘肅人民出版社　1985　p. 79

龍晦　大足石刻父母恩重經變像與敦煌音樂文學的關係　敦煌歌辭總編　上海古籍出版社　1987　p. 1835

張錫厚　詩歌　敦煌文學　甘肅人民出版社　1989　p. 178

柴劍虹　《秦婦吟》敦煌寫卷的新發現　秦婦吟研究彙録　上海古籍出版社　1990　p. 171　又見:西域文史論稿　(臺北)國文天地雜誌社　1991　p. 307

龍晦　敦煌與五代兩蜀文化　《敦煌研究》1990 年第 2 期　p. 96

顔廷亮　趙以武　秦婦吟研究彙録　上海古籍出版社　1990　p. 1(圖版)

張高評　韋莊《秦婦吟》與唐宋詩風之嬗變——以叙事、詩史、破體爲例　第四屆唐代文化學術研討會論文集　(臺南)成功大學　1991　p. 385 注 2

張涌泉　《補全唐詩》兩種補校　《敦煌學輯刊》1991 年第 2 期　p. 19　又見:舊學新知　浙江大學出版社　1999　p. 304

周丕顯　敦煌佚詩雜考　《敦煌學輯刊》1992 年第 1、2 期　p. 49

周紹良　敦煌文學芻議及其它　(臺北)新文豐出版公司　1992　p. 27

項楚　敦煌詩歌導論　(臺北)新文豐出版公司　1993　p. 33

張錫厚　敦煌文學概論　甘肅人民出版社　1993　p. 357
蔣禮鴻　蔣禮鴻語言文字學論叢　浙江古籍出版社　1994　p. 424
沃興華　敦煌書法藝術　上海人民出版社　1994　p. 206
胡戟　傅玫　敦煌史話　中華書局　1995　p. 168
劉進寶　敦煌學論述　(臺北)洪葉文化事業有限公司　1995　p. 331
顏廷亮　敦煌文學概說　(臺北)新文豐出版公司　1995　p. 98
張涌泉　敦煌寫本《秦婦吟》彙校　中國典籍與文化論叢(第四輯)　中華書局　1997　p. 314
柴劍虹　秦婦吟　敦煌學大辭典　上海辭書出版社　1998　p. 554
高國藩　敦煌俗文化學　上海三聯書店　1999　p. 512
徐俊　敦煌詩集殘卷輯考　中華書局　2000　p. 232、431
張錫厚　敦煌文學源流　作家出版社　2000　p. 110
王冀青　斯坦因與日本敦煌學　甘肅教育出版社　2004　p. 145

S. 5478

向達　倫敦所藏敦煌卷子經眼目録　《北平圖書館圖書季刊》1939 年新第 1 卷第 4 期　p. 397　又見:唐代長安與西域文明　三聯書店　1957　p. 228
羅福頤　敦煌石室文物對於學術上的貢獻　《歷史教學》1951 年第 5 期　又見:中國敦煌學百年文庫・考古卷(四)　甘肅文化出版社　1999　p. 8
劉銘恕　再記英國倫敦所藏的敦煌經卷　《中國科學院圖書館通訊》1957 年第 7 期　又見:中國敦煌學百年文庫・綜述卷(二)　甘肅文化出版社　1999　p. 138
金岡照光　敦煌漢文文學文獻の文學形態上の種類とその分類　敦煌出土文學文獻分類目録・附解說　(東京)東洋文庫　1971　p. 237
王重民　敦煌古籍叙録　中華書局　1979　p. 383
陳祚龍　敦煌古抄文獻會最　(臺北)新文豐出版公司　1982　p. 526(圖版)
林聰明　敦煌漢文文書解讀要點試論　漢學研究(敦煌學國際研討會論文專號)　(臺北)漢學研究資料及服務中心　1986　p. 428
王重民原編　黄永武新編　敦煌古籍叙録新編(第十八册)　(臺北)新文豐出版公司　1986　p. 371
饒宗頤　文轍　(臺北)學生書局　1990　p. 407
林其錟　陳鳳金　敦煌遺書文心雕龍殘卷集校　上海書店　1991　p. 1(圖版)
饒宗頤　敦煌寫卷之書法　唐代研究論集(第三輯)　(臺北)新文豐出版公司　1992　p. 22
周紹良　敦煌文學芻議及其它　(臺北)新文豐出版公司　1992　p. 30
沃興華　敦煌書法藝術　上海人民出版社　1994　p. 137
趙聲良　萬經珍寶:古代書法藝術的寶庫"敦煌書法"　(臺北)《雄獅美術》1994 年第 12 期
張涌泉　陳祚龍校録敦煌卷子失誤例釋　學術集林(卷六)　上海遠東出版社　1995　p. 306　又見:舊學新知　浙江大學出版社　1999　p. 281
張涌泉　敦煌俗字研究導論　(臺北)新文豐出版公司　1996　p. 110
鄭汝中　唐代書法藝術與敦煌寫卷　《敦煌研究》1996 年第 2 期　p. 129
鄭阿財　潘重規教授與敦煌學研究　"中國唐代學會"會刊(第七期)　(臺北)"中國唐代學會"　1997　p. 30
劉方　唐寫本文心雕龍殘本合校　敦煌學大辭典　上海辭書出版社　1998　p. 826
張錫厚　文心雕龍抄本　敦煌學大辭典　上海辭書出版社　1998　p. 565
黄征　程惠新　劫塵遺珠:敦煌遺書　甘肅教育出版社　1999　p. 213

張涌泉　敦煌文書疑難詞語辨釋　舊學新知　浙江大學出版社　1999　p. 267
張涌泉　漢語俗字叢考　中華書局　2000　p. 144
鄭阿財　潘重規先生敦煌學研究成果與貢獻《敦煌研究》2000 年第 2 期　p. 115
鄭汝中　敦煌寫卷行草書法集　甘肅人民美術出版社　2000　p. 236
鄭汝中　行草書法與敦煌寫卷《敦煌研究》2000 年第 4 期　p. 77
林聰明　敦煌吐魯番文書解詁指例　(臺北)新文豐出版公司　2001　p. 27 注 6、255
蔡忠霖　敦煌漢文寫卷俗字及其現象　(臺北)文津出版社　2002　p. 23
姜亮夫　敦煌莫高窟年表　姜亮夫全集(十一)　雲南人民出版社　2002　p. 389
池田溫　敦煌遺文　敦煌文書の世界　(東京)名著刊行會　2003　p. 39

S. 5481

井ノ口泰淳　敦煌本『仏名經』の諸系統　中央アジアの言語と仏教　(京都)法藏館　1995　p. 297

S. 5482

陳祚龍　敦煌古抄內典尾記彙校初、二、三編合刊　敦煌學要籥　(臺北)新文豐出版公司　1982　p. 154
池田溫　中國古代寫本識語集録　(東京)大藏出版株式會社　1990　p. 518
林聰明　敦煌文書學　(臺北)新文豐出版公司　1991　p. 315
井ノ口泰淳　敦煌本『仏名經』の諸系統　中央アジアの言語と仏教　(京都)法藏館　1995　p. 297
金岡照光　敦煌文獻と中國文學　(東京)五曜書房　2000　p. 430
馬德　敦煌寫經題記的社會意義　法源(第 19 期)　中國佛學院　2001　p. 87

S. 5483

蕭登福　從敦煌寫卷中看道教星斗崇拜對佛經之影響　第二屆敦煌學國際研討會論文集　(臺北)漢學研究中心　1990　p. 323
蕭登福　道教星斗符印與佛教密宗　(臺北)新文豐出版公司　1993　p. 56

S. 5484

高田時雄　チベット文字書寫「長卷」の研究(本文編)　『東方學報』(第 65 號)　京都大學人文科學研究所　1993　p. 369
井ノ口泰淳　敦煌本『仏名經』の諸系統　中央アジアの言語と仏教　(京都)法藏館　1995　p. 320
井ノ口泰淳　敦煌本「禮懺文」　中央アジアの言語と仏教　(京都)法藏館　1995　p. 359
謝桃坊　敦煌文化尋繹　四川人民出版社　1999　p. 65

S. 5486

姜伯勤　敦煌寺院碾磑經營的兩種形式　歷史論叢(第三輯)　齊魯書社　1983　p. 177　又見:五十年來漢唐佛教寺院經濟研究　北京師範大學出版社　1986　p. 224
唐耕耦　陸宏基　敦煌社會經濟文獻真迹釋録(三)　全國圖書館文獻縮微複製中心　1990　p. 523
高國藩　敦煌民俗資料導論　(臺北)新文豐出版公司　1993　p. 173
郝春文　《敦煌社邑文書輯校》補遺(一)　《首都師範大學學報》1999 年第 4 期　p. 26
山本達郎等　補(IV)社・VI 諸種文書　『NUN – HUANG AND TURFAN DOCUMENTS CONCERNING SOCIAL AND ECONOMIC HISTORY』(Sup. p. lemrnts)　(東京)東洋文庫　2001　p. 96

S. 5487

金岡照光　敦煌漢文文學文獻の文學形態上の種類とその分類　敦煌出土文學文獻分類目録・附解說　（東京）東洋文庫　1971　p. 228
金岡照光　敦煌文學のさまざま　敦煌の文學　（東京）大蔵出版株式會社　1971　p. 131
陳祚龍　中古敦煌仕女心目中的五臺山　中華佛教文化史散策（初集）　（臺北）新文豐出版公司　1978　p. 36
金岡照光　敦煌の繪物語　（東京）東方書店　1981　p. 114
鄭阿財　敦煌孝道文學研究　（臺北）石門圖書公司　1982　p. 530
廣川堯敏　禮讃　敦煌と中國仏教（講座敦煌 7）　（東京）大東出版社　1984　p. 470
白化文　對可補入《敦煌變文集》中的幾則録文的討論　《敦煌學輯刊》1986 年第 1 期　p. 46
杜斗城　關於敦煌本《五臺山讃》與《五臺山曲子》的創作年代問題　《敦煌學輯刊》1987 年第 1 期　p. 51
任半塘　敦煌歌辭總編　上海古籍出版社　1987　p. 823
汪泛舟　讚・箴　敦煌文學　甘肅人民出版社　1989　p. 98
任半塘　王昆吾　隋唐五代燕樂雜言歌辭集　巴蜀書社　1990　p. 1386
杜斗城　敦煌五臺山文獻校録研究　山西人民出版社　1991　p. 6
蔣禮鴻　敦煌文獻語言詞典　杭州大學出版社　1994　p. 44
張涌泉　試論審辨敦煌寫本俗字的方法　《敦煌研究》1994 年第 2 期　p. 147　又見：舊學新知　浙江大學出版社　1999　p. 77
杜斗城　北凉譯經論　甘肅文化出版社　1995　p. 23
張涌泉　漢語俗字研究　岳麓書社　1995　p. 195
饒宗頤　《雲謠集》一些問題的檢討　敦煌曲續論　（臺北）新文豐出版公司　1996　p. 105
鄧文寬　大梵寺佛音：敦煌莫高窟壇經讀本　（臺北）如聞出版社　1997　p. 22
鄭炳林　敦煌碑銘讚輯釋　甘肅教育出版社　1997　p. 419 注 9
金岡照光　敦煌文獻と中國文學　（東京）五曜書房　2000　p. 475
張錫厚　新羅僧慈藏入唐禮五臺考　敦煌文獻論集：紀念藏經洞發現一百周年國際學術研討會論文集　遼寧人民出版社　2001　p. 534
林仁昱　論敦煌佛教歌曲特質與"弘法"的關係　敦煌學（第 23 輯）　（臺北）樂學書局有限公司　2002　p. 70
林仁昱　論敦煌佛教歌曲向通俗傳播的內容　中國俗文化研究（第一輯）　巴蜀書社　2003　p. 188
汪娟　敦煌寫本《降生禮文》初探　新世紀敦煌學論集　巴蜀書社　2003　p. 417
荒見泰史　從敦煌寫本中變文的改寫情況來探討五代講唱文學的演變　敦煌學國際研討會論文集　北京圖書館出版社　2005　p. 177
汪泛舟　敦煌俗別字新考（上）　《敦煌研究》2006 年第 1 期　p. 104

S. 5488

李正宇　敦煌地區古代祠廟寺觀簡志　《敦煌學輯刊》1988 年第 1、2 期　p. 73
姜伯勤　敦煌社會文書導論　（臺北）新文豐出版公司　1992　p. 225
姜伯勤　敦煌藝術宗教與禮樂文明　中國社會科學出版社　1996　p. 298
姜伯勤　道釋相激：道教在敦煌　道家文化研究（第十三輯）　三聯書店　1998　p. 58
李正宇　敦煌古代美術字　敦煌學大辭典　上海辭書出版社　1998　p. 287
張錫厚　敦煌文學源流　作家出版社　2000　p. 142

S. 5490

高田時雄　チベット文字書寫「長巻」の研究(本文編)　『東方學報』(第65號)　京都大學人文科學研究所　1993　p. 369

汪娟　敦煌禮懺文研究　(臺北)法鼓文化公司　1994　p. 14

井ノ口泰淳　敦煌本『仏名經』の諸系統　中央アジアの言語と仏教　(京都)法藏館　1995　p. 320

井ノ口泰淳　敦煌本「禮懺文」　中央アジアの言語と仏教　(京都)法藏館　1995　p. 359

S. 5491

艾麗白著　耿昇譯　敦煌漢文寫本中的鳥形押　敦煌譯叢(第一輯)　甘肅人民出版社　1985　p. 207 注2

高國藩　敦煌民俗資料導論　(臺北)新文豐出版公司　1993　p. 42

S. 5493

福井文雅　般若心經　敦煌と中國仏教(講座敦煌7)　(東京)大東出版社　1984　p. 39

池田溫　中國古代寫本識語集録　(東京)大藏出版株式會社　1990　p. 511

S. 5495

土肥義和　はじめに——歸義軍節度使の敦煌支配　敦煌の歷史(講座敦煌2)　(東京)大東出版社　1980　p. 274

姜伯勤　敦煌寺院文書中“梁戶”的性質　五十年來漢唐佛教寺院經濟研究　北京師範大學出版社　1986　p. 127

姜伯勤　唐五代敦煌寺戶制度　中華書局　1987　p. 145、171、248

唐耕耦　陸宏基　敦煌社會經濟文獻真迹釋録(三)　全國圖書館文獻縮微複製中心　1990　p. 115

謝重光　白文固　中國僧官制度史　青海人民出版社　1990　p. 135

高國藩　敦煌民俗資料導論　(臺北)新文豐出版公司　1993　p. 16

王三慶　敦煌書儀載録之節日活動與民俗　全國敦煌學研討會論文集　(臺北)中正大學中國文學系所　1995　p. 25 注22

田德新　敦煌寺院中的都師　《敦煌學輯刊》1997年第2期　p. 125

郝春文　都師　敦煌學大辭典　上海辭書出版社　1998　p. 639

沙知　梁戶　敦煌學大辭典　上海辭書出版社　1998　p. 651

唐耕耦　梁課　敦煌學大辭典　上海辭書出版社　1998　p. 645

謝重光　燈司　敦煌學大辭典　上海辭書出版社　1998　p. 635

譚蟬雪　唐宋敦煌歲時佛俗　《敦煌研究》2001年第1期　p. 103

楊森　《辛巳年六月十六日社人于燈司倉貸粟曆》文書之定年　《敦煌學輯刊》2001年第2期　p. 18

姜亮夫　敦煌莫高窟年表　姜亮夫全集(十一)　雲南人民出版社　2002　p. 502

湛如　敦煌佛教律儀制度研究　中華書局　2003　p. 41

S. 5496

李正宇　中國唐宋硬筆書法　上海文化出版社　1993　p. 63

蔡忠霖　敦煌漢文寫卷俗字及其現象　(臺北)文津出版社　2002　p. 39

S. 5497

土橋秀高　敦煌の律蔵　敦煌と中國仏教(講座敦煌 7)　(東京)大東出版社　1984　p. 263

S. 5499

川崎ミチコ　通俗詩類・雜詩文類　敦煌仏典と禪(講座敦煌 8)　(東京)大東出版社　1980　p. 331

柳田聖山　禪籍解題(一)・敦煌禪籍　俗語言研究(第二期)　(京都)禪文化研究所　1995　p. 147

張勇　《梁朝傅大士頌金剛經》版本源流考述　敦煌文學論集　四川人民出版社　1997　p. 404

張勇　傅大士研究　巴蜀書社　2000　p. 260

達照　金剛經讚研究　宗教文化出版社　2002　p. 4、74

達照　金剛經讚集　藏外佛教文獻(第九輯)　宗教文化出版社　2003　p. 42

S. 5501

池田溫　中國古代寫本識語集録　(東京)大蔵出版株式會社　1990　p. 486

S. 5502

福井文雅　般若心經　敦煌と中國仏教(講座敦煌 7)　(東京)大東出版社　1984　p. 39

S. 5503

傅芸子　敦煌俗文學之發見及其展開　敦煌變文論文録　上海古籍出版社　1982　p. 144

上山大峻　敦煌佛教の研究　(京都)法藏館　1990　p. 195

S. 5504

譚蟬雪　祭文　敦煌文學　甘肅人民出版社　1989　p. 130 注 1

唐耕耦　陸宏基　敦煌社會經濟文獻真迹釋録(二)　全國圖書館文獻縮微複製中心　1990　p. 72

鄭阿財　敦煌蒙書析論　第二屆敦煌學國際研討會論文集　(臺北)漢學研究中心　1990　p. 226

仁井田陞　補訂中國法制史研究:土地法・取引法　東京大學出版會　1991　p. 732

鄭阿財　敦煌文獻與文學　(臺北)新文豐出版公司　1993　p. 259

張傳璽　中國歷代契約會編考釋(上)　北京大學出版社　1995　p. 444 注 1

孫曉林　敦煌遺書所見唐宋間令狐氏在敦煌的分佈　唐代的歷史與社會　武漢大學出版社　1997　p. 537

沙知　敦煌契約文書輯校　江蘇古籍出版社　1998　p. 406

S. 5505

向達　倫敦所藏敦煌卷子經眼目録　《北平圖書館圖書季刊》1939 年新第 1 卷第 4 期　p. 397　又見:唐代長安與西域文明　三聯書店　1957　p. 228

郭鋒　敦煌寫本《天地開闢以來帝王紀》成書年代諸問題　《敦煌學輯刊》1988 年第 1、2 期　p. 102

鄭阿財　敦煌蒙書析論　第二屆敦煌學國際研討會論文集　(臺北)漢學研究中心　1990　p. 222

尾崎康　史籍　敦煌漢文文獻(講座敦煌 5)　(東京)大東出版社　1992　p. 327

高國藩　敦煌民俗資料導論　(臺北)新文豐出版公司　1993　p. 237

鄭阿財　敦煌文獻與文學　(臺北)新文豐出版公司　1993　p. 254

胡戟　傅玫　敦煌史話　中華書局　1995　p. 144

朱鳳玉　從傳統語文教育論敦煌本《雜抄》　全國敦煌學研討會論文集　（臺北）中正大學中國文學系所　1995　p. 208

白化文　天地開闢以來帝王紀　敦煌學大辭典　上海辭書出版社　1998　p. 775

S. 5507

王卡　太上大道玉清經　敦煌學大辭典　上海辭書出版社　1998　p. 761

山田俊　唐初道教思想史研究・論述篇　（京都）平樂寺書店　1999　p. 530

王卡　敦煌道教文獻研究　中國社會科學出版社　2004　p. 147

王卡　中國國家圖書館藏敦煌道教遺書研究報告　敦煌吐魯番研究（第七卷）　北京大學出版社　2004　p. 360

S. 5508

許端容　可洪《新集藏經音義隨函録》敦煌寫卷考　第二屆敦煌學國際研討會論文集　（臺北）漢學研究中心　1990　p. 237

高田時雄　可洪隨函録と行瑫隨函音疏　中國語の資料と方法　京都大學人文科學研究所　1994　p. 120

張金泉　許建平　敦煌音義彙考　杭州大學出版社　1996　p. 1006

黄征　敦煌願文考論　敦煌語文叢說　（臺北）新文豐出版公司　1997　p. 592

張金泉　敦煌佛經音義寫卷述要　《敦煌研究》1997 年第 2 期　p. 114

張金泉　新集藏經印義隨函録　敦煌學大辭典　上海辭書出版社　1998　p. 518

榮新江　《英藏敦煌文獻》定名商補　文史（第五十二輯）　中華書局　2000　p. 122　又見：敦煌學新論　甘肅教育出版社　2002　p. 197

張涌泉　敦煌文獻字詞例釋　敦煌學（第 25 輯）　（臺北）樂學書局有限公司　2004　p. 352

S. 5509

唐耕耦　陸宏基　敦煌社會經濟文獻真迹釋録（一）　書目文獻出版社　1986　p. 377

王永興　隋唐五代經濟史料彙編校注・第一編（下）　中華書局　1987　p. 688

山本達郎等　敦煌・IV 納贈曆・納色物曆等　『NUN－HUANG AND TURFAN DOCUMENTS CONCERNING SOCIAL AND ECONOMIC HISTORY』（IV）　（東京）東洋文庫　1989　p. 101

唐耕耦　陸宏基　敦煌社會經濟文獻真迹釋録（二）　全國圖書館文獻縮微複製中心　1990　p. 60

仁井田陞　補訂中國法制史研究：土地法・取引法　東京大學出版會　1991　p. 740

姜伯勤　敦煌社會文書導論　（臺北）新文豐出版公司　1992　p. 246

高國藩　敦煌民俗資料導論　（臺北）新文豐出版公司　1993　p. 5

郝春文　敦煌寫本社邑文書年代彙考（三）　《社科縱横》1993 年第 5 期　p. 9

寧可　郝春文　敦煌社邑的喪葬互助《首都師範大學學報》1995 年第 6 期　p. 37

張傳璽　中國歷代契約會編考釋（上）　北京大學出版社　1995　p. 442 注 1

寧可　郝春文　敦煌社邑文書輯校　江蘇古籍出版社　1997　p. 408

鄭炳林　晚唐五代敦煌貿易市場的物價　敦煌歸義軍史專題研究　蘭州大學出版社　1997　p. 303

金瀅坤　從敦煌文書看晚唐五代敦煌地區布紡織業《敦煌研究》1998 年第 2 期　p. 140

寧可　三官　敦煌學大辭典　上海辭書出版社　1998　p. 426

寧可　席録　敦煌學大辭典　上海辭書出版社　1998　p. 427

沙知　敦煌契約文書輯校　江蘇古籍出版社　1998　p. 262

高啓安　唐五代至宋敦煌的量器及量制　《敦煌學輯刊》1999 年第 1 期　p. 67
寧可　寧可史學論集　中國社會科學出版社　1999　p. 450 注 3
楊森　談敦煌社邑文書中"三官"及"録事""虞侯"的若干問題《敦煌研究》1999 年第 3 期　p. 79
楊森　從敦煌文獻看中國古代從左向右的書寫格式《敦煌研究》2001 年第 2 期　p. 107
王啓濤　中古及近代法制文書語言研究　巴蜀書社　2003　p. 293

S. 5510

蕭登福　從敦煌寫卷中看道教星斗崇拜對佛經之影響　第二屆敦煌學國際研討會論文集　(臺北)漢學研究中心　1990　p. 336

S. 5511

金岡照光　敦煌漢文文學文獻の文學形態上の種類とその分類　敦煌出土文學文獻分類目録・附解說　(東京)東洋文庫　1971　p. 198
金岡照光　敦煌文學のさまざま　敦煌の文學　(東京)大蔵出版株式會社　1971　p. 186
金岡照光　敦煌民衆の宗教と生活　敦煌の民衆:その生活と思想　(東京)評論社　1972　p. 133、142
加地哲定　增補中國佛教文學研究　(東京)同朋舍　1979　p. 170
王重民　敦煌古籍叙録　中華書局　1979　p. 372
楊家駱　敦煌變文　(臺北)世界書局　1980　p. 389
金岡照光　敦煌の繪物語　(東京)東方書店　1981　p. 56、134
蘇瑩輝　敦煌學概要　(臺北)編譯館"中華叢書編委會"　1981　p. 85
白化文　什麽是變文　敦煌變文論文録　上海古籍出版社　1982　p. 430
鄭阿財　敦煌孝道文學研究　(臺北)石門圖書公司　1982　p. 74
周紹良　談唐代民間文學　敦煌變文論文録　上海古籍出版社　1982　p. 412　又見:紹良叢稿　齊魯書社　1984　p. 54
張鴻勳　試論敦煌文學的範圍、性質及特點　《社會科學》1983 年第 2 期　又見:中國敦煌學百年文庫・文學卷(五)　甘肅文化出版社　1999　p. 254
潘重規　敦煌變文集新書(上)　(臺北)"中國文化大學"中文研究所　1984　p. 638
王重民　降魔變文　敦煌變文集　人民文學出版社　1984　p. 389
周紹良　讀變文劄記　紹良叢稿　齊魯書社　1984　p. 103
高國藩　論敦煌民間變文　敦煌學論集　甘肅人民出版社　1985　p. 187
李永寧　蔡偉堂　《降魔變文》與敦煌壁畫中的"勞度叉鬥聖變"　1983 年全國敦煌學術討論會文集・石窟藝術編(上)　甘肅人民出版社　1985　p. 165　又見:敦煌研究文集・敦煌石窟經變篇　甘肅民族出版社　2000　p. 329
王文才　俗講儀式考　敦煌學論集　甘肅人民出版社　1985　p. 111
韓建瓴　敦煌寫本《韓擒虎畫本》初探(一)　《敦煌學輯刊》1986 年第 1 期　p. 53
曲金良　"變文"名實新辨　《敦煌研究》1986 年第 2 期　p. 48
王重民原編　黄永武新編　敦煌古籍叙録新編(第十八册)　(臺北)新文豐出版公司　1986　p. 155
張鴻勳　敦煌講唱文學作品選注　甘肅人民出版社　1987　p. 292
周紹良　唐代變文及其它　敦煌文學作品選　中華書局　1987　p. 3
蕭登福　唐世佛家之講經與敦煌變文　敦煌俗文學論叢　(臺北)商務印書館　1988　p. 64、69
王慶菽　關於《敦煌變文集》内《降魔變文》"校記"的一些問題　《敦煌語言文學研究通訊》1989 年第

2期 p. 1
楊雄 敦煌變文四篇補校 《敦煌研究》1989年第1期 p. 90
張鴻勳 變文 敦煌文學 甘肅人民出版社 1989 p. 241
加地哲定著 劉衛星譯 中國佛教文學 今日中國出版社 1990 p. 143
項楚 敦煌變文選注 巴蜀書社 1990 p. 487
金岡照光 講唱體類 敦煌の文學文獻(講座敦煌9) (東京)大東出版社 1992 p. 65、92、115
金岡照光 講史譚・時事変文等:「王陵」「李陵」「張議潮」変文を中心に 敦煌の文學文獻(講座敦煌9) (東京)大東出版社 1992 p. 557
金岡照光 押座文 敦煌の文學文獻(講座敦煌9) (東京)大東出版社 1992 p. 384
林家平 寧强 羅華慶 中國敦煌學史 北京語言學院出版社 1992 p. 337、629
汪泛舟 敦煌講唱文學語言審美追求 《敦煌研究》1992年第2期 p. 49
岩本裕 敦煌における仏傳・本生譚 敦煌の文學文獻(講座敦煌9) (東京)大東出版社 1992 p. 430
周紹良 敦煌文學芻議及其它 (臺北)新文豐出版公司 1992 p. 3、42、68
高國藩 敦煌民俗資料導論 (臺北)新文豐出版公司 1993 p. 132
蔣冀騁 敦煌文書校讀研究 (臺北)文津出版社 1993 p. 103
楊雄 講經文名實說 (香港)《九州學刊》(敦煌學專輯)1993年第5卷第4期 p. 145
張鴻勳 敦煌說唱文學概論 (臺北)新文豐出版公司 1993 p. 49
張鴻勳 敦煌文學概論 甘肅人民出版社 1993 p. 235
陳海濤 敦煌變文新論 《敦煌研究》1994年第1期 p. 66
伏俊璉 敦煌賦校補(四) 《西北民族學院學報》1994年第2期 p. 101
蔣禮鴻 敦煌文獻語言詞典 杭州大學出版社 1994 p. 255
李明偉 隋唐絲綢之路 甘肅人民出版社 1994 p. 323
李明偉 唐代文學的嬗變與絲綢之路的影響 《敦煌研究》1994年第3期 p. 140
李潤强 《降魔變文》、《破魔變文》與《西遊記》 《社科縱横》1994年第4期 p. 29
胡戟 傅玫 敦煌史話 中華書局 1995 p. 175
劉進寶 敦煌學論述 (臺北)洪葉文化事業有限公司 1995 p. 303
曲金良 敦煌佛教文學研究 (臺北)文津出版社 1995 p. 98、105
楊雄 降魔變文一卷 敦煌論稿 甘肅文化出版社 1995 p. 300
黄征 張涌泉 敦煌變文校注 中華書局 1997 p. 567、849
劉子瑜 敦煌變文和王梵志詩 大象出版社 1997 p. 37
海客 降魔變文 敦煌學大辭典 上海辭書出版社 1998 p. 577
李重申 武術 敦煌學大辭典 上海辭書出版社 1998 p. 600
周紹良 張涌泉 黄征 敦煌變文講經文因緣輯校(上、下) 江蘇古籍出版社 1998 p. 5;799
梅維恒著 楊繼東 陳引馳譯 唐代變文(上) (香港)中國佛教文化出版公司 1999 p. 56、212
鄭炳潤 敦煌佛教故事類講唱文學所見淨土宗與禪宗 《敦煌研究》1999年第2期 p. 151
北京大學 敦煌《經卷》、《照片》及《圖書》目録 中國敦煌學百年文庫・綜述卷(一) 甘肅文化出版社 1999 p. 311
金岡照光 敦煌文獻と中國文學 (東京)五曜書房 2000 p. 135
李重申 敦煌古代體育文化 甘肅人民出版社 2000 p. 153
梅維恒著 張國剛 陳海濤譯 變文之後的中國圖畫講唱藝術及其外來影響 國際漢學(第六輯) 大象出版社 2000 p. 202

張鴻勳　說唱藝術奇葩:敦煌變文選評　甘肅人民出版社　2000　p. 183
陳寅恪撰　榮新江整理　《敦煌零拾》劄記　敦煌吐魯番研究(第五卷)　北京大學出版社　2001　p. 9
陶敏　李一飛　隋唐五代文學史料學　中華書局　2001　p. 352
黄征　敦煌語言文字學研究　甘肅教育出版社　2002　p. 254
黄征　《降魔變文》新校　文史(第六十輯)　中華書局　2002　p. 239
李小榮　變文講唱與華梵宗教藝術　上海三聯書店　2002　p. 57、292
史葦湘　敦煌歷史與莫高窟藝術研究　甘肅教育出版社　2002　p. 194
張鴻勳　敦煌俗文學研究　甘肅人民出版社　2002　p. 7
何廣棪　陳寅恪教授與中國俗文學研究　中國俗文化研究(第一輯)　巴蜀書社　2003　p. 3
黄征　胡適舊藏《降魔變文》真迹考證　敦煌學(第 24 輯)　(臺北)樂學書局有限公司　2003　p. 128
荒見泰史　敦煌變文研究概述以及新觀點　華林(第三卷)　中華書局　2004　p. 389、393(原文録爲 S. 551)
王小盾　潘重規先生"變文外衣"理論疏説　敦煌學(第 25 輯)　(臺北)樂學書局有限公司　2004　p. 76

S. 5513

鄭阿財　敦煌蒙書析論　第二屆敦煌學國際研討會論文集　(臺北)漢學研究中心　1990　p. 217
鄭阿財　敦煌文獻與文學　(臺北)新文豐出版公司　1993　p. 246
沃興華　敦煌書法藝術　上海人民出版社　1994　p. 249
張金泉　敦煌字書　敦煌學大辭典　上海辭書出版社　1998　p. 515
張金泉　雜字　敦煌學大辭典　上海辭書出版社　1998　p. 516
汪泛舟　敦煌古代兒童課本　甘肅人民出版社　2000　p. 3
鄭阿財　朱鳳玉　敦煌蒙書研究　甘肅教育出版社　2002　p. 53

S. 5514

三木榮　西域出土醫藥關係文獻綜合解說目録　『東洋學報』(47 卷 1 號)　(東京)東洋學術協會　1964　p. 9
周祖謨　敦煌唐本字書叙録　敦煌語言文學研究　北京大學出版社　1988　p. 51
張金泉　許建平　敦煌音義彙考　杭州大學出版社　1996　p. 745
張涌泉　敦煌俗字彙考　敦煌俗字研究　上海教育出版社　1996　p. 6
張金泉　雜字　敦煌學大辭典　上海辭書出版社　1998　p. 516
張金泉　注音雜字　敦煌學大辭典　上海辭書出版社　1998　p. 516
周紹良　張涌泉　黄征　敦煌變文講經文因緣輯校(上)　江蘇古籍出版社　1998　p. 67
顔廷亮　敦煌文化的靈魂論綱　《甘肅社會科學》2000 年第 4 期　p. 36

S. 5515

向達　記倫敦所藏的敦煌俗文學　《新中華雜誌》1937 年第 5 卷第 13 號　p. 123 - 128　又見:唐代長安與西域文明　三聯書店　1957　p. 241；敦煌變文論文録　上海古籍出版社　1982　p. 30
向達　倫敦所藏敦煌卷子經眼目録　《北平圖書館圖書季刊》1939 年新第 1 卷第 4 期　p. 397　又見:唐代長安與西域文明　三聯書店　1957　p. 229

金岡照光　敦煌漢文文學文獻の文學形態上の種類とその分類　敦煌出土文學文獻分類目録・附解說　(東京)東洋文庫　1971　p. 218
金岡照光　敦煌文學のさまざま　敦煌の文學　(東京)大蔵出版株式會社　1971　p. 127
楊家駱　敦煌變文　(臺北)世界書局　1980　p. 278
潘重規　敦煌變文集新書(下)　(臺北)"中國文化大學"中文研究所　1984　p. 1184
王重民　下女"夫"詞　敦煌變文集　人民文學出版社　1984　p. 278
李正宇　《下女夫詞》研究　《敦煌研究》1987 年第 2 期　p. 45
張鴻勳　敦煌寫本《下女夫詞》新探　1983 年全國敦煌學術討論會文集·文史遺書編(下)　甘肅人民出版社　1987　p. 162
楊寶玉　《敦煌變文集》未入校的兩個《下女夫詞》殘卷校録　敦煌語言文學研究　北京大學出版社　1988　p. 270
劉瑞明　詞文　敦煌文學　甘肅人民出版社　1989　p. 307
張錫厚　詩歌　敦煌文學　甘肅人民出版社　1989　p. 182 注 11
姜伯勤　敦煌社會文書導論　(臺北)新文豐出版公司　1992　p. 18
金岡照光　散文體類　敦煌の文學文獻(講座敦煌 9)　(東京)大東出版社　1992　p. 177
林家平　寧强　羅華慶　中國敦煌學史　北京語言學院出版社　1992　p. 106
榮新江　英倫所見三種敦煌俗文學作品跋　(香港)《九州學刊》(敦煌學專輯)1993 年第 5 卷第 4 期　p. 133 注 4
胡戟　傅玫　敦煌史話　中華書局　1995　p. 173
黄征　敦煌寫本異文綜析　敦煌語文叢說　(臺北)新文豐出版公司　1997　p. 36
劉子瑜　敦煌變文和王梵志詩　大象出版社　1997　p. 77
黄征　唐代俗語詞輯釋　唐研究(第四卷)　北京大學出版社　1998　p. 137
楊森　晚唐五代兩件《女人社》文書劄記　《敦煌研究》1998 年第 1 期　p. 70
張鴻勳　下女夫詞　敦煌學大辭典　上海辭書出版社　1998　p. 582
徐俊　敦煌詩集殘卷輯考　中華書局　2000　p. 216
黄征　敦煌語言文字學研究　甘肅教育出版社　2002　p. 55、147、170
張鴻勳　敦煌俗文學研究　甘肅人民出版社　2002　p. 407

S. 5516

廣川堯敏　禮讚　敦煌と中國仏教(講座敦煌 7)　(東京)大東出版社　1984　p. 468
孫其芳　詞　敦煌文學　甘肅人民出版社　1989　p. 215
周紹良　敦煌文學芻議及其它　(臺北)新文豐出版公司　1992　p. 39

S. 5520

唐耕耦　陸宏基　敦煌社會經濟文獻真迹釋録(一)　書目文獻出版社　1986　p. 289
山本達郎等　敦煌·I 社條　『NUN - HUANG AND TURFAN DOCUMENTS CONCERNING SOCIAL AND ECONOMIC HISTORY』(IV)　(東京)東洋文庫　1989　p. 13
姜伯勤　敦煌社會文書導論　(臺北)新文豐出版公司　1992　p. 236
高國藩　敦煌民俗資料導論　(臺北)新文豐出版公司　1993　p. 4
郝春文　敦煌寫本社邑文書年代彙考(一)　《首都師範大學學報》1993 年第 4 期　p. 35
郝春文　中古時期儒佛文化對民間結社的影響及其變化　唐文化研究論文集　上海人民出版社　1994　p. 205

寧可　郝春文　敦煌社邑的喪葬互助　《首都師範大學學報》1995 年第 6 期　p. 34

土肥義和　唐・北宋間の「社」の組織形態に関する一考察　中國古代の國家と民衆(堀敏一先生古稀記念)　(東京)汲古書院　1995　p. 744

黄征　張涌泉　敦煌變文校注　中華書局　1997　p. 142

寧可　郝春文　敦煌社邑文書輯校　江蘇古籍出版社　1997　p. 46

土肥義和　唐・北宋の間:敦煌の杜家親情社追補社條(S. 8160rv)について　唐代史研究(創刊號)　(東京)唐代史研究會　1998　p. 6

寧可　寧可史學論集　中國社會科學出版社　1999　p. 449 注 3

郝春文　英藏敦煌文獻年代叢考　英國收藏敦煌漢藏文獻研究:紀念敦煌文獻發現一百周年　中國社會科學出版社　2000　p. 373

施萍婷　《敦煌遺書總目索引新編》前言　敦煌遺書總目索引新編　中華書局　2000　p. 3

郝春文　《唐末五代宋初敦煌社邑的幾個問題》商榷　國際敦煌學學術史研討會論文集　研討會籌備組　2002　p. 195

洪藝芳　敦煌社會經濟文書中的唐五代新興量詞研究　敦煌學(第 24 輯)　(臺北)樂學書局有限公司　2003　p. 91

葉貴良　敦煌社邑文書詞語選釋　《敦煌研究》2004 年第 5 期　p. 80

郝春文　唐後期五代宋初敦煌私社的教育與教化功能　敦煌吐魯番研究(第九卷)　北京大學出版社　2006　p. 304、308、313

孟憲實　論唐宋時期敦煌民間結社的社條　敦煌吐魯番研究(第九卷)　北京大學出版社　2006　p. 318

S. 5522

沃興華　敦煌書法藝術　上海人民出版社　1994　p. 217

黄征　吳偉　敦煌願文集　岳麓書社　1995　p. 697

王書慶　敦煌佛學・佛事篇　甘肅民族出版社　1995　p. 75

湛如　敦煌布薩文與布薩次第新探　《敦煌研究》1999 年第 1 期　p. 128

陳明　耆婆的形象演變及其在敦煌吐魯番地區的影響　文津學志(第一輯)　北京圖書館出版社　2003　p. 152

湛如　布薩文研究　敦煌與絲路文化學術講座(第一輯)　北京圖書館出版社　2003　p. 510

湛如　敦煌佛教律儀制度研究　中華書局　2003　p. 211

S. 5523

林聰明　敦煌文書學　(臺北)新文豐出版公司　1991　p. 21

方廣錩　敦煌佛教經録輯校　江蘇古籍出版社　1997　p. 955

林聰明　敦煌吐魯番文書解詁指例　(臺北)新文豐出版公司　2001　p. 27 注 4

S. 5524

張金泉　雜字　敦煌學大辭典　上海辭書出版社　1998　p. 516

S. 5525

方廣錩　佛教大藏經史(八—十世紀)　中國社會科學出版社　1991　p. 350

方廣錩　敦煌佛教經録輯校　江蘇古籍出版社　1997　p. 952

方廣錩　敦煌寺院所藏大藏經概貌　藏外佛教文獻(第八輯)　宗教文化出版社　2003　p. 389

S. 5527

道端良秀　敦煌文獻に見える死後の世界　敦煌と中國仏教(講座敦煌 7)　(東京)大東出版社　1984　p. 506

蕭登福　敦煌寫卷《佛說十王經》之探討　敦煌俗文學論叢　(臺北)商務印書館　1988　p. 244

高國藩　敦煌民俗資料導論　(臺北)新文豐出版公司　1993　p. 116

李小榮　敦煌密教文獻論稿　人民文學出版社　2003　p. 280

S. 5528

柴劍虹　因緣　敦煌文學　甘肅人民出版社　1989　p. 276

柴劍虹　敦煌文學中的"因緣"與"詩話"　西域文史論稿　(臺北)國文天地雜誌社　1991　p. 520

S. 5529

邵榮芬　敦煌俗文學中的別字異文和唐五代西北方音　《中國語文》1963 年第 3 期　又見:中國敦煌學百年文庫・語言文字卷(一)　甘肅文化出版社　1999　p. 136

金岡照光　敦煌漢文文學文獻の文學形態上の種類とその分類　敦煌出土文學文獻分類目録・附解說　(東京)東洋文庫　1971　p. 218

金岡照光　敦煌文學のさまざま　敦煌の文學　(東京)大蔵出版株式會社　1971　p. 115、151

馮燕　敦煌藏文本《孔丘項托相問書》考　《青海民族學院學報》1979 年第 4 卷　又見:中國敦煌學百年文庫・文獻卷(二)　甘肅文化出版社　1999　p. 529

川崎ミチコ　修道偈Ⅱ——定格聯章　敦煌仏典と禪(講座敦煌 8)　(東京)大東出版社　1980　p. 269

楊家駱　敦煌變文　(臺北)世界書局　1980　p. 236

蘇瑩輝　敦煌學概要　(臺北)編譯館"中華叢書編委會"　1981　p. 73

鄭阿財　敦煌孝道文學研究　(臺北)石門圖書公司　1982　p. 78、532

蘇瑩輝　"敦煌曲"評介　敦煌論集續編　(臺北)學生書局　1983　p. 311

潘重規　敦煌變文集新書(下)　(臺北)"中國文化大學"中文研究所　1984　p. 1124

王重民　孔子項托相問書　敦煌變文集　人民文學出版社　1984　p. 236

張鴻勳　《唐寫本孔子與子羽對語雜抄》考略　《敦煌學輯刊》1984 年第 1 期　p. 57

雷僑雲　敦煌兒童文學　(臺北)學生書局　1985　p. 165

張鴻勳　敦煌本《孔子項托相問書》研究　《敦煌研究》1985 年第 2 期　p. 99

龍晦　論敦煌詞曲所見之禪宗與淨土宗　《世界宗教研究》1986 年第 3 期　p. 61

張鴻勳　《孔子項托相問書》傳承研究　《民間文學論壇》1986 年第 6 期　p. 38

姜伯勤　唐五代敦煌寺戶制度　中華書局　1987　p. 180

任半塘　敦煌歌辭總編　上海古籍出版社　1987　p. 1429

蘇瑩輝　國際敦煌學研究近貌　敦煌文史藝術論叢　(臺北)新文豐出版公司　1987　p. 186

張鴻勳　敦煌講唱文學作品選注　甘肅人民出版社　1987　p. 89

李正宇　敦煌文學雜考二題　敦煌語言文學研究　北京大學出版社　1988　p. 95

張鴻勳　從《孔子項托相問書》談敦煌文學的研究　敦煌語言文學論文集　浙江古籍出版社　1988　p. 246

劉進寶　俚曲小調　敦煌文學　甘肅人民出版社　1989　p. 218

張先堂　話本　敦煌文學　甘肅人民出版社　1989　p. 291
池田溫　中國古代寫本識語集録　（東京）大蔵出版株式會社　1990　p. 524
任半塘　王昆吾　隋唐五代燕樂雜言歌辭集　巴蜀書社　1990　p. 872
上山大峻　敦煌佛教の研究　（京都）法藏館　1990　p. 419
項楚　敦煌變文選注　巴蜀書社　1990　p. 364
鄭阿財　敦煌寫本《孔子項托相問書》初探　《法學商報》1990 年第 24 期　又見：中國敦煌學百年文庫・文學卷（五）　甘肅文化出版社　1999　p. 48
周紹良　敦煌文學芻議及其它　（臺北）新文豐出版公司　1992　p. 37
高田時雄　チベット文字書寫「長卷」の研究（本文編）　『東方學報』（第 65 號）　京都大學人文科學研究所　1993　p. 371
郭在貽　郭在貽敦煌學論集　江西人民出版社　1993　p. 177
張鴻勳　敦煌話本詞文俗賦導論　（臺北）新文豐出版公司　1993　p. 196
鄭阿財　敦煌文獻與文學　（臺北）新文豐出版公司　1993　p. 398
黄征　張涌泉　敦煌變文校注　中華書局　1997　p. 360
孫昌武　禪思與詩情　中華書局　1997　p. 330 注 21
張弓　漢唐佛寺文化史　中國社會科學出版社　1997　p. 840、920
柴劍虹　孔子項托相問書　敦煌學大辭典　上海辭書出版社　1998　p. 585
柴劍虹　南宗五更轉　敦煌學大辭典　上海辭書出版社　1998　p. 549
張錫厚　敦煌文學源流　作家出版社　2000　p. 330
盧善煥　敦煌本《孔子項托相問書》研究　古史文存　社會科學文獻出版社　2002　p. 193
張鴻勳　敦煌俗文學研究　甘肅人民出版社　2002　p. 6、229
王昆吾　從敦煌學到域外漢文學　商務印書館　2003　p. 30、313

S. 5530

金岡照光　敦煌漢文文學文獻の文學形態上の種類とその分類　敦煌出土文學文獻分類目録・附解說　（東京）東洋文庫　1971　p. 218
金岡照光　敦煌文學のさまざま　敦煌の文學　（東京）大蔵出版株式會社　1971　p. 115
馮燕　敦煌藏文本《孔丘項托相問書》考　《青海民族學院學報》1979 年第 4 卷　又見：中國敦煌學百年文庫・文獻卷（二）　甘肅文化出版社　1999　p. 529
楊家駱　敦煌變文　（臺北）世界書局　1980　p. 236
潘重規　敦煌變文集新書（下）　（臺北）"中國文化大學"中文研究所　1984　p. 1124
王重民　孔子項托相問書　敦煌變文集　人民文學出版社　1984　p. 236
張鴻勳　《唐寫本孔子與子羽對語雜抄》考略　《敦煌學輯刊》1984 年第 1 期　p. 57
雷僑雲　敦煌兒童文學　（臺北）學生書局　1985　p. 165
張鴻勳　敦煌本《孔子項托相問書》研究　《敦煌研究》1985 年第 2 期　p. 99
張鴻勳　《孔子項托相問書》傳承研究　《民間文學論壇》1986 年第 6 期　p. 38
張鴻勳　敦煌講唱文學作品選注　甘肅人民出版社　1987　p. 89
張鴻勳　從《孔子項托相問書》談敦煌文學的研究　敦煌語言文學論文集　浙江古籍出版社　1988　p. 246
張先堂　話本　敦煌文學　甘肅人民出版社　1989　p. 291
郭在貽　張涌泉　黄征　敦煌寫本書寫特例發微　敦煌吐魯番學研究論文集　漢語大詞典出版社　1990　p. 323

項楚　敦煌變文選注　巴蜀書社　1990　p. 364
鄭阿財　敦煌寫本《孔子項托相問書》初探　《法學商報》1990 年第 24 期　又見：中國敦煌學百年文庫・文學卷（五）　甘肅文化出版社　1999　p. 49
金岡照光　散文體類　敦煌の文學文獻（講座敦煌 9）（東京）大東出版社　1992　p. 175
張鴻勳　敦煌話本詞文俗賦導論　（臺北）新文豐出版公司　1993　p. 197
鄭阿財　敦煌文獻與文學　（臺北）新文豐出版公司　1993　p. 398
黄征　敦煌寫本異文綜析　敦煌語文叢說　（臺北）新文豐出版公司　1997　p. 27、37
黄征　張涌泉　敦煌變文校注　中華書局　1997　p. 360
柴劍虹　孔子項托相問書　敦煌學大辭典　上海辭書出版社　1998　p. 585
張涌泉　敦煌寫本書寫特例發微　舊學新知　浙江大學出版社　1999　p. 233
黄征　敦煌語言文字學研究　甘肅教育出版社　2002　p. 46、56
盧善焕　敦煌本《孔子項托相問書》研究　古史文存　社會科學文獻出版社　2002　p. 193
潘重規　敦煌變文集新書訂補"三續"　敦煌學（第 23 輯）（臺北）樂學書局有限公司　2002　p. 1
張鴻勳　敦煌俗文學研究　甘肅人民出版社　2002　p. 229
王昆吾　從敦煌學到域外漢文學　商務印書館　2003　p. 30

S. 5531

芳村修基　土橋秀高　井ノ口泰淳　敦煌佛教史年表　西域文化研究（第一）・敦煌佛教資料　（京都）法藏館　1958　p. 275
田中良昭　敦煌禪宗文獻の研究　（東京）大東出版社　1983　p. 361
道端良秀　敦煌文獻に見える死後の世界　敦煌と中國仏教（講座敦煌 7）　（東京）大東出版社　1984　p. 513
福井文雅　般若心經　敦煌と中國仏教（講座敦煌 7）　（東京）大東出版社　1984　p. 39
金岡照光　敦煌における地獄文獻：敦煌庶民信仰の一様相　敦煌と中國仏教（講座敦煌 7）　（東京）大東出版社　1984　p. 575
蕭登福　敦煌所見十九種《閻羅受記經（佛說十王經）》之校勘　敦煌俗文學論叢　（臺北）商務印書館　1988　p. 252
蕭登福　敦煌寫卷《佛說十王經》之探討　敦煌俗文學論叢　（臺北）商務印書館　1988　p. 175
池田溫　中國古代寫本識語集録　（東京）大藏出版株式會社　1990　p. 464
李刈　敦煌壁畫中的《天請問經變相》　《敦煌研究》1991 年第 1 期　p. 2
姜伯勤　論禪宗在敦煌僧俗中的流傳　（香港）《九州學刊》（敦煌學專輯）1992 年第 4 卷第 4 期　p. 17
高國藩　敦煌民俗資料導論　（臺北）新文豐出版公司　1993　p. 117
高田時雄　チベット文字書寫「長巻」の研究（本文编）　『東方學報』（第 65 號）　京都大學人文科學研究所　1993　p. 376
梅弘理　敦煌本佛教教理問答書　法國學者敦煌學論文選萃　中華書局　1993　p. 139
姜伯勤　敦煌藝術宗教與禮樂文明　中國社會科學出版社　1996　p. 377
蕭登福　道佛十王地獄說　（臺北）新文豐出版公司　1996　p. 242
李致忠　古代版印通論　紫禁城出版社　2000　p. 84
張總　《閻羅王授記經》綴補研考　敦煌吐魯番研究（第五卷）　北京大學出版社　2001　p. 92
張總　地藏信仰研究　宗教文化出版社　2003　p. 110
黨燕妮　晚唐五代敦煌的十王信仰　麥積山石窟藝術文化論文集（下）　蘭州大學出版社　2004

p. 153
李致忠　敦煌遺書中的裝幀形式與書史研究中的裝幀形制　敦煌與絲路文化學術講座(第二輯)　北京圖書館出版社　2005　p. 90
汪泛舟　敦煌俗別字新考(上)《敦煌研究》2006 年第 1 期　p. 107

S. 5532

饒宗頤　神會門下摩訶衍之入藏兼論禪門南北宗之調和問題　香港大學五十周年紀念論文集　香港大學　1968　又見:唐代研究論集(第四輯)　(臺北)新文豐出版公司　1992　p. 345 ; 中國敦煌學百年文庫·民族卷(二)　甘肅文化出版社　1999　p. 89
岡部和雄　疑僞經典　敦煌仏典と禪(講座敦煌 8)　(東京)大東出版社　1980　p. 365
柳田聖山　敦煌の禪籍と矢吹慶輝　敦煌仏典と禪(講座敦煌 8)　(東京)大東出版社　1980　p. 8
田中良昭　念仏禪と後期北宗禪　敦煌仏典と禪(講座敦煌 8)　(東京)大東出版社　1980　p. 234
饒宗頤　論敦煌陷於吐蕃之年代　選堂集林·史林　(香港)中華書局　1982　p. 701
田中良昭　敦煌禪宗文獻の研究　(東京)大東出版社　1983　p. 242、506
戴密微著　耿昇譯　敦煌學近作　敦煌譯叢(第一輯)　甘肅人民出版社　1985　p. 97
上山大峻　敦煌佛教の研究　(京都)法藏館　1990　p. 420
趙益　敦煌卷子中三種禪宗文獻考辨　古典文獻研究　南京大學出版社　1992　又見:中國敦煌學百年文庫·宗教卷(二)　甘肅文化出版社　1999　p. 325
冉雲華　敦煌遺書與中國禪宗歷史研究　"中國唐代學會"會刊(第四期)　(臺北)"中國唐代學會"　1993　p. 56
索仁森著　李吉和譯　敦煌漢文禪籍特徵概觀　《敦煌研究》1994 年第 1 期　p. 113
田中良昭　敦煌の禪籍　禪學研究入門　(東京)大東出版社　1994　p. 59
胡戟　傅玫　敦煌史話　中華書局　1995　p. 131
柳田聖山　禪籍解題(一)·敦煌禪籍　俗語言研究(第二期)　(京都)禪文化研究所　1995　p. 132、147
柳田聖山撰　劉方譯　敦煌禪籍總說　《敦煌學輯刊》1996 年第 2 期　p. 111
孫昌武　禪思與詩情　中華書局　1997　p. 520
楊曾文　禪宗北宗及禪法　佛教與中國傳統文化　宗教文化出版社　1997　p. 449
方廣錩　禪門經　敦煌學大辭典　上海辭書出版社　1998　p. 734
方廣錩　觀心論　敦煌學大辭典　上海辭書出版社　1998　p. 724
李致忠　古代版印通論　紫禁城出版社　2000　p. 80
榮新江　《英藏敦煌文獻》定名商補　文史(第五十二輯)　中華書局　2000　p. 118
徐俊　敦煌詩集殘卷輯考　中華書局　2000　p. 893
李致忠　敦煌遺書中的裝幀形式與書史研究中的裝幀形制　敦煌與絲路文化學術講座(第二輯)　北京圖書館出版社　2005　p. 77

S. 5533

田中良昭　念仏禪と後期北宗禪　敦煌仏典と禪(講座敦煌 8)　(東京)大東出版社　1980　p. 239
田中良昭　敦煌禪宗文獻の研究　(東京)大東出版社　1983　p. 252、506
陳祚龍　關於敦煌古抄《頓悟大乘秘密心契禪門法》偈子　《海潮音》1984 年第 65 卷第 4 期　又見:中國敦煌學百年文庫·宗教卷(二)　甘肅文化出版社　1999　p. 143
陳祚龍　繼行新發現,續作新發明:敦煌學散策之五　敦煌學(第 10 輯)　(臺北)新文豐出版公司

1985　p. 22　又見:敦煌學林劄記　(臺北)商務印書館　1987　p. 380
原田覺　吐蕃譯經史　敦煌胡語文獻(講座敦煌 6)　(東京)大東出版社　1985　p. 442
上山大峻　敦煌佛教の研究　(京都)法藏館　1990　p. 410
田中良昭　敦煌の禪籍　禪學研究入門　(東京)大東出版社　1994　p. 65
柳田聖山　禪籍解題(一)・敦煌禪籍　俗語言研究(第二期)　(京都)禪文化研究所　1995　p. 140
方廣錩　頓悟真宗金剛般若修行達彼岸法門要決　敦煌學大辭典　上海辭書出版社　1998　p. 726
李德龍　頓悟真宗要決古藏文譯本　敦煌學大辭典　上海辭書出版社　1998　p. 485
李致忠　古代版印通論　紫禁城出版社　2000　p. 81
榮新江　《英藏敦煌文獻》定名商補　文史(第五十二輯)　中華書局　2000　p. 122　又見:敦煌學新論　甘肅教育出版社　2002　p. 197
李致忠　敦煌遺書中的裝幀形式與書史研究中的裝幀形制　敦煌與絲路文化學術講座(第二輯)　北京圖書館出版社　2005　p. 77

S. 5534

芳村修基　土橋秀高　井ノ口泰淳　敦煌佛教史年表　西域文化研究(第一)・敦煌佛教資料　(京都)法藏館　1958　p. 274
陳祚龍　中世敦煌與成都之間的交通路線:敦煌學散策之一　敦煌學(第 1 輯)　(香港)新亞研究所敦煌學會　1974　p. 81　又見:敦煌資料考屑(下冊)　(臺北)商務印書館　1979　p. 337 ;唐代研究論集(第三輯)　(臺北)新文豐出版公司　1992　p. 437
陳祚龍　敦煌古抄內典尾記彙校初、二、三編合刊　敦煌學要籥　(臺北)新文豐出版公司　1982　p. 154
李正宇　關於金山國和敦煌國建國的幾個問題　《西北史地》1987 年第 2 期　p. 64
平野顯照著　張桐生譯　唐代的文學與佛教　(臺北)業强出版社　1987　p. 256
周丕顯　敦煌佛經略考　《敦煌學輯刊》1987 年第 2 期　p. 4
舒學　敦煌漢文遺書中雕版印刷資料綜叙　敦煌語言文學研究　北京大學出版社　1988　p. 295
池田溫　中國古代寫本識語集録　(東京)大藏出版株式會社　1990　p. 449
林聰明　從敦煌文書看佛教徒的造經祈福　第二屆敦煌學國際研討會論文集　(臺北)漢學研究中心　1990　p. 537
龍晦　敦煌與五代兩蜀文化　《敦煌研究》1990 年第 2 期　p. 100
文初　讀敦煌卷子劄記二則　《敦煌語言文學研究通訊》1990 年第 2 - 3 期　p. 7
文初　關於敦煌卷子中的"八十二老人"　《社科縱橫》1990 年第 6 期　p. 39
林聰明　敦煌文書學　(臺北)新文豐出版公司　1991　p. 339
榮新江　金山國史辨正　中華文史論叢(總 50 輯)　上海古籍出版社　1992　p. 74
李正宇　敦煌文學概論　甘肅人民出版社　1993　p. 97
蘇遠鳴　敦煌佛教肖像劄記　法國學者敦煌學論文選萃　中華書局　1993　p. 198 注 11
方廣錩　敦煌文獻中的《金剛經》及其注疏　《新疆文物》1995 年第 1 期　p. 46　又見:敦煌學佛教學論叢(上)　中國佛教文化研究所　1998　p. 375
胡戟　傅玫　敦煌史話　中華書局　1995　p. 199
顔廷亮　敦煌文學概說　(臺北)新文豐出版公司　1995　p. 224
顔廷亮　張球著作系年與生平管窺　敦煌學國際研討會文集・史地語文編　遼寧美術出版社　1995　p. 262
鄭阿財　敦煌寫卷《持誦金剛經靈驗功德記》研究　全國敦煌學研討會論文集　(臺北)中正大學中

國文學系所 1995 p. 269
李正宇 敦煌史地新論 (臺北)新文豐出版公司 1996 p. 196
榮新江 歸義軍史研究 上海古籍出版社 1996 p. 215
鄭阿財 敦煌靈應小說的佛教史學價值 唐研究國際學術會議論文彙編 中國社會科學院歷史研究所 1997 p. 192 又見:唐研究(第四卷) 北京大學出版社 1998 p. 41
鄭炳林 敦煌碑銘讚輯釋 甘肅教育出版社 1997 p. 296 注 3
白化文 西川過家真印本 敦煌學大辭典 上海辭書出版社 1998 p. 590
方廣錩 金剛般若波羅蜜經 敦煌學大辭典 上海辭書出版社 1998 p. 682
孫繼民 天祐三年某翁寫大身真言記 敦煌學大辭典 上海辭書出版社 1998 p. 458
妹尾達彥 唐代長安東市の印刷業 東アジア史における國家と地域 (東京)刀水書房 1999 p. 230
李致忠 古代版印通論 紫禁城出版社 2000 p. 84
張總 《閻羅王授記經》綴補研考 敦煌吐魯番研究(第五卷) 北京大學出版社 2001 p. 96
姜亮夫 敦煌莫高窟年表 姜亮夫全集(十一) 雲南人民出版社 2002 p. 455
釋永有 敦煌遺書中的金剛經 敦煌佛教藝術文化國際學術研討會論文集 蘭州大學出版社 2002 p. 37
顏廷亮 有關張球生平及其著作的一件新見文獻 《敦煌研究》2002 年第 5 期 p. 103
李小榮 敦煌密教文獻論稿 人民文學出版社 2003 p. 309
杜正乾 唐代的《金剛經》信仰 《敦煌研究》2004 年第 5 期 p. 54
李致忠 敦煌遺書中的裝幀形式與書史研究中的裝幀形制 敦煌與絲路文化學術講座(第二輯) 北京圖書館出版社 2005 p. 90

S. 5535

道端良秀 敦煌文獻に見える死後の世界 敦煌と中國仏教(講座敦煌 7) (東京)大東出版社 1984 p. 513
福井文雅 般若心經 敦煌と中國仏教(講座敦煌 7) (東京)大東出版社 1984 p. 39
金岡照光 敦煌における地獄文獻:敦煌庶民信仰の一樣相 敦煌と中國仏教(講座敦煌 7) (東京)大東出版社 1984 p. 579
李致忠 古代版印通論 紫禁城出版社 2000 p. 85
李致忠 敦煌遺書中的裝幀形式與書史研究中的裝幀形制 敦煌與絲路文化學術講座(第二輯) 北京圖書館出版社 2005 p. 91

S. 5536

李致忠 古代版印通論 紫禁城出版社 2000 p. 85
李致忠 敦煌遺書中的裝幀形式與書史研究中的裝幀形制 敦煌與絲路文化學術講座(第二輯) 北京圖書館出版社 2005 p. 91

S. 5537

廣川堯敏 禮讃 敦煌と中國仏教(講座敦煌 7) (東京)大東出版社 1984 p. 470
上山大峻 敦煌佛教の研究 (京都)法藏館 1990 p. 19、57
杜愛英 敦煌遺書中俗體字的諸種類型 《敦煌研究》1992 年第 3 期 p. 126
方廣錩 唯識三十論要釋 敦煌學大辭典 上海辭書出版社 1998 p. 715

李致忠　古代版印通論　紫禁城出版社　2000　p. 81
李致忠　敦煌遺書中的裝幀形式與書史研究中的裝幀形制　敦煌與絲路文化學術講座(第二輯)　北京圖書館出版社　2005　p. 77

S. 5538

張傳璽　中國歷代契約會編考釋(上)　北京大學出版社　1995　p. 658 注 1
杜偉生　中國古籍修復與裝裱技術圖解　北京圖書館出版社　2003　p. 454

S. 5539

金岡照光　ソビエトにおける敦煌研究文獻三種　『東洋學報』(48 卷 1 號)　(東京)東洋學術協會　1965　p. 121
陳祚龍　新校重訂敦煌寫本《十空讚》表隱　敦煌資料考屑(上冊)　(臺北)商務印書館　1979　p. 107、124 注 3
加地哲定　增補中國佛教文學研究　(東京)同朋舍　1979　p. 201、216
鄭阿財　敦煌孝道文學研究　(臺北)石門圖書公司　1982　p. 530
任半塘　敦煌歌辭總編　上海古籍出版社　1987　p. 1071、1132
加地哲定著　劉衛星譯　中國佛教文學　今日中國出版社　1990　p. 172、185
高國藩　敦煌民俗資料導論　(臺北)新文豐出版公司　1993　p. 131
柴劍虹　出家讚　敦煌學大辭典　上海辭書出版社　1998　p. 544
李致忠　古代版印通論　紫禁城出版社　2000　p. 85
李致忠　敦煌遺書中的裝幀形式與書史研究中的裝幀形制　敦煌與絲路文化學術講座(第二輯)　北京圖書館出版社　2005　p. 91

S. 5540

王重民　敦煌曲子詞集　商務印書館　1950　p. 11
金岡照光　敦煌漢文文學文獻の文學形態上の種類とその分類　敦煌出土文學文獻分類目録・附解說　(東京)東洋文庫　1971　p. 218
金岡照光　敦煌文學のさまざま　敦煌の文學　(東京)大蔵出版株式會社　1971　p. 143
饒宗頤　大英博物館藏 S. 5540 敦煌大冊之曲子詞　(香港)《新亞學報》1974 年第 11 期　又見:中國敦煌學百年文庫・文學卷(二)　甘肅文化出版社　1999　p. 271
金榮華　敦煌俗文學　中國之文化復興　(臺北)中國文化東西出版部　1981　又見:中國敦煌學百年文庫・文學卷(五)　甘肅文化出版社　1999　p. 198
潘重規　敦煌詞話　(臺北)石門圖書公司　1981　p. 34、79
潘重規　敦煌卷子俗寫文字與俗文學之研究　敦煌變文論輯　(臺北)石門圖書公司　1981　p. 301
陳祚龍　敦煌古抄文獻會最　(臺北)新文豐出版公司　1982　p. 327(圖版)
蘇瑩輝　"敦煌曲"評介　敦煌論集續編　(臺北)學生書局　1983　p. 305
陳祚龍　百尺竿頭,更進一步:敦煌學散策之三　敦煌學(第 7 輯)　(臺北)新文豐出版公司　1984　p. 72　又見:敦煌學林劄記　(臺北)商務印書館　1987　p. 83
潘重規　敦煌變文集新書(下)　(臺北)"中國文化大學"中文研究所　1984　p. 1149
陳人之　八十年來我國之敦煌學　敦煌學論集　甘肅人民出版社　1985　p. 38
陳祚龍　關於中世敦煌流行的某些"偈"或"偈子"　中華佛教文化史散策(四集)　(臺北)新文豐出版公司　1986　p. 175

簡濤　敦煌本《燕子賦》考論　《敦煌研究》1986 年第 3 期　p. 31
王重民原編　黄永武新編　敦煌古籍叙録新編(第十册)　(臺北)新文豐出版公司　1986　p. 92
鄧文寬　跋敦煌寫本《百行章》　1983 年全國敦煌學術討論會文集・文史遺書編(下)　甘肅人民出版社　1987　p. 104
任半塘　敦煌歌辭總編　上海古籍出版社　1987　p. 358、885
張鴻勳　敦煌講唱文學作品選注　甘肅人民出版社　1987　p. 60
柴劍虹　徐俊　敦煌詞輯校四談　《敦煌學輯刊》1988 年第 1、2 期　p. 55　又見:西域文史論稿　(臺北)國文天地雜誌社　1991　p. 501
張鴻勳　敦煌《燕子賦》(甲本)研究　敦煌語言文學研究　北京大學出版社　1988　p. 178
張錫厚　關於整理《敦煌賦集》的幾個問題　敦煌語言文學論文集　浙江古籍出版社　1988　p. 227
張錫厚　賦　敦煌文學　甘肅人民出版社　1989　p. 135
郭在貽　張涌泉　黄征　敦煌變文集校議　岳麓書社　1990　p. 167
胡平生　《敦煌〈百行章〉校釋》補正　敦煌吐魯番文獻研究論集(第五輯)　北京大學出版社　1990　p. 279
任半塘　王昆吾　隋唐五代燕樂雜言歌辭集　巴蜀書社　1990　p. 1385
項楚　敦煌變文選注　巴蜀書社　1990　p. 375
柴劍虹　列寧格勒藏敦煌《長安詞》寫卷分析　西域文史論稿　(臺北)國文天地雜誌社　1991　p. 324
金岡照光　曲子詞類　敦煌の文學文獻(講座敦煌 9)　(東京)大東出版社　1992　p. 397
金岡照光　散文體類　敦煌の文學文獻(講座敦煌 9)　(東京)大東出版社　1992　p. 175
周紹良　敦煌文學芻議及其它　(臺北)新文豐出版公司　1992　p. 20
榮新江　饒宗頤教授與敦煌學研究　"中國唐代學會"會刊(第四期)　(臺北)"中國唐代學會"　1993　p. 41　又見:選堂文史論苑　上海古籍出版社　1994　p. 268
張鴻勳　敦煌話本詞文俗賦導論　(臺北)新文豐出版公司　1993　p. 184
伏俊璉　敦煌賦校注　甘肅人民出版社　1994　p. 2
金賢珠　唐五代敦煌民歌　(臺北)文史哲出版社　1994　p. 59、139
王書慶　敦煌佛學・佛事篇　甘肅民族出版社　1995　p. 213
張錫厚　敦煌本唐集研究　(臺北)新文豐出版公司　1995　p. 413
饒宗頤　長安詞、山花子及其他　敦煌曲續論　(臺北)新文豐出版公司　1996　p. 21
饒宗頤　《雲謠集》一些問題的檢討　敦煌曲續論　(臺北)新文豐出版公司　1996　p. 107
王昆吾　隋唐五代燕樂雜言歌辭研究　中華書局　1996　p. 413
張錫厚　敦煌賦彙　(臺北)新文豐出版公司　1996　p. 9、395
黄征　張涌泉　敦煌變文校注　中華書局　1997　p. 23、380
汪泛舟　敦煌詩詞補正與考源　《敦煌研究》1997 年第 3 期　p. 106
白化文　百行章　敦煌學大辭典　上海辭書出版社　1998　p. 782
程毅中　柴劍虹　燕子賦　敦煌學大辭典　上海辭書出版社　1998　p. 588
孫其芳　山花子　敦煌學大辭典　上海辭書出版社　1998　p. 531
孫其芳　鳴沙遺音:敦煌詞選評　甘肅人民出版社　2000　p. 109
汪泛舟　敦煌古代兒童課本　甘肅人民出版社　2000　p. 156
徐俊　敦煌詩集殘卷輯考　中華書局　2000　p. 812
張鴻勳　説唱藝術奇葩:敦煌變文選評　甘肅人民出版社　2000　p. 75
張錫厚　敦煌文學源流　作家出版社　2000　p. 201、255

郝春文　英藏敦煌社會歷史文獻釋録(第一卷)　科學出版社　2001　p. 320
林聰明　敦煌吐魯番文書解詁指例　(臺北)新文豐出版公司　2001　p. 75
林仁昱　論敦煌佛教歌曲特質與"弘法"的關係　敦煌學(第23輯)　(臺北)樂學書局有限公司　2002　p. 68
張鴻勳　敦煌俗文學研究　甘肅人民出版社　2002　p. 171
鄭阿財　朱鳳玉　敦煌蒙書研究　甘肅教育出版社　2002　p. 322
黄征　《燕子賦》研究　《敦煌研究》2003年第1期　p. 38
湯涒　敦煌曲子詞地域文化研究　上海古籍出版社　2004　p. 41、220
湯涒　敦煌曲子詞寫本敘略　敦煌學國際研討會論文集　北京圖書館出版社　2005　p. 204

S. 5541

鄭阿財　敦煌孝道文學研究　(臺北)石門圖書公司　1982　p. 84
李正宇　唐宋時代的敦煌學校《敦煌研究》1986年第1期　p. 45
杜愛英　敦煌遺書中俗體字的諸種類型　《敦煌研究》1992年第3期　p. 120
李錦繡　典在唐前期財務行政中的作用　學人(第三輯)　江蘇文藝出版社　1992　p. 342
李正宇　敦煌史地新論　(臺北)新文豐出版公司　1996　p. 188
張涌泉　敦煌俗字研究導論　(臺北)新文豐出版公司　1996　p. 271
張金泉　敦煌佛經音義寫卷述要　《敦煌研究》1997年第2期　p. 121
柴劍虹　開元皇帝勸十齋讚　敦煌學大辭典　上海辭書出版社　1998　p. 546
李正宇　敦煌學校教師　敦煌學大辭典　上海辭書出版社　1998　p. 596
龍晦　敦煌文獻所見唐玄宗的宗教活動　1994年敦煌學國際研討會文集·宗教文史卷(上)　甘肅民族出版社　2000　p. 31
徐俊　敦煌詩集殘卷輯考　中華書局　2000　p. 893
張總　地藏菩薩十齋日　藏外佛教文獻(第七輯)　宗教文化出版社　2000　p. 350
李小榮　敦煌密教文獻論稿　人民文學出版社　2003　p. 305
黨燕妮　毗沙門天王信仰在敦煌的流傳《敦煌研究》2005年第3期　p. 101

S. 5542

蕭登福　道教與密宗　(臺北)新文豐出版公司　1993　p. 432
蕭登福　道教與佛教　(臺北)東大圖書公司　1995　p. 56

S. 5543

鄭阿財　敦煌蒙書析論　第二屆敦煌學國際研討會論文集　(臺北)漢學研究中心　1990　p. 227
蕭登福　道教術儀與密教典籍　(臺北)新文豐出版公司　1994　p. 427
李小榮　敦煌密教文獻論稿　人民文學出版社　2003　p. 309

S. 5544

陳祚龍　中世敦煌與成都之間的交通路線:敦煌學散策之一　敦煌學(第1輯)　(香港)新亞研究所敦煌學會　1974　p. 81　又見:敦煌資料考屑(下冊)　(臺北)商務印書館　1979　p. 337；唐代研究論集(第三輯)　(臺北)新文豐出版公司　1992　p. 437
陳祚龍　敦煌古抄内典尾記彙校初、二、三編合刊　敦煌學要籥　(臺北)新文豐出版公司　1982　p. 154

金岡照光　敦煌における地獄文獻:敦煌庶民信仰の一様相　敦煌と中國仏教(講座敦煌 7)　(東京)大東出版社　1984　p. 575

王重民　記敦煌寫本的佛經　敦煌遺書論文集　中華書局　1984　p. 299

平野顯照著　張桐生譯　唐代的文學與佛教　(臺北)業强出版社　1987　p. 256

周丕顯　敦煌佛經略考　《敦煌學輯刊》1987 年第 2 期　p. 4

舒學　敦煌漢文遺書中雕版印刷資料綜叙　敦煌語言文學研究　北京大學出版社　1988　p. 296

蕭登福　敦煌所見十九種《閻羅受記經(佛説十王經)》之校勘　敦煌俗文學論叢　(臺北)商務印書館　1988　p. 252

蕭登福　敦煌寫卷《佛説十王經》之探討　敦煌俗文學論叢　(臺北)商務印書館　1988　p. 175、238

杜斗城　敦煌本《佛説十王經》校録研究　甘肅教育出版社　1989　p. 75

池田溫　中國古代寫本識語集録　(東京)大藏出版株式會社　1990　p. 454

林聰明　從敦煌文書看佛教徒的造經祈福　第二屆敦煌學國際研討會論文集　(臺北)漢學研究中心　1990　p. 535

龍晦　敦煌與五代兩蜀文化　《敦煌研究》1990 年第 2 期　p. 100

林聰明　敦煌文書學　(臺北)新文豐出版公司　1991　p. 326、339

榮新江　金山國史辨正　中華文史論叢(總 50 輯)　上海古籍出版社　1992　p. 74

高國藩　敦煌民俗資料導論　(臺北)新文豐出版公司　1993　p. 116

蘇遠鳴　敦煌佛教肖像劄記　法國學者敦煌學論文選萃　中華書局　1993　p. 198 注 11

杜斗城　北涼譯經論　甘肅文化出版社　1995　p. 43

方廣錩　敦煌文獻中的《金剛經》及其注疏　《新疆文物》1995 年第 1 期　p. 46　又見:敦煌學佛教學論叢(上)　中國佛教文化研究所　1998　p. 372

王書慶　從敦煌文獻看敦煌佛教文化與中原佛教文化的交流　敦煌佛教文獻研究　敦煌研究院文獻研究所　1995　p. 28

蕭登福　道教與佛教　(臺北)東大圖書公司　1995　p. 155

顔廷亮　敦煌文學概説　(臺北)新文豐出版公司　1995　p. 170

鄭阿財　敦煌寫卷《持誦金剛經靈驗功德記》研究　全國敦煌學研討會論文集　(臺北)中正大學中國文學系所　1995　p. 269

榮新江　歸義軍史研究　上海古籍出版社　1996　p. 216

蕭登福　道佛十王地獄説　(臺北)新文豐出版公司　1996　p. 21、270

顔廷亮　敦煌西漢金山國檔案文獻考略　《甘肅社會科學》1996 年第 5 期　p. 93

鄭阿財　敦煌靈應小説的佛教史學價值　唐研究國際學術會議論文彙編　中國社會科學院歷史研究所　1997　p. 192　又見:唐研究(第四卷)　北京大學出版社　1998　p. 41

白化文　西川過家真印本　敦煌學大辭典　上海辭書出版社　1998　p. 590

方廣錩　金剛般若波羅蜜經　敦煌學大辭典　上海辭書出版社　1998　p. 682

方廣錩　閻羅王授記勸修七齋功德經　敦煌學大辭典　上海辭書出版社　1998　p. 739

羅世平　地藏十王圖像的遺存及其信仰　唐研究(第四卷)　北京大學出版社　1998　p. 409 注 2

劉銘恕　再記英國倫敦所藏的敦煌經卷　中國敦煌學百年文庫・綜述卷(二)　甘肅文化出版社　1999　p. 131

妹尾達彦　唐代長安東市の印刷業　東アジア史における國家と地域　(東京)刀水書房　1999　p. 230

謝桃坊　敦煌文化尋繹　四川人民出版社　1999　p. 87

楊秀清　敦煌西漢金山國史　甘肅人民出版社　1999　p. 139

艾麗白　上古和中古時代中國的動物喪葬活動　法國漢學(敦煌學專號)　中華書局　2000　p. 139
金岡照光　敦煌文獻と中國文學　(東京)五曜書房　2000　p. 430
顔廷亮　敦煌西漢金山國之文學考論　1994 年敦煌學國際研討會文集・宗教文史卷(上)　甘肅民族出版社　2000　p. 207
林聰明　敦煌吐魯番文書解詁指例　(臺北)新文豐出版公司　2001　p. 174
馬德　敦煌寫經題記的社會意義　法源(第 19 期)　中國佛學院　2001　p. 83
譚蟬雪　喪祭與齋忌　敦煌學與中國史研究論集　甘肅人民出版社　2001　p. 228
張總　《閻羅王授記經》綴補研考　敦煌吐魯番研究(第五卷)　北京大學出版社　2001　p. 92
李正宇　唐宋時期敦煌佛經性質功能的變化　戒幢佛學(第二卷)　岳麓書社　2002　p. 24　又見:中日敦煌佛教學術會議論文集　中國社會科學院研究所　2002　p. 20
馬茜　歸義軍時期敦煌地區庶民佛教的發展　甘肅民族研究論叢　甘肅人民出版社　2002　p. 463
釋永有　敦煌遺書中的金剛經　敦煌佛教藝術文化國際學術研討會論文集　蘭州大學出版社　2002　p. 37
黨燕妮　晚唐五代敦煌的十王信仰　麥積山石窟藝術文化論文集(下)　蘭州大學出版社　2004　p. 153
荒見泰史　關於地藏十王信仰成立和演變的有關資料數則　2004 年石窟研究國際學術會議論文提要集　敦煌研究院　2004　p. 62

S. 5545

陳鐵凡　敦煌本孝經考略　(臺中)《東海學報》1978 年第 19 卷　又見:中國敦煌學百年文庫・文獻卷(二)　甘肅文化出版社　1999　p. 493
李德超　敦煌本孝經校讎　第二屆敦煌學國際研討會論文集　(臺北)漢學研究中心　1990　p. 104
土田健次郎　儒教典籍　敦煌漢文文獻(講座敦煌 5)　(東京)大東出版社　1992　p. 269
杜琦　敦煌文學概論　甘肅人民出版社　1993　p. 533

S. 5546

譚蟬雪　敦煌婚姻文化　甘肅人民出版社　1993　p. 54
黃征　吳偉　敦煌願文集　岳麓書社　1995　p. 397
黃征　敦煌願文考論　敦煌語文叢說　(臺北)新文豐出版公司　1997　p. 580、591
馬德　咒願　敦煌學大辭典　上海辭書出版社　1998　p. 440
饒宗頤　談佛教的發願文　敦煌吐魯番研究(第四卷)　北京大學出版社　1999　p. 480
宋家鈺　佛教齋文源流與敦煌本"齋文"書的復原　英國收藏敦煌漢藏文獻研究:紀念敦煌文獻發現一百周年　中國社會科學出版社　2000　p. 298
徐俊　敦煌詩集殘卷輯考　中華書局　2000　p. 220、465
黃征　敦煌語言文字學研究　甘肅教育出版社　2002　p. 165
曾良　俗字與古籍整理舉隅《中國典籍與文化》2003 年第 2 期　p. 64
汪泛舟　敦煌俗別字新考(上)《敦煌研究》2006 年第 1 期　p. 105
趙跟喜　敦煌唐宋時期的女子教育初探《敦煌研究》2006 年第 2 期　p. 95

S. 5547

向達　倫敦所藏敦煌卷子經眼目録　《北平圖書館圖書季刊》1939 年新第 1 卷第 4 期　p. 397　又見:唐代長安與西域文明　三聯書店　1957　p. 229

周紹良　敦煌所出變文現存目録　敦煌變文彙録　上海出版公司　1955　p. 10
劉銘恕　再記英國倫敦所藏的敦煌經卷　《中國科學院圖書館通訊》1957 年第 7 期　又見：中國敦煌學百年文庫・綜述卷（二）　甘肅文化出版社　1999　p. 136
邵榮芬　敦煌俗文學中的別字異文和唐五代西北方音　《中國語文》1963 年第 3 期　又見：中國敦煌學百年文庫・語言文字卷（一）　甘肅文化出版社　1999　p. 135
楊家駱　敦煌變文　（臺北）世界書局　1980　p. 164
潘重規　敦煌變文新論　敦煌變文論輯　（臺北）石門圖書公司　1981　p. 174
傅芸子　敦煌俗文學之發見及其展開　敦煌變文論文録　上海古籍出版社　1982　p. 138
周紹良　談唐代民間文學　敦煌變文論文録　上海古籍出版社　1982　p. 412　又見：紹良叢稿　齊魯書社　1984　p. 54
潘重規　敦煌變文集新書（下）　（臺北）"中國文化大學"中文研究所　1984　p. 1039
王重民　前漢劉宋太子傳　敦煌變文集　人民文學出版社　1984　p. 164
張鴻勳　敦煌講唱文學作品選注　甘肅人民出版社　1987　p. 251
周紹良　唐代變文及其它　敦煌文學作品選　中華書局　1987　p. 4
劉銘恕　敦煌遺書考（二）　文史（第二十九輯）　中華書局　1988　p. 286
郭在貽　張涌泉　黄征　敦煌變文集校議　岳麓書社　1990　p. 122
金岡照光　講唱體類　敦煌の文學文獻（講座敦煌 9）　（東京）大東出版社　1992　p. 110
金岡照光　散文體類　敦煌の文學文獻（講座敦煌 9）　（東京）大東出版社　1992　p. 234
林家平　寧强　羅華慶　中國敦煌學史　北京語言學院出版社　1992　p. 337
周紹良　敦煌文學芻議及其它　（臺北）新文豐出版公司　1992　p. 68
黄征　張涌泉　敦煌變文校注　中華書局　1997　p. 245
劉子瑜　敦煌變文和王梵志詩　大象出版社　1997　p. 38
海客　前漢劉家太子傳　敦煌學大辭典　上海辭書出版社　1998　p. 577
潘重規　敦煌《雲謠集》新書　雲謠集研究彙録　上海古籍出版社　1998　p. 190
周紹良　張涌泉　黄征　敦煌變文講經文因緣輯校（上）　江蘇古籍出版社　1998　p. 125
梅維恒著　楊繼東　陳引馳譯　唐代變文（上）　（香港）中國佛教文化出版公司　1999　p. 72
張鴻勳　敦煌俗文學研究　甘肅人民出版社　2002　p. 8
荒見泰史　敦煌本夢書雜識　漢語史學報專輯（第三輯）　上海教育出版社　2003　p. 339
柴劍虹　敦煌古小説淺談　敦煌與絲路文化學術講座（第二輯）　北京圖書館出版社　2005　p. 268

S. 5548

黄征　吴偉　敦煌願文集　岳麓書社　1995　p. 53
宋家鈺　佛教齋文源流與敦煌本"齋文"書的復原　英國收藏敦煌漢藏文獻研究：紀念敦煌文獻發現一百周年　中國社會科學出版社　2000　p. 297、316
張鴻勳　敦煌俗文學研究　甘肅人民出版社　2002　p. 314
余欣　禁忌、儀式與法術　唐代宗教信仰與社會　上海辭書出版社　2003　p. 322

S. 5549

向達　記倫敦所藏的敦煌俗文學　《新中華雜誌》1937 年第 5 卷第 13 號　p. 123－128　又見：唐代長安與西域文明　三聯書店　1957　p. 241；敦煌變文論文録　上海古籍出版社　1982　p. 30
向達　倫敦所藏敦煌卷子經眼目録　《北平圖書館圖書季刊》1939 年新第 1 卷第 4 期　p. 397　又見：唐代長安與西域文明　三聯書店　1957　p. 229

邵榮芬　敦煌俗文學中的別字異文和唐五代西北方音　《中國語文》1963 年第 3 期　又見:中國敦煌學百年文庫·語言文字卷(一)　甘肅文化出版社　1999　p. 125

金岡照光　敦煌漢文文學文獻の文學形態上の種類とその分類　敦煌出土文學文獻分類目録·附解說　(東京)東洋文庫　1971　p. 232

金岡照光　敦煌漢文文學文獻の寫本及び影印の收集保存、整理研究の現狀　敦煌出土文學文獻分類目録·附解說　(東京)東洋文庫　1971　p. 174

金岡照光　敦煌文學のさまざま　敦煌の文學　(東京)大藏出版株式會社　1971　p. 155

蘇瑩輝　"敦煌曲"評介　《香港中文大學學報》1974 年第 1 期　又見:敦煌論集續編　(臺北)學生書局　1983　p. 311；中國敦煌學百年文庫·藝術卷(一)　甘肅文化出版社　1999　p. 373

加地哲定　增補中國佛教文學研究　(東京)同朋舍　1979　p. 193

潘重規　敦煌詞話　(臺北)石門圖書公司　1981　p. 103

鄭阿財　敦煌孝道文學研究　(臺北)石門圖書公司　1982　p. 533

任半塘　敦煌歌辭總編　上海古籍出版社　1987　p. 1315、1365

鄭阿財　敦煌寫本定格聯章《百歲篇》研究　(臺北)《木鐸》1987 年第 11 期　又見:中國敦煌學百年文庫·文學卷(四)　甘肅文化出版社　1999　p. 312

高國藩　敦煌曲子詞中的詠花詞　《鹽城師專學報》1988 年第 3 期　p. 34

高國藩　古敦煌民間遊戲　學林漫録(十二集)　中華書局　1988　p. 74

劉進寶　俚曲小調　敦煌文學　甘肅人民出版社　1989　p. 229

池田溫　中國古代寫本識語集録　(東京)大藏出版株式會社　1990　p. 524

加地哲定著　劉衛星譯　中國佛教文學　今日中國出版社　1990　p. 166

任半塘　王昆吾　隋唐五代燕樂雜言歌辭集　巴蜀書社　1990　p. 1576

金岡照光　総說『敦煌文學の諸形態』　敦煌の文學文獻(講座敦煌 9)　(東京)大東出版社　1992　p. 11

林家平　寧强　羅華慶　中國敦煌學史　北京語言學院出版社　1992　p. 105

鄭阿財　敦煌文獻與文學　(臺北)新文豐出版公司　1993　p. 160、167

高國藩　敦煌數字與俗文化　慶祝潘石禪先生九秩華誕敦煌學特刊　(臺北)文津出版社　1996　p. 186

盛冬鈴　緇門百歲篇　敦煌學大辭典　上海辭書出版社　1998　p. 543

高國藩　敦煌俗文化學　上海三聯書店　1999　p. 23、34、589

徐俊　敦煌詩集殘卷輯考　中華書局　2000　p. 629

張錫厚　敦煌文學源流　作家出版社　2000　p. 345

湯涒　敦煌曲子詞地域文化研究　上海古籍出版社　2004　p. 24

湯涒　敦煌曲子詞寫本敘略　敦煌學國際研討會論文集　北京圖書館出版社　2005　p. 195

S. 5550

饒宗頤　敦煌吐魯番本文選　中華書局　2000　p. 73(圖版)

徐俊　評《敦煌吐魯番本文選》、《敦煌本〈昭明文選〉研究》、《敦煌本〈文選注〉箋證》、《文選版本研究》　敦煌吐魯番研究(第五卷)　北京大學出版社　2001　p. 381

S. 5551

高田時雄　チベット文字書寫「長卷」の研究(本文編)　『東方學報』(第 65 號)　京都大學人文科學研究所　1993　p. 372

蕭登福　道教與佛教　(臺北)東大圖書公司　1995　p. 154
張總　地藏菩薩十齋日　藏外佛教文獻(第七輯)　宗教文化出版社　2000　p. 350

S. 5552

高田時雄　チベット文字書寫「長卷」の研究(本文编)　『東方學報』(第 65 号)　京都大學人文科學研究所　1993　p. 369
井ノロ泰淳　敦煌本『仏名經』の諸系統　中央アジアの言語と仏教　(京都)法藏館　1995　p. 320
井ノロ泰淳　敦煌本「禮懺文」　中央アジアの言語と仏教　(京都)法藏館　1995　p. 359

S. 5553

蕭登福　從敦煌寫卷中看道教星斗崇拜對佛經之影響　第二屆敦煌學國際研討會論文集　(臺北)漢學研究中心　1990　p. 344
菅原信海　占筮書　敦煌漢文文獻(講座敦煌 5)　(東京)大東出版社　1992　p. 457
蕭登福　道教星斗符印與佛教密宗　(臺北)新文豐出版公司　1993　p. 55
蕭登福　敦煌寫卷及藏經中所見受道教影響的星壇及幡燈續命思想　慶祝潘石禪先生九秩華誕敦煌學特刊　(臺北)文津出版社　1996　p. 468
段小强　敦煌文書中所見的古代喪儀　《西北民族研究》1999 年第 1 期　p. 213
黄正建　敦煌祿命類文書述略　中國社會科學院歷史研究所學刊(第一集)　社會科學文獻出版社　2001　p. 250
黄正建　敦煌占卜文書與唐五代占卜研究　學苑出版社　2001　p. 120、135、198
陳于柱　敦煌寫本宅經的八宅:"八宅經一卷"研究　麥積山石窟藝術文化論文集(下)　蘭州大學出版社　2004　p. 247
陳于柱　從敦煌占卜文書看晚唐五代敦煌占卜與佛教的對話交融　《敦煌學輯刊》2005 年第 2 期　p. 27

S. 5554

陳祚龍　敦煌古抄内典尾記彙校初、二、三編合刊　敦煌學要籥　(臺北)新文豐出版公司　1982　p. 155
池田溫　中國古代寫本識語集録　(東京)大藏出版株式會社　1990　p. 534
汪娟　敦煌禮懺文研究　(臺北)法鼓文化公司　1994　p. 377
李致忠　古代版印通論　紫禁城出版社　2000　p. 85
汪娟　敦煌寫本《觀音禮》初探　慶祝吳其昱先生八秩華誕敦煌學特刊　(臺北)文津出版社　2000　p. 334
礪波護著　韓昇　劉建英譯　隋唐佛教文化　上海古籍出版社　2004　p. 43
李致忠　敦煌遺書中的裝幀形式與書史研究中的裝幀形制　敦煌與絲路文化學術講座(第二輯)　北京圖書館出版社　2005　p. 92

S. 5555

金岡照光　敦煌文獻より見たる彌勒信仰の一側面　敦煌と中國仏教(講座敦煌 7)　(東京)大東出版社　1984　p. 541
杜愛英　敦煌遺書中俗體字的諸種類型　《敦煌研究》1992 年第 3 期　p. 120
金岡照光　敦煌文獻と中國文學　(東京)五曜書房　2000　p. 340、370

S. 5556

向達　倫敦所藏敦煌卷子經眼目録　《北平圖書館圖書季刊》1939 年新第 1 卷第 4 期　p. 397　又見:唐代長安與西域文明　三聯書店　1957　p. 229

金岡照光　敦煌文學のさまざま　敦煌の文學　(東京)大蔵出版株式會社　1971　p. 144

蘇瑩輝　論敦煌本《望江南》雜曲四首之寫作時代　(新加坡)《新社學報》1973 年第 5 期　又見:敦煌論集續編　(臺北)學生書局　1983　p. 116、120、125；中國敦煌學百年文庫・文學卷(三)　甘肅文化出版社　1999　p. 87

蘇瑩輝　"敦煌曲"評介　《香港中文大學學報》1974 年第 1 期　又見:敦煌論集續編　(臺北)學生書局　1983　p. 307；中國敦煌學百年文庫・藝術卷(一)　甘肅文化出版社　1999　p. 371

潘重規　敦煌詞話　(臺北)石門圖書公司　1981　p. 58、80

陳祚龍　敦煌古抄内典尾記彙校初、二、三編合刊　敦煌學要籥　(臺北)新文豐出版公司　1982　p. 155

饒宗頤　王錫《頓悟大乘政理決》序說並校記　選堂集林・史林　(香港)中華書局　1982　p. 726　又見:漢藏佛教研究彙編　(臺北)文殊出版社　1987　p. 323

姜亮夫　瓜沙曹氏年表補正　敦煌學文選(上)　蘭州大學歷史系敦煌學研究室等　1983　p. 111　又見:敦煌學論文集　上海古籍出版社　1987　p. 916；姜亮夫全集(十四)　雲南人民出版社　2002　p. 341

蔣禮鴻　敦煌變文字義通釋　敦煌叢刊初集(十四)　(臺北)新文豐出版公司　1985　p. 428

邱燮友　唐代敦煌曲的時代使命　漢學研究(敦煌學國際研討會論文專號)　(臺北)漢學研究資料及服務中心　1986　p. 146

任半塘　敦煌歌辭總編　上海古籍出版社　1987　p. 456、1317

蘇瑩輝　繼張氏任歸義軍節度使者爲曹仁貴論　敦煌文史藝術論叢　(臺北)新文豐出版公司　1987　p. 25

汪泛舟　敦煌曲子詞方音習語及其他　《敦煌研究》1987 年第 4 期　p. 58

孫修身　瓜沙曹氏卒立世次考　《魏晉南北朝隋唐史》1988 年第 10 期　p. 27　又見:《鄭州大學學報》1988 年第 4 期；中國敦煌學百年文庫・歷史卷(二)　甘肅文化出版社　1999　p. 232

孫其芳　詞　敦煌文學　甘肅人民出版社　1989　p. 207

池田溫　中國古代寫本識語集録　(東京)大蔵出版株式會社　1990　p. 488

饒宗頤　從敦煌所出《望江南》《定風波》申論曲子詞之實用性　第二屆敦煌學國際研討會論文集　(臺北)漢學研究中心　1990　p. 395　又見:敦煌曲續論　(臺北)新文豐出版公司　1996　p. 150

任半塘　王昆吾　隋唐五代燕樂雜言歌辭集　巴蜀書社　1990　p. 467

金岡照光　曲子詞類　敦煌の文學文獻(講座敦煌 9)　(東京)大東出版社　1992　p. 397

饒宗頤　敦煌寫卷之書法　唐代研究論集(第三輯)　(臺北)新文豐出版公司　1992　p. 23

周紹良　敦煌文學芻議及其它　(臺北)新文豐出版公司　1992　p. 34

孫修身　試論瓜沙曹氏與甘州回鶻之關係　敦煌學國際研討會文集・史地語文編　遼寧美術出版社　1995　p. 107

孫其芳　望江南　敦煌學大辭典　上海辭書出版社　1998　p. 531

高國藩　敦煌俗文化學　上海三聯書店　1999　p. 545、560

金岡照光　敦煌文獻と中國文學　(東京)五曜書房　2000　p. 403、431

孫其芳　鳴沙遺音:敦煌詞選評　甘肅人民出版社　2000　p. 122

李正宇　沙州歸義軍樂營及其職事　敦煌吐魯番研究(第五卷)　北京大學出版社　2001　p. 221

徐曉麗　曹議金與甘州回鶻天公主結親時間考　《敦煌研究》2001 年第 4 期　p. 115
湯涒　敦煌曲子詞地域文化研究　上海古籍出版社　2004　p. 21、34、152
湯涒　敦煌曲子詞與河西本土文化　中國俗文化研究(第二輯)　巴蜀書社　2004　p. 192
湯涒　敦煌曲子詞寫本叙略　敦煌學國際研討會論文集　北京圖書館出版社　2005　p. 194、200

S. 5557

金岡照光　敦煌漢文文學文獻の文學形態上の種類とその分類　敦煌出土文學文獻分類目録・附解說　(東京)東洋文庫　1971　p. 229
金岡照光　敦煌文學のさまざま　敦煌の文學　(東京)大蔵出版株式會社　1971　p. 131
鄭阿財　敦煌孝道文學研究　(臺北)石門圖書公司　1982　p. 532
任半塘　敦煌歌辭總編　上海古籍出版社　1987　p. 1089
孫其芳　詞　敦煌文學　甘肅人民出版社　1989　p. 214
周紹良　敦煌文學芻議及其它　(臺北)新文豐出版公司　1992　p. 38
張涌泉　試論審辨敦煌寫本俗字的方法　《敦煌研究》1994 年第 2 期　p. 154　又見:舊學新知　浙江大學出版社　1999　p. 89
砂岡和子　敦煌散花樂和聲曲輯考　敦煌佛教文化研究　社科縱橫編輯部　1996　p. 22
張涌泉　敦煌俗字研究導論　(臺北)新文豐出版公司　1996　p. 161、283
張涌泉　敦煌文獻校讀釋例　文史(第四十一輯)　中華書局　1996　p. 200　又見:舊學新知　浙江大學出版社　1999　p. 213
孫昌武　禪思與詩情　中華書局　1997　p. 330 注 17
柴劍虹　和菩薩戒文　敦煌學大辭典　上海辭書出版社　1998　p. 546
柴劍虹　散蓮花樂　敦煌學大辭典　上海辭書出版社　1998　p. 545
張錫厚　敦煌文學源流　作家出版社　2000　p. 356
曾良　敦煌文獻字義通釋　廈門大學出版社　2001　p. 56
汪泛舟　敦煌俗別字新考(上)　《敦煌研究》2006 年第 1 期　p. 103

S. 5558

陳祚龍　關於李唐襲澄大師香巖智閑的頌吟偈讚　中華佛教文化史散策(初集)　(臺北)新文豐出版公司　1978　p. 279
鄭阿財　敦煌孝道文學研究　(臺北)石門圖書公司　1982　p. 533
王重民　劉修業　《補全唐詩》拾遺　敦煌遺書論文集　中華書局　1984　p. 26、47
朱鳳玉　王梵志詩研究(上)　(臺北)學生書局　1986　p. 293
高國藩　敦煌與俗文學　俗文學論　黑龍江人民出版社　1987　p. 121
任半塘　敦煌歌辭總編　上海古籍出版社　1987　p. 1316
鄭阿財　敦煌寫本定格聯章《百歲篇》研究　(臺北)《木鐸》1987 年第 11 期　又見:中國敦煌學百年文庫・文學卷(四)　甘肅文化出版社　1999　p. 312
張錫厚　敦煌詩歌考論　《敦煌學輯刊》1989 年第 2 期　p. 15
張錫厚　詩歌　敦煌文學　甘肅人民出版社　1989　p. 159
項楚　王梵志詩校注　上海古籍出版社　1991　p. 689
周紹良　敦煌文學芻議及其它　(臺北)新文豐出版公司　1992　p. 23
項楚　敦煌詩歌導論　(臺北)新文豐出版公司　1993　p. 134
張錫厚　敦煌文學概論　甘肅人民出版社　1993　p. 361

鄭阿財　敦煌文獻與文學　（臺北）新文豐出版公司　1993　p. 161、167
曲金良　敦煌佛教文學研究　（臺北）文津出版社　1995　p. 244
王書慶　敦煌佛學·佛事篇　甘肅民族出版社　1995　p. 272
張涌泉　漢語俗字研究　岳麓書社　1995　p. 144
徐俊　敦煌寫本唐人詩歌存佚互見綜考　敦煌吐魯番研究（第一卷）　北京大學出版社　1996　p. 122
徐俊　評《敦煌本唐集研究》　唐研究（第二卷）　北京大學出版社　1996　p. 485
張錫厚　敦煌釋氏詩歌創作論　慶祝潘石禪先生九秩華誕敦煌學特刊　（臺北）文津出版社　1996　p. 197
黄征　張涌泉　敦煌變文校注　中華書局　1997　p. 1020
劉子瑜　敦煌變文和王梵志詩　大象出版社　1997　p. 73
寧可　郝春文　敦煌社邑文書輯校　江蘇古籍出版社　1997　p. 360
孫昌武　禪思與詩情　中華書局　1997　p. 329
徐俊　敦煌大曲　敦煌文學論集　四川人民出版社　1997　p. 248 注 1
柴劍虹　池臺樓觀非吾宅詩　敦煌學大辭典　上海辭書出版社　1998　p. 572
柴劍虹　香嚴和尚嗟世三傷吟　敦煌學大辭典　上海辭書出版社　1998　p. 554
葉愛國　《敦煌文獻語言詞典》商榷（中）　文史（第四十四輯）　中華書局　1998　p. 114
杜琪　敦煌詩賦作品要目分類題注　《甘肅社會科學》2000 年第 1 期　p. 63
徐俊　敦煌詩集殘卷輯考　中華書局　2000　p. 254、494、625
顔廷亮　西陲文學遺珍：敦煌文學通俗談　甘肅人民出版社　2000　p. 107
張錫厚　敦煌文學源流　作家出版社　2000　p. 49、345
陳尚君　評《敦煌詩集殘卷輯考》　敦煌吐魯番研究（第五卷）　北京大學出版社　2001　p. 385
杜曉勤　隋唐五代文學研究　北京出版社　2001　p. 1262

S. 5559

陳祚龍　敦煌古抄内典尾記彙校初、二、三編合刊　敦煌學要籥　（臺北）新文豐出版公司　1982　p. 155
道端良秀　敦煌文獻に見える死後の世界　敦煌と中國仏教（講座敦煌 7）　（東京）大東出版社　1984　p. 506
張錫厚　敦煌詩歌考論　《敦煌學輯刊》1989 年第 2 期　p. 17
池田溫　中國古代寫本識語集録　（東京）大藏出版株式會社　1990　p. 514
張錫厚　敦煌文學概論　甘肅人民出版社　1993　p. 361
汪娟　敦煌禮懺文研究　（臺北）法鼓文化公司　1994　p. 377
張錫厚　敦煌釋氏詩歌創作論　慶祝潘石禪先生九秩華誕敦煌學特刊　（臺北）文津出版社　1996　p. 200
張錫厚　觀音禮詩　敦煌學大辭典　上海辭書出版社　1998　p. 566
汪娟　敦煌寫本《觀音禮》初探　慶祝吳其昱先生八秩華誕敦煌學特刊　（臺北）文津出版社　2000　p. 307
張錫厚　敦煌文學源流　作家出版社　2000　p. 54
曾良　敦煌文獻字義通釋　廈門大學出版社　2001　p. 124

S. 5560

楊寶玉　《龍興寺毗沙門天王靈驗記》简注　《閩南佛學院學報》1992 年第 2 期　p. 111
曾良　敦煌文獻字義通釋　廈門大學出版社　2001　p. 202
李小榮　敦煌密教文獻論稿　人民文學出版社　2003　p. 60、174

S. 5561

廣川堯敏　禮讃　敦煌と中國仏教(講座敦煌 7)　(東京)大東出版社　1984　p. 468
姜伯勤　敦煌社會文書導論　(臺北)新文豐出版公司　1992　p. 248
黄征　吳偉　敦煌願文集　岳麓書社　1995　p. 12、34、691
王書慶　敦煌佛學・佛事篇　甘肅民族出版社　1995　p. 42
黄征　敦煌願文考論　敦煌語文叢說　(臺北)新文豐出版公司　1997　p. 580、591
寧可　郝春文　敦煌社邑文書輯校　江蘇古籍出版社　1997　p. 564
寧可　三官　敦煌學大辭典　上海辭書出版社　1998　p. 426
王三慶　北京大學圖書館藏本《諸文要集》一卷研究　慶祝吳其昱先生八秩華誕敦煌學特刊　(臺北)文津出版社　2000　p. 171
曾良　敦煌文獻字義通釋　廈門大學出版社　2001　p. 110、131
陳明　耆婆的形象演變及其在敦煌吐魯番地區的影響　文津學志(第一輯)　北京圖書館出版社　2003　p. 152
何劍平　作爲民間寫經和禮懺儀式的維摩詰信仰　《敦煌學輯刊》2005 年第 4 期　p. 60
敏春芳　敦煌願文詞語例釋　《敦煌學輯刊》2005 年第 1 期　p. 98
郝春文　唐後期五代宋初敦煌私社的教育與教化功能　敦煌吐魯番研究(第九卷)　北京大學出版社　2006　p. 307、310
汪泛舟　敦煌俗別字新考(上)　《敦煌研究》2006 年第 1 期　p. 103

S. 5562

芳村修基　土橋秀高　井ノ口泰淳　敦煌佛教史年表　西域文化研究(第一)・敦煌佛教資料　(京都)法藏館　1958　p. 281
陳祚龍　敦煌古抄內典尾記彙校初、二、三編合刊　敦煌學要籥　(臺北)新文豐出版公司　1982　p. 155
池田溫　中國古代寫本識語集録　(東京)大蔵出版株式會社　1990　p. 510
高田時雄　チベット文字書寫「長卷」の研究(本文編)　『東方學報』(第 65 號)　京都 大學人文科學研究所　1993　p. 377
汪娟　敦煌禮懺文研究　(臺北)法鼓文化公司　1994　p. 14、152、358
井ノ口泰淳　敦煌本『仏名經』の諸系統　中央アジアの言語と仏教　(京都)法藏館　1995　p. 320
井ノ口泰淳　敦煌本「禮懺文」　中央アジアの言語と仏教　(京都)法藏館　1995　p. 359
黄征　敦煌俗語詞輯釋　敦煌語文叢說　(臺北)新文豐出版公司　1997　p. 61
郝春文　英藏敦煌社會歷史文獻釋録(第一卷)　科學出版社　2001　p. 352
姜亮夫　敦煌莫高窟年表　姜亮夫全集(十一)　雲南人民出版社　2002　p. 572

S. 5563

芳村修基　土橋秀高　井ノ口泰淳　敦煌佛教史年表　西域文化研究(第一)・敦煌佛教資料　(京都)法藏館　1958　p. 275

陳祚龍 敦煌古抄內典尾記彙校初、二、三編合刊 敦煌學要籥 (臺北)新文豐出版公司 1982 p. 155
池田溫 中國古代寫本識語集録 (東京)大藏出版株式會社 1990 p. 507
方廣錩 延壽命經 敦煌學大辭典 上海辭書出版社 1998 p. 735
鄭阿財 朱鳳玉 敦煌蒙書研究 甘肅教育出版社 2002 p. 397

S. 5564

金岡照光 敦煌漢文文學文獻の文學形態上の種類とその分類 敦煌出土文學文獻分類目録・附解說 (東京)東洋文庫 1971 p. 233
金岡照光 敦煌文學のさまざま 敦煌の文學 (東京)大藏出版株式會社 1971 p. 157
陳祚龍 敦煌古抄中世釋衆倡導行孝報恩的歌曲詞文集 敦煌文物隨筆 (臺北)商務印書館 1979 p. 305
鄭阿財 孝道文學敦煌寫卷《十恩德讚》初探 (臺北)《華岡文科學報》1981 年第 13 期 p. 231
鄭阿財 敦煌孝道文學研究 (臺北)石門圖書公司 1982 p. 16、212、533、605、637
雷僑雲 敦煌兒童文學 (臺北)學生書局 1985 p. 90 注 5
龍晦 大足石刻父母恩重經變像與敦煌音樂文學的關係 敦煌歌辭總編 上海古籍出版社 1987 p. 1843
任半塘 敦煌歌辭總編 上海古籍出版社 1987 p. 748
劉進寶 俚曲小調 敦煌文學 甘肅人民出版社 1989 p. 230
高國藩 敦煌古俗與民俗流變 河海大學出版社 1990 p. 430
胡文和 大足寶頂《父母恩重經變》研究 《敦煌研究》1992 年第 2 期 p. 17
周紹良 敦煌文學芻議及其它 (臺北)新文豐出版公司 1992 p. 37
鄭阿財 從敦煌文獻看唐代的三教合一 第二屆國際唐代學術會議論文集(上) (臺北)文津出版社 1993 p. 651
鄭阿財 敦煌文獻與文學 (臺北)新文豐出版公司 1993 p. 19
張錫厚 評《敦煌文獻與文學》 敦煌吐魯番研究(第二卷) 北京大學出版社 1997 p. 390
孫其芳 十恩德 敦煌學大辭典 上海辭書出版社 1998 p. 535
郝春文 英藏敦煌社會歷史文獻釋録(第一卷) 科學出版社 2001 p. 436

S. 5565

周紹良 敦煌文學芻議及其它 (臺北)新文豐出版公司 1992 p. 14
李明偉 敦煌文學概論 甘肅人民出版社 1993 p. 486

S. 5566

向達 倫敦所藏敦煌卷子經眼目録 《北平圖書館圖書季刊》1939 年新第 1 卷第 4 期 p. 397 又見:唐代長安與西域文明 三聯書店 1957 p. 229
中村裕一 唐代制勅研究 (東京)汲古書院 1991 p. 411
吳麗娛 關於敦煌 S. 5566 書儀的研究 敦煌學國際研討會論文集 北京圖書館出版社 2005 p. 73

S. 5567

王重民 說《十二時》 《申報・文史》1948 年第 22 期 又見:敦煌遺書論文集 中華書局 1984

p. 158 ；中國敦煌學百年文庫·文學卷(一) 甘肅文化出版社 1999 p. 479
金岡照光 敦煌文學のさまざま 敦煌の文學 (東京)大藏出版株式會社 1971 p. 154
加地哲定 增補中國佛教文學研究 (東京)同朋舍 1979 p. 190
川崎ミチコ 修道偈Ⅱ——定格聯章 敦煌仏典と禪(講座敦煌 8) (東京)大東出版社 1980 p. 271
鄭阿財 敦煌孝道文學研究 (臺北)石門圖書公司 1982 p. 532
任半塘 敦煌歌辭總編 上海古籍出版社 1987 p. 1375、1479
劉進寶 俚曲小調 敦煌文學 甘肅人民出版社 1989 p. 223
加地哲定著 劉衛星譯 中國佛教文學 今日中國出版社 1990 p. 162
任半塘 王昆吾 隋唐五代燕樂雜言歌辭集 巴蜀書社 1990 p. 369、489
周紹良 敦煌文學芻議及其它 (臺北)新文豐出版公司 1992 p. 37
高田時雄 チベット文字書寫「長卷」の研究(本文編) 『東方學報』(第 65 号) 京都大學人文科學研究所 1993 p. 371
鄭阿財 敦煌文獻與文學 (臺北)新文豐出版公司 1993 p. 114、135
張弓 漢唐佛寺文化史 中國社會科學出版社 1997 p. 840
柴劍虹 禪門十二時 敦煌學大辭典 上海辭書出版社 1998 p. 538
曾良 敦煌文獻字義通釋 廈門大學出版社 2001 p. 9
張子開 敦煌文獻中的白話禪詩 《敦煌學輯刊》2003 年第 1 期 p. 87

S. 5568

池田溫 中國古代寫本識語集録 (東京)大藏出版株式會社 1990 p. 318
楊富學 李吉和 敦煌漢文吐蕃史料輯校(第一輯) 甘肅人民出版社 1999 p. 276

S. 5569

陳祚龍 新校重訂敦煌寫本《十空讃》表隱 敦煌資料考屑(上冊) (臺北)商務印書館 1979 p. 107、124 注 3
加地哲定 增補中國佛教文學研究 (東京)同朋舍 1979 p. 200
鄭阿財 敦煌孝道文學研究 (臺北)石門圖書公司 1982 p. 530
任半塘 敦煌歌辭總編 上海古籍出版社 1987 p. 1132
汪泛舟 讚·箴 敦煌文學 甘肅人民出版社 1989 p. 99
加地哲定著 劉衛星譯 中國佛教文學 今日中國出版社 1990 p. 171、185
上山大峻 敦煌佛教の研究 (京都)法藏館 1990 p. 419
周紹良 敦煌文學芻議及其它 (臺北)新文豐出版公司 1992 p. 30
張涌泉 敦煌俗字研究導論 (臺北)新文豐出版公司 1996 p. 166
張先堂 晚唐至宋初淨土五會念佛法門在敦煌的流傳 《敦煌研究》1998 年第 1 期 p. 52
劉長東 晉唐彌陀淨土信仰研究 巴蜀書社 2000 p. 405
曾良 敦煌文獻字義通釋 廈門大學出版社 2001 p. 123
林仁昱 論敦煌佛教歌曲特質與"弘法"的關係 敦煌學(第 23 輯) (臺北)樂學書局有限公司 2002 p. 74

S. 5570

菊池英夫 中國古文書·古寫本學と日本 東アジア古文書の史的研究 (東京)刀水書房 1990

p. 187

李正宇　敦煌歷史地理導論　（臺北）新文豐出版公司　1997　p. 58

李正宇　村莊　敦煌學大辭典　上海辭書出版社　1998　p. 304

S. 5571

陳祚龍　瓜沙印録　（臺北）《大陸雜誌》1962 年第 4 期　又見：敦煌學概要　（臺北）編譯館"中華叢書編委會"　1981　p. 267；中國敦煌學百年文庫・考古卷（一）　甘肅文化出版社　1999　p. 187

陳祚龍　古代敦煌及其他地區流行之公私印章圖記文字録　敦煌學要籥　（臺北）新文豐出版公司　1982　p. 330

蘇瑩輝　瓜沙史事叢考　（臺北）商務印書館　1983　p. 99

艾麗白著　耿昇譯　敦煌漢文寫本中的鳥形押　敦煌譯叢（第一輯）　甘肅人民出版社　1985　p. 191

姜伯勤　唐五代敦煌寺戶制度　中華書局　1987　p. 305

唐耕耦　陸宏基　敦煌社會經濟文獻真迹釋録（三）　全國圖書館文獻縮微複製中心　1990　p. 625

堀敏一著　林世田譯　唐代後期敦煌社會經濟之變化　《敦煌學輯刊》1991 年第 1 期　p. 96

鄭炳林　高偉　唐五代敦煌釀酒業初探　《西北史地》1994 年第 1 期　p. 30

Л. N. チュグイェフスキー著　荒川正晴譯注　ソ連邦科學アカデミー東洋學研究所所藏、敦煌寫本における官印と寺印　『吐魯番出土文物研究會會報』（98、99 號）　（東京）吐魯番出土文物研究會　1994　p. 4

馬德　敦煌工匠史料　甘肅人民出版社　1997　p. 92

沙知　歸義軍節度使新鑄印　敦煌學大辭典　上海辭書出版社　1998　p. 291

楊森　晚唐五代兩件《女人社》文書劄記　《敦煌研究》1998 年第 1 期　p. 70

陳永勝　敦煌吐魯番法制文書研究　甘肅人民出版社　2000　p. 130

雷紹鋒　歸義軍賦役制度初探　（臺北）洪葉文化事業有限公司　2000　p. 53、139

榮新江　《英藏敦煌文獻》定名商補　文史（第五十二輯）　中華書局　2000　p. 122　又見：敦煌學新論　甘肅教育出版社　2002　p. 197

王豔明　瓜沙州大王印考　《敦煌學輯刊》2000 年第 2 期　p. 44

森安孝夫著　梁曉鵬摘譯　河西歸義軍節度使官印及其編年　《敦煌學輯刊》2003 年第 1 期　p. 141

楊森　五代宋時期于闐皇太子在敦煌的太子莊　《敦煌研究》2003 年第 4 期　p. 42

鄭炳林　晚唐五代敦煌村莊聚落輯考　2000 年敦煌學國際學術討論會文集・歷史文化卷（上）　甘肅民族出版社　2003　p. 154

S. 5572

金岡照光　敦煌漢文文學文獻の文學形態上の種類とその分類　敦煌出土文學文獻分類目録・附解說　（東京）東洋文庫　1971　p. 229

金岡照光　敦煌文學のさまざま　敦煌の文學　（東京）大藏出版株式會社　1971　p. 131、164

加地哲定　增補中國佛教文學研究　（東京）同朋舍　1979　p. 201、208、216

田中良昭　念仏禪と後期北宗禪　敦煌仏典と禪（講座敦煌 8）　（東京）大東出版社　1980　p. 241

鄭阿財　敦煌孝道文學研究　（臺北）石門圖書公司　1982　p. 530

郭長城　試論 P. 4980 及"秋吟一本"之相關寫卷　敦煌學（第 6 輯）　（臺北）新文豐出版公司　1983　p. 103

羅宗濤　敦煌變文:石窟裏的老傳說　(臺北)時報文化出版公司　1983　p. 320
田中良昭　敦煌禪宗文獻の研究　(東京)大東出版社　1983　p. 236
川口久雄　敦煌出土阿彌陀經講經文と我が國淨土文學　于闐國和尚阿彌陀經講經文(敦煌資料と日本文學　4)　大東文化大學東洋研究所　1984　p. 18
廣川堯敏　禮讚　敦煌と中國仏教(講座敦煌 7)　(東京)大東出版社　1984　p. 456
潘重規　敦煌變文集新書(下)　(臺北)"中國文化大學"中文研究所　1984　p. 829
小川貫弌　父母恩重經　敦煌と中國仏教(講座敦煌 7)　(東京)大東出版社　1984　p. 216
陳祚龍　關於中世敦煌流行的某些"偈"或"偈子"　中華佛教文化史散策(四集)　(臺北)新文豐出版公司　1986　p. 172
郭長城　敦煌變文集失收之三個與"秋吟一本"相關寫卷叙録:S. 5572、P. 2704、P. 4980　敦煌學(第11 輯)　(臺北)新文豐出版公司　1986　p. 73
朱鳳玉　王梵志詩研究(下)　(臺北)學生書局　1986　p. 390
任半塘　敦煌歌辭總編　上海古籍出版社　1987　p. 1049
陳祚龍　學佛零志　敦煌學散策新集　(臺北)新文豐出版公司　1989　p. 246
劉進寶　俚曲小調　敦煌文學　甘肅人民出版社　1989　p. 230
孫其芳　詞　敦煌文學　甘肅人民出版社　1989　p. 214
汪泛舟　讚・箴　敦煌文學　甘肅人民出版社　1989　p. 99
池田溫　中國古代寫本識語集録　(東京)大蔵出版株式會社　1990　p. 493
郭在貽　張涌泉　黄征　敦煌變文集校議　岳麓書社　1990　p. 413
加地哲定著　劉衛星譯　中國佛教文學　今日中國出版社　1990　p. 171、185
任半塘　王昆吾　隋唐五代燕樂雜言歌辭集　巴蜀書社　1990　p. 515
金岡照光　邈真讚　敦煌の文學文獻(講座敦煌 9)　(東京)大東出版社　1992　p. 606
張涌泉　《敦煌歌辭總編》校議　《語言研究》1992 年第 1 期　p. 59
周紹良　敦煌文學芻議及其它　(臺北)新文豐出版公司　1992　p. 30
高田時雄　チベット文字書寫「長卷」の研究(本文編)　『東方學報』(第 65 号)　京都大學人文科學研究所　1993　p. 371
汪娟　敦煌禮懺文研究　(臺北)法鼓文化公司　1994　p. 18、33、58、358
李正宇　敦煌史地新論　(臺北)新文豐出版公司　1996　p. 11
砂岡和子　敦煌散花樂和聲曲輯考　敦煌佛教文化研究　社科縱横編輯部　1996　p. 22
王昆吾　隋唐五代燕樂雜言歌辭研究　中華書局　1996　p. 392
顔廷亮　關於《晏子賦》寫本的抄寫年代問題　《敦煌研究》1997 年第 2 期　p. 138
張弓　漢唐佛寺文化史　中國社會科學出版社　1997　p. 837
柴劍虹　出家讚　敦煌學大辭典　上海辭書出版社　1998　p. 544
柴劍虹　高聲念佛讚　敦煌學大辭典　上海辭書出版社　1998　p. 546
柴劍虹　散蓮花樂　敦煌學大辭典　上海辭書出版社　1998　p. 545
盛冬鈴　三冬雪詩　敦煌學大辭典　上海辭書出版社　1998　p. 550
張先堂　晚唐至宋初淨土五會念佛法門在敦煌的流傳《敦煌研究》1998 年第 1 期　p. 50
陸永峰　試論變文中的叙事套語　新國學(第一卷)　巴蜀書社　1999　p. 340
顔廷亮　關於敦煌文學發展的歷史進程　《甘肅社會科學》1999 年第 4 期　p. 47
湛如　評《敦煌禮懺文研究》　敦煌吐魯番研究(第四卷)　北京大學出版社　1999　p. 618
顔廷亮　敦煌文化　光明日報出版社　2000　p. 323
曾良　敦煌文獻字義通釋　廈門大學出版社　2001　p. 123、165

林仁昱　論敦煌佛教歌曲特質與"弘法"的關係　敦煌學(第 23 輯)　(臺北)樂學書局有限公司　2002　p. 60

林仁昱　論敦煌佛教歌曲向通俗傳播的內容　中國俗文化研究(第一輯)　巴蜀書社　2003　p. 196

張子開　敦煌文獻中的白話禪詩　《敦煌學輯刊》2003 年第 1 期　p. 83

朱鳳玉　《俄藏敦煌文獻》11 – 17 冊中之文學文獻叙録　冉雲華先生八秩華誕壽慶論文集　(臺北)法光出版社　2003　p. 79

S. 5573

竺沙雅章　敦煌出土「社」文書の研究　『東方學報』(第 35 號)　京都大學人文科學研究所　1964　p. 260

金岡照光　ソビエトにおける敦煌研究文獻三種　(東京)『東洋學報』(48 卷 1 號)　(東京)東洋學術協會　1965　p. 121

金岡照光　敦煌漢文文學文獻の文學形態上の種類とその分類　敦煌出土文學文獻分類目録・附解說　(東京)東洋文庫　1971　p. 233

金岡照光　敦煌文學のさまざま　敦煌の文學　(東京)大藏出版株式會社　1971　p. 157

陳祚龍　敦煌古抄中世釋衆倡導行孝報恩的歌曲詞文集　敦煌文物隨筆　(臺北)商務印書館　1979　p. 305

加地哲定　增補中國佛教文學研究　(東京)同朋舍　1979　p. 200

鄭阿財　孝道文學敦煌寫卷《十恩德讚》初探　(臺北)《華岡文科學報》1981 年第 13 期　p. 231

鄭阿財　敦煌孝道文學研究　(臺北)石門圖書公司　1982　p. 16、530、638

杜斗城　關於敦煌本《五臺山讚》與《五臺山曲子》的創作年代問題　《敦煌學輯刊》1987 年第 1 期　p. 51

任半塘　敦煌歌辭總編　上海古籍出版社　1987　p. 1071

劉進寶　俚曲小調　敦煌文學　甘肅人民出版社　1989　p. 230

譚蟬雪　印沙・脱佛・脱塔　《敦煌研究》1989 年第 1 期　p. 19

郝春文　敦煌寫本齋文及其樣式的分類與定名　《北京師範學院學報》1990 年第 3 期　p. 97

加地哲定著　劉衛星譯　中國佛教文學　今日中國出版社　1990　p. 171

任半塘　王昆吾　隋唐五代燕樂雜言歌辭集　巴蜀書社　1990　p. 1642

杜斗城　敦煌五臺山文獻校録研究　山西人民出版社　1991　p. 2

林聰明　敦煌文書學　(臺北)新文豐出版公司　1991　p. 240

黃征　吳偉　《敦煌願文集》輯校中的一些問題　《敦煌研究》1992 年第 1 期　p. 66　又見:敦煌語文叢說　(臺北)新文豐出版公司　1997　p. 551

姜伯勤　敦煌社會文書導論　(臺北)新文豐出版公司　1992　p. 248

周紹良　敦煌文學芻議及其它　(臺北)新文豐出版公司　1992　p. 15

高國藩　敦煌民俗資料導論　(臺北)新文豐出版公司　1993　p. 90

郝春文　敦煌寫本社邑文書年代彙考(三)　《社科縱横》1993 年第 5 期　p. 11

侯錦郎　敦煌寫本中的"印沙佛"儀軌　法國學者敦煌學論文選萃　中華書局　1993　p. 272

黃征　敦煌寫本整理應遵循的原則　《敦煌研究》1993 年第 2 期　p. 106

趙聲良　莫高窟第 61 窟五臺山圖研究　《敦煌研究》1993 年第 4 期　p. 101

鄭阿財　從敦煌文獻看唐代的三教合一　第二屆國際唐代學術會議論文集(上)　(臺北)文津出版社　1993　p. 651

鄭阿財　敦煌文獻與文學　(臺北)新文豐出版公司　1993　p. 19

郝春文　中古時期儒佛文化對民間結社的影響及其變化　唐文化研究論文集　上海人民出版社　1994　p. 208

黄征　敦煌願文散校　《敦煌研究》1994 年第 3 期　p. 128　又見：敦煌語文叢說　（臺北）新文豐出版公司　1997　p. 567、583

杜斗城　北涼譯經論　甘肅文化出版社　1995　p. 23

黄征　吳偉　敦煌願文集　岳麓書社　1995　p. 424、545、781

王書慶　敦煌佛學·佛事篇　甘肅民族出版社　1995　p. 6、18

顔廷亮　敦煌文學概說　（臺北）新文豐出版公司　1995　p. 170

張涌泉　漢語俗字研究　岳麓書社　1995　p. 199

張涌泉　敦煌俗字研究導論　（臺北）新文豐出版公司　1996　p. 111

黄征　敦煌寫本異文綜析　敦煌語文叢說　（臺北）新文豐出版公司　1997　p. 20

黄征　魏晉南北朝俗語詞輯釋　敦煌語文叢說　（臺北）新文豐出版公司　1997　p. 105

黄征　張涌泉　敦煌變文校注　中華書局　1997　p. 373、1211

寧可　郝春文　敦煌社邑文書輯校　江蘇古籍出版社　1997　p. 528

張錫厚　評《敦煌文獻與文學》　敦煌吐魯番研究（第二卷）　北京大學出版社　1997　p. 390

鄭炳林　敦煌碑銘讚輯釋　甘肅教育出版社　1997　p. 419 注 9

譚蟬雪　印沙佛會　敦煌學大辭典　上海辭書出版社　1998　p. 434

寧可　寧可史學論集　中國社會科學出版社　1999　p. 446 注 11

楊秀清　敦煌西漢金山國史　甘肅人民出版社　1999　p. 149

張涌泉　試論審辨敦煌寫本俗字的方法　舊學新知　浙江大學出版社　1999　p. 81

張涌泉　俗字研究與敦煌文獻的校理　舊學新知　浙江大學出版社　1999　p. 68

郝春文　英藏敦煌文獻年代叢考　英國收藏敦煌漢藏文獻研究：紀念敦煌文獻發現一百周年　中國社會科學出版社　2000　p. 373

宋家鈺　佛教齋文源流與敦煌本“齋文”書的復原　英國收藏敦煌漢藏文獻研究：紀念敦煌文獻發現一百周年　中國社會科學出版社　2000　p. 316

宋家鈺　英國收藏敦煌文獻叙録　英國收藏敦煌漢藏文獻研究：紀念敦煌文獻發現一百周年　中國社會科學出版社　2000　p. 106

譚蟬雪　唐宋敦煌歲時佛俗：正月　《敦煌研究》2000 年第 4 期　p. 69

王三慶　北京大學圖書館藏本《諸文要集》一卷研究　慶祝吳其昱先生八秩華誕敦煌學特刊　（臺北）文津出版社　2000　p. 171

徐俊　敦煌詩集殘卷輯考　中華書局　2000　p. 851

顔廷亮　敦煌文化　光明日報出版社　2000　p. 270

顔廷亮　敦煌西漢金山國之文學考論　1994 年敦煌學國際研討會文集·宗教文史卷（上）　甘肅民族出版社　2000　p. 207

楊寶玉　佛家靈驗記與《智興判》　英國收藏敦煌漢藏文獻研究：紀念敦煌文獻發現一百周年　中國社會科學出版社　2000　p. 327

張錫厚　新羅僧慈藏入唐禮五臺考　敦煌文獻論集：紀念藏經洞發現一百周年國際學術研討會論文集　遼寧人民出版社　2001　p. 533

黄征　敦煌語言文字學研究　甘肅教育出版社　2002　p. 40

林仁昱　論敦煌佛教歌曲特質與“弘法”的關係　敦煌學（第 23 輯）　（臺北）樂學書局有限公司　2002　p. 61、70

董志翘　敦煌寫本《諸山聖迹志》校理　《敦煌研究》2003 年第 3 期　p. 69

郝春文　《敦煌寫本社邑文書輯校》補遺(四)　漢語史學報專輯(第三輯)　上海教育出版社　2003　p. 384
何培斌　營造寄託:中國六至十世紀造寺功德的探討　寺院財富與世俗供養　上海書畫出版社　2003　p. 101
林仁昱　論敦煌佛教歌曲向通俗傳播的內容　中國俗文化研究(第一輯)　巴蜀書社　2003　p. 188
王啓濤　中古及近代法制文書語言研究　巴蜀書社　2003　p. 220
湛如　敦煌佛教律儀制度研究　中華書局　2003　p. 327、367
朱鳳玉　《俄藏敦煌文獻》11－17 冊中之文學文獻叙録　冉雲華先生八秩華誕壽慶論文集　(臺北)法光出版社　2003　p. 101
郝春文　唐後期五代宋初敦煌私社的教育與教化功能　敦煌吐魯番研究(第九卷)　北京大學出版社　2006　p. 308
汪泛舟　敦煌俗別字新考(上)　《敦煌研究》2006 年第 1 期　p. 103

S. 5574

素癡　不列顛博物院所藏中國寫本瞥記　《國文周刊》1934 年第 11 卷第 21 期　又見:中國敦煌學百年文庫・綜述卷(一)　甘肅文化出版社　1999　p. 60
向達　倫敦所藏敦煌卷子經眼目録　《北平圖書館圖書季刊》1939 年新第 1 卷第 4 期　p. 397　又見:唐代長安與西域文明　三聯書店　1957　p. 229
羅福頤　敦煌石室文物對於學術上的貢獻　《歷史教學》1951 年第 5 期　又見:中國敦煌學百年文庫・考古卷(四)　甘肅文化出版社　1999　p. 7
金岡照光　敦煌文學のさまざま　敦煌の文學　(東京)大藏出版株式會社　1971　p. 112
郝春文　許福謙　敦煌寫本圍棋經校釋　《敦煌學輯刊》1987 年第 2 期　p. 117
成恩元　敦煌寫本《棋經・部褒篇》篇名辨誤　敦煌吐魯番學研究論文集　漢語大詞典出版社　1990　p. 174
王永平　論唐代的圍棋文化　唐文化研究論文集　上海人民出版社　1994　p. 367
李重申　敦煌體育史料考析　敦煌學國際研討會文集・石窟考古編　遼寧美術出版社　1995　p. 384
王書慶　敦煌佛學・佛事篇　甘肅民族出版社　1995　p. 47
李重申　敦煌古代的博弈文化　敦煌佛教文化研究　社科縱横編輯部　1996　p. 189
張涌泉　敦煌俗字研究導論　(臺北)新文豐出版公司　1996　p. 171、270
鄧文寬　大梵寺佛音:敦煌莫高窟壇經讀本　(臺北)如聞出版社　1997　p. 95
鄧文寬　棋經一卷　敦煌學大辭典　上海辭書出版社　1998　p. 599
譚蟬雪　射箭　敦煌學大辭典　上海辭書出版社　1998　p. 598
丘古耶夫斯基著　魏迎春譯　俄藏敦煌漢文寫卷中的官印及寺院印章　《敦煌學輯刊》1999 年第 1 期　p. 144
李重申　敦煌古代體育文化　甘肅人民出版社　2000　p. 90
張涌泉　漢語俗字叢考　中華書局　2000　p. 634
李金梅　李重申　敦煌文獻與體育史研究之關係　《敦煌研究》2002 年第 2 期　p. 45
蘭州理工大學絲綢之路文史研究所編　絲綢之路體育文化論集　中華書局　2005　p. 97、107

S. 5575

林聰明　敦煌文書學　(臺北)新文豐出版公司　1991　p. 258

徐俊　敦煌詩集殘卷輯考　中華書局　2000　p. 894
張小豔　試論敦煌書儀的語料價值　浙江與敦煌學:常書鴻先生誕辰一百周年紀念文集　浙江古籍出版社　2004　p. 531

S. 5576

馬德　敦煌文書《諸寺付經歷》芻議　《敦煌學輯刊》1999 年第 1 期　p. 41

S. 5577

福井文雅　般若心經　敦煌と中國仏教(講座敦煌 7)　(東京)大東出版社　1984　p. 39

S. 5578

向達　倫敦所藏敦煌卷子經眼目録　《北平圖書館圖書季刊》1939 年新第 1 卷第 4 期　p. 397　又見:唐代長安與西域文明　三聯書店　1957　p. 229
王永興　隋唐五代經濟史料彙編校注・第一編(下)　中華書局　1987　p. 686
王公望　契約　敦煌文學　甘肅人民出版社　1989　p. 57
唐耕耦　陸宏基　敦煌社會經濟文獻真迹釋録(二)　全國圖書館文獻縮微複製中心　1990　p. 63、175
仁井田陞　補訂中國法制史研究:奴隸農奴法・家族村落法　東京大學出版會　1991　p. 566、589
仁井田陞　補訂中國法制史研究:土地法・取引法　東京大學出版會　1991　p. 740
高國藩　敦煌民俗資料導論　(臺北)新文豐出版公司　1993　p. 59
譚蟬雪　敦煌婚姻文化　甘肅人民出版社　1993　p. 72
熊鐵基　以敦煌資料證傳統家庭　《敦煌研究》1993 年第 3 期　p. 78
李志生　唐代婦女財産問題初探　中國典籍與文化論叢(第二輯)　中華書局　1995　p. 327
張傳璽　中國歷代契約會編考釋(上)　北京大學出版社　1995　p. 450 注 1
唐耕耦　敦煌寺院會計文書研究　(臺北)新文豐出版公司　1997　p. 433
沙知　敦煌契約文書輯校　江蘇古籍出版社　1998　p. 272、483
陳國燦　唐代的經濟社會　(臺北)文津出版社　1999　p. 219 注 60
陳永勝　敦煌吐魯番法制文書研究　甘肅人民出版社　2000　p. 162
黄正建　S. 964v 號文書與唐代兵士的春冬衣　英國收藏敦煌漢藏文獻研究:紀念敦煌文獻發現一百周年　中國社會科學出版社　2000　p. 241
雷紹鋒　歸義軍賦役制度初探　(臺北)洪葉文化事業有限公司　2000　p. 180
楊森　關於敦煌文獻中的"平章"一詞　敦煌學與中國史研究論集　甘肅人民出版社　2001　p. 231
董志翹　敦煌社會經濟文書詞語散釋　中國俗文化研究(第一輯)　巴蜀書社　2003　p. 134
洪藝芳　敦煌社會經濟文書中的唐五代新興量詞研究　敦煌學(第 24 輯)　(臺北)樂學書局有限公司　2003　p. 99
王啓濤　中古及近代法制文書語言研究　巴蜀書社　2003　p. 234、288、302、346、393
董志翹　敦煌社會經濟文獻詞語略考　浙江與敦煌學:常書鴻先生誕辰一百周年紀念文集　浙江古籍出版社　2004　p. 498
鄭顯文　唐代律令制研究　北京大學出版社　2004　p. 186

S. 5579

李正宇　唐宋時代敦煌縣河渠泉澤簡志(二)　《敦煌研究》1989 年第 1 期　p. 60
高國藩　敦煌民俗資料導論　(臺北)新文豐出版公司　1993　p. 90
王進玉　敦煌石窟探秘　四川教育出版社　1994　p. 135
黄征　吳偉　敦煌願文集　岳麓書社　1995　p. 246、795
楊際平　唐代尺步、畝制、畝産小議　《中國社會經濟史研究》1996 年第 2 期　p. 36
鄭炳林　敦煌碑銘讚輯釋　甘肅教育出版社　1997　p. 388 注 2
劉長東　晉唐彌陀淨土信仰研究　巴蜀書社　2000　p. 495

S. 5580

黄征　吳偉　敦煌願文集　岳麓書社　1995　p. 695
王書慶　敦煌佛學・佛事篇　甘肅民族出版社　1995　p. 6
黄征　《敦煌願文集》輯校中的一些問題　敦煌語文叢說　(臺北)新文豐出版公司　1997　p. 546
郝春文　唐後期五代宋初敦煌僧尼的社會生活　中國社會科學出版社　1998　p. 388
郝春文　唐後期五代宋初敦煌僧尼遺産的處理與喪事的操辦　《敦煌研究》1998 年第 3 期　p. 44
湛如　敦煌佛教喪葬律儀研究　中日敦煌佛教學術會議論文集　中國社會科學院研究所　2002　p. 91
郝春文　唐後期五代宋初中印文化對敦煌寺院的影響　新世紀敦煌學論集　巴蜀書社　2003　p. 334
湛如　敦煌佛教律儀制度研究　中華書局　2003　p. 367
黨燕妮　賓頭盧信仰及其在敦煌的流傳　《敦煌學輯刊》2005 年第 1 期　p. 69

S. 5581

福井文雅　般若心經　敦煌と中國仏教(講座敦煌 7)　(東京)大東出版社　1984　p. 39
汪泛舟　讚・箴　敦煌文學　甘肅人民出版社　1989　p. 103
周紹良　敦煌文學芻議及其它　(臺北)新文豐出版公司　1992　p. 30
李際寧　佛母經　藏外佛教文獻(第一輯)　宗教文化出版社　1995　p. 375
王書慶　敦煌佛學・佛事篇　甘肅民族出版社　1995　p. 77
方廣錩　佛母經　敦煌學大辭典　上海辭書出版社　1998　p. 732
張錫厚　佛母讚　敦煌學大辭典　上海辭書出版社　1998　p. 545
張先堂　晚唐至宋初淨土五會念佛法門在敦煌的流傳　《敦煌研究》1998 年第 1 期　p. 52
張總　《閻羅王授記經》綴補研考　敦煌吐魯番研究(第五卷)　北京大學出版社　2001　p. 95
林仁昱　論敦煌佛教歌曲特質與“弘法”的關係　敦煌學(第 23 輯)　(臺北)樂學書局有限公司　2002　p. 64
汪泛舟　敦煌俗別字新考(上)　《敦煌研究》2006 年第 1 期　p. 107

S. 5583

唐耕耦　陸宏基　敦煌社會經濟文獻真迹釋録(二)　全國圖書館文獻縮微複製中心　1990　p. 64
仁井田陞　補訂中國法制史研究:土地法・取引法　東京大學出版會　1991　p. 740
張涌泉　《補全唐詩》兩種補校　《敦煌學輯刊》1991 年第 2 期　p. 24　又見:舊學新知　浙江大學出版社　1999　p. 313
蔣禮鴻　敦煌文獻語言詞典　杭州大學出版社　1994　p. 240

張涌泉　敦煌俗字研究導論　(臺北)新文豐出版公司　1996　p. 104
鄭炳林　晚唐五代敦煌貿易市場的物價　敦煌歸義軍史專題研究　蘭州大學出版社　1997　p. 303
沙知　敦煌契約文書輯校　江蘇古籍出版社　1998　p. 301
沙知　拋工　敦煌學大辭典　上海辭書出版社　1998　p. 390
張涌泉　俗字研究與敦煌文獻的校理　舊學新知　浙江大學出版社　1999　p. 61
曾良　敦煌文獻字義通釋　廈門大學出版社　2001　p. 29
王啓濤　中古及近代法制文書語言研究　巴蜀書社　2003　p. 202、290
支那　《敦煌遺書總目索引新編》匡補　《敦煌研究》2004 年第 4 期　p. 61

S. 5584

芳村修基　土橋秀高　井ノ口泰淳　敦煌佛教史年表　西域文化研究(第一)・敦煌佛教資料　(京都)法藏館　1958　p. 278
雷僑雲　敦煌兒童文學　(臺北)學生書局　1985　p. 44
高國藩　敦煌民俗學　上海文藝出版社　1989　p. 109
孫修身　五代時期甘州回鶻和中原王朝的交通　《敦煌研究》1989 年第 3 期　p. 54
池田溫　中國古代寫本識語集録　(東京)大藏出版株式會社　1990　p. 476
鄭阿財　敦煌蒙書析論　第二屆敦煌學國際研討會論文集　(臺北)漢學研究中心　1990　p. 217
朱鳳玉　敦煌寫本字書緒論　(臺北)《華岡文科學報》1991 年第 18 期　p. 94、106
鄭阿財　敦煌文獻與文學　(臺北)新文豐出版公司　1993　p. 246、268
沃興華　敦煌書法藝術　上海人民出版社　1994　p. 249
朱鳳玉　敦煌文獻中的語文教材　(臺灣)《嘉義師院學報》1995 年第 9 期　p. 475
黄征　《敦煌願文集》輯校中的一些問題　敦煌語文叢說　(臺北)新文豐出版公司　1997　p. 546
汪泛舟　敦煌古代兒童課本　甘肅人民出版社　2000　p. 52
鄭阿財　敦煌童蒙讀物的分類與總説　敦煌文獻論集:紀念藏經洞發現一百周年國際學術研討會論文集　遼寧人民出版社　2001　p. 202
蔡忠霖　敦煌漢文寫卷俗字及其現象　(臺北)文津出版社　2002　p. 28
黄征　敦煌語言文字學研究　甘肅教育出版社　2002　p. 156
姜亮夫　敦煌莫高窟年表　姜亮夫全集(十一)　雲南人民出版社　2002　p. 495
施安昌　敦煌寫經的遞變字群及其命名　善本碑帖論集　紫禁城出版社　2002　p. 336
鄭阿財　朱鳳玉　敦煌蒙書研究　甘肅教育出版社　2002　p. 53
朱鳳玉　敦煌寫本《開蒙要訓》與臺灣《四言雜字》　中國俗文化研究(第一輯)　巴蜀書社　2003　p. 121
黄征　敦煌俗字典　上海教育出版社　2005　p. 18、43、103

S. 5585

道端良秀　敦煌文獻に見える死後の世界　敦煌と中國仏教(講座敦煌 7)　(東京)大東出版社　1984　p. 505
金岡照光　敦煌における地獄文獻:敦煌庶民信仰の一様相　敦煌と中國仏教(講座敦煌 7)　(東京)大東出版社　1984　p. 575
蕭登福　敦煌所見十九種《閻羅受記經(佛說十王經)》之校勘　敦煌俗文學論叢　(臺北)商務印書館　1988　p. 252
蕭登福　敦煌寫卷《佛說十王經》之探討　敦煌俗文學論叢　(臺北)商務印書館　1988　p. 175

杜斗城　敦煌本《佛說十王經》校録研究　甘肅教育出版社　1989　p. 80
蕭登福　道佛十王地獄說　(臺北)新文豐出版公司　1996　p. 242
羅世平　地藏十王圖像的遺存及其信仰　唐研究(第四卷)　北京大學出版社　1998　p. 409 注 2
張總　《閻羅王授記經》綴補研考　敦煌吐魯番研究(第五卷)　北京大學出版社　2001　p. 92
勝義　《俄藏敦煌文獻》第十二冊校讀記(上)　戒幢佛學(第二卷)　岳麓書社　2002　p. 631
張總　地藏信仰研究　宗教文化出版社　2003　p. 325
黨燕妮　晚唐五代敦煌的十王信仰　麥積山石窟藝術文化論文集(下)　蘭州大學出版社　2004　p. 153
荒見泰史　關於地藏十王信仰成立和演變的有關資料數則　2004 年石窟研究國際學術會議論文提要集　敦煌研究院　2004　p. 62

S. 5586

張金泉　敦煌佛經音義寫卷述要　《敦煌研究》1997 年第 2 期　p. 119

S. 5587

林聰明　敦煌文書學　(臺北)新文豐出版公司　1991　p. 21
王啓濤　中古及近代法制文書語言研究　巴蜀書社　2003　p. 173

S. 5588

朱鳳玉　王梵志詩研究(下)　(臺北)學生書局　1986　p. 156
任半塘　敦煌歌辭總編　上海古籍出版社　1987　p. 777
吳肅森　論敦煌歌辭與詞的源流　1983 年全國敦煌學術討論會文集・文史遺書編(下)　甘肅人民出版社　1987　p. 148
郭在貽　張涌泉　黃征　敦煌變文集校議　岳麓書社　1990　p. 347
任半塘　王昆吾　隋唐五代燕樂雜言歌辭集　巴蜀書社　1990　p. 855
項楚　王梵志詩校注　上海古籍出版社　1991　p. 458
項楚　S. 5588 號寫本之再探索:《敦煌歌辭總編》"求因果"匡補　(香港)《九州學刊》(敦煌學專輯)　1992 年第 4 卷第 4 期　p. 137
張涌泉　《敦煌歌辭總編》校議　《語言研究》1992 年第 1 期　p. 56
張涌泉　敦煌寫卷俗字類型及其考辨的方法　(香港)《九州學刊》(敦煌學專輯)1992 年第 4 卷第 4 期　p. 83
周紹良　敦煌文學芻議及其它　(臺北)新文豐出版公司　1992　p. 23
蔣禮鴻　敦煌文獻語言詞典　杭州大學出版社　1994　p. 69
史雙元　唐五代詞紀事會評　黃山書社　1995　p. 507
王書慶　敦煌佛學・佛事篇　甘肅民族出版社　1995　p. 270
張涌泉　漢語俗字研究　岳麓書社　1995　p. 222
張涌泉　試論敦煌寫卷俗文字研究之意義　敦煌學國際研討會文集・史地語文编　遼寧美術出版社　1995　p. 359
王昆吾　隋唐五代燕樂雜言歌辭研究　中華書局　1996　p. 413
項楚　寒山詩籀讀劄記　中國古籍研究(第一卷)　上海古籍出版社　1996　p. 133
張涌泉　敦煌俗字研究導論　(臺北)新文豐出版公司　1996　p. 60、172
黃征　張涌泉　敦煌變文校注　中華書局　1997　p. 150、419

李正宇　只爲求因果　敦煌學大辭典　上海辭書出版社　1998　p. 553
張涌泉　敦煌文書疑難詞語辨釋　舊學新知　浙江大學出版社　1999　p. 264
張錫厚　敦煌文學源流　作家出版社　2000　p. 47
王啓濤　中古及近代法制文書語言研究　巴蜀書社　2003　p. 174
張子開　敦煌文獻中的白話禪詩　《敦煌學輯刊》2003 年第 1 期　p. 87
王志鵬　從敦煌歌辭看唐代敦煌地區禪宗的流傳與發展　《敦煌研究》2005 年第 6 期　p. 98
王志鵬　試論敦煌佛教歌辭中儒釋思想的調合　《敦煌學輯刊》2005 年第 3 期　p. 152

S. 5589

蕭登福　從敦煌寫卷中看道教星斗崇拜對佛經之影響　第二屆敦煌學國際研討會論文集　（臺北）漢學研究中心　1990　p. 343
汪泛舟　敦煌文學概論　甘肅人民出版社　1993　p. 565
蕭登福　道教星斗符印與佛教密宗　（臺北）新文豐出版公司　1993　p. 66
蕭登福　道教與密宗　（臺北）新文豐出版公司　1993　p. 396
黄征　吴偉　敦煌願文集　岳麓書社　1995　p. 576
王書慶　敦煌佛學・佛事篇　甘肅民族出版社　1995　p. 37
李致忠　古代版印通論　紫禁城出版社　2000　p. 83
曾良　敦煌文獻字義通釋　廈門大學出版社　2001　p. 25
李致忠　敦煌遺書中的裝幀形式與書史研究中的裝幀形制　敦煌與絲路文化學術講座（第二輯）　北京圖書館出版社　2005　p. 88
汪泛舟　敦煌俗別字新考（上）　《敦煌研究》2006 年第 1 期　p. 103

S. 5590

陳祚龍　瓜沙印録　（臺北）《大陸雜誌》1962 年第 4 期　又見：敦煌學概要　（臺北）編譯館“中華叢書編委會”　1981　p. 267；中國敦煌學百年文庫・考古卷（一）　甘肅文化出版社　1999　p. 187
陳祚龍　古代敦煌及其他地區流行之公私印章圖記文字録　敦煌學要籥　（臺北）新文豐出版公司　1982　p. 330
艾麗白著　耿昇譯　敦煌漢文寫本中的鳥形押　敦煌譯叢（第一輯）　甘肅人民出版社　1985　p. 191
唐耕耦　陸宏基　敦煌社會經濟文獻真迹釋録（三）　全國圖書館文獻縮微複製中心　1990　p. 625
堀敏一著　林世田譯　唐代後期敦煌社會經濟之變化　《敦煌學輯刊》1991 年第 1 期　p. 96
鄭炳林　高偉　唐五代敦煌釀酒業初探　《西北史地》1994 年第 1 期　p. 30
Л. N. チュグイェフスキー著　荒川正晴譯注　ソ連邦科學アカデミー東洋學研究所所藏、敦煌寫本における官印と寺印　『吐魯番出土文物研究會會報』（98、99 號）　（東京）吐魯番出土文物研究會　1994　p. 4
李正宇　敦煌歷史地理導論　（臺北）新文豐出版公司　1997　p. 226
馬德　敦煌工匠史料　甘肅人民出版社　1997　p. 92
沙知　歸義軍節度使新鑄印　敦煌學大辭典　上海辭書出版社　1998　p. 291
楊森　晚唐五代兩件《女人社》文書劄記　《敦煌研究》1998 年第 1 期　p. 70
丘古耶夫斯基著　魏迎春譯　俄藏敦煌漢文寫卷中的官印及寺院印章　《敦煌學輯刊》1999 年第 1 期　p. 144

陳永勝　敦煌吐魯番法制文書研究　甘肅人民出版社　2000　p. 130
王黯明　瓜沙州大王印考　《敦煌學輯刊》2000 年第 2 期　p. 44
森安孝夫著　梁曉鵬摘譯　河西歸義軍節度使官印及其編年　《敦煌學輯刊》2003 年第 1 期　p. 141
楊森　五代宋時期于闐皇太子在敦煌的太子莊　《敦煌研究》2003 年第 4 期　p. 42

S. 5591

金岡照光　敦煌漢文文學文獻の文學形態上の種類とその分類　敦煌出土文學文獻分類目録・附解說　(東京)東洋文庫　1971　p. 233
金岡照光　敦煌文學のさまざま　敦煌の文學　(東京)大蔵出版株式會社　1971　p. 157
饒宗頤　孝順觀念與敦煌佛曲　敦煌學(第 1 輯)　(香港)新亞研究所敦煌學會　1974　p. 76　又見:敦煌曲續論　(臺北)新文豐出版公司　1996　p. 17
陳祚龍　敦煌古抄中世釋衆倡導行孝報恩的歌曲詞文集　敦煌文物隨筆　(臺北)商務印書館　1979　p. 298
鄭阿財　孝道文學敦煌寫卷《十恩德讚》初探　(臺北)《華岡文科學報》1981 年第 13 期　p. 231
鄭阿財　敦煌孝道文學研究　(臺北)石門圖書公司　1982　p. 16、260 注 138、533、630 注 20
李正宇　敦煌方音止遇二攝混同及其校勘學意義　《敦煌研究》1986 年第 4 期　p. 49
朱鳳玉　王梵志詩研究(下)　(臺北)學生書局　1986　p. 194
龍晦　大足石刻父母恩重經變像與敦煌音樂文學的關係　敦煌歌辭總編　上海古籍出版社　1987　p. 1843
任半塘　敦煌歌辭總編　上海古籍出版社　1987　p. 748
劉進寶　俚曲小調　敦煌文學　甘肅人民出版社　1989　p. 230
郭在貽　郭在貽語言文學論稿　浙江古籍出版社　1992　p. 48
胡文和　大足寶頂《父母恩重經變》研究　《敦煌研究》1992 年第 2 期　p. 14
周紹良　敦煌文學芻議及其它　(臺北)新文豐出版公司　1992　p. 37
郭在貽　郭在貽敦煌學論集　江西人民出版社　1993　p. 247
鄭阿財　從敦煌文獻看唐代的三教合一　第二屆國際唐代學術會議論文集(上)　(臺北)文津出版社　1993　p. 651
鄭阿財　敦煌文獻與文學　(臺北)新文豐出版公司　1993　p. 13、19
張涌泉　《敦煌文獻語言辭典》補正　原學(第四輯)　中國廣播電視出版社　1995　p. 392
張涌泉　漢語俗字研究　岳麓書社　1995　p. 84
鄧文寬　大梵寺佛音:敦煌莫高窟壇經讀本　(臺北)如聞出版社　1997　p. 15
張弓　漢唐佛寺文化史　中國社會科學出版社　1997　p. 836
張錫厚　評《敦煌文獻與文學》　敦煌吐魯番研究(第二卷)　北京大學出版社　1997　p. 390
孫其芳　十恩德　敦煌學大辭典　上海辭書出版社　1998　p. 535
張涌泉　以父母十恩德爲主題的佛教文學藝術作品探源　舊學新知　浙江大學出版社　1999　p. 317
鄧文寬　英藏敦煌本《六祖壇經》的河西特色:以方音通假爲依據的探索　1994 年敦煌學國際研討會文集・宗教文史卷(上)　甘肅民族出版社　2000　p. 106
郝春文　英藏敦煌社會歷史文獻釋録(第一卷)　科學出版社　2001　p. 436
林聰明　敦煌吐魯番文書解詁指例　(臺北)新文豐出版公司　2001　p. 27 注 5
林仁昱　論敦煌佛教歌曲特質與"弘法"的關係　敦煌學(第 23 輯)　(臺北)樂學書局有限公司　2002　p. 63

S. 5592

向達　倫敦所藏敦煌卷子經眼目録　《北平圖書館圖書季刊》1939 年新第 1 卷第 4 期　p. 397　又見:唐代長安與西域文明　三聯書店　1957　p. 229
周丕顯　敦煌俗曲分時聯章歌體再議《敦煌學輯刊》1983 年創刊號　p. 15
周丕顯　敦煌俗曲中的分時聯章體歌辭　隴文學論叢　甘肅人民出版社　1983　p. 3
高國藩　敦煌民俗學　上海文藝出版社　1989　p. 104
鄭阿財　敦煌蒙書析論　第二屆敦煌學國際研討會論文集　(臺北)漢學研究中心　1990　p. 216
金岡照光　邈真讚　敦煌の文學文獻(講座敦煌 9)　(東京)大東出版社　1992　p. 606
金岡照光　散文體類　敦煌の文學文獻(講座敦煌 9)　(東京)大東出版社　1992　p. 175
林家平　寧强　羅華慶　中國敦煌學史　北京語言學院出版社　1992　p. 626
張弓　漢唐佛寺文化史　中國社會科學出版社　1997　p. 979
鄭阿財　朱鳳玉　敦煌蒙書研究　甘肅教育出版社　2002　p. 22

S. 5593

周一良　敦煌寫本書儀考(之二)　敦煌吐魯番文獻研究論集(第四輯)　北京大學出版社　1987　p. 28　又見:唐五代書儀研究　中國社會科學出版社　1995　p. 82
李明偉　狀・牒・帖　敦煌文學　甘肅人民出版社　1989　p. 41
譚蟬雪　印沙・脫佛・脫塔　《敦煌研究》1989 年第 1 期　p. 19
杜琦　敦煌文學概論　甘肅人民出版社　1993　p. 527
汪泛舟　敦煌文學概論　甘肅人民出版社　1993　p. 562、571
周一良　唐代的書儀與中日文化關係　中日文化關係史論　江西人民出版社　1993　p. 53　又見:唐五代書儀研究　中國社會科學出版社　1995　p. 325
郝春文　中古時期儒佛文化對民間結社的影響及其變化　唐文化研究論文集　上海人民出版社　1994　p. 208
王進玉　敦煌石窟探秘　四川教育出版社　1994　p. 15
黄征　吳偉　敦煌願文集　岳麓書社　1995　p. 322、626、699
周一良　趙和平　晚唐五代時的三種吉凶書儀寫卷研究　唐五代書儀研究　中國社會科學出版社　1995　p. 206
寧可　郝春文　敦煌社邑文書輯校　江蘇古籍出版社　1997　p. 628
黄征　唐代俗語詞輯釋　唐研究(第四卷)　北京大學出版社　1998　p. 144
饒宗頤　談佛教的發願文　敦煌吐魯番研究(第四卷)　北京大學出版社　1999　p. 486
曾良　敦煌文獻字義通釋　廈門大學出版社　2001　p. 110
黄征　敦煌語言文字學研究　甘肅教育出版社　2002　p. 156
余欣　敦煌的入宅與暖房禮俗　中華文史論叢(總 78 輯)　上海古籍出版社　2004　p. 106
郝春文　唐後期五代宋初敦煌私社的教育與教化功能　敦煌吐魯番研究(第九卷)　北京大學出版社　2006　p. 308

S. 5594

邵榮芬　敦煌俗文學中的別字異文和唐五代西北方音　《中國語文》1963 年第 3 期　又見:中國敦煌學百年文庫・語言文字卷(一)　甘肅文化出版社　1999　p. 125
土肥義和　はじめに——歸義軍節度使の敦煌支配　敦煌の歷史(講座敦煌 2)　(東京)大東出版社　1980　p. 271

岡部和雄　敦煌蔵經目録　敦煌と中國仏教(講座敦煌 7)　(東京)大東出版社　1984　p. 305
方廣錩　佛教大藏經史(八—十世紀)　中國社會科學出版社　1991　p. 142、233、351
方廣錩　敦煌佛教經録輯校　江蘇古籍出版社　1997　p. 198
方廣錩　敦煌經帙　敦煌學佛教學論叢(上)　中國佛教文化研究所　1998　p. 212
方廣錩　敦煌遺書中所存的全國性佛教經録　敦煌學佛教學論叢(上)　中國佛教文化研究所　1998　p. 293
方廣錩　開元釋教録　敦煌學大辭典　上海辭書出版社　1998　p. 745
榮新江　《英藏敦煌文獻》定名商補　文史(第五十二輯)　中華書局　2000　p. 123　又見:敦煌學新論　甘肅教育出版社　2002　p. 197
方廣錩　敦煌寺院所藏大藏經概貌　藏外佛教文獻(第八輯)　宗教文化出版社　2003　p. 389
黄征　敦煌俗字典　上海教育出版社　2005　p. 484

S. 5596

柴劍虹　徐俊　敦煌詞輯校四談　《敦煌學輯刊》1988 年第 1、2 期　p. 58

S. 5597

汪泛舟　敦煌俗別字新考(上)　《敦煌研究》2006 年第 1 期　p. 107

S. 5598

三木榮　西域出土醫藥關係文獻綜合解說目録　『東洋學報』(47 卷 1 號)　(東京)東洋學術協會　1964　p. 13
王堯　藏族翻譯家管・法成對民族文化交流的貢獻　《文物》1980 年第 7 期　又見:中國敦煌學百年文庫・民族卷(三)　甘肅文化出版社　1999　p. 34
馬繼興　敦煌古醫籍考釋　江西科學技術出版社　1988　p. 493
上山大峻　敦煌佛教の研究　(京都)法藏館　1990　p. 147
王惠民　敦煌寫本《水月觀音經》研究　《敦煌研究》1992 年第 3 期　p. 94
丛春雨　敦煌中醫藥全書　中醫古籍出版社　1994　p. 704
王惠民　敦煌千手千眼觀音像　《敦煌學輯刊》1994 年第 1 期　p. 63
王堯　西藏文史考信集　中國藏學出版社　1994　p. 28
張儂　敦煌石窟秘方與灸經圖　甘肅文化出版社　1995　p. 33
馬繼興　敦煌醫藥文獻輯校　江蘇古籍出版社　1998　p. 754
盖建民　從敦煌遺書看佛教醫學思想及其影響　佛學研究(第八期)　中國佛教文化研究所　1999　p. 266
王進玉　從敦煌文物看中西文化交流　《西域研究》1999 年第 1 期　p. 59
王淑民　敦煌石窟秘藏醫方　北京醫科大學中國協和醫科大學聯合出版社　1999　p. 28
宋家鈺　英國收藏敦煌文獻叙録　英國收藏敦煌漢藏文獻研究:紀念敦煌文獻發現一百周年　中國社會科學出版社　2000　p. 169
馬繼興　當前世界各地收藏的中國出土卷子本古醫藥文獻備考　敦煌吐魯番研究(第六卷)　北京大學出版社　2002　p. 136
陳明　沙門黄散:唐代佛教醫事與社會生活　唐代宗教信仰與社會　上海辭書出版社　2003　p. 259
李小榮　敦煌密教文獻論稿　人民文學出版社　2003　p. 88、157
李小榮　論密教中的千手觀音　文史(第六十三輯)　中華書局　2003　p. 158

陳明　備急單驗:敦煌醫藥文獻中的單藥方　敦煌學國際研討會論文集　北京圖書館出版社　2005　p. 239

陳明　殊方異藥:出土文書與西域醫學　北京大學出版社　2005　p. 150

S. 5599

周紹良　敦煌文學芻議及其它　(臺北)新文豐出版公司　1992　p. 9

杜琦　敦煌文學概論　甘肅人民出版社　1993　p. 516

丛春雨　敦煌中醫藥全書　中醫古籍出版社　1994　p. 40

黄征　吳偉　敦煌願文集　岳麓書社　1995　p. 19

丛春雨　試述敦煌遺書中"道醫"、"佛醫"的理論與實踐　敦煌佛教文化研究　社科縱橫編輯部　1996　p. 171

曾良　敦煌文獻字義通釋　廈門大學出版社　2001　p. 34、126

張子開　敦煌文獻中的白話禪詩　《敦煌學輯刊》2003 年第 1 期　p. 84

S. 5600

劉銘恕　再記英國倫敦所藏的敦煌經卷　《中國科學院圖書館通訊》1957 年第 7 期　又見:中國敦煌學百年文庫·綜述卷(二)　甘肅文化出版社　1999　p. 135

杜愛英　敦煌遺書中俗體字的諸種類型　《敦煌研究》1992 年第 3 期　p. 124

梅維恒著　楊繼東　陳引馳譯　唐代變文(上)　(香港)中國佛教文化出版公司　1999　p. 176 注 1

S. 5601

金岡照光　敦煌漢文文學文獻の文學形態上の種類とその分類　敦煌出土文學文獻分類目録·附解說　(東京)東洋文庫　1971　p. 233

金岡照光　敦煌文學のさまざま　敦煌の文學　(東京)大蔵出版株式會社　1971　p. 157

陳祚龍　敦煌古抄中世釋衆倡導行孝報恩的歌曲詞文集　敦煌文物隨筆　(臺北)商務印書館　1979　p. 305

加地哲定　增補中國佛教文學研究　(東京)同朋舍　1979　p. 192

鄭阿財　孝道文學敦煌寫卷《十恩德讚》初探　(臺北)《華岡文科學報》1981 年第 13 期　p. 231、246

鄭阿財　敦煌孝道文學研究　(臺北)石門圖書公司　1982　p. 16、260 注 138、533、630 注 20

小川貫弌　父母恩重經　敦煌と中國仏教(講座敦煌 7)　(東京)大東出版社　1984　p. 216

雷僑雲　敦煌兒童文學　(臺北)學生書局　1985　p. 90 注 5

李正宇　敦煌方音止遇二攝混同及其校勘學意義　《敦煌研究》1986 年第 4 期　p. 51、54

朱鳳玉　王梵志詩研究(下)　(臺北)學生書局　1986　p. 195

龍晦　大足石刻父母恩重經變像與敦煌音樂文學的關係　敦煌歌辭總編　上海古籍出版社　1987　p. 1843

任半塘　敦煌歌辭總編　上海古籍出版社　1987　p. 748

劉進寶　俚曲小調　敦煌文學　甘肅人民出版社　1989　p. 230

高國藩　敦煌古俗與民俗流變　河海大學出版社　1990　p. 430

加地哲定著　劉衛星譯　中國佛教文學　今日中國出版社　1990　p. 164

胡文和　大足實頂《父母恩重經變》研究　《敦煌研究》1992 年第 2 期　p. 17

周紹良　敦煌文學芻議及其它　(臺北)新文豐出版公司　1992　p. 37

鄭阿財　從敦煌文獻看唐代的三教合一　第二屆國際唐代學術會議論文集(上)　(臺北)文津出版

社　1993　p. 651
鄭阿財　敦煌文獻與文學　(臺北)新文豐出版公司　1993　p. 13、20、49
張涌泉　試論審辨敦煌寫本俗字的方法　《敦煌研究》1994 年第 2 期　p. 149　又見:舊學新知　浙江大學出版社　1999　p. 81
張涌泉　《敦煌文獻語言辭典》補正　原學(第四輯)　中國廣播電視出版社　1995　p. 392
張涌泉　漢語俗字研究　岳麓書社　1995　p. 60、199
高國藩　敦煌數字與俗文化　慶祝潘石禪先生九秩華誕敦煌學特刊　(臺北)文津出版社　1996　p. 186
張涌泉　敦煌俗字研究導論　(臺北)新文豐出版公司　1996　p. 144
鄧文寬　大梵寺佛音:敦煌莫高窟壇經讀本　(臺北)如聞出版社　1997　p. 15
張錫厚　評《敦煌文獻與文學》　敦煌吐魯番研究(第二卷)　北京大學出版社　1997　p. 390
孫其芳　十恩德　敦煌學大辭典　上海辭書出版社　1998　p. 535
高國藩　敦煌俗文化學　上海三聯書店　1999　p. 23
鄧文寬　英藏敦煌本《六祖壇經》的河西特色:以方音通假爲依據的探索　1994 年敦煌學國際研討會文集·宗教文史卷(上)　甘肅民族出版社　2000　p. 106
張涌泉　漢語俗字叢考　中華書局　2000　p. 644
郝春文　英藏敦煌社會歷史文獻釋録(第一卷)　科學出版社　2001　p. 436
曾良　敦煌文獻字義通釋　廈門大學出版社　2001　p. 9

S. 5602

向達　倫敦所藏敦煌卷子經眼目録　《北平圖書館圖書季刊》1939 年新第 1 卷第 4 期　p. 397　又見:唐代長安與西域文明　三聯書店　1957　p. 229
道端良秀　敦煌文獻に見える死後の世界　敦煌と中國仏教(講座敦煌 7)　(東京)大東出版社　1984　p. 516
蘇金花　從"方外之賓"到"釋吏"　《敦煌學輯刊》1998 年第 2 期　p. 111

S. 5603

陳祚龍　看了周作《敦煌寫本書儀考》(之一)以後　敦煌學(第 6 輯)　(臺北)新文豐出版公司　1983　p. 44
吳其昱著　福井文雅　樋口勝譯　大蕃國大德·三藏法師·法成傳考　敦煌と中國仏教(講座敦煌 7)　(東京)大東出版社　1984　p. 402
原田覺　吐蕃譯經史　敦煌胡語文獻(講座敦煌 6)　(東京)大東出版社　1985　p. 432
方廣錩　讀敦煌佛典經録劄記　《敦煌學輯刊》1986 年第 1 期　p. 113
上山大峻　敦煌佛教の研究　(京都)法藏館　1990　p. 86、113、389
方廣錩　佛教大藏經史(八—十世紀)　中國社會科學出版社　1991　p. 137
戴仁　敦煌的經折裝寫本　法國學者敦煌學論文選萃　中華書局　1993　p. 583
王堯　西藏文史考信集　中國藏學出版社　1994　p. 24
方廣錩　楞伽阿跋多羅寶經疏　敦煌學大辭典　上海辭書出版社　1998　p. 667
李德龍　入楞伽經疏古藏文譯本　敦煌學大辭典　上海辭書出版社　1998　p. 479

S. 5604

王三慶　敦煌本古類書《語對》研究　(臺北)文史哲出版社　1985　p. 18、82

王三慶著　池田溫譯　類書　敦煌漢文文獻(講座敦煌5)　(東京)大東出版社　1992　p. 374
楊寶玉　籯金　敦煌學大辭典　上海辭書出版社　1998　p. 779
曾良　敦煌文獻字義通釋　廈門大學出版社　2001　p. 120
孫猛《日本國見在書目録》(經部、史部、集部)失考書考　域外漢籍研究集刊　中華書局　2006　p. 211

S. 5605

汪泛舟　敦煌文學概論　甘肅人民出版社　1993　p. 558

S. 5606

李明偉　狀・牒・帖　敦煌文學　甘肅人民出版社　1989　p. 41
陳國燦　唐五代瓜沙歸義軍軍鎮的演變　敦煌吐魯番文書初探(二編)　武漢大學出版社　1990　p. 574
唐耕耦　陸宏基　敦煌社會經濟文獻真迹釋録(四)　全國圖書館文獻縮微複製中心　1990　p. 503
馮培紅　晚唐五代宋初歸義軍武職軍將研究　敦煌歸義軍史專題研究　蘭州大學出版社　1997　p. 155、163
趙和平　敦煌表狀箋啓書儀輯校　江蘇古籍出版社　1997　p. 365
唐耕耦　遊奕使　敦煌學大辭典　上海辭書出版社　1998　p. 385
趙和平　會稽鎮上使衙狀　敦煌學大辭典　上海辭書出版社　1998　p. 426
曾良　敦煌文獻字義通釋　廈門大學出版社　2001　p. 42
馮培紅　歸義軍鎮制考　敦煌吐魯番研究(第九卷)　北京大學出版社　2006　p. 279

S. 5607

任半塘　王昆吾　隋唐五代燕樂雜言歌辭集　巴蜀書社　1990　p. 228

S. 5608

平井俊榮　敦煌仏典と中國仏教　敦煌と中國仏教(講座敦煌7)　(東京)大東出版社　1984　p. 8
方廣錩　光讚般若經　敦煌學大辭典　上海辭書出版社　1998　p. 680
石内德　敦煌文獻中被廢棄的殘經抄本　法國漢學(敦煌學專號)　中華書局　2000　p. 22

S. 5609

張涌泉　敦煌俗字彙考　敦煌俗字研究　上海教育出版社　1996　p. 3

S. 5610

陳祚龍　敦煌古抄内典尾記彙校初、二、三編合刊　敦煌學要籥　(臺北)新文豐出版公司　1982　p. 156
道端良秀　敦煌文獻に見える死後の世界　敦煌と中國仏教(講座敦煌7)　(東京)大東出版社　1984　p. 516
姜亮夫　敦煌莫高窟年表　姜亮夫全集(十一)　雲南人民出版社　2002　p. 167

S. 5612

徐紹强　大方廣華嚴十惡品經　藏外佛教文獻(第一輯)　宗教文化出版社　1995　p. 359

張總　地藏信仰研究　宗教文化出版社　2003　p. 434

S. 5613

素癡　不列顛博物院所藏中國寫本瞥記　《國文周刊》1934 年第 11 卷第 21 期　又見:中國敦煌學百年文庫・綜述卷(一)　甘肅文化出版社　1999　p. 59

李正宇　敦煌遺書中發現題年《南歌子》舞譜　《敦煌研究》1986 年第 4 期　p. 75

周紹良　趙和平　書儀　《敦煌語言文學研究通訊》1987 年第 4 期　p. 2　又見:敦煌文學　甘肅人民出版社　1989　p. 48

柴劍虹　徐俊　敦煌詞輯校四談　《敦煌學輯刊》1988 年第 1、2 期　p. 54　又見:西域文史論稿(臺北)國文天地雜誌社　1991　p. 499

林玫儀　研究敦煌曲子詞之省思　第二屆敦煌學國際研討會論文集　(臺北)漢學研究中心　1990　p. 308

王克芬　柴劍虹　敦煌舞譜的再探索　敦煌吐魯番學研究論文集　漢語大詞典出版社　1990　p. 221

趙和平　敦煌寫本書儀略論　敦煌吐魯番學研究論文集　漢語大詞典出版社　1990　p. 565、593　又見:唐五代書儀研究　中國社會科學出版社　1995　p. 3

柴劍虹　敦煌舞譜的再探索　西域文史論稿　(臺北)國文天地雜誌社　1991　p. 465

菅原信海　占筮書　敦煌漢文文獻(講座敦煌 5)　(東京)大東出版社　1992　p. 456

李正宇　敦煌歌舞三劄　《敦煌研究》1992 年第 4 期　p. 50

周紹良　敦煌文學芻議及其它　(臺北)新文豐出版公司　1992　p. 9

杜琦　敦煌文學概論　甘肅人民出版社　1993　p. 520

李正宇　敦煌文學概論　甘肅人民出版社　1993　p. 110

李正宇　論敦煌曲子　第二屆國際唐代學術會議論文集(上)　(臺北)文津出版社　1993　p. 760

劉進寶　近十年來大陸地區敦煌學研究概述　"中國唐代學會"會刊(第四期)　(臺北)"中國唐代學會"　1993　p. 76

王小盾　唐代酒令藝術　(臺北)文津出版社　1993　p. 159

趙和平　敦煌寫本書儀研究　(臺北)新文豐出版公司　1993　p. 14

趙和平　晚唐時河北地區的一種吉凶書儀　周一良先生八十生日紀念論文集　中國社會科學出版社　1993　p. 197

金賢珠　唐五代敦煌民歌　(臺北)文史哲出版社　1994　p. 28、210

榮新江　歸義軍改元考　文史(第三十八輯)　中華書局　1994　p. 49

董錫玖　金秋　絲綢之路　新華出版社　1995　p. 119

姜伯勤　敦煌"令舞"曲拍譜的再發現:兼論王朝"法度禮樂"與歌酒"樂章舞曲"的消長　學術集林(卷五)　上海遠東出版社　1995　p. 283、297

趙和平　敦煌寫本書儀中所看到的部分唐代社會文化生活　敦煌學國際研討會文集・史地語文編　遼寧美術出版社　1995　p. 566　又見:唐五代書儀研究　中國社會科學出版社　1995　p. 303

周一良　趙和平　晚唐時河北地區的一種吉凶書儀殘卷研究　唐五代書儀研究　中國社會科學出版社　1995　p. 191

姜伯勤　敦煌藝術宗教與禮樂文明　中國社會科學出版社　1996　p. 556

饒宗頤　《雲謠集》的性質及其與歌筵樂舞的聯繫　敦煌曲續論　(臺北)新文豐出版公司　1996　p. 123

饒宗頤　《雲謠集》一些問題的檢討　敦煌曲續論　(臺北)新文豐出版公司　1996　p. 104

榮新江　歸義軍史研究　上海古籍出版社　1996　p. 52
王昆吾　隋唐五代燕樂雜言歌辭研究　中華書局　1996　p. 88、485
陸淑綺　李重申　敦煌古代戲曲文化史料綜述　《敦煌研究》1997 年第 2 期　p. 62
張弓　漢唐佛寺文化史　中國社會科學出版社　1997　p. 863
李正宇　後梁開平三年南哥(歌)子舞譜序詞　敦煌學大辭典　上海辭書出版社　1998　p. 263
李正宇　演曲子　敦煌學大辭典　上海辭書出版社　1998　p. 448
趙和平　《敦煌寫本書儀研究》訂補　敦煌吐魯番研究(第三卷)　北京大學出版社　1998　p. 246
趙和平　吉凶書儀　敦煌學大辭典　上海辭書出版社　1998　p. 421
山田俊　敦煌舞譜的對舞結構試析:兼論譜字的解釋　敦煌吐魯番研究(第四卷)　北京大學出版社　1999　p. 509
董志翹　《入唐求法巡禮行記》辭彙研究　中國社會科學出版社　2000　p. 174
榮新江　《英藏敦煌文獻》定名商補　文史(第五十二輯)　中華書局　2000　p. 123　又見:敦煌學新論　甘肅教育出版社　2002　p. 198
趙和平　晚唐時河北地區的一種吉凶書儀的再研究　中華文史論叢(總 62 輯)　上海古籍出版社　2000　p. 193
陶敏　李一飛　隋唐五代文學史料學　中華書局　2001　p. 352
石曉軍　日本園城寺(三井寺)藏唐人詩文尺牘校證　唐研究(第八卷)　北京大學出版社　2002　p. 128
吳麗娛　唐禮摭遺:中古書儀研究　商務印書館　2002　p. 50、252
趙和平　評《英藏敦煌社會歷史文獻釋録》　敦煌吐魯番研究(第六卷)　北京大學出版社　2002　p. 392
王克芬　中國舞蹈發展史　上海人民出版社　2003　p. 232
王克芬　柴劍虹　對敦煌舞譜研究若干問題的再認識　2000 年敦煌學國際學術討論會文集・石窟藝術卷　甘肅民族出版社　2003　p. 49
王啓濤　中古及近代法制文書語言研究　巴蜀書社　2003　p. 385
湯涒　敦煌曲子詞地域文化研究　上海古籍出版社　2004　p. 93
王曉平　敦煌書儀與《萬葉集》書狀的比較研究　《敦煌研究》2004 年第 6 期　p. 77
王雲路　從"蒙免""鞭恥"說起　浙江與敦煌學:常書鴻先生誕辰一百周年紀念文集　浙江古籍出版社　2004　p. 512
吳麗娛　關於敦煌 S. 5566 書儀的研究　敦煌學國際研討會論文集　北京圖書館出版社　2005　p. 73
余欣　許承堯舊藏敦煌文獻的調查與研究　敦煌學・日本學:石塚晴通教授退職紀念論文集　上海辭書出版社　2005　p. 176

S. 5614

三木榮　西域出土醫藥關係文獻綜合解說目録　『東洋學報』(47 卷 1 號)　(東京)東洋學術協會　1964　p. 9
山口瑞鳳　評『ペリオ・チベット文書の讀解』　『東洋學報』(54 卷 4 號)　(東京)東洋學術協會　1972　p. 81
任半塘　敦煌歌辭研究在國外　文學評論叢刊(第九輯)　中國社會科學出版社　1981　p. 180
饒宗頤　穆護歌考　選堂集林・史林　(香港)中華書局　1982　p. 490　又見:饒宗頤史學論著選　上海古籍出版社　1993　p. 422 ; 饒宗頤東方學論集　汕頭大學出版社　1999　p. 99

戴密微著　耿昇譯　敦煌學近作　敦煌譯叢(第一輯)　甘肅人民出版社　1985　p. 21
趙健雄　敦煌石窟醫學史料輯要　《敦煌學輯刊》1985 年第 2 期　p. 117
李正宇　敦煌方音止遇二攝混同及其校勘學意義　《敦煌研究》1986 年第 4 期　p. 53
趙健雄　敦煌寫本張仲景《五臟論》簡析　《敦煌研究》1987 年第 4 期　p. 100
馬繼興　敦煌古醫籍考釋　江西科學技術出版社　1988　p. 9、16、28、38
劉進寶　俚曲小調　敦煌文學　甘肅人民出版社　1989　p. 223
郭在貽　張涌泉　黄征　敦煌變文集校議　岳麓書社　1990　p. 14
蕭登福　從敦煌寫卷中看道教星斗崇拜對佛經之影響　第二屆敦煌學國際研討會論文集　(臺北)漢學研究中心　1990　p. 349
甘肅中醫學院圖書館　敦煌中醫藥學集錦　甘肅中醫學院圖書館　1990　p. 13
趙健雄　敦煌遺書醫學卷考析　《敦煌研究》1991 年第 4 期　p. 100
宮下三郎　敦煌本の本草醫書　敦煌漢文文獻(講座敦煌 5)　(東京)大東出版社　1992　p. 498、504
菅原信海　占筮書　敦煌漢文文獻(講座敦煌 5)　(東京)大東出版社　1992　p. 457
蕭登福　道教星斗符印與佛教密宗　(臺北)新文豐出版公司　1993　p. 29
蕭登福　道教與密宗　(臺北)新文豐出版公司　1993　p. 415
丛春雨　敦煌中醫藥全書　中醫古籍出版社　1994　p. 22、54、81、255
姜伯勤　敦煌吐魯番文書與絲綢之路　文物出版社　1994　p. 143
蔣禮鴻　敦煌文獻語言詞典　杭州大學出版社　1994　p. 140
李明偉　隋唐絲綢之路　甘肅人民出版社　1994　p. 296
胡戟　傅玫　敦煌史話　中華書局　1995　p. 191
劉進寶　敦煌學論述　(臺北)洪葉文化事業有限公司　1995　p. 299
鄭炳林　唐五代敦煌金鞍山異名考　《敦煌研究》1995 年第 2 期　p. 134
黄征　敦煌俗語詞輯釋　敦煌語文叢說　(臺北)新文豐出版公司　1997　p. 70
黄征　王梵志詩校釋續商補　敦煌語文叢說　(臺北)新文豐出版公司　1997　p. 237
黄征　張涌泉　敦煌變文校注　中華書局　1997　p. 35
劉永明　S. 2729 背《懸象占》與蕃占時期的敦煌道教　敦煌歸義軍史專題研究　蘭州大學出版社　1997　p. 532
王素　評《敦煌吐魯番文書與絲綢之路》　敦煌吐魯番研究(第二卷)　北京大學出版社　1997　p. 410
張弓　漢唐佛寺文化史　中國社會科學出版社　1997　p. 928
馬繼興　敦煌醫藥文獻　敦煌學大辭典　上海辭書出版社　1998　p. 615
史睿　評《敦煌本夢書》　敦煌吐魯番研究(第三卷)　北京大學出版社　1998　p. 418
王淑民　平脈略例　敦煌學大辭典　上海辭書出版社　1998　p. 616
王淑民　五臟脈候陰陽相乘法　敦煌學大辭典　上海辭書出版社　1998　p. 617
王淑民　張仲景五臟論　敦煌學大辭典　上海辭書出版社　1998　p. 616
嚴敦傑　摩醯首羅卜　敦煌學大辭典　上海辭書出版社　1998　p. 624
嚴敦傑　周公孔子占法　敦煌學大辭典　上海辭書出版社　1998　p. 621
王進玉　從敦煌文物看中西文化交流　《西域研究》1999 年第 1 期　p. 60
王淑民　敦煌石窟秘藏醫方　北京醫科大學中國協和醫科大學聯合出版社　1999　p. 4
丛春雨　敦煌中醫藥精萃發微　中醫古籍出版社　2000　p. 1、53
馬克　敦煌數占小考　法國漢學(敦煌學專號)　中華書局　2000　p. 198

榮新江　《英藏敦煌文獻》定名商補　文史(第五十二輯)　中華書局　2000　p. 125
榮新江　《英國圖書館藏敦煌漢文非佛教文獻殘卷目録》補正　英國收藏敦煌漢藏文獻研究:紀念敦煌文獻發現一百周年　中國社會科學出版社　2000　p. 382
楊秀清　華戎交會的都市:敦煌與絲綢之路　甘肅人民出版社　2000　p. 130
陳明　醫理精華:印度古典醫學在敦煌的實例分析　敦煌吐魯番研究(第五卷)　北京大學出版社　2001　p. 230
黄正建　敦煌占卜文書與唐五代占卜研究　學苑出版社　2001　p. 31、97、202
陳明　印度梵文醫典醫理精華研究　中華書局　2002　p. 71
黄征　敦煌語言文字學研究　甘肅教育出版社　2002　p. 318
劉進寶　敦煌學通論　甘肅教育出版社　2002　p. 416
馬繼興　當前世界各地收藏的中國出土卷子本古醫藥文獻備考　敦煌吐魯番研究(第六卷)　北京大學出版社　2002　p. 136
王愛和　摩醯首羅卜性質初步分析　敦煌佛教藝術文化國際學術研討會論文集　蘭州大學出版社　2002　p. 116
趙平安　談談敦煌醫學寫本的釋字問題　敦煌吐魯番研究(第六卷)　北京大學出版社　2002　p. 202
趙貞　評《敦煌占卜文書與唐五代占卜研究》　唐研究(第八卷)　北京大學出版社　2002　p. 523
陳明　耆婆的形象演變及其在敦煌吐魯番地區的影響　文津學志(第一輯)　北京圖書館出版社　2003　p. 153
劉永明　敦煌占卜與道教初探　《敦煌學輯刊》2004 年第 2 期　p. 16
陳明　殊方異藥:出土文書與西域醫學　北京大學出版社　2005　p. 159
陳于柱　從敦煌占卜文書看晚唐五代敦煌占卜與佛教的對話交融　《敦煌學輯刊》2005 年第 2 期　p. 29
李應存　敦煌卷子《張仲景五臟論》中"四色神丹"考　《敦煌學輯刊》2005 年第 2 期　p. 47
鄧文寬　劉樂賢　敦煌天文氣象占寫本概述　敦煌吐魯番研究(第九卷)　北京大學出版社　2006　p. 411
李應存　新發現 ДX1325v 爲敦煌《張仲景五臟論》又一寫本　《敦煌研究》2006 年第 1 期　p. 89

S. 5615

王三慶　敦煌本《勵忠節抄》研究　(香港)《九州學刊》(敦煌學專輯)1992 年第 4 卷第 4 期　p. 87
王三慶著　池田溫譯　類書　敦煌漢文文獻(講座敦煌 5)　(東京)大東出版社　1992　p. 368
何華珍　金春梅　敦煌本《勵忠節抄》王校補正　中古近代漢語研究(第一輯)　上海教育出版社　2000　p. 281
張涌泉　試論敦煌寫本類書的校勘價值:以《勵忠節抄》爲例　《敦煌研究》2003 年第 2 期　p. 69
屈直敏　敦煌寫本類書《勵忠節抄》引《史記》異文考證　《敦煌學輯刊》2004 年第 2 期　p. 6 注 2
中村威也　ДX10698『尚書費誓』とДX10698v「史書」について　『西北出土文獻研究』(創刊號)　(新潟)西北出土文獻研究會　2004　p. 48
屈直敏　敦煌本類書《勵忠節抄》寫卷研究　敦煌學國際研討會論文集　北京圖書館出版社　2005　p. 91

S. 5616

榮新江　《英藏敦煌文獻》定名商補　文史(第五十二輯)　中華書局　2000　p. 127

S. 5617

饒宗頤　談佛教的發願文　敦煌吐魯番研究(第四卷)　北京大學出版社　1999　p. 486

S. 5618

道端良秀　敦煌文獻に見える死後の世界　敦煌と中國仏教(講座敦煌 7)　(東京)大東出版社　1984　p. 513

金岡照光　敦煌における地獄文獻:敦煌庶民信仰の一様相　敦煌と中國仏教(講座敦煌 7)　(東京)大東出版社　1984　p. 579

金榮華　倫敦藏漢文敦煌卷子目録提要(初稿)序　敦煌學(第 12 輯)　(臺北)新文豐出版公司　1987　p. 139

汪泛舟　敦煌俗別字新考(上)　《敦煌研究》2006 年第 1 期　p. 107

S. 5619

鈴木大拙　敦煌出土『達摩和尚絶觀論』について　『佛教研究』(1 卷 1 期)　(京都)佛教研究會　1937　p. 53

陳祚龍　簡記敦煌古抄方志　敦煌文物隨筆　(臺北)商務印書館　1979　p. 55

田中良昭　修道偈 I　敦煌仏典と禅(講座敦煌 8)　(東京)大東出版社　1980　p. 254

篠原壽雄　北宗禅と南宗禅　敦煌仏典と禅(講座敦煌 8)　(東京)大東出版社　1980　p. 194

陳祚龍　《簡記敦煌古抄方志》及其"後語"　敦煌學要籥　(臺北)新文豐出版公司　1982　p. 225

田中良昭　敦煌禅宗文獻の研究　(東京)大東出版社　1983　p. 257

王重民　記敦煌寫本的佛經　敦煌吐魯番文獻研究論集(第二輯)　北京大學出版社　1983　p. 21　又見:敦煌遺書論文集　中華書局　1984　p. 305

陳祚龍　關於敦煌古抄《無心論》　中華佛教文化史散策(四集)　(臺北)新文豐出版公司　1986　p. 483

汪泛舟　偈・頌　敦煌文學　甘肅人民出版社　1989　p. 92

上山大峻　敦煌佛教の研究　(京都)法藏館　1990　p. 421

林家平　寧强　羅華慶　中國敦煌學史　北京語言學院出版社　1992　p. 82

吳其昱著　伊藤美重子譯　敦煌漢文寫本概観　敦煌漢文文獻(講座敦煌 5)　(東京)大東出版社　1992　p. 57

田中良昭　敦煌の禅籍　禅學研究入門　(東京)大東出版社　1994　p. 62

柳田聖山　禅籍解題(一)・敦煌禅籍　俗語言研究(第二期)　(京都)禅文化研究所　1995　p. 134

柳田聖山撰　劉方譯　敦煌禅籍總說　《敦煌學輯刊》1996 年第 2 期　p. 112

楊曾文　神會和尚禅語録　中華書局　1996　p. 197

衣川賢次　《敦煌新本六祖壇經》補校　俗語言研究(第三期)　(京都)禅文化研究所　1996　p. 77

方廣錩　頓悟無生般若頌　敦煌學大辭典　上海辭書出版社　1998　p. 727

方廣錩　無心論　敦煌學大辭典　上海辭書出版社　1998　p. 724

張勇　傅大士研究　巴蜀書社　2000　p. 532

S. 5620

土橋秀高　敦煌の律蔵　敦煌と中國仏教(講座敦煌 7)　(東京)大東出版社　1984　p. 249

高田時雄　チベット文字書寫「長卷」の研究(本文编)　『東方學報』(第 65 號)　京都大學人文科學研究所　1993　p. 369

汪娟　敦煌禮懺文研究　(臺北)法鼓文化公司　1994　p. 14、178

井ノ口泰淳　敦煌本『仏名經』の諸系統　中央アジアの言語と仏教　(京都)法藏館　1995　p. 320

郝春文　部分英藏敦煌文獻的定名問題　英國收藏敦煌漢藏文獻研究:紀念敦煌文獻發現一百周年　中國社會科學出版社　2000　p. 389

楊際平　也談唐宋間敦煌量制"石"、"斗"、"馱"、"秤"　《敦煌學輯刊》2000 年第 2 期　p. 18

S. 5623

周紹良　趙和平　書儀　《敦煌語言文學研究通訊》1987 年第 4 期　p. 4　又見:敦煌文學　甘肅人民出版社　1989　p. 51

趙和平　敦煌寫本書儀略論　敦煌吐魯番學研究論文集　漢語大詞典出版社　1990　p. 566、595　又見:唐五代書儀研究　中國社會科學出版社　1995　p. 6、31

周紹良　敦煌文學芻議及其它　(臺北)新文豐出版公司　1992　p. 9

趙和平　敦煌寫本書儀研究　(臺北)新文豐出版公司　1993　p. 17、59

李明偉　敦煌文學中"敦煌文"的研究和分類評價　《敦煌研究》1995 年第 4 期　p. 123

趙和平　後唐時代甘州回鶻表本及相關漢文文獻的初步研究　(香港)《九州學刊》1995 年第 6 卷第 4 期　p. 98　又見:唐五代書儀研究　中國社會科學出版社　1995　p. 244

周一良　趙和平　敦煌表狀箋啓書儀略論　唐五代書儀研究　中國社會科學出版社　1995　p. 42　又見:敦煌吐魯番學研究論集　書目文獻出版社　1996　p. 193

周一良　趙和平　後唐時代刺史專用書儀　唐五代書儀研究　中國社會科學出版社　1995　p. 222

周一良　趙和平　《新集雜別紙》的初步研究　唐五代書儀研究　中國社會科學出版社　1995　p. 253

趙和平　晚唐五代靈武節度使與沙州歸義軍關係試論　第三届中國唐代文化學術研討會論文集　(臺北)政治大學中國文學系　1997　p. 550

趙和平　《敦煌寫本書儀研究》訂補　敦煌吐魯番研究(第三卷)　北京大學出版社　1998　p. 236

趙和平　新集雜別紙　敦煌學大辭典　上海辭書出版社　1998　p. 423

吳麗娛　唐代書儀中單、複書形式簡析　英國收藏敦煌漢藏文獻研究:紀念敦煌文獻發現一百周年　中國社會科學出版社　2000　p. 277

趙和平　敦煌本《甘棠集》研究　(臺北)新文豐出版公司　2000　p. 48 注 5

趙和平　唐五代書儀的主要内容及其學術價值　敦煌與絲路文化學術講座　北京圖書館出版社　2003　p. 209

張小豔　試論敦煌書儀的語料價值　浙江與敦煌學:常書鴻先生誕辰一百周年紀念文集　浙江古籍出版社　2004　p. 543

S. 5624

金岡照光　敦煌における地獄文獻:敦煌庶民信仰の一樣相　敦煌と中國仏教(講座敦煌 7)　(東京)大東出版社　1984　p. 571

S. 5625

向達　倫敦所藏敦煌卷子經眼目録　《北平圖書館圖書季刊》1939 年新第 1 卷第 4 期　p. 397　又見:唐代長安與西域文明　三聯書店　1957　p. 229

汪泛舟　偈・頌　敦煌文學　甘肅人民出版社　1989　p. 92

土田健次郎　儒教典籍　敦煌漢文文獻(講座敦煌 5)　(東京)大東出版社　1992　p. 268

張弓　漢唐佛寺文化史　中國社會科學出版社　1997　p. 990
李索　敦煌寫卷《春秋經傳集解》校證　中國社會科學出版社　2005　p. 380

S. 5626

向達　倫敦所藏敦煌卷子經眼目録　《北平圖書館圖書季刊》1939 年新第 1 卷第 4 期　p. 397　又見:唐代長安與西域文明　三聯書店　1957　p. 229
王堯　陳踐　敦煌吐蕃文獻選　四川民族出版社　1983　p. 66
土田健次郎　儒教典籍　敦煌漢文文獻(講座敦煌 5)　(東京)大東出版社　1992　p. 268
王堯　吐蕃時期藏譯漢籍名著及故事　中國古籍研究(第一卷)　上海古籍出版社　1996　p. 539
陳公柔　評介《尚書文字合編》　燕京學報(新第 4 期)　北京大學出版社　1998　p. 293
陳鐵凡　敦煌本尚書述略　中國敦煌學百年文庫·文獻卷(一)　甘肅文化出版社　1999　p. 448
榮新江　《英藏敦煌文獻》定名商補　文史(第五十二輯)　中華書局　2000　p. 127
許建平　敦煌本《尚書》叙録　敦煌文獻論集:紀念藏經洞發現一百周年國際學術研討會論文集　遼寧人民出版社　2001　p. 386
許建平　敦煌出土《尚書》寫卷研究的過去與未來　敦煌吐魯番研究(第七卷)　北京大學出版社　2004　p. 227
許建平　中國國家圖書館藏未刊敦煌寫本殘片四種的定名與綴合　浙江與敦煌學:常書鴻先生誕辰一百周年紀念文集　浙江古籍出版社　2004　p. 319
中村威也　ДX10698『尚書費誓』とДX10698v「史書」について　『西北出土文獻研究』(創刊號)　(新潟)西北出土文獻研究會　2004　p. 42

S. 5627

向達　倫敦所藏敦煌卷子經眼目録　《北平圖書館圖書季刊》1939 年新第 1 卷第 4 期　p. 397　又見:唐代長安與西域文明　三聯書店　1957　p. 229
福井文雅　般若心經　敦煌と中國仏教(講座敦煌 7)　(東京)大東出版社　1984　p. 39
方廣錩　敦煌遺書中的《般若心經》譯注　《法音》1990 年第 7 期　p. 23
方廣錩　《般若心經譯注集成》前言　敦煌學佛教學論叢(下)　中國佛教文化研究所　1998　p. 29
方廣錩　唐梵翻對字音般若波羅蜜多心經　敦煌學大辭典　上海辭書出版社　1998　p. 687
馬茜　歸義軍時期敦煌地區庶民佛教的發展　甘肅民族研究論叢　甘肅人民出版社　2002　p. 456
梅維恒　《心經》與《西遊記》的關係　唐研究(第十卷)　北京大學出版社　2004　p. 51

S. 5628

蘇遠鳴　敦煌佛教肖像劄記　法國學者敦煌學論文選萃　中華書局　1993　p. 191

S. 5629

向達　倫敦所藏敦煌卷子經眼目録　《北平圖書館圖書季刊》1939 年新第 1 卷第 4 期　p. 397　又見:唐代長安與西域文明　三聯書店　1957　p. 230
竺沙雅章　敦煌出土「社」文書の研究　『東方學報』(第 35 號)　京都大學人文科學研究所　1964　p. 232
堀敏一　敦煌社會の変質——中國社會全般の発展とも関連して　敦煌の社會(講座敦煌 3)　(東京)大東出版社　1980　p. 181
郭鋒　敦煌的"社"及其活動　《敦煌學輯刊》1983 年創刊號　p. 87

唐耕耦　陸宏基　敦煌社會經濟文獻真迹釋録(一)　書目文獻出版社　1986　p. 285
王重民原編　黄永武新編　敦煌古籍叙録新編(第七册)　(臺北)新文豐出版公司　1986　p. 290
高國藩　敦煌民俗學　上海文藝出版社　1989　p. 19
山本達郎等　敦煌・I 社條　『NUN – HUANG AND TURFAN DOCUMENTS CONCERNING SOCIAL AND ECONOMIC HISTORY』(IV)　(東京)東洋文庫　1989　p. 4
林聰明　敦煌文書學　(臺北)新文豐出版公司　1991　p. 397
姜伯勤　敦煌社會文書導論　(臺北)新文豐出版公司　1992　p. 233、236
高國藩　敦煌民俗資料導論　(臺北)新文豐出版公司　1993　p. 4
郝春文　敦煌寫本社邑文書年代彙考(一)　《首都師範大學學報》1993 年第 4 期　p. 34
郝春文　中古時期儒佛文化對民間結社的影響及其變化　唐文化研究論文集　上海人民出版社　1994　p. 205
寧可　郝春文　敦煌社邑的喪葬互助　《首都師範大學學報》1995 年第 6 期　p. 33
土肥義和　唐・北宋間の「社」の組織形態に関する一考察　中國古代の國家と民衆(堀敏一先生古稀記念)　(東京)汲古書院　1995　p. 703
張涌泉　敦煌俗字研究導論　(臺北)新文豐出版公司　1996　p. 152
黄征　張涌泉　敦煌變文校注　中華書局　1997　p. 176、430
寧可　郝春文　敦煌社邑文書輯校　江蘇古籍出版社　1997　p. 36
寧可　退社狀　敦煌學大辭典　上海辭書出版社　1998　p. 432
譚蟬雪　敦煌歲時文化導論　(臺北)新文豐出版公司　1998　p. 106
土肥義和　唐・北宋の間:敦煌の杜家親情社追補社條(S. 8160rv)について　唐代史研究(創刊號)　(東京)唐代史研究會　1998　p. 11
董志翹　敦煌文書詞語瑣記　《敦煌研究》1999 年第 4 期　p. 35　又見:中古文獻語言論集　巴蜀書社　2000　p. 102
寧可　寧可史學論集　中國社會科學出版社　1999　p. 448 注 4
楊森　談敦煌社邑文書中"三官"及"録事""虞候"的若干問題　《敦煌研究》1999 年第 3 期　p. 79
郝春文　英藏敦煌文獻年代叢考　英國收藏敦煌漢藏文獻研究:紀念敦煌文獻發現一百周年　中國社會科學出版社　2000　p. 373
曾良　敦煌文獻字義通釋　廈門大學出版社　2001　p. 123、203
郝春文　《唐末五代宋初敦煌社邑的幾個問題》商榷　國際敦煌學學術史研討會論文集　研討會籌備組　2002　p. 205
孟憲實　論唐宋時期敦煌民間結社的組織形態　《敦煌研究》2002 年第 1 期　p. 60
高啓安　唐五代敦煌飲食文化研究　民族出版社　2004　p. 201
孟憲實　論敦煌渠人社　周秦漢唐文化研究(第三輯)　三秦出版社　2004　p. 127
葉貴良　敦煌社邑文書詞語選釋　《敦煌研究》2004 年第 5 期　p. 80
郝春文　唐後期五代宋初敦煌私社的教育與教化功能　敦煌吐魯番研究(第九卷)　北京大學出版社　2006　p. 305、313
郝春文　再論敦煌私社的"春秋坐局席"活動　《敦煌學輯刊》2006 年第 1 期　p. 5 注 9
孟憲實　論唐宋時期敦煌民間結社的社條　敦煌吐魯番研究(第九卷)　北京大學出版社　2006　p. 318

S. 5630

向達　倫敦所藏敦煌卷子經眼目録　《北平圖書館圖書季刊》1939 年新第 1 卷第 4 期　p. 397　又

見:唐代長安與西域文明　三聯書店　1957　p. 230
長澤和俊　敦煌　(東京)築摩書房　1965　p. 186
李永寧　報恩經和莫高窟壁畫中的報恩經變相　敦煌研究文集　甘肅人民出版社　1982　p. 219 注 12
姜伯勤　唐五代敦煌寺戶制度　中華書局　1987　p. 151
鄧文寬　也談張淮深之死　《敦煌研究》1988 年第 1 期　p. 77
李明偉　狀・牒・帖　敦煌文學　甘肅人民出版社　1989　p. 41
榮新江　沙州歸義軍歷任節度使稱號研究　敦煌吐魯番學研究論文集　漢語大詞典出版社　1990　p. 774
唐耕耦　陸宏基　敦煌社會經濟文獻真迹釋録(五)　全國圖書館文獻縮微複製中心　1990　p. 194
暨遠志　張議潮出行圖研究(續)　《敦煌研究》1992 年第 4 期　p. 83
尾崎康　史籍　敦煌漢文文獻(講座敦煌 5)　(東京)大東出版社　1992　p. 328
鄧文寬　敦煌文獻《河西都僧統悟真處分常住榜》管窺　周一良先生八十生日紀念論文集　中國社會科學出版社　1993　p. 232 注 6
鄭炳林　敦煌碑銘讚抄本概述　《蘭州大學學報》1993 年第 4 期　p. 139
鄭炳林　敦煌本《張淮深變文》研究　《西北民族研究》1994 年第 1 期　p. 148
鄭炳林　張淮深改建北大像和開鑿 94 窟年代再探　《敦煌研究》1994 年第 3 期　p. 39
周一良　趙和平　杜友晉《吉凶書儀》及《書儀鏡》成書年代考　唐五代書儀研究　中國社會科學出版社　1995　p. 138
榮新江　敦煌本《書儀鏡》爲安西書儀考　慶祝潘石禪先生九秩華誕敦煌學特刊　(臺北)文津出版社　1996　p. 268
榮新江　歸義軍史研究　上海古籍出版社　1996　p. 7
張國剛　隋唐五代史研究概要　天津教育出版社　1996　p. 734
張先堂　S. 4654 晚唐《莫高窟紀遊詩》新探　《敦煌研究》1997 年第 3 期　p. 130
鄭炳林　敦煌碑銘讚及其有關問題　敦煌碑銘讚輯釋　甘肅教育出版社　1997　p. 6
鄭炳林　敦煌碑銘讚輯釋　甘肅教育出版社　1997　p. 274
鄭炳林　唐五代敦煌種植林業研究　敦煌歸義軍史專題研究　蘭州大學出版社　1997　p. 194
榮新江　歸義軍大事紀年初稿　出土文獻研究(第三輯)　文物出版社　1998　p. 237
王素　評《敦煌吐魯番學耕耘録》　敦煌吐魯番研究(第三卷)　北京大學出版社　1998　p. 410
趙和平　新定書儀鏡　敦煌學大辭典　上海辭書出版社　1998　p. 419
鄭炳林　張延嗣　敦煌學大辭典　上海辭書出版社　1998　p. 353
楊森　小議張淮深受旌節　《敦煌研究》1999 年第 1 期　p. 99
楊秀清　敦煌西漢金山國史　甘肅人民出版社　1999　p. 31
沙武田　關於莫高窟第 130 窟窟前殿堂建築遺址的時代問題　《敦煌學輯刊》2000 年第 1 期　p. 73
吳麗娛　唐代書儀中單、複書形式簡析　英國收藏敦煌漢藏文獻研究:紀念敦煌文獻發現一百周年　中國社會科學出版社　2000　p. 264
徐俊　敦煌詩集殘卷輯考　中華書局　2000　p. 327
楊森　淺談敦煌文獻中唐代墓誌銘抄本　《敦煌研究》2000 年第 3 期　p. 138
樊錦詩　玄奘譯經和敦煌壁畫　《敦煌研究》2004 年第 2 期　p. 10
趙紅　高啓安　張孝嵩斬龍傳説歷史背景研究　《敦煌研究》2004 年第 2 期　p. 64

S. 5631

向達　倫敦所藏敦煌卷子經眼目録　《北平圖書館圖書季刊》1939 年新第 1 卷第 4 期　p. 397　又見:唐代長安與西域文明　三聯書店　1957　p. 230

土橋秀高　敦煌の律藏　敦煌と中國仏教(講座敦煌 7)　(東京)大東出版社　1984　p. 250

唐耕耦　陸宏基　敦煌社會經濟文獻真迹釋録(一)　書目文獻出版社　1986　p. 336

李明偉　狀・牒・帖　敦煌文學　甘肅人民出版社　1989　p. 44

山本達郎等　敦煌・III 轉貼『NUN – HUANG AND TURFAN DOCUMENTS CONCERNING SOCIAL AND ECONOMIC HISTORY』(IV)　(東京)東洋文庫　1989　p. 46

姜伯勤　敦煌社會文書導論　(臺北)新文豐出版公司　1992　p. 242

高國藩　敦煌民俗資料導論　(臺北)新文豐出版公司　1993　p. 3

郝春文　敦煌寫本社邑文書年代彙考(二)　《首都師範大學學報》1993 年第 5 期　p. 80

張鴻勳　敦煌說唱文學概論　(臺北)新文豐出版公司　1993　p. 10

張鴻勳　敦煌文學概論　甘肅人民出版社　1993　p. 239

石田勇作　敦煌「社文書」研究序說　中國古代の國家と民衆(堀敏一先生古稀記念)　(東京)汲古書院　1995　p. 679

寧可　郝春文　敦煌社邑文書輯校　江蘇古籍出版社　1997　p. 298

梅維恒著　楊繼東　陳引馳譯　唐代變文(上)　(香港)中國佛教文化出版公司　1999　p. 252

郝春文　英藏敦煌文獻年代叢考　英國收藏敦煌漢藏文獻研究:紀念敦煌文獻發現一百周年　中國社會科學出版社　2000　p. 374

孟憲實　敦煌社邑的分佈　敦煌文獻論集:紀念藏經洞發現一百周年國際學術研討會論文集　遼寧人民出版社　2001　p. 430

S. 5632

向達　倫敦所藏敦煌卷子經眼目録　《北平圖書館圖書季刊》1939 年新第 1 卷第 4 期　p. 397　又見:唐代長安與西域文明　三聯書店　1957　p. 230

唐耕耦　陸宏基　敦煌社會經濟文獻真迹釋録(一)　書目文獻出版社　1986　p. 354

謝重光　關於唐後期至五代間沙州寺院經濟的幾個問題　敦煌吐魯番出土經濟文書研究　廈門大學出版社　1986　p. 480

王永興　隋唐五代經濟史料彙編校注・第一編(下)　中華書局　1987　p. 931

李明偉　狀・牒・帖　敦煌文學　甘肅人民出版社　1989　p. 44

山本達郎等　敦煌・III 轉貼『NUN – HUANG AND TURFAN DOCUMENTS CONCERNING SOCIAL AND ECONOMIC HISTORY』(IV)　(東京)東洋文庫　1989　p. 63

張涌泉　《敦煌歌辭總編》誤校二十例　《古籍整理出版情況簡報》1989 年第 218 期　p. 19

葛承雍　唐代國庫制度　三秦出版社　1990　p. 73

唐耕耦　陸宏基　敦煌社會經濟文獻真迹釋録(二、三)　全國圖書館文獻縮微複製中心　1990　p. 127;558

張涌泉　《王梵志詩校注》獻疑　《敦煌研究》1990 年第 2 期　p. 79

仁井田陞　補訂中國法制史研究:土地法・取引法　東京大學出版會　1991　p. 713、731

姜伯勤　敦煌社會文書導論　(臺北)新文豐出版公司　1992　p. 233、243

高國藩　敦煌民俗資料導論　(臺北)新文豐出版公司　1993　p. 3、17、38

郝春文　敦煌寫本社邑文書年代彙考(一)　《首都師範大學學報》1993 年第 4 期　p. 37

寧可　郝春文　敦煌寫本社邑文書述略　《首都師範大學學報》1994 年第 4 期　p. 12

石田勇作　敦煌「社文書」研究序說　中國古代の國家と民衆(堀敏一先生古稀記念)　(東京)汲古書院　1995　p. 685
土肥義和　唐・北宋間の「社」の組織形態に関する一考察　中國古代の國家と民衆(堀敏一先生古稀記念)　(東京)汲古書院　1995　p. 711
王三慶　敦煌書儀載録之節日活動與民俗　全國敦煌學研討會論文集　(臺北)中正大學中國文學系所　1995　p. 25 注 27
張傳璽　中國歷代契約會編考釋(上)　北京大學出版社　1995　p. 643 注 1
劉進寶　P. 3236 號《壬申年官布籍》時代考　《西北師大學報》(社會科學版)1996 年第 5 期　p. 43
劉進寶　P. 3236 號《壬申年官布籍》研究　慶祝潘石禪先生九秩華誕敦煌學特刊　(臺北)文津出版社　1996　p. 360、365
張涌泉　敦煌俗字研究導論　(臺北)新文豐出版公司　1996　p. 111
寧可　郝春文　敦煌社邑文書輯校　江蘇古籍出版社　1997　p. 102
楊際平　郭鋒　張和平　五—十世紀敦煌的家庭與家族關係　岳麓書社　1997　p. 172
寧可　親情社　敦煌學大辭典　上海辭書出版社　1998　p. 428
沙知　敦煌契約文書輯校　江蘇古籍出版社　1998　p. 221
寧可　寧可史學論集　中國社會科學出版社　1999　p. 446 注 13
楊森　敦煌社司文書畫押符號及其相關問題　《敦煌學輯刊》1999 年第 1 期　p. 86
郝春文　英藏敦煌文獻年代叢考　英國收藏敦煌漢藏文獻研究:紀念敦煌文獻發現一百周年　中國社會科學出版社　2000　p. 372
劉進寶　敦煌文書與唐史研究　(臺北)新文豐出版公司　2000　p. 231
宋家鈺　英國收藏敦煌文獻叙録　英國收藏敦煌漢藏文獻研究:紀念敦煌文獻發現一百周年　中國社會科學出版社　2000　p. 166
孟憲實　敦煌社邑的分佈　敦煌文獻論集:紀念藏經洞發現一百周年國際學術研討會論文集　遼寧人民出版社　2001　p. 431
謝重光　漢唐佛教社會史論　(臺北)國際文化事業有限公司　2001　p. 219
楊森　關於敦煌文獻中的"平章"一詞　敦煌學與中國史研究論集　甘肅人民出版社　2001　p. 232
陳國燦　敦煌學史事新證　甘肅教育出版社　2002　p. 341
楊惠玲　敦煌契約文書中的保人、見人、口承人、同便人、同取人　《敦煌研究》2002 年第 6 期　p. 43
劉進寶　P. 4525(8)《官布籍》所見歸義軍政權的賦税免征　新世紀敦煌學論集　巴蜀書社　2003　p. 304
童丕　敦煌的借貸:中國中古時代的物質生活與社會　中華書局　2003　p. 115、138
王啓濤　中古及近代法制文書語言研究　巴蜀書社　2003　p. 288
金瀅坤　敦煌社會經濟文書定年拾遺　《首都師範大學學報》2006 年第 1 期　p. 12

S. 5633

高田時雄　チベット文字書寫「長卷」の研究(本文编)　『東方學報』(第 65 號)　京都大學人文科學研究所　1993　p. 369

S. 5634

土橋秀高　敦煌の律藏　敦煌と中國仏教(講座敦煌 7)　(東京)大東出版社　1984　p. 249
郝春文　部分英藏敦煌文獻的定名問題　英國收藏敦煌漢藏文獻研究:紀念敦煌文獻發現一百周年　中國社會科學出版社　2000　p. 389

S. 5635

江素雲　維摩詰所說經敦煌寫本綜合目録　(臺北)東初出版社　1991　p. 80

S. 5636

向達　倫敦所藏敦煌卷子經眼目録　《北平圖書館圖書季刊》1939 年新第 1 卷第 4 期　p. 397　又見:唐代長安與西域文明　三聯書店　1957　p. 230

高國藩　敦煌民俗學　上海文藝出版社　1989　p. 456

李明偉　狀·牒·帖　敦煌文學　甘肅人民出版社　1989　p. 41

譚蟬雪　敦煌歲時掇瑣:正月　《敦煌研究》1990 年第 1 期　p. 44　又見:(香港)《九州學刊》(敦煌學專輯)1993 年第 5 卷第 4 期　p. 84

杜琦　敦煌文學概論　甘肅人民出版社　1993　p. 521、530

高國藩　敦煌民俗資料導論　(臺北)新文豐出版公司　1993　p. 173

金賢珠　唐五代敦煌民歌　(臺北)文史哲出版社　1994　p. 87

周一良　趙和平　晚唐五代時的三種吉凶書儀寫卷研究　唐五代書儀研究　中國社會科學出版社　1995　p. 206

譚蟬雪　敦煌馬文化　《敦煌研究》1996 年第 1 期　p. 119

寧可　郝春文　敦煌社邑文書輯校　江蘇古籍出版社　1997　p. 507

譚蟬雪　敦煌歲時文化導論　(臺北)新文豐出版公司　1998　p. 2、107、126、171、303

譚蟬雪　馬毬　敦煌學大辭典　上海辭書出版社　1998　p. 600

譚蟬雪　軟腳　敦煌學大辭典　上海辭書出版社　1998　p. 445

譚蟬雪　唐宋敦煌歲時佛俗　《敦煌研究》2001 年第 1 期　p. 97

曾良　敦煌文獻字義通釋　廈門大學出版社　2001　p. 82、159、195

曾良　敦煌文獻字義劄記　2000 年敦煌學國際學術討論會文集·歷史文化卷(下)　甘肅民族出版社　2003　p. 469

高啓安　唐五代敦煌飲食文化研究　民族出版社　2004　p. 381

余欣　敦煌的入宅與暖房禮俗　中華文史論叢(總 78 輯)　上海古籍出版社　2004　p. 106

張小豔　試論敦煌書儀的語料價值　浙江與敦煌學:常書鴻先生誕辰一百周年紀念文集　浙江古籍出版社　2004　p. 537、546

S. 5637

王重民　敦煌曲子詞集　商務印書館　1950　p. 64

高國藩　敦煌文學作品選　中華書局　1987　p. 97 注 1

高國藩　敦煌曲子詞欣賞　南京大學出版社　1989　p. 49

孫其芳　詞　敦煌文學　甘肅人民出版社　1989　p. 200

譚蟬雪　祭文　敦煌文學　甘肅人民出版社　1989　p. 121

張仲儀　試論敦煌曲子詞的審美特徵　《敦煌研究》1991 年第 2 期　p. 81

杜琦　敦煌文學概論　甘肅人民出版社　1993　p. 530

孫其芳　顔廷亮　敦煌文學概論　甘肅人民出版社　1993　p. 412

李明偉　隋唐絲綢之路　甘肅人民出版社　1994　p. 322

李明偉　唐代文學的嬗變與絲綢之路的影響　《敦煌研究》1994 年第 3 期　p. 139

李重申　敦煌馬毬史料探析　《敦煌研究》1994 年第 4 期　p. 171

黄征　吳偉　敦煌願文集　岳麓書社　1995　p. 143、245、654、801

李志生　唐代婦女財産問題初探　中國典籍與文化論叢(第二輯)　中華書局　1995　p. 327
劉進寶　敦煌學論述　(臺北)洪葉文化事業有限公司　1995　p. 341
王書慶　從敦煌文獻看敦煌佛教文化與中原佛教文化的交流　敦煌佛教文獻研究　敦煌研究院文獻研究所　1995　p. 25
王書慶　敦煌佛學·佛事篇　甘肅民族出版社　1995　p. 1
張涌泉　漢語俗字研究　岳麓書社　1995　p. 360
黃征　敦煌願文考論　敦煌語文叢說　(臺北)新文豐出版公司　1997　p. 595
陸淑綺　李重申　敦煌古代戲曲文化史料綜述　《敦煌研究》1997 年第 2 期　p. 59
王書慶　敦煌文獻中的《齋琬文》　《敦煌研究》1997 年第 1 期　p. 143
顔廷亮　《金山國諸雜齋文範》校録及其他　敦煌文學論集　四川人民出版社　1997　p. 349
張廣達　"歎佛"與"歎齋"　慶祝鄧廣銘教授九十華誕論文集　河北教育出版社　1997　p. 61
李重申　劍術　敦煌學大辭典　上海辭書出版社　1998　p. 600
譚蟬雪　慶新宅　敦煌學大辭典　上海辭書出版社　1998　p. 447
譚蟬雪　駝馬神　敦煌學大辭典　上海辭書出版社　1998　p. 449
譚蟬雪　亡畜齋　敦煌學大辭典　上海辭書出版社　1998　p. 444
宋家鈺　佛教齋文源流與敦煌本"齋文"書的復原　《中國史研究》1999 年第 2 期　p. 78　又見:英國收藏敦煌漢藏文獻研究:紀念敦煌文獻發現一百周年　中國社會科學出版社　2000　p. 305
李重申　敦煌古代體育文化　甘肅人民出版社　2000　p. 60、119
宋家鈺　英國收藏敦煌文獻叙録　英國收藏敦煌漢藏文獻研究:紀念敦煌文獻發現一百周年　中國社會科學出版社　2000　p. 99
王三慶　北京大學圖書館藏本《諸文要集》一卷研究　慶祝吳其昱先生八秩華誕敦煌學特刊　(臺北)文津出版社　2000　p. 170
顔廷亮　敦煌文化　光明日報出版社　2000　p. 241
顔廷亮　西陲文學遺珍:敦煌文學通俗談　甘肅人民出版社　2000　p. 119、156
張錫厚　敦煌文學源流　作家出版社　2000　p. 160、330
曾良　敦煌文獻字義通釋　廈門大學出版社　2001　p. 61
劉進寶　敦煌學通論　甘肅教育出版社　2002　p. 389
吳麗娛　唐禮摭遺:中古書儀研究　商務印書館　2002　p. 233
陳明　耆婆的形象演變及其在敦煌吐魯番地區的影響　文津學志(第一輯)　北京圖書館出版社　2003　p. 158
張錫厚　敦煌文概說　2000 年敦煌學國際學術討論會文集·歷史文化卷(下)　甘肅民族出版社　2003　p. 217
黨燕妮　晚唐五代敦煌的十王信仰　麥積山石窟藝術文化論文集(下)　蘭州大學出版社　2004　p. 166
杜斗城　"七七齋"之源流及敦煌文獻中有關資料的分析　《敦煌研究》2004 年第 4 期　p. 38
余欣　敦煌的入宅與暖房禮俗　中華文史論叢(總 78 輯)　上海古籍出版社　2004　p. 101
敏春芳　敦煌願文詞語例釋　《敦煌學輯刊》2005 年第 1 期　p. 101
汪泛舟　敦煌俗別字新考(上)　《敦煌研究》2006 年第 1 期　p. 103
吳麗娛　正禮與時俗:論民間書儀與唐朝禮制的同期互動　敦煌吐魯番研究(第九卷)　北京大學出版社　2006　p. 177
武學軍　敏春芳　敦煌願文婉詞試解(一)　《敦煌學輯刊》2006 年第 1 期　p. 126